SYLVIA FELDMANN

Berlin Handbuch
Das Lexikon der Bundeshauptstadt

BERLIN
HANDBUCH

DAS LEXIKON DER
BUNDESHAUPTSTADT

Wissenschaftliche Redaktion:
Horst Ulrich und Uwe Prell
unter Mitarbeit von Heinz Werner

Redaktionsassistenz:
Sabine Huth, Cordula Rinsche, Ulrike Zieger

Herausgegeben vom
Presse- und Informationsamt
des Landes Berlin
Projektleitung: Ernst Luuk

FAB VERLAG

Impressum
© 1992 FAB Verlag, Berlin
Redaktion im Verlag: Brigitte Walz, Anke Nolte
EDV-Betreuung: Hans-Günter Schlüter
Gestaltung und DTP-Satz: FAB Grafik und Produktion, Frank Odening
Grafiken: FAB Grafik und Produktion, Irene Gahler
Lithografie: M.W.K. Repro, Kirchlengern
Druck: Passavia, Passau
Printed in Germany

ISBN 3-927551-27-9

INHALTSVERZEICHNIS

VORWORT

Das Berlin Handbuch ist der Versuch einer ersten systematischen Bestandsaufnahme nach der Vereinigung. Es will einen wissenschaftlich fundierten Überblick über die wiedervereinigte Stadt in ihrer neuen Rolle als Hauptstadt Deutschlands und zukünftiger Parlaments- und Regierungssitz geben. Noch unter den Voraussetzungen der Teilung im Spätherbst 1987 als Nachfolgewerk des 1968 letztmalig verlegten Berlin-ABCs begonnen, hatte das Handbuch eine schwierige Entstehungsgeschichte. Im Sommer 1989 lagen 90 % der Manuskripte vor, auf der Frankfurter Buchmesse desselben Jahres wurde bereits für das Buch geworben, sein Erscheinen war für das Jahresende geplant. Durch die Wende in der DDR wurde dann das bisher Erarbeitete immer wieder von der aktuellen Entwicklung überholt. Geraume Zeit war nicht klar, ob das Projekt überhaupt würde fortgeführt werden können.

In Erwartung eines längerfristigen Prozesses bis zur Vereinigung fiel im April 1990 die Entscheidung, das Projekt zunächst bis Anfang 1993 ruhen zu lassen, um es dann ggf. in Anpassung an die veränderten Bedingungen für die Gesamtstadt neu zu beginnen. Abermals wurden jedoch die Einschätzungen vom Gang der Geschichte überholt. Schon sechs Monate später war die politische Einheit der Stadt vollendet. Die neue Lage ermöglichte es, den ursprünglichen Zeitplan um ein Jahr zu verkürzen und bereits Anfang 1992 mit einer Aktualisierung der Texte zu beginnen.

Das Buch sollte die mit der Vereinigung abgeschlossene Nachkriegsphase Berlins in ihren wesentlichen Elementen im Sinne einer historischen Bestandssicherung festschreiben und bewahren. Insbesondere im Hinblick auf die Einbeziehung der östlichen Bezirke mußten zahlreiche der bereits vorliegenden Stichwörter umgeschrieben und erweitert werden, zahlreiche andere waren neu aufzunehmen. Neue Autoren mußten gewonnen und zusätzliche Quellen erschlossen werden. Gleichzeitig galt es, die aktuelle Entwicklung im Auge zu behalten. Heute Geschriebenes konnte schon morgen seine Geltung verloren haben.

Der Wunsch nach möglichst schnellem Erscheinen des Buches auf der einen Seite und das Bemühen um dauerhaft gesicherte Informationen auf der anderen Seite erwiesen sich dabei als Zielkonflikt, der in vielen Fällen Kompromisse in inhaltlichen Fragen unausweichlich machte.

Zwischen der Jahreswende 1991/92 und dem 31. Juli 1992 wurden alle Beiträge des Berlin Handbuchs neu verfaßt bzw. auf den jeweils verfügbaren aktuellen Stand gebracht, einzelne Nachträge erfolgten noch bis Oktober. Zum Teil wurden diese Überarbeitungen von der Redaktion selbst vorgenommen, teilweise wurden sie den ursprünglichen bzw. neu verpflichteten Autoren übertragen, regelmäßig wurden die Stichwörter auch den beschriebenen Institutionen selbst zur Aktualisierung übersandt.

Erschwerend kam hinzu, daß insbesondere hinsichtlich der gleichrangigen Behandlung Ost-Berlins größere Schwierigkeiten auftraten als erwartet, weil statistisches Material nicht im gleichen Umfang wie im Westen verfügbar war oder weil es nicht gelang, kompetente Autoren zum jeweiligen Sachgebiet zu finden. Aber auch für die westlichen Bezirke mußte in Bereichen, wo man es kaum vermutet hätte, Forschungsarbeit betrieben werden, um die angestrebte einheitliche Informationsdichte zu halten.

Entstanden ist ein Buch, das eine Stadt im Umbruch spiegelt. Es ist in dieser Form sicherlich die systematischste und umfassendste Darstellung des vereinigten Berlins in historischer und aktueller Hinsicht. Der Zeitdruck, unter dem das Buch entstanden ist, die Geschwindigkeit, mit der sich die Stadt gleichzeitig veränderte, und die zu bewältigende inhaltliche Vielfalt bei gleichzeitiger Beschränkung des Umfangs lassen das Ergebnis als das unter diesen Umständen optimal Erreichbare erscheinen.

Herausgeber, Redaktion und Verlag sind sicher, daß die gesammelten Informationen über Deutschlands alte und neue Hauptstadt für alle an Berlin Interessierten eine wertvolle Hilfe sein werden.

Noch vorhandene Lücken und eventuelle Fehler können in regelmäßig aktualisierten Folgeauflagen geschlossen bzw. berichtigt werden. Herausgeber, Redaktion und Verlag bitten alle Leser um kritische Mithilfe.

Zu danken ist den vielen Mitarbeitern, die durch ihren unermüdlichen Einsatz dazu beigetragen haben, daß dieses Projekt zu einem guten Ende gebracht werden konnte: der Redaktion, dem Verlag und nicht zuletzt den über 80 Autoren, deren Geduld mit ständig neuen Wünschen um Überarbeitung ihrer Texte teilweise auf eine harte Probe gestellt wurde. Dazu gehören auch die zahlreichen Ämter, Behörden und Institutionen, die mit ihrer oft unbürokratischen Auskunft und Hilfe die rechtzeitige Fertigstellung des Manuskripts ermöglicht haben.

Zu großem Dank sind alle Beteiligten Herrn Staatssekretär a.D. Winfried Fest verpflichtet, auf dessen entschlossene Initiative das Erscheinen des Berlin Handbuches zurückgeht und ohne dessen unverdrossene Förderung und ständige Ermutigung alle Anstrengungen umsonst gewesen wären.

Die Herausgeberschaft durch das Presse- und Informationsamt des Landes Berlin und die finanzielle Absicherung des Projekts aus dem Landeshaushalt entsprach dem von Senat und Abgeordnetenhaus verfolgten Ziel, frei von kommerziellen Verwertungszwängen auf breiter Basis wissenschaftlich fundiert über Berlin zu informieren. Durch die Einsetzung einer eigenverantwortlich arbeitenden Redaktion ist die politische Unabhängigkeit bei der Herstellung des Manuskripts gewahrt worden.

Es ist zu hoffen, daß dieses Buch einen Beitrag in dem schwierigen Prozeß des Zusammenwachsens der Stadt leisten kann.

Ernst Luuk

HINWEISE FÜR DIE BENUTZER

Das Handbuch umfaßt 1.440 Stichwörter und zwölf Hauptartikel. Die Hauptartikel geben einen Gesamtüberblick zu den Themenbereichen Baugeschichte und Stadtbild, Bevölkerung, Geschichte, Haushalt und Finanzen, Kultur, Politisches System, Sonderstatus 1945-90, Sport, Umweltschutz, Verkehr, Wirtschaft, Wissenschaft und Forschung. In den namentlich gekennzeichneten Hauptartikeln kommt neben der Sachinformation auch die persönliche Meinung des Autors zum Ausdruck.

Hauptartikel, Stichwörter sowie ca. 2700 Hinweise sind am Ende des Buches in einem Schlagwortregister aufgelistet. Die alphabetische Reihung der Registerbegriffe erfolgt nach der natürlichen Wortfolge (also > GROSSER TIERGARTEN und nicht > TIERGARTEN, GROSSER). Satzzeichen und Leerstellen werden dabei nicht berücksichtigt. Umlaute werden wie Selbstlaut plus „e" geführt. Zahlen sind alphabetisiert eingeordnet.

Die kursiv gesetzten Hinweise verweisen auf die Stichwörter bzw. Hauptartikel, unter denen zum genannten Begriff Informationen zu finden sind. Bei Hauptartikeln wird zusätzlich der Hauptgliederungspunkt genannt, sofern eine entsprechende Zuordnung möglich ist.

Das Schlagwortregister soll dem Benutzer helfen, Informationen auch über Sachverhalte, Institutionen usw. zu finden, die als Unterpunkte in den Stichwörtern behandelt werden. Außerdem soll es ihm die Suche erleichtern, wenn er die genaue Bezeichnung des Gegenstands nicht kennt bzw. wenn konkurrierende Bezeichnungen bestehen. Im allgemeinen gilt die offizielle Titulatur der beschriebenen Institution; umgangssprachliche Bezeichnungen werden durch Hinweise abgedeckt. Bis auf wenige Ausnahmen erfolgt die Titulatur in vollständiger Ausschrift, Abkürzungen werden in Klammern nachgestellt. Nur wenn die Abkürzungen selbst im Sprachgebrauch vorherrschend sind, werden diese für die Titulatur verwendet (z.B. > AVUS; > NATO).

Wiederholungen des Stichworttitels im laufenden Text werden durch den ersten Buchstaben und Punkt oder die in der Titulatur erwähnte Abkürzung wiedergegeben (z.B. „BVG").

Der Bezug zu anderen Stichwörtern wird im laufenden Text durch Verweise hergestellt, die durch „>" und KAPITÄLCHEN gekennzeichnet sind. Aus Gründen der Vereinfachung bleiben dabei u.U. Singular/Plural bzw. abweichende Beugungsformen ohne Berücksichtigung. Um den Lesefluß nicht zu behindern, wird bei Verweisen z.T. auf die vollständige Nennung längerer Titel verzichtet, sofern die Zuordnung trotzdem eindeutig ist (z.B. > BERLINER STADTREINIGUNG und nicht > BERLINER STADTREINIGUNG [BSR] EIGENBETRIEB VON BERLIN). Verweise in den Stichwörtern erfolgen i.d.R. nur bei der ersten Nennung des Begriffs. Bei Hauptartikeln werden sie ggf. in jedem neuen Hauptgliederungspunkt wiederholt.

Hinweisbegriffe aus dem Schlagwortregister werden – sofern sinnvoll – im laufenden Text durch *Kursivschrift* hervorgehoben, um eine leichtere Auffindbarkeit zu gewährleisten. Daneben wird die Kursivschrift auch zur Hervorhebung von Begriffen verwandt.

Eine zusätzliche Orientierungshilfe bietet ein Personenregister im Anhang. Bei der Ersterwähnung von wichtigen Amtsträgern in den Stichworttexten sind diesen die jeweiligen Amtszeiten in Klammern nachgestellt; dies betrifft v.a. die brandenburgisch-preußischen Landesherren und die Berliner Oberbürgermeister.

Der Illustration des Buches dienen 253 Abbildungen, 68 Grafiken und 94 Tabellen. Eine doppelseitige Übersichtskarte auf den Seiten 944/945 ermöglicht eine Übersicht über die wichtigsten innerstädtischen Verkehrswege und topographischen Gegebenheiten sowie die Lage der Berliner Bezirke und Ortsteile.

Die redaktionelle Endbearbeitung der Artikel erfolgte vom 1.1.-31.7.1992, so daß alle Texte zumindest den verfügbaren Sachstand bis Ende 1991 berücksichtigen. Einzelne Nachträge wurden noch bis Oktober 1992 aufgenommen.

Die erheblichen konzeptionellen, strukturellen und inhaltlichen Veränderungen im Entstehungsprozeß des Buches haben dazu geführt, daß die von den Autoren vorgelegten Urmanuskripte in vielen Fällen durch Zweitautoren (z.B. aus Ost-Berlin) bzw. durch die Redaktion stark überarbeitet wurden. Eine eindeutige Zuordnung bestimmter Autoren zu einzelnen Stichwörtern ist häufig nur schwer möglich. Deshalb sind alle Autoren, die an der Erstellung der Beiträge für das Handbuch beteiligt waren, in einem thematisch gegliederten Autorenverzeichnis aufgeführt. Aufgenommen wurden auch Autoren, die an der unvollendeten Fassung von 1989 mitgewirkt haben, sofern Textteile in der vorliegenden Ausgabe Verwendung fanden.

Bei voneinander abweichenden statistischen Angaben wurde im allgemeinen auf die amtlichen Statistiken zurückgegriffen. Dies sind für Berlin v.a. die Veröffentlichungen des Statistischen Landesamtes, insbes. die Statistischen Jahrbücher, sowie die Pressedienste des Presse- und Informationsamts des Landes Berlin bzw. Veröffentlichungen der einzelnen Senatsverwaltungen. Aus Gründen der Platzersparnis wurden Bezeichnungen von Personengruppen im Text nur in einer Geschlechtsform wiedergegeben, sofern die Zugehörigkeit unterschiedlicher Geschlechter zu diesen Gruppen aus dem inhaltlichen Zusammenhang als selbstverständlich angesehen werden kann.

Ein mehr als 700 Titel umfassendes, thematisch gegliedertes Literaturverzeichnis im Anhang gibt interessierten Benutzern die Möglichkeit, sich über die Darstellungen in den Handbuchbeiträgen hinaus Quellen für eine vertiefende Beschäftigung zu erschließen.

AUTORENVERZEICHNIS

Bevölkerung und Gesellschaft (Jugend und Familie, Frauen, Schule und Bildung, Gesundheit und Soziales, Sport, Freizeit, Reisen, Religionsgemeinschaften), Geographie, Bezirke und Ortsteile, Natur und Stadtgrün: Sylvia Feldmann, Kurt Franke, Heinz W. Friese, Michael Gaedicke, Martin Georg Goerner, Günter Holter, Erdmute Horn-Sauder, Holger Hübner, Sabine Huth, Michael Kling, Willi Ph. Knecht, Christine Laubsch, Ruth Mattheis, Jürgen Milchert, Uwe Prell, Peter P. Rohrlach, Peter Ring, Ingrid Schmidt-Harzbach (†), Wilfried Seiring, Eckart D. Stratenschulte, Manfred Stürzbecher, Wolf Dieter Tuchel, Horst Ulrich, Thomas Voigt, Heinz Werner, Clemens Alexander Wimmer, Peter Jochen Winters, Ulrike Zieger.

Geschichte und Zeitgeschichte (Alliierte und Sonderstatus, Berlin im Ost-West-Konflikt, Internationale Beziehungen und Organisationen, Europäische Gemeinschaften, Entwicklungspolitik), Politisches System und Justiz, Bundes-, Landes- und Stadtpolitik, Verwaltung, Parteien und Interessengruppen: Cyril Buffet, Burghard Claus, Heinz W. Friese, Michael Gaedicke, Werner Gahrig, Martin Georg Goerner, Brigitte Grunert, Günter Holter, Sabine Huth, Eckhard Jaedtke, Georg Kotowski, Christine Laubsch, Elkebarbara Mayer, Ilja Mieck, Georg Müller, Ingo Peters, Uwe Prell, Cordula Rinsche, Peter P. Rohrlach, Heinz-Gerd Reese, Bernd Rudolph, Eckart Schiele, Hermann Schmid, Richard Schneider, Wolfgang Schomburg, Eckart D. Stratenschulte, Karl G. Tempel, Horst Ulrich, Thomas Voigt, Heinz Werner, Udo Wetzlaugk, Eugen Weschke, Lothar Wilker, Peter Jochen Winters, Ulrike Zieger, Ernst R. Zivier.

Kultur, Bildende Kunst, Musik, Theater, Literatur, Film, Museen und Ausstellungen, Denkmäler und Gedenkstätten, Bibliotheken, Medien, Wissenschaft und Forschung: Rolf Amann, Michael Betz, Ellen Brandt, Wolfgang Brenner, Michael Gaedicke, Werner Gahrig, Barry Graves, Martin Georg Goerner, Werner Grünzweig, Claudius Habbich, Gerhild Heyder, Günter Holter, Sabine Huth, Anna Jonas, Michael Kling, Hellmut Kotschenreuther, Elkebarbara Mayer, Jürgen Milchert, Hans Jürgen Papiers, Uwe Prell, Ursula Prinz, Cordula Rinsche, Bernd Rudolph, Günter Schade, Rüdiger Schaper, Eckart Schiele, Jörg Schmalfuß, Klaus Siebenhaar, Rainer Thiem, Wolf Dieter Tuchel, Horst Ulrich, Thomas Voigt, Sybille Wenke-Thiem, Heinz Werner, Udo Wetzlaugk, Joachim Wiese, Peter Jochen Winters, Ulrike Zieger.

Baugeschichte und Stadtbild, Stadt- und Regionalplanung, Wohnen, Verkehr, Versorgung/Entsorgung und Umweltschutz: Hans-Joachim Arndt, Reinhard Demps, Rainer W. During, Christof Ellger, Dietrich Flicke, Heinz W. Friese, Werner Gahrig, Martin Georg Goerner, Wolf-Dietrich Groß, Holger Hübner, Sabine Huth, Michael Kling, Günther Kühne, Friedemann Kunst, Ralf Melzer, Jürgen Milchert, Georg Müller, Rainer Pohl, Uwe Prell, Peter P. Rohrlach, Uwe Rühl,

Wolfgang Schäche, Jörg Schmalfuß, Michael Stoll, Horst Ulrich, Heinz Werner, Clemens Alexander Wimmer, Peter Jochen Winters, Ulrike Zieger.

Wirtschaft (Arbeitsmarkt, Wirtschaftsförderung, Land-, Forst- und Fischwirtschaft, produzierendes Gewerbe, Handel, Dienstleistungen, Messen und Kongresse, Tourismus), Haushalt und Finanzen: Alexander Eickelpasch, Werner Gahrig, Michael Gaedicke, Martin Georg Goerner, Wolf-Dietrich Groß, Michael Heine, Sabine Huth, Rainer Knigge, Jürgen Milchert, Georg Müller, Cordula Rinsche, Horst-Peter Schaeffer, Horst Ulrich, Dieter Vesper, Thomas Voigt.

Bibliographie: Peter P. Rohrlach.

Als zeitweilige redaktionelle Mitarbeiter haben zum Gelingen des Werkes beigetragen: Stefanie Börner, Werner Gahrig, Christian Koziol, Christine Laubsch, Gudrun Laue, Peter P. Rohrlach, Ferdinand Schwenkner, Udo Wetzlaugk, Falk Wünsch.

Für ihre Beratung, Unterstützung und Hilfe danken wir ferner Gisela Albrecht, Klaus-D. Baer, Gerhard Besier, Jürgen Brecht, Manfred Busche, Manfred Ehlert, Bernd Eisenfeld, Erwin Engels, Christian Fenner, Thorsten Görrissen, Fred Grätz, Hans Grüttner, Herwig E. Haase, Hans Hege, Hanns-Peter Herz, Dietrich Herzog, Rainer Höynck, Alfred Kernd'l, Peter Knauer, Bernd Krebs, Klaus von Krosigk, Hans Hermann Kuhls, Gisela v. Lampe, Andrea Laug, Richard Löwenthal (†), Joachim Nawrocki, Ferdinand Nowak, Rainer Pöllmann, Hans J. Reichhardt, Manfred Rexin, Dietmar Röhl, Ingrid Schade, Susanne Scheiter, Horst Schulze, Andreas Splanemann, Nicolaus Starost (†), Albrecht Steinecke, Oliver Wurl, Wolfgang Zehender.

A

AAA – Auto-Ausstellung Berlin: Die ab 1978 von der > AUSSTELLUNGS-MESSE-KONGRESS-GMBH (AMK BERLIN) zunächst unter dem Namen „AAA – Autos, Avus, Attraktionen" in zweijährigem Rhythmus jeweils im Oktober veranstaltete Auto-Ausstellung knüpft an alte Berliner Traditionen an. Nach einer ersten kleinen Autoschau 1897 im Hotel Bristol sahen im September 1899 rd. 100.000 Besucher die erste internationale Auto-Ausstellung des Mitteleuropäischen Motorwagen-Vereins im Exerzierhaus des Zweiten Garderegiments gegenüber dem > DEUTSCHEN THEATER im heutigen Bezirk > MITTE. Auf der Suche nach einem geeigneten Ort für Berlins Autosalons empfahl sich ab 1906 die neuerbaute Ausstellungshalle am > ZOOLOGISCHEN GARTEN. Der Wunsch der Automobilindustrie, ihre rasante technische Entwicklung der Öffentlichkeit angemessen darstellen zu können, führte 1913 zum Bau der > AVUS im Grunewald. Der Bau einer Automobilhalle in Charlottenburg konnte erst nach dem I. Weltkrieg verwirklicht werden. Mit der Deutschen Automobil-Ausstellung wurde sie 1921 gemeinsam mit der benachbarten Avus eingeweiht und diente fortan als Ausstellungszentrum der deutschen Automobilindustrie. Der II. Weltkrieg brachte eine weitere Zwangspause.
Alle Versuche, zwischen 1949 und 1951 die Tradition der Berliner Autosalons wieder aufzunehmen, scheiterten, da aufgrund der politisch-geographischen Situation Berlin der deutschen Automobilindustrie als Ausstellungsstandort nicht mehr geeignet erschien. So zog die zentrale deutsche Autoausstellung von Berlin nach Frankfurt/M., wo 1951 die erste Internationale Automobilausstellung (IAA) veranstaltet wurde. Von 1950 bis 1976 blieb es der > DEUTSCHEN INDUSTRIEAUSSTELLUNG vorbehalten, innerhalb ihres Rahmens im Zweijahresrhythmus eine kleine Berliner Autoschau zu zeigen. Die seit 1978 wieder eigenständige Ausstellung wurde 1982 in „AAA Berlin – Die Schau rund um das Auto"

umbenannt. Die Avus wurde nicht mehr in das Rahmenprogramm einbezogen. 1988 fand die Ausstellung erstmals unter der Bezeichnung „AAA'88 – Auto-Ausstellung-Berlin" statt.
Insbes. durch die > VEREINIGUNG ist die A. wieder zu einer der wichtigen Informations- und Werbeveranstaltungen für die deutsche und internationale Automobilindustrie geworden. Auf der AAA '90 vom 6.-14.10.1990, der ersten Auto-Ausstellung im vereinigten Deutschland, gaben 250 Aussteller (209 Inland/41 Ausland) aus 16 Ländern auf rd. 57.000 m² Ausstellungsfläche in 19 Messehallen und auf dem Freigelände einen umfassenden Überblick über den internationalen Automobilmarkt. Darunter waren alle deutschen Hersteller sowie alle wichtigen ausländischen Marken von Rang. Das verstärkte Engagement der in- und ausländischen Hersteller spiegelt das Interesse der internationalen Automobilindustrie, insbes. den gewaltigen Nachholbedarf in den fünf neuen Bundesländern sowie den ost- und mitteleuropäischen Staaten für eine Erschließung neuer Märkte zu nutzen.
Publikumswirksame Sonderschauen (1990 auf 2.895 m²) gehörten von je her zum Programm der A. 1990 verband das Motto „Autos – Trends – Ideen" das fachlich-informative wie unterhaltsame Begleitprogramm der Ausstellung. Die Messehalle 4 wurde unter dem Titel „Autos der 50er – Trends der 90er – Ideen für 2000" gestaltet, in Halle 3 waren „Motorräder der Fünfziger Jahre" zu bewundern und in Halle 9c wurden „Elektrofahrzeuge im praktischen Betrieb" gezeigt.
Insg. zählte die AAA '90 mit 263.195 Besuchern (111.374 mehr als 1988), darunter etwa 45.000 Fachbesuchern, einen neuen Publikumsrekord. Nach Schätzungen der Aussteller kamen 70 % der Schaulustigen aus den neuen Bundesländern. Für die AAA '92 soll die Ausstellungsfläche angesichts des starken Zuspruchs auf 100.000 m² nahezu verdoppelt werden.

Abfallwirtschaft: Im vereinten Berlin fielen 1991 rd. 2,4 Mio. Tonnen Abfälle aus Haushalten, Gewerbebetrieben, Industrie sowie bei der *Straßenreinigung* an. Arbeitsfelder der A. sind weitestgehende Verwertung, umweltgerechte Behandlung und Beseitigung der Abfälle, aber auch Maßnahmen zu deren Vermeidung und Verminderung.

Die Grundsätze der A. sind z.T. in Bundesgesetzen geregelt, wie auch der Vorrang der Vermeidung und Verwertung vor der Beseitigung. Zur Wahrung des Wohls der Allgemeinheit sind aber auch Zuständigkeiten festgeschrieben, die in den einzelnen Bundesländern in einem gewissen Rahmen gestaltbar sind. So sind in Berlin die > BERLINER STADTREINIGUNGS-BETRIEBE (BSR) die „entsorgungspflichtige Körperschaft". In Bereichen wie Einsammlung und Transport von hausmüllähnlichem Gewerbeabfall und Sonderabfällen sowie in allen Bereichen des > RECYCLINGS sind außerdem noch ein Reihe privater Entsorgungsunternehmen tätig.

Nachdem die Deponierung von Abfällen innerhalb West-Berlins in den 60er Jahren aus Platzgründen immer problematischer wurde, wurde 1967 die *Müllverbrennungsanlage* in > RUHLEBEN in Betrieb genommen. Dennoch war absehbar, daß das Volumen der vorhandenen Deponien > LÜBARS, > MARIENFELDE und > WANNSEE in naher Zukunft verfüllt sein würde. Der Bau einer zweiten Verbrennungsanlage in West-Berlin wurde mit einem 1974 zwischen dem > SENAT VON BERLIN und der DDR über einen Zeitraum von 20 Jahren abgeschlossenen sog. Langfristvertrag überflüssig. Er regelte die Verbringung von Abfällen zu den Deponien Vorketzin und Schöneiche.

Seit 1977/78 sind die beiden Umladestationen in Ruhleben und > BRITZ in Betrieb, in denen die West-Berliner Abfälle verpreßt und von dort aus in Großtransportern zu den genannten – heute von der MEAB (Märkische Entsorgungsanlagen Gesellschaft mbH) betriebenen – Deponien gebracht werden. Die West-Berliner Deponien wurden nach Verfüllung geschlossen und z.T. renaturiert, als letzte 1979 die Anlage in Wannsee. Seit 1975 wird auf dieser Deponie das entstehende Deponiegas in 133 Gasbrunnen gesammelt und zum Betrieb eines Blockheizkraftwerkes genutzt (> ALTERNATIVE ENERGIEN). Auf einem Teil des insg. 54 ha großen Geländes betreibt die BSR heute eine Kompostierung der Bioabfälle. 1991 konnten ca. 9.000 t Kompost erzeugt und an Betriebe und Privatpersonen verkauft werden.

Für das ehem. Ost-Berlin wurden die Deponien Schwanebeck, Wernsdorf und Schöneicher Plan sowie die Müllverbrennungsanlage > LICHTENBERG genutzt. Auf die Deponien wird nach der > VEREINIGUNG Berlins auch heute noch der Müll aus den östlichen Bezirken gebracht und zwar auf die am Stadtrand gelegenen Deponien Schwanebeck und Wernsdorf direkt mit den Sammelfahrzeugen. Für die Deponie Schöneicher Plan werden die Abfälle auf der Bahnverladeanlage > HEINERSDORF im Bezirk > PANKOW auf die Schiene umgeladen. Die von der EBAG (> ENERGIEVERSORGUNG BERLIN AKTIENGESELLSCHAFT) betriebene MVA Lichtenberg soll spätestens Ende 1992 geschlossen werden, da sie die Umweltstandards nicht erfüllt.

Der Bau einer zweiten Verbrennungsanlage innerhalb der Grenzen Berlins ist dringend erforderlich. Die zuständige > SENATSVERWALTUNG FÜR STADTENTWICKLUNG UND UMWELTSCHUTZ sucht z.Z. nach einem geeigneten Standort.

Im Bereich der A. ist eine enge Zusammenarbeit zwischen Berlin und dem Land Brandenburg unabdingbar. So gibt es auch bereits Entwürfe für ein gemeinsames Abfallkonzept Berlin/Brandenburg. Aber auch über Sanierungsmaßnahmen für die Altdeponien und v.a. deren Finanzierung wird beraten.

Ein weiterer Bereich der A. ist die Sonderabfallentsorgung. Ende der 80er Jahre war für den verbrennbaren Berliner *Sondermüll* mit West-Berliner Geldern – als Kompensation für Einnahmeausfälle der DDR aus dem Rückgang der ursprünglich im Langfristvertrag vereinbarten Müllmenge – eine Sondermüll-Verbrennungsanlage bei Schöneiche gebaut worden. Auch diese Anlage wird von der MEAB betrieben und befindet sich z.Z. im Vermögen der > TREUHANDANSTALT.

Anfang 1992 haben die BSR in Ruhleben eine moderne Emulsionsspaltanlage in Betrieb genommen, in der ein Teil der Berliner Sonderabfälle behandelt wird. Sie ist allerdings nur eine Interimsanlage, die in den geplanten Gesamtkomplex einer chemisch-physikalischen Behandlungsanlage integriert wird. Verträge mit westdeutschen Entsorgungsfirmen sichern z.Z. die Sonderabfallentsorgung Berlins. Zwei Sonderabfall-Zwischenläger der BSR dienen dem Zusammenstellen von wirtschaftlichen Transporten und der sicheren Lagerung der Sonderabfälle bis zum Abtransport in zugelassene Entsorgungsanlagen.

Abgeordnetenhaus von Berlin (AbgH): Das 1992 noch im > RATHAUS SCHÖNEBERG – der Umzug in das Gebäude des ehem. > PREUSSISCHEN LANDTAGES ist für 1993 vorgesehen – ansässige AbgH ist nach Art. 25 Abs. 1 der > VERFASSUNG VON BERLIN (VvB) von 1950 „die von den wahlberechtigten Deutschen gewählte Volksvertretung". Zusammensetzung, Arbeitsweise und Aufgaben sind in den Abschnitten III (Art. 25-39) und V (Art. 45-49) der VvB, in der Geschäftsordnung, die sich das Parlament selbst gibt (Art. 29), und in ergänzenden Gesetzen geregelt. Das 1. AbgH wurde am 3.12.1950 gewählt. Bedingt durch die > SPALTUNG der Stadt konnte das AbgH bis zum Ende der 11. Wahlperiode am 11.1. 1991 seine Funktion als *Landesparlament* lediglich in West-Berlin ausüben. Mit dem Zusammentritt des aus den Gesamt-Berliner Wahlen vom 2.12.1990 hervorgegangenen AbgH der 12. Wahlperiode am 11.1.1991 endete nicht nur die 11. Wahlperiode des AbgH, sondern auch die Wahlperiode der Ost-Berliner > STADTVERORDNETENVERSAMMLUNG; seitdem ist das AbgH für ganz Berlin zuständig.

Das AbgH besteht von der 13. Wahlperiode an aus mindestens 150 in allgemeiner, gleicher, geheimer und direkter Wahl gewählten *Abgeordneten* (Art. 25, 26). Die frühere Zahl von mindestens 200 konnte erst nach der > VEREINIGUNG in der 12. Wahlperiode erstmals ausgeschöpft werden. Die VvB bezog sich zwar auch während der Teilung der Stadt auf ganz Berlin, doch konnten die Ost-Berliner nicht mitwählen, so daß nur eine dem West-Berliner Anteil an der Gesamt-Berliner Bevölkerung entsprechende Zahl von Abgeordneten gewählt wurde. Aufgrund des komplizierten Wahlsystems bestand das AbgH jedoch durch Überhang- und Ausgleichsmandate stets aus wesentlich mehr Mitgliedern als der Mindestzahl (bspw. in der 11. Wahlperiode Mindestzahl 119, tatsächlich 138 Abgeordneten; in der 12. Wahlperiode Mindestzahl 200 tatsächlich 241 Abgeordnete).

Das AbgH wird für vier Jahre gewählt (Art. 39). Eine Ausnahme bildet die 12. (fünfjährige) Wahlperiode 1990-95 (Art. 87a). Eine neue Wahlperiode beginnt spätestens sechs Wochen nach den > WAHLEN mit dem ersten Zusammentreten des Plenums, womit zu-

gleich die vorherige Wahlperiode endet. Das AbgH kann mit einer Mehrheit von zwei Dritteln seiner Mitglieder beschließen, die Wahlperiode vorzeitig zu beenden. Möglich ist auch ein Volksentscheid zur vorzeitigen Beendigung der Wahlperiode (> VOLKSBEGEHREN/VOLKSENTSCHEID). Der Parlamentsbeschluß hat aber ebenso wie der Volksentscheid nicht die sofortige Beendigung der Wahlperiode zur Folge, sondern bewirkt zunächst nur die Notwendigkeit vorzeitiger Neuwahlen: Sie müssen spätestens acht Wochen nach dem Beschluß des AbgH bzw. nach Bekanntgabe des Volksentscheides stattfinden. Erst mit dem Zusammentritt des aus den Neuwahlen hervorgegangenen AbgH

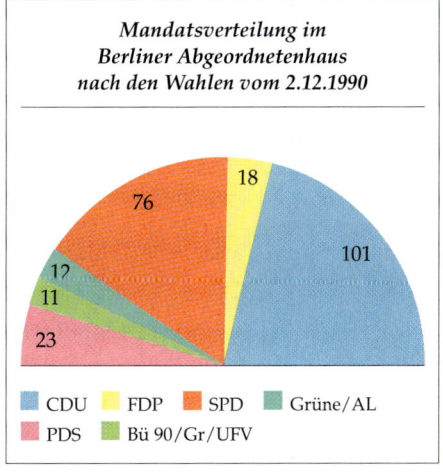

Mandatsverteilung im Berliner Abgeordnetenhaus nach den Wahlen vom 2.12.1990

76   18
12   101
11
23

■ CDU   ■ FDP   ■ SPD   ■ Grüne/AL
■ PDS   ■ Bü 90/Gr/UFV

endet die bisherige Wahlperiode; das gilt gleichermaßen bei regulären wie bei vorgezogenen Neuwahlen. Eine verkürzte Wahlperiode gab es bisher zweimal. Das 1979 gewählte 8. AbgH faßte 1981 unter dem Eindruck von Unterschriftensammlungen für ein Volksbegehren als Vorstufe des Volksentscheids den Beschluß, die Wahlperiode vorzeitig zu beenden. Das 1989 gewählte 11. AbgH beschloß 1990 die vorzeitige Beendigung der Wahlperiode als Voraussetzung der Gesamt-Berliner Wahl am 2.12.1990. Mit Ausnahme der 12. gilt die Dauer der Wahlperiode des AbgH auch für die > BEZIRKSVERORDNETENVERSAMMLUNGEN.

In seiner konstituierenden Sitzung wählt das Plenum aus seiner Mitte für die Dauer der Wahlperiode den *Präsidenten des Abgeordnetenhauses*, ferner die übrigen Mitglieder des *Präsidiums des Abgeordnetenhauses*, nämlich die Vizepräsidenten und Beisitzer (Art. 28).

Die Fraktionen sind im Präsidium entsprechend ihrer Stärke vertreten, jedoch stellt jede Fraktion mind. einen Beisitzer. Außerdem wird der aus dem Präsidenten, den Vizepräsidenten sowie einer vom Parlament festgesetzten Zahl von Abgeordneten bestehende *Ältestenrat* eingesetzt. Präsidium und Ältestenrat unterstützen als Lenkungsgremien für die innere Organisation und den Arbeitsablauf des Parlaments den Präsidenten bei seinen Aufgaben. Der Präsident beruft das AbgH ein, führt unparteiisch seine Geschäfte und vertritt es nach außen. Er beruft die Sitzungen ein, übt das Hausrecht und die Polizeigewalt in den Räumen des AbgH aus (Art. 30, 37). Er ist oberste Dienstbehörde der Beamten der Parlamentsverwaltung und übt die Rechte des Arbeitgebers für die beim Parlament beschäftigten Arbeitnehmer aus.

Die Präsidenten des Abgeordnetenhauses von Berlin

Otto Suhr	Jan. 1951 -	Jan. 1955
Willy Brandt	Jan. 1955 -	Okt. 1957
Kurt Landsberg	Okt. 1957 -	März 1958
Willy Henneberg	März 1958 -	Sept. 1961
Otto Bach	Sept. 1961 -	April 1967
Walter Sickert	April 1967 -	April 1975
Peter Lorenz	April 1975 -	Dez. 1980
Heinrich Lummer	Dez. 1980 -	Juni 1981
Peter Rebsch	Juni 1981 -	März 1989
Jürgen Wohlrabe	März 1989 -	Jan. 1991
Hanna-Renate Laurien	seit Januar 1991	

Das AbgH tagt öffentlich i.d.R. an jedem zweiten und vierten Donnerstag im Monat. Es ist beschlußfähig, wenn mehr als die Hälfte der Abgeordneten anwesend ist (Art. 31). Der Präsident bzw. ein Vizepräsident und zwei Beisitzer bilden das amtierende Präsidium. Der amtierende Präsident eröffnete bis Ende 1989 jede Plenarsitzung mit folgenden Mahnworten zur Wiedervereinigung: „Ich eröffne die ... Sitzung des Abgeordnetenhauses von Berlin und bekunde unseren unbeugsamen Willen, daß die Mauer fallen und Deutschland mit seiner Hauptstadt Berlin wieder vereinigt werden muß." Die Mahnworte wurden seit 1955 gesprochen; der Hinweis auf die > Mauer wurde 1962 eingefügt. Die Formel wurde durch Mehrheitsbeschluß des Plenums am 18.1.1990 abgeschafft.

Das AbgH und seine *Ausschüsse* können die Anwesenheit der Mitglieder des Senats fordern (Art. 34). Niemand darf wegen wahrheitsgetreuer Berichte über die öffentlichen Verhandlungen des AbgH und seiner Ausschüsse zur Verantwortung gezogen werden (Art. 36).

Zu Beginn der Wahlperiode setzt das AbgH ständige Ausschüsse ein (Art. 32). Nach der Geschäftsordnung steht jedem Senatsressort mind. ein Fachausschuß gegenüber. Das 12. AbgH hat 23 ständige Ausschüsse gebildet, darunter einen neuen *Parlamentsausschuß für die Zusammenarbeit der Länder Berlin und Brandenburg*. Die Ausschüsse tagen im wesentlichen öffentlich. Zu den wenigen Ausnahmen zählt der Petitionsausschuß. An den *Petitionsausschuß* (Art. 32) können sich alle Bürger, auch Ausländer, mit Eingaben und Beschwerden gegen Verwaltungsentscheidungen wenden. Der Ausschuß kann hierzu Empfehlungen an den Senat beschließen.

Sonderausschüsse werden für klar begrenzte Aufträge eingesetzt. Zu nennen sind insbes. die Untersuchungsausschüsse (Art. 33). Ein *Untersuchungsausschuß* muß auf Verlangen eines Viertels der Mitglieder des AbgH vom Plenum eingesetzt werden. Der Untersuchungsausschuß besteht aus Abgeordneten und dient der Aufklärung von Mißständen oder Skandalen. Zur Wahrheitsfindung ist er aufgrund des Gesetzes über die Untersuchungsausschüsse des AbgH mit weitgehenden Vollmachten ausgestattet. Behörden und Gerichte sind zur Amtshilfe verpflichtet. Zur öffentlichen Beweiserhebung dienen Akten und Unterlagen sowie die Anhörung von Zeugen, die vereidigt werden können. Sämtliche Ausschüsse spiegeln in ihrer Zusammensetzung die Mehrheitsverhältnisse im Plenum wider. Alle Fraktionen erhalten daher einen ihrer Stärke entsprechenden Anteil an Sitzen in jedem Ausschuß.

Von den Ausschüssen zu unterscheiden ist die *Enquete-Kommission*. Ihr gehören Abgeordnete und Sachverständige an. Sie erarbeitet Materialien und Vorschläge für größere Reformvorhaben. So hat sich am 11.2.1992 die Enquete-Kommission Verfassungs- und Parlamentsreform konstituiert, die den Auftrag hat, Empfehlungen zur Überarbeitung der VvB (vgl. Art. 88 Abs. 2) und zur Parlamentsreform zu unterbreiten.

Die wesentlichen Aufgaben des AbgH sind die Wahl des > Regierenden Bürgermeisters von Berlin (RBm) und des Senats (Art. 41), die Kontrolle der Exekutive und die *Gesetzgebung* (Art. 45-48). Das AbgH kann mit der

Mehrheit seiner Mitglieder in namentlicher Abstimmung den Gesamtsenat oder einzelne *Senatoren* und den RBm über ein *Mißtrauensvotum* zum Rücktritt zwingen (Art. 42).

Die vom Senat oder von den Fraktionen eingebrachten Gesetzentwürfe werden nach der ersten Lesung im Plenum in den zuständigen Fachausschüssen beraten und, mit einer Beschlußempfehlung versehen, dem Plenum zur zweiten Lesung und Entscheidung zugeleitet. Eine dritte Lesung ist in Berlin nur auf Verlangen des Parlamentspräsidenten oder des Senats möglich und äußerst selten (Art. 45). Die *Landesgesetze* treten in Kraft, nachdem sie vom Plenum beschlossen, vom Präsidenten ausgefertigt und vom RBm im > GESETZ- UND VERORDNUNGSBLATT FÜR BERLIN verkündet worden sind. Zur Gesetzgebung gehört als wichtigstes das Budgetrecht des Parlaments mit dem jährlichen Landeshaushaltsgesetz und dem Landeshaushaltsplan (> HAUSHALT UND FINANZEN).

Der Kontrolle des Senats und der Verwaltung dienen das Frage-, das Antrags- und Untersuchungsrecht, das Recht auf Berichte und Vorlagen des Senats sowie das Recht zur Anhörung von Zeugen und Sachverständigen in den Ausschussen. Schriftlich gestellte Kleine Anfragen von einzelnen Abgeordneten werden vom Senat schriftlich beantwortet. Mündliche Anfragen einzelner Abgeordneter werden in der Fragestunde zu Beginn jeder Plenarsitzung vom jeweils zuständigen Senatsmitglied beantwortet. Große Anfragen der Fraktionen oder von mind. zehn Abgeordneten und ihre Beantwortung im Plenum, seltener in den Ausschüssen, durch die zuständigen Senatsmitglieder sind mit einer Aussprache verbunden. Die Aktuelle Stunde auf Initiative der Fraktionen oder von mind. zehn Abgeordneten dient der Plenaraussprache über ein aktuelles Thema von allgemeinem Interesse.

Auf Vorschlag des Senats wählt das AbgH den Präsidenten des > RECHNUNGSHOFES VON BERLIN, den > BERLINER DATENSCHUTZBEAUFTRAGTEN, den Polizeipräsidenten, die Generalstaatsanwälte (> STAATSANWALTSCHAFTEN) und die Präsidenten der obersten Landesgerichte. Auf Vorschlag der Fraktionen werden u.a. die Mitglieder der *Bundesversammlung* zur Wahl des > BUNDESPRÄSIDENTEN bestellt, ferner die Mitglieder des am 26.3. 1992 errichteten Verfassungsgerichtshofes gewählt (> VERFASSUNGSGERICHTSHOF).

Ohne Genehmigung des Präsidenten darf in den Räumen des AbgH keine Durchsuchung oder Beschlagnahme erfolgen. Zum Schutz des Parlaments besteht um das Tagungsgebäude eine *Bannmeile*, deren Grenzen im Gesetz über die Befriedung des Tagungsortes des AbgH von Berlin aufgeführt sind. Innerhalb dieser Straßen sind Versammlungen unter freiem Himmel und Aufzüge verboten, sofern nicht der Präsident im Einvernehmen mit dem Senator für Inneres Ausnahmen zuläßt (> SENATSVERWALTUNG FÜR INNERES).

Zur Sicherung der freien Mandatsausübung dürfen Abgeordnete wegen ihres Abstimmungsverhaltens oder wegen ihrer Äußerungen in Ausübung des Mandats nicht außerhalb des Parlaments zur Verantwortung gezogen werden (Art. 35 Abs. 1; Indemnität). Sie haben das Recht, Angaben über Personen, die ihnen in ihrer Eigenschaft als Abgeordnete Mitteilungen gemacht haben, und die Herausgabe von Schriften, die sie als Abgeordnete erhalten haben, zu verweigern. Strafverfolgung und Verhaftung von Abgeordneten sind nur mit Genehmigung des Parlaments möglich, es sei denn, ein Abgeordneter wird bei Ausübung der Tat festgenommen (Immunität).

Im Sinne der Gewaltenteilung sind nach den Inkompatibilitätsregelungen bestimmte Tätigkeiten im öffentlichen Dienst mit einem Mandat im AbgH unvereinbar. Beamte und Angestellte in den Senatsverwaltungen, der Parlamentsverwaltung, den Gerichtsverwaltungen, Berufsrichter, der Präsident des Rechnungshofes und der Datenschutzbeauftragte, Bezirksbürgermeister und Stadträte scheiden mit dem Erwerb der Mitgliedschaft im AbgH aus ihrer beruflichen Funktion aus. Die Abgeordneten haben zur Aufnahme in das Handbuch des AbgH folgendes anzugeben, damit Interessenkollisionen erkannt werden können: die gegenwärtig ausgeübten Berufe, soweit sie in Erwartung der Mandatsübernahme oder in Zusammenhang mit ihr aufgegeben worden sind, sowie bestimmte vergütete und ehrenamtliche Tätigkeiten für Unternehmen, Verbände und sonstige Institutionen.

Die Abgeordneten erhalten für die Ausübung des Mandats eine Entschädigung (*Diäten*), die durch Gesetz festgelegt ist (Art. 38). Zum 1.7.1990 wurde die zu versteuernde monatliche Diät auf 4.790 DM festgesetzt, die monatliche steuerfreie Kostenpauschale beläuft sich seit dem 1.1.1989 auf 1.300 DM. Der Präsident erhält die doppelte, die Vizepräsidenten erhalten die anderthalbfache, öffentliche Bedienstete die halbe Diät. Der Anspruch auf Altersversorgung richtet sich nach der Dauer des Mandats und dem Lebensalter. Die Abgeordneten haben Anspruch auf freie Benutzung der öffentlichen Verkehrsmittel des Landes Berlin. Die Freifahrtberechtigung wird von den Mitgliedern des AbgH durch den ihnen ausgestellten Ausweis über ihre Abgeordneteneigenschaften nachgewiesen.

Abgußsammlung antiker Plastik: Die A. wurde am 9.12.1988 in einem neu hergerichteten Gebäude in der Schloßstr. 19b im Bezirk > CHARLOTTENBURG neben dem > ÄGYPTISCHEN MUSEUM eröffnet. Auf ca. 1000 m² Fläche stellt sie ca. 700 Exponate überwiegend griechischer und römischer Skulpturen aller Kunstepochen zur Schau. Neben Stücken aus der > GIPSFORMEREI, mit der die A. eng zusammenarbeitet, werden Abgüsse aus Museen und Formereien nahezu aller europäischen Länder, den USA, Nordafrikas und des Vorderen Orients gezeigt. Die A. setzt die Tradition der durch Kurfürst Friedrich III. (I.) 1695 begründeten A. fort, die ab 1829 in den Königlichen Museen für die Öffentlichkeit zugänglich war, später wegen Raummangels dem Archäologischen Institut der Friedrich-Wilhelms-Universität übergeben wurde, wo sie bis zu ihrer Zerstörung 1945 blieb. Mit ca. 2.500 Abgüssen war die A. die größte der Welt. Träger der heutigen A. ist das Seminar für Klassische Archäologie der > FREIEN UNIVERSITÄT BERLIN. Bei der Einrichtung des neuen Museums wirkten die > STAATLICHEN MUSEEN Preußischer Kulturbesitz, die > SENATSVERWALTUNG FÜR KULTURELLE ANGELEGENHEITEN, die als Hausherr das Gebäude zur Verfügung stellt, die > SENATSVERWALTUNG FÜR FINANZEN und die > SENATSVERWALTUNG FÜR BAU- UND WOHNUNGSWESEN, die den Um- und Erweiterungsbau ermöglichten, zusammen. Die A. hat z.Z. keinen eigenen Etat, sie ist auf die freiwillige Hilfe von Studenten und sonstigen Mitarbeitern angewiesen. Zur Unterstützung ihrer Arbeit wurde 1988 ein „Verein Freunde und Förderer der Abgußsammlung antiker Plastik e.V." gegründet. Die A. dient der Forschung und Lehre, ist aber auch dem Publikum zugänglich. Zu den Aufgaben der A. gehört ferner die fotografische Erschließung von Skulpturen. Sie zeigt im Jahr ca. vier Wechselausstellungen moderner Kunst.

Adlershof: A. ist ein Ortsteil im Südosten des Bezirks > TREPTOW. Umgrenzt wird er im Osten vom > BERLINER AUSSENRING, im Süden vom > TELTOWKANAL und im Westen von der Görlitzer > EISENBAHN mit dem Betriebsbahnhof Schöneweide der > DEUTSCHEN REICHSBAHN. An den königlichen Forstbesitz, der einst das ganze Gebiet einnahm, erinnert das Landschaftsschutzgebiet *Köllnische Heide*, das A. nach Norden gegenüber dem Treptower Ortsteil > NIEDERSCHÖNEWEIDE abgrenzt.

Die Ansiedlung entstand Mitte des 18. Jh. im Bereich der heutigen Dörpfeldstr., deren Nr. 28 – wenngleich in verändertem Zustand – eine letzte Erinnerung hieran ist. Auf einem „Im süßen Grunde" genannten, zu > KÖPENICK gehörenden Plantagenland entstand 1753 eine Maulbeerplantage, bei der schon im Folgejahr ein „Adlershoff" benanntes Erbzinsgut in Erscheinung tritt, in dessen Umgebung sich rasch eine aufblühende Kolonie entwickelte. Das Vorwerk A. und die Kolonie Süßengrund wurden 1879 zur eigenständigen Landgemeinde A. zusammengefaßt, die 1903 durch die Zuteilung von 500 ha königlicher Forsten aus > GRÜNAU eine erhebliche Ausdehnung erfuhr.

1851 gründete der Apotheker Ernst Schering hier als erste Industrieansiedlung den Stammbetrieb der heutigen Schering-Werke im > WEDDING. Nach Errichtung eines eigenen Bahnhofs (1874) an der 1866 eröffneten Eisenbahnstrecke nach Görlitz, beschleunigte sich die Niederlassung weiterer Fabriken und Gewerbebetriebe, was die Entwicklung von A. zum Berliner Vorort verstärkte.

Der gleichzeitig zunehmende Wohnungsbau ist durch viele gute Beispiele vertreten: so durch die von Gabriel Wohlgemuth 1886-89 für die Berliner Baugenossenschaft errichtete Arbeitersiedlung an der Genossenschaftsstr. 37-68, und im Bereich des Adlergestells durch mehrere geschlossene Komplexe, repräsentativ für den Wohnungsbau der 20er Jahre, u.a. von Ludwig Hilberseimer und Willy Mühlau. Für die seit 1896 selbständige evangelische Kirchengemeinde entwarf Robert Leibnitz in historisierenden Formen der Spätromantik die 1899/1900 errichtete *Verklärungskirche* an der Arndtstr. Die nahegelegene katholische *Christus-König-Kirche*, 1928/29 nach Entwurf von Karl Kühn gebaut, beeindruckt durch eine neue Baugesinnung und hervorragende Geschlossenheit der Gesamtanlage.

Von 1945-90 gehörte A. mit dem Bezirk

Treptow zu Ost-Berlin (> SEKTOREN). In der Nähe des S-Bahnhofs A. an der Rudower Chaussee erstrecken sich die umfangreichen Anlagen des ehem. *Deutschen Fernsehfunks (DFF)* der DDR, von denen aus das DDR-Fernsehen am 21.12.1952 seinen regelmäßigen Sendebetrieb aufnahm (> FERNSEHEN). Unmittelbar benachbart fanden nach 1949 elf Einrichtungen der > AKADEMIE DER WISSEN-SCHAFTEN DER DDR, insbes. die Forschungsbereiche Chemie, Mathematik und Physik, mit insg. 5.000 Beschäftigten ihre Heimstatt. Nach Auflösung des Senders und der Akademie im Zuge der > VEREINIGUNG ist hier für die nächsten Jahre der Aufbau eines Medien- und Synchronisationszentrums bzw. eines Wissenschafts- und Technologiezentrums geplant. Im September 1991 wurde auf dem von der > GEWERBESIEDLUNGS-GESELLSCHAFT MBH verwalteten, 76 ha großen ehem. Akademiegelände ein > INNOVATIONS- UND GRÜN-DERZENTRUM eröffnet. Auch die > DEUTSCHE FORSCHUNGSANSTALT FÜR LUFT- UND RAUMFAHRT E.V., die > BUNDESANSTALT FÜR MATERIALFOR-SCHUNG UND -PRÜFUNG (BAM) und die Naturwissenschaftlichen Fakultäten der > HUM-BOLDT-UNIVERSITÄT werden zukünftig hier vertreten sein. Außerdem ist die Errichtung eines zweiten Elektronenspeicherringsynchrotrons beabsichtigt (> BERLINER ELEK-TRONENSPEICHERRING – GESELLSCHAFT FÜR SYN-CHROTRONSTRAHLUNG).

Die gegenüberliegenden einstigen Kasernen des *Wachregiments „Feliks Dzierzynski"* des > STAATSSICHERHEITSDIENSTES der DDR an der Rudower Chaussee 16-25 werden heute vom überbezirklichen Kulturzentrum *Come In* mit > MUSIKSCHULE, Kino und vielen anderen Möglichkeiten für Freizeitaktivitäten genutzt sowie als Treptows größter Sportanlage, dem *Sportzentrum für Freizeit und Gesundheit.* Die vom Bezirksamt unterhaltene Einrichtung mit einer großen Schwimmhalle hält ein breites Angebot von Gesundheits- und Sportkursen bereit, das von Popgymnastik bis zu speziellen Kursen für Herzkranke, Asthmatiker oder Diabetiker reicht. Außerdem dient die weitläufige Anlage als Einkaufs- und Gewerbezentrum.

Admiralspalast: Der 1910 als Badehaus errichtete A. in der > FRIEDRICHSTRASSE 101/102 im Bezirk > MITTE beherbergt heute das > METROPOL-THEATER sowie das politische Kabarett > DIE DISTEL. 1867 wurde bei Bauarbeiten in der Friedrichstr. zufällig eine Solquelle entdeckt, für die 1873/74 die Architekten Walter Kyllmann und Adolph Heyden ein Badehaus errichteten. Dieses repräsentative „Admiralsgartenbad" nahm unter den Bädern der Reichshauptstadt bald eine bevorzugte Stellung ein. Anfang des Jahrhunderts gab es Pläne, es zu einem Sport- und Unterhaltungs-Etablissement umzugestalten. Ab 1910 wurde nach Plänen der Architekten Heinrich Schweitzer und Alexander Diepenbrock der A. als Mehrflügelbau um einen Innenhof zwischen Friedrich- und der heutigen Planckstr. errichtet. Er ist im Äußeren weitgehend erhalten.

Die viergeschossige Hauptfassade ist durch dorische Granitwandsäulen gegliedert und mit reichem Reliefschmuck versehen. Der rückwärtige Trakt erhielt exotisch-ornamentalen und figürlichen Klinkerdekor. Das Hauptbadebecken war 14 x 5 m groß und wurde durch eine große Zahl römisch-russischer Bäder und besondere Herren- und Damenbaderäume ergänzt, die mit Karlsruher Majolikaplastiken und Mosaikbildern im klassischen Stil verziert waren. Außerdem gab es eine Eislaufbahn von ca. 50 m Länge und 23 m Breite, im 1. Stock ein exklusives Café und im 2. und 3. Stock ein Lichtspieltheater.

1922 erfolgte nach Entwürfen der Architekten Oskar Kaufmann und Richard Wolffenstein ein grundlegender Umbau v.a. des Mittelflügels zum *Theater im Admiralspalast* mit zwei Rängen und 2.200 Plätzen. Es war zunächst ein Weltvarieté und dann Revuetheater, in dem u.a. die berühmten Haller-Revuen zur Aufführung kamen (> VARIETÉ; > LEICHTE MUSIK). Weitere Umbauten erfolgten 1931 und 1939 entsprechend den sich ändernden Zwecken des Theaters. Mitte der 30er Jahre entwickelte es sich zu einem Operettentheater. Nach dem II. Weltkrieg fand im A. vom 21.-22.4.1946 der *Vereinigungsparteitag* der ostzonalen Kommunistischen Partei Deutschlands (KPD) mit der > SOZIALDEMO-KRATISCHEN PARTEI DEUTSCHLANDS (SPD) statt. Nach der > SPALTUNG der Stadtverwaltung wurde hier im November 1948 Friedrich Ebert zum > OBERBÜRGERMEISTER von Ost-Berlin gewählt. Bis 1955 diente der Bau der > DEUTSCHEN STAATSOPER als Spielstätte, dann zog das Metropol-Theater ein. Gleichfalls wurde das Gebäude vom „Haus der Presse", mit Clubräumen des ehem. Verbands der Journalisten der DDR (VDJ), genutzt.

AEG-Turbinenhalle: Die 1909 nach Plänen des Architekten Peter Behrens im Stil des „Neuen Bauens" errichtete A. an der Huttenstr./Ecke Berlichingenstr. im Bezirk > TIERGARTEN wird heute von der Kraftwerk Union Berlin (KWU) genutzt. Sie gilt als bahnbrechendes Beispiel der Industriearchitektur. Die stählernen Tragsysteme der 25 m

AEG-Turbinenhalle

hohen A. ruhen auf 14 Dreigelenkbindern, die auf Betonsockeln in ca. 1,5 m Höhe liegen. Sie dienen als Stützen für zwei Laufkräne mit je 50 t Tragkraft. Die 1939 von 110 m auf 207 m verlängerte Halle hat nunmehr 26 Achsen. Licht erhält die A. durch die fast voll verglasten Zwischenräume der Stahlkonstruktion und große Fenster an der Schmalseite sowie sattelförmige Oberlichter im fünffach gebrochenen Dach. An der Stirnseite zur Huttenstr. befindet sich das ursprüngliche wabenförmige Firmenzeichen der Fa. AEG, über den Fenstern darunter das Wort „Turbinenfabrik". An die Hofseite schließt sich eine zweistöckige, unterkellerte Seitenhalle an. Die seit 1956 unter Denkmalschutz stehende A. wurde 1978 restauriert. (> DENKMALSCHUTZ)

Ägyptisches Museum: Das zu den > STAATLICHEN MUSEEN ZU BERLIN zählende Ä. der > STIFTUNG PREUSSISCHER KULTURBESITZ zeigt seine Ausstellungen 1992 an zwei Standorten: zum einen im > BODE-MUSEUM auf der > MUSEUMSINSEL und zum anderen im zum > MUSEUMSZENTRUM CHARLOTTENBURG gehörenden östlichen Stülerbau in der Schloßstr. 70. Beide Standorte werden langfristig auf der Grundlage der durch die Stiftung nach der > VEREINIGUNG verabschiedeten Neuordnung der Berliner Museumslandschaft aufgehoben. Neuer Standort der dann zusammengeführten Sammlungsteile wird nach dessen

Wiederherstellung – etwa im Jahr 2000 – das > NEUE MUSEUM auf der Museumsinsel werden (> MUSEEN UND SAMMLUNGEN).

Die Ausstellung des Ä. im Bode-Museum vermittelt in zwölf Räumen in historischer Abfolge einen Überblick über die Kunst und Kulturgeschichte Ägyptens von ihren Anfängen im 5. Jh. v. Chr. bis hin zur Kunst der christlichen Kopten n. Chr., wobei die Skulpturen, Reliefe und Sarkophage einen hohen Stellenwert einnehmen. Besonders hervorzuheben sind aus der Frühzeit ägyptischer Kunst die Skulptur eines Pavians des Königs Narmer aus der Zeit um 3000 v. Chr., der als die erste ägyptische Großplastik gilt. Die Periode des Alten Reiches (2640-2135 v. Chr.) wird u.a. durch die Statue des Gutsvorstehers Der-senedj aus rotem Granit (2500 v. Chr.) sowie durch eine große Anzahl hervorragender Sandsteinreliefs mit Szenen aus dem Leben der herrschenden Schichten wie auch aus denen des Volkes repräsentiert. Besonders wertvoll ist der Komplex von Skulpturen aus der Zeit König Amenophis IV./Echnaton (1353-1336 v. Chr.) und seiner Gemahlin Nofretete, der 1911-14 unter Leitung des Berliner Ägyptologen Ludwig Borchardt in Tell-el-Amarna ausgegraben wurde. Künstlerische Höhepunkte sind hier die Köpfe und eine Statue der Königin Nofretete (um 1350 v. Chr.) sowie ein Kalksteinrelief mit der Darstellung König Echnatons aus der gleichen Zeit. Ebenfalls mit bedeutenden Beispielen vertreten sind die Keramik, die Goldschmiede- und Bronzekunst. Einen eigenen Komplex innerhalb der Ausstellung bildet die *Papyrussammlung* des Ä. Mit der Rekonstruktion der Opferkammer des Beamten Merib (2450 v. Chr.) sowie mit einem dem Mumien gewidmeten Ausstellungsabschnitt wird das Bestattungswesen und der Totenkult innerhalb der ägyptischen Gesellschaft dargestellt. Aufgrund begrenzter Räumlichkeiten können zahlreiche Monumentalskulpturen, Steinsarkophage und originale Opferkammern nicht gezeigt werden. Im östlichen Stülerbau des Museumszentrums Charlottenburg zeigt das Ä. jenen Teil seiner Sammlung, der während des Krieges in den westlichen Teil Deutschlands ausgelagert und nach 1945 nicht mehr auf die Museumsinsel zurückgekehrt war. Zu den Hauptstücken gehören sammlungsgeschichtlich bedingt auch hier die Funde aus Tell-el-Amarna mit dem farbigen Kopf der Königin Nofretete (um 1350 v. Chr.), einem kleinen aus Eibenholz gefertigten Kopf der Königin Teje (um 1360 v. Chr.) sowie vier erst kürzlich erworbenen Totenmasken. Eine größere Anzahl künstlerisch bedeutender Kleinplastiken unterstreichen den Stellenwert dieses Ausstellungsteils. Der Charlottenburger Bestand zeichnet sich weiterhin durch einen breiten Komplex künstlerisch gestalteter

Königin Nofretete, 14. Jh. v. Chr.

Gebrauchsgegenstände aus, wie Möbel, Schmuck, Musikinstrumente, Waffen und Werkzeuge, die im sog. „Marstall" des dortigen Museumskomplexes ausgestellt sind. Einen besonderen Anziehungspunkt bildet auch das große Tempeltor von Kalabsha (um 20 v. Chr.), das 1973 als Geschenk Ägyptens an die Bundesrepublik Deutschland nach Berlin gekommen ist.
Das Ä. wurde am 1.7.1828 als eigenständige Abteilung der königlich-preußischen Kunstsammlung gegründet und war seit 1850 im von Friedrich August Stüler erbauten Neuen Museum untergebracht. Da das Museum nach seiner Zerstörung im II. Weltkrieg für Ausstellungszwecke nicht mehr zur Verfügung stand, erhielt das Ä. Räume im damaligen Kaiser-Friedrich-Museum (seit 1956 Bode-Museum), so daß es bereits 1953 wieder mit einer ersten Nachkriegsausstellung an die Öffentlichkeit treten konnte. Nach Rückkehr der 1945 in die Sowjetunion verbrachten

Bestände wurde die Ausstellung 1958 wesentlich erweitert und umfaßt seit ihrer Neugestaltung 1988/89 zwölf Räume. Die West-Berliner Bestände kamen 1962 zur Stiftung Preußischer Kulturbesitz und wurden 1976 an ihrem heutigen Standort in Charlottenburg dem Publikum wieder zugänglich gemacht. Seit dem 1.1.1992 stehen die Sammlungsteile wieder unter einer einheitlichen Leitung.

Ärzte- und Zahnärztekammer Berlin: Die Ä. ist im Land Berlin durch die Gesetze über die Kammern und die Berufsgerichtsbarkeit der Ärzte, Zahnärzte, Tierärzte und Apotheker vom 18.12.1961 (Berliner Kammergesetz) – wesentlich später als in den anderen Bundesländern – gebildet worden. Z.Z. gilt das Kammergesetz in der Fassung vom 20.6.1986. Den Kammern gehören die Ärzte bzw. Zahnärzte an, die ihren Beruf in Berlin ausüben oder hier ihren Wohnsitz haben. Laut Geschäftsberichten der beiden Kammern sind es 27.547 Ärzte in Berlin, davon 7.176 in Berlin (Ost), sowie 4.135 Zahnärzte, darunter 1.560 in Berlin (Ost).
Gemäß § 4 Abs. 1 des Kammergesetzes sollen die Kammern die beruflichen Belange ihrer Mitglieder wahrnehmen, die Erfüllung der Berufspflichten überwachen (soweit nicht für die im > ÖFFENTLICHEN DIENST tätigen Mitglieder besondere Zuständigkeiten bestehen), die berufliche Fortbildung fördern, aus dem Berufsverhältnis entstandene Streitigkeiten schlichten und die Berufsverzeichnisse führen.
Ferner ist es Aufgabe der Kammern, die Berufsbildung und die Prüfung des Fachpersonals ihrer Angehörigen zu regeln. Im Einverständnis mit der Aufsichtsbehörde – das für das Gesundheitswesen jeweils zuständige Mitglied des > SENATS VON BERLIN, gegenwärtig die > SENATSVERWALTUNG FÜR GESUNDHEIT – können sie weitere Aufgaben durchführen, die ihnen im Rahmen ihrer Zweckbestimmung zufallen oder die ihnen von der Aufsichtsbehörde übertragen werden.
Organe der Kammern sind der Vorstand und die Delegiertenversammlung. Die Kammern bilden Ausschüsse bzw. Arbeitskreise und Kommissionen. Die Arbeit der Kammern wird durch Mitgliedsbeiträge, die nach der Höhe des Jahreseinkommens gestaffelt sind, finanziert.
Neben diesen Berufskammern als Anstalten

des öffentlichen Rechts gibt es bei den Ärzten und Zahnärzten noch als weitere Anstalten des öffentlichen Rechts, die für die Abrechnung der Leistung der niedergelassenen Ärzte und Zahnärzte zuständig sind, die Kassenärztliche und Kassenzahnärztliche Vereinigung.

Afrikanisches Viertel: In unmittelbarer Nachbarschaft zum 1923-29 von den Gartenbaudirektoren Erwin Barth und Rudolf Germer geschaffenen > VOLKSPARK REHBERGE entstand ab der Mitte der 20er Jahre das A., welches sich aufgrund seiner neuen architektonischen Ausdrucksmittel deutlich von den für den Arbeiterbezirk > WEDDING typischen > MIETSKASERNEN abgrenzte. Seinen Namen verdankt es der Vorkriegsplanung Karl Hagenbecks, der hier auf dem ehemaligen Dünen- und Flugsandterrain ein an seinem Hamburger Tierpark orientiertes Projekt verwirklichen wollte. Die Straßen des Viertels tragen afrikanische Namen. Kulturhistorische Bedeutung erlangten vor allem die 1926/27 von Ludwig Mies van der Rohe im Stil der Neuen Sachlichkeit konzipierten vier Wohnkuben für insg. 88 Wohnungen an der Afrikanischen Str. 14-41.
In den Jahren 1929-31 schloß sich in nördlicher Richtung die *Friedrich-Ebert-Siedlung* an, die mit ihrer später hinzugefügten Randbebauung mehr als 2.500 Wohnungen aufweist. Diese Siedlung ist eines der frühesten Beispiele für eine Zeilenbebauung, die eine gleichmäßige Ost-West-Belichtung der Wohnungen ermöglichen sollte. Die vom Bau- und Sparverein „Eintracht" beauftragten Architekten Bruno Taut, Paul Emmerich und Paul Mebes erfüllten auch in dieser Siedlung die Forderung nach preiswerten und hygienischen Wohnungen. In späteren, unter Beteiligung von Mebes und Emmerich errichteten Siedlungen, wie der 1931/32 entstandenen *Rauchlosen Siedlung* am Steglitzer Damm 13-45 und der gleichzeitig erbauten *Reichsforschungssiedlung* an der Gartenfelder Str. in > HASELHORST, setzte sich diese Bauauffassung noch verstärkt fort.

AIDS: Seit 1983 wird die durch Virusinfektion erworbene Immun(=Abwehr)schwäche A. auch in Berlin beobachtet. Bis Ende 1991 wurden für West-Berlin 1.566, für Ost-Berlin 23 Erkrankungsfälle gemeldet, davon rd. 50 % mit tödlichem Ausgang. Innerhalb der Bundesrepublik hat Berlin damit die größte Erkrankungshäufigkeit, gefolgt von Frankfurt, Hamburg und München. International gesehen liegt Berlin im Mittelfeld.
Bereits 1982 wurde im > LANDESINSTITUT FÜR TROPENMEDIZIN anläßlich eines Forschungsvorhabens eine Arbeitsgruppe als Anlauf-, Untersuchungs- und Beratungsstelle zur AIDS-Problematik eingerichtet. 1985 beschloß der > SENAT VON BERLIN, bei der Senatsverwaltung für Gesundheit und Soziales eine Sondereinheit A. einzurichten, die alle Maßnahmen koordinieren sowie der Information und Beratung dienen sollte (> SENATSVERWALTUNG FÜR GESUNDHEIT). Zusätzlich wurde 1988 eine Koordinierungsstelle bei der > SENATSVERWALTUNG FÜR JUGEND UND FAMILIE geschaffen.
Berlin setzt im Kampf gegen A. ungeachtet aller medizinischen Maßnahmen gegen die weitere Ausbreitung und für die Versorgung der Erkrankten auf den Vorrang von Aufklärung der gesamten Bevölkerung sowie Beratung und Betreuung der Betroffenen. Dabei rücken seit 1988 die Zielgruppenarbeit und dezentrale Beratungsangebote immer mehr in den Vordergrund. Das 1987 begonnene *Schoolworker*-Programm für die Schule und das außerschulische Umfeld wird ab 1992 mit 10 Fachkräften unter dem Titel „AIDS-Prävention und Gesundheitsförderung" unbefristet fortgesetzt. Der verstärkte Einsatz von Bundes- und Landesmitteln ermöglichte ab 1988 die Einstellung einer ärztlichen Fachkraft bei allen > GESUNDHEITSÄMTERN sowie eines Sozialarbeiters, der teilweise auch den Jugendämtern zur Verfügung steht. Neben diesen Beratungsstellen wirken acht *Streetworker* in der Schwulenszene und im Umfeld von Drogenabhängigen und Prostituierten (> DROGEN). Außerdem sind sowohl in den Bereichen der ambulanten Krankenversorgung über die > SOZIALSTATIONEN der Wohlfahrtsverbände bis hin zur klinischen Versorgung zusätzliche Fachkräfte eingesetzt worden. Im > UNIVERSITÄTSKLINIKUM RUDOLF VIRCHOW, dem Auguste-Viktoria-Krankenhaus sowie im Krankenhaus am Prenzlauer Berg gibt es auch je eine Tagesklinik für AIDS-Kranke mit jeweils sechs bis zehn Plätzen. In sog. Wohn- und Pflegeprojekten stehen z.Z. für Erkrankte und Infizierte bis zu 150 Plätze zur Verfügung.
Besonderes Gewicht bei Beratung und Betreuung kommt auch den auf diesem Gebiet tätigen > SELBSTHILFEGRUPPEN zu. 1991 gab es 13 geförderte Gruppen, für deren Arbeit aus

Landesmitteln rd. 5 Mio. DM bereit standen. Außerdem unterhält der Arbeitskreis zur Förderung von Pflegekindern Berlin e.V. im Rahmen des am 1.4.1988 begonnenen Bundesprogramms „AIDS und Kinder" eine bundesweit arbeitende Consulting-Stelle und wirkt bei der Betreuung von erkrankten Kindern mit.

Der Gesamtaufwand für alle A.-Maßnahmen im Geschäftsbereich Gesundheit beläuft sich z.Z. auf rd. 14 Mio. DM, in anderen Geschäftsbereichen auf rd. 2 Mio. DM. Hinzu kamen für die Förderung von Modellprogrammen und Forschungsvorhaben im Zeitraum von 1987-91 rd. 15,2 Mio. DM aus Landes- und Bundesmitteln. Für zwei Modellprogramme „AIDS und Kinder" sowie „AIDS und Frauen" stehen z.Z. noch 0,6 Mio. DM pro Jahr zur Verfügung. Neben den Landeseinrichtungen arbeitet in Berlin als überregionales Forschungsinstitut das AIDS-Zentrum des > BUNDESGESUNDHEITSAMTS im > BENDLERBLOCK am Reichpietschufer im Bezirk > TIERGARTEN.

Akademie der Künste (Ost): Die A. in der Luisenstr. 58-60 im Bezirk > MITTE ist aus der ehem. *Akademie der Künste der DDR* hervorgegangen, als deren Nachfolgerin sie sich betrachtet. Sie besteht in ihrer derzeitigen Übergangsform seit dem 16.7.1990. An diesem Tage wurde in einem Wahlplenum der Dramatiker Heiner Müller zum neuen Präsidenten gewählt. Eine Neuwahl der Mitglieder erfolgte am 19.9.1991, dabei wurde die Zahl von 105 Ordentlichen Mitgliedern auf 60 reduziert. Ihre organisatorischen Strukturen entsprechen dem Statut der DDR-Akademie aus dem Jahre 1978. Die damaligen Organe der Akademie bestehen demnach auch in der neuen A. fort: Es sind dies das Plenum, das Präsidium (Präsident, Vizepräsidenten, Sekretäre der Sektionen, Generaldirektor) und die vier Sektionen: > BILDENDE KUNST, Darstellende Kunst (> THEATER), > LITERATUR und Sprachpflege sowie > MUSIK. Ferner bestehen nach wie vor analog zu den Sektionen vier wissenschaftliche Abteilungen. Über den Fortbestand der im März 1985 als eigene Forschungs- und Editionsabteilung der DDR-Akademie gegründeten „Nationalen Forschungs- und Gedenkstätten der DDR für deutsche Kunst und Literatur des 20. Jh.", die das reiche Archivmaterial der A. durchforscht, war im Frühjahr 1992 noch nicht entschieden.

Die neue, von ideologischen und politischen Zwängen befreite A. versuchte nach dem Fall der > MAUER die Arbeit der DDR-Akademie, insbes. ihre Ausstellungs- und Veranstaltungstätigkeit und ihre Editionen unter neuen Bedingungen fortzusetzen. So wurden bspw. die Preise der DDR-Akademie von den politischen und ideologischen Kriterien entkleidet weiterhin vergeben, meist allerdings ohne Geldzuwendung. Es waren dies der *Heinrich-Mann-Preis* (für Schriftsteller, zuletzt 1991), der *Hans-Marchwitza-Preis* (für junge Autoren, zuletzt 1990), der *Konrad-Wolf-Preis* (für künstlerische Leistungen der Darstellenden Kunst, zuletzt 1989/90/91), der *Käthe-Kollwitz-Preis* (für junge Künstler, vorrangig Autoren unter Berücksichtigung solcher aus Lateinamerika, zuletzt 1989/90/91), der *F.C.-Weiskopf-Preis* (für Schriftsteller, Pädagogen, Publizisten und Wissenschaftler, die sich um schöpferische Weiterentwicklung der deutschen Sprache verdient gemacht haben, zuletzt 1989/90), der *Alex-Wedding-Preis* (für Schriftsteller, die einen wesentlichen Beitrag zur Entwicklung der Kinder- und Jugendliteratur geleistet haben, zuletzt 1989/90), der *Lion-Feuchtwanger-Preis* (für Autoren deutschsprachiger literarischer Werke, ein schließlich Dramen und Dramatisierungen, die sich mit historischen Problematiken auseinandersetzen, zuletzt 1989/90/91) und das *Anna-Seghers-Stipendium* (zur Unterstützung und Ausbildung junger Künstler, v.a. Schriftsteller auch aus Entwicklungsländern, zuletzt 1989/90).

Im Zuge der > VEREINIGUNG und des umstrittenen Versuchs eines Neuanfangs wurden 1990-92 Auffassungen laut, daß mit dem Ende der DDR auch ihre Kunstakademie aufgelöst worden sei. Eine Auflösung war jedoch ebensowenig erfolgt, wie eine Vereinigung mit der Akademie der Künste im Westteil der Stadt. Erst im Dezember 1991 hatten Berlin und die neuen Bundesländer in einem Staatsvertrag beschlossen, die Ost-Akademie aufzulösen, ohne dafür einen Termin festzulegen. Im Mai 1992 war dieser Beschluß noch nicht vollzogen. Die Mitglieder der West-Akademie hatten daraufhin im Februar 1992 mehrheitlich entschieden, die (noch verbliebenen) Mitglieder der Ost-Akademie geschlossen zu übernehmen. Für diesen Beschluß, der auf heftigen Widerstand bei der überstimmten Minderheit stieß, fehlten im Gesetz über die West-Akademie die rechtlichen Voraussetzungen, so daß er bislang nicht vollzogen wurde. Die in der Folgezeit entbrannte, bis zum Frühjahr 1992 noch nicht abgeschlossene Debatte führte zum Austritt von 26 Mitgliedern der West-Akademie, aber auch einiger der Ost-Akademie. Über die Zukunft der Kunstakademien – die Neugründung einer Berlin-Brandenburgischen Akademie wird erwogen – soll noch 1992 entschieden werden.

Die A., die sich seit 1991 „Akademie der Künste zu Berlin" nennt, ist Nachfolgerin der am 24.3.1950 gegründeten „Deutschen Akademie der Künste", die 1972 in „Akademie der Künste der DDR" umbenannt worden war. 1950 hatte der erste Staatspräsident der DDR, Wilhelm Pieck, 23 namhafte Künstler zu Gründungsmitgliedern einer Kunstakademie berufen. Die daraus entstandene Akademie betrachtete sich ausdrücklich als Rechtsnachfolgerin der > PREUSSISCHEN AKADEMIE DER KÜNSTE, verstand sich aber nach ihrem Statut vom 26.1.1978 als „eine Institution des sozialistischen deutschen Staates der Arbeiter und Bauern". Mit ihrem Rechtsnachfolgeanspruch stand sie Zeit ihres Bestehens im Konflikt mit der im Westteil der Stadt 1954 gegründeten > AKADEMIE DER KÜNSTE ZU BERLIN, die ebenfalls die Rechtsnachfolge beanspruchte. Zum ersten Präsidenten der DDR-Akademie wurde Heinrich Mann berufen, der jedoch kurz vor seinem Amtsantritt im amerikanischen Exil starb.

Die DDR-Akademie unterstand dem Ministerrat der DDR und hatte „die Pflicht und das Recht", diesen bei der Verwirklichung der Kunstpolitik zu beraten. Sie sollte die „sozialistische Nationalkultur in ihrer historisch wachsenden Einheit von Patriotismus und Internationalismus" fördern und mit zur Entwicklung und Verbreitung einer „parteilichen und volksverbundenen Kunst des sozialistischen Realismus, ... zur Bildung sozialistischer Persönlichkeiten" beitragen. Zugleich hatte sie die Aufgabe, „einen wichtigen Beitrag zur Erforschung, Pflege, Erschließung und Verbreitung des „kulturellen und künstlerischen Erbes" zu leisten.

Neben den zahlreichen Aktivitäten der DDR-Akademie, wie die Veranstaltung von Ausstellungen, Lesungen usw., unterhielt sie enge Kontakte zur Akademie der Künste der UdSSR, mit der ein Freundschaftsvertrag bestand. Des weiteren gibt sie bis zur Gegenwart u.a. die zweimonatlich erscheinende Literatur-Zeitschrift Sinn und Form heraus und verlieh verschiedene, z.T. hoch dotierte Prei-

se. Die Kunstsammlungen der A. entstanden aufbauend auf alten Sammlungen der Preußischen Akademie und umfaßten über 20.000 Kunstwerke aus drei Jahrhunderten, von denen der überwiegende Teil nach 1950 erworben wurde. Die alten Sammlungsbestände, Kunstwerke der Zeit bis 1900, darunter die von Daniel Chodowiecki, Johann Gottfried Schadow und Karl Blechen wurden zu einem großen Teil leihweise den > STAATLICHEN MUSEEN ZU BERLIN übergeben. Zu den Neuerwerbungen zählten nahezu 90 Archive und Nachlässe bedeutender Künstler, darunter über 70 Literaturarchive. Insg. verfügte die A. über 1,3 Mio. Blatt Autographen sowie 300.000 Bücher, Broschüren und Zeitschriften. Die wissenschaftliche Abteilung Darstellende Kunst hat in ihrer theatergeschichtlichen Sammlung rd. 30.000 Fotos und ca. 7.000 andere Bilddokumente. Die Bestände des Archivs sollen im Einvernehmen mit den Ländern Berlin und Brandenburg sowie dem Bundesinnenministerium gemeinsam mit denen der Akademie der Künste im Westteil in eine Stiftung „Archiv der Akademie der Künste" überführt werden.

Die Präsidenten der Akademie der Künste

1950	Heinrich Mann
1950-53	Arnold Zweig
1953-56	Johannes R. Becher
1956-62	Otto Nagel
1962-64	Willi Bredel
1965-82	Konrad Wolf
1982-90	Manfred Wekwerth
seit 1990	Heiner Müller

Das Gebäude der A. in der Luisenstr. ist ein 1914/15 nach Plänen von Hermann Dernburg in klassizistischen Formen der Jahrhundertwende ursprünglich für die Deutsche Gesellschaft für Chirurgie und die Berliner Medizinische Gesellschaft (Langenbeck-Virchow-Haus) errichtetes Vereinshaus. Der repräsentative Bau war nach dem Kriege vorübergehend Sitz der Sowjetischen Kommandantur und 1949-76 Sitz der Volkskammer der DDR. Der A. gehört des weiteren ein Haus am Robert-Koch-Platz 7. Der dreigeschossige, 1904-06 in barocken Formen nach Plänen von Ernst v. Ihne errichtete Bau diente bis zum II. Weltkrieg als Haus für ärztliche Fortbildung. Seit ihrer Gründung 1950 bis zum Beginn umfangreicher Rekonstruktionsarbeiten im Jahre 1980 hatte die A. hier ihren Hauptsitz.

1987 wurde er nach Abschluß der Rekonstruktion erneut der A. übergeben. 1987 erhielt die A. ferner einen für ihren zentralen Arbeitskomplex Archive, Bibliothek und Sammlungen errichteten modernen Zweckbau am Robert-Koch-Platz 10.

Akademie der Künste zu Berlin: Die A. im Hanseatenweg 10 im Bezirk > TIERGARTEN wurde am 2.12.1954 mit dem Ziel gegründet, die Tradition der > PREUSSISCHEN AKADEMIE DER KÜNSTE fortzusetzen. Seit dem Fall der > MAUER am > 9. NOVEMBER 1989 und der Neuorientierung der ehem. DDR-Kunstakademie (> AKADEMIE DER KÜNSTE [OST]) befanden sich beide Einrichtungen im Frühjahr 1992 in einem Diskussionsprozeß über die künftigen Aufgaben und Organisationsformen. Im Dezember 1991 haben Berlin und die neuen Länder durch einen Staatsvertrag die formale Auflösung der Ost-Akademie beschlossen, ohne hierfür einen Termin zu nennen. Im Februar 1992 entschieden die Mitglieder der West-Akademie auf Anregung ihres Präsidenten Walter Jens in einer außerordentlichen Mitgliederversammlung – nach kontroverser Diskussion –, die (noch verbliebenen) Mitglieder der Ost-Akademie en bloc zu übernehmen. In einer Mitgliedervollversammlung vom 10.-12.4. 1992 wurde der Präsident Walter Jens mit großer Mehrheit in seinem Amt bestätigt (von den 76 anwesenden Mitgliedern erhielt er 70 Stimmen). Die inzwischen weit fortgeschrittenen Vorbereitungen für einen Staatsvertrag über die Neukonstituierung der Berlin-Brandenburgischen Akademie der Wissenschaften könnte nach Auffassung der Leitung der A. Modellcharakter haben.

Die A. hat auf der Grundlage der bisherigen rechtlichen Regelungen die Aufgabe, Freiheit und Anspruch der Kunst gegenüber Staat und Gesellschaft zu vertreten, die Öffentlichkeit mit künstlerischen Tendenzen der Zeit bekannt zu machen, die Kunst zu fördern und das Land Berlin in allen diesbezüglichen Angelegenheiten zu beraten und zu unterstützen (> KULTUR). Soweit die A. nicht wirtschaftlich belastet wird, können sich auch die anderen Länder der Bundesrepublik Deutschland beraten lassen. Die A. veranstaltet Ausstellungen, Konzerte, Lesungen, Theater- und Tanzvorführungen, Film- und Hörspielpräsentationen, Tagungen, Symposien, Podiumsdiskussionen und Colloquien. Im Auftrag des > SENATS VON BERLIN verleiht sie

den > KUNSTPREIS BERLIN. Ferner vergibt sie jährlich mehrere Förderpreise und verleiht an bildende Künstler, Kunstkritiker oder Ausstellungsmacher den *Will-Grohmann-Preis* (dotiert mit 12.500 DM) sowie im Zweijahresrhythmus den *Ferrucio-Busoni-Preis* für Komposition (dotiert mit 10.000 DM), seit 1992 auch als Förderpreis (dotiert mit 2.000 DM). Des weiteren wurde seit 1988 der *Joseph-Joachim-Preis* für Interpretationen moderner Musik in Höhe von 12.000 DM an jüngere Virtuosen vergeben (1992 voraussichtlich letztmalig). Schließlich ist die A. Trägerin der Alfred-Döblin-Stiftung, die den > ALFRED-DÖBLIN-PREIS verleiht.

Internationalen Ruf haben die Bibliothek mit über 50.000 Bänden und insbes. das in die Abteilungen Bildende Kunst, Baukunst, Musik, Literatur, Darstellende Kunst und Allgemeine Sammlungen und Archive gegliederte Archiv. Herausragende Bedeutung hat die Abteilung Literatur, in der sich bedeutende Nachlässe, u.a. der deutschen Exil- und der Nachkriegsliteratur befinden, z.B. der des expressionistischen Dramatikers Georg Kaiser und die Nachlässe von Peter Weiss und Wolfgang Hildesheimer sowie das *Günter-Grass-Archiv*. Für die Akademiearchive in West und Ost soll eine *Stiftung „Archiv der Akademie der Künste"* im Einvernehmen mit den Ländern Berlin und Brandenburg sowie dem > BUNDESMINISTER DES INNERN errichtet werden. Eine definitive Entscheidung war jedoch Ende April 1992 noch nicht getroffen.

Anfang 1992 hatte die A. insg. 256 Mitglieder – wobei im Zuge der heftigen Debatte um die Zusammenführung beider Akademien bis zum März 26 Mitglieder, v.a. der Sektion > BILDENDE KUNST, aber z.B. auch die aus der DDR übergesiedelten Schriftsteller Günter Kunert und Reiner Kunze sowie Michael Hamburger austraten. Nach rechtlicher Klärung sollen zu den verbliebenen ca. 230 Mitgliedern weitere 45 der ehem. Ost-A. hinzukommen.

Die Organe der A. sind der Präsident, der Senat und die Mitgliederversammlung. Die als Körperschaft des öffentlichen Rechts verfaßte, der Rechtsaufsicht der > SENATSVERWALTUNG FÜR KULTURELLE ANGELEGENHEITEN unterstehende A. hat sechs künstlerische Abteilungen: Bildende Kunst, Baukunst (> BAUGESCHICHTE UND STADTBILD), > MUSIK, > LITERATUR, Darstellende Kunst (> THEATER), Film- und Medienkunst (> FILM). Sie beschäftigt 45 Mitarbeiter; ihren Jahresetat decken zu 80-85 %

Zuschüsse des Landes Berlin, der Rest stammt aus eigenen Einnahmen.

Die Präsidenten der Akademie der Künste

1955-68	Hans Scharoun
1968-77	Boris Blacher
1977-83	Werner Düttmann
1983-86	Günter Grass (1989 ausgetreten)
1986-89	Giselher Klebe
seit 1989	Walter Jens

Das Gebäude der A. im > Hansaviertel wurde 1959/60 von dem Architekten Werner Düttmann im Anschluß an die Interbau (> Bauausstellungen) errichtet. Es gliedert sich in drei Bereiche, wobei der zentrale Ausstellungstrakt den größten Raum einnimmt. Die U-förmig angeordneten Ausstellungssäle mit ca. 1.800 m^2 Fläche werden über einen Innenhof und durch Oberlicht beleuchtet. Den südlich daran anschließenden „Studio-Bau" kennzeichnen spitze, kupferne, bis zum Boden geführte Steildächer. Im Innern des „Studio-Baus" befindet sich der fast 600 Personen fassende Mehrzwecksaal. Verglaste Galerien führen vom Ausstellungs- und Studiobereich zum „Blauen Haus", in dem Tagungs-, Vortrags- und Büroräume sowie Arbeits- und Unterkunftsräume für Gäste untergebracht sind. Wegen der im Laufe der Jahre erheblich umfangreicher gewordenen und deshalb bereits teilweise ausgelagerten Archivbestände ist für 1996 die Fertigstellung eines Erweiterungsbaus vorgesehen.

Akademie der Wissenschaften der DDR: Die im Zuge der > Vereinigung in ihrer bisherigen Form aufgelöste und danach vorläufig als Gelehrtensozietät weitergeführte A. war durch Befehl der > Sowjetischen Militäradministration in Deutschland (SMAD) vom 1.7.1946 – dem 300. Geburtstag von Gottfried Wilhelm Leibniz – auf der Grundlage der ehem. > Preussischen Akademie der Wissenschaften als „Deutsche Akademie der Wissenschaften zu Berlin" gegründet worden. In dem SMAD-Befehl wird diese Eröffnung, die am 1.8.1946 stattfand, als Wiedereröffnung bezeichnet. Das sollte die umstrittene Auffassung bestätigen, daß die einstige Preußische Akademie in die neue Einrichtung übergegangen war.

Die Akademie war zunächst im Ostflügel der heutigen > Staatsbibliothek zu Berlin – Preussischer Kulturbesitz an der Straße > Unter

Den Linden 8 untergebracht, bevor sie 1949 in ein Gebäude am > Gendarmenmarkt umzog, das 1901-03 von Paul Kieschke in neubarocken Formen für die Preußische Seehandlung (> Stiftung Preussische Seehandlung) erbaut worden war und in den 30er Jahren Erweiterungsbauten erhalten hatte.

Vor der Vereinigung war die A. mit 24.000 Mitarbeitern, davon über 7.000 forschenden Wissenschaftlern, die größte wissenschaftliche Einrichtung der DDR. Bereits 1946 wurde begonnen, ihr Forschungsinstitute zuzuweisen und damit die traditionellen Aufgaben einer Gelehrtengesellschaft auszuweiten. Bald nach der Gründung der DDR 1949 wurde dann, entsprechend dem Vorbild der UdSSR, der Weg zur „sozialistischen Forschungsakademie" beschritten, und 1951 wurde die A. unmittelbar dem Ministerrat der DDR unterstellt.

1957 wurde die Forschungsgemeinschaft der naturwissenschaftlichen, technischen und medizinischen Institute der Akademie unter einem Vorsitzenden, der gleichzeitig Vizepräsident der A. war, gebildet und die Leitung der Institute den Klassen der A. entzogen. 1963 erfolgte analog dazu die Einrichtung einer Arbeitsgemeinschaft der gesellschaftswissenschaftlichen Institute. In den folgenden Jahren setzte man die administrative und wissenschaftlich-fachliche Trennung der Gelehrtengesellschaft von ihrem Forschungspotential kontinuierlich fort und strukturierte noch bestehende Institute der A. durch Bildung von Zentralinstituten vollständig um. Dadurch verloren die Klassen der A. die Möglichkeit, direkten Einfluß auf die Forschung zu nehmen. Diese von der Führung der > Sozialistischen Einheitspartei Deutschlands (SED) und dem Staat vollzogene Umgestaltung war Teil eines Prozesses, der die Freiheit der Forschung und den Meinungsstreit beendete und die Arbeit auch ideologisch ausschließlich auf „Beschlüsse von Partei und Regierung" ausrichtete. 1971 wurden der Akademie nach dem VIII. Parteitag der SED die Aufgaben einer zentralen Koordinationsstelle für den Wissenschaftsbetrieb in der DDR übertragen. Die 1972 erfolgte Umbenennung in A. schloß den Umgestaltungsprozeß formal ab.

Die neue Aufgabe der A. war die naturwissenschaftlich-technische und gesellschaftswissenschaftliche Grundlagenforschung in enger Zusammenarbeit mit den Universitäten und Hochschulen, den Forschungsinstitutionen des Partei-, Wirtschafts- und Staatsapparats der DDR, den Kombinaten und Betrieben sowie den entsprechenden Akademien der sozialistischen Länder. Nach ihrem letzten Statut vom 28.7.1984 trug sie „als Forschungsinstitution und Gemeinschaft hervorragender Gelehrter Verantwortung für den Fortschritt der Wissenschaft in Theorie und Praxis und die Anwendung der wissenschaftlichen Erkenntnisse für die gesellschaftliche Entwicklung der DDR".

Der A. gehörten Ordentliche, Korrespondierende und Auswärtige Mitglieder an. Zu Ordentlichen und Korrespondierenden Mitgliedern konnten nur Staatsbürger der DDR gewählt werden, zu Auswärtigen Mitgliedern auch Wissenschaftler anderer Staaten. 1989 hatte die A. 137 Ordentliche, 86 Korrespondierende und 133 Auswärtige Mitglieder.

Die Präsidenten der Akademie der Wissenschaften

1946-51	Johannes Stroux (bereits seit dem 21.6.1945 mit der Wahrnehmung der Funktion in der Vorbereitungsphase beauftragt)
1951-55	Walter Friedrich
1955-58	Max Volmer
1958-68	Werner Hartke
1968-79	Hermann Klare
1979-90	Werner Scheler
seit 1990	Horst Klinkmann

Mit dem Wirksamwerden des > EINIGUNGSVERTRAGES am > 3. OKTOBER 1990 wurde gemäß Art. 38 die A. als *Gelehrtensozietät* weitergeführt. Die bis dahin zu ihr gehörenden Institute wurden abgetrennt und zunächst bis zum 31.12.1991 fortgeführt, soweit diese nicht mit der folgenden Evaluation der Einrichtungen durch den Wissenschaftsrat des > BUNDESMINISTERS FÜR BILDUNG UND WISSENSCHAFT bereits vorher aufgelöst oder umgewandelt worden waren (> WISSENSCHAFT UND FORSCHUNG).

Am 12.5.1992 wurde zwischen den Ländern Berlin und Brandenburg der Staatsvertrag über die Gründung einer *Berlin-Brandenburgischen Akademie der Wissenschaften (vormals Preußische Akademie der Wissenschaften)* unterzeichnet.

Als Sitz ist das Akademiegebäude am Gendarmenmarkt vorgesehen. Nach dem Entwurf des Vertrages soll die neue Akademie etwa 200 Mitglieder umfassen.

Die neue Akademie wird die außerordentlich wertvollen Bestände (Bibliothek, Archiv, Kustodie) der Gelehrtensozietät übernehmen und z.T. ihre Langzeit- und Editionsvorhaben weiterführen. Die Akademiebibliothek im Gebäude Unter den Linden hat ca. 330.000 Bände und ca. 2.000 laufende Zeitschriften. Sie verfügt über die vollständige Sammlung der Publikationen der Preußischen Akademie und der A. sowie über einen kulturgeschichtlich besonders wertvollen beträchtlichen Fundus von Akademiepublikationen aus aller Welt, der aus einem seit nahezu 300 Jahren ununterbrochenen internationalen Schriftentausch erwachsen ist. Zu ihrem Bestand gehören weiter Schriften zur Entwicklung der Wissenschaften sowie zahlreiche Archivalien zur Geschichte der Preußischen Akademie. Zu den wertvollsten Schätzen zählen auch rd. 200 wissenschaftliche Nachlässe und Autographensammlungen ihrer Mitglieder.

Die 1983 gegründete *Kustodie* im Preußischen Herrenhaus (> PREUSSISCHER LANDTAG) in der > LEIPZIGER STRASSE betreut den Kunstbesitz der Akademie mit rd. 3.000 Objekten aller Kunstgattungen, kunsthandwerklichen Gegenständen und historischen wissenschaftlichen Geräten. Auch die historischen Gebäude, wie das Astrophysikalische Observatorium mit dem Doppelrefraktor und der Einstein-Turm in Potsdam, das Einstein-Haus in Caputh, das Haus „Energie" Wilhelm Ostwalds in Großbothen bei Leipzig und das Hauptgebäude der Akademie am Gendarmenmarkt werden hier betreut.

Akademie der Wissenschaften zu Berlin: Die A. wurde 1987 anläßlich der 750-Jahr-Feier Berlins gegründet und 1990 wieder aufgelöst. Nahezu parallel kam es im Zuge der > VEREINIGUNG auch zur Auflösung der > AKADEMIE DER WISSENSCHAFTEN DER DDR, so daß Berlin z.Z. über keine Wissenschaftsakademie verfügt. In der Planung befindet sich derzeit jedoch die Neugründung einer A. in Nachfolge der > PREUSSISCHEN AKADEMIE DER WISSENSCHAFTEN. Ein entsprechender Staatsvertrag zwischen den Ländern Berlin und Brandenburg über die Gründung einer *Berlin-Brandenburgischen Akademie der Wissenschaften (vormals Preußische Akademie der Wissenschaften)* wurde am 21.5.1992 unterzeichnet.

Die A. hatte ihren Sitz in der Griegstr. 5-7 im Bezirk > ZEHLENDORF, war als Körperschaft des öffentlichen Rechts verfaßt und wurde vom Land Berlin sowie durch Drittmittel finanziert. Sie verstand sich nicht als Rechtsnachfolgerin der Preußischen Akademie der Wissenschaften, wenngleich sie sich in deren Tradition sah, sondern als neue Akademie mit „innovativem Charakter", die sich „in Konzeption und Aufbau an den Bedürfnissen und Erfordernissen orientierte, denen sich Wissenschaft und Gesellschaft heute zu stellen haben". Aufgabe der A. war es, einen Beitrag zur besseren Erkenntnis der Wechselwirkung zwischen > WISSENSCHAFT UND FORSCHUNG, Technik, Politik, > WIRTSCHAFT und Gesellschaft zu leisten.

Ihre Gründung war von Anfang an politisch umstritten. Während die Befürworter in der A. v.a. ein Forum sahen, das die Substanz und die Qualität des Wissenschaftsstandorts Berlin stärken sollte, nannten die Gegner die Einrichtung ein überflüssiges Prestigeobjekt. Das nach den > WAHLEN vom 29.1.1989 neu gewählte > ABGEORDNETENHAUS VON BERLIN verabschiedete am 17.7.1990 ein Gesetz zur Auflösung der A., in dessen Vollzug die Einrichtung am 31.12.1990 zu bestehen aufhörte. In diesem Zusammenhang wurde auch der geplante Ausbau der ehem. italienischen Botschaft in der Tiergartenstr. 21A-23 im > DIPLOMATENVIERTEL im Bezirk > TIERGARTEN, in der die A. einen Seitenflügel nutzte, zurückgestellt.

Akademie für Arbeits- und Umweltmedizin: Die A. in der Soorstr. 83 im Bezirk > CHARLOTTENBURG wurde 1962 gegründet. Träger dieser in Europa ersten Einrichtung ihrer Art ist das Land Berlin. Sie ist der > SENATSVERWALTUNG FÜR GESUNDHEIT nachgeordnet. Die A. führt langfristige Lehrgänge durch, die im Rahmen der ärztlichen Weiterbildungsordnung zur Erlangung der Gebietsbezeichnung „Arbeitsmedizin" und der Zusatzbezeichnung „Betriebsmedizin" anerkannt sind. Außerdem veranstaltet sie Strahlenschutzkurse und Kurse zu speziellen arbeitsmedizinischen Themen. 1991 haben ca. 800 Hörer die Veranstaltungen der A. besucht.

Aktionsgemeinschaft Solidarische Welt e.V. (ASW): Die ASW mit ihrer Geschäftsstelle in der Hedemannstr. 14 im Bezirk > KREUZBERG wurde 1957 von Persönlichkeiten aus Kirche und Politik (Willy Brandt, Otto Suhr, Heinz Galinski u.a.) als gemeinnütziger Verein gegründet. Ihre Aufgabe ist die Verbesserung der Lebensbedingungen benachteiligter Bevölkerungsgruppen in Entwicklungsländern in sozialer, wirtschaftlicher und politischer Hinsicht. Die ASW unterstützt einheimische Basisgruppen mit finanziellen Mitteln v.a. in Indien, im südlichen und westlichen Afrika sowie in Lateinamerika. Sektorale Schwerpunkte sind ländliche Entwicklung (Landwirtschaft, Handwerk, Bewußtseinsbildungsmaßnahmen), Erziehung und Ausbildung sowie Frauen-, Umwelt- und Menschenrechtsprojekte. Ein weiteres Tätigkeitsfeld ist die Bildungs- und Öffentlichkeitsarbeit über Probleme der Dritten Welt in der Bundesrepublik. Neben der Veranstaltung von Seminaren und Rundreisen (z.T. mit Projektpartnern) gibt die ASW die Vierteljahresschrift „Solidarische Welt", Kurzinformationen und Broschüren heraus. Die ASW finanziert ihre Arbeit überwiegend aus Spenden; sie erhält Projektzuschüsse von der Kommission der > EUROPÄISCHEN GEMEINSCHAFTEN. (> ENTWICKLUNGSPOLITIK)

Albrechts Teerofen: Die Wochenendsiedlung A. am Südufer des > TELTOWKANALS im > DÜPPELER FORST liegt auf einem schmalen, in den Landkreis Potsdam hineinreichenden Landstreifen des Bezirks > ZEHLENDORF. Ihr Name geht vermutlich auf die Teerbrennerfamilie Albrecht zurück, die hier in der zweiten Hälfte des 18. Jh. einen Teerofen betrieb. Reste davon wurden 1924 bei Ausschachtungen entdeckt. Sie können am örtlichen Wirtshaus besichtigt werden. Über A. verlief bis 1971 in Verlängerung der > AVUS die Autobahn für den > TRANSITVERKEHR ins südliche und mittlere Bundesgebiet (heute A 115; > BUNDESFERNSTRASSEN). Auf der noch sichtbaren Trasse liegt ein > CAMPINGPLATZ. Vor Abriß der > MAUER im Zuge der > VEREINIGUNG war A. nur über eine schmale Stichstraße von > KOHLHASENBRÜCK aus erreichbar.

Alexanderplatz: Der A. im Bezirk > MITTE ist ein verkehrsreicher Stadtplatz im historischen Zentrum Berlins. Seinen heutigen Namen erhielt er im Frühjahr 1805 anläßlich eines Besuchs des russischen Zaren Alexander I. (1801-25) beim preußischen König Friedrich Wilhelm III. (1797-1840). Im Laufe seiner Geschichte ist der A. mehrfach grundlegend umgestaltet worden. Seine heutige Gestalt erhielt er im wesentlichen beim Ausbau des Ost-Berliner Stadtzentrums 1966-70.

Der A. entwickelte sich aus einem noch bis

ins 19. Jh. bestehenden Viehmarkt auf der Berliner Feldmark außerhalb der > STADTMAUER vor dem *Georgentor* (ab 1701 *Königstor*), zu dem im 18. Jh. ein Wollmarkt hinzukam. Der südliche Teil des *„Ochsenplatzes"* diente ab dem späten 18. Jh. als Exerzierplatz, woraus sich auch der Name „Paradeplatz" herleitete. Am A. bzw. in seiner Nähe begannen fünf nach ihren Zielorten benannte Überlandstraßen (> SCHÖNHAUSER ALLEE, Prenzlauer Allee, Greifswalder Str., > LANDSBERGER ALLEE, > FRANKFURTER ALLEE). Über die den Festungs- bzw. Königsgraben überquerende Königsbrücke mit den 1780 von Carl v. Gontard erbauten *Königskolonnaden* (heute im > HEINRICH-VON-KLEIST-PARK; > KOLONNADEN) gelangte man durch die heutige Rathausstr. zum > STADTSCHLOSS.

Mit dem Bau der > STADTBAHN, die 1882 am A. einen Fernbahnhof erhielt (> EISENBAHN), entwickelte sich der A. zum Verkehrs- und Einkaufszentrum. 1886 erhielt Berlin mit der nördlich des Bahnhofs eröffneten Zentral-Markthalle seinen ersten > GROSSMARKT (1967 abgerissen; > MARKTHALLEN). 1895 wurde auf dem A. die 7,5 m hohe, in Kupfer getriebene Kolossalfigur der *Berolina* von Emil Hund-

Alexanderplatz 1909, rechts Berolina, im Hintergrund Polizeipräsidium

rieser aufgestellt, die als Wahrzeichen Berlins galt. Beim U-Bahn-Bau wurde sie 1927 entfernt, Ende 1933 etwas weiter südlich wieder aufgestellt und 1944 für die Kriegswirtschaft eingeschmolzen. Hinter der „Berolina" entstand etwa an der Stelle des heutigen Kaufhauses ab 1904 das Warenhaus Hermann Tietz (Hertie). 1908 wurde das Lehrervereinshaus am A. fertiggestellt, der Vorläufer des heutigen > HAUSES DES LEHRERS. 1913 erhielt der A. Anschluß an die > U-BAHN. Gleichzeitig entwickelte er sich zu einem Knotenpunkt der ab 1890 elektrifizierten > STRASSENBAHN.

Ab 1928 begann ein nicht mehr vollendeter Umbau. Zwei neue U-Bahn-Linien wurden gebaut, die den A. auch unterirdisch zu einem Verkehrsknotenpunkt werden ließen. Zu Spitzenzeiten kreuzten stündlich 136 Straßenbahnen, 60 Doppelstockbusse und 3.400 Pkw den A. 1929 hat der Nervenarzt und Schriftsteller Alfred Döblin dem A. mit sei-

Alexanderplatz um 1935, links Berolinahaus und Alexanderhaus

nem Roman „Berlin Alexanderplatz" ein literarisches Denkmal gesetzt. 1930-32 entstanden nach Plänen von Peter Behrens das *Berolinahaus* und das wegen der vorgesehenen Hufeisenform des Platzes abgewinkelte *Alexanderhaus*.

Im II. Weltkrieg wurde der A. fast vollständig zerstört. Berolina- und Alexanderhaus wurden schwer beschädigt, bis 1952 aber in den ursprünglichen Formen wiederhergestellt. Im Berolinahaus befindet sich jetzt u.a. die Bezirksverwaltung von Mitte. Die Neubebauung des Platzes begann 1966. Dabei wurde der nach 1928 geschaffene Kreisverkehr wieder aufgelöst und die Platzfläche zu einer reinen Fußgängerzone umgestaltet. Der Straßenverkehr wurde auf mehreren Tangenten am A. vorbeigeführt. An der nordwestlichen Seite des Platzes entstanden zwischen 1967 und 1970 als größtes Kaufhaus der DDR der sechsgeschossige Kompaktbau des Centrum-Warenhauses (ab 1991 „Kaufhof") und – über die „Alex-Passage" mit dem Kaufhaus verbunden – das 123 m hohe Hotel „Stadt Berlin". Gegenüber liegt das 1970-73 gebaute Haus der ehem. Berliner Verlages (jetzt Berliner Verlag GmbH). An der Fortführung der > KARL-MARX-ALLEE entstanden als Verwaltungsgebäude 1967-69 das zehngeschossige Haus der Elektroindustrie und 1969-71 das 17geschossige Haus des Reisens. Bereits 1961-64 waren an der Ostseite des A. das

Haus des Lehrers und die > KONGRESSHALLE
ALEXANDERPLATZ erbaut worden.
Einzige Schmuckelemente auf der rd. 3 ha
großen, vollständig mit Betonplatten belegten Platzfläche sind die 1969 aufgestellte
Weltzeituhr, eine 10 m hohe Stahlkonstruktion
mit geätzten Aluminiumplatten und farbi-
gem Emailleauftrag von Erich John, die auf

*Alexanderplatz heute, im Hintergrund rechts
Haus des Lehrers und Kongreßhalle*

ihrer umlaufenden Skala die Uhrzeit in den
wichtigsten Hauptstädten der Welt anzeigt,
und der ebenfalls 1969 von dem Maler Walter
Womacka geschaffene *Brunnen der Völkerfreundschaft* vor dem Kaufhaus: Aus einem
kreisrunden Becken von 23 m Durchmesser
mit einem Brunnenring aus farbiger Emaille
und Kupfer erhebt sich eine spiralförmige
Treppe aus 17 Wasserschalen. Die Zentrums-
funktion, die der A. z.Z. der > SPALTUNG für
Ost-Berlin hatte, hat er nach der > VEREINI-
GUNG weitgehend verloren. Langfristig ist eine
Umgestaltung der „Betonwüste" beabsichtigt.
Am 4.11.1989 war der A. Ort der größten freiwilligen Kundgebung in der Geschichte der
DDR, als mehr als 500.000 Menschen unter
der Losung „Demokratie – jetzt oder nie" für
ein Ende der SED-Diktatur demonstrierten (>
GESCHICHTE).

Alfred-Döblin-Preis: Der nach dem – durch
seinem 1929 erschienenen Roman „Berlin
Alexanderplatz" berühmt gewordene – Berliner Autor Alfred Döblin benannte Preis gehört zu den wichtigsten Literaturpreisen der
Bundesrepublik Deutschland. Er wurde 1978
von dem Schriftsteller Günter Grass aus den
Einnahmen seines Romans „Der Butt" gestiftet und wird seither in ein- bis zweijährigem
Abstand für literarische Manuskripte epischen Charakters verliehen. Die Höhe des
Preisgeldes variiert und beträgt bis zu 20.000

DM. Trägerin der „Alfred-Döblin-Stiftung"
ist die > AKADEMIE DER KÜNSTE ZU BERLIN. Eine
vom Kuratorium der Stiftung einberufene
Jury wählt aus den meist über hundert einge-
sandten Manuskripten den Preisträger aus.
Gleichzeitig bestimmt sie auch jene Autoren,
die ihre Texte im Rahmen mehrtägiger Lesungen mit Werkstattcharakter unter Beteiligung von Lektoren, Literaturkritikern und
Schriftstellern im > LITERARISCHEN COLLOQUIUM
BERLIN vorstellen. Die öffentliche Preisverleihung erfolgt in der Akademie der Künste.

Die Träger des Alfred-Döblin-Preises

Gerold Späth	1979
Klaus Hoffer	1980
Gert Hofmann	1982
Gerhard Roth	1983
Stefan Schütz	1985
Libuse Moniková	1987
Edgar Hilsenrath und	
Einar Schleef	1989
Peter Kurzeck und	
Norbert Bleisch (Förderpreis)	1991

Alliierte: Der Begriff A. (Verbündete) bezeichnete vor der deutschen > VEREINIGUNG
am > 3. OKTOBER 1990 im Berliner Kontext die
Besatzungsbehörden sowie die Besatzungsstreitkräfte und ihre Angehörigen. Die alliierten Behörden waren Teil der Besatzungsstreitkräfte. Nach dem Gesetz Nr. 2 der > AL-
LIIERTEN KOMMANDANTUR vom 9.2.1950 über
Begriffsbestimmungen umfaßte der Ausdruck
„Besatzungsbehörden"die Alliierte Kommandantur, die Sektorkommandanten bzw. >
STADTKOMMANDANTEN der vier > SEKTOREN und
die Personen, die in deren Auftrag Befugnisse ausübten.
Die Legaldefinition unterschied nicht zwischen den drei Westmächten und der Sowjetunion, da die Vereinigten Staaten von Amerika (USA), Frankreich und Großbritannien
trotz des Zerfalls der ursprünglichen Vier-
Mächte-Verwaltung im Jahr 1948 bis 1990 die
Fortdauer des Vier-Mächte-Status von Gesamt-Berlin betonten. Das Wort A. erfuhr allerdings im Laufe der Zeit einen Bedeutungswandel. Es war zunächst auf das Bündnis gegen das nationalsozialistische Deutschland
und die vorgesehene gemeinsame Kontrolle
des besiegten Feindstaates gemünzt. In dem
Maße wie sich Ost und West entzweiten, die
Teilung Platz griff und ein kooperatives Verhältnis zwischen der Bevölkerung der West-

sektoren und den Westmächten entstand, wurden zunehmend nur noch die Vertreter der USA, Frankreichs und Großbritanniens als A. bezeichnet, häufig auch synonym als *Schutzmächte*. Die Kennzeichnung als Schutzmächte spiegelte die qualitativ veränderte sachliche Funktion der alliierten *Obersten Gewalt* für den Westteil der Stadt wider. Neben den > BINDUNGEN an den Bund war die alliierte Gebietshoheit die entscheidende Bedingung für die äußere Stabilität des politisch-geographisch isolierten Gemeinwesens, bis Gesamt-Berlin 1990 wieder in seine Rolle als > HAUPTSTADT des souveränen demokratischen Gesamtstaates eintreten konnte.

1. Entstehung und Bedingungen der alliierten Präsenz

Die Bedingungen der alliierten Präsenz, die bis zur deutschen Vereinigung grundsätzlich fortgalten, bildeten sich zwischen 1945 und 1949 heraus. Zunächst entstand den alliierten Vereinbarungen über den > SONDERSTATUS Berlins, insbes. dem > LONDONER PROTOKOLL vom 12.9.1944 zufolge neben den vier individuell besetzten Zonen das – zu keiner der Zonen gehörende – „besondere Berliner Gebiet". Auf der Basis gleicher originärer Siegerrechte übten dort die Vier Mächte gemeinsam die Oberste Gewalt aus. Allerdings beruhte der Kontrollmechanismus auf der Annahme einer gemeinsamen Besatzungspolitik. Diese kam jedoch über deklamatorische Ansätze („Demokratisierung"; > POTSDAMER ABKOMMEN) nicht hinaus. Die von der Sowjetunion betriebene, im Ergebnis zwangsweise Vereinigung von KPD und > SOZIALDEMOKRATISCHER PARTEI DEUTSCHLANDS (SPD) zur > SOZIALISTISCHEN EINHEITSPARTEI DEUTSCHLANDS (SED) in der Ostzone und im Ostsektor Berlins, das Ergebnis der Urabstimmung vom 31.3.1946 über den Zusammenschluß dieser beiden Parteien in den Westsektoren sowie der Ausgang der demokratischen > WAHLEN in Gesamt-Berlin am 20.10.1946 veranlaßten die Westmächte, zunehmend demokratische Grundsätze zur Geltung zu bringen. Das Verhältnis zum sowjetischen Partner verschlechterte sich zusehends.

Während der sowjetischen > BLOCKADE der Westsektoren Berlins ab dem 23.6.1948 trat noch deutlicher hervor, daß die Präsenz der Westmächte an die Unterstützung durch die Bevölkerung gebunden war. V.a. das Ineinandergreifen von Bevölkerungswillen und westlicher Unterstützung über die erfolgreiche > LUFTBRÜCKE stellte das gegenseitige Verhältnis dauerhaft auf eine neue politische Grundlage. Unter dem Druck der Blockade wurde der Übergang zu einer Besetzung neuen Typs eingeleitet, die nicht mehr nach innen gerichtet war, sondern der äußeren Stabilisierung des Gemeinwesens gegenüber der überlegenen Sowjetunion dienen sollte. Die Einzigartigkeit der Berliner Besatzungsformel lag seit 1948/49 darin, daß die Bevölkerung die Oberste Gewalt der Westmächte demokratisch legitimierte und die Westmächte nur unter der Voraussetzung dieser demokratischen Zustimmung ihre auf das Verhalten der Sowjetunion bezogene kriegsvölkerrechtliche Position zu behaupten vermochten. Fortan faßten die USA, Großbritannien und Frankreich die Lage der Stadt als einen zentralen Bestandteil des Kräfteverhältnisses im Ost-West-Konflikt auf. Die Teilung Deutschlands und Berlins einschließlich des Zerfalls der ursprünglichen Vier-Mächte-Verwaltung ließ sich indessen nicht verhindern (> SPALTUNG).

2. Formalisierung und Konkretisierung der alliierten Verantwortung

2.1. Die westlichen Garantien

Die A. suchten die Sicherheit der Stadt mit dem Gewicht des Westens insg. zu verbinden, um so die örtlichen Vorteile der Sowjetunion auszugleichen. Hierzu knüpften die Drei Mächte ein Sicherheits- und Garantienetz. Die Verpflichtungen erhielten die Förmlichkeit, die aufgrund der verfestigten Präsenz und ihrer politisch-strategischen Bedeutung geboten schien. Die Konstruktion umfaßte u.a. die Schutzgarantien des Nordatlantischen Bündnisses (> NATO), wenngleich Berlin kein NATO-Gebiet wurde, und die dortigen Besatzungsstreitkräfte außerhalb der militärischen Bündnisstruktur blieben. Zugleich schlossen die drei A. selber das Gebiet Berlins formell in den Schutz ihrer eigenen Länder ein. So wie ein militärisches Vorgehen gegen das Territorium der USA, Frankreichs und Großbritanniens eine unmittelbare Verteidigungsreaktion ausgelöst hätte, sollte ein Angriff auf Berlin eine ebensolche Reaktion auslösen. Damit gingen die Verpflichtungen der Drei Mächte über den NATO-Vertrag hinaus, der wohl eine Beistandspflicht, aber keine automatische militärische Beistandspflicht begründete. Um der besonderen politischen, wirtschaftlichen und psychologischen Empfindlichkeit Rechnung zu tragen, erstreckten die A. ihre Schutzgarantien auch auf das „Wohlergehen" Berlins.

Die Besatzungsstreitkräfte selber bildeten die Basis der westlichen Rechte und Verantwortlichkeiten. Hinsichtlich der äußeren Sicherheit waren sie das materielle Bindeglied sowohl zu den nationalen Hauptstreitkräften der Drei Mächte als auch zur NATO. Durch

Parade der Alliierten am Tag der Alliierten Streitkräfte 1988 auf der Straße des 17. Juni

diese Integration in einen größeren militärstrategischen Rahmen wurde die Stadt in die konventionelle und atomare Abschreckung einbezogen.

2.2. Konkretisierung der Garantien

Die intensivste Probe auf die Wirksamkeit der alliierten Garantien fiel in die Zeit zwischen 1958 und 1961. Die zweite große Berlin-Krise begann mit dem > SOWJETISCHEN ULTIMATUM vom 27.11.1958. Mit den > WAHLEN zum > ABGEORDNETENHAUS VON BERLIN (AbgH) am 12.12.1958, die der SED in Berlin (West) lediglich 1,9 % der Stimmen brachten, dokumentierte die Bevölkerung erneut ihren Wunsch, die alliierte Präsenz aufrechtzuerhalten. Im Ergebnis des Wiener Gipfeltreffens des amerikanischen Präsidenten John F. Kennedy mit dem sowjetischen Führer Nikita Chruschtschow im Juni 1961 wuchs auf westlicher Seite unterdessen die Besorgnis, es könne wegen Berlin zu einer militärischen Eskalation kommen. Für den Fall, daß die Sowjetunion die Zugangswege blockierte, wurden Antworten globalen Charakters und Gegenmaßnahmen lokaler Art erwogen. Die – teilweise in die Öffentlichkeit lancierten – Pläne sollten deutlich machen, daß die Freiheit der Stadt als ein vitales Interesse der gesamten Allianz betrachtet wurde. Doch legten die Großmächte die zweite Berlin-Krise politisch bei. Auf dem Höhepunkt erkannten die A., welche kritische Lage die Flüchtlings-

strom für die DDR heraufbeschwor und daß die Sowjetunion nicht (mehr) ausschließlich offensive Ziele verfolgte (> FLÜCHTLINGE). Durch eine präzise Benennung des geographischen Geltungsbereichs ihrer Garantien, d.h. durch den Bezug lediglich auf die Westsektoren, machten die USA die im Bau der > MAUER liegende östliche „Notlösung" zu einem verhältnismäßig gefahrlosen Unternehmen. Am 25.7.1961 verband Kennedy die Bereitschaft, die östlichen Mindestinteressen zu respektieren, mit nachdrücklichen Bekräftigungen der westlichen Interessen (> THREE ESSENTIALS): die Verteidigung der westlichen Anwesenheit in Berlin, die Wahrnehmung des Zugangsrechts und die Gewährleistung der Selbstbestimmung der West-Berliner. Auf die am > 13. AUGUST 1961 beginnende physische Abriegelung der Westsektoren und das Ausbleiben einer massiven Reaktion der Westmächte reagierte die Bevölkerung mit heller Empörung und ohnmächtigem Zorn, und es kam zu einer kurzen, aber schweren Vertrauenskrise im Verhältnis zu den A. Diese konzentrierten sich darauf, den Schaden zu begrenzen und die West-Berliner des ungeschmälerten westlichen Engagements zu versichern. Als Präsident Kennedy am 23.6.1963 Berlin besuchte, wurde er begeistert empfangen. In seiner Rede vor der > FREIEN UNIVERSITÄT gab er Anstöße, der Stadt neue Perspektiven zu erschließen.

Nach dem Abflauen der Krise gingen Sowjetunion und DDR verstärkt dazu über, die > BINDUNGEN der Stadt an den Bund, die zweite Existenzgrundlage, in Frage zu stellen. Insbesondere nach dem Abschluß des Freundschafts- und Beistandsvertrages vom 12.6. 1964, der „Westberlin" als > SELBSTÄNDIGE POLITISCHE EINHEIT definierte, bezeichnete die östliche Seite die Bindungen als völkerrechtswidrig. Dementgegen betonten die A. die Rechtmäßigkeit der Bindungen, so etwa in ihrer Deutschlanderklärung vom 26.6.1964. Es hieß, die Bindungen seien „in keiner Weise unvereinbar mit dem Vier-Mächte-Status". Die Bindungen, in den Drei Essentials von 1961 noch nicht ausdrücklich berücksichtigt, gelangten auf diese Weise in den Katalog zu schützender westlicher Belange.

2.3. Funktionen der alliierten Verantwortung nach dem Vier-Mächte-Abkommen von 1971

Durch das > VIER-MÄCHTE-ABKOMMEN vom 3.9.1971 wurde das alliierte Element bekräftigt. Die Ausübung der Siegerrechte war seitdem auch ein Grundbaustein des entspannungsdienlichen europäischen Vertragssystems. Die Allgemeinen Bestimmungen des Vertrages enthielten die Verpflichtung der Vier Mächte, ihre „individuellen und gemeinsamen Rechte und Verantwortlichkeiten, die unberührt bleiben, gegenseitig (zu) achten". Laut Vertrag akzeptierte die Sowjetunion die westliche Präsenz. Vor dem Hintergrund der früheren sowjetischen, die Krisen begleitenden Aussagen, die Westmächte hätten sich ihres Anwesenheitsrechtes begeben, lag hier ein deutlicher Gewinn. Indem das Abkommen auch sonst auf den Sicherheit und Lebensfähigkeit am meisten berührenden Feldern Präzisierungen vornahm und Unklarheiten erheblich reduzierte, trug es in hohem Maße zur Stabilität bei, ohne freilich die Berlin-Frage abschließend lösen zu können.

Die A., die Bundesrepublik und die NATO betonten nach 1971 vielfach, daß eine ruhige Berlin-Situation ein entscheidender Prüfstein für die sowjetische Entspannungsbereitschaft sei. Ost-westliche Fortschritte in anderen Bereichen sollten demzufolge nur möglich sein, wenn die Sowjetunion den Vertrag strikt einhielt und voll anwandte. Durch ihre wiederholten Berlin Besuche dokumentierten die Staats- und Regierungschefs der Drei Mächte das besondere Interesse an einer reibungslosen Umsetzung des Vier-Mächte-Abkommens.

3. Die alliierte Militärpräsenz
Die alliierten Streitkräfte waren das physische Rückgrat des Status von Berlin. Die Unterhaltung von Truppen aus eigenem Recht war Ausdruck der Gebietshoheit der A. Gegenüber der Sowjetunion galt diese kriegsvölkerrechtliche Legitimation der Anwesenheit bis 1990 fort. Das alliierte Militär versah demnach neben der klassischen Aufgabe, vor äußeren Eingriffen abzuschrecken, eine politisch-rechtliche Funktion. Die militärische Grundlage der alliierten Verantwortung bildeten bis zur Erlangung der deutschen Souveränität rd. 12.200 Soldaten. Den größten Anteil hatten die USA mit 6.000 Soldaten, gefolgt von Großbritannien mit 3.600 Soldaten und Frankreich mit 2.600 Soldaten. Insg. standen den A. 69 Panzer, 86 gepanzerte Mannschaftstransporter und sechs Artilleriekanonen (USA) zur Verfügung. Keiner der drei A. hatte Kampfflugzeuge in Berlin stationiert, Luftabwehrwaffen existierten nicht. Das gleiche galt für weitreichende Waffensysteme.

Nach westlichen Schätzungen waren in einem 32 km weiten Umkreis von Berlin (West) insg. etwa 90.000 Mann der > GRUPPE DER SOWJETISCHEN STREITKRÄFTE IN DEUTSCHLAND sowie der Nationalen Volksarmee stationiert. Hinzu kamen die unmittelbar an den Grenzanlagen zu Berlin (West) eingesetzten ca. 11.000 Mann der Grenzstreitkräfte der DDR. Während die Westsektoren für Deutsche völlig entmilitarisiert waren (> ENTMILITARISIERUNG), war der Ostsektor Berlins uneingeschränkt in das Militärwesen der DDR integriert (> WEHRPFLICHT). Ihre militärische Unterlegenheit konnten die A. nur mit Hilfe der überregional aufgebauten Sicherheitskonstruktion kompensieren. Die Existenz der Berliner Garnisonen, einschließlich der Anwesenheit von mehreren tausend Zivilisten und Familienangehörigen, untermauerte die Berlin-Garantien. Infolge des Status fielen ihnen auch Aufgaben zu, die anderswo in den Händen von Zivilisten liegen (> LUFTVERKEHR).

4. Die Handhabung des alliierten Rechts
4.1. Haltung zu den Bindungen an den Bund
Ein Anhaltspunkt dafür, wie die A. ihre Rechte gegenüber der Bevölkerung interpretierten und handhabten, lag in ihrer Haltung zu den Bindungen an den Bund. Seit 1949 war erkennbar, daß die A. die Bindungen als essentiell ansahen. Seitdem billigten und förderten sie das Entstehen eines engmaschigen Beziehungsgeflechtes und übertrugen der Bundesrepublik zunehmend Befugnisse. Das Gewicht des Bundes folgte aus der Integration der Stadt in das westdeutsche Wirtschafts- und Finanzsystem (> DRITTES ÜBERLEITUNGSGESETZ). In dem Maße, wie der westdeutsche Staat leistungsfähig wurde, ersetzte er die anfängliche alliierte Hilfe (> CARE; > GARIOA-HILFE). Die erheblichen deutschen Unterstützungsleistungen harmonierten mit den alliierten Interessen. Als die Bundesrepublik souveräne Rechte erhielt, erklärten die drei Hohen Kommissare in dem Schreiben Nr. X vom 23.10.1954 an den Bundeskanzler, daß sie sich „der für die Bundesrepublik bestehenden Notwendigkeit, Berlin Hilfe zu leisten, ... bewußt sind".

4.2. Die alliierten Rechtsinstrumente
Unbeschadet der Bindungen und der weitgehenden Rechtseinheit mit dem Bund zog die alliierte Verantwortung das prinzipielle Fortbestehen der alliierten Rechtsquellen nach sich. Um ihre Position in den weiterhin unmittelbarer alliierter Zuständigkeit unterlie-

33

genden Gebieten sichtbar zu machen, konnte die > ALLIIERTE KOMMANDANTUR die örtliche Verwaltung bindende Befehle und Anordnungen erlassen, die sog. > BK/Os (BERLIN KOMMANDATURA ORDERS). Die Berlin Kommandatura Letters (BK/Ls) enthielten rechtsverbindliche Aussagen und Auslegungen. Von Ausnahmen abgesehen, wurden sie nicht veröffentlicht. Empfänger war der > REGIERENDE BÜRGERMEISTER (RBM). An ihn richteten sich ebenfalls die Berlin Kommandatura Commandants' Letters (BKC/Ls), vereinzelt auch an den Präsidenten des AbgH (Legislative) und den Kammergerichtspräsidenten (Judikative; > KAMMERGERICHT). Um mit Hilfe von Letters alliierte Rechtsnormen auszulegen oder ebenfalls bestimmte Einzelfälle zu entscheiden, bediente sich die Kommandantur außerdem ihrer Komitees. Demgemäß hießen die Schreiben CAC/L, Leg/L, ECON/L, PUSA/L. Empfänger war die > SENATSKANZLEI oder die jeweilige > SENATSVERWALTUNG.

4.3. Die alliierten Vertretungen

Ihre Funktionen übten die A. gemeinsam und getrennt aus. Die alliierten Vertretungen verkörperten die Oberste Gewalt. Die höchste gemeinsame Behörde war die Alliierte Kommandantur, die seit 1948 nur noch von den drei westlichen Stadtkommandanten gebildet wurde. Allmonatlich wechselten sie sich im Vorsitz ab. Die Leitung der Ausschüsse rotierte im selben Rhythmus. Als in Westdeutschland die Besatzungsperiode am 5.5.1955 geendet hatte, war die > ALLIIERTE HOHE KOMMISSION ausgeschieden. Den Hohen Kommissaren hatten jeweils u.a. die nationalen alliierten Behörden in Berlin unterstanden. Was Berlin anbelangte, so übernahmen die nunmehrigen *Botschafter der Westmächte* alle Rechte, Verantwortlichkeiten und Hoheitsrechte als Nachfolger der Hohen Kommissare. Sie versahen jeweils, zusätzlich zu ihrem Bonner Amt, das Amt eines Missionschefs in Berlin und unterhielten dort Residenzen. Die dortigen ständigen Vertreter der Botschafter waren die *Gesandten der Drei Mächte in Berlin*. Die militärische Seite wie die protokollarische Gesamtrepräsentation bei Abwesenheit der Botschafter lag hingegen bei den > STADTKOMMANDANTEN. Die Gesandten fungierten formell als Stellvertretende Stadtkommandanten. Den Außenministerien ihrer Länder unterstellt, besaßen die Gesandten ein hohes politisches Gewicht. Die obersten alliierten Vertretungen nannten sich

Britische oder Französische *Militärregierung* bzw. Mission der USA von Amerika (*US-Mission*). Alle Drei Mächte hatten zugleich Konsulate im Rang von *Generalkonsulaten* errichtet.

Auch die sowjetische Botschaft mit Sitz in Ost-Berlin war eine siegerrechtliche Vertretung (> GENERALKONSULAT DER RUSSISCHEN FÖDERATION). Als Angehörige der Besatzungsstreitkräfte genossen der *Botschafter der Sowjetunion* und seine Mitarbeiter die den A. zustehenden Immunitäten und Privilegien, wenn sie sich in Berlin (West) aufhielten. Der sowjetische Botschafter nahm – als Nachfolger des sowjetischen Hohen Kommissars – weiterhin die Beziehungen zu den westlichen Siegermächten wahr (> SOWJETISCHE KONTROLLKOMMISSION). Eine herausgehobene Stellung genossen ferner die > MILITÄRMISSIONEN, die seit 1950 nur noch in den Westsektoren domizilierten.

4.4. Gebiete, auf denen die Alliierten normalerweise Machtbefugnisse ausübten

Die Aufgabe, das grundsätzliche Spannungsverhältnis zwischen Besatzungsrecht und Selbstbestimmung zugunsten der freiheitlichen Demokratie zu überbrücken, ohne die alliierte Rechtsbasis zu berühren, führte zu ungewohnten Regelwerken und Formen. Bereits in dem Begleitschreiben zum *Kleinen Besatzungsstatut* vom 14.5.1949 erklärten die A., es sei beschlossen worden, „so weit wie möglich die gleichen liberalen Maßnahmen für Berlin anzuwenden", wie im Bundesgebiet. Parallel zum Ausbau der Bindungen an den Bund konzentrierten sich die A. zunehmend auf die verbliebenen Kernbereiche Sicherheit und Status. Am 5.5.1955 wurde – zeitgleich mit dem Inkrafttreten des Deutschlandvertrages – die *Erklärung über Berlin* erlassen. Sie war bis zur Erlangung der vollen Souveränität 1990 die Grundlage des deutschalliierten Regelungsmechanismus. Die Alliierte Kommandantur gewährte fortan „den Berliner Behörden die größtmögliche Freiheit ..., die mit der besonderen Lage Berlins vereinbar" war. Nach Art. I übte Berlin „alle seine Rechte, Machtbefugnisse und Verantwortlichkeiten aus, wie sie in seiner im Jahre 1950 angenommenen Verfassung niedergelegt sind, lediglich unter Berücksichtigung der von der Alliierten Kommandatura ... gemachten Vorbehalte". Die Erklärung verfügte also, welche Gebiete ausnahmsweise aus der deutschen Zuständigkeit ausgeklammert blieben. Laut Art. III übten die A.

Machtbefugnisse in der Regel („normalerweise") nur auf fünf Gebieten aus: 1. Sicherheit, Interessen und Immunität der alliierten Streitkräfte einschließlich deren Vertreter, deren Familienangehörigen und nicht deutschen Angestellten; 2. Abrüstung und Entmilitarisierung einschließlich verwandter Gebiete der wissenschaftlichen Forschung, ziviler > LUFTVERKEHR sowie die damit in Beziehung stehenden Verbote und Beschränkungen der Industrie; 3. Beziehungen Berlins zu ausländischen Behörden; 4. Deckung der *Besatzungskosten*; 5. Befehlsbefugnis über die > POLIZEI, soweit zur Gewährleistung der Sicherheit Berlins notwendig. Hinzu kamen die generellen, der äußeren Existenzsicherung unmittelbar dienenden Vorbehalte gemäß Art. II. Im Falle einer Kollision mit alliierten Rechten konnte die Berliner Gesetzgebung durch die Alliierte Kommandantur aufgehoben oder für nichtig erklärt werden (Art. VII). Außerdem reservierten sich die A. das Recht, für notwendig erachtete Auskünfte und Statistiken anzufordern und zu erlangen (Art. VIII).

Parallel trafen die A. mit der Bundesrepublik einige Berlin betreffende Festlegungen im *Deutschlandvertrag* von 1952/54. Sie bewirkten bspw. eine alliierte Einschaltung bei der Übernahme von *Bundesgesetzen* nach Berlin oder bei der Ausdehnung völkerrechtlicher Vereinbarungen auf die Stadt. Außerhalb von Sicherheit und Status trat die deutsche Verfassungsordnung an die Stelle der alliierten Normen. So ergingen in der anfänglichen Besatzungszeit bis 1949 jährlich noch zwischen 282 und 458 Anordnungen der Alliierten Kommandantur, in der Übergangszeit bis 1955 pro Jahr zwischen 17 und 262 Anordnungen, in dem Zeitraum ab Frühjahr 1955 (Erklärung über Berlin) im Jahresdurchschnitt nur rd. elf.

Im Unterschied zur Anfangszeit, als die alliierten Normen sich auf sämtliche zivilen Angelegenheiten erstreckten, wurde das Besatzungsrecht auf die Bereiche zurückgenommen, die für die Aufrechterhaltung der westlichen Position gegenüber der Sowjetunion und der DDR als unverzichtbar angesehen wurden. Hierzu gehörte die Abwehr von östlichen Ansprüchen auf Gewaltausübung in den Westsektoren (Angelegenheiten der > DEUTSCHEN REICHSBAHN, Grenzfragen etc.), die fortbestehende alliierte Souveränität unterstreichenden Symbolfelder wie Abrüstung und Entmilitarisierung oder die Beziehungen zu ausländischen Behörden, der Luftverkehr, der den einzigen unkontrollierten Zugang ermöglichte, und nicht zuletzt die Sicherung der Alliierten Streitkräfte als Kernelement des Status und der Sicherheit. Aus der zentralen Funktion der Streitkräfte folgte deren Befreiung von der Kompetenz der deutschen Behörden. Steuern und Abga-

Wegweiser der französischen Besatzungsmacht im Bezirk Wedding 1945

ben brauchten sie nicht zu entrichten. Sie genossen Immunität vor der deutschen Gerichtsbarkeit. Insg. lebten aufgrund des Status mindestens 2 % der tatsächlichen Einwohner Berlins außerhalb der Kompetenz der deutschen Behörden.

4.5. Die Debatte über das alliierte Recht

Obwohl die Akzeptanz der A. gleichbleibend hoch blieb und sie ihre fortbestehenden Befugnisse zurückhaltend wahrnahmen, fand das alliierte Recht in dem Maße zunehmend kritische Aufmerksamkeit, wie sich die äußere Lage ab 1971 stabilisierte und die Notwendigkeit besatzungsrechtlicher Normen nicht mehr so offenkundig war wie ehedem: insbes. die den A. zustehenden Vorrechte und das grundsätzliche Spannungsverhältnis zwischen Besatzungsgewalt und Rechtsschutz, verbunden mit Fragen des > NATUR- und > UMWELTSCHUTZES, die sich aus der Stationierung des Militärs ergaben. Zu den –

allerdings wenigen – konkreten Kollisionen einzelner Bürger mit den A. gehörten Fälle im Zehlendorfer Ortsteil > Düppel 1979 und im Spandauer Ortsteil > Gatow in der ersten Hälfte der 80er Jahre. Grundlage war jeweils die Anwendung des Gesetzes Nr. 7 der Alliierten Kommandantur vom 17.3.1950, die Gerichtsbarkeit in den vorbehaltenen Gebieten betreffend. Es schloß den bei Akten der deutschen Staatsgewalt garantierten verwaltungsgerichtlichen Schutz gegenüber den alliierten Streitkräften und ihren Beauftragten aus (> Verwaltungsgerichtsbarkeit). Gemäß dem Gesetz Nr. 7 untersagte der amerikanische Sektorkommandant dem Berliner Verwaltungsgericht, einen Bauauftrag der US-Armee in Düppel zu überprüfen. Ebenso verweigerte der britische Sektorkommandant dem Verwaltungsgericht die Zustimmung, sich mit einer Klage gegen den Bau eines *Schießplatzes* in Gatow zu befassen. Auch die nationalen Gerichte der A. konnten nicht gegen Entscheidungen der Besatzungsbehörden angerufen werden.

Intensives Interesse löste ferner die am 15.10.1951 von den drei Stadtkommandanten ausgefertigte Verordnung Nr. 511 „über strafbare Handlungen gegen die Interessen der Besatzung" aus. Sie sah für bestimmte schwere Straftaten gegen die alliierten Streitkräfte die > Todesstrafe vor, ohne freilich seit 1949 jemals verhängt worden zu sein (> Militärgerichtsbarkeit). Auch führte der > Sonderstatus Berlins zu dem Recht der A., sich allein Beschränkungen des *Kommunikationsgeheimnisses* (Post- und Telefonüberwachung) vorzubehalten. Im Ergebnis setzte eine Debatte über das Besatzungsrecht ein. Während die Alternative Liste (> Die Grünen / Alternative Liste für Demokratie und Umweltschutz) eine generelle Revision der Innerberliner Kompetenzen der A. anstrebte, spitzte sich die Diskussion in den anderen > Parteien auf die Frage zu, wie verhindert werden könne, daß Elemente des unter früheren Bedingungen geschaffenen Komplexes von alliierten Normen mit dem deutschen Rechtskreis in Konflikt gerieten. Als notwendig wurde angesehen, die Fortdauer des im allgemeinen harmonischen Zusammenspiels zu fördern. Als ein wesentliches Mittel hierzu sah der > Senat von Berlin die Bereinigung des Regelwerkes von solchen alliierten Rechtsvorschriften an, die der Funktion der A. als Schutzmächte und Partner nicht mehr angemessen waren.

Am 26.9.1985 verabschiedeten die Fraktionen der CDU, F.D.P. und SPD einen entsprechenden Antrag. Die A. betonten ihre Bereitschaft, die in Frage kommenden – indes äußerst vielfältigen – Regelungen gemeinsam mit dem Senat zusammenzustellen, zu erfassen und zu überprüfen. Bei dem 1984 aufgenommenen längerfristigen Prozeß, in dessen Verlauf 1989 u.a. die Todesstrafe aufgehoben wurde, stellte sich das Problem zu entscheiden, welche Sondernormen im einzelnen statusrelevant, also weiter nötig, und welche durch Zeitablauf und den demokratischen Besatzungszweck obsolet waren. Ausdruck des Bemühens, die Handlungsfreiheit der A. nach außen mit den gewachsenen Ansprüchen der Bevölkerung im Innern in Einklang zu bringen, war die Errichtung einer *Alliierten Beschwerdestelle*, die am 1.7.1988 ihre Arbeit im Hause der Kommandantur aufnahm. Dort konnte jeder Einwohner Berlins gegen Handlungen oder geplante Handlungen der A., die sich eventuell nachteilig auf ihn auswirkten, Beschwerde einlegen, ohne daß damit jedoch ein formeller Rechtsweg eröffnet worden wäre. Vor dem Ende des Sonderstatus gelang es schließlich auch, Regelungen über eine Post- und Telefonüberwachung in deutscher Mitverantwortung zu vereinbaren.

5. Deutsch-alliierte Zusammenarbeit und Ende der besatzungsrechtlichen Präsenz
Der höchste institutionelle Umschlagplatz der Zusammenarbeit war die Vierergruppe in Bonn (*Bonn Group*). In ihr arbeiteten die Vertreter der drei westlichen Botschaften und Vertreter des > Auswärtigen Amtes in den Angelegenheiten zusammen, die aufgrund des Status, die Bindungen eingeschlossen, und ihrer politischen Bedeutung herausgehoben waren. Eine wichtige allgemein-politische Clearingstelle waren darüber hinaus die regelmäßigen Deutschlandtreffen am Vorabend der NATO-Außenministerkonferenzen. Der Feinabstimmung und der Klärung bestimmter rechtlicher Fragen diente in Berlin ein örtlicher Konsultationsmechanismus. In ihn waren hauptsächlich einbezogen: der RBm, der Chef der Senatskanzlei, die Stadtkommandanten, die Gesandten und die alliierten Verbindungsoffiziere sowie der Bevollmächtigte der Bundesregierung in Berlin. Die A. waren ein Teil des Berliner Lebens. Das bezog sich auf die Aktivitäten der drei Länder im allgemeinen wie auf das Engagement der in der Stadt lebenden Angehörigen der Streitkräfte im besonderen. Sie waren ein

deutlich sichtbares Element des kulturellen Lebens, der Wissenschaft und Forschung, der Wirtschaft, im Medien- und Sozialbereich, auf dem Gebiet des Sports. Die Partnerschaft begünstigte in der isolierten Lage der Stadt geistige Offenheit und Internationalität. Zahlreiche Institutionen und informelle Gesprächskreise förderten den Ausbau der Beziehungen. V.a. in den Bezirken fanden viele deutsch-alliierte Aktivitäten wie regelmäßige Volksfeste und „Tage der offenen Tür" statt. Die A. haben mit ihrer Präsenz in Berlin die deutsche Frage offengehalten, die 1990 abschließend gelöst wurde. Mit der deutschen Vereinigung am 3.10.1990 wurde die besatzungsrechtliche Basis der alliierten Anwesenheit ausgesetzt. Seit der Ratifizierung des Vertrages über die abschließende Regelung in bezug auf Deutschland (Zwei-plus-Vier-Vertrag) vom 13.9.1990 hat Deutschland die volle Souveränität wiedererlangt. Bis zum Abschluß des sowjetischen Abzugs Ende 1994 werden auf deutschen Wunsch Streitkräfte der Drei Mächte auf der Grundlage entsprechender vertraglicher Vereinbarungen in Berlin stationiert bleiben.

Alliierte Hohe Kommission (AHK): Mit dem Inkrafttreten des Besatzungsstatuts für die damalige Bundesrepublik Deutschland am 21.9.1949 wurden dort die Militärregierungen der > ALLIIERTEN aufgehoben. Als oberste gemeinsame Behörde der Westmächte wurde die AHK gebildet, zusammengesetzt aus den *Hohen Kommissaren* der Vereinigten Staaten, Frankreichs und Großbritanniens mit Sitz auf dem Petersberg bei Bonn. Die Hohen Kommissare waren zugleich die Chefs der jeweiligen Militärregierungen in Berlin und ernannten die jeweiligen > STADTKOMMANDANTEN. Seit 1952 hatten die ständigen Vertreter der Hohen Kommissare in Berlin den Rang von Stellvertretern der Stadtkommandanten.
Die AHK trat mehrmals zu Sitzungen in Berlin zusammen, erstmals am 18.1.1950. Die AHK gab der > ALLIIERTEN KOMMANDANTUR in Berlin allgemeine Anweisungen und arbeitete mit den sowjetischen Behörden in Berlin (Ost) in Vier-Mächte-Fragen zusammen. Aufgaben, Organisation und Verfahren der AHK waren in der Satzung vom 20.6.1949 geregelt. Gesetze und Anordnungen der AHK wurden im Amtsblatt der AHK veröffentlicht. Als die AHK – mit der Gewährung souveräner Rechte an die Bundesrepublik Deutschland – am

5.5.1955 aufgelöst wurde, gingen die alliierten Rechte und Verantwortlichkeiten in bezug auf Berlin und Deutschland als Ganzes auf die drei *Botschafter der Westmächte* in Bonn über. Eine entsprechende Institution für die Sowjetunion entstand durch Umwandlung der > SOWJETISCHEN KONTROLLKOMMISSION in eine *Hohe Kommission* am 28.5.1953. Nach ihrer Auflösung am 20.9.1955 gingen wie bei den westlichen Alliierten ihre Funktionen in bezug auf Berlin und Deutschland als Ganzes auf den Botschafter der Sowjetunion in Berlin über (> SONDERSTATUS 1945-90).

Alliierte Kommandantur: Von 1945-90 war die A. das höchste, mit der Ausübung der *Obersten Gewalt* in Berlin beauftragte Organ der vier Siegermächte des II. Weltkriegs (> ALLIIERTE). In Übereinstimmung mit dem > LONDONER PROTOKOLL vom 12.9.1944 setzte das Londoner Abkommen vom 14.11.1944 über die Kontrolleinrichtungen in Deutschland (ergänzt durch das Abkommen vom 1.5.1945 über den Beitritt der Französischen Republik) in Art. 7, daß eine interalliierte Regierungsbehörde (russ.: *Komendatura*) errichtet werden sollte, die sich aus den vier von ihren jeweiligen Oberbefehlshabern ernannten Kommandanten, einem von jeder Macht, zusammensetzt, „um gemeinsam die Verwaltung des Gebietes von Groß-Berlin zu leiten". Gemäß der gemeinsamen Besetzung des zu keiner der Zonen gehörenden „besonderen Berliner Gebiets" übernahm die A. in der Stadt die Kompetenzen, die in den Zonen in den Händen der jeweiligen Oberbefehlshaber lag. Die allgemeine Leitung der A. hatte der > ALLIIERTE KONTROLLRAT inne, dessen Normen die A. für die Stadt umsetzte.
Nach den Richtlinien über die Aufgaben der A. vom 21.12.1945 konnten aber auch einseitig Maßnahmen eingeführt werden, „die die Verwaltung der Militärregierung eines einzelnen Sektors in Berlin betreffen". Eine Anordnung der A. vom 21.1.1946 gestand außerhalb des Bereichs der durch gemeinsame Entscheidung geregelten Fragen den vier einzelnen Militärregierungen (die von dem jeweiligen Zonenbefehlshaber ernannt wurden und diesem unterstanden) zu, auch eigene Gesetze, Erlasse, Verordnungen usw. in ihren Sektoren anzuwenden.
Die erste Sitzung der A. fand am 11.7.1945 statt. Mit Befehl Nr. 1 vom selben Tage ging die zuvor von der Sowjetunion allein ausgeübte Kontrolle Berlins auf alle Vier Mächte

über. Auf der zweiten Sitzung am 18.7.1945 wurde das Gebäude des Verbandes der öffentlichen Feuerversicherungen in der Kaiserswerther Str. in > Zehlendorf (amerikanischer Sektor) zum Amtssitz bestimmt. Ab der vierten Sitzung am 1.8.1945 nahm der französische Vertreter an den Treffen teil. Bis zum 16.6.1948 trat die A. zu 93 Sitzungen zusammen und erließ 1.168 Befehle und Verordnungen. Die Sitzungen fanden in der Regel in einem zehntägigen Rhythmus statt. Es konnte nur einstimmig beschlossen werden. Als Instrumente der vierseitigen Rechtssetzung waren Erlasse, Beschlüsse, Veröffentlichungen, Verordnungen und Anordnungen vorgesehen (> BK/O [Berlin Kommandatura/ Order]). Ausführende deutsche Behörde war der > Magistrat.

Infolge tiefgreifender Meinungsverschiedenheiten zogen sich die sowjetischen Vertreter, ausgelöst durch die > Währungsreform, am 16.6.1948 aus der A. zurück. Am 1.7.1948 erklärte die Sowjetunion die A. für aufgelöst und die Vier-Mächte-Verwaltung Berlins für beendet. Am 21.12.1948 wiesen die > Stadtkommandanten der Westsektoren in einer Erklärung darauf hin, daß das Fernbleiben der sowjetischen Behörden nicht länger die ordentliche, gesetzmäßige Verwaltung Berlins verhindern dürfe. Die Tätigkeit der A. wurde auf Drei-Mächte-Basis wieder aufgenommen, ohne die Rechtsstellung des Vier-Mächte-Organs zu berühren. Die ab diesem Zeitpunkt bis 1990 de facto auf dreiseitiger Grundlage tätige Behörde sah sich als identisch mit der ursprünglichen A. an, wenngleich in der Erklärung eingeräumt wurde, die Entscheidungen nur noch in den Westsektoren durchführen zu können. Die Sowjetunion blieb eingeladen, sich wieder an der Vier-Mächte-Verwaltung zu beteiligen, vorausgesetzt, daß die sowjetischen Behörden sich an die Abkommen hielten, an die die Vier Mächte gebunden waren.

Da auch der Kontrollrat im März 1948 handlungsunfähig geworden war, fiel die Leitung der A. durch das Abkommen vom 7.6.1949 an die (dreiseitige) > Alliierte Hohe Kommission. Am 5.5.1955 traten die Botschafter der drei Westmächte an die Stelle der Hohen Kommissare. Die drei Sektorkommandanten kamen mindestens einmal pro Monat im Rahmen der A. zusammen, begleitet von ihren Stellvertretern, den Gesandten. Der Vorsitz in der A. wechselte monatlich nach einem festen Rhythmus (britisch – amerika-

nisch – französisch). Nach der geänderten Geschäftsordnung vom 7.6.1949 erfolgten die Entscheidungen, außer bei Verfassungsänderungen, durch Mehrheitsbeschluß. In der Praxis galt jedoch weiterhin das Konsensprinzip.

In vier Ausschüssen wurden die laufenden Angelegenheiten beraten und Entscheidungshilfen für die Kommandanten bzw. die Gesandten vorbereitet: im Civil Affairs Committee (Allgemeine Verwaltungsangelegenheiten), im Legal Committee (Rechtsausschuß), im Economic Committee (Wirtschaft) und im Public Safety Committee (Öffentliche Sicherheit). Mit den Berliner Behörden arbeiteten die Ausschüsse auf den Gebieten zusammen, die sich die Alliierten in der Erklärung über Berlin vom 5. Mai 1955 ausdrücklich reserviert hatten (> Sonderstatus 1945-90 III.). Nach der Gemeinsamen Geschäftsordnung für die Berliner Verwaltung war der Verkehr mit der A. dem > Regierenden Bürgermeister vorbehalten.

Mit dem Vertrag über die abschließende Regelung in bezug auf Deutschland (Zwei-plus-Vier-Vertrag) vom 12.9.1990 wurde auch der alliierte Sonderstatus Berlins beendet und alle entsprechenden Einrichtungen der Vier Mächte aufgelöst (Art. 7). Auf der letzten Sitzung der A. am 2.10.1990 unterzeichneten die drei westlichen Stadtkommandanten ein gemeinsames Schreiben an den Regierenden Bürgermeister, in dem sie erklärten, daß ihre Aufgabe um Mitternacht – dem Beginn der deutschen Einheit – erfüllt sei.

Alliierter Kontrollrat: Von 1945-48 war der A. das oberste Kontrollorgan der vier Siegermächte des II. Weltkrieges in Deutschland. Er wurde errichtet in Übereinstimmung mit dem Londoner Abkommen vom 14.11.1944 über die Kontrolleinrichtungen in Deutschland (ergänzt durch das Abkommen vom 1.5.1945 über den Beitritt der Französischen Republik, > Londoner Protokolle). Nach dem Art. 1 des Abkommens sollte die *Oberste Gewalt* in Deutschland erstens auf Weisung ihrer jeweiligen Regierungen von den Oberbefehlshabern der Streitkräfte der Vier Mächte ausgeübt werden, und zwar von jedem in seiner eigenen *Besatzungszone*, und zweitens „auch gemeinsam" in den Deutschland als Ganzes betreffenden Angelegenheiten als Mitglieder des A. In Art. 3 bestimmte man die Aufgaben des K., u.a. die Leitung der Verwaltung > Gross-Berlins, mit Hilfe der hierzu bestellten Organe. Der K. sollte mindestens einmal alle zehn Tage zusammentreten. Die Entscheidungen mußten einstimmig gefaßt werden und der Vorsitz der Reihe nach wechseln. Nicht am A. unmittelbar beteiligte, doch interessierte „Vereinte Nationen" erhielten das Recht, > MILITÄRMISSIONEN beim A. zu errichten. Der A. konstituierte

Kontrollratsgebäude mit Königskolonnaden

sich am 30.7.1945 im amerikanischen Hauptquartier in Berlin. Als endgültiger Sitz wurde das Gebäude des Preußischen > KAMMERGERICHTS am > HEINRICH-VON-KLEIST-PARK in der Elßholzstr. im Bezirk > SCHÖNEBERG (amerikanischer Sektor) bestimmt.

Das Kontrollsystem war für Deutschland als Ganzes durch den Dualismus von kooperativen (Kontrollrat) und individuellen (Zonen) Elementen gekennzeichnet. Da die individuelle Komponente dominierte, konnte jede Macht entscheiden, welche Angelegenheiten sie individuell beanspruchte und welche Angelegenheiten sie dem auf Einstimmigkeit festgelegten A. übertragen wollte. Ein einheitliches Vorgehen wäre nur bei Einheitlichkeit der politischen Absichten und Ziele möglich gewesen. Die im Amtsblatt des A. zu veröffentlichenden Befehle, Direktiven, Gesetze, Instruktionen und Proklamationen mußten von jedem Zonenbefehlshaber für sein Besatzungsgebiet ausdrücklich als gültiges, anzuwendendes Recht bezeichnet werden. Insg. führte der A. 82 Sitzungen durch. Er erließ drei Proklamationen an das deutsche Volk, 62 Gesetze, vier Befehle und 57 Direktiven.

Mit der Begründung der ständig angewachsenen Meinungsverschiedenheiten mit den westlichen > ALLIIERTEN und diesen namentlich zur Last legend, sie betrieben auf der zum 23.2.1948 unter Beteiligung der drei Benelux-Staaten einberufenen Sechs-Mächte-

Konferenz in London die Teilung Deutschlands, verließ der sowjetische Oberbefehlshaber am 20.3. 1948 die Sitzung des A. Er erklärte, der A. bestehe „faktisch" nicht mehr. Der A. vertagte sich, ohne ein Datum für die nächste Sitzung festzulegen. (> BLOCKADE)

Obwohl der A. als solcher seine Tätigkeit einstellte, arbeiteten einzelne seiner Abteilungen weiter: die > LUFTSICHERHEITSZENTRALE Berlin, die Verbindungsabteilung (Protokollabteilung), das Alliierte Büro für internationale Abrechnung im Post- und Fernmeldewesen. Das auf Anweisung des A. von der > ALLIIERTEN KOMMANDANTUR errichtete > ALLIIERTE KRIEGSVERBRECHERGEFÄNGNIS BERLIN-SPANDAU bestand bis 1987 fort. Bis 1990 waren beim A. akkreditierte Militärmissionen tätig. Unberührt blieben ferner die gemäß dem Londoner Abkommen eingerichteten *Militärischen Verbindungsmissionen* bei den einzelnen Oberbefehlshabern der alliierten Truppen in Deutschland. Die Sowjetunion unterhielt je eine Verbindungsmission in den westlichen Besatzungszonen in Frankfurt/M. (amerikanische Zone), in Bad Salzuflen (britische Zone), seit 1957 in Bünde sowie in Baden-Baden (französische Zone). Die drei Westmächte errichteten je eine Mission in der sowjetischen Besatzungszone in Potsdam (> SONDERSTATUS 1945-90).

Alliiertes Kriegsverbrechergefängnis Berlin-Spandau: Aufgrund einer Direktive des > ALLIIERTEN KONTROLLRATS beschloß die > ALLIIERTE KOMMANDANTUR am 4.10.1946, die im Nürnberger Kriegsverbrecherprozeß zu Freiheitsstrafen verurteilten sieben Hauptkriegsverbrecher in einem Berliner Gefängnis unterzubringen. Am 15.10.1946 bestimmte die Kommandantur dazu das Spandauer Gefängnis an der Wilhelmstr./Ecke Gatower Str. im britischen Sektor (> SEKTOREN). Der weiträumige Backsteinkomplex war 1878-81 als Festungsgefängnis der > ZITADELLE SPANDAU errichtet worden und wurde seit 1920 auch als Zivilgefängnis genutzt. Für seine Verwendung als K. wurde er von allen anderen Gefangenen geräumt. Am 18.7.1947 erfolgte die Einlieferung der Gefangenen Karl Dönitz (verurteilt zu 10 Jahren Haft), Walter Funk (lebenslänglich), Rudolf Heß (lebenslänglich), Konstantin v. Neurath (15 Jahre), Erich Raeder (lebenslänglich), Baldur v. Schirach (20 Jahre) und Albert Speer (20 Jahre). Sowohl die Verwaltung als auch die Bewachung des A. lag in der Zuständigkeit der

Vier Mächte zur gesamten Hand. Jede Macht stellte einen ständigen Kommandanten im Viererrat des Gefängnisdirektoriums. Der Vorsitz wechselte monatlich. Die Wachmannschaften wechselten ebenfalls monatlich. Die Sowjetunion war im März, Juli und November an der Reihe. Der sowjetische Rückzug aus der Kommandantur 1948 ließ die Verfahren unberührt. Für die Angelegenheit des A. waren die vier Direktoren, die Besatzungsbehörden jedes Sektors sowie die Botschafter der Westmächte und der Botschafter der Sowjetunion zuständig. Für den Unterhalt des A. kam die westliche deutsche Seite auf. 1954 wurde v. Neurath entlassen (vorzeitig wegen Krankheit), Raeder 1955 (wegen Krankheit), Dönitz 1956, Funk 1957 (wegen Krankheit), v. Schirach und Speer 1966. Heß blieb der einzige Insasse.

Da das A. eine Vier-Mächte-Institution war und die britische Sektormacht lediglich ein Teilhaber der gemeinsamen Verantwortung, mußten Strafminderungen oder Begnadigungen einstimmig von allen Vier Mächten ausgesprochen werden. Wiederholten humanitären Appellen der drei Westmächte an die Sowjetunion zugunsten von Heß gab die östliche Siegermacht nicht statt. Unter Hinweis auf die Rechtslage erklärte auch die Europäische Kommission für Menschenrechte Beschwerden in bezug auf Heß für nicht zulässig. Heß starb am 17.8.1987 durch Selbstmord. Laut einer gemeinsamen Erklärung der Vier Mächte hatte das A. mit dem Tode seines letzten Insassen „seinen Zweck erfüllt". Um die Entstehung einer neuen Wallfahrtsstätte für Neonazis und Rechtsradikale zu verhindern, beschlossen die Vier Mächte, das Gebäude vollständig abzutragen. Die Vier-Mächte-Verwaltung des K. endete am 15.1.1988 mit einer letzten gemeinsamen Kontrolle der Anlage durch die vier Alliierten. Nach dem Abriß des Gefängnisses wurde an seiner Stelle ein britisches Einkaufs- und Freizeitzentrum errichtet.

Alte Bibliothek: A. ist die Bezeichnung für das als Bibliothek erbaute Gebäude an der Westseite des > BEBELPLATZES, dem früheren Opernplatz im Bezirk > MITTE. Heute dient es der > HUMBOLDT-UNIVERSITÄT als Institutsgebäude. Der Bau wurde, veranlaßt durch Friedrich II. (1740-86), 1775-80 nach Plänen von Georg Christian Unger durch Georg Friedrich Boumann d.J. errichtet und diente ursprünglich als neues Quartier der Königlichen Bibliothek (heute > STAATSBIBLIOTHEK ZU BERLIN – PREUSSISCHER KULTURBESITZ), die fast 120 Jahre nach ihrer Gründung noch immer in dem viel zu klein gewordenen Apothekenflügel des > STADTSCHLOSSES untergebracht war. Bei den Planungen für die A. legte man einen aus dem Jahr 1725 stammenden, ursprünglich für den „Michaelertrakt" der Wiener Hofburg gedachten Entwurf von Joseph Emanuel Fischer v. Erlach zugrunde, der dem spätbarocken Gebäude wegen seiner geschwungenen Fassade bald den Namen „Kommode" einbrachte. Zum Zeitpunkt der Eröffnung dieses ersten Bibliotheksgebäudes in Berlin war der Bestand der 1661 gegründeten *Churfürstlichen Bibliothek* von anfangs ca. 21.000 Druck- und 1.800 Handschriften auf rund 150.000 Bände angewachsen (> BIBLIOTHEKEN). Den Namen *Königliche Bibliothek* erhielt sie 1701 anläßlich der Königskrönung Friedrich (III.) I. (1688-1713) (> LANDESHERREN). Das neue Gebäude diente mehrere Jahrzehnte zugleich als Magazin für die Kulissen der gegenüberliegenden Oper (heute > DEUTSCHE STAATSOPER UNTER DEN LINDEN) und als Uniformlager. 1831-54 beherbergte die A. auch noch die sog. *Neue Bibliothek* der > FRIEDRICH-WILHELMS-UNIVERSITÄT.

Da die Räume der A. gegen Ende des 19. Jh. für die umfangreichen Bestände nicht mehr ausreichten, entstand 1903-14 nach Entwürfen von Ernst v. Ihne der noch heute von der Staatsbibliothek genutzte Bibliotheksbau an der Straße > UNTER DEN LINDEN. Der Bau am heutigen Bebelplatz diente nach dem Umzug der Bibliothek der Berliner Universität als Aula und Hörsaalgebäude. 1945 brannte er völlig aus, 1965-69 erfolgte die Wiederherstellung der Fassaden und der moderne Ausbau im Inneren.

Das Äußere des Gebäudes wird dominiert durch die zur Deutschen Staatsoper gewandte, barock geschwungene Fassade. Im Zentrum befindet sich ein rechteckiger Mittelkörper, an den sich links und rechts zwei bogenförmige Flügel mit Eckpavillons von unregelmäßigen Umrissen anschließen. Von außen wirkt der Bau viergeschossig, wobei die beiden unteren Geschosse als hoher Sokkel ausgebildet sind. Das modern gestaltete Innere des Gebäudes ist jedoch nur zweigeschossig ausgebaut.

Altenhilfe: Zur A. zählen neben der Bereitstellung geeigneter Wohn- und Pflegeeinrichtungen sowie der Organisation ambulanter Dienste auch Freizeit-, Erholungs- und Bildungsangebote. A. wird dabei sowohl von staatlicher Seite durch die > SENATSVERWAL-TUNGEN FÜR SOZIALES (SENSOZ) und > FÜR GE-SUNDHEIT und die > BEZIRKE wie auch durch freigemeinnützige Institutionen und Verbände geleistet (> WOHLFAHRTSPFLEGE). Daneben gibt es ca. 200 kleinere > SELBSTHILFEGRUPPEN UND -PROJEKTE von und für Senioren.

An stationären Einrichtungen der A. sind in Berlin derzeit Seniorenwohnhäuser mit ca. 24.000 Plätzen sowie seniorengerechte Wohnungen für rd. 7.000 Personen vorhanden. Ferner bestehen *Seniorenheime* mit rd. 23.500 Plätzen für Menschen, die körperlich und/oder psychisch so beeinträchtigt sind, daß eine umfassende Betreuung in der eigenen Wohnung nicht mehr sichergestellt werden kann. Der unterschiedliche Pflegebedarf wird über verschiedene Pflegestufen (I-III) festgelegt, wobei für die pflegeintensiven Stufen II und III ca. 13.600 Plätze bestehen. Neben Pflegekräften sind in den Seniorenheimen auch Therapeuten und Sozialarbeiter beschäftigt. In den zusätzlich von einem Arzt betreuten Krankenheimen sind rd. 3.300 Plätze vorhanden. Diese Einrichtungen entsprechen der Pflegestufe III der Seniorenheime. Im Ostteil Berlins gibt es vier Krankenpflegeheime mit 1.100 Plätzen, die aber wegen ihrer Nutzung durch unterschiedlich Pflegebedürftige nur bedingt mit den Krankenheimen in den westlichen Bezirken vergleichbar sind.

Zur A. sind ferner die Leistungen der > SOZIALSTATIONEN, ambulante Angebote wie der *fahrbare Mittagstisch*, die *Haus- und Hauskrankenpflege* sowie Besuchsdienste zu rechnen. Für die Freizeitgestaltung stehen fast 200 *Seniorenfreizeitstätten* zur Verfügung. Neben Hobby- und Interessengruppen können dort auch > MUSIK-, > THEATER- und > KABA-RETT-Veranstaltungen besucht werden. Im Rahmen der Seniorenfreizeitprogramme werden von den Abteilungen Sozialwesen der Bezirke sowie von Verbänden der freien Wohlfahrtspflege darüber hinaus preisgünstige Erholungsreisen angeboten.

Die SenSoz hat 1991 mit ca. 180.000 DM ca. 200 freie Seniorengruppen gefördert, die Eigenleistungen erbringen und nachweisen müssen. Neben Freizeit-, Sport- und Gesundheitsgruppen bestehen eine Reihe von Gruppen, die sich zum Austausch und zur Erweiterung ihres Erfahrungswissens zusammengeschlossen haben.

Eine Übersicht über die Einrichtungen und die Angebote der A. gibt es im Graubuch, das vom > DEUTSCHEN ZENTRALINSTITUT FÜR SOZIALE FRAGEN herausgegeben wird. Bei der SenSoz gibt es einen *Landesbeauftragten für angewandte Gerontologie*, der bei der weiteren Entwicklung der sozialen Dienste und Einrichtungen zu beteiligen ist.

Alternativbewegung: Berlin hat sich seit den 70er Jahren zum Zentrum der A. in der Bundesrepublik Deutschland entwickelt. Derzeit zählen hierzu in Berlin schätzungsweise 150.000 Menschen, die in alternativen Projekten tätig sind oder sich ideologisch/politisch mit der Bewegung verbunden fühlen. Heute gibt es in Berlin – im weitesten Sinne als Ergebnis der A. – mehrere hundert selbstverwaltete Betriebe aller Produktions- und Dienstleistungssparten mit insg. über 1.500 Beschäftigten. Ferner bestehen zwischen 1.000 und 2.000 Selbsthilfegruppen und -projekte im Sozial- und Kulturbereich mit insg. weit über 5.000 Arbeitsplätzen (> MEHRINGHOF; > INTERNATIONALES KULTURCEN-TRUM UFA-FABRIK). Berlin wird von einem Netz alternativer Kneipen, Cafés, Buchläden, Kinderläden, Dienstleistungsbetrieben und sozialen Einrichtungen, die meist kollektiv betrieben oder zumindest selbstverwaltet (> SELBSTHILFEGRUPPEN) werden, überzogen. Die A. vertrat einerseits ihre politischen Anliegen nach außen, indem sie versuchte, die Bevölkerung für zu wenig beachtete gesellschaftliche Probleme zu sensibilisieren, andererseits verwirklichte sie ihre Ideale innerhalb einer Infrastruktur autonomer Projekte. Die in den politischen Motiven und Zielen stark differenzierte A. überschneidet sich inhaltlich z.T. mit anderen Bewegungen, aus denen sie hervorgegangen ist bzw. mit denen sie sich parallel entwickelt hat (> FRAUENBEWEGUNG, > HAUSBESETZUNGEN).

Aus Teilen der A. ist 1979 die *Alternative Liste (AL)* hervorgegangen, die seit den > WAHLEN vom 10.5.1981 im > ABGEORDNETENHAUS VON BERLIN vertreten ist (> DIE GRÜNEN/ALTERNATI-VE LISTE FÜR DEMOKRATIE UND UMWELTSCHUTZ [GRÜNE/AL]). Insg. kennzeichnet die A. seit einigen Jahren der Trend zur Institutionalisierung.

Die A. formierte sich Mitte/Ende der 60er Jahre mit der > STUDENTENBEWEGUNG. Anfang der 70er Jahre hatte sich das Spektrum um selbstverwaltete Jugendzentren, Jugendwohngemeinschaften und „Knastselbsthilfegruppen" verbreitert, deren Anliegen gesellschaftliche und soziale Veränderungen waren. Dazu kamen mit der antiautoritären Bewegung Kinderläden und eine sich schnell entwickelnde Infrastruktur autonomer Projekte mit Buchläden, Verlagen, Druckereien, Kneipen und Cafés. Mitte der 70er Jahre entwickelte sich die neue Frauenbewegung, die Ökologie-, die Anti-Atom-Bewegung und die *Friedensbewegung*. Mit den Hausbesetzern kamen Ende der 70er Jahre junge Menschen dazu, die ihre Wurzeln nicht mehr in der Studentenrevolte von 1968 sahen. *Bürgerinitiativen* entstanden und bildeten das bürgerliche Spektrum der Bewegung, Selbsthilfegruppen im Gesundheits- und Sozialbereich entstanden. Selbstverwaltete Betriebe entzogen sich auf ihre Art den von ihnen empfundenen Zwängen des bundesrepublikanischen Wirtschaftssystems, und Anfang der 80er Jahre kam die Friedensbewegung mit politischen Anliegen hinzu.

Viele von der A. formulierte politische Ziele wurden in den 80er Jahren in die Programme der etablierten Parteien und der Exekutive aufgenommen. Insbes. die Hausbesetzungen haben mit zur Initiierung der Senatsprogramme zur > SELBSTHILFE-SANIERUNG und > WOHNUNGSMODERNISIERUNG DURCH MIETER im Baubereich beigetragen. Die Aufklärungsarbeit der umweltorientierten Initiativen hatte eine deutliche Verbreiterung und Vertiefung des Umweltbewußtseins zur Folge. Die Entstehung einer > SENATSVERWALTUNG FÜR STADTENTWICKLUNG UND UMWELTSCHUTZ in den 70er Jahren kann als Reaktion auf diese Entwicklung gewertet werden. Das breit gefächerte Angebot der Alternativkultur – wie Off-Kinos (> KINOS), Freie Theatergruppen (> THEATER) und Galerien – wird inzwischen allgemein anerkannt und z.T. von der > SENATSVERWALTUNG FÜR KULTURELLE ANGELEGENHEITEN gefördert. Die 1979 entstandene alternative Zeitung > DIE TAGESZEITUNG (taz) hat sich mittlerweile vom Image des Szene-Blattes gelöst und in der Presselandschaft etabliert. Schließlich haben sich durch die Beschäftigung zahlreicher Personen und Gruppen der A. mit außereuropäischen Kulturen eine Reihe von Projekten und Solidaritätsgruppen gebildet, die alternative Ansätze zur staatlichen und kirchlichen > ENTWICKLUNGSPOLITIK verfolgen.

Das politische Engagement der „Basis" der A. verlor jedoch in den letzten Jahren zunehmend an Bedeutung. Lediglich Reaktionen auf das Reaktorunglück in Tschernobyl und der Boykott gegen die Volkszählung 1987 mobilisierten die A. erneut.

Die meisten Alternativbetriebe haben inzwischen ihre ehem. Postulate wie Basisdemokratie, kollektive Verwaltung, Einheitslohn etc. zugunsten einer effektiveren Entscheidungsstruktur aufgegeben. Der Aufbau eigener Finanzierungsmöglichkeiten (z.B. > NETZWERK BERLIN E.V. und v.a. Ökobank) und die stärker zunehmenden staatlichen Förderungsmaßnahmen, wenn auch nicht immer im ideologischen Sinn der Alternativen, unterstützen zahlreiche Projekte.

Über die Infrastruktur der aus der A. hervorgegangenen Szene informieren neben der taz die vierzehntägig erscheinenden > STADTMAGAZINE Zitty, tip und Prinz sowie das inzwischen in vierter Auflage erscheinende *Stattbuch* mit ca. 2.500 Adressen und Selbstdarstellungen und das Stattbranchenbuch.

Im Ostteil der Stadt war vor dem Fall der Mauer am > 9. NOVEMBER 1989 die z.T. seit den 70er Jahren bestehende A. ein Sammelbegriff für Gruppen, die außerhalb oder am Rande des vom Staat Geduldeten politisch, künstlerisch oder sozial tätig waren. Während die A. im Westen Deutschlands und im Westteil der Stadt stark vom Frauenbewegung geprägt wurde, spielte diese in der DDR kaum eine Rolle. Eine weit größere Bedeutung hatte dort die Friedensbewegung, deren Ursprünge in den 60er Jahren im Zusammenhang mit der Einführung der allgemeinen > WEHRPFLICHT (1962) zu sehen sind und die nach der Einführung des Fachs Wehrkunde für die 9. und 10. Klassen aller Schulen (1978) nicht zuletzt durch den Schutz und die Unterstützung der > EVANGELISCHEN KIRCHE großen Zuwachs erhielt. Ihr Symbol, eine vor dem UN-Gebäude aufgestellte sowjetische Plastik mit dem Bibelwort „Schwerter zu Pflugscharen", wurde 1982 von der Regierung der DDR verboten, jedoch als Aufkleber und Anstecker von vielen weiter getragen.

Die Regierung der DDR reagierte auf die Aktivitäten der A. und der Friedensbewegung ablehnend bis repressiv, u.a. mit Studiumsverboten und Gefängnisstrafen. So war im November 1987 die *Umweltbibliothek* der evangelischen Zionsgemeinde im Bezirk > MITTE Ziel einer weit über die DDR hinaus beachteten Razzia der Volkspolizei und des > STAATSSICHERHEITSDIENSTES DER DDR. Unterstützt wurde die A. in der DDR u.a. von der Ev. Kirche, die bspw. auch der > FRIEDENS-

BIBLIOTHEK UND ANTIKRIEGSMUSEUM in der Georgenkirchstr. im Bezirk > FRIEDRICHSHAIN Räume zur Verfügung stellte. Die Rolle der Ev. Kirche innerhalb der Friedensbewegung ist jedoch komplex und widersprüchlich und wird erst durch die Forschungen der kommenden Jahre zu erhellen sein.

Die Möglichkeiten einer künstlerischen A. waren in der DDR ebenfalls sehr eingeschränkt, da der Staat im kulturellen Bereich das Veranstaltungsmonopol beanspruchte. Als Musiker oder Schauspieler durfte nur auftreten, wer eine staatliche „Einstufung" hatte. Die Aktivitäten der sich im Ostteil Berlins v.a. im Bezirk > PRENZLAUER BERG konzentrierenden alternativen Gruppen fanden daher weitgehend außerhalb der Legalität statt. Vielfach waren sie nicht von Dauer, auch wenn immer wieder versucht wurde, die Bestimmungen zu umgehen: Ausstellungen moderner Kunst wurden bspw. als Sperrmüll angemeldet, nicht „eingestufte" Rockmusiker spielten bei als Hoffeste zugelassenen Veranstaltungen (> ROCK-MUSIK), Theatergruppen traten offiziell zur Präsentation von Mode auf. Dichterlesungen fanden häufig in privaten Wohnungen statt. Die staatliche Repression begrenzte die Öffentlichkeit bei alternativen Kulturveranstaltungen so stark, daß sich das Grundanliegen der Künstler, mit einem größeren Publikum zu kommunizieren, kaum verwirklichen ließ. Kritisches Theater und entsprechende Darbietungen auf den Gebieten der Musik und der Malerei fand man in Ost-Berlin daher oft auch innerhalb der etablierten Institutionen (> THEATER, Jugendclubs, Kunstausstellungen). Viele Künstler konzentrierten sich darauf, solche Stücke in den etablierten Kulturbetrieb einzubauen und versuchten, durch äußerlich staatstreue Interpretationen die Zensur zu umgehen.

Selbstverwaltete alternative Projekte und Betriebe wurden von den staatlichen Institutionen der DDR nicht geduldet. Verbreiteter als solche Projekte war daher der individuelle „Ausstieg", bei dem man sich durch eine halbtägige Pro-forma-Berufstätigkeit und Gelegenheitsarbeiten oder den Verkauf selbstgefertigter Produkte auf Hoffesten einen gewissen Freiraum erhielt. Trotz der seit Jahren anhaltenden Ausreisewelle gewann die A. in wechselseitiger Eskalation mit dem Ausbau der staatlichen Überwachungs- und Repressionsversuche Ende der 80er Jahre immer mehr an Bedeutung und trug maßgeblich zu den Umwälzungen des Jahres 1989 bei.

Im Zusammenhang mit dem Umbruch in der DDR im zweiten Halbjahr 1989, an dem die Bürgerbewegungen wesentlichen Anteil hatten, und verstärkt seit dem Fall der Mauer haben sich im Ostteil Berlins – unter starkem Einfluß der West-Berliner A. – zahlreiche alternative Projekte entwickelt. Dazu zählen bspw. das Kunst- und Kulturzentrum > TACHELES in der Oranienburger Str. im Bezirk Mitte und das > PFEFFERWERK oder die > KULTURBRAUEREI an der > SCHÖNHAUSER ALLEE im Prenzlauer Berg.

Die Geschichte der A. und der korrespondierenden Bewegungen – vor allem, aber nicht nur – im Ostteil der Stadt, haben seit Öffnung der Stasi-Archive Anfang 1992 eine z.T. völlig neue Bewertung erfahren (> DER BUNDESBEAUFTRAGTE FÜR DIE UNTERLAGEN DES STAATSSICHERHEITSDIENSTES DER EHEMALIGEN DEUTSCHEN DEMOKRATISCHEN REPUBLIK). Das Studium der Akten zahlreicher Betroffener hat ergeben, daß die A. und insbes. die Literaturszene am Prenzlauer Berg (> LITERATUR) von inoffiziellen Mitarbeitern der Stasi durchsetzt war, die zahlreiche Aktivitäten überwacht bzw. gesteuert haben. Einige Erkenntnisse lassen auch darauf schließen, daß ein Teil der West-Berliner A. vom Staatssicherheitsdienst kontrolliert und beeinflußt wurden. Die Dimensionen der gesamten Problematik sind derzeit noch nicht vollständig erkennbar, eine abschließende Bewertung wird erst in einigen Jahren möglich sein.

Alternative Energien: Als A. werden i.d.R. die Arten von Energieerzeugung und -nutzung bezeichnet, die sich auf regenerative Primärenergieträger stützen. Der Anteil der A. an der > ELEKTRIZITÄTS- und > FERNWÄRMEVERSORGUNG in Berlin liegt derzeit allerdings lediglich im Promillebereich, so daß sie die herkömmlichen Formen der Energieerzeugung nicht ersetzen, sondern nur ergänzen können. Im Rahmen einer von der > SENATSVERWALTUNG FÜR STADTENTWICKLUNG UND UMWELTSCHUTZ 1992 entwickelten Vorlage zum „Energiekonzept Berlin" ist für Berlin bis zum Jahr 2010 eine Steigerung dieses Anteils auf etwa 5 % vorgesehen. Für eine fernere Zukunft sind weitere Steigerungsmöglichkeiten denkbar, deren Umfang man derzeit noch nicht abschätzen kann.

Unter den A. kommt hinsichtlich der Energieausbeute der *Solarenergie* die größte Bedeutung zu. Dies gilt auch in Berlin, das mit durchschnittlich 1.800 Sonnenstunden pro Jahr die höchste Sonneneinstrahlung aller deutschen Städte erreicht (> KLIMA). Das erste größere Haus mit intensiver Sonnenenergie-Nutzung wurde 1978 fertiggestellt. Insg. gab es im Februar 1992 in Berlin 800 solarthermische Anlagen zur Wärmeerzeugung. Ihr Bau wird von der > WOHNUNGSBAU-KREDIT-ANSTALT-BERLIN gefördert.

Zum Ausbau der Solartechnologie haben sich im Februar 1991 die Deutsche Gesellschaft für Sonnenenergie, die > TECHNISCHE UNIVERSITÄT BERLIN und die > BERLINER KRAFT- UND LICHT-AKTIENGESELLSCHAFT (BEWAG) zur Arbeitsgemeinschaft „1000-Dächer-Programm" zusammengeschlossen. Im Rahmen dieses inzwischen zum „2.250-Dächer-Programm" aufgestockten, Bund-Länder-finanzierten Photovoltaik-Projektes werden bundesweit der Bau von Solarstromanlagen in Ein- und Zweifamilienhäusern gefördert. Auf Berlin entfallen aus diesem Programm 116 Solar-Dächer mit einer durchschnittlichen Leistung von 2,5 kW. Von den Anlagen-Installationskosten übernimmt das > BUNDESMINISTERIUM FÜR FORSCHUNG UND TECHNOLOGIE (BMFT) in den westlichen Bundesländern einschließlich West-Berlins 50 %. Die Länder tragen weitere 20 %, Berlin für den westlichen Teil bislang 25 %. Für das Gebiet der ehemaligen DDR beläuft sich der Zuschuß des Bundes auf 60 %, die Länder übernehmen 10 %, für die östlichen > BEZIRKE trägt das Land Berlin bislang 15 %. Im Rahmen von Modernisierungs- und Instandsetzungsmaßnahmen werden darüber hinaus von der öffentlichen Hand für Solar-Kollektoren 65 %, für Solar-Zellen 75 % der Investitionskosten übernommen. Geplant ist in Berlin ferner das Projekt einer 1-MW-Solaranlage für Abnehmer aus Gewerbe und Industrie. Auch in einigen Berliner Mietshäusern wird inzwischen Solartechnologie genutzt, eine der größten Anlagen dieser Art befindet sich in der Jagowstr. in > MOABIT. Dort wird rd. die Hälfte der für die Wasserversorgung benötigten Energie durch Sonnenkollektoren auf dem Dach erzeugt. Inzwischen verfügen in Berlin verschiedene öffentliche Schwimmbäder über Solarkollektoren zur Erwärmung von Bade- und Gebrauchswasser (> FREI- UND SOMMERBÄDER; > HALLENBÄDER).

In der Oranienstr. in > KREUZBERG entstand 1989 im Rahmen eines Forschungsprojektes erstmals eine Solaranlage in Kopplung mit einem Blockheizkraftwerk. Mit einer Leistung von 15 kW ist dies zugleich die größte Solaranlage in Berlin. Ebenfalls 1989 wurde die erste Solarzellen-Anlage zur Stromerzeugung in einem Privathaushalt an das BEWAG-Netz gekoppelt. Im selben Jahr wurde von der BEWAG ein zunächst auf zwei Jahre befristetes Versuchsprojekt in der Machnower Str. im Bezirk > ZEHLENDORF gestartet. Hier entstand eine rd. 100 m² große Solarfläche. Bei einer Leistung von rd. 100 W/m² verfügt diese Anlage über eine netzgekoppelte Kapazität von 10 kW. Die tagsüber aus Sonnenlicht umgewandelte elektrische Energie wird, sofern sie nicht für Versuche benötigt wird, in Batterien gespeichert und in das BEWAG-Netz eingespeist. U.a. wurde auf dem Versuchsgelände auch eine Ladestation für Elektro-Autos entwickelt.

Auch die Entwicklung von Anlagen zur Nutzung der *Windenergie* wird ausgebaut. Im Rahmen eines 250-MW-Projektes des BMFT in ganz Deutschland sind für Berlin drei Anlagen genehmigt. Die erste Windenergieanlage zur Stromerzeugung für das öffentliche Netz befindet sich auf dem Gelände der ehem. Mülldeponie in > WANNSEE.

An gleicher Stelle wird seit 1988 ein Projekt zur Nutzung von *Deponiegasen* betrieben. Mit dem aus 133 Gasbrunnen gesammelten Methangas wird ein Blockheizkraftwerk betrieben, das 130 umliegende Haushalte mit Wärme versorgt. Betreiber ist die DEPOGAS-GmbH, eine 100prozentige BEWAG-Tochter. Der erzeugte Strom wird in das BEWAG-Netz eingespeist. Mit einer thermischen Leistung von 10 MW und einer elektrischen von 4,5 MW handelt es sich um die größte derartige Anlage in Europa.

Die zahlenmäßig größte Gruppe alternativer Energieanlagen in Berlin bilden die *Wärmepumpen*. Anfang 1992 wurden in Berlin 833 Wärmepumpen betrieben, die 1.255 Wohnungen mit Wärme versorgten.

Auch fünf im Rahmen der > INTERNATIONALEN BAUAUSSTELLUNG 1987 errichtete *Energiesparhäuser* in der Lützowstr. in > TIERGARTEN sind mit Wärmepumpen ausgestattet. Große Glasfassaden an der Südseite sowie besondere Isolierung sorgen in diesen Häusern darüber hinaus auch für einen geringen Energieverbrauch bzw. für einen hohen Wirkungsgrad der aufgewendeten Energie.

Alter St.-Matthäus-Friedhof: Der 1854-56 außerhalb der Berliner > STADTMAUER am Hang des Schöneberger Stadtbergs entstan-

dene A. an der Großgörschenstr. in > SCHÖNE-
BERG ist der alte Friedhof der im Bezirk >
TIERGARTEN beheimateten St.-Matthäus-Ge-
meinde (der neue befindet sich am Priesterweg im Süden von Schöneberg; > ST.-MAT-
THÄUS-KIRCHE). Die Kapelle am Eingang
stammt aus dem Jahr 1910. Wie auf den meisten der alten Berliner > FRIEDHÖFE sind auch
hier viele berühmte Persönlichkeiten bestattet, darunter die Gebrüder Jacob und Wilhelm Grimm, der Chronist der „geflügelten
Worte" Georg Büchmann, der Bildhauer und
Schöpfer der Victoria auf der > SIEGESSÄULE
Friedrich Drake, der an der > CHARITÉ wirkende Mediziner Rudolf Virchow, die Frau-
enrechtlerin Minna Cauer, der Architekt Alfred Messel und der Berliner Meiereibesitzer
Carl Bolle. Ein Gedenkstein erinnert an die
unmittelbar nach dem mißlungenen Attentat
auf Adolf Hitler vom > 20. JULI 1944 im >
BENDLERBLOCK hingerichteten Widerstandskämpfer Generaloberst Ludwig Beck, Oberst
Claus Graf Schenk v. Stauffenberg, General
Friedrich Olbricht, Oberst Albrecht Ritter
Mertz v. Quirnheim und Oberleutnant Werner v. Haeften, die zunächst hier bestattet
worden waren, bevor man sie einen Tag später wieder exhumierte. Auf Befehl des
Reichsführers SS Heinrich Himmler wurden
ihre Leichname im Krematorium Wedding
verbrannt und die Asche über den Berliner
Rieselfeldern verstreut. (> WIDERSTAND)

Altes Museum: Das den > LUSTGARTEN nach
Norden hin abschließende, zur > MUSEUMS-
INSEL gehörende A. im Bezirk > MITTE ist der
älteste und bedeutendste Museumsbau
Berlins. Er befindet sich im Eigentum der >
STIFTUNG PREUSSISCHER KULTURBESITZ. Im Rahmen der durch die > VEREINIGUNG erfolgten
Neuordnung der Berliner Museumslandschaft wird das A. eine neue Funktion bekommen (> MUSEEN UND SAMMLUNGEN). Gegenwärtig wird das A. – wie z.T. bereits nach
seinem Wiederaufbau 1966 – hauptsächlich
für große, wechselnde Kunstausstellungen
genutzt. 1992 beherbergte der Bau darüber
hinaus noch Teile der Sammlung des >
KUPFERSTICHKABINETTS, das 1992/93 auf dem >
KULTURFORUM TIERGARTEN seinen neuen Standort beziehen wird sowie die im November
1991 aus der > NATIONALGALERIE in das Kabinett übernommene „Sammlung der Zeichnungen". Des weiteren sind im A. Diensträume der Stiftung Preußischer Kulturbesitz
untergebracht.

Das A. wurde 1823-30 nach Entwürfen von
Karl Friedrich Schinkel als drittes öffentliches Museum in Europa errichtet. Die politische Durchsetzung des Museums steht im
engen Zusammenhang mit den nach der Niederlage gegen Napoleon eingeleiteten Reformen in Preußen sowie der Emanzipation des
Bürgertums im Sinne der Aufklärung. V.a.
die lange umstrittene Wahl des Standorts
war Ausdruck des wachsenden Bewußtseins
des Bürgertums, das am zentralen Platz der
Stadt die dort durch das > STADTSCHLOSS repräsentierte Monarchie, das mit dem > ZEUG-
HAUS präsente Militär sowie die mit dem >
DOM vertretene Kirche um die Künste und
Wissenschaften erweitert sehen wollte.
Schinkels Architektur, die sich auf die damals im Zentrum der Stadt vorhandenen Gebäude bezog, spiegelt diesen politisch-histo-
rischen Hintergrund: Der Besucher nähert
sich vom Lustgarten kommend dem auf ei-

Altes Museum

nem hohen Sockelgeschoß ruhenden, rechtek-
kigen Bau, der zwei Innenhöfe und die im
Zentrum liegende Rotunde (Kuppelsaal) aufweist. Dabei fallen v.a. die dem A. vorgelagerte > GRANITSCHALE, die ursprünglich in
der Rotunde aufgestellt werden sollte, sowie
die 87 m breite Hauptfront ins Auge. Im Gegensatz zu den drei übrigen, glatt geschlossenen und mit gleichmäßigen Fensterreihen
versehenen Seiten des Vierflügelbaus, wird
die Hauptfront von 18 ionischen Säulen bestimmt, die die dahinterliegende Halle tragen. Der Säulenreihe vorgelagert ist eine 28,5
m breite Freitreppe mit Treppenwangen. Der
reiche plastische Schmuck dient der Repräsentation der Idee des Museums, das als
eine Art „Tempel des Geistes" gedacht war.
Über den Säulenkapitellen lockern stilisierte
Adler nach Modellen von Christian Friedrich
Tieck das Gesims auf; sie weisen wie die In-

schrift des Museums „Fridericus Guilelmus III studio antiquitatis omnigenae et artium liberalium museum constivit MDCCCXXIII" (König Friedrich Wilhelm III. gründete das Museum 1823 zum Studium des gesamten Altertums und der freien Künste) auf den Stifter hin. Zur Vorstellung der „ästhetischen Erziehung" der Menschen gehören die kniend die Flammen schützenden Frauengestalten auf den Ecken des Baus (Ludwig Wichmann), die in Eisen gegossenen rossebändigenden Dioskuren (von Christian Friedrich Tieck 1827/28) auf der Südseite, ferner die Muse mit Pegasus (Hermann Schievelbein und Hugo Hagen 1861-67) auf der Nordseite der den Hauptbau quaderförmig überragenden Kuppelummantelung. Auf der östlichen Treppenwange befindet sich die von August Kiss geschaffene und 1842 vollendete Gruppe „Reitende Amazone mit einem Panther kämpfend" und auf der östlichen Treppenwange die von Albert Wolff 1861 nach Vorarbeiten von Christian Daniel Rauch gestaltete Gruppe „Reitender Jüngling bekämpft einen Löwen".

Die Säulenhalle der Hauptfront wird in der Mitte hinter der Freitreppe durch eine zweite Reihe von vier Säulen zu einer Eingangshalle erweitert. Von hier gelangt man in die Rotunde: eine zweistöckige, kreisrunde Kuppelhalle von 22,8 m Höhe mit einem von 20 korinthischen Säulen getragenen Galerie-Ring. Eine doppelläufige Treppe – früher mit dem bedeutenden Blick auf das Stadtschloß – führt ins Obergeschoß. Die Kuppel, in die von oben Tageslicht fällt, wird geschmückt durch vier Reihen von nach oben schmaler werdenden Kassettenfeldern.

Um die Rotunde herum lagern sich die insg. zwölf Ausstellungsräume. Sie waren vor ihrer Zerstörung architektonisch einheitlich gegliedert: Zwei Säulenreihen unter quergerichteten Architraven ordneten die Räume des Souterrains, die ursprünglich die antiken Skulpturen (heute im Nordflügel des > Pergamonmuseums) enthielten, während Scherwände das Obergeschoß unterteilen, in dem ursprünglich die Gemäldesammlungen (heute im > Bode-Museum und in der > Gemäldegalerie im > Museumszentrum Dahlem) untergebracht war.

Im II. Weltkrieg wurde das A. schwer beschädigt. 1951-66 erfolgte der Wiederaufbau, ohne jedoch in den Ausstellungssälen die Schinkelsche Architektur zu rekonstruieren. Lediglich die Rotunde blieb im wesentlichen erhalten und zeigt noch heute ihr früheres Bild.

Altes Palais: Das A. (ehemals *Kaiser-Wilhelm-Palais*) an der Straße > Unter den Linden/Ecke > Bebelplatz wird heute ebenso wie das benachbarte > Gouverneurshaus von der > Humboldt-Universität als Institutsgebäude genutzt. Der Bau wurde anstelle eines aus dem 17. Jh. stammenden Palais 1834-37 von Carl Ferdinand Langhans d.J. als Stadtpalais mit rückwärtigen Trakten bis zur Behrenstr. im klassizistischen Stil neu errichtet. Das Innere des A., in dem Prinz Wilhelm, später Kaiser Wilhelm I. (1861-88), bis zu seinem Tod 1888 wohnte, wurde 1854 durch Johann Heinrich Strack verändert. Ab 1926 als Museum zugänglich, waren die von Wilhelm I. genutzten Räume mit ihren Einrichtungen zu sehen, bevor das A. im II. Weltkrieg 1943 ausbrannte. Das Vordergebäude mit der Hauptfassade zur Straße Unter den Linden wurde 1962/63 originalgetreu, aber mit modern gestaltetem Inneren wieder aufgebaut.

Die Fassade des zweigeschossigen Baus mit einem aufgesetzten Mezzanin ist in 13 Achsen gegliedert. In der Mitte befindet sich ein von vier dorischen Säulen getragener, offener Balkon mit einer Auffahrtrampe vor dem Hauptportal. Die Fenster des Hauptgeschosses sind von Pilastern gerahmt und mit Dreiecksgiebeln bedacht. Den friesartigen Schmuck des oberen Halbgeschosses hat Ludwig Wichmann entworfen.

Altglienicke: A. ist ein Ortsteil im Süden des Bezirks > Treptow. Das im > Landbuch Kaiser Karls IV. von 1375 erstmals als „Glinik" oder „Glyneke" urkundlich genannte Straßendorf A. gehörte wohl ursprünglich zur Burg > Köpenick, von wo es an mittelalterliche Vasallen verlehnt wurde. Einen wesentlichen Einschnitt in der Entwicklung des Ortes bedeutete der 1763 eingeleitete Abbau des Amtsvorwerks, dessen Flächen zum großen Teil mit Einwanderern aus der Pfalz besiedelt wurden, die hier die Kolonie Neuglienicke gründeten, die sich parallel zum mittelalterlichen Dorf entwickelte. 1845 wurde im Bereich der 52 m hohen *Falkenberge* (am heutigen Kirchsteig) das Etablissement Falkenberg begründet, aus dem sich rasch ein dritter Siedlungsschwerpunkt entwickelte. 1893 wurden die drei Siedlungskerne zur einheitlichen Landgemeinde A. zusammengefaßt.

Der schlichte Saalbau der Dorfkirche von 1757-59 mußte 1894/95 einem in historisierenden Formen der späten Romanik und frühen Gotik errichteten aufwendigen Neubau weichen, der auf einen Entwurf der Architekten Hermann Bohl, Ludwig v. Tiedemann und Schaller zurückging (> DORF-KIRCHEN). An die bäuerlichen Bauten der Siedlungen Alt- und Neuglienicke erinnern nur noch sehr wenige, zudem meist stark veränderte Beispiele in der Semmelweisstr. und in der Grünauer Str. Der Wohnbau des ausgehenden 19. Jh. ist an einigen Beispielen vor allem in der Semmelweisstr. abzulesen.

Anfang des 20. Jh. machten Reformmodelle des Siedlungsbaus A. über Berlin hinaus bekannt, so die von Bruno Taut 1913-15 für die Gemeinnützige Baugenossenschaft Gartenstadt Groß-Berlin entworfene Gartenstadt Falkenberg an Akazienhof und Gartenstadtweg (> GARTENSTÄDTE). Wegen der Verwendung kräftiger Farben bei der Außengestaltung wurde sie (zunächst abfällig) auch als *Tuschkasten-Siedlung* bezeichnet. Eine weitere bedeutende Siedlungsanlage entstand 1911-14 an der Germanenstr./Preußenstr. als Arbeiterkolonie der Landwohnstätten-Gesellschaft durch die Architekten Max Bel und Franz Clement sowie Hermann Muthesius, wobei letzterer auf den englischen Landhausstil zurückgriff. Landschaftsbeherrschend ist der 1905/06 in gotisierenden Formen errichtete (nicht mehr in Betrieb befindliche) Wasserturm an der Schirnerstr. 19 von Heinrich Scheven, der auch das dazugehörige Wasserwerk an der Straße Am Falkenberg entworfen hat (> WASSERVERSORGUNG/ ENTWÄSSERUNG).

1945 kam A. mit Treptow zum sowjetischen Sektor (> SEKTOREN). Im Südwesten des Ortsteils ist nördlich des Weidenwegs seit 1988 ein großes Neubaugebiet entstanden, das in Plattenbauweise erbaut wurde. Nach der > VEREINIGUNG begann 1991 – architektonisch verbessert – die Fertigstellung der rd. 600 Wohnungen.

American Forces Network (AFN): Der AFN mit Sitz in der Saargemünder Str. 28 im Bezirk > ZEHLENDORF ist der Rundfunksender der US-Streitkräfte in Berlin (> ALLIIERTE). Sein Angebot umfaßt neben zwei Hörfunkprogrammen die Sendungen des Fernsehsenders AFN-TV. Neben Nachrichten und Unterhaltung aus den USA sendet A. auch

lokale Informationen. Als größte der zehn Stationen von AFN Europe mit der Zentrale in Frankfurt/M. ist der Sender Teil des global tätigen Mediendienstes der US-amerikanischen Streitkräfte und richtet sich v.a. an die amerikanischen Militärangehörigen.

Am 4.8.1945 begann A. als erster westlicher Sender mit der Ausstrahlung seines damals täglich 19stündigen Hörfunkprogramms (> HÖRFUNK). Die beiden heutigen Hörfunkprogramme werden im 24-Stunden-Rhythmus auf UKW und Mittelwelle gesendet. Während AFN-UKW neben Musik auch Wortbeiträge bringt, besteht das auf Mittelwelle ausgestrahlte Programm fast ausschließlich aus Musikbeiträgen. A. produziert die Morgensendung und das Nachmittagsprogramm im Gesamtumfang von täglich sieben Stunden, die als lokale Fenster in das 24stündige Programm des AFN integriert werden. Das restliche Programm übernimmt AFN von der Zentrale in Frankfurt/M.

Das Hörfunkprogramm von A. ist über Kabel sowie über Antenne im gesamten Stadtgebiet und darüber hinaus in einem Umkreis von ca. 100 km empfangbar. Die Sendeanlagen befinden sich ebenfalls in der Saargemünder Str. 28.

AFN-TV Berlin wurde 1967 eingerichtet (> FERNSEHEN). Bis 1978 strahlte der Sender sein Programm in Schwarzweiß aus, seit 1978 wird das heute täglich 20 Stunden umfassende Programm in Farbe gesendet. Über Satellit kommen seit dem 1.2.1984 täglich mindestens fünf Stunden Originalprogramme amerikanischer Fernsehanstalten aus den USA. Daneben stellt AFRTS Programme auf Videokassetten zur Ausstrahlung bereit, die den Stationen zugeschickt werden. AFN-TV selbst produziert auch eigene Sendungen, wie die in Berlin hergestellten Nachrichten. Aus urheberrechtlichen Gründen wird AFN-TV nicht in das Berliner Kabelnetz eingespeist und ist deshalb nur in der näheren Umgebung des Senders in den südlichen Teilen Berlins über Antenne empfangbar. Da AFN-TV in der amerikanischen Fernsehnorm NTSC gesendet wird, ist außerdem der Einbau eines Tonkonverters erforderlich.

A. beschäftigt insg. 50 Mitarbeiter, ca. die Hälfte davon Zivilangestellte, die v.a. in der Technik arbeiten. Die Redakteure sind zumeist Soldaten, die in einer dreimonatigen Ausbildung auf ihre Arbeit beim A. vorbereitet wurden. Nach dem für 1994 erwarteten Abzug der Alliierten wird AFN den Sende-

47

betrieb in Berlin einstellen.

Amerika Gedenkbibliothek – Berliner Zentralbibliothek (AGB): Die am 17.9.1954 eröffnete AGB am Blücherplatz im Bezirk > Kreuzberg wurde zum Andenken an die Haltung der Berliner Bevölkerung während der > Blockade 1948/49 mit einer Spende der amerikanischen Regierung in Höhe von 5,4 Mio. DM errichtet. Zugleich wurden 1 Mio. DM zum Ankauf des Grundbestandes zur Verfügung gestellt. Die der > Senatsverwaltung für Kulturelle Angelegenheiten unterstehende Landeseinrichtung ist die größte Öffentliche Bibliothek der Stadt und repräsentierte nach ihrer Errichtung als erste in Deutschland den Typ einer Public Library nach US-amerikanischem Muster (> Bibliotheken). Als solche soll sie alle Schichten der Bevölkerung versorgen und sowohl belletristische wie auch wissenschaftliche Literatur in breitem Umfang bereithalten. Zugleich wurden ihr auch Aufgaben einer *Berliner Zentralbibliothek* für die Öffentlichen Bibliotheken der Stadt zugewiesen, für die sie unterstützende und koordinierende Aufgaben, z.B. im Leihverkehr, ausübt. Der Anfangsbestand betrug nach der Eröffnung ca. 110.000 Bände, davon zwei Drittel wissenschaftliche Literatur. 1975 hatte sich der Bestand auf über 600.000 Bände erhöht und mit ca. 1,2 Mio. ausgeliehenen Bänden wurde die höchste Ausleihziffer aller Bibliotheken des Kontinents erreicht.

Auch Sondersammlungen waren aufgebaut worden, so für Berolinensien, desweiteren auch literarische Sammlungen (Arno Holz, Heinrich v. Kleist, Willibald Alexis und Hedwig Courths-Mahler). Ein Jahr zuvor hatte die AGB auch in breitem Umfang auditive und visuelle Medien in ihren Bestand aufgenommen. Infolge der Raumnot wurden mehrere Umbauten vorgenommen, dabei mußte auch der großzügige Veranstaltungsraum, der die AGB durch vielfältige Ausstellungen, Vorträge und Konzerte zu einem kulturellen Zentrum hatte werden lassen, zugunsten von Stellflächen für Bücher aufgegeben werden. 1985 erfolgte die Umstellung der Verbuchung der Bücher auf EDV. Nach dem Fall der > Mauer am > 9. November 1989 stieg die Nutzung durch zahlreiche neue Benutzer aus dem Ostteil der Stadt rapide an und machte die Dringlichkeit des seit Jahren vorgesehenen Neubaus noch deutlicher. 1991 war der Bestand auf über 900.000 Medieneinheiten angewachsen, es wurden über 2 Mio. Bände ausgeliehen; die Zahl der aktiven Leser betrug mehr als 160.000. 1991 hatte die Bibliothek 159 Mitarbeiter.

Das Gebäude für die AGB wurde 1952-54 nach Plänen von Gerhart Jobst, Willy Kreuer, Hartmut Wille und Fritz Bornemann errichtet. Der sechsgeschossige, teilweise von Flachbauten umschlossene Baukörper, öffnet sich in einer leichten Schwingung zum Blücherplatz. Der seit Jahren geplante Erweiterungsbau wurde im Zusammenhang mit den Kosten der Einheit im August 1991 vorläufig gestoppt.

Amerika Haus: Das seit 1946 bestehende und seit 1957 in der Hardenbergstr. 22-24 im Bezirk > Charlottenburg ansässige A. ist ein Kultur- und Informationszentrum des United States Information Service (USIS). Es versteht sich als offenes Forum des Informations- und Meinungsaustauschs über Gesellschaft, Politik, Kultur und Wissenschaft der USA sowie ihrer Beziehungen zur Bundesrepublik Deutschland und Europa. Es veranstaltet und organisiert – oft in Zusammenarbeit mit Berliner Instituten – Tagungen, Seminare, Vorträge und Konferenzen zu Fragen der deutsch-amerikanischen Beziehungen, der europäischen Sicherheits- und Abrüstungspolitik, der internationalen Wirtschaftsbeziehungen, des Umweltschutzes und der Entwicklungspolitik. Einen weiteren Schwerpunkt bildet die Lehrerfortbildung besonders in den Fächern Englisch, Geschichte und Geographie der USA. Das Kulturprogramm des A. umfaßt Film- und Videovorführungen, Lesungen, Ausstellungen und Konzerte in Berlin und in den Bundesländern Brandenburg, Sachsen-Anhalt und Mecklenburg-Vorpommern.

Das A. entstand 1946 als Lesestube in einem stark vom Krieg beschädigten Gebäude in der Kleiststr. und wechselte 1949 in ein wiederaufgebautes Haus am Nollendorfplatz. Seine kulturpolitische Aufgabenstellung zielte darauf, das durch Nationalsozialismus (> Geschichte) und > Spaltung entstandene Informationsdefizit der Berliner Bevölkerung auszugleichen. Da durch die Erweiterung der Programme die Räume am Nollendorfplatz nicht mehr ausreichten, wurde im Juni 1957 das eigens für das A. errichtete heutige Gebäude bezogen. Es entstand mit Mitteln des Marshallplans (> European Recovery Program) und wurde 1961 durch einen Erwei-

terungsbau vergrößert.
Das A. verfügt über drei Veranstaltungsräume und eine 7.000 Bände und ca. 250 englischsprachige Periodika umfassende Fachbibliothek. Sonderbestände bilden eine Microfiche-Sammlung von Telefonbüchern US-amerikanischer Städte und eine Sammlung der neuesten Vorlesungsverzeichnisse von ca. 3.000 US-amerikanischen Universitäten und Colleges. In einer besonderen Infothek sind Materialien über Studienmöglichkeiten in den USA zusammengefaßt. Eine zentrale Videothek für die Bundesrepublik verfügt über einen Bestand von ca. 1.500 zum Großteil englischsprachigen Videobändern, die gegen Erstattung der Portokosten für Unterrichtszwecke zur Verfügung stehen.
Das A. wird von z.Z. drei Mitarbeitern des USIS geleitet, die als Kultur- und Presseattachés akkreditiert sind und hat 17 weitere Beschäftigte. Die Finanzierung erfolgt durch das USIS. Im Jahre 1991 hatte das A. ca. 38.000 Besucher und 25.000 Ausleihen.

Amtsblatt für Berlin: Das in seinen Vorläufern auf das „Amtsblatt der Königlichen Churmärkischen Regierung" (1811) zurückgehende, in seiner heutigen Form seit 1951 erscheinende A. ist das gemeinsame amtliche Veröffentlichungsorgan der Berliner Verwaltung und der Gerichte. Es erscheint in zwei Teilen. Das von der > SENATSVERWALTUNG FÜR INNERES herausgegebene „Amtsblatt für Berlin Teil I" (ABl.) enthält Bekanntmachungen der Behörden und Gerichte, z.B. Stellenausschreibungen und Ausschreibungen von Aufträgen der öffentlichen Hand. Das von der > SENATSVERWALTUNG FÜR FINANZEN herausgegebene „Steuer- und Zollblatt für Berlin – Amtsblatt für Berlin Teil II" (StZBl.) enthält Gesetze, Verordnungen, Erlasse und die Rechtsprechung in Steuer- und Zollangelegenheiten.

Amtsgerichte (AG): In den 23 > BEZIRKEN Berlins bestehen zehn AG (Juli 1992). Davon befinden sich sieben im früheren Westteil der Stadt; im Ostteil werden AG in Gebäuden früherer Stadtbezirksgerichte neu eingerichtet, so bisher in > LICHTENBERG, > MITTE und > PANKOW/> WEISSENSEE. Die AG Lichterfelde und Zehlendorf wurden zum 1.10.1973 aufgehoben. Um den Jahreswechsel 1992/93 sollen die Zweigstellen Köpenick und Hohenschönhausen im Ostteil der Stadt in selbständige AG umgewandelt werden.

Die AG sind die unterste und damit bürgernaheste Instanz der ordentlichen (d.h. Zivil- und Straf-) Gerichtsbarkeit. Übergeordnete Instanzen sind in Berlin das > LANDGERICHT und das > KAMMERGERICHT. In Zivilsachen richtet sich die Verteilung der erstinstanzlichen Zuständigkeit zwischen den AG und dem Landgericht grundsätzlich nach dem Streitwert (z.Z.: 6.000 DM). Ohne Rücksicht auf den Wert des Streitgegenstandes sind die AG erstinstanzlich für bestimmte Streitigkeiten, z.B. für alle Mietstreitigkeiten um Wohnraum zuständig. Abteilungen für Familiensachen sind bei dem AG > CHARLOTTENBURG (*Familiengericht*) und dem AG Pankow/Weißensee sowie eine beim AG > SCHÖNEBERG eingerichtet. Die amtsgerichtliche Zuständigkeit ist auch für Angelegenheiten der freiwilligen Gerichtsbarkeit gegeben.
In Strafsachen ist das AG zuständig, wenn keine höhere Strafe als drei Jahre Freiheitsentzug zu erwarten und die Sache nicht von besonderer Bedeutung ist. Das AG entscheidet entweder durch den *Strafrichter* (Straferwartung bis zu einem Jahr/Fall minderschwerer Bedeutung) oder durch das *Schöffengericht* (ein Berufsrichter/zwei Schöffen), bzw. das erweiterte Schöffengericht (zwei Berufsrichter/zwei Schöffen) in umfangreichen Strafsachen.
Berlin hat in großem Umfang von bundesrechtlichen Ermächtigungen Gebrauch gemacht, Einzelangelegenheiten örtlich bei einem AG zu konzentrieren. So sind beim AG > TIERGARTEN (dessen Präsident Hans Günter Clausing zugleich die Aufsicht über alle AG in Berlin führt) im > KRIMINALGERICHT MOABIT alle Straf-, Jugendgerichts- und Bußgeldsachen konzentriert. Dringliche Entscheidungen, u.a. in Haftsachen oder im beschleunigten Verfahren, werden im *Bereitschaftsgericht* in der Gothaer Str. 19 in Schöneberg getroffen (> GERICHTSHILFE).
Die familiengerichtlichen Abteilungen aller Bezirke sind konzentriert in dem traditionell im Westteil als Familiengericht bezeichneten Gebäude des AG Charlottenburg mit Ausnahme von > WEDDING, Weißensee, Pankow und > REINICKENDORF, wo die Konzentration dem AG Pankow/Weißensee zugewiesen wurde. Dem AG Charlottenburg sind ferner zentralisiert zugewiesen u.a. die Führung des Handels- und Güterregisters, die Namens-, Wettbewerbs-, Waren-, Firmenbezeichnungs- und Urheberrechtsstreitigkeiten sowie die Konkurs- und Vereinssachen. Zivilrechtliche

Amtsgerichte in Berlin

Amtsgerichte	Sitz	Zuständigkeit nach Bezirken
Amtsgericht Charlottenburg	Amtsgerichtsplatz 1 Charlottenburg	Charlottenburg, Wilmersdorf
Grundbuchamt	Kantstr. 79 Charlottenburg	
Familiengericht	Cicerostr. 2 Wilmersdorf	alle außer Wedding, Wei- ßensee, Pankow, Reinickendorf
Amtsgericht Lichtenberg	Roedeliusplatz 1 Lichtenberg	Lichtenberg
Amtsgericht Mitte	Littenstr. 12-17 Mitte	Mitte, Prenzlauer Berg
Amtsgericht Neukölln	Karl-Marx-Str. 77 Neukölln	Neukölln, Treptow, Köpenick
Zweigstelle Köpenick	Mandrellaplatz 6 Köpenick	
Grundbuchamt		Treptow, Köpenick
Amtsgericht Pankow/Weißensee	Parkstr. 71 Weißensee	Pankow, Weißensee
Familiengericht	Kissingenstr. 5-6 Pankow	Wedding, Weißensee, Pankow, Reinickendorf
Amtsgericht Schöneberg	Grunewaldstr. 66-67 Schöneberg	Schöneberg, Steglitz, Zehlendorf, Hellersdorf, Hohenschönhausen, Marzahn
Zweigst. Hohenschönhausen	Wartenberger Str. 40 Hohenschönhausen	
Grundbuchamt	Ringstr. 9 Steglitz	Schöneberg, Steglitz, Zehlendorf
Grundbuchamt	Wartenberger Str. 40 Hohenschönhausen	Hellersdorf, Hohenschön- hausen, Marzahn
Amtsgericht Spandau	Altstädter Ring 7 Spandau	Spandau
Amtsgericht Tempelhof-Kreuzberg	Möckernstr. 128-130 Kreuzberg	Friedrichshain, Kreuzberg, Tempelhof
Nachlaßgericht	Hallesches Ufer 74, 76 Kreuzberg	
Außenstelle Friedrichshain	Rüdersdorfer Str. 58 Friedrichshain	alle Bezirke (zivilrechtliche Verkehrssachen)
Grundbuchamt	Littenstr. 12-17 Mitte	Friedrichshain

Amtsgericht Tiergarten	Turmstr. 91 Tiergarten	alle Bezirke (Straf-, Jugend- gerichts- und Bußgeldsachen)
Bereitschaftsgericht	Gothaer Str. 19 Schöneberg	alle Bezirke
Zivilabteilungen	Lehrter Str. 60 Tiergarten	Tiergarten
Justizkasse	Altstädter Ring 7 Spandau	alle Bezirke
Amtsgericht Wedding	Brunnenplatz 1 Wedding	Wedding, Reinickendorf
Mahnverfahren		alle Bezirke

Verkehrssachen sind konzentriert beim AG > TEMPELHOF- > KREUZBERG, Außenstelle > FRIED-RICHSHAIN.
Das AG Schöneberg ist bereits aufgrund zahlreicher bundesrechtlicher Bestimmungen hilfs- und ersatzweise besonders zuständig, wenn es in Angelegenheiten Deutscher an einem inländischen Gerichtsstand fehlt (z.B. in Vormundschafts-, Nachlaß- und Ehesachen). Aufgrund der Berliner Konzentrationsordnung ist es zuständig insbes. für Personenstandsachen, Entscheidungen über Freiheitsentziehung nach dem Ausländergesetz und über Anträge auf Vollstreckbarerklärung ausländischer Schuldtitel in Zivil- und Handelssachen und ausländischer Unterhalts- und sonstiger Schuldtitel im Rahmen des Haager Übereinkommens.
Das AG Wedding ist seit 1987 auch zentrales *Mahngericht*. Die dem AG Tiergarten zugeordnete *Justizkasse* ist im AG > SPANDAU untergebracht.

Anhalter Bahnhof: Vom einstigen A. ist heute nur noch der Portikus an der Stresemannstr./Ecke Schöneberger Str. im Bezirk > KREUZBERG als kriegsbeschädigte Ruine erhalten. Das erste Gebäude des A. entstand 1839-41 als Endbahnhof der Sächsischen Eisenbahn (später Berlin-Anhaltischen Eisenbahn) zwischen dem Potsdamer und dem Halleschen Tor vor der 1734-36 angelegten > STADTMAUER. Im Zuge der Erweiterung und Höherlegung des Bahnhofsgeländes wurde es 1876-80 durch einen Neubau nach einem Entwurf von Franz Schwechten ersetzt. Der A. hatte eine 170 m lange und 60 m breite Bahnsteighalle mit sechs Hauptgleisen und einem Zwischengleis an zwei Seiten- und zwei Mittelbahnsteigen sowie einen Kopfbahnsteig. Das Bahnhofsgebäude war ein Kopfbau mit sich U-förmig anschließenden Funktionsräumen sowie Räumen für den kaiserlichen Hof. Der Bahnhof wurde später durch vor der Halle liegende Seitenbahnsteige erweitert und erhielt 1939 einen unterirdischen S-Bahnhof der Nord-Süd-Bahn (> S-BAHN).
Im II. Weltkrieg wurde der A. stark beschädigt. Nach seiner provisorischen Instandsetzung nahm die > DEUTSCHE REICHSBAHN im August 1946 den Betrieb zunächst wieder auf. Da der Bahnhof jedoch nach der > SPALTUNG der Stadt durch die von der DDR vorgenommene Verlagerung des Fernreiseverkehrs auf Bahnhöfe außerhalb West-Berlins entbehrlich geworden war, legte sie ihn am 18.5.1952 endgültig still. 1959-1960 wurde das Bahnhofsgebäude abgebrochen; lediglich der Portikus blieb zur Erinnerung stehen.

An-Institute: In Berlin gab es im Frühjahr 1992 zehn A. Diese seit Mitte der 80er Jahre in Berlin entwickelte besondere Form von Instituten „An" den Universitäten und Hochschulen dient einer wirkungsvolleren Zusammenarbeit zwischen > WISSENSCHAFT UND FORSCHUNG und > WIRTSCHAFT. Die unter Mitwirkung der *Hochschulen*, des > SENATS VON BERLIN und privater Gesellschafter entstandenen A. sind rechtlich selbständige, privatwirtschaftliche Einrichtungen und als Verein oder GmbH verfaßt. Rechtsgrundlage ist das Berliner Hochschulgesetz vom 12.10.1990. Über einen Kooperationsvertrag ist das jeweilige A. mit einer Universität oder Fachhochschule verknüpft. Der wissenschaftliche Geschäftsführer eines A. ist gleichzeitig Pro-

An-Institute

Berliner An-Institute 1992	Hochschule	Gründung	Standort
Institut für Bahntechnik GmbH (IFB)	TUB	1984	Hardenbergplatz 2 Charlottenburg
Ingenieur-Gesellschaft für Aggregatetechnik und Verkehrsfahrzeuge mbH (IVA)	TUB	1983	Hardenbergstraße 15 Charlottenburg
Institut für wassergefährdende Stoffe e.V. (IWS)	TUB	1986	Hardenbergplatz Charlottenburg
Festkörper-Laser-Institut Berlin GmbH (FLI)	TUB	1986	Straße des 17. Juni 135 Charlottenburg
Arbeitsgruppe Umweltstatistik (ARGUS)	TUB	1987	Einsteinufer 25 Charlottenburg
Teleskopie Gesellschaft für Fernsehzuschauerforschung mbH	TUB	1989	Miquelstraße 57 Zehlendorf
Laser-Medizin-Zentrum Berlin GmbH Berlin (LMZ)	FU	1985	Krahmerstraße 6-10 Steglitz
Institut für Diagnostikforschung GmbH	FU	1990	Spandauer Damm 130 Charlottenburg
Weltraum-Institut Berlin GmbH (WIB)	FU	1987	Lassenstraße 11 Zehlendorf
Zentrum für Flugsimulation (LFB)	TUB	1990	Marchstraße 12 Charlottenburg

fessor an der kooperierenden Hochschule. Die Wirtschaft vergibt Forschungsaufträge an ein A.

Durch ihre wirtschaftsnahe Konstruktion erschließen die A. den Universitäten zusätzliche Drittmittel und unterstützen die praxisnahe Ausbildung und Qualifizierung des wissenschaftlichen Nachwuchses. Die Finanzierung der laufenden Kosten erfolgt überwiegend aus privaten Mitteln. A. müssen über ein mittelfristig tragfähiges Finanzierungskonzept verfügen. Mittel der Hochschule dürfen nicht eingesetzt werden. Die öffentliche Finanzierung von A. ist prinzipiell als Anschubfinanzierung gedacht. Ausnahmen können sich dann ergeben, wenn eine Vollfinanzierung aus Drittmitteln noch nicht möglich ist, die Bedeutung der Einrichtung für Forschung und Entwicklung jedoch unstrittig und die Existenz des Instituts von erheblichem öffentlichem Interesse ist. Gegenwärtig wird v.a. an der Technischen Fachhochschule Berlin (TFH) und der Fachhochschule für Technik und Wirtschaft (FHTW) die Gründung weiterer A. vorbereitet.

Antikensammlung: Die zu den > STAATLICHEN MUSEEN ZU BERLIN gehörende A. der > STIFTUNG PREUSSISCHER KULTURBESITZ verfügt über zwei Standorte: das > PERGAMONMUSEUM auf der > MUSEUMSINSEL und das zum > MUSEUMSZENTRUM CHARLOTTENBURG gehörende Antikenmuseum in der Schloßstr. 1. Der Standort > CHARLOTTENBURG wird auf der Grundlage der durch die Stiftung nach der > VEREINIGUNG verabschiedeten Neuordnung der Staatlichen Museen langfristig aufgehoben. Neue Standorte der dann zusammengeführten Sammlungsteile werden das Pergamonmuseum, das > ALTE MUSEUM und nach dessen Wiederherstellung – etwa im Jahr 2000 – teilweise das > NEUE MUSEUM. Seit dem 1.1.1992 steht die A. wieder unter einer gemeinsamen Leitung (> MUSEEN UND SAMMLUNGEN).

Im Mittelpunkt der im Pergamonmuseum untergebrachten Sammlung stehen die großen Architekturrekonstruktionen des Zeusaltars von Pergamon (um 150 v. Chr.), des Propylon des Athenaheiligtums von Pergamon (um 180 v. Chr.), des Markttors von Milet (120 n. Chr.) sowie eine Anzahl anderer bedeutender Architekturmonumente der griechischen und römischen Antike. Die umfangreiche Skulpturen- und Reliefsammlung befindet sich im Pergamon-Nordflügel. Als hervorragende Einzelkunstwerke sind hier zu nennen: Die thronende Göttin von Tarent (um 460 v. Chr.), die „Berliner Göttin" mit dem Granatapfel (um 580/560 v. Chr.) sowie die lebensgroße Bronzefigur des sog. „Betenden Knaben" (Ende des 4. Jh. v. Chr.). Im Obergeschoß hat das ehem. Antiquarium, die Sammlung antiker Kleinkunstwerke (Keramik, Terrakotten, Bronze- und Marmorkunstwerke) ihren Platz.

Das *Antikenmuseum* im nördlichen „Stülerbau" gegenüber dem > Schloss Charlottenburg verfügt über einen reichen Bestand antiker Kleinkunstwerke des ehem. Antiquariums. Dazu gehören große Teile der berühmten „Berliner Vasensammlung" sowie Gold- und Silberschmiedearbeiten, die in einer „Schatzkammer" zusammengefaßt sind. Innerhalb dieser bilden wiederum die ca. 70 silbernen Gefäße und Gerätschaften des „Hildesheimer Silberfundes" (röm., 1. Jh.) einen Glanzpunkt der Sammlung. Außerdem verfügt das Antikenmuseum über einen hervorragenden Bestand an Terrakotten, Gemmen, Bronzearbeiten, Mumienporträts und Gläsern.

Die Berliner A. geht in ihren Anfängen bereits auf die kurfürstlichen Sammlungen zurück. 1830, mit der Fertigstellung des „Königlichen Museums" am Lustgarten (Altes Museum), erhielt sie einen repräsentativen Standort zusammen mit der Königlichen Gemäldegalerie. Skulpturen, Münzen, Vasen und andere Kleinkunstwerke bildeten den Grundstock des Museums. Bald jedoch erwies sich das Alte Museum für die ständig anwachsenden Bestände, v.a. für die Architekturfragmente, als zu klein, so daß die auf mehrere tausend Exemplare angewachsene „Berliner Vasensammlung" 1879 schon in das Neue Museum überführt wurde. Dorthin folgte später dann auch das gesamte Antiquarium mit den Sammlungen der antiken Kleinkunst.

Als durch die nach der Reichsgründung 1871 anwachsenden Grabungsaktivitäten in Kleinasien und im Vorderen Orient zahlreiche Architekturmonumente nach Berlin gelang-

ten (der Fries des Pergamonaltars war seit 1873 der spektakuläre Auftakt), war eine Museumserweiterung unumgänglich geworden. Mit dem 1910 begonnenen und erst 1930 fertiggestellten Pergamonmuseum erhielt die Antikensammlung den von ihr benötigten Raum. Mit den aufsehenerregenden Architekturrekonstruktionen des Pergamonaltars, des Markttors von Milet, des Ischtartors, der Babylonischen Prozessionsstraße und des Wüstenschlosses Mschatta wurde es zu einem der bedeutendsten Museen antiker Kulturen in Europa.

Mit dem Kriegsbeginn erfolgte 1939 die Schließung der Ausstellungen und die Verlagerung der Kunstwerke an sichere Bewahrungsorte (Keller, Bergwerke, Tresore). Ausstellungsräume und festeingebaute Kunstwerke (Markttor von Milet) erlitten durch Bombentreffer schwere Schäden. Die in Berlin verbliebenen Kunstwerke (u.a. der Fries des Pergamonaltars) wurden 1945 von der Roten Armee beschlagnahmt und in die Sowjetunion transportiert. 1958 erfolgte ihre (nicht ganz vollständige) Rückgabe, so daß 1959 die A. im Pergamonmuseum wieder mit einer repräsentativen Schausammlung wieder an die Öffentlichkeit treten konnte. 1960 erhielten die in den westlichen Teil Deutschlands verlagerten Bestände als Antikenmuseum der Stiftung Preußischer Kulturbesitz in Charlottenburg ihr eigenständiges Haus.

Anti-Kriegs-Museum e.V.: Das 1982 neu gegründete A. ist seit Februar 1992 in der > Nazarethkirche am Leopoldplatz im Bezirk > Wedding untergebracht. Es stellt in seiner Sammlung Exponate zum Thema Krieg und Frieden aus und informiert über die Ursachen und Auswirkungen von Kriegen. Die Sammlung enthält u.a. Photos und Dokumente v.a. aus beiden Weltkriegen, die die Verherrlichung des Heldentums und des Krieges darstellen und kritisch hinterfragen. Neben einer ständigen Ausstellung finden im A. Wechselausstellungen statt, sowie Veranstaltungen mit Vorträgen, Film- und Dia-Vorführungen, Lese- und Diskussionsrunden. Träger des A., das von Beginn an eng mit > Friedensbibliothek und Antikriegsmuseum im Bezirk > Friedrichshain zusammenarbeitete, ist ein ca. 40 Mitglieder umfassender, gemeinnütziger Verein. Die Finanzierung des A. erfolgt durch Spenden und den Verkauf von Büchern.

Das A. steht in der Tradition des pazifistischen Schriftstellers und Schauspielers Ernst Friedrich, der bereits 1923 in der Parochialstr. 29 im Bezirk > Mitte mit dem Aufbau des ersten internationalen A. begonnen hatte. Neben Ausstellungen fanden dort in den 20er Jahren zahlreiche Rezitationsabende statt, von denen v.a. die von Friedrich mit Texten des Schriftstellers Kurt Tucholsky gestalteten Aufführungen Berühmtheit erlangten. Im März 1933 wurde das Museum von der SA völlig zerstört und in ein wildes > Konzentrationslager umgewandelt. Das Archivmaterial konnte rechtzeitig über die Schweiz nach Belgien gebracht werden und bildete den Grundstock für ein neues A., das von 1936 bis zum Einmarsch der deutschen Truppen 1940 in Brüssel bestand. Danach wurde das Museum weitgehend zerstört, nur wenige Exponate konnten gerettet werden und gehören heute zum Fundus des A.

Aquarium: Das A. ist ein Teil des > Zoologischen Gartens Berlin und befindet sich an dessen Südrand an der Budapester Str. Es beherbergt (1991) mehr als 10.000 Tiere, darunter 2.199 Meeres- und Süßwasserfische, 281 Reptilien, 345 Amphibien und mehr als 5.000

Aquarium

Wirbellose; es ist das artenreichste A. Europas. Die moderne Schauarchitektur zeigt die Tiere in einer soweit wie möglich ihrem natürlichen Lebensraum angepaßten Umgebung. In den großen Landschaftsaquarien wird die Fauna im Zusammenhang mit der örtlich angestammten Vegetation präsentiert. Der Vorläufer des heutigen Zoo-Aquariums wurde 1864 von dem Zoologen Alfred Edmund Brehm an der Ecke > Unter den Linden/Schadowstr. im heutigen Bezirk > Mitte eröffnet. Hier wurden auch Vögel und Säugetiere ausgestellt. Als dieses A. 1910 Geschäftsbauten weichen mußte, verlegte man

es 1913 an seinen heutigen Standort. Nach seiner Zerstörung im II. Weltkrieg wurde das A. räumlich und organisatorisch als Teil des Zoologischen Gartens wieder aufgebaut und der weitgehend vernichtete Tierbestand aufgefüllt. 1980 entstand das neue Landschaftsaquarium, und 1983 wurde das A. in seiner heutigen Gestalt eröffnet. Geplant ist ein Anbau für Haie und ein großes Korallenriff. Kustos des A. und stellvertretender Direktor des Zoologischen Gartens ist Jürgen Lange.

Arbeiterwohlfahrt Landesverband Berlin e.V. (AWO): Die AWO ist ein anerkannter, unabhängiger Spitzenverband der Freien > Wohlfahrtspflege. Seit 1960 hat sie ihre Zentrale am Halleschen Ufer 32-38 im Bezirk > Kreuzberg. Sie ist ein Landesverband des in Bonn ansässigen Bundesverbands. Die Organisation leistet praktische Hilfe auf allen Gebieten sozialer Not und nimmt fördernden Einfluß auf die Gestaltung der öffentlichen Wohlfahrtspflege.

Die AWO wurde 1919 mit Zustimmung des Parteiausschusses der > Sozialdemokratischen Partei Deutschlands (SPD) in Berlin gegründet. Nach Zwangsauflösung durch die Nationalsozialisten 1933 wurde die Arbeit in Berlin am 1.5.1946 zunächst inoffiziell wieder aufgenommen, erst am 29.11.1947 erfolgte die offizielle Anerkennung der AWO durch die > Alliierten. Nach dem Mauerbau am > 13. August 1961 wurde der AWO die Betätigung in Ost-Berlin untersagt. Nach der Wende in der DDR nahm sie noch vor der > Vereinigung auch im Ostteil ihre Arbeit wieder auf. Seit Mitte 1991 ist sie mit ihren Kreisgeschäftsstellen wieder in allen Berliner > Bezirken vertreten.

Zur Erfüllung ihrer Aufgaben unterhält die AWO in Berlin rd. 150 Einrichtungen mit ca. 3.500 hauptamtlichen Mitarbeitern, die von etwa 2.000 ehrenamtlichen Helfern unterstützt werden. Zu diesen Einrichtungen gehören u.a. 20 > Sozialstationen, 32 Seniorenbegegnungsstätten (> Altenhilfe) und ein Erholungszentrum, 18 > Kindertagesstätten und acht Betreuungseinrichtungen für Kinder und Jugendliche sowie 20 Einrichtungen für die Betreuung von ausländischen Mitbürgern. Ferner unterhält die AWO drei Treffpunkte für > Behinderte und Nichtbehinderte, eine Frauenwohngruppe, neun Wohngemeinschaften für geistig Behinderte, ein geriatrisches Krankenhaus, vier Krankenheime (> Krankenhäuser) und zwei Seniorenwohnhäuser. In mehreren Bezirken gibt es einen Krankenhaus- und Einsamenbesuchsdienst. Die AWO finanziert sich durch Leistungsentgelte, öffentliche Zuwendungen sowie Mitgliedsbeiträge und Spenden.

Arbeitsämter: In Berlin gibt es seit dem 1.12.1991 neun nach dem Regionalprinzip entsprechend den 23 > BEZIRKEN geordnete A. Diese im Zuge der > VEREINIGUNG entstandene Struktur entspricht der Arbeitsverwaltung der Bundesrepublik Deutschland. Die bis dahin gültige fachliche Zuständigkeit nach Wirtschaftzweigen und Berufen für die fünf seit 1961 im Westteil der Stadt bestehenden A. entfiel. Im Ostteil wurden noch vor Inkrafttreten der *Wirtschafts- und Währungs- und Sozialunion* am 1.7.1990 vier A. errichtet. Das zu Zeiten der DDR eingerichtete Amt für Arbeit und Löhne beim > MAGISTRAT sowie die Ämter für Arbeit bei den Stadtbezirken wurden bereits im März 1990 aufgelöst. Die fachlichen Zuständigkeiten der neuen A. wurden den Aufgaben der *Bundesanstalt für Arbeit (BA)* angepaßt.
Den A. obliegt die unmittelbare Erledigung der Fachaufgaben der der Rechtsaufsicht des > BUNDESMINISTERS FÜR ARBEIT UND SOZIALORDNUNG unterstehenden, in Nürnberg beheimateten BA. Als ausführende mittlere Bundesbehörde koordiniert das am 11.3.1991 im Zuge der Neustrukturierung der Arbeitsverwaltung in den neuen Bundesländern und Ost-Berlin erweiterte, seither sog. *Landesarbeitsamt Berlin-Brandenburg* mit Sitz in der > FRIEDRICHSTRASSE 34 im Bezirk > KREUZBERG die fachliche Arbeit der ihr direkt unterstehenden A. in den Ländern Berlin und Brandenburg. Dem Landesarbeitsamt unterstehen nunmehr die neun A. in Berlin sowie fünf weitere (samt ihrer 35 Nebenstellen) in den Kreisen des Landes Brandenburg.
Der Aufgabenbereich der A., der insbes. durch das Arbeitsförderungsgesetz (AFG) vom 25.6.1969 festgelegt ist, umfaßt u.a. die *Berufsberatung* (einschließlich der Vermittlung von Ausbildungsstellen), die *Arbeitsvermittlung,* die Förderung der beruflichen Bildung, die Gewährung von Leistungen zur Erhaltung und Schaffung von Arbeitsplätzen sowie die Zahlung von Arbeitslosengeld und Konkursausfallgeld. Ferner gewähren die A., neben weiteren durch Rechtsvorschriften geregelte bzw. durch Rechtsverordnungen im Zusammenhang mit dem AFG erlassene Maßnahmen, im Auftrag des Bundes an die BA die Arbeitslosenhilfe und, als Kindergeldkasse, das Kindergeld nach dem Bundeskindergeldgesetz. Zu den Aufgaben des Landesarbeitsamtes gehört u.a. die Beobachtung und Analyse des > ARBEITSMARKTES.
Als besondere Einrichtungen der Arbeitsvermittlung und Berufsberatung unterhält das Landesarbeitsamt in Berlin folgende Dienststellen bzw. zentrale Vermittlungsstellen: Den „Studenten-servis" für West-Berliner Studierende an der > TECHNISCHEN UNIVERSITÄT und an der > FREIEN UNIVERSITÄT, für Ost-Berliner Studierende in der > KARL-MARX-ALLEE 59 in > FRIEDRICHSHAIN; eine Zentrale Berufsberatung für Abiturienten und Hochschüler am > ERNST-REUTER-PLATZ 3 in > CHARLOTTENBURG; das > BERUFSINFORMATIONSZENTRUM am Ernst-Reuter-Platz 10 im gleichen Bezirk; Fachvermittlungsdienste für besonders qualifizierte Fach- und Führungskräfte in der > POTSDAMER STRASSE 58 im Bezirk > TIERGARTEN sowie bei den im Ostteil der Stadt gelegenen A.; Fachvermittlungsdienste für das Hotel- und Gaststättengewerbe in der Wrangelstr. 11/12 im Bezirk > STEGLITZ; einen Künstlerdienst zur Vermittlung von Bühnen-, Fernseh- und Filmschaffenden am Sitz des Landesarbeitsamtes; „JOB"-Zeitpersonal-Vermittlung in der > SCHLOSS-STRASSE 1 (> FORUM STEGLITZ), in der Nürnberger Straße 9 sowie in der Karl-Marx-Allee 59; „servis"-Zeitarbeit-Vermittlung in der Franz-Körner-Str. 100, in der Beusselstr. 44 n-q sowie für Ausstellungen, Kongresse und Messen am Hammarskjöldplatz 1.
Entsprechend der Selbstverwaltungsstruktur der BA (Körperschaft des öffentlichen Rechts) sind die Verwaltungsausschüsse des Landesarbeitsamts und der A. drittelparitätisch aus Vertretern der Arbeitnehmer, der Arbeitgeber und der öffentlichen Körperschaften zusammengesetzt. 1992 hatten das Landesarbeitsamt und die A. insg. ca. 8.000 Beschäftigte.

Arbeitsgerichtsbarkeit: Die A. bildet schon seit dem in der Weimarer Republik entstandenen Arbeitsgerichtsgesetz (ArbGG) von 1926 einen selbständigen Zweig der Rechtspflege. Von Beginn an ist sie gerade in Berlin Spiegelbild sozialpolitischer Auseinandersetzungen.
Seit der > VEREINIGUNG der Stadt nehmen das Arbeitsgericht (ArbG, I. Instanz) und das Landesarbeitsgericht (LAG, II. Instanz) die Arbeitsrechtsprechung für die gesamte Stadt

wahr. Ein eigenes Gebäude war diesem Gerichtszweig bisher nie vergönnt. 1992 ist die A. in der Lützowstr. 106 im Bezirk > Tiergarten untergebracht sowie in einer Außenstelle des ArbG in der Rinkartstr. 13 in > Treptow; demnächst steht der A. der neunte Umzug in sieben Dekaden bevor: in die Rungestr. 22-24 im Bezirk > Mitte.

Als größtes deutsches Arbeitsgericht hat die I. Instanz ca. 100 Kammern, darunter zwölf Fachkammern. Das ArbG entscheidet – ebenso wie das LAG mit seinen 14 Kammern (1992) – in der Besetzung mit einem Berufsrichter als Vorsitzendem und zwei Arbeitsrichtern (ehrenamtliche Richter). Präsident des LAG ist Klaus Tischmeyer.

Die oberste Arbeitsbehörde, die gemäß § 15 ArbGG die Geschäfte der Verwaltung und die Dienstaufsicht (im Einvernehmen mit der > Senatsverwaltung für Justiz) führt, ist in Berlin als traditioneller Ausweis der Eigenständigkeit der A. die Senatsarbeitsverwaltung, 1992 die > Senatsverwaltung für Arbeit und Frauen.

Das erste Berliner A. wurde im Juli 1927 in der Zimmerstr. 90-91, in den Räumen des ehem. Gewerbe- und Kaufmannsgerichts eröffnet. Nach dem II. Weltkrieg wurde die A. zum Juni 1946 auf der Grundlage des von den > Alliierten ausgeübten Besatzungsrechts durch die > Alliierte Kommandantur neu eingerichtet (Sonderstatus 1945-90). Im Zuge der > Spaltung Berlins kam es im Januar 1949 auch zur Abspaltung der A. für den Ostteil der Stadt unter Wegfall der im Westteil fortgeführten, insbes. organisatorischen Eigenständigkeit. Die letzten Urteile, die den wegen ihres Proteststreiks gegen die > Blokkade von der Ost-Berliner Reichsbahndirektion gekündigten Reichsbahnangestellten den Arbeitsplatz sichern sollten (> Deutsche Reichsbahn), konnten nicht mehr wirksam werden.

Aufgrund der besonderen Regelungen für Berlin als Ganzes im > Einigungsvertrag wurden die für den Ostteil der Stadt auch in Arbeitsrechtsstreitigkeiten zuständigen Stadtbezirksgerichte und das Stadtgericht aufgelöst und ihre Aufgaben von der bisherigen West-Berliner A. übernommen, der im Vollzug der Einigung nun vielfach die besondere Funktion zukommt, Rechtsfrieden gegenüber Massenentlassungen und aufgrund politisch-moralischer Vorwürfe verhängten Kündigungen herzustellen.

Arbeitskreis Neue Erziehung e.V. für Familie, Schule und Gesellschaft (ANE): Der in der Markgrafenstr. 11 im Bezirk > Kreuzberg ansässige, gemeinnützige ANE entstand 1946. Aus der Auseinandersetzung mit dem autoritären nationalsozialistischen Herrschaftssystem entwickelten die Gründer das Konzept einer neuen, auf Toleranz, gesellschaftlichem Engagement und Eigenverantwortung beruhenden Erziehung. Hiermit wollten sie einen Beitrag zum Aufbau und zur Stabilisierung demokratischer Verhältnisse in Deutschland leisten.

Ziel des Vereins ist es laut Satzung, „für die Weiterentwicklung der Erziehung in der Familie, in der Schule, im Beruf und in der Gesellschaft Interesse und Verständnis zu wekken und zu fördern". Insbes. will der ANE „alle für die Erziehung und Bildung Verantwortlichen ... gewinnen," um die Öffentlichkeit in seinem Sinne zu unterrichten. Im Dienste dieser Aufgabe stehen Zusammenkünfte, Seminare, Lehrgänge, Veranstaltungen, Veröffentlichungen und Einrichtungen, die durch die Vermittlung von Kenntnissen, Erkenntnissen und Ergebnissen zu veränderten Erziehungshaltungen führen sollen."

Ein Beispiel für die praktische Umsetzung dieser Vorgaben sind die vom ANE herausgegebenen *Elternbriefe*, die Eltern bei der Erziehung ihres ersten Kindes nach der Geburt bis zu dessen 8. Lebensjahr begleiten. Die 46 Briefe, deren ständige wissenschaftliche Überarbeitung der > Bundesminister für Familie und Senioren (BMFS) fördert, werden in Berlin – mit finanzieller Unterstützung durch die > Senatsverwaltung für Jugend und Familie (SenJugFam) – sowie in weiten Teilen der Bundesrepublik, in regelmäßiger Folge einzeln und kostenlos versandt. Weitere Angebote sind die *Schulbriefe*, Orientierungshilfen für türkische Eltern, Elterngruppen, Erziehungs- und Familienberatung, Schülerberatung, Fortbildung und Beratung für Elterninitiativ-Kindertagesstätten sowie Familienerholung (> Kindertagesstätten; > Familienförderung).

Der ANE hat mehr als 300 Mitglieder. Die Finanzierung seiner Arbeit setzt sich aus der Förderung des BMFS und der SenJugFam, aus Mitgliedsbeiträgen, Spenden und Einnahmen aus dem Medienvertrieb zusammen.

Arbeitsmarkt: Die Entwicklungen auf dem Berliner A. seit dem Fall der > Mauer spiegeln die besondere Stellung der Stadt im

Rahmen des deutschen Vereinigungsprozesses wider. Während der dadurch ausgelöste Wirtschaftsboom in Westdeutschland zu einem deutlichen Abbau der *Arbeitslosigkeit* geführt hat, erhöhte sie sich im Westteil der Stadt von 92.777 im November 1989 auf 108.493 im Juni 1992. Zu dieser Zunahme um rd. 15.700 kam es, obwohl in West-Berlin im

bar vor dem Bau der Mauer pendelten etwa 60.000 Arbeitnehmer als > GRENZGÄNGER täglich nach West-Berlin ein. Diese Arbeitsmarktentlastung für die neuen Länder war und ist dringend notwendig, denn der Ostteil und die brandenburgischen Umlandgemeinden durchlaufen – wie die neuen Länder insgesamt – nach wie vor eine schmerzhafte

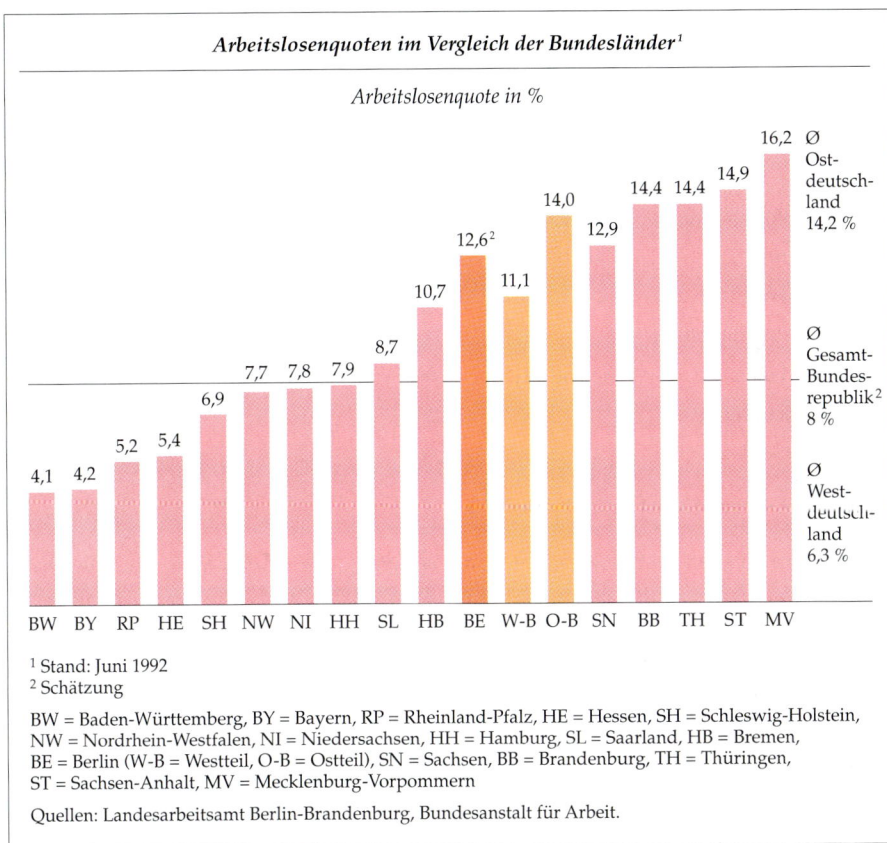

Arbeitslosenquoten im Vergleich der Bundesländer[1]

Arbeitslosenquote in %

BW BY RP HE SH NW NI HH SL HB BE W-B O-B SN BB TH ST MV

4,1 4,2 5,2 5,4 6,9 7,7 7,8 7,9 8,7 10,7 12,6[2] 11,1 14,0 12,9 14,4 14,4 14,9 16,2

Ø Ostdeutschland 14,2 %

Ø Gesamt-Bundesrepublik[2] 8 %

Ø Westdeutschland 6,3 %

[1] Stand: Juni 1992
[2] Schätzung

BW = Baden-Württemberg, BY = Bayern, RP = Rheinland-Pfalz, HE = Hessen, SH = Schleswig-Holstein, NW = Nordrhein-Westfalen, NI = Niedersachsen, HH = Hamburg, SL = Saarland, HB = Bremen, BE = Berlin (W-B = Westteil, O-B = Ostteil), SN = Sachsen, BB = Brandenburg, TH = Thüringen, ST = Sachsen-Anhalt, MV = Mecklenburg-Vorpommern

Quellen: Landesarbeitsamt Berlin-Brandenburg, Bundesanstalt für Arbeit.

gleichen Zeitraum etwa 120.000 neue Arbeitsplätze geschaffen wurden.

Bezogen auf die alten Bundesländer weist West-Berlin mittlerweile die höchste Arbeitslosenquote auf, und der Abstand wird tendenziell größer.

Die Spezifik der Entwicklung West-Berlins zeigt, daß Berlin und die umliegenden Gemeinden sehr schnell zu einem einheitlichen A. zusammengewachsen sind. Im Juni 1992 arbeiteten schätzungsweise rd. 150.000 Ost-Berliner und Brandenburger im Westteil der Stadt. Damit kam jeder siebte bis achte Arbeitnehmer aus der östlichen Stadthälfte bzw. dem Umland. Zum Vergleich: Unmittel

Transformationskrise, in der die überkommenen Strukturen und Produktionsformen einer zentralistischen Planungsökonomie an die Wettbewerbsbedingungen des Weltmarktes angepaßt werden müssen.

Obwohl das statistische Material über die Umstrukturierungen im regionalen Maßstab noch immer unzureichend ist, kann davon ausgegangen werden, daß das Bruttosozialprodukt in Ost-Berlin seit der „Wende" um etwa 30 % und der industrielle Output um mehr als 50 % gesunken sind (> WIRTSCHAFT). Dieser Einbruch hatte erhebliche Rückwirkungen auf den A. Im Ergebnis sank in Ost-Berlin die Anzahl der *Erwerbstätigen* von

788.000 im Jahresdurchschnitt 1989 auf 540.000 im Jahr 1991.
Erwartungsgemäß vollzog sich der Abbau von Arbeitsplätzen im industriellen Bereich in noch rascherem Tempo. Mittlerweile sind von den ursprünglich 187.000 industriellen Arbeitsplätzen des Jahres 1989 weniger als 60.000 vorhanden. Von diesen werden ledig-

Maßnahmen gefunden werden, um die Angebote der Bundesanstalt für Arbeit und die Vorstellungen des Landes Berlin ohne größere Reibungsverluste umsetzen zu können. Beispiel hierfür sind die eingeleiteten *Arbeitsbeschaffungsmaßnahmen (ABM)*. In kurzer Zeit wurden in Ost-Berlin Beschäftigungs- und Qualifizierungsgesellschaften (BQG), Gesell-

Berliner Arbeitsmarkt 1989 - 1992

	Berlin (Ost)		Berlin (West)		
	Sept. 1990	Juni 1992	Nov. 1989	Sept. 1990	Juni 1992
Arbeitslose	43.585	95.464	92.777	84.031	108.493
Männer	19.395	43.411	51.737	47.937	63.218
Frauen	24.190	52.053	41.040	36.094	45.275
Arbeitslosenquote (in %)	6,1	14,0	9,9	8,7	11,1
Kurzarbeiter	69.794	12.836	2.770	1.562	5.289
ABM-Beschäftigte	165	29.257	6.533	6.535	6.198
Offene Stellen	2.557	3.968	12.409	7.390	7.991

Quelle: Landesarbeitsamt Berlin-Brandenburg.

lich 20.000 als bereits wettbewerbsfähig eingeschätzt. Die Kehrseite der Medaille ist die sprunghafte Zunahme der Arbeitslosigkeit. Im Juni 1992 waren in Ost-Berlin 95.464 Personen bzw. 14 % arbeitslos. Damit hat sich seit Mitte 1991 eine Stabilisierung, allerdings auf sehr hohem Niveau, vollzogen. Tatsächlich wäre die offiziell registrierte Arbeitslosigkeit noch deutlich höher ausgefallen, wenn nicht arbeitsmarktpolitische Instrumente auf einem bis dahin unbekannten Niveau eingesetzt worden wären. Die finanziellen Aufwendungen hierfür werden von der Bundesanstalt für Arbeit, der Bundes- und Landesregierung sowie der EG aufgebracht.
Um auch institutionell optimale Voraussetzungen für die Bewältigung der arbeitsmarktpolitischen Probleme zu schaffen, wurde ein gemeinsames Landesarbeitsamt Berlin-Brandenburg gebildet, da der Arbeitsmarkt der Region einen einheitlichen wirtschaftlichen Organismus darstellt (> ARBEITS-ÄMTER). Zugleich wurden die Arbeitsämter selber umstrukturiert, indem an die Stelle der fachlichen Gliederung eine regionale Zuständigkeit trat. Des weiteren mußten geeignete Trägerstrukturen für die vielfältigen

schaften zur *Arbeitsförderung*, Beschäftigungs- und Strukturentwicklung, regionale Wirtschaftsförderungsgesellschaften sowie „ABM für ABM-Programme" und eine dementsprechende institutionelle Ausgestaltung aufgebaut.
Ein Spezifikum Berlins stellen die sieben sogenannten *"Service-Gesellschaften"* dar, von denen vier einen regionalen und drei einen sektoralen Zuschnitt aufweisen. Indem sie u.a. strukturpolitische Orientierungen bei den BQG durchsetzen, können sie sich als ein wirksames Instrument zur notwendigen Verzahnung von Arbeitsmarkt- und strukturpolitischen Zielsetzungen erweisen. Als eine besondere Problematik erwies sich die Umsetzung von ABM in Unternehmen der > TREUHANDANSTALT. Da die Treuhandanstalt nicht bereit war, ihren Unternehmen eine Beteiligung an betrieblichen BQG zu gewähren, mußten andere Formen gefunden werden. Schließlich wurde eine „Trägergesellschaft Land Berlin" als Dachorganisation gegründet, deren Gesellschafteranteile vom Land Berlin, den Sozialpartnern und der Treuhandanstalt gehalten werden. Im Juni 1992 waren in Ost-Berlin 29.257 Personen in ABM

beschäftigt, in der westlichen Stadthälfte belief sich die Zahl auf knapp 6.200.

Neben den ABM übernehmen seit der > VER-EINIGUNG die *Maßnahmen für Fortbildung und Umschulung* einen relevanten Beitrag zur Entlastung des Arbeitsmarktes. Von Januar bis Juni 1992 förderten die Arbeitsämter in Ost-Berlin 31.213 Eintritte in Maßnahmen der be-

nur rd. 7 % der Betroffenen diese Angebote wahr. Der Höhepunkt dieser Beschäftigungsform wurde im April 1991 mit fast 90.000 Kurzarbeitern erreicht. Ende 1991 waren es noch etwa 42.000 und im Juni 1992 12.836. In der westlichen Stadthälfte betrug zu diesem Zeitpunkt die Anzahl der „Kurzarbeitnehmer" knapp 5.300.

Differenz der Arbeitslosenquote in Berlin (West) gegenüber Westdeutschland		
		%
1990	August	1,8
	September	2,1
	Oktober	2,4
	November	2,6
	Dezember	2,4
1991	Januar	2,3
	Februar	2,4
	März	2,9
	April	3,2
	Mai	3,3
	Juni	3,3
	Juli	3,1
	August	3,1
	September	3,3
	Oktober	3,5
	November	3,6
	Dezember	3,5
1992	Januar	3,8
	Februar	4,0
	März	4,3
	April	4,6
	Mai	4,8
	Juni	4,8

Erwerbstätige		
	Berlin (Ost)	Berlin (West)
1989	788	934
1990	695	974
1991	540	1.020

Quellen: Statistisches Bundesamt,
Statistisches Landesamt, DIW.

Weitere Entlastungen brachten für Ost-Berlin die novellierten *Vorruhestandsregelungen.* Z.B. können Arbeitnehmer, die älter als 55 Jahre sind, im Rahmen des Altersübergangsgeldes vorzeitig aus der Erwerbstätigkeit ausscheiden. Diese Möglichkeit wurde im Durchschnitt des Jahres 1991 von ca. 9.000 Personen wahrgenommen. Hinzu kamen in diesem Zeitraum etwa 27.000 Personen, die Vorruhestandsgeld erhielten.

Mit den arbeitsmarktpolitischen Instrumenten wie Kurzarbeitergeld, Qualifizierungsmaßnahmen, ABM, Altersübergangs- und Vorruhestandsgeld wurden in Ost-Berlin 1991 jahresdurchschnittlich insg. mehr als 130.000 Personen erreicht.

Erwartungsgemäß sind nicht alle Erwerbspersonen gleichermaßen von der Beschäftigungsproblematik betroffen. So entwickelten sich die Beschäftigungschancen für Frauen schlechter als die für Männer. In Ost-Berlin betrug die Erwerbstätigenquote von Frauen Ende 1989 ca. 60 %, während ihr Beitrag zum Familieneinkommen sich aufgrund des hohen Anteils an Teilzeitbeschäftigten nur auf 18 % belief. Im Juni 1992 betrug der Anteil der Frauen an der Arbeitslosigkeit in Ost-Berlin 54,5 %. Das entsprach einer Arbeitslosenquote bei Frauen von 15,7 % gegenüber 12,4 % bei den Männern. Zugleich ging die Erwerbstätigenquote der Frauen in den letzten zwei Jahren kontinuierlich zurück.

Überproportional betroffen sind des weiteren ausländische Arbeitnehmer. In West-Berlin belief sich die Arbeitslosenquote für diese

ruflichen Fortbildung, Umschulung und Einarbeitung. 1992 waren es insg. knapp 68.500. Die Vergleichszahlen für West-Berlin lauten 3.934 bzw. 11.941.

Zur Verhinderung einer beschäftigungspolitischen Katastrophe wurde außerdem eine modifizierte *Kurzarbeiterregelung* für Ost-Berlin eingeführt. Danach konnten ostdeutsche und Ost-Berliner Unternehmen, deren Wettbewerbsfähigkeit durch die Wirtschafts- und Währungsunion nicht mehr gegeben war, auch eine sogenannte „Null-Kurzarbeit" einführen. Neben der Begrenzung der Arbeitslosigkeit bestand ein weiteres Ziel darin, diese Kurzarbeit mit zusätzlichen *Qualifizierungsmaßnahmen* zu verbinden. Allerdings nahmen

Gruppe im Durchschnitt des Jahres 1990 auf 12,2 %. Im Juni 1992 hatte sich die Quote auf 19,7 % erhöht. In der östlichen Stadthälfte hat die Beschäftigung von Arbeitnehmern nicht-deutscher Nationalität bislang in quantitativer Hinsicht noch keine Bedeutung. Überproportional stark sind in West-Berlin auch Jugendliche unter 20 Jahren mit einer spezifi-

als noch 1991.
Hinzu kommt, daß sich die Arbeitsplätze der Zukunft deutlich von den heutigen unterscheiden werden. Nach einer Einschätzung des Instituts für Arbeitsmarkt und Berufsforschung werden bis zum Jahr 2010 die höherqualifizierten Tätigkeiten von 28 % im Jahre 1985 auf 39 % anwachsen und die einfa-

Struktur der Erwerbstätigen nach Qualifikationsstufen 1989

	Berlin (West) Anteil in %	Berlin (Ost) Anteil in %
Hochschulabschluß	10,4	15,7
Fachhochschul-/Ingenieurabschluß	4,4	17,6
Meister-/Techniker- oder gleichwertiger Fachschulabschluß	6,4	3,0
Lehr-/Anlernausbildung oder gleichwertiger Berufsfachschulabschluß	53,3	51,8
Berufliches Praktikum bzw. Teilausbildung	1,2	2,1
Ohne Ausbildungsabschluß	22,7	9,8
Ohne Angabe	1,6	–
Insgesamt	**100**	**100**

Quellen: Statistisches Bundesamt, Statistisches Landesamt, DIW.

schen Arbeitslosenquote von 13,5 % im Juni 1992 betroffen. 1990 waren es noch 9,3 %.
Die Integration von Erwerbspersonen aus den neuen Ländern in den West-Berliner A. konnte auch deshalb relativ reibungslos gelingen, da sie im allgemeinen über solide Grundlagenkenntnisse verfügen, so daß häufig nur geringe Einarbeitungsanstrengungen nötig sind. Dadurch konnte das für bestimmte Bereiche der Volkswirtschaft West-Berlins lange Zeit virulente Problem des Facharbeitermangels gelöst werden. Heute sind genügend qualifizierte und motivierte Arbeitskräfte vorhanden, um die Nachfrage zu decken.
Diese günstige Ausgangslage darf andererseits nicht dazu führen, die Zukunftsvorsorge zu vernachlässigen. Der strukturelle Wandel verlangt eine vorausschauende Arbeitsmarktpolitik. Denn Prognosen für die Entwicklungen auf dem Berliner A. deuten – bei allen Unsicherheiten – erhebliche Umstrukturierungen an. Danach werden z.B. im Bereich der privaten Dienstleistungen im Jahre 2000 rd. 140.000 Personen mehr arbeiten

chen Tätigkeiten von 27 % auf 18 % zurückgehen. Dieses Ergebnis ist für Berlin umso bemerkenswerter, als hier der Anteil der höherqualifizierten Arbeitnehmer an den gesamten Erwerbstätigen relativ gering ist und zugleich der Anteil der Beschäftigten ohne abgeschlossene Berufsausbildung Mitte 1990 in West-Berlin mit 40,6 % um 26,1 % über dem Bundeswert (32,2 %) lag. Schließlich wird sich der Anteil der dispositiven Tätigkeiten in der Industrie auf Kosten einfacher Fertigungsarbeiten deutlich erhöhen.
Die Notwendigkeit, Qualifizierungsmaßnahmen als permanente Aufgabe zu begreifen, ergibt sich auch aus der Gefahr, daß hoch qualifizierte, junge Arbeitskräfte in die westdeutschen Ballungsgebiete abwandern, um die dort angebotenen höheren Einkommenschancen zu realisieren. Dieser qualifikatorische „brain drain" erhält zusätzliche Impulse durch besondere Belastungen der Erwerbspersonen in Berlin, allem voran durch die angespannte Lage auf dem Wohnungsmarkt (> WOHNUNGSBAU).
Aus diesem Grunde muß Berlin auch per-

spektivisch Qualifizierungsanstrengungen unternehmen, um die günstigen Arbeitsmarkt-Konfigurationen der Gegenwart stabil zu halten. Diese Notwendigkeit ergibt sich nicht zuletzt aus den empirischen Befunden, daß ein attraktives Arbeitsmarkt-Angebot einen zentralen Orientierungspunkt für unternehmerische Standortentscheidungen darstellt. In diesem Kontext muß auch die Diskussion um die (zu) schnelle Anpassung der Lebensverhältnisse im Ostteil der Stadt an das westliche Niveau eingeordnet werden. Das betrifft neben dem > EINKOMMEN v.a. die Arbeitszeiten. Mit einer Gleichstellung in den Tarifverträgen ist nicht vor Mitte der 90er Jahre zu rechnen.

Ohne Zweifel belastet eine von den Produktivitätsfortschritten abgekoppelte Lohnerhöhung die Wettbewerbsfähigkeit insbes. der Betriebe aus dem Altbestand der DDR. Für neu angesiedelte Unternehmen aus dem Westen spielt diese Dynamik hingegen keine zentrale Rolle, da Investitionsentscheidungen langfristig ausgerichtet sind und daher gleiche Einkommen zwischen Ost und West allemal Eingang gefunden haben ins Kalkül der Unternehmer. Sofern andererseits die Angleichung nicht zügig vollzogen wird, drohen gerade qualifizierte Arbeitnehmer abzuwandern, und der Wirtschaftsraum Berlin würde langfristig erheblich an Attraktivität einbüßen. Somit befindet sich die Lohnpolitik in einer Zwickmühle, aus der es keine einfachen Auswege gibt. Für Berlin selber gibt es keine reale Alternative zu einer schnellen Lohnangleichung, da der A. bereits vollständig vernetzt ist und die Güter- und Wohnungsmärkte immer weniger nach Stadtbezirken zu unterscheiden sind. Im übrigen ist ein solcher Schritt für die Verwirklichung der inneren Einheit und die Gewährleistung des sozialen Friedens in der vereinten Stadt unerläßlich.

Arbeits- und Studienaufenthalte in Afrika, Lateinamerika und Asien, ASA-Programm: Das 1960 aus studentischer Initiative entstandene und seit 1982 von der > CARL-DUISBERG-GESELLSCHAFT (CDG) in Berlin getragene ASA-Programm versteht sich als Studienprogramm im Vorfeld der personellen Entwicklungszusammenarbeit. Es bietet Studierenden an Hochschulen sowie jungen Berufstätigen mit nichtakademischer abgeschlossener Ausbildung die Möglichkeit, theoretische und fachspezifische Kenntnisse mit praktischen Erfahrungen und praxisorientierten Untersuchungen in Entwicklungsprojekten und -ländern zu verbinden und auszubauen. Programmziel ist die Motivation und Sensibilisierung für künftige Aufgaben der Entwicklungszusammenarbeit, die Anregung zu vertiefter wissenschaftlicher Beschäftigung mit deren Problemen, fachlicher Fortbildung im interkulturellen Kontext und verstärkter Teilnahme an entwicklungsbezogener Bildungs- und Öffentlichkeitsarbeit. Jährlich nehmen ca. 140 Studierende an deutschen Fach- und Fachhochschulen sowie Postgraduierte am studentischen Programm teil, darunter auch ausländische Studierende an deutschen Hochschulen aus den Kontinenten Afrika, Asien und Lateinamerika. Im Berufstätigenprogramm arbeiten jährlich ca. 35 bis 40 junge Leute mit abgeschlossener Berufsausbildung und Berufserfahrung in Projekten und Ländern der drei Kontinente mit. Seit kurzem wurde ein Austauschprogramm entwickelt, das Mitarbeitern ausländischer Partner-Organisationen Fortbildungsmöglichkeiten in der Bundesrepublik anbietet. Das Programm wird überwiegend vom > BUNDESMINISTER FÜR WIRTSCHAFTLICHE ZUSAMMENARBEIT, durch Eigenbeiträge der Teilnehmer, Zuschüsse einiger Länderregierungen (u.a. des > SENATS VON BERLIN), der > EVANGELISCHEN KIRCHE und durch Eigenmittel der CDG finanziert. (> ENTWICKLUNGSPOLITIK)

Arboretum: Das 3,5 ha große A. an der Späthstr. im Treptower Ortsteil > JOHANNISTHAL ist eine Einrichtung des > MUSEUMS FÜR NATURKUNDE der > HUMBOLDT-UNIVERSITÄT ZU BERLIN (HUB). Als Institut für Spezielle Botanik dient das A. gleichermaßen der Lehre, Forschung und Bildung. Es hat einen Bestand von 1.200 Gehölzsippen und ist damit eine der wichtigsten Gehölzsammlungen Deutschlands. Ferner gehört zum A. je ein Quartier „Pflanzensystem" (im ehem. Rosarium) und „Arznei- und Gewürzpflanzen". Seit seiner Zugehörigkeit zur Humboldt-Universität entwickelte sich das A. zu einer Lehr- und Forschungsstätte auf dem Gebiet der systematischen Botanik in enger Verbindung mit der Evolutionsforschung. Seine Herbarien umfassen rund 300.000 Belege. 1977 wurde dem Institut für Spezielle Botanik auch die 34 ha große *Botanische Anlage Blankenfelde* an der Blankenfelder Chaussee angegliedert (> BLANKENFELDE), die aus einem 1909 angelegten zentralen Schulgarten für die Berliner Schulen hervorgegangen war und zu einem Naturpark (konzeptionell als *Humboldt-Naturpark* bezeichnet), gestaltet werden soll. Ein Tropenhaus und ein Palmen- und Savannenhaus wurden bereits rekonstruiert sowie ein Naturlehrpfad eingerichtet.

Die Geschichte des A. ist eng mit dem 1720 gegründeten Gartenbaubetrieb des Christian Späth verbunden, dessen Nachfahre, Franz Späth, ab 1863 westlich der > KÖNIGSHEIDE umfangreiche Baumschulenkulturen anlegte. 1874 ließ er das Herrenhaus bauen und begann mit der Anlage eines Parks und eines Rosariums. 1879 wurde der Park auf 4 ha erweitert und nach Plänen des Berliner Stadtgartendirektors Gustav Meyer im englischen Gartenstil gestaltet, wobei in großer Zahl neue, bis dahin in Mitteleuropa nicht beheimatete Gehölzsippen für die gärtnerische Nutzung angesiedelt wurden. 1930 hatte das A. einen Bestand von 4.500 Baumsippen erreicht. Der letzte Inhaber der weltbekannt gewordenen Firma, Helmut Späth, starb 1944 im Konzentrationslager Sachsenhausen (> KONZENTRATIONSLAGER). Nach der Übernahme des A. durch das am 1.11.1960 gegründete Institut für Spezielle Botanik 1961 wurde das Späthsche Wohnhaus 1962/63 unter Wahrung des Denkmalschutzes zum Institutsgebäude ausgebaut. Seit Mai 1966 ist das A. während der Vegetationsperiode für die Allgemeinheit geöffnet. Es gibt eine wissenschaftliche Fachzeitschrift und Samenlisten für den internationalen Saatgutaustausch heraus („Index Seminum"), die Fachbibliothek umfaßt 23.000 Bände. Zur Einrichtung gehören 65 Mitarbeiter, darunter 13 Wissenschaftler. Die Finanzierung des A. erfolgt durch die HUB.

Archenhold-Sternwarte: Die 1896 eröffnete und seit 1946 nach ihrem Gründer und langjährigen Leiter, dem Astronomen Friedrich Simon Archenhold benannte Sternwarte im > TREPTOWER PARK ist die größte und älteste Volkssternwarte Deutschlands. Sie zählt heute zu den landeseigenen Museen (> MUSEEN UND SAMMLUNGEN). Ihr angegliedert ist das 1987 eröffnete > ZEISS-GROSSPLANETARIUM im > ERNST-THÄLMANN-PARK im Bezirk > PRENZLAUER BERG.

Die A. entstand 1896, als anläßlich der Gewerbeausstellung der deutschen Industrie ein von Archenhold entworfenes und durch Spenden finanziertes Riesenfernrohr im Treptower Park aufgestellt wurde. Mit einem Linsendurchmesser von 68 cm mißt die „Himmelskanone" vom Objektiv bis zum Okular 21 m und ist damit bis heute das längste Fernrohr der Welt. Die umgebenden Gebäude entstanden in den Jahren 1908/09. 1958 wurde das Fernrohr vorübergehend stillgelegt. Nach seiner Erhebung zum technischen Denkmal wurde es von 1977-83 instandgesetzt und am 13.10.1983 erneut der Öffentlichkeit übergeben.

Um die der A. übertragenen Funktionen im Rahmen der astronomischen Volksbildung erfüllen zu können, waren zwischenzeitlich nördlich des Hauptgebäudes zwei kleinere Kuppelbauten errichtet worden, die 1962 mit einem Zeiss-Coudé-Refraktor (150/2.250) und einem Zeiss-Cassegraun-Spiegelteleskop (500/2.500/7.500) ausgestattet wurden. Zu den Instrumenten der A. gehört außerdem der historische Urania-Refraktor (160/2.400) (> URANIA). Bereits seit 1959 verfügt die A. über ein Zeiss-Kleinplanetarium. 1966 erhielt sie ein sonnenphysikalisches Kabinett für die Projektion eines Orginal-Sonnenbildes von 80 cm Durchmesser.

Zur A. gehört auch das 1896 von Archenhold gegründete *Himmelskundliche Museum*, das in sieben Ausstellungsräumen einen Überblick über die Geschichte der Astronomie von ihren Anfängen bis zur Gegenwart bietet. Die 45.000 Bände zählende Spezialbibliothek der A. umfaßt zahlreiche seltene Handschriften und Kupferstiche aus dem 16. bis 18. Jh. sowie eine Portraitsammlung mit mehr als 5.000 Astronomen, die laufend aktualisiert wird.

Neben der Forschung gehörten von Anfang an auch populärwissenschaftliche Vorträge und Einladungen an berühmte Gelehrte zum festen Programm der A. Am 2.6.1915 hielt hier Albert Einstein erstmals in Berlin einen Vortrag über seine Relativitätstheorie. Mit der 1970 gegründeten Forschungsabteilung für Astronomiegeschichte hat sich die A. wissenschaftlich auch über die Grenzen der DDR hinaus einen Namen gemacht. Die A. kooperiert mit zahlreichen anderen Sternwarten und Vereinigungen, darunter der > WILHELM-FOERSTER-STERNWARTE auf dem > INSULANER im Bezirk > SCHÖNEBERG, zu der schon vor der > VEREINIGUNG Kontakte bestanden. Bis zur Vereinigung war die A. eine Einrichtung der Abteilung Volksbildung des > MAGISTRATS von Ost-Berlin. Danach kam sie zunächst in die Zuständigkeit der > SENATS-

VERWALTUNG FÜR KULTURELLE ANGELEGENHEITEN. Seit Januar 1992 ist sie der > SENATSVERWALTUNG FÜR SCHULE, BERUFSBILDUNG UND SPORT nachgeordnet. Seit November 1990 existiert ein für alle Interessierte offener Förderverein. 1991 beschäftigte die A. 30 Mitarbeiter und zahlreiche ehrenamtliche Helfer. Gemeinsam mit dem Planetarium zählte sie 1991 ca. 170.000 Besucher.

Archive: Unter den zahlreichen A. in Berlin gibt es zwei herausragende Einrichtungen, die eng mit der Berliner Geschichte verknüpft sind. Dies ist einerseits das auf das erstmals 1282 erwähnte markgräfliche A. zurückgehende > GEHEIME STAATSARCHIV STIFTUNG PREUSSISCHER KULTURBESITZ in der Archivstr. l2-l4 im Bezirk > ZEHLENDORF, das den Großteil der noch vorhandenen Akten des untergegangenen preußischen Staates verwaltet. Zum anderen basiert die Berliner Archivgeschichte auf dem im Zuge der > VEREINIGUNG in das > LANDESARCHIV BERLIN in der Kalckreuthstr. 1-2 im Bezirk > SCHÖNEBERG eingegliederten Stadtarchiv, dessen Vorgeschichte bis in die Anfänge städtischer Verwaltung zurückreicht. So enthielten schon die ältesten Statuten des Rats von Berlin und > KÖLLN aus dem Jahr 1307 die Festlegung, daß alle Urkunden, Register und Schriften der beiden Städte im gemeinschaftlichen Rathaus aufbewahrt werden sollten (> RATHÄUSER).
Neben den genannten Einrichtungen gibt es in Berlin einige Behörden, deren Arbeitsgrundlage umfangreiche A. sind. Zu nennen sind das > BERLIN DOCUMENT CENTER (BDC) in der Straße Wasserkäfersteig 1 im Bezirk > ZEHLENDORF, wo ca. 30 Mio. Akten aus der Zeit nationalsozialistischer Herrschaft lagern, die Wehrmachtsauskunftstelle (>DEUTSCHE DIENSTSTELLE FÜR DIE BENACHRICHTIGUNG DER NÄCHSTEN ANGEHÖRIGEN VON GEFALLENEN DER EHEMALIGEN DEUTSCHEN WEHRMACHT) am Eichborndamm 167-209 im Bezirk > REINICKENDORF mit ihrer ca. 20 Mio. Karteikarten umfassenden Zentralkartei über Wehrmachtsangehörige oder das umfangreiche A. des > STAATSSICHERHEITSDIENSTES DER DDR, das der Gauck-Behörde als Arbeitsgrundlage dient (> DER BUNDESBEAUFTRAGTE FÜR DIE UNTERLAGEN DES STAATSSICHERHEITSDIENSTES DER EHEMALIGEN DEUTSCHEN DEMOKRATISCHEN REPUBLIK). Dienten die A. früher ausschließlich der Aufbewahrung von Schriftgut, v.a. von Urkunden, Akten, Amtsbüchern mit fortlaufenden Ein-

tragungen u.ä. Archivalien, die zur dauernden Aufbewahrung für würdig befunden worden waren, so wird der Begriff A. heute in einem viel weiteren Sinne gebraucht. Geblieben ist, daß ihr Sammelgut dauerhaft aufbewahrt wird. Z.T. werden heute auch Spezialabteilungen wissenschaftlicher > BIBLIOTHEKEN als A. bezeichnet, wie z.B. das in der Gärtnerstr. 25 im Bezirk > STEGLITZ untergebrachte > DEUTSCHE MUSIKARCHIV, das eine Berliner Abteilung der Deutschen Bibliothek in Frankfurt/M. ist, oder das Mendelssohn-Archiv der > STAATSBIBLIOTHEK ZU BERLIN – PREUSSISCHER KULTURBESITZ in der Potsdamer Str. 33 im Bezirk > TIERGARTEN. Selbst bei den > MUSEEN wird gelegentlich der Begriff A. verwandt, wie bspw. für das > BAUHAUS-ARCHIV in der Klingelhöferstr. 14 in Tiergarten.

Arkonaplatz: Der A. im Bezirk > MITTE erhielt seine heutige Gestalt im Rahmen einer 1984 abgeschlossenen Modernisierung des umgebenden Wohngebiets und galt in der DDR als ein Musterbeispiel „sozialistischer Wohnungsbaupolitik" (> STADTSANIERUNG). Nach der Bauordnung von 1853 und dem > HOBRECHTPLAN von 1862 waren hier in den 70er Jahren des 19 Jh zahlreiche > MIETSKASERNEN mit vielen Quer- und Seitengebäuden und zwei bis sechs Innenhöfen entstanden. 1875 erhielt der Platz nach dem Nordkap der Insel Rügen den Namen A. Die Gegend, in der v.a. minderbemittelte Arbeiter ihre Schlafstätten hatten, galt vor den Weltkriegen als Armenviertel des Berliner Nordens. In den 20er Jahren dieses Jh. wurde der Platz mit Linden und Ahornbäumen bepflanzt und das von Rabatten umgebene Rasenachteck angelegt. Im II. Weltkrieg fielen rd. 1.000 der 4.500 Wohnungen um den A. den Luftangriffen zum Opfer.
In den 50er Jahren wurde etwa die Hälfte davon wieder aufgebaut. Zwischen 1972 und 1983 sind dann in diesem Bereich, in dem rd. 8.000 Menschen leben, 2.192 Wohnungen modernisiert und 800 weitere instandgesetzt worden. Dabei erhielten 2.798 Wohnungen eine Innentoilette, und in 2.545 Wohnungen wurden Bad oder Dusche eingebaut. Sieben Wohnhöfe wurden als Grünanlagen mit Spielplätzen und Ruheplätzen gestaltet. Zur 750-Jahr-Feier Berlins 1987 erhielt der Mittelstreifen, ein stillgelegter Abschnitt der Swinemünder Str., eine historische Pflasterung. Außerdem wurden Alt-Berliner Laternen installiert und die umgebenden Ge-

schäfte mit Haus- und Zunftzeichen geschmückt. An der Westseite des A., in der Ruppiner Str., befindet sich eine aus zwei Gebäuden bestehende Schule, die ebenfalls restauriert wurde. Das linke Gebäude von 1865 gilt als das älteste erhaltene Gebäude einer Gemeindeschule im Ostteil der Stadt. Es ist ein dreigeschossiger, gelber Verblendziegelbau mit elf Achsen. Das rechte Gebäude mit neun Achsen wurde 1882 in gleichen Formen angebaut.

Arnimplatz: Der 1,8 ha große A. nordwestlich des S-Bahnhofs > Schönhauser Allee im Bezirk > Prenzlauer Berg gehört zu einem der größten Altbausanierungsgebiete im Ostteil der Stadt. Der begrünte Schmuckplatz wurde 1902/03 auf einer „Pankpfuhl" genannten eiszeitlichen Bodensenkung mit Moorwiesen angelegt, die bis zum Ende des vergangenen Jh. im Winter eine beliebte Eisbahn war. Benannt wurde er nach dem aus einem alten märkischen Adelsgeschlecht stammenden und in Berlin geborenen deutschen Dichter der jüngeren Romantik Achim v. Arnim.
Die planmäßige Bebauung des Platzes begann um 1905. Die hier errichteten großen Mietshäuser zeigten prunkvolle Fassaden, hinter denen sich enge Quer- und Seitengebäude und lichtarme Innenhöfe verbargen (> Mietskasernen). Im II. Weltkrieg von Bombentreffern weitgehend verschont, verfiel die Bausubstanz in den ersten Nachkriegsjahrzehnten zusehends. In den 70er Jahren avancierte das Gebiet um den A. dann zum größten Modernisierungsgebiet Ost-Berlins. Zwischen 1973 und 1984 erfolgte die „komplexe Instandsetzung und Modernisierung" von rund 7.000 Wohnungen auf einer Fläche von 38 ha. Alle Wohnungen erhielten Innentoilette, Bad oder Dusche, Doppelfenster und Gasdurchlauferhitzer, im Erdgeschoß der Häuser wurden vielfach Geschäfte und Dienstleistungseinrichtungen untergebracht. Bei der Gestaltung der Grundrisse in den modernisierten Wohnungen wurden die Mieter z.T. beteiligt. Während der Umbauphase wurden sie vorübergehend in sog. Mieterhotels ausquartiert.
Neben der Modernisierung der Wohnungen erfolgte eine Entkernung und Begrünung der Innenhöfe sowie die Restaurierung der Fassaden. Dabei blieben die vorhandenen Stilelemente weitgehend erhalten. Von den so wiederhergestellten zahlreichen Jugendstil-

fassaden rund um den A. sind die in der Paul-Robeson-Str. und in der Schönfließer Str. besonders eindrucksvoll. Die Häuser Nr. 5 und 6 in der Schönfließer Str. mit ihren reichen Stuckfassaden sind 1905 errichtet worden und zählen zu den ältesten Bauten in diesem Gebiet.

Artenschutzprogramm: Das 1988 begonnene A. ist Bestandteil des Berliner > Landschaftsprogramms. Es sieht die Ausweisung von Schutzgebieten und die Sicherung von wertvollen Landschaftsflächen für Flora und Fauna vor. Geschützt werden auch naturräumliche und historische Landschafts- und Stadtstrukturen. Insg. gibt es elf Biotop-Entwicklungsräume. Mit der Erstellung dieses Programmteils wurde das erste A. für ein Stadtgebiet in der Bundesrepublik Deutschland vorgelegt (Aufstellung seit 1979, erste Vorstellung in der Öffentlichkeit 1984, Bürgerbeteiligung 1986, Senatsbeschluß 1988; Kopplung mit dem Aufstellungsverfahren für den neuen > Flächennutzungsplan).
Zum A. gehören: Entwicklungsmaßnahmen in siedlungsbestimmten Räumen (z.B. Hinterhofbegrünung), Maßnahmen in landwirtschaftlich geprägten Gebieten (z.B. Erhalt von Restflächen), Maßnahmen in den > Forsten (z.B. Erhalt von > Mooren), Entwicklungsmöglichkeiten bei wassergeprägten Naturräumen (Spreetal, Havelgebiet; z.B. Wiederanlegen eines Schilfgürtels, > Röhrichtschutz). Dabei soll je nach Biotoptyp ein unterschiedliches Schutzniveau eingehalten werden, das sich an Schutzwürdigkeit, Seltenheit und Schutzmöglichkeit orientiert. Nicht nur wird die Erhaltung von Naturräumen angestrebt, sondern ebenso ihre Umgestaltung und Renaturierung. Bspw. sind die Bahnstrecken im Siedlungsgebiet als Verbindungsbiotope ausgewiesen. Ehemalige Bahnflächen (Abstell- und Betriebsbahnhöfe, z.B. beim > Anhalter Bahnhof) sollen als städtische Naturräume geschützt und entwickelt werden. > Pfuhle u.a. Kleingewässer sind ebenfalls im Siedlungsraum besonders für den Artenschutz hervorgehoben.

Aspen Institut Berlin: Das 1974 gegründete A. in der Inselstr. 10 auf der Havelinsel > Schwanenwerder im Bezirk > Zehlendorf ist ein privates, gemeinnütziges, überparteiliches Institut. Es ist Teil des 1949 anläßlich der Feier zum 200. Geburtstag Johann Wolfgang v. Goethes in Aspen, Colorado, in den

USA gegründeten Aspen Institute for Humanistic Studies. Das A. veranstaltet internationale Seminare, Studiengruppen, Workshops und Gesprächskreise mit hochrangiger Beteiligung über die europäisch-amerikanischen und Ost-West-Beziehungen sowie über das wirtschaftliche, kulturelle und intellektuelle Leben Berlins. Das A. gehörte schon vor dem > 9. November 1989 zu den wenigen Einrichtungen in der Stadt, in denen ein regelmäßiger, intensiver Dialog zwischen Teilnehmern aus Ost und West gepflegt wurde. Finanziert und unterstützt wird das A. durch den > Senat von Berlin, durch private Stiftungen, Privatunternehmen und -personen. Es untersteht einem internationalen Gremium, dessen Mitglieder aus Europa, Asien, Afrika und den Vereinigten Staaten kommen. Sein erster, bis 1988 amtierender Direktor, Professor Shepard Stone, wurde 1983 zum > Ehrenbürger der Stadt Berlin ernannt. Führende Unternehmen der deutschen Wirtschaft und Banken gründeten 1988 die *Shepard Stone Stiftung,* mit deren Hilfe insbes. ausgewählte Konferenzen über deutsch-amerikanisch-europäische Beziehungen und Studiengruppen gefördert werden, die der internationalen Verständigung und Zusammenarbeit jüngerer Führungskräfte aus Europa und Amerika dienen. Stones Nachfolger ist der Botschafter a.D. David Anderson.

Asylbewerber: 1991 haben rd. 256.000 Menschen einen Asylantrag in Deutschland gestellt. Nur ein kleiner Teil, der nachweisen kann, daß er in seiner Heimat aus politischen, religiösen oder rassischen Gründen verfolgt wurde, wird als Asylberechtigter im Sinne des Grundgesetzes Art. 16 Abs. 2 anerkannt (1991 ca. 6 % der Antragsteller). Weitere 20-30 % der abgelehnten A. erhalten aus humanitären Gründen eine Aufenthaltsgenehmigung. Während der Verfahrensdauer

Entwicklung der Zahlen von Asylbewerbern in Berlin	
1985	22.908
1986	31.278
1987	2.545
1988	6.007
1989	10.709
1990	33.487
1991	13.638
1992 (bis Mai)	5.497

hat jeder A. Anspruch auf Unterbringung und Mindestversorgung in Deutschland. Darunter sind auch Flüchtlinge, die wegen akuter Gefährdung (z.B. Bürgerkrieg) nicht in ihr Heimatland zurückkehren können. Nach einem genauen Verteilungsschlüssel

Hauptherkunftsländer der Asylbewerber in Berlin	
1990	
Rumänien	11.602
Vietnam	5.553
Bulgarien	3.771
Angola	1.867
Libanon	1.396
Polen	1.222
Sowjetunion	1.058
1991	
Jugoslawien	3.772
Rumänien	3.688
Bulgarien	1.231
GUS	1.039
Türkei	641
Vietnam	421
Angola	353
bis Mai 1992	
Jugoslawien	2.142
Rumänien	519
GUS	490
Libanon	412
Bulgarien	266
Türkei	262
Vietnam	117

werden die asylbeantragenden > Flüchtlinge auf Städte und Gemeinden des gesamten Bundesgebiets verteilt, die für Unterkunft und Versorgung zuständig sind.
Berlin nimmt gut 2 % aller nach Deutschland kommenden A. auf. Es kommen jedoch weit mehr Flüchtlinge in der Stadt an, die dann auf andere Bundesländer verteilt werden. Die in Berlin für die A. zuständige Behörde ist die *Zentrale Sozialhilfestelle für Asylbewerber* am Friedrich-Krause-Ufer 23 im Bezirk > Wedding des > Landesamts für Zentrale Soziale Aufgaben – Landesversorgungsamt –.
Die A. sind in Berlin in über 40 „Sammelunterkünften" untergebracht, von denen knapp die Hälfte von Wohlfahrtsverbänden (wie dem > Deutschen Roten Kreuz, dem >

CARITASVERBAND oder dem > DIAKONISCHEN WERK), die übrigen privat-gewerblich betrieben werden. Insg. stehen in den Sammelunterkünften ca. 8.500 Plätze zur Verfügung.

Auferstehungskathedrale: Die 1936-38 errichtete „Christi Auferstehungskathedrale" auf einer Verkehrsinsel am Hoffmann-von-Fallersleben-Platz im Bezirk > WILMERSDORF dient der Berliner Gemeinde der *Russisch-Orthodoxen Kirche* als Gotteshaus. Der Bau ist nach dem Vorbild altrussischer Kirchen gestaltet. Den grünen Zwiebelturm über einem würfelförmigen Mittelbau mit flacher Kuppel krönt ein Andreaskreuz, die vier Ecken schmücken kleinere Türme. Bei der Kirche befindet sich kein Friedhof. Als Begräbnisstätte nutzt die Gemeinde den > RUSSISCH-ORTHODOXEN FRIEDHOF an der Wittestr. im Reinickendorfer Ortsteil > TEGEL, auf dem ebenfalls eine kleine Kapelle steht.
Ursprünglich befand sich die Kirche der Gemeinde am Hohenzollerndamm/Ecke Ruhrstr., nahe dem > FEHRBELLINER PLATZ. Dieser 1928 fertiggestellte, in einen Wohnblock einbezogene Bau beherbergte neben einem Lokal im Erdgeschoß die im 3. Stock gelegene Kathedrale. In den 30er Jahren beanspruchte die Deutsche Arbeitsfront den Gebäudekomplex. Da die damalige russisch-orthodoxe Kirche in Berlin sich mit dem Nationalsozialismus arrangierte, stellte man ihr 1936 das heute genutzte Gelände für einen Ersatzbau zur Verfügung. Die im Stadtbild sehr markant in Erscheinung tretenden Zwiebeltürme des alten Gebäudes wurden später entfernt.

August-Bebel-Institut (ABI): Das nach dem Mitbegründer und langjährigen Vorsitzenden der > SOZIALDEMOKRATISCHEN PARTEI DEUTSCHLANDS (SPD), August Bebel (1840-1913), benannte Institut mit Sitz in der Müllerstr. 163 im Bezirk > WEDDING ist eine Einrichtung des Instituts für soziale Demokratie. Im Rahmen seiner SPD-nahen politischen Bildungsarbeit führt das A. Wochenendseminare sowie Einzelveranstaltungen z.B. in Form öffentlicher Diskussionsrunden durch. Es wendet sich mit seinem Angebot an alle Personen, die sich über die Geschichte, politische Kultur sowie Theorie und Praxis des demokratischen Sozialismus im weitesten Sinne informieren und weiterbilden wollen. In speziellen Frauen-Kursen wird die Möglichkeit geboten, frauenpolitische Benachteiligungen und Problemstellungen zu

diskutieren und Lösungsmuster zu erarbeiten. Seit der > VEREINIGUNG sind Begegnungsseminare zwischen Ost und West sowie Anleitungshilfen für kommunalpolitisch Interessierte v.a. im Ostteil der Stadt ein Schwerpunkt der Bildungsarbeit des A.
Die jährlich ca. 40 Veranstaltungen mit rd. 1.500 Teilnehmern finden am Sitz des Instituts und in öffentlichen Einrichtungen Berlins und Brandenburgs statt. Die Finanzierung des Instituts mit vier festen und zahlreichen freien Mitarbeitern erfolgt durch die Bundes- und > LANDESZENTRALE FÜR POLITISCHE BILDUNG sowie durch Spenden.
Das *Institut für soziale Demokratie* ist eine rechtsfähige Stiftung des Privatrechts. Es wurde am 25.3.1947 von den sozialdemokratischen Verlagen Telegraph-Verlag, SPD-Verlag, Volksblatt und Sozialistische Verlags-GmbH gegründet. Seine erste Lehrstätte war bis zum Herbst 1952 das heutige > HAUS DER WANNSEEKONFERENZ im Zehlendorfer Ortsteil > WANNSEE. Zum Institut gehören neben dem A. eine Bibliothek mit ca. 7.000 Bänden und ein Archiv, das u.a. eine Sammlung der sozialdemokratischen Presse in Berlin ab 1945 umfaßt.

Ausbildungsstätte für ausländische Fernsehfachkräfte Television Training Centre (TTC) Sender Freies Berlin (SFB): Die A. wurde 1970 aufgrund eines Vertrages zwischen dem > SENDER FREIES BERLIN (SFB) und dem > BUNDESMINISTER FÜR WIRTSCHAFTLICHE ZUSAMMENARBEIT (BMZ) gegründet. Sie ist eine selbständige Abteilung des SFB und führt in enger Zusammenarbeit mit der > CARL-DUISBERG-GESELLSCHAFT E.V. Aus- und Fortbildungskurse für Fernseh-Fach- und Führungskräfte aus Entwicklungsländern durch. Seit 1970 haben ca. 2.500 Ingenieure und Redakteure/Producer die A. besucht. Die Kosten der A. werden durch das BMZ getragen, der SFB beteiligt sich mit Sach- und Personalleistungen. (> ENTWICKLUNGSPOLITIK)

Ausgleichsamt Berlin: Das am 1.1.1980 aus mehreren, den > BEZIRKEN zugeordneten Ausgleichsämtern hervorgegangene A. ist eine der > SENATSVERWALTUNG FÜR FINANZEN unmittelbar nachgeordnete Sonderbehörde mit Sitz am Hohenzollerndamm 174 im Bezirk > WILMERSDORF. Das A. ist in Berlin für die Entschädigung von Vermögensverlusten durch Krieg und Kriegsfolgen zuständig. Es bearbeitet die aufgrund des Lastenausgleichsgesetzes von 1952 (i.d.F.d. Bekanntmachung vom 1.10.1969, zuletzt geändert am 17.12. 1990) von Betroffenen gestellten Ausgleichsanträge. Die organisatorische Abwicklung der bis zum Ablauf dieses Gesetzes im Jahr 2030 zu erwartenden Zahlungen in Höhe von ca. 145 Mrd. DM obliegt dem Bundesausgleichsamt in Bad Homburg, dem das A., wie die Landes- und kommunalen Ausgleichsämter in den anderen Bundesländern, fachlich unterstellt ist. Das A. hatte 1991 ca. 60 Mitarbeiter; sein Etat wird durch das Land Berlin gedeckt.

Eine Besonderheit seiner Tätigkeit bestand darin, Vermögensverluste in der DDR und in Berlin (Ost), die durch Enteignungen u.a. staatliche Zwangsmaßnahmen der DDR-Regierung entstanden sind, festzustellen und zu entschädigen. Die nach der Vereinigung möglich gewordenen Vermögensrückgaben führten z.T. zu einer Rückabwicklung und Rückforderung gezahlter Entschädigungen durch das A. (> LANDESAMT ZUR REGELUNG OFFENER VERMÖGENSFRAGEN)

Ausländerbeauftragte des Senats von Berlin: Die bei der > SENATSVERWALTUNG FÜR SOZIALES angesiedelte A. mit Sitz in der > POTSDAMER STRASSE 65 im Bezirk > SCHÖNEBERG ist die zentrale Dienststelle des Landes Berlin für Integrations- und Ausländerfragen (> BEVÖLKERUNG III, IV). Während die A. die Grundsätze der Berliner Ausländer- und Integrationspolitik festlegt, liegt die Zuständigkeit für Ausländer- und Asylrecht bei der > SENATSVERWALTUNG FÜR INNERES (> ASYLBEWERBER). In der dort angesiedelten sog. Härtefallkommission zur Lösung problematischer Einzelfälle ist die A. vertreten.

Zu den Aufgaben der A. zählen die Analyse und die Konzeption von Maßnahmen zum Abbau von Integrationshemmnissen im rechtlichen, administrativen und sozialen Bereich, die auf Dauer das friedliche Zusammenleben von Menschen verschiedener Herkunft, Nationalität und Religion gefährden. Der > SENAT VON BERLIN fördert mit einer Vielzahl integrationsspezifischer Maßnahmen die Eingliederung der Zuwanderer, um deren rechtliche und soziale Gleichstellung zu erreichen. Die A. koordiniert die Aktivitäten einzelner Senatsverwaltungen, die unter ihrem jeweiligen Fachaspekt auch für Ausländerangelegenheiten zuständig sind und Maßnahmen finanzieren und organisieren. Weitere Koordinationsstelle ist der „Senats-

ausschuß für Ausländerfragen", dessen Geschäftsführung bei der A. liegt, Vorsitzender ist der > REGIERENDE BÜRGERMEISTER VON BERLIN. Das Büro der A. ist direkte Anlaufstelle für Ratsuchende in integrations- und ausländerpolitischen sowie rechtlichen und sozialen Fragen. Ferner fördert die A. auf dem Gebiet der sozialen Integration von Zuwanderern tätige Organisationen, Initiativen und Selbsthilfegruppen. Bei der A. selbst ist eine Arbeitsgruppe für gewaltfreie, kulturübergreifende Verständigung angesiedelt, die Trainingskurse gegen Diskriminierung und Gewalt organisiert.

In der Öffentlichkeit wirbt die A. unter dem Motto „Miteinander leben" mit Werbekampagnen, Plakataktionen und Videoinformationsfilmen für Integration, Offenheit und Verständnisbereitschaft. Hintergrundinformationen liefern Broschüren, die über verschiedene Nationalitäten in Berlin informieren. Durch Kinderbuch- und Journalistenpreise, Fotowettbewerbe u.ä. fördert die A. Personen und Arbeiten, die sich in der Öffentlichkeit für Verständnisbereitschaft und Zusammenleben einsetzen. Jährliche Meinungsumfragen zu wechselnden Themen unter deutschen und ausländischen Berlinern dokumentieren die Fortschritte des Projekts „Miteinander leben".

Die A. arbeitet eng mit kommunalen Ausländerbeauftragten und -vertretungen, Verbänden, Organisationen, Initiativen sowie den > AUSLÄNDISCHEN VERTRETUNGEN in Berlin zusammen. Das 1981 durch Beschluß des Senats geschaffene Amt der A. umfaßte 1992 ca. 30 Mitarbeiter. Seit 1981 wird das Amt der A. von Barbara John (> CHRISTLICH-DEMOKRATISCHE UNION DEUTSCHLANDS [CDU]) ausgeübt.

Ausländische Vertretungen: Im Mai 1992 unterhielten 35 ausländische Staaten eine Außenstelle ihrer Bonner Botschaft sowie 30 Staaten eine berufskonsularische Vertretung in der Stadt. 29 weitere Staaten ließen sich durch Wahlkonsuln vertreten. Das in Berlin ansässige *Diplomatische Korps* umfaßte insg. ca. 430 akkreditierte Personen. Mit dem Umzug der Bundesregierung und des > BUNDESPRÄSIDENTEN in die > HAUPTSTADT werden auch die in Bonn ansässigen Botschaften ihren Sitz nach Berlin verlegen.

Auch schon vor der > VEREINIGUNG gab es zahlreiche A. in beiden Stadthälften. In der Zeit des > SONDERSTATUS 1945-90 erfolgte die Errichtung sowie die Bestellung und Zulassung der Leiter von konsularischen Vertretungen sowie der ihnen faktisch gleichgestellten > MILITÄRMISSIONEN in West-Berlin im Unterschied zu anderen westdeutschen Städten nicht von deutscher Seite, sondern durch die Behörden der > ALLIIERTEN. Das > AUSWÄRTIGE AMT der Bundesregierung wurde im Rahmen der außenpolitischen Interessenvertretung Berlins durch den Bund (> BINDUNGEN) über das Zulassungsverfahren von den alliierten Botschaften in Bonn informiert. In der Praxis genossen die konsularischen Vertretungen in Berlin die Vorrechte und Befreiungen nach dem Wiener Übereinkommen über konsularische Beziehungen von 1963 und den darauf beruhenden deutschen Gesetzen.

Einen anderen Status hatten die Behörden der Besatzungsmächte. Die Vertretungen der > ALLIIERTEN einschließlich der Konsularabteilungen der USA, Frankreichs und Großbritanniens waren Organe der aus eigenem Recht handelnden Inhaber der Obersten Gewalt und bedurften keiner Zulassung.

Das im Rahmen des > VIER-MÄCHTE-ABKOMMENS von 1971 errichtete *Generalkonsulat der UdSSR* in den Westsektoren (Reichensteiner Weg 34-36 im Bezirk > ZEHLENDORF) war hingegen nicht Teil einer Besatzungsbehörde. Seine Tätigkeit war ausdrücklich auf konsularische Aufgaben beschränkt, ohne politische sowie mit den Rechten und Verantwortlichkeiten der Vier Mächte zusammenhängende Angelegenheiten zu umfassen. Diese Angelegenheiten nahm ausschließlich der Botschafter der Sowjetunion bei der DDR wahr (> SOWJETISCHE KONTROLLKOMMISSION), der in diesem Fall auch die Zulassungsanträge stellte. Im Zuge der > VEREINIGUNG Deutschlands wurde die Einrichtung am 3.9.1990 zur Konsularabteilung der Berliner Außenstelle der sowjetischen bzw. der russischen Botschaft (in Bonn) an der Straße > UNTER DEN LINDEN im Bezirk > MITTE umgewandelt (> GENERALKONSULAT DER RUSSISCHEN FÖDERATION).

In Ost-Berlin wurden die ersten A. unmittelbar nach der Gründung der DDR am 7.10. 1949 – zunächst als Gesandtschaften – errichtet, da hier die Regierungsbehörden der DDR ihren Sitz hatten. Der Kreis der Vertretungen, ab 1953 als Botschaften bezeichnet, war zunächst auf die Ostblockstaaten beschränkt. Ab 1969 wurde die DDR auch von einigen nichtpaktgebundenen Staaten anerkannt. Nach dem Abschluß des deutsch-deutschen > GRUNDLAGENVERTRAGS 1972 errichteten dann

alle interessierten Staaten Botschaften in Ost-Berlin. Die 1974 eröffnete > STÄNDIGE VERTRETUNG DER BUNDESREPUBLIK DEUTSCHLAND war indes keine Botschaft im diplomatischen Sinne, da die DDR für die Bundesrepublik kein Ausland war.

Für die drei Westmächte kam es bei der Aufnahme diplomatischer Beziehungen mit der DDR aufgrund des nach ihrem Rechtsverständnis fortgeltenden Sonderstatus für die Gesamtstadt maßgeblich darauf an, den Status von Berlin (Ost) als nichtkonstitutivem Teil der DDR unberührt zu lassen. Die Westmächte wiesen deshalb ausdrücklich darauf hin, daß ihre Botschaften am „Regierungssitz" der DDR eröffnet wurden, ohne damit den Status des Berliner Gebiets zu tangieren und wählten die Amtsbezeichnung Botschaft „bei" der DDR. Ferner vereinbarten sie mit der DDR gesondert die Anwendung der Wiener Konvention über diplomatische Beziehungen vom 18.4.1961, deren Geltung in Ost-Berlin sie wegen des besonderen Status von > GROSS-BERLIN nicht ohne weiteres anerkannten. Wegen des nach alliiertem Recht geltenden Gebots der > ENTMILITARISIERUNG entzogen sich die drei Botschafter bei der Übergabe der Beglaubigungsschreiben der international üblichen militärischen Ehrenbezeugung (durch die Nationale Volksarmee). Stattdessen führte das – als Polizeieinheit gewertete – *Wachregiment „Feliks Dzierzynski"* des > STAATSSICHERHEITSDIENSTES DER DDR die Zeremonie durch. Aus dem gleichen Grund entsandten die Drei Mächte auch keine Militärattachés an ihre Botschaften. Unbeschadet der Verwahrungen und Vorbehalte nahmen die drei westlichen Botschaften jedoch die üblichen Aufgaben einer diplomatischen Vertretung wahr, allerdings ohne die mit den Vier-Mächte-Rechten und -Verantwortlichkeiten zusammenhängenden Angelegenheiten, die den Botschaftern der Westmächte in Bonn und ihren Mitarbeitern in Berlin vorbehalten blieben (> ALLIIERTE HOHE KOMMISSION).

Die Botschafter aller Staaten waren beim Staatsratsvorsitzenden der DDR akkreditiert (> STAATSRATSGEBÄUDE). Der Amtsverkehr lief über das Ministerium für Auswärtige Angelegenheiten der DDR. Sofern sie nicht zu den vier Siegermächten gehörten, genossen die bei der DDR akkreditierten Diplomaten in den Westsektoren keine Vorrechte und Befreiungen, außer bei der dienstlichen An- und Abreise.

Mit dem Beitritt der DDR zur Bundesrepublik am > 3. OKTOBER 1990 endeten die diplomatischen Beziehungen, die die DDR zu 135 Staaten oder von ihr als vergleichbar eingestuften Organisationen unterhalten hatte. Zuletzt waren in Berlin (Ost) 74 Staaten und zwei Befreiungsbewegungen mit Botschaften vertreten. Gleichzeitig entfielen sämtliche statusrechtlich begründeten Besonderheiten. Etliche Staaten führen seitdem ihre ehem. Ost-Berliner Botschaften als Generalkonsulate oder als Außenstellen ihrer Bonner Botschaften weiter.
Außenstellen der Botschaften: 1. Ägypten; 2. Algerien; 3. Amerika, Vereinigte Staaten von; 4. Äthiopien; 5. Belgien; 6. Bulgarien; 7. China; 8. Frankreich; 9. Ghana; 10. Großbritannien; 11. Guinea; 12. Indien; 13. Irak; 14. Jemen; 15. Kongo; 16. Kuba; 17. Libanon; 18. Marokko; 19. Mongolei; 20. Mosambik; 21. Nicaragua; 22. Niederlande; 23. Pakistan; 24. Philippinen; 25. Polen; 26. Portugal; 27. Rumänien; 28. Uruguay; 29. Venezuela; 30. Russische Föderation; 31. Südafrika; 32. Syrien; 33. Tschechoslowakei; 34. Ungarn; 35. Vietnam.

Generalkonsulate: 1. Afghanistan; 2. Angola; 3. Argentinien; 4. Australien; 5. Brasilien; 6. Chile; 7. Dänemark; 8. Ecuador; 9. Finnland; 10. Griechenland; 11. Guinea-Bissau; 12. Indonesien; 13. Iran; 14. Israel; 15. Italien; 16. Japan; 17. Kanada; 18. Kolumbien; 19. Korea; 20. Mexiko; 21. Nigeria; 22. Norwegen; 23. Österreich; 24. Peru; 25. Schweden; 26. Schweiz; 27. Spanien; 28. Thailand; 29. Tunesien; 30. Türkei.
Honorarkonsulate: 1. Barbados; 2. Benin; 3. Burkina Faso; 4. Burundi; 5. Costa Rica; 6. Dominikanische Republik; 7. El Salvador; 8. Gabun; 9. Gambia; 10. Haiti; 12. Honduras; 13. Irland; 14. Island; 15. Jamaika; 16. Jordanien; 17. Liberia; 18. Luxemburg; 19. Madagaskar; 20. Malaysia; 21. Malta; 22. Monaco; 23. Nepal; 24. Niger; 25. San Marino; 26. Senegal; 27. Togo; 28. Zentralafrika; 29. Zypern.
Sonstige Vertretungen: 1. Jugoslawien.

Außenhandel: Das > STATISTISCHE LANDESAMT BERLIN legte erstmals für 1991 für beide Teile Berlins die Statistik des A. vor. Demzufolge exportierte die Berliner > WIRTSCHAFT Waren

	Einfuhr [1]			Ausfuhr [2]		
	West-Berlin	Bund	West-Berlin in % des Bundesgebietes	West-Berlin	Bund	West-Berlin in % des Bundesgebietes
	in Mio. DM			in Mio. DM		
1970	1.725	111.023	1,55	2.434	125.276	1,94
1975	2.628	190.334	1,38	3.930	221.589	1,77
1980	4.386	350.590	1,25	5.314	350.328	1,52
1981	4.478	379.512	1,18	6.035	396.898	1,52
1982	4.875	385.588	1,26	6.587	427.741	1,54
1983	5.430	398.576	1,36	7.172	432.281	1,66
1984	6.645	445.225	1,49	8.022	488.223	1,64
1985	7.900	475.201	1,66	9.915	537.164	1,85
1986	7.511	424.000	1,77	9.483	526.363	1,80
1987	7.248	419.076	1,73	9.017	527.377	1,71
1988	7.473	449.373	1,66	9.298	567.654	1,64
1989	8.244	518.944	1,59	10.627	641.342	1,66
1990	9.138	561.925	1,63	10.372	642.785	1,61
1991	9.873	· [3]	·	11.507	·	·

Außenhandel West-Berlins und des Bundesgebietes 1970 bis 1991

[1] Generalhandel
[2] Spezialhandel
[3] · = entsprechende Angaben liegen nicht vor

im Wert von 14,1 Mrd. DM und führte für 11,6 Mrd. DM Güter ein. Schwerpunkt des Exportgeschäfts war die Ausfuhr von Enderzeugnissen (10,3 Mrd. DM). Bei den Importen dominierten ebenfalls die Enderzeugnisse. Etwa ein Fünftel der Exporte erbrachten Ost-Berliner Betriebe, bei den Im-

West-Berliner Industrieprodukte in das Gebiet der heutigen DDR geliefert, 1950 waren es nur noch 2 %. Mit dem Wiederaufbau der West-Berliner Wirtschaft gewann der A., also der Warenaustausch mit dem Ausland ohne DDR, zunehmend an Bedeutung. 1947 wurden erstmals West-Berliner Produkte – mit

Außenhandel West-Berlins nach Erdteilen und Ländergruppen 1990

Erdteil Ländergruppe	Ausfuhr		Einfuhr	
	Mio. DM	%	Mio. DM	%
Europa	8.054,1	75,1	6.405,0	70,1
Afrika	307,2	2,9	489,8	5,4
Amerika	735,6	6,9	996,5	10,9
Asien	1.485,4	13,8	1.197,3	13,1
Australien und Ozeanien	148,2	1,4	49,2	0,5
Nicht zuordenbare Länder[1]	1,0	0,0	0,0	–
Industrialisierte westliche Länder	8.982,0	83,7	6.657,3	72,9
EG-Länder	5.914,3	55,1	4.062,1	44,5
Andere europäische Länder	1.715,6	16,0	1.445,7	15,8
Vereinigte Staaten von Amerika und Kanada	492,9	4,6	537,6	5,9
Übrige Länder	859,3	8,0	611,9	6,7
Staatshandelsländer	491,2	4,6	995,8	10,9
Europa	424,3	4,0	897,2	9,8
Asien	66,9	0,6	98,6	1,1
Entwicklungsländer	1.257,3	11,7	1.484,9	16,2
Afrika	179,1	1,7	485,5	5,3
Amerika	242,7	2,3	459,0	5,0
Asien	834,3	7,8	499,2	5,5
Ozeanien	1,3	0,0	41,1	0,5
OPEC-Länder	358,1	3,3	88,5	1,0
Übrige Entwicklungsländer	899,2	8,4	1.396,4	15,3
Insgesamt	**10.731,5**	**100**	**9.137,9**	**100**

[1] darunter Schiffsbedarf: 785,3 (in 1.000 DM)

porten lag ihr Anteil bei 15 %.
Die Außenhandelsorientierung ist – wie auch die zwischen West- und Ost-Deutschland insg. – noch sehr unterschiedlich. So verlor die westliche Stadthälfte mit dem Ende des II. Weltkriegs nicht nur ihre Funktion als > HAUPTSTADT und überregionales Dienstleistungszentrum, sondern auch wichtige Bezugs- und Absatzmärkte im Umland: 1936 wurden bspw. noch gut zwei Drittel aller

alliierter Bestätigung – exportiert. Allerdings blieb in den folgenden Jahren bis zur Beendigung der > BLOCKADE das Außenhandelsvolumen noch gering. Bis 1952 war die Außenhandelsbilanz West-Berlins negativ, seitdem überstiegen die Exporte das Volumen der Importe.
Die Berliner *Einfuhren* erreichten 1991 nominal einen Wert von 9,9 Mrd. DM und lagen damit um das Sechsfache über den Importen

des Jahres 1970. In diesem Zeitraum expandierten die Exporte um das Fünffache auf 11,5 Mrd. DM. Der A. des Bundesgebiets wies bis zu Beginn der 80er Jahre eine expansivere Entwicklung auf. Dementsprechend verringerte sich der Anteil der West-Berliner Importe an allen bundesdeutschen Importen einheitlicher als in West-Berlin. Der starke Anstieg seit 1982 ist in West-Berlin nicht zu beobachten, hier ging der Saldo in den letzten Jahren sogar zurück.

Der A. West-Berlins konzentrierte sich vornehmlich und in zunehmendem Maße auf die Länder der > EUROPÄISCHEN GEMEINSCHAF-

Außenhandel Berlins 1991 nach ausgewählten Warengruppen und -untergruppen			
Warengruppe Warenuntergruppe	Berlin (West) 1991 Mio. DM	Berlin (Ost) 1991 Mio. DM	Berlin 1991 Mio. DM
Ausfuhr	**11.507,0**	**2.564,4**	**14.071,5**
Lebende Tiere	0,1	37,8	37,9
Nahrungsmittel	938,7	836,6	1.775,2
Tierischen Ursprungs	298,6	668,7	967,2
Pflanzlichen Ursprungs	640,1	167,9	808,0
Genußmittel	334,7	23,1	357,8
Rohstoffe	62,3	14,4	76,7
Halbwaren	234,2	591,0	825,2
Vorerzeugnisse	632,5	46,5	679,0
Enderzeugnisse darunter:	9.304,6	1.015,0	10.319,6
Elektrotechnische Erzeugnisse	3.110,1	334,3	3.444,3
Maschinenbauerzeugnisse	2.702,1	233,3	2.935,4
Einfuhr	**9.872,7**	**1.690,4**	**11.563,1**
Lebende Tiere	3,6	0,7	4,3
Nahrungsmittel	1.467,3	91,0	1.558,2
Tierischen Ursprungs	301,2	7,9	309,1
Pflanzlichen Ursprungs	1.166,0	83,1	1.249,2
Genußmittel	493,7	8,9	502,6
Rohstoffe	136,1	41,3	177,4
Halbwaren	791,0	268,1	1.059,1
Vorerzeugnisse	1.273,6	130,1	1.403,7
Enderzeugnisse darunter:	5.707,5	1.150,4	6.857,9
Elektrotechnische Erzeugnisse	1.320,9	98,5	1.419,4
Maschinenbauerzeugnisse	1.366,1	168,5	1.534,6

Quelle: DIW.

auf 1,5 % (1981), der der Exporte auf 1,2 % (1981). Seitdem nimmt der Anteil West-Berlins jedoch wieder ständig zu.

Per Saldo erzielte die West-Berliner Wirtschaft zuletzt einen Überschuß von 1,6 Mrd. DM, 1970 waren es noch 709 Mio. DM. Die Entwicklung der Außenhandelssalden verlief im Bundesgebiet – teilweise bedingt durch den größeren Einfluß von Rohölpreiserhöhungen – in den 70er Jahren weitaus un- TEN (EG). 1990 erreichte der Anteil dieser Länder am Import 45 %, bei den Ausfuhren waren es 55 %. Im Bundesgebiet war der Importanteil deutlich höher, derjenige der Exporte etwa gleich groß. Zweitwichtigster Handelspartner sind die anderen westeuropäischen Staaten. 1980 war Berlin noch deutlich schwächer mit der EG-Wirtschaft verflochten, die Importe und Exporte erreichten jeweils nur 38 % des gesamten Volumens.

Im Handel mit den westlichen Industriestaaten sowie mit Asien erzielte die Berliner Wirtschaft einen Außenhandelsüberschuß, während gegenüber den Entwicklungsländern in Afrika und Amerika die Einfuhren überwogen. Ein negativer Handelssaldo bestand v.a. mit den Staaten, die pflanzliche Rohstoffe für die in Berlin überdurchschnittlich stark vertretene Ernährungsindustrie lieferten. So entfallen knapp zwei Drittel der Importe aus Afrika und Amerika auf Kakao (u.a. von der Elfenbeinküste) und Kaffee (u.a. aus Kolumbien, Brasilien).

Die Ausfuhren bestanden 1990 zu 87 % aus Fertigwaren, zu gut einem Viertel aus elektrotechnischen Erzeugnissen, zu 16 % aus Büromaschinen und zu 14 % aus pharmazeutischen Erzeugnissen. Elektrotechnische Erzeugnisse wurden in alle Erdteile verschickt, pharmazeutische Produkte v.a. nach Europa und Japan. Die Büromaschinenexporte gehen hauptsächlich in europäische Länder.

Das hohe Ausfuhrvolumen von Investitionsgütern schlägt sich in den Exportquoten des verarbeitenden Gewerbes nieder. So wurde in der chemischen Industrie und im Maschinenbau etwa ein Drittel des Umsatzes mit ausländischen Geschäftspartnern getätigt, allerdings nur gut ein Zehntel des Umsatzes in der elektrotechnischen Industrie. Die Außenorientierung der Berliner Industrie ist jedoch deutlich höher, da zum einen diese Statistik die Exporte von Berliner Produkten über westdeutsche Händler nicht erfaßt (1982 waren dies knapp ein Fünftel), und zum anderen nur die verkaufte Ware, nicht jedoch firmeninterne Lieferungen an westdeutsche oder ausländische Betriebsteile berücksichtigt werden.

In den aktuellen Angaben zur Ausfuhr in den östlichen Stadtbezirken kommt noch die starke Orientierung auf den osteuropäischen Wirtschaftsraum zum Ausdruck. Güter im Wert von 1,8 Mrd. DM, dies sind rd. 70 % aller Exporte, wurden in die ehem. Staatshandelsländer geliefert, darunter 1,4 Mrd. DM allein in die ehem. Sowjetunion. Vielfach bestehen noch überzogene Hoffnungen, die ehem. Geschäftsbeziehungen nutzen zu können. Wahrscheinlich ist aber, daß die Exporte der Ost-Berliner Wirtschaft weiter sinken, einmal weil die Kaufkraft Osteuropas zurückgeht, zum anderen weil dem Unternehmer noch nicht der Einstieg in westliche Absatzmärkte gelungen ist.

Ausstellungs-Messe-Kongress GmbH (AMK Berlin): Die 1970 gegründete AMK mit Sitz am Messedamm 22 auf dem > AUSSTELLUNGS- UND MESSEGELÄNDE AM FUNKTURM im Bezirk > CHARLOTTENBURG ist der wichtigste Veranstalter bzw. Organisator von *Messen und Kongressen* in Berlin und einer der sechs bedeutendsten in der Bundesrepublik Deutschland. Zu ihren Aufgaben gehören die Organisation und Durchführung von Messen und Ausstellungen im In- und Ausland. Darüber hinaus ist sie mit der Planung und Durchführung von Sport-, Unterhaltungs- und Kulturveranstaltungen betraut.

1992 führt die AMK 13 eigene Messen durch. In jährlichem Rhythmus veranstaltet sie die > INTERNATIONALE GRÜNE WOCHE BERLIN, eine marktorientierte Leistungsschau für Ernährungs- und Landwirtschaft sowie Gartenbau, die > INTERNATIONALE TOURISMUS-BÖRSE *(ITB BERLIN)* als weltweit größte Messe des Tourismusgewerbes, die v.a. das Exportgüterangebot überseeischer Entwicklungsländer (> ENTWICKLUNGSPOLITIK) anbietende > IMPORT-MESSE „PARTNER DES FORTSCHRITTS", die sich 1990 auch für Unternehmer aus Mittel-, Ost- und Südosteuropa geöffnet hat, sowie die > AAA – AUTO-AUSSTELLUNG BERLIN.

Weitere Messen der AMK sind die alle zwei Jahre veranstaltete, weltweit größte Messe für Unterhaltungselektronik, die > INTERNATIONALE FUNKAUSSTELLUNG BERLIN (IFA) und seit 1984 die im Zwei-Jahres-Turnus durchgeführte *ShowTech Berlin – Internationale Fachmesse mit Kongreß für Veranstaltungstechnik, Bühnentechnik, Ausstattung und Organisation.* Ferner werden seit 1981 alle vier Jahre die *IFW – Internationale Industriemesse für Wasserversorgung und Gewässerschutz* in Verbindung mit dem Kongreß > WASSER BERLIN veranstaltet. Seit 1991 werden ferner die aufgrund der veränderten politischen Situation und der damit verbundenen neuen Marktsituation in einem wasserreichen Umland wieder ins Programm aufgenommene *Internationale BootsAusstellung Berlin* und ebenfalls seit 1991 die *FAGANA – Fachmesse für Gastronomie und Nahrungsmittelgewerbe* sowie die *SHK – Fachausstellung für Sanitär – Heizung – Klempner – Klima* durchgeführt. Eine weitere wichtige Messe ist die > BAUTECH, die zweijährlich stattfindet und seit ihrem großen Erfolg 1992 zu den wichtigsten Baufachmessen Europas zählt. Darüber hinaus wurden im Mai 1992 die *iba – Internationale Bäckerei-Fachausstellung Berlin* und auf dem > FLUGHAFEN

Schönefeld im Juni die *ILA Berlin-Branden-burg, Internationale Luft- und Raumfahrtaus-stellung* erstmals nach 60 Jahren im Raum Berlin durchgeführt.

Neben den Berliner Veranstaltungen organi-siert die AMK seit 1972 auch Messebetei-ligungen der deutschen Industrie im Aus-land. Im Rahmen dieser Aufgabenstellung betreute sie 1991 insg. 30 Projekte und Betei-ligungen an *Auslandsmessen*, davon 18 im eu-ropäischen Ausland und in Übersee mit ei-nem Jahresumsatz von ca. 30 Mio. DM. Wich-tigste Auftraggeber sind der > BUNDESMINISTER FÜR WIRTSCHAFT sowie der > BUNDESMINISTER FÜR ERNÄHRUNG, LANDWIRTSCHAFT UND FORSTEN, die Gemeinschaftspräsentationen deutscher Unternehmen auf ausländischen Messen je-des Jahr mit über 30 Mio. DM fördern. Zu-sätzlich erhält die AMK geförderte Aufträge für Messebeteiligungen der Berliner Indu-strie vom > SENAT VON BERLIN.

Seit 1990 ist die AMK Berlin außerdem Part-ner der Stadt Frankfurt/O. Im Jahr 1992 sind dort acht Messen für die Region und das be-nachbarte Polen geplant. Ergänzt wird das Engagement in Brandenburg durch eine zum zweiten Mal durchgeführte Ausstellung von Landmaschinen und Zuchtvieh in Paaren/ Glien im Kreis Nauen. Zu den wichtigsten Sport- und Unterhaltungsveranstaltungen, die im Jahresrhythmus in der > DEUTSCHLAND-HALLE durchgeführt werden, gehört das je-weils im November (erstmals nach dem Krieg 1958) veranstaltete > INTERNATIONALE REIT- UND SPRINGTURNIER (CHI), die seit 1958 veranstaltete Zirkusschau *Menschen – Tiere – Sensationen*, eine Eigenveranstaltung der AMK, die jeweils im Dezember stattfindet, die seit 1959 durchgeführte Eisrevue *Holiday on Ice* im Februar und das im Januar von dem Sportverein > HERTHA BSC E.V. ausgetragene *Internationale Hallenfußball Turnier*.

Die AMK betreibt mit dem Ausstellungs- und Messegelände, dem > FUNKTURM, dem benachbarten > INTERNATIONALEN CONGRESS CENTRUM BERLIN (ICC BERLIN) sowie der Deutschlandhalle und der > EISSPORTHALLE JAFFÉSTRASSE die größte Messe- und Kongreß-stätte Berlins. Auch das *Film-Messezentrum* in der Budapester Str. 44-50 am > BREITSCHEID-PLATZ fällt in die Verantwortung der AMK. Es ist mit seinen Studios und Ausstellungs-räumen insbes. zu den alljährlichen > INTER-NATIONALEN FILMFESTSPIELEN BERLIN eine vielsei-tig nutzbare Kommunikations- und Arbeits-stätte. Schließlich gehört zu der Gesellschaft

auch die AMK Gastronomie GmbH (AGG) am Messedamm 11, die unter dem Manage-ment der Kempinski Congress GmbH die ga-stronomische Versorgung während der Ver-anstaltungen sicherstellt, und außerdem das Funkturm-Restaurant sowie das Pullman-Re-staurant im ICC Berlin betreibt.

Das Stammkapital der AMK GmbH halten zu 98,8 % das Land Berlin, vertreten durch die > SENATSVERWALTUNG FÜR WIRTSCHAFT UND TECH-NOLOGIE, zu 0,7 % die > INDUSTRIE- UND HAN-DELSKAMMER ZU BERLIN, zu 0,3 % die > BAO BERLIN – MARKETING SERVICE GMBH und zu je 0,1 % der Verband der Berliner Elektroin-dustrie e.V. sowie der Wirtschaftsverband Ei-sen-, Maschinen- und Apparatebau e.V. – WEMA.

1991 lag der Umsatz der AMK bei 188,9 Mio. DM, wobei 124 Mio. DM auf die Messen, 26,5 Mio. DM auf die Kongresse und 12,5 Mio. DM auf den Bereich Sport und Show entfie-len. Seit 1992 ist die AMK kein institutio-neller Zuwendungsempfänger mehr, nach-dem die Zuwendungen des Landes Berlin bereits 1991 um 10,3 Mio. DM auf 4,8 Mio. DM reduziert werden konnten. Die elf Eigenver-anstaltungen der insg. 40 1991 auf dem Messegelände durchgeführten Messen und Ausstellungen zählten 1,475 Mio., die 445 Kongresse 250.000 und die mehr als 400 Sport- und Show-Veranstaltungen 991.500 Besucher.

Die AMK geht auf die 1923 gegründete „Gemeinnützige Berliner Messe-Aufbau-Ge-sellschaft" zurück. Nach dem II. Weltkrieg führte zunächst der städtische > EIGENBETRIEB „Berliner Ausstellungen" deren Arbeit fort. 1964 wurde daneben der „ADB – Ausstel-lungs-Dienst Berlin" ins Leben gerufen, an dessen Stelle 1970 die AMK trat. Aufgabe der neuen GmbH war es, auf dem hart um-kämpften internationalen Messe- und Kongreßmarkt flexibel auf aktuelle Entwick-lungen reagieren zu können. Dennoch brach-te erst die Fusion mit den „Berliner Ausstel-lungen" 1977 die nötige Konzentration der Berliner Messekräfte.

Durch den Fall der > MAUER am > 9. NOVEM-BER 1989 und die > VEREINIGUNG am 3. OKTO-BER 1990 gewann der Messestandort Berlin eine neue Qualität. Bereits in den Jahren 1990-92 zeigte sich am gewachsenen Interes-se und Zuspruch der eingeführten Veranstal-tungen sowie an der Ergänzung des Pro-grammes und der Ausweitung des Tätig-keitsfeldes auf die neuen Märkte, daß die

AMK künftig als einer der Mittler zwischen Ost und West fungieren wird. Die AMK erwartet, daß sich der Trend steigender Aussteller- und Besucherzahlen mit der Konsolidierung der Osteuropäischen Staaten mittelfristig fortsetzt. Um den Bedürfnissen der Aussteller und Besucher auch in Zukunft gerecht zu werden, wird das Messegelände zum Mai 1992 auf 100.000 m² Hallenfläche erweitert. Die weitere Kapazitätsplanung sieht den stufenweisen Ausbau auf ca. 140.000 m² bis 1996 und auf 181.500 m² bis zum Jahr 2000 vor.

Ausstellungs- und Messegelände am Funkturm: Das von der > AUSSTELLUNGS-MESSE-KONGRESS-GMBH (AMK BERLIN) betriebene A. im Bezirk > CHARLOTTENBURG befindet sich im Eigentum des Landes Berlin. Zusammen mit

Masurenallee, Messedamm und Jafféstr. umfaßte im April 1992 insg. 25 ein- und zweigeschossige Ausstellungshallen mit 83.500 m² Ausstellungsfläche. Nach Errichtung einer weiteren Halle 1992 wird die Ausstellungsfläche ca. 100.000 m² betragen. Das Freigelände mit dem Sommergarten mißt ca. 45.000 m².

Die ersten Messehallen waren 1914 und 1924 nach Plänen von Alfred Richter und Johann Emil Schaus errichtet worden. Sie befanden sich jedoch nicht auf dem heutigen A., sondern in unmittelbarer Nähe auf dem Gelände des jetzigen Zentralen Omnibusbahnhofs. Als erste Halle auf dem heutigen Gelände wurde 1924 gleichzeitig mit dem unmittelbar benachbarten Funkturm die Holzkonstruktion „Halle der deutschen Funkindustrie" nach Plänen von Heinrich Straumer errichtet.

Ausstellungs- und Messegelände am Funkturm

dem benachbarten > INTERNATIONALEN CONGRESS CENTRUM BERLIN (ICC BERLIN) ist es der größte Veranstaltungsort von Messen und Kongressen in Berlin. Jährlich finden dort etwa 40 Messen und Ausstellungen statt, die 1991 von insg. rd. 1,7 Mio. Personen besucht wurden. Das vom > FUNKTURM überragte, insg. 390.000 m² große Gelände zwischen

1928 entstand nördlich davon die Halle „Funkeck" von Julian Ballenstedt.

Im gleichen Jahr erarbeiteten Hans Poelzig und Martin Wagner einen Entwurf für die Gesamtanlage mit einem Erholungs- und Freizeitbereich, nach der sich die zu errichtenden Hallen zu einem Ring schließen sollten, um den Besuchern bei schlechtem Wetter einen „trockenen Rundgang" zu ermöglichen. Ein großer Zentralbau sollte mit dem gegenüberliegenden > HAUS DES RUNDFUNKS eine städtebaulich korrespondierende Einheit bilden. Von den Planungen kamen 1929/30 lediglich die Bauten auf dem Gelände der heutigen Hallen 12 und 17 sowie die „Casinohalle" (Gelände der Halle 11) und der *Sommergarten* zur Ausführung. Letzterer entstand 1931 anläßlich der Deutschen Bauausstellung nach Plänen des Gartenbaudirektors Ludwig Lesser. Das abgesenkte Oval wird vielfach für Konzerte und andere Veranstaltungen genutzt. Seit 1981 beherbergt er den *Skulpturengarten* mit Skulpturen von 23 zeitgenössischen Berliner Künstlern. Die ausgestellten Arbeiten vermitteln einen Überblick über die Berliner Bildhauerei Ende der 70er, Anfang der 80er Jahre.

Die erste große Ausbaustufe des A. erfolgte Mitte der 30er Jahre, als die Anlage durch die Bauten von Richard Ermisch ihr charakteristisches Gepräge erhielt. Nach seinen Plänen wurde 1935/36 am Standort der 1935 durch einen Brand zerstörten Halle von Heinrich Straumer als Stahlskelettbau die „Gläserne Galerie" (heute Hallen 14 und 15) errichtet. Des weiteren entstanden die beiden noch als Originalbauten erhaltenen Rundhallen am Messedamm (heute Halle 13 und 16). 1936 wurde nach Ermischs Plänen auch die gewaltige Hallengruppe an der Masurenallee errichtet, die sich aus der 35 m hohen „Ehrenhalle" (heute Halle 19) als herausragendem Mitteltrakt und zwei links und rechts anschließenden, je 102 m langen Seitenhallen (heute Hallen 18 und 20) zusammensetzt.

Im II. Weltkrieg wurde ein erheblicher Teil der Messehallen zerstört – u.a. die Wagner-Poelzig-Bauten mit Ausnahme des „Casinos" sowie der „Ehrenhalle". 1950 erbauten die Architekten Alfred Roth, Franz Heinrich Sobotka und Gustav Müller – rechtzeitig zur 1. > DEUTSCHEN INDUSTRIEAUSSTELLUNG – fünf Hallen auf dem Gelände der heutigen Hallen 9 und 8 bzw. 21-25 sowie mehrere Pavillonbauten südlich des Sommergartens mit rd. 37.000 m² Ausstellungsfläche. 1950 entstand inmitten des Messegeländes das „Marshall-Haus" (Halle A) nach Plänen von Bruno Grimmek, der 1957 auch die Schwermaschinenhalle an der Jafféstr. (Halle 25) baute. 1971 wurden die Hallen 2-6 und 1976 Halle 7 des Architekten Harald Franke ihrer Bestimmung übergeben. Erst mit dieser letzten Lückenschließung konnte der große Rund-

gang verwirklicht werden. 1978 wurde durch den Bau der Hallen 14 und 15 das ICC mit einer zweigeschossigen Fußgängerbrücke angeschlossen.

Gleichfalls ab 1978 erfolgte durch die Architekten Bernd Kühn, Hans-Ulrich Bergander und Jochen Bley die Neugestaltung der Hallen 7-11 sowie 17 als durchgehender zweigeschossiger Hallenzug (Zentrale Achse) nach Abriß eines Teils der Vorgängerbauten. Mit der Fertigstellung der Verbindungsbauten zwischen kleinem und großem Hallenring (um den Funkturm bzw. um den Sommergarten) – „Kleiner Stern" (1987) und „Großer Stern" (1988) – waren die Arbeiten an den Gebäuden der zentralen Achse abgeschlossen.

Erweiterungsmaßnahmen nach Plänen der Architekten Klaus Hendel und Horst Haseloff an den Hallen 21, 22 und 23 haben 1991 die zur Verfügung stehende Hallenfläche um 11.500 m² auf insg. 83.500 m² vergrößert.

In der Diskussion befindet sich ein Sofortprogramm für den Bau von zwei weiteren Großhallen beim jetzigen Hallenbereich 2, 3 und 4 an der Jafféstraße, das v.a. dem nach der > VEREINIGUNG stark gestiegenen Platzbedarf der > INTERNATIONALEN FUNKAUSSTELLUNG BERLIN, der > INTERNATIONALEN TOURISMUS-BÖRSE und der > INTERNATIONALEN GRÜNEN WOCHE BERLIN Rechnung tragen soll.

Auswärtiges Amt (AA): Die Dienststelle Berlin des AA wurde mit Wirkung vom > 3. OKTOBER 1990 aufgrund eines Organisationserlasses des Bundesministers des Auswärtigen errichtet. Sie ist z.Z. noch im Gebäude des ehem. Ministeriums für Auswärtige Angelegenheiten der DDR am > MARX-ENGELS-PLATZ 2 im Bezirk > MITTE untergebracht. Die Aufgabe der Dienststelle besteht nach der Abwicklung des Außenministeriums der DDR in der Wahrnehmung der Kontakte des AA zu den Dienststellen des Bundes in Berlin, dem > SENAT VON BERLIN und den Außenstellen ausländischer Botschaften sowie sonstigen Vertretungen (> AUSLÄNDISCHE VERTRETUNGEN). Das AA veranstaltet in Berlin außerdem Lehrgänge zur Ausbildung junger Diplomaten aus den mittel- und osteuropäischen Staaten. In Verbindung damit werden auch Teile der Ausbildung für den deutschen höheren auswärtigen Dienst hier durchgeführt. Als dem AA nachgeordnete Bundesbehörde hat das > DEUTSCHE ARCHÄOLOGISCHE INSTITUT in der Podbielskiallee 69 im

Bezirk > Zehlendorf seinen Sitz in Berlin.
Die Berliner Dienststelle des AA ist in einem
Gebäude im Stadtzentrum untergebracht,
das vor der > Vereinigung dem Außenministerium der DDR als Sitz diente. Der Bau zwischen Spreearm und > Friedrichswerderscher
Kirche südlich der Straße > Unter den Linden
wurde 1964-67 anstelle der 1832-36 von Karl
Friedrich Schinkel erbauten, im II. Weltkrieg
stark beschädigten > Bauakademie errichtet,
deren bereits in Wiederaufbau befindliche
Ruine eigens für diesen Zweck abgetragen
wurde. Der nach Plänen des Architekten-
kollektivs Josef Kaiser, Herbert Aust, Gerhard Lehmann und Lothar Kwasnitza errichtete, elfgeschossige Bau ist 44 m hoch und
145 m lang und mit einer plastischen Vor-
hangfassade aus kunststoffbeschichteten Alu-
miniumelementen verkleidet. Im Rahmen einer Neugestaltung des Bereichs um die
Spreeinsel wird der Bau nicht erhalten bleiben.

**Autobahnüberbauung Schlangenbader Stra-
ße:** Beim Bau des Stadtautobahnanschlusses
A 104 von > Steglitz an den Stadtring A 100
(> Bundesfernstrassen) wurde der neu entstehende Autobahnabschnitt 1976-81 parallel
zur Schlangenbader Straße auf einer Länge von
fast 500 m mit einem bis auf 14 Geschosse ansteigenden, 46 m hohen Terrassenhaus überbaut. Die Autobahntrasse ist in sieben
Kompartimente untergliedert, deren Gelenk-
punkte die hochaufragenden Treppentürme
bilden. Die Tunneleinfahrten werden von flachen Hauszeilen flankiert, die dem Schall-
schutz der angrenzenden Wohnbebauung
dienen sollen. Der von Gerhard Heinrichs
und Gerhard und Klaus Krebs entworfene,
aus Bundesforschungsmitteln geförderte
Baukomplex umfaßt knapp 2.200 Wohnungen. 20.000 m² der Geschoßfläche stehen für
Einzelhandelsgeschäfte und Dienstleistungseinrichtungen zur Verfügung.
Unabhängig von der unbestrittenen ver-
kehrstechnischen Entlastungsfunktion der
Trassenführung, war das Objekt in der Berliner Baugeschichte Anlaß heftiger Kontroversen. Während der Bauarbeiten wurde festgestellt, daß sich die Anlage aufgrund eines
vorher nicht entdeckten alten Teiches stetig
absenkte. Mit Hilfe einer nachträglichen
Stützung der Konstruktion durch 19 m tiefe
Wände, die mehr als 2.000 t Zement erforderten, konnte die gefährdete Statik gerettet
werden.

Avus: Die vom > Funkturm in > Charlottenburg nach > Nikolassee führende, knapp 10
km lange Automobil-Verkehrs- und Übungsstraße (Avus) ist das erste Teilstück des
Autobahnzubringers A 115 zum > Berliner
Ring A 10 (> Bundesfernstrassen). Sie entstand zwischen 1913 und 1921 als erste
kreuzungsfreie „Nur-Auto-Straße" der Welt
mit zwei getrennten Richtungsfahrbahnen.
Ihren Namen erhielt sie von der 1909 eigens
für dieses Projekt gegründeten „Automobil-
Verkehrs- und Übungsstraße GmbH". Die
Trasse folgte der 1879 eröffneten > Eisenbahn
nach Blankenheim in Hessen.
Gemäß den ersten Planungen war die A. als
gebührenpflichtige private Übungsstraße für
den allgemeinen Kraftverkehr projektiert.
Nach der durch den I. Weltkrieg verursachten Bauunterbrechung setzten die Gesellschafter aus wirtschaftlichen Gründen eine
Doppelnutzung als Verkehrs- und Renn-
strecke durch. Die beiden je 9,8 km langen
und 8 m breiten Geraden wurden durch eine
Nord- und eine Südkurve zu einer 19,6 km
langen Ringstrecke verbunden. In den Innenräumen der Kurven entstanden acht Tribünen für insg. 7.700 Zuschauer (1923 an den
Außenrand verlegt). Am 24.9.1921 wurde die
A. als erste Automobil-Rennstrecke Deutschlands (und damals größte der Welt) eröffnet.
Den Streckenrekord markiert Fritz v. Opel
mit einer Durchschnittsgeschwindigkeit von
128,84 km/h. Anschließend wurde die A. gegen Gebühr für den allgemeinen Verkehr
freigegeben.
1923 wurde am Hüttenweg eine neue Süd-
kehre gebaut, um die Strecke für Motorrad-
rennen auf 8,5 km verkürzen zu können. 1936
entstand die stark überhöhte Nordkurve
(Neigungswinkel 43,6 Grad, Radius 92,6 m).
An ihrem Auslauf wurde ein neues Verwaltungsgebäude mit Gaststätte und Beobachtungsturm errichtet, die heutige Raststät-
te A. Eine 1939 begonnene südliche Steilkurve zwischen km 7 und 8 blieb wegen des
Kriegsbeginns unvollendet. In den bereits
fertiggestellten Erdaufschüttungen liegt heute der amerikanische Schießplatz Keerans
Range. (> Alliierte)
Angesichts wachsender Geschwindigkeiten
wurde die – ursprünglich nicht als Renn-
strecke projektierte – A. jedoch bald zu eng
und zu gefährlich, so daß der Rennbetrieb –
auch in Folge einiger tödlicher Unfälle – bereits ab Mitte der 30er Jahre schrittweise eingestellt wurde. Letzter Höhepunkt war das

Eröffnungsrennen für die neue Steilkurve am 30.5.1937, in dem Hermann Lang mit einer Durchschnittsgeschwindigkeit von 261,648 km/h einen erst 1958 in Monza gebrochenen Weltrekord aufstellte. Nach dem Verkauf an das Deutsche Reich wurde die A. 1940 mit dem Berliner Ring verbunden und damit Teil des Reichsautobahnnetzes.

Nach dem II. Weltkrieg wurde der Rennbetrieb 1951 auf dem bis zum Hüttenweg reichenden 8,5 km langen Rundkurs wieder aufgenommen. Zwischen 1961 und 1974 fanden jährlich bis zu vier Motorsportveranstaltungen statt; seit 1975 ist die Anzahl auf zwei pro Jahr beschränkt. Der Anschluß an den Stadtring über das Autobahndreieck Funkturm erfolgte 1971. Die unfallträchtige nördliche Steilkurve wurde dabei durch eine flache Straßenführung ersetzt. 1972 wurde der Abschnitt bis Hüttenweg (der Rennteil) auf sechs Spuren ausgebaut.

Heute ist die A. ein wichtiges Bindeglied vom übergeordneten Autobahnnetz zum innerstädtischen Verkehrssystem (> STRASSEN; > VERKEHR) und die Hauptverbindung von der westlichen > CITY zu den Wohn- und Ausflugsgebieten im Südwesten der Stadt. Zum Schutz der Anwohner wurden 1988 und 1989 an zwei Stellen Lärmschutzwände errichtet (Nikolassee 300 m, Eichkamp 1.250 m; > UMWELTSCHUTZ). Steigende Unfallzahlen (1986: 77, 1987: 70, 1988: 108) und eine veränderte Prioritätensetzung in der Verkehrspolitik führten im Mai 1989 zu einer in der Stadt heftig umstrittenen Geschwindigkeitsbegrenzung auf 100 km/h.

B

Bach-Tage Berlin: Die B. sind eine Veranstaltungsreihe des Verbandes Deutscher Musikerzieher und Konzertierender Künstler (VDMK), Landesverband Berlin e.V. Sie finden seit 1970 jeweils in der ersten Juli-Woche statt und stehen unter einer vom Vorstand des VDMK berufenen und mit der > SENATSVERWALTUNG FÜR KULTURELLE ANGELEGENHEITEN (SENKULT) abgestimmten künstlerischen Leitung. Im Zentrum der B. steht das Werk des Komponisten Johann Sebastian Bach, der mehrfach Berlin besucht hat und dessen „Brandenburgische Konzerte" und „Musikalisches Opfer" mit der Stadt verknüpft sind. Neben Bach pflegen die B. auch die Werke seiner Söhne Wilhelm Friedemann, Carl Philipp Emanuel und Johann Christian, die in Berlin gelebt haben. Die B. veranstalten Konzerte und Vorträge mit einem thematischen Schwerpunkt und international herausragenden Ensembles und Solisten. Bei der Durchführung arbeitet der VDMK, der seinen Sitz in der Bismarckstr. 73 in > CHARLOTTENBURG hat, mit den Friedenauer Kammerkonzerten, dem > STAATLICHEN INSTITUT FÜR MUSIKFORSCHUNG, dem > RIAS BERLIN und dem > SENDER FREIES BERLIN (SFB) zusammen.
Die Veranstaltungen fanden zunächst an verschiedenen Orten statt, konzentrierten sich jedoch dann auf die Spielstätten am > KULTURFORUM TIERGARTEN, also die > PHILHARMONIE, den > KAMMERMUSIKSAAL, den Otto-Braun-Saal der > STAATSBIBLIOTHEK ZU BERLIN – PREUSSISCHER KULTURBESITZ, das Musikinstrumenten-Museum des Staatlichen Instituts für Musikforschung und die > ST.-MATTHÄUS-KIRCHE. Daneben finden Veranstaltungen ·auch im > SCHLOSS CHARLOTTENBURG und in verschiedenen Kirchen statt. Seit Öffnung der Mauer ist ein zweiter Schwerpunkt um den > GENDARMENMARKT im Bezirk > MITTE entstanden: > SCHAUSPIELHAUS, Apollo-Saal der > DEUTSCHEN STAATSOPER UNTER DEN LINDEN, > FRANZÖSISCHE FRIEDRICHSTADTKIRCHE und > ST.-HEDWIGS-KATHEDRALE. Finanziert werden die B. durch die SenKult. Daneben fördern die >

EVANGELISCHE KIRCHE sowie private Unternehmen die B.

Bäke: Die am Fichtenberg in > STEGLITZ (Straße Am Bäkequell) entspringende B. mündet nach ca. 20 km in den Griebnitzsee (> GRUNEWALDSEEN). Der Mündungsabschnitt heißt *Kohlhasengraben.* Als eigenständiges Fließgewässer existiert die B. nur auf ihren ersten rd. 900 m von der Quelle durch den Bäkepark, wo sie reguliert und durch ein Klärbecken geleitet wird. Danach wird der einer glazial angelegten Abflußrinne folgende Flußlauf der B. vom > TELTOWKANAL eingenommen. Von ihren seenartigen Ausweitungen ist nur noch der etwa 20 ha große *Machnower See* (bei Kleinmachnow, Kreis Potsdam) erhalten. Die beim Bau des Kanals 1901-06 trockengelegten Seen bei Schönow und Teltow haben an der Südgrenze des Bezirks > ZEHLENDORF sichtbare Spuren hinterlassen. Die Feuchtwiesen längs des Kanals sind Reste von Überflutungsflächen der B.

Bahnhof Friedrichstraße: Der B. an der > FRIEDRICHSTRASSE im Bezirk > MITTE ist einer der insg. acht Berliner Fernbahnhöfe (> EISENBAHN). Gleichzeitig ist er ein wichtiger Umsteigebahnhof im > ÖFFENTLICHEN PERSONENNAHVERKEHR von > S-BAHN, > U-BAHN, > STRASSENBAHN und > OMNIBUSLINIENVERKEHR.
Der B. wurde nach neunjähriger Bauzeit am 7.2.1882 für den sogenannten „Localverkehr" und am 15.5.1882 für den Vorort- und Fernverkehr als Station an der als Verbindungsbahn zwischen den Bahnhöfen > CHARLOTTENBURG und dem heutigen > HAUPTBAHNHOF gebauten > STADTBAHN eröffnet. Er entwickelte sich schnell zum innerstädtischen Verkehrsmittelpunkt, den täglich bis zu 700 Züge mit über 100.000 Fahrgästen passierten. 1924-26 wurde er vollkommen umgebaut. Er erhielt einen Fernbahnsteig zusätzlich.
Beim Bau der Nord-Süd-S-Bahn (heute befahren durch S1 und S2) erhielt der B. 1934-36 einen unterirdischen S-Bahnhof, der mit dem

bereits 1923 in Betrieb genommenen U-Bahn-hof Friedrichstr. der Linie Seestr. – Halle-sches Tor (heute U6) durch einen direkten Übergang für Fahrgäste verbunden wurde. Auch nach dem II. Weltkrieg behielt der B. seine Funktionen bei. 1959/60 wurde er im Zuge der Beseitigung von Kriegsschäden gründlich renoviert. Nach dem Mauerbau am > 13. AUGUST 1961 blieb der B. der einzige Übergang für Fern-, S- und U-Bahn-Reisende zwischen den beiden Teilen der Stadt und wurde zur Grenzübergangsstelle umgebaut. Für den oberirdischen S-Bahn-Verkehr auf der Stadtbahn wurde der F. in beiden Rich-tungen zum Kopfbahnhof. Es entstanden Abfertigungsanlagen im Innern des Gebäu-des und die große gläserne Abfertigungs-halle an der Nordseite. Für Fahrgäste auf den den Ost-Sektor unterquerenden West-Berli-ner U- und S-Bahn-Linien (U6, S1 und S2) blieben Teile des B. als Umsteigebahnhof ge-öffnet und konnten ohne Ausweiskontrolle betreten werden.

Im Zuge der > VEREINIGUNG wurden ab 1.7.1990 (der Tag der Währungsunion) der durchgehende S-Bahn-Verkehr auf der Stadt-bahn (heute S3, S5, S6, und S9) wiederherge-stellt und die Grenzkontrolleinrichtungen ab-gebaut. Die gläserne ehem. Abfertigungs-halle der Grenzübergangsstelle wurde von der > DEUTSCHEN REICHSBAHN (DR) an einen privaten Betreiber vermietet, der dort im De-zember 1991 unter dem Namen *Tränenpalast* (in Anspielung auf die bewegte Vergangen-heit des Gebäudes) eine kulturelle Veranstal-tungsstätte für 600-800 Personen eröffnete. Authentische Details der einstigen Ausstat-tung wie Hinweisschilder oder Überwa-chungskameras blieben dabei bewußt erhal-ten.

Nach dem von der DR und dem > SENAT VON BERLIN entwickelten Eisenbahnkonzept eines Achsenkreuzes mit dem Neubau des > LEHR-TER BAHNHOFS als großem Umsteigebahnhof am Kreuzungspunkt der Achsen, soll der B. auf die Funktion eines Regionalbahnhofs re-duziert werden.

Bahnhof Lichtenberg: Der B. südlich der > FRANKFURTER ALLEE an der Weitlingstr. im Be-zirk > LICHTENBERG ist einer der insg. sieben Fernbahnhöfe Berlins. Gleichzeitig dient er als Regionalbahnstation und Haltepunkt im innerstädtischen S-Bahn-Verkehr (> EISEN-BAHN; > S-BAHN). Über den benachbarten U-Bahnhof Lichtenberg besteht auch ein An-schluß zur > U-BAHN. Der Bahnhof besitzt drei Fernbahnsteige und erhielt 1984 als er-ster Berliner Bahnhof Anschluß an das elektrifizierte Streckennetz der > DEUTSCHEN REICHSBAHN (DR), wodurch sich der von Ost-Berlin in die DDR führende Eisenbahn-Fern-verkehr im wesentlichen hier konzentrierte. Auch heute noch wird der Hauptteil des Ei-senbahn-Fernverkehrs in die neuen Bundes-länder über den B. abgewickelt.

Der B. wurde 1867 – damals noch außerhalb des Berliner Stadtgebietes gelegen – als Bahnhof Lichtenberg-Friedrichsfelde der Preußischen Ostbahn eröffnet. Ab 1898 nahm die Nebenbahn über Wriezen nach Königs-berg in der Neumark hier ihren Anfang. 1951 wurde der B. für den Personenfernverkehr geöffnet. 1975-82 ließ die DR den Bahnhof zum zweiten großen Reiseverkehrsknoten-punkt Ost-Berlins neben dem > HAUPTBAHN-HOF im Bezirk > FRIEDRICHSHAIN ausbauen. 1982 wurde die repräsentative Eingangshalle fertiggestellt. Nach dem zwischen der DR und dem > SENAT VON BERLIN abgestimmten Eisenbahnkonzept soll der B. auch künftig sowohl die Funktion eines Fernbahnhofs (IC und IR) als auch die eines Regionalbahnhofs erfüllen.

Bahnhof Zoologischer Garten: Der B. am Hardenbergplatz im Bezirk > CHARLOTTEN-BURG ist der bedeutendste Verkehrsknoten-punkt des > ÖFFENTLICHEN PERSONENNAHVER-KEHRS in der westlichen > CITY. Hier trifft die Fernbahn mit einer S- und zwei U-Bahn-Lini-en sowie acht Omnibuslinien zusammen (> S-BAHN; > U-BAHN; > OMNIBUSVERKEHR). Wäh-rend der > SPALTUNG der Stadt 1948-90 war der B. lange Zeit der einzige Fernbahnhof West-Berlins (> EISENBAHN).

Der B. wurde 1880-82 im Zusammenhang mit dem Bau der > STADTBAHN als Haltepunkt für den „Lokalverkehr" errichtet, schon 1884 wurde er jedoch auch für den Fernverkehr eröffnet. 1934 erfolgte wegen der gestiegenen Verkehrsbedürfnisse des „Neuen Westens" um > TAUENTZIENSTRASSE und > KURFÜRSTEN-DAMM eine völlige Neugestaltung. Es entstan-den die heutige 16 m hohe Fernbahnhalle und die über die Hardenbergstr. vorge-schobene, niedrigere S-Bahn-Halle. Erst 1954-57 wurden die Hallen verglast und zum Hardenbergplatz hin ein Restaurant als Ter-rassenvorbau angefügt. 1985-89 wurde der gesamte Bahnhof umfassend restauriert. Da-bei wurden die Bahnsteige erneuert und für den Fernverkehr auf 380 bzw. 396 m verlängert (Haltemöglichkeit für Züge bis zu 14 Wagen); die bisher offenen Bahnsteig-Teile wurden überdacht. Die Hallen von S- und Fernbahn erhielten Klarglasverglasungen, und im Innern wurden u.a. eine neue Gepäck- und Expressgutabfertigung sowie Aufzüge für Behinderte eingebaut. Auch die Innenhalle mit ihren verschiedenen Serviceeinrichtungen, darunter ein rund um die Uhr geöffnetes Postamt, wurde neu gestaltet. Im Eisenbahnkonzept der > Deutschen Reichsbahn und des > Senats von Berlin ist der B. auch künftig als Fern- und Regionalbahnhof vorgesehen.

Ballhäuser: Die Tradition der Ball- und Tanzveranstaltungen in Berlin reicht zurück ins Jahr 1555, als erstmals spezielle „Tanzhäuser" errichtet wurden. Zunächst war diese Kultur der adligen Oberschicht vorbehalten. Erst der von Friedrich Wilhelm IV. (1840-61) eingeführte „Subskriptionsball" eröffnete der höheren Bürgerschaft den Zugang zu den exklusiven Hofbällen und der berühmten Opernredoute. Im 19. Jh. begann mit der Einrichtung großer Bier- und Ausflugslokale, wie dem Elyseum und > In den Zelten im > Grossen Tiergarten, der > Neuen Welt in der Hasenheide (> Volkspark Hasenheide), dem Tivoli auf dem > Kreuzberg (> Viktoriapark) und den vielen meist zu Brauereien gehörenden > Saalbauten ein regelrechter Boom der Tanz- und B. für alle Klassen und Schichten.
Neben dem schon älteren „Bergschen Tanzsaal" und dem durch seine Mittwochsbälle berühmt gewordenen „Onkel", beide in der Dorotheenstr. (jetzt Clara-Zetkin-Str.) im heutigen Bezirk > Mitte gelegen, prägten in erster Linie der „Römersaal" in der Münzstr., ebenfalls in Mitte, das „Gräbertsche Lokal" in der Waldemarstr. im heutigen Bezirk > Kreuzberg und die „Villa Bella" vor dem Oranienburger Tor die historische Ballgeschichte Berlins. Einen Höhepunkt bildete das um 1830 entstandene „Krügersche Kolosseum" in der (Alten) Jakobstr. im heutigen Bezirk Mitte, welches später mit seinem Komfort sogar den „Krollschen Wintergarten" (> Krolloper) in den Schatten stellte. Neben den traditionellen Ballveranstaltungen wie dem „Kavaliersball" in der alten > Philharmonie an der Bernburger Str. oder dem „Alpenvereinsball" in den Festsälen des > Zoologischen Gartens entwickelten sich

skurrile Neuschöpfungen wie der „Böse-Buben-Ball" oder der „Hofball bei Zille" im > Sportpalast, die im krassen Gegensatz zu dem seit 1872 durchgeführten hocheleganten „Ball des Vereins der Berliner Presse" standen (> Presseball). Allein der Ballkalender der Saison 1927/28 wies ca. 300 Bälle auf.
Kurz nach dem II. Weltkrieg erlebte die Ballkultur noch einmal eine kurzfristige Blüte, die mit Tanzlokalen wie den 1873 errichteten „Kliems Festsälen" oder dem „Ballhaus Resi" an der Hasenheide verbunden war. Geradezu berühmt waren „Walterchens Ballhaus" in der Schöneberger Bülowstr. oder auch „Clärchens Ballhaus" in der Auguststr. im Norden des Bezirks Mitte. Mit der grundlegenden Änderung des Freizeitverhaltens in den 50er und 60er Jahren erlebten auch die Berliner B. ihren Niedergang. Lediglich die beiden letztgenannten B. sowie der 1987 geschlossene, traditionsreiche *Prälat Schöneberg* an der Hauptstr. in > Schöneberg mit seinen ca. 2.000 Personen fassenden acht Sälen (über die Zukunft ist noch nicht entschieden) und das *Ballhaus Naunynstraße* in Kreuzberg haben die Abriß- und Sanierungsmaßnahmen der letzten beiden Jahrzehnte überdauert. Das Ballhaus Naunynstraße hat heute eine neue Funktion als Kreuzberger Kulturzentrum. Das 1836 erbaute und 1979 von Denkmalpflegern wiederentdeckte Gebäude wurde nach seiner Restaurierung 1983 unter Trägerschaft des Kunstamts Kreuzberg neu eröffnet (> Kultur- und Kunstämter). Es beherbergt ein Café und dient Musik- und Theatergruppen als Veranstaltungsort.
Heute werden nur noch vergleichsweise wenige Bälle durchgeführt. Als Veranstaltungsorte dienen dabei u.a. die Säle im > Internationalen Congress Centrum Berlin (ICC Berlin), das Palais am Funkturm (> Ausstellungs- und Messegelände am Funkturm), das Tribünenhaus der > Trabrennbahn Mariendorf sowie größere Hotels/Gaststätten. Überregionale Bedeutung besitzt der traditionsreiche, jährlich vom Journalistenverband Berlin veranstaltete Presseball.

Bandbreiten-Modell: Für die Berliner Grundschulen (Klasse 1-6) wurde 1986/87 das sog. B. in den Klassen 1-3 eingeführt. Ab 1987 folgte jeweils die weitere Jahrgangsklasse (4-6). Grundidee dieses Modells ist es, einen Zusammenhang zwischen der Zahl der Kinder in einer Klasse und den zur Verfügung stehenden Teilungsstunden herzustellen. Die

Bandbreite für die Einrichtung der einzelnen Klassen beträgt i.d.R. 21-29 Schüler. Ziel ist die Verbesserung kindgemäßer Lern- und Erziehungssituationen. Ein weitgehender Entscheidungsspielraum der einzelnen Grundschule soll den Lehrkräften die Verwirklichung des Zieles erleichtern.

Alle Einzelmaßnahmen (Einrichtung von Klassen, Fördermaßnahmen, Teilungsstunden für Lerngruppen, fakultativer Unterricht) basieren auf den Grundlagen für den Unterricht in den Berliner Grundschulen:

– Gemeinsames Lernen für alle Kinder im binnendifferenzierten Unterricht;
– Individualisierung in verkleinerten Lerngruppen vorrangig in den Klassen 1 und 2;
– Intensivierung der individuellen Lernfortschritte durch Teilungsstunden in den Klassen 3-6;
– Individuelle Förderung von Kindern in Kleingruppen;
– Profilbildung durch fakultativen Unterricht;
– Unterstützung besonderer Fähigkeiten und Interessen durch Interessengruppen und Arbeitsgemeinschaften in den Klassen 5-6;
– Verbesserung der Lernbedingungen für ausländische Kinder durch kleinere Lerngruppen und zusätzliche Fördermaßnahmen;
– Berücksichtigung soziokultureller Unterschiede durch zusätzliche Lehrerstunden.

Vorrangig sollen die Teilungsstunden für den Anfangsunterricht in den Klassen 1-2 eingesetzt werden, ferner auch in den Klassen 3-4 im Fach Sachkunde, in Klasse 6 in Biologie, in den Klassen 5-6 in der 1. Fremdsprache, in Deutsch und Mathematik in den Klassen 3-6. Ab dem Schuljahr 1992/93 wird neben Musik auch Bildende Kunst zur Profilierung angeboten. Bis zu zehn Teilungsstunden dürfen auch für den fakultativen Unterricht genutzt werden.

BAO Berlin – Marketing Service GmbH: Die am 28.10.1950 als *Berliner Absatz-Organisation GmbH (BAO)* gegründete und am 1.10.1991 in B. umbenannte Organisation hat ihren Sitz im Haus der > INDUSTRIE- UND HANDELSKAMMER ZU BERLIN (IHK) in der Hardenbergstr. 16-18 im Bezirk > CHARLOTTENBURG. Die Aufgaben der ursprünglich zur Überwindung der Absatzverluste der > WIRTSCHAFT aufgrund der insularen Lage West-Berlins und der Folgen der > BLOCKADE ins Leben gerufenen Einrichtung haben sich durch Umstrukturierungen der Wirtschaft sowie

insbes. durch die > VEREINIGUNG Berlins 1990 mehrfach gewandelt.

Heute bietet die B. ihre Dienstleistungen kostengünstig, häufig auch unentgeltlich, vorrangig für mittlere und kleinere Betriebe an und hilft diesen durch spezielle Beratungs- und Serviceangebote, sich deutschen und ausländischen Unternehmen zu präsentieren sowie neue Absatz- und Liefermärkte zu erschließen (> AUSSENHANDEL). Gleichzeitig betreut sie nationale und internationale Interessenten an Lieferungen aus und nach Berlin und fördert die Kooperation zwischen in- und ausländischen Unternehmern und der Berliner Wirtschaft. Des weiteren organisiert sie Gemeinschaftsstände auf in- und ausländischen Messen und betreibt Standortwerbung für Berlin. Hinzu kommen datengestützte Kontaktvermittlungen zwischen Berliner Betrieben und im übrigen Bundesgebiet oder Ausland ansässigen Unternehmen sowie zu Institutionen und Experten. Seit der Vereinigung verfügt die BAO auch über eine spezielle Datenbank zu Industriebetrieben in den neuen Bundesländern.

Ferner ist die B. die offizielle *Auftragsberatungsstelle* des Landes Berlin. In dieser Funktion berät sie insbes. mittelständische Betriebe über das öffentliche Auftragswesen, bildet aber auch bundesweit die öffentlichen Einkäufer weiter. Diese, in die Ständige Konferenz der Auftragsberatungsstellen der Bundesländer integrierte Selbstverwaltungseinrichtung der Berliner Wirtschaft fungiert v.a. als Vermittlungsinstanz zwischen öffentlicher Hand und privaten Unternehmen.

Das neueste, im Juli 1989 ins Leben gerufene Serviceangebot der B. ist das *Euro Info Centre ERIC Berlin*, die offizielle Unternehmens-Beratungsstelle der > EUROPÄISCHEN GEMEINSCHAFTEN (EG). ERIC Berlin ist ein fester Bestandteil des von der EG-Kommission europaweit geschaffenen Netzwerks von z.Z. 210 EG-Beratungsstellen. ERIC Berlin bietet den Zugriff auf alle wesentlichen EG-Datenbanken, berät kleine und mittlere Unternehmen sowie wissenschaftliche Einrichtungen zu allen EG-relevanten Fragen und unterstützt diese insbes. bei Anträgen zu Forschungs- und Förderprogrammen der EG (speziell in Technologiefragen).

Gesellschafter der B. sind zu 70 % die IHK und zu je 10 % die > HANDWERKSKAMMER BERLIN, der Zentralverband Elektrotechnik und Elektroindustrie e.V. und der Verband Deutscher Maschinen- und Anlagenbau e.V. Die

B. wird finanziell stark durch die IHK gestützt, für die sie zugleich weitgehend die Funktion der Außenwirtschaftsabteilung wahrnimmt. Personell bestehen zwischen beiden enge Verbindungen, z.B. in der IHK- und der BAO-Geschäftsführung. Gegenwärtig arbeiten 37 Personen in der B.

Barnim: Nördlich des im > WARSCHAU-BERLINER URSTROMTAL gelegenen Zentrums von Berlin greift das Stadtgebiet auf die Hochfläche des B. über, eine in der Endphase der letzten Eiszeit vor etwa 15-19.000 Jahren entstandene Grundmoränenplatte mit aufgesetzten Stau- und Endmoränen und zum Teil lebhaftem Relief. Der B. wird im Westen von der Niederung der > HAVEL, im Norden vom Thorn-Eberswalder Urstromtal begrenzt. Das Tal der > PANKE trennt Oberbarnim (im Osten) und Niederbarnim (im Westen). Die 45-60 m hohe Barnimplatte fällt zum Warschau-Berliner Urstromtal leicht ab, dem somit auch der größte Teil des dortigen Grundwassers zufließt. Die Geschiebelehmböden der Hochfläche sind relativ ertragreich. Der B. wurde im Zuge der Ostkolonisation im 12. Jh. besiedelt und ist seitdem wirtschaftlich nach Berlin ausgerichtet (> BESIEDLUNG DES BERLINER RAUMS). Die heute zum Stadtgebiet gehörenden ehem. > DÖRFER des B. wurden 1920 bei der Bildung > GROSS-BERLINS eingemeindet. Die Bruchkante zum Urstromtal ist trotz Verbauungsnivellierung noch an mehreren Stellen im Stadtbild erkennbar, wie etwa an der Anklamer Str./Brunnenstr. und dem > VOLKSPARK AM WEINBERG im Bezirk > MITTE sowie in der Friedenstr. und im Weidenweg im Bezirk > FRIEDRICHSHAIN (> LAGE UND STADTRAUM).

Bauakademie: Die als *Königliche Bauakademie* 1799 von Friedrich Wilhelm III. (1797-1840) gegründete B. diente der Ausbildung von Feldmessern und Baumeistern für öffentliche Bauten. Sie galt als Tochterinstitution der > PREUSSISCHEN AKADEMIE DER KÜNSTE. 1832-36 erhielt die B. zwischen > SPREE und Werderschem Markt nach Entwürfen des Architekten Karl Friedrich Schinkel ein eigenes, im II. Weltkrieg beschädigtes, 1962 abgetragenes Gebäude, das als eines der klassizistischen Hauptwerke Schinkels gilt. Im obersten Geschoß wohnte Schinkel bis zu seinem Tod. Der in Backstein ausgeführte, quadratische, viergeschossige Bau mit Flachdach hatte vier gleiche Schauseiten zu je acht Achsen mit ei-

nem Innenhof, der 1874/75 zu einem Treppenhaus verändert wurde. Die ziegelverblendeten Fassaden mit Streifen violetter Glasursteine waren durch ein rasterartiges Trägergerüst aus tragenden Wandpfeilern und horizontalen Stockwerksgesimsen gegliedert. Der von Schinkel entworfene Dekor an Fenstern und Portalen bestand aus Ter-

Bauakademie 1905

rakotta und war unmittelbar auf die Funktion des Gebäudes als Bauschule bezogen. Die Reliefplatten beider Türrahmungen zeigten sich wiederholende Pflanzenornamente und unterschiedliche figürliche Darstellungen der Baukunst als Wissenschaft und Kunst. Die Flügeltüren waren aus Eisen gegossen und hatten in je acht, von August Kiss stammenden Feldern, Medaillons mit Bildnisköpfen berühmter Künstler und Architekten. 1879 wurde die B. mit der Gewerbeakademie zur *Königlich Technischen Hochschule*, einem Vorläufer der > TECHNISCHEN UNIVERSITÄT BERLIN, vereinigt.
Ab 1920 beherbergte der Bau die Deutsche Hochschule für Politik, den Vorläufer des > OTTO-SUHR-INSTITUTS. Kurz vor Ende des II. Weltkrieges brannte die B. aus. Um Platz für den Neubau des Außenministeriums der DDR (> AUSWÄRTIGES AMT) zu schaffen, wurde die Ruine 1962 abgerissen. Der in Erwägung gezogene und z.T. auch vorbereitete Aufbau an anderer Stelle – vorgesehen war ein Gelände am > MÄRKISCHEN UFER, wo dann jedoch das *Haus an der Spree*, ein Gästehaus des Zentralkomitees der > SOZIALISTISCHEN EINHEITSPARTEI DEUTSCHLANDS (SED) errichtet wurde – kam nicht zur Ausführung. Einige Schmuckteile wurden ins > MÄRKISCHE MUSEUM gebracht. Das von Christian Friedrich Tieck stammende linke Hauptportal wurde als Eingang des 1969-72 errichteten Restaurants „Schinkelklause" nahe der > FRIED-

RICHSWERDERSCHEN KIRCHE verwendet, wo sich
ebenfalls einige weitere Schmuckteile der B.
befinden. Über den im Zusammenhang
mit der Neugestaltung des > MARX-ENGELS-
PLATZES diskutierten Wiederaufbau der B.
war Anfang 1992 noch nicht entschieden
(> HAUPTSTADT).

Die am 6.9.1950 gegründete und am 8.12.1951
als Deutsche Bauakademie zu Berlin eröffnete *Bauakademie der DDR* in der Plauener Str.
163 im Bezirk > HOHENSCHÖNHAUSEN sah sich
als Nachfolger der B. Sie war das wissenschaftlich-technische Führungszentrum der
gesamten DDR-Bauwirtschaft und unterstand dem Ministerium für Bauwesen. Der
DDR-Einrichtung waren 13 fachspezifische
Institute mit insg. 4.000 Mitarbeitern in mehreren Städten angeschlossen. Sie führte Forschungen für schnelles, ökonomisches und
vielseitiges Bauen in hoher Qualität durch.
Nach dem VIII. Parteitag der SED 1971 konzentrierte sie sich auf den > WOHNUNGSBAU. In
der Berliner Wallstr. unterhielt sie ein Fachinformationszentrum. Nach der > VEREINI-
GUNG wurde sie mit Wirkung vom 31.12.1991
aufgelöst. Ihr Informationszentrum, zu dem
auch die bedeutende *Zentrale Fachbibliothek
für Bauwesen der DDR* mit einem Bestand von
ca. 140.000 Bänden gehörte, wurde der >
SENATSVERWALTUNG FÜR BAU- UND WOHNUNGS-
WESEN unterstellt.

Bauausstellungen: Die Tradition von B. in
Berlin reicht bis zur Zeit der Jahrhundertwende zurück, als die negativen Aspekte der
städtebaulichen Entwicklung nicht mehr zu
übersehen waren (> BAUGESCHICHTE UND
STADTBILD; > MIETSKASERNEN). Bereits seit 1905
betrieb der von der Vereinigung Berliner Architekten begründete „Ausschuß für Groß-
Berlin" die Ausschreibung eines städtebaulichen Wettbewerbs zur Beschaffung eines Grundplanes für die bauliche Entwicklung von > GROSS-BERLIN, der zukunfts-
weisende Konzepte für die dringenden
Wohn- und Verkehrsprobleme aber auch für
neue Siedlungs- und Grünflächen aufzeigen
sollte. Die Ergebnisse des 1906 ausgeschriebenen Städtebauwettbewerbs wurden im
Rahmen der von Werner Hegemann organisierten „Allgemeinen Städtebau-Ausstellung
Berlin 1910" in der > HOCHSCHULE DER KÜNSTE
präsentiert. Sowohl Wettbewerb als auch
Ausstellung, insbes. die Entwürfe der ersten
Preisträger Hermann Jansen und Felix
Genzmer/Josef Brix, gelten als innovativ wir-

kende Meilensteine der städtebaulichen Entwicklung Berlins.

Demgegenüber vertrat die „Deutsche Bauausstellung 1931" auf dem > AUSSTELLUNGS-
UND MESSEGELÄNDE AM FUNKTURM weniger
großangelegte Neuordnungskonzepte für die
Großstadt, sondern vielmehr Möglichkeiten
des praktischen und preiswerten Bauens. Auf
dem Höhepunkt der Wirtschaftskrise galt
das Hauptinteresse der kleinen Wohnung.
Mies van der Rohe inszenierte die Aus-
stellungsabteilung „Die Wohnung unserer
Zeit", wobei seine Entwürfe größtenteils als
unpassende Luxusgebilde kritisiert wurden.
Weiterhin zeigten u.a. Walter Gropius und
Hugo Häring Modellhäuser in Originalgröße.
Weniger bekannt ist die von Martin Wagner
1932 organisierte Ausstellung „Sonne, Luft
und Haus für alle", an der neben Häring und
Gropius auch Otto Bartning, Ludwig Karl
Hilberseimer, Erich Mendelsohn, Hans
Poelzig, Hans Scharoun und die Gebrüder
Bruno und Max Taut teilnahmen. Als städte-
baulicher Neubeginn nach dem Weltkrieg
setzte 1946 die von Stadtbaurat Scharoun
initiierte Ausstellung „Berlin plant" im Berliner > STADTSCHLOSS neue Akzente.

Im Rahmen des Wiederaufbauprogramms
veranstaltete das Land Berlin mit Unterstützung der Bundesrepublik im Sommer 1957
die *Internationale Bauausstellung Berlin (Interbau)* als Demonstrationsvorhaben mit Modellcharakter. Im Gegensatz zu den vorangegangenen, eher theoretisch konzipierten B.,
verkörperte die Interbau eine tatsächlich rea-
lisierte Generalprobe auf die „Stadt der Zukunft". Hauptaufgabe dieser „gebauten Ausstellung" war der Wiederaufbau des kriegszerstörten > HANSAVIERTELS am nördlichen
Rand des > GROSSEN TIERGARTENS. Weiterhin
entstanden das 17geschossige > CORBUSIER-
HAUS in der Nähe des > OLYMPIASTADIONS und
die > KONGRESSHALLE TIERGARTEN. Zielsetzung
der Initiatoren war der Anspruch, die B. zur
„größten architektonischen und bauwirt-
schaftlichen Schau seit Jahrzehnten" werden
zu lassen, die aufzeigen sollte, „wo wir stehen und wohin wir wollen".

Dieser Kernsatz trifft auch auf die Haupt-
intentionen der > INTERNATIONALEN BAUAUS-
STELLUNG BERLIN 1987 zu, die nach langen An-
laufschwierigkeiten und mehreren zeitlichen
Verschiebungen parallel zur 750-Jahr-Feier
Berlins im Westteil der Stadt durchgeführt
wurde. Auch ihr Hauptanliegen bestand darin, ihre Planungen und Konzepte nicht allein

in Modellen und Karten darzustellen, sondern reale Bauten für die Bewohner dieser Stadt zu errichten und zur Diskussion zu stellen.

Baugeschichte und Stadtbild bis 1945; Baugeschichte und Stadtbild nach dem II. Weltkrieg: Hauptartikel, siehe S. 210.

Bauhaus-Archiv: Das 1960 in Darmstadt gegründete und 1971 nach Berlin in die Schloßstr. 1 im Bezirk > CHARLOTTENBURG verlegte B. bezog im Dezember 1979 seinen heutigen Museumsbau am > LANDWEHRKANAL in der Klingelhöferstr. 14 im Bezirk > TIERGARTEN. Das B. dokumentiert die Geschichte des „Bauhauses", einer 1919 in Weimar eröffneten, weltberühmten und richtungweisenden Kunstschule bedeutender Architekten und Künstler. Nach einem Umzug nach Dessau 1925 kam das Bauhaus 1932 nach Berlin, wo es 1933 von den Nationalsozialisten aufgelöst wurde. Neben Walter Gropius lehrten am Bauhaus u.a. der Architekt Mies van der Rohe sowie die Maler Johannes Itten, Paul Klee, Wassily Kandinsky, Oskar Schlemmer, László Moholy-Nagy und Georg Muche. Ziel

Bauhaus-Archiv

ihrer, den gestalterischen Unterricht revolutionierenden Lehrmethoden war es, Kunst, Handwerk und technisch-industrielle Möglichkeiten zu vereinigen. Schwerpunkt der Bauhaus-Arbeiten waren Architekturplanung sowie moderne Form- und Produktgestaltung in den Bauhaus-Werkstätten, wo u.a. Möbel, Lampen, Keramik, Metallgeräte, Textilien, Plakate, Bucheinbände und Werbegraphiken einzeln und in Serie gefertigt, z.T. auch zu Prototypen für die industrielle Fertigung entwickelt wurden.
Den Kernbestand der Sammlung des B. bilden der Gropius-Nachlaß und die schon zu

Lebzeiten übereigneten künstlerischen Nachlässe von Georg Muche und Herbert Bayer. Daneben verfügt das B. über Legate und Spenden aus aller Welt. Das Interessen- und Sammelgebiet des B. bezieht außer der Nachfolge des Bauhauses auch seine Vorgeschichte auf dem Gebiet der Kunstpädagogik und des Design bis zurück zur Mitte des 19. Jh. mit ein. Ferner werden Zeugnisse aus in der Tradition des Bauhauses lehrenden Schulen, wie das „new bauhaus" in Chicago oder die „Hochschule für Gestaltung" in Ulm gesammelt und mit anderen Beständen in wechselnden Ausstellungen im Museum des B. gezeigt.
Zum B. gehören ein Dokumentationsarchiv und eine öffentlich zugängliche Präsenzbibliothek mit 20.000 Bänden zu den Themen Kunst, Architektur, Design und Kunstpädagogik vom Ende des 19. Jh. bis zur Gegenwart.
Träger des B. ist ein Verein. Das B. wird durch die > SENATSVERWALTUNG FÜR KULTURELLE ANGELEGENHEITEN und die Bundesrepublik finanziert. Darüber hinaus erhält es projektgebundene Zuschüsse von Stiftungen und private Spenden.
Das in der Tradition des Bauhauses stehende Gebäude des B. wurde 1976-79 nach den (veränderten) Plänen von Walter Gropius durch Alexander Cvijanovic und Hans Bandel errichtet. Die Veränderungen der Entwürfe resultierten im wesentlichen aus der Umplanung von einer Hanglage – das B. war ursprünglich für die „Mathildenhöhe" in Darmstadt konzipiert worden – auf ebenes Gelände und aus der besonderen Lage des Bauplatzes. Der Museums- und Ausstellungstrakt an der Südseite nimmt ungefähr die Hälfte der Nutzfläche des Gebäudes ein. Im zweigeschossigen nördlichen Parallelflügel sind im Hauptgeschoß Studio- und Verwaltungsräume, das Dokumenten- und Fotoarchiv und die Bibliothek untergebracht; im Souterrain dieses Flügels befinden sich die Magazinräume. Die beiden parallelen Trakte sind durch einen niedrigen Zwischenbau verbunden. Das B. verbindet eine langjährige Kooperation mit den Bauhaus-Sammlungen in Weimar und in Dessau.

Baumschulenweg: B. ist ein Ortsteil des Bezirks > TREPTOW. Sein Name geht auf die hier Ende des 19. Jh. angelegten großen Baumschulen des Gartenbaubetriebs Späth zurück. Die 1726 vor dem Halleschen Tor gegründe-

te, weltbekannte Gärtnerei nahm ab 1760 zunächst für gut 100 Jahre ihr Quartier südlich der > SPREE an der Köpenicker Str. im heutigen Bezirk > KREUZBERG (Höhe Manteuffelstr.). Franz Späth verlegte sie dann 1864 auf das Gelände der Rudower Wiesen zwischen > BRITZ und > JOHANNISTHAL südlich der heutigen Baumschulenstr. Am ehem. Herrenhaus der Familie an der Späthstr. in Johannisthal befindet sich heute die große Gehölzsammlung des > ARBORETUMS. Eine 1889 angelegte Haltestelle der Berlin-Grünauer Vorortbahn an der Görlitzer > EISENBAHN begünstigte die Bebauung der Gegend als Siedlungsschwerpunkt der seit 1876 selbständigen Landgemeinde Treptow, deren Siedlungskern es an Einwohnerzahl bald deutlich übertraf. Ab Beginn des 20. Jh. entstanden verschiedene größere Wohnhausanlagen, bes. in der Baumschulenstr. und am Güldenhofer Ufer. Einen kirchlichen Mittelpunkt fand die sich schnell entwickelnde Ansiedlung in der ev. *Kirche Zum Vaterhaus*, die 1911 nach Entwürfen der Berliner Rathausarchitekten (> RATHÄUSER) Heinrich Reinhardt und Georg Süßengut errichtet wurde und die auch Pfarr- und Gemeindehaus in einer umfangreichen Anlage einschloß. Aus dieser Zeit stammt auch der aufwendige S-Bahnhof. 1905 hatte B. bereits 7.500 Einwohner, während auf den alten Ortskern von Treptow lediglich 1.000 entfielen. Trotzdem hat B. nie kommunale Selbständigkeit erlangt, sondern blieb vor und nach der Bildung > GROSS-BERLINS 1920 bei Treptow. 1945, bei der Besetzung Berlins durch die > ALLIIERTEN, kam es mit dem Bezirk zum sowjetischen Sektor (> SEKTOREN).
Von übergeordneter Bedeutung für Berlin ist die große Friedhofsanlage beiderseits der Kiefholzstr. südlich des Britzer Zweigkanals mit dem als neoklassizistischem Zentralbau errichteten Krematorium (> FRIEDHÖFE). Ursprünglich 1911 nach einem Entwurf von Erich Bientz und Mathias Bardenheuer auf nur 5 ha an der > KÖNIGSHEIDE angelegt, wurden in den Folgejahren immer wieder Erweiterungen erforderlich, so daß heute zwischen dem *Alten Friedhof* (18 ha) und dem 1936-38 abgesteckten *Neuen Friedhof* (16 ha) unterschieden wird. Letzterer ist streng in Rechtecke gegliedert und gärtnerisch gestaltet. Entlang der > SPREE liegt der 110 ha große > PLÄNTERWALD, an dessen Nordende sich Berlins einziger ständiger Vergnügungspark, der > SPREEPARK, befindet.

bautech: Die seit 1981 im Messeprogramm der > AUSSTELLUNGS-MESSE-KONGRESS-GMBH (AMK BERLIN) aufgeführte Baufachmesse bautech hat sich nach der > VEREINIGUNG zu einer der wichtigsten deutschen Baufachmessen entwickelt und soll künftig alle zwei Jahre stattfinden. Die bautech bietet einen Überblick über alle Baustoffe und -systeme. Sie wendet sich ebenso an Fachbesucher wie an das am Bauen und Modernisieren interessierte Publikum. Die Altbaumodernisierung als bedeutender Umsatzträger für die ausstellende Industrie steht neben dem Neubau und Aspekten des Stadtbaus im Mittelpunkt. Ergänzt wird die Produktpräsentation von begleitenden Fachkongressen und Sonderschauen. Die Zahl der Aussteller und Besucher hat sich im Zuge der Vereinigung verdreifacht. Auf der bautech '92 vermittelten im Februar 1.042 Aussteller, davon 120 aus dem Ausland, den 121.679 Besuchern (darunter 74.500 Fachbesucher) einen umfassenden Überblick über die Baustoffbranche.

Bayerisches Viertel: Das B. ist ein Anfang des 20. Jh. entstandenes Wohnviertel um den *Bayerischen Platz* im Bezirk > SCHÖNEBERG. Obgleich es im II. Weltkrieg zu 77 % zerstört und fast völlig neu aufgebaut wurde, hat es bis heute einen Teil seines alten Charmes erhalten können.
Ausgangspunkt für das B. war 1899 der erste Bebauungsplan für das Westgelände des ein Jahr zuvor in den Rang einer Stadt erhobenen Schönebergs, der nach den Planungen des Schöneberger Stadtbaurats Friedrich Gerlach hier die Errichtung von hochherrschaftlichen Wohnungen vorsah. Die durch die rasante Expansion Berlins reich gewordenen, im Stadtrat federführenden Millionenbauern Schönebergs wollten auf diese Weise mit den wohlhabenden und vornehmen Städten > CHARLOTTENBURG und > WILMERSDORF im Westen gleichziehen.
Konflikte zwischen dem Schöneberger Magistrat und dem Direktor und Hauptgesellschafter der ausführenden Berlinischen Boden-Gesellschaft Georg Haberland um eine Wertzuwachssteuer gegen die Terrainspekulation unterbrachen die Bautätigkeit vorübergehend. Nach der Einweihung des Bayerischen Platzes erfolgte dann ab 1908 eine rasche Bebauung auch der umliegenden Gegend mit vornehmen Mietshäusern. Der 180 x 110 m große Blockplatz mit acht sternförmigen Straßeneinmündungen wurde 1907/

08 von Fritz Encke gestaltet. Dominierende Elemente der symmetrischen Anlage waren Wasserspiele im Süden und im Norden ein Brunnenbecken mit Pergola. Die heute den Platz durchschneidende Berliner Str. führte ringförmig um den Platz herum.

Trotz der vorrangig kommerziellen Interessen bei der Erschließung des B. wurden viele positive städtebauliche Akzente gesetzt: ästhetisch anspruchsvolle Plätze, Vorgärten und Fassaden dominierten das Stadtbild, und erstmals wurde zwischen reinen Wohn- und Verkehrsstraßen unterschieden. Die Ausstattung der Häuser umfaßte modernen Komfort wie Zentralheizung und Aufzüge, eine enge Hinterhofbebauung wie bei den damals überwiegend errichteten > MIETS-KASERNEN wurde vermieden und die Grundrisse der Wohnungen erscheinen auch heute noch durchdacht und großzügig. Die herausgehobene Bedeutung des B. wird durch die hier einst lebenden Persönlichkeiten unterstrichen: Albert Einstein (Nördlinger Str. 8, bis 1938 Haberlandstr.), Kurt Tucholsky (Treuchtlinger Str. 1), Arno Holz (Stübbenstr. 5), Gottfried Benn (Bozener Str. 20) sowie Walter Kollo (Schwäbische Str. 26).

Die 1909/10 von Max Fraenkel auf dem Hof des Hauses Münchener Str. 37 erbaute Synagoge (> SYNAGOGEN) wies schon frühzeitig auf einen relativ hohen Anteil jüdischer Anwohner in dem auch als „Jüdische Schweiz" bezeichneten Viertel hin. 1933 lebten weit über 16.000 Juden im Bezirk. Die Synagoge überstand den Krieg fast unbeschädigt und wurde erst im Zuge des Wiederaufbaus abgerissen, da die hiesige jüdische Gemeinde durch die nationalsozialistische Verfolgung ausgelöscht war. An ihrer Stelle gestaltete Gerson Fehrenbach 1963 mit einer 2,30 m hohen, abstrakten Skulptur aus Muschelkalk Berlins frühestes Denkmal zur Vernichtung der Juden.

1957/58 erfolgte durch Carl Heinz Tümler eine Neugestaltung des Bayerischen Platzes zu einer asymmetrischen Anlage mit großer Mittelfläche, Blumenfeldern, Rankgerüsten und Kinderspielplatz. Der Freistaat Bayern übergab 1958 einen bronzenen Löwen von Anton Rückel.

Zum Gedenken an das Schicksal der zahlreichen jüdischen Bewohner des Viertels im Nationalsozialismus lobte das Land Berlin 1991/92 in Zusammenarbeit mit dem Bezirksamt Schöneberg im Rahmen des Programms > KUNST IM STADTRAUM einen Wettbe- werb *Mahnen und Gedenken im Bayerischen Viertel* aus. Im April 1992 wurde unter 96 Einsendungen der Entwurf von Renata Stih/ Frieder Schnock/Jahn Thomas Köhler mit dem 1. Preis ausgezeichnet: 81 Schilder an Lampenmasten im Viertel verteilt zeigen auf der einen Seite harmlos erscheinende Alltagsbilder und -symbole, denen auf der anderen Seite Gesetzes- und Verordnungstexte der Nationalsozialisten gegenübergestellt sind, die die Entwicklung zu Deportation und Vernichtung offenlegen.

Bebelplatz: Der 1947 nach August Bebel, dem Mitbegründer und Führer der Sozialdemokratischen Arbeiterpartei (> SOZIAL-DEMOKRATISCHE PARTEI DEUTSCHLANDS [SPD]), benannte B. liegt gegenüber dem Hauptgebäude der > HUMBOLDT-UNIVERSITÄT an der Südseite der Straße > UNTER DEN LINDEN im Bezirk > MITTE.

Der rechteckige, heute vollständig gepflasterte Platz entstand ab 1740 nach Abtragung der hier liegenden Festungswerke der Memhardtschen Stadtbefestigung aus dem 17. Jh. (> STADTMAUER). Er war vorgesehen als Zentrum des von Kronprinz Friedrich (Friedrich II., 1740-86) und seinem Baumeister Georg

Bebelplatz, links Deutsche Staatsoper, im Hintergrund St.-Hedwigs-Kathedrale

Wenzeslaus v. Knobelsdorff während ihrer gemeinsamen Zeit auf Schloß Rheinsberg geplanten *Forum Fridericianum*. Die von ihnen entworfene einheitliche Bebauung des Platzes – bestehend aus einem Opernhaus, einem Akademiegebäude und einem neuen Stadtpalais des Königs – wurde jedoch aufgrund des im Dezember 1740, knapp sieben Monate nach der Thronbesteigung Friedrichs II., beginnenden ersten Schlesischen Krieges nicht verwirklicht. Als einziges der geplanten Gebäude entstand 1741-42 an der Ostseite das

Opernhaus (> Deutsche Staatsoper Unter den Linden), nach dem der Platz zunächst den Namen *Opernplatz* erhielt. Vom 18.8.1910 bis 31.7.1947 hieß er offiziell Kaiser-Franz-Joseph-Platz. Anstelle des vorgesehenen gigantischen „Palais du Roi" ließ Friedrich II. an der Nordseite, jenseits der Straße Unter den Linden, 1748-56 für seinen zweitältesten Bruder das > Prinz-Heinrich-Palais errichten, das heute als Hauptgebäude der Humboldt-Universität genutzt wird. In der Südostecke des Platzes an der Rückseite des Opernhauses wurde 1747 mit dem Bau der katholischen St.-Hedwigs-Kirche begonnen (> St.-Hedwigs-Kathedrale), der jedoch erst 1773 vollendet werden konnte. Auf der Westseite des Platzes entstand anstelle des ursprünglich geplanten Akademiegebäudes 1775-80 die Königliche Bibliothek (> Alte Bibliothek), an die sich das 1834-37 an der Straße Unter den Linden errichtete > Alte Palais anschließt. An der Schmalseite des Gebäudes zum B. erinnert eine Gedenktafel an die auf dem Platz von den Nationalsozialisten durchgeführte *Bücherverbrennung* am 10.5. 1933. Die Südseite des B. wurde ursprünglich durch eine Wohnhauszeile begrenzt. 1887-89 errichtete Ludwig Heim dort für die Dresdner Bank ein repräsentatives Geschäftsgebäude im Stil der Neorenaissance, das später nach Westen verlängert wurde. 1923 ist es unter Verletzung des „Lindenstatuts" um zwei Geschosse aufgestockt worden. Bei der Wiederherstellung des Platzes nach dem II. Weltkrieg wurden diese Geschosse 1952 entfernt. Schräg gegenüber dem B., in der Mitte der „Linden", steht seit 1980 wieder das 1851 errichtete > Reiterdenkmal Friedrichs des Grossen von Christian Daniel Rauch.

Begrünung: Die > Senatsverwaltung für Stadtentwicklung und Umweltschutz fördert seit 1983 Begrünungsmaßnahmen zur Verbesserung der stadtökologischen Situation, der Erholungsmöglichkeiten und des Stadtbilds auch auf privaten Grundstücken. Förderungswürdig sind laut Richtlinien von 1990 die Begrünung von Innen- und Hinterhöfen, Vorgärten, Fassaden- und Brandwänden, Dächern, Gewerbeflächen und Baulücken im Zusammenhang mit Wohngebäuden, wenn sie vor 1963 erbaut wurden, mindestens sechs Wohneinheiten umfassen und in Stadtgebieten liegen, die ein hohes Defizit an öffentlichem Grün aufweisen (> Stadtgrün).

Der Antrag auf Förderung im Rahmen dieses *Hofbegrünungsprogramms* kann sowohl von den Eigentümern der Grundstücke als auch von den Mietern gestellt werden, sofern der Eigentümer mit der Begrünungsmaßnahme einverstanden ist. Zu den geförderten Maßnahmen gehören bspw. das Aufbrechen versiegelter Hofflächen, der Erhalt und Ausbau

Dachbegrünung am Paul-Lincke-Ufer

des vorhandenen Vegetationsbestandes, die Zusammenlegung mehrerer kleiner Hinterhöfe zu einem großen nutzbaren Bereich, die Pflanzung neuer Bäume, Sträucher, Blumen und Rasenflächen und die Errichtung von Sitzecken. Die Mieter oder Eigentümer bringen ihre Arbeitskraft ein, Material- und Sachkosten werden bezuschußt, und eine fachliche Beratung wird ebenfalls durch die Senatsverwaltung finanziert.
Bis Juni 1992 wurden 1.279 Projekte bewilligt, davon 255 *Dachbegrünungen* mit einer Gesamtfläche von ca. 200.000 m². Dabei lag der größte Anteil von geförderten Projekten in den Innenstadtbezirken > Kreuzberg, > Schöneberg, > Charlottenburg und > Wilmersdorf. Im Ostteil der Stadt wurden bisher 21 Projekte gefördert, wobei beabsichtigt ist, die östlichen > Bezirke in Zukunft bevorzugt zu behandeln. Eine große Anzahl von Bewilligungen ist hier aber z.Z. noch nicht möglich, da die Eigentumsverhältnisse der Grundstücke vielfach noch ungeklärt sind (> Landesamt zur Regelung offener Vermögensfragen). Für das Begrünungsprogramm stehen jährlich ca. 4 Mio. DM zur Verfügung.

Behelfsmäßiger Personalausweis: In der Periode des > Sonderstatus Berlins 1945-90 war der vom > Polizeipräsidenten in Berlin aufgrund besatzungsrechtlicher Vorschriften ausgestellte B. das Identitätspapier der deutschen Einwohner West-Berlins. Seine Grundlage war die von den Vier Mächten erlassene BK/O (46) 61 vom 24.1.1946, die später ergänzt wurde (> BK/O [BERLIN KOMMANDATURA ORDER]). Die alliierte Regelung der Personalausweis-Angelegenheiten dokumentierte den Sonderstatus der Stadt. Sichtbar kam das darin zum Ausdruck, daß das Berliner Identitätspapier – im Unterschied zu dem in der Bundesrepublik ausgestellten – den Zusatz „behelfsmäßig" trug, nicht den Bundesadler als Hoheitszeichen zeigte und auch sonst keinen Bezug auf die Bundesrepublik Deutschland oder einen Staatsnamen enthielt. Die deutschen, französischen und englischen Inschriften kennzeichneten den Inhaber lediglich als deutschen Staatsangehörigen, da die > ALLIIERTEN trotz der Teilung vom Fortbestand einer einheitlichen deutschen *Staatsangehörigkeit* ausgingen. Im > TRANSITVERKEHR und bei Einreisen in die DDR oder andere Ostblockländer galt der B. seit 1960 als ausschließliches Reisedokument. Der deutsche *Reisepaß* von West-Berlinern wurde von den DDR-Behörden und der Sowjetunion seitdem nicht mehr anerkannt. Im Ergebnis des > VIER-MÄCHTE-ABKOMMENS von 1971 konnte der Reisepaß dann – versehen mit einem Stempel, der auf seine Ausstellung im Rahmen des Abkommens hinwies – bei Reisen in die Sowjetunion wieder verwendet werden. Dieser Regelung schloß sich die DDR jedoch nicht an. Mit der deutschen > VEREINIGUNG am > 3. OKTOBER 1990 trat das Bundespersonalausweisgesetz in ganz Berlin in Kraft. Die bei den Bewohnern der östlichen Bezirke vorhandenen DDR-Ausweise gelten längstens bis zum 31.12.1995.

Behinderte: Da keine Meldepflicht besteht, gibt es keine exakten Zahlen über B. Rd. 350.000 Bürger sind als *Schwerbeschädigte* anerkannt. Ziele der Behindertenarbeit sind Integration und Normalisierung. Bei der > SENATSVERWALTUNG FÜR JUGEND UND FAMILIE wurde hierzu eine Zentrale Beratungstelle für Integration geschaffen. Beratung und Hilfen für B. bieten außerdem Beratungsstellen der Gesundheits-, Jugend- und Sozialämter in allen > BEZIRKEN, dazu solche der Sozialversicherungsträger, der Wohlfahrtsverbände und auch freier Träger (> WOHLFAHRTSPFLEGE). Schwerpunkte der Beratung ergeben sich aus der jeweiligen Zuständigkeit (z.B. > GESUNDHEITSÄMTER medizinische Hilfen, Jugendämter pädagogische Hilfen, Sozialämter Hilfen im sozialen Bereich, spezielle Verbän-

de für Blinde, Gehörlose, Multiple-Sklerose-Kranke usw.).

Für die Frühbehandlung mit dem Ziel der *Rehabilitation* gibt es neben Sonderkindertagesstätten und -schulen zunehmend Integrationskindertagesstätten und -klassen, in denen behinderte und gesunde Kinder gemeinsam betreut werden. Bei den > KINDERTAGESSTÄTTEN standen hierfür im September 1991 insg. 1.136 Plätze zur Verfügung. Die Zahl der Integrationsklassen an den Berliner Schulen lag zum Schuljahresbeginn 1991/92 bei 236 mit insg. 579 Plätzen (> SCHULE UND BILDUNG). Daneben gibt es zentrale Sonderschulen für Blinde, Gehörlose, Seh- und Hörbehinderte sowie für Sprachgestörte.

B., die auf dem allgemeinen > ARBEITSMARKT nicht einsatzfähig sind, stehen in Berlin z.Z. rd. 2.800 Arbeitsplätze in 17 *Werkstätten für Behinderte* zur Verfügung. Um die Einstellung Schwerbeschädigter zu erleichtern, gibt der > SENAT VON BERLIN Lohnkostenzuschüsse bis 80 %. Speziell um das Schicksal Schwerbeschädigter kümmert sich auch die 1987 vom Senat eingerichtete *Stiftung „Arbeit für Behinderte"*. Heime für B. (z.Z. 51 mit rd. 1.600 Plätzen) sollen nach und nach soweit möglich durch betreute Wohngemeinschaften ersetzt werden (z.Z. rd. 450 Plätze).

Das 1987 in Angriff genommene Senatsprogramm „Behindertenfreundliches Berlin" soll u.a. die Mobilität und damit die Integration B. fördern helfen, z.B. durch erleichterten Zugang zu Bahnhöfen und öffentlichen Gebäuden, behindertengerechte Ausstattung von Nahverkehrsmitteln u.a.m. Als Interessenvertretung und Koordinationsstelle auf der politischen Ebene wirkt die durch den Senat berufene > LANDESBEAUFTRAGTE FÜR BEHINDERTE, die sich im Einzelfall auch um persönliche Beratung bemüht.

Belastungsgebiet: Nach dem in den 70er Jahren geschaffenen Bundes-Immissionsschutzgesetz besteht die Möglichkeit, stark von *Luftverschmutzung* betroffene Gebiete als B. auszuweisen und für diese Gebiete Maßnahmen in einem > LUFTREINHALTEPLAN zu treffen. B. sind dabei definiert als „Gebiete, in denen Luftverunreinigungen auftreten oder zu erwarten sind, die wegen der Häufigkeit und Dauer ihres Auftretens, ihrer hohen Konzentration oder der Gefahr des Zusammenwirkens verschiedener Luftverunreinigungen in besonderem Maße schädliche Umwelteinwirkungen hervorrufen können".

West-Berlin wurde am 13.9.1976 als B. ausgewiesen. Seit der Vereinigung gilt die Ausweisung für das gesamte Stadtgebiet.

Bendlerblock: Der B. an der Stauffenbergstr. im Bezirk > TIERGARTEN (bis 20.7.1953 Bendlerstr.) ist Sitz der > GEDENKSTÄTTE DEUTSCHER WIDERSTAND (GDW). Daneben wird das weitläufige Gebäude mit einer Front zum Reichpietschufer am > LANDWEHRKANAL von einigen Behörden und privaten Unternehmen als Verwaltungsgebäude genutzt, darunter dem > BUNDESAUFSICHTSAMT FÜR DAS KREDITWESEN, dem AIDS-Zentrum des > BUNDESGESUNDHEITS-AMTS und dem > IZT INSTITUT FÜR ZUKUNFTS-STUDIEN UND TECHNOLOGIEBEWERTUNG. Für die Zukunft hat das > BUNDESMINISTERIUM FÜR VER-TEIDIGUNG sein Interesse an dem im Eigentum des Bundes stehenden Gebäude angemeldet.

Der B. wurde 1911-14 nach Plänen der Architekten Heinrich Reinhardt und Georg Süßenguth für das Reichsmarineamt und den Generalstab errichtet. Er zählt zu den letzten klassischen Bauten des Kaiserreichs. Erster Hausherr war der kaiserliche Großadmiral Alfred von Tirpitz. Im rückwärtigen Teil des B. an der heutigen Stauffenbergstr. war das kaiserliche Marinekabinett untergebracht. Nach 1918 zog das Reichswehrministerium unter dem sozialdemokratischen Minister Gustav Noske in den Prunkbau ein. Nach 1933 wurden hier die Leiter der militärischen Spitzenbehörden untergebracht: der Chef des Truppenamtes – ab 1935 – Chefs des Generalstabes, Teile des Abwehramtes (Admiral Wilhelm Canaris), Oberbefehlshaber des Heeres und Seekriegsleitung. Auch Teile des neugebildeten Oberkommandos der Wehrmacht fanden hier ihren Platz. Bis 1938 wurde der Komplex auf seine heutige Ausdehnung erweitert. Als Chef des Stabes des Allgemeinen Heeresamtes hatte Oberst Claus Graf Schenk v. Stauffenberg hier ebenso sein Dienstzimmer wie dessen Chef General Friedrich Olbricht und Albrecht Ritter Merz v. Quirnheim, die von hier aus den fehlgeschlagenen Umsturzversuch gegen Adolf Hitler vom > 20. JULI 1944 vorbereiteten und noch in der Nacht zum 21.7.1944 im Hof des Gebäudes erschossen wurden. Dort erinnert eine Ehrentafel und ein Denkmal an die ermordeten Offiziere und die anderen Opfer. 1968 wurde im B. erstmals eine kleine, ausschließlich dem 20. Juli gewidmete Ausstellung eröffnet. 1980 wurde der Ehrenhof in seiner heutigen Form gestaltet. Von 1983-89 entstand in den historischen Räumen die GDW (> WIDERSTAND).

Bereitschaftspolizei (Bepo): 1951 wurde in Berlin (West) eine B. errichtet, die in drei Abteilungen (je ca. 1.000 Beamte) mit je fünf Bereitschaften gegliedert war. Diese in geschlossenen Unterkünften untergebrachten Ausbildungsabteilungen dienten der > POLI-ZEI als Einsatzreserve; ihr Einsatz war nur mit Genehmigung des jeweiligen alliierten Sektorkommandanten zulässig. Ab 1955 wurde die Bepo bei Großveranstaltungen, Staatsbesuchen, später bei Demonstrationen sowie bei den Einsatzkommandos eingesetzt. Mit der Polizeireform wurden aus der B. am 26.9.1974 die Geschlossenen Einheiten gebildet, die keine Ausbildungsaufgaben mehr hatten. Bis zur Vereinigung der Polizei am 1.10.1992 gab es bei jeder der fünf Polizeidirektionen eine Einsatzabteilung (EA). 1987 wurde zusätzlich eine Einsatzbereitschaft für besondere Lagen und einsatzbezogenes Training aufgestellt, die jedoch, wegen teilweise zu harten Einsätzen, u.a. in Wackersdorf, und entsprechender öffentlicher und interner Kritik etwa 2 1/2 Jahre später wieder aufgelöst wurde.

Bis zur Vereinigung behielten sich die Westalliierten ein Zugriffsrecht auf die geschlossenen Einheiten vor. Die Einsatzabteilungen waren integraler Bestandteil der > SCHUTZ-POLIZEI, deren Einsätze die Landespolizeidirektion steuerte und deren Stärke am 1.10.1990 ca. 3.000 Beamte betrug. Aber 1992 gab es in Berlin wieder zwei Bepo-Abteilungen mit je 1.500 Beamten, die zur zentralen Direktion ÖS/SV gehören. Ihre Aufgaben sind Einsätze bei besonderen Anlässen durch Geschlossene Einheiten zur Unterstützung der Direktionshundertschaften (DHu), aber auch Unterstützungseinsätze im täglichen polizeilichen Dienst. Bei jeder Direktion ist eine DHu in Stärke von etwa 160 Beamten eingerichtet worden, die die EA ersetzen.

In Ost-Berlin gab es wie in der DDR seit Ende 1954 ebenfalls eine Bepo. Zunächst war sie dem *Ministerium für Staatssicherheit (MfS)*, seit dem 15.2.1957 dem Ministerium des Inneren (MdI) unterstellt. Am 27.6.1962 wurde die Ost-Bepo aufgelöst und ging teilweise in der *Grenzpolizei* auf, bzw. wurde in Berlin dem Präsidenten der Volkspolizei Berlin als 17.-19. VP-Bereitschaften mit ca. 450 Mann unterstellt. Sie hatten Sicherheits- und Ordnungsaufgaben in geschlossenen Einheiten, z.B. bei Großveranstaltungen, wurden aber auch bspw. zu Arbeitseinsätzen während des 18 Monate dauernden Grundwehrdienstes in Braunkohlekombinaten eingesetzt.

Berge: Der tiefste Punkt Berlins liegt knapp 30 m, der höchste 115 m über NN, damit ergibt sich im Stadtgebiet eine Reliefenergie von 85 m. Berlins natürliche B. sind zumeist Stau- und Endmoränen im eiszeitlichen Urstromtal des Zusammenflusses von > SPREE und > HAVEL (> WARSCHAU-BERLINER URSTROMTAL). Im Norden wird das Tal durch die Hochfläche des > BARNIM mit Höhen bis 60 m, im Süden durch den > TELTOW mit Höhen bis 55 m über NN begrenzt. Auch die Kanten dieser Hochflächen wirken teilweise wie B. und sind heute noch im Stadtbild erkennbar (z.B. Laubacher Str.; > VIKTORIAPARK; > CHAMISSOPLATZ; Spandauer Damm; > SCHILLERPARK; > LAGE UND STADTRAUM).

Die höchsten natürlichen Erhebungen im Bereich der stark ausgeprägten Stauchendmoränen sind die > MÜGGELBERGE im Südosten (115 m), die *Stolper B.* (96 m) und der *Schäferberg* (103 m) im > DÜPPELER FORST sowie der *Dachsberg* (61 m), der *Karlsberg* (79 m) und der *Havelberg* (97 m) im Westteil des Forsts > GRUNEWALD. Die *Helle Berge* bei > GATOW haben eine Höhe von 75 m. Im > TEGELER FORST erreicht der *Ehrenpfortenberg* – benannt nach einer Ehrenpforte anläßlich der Beisetzungsfeiern für den Großen Kurfürsten (1640-88) – 69 m. Der *Kreuzberg* (66 m), markiert einen Vorsprung des Teltow, gleiches gilt für den 52 m hohen *Falkenberg* im Treptower Ortsteil Altglienicke. An den *Kanonenbergen* (80 m) südöstlich von > KÖPENICK sind die durch das Inlandeis steil aufgerichteten Sedimente zu erkennen. Wie der gleichfalls im > KÖPENICKER FORST gelegene *Seddinberg* (63 m) und die östlich davon gerade außerhalb der Stadtgrenzen gelegenen *Gosener Berge* (82 m) sind auch sie Reste von Stauchendmoränen. Bei > WILHELMSHAGEN im Bezirk Köpenick befinden sich die *Püttberge* (69 m), die *Grenzberge* (50 m) und der *Eichberg* (56 m); sie bilden einen 4 km langen spät- und postglazialen Höhenzug, der zu den mächtigsten Sanddünen in Brandenburg zählt.

Neben den natürlichen B. gibt es in Berlin zahlreiche künstliche Erhebungen, die zum größten Teil aus Trümmerschutt oder Müllablagerungen entstanden sind, und die natürlichen B. vielfach an Höhe übertreffen (>

TRÜMMERBERGE; Mülldeponien). Schließlich sind noch die im Rahmen der Bundesgartenschau 1985 entstandenen, bis zu 19 m Höhe über Geländeniveau erreichenden Aufschüttungen auf dem Areal des > BRITZER GARTENS zu nennen, die allerdings allein landschaftsgestalterischen Zwecken dienen (> BUNDESGARTENSCHAU).

Natürliche Berge in Berlin

Höhe über NN in m:		Lage:
Müggelberge	115	Köpenicker Forst
Schäferberg	103	Düppeler Forst
Havelberge	97	Nikolassee
Stolper Berge	96	Düppeler Forst
Stener Berg	83	Buch
Kanonenberge	80	Köpenick
Karlsberg	79	Grunewald
Helle Berge	75	Gatow
Ehrenpfortenberg	69	Tegeler Forst
Püttberge	69	Wilhelmshagen
Böttcher Berg	66	Düppeler Forst
Kreuzberg	66	Kreuzberg
Ahrensfelder Berge	65	Marzahn
Apolloberg	65	Schulzendorf
Seddinberg	63	Müggelheim
Teichberg	63	Karow
Murellenberg	62	Pichelsberg
Dachsberg	61	Grunewald
Fuchsberge	60	Kladow
Rollberg	59	Rosenthal
Baumberge	55	Heiligensee
Karolinenhöhe	53	Spandau
Falkenberg	52	Altglienicke
Grenzberge	50	Wilhelmshagen

BERKOM: Das Berliner Kommunikationssystem BERKOM ist ein Förderprojekt der DEUTSCHEN BUNDESPOST – *Telekom* in Zusammenarbeit mit dem > SENAT VON BERLIN. Ziel des Projekts ist die Förderung und Entwicklung von Anwendungen, Diensten und Endsystemen für integrierte Sprach- und Datennetze auf Basis der Glasfasertechnik. Aufgrund der guten lokalen Infrastruktur auf diesem Gebiet wurde das Projekt in Berlin angesiedelt. Ursprünglich auf sechs, dann auf sieben Jahre (bis Ende 1992) befristet, wird das Projekt laut einem entsprechenden Beschluß des Telekom im Rahmen der bisherigen Aufgabenstellung unbefristet weitergeführt werden.

Vorläufer von B. war das Projekt *Bigfon*, ein breitbandiges, integriertes Fernmeldeortsnetz, in dem in sechs deutschen Städten, dar-

unter auch Berlin, die grundsätzliche Tauglichkeit des ISDN-Prinzips (ISDN = Integrierte Sprach- und Daten-Netze) unter Anwendung der Glasfasertechnik getestet wurde.
Bisher getrennte Kommunikationsvorgänge
wie Telefon, Telex, Übermittlung von Daten,
Fernsehbildern und Bildferngesprächen wurden dabei erstmals auf einer Leitung übertragen. Auftraggeber war die Deutsche Bundespost.
BERKOM knüpft an die Arbeit von BIGFON an.
Insbes. werden Ergebnisse für die weltweite
Standardisierung der digitalen Informations-
übertragung erwartet. Schwerpunkte der
Forschungs- und Entwicklungsarbeiten sind
Modelle für anwendungsorientierte Tele-
kommunikationsdienste (z.B. Bildfernspre-
chen, Videokonferenzen, Fernsehen mit höherer Bildauflösung), für rechnergestützte
Datenkommunikationsdienste (Zugriff auf
Hochleistungsrechner, künstliche Intelligenz,
komplexe Graphik) und für besondere Ent-
wicklungen in den Anwendungsbereichen
Bürokommunikation, Medizin, Tele-Publi-
shing, Stadtplanung und Computer Integrated Manufacturing (CIM).
Das Breitband-Testnetz besteht aus drei
ISDN-Breitband-Vermittlungseinrichtungen.
Im Bereich Berlin ist ein Netz von 50 Glas-
faserkilometern verlegt, an das sowohl wissenschaftliche Einrichtungen (etwa die >
TECHNISCHE UNIVERSITÄT BERLIN oder das >
BUNDESANSTALT FÜR MATERIALFORSCHUNG UND -
PRÜFUNG) als auch Wirtschaftsunternehmen
(u.a. Daimler-Benz und die Dresdner Bank)
angeschlossen sind. Insgesamt hat BERKOM
z.Z. rd. 100 Teilnehmeranschlüsse. Das Test-
netz hat keine Übergänge in das öffentliche
Übertragungsnetz. Durchführung und Projektleitung liegt bei der Deutschen Telepost
Consulting GmbH (DETECON), einer Tochter
der Telekom. Die Gesamtkosten für BERKOM
betragen bis Ende 1992 rund 300 Mio. DM,
die von den Auftraggebern und von der Industrie getragen werden.
Als Teilprojekt von B. wurde im November
1988 das *Breitband-Informationssystem (BIS)* in
Betrieb genommen. Dieses Stadt-Informa-
tionssystem *Berlin-Info* bietet Informationen
über Geschichte, Politik, Wirtschaft und Kultur Berlins. Momentan wird das System technisch überarbeitet. Ab Herbst 1992 soll BIS in
neuer Qualität an 20 herausragenden öffentlichen Stellen angeboten werden, wobei die
Informationen kostenlos von jedermann abgerufen werden können.

Berlin-Beauftragte der deutschen Industrie:
Die Institution der B. wurde 1974 auf Anregung des damaligen Bundeskanzlers Helmut
Schmidt geschaffen, um der Berliner > WIRT-
SCHAFT nach der durch das > VIER-MÄCHTE-AB-
KOMMEN von 1971 stabilisierten politischen Situation neue Impulse zu verleihen. Auf einer
Konferenz führender Wirtschaftsvertreter
mit dem Bundeskanzler im > SCHLOSS BELLE-
VUE kamen die Beteiligten überein, in den
großen deutschen Unternehmen – auch in denen mit maßgeblicher Bundesbeteiligung –
zunächst 40 Vorstandsmitglieder oder Mitarbeiter auf Vorstandsebene zu ernennen, die
bei Entscheidungen über Investitionen oder
Beschaffungen eine Einbeziehung des Wirt-
schaftsstandorts Berlin gewährleisten sollten.
Darüber hinaus verstand sich der Kreis der
B. als allgemeines Dialogforum von Wirtschaft, Verbänden und Politik in allen den
Wirtschaftsstandort Berlin betreffenden Fragen.
Insg. haben sechs Treffen der B. stattgefunden (1974, 1975, 1978 [mit dem > BUNDESPRÄSI-
DENTEN], 1982, 1984 und 1988, wobei ihre Zahl
auf 70 anwuchs. Beim letzten Treffen (mit
dem Bundeswirtschaftsminister) wurden u.a.
auch Projektgruppen für eine Verbesserung
der Beziehungen zwischen den > EUROPÄI-
SCHEN GEMEINSCHAFTEN (EG) und dem Rat für
gegenseitige Wirtschaftshilfe (RGW) gebildet. Im Rahmen dieser Zielsetzung wurde
gleichzeitig die Errichtung einer Außen-
handelsakademie in Berlin beschlossen,
die heutige > OSTWESTWIRTSCHAFTSAKADEMIE.
Nachdem durch die > VEREINIGUNG die besonderen Standortbedingungen Berlins aufgehoben waren, wurde die Runde der B. am
17.10.1991 im Rahmen eines Festakts im >
KRONPRINZENPALAIS durch den Bundeswirtschaftsminister verabschiedet.

Berlinbevorratung: Die bis zum Tag der >
VEREINIGUNG, dem > 3. OKTOBER 1990 bestehende B. für West-Berlin beinhaltete die
durch das Land Berlin als *Senatsreserve* und
durch den Bund als *Bundesreserve* zu gewähr-
leistende Vorratshaltung an allen lebenswichtigen Gütern. Diese weltweit einmalige
längerfristige Bevorratung einer Großstadt
ging auf die besondere geopolitische Lage
der Stadt nach 1945 und die im Zuge des
Kalten Krieges entstandene äußere Bedrohung zurück (> GESCHICHTE; > SONDERSTATUS
1945-90). Unmittelbarer Anlaß zu ihrer Errichtung war v.a. die Erfahrung der > BLOK-

KADE von 1948/49, während der die Versorgung West-Berlins für elf Monate nur mit Hilfe einer > LUFTBRÜCKE gesichert werden konnte. Bis 1980 mußte die Bevorratung der Stadt je nach Artikel für die Dauer eines halben bzw. eines ganzen Jahres, danach – außer für Kohle, für die weiterhin ein Jahresvorrat bereitgehalten werden mußte – einheitlich für die Dauer von sechs Monaten gesichert sein.

Am 15.8.1949 hatte die > ALLIIERTE KOMMANDANTUR dem in den Westsektoren tagenden > MAGISTRAT die Verantwortung für die Beschaffung, Verbreitung und Rationierung von Lebensmitteln in Berlin übertragen und eine Verordnung zur Bildung von Reserven von nichtverderblichen Lebensmitteln und Kohle für die Versorgung über fünf Monate erlassen. In den 50er Jahren übernahm der „Ausschuß für die Berlinbevorratung", kurz „Berlin-Ausschuß", die Zuständigkeit für die B. Dieses nach dem Konsensprinzip handelnde Gremium vereinigte unter alternierendem Vorsitz gleichberechtigt Vertreter der > ALLIIERTEN, der Bundesregierung, insbes. des > BUNDESMINISTERS DER FINANZEN, und des > SENATS VON BERLIN. Aus Zweckmäßigkeitsgründen wurde je nach Warenart die Durchführung der B. zwischen dem Bund und dem Land Berlin aufgeteilt, so daß Senatsreserve und Bundesreserve koordiniert nebeneinander bestanden. Von seiten des Senats war die > SENATSVERWALTUNG FÜR WIRTSCHAFT für die Senatsreserve, seitens der Bundesregierung die dem > BUNDESMINISTER FÜR ERNÄHRUNG, LANDWIRTSCHAFT UND FORSTEN untergeordnete Bundesanstalt für landwirtschaftliche Marktordnung für die Bundesreserve zuständig.

Während die Erstausstattung an Waren vom Bund mit Hilfe eines unverzinslichen Bundesdarlehens finanziert wurde, mußten die jährlich um 100 Mio. DM schwankenden Unterhaltskosten (1988 bspw. 84 Mio. DM) vom Land getragen werden. Im Haushalt des Landes Berlin war dafür ein eigener Titel vorgesehen (> HAUSHALT UND FINANZEN). Allerdings war der Bund aufgrund des Deutschlandvertrags vom 5.5.1955 gehalten, diese Kosten bei der Bemessung der > BUNDESHILFE für Berlin zu berücksichtigen. Der Unterhalt der Bundesreserve verursachte noch einmal Kosten etwa in der gleichen Größenordnung.

Der Wert der eingelagerten Waren wurde insg. auf etwa 2 Mrd. DM geschätzt. Lagerhaltung und Verwaltung beschäftigten etwa 200 Personen. Die rd. 250 Lagerstätten, von denen sich die größte auf dem Gelände der > BERLINER HAFEN- UND LAGERHAUS-BETRIEBE am > WESTHAFEN befand, waren über das gesamte West-Berliner Stadtgebiet verteilt. Häufig wurden private Gewerberäume mitgenutzt. Die Standorte wie auch die Mengen der 500-1.000 in einer 16seitigen Warenliste katalogisierten Versorgungsgüter, die alle Lebensbereiche der Stadt abdeckten, wurden geheim gehalten. So wurden bspw. nichtverderbliche Lebensmittel, Getreide, feste und flüssige Brennstoffe, Bekleidung und sogar Zahngold oder Fahrräder eingelagert. Insbes. die Lebensmittel wurden in regelmäßigen Abständen ausgetauscht und dem > EINZELHANDEL zum Verkauf angeboten.

Noch 1989 wurden 400.000 t einer an der Staakener Str. in > SPANDAU lagernden Kohlenreserve wegen des dortigen Bedarfs an Gewerbeflächen in eine Sandgrube bei > KLADOW umgelagert. Im Zuge der sich abzeichnenden Vereinigung wurden dann ab Sommer 1990 die ersten Posten der B. abgebaut, und am 4.10.1990 begann ihre planmäßige Auflösung. Der größte Teil der Lebensmittel aus der Bundesreserve mit einem Einstandswert von ca. 400 Mio. DM sowie aus der Senatsreserve (166 Mio. DM) ging im Verlauf des ersten Halbjahrs 1991 als humanitäre Hilfe an die Sowjetunion, die restlichen Posten wurden kommerziell verwertet.

Berlin Document Center (BDC): Im 1945 von den USA eingerichteten BDC am Wasserkäfersteig 1 im Bezirk > ZEHLENDORF lagern über 20 Mio. Akten aus der Zeit der nationalsozialistischen Herrschaft. Das BDC ist damit eines der größten Personenarchive in der Bundesrepublik Deutschland (> ARCHIVE). Es umfaßt zahlreiche biographische Einzelsammlungen, darunter die Mitgliederkartei der NSDAP, große Teile der Personalakten von SS, SA sowie anderen NS-Organisationen, etwa der Reichskulturkammer, des Oberreichsanwalts beim > VOLKSGERICHTSHOF und verschiedener Gestapo-Dienststellen. Das BDC diente als eine wichtige Quelle für die Nürnberger Kriegsverbrecherprozesse sowie alliierten und später auch westdeutschen Dienststellen als Grundlage für die Sicherheitsprüfung vieler Deutscher. Außerdem ist es eine bedeutende Quelle der Zeitgeschichtsforschung. Das BDC ist nicht allgemein zugänglich. Auskünfte werden nur an Behörden und Gerichte sowie für wissenschaftliche Zwecke erteilt. Z.Z. ist das durch Bundeshaushaltsmittel finanzierte BDC mit seinen 50 Mitarbeitern noch unter amerikanischer Verwaltung. Im Zuge der > VEREINIGUNG soll die Einrichtung etwa Ende 1994 in das > BUNDESARCHIV eingegliedert werden.

Berliner Aufbauprogramm: Das B. war ein aus Mitteln des > EUROPEAN-RECOVERY-PROGRAMMS (ERP) und des Bundes finanziertes Hilfsprogramm zur Beseitigung der Kriegsschäden und zur Sicherung der Versorgung der Berliner Bevölkerung. Die im Rahmen des 1947 verkündeten Marshall-Plans für Europa entwickelten, im B. zusammengefaßten Unterstützungen für Berlin konnten jedoch erst nach Beendigung der > BLOCKADE im Mai 1949 einsetzen und erstreckten sich aufgrund

Berliner Aufbauprogramm im Bezirk Schöneberg 1952

der 1948 vollzogenen > SPALTUNG der Stadt nur auf Berlin (West). Sie konzentrierten sich im wesentlichen auf drei große Aufgabenbereiche:
1. Das *Notstandsprogramm* zielte zunächst ab auf die Enttrümmerung der Stadt sowie die Wiederherstellung von Grünflächen durch den Einsatz von Arbeitslosen (1950: 300.000). Monatlich wurden 20 Mio. DM nach Berlin vergeben, um 50.000 Arbeitslose für 44 DM in der Woche zu beschäftigen. Da die Sowjetunion das Verbringen der Trümmer in ihre Zone verbot, mußte der Schutt, sofern er nicht zu neuen Baustoffen verarbeitet werden konnte, innerhalb des Stadtgebietes gelagert werden. So entstanden im Westteil der Stadt sieben gewaltige > TRÜMMERBERGE, die nach Beendigung der Enttrümmerung landschaftsgärtnerisch gestaltet und in Parkanlagen umgewandelt wurden. In Ost-Berlin entstanden vier derartige Trümmerberge. Einarbeitungszuschüsse und Sonderprogramme für Angestellte (41 % der Arbeitslosen) dien-

ten gleichfalls der Behebung der Arbeitslosigkeit. In der Folgezeit erstreckte sich das B. auf alle Anlagen des sozialen > WOHNUNGSBAUS sowie zahlreiche Sozial- und Industriebauten. Kleine Plaketten an den Gebäuden weisen auf ihre Errichtung im Rahmen des B. hin.
2. Aus dem *Investitionsprogramm* erhielten zunächst die Großbetriebe der Elektroindustrie und des Maschinenbaus sowie die öffentlichen Versorgungsbetriebe Förderungsmittel mit dem Ziel, Dauerarbeitsplätze zu schaffen. Dabei erwies sich der Mangel an Eigenkapital als ein wesentliches Hindernis, zu dessen Beseitigung ein Eigenkapitalfinanzierungsplan (EKF-Programm) aufgelegt wurde. Von Bedeutung war auch die Ansiedlung von für Berlin neuen Produktionen, wie z.B. Teppiche, Damenoberbekleidung, Strümpfe, Kunststoffe, Papier und Pappe.
3. Bereits 1950 hatte der > DEUTSCHE BUNDESTAG Berlin zum Notstandsgebiet erklärt, mit der Maßgabe, Berliner Betriebe bei öffentlichen Aufträgen zu bevorzugen. Ergänzt wurde diese Maßnahme der > BERLINFÖRDERUNG durch das Auftragsfinanzierungsprogramm, das für zusätzliche Aufträge Finanzierungsbeihilfen in Form von Krediten – 60 % ERP-Mittel, 40 % verbürgte Bankkredite – vorschuß. Diese Mittel kamen v.a. der fernmeldetechnischen, Waggonbau- und Werftindustrie zugute. Gleichfalls aus ERP-Mitteln wurde die Gründung der Berliner Absatzorganisation (BAO) finanziert (> BAO BERLIN – MARKETING SERVICE GMBH). Auch Ost-Berlin hat in der Nachkriegszeit durch die Länder der DDR (ab 1952 Bezirke) vielfältige Aufbauhilfen erhalten, die u.a. im Rahmen des 1953 ausgerufenen > NATIONALEN AUFBAUWERKS (NAW) abgewickelt wurden.

Berliner Außenring: Der B. ist ein in seinem ersten Abschnitt (Wustermark-Wildpark) bereits 1902 begonnener, 122 km langer Eisenbahnring um Berlin, der die elf radial auf das Stadgebiet zuführenden Fernbahnlinien in einer Entfernung von 10 (> LICHTENBERG) bis 30 km (Potsdam) vom Stadtzentrum miteinander verbindet (> EISENBAHN). Als weitere Abschnitte folgten Wildpark – Seddin (1908), Seddin – Saarmund (1918), Saarmund – Großbeeren (1926) und Großbeeren – > LICHTENRADE – > BOHNSDORF – > KAROW (1936-43). Bis Kriegsende waren damit etwa zwei Drittel der zunächst nur für den Güterverkehr bestimmten Strecke fertiggestellt.

Nach anfänglichen umfangreichen Demontagen durch die sowjetische Besatzungsmacht begann die > DEUTSCHE REICHSBAHN (DR) im Herbst 1948 mit dem Wiederaufbau, als die > SOWJETISCHE MILITÄRADMINISTRATION IN DEUTSCHLAND sich angesichts der > BLOCKADE West-Berlins von den durch die westlichen > SEKTOREN führenden Eisenbahnstrecken unabhängig machen wollte. 1950-55 erfolgte der Lückenschluß zwischen Karow und Wustermark im Norden. 1950/51 wurde im Süden zur Umgehung des hier von der Bahnstrecke geschnittenen West-Berliner Stadtgebiets bei Lichtenrade und > RUDOW eine neue, ca. 18 km lange Parallelstrecke gebaut. 1955-56 folgte eine Verkürzung der Vorkriegsstreckenführung im Südwesten zwischen Saarmund und dem Potsdamer Hauptbahnhof mit einer 1,2 km langen Querung des Templiner Sees.
Bereits ab 1951 konnten über den B. alle Berlin anfahrenden Fernzüge ohne Benutzung der West-Berliner Bahnanlagen zum Ostbahnhof (heute > HAUPTBAHNHOF) oder zum > BAHNHOF LICHTENBERG geführt werden. Lediglich die „Transitzüge" zwischen West-Berlin und dem Bundesgebiet wurden weiterhin über die > STADTBAHN geführt. 1970 war der zweigleisige Ausbau des B. abgeschlossen. 1983-85 wurde er im Rahmen eines zentralen Jugendobjekts der Freien Deutschen Jugend (FDJ) elektrifiziert. Da das nach der > VEREINIGUNG von der DR und dem > SENAT VON BERLIN im Rahmen der Bundesverkehrswegeplanung entwickelte Eisenbahnkonzept sowohl die Ost-West- wie die Nord-Süd-Fernverbindungen über ein Achsenkreuz durch die Berliner Innenstadt leiten will, wird sich die Bedeutung des B. in Zukunft wieder stärker auf den Güter- und Regionalverkehr konzentrieren.

Berliner Congress Center (BCC): Das moderne Kongreßhotel am > MÄRKISCHEN UFER 54 im Bezirk > MITTE wurde in seiner jetzigen Form im Juni 1990 von seiner Betreibergesellschaft „Congress Center Märkisches Ufer GmbH" eröffnet. Das Angebot des Hauses ist in drei Bereiche gegliedert. Der Kongreßbereich umfaßt den mit modernster Kommunikationstechnik ausgestatteten Kongreßsaal für 350 Personen, ein vielseitig nutzbares Foyer-Restaurant mit 320 Plätzen sowie zehn weitere Tagungsräume unterschiedlicher Größe für 15-120 Personen. Das Hotel des BCC mit internationalem Niveau verfügt

über 105 Zimmer mit einer Kapazität von insg. fast 200 Übernachtungsplätzen. Der Gaststättenbereich umfaßt vier Restaurants (Hotelrestaurant, Salon, Wintergarten mit Terrasse, Bierbar), in denen insg. ca. 300 Gäste Platz finden. Dazu kommt der im Sommer bewirtschaftete Biergarten vor dem BCC. Die Einrichtung finanziert sich ausschließlich durch eigene Einnahmen und wird z.Z. von monatlich ca. 8.000 Kongreßteilnehmern frequentiert.
Das moderne Gebäude mit einer Fassade aus getöntem Glas und Beton wurde 1984-88 nach Plänen der Architekten Norbert Schmidt und Jens Ebert als Sitz des Bundesverbandes des ehem. Freien Deutschen Gewerkschaftsbundes (FDGB) erbaut. Es war der letzte fertiggestellte repräsentative Großbau der DDR. Der siebengeschossige mittlere Teil enthält den Beratungs- und Konferenztrakt, die beiden sechsgeschossigen Seitenflügel nehmen die anderen Bereiche auf, wobei der Seitenflügel an der Brückenstr. mit einem zusätzlichen, zurückgesetzten Dachgeschoß versehen ist. Bei der Gestaltung wurde versucht, den Komplex in die städtebauliche Ecksituation einzufügen und den historischen Nachbarbauten anzupassen. Schon unmittelbar nach der Wende – zunächst noch unter Verantwortung des FDGB – wurde mit der Umwandlung in ein Kongreßzentrum begonnen. Mit der Auflösung des FDGB im Frühjahr 1990 erfolgte dann die Privatisierung.

Berliner Datenschutzbeauftragter: Der B. ist eine seit dem 1.11.1979 bestehende unabhängige oberste Landesbehörde zur Kontrolle der Vorschriften über den Datenschutz bei Behörden und öffentlichen Einrichtungen Berlins. Ausgenommen sind die Gerichte, soweit sie nicht in Verwaltungsangelegenheiten tätig werden. Der B. hatte 1991 18 Mitarbeiter, sein Sitz ist in der Hildegardstr. 29/30 im Bezirk > WILMERSDORF.
Der Leiter der Behörde wird auf Vorschlag des > SENATS VON BERLIN für jeweils fünf Jahre vom > ABGEORDNETENHAUS VON BERLIN gewählt und untersteht nur der Dienstaufsicht des *Präsidenten des Abgeordnetenhauses*. Der B. erstattet dem Abgeordnetenhaus jährlich einen Bericht über seine Tätigkeit. Rechtsgrundlage ist das Gesetz zum Schutz personenbezogener Daten in der Berliner Verwaltung in der Fassung vom 17.12.1990, zuletzt geändert durch Gesetz vom 11.12.1991.

Zu den Aufgaben des B. gehört es, Gutachten und Stellungnahmen insbesondere zu Gesetzesentwürfen abzugeben. Er überprüft systematisch die Wahrung des Datenschutzes, z.B. bei den > EIGENBETRIEBEN VON BERLIN, den städtischen > KRANKENHÄUSERN und den > UNIVERSITÄTSKLINIKEN sowie der > POLIZEI. Er berät die Verwaltung, u.a. bei der Einführung neuer automatisierter Verfahren. Die amtsinterne Kontrolle der Datenverarbeitung erfolgt durch die jeweiligen behördlichen Datenschutzbeauftragten. Aufgaben gegenüber dem Bürger sind die Wahrung des informationellen Selbstbestimmungsrechts, etwa Verfolgung von Eingaben, sowie die Information des Bürgers über seine Rechte und Pflichten beim Umgang mit personenbezogenen Daten.

Nicht zuständig ist der B. für die Überwachung der Datenverarbeitung im privaten Bereich, etwa bei privaten Versicherungsgesellschaften und Banken. Hierfür ist nach dem Bundesdatenschutzgesetz die Aufsichtsbehörde für den Datenschutz, in Berlin die > SENATSVERWALTUNG FÜR INNERES, zuständig. Darüber hinaus schreibt das Bundesdatenschutzgesetz die Bestellung von weisungsunabhängigen betrieblichen Datenschutzbeauftragten vor.

Bei Verstößen gegen den Datenschutz kann der B. eine förmliche Beanstandung aussprechen, er kann hierüber dem Parlament oder dem betreffenden Ausschuß berichten. Er hat, wie der Betroffene, das Recht, einen Strafantrag zu stellen. Seit der > VEREINIGUNG ist der B. auch für die Kontrolle der Datenverarbeitung im Ostteil Berlins zuständig. Die bisherigen B. waren Hans-Joachim Kerkau (1.11.1979-30.11.1989) und (seit dem 1.12.1989) Hansjürgen Garstka.

Berliner Durchreise: Die seit 1837 bestehende B. ist die älteste deutsche Modemesse der Damenoberbekleidungsindustrie. Heute hat sie jedoch lediglich noch regionale Bedeutung. Veranstalter der zweimal jährlich jeweils im Frühjahr und Herbst durchgeführten B. ist die Berliner Mode-Messe GmbH mit Sitz in der Marburger Str. 3 im Bezirk > CHARLOTTENBURG. 1991 präsentierten rd. 50 Berliner Konfektionsbetriebe ihre Kollektionen in firmeneigenen Räumen.

Berliner Elektronenspeicherring-Gesellschaft für Synchrotronstrahlung mbH (BESSY): Die B. an der Lentzeallee 100 im Bezirk > WILMERSDORF wurde 1979 gegründet. Sie stellt Synchrotronstrahlung (elektromagnetische Strahlung in einem weiten Spektralbereich) für die Forschung auf den Gebieten der Halbleitertechnik (insbes. der Mikroelektronik), der Metrologie und für die Grundlagen- sowie die angewandte Forschung, v.a. in Physik, Chemie und Medizin, zur Verfügung. Zu diesem Zweck betreibt die B. einen 800 MV Elektronenspeicherring mit der dazugehörigen Peripherie. Die Anlage besteht im wesentlichen aus dem Vorbeschleuniger (Mikrotron), dem Beschleuniger (Synchrotron), dem zentralen Elektronenspeicherring mit einem Durchmesser von 20 m, den Strahlrohren und den Experimentierplätzen mit ihren speziellen Aufbauten. Seit Juli 1982 steht die B. allen interessierten Wissenschaftlern und Einrichtungen zur Nutzung zur Verfügung. Sie wird u.a. von der Industrie, der > PHYSIKALISCH-TECHNISCHEN BUNDESANSTALT, von der > MAX-PLANCK-GESELLSCHAFT ZUR FÖRDERUNG DER WISSENSCHAFTEN e.V. (MPG), der > FREIEN UNIVERSITÄT BERLIN, der > TECHNISCHEN UNIVERSITÄT BERLIN, der > HUMBOLDT-UNIVERSITÄT ZU BERLIN sowie von über 50 weiteren Universitätsgruppen und anderen wissenschaftlichen Einrichtungen aus dem In- und Ausland genutzt. Ein Teil der Forschung wird durch den > BUNDESMINISTER FÜR FORSCHUNG UND TECHNOLOGIE im Rahmen der Verbundforschung sowie durch Förderprogramme der > EUROPÄISCHEN GEMEINSCHAFTEN unterstützt.

Geplant ist der Bau eines neuen Elektronenspeicherrings (BESSY II) als Hochbrillanz-Synchrotronlichtquelle mit mehr als dreifachem Umfang und fast doppelter Elektronenenergie (1,7 GeV) auf einem ehemals zur 1991 aufgelösten > AKADEMIE DER WISSENSCHAFTEN DER DDR gehörenden Gelände in > ADLERSHOF.

Gesellschafter der B. sind zu je 50 % die Industrie sowie Einrichtungen der Grundlagenforschung (MPG, > HAHN-MEITNER-INSTITUT, > FRAUNHOFER-GESELLSCHAFT ZUR FÖRDERUNG DER ANGEWANDTEN FORSCHUNG E.V. und Deutsches Elektronensynchrotron DESY). Die sich aus eigenen Einnahmen finanzierende B. hat 75 Mitarbeiter, davon ca. ein Drittel Wissenschaftler.

Berliner Ensemble: Das 1949 von Bertolt Brecht und seiner Frau, der Schauspielerin Helene Weigel, gegründete B. am *Bertolt-Brecht-Platz* 1 im Bezirk > MITTE war zu Zeiten der DDR eines der berühmtesten, auch international renommierten Theater Ost-Berlins. Im Zuge der > VEREINIGUNG wurde es im Oktober 1990 vom Land Berlin übernommen und soll in eine private GmbH überführt werden. Das Haus, das im Parkett und auf zwei Rängen über 680 Plätze, auf der Probebühne über 100 Plätze verfügt, wird seit 1991

Berliner Ensemble

von einem Fünfer-Direktorium geleitet, dessen erster Sprecher Peter Palitzsch ist. Mitte 1992 waren die mit der > SENATSVERWALTUNG FÜR KULTURELLE ANGELEGENHEITEN (SENKULT) geführten Verhandlungen über die geplante GmbH-Gründung noch nicht abgeschlossen. Das B. pflegt neben den Stücken Brechts die Klassiker und die zeitgenössische Dramatik. 1991 zählte das Ensemble 60 feste Schauspieler. In der Saison 1990/91 standen 19 Stücke auf dem Spielplan, die in 257 Aufführungen (Probebühne 41) von insg. ca. 89.000 (Probebühne ca. 1.900) Zuschauern gesehen wurden. In der vorangegangenen Saison gab das B. Gastspiele in Leverkusen, Ludwigshafen und Schweinfurt. Durch den Verkauf der Karten und andere Eigeneinnahmen (Kostümverleih, Garderobe, Programmverkauf) deckt das Theater 8,2 % seiner Kosten, 86 % trägt die SenKult.
Die Anfänge des B. liegen im > DEUTSCHEN THEATER, an dem der damalige Intendant Wolfgang Langhoff Brecht und Weigel nach ihrer Rückkehr aus dem Exil das Gastrecht angeboten hatte. Die dortige Uraufführung von „Mutter Courage und ihre Kinder" in der Inszenierung von Brecht und Erich Engel am 11.1.1949 kann als Geburtsstunde des B. angesehen werden. Bis 1953 brachten Brecht und Weigel ihre Stücke am Deutschen Theater heraus, bevor sie 1954 ihr eigenes, von nun an gemeinsam geleitetes Haus am heutigen Bertolt-Brecht-Platz erhielten. Nach

Brechts Tod am 14.8.1956 leitete Helene Weigel bis zu ihrem Tod 1971 das B. Ihr folgte von 1971-77 die mit Operninszenierungen erfolgreiche Ruth Berghaus. Im April 1977 übernahm der Brecht-Assistent und Regisseur des B., Manfred Wekwerth, die Intendanz des B. Spätestens seit dieser Zeit geriet das Theater zunehmend in die Krise, nicht zuletzt durch die starre, zuweilen dogmatische Auslegung des Epischen Theaters. Daran hatten auch die Brecht-Erben wesentlichen Anteil, die massiven Einfluß auf die Interpretation der Stücke nahmen. Die Krise des Ensembles kulminierte nach der Vereinigung und führte 1991 zur Ablösung Wekwerths. Im Herbst 1991 bemühte sich die SenKult um einen Neuanfang und konnte den ehemaligen Regisseur des B. und Intendanten des Lausanner Theaters, Matthias Langhoff, sowie die Regisseure Fritz Marquardt, Peter Palitzsch, Peter Zadek und den Dramatiker Heiner Müller als Fünfer-Direktorium für das B. gewinnen, die sich im Turnus von zwei Jahren als Geschäftsführer abwechseln. In die geplante GmbH sollen die fünf Direktoren als Gesellschafter mit Eigeneinlagen eintreten.
Der vom B. genutzte Theaterbau entstand 1891-92 als „Neues Theater am Schiffbauerdamm" nach Entwürfen von Heinrich Seeling. Der Ursprungsbau wurde dominiert durch einen als Turm gestalteten Gebäudeteil neben der Eingangshalle. Der Rest der verputzten Fassaden wurde in einfachen Formen gehalten. In deutlichem Kontrast dazu stand der neobarocke, mit reicher Gips- und Stuckornamentik ausgestattete Zuschauerraum. 1904 wurden eine Drehbühne und ein Orchestergraben eingebaut. Nach Beschädigungen im II. Weltkrieg erfolgte bis 1954 die vereinfachte Wiederherstellung, wobei v.a. der ursprünglich prächtig ausgestaltete Turm nur noch angedeutet und mit der weithin sichtbaren Leuchtschrift B. versehen wurde. Die Ausgestaltung des Inneren blieb weitgehend erhalten.
Schon bevor Brecht das Gebäude übernahm, hatte das Haus eine eindrucksvolle Theatergeschichte hinter sich. So inszenierte der damalige Intendant Max Reinhardt (Direktor des Theaters von 1903-05) 1905 Shakespeares „Ein Sommernachtstraum", der ein Welterfolg wurde. 1912-16 beherbergte der Bau „Monti's Operettentheater" und 1916-25 das Neue Operettenhaus, die beide v.a. die > LEICHTE MUSIK pflegten. Von 1925 bis zu sei-

ner Zerstörung im II. Weltkrieg fungierte es unter dem Namen *Theater am Schiffbauerdamm* als Uraufführungstheater, an dem u.a. 1928 Brechts „Die Dreigroschenoper" ihre erste Aufführung erlebte. Nach dem II. Weltkrieg residierten dann der Schauspieler Rudolf Platte und der Intendant des Deutschen Theaters Gustav von Wangenheim mit traditionellem und proletarischem Volkstheater, bis Fritz Wisten das Theater für Kinder-, Jugend- und Märchenstücke öffnete. Zu einem Zentrum der Berliner Theaterkultur wurde es aber erst wieder durch Brechts Einzug 1954.

Berliner Erdgas AG: Die Aufgabe der 1990 gegründeten B. ist die Versorgung der östlichen > BEZIRKE Berlins mit Erdgas zur Wassererwärmung sowie für Beleuchtungs-, Koch- und Heizzwecke. Die Gesellschaft befindet sich zu 100 % im Landesbesitz. Im Westteil Berlins wurde die > GASVERSORGUNG bis Mitte 1992 von den 1940 gegründeten > BERLINER GASWERKEN (GASAG), einem > EIGENBETRIEB des Landes Berlin, wahrgenommen. Nach Umwandlung dieser Betriebe in die *GASAG Berliner Gaswerke Aktiengesellschaft* ist zur Jahreswende 1992/93 die Zusammenführung der beiden Gasversorgungsunternehmen unter diesem Namen geplant. Seit der Stillegung des letzten *Gaswerkes* in > LICHTENBERG 1984/85 arbeitet die B. nicht mehr als Gasproduzent, sondern nur noch als Verteiler. Das Stadtgas aus der Ferngas-Verbundleitung (Schwarze Pumpe) wurde nur noch bis zum Abschluß der Erdgasumstellung 1990 für die noch nicht auf Erdgas umgestellten Stadtgebiete benötigt. Die B. bezieht ihr Erdgas aus den Förderregionen der ehem. Sowjetunion. Transportiert wird das Gas über das Rohrleitungsnetz der „Verbundnetz Gas AG", mit der die B. einen Gaslieferungsvertrag über zunächst fünf Jahre abgeschlossen hat.

1990 belief sich die Zahl der Kundenanschlüsse auf etwa 405.000, darunter auch einige im Land Brandenburg. Unter die Abnehmer fielen rd. 394.000 Privathaushalte, 10.000 Kunden aus Gewerbe und Industrie sowie 841 Großabnehmer. Der Gasverkauf an diesen Abnehmerkreis lag bei etwa 440 Mio. m³. Weitere Abnehmer sind die acht Heizwerke der > ENERGIEVERSORGUNG BERLIN AKTIENGESELLSCHAFT (EBAG). Die Ost-Berliner Heizkraftwerke in > RUMMELSBURG, Lichtenberg und > MITTE werden seit Oktober 1990 direkt durch die Verbundnetz Gas AG belie-

fert, wobei die Liefermenge ca. 641 Mio. m³ betrug. Das Rohrleitungsnetz (Hoch- und Niederdruck) hatte eine Länge von 2.510 km. Die B. hat ein Stammkapital von 60 Mio DM. Die Umsatzerlöse (Erdgasabsatz/Subventionen/Transitleistungen/Sonstiges) in der zweiten Hälfte 1990 lagen bei 120,8 Mio. DM. Die Bilanz weist einen Gewinn von rd. 438.000 DM aus. 1990 beschäftigte die B. 1.160 Mitarbeiter, davon 597 im gewerblichen Bereich und 563 Angestellte.

Auch in den östlichen Bezirken wird die Gasversorgung inzwischen auf Grundlage der (West-Berliner) „Verordnung über Allgemeine Bedingungen für die Gasversorgung von Tarifkunden (AVBGasV)" von 1979 abgewickelt. Die bestehenden Tarife wurden von der B. selbst erarbeitet und festgesetzt. Hervorgegangen ist die B. noch bei Bestehen der DDR aus der Auflösung des *VEB Energiekombinat Berlin (EKB)*. Nach einer Verordnung des Ministerrates der DDR vom 1.3.1990 zur Umwandlung von volkseigenen Kombinaten, Betrieben und Einrichtungen in Kapitalgesellschaften übernahmen mit Wirkung vom 29.6.1990 die EBAG für den Bereich Fernwärme und Elektrizität sowie die B. für den Bereich Gasversorung die Rechtsnachfolge des EKB (> ELEKTRIZITÄTSVERSORGUNG; > FERNWÄRMEVERSORGUNG). Eigentümerin beider Aktiengesellschaften wurde zunächst die > TREUHANDANSTALT, von der das Land Berlin im November 1991 51 % der Aktien erwarb. Die restlichen 49 % wurden Berlin nach dem Kommunalvermögensgesetz und gemäß > EINIGUNGSVERTRAG kostenlos übertragen. Stellvertretender Vorsitzender des am 8.2.1991 bestellten Aufsichtsrats ist der Senator für Verkehr und Betriebe (> SENATSVERWALTUNG FÜR VERKEHR UND BETRIEBE).

Berliner Erklärung vom 5. Juni 1945: Mit der in Berlin abgegebenen „Erklärung in Anbetracht der Niederlage Deutschlands und der Übernahme der obersten Regierungsgewalt in Deutschland" vom 5.6.1945 übernahmen die Regierungen der vier Hauptsiegermächte des II. Weltkrieges „die oberste Regierungsgewalt in Deutschland, einschließlich aller Befugnisse der deutschen Regierung, des Oberkommandos der Wehrmacht und der Regierungen, Verwaltungen oder Behörden der Länder, Städte und Gemeinden" (> ALLIIERTE).

Die B. enthielt die ausdrückliche Klarstellung, daß die Übernahme der obersten Regierungsgewalt „nicht die Annektierung Deutschlands" bewirke. Somit wurde der Fortbestand Deutschlands nicht in Frage gestellt. Die Deklaration fixierte die gemeinsame völkerrechtliche Verantwortung der Sieger für Deutschland als Ganzes. Mit der Deklaration verbunden waren drei Feststellungen („Statements"), von denen sich zwei auf das Kontrollverfahren bzw. auf die Besatzungszonen einschließlich Berlin bezogen. Sie enthielten Zusammenfassungen und Ergänzungen des zuvor abgeschlossenen > LONDONER PROTOKOLLS vom 12.9.1944 sowie des Londoner Abkommens vom 14.11.1944 und bestätigten somit den > SONDERSTATUS Berlins.

Nach der Teilung Deutschlands und bei der Rückgabe der obersten Regierungsgewalt an die Bundesrepublik Deutschland mit Inkrafttreten des Deutschlandvertrags am 5.5. 1955 behielten die drei Westmächte ihre Rechte und Verantwortlichkeiten in bezug auf Berlin und Deutschland als Ganzes bei, ebenso wie die Sowjetunion 1954/55 siegerrechtliche Vorbehalte bei der Gewährung der Souveränität an die DDR wahrte. Erst aufgrund des Vertrages über die abschließende Regelung in bezug auf Deutschland vom 12.9.1990 endete die gemeinsame völkerrechtliche Verantwortung der Vier Mächte. Das wiedervereinigte Deutschland erhielt die volle Souveränität (> VEREINIGUNG).

Berliner Festspiele GmbH: Die seit 1951 zunächst als Berliner Festwochen bestehende, am 7.3.1967 durch ein Verwaltungsabkommen zwischen dem Bund und Berlin in ihre heutige Rechtsform überführte B. mit Sitz in der Budapester Str. 48/50 im Bezirk >. CHARLOTTENBURG (im sog. „Bikini-Haus") ist Trägerorganisation von neun Festspielveranstaltungen, die z.T. weit über Berlin und Deutschland hinausreichende Bedeutung haben. Es sind dies die 1951 ins Leben gerufenen > INTERNATIONALEN FILMFESTSPIELE BERLIN (neben Cannes und Venedig eines der weltweit insg. drei A-Festivals), die ebenfalls seit 1951 veranstalteten > BERLINER FESTWOCHEN, das > THEATERTREFFEN und das > JAZZFEST BERLIN (beide 1964 gegründet), das seit 1979 alle drei Jahre stattfindende > HORIZONTE – FESTIVAL DER WELTKULTUREN sowie die 1967 gegründete und seit 1991 in Verantwortung der B. durchgeführte > MUSIK-BIENNALE. Auch das in Berlin ansässige > CHAMBER ORCHESTRA OF EUROPE wird in allen Verwaltungsbereichen

von der B. betreut.

Ferner betreut die B. im Auftrag des Bundesministers für Bildung und Wissenschaft und in Zusammenarbeit mit den Kultusministerien der Bundesländer seit 1980 das > THEATERTREFFEN DER JUGEND, seit 1984 das > TREFFEN JUNGE MUSIKSZENE und seit 1986 das > TREFFEN JUNGER AUTOREN. 1987 war die B. mit der Durchführung der 750-Jahr-Feier der Stadt beauftragt. Die Kosten für die Arbeit der B. sowie die Zuschüsse zu den von der B. durchgeführten Veranstaltungen werden vom Bund und vom Land Berlin aufgebracht.

Die Intendanten der Festspiele

Gerhart v. Westermann	1951-62
Wolfgang Stresemann	1963
Nicolas Nabokov	1964-67
Peter Löffler	1968
Walther Schmieding	1969-72
Ulrich Eckhardt	seit 1973

Berliner Festwochen: Im September jeden Jahres veranstaltet die > BERLINER FESTSPIELE GMBH die jährlich unter einem neuen Zentralthema stehenden B. mit repräsentativen Veranstaltungen der darstellenden und bildenden Künste, zahlreichen Ur- und Erstaufführungen der Sparten Oper, > THEATER, > TANZ und konzertanter > MUSIK sowie Gastspielen bedeutender Ensembles.

1951 zum ersten Mal gleichzeitig mit der Einweihung des > SCHILLER-THEATERS veranstaltet, setzen die B. die Tradition Berlins als bedeutende Kunst-, Theater- und Musikstadt fort. Dabei informieren sie auch über internationale künstlerische Entwicklungen und neue kulturelle Strömungen (> KULTUR).

Die B. sind ein Vermächtnis des damaligen > REGIERENDEN BÜRGERMEISTERS VON BERLIN, Ernst Reuter, und ihres künstlerischen Schöpfers und langjährigen ersten Leiters Gerhart v. Westermann. 1953 wurden sie durch Beschluß des > ABGEORDNETENHAUSES VON BERLIN zur ständigen Einrichtung erklärt und finden seitdem in ununterbrochener Folge statt. Dabei verstanden sich die B. von Anbeginn an als Ost-West-Forum, auf dem zahlreiche osteuropäische Künstler ihre Arbeiten in West-Europa vorstellen konnten. 1988 war auch die DDR erstmals mit Gastspielen vertreten. Seit der > VEREINIGUNG sind – entsprechend den inhaltlichen Schwerpunkten – Künstler aus den neuen Bundesländern und den östlichen Bezirken Berlins an den B. beteiligt. Die

98

B. stehen unter der Leitung des Intendanten der Berliner Festspiele GmbH.

Berliner Filmförderung: Die B. entstand in ihrer heutigen Form Mitte der 70er Jahre als Reaktion auf die künstlerische und wirtschaftliche Krise des Neuen Deutschen Films sowie auf den zunehmenden Marktanteil ausländischer Produktionen, der sich zu diesem Zeitpunkt der 90-%-Marke näherte. Daraufhin beschloß der > SENAT VON BERLIN am 20.12.1977, daß Filmproduzenten das finanzielle Risiko von größtenteils in Berlin hergestellten Produktionen bis zu 30 % (jedoch nicht mehr als 2 Mio. DM pro Film) über staatliche Mittel absichern lassen können. Die Senatskredite waren aus den Erlösen des geförderten Films zurückzuzahlen. Die damit eingeleitete neue B. sollte im Gegensatz zu den überregionalen Fördermodellen der > FFA FILMFÖRDERUNGSANSTALT des > BUNDESMINISTERS DES INNERN und des Kuratoriums junger deutscher Film gezielt die regionale Filmkultur Berlins entwickeln. Auf den Senatsbeschluß folgten am 27.4.1978 die Richtlinien zur B., denenzufolge die Durchführung des Berliner Filmförderungsprogramms der Filmkredittreuhand übertragen werden sollte.

Die *Filmkredittreuhand (FKT)* GmbH in der Schwarzbacher Str. 3 im Bezirk > WILMERSDORF war bereits 1954 von Banken gegründet worden, um die bis dahin etwas planlose öffentliche Förderung zu koordinieren. Bis 1977 hatte die FKT GmbH für 300 Berliner Filme mit einem Gesamtproduktionsetat von etwa 330 Mio. DM Kredite von 150 Mio. DM mit Bürgschaften aus öffentlichen Mitteln ausgestattet, aus denen dem Senat nicht mehr als 1,4 Mio. DM Defizit entstanden waren.

Die 1977 eingeleitete Phase gewährte jedoch anstatt der Bürgschaft einen Kreditauftrag. Der Senat nahm dem Produzenten einen Großteil seines Risikos ab – in der Hoffnung, daß diese Hilfestellung der darniederliegenden Berliner Filmwirtschaft auf die Beine helfen könnte („Berlin-Effekt" – nach der Satzung müssen 50 %, neuerdings sogar zwei Drittel der Förderungssumme in Berlin ausgegeben werden). Die seit 1977/78 nicht zuletzt durch die Einsetzung eines zuerst bei der > SENATSVERWALTUNG FÜR WIRTSCHAFT, dann bei der > SENATSVERWALTUNG FÜR KULTURELLE ANGELEGENHEITEN angesiedelten *Filmbeauftragten* institutionalisierte B. sollte der

Ambivalenz ihres Fördergutes als Kunst und Kommerz gerecht werden.

Mit der Einführung des Förderkriteriums der Publikumsrelevanz war eine Übergewichtung des Unterhaltungswertes bei der Förderungsbewilligung vorprogrammiert. So kam es letztendlich zu der widersprüchlichen Situation, daß (nicht nur in Berlin) Filme gefördert wurden, die ihr Publikum auch ohne Förderung gefunden hätten. In den ersten Jahren hatte die B. jedoch beachtliche Erfolge zu verzeichnen. Nicht nur die heimische Szene regte sich (1978 „Fabian" von Wolf Gremm, 1979 „Deutschland bleiche Mutter" von Helma Sanders-Brahms, 1980 „Berlin Chamissoplatz" von Rudolf Thome, 1981 „Der Mann auf der Mauer" von Reinhard Hauff, 1982 „Schwarzfahrer" von Manfred Stelzer u.a.m.), auch internationale Produktionen kamen wieder verstärkt nach Berlin (1979 „The Apple" von Menachem Golen, 1978 „Steiner II" von Andrew v. McLaghen).

Wichtiger aber als punktuelle Hollywood-Präsenz war das dauernde Engagement international renommierter deutscher Regisseure in der Stadt. Rainer Werner Fassbinder („Querelle", 1982) drehte in Berlin, Volker Schlöndorff („Die Blechtrommel", 1978), Hans W. Geissendörfer („Der Zauberberg", 1980), Bernhard Sinkel („Kaltgestellt", 1979), Peter Lilienthal („David", 1978), Ottokar Runze („Der Mörder", 1978), Margarethe v. Trotta („Die bleierne Zeit", 1980; „Schwestern oder Die Balance des Glücks", 1979), Werner Schroeter („Palermo oder Wolfsburg", 1979), Uli Edel („Christiane F. – Wir Kinder vom Bahnhof Zoo", 1979), Thomas Brasch („Engel aus Eisen", 1980), Roland Klick („White Star", 1980/81), Ulrike Ottinger („Freak Orlando", 1981), Robert van Ackeren („Die flambierte Frau", 1981), Peter Stein („KlassenFeind", 1982), Uwe Frießner („Baby", 1983) und Arend Aghte („Flußfahrt mit Huhn", 1983).

Seit 1979 werden in der Stadt jährlich 25-30 Filme gefördert, das bedeutete zu Beginn einen jährlichen Umsatz von 30 Mio. Mark für die Berliner > WIRTSCHAFT. Davon profitieren nicht nur ansässige Filmarbeiter (Schauspieler, Stabmitglieder, Komparsen), sondern auch die vielen kleinen und großen Filmbetriebe (Ateliers, Kopierwerke, Tontechnik, Kamera-, Licht- und Kostümverleihe, Synchronisationsstudios).

Aber es ging dem Senat nicht allein um die

Ankurbelung der Filmbranche. Realistische Filme, die in Berlin gedreht wurden, hatten zwangsläufig auch die Stadt zum Thema, das heißt, sie leisteten in der Zeit bis zum Fall der > Mauer überregionale Informationsarbeit für die schwierige Situation einer weitgehend von Außensubventionen abhängigen „Frontstadt". Auch künstlerisch hat die B. ihre Verdienste. Schon ein Jahr nach Einsetzen des Programms gewann Schlöndorffs „Die Blechtrommel" auf dem Filmfestival von Cannes die Goldene Palme, eine Oscar-Auszeichnung folgte. Seit der Einführung der neuen B. wurden im Auftrag des Senats und in Zusammenarbeit mit Berliner Banken bis Anfang 1992 rd. 400 Filme gefördert.

Nicht zuletzt diese Erfolge führten dazu, daß das Land Bayern 1980 das erfolgreiche Berliner Konzept für seine neue eigene Filmförderung übernahm.

1982 entschloß sich der Berliner Senat zu einem weiteren wichtigen Schritt bei der Förderung des künstlerischen und jungen Films. Er richtete für Produktionen bis 300.000 DM eine *Low-Budget-Förderung* ein, die bis zu 70 % der Produktionskosten fördert.

Seit dem Fall der Mauer hat sich das Auftragsvolumen bei der B. gut verdoppelt. Da es aber trotz DEFA-Koproduktionen im Ostteil der Stadt noch kaum Produzenten gibt, kommt die überwältigende Zahl der Antragsteller aus dem Westen.

Berliner Flughafen-Gesellschaft mbH (BFG): Die BFG mit Sitz am Flughafen Tegel betreibt die Berliner > Flughäfen Tegel und Tempelhof. Die Gesellschaft wurde am 19.5. 1924 von der Stadt Berlin mit Beteiligung des Landes Preußen und des Deutschen Reichs gegründet, mit der Aufgabe von „Ausbau und Betrieb des Flughafens auf dem Tempelhofer Feld und anderer Luftverkehrseinrichtungen in Berlin". Nach dem Ende des II. Weltkriegs übernahm die BFG in Übereinstimmung mit der amerikanischen Besatzungsmacht (> Alliierte) die Funktion einer Wirtschaftsstelle, die die Wiederherstellung der Baulichkeiten auf dem Flughafen Tempelhof nach den Vorstellungen der US Air Force zu koordinieren hatte. Am 9.7.1951 wurde ein Teil der Anlagen wieder an die deutsche Verwaltung übergeben, und die BFG nahm ihre ursprüngliche Tätigkeit wieder auf. Seit der Aufnahme des zivilen > Luftverkehrs in Tegel wurde ihr Tätigkeitsbereich auf diesen Flughafen ausgedehnt. Im Zuge des Neubaus der

Anlagen in Tegel-Süd ist die Gesellschaft 1974 vom Flughafen Tempelhof in ihr dortiges Verwaltungsgebäude umgezogen. Gesellschafter der BFG sind das Land Berlin (52 %) und die Bundesrepublik Deutschland (48 %). 1991 beschäftigte die BGF rd. 1.100 Mitarbeiter.

Nach der > Vereinigung und dem Wegfall der sich auch auf die Tariffestsetzung beziehenden alliierten Vorbehaltsrechte (> Luftkorridore) konnten Mieten und Gebühren, die zuvor zu kontinuierlichen Verlusten geführt hatten, ab dem 1.2.1991 dem bundesweit üblichen Niveau angeglichen werden. Seitdem ist die BFG den westdeutschen Flughafengesellschaften gleichgestellt. Ferner wurde gemeinsam mit der > Deutschen Lufthansa als eigene Abfertigungsgesellschaft die „Berliner Lufthansa Service GmbH" gegründet (BFG-Anteil 51 %).

Die Verwaltung des Flughafens Schönefeld wurde am 17.9.1990 aus dem Betrieb der Interflug herausgelöst und der kurzfristig von der > Treuhandanstalt verwalteten „Flughafen Berlin-Schönefeld GmbH (FBS)" übertragen, die seit Mitte 1991 in Personalunion von den BFG-Geschäftsführern geleitet wird. Die Mitarbeiterzahl wurde von anfänglich 1.520 bis Ende 1991 auf 920 reduziert. Am 18.12.1991 wurde als gemeinsames Dach von BFG und FBS die *Berlin-Brandenburg Flughafen Holding (BBF)* gegründet, an der die Länder Berlin und Brandenburg mit jeweils 37 % und der Bund mit 26 % beteiligt sind. Sie befaßt sich auch mit den Planungen für den neuen Berlin-Brandenburgischen Großflughafen. In der BBF-Geschäftsleitung ist die BFG ebenfalls mit ihren beiden Geschäftsführern vertreten.

Berliner Gaswerke (GASAG) Eigenbetrieb von Berlin: Die Aufgabe der GASAG ist die Versorgung der westlichen > Bezirke (bis 1990) mit Stadtgas und Erdgas für Kochzwecke, Warmwasser, für Heizung sowie für Straßenbeleuchtung. Nach Umwandlung des > Eigenbetriebs in die *GASAG Berliner Gaswerke Aktiengesellschaft* zum 28.8.1992 ist zur Jahreswende 1992/93 unter gleichem Namen die Fusion mit dem für die östlichen Bezirke zuständigen Gasversorgungsbetrieb > Berliner Erdgas AG vorgesehen. An der neuen Gesellschaft will das Land Berlin unmittelbar bzw. mittelbar ca. 75 % der Aktien halten, ca. 24 % der Anteile an private Investoren verkaufen und 1 % als Belegschaftsaktien ausgeben.

In ihrer Zeit als Eigenbetrieb unterstand die GASAG dem für die Betriebe zuständigen Mitglied des > SENATS VON BERLIN, zuletzt der > SENATSVERWALTUNG FÜR VERKEHR UND BETRIEBE.

Die öffentliche > GASVERSORGUNG in Berlin wird seit 1991 fast ausschließlich auf der Grundlage von Erdgas bestritten, das im Versorgungsbereich der GASAG zur Belieferung der noch nicht auf Erdgas umgestellten Kundenanlagen in Stadtgas umgewandelt wird. Hierzu betreiben die GASAG an den Standorten Lankwitzer Str. in > MARIENDORF und Gaußstr. in > CHARLOTTENBURG zwei *Gaswerke*, die in den Jahren 1985/86 von der Stadtgaserzeugung aus Leichtbenzin und Methanol überwiegend auf die Umwandlung von Erdgas umgestellt worden sind. Die Erdgaslieferungen erfolgen aus der ehem. Sowjetunion im Rahmen des *Erdgasabkommens* von 1983.

Die Umstellung der Kundenanlagen und des Versorgungsnetzes auf Erdgas begann im April 1991 und soll bis 1998 abgeschlossen sein. Anstelle der Gaswerke und der alten Niederdruck-Gasbehälter in Charlottenburg, Mariendorf und an der Torgauer Str. in > SCHÖNEBERG treten die kontinuierlichen Erdgaszüge in Verbindung mit dem Erdgasspeicher an der Glockenturmstr. in der Nähe des > OLYMPIASTADIONS mit einer Arbeitskapazität von 315 Mio. m³. Ende 1992 soll mit der Inbetriebnahme (Befüllung) begonnen werden.

Das Hoch-, Mittel- und Niederdruckleitungsnetz der GASAG hatte 1991 eine Länge von insg. 4.202 km. Die Zahl der Hausanschlüsse belief sich auf 62.300, die der Gaszähler auf rd. 400.000 und die der Gasstraßenleuchten auf 41.400. 1990 wurden noch in einem Umfang von 20.200 t Kohlenwasserstoffe zur Stadtgasproduktion eingesetzt. Der Gasverkauf betrug insg. 1.023,5 Mio. m³, davon 493,9 Mio. m³ an Haushalte, 495,1 Mio. m³ an Gewerbe, Industrie und öffentliche Einrichtungen sowie 34,5 Mio. m³ für die Straßenbeleuchtung.

Die GASAG beschäftigte im Geschäftsjahr 1990 3.058 Mitarbeiter, davon 1.552 Lohnempfänger sowie 1.506 Angestellte und zusätzlich 143 Auszubildende. Sie verfügt über ein Stammkapital von 750 Mio. DM. Die Einnahmen aus dem Gasverkauf beliefen sich 1990 auf 430,4 Mio. DM. Die Jahresbilanz wies einen Verlust von 70,8 Mio. DM aus. Verluste der Eigenbetriebe werden aus dem Haushalt des Landes Berlin ausgeglichen (> HAUSHALT UND FINANZEN).

Die Gaslieferungen erfolgen auf der Grundlage der „Verordnung über Allgemeine Bedingungen für die Gasversorgung von Tarifkunden (AVBGasV)" von 1979. Die Tarife werden vom Verwaltungsrat des Unternehmens empfohlen und nach Zustimmung des > ABGEORDNETENHAUSES durch den Senat festgesetzt. Entstanden sind die GASAG am 1.1.1937 aus der Berliner Städtische Gaswerke AG. In Folge der > SPALTUNG Berlins wurde am 26.3.1949 für den Westteil Berlins ein eigenständiges Unternehmen gebildet. Mit der angestrebten Fusionierung werden die beiden Gasversorgungsunternehmen wieder zusammengeführt.

Berliner Gesamtkatalog (BGK): Der am 8.12.1948 während der > SPALTUNG Berlins eingerichtete und heute in der > STAATSBIBLIOTHEK ZU BERLIN – PREUSSISCHER KULTURBESITZ im Haus an der Potsdamer Str. 33 im Bezirk > TIERGARTEN untergebrachte B. ist einer von sieben *Zentralkatalogen* des deutschen Bibliothekswesens. Er weist die Bestände der > BIBLIOTHEKEN im Westteil der Stadt nach und ermöglicht den Benutzern den zentralen bibliographischen Zugriff auf ca. 5 Mio. Titel. Vornehmlich sind die Hochschulbibliotheken (incl. ihrer Institutsbibliotheken), allen voran die Universitätsbibliothek der > TECHNISCHEN UNIVERSITÄT BERLIN und die Bibliothek der > HOCHSCHULE DER KÜNSTE zu nennen. Die Universitätsbibliothek der > FREIEN UNIVERSITÄT BERLIN wird durch einen Mikrofiche-Katalog nachgewiesen. Wesentlicher Bestandteil des B. sind die Bestände der Spezialbibliotheken, wie der > SENATSBIBLIOTHEK, der Bibliothek des > ABGEORDNETENHAUSES VON BERLIN, des > BUNDESGESUNDHEITSAMTS u.a. Aufgenommen sind auch die Bestände der > AMERIKA GEDENKBIBLIOTHEK und in Auswahl auch Sachliteratur der Öffentlichen Bibliotheken. Die Vorbereitung für die Einbeziehung der Literatur aus den entsprechenden Bibliotheken im Ostteil der Stadt ist erfolgt. Zwischen dem Erscheinungsjahr eines Buchs und dem Nachweis seines Standortes liegen z.Z. noch mehrere Jahre, so daß der Nutzen des B. für Recherchen nach aktueller Literatur eingeschränkt ist.

1988 wurde beim B. zusätzlich die Zentralredaktion des Berliner Online-Bibliothekenverbunds eingerichtet. Mit dieser bibliothekarischen Schaltstelle können mittels EDV

Buch- und Zeitschriftenbestände in direkter Bildschirmabfrage ermittelt werden.

Der B. untersteht als Senatsdienststelle der > SENATSVERWALTUNG FÜR KULTURELLE ANGELEGEN-HEITEN, die auch den Etat deckt. 1991 hatte die Einrichtung 17 Mitarbeiter.

Berliner Geschichtswerkstatt e.V.: Die 1981 durch Privatinitiative entstandene B. in der Goltzstr. 49 im Bezirk > SCHÖNEBERG beschäftigt sich in Ergänzung zu den bezirklichen > HEIMATMUSEEN und dem > VEREIN FÜR DIE GESCHICHTE BERLINS, die sich primär der Erforschung der Berliner Stadtgeschichte widmen, v.a. mit der Geschichte und Alltagskultur einzelner Stadtviertel. Mit Hilfe von Untersuchungen zu sozialräumlichen Strukturen im Kietz und durch die Aufarbeitung des alltäglichen Lebens in den verschiedenen historischen Epochen will sie die allgemeine Geschichte für den Einzelnen transparenter und erfahrbarer machen.

Angeregt durch den 50. Jahrestag der nationalsozialistischen Machtergreifung 1983 entstanden mehrere Projektgruppen, die sich mit Alltag und Widerstand in Berlin beschäftigten. Zur 750-Jahr-Feier Berlins trat die B. mit mehreren Ausstellungen und Publikationen an die Öffentlichkeit, z.B. zum „Lindenhof" und zur „Roten Insel" in Schöneberg. Z.Z. arbeiten verschiedene Gruppen zu den Themen „Jüdisches Leben" und zu „EmigrantInnen in Berlin".

Die B. verfügt über ein Archiv und Dokumentationszentrum, das v.a. der Aufarbeitung von Fotos und Interviews dient. Von Mai bis September veranstaltet die B. regelmäßig Dampferfahrten. Die ca. 150 Mitglieder arbeiten ehrenamtlich, zeitweise gibt es einige ABM-Stellen. Finanziert wird die B. durch Spenden und Mitgliedsbeiträge sowie aus Zuschüssen für einzelne Projekte u.a. von der > SENATSVERWALTUNG FÜR KULTURELLE ANGELEGENHEITEN und von der > DEUTSCHE KLASSENLOTTERIE.

Seit 1988 kooperiert die B. mit dem „Museum Berliner Arbeiterleben" des > MÄRKISCHEN MUSEUMS in der > HUSEMANNSTRASSE im Bezirk > PRENZLAUER BERG, seit Öffnung der Mauer auch mit verschiedenen Geschichtsinitiativen im Ostteil Berlins.

Berliner Gesellschaft für deutsch-türkische wirtschaftliche Zusammenarbeit mbH (BGZ): Die BGZ mit ihrer Geschäftsstelle in der Einemstr. 9 im Bezirk > TIERGARTEN wur-

de 1983 als Einrichtung der Entwicklungszusammenarbeit des Landes Berlin gegründet. Sie fördert private Selbsthilfeinitiativen. Ihre Tätigkeit erstreckt sich auf die Initiierung und Durchführung von Projekten der beruflichen Aus- und Weiterbildung in der Türkei und die Anbahnung von Wirtschaftsbeziehungen zwischen mittelständischen Unternehmen beider Länder. Gesellschafter sind das Land Berlin (60 %) sowie die > INDUSTRIE- UND HANDELSKAMMER ZU BERLIN (IHK) und die > HANDWERKSKAMMER BERLIN mit je 20 % Die Geschäftsstelle wird aus Haushaltsmitteln des Landes finanziert; die Projektkosten in der Türkei trägt die Bundesregierung. (> ENTWICKLUNGSPOLITIK)

Berliner Hafen- und Lagerhaus-Betriebe (BEHALA): Die BEHALA betreibt in Berlin als > EIGENBETRIEB des Landes Berlin die städtischen > HÄFEN und Ladestraßen. Hierzu gehören der > OSTHAFEN im Bezirk > FRIEDRICHSHAIN, der > WESTHAFEN im Norden des Bezirks > TIERGARTEN, der Südhafen > SPANDAU, der Viktoriaspeicher I an der Oberspree in > KREUZBERG und der Hafen > NEUKÖLLN an der Grenzallee sowie die Bauschuttumschlagstelle Nonnendammallee. Die Ladestraßen am Humboldthafen in > MITTE und am Friedrich-Krause-Ufer in > MOABIT, an der Ziegrastr. in > NEUKÖLLN und am Spreebord in > CHARLOTTENBURG sind von der BEHALA an private Nutzer vermietet. Die Geschäftsführung hat ihren Sitz im Westhafen, Westhafenstr. 1, in einem 1923 vom Architekten Richard Wolffenstein mit hohem Walmdach und einem Turm in der Gebäudemitte errichteten Verwaltungsgebäude in der Sichtachse am Ende des mittleren Hafenbeckens. Von der BEHALA werden jährlich ca. 6 Mio. t Güter umgeschlagen, über die vermieteten Anlagen weitere 0,5 Mio. t. Die BEHALA verfügt über 25 Kräne und Verladebrücken, darunter eine Spezialanlage für den Schwerlastumschlag bis 250 t.

Die BEHALA entstand 1923 als zentrale Hafenverwaltung, an deren Aktienkapital die Stadt Berlin zunächst nur mit 25 % beteiligt war. Als ein Teil der Aktien an die > DEUTSCHE REICHSBAHN fiel und damit an den größten Konkurrenten, kaufte die Stadt Berlin alle Aktien auf und machte die BEHALA mit Wirkung vom 1.1.1937 zum Eigenbetrieb der Stadt Berlin. In der Folge der politischen > SPALTUNG Berlins gelangte der Osthafen 1948 unter die Verwaltung des Ost-Berliner >

MAGISTRATS und wurde zum „Volkseigenen Betrieb". Nach Rückwandlung in einen eigenständigen Ost-Berliner Eigenbetrieb im Sommer 1990, ab Herbst 1990 unter Geschäftsleitung der BEHALA, wurde der Osthafen zum 1.1.1992 wieder in die BEHALA integriert.

Berliner Handwerksmuseum: Das am 8.4. 1986 eröffnete, in einem rekonstruierten Bürgerhaus am > MÜHLENDAMM 5 im > NIKOLAIVIERTEL im Bezirk > MITTE untergebrachte B. ist eine Einrichtung des landeseigenen > MÄRKISCHEN MUSEUMS. Es gibt in mehreren Abteilungen einen Überblick über Entwicklung, Bedeutung und Vielfalt der Berliner Gewerke seit dem 13. Jh. In vier Werkstattkojen sind Werkzeuge, Arbeitstechniken und Handwerksprodukte zu sehen. Zu den Ausstellungsstücken gehören auch Dokumente, Zunftgerätschaften und Zunftzeichen. In wechselnden Ausstellungen werden einzelne Gewerbe vorgestellt. Zu besonderen Anlässen erfolgen praktische Vorführungen handwerklicher Techniken und der Verkauf der gefertigten Produkte. Die Exponate stammen z.T. aus Beständen des Märkischen Museums, zahlreiche Objekte - v.a. Werkzeuge - sind Leihgaben privater Handwerksmeister.

Berliner Kammerspiele: Die B. wurden am 30.10.1966 von Ursula Zajonc als ständig spielendes, privates > KINDER- UND JUGENDTHEATER gegründet. Der Spielplan des in Alt-Moabit 99 im Bezirk > TIERGARTEN ansässigen und mit 470 Plätzen ausgestatteten Theaters orientierte sich zunächst am literarisch fundierten Märchen, umfaßte aber auch Autoren wie Erich Kästner, Oscar Wilde, Molière, Bertolt Brecht u.a. 1980 übernahm Edith Zöllner die Direktion und Elisabeth Hitzenberger die künstlerische Leitung des Theaters. In den Abendspielplan wurden kritische Jugendthemen aufgenommen und Stücke von Autoren wie Friedrich Dürrenmatt, Max Frisch, Jean-Paul Sartre, Peter Handke, Heinar Kipphardt, Frank Wedekind, Arthur Miller u.a. gespielt. Außerdem standen Musicalproduktionen, u.a. „Elvis", „The Rocky Horror Picture Show" und „Der kleine Horrorladen" auf dem Spielplan. Zweimal erhielten die B. den von der > SENATSVERWALTUNG FÜR KULTURELLE ANGELEGENHEITEN (SENKULT) verliehenden *Brüder-Grimm-Preis* des Landes Berlin.
Rechtsträger des Theaters ist die Berliner Kammerspiele GmbH. Die B. haben kein festes Ensemble, es werden jeweils Stückverträge abgeschlossen. Seit der Gründung 1966 wurden 91 Inszenierungen herausgebracht, gelegentlich werden Gastspiele außerhalb Berlins gegeben. Finanziell werden die B. von der SenKult unterstützt.

Berliner Kraft- und Licht (BEWAG)-Aktiengesellschaft: Die BEWAG ist das für den Westteil der Stadt zuständige Unternehmen der > ELEKTRIZITÄTSVERSORGUNG. Für das – nach wie vor – technisch getrennte Ost-Berliner Versorgungsgebiet wird diese Aufgabe von der > ENERGIEVERSORGUNG BERLIN AKTIENGESELLSCHAFT (EBAG), einer BEWAG-Tochtergesellschaft, wahrgenommen. Gemäß dem bis 1995 laufenden Konzessionsvertrag aus dem Jahr 1931 hat die BEWAG in ihrem Versorgungsgebiet eine ausreichende, sichere und preiswerte Versorgung mit Strom und Fernwärme sicherzustellen. Weitere Einzelheiten regeln das Energiewirtschaftsgesetz von 1935, das 1977 in Kraft getretene Stromlieferabkommen mit dem Land Berlin sowie eine Reihe besonderer Verordnungen.
Zur Erfüllung ihrer Aufgaben betreibt die BEWAG in Berlin neun *Kraftwerke* mit einer elektrischen Gesamt-Bruttoleistung von 2.603 MW und einer thermischen Kapazität von 2.356 MW im Rahmen der > FERNWÄRMEVERSORGUNG nach dem Prinzip der Kraft-Wärme-Kopplung. Damit ist die BEWAG der zweitgrößte von insg. fünf Fernwärmeanbietern in Berlin. Im Geschäftsjahr 1990/91 wurden 11.008 Mrd. kWh Strom erzeugt (einschließlich der rd. 9 Mio. kWh, die aus Blockheizkraftwerken in das BEWAG-Netz eingespeist wurden; > ALTERNATIVE ENERGIEN). Abzüglich des Eigenverbrauchs und der Netzverluste wurden 9,626 Mrd. kWh Strom an insg. 1.325.000 Kundenanlagen verkauft. Davon entfielen 3,241 Mrd. kWh auf private Haushalte, 6,144 Mrd. kWh auf Industrie, Gewerbe und öffentliche Einrichtungen sowie 0,241 Mrd. kWh auf den Bereich Fahrstrom für die > BERLINER VERKEHRSBETRIEBE (BVG). Der Verbrauch von Brennstoffen belief sich auf 2,8 Mio. t Steinkohle, 829.000 t schwerem und leichtem Heizöl sowie 300.000 t Erdgas. Die Konzessionsabgaben der BEWAG an das Land Berlin für die im Konzessionsvertrag festgelegten Ausschließlichkeitsrechte zur Stromversorgung und Leitungsverlegung beliefen sich im Geschäftsjahr 1990/91 auf 34,2 Mio. DM.

Fast die Hälfte der von der BEWAG betriebenen Kraftwerke ist mehr als 20 Jahre alt. Ausgehend von der Großfeuerungsanlagenverordnung von 1983 wurden die bestehenden Anlagen im Rahmen des *Kraftwerkmodernisierungsprogramms* seitdem mit einem Gesamtaufwand von 3 Mrd. DM durch den Einbau von *Rauchgasreinigungsanlagen* und Staubfiltern bzw. die Umstellung auf Wirbelschichtfeuerung modernen Erfordernissen des > UMWELTSCHUTZES angepaßt. Durch diese 1992 weitgehend abgeschlossenen Maßnahmen wurden die Emissionen von SO_2 auf 300 mg/m³ und Staub auf 30 mg/m³ gesenkt. In den Kraftwerken Lichterfelde und Oberhavel wurden 1991 Entstickungsanlagen fertiggestellt; in den übrigen Kraftwerken – Charlottenburg, Rudow und Reuter – werden sie in den Jahren 1992-94 in Betrieb gehen.

Die wegen der Insellage West-Berlins erforderlichen hohen Reservekapazitäten sowie die erheblichen Umweltschutzinvestitionen haben dazu geführt, daß die BEWAG in den letzten zehn Jahren mit kurzen Unterbrechungen beim Strompreisvergleich des Bundesverbandes der Energieabnehmer e.V. (VEA) Spitzenreiter der untersuchten 50 Energieversorgungsunternehmen war. Im Januar 1992 lag die BEWAG mit 25,03 Pf/KWh im Mittellastbereich um 40 % über dem günstigsten Strompreis der EWE in Oldenburg.

Den Rahmen für die Stromtarife im Haushalts- und Gewerbebereich geben das Energiewirtschaftsgesetz und die Bundestarifordnung (BTO) für Elektrizität vor. Die von der BEWAG festgesetzten Preise müssen von der > SENATSVERWALTUNG FÜR WIRTSCHAFT UND TECHNOLOGIE als Energie-Aufsichtsbehörde genehmigt werden. Mit Inkrafttreten der neuen BTO vom 1.1.1990 im BEWAG-Versorgungsgebiet zum 1.7.1992 gilt in ganz Berlin wieder eine einheitliche Tarifstruktur, da dieses System bereits zuvor von der EBAG innerhalb des östlichen Versorgungsgebiets eingeführt worden war. Die Höhe der Strompreise bleibt im westlichen und östlichen Versorgungsgebiet dagegen vorerst noch unterschiedlich.

Die BEWAG beschäftigte im Juni 1991 7.423 Mitarbeiter, davon 3.677 im handwerklichen, 2.032 im technischen und 1.714 im kaufmännischen Bereich. Das Aktienkapital in Höhe von 560 Mio. DM (Stand 1991 ohne EBAG-Anteile) wird zu 50,8 % vom Land Berlin sowie zu je 10 % von der PreussenElektra Aktiengesellschaft und der Elektrowerke GmbH

gehalten. Die restlichen 29,2 % verteilen sich als Streubesitz auf rd. 30.000 Aktionäre. Die Aktie der BEWAG wird an der Börse unter dem Namen „Bekula" (Berliner Kraft- und Licht AG) gehandelt. Die Umsatzerlöse der BEWAG aus Strom- und Wärmeversorgung beliefen sich im Geschäftsjahr 1990/91 auf 2.699 Mio. DM.

Die BEWAG ist am 23.11.1931 aus der Fusion der 1923 gegründeten Berliner Städtische Elektrizitätswerke Akt.-Ges. (Bewag) mit der Berliner Kraft- und Licht-AG (BKL) hervorgegangen. Während der > SPALTUNG der Stadt 1948-90 wurden die Unternehmensteile im Osten abgetrennt und zunächst gleichfalls unter dem Namen BEWAG als eigenständiger Betrieb weitergeführt. 1978 wurde der Betrieb in den VEB Energieversorgung Berlin umgewandelt, der ein Jahr später unter Einschluß der > GASVERSORGUNG im *VEB Energiekombinat Berlin* mit zuletzt ca. 10.000 Beschäftigten aufging. Im Zuge der sich abzeichnenden > VEREINIGUNG entstand daraus im Juni 1990 die Energieversorgung Berlin Aktiengesellschaft (EBAG). Ein Stromvertrag vom 22.8.1990 zwischen BEWAG, DDR-Regierung und > TREUHANDANSTALT führte zur Übernahme der EBAG-Geschäftsbesorgung durch die BEWAG. Im September 1990 wurde die BEWAG-Geschäftsbesorgungs-Aktiengesellschaft (BEGEAG) gegründet, um die gesellschaftsrechtliche Zusammenführung der beiden Energieversorgungsunternehmen vorzubereiten. Im September 1991 verständigten sich BEWAG und Treuhandanstalt darauf, daß die EBAG-Aktien rückwirkend zum 1.1.1991 von der BEWAG übernommen werden und die EBAG damit zur 100%igen BEWAG-Tochtergesellschaft wird. Die Fusion von BEWAG und EBAG im Sinne einer aktienrechtlichen Zusammenführung wird noch einen Zeitraum von ein bis zwei Jahren in Anspruch nehmen. Die Vernetzung der beiden bislang getrennten Versorgungsgebiete ist bis 1997 geplant.

Berliner Krankenhausgesellschaft e.V. (BKG): Die Anfang der 50er Jahre gegründete BKG in der Keithstr. 1 im Bezirk > SCHÖNEBERG ist eine Vereinigung der Träger von > KRANKENHÄUSERN, Krankenheimen und ihrer Spitzenverbände. 1992 waren in ihr 94 Krankenhäuser und 26 Krankenheime zusammengeschlossen. Ihr obliegt die Förderung des Krankenhauswesens in Berlin. Der Verein behandelt grundsätzliche Fragen des Krankenhauswesens, vertritt die gemeinsamen Interessen seiner Mitglieder und wirkt bei der Vorbereitung und Durchführung von Gesetzen und Verordnungen mit. Er nimmt die in den Rechtsvorschriften des Bundes und der Länder zugewiesenen Aufgaben und Mitwirkungsrechte wahr und ist an den Verhandlungen über kostendeckende Entgelte für stationäre und ambulante Behandlung in den Krankenhäusern und -heimen beteiligt. Der BKG fördert die Fortbildung der Mitarbeiter der verschiedenen Berufsgruppen in den Krankenhäusern. Seit der > VEREINIGUNG sind auch die Krankenhäuser in Ost-Berlin in der BKG vertreten. Die Finanzierung des Vereins erfolgt über Beiträge. Die BKG ist Mitglied der Deutschen Krankenhausgesellschaft mit Sitz in Düsseldorf.

Berliner Kurier: Der B. ist eine wochentags erscheinende Boulevardzeitung. Sein Sitz befindet sich im Haus des Berliner Verlags in der Karl-Liebknecht-Str. 29 im Bezirk > MITTE.
B. berichtet über die Bereiche Politik, Berlin, Kultur, Fernsehen, Sport sowie Vermischtes. Zusätzlich enthält jede Berliner Ausgabe eine Regionalseite zu Brandenburg. Seit dem 27.4.1992 werden eigene Ausgaben für Cottbus, Frankfurt/O. und Potsdam herausgegeben. Vorläufer der B. war die „BZ am Abend". Sie wurde zu Zeiten der DDR vom SED-eigenen Berliner Verlag herausgegeben und war die einzige DDR-Zeitung mit Boulevardcharakter. Im Zuge der > VEREINIGUNG umstrukturiert, war sie seit dem 3.12.1990 unter dem Namen B. am Abend erhältlich. Am 8.4.1990 erschien sie erstmals mit einer Morgen- sowie einer Abendausgabe. Von August 1991 an konnte der B. am Abend auch im Westteil der Stadt erworben werden, während der B. am Morgen dort seit März 1992 vertrieben wird. Der B. am Abend wurde am 31.7.1992 eingestellt.
Der B. erscheint im Gruner + Jahr Berliner Zeitung Verlag GmbH & Co. und finanziert sich zu 65 % aus Anzeigen- sowie zu 35 % aus Vertriebserlösen. Derzeit sind 125 fest angestellte und freie Mitarbeiter im redaktionellen Bereich tätig.
Im gleichen Verlag erscheint seit dem 8.4. 1992 eine Sonntagszeitung. Das zunächst unter dem Namen B. am Sonntag publizierte Blatt wurde im Juli 1992 in *Sonntagspost* umbenannt.

Berliner Luftgüte-Meßnetz (BLUME): Zur ständigen Beobachtung des Schadstoffgehalts der Luft in Berlin wurde im Westteil der Stadt seit 1975, nach Inkrafttreten des Bundesimmissionsschutzgesetzes 1974, das B. stufenweise aufgebaut. Das Meßnetz wurde zunächst mit 31 Schwefeldioxid-Meßstationen in Betrieb genommen und später um zehn Kohlenmonoxid- und neun Schwebstaubmeßstationen sowie eine Mehrkomponentenstation und eine meteorologische Station erweitert. Von 1985-89 wurde es weitgehend auf Mehrkomponentenstationen umgestellt, die jeweils den Gehalt an Schwefeldioxid, Stickoxiden (Stickstoffdioxid und Stickstoffmonoxid), Schwebstaub, Kohlenmonoxid und Kohlenwasserstoffen sowie z.T. weiterer Bestandteile der Atemluft, wie z.B. des Ozons, bestimmen. Die Messung von Kohlenwasserstoffen, Ozon und Dieselruß bereitet dabei allerdings noch Probleme. Die Daten werden von den automatischen Geräten an den zentralen BLUME-Rechner bei der > SENATSVERWALTUNG FÜR STADTENTWICKLUNG UND UMWELTSCHUTZ übermittelt.
Das West-Berliner Netz besteht aus 27 Stationen. Sie bilden ein Raster, das mit dem Regelabstand von 4 km fast das gesamte bebaute Gebiet des Westteils der Stadt abdeckt. 12 Stationen liegen im Bereich geschlossener Bebauung mit hoher Wohndichte, zwei Stationen in Industriegebieten, zwei in Altbaugebieten mit hohem Anteil an Kohleheizungen und drei Stationen an stark befahrenen Straßen. Aufgrund der politischen Insellage West-Berlins vor 1989 wurden zehn Stationen möglichst dicht an die damalige Grenze zur DDR bzw. nach Ost-Berlin gelegt, um den Eintrag von Luftschadstoffen in das Stadtgebiet ermitteln zu können. Zusätzlich werden an einer Waldmeßstation Schadstoffwerte sowie meteorologische Daten erhoben (> INSTITUT FÜR METEOROLOGIE).
In Ost-Berlin war die *Bezirks-Hygiene-Inspektion* (BHI), im Umland von Berlin die entsprechenden Inspektionen der Bezirke Frankfurt/O. und Potsdam sowie der Meteorologische Dienst der DDR für die Beobachtung von Luftschadstoffen verantwortlich. Seit 1969 haben im Stadtgebiet von Ost-Berlin elf Meßstellen Schwebstaub gemessen. 1978 und 1985 wurden Multikomponenten-Meßstellen in den Bezirken > MITTE und > PRENZLAUER BERG aufgebaut. 1988 wurden fünf Meßstellen als Grundbausteine des *Lufthygienischen Informations- und Kontrollsystems* aufgestellt,

das wie das B. automatisch arbeitet und die Meßdaten telemetrisch an den Zentralrechner der BHI weiterleitet. 1990 begann man in Ost-Berlin die Meßstationen, v.a. zur Smog-Warnung, auf den westdeutschen VDI-Standard umzurüsten. Deren Daten gehen seitdem auch an den BLUME-Rechner.

Berliner Missionswerk (bmw): Das bmw in der Handjerystr. 19 im Bezirk > STEGLITZ ist eine missionarische und entwicklungspolitische Einrichtung der > EVANGELISCHEN KIRCHE. Es ging aus der 1824 gegründeten königlichen Stiftung Berliner Missionsgesellschaft hervor und wurde 1991 mit dem Ökumenisch-Missionarischen Zentrum/Berliner Missionsgesellschaft vereinigt, an dem auch die Pommersche Evang. Landeskirche, die Evang. Kirche des Görlitzer Kirchengebietes, die Evang. Landeskirche Anhalts sowie die Evang. Kirche der Kirchenprovinz Sachsen beteiligt sind.

Das bmw entsendet Mitarbeiter zur Unterstützung von Projekten in Entwicklungsländer und ist in den Regionen Südliches Afrika, Tansania, Horn von Afrika, Nahost, Japan, Südkorea, China, Taiwan sowie Kuba tätig. Es unterstützt dort Kirchen und Gemeinden im Bereich der Theologie, Diakonie und Verwaltung. Dazu gehören auch landwirtschaftliche Projekte, Schulen, Kliniken und die Hilfe bei Menschenrechtsfragen. Darüber hinaus betreibt das bmw Öffentlichkeitsarbeit in der Bundesrepublik. Es unterhält in seiner Zweigstelle in der Georgenkirchstr. eine Buchhandlung, verfügt über eine bedeutende Fachbibliothek zu Mission und Ökumene sowie ein wertvolles Archiv. In der Finckensteinallee betreibt das bmw eine Tagungs- und Begegnungsstätte.

Das bmw finanziert seine Arbeit überwiegend aus kirchlichen Haushaltsmitteln und aus Spenden. 1992 waren ca. 60 Mitarbeiter in der Dritten Welt und weitere 40 in der Geschäftsstelle und den Zweigstellen beschäftigt. (> ENTWICKLUNGSPOLITIK)

Berliner Morgenpost: Die B. ist derzeit mit ca. 215.000 verkauften Exemplaren pro Ausgabe die zweitgrößte Berliner Abonnements-Zeitung. Sie hat ihren Sitz im Hochhaus der Axel Springer Verlag AG in der Kochstr. 50 im Bezirk > KREUZBERG. Seit dem 2.12.1991 erscheint die B. sieben Mal in der Woche. Die B. ist eine Vollzeitung mit umfassender Berichterstattung über Politik, Wirtschaft, Kul-

tur und Sport sowie „Aus aller Welt". Schwerpunkt ist die lokale Berichterstattung über Berlin und seine Bezirke. Mit eigenen Beilagen werden Potsdam und das Umland versorgt.

Der Verleger Leopold Ullstein gründete die B. am 20.9.1889 als liberale Tageszeitung des Ullstein-Verlages (> PRESSE). In den 20er Jahren entwickelte sich die B. mit rd. 600.000 Exemplaren zur damals auflagenstärksten Tageszeitung Deutschlands. Die Nationalsozialisten zwangen die jüdischen Besitzer des Ullstein-Verlages im Juni 1934 zum Verkauf ihres Unternehmens. Der Verlag wurde 1937 in „Deutscher Verlag" umbenannt, der die Morgenpost – nach der 1944 erfolgten Fusion mit dem „Berliner Lokal-Anzeiger" – zum 24.4.1945 einstellte. Nach dem Krieg erschien die B. am 29.6.1952 als erste Tageszeitung des im gleichen Jahr an seine ursprünglichen Eigentümer zurückgegebenen Ullstein-Verlages. Seit 1959 ist der Ullstein-Verlag eine hundertprozentige Tochter der Axel Springer Verlag AG. Die B. mit einem Redaktionsstab von ca. 200 Mitarbeitern und Korrespondenten in In- und Ausland finanziert sich durch Anzeigen und Vertriebserlöse.

Berliner Philharmonisches Orchester: Das 1882 gegründete B. zählt zu den bedeutendsten Orchestern der Welt. Künstlerischer Leiter ist z.Z. Claudio Abbado, Intendant Ulrich Meyer-Schoellkopf. 1992 gehörten dem B. 120 Musiker an, darunter vier Frauen. In Intendanz, Verwaltung und Technik waren ca. 80 Mitarbeiter beschäftigt. Mit der > PHILHARMONIE und dem > KAMMERMUSIKSAAL besitzt das B. zwei feste Spielstätten mit 2.200 bzw. 1.100 Plätzen.

Das B. gibt pro Spielzeit ca. 100 Konzerte in der Philharmonie, in der Spielzeit 1992/93 sind es 72 Abonnementkonzerte, acht Festwochenkonzerte, 14 abonnementfreie Konzerte sowie vier Jugendkonzerte. Pro Jahr unternimmt das Orchester etwa fünf große Konzertreisen, 1992/93 gastiert es u.a. in Frankreich, Italien, Großbritannien, Griechenland, Israel sowie in verschiedenen deutschen Städten. Das Orchester verfügt ferner über 18 unterschiedlich besetzte Kammermusik-Ensembles, die pro Spielzeit mindestens zwölf Philharmonische Kammerkonzerte im Kammermusiksaal geben.

Das B. ist als nachgeordnete Einrichtung der > SENATSVERWALTUNG FÜR KULTURELLE ANGELE-

GENHEITEN Bestandteil des > Öffentlichen Dienstes, verfügt jedoch über eine starke Selbstverwaltung (Vorstand, Fünferrat). Es wird aus dem Landeshaushalt finanziert.

Das B. wurde 1882 von 50 Musikern gegründet, die sich aus dem autokratisch geführten Orchester Benjamin Bilses abspalteten, sich eine demokratische Verfassung gaben und

Berliner Philharmonisches Orchester mit Dirigent Claudio Abbado

die Selbstverwaltung einführten. Ihr erstes Konzert unter dem Namen „Philharmonisches Orchester" fand am 17.10.1882 unter dem von den Musikern selbstgewählten Dirigenten Ludwig v. Brenner in der alten Philharmonie in der Bernburger Str. nahe dem > Potsdamer Platz statt (> Saalbauten). In der Folgezeit gab das Orchester v.a. Abonnementkonzerte, sog. „populäre Konzerte" und wirkte u.a. bei Choraufführungen der > Sing-Akademie mit. Wegen finanzieller Schwierigkeiten drohte ihm mehrmals die Auflösung.

1887 übernahm der Konzertagent Hermann Wolff das Management und erreichte eine gewisse Existenzsicherung. Er verpflichtete Hans v. Bülow als Dirigenten, unter dessen Leitung sich das B. zu einem der führenden Orchester in Deutschland entwickelte. Als Gastdirigenten kamen u.a. Johannes Brahms, Peter Tschaikowski und Edvard Grieg sowie Gustav Mahler, Richard Strauss und Hans Pfitzner nach Berlin. Unter der Leitung von Arthur Nikisch 1895-1922 erweiterte das B. sein Repertoire beträchtlich. Neben Anton Bruckner und Tschaikowski wurden Werke von Gustav Mahler, Franz Liszt, Maurice

Ravel, Claude Debussy, Jean Sibelius gespielt und durchgesetzt. Das erste Auslandskonzert fand 1885 in Scheveningen (Niederlande) statt. Reisen in verschiedene europäische Länder und nach Rußland machten das Ensemble international bekannt.

Nach dem Tode von Nikisch wurde der damals erst 36jährige Wilhelm Furtwängler zum neuen Chefdirigenten gewählt. Schwerpunkte seines Repertoires waren Werke der Klassik und der deutschen Romantik – Ludwig van Beethoven, Brahms und Bruckner. Daneben wurden zeitgenössische Komponisten wie Igor Strawinsky, Béla Bartok, Sergej Prokofieff präsentiert. Furtwängler machte sich bei den Nationalsozialisten durch seinen Einsatz für die Musik von Paul Hindemith und Arnold Schönberg unbeliebt.

1934 verlor das B. seine Eigenständigkeit und wurde Staatsorchester; Furtwängler trat daraufhin von allen Ämtern zurück, verließ Deutschland allerdings nicht, wie viele andere Komponisten und Musiker. 1944 wurde die (alte) Philharmonie zerstört; bis zum Ende des II. Weltkriegs fanden die Konzerte des B., zuletzt am 16.4.1945, u.a. in der > Staatsoper Unter den Linden, im > Dom und im > Admiralspalast statt.

Nach Kriegsende diente u.a. der > Titania-Palast in > Steglitz als Konzertsaal und von 1954 bis zur Einweihung der neuen Philharmonie 1963 der Konzertsaal der Hochschule für Musik am Steinplatz (heute > Hochschule der Künste). Da Furtwängler zunächst Auftrittsverbot hatte, übertrug der > Magistrat dem jungen rumänischen Dirigenten Sergiu Celibidache für eine Interimszeit die Leitung des B. Die durch die Kulturpolitik des Nationalsozialismus entstandene Isolation des B. wurde rasch überwunden, international anerkannte Solisten und Dirigenten kamen wieder zum B., das Orchester reiste nach Westdeutschland und ins Ausland. Furtwängler dirigierte sein erstes Konzert mit den Philharmonikern nach dem Krieg 1947; nach seiner Entnazifizierung übernahm er 1952 wieder formell sein Amt als Chefdirigent.

Nach Furtwänglers Tod 1954 wählte das B. Herbert v. Karajan zum Ständigen Dirigenten und Künstlerischen Leiter. Dieser erarbeitete in den folgenden Jahrzehnten mit dem Orchester eine gleichermaßen einzigartige Perfektion und Spielkultur und machte das B. weltweit berühmt. Karajans vielseitiges Repertoire umfaßte die Klassik, Romantik, die

Impressionisten, Klassiker der Moderne (wie Bartok und Strawinsky) sowie zeitgenössische Komponisten. Karajan trat im April 1989 zurück und starb am 16.7.1989 in Salzburg. Am 8.10.1989 wählte das B. Claudio Abbado zum fünften Chefdirigenten. Sein erstes Konzert in der neuen Funktion dirigierte Abbado am 17. und 18.12.1989 in der Philharmonie.

Berliner Pressekonferenz: Die B. mit ihrem ständigen Sekretariat am > KURFÜRSTENDAMM 224 im Bezirk > CHARLOTTENBURG wurde 1918 als unabhängige Arbeitsgemeinschaft gegründet. 1933 wurde sie als Selbstverwaltungsorgan der Presse verboten. 1950 erfolgte die Neugründung durch Persönlichkeiten wie Willy Brandt, Ernst Lemmer, Erik Reger u.a. Sie fungiert als Forum des Informationsaustausches zwischen den Medien und den Organen bzw. Organisationen des öffentlichen Lebens in der Stadt.

Ordentliche Mitglieder der B. können nach deren Richtlinien in der Fassung vom 28.2. 1991 die Chefredakteure der Berliner > PRESSE, der Nachrichtenagenturen, der in Berlin ansässigen Anstalten von > HÖRFUNK und > FERNSEHEN sowie die hauptberuflichen Korrespondenten auswärtiger Medien werden, die durch Akkreditierung ihres Chefredakteurs ein publizistisches Interesse an einer ständigen Berichterstattung aus Berlin nachweisen. In Ausnahmefällen können auch hauptberuflich tätige freie Journalisten aufgenommen werden. Das erste nach der > VEREINIGUNG herausgegebene Teilnehmerverzeichnis 1990/91 der B. weist 185 Mitglieder auf.

Die B. veranstaltet jährlich ca. 60 Pressekonferenzen, meist im Presseraum des > BERLINER RATHAUSES (vor der Vereinigung im > RATHAUS SCHÖNEBERG), aber auch im Berliner > BUNDESHAUS oder im > REICHSTAGSGEBÄUDE. Dabei werden die Mitglieder der B. durch den > SENAT VON BERLIN, die Parteien, durch Verbände oder sonstige Institutionen über aktuelle, Berlin betreffende Themen und Entwicklungen informiert. In den Richtlinien der B. ist festgeschrieben, daß die Teilnehmer und die sie entsendenden Redaktionen an die Erklärungen der Auskunftgebenden über die Verwendung des Materials gebunden sind: Ist eine Information nicht „zu beliebiger Verwendung" freigegeben, sondern erfolgt „streng vertraulich", ist deren publizistische Verbreitung nicht zulässig. Ein Verstoß gegen diese Bestimmung führt zum Aus-

schluß aus der B.
Am Sitz der B. befinden sich auch die gastronomischen Räumlichkeiten des Journalisten-Club Berlin e.V., die jedoch nur Journalisten und ausgewählten Gästen aus Politik, Wirtschaft und Kultur zur Verfügung stehen. Die Geschäfte der B. führt ein ehrenamtlich tätiger Arbeitsausschuß. Die Einrichtung finanziert sich durch Beiträge ihrer Mitglieder.

Berliner Rathaus: Das 1861-69 nach einem Entwurf des preußischen Königlichen Baurats Hermann Friedrich Waesemann errichtete und unter Denkmalschutz stehende B. in der Rathausstr. im Bezirk > MITTE ist seit dem 1.10.1991 der Amtssitz des > REGIERENDEN BÜRGERMEISTERS VON BERLIN, der ihn vertretenden Bürgermeistern und der > SENATSKANZLEI. Ferner tagt hier auch der > SENAT VON BERLIN.

Das B. steht an der Stelle des ersten Berliner Rathauses aus der Mitte des 13. Jh., das nach Brandzerstörungen in den Jahren 1380, 1448 und 1581 in jeweils veränderter Form, aber am gleichen Ort wieder aufgebaut worden war (> RATHÄUSER). Nachdem das zuletzt errichtete Gebäude baufällig geworden war und den steigenden Raumbedürfnissen nicht mehr genügte, beschäftigte man sich seit dem frühen 19. Jh. mit Plänen für einen größeren Neubau. Karl Friedrich Schinkel fertigte eine Reihe von Entwürfen an, die Friedrich Wilhelm III. (1797-1840) jedoch nicht genehmigte. Nachdem auch ein Wettbewerb nicht erhofften Ergebnis führte, erhielt Waesemann von > OBERBÜRGERMEISTER Heinrich Wilhelm Krausnick (1834-62) den Auftrag, ein neues Projekt auszuarbeiten. Sein 1859 vorgelegter Entwurf wurde ein Jahr später zur Ausführung bestimmt.

Der Bau des B. erfolgte in zwei Etappen: Zuerst wurde der Teil an der Jüden- und Rathausstr. errichtet, dann, nach dem Abriß des alten Rathauses, der Teil an der Spandauer Str. Die Architektur des Gebäudes orientiert sich an Vorbildern der norditalienischen Hochrenaissance. In seiner Ausführung mit rotem Klinker (daher der Name *Rotes Rathaus*) über einem Granitsockel und sorgfältiger Terrakottatechnik ist das B. ein Werk typisch märkischer Bauweise. Das vierflügelige, 99 m lange und 88 m tiefe Gebäude hat drei Innenhöfe. Die Fassaden an den vier Straßenfronten weisen jeweils einen breiten Mittelrisalit und schmale Seitenrisalite auf. Die beiden mittleren Repräsentationsgeschosse sind durch hohe rundbogige Fensternischen zusammengeschlossen. Ein umlaufendes, kräftig profiliertes Hauptgesims mit Attika bildet den Abschluß.

Der 74 m (mit Fahnenstange 97 m) hohe Rathausturm erhebt sich etwas eingerückt über dem Mittelbau der Hauptfront an der Rathausstr. An jeder Turmseite im ersten

Berliner Rathaus mit Neptunbrunnen

Turmgeschoß befinden sich links und rechts zwei große, an das Berliner Wappentier erinnernde Bärenplastiken von Wilhelm Wolff (> HOHEITSZEICHEN). Den Abschluß des Turms bildet ein abgestumpfter Dachhelm, eine verglaste Stahlkonstruktion, in der die tonnenschweren Tongeber der Rathausuhr untergebracht sind. Diese Uhr mit ihrem frei schwingenden Pendel und ihrem Zifferblatt von 4,75 m Durchmesser galt zu ihrer Entstehungszeit als herausragende Leistung des Turmuhrmachermeisters Johann Meinhardt. Im Zusammenhang mit einer Turmreparatur 1988/89 wurde sie modernisiert und der Turm mit neuen Glocken versehen.

Bemerkenswert ist ferner der 1877-79 angebrachte Fries aus 36 je 4 x 6 m großen Tafeln, der sich in der Höhe des ersten Stockwerks um das B. zieht. Schöpfer dieser in Terrakottatechnik aus Hermsdorfer Ton gestalteten Steinernen Chronik vom 12. bis zum 19. Jh. waren die Bildhauer Alexander Calandrelli, Ludwig Brodwolf, Otto Geyer und Rudolf Schweinitz

Seit seinem Bezug diente das B., von der Zeit der > SPALTUNG abgesehen, nahezu ununterbrochen als Sitz der Stadtregierung. Am 30.6.1865 hielt der > MAGISTRAT seine erste Sitzung im B. ab, die > STADTVERORDNETENVERSAMMLUNG trat hier am 6.1.1870 zum ersten Mal zusammen. Da sich das B. schon bald als zu klein erwies, erfolgte 1902-11 zur Entlastung der Bau des > STADTHAUSES am rück

wärtigen > MOLKENMARKT. Am Ende des II. Weltkrieges wurde das B. zerstört. Der Wiederaufbau begann 1951 und dauerte bis 1958. Dabei wurde das Äußere originalgetreu wiederhergestellt, während die Innenräume bis auf das repräsentative Treppenhaus mit seinen Kreuzgewölben weitgehend neu gestaltet wurden. Noch während des Wiederaufbaus zog am 30.11.1955 der Ost-Berliner Magistrat, der bis dahin im > NEUEN STADTHAUS amtiert hatte, in das B. ein. Die Ost-Berliner Stadtverordnetenversammlung folgte am 2.12.1955. Nach der > VEREINIGUNG nahm am 1.10.1991 die erste seit der Spaltung Berlins 1948 frei gewählte Gesamt-Berliner Landesregierung, der Senat von Berlin, im B. seinen Sitz. Er tagt jeden Dienstag um 9.00 Uhr im Senatssitzungssaal, der 1991 im 1. Stock des Flügels Jüdenstr. neu geschaffen wurde.

Im Hauptgeschoß befinden sich weiter der offiziellen Anlässen dienende Säulensaal und der repräsentative Wappensaal, der beim Wiederaufbau 1951-58 anstelle des alten Stadtverordnetensaals errichtet worden war. Im vierschiffigen 9 m hohen Säulensaal, in dem sich ursprünglich die Bibliothek des Magistrats befand (erhalten gebliebene Restbestände sind in der > BERLINER STADTBIBLIOTHEK untergebracht), finden Empfänge und andere offizielle Veranstaltungen, gelegentlich auch öffentliche Konzerte und Vorträge statt. Der *Wappensaal* verdankt seinen Namen den bleiverglasten Fenstern, die ursprünglich die Wappen der 20 Stadtbezirke der am 1.10.1920 gebildeten Stadtgemeinde > GROSSBERLIN zeigten. Inzwischen sind sie um die Wappen der drei neuen Ost-Berliner Bezirke > MARZAHN, > HOHENSCHÖNHAUSEN und > HELLERSDORF vermehrt worden (> BEZIRKE). Die zwölf West-Berliner Bezirkswappen waren beim Wiederaufbau nach dem II. Weltkrieg auf ausdrücklichen Wunsch des Oberbürgermeisters Friedrich Ebert mitgestaltet worden, in der Erwartung, „daß Westberlin dem Ostteil der Stadt in absehbarer Zeit zufallen würde". Der Saal dient heute offiziellen Veranstaltungen, so auch den Eintragungen in das > GOLDENE BUCH der Stadt. Drei große, zweiflügelige Türen führen vom Wappensaal in den Festsaal, der von der ehem. Ost-Berliner Stadtverwaltung als Stadtverordnetensaal umgebaut worden war. Dieser 30 m lange und 18 m breite, direkt über dem Eingang an der Spandauer Str. gelegene Saal ist der größte Raum im B. Er wird

109

schon gegenwärtig für größere Festlichkeiten genutzt und soll nach einem Umbau seiner alten Bestimmung als Empfangsraum für protokollarische Anlässe aber auch für große Pressekonferenzen und ähnliche Veranstaltungen dienen. Insg. verfügt das B. über 177 Büros und 15 Sitzungsräume. Der Ratskeller wird nach einer umfassenden Rekonstruktion sowohl als öffentliche Gaststätte wie auch als Kantine für die Mitarbeiter zur Verfügung stehen. Dienstags und sonnabends findet vor dem B. ein > WOCHENMARKT statt.

Berliner Ring: Der B. ist der äußere, um das Stadtgebiet von Berlin herumführende, 195,8 km lange Autobahnring (A 10). Am B. beginnen die sechs von Berlin ausgehenden *Autobahnen*: Am Autobahndreieck (AD) Werder die A 2 Richtung Magdeburg/Hannover, am AD Havelland die A 24 Richtung Rostock bzw. Hamburg, am AD Schwanebeck die A 11 Richtung Stettin (Polen), am AD Spreeaue die A 12 Richtung Frankfurt/O., am Autobahnkreuz (AK) Schönefeld die A 13 Richtung Dresden und am AD Potsdam die A 9 Richtung Leipzig/Nürnberg.
Das Stadtgebiet ist durch vier Autobahnabzweige mit dem B. verbunden: Im Süden am AD Drewitz über die A 115 (> AVUS) zum > FUNKTURM mit Anschluß an den Stadtring (A 100) und am AK Schönefeld über die A 113 nach > TREPTOW und zum Flughafen Schönefeld (> FLUGHÄFEN) bei > ALTGLIENICKE; im Norden am AD Oranienburg über die A 111 durch > TEGEL zum Stadtring A 100 bei > SIEMENSSTADT und am AD Pankow über die A 114 nach > PANKOW.
Mit dem Bau des vom Generalinspektor für das deutsche Straßenwesen Fritz Todt geplanten B. wurde 1935 begonnen; er sollte die von den Nationalsozialisten geplante 8-Millionen-Stadt begrenzen (> GENERALBAUINSPEKTOR FÜR DIE REICHSHAUPTSTADT BERLIN). Bis zur Unterbrechung durch den II. Weltkrieg 1940 waren etwa drei Fünftel des Rings (128 km) fertiggestellt. 1981 hat die DDR den letzten Abschnitt des B. zwischen der Anschlußstelle (AS) Marquardt und dem AD Havelland fertiggestellt. Im Zuge der zwischen der Bundesregierung und der DDR vereinbarten Grunderneuerung der Autobahn nach Helmstedt (1976-79; > TRANSITVERKEHR) ist der B. zwischen den AD Drewitz und Werder grunderneuert und auf drei Fahrspuren pro Richtung ausgebaut worden.
Nach der > VEREINIGUNG Berlins hat der B. die

Funktion eines ersten Verteilerrings des auf den neuen Ballungsraum Berlin/Brandenburg zufließenden Kfz-Fernverkehrs. Gleichzeitig dient er zur Aufnahme des immer stärker werdenden Personen- und Güterfernverkehrs mit den ost- und südosteuropäischen Ländern. Der Ausbau des B. auf sechs Fahrspuren zwischen dem AD Werder und dem AD Havelland als Verkehrsprojekt „Deutsche Einheit" ist in den Entwurf des Bundesverkehrswegeplans aufgenommen. Der heute schon vorhandene sechsspurige Abschnitt vom AD Potsdam bis AD Drewitz wird auf acht Spuren erweitert. Noch auf der Basis von Verträgen mit der DDR wurden diese Ausbauarbeiten auf dem südlichen Ring zwischen dem AD Drewitz und dem AK Schönefeld bereits 1990 begonnen und sollen 1993 abgeschlossen sein. Das Land Brandenburg ist gemeinsam mit dem Land Berlin bemüht, auch für den westlichen Teil des B. zwischen AD Havelland und AD Werder den sechsspurigen Ausbau als „weiteren Bedarf" in die Bundesverkehrswegeplanung aufnehmen zu lassen.

Berliner Rundfunk: Der private Hörfunksender B. mit Sitz in der Nalepastr. 10-50 im Bezirk > KÖPENICK begann seinen Sendebetrieb am 1.1.1992 und versteht sich als privater Sender für Berlin und Brandenburg. Der im Umkreis von ca. 100 km empfangbare B. konzentriert sein Programm auf ein umfassendes Informations- und Serviceangebot aus den Bereichen Kultur, Sport, Bildung und Soziales, dazu Musik mit hohem Anteil an deutschen Titeln und „Ost-Oldies". Nachrichten werden stündlich gesendet. Der B. wird von fünf Gesellschaftern betrieben, die v.a. aus dem Bereich > PRESSE stammen. Der Sender mit über 30 fest angestellten sowie ca. 25 freien Mitarbeitern im redaktionellen Bereich finanziert sich durch Werbeeinnahmen. Der Vorläufer des B. nahm am 13.5.1945 seinen Sendebetrieb unter dem Namen *Radio Berlin* auf und strahlte sein zunächst einstündiges Programm provisorisch von einem Sender in > TEGEL aus. Im Laufe einer Woche wurde das Programm auf 24 Stunden erweitert. Zu diesem Zeitpunkt erfolgte die Umbenennung in B. sowie der Umzug in das > HAUS DES RUNDFUNKS. Der im britischen Sektor gelegene Sitz des Senders wurde vom 7.6. 1948 an über längere Zeit durch die britische Militärregierung blockiert, da die sowjetische Besatzungsmacht sich weigerte, ihn zu räumen. Im Juni/Juli 1952 begann der Umzug des Senders in den östlichen Sektor an seine heutige Adresse. Er sollte nach den Maßgaben des im August 1952 gegründeten „Staatlichen Rundfunkkomitees" der DDR die Hauptstadt Berlin repräsentieren und zudem – seit 1958 – auch die Bevölkerung des Westteils der Stadt mit der eigens eingerichteten „Berliner Welle" ansprechen.

Nach der > VEREINIGUNG bewarb sich der B. um eine der Frequenzen aus dem Bestand der sog. „Einrichtung", um als privater Anbieter weiterzusenden. Der Kabelrat (> MEDIENANSTALT BERLIN-BRANDENBURG) entschied daraufhin im Dezember 1991, daß der B. auf seiner alten Frequenz weitersenden könne.

Berliner Schlittschuh-Club – Preussen Eishockey e.V.: Der als *BSC Preussen* bekannte, 1983 aus dem in wirtschaftliche Schwierigkeiten geratenen und danach sportlich bedeutungslos gewordenen Traditionsverein Berliner Schlittschuh-Club hervorgegangene Verein hat seinen Sitz am Kaiserdamm 89 im Bezirk > CHARLOTTENBURG. Er ist gegenwärtig Berlins erfolgreichster Eishockey-Club und spielt in der ersten Eishockey-Bundesliga. Neben den Fußballvereinen sind die „Preussen" der größte Publikumsmagnet in der Stadt. Ihre Heimspiele in der > EISSPORTHALLE JAFFÉSTRASSE, die zugleich als Trainingsstätte genutzt wird, besuchten 1991 durchschnittlich 4.500 Zuschauer. Außer der Bundesligamannschaft unterhält der Club acht Nachwuchsmannschaften in allen Altersklassen und betreibt eine aktive Jugendarbeit. 300 der 1991 insg. 390 Mitglieder spielen selbst Eishockey. Zu den weiteren Aktivitäten des BSC Preussen gehört das seit 1990 zusammen mit dem *Eishockey-Club Dynamo (EHC)*, der als selbständiger Verein aus dem früheren DDR-Spitzensportclub „SC Dynamo Berlin", heute > SPORTCLUB BERLIN E.V., hervorgegangen ist, veranstaltete internationale Sommerturnier vor Beginn der Bundesligasaison, zu dem renommierte Mannschaften aus Europa und Nordamerika eingeladen werden.

Vorläufer des B. war der 1886 gegründete Berliner Eislaufverein, der neben Eishockey auch die Sportarten Eiskunstlaufen, Eisschnellaufen, Bobsport und Tennis betrieb. 1912-76 war er 21 Mal Deutscher Eishockeymeister und damit Rekordtitelträger vor dem EV Füssen mit 19 Meisterschaften. Berühmteste Eiskunstläufer des Vereins waren Maxi

Herber und Ernst Baier mit vier Weltmeisterschaften, fünf Europameisterschaften und dem Olympiasieg 1936 (> OLYMPISCHE SPIELE). Im Eishockey hat dieser Club bis 1980 insg. 41 Nationalspieler hervorgebracht, darunter vor dem II. Weltkrieg die legendären Gustav Jaenicke und Rudi Ball.

Berliner Sinfonie-Orchester (BSO): Das BSO, das seit 1984 seinen Sitz im > SCHAUSPIELHAUS am > GENDARMENMARKT im Bezirk > MITTE hat, wurde 1952 aus Musikern der Bezirksorchester > PRENZLAUER BERG und > PANKOW als „Städtisches Berliner Sinfonieorchester" gegründet. Heute gehört es zu den wichtigen Klangkörpern der Stadt und übt dabei nicht nur eine Funktion im städtischen Rahmen aus, sondern genießt auch überregional großes Ansehen.

Träger des BSO ist das Land Berlin, vertreten durch die > SENATSVERWALTUNG FÜR KULTURELLE ANGELEGENHEITEN (SENKULT). Im Herbst 1990 schied der bisherige Intendant Jürgen Blesch auf eigenen Wunsch aus, ihm folgte Frank Schneider als künstlerischer Leiter des Hauses. Chefdirigent des 130 Musiker umfassenden BSO ist seit Sommer 1992 Michael Schönwandt, der Claus Peter Flor ablöste. In der Spielzeit 1991/92 gab das BSO 101 Konzerte in Berlin und 38 auf Gastspielen. In Berlin haben das BSO 1991/92 ca. 126.000 Besucher gehört, im Ausland waren es 60.000. Gastspiele führten das BSO u.a. nach Japan und 1992 nach Hongkong. Der Etat des BSO wurde zu 20 % durch Eintrittsgelder und andere Einnahmen und zu 80 % durch die SenKult gedeckt.

Der erste Chefdirigent des BSO war Hermann Hildebrandt, dem ab 1957 Paul Dörrie zur Seite gestellt war. Schon 1958/59 gab der Prager Dirigent Vaclav Smetacek zahlreiche Konzerte mit dem BSO, der 1959 das Amt des Chefdirigenten antrat. 1960 übernahm Kurt Sanderling die Leitung des Orchesters. Mit ihm wurde das BSO trotz der künstlerischen Einbußen, die die > SPALTUNG der Stadt durch den Bau der > MAUER 1961 mit sich brachte, zu einem der führenden Orchester in der ehem. DDR, das auch internationales Renommee erlangte. 1977-83 war Günter Herbig Leiter des BSO, ihm folgte 1983 als Chefdirigent Claus Peter Flor. Unter seiner Leitung hat das Orchester seine Stellung als erstklassiges Konzertorchester weiter festigen können. Die Programme des BSO haben ihren Schwerpunkt im klassisch-romantischen Repertoire, das durch große symphonische Werke der klassischen Moderne, z.B. von Dmitri Schostakowitsch und Jean Sibelius, ergänzt wird. Viele Musiker des BSO spielen auch in zahlreichen Kammermusik-Ensembles.

Berliner Stadtbibliothek: Die 1901 gegründete B. befindet sich seit dem 11.10.1966 in einem Gebäude, das als Bibliothekszweckbau in der Breiten Str. 32-34 im Bezirk > MITTE für sie errichtet wurde. Dieses Gebäude ist räumlich und funktionell mit dem Spreeflügel und einem Quergebäude des > MARSTALLS verbunden, in dem sich v.a. die Magazine, Spezialbibliotheken und Sondersammlungen sowie Arbeits- und Verwaltungsräume der B. befinden. Als eine der > SENATSVERWALTUNG FÜR KULTURELLE ANGELEGENHEITEN (SENKULT) unterstehende Einrichtung erfüllt sie die Aufgaben einer wissenschaftlichen Allgemeinbibliothek des Landes Berlin. Für die speziellen Aufgaben einer Landesbibliothek sind v.a. die Berlin-Literatur, aber auch alle anderen zum Sammelgut wissenschaftlicher Bibliotheken gehörenden Medien Sammelschwerpunkte, wobei größtmögliche Vollständigkeit (unter Einbeziehung der im Ausland erscheinenden Berolinensien) angestrebt wird. Im Zusammenhang damit steht die Absicht, im Land Berlin eine rechtsverbindliche Pflichtexemplarregelung zugunsten der B. zu erlassen, sowie eine Berliner Regionalbibliographie zu erarbeiten.

Die B. ist zugleich ein Bestandszentrum für die öffentlichen > BIBLIOTHEKEN der Stadt, für die sie – koordiniert mit der > AMERIKA GEDENKBIBLIOTHEK (AGB) – Aufgaben einer *Zentralbibliothek* wahrnimmt. In funktioneller Verbindung mit ihrer Primärfunktion als wissenschaftliche Allgemeinbibliothek wirkt die B. auch als Kulturzentrum, in dem vielfältige Ausstellungen und wissenschaftliche, künstlerische und literarische Veranstaltungen stattfinden.

Die B. verfügt über einen Bestand von ca. 1,1 Mio. Medieneinheiten (ME) und gehörte bis zum Fall der > MAUER am > 9. NOVEMBER 1989 mit ca. 55.000 jährlich eingetragenen Lesern und täglich bis zu 2.000 Besuchern zu den am stärksten frequentierten wissenschaftlichen Bibliotheken im Ostteil Berlins.

Von den der B. angeschlossenen Bibliotheken ist die 1954 eingegliederte *Ratsbibliothek* mit einem Bestand von 160.000 ME hervorhebenswert, der auf die 1815 gegründete

Magistratsbibliothek zurückgeht. Von besonderer Bedeutung ist ferner die *Berlin-Bibliothek* mit 33.000 ME (darunter 160 aktuelle und historische Zeitungen und Zeitschriften sowie spezielle Sammlungen von Plakaten und Flugschriften) zur historischen, wirtschaftlichen und kulturellen Entwicklung der Stadt. Weiter gehören zur B. die *Berliner Ärztebibliothek* mit 32.000 ME vorwiegend neuerer deutschsprachiger medizinischer Literatur und 250 laufend gehaltenen medizinischen Zeitschriften, die Musikbibliothek mit ihrer Phonothek, die über 32.000 Musikalien und 16.000 Bände Musikliteratur sowie ca. 70.000 Tonträger verfügt, sowie die Linguathek mit 300 Lehrkursen für 36 Sprachen und Schallplatten bzw. audivisuellen Medien.

Bei ihrer Gründung 1901 war die Stadtbibliothek als Zentrale für das seit Mitte des 19. Jh. entwickelte Netz der Volksbüchereien in Berlin eingerichtet worden. Nicht zuletzt durch wertvolle, ihr überlassene Büchersammlungen aus dem Eigentum von Berliner Gelehrten entwickelte sie sich schnell auch zu einer bedeutenden wissenschaftlichen Bibliothek, die der gesamten Bevölkerung zur Verfügung stand. Eröffnet wurde sie am 15.10.1907 in einem Gebäudeteil einer ehem. Markthalle in der Zimmerstr., bevor sie 1921 in Räumen des Marstalls unterkam.

Im II. Weltkrieg verlor sie etwa die Hälfte ihres Bestands. Ein Teil der ausgelagerten Literatur hatte jedoch die Kriegsereignisse überdauert und wurde von Polen und der Tschechoslowakei zurückgegeben, darunter die wertvollen historischen Sammlungen von Emil Basner (ergänzt und fortgeführt durch die Franz-Mehring-Bibliothek), der Göritz-Lübeck-Stiftung, der Ernst-Wildenbruch-Bibliothek, Reste der Sammlung von Georg Friedländer sowie Nachlässe von Ulrich v. Wilamowitz-Moellendorff und Adolf Glaßbrenner. Von der B. wird auch die ihr als Leihgabe übergebene Sammlung des > EVANGELISCHEN GYMNASIUMS ZUM GRAUEN KLOSTER, eine der ältesten Berliner Bibliotheken, verwaltet.

Das 1964-66 errichtete Hauptgebäude der B. entstand nach Plänen von Heinz Mehlan. Es enthält ein Ausstellungsfoyer und einen Vortragssaal sowie einen großzügigen eingeschossigen Trakt mit den Benutzerräumen. Die ganz in Glas aufgelöste Fassade ist auf das benachbarte > RIBBECKHAUS abgestimmt. Bemerkenswert ist das durch den Kunstschmied Fritz Kühn geschaffene Eingangsportal, das in 117 Varianten den Buchstaben A in den Schriftsprachen der Welt auf geschmiedeten und z.T. geschmolzenen Stahlplatten darstellt.

Berliner Stadtreinigungsbetriebe (BSR) Eigenbetrieb von Berlin: Als größter kommunaler Entsorgungsbetrieb Deutschlands sind die BSR Hauptträger der > ABFALLWIRTSCHAFT in Berlin. Zu ihren Aufgaben und Leistungen zählen *Müllabfuhr*, Annahme und Entsorgung von Sonderabfällen, getrennte Sammlung von Altstoffen (> RECYCLING), Laubabfuhr und -sammlung, Bio-Abfallsammlung, Kompostierung, Sperrmüllentsorgung, Abfallverbrennung, -umschlag und -transporte, Deponierung, Reinigung der öffentlichen > WOCHENMÄRKTE, Straßen- und Autobahnreinigung, Straßenwinterdienst, Sonderreinigung (wie die Reinigung von Ruinengrundstücken), Gullyreinigung sowie Bau, Unterhaltung und Reinigung der öffentlichen *Bedürfnisanstalten*.

Als > EIGENBETRIEB des Landes Berlin untersteht die BSR der jeweils für die Eigenbetriebe Berlins zuständigen Senatsverwaltung, seit Anfang der 80er Jahre der > SENATSVERWALTUNG FÜR VERKEHR UND BETRIEBE. Die Geschäftsführung der B. hat ihren Sitz in der Ringbahnstr. 96 im Bezirk > TEMPELHOF. Die BSR beschäftigte 1992 rd. 10.000 Mitarbeiter; sie verfügte über einen Fuhrpark von insg. rd. 3.000 Fahrzeugen, die z.T. mit Rußfiltern, Radfahrerunterschutz und Vorrichtungen zur Lärmminderung ausgestattet sind.

In den Abfallbeseitigungswerken Nord an der Straße Freiheit in > RUHLEBEN und Süd an der Gradestr. in > BRITZ werden die im Westteil der Stadt gesammelten Abfälle verpreßt und gem. des 1974 zwischen Berlin und der DDR geschlossenen und noch bis 1994 gültigen Langfristvertrages auf die Deponien Schöneiche und Vorketzin im Land Brandenburg gebracht. Ferner besteht in Ruhleben eine mit einer Rauchgasreinigungsanlage ausgerüstete Müllverbrennungsanlage für jährlich rd. 350.000 t Abfälle. Die dabei entstehenden rd. 800.000 t Dampf werden im benachbarten Kraftwerk Reuter zur Stromerzeugung genutzt. Eine Anlage zur Wirbelschichtverbrennung soll in Kürze installiert werden. In Ruhleben unterhält die BSR auch Einrichtungen zur Sonderabfallannahme und -entsorgung, so ein Labor und eine chemisch-physikalische Emulsionsspaltanlage.

Für die Abfallentsorgung der östlichen Bezirke stehen der BSR die Deponien Schwanebeck und Wernsdorf sowie die Bahndeponie Schöneicher Weg zur Verfügung. Die Abfälle für die letztgenannte Deponie werden auf der Bahnverlade Heinersdorf in > PANKOW umgeschlagen und per Bahntransport dorthin verbracht.

Der zu *Straßenreinigung* zählende *Winterdienst* wird seit 1981 von der BSR umweltgerecht durchgeführt. Mit Tausalzen dürfen demnach nur noch Autobahnen und Bundesstraßen behandelt werden. Ansonsten werden bis auf Ausnahmefälle nur noch abstumpfende Mittel wie Quarz, Kies und Split verwendet.

Die Ursprünge der Stadtreinigung gehen auf die 1848 gegründete „Deputation für die Verwaltung der Städtischen Straßenreinigung" zurück, aus der über Zwischenstufen 1945 die „Großberliner Straßenreinigung und Müllabfuhr" entstand. Nach der > SPALTUNG Berlins erhielt deren westlicher Betriebsteil 1951 den Namen „Berliner Stadtreinigung" und wurde zum 1.1.1967 in die Rechtsform eines Eigenbetriebs überführt.

Der Ost-Berliner Betrieb trug noch bis 1976 den Namen „Großberliner Straßenreinigung und Müllabfuhr" und wurde 1982 zum „VEB Kombinat Stadtwirtschaft Berlin". Am 1.7. 1990 ist daraus die dem > MAGISTRAT unterstellte „Stadtreinigung Berlin (SB)" hervorgegangen. Im Rahmen der Vereinheitlichung des Berliner Landesrechts erhielt die SB zum 20.10.90 vom Magistrat den Status eines Eigenbetriebs der Stadt Berlin (Ost). Mit der Überführung in einen Eigenbetrieb des Landes Berlin zum 1.1.1991 wurden die Geschäftsleiter der BSR in Personalunion zu Geschäftsleitern der SB bestellt. Zum 1.1.1992 erfolgte dann die Fusion beider Eigenbetriebe.

Berliner Steinbeißer: Der B. (lumbricida berliniensis) ist eine Sonderform des in Europa verbreiteten gemeinen Regenwurms. Seine Spezies entstand am > 9. NOVEMBER 1989 durch eine überraschende Zufallskreuzung zwischen dem lumbricida ossisiensis und dem lumbricida wessisiensis. Im Gegensatz zum gemeinen Regenwurm ernährt sich der B. nicht von organischen Stoffen, sondern v.a. von Steinen aller Art, Mörtel und Beton, die er in großen Mengen und großer Geschwindigkeit zu Staub verarbeitet. Bei ausreichendem Nahrungsangebot vermehrt er sich dabei sehr schnell.

Erstmals trat der B. beim Abriß der Berliner > MAUER in Erscheinung, deren schnelle Beseitigung in erster Linie seinem Wirken zu verdanken ist. Nach diesen ersten guten Erfahrungen hat er sich jedoch mit dem Verbrauch dieser Nahrungsreserve unkontrolliert über das gesamte Stadtgebiet verbreitet, so daß heute in vielen Berliner Gebäuden der Wurm steckt. Typisch für das Wirken des B. ist dabei, daß er überraschend und scheinbar gezielt einzelne Objekte in großen Schwärmen überfällt. Zunächst betroffen waren die noch von der DDR begonnenen Rohbauten der Passage an der > FRIEDRICHSTRASSE und das > STADION DER WELTJUGEND im Bezirk > PRENZLAUER BERG. Starke Befallserscheinungen zeigen inzwischen auch das ehem. Außenministerium der DDR am > WERDERSCHEN MARKT (> AUSWÄRTIGES AMT) sowie die > WERNER-SEELENBINDER-HALLE an der Fritz-Riedel-Str.

Da es bisher noch nicht gelungen ist, das Wirken des B. zu kontrollieren, wird seine Existenz von den zuständigen Behörden im allgemeinen abgeleugnet, um eine Beunruhigung der Bevölkerung zu vermeiden. Gleichzeitig soll damit verhindert werden, daß Abrißspekulanten den B. für ihre Zwecke einsetzen. Aus informierten Kreisen verlautet jedoch, daß z.B. auch der > PALAST DER REPUBLIK nicht wegen Asbestverseuchung, sondern wegen der Tätigkeit des B. geschlossen ist. Weitergehende Maßnahmen an dieser Stelle unterblieben bisher, da eine an der Wiederherstellung des historischen Stadtbildes interessierte Gruppe sich derzeit noch darum bemüht, die Funktionsweise des B. durch genetische Manipulation umzukehren, um ihn so beim Wiederaufbau des > STADTSCHLOSSES einsetzen zu können. Die > SENATSVERWALTUNG FÜR BAU- UND WOHNUNGSWESEN hat darüber hinaus ein geheimes Forschungsprogramm aufgelegt (> WISSENSCHAFT UND FORSCHUNG), mit dem der B. domestiziert und abgerichtet werden soll, um ihn langfristig zum Hauptinstrument der > STADTSANIERUNG zu machen. Über das weitere Wirken des B. wird in zukünftigen Auflagen zu berichten sein.

Berliner Verkehrs-Betriebe (BVG): Die BVG mit Sitz in der > POTSDAMER STRASSE in > SCHÖNEBERG betreibt als > EIGENBETRIEB des Landes Berlin die Verkehrsmittel des > ÖFFENTLICHEN PERSONENNAHVERKEHRS. Dazu zählen der > OMNIBUSVERKEHR, die > U-BAHN, die > STRASSENBAHN und – seit dem 9.1.1984 –

auch die > S-BAHN im Westteil der Stadt sowie zusammen mit der Stern- und Kreisschiffahrtsgesellschaft acht Fährverbindungen auf den Berliner > WASSERSTRASSEN, davon vier im Saisonbetrieb (> SCHIFFAHRT).

Die BVG ist derzeit (1992) mit 27.697 Beschäftigten das größte deutsche Nahverkehrsunternehmen und der größte Eigenbetrieb des Landes Berlin. Auf den Verkehrsträgern der BVG wurden 1991 insg. ca. 715 Mio. Fahrgäste befördert. Gem. Art. 26 des > EINIGUNGSVERTRAGS geht das dem S-Bahn-Verkehr im Westteil der Stadt dienende Eisenbahnvermögen und damit die Betriebspflicht am 1.1.1994 wieder an die > DEUTSCHE REICHSBAHN (DR) über. Am 1.1.1994 soll gem. Einigungsvertrag auch der Grundvertrag für den *Verkehrsverbund Region Berlin* in Kraft treten. In diesem Vertrag verpflichten sich die Vertragspartner – das Land Berlin, das Land Brandenburg und die Bundesrepublik – darauf hinzuwirken, daß ihre Verkehrsunternehmen, die im Verbundraum Leistungen des öffentlichen Personenverkehrs erbringen, eine Verbundgesellschaft gründen. Der Verbundraum besteht aus dem Land Berlin sowie den neun umliegenden Landkreisen.

1991 deckte die BVG mit ihren Einnahmen 44,2 % ihrer Kosten. Der ausgewiesene Verlust belief sich auf 924 Mio. DM. Ein Fehlbetrag der Verkehrsbetriebe – incl. der damaligen BVB – in Höhe von 1,4 Mrd. DM wird durch das Land Berlin ausgeglichen.

In der Form als Eigenbetrieb besteht die BVG seit 1938; sie ging hervor aus der 1928 gebildeten Berliner Verkehrs-Aktien-Gesellschaft (BVG), die ihrerseits ein Zusammenschluß der Gesellschaft für elektrische Hoch- und Untergrundbahnen (gegr. 1897), der Allgemeinen Berliner Omnibus AG (ABOAG; gegr. 1868) und der Straßenbahn-Betriebs-GmbH (gegr. 1923) war. Trotz der mit der Bildung des Eigenbetriebs verbundenen Umbenennung in „Berliner Verkehrs-Betriebe" blieb damals die eingeführte Abkürzung „BVG" erhalten.

Nach dem II. Weltkrieg wurden bereits im Mai 1945 die ersten Straßenbahn-Linien wieder in Betrieb genommen. Nach der politischen > SPALTUNG der Stadt im November 1948 wurde am 1.9.1949 im Ost-Sektor eine eigene BVG-Direktion eingerichtet, aus der zum 1.1.1969 das volkseigene Kombinat Berliner Verkehrsbetriebe (BVB) mit zuletzt 10.000 Beschäftigten hervorging. Mit dem

1.1.1992 sind beide Verkehrsbetriebe wieder unter dem Traditionsnamen BVG vereinigt.

Berliner Wasser-Betriebe (BWB) Eigenbetrieb von Berlin: Die BWB sind verantwortlich für die Trinkwasserversorgung und Abwasserentsorgung in Berlin (> WASSERVERSORGUNG/ENTWÄSSERUNG). Neben dem Betrieb der Anlagen zur Wasserversorgung und Abwasserreinigung sowie der *Kanalisation* gehören auch Grundwasseranreicherung (GWA) und die ständige Qualitätskontrolle des *Trinkwassers* zu den Aufgaben der BWB. Zur Wahrnehmung dieser Aufgaben unterhält das in dieser Form am 1.1.1992 durch die Fusion der ehemals Ostberliner Wasser-Betriebe mit den Westberliner Wasser-Betrieben entstandene Unternehmen 15 *Wasserwerke* und acht *Klärwerke.* 1991 haben die beiden noch in Ost und West getrennten Wasserbetriebe insg. 289 Mio. m³ Trinkwasser gefördert. Der Abwasserausfall auf den Klärwerken und Rieselfeldern betrug 295 Mio. m³. Neben den Klärwerken betreiben die BWB noch *Rieselfelder* in Großbeeren im Landkreis Potsdam sowie zu Versuchs- und Reservezwecken das Rieselfeld in > GATOW. Zu den von den BWB betriebenen Einrichtungen gehören außerdem zwei Phosphateliminationsanlagen auf dem Gelände des Wasserwerkes Beelitzhof in > WANNSEE und an der Mündung des Nordgrabens in den > TEGELER SEE. Das architektonisch interessante Gebäude in > TEGEL ist 1981-85 im Rahmen des Projektes > TEGELER HAFEN der > INTERNATIONALEN BAUAUSSTELLUNG 1981-85 nach Entwürfen des Wiener Industriearchitekten Gustav Peichl entstanden. 1991 wurden hier 100 Mio. m³ Wasser gereinigt. Als > EIGENBETRIEB unterstehen die BWB der > SENATSVERWALTUNG FÜR VERKEHR UND BETRIEBE. Dem Verwaltungsrat, dessen Vorsitzender das jeweils für die Eigenbetriebe zuständige Senatsmitglied ist, derzeit der Senator für Verkehr und Betriebe, wird ein jährlicher Geschäftsbericht vorgelegt. Der Wirtschaftsplan der BWB wird vom > SENAT VON BERLIN beschlossen und vom > ABGEORDNETENHAUS VON BERLIN (AbgH) im Rahmen der Haushaltsdebatte verabschiedet. 1991 beschäftigten die BWB einschließlich Auszubildender 6.926 Mitarbeiter. Der Fuhrpark der vereinigten Wasserbetriebe zählt 800 Fahrzeuge und 300 nicht selbstfahrende Fahrzeugteile (Hänger, Aggregate etc.). Noch getrennt liegen für 1991 der Geschäfts-

bericht der West-Berliner BWB und der Bericht der Ost-Berliner Wasserversorgung und Abwasserbehandlung vor: Das Stammkapital der BWB (West) belief sich auf 2,15 Mrd. DM, der Bilanzüberschuß lag bei 94,630 Mio. DM, davon 94,614 Mio. DM aus dem Betriebsteil Entwässerung und 16.000 DM aus dem Teil Wasserversorgung. Die Ost-Berliner Wasserbetriebe verfügten über ein Stammkapital von 2,74 Mrd. DM. Angaben zum Bilanzüberschuß/-verlust lagen bei Redaktionsschluß noch nicht vor. Als Eigenbetrieb werden die Tarife der BWB auf Empfehlung des Verwaltungsrates nach Zustimmung des AbgH vom Senat festgesetzt. Nach dem Tarifblatt mit Stand vom 1.7.1991 liegt der Wasserpreis in ganz Berlin bei 1,53 DM pro m³. Das Entwässerungsentgelt beträgt im Westteil 2,70 DM pro m³ sowie in den östlichen Bezirken 1,65 DM/m³ für Haushaltskunden und 2,70 DM/m³ bei Industrie- und Gewerbekunden. Die BWB in West-Berlin entstanden am 1.1.1988 durch Zusammenschluß des 1945 gegründeten Eigenbetriebes Berliner Wasserwerke des 1967 gebildeten Eigenbetriebes Berliner Entwässerungswerke. In Ost-Berlin wurde der dort zuständige *„VEB Wasserentsorgung und Abwasserbehandlung"* am 1.7.1990 per Dekret in eine Kapitalgesellschaft umgewandelt und am 23.8.1990 dem Ost-Berliner > MAGISTRAT als Eigenbetrieb unterstellt. Die Geschäftsleitung der Westberliner BWB übernahm am 1.10.1990 auch die Leitung dieses Unternehmens und bereitete die Fusion der beiden Wasser-Betriebe zum 1.1.1992 vor.

Berliner Zeitung: Die B. mit Sitz im Verlagshaus der „Gruner + Jahr Berliner Zeitung Verlag GmbH & Co." in der Karl-Liebknecht-Str. 29 im Bezirk > MITTE ist mit einer Verkaufsauflage von 275.000 Stück pro Ausgabe (1. Quartal 1992) die derzeit größte Berliner Abonnementzeitung. Sie erscheint täglich außer sonntags. Die B. hat neben einem überregionalen Teil mit Nachrichten und Hintergrundberichten aus dem In- und Ausland als Lokalteil die „Hauptstadt-Rundschau", in der über aktuelle Berliner Belange berichtet wird. Jede Ausgabe hat zudem ein Feuilleton sowie einen Sport- und einen Wirtschaftsteil. Zusätzlich bringt die B. einmal wöchentlich Programmtips zu kulturellen Veranstaltungen und Sonderseiten mit Berichten zu Themen wie Umwelt, Forschung und Technik, geistiges Leben, Soziales und Gesundheit sowie am Donnerstag die Fernsehbeilage RTV. In der Wochenend-Ausgabe befindet sich außerdem ein Magazin, in dem Reportage, Geschichte, Unterhaltung, Rätsel, Seiten zu Mode, Bildung und Beruf sowie zu Auto und Straße zu finden sind. Des weiteren gibt die B. unregelmäßig erscheinende Sonderbeilagen (1992 ca. 20) zu verschiedenen Themen und Anlässen heraus. Im Dezember 1991 wurde zum 25. Mal der *Kritikerpreis der Berliner Zeitung* für hervorragende Theaterleistungen vergeben. Mit ihm werden (seit Oktober 1967) Inszenierungen der jeweiligen Theatersaison prämiiert.

Die B. erschien erstmals am 21.5.1945 unter der Ägide der politischen Verwaltung der sowjetischen Besatzungstruppen und wurde Ende 1945 vom > MAGISTRAT übernommen. Von 1953-89 war die B. Eigentum der > SOZIALISTISCHEN EINHEITSPARTEI DEUTSCHLANDS (SED), die auch als Herausgeberin fungierte. Die Berichterstattung erfolgte nach ihren Vorgaben. Der gesamte Berliner Verlag incl. der B. wurde von der SED/PDS im Dezember 1990 an den britischen Verleger Robert Maxwell und den Hamburger Verlag Gruner + Jahr verkauft. Herausgeber der B., bei der insg. 140 Mitarbeiter im redaktionellen Bereich tätig sind, ist seit 1991 der Journalist Erich Böhme.

Berlinförderung: Die > SPALTUNG Berlins und die Abschnürung der westlichen Teilstadt vom Hinterland im Zuge der Nachkriegsentwicklung (> GESCHICHTE) hatte für West-Berlin schwere wirtschaftliche Einbußen zur Folge. Um zu vermeiden, daß West-Berlin dauerhaft hinter der Entwicklung in Westdeutschland zurückbleibt und um zumindest einen Wachstumsgleichschritt mit der gesamten Volkswirtschaft zu erreichen, wurden bereits in den 50er Jahren, beginnend mit dem „Gesetz zur Förderung der Wirtschaft von Groß-Berlin (West)" vom 7.3.1950 (ab 26.7.1962 *Berlin-Hilfe-Gesetz*), eine Reihe von Vergünstigungen für die West-Berliner > WIRTSCHAFT eingeführt. Dieses Instrumentarium wurde nach dem Bau der > MAUER 1961 erheblich erweitert und um Zulagen für die Arbeitnehmer ergänzt. Damit sollten objektiv vorhandene, ökonomisch wirksame Standortnachteile ausgeglichen und kostenmäßig ähnliche Produktionsbedingungen geschaffen werden wie in westdeutschen Ballungsgebieten. Es sollten aber

auch subjektive Hemmnisse bei Investitionsentscheidungen durch erhöhte Ertragschancen zurückgedrängt und die Attraktivität der Stadt für die Bevölkerung verbessert werden.

Ab Ende der 60er Jahre, als in Westdeutschland ein ausgebautes System der Regionalförderung entstand, wurden in die grundsätzlich global angelegte Förderung nach und nach verschiedene struktur- und beschäftigungspolitische Elemente eingebaut. Sie sollten insbes. dazu beitragen, daß sich die Wettbewerbsposition in West-Berlin ansässiger kleiner und mittlerer Unternehmen verbessert, die Vorleistungsverflechtung innerhalb der Stadt zunimmt und der Anteil qualifizierter und sicherer Arbeitsplätze erhöht wird. Die Grundkonstruktion der B. ist aber bis zuletzt erhalten geblieben.

Die wichtigsten der im Verlauf von Jahrzehnten entwickelten Maßnahmen der B. waren im, aus dem Berlin-Hilfe-Gesetz hervorgegangenen, Berlinförderungsgesetz (BerlinFG) von 1974 zusammengefaßt. Sie wurden nach dem Anspruchsprinzip gewährt. Adressaten der Förderung waren einmal Steuerpflichtige im gesamten Bundesgebiet, die Darlehen nach Berlin gaben, zum anderen West-Berliner Unternehmen und Arbeitnehmer und schließlich Einkommensteuerpflichtige, die im privaten > WOHNUNGSBAU von West-Berlin investierten (> STADTSANIERUNG).

Mit der > VEREINIGUNG sind die bisherigen Gründe für eine besondere Wirtschaftsförderung der westlichen Stadthälfte entfallen. Im Steueränderungsgesetz 1991 wurde deshalb der schrittweise Abbau des B. festgelegt. Verschiedene Maßnahmen sind bereits seit Mitte 1991 ganz aufgehoben, die meisten laufen bis Ende 1993 bzw. 1994 aus. Die B. umfaßte i.E. folgende Maßnahmen:

Arbeitnehmerzulage (Berlin-Zulage) nach §§ 28, 29 BerlinFG: Arbeitnehmer erhielten auf ihren Arbeitslohn aus einer Beschäftigung in West-Berlin bis Ende September 1991 eine steuer- und abgabenfreie Zulage in Höhe von 8 % des Bruttolohnes und einen Kinderzuschlag von 49,50 DM pro Kind monatlich. Bezogen auf das Nettoeinkommen betrug die Zulage je nach individuellem Steuersatz zwischen 8 und 12 %. Ab 1.10.1991 wurde die Zulage einschließlich des Kinderzuschlags um ein Viertel gekürzt. Wie die Einkommen- und Körperschaftsteuerpräferenz wird auch die Zulage erst Ende 1994 auslaufen.

Investitionszulagen für Unternehmen nach

§ 19 BerlinFG: Die Zulage betrug bei Ausrüstungsgütern generell 7,5 % der Investitionsausgaben (maximal 22.500 DM pro Jahr), bei Investitionen des verarbeitenden Gewerbes, bei EDV-Anlagen im überregional tätigen Dienstleistungsgewerbe und bei Forschungs- und Entwicklungsinvestitionen 15 %. Im produzierenden Bereich oder für Forschung und Entwicklung genutzte Gebäude wurden mit 10 % bezuschußt. Die Zulage war steuerfrei und minderte nicht die Bemessungsgrundlage für Abschreibungen. Sie wurde Mitte 1991 durch die allgemein in den neuen Bundesländern geltende Zulage abgelöst (> WIRTSCHAFTSFÖRDERUNG).

fungsquote zwischen 2 und 10 % des Lieferwertes; bei Dienstleistungen galt generell ein Kürzungssatz von 10 %. Die Präferenz können nur jene Unternehmen in Anspruch nehmen, die vor dem 3.10.1990 in West-Berlin tätig waren (Herstellerpräferenz). Diese Umsatzsteuerpräferenz wird vom Januar 1992 an stufenweise abgebaut; sie wurde zum 1.1.1992 um 30 % gekürzt, ab 1.7.1992 um 50 % und ab 1.1.1993 um 75 %, Ende 1993 läuft sie aus.

Der westdeutsche Abnehmer erhielt – von Ausnahmen abgesehen – eine von der West-Berliner Wertschöpfung unabhängige pauschale Umsatzsteuerpräferenz von 4,2 % des

Fördersätze von Maßnahmen des BerlinFG 1991 bis 1994

Fördersätze ab	Umsatzsteuerpräferenz nach §§ 1, 1a BerlinFG	Einkommensteuerpräferenz nach § 21 BerlinFG	Körperschaftsteuerpräferenz nach § 21 BerlinFG	Arbeitnehmerzulage nach § 28 BerlinFG
01.07.1991	2,0% - 10,0%	27,0%	20,0%	8,0%
01.10.1991				6,0%
01.01.1992	1,4% - 7,0%	18,0%	13,5%	5,0%
01.07.1992	1,0% - 5,0%			
01.01.1993	0,5% - 2,5%	12,0%	9,0%	4,0%
01.01.1994	0,0%	6,0%	4,5%	2,0%
01.01.1995	0,0%	0,0%	0,0%	0,0%

Abschreibungsvergünstigungen nach § 14 BerlinFG: Ausrüstungsgüter konnten bereits im Jahr ihrer Anschaffung oder Herstellung bis zu 75 % abgeschrieben werden. Für Gebäude galt dies ebenfalls, wenn sie im produzierenden Bereich oder für Forschung und Entwicklung genutzt wurden. Zur Förderung von Investitionen im Wohnungsbau wurden Abschreibungsvergünstigungen nach §§ 14a-d, 15 und 15b Berlin FG gewährt. Die Sonderabschreibung nach § 14 BerlinFG wurde durch die im Fördergebietsgesetz festgelegte erhöhte Abschreibung ersetzt (> WIRTSCHAFTSFÖRDERUNG). Die Vergünstigungen nach §§ 14a,b und 15b fielen Mitte 1991 weg, solche nach §§ 14c und d Ende 1992.

Umsatzsteuervergünstigungen nach §§ 1, 1a, 2 BerlinFG: Sie werden gewährt bei Lieferungen von in West-Berlin hergestellten Industrieprodukten und bestimmten Dienstleistungen ins Bundesgebiet. Der Kürzungssatz bei der Umsatzsteuer schwankte bei Warenlieferungen je nach Höhe der Wertschöp-

Rechnungsentgelts der aus West-Berlin bezogenen Produkte und Dienstleistungen (Abnehmerpräferenz). Diese Vergünstigungen wurden zur Mitte 1991 ersatzlos gestrichen.

Bei Lieferungen von West-Berliner Betriebsstätten an westdeutsche Betriebe innerhalb eines Unternehmens wurde eine um einen Prozentpunkt erhöhte Herstellerpräferenz gewährt, dafür entfiel die Abnehmerpräferenz (Innenumsatzpräferenz). Parallel zur Herstellerpräferenz läuft diese Präferenz stufenweise Ende 1993 aus.

Nach § 13 BerlinFG gab es daneben besondere Umsatzsteuerpräferenzen für kleine Unternehmen in West-Berlin. Kleinunternehmen mit einem Umsatz von bis zu 200.000 DM pro Jahr konnten ihre Umsatzsteuer um bis zu 720 DM, Freiberufler um bis zu 1.200 DM pro Jahr kürzen. Mit Beginn des Jahres 1992 fiel diese Präferenz weg.

Einkommens- und Körperschaftsteuervergünstigungen nach §§ 21, 23 und 27 BerlinFG: Die Einkommensteuer für den Veranlagungszeitraum 1991 war in West-Berlin um 27 %, die Körperschaftsteuer um 20 % niedriger als im übrigen Bundesgebiet. Bis zum Veranlagungszeitraum 1990 lagen die Sätze bei 30 % bzw. 22,5 %. Die Präferenz wird erst Ende 1994, also ein Jahr nach dem Abbau der Umsatzsteuerpräferenz, auslaufen.

Zinsgünstige Kredite nach §§ 16 und 17 BerlinFG: Aus dem steuerbegünstigten Darlehnsaufkommen von Kapitalgebern im ge-

konnte in West-Berlin ein Rechnungszinsfuß von 5 % angesetzt werden. Im übrigen Bundesgebiet gelten 6 %. Dies bedeutete eine ertragsteuerliche Begünstigung West-Berliner Unternehmen. Letztmalig konnte der geringere Zinsfuß für das Wirtschaftsjahr berechnet werden, das vor dem 1.7.1991 endete. Neben den im BerlinFG geregelten Präferenzen erhielten die West-Berliner Wirtschaft und die Bevölkerung noch eine Reihe

Steuerausfälle aufgrund des BerlinFG im Jahr 1990		
	Geschätzte Steuerausfälle in Mio. DM	
	Subventionsbericht	DIW
Umsatzsteuerpräferenzen nach §§ 1, 1a, 2, 13 BerlinFG	2.850	2.000
Steuerbegünstigung bei Pensionsrückstellungen nach § 13a BerlinFG	–	130
Erhöhte Absetzungen für betriebliche Investitionen nach § 14 BerlinFG	415	140
Erhöhte Absetzungen für Wohnungsbaumaßnahmen nach §§ 14a, 14b BerlinFG	160	100
Steuerermäßigung für die Hingabe von Krediten für betriebliche Investitionen nach § 16 BerlinFG	1.000	175
Steuerermäßigung für die Hingabe von Krediten für Baumaßnahmen nach § 17 BerlinFG		820
Investitionszulagen nach § 19 BerlinFG	1.050	1.150
Vergünstigung bei der Einkommen- bzw. Körperschaftsteuer nach § 21 BerlinFG	770	800
Arbeitnehmerzulagen nach §§ 28, 29 BerlinFG	3.000	3.000
Insgesamt	**9.245**	**8.315**

Quelle: DIW.

samten Bundesgebiet einschließlich West-Berlin – den sog. *Berlin-Darlehen* – erhielten West-Berliner Unternehmen und Haushalte zinsgünstige Kredite zur Finanzierung betrieblicher Investitionen (§ 16 BerlinFG) und für den Wohnungsbau (§ 17 BerlinFG). Die Steuerermäßigung für den Kapitalgeber betrug 12 % (§ 16) bzw. 20 % (§ 17). Mitte 1991 wurde die Steuerermäßigung nach § 16 BerlinFG, Ende 1992 diejenige nach § 17 BerlinFG aufgehoben.

Verminderter Rechnungszinsfuß bei Pensionsrückstellungen nach § 13a BerlinFG: Bei der Berechnung von Pensionsrückstellungen

weiterer Vergünstigungen, die teilweise von erheblichem finanziellem Gewicht waren und spätestens im Laufe des Jahres 1992 aufgehoben wurden:

– Der Zinssatz für *ERP-Darlehen* war in West-Berlin bis Mai 1990 um zwei Prozentpunkte und bis Ende 1990 um einen Prozentpunkt niedriger als im übrigen Bundesgebiet. Seither gilt für Ost-Berlin und die neuen Bundesländer ein einheitlicher Zinssatz, der einen Prozentpunkt unter dem in den alten Bundesländern liegt, während West-Berlin den alten Bundesländern gleichgestellt ist. Anders als in Westdeutschland konnten in

West-Berlin auch große Unternehmen ERP-Kredite erhalten.

– Die Porto- und Telefongebühren waren in West-Berlin niedriger als im übrigen Bundesgebiet (> BRIEFMARKEN; > DEUTSCHE BUNDESPOST).

– Die Preise im > LUFTVERKEHR zwischen West-Berlin und dem Bundesgebiet wurden vom Bund subventioniert.

– Bei vom > BUNDESMINISTER FÜR FORSCHUNG UND TECHNOLOGIE geförderten Forschungsvorhaben war der staatliche Finanzierungsbeitrag in West-Berlin um zehn Prozentpunkte höher als im übrigen Bundesgebiet.

– Kleine und mittlere Industriebetriebe in West-Berlin konnten für Forschungs- und Entwicklungsvorhaben Zuschüsse aus Bundesmitteln erhalten.

– Arbeitnehmer aus Westdeutschland, die in West-Berlin eine Beschäftigung aufnahmen, erhielten bei Vorliegen bestimmter Voraussetzungen zahlreiche *Zuwanderungshilfen*, darunter die Erstattung von Vorstellungs- und Anreisekosten, Überbrückungsgeld, Heimfahrten, Umzugskosten, Einrichtungsbeihilfen, Tage- und Übernachtungsgelder und Rückreisekosten.

– Eine familienpolitische Maßnahme war das sog. *Familiengründungsdarlehen*, das jungverheirateten Ehepaaren eine zinsfreie Kreditmöglichkeit von zuletzt bis zu 5.000 DM einräumte, die in kleinen Raten zurückgezahlt, aber auch durch die Geburt von Kindern teilweise oder ganz getilgt werden konnten („Abkindern").

Die Vergünstigungen nach dem BerlinFG beliefen sich laut Subventionsbericht des > SENATS VON BERLIN für 1990 auf 9,2 Mrd. DM. Der weitaus größte Teil – annähernd zwei Drittel – entfiel auf Vergünstigungen zur Unterstützung unternehmerischer Tätigkeit in West-Berlin. Mit 3 Mrd. DM – das sind gut 30 % aller Mittel der B. – wurde die Einkommenslage der West-Berliner Arbeitnehmer verbessert.

Die amtlichen Angaben über die durch die B. bedingten Steuermindereinnahmen geben nicht in jedem Fall den endgültigen Steuerausfall aufgrund der Vergünstigungen nach dem BerlinFG wieder. So unterliegen die Umsatzsteuerpräferenzen der Ertragsbesteuerung. Die ausgewiesenen Mittel aufgrund der erhöhten Abschreibungen berücksichtigen nur die steuermindernden Effekte im Jahr der Inanspruchnahme. Der abdiskontierte Barwert des Steuerkredits ist jedoch

deutlich geringer. Die amtliche Subventionsberichterstattung überzeichnet daher das Volumen der Steuerausfälle nach dem BerlinFG, und zwar v.a. bei der unternehmensbezogenen Förderung. Nach Schätzungen des > DEUTSCHEN INSTITUTS FÜR WIRTSCHAFTSFORSCHUNG lag das tatsächliche Volumen der Förderung 1990 um knapp 1 Mrd. DM unter dem im Subventionsbericht ausgewiesenen Wert.

Berlin-Forschung: Das seit 1979 bestehende Programm B. wendet sich an Absolventen der Berliner Hochschulen, deren erste Abschlußprüfung nicht länger als zwei Jahre zurückliegt. Es soll ihnen die Möglichkeit zu einer weiteren Qualifikation durch wissenschaftliche Arbeit geben und zugleich die Gelegenheit bieten, praktische Erfahrungen für eine spätere Berufstätigkeit zu erwerben. Eine direkte Promotionsförderung ist mit dem Programm nicht verbunden.

Die B. dient der Förderung anwendungsbezogener Forschung und steht Projekten aller Wissenschaftsbereiche offen. Die geförderten Projekte sollen zur Lösung von Problemen Berlins beitragen und zugleich ein Anstoß für weitere anwendungsorientierte Forschungstätigkeit in den Hochschulen sein. Sie werden in der Regel von einem Professor einer Berliner Hochschule geleitet und betreut und dürfen eine Laufzeit von zwei Jahren nicht überschreiten. Seit 1990 sind auch die im Ostteil der Stadt gelegenen Hochschulen in die B. einbezogen. Organisatorisch ist die B. an der > FREIEN UNIVERSITÄT BERLIN (FU) angesiedelt. Pro Jahr wählt eine vom Präsidenten der FU eingesetzte Kommission 10-15 der i.d.R. 60-70 eingereichten Projekte zur Förderung aus. Aufgrund ihrer Empfehlungen vergibt der Präsident der FU die entsprechenden Fördermittel. Die Finanzierung des Programms erfolgt durch die > SENATSVERWALTUNG FÜR WISSENSCHAFT UND FORSCHUNG; die Mittel sind im Haushalt der FU etatisiert.

In den ersten zehn Jahren wurden 296 Absolventen mit 158 Forschungsvorhaben gefördert. Bei der Auswahl der Projekte wird neben der berlinbezogenen Thematik auch auf eine Kooperation mit außeruniversitären Einrichtungen (z.B. > SENATSVERWALTUNGEN, > BEZIRKSÄMTER, Gewerkschaften, Arbeitgeberverbände, Wohlfahrtsverbände, Bürgerinitiativen) geachtet. Durch die Einrichtung von projektbegleitenden Beiräten, in denen Wissenschaftler und Mitarbeiter aus den kooperierenden Institutionen beratend tätig sind, soll der Informationsaustausch und die Zusammenarbeit zwischen Hochschule und Praxis verbessert werden. Bisherige Themenschwerpunkte des Programms waren: Stadtplanung/Stadtstruktur, Bildung, Jugend/Familie/Bevölkerung, Arbeitsmarkt, Wirtschaft und Technologie, politische und kulturelle Entwicklung, Umwelt und Ökologie, Wohnungswirtschaft, präventive Gesundheitsforschung, Migranten, Geschichte.

Berlinisch: Die Geschichte des B. beginnt mit der Stadtgründung im 13. Jh. (> GESCHICHTE). Rückschlüsse auf die in dieser Zeit in den Städten Berlin und > KÖLLN gesprochene Sprache lassen Urkunden und die Stadtbücher beider Städte zu, die für Berlin aus den letzten Jahrzehnten des 14. Jh. und für Kölln aus dem Jahre 1422 überliefert sind (> BERLINISCHES STADTBUCH). Von einzelnen hochdeutschen Einschüben abgesehen, sind beide Stadtbücher in Niederdeutsch abgefaßt. Wichtigstes Merkmal ist der Erhalt der niederdeutschen Konsonanten *p, t, k* gegenüber hochdeutsch *pf (f), z (ss)* und *ch*. Aus der niederdeutschen Überlieferung des B. seien angeführt: *panden* „pfänden", *kopman* „Kaufmann", *kort* „kurz", *laten* „lassen", *kercke* „Kirche" und *sake* „Sache". Darüber hinaus sind in einer Reihe von Wörtern auffällige Schreibungen mit *i (y)* und *u* festzustellen, in denen die sonstige mittelniederdeutsche Überlieferung *ee* bzw. *o* kennt. Genannt seien *brif, bryf* „Brief", *liuen* „lieben", *dy* „die", *duke* „Tücher" und *dun* „tun". Diese Schreibungen lassen sich nur aus der niederdeutsch-märkischen Umgebung Berlins erklären. Die mittelmärkischen Mundarten kannten in den angeführten Beispielen i- bzw. u-haltige Zwielaute. Man sprach *Bri-ef, li-ewen, di-e, Duoke* und *duon*. Des weiteren ist in zahlreichen Beispielen ein Wandel von *nd* zu *ng* festzustellen. Überliefert sind *selwinger* „Seilwinder", *hinger* „hinter" und *hangelunge* „Handlung". Auch diese Schreibungen lassen sich nur aus der mittelmärkischen Mundart erklären.
Das B. des Mittelalters war ein Niederdeutsch, das wesentlich von der märkischen Umgebung geprägt war. Zahlreiche niederdeutsche Lautformen und Wörter haben sich bis in die Gegenwart erhalten, z.B. *icke* „ich", *kieken* „gucken", *Jöhre* „Kind", *det* „das", *trietzen* „plagen, quälen" und *Kruke* „irdener Topf, seltsamer Mensch". Gekennzeichnet ist

das Mittelmärkische ferner durch niederländische Wörter aus der Besiedelungszeit im 12. Jh. In das B. haben davon u.a. Eingang gefunden *kiesetig* „wählerisch im Essen" , *Kanten* „Brotende", *Padde* „Frosch", *Päde* „Quekke", *sich belemmert fühlen* „körperlich oder seelisch nicht auf der Höhe sein".
Wie nachhaltig sich zunächst das Niederdeutsche behauptete, zeigen die im Niederdeutschen abgefaßten Verse im Schriftband des berühmten, 1485 geschaffenen Freskogemäldes „Der Totentanz" in der > MARIENKIRCHE. 1589 wird am Hofe des Kurfürsten Johann Georg ein Weihnachtsspiel aufgeführt, in dem die Hirten plattdeutsch sprechen. Noch 1637 wird anläßlich der Hochzeit des berühmten Berliner Kirchenmusikers Johann Crüger ein Hochzeitsgedicht in Plattdeutsch verfaßt. Im alltäglichen Sprachgebrauch wurde aber zu dieser Zeit bereits ein B. gesprochen, das sich wesentlich von der niederdeutsch geprägten Stadtmundart des Mittelalters unterschied.
Im 15. Jh. hatte das B. begonnen, sich nach und nach und in immer stärkerem Maße hochdeutschen Einflüssen zu öffnen. Ursache dafür waren historische Ereignisse: 1412 kam mit den Hohenzollern ein fränkisches Fürstengeschlecht aus dem oberdeutschen und damit hochdeutsch sprechenden Raum in die Mark Brandenburg und nach Berlin. Die neuen > LANDESHERREN brachten eine Vielzahl von Beamten mit. Die Berliner Ratsherren und Bürger sahen sich im Verkehr mit dem Hof genötigt, sich des Hochdeutschen zu bedienen. Weitere historische Ereignisse beeinflußten das B: 1422 verlor Berlin sein Bündnisrecht und 1518 schied es aus der Hanse aus. Damit waren alte Handelsverbindungen zum niederdeutsch sprechenden Norden gekappt. Das Römische Recht trat im Laufe des 15. Jh. an die Stelle des alten Sachsenrechts. Von großer Bedeutung war, daß seit Beginn des 16. Jh. im mitteldeutschen Sprachraum die Grundlage für eine neuhochdeutsche Schriftsprache entstand. Leipzig stieg als Handels- und Bildungsmetropole auf, und Berlins Blick richtete sich auf den Süden und damit nach dem mitteldeutschen Sprachraum. Viele Berliner studierten in Leipzig oder an der 1506 gegründeten Universität in Frankfurt/O. (1811 nach Breslau verlegt), wo man hochdeutsch sprach, soweit nicht das Latein Vorlesungssprache war. Mit dem Stadtschreiber Johannes Nether zog 1504 das Hochdeutsche in die

Berliner Stadtkanzlei ein. Wenn sich bei Nether auch noch manches Niederdeutsche findet, so war man offenbar bemüht, Anschluß an eine zeitgemäßere Sprachform zu finden. Das Deutsch des obersächsischen Raumes empfand man als vorbildlich. Unter seinem Einfluß veränderte das B. seinen Charakter erheblich. Zwar fing der Berliner nicht zu sächseln an, aber er mied mehr und mehr eine Reihe von allzu provinziell empfundenen Sprachformen. Statt *köpen* sagte man *koofen*, statt *lopen loofen*, man sprach *Ferd* und *Flaume*, *mein* und *Eis*, blieb aber bei *Been*, *Fleesch*, *Boom* und *ooch*, weil man das auch in Obersachsen so hörte. 1781 kritisierte Carl Philipp Moritz, Rektor des > GRAUEN KLOSTERS, daß *ohch*, *lohffen*, *lehd*, *wehß*, *hehß* nicht nur vom Pöbel, sondern selbst vom gebildeten Teil der Nation gesprochen werde.

Unter dem Einfluß des Obersächsischen und auch der Schriftsprache entstand seit dem 16. Jh. in Berlin eine Stadtsprache mit eigenen grammatischen Normen. So war der Berliner aus seiner niederdeutschen Zeit gewohnt, zu *ick* nur *mi* im 3. und 4. Fall zu haben. Bei dieser Einheitsform blieb er nach Übernahme des hochdeutschen *mir* und sagte *mir*, *ooch wenn's richtig is*.

Seine Lebenskraft bewies das B. durch die Fähigkeit, ständig neues Wortgut aufnehmen zu können. Den Hugenotten, die seit 1685 in die Mark und nach Berlin kamen, verdankte das Berlinische den *Polier* zu französisch *parler* „sprechen", die *Ratte* als Fehlwurf beim Kegeln zu *raté* „das Versagen", das wohl auch in *Puseratze* „Geld" enthalten ist, und den *Bibi* als Kopfbedeckung. Dem benachbarten Sorbischen entlieh das B. Wörter wie *Plauze* „Wanst, Lunge", *Bachulke* „grober Kerl" und wohl auch *Bonje* „Kopf". Aus dem Polnischen stammen *pietschen* „trinken" und *dalli* „schnell". Sehr zahlreich sind Wörter aus dem Jiddischen, die teils direkt durch die jüdische Bevölkerung, teils über das Rotwelsch in Berlin heimisch wurden. Erwähnt seien die Wendungen *frech wie Oskar* zu jiddisch *ossok* „frech", *es zieht wie Hechtsuppe* zu jiddisch *hech supha* „wie Sturmwind" und Wörter wie *veräppeln* zu jiddisch *ewil* „Narr" und *mauern* „beim Kartenspiel kneifen" zu jiddisch *mora* „Furcht". Fehlte dem Berliner eine Bezeichnung, so half er sich mit eigenen Wortschöpfungen, die teilweise sogar in die Hochsprache Eingang fanden. Verwiesen sei auf *Rollmops*, *Klamauk*, *Knaatsch* und das heute veraltete *knorke*.

Das B. als mündliche Sprache einer stets wachsenden Stadt gewann zunehmend in der Umgebung an Geltung. Dieser Prozeß begann in der 2. Hälfte des 19. Jh. Zunächst übernahmen die Städte in der Mark Brandenburg das B. Seit Beginn des 20. Jh. eroberte sich das B. auch den ländlichen Raum und wurde aus einer Stadtsprache zu einer großlandschaftlichen Umgangssprache. Seit dem 19. Jh. fand das B. auch Eingang in die > LITERATUR. Verwiesen sei auf die Volksstücke von Louis Angely und David Kalisch sowie auf die Werke Adolf Glaßbrenners. In den Jahren 1907/08 veröffentlichte Erdmann Graeser seinen zweibändigen Roman „Lemkes selige Witwe" in B., und auch Kurt Tucholsky verwendete es in seinen Satiren.

Für die jüngste Zeit sind sprachliche Entwicklungen festzustellen, die eine weitere Anpassung des B. an die hochsprachliche Norm erkennen lassen. Sprach der Berliner ursprünglich überall *g* als *j*, so heißt es heute *grau*, *Glas*, *gnatzig* und nur eine *jut jebratene Jans* ist noch eine *jute Jabe Jottes*, d.h. vor den Konsonanten *r*, *l*, und *n* gibt der Berliner die *j*-Aussprache auf. Auch *e* für *ö*, *i* für *ü* und *ei* für *eu* sind völlig verschwunden. Hieß es noch im 19. Jh. *scheen*, *Dire* (Tire) und *freien*, so hört man heute *schön*, *Tür* und *freuen*. Diese Fähigkeit, sich sprachlichen Neuerungen zu öffnen, und die vielfältigen Ausdrucksmöglichkeiten des B. sichern ihm seine Zukunft als mündliches Verständigungsmittel weit über die Stadtgrenzen hinaus.

Berlinische Galerie: Die 1975 gegründete B. zeigt im 1. und 2. Stock des > MARTIN-GROPIUS-BAUS an der Stresemannstr. 110 im Bezirk > KREUZBERG Kunstwerke und Materialien zur Berliner Kunst- und Kulturgeschichte vom Ende des 19. Jh. bis zur Gegenwart auf den Gebieten der > BILDENDEN KUNST, der Architektur, der künstlerischen Photographie, des Kunstgewerbes und des Designs. Schwerpunkte der Sammlung sind die Zeit um 1900, Dada (Hannah Höch), die 20er Jahre mit einem Akzent auf der russischen Kunst (Naum Gabo und Iwan Puni), die Zeit nach dem II. Weltkrieg (Werner Heldt, Hans Uhlmann, Carl Hofer, Alexander Camaro) und die bis in die Gegenwart reichende Moderne. Zu den Kunstsammlungen gehören umfangreiche Archive, z.B. die Künstlernachlässe von Raoul Hausmann, Hannah Höch, Naum Gabo und Heinrich Zille oder der Galerie Ferdinand Möller. Bedeutendster und mit über 10.000 Fotos umfangreichster Komplex der fotografischen Sammlung ist das Erich-Salomon-Archiv. Außerdem besitzt die Sammlung fast das gesamte photographische Werk von Heinrich Zille sowie die Photosammlung des ehem. Verbandes Bildender Künstler der DDR mit ca. 20.000 Fotos. Die Architektursammlung

Hannah Höch: Journalisten, 1925

der B. ist mit ihren umfangreichen Beständen zur Geschichte der Berliner Architektur der letzten Jahre eine der großen Sammlungen ihrer Art. Darüber hinaus verfügt die Sammlung über historische Bestände, Architekten- und Firmennachlässe. Die Bestände der B. werden neben der ständigen Ausstellung auch in thematischen oder personenbezogenen Werkschauen präsentiert.

Träger der B. war zunächst der Verein „Berlinische Galerie e.V.". Nach provisorischer Unterbringung in der Jebensstr. 2 im Bezirk > CHARLOTTENBURG erhielt die B. im November 1986 ihren heutigen Sitz. Die B. ist Zuwendungsempfänger des Landes Berlin. Die Erwerbungen werden u.a. durch die > SENATSVERWALTUNG FÜR KULTURELLE ANGELEGENHEITEN, Mittel der > DEUTSCHEN KLASSENLOTTERIE BERLIN und Spenden finanziert.

Der am 17.3.1991 von dem Maler und langjährigen Lehrer an der > HOCHSCHULE DER KÜNSTE Fred Thieler gestiftete *Fred-Thieler-Preis* für Malerei ist an die B. gebunden. Der Preis wurde erstmals 1992 an den Maler Eugen Schönebeck vergeben.

Berlinisches Gymnasium zum Grauen Kloster: In einem Teil des nach der Reformation funktionslosen > GRAUEN KLOSTERS in der Klosterstr./Ecke Grunerstr. im heutigen Be-

zirk > MITTE gründete Kurfürst Johann Georg (1571-98) 1574 ein Gymnasium, hervorgegangen aus den Pfarrschulen bei St. Nikolai und St. Marien (> NIKOLAIKIRCHE; > MARIENKIRCHE), das zunächst als neue Landesschule gedacht war, sich aber bald zum Berlinischen Gymnasium entwickelte, wesentlich getragen durch das Berliner Bürgertum. Von 1766-1824 war die Schule mit dem *Köllnischen Gymnasium* unter dem Namen Berlinisch-Köllnisches Gymnasium verbunden. Nach der Trennung bürgerte sich der Name B. ein, den die Schule bis zu seiner Aberkennung im Juni 1958 führte.

An der berühmten Berliner Bildungsstätte lehrten viele bedeutende Gelehrte, darunter Johann Leonhard Frisch, Anton Friedrich Büsching, Friedrich Gedike, Johann Joachim Bellermann und Johann Gustav Droysen. Unter den Schülern sind besonders zu nennen Johann Gottfried Schadow, Karl Friedrich Schinkel, Friedrich Ludwig Jahn und Otto v. Bismarck, der 1832 hier sein Abitur machte. Im II. Weltkrieg (1945) wurden die Schulgebäude vollständig vernichtet.

Der Unterricht wurde im Sommer 1945 zunächst im Direktorwohnhaus der Friedrichswerderschen Oberrealschule in der Weinmeisterstr. 15 notdürftig wieder aufgenommen. Im September 1949 bezog die Schule ein neues Quartier in der Niederwallstr. 6/7, wo sie bis Juni 1958 unter ihrem alten Namen fortbestand. Nach der Streichung des Namens wurde sie als 2. Erweiterte Oberschule Berlin-Mitte noch bis 1982 weitergeführt und dann aufgelöst. 1963 nahm das schon 1949 im Westteil Berlins begründete Evangelische Gymnasium die Tradition des G. wieder auf und gab sich als vorwiegend altsprachlich geprägte kirchliche Einrichtung nunmehr den Namen > EVANGELISCHES GYMNASIUM ZUM GRAUEN KLOSTER.

Die aus den Beständen des B. entstandenen, für Berlin bedeutsamen schulischen Sammlungen, die bis in das 16. Jh. zurückreichen, haben eine ganz besondere Förderung durch einen ehem. Schüler des B. erfahren, den in Berlin geborenen und in Venedig zu Ansehen gelangten Kaufmann Sigismund Streit, der nach seinem Tode 1775 fast sein gesamtes Vermögen seiner alten Schule vermachte. Zur Verwaltung und Vermehrung seiner Gemäldesammlung und der Bibliothek hatte er 1760 eine Stiftung errichtet, die als *Streitsche Stiftung* bis zur Gegenwart fortbesteht. Nach erheblichen Kriegsverlusten befindet sich heute der größere Teil der geretteten Gemälde in der > GEMÄLDEGALERIE der > STIFTUNG PREUSSISCHER KULTURBESITZ im > MUSEUMSZENTRUM DAHLEM, die Bibliotheks- und Archivbestände wurden hingegen den Sondersammlungen der Berliner > STADT-BIBLIOTHEK zur Verwaltung übergeben.

Berlinisches Stadtbuch: Das B., dessen Original sich im > LANDESARCHIV BERLIN, Außenstelle Breite Str. im Bezirk > MITTE, befindet, ist eine einzigartige Sammlung der ältesten Dokumente zur Berliner Stadtgeschichte. Mit der Anlage des B. wurde 1391 begonnen, ausgelöst durch die Verluste der Archivbestände bei dem großen Stadtbrand am 11./12.8.1380. Die frühesten ins B. aufgenommenen Dokumente stammen aus dem Jahr 1272. Es enthält zahlreiche, laufend vervollständigte Angaben über Einnahmen, Besoldungen, Privilegien, Rechtsstreitigkeiten und andere stadthistorisch interessante Vorgänge sowie Abschriften wichtiger Urkunden und Verträge. Das B. besteht aus insg. 163 Blättern im Format 16,5 x 20,5 cm. 128 Pergamentblättern sind 35 Blatt Papier, das im 15. Jh. das teure Pergament ablöste, nachgeheftet. Geschützt wird das B. durch zentimeterstarke Eichendeckel, beidseitig mit rotem Schweinsleder bezogen und auf jeder Seite mit fünf Messingbuckeln versehen. Eintragungen wurden bis 1498 vorgenommen.
Aufgrund eines landesherrlichen Erlasses vom 16.10.1728 wurde das B. dem Präsidenten des Oberappellationsgerichts von Vlotho übersandt und ist dann verloren gegangen. 1834 entdeckte es der Bibliothekar der Königlichen Bibliothek (> STAATSBIBLIOTHEK ZU BERLIN – PREUSSISCHER KULTURBESITZ), Samuel Heinrich Spiker, in der Bremer Stadtbibliothek. Zwei Jahre später übereignete es der Bremer Senat unentgeltlich dem Rathausarchiv der Königlichen Residenzstadt Berlin. Im II. Weltkrieg wurde es in das Wallensteinschloß Friedland ausgelagert und 1955 an den damaligen Ost-Berliner > MAGISTRAT zurückgegeben. Das B. wurde mehrfach ediert, zuletzt 1883 durch den Historiker und Direktor des Berliner Stadtarchivs Paul Clauswitz. Eine weitere Neuedition ist geplant.

Berlin-Kolleg: Das B. in der Badensche Str. 51-52 im Bezirk > SCHÖNEBERG besteht nach einem einjährigen Modell-Versuch seit 1961. Es ist eine Einrichtung des Zweiten Bildungs-weges in Form einer nichtrechtsfähigen Anstalt in der Zuständigkeit der > SENATSVERWALTUNG FÜR SCHULE, BERUFSBILDUNG UND SPORT (SENSCHULSPORT). Das B. führt nach dem Berliner Schulgesetz (§ 24) begabte Erwachsene (Mindestalter 19 Jahre), die eine Berufsausbildung abgeschlossen oder die mindestens dreijährige qualifizierte berufliche Tätigkeit ausgeübt haben, zum Abitur.
Die Dauer der Ausbildung beträgt drei Jahre. Die Schulzeit beginnt z.T. mit einem halbjährigen Vorkurs, der durch eine Eignungsprüfung ersetzt werden kann. Danach folgen eine zweisemestrige Einführungsphase und eine Qualifikationsphase im Kurssystem. Die Bestimmungen über das Kurssystem und das Abitur sind einheitlich für alle Kollegs durch die SenSchulSport geregelt. Während der Ausbildung besteht ein Rechtsanspruch auf Unterstützung nach dem Bundesausbildungsgesetz (BAföG). Als Lehrkräfte arbeiten am B. Gymnasiallehrer, die Erfahrungen in der Erwachsenenbildung besitzen. Gegenwärtig studieren am B. ca. 800 Erwachsene (> SCHULE UND BILDUNG).
Neben dem B. kann das Abitur auch an Kollegs an den > VOLKSHOCHSCHULEN in > CHARLOTTENBURG, > SCHÖNEBERG, > MARZAHN und > TREPTOW nach einer Ausbildungszeit von 3 bis 3 1/2 Jahren abgelegt werden. Außerdem besteht ein Ausbildungsweg mit dem Abschluß des Abiturs (für Erwachsene) an der > PETER-A.-SILBERMANN-SCHULE in der Blissestr. 22 im Bezirk > WILMERSDORF und am Abendgymnasium > PRENZLAUER BERG in der Pasteurstr. 7.

Berlin-Marathon: Das herausragende Sportereignis der Stadt ist der seit 1974 alljährlich vom > SPORT-CLUB CHARLOTTENBURG E.V. ausgerichtete B. Der 18. Lauf fand am 29.9.1991 mit 19.609 Teilnehmern, davon ca. 30 % aus dem Ausland, statt. Inzwischen zählt der B. zu den bedeutendsten Stadtmarathonläufen der Welt und rangiert bezüglich der Teilnehmerzahl hinter New York und London an 3. Stelle. Zum Ausklang der Laufsaison, an einem Sonntag Ende September, beherrscht volksfestartige Stimmung die Straßen Berlins, wenn eine halbe Mio. Zuschauer die Marathon-Strecke säumen und den Läufern und Rollstuhlfahrern zwischen 9 und 14 Uhr eine einzigartige Kulisse bereiten.
Seit 1990 führt die Strecke vom Start am > CHARLOTTENBURGER TOR über die > STRASSE DES 17. JUNI durch das > BRANDENBURGER TOR in

die Bezirke > MITTE und > FRIEDRICHSHAIN, von dort durch die Bezirke > KREUZBERG, > NEUKÖLLN, > SCHÖNEBERG, > WILMERSDORF und > STEGLITZ zur Zielgeraden auf dem > KURFÜRSTENDAMM, wo der Marathon an der > KAISER-WILHELM-GEDÄCHTNISKIRCHE endet. Gewertet werden die Kategorien Männer, Frauen und Rollstuhlfahrer, von denen 1991 94 Teil-

Berlin-Marathon 1990

nehmer das Ziel erreichten. Den Streckenrekord bei den Männern hält der Australier Steve Moneghetti mit einer Zeit von 2 h 8 min 16 s aus dem Jahr 1990, bei den Frauen lief die Polin Renata Kokowska mit 2 h 27 min 36 s 1991 eine neue Rekordzeit.

Der SC Charlottenburg richtet am Tage dieses sportlichen Großereignisses in Zusammenarbeit mit der > SENATSVERWALTUNG FÜR SCHULE, BERUFSBILDUNG UND SPORT zusätzlich den Berliner Mini-Marathon über eine Distanz von 4,2195 km aus, auf der jeweils 10 Läuferinnen und Läufer von Schulmannschaften in der Addition die klassische Marathonstrecke zurücklegen. 1991 beteiligten sich an diesem zum 3. Mal absolvierten Lauf 70 Berliner Schulen mit über 90 Mannschaften.

Berlin-Museum: Das B. im Gebäude des Alten Kammergerichts in der Lindenstr. 14 im Bezirk > KREUZBERG ist eines der neun Landesmuseen Berlins (> MUSEEN UND SAMMLUNGEN). Im Rahmen der durch die > VEREINIGUNG erforderlichen Neuordnung der Berliner Museumslandschaft wird es mit dem zweiten stadtgeschichtlichen Museum Berlins, dem > MÄRKISCHEN MUSEUM im Bezirk > MITTE, bis Mitte der 90er Jahre zusammengeführt werden. Das B. soll demnach als eines der Häuser des künftigen *Stadtmuseums Berlin* v.a. die Berliner > GESCHICHTE und > KULTUR des 19. und 20. Jh. sowie die Moderne betreuen.

Derzeit dokumentiert die Sammlung des B. in chronologischer Abfolge die politische, wirtschaftliche, kulturelle, gesellschaftliche und städtebauliche Entwicklung Berlins vom ausgehenden Mittelalter bis zur Gegenwart. Neben Objekten der Alltagskultur, Kunsthandwerk, Archivalien und Photos zeigt die Sammlung auch Werke der > BILDENDEN KUNST, darunter solche die – von Berlin ausgehend – die europäische Kunstentwicklung beeinflußten (z.B. die Berliner Eisenkunst, die Gemälde der Berliner Sezession und des Expressionismus). Zusätzlich zu der chronologischen Übersicht über die Geschichte Berlins bestehen Abteilungen, in denen Bestände zu besonderen Themen der Stadtgeschichte gezeigt werden, wie Berliner Mode, Spielzeug und Berliner > THEATER.

Die dem B. seit 1975 angegliederte Abteilung *Jüdisches Museum* zeigt Bestände zur jüdischen Kultur in Berlin, wie silbernes Kultgerät, Thora-Vorhänge, lithurgische Schriften, Gemälde, Graphiken, Photos und historische Dokumente. Aus Platzmangel wird seit Herbst 1986 der größte Teil der Bestände dieser Abt. im > MARTIN-GROPIUS-BAU in der Stresemannstr. ausgestellt. Die Sammlung der Abteilung Jüdisches Museum wird künftig zusammen mit anderen Beständen des zu gründenden Stadtmuseums Berlin in einem Erweiterungsbau des B. ausgestellt, der ab 1993 nach Plänen von Daniel Libeskind errichtet werden soll.

Walter Leistikow: Abendlandschaft (Schlachtensee), um 1905

Das B. wurde 1962 gegründet, um nach dem Bau der > MAUER 1961 als Ersatz für das nicht mehr zugängliche Märkische Museum in Ost-Berlin auch für den westlichen Teil Berlins ein Museum für Geschichte, Kunst und Kultur der Stadt zu schaffen. Vor Übernahme durch das Land Berlin 1971 war der 1963 gegründete, heute noch bestehende Verein der „Freunde und Förderer des Berlin-Museums e.V." Rechtsträger des B. Weitere Förderinstitutionen sind die „Gesellschaft für ein Jüdisches Museum e.V." und seit 1986 die „Dr.-Otto-und-Ilse-Augustin-Stiftung". Schenkungen und Spenden von Mitgliedern der Fördervereine, Berliner Firmen, der > DEUTSCHEN KLASSENLOTTERIE BERLIN sowie von Privatpersonen ermöglichten den Aufbau der Sammlung.

Nach provisorischen Unterbringungen im Haus am Lützowplatz (1964) und im Palais Gonthard im > KULTURFORUM TIERGARTEN (ab 1965), Stauffenbergstr. 41, bezog das B. 1969 einen der wenigen erhaltenen Barockbauten der Stadt, das 1734/35 nach Plänen von Philipp Gerlach errichtete Alte Kammergericht. Dieses war nach seiner weitgehenden Zerstörung im II. Weltkrieg 1963-69 in seinen ursprünglichen äußeren Formen als Drei-Flügel-Anlage wieder aufgebaut worden. Die Innenräume wurden dagegen – mit Ausnahme der Gewölbe im Erdgeschoß – nach Plänen von Günter Hönow für die Zwecke des B. neu gestaltet.

Berlin (Name): „Der Name der Stadt Berlin ist mit sehr großer Wahrscheinlichkeit ein ursprünglicher altpolabischer Gewässer- und Flurname, der sumpfiges, feuchtes Gewässer bezeichnete." Diese Formulierung des Sprachwissenschaftlers Gerhard Schlimpert aus dem Jahr 1984 ist die aktuellste Zusammenfassung des derzeitigen Forschungsstandes über die Herkunft des Namens B., nachdem es zu dessen Deutung über Jahrzehnte eine ausgebreitete, streitige Literatur gegeben hat. Die vielen Fehldeutungen des Namens wurden durch den Umstand begünstigt, daß schon im Jahre 1280 auf dem Stadtsiegel ein Bär erscheint (> HOHEITSZEICHEN), so daß in älterer Zeit gerne der Name mit dem Siegelsymbol in Verbindung gebracht wurde. Nachdem jahrhundertelang die Namen B. und > KÖLLN nebeneinander verwendet wurden, verfügte König Friedrich (III.) I. (1688-1713) 1709 den Zusammenschluß der bis dahin selbständigen Städte B., Kölln, Friedrichswerder, Dorotheenstadt und Friedrichstadt, die „hinfüro sämtlich den Namen Berlin tragen sollen" (> STADTERWEITERUNG). 1920 wurde der Name auch für die neu gebildete Gemeinde > GROSS-BERLIN übernommen. Die Emigration von Einwohnern B. nach Übersee, aber auch die Bewunderung für die Stadt an der > SPREE haben ihren Namen in der ganzen Welt verbreitet. Allein in den USA gibt es 16 Orte mit dem Namen B., deren Einwohnerzahl von 37 bis zu ca. 63.000 reicht.

Berlin 2000 Olympia GmbH: Im Zusammenhang mit der Bewerbung Berlins um die Austragung der XXVII. > OLYMPISCHEN SPIELE im Sommer des Jahres 2000 hat der > SENAT VON BERLIN eine Reihe von Institutionen, beratenden Gremien und privatrechtlichen Trägergesellschaften geschaffen. Deren wichtigste ist die am 1.7.1991 gegründete „Berlin 2000 Olympia Gesellschaft zur Vorbereitung der Olympischen Spiele 2000 mbH" mit Sitz im > RIBBECKHAUS in der Breiten Str. 35 im Bezirk > MITTE. Die Einrichtung führt die Tätigkeit des im Juli 1990 zur Prüfung der Machbarkeit Olympischer Spiele in Berlin eingerichteten *Olympia-Büros* fort und fungiert als Koordinierungsgremium ihrer selbständigen Tochtergesellschaften „Olympia 2000 Sportstättenbauten GmbH" und „Berlin 2000 Marketing GmbH". Alleiniger Gesellschafter der B. war Anfang 1992 das Land Berlin. Das Land Brandenburg beabsichtigt, Gesellschafter zu werden. Anfang 1992 hatte die B. ca. 25 Mitarbeiter.

Die am 10.12.1991 gegründete „Berlin 2000 Marketing GmbH" hat das Ziel, die Kosten der Bewerbung für die Öffentliche Hand zu reduzieren und einen wesentlichen Teil der Bewerbungsgelder in der > WIRTSCHAFT zu akquirieren. Diesen Zielen dient auch der mit der B. kooperierende „Berlin 2000 Förderverein", dem Institutionen, Firmen und Privatpersonen angehören.

Die Aufgaben der am 20.12.1991 als weitere Tochtergesellschaft der B. gegründeten „Olympia 2000 Sportstättenbauten GmbH" beziehen sich auf nahezu den gesamten Bereich der Bauten im Zusammenhang mit der Bewerbung: Ihr obliegt die Durchführung der Baumaßnahmen für die olympischen Sport- und Wohnstätten (> SPORTSTÄTTEN). Im Senatsausschuß „Berlin 2000" stimmen die B. und die zuständigen > SENATSVERWALTUNGEN die Olympiaplanungen mit den Maßnahmen im Hinblick auf die Errichtung des Regierungssitzes ab (> HAUPTSTADT). Ferner befaßt sich unter Leitung der > SENATSVERWALTUNG FÜR SCHULE, BERUFSBILDUNG UND SPORT eine Lenkungsgruppe „Olympia 2000" auf der politischen und Verwaltungs-

ebene mit allen Fragen der Olympia-Bewerbung, während die Außendarstellung und
Werbemaßnahmen ein der B. beigeordnetes
Kuratorium mit Persönlichkeiten aus Wirtschaft, Politik und Sport koordiniert. Ein von
parlamentarischer Kontrolle unabhängiger
„Parlamentarischer Beirat Olympia 2000" –
bestehend aus sieben Mitgliedern des >
DEUTSCHEN BUNDESTAGES und fünf Mitgliedern
des > ABGEORDNETENHAUSES VON BERLIN – begleitet diese vielfältigen Aktivitäten.

Bernauer Straße: Die B. im Bezirk > WEDDING
gehörte während der > SPALTUNG zu den
furchtbarsten Abschnitten der > MAUER. Bei
der Absperrung am > 13. AUGUST 1961 war es
dort zu einer „Sonderlösung" gekommen.
Die südliche Häuserzeile gehörte ohne den
davorliegenden Gehsteig zum sowjetischen >
SEKTOR. Nach den Absperrungsmaßnahmen
nutzten zahlreiche > FLÜCHTLINGE diese Situation und sprangen aus den Fenstern in den
Westteil der Stadt. Dabei kamen am 19. und
22.8.1962 zwei Menschen ums Leben. Die
Volkspolizei ließ kurz darauf die Wohnungen zur Straßenseite räumen und vermauerte
die Türen und Fenster. Dennoch dienten die
Häuser als Ausgangspunkte zahlreicher
Fluchten. Schließlich wurden sie 1965/66 abgetragen und durch eine massive Steinmauer
ersetzt. Zur Erinnerung an diese Ereignisse
beschloß der > SENAT VON BERLIN am 30.
Jahrestag des Mauerbaus die Errichtung einer *Mauer-Gedenkstätte* auf einem ca. 400 m
langen Grenzstreifen an der B. entlang des >
FRIEDHOFS DER SOPHIENGEMEINDE. Auf diesem
Gelände soll ein Stück des ehem. „Todes-
streifens" originalgetreu erhalten bleiben
bzw. wiederhergestellt werden. Proteste des
Gemeindekirchenamtes von Sophien und
von Anwohnern brachten das Projekt zunächst jedoch zum Stillstand. Die Zukunft
des Vorhabens war Mitte 1992 noch nicht absehbar.

Bertolt-Brecht-Haus: Das B. in der Chausseestr. 125 im Bezirk > MITTE ist ein in
spätklassizistischen Formen um 1840-50 errichtetes Wohnhaus von fünf Achsen mit einem langgestreckten Hofflügel und einem
kurzen Quergebäude. Der zum Haus gehörende Hof wird zum Dorotheenstädtischen
Friedhof hin durch eine Mauer abgeschlossen. Von Oktober 1953 bis zu seinem Tod am
14.8.1956 hatte der aus dem Exil nach Berlin
zurückgekehrte Schriftsteller, Dramatiker

und spätere Leiter des > BERLINER ENSEMBLES
Bertolt Brecht hier in der 1. Etage des Hinterhauses seine Wohnung. Helene Weigel, die
Schauspielerin und Frau Brechts, bezog 1953
zunächst einige in der 2. Etage des Hinterhauses gelegene Zimmer. 1957 stellte sie diese dem bereits 1956 gegründeten *Bertolt-
Brecht-Archiv* der Akademie der Künste der
DDR zur Verfügung und zog in die Räume
im Erdgeschoß des Hinterhauses, die sie bis
zu ihrem Tod 6.5.1971 bewohnte. Im
Bertolt-Brecht-Archiv befindet sich der größte Teil aller erhaltenen Brecht-Handschriften
und Typoskripte sowie Brechts Bibliothek.
Nach der Renovierung des Gebäudes wurde
unter Einbeziehung des Vorderhauses das B.
1978 als Kultureinrichtung eröffnet. Seitdem
können die originalgetreu hergerichteten
Wohnungen Brechts und Weigels im Hinter-
haus besichtigt werden. Das Vorderhaus enthält ein kleines Restaurant, im Erdgeschoß
befinden sich Räumlichkeiten für Ausstellungen sowie für literarische und musikalische
Veranstaltungen. Hier ist auch eine Buchhandlung untergebracht. Das Brecht-Archiv
sowie das 1974 gegründete *Helene-Weigel-Archiv,* zu denen auch die theaterwissenschaft-
lichen Nachlässe der Brecht-Mitarbeiterinnen
Elisabeth Hauptmann und Ruth Berlau gehören, befinden sich im 2. Obergeschoß, wo
auch ein Lese- und Arbeitsraum zehn Personen Platz bietet.
Im B. hat auch das *Brecht-Zentrum* (bis zur >
VEREINIGUNG vom 3. Oktober 1990 Brecht-Zentrum der DDR) seinen Sitz. Es veranstaltet regelmäßig nationale und internationale Kolloquien und Arbeitstreffen zu ausgewählten
Problemen der Brecht-Rezeption in Theater,
Wissenschaft und Bildung.

Berufsinformationszentrum Berlin (BIZ):
Das 1976 vom Landesarbeitsamt Berlin geschaffene BIZ am > ERNST-REUTER-PLATZ 10 im
Bezirk > CHARLOTTENBURG war das erste seiner
Art im Bereich der Bundesanstalt für Arbeit.
Mit Hilfe moderner Medien ist es eine Ergänzung zum Angebot der Berufsberatung bei
den > ARBEITSÄMTERN. Das BIZ informiert umfassend und aktuell über alle Ausbildungs-,
Berufsfach-, Fachschul- und Hochschulberufe
sowie Einrichtungen der beruflichen Bildung
in Berlin und darüber hinaus. Zugleich erfährt der Interessent alles Wichtige über persönliche und schulische Anforderungen,
Berufschancen und Entwicklungen auf dem
> ARBEITSMARKT, Einstiegs-, Aufstiegs- und

Übergangsmöglichkeiten im Beruf, Aufnahmebedingungen und Ausbildungsdauer.

Im Informationsbereich, dem Kernstück des BIZ, befinden sich eine Mediothek sowie die Dokumentations- und Informationsstelle des Landesarbeitsamtes. In der Mediothek wird für jeden Beruf eine spezielle Informationsmappe angeboten (insg. 422). Ergänzend dazu gibt es Filme, z.B. „Berufsmonographien", Dia-Serien, Hörprogramme und Videos. Alle Informationsträger können in der Mediothek kostenlos genutzt werden, eine Ausleihe ist nicht möglich. Daneben verfügt das BIZ über einen Vortragssaal mit 200 Plätzen sowie über Unterrichtsräume für Veranstaltungen mit Schulklassen. 1991 hatte das BIZ 15 Mitarbeiter. Es wird aus dem Haushalt der *Bundesanstalt für Arbeit* finanziert. Im Jahr 1992 werden mindestens zwei weitere Berufsinformationszentren im Ostteil der Stadt eröffnet.

Besiedlung des Berliner Raums: Spuren menschlichen Lebens lassen sich auf Berliner Gebiet bis in die Altsteinzeit (Paläolithikum) um 50.000 v. Chr. zurückverfolgen. Hinweise darauf bietet der „Rixdorfer Horizont", eine knochenführende Sand- und Kiesablagerung im heutigen Bezirk > NEUKÖLLN. Aus > SPANDAU liegen aus jener Zeit Mammut-, Rentier- und Riesenhirschknochen vor, die von Menschenhand bearbeitet wurden.

Nach der letzten Eiszeit um 20.000 v. Chr., deren Prägungen noch heute im Stadtraum erkennbar sind, wurde der Berliner Raum zum Jagdgebiet von Rentierjägern (> LAGE UND STADTRAUM). Aus dem 10. und 9. Jahrtausend v. Chr., gegen Ende der Altsteinzeit, stammen Funde vom Gebiet der Rehwiese (> NIKOLASSEE), des > HANSAVIERTELS (> TIERGARTEN) und des > TEGELER FLIESS (> REINICKENDORF), die Anzeichen menschlichen Lebens bieten. Bei den Ausgrabungen am Tegeler Fließ entdeckte man bspw. die Überreste (Gruben, Feuerstellen, Feuersteingeräte) der Lager von Rentierjägern, die das Wild in kleinen Gruppen von 10 bis 15 Personen erlegten. Von dieser Zeit an ist es möglich, für das Berliner Gebiet eine Siedlungskontinuität festzustellen, wenn auch von wechselnder Siedlungsdichte.

Die der Altsteinzeit folgende mittelsteinzeitliche Jägerkultur (Mesolithikum, ca. 8000-3000 v. Chr.) hat auf Berliner Gebiet viele Zeugnisse hinterlassen (Knochen, Geweihgeräte, Steinbeile). V.a. die Steingeräte zeigen

wesentliche technische Fortschritte gegenüber der Altsteinzeit. Wichtige Funde stammen aus > HERMSDORF, > BIESDORF und von den Ufern des Grimnitzsees (> HAVELSEEN).

In der sich anschließenden Jungsteinzeit (Neolithikum, ca. 3000-1800 v. Chr.) erreichten die Menschen im Berliner Raum eine gewisse Seßhaftigkeit. Neben der Jagd betrieben sie nun Ackerbau und Viehzucht. Eine weitere wichtige Errungenschaft stellte die Keramik dar, die besonders für Vorratshaltung und Speisezubereitung von großem Nutzen war. Wichtige Fundstellen befinden sich in > BRITZ („Trichterbecherkultur") und an der Uferlinie des ehem. Teltower Sees in > LICHTERFELDE („Kugelamphorenkultur").

Mit dem 18. Jh. v. Chr. begann für das Berliner Gebiet die Bronzezeit. Zahlreiche Hortfunde, Grabbeigaben und mehr als 50 bekannte Siedlungsplätze deuten auf eine entwickelte bronzezeitliche Kultur im Gebiet von > SPREE und > HAVEL hin. Funde am Teltower Seeufer gehören zu einem jungbronzezeitlichen Urnengrab der sog. „Lausitzer Kultur". Als archäologisch besonders aufschlußreich erwies sich das Dorf, das 1957 im Tal der > BÄKE in Lichterfelde entdeckt wurde. Diese Siedlung der jüngeren Bronzezeit bestand aus sieben bis acht Häusern und existierte wahrscheinlich nur etwa 30 Jahre.

Für die um 700 v. Chr. beginnende vorrömische Eisenzeit muß eine geringere Siedlungsdichte angenommen werden, die Zahl der Funde aus dieser Zeit ist eher spärlich. Seit etwa 500 v. Chr. drangen germanische Bevölkerungsgruppen in das Berliner Gebiet vor. Sie siedelten auf den waldreichen Höhen des > BARNIM und des > TELTOW. Aus den ersten Jahrhunderten nach Christi Geburt liegt wieder sehr reichliches archäologisches Fundmaterial vor. Bei den Bewohnern des Berliner Raumes handelte es sich in jener Zeit um die elbgermanischen Semnonen, einem Volksstamm der westgermanischen Sweben, deren Name in dem Werk „Germania" des römischen Historikers Tacitus überliefert ist. Ab etwa 200 n. Chr. wanderten Teile der semnonischen Bevölkerung nach Südwesten ab. Gleichzeitig erreichten aus dem Oder-Weichsel-Gebiet die um 100 v. Chr. aus Skandinavien eingewanderten germanischen Burgunden den Berliner Raum. Im 4. Jh. verließen auch die Burgunden sowie die verbliebenen Semnonen die Gegend in Richtung Westen. Um die Mitte des 7. Jh. drangen slawische Stämme in das weitgehend entvölkerte Spree-Havel-Gebiet ein. Während das Gebiet des späteren Berliner Stadtkerns keinerlei slawische Spuren aufweist, sind slawische Siedlungsfunde aus den Randgebieten um so zahlreicher.

In > KÖPENICK wird die älteste slawische Burganlage für das 9. Jh. angenommen. Sie befand sich in strategisch günstiger Lage auf einer Insel im Zusammenfluß von Spree und > DAHME. Wenig später legen die Spreewanen (Spreeslawen) auf dem Gebiet der späteren Orte > MAHLSDORF, > KAULSDORF, > PANKOW und > TREPTOW Siedlungen an. Um die Mitte des 12. Jh. ist durch zahlreiche Münzfunde der Spreewanenfürst Jaxa de Copnic (= Köpenick, es kommen auch die Schreibweisen Jacza und Jaczo vor) bekannt, der seinen Herrschaftssitz vermutlich auf der Köpenicker Burg hatte. 1157 wurde Jaxa vom 1134 durch Kaiser Lothar III. mit der Nordmark belehnten askanischen Markgrafen Albrecht den Bären (1134-70) aus der Brandenburg und aus Köpenick vertrieben, der mit diesem Sieg die askanische Herrschaft über den Berliner Raum sicherte und sich hinfort Markgraf in Brandenburg nannte (> LANDESHERREN).

Eine weitere bis ins 8. Jh. zurückreichende slawische Burg befand sich in Spandau auf der Burgwallinsel, die südlich der heutigen Spandauer Altstadt und westlich der Havel lag. Burg und Burgstadt der Heveller (Havelslawen) wurden im Laufe der Zeit mehrfach zerstört und im 12. Jh. aufgegeben. Nach der Eroberung Brandenburgs und des Havellandes durch Albrecht den Bären 1157 verlegten die Askanier die Burg auf das Gebiet der heutigen > ZITADELLE SPANDAU; die Stadt entstand neu gegenüber der Spreemündung im heutigen Altstadtkern.

Köpenick und Spandau waren vom 10.-12. Jh. die beiden bedeutendsten Stätten im Berliner Raum, über deren Lage und Beschaffenheit durch die Archäologie gesicherte Erkenntnisse vorliegen. Im Gegensatz zu deren militärisch-strategischen Bedeutung eignete sich der auf der Mitte zwischen beiden Orten in etwa 14 km Entfernung (Luftlinie) gelegene Übergang über die Spree vor allem für den Handelsverkehr. An diesem einzig günstigen Spreeübergang im Berliner Raum erfolgte die Gründung der Doppelstadt Berlin/ > KÖLLN. Grabungen bei der (ehem. Köllner) Petrikirche aus dem Jahr 1967 und der Berliner > NIKOLAIKIRCHE (zuletzt 1982-84) lassen den Schluß zu, daß die beiden Kern-

siedlungen von Berlin und Kölln im letzten Viertel des 12. Jh. entstanden sind. Mit ihrem Ausbau beginnt die > GESCHICHTE Berlins.

Über die Vor- und Frühgeschichte und die Besiedlung des Berliner Raums informieren mehrere > MUSEEN UND SAMMLUNGEN der Stadt. Neben verschiedenen > HEIMATMUSEEN sind dies v.a. das > MÄRKISCHE MUSEUM in der Straße Am Köllnischen Park 5 im Bezirk > MITTE, das > MUSEUM FÜR VOR- UND FRÜHGESCHICHTE (mit seinen Standorten im > SCHLOSS CHARLOTTENBURG sowie im > BODE-MUSEUM auf der > MUSEUMSINSEL) und das > MUSEUMSDORF DÜPPEL in der Clauertstr. 11 im Bezirk > ZEHLENDORF.

Besucherorganisationen: In Berlin gibt es heute vier große B., die ihren Mitgliedern einen vereinfachten und verbilligten regelmäßigen Theaterbesuch ermöglichen. Es sind dies neben der traditionsreichen, ehemals sozialdemokratisch ausgerichteten B. der Freien Volksbühne, die Theatergemeinde, der Berliner Theaterclub und der Berliner Besucherring. Ferner ist in diesem Zusammenhang das von der > SENATSVERWALTUNG FÜR SCHULE, BERUFSBILDUNG UND SPORT finanzierte Theater der Schulen zu nennen (> KINDER- UND JUGENDTHEATER).

Die älteste B. ist die 1890 gegründete „Freie Volksbühne e.V.", die 1991 über 24.000 Mitglieder verfügte. Aus den Gründertagen der Freien Volksbühne hat sich nur das „demokratische" Kartenverteilungsprinzip erhalten (Losverfahren für die Mitglieder im Foyer vor der Aufführung). Zu den Besonderheiten gehört ferner die Zwei-Monats-Zeitschrift der Volksbühnenvereine, „Bühne und Parkett", mit Berliner Beilage. Inhaltlich bekennt sich die Freie Volksbühne nach wie vor zu ihrem sozial engagierten Bildungsauftrag für möglichst breite Schichten. Das von der B. betriebene Theater, das im Vorfeld der > SPALTUNG der Stadt 1947 im Westteil gegründete > FREIE VOLKSBÜHNE BERLIN, wurde 1992 im Zuge der > VEREINIGUNG und der Neuordnung der Berliner Theaterlandschaft geschlossen, während das historische Stammhaus der *Volksbühnenbewegung*, die > VOLKSBÜHNE AM ROSA-LUXEMBURG-PLATZ weiter besteht (> THEATER).

Die 1963 ins Leben gerufene *Theatergemeinde Berlin* hatte 1991 ca. 30.000 Mitglieder. Sie betreibt das > RENAISSANCE-THEATER und gehört zum „Bund der Theatergemeinden e.V." (Sitz in Bonn), zu dem sich Theatergemeinden christlicher Grundlagen zusammengeschlossen haben. Der Bund bezweckt als ideelle Nachfolgeorganisation des früheren Bühnenvolksbundes, in allen Schichten der Bevölkerung das Verständnis für alle Bereiche des künstlerischen und musischen Lebens zu fördern.

Der 1967 gegründete *Berliner Theaterclub* ist mit 1991 ca. 44.500 Mitgliedern die z.Z. größte B. Berlins. Sein Anspruch ist es, den Mitgliedern über ein Wahlabonnement den Besuch von jährlich zehn Theateraufführungen zu ermöglichen. Zusätzlich gibt es Nebenangebote aus den Bereichen Konzert, Kabarett, Kindertheater sowie Show.

Der 1957 gegründete *Berliner Besucherring* hatte 1991 ca. 5.000 Mitglieder. Aus einem Querschnittprogramm können sich diese ihr Programm zusammenstellen. Mit seinem Angebot will der Besucherring breite Schichten zum Besuch kultureller Veranstaltungen animieren.

Ferner besteht noch das von der SenSchulSport finanzierte *Theater der Schulen*, das Schülern den um ca. ein Drittel verbilligten Kauf von Eintrittskarten für Theater und Opernhäuser ermöglicht.

Besucherregelungen: Im Dezember 1971 schlossen der > SENAT VON BERLIN und die Regierung der DDR eine Vereinbarung „über Erleichterungen und Verbesserungen des Reise- und Besucherverkehrs", die als Folgevereinbarung des > VIER-MÄCHTE-ABKOMMENS über Berlin gemeinsam mit diesem am 3.6.1972 in Kraft trat. Gegenstand der Vereinbarung waren Besuche in Ost-Berlin und der DDR, die von „Personen mit ständigem Wohnsitz in Berlin (West)" durchgeführt wurden. Diese Formulierung, mit der strittige Fragen des Staatsangehörigkeitsrechts zwischen den Verhandlungsparteien ausgeklammert wurden, bezog sich sowohl auf Deutsche, die ihren ständigen Wohnsitz in Berlin (West) durch den hier geltenden > BEHELFSMÄSSIGEN PERSONALAUSWEIS nachwiesen, als auch auf Ausländer, denen von der Meldebehörde der Wohnsitz bescheinigt wurde.

Besuche in der DDR waren diesem Personenkreis seit 1952 nur mit Ausnahmegenehmigungen möglich gewesen. Ost-Berlin konnte – abgesehen von den > PASSIERSCHEIN-REGELUNGEN der 60er Jahre, die Verwandtenbesuche ermöglichten – seit dem 23.8.1961 nicht mehr betreten werden (> 13. AUGUST

1961). Die Vereinbarung stellte den *Reise- und Besucherverkehr* erstmals dauerhaft auf eine vertragliche Basis.

Auf der Grundlage der Vereinbarung konnten West-Berliner Ost-Berlin oder die DDR aus humanitären, familiären, religiösen, kulturellen und touristischen Gründen 30 Tage (ab 1984 45 Tage) pro Jahr, in Ausnahmefällen auch länger, besuchen. Eintagesbesuche konnten (i.d.R. zwei Werktage zuvor) bei einem der fünf *Büros für Besuchs- und Reiseangelegenheiten* in Berlin (West) beantragt werden, für die der Senat verantwortlich war, in denen aber Angestellte der DDR-Regierung den Geschäftsverkehr abwickelten. Sie hatten ihren Sitz in der Jebensstr. 1 in > CHARLOTTENBURG, im > FORUM STEGLITZ in der > SCHLOSS-STRASSE 1, am Reformationsplatz 5 in > SPANDAU, in der Schulstr. 118 in > WEDDING und am Waterloo-Ufer 5-7 in > KREUZBERG. Möglich war auch die Beantragung eines Mehrfachberechtigungsscheins, der ab 1987 für sechs Monate gültig war und ab Anfang 1988 zu insg. zehn Besuchen berechtigte.

Die an der Grenze ausgefertigte Einreisegenehmigung gestattete den Aufenthalt bis 24.00 Uhr des Einreisetages, ab 1.7.1982 bis 2.00 Uhr des folgenden Tages. Die Einreise konnte in der Zeit von 6.00 bis 20.00 Uhr erfolgen. Für den Besuch in Ost-Berlin konnten West-Berliner seit März 1988, für den Besuch in den Bezirken Potsdam und Frankfurt/O. seit August 1989 auch Zweitagesbesuche beantragen. In diesem Falle mußte die Ausreise bis um 24.00 Uhr des zweiten Tages erfolgt sein. Die Mitnahme von Waren und Geschenken im Rahmen des Besucherverkehrs unterlag strengen Beschränkungen und wurde bei Ein- und Ausreise durch den DDR-Zoll kontrolliert.

In der Wahl des Grenzüberganges waren die Besucher frei, wobei bei Tagesreisen die Ein- und Ausreise über denselben Übergang erfolgen mußten. Die Einreise konnte zu Fuß, mit dem PKW oder mit der > S-BAHN bzw. > U-BAHN (über den > BAHNHOF FRIEDRICHSTRASSE) erfolgen, nicht jedoch mit dem Fahrrad oder Motorrad. Nach Drewitz (Kreis Potsdam) und Stolpe (Kreis Oranienburg) verkehrten auch Busse der West-Berliner BVG (> BERLINER VERKEHRSBETRIEBE [BVG]).

Bis zur Öffnung der Mauer am > 9. NOVEMBER 1989 bestanden zwölf öffentliche Übergangsstellen, wobei Bewohner von Berlin (Ost) und der DDR alle Übergänge benutzen konnten, in West-Ost-Richtung bestanden bestimmte

Einschränkungen.

Gleichzeitig dem > Transitverkehr mit dem Bundesgebiet dienten die Grenzübergänge: Heiligensee/Stolpe in > Tegel (einschließlich Transitverkehr nach Skandinavien); Heerstr. (Staaken) in > Spandau; Dreilinden/Drewitz in > Zehlendorf; dem Wechselverkehr mit der DDR diente der Übergang Waltersdorfer Chaussee/Schönefeld in > Neukölln (für Westdeutsche und Ausländer nur im Transit zum Flughafen Schönefeld [> Flughäfen]); im innerstädtischen Bereich gab es acht Übergänge: Sonnenallee/Baumschulenweg in Neukölln (nicht für Westdeutsche und Ausländer); Oberbaumbrücke in Kreuzberg (nur zu Fuß, nicht für Westdeutsche und Ausländer); Prinzenstr./Heinrich-Heine-Straße in Kreuzberg (nur für Westdeutsche); > Checkpoint Charlie (nur für Ausländer); Bahnhof Friedrichstraße; Invalidenstr. in > Tiergarten (nicht für Westdeutsche und Ausländer); Chausseestraße in Wedding (nicht für Westdeutsche und Ausländer); Bornholmer Straße in Wedding (nicht für Ausländer).

Die Einreisegebühren (für Eintagesbesuche DM 5,- pro Person ab 16 Jahren, für Mehrtagesbesuche DM 15,- pro Person ab 16 Jahren) wurden zwischen der DDR und dem Senat von Berlin verrechnet, belasteten also den Besucher nicht individuell. Allerdings unterlag er der Pflicht zum > Mindestumtausch, dessen einseitige Erhöhung durch die DDR mehrmals zu empfindlichen Einbrüchen im Besucherverkehr führte.

Besuche längerer Dauer mußten entweder über einen Reiseveranstalter gebucht oder von dem Einladenden in der DDR für den Besucher aus dem Westen bei der Volkspolizei beantragt werden. Die Übernachtungen bei von Reiseveranstaltern organisierten Besuchen konnten ausschließlich in Interhotels bzw. auf Inter-Campingplätzen stattfinden und mußten in DM bezahlt werden; der Mindestumtausch entfiel in diesen Fällen.

Nach Angaben der DDR-Regierung wurde nur Personen, die nach den Gesetzen der DDR Straftaten begangen hatten, die Einreise verweigert; in der Praxis kam es jedoch zu Einreiseverboten auch über diesen Kreis hinaus, z.B. gegenüber den Übersiedlern (> Übersiedler/Aussiedler). Beschwerden dagegen konnten bei der Beschwerdestelle für den Besuchs- und Reiseverkehr beim > Landesverwaltungsamt vorgebracht werden, dem auch die Auskunftsstelle für den Besuchs- und Reiseverkehr unterstand. Darüber hinaus nahm die Zentrale Meldestelle für den West-Ost-West-Verkehr bei der > Senatsverwaltung für Inneres Meldungen über besondere Vorfälle – auch im > Transitverkehr – entgegen.

Zur Koordinierung der Durchführung der B. wurden Reise- und Besuchsbeauftragte bestellt, die sich jährlich zu ca. 5-6 Besprechungen trafen. Der West-Berliner Beauftragte war bei der > Senatskanzlei angesiedelt, der Ost-Berliner Kollege unterstand dem DDR-Ministerium für Auswärtige Angelegenheiten. Der Senat veröffentlichte jährlich einen Bericht über die Durchführung des Vier-Mächte-Abkommens und der ergänzenden Vereinbarungen.

Von 1979 an wurden die vorher individuell erhobenen und nach Entfernung gestaffelten Straßenbenutzungsgebühren von der Bundesregierung pauschal abgegolten. Die Pauschale, die auch den Westberliner Besuchsverkehr einschloß, betrug bis 1989 50 Mio. DM jährlich. Ab 1990 sollte sie für die nächsten zehn Jahre 55 Mio. DM jährlich betragen.

Nach Öffnung der Grenzen am 9. November 1989 führte die DDR zum 24.12.1989 den genehmigungsfreien Reiseverkehr für Bundesbürger und West-Berliner ein und schaffte den Mindestumtausch ab. Zum Inkrafttreten der Währungsunion am 1.7.1990 entfielen alle Grenzkontrollen.

Besuche von West-Berlinern in Ost-Berlin und der DDR 1972-89 (in 1.000)

1972 (ab 4.6.72)	2.078
1973	3.818
1974	2.555
1975	3.194
1976	3.380
1977	3.372
1978	3.201
1979	3.036
1980	2.547
1981	1.729
1982	1.718
1983	1.502
1984	1.769
1985	1.835
1986	1.884
1987	1.942
1988	2.050
1989	2.379

Vom Mauerbau bis zur Grenzöffnung am 9. 11.1989 hatten die DDR-Bürger generell nicht das Recht, in den Westen zu reisen. Ausnahmen bestanden (abgesehen von Dienstreisen, Teilnahme an Sportwettkämpfen und anderen Repräsentationsveranstaltungen) ab 1964 nur für Alters- und Invalidenrentner im Falle von Verwandtenbesuchen und – ab 1972 – andere Personen, sofern sie im Westen eine „dringende Familienangelegenheit" zu erledigen hatten. Das Zeitkontingent für Rentner von anfänglich 30 Tagen im Jahr wurde im August 1984 auf 60 Tage ausgedehnt und auf den Besuch von Bekannten erweitert. Für diese Besuchsreisen konnten jährlich einmal 15 DDR-Mark in 15 D-Mark umgetauscht werden.

Nach DDR-Angaben, die auch von der Bundesregierung verwendet wurden, sind 1987 in die Bundesrepublik incl. West-Berlins ca. 3,2 Mio. Besuche von Personen im Rentenalter durchgeführt worden. Für die Jahre 1988 und 1989 liegen nach Angaben des Bundesministeriums des Inneren keine genauen Angaben mehr vor. Die Gesamtzahl der Besuche von DDR-Bürgern (also nicht nur der Rentner) dürfte 1988 bei ca. 5 Mio. gelegen haben, 1989, dem Jahr der Maueröffnung, bei 10 Mio.

Die 1972 eingeführte Liste der Anlässe, für die ein Antrag wegen „dringender Familienangelegenheiten" gestellt werden konnte, wurde mehrfach erweitert. Ab 1986 zeigten sich die Behörden in dieser Frage vergleichsweise großzügig, wodurch sich die Zahl dieser Besuche von 66.000 (1985) auf 1,2 Mio. (1987; jeweils Bundesrepublik incl. West-Berlin) auf fast das Zwanzigfache steigerte. Die Beschränkung der Reisetage auf 30 im Jahr wurde im November 1988 durch die unbestimmte Formulierung „zeitlich befristet" ersetzt, wodurch in der Praxis auch wesentlich längere bzw. häufigere Aufenthalte möglich wurden. Lange Zeit wurden die Reisegenehmigungen allerdings nur jeweils einem Familienmitglied erteilt. Die Zahl derer, die einen Besuch in dringender Familienangelegenheit zur Flucht in den Westen nutzten, lag 1987 bei ca. 0,02 %, 1988 und 1989 etwas höher.

Am Abend des 9.11.1989 verkündete der SED-Sprecher Günther Schabowski die „Öffnung der Grenzen" im Vorgriff auf eine neue Reiseregelung. Nach wie vor war das Passieren der Grenze an eine Ausreisegenehmigung gebunden, die nun allerdings sofort an jedermann erteilt wurde (anfangs sogar direkt an den Grenzübergangsstellen). Am 20.11.1989 gab das DDR-Innenministerium bekann, man habe seit dem 9.11.1989 10,3 Mio. Genehmigungen für Westreisen sowie 17.738 Genehmigungen zur ständigen Ausreise erteilt. Am 1.2.1990 trat ein neues Reisegesetz in Kraft, das „jedem Bürger den Erwerb eines Reisepasses sowie die jederzeitige Reise ins Ausland gestattet". Ab dem 17.5. 1990 war zum Passieren der Innerdeutschen Grenze in beiden Richtungen nur noch ein Personalausweis notwendig. Zum Inkrafttreten der Währungsunion am 1.7. 1990 wurden an der innerdeutschen Grenze sowie an der Sektorengrenze alle Grenzkontrollen eingestellt.

Beteiligungen des Landes Berlin an Wirtschaftsunternehmen: Neben seiner Funktion als öffentlicher Auftraggeber und Arbeitgeber des > ÖFFENTLICHEN DIENSTES tritt das Land Berlin in der Berliner > WIRTSCHAFT auch mit zahlreichen Beteiligungen an Wirtschaftsunternehmen in Erscheinung, die als Unternehmen des öffentlichen und privaten Rechts, letztere in Form von Aktiengesellschaften (AG) oder Gesellschaften mit beschränkter Haftung (GmbH), organisiert sind. Über Umfang und Gewicht dieser B. erstattet der Finanzsenator (> SENATSVERWALTUNG FÜR FINANZEN) alle zwei Jahre dem > ABGEORDNETENHAUS VON BERLIN einen Bericht. Ausweislich des letzten Beteiligungsberichts vom 31.5.1990 für die Jahre 1987/88 war das Land Berlin an 68 Unternehmen unmittelbar und an 59 bedeutenden Unternehmen mittelbar beteiligt. Die wichtigsten unmittelbaren Beteiligungen (mehr als 1 % bzw. mehr als eine Stimme) verteilten sich wie folgt auf die verschiedenen Wirtschaftsbereiche:

Wissenschaft und Bildung	14
Wohnungswirtschaft	11
Verkehrswesen	8
Kunst und Kultur	6
Industrie, Handel und Gewerbe	4
Messen und Ausstellungen	4
Kreditwirtschaft	3
Wirtschaftsförderung	2
Sozialwesen	2
Prüfungswesen	2
Energiewirtschaft	2

Zum 31.12.1988 betrug das Nennkapital dieser 58 Gesellschaften insg. knapp 2,45 Mrd. DM, von denen der Anteil Berlins rd. 1,95 Mrd. DM ausmachte. Die Zahl der Beschäf-

tigten lag bei insg. 23.500. 27 dieser Unternehmen arbeiteten gewinnorientiert, 28 hatten gemeinnützigen Charakter und drei waren nicht auf Gewinnerzielung ausgerichtet. An 33 dieser Unternehmen mit insg. ca. 18.600 Beschäftigten war das Land Berlin mit mehr als 50 % des Nennkapitals oder des Stimmrechts beteiligt, bei 14 Gesellschaften mit insg. rund 4.000 Beschäftigten hielt das Land Berlin einen 100-%-Anteil. Seitdem sind – insbes. im Zuge der > VEREINIGUNG – zahlreiche neue Beteiligungsgesellschaften entstanden, während eine, die Bauausstellungen Berlin GmbH (> INTERNATIONALE BAUAUSSTELLUNG), aufgelöst wurde bzw. andere in mittelbare Beteiligungen umgewandelt wurden. Demnach ergibt sich für den April 1992 folgender Stand:

Die Zahl der Wirtschaftsunternehmen mit einer unmittelbaren Beteiligung des Landes Berlin hat sich auf insg. 85 erhöht. Einen Anteil von über 50 % hält das Land Berlin an 45 Unternehmen. Darunter sind neben den 22 öffentlichen Wohnungsbaugesellschaften (> GEMEINNÜTZIGE WOHNUNGSWIRTSCHAFT) die beiden Unternehmen der > WIRTSCHAFTSFÖRDERUNG (> GEWERBESIEDLUNGS-GESELLSCHAFT MBH [99,8 %]; > WIRTSCHAFTSFÖRDERUNG BERLIN GMBH [60 %]), die Berliner Bank AG (55,9 %), die > BERLINER KRAFT- UND LICHT (BEWAG)-AKTIENGESELLSCHAFT (50,8 %), die > BERLINER FLUGHAFEN GESELLSCHAFT MBH (52,2 %), die > AUSSTELLUNGS-MESSE-KONGRESS-GMBH (98,8 %), die Gesellschaften > BRITZER GARTEN GMBH (75 %) und die BUGA 1995 (66,7 %; > BUNDESGARTENSCHAU) sowie die > BERLINER GESELLSCHAFT FÜR DEUTSCH-TÜRKISCHE WIRTSCHAFTLICHE ZUSAMMENARBEIT MBH (60 %), das Fernheizwerk Neukölln (50 % und eine Aktie; > FERNWÄRMEVERSORGUNG) u.a.m.

Bei 28 dieser Gesellschaften hält das Land Berlin einen 100-%-Anteil. Im einzelnen waren dies 18 der 23 Wohnungsbaugesellschaften, die > WOHNUNGSBAUKREDITANSTALT BERLIN, die Berliner Großmarkt GmbH (> GROSSMÄRKTE), die > KPM – KÖNIGLICHE PORZELLAN-MANUFAKTUR BERLIN GMBH, das > HAUS DER KULTUREN DER WELT, das > THEATER DES WESTENS, die Betriebsgesellschaft Stadtgüter Berlin mbH (> STADTGÜTER), die IGB Industriebahngesellschaft mbH (> KLEINBAHNEN UND PRIVATANSCHLUSSBAHNEN), die > TIERPARK BERLIN-FRIEDRICHSFELDE GMBH, die > BERLIN 2000 OLYMPIA GMBH und die Olympia 2000 Sportstättenbau GmbH.

Mit exakt 50 % beteiligt ist das Land Berlin

an der > BERLINER FESTSPIELE GMBH, an der > DEUTSCHEN FILM- UND FERNSEHAKADEMIE BERLIN, am > DEUTSCHEN HISTORISCHEN MUSEUM, am > RADIO-SYMPHONIE-ORCHESTER BERLIN, am > HEINRICH-HERTZ-INSTITUT FÜR NACHRICHTENTECHNIK BERLIN GMBH, am > INSTITUT FÜR GENBIOLOGISCHE FORSCHUNG BERLIN MBH und am > HAUS DES ÄLTEREN BÜRGERS GMBH.

Neben seiner Tätigkeit im Rahmen der B. ist Berlin über die von der > SENATSVERWALTUNG FÜR VERKEHR UND BETRIEBE verwalteten, selbst nicht rechtsfähigen > EIGENBETRIEBE VON BERLIN unternehmerisch aktiv, die mit ihren insg. rd. 28.000 Beschäftigten gleichfalls einen wichtigen Wirtschaftsfaktor darstellen.

Bevölkerung: Hauptartikel, siehe S. 236.

Bewährungshilfe: Die B. ist Teil der Dienststelle Soziale Dienste bei der > SENATSVERWALTUNG FÜR JUSTIZ. Sie hat ihren Sitz in der Schönstedtstr. 5 im Bezirk > WEDDING.

Die hauptamtliche B. für Erwachsene (für Jugendliche und Heranwachsende entsprechend: Jugendgerichtshilfe nach dem JGG) ist ein Instrument der ambulanten sozialen Strafrechtspflege. Straffällig gewordenen Bürgern wird die Möglichkeit gegeben, sich ohne – oder ohne vollständige – Verbüßung von Freiheitsentzug zu bewähren.

In Berlin betreuen 106 Bewährungshelfer (1992) je 50 bis 60 Probanden. Um eine größere Nähe zu den Probanden herzustellen, wird der Weg zu dezentraler Betreuung in den > BEZIRKEN Berlins eröffnet. Die sozialpädagogische Arbeit (Beratung und Betreuung) mit den Probanden ist schwerpunktmäßig individuelle Hilfe. Für bestimmte Tätergruppen (Verkehrsstraftäter, Unterhaltspflichtverletzer sowie Kaufhaus- und Ladendiebe) werden besondere Gruppenangebote gemacht.

Daneben bestehende Angebote von Freien Trägern und Beratungsstellen werden insbes. bei Drogen- und Alkoholabhängigen, AIDS-Kranken und psychisch auffälligen Probanden wahrgenommen (> WOHLFAHRTSPFLEGE; > GESUNDHEITSÄMTER). Die 1992 noch bestehende Trennung zwischen > GERICHTSHILFE und B. soll aufgehoben werden, um Betreuungskontinuität zu gewährleisten.

Bezirke: Das Stadtgebiet von Berlin gliedert sich in 23 B., die jeweils über eine eigene Bezirksverwaltung verfügen (> POLITISCHES SYSTEM; > BEZIRKSAMT; > BEZIRKSVERORDNETEN-

132

VERSAMMLUNG). Die B. entstanden bei der Bildung > GROSS-BERLINS 1920 als zweite Stufe der Stadtverwaltung unterhalb des für Gesamt-Berlin zuständigen > MAGISTRATS, wobei zunächst nur 20 Bezirke geschaffen wurden.

aus den sieben eingemeindeten Städten die Bezirke > CHARLOTTENBURG, > SPANDAU, > WILMERSDORF, > SCHÖNEBERG, > NEUKÖLLN, > KÖPENICK und > LICHTENBERG sowie sieben neu geschaffene Bezirke aus der Zusammen-

Die Berliner Verwaltungsbezirke 1992

Erst während der Zeit der > SPALTUNG kamen im damaligen Ost-Berlin durch Neugliederung der Stadtgebietsfläche im Nordosten drei neue B. hinzu: > MARZAHN (1979), > HOHENSCHÖNHAUSEN (1985) und > HELLERSDORF (1986).

Bei der Bezirkseinteilung 1920 wurden die B. ausgehend vom historischen Stadtzentrum im Bezirk > MITTE in einer räumlich gegen den Uhrzeigersinn nach außen verlaufenden Linie fortlaufend nummeriert. Dabei entstanden aus dem alten Stadtgebiet Berlins vor der Eingemeindung die sechs heutigen Innenstadtbezirke Mitte, > TIERGARTEN, > WEDDING, > PRENZLAUER BERG, > FRIEDRICHSHAIN und > KREUZBERG. Als äußere Bezirke entstanden

legung verschiedener > DÖRFER und Gutsbezirke, die jeweils nach dem Ortsteil mit der höchsten Einwohnerzahl benannt wurden (> ZEHLENDORF, > STEGLITZ, > TEMPELHOF, > TREPTOW, > WEISSENSEE, > PANKOW, > REINICKENDORF).

Um die eingebürgerten Ortsnamen für die geographische Einteilung des Stadtgebiets zu erhalten, wurden die großflächigen äußeren Bezirke mit Ausnahme von Charlottenburg nach den eingemeindeten Dörfern in Ortsteile untergliedert. Auch wenn diese Ortsteile über keine Selbstverwaltungsfunktionen verfügen, haben sie als kartographisch genau umgrenzte Gebiete z.B. für statistische Zwecke oder die Einwohnererfassung bis heute

Einwohnerzahlen der Berliner Bezirke 1989			
Bezirk	Fläche km²	Einwohner Ende 1989	Einwohner pro km²
1 Mitte	10,7	78.952	7.379
2 Tiergarten	13,4	93.810	6.996
3 Wedding	15,4	161.725	10.522
4 Prenzlauer Berg	10,9	144.971	13.300
5 Friedrichshain	9,8	109.830	11.207
6 Kreuzberg	10,4	151.295	14.576
7 Charlottenburg	30,2	183.300	6.044
8 Spandau	91,3	215.840	2.496
9 Wilmersdorf	34,4	146.133	4.249
10 Zehlendorf	70,5	98.683	1.399
11 Schöneberg	12,3	154.285	12.554
12 Steglitz	32,0	189.090	5.916
13 Tempelhof	40,8	185.206	4.545
14 Neukölln	44,9	303.100	6.746
15 Treptow	40,6	102.704	2.530
16 Köpenick	127,4	111.304	874
17 Lichtenberg	26,4	172.277	6.526
18 Weißensee	30,1	52.484	1.744
19 Pankow	61,9	108.930	1.760
20 Reinickendorf	89,5	248.058	2.773
21 Marzahn	31,5	170.240	5.404
22 Hohenschönhausen	26,0	118.056	4.541
23 Hellersdorf	28,1	109.464	3.896
Westteil	485,1	2.130.525	4.392
Ostteil	403,4	1.279.212	3.171
Gesamt-Berlin	**888,5**	**3.409.737**	**3.838**

praktische Bedeutung. Einige historisch bedingte Unzulänglichkeiten der 1920 erfolgten Grenzziehung wurden am 21.10.1937 durch Nachträge zur Hauptsatzung korrigiert und traten am 1.4.1938 in Kraft. Insg. wurden von der Neugliederung, an der alle B. beteiligt waren, 6.369 ha betroffen, das entsprach 7,2 % der Stadtfläche.

Die 1938 entstandene Bezirkseinteilung blieb bis zur Neugründung der Ost-Berliner B. im wesentlichen unverändert. Nach 1945 diente sie den > ALLIIERTEN für die Einteilung des Stadtgebiets in Besatzungssektoren (> LONDONER PROTOKOLL; > SEKTOREN), wobei es an der westlichen Stadtgrenze im Bezirk Spandau bei > STAAKEN und > GATOW zu einem Flächentausch mit dem Umland kam, um die Anlage des britischen Militärflughafens bei Gatow zu ermöglichen (> FLUGHÄFEN). In den 70er und 80er Jahren erfolgten nochmals kleinere Korrekturen der Verwaltungsgrenzen

im Rahmen zweier Regelungen zum > GEBIETSAUSTAUSCH. Außerdem wurden in den 80er Jahren im Zuge der Errichtung neuer Wohnsiedlungen an den Stadträndern Ost-Berlins die B. Marzahn und Hellersdorf bei Hönow und Ahrensfelde geringfügig ins Umland erweitert (> STADTERWEITERUNG).

Der > EINIGUNGSVERTRAG hat die zwischen 1945-90 entstandenen Gebietsgewinne bestätigt, wobei auch das ab 1951 von der DDR verwaltete West-Staaken wieder dem Bezirk Spandau zugeschlagen wurde. Im Innern sind die Bezirksgrenzen, so wie sie zum Zeitpunkt der > VEREINIGUNG bestanden, unverändert in Kraft geblieben. Angesichts der teilweise krassen Unterschiede der Berliner B. nach Größe, Einwohnerzahl und Struktur wird seit längerem über eine neuerliche Bezirksreform nachgedacht. Ziel ist neben einer gleichmäßigeren Verteilung v.a. auch eine Verringerung ihrer Gesamtzahl im Interesse einer effektiveren und kostensparenden Verwaltung. Bisher sind jedoch alle derartigen Versuche am Widerstand der B. selbst gescheitert.

Bezirksamt: Das in jedem der 23 > BEZIRKE von Berlin (> GROSS-BERLIN) bestehende B. ist nach der > VERFASSUNG VON BERLIN (VvB) Art. 50-61 eines der Organe der *Bezirksverwaltung*. Als von der > BEZIRKSVERORDNETENVERSAMMLUNG (BVV) gewählte Verwaltungsbehörde besteht sie aus dem *Bezirksbürgermeister,* der

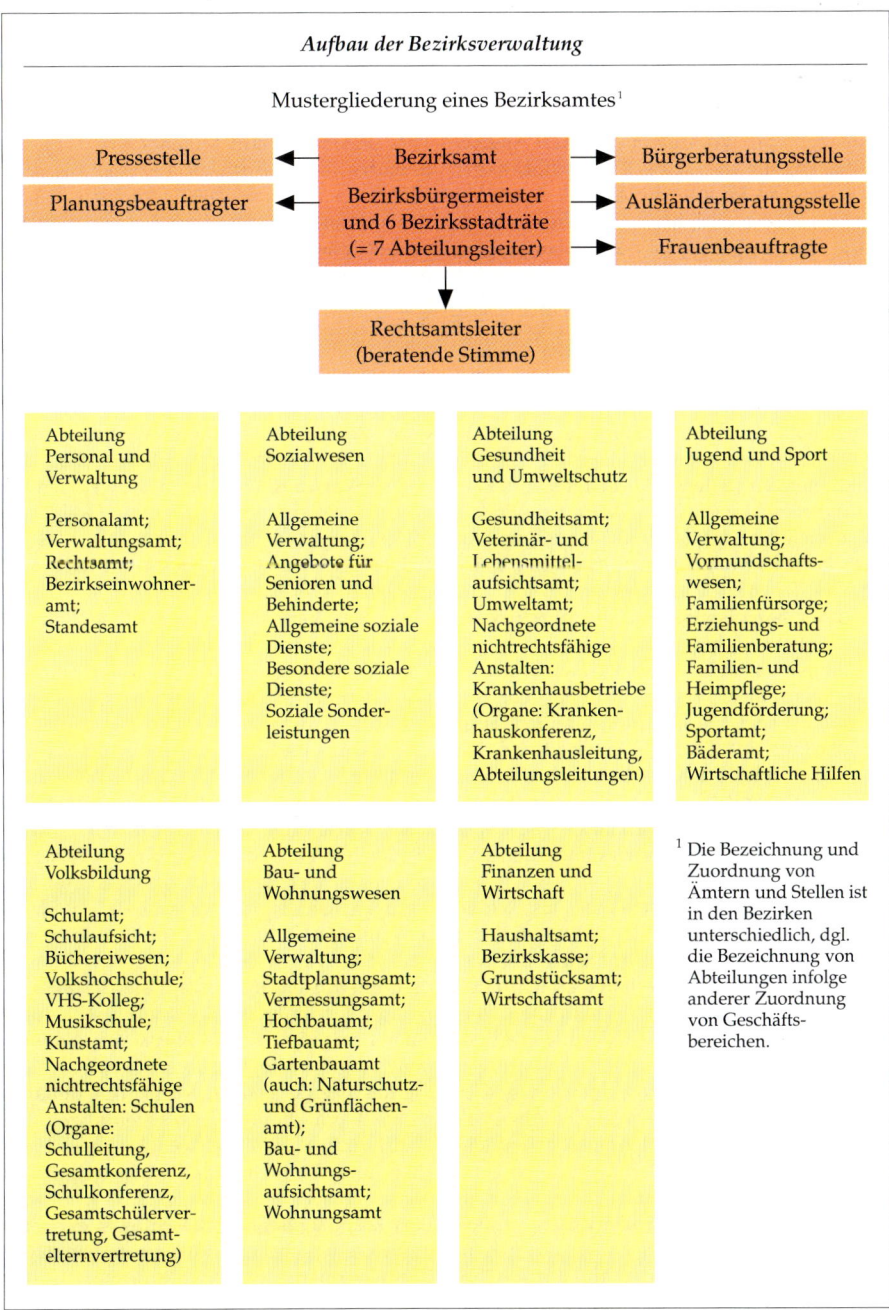

Aufbau der Bezirksverwaltung

Mustergliederung eines Bezirksamtes[1]

Pressestelle				Bürgerberatungsstelle
Planungsbeauftragter		Bezirksamt		Ausländerberatungsstelle
		Bezirksbürgermeister und 6 Bezirksstadträte (= 7 Abteilungsleiter)		Frauenbeauftragte

Rechtsamtsleiter
(beratende Stimme)

Abteilung
Personal und
Verwaltung

Personalamt;
Verwaltungsamt;
Rechtsamt;
Bezirkseinwohner-
amt;
Standesamt

Abteilung
Sozialwesen

Allgemeine
Verwaltung;
Angebote für
Senioren und
Behinderte;
Allgemeine soziale
Dienste;
Besondere soziale
Dienste;
Soziale Sonder-
leistungen

Abteilung
Gesundheit
und Umweltschutz

Gesundheitsamt;
Veterinär- und
Lebensmittel-
aufsichtsamt;
Umweltamt;
Nachgeordnete
nichtrechtsfähige
Anstalten:
Krankenhausbetriebe
(Organe: Kranken-
hauskonferenz,
Krankenhausleitung,
Abteilungsleitungen)

Abteilung
Jugend und Sport

Allgemeine
Verwaltung;
Vormundschafts-
wesen;
Familienfürsorge;
Erziehungs- und
Familienberatung;
Familien- und
Heimpflege;
Jugendförderung;
Sportamt;
Bäderamt;
Wirtschaftliche Hilfen

Abteilung
Volksbildung

Schulamt;
Schulaufsicht;
Büchereiwesen;
Volkshochschule;
VHS-Kolleg;
Musikschule;
Kunstamt;
Nachgeordnete
nichtrechtsfähige
Anstalten: Schulen
(Organe:
Schulleitung,
Gesamtkonferenz,
Schulkonferenz,
Gesamtschülerver-
tretung, Gesamt-
elternvertretung)

Abteilung
Bau- und
Wohnungswesen

Allgemeine
Verwaltung;
Stadtplanungsamt;
Vermessungsamt;
Hochbauamt;
Tiefbauamt;
Gartenbauamt
(auch: Naturschutz-
und Grünflächen-
amt);
Bau- und
Wohnungs-
aufsichtsamt;
Wohnungsamt

Abteilung
Finanzen und
Wirtschaft

Haushaltsamt;
Bezirkskasse;
Grundstücksamt;
Wirtschaftsamt

[1] Die Bezeichnung und Zuordnung von Ämtern und Stellen ist in den Bezirken unterschiedlich, dgl. die Bezeichnung von Abteilungen infolge anderer Zuordnung von Geschäftsbereichen.

der Dienstaufsicht des > REGIERENDEN BÜRGER-
MEISTERS VON BERLIN untersteht, und sechs
Bezirksstadträten, von denen einer zugleich
Stellvertretender Bürgermeister ist.
Nach § 36 des Bezirksverwaltungsgesetzes
obliegt dem B. die Vertretung des Landes
Berlin in Angelegenheiten des Bezirks, die
Einbringung von Vorlagen bei der BVV und
die Ausführung ihrer Beschlüsse, die laufende Unterrichtung der Bürgervertretung über
die Führung der Geschäfte und die künftigen
Vorhaben, die Wahrnehmung der Angelegenheiten, für die keine Zuständigkeit der
BVV gegeben ist und die dem B. durch besondere Rechtsvorschrift zugewiesen sind,
sowie die Aufgaben in Personalangelegenheiten. Verstößt ein Beschluß des B. gegen
Rechts- oder Verwaltungsvorschriften oder
Einzelweisungen des > SENATS VON BERLIN, hat
das B. den Beschluß zu beanstanden und binnen zwei Wochen die Entscheidung des Senats zu beantragen.
Die sieben Bezirksamtsmitglieder (die Zahl
wurde mehrfach geändert) werden von den
Fraktionen der in der BVV vertretenen > PAR-
TEIEN vorgeschlagen. Dabei kann jede Fraktion so viele Kandidaten vorschlagen, wie ihr
nach ihrer Stärke zustehen. Ausnahmsweise
war bei den Bezirksamtsbildungen 1992 die
Wahl der Bezirksbürgermeister durch koali-
tionsähnliche Zählgemeinschaften mehrerer
Fraktionen erlaubt. Bezirksamtsmitglieder
dürfen nach ihrer Wahl nicht (mehr) Bezirksverordnete sein. Sie sind hauptamtlich tätige
Wahlbeamte auf Zeit; die Amtszeit endet in
jedem Fall mit 65 Jahren. Das B. bedarf des
Vertrauens der BVV. Diese kann einzelne seiner Mitglieder nach zweimaliger Beratung
durch Beschluß mit Zweidrittelmehrheit vorzeitig abberufen.
Das gewählte B. entscheidet als Kolle-
gialorgan selbst über die Aufteilung der
Geschäftsbereiche, wobei auch der Bezirksbürgermeister einen Geschäftsbereich leitet.
Zur Gewährleistung der einheitlichen Verwaltungsstruktur ist die Gliederung in Abteilungen in allen B. etwa gleich. Änderungen
muß der Senator für Inneres genehmigen (>
SENATSVERWALTUNG FÜR INNERES). Die Abteilungen tragen gleichlautend folgende Bezeichnungen: Personal und Verwaltung; Jugend
und Sport; Wirtschaft und Finanzen; Bau-
und Wohnungswesen; Sozialwesen; Volksbildung; Gesundheit und Umweltschutz. In
jüngerer Zeit ist jedoch die Abteilungs-Glie-
derung in vielen B. nicht mehr identisch mit

dem Zuschnitt der Geschäftsbereiche.
Der Bezirksbürgermeister vertritt darüber
hinaus den Bezirk im in der Verfassung
verankerten *Rat der Bürgermeister* (Art. 52),
dem ferner der Regierende Bürgermeister
und sein Stellvertreter, der Bürgermeister,
angehören. Dieses Empfehlungsorgan fungiert v.a. als Instrument bezirklicher Interessenvertretung und Koordinierungsorgan
zwischen den Bezirken.
Bis zur Bezirksverordnetenwahl vom 24.5.
1992 und der darauf folgenden Bildung der
B. hatten in den östlichen Bezirken die noch
z.Z. der > SPALTUNG 1990 gebildeten Behörden amtiert. Diese B. bestanden aus sechs bis
acht Mitgliedern und waren nach den ersten
freien Kommunalwahlen in Ost-Berlin am
6.5.1990 „politisch" nach Koalitionen gebildet worden.

Bezirksverordnetenversammlung (BVV):
Die in jedem der 23 > BEZIRKE von Berlin (>
GROSS-BERLIN) bestehende BVV ist nach der >
VERFASSUNG VON BERLIN (VvB) Art. 50-61 das
oberste Verwaltungsorgan des jeweiligen Bezirks (> POLITISCHES SYSTEM). Sie wählt die
Mitglieder des > BEZIRKSAMTES (incl. des *Bezirksbürgermeisters*) und bestimmt nach § 12
des Bezirksverwaltungsgesetzes die „Grund-
linien der Verwaltungspolitik" im Rahmen
der Rechts- und Verwaltungsvorschriften. Sie
„regt Verwaltungshandeln an durch Empfehlungen und Ersuchen" an das Bezirksamt,
kontrolliert die Führung der Geschäfte des
Bezirksamts und „entscheidet in den ihr vorbehaltenen Aufgaben". Sie beschließt über
die „Ermittlung des jährlichen Finanzbe-
darfs", also den Entwurf des bezirklichen
Haushaltsplans, über den das > ABGEORD-
NETENHAUS VON BERLIN (AbgH) als Teil des
Landeshaushaltsplans entscheidet (> HAUS-
HALT UND FINANZEN). Sie stimmt ferner den
vom Bezirksamt aufgestellten Bebauungsplan-Entwürfen zu. Versagt sie die Zustimmung oder unterläßt sie eine Entscheidung,
kann der > SENAT VON BERLIN den Entwurf
dem AbgH vorlegen, dessen Entscheidung
die des Bezirks ersetzt. Kraft ihres Initiativ-
rechts kann die BVV Entscheidungen des
Bezirksamtes aufheben, wenn es ihren Ersuchen und Empfehlungen nicht folgt, und
selbst entscheiden. Umgekehrt kann das
Bezirksamtskollegium Beschlüsse der Bürgervertretung beanstanden, wenn sie gegen
Rechtsnormen oder Verwaltungsvorschriften
verstoßen, und die Entscheidung des Senats

anrufen. Seit 1978 können nach dem Bezirksverwaltungsgesetz bezirkseigene Anliegen auch durch > Bürgerbegehren von außen an die BVV herangetragen werden.

Die BVV wird in allgemeiner, gleicher, geheimer und direkter Wahl von der wahlberechtigten Bevölkerung des Bezirks gewählt. Die turnusmäßig vierjährige Wahlperiode der BVV ist an die des AbgH gebunden. Die > Wahlen finden am selben Tag statt. Durch Übergangsbestimmung im Art. 87 der VvB in der Fassung vom 5.10.1990 bildeten die Wahl des AbgH am 2.12.1990 für eine fünfjährige und die Wahl der 23 BVV am 24.5.1992 für eine verkürzte Wahlperiode eine Ausnahme. Neben den Parteien können sich auch Wählergemeinschaften um die je 45 Mandate bewerben.

Die BVV tagt öffentlich, i.d.R. einmal im Monat. Sie wählt für die Dauer der Wahlperiode aus ihrer Mitte den *Bezirksverordnetenvorsteher*, seinen Stellvertreter, die übrigen Mitglieder des Vorstandes, und sie bestellt den *Ältestenrat*. Der Vorsteher führt ihre Geschäfte, vertritt sie in allen Angelegenheiten und übt das Hausrecht aus. Bezirksverordnete genießen nicht wie Parlamentarier Indemnität und Immunität. Für ihre ehrenamtliche Tätigkeit erhalten sie eine Entschädigung, die vom AbgH festgesetzt wird. Sie dürfen nicht zugleich Abgeordnete und nicht Bedienstete desselben Bezirks sein. Die Aufwandsentschädigung wurde zum 1.1.1989 auf 410 DM monatlich festgesetzt. Der Bezirksverordnetenvorsteher erhält die fünffache, sein Stellvertreter und die Fraktionsvorsitzenden erhalten die dreifache Grundentschädigung. Die Bezirksverordneten bekommen außerdem Sitzungsgelder in Höhe von 50 DM pro Plenar- und 30 DM pro Ausschußsitzung. Sie haben Anspruch auf einen Fahrgeldausgleich.

Zu Beginn der Wahlperiode bildet die BVV eine nicht vorgeschriebene Zahl von Ausschüssen. Diese werden nach dem Stärkeverhältnis der Fraktionen besetzt, doch erhält jede Fraktion ein Grundmandat. Die Ausschüsse bestehen aus höchstens 13 Verordneten, wahlweise aus höchstens elf Verordneten und bis zu vier stimmberechtigten, von der BVV gewählten *Bürgerdeputierten*. Die Ausschüsse tagen im wesentlichen öffentlich. Die frühere Festlegung auf sieben namentlich aufgeführte ständige Ausschüsse (1. Geschäftsordnungsausschuß, 2. Ausschuß für Eingaben und Beschwerden, 3. Haushaltsaus-

schuß, 4. Rechnungsprüfungsausschuß, 5. Grundstückskaufausschuß, 6. Personalausschuß, 7. Ausschuß für die Beratung von Bebauungsplänen) und weitere ständige Ausschüsse für die Geschäftsbereiche der Bezirksamtsmitglieder wurde 1989 aus dem Bezirksverwaltungsgesetz gestrichen. Sonderausschüsse können bei Bedarf für begrenzte Aufträge eingesetzt werden.

Bis zur Bezirksverordnetenwahl 1992 hatten in den östlichen Bezirken die noch zu Zeiten der > Spaltung am 6.5.1990 gewählten *Stadtbezirksversammlungen* amtiert, deren Größe sich an der Einwohnerzahl orientierte und zwischen 51 Verordneten im Bezirk > Weissensee und 124 Verordneten in > Hohenschönhausen schwankte.

Bibliotheken: Die Bedeutung Berlins als Stadt der > Kultur und > Wissenschaft spiegelt sich auch in seinem Bibliothekswesen wider. In den über 500 B. stehen weit über 30 Mio. Bände und andere Medieneinheiten zur Nutzung bereit.

Rund 200 B. in den 23 > Bezirken der Stadt bilden das Netz der *Öffentlichen Bibliotheken*, zu dem neben der jeweiligen Hauptbibliothek – der *Stadtbibliothek* des Bezirks – zahlreiche Zweigstellen in den Ortsteilen gehören. Darunter befinden sich auch besondere *Jugendbibliotheken*, *Kinderbibliotheken* oder *Musikbibliotheken* sowie spezielle Einrichtungen, die audiovisuelle Medien wie Schallplatten, CDs, Kassetten, Videos und Diaserien bzw. Werke der bildenden Kunst wie Zeichnungen und Gemälde, Lithographien oder Kunstdrucke ausleihen und ihren Beständen entsprechend als *Mediotheken*, *Phonotheken*, *Videotheken* oder *Graphotheken* bzw. *Artotheken* bezeichnet werden. Die Ausleihe von neuen, die Literatur ergänzenden Medien, insbesondere Tonträgern, erfolgt aber auch durch fast alle anderen Öffentlichen B.

Die größte und bedeutendste Öffentliche B. Berlins ist die > Amerika Gedenkbibliothek (AGB) am Blücherplatz in > Kreuzberg. Obwohl sie – wie alle Öffentlichen B. – von ihren Sondersammlungen abgesehen, grundsätzlich eine Verbrauchsbibliothek ist, übernimmt sie auch allgemeine wissenschaftliche Informations- und Bildungsaufgaben. Archivfunktionen für die Öffentlichen B. werden durch die > Berliner Stadtbibliothek, Breite Str. 34-36 im Bezirk > Mitte wahrgenommen, die zu den wissenschaftlichen Allgemeinbibliotheken der Stadt gehört und zukünftig vorrangig die Aufgaben einer Landesbibliothek übernehmen wird. In Arbeitsteilung mit der AGB soll sie jedoch auch zentrale Aufgaben für die Öffentlichen B. in Berlin lösen.

Zu den bedeutendsten wissenschaftlichen B. der Stadt gehören als wissenschaftliche Allgemeinbibliotheken die > STAATSBIBLIOTHEK ZU BERLIN – PREUSSISCHER KULTURBESITZ mit ihren beiden Häusern > UNTER DEN LINDEN 8 in Mitte und Potsdamer Str. 33 im Bezirk > TIERGARTEN, die Universitätsbibliotheken der > HUMBOLDT-UNIVERSITÄT BERLIN in der Clara-Zetkin-Str. 27 in Mitte, der > FREIEN UNIVERSITÄT BERLIN (FU) in der Garystr. 35/39 in > ZEHLENDORF sowie – als wissenschaftliche B. mit speziellen Sammelgebieten – die Universitätsbibliothek der > TECHNISCHEN UNIVERSITÄT BERLIN (TUB) an der > STRASSE DES 17. JUNI 135 in > CHARLOTTENBURG. Hierzu zählt auch die Hauptbibliothek der ehem. > AKADEMIE DER WISSENSCHAFTEN DER DDR, Unter den Linden 8.

Auch viele der zahlreichen Spezialbibliotheken (wissenschaftliche Fachbibliotheken) nehmen überregionale Aufgaben im deutschen Bibliothekswesen wahr. Dazu gehören v.a. die > KUNSTBIBLIOTHEK BERLIN der > STAATLICHEN MUSEEN ZU BERLIN – PREUSSISCHER KULTURBESITZ in der Jebensstr. 2 in Charlottenburg, die Pädagogische Zentralbibliothek im > HAUS DES LEHRERS am > ALEXANDERPLATZ und die Zentrale Fachbibliothek Umwelt des > UMWELTBUNDESAMTS am Bismarckplatz 1 in Zehlendorf.

Die Anfänge der B. in Berlin liegen, da schriftliche Zeugnisse fehlen, im Dunkeln, sind aber in den Klöstern der Dominikaner und Franziskaner zu suchen, die sich im 13. Jh. in der Doppelstadt niedergelassen hatten. Infolge der Reformation und Säkularisierung der Klöster gelangten dann Bücher aus der B. des Dominikanerklosters zu > KÖLLN in die kurfürstliche Privatbibliothek. Sie bildeten damit den Grundstock der *Churfürstlichen Bibliothek zu Cölln an der Spree*, die 1661 vom Großen Kurfürsten (1640-88) für die gelehrte Öffentlichkeit eingerichtet wurde (ab 1701 „Königliche Bibliothek") und deren Nachfolgeinstitution die heutige Staatsbibliothek zu Berlin – Preußischer Kulturbesitz ist. Sieht man von den bis ins 16. Jh. zurückreichenden relativ kleinen B. der Kirchen (die der > NIKOLAIKIRCHE wurde 1588 und die der > MARIENKIRCHE 1592 gegründet) sowie von den Schulbibliotheken ab (die offi-

zielle Gründung der B. des > EVANGELISCHEN GYMNASIUMS ZUM GRAUEN KLOSTER erfolgte 1674 und die des > JOACHIMSTHALSCHEN GYMNASIUMS 1607), so begann damit die Berliner Bibliotheksgeschichte.

Mit der Gründung der > PREUSSISCHEN AKADEMIE DER WISSENSCHAFTEN ZU BERLIN im Jahr 1700 und der Einrichtung einer Akademiebibliothek erhielt die Stadt eine zweite wissenschaftliche B., zu der 1831, 21 Jahre nach der Gründung der Berliner Universität, die Universitätsbibliothek hinzukam (> FRIEDRICH-WILHELMS-UNIVERSITÄT). Ende des 18. Jh. waren auch die ersten eigenständigen Fachbibliotheken entstanden, wie für das Königliche Berg- und Hüttendepartement und für die Berliner Pepinière, eine chirurgisch-medizinische Anstalt für das preußische Militär, deren Büchersammlung später den Grundstock für die Deutsche Ärztebücherei bildete. Auch die 1791 gegründete Artillerie-Akademie baute Büchersammlungen auf, die nach dem I. Weltkrieg in die Deutsche Heeresbibliothek übernommen wurden. Die Vorläufer der heutigen Öffentlichen B. bildeten die von Friedrich v. Raumer durch eine Denkschrift 1846 initiierten und zwei Jahre später entstandenen ersten *Volksbüchereien* in Berlin. Sie sollten helfen, das Bildungsniveau der ärmeren Bevölkerung zu heben. Die weitere Entwicklung des Bibliothekswesens in Berlin ist, wie in ganz Deutschland, gekennzeichnet durch die Herausbildung zweier Bibliothekszweige. Den einen bildeten die wissenschaftlichen B. und den anderen die ehem. Volksbibliotheken, aus denen sich die heutigen Öffentlichen B. entwickelt haben.

Mit der Reichsgründung 1871 wurde Berlin zum administrativen, wissenschaftlichen, kulturellen und wirtschaftlichen Mittelpunkt des Landes, was sich auch auf die Bibliothekslandschaft der Stadt auswirkte. In größerer Zahl entstanden wissenschaftliche Fach- und Spezialbibliotheken, insbes. auch Behördenbibliotheken, wie die Bibliothek des Reichsamtes des Innern, die Bibliothek des Deutschen Reichstages (> REICHSTAGSGEBÄUDE) oder auch die großzügig ausgestattete Bibliothek des Preußischen Abgeordnetenhauses (> PREUSSISCHER LANDTAG) sowie die schnell wachsende B. des Reichspatentamtes, in deren ehem. Gebäude in der Gitschiner Str. 103 in > KREUZBERG heute das > DEUTSCHE PATENTAMT und das > EUROPÄISCHE PATENTAMT mit ihren Außenstellen untergebracht sind.

An den Volksbüchereien, deren Zahl bis 1895

zwar auf 25 gestiegen war, ging die Entwicklung aber im wesentlichen vorbei. Erste Impulse für eine Aufwärtsentwicklung gingen von der 1898 auf Initiative eines privaten Komitees und z.T. mit Hilfe von Spenden eröffneten Charlottenburger Stadtbücherei aus, der ersten städtischen Bücherei Preußens. Ein neuer Abschnitt der Entwicklung des Bibliothekswesens in der Stadt wurde dann 1901 mit Gründung der > BERLINER STADTBIBLIOTHEK eingeleitet. Zunächst nur als Zentralbibliothek für die Volksbüchereien gedacht, entwickelte sie sich jedoch schnell zu einer der gesamten Bevölkerung zur Verfügung stehenden wissenschaftlichen Allgemeinbibliothek.

Die positive Entwicklung der B. in der deutschen Hauptstadt wurde durch die nationalsozialistische Machtergreifung unterbrochen. Von der Bücherverbrennung am 10.5.1933 auf dem Opernplatz (> BEBELPLATZ) und der sich anschließenden systematischen Aussonderungspolitik gegen den „undeutschen Geist" waren v.a. die Volksbüchereien betroffen. Tausende von Büchern wurden aus den Berliner B. entfernt, ebenso wie zahlreiche Bibliothekare. Im II. Weltkrieg fiel ein Großteil der Bestände und der Gebäude den Kriegseinwirkungen zum Opfer. Auch zahlreiche der ausgelagerten Bücher gingen verloren. Nach Kriegsende mußte auf Anordnung der > SOWJETISCHEN MILITÄRADMINISTRATION aus allen B. Literatur, die nationalsozialistisches und militaristisches Ideengut enthielt, ausgesondert werden. Im März 1946 arbeiteten in den vier > SEKTOREN der Stadt bereits wieder 81 Volksbüchereien mit einem Bestand von rund 500.000 Bänden. Am 1.8.1946 nahm auch die Berliner Stadtbibliothek mit ca. 350.000 Bänden ihre Arbeit wieder auf, und am 1.10.1946 erfolgte die Wiedereröffnung der 1918 aus der Königlichen Bibliothek hervorgegangenen „Preußischen Staatsbibliothek" unter dem Namen „Öffentliche Wissenschaftliche Bibliothek". 1954 wurde sie in *Deutsche Staatsbibliothek* umbenannt.

Die im Herbst 1948 vollzogene politische und administrative > SPALTUNG der Stadt führte zur Teilung des gesamten Bibliotheksnetzes, was sich für die Literaturversorgung im Westteil der Stadt längere Zeit verhängnisvoll auswirkte, da sich fast alle großen wissenschaftlichen B. in Ost-Berlin befanden. Eine Ausnahme bildete lediglich die B. der Hochschule der Bildenden Künste (> HOCHSCHULE DER KÜNSTE); die gleichfalls im Westteil

der Stadt gelegene B. der Technischen Hochschule (heute TUB) war durch Kriegseinwirkungen weitgehend vernichtet. Um die aktuelle Notlage zu beseitigen, wurde sofort mit dem Aufbau eines > BERLINER GESAMTKATALOGS begonnen, der alle in den B. der Westsektoren vorhandenen Werke nachweisen sollte. Zugleich begann in einer Villa an der Podbielski-Allee in > DAHLEM der Aufbau der „Wissenschaftlichen Zentralbibliothek", die bei ihrer Eröffnung im Juli 1950 über einen Bestand von 50.000 Büchern und 450 laufenden Zeitschriften verfügte und die später in die Amerika Gedenkbibliothek eingegliedert wurde.

Während man die im Ostteil befindlichen B. nach und nach dem Bibliothekssystem der 1949 gegründeten DDR eingliederte, bemühte man sich im Westen um den Neuaufbau eines eigenen Bibliotheksnetzes. Ein entscheidendes Ereignis war hierbei 1954 die Eröffnung der AGB. Im gleichen Jahr konnte die offiziell am 1.3.1952 gegründete Zentralbibliothek der FU im Auditoriumskomplex des Henry-Ford-Baus ihren Betrieb aufnehmen, nachdem sie provisorisch zwei Jahre lang in Baracken und Kellerräumen untergebracht war. Auch der Wiederaufbau der B. der Technischen Hochschule ging zügig voran. Es dauerte jedoch bis 1978, ehe als West-Berliner Nachfolgeinstitution der Preußischen Staatsbibliothek in dem von Hans Scharoun errichteten Neubau an der Potsdamer Str. die *Staatsbibliothek Preußischer Kulturbesitz (Stabi)* in der Zuständigkeit der > STIFTUNG PREUSSISCHER KULTURBESITZ eröffnet werden konnte. In größerer Zahl entstanden auch leistungsstarke Fachbibliotheken, wie z.B. als zentrale Behördenbibliothek die im Ernst-Reuter-Haus in der Straße des 17. Juni 112 in Tiergarten untergebrachte > SENATSBIBLIOTHEK.

So haben sich in beiden Teilen der Stadt zwei voneinander getrennte Bibliotheksnetze entwickelt, die im Zuge der > VEREINIGUNG neu verknüpft werden. Bereits Anfang 1990 wurde sowohl im Bereich der Öffentlichen B. zielstrebig eine Integration der bezirklichen B. in die Wege geleitet, wobei v.a. der Bestandsaufbau der B. im Ostteil stark gefördert wurde. Zugleich erfolgten Angleichungen in der Bestandserschließung und in Strukturfragen, so daß bereits 1991 wesentliche Probleme der Zusammenführung gelöst werden konnten. Weitreichende Etat- und Stellenkürzungen ließen allerdings den seit vielen Jahren bestehenden Rückstand des Öffentlichen Bibliothekswesens in Berlin gegenüber vergleichbaren Städten in den anderen Bundesländern weiter anwachsen.

Im wissenschaftlichen Bibliothekswesen hat sich die Integration am deutlichsten in den beiden ehemaligen Staatsbibliotheken vollzogen. Seit dem 1.1.1992 sind sie organisatorisch in der Staatsbibliothek zu Berlin – Preußischer Kulturbesitz zusammengeführt. Auf der Grundlage einer umfassenden Konzeption wurde ein Umstrukturierungsprozeß eingeleitet, der unter Einschluß der erforderlichen Baumaßnahmen eine Dauer von zehn bis zwölf Jahren beanspruchen wird.

Bierpinsel: Der 1972-76 nach Plänen von Ralph Schüler und Ursulina Schüler-Witte errichtete B. an der > SCHLOSS-STRASSE im Bezirk > STEGLITZ ist ein futuristisch anmutendes Turmrestaurant, das mit einer 1.200 m² umfassenden Nutzfläche auf einer Grundfläche von nur 45 m² eine einzigartige Besonderheit in der deutschen Architektur verkörpert. Als städtebauliche Dominante markiert das Gebäude einen wichtigen Verkehrsknotenpunkt mit vier Verkehrsebenen: zwei U-Bahnebenen (die U9 verläuft hier doppelstöckig; > U-BAHN), die Schloßstr. als Haupteinkaufsstraße des Bezirks sowie die diese überquerende Schildhornstr. mit Anschluß zur Westtangente über die Joachim-Tiburtius-Brücke (> BRÜCKEN; > BUNDESFERNSTRASSEN). Über dem schlanken, rechteckigen Turm erhebt sich der weit auskragende Wirtschaftsteil mit den drei Restaurationsplateaus. Durch ihre grellrote Stahlplatten-Verkleidung heben sich die 23 bis 31 m über Straßenniveau liegenden Besucherebenen weithin sichtbar von den Sichtbetonwänden der unteren Geschosse ab.

Biesdorf: B. ist einer der beiden Ortsteile des Bezirks > MARZAHN im Osten Berlins. Er erstreckt sich über die südlichen zwei Drittel des Bezirks. Das erstmals im > LANDBUCH KAISER KARLS IV. von 1375 als „Bysterstorff" urkundlich erwähnte Angerdorf hatte mit 62 Hufen eine beachtliche Ausstattung. 1854 erwarb es Bruno v. Rüxleben, der 1868 in einer gut 14 ha großen Parkanlage am Nordrand des Dorfangers ein ansehnliches Wohngebäude errichten ließ, für das sich in neuerer Zeit die Bezeichnung *Schloß Biesdorf* eingebürgert hat. Einschneidend war der große Brand von 1839, dem das ganze Dorf zum

Opfer fiel. Die wiedererrichteten bäuerlichen Anwesen mußten in den letzten Jahren vielfach dem Ausbau der das Dorf in West-Ost-Richtung durchschneidenden Fernverkehrsstr. 1 bzw. 5 weichen, der alten Reichsstraße 1 von Aachen über Berlin nach Königsberg (> BUNDESFERNSTRASSEN). Von der ins 13. Jh. zu datierenden Dorfkirche sind nur die Schiffsmauern aus Granitsteinen erhalten. Nach durchgreifenden Umbauten 1896/97 und Brandzerstörung 1944 wurde die Kirche 1950/51 nur in sehr vereinfachter Form wiederaufgebaut.

B. fand 1884 durch Anlage eines Bahnhofs Anschluß an die 1867 eröffnete Ost-Bahn zwischen Berlin und Küstrin (> EISENBAHN). Ende des 19. Jh. entstanden ausgedehnte Siedlungen, so im Norden Biesdorfshöhe (heute B.-Nord), im Süden die Villenkolonie B.-Süd, so daß B. schnell mit seinen Nachbarorten > KAULSDORF und > MAHLSDORF zusammenwuchs. 1890-93 errichtete die Stadt am Brebacher Weg nach den Plänen von Hermann Blankenstein die „Heil- und Pflegeanstalt für Epileptische in Wuhlgarten" (heute *Zentralklinik für Psychiatrie und Neurologie Wilhelm Griesinger*), eine ausgedehnte Anlage von zahlreichen roten und gelben Klinkerverblendbauten in Formen der Neorenaissance mit stattlichem Verwaltungsgebäude und einer Anstaltskirche im Stil einer altchristlichen Basilika (heute Ruine).

Bei der Bildung > GROSS-BERLINS 1920 wurde B. zunächst Ortsteil des Verwaltungsbezirks > LICHTENBERG, von dem es 1979 zum neugebildeten Bezirk Marzahn kam. 1945-90 gehörte es zum sowjetischen Sektor (> SEKTOREN). Aus dem Trümmerschutt des II. Weltkriegs entstand östlich des alten Dorfkerns an der > WUHLE ein 75 m hoher, bislang weitgehend ungestalteter > TRÜMMERBERG. 1988 erhielt B. im Zuge der Verlängerung der U-Bahn-Linie 5 vom > ALEXANDERPLATZ über > TIERPARK FRIEDRICHSFELDE nach Hönow Anschluß an die > U-BAHN. Südlich des Dorfkerns liegt nördlich der Debenzer Str. in einer ehem. Kiesgrube der ca. 4 ha große *Debenzer See*.

BILD-Berlin: Das Boulevardblatt B. ist eine von insg. 19 regionalen Ausgaben der überregionalen BILD-Zeitung mit über 4,5 Mio. Exemplaren Gesamtauflage. Im Berliner Raum erscheinen drei unterschiedliche Ausgaben (160.000 Exemplare). Die Chefredaktion befindet sich in Hamburg, die Zentralredaktion Neue Bundesländer in Berlin. Die 19 Redaktionen und die Zentralredaktion sind durch tägliche Konferenzschaltungen und Informationssysteme vernetzt. Die umfangs- und inhaltsunterschiedlichen Ausgaben entstehen an zehn Druckorten. Die B. hat ihren Sitz im Hochhaus der Axel Springer Verlag AG in der Kochstr. 50 im Bezirk > KREUZBERG. Die BILD-Zeitung erschien erstmals am 24.6.1952 in Hamburg. Nach Lizenzerteilung durch die drei West-Mächte (> ALLIIERTE) konnte sie ab November 1952 auch in Berlin vertrieben werden. B. als eigenständige Ausgabe erschien erstmals am 14.10. 1957. Seit dem Fall der > MAUER wird B. auch im Ostteil der Stadt vertrieben, eine eigene Ost-Berliner Ausgabe erscheint seit dem 7.3.1990. In der Berliner Redaktion arbeiten über 100 festangestellte Mitarbeiter, überwiegend Redakteure (> PRESSE).

Bildende Kunst:
1. Von den Anfängen bis zum Ende des 19. Jh.
Die B. hat in Berlin (von frühgeschichtlichen Funden abgesehen) erst im Mittelalter einen bescheidenen Anfang genommen. Die frühesten künstlerischen Zeugnisse sind v.a. architektonischer Natur: Neben einigen > DORFKIRCHEN im Umland ist hier u.a. die > NIKOLAIKIRCHE im Kerngebiet Berlins zu nennen. B. im engeren Sinne, also *Malerei* und *Plastik* sowie *Kunsthandwerk*, stand zwar im Mittelalter zumeist in einem funktionalen Zusammenhang mit der kirchlichen Architektur, doch ging durch späteren Gesinnungs- und Funktionswandel, besonders in der Reformationszeit und im 19. Jh., vieles verloren. Auf einige frühe Ausstattungsstücke kann aber noch heute verwiesen werden, so etwa auf einen spätromanischen Prunkkelch und auf spätgotische Tafelbilder aus der Nikolaikirche (jetzt in der > MARIENKIRCHE). In der zweiten Hauptpfarrkirche, der benachbarten Marienkirche, hat sich aus der Zeit ihrer gotischen Entstehung mit dem bekannten „Totentanz" ein Hauptwerk Berliner Malerei des 15. Jh. erhalten. Die Schöpfer solcher kirchlichen Aufgaben dienenden romanischen und gotischen Kunstwerke sind weitgehend unbekannt geblieben. Doch selbst da, wo die Werke vermutlich aus damaligen Kunstzentren wie Nürnberg und Magdeburg – so die „Spandauer Madonna" (heute im > MÄRKISCHEN MUSEUM) – importiert wurden, geht ihr künstlerischer Rang nur selten über eine regionale

Bedeutung hinaus.
Noch spärlicher überliefert ist die zeitgleiche Profanarchitektur und deren Ausstattung. Als eines der wenigen Beispiele sei die spätromanische Sitzbank aus der alten > GERICHTSLAUBE (heute im Märkischen Museum) genannt. Kaum etwas läßt sich sagen über die künstlerische Ausstattung im > HOHEN HAUS der Markgrafen von Brandenburg (> LANDESHERREN) sowie über die im ersten Bau des > STADTSCHLOSSES aus dem 15. Jh. Im 16. Jh. nahm das künstlerische Geschehen in Berlin einen beachtlichen Aufschwung v.a. durch den Kurfürsten Joachim II. (1535-71). Er veranlaßte u.a. den Ausbau des Stadtschlosses im Stil der deutschen Renaissance und nutzte für Bauausführung und baugebundene Kunst vornehmlich sächsische Erfahrungen und Leistungen. Für ihn, wie schon für seinen Vorgänger, haben auch die sächsischen Renaissancemaler Lucas Cranach d. Ältere und d. Jüngere zahlreiche Gemälde geschaffen (> GEMÄLDEGALERIE und > JAGDSCHLOSS GRUNEWALD). Schon um 1530 war als kurfürstlicher Auftrag das qualitätvollste plastische Werk dieser Zeit in Berlin, das Bronzegrabmal des Kurfürsten Johann Cicero (1486-99), von dem hervorragenden Nürnberger Erzgießer Peter Vischer d. Ä. und seinem Sohn Hans fertiggestellt worden (heute in der Gruft des > DOMS). Konnte das künstlerische Niveau in Berlin unter den ersten Nachfolgern Joachims II. noch einigermaßen gehalten werden, so versandete es in der ersten Hälfte des 17. Jh. weitgehend, u.a. infolge des Dreißigjährigen Krieges. Beim Wiederaufbau nach dem Kriege wurden unter der Regentschaft des Großen Kurfürsten Friedrich Wilhelm (1640-88) neben wirtschaftlichen und staatsrechtlichen auch künstlerische Momente aus den Niederlanden übernommen. Naturgemäß waren in dieser Zeit die Bemühungen zunächst stärker auf die Baukunst als auf die B. gerichtet. Der weitere Ausbau des Stadtschlosses sowie der Neubau einiger Schlösser im der Umgebung, wie Oranienburg und > KÖPENICK, bedurften jedoch der Ergänzung bildkünstlerischer Mittel zugunsten einer repräsentativen Selbstdarstellung des Herrscherhauses. Allerdings blieben nur wenige Maler wie die Niederländer Willem van Honthorst und Hendrik de Fromantiou für längere Zeit am Hof in Berlin, andere, wie der Amsterdamer Bildhauer Bartholomeus Eggers, erarbeiteten ihre Werke für den Kurfürsten in ihrem Heimatland.

Auch deutsche Maler, wie Michael Willmann aus Königsberg und Michael Conrad Hirt, waren für den Hof in Berlin tätig. Der Große Kurfürst ließ daneben auch Kunstwerke für eine Kunst-Sammlung erwerben; durch die „Oranische Erbschaft" (1675) kamen weitere Kunstwerke nach Berlin.

Der Zustrom einer größeren Anzahl von *Hugenotten* aus Frankreich, nach dem Edikt von Potsdam 1685, wirkte sich bereichernd für die Entwicklung der Kunst in Berlin aus, mitunter zugleich auch für die des Handwerks, wie im Falle des Pierre Mercier, der in Berlin die erste Teppichmanufaktur gründete. Im Modegeschmack der Zeit lag auch das Bedürfnis des kurfürstlichen Hofes nach „Delfter Fayencen", dem der Holländer Pieter Fransen van der Lee durch Gründung einer Manufaktur in Berlin entsprach (fortgesetzt von Gerhard Wolbeer). In der Glasproduktion erreichte in dieser Zeit Johann Kunckel mit dem „Rubinglas" ein Spitzenergebnis.

Der unter Friedrich I. (III.) (1688-1713), der sich 1701 zum König krönen ließ, gestiegene Repräsentationsanspruch führte am Hofe zu einer barocken Prachtentfaltung nach dem Vorbild des französischen Königs Ludwig XIV. Daraus ergaben sich für Baukunst und B. umfangreiche Aufgaben. Er veranlaßte die Gründung der > PREUSSISCHEN AKADEMIE DER KÜNSTE (1696). Zahlreiche Künstler kamen in der Folgezeit nach Berlin und brachten vornehmlich italienische und französische Kunstauffassungen mit. Der in Danzig geborene Bildhauer-Architekt Andreas Schlüter, eineinhalb Jahrzehnte lang (ab 1694) in Berlin tätig, erreichte bei der Erweiterung des Stadtschlosses mit seiner kraftvollen plastischen Sprache in der Gestaltung sowohl des Außenbaues wie auch einer größeren Folge von Innenräumen (Wendeltreppe und Suite der Paradekammern) eine Spitzenleistung europäischen Hochbarocks. Hervorragendes schuf er auch bei anderen Aufgaben, wie bei den *Masken sterbender Krieger* am > ZEUGHAUS oder dem *Reiterstandbild für den Großen Kurfürsten* (jetzt beim > SCHLOSS CHARLOTTEN-BURG). Von den neben Schlüter tätigen Bildhauern seien der Franzose Guillaume Hulot sowie Balthasar Permoser erwähnt.

In der Malerei blieb das Porträtschaffen ein vorrangiger Auftrag; durch die Bautätigkeit am Stadtschloß und die neuerstandenen Schlösser (u.a. Charlottenburg, > SCHLOSS NIEDERSCHÖNHAUSEN, > SCHLOSS FRIEDRICHS-

FELDE) erwuchsen in größerem Umfang auch Aufgaben einer auf das Königshaus bezogenen allegorischen Deckenmalerei. Neben einheimischen Malern wie Johann Friedrich Wentzel und Friedrich Wilhelm Weidemann waren hier v.a. Niederländer wie Augustin Terwesten d. Ä. und Jacques Vaillant tätig. Schließlich kam mit Antoine Pesne ein bedeutender Pariser Porträtist nach Berlin (1711), der hier als Hofmaler bis zur Mitte des 18. Jh. schulbildend wirkte.

Unter Friedrich Wilhelm I. (1713-40) wurden die Aufwendungen des Hofes für Kunst erheblich reduziert. Der Soldatenkönig legte das Schwergewicht seiner Bestrebungen auf den Ausbau der Armee sowie des Manufakturwesens und förderte den Ausbau der Stadt (> BAUGESCHICHTE UND STADTBILD). Die freie Kunst blieb weitgehend beschränkt auf die Porträtmalerei im niederländischen Stil des 17. Jh.

Eine bedeutendere Stellung übernahm die B. in Berlin wieder unter dem „aufgeklärten Absolutismus" Friedrichs II. (1740-86). Mit Georg Wenzeslaus v. Knobelsdorff stand ihm ein Architekt, Dekorateur und Maler (Schüler von A. Pesne) zur Verfügung, der die vom französischen Rokoko ausgehenden künstlerischen Anschauungen Friedrichs II. meisterhaft zu etwas Eigenem umzusetzen verstand, so daß daraus die „friderizianische Rokoko" erwuchs. Die Eigenart dieser Kunst hat sich wohl am reinsten in der ganzheitlichen Innenraumgestaltung entfaltet. Dabei haben verschiedene Künstler und Kunsthandwerker, u.a. Bildhauer, Maler, Ornamenteure und Kunsttischler wie Johann August Nahl, die Brüder Johann Michael und Johann Christian Hoppenhaupt, Johann Wilhelm Meil und die Brüder Johann Friedrich und Heinrich Wilhelm Spindler vorzügliche Arbeit geleistet. Integraler Bestandteil solcher Gesamtkunstwerke war auch das in dieser Zeit besonders geschätzte Porzellan: Nach Bemühungen von Wilhelm Caspar Wegely und Johann Ernst Gotzkowsky ließ Friedrich II. es in einer eigenen (1763 gegründeten) Porzellan-Manufaktur (> KPM – KÖNIGLICHE PORZELLAN-MANUFAKTUR BERLIN GMBH) auf höchstem Niveau herstellen.

Daneben hatte der Regent schon in frühen Jahren Gemälde zeitgenössischer französischer Künstler wie Antoine Watteau, Nicolas Lancret, Jean-Baptiste Pater u.a. zu sammeln begonnen (jetzt im Schloß Charlottenburg, in der > GEMÄLDEGALERIE Dahlem und Schloß

Sanssouci). Neben dem am Hof wirkenden Antoine Pesne waren in Berlin zahlreiche andere französische Künstler und eine Reihe von deutschen Malern, v.a. Porträtisten und Landschaftsmaler, tätig. Zu nennen sind u.a. Joachim Martin Falbe, Carl Traugott Fechhelm, Jacob Philipp Hackert, Anna Dorothea Therbusch sowie der mit Historienbildern hervorgetretene Akademiedirektor Bernhard Rode. Von den Bildhauern dieser Zeit sei der Flame Jean Pierre Antoine Tassaert erwähnt. Im letzten Drittel des 18. Jh. entwickelte sich in Berlin auch eine Kunst, in der das Bürgertum, infolge des Manufakturwesens erstarkt und selbstbewußt geworden, sich künstlerisch reflektiert fand. Das Verdienst daran gebührt v.a. Daniel Chodowiecki, der in seinen Werken insbes. das bürgerliche Leben seiner Zeit schilderte. Mit ihm begann der im 19. Jh. ausgeprägte Berliner Realismus. Dieser Prozeß einer Emanzipierung aus höfischer Gebundenheit verstärkte sich unter Friedrich Wilhelm II. (1786-97) und setzte sich im Verlauf des 19. Jh. fort.

Von erheblicher Bedeutung für die Durchsetzung der von Frankreich und England ausgehenden neuen politischen, wirtschaftlichen und nicht zuletzt künstlerischen Ideen und Bestrebungen am Ende des 18. und Anfang des 19. Jh. war der Umstand, daß sie wesentlich von den geistig führenden Kreisen des Berliner Bürgertums getragen wurden. Ausdruck dieser Entwicklung war die Hinwendung zum Klassizismus, die zugleich eine Rückbesinnung auf die Antike bedeutete. Als der Baumeister Carl Gotthard Langhans um 1790 das > BRANDENBURGER TOR mit gestalterischer Bezugnahme auf die Athener Propyläen erbaute, verpflanzte er damit symbolhaft ein Stück griechischer Antike ins preußische Berlin. Die von Gottfried Schadow entworfene „Quadriga" betonte und verstärkte den Denkmal-Charakter des Bauwerkes. In dieser Zeit war Schadow der bedeutendste Bildhauer in Deutschland. In seinen Werken ging er zwar von der klassischen griechischen Skulptur aus, gab ihr jedoch – entgegen dem Modegeschmack – eine Natürlichkeit und Sinnlichkeit, ohne in einen Naturalismus zu verfallen. Zu seinen Hauptwerken gehören das Wandgrabmal für den Grafen v. d. Mark und die Prinzessinnengruppe (beide jetzt in der > NATIONALGALERIE). Das Entstehen einer „vaterländischen", einer regional bodenständigen oder gar national geprägten Kunst ging einher mit dem allgemein aufkommenden Nationalgefühl, das sich in der Regierungszeit des preußischen Königs Friedrich Wilhelm III. (1797-1840) – besonders während des napoleonischen Feldzuges und der Befreiungskriege – noch verstärkte. Am deutlichsten trat dies in jener Strömung der Malerei der Romantik zutage, die in Caspar David Friedrich ihren Hauptmeister fand. In Berlin stand ihr Karl Friedrich Schinkel, der bedeutendste deutsche Architekt des Klassizismus, nahe, der als Maler neben idealen Landschaften auch die Fresken für die Vorhalle des > ALTEN MUSEUMS entwarf. An Schinkels Malerei knüpfte Karl Blechen an, der in seiner Landschaftsmalerei zu einer der frühesten Industriedarstellungen gelangte und in manchem wie ein Vorläufer des Impressionismus erscheint. Natur wurde in der Malerei zu einem Bedeutungsträger über die Situation des Menschen in seiner Zeit. In diesem Sinne wurde sie nicht selten auch zum beziehungsreichen Hintergrund für Porträtdarstellungen, wie in dem Porträt des Naturforschers Alexander v. Humboldt, das der Bildnismaler Friedrich Georg Weitsch von ihm schuf (Nationalgalerie).

Eine Strömung in der Malerei zwischen den Befreiungskriegen und der Märzrevolution von 1848 hat die Kunstgeschichte mit dem Begriff des Berliner Biedermeier zu fassen versucht. Franz Krüger ist der vielleicht bekannteste Maler dieser Zeit, v.a. durch seine „Parade"-Bilder (Nationalgalerie) und Pferdedarstellungen. Von nüchtern beobachtender Sachlichkeit war sowohl die Porträtmalerei (u.a. von Julius Schoppe und Eduard Magnus) als auch die Landschaftsmalerei, die hier v.a. als Stadtansicht, als Vedutenmalerei betrieben wurde. Diese Aufgabe war um so reizvoller, als sich das Stadtbild Berlins gerade in dieser Zeit erheblich wandelte. So schufen denn auch nicht wenige Künstler solche Stadtansichten, zumal sie sich auch beim Bürgertum gut verkaufen ließen. Eduard Gaertner war sicherlich der bedeutendste unter diesen Malern; erwähnt werden sollen aber auch Johann Erdmann Hummel, Johann Heinrich Hintze, Wilhelm Brücke – und von den etwas späteren Carl Graeb. Unter den Blumen- und Stillebenmalern ist v.a. Gottfried Wilhelm Voelcker zu nennen. Vorrangig in der Genremalerei fand das nun bildwürdig gewordene Bürgertum seine Alltagssituationen wiedergegeben, nicht selten mit einem Schuß trockenen Berliner Humors. Theodor Hosemann kam dabei von feinunterlegter Ironie zu verhaltener Gesellschaftskritik. Aber lediglich Adolph v. Menzel gelangte über die biedermeierliche Begrenztheit hinaus zu einem kraftvollen Realismus. Auch im Historienbild hat er Wegweisendes für das 19. Jh. geleistet, obschon seine Auffassung folgenarm geblieben ist: In der „Aufbahrung der Märzgefallenen" (1848) hat er ebenso wie in seiner Folge von Bildern zu Friedrich II. „Authentizität" statt Glorifizierung erstrebt. Offizielle Anerkennung blieb ihm nicht versagt. Doch die Staatskunst in der 2. Hälfte des 19. Jh. wurde von künstlerisch weniger bedeutenden Malern wie Anton v. Werner, Arthur Kampf und Wilhelm Camphausen repräsentiert.

Schon in der ersten Jahrhunderthälfte hatte es in Berlin auch Ansatzpunkte für eine andere, idealistische Strömung romantischer Malerei gegeben, die der Nazarener. Wilhelm Schadow, der in Rom zu der „neudeutsch-religiös-patriotisch" gesinnten Gruppe gehörte, wurde in Berlin für wenige Jahre als Maler und Lehrer wirksam, bevor er an die Düsseldorfer Akademie ging. In diesem Umfeld sind auch Karl Wilhelm Wach und Carl Begas zu erwähnen. Nach dem Regierungsantritt Friedrich Wilhelms IV. (1840-61), selbst ein künstlerisch begabter „Romantiker", kam Peter Cornelius nach Berlin, um Monumentalgemälde für einen geplanten Campo Santo zu schaffen, doch er konnte sie nicht zur Ausführung bringen. Erfolgreicher war zu dieser Zeit in der Monumentalmalerei sein Schüler Wilhelm Kaulbach mit den sechs großen Wandbildern im Treppenhaus des > NEUEN MUSEUMS (kriegszerstört).

In der Berliner Plastik um 1800 hatte Gottfried Schadow den Mittelpunkt gebildet. Sein begabtester und produktivster Schüler war Christian Daniel Rauch, der mit einem „beseelten Klassizismus" zum Hauptmeister in der ersten Jahrhunderthälfte wurde. Die Folge seiner hervorragenden Werke reicht vom Marmorgrabmal der Königin Luise (Schloß Charlottenburg, Mausoleum) über Büsten und Standbilder bis zum > REITERSTANDBILD FRIEDRICH DES GROSSEN auf der Straße > UNTER DEN LINDEN, dem künstlerisch bedeutendsten Denkmal des 19. Jh. in Deutschland. Neben Rauch standen v.a. Friedrich Tieck, Ludwig Wichmann und Emil Wolff – die ihrerseits wieder Schüler nach sich zogen – in der unmittelbaren Nachfolge Schadows. Am größten und nachhaltigsten war die Rauch-Schule, aus der u.a. Gustav Bläser, Friedrich

Drake, Theodor Kalide, August Kiss, Albert Wolff, Ernst Rietschel und Reinhold Begas hervorgingen. Allein die umfangreiche klassizistische Bautätigkeit in der ersten Jahrhunderthälfte – u.a. Altes Museum, > SCHAUSPIELHAUS und > SCHLOSSBRÜCKE – haben größere bauplastische Aufgaben mit sich gebracht. Hinzu kamen nicht wenige Standbilder wie die Denkmäler für die Generale der Befreiungskriege an der > NEUEN WACHE.

Im Unterschied zu manchen Bildhauern der Rauch-Schule hat sich Reinhold Begas aus der Undurchlebtheit plastischen Schaffens gelöst, ist dabei aber der Gefahr erzählerischer Naturalismen und theatralischer Gestik – v.a. in seinen monumentalen Werken wie dem > NEPTUNBRUNNEN (jetzt vor dem > BERLINER RATHAUS) und dem National-denkmal Wilhelm I. (kriegszerstört) – nicht entgangen. In der Berliner Bildhauerei der zweiten Jahrhunderthälfte sind nicht wenige den gleichen Weg zu neubarockem Pathos gegangen wie Begas, zumeist mit weniger bildhauerischem Vermögen. Eine gewisse Parallele dazu bildete die Malerei eines Anton v. Werner und dessen Weggefährten.

Nach dem Sieg über Frankreich 1871 und der Kaiserproklamation Wilhelm I. (1861-88) – Berlin wurde > HAUPTSTADT des deutschen Reiches – wollte man den Herrschaftsanspruch wie auch den in der Gründerzeit gewonnenen Reichtum prunkvoll vor aller Augen stellen. Besonders Wilhelm II. (1888-1918) suchte persönlich die Kunstentwicklung Berlins in seinem Sinne zu reglementieren; sein hilfreichster Funktionär auf verschiedenen Ebenen des Kunstlebens war Anton v. Werner. Über die seit 1859 bestehende Preußische Landeskunstkommission wurde die staatliche Kunstförderung (u.a. Ankäufe und Vergabe von Aufträgen) gelenkt. Bei einer Reorganisation löste man 1875 den Kunstunterricht aus der Akademie der Künste heraus und gründete die (Königliche akademische) Hochschule für die bildenden Künste, deren Direktor v. Werner (auf Lebenszeit) wurde. Er war zugleich auch Vorsitzender des – bis heute bestehenden – Vereins Berliner Künstler, der u.a. aus dem 1814 gegründeten Berlinischen Künstlerverein hervorgegangen war. Den allgemeinen Trend dieser Zeit spiegelte auch die 1861 gegründete Nationalgalerie (Eröffnung ihres Stammhauses auf der > MUSEUMSINSEL 1876); sie sollte Meisterwerke lebender „vaterländischer" Künstler sammeln.

2. Vom Ende des 19. Jh. bis zum Ende des II. Weltkrieges

Zu den folgenreichsten Konflikten des ausgehenden 19. Jh. gehörte der Eklat von 1892. Die erste Ausstellung der expressiven Werke des Norwegers Edvard Munch wirkte in Berlin wie eine Provokation. Auf Betreiben konservativer Kräfte wurde die Ausstellung geschlossen. Daraufhin schlossen sich aus Protest mehrere jüngere Künstler zur „Gruppe der XI" zusammen, aus der wiederum 1898 die *„Berliner Secession"* hervorging. Max Liebermann und Walter Leistikow waren dabei die führenden Persönlichkeiten. Die Mitglieder verstanden sich nicht im Sinne eines gemeinsamen Stils, sondern sie opponierten v.a. gegen die konservative Kunstpolitik und deren „akademische" Kunst. Das künstlerische Schaffen der Secessionisten war dementsprechend nicht auf einen einheitlichen Nenner zu reduzieren: Liebermann entwickelte seit den 70er Jahren des 19. Jh. seine Kunst von einer sozial-„naturalistischen" Darstellung wie den „Gänserupferinnen" (Nationalgalerie) zu einer immer stärker von der Freilichtmalerei geprägten Auffassung, wobei er zu einem der bedeutendsten Vertreter des sog. „Berliner Impressionismus" wurde. Während sich Walter Leistikow v.a. der herben Schönheit der Märkischen Landschaft zuwandte (am bekanntesten wurde sein umstrittenes Gemälde „Grunewaldsee", Nationalgalerie), und sich dabei in manchem mit Karl Hagemeister traf, haben Franz Skarbina und Lesser Ury, wiederum sehr unterschiedlich, die Großstadtatmosphäre Berlins malerisch reflektiert. Manche suchten eine ästhetische Gegenwelt in der Schönlinigkeit des Jugendstils bzw. Japonismus zu schaffen, wie Ludwig v. Hoffmann und Emil Orlik. Andere – so v.a. Hans Baluschek, Käthe Kollwitz und Heinrich Zille – wandten sich unter sozialkritischem Aspekt dem mit der Industrialisierung Berlins rasch wachsenden Großstadtproletariat zu. Als kurz nach der Jahrhundertwende auch Lovis Corinth und Max Slevogt nach Berlin kamen, konzentrierten sich mit ihnen und Liebermann die hervorragendsten Vertreter des deutschen „Impressionismus" in der Secession. Auch jüngere Kräfte kamen hinzu und mit ihnen auch neue Kunstanschauungen. Interne Differenzen verstärkten sich soweit, daß es 1910 zur Bildung der *„Neuen Secession"* kam; dabei war Max Pechstein die treibende Kraft. Er und andere Mitglieder der 1911 nach Berlin übergesiedelten „Brücke"-Expressionisten blieben aber nur kurzzeitig bei der Neuen Secession (> BRÜCKE-MUSEUM). 1914 kam es zu einer weiteren Spaltung: die alte Secession führte Corinth weiter, während mit Liebermann die *„Freie Secession"* gebildet wurde.

Diese Entwicklung hat wesentlich dazu beigetragen, daß Berlin vor dem I. Weltkrieg zu einem Ort geworden war, an dem sich die moderne Kunst ohne staatliche Bevormundung und regionale Begrenztheit entfalten konnte. Dazu hatten auch Zeitschriften und Galerien – wie *„Der Sturm"* von Herwarth Walden (seit 1910) – entscheidend beigetragen, indem sie die modernen Kunstentwicklungen im Ausland, u.a. den französischen Kubismus, den italienischen Futurismus, den osteuropäischen Konstruktivismus, frühzeitig in Berlin bekannt machten. Andererseits fühlten sich auch ausländische Künstler wie der Österreicher Oskar Kokoschka von der offenen, wenngleich in sich widersprüchlichen Kunstszene Berlins angezogen. Die Atmosphäre im Berlin der Vorkriegszeit wurde jedoch nicht nur von künstlerischer Polarität gekennzeichnet. In Werken dieser Zeit, v.a. in den Großstadtbildern von Ernst Ludwig Kirchner und anderen „Brücke"-Expressionisten, aber auch bei anders expressiv arbeitenden Künstlern wie Ludwig Meidner, spiegelt sich auch eine Bedrohtheit wider, als ob sie die bevorstehende Kriegsgefahr vorwegnähmen.

Das Ende des I. Weltkrieges, der Zusammenbruch des deutschen Kaisertums und die Novemberrevolution im Jahre 1918 weckte unter nicht wenigen Berliner Künstlern neue politische und künstlerische Hoffnungen, teilweise verbunden mit der Utopie vom Sozialismus. Die erste Gruppenbildung dieser Zeit im Dezember 1918 gab sich den programmatischen Namen „Novembergruppe". Zu ihren Initiatoren gehörten u.a. die Maler Max Pechstein, Georg Tappert und César Klein. Die idealistisch-politischen Gründungsabsichten verflogen zwar rasch, doch blieb die Gruppe bis 1932 – trotz pluralistischer und verbands-lockerer Zusammensetzung – eine bedeutende und wirksame Ausstellungsgemeinschaft. Dagegen hat sich der zur gleichen Zeit und im gleichen Geist gegründete „Berliner Arbeitsrat für Kunst" schon 1921 wieder aufgelöst. Von vornherein nicht nur antibürgerlich, sondern auch linkspolitisch akzentuiert war die 1918 erfolgte Gründung des „Club Dada" u.a. durch

Richard Huelsenbeck, Raoul Hausmann, George Grosz und John Heartfield; auch Hannah Höch gehörte im weiteren dazu. Als bedeutendste Erfindung für die Kunstentwicklung des 20. Jh. ist die Fotomontage aus diesem Kreis hervorgegangen. Auch in der 1928 gegründeten „Assoziation Revolutionärer Bildender Künstler Deutschlands (Asso)", die der KPD nahestand, haben sich zahlreiche linksorientierte Künstler zusammengeschlossen. Daneben gab es an Künstlervereinigungen weiterhin die „Secession" (bis 1935) und den 1903 gegründeten „Deutschen Künstlerbund".

Expressionistisches Schaffen nach dem Kriege wurde in einer zweiten Welle auch von der neu hinzugekommenen Generation fortgesetzt, wenngleich mit weniger Überzeugungskraft. Dada, Verismus, Neue Sachlichkeit und expressiver Realismus reflektierten durch Künstler wie George Grosz, Max Beckmann, Otto Dix, Rudolf Schlichter, Georg Schrimpf, Karl Hofer und Otto Nagel auf unterschiedliche Weise menschliche Gefährdung im hektischen Großstadtgetriebe. Neuen Beziehungen zwischen Kunst und moderner Technik gingen Vertreter des Konstruktivismus nach; 1922 bildete sich in Berlin ein internationaler Konstruktivisten-Kreis mit Naum Gabo, El Lissitzky, László Moholy-Nagy, Oskar Nerlinger u.a. Vier der zahlreich in Berlin arbeitenden ausländischen Künstler – Wassili Kandinsky, Paul Klee, Lyonel Feininger und Alexej von Jawlensky – bildeten 1924 in Berlin die „Gruppe der Blauen Vier". Erstere waren auch als Lehrer am Dessauer Bauhaus tätig, das 1932, nach der politischen Schließung in Dessau, für kurze Zeit nach Berlin verlegt wurde (> BAUHAUS-ARCHIV).

Die Entwicklungsprozesse in der Berliner Kunst des ersten Jahrhundertdrittels vollzogen sich in der Malerei offensichtlicher und vielfältiger als in der Plastik. Auf die neubarocken Wucherungen im Umkreis des Reinhold Begas reagierten schon späte Schüler wie August Gaul, Louis Tuaillon, Fritz Klimsch und Hugo Lederer mit einer Formstraffung, zu der sie durch die „Deutschrömer" angeregt worden waren. Zu einer Hauptlinie der Berliner Plastik im 20. Jh. entwickelte sich die neu-klassische Formsprache, wobei neben Porträts die menschliche Figur, v.a. der Akt, Gegenstand plastischen Schaffens wurde. Georg Kolbes „Tänzerin" (Nationalgalerie), aber auch Arbeiten von Richard Scheibe – bis zu solchen von Richard Gerstel – wurden dafür charakteristisch. Die expressionistische Plastik fand in Ernst Barlach und Wilhelm Lehmbruck ihre hervorragendsten deutschen Vertreter. Formneuerungen, angeregt v.a. von Kubismus und Futurismus, haben insbes. Rudolf Belling („Dreiklang": Nationalgalerie), aber auch William Wauer, Emy Roeder, Ewald Mataré, Edwin Scharff und Renée Sintenis gesucht. In den 20er Jahren war Ernesto de Fiori ein gefragter Porträtist.

Daß sich Berlin in den 20er Jahren zu einem Zentrum deutscher und internationaler Gegenwartskunst entwickelte, war nicht zuletzt das Verdienst solcher Galeristen wie Herwarth Walden, Paul Cassirer, Alfred Flechtheim, Ferdinand Möller und Karl Nierendorf. Zahlreiche Kunstzeitschriften sorgten für Kommunikation; die Akademie der Künste unter der Präsidentschaft von Max Liebermann wurde zu einem hervorragenden kulturellen Faktor für Berlin. Im Kronprinzenpalais, dem Haus der Nationalgalerie für die neue Kunst, präsentierten Ludwig Justi und seine Mitarbeiter die bedeutendste Sammlung zeitgenössischer und internationaler Kunst in Deutschland.

Mit dem Machtantritt der Nationalsozialisten 1933 veränderte sich die Kunstszene in Berlin tiefgreifend. Zahlreiche Künstler (u.a. Max Beckmann, Rudolf Belling, Lyonel Feininger, George Grosz und Ludwig Meidner) mußten sofort oder wenig später ins Ausland emigrieren, andere wurden in Gefängnisse und Konzentrationslager verschleppt. Einen schweren Schlag gegen die moderne Kunst brachte 1937 die Aktion „Entartete Kunst", durch die viele Künstler als „entartet" gebrandmarkt wurden. Im Kronprinzenpalais, wie auch in anderen deutschen Museen, wurde ein beträchtlicher Sammlungsteil der modernen Kunst beschlagnahmt und der in München durchgeführten gleichnamigen Ausstellung (die 1938 in Berlin wiederholt wurde) zur Verfügung gestellt. Die in München parallel – im neueröffneten „Haus der Kunst" – veranstaltete Ausstellung nationalsozialistischen Kunstschaffens machte offensichtlich, daß es keine Malerei von eigener künstlerischer Substanz hervorzubringen vermochte. Um so mehr bildeten während des Nationalsozialismus die leisen, aber eindringlichen Plastiken von Gerhard Marcks, Ludwig Kaspar, Hermann Blumenthal, Joachim Karsch und Käthe Kollwitz einen humanen Gegenpol zur offiziellen, heroisierten Großplastik eines Arno Breker und Josef Thorak.

3. Vom Neubeginn 1945 bis zur Spaltung
Nach dem II. Weltkrieg entwickelte sich rasch – trotz sektoraler Aufteilung der Stadt durch die vier Siegermächte – ein reges Gesamt-Berliner Kultur- und Kunstleben. Im Juni 1945 wurde die „Kammer der Kunstschaffenden" gebildet, die bereits im folgenden Monat die erste größere Nachkriegsausstellung (in der Schlüterstr.) mit 52 Berliner Künstlern veranstaltete. Der > MAGISTRAT von > GROSS-BERLIN veranstaltete selbst oder beteiligte sich an solchen Ausstellungen mit lebenden Künstlern (u.a. „Junge Generation") ebenso wie an Gedächtnisausstellungen für Käthe Kollwitz (1945) oder für Hans Baluschek (1948). Er unterstützte die Künstler durch Ankäufe und materielle Zuwendungen; seit 1947 erwarb er bedeutende Kunstwerke für eine neuzuschaffende *Galerie des 20. Jahrhunderts*.
In den Bezirken wurde die Kunstpflege von den 1946 gebildeten > KULTUR- UND KUNSTÄMTERN getragen. Erheblichen Anteil an der Reaktivierung der aktuellen Kunstszene hatte auch der private Kunsthandel, so die Galerien Gerd Rosen, Richard Lowinsky, Anja Brehmer, Walter und Irene Schüler, Reinhard und Elli Franz. Die Besatzungsmächte machten mit zeitgenössischer Kunst ihrer Länder bekannt (u.a. „Moderne französische Malerei" 1946 im Stadtschloß).
Schon im Juni 1945 war die Hochschule für Bildende Künste (heute > HOCHSCHULE DER KÜNSTE) mit Karl Hofer als Direktor wiedereröffnet worden. Die 1946 im Ost-Berliner Bezirk > WEISSENSEE gegründete „Kunstschule des Nordens" wurde 1947 zur (späteren) „Kunsthochschule Berlin" erweitert (heute > KUNSTHOCHSCHULE BERLIN-WEISSENSEE). Nach der Auflösung der „Kammer der Kunstschaffenden" begannen sich ab 1946 die Künstler auch wieder in Vereinen (wie „Verein Berliner Künstler", „Deutscher Künstlerbund") und sozialen Schutzverbänden (Gewerkschaft 17 für Kunst und Schrifttum im FDGB) zusammenzuschließen.

4. Die Entwicklung im Ostteil der Stadt
Die > SPALTUNG der Stadt führte zu einer allmählichen Polarisierung der Berliner Kunstszene. Im Ostsektor begann um 1948/49 die Kunstpolitik – unter sowjetischer Einflußnahme – zunehmend einer dogmatisch verengten, historistischen Auffassung von „so-

zialistischem Realismus" als allein zeitgemäßer Kunstmethode das Wort zu reden. Der tatsächliche Kunstprozeß in den beiden Jahrzehnten nach dem Kriege wurde im Ostteil Berlins jedoch v.a. von Künstlern geprägt, die als Maler und Graphiker selbst noch in der Tradition sozialkritisch-realistischer bzw. (in der Art von Karl Hofer) spätexpressionistischer Tendenzen der 20er und 30er Jahre standen und die nun z.T. auch als Lehrer tätig wurden: Otto Nagel, Heinrich Ehmsen, Alice und Oskar Nerlinger, Max Lingner, Gottfried Richter, Paul Kuhfuß und Herbert Tucholski sowie die etwas jüngeren Horst Strempel, Fritz Duda, Hermann Bruse, Herbert Sandberg und Arno Mohr. Erfahrungen des zeitgenössischen expressiven „realismo" vermittelte seit Mitte der 50er Jahre an der Hochschule in Weißensee der italienische Neorealist Gabriele Mucchi.
Das plastische Schaffen der 50er Jahre in Ost-Berlin hielt von Beginn an weitgehend an der menschlichen Figur als Gegenstand fest. Die Plastik dieser Zeit erscheint in sich homogener als die Malerei, nicht zuletzt durch den prägenden Einfluß der Gerstel-Schule („Formsuche in der Natur"), wie er von Fritz Cremer, Gustav Seitz und Waldemar Grzimek, in gewisser Weise auch durch Heinrich Drake, vertreten wurde. Expressiver ergänzt wurde dieses Bild figurativer Plastik durch Will Lammert, Theo Balden, Jenny Mucchi-Wiegmann und René Graetz. Da zum wenigsten diese ausgeprägten Künstlerpersönlichkeiten in Malerei und Plastik den kunstpolitischen Postulaten folgten, kam es nicht selten zu Konflikten.
Bei der Gründung der DDR im Oktober 1949 war der Ostteil Berlins zu deren > HAUPTSTADT deklariert worden. In der Folgezeit entstanden hier eine Reihe kultureller Leiteinrichtungen für die DDR, so die Deutsche Akademie der Künste (1950; später > AKADEMIE DER KÜNSTE [OST]), die Deutsche > BAUAKADEMIE (1950), der „Verband Bildender Künstler" (1950 im Rahmen des „Kulturbundes zur demokratischen Erneuerung" gegründet, ab 1952 selbständig) und das Ministerium für Kultur der DDR (1954). Die offiziöse Verbands-Zeitschrift „Bildende Kunst" wurde ab 1953 herausgegeben (bis 1990). Den Nationalpreis, alljährlich zum Gründungstag der DDR verliehen, erhielt als erster bildender Künstler 1949 Gustav Seitz. Auch wenn in der Kunstpolitik der DDR Mitte der 50er Jahre eine gewisse „Tauwetter-

Phase" einsetzte, richtete sich die offizielle Akzeptanz des Gegenwartsschaffens noch bis Ende der 60er Jahre nach mehr oder weniger engen Vorstellungen von einem „sozialistischen Realismus". Eine breitere Zustimmung fand die dekorativ-flächige Malerei von Walter Womacka wie auch die von Bert Heller. Dagegen stieß eine Gruppe junger Künstler, ehem. Meisterschüler an der Akademie der Künste, bei ihrem vorrangigen Bemühen um eine sensualistische Bildsprache zunächst auf viel Unverständnis. In den nachfolgenden Jahrzehnten aber haben gerade sie die Kunstszene in Ost-Berlin wesentlich geprägt, so daß mitunter von einer „Berliner Schule" gesprochen wurde. Zu diesem Kreis gehörten Maler wie Ernst Schroeder, Harald Metzkes, Manfred Böttcher, Hans Vent, Horst Zickelbein, Ronald Paris, Konrad Knebel und Graphiker wie Dieter Goltzsche und Joachim John, im weiteren auch: Lothar Böhme, Klaus Roenspieß, Rolf Händler, Wolfgang Leber und Jürgen Böttcher.

Auch die Bildhauer der zweiten Generation hatten sich von der Traditionslinie ihrer Lehrer gelöst und stattdessen das künstlerische Wollen jener „Schule" mitgetragen. Dabei sind v.a. Werner Stötzer und Wieland Förster hervorgetreten; ihre starke Hinwendung zum Stein fand in der Plastik der DDR eine reiche Nachfolge. Zu erwähnen sind in diesem Schul-Zusammenhang auch Friedrich B. Henkel, Siegfried Krepp und der jüngere Peter Kern.

In den 70er und 80er Jahren hat die Malerei und Plastik in stärkerem Maß die Konflikte des einzelnen in der Gesellschaft (z.B. Frauenproblematik) thematisiert, wobei die bildsprachliche Spannweite – u.a. bei Heidrun Hegewald, Nuria Quevedo, Emerita Pansowová, Sabine Grzimek und Franziska Lobeck – sehr groß ist. Mit der neuen Generation der 80er Jahre traten verstärkt expressionistische Ausdrucksweisen zutage, so im Schaffen von Malern bzw. Plastikern wie Walter Libuda, Werner Liebmann und Trakia Wendisch. Sie stehen hier vornehmlich in der Tradition ihres Leipziger Lehrers Bernhard Heisig. Mitte der 80er Jahre kam es auch, v.a. bei jüngeren Künstlern, zu einer stärkeren Hinwendung zur Abstraktion, wobei mit dem Lyrismus eines Harald Toppl sowie den Arbeiten von Hanns Schimansky in gewisser Weise auch wieder ein Bogen zur „Berliner Schule" geschlagen wurde. Neue Momente zeigten sich in der Gegenwartsplastik auch

bei jener Tendenz, bei der ein fast überdeutlicher Naturbezug durch eine plastische Verfremdung des menschlichen Körpers konterkariert wurde; v.a. Baldur Schönfelder und der jüngere Rolf Biebl sind in diesem Sinne tätig geworden.

Bei der Neugestaltung des Stadtzentrums zu Zeiten der DDR entstanden eine Reihe von Platz- und Garten-Anlagen mit plastischen Akzentsetzungen: vom Brunnen bis zum Denkmal. Dabei stießen die von sowjetischen Bildhauern geschaffenen Anlagen *Lenin-Denkmal* (Nikolai Tomski, 1970; 1991 abgerissen) und Thälmann-Denkmal an der Greifswalder Str. (Lew Kerbel, 1986) wegen ihres überzogenen Pathos von Anfang an auf wenig Zustimmung. Die von Berliner Bildhauern (Ludwig Engelhardt, Margret Midell, Werner Stötzer) bis 1986 geschaffene Anlage für Marx und Engels am > MARX-ENGELS-FORUM im Bezirk > MITTE versucht dagegen, Monumentalität ohne Pathos zu erreichen, künstlerisch überzeugend ist das aber wohl nur bei dem fünfteiligen Marmorrelief von Stötzer gelungen.

5. Die Entwicklung im Westteil der Stadt

Auch im Westteil Berlins setzten Ende der 40er Jahre Bestrebungen ein, sich gegenüber Kunst und Künstlern des anderen Stadtteils abzugrenzen. Dennoch hielten persönliche Beziehungen zwischen Ost und West noch lange an.

In der ersten Dekade nach der Spaltung mußten in West-Berlin die institutionellen Strukturen großenteils neu geschaffen werden. Nach einer Neugründung der Akademie der Künste 1950 in Ost-Berlin fand 1954 auch in West-Berlin eine Neugründung der > AKADEMIE DER KÜNSTE statt. Die seit 1949 von Adolf Jannasch in West-Berlin aufgebaute *Galerie des 20. Jahrhunderts*, einer vom Land Berlin finanzierten Sammlung vornehmlich zeitgenössischer Kunst, wurde Mitte der 50er Jahre in der Jebensstr. präsent gemacht und ist seit 1968 in die Nationalgalerie integriert. Eine offizielle Kunstdoktrin, wie in Ost-Berlin, gab es im Westteil der Stadt nicht. Allerdings wurde in den 40er und 50er Jahren der Abstrakten Kunst durch Kunsthandel und Kunstkritik (u.a. Will Grohmann) ein solcher Vorrang eingeräumt, daß sich daraus für manche Künstler geradezu eine Sogwirkung ergab. Zum Spektrum der beiden Jahrzehnte nach dem Krieg gehörte aber auch die ältere, schon in den 20er Jahren oder noch früher tätige Generation von Künstlern, wie Max

Pechstein und Karl Schmidt-Rottluff, Hannah Höch, Richard Scheibe und Renée Sintenis. Karl Hofer war die allseits geachtete Persönlichkeit der Wiederaufbaujahre. Werner Heldt blieb mit seiner schwermütigen Bildwelt allein, doch nicht ohne Nachfolge. Fließende Übergänge von einer figurativen Malerei zur freien Abstraktion fanden sich im Schaffen von im einzelnen so unterschiedlichen Künstlern wie Max Kaus, Alexander Camaro, Hans Kuhn, Karl-Heinz Kliemann und Heinz Trökes. Theodor Werner folgte einer geometrisierenden Abstraktion. Unter dem Eindruck des zeitgenössischen französischen Tachismus entstanden die Werke von Künstlern wie Fred Thieler und Hann Trier. In der Plastik gingen Hans Uhlmann, Karl Hartung, Bernhard Heiliger und Ludwig Gabriel Schrieber den Weg von der menschlichen Körperform zur freien oder geometrisch gebundenen Abstraktion.

Als eine Reaktion auf die vorherrschende Abstrakte Kunst entstand seit Mitte der 60er Jahre wieder zunehmend eine figurative Malerei, die zwar Anregungen von zeitgenössischen Parallelerscheinungen wie der anglo-amerikanischen Pop-Art aufnahmen, jedoch in stärkerem Maße gesellschaftskritisch intendiert war. Kritischer Realismus wurde zu einem Begriff für Künstler wie Hermann Albert, Hans-Jürgen Diehl, Wolfgang Petrick, Peter Sorge, Klaus Vogelgesang, Maina-Miriam Munsky, Jürgen Waller und Arwed D. Gorella; einige von ihnen hatten 1964 die *Selbsthilfe-Galerie „Großgörschenstraße"* gegründet. Ähnlich gerichtet war die 1973 gebildete Gruppe „Schule der Neuen Prächtigkeit" mit den Malern Johannes Grützke, Matthias Koeppel, Manfred Bluth und Karlheinz Ziegler. Ein „konstruktiv-konkreter" Gegensatz entstand 1974 mit der Gruppe „System" (später: Systema), zu der Maler wie Raimund Girke, Frank Badur und Johannes Geccelli gehörten und der sich der amerikanische Kinetiker George Rickey anschloß. Der Pop Art unmittelbar folgte Fritz Köthe.

Anregungen aus der internationalen Kunstentwicklung wurden auch durch Gäste des > DEUTSCHEN AKADEMISCHEN AUSTAUSCHDIENSTES (DAAD) vermittelt, so durch den längere Zeit hier arbeitenden amerikanischen Environment-Künstler Edward Kienholz. Im Umfeld eines kritischen Realismus entstanden die Werke des Bildhauers Joachim Schmettau sowie des multimedial arbeitenden Wolf Vostell. Verschiedene Wege der Abstraktion gingen in der Plastik Brigitte und Martin Matschinsky-Denninghoff, Michael Schoenholtz und Rolf Szymanski, der dabei jedoch partiell an der menschlichen Körperform festhielt.

1968 konnte die > NEUE NATIONALGALERIE ihr neues Haus in der > POTSDAMER STRASSE eröffnen; zur Unterstützung ihrer Arbeit wurde 1978 der „Verein der Freunde der Nationalgalerie" gegründet. 1965 entstand in West-Berlin ein Kunstverein, der sich 1969 in die *Neue Gesellschaft für Bildende Kunst (NGBK)* und den *Neuen Berliner Kunstverein (NBK)* spaltete; beide entfalteten eine umfangreiche Sonderausstellungstätigkeit, die auch von der 1977 gegründeten *Staatlichen Kunsthalle* unterstützt wurde. Seit Mitte der 70er Jahre entstand mit der – von Eberhard Roters initiierten – > BERLINISCHEN GALERIE der Grundstock für eine Landesgalerie in spe. Ausstellungsmöglichkeiten im Blickfeld einer breiteren Öffentlichkeit fanden die Künstler in der *Großen Berliner Kunstausstellung* und in der *Juryfreien Kunstausstellung*, die 1971 zur > FREIEN BERLINER KUNSTAUSSTELLUNG (FBK) zusammengeschlossen wurden. Grundlegende Arbeit der Kunstvermittlung wurde zudem durch zahlreiche Galeristen geleistet (u.a. Rudolf Springer, René Block, Eva Poll und Dieter Brusberg). Zur Unterstützung der Künstler durch Ankäufe wurde ferner von der > SENATSVERWALTUNG FÜR KULTURELLE ANGELEGENHEITEN die „Künstlerförderung" eingerichtet.

In den 80er Jahren entwickelte sich in breiterem Maße wieder eine expressive Malweise. Unter der Bezeichnung „Junge Wilde" fanden dabei Maler wie Salomé, Helmut Middendorf und Rainer Fetting auch internationale Anerkennung. Vorausgegangen waren dieser künstlerischen Auffassung so unterschiedliche Maler wie Karl Horst Hödicke, Markus Lüpertz, Bernd Koberling, der Syrier Marwan, Walter Stöhrer und auch Dieter Hacker.

Zur Gruppe „Odious" haben sich in den 80er Jahren jüngere Stahl-Plastiker, unter ihnen Gisela v. Bruchhausen, zusammengeschlossen. Nicht nur jüngere Künstler gehen gern gattungsüberschreitende Wege; dafür seien Raffael Rheinsberg und Martin Rosz beispielhaft genannt.

6. Nach der Wiedervereinigung
Der Vereinigungsprozeß beider Stadthälften im Bereich B. verläuft langsam und nicht

ohne Schwierigkeiten. Am schnellsten vollzieht er sich auf der staatlichen Ebene, wo die > STAATLICHEN MUSEEN ZU BERLIN inzwischen zu einer einheitlichen Institution zusammengefaßt wurden. Kontrovers vollzieht sich die Vereinigung der beiden Kunstakademien, gegen die sich v.a. die bildenden Künstler wandten. An der FBK hingegen beteiligten sich inzwischen auch Künstler aus dem Ostteil der Stadt. Absehbar ist, daß sich die Situation zahlreicher Künstler durch die neuen politischen Rahmenbedingungen verschlechtern wird. Leiden die Künstler aus dem Ostteil der Stadt v.a. an den sozialen Folgen des Systemwandels, so haben die Künstler im Westteil der Stadt v.a. mit den Schwierigkeiten zu kämpfen, die sich u.a. aus der Entscheidung für Berlin als Hauptstadt ergeben. Ob und wie sich der Prozeß der Vereinigung auch künstlerisch niederschlagen wird, war im Sommer 1992 noch nicht erkennbar.

Bildungs- und Aktionszentrum Dritte Welt e.V. (BAZ): Das BAZ in der Oranienstr. 159 im Bezirk > KREUZBERG wurde 1982 als Zentrum von in Berlin arbeitenden Dritte-Welt-Interessierten und in der Entwicklungszusammenarbeit tätigen Gruppen und Instituten gegründet. Es stellt Dritte-Welt-Gruppen Räume zur Verfügung; 1991 hatten fünf Gruppen eigene Büros im BAZ. Das Zentrum führt auch eigene Veranstaltungen durch. Es versteht sich als Alternative zur staatlichen > ENTWICKLUNGSPOLITIK und fordert u.a. einen sofortigen Schuldenerlaß für alle Entwicklungsländer. Es arbeitet über Länder im Südlichen Afrika, im Nahen Osten und in Südostasien und unterhält über diese Länder ein öffentlich zugängliches Archiv. Als seine wichtigste Aufgabe betrachtet das BAZ die Informations- und Öffentlichkeitsarbeit in der Bundesrepublik. Hierzu werden Seminare, Filmreihen, Diskussionsabende und kulturelle Veranstaltungen durchgeführt. Der Sitz des BAZ, an dem sich auch ein Café und ein Buchladen befinden, dient ferner als Anlaufstelle für Besucher aus der Dritten Welt. Einzelne Mitgliedsgruppen unterstützen Selbsthilfeaktivitäten in ausgewählten Entwicklungsländern. 1991 hatte das BAZ drei Mitarbeiter. Es finanziert sich durch Beiträge, Spenden, Veranstaltungseinnahmen und erhält gelegentlich Zuschüsse u.a. der > SENATSVERWALTUNG FÜR WIRTSCHAFT UND TECHNOLOGIE.

Bildungswerk für Demokratie und Umweltschutz e.V.: Das 1982 gegründete B. in der Zeughofstr. 20 im Bezirk > KREUZBERG ist eine aus der > ALTERNATIVBEWEGUNG hervorgegangene, als gemeinnützig anerkannte politische Bildungseinrichtung. Wesentliches Ziel der Gründung war, die politische Bildung stärker für ökologische und allgemeine Zukunftsfragen der Industriegesellschaft zu öffnen. Die Bereiche Ökologie und Umweltschutz, Frauen, Jugend, Dritte Welt sowie Internationale Politik bilden deshalb die Schwerpunkte der Bildungsarbeit. Daneben umfaßt das Seminarangebot Themen wie Antifaschismus, Wirtschaft, Medien und Kommunikation sowie die Berlin- und Deutschlandpolitik. Es soll „soziales Lernen" ermöglicht werden, indem neben dem politischen Anliegen auch die persönliche Betroffenheit zum Ausgangspunkt für Lernprozesse gemacht wird. Das B. wendet sich an alle Interessierten, speziell an Frauen und Jugendliche, in Berlin lebende Ausländer (> BEVÖLKERUNG) und > FLÜCHTLINGE. Die jährlich ca. 250 Einzel- bzw. Abendveranstaltungen und ca. 150 Wochenend- oder einwöchigen Seminare mit insg. rd. 9.000 Teilnehmern finden sowohl in eigenen Räumen als auch in anderen Bildungseinrichtungen statt. 1991 wurde ein zweites Büro in der Prenzlauer Allee 217 im Bezirk > PRENZLAUER BERG eröffnet. Das B. arbeitet mit acht festen und zahlreichen freien Mitarbeitern, wobei die Entscheidungsgremien (Vorstand, Büro und Beirat) paritätisch mit Frauen und Männern besetzt sind. Der unabhängige Beirat befindet über die inhaltliche Gewichtung der Bildungsarbeit und die Zusammenarbeit mit anderen Initiativen und Projekten. Die Einrichtung kooperiert mit weiteren Institutionen des grün-alternativen Spektrums, aber auch mit anderen Organisationen. Die Finanzierung des B. erfolgt aus Mitteln der > LANDESZENTRALE FÜR POLITISCHE BILDUNGSARBEIT, der Stiftung > DEUTSCHE KLASSENLOTTERIE BERLIN, durch verschiedene Bundesministerien sowie aus Mitgliedsbeiträgen und Spenden.

Bildungszentren: Bei den Berliner B. handelt es sich um mit Einrichtungen zur pädagogischen und sozialen Betreuung ausgestattete Schulzentren, die die Jahrgangsstufen sieben bis zehn der allgemeinbildenden Schulen zu *Gesamtschulen* zusammenfassen (> SCHULE UND BILDUNG). In den in Serienbauweise zwischen 1972-76 in West-Berlin erbauten Schulgebäuden mit je 40 Kerngruppenräumen (Klassenräumen) für ca. 1.200 Schüler befinden sich neben der Gesamtschule, z.T. mit einer *Gymnasialen Oberstufe* ausgestattet, Einrichtungen für die außerschulische und schulergänzende Nutzung: eine > VOLKS-HOCHSCHULE, ein Jugendfreizeitheim und eine Bibliothek. Ein breites Angebot von Sportstätten steht zur Verfügung. Das B. ist mit einem Speisesaal für den schulischen Ganztagsbetrieb und einer Cafeteria ausgestattet. Mehrere der B. mußten wegen Asbestverseuchung in den letzten Jahren geschlossen werden. Sog. Schuldörfer, einstöckige Pavillons in Leichtbauweise, ersetzten die belasteten Schulgebäude, die sich z.T. im Wiederaufbau befinden.

Bindungen: Der Ausdruck B. ist ursächlich mit dem Berliner > SONDERSTATUS 1945-90 verbunden. Er bezeichnete die rechtliche, politische, finanzielle, wirtschaftliche, kulturelle und soziale Integration von Berlin (West) in die Bundesrepublik Deutschland, ohne daß Berlin (West) deren konstitutiver Teil wurde. Neben den originären Siegerrechten und den Verantwortlichkeiten der westlichen > ALLI-IERTEN waren die B. z.Z. der > SPALTUNG die zweite Existenzgrundlage der politisch-geographisch isolierten Stadt.

1. Die Anfänge der Integration
Zwar kann von B. erst von der Gründung der Bundesrepublik 1949 an gesprochen werden, doch waren sie das Ergebnis der vorangegangenen Entwicklung. Insbes. die rigorose Sowjetisierungspolitik der östlichen Siegermacht, das zunehmende Engagement der Westmächte und nicht zuletzt die politischen Willensbekundungen der > BEVÖLKERUNG förderten schon früh die Integration in die sich herauskristallisierenden westdeutschen Strukturen. Die von den vier Siegermächten geschaffenen Besatzungssektoren erwiesen sich – da die gemeinsame Besatzungspolitik scheiterte – als Basis sowohl der Spaltung der Stadt als auch der Westintegration (> SEK-TOREN).
Bereits im Juli 1945 veranlaßte die Sowjetunion selber das Entstehen erster B., indem sie von den Westmächten verlangte, die Bevölkerung der Westsektoren von den Westzonen aus zu versorgen. Am 31.3.1946 gab die Urabstimmung der > SOZIALDEMOKRATISCHEN PARTEI DEUTSCHLANDS (SPD) über den Zusammenschluß mit der Kommunistischen Partei Deutschlands (KPD) den Anstoß zur Ein-

gliederung einer von sowjetischem Einfluß freien Berliner SPD in die westdeutsche Sozialdemokratie. Am 10.2.1948 lösten sich die > LIBERAL-DEMOKRATISCHE PARTEI (LDPD, später FDP) und am 21.10.1948 die > CHRIST-LICH-DEMOKRATISCHE UNION (CDU) formell von ihren Ostorganisationen und schlossen sich den westdeutschen Gliederungen an. Eine ähnliche Entwicklung nahm die West-Berliner Gewerkschaftsbewegung (> DEUTSCHER GEWERKSCHAFTSBUND).
Aus Rücksicht auf den alliierten Sonderstatus bezogen die Westmächte Berlin zunächst nicht in die am 20.6.1948 in den Westzonen durchgeführte > WÄHRUNGSREFORM ein. Erst als die > SOWJETISCHE MILITÄRADMINI-STRATION IN DEUTSCHLAND (SMAD) am 22.6. 1948 ihrerseits anordnete, im Gebiet der Ostzone die Währung umzustellen und die Ostmark auch in > GROSS-BERLIN einzuführen, reagierten die Westmächte mit der Einführung der D-Mark in ihren Berliner Sektoren, die ab 20.4.1949 zum alleinigen Zahlungsmittel in den Westsektoren wurde.
Die Sowjetunion nahm die Währungsreform zum Anlaß der > BLOCKADE ab dem 24.6.1948. Während der Sperraktion bekundete die West-Berliner Bevölkerung ihren Willen zur Zugehörigkeit zum Westen. Zugleich beeinflußte die Blockade die am 1.9.1948 aufgenommenen Verfassungsberatungen des Parlamentarischen Rates, in dem Berlin durch eine fünfköpfige Beobachterdelegation vertreten war, wegen des Sonderstatus allerdings nur mit beratender Stimme.

2. Die Rechtsgrundlagen
In der Präambel des *Grundgesetzes* (GG) für die Bundesrepublik Deutschland vom 23.5. 1949 wurde Berlin zwar nicht genannt, doch gehörte es zu den Ländern, in denen nach Art. 23 GG das GG galt. Die > VERFASSUNG VON BERLIN (VvB) vom 1.9.1950 bestimmte in Art. 1 Abs. 2 und Abs. 3, daß Berlin ein Land der Bundesrepublik war und das GG und die Gesetze der Bundesrepublik für Berlin bindend waren. Mit Rücksicht auf die besatzungsrechtliche Stellung der Westmächte enthielten das GG und die Landesverfassung Übergangsregelungen. Art. 144 Abs. 2 GG betraf das Recht Berlins, Vertreter in den > DEUTSCHEN BUNDESTAG und in den > BUNDESRAT zu entsenden. Art. 87 VvB regelte u.a. die Übernahme von *Bundesgesetzen* durch das > ABGEORDNETENHAUS VON BERLIN (AbgH). Außerdem bestimmte Art. 87 Abs. 4, daß „in der Übergangszeit" die verfassungsmäßig be-

stellten Organe von Berlin die für das Verhältnis von Bund und Ländern maßgebenden Bestimmungen des GG soweit wie möglich als Richtlinien für die Gesetzgebung und Verwaltung beachten sollten.

Die besatzungsrechtlichen Vorbehalte der Westmächte waren v.a. in dem Genehmigungsschreiben zum GG und zur VvB enthalten. Nach dem Genehmigungsschreiben zum GG vom 12.5.1949 durfte Berlin keine stimmberechtigte Vertretung im Bundestag und im Bundesrat erhalten und auch nicht vom Bund regiert werden. Durch das Genehmigungsschreiben zur VvB vom 29.8. 1950 wurden die Abs. 2 und 3 des Art. 1 zurückgestellt. Das hieß, daß sie bis auf weiteres nicht anwendbar waren, aber Bestandteil des Verfassungstextes blieben und ohne weiteren Gesetzgebungsakt angewandt werden konnten, wenn die Vorbehalte der Westmächte entfielen. Außerdem enthielt das Genehmigungsschreiben zur Verfassung Vorbehalte die Interpretation des Art. 87 und die Anwendung des GG in Berlin betreffend. Bei ihrer Position gingen die Drei Mächte davon aus, daß angesichts der Teilung Deutschlands sich die äußere Stabilität der Stadt am besten gewährleisten ließ, wenn sie an ihren originären Siegerrechten festhielten und die Basis ihrer Anwesenheit nicht schwächten.

3. Die Entwicklung der Bindungen

3.1. Die Gestaltung der Integration

Von Anbeginn übertrugen die Westmächte der Bundesregierung die Verantwortung für die wirtschaftliche Entwicklung der Stadt. In dem Vertrag über wirtschaftliche Zusammenarbeit mit den USA vom 15.12.1949 verpflichtete sich die Bundesrepublik Deutschland, den Westsektoren Berlins im größtmöglichen Ausmaß wirtschaftliche Hilfe zukommen zu lassen. Durch das Gesetz über die Stellung des Landes Berlin im Finanzsystem des Bundes (> DRITTES ÜBERLEITUNGSGESETZ) vom 4.1.1952 wurde Berlin in das Finanzsystem des Bundes einbezogen. Der Bund gewährte Berlin zur Deckung eines Haushaltsfehlbetrags einen Bundeszuschuß, ferner Bundesdarlehen zur Deckung eines außerordentlichen Bedarfs für den Wiederaufbau (> HAUSHALT UND FINANZEN). Die > BUNDESHILFE sollte Berlin befähigen, die durch seine besondere Lage bedingten Ausgaben zur wirtschaftlichen und sozialen Sicherung seiner Bevölkerung zu leisten und seine (künftigen) Aufgaben als > HAUPTSTADT eines geeinten Deutschlands zu erfüllen. Diese Pflichten des

Bundes setzten *Rechtseinheit* zwischen Berlin und dem Bund voraus.

Als die Alliierten der Bundesrepublik im Deutschlandvertrag von 1952/54 souveräne Rechte übertrugen, gab die Bundesregierung am 23.10.1954 eine formelle Erklärung über Hilfeleistung für Berlin ab. Ihr zufolge wollte die Bundesregierung das Erforderliche tun, um einen ausgeglichenen Haushalt der Stadt zu gewährleisten. Desgleichen verpflichtete sie sich u.a., die Berliner > WIRTSCHAFT zu fördern sowie die Vertretung Berlins und der Berliner Bevölkerung nach außen sicherzustellen einschließlich der Einbeziehung in internationale Verträge, soweit dies nicht nach der Natur der betreffenden Vereinbarung ausgeschlossen war. Die Westmächte erklärten am selben Tage, ihre fortbestehenden Rechte in einer Weise auszuüben, die es der Bundesrepublik erleichtere, die Erklärung über Hilfeleistung zu erfüllen. Die Befürwortung der bereits bestehenden Rechtseinheit zwischen Berlin und dem Bund drückte sich in der Formulierung aus, die Drei Mächte würden keine Einwände erheben, daß Berlin gemäß einem angemessenen, von der > ALLIIERTEN KOMMANDANTUR zugelassenen Verfahren die Gesetzgebung der Bundesrepublik übernimmt.

Gemäß dem Prinzip, Berlin in die völkerrechtlichen Verträge der Bundesrepublik einzubeziehen, wurde die Stadt mit alliiertem Einverständnis auch in die Römischen Verträge vom 25.3.1957 über die Gründung der Europäischen Wirtschaftsgemeinschaft (EWG) einbezogen (> EUROPÄISCHE GEMEINSCHAFTEN). Die „Europa-Bindung" mit ihrer zunehmenden wirtschaftlichen und politischen Bedeutung war während der Teilung ein weiteres Element der Verankerung in der westlichen Welt.

Ein deutlich sichtbares Element der Integrationsgestaltung war die *Bundespräsenz*, d.h. die zeitweilige oder ständige Anwesenheit von Verfassungsorganen, Gerichten und Verwaltungsbehörden des Bundes in Berlin (West). Am 29.11.1949 faßte die Bundesregierung den Beschluß, in Berlin Vertretungen von Ministerien einzurichten, und am 1.2. 1950 nahm der „Bevollmächtigte der Bundesrepublik Deutschland in Berlin" seine Tätigkeit auf. Einem Kabinettsbeschluß vom 28.2. 1950 zufolge verfügten fast sämtliche > BUNDESMINISTERIEN über eine Vertretung im > BUNDESHAUS.

Am 6.2.1957 nahm der Deutsche Bundestag

den Antrag an, Berlin stufenweise auf seine Rolle als Hauptstadt vorzubereiten. In der Folge kam es vermehrt zu Veranstaltungen von Bundesorganen oder -gremien: Sitzungen des Bundestags, des Bundesrats, der Bundesregierung, der Bundesversammlung, Arbeitswochen der Bundestagsausschüsse und -fraktionen. Insbes. nach dem Bau der > MAUER am > 13. AUGUST 1961 fiel dieser „demonstrativen" Bundespräsenz zunehmend die Aufgabe zu, die östliche Berlin-Politik zu erwidern und die West-Berliner der politischen Zusammengehörigkeit zu versichern.

3.2. *Die östliche Politik gegen die Bindungen*
Diese Abwehr erschien um so erforderlicher, als die Sowjetunion und die DDR verstärkt dazu übergingen, die – zuvor im ganzen akzeptierten – B. im allgemeinen und die Bundespräsenz im besonderen in Frage zu stellen. In dem Freundschaftsvertrag vom 12.6. 1964 versicherten beide Staaten einander in Art. 6, „Westberlin" als > SELBSTÄNDIGE POLITISCHE EINHEIT anzusehen. In ihrer Deutschland-Erklärung vom 26.6.1964 erwiderten die Westmächte, Berlin (West) sei keine solche Einheit. Die B. seien für die Lebensfähigkeit wesentlich und in keiner Weise unvereinbar mit dem Vier-Mächte-Status. Damit wurden die vom amerikanischen Präsidenten John F. Kennedy am 25.7.1961 im Vorfeld des Mauerbaus verkündeten > THREE ESSENTIALS der amerikanischen Position in Berlin um die B. erweitert.
Um ihrem Standpunkt Nachdruck zu verleihen, verkündete die DDR am 7.4.1965 anläßlich einer Plenarsitzung des Bundestages in der > KONGRESSHALLE TIERGARTEN ein Durchfahrtsverbot für die Abgeordneten im > TRANSITVERKEHR. Zeitweise sperrte sie den gesamten Zivilverkehr. Am Tag der Sitzung manövrierten östliche Militärmaschinen mit Tief- und Überschallflügen über dem Stadtgebiet. Am 11.6.1968 führte die DDR für den zivilen Verkehr eine Paß- und Visumpflicht ein. Obwohl die Alliierten angesichts der krisenhaften Konfrontationen verschiedentlich die Zweckmäßigkeit einzelner demonstrativer Formen der Bundespräsenz erörterten, hielten sie der östlichen Seite rechtlich entgegen, daß die B. als solche mit Zustimmung der Westmächte – denen in ihren Sektoren die Oberste Gewalt zustand – hergestellt worden waren.

3.3. *Das Vier-Mächte-Abkommen von 1971*
Im > VIER-MÄCHTE-ABKOMMEN vom 3.9.1971, dessen Bestimmungen sich u.a. mit den B.

eingehend befaßten, setzten die Westmächte ihre Vorstellungen weitgehend durch. Sie erklärten, „daß die Bindungen zwischen den Westsektoren Berlins und der Bundesrepublik Deutschland aufrechterhalten und entwickelt werden". Die drei westlichen Regierungen wollten dabei „berücksichtigen, daß diese Sektoren so wie bisher kein Bestandteil (konstitutiver Teil) der Bundesrepublik Deutschland sind auch weiterhin nicht von ihr regiert werden". Bei der demonstrativen Bundespräsenz nahmen die Westmächte Abstriche gegenüber der bisherigen Praxis vor. Nach dem Brief an den Bundeskanzler durften die Bundesversammlung, der Bundestag und der Bundesrat fortan nicht mehr in der Stadt zusammentreten. Nur einzelnen Ausschüssen war es gestattet, in Berlin zu tagen, wenn dies dem Zweck diente, die B. aufrechtzuerhalten und zu entwickeln. Fraktionen durften ihre Sitzungen nicht gleichzeitig abhalten. Hinsichtlich der Außenvertretung Berlins durch die Bundesrepublik Deutschland akzeptierte die Sowjetunion in einem als Anlage IV in das Abkommen aufgenommenen Briefwechsel mit den Westmächten die Grundsätze und Verfahren, die die Bundesrepublik bis dahin nur gegenüber nichtkommunistischen Staaten anzuwenden vermocht hatte. Die Westmächte „behielten" jedoch ausdrücklich ihre Rechte und zählten in einer Anlage die wesentlichen Bereiche auf, in denen sie die Bundesrepublik an der Vertretung West-Berliner Interessen nach außen beteiligten, sofern Sicherheit und Status nicht berührt wurden.
In Anknüpfung an ihre frühere Position interpretierten die Sowjetunion und die DDR die B. grundsätzlich anders als die westliche Seite, und zwar gemäß dem eher technischen russischen Begriff „svjasi" (=Verbindungen), auf dessen Übernahme in das Vier-Mächte-Abkommen die Sowjetunion bestanden hatte. Dagegen stimmten die beiden anderen Originaltexte voll mit dem deutschen Wort B. (engl.: „ties", franz.: „liens") überein. V.a. aber bot der Inhalt des Vertrags keinen Ansatzpunkt für die restriktiven östlichen Interpretationsversuche. Trotz aller Schwierigkeiten konnten die B. nach 1971 – im Einklang mit dem Abkommen – nicht nur aufrechterhalten, sondern auch entwickelt werden.

4. *Die Bindungen in der Praxis*
4.1. *Gesetzgebung*
Das GG galt – ohne daß ein Übernahmeakt

des Berliner Landesgesetzgebers erforderlich gewesen wäre – mit allen Änderungen in Berlin. Es war lediglich in seiner Anwendbarkeit beschränkt, und zwar v.a. durch die alliierte Bestimmung, daß Berlin keine stimmberechtigten Mitglieder in den Deutschen Bundestag und den Bundesrat entsenden und nicht durch den Bund regiert werden durfte. Weitere Einschränkungen ergaben sich aus speziellen alliierten Vorbehalten z.B. über die > Wehrpflicht und den Verteidigungsfall (> Entmilitarisierung).

Aufgrund der alliierten Vorbehalte galten einfache *Bundesgesetze* jedoch nur, wenn sie durch einen Gesetzgebungsakt des AbgH übernommen und im Berliner > Gesetz- und Verordnungsblatt verkündet wurden. Bis 1951 wurden Bundesgesetze in Berlin im Wege der *Parallelgesetzgebung* – durch Verabschiedung gleichlautender Berliner Gesetze – übernommen. Seither erfolgte die Übernahme in einem mehrfach vereinfachten Verfahren durch die sog. *Mantelgesetzgebung*. Das Mantelgesetz sowie das übernommene Bundesgesetz wurden im Berliner Gesetz- und Verordnungsblatt verkündet, bei Bundesgesetzen über internationale Verträge der Bundesrepublik jedoch nur das Mantelgesetz („Anwendungsgesetz"). Nach dem Dritten Überleitungsgesetz vom 4.1.1952 war Berlin verpflichtet, Bundesgesetze innerhalb eines Monats nach ihrer Verkündung im Bundesgesetzblatt oder Bundesanzeiger in Kraft zu setzen, wenn dies das Bundesgesetz in einer sog. *Berlin-Klausel* bestimmte.

Bundesgesetze, die den Rechtsstatus der Stadt oder die alliierten Vorbehalte berührt hätten, wurden nicht mit einer Berlin-Klausel versehen, oder die Anwendung wurde ausdrücklich ausgeschlossen. Nicht auf Berlin erstreckt wurden bspw. alle Regelungen, die mit der Landesverteidigung zusammenhingen. In anderen, nicht so eindeutigen Fällen fanden deutsch-alliierte Konsultationen statt. Die alliierte Rechtsauffassung hatte interne Bindung. Den Abschluß der sowohl die B. als auch den Status wahrenden Prozedur bei der Anwendung von Rechtsvorschriften des Bundes in Berlin regelte die BK/O (55) 10 vom 14.5. 1955.

Alle Rechtsakte der Organe der EG galten ohne spezielle Übernahmeprozeduren als europäisches Recht. Rechtsverordnungen des Bundes, die aufgrund einer Ermächtigung in einem Bundesgesetz ergingen, galten auch in Berlin, sobald das betreffende Bundesgesetz nach Berlin übernommen worden war. Ein besonderer Übernahmeakt für die Verordnung war nicht erforderlich, jedoch mußten die Verordnungen ebenfalls im Berliner Gesetz- und Verordnungsblatt veröffentlicht werden.

Nach Auffassung des Bundesverfassungsgerichts behielten die übernommenen Bundesgesetze auch in Berlin ihre Qualität als Bundesrecht. Die Alliierten gaben in verschiedenen Äußerungen jedoch zu erkennen, daß sie diese Rechtsauffassung nicht teilten und es sich bei den Mantelgesetzen nach ihrer Auffassung um Gesetzgebungsakte des AbgH, also um Landesgesetze handelte. Sie akzeptierten aber stets, daß das übernommene Bundesrecht gemäß Art. 31 GG dem Landesrecht einschließlich der VvB übergeordnet war. Anders wäre die Rechtseinheit, die auch die Alliierten ausdrücklich als legitimes Ziel der Übernahme von Bundesgesetzen anerkannten, nicht zu wahren gewesen.

4.2. Rechtsprechung

Berlin war nahezu lückenlos in das Justizsystem der Bundesrepublik integriert. Aufbau, Zuständigkeiten und Verfahren der Berliner Judikative richteten sich nach dem bundeseinheitlichen Gerichtsverfassungsgesetz sowie den Prozeßordnungen, die auch in der Stadt galten. Die Gerichte des Bundes waren auch für Berlin zuständig. Die Pflicht zur Rechtshilfe galt zwischen Berliner und westdeutschen Gerichten genauso wie die Pflicht zur Amtshilfe zwischen Berliner und westdeutschen Behörden. Urteile von westdeutschen Gerichten waren in Berlin als inländische Urteile vollstreckbar und umgekehrt. Das gleiche traf auf andere Gerichtsentscheidungen zu, wie z.B. Haftbefehle. Eine schwerwiegende Ausnahme betraf das Bundesverfassungsgericht. Aufgrund von alliierten Vorbehaltserklärungen war es nicht zuständig, in „Berliner Sachen" zu entscheiden (> Verfassungsgerichtshof; > Verfassung von Berlin).

4.3. Exekutive

Die Vorschrift im Genehmigungsschreiben zum GG, nach der Berlin nicht von der Bundesrepublik „regiert" werden durfte, bezog sich nur auf Regierung im engeren Sinne des Wortes, also nur auf die Ausübung souveräner Staatsgewalt in politisch relevanten Angelegenheiten. Im Bereich der Verwaltung war Berlin weitgehend in das föderative System der Bundesrepublik eingegliedert. Dies galt insbes. für die Ausführung der übernommenen *Bundesgesetze*: Soweit Berlin diese als eigene Angelegenheit oder als Auftragsangelegenheit ausführte, galten die in Art. 83 bis 85 GG vorgesehenen Aufsichts- und Weisungsbefugnisse des Bundes. Soweit der Bund Verwaltungsaufgaben durch Bundesoberbehörden wahrnahm, d.h. durch Bundesbehörden unterhalb der Ministerialebene mit örtlicher Zuständigkeit für das gesamte Bundesgebiet, erstreckte sich die Zuständigkeit dieser Behörden auch auf Berlin.

In den Bereichen der Post und des Finanzwesens, in denen eine Bundesverwaltung mit eigenem Unterbau bestand, mußten die entsprechenden Funktionen aufgrund alliierter Vorbehalte von Landesbehörden wahrgenommen werden: von der > OBERFINANZDIREKTION BERLIN und der Landespostdirektion (> DEUTSCHE BUNDESPOST) sowie ihren nachgeordneten Dienststellen. Durch Gesetze und Verwaltungsvereinbarungen waren diese Berliner Behörden in Rechtsstellung, Aufbau und Arbeitsweise den entsprechenden Bundesbehörden weitgehend angeglichen. Insbes. wurden durch das in Berlin übernommene Bundesgesetz vom 26.4.1957 (i.d.F. vom 30.8.1971) zur Regelung der Rechtsverhältnisse der in einzelnen Verwaltungszweigen des Landes Berlin beschäftigten Personen nicht nur die in der Landespostdirektion Berlin tätigen Bediensteten den Bediensteten in den entsprechenden Bundesbehörden weitgehend gleichgestellt, sondern auch ein Mitspracherecht der zuständigen Bundesminister bei der Ernennung der Behördenleiter und ein Weisungsrecht der Bundesministerien gegenüber den Berliner Behörden begründet.

4.4. Auswärtige Beziehungen

Die Beziehungen zu auswärtigen Behörden gehörten nach der Erklärung über Berlin vom 5.5.1955 zu den vorbehaltenen Gebieten der Alliierten. Durch verschiedene Grundsatzerklärungen und Anordnungen schufen die Westmächte aber die Voraussetzungen dafür, daß die Interessenvertretung der Westsektoren auch im außenpolitischen Bereich weitgehend auf die Bundesrepublik Deutschland übertragen werden konnte. Maßgeblich hierfür waren bis 1990 die Erklärung der Alliierten Kommandantur vom 21.5.1952 sowie der Briefwechsel zwischen dem > REGIERENDEN BÜRGERMEISTER und dem Bundeskanzler vom 16.9./19.12.1952, der auf die Anordnung der Westmächte Bezug nahm. Berlin konnte in

außenpolitische Verträge der Bundesrepublik einbezogen werden, wenn in dem Vertragstext selbst oder in der Urkunde, durch die die Bundesrepublik dem Vertrag beitrat, die Einbeziehung Berlins ausdrücklich erwähnt wurde. Bei Handels- und Zahlungsverträgen reichte die Feststellung, daß der Anwendungsbereich des Vertrags das Währungsgebiet der D-Mark (West) war. Der Alliierten Kommandantur stand ein Einspruchsrecht zu, das innerhalb von 21 Tagen ausgeübt werden mußte.

Außer der Erklärung vom 21.5.1952 waren das unter 3.1. erwähnte Schreiben der Alliierten vom 23.10.1954 und die Erklärung der Bundesregierung über Hilfeleistung für Berlin vom selben Tage maßgeblich. Die dortigen Formulierungen bezogen sich nicht nur auf internationale Verträge und Vereinbarungen, sondern auch auf sonstige außenpolitische Beziehungen. Auf dieser Grundlage wurden die Interessen Berlins von der Bundesrepublik in internationalen Organisationen, im diplomatischen und konsularischen Verkehr usw. wahrgenommen. Außerdem wurde Berlin am auswärtigen Verkehr der Bundesrepublik beteiligt, z.B. bei internationalen Veranstaltungen und Konferenzen. Ausgeschlossen war eine Interessenvertretung Berlins durch die Bundesrepublik nur in den Bereichen (militärische) Sicherheit und Status (> ENTMILITARISIERUNG; > SONDERSTATUS 1945-90).

In der Anlage IV des > VIER-MÄCHTE-ABKOMMENS wurden diese Grundsätze bestätigt und in der Folge von der östlichen Seite i.d.R. auch akzeptiert. So erkannte die DDR im 1972 mit der Bundesrepublik abgeschlossenen > GRUNDLAGENVERTRAG z.B. an, daß die > STÄNDIGE VERTRETUNG DER BUNDESREPUBLIK DEUTSCHLAND in Berlin (Ost) auch die Interessen von Berlin (West) vertrat. In den meisten Fällen gelang es auch, West-Berlin in mit den Staaten des Warschauer Pakts geschlossene internationale Verträge einzubeziehen. Hierzu wurde in den jeweiligen Vertragstext eingefügt: „Entsprechend dem Vier-Mächte-Abkommen vom 3.9.1971 wird dieses Abkommen in Übereinstimmung mit den festgelegten Verfahren auf Berlin (West) ausgedehnt" (sog. *Frank-Falin-Formel*).

4.5. Bundespräsenz

Ein wesentliches Element der B., das sich allerdings nach anfänglicher Zustimmung ab Ende der 50er Jahre heftiger Kritik der Sowjetunion und der DDR ausgesetzt sah, war die Bundespräsenz. Noch vor der deutschen > Vereinigung waren etwa 50 Bundesinstitutionen oder deren Zweigstellen in Berlin ansässig. Sie beschäftigten mehr als 44.000 Mitarbeiter. Ein Ausdruck der Bundespräsenz war das im Vier-Mächte-Abkommen erwähnte Amt des *Bevollmächtigten der Bundesregierung in Berlin*. Dieser vertrat die Bundesregierung gegenüber dem > Senat von Berlin und den Alliierten. Für die ständige Anwesenheit von Bundesgerichten (> Bundesverwaltungsgericht, 5. Strafsenat des > Bundesgerichtshofs), von Bundesbehörden und von Körperschaften, Anstalten und Stiftungen des öffentlichen Rechts enthielt das Vier-Mächte-Abkommen von 1971 keine Einschränkungen. Diese B. nahm die östliche Seite zumindest in dem Umfang hin, in dem sie bei Inkrafttreten des Vertragswerks bestanden hatten, protestierte aber wiederholt heftig, wenn diesen ihrer Meinung nach rechtswidrig neue Elemente hinzugefügt wurden, so etwa bei der Errichtung des > Umweltbundesamtes in Berlin 1974, als die DDR Mitarbeiter des Amtes zeitweilig sogar vom > Transitverkehr ausschloß.

4.6. Teilnahme Berlins am politischen Leben des Bundes

Die auf Berlin entfallenden 22 (anfänglich acht) Abgeordneten im Bundestag durften nicht unmittelbar von der Bevölkerung gewählt werden. Stattdessen wurden sie vom AbgH – gemäß dem Stärkeverhältnis der Fraktionen – bestellt. Bei der Schlußabstimmung über Bundesgesetze und bei der Wahl des Bundeskanzlers zählten die Berliner Stimmen nicht mit. In allen das Parlament selber betreffenden Fragen (Wahl des Präsidiums, Ausschußarbeit usw.) durften die Berliner Vertreter jedoch voll mitwirken. Die gleiche Regel galt für den Bundesrat. Dort übernahm der Regierende Bürgermeister, wie die anderen Regierungschefs der Bundesländer, turnusmäßig das Amt des Bundesratspräsidenten. Er vertrat in dieser Eigenschaft den > Bundespräsidenten und repräsentierte so in bestimmten Fällen die Bundesrepublik nach außen. In der Bundesversammlung gab es keine Beschränkungen des Stimmrechts, ebensowenig im erstmals 1979 direkt gewählten Europäischen Parlament. Mit Rücksicht auf Einwände der Alliierten wurden die Berliner „Europa-Abgeordneten" aber ebenso wie die *Bundestagsabgeordneten* nicht direkt, sondern vom AbgH gewählt.

Im übrigen war Berlin am politischen Leben des Bundes voll beteiligt. Deutsche Staatsangehörige mit dem Wohnsitz in Berlin konnten für alle politischen Ämter der Bundesrepublik kandidieren, insbes. hing die Wählbarkeit zum Bundestag nicht von einem Wohnsitz in Westdeutschland ab, so daß Berliner über einen westdeutschen Wahlkreis oder eine westdeutsche Landesliste als voll stimmberechtigte Abgeordnete in den Bundestag einziehen konnten. Allerdings verboten die Alliierten der 1964 gegründeten *Nationaldemokratischen Partei Deutschlands (NPD)* in West-Berlin ab 1969 öffentliche Auftritte einschließlich der Teilnahme an > Wahlen. Damit betonten sie ihr Festhalten an der Entnazifizierung.

5. Die deutsche Einheit

Infolge der Umwälzungen in der DDR und Berlin (Ost) ab Herbst 1989, des Zwei-plus-Vier-Vertrags vom 12.9.1990 und der Vereinigung Deutschlands durch Beitritt der DDR zur Bundesrepublik am > 3. Oktober 1990 entfielen die hergebrachten Voraussetzungen der B. Bereits mit Schreiben an den Bundeskanzler vom 8.6.1990 hatten die Vertreter der drei Westmächte ihre am 12.5.1949 geäußerten Vorbehalte gegen die Direktwahl und das volle Stimmrecht der Vertreter Berlins im Deutschen Bundestag wie gegen das volle Stimmrecht im Bundesrat aufgehoben.

Biologische Bundesanstalt für Land- und Forstwirtschaft (BBA): Die dem > Bundesminister für Ernährung, Landwirtschaft und Forsten nachgeordnete B. mit Hauptsitz in Berlin und Braunschweig unterhält in Berlin einen Anstaltsteil an der Königin-Luise-Str. 19 im Bezirk > Zehlendorf. Sie ist Nachfolgerin der 1898 gegründeten Biologischen Abteilung für Land- und Forstwirtschaft am Kaiserlichen Gesundheitsamt, die 1905 als Kaiserliche Biologische Anstalt für Land- und Forstwirtschaft selbständig wurde. Neben den Berliner und Braunschweiger Anstaltsteilen betreibt die als Bundesoberbehörde verfaßte B. Institute in Heidelberg, Bernkastel-Kues, Münster, Darmstadt, Grünbach bei München und Kleinmachnow bei Berlin. Aufgabe der B. ist die Prüfung und Zulassung von Pflanzenschutzmitteln und -verfahren sowie die Forschung auf dem Gebiet der Pflanzenkrankheiten und -schädlinge. In Berlin befinden sich die Abteilung für ökologische Chemie, die Institute für Vorratsschutz, für Mikrobiologie und für Chemikalienprüfung, die Dokumentationsstelle für Phytomedizin sowie das Informationszentrum für tropischen Pflanzenschutz. Bei der Erfüllung ihrer Aufgaben arbeitet die B. mit dem > BUNDESGESUNDHEITSAMT, dem > UMWELTBUNDESAMT und den Berliner Universitäten zusammen. Von den insg. 900 Mitarbeitern der BBA sind ca. 150 in Berlin tätig.

BK/O (Berlin Kommandatura/Order): Die von den > ALLIIERTEN erlassenen BK/O waren während der Zeit des Berliner > SONDERSTATUS 1945-90 das Hauptrechtssetzungsinstrument der > ALLIIERTEN KOMMANDANTUR in ihrem Verhältnis zu den deutschen Verwaltungsstellen Berlins. Während sie in der unmittelbaren Nachkriegszeit alle Bereiche des gesellschaftlichen und politischen Lebens umfaßten, betrafen sie seit der im Zusammenhang mit der Souveränitätsgewährung an die Bundesrepublik Deutschland durch den Deutschlandvertrag erfolgten Erklärung über Berlin vom 5. Mai 1955 nur noch wenige, speziell den Alliierten vorbehaltene Gebiete.
Adressat der BK/O war seit Inkrafttreten der > VERFASSUNG VON BERLIN 1951 der > REGIERENDE BÜRGERMEISTER. Die BK/O (55) 10 i.d.F. der BK/O (64) 4 vom 23.9.1964 schrieb grundsätzlich eine Veröffentlichung der Anordnungen (Orders) im > GESETZ- UND VERORDNUNGSBLATT FÜR BERLIN vor. Die Deutsche Übersetzung erstellte die Kommandantur. Nicht zu veröffentlichende Anordnungen bezogen sich v.a. auf die Notfallvorsorge und die Besatzungskosten. Im allgemeinen wurde die zuständige Berliner Verwaltung vor dem Erlaß einer BK/O konsultiert. Die in Klammern gesetzte Zahl bezeichnete das Jahr des Erlasses einer BK/O, rechts daneben die – auf das Jahr bezogene – Reihenfolge. Im Jahresdurchschnitt erließ die Kommandantur seit 1956 elf BK/O, von 1945 bis 1949 waren es durchschnittlich 288, von 1950 bis 1955 durchschnittlich 47. Die Gesamtzahl der zwischen 1945 und 1990 erlassenen BK/O dürfte bei gut über 2.000 liegen. Auf Drängen des > SENATS VON BERLIN kam es in der zweiten Hälfte der 50er Jahre sowie in den 80er Jahren zu einer Bereinigung alliierter Rechtsvorschriften, die die tatsächlich gültige Zahl der BK/O entsprechend reduzierte.
Weitere Rechtssetzungsinstrumente der Alliierten Kommandantur waren die BK/L (Berlin Kommandatura Letter) und die BKC/L (Berlin Kommandatura Commandants Letter). Die Mitteilungen und Hinweise enthal-

tenden Letters betrafen im Falle der BK/L die deutsche öffentliche Gewalt bindende Aussagen und Auslegungen, v.a. zu einzelnen BK/O, aber auch zu davon unabhängigen Einzelfällen. Eine Veröffentlichung fand – von Ausnahmen abgesehen – nicht statt.
Die vom vorsitzführenden Kommandanten der Kommandantur unterschriebenen BKC/L befaßten sich mit übergeordneten Grundsatz- und Statusangelegenheiten, wie z.B. der Ermächtigung und Aufforderung an den Senat, zur Ausfüllung des > VIER-MÄCHTE-ABKOMMENS vom 3.9.1971 bestimmte Verhandlungen mit der DDR zu führen. Empfänger war auch im Falle der Letters i.d.R. der Regierende Bürgermeister. BKC/L wurden vereinzelt aber auch an den Präsidenten des > ABGEORDNETENHAUSES (Legislative) und an den Kammergerichtspräsidenten (Judikative) gerichtet. Einige BKC/L wurden im Gesetz- und Verordnungsblatt für Berlin abgedruckt.

Blankenburg: B. ist ein auf ein altes Angerdorf zurückgehender, ländlich geprägter Ortsteil im Nordwesten des Bezirks > WEISSENSEE (> DÖRFER). Bei der Bildung > GROSS-BERLINS 1920 war das aus einer Landgemeinde und einem Gutsbezirk bestehende B. zunächst dem Bezirk > PANKOW zugeschlagen worden. Im Zuge der Neuordnung der nördlichen Bezirke Ost-Berlins anläßlich der Bildung des neuen Stadtbezirks > HOHENSCHÖNHAUSEN 1985 kam B. dann mit Wirkung vom 1.1.1986 zu Weißensee (> BEZIRKE).
B. erste urkundliche Erwähnung erfolgte 1375 im > LANDBUCH KAISER KARLS IV., wahrscheinlich ist das Anwesen jedoch wesentlich älter. Am Niederungsrand der > PANKE, die heute die westliche Grenze des Ortsteils bildet, befand sich ein im 7./8. Jh. angelegter slawischer Burgwall (heute noch in der Bezeichnung Burgwallstr. dokumentiert), der im 10. Jh. endgültig zerstört wurde. Der 1271 urkundlich genannte „Anselm de Blanckenborch" bezieht sich mit seinem Namen wahrscheinlich auf diese Anlage. 1375 hatte das Dorf 42 Hufen, deren Besitz in den folgenden Jahrhunderten unter märkischen Adligen und Berliner Bürgern stark zersplittert war. 1710 wurde das Dorf von Friedrich (III.) I. (1688-1713) erworben und dem Amt > NIEDERSCHÖNHAUSEN unterstellt, von dem es 1811 zum Amt Mühlenhof kam. Das Gut gelangte 1818 nochmals in Privatbesitz, bis es die Stadt Berlin 1882 zur Anlage von Rieselfeldern erwarb. Noch heute erinnert *Der*

Teich, ein kleiner, als Auffangbecken für die Rieselfeldentwässerung genutzter See östlich der Pasewalker Str., an diese Funktion. Die Struktur des mittelalterlichen Angerdorfes ist auch heute noch gut zu erkennen, wenngleich nur noch die Mitte des 13. Jh. errichtete Dorfkirche an die ursprüngliche Bebauung erinnert (> DORFKIRCHEN). Dem rechteckigen Feldsteinbau mit in Schiffsbreite vorgesetztem Westturm wurde im 15. Jh. der ebenfalls aus Feldsteinen errichtete, gestreckte Chor angefügt. Die Kirche besitzt eine qualitätsvolle barocke Ausstattung mit Erinnerungsstücken an die Gutsbesitzerfamilie v. Barfuß. Das älteste Bauernhaus stammt aus der Zeit um 1800 (Alt-Blankenburg 10). Die anderen den Dorfanger umstehenden Wohnbauten stammen zumeist aus der zweiten Hälfte des 19. Jh. und zeugen von dem Wohlstand der Dorfbewohner. Bereits 1876 erhielt B. über die Bahnstrecke Berlin-Bernau Anschluß an die > EISENBAHN. Das bemerkenswerte, 1908-14 im Landhausstil errichtete Bahnhofsgebäude, ein stattlicher zweigeschossiger Putzbau, hebt sich aus den sonstigen Bahnhofsbauten der ehem. Berliner Vororte deutlich heraus. Schon vor dem I. Weltkrieg entstanden um B. herum umfangreiche Laubenkolonien, die allmählich den Charakter des bis dahin weitgehend unversehrten märkischen Dorfes veränderten (> KLEINGÄRTEN). Im Haus Alt-Blankenburg 33 zeigt seit 1982 das einzige *Hundemuseum* der Welt in sieben kleinen Räumen 20.000 Ausstellungsstücke rund um den Rassehund. Ein Züchterehepaar hat die private Sammlung in 30 Jahren zusammengetragen.

Blankenfelde: Der im Norden an der Stadtgrenze Berlins gelegene, ländlich geprägte Ortsteil B. gehört seit der Bildung > GROSS-BERLINS 1920 zum Bezirk > PANKOW. Die Ansiedlung geht auf ein mittelalterliches Straßendorf zurück (> DÖRFER), auf das der erste Hinweis 1284 erfolgte, als ein „Johannes de Blankenfelde" als Berliner Ratsmann urkundlich in Erscheinung trat. Im > LANDBUCH KAISER KARLS IV. wird das Dorf dann 1375 auch selbst erwähnt. Mit dem Übergang des Dorfes an das Amt > NIEDERSCHÖNHAUSEN 1711 wurde das adlige Gut in ein landesherrliches Vorwerk umgewandelt, zu dem 1737 neben einem königlichen Lusthaus mit Lustgarten auch eine Brauerei und eine Brennerei gehörten. Das Vorwerk wurde 1811 wieder an private Besitzer veräußert, die um 1850 ein neues Gutshaus errichteten, das sich in sehr veränderter Form bis heute erhalten hat (Hauptstr. 38; > GUTSHÄUSER). Besser überliefert sind die dortigen großen Gutsarbeiterhäuser Nr. 15, 17 und 47 aus der Zeit um 1890. Da die Stadt Berlin das Gut 1882 zur Anlage von Rieselfeldern erwarb (> STADTGÜTER; > WASSERVERSORGUNG/ENTWÄSSERUNG), blieb B. in seiner Struktur und Dorfanlage weitgehend bewahrt. In die Frühzeit des Dorfes reicht allerdings nur die Dorfkirche aus der zweiten Hälfte des 14. Jh. zurück (> DORFKIRCHEN). Auf eine barocke Erneuerung 1680 weist der südliche Patronatslogenanbau mit dem Wappen der ehem. Gutsbesitzer, der Familie v. Grumbkow, hin. Eine grundlegende Wiederherstellung erfolgte 1938-41. Im Innern ist v.a. der Inschriftstein für Joachim Ernst v. Grumbkow von 1690 hervorzuheben. Beachtlich ist auch das spätklassizistische Pfarrhaus aus der Zeit um 1875. Gegen 1817 erhielt das Dorf eine Erweiterung durch die Anlage eines Vorwerks, des sog. „Schötzschen Etablissements" des Erbpächters Schötz, das 1823 amtlich nach seinem späteren Besitzer Möllersfelde benannt wurde. Auf dem ehem. Gutsgelände wurde ab 1909 ein Schulgarten für die Berliner Schulen angelegt, heute die „Botanische Anlage B." südlich des Dorfes an der Blankenfelder Chaussee (> ARBORETUM). In unmittelbarer Nähe der Stadtgrenze entwickelte sich östlich der Schildower Str. ab 1920 die Stadtrandsiedlung B. Nordöstlich davon liegt das 57 ha große Naturschutzgebiet *„Kalktuffgelände Tegeler Fließ"*, in dem u.a. auch einheimische Orchideenarten wie Knabenkraut und Sumpfwurz gedeihen (> NATURSCHUTZ; > TEGELER FLIESS). Im nördlichsten Zipfel von B. liegen die 70 m hohen *Arkenberge*, südlich davon die Kolonien Arkenberge und Arkenberger Grund mit einem ca. 15 ha großen Kiesgrubensee. 1945 kam B. mit dem Bezirk Pankow zum sowjetischen Sektor (> SEKTOREN).

Blaue Liste: Die B. nennt wissenschaftliche Einrichtungen von überregionaler Bedeutung und gesamtstaatlichem wissenschaftspolitischem Interesse, die von Bund und Bundesländern gemeinsam gefördert werden. Rechtsgrundlage ist die auf dem Grundgesetz Art. 91b basierende „Rahmenvereinbarung zwischen Bund und Ländern über die gemeinsame Forschungsförderung" vom

28.11.1975 mit ihrer entsprechenden Ausführungsvereinbarung vom Mai 1977, beide zuletzt geändert im Dezember 1990. In die B. werden nur Institutionen aufgenommen, deren vom jeweiligen Sitzland zu deckender Zuschußbedarf zu den laufenden Kosten 2,5 Mio. DM pro Jahr, bei Einrichtungen mit Servicefunktionen für die Wissenschaft, 1,7 Mio. DM übersteigt. Der Finanzierungsschlüssel der B.-Institute wird jeweils zwischen Bund und dem Sitzland vereinbart, i.d.R. je 50 %. Bei Einrichtungen mit Servicefunktionen wird der auf die Länder entfallende Teil des Zuwendungsbetrags zu 25 % vom Sitzland und zu 75 % von den übrigen Ländern getragen – sofern nicht anders vereinbart.

1992 bestanden in Berlin – einschließlich der acht im Zuge der > VEREINIGUNG neu hinzugekommenen – insg. 13 Institute, die in die B. aufgenommen waren: das > DEUTSCHE INSTITUT FÜR WIRTSCHAFTSFORSCHUNG (Finanzierung Bund : Berlin je 50 %), das > HEINRICH-HERTZ-INSTITUT FÜR NACHRICHTENTECHNIK (50 % : 50 %) und das > WISSENSCHAFTSZENTRUM BERLIN FÜR SOZIALFORSCHUNG (75 % : 25 %). In Berlin ansässige Einrichtungen der B. mit Servicefunktion sind das > DEUTSCHE BIBLIOTHEKS-INSTITUT (30 % : 70 %) und das > FACHINFORMATIONSZENTRUM CHEMIE. Durch den Umbau der ostdeutschen Forschungslandschaft sind auf Grundlage des > EINIGUNGSVERTRAGS Art. 38 in Berlin acht neue B.-Institute entstanden, die im > FORSCHUNGSVERBUND BERLIN E.V. zusammengefaßt wurden. Sie werden zu je 50 % vom Bund und vom Land Berlin finanziert. (Institut für Gewässerökologie und Binnenfischerei, Ferdinand-Braun-Institut für Höchstfrequenztechnik, Institut für Kristallzüchtung, Institut für Nichtlineare Optik und Kurzzeitspektroskopie, Forschungsinstitut für Molekulare Pharmakologie, Institut für Wild- und Zootierforschung, Paul-Drude-Institut für Festkörperelektronik, Institut für Angewandte Analysis und Stochastik).

Blockade: Als B. wird die vom 24.6.1948 bis 12.5.1949 dauernde Abschnürung der Westsektoren Berlins von den westlichen Besatzungszonen Deutschlands und dem Umland bezeichnet. Für fast elf Monate wurden auf Anordnung der > SOWJETISCHEN MILITÄR-ADMINISTRATION IN DEUTSCHLAND (SMAD) alle Zugangswege nach West-Berlin zu Lande und zu Wasser gesperrt sowie die Lieferung von Nahrungsmitteln und Versorgungs-

gütern aus der Berlin umgebenden sowjetischen Besatzungszone und dem Ostsektor Berlins verboten. Während dieser Zeit wurde die Versorgung der Stadt ausschließlich über die von den Westmächten als Reaktion auf die Absperrmaßnahmen eingerichtete > LUFT-BRÜCKE aufrechterhalten. Die B. war ein erster Höhepunkt des beginnenden Kalten Krieges

Speisekarte des „Breitenbachkellers" während der Blockade

und markiert den endgültigen Zerfall der Anti-Hitler-Koalition der > ALLIIERTEN. Neben dem > SOWJETISCHEN ULTIMATUM 1958 und dem Bau der > MAUER am > 13. AUGUST 1961 war sie eine von insg. drei großen internationalen Krisen um Berlin.

1. Vorgeschichte
Am 15.12.1947 brachen die Außenminister der vier Siegermächte USA, UdSSR, Großbritannien und Frankreich ihre seit dem 25.11.1947 in London tagende Konferenz über Deutschland ab, da sie in den Fragen seiner zukünftigen politischen und wirtschaftlichen Gestalt keinerlei Verständigung erzielen konnten. Jeder weitere Einigungsversuch mit der Sowjetunion erschien aussichtslos. Die drei Westmächte riefen deshalb unter Hinzuziehung der drei Benelux-Staaten zum 23.2.1948 eine separate Sechs-Mächte-Konferenz nach London ein, die in ihrer zweiten Sitzungsperiode Anfang Juni 1948

die Gründung eines westeuropäisch orientierten deutschen Teilstaats durch Zusammenschluß der drei westlichen Besatzungszonen beschloß. Diese im Widerspruch zu der im > POTSDAMER ABKOMMEN vereinbarten Gemeinsamkeit des Handelns „in allen Fragen, die Deutschland als Ganzes betreffen" stehende Vorgehensweise, hatte bereits am

Berliner Junge mit amerikanischer Schokoladen-Spende

20.3.1948 zum Auszug des sowjetischen Vertreters aus dem > ALLIIERTEN KONTROLLRAT geführt. Neun Tage nach Beginn der B., am 3.7., teilte dann der Chef der SMAD, Marschall Wassilij D. Sokolowski, den drei westlichen Militärgouverneuren bei einem Gespräch in seinem Hauptquartier in Potsdam mit, die „technischen Schwierigkeiten" auf den Zugangswegen würden so lange anhalten, bis sie ihre Pläne für die Errichtung eines westdeutschen Separatstaates aufgegeben hätten. So war die B., obwohl vordergründig gegen West-Berlin gerichtet, v.a. ein letzter sowjetischer Versuch, die beabsichtigte Teilstaatgründung zu verhindern. Als konkreter Auslöser für die Blockademaßnahmen diente die am 20.6.1948 in den Westzonen und am 24.6.1948 in den Westsektoren Berlins durchgeführte > WÄHRUNGSREFORM.

2. Die Abschnürung Berlins

Seit Anfang 1948 kam es v.a. auf den Land- und Wasserwegen nach Berlin immer wie-

der zu erheblichen Verkehrsbehinderungen. Mehrfach stoppte die SMAD Eisenbahnzüge im Berlin-Verkehr und verzögerte oder verhinderte LKW-Fahrten durch schikanöse Kontrollen. Ab dem 15.1. wurden Fahrten Berliner Kraftfahrzeuge in die SBZ durch die SMAD genehmigungspflichtig („Propuske"). Am 24.1. wurde ein britischer Militärzug aus Berlin am Kontrollpunkt Marienborn elf Stunden festgehalten und konnte die Weiterfahrt erst antreten, nachdem die deutschen Reisenden kontrolliert und nach Berlin zurückgeschickt worden waren. Derartige Kontrollen wiederholten sich mehrfach, so daß die britische Militärregierung beschloß, keine Deutschen mehr mit ihren Militärzügen zu befördern. Nach dem Auszug der Sowjets aus dem Alliierten Kontrollrat nahmen die Behinderungen weiter zu. Am 1.4. wurden erneut zwei amerikanische und zwei britische Dienstzüge gestoppt und zurückgeschickt, als die Zugbegleiter eine Inspektion durch die SMAD ablehnten.

Trotz westalliierter Proteste richtete die SMAD am 1.4. bei Babelsberg eine neue Kontrollstelle für den LKW-Verkehr ein, schloß am 2.4. die amerikanische und britische Hilfsstation auf der Autobahn Berlin-Helmstedt und kurz darauf die Elbebrücke bei Magdeburg wegen „technischer Störungen". Am 3.4. leitete sie den Eisenbahnverkehr Richtung München und Hamburg über Marienborn um, und ab 20.4. fertigte sie jedes Schiff auf den > WASSERSTRASSEN von und nach Berlin einzeln ab.

Die Häufung der Behinderungen führte bei den Westalliierten in Berlin zu einem Ausfall von rund 600 t an Versorgungsgütern, den der Militärgouverneur der amerikanischen Besatzungszone, General Lucius D. Clay, mit der improvisierten dreitägigen „Baby-Luftbrücke" vom 2.-5.4. ausglich. Die SMAD hob kurz darauf einige Behinderungen auf, ohne sie jedoch vollständig zurückzunehmen. Neben den vorgeschobenen „technischen Schwierigkeiten" – von den Westalliierten angebotene „technische Hilfe" wurde abgelehnt – begründete die Sowjetunion ihre Maßnahmen damit, die Westmächte würden Teile der Berliner Industrie nach Westdeutschland verlagern, was nicht geduldet werden könne.

Mit den Vorbereitungen zur Gründung eines westdeutschen Teilstaats nahmen die Behinderungen Anfang Juni abermals drastisch zu. Ab dem 9.6. wurde der Reiseverkehr zwischen der SBZ und den Westzonen erheblich eingeschränkt. Am 16.6. verließen die Sowjets endgültig die > ALLIIERTE KOMMANDANTUR und die SMAD erließ Bestimmungen zur Verhinderung des „Mißbrauchs von Interzonenpässen".

Nachdem die Westalliierten die Sowjetunion am 18.6. darüber informiert hatten, daß sie am 20.6. in den Westzonen eine Währungsreform durchführen würden, ordnete die SMAD am gleichen Tag die Einstellung des Personen-, Güter- und Fußgängerverkehrs zwischen der SBZ und den Westzonen an, und führte „sorgfältige" und damit langwierige Kontrollen für den Schienen- und Schiffsverkehr ein, um die „Bevölkerung und Wirtschaft der SBZ zu schützen". Das Verbot der am 23.6. eingeführten „Ostmark" in den Westsektoren Berlins durch die Westalliierten und das Bekanntwerden ihrer Pläne, am 24.6. die „Westmark" in den Westsektoren einzuführen, nahm die SMAD zum Vorwand, um in der Nacht vom 23./24.6. den gesamten Straßen-, Schienen- und kurz darauf den Schiffsverkehr von und nach Berlin zu sperren. Gleichzeitig wurde die Versorgung der Westsektoren mit Lebensmitteln, Elektrizität und Kohle aus der SBZ eingestellt.

3. Westliche Gegenmaßnahmen

Die B. traf die Westmächte nicht völlig unvorbereitet. Auf Anordnung des amerikanischen > STADTKOMMANDANTEN, Frank L. Howley, vom 25.3.1948 war die „Basic-Assemption" (Operation Gegenschlag) ausgearbeitet worden. Dadurch verfügten die Westsektoren über Lebensmittelvorräte für ca. 30 Tage. Auf die Verhängung der B. reagierten die Westmächte und die Westzonen mit fünf Gegenmaßnahmen:

3.1. Die vom 25.6.1948 bis 30.9.1949 dauernde anglo-amerikanische > LUFTBRÜCKE.

3.2. *Gegenblockade*

Am 26.7. ordnete General Lucius D. Clay die „Gegenblockade" an, mit der Lieferungen, hauptsächlich von Industriegütern, aus den Westzonen und den Westsektoren Berlins in die SBZ und den sowjetischen Sektor Berlins weitgehend unterbunden wurden. V.a. in der zweiten Phase der Krise, ab dem Frühjahr 1949, wurde das zunächst punktuell eingesetzte Instrument der Gegenblockade gezielt ausgeweitet.

3.3. *Finanz- und Währungshilfe*

Durch blockadebedingte Produktionseinschränkungen und Firmenstillegungen stieg die Arbeitslosenzahl von Juni 1948 bis Mai 1949 um 250 % (15 % der erwerbstätigen Bevölkerung). Hinzu kamen ca. 50.000 bis 70.000 Kurzarbeiter. Dadurch ausgelöste Steuerausfälle, höhere Soziallasten sowie die Kosten der Versorgungsgüter und ihr Transport nach Berlin trugen die Westmächte und die Westzonen. Ein Fonds der US-Regierung für besetzte Gebiete stellte monatlich 53 Mio. DM als zinslosen Kredit zur Verfügung. Den Luftbrückentransport, rund 200 Mio. US-Dollar, trugen amerikanische und britische Steuerzahler. Das Hilfswerk Berlin unterstützte die Westsektoren mit rund 7 Mio. Tagesrationen an Lebensmitteln. Ferner finanzierten die Westzonen einen monatlichen, zinslosen Kredit von 43 Mio. DM und erließen eine Sondersteuer > NOTOPFER BERLIN, die monatlich zwischen 25 und 40 Mio. DM brachte. In den Marshallplan wurden die Westsektoren wegen der in Berlin umlaufenden beiden Währungen erst ab April 1949 einbezogen (> EUROPEAN RECOVERY PROGRAM). Die Gesamtkosten der B. werden auf über 2 Mrd. DM geschätzt – eine Summe, die der II. Weltkrieg in weniger als einer Woche verschlang.

3.4. *Militärische Signale*

Vor allem in der amerikanischen Regierung wurde über militärische Gegenmaßnahmen diskutiert, die jedoch das Kriegsrisiko möglichst gering halten sollten. Die US-Regierung entschloß sich am 15.7.1948 zur Verlegung von 60 B-29-Bombern nach Europa. Daneben beschränkten sich die Westmächte auf die Ausarbeitung detaillierter Krisenpläne.

3.5. *Diplomatische Aktivitäten*

Die Luftbrücke brachte den westalliierten Politikern einen erheblichen Zeitgewinn für diplomatische Aktivitäten, die sich im wesentlichen auf zwei Ebenen vollzogen. Einerseits auf innerwestlicher Ebene: Am 28.6. erklärte Präsident Harry Truman für die USA, daß ein Rückzug der amerikanischen Truppen aus Berlin nicht zur Debatte stünde. Während die Briten den gleichen Standpunkt vertraten, zog die französischen Regierung eine solche Lösung zeitweise in Erwägung. Der Abstimmungsprozeß zwischen Washington, London und Paris in den ersten Wochen nach Verhängung der B. führte im Spätsommer 1948 dazu, daß die Westmächte künftig mit einer gemeinsamen Stimme gegenüber Moskau auftraten.

Die zweite Ebene bildeten die Gespräche zwischen den Westmächten und der Sowjetunion. In der ersten Phase, bis September

1948, erklärten sich die Westmächte dazu bereit, über das Währungsproblem zu verhandeln, da die Sowjetunion die Aufhebung der Verkehrsbeschränkungen in Aussicht stellte. Die Verhandlungen scheiterten, als der Generalsekretär der KPdSU, Josef W. Stalin, und der sowjetische Außenminister, Wjatscheslaw M. Molotow, auf Verhandlungen über die geplante Weststaat-Gründung bestanden, zu denen die Westmächte nicht bereit waren. In der zweiten Phase, von September bis November 1948, versuchten die Westmächte das Berlin-Problem in den Vereinten Nationen zu thematisieren, was am Veto der Sowjets scheiterte. Die dritte Verhandlungsphase, ab Februar 1949, brachte dann die Regelung des Konflikts durch das > New Yorker Abkommen vom 4.5.1949.

Neben den Gegenmaßnahmen der Westmächte und der Unterstützung Berlins durch die Westzonen trug die „Selbstbehauptung" der West-Berliner wesentlich zum erfolgreichen Bestehen der Krise bei. Das Angebot der SMAD an die West-Berliner Bevölkerung, sich im Ostsektor als Empfänger von Lebensmittelkarten registrieren zu lassen, blieb weitgehend erfolglos. Nur knapp 5 %, v.a. > Grenzgänger, folgten diesem Aufruf. In den Auseinandersetzungen um Währungsreform und B. vollzog sich stattdessen die politische > Spaltung der Stadt.

4. Regelung und Folgen der Krise

Parallel zu den Auseinandersetzungen in und um Berlin wurden die Vorbereitungen zur Gründung der Bundesrepublik vorangetrieben. Dies, die selbst im Winter unerwartet reibungslos arbeitende Luftbrücke und die Entschlossenheit der Westmächte, in Berlin zu bleiben, veranlaßte die Sowjetunion zum Einlenken im New Yorker Abkommen. Am 12.5.1949 wurden B. und Gegenblockade beendet.

Am Ende der Krise war die Stadt einerseits politisch gespalten, andererseits war hinsichtlich der Verbindungswege zwischen Berlin und den Westzonen der Zustand vor Beginn der B. wiederhergestellt. Weltpolitisch war das Ergebnis ein machtpolitisches Patt der beiden Supermächte. Die durch die B. beschleunigte Formierung des Ost-West-Konflikts ging einher mit der politischen Teilung Deutschlands und Europas und dem Zusammenfinden der Staaten innerhalb einer weltweiten, bipolaren gegnerischen Kräftekonstellation, die erst durch den Ende der 80er Jahre einsetzenden Zusammenbruch der politischen Systeme Osteuropas und die deutsche > Vereinigung überwunden wurde.

Blockparteien: Unter dem Begriff B. werden die nach dem II. Weltkrieg unter Führung der > Sozialistischen Einheitspartei Deutschlands (SED) im sog. *Demokratischen Block* zusammengefaßten Parteien in der SBZ/DDR und Ost-Berlin verstanden. Nachdem die > Sowjetische Militäradministration in Deutschland (SMAD) mit ihrem Befehl Nr. 2 bereits am 10.6.1945 die Bildung antifaschistischer, demokratischer Parteien und Gewerkschaften zugelassen hatte, kam es in Berlin zur Gründung folgender Parteien: *Kommunistische Partei Deutschlands (KPD)* am 11.6.1945, > Sozialdemokratische Partei Deutschlands (SPD) am 15.6.1945, > Christlich-Demokratische Union Deutschlands (CDU) am 26.6.1945 und > Liberal-Demokratische Partei Deutschlands (LDPD) am 5.7. 1945. Auf Veranlassung der SMAD schlossen sich diese Parteien am 14.7.1945 zur „Einheitsfront der antifaschistisch-demokratischen Parteien" zusammen. Die B. blieben zwar formell selbständig, doch gab es einen paritätisch besetzten „Zentralen Ausschuß", der einstimmig über verbindliche Grundsatzfragen zu beschließen hatte. In der ersten Nachkriegsphase, in der eine parlamentarische Volksvertretung nicht vorhanden war, hatte der *Antifaschistisch-demokratische Block* (Antifa-Block) auch die Aufgabe, eine gemeinsame Politik des Wiederaufbaus zu betreiben.

Die KPD bzw. die SED, die aus der Zwangsvereinigung von KPD und Teilen der SPD im April 1946 hervorgegangen war, versuchte von Anfang an, die Führungsrolle im Antifa-Block zu übernehmen und bekämpfte die Selbständigkeit der anderen Parteien mit politischen und administrativen Mitteln, die über Behinderungen bei > Wahlen bis zur Amtsenthebung prominenter Gegner oder deren Verhaftung durch die sowjetische Besatzungsmacht reichten. Die ursprünglich mit gesamtdeutscher Zielsetzung initiierte Blockpolitik blieb auf die SBZ und Berlin beschränkt. Die Parteiorganisationen von SPD, CDU und LDPD in den Westsektoren Berlins beendeten daraufhin im Laufe des Jahres 1948 ihre Mitarbeit im Antifa-Block.

In der SBZ und in Ost-Berlin übte die SED über das Instrument der Blockpolitik jedoch solange Druck auf CDU und LDPD aus, bis die Führungsgremien beider Parteien mit

SED-hörigen Politikern besetzt waren. Die im gleichen Jahr in Ost-Berlin neu gegründete *Demokratische Bauernpartei Deutschlands* (DBD, 29.4.) und die *National-Demokratische Partei Deutschlands* (NDPD, 25.5.), die ebenfalls in den Antifa-Block aufgenommen wurden, galten von vornherein als „Filialgründungen" der SED und sind in den Westsektoren Berlins politisch nicht in Erscheinung getreten. Sie hatten v.a. die Funktion, konservativ-bürgerliche Wähler von CDU und LDPD abzuziehen. Während die DBD überwiegend bäuerliche Schichten ansprach und für die Agrarpolitik der SED warb, bemühte sich die NDPD um die Integration ehem. Soldaten und entnazifizierter Mitglieder der NSDAP.

Im Juni 1949 wurde der Antifa-Block in „Demokratischer Block der Parteien und Massenorganisationen" umbenannt. Nunmehr bestehend aus SED, CDU, LDPD, NDPD und DBD bildete er den organisatorischen Kern der *Nationalen Front der DDR*, in der alle Parteien, Massenorganisationen und Verbände der DDR unter Führung der SED zusammengeschlossen waren. Das in der DDR praktizierte Wahlverfahren sicherte dem B. auch immer eine feste Repräsentanz in den dortigen Volksvertretungen, wo sie der Politik der SED eine scheindemokratische Unterstützung erteilten.

Im Zuge der innenpolitischen Veränderungen im Vorfeld der Feiern zum 40. Jahrestag der DDR-Gründung (Fluchtbewegung, Botschaftsbesetzungen) kam es zu ersten öffentlich wahrnehmbaren Rissen im Blockparteien-System. So veröffentlichte das LDPD-Organ „Der Morgen" am 20.9.1989 eine Ansprache des LDPD-Vorsitzenden Manfred Gerlach zum 40. Jahrestag der DDR, in der es u.a. hieß: „Die DDR braucht Fragende, Ungeduldige, Neugierige; sie braucht jeden, der sich an der „Normalität" reibt und so hilft, Neues zu entdecken und durchzusetzen." Zehn Tage später plädierte er in einer Rede zum 100. Geburtstag von Carl v. Ossietzky für die Integration von Oppositionellen: „Widerrede ist nicht Widerstand."

Nach landesweiten Protestdemonstrationen in der zweiten Oktoberhälfte rückte auch die CDU von alten Positionen ab. In einem Positionsentwurf des Präsidiums des Hauptvorstandes forderte sie am 28.10.1989 in ihrem Organ > NEUE ZEIT u.a. freie und geheime Wahlen sowie „ein grundlegend verändertes öffentliches Leben, das sich durch lebendige Demokratie, strikte Rechtsstabilität und realistische Medien" auszeichnen sollte. Ende November bekannte die CDU im zweiten Entwurf des Grundsatzpapieres „Positionen der CDU zu Gegenwart und Zukunft" ihre „Mitschuld an den gesellschaftlichen Deformationen".

Nach diesen grundsätzlichen Kurskorrekturen bei CDU und LDPD kam es in den ersten Dezembertagen 1989 zur praktischen Auflösung des „Demokratischen Blocks". Am 4.12. erklärten die CDU und am 5.12. die LDPD und die DBD ihren Austritt. Ihnen folgte am 7.12. die NDPD. Zu diesem Zeitpunkt zählten die CDU rd. 140.000, die LDPD 113.000, die DBD 100.000 und die NDPD 110.000 Mitglieder.

Nach der faktischen Auflösung des Blockparteiensystems kam es im Zuge des Vereinigungsprozesses zu tiefgreifenden programmatischen bzw. organisatorischen Veränderungen. Die LDPD beschloß auf einem außerordentlichen Parteitag vom 9.-11.2.1990 die Änderung des Parteinamens in LDP. Am 12.2. vereinbarte die Partei mit der neugegründeten Freien Demokratischen Partei/ FDP und der Deutschen Forum-Partei ein Wahlbündnis, das als *Bund Freier Demokraten (BFD)* an der Volkskammerwahl vom 18.3. 1990 teilnahm. Während ein Aufnahmebegehren der NDPD in dieses Wahlbündnis zu jenem Zeitpunkt noch abgelehnt wurde, kam es am 28.3.1990 nach einem Beschluß der NDPD doch noch zu einem kooperativen Beitritt. Auf dem Parteitag vom 1.9.1990 im > INTERNATIONALEN CONGRESS CENTRUM BERLIN (ICC BERLIN) schloß sich der BFD dann mit der F.D.P. zusammen. Am 2.10.1990 folgte die CDU mit ihrem Vereinigungsparteitag in Hamburg.

Anders verlief die Entwicklung bei der vierten Blockpartei, der DBD. Hier kam es auf der 6. Tagung des Parteivorstandes vom 26.6.1990 zu einem Auflösungsbeschluß und einer Empfehlung an die Mitglieder, der CDU beizutreten. Eine zentrale Delegiertenkonferenz bestätigte am 15.9.1990 die Empfehlung des Parteivorstandes, deren Ausführung jedoch individuell den einzelnen Mitgliedern überlassen blieb.

Blumengroßmarkt Berlin: Der B. am Südende der > FRIEDRICHSTRASSE im Bezirk > KREUZBERG ist Berlins zentraler Großmarkt für den > EINZELHANDEL mit Schnitt- und Topfpflanzen sowie Gärtnerei- und Floristenbedarfsartikeln (> GROSSMÄRKTE). Pächter und Betreiber des von der Berliner Großmarkt GmbH errichteten B. ist die Blumengroßmarkt Berlin Wirtschaftsgenossenschaft e.G., eine Gemeinschaft der dort tätigen Großhändler bzw. Standinhaber, die den B. privatrechtlich verwaltet.

Der B. verfügt über eine Hallenfläche von 6.436 m² und eine Standfläche von 3.400 m², auf der 1991 Waren im Wert von 130 Mio. DM umgesetzt wurden. Davon entfielen rd. 120 Mio. DM auf den Pflanzenhandel und 10 Mio. DM auf den Bedarfsartikelhandel. Insg. entspricht dies einem Anteil von 50 % an der Versorgung Berlins in diesem Sortimentsbereich. Die auf dem B. gehandelten Pflanzen und Floristenartikel stammen zu 15 % aus Berlin; zu 85 % werden sie aus dem Bundesgebiet und dem Ausland, insbes. den Niederlanden, bezogen und überwiegend mit dem LKW angeliefert.

Schon seit Mai 1886 wurde auf dem Gebiet des heutigen B. in der damaligen Berliner Markthalle II, der „Lindenhalle", auf einer Fläche von 250 m² mit Blumen gehandelt (> MARKTHALLEN). Nachdem die Halle im II. Weltkrieg zerstört worden war, nahm der B. zunächst behelfsmäßig in kleineren Hallen Quartier, bis er am 2.1.1965 in seiner heutigen Form eröffnet werden konnte. Da der Standort an der Friedrichstr. seit mehreren Jahren den Anforderungen nicht mehr genügt, ist sein weiterer Ausbau bzw. der Umzug des B. auf ein stadt- und autobahnnahes Gelände in Brandenburg im Gespräch.

Während der > SPALTUNG der Stadt erfolgte die Versorgung Ost-Berlins bis zum Herbst 1989 durch die „ZBE (Zwischenbetriebliche Einrichtung) Berliner Blume" an der Leninallee (heute > LANDSBERGER ALLEE), die die Produkte der Gartenbau-Produktionsgenossenschaften (GPG) an die Blumengeschäfte verteilte. Eine Großmarktfunktion i.e.S. hatte dieses Sammel- und Verteilungszentrum jedoch nicht, da hier keine freie Preisbildung gegeben war. Die baulichen Einrichtungen der ehem. ZBE sind im Herbst 1991 z.T. von der „Berliner Blumenhandels-GmbH" übernommen worden, die heute in geringerem Umfang auch großmarktähnliche Funktionen wahrnimmt, werden aber auch von mehreren kleineren Märkten genutzt. Daher übernimmt der B. an der Friedrichstr. seit der > VEREINIGUNG zu einem großen Teil auch die Versorgung der Ostbezirke und des Berliner Umlands.

Bode-Museum: Das durch die > STADTBAHN von den anderen Bauten getrennte B. schließt die > MUSEUMSINSEL im Bezirk > MITTE nach Norden ab. Der Bau befindet sich im Eigentum der > STIFTUNG PREUSSISCHER KULTURBESITZ. Im Rahmen der durch die > VEREINIGUNG erfolgten Neuordnung der Berliner Museumslandschaft erhielt er z.T. neue Funktionen zugewiesen (> MUSEEN UND SAMMLUNGEN). Danach soll das B. zusammen mit dem Neubau eines Galeriegebäudes am > KULTURFORUM TIERGARTEN die Bestände der > GEMÄLDEGALERIE beherbergen. Es wird weiterhin Standort der vereinigten > SKULPTURENSAMMLUNG sowie des > MÜNZKABINETTS sein. Die z.Z. noch im B. befindlichen Bestände des > MUSEUMS

Büste des Tutanchamun, um 1340 v. Chr.

FÜR SPÄTANTIKE UND BYZANTINISCHE KUNST werden künftig im > PERGAMONMUSEUM, die des > ÄGYPTISCHEN MUSEUMS nach dessen Fertigstellung im > NEUEN MUSEUM untergebracht werden.

Der 1897-1904 nach Plänen von Ernst v. Ihne in neobarocken Formen ausgeführte Bau wird von der die Haupteingangsfront überwölbenden Kuppel dominiert. Der dem Umriß der Nordspitze der Museumsinsel folgende dreieckige Grundriß wird von einer Mittelachse durchzogen, die sich von der nördlich gelegenen Hauptkuppelhalle bis zur kleineren südlichen Kuppelhalle erstreckt.

Im Mittelpunkt dieser Achse bildet eine „Basilika" im Stil einer Florentinischen Renaissancekirche nachgebildet, das Herzstück des B. Die beiden Kuppelräume beherbergen die Treppenaufgänge in das obere Ausstellungsgeschoß. Durch zwei innere Querflügel rechts und links der Mittelachse ergeben sich fünf Innenhöfe, durch die das Tageslicht in die Ausstellungsräume gelangt. Im II. Weltkrieg wurde das ursprünglich *Kaiser-Friedrich-Museum* genannte Gebäude schwer beschädigt. Nach seiner Wiederherstellung 1950-60 und teilweiser Neueröffnung 1953 wurde es 1956 nach seinem Gründer, dem Kunsthistoriker Wilhelm v. Bode, benannt. Im großen Kuppelraum steht auf dem Originalsockel eine Kopie des *Reiterdenkmals des Großen Kurfürsten* von Andreas Schlüter, das seit 1952 seinen Platz vor dem > Schloss Charlottenburg hat.

Bodendenkmalpflege: Nach dem Gesetz zum Schutz von Denkmalen in Berlin vom 22.12.1977 (> Denkmalschutz) ist die Bodendenkmalschutzbehörde das *Archäologische Landesamt Berlin (ALA)*. B. sind nach diesem Gesetz bewegliche oder unbewegliche Sachen, die sich im Berliner Boden befinden oder befanden. Sie können aus urgeschichtlicher bis moderner Zeit stammen. Voraussetzung ist, daß sie Erkenntnisse über den Menschen und seine Umwelt liefern oder für die Urgeschichte der Tier- und Pflanzenwelt von Bedeutung sind. B. können auch Bauwerke sein.
In Berlin gibt es ca. 1.500 Fundstellen oder Funde aus ur- und frühgeschichtlicher Zeit und es kann von etwa der gleichen Anzahl bisher noch unbekannter Befunde ausgegangen werden. Die Masse ur- und frühgeschichtlicher Funde wird heute bei offiziellen Grabungen oder Notbergungen des ALA gemacht. Die Funde gehen nach Bergung in das Eigentum des > Museums für Vor- und Frühgeschichte der > Stiftung Preussischer Kulturbesitz über und werden dort aufbewahrt. Diese Regelung ist in der Nachkriegszeit getroffen worden, darauf beruht auch z.Z. die Personalunion des ehrenamtlichen Leiters des ALA mit dem Direktor des Museums für Vor- und Frühgeschichte. Durch den Eingang der beweglichen Funde in die Sammlung des Museums gibt es praktisch keine durch ein besonderes Verfahren geschützte bewegliche Bodendenkmale. Dagegen gibt es bis jetzt zwei unbewegliche geschützte Bodendenk-

male: die Reste des *Dominikanerklosters* aus dem 13. Jh. am Reformationsplatz 3-4 in > Spandau und Reste des Zellentraktes im Südflügel der ehem. Kunstgewerbeschule, einst Sitz des Geheimen Staatspolizeiamtes, des Reichsführers SS und später auch des Reichssicherheitshauptamtes in der Niederkirchenerstr. 8 in > Kreuzberg (> Prinz-Albrecht-Gelände). Z.Z. läuft ein Unterschutzstellungs-Verfahren für noch erhaltene Bunker auf dem Gelände der ehem. *Reichskanzlei* im Bezirk > Mitte.
Die Aufgaben des 1977 eingerichteten ALA wurden vor dem Krieg in Berlin durch den „Staatlichen Vertrauensmann für die kulturgeschichtlichen Bodenaltertümer des Landes Berlin" wahrgenommen. Dieses Amt beruht auf dem Preußischen Ausgrabungsgesetz aus dem Jahre 1914 und seinen Ausführungsbestimmungen von 1920. Nach dem II. Weltkrieg wurden die Aufgaben im Osten der Stadt zunächst von der > Akademie der Wissenschaften der DDR und dann von der Arbeitsstelle für Bodendenkmalpflege am > Märkischen Museum wahrgenommen. Die Eingliederung der Dienststellen in das ALA erfolgt 1992. Das Amt hat zwölf Mitarbeiter und wird durch die > Senatsverwaltung für Kulturelle Angelegenheiten finanziert.

Bodenrichtwerte: B. sind aufgrund des Bundesbaugesetzes von 1964 erstmalig zum 31.12.1964 für Berlin (West) ermittelt worden. Bis zu diesem Zeitpunkt galt noch die Preisstop-Verordnung von 1936, die im östlichen Teil der Stadt bis zur > Vereinigung in Kraft war.
Der B. ist ein durchschnittlicher Lagewert, bezogen auf den Quadratmeter Grundstücksfläche, der vom Gutachterausschuß für Grundstückswerte in Berlin für eine Mehrzahl von Grundstücken ermittelt wird, die in ihren Merkmalen weitgehend übereinstimmen und zum Zeitpunkt der Ermittlung ein annähernd gleiches Preisniveau aufweisen. Solche Grundstücke bilden eine Bodenrichtwertzone. Der Bodenrichtwert ist auf die Gesamtzone abgestellt und berücksichtigt nicht die besonderen Eigenschaften einzelner Grundstücke wie Verkehrs- und Geschäftslage, Bodenbeschaffenheit usw., die zu einer erheblichen Abweichung des tatsächlichen Verkehrswerts vom B. führen können. Die Festsetzung der B. erfolgt aufgrund der bei der Geschäftsstelle des Gutachterausschusses geführten Kaufpreissammlung zum Ende je-

des zweiten Jahres. Im allgemeinen beziehen sich die B. auf die gemäß der Bauleitplanung vorgegebene Art und das Maß der Nutzung. Es kann jedoch auch eine über die festgelegte Geschoßflächenzahl hinausgehende Bebauungsdichte für die Bemessung der Bodenrichtwerte bestimmend sein.

Der Gutachterausschuß für Grundstückswerte in Berlin ist ein von der > Senatsverwaltung für Bau- und Wohnungswesen (SenBauWohn) berufenes Kollegialgremium aus Personen mit besonderer Sachkunde und Erfahrung. Die Gutachter sind unabhängig und nicht an Weisungen gebunden. Die Aufgaben der Geschäftsstelle werden von der SenBauWohn wahrgenommen.

Als Folge der > Vereinigung wurden zum 1.7.1990 in Berlin (Ost) sog. *Bodenleitwerte* eingeführt, die sich von den B. herleiten. Sie gelten bis Ende des Jahres 1992. Danach werden B. einheitlich für beide Teile Berlins aufgestellt. Die Festsetzung der Bodenleitwerte erfolgt durch einen vom Ost-Berliner > Magistrat am 14.5.1990 berufenen, unabhängigen Sachverständigenausschuß, dem Fachleute aus Ost und West angehören. Hinsichtlich der Begriffsbestimmung sind die Bodenleitwerte im Bodenatlas in gleicher Weise definiert wie die B. Im Gegensatz dazu haben sie jedoch keine bindende Wirkung, soweit nicht anderes bestimmt wird. Es besteht kein Anspruch auf Ermittlung von Bodenleitwerten.

Da verbindliche Aussagen über eine Bauleitplanung im Sinne des Baugesetzbuches für Berlin (Ost) nicht vorliegen, konnten sich die Wertbestimmungen nur auf den tatsächlichen Bestand stützen. Wegen der ungeklärten Sachlage hat der Ausschuß es dabei belassen, in den Kerngebieten und anderen hochwertigen Dienstleistungsstandorten, insbes. im Citybereich, nur vorläufige Bodenleitwerte zu ermitteln, die durch Bodenmarktberichte fortgeschrieben werden. So wies der Bodenmarktbericht des Ausschusses an den Magistrat vom 25.7.1990 für den Citybereich des Bezirks > Mitte Werte von 2.000-3.000 DM aus, während der Bericht vom Juli 1992 an den > Senat von Berlin für den gleichen Bereich Werte von bis zu 18.000 DM vorsieht, womit sie die gleiche Höhe erreicht haben wie die aktuellen Werte in der West-Berliner > City.

Böhmische Friedhöfe: Den böhmischen Flüchtlingen, die ab der ersten Hälfte des 18. Jh. in Brandenburg Asyl gefunden hatten, stand in Berlin für ihre Bestattung ein Teil des 1735 angelegten > Friedhofs vor dem Halleschen Tor im heutigen Bezirk > Kreuzberg zur Verfügung. Einen weiteren besonderen Teil erhielt um 1750 die Böhmische Brüdergemeine der Herrnhuter, die keine individuellen Grabstätten zuließ. Durch den Ausbau der Blücherstraße 1971 wurde dieser Teil zerstört. Einen weiteren Friedhof besaßen die Böhmen seit 1856 bei ihrer Kolonie Böhmisch-Rixdorf am Karl-Marx-Platz 10 im Bezirk > Neukölln. Er heißt noch heute Böhmischer Gottesacker und hat einen lutherischen, einen reformierten sowie einen Herrnhuter Teil. Auf diesem werden nur Herrnhuter nach einer besonderen Friedhofsordnung, Männer und Frauen getrennt, bestattet. Es sind noch Grabsteine von 1755 vorhanden, die ältesten mit tschechischer Beschriftung (> Böhmisches Dorf).

Böhmisches Dorf: Das B. rund um den *Richardplatz* im Norden des Bezirks > Neukölln wurde 1737 von protestantischen Emigranten aus Böhmen gegründet, die wegen ihres evangelischen Glaubens ihre damals zu Österreich gehörende katholische Heimat verlassen mußten. Ende 1732 trafen die ersten Auswanderer (500 „Böhmische Brüder") in Berlin ein. Friedrich Wilhelm I. (1713-40) erteilte ihnen die Erlaubnis zur Niederlassung in der Friedrichstadt (> Stadterweiterung) und schenkte ihnen Baumaterialien für die Errichtung ihrer Häuser. 1735-37 wurde nach Entwürfen von Friedrich Wilhelm Dieterichs in der Mauer-/Ecke Krausenstr. die erste böhmische Kirche in Berlin errichtet, die im Gedenken an die Prager Kirche, in der einst Jan Hus gepredigt hatte, *Bethlehems-Kirche* genannt wurde. In ihr wurde bis 1828 in tschechischer und deutscher Sprache gepredigt. Nach Kriegszerstörungen wurde sie 1954 abgetragen. 1737 folgte eine zweite Einwanderungswelle; zwischen 700 und 2.000 Böhmen zogen nach Berlin und gründeten im Süden Berlins bei der Landgemeinde Rixdorf „Böhmisch-Rixdorf" als Kolonie von Kleinbauern und Textilarbeitern. 1874 wurde Böhmisch-Rixdorf mit Deutsch-Rixdorf vereinigt. 1899 erhielt Rixdorf Stadtrechte, 1912 wurde es in Neukölln umbenannt und 1920 als gleichnamiger Verwaltungsbezirk nach > Gross-Berlin eingegliedert. 1886 übernahm die Böhmisch-Evangelisch-Lutherische Gemeinde die auf das frühe 15. Jh. zurückgehende Dorfkirche auf dem Richardplatz, der sie 1912 wie der Kirche in der Mauerstr. den Namen Bethlehems-Kirche gab (> DORFKIRCHEN; > EVANGELISCHE KIRCHE).

Zur Erinnerung an die großzügige Aufnahme der Böhmen unter Friedrich Wilhelm I. steht auf einer Grünfläche in der Kirchgasse ein 1912 von Alfred Reichel geschaffenes Denkmal des Soldatenkönigs. Eine Vielzahl der Häuser und Bauernhäuser im B. stehen unter > DENKMALSCHUTZ. Ein 1984 aufgestellter Bebauungsplan soll verhindern, daß bauliche Veränderungen das historische Stadtbild stören. Bis zum Jahr 2000 sollen etwa 50 Mio. DM investiert werden, um das B. zu bewahren bzw. in seinen ursprünglichen Zustand zurückzuversetzen. Anläßlich des 400. Geburtstags von Johann Amos Comenius wurde im März 1992 durch den tschechoslowakischen Parlamentspräsidentenen Alexander Dubcek in einer Grünanlage am Westende des Richardplatzes ein von der CSFR gestiftes überlebensgroßes Bronzestandbild des böhmischen Pädagogen und Philosophen von Josef Vajce enthüllt. Bis 1995 soll um das Denkmal herum als Symbol der Völkerverständigung der Comenius-Garten entstehen.

Börse: Die 1685 gegründete Berliner B. – seit 1955 an der Fasanen-/Ecke Hardenbergstr. im Bezirk > CHARLOTTENBURG – nimmt mit einem Umsatz von 56,4 Mrd. DM im Jahre 1991 (nach 67,7 Mrd. DM 1990) unter den heute acht deutschen Regionalbörsen einen mittleren Rang ein. Ihre Gründung erfolgte nach Frankfurt/M., Köln und Hamburg, aber vor München, Stuttgart, Bremen und Hannover durch den Großen Kurfürsten Friedrich Wilhelm (1640-88) am 19.6.1685 im damals noch ländlichen (und ärmlichen) Berlin. Erstes provisorisches Quartier war ein Haus am Mühlendamm, ab 1738 die „Grotte", ein Gartenhaus am > LUSTGARTEN.

Mitte des 19. Jh. nahm die Berliner B., zunächst angeregt durch den Bau der > EISENBAHN, später durch den Terminhandel mit Wertpapieren, einen starken Aufschwung. 1863 erhielt sie ein eigenes Gebäude in der Burgstr. im heutigen Bezirk > MITTE. Nach der Gründung des deutschen Zollvereins profitierte Berlin von seiner geographischen Lage (> WIRTSCHAFT). Nach dem I. Weltkrieg, in den „Goldenen 20er Jahren", erlebte die B. ihre Blütezeit mit täglich bis zu 6.000 Besuchern. Sie wurde damit zum bedeutendsten

Wertpapierhandelsplatz Kontinentaleuropas. Während der Herrschaft der Nationalsozialisten unterlag sie allerdings zunehmenden Behinderungen; 1943 kam der Handel faktisch zum Erliegen. Das klassizistische Börsengebäude wurde in den letzten Kriegstagen durch Bomben weitgehend zerstört und später von der DDR-Regierung abgerissen.

Nach Besetzung Berlins durch die vier > ALLIIERTEN, dem verordneten staatlichen Bankmonopol, getrennter > WÄHRUNGSREFORM und > SPALTUNG der Stadt hatte die Berliner B. den schwierigsten Start von allen acht deutschen Börsenplätzen. Erst am 11.3.1952 wurde sie im Haus der Freimaurerloge „Zu den drei Pflichten" in der Emser Str. im Bezirk > WILMERSDORF wieder eröffnet. Rund drei Jahre danach bezog sie ihr neues, der > INDUSTRIE- UND HANDELSKAMMER ZU BERLIN (IHK) angeschlossenes Gebäude an der Fasanenstr. Der IHK war sie auch juristisch verbunden, was eine Einschränkung ihrer Handlungsfähigkeit nach sich zog. Daher wurde die B. Ende 1989 in einen selbständigen e.V. umgewandelt, getragen von den Berliner Kreditinstituten und Börsen-Maklern.

Aufgrund der veränderten wirtschaftlichen und politischen Nachkriegssituation konnte die B. ihre frühere Bedeutung bisher nicht zurückgewinnen. Der Umzug der Bundesregierung in die > HAUPTSTADT und die Sogwirkung einer Metropole in der Mitte Europas werden sich höchstwahrscheinlich in Zukunft positiv auf die Geschäftsentwicklung auswirken. Nach der > VEREINIGUNG sieht sich der hiesige Wertpapiermarkt v.a. als Heimatbörse für Unternehmen und staatliche Organe aus den neuen Bundesländern und später auch als Handelsplatz für Aktien und Anleihen aus Osteuropa. Für 1993 ist der Beginn eines Neubaus für die IHK geplant, in dem auch die Berliner B. das für die Ausweitung ihrer Aktivitäten erforderliche Raumangebot erhalten wird.

Bohnsdorf: Die ehemals selbständige Landgemeinde B. ist ein ländlich geprägter Ortsteil im Süden des Bezirks > TREPTOW. 1920, bei der Bildung > GROSS-BERLINS, war er zunächst dem Stadtbezirk > KÖPENICK zugeschlagen worden, von dem er 1938 im Austausch zu > OBERSCHÖNEWEIDE zum heutigen Bezirk kam.

Im Mittelalter teilten sich Bürger Berlins und > KÖLLNS mit märkischen Adelsfamilien in den Besitz des erstmals im > Landbuch Kaiser Karls IV. von 1375 als „Bonenstorf" erwähnten Sackgassendorfs (> Dörfer). 1651 erwarb es der Große Kurfürst (1640-88) für das Amt Köpenick, von dem es 1811 zum Amt Mühlenhof kam. 1763 wurde das vom Großen Kurfürsten angelegte Amtsvorwerk aufgelöst und mit Kolonisten aus der Pfalz besiedelt. Die Kolonie erhielt den Namen Neu-B., 1865 wurde sie mit dem alten B. vereinigt. An die kleine Kolonie erinnern noch die allerdings inzwischen veränderten Häuser in der Buntzelstr. 135 und 136. Das alte Dorf ist am Dorfplatz mit Teich und > Dorfkirche auf dem Anger noch gut zu erkennen. Die mittelalterliche Kirche wurde 1755-57 durch einen rechteckigen Putzbau nach einem Entwurf von Johann Friedrich Lehmann ersetzt, der seinerseits 1888 durch einen Choranbau erweitert wurde. Die Bauernhöfe aus dem Ende des 19. Jh. rings um den Dorfplatz sind stattliche Bauten mit ausgedehnten Wirtschaftsgebäuden.

Ab 1904 errichtete die Arbeiterbaugenossenschaft Paradies Wohnsiedlungen in der Buntzelstr., Paradiesstr. und dem angrenzenden Gebiet, an denen sich ab 1924 auch Bruno Taut mit Entwürfen beteiligte. Sie sind interessante Beispiele für ein besseres Wohnen außerhalb der Stadt. Für die Ende des 19. Jh. im Ostteil von B. entstandenen Siedlungen *Falkenhorst* und *Falkental* schuf Otto Risse 1936/37 am Reihersteg das Evangelische Gemeindeheim, das Gemeindesaal, Pfarrhaus und Glockenturm in einer Anlage vereint.

Borsighaus: Das 1899 in der Chausseestr. 13 im Bezirk > Mitte von den Architekten Fritz Reimer und Friedrich Körte errichtete B. wird heute als Wohnhaus genutzt. Das ehem. Zentralbüro der Firma Borsig ist als viergeschossiges Hauptgebäude mit drei Flügelbauten um einen rechteckigen Hof gestaltet. Die mit Sandstein verkleidete Straßenfront ist mit Renaissance-Elementen verziert; den Dreiecksgiebel in der Mitte flankieren zweigeschossige Erker mit Schweifhauben. Über der Einfahrt zum Hof befindet sich die lebensgroße Bronzefigur eines Schmieds über den Initialen A.B.

Das B. war usprünglich Sitz der Zentralverwaltung der 1837 von dem Industriellen August Borsig am Oranienburger Tor gegründeten Maschinenbauanstalt, deren Produktion 1898 nach > Tegel verlegt wurde (> Borsigwerke). Die Fabrik an der Chausseestr.

wurde am 1.10.1886 geschlossen, anschließend abgeräumt und das Gelände verkauft. Später entstanden dort die z.T. noch heute erhaltenen Mietshäuser.

Borsigwalde: B. ist ein um die Jahrhundertwende entstandenes Wohn- und Industriegebiet an der Holzhauser Str. im Ortsteil > Tegel des Bezirks > Reinickendorf. Es hat seinen Namen nach den 1837 von August Borsig in der Chausseestr. im heutigen Bezirk > Mitte gegründeten ehem. > Borsigwerken, die 1896-98 ihre Hauptproduktionsstätten nach Tegel verlegten. Da hier kein ausreichender Wohnraum für die rd. 4.800 Arbeiter und 500 Angestellten des Betriebes zur Verfügung stand, wurde eine Terrain-Aktien-Gesellschaft gegründet, die für Borsig von der Gemeinde *Dalldorf* (dem heutigen > Wittenau) 50 ha Land erwarb, um dieses für den Bau von Wohnhäusern zu erschließen. 1899 wurden die ersten Wohnungen dieser ersten Arbeitersiedlung Berlins bezogen, was für die meist aus den > Mietskasernen der Innenstadt hierher gekommenen Arbeiter eine beträchtliche Verbesserung ihrer Wohnverhältnisse bedeutete. So gehörte z.B. zu jeder Wohnung ein kleiner Garten. Die Bewohner, denen der Ruf von Dalldorf als Sitz einer städtischen Irrenanstalt nicht behagte, setzten für die Siedlung und das östlich angrenzende Industriegebiet 1899 den Namen B. durch. 1902 stellte das Unternehmen seine Beteiligung am Wohnungsbau ein.

Während des I. Weltkrieges, der für die Borsigwerke aufgrund der Rüstungsproduktion zu hohen Gewinnen führte, wurden von der Firma in B. vielfältige soziale Einrichtungen geschaffen bzw. gefördert. Die danach errichteten Wohnbauten, meist drei- bis viergeschossige Mietshäuser, veränderten den ländlichen Charakter von B. grundlegend. In großer Zahl hatten sich auch weitere Industriebetriebe, darunter bekannte Firmen wie die Flohr-Otis GmbH (Aufzüge) in der Flohrstr. oder die Waggon Union GmbH in der Miraustr. angesiedelt. Industriearchitektonisch interessant ist die große Maschinenhalle in der Miraustr., die Bruno Buch 1914/15 für die ehem. Raboma-Maschinenfabrik in Anlehnung an die berühmte, von Peter Behrens 1909 in > Moabit geschaffene > AEG-Turbinenhalle errichtete. Sie dient heute als Lagerhalle. Zur Hauptgeschäftsstraße des Wohnviertels entwickelte sich die Ernststr.

Borsigwerke: Die ehem. Anlagen der Firma Borsig im Bezirk > Reinickendorf sind ein herausragendes Beispiel für die Berliner Industriekultur und -geschichte des 19. Jh. Das Gelände der B. ist heute eine Gewerbefläche, die von zahlreichen Firmen genutzt wird. Die Firmengeschichte dieses größten Berliner Maschinenbau-Unternehmens reicht in das Jahr 1837 zurück, als der zuvor bei der Egellschen Eisengießerei tätige August Borsig eine eigene Maschinenbaufabrik am Oranienburger Tor in der Chausseestr. 13 im heutigen Bezirk > Mitte gründete (> Borsighaus). Bereits vier Jahre später baute er seine erste Lokomotive, 1854 wurde die 500. fertiggestellt, und seine Lokomotiven wie sein Werk hatten Weltruf erlangt. Um 1850 hatte er weitere Produktionsstätten in > Moabit angelegt. Um 1898 wurde dann die Fabrik von seinen Enkeln Arnold, Ernst und Conrad wegen notwendiger Erweiterungen und besserer Verkehrsanschlüsse in den Reinickendorfer Ortsteil > Tegel verlegt. Gleichzeitig begann östlich der Berliner Str. der Aufbau der Siedlung > Borsigwalde für die Arbeiter des Betriebs.

Bis zum Frühjahr 1895 hatte die Firma Borsig in Tegel ein zusammenhängendes Areal von 22,4 ha erworben. Für die rechteckige, von einer Mauer umgebene neue Fabrikanlage zwischen > Tegeler See und Berliner Str. wurden 14 ha in Gebrauch genommen. In späterer Zeit wurden südlich angrenzende Areale der Firma Krupp zunächst gepachtet und 1910 gekauft, womit sich der gesamte Grundbesitz mehr als verdoppelte. Die Architekten Fritz Reimer und Friedrich Körte gestalteten die Werksanlage (in der Hauptsache sechs riesige Hallen, die in Ausstattung und Anordnung der Produktion angepaßt waren) in der Tradition mittelalterlicher märkischer Backsteinbauten mit zinnengekrönten Giebeln. Der gleichfalls zinnengekrönte Werkseingang erinnert an ein Burgtor.

1922-24 wurde ein Erweiterungsbau für die Betriebsverwaltung errichtet, der aus Platzgründen in die Höhe gebaut werden mußte. So entstand unter der Oberleitung und technischen Ausführung durch das Baubüro des Werks nach den Plänen von Eugen Schmohl auf einer Grundfläche von nur 20 x 16 m ein zwölfgeschossiger expressionistischer, in traditioneller Mauerweise gebauter Büroturm. Der Dachaufbau wirkt in seiner schwingenden Ausgestaltung sehr leicht und elegant. Der 65 m hohe, klinkerverkleidete Bau

war das erste Hochhaus Berlins, durch seine Lage aber keine städtebauliche Dominante.

Am Ufer des Tegeler Sees liegt der Borsigdamm. Er überquert die Einfahrt zum Borsighafen, der zu den B. gehört. Gegenüber den B. am östlichen Seeufer des Tegeler Sees liegt die > Villa Borsig, das ehemalige Landhaus der Familie. Jenseits der B., auf der anderen Seite der Berliner Str., befindet sich der Borsig-Sportplatz.

Nach der Weltwirtschaftskrise von 1928 mußten die B. 1931 schließen. In der Folgezeit wurden die Anlagen von der Düsseldorfer Firma Rheinmetall übernommen und zum Rüstungsbetrieb ausgebaut. Bei den Bombenangriffen im II. Weltkrieg wurden die B. zu 80 % zerstört. Heute gehört der modernen Produktionsverfahren angepaßte Gebäudekomplex zur Thyssen Bandstahl AG. 1988 ging das Borsiggelände in den Besitz des Landes Berlin über. Mit Mitteln in Höhe von ca. 20 Mio. DM wurde das ca. 20 ha große Gebiet weitgehend neu geordnet und mit moderner Infrastruktur versehen, darunter ein 1,7 km langes Straßensystem. Neben zahlreichen Firmen befinden sich auf dem Gelände als Einrichtungen des Landes Berlin das Zentrum für Bau- und Erhaltungstechniken e.V. sowie ein Heim für > Asylbewerber.

Botanischer Garten: Der B. an der Königin-Luise-Str. 6-8 im Bezirk > Steglitz entstand 1897-1910 auf Betreiben des Ministerialdirigenten im preußischen Kultusministerium Friedrich Althoff als Ersatz für den von der wuchernden Stadt eingeengten alten B. in > Schöneberg (> Heinrich-von-Kleist-Park). Die nach Entwürfen des Architekten Alfred Koerner unter Leitung des damaligen Gartendirektors Adolf Engler auf einem damals zur > Domäne Dahlem gehörenden Gelände gestaltete Anlage ist heute mit einer Fläche von 43 ha und etwa 18.000 Pflanzenarten einer größten und artenreichsten B. der Welt. Jährlich werden rd. 400.000 Besucher gezählt. Erster Vorläufer des B. war der 1646 von Kurfürst Friedrich Wilhelm (1640-88) als Pracht- und > Lustgarten sowie Medizin- und Kräutergarten angelegte Garten des > Stadtschlosses. Nachdem dieser durch die Errichtung neuer Schanzanlagen zu klein geworden war, folgte 1679 der Ausbau eines kurfürstlichen Mustergartens auf dem zuvor als Küchengarten genutzten Gelände in Schöneberg. Um der königlichen Kasse Geld zu sparen, unterstellte Friedrich Wilhelm I. (1713-40) den Garten 1718 der > PREUSSISCHEN AKADEMIE DER WISSENSCHAFTEN ZU BERLIN, die die Anlage im Laufe der Zeit zu einem B. i.e.S. umgestaltete. Mit der Einrichtung der „Botanischen Centralstelle für die Colonien" 1891 wurden dem B. erstmals auch Forschungsaufgaben an tropischen Pflanzen übertragen.

Botanischer Garten, Kalthaus

Keine Anlage in Berlin repräsentiert bis heute so unverändert die Gartenkunst des späten 19. Jh., die sich auf Peter Joseph Lenné und Gustav Meyer berief. Am Ostrand des Gartens liegen als weitgehend geometrisch gestalteter Komplex 15 Schaugewächshäuser mit einer Gesamtfläche von mehr als 6.000 m², die die Stelle des Schlosses im fürstlichen Garten vertreten. Das 1907 vollendete, 1965-68 erneuerte, 1.728 m² überdachende Große Tropenhaus ist mit 25 m Höhe eines der größten der Welt und gilt als herausragendes Beispiel für die Glas-Stahl-Architektur des 19. Jh. Davor liegt das Victoria-Haus. Die seitlich anschließenden Gewächshäuser wurden 1980-87 unter Leitung des Architekten Engelbert Kremser erneuert. Vor den Gewächshäusern liegt der Italienische Garten in geometrischer Anlage. Der übrige Garten ist im englischen Parkstil gehalten und gliedert sich im wesentlichen in drei Abteilungen: Im Zentrum des B. werden auf 13 ha typische Vertreter pflanzengeographischer Formationen aus aller Welt gezeigt; 14 ha im Westen werden vom parkartigen Arboretum (Gehölz- und Rosensammlung) eingenommen, und in der Westecke befindet sich die 6.100

m² große systematische Abteilung mit ca. 1.500 nach Familien geordneten krautigen Pflanzenarten. Am Ostrand des Parkgeländes entstand 1981-83 ein 3.000 m² großer Duft- und Tastgarten für Sehbehinderte und Rollstuhlfahrer. Zur Aufzucht und für wissenschaftliche Spezialkulturen stehen 30 Kultur-Gewächshäuser zur Verfügung. Jährlich liefert der B. etwa 30-40.000 Pflanzen bzw. Pflanzenteile als Anschauungs- und Übungsmaterial an die Berliner Hochschulen.

Neben dem Eingang am Königin-Luise-Platz befindet sich das *Botanische Museum*. Garten und Museum bilden eine einheitliche Bildungs-und Forschungseinrichtung für systematische Botanik und Pflanzengeographie. Das Museum entstand aus dem Königlichen Herbarium (1815) und erhielt 1878-80 ein eigenes Museumsgebäude auf dem Gelände des damaligen B. in Schöneberg. 1905/06 wurde es zusammen mit dem B. an seinen heutigen Standort verlegt. Es enthält umfangreiche wissenschaftliche Pflanzensammlungen, darunter das Generalherbarium mit rd. 2,5 Mio. Herbarbögen. Die ursprünglich über 4 Mio. Bögen umfassende Sammlung wurde im II. Weltkrieg zu großen Teilen zerstört; ihr Wiederaufbau dauert bis heute an. Für die Öffentlichkeit zugänglich ist das dem B. angegliederte Schaumuseum, das einzige speziell botanische Museum in Europa. Gezeigt werden anhand von Modellen Fortpflanzung und Vermehrung im Pflanzenreich sowie Morphologie und Anatomie der Samenpflanzen, Nutzpflanzen aus aller Welt und ihre Produkte und – in einer Sonderabteilung – altägyptische pflanzliche Grabbeigaben (Originale der Sammlung Schweinfurth). Zum Museum gehört eine Fachbibliothek mit ca. 100.000 Bänden, 150.000 Sonderdrucken und 1.320 laufenden Zeitschriften. B. und Museum haben die Rechtsform einer Anstalt des öffentlichen Rechts in der Zuständigkeit der > SENATSVERWALTUNG FÜR WISSENSCHAFT UND FORSCHUNG. Sie beschäftigen über 200 Mitarbeiter. Ihr Etat wird zu 5 % aus den Eintrittsgeldern und zu 95 % vom Land Berlin gedeckt. Die Arbeit von Garten und Museum werden von einem 1987 gegründeten, privaten Freundesverein unterstützt, der sich neben finanzieller Hilfe v.a. um die Förderung der botanischen Forschung und die Information der Öffentlichkeit bemüht.

1988 wurde beim B. als pädagogische Beratungsstelle eine der > SENATSVERWALTUNG FÜR

SCHULE, BERUFSBILDUNG UND SPORT unterstehende *Botanikschule* eingerichtet. Ihre Aufgabe ist in erster Linie die Beratung von Biologielehrern und deren Versorgung mit Unterrichtsmaterial.

Brandenburger Tor: Das B. am westlichen Abschluß der Straße > UNTER DEN LINDEN am > PARISER PLATZ ist das einzige noch erhaltene *Stadttor* aus der letzten > STADTMAUER Berlins. Ursprünglich gab es 14 Tore in dieser 1734-38 von Friedrich Wilhelm I. (1713-40) errichteten Akzisemauer.

Das B. wurde 1789-91 anstelle eines kleinen, aus zwei Torpfeilern bestehenden, 1788 abgerissenen Vorgängerbaus nach dem Vorbild der Propyläen in Athen von Carl Gotthard Langhans erbaut. Es gilt als erstes bedeutendes Werk des Berliner Klassizismus. Nach seiner Fertigstellung im Juli 1791 wurde das damals weiß gestrichene Tor ohne jegliche Feierlichkeiten am 6.8. dem Verkehr übergeben. Ursprünglich sollte es den Namen „Friedenstor" erhalten. Langhans wollte mit seiner Schöpfung den Sieg des Friedens über den Krieg dargestellt wissen, wie auch die 1794 auf dem Tor aufgestellte *Quadriga* den „Triumph des Friedens" darstellen sollte.

Das aus Ziegelstein mit einer Werksteinfassade aus Elbsandstein errichtete Tor ist 20 m hoch, 65,5 m breit und 11 m tief. Der Monumentalbau hat fünf Durchfahrten, von denen die breitere mittlere bis 1918 den Mitgliedern der königlichen Familie vorbehalten war. Sie sind durch massive Mauern voneinander getrennt, die an den beiden Stirnseiten von insg. zwölf Säulen dorisch-toskanischer Ordnung von 14 m Höhe und einem unteren Durchmesser von 1,73 m verdeckt werden. Auf den Säulen ruhen ein aus Sandsteinquadern zusammengesetzter Architrav, der Metopenfries und eine Stufenattika, deren hervorgehobener reliefgeschmückter Mittelteil als Sockel für die Quadriga dient. An das Tor schließen sich Durchgänge für den Fußgängerverkehr und auf der Ostseite parallel zur Straße angeordnete tempelartige Flügelbauten an. Sie dienten früher als Gebäude für die Torwache und die Steuerbehörde.

Der bildhauerische Schmuck des Tores wurde unter Leitung von Johann Gottfried Schadow und z.T. nach seinen Entwürfen bis 1794 vollendet. Wichtigstes Element ist die bis zur Spitze rund 6 m hohe, von Schadow gestaltete *Quadriga*, die übrigens immer nach Osten gerichtet war. Sie gliedert sich in zwei Gruppen von je zwei Pferden, die von der in einem zweirädrigen Wagen stehenden Friedensgöttin gelenkt werden. Die geflügelte, mit einem Lorbeerkranz geschmückte Göttin hält in der Rechten eine Trophäe, die im Lauf der Zeit mehrfach verändert worden ist.

1804 wurde das Tor bei einer gründlichen Reparatur in der Farbe „Café au lait" gestrichen, die kurz darauf nach Protesten wieder abgekratzt werden mußte. Napoleon ließ nach dem Einzug seiner Truppen in Berlin im Oktober 1806 die Quadriga demontieren und nach Paris transportieren. Nach dem Sieg der Allianz über Napoleon kam die Quadriga 1814 nach Berlin zurück und wurde erneut auf dem B. aufgestellt, nun mit dem nach einem Entwurf von Karl Friedrich Schinkel in den Lorbeerkranz der Trophäe eingefügten Eisernen Kreuz. Seitdem galt die Skulptur auf dem B. als Siegesgöttin Victoria.

Brandenburger Tor 1930, im Hintergrund Unter den Linden

Danach gewann das B. eine mehrfach wechselnde Bedeutung als politisches Symbol (> GESCHICHTE): War das Tor zunächst Sinnbild des Sieges über Napoleon, so wurde es 1848 zum Schauplatz heftiger Kämpfe der Märzrevolution in Berlin. 1864, 1866 und 1871 war das B. Ort der Siegesfeiern nach den Kriegen gegen Dänemark, Österreich und Frankreich. Bei der Novemberrevolution 1918 wurde das B. beschädigt. Die Nationalsozialisten mißbrauchten das B. als Symbol ihres Herrschaftsanspruches und deutscher Stärke – so etwa durch den Fackelmarsch der SA durch das B. am 30.1.1933. Nach dem II. Weltkrieg wurde das B. zum Wahrzeichen für das geteilte Berlin und zum Symbol für die offene Deutsche Frage. 1989/90 war das B. schließlich der Ort, an dem die > VEREINIGUNG Deutschlands und Berlins von Hunderttausenden gefeiert wurde.

Im II. Weltkrieg wurden das B. und die Quadriga stark beschädigt. Erste Sicherungs-

Brandenburger Tor 1980

arbeiten wurden zwar noch 1946 durchgeführt, die Renovierung erfolgte jedoch erst im September 1956 durch den Ost-Berliner > MAGISTRAT. Der > SENAT VON BERLIN gab jedoch nicht, wie gefordert, die im Westteil der Stadt lagernden, 1942 hergestellten Gipsabdrücke der Quadriga heraus. Er veranlaßte vielmehr selbst die Neufertigung der Skulptur, die in der Friedenauer Gießerei Noack in Kupfer ausgeführt wurde. Ihre Übergabe – in Zeiten des Kalten Krieges ein Politikum – erfolgte am 1.8.1958, indem man die Figur auf einem Tieflader am B. abstellte. Dort wurde sie in der Nacht von Ost-Berliner Arbeitern abgeholt. Eisernes Kreuz und Adler wurden entfernt und im > MÄRKISCHEN MUSEUM aufbewahrt. Die Fertigstellung des B. erfolgte im September. Mit dem Bau der > MAUER am > 13. AUGUST 1961 kam es auch zur Sperrung der Durchfahrt durch das B.

Nach der Öffnung der innerdeutschen Grenze durch die DDR am > 9. NOVEMBER 1989 wurde das B. am 22.12.1989 in Anwesenheit von Bundeskanzler Helmut Kohl, DDR-Mini-

Brandenburger Tor von Osten 1992

sterpräsident Hans Modrow, dem > REGIERENDEN BÜRGERMEISTER VON BERLIN Walter Momper und dem > OBERBÜRGERMEISTER von Ost-Berlin Erhard Krack wieder geöffnet. Der Abbau des meterdicken Betonwalls vor dem B. erfolgte im ersten Halbjahr 1990. In der Silvesternacht 1989 kam es am B. zu einer in Hörfunk und Fernsehen landesweit übertragenen Feier, die als einer der Höhepunkte im Prozeß der Vereinigung gilt. Im März 1990 wurde die dabei stark beschädigte Quadriga demontiert und zur Restaurierung in das > MUSEUM FÜR VERKEHR UND TECHNIK gebracht. Bei der Restaurierung wurde in die Trophäe das Eiserne Kreuz eingefügt. Die über 1,5 Mio. DM Reparaturkosten deckten zum großen Teil Spenden der Bevölkerung sowie der Verkauf eines Buttons anläßlich des Festes der Einheit am > 3. OKTOBER 1990. Am 6.8.1991 wurde der 200. Jahrestag der Öffnung des B. in einer Feierstunde auf dem > PARISER PLATZ mit Ansprachen des Regierenden Bürgermeisters von Berlin, Eberhard Diepgen, und des brandenburgischen Ministerpräsidenten, Manfred Stolpe, sowie einem Konzert des > RADIO-SYMPHONIE-ORCHESTERS BERLIN begangen. Die Öffnung des B. für den > ÖFFENTLICHEN PERSONENNAHVERKEHR, Taxen und Radfahrer erfolgte am 26.5.1992 um 19 Uhr.

Breitscheidplatz: Der im wesentlichen die Fläche des ehem. *Auguste-Viktoria-Platzes* einnehmende B. zwischen > KURFÜRSTENDAMM, > TAUENTZIENSTRASSE und der Budapester Str. entstand nach verschiedenen Umbauten in seiner heutigen Form 1984. In der Mitte des Platzes befindet sich die als Mahnmal gegen den Krieg gesicherte Turmruine der 1891-95 erbauten > KAISER-WILHELM-GEDÄCHTNISKIRCHE sowie der beiderseits des Turms 1961-63 von Egon Eiermann errichtete Neubau. Östlich des Platzes steht das 1963-65 nach Plänen von Helmut Hentrich und Hubert Petschnigg entstandene > EUROPA-CENTER.

Seit Aufhebung der Straßenverbindung (*Schnalle*) zwischen > KURFÜRSTENDAMM und Budapester Str. 1977/78 erstreckt sich der B. als geschlossener weiträumiger Fußgängerbereich. Im Zuge einer umfassenden Neugestaltung 1982-84 durch Ivan Krustik und Oskar Reith wurde an der Südostecke des Platzes 1983 der *Weltkugelbrunnen* von Joachim Schmettau aufgestellt. Das halbkugelförmige Bauwerk aus rotem Granit und Bronze ist auf mehreren Ebenen angelegt, das Wasser sprudelt aus zahlreichen Öffnungen und fließt über eine Kaskadentreppe ins untere Sammelbecken.

Briefmarken: Seit im Zuge der > VEREINIGUNG die Deutsche Post der DDR von der > DEUTSCHEN BUNDESPOST übernommen wurde, gelten die in Deutschland einheitlichen Postwertzeichen auch für Berlin. Dort gab es zwischen 1948-90 im Westteil der Stadt besondere B., während im Ostteil der Stadt die Postwertzeichen der DDR Verwendung fanden. Zunächst wurde im September 1948 die Deutschland-Gemeinschaftsausgabe von 1947 mit einem schwarzen und 1949 mit einem roten Aufdruck „Berlin" versehen, während im Ostsektor bereits zwei Monate zuvor diese Marken mit dem schwarzen Aufdruck „Sowjetische Besatzungszone" herausgebracht worden waren. Mit der > SPALTUNG Berlins waren dann die in den westlichen Sektoren verbliebenen Teile der bis dahin vom > MAGISTRAT für Groß-Berlin geleiteten Postorganisation gezwungen, für ihren Postverkehr eigene Postwertzeichen herauszugeben. Die erste eigenständige Dauerserie „Persönlichkeiten" erschien für Ost-Berlin und die Sowjetische Besatzungszone im Oktober 1948, die erste für die Westsektoren, „Berliner Bauten", im März 1949. Beide Marken-Verwaltungen verwendeten anfangs noch gemeinsam die Bezeichnung „Deutsche Post", Ost-Berlin ab 1950 die Bezeichnung „Deutsche Demokratische Republik", Berlin (West) ab 1952 den Zusatz „Berlin". Nach der 1953 erfolgten Eingliederung der West-Berliner Postverwaltung in die Deutsche Bundespost trugen die West-Berliner B. ab 1955 auf allen Werten den Aufdruck „Deutsche Bundespost Berlin".

Im Durchschnitt gestaltete die West-Berliner Postverwaltung pro Jahr neun Einzelwerte in eigener Regie. Ihre Dauerserien, Rollenmarken, Automatenmarken und Zuschlagsmarken wurden vom > BUNDESMINISTER FÜR POST UND TELEKOMMUNIKATION geplant und gestaltet und waren teilweise motivgleich mit den Marken des Bundes. Die in Berlin (West) und im Bundesgebiet ausgegebenen B. hatten wechselseitige Gültigkeit. Sie durften jedoch nur im jeweiligen Hoheitsgebiet an den Schaltern abgegeben werden. Die letzte der insg. 879 B. der Landespostdirektion Berlin erschien am 27.9.1990. Es handelte sich um eine 60-Pf.-Marke anläßlich des 200. Geburtstages des Pädagogen Adolf Diesterweg.

British Broadcasting Corporation (BBC): In Berlin existiert seit Ende der 40er Jahre eine selbständige Niederlassung des Deutschen Dienstes der BBC, die am > SAVIGNYPLATZ 6 im Bezirk > CHARLOTTENBURG ansässig ist. Sie dient als Verbindung zwischen den Rundfunkanstalten des deutschsprachigen Raums und der Zentrale der BBC in London. Das Berliner Büro mit eigenem Korrespondenten stellt u.a. die Sendung „Brief aus Berlin" zusammen.

Der Deutsche Dienst des britischen Rundfunksenders BBC wurde offiziell am 16.4. 1939 mit einer wöchentlichen Sendezeit von 5 h 15 min eingerichtet. Die erste Sendung wurde jedoch schon am 27.9.1938 ausgestrahlt. Der Dienst gehört zu den selbständigen Auslandsdiensten der BBC (BBC World Service), dem dritten Bereich des Senders neben den Abteilungen Fernsehen und Inlandshörfunk. Bei seiner Gründung hatte der Deutsche Dienst die Aufgabe, durch Propaganda gegen die deutsche Kriegsführung im II. Weltkrieg „zur Bewahrung des Friedens" beizutragen. Im Nationalsozialismus war das Abhören von „Feindsendern" verboten und unter drakonische Strafe gestellt, dennoch war die BBC zu dieser Zeit eine der wichtigsten Informationsquellen der deutschen Bevölkerung. Gegen Ende des II. Weltkriegs schätzte der Sender die Zahl seiner täglichen Hörer in Deutschland auf 10-15 Mio.

Heute ist der von London ausgestrahlte deutschsprachige Dienst einer von insg. 38 Auslandsdiensten. In der Londoner Zentrale des Senders arbeiten ca. 45 Mitarbeiter am deutschsprachigen Programm, das aktuelle Berichterstattung von Ereignissen aus aller Welt und Großbritannien umfaßt. Seine tägliche Sendezeit beträgt 3 h. Nach der > VEREINIGUNG wurde das Programm durch neue Sendungen (z.B. „Eurojournal" über Wirtschaft, Industrie, Handel und Finanzen) wie auch durch die Veränderung schon etablierter (z.B. das Magazin „Kaleidoskop") dem neuen gesamteuropäischen Format angepaßt. Kernstück des Programms sind weiterhin die Weltnachrichten und die aktuelle Berichterstattung über das Weltgeschehen mit Interviews, Analysen und Berichten.

In Berlin verfügt der Sender über eine eigene UKW-Frequenz und Sendeanlagen in Charlottenburg, so daß sein Programm in einem Umkreis von 50-80 km zu empfangen ist. Das Deutsche Programm wird ferner ins Kabelnetz eingespeist und ist auch über Satellit zu empfangen. Neben die Zusammenarbeit mit öffentlich-rechtlichen Rundfunkanstalten im deutschsprachigen Raum tritt vermehrt die Kooperation mit Privatsendern, die Programmteile über Satellit zur Wiederausstrahlung übernehmen.

British Forces Broadcasting Service (BFBS):
Der innerhalb des britischen Militär-Dienstleistungskomplexes „Britannia Centre" in der Wilhelmstr. 21-25 im Bezirk > SPANDAU gelegene BFBS Berlin ist der Rundfunksender der britischen Streitkräfte in Berlin (> ALLIIERTE). BFBS ist organisatorisch Teil des weltweit agierenden Mediendienstes *Services Sound and Vision Corporation (SSVC)*, der die britischen Überseestreitkräfte mit Hörfunk, Fernsehen, Kino, Video etc. versorgt. Die Zentrale des als eingetragene Gesellschaft und als e.V. organisierten SSVC befindet sich in Chalfont Grove, Großbritannien. Die Rundfunk-Unternehmen von SSVC werden durch das britische Verteidigungsministerium finanziert.
In Berlin produzieren acht festangestellte Mitarbeiter ein fünfstündiges lokales Hörfunkprogramm, das in das 24stündige Programm von BFBS-Germany eingefügt wird. Die wesentlichen lokalen Programmelemente sind das Morgenmagazin „Berlin Breakfast Show" von 6.00-9.00 Uhr und die Mittagssendung „Berlin Midday" von 12.00-14.00 Uhr. Die stündlichen BBC-Kurznachrichten sowie die abendlichen BBC-Hauptnachrichten um 19 Uhr werden direkt aus London übertragen. Die Sendestärke des UKW-Senders ermöglicht den Empfang im Großraum Berlin (> HÖRFUNK).
Seit dem 18.12.1975 strahlt BFBS das in der Zentrale in Chalfont Grove produzierte Fernsehprogramm SSVC-TV aus, dessen Programmbeiträge von den vier britischen Sendenetzen zusammengestellt werden. Die Nachrichten werden von der BBC und der privaten Fernsehgesellschaft ITN (Independant Television News) übernommen (> FERNSEHEN). Für die in Deutschland stationierten Soldaten wird ein wöchentliches lokales Programm mit ca. 1 h Dauer in der Fernsehstation Rheindahlen produziert. In Berlin beschränkt sich der terrestrische Empfang auf den Raum > CHARLOTTENBURG und Spandau. Zusätzlich wird SSVC-TV in das Kabelnetz eingespeist.
Die ersten Hörfunksendungen wurden 1945 unter dem Namen *British Forces Network (BFN)* ausgestrahlt. Anfang der 60er Jahre wurde der Sender in BFBS umbenannt. 1961 eröffnete er im Rahmen seiner Regionalisierung sein Studio Berlin. Im Zuge der > VEREINIGUNG und dem daraus resultierenden Abzug der Alliierten bis Mitte der 90er Jahre wird der BFBS seine Sendetätigkeit in Berlin einstellen.

Britz: Das auf eine mittelalterliche Dorfgründung zurückgehende B. ist ein 12,4 km² großer Ortsteil im Zentrum des Bezirks > NEUKÖLLN. Die eigenartige Lage der Dorfkirche am südlichen Rande des ehem. Dorfangers zwischen Alt-Britz und Backbergstr. und nicht auf diesem, weist auf ein slawisches Vorgängerdorf aus dem 12. Jh. hin, was auch durch seit 1967 durchgeführte Ausgrabungen dokumentiert werden konnte. 1305 wird ein „Heinricus de Bryzk" urkundlich genannt, das Dorf selbst tritt erstmals im > LANDBUCH KAISER KARLS IV. von 1375 als „Britzik", „Brisk" oder auch „Brysk" in Erscheinung. Unter den späteren Besitzern des Dorfes findet sich u.a. auch eine Familie v. Britzke, die sich hier bis 1699 behaupten konnte. Ab Anfang des 18. Jh. war B. im Besitz verschiedener bedeutender preußischer Staatsbeamten, darunter der Hofmarschall v. Erlach (ab 1706), der preußische Staatsminister Heinrich Rüdiger v. Ilgen (1719) und der Staats- und Kabinettsminister Ewald Friedrich Graf v. Hertzberg (1753). An Ilgen erinnert eine von Rudolf Siemering 1900 für die Berliner > SIEGESALLEE geschaffene Porträtbüste im Gutspark, an Hertzberg die dort unter ihm angelegte Lindenallee.
1873 wurden Landgemeinde und Gutsbezirk zusammengelegt. Um die Jahrhundertwende war B. berühmt für die ab 1864 auf der Britzer Feldmark durch die Gärtnerei Späth begründeten Baumschulen (Späthstr., seit 1938 bei > TREPTOW; > ARBORETUM) und die Rosenzucht. An diese Tradition erinnert ein 1965 eröffneter Rosengarten mit 40.000 Pflanzen an der Fulhamer Allee/Ecke Alt-Britz. 1890 erhielt B. durch eine Pferdebahn eine Verbindung zum Rixdorfer > HERMANNPLATZ (> STRASSENBAHN), wodurch v.a. im Norden große Mietshäuser in Blockbebauung entstanden. 1894-96 errichtete der Kreis Teltow das Krankenhaus B. an der Blaschkoallee 132, dessen Zukunft nach der 1987 erfolgten Fertigstellung des Neubaus für das Krankenhaus Neukölln an der Rudower Str. noch ungewiß ist. Östlich des alten Dorfkerns liegt an der Fritz-Reuter-Allee als weltberühmtes Bei-

spiel für den Berliner Siedlungsbau der 20er Jahre die 1925-31 von Bruno Taut und Bruno Schneidereit errichtete > HUFEISENSIEDLUNG, an die südlich an Grünem Weg und Gutschmidtstr. die zwischen 1953 und 1960 errichteten Wohngebiete von Britz-Süd anschließen, deren gesamte Marktplatzanlage als hervorragendes Beispiel des Bauens in den 50er Jahren 1991 unter > DENKMALSCHUTZ gestellt wurde (> BAUGESCHICHTE UND STADTBILD).

Aus dem Mittelalter erhalten hat sich die Dorfkirche, ein rechteckiges Langhaus mit einfachem Dachturm aus der zweiten Hälfte des 13. Jh. (> DORFKIRCHEN). Der sehenswerte Kanzelaltar entstand 1720. In einem Gruftanbau ruht der Minister v. Hertzberg. Pfarrhaus und gegenüberliegendes Schulhaus datieren aus dem 19. Jh. Im Bereich des großen Angers stehen noch einige schöne Beispiele von Bauernhäusern des ausgehenden 19. Jh. Der heutige Ortsteil ist von einer stark gegensätzlichen Flächennutzung geprägt. Während an der alten Dorfaue das historische Ensemble aus Dorfkirche, Pfarrhaus, Schule, Gutshaus und Dorfteich fast unversehrt erhalten geblieben ist, befinden sich nur wenig nordwestlich davon an der Gradestr. größere Industrieanlagen mit einer Müllumladestation der > BERLINER STADTREINIGUNGSBETRIEBE (> ABFALLWIRTSCHAFT) und den 147 m hohen Sendetürmen des > RIAS. Im Osten wird B. zum Bezirk Treptow hin vom > TELTOWKANAL begrenzt, der sich im Norden am Zusammenfluß mit dem Britzer Zweig-Kanal und dem Neuköllner Schiffahrtskanal zum *Britzer Hafen* erweitert. Hier besteht ein Anschluß an die Neuköllner Industriegebiete an der Grenzallee. Entlang des Teltowkanals wie auch im Süden beiderseits der Trasse der den Ortsteil in Nord-Süd-Richtung durchquerenden Neukölln-Mittenwalder-Eisenbahn (> KLEINBAHNEN UND PRIVATANSCHLUSSBAHNEN) und rund um den im Rahmen der > BUNDESGARTENSCHAU (BUGA) 1985 entstandenen, 90 ha großen > BRITZER GARTEN am Massiner Weg erstrecken sich weitläufige Kleingartenkolonien (> KLEINGÄRTEN). Über die 1963 verlängerte U-Bahn-Linie 7 hat B. Anschluß an die > CITY (> U-BAHN). Seiner Lage auf der Hochfläche des > TELTOW verdankt B. mehrere landschaftlich wertvolle Sölle und > PFUHLE, so den *Fennpfuhl* westlich der Hufeisensiedlung oder den *Roetepfuhl* am Massiner Weg.

Besondere Sehenswürdigkeiten sind neben dem Britzer Garten die 1985 im Rahmen der BUGA wieder funktionsfähig hergestellte Britzer Mühle am Buckower Damm, wo Interessierte das Müllerhandwerk erlernen können (> WINDMÜHLEN), und das heute als *Schloß Britz* bezeichnete ehem. Gutshaus mit dem durch die > GARTENDENKMALPFLEGE restaurierten Gutspark und zugehörigem Wirtschaftshof. Nach gründlicher Restaurierung 1985-88 im Zustand eines Umbaus durch Carl Busse von 1883 dient das repräsentative Gebäude dem Bezirksamt als Ort kultureller Veranstaltungen und Ausstellungen, präsentiert aber auch in einem Teil der Räume Möbel und Kunsthandwerk des Historismus. Der zum Gutshaus gehörende, 1870-80 im italienischen Landhausstil errichtete Wirtschaftshof wird heute vom Gartenbauamt Neukölln sowie von Geschäftsstelle und Archiv des Bürgervereins Berlin-Britz genutzt.

Das ehem. Amtshaus der bis zur Eingemeindung nach > GROSS-BERLIN 1920 selbständigen Landgemeinde, ein 1891 nach Plänen von Erich Tiedt errichteter dreigeschossiger Backsteinbau am Britzer Damm 93, wurde 1991 umfassend renoviert und dient heute den Abteilungen Sozialwesen sowie Frauen, Jugend und Sport des Bezirksamts als Außenstelle (> RATHÄUSER). In der Zeit der > SPALTUNG hat sich als bescheidener Ersatz für die traditionellen Festlichkeiten in Werder, Kreis Potsdam, in der Parchimer Allee ein regelmäßig im Frühjahr veranstaltetes Baumblütenfest etabliert. 1987 bei der letzten Volkszählung hatte B. rd. 38.000 Einwohner.

Britzer Garten: Der 90 ha große B. am Massiner Weg im Südwesten von > BRITZ, einem Ortsteil des Bezirks > NEUKÖLLN, entstand als Erholungspark auf einem landwirtschaftlich und gartenbaulich genutzten Gelände für die vom 25.4.-20.10.1985 in Berlin durchgeführte > BUNDESGARTENSCHAU (BUGA). Seinen heutigen Namen erhielt er im Sommer 1989. Der B. war, abgesehen von den durch Renaturierung aus den ehem. > TRÜMMERBERGEN oder Mülldeponien gewonnenen Grünanlagen die erste neugeschaffene große Parkanlage in West-Berlin seit 50 Jahren (> STADTGRÜN). Nach dem Bau der > MAUER 1961 war besonders für die Bevölkerung an der südöstlichen innerstädtischen Grenze ein empfindliches Defizit an Erholungsflächen entstanden, das es auszugleichen galt. Der Auftrag zur Gesamtplanung ging an den Landschaftsarchitekten Wolfgang Miller aus

Stuttgart, der den 2. Preis in dem 1976 ausgeschriebenen Ideenwettbewerb gewonnen und 1981 bereits die Bundesgartenschau in Kassel geplant hatte. An Teilbereichen und Bauwerken im B. waren außerdem zahlreiche weitere Gartenarchitekten, Architekten und Künstler beteiligt. 1979 begannen die Bauarbeiten. Es entstand ein modernen Bedürfnissen entsprechender und an klassischen Vorbildern orientierter Landschaftspark mit einem weit verzweigten, insg. 10 ha großen See in der Mitte und drei künstlichen > BERGEN (56-63 m über NN). Der mittlere der drei (16 m über Seeoberfläche) kann als Rodelberg genutzt werden (> RODELBAHNEN) und ist auf der Rückseite mit einer künstlichen Quelle ausgestattet, die einen „Wildbach" mit Wasserfall speist.

Da die BUGA v.a. auch den nationalen Leistungsstand der gärtnerischen Berufe zeigen soll, wurden in den Randzonen Sondernutzungen angesiedelt. An den bekannten Potsdamer Staudenzüchter Karl Foerster und dessen Ideen vom Naturgarten erinnert der Karl-Foerster-Garten mit 300 verschiedenen Staudenarten und dazugehörigem Ausstellungspavillon. Dieser wird jetzt von der Bundesgeschäftsstelle der Deutschen Gesellschaft für Gartenkunst und Landschaftspflege e.V. genutzt. In das Gelände übernommen wurde der eiszeitliche Karpfen-Röthepfuhl (> PFUHLE). Auf der Ostseite wurden außerdem künstliche Biotope angelegt, die den Einfluß der ökologischen Bewegung dokumentieren. In einem Freilandlabor finden naturkundliche Ausstellungen und Unterweisungen statt.

Auffallende Bauwerke sind der Kalenderplatz im nordöstlichen Parkbereich und die sog. Rhizomatische Brücke der Architekten Clod Zillich, Jasper und Jürgen Zilling sowie das Café am See von Engelbert Kremser. Der Kalender- oder Sonnenplatz, eine riesige Sonnenuhr mit dem Zeiger (Gnomon) im Mittelpunkt, ist von 24 Rippen umgeben, die die Stunden des Tages markieren. Die Rhizomatische Brücke bildet ein skulpturales Ensemble aus Stahl und Holz, einem verzweigten Wurzelgeflecht (= Rhizom) gleichend. Bei Errichtung des Café-Gebäudes fand die sog. „Erd-Architektur" Anwendung: Die Gebäudeschale aus Beton entstand als Abdeckung eines vom Künstler mit der Hand geformten Lehmhügels, der nach Erstarren der Schale durch die ausgesparten Fenster- und Türöffnungen wieder entfernt wurde.

1989 änderte die ehemalige BUGA-Veranstaltungsgesellschaft ihren Namen in „Britzer Garten GmbH Berlin", die seit September 1991 auch den aus der ehem. Berliner Gartenschau hervorgegangenen > ERHOLUNGSPARK MARZAHN betreut. Alleingesellschafter der GmbH ist seit 1991 das Land Berlin, die laufenden Kosten werden als Zuwendungen durch die > SENATSVERWALTUNG FÜR STADTENTWICKLUNG UND UMWELTSCHUTZ (SENSTADTUM) finanziert. Im Interesse des Qualitätsstandards blieb die für die Gartenschau errichtete Einzäunung bestehen; für den Besuch des Gartens wird ein geringes Eintrittsgeld erhoben. Den 5 km langen Rundkurs der ehem. Gartenschaubahn nutzt seit 1987 die unter privater Regie betriebene „Britzer Museumsbahn" (> KLEINBAHNEN UND PRIVATANSCHLUSSBAHNEN). 1991 wurden im B. rd. 1,3 Mio. Besucher gezählt. Nördlich des Geländes an der Mohriner Allee 137 liegt das Pflanzenschutzamt Berlin der SenStadtUm sowie die Versuchsgärtnerei der > SENATSVERWALTUNG FÜR WIRTSCHAFT UND TECHNOLOGIE.

Bröhan-Museum: Das im Oktober 1983 eröffnete B. in der Schloßstr. 1a im Bezirk > CHARLOTTENBURG ist aus der Privatsammlung des Kunstsammlers Karl H. Bröhan hervorgegangen. Es zeigt Kunsthandwerk, Möbel, Industriedesign und Gemälde aus dem Zeitraum zwischen der Weltausstellung in Paris 1889 und dem Ausbruch des II. Weltkriegs 1939, umfaßt die Stilrichtungen vom Jugendstil und Art déco bis hin zum Funktionalismus und dem Beginn des modernen Designs.

Die Präsentation von ca. 1.600 Objekten, eine Auswahl aus der sehr umfangreichen Sammlung, in 23 Räumen folgt dem Konzept der chronologischen Darstellung von Ensembles, um Kunstobjekte und Gebrauchsgegenstände aus Porzellan, Silber, Glas oder Keramik in Kombination mit Möbeln, Teppichen und Lampen zeigen zu können. Im Erdgeschoß werden u.a. französische Möbel, korrespondierend mit Porzellanen aus deutschen, skandinavischen und französischen Manufakturen, insbes. der > KPM – KÖNIGLICHEN PORZELLAN-MANUFAKTUR, Glas der Jugendstilzeit aus Böhmen und Frankreich sowie schlichten, transparenten Gläsern der 20er und 30er Jahre aus Schweden und Österreich gezeigt. Im Obergeschoß befindet sich ein großer Sonderausstellungsraum. Zwei zusätzliche Räume sind dem Architekten Henry van de

Velde bzw. der besonderen Rolle der Wiener Werkstätte gewidmet. Maler der Berliner Secession stehen im Mittelpunkt der Bildersammlung, die u.a. Gemälde von Karl Hagemeister, Willy Jaeckel und Hans Baluschek umfaßt. Insbes. das Werk Baluscheks ist reichhaltig vertreten; eine an Umfang vergleichbare Sammlung bietet nur noch das > MÄRKISCHE MUSEUM.

Anfang der 80er Jahre schenkte Bröhan seine ab 1966 aufgebaute Sammlung dem Land Berlin. 1983 verlegte man die ursprünglich in einer Dahlemer Villa in der Max-Eyth-Str. 27 untergebrachte Sammlung in ihr heutiges Domizil, einen dreigeschossigen, 1892-93 als Infanteriekaserne nach Plänen des Garnisons-Bauinspektors Kahl errichteten Bau an der Schloßstr. 1988/89 erfolgte die Erweiterung durch den Ausbau des Obergeschosses. Träger des B. ist die „Stiftung Bröhan". Finanziert wird das den Landesmuseen gleichgestellte Museum von der > SENATSVERWALTUNG FÜR KULTURELLE ANGELEGENHEITEN (> MUSEEN UND SAMMLUNGEN).

Brosepark: Der etwa 4 ha große B. an der Dietzgenstr. zwischen Wackenbergstr. und Beuthstr. im Pankower Ortsteil > NIEDERSCHÖNHAUSEN erhielt seinen Namen nach dem Berliner Bankier Wilhelm Brose. Dieser hatte hier 1804 ein Grundstück erworben und durch Zukauf allmählich auf seine heutige Größe erweitert. Vor dem Park in der Dietzgenstr. 42 ist aus dieser Zeit noch ein um 1820 für Brose als Wirtschaftsgebäude eines Landhauses errichteter eingeschossiger, verputzter Fachwerkbau erhalten. Der Park wurde 1920 in städtisches Eigentum überführt und ist seitdem für die Öffentlichkeit zugänglich. Zu dem wertvollen alten Baumbestand gehört eine zum Naturdenkmal erklärte Flußzeder (> NATURSCHUTZ). 1990 wurde eine mehrjährige, aufwendige Rekonstruktion des Parks abgeschlossen. Hinter dem Parkeingang steht eine 1911 von Reinhold Felderhoff geschaffene Bronzeplastik einer Mutter mit Kind, die 1970 hier aufgestellt wurde.

Brücke-Museum: Das B. am Bussardsteig 9 im Bezirk > ZEHLENDORF zeigt in wechselnden Ausstellungen Gemälde, Plastiken, Aquarelle, Zeichnungen, Druckgraphik und andere Werke der 1905 in Dresden gegründeten, 1910 nach Berlin übergesiedelten und 1913 aufgelösten expressionistischen Künstler-

gruppe „Die Brücke". Grundstock der Sammlung des am 15.9.1967 eröffneten Museums waren 74 Bilder des Malers Karl Schmidt-Rottluff, die dieser 1964 aus Anlaß seines 80. Geburtstages dem Land Berlin geschenkt hatte. Darüber hinaus stellte er seinen gesamten Nachlaß in Aussicht, unter der Bedingung der öffentlichen Präsentation und konservatorischer Betreuung. Durch Schenkungen des ebenfalls zur Brücke zählenden Malers Erich Heckel wurde die Sammlung erweitert. Heute verfügt das B. neben Werken aus Früh- und Reifezeit aller Brücke-Künstler (neben den genannten die Maler Ernst Ludwig Kirchner, Otto Mueller, Max Pechstein, Emil Nolde, Franz Bleyl u.a.) auch über Wer-

Erich Heckel: Sitzendes Kind, 1910

ke von Malern, die mit der Gruppe befreundet waren, wie z.B. Max Kaus und Emy Roeder. Das B. besitzt damit eine der bedeutendsten expressionistischen Sammlungen Deutschlands.

Träger des B. ist das Land Berlin. Die „Karl und Emy Schmidt-Rottluff-Stiftung" und der „Fördererkreis Brücke-Museum e.V." unterstützen das B. bei seiner Arbeit. Das 1967 eigens für das Museum nach Plänen des Architekten Werner Düttmann errichtete Gebäude entstand auf Anregung Schmidt-Rottluffs, der einen erheblichen Beitrag zu den Baukosten stiftete. Der in der Tradition des Bauhauses stehende Flachbau bietet (neben den Verwaltungsräumen, einem graphischen Kabinett und Depoträumen im Kellergeschoß) in vier, um einen offenen Innenhof gruppierten Oberlichträumen mit einer Ausstellungsfläche von ca. 550 m² etwa 150 Bildern Platz.

Brücken: In Berlin gibt es Anfang 1992 1.662 B. und 142 *Tunnel*, darunter 590 Straßenbrücken, 656 Eisenbahn- und S-Bahn-Brücken sowie 70 U-Bahn-Brücken. 328 B. dienen ausschließlich dem Fußgängerverkehr. Von den 1.804 B. und Tunneln stehen 953 unter der Verwaltung des Landes Berlin (B. in der Baulast des Landes oder des Bundes im Zuge von > BUNDESFERNSTRASSEN oder > WASSERSTRASSEN); die anderen unterstehen der Wasserstraßenverwaltung, der > DEUTSCHEN REICHSBAHN oder sind Privatbauwerke.

Die älteste, heute noch erhaltene B. Berlins ist die 1798 als sog. Sinusoiden-Zugbrücke erbaute, 23,5 m lange > JUNGFERNBRÜCKE über die > FRIEDRICHSGRACHT im Bezirk > MITTE. Die längste B. Berlins ist mit 906 m Spannweite die 1958-61 erbaute *Rudolf-Wissell-Brücke* im Verlauf des Berliner Autobahn-Stadtrings (A100). Sie überquert in Höhe der > SIEMENSSTADT Bahnanlagen der Hamburger und Lehrter > EISENBAHN sowie die > SPREE und dürfte mit etwa 160.000 Kraftfahrzeugen täglich gleichzeitig die am stärksten befahrene B. Deutschlands sein. Als längste Fußgängerbrücke überquert die 522 m lange *Zentralviehhofbrücke* im Bezirk > PRENZLAUER BERG in Höhe des S-Bahnhofs Storkower Str. die Bahnanlagen der > RINGBAHN und das Gelände des ehem. Ost-Berliner Fleischkombinats (> SCHLACHTHOF BERLIN). Von internationaler technischer Bedeutung ist der als Versuchsbrücke konstruierte Adolf-Kiepert-Steg am > FREIZEITPARK MARIENFELDE. Die höchste B. Berlins ist eine Rampenbrücke über den > TELTOWKANAL im Zuge der Autobahn-Abzweigung Neukölln (A 102) mit einer Höhe von 20 m über dem Wasserspiegel. Unter dem Flughafen Tegel (> FLUGHÄFEN) im Zuge des Autobahnzubringers Hamburg (A 111) befindet sich der längste Tunnel Berlins mit 1.050 m. Die einzige Hängebrücke ist die 1838 von der Firma Borsig erbaute und nach ihrer Zerstörung im II. Weltkrieg 1957 wiederhergestellte *Löwenbrücke* im > GROSSEN TIERGARTEN.

26 B. und Tunnel stehen unter > DENKMALSCHUTZ, darunter z.B. die Jungfernbrücke, die > SCHLOSSBRÜCKE oder die > WEIDENDAMMER

BRÜCKE in Berlin-Mitte, die > OBERBAUMBRÜCKE über die Spree zwischen > KREUZBERG und > FRIEDRICHSHAIN, das Fußgängergeschoß unter dem > ALEXANDERPLATZ oder der Spreetunnel in > FRIEDRICHSHAGEN.

Buch: Das an der > PANKE gelegene einstige Straßendorf B. ist ein Ortsteil des Bezirks > PANKOW im äußersten Nordosten Berlins. Die Bucher Feldmark ist überaus reich an ur- und frühgeschichtlichen Fundplätzen, die auf eine intensive Besiedlung schon in der Bronzezeit hinweisen (> BESIEDLUNG DES BERLINER RAUMS). Die beim Bau der Heil- und Pflegeanstalt an der Wiltbergstr. 1909-14 gemachten Funde waren so bedeutend, daß die dortigen bronzezeitlichen Wohnhäuser aus dem 10-8. Jh. v. Chr. als „Typ Buch" Eingang in die Fachliteratur fanden. Bei Errichtung der neuen Wohngebiete, besonders Buch IV an der Karower Chaussee, werden diese Ergebnisse seit 1982 weiter ausgebaut und großflächig bereichert, wobei auch frühgermanische und slawische Siedlungsreste zum Vorschein kamen. Die Grabungen werden von der Forschungsstelle des > MÄRKISCHEN MUSEUMS betreut.

Urkundlich tritt B. erstmals 1289 durch den Berliner Ratmann Johannes Buch in Erscheinung, der sich nach diesem Ort nannte. Das > LANDBUCH KAISER KARLS IV. von 1375 bezeichnet das damals 40 Hufen große Dorf als „Buch slavica, Wentzschenbuek, Wentschenbug", also Wendisch-Buch. Auf den Reichsfreiherrn Gerhard Bernhard v. Pöllnitz, der B. 1669 übernahm, geht die Anlage eines 64 Morgen großen holländischen Gartens beim Gutshaus zurück. 1724 kaufte der preußische Staatsminister und Geheime Etatsrat Adam Otto v. Viereck das Gut. Er ließ den Park wesentlich vergrößern und beauftragte den Baumeister Friedrich Wilhelm Diterichs mit dem Bau des Schlosses (nach Kriegsschäden 1964 wegen Baufälligkeit abgerissen) und einer Schloßkirche anstelle der bescheidenen Dorfkirche (> SCHLOSSKIRCHE BUCH; > DORFKIRCHEN). Unter der Familie v. Voß wurde der Park um 1810/20 noch einmal umgestaltet.

Vom alten Straßendorf B. hat sich als letztes Zeugnis der 1823 neu errichtete Schloßkrug in Alt-Buch erhalten. 1844 wurde die durch B. führende Eisenbahnlinie nach Bernau eröffnet, die aber erst 1879 einen Haltepunkt in B. erhielt (> EISENBAHN; > S-BAHN). Eine grundlegende Umwandlung des Ortes erfolgte dann ab 1898, als die Stadt Berlin das gesamte Gutsgebiet einschl. des 285 ha großen Bucher Forsts kaufte, um auf dem größten Teil der Feldmark nach Plänen des Berliner Baurats James Hobrecht Rieselfelder anzulegen. Der Berliner > MAGISTRAT machte das Schloß B. zum Sommersitz des > OBERBÜRGERMEISTERS und ließ ab 1899 v.a. durch Ludwig Hoffmann in großem Stil Wohlfahrts-, Pflege- und Krankeneinrichtungen errichten. 1962 wurden sie mit weiteren Instituten, Kliniken und Forschungseinrichtungen zum > KLINIKUM BERLIN-BUCH zusammengefaßt. Bei der Bildung > GROSS-BERLINS 1920 wurde B. aus dem Kreis Niederbarnim nach Berlin eingemeindet.

1945 kam B. mit Pankow zum sowjetischen Sektor (> SEKTOREN). Das Stadtgut wurde in ein Volkseigenes Gut (VEG) umgewandelt (> STADTGÜTER). Der von der Panke durchflossene Schloßpark wurde 1955/57 wiederhergestellt. 1980 übernahm das Büro für architekturbezogene Kunst, eine für die Stadtgestaltung zuständige Einrichtung des Ost-Berliner Magistrats, den heute denkmalgeschützten Gutshof. In den folgenden Jahren entstand daraus der *Künstlerhof Buch,* ein Atelier- und Werkstättenkomplex mit ca. 40 Arbeitsplätzen zur Nutzung durch Berliner Künstler. Mit der > VEREINIGUNG übernahm die > SENATSVERWALTUNG FÜR KULTURELLE ANGELEGENHEITEN die Einrichtung, die 1994 in freie Trägerschaft übergeben werden soll. Im Park und im Bereich des Gutshofs sind vorläufig Denkmäler und Architekturfragmente aus der Berliner Innenstadt aufgestellt bzw. gelagert, darunter erhaltene Bauteile des 1950 abgerissenen Berliner > STADTSCHLOSSES.

Ab 1969 entstanden in B. vier Neubaugebiete mit über 5.000 Wohnungen. Der Bucher Forst mit seinem vielfältigen Pflanzenbestand hat sich weitgehend erhalten und ist Landschaftsschutzgebiet. An seiner Südseite liegen als eiszeitliche Überreste der *Bogensee* sowie der „1te und 2te Karpfenteich". Höchste Erhebung in B. ist der 83 m hohe *Stener Berg* südlich der Zepernicker Str.

Buchholz: B. ist ein ländlich geprägter Ortsteil des Bezirks > PANKOW im Nordosten Berlins. Als Grenzort zu Schönerlinde wird das ehemalige Angerdorf schon 1242 urkundlich genannt. Auch im > LANDBUCH DES KAISERS KARL IV. von 1375 findet der für damalige Verhältnisse große Ort ausführliche Erwähnung. Bei der Bildung > GROSS-BERLINS 1920 wurde der Ort vom Kreis Niederbarnim

nach Berlin eingemeindet. Von 1945-90 gehörte er zum sowjetischen Sektor (> SEKTOREN).

Auf den vom Dreißigjährigen Krieg wüst hinterlassenen Stellen wurden ab 1688 französische Glaubensflüchtlinge angesiedelt (> BEVÖLKERUNG). In der Folge bürgerte sich deshalb allmählich der Name Französisch-B. ein, der erst 1913 amtlich in Berlin-B. geändert wurde. Noch 1750 waren von 14 Bauern sechs und von 18 Häuslern elf französischer Herkunft. Die französischen Siedler pflegten besonders den Gartenbau, der B. Ende des 18. Jh. zu einem beliebten Ausflugsziel der Berliner werden ließ. Zu Beginn des 20. Jh. kam es auf der Dorffeldmark zur Anlage ausgedehnter Gartenkolonien. Der Gemüse- und Zierpflanzenanbau hat sich in B. bis in die Gegenwart erhalten. Vier insg. etwa 12 ha große Teiche westlich der Bucher Str. werden vom Berliner Anglerverband als Aufzuchtgewässer für jährlich etwa 60.000 Karpfen genutzt. Der 1 ha große *Krugpfuhl* nördlich der Anlage Schweizertal verweist auf die eiszeitliche Entstehung des Geländes (> BARNIM; > PFUHLE).

Von der mittelalterlichen Dorfkirche aus der zweiten Hälfte des 13. Jh. hat sich nur das Schiff erhalten (> DORFKIRCHEN); der Chor wurde 1852 durch ein aufwendiges Querschiff im Stile der Schinkel-Nachfolge ersetzt, während der holzverkleidete Turm 1886 in Backstein neu errichtet wurde. Am Dorfanger finden sich zahlreiche ansehnliche Wohnhäuser des ausgehenden 19. Jh. Von den älteren Wirtschaftsgebäuden ist die aus der Zeit um 1800 stammende Scheune auf dem Pfarrhof hervorzuheben. Besondere Beachtung verdienen an der Berliner Str. auch die Häuser Nr. 7 (mit reichem Jugendstilschmuck) und die 1908 als Gemeindeschule errichtete Nr. 19 (mit plastischen Verzierungen).

Buckow: Das auf ein mittelalterliches Dorf zurückgehende B. ist ein an der südlichen Stadtgrenze zum Kreis Königs Wusterhausen gelegener Ortsteil des Bezirks > NEUKÖLLN (> DÖRFER). Während im Westen der alte Dorfkern mit Dorfkirche, Krug, Dorfaue und Teich weitgehend erhalten hat, wird die östlich des Dorfes gelegene ehem. Buckower Feldmark zum großen Teil von der 1962-75 für rd. 45.000 Einwohner erbauten > GROPIUSSTADT eingenommen. Das ehem. Angerdorf wird erstmals 1373 urkundlich genannt. Waren im Mittelalter größtenteils Bürger aus Berlin und > KÖLLN Besitzer von B., so konnten es im 18. Jh. v.a. preußische Beamtenfamilien in ihre Hand bringen. 1864 gehörte der Ort dem Berliner Hofphotographen F. Albert Schwartz. Nicht zuletzt wegen der schlechten Verkehrsanbindung an Berlin hat sich der ländliche Charakter des Ortsteils über die Eingemeindung nach > GROSS-BERLIN 1920 hinaus erhalten (Der U-Bahn-Anschluß erfolgte erst mit dem Bau der Gropius-Stadt; > U-BAHN). 1945 kam B. mit Neukölln zum amerikanischen Sektor (> SEKTOREN).

Ältestes Gebäude in B. ist die prachtvolle alte Dorfkirche, wohl um 1250 errichtet als einschiffiger Quaderbau mit geradem Chorschluß im Osten (> DORFKIRCHEN). Der breite Westturm mit Satteldach gehört neben dem der Kirche in > MARIENFELDE zu den am besten erhaltenen der Zeit. Von den beiden mittelalterlichen Glocken ist eine aus dem Jahre 1322 datiert. Im Innern der Kirche sind spätgotische Gewölbemalereien erhalten, die erst 1908 und 1950 freigelegt wurden. Einige kostbare Ausstattungsstücke stammen aus der Berliner > MARIENKIRCHE und der Klosterkirche des > GRAUEN KLOSTERS, darunter das ausgezeichnete Epitaph des 1412 in der Schlacht am Kremmer Damm gefallenen Grafen Johann v. Hohenlohe. In der Straße Alt-Buckow ist der Wohnhausbau von Bauern und Häuslern aus dem 19. Jh. in vielen guten Beispielen dokumentiert.

Im Westen (Buckow I) liegt die nach dem II. Weltkrieg entstandene Siedlung *Neu-Buckow*, die 1963 ein eigenes Evangelisches Gemeindezentrum erhalten hat. Im Osten (Buckow II) liegt um das Krankenhaus Neukölln beiderseits der Rudower Str. ein ausgedehntes, überwiegend mit einzelstehenden Siedlungshäusern bebautes Gebiet. Hier steht an der Goldammerstr. als älteste erhaltene > WINDMÜHLE Berlins die auf das Jahr 1753 zurückgehende *Jungfernmühle*. Zum Zeitpunkt der letzten West-Berliner Volkszählung 1987 lebten in dem ca. 8,3 km² großen Ortsteil rd. 62.000 Personen.

Buddhistisches Haus: Das 1922-24 nach Plänen von Max Meyer am Ostende des Edelhofdamms (Nr. 54) im Bezirk > REINICKENDORF errichtete B. entstand als erstes buddhistisches Heiligtum in Deutschland auf Anregung des Berliner Arztes Paul Dahlke, der während einer Ceylon-Reise zum Buddhis-

mus konvertierte. Seit 1957 gehört das von einem Kiefernhain umgebene B. der „German Dharmaduta Society", die sich darum bemüht, die Lehre Buddhas in Deutschland zu fördern. Drei ceylonesische Mönche betreuen die Gemeinde. Die abendlichen Meditationen sind öffentlich. 1967 wurde das Haus um einen Bibliotheksanbau erweitert.

Bündnis 90: Die politische Gruppierung B., die ihren Berliner Sitz im > HAUS DER DEMOKRATIE in der > FRIEDRICHSTRASSE 165 im Bezirk > MITTE hat, ist ein Zusammenschluß von politischen Strömungen, die aus der *Bürgerbewegung* in der DDR hervorgegangen sind. Bei den Wahlen zum > ABGEORDNETENHAUS VON BERLIN am 2.12.1990 erreichte die als gemeinsames Wahlbündnis auftretende Gruppierung Bündnis 90/Grüne/UFV (Unabhängiger Frauenverband) 4,4 % (Wahlgebiet Ost 9,8 %, Wahlgebiet West 1,3 %). Sie ist im Parlament mit elf Mandaten vertreten und bildet eine Fraktionsgemeinschaft mit der Gruppierung > DIE GRÜNEN/ALTERNATIVE LISTE FÜR DEMOKRATIE UND UMWELTSCHUTZ (GRÜNE/AL). Bei den Wahlen zu den > BEZIRKSVERORDNETENVERSAMMLUNGEN in Berlin am 24.5.1992 trat das B. nur in den elf östlichen Bezirken (in den Bezirken > FRIEDRICHSHAIN, > MITTE und > PRENZLAUER BERG mit besonderen Listen) an, wo es 12,6 % der Stimmen und insg. 44 (plus 22 in den drei genannten Bezirken) Sitze erreichte.

Beim B. handelt es sich um einen zunächst aus wahlpolitischen Notwendigkeiten zustandegekommenen Zusammenschluß von Teilen der Bürgerbewegung, bei dem „Demokratie Jetzt", „Initiative Frieden und Menschenrechte" und Teile der Gruppe „Neues Forum" die wichtigsten Träger waren. Deren Selbständigkeit wurde durch das B. aufgehoben. Auf der Landesdelegiertenkonferenz vom 22.6.1992 hatte sich der Berliner Landesverband grundsätzlich für ein Zusammengehen mit der Gruppierung Grüne/AL ausgesprochen. Das B. hat in Berlin rd. 300 Mitglieder.

Bürgerbegehren: Die durch das Vierte Gesetz zur Änderung des Bezirksverwaltungsgesetzes vom 5.12.1978 (§§ 40-42) in Berlin eingeführten B. gehören ebenso wie > VOLKSBEGEHREN/VOLKSENTSCHEID zu den plebiszitären Elementen der > VERFASSUNG VON BERLIN. Da die Beschlußkompetenz der Bezirksverordnetenversammlung (BVV) auch Empfehlungen in Angelegenheiten umfaßt, die für den Bezirk von Bedeutung sind, aber in die Kompetenz der Hauptverwaltung fallen, sind B. in Berlin auch zu Themen zulässig, für deren Erledigung der > SENAT VON BERLIN oder andere Verwaltungsstellen (z.B. die > BERLINER VERKEHRS-BETRIEBE [BVG] bei Themen des > ÖFFENTLICHEN PERSONENNAHVERKEHRS) zuständig sind (> BEZIRKE).

Das Verfahren des B. ist zweistufig: Sofern 2 % der Wahlberechtigten (> WAHLEN) des betreffenden Bezirks den schriftlichen Antrag auf ein B. unterzeichnet haben, legt das Bezirksamt nach Prüfung der Unterschriftsberechtigung vier Wochen lang Antragslisten aus. Die Antragsteller können während dieser Zeit auch selbst Unterschriften sammeln. Sofern sich mindestens 10 % der Wahlberechtigten des Bezirks durch Unterschriftenleistung für das B. ausgesprochen haben, muß sich die BVV innerhalb von drei Monaten damit befassen. Das B. hat nur den Charakter einer Empfehlung an die BVV, ersetzt also nicht deren Beschlüsse. Im außerbezirklichen Kompetenzbereich beschränkt sich die Funktion des Bezirksamtes im Falle eines erfolgreichen B. darauf, sich bei den zuständigen Stellen für die Verwirklichung der Empfehlung einzusetzen.

B. wurden im Land Berlin mit unterschiedlichen Ergebnissen zur Mietpreisbindung (1982 in neun Bezirken; > MIETRECHT), zum Bau einer > BUNDESFERNSTRASSE durch den > TEGELER FORST (1982 in > REINICKENDORF), zur Krankenhausplanung (1986 in acht Bezirken; > KRANKENHÄUSER), zur Inbetriebnahme der S-Bahn nach Lichterfelde-Süd (1986 in > STEGLITZ), zur Spandauer Schleuse (1988 in > SPANDAU; > WASSERSTRASSEN), zur Inbetriebnahme stillgelegter Charlottenburger S-Bahn-Strecken (1988 in > CHARLOTTENBURG), zur Reduzierung des > LUFTVERKEHRS in > TEGEL (1989 je ein Begehren in Reinickendorf und Spandau), zur Reduzierung des Flugverkehrs und Schließung des Flughafens Tegel (1991 im Bezirk > WEDDING; > FLUGHÄFEN) sowie zur Begrenzung der Mietbelastung auf das Doppelte der bisherigen Kosten (1992 in > MARZAHN) durchgeführt.

Bürgerpark Pankow: Westlich vom Rathaus Pankow liegt der 12,3 ha große B., den Hermann Killisch v. Horn, der Begründer der Berliner Börsenzeitung, 1854 durch seinen Obergärtner Wilhelm Perring, den späteren Inspektor des > BOTANISCHEN GARTENS, anle-

gen ließ. Auf dem Gelände befanden sich früher von der > PANKE betriebene Mühlen, von denen eine bereits 1542 urkundlich nachweisbar ist. Killisch wohnte hier in einem Herrenhaus, zu dem noch ein Wohnhaus und eine Meierei gehörten. Nach seinem Tod 1886 wurde der Park zeitweise für die Bevölkerung geöffnet. Als eine Parzellierung drohte, wurde er 1907 von der Gemeinde Pankow erworben. Seit dieser Zeit trägt er den Namen B. Das Herrenhaus wurde zu einem Gartenrestaurant mit einem Musikpavillon umgestaltet. Außerdem wurden Tiergehege und Wasserspiele errichtet und mehrere Plastiken aufgestellt.

Im II. Weltkrieg nahm der B. erheblichen Schaden, alle Gebäude wurden vernichtet. 1965-68 erfolgte eine umfassende Rekonstruktion der Parkanlage, darunter auch des um 1860 nach italienischem Vorbild geschaffenen pompösen Eingangstors des Parks, einem Wahrzeichen des Bezirks. Gleichzeitig wurden weitere Plastiken aufgestellt, so die Büsten von Heinrich Mann (1954; Gustav Seitz) und Johannes R. Becher (1964; Fritz Cremer). Sein besonderes Gepräge erhält der von der Panke durchflossene Park v.a. durch die vielen und seltenen Baumarten, darunter Eßkastanien und Zuckerahorn, Tulpen- und Maulbeerbäume sowie eine zum Naturdenkmal erklärte Sumpfzypresse, die zum großen Teil um die 150 Jahre alt sind.

Bund der Berliner und Freunde Berlins e.V.: Der 1951 in Bad Wörishofen gegründete Verband besteht aus annähernd 100 Kreisverbänden, unterteilt in 10 Landesverbände. Die Geschäftsstelle des Verbandes befindet sich in der Augustinergasse 2 in Aachen. Die Verbindungsstelle zum > SENAT VON BERLIN ist das Presse- und Informationsamt des Landes Berlin im > BERLINER RATHAUS im Bezirk > MITTE.

Der B., dem nicht nur im Bundesgebiet, sondern auch im Ausland zahlreiche ehem. Bewohner der Stadt angehören, hat es sich zur Aufgabe gemacht, für Berlin zu werben, um so seine Verbundenheit mit der > HAUPTSTADT auszudrücken. Die einzelnen Landes- und Kreisverbände organisieren u.a. Reisen nach Berlin, veranstalten Seminare, Vorträge, Berlin-Tage und -Wochen sowie mit Hilfe des Senats Ausstellungen. Ferner werden Spenden gesammelt, die u.a. der Kinder- und > ALTENHILFE in Berlin zufließen. Der Verband hält Kontakte zu ca. 5.000 Auslandsberlinern, die sich u.a. in den USA und Israel, aber auch in Argentinien, Brasilien, Kanada, der Schweiz und Österreich als Berlin-Freunde zusammengeschlossen haben. Ca. 200 Delegierte treffen sich jährlich zur Jahreshauptversammlung des B. in Berlin und vertreten damit die Interessen von z.Z. etwa 10.000 Mitgliedern. Nach der > VEREINIGUNG steht der Verband vor neuen Aufgaben. Sie konzentrieren sich u.a. auf die Probleme des Zusammenwachsens der Stadt, auf die Akzeptanz Berlins als Hauptstadt, auf die neue Rolle Berlins in der Mitte Europas und auf Berlin als Austragungsort der > OLYMPISCHEN SPIELE im Jahre 2000.

Bundesamt für Finanzen (BfF): Das 1971 als Bundesoberbehörde mit Sitz in Bonn errichtete BfF hat seit dem 1.1.1991 eine Außenstelle in Berlin in den Räumen des ehem. > REICHSBANKGEBÄUDES am > WERDERSCHEN MARKT, Kurstr. 40 im Bezirk > MITTE. In eigener Zuständigkeit erledigt das BfF Aufgaben, die ihm durch das Finanzverwaltungsgesetz oder durch andere Gesetze zugewiesen worden sind, wie die Vergütung der Körperschaftssteuer und die Erstattung der Kapitalertragssteuer. Darüber hinaus erledigt es die ihm vom > BUNDESMINISTER DER FINANZEN oder anderen Bundesministerien übertragenen Bundesaufgaben. Dazu gehören u.a. die in der Abteilung *Bundesbesoldungsstelle (BBesSt)* zusammengefaßten Aufgaben der Berechnung und Zahlbarmachung der Bezüge, Vergütungen und Löhne von Bediensteten und Versorgungsempfängern des Bundes, mit Ausnahme der Geschäftsbereiche in der Zuständigkeit des > BUNDESMINISTERS DER VERTEIDIGUNG, des > BUNDESMINISTERS FÜR POST UND TELEKOMMUNIKATION, des > AUSWÄRTIGEN AMTES und der > DEUTSCHEN BUNDESBAHN.
Seit der > VEREINIGUNG obliegt der BBesSt auch die Zahlung der Gehälter an die 1992 rd. 35.000 Beschäftigten des Bundes in den neuen Ländern. Ferner ist diese Stelle auch zuständig für die Berechnung und Zahlbarmachung von Vorruhestandsgeldern im Auftrag der Arbeitsverwaltung (1992 rd. 350.000 Empfänger in den neuen Ländern). Des weiteren betreute das BfF 1992 rd. 85.300 Beamte und Richter, rd. 72.000 Angestellte, rd. 54.900 Versorgungsempfänger und rd. 23.000 Arbeiter.
Das BfF gliedert sich neben der BBesSt in die drei Abteilungen Steuern, Bundesbetriebsprüfung und Informationsverarbeitung so-

wie in die Präsidialstelle. 1992 beschäftigte das Amt ca. 970 Beamte, Angestellte und Arbeiter, davon 110 in Berlin. Die Angestellten der ehem. Zentralen Gehaltsstelle beim Minister der Finanzen der DDR, die rd. 250.000 Staatsbedienstete der DDR betreuten, wurden nahezu vollständig übernommen.

Bundesamt für Post und Telekommunikation (BAPT): In Berlin befinden sich eine Nebenstelle sowie zwei Außenstellen des dem > BUNDESMINISTER FÜR POST UND TELEKOMMUNIKATION nachgeordneten BAPT. Sie nehmen in Berlin als nachgeordnete neutrale Ausführungsbehörden die hoheitlichen Befugnisse des in Mainz angesiedelten Hauptsitzes des BAPT wahr. Die als ein Referat des Amtes geführte Nebenstelle in der Waldschulallee 4 im Bezirk > KÖPENICK ist mit der Lenkung der Außenstellen in den neuen Bundesländern betraut. Von der im > REICHSBANKGEBÄUDE am > WERDERSCHEN MARKT im Bezirk > MITTE untergebrachten Außenstelle Berlin 1 – die Außenstelle Berlin 2 befindet sich außerhalb der Stadtgrenze im Ort Gosen, Storkower Str. 43-48 – werden Genehmigungen für private Drahtfernmeldeanlagen, Funkanlagen und Hochfrequenzgeräte erteilt sowie die Einhaltung von Auflagen überwacht und Verstöße geahndet. Die Außenstelle 1 klärt mit ihrem regionalen Funkmeßdienst darüber hinaus in den Bundesländern Berlin, Brandenburg und Sachsen-Anhalt Funkstörungen auf, unternimmt in den genannten Ländern Messungen für die Frequenzkoordinierung, mißt Frequenzbelegungen, übernimmt Funkschutzaufgaben (Sicherung der Fernmeldeverbindungen) und wirkt mit der > POLIZEI bei der Ermittlung nicht genehmigter Funkanlagen zusammen.
Neben acht weiteren der insg. 55 im Bundesgebiet verteilten Außenstellen des BAPT ist die Außenstelle Berlin 1 auch regional zuständig für die Durchsetzung der in internationalen Verträgen und nationalen Vorschriften getroffenen Regelungen zur Nutzung des Funkfrequenzspektrums sowie der internationalen Zusammenarbeit auf diesem Gebiet. Hierzu stehen aufwendige Empfangs- und Meßeinrichtungen zur Verfügung, die von den 1991 in Berlin beschäftigten 26 Mitarbeitern rund um die Uhr überwacht werden. Zur Außenstelle gehören zudem Sachverständige und technische Aufsichten, die für die drei Unternehmen der > DEUTSCHEN BUNDESPOST im Sinne des überbetrieblichen Ar-

beitsschutzes tätig sind.

Bundesamt für Wirtschaft (BAW): Die am 3.10.1990 in Berlin gebildete Außenstelle des in Eschborn ansässigen BAW hat ihren Sitz im Gebäude des ehem. Ministeriums für Außenhandel der DDR in der Straße > UNTER DEN LINDEN 44-60 im Bezirk > MITTE. Die Aufgaben des durch Gesetz vom 9.10.1954 unter der ursprünglichen Bezeichnung „Bundesamt für gewerbliche Wirtschaft" als selbständige Bundesoberbehörde im Geschäftsbereich des > BUNDESMINISTERS FÜR WIRTSCHAFT errichteten BAW erstrecken sich im Kern auf die vier Bereiche Außenwirtschaftsverkehr, > WIRTSCHAFTSFÖRDERUNG, Energieversorgung und > UMWELTSCHUTZ.
Neben diesen Aufgaben führt die Außenstelle der BAW in Berlin insbes. die Tätigkeiten des noch von der letzten Regierung der DDR am 1.7.1990 gebildeten *Amtes für Außenwirtschaft* fort: Sie wirkt mit bei der Abwicklung des RGW-Clearinghandels (Transfer-Rubelzahlung in DM), prüft die berechtigte Inanspruchnahme von Subventionen durch die Unternehmen der DDR für Exportlieferungen in RGW-Länder im zweiten Halbjahr 1990, erteilt Genehmigungen für die zollfreie Einfuhr von Waren aus den ehem. RGW-Ländern und dem ehem. Jugoslawien in das Gebiet der vormaligen DDR und ist zuständig für die Freistellung bestimmter Importwaren aus den o.g. Ländern von den EG-Binnenmarkt-Vorschriften (> EUROPÄISCHE GEMEINSCHAFT).
Von den 1992 etwa 390 Mitarbeitern des BAW, das von den früheren vier Außenstellen lediglich noch eine in Bochum unterhält, sind rd. 35 in der Außenstelle in Berlin beschäftigt.

Bundesanstalt für Arbeitsmedizin (BAfAM): Die BAfAM im Geschäftsbereich des > BUNDESMINISTERS FÜR ARBEIT UND SOZIALORDNUNG (BMA) wurde am 1.1.1991 als Behörde mit Sitz in der Nöldnerstr. 40-42 im Bezirk > LICHTENBERG neu errichtet. Mit den 1992 ca. 160 Mitarbeitern, davon über 80 Wissenschaftlern, unterstützt sie in ihren vier Fachabteilungen (Grundlagen/Planung, Betrieblicher Gesundheitsschutz, Epidemiologie/Informationsverarbeitung sowie Arbeitsmedizinische Schwerpunkte) den BMA in allen Fragen des medizinischen Arbeitsschutzes. Zu ihren Aufgaben gehört u.a. die Beobachtung und Auswertung der Auswir-

kungen der Arbeitsbedingungen auf die Gesundheit der Arbeitnehmer in Betrieben und Verwaltungen, die Forschung und Forschungsförderung zu arbeitsmedizinischen Schwerpunktproblemen, die wissenschaftliche Fundierung von Kenntnissen über arbeitsbedingte Gesundheitsrisiken sowie insb. die präventive Gestaltung von Arbeitsbedingungen. Darüber hinaus fördert sie die Anwendung gewonnener Erkenntnisse durch Veröffentlichung von Informationsmaterialien und Berichten, Mitarbeit an der Regelsetzung, Fort- und Weiterbildung sowie durch Ausstellungen und Fachveranstaltungen.
Die BAfAM befindet sich in den Räumen des Anfang der 60er Jahre in der DDR gegründeten und dem Minister für Gesundheit unterstellten Zentralinstitut für Arbeitsmedizin, zu dem eine klinische Abteilung sowie eine Poliklinik für Arbeitsmedizin gehörten. In dem Gebäude der BAfAM steht eine aus dem Bestand der ehem. *Akademie für ärztliche Fortbildung* der DDR übernommene Bibliothek mit 85.000 Bänden und 500 Periodika sowie seit der Gründung der Behörde eine weitere Bibliothek, die Anfang 1992 ca. 1.500 Monographien und 250 Periodika umfaßte.

Bundesanstalt für den Güterfernverkehr (BAG): Die Berliner Außenstelle – eine von insg. 16 – der zum Geschäftsbereich des > BUNDESMINISTERS FÜR VERKEHR gehörenden und dessen Rechtsaufsicht unterliegenden BAG hat ihren Sitz am Schiffbauerdamm 13 im Bezirk > MITTE. Die Anstalt mit Hauptsitz in Köln wurde durch das Güterkraftverkehrsgesetz vom 17.2.1952 als bundesunmittelbare Anstalt des öffentlichen Rechts errichtet und war seit 1953 im Westteil Berlins vertreten, bevor ihre Zuständigkeit am 1.1.1991 auf ganz Berlin und Brandenburg ausgeweitet wurde. In diesem Zusammenhang erfolgte auch der Umzug in den Bezirk Mitte.
Die Außenstelle in Berlin führt – wie die anderen Außenstellen – in ihrem Zuständigkeitsbereich die Überwachungstätigkeit der BAG im Rahmen von Tarif- und Außenkontrollen durch und arbeitet mit den jeweiligen Landesbehörden und Regionalverbänden zusammen. Dazu gehört die „Herstellung und Gewährleistung der Ordnung im Güterfernverkehr innerhalb seiner verschiedenen Zweige und im Verhältnis zu anderen Verkehrsträgern" (> GÜTERVERKEHR). In diesem Zusammenhang überwacht sie die Ein-

haltung der für die Güterbeförderung auf der Straße geltenden Bestimmungen. Darüber hinaus ist die Bundesanstalt Bußgeldbehörde für Ordnungswidrigkeiten Auswärtiger, u.a. auf den Gebieten Sozialvorschriften und Gefahrgutrecht, und Ermittlungsbehörde bei der Feststellung von entsprechenden Ordnungswidrigkeiten. Ferner erteilt sie Genehmigungen für den grenzüberschreitenden Verkehr und Meldebestätigungen für den Güterfernverkehr, führt das Register über sämtliche Unternehmen des gewerblichen Güterverkehrs, beobachtet das Marktgeschehen im Binnen- sowie im grenzüberschreitenden Verkehr und erfaßt Daten über Beförderungsleistungen im gesamten Güterfernverkehr sowie über Unternehmen und Fahrzeuge des Güterkraftverkehrs. 1992 waren 65 der insg. 1.100 Mitarbeiter der BAG in Berlin beschäftigt.

Bundesanstalt für Flugsicherung (BFS): Seit der Suspendierung der alliierten Rechte über den > LUFTVERKEHR von und nach Berlin und der Auflösung der alliierten > LUFTSICHERHEITSZENTRALE BERLIN im Zuge der > VEREINIGUNG hat die dem > BUNDESMINISTER FÜR VERKEHR nachgeordnete BFS eine Regionalstelle auf dem Gelände des Flughafens Schönefeld eingerichtet. Zusammen mit den Nebenstellen auf den > FLUGHÄFEN Tegel und Tempelhof sowie der *Luftraumkoordinierungsstelle* in Wünsdorf bei Berlin wird in der Außenstelle der BFS der Luftverkehr über Berlin gesichert.
Die BFS besteht u.a. aus der Zentralstelle in Frankfurt/M., den neben Berlin vier Regionalstellen, einer Flugsicherungsleitstelle, den Flugsicherungsstellen auf den deutschen Verkehrsflughäfen sowie der Flugsicherungsschule in Langen. Zu den Aufgaben der nach den Richtlinien der Internationalen Zivilluftfahrt-Organisation (International Civil Aviation Organization – ICAO) geleisteten Dienste der BFS gehört u.a. die Lenkung, Beratung und Information des Luftverkehrs im kontrollierten Luftraum und auf den Flugplätzen und -häfen sowie Errichtung, Wartung und Betrieb der öffentlichen Navigationsanlagen auf den Flughäfen und im freien Gelände.
Neben dem für eine Übergangsphase aus den alliierten Einrichtungen übernommenen militärischen Personal auf dem Flughafen Tempelhof, wohin die Regionalstelle auf dem Flughafen Schönefeld nach dem Abzug der

alliierten Streitkräfte ihren Sitz verlegen wird, umfaßt das Personal der BFS in Berlin 1992 ca. 260 Mitarbeiter.

Bundesanstalt für landwirtschaftliche Marktordnung (BALM): Die mit ihrem Hauptsitz in Frankfurt/M. ansässige BALM ist mit einer ihrer sechs Außenstellen in Berlin am > FEHRBELLINER PLATZ 3 im Bezirk > WILMERSDORF vertreten. Die BALM ist 1976 aus den einzelnen Einfuhr- und Vorratsstellen hervorgegangen. Sie ist Anstalt des öffentlichen Rechts und untersteht der Rechts- und Fachaufsicht des > BUNDESMINISTERS FÜR ERNÄHRUNG, LANDWIRTSCHAFT UND FORSTEN. Seit 1991 ist die Außenstelle Berlin zuständig für die Bundesländer Berlin, Brandenburg und Mecklenburg-Vorpommern. Hauptaufgabe der BALM ist die Durchführung von Maßnahmen der „Gemeinsamen Europäischen Agrarpolitik" in der Bundesrepublik Deutschland (> EUROPÄISCHE GEMEINSCHAFT), sie ist Marktordnungsstelle (Interventionsstelle für die EG Warenbereiche Getreide, Reis, Hülsenfrüchte, Fleisch, Butter usw.). Ferner hat sie u.a. die Aufgabe, neue Formen der Vermarktung zur Verbesserung der Marktabläufe zu entwickeln und zu erproben sowie Vorräte an Ernährungsgütern für Notfälle zu lagern. Vor dem Fall der > MAUER bestand die Hauptaufgabe der Außenstelle Berlin darin, die > BERLINBEVORRATUNG zu betreuen. Sie arbeitete hier eng mit dem > SENAT VON BERLIN zusammen. Von den 1992 rd. 740 Mitarbeitern der BALM waren 37 in der Außenstelle in Berlin bzw. in ihrem Außendienst tätig.

Bundesanstalt für Materialforschung und -prüfung (BAM): Die BAM an der Straße Unter den Eichen 87 im Bezirk > STEGLITZ ist eine Bundesoberbehörde im Geschäftsbereich des > BUNDESMINISTERS FÜR WIRTSCHAFT. Ihre Tätigkeit umfaßt die Arbeitskomplexe Wirtschaftsförderung, Qualitätssicherung, Substanzerhaltung, Umwelt- und Verbraucherschutz, technische Sicherheit, neue Werkstoffe und Technologien sowie Rechtssicherheit durch neutrale Sachverständigengutachten.
Ihr Ursprung reicht bis in das Jahr 1871 zurück, als die Königliche Mechanisch-Technische Versuchsanstalt gegründet wurde. Nach Zusammenlegung mit weiteren Prüf- und Versuchsanstalten des Bauwesens, der chemischen Verfahrenstechnik sowie spezieller

Arbeitsgruppen (z.B. Röntgen-, Schweiß- und Acetylentechnik, Rheologie, Elektrochemie) wurde das spätere Staatliche Materialprüfungsamt 1954 eine Bundesanstalt. Mit dem wachsenden Anteil an Materialforschung (heute ca. 40 %) erhielt sie am 1.1.1987 ihren heutigen Namen.

Seit der > VEREINIGUNG unterhält die BAM neben ihrem Stammgelände im Großraum Berlin drei Außenstellen, die sich im Köpenicker Ortsteil > FRIEDRICHSHAGEN (Müggelseedamm 109-111) sowie in Königs Wusterhausen und in Horstwalde befinden. Diese Liegenschaften gehörten zum ehem. *Amt für Standardisierung, Meßwesen und Warenprüfung der DDR.*

Die BAM ist in sieben Abteilungen mit insg. über 120 Laboratorien und Referaten unterteilt. Die Abteilungen 1 bis 3 beschäftigen sich mit Metallen, mineralischen Baustoffen bzw. organischen Werkstoffen. Dabei werden Werkstoffkunde, Werkstoffmechanik an Strukturen, Lebensdaueruntersuchungen und physikalisch-chemische Analytik betrieben. In den Abteilungen 4 bis 6 wird zur chemischen Sicherheitstechnik, zu ausgewählten Funktionswerkstoffen und Oberflächen sowie an der Entwicklung stoffartunabhängiger Prüf- und Meßmethoden gearbeitet. Systematisch wird die durch Materialprüfung aufgebaute technische Ausstattung und Fachkompetenz zur gezielten Materialforschung genutzt. Die Abteilung 7 beinhaltet die zentrale Informationsverarbeitung und -bereitstellung, Qualitätssicherung, den Technologietransfer und alle technischen Dienstleistungen.

Auf Antrag steht die BAM Industriefirmen, Wirtschaftsverbänden, Verbrauchereinrichtungen sowie privaten Antragstellern zur Verfügung. Sie berät in gleicher Weise Bundesministerien, Verwaltungsbehörden und Gerichte. Mit in- und ausländischen Institutionen ähnlicher Zielsetzung sowie in der technischen Zusammenarbeit mit Entwicklungsländern, und zunehmend mit Osteuropa, werden intensive Kontakte gepflegt. Die BAM beschäftigte 1991 ca. 1.600 fest angestellte Mitarbeiter, darunter waren ca. 550 Wissenschaftler und Ingenieure.

Bundesanstalt für Straßenwesen (BASt): Die in dem Gebäude des ehem. Ministeriums für Verkehrswesen der DDR in der Krausenstr. 17-20 im Bezirk > MITTE untergebrachte Berliner Außenstelle der dem >

BUNDESMINISTER FÜR VERKEHR nachgeordneten BASt wurde durch Erlaß des Ministers vom 25.9.1990 für eine Übergangszeit eingerichtet. Die ihr entsprechende Einrichtung der DDR, die *Anstalt für Verkehrsentwicklung Berlin (AVB)*, wurde mit der > VEREINIGUNG am > 3. OKTOBER 1990 aufgelöst und ein Teil ihres Personals übernommen. Neben ihrer Berliner Außenstelle verfügt die mit Hauptsitz in Bergisch Gladbach ansässige, seit 1951 bestehende BASt über eine weitere Außenstelle in Inzell. Insg. beschäftigt die Einrichtung ca. 450 Mitarbeiter, davon 62 in Berlin.

In Berlin nimmt die Einrichtung Aufgaben der Gebiete Straßen- und Brückenbautechnik, Straßenverkehrstechnik sowie Unfallverhütung wahr und orientiert sich dabei insbes. an den Problemen des Straßenwesens und der Verkehrssicherheit in den neuen Bundesländern. Sie wirkt durch Beratungen, eigene Untersuchungen und Informationsveranstaltungen mit bei der Erhaltung von Straßenbrücken und dem Ausbau des dortigen Straßennetzes sowie der Übernahme der Straßenverkehrsordnung der alten Bundesländer. Weitere Arbeitsfelder sind die Kontrolle und Beeinflussung des Unfallgeschehens auf den Straßen der neuen Bundesländer sowie die Beratung der gegenwärtigen Straßenverwaltung bei der Anwendung von DV-Programmen und Dokumentation der Verkehrssicherheitsarbeit in den neuen Ländern. Die Außenstelle gibt in fachlichen Fragen des Straßenwesens und der Verkehrssicherheit Auskunft und verfügt über eine kleine Bibliothek.

Bundesarchiv: Seit dem 3.10.1990 ist das am 24.3.1950 als Bundesoberbehörde im Geschäftsbereich des > BUNDESMINISTERS DES INNERN (BMI) gegründete B. mit Hauptsitz in Koblenz kraft der Bestimmungen des > EINIGUNGSVERTRAGS mit verschiedenen Außenbzw. Dienststellen in Berlin vertreten. In der > HAUPTSTADT befinden sich von insg. neun Abt. umfassenden B. seither mehrere Abteilungen bzw. Außen- und Dienststellen von Referaten. Darüber hinaus ist Berlin Sitz der *„Stiftung Archiv der Parteien und Massenorganisationen der DDR"*, die als unselbständige Stiftung des öffentlichen Rechts durch Gesetz vom 13.3.1992 und Erlaß des BMI vom 6.4.1992 im B. errichtet wurde. Diese Stiftung hat die Aufgabe, das ehem. Zentrale Parteiarchiv der > SOZIALISTISCHEN EINHEITSPARTEI DEUTSCHLANDS (SED) bzw. das Archiv des Instituts für Geschichte der Arbeiterbewegung, dessen Bibliothek sowie die Archive und z.T. Bibliotheken der übrigen Parteien und Massenorganisationen der DDR auf Dauer zu sichern, nutzbar zu machen und zu ergänzen. Der Aufbaustab dieser Stiftung befindet sich in der Außenstelle des B. Fehrbelliner Platz 3 im Bezirk > WILMERSDORF.

Am selben Ort wurde aus dem *Staatlichen Filmarchiv der DDR* die Abt. VII „Filmarchiv" gebildet. Zu ihr gehören weitere Dienststellen, u.a. in der Fürstenwalder Allee 401 in > WILHELMSHAGEN und in Babelsberg. Das Filmarchiv hat in seinen Berliner Teilen die Sammlungsschwerpunkte Deutscher Film bis 1945, DEFA-Produktionen und weitere in der ehem. DDR gezeigte Filme und verfügte 1992 über mehr als 70.000 Spiel- und Animationsfilme sowie Titel zu Dokumentarfilmen und Wochenschauen, zu Kultur-, Lehr-, Werbe- und wissenschaftlichen Filmen, ferner über eine umfangreiche Dokumentensammlung mit Materialien zu 33.000 Filmtiteln, darunter ca. 350.000 Fotos, 30.000 Plakate, 20.000 Drehbücher, Text- und Dialoglisten, 55.000 Zensurkarten sowie eine Sammlung von Programmheften und Zeitungsausschnitten. Die gesamte Abt. Filmarchiv des B. nimmt seit 1978 die Funktion eines zentralen Filmarchivs wahr und arbeitet dabei im „Verbund kinemathekarischer Einrichtungen" eng mit der > STIFTUNG DEUTSCHE KINEMATHEK in Berlin und dem Deutschen Institut für Filmkunde in Wiesbaden und Frankfurt/M. zusammen.

Das *Zentrale Staatsarchiv der DDR* in Potsdam hatte bereits eine Außenstelle „Zwischenarchiv für zentrale Dienststellen der DDR" errichtet; die Abt. V „Deutsche Demokratische Republik (1945/49-1990)" des B. (Potsdam) betreibt diese weiter in der Ruschestr. 59 (Haus 7) im Bezirk > LICHTENBERG. Dort wird Schriftgut der Ministerien und anderer zentraler Behörden archiviert. Zur Abt. V gehört auch das Referat „Häftlingskartei, Zentrale Gefangenenkartei des Ministeriums des Innern der ehem. DDR" in der Außenstelle am Fehrbelliner Platz; dort werden Auskünfte über Haftzeiten erteilt.

Ferner ist der Übergang des > BERLIN DOCUMENT CENTER (BDC) in die Abt. III „Deutsches Reich (1867/71-1945) des B. vorgesehen.

Seit der > VEREINIGUNG ist neben dem Hauptsitz des B. in Koblenz – infolge der Übernahme zahlreicher Einrichtungen der DDR und seiner Neustrukturierung – der Raum Berlin/Potsdam zu einem weiteren Zentrum des B. geworden, das heute an elf Dienstorten über insg. 22 Dienststellen verfügt. Die Zahl der Mitarbeiter hat sich verdoppelt und beträgt 1992 rd. 800, davon arbeiten rd. 150 in Berlin. Infolge der Übernahme der Schriftgutbestände in Potsdam und jener im Zwischenarchiv Berlin erweiterten sich die Bestände des B. in vergleichbarem Verhältnis. Neben der mehr als verdoppelten Filmsammlung verwaltet das B. heute ca. 200 laufende Regalkilometer Akten.

Bundesaufsichtsamt für das Kreditwesen: Das 1962 gegründete B. am Reichpietschufer 74/76 im Bezirk > TIERGARTEN ist eine dem > BUNDESMINISTER DER FINANZEN nachgeordnete Bundesoberbehörde. Sie übt in Zusammenarbeit mit der Deutschen Bundesbank die Aufsicht über die Kreditinstitute aus. Hierbei liegen die hoheitlichen Aufgaben beim B. Die Bundesbank ist in die laufende Überwachung der Kreditinstitute eingeschaltet.

Zu den Aufgaben des B. gehören insb., die Erlaubnis zum Betreiben von Bankgeschäften zu erteilen und zurückzunehmen, die Eigenkapitalausstattung, die Liquidität und das Kreditgeschäft von Kreditinstituten bzw. -gruppen zu überwachen sowie Mißständen im Kreditwesen entgegenzuwirken. Rechtsgrundlage für die Tätigkeit des B. ist das Gesetz über das Kreditwesen (KWG) in der Fassung vom 11.7.1985. Zusätzlich zum KWG bestehen für verschiedene Spezialinstitute (Hypothekenbanken, Bausparkassen, Kapitalanlagegesellschaften) besondere Gesetze, über deren Einhaltung das B. ebenfalls zu wachen hat. Seit dem Inkrafttreten der Währungsunion (> VEREINIGUNG) am 1.7.1990 unterliegen auch alle Kreditinstitute in den neuen Bundesländern der Aufsicht des B. Zur Durchführung der Währungsumstellung ist dem B. die Zuständigkeit für die Bestätigung der Umstellungsrechnungen und die Zuteilung der Ausgleichsforderungen bei den Geldinstituten und Außenhandelsbetrieben übertragen worden.

1992 hatte das B. 350 Mitarbeiter, seine Kosten werden, soweit sie nicht durch Gebühren oder besondere Erstattungen gedeckt sind, zu 90 % von den Kreditinstituten und zu 10 % vom Bund getragen.

Bundesaufsichtsamt für das Versicherungswesen (BAV): Das B. am Ludwigkirchplatz

3-4 im Bezirk > WILMERSDORF ist eine dem > BUNDESMINISTER DER FINANZEN nachgeordnete Bundesoberbehörde mit Sitz in Berlin. Sie wurde durch Bundesgesetz vom 31.7.1951 als Nachfolgebehörde des am 1.7.1901 in Berlin errichteten Kaiserlichen Aufsichtsamtes für Privatversicherung geschaffen. Auf der Grundlage des Versicherungsaufsichtsgesetzes obliegt dem B. die Versicherungsaufsicht über die in der Bundesrepublik Deutschland tätigen größeren privaten Versicherungsunternehmen sowie über diejenigen öffentlich-rechtlichen Wettbewerbs-Versicherungsunternehmen, die über den Bereich eines Bundeslandes hinaus tätig sind. Seit dem 1.7.1990 führt das B. auch die Aufsicht über das Gebiet der ehem. DDR. Zur Bearbeitung der speziellen Probleme bei der Umwandlung eines Monopolmarktes in einen Wettbewerbsmarkt wurde eine neue Abteilung eingerichtet. Das B. ist zuständig für die Zulassung der Versicherungsgesellschaften zum Geschäftsbetrieb und für die laufende Überwachung sowohl der finanziellen Leistungsfähigkeit der Versicherungsunternehmer als auch des Versicherungsbetriebes in rechtlicher, finanzieller und versicherungstechnischer Hinsicht. Insbesondere werden vom B. die Versicherungsbedingungen sowie – in der Lebens-, Kranken- und Kraftfahrzeugversicherung – die Tarife genehmigt. Ferner bearbeitet es Beschwerden und Anfragen von Versicherungsnehmern, Versicherten und Geschädigten. Darüber hinaus erstellt das B. Gutachten über Fragen des privaten Versicherungswesens für Ministerien, andere Behörden und Gerichte. Es hält den gesetzlich vorgeschriebenen Kontakt zu den anderen Versicherungsaufsichtsbehörden in der Bundesrepublik und im Gebiet der Europäischen Gemeinschaften und wirkt außerdem in den Fachgremien der Organisation für wirtschaftliche Zusammenarbeit und Entwicklung mit. 1991 hatte das B. ca. 360 Mitarbeiter; der Etat wird durch den Bundeshaushalt gedeckt; die Aufwendungen werden zu 90 % auf die beaufsichtigten Versicherungsunternehmen umgelegt.

Bundesausfuhramt (BAFA): Analog zur Errichtung des BAFA als selbständige Bundesoberbehörde im Geschäftsbereich des > BUNDESMINISTERS FÜR WIRTSCHAFT wurde am 1.4.1992, neben dem Sitz dieser Behörde in Eschborn, in Berlin > UNTER DEN LINDEN 44-60 im Bezirk > MITTE ihre einzige Außenstelle

eingerichtet. Das BAFA wurde duch Ausgliederung der Abt. „Ausfuhrkontrolle" aus dem > BUNDESAMT FÜR WIRTSCHAFT gebildet und erfüllt Verwaltungs- und Überwachungsaufgaben des Bundes, die ihm durch das Außenwirtschaftsgesetz, das Kriegswaffenkontrollgesetz und das Atomgesetz zugewiesen sind (> AUSSENHANDEL). Zu den wichtigsten Aufgaben der Außenstelle in Berlin, deren Tätigkeit sich z.Z. vorwiegend auf Berlin und die neuen Bundesländer erstreckt, gehören die Amtshilfe und Unterstützung der Zollbehörden und anderer ermittelnder Dienststellen u.a. bei der Feststellung der Genehmigungspflicht bei Waren entsprechend der Ausfuhrliste, die Auskunftstätigkeit für die Exportwirtschaft bei der Anwendung des Ausfuhrrechts, die Bearbeitung und Entscheidung über Anträge auf Genehmigung des Erwerbs von Technik und Ausrüstungen von der Westgruppe der ehem. sowjetischen Truppen (> GRUPPE DER SOWJETISCHEN STREITKRÄFTE IN DEUTSCHLAND), die Durchführung von Informationsveranstaltungen zum Außenwirtschaftsrecht sowie die Überwachung erteilter Aufgaben und die Durchführung von Recherchen bei festgestellten Ordnungswidrigkeiten. Die Außenstelle Berlin, bei der 1992 von insg. rd. 300 Beschäftigten des BAFA 10 Mitarbeiter tätig waren, erteilt darüber hinaus auch Auskünfte zu anderen Gebieten der Außenwirtschaft, z.B. zur zollfreien Einfuhr und zur Einfuhrgenehmigungspflicht, und vermittelt Kontakte zu anderen zuständigen Behörden.

Bundesbaudirektion (BBD): Die 1950 (als Nachfolgerin der Reichsbaudirektion) mit Sitz in Bonn gegründete und 1958 mit ihrer Zentrale nach Berlin verlegte BBD in der Fasanenstr. 87 im Bezirk > CHARLOTTENBURG ist eine dem > BUNDESMINISTER FÜR RAUMORDNUNG, BAUWESEN UND STÄDTEBAU nachgeordnete Bundesoberbehörde. Sie ist in Berlin mit ihrer Technischen Aufsichtsinstanz und drei Abteilungen sowie in Bonn mit zwei Abteilungen vertreten.
Die BBD ist zuständig für die baufachliche Betreuung und die Bauvorhaben der Verfassungsorgane des Bundes und der obersten Bundesbehörden sowie für die Bauangelegenheiten des Bundes im Ausland (Botschaften, Deutsche Schulen und Kulturinstitute). Zusätzlich befinden sich in Berlin alle Baumaßnahmen der > STIFTUNG PREUSSISCHER KULTURBESITZ in der Zuständigkeit der

Behörde. Nicht zuständig ist sie dagegen für die in den Geschäftsbereich des > Bundesministers der Verteidigung (BMVg) fallenden Bauten (mit Ausnahme des BMVg-Hauptgebäudes).

Durch die > Vereinigung sind alle entsprechenden Aufgaben der DDR übernommen worden, die dort bisher in anders strukturierten Dienststellen erledigt wurden. Für die Herrichtung der Bauten der derzeitigen Außenstellen der Bundesministerien sowie zahlreicher > Museen im Ostteil der Stadt und die Vorbereitungen für seit der Hauptstadtentscheidung verstärkt geplante Baumaßnahmen in Berlin ist die BBD ebenfalls tätig (> Hauptstadt). In Berlin sind rd. 350 der insg. 577 Mitarbeiter der BBD beschäftigt.

Bundesdruckerei: Die B. mit Hauptsitz in der Oranienstr. 91 im Bezirk > Kreuzberg und Zweigbetrieben in Bonn und Neu-Isenburg ist die Staatsdruckerei der Bundesrepublik Deutschland. Ihre Aufgabe ist die Herstellung von Druckerzeugnissen und damit im Zusammenhang stehende Arbeiten für Zwecke des Bundes, der Länder oder sonstiger öffentlich-rechtlicher Körperschaften. Zu ihren wichtigsten Erzeugnissen gehört der Druck von Banknoten (1991 ca. 1,02 Mrd. Stück), Postwertzeichen (> Briefmarken) der > Deutschen Bundespost (ca. 5,5 Mrd.), Personalausweisen (ca. 9,5 Mio.), Reisepässen (ca. 5,2 Mio.), Markenbogen Steuerzeichen (113,4 Mio.) sowie Haushaltsplänen, Patentschriften (> Deutsches Patentamt; > Europäisches Patentamt), Postsparbüchern, Kraftfahrzeugbriefen und -scheinen, Führerscheinen, Euroschecks, Gebührenmarken, Wertpapieren, Bundesgesetzblättern u.a.

Die B. ist ein rechtlich unselbständiger Teil der Bundesverwaltung, der der Dienstaufsicht des > Bundesministers für Post und Telekommunikation untersteht. 1991 waren ca. 3.800 Personen in der B. beschäftigt, davon 3.230 Personen in Berlin.

Die Behörde ist aus der 1879 gegründeten Reichsdruckerei hervorgegangen, die wiederum ein Zusammenschluß der „Königlichen Oberhofbuchdruckerei v. Decker" und der „Königlich-Preußischen Staatsdruckerei" war. Im II. Weltkrieg wurden ca. 50 % der Gebäude der Reichsdruckerei zerstört; ihre Tätigkeit kam bei Kriegsende zum Erliegen. Die erhalten gebliebenen Anlagen wurden dem > Magistrat übergeben, der sie unter der Bezeichnung „Staatsdruckerei" weiter-

führte. 1951 übernahm die Bundesverwaltung die Einrichtung und gab ihr die heutige Bezeichnung.

Bundesfernstraßen: Das Netz der B. in Berlin hat insg. eine Länge von 193 km, es besteht aus *Bundesautobahnen* (61,9 km) und *Bundesstraßen* (131,1 km). Bei den Bundesstraßen gelten 47,5 km als „freie Strecke" in der Baulast des Bundes.

Das innerstädtische Autobahnnetz besteht aus dem zwischen 1956 und 1984 erbauten, parallel zur > Ringbahn verlaufenden, 17,6 km langen sechsspurigen *Stadtring* A 100 (ehemals Ring Berlin [West]) mit dem Abzweig > Neukölln A 102, dem Abzweig > Steglitz A 104 und dem Abzweig > Wedding A 105 sowie der sog. *Westtangente* A 103 vom Autobahnkreuz (AK) Schöneberg nach Steglitz. Diese innerstädtischen Autobahnen werden in Richtung Süden über die A 115 (> Avus) und in Richtung Nordwesten über den Nordzubringer A 111/B 111 an den > Berliner Ring A 10 und das überregionale Autobahnnetz angebunden. Ohne Verbindung an den Stadtring sind die zum Berliner Ring führenden Autobahnzubringer Prenzlau A 114 mit Beginn in > Pankow und Dresden A 113 bei > Altglienicke.

Die seit 1984 bestehende, ca. 300 m lange Lücke im Stadtring am Sachsendamm in > Schöneberg soll bis 1996 geschlossen werden. Mit einer Durchfahrt von 100.000 Fahrzeugen täglich ist sie derzeit einer der am meisten belasteten Engpässe im Stadtgebiet. Nach Abschluß des Planfeststellungsverfahrens etwa 1993 soll der Stadtring vom Autobahndreieck Tempelhof nach > Neukölln um 2,6 km bis zur Ballinstraße verlängert werden. Ein Teil der weiteren Autobahnplanung, insbes. die Verlängerung der Westtangente vom Schöneberger Kreuz nach Norden zum Kurt-Schumacher-Damm, die Osttangente in Neukölln und Südtangente in > Kreuzberg, die Bestandteile eines in den 50er Jahren konzipierten Gesamt-Berlin umfassenden Systems von Autobahnen und Schnellstraßen waren, wurde schon Ende der 70er Jahre aufgegeben. Auch die als Ersatz der Westtangente im > Flächennutzungsplan 84 als Stadtstraße vorgesehene *Nord-Süd-Verbindung* zwischen AK Schöneberg und der Heidestr. im Bezirk > Tiergarten ist vom Senat Anfang 1992 aufgegeben worden. Jedoch soll zur verkehrlichen Entlastung des künftigen Parlamentsbereichs im Spreebogen die heutige *Entlastungsstraße* (B 96) im > GROSSEN TIERGARTEN durch einen Straßentunnel zwischen Invalidenstr. und den Uferstraßen am > LANDWEHRKANAL ersetzt werden.

Der durch die politische Teilung der Stadt entstandene Nachholbedarf der verkehrlichen Infrastruktur macht eine Fortsetzung des Stadtringes A 100 nach > TREPTOW sowie eine zusätzliche Verbindung des Standrings mit dem Berliner Ring über die Verlängerung des Autobahnzubringers Dresden A 113 entlang des > TELTOWKANALS nach Norden erforderlich. Beide Maßnahmen sind bereits Bestandteil des Bundesverkehrswegeplans 1992. Darüber hinaus wird parallel zur Ringbahn eine Weiterführung des Stadtrings über Treptow hinaus bis zur > FRANKFURTER ALLEE (Bundestraße 1 und 5) angestrebt.

Berlin durchquerende *Bundesstraßen* sind die B 1 (von Aachen nach Kietz an der polnischen Grenze), die B 2 (von Mittenwald nach Gartz an der Oder), die B 5 (von Böglum an der dänischen Grenze nach Frankfurt/O.) und die B 96 bzw. B 96a (von Saßnitz bis Zittau). In Berlin endende Bundesstraßen sind die B 101 von Schneeberg, die B 109 von Greifswald, die B 179 aus dem Raum Spreewald und die B 158 von der polnischen Grenze bei Bad Freienwalde. Die B 111 ist ein Zwischenabschnitt der A 111 im > TEGELER FORST im Bezirk > REINICKENDORF, der aus Gründen des Umweltschutzes nicht als Autobahn gebaut werden konnte.

Für den Autobahnbau sowie für Aus- und Neubaumaßnahmen an Bundesstraßen im Stadtgebiet, soweit sie vom Bund finanziert werden, stehen bis zum Jahre 2010 ca. 1,73 Mrd. DM zur Verfügung.

Bundesforschungsanstalt für Landeskunde und Raumordnung (BfLR): Seit November 1990 ist die BfLR mit Sitz in Bonn auch mit einer Außenstelle in der Scharrenstr. 2-3 im Bezirk > MITTE vertreten. Die wissenschaftlich unabhängige, nicht rechtsfähige Forschungseinrichtung im Geschäftsbereich des > BUNDESMINISTERS FÜR RAUMORDNUNG, BAUWESEN UND STÄDTEBAU hat die Aufgabe, wissenschaftliche und informative Grundlagen zur Lösung der Aufgaben der Bundesregierung im Bereich der Raumordnung, des Städtebaus und des Wohnungswesens zu schaffen. Drei der 13 in zwei Abteilungen zusammengefaßten wissenschaftlichen Referate sind in Berlin angesiedelt. Das Referat Grundsatzfragen Städtebau befaßt sich mit der Umsetzung von Forschungsergebnissen für die Politikberatung im Bereich des Städtebaus soweit Zuständigkeiten und Aufgabenstellungen des Bundes berührt sind. Dazu gehören Konzeption, Koordination und Erarbeitung städtebaulicher Analysen, Berichte über Rahmenbedingungen für private Investitionen, städtische Infrastruktur, Stadtökologie, Stadterneuerung, Bodenmarkt und Bodenschutz. Das Grundsatzreferat Wohnungswesen erarbeitet u.a. Analysen zum Wohnungsbau, zur Wohnungsversorgung und zur Wohnungspolitik auf der Ebene des Bundes. Zur Aufgabe des Referats Raumbeobachtung gehört der Aus- und Aufbau eines Informationssystems, das die kleinräumige Entwicklung auf Gemeinde- und Stadtteil-Ebene anhand ausgewählter Indikatoren beobachtet und gesellschaftliche Wandlungs- und Bewertungsprozesse durch Einbeziehung von Umfragen erfaßt. Die BfLR beschäftigte 1992 rd. 170 Mitarbeiter, darunter 60 Wissenschaftler; von den 170 Mitarbeitern waren ca. 30 in Berlin tätig.

Bundesgartenschau (BUGA): 1985 war West-Berlin Veranstaltungsort der seit Gründung der Bundesrepublik in zweijährigem Turnus in wechselnden Städten stattfindenden BUGA. Diese 18. BUGA fand von 25.4.-20.10. im Südwesten von > BRITZ, einem Ortsteil des Bezirks > NEUKÖLLN, statt. Sie umfaßte mehr als 2.000 Veranstaltungen und zählte rd. 5,1 Mio. Besucher. Nach Abschluß der Ausstellung blieb das 85 ha große Gelände der Öffentlichkeit gegen ein geringes Eintrittsgeld als Erholungspark erhalten. Im Juli 1989 wurde der ehem. BUGA-Park in > BRITZER GARTEN umbenannt.

Im Februar 1988 entschied der Zentralverband Gartenbau aufgrund einer neuerlichen Bewerbung des > SENATS VON BERLIN vom September 1987, auch die BUGA 1995 an West-Berlin zu vergeben. Die entsprechende Vertragsunterzeichnung erfolgte am 7.10. 1988. Nach der > VEREINIGUNG wurde diese unter dem Motto "Stadtgrün Berlin" für die zentralen > BEZIRKE West-Berlins geplante BUGA im August 1991 seitens des Senats aufgrund der veränderten Planungsprioritäten sowie aus Kostengründen wieder abgesagt.

Das im November 1988 vom Senat beschlossene ursprüngliche Konzept für die 23. BUGA 1995 sah einen rd. 5 km langen "Naturpark" mit rd. 115 ha Fläche vor, der sich von > MOABIT über den Spreebogen und das Gelände am > REICHSTAGSGEBÄUDE, das > LENNÉ-DREIECK, den > POTSDAMER PLATZ, die Brachfläche des ehem. > POTSDAMER BAHN-HOFS, über das Gleisdreieck und das Schöneberger Südgelände bis zum Britzer Garten erstrecken sollte. Der Fall der > MAUER am > 9. NOVEMBER 1989 und die Vereinigung rückten große Teile dieser Flächen in das Zentrum der Stadt und machten in Verbindung mit Berlins neuer Funktion als Parlaments- und Regierungssitz eine grundlegende Überarbeitung dieser Konzeption erforderlich (> BAUGESCHICHTE UND STADTBILD; > LAGE UND STADTRAUM; > HAUPTSTADT).

Nach teilweise kontroversen Diskussionen um Alternativen, wie z.B. der Verlegung von Teilen der BUGA nach > HELLERSDORF und > MARZAHN (Berliner Gartenschau) oder der Idee, das ursprünglich auf 116 Mio. DM veranschlagte Projekt auf das Kerngebiet vom Moabiter Werder bis zur > CHARITÉ zu reduzieren, präsentierte der Senat im März 1991 ein Konzept, das die Schaffung neuer Grünanlagen und Uferpromenaden entlang der > SPREE je zur Hälfte in > TIERGARTEN und > MITTE unter Verzicht auf die Durchführung der BUGA vorsah. Auf Beschluß des Senats vom April 1992 wurde dann die am 7.10.1988 zeitgleich mit der Vertragsunterzeichnung gegründete, zu 100 % landeseigene „Bundesgartenschau Berlin 1995 GmbH" in die *Grün Berlin – Gesellschaft für Freiraumgestaltung mbH* umgewandelt, der Grünprojekte im Rahmen der Hauptstadtplanungen und der Vorbereitung auf die > OLYMPISCHEN SPIELE 2000 übertragen wurden. Sie hat ihren Sitz in einem im Juni 1991 fertiggestellten, architektonisch anspruchsvollen, zweigeschossigen, klinkerverkleideten Stahl- und Betongebäude der Berliner Architekten Joachim Ganz und Walter Rolfes, das als Ergänzungsbau an eine vom Ende des 19. Jh. stammende Lagerhalle am Humboldthafen (> HÄFEN) angefügt wurde. Die weitere Nutzung des Büro- und Ausstellungsgebäudes ist noch ungewiß.

Bundesgerichtshof (BGH): Seit dem 1.1. 1952 residiert der 5. Strafsenat des BGH in dem Gebäude des früheren Reichsmilitärgerichts und heutigen Hauptsitz des > KAMMERGERICHTS in der Witzlebenstr. 4-5 im Bezirk > CHARLOTTENBURG. Statusrechtliche Gründe, verbunden mit dem Vorteil demonstrativer Berlin-Präsenz, machten es erforderlich, einen „Berliner Senat" dieses ansonsten in Karlsruhe angesiedelten obersten Bundesgerichts zu errichten (> SONDERSTATUS 1945-90; > BINDUNGEN).

Der 5. Strafsenat unter seinem Vorsitzenden Heinrich Laufhütte ist heute zuständig für Revisionen gegen Entscheidungen der Landgerichte (Bezirksgerichte) in den Bundesländern Berlin, Brandenburg, Hamburg, Bremen, in den OLG-Bezirken Celle und Braunschweig sowie gegen Urteile in Steuerstrafsachen dieser Gerichte in allen Bundesländern. Er ist planmäßig mit sieben Bundesrichtern besetzt, entscheidet jedoch mit fünf Bundesrichtern einschließlich des Vorsitzenden. Korrespondierende Staatsanwaltschaft ist eine Dienststelle des *Generalbundesanwalts* im selben Hause. Aufgabe der Bundesanwälte ist es, zu den vom Berliner Senat des BGH zu entscheidenden Sachen Stellung zu nehmen und in Revisionsverhandlungen den Generalbundesanwalt zu vertreten.

Bundesgesundheitsamt (bga): Das 1952 gegründete bga in der Thielallee 88-92 im Bezirk > ZEHLENDORF ist eine selbständige Bundesoberbehörde im Geschäftsbereich des > BUNDESMINISTERS FÜR GESUNDHEIT. Das bga ist eine zentrale Forschungseinrichtung auf dem Gebiet des öffentlichen Gesundheitswesens einschließlich der Umwelthygiene und des gesundheitlichen Verbraucherschutzes. Seine Aufgaben erstrecken sich auf drei Arbeitsfelder: Forschung auf den Gebieten der Arzneimittelsicherheit, des gesundheitlichen Verbraucherschutzes, der Umwelthygiene sowie der Prävention und Intervention in der Human- und Veterinärmedizin; Erledigung von Aufgaben der Exekutive auf den Gebieten des Arzneimittel- und Betäubungsmittelrechts, des Seuchenrechts, des Lebensmittel-, des Chemikalien- und des Gentechnikrechts; wissenschaftliche Beratung der Bundesregierung, anderer staatlicher Entscheidungsträger, der > EUROPÄISCHEN GEMEINSCHAFTEN, der Ernährungs- und Landwirtschaftsorganisation sowie der Weltgesundheitsorganisation (WHO) der Vereinten Nationen (UNO) und anderer internationaler Gremien. Zur Erfüllung dieser Aufgaben unterhält das bga sechs wissenschaftliche Institute:

Das *Robert-Koch-Institut (RKI)* am Nordufer 20 im Bezirk > WEDDING hat als Arbeitsgebiet die Erkennung, Verhütung und Bekämpfung von Infektionskrankheiten. Außerdem führt es Forschungsaufgaben für das AIDS-Zentrum aus. Auf Empfehlung der WHO wurden am RKI sechs Fachgebiete zu nationalen Referenzzentren bestimmt.

Das *Institut für Wasser-, Boden- und Lufthygiene (WaBoLu)* am Corrensplatz 1 in > DAHLEM ermittelt Zusammenhänge zwischen Umwelteinflüssen und menschlicher Gesundheit und beschäftigt sich mit Fragen der Umwelthygiene.

Das *Max-von-Pettenkofer-Institut* in der Straße Unter den Eichen 82-84 in > STEGLITZ erstellt wissenschaftliche Arbeiten zur gesundheitlichen Bewertung von Lebensmitteln, Bedarfsgegenständen, Pflanzenbehandlungsmitteln und Chemikalien. Zu seinen Aufgaben gehören auch die Dokumentation und Information zu Vergiftungen.

Das *Institut für Sozialmedizin und Epidemiologie (SozEp)* in der General-Pape-Str. 62-66 in > TEMPELHOF befaßt sich mit epidemiologischen Untersuchungen als Grundlage für die Erkennung und Bewertung gesundheitlicher Risiken.

Das *Institut für Veterinärmedizin (Vetmed)* am Diedersdorfer Weg 1 in Steglitz untersucht die Hygiene der Lebensmittel tierischer Herkunft (> SCHLACHTHOF BERLIN), erforscht und bekämpft Krankheiten, die vom Tier auf den Menschen übertragen werden können, und es ist zuständig für die Begutachtung von Tierarzneimitteln und Arzneimittelrückständen in tierischen Lebensmitteln.

Dem *Institut für Arzneimittel (AMI)* in der Seestr. 10 in Wedding obliegt die Zulassung und Registrierung von Arzneimitteln, die Sammlung und Auswertung von Meldungen über unerwünschte Arzneimittelwirkungen sowie die Überwachung des legalen Verkehrs mit Betäubungsmitteln.

Als selbständige Einrichtung des bga besteht seit dem 1.1.1988 das im > BENDLERBLOCK am Reichpietschufer 74-76 im Bezirk > TIERGARTEN untergebrachte *AIDS-Zentrum*. In enger Zusammenarbeit mit der internationalen Spitzenforschung befaßt es sich mit der Intensivierung der AIDS-Epidemiologie, dem Ausbau der diagnostischen und psychosozialen Forschung einschließlich der Sexualwissenschaften sowie der Entwicklung von Ansätzen zur Therapie. Daneben betreut das 1992 über rd. 30 Mitarbeiter verfügende Zentrum die AIDS-bezogene Forschung des > BUNDESMINISTERS FÜR FORSCHUNG UND TECHNOLOGIE (> AIDS).

Insg. waren 1992 beim bga ca. 2.800 Mitarbeiter tätig, davon rd. 800 Wissenschaftler. Der Etat wird überwiegend durch Bundesmittel gedeckt.

Das bga geht zurück auf das 1876 in Berlin geschaffene Kaiserliche Gesundheitsamt, das v.a. durch die Arbeiten Robert Kochs, der dem Amt 1881-85 angehörte, internationale Beachtung fand. 1890 wurde das Königliche Institut für Infektionskrankheiten errichtet, das in unmittelbarer Nachbarschaft zum > UNIVERSITÄTSKLINIKUM RUDOLF VIRCHOW in Wedding ein Dienstgebäude erhielt. Um die Jahrhundertwende wurde ein Teil des Amtes nach Dahlem auf das Gelände des heutigen Max-von-Pettenkofer-Institutes verlegt. 1901 entstand dort die Königliche Versuchs- und Prüfanstalt für Wasser- und Abwasserversorgung und Abwasserbeseitigung, aus der dann das WaBoLu hervorging.

Zur Zeit des Nationalsozialismus wurden die damals bestehenden Institute zeitweise in Personalunion vom Präsidenten des Reichsgesundheitsamtes geführt. Nach dem II. Weltkrieg erfolgte zunächst die treuhänderische Verwaltung der ehem. preußischen und Reichsinstitute unter dem Namen „Robert-Koch-Institut für Hygiene und Infektionskrankheiten" durch den > MAGISTRAT. Als durch Bundesgesetz 1952 das bga geschaffen wurde, gingen diese Berliner Institute in die neue Bundesoberbehörde über. 1958 verlegte man auch die in Koblenz angesiedelte Zentrale des bga nach Berlin.

In der DDR bestand keine vergleichbare Behörde. Nach der > VEREINIGUNG sind mehrere zentrale Institute mit ihren Instituteinrichtungen und -räumlichkeiten in das bga übernommen worden, soweit ihre Aufgaben in die Bundeskompetenz fallen. So wurden das Institut für Arzneimittel dem AMI, das *Zentralinstitut für Hygiene, Mikrobiologie und Epidemiologie* in > OBERSCHÖNEWEIDE und das Institut für Experimentelle Epidemiologie in Wernigerode dem RKI (und dem Robert-v.-Ostertag-Institut), das Forschungsinstitut für Hygiene und Mikrobiologie in Bad Elster dem WaBoLu zugeordnet. Die Abt. Strahlenschutzmedizin des früheren *Staatlichen Amtes für Atomsicherheit und Strahlenschutz* in > KARLSHORST wurde dem Präsidenten des bga direkt unterstellt. Ferner wurden einzelne Arbeitsbereiche aus der *Akademie für ärztliche Fortbildung der DDR* vom SozEp übernommen.

Bundesgrenzschutz (BGS): Seit der > VEREINIGUNG versieht der dem > BUNDESMINISTER

DES INNERN unterstellte BGS in der Schnellerstr. 139a im Bezirk > TREPTOW seine Aufgaben auch in Berlin. Im Zuge der Neustrukturierung dieser „Polizei des Bundes" ist zum 1.4.1992 in Berlin eines der fünf Grenzschutzpräsidien eingerichtet worden. Dem „Grenzschutzpräsidium Ost" des BGS – zuständig für die Territorien der Länder Berlin, Brandenburg und Sachsen und vorgesetzte Dienststelle für u.a. vier Grenzschutzämter und vier Grenzschutzabteilungen – obliegen in der > HAUPTSTADT der Schutz des Amtssitzes des > BUNDESPRÄSIDENTEN, die Kontrolle des grenzüberschreitenden Verkehrs an den > FLUGHÄFEN, die Unterstützung u.a. der > POLIZEI des Landes Berlin und bahnpolizeiliche Aufgaben. Zur Erfüllung seiner Aufgaben im Berliner Raum stehen dem BGS ca. 1.800 Dienstposten zur Verfügung.

Der seit 1951 im Bundesgebiet bestehende BGS konnte zu Zeiten der > SPALTUNG seine Aufgaben in Berlin wegen des > SONDERSTATUS der Stadt nicht wahrnehmen (> ENTMILITARISIERUNG). Erst nach dem Erlöschen der Vorbehaltsrechte der > ALLIIERTEN im Zuge der Vereinigung wurden auch hier entsprechende Dienststellen eröffnet. Gleichzeitig wurde der noch im Mai 1990 vom Ministerium des Innern der DDR aufgestellte Grenzschutz zum > 3. OKTOBER 1990 von der Bundesrepublik übernommen und in den BGS überführt.

Bundeshaus Berlin: Das B. in der Bundesallee im Bezirk > WILMERSDORF ist Dienstsitz einer Abt. des > BUNDESMINISTERS DES INNERN. Sie unterstützt die Kommunen in den neuen Ländern beim Verwaltungsaufbau und betreibt gemeinsam mit der Bundesvereinigung der kommunalen Spitzenverbände eine Personalbörse, die Bewerber aus dem bisherigen Bundesgebiet an personalsuchende Kommunen in den neuen Ländern vermittelt. Daneben befindet sich im B. eine Lehrgruppe der *Bundesakademie der öffentlichen Verwaltung*. Ferner ist das B. seit 1992 Sitz des Oberbundesstaatsanwalts beim > BUNDESVERWALTUNGSGERICHT.
Von 1950-90 beherbergte das B. die Dienststelle des *Bevollmächtigten der Bundesregierung in Berlin*. Der erste Bevollmächtigte war Heinrich Vockel (1950-62), der letzte der Parlamentarische Staatssekretär Günther Straßmeir (1989-90). In dieser Dienststelle, die als Verbindungsbehörde des Bundes zum > SENAT VON BERLIN und zu den Behörden der >

ALLIIERTEN fungierte, waren die Vertretungen aller Bonner Ministerien zusammengefaßt, mit Ausnahme des Verteidigungs- und des Postministeriums (> HAUPTSTADT).
Das frühere Gesamtdeutsche Ministerium, später in *Bundesministerium für innerdeutsche Beziehungen* umbenannt, war von Anfang an mit einer ganzen Abteilung im B. vertreten. Zu ihrer wichtigsten Aufgabe gehörten die Bemühungen der Bundesregierung um menschliche Erleichterungen für Personen in der ehem. DDR. Diese konzentrierten sich auf die vorzeitige Freilassung politischer Häftlinge und auf die Übersiedlung von Personen in die Bundesrepublik Deutschland zum Zwecke der Familienzusammenführung (> ÜBERSIEDLER/AUSSIEDLER).
Die Existenz und Funktion des B. waren vier Jahrzehnte lang sichtbarer Beweis für die Präsenz des Bundes in Berlin und für die besonderen Verpflichtungen, die die Bundesrepublik in der Zeit des geteilten Deutschlands für Berlin übernommen hatte (> BINDUNGEN). Nach der Herstellung der Einheit am > 3. OKTOBER 1990 wurde die Dienststelle des Bevollmächtigten zum Jahresende 1990 aufgelöst.
Das Gebäude des B. ist 1893-95 für die damalige Königlich-Preußische Artillerie-Prüfungskommission nach Plänen des Geheimen Oberbaurats Bernhardt errichtet worden. Nach teilweiser Zerstörung im II. Weltkrieg wurde es im Jahr 1950 restauriert. Im Zusammenhang mit der Einweihung des B. durch Bundeskanzler Konrad Adenauer (CDU) am 17.4.1950 wurde die damalige Kaiserallee in Bundesallee umbenannt.

Bundeshilfe: Bis zur geplanten Integration Berlins in den horizontalen Länderfinanzausgleich ab 1995 erhält es nach § 16 des > DRITTEN ÜBERLEITUNGSGESETZES vom 4.1.1952, in der Fassung vom 11.5.1956, einen Bundeszuschuß zum Landeshaushalt (> HAUSHALT UND FINANZEN) sowie langfristige, niedrig verzinsliche Darlehen aus dem Bundeshaushalt. Diese Hilfen waren ein Reflex auf die nach dem II. Weltkrieg entstandene außergewöhnliche geopolitische Situation der Stadt (> SONDERSTATUS 1945-90) und sollten so bemessen sein, daß Berlin „die durch seine besondere Lage bedingten Ausgaben zur wirtschaftlichen und sozialen Sicherung seiner Bevölkerung zu leisten und seine Aufgaben als Hauptstadt eines geeinten Deutschlands zu erfüllen" in der Lage ist (§ 16 Abs. 2). Die Höhe der Hilfe wird jährlich neu „ausgehandelt", und zwar auf höchster politischer Ebene zwischen dem > BUNDESMINISTER DER FINANZEN und der > SENATSVERWALTUNG FÜR FINANZEN. Die endgültige Beschlußfassung erfolgt im Zuge der Haushaltsberatungen im > DEUTSCHEN BUNDESTAG.

Die B. sowie die Gleichstellung Berlins mit den übrigen Bundesländern nach den grundgesetzlichen Regelungen des vertikalen Finanzausgleichs (Art. 104a, 106 GG) waren bisher das Fundament der Stellung West-Berlins im Finanzsystem des Bundes. Gleichstellung mit den übrigen Bundesländern hieß dabei, daß der Bund einerseits aus Berlin die gleichen Steuern wie aus den übrigen Ländern erhielt (Bundessteuern und Bundesanteile an den Gemeinschaftssteuern), andererseits dort aber auch die gleichen Lasten trug wie anderswo (vor allem Finanzierung von Gemeinschaftsaufgaben, Finanzhilfen für besonders bedeutsame Investitionen nach Art. 104a Abs. 4 GG, Beteiligung an den Geldleistungsgesetzen nach Art. 104a Abs. 3 GG, Finanzierung bundeseigener Aufgaben).

Seit 1952 ist die B. von 0,6 Mrd. DM bis 1990 auf über 13 Mrd. DM bzw. 6.150 DM je Einwohner angestiegen. Parallel dazu hat sich ihr Anteil am Volumen des Landeshaushalts von etwas über einem Drittel auf mehr als die Hälfte (seit 1978) erhöht. Die Steigerungsrate der B. entsprach in den 80er Jahren etwa dem Zuwachs der gesamten Bundesausgaben. Damit ging die B. weit über das hinaus, was Berlin im Rahmen eines horizontalen Finanzausgleichs, der ja lediglich ein Steuerkraftausgleich ist, erhalten hätte und dessen gesamtes Umverteilungsvolumen (einschließlich Ergänzungszuweisungen des Bundes) 1991 mit rd. 9 Mrd. DM zu veranschlagen war.

In der Vergangenheit hatte die B. in erster Linie die Funktion, die strukturelle und präferenzbedingte Steuerschwäche des Berliner Haushalts auszugleichen. Erstere war v.a. Folge der geopolitischen Lage und ihrer Auswirkungen auf die Wirtschaftskraft der Stadt; die präferenzbedingte Schwäche hingegen resultierte aus den Steuerverzichten im Zusammenhang mit dem den privaten Unternehmen gewährten > BERLINFÖRDERUNG in Höhe von ca. 5,5 Mrd. DM (1990).

Sicherlich ist die Entwicklung der B. mit ein Grund dafür, daß in West-Berlin die Ausgaben viel höher sind als z.B. in den beiden anderen Stadtstaaten. Neben dem Ausgleich der beschriebenen Steuerschwäche kam es je-

doch auch immer darauf an, die Attraktivität der Stadt durch ein leistungsfähiges staatliches Infrastrukturangebot zu erhöhen, um die Nachteile der Insellage auszugleichen. Anzurechnen wären hier gleichfalls die überregionalen Dienstleistungen, die Berlin z.B. im Bereich von Forschung und Entwicklung sowie Aus- und Weiterbildung der Universitäten und Hochschulen erbringt. Dank der B. weist Berlin heute trotz geringer Steuerkraft und hoher Ausgaben eine vergleichsweise günstige Schuldenposition auf: Mitte 1991 war die Stadt mit 8.800 DM je Einwohner verschuldet, während es in Hamburg 12.000 DM und in Bremen sogar 22.400 DM waren.

Für 1991 wurde die B. auch für den Ostteil der Stadt gewährt, es wurden zusätzlich 1 Mrd. DM zur Verfügung gestellt. Zudem erhält Berlin für die östlichen Bezirke auch Mittel aus dem *Fonds „Deutsche Einheit"*, 1991 und 1992 jeweils rd. 2,7 Mrd. DM, aus dem *Gemeinschaftswerk „Aufschwung Ost"* einmalig (1991) 400 Mio. DM sowie Übergangshilfen nach den Regelungen des > EINIGUNGSVERTRAGES. 1991, im ersten Jahr eines Berliner Gesamthaushalts, ist der Anteil der B. am Berliner Haushalt trotz absoluter Erhöhung auf 14,5 Mrd. DM durch die wesentlich stärkere Ausdehnung des Haushaltsvolumens auf 36,2 % gesunken. In den kommenden Jahren soll die B. drastisch zurückgeführt werden, laut Finanzplan des Bundes um 2 Mrd. DM jährlich. So sank sie bereits 1992 auf 13,2 Mrd. DM bzw. auf 31,5 %. Von 1995 an soll die finanzielle Unterstützung Berlins allein über den horizontalen Finanzausgleich erfolgen. Nach heutigen Hochrechnungen könnte Berlin dann anstelle einer B. in Höhe von 7 Mrd. DM, Zuweisungen im Rahmen des Finanzausgleichs in Höhe von allenfalls 4 Mrd. DM (unter Einschluß der Ergänzungszuweisungen des Bundes) erwarten.

Begründet wird der Abbau der B. damit, daß die teilungsbedingten Haushaltslasten und die Ausstattungs- und Leistungsvorsprünge gegenüber den alten Ländern nicht mehr politisch zu legitimieren sind und daß die Steuereinnahmen der Stadt schon bald überdurchschnittlich steigen werden, zum einen wegen des Abbaus der Steuerpräferenzen nach dem Berlin-Förderungsgesetz und zum anderen wegen der relativ günstigen Perspektiven der > WIRTSCHAFT.

Bundesinstitut für Berufsbildung (BIBB):

Das BIBB am > Fehrbelliner Platz 3 im Bezirk > Wilmersdorf wurde durch das Berufsbildungsgesetz vom 14.8.1969 errichtet. Heutige Rechtsgrundlage ist das Berufsbildungsförderungsgesetz vom 23.12.1981. Das BIBB betreibt Forschung und Entwicklung auf dem Gebiet der betrieblichen beruflichen Bildung und nimmt in enger Zusammenarbeit mit Bund, Ländern, Gewerkschaften und Arbeitgeberverbänden Dienstleistungs- und Beratungsfunktionen gegenüber der Bundesregierung und der Berufsbildungspraxis wahr. Zu den zentralen Arbeitsgebieten des BIBB zählen die Strukturforschung, die Forschung auf dem Gebiet der Lehr- und Lernprozesse, die Betreuung von Modellversuchsprogrammen der Bundesregierung, die Weiterbildung des Ausbildungspersonals, die Vorbereitung der Ausbildungsordnungen im Auftrag der Bundesregierung, die Erwachsenenbildung, die Prüfung berufsbildender Fernlehrgänge, die Entwicklung von Vermittlungskonzepten und Ausbildungsmitteln, Untersuchungen über die Kosten der beruflichen Bildung und die Förderung überbetrieblicher Berufsbildungsstätten. Das BIBB ist eine bundesunmittelbare juristische Person des öffentlichen Rechts, die der Rechtsaufsicht des > Bundesministers für Bildung und Wissenschaft untersteht. Das Institut beschäftigt ca. 385 Mitarbeiter, davon den überwiegenden Teil am Dienstort Berlin, die übrigen in der Außenstelle Bonn. Das BIBB wird aus Haushaltsmitteln des Bundes finanziert.

Bundeskanzleramt (BK): Die Berliner Außenstelle des BK befindet sich in der Klosterstr. 47 im > Stadthaus. Organisationsrechtlich ist die Außenstelle ein Referat. Als solches ist sie im Geschäftsplan ausgewiesen und der Abt. 1 zugeordnet. Die Aufgaben der Außenstelle bestehen neben der Koordinierung der regelmäßig stattfindenden Außenstellenleiter-Besprechungen im wesentlichen aus Verwaltungsarbeiten, die aus der Angleichung der Verwaltungs-, Sozial- und Steuerrechtssysteme folgen. Die BK-Außenstelle umfaßt z.Z. 25 Mitarbeiter.

Bundeskartellamt: Das am 1.1.1958 als selbständige Bundesoberbehörde mit Sitz in Berlin errichtete B. am Mehringdamm 129 im Bezirk > Kreuzberg gehört zum Geschäftsbereich des > Bundesministers für Wirtschaft. Zu den Aufgaben des B. mit seinen 1991 ca.

230 Mitarbeitern zählt die Durchsetzung des Kartellverbots und des Verbots anderer wettbewerbsbeschränkender Verträge sowie die Durchsetzung des Verbots aufeinander abgestimmten Verhaltens und anderer wettbewerbsbeschränkender Verhaltensweisen von Marktbeteiligten. Des weiteren obliegt dem Amt die Mißbrauchsaufsicht und die Durchsetzung des Diskriminierungsverbots gegenüber marktbeherrschenden Unternehmen sowie die Kontrolle von Unternehmenszusammenschlüssen mit der Möglichkeit, Fusionen zu verbieten.
Gesetzliche Grundlage seiner Tätigkeit ist das am 1.1.1958 in Kraft getretene Gesetz gegen Wettbewerbsbeschränkungen, kurz Kartellgesetz genannt, das eine Reihe von Verboten, Untersagungsbefugnissen, Anmeldepflichten, Befreiungsmöglichkeiten, zivilrechtlichen Schadensersatzansprüchen und Bußgeldbestimmungen enthält. Alle Entscheidungen in den auf Antrag oder von Amts wegen eingeleiteten Verwaltungs- und Bußgeldverfahren werden in den zehn Beschlußabteilungen, die jeweils für bestimmte Wirtschaftszweige zuständig sind, getroffen. Bei der Durchsetzung des Kartellrechts hat das B. weitreichende Ermittlungsbefugnisse und kann u.a. aufgrund richterlicher Anordnung Unternehmen durchsuchen sowie Beweismaterial beschlagnahmen. Bei Verstößen gegen das Kartellgesetz kann das Amt Geldbußen verhängen.

Bundesminister der Finanzen (BMF): Die Berliner Außenstelle des BMF mit Sitz im > Detlev-Rohwedder-Haus in der > Leipziger Strasse 5-7 im Bezirk > Mitte wurde am > 3. Oktober 1990 aufgrund einer Organisationsentscheidung des Ministers errichtet. Die Außenstelle ist entsprechend der Struktur der Hauptstelle des BMF in Bonn in dazu korrespondierende Arbeitseinheiten gegliedert. Die Arbeitseinheit Z ist für Verwaltungsaufgaben zuständig. Arbeitseinheit I mit zwei Referaten ist für Grundsatzfragen der Finanzpolitik und finanzpolitische Fragen einzelner Bereiche zuständig; Arbeitseinheit II mit vier Referaten bearbeitet einige spezielle Haushaltsfragen (Depotverwaltung, Einzelplan 60 und Rückkehrhilfe, Auswertung von Rechnungsunterlagen). Die Abt. III des BMF ist in der Außenstelle nicht vertreten. Steuerrecht im allgemeinen und zu spezifischen Steuern sowie die Automation in der Steuerverwaltung bilden die Aufgabengebiete der drei Referate der Arbeitseinheit IV. Arbeitseinheit V ist mit den Finanzbeziehungen zu Ländern und Gemeinden betraut. Liegenschaftsangelegenheiten im Bereich der neuen Länder, darunter Liegenschaftsangelegenheiten im Zusammenhang mit dem Aufenthalt und Abzug der GUS-Streitkräfte (> GRUPPE DER SOWJETISCHEN STREITKRÄFTE) sowie Angelegenheiten der Bundesforstverwaltung liegen in der Zuständigkeit der Arbeitseinheit VI. Die Arbeitseinheit VII mit drei Referaten bearbeitet Altschulden der DDR im Rahmen des Kreditabwicklungsfonds, die Abwicklung der DDR-Auslandsforderungen und -verbindlichkeiten sowie spezielle währungs- und finanzpolitische Fragen des Handels mit osteuropäischen Ländern. Die Arbeitseinheit VIII ist mit Fragen der Privatisierung und Beteiligungspolitik sowie mit Rechtsangelegenheiten, Sanierung, Abwicklung und Sondervermögen in Zusammenhang mit der > TREUHANDANSTALT betraut.

Mehrere dem BMF nachgeordnete Bundesbehörden haben ihren Sitz in Berlin: Mit je einer Außenstelle sind das > BUNDESAMT FÜR FINANZEN mit Sitz am > WERDERSCHEN MARKT/ Ecke Kurstr. im Bezirk Mitte und das *Bildungszentrum der Bundesfinanzverwaltung* im Hellersdorfer Weg 35 in > MARZAHN vertreten. Die > BUNDESSCHULDENVERWALTUNG unterhält eine Dienststelle am Platz der Luftbrücke 1-3 im Bezirk > TEMPELHOF. Weitere dem BMF nachgeordnete Bundesbehörden sind das > BUNDESAUFSICHTSAMT FÜR DAS KREDITWESEN am Reichpietschufer 74-76 im Bezirk > TIERGARTEN, das > BUNDESAUFSICHTSAMT FÜR DAS VERSICHERUNGSWESEN am Ludwigkirchplatz 3-4 in > WILMERSDORF sowie das Bundesamt zur Regelung offener Vermögensfragen in der Mauerstr. 39/49 in Mitte. Ferner sind die beiden Bundesabteilungen „Bundesvermögen" und „Zölle und Verbrauchssteuern" der > OBERFINANZDIREKTION (am > KURFÜRSTENDAMM 193-94 in > CHARLOTTENBURG) dem BMF nachgeordnet. In der Berliner Außenstelle des Ministeriums waren Anfang 1992 ca. 260 der insg. 2.100 Mitarbeiter des BMF beschäftigt. (> HAUPTSTADT)

Bundesminister der Justiz (BMJ): Die Berliner Außenstelle des BMJ in der Clara-Zetkin-Str. 93 im Bezirk > MITTE wurde am 25.9.1990 durch Erlaß des Ministers mit Wirkung vom > 3. OKTOBER 1990 eingerichtet. Sie ist integraler Bestandteil des Ministeriums in Bonn und repräsentiert den BMJ in Berlin. (Justiz; Bundesverfassungsgericht; > BUNDESVERWALTUNGSGERICHT; > BUNDESGERICHTSHOF). Ende 1991 waren in der Stadt sechs der sieben Abteilungen des BMJ vertreten. Es handelte sich dabei neben den Abt. Justizverwaltung, Rechtspflege, Bürgerliches Recht, Strafrecht sowie Handels- und Wirtschaftsrecht um die im Zuge der > VEREINIGUNG eingerichtete Abteilung zur Bereinigung von DDR-Unrecht, die sich v.a. mit Fragen der beruflichen, verwaltungs- und strafrechtlichen Rehabilitierung der Opfer des SED-Regimes und offenen Vermögensfragen (> LANDESAMT ZUR REGELUNG OFFENER VERMÖGENSFRAGEN) befaßt. In der Außenstelle waren Ende 1991 90 der insg. 814 Mitarbeiter des Ressorts tätig.

In Berlin befindet sich ferner eine Dienststelle des dem BMJ zugeordneten > DEUTSCHEN PATENTAMTS mit Sitz in München.

Außerdem ist der unter Leitung und Aufsicht des BMJ stehende Generalbundesanwalt beim Bundesgerichtshof mit einer Dienststelle in der Witzlebenstr. 4 im Bezirk > CHARLOTTENBURG und dem > BUNDESZENTRALREGISTER Neuenburgerstr. 15 im Bezirk > KREUZBERG in Berlin vertreten.

Das vom BMJ genutzte Gebäude diente bis zur > VEREINIGUNG als Sitz des Ministeriums der Justiz der DDR. In ihm befinden sich außerdem Arbeitseinheiten der Dienststelle Berlin des Deutschen Patentamts. (> HAUPTSTADT)

Bundesminister der Verteidigung (BMVg): Die Außenstelle des BMVg wurde durch Organisationsentscheidung (Art. 65 GG) des Ministers vom 24.9.1990 mit Wirkung vom > 3. OKTOBER 1990 eingerichtet. Sie ist in der Prötzeler Chaussee in Strausberg untergebracht und die einzige Außenstelle des Ministeriums. Daneben gibt es ein zentrales Büro der Leitung des BMVg in der Hans-Beimler-Str. 25 im Bezirk > MITTE, wo zuvor die Leitung des Ministeriums für Abrüstung und Verteidigung der DDR ihren Sitz hatte.

Die Außenstelle BMVg ist in folgende Referate gegliedert: Das Referat 1 ist für zentrale Aufgaben, für die Steuerung und den Aufbau der Wehrverwaltung sowie für die Abwicklung des ehem. Ministeriums für Abrüstung und Verteidigung der DDR zuständig. Das Referat 2 bearbeitet Personalangelegenheiten des Zivilpersonals sowie Grundsatzangelegenheiten des militärischen

Personals und Einzelpersonalangelegenheiten. Referat 4 ist verantwortlich für Rechtsangelegenheiten. Dem Referat 6 obliegen Unterkunfts- und Liegenschaftswesen sowie das Bauwesen. Referat 7 ist zuständig für Sozialangelegenheiten und Fragen des > UMWELTSCHUTZES in den neuen Bundesländern, während das Referat 8 Verwertung von Wehrmaterial, Rüstungsangelegenheiten sowie das Verpflegungs- und Bekleidungswesen bearbeitet. Koordinierung der militärischen Angelegenheiten, der Aussonderung und Verwertung von Wehrmaterial liegen in der Zuständigkeit des Referats 9.

Dem Ministerium unmittelbar nachgeordnete Behörden in Berlin sind das *Bundesamt für Wehrtechnik und Beschaffung*, Außenstelle Berlin, mit Sitz in der Schnellerstr. in > TREPTOW und das *Deutsche Verbindungskommando zu den Sowjetischen Streitkräften*, das in der Oberspreestr. im gleichen Bezirk untergebracht ist, sowie neben der *Standortkommandantur Berlin* 100 verschiedene militärische Dienststellen und Kommandos (VBK/> BUNDESWEHR). In der Außenstelle des BMVg sind ca. 200 Mitarbeiter der insg. 6.000 Mitarbeiter des BMVg beschäftigt. (> HAUPTSTADT)

Bundesminister des Innern (BMI): Die in der Mauerstr. 34-38 im Bezirk > MITTE ansässige Berliner Außenstelle des BMI wurde am > 3. OKTOBER 1990 durch Erlaß des Ministers errichtet. Aufgabe der Außenstelle ist es derzeit, noch bestehende Einrichtungen des ehem. Ministeriums des Innern der DDR, wie bspw. übernommene Lagerbestände, einer weiteren Verwertung zuzuführen. Ihr Aufgabenprofil wird sich in Vorbereitung und Durchführung des Umzugs des BMI von Bonn nach Berlin ändern.

Die Außenstelle gliedert sich in den Zentralbereich mit sechs Sachgebieten sowie den Fachbereich Kultur mit drei Sachgebieten. Während sich der Zentralbereich mit Verwaltungsaufgaben wie Personal-, Haushalts- und Organisationsangelegenheiten befaßt, ist der Fachbereich Kultur für Verwendungsnachweise und für ehem. sowjetische Ehrenmale und Friedhöfe (> SOWJETISCHES EHRENMAL IM TREPTOWER PARK; > SOWJETISCHES EHRENMAL IN BERLIN-TIERGARTEN; > VOLKSPARK SCHÖNHOLZER HEIDE) sowie für die Sicherung von > BIBLIOTHEKEN und > ARCHIVEN, > DENKMALSCHUTZ und die Rückführung von Kulturgut zuständig. Darüber hinaus unterstützt der Fachbereich Kultur die Abt. K der Bonner Haupt-

stelle des BMI bei deren Arbeit.

In Berlin sind mehrere zum Geschäftsbereich des Ministeriums gehörende Dienststellen angesiedelt. Neben dem > BUNDESVERWALTUNGSAMT, das in der Gotlindestr. im Bezirk > LICHTENBERG ansässig ist, hat das Grenzschutz-Präsidium Ost seinen Sitz in der Schnellerstr. im Bezirk > TREPTOW (> BUNDESGRENZSCHUTZ). > DER BUNDESBEAUFTRAGTE FÜR DIE UNTERLAGEN DES STAATSSICHERHEITSDIENSTES DER EHEMALIGEN DDR hat seinen Sitz in der Behrenstr. 14-16 im Bezirk > MITTE, während die *Unabhängige Kommission zur Überprüfung des Vermögens der Parteien und Massenorganisationen der ehemaligen DDR* eines der drei Gebäude der Außenstelle in der Mauerstr. nutzt. Vor der > VEREINIGUNG befand sich dort der Hauptsitz des Ministeriums des Innern der DDR. (> HAUPTSTADT)

Bundesminister für Arbeit und Sozialordnung (BMA): Am 1.4.1992 hat die jüngste und größte Fachabteilung des BMA, die Abt. VIII, ihre Arbeit in Berlin aufgenommen. Sie ging aus der am 25.9.1990 durch Erlaß des Ministers mit Wirkung vom > 3. OKTOBER 1990 errichteten Außenstelle des BMA hervor. Die im > STADTHAUS in der Klosterstr. 47 im Bezirk > MITTE ansässige Abt. koordiniert und verantwortet ein vielseitiges Aufgabengebiet. Schwerpunkte sind die Arbeitsmarkt- und Sozialpolitik in den neuen Bundesländern, die Beschäftigung und soziale Integration von Ausländern und die sozialpolitische Beratung der Staaten Mittel- und Osteuropas. Alle Abt. des BMA sind in Berlin mit sog. Spiegelreferaten vertreten. Sie befassen sich u.a. mit Fragen des Arbeitsrechts und des Arbeitsschutzes, der Renten- und Unfallversicherung, der Pflegeversicherung, der Rehabilitation, der Kriegsopferversorgung und des Behindertenrechts. Eine wichtige Aufgabe ist auch die Beratung der Bürger in den neuen Bundesländern (u.a. durch Sprechstunden und ein Bürgertelefon zu Rentenfragen). In der Abteilung VIII arbeiten z.Z. 115 der insg. nahezu 1.000 Mitarbeiter des BMA. Dort angesiedelt ist auch eine Außenstelle der *Beauftragten der Bundesregierung für die Integration der ausländischen Arbeitnehmer und ihrer Familienangehörigen*. In Berlin befinden sich ferner mit der > BUNDESANSTALT FÜR ARBEITSMEDIZIN BERLIN und dem > BUNDESVERSICHERUNGSAMT zwei dem BMA nachgeordnete Behörden. (> HAUPTSTADT)

Bundesminister für Bildung und Wissenschaft (BMBW): Die > UNTER DEN LINDEN 69-73 im Bezirk > MITTE gelegene Berliner Außenstelle des BMBW wurde mit Organisationsverfügung des Ministers vom 23.10.1990 zum 1.11.1990 eingerichtet. Sie hat folgende Aufgaben: Abwicklung, Zuarbeit zu den Fachabteilungen, Information und Kontakte, Repräsentanz, Verwaltung. Die Außenstelle hat 32 Mitarbeiter, während in der Bonner Zentrale 488 Personen beschäftigt sind. Das dem BMBW nachgeordnete, rechtlich unabhängige > BUNDESINSTITUT FÜR BERUFSBILDUNG hat seinen Sitz am > FEHRBELLINER PLATZ 3 im Bezirk > WILMERSDORF.

Das Gebäude Unter den Linden 69-73 wurde bis zur > VEREINIGUNG vom Ministerium für Bildung und Wissenschaft (davor vom Ministerium für Volksbildung) der DDR sowie von der Akademie der Pädagogischen Wissenschaften der DDR genutzt. (> HAUPTSTADT)

Bundesminister für Ernährung, Landwirtschaft und Forsten (BML): Die seit dem 7.1.1991 in der Scharrenstr. 2-3 im Bezirk > MITTE angesiedelte Berliner Außenstelle des BML wurde zum > 3. OKTOBER 1990 durch Anordnung des Ministers vom 28.9.1990 errichtet. Die Außenstelle gliedert sich unterhalb der Leitungsebene in sieben Arbeitsgruppen, die die Angelegenheiten der sieben Abteilungen der Zentrale des BML in Bonn wahrnehmen. Dabei handelt es sich neben der mit Verwaltungsaufgaben betrauten (1) Zentralabteilung um die Abteilungen (2) Allgemeine Angelegenheiten der Agrarpolitik, (3) Agrarische Erzeugung, Veterinärwesen, (4) Marktpolitik, (5) Entwicklung des ländlichen Raumes sowie ferner um die Abteilungen (6) Forst und Holzwirtschaft, Jagd, Forschung und Entwicklung sowie (7) Allgemeine EG-Agrarpolitik, Internationale Agrarpolitik, Fischereipolitik. Der Außenstelle obliegen Aufgaben der Abwicklung, Serviceleistungen für die Zentrale sowie die Durchführung von spezifischen Fachaufgaben nach Weisung der Organisationseinheiten der Zentrale. Dem Ministerium stehen insg. 1.024 Planstellen zur Verfügung; 87 Mitarbeiter sind in der Berliner Außenstelle tätig.

In Berlin befinden sich mehrere dem Geschäftsbereich des BML nachgeordnete Einrichtungen. So ein Anstaltsteil der > BIOLOGISCHEN BUNDESANSTALT FÜR LAND- UND FORSTWIRTSCHAFT in der Königin-Luise-Str. 19 in > ZEHLENDORF, eine Außenstelle der > BUN-DESANSTALT FÜR LANDWIRTSCHAFTLICHE MARKTORDNUNG (am > FEHRBELLINER PLATZ) sowie des *Bundesamts für Ernährung und Forstwirtschaft* (in der Beusselstr. im Bezirk > TIERGARTEN auf dem Gelände des > OBST- UND GEMÜSEGROSSMARKTS). Die ebenfalls nachgeordnete *Deutsche Siedlungs- und Landesrentenbank* in Berlin und Bonn hat ihren Berliner Sitz in der Kurfürstenstr. 72-74 in Tiergarten.

Das Gebäude Scharrenstr. 2-3, ein Neubau aus dem Jahr 1960, wurde vor der > VEREINIGUNG als Dienstgebäude des Bauministeriums der DDR genutzt. Seit dem 3.10.1990 ist dort ebenfalls die Außenstelle des > BUNDESMINISTERS FÜR RAUMORDNUNG, BAUWESEN UND STÄDTEBAU untergebracht. (> HAUPTSTADT)

Bundesminister für Familie und Senioren (BMFuS): Die Berliner Dienststelle des BMFuS mit Sitz in der Taubenstr. 93 im Bezirk > MITTE wurde am > 3. OKTOBER 1990 zunächst als Außenstelle des Bundesministers für Jugend, Familie, Frauen und Gesundheit (BMJFFG) aufgrund eines Organisationserlasses des Ministers errichtet. Aus diesem Ministerium sind das BMFuS und sein Dienstbereich Berlin hervorgegangen. Auf die Bezeichnung „Außenstelle" wurde bewußt verzichtet. Das MBFuS ist nach der Kabinettsentscheidung vom 13.12.1991 das einzige Ministerium, das vollständig nach Berlin umziehen und keine Vertretung in Bonn aufrechterhalten wird (> HAUPTSTADT).

Dem Dienstbereich Berlin obliegen familien-, alten- und sozialpolitische Ressortaufgaben unter besonderer Berücksichtigung der Aufbauarbeit in den neuen Bundesländern. Insg. widmet sich die Dienststelle folgenden Aufgaben: Verwaltungshilfe und Ansprechpartner für Behörden in den neuen Bundesländern, Bearbeitung von Einzelvorgängen aus sowie Beratung von Verbänden und Organisationen in den neuen Bundesländern, Informationsvermittlung zwischen dem Dienstbereich Berlin und Bonn sowie den neuen Bundesländern, Beobachtung der einschlägigen Gesetzgebung in den neuen Bundesländern.

Wichtige Bereiche, wie die Einführung des Bundeskindergeldes, des Erziehungsgeldes (> FAMILIENFÖRDERUNG) und des Erziehungsurlaubs, des Unterhaltvorschußgesetzes, der Aufbau eines flächendeckenden Netzes von > SOZIALSTATIONEN unter dem Dach der Spitzenverbände der Freien > WOHLFAHRTSPFLEGE und der Schwangerenkonfliktberatungsstellen werden vom Dienstbereich Berlin unterstützt. Beim Aufbau der Verbände der Freien Wohlfahrtspflege wird von der Dienststelle geholfen (Art. 32 des > EINIGUNGSVERTRAGES). Ein weiterer Schwerpunkt des Dienstbereichs Berlin ist bis Ende 1992 die Bewilligung und Gewährung von Leistungen aus dem „Hilfsfonds für schwangere Frauen in Not" für die neuen Bundesländer. Hierbei handelt es sich um ein Sonderprogramm der Bundesregierung, mit dem schwangeren Frauen ergänzend zu rechtlich gesicherten Ansprüchen Hilfen – z.B. für Babyausstattungen oder Wohnraumsanierungen – bis Ende 1992 gewährt werden können.

Entsprechend der Aufgabenstellung des Dienstbereichs Berlin wurden aus einem Stamm von 20 Mitarbeitern folgende, eng mit den entsprechenden Fachbereichen in Bonn zusammenarbeitende Arbeitsgruppen (AG) gebildet: AG 1: Zentrale Aufgaben mit Presse- und Öffentlichkeitsarbeit; AG 2a: Freie Wohlfahrtspflege, Selbsthilfe (> SELBSTHILFEGRUPPEN); AG 2b: > ALTENHILFE, Behindertenhilfe (> BEHINDERTE), Soforthilfeprogramm; AG 3: Sozialhilfe; AG 4: Kindergeld, Erziehungsgeld, Unterhaltsvorschußgesetz; AG 5a: Schwangerenberatungsstellen; AG 5b: Selbsthilfe zur Sanierung von Familienwohnungen.

In dem Gebäude in der Taubenstr. ist neben der Dienststelle Berlin des BMFuS auch die Berliner Außenstelle des > BUNDESMINISTERS FÜR FRAUEN UND JUGEND untergebracht. Vor der > VEREINIGUNG hatten dort bis Juni 1990 das Ministerium für Verkehrswesen der DDR, im Anschluß daran kurzzeitig das Ministerium für Familie und Frauen der DDR ihren Sitz.

Bundesminister für Forschung und Technologie (BMFT): Die in der Hannoverschen Str. 30 im Bezirk > MITTE gelegene Berliner Außenstelle des BMFT wurde am 4.10.1990 durch Erlaß des Ministers errichtet. Die Außenstelle mit einer Geschäftsstelle und drei Referaten nimmt v.a. die Fachaufgaben wahr, die einen direkten Bezug zu den neuen Bundesländern haben. Dabei stand bisher der Umbau der zentralistisch geprägten Wissenschaftsstrukturen der DDR gemäß dem föderalen Wissenschafts- und Forschungssystem der Bundesrepublik Deutschland im Vordergrund.

Das für die Zusammenarbeit mit den neuen Ländern und Berlin zuständige Referat 217 informiert und betreut diese beim Aufbau der Forschungsverwaltung, beim Zugang zu Forschungsprogrammen sowie zu europäischen und internationalen Instituten und bei der Zusammenarbeit der Forschungseinrichtungen. Vorrangig werden zunächst v.a. die in den Landesregierungen für Wissenschaft und Forschung zuständigen Ressorts beim Aufbau der institutionell geförderten Forschung unterstützt.

Das Referat 126 ist für die Förderung von Forschung und Entwicklung in der > WIRTSCHAFT für Berlin und in den neuen Ländern zuständig. Dazu gehören die Förderung von Auftragsforschung und -entwicklung, die Zuwachsförderung für Forschungspersonal, des weiteren die Unterstützung technologieorientierter Unternehmensgründungen sowie der Aus- und Aufbau von Technologie- und Gründerzentren. Mit diesen Maßnahmen sollen speziell kleinere und mittlere Betriebe in den neuen Ländern bei der Entwicklung von marktfähigen Verfahren und Produkten unterstützt werden.

Das Referat 527 ist für administrative Fragen einiger Forschungseinrichtungen in den neuen Ländern oder aus den alten Ländern mit Außenstelle in den neuen Ländern zuständig. Die Betreuung der Einrichtungen umfaßt – neben allgemeinen Rechts- und Organisationsfragen – insbes. Fragen der Finanzierung und der Zusammenarbeit mit den beteiligten Ländern.

Zu den betreuten Einrichtungen gehören das neugegründete UFZ-Umweltforschungszentrum mit Sitz in Leipzig und Halle, das GKSS-Forschungszentrum Geesthacht mit seinen zwei Außenstellen in Magdeburg (Institut für Gewässerforschung) und Teltow (Abt. für Membranforschung des Instituts für Chemie) sowie drei Institute der > BLAUEN LISTE: das zum > FORSCHUNGSVERBUND BERLIN E.V. zählende Institut für Gewässerökologie und Binnenfischerei Berlin, das Institut für Atmosphärenphysik an der Universität Rostock und das Institut für Troposphärenforschung e.V., Leipzig.

Das BMFT unterstützt zahlreiche wissenschaftliche Projekte, von denen einige in Berlin angesiedelt sind. So hat es bspw. die Trägerschaft beim Projekt Abfallwirtschaft und Altlastensanierung des > UMWELTBUNDESAMTS und beim Projekt Informationstechnik der Berliner Außenstelle der > DEUTSCHEN FORSCHUNGSANSTALT FÜR LUFT- UND RAUMFAHRT E.V. Die Berliner Außenstelle des BMFT hat insg.

52 Mitarbeiter, von denen 18 aus der Hauptstelle des Ministeriums stammen, während 34 aus dem Beitrittsgebiet kommen. Das Gebäude in der Hannoverschen Str. wurde bis zur > VEREINIGUNG von der > STÄNDIGEN VERTRETUNG DER BUNDESREPUBLIK DEUTSCHLAND genutzt. (> HAUPTSTADT)

Bundesminister für Frauen und Jugend (BMFJ): Die Berliner Außenstelle des BMFJ mit Sitz in der Taubenstr. 42-43 im Bezirk > MITTE wurde am 1.10.1990 durch Erlaß des Ministers (damals noch Bundesminister für Jugend, Familie, Frauen und Gesundheit) mit Wirkung vom > 3. OKTOBER 1990 eingerichtet. Der Aufgabenschwerpunkt liegt in der Wahrnehmung der durch den Beitritt zusätzlich entstandenen Fachaufgaben. Nach der Umstrukturierung dieses Ressorts im Zuge der Regierungsumbildung Anfang 1991 wurden mit Organisationsverfügung vom 6.2.1991 die Bereiche Frauenpolitik sowie Jugend/ Zivildienst in den Geschäftsbereich des BMFJ – und damit auch in die Außenstelle Berlin – übernommen. Seitdem ist das Ministerium neben der Zentralen Verwaltung in die Abteilungen Frauenpolitik sowie Kinder und Jugend/Zivildienst gegliedert, die alle in Berlin vertreten sind. In der Außenstelle sind derzeit 30 der insg. 250 Mitarbeiter des Ressorts tätig. Eine Berliner Außenstelle des dem BMFJ unterstellten *Bundesamts für Zivildienst* mit Hauptsitz in Köln wird in der Breiten Str. 11 im Bezirk > MITTE unterhalten.
In dem Gebäude in der Taubenstr. ist neben der Außenstelle des BMFJ auch die Berliner Dependance des > BUNDESMINISTERS FÜR FAMILIEN UND SENIOREN (BMFuS) untergebracht. Vor der > VEREINIGUNG hatten dort bis Juni 1990 das Ministerium für Verkehrswesen der DDR, im Anschluß daran kurzzeitig das Ministerium für Familie und Frauen der DDR ihren Sitz. (> HAUPTSTADT)

Bundesminister für Gesundheit (BMG): Die Berliner Außenstelle des BMG hat ihren Sitz in der Rathausstr. 3 im Bezirk > MITTE. Sie wurde durch Verfügung des Ministers am > 3. OKTOBER 1990 als Außenstelle des damaligen Bundesministers für Jugend, Familie, Frauen und Gesundheit errichtet. Aus diesem Ministerium sind das BMG und am 17.1.1991 sein Dienstbereich Berlin hervorgegangen.
Die Außenstelle ist entsprechend der Struktur des Haupthauses des BMG in Bonn in korrespondierende Arbeitseinheiten, den Fachbereichen, gegliedert; sie haben den Status von Referaten. Der Fachbereich Z/1 ist für Aufgaben der zentralen Verwaltung, für Presse- und Öffentlichkeitsarbeit, für Grundsatz- und Planungsfragen sowie für Angelegenheiten der internationalen Beziehungen zuständig. Der Fachbereich 2 bearbeitet Fragen der Gesundheitsvorsorge und der Krankenversicherung mit dem Schwerpunkt „Neue Bundesländer". Gleichzeitig werden in diesem Fachbereich einschlägige Modellprogramme (z.B. im Bereich chronischer Erkrankungen) konzipiert, organisiert und durchgeführt.
Dem Fachbereich 3 wurden die Arbeitsgebiete Gesundheitsvorsorge und Krankheitsbekämpfung übertragen. Zu diesen Aufgabengebieten gehören die allgemeine Gesundheitsfürsorge, die Bekämpfung übertragbarer Krankheiten mit besonderem Schwerpunkt > AIDS und Suchtkrankheiten sowie der Bereich der Zulassung und der Qualitätskontrolle von Arzneimitteln und der medizinischen Produkte.
Der Fachbereich 4 ist zuständig für den Verbraucherschutz und die Veterinärmedizin.
Alle Fachbereiche haben neben übergreifenden Arbeiten insbes. die Angleichung des Rechts im Beitrittsgebiet zu verfolgen. Die laufende Abstimmung mit der Leitungsebene und den korrespondierenden Organisationseinheiten des Bonner Mutterhauses ist stets gewährleistet.
Dem BMG ist in Berlin das > BUNDESGESUNDHEITSAMT in der Thielallee 88-92 im Bezirk > ZEHLENDORF mit seinen sechs Instituten nachgeordnet. (> HAUPTSTADT)

Bundesminister für Post und Telekommunikation (BMPT): Die Berliner Außenstelle des BMPT hat ihren Sitz in der Mauerstr. 69-75 im Bezirk > MITTE. Sie wurde mit Wirkung der > VEREINIGUNG vom > 3. OKTOBER 1990 durch Erlaß des Ministers eingerichtet. Die Außenstelle ist organisatorisch voll in das Mutterhaus integriert. In ihr werden einzelne Aufgaben der Referate des BMPT wahrgenommen. Eine Abt. des Ressorts ist für alle Fragen bezüglich der drei Unternehmen der > DEUTSCHEN BUNDESPOST – DBP Telekom, DBP Postdienst und DBP Postbank – zuständig. Des weiteren existieren neben der Zentralabteilung eine Abt., die für die Formulierung der Strategien und Zielvorgaben zuständig ist, eine Abt., für Internatio-

nale Politik und Regulierungen sowie eine Abt. für Zulassungen, Genehmigungen, Funkfrequenzangelegenheiten und Standardisierung.
In Berlin waren Ende 1991 58 der insg. 467 beim BMPT Beschäftigten tätig. Das ihm nachgeordnete > BUNDESAMT FÜR POST UND TELEKOMMUNIKATION ist mit einer Neben- sowie zwei Außenstellen ebenfalls in Berlin vertreten.
Das Gebäude Mauerstr. 69-75 wurde vor der Vereinigung vom Ministerium für Post und Fernmeldewesen der DDR genutzt. Es ist außerdem Sitz von Dienststellen der Generaldirektionen der Unternehmen der Deutschen Bundespost. (> HAUPTSTADT)

Bundesminister für Raumordnung, Bauwesen und Städtebau (BMBau): Der Berliner Geschäftsbereich des BMBau mit Sitz in der Scharrenstr. 2-3 im Bezirk > MITTE wurde im Zuge der > VEREINIGUNG am > 3. OKTOBER 1990 durch Erlaß der Ministerin eingerichtet. Der Geschäftsbereich Berlin hat die gleichen Aufgaben wie die Hauptstelle in Bonn, nimmt sich aber in besonderer Weise der Aufgaben des Ministeriums in den neuen Bundesländern an. Zum Geschäftsbereich gehören neben dem für die Zentrale Verwaltung zuständigen Fachbereich Z die mit jeweils einem Fachbereich vertretenen Aufgabengebiete Raumordnung und Städtebau, Wohnungswesen und Bauwesen. Ende 1991 arbeiteten in den vier Fachbereichen 76 der insg. 520 Beschäftigten des Bundesministeriums. Die dem BMBau nachgeordnete > BUNDESBAUDIREKTION hat ihren Sitz ebenfalls in Berlin.
In dem Gebäude in der Scharrenstr. befinden sich neben dem Geschäftsbereich Berlin des BMBau eine Außenstelle der diesem Ministerium nachgeordneten > BUNDESFORSCHUNGSANSTALT FÜR LANDESKUNDE UND RAUMORDNUNG sowie die Außenstelle des > BUNDESMINISTERIUMS FÜR LANDWIRTSCHAFT, ERNÄHRUNG UND FORSTEN. Zu Zeiten der DDR waren dort das Ministerium für Bauwesen, ab 18.3.1990 das Ministerium für Bauwesen, Städtebau und Wohnungswirtschaft untergebracht. (> HAUPTSTADT)

Bundesminister für Umwelt, Naturschutz und Reaktorsicherheit (BMU): Die auf der Grundlage einer Organisationsverfügung des Ministers mit Wirkung vom > 3. OKTOBER 1990 errichtete Außenstelle des BMU hat ihren Sitz am Schiffbauerdamm 15 im Bezirk >

MITTE. In der Außenstelle sind zwei Referate des BMU angesiedelt. Neben dem Referat N II 3 „Umwelt und Erholung, Sport, Freizeit und Tourismus" ist dies das Referat WA III 4 „Sanierung von Rüstungsaltlasten und militärischen Altlasten". Aufgabe des erstgenannten Referates ist die Erarbeitung von Konzepten für eine umweltverträgliche Freizeitgestaltung, während letzteres mit der Kartierung der militärischen Hinterlassenschaften betraut ist (> ALLIIERTE). Mitte 1992 waren rd. 25 der insg. 857 Mitarbeiter des BMU in Berlin tätig. In der Stadt befindet sich ferner mit dem > UMWELTBUNDESAMT eine der drei dem BMU nachgeordneten Bundesbehörden. (> HAUPTSTADT)

Bundesminister für Verkehr (BMV): Die Außenstelle des BMV in der Krausenstr. 17-20 im Bezirk > MITTE wurde mit Wirkung vom > 3. OKTOBER 1990 durch einen Erlaß des Ministers eingerichtet. Sie befaßt sich v.a. mit der (Neu-)Gestaltung des Verkehrswesens in den neuen Bundesländern (> VERKEHR). Neben zwei für Verwaltungsaufgaben zuständigen Sachgebieten sind in der mit rd. 160 Mitarbeitern besetzten Außenstelle insg. 11 Projektgruppen mit Fragen von Verkehrsinvestitionen sowie allen übrigen in die Bundeskompetenz fallenden Verkehrsangelegenheiten der neuen Bundesländer beschäftigt.
In Berlin sind mehrere dem BMV nachgeordnete Bundesbehörden ansässig, so als Außenstellen der jeweils im Bundesgebiet angesiedelten Zentralen die > BUNDESANSTALT FÜR STRASSENWESEN (BASt), die > BUNDESANSTALT FÜR FLUGSICHERUNG, sowie das > LUFTFAHRTBUNDESAMT. Des weiteren sind die Wasser- und Schiffahrtsdirektion Ost (WSD), die Dienststelle Berlin der > DEUTSCHEN BUNDESBAHN, Hauptverwaltung, und die Reichsbahndirektion Berlin der > DEUTSCHEN REICHSBAHN sowie eine Außenstelle der > BUNDESANSTALT FÜR DEN GÜTERFERNVERKEHR in der Stadt angesiedelt.
Das vom BMV genutzte Gebäude beherbergte bis zum 2.10.1990 das Ministerium für Verkehr der DDR, die Zentrale Leitung der DR sowie die Reichsbahnsparkasse. Ende 1991 befanden sich dort neben der Außenstelle des BMV die Außenstelle der BASt sowie die Zentralstelle Neubau/Ausbau der DR. Die „Planungsgesellschaft Hannover-Berlin mbH (PGS H/B)" und die „Planungsgesellschaft Bahnbau Deutsche Einheit mbH (PB DE)" sowie die „Deutsche Einheit Fernstraßen-

Planungs-und-Bau GmbH (DEGES)" haben ebenfalls ihren Sitz in dem Gebäude. (> HAUPTSTADT)

Bundesminister für Wirtschaft (BMWi): Die Berliner Außenstelle des BMWi hat ihren Sitz > UNTER DEN LINDEN 44-60 im Bezirk > MITTE. Sie wurde mit Wirkung der > VEREINIGUNG vom > 3. OKTOBER 1990 durch Organisationsverfügung des Ministers eingerichtet. In der Außenstelle Berlin werden Aufgaben wahrgenommen, die im Zusammenhang mit der Neustrukturierung und Wiederbelebung der Wirtschaft in den neuen Bundesländern stehen. Die wichtigsten sind:
– Wirtschaftsförderung, insbes. unter regionalpolitischen Aspekten, öffentliches Auftragswesen;
– mittelstandspolitische Fragen, Handel, berufliche Ausbildung, Gewerbeförderung, Innovationsförderung, Tourismus;
– Fragen im Verhältnis zu den früheren RGW-Ländern;
– Informationen über die > EUROPÄISCHEN GEMEINSCHAFTEN (EG) und Koordinierung von EG-Tätigkeiten;
– Energiegewinnung und Versorgung;
– Neustrukturierung der Industrie.
Fachlich unterstehen die einzelnen Referate den jeweiligen Abteilungsleitern des BMWi in Bonn.
Ende 1991 waren in der Außenstelle rd. 360 von insg. 1.800 Beschäftigten des BMWi tätig. Drei dem Ressort nachgeordneten Behörden, das > BUNDESKARTELLAMT, die > BUNDESANSTALT FÜR MATERIALFORSCHUNG UND -PRÜFUNG sowie die > PHYSIKALISCH-TECHNISCHE BUNDESANSTALT haben ihren Sitz in Berlin. In dem von der Außenstelle genutzten Gebäude unterhalten zwei dem Ministerium ebenfalls nachgeordnete Behörden, das > BUNDESAMT FÜR WIRTSCHAFT und die > BUNDESSTELLE FÜR AUSSENHANDELSINFORMATIONEN, ihre Außenstellen. Vor der Vereinigung befand sich dort das Ministerium für Wirtschaft der DDR. (> HAUPTSTADT)

Bundesminister für wirtschaftliche Zusammenarbeit (BMZ): Die Berliner Außenstelle des BMZ wurde mit Wirkung der > VEREINIGUNG vom > 3. OKTOBER 1990 eingerichtet. Sie hat ihren Sitz im ehem. > REICHSBANKGEBÄUDE in der Kurstr. 40 (Haupteingang > WERDERSCHER MARKT) im Bezirk > MITTE. Die Außenstelle befaßte sich im ersten Jahr ihres Bestehens weitgehend mit Aufgaben, die sich

aus der Überführung der Zusammenarbeit der ehem. DDR mit Entwicklungsländern in der bundesrepublikanischen Entwicklungszusammenarbeit ergaben (> ENTWICKLUNGSPOLITIK). Weitere Aufgaben waren die Zusammenarbeit mit Nicht-Regierungsorganisationen aus den neuen Bundesländern und die Wiedereingliederung von ehem. Kontaktarbeitern aus Vietnam und Mosambik in ihre Heimatländer (Fachkräfteprogramm Vietnam/Mosambik).
Im Frühjahr 1992 wurden zusätzliche Aufgaben von Bonn nach Berlin verlagert:
– Die entwicklungspolitische Zusammenarbeit des Bundes mit Ländern und Gemeinden.
– Das „Programm der Integrierten Fachkräfte". (Integrierte Fachkräfte sind Arbeitnehmer mit entwicklungspolitischen Fachkenntnissen und Berufserfahrung, die einen Arbeitsvertrag mit einer Stelle im Entwicklungsland abschließen und von deutscher Seite einen Gehaltszuschuß erhalten).
– Das ASA-Programm (> ARBEITS- UND STUDIENAUFENTHALTE IN AFRIKA, LATEINAMERIKA UND ASIEN).
In die Zuständigkeit der Außenstelle fallen weiterhin die Bearbeitung von Spenden zugunsten privater Entwicklungshilfe-Organisationen sowie Aufgaben, die im Zusammenhang mit der Verlegung des Parlaments- und Regierungssitzes von Bonn nach Berlin anfallen (> HAUPTSTADT).
Die Außenstelle ist eine von zwölf Unterabteilungen des BMZ. Sie hält enge Arbeitskontakte zu den 63 in Bonn angesiedelten Referaten. Im Mai 1992 waren 13 der insg. 570 Mitarbeiter des Ministeriums in Berlin tätig. Das von der Außenstelle genutzte Gebäude war zu Zeiten der letzten DDR-Regierung Haus der Parlamentarier, davor Sitz des Zentralkomitees der > SOZIALISTISCHEN EINHEITSPARTEI DEUTSCHLANDS (SED).

Bundespräsident: Der B. ist der oberste Repräsentant der Bundesrepublik Deutschland. Die Einzelheiten seiner Zuständigkeiten sind im Grundgesetz Art. 54-61 geregelt.
Von Beginn an hatte der B. zwei Amtssitze, dies sind – nach Überwindung der anfänglichen Provisorien – die Villa Hammerschmidt in Bonn und das > SCHLOSS BELLEVUE in Berlin. Das dem B. zugeordnete *Bundespräsidialamt*, eine oberste Bundesbehörde, die keiner anderen Verwaltungseinrichtung unterstellt ist, hat ihren Sitz in Bonn mit einer Außenstelle

im Schloß Bellevue. Von den 1992 insg. rd. 150 Mitarbeitern des B. waren 1992 sieben Personen in Berlin beschäftigt.

Im Rahmen der im > EINIGUNGSVERTRAG festgelegten Entscheidung für Berlin als > HAUPTSTADT, die durch den Beschluß des > DEUTSCHEN BUNDESTAGES vom 20.6.1991 dahingehend präzisiert wurde, daß Berlin auch Parlaments- und Regierungssitz wird, plant der B. die Verlegung des Bundespräsidialamtes nach Berlin.

Zu Zeiten der > SPALTUNG waren Stellung und Befugnisse des B. in Berlin von Beginn an zwischen Ost und West umstritten. Bereits der erste B., Theodor Heuss (F.D.P.), besuchte wenige Wochen nach seiner am 12.9. in Bonn erfolgten Wahl am 31.10.1949 erstmals die Stadt. Dabei wurde ihm – wie später allen B. – auf einer außerordentlichen > STADTVERORDNETENVERSAMMLUNG das Ehrenbürgerrecht verliehen (> EHRENBÜRGER). Auf einer im Anschluß daran vor ca. 200.000 Menschen gehaltenen Rede vor dem > RATHAUS SCHÖNEBERG betonte der B. die > BINDUNGEN Berlins an den Bund.

In der Folgezeit wurde der B. zum Wegbereiter eines stärkeren Wirkens von Bundesorganen und Bundesbehörden in Berlin. Während er sich vorher v.a. zu repräsentativen Zwecken in Berlin aufhielt, nahm er nach seiner Wiederwahl, die am 17.7.1954 in Berlin stattfand und gegen die die DDR-Regierung u.a. am 19.7. mit einer Massenkundgebung auf dem > MARX-ENGELS-PLATZ protestierte, auch Amtshandlungen von dort aus wahr, z.B. die Ausfertigung von Gesetzen. Die wichtigste berlinspezifische Entscheidung des B. Heuss war der Beschluß zum Ausbau des Schlosses Bellevue. Nachdem er zuvor mit der *Villa Tietz* in der Koenigsallee im Bezirk > ZEHLENDORF über einen „vorläufigen Berliner Wohnsitz" verfügt hatte, übernahm er während seines 18. Berlin-Besuchs am 18.6.1959 offiziell das Bellevue als Berliner Amtssitz.

Bei den Wahlen des B. durch die *Bundesversammlung* hatten die Berliner (im Gegensatz zu den Berliner Abgeordneten des Bundestags und des > BUNDESRATES) volles Stimmrecht, da die Bundesversammlung im Genehmigungsschreiben der Militärgouverneure zum Grundgesetz nicht erwähnt und auch sonst keine Vorbehalte geltend gemacht worden waren. In Berlin fanden – neben der genannten Wiederwahl von Heuss – die Wahl von Heinrich Lübke (CDU) am 1.7.1959

in der Ostpreußen-Halle, 1964 die Wiederwahl von Lübke und 1969 die Wahl von Gustav Heinemann (SPD) statt.

Über die umstrittene *Bundespräsenz* wurde erst mit dem > VIER-MÄCHTE-ABKOMMEN vom 3.9.1971 eine gemeinsame Konfliktregelung erreicht. Für den B. bedeutete dies, daß er von diesem Zeitpunkt an in Berlin keine Verfassungs- oder Amtsakte vornehmen durfte, die eine Ausübung unmittelbarer Staatsgewalt über die Westsektoren Berlins bedeuten würden. Auch die Wahl des B. fand danach nicht mehr in Berlin statt. Dennoch kam es in den Monaten nach Abschluß des Vier-Mächte-Abkommens wiederholt zu östlichen Protesten der DDR gegen Aufenthalte des B. Heinemann in Berlin, bevor seine Anwesenheit schließlich hingenommen wurde.

Im Zuge der > VEREINIGUNG wurden die Vorbehalte gegen die Anwesenheit und Tätigkeit des B. gegenstandslos. Seitdem kann der B. ohne Einschränkung in Berlin Amtsakte vornehmen. Die erste Ernennung von Bundesministern in Berlin durch den B. erfolgte am > 3. OKTOBER 1990 im Schloß Bellevue, als Sabine Bergmann-Pohl, Günter Krause, Lothar de Maizière, Rainer Ortleb und Hansjoachim Walther jeweils zu Bundesministern für besondere Aufgaben ernannt wurden.

Die Bundespräsidenten

Theodor Heuss	12.9.1949 - 12.9.1959
Heinrich Lübke	13.9.1959 - 30.6.1969
Gustav Heinemann	1.7.1969 - 30.6.1974
Walter Scheel	1.7.1974 - 30.6.1979
Karl Carstens	1.7.1979 - 30.6.1984
Richard v. Weizsäcker	seit dem 1.7.1984

Bundesrat: Der B. ist ein Verfassungsorgan der Bundesrepublik Deutschland, durch das die Länder an der Gesetzgebung und Verwaltung des Bundes mitwirken. Mitglieder des B. sind die Ministerpräsidenten und Minister der sechzehn Länder (> REGIERENDER BÜRGERMEISTER VON BERLIN; > SENAT VON BERLIN). Die Stimmenzahl der einzelnen Länder richtet sich nach der Bevölkerungsstärke. Einzelheiten ergeben sich aus den Art. 50 bis 53 GG sowie aus der Geschäftsordnung des B. Berlin war 1992 mit vier Stimmen vertreten.

In der nach dem Fall der Mauer einsetzenden Debatte über die > HAUPTSTADT hat der B. am 5.7.1991 Bonn als seinen Sitz festgelegt. Er hat sich jedoch eine Überprüfung dieser Ent-

scheidung in späteren Jahren vorbehalten.
Nach Gründung der Bundesrepublik
Deutschland tagte der B. zwischen 1956 und
1990 insg. achtmal in Berlin; nach der Vereinigung fand eine Bundesratssitzung in Berlin
statt:

1. 155. Sitzung   16.2.1956
2. 165. Sitzung   9.11.1956
3. 173. Sitzung   8.3.1957
4. 178. Sitzung   7.6.1957
5. 189. Sitzung   28.2.1958
6. 193. Sitzung   16.5.1958
7. 197. Sitzung   24.10.1958
8. 210. Sitzung   23.10.1959
9. 624. Sitzung   9.11.1990

Die Sitzungen 6. und 9. fanden in der >
KONGRESSHALLE TIERGARTEN statt, die übrigen
Sitzungen im > RATHAUS SCHÖNEBERG.
Über die dadurch betonte *Bundespräsenz* in
Berlin kam es vor der deutschen Einheit wie-
derholt zu Konflikten zwischen Ost und
West. Die Sowjetunion und die DDR sahen
darin eine politische Provokation, die im Widerspruch zum Vier-Mächte-Status (> SON-
DERSTATUS 1945-90) stand, wonach Berlin
(West) kein Teil der Bundesrepublik sei. Das
Bundesverfassungsgericht ging dagegen in
ständiger Rechtsprechung seit 1957 davon
aus, West-Berlin sei de jure ein Land der
Bundesrepublik Deutschland. Lediglich die
aus der Zugehörigkeit zur Bundesrepublik
fließenden Rechte und Pflichten seien suspendiert.
Das > VIER-MÄCHTE-ABKOMMEN vom 3.9.1971
präzisierte schließlich die Form der Bundespräsenz. In der Folgezeit konnten Plenarsitzungen des B. in Berlin nicht mehr stattfinden, wohl aber Sitzungen einzelner Ausschüsse, wenn diese im Zusammenhang mit
der Aufrechterhaltung und Entwicklung der
> BINDUNGEN standen. Vor der Vereinigung
tagten die Ausschüsse einmal jährlich im Berliner > REICHSTAGSGEBÄUDE. Seit der deutschen
Einheit werden auswärtige Ausschußsitzungen auch in anderen Städten, vorzugsweise in den ostdeutschen Ländern, durchgeführt.
Der Sonderstatus Berlins kam auch in der
Vertretung der Stadt im B. zum Ausdruck.
Gemäß Art. 51 Abs. 2 GG hatte Berlin bereits
vor der Vereinigung im B. vier Stimmen. Bis
zur Aufhebung des Stimmrechtsvorbehalts
der drei Westalliierten durch Schreiben vom
8.6.1990 hatten die Vertreter Berlins im B. allerdings nur ein eingeschränktes Stimmrecht.
Ihre Stimmen wurden bei Entscheidungen

mit konstitutiver Rechtswirkung nach außen
(z.B. bei der Zustimmung zu Gesetzen und
Verordnungen) nicht berücksichtigt, wohl
aber bei Entscheidungen mit Innenwirkung
wie Geschäftsordnungsfragen. In den Ausschüssen hatten die Vertreter des Landes
Berlin wegen des vorbereitenden Charakters
der Ausschußberatungen dagegen volles
Stimmrecht. Soweit der Regierende Bürgermeister als Vertreter Berlins das Amt des
Bundesratspräsidenten innehatte, nahm er
auch die Befugnisse des > BUNDESPRÄSIDENTEN
bei dessen Verhinderung gemäß Artikel 57
GG war.
Nach der deutschen Einheit fand aus Anlaß
des Jahrestages des Falls der > MAUER am
9.11.1990 eine Sitzung des Bundesrates in
Berlin statt. Es war die erste Sitzung nach der
deutschen Einheit, in der die fünf wieder-
gegründeten ostdeutschen Länder durch ihre
kurz zuvor gewählten Landesregierungen im
B. vertreten waren. Seitdem hat bis zum
Sommer 1992 keine weitere Bundesratssitzung in Berlin stattgefunden. Berlin führt
den Vorsitz im Ausschuß für Familie und
Senioren des B.

Die von Berlin gestellten Präsidenten des Bundesrates

Willy Brandt	1.11.1957-31.10.1958 (der am 21.7.1957 gewählte Otto Suhr verstarb am 3.8.1957 vor der Amts- übernahme)
Klaus Schütz	1.11.1967 - 31.10.1968
Dietrich Stobbe	1.11.1978 - 31.10.1979
Walter Momper	1.11.1989 - 31.10.1990

Bundesrechnungshof (BRH): Der BRH mit
Sitz in Frankfurt/M. ist – neben einer weiteren Außenstelle in Bonn – seit 1950 in Berlin
vertreten (> DETLEF-ROHWEDDER-HAUS an der >
LEIPZIGER STRASSE im Bezirk > MITTE). Der BRH
genießt als unabhängiges Organ der staatlichen Finanzkontrolle Verfassungsrang (GG
Art. 114); seine Mitglieder sind richterlich
unabhängig. Im Zuge der > VEREINIGUNG ging
auch ein Teil der bis dahin als Rechnungshof
der DDR geführten Arbeit der ehem. „Staatlichen Finanzrevision der DDR" in die
Prüfungsaufgaben des BRH über. Er berichtet über das Ergebnis seiner Prüfungen jährlich dem > DEUTSCHEN BUNDESTAG und dem
> BUNDESRAT sowie der Bundesregierung und
hat darüber hinaus die Aufgabe, auf der

Grundlage seiner Prüfungserfahrung auch bei der Wirtschaftsführung bestimmter Bereiche (z.B. Bundesanstalten, Deutsche Bundesbahn; Reichsbank oder Bundesrundfunkanstalten) Empfehlungen zu geben und die geprüften Stellen sowie das Parlament zu beraten. Der BRH bestand 1992 aus neun, in über 50 Prüfungsgebiete gegliederte Prüfungsabteilungen. In der Außenstelle Berlin des BRH befaßt sich eine Abteilung allein mit Prüfungsaufgaben in den neuen Bundesländern, u.a. auf den Gebieten Bundesanstalt für Arbeit, Rentenversicherung, Gesundheit, soziale Geldleistungen, > TREUHANDANSTALT und Steuern. Von den insg. 650 Mitarbeitern der B. waren 1992 110 in Berlin beschäftigt.

Bundesschuldenverwaltung: Seit 1957 ist die B. als selbständige Bundesoberbehörde im Bereich der Bundesfinanzverwaltung (> BUNDESMINISTER DER FINANZEN) auch mit einer eigenen Dienststelle in Berlin am Platz der Luftbrücke 2 im Bezirk > TEMPELHOF vertreten. Der Dienststelle Berlin oblag zunächst die Erfüllung der Verpflichtungen der Bundesrepublik Deutschland aus dem Allgemeinen Kriegsfolgengesetz sowie aus dem Altsparergesetz. Im Verlauf der Erledigung dieser Aufgaben verblieben von den ursprünglich über 60 Angestellten bis 1989 lediglich 10 Mitarbeiter in Berlin. Neu übertragen hat die B. ihrer Berliner Dienststelle Anfang 1990 die Aufgaben der Prüfstelle für Auslandsfonds des Deutschen Reichs. Hinzu kamen im Zuge der > VEREINIGUNG zum Jahr 1991 die Abwicklung restlicher Ansprüche deutscher Auslandsanleihen („Schattenquoten") im Gesamtwert von 260 Mio. DM, die entsprechend den Bestimmungen des Londoner Schuldenabkommens von 1953 in rd. 2,1 Mio. neue Fundierungsschuldverschreibungen des Bundes umgetauscht werden. 1992 waren daher wieder 30 Mitarbeiter in der Dienststelle Berlin beschäftigt.

Bundesstelle für Außenhandelsinformationen (BfAI): Die am Tag der > VEREINIGUNG, dem > 3. OKTOBER 1990 in der Straße > UNTER DEN LINDEN 44-60 im Bezirk > MITTE eingerichtete Außenstelle Berlin der in Köln ansässigen BfAI ist die einzige Außenstelle dieser Bundesbehörde. Die am 1.3.1951 durch Errichtungserlaß des > BUNDESMINISTERS FÜR WIRTSCHAFT (BMWI) als Bundesauskunftsstelle für den Außenhandel gegründete und

am 17.7.1991 in BfAI umbenannte Einrichtung dient der Förderung des deutschen Außenhandels. Zu diesem Zweck veröffentlicht sie regelmäßig Leitfäden zu Im- und Exportfragen, auf den Weltmarkt bezogene Branchenanalysen sowie Länderreporte mit Informationen zu den jeweiligen Außenhandels- und Zollvorschriften und zur Geschäftspraxis. Weitere Informationsschwerpunkte sind regionale Wirtschaftsgebiete, wie bspw. die > EUROPÄISCHEN GEMEINSCHAFTEN.
Ferner publiziert die BfAI Informationen über die Situation in den neuen Bundesländern, wobei die Schwierigkeiten der dort ansässigen Unternehmen beim Übergang in die Marktwirtschaft besonders berücksichtigt werden. Für ihre Tätigkeit nutzt die BfAI in erster Linie die Informationen von ca. 45 eigenen Marktbeobachtern in aller Welt sowie von rd. 200 deutschen Botschaften und Generalkonsulaten. Die von der Behörde recherchierten Informationen werden in Form von Publikationen und über vier Datenbanken verfügbar gemacht. Schließlich erteilt sie Einzelauskünfte und unterstützt Interessenten aus der Wirtschaft bei der Kontaktsuche im Ausland.
Die Finanzierung der BfAI und ihrer Berliner Außenstelle erfolgt weitgehend aus dem Bundeshaushalt sowie durch für ihre Leistungen erhobene Gebühren. Von den insg. 220 Mitarbeitern arbeiten z.Z. 48 in Berlin. Ihre Büros befinden sich im ehem. Außenhandelsministerium der DDR, einem 1962-65 nach Plänen von E. Leibold, H. Boos und H. Walter errichteten sechsgeschossigen Zweckbau, der außerdem noch von der Berliner Außenstelle des BMWI genutzt wird.

Bundesvermögensamt (BVA): Die für das Vermögen und die Liegenschaften des Bundes zuständige Bundesvermögensverwaltung verfügt in Berlin über zwei Dienststellen.
Für den Westteil ist das BVA I in der Fasanenstr. 87 im Bezirk > CHARLOTTENBURG zuständig. Es wurde aufgrund des > SONDERSTATUS 1945-90 als Vermögensamt für das ehem. Reichsvermögen gegründet und Anfang der 60er Jahre in Vermögensamt der Sondervermögens- und Bauverwaltung umbenannt. Es hatte 1992 rd. 223 Mitarbeiter und betreute 985 Objekte.
Das im Zuge der > VEREINIGUNG eingerichtete, für den Ostteil zuständige BVA II in der Clara-Zetkin-Str. 85 im Bezirk > MITTE ist 1992 mit ca. 300 Mitarbeitern ausgestattet,

seine Zuständigkeit umfaßt rd. 850 Objekte. Beide Dienststellen stehen unter der über die > OBERFINANZDIREKTION BERLIN ausgeübten Rechts- und Fachaufsicht durch den > BUNDESMINISTER DER FINANZEN. Die in je 14 Sachgebiete gegliederten Dienststellen halten u.a. Liegenschaften zur Unterbringung von Behörden und Dienststellen des Bundes in Berlin vor, stellen den hiesigen Bundesbediensteten Wohnungen zur Verfügung und bewirtschaften bereitgehaltenes, unbewegliches Bundesvermögen, soweit es gegenwärtig nicht von einzelnen Bundesdienststellen genutzt wird, aber für die Zukunft unentbehrlich ist. Darüber hinaus obliegt ihnen die Betreuung der in Berlin stationierten ausländischen Streitkräfte. (> ALLIIERTE; > GRUPPE DER SOWJETISCHEN STREITKRÄFTE IN DEUTSCHLAND)

Bundesversicherungsamt (BVA): Das 1956 durch das Bundesversicherungsamtsgesetz mit Sitz in Berlin errichtete B. am Reichpietschufer 74 im Bezirk > TIERGARTEN ist eine selbständige Bundesbehörde im Geschäftsbereich des > BUNDESMINISTERS FÜR ARBEIT UND SOZIALORDNUNG. Einige Referate des B. und des Prüfdienstes Krankenversicherung befinden sich seit 1991 im > STADTHAUS in der Klosterstr. im Bezirk > MITTE.
Das B. übt die Rechtsaufsicht über die bundesunmittelbaren Sozialversicherungsträger (vgl. Art. 86, 87 Abs. 2 GG) aus und wirkt, insbes. durch Genehmigung von Satzungen, an Rechtsakten dieser Sozialversicherungsträger mit, darunter u.a. die > BUNDESVERSICHERUNGSANSTALT FÜR ANGESTELLTE, Ersatzkassen, Betriebskrankenkassen, Bundesknappschaft und gewerbliche Berufsgenossenschaften.
Der Prüfdienst Krankenversicherung des B. mit Außenstellen in Cloppenburg, Duisburg und Fulda und demnächst in Ingolstadt prüft die Geschäfts-, Rechnungs- und Betriebsführung der unter Aufsicht des B. stehenden Krankenkassen. Daneben obliegen dem B. vielfältige Verwaltungsaufgaben auf dem Gebiet der Sozialversicherung, z.B. die Bewirtschaftung der Bundeszuschüsse, die der Bund nach Art. 120 GG zu Lasten der Sozialversicherung zu tragen hat (das Volumen der vom B. zu verteilenden Bundesmittel betrug 1991 rd. 58 Mrd. DM), sowie die Durchführung des Liquiditätsausgleichs zwischen der Bundesversicherungsanstalt für Angestellte und der Arbeiterrentenversicherung. Das B. hatte 1991 ca. 450 Mitarbeiter.

Infolge der > VEREINIGUNG sind auf das B. neue Aufgaben zugekommen, u.a. die Abwicklung der Geschäfte der Überleitungsanstalt für die Sozialversicherung und die Verwaltung des Vermögens der Sozialversicherungsanstalt der DDR.

Bundesversicherungsanstalt für Angestellte (BfA): Die 1953 gegründete B. in der Ruhrstr. 2 am > FEHRBELLINER PLATZ im Bezirk > WILMERSDORF ist Träger der gesetzlichen Rentenversicherung der Angestellten für die Bundesrepublik Deutschland. Sie ist eine bundesunmittelbare Körperschaft des öffentlichen Rechts mit Selbstverwaltung und eigenem Haushaltsrecht und steht seit dem 1.1.1957 unter Aufsicht des > BUNDESVERSICHERUNGSAMTS.
Selbstverwaltungsorgane sind die paritätisch aus Vertretern der Versicherten und der Arbeitgeber zusammengesetzte Vertreterversammlung und der Vorstand. Verantwortlich für die Durchführung der laufenden Aufgaben ist die Geschäftsführung. 1992 betrugen die Beitragseinnahmen ca. 115,5 Mrd. DM, denen ein Rentenbestand von 6,7 Mio. laufenden Renten mit einem jährlichen Betrag von ca. 106,6 Mrd. DM gegenüberstand. 1991 wurden ca. 560.000 Anträge auf Heilbehandlungen gezählt.
Die B. ist Nachfolger – nicht aber Rechtsnachfolger – der „Reichsversicherungsanstalt für Angestellte (RfA)", die am 1.1.1913 in Berlin ihre Arbeit aufgenommen hatte und nach Ende des II. Weltkriegs stillgelegt wurde. Ihre Aufgaben wurden bis 1953 von den Landesversicherungsanstalten in den westlichen Ländern wahrgenommen. Am 1.2.1954 nahm die durch ein Bundesgesetz am 7.8.1953 gegründete B. ihre Arbeit auf. Das bis dahin unter Treuhandschaft stehende Vermögen der RfA wurde von der BfA übernommen. Gleichzeitig wurde auch die Rentenversicherung der Berliner Angestellten, die bisher von der > LANDESVERSICHERUNGSANSTALT BERLIN getragen worden war, dem neuen Versicherungsträger übergeben. Die Zahl der Beschäftigten bei der BfA betrug Anfang 1992 ca. 18.800, davon ca. 1.300 Teilzeitbeschäftigte. Weitere 2.000 Nachwuchskräfte befanden sich in einem Ausbildungsverhältnis. Im Ostteil Berlins befindet sich eine Auskunfts- und Beratungsstelle der B. in der Wallstr. 9-13 im Bezirk > MITTE.

Bundesverwaltungsamt (BVA): Das als selbständige Bundesoberbehörde im Geschäftsbereich des > BUNDESMINISTER DES INNERN (BMI) mit Sitz in Köln errichtete BVA war seit Beginn seiner Tätigkeit im Januar 1960 mit einer Außenstelle in Berlin vertreten. Die ursprüngliche Außenstelle am Reichpietschufer 72-74 im Bezirk > TIERGARTEN wurde zum 1.7.1992 aufgelöst. Seitdem ist das BVA in der bereits am 1.2.1991 zusätzlich eingerichteten Außenstelle in der Gotlindestr. 40-49 im Bezirk > LICHTENBERG ansässig. Daneben unterhält es in der Mauerstr. im Bezirk > MITTE eine Ausbildungsstelle für den mittleren und gehobenen Dienst. Das Amt hat in Berlin über 200 Mitarbeiter.

Dem als zentrale Verwaltungsbehörde des Bundes fungierenden BVA können alle Bundesminister im Einvernehmen mit dem BMI Aufgaben zur Erledigung in eigener Zuständigkeit unter ihrer Fachaufsicht übertragen, um sich selbst von Arbeiten nichtministerieller Art zu entlasten. Gegenwärtig sind dem BVA rd. 70 Aufgaben übertragen, die es unter Leitung eines Präsidenten in neun Abt. mit insg. 79 Referaten und 28 Außenstellen wahrnimmt. Dazu gehören bspw. Förderungsmaßnahmen in den Bereichen > SPORT und > KULTUR, Maßnahmen zur Entschädigung und Wiedergutmachung, die Gewährung von Personalkostenzuschüssen, die Führung des *Ausländerzentralregisters* oder die Verwaltung und der Einzug von Darlehen nach dem Bundesausbildungsförderungsgesetz (BaföG). Der Präsident der BVA ist gleichzeitig auch *Beauftragter der Bundesregierung für die Verteilung der Aussiedler* und damit auf Bundesebene zentral zuständig für die Aufnahmeverfahren, die Verteilung und Eingliederung der vornehmlich aus ost- und südosteuropäischen Ländern kommenden Deutschen auf die Bundesländer.

Mit Wirkung vom 1.1.1991 ist dem BVA die Vermögens- und Rentenabwicklung des ehem. > STAATSSICHERHEITSDIENSTES DER DDR übertragen worden. Für die Wahrnehmung dieser neuen Aufgaben ist u.a. die Außenstelle in Lichtenberg eingerichtet worden, die ihrerseits Außenstellen u.a. in den früheren Hauptstädten der Bezirke der DDR unterhält. Aufgabe dieser Außenstellen ist bei der Vermögensabwicklung insbes. die Aufklärung, Erfassung und Sicherung des beweglichen und unbeweglichen Vermögens sowie des Finanzvermögens vor Abgabe an die > TREUHANDANSTALT sowie bei der Rentenabwick-

lung die Fortführung der Rentengewährung und die Überführung der Rentenansprüche auf die neuen Rentenversicherungsträger.

Bundesverwaltungsgericht: Das B. ist am 8.6.1953 als oberster Gerichtshof des Bundes für das Gebiet der allgemeinen > VERWALTUNGSGERICHTSBARKEIT auch als demonstratives Zeichen der Bundespräsenz in Berlin eingerichtet worden (> BINDUNGEN). Es befindet sich in dem 1905-07 als Dienstgebäude des traditionsreichen Preußischen Oberverwaltungsgerichts im mitteldeutschen Barockstil errichteten Justizpalast in der Hardenbergstr. 31 am > BAHNHOF ZOOLOGISCHER GARTEN im Bezirk > CHARLOTTENBURG. Es liegt damit unmittelbar gegenüber der Berliner Verwaltungsgerichte.

Aufgabe des B. ist es, die Einheitlichkeit der Rechtsprechung und die Fortentwicklung des Rechts auf dem Gebiet des Verwaltungsrechts sicherzustellen, soweit Bundesrecht betroffen ist. Das B. entscheidet gegenwärtig mit 68 Richtern in zehn Revisionssenaten und zwei Disziplinarsenaten; zwei Wehrdienstsenate haben aufgrund alliierter Vorbehalte aus der Zeit des Berliner > SONDERSTATUS 1945-90 ihren Sitz in München (> ENTMILITARISIERUNG).

Die Rechtsprechung des B. erstreckt sich hauptsächlich auf die Gebiete Ausländer- und Asylrecht, Staatsangehörigkeitsrecht, Bau- und Bodenrecht einschließlich des Planungsrechts, Naturschutzrecht, Wohnungs- und Siedlungsrecht, Recht des > ÖFFENTLICHEN DIENSTES, Gesundheitsverwaltungsrecht, Sozialhilferecht, Wirtschaftsverwaltungsrecht und Umweltschutzrecht.

In Verfahren nach der Bundesdisziplinarordnung, der Wehrdisziplinarordnung und der Wehrbeschwerdeordnung entscheidet das B. als Berufungsgericht. Von den jährlichen Eingängen beim B. entfallen etwa 25 % auf Revisionen (gegen Urteile der obersten Verwaltungsgerichte der Länder) und Berufungen (in Disziplinar- und Wehrbeschwerdesachen), den Rest bilden im wesentlichen Beschwerden gegen die Nichtzulassung der Revision zum B.

Die Herstellung der deutschen Einheit bewirkt darüber hinaus Zuständigkeiten auf den Gebieten des Vermögensgesetzes, des Investitionsgesetzes, des Treuhandgesetzes und v.a. des Verkehrswegeplanungs-Beschleunigungsgesetzes.

Präsident des B. ist seit 1991 Everhardt

Franßen. Seine Vorgänger waren:

Ludwig Frege	1953-54
Hans Egidi	1955-58
Fritz Werner	1958-69
Wolfgang Zeidler	1970-75
Walther Fürst	1976-80
Horst Sendler	1980-91

Bundeswehr: Von 1945-90 unterlag Berlin einem besatzungsrechtlichen Sonderstatus, der u.a. die > ENTMILITARISIERUNG für alle in der Stadt lebenden Deutschen vorschrieb (> SONDERSTATUS 1945-90). Während diese Bestimmungen von der DDR für den Ostsektor seit Anfang der 50er Jahren mißachtet wurden, erstreckte sich die Verteidigungsgesetzgebung des Bundes deshalb in dieser Periode nicht auf Berlin. Mit der > VEREINIGUNG Deutschlands und der Erlangung der vollen Souveränität entfielen diese Einschränkungen, und am > 3. OKTOBER 1990 übernahm der > BUNDESMINISTER DER VERTEIDIGUNG (BMVg) die Befehls- und Kommandogewalt über die Soldaten der ehemaligen *Nationalen Volksarmee der DDR (NVA)* auch in Berlin (> WEHRPFLICHT). Am selben Tag wurde in Strausberg östlich von Berlin eine Außenstelle des BMVg eingerichtet, die wie die in Strausberg angesiedelte Wehrbereichsverwaltung VII für die neuen Bundesländer und für Berlin zuständig ist. Als oberste militärische Kommandobehörde wurde – zeitlich befristet bis zum 30.6.1991 – das Bundeswehrkommando Ost, ebenfalls mit Sitz in Strausberg, gebildet. Mit der Deaktivierung der NVA wurden auch deren Berliner Dienststellen aufgelöst, u.a. die Verwaltung Aufklärung in > KÖPENICK, die militärpolitische Hochschule „Wilhelm Pieck" in > GRÜNAU und die „Stadtkommandantur der Hauptstadt der DDR" in der Hans-Beimler-Str. 25 im Bezirk > MITTE. Die B. übernahm gemäß > EINIGUNGSVERTRAG Personal, Material und Liegenschaften der NVA und bildete u.a. die nachstehend aufgeführten Dienststellen: Ein zentrales Büro der Leitung des BMVg, die *Standortkommandantur Berlin/Verteidigungsbezirkskommando 100,* das *Bundesamt für Wehrtechnik und Beschaffung,* Außenstelle Berlin, das Deutsche Verbindungskommando zu den sowjetischen Streitkräften in Deutschland (> GRUPPE DER SOWJETISCHEN STREITKRÄFTE), die Freiwilligenannahmestelle Ost, das Bundeswehrkrankenhaus Berlin, das Zentrale Institut des Sanitätsdienstes der Bundeswehr sowie die *Kreiswehrersatzämter I* und *II* in der Oberspreestr.

61 h im Bezirk > TREPTOW und der Pestalozzistr. 30-33 in > PANKOW. Die Standortkommandantur Berlin/Verteidigungsbezirkskommando 100 unter einem Brigadegeneral wurde ab Oktober 1990 in der Kaserne Am Treptower Park 2-5 eingerichtet und befindet sich jetzt in der Kaserne > RUMMELSBURG in der Hauptstr. 7 im Bezirk > LICHTENBERG. Ab 1.7.1991 wurde das Jägerbataillon 581 aufgestellt, das ebenfalls in der Kaserne Am Treptower Park liegt. Das Bundesamt für Wehrtechnik und Beschaffung sowie das Deutsche Verbindungskommando zu den sowjetischen Streitkräften in Deutschland befindet sich in der Regattastr. 12 in Treptow an der Schnellstraße 1-5, die Freiwilligenannahmestelle Ost in Grünau, während das Bundeswehrkrankenhaus Berlin und das Zentrale Institut des Sanitätsdienstes im ehem. Krankenhaus der Ost-Berliner Volkspolizei in der Scharnhorststr. 13 in Mitte untergebracht sind.
Die Stationierung weiterer Truppenteile wird noch untersucht. Abhängig von der Verfügbarkeit von Liegenschaften der > ALLIIERTEN sollen noch Fernmelde- und Logistiktruppen stationiert werden. Entscheidung und Zeitpunkt zur Stationierung des Wachbataillons BMVg sowie des Stabsmusikkorps der Bundeswehr sind abhängig von der Ausgestaltung der Regierungsfunktionen in Berlin (> HAUPTSTADT).
Gemäß Art. 5 Abs. 1 und Abs. 3 des Zwei-plus-Vier-Vertrags vom 12.9.1990 werden bis zum Abschluß des Abzuges der Westgruppe der Sowjetischen Streitkräfte aus der ehem. DDR und Berlin bis spätestens Ende 1994 auf diesem Gebiet nur deutsche Verbände der Territorialverteidigung stationiert, die nicht in die Bündnisstrukturen der > NATO integriert sind. Ab 1995 kann eine NATO-Unterstellung der Bundeswehrtruppenteile in den neuen Bundesländern und Berlin erfolgen.

Bundeszentralregister: Das B. wird in der Abteilung IV (Berlin) des Generalbundesanwalts beim > BUNDESGERICHTSHOF – Dienststelle B. – geführt. Die Registerbehörde mit ca. 470 Mitarbeitern hat ihren Sitz in der Neuenburger Str. 15 im Bezirk > KREUZBERG im Gebäude des Bundespatentamts (> DEUTSCHES PATENTAMT).
Eingerichtet wurde das B. 1972 zunächst ausschließlich mit der Aufgabe des zentralen Registers der Justiz zur Erfassung überwiegend strafgerichtlicher Entscheidungen. Es umfaßt

das Zentral- und das Erziehungsregister. Es übernahm seinerzeit die Aufgaben der bis dahin von den (alten) Bundesländern unterhaltenen 93 Strafregister der Staatsanwaltschaften bei den Landgerichten sowie des Bundesstrafregisters. Nach der > Vereinigung wurde auch das bis dahin beim Generalstaatsanwalt der DDR geführte Strafregister der DDR in das B. eingegliedert, soweit die darin registrierten Entscheidungen rechtsstaatlichen Ansprüchen genügten.

Das mit Hilfe der elektronischen Datenverarbeitung geführte Register enthält z.Z. rd. 11,3 Mio. Eintragungen, die ca. 4,7 Mio. Personen betreffen. Registriert werden Entscheidungen deutscher Strafgerichte (Strafurteile, Vermerke über Schuldunfähigkeit) und deutscher Verwaltungsbehörden (Ausländerbehörden, Entscheidungen in waffen- und sprengstoffrechtlichen Angelegenheiten). Darüber hinaus enthält das Register strafrechtliche Entscheidungen ausländischer Gerichte, wenn diese gegen einen deutschen Staatsangehörigen oder eine in Deutschland geborene oder wohnhafte Person ausgesprochen wurden.

Die jährlich mehr als 6,8 Mio. Auskünfte dienen Gerichten, Staatsanwaltschaften und Behörden als wichtige Entscheidungshilfe in Gerichts- und Verwaltungsverfahren. In Form des für ganz Deutschland nur in Berlin erstellten Führungszeugnisses erhalten sie aber auch als Nachweis der Unbescholtenheit zunehmende Bedeutung, bspw. bei der Arbeitssuche.

Soweit mit (über 20) ausländischen Staaten ein gegenseitiger Austausch von Strafnachrichten vereinbart wurde, werden die entsprechenden Mitteilungen über in der Bundesrepublik Deutschland verurteilte Ausländer vom B. zusammengestellt. Der Datenbestand wird auch für soziologische und kriminologische Forschungen sowie zur Vorbereitung und Kontrolle gesetzgeberischer Maßnahmen ausgewertet. Rechtsgrundlage ist das Bundeszentralregistergesetz (BZRG) i.d. Fassung vom 21.9.1984.

1974 wurde zudem das *Gewerbezentralregister* zur Registrierung von gewerberechtlichen Verwaltungs- und Bußgeldentscheidungen eingerichtet. Es weist ca. 260.000 Eintragungen über rd. 150.000 natürliche und ca. 5.000 juristische Personen auf. Jährlich werden etwa 275.000 Auskünfte erteilt und ca. 40.000 neue Mitteilungen aufgenommen. Rechtsgrundlage ist die Gewerbe-Ordnung – Titel

XI i.d. Fassung vom 1.1.1987.

Seit Januar 1987 erfolgt auch die gerichtliche und außergerichtliche Geltendmachung gesetzlicher Unterhaltsansprüche im Verkehr mit ausländischen Staaten unter Mithilfe des B. Rechtsgrundlage ist hier das Auslandsunterhaltsgesetz vom 19.12.1986.

Schließlich dient die Abt. IV des Generalbundesanwalts seit Ende 1990 als Empfangs- und Übermittlungsbehörde im Verkehr mit ausländischen Staaten auf der Grundlage des Haager Übereinkommens vom 25.10.1980 über die zivilrechtlichen Aspekte internationaler Kindesentführung und des Europäischen Übereinkommens vom 20.5.1980 über die Anerkennung und Vollstreckung von Entscheidungen über das Sorgerecht für Kinder und die Wiederherstellung des Sorgeverhältnisses.

Bunker (Schutzräume): Der Bau von B. oder Schutzräumen dient dem > Zivilschutz. Er wird geregelt durch das „Gesetz über bauliche Maßnahmen zum Schutz der Zivilbevölkerung" (Schutzbaugesetz) vom 9.9.1965. Von den Berliner Luftschutzbunkern des II. Weltkriegs, die als ausbaufähig gelten, sind bis heute elf wiederhergestellt worden. Damit befinden sich derzeit in Berlin B. in der Pallasstr. 30 im Bezirk > Schöneberg, am > Fehrbelliner Platz 4 in > Wilmersdorf, im Eiderstedter Weg 34 in > Zehlendorf, in der Eiswaldtstr. 17 und Nicolaistr. 69 in > Steglitz, am Otto-Wels-Ring 1-3/Ecke Fritz-Erler-Allee, der Bornsdorfer Str. 8-12 und dem Massiner Weg 100 in > Neukölln, in der Bosestr. 5 in > Tempelhof und in der Stresemannstr. 90-102 in > Kreuzberg.

Daneben sind auch andere Einrichtungen wie bspw. die U-Bahnhöfe Pankstr. und Gesundbrunnen im > Wedding und Siemensdamm in > Spandau sowie die Tiefgaragen am > Kudamm-Karree im Bezirk > Charlottenburg, im Excelsior-Gebäude an der Stresemannstr. in Kreuzberg und an der Laubacher Str. in Schöneberg für die Verwendung als Schutzraum vorgesehen. Insg. stehen in diesen Schutzräumen fast 26.000 Plätze zur Verfügung.

Ein ehem., jetzt unter > Denkmalschutz stehender B. ist der 1941/42 in einem Gasbehälter aus dem Jahre 1876 errichtete > Fichte-Bunker in Kreuzberg an der Fichtestr. Er soll als Industriebaudenkmal und Wahrzeichen des Viertels erhalten werden. Auch die Reste des 1988 im Zuge der Baumaßnahmen an der Otto-Grotewohl-Str. (früher > WIL-HELMSTRASSE, heute Toleranzstr.) teilweise gesprengten sog. *Führerbunkers* im Garten der ehem. „Neuen Reichskanzlei", in dem Adolf Hitler und Joseph Goebbels in den letzten Kriegstagen Selbstmord verübten, sollen im Rahmen der > BODENDENKMALPFLEGE unter Denkmalschutz gestellt werden.

Bekannt ist auch der Bunker aus dem II. Weltkrieg im > VOLKSPARK HUMBOLDTHAIN im Wedding, dessen Wände u.a. dem Berliner Alpenverein als Übungsgelände dienen, und der über Bunkerruinen errichtete *Mont Klamott* im > VOLKSPARK FRIEDRICHSHAIN (> TRÜMMERBERGE).

Nach Wende und > VEREINIGUNG wurde auch das Zivilschutzkonzept des Bundes überdacht. Der Bunkerbau und -ausbau, in Berlin im Rahmen eines Bundesprogramms betrieben, wurde deshalb im März 1990 vorerst eingestellt.

B.Z.: Die B.Z. mit Sitz im Haus des Axel-Springer-Verlags in der Kochstr. 50 im Bezirk > KREUZBERG ist eine Boulevardzeitung, die im Straßenverkauf vertrieben wird. Mit einer Auflage von ca. 335.000 Exemplaren ist sie die auflagenstärkste Zeitung Berlins (> PRESSE). Die B.Z. berichtet täglich – seit dem 2.2.1992 auch sonntags – über die Bereiche Politik, Berlin, Kultur, Ratgeber, Fernsehen, Reise, Auto sowie Vermischtes. Den Schwerpunkt bildet die lokale Berichterstattung. Mit der > VEREINIGUNG wurde die Berichterstattung auf ganz Berlin und das Land Brandenburg ausgedehnt. Seit Februar 1990 ist die B.Z. auch im Ostteil der Stadt sowie im Umland erhältlich. Die Redaktion wurde personell verstärkt, um diesen Anforderungen gerecht zu werden. Bei der B.Z. arbeiteten 1992 insg. 132 Beschäftigte sowie ca. 10 freie Mitarbeiter. Die Zeitung finanziert sich zu 70 % aus Anzeigenerlösen und zu 30 % aus Vertriebserlösen.

Die B.Z. wurde 1876 unter dem Namen „Berliner Zeitung" gegründet und zwei Jahre später vom Verleger Leopold Ullstein erworben, der sie zu einem Pfeiler seines liberalen Großverlages machte. 1904 wurde sie zur „B.Z. am Mittag" umgewandelt. Die jüdischen Eigentümer des Verlags wurden 1934 zum Verkauf an die NS-treue „Cautio GmbH" gezwungen. Die Einstellung der B.Z. erfolgte am 23.2.1943. Die heutige B.Z. erschien nach dem II. Weltkrieg erstmals wieder am 19.11.1953 als zweite Tageszeitung (nach der > BERLINER MORGENPOST) des 1952 durch die amerikanische Militärregierung an die Eigentümer zurückerstatteten Ullstein-Verlages. 1959 wurde der Verlag durch die Axel Springer Verlag AG übernommen.

Wolfgang Schäche

BAUGESCHICHTE UND STADTBILD BIS 1945

I. Von der Doppelstadt zur Residenz

II. Die preußische Kapitale

III. Die Hauptstadt des Kaiserreiches

IV. Von der Hauptstadt zur Weltstadt:
das republikanische Berlin

V. Von Berlin nach Germania:
die nationalsozialistische Reichshauptstadt
und ihre Zerstörung

I. VON DER DOPPELSTADT ZUR RESIDENZ

Folgt man wissenschaftlichen Grabungen, welche nach dem II. Weltkrieg durchgeführt wurden, geht die Gründung der Doppelstadt Berlin/Kölln auf das 12. Jh. zurück (> GESCHICHTE). Es ist zu vermuten, daß die Anlegung der Städte gleichzeitig
geschah, unbekannt jedoch, in welcher Form die Gründungen vollzogen wurden.
Ohnehin sind gesicherte Kenntnisse über Entstehung und Frühzeit Berlin/Köllns
gering, da u.a. der große Stadtbrand von 1380 das gemeinsame Rathaus zerstörte
und mit ihm den dort befindlichen Dokumentenbestand der Schwesterstädte (>
RATHÄUSER). Es ist anzunehmen, daß die mittelalterliche Gestalt der Doppelstadt der
ostdeutscher Kolonialstädte entsprach, wobei Doppelgründungen im märkischen
Raum nichts ungewöhnliches darstellten.

Begünstigt wurde die Ansiedlung Berlins und > KÖLLNS durch eine von Südwesten nach Nordosten führende Fernhandelsstraße sowie den kreuzenden Wasserlauf der > SPREE. Hier, etwa auf halbem Wege zwischen > SPANDAU und > KÖPENICK,
nähern sich die Hochflächen des > BARNIM und des > TELTOW auf ca. 4 km. Vier Tal-
sandkuppen prägen an dieser Stelle die Topographie des > WARSCHAU-BERLINER
URSTROMTALS, wobei eine Furt den kräftigen Mittelarm des dreigeteilten Spreelaufs
durchzog, was die Entstehung von zwei eigenständigen Siedlungskernen mit-
bedingte (> LAGE UND STADTRAUM). Als Siedlungskern auf der Köllner Seite ist dabei
die Gegend um die im II. Weltkrieg schwer beschädigte und Anfang der 60er Jahre
abgetragene Kirche St. Petri anzunehmen, auf Berliner Seite die um St. Nikolai (>
NIKOLAIKIRCHE).

Die mittelalterliche Doppelstadt umfaßte die von Spree und späterer > FRIED-
RICHSGRACHT umschlossene Insel, welche das Territorium von Kölln darstellte, sowie
auf der rechten Seite des mittleren Spreearmes das wenig größere Areal von Berlin.
Bebaut war hier zunächst nur der südliche Teil, denn der nördliche bestand aus

unzugänglichem Sumpfgelände. Einzige Verbindung der Doppelstadt bildete der >
Mühlendamm. Im 13. Jh. kam schließlich die Neue oder Lange Brücke (> Rathausbrücke) hinzu, auf der sich seit ca. 1307 das o.g. gemeinsame Rathaus befunden haben soll. Eine > Stadtmauer umfaßte die im gleichen Jahr zusammengeschlossenen
Städte. „Oberbaum" und „Unterbaum" sperrten den Zugang zum mittleren Spreelauf (> Oberbaumbrücke). Die Seitenarme umschrieben die Fortifikation. Fünf Stadttore, das Spandauer-, Georgen-, Stralauer-, Köpenicker- und Gertraudentor schufen
die Verbindungen zum umliegenden Land.

Waren der Alte Markt, später > Molkenmarkt, und die St. Nikolaikirche zunächst
die städtischen Mittelpunkte Berlins, bildeten sie auf Köllner Seite die Gegend des
späteren Köllnischen Fischmarktes sowie die Pfarrkirche St. Petri das Zentrum.

Sowohl in Kölln wie in Berlin gab es Niederlassungen der Bettelorden. In Berlin
war die am Ende des 13. Jh. errichtete dreischiffige Pfeilerbasilika mit einschiffigem
Chor der Franziskaner in der Klosterstr. sichtbares Zeichen ihrer Anwesenheit. Die
Klosterkirche stand dabei in unmittelbarer räumlicher Verbindung zur eigentlichen
Klosteranlage (> Graues Kloster). In Kölln waren es dagegen die Dominikaner, die
ihr Konventhaus und die dazugehörige Kirche dicht an der Stadtmauer erbauten.
Erinnert an die Berliner Anlage nur noch die gesicherte Ruine der Klosterkirche, ist
das Köllner Kloster völlig aus dem Stadtbild verschwunden. Sein Abbruch erfolgte
bereits im 18. Jh. Als eines der bemerkenswertesten Bauwerke des 13. Jh. ist schließlich noch das an der Spandauer Str. in der um 1230 angelegten Berliner Neustadt
errichtete Heiliggeistspital zu nennen. 1272 erstmals erwähnt, zeugt die noch bestehende gotische Spitalkapelle von seiner Existenz (> Heilig-Geist-Kapelle).

Zum Ende des 14. Jh. war Berlin/Kölln ein blühendes Gemeinwesen, dessen Entwicklung auch durch den schweren Brand von 1380 keine wesentliche Unterbrechung erfuhr. Umfangreiche Landkäufe (von > Reinickendorf im Norden bis >
Mariendorf im Süden) ließen das Weichbild der Doppelstadt sich um ein Vielfaches
ausweiten, wobei die stadtgrundrißliche Anlage der von der Stadtmauer umgebenen Kernbereiche zu diesem Zeitpunkt dem Aufbau einer gotischen Idealstadt na-
hekam: Ein nahezu gradliniges, überschaubares Straßenraster war von in der Regel
giebelständigen Häusern überbaut, wobei die stattlichen Türme von St. Marien, St.
Nikolai und St. Petri die malerische Silhouette bestimmten.

Das sich in der bis dahin vollzogenen Entwicklung spiegelnde starke städtische
Regiment wurde dann jäh durch die Kurfürsten des Hauses Hohenzollern zunichte
gemacht, die 1442 und schließlich 1447/48 der städtischen Selbständigkeit ein Ende
bereiteten, indem sie Berlin und Kölln zu kurfürstlichen Residenzen von Brandenburg machten (> Landesherren). Damit war zugleich der Zusammenschluß beider
Städte formell wieder aufgehoben. Die Wahl der Ratsmitglieder beider Gemeinden
bedurfte fortan kurfürstlicher Bestätigung, sämtliche Bündnisse mit anderen
märkischen Städten wurden untersagt (> Geschichte).

Sinnfälliger baulicher Ausdruck der neuen residenzlichen Funktion war die Errichtung eines Wasserschlosses auf Köllner Gebiet (> Stadtschloss). Das sogenannte > Hohe Haus, welches bis dahin landesherrlicher Sitz war und den alten markgräflichen Hof (ab 1261 aula Berlin) in der Klosterstr. schon im 14. Jh. ablöste, hatte
sich für die neue Aufgabe als ungeeignet erwiesen. Schon 1443 begonnen, wurde das
neue Schloß seit 1538 durch Caspar Theyß und später durch andere zu einem prächtigen Fürstensitz der Renaissance ausgebaut, auf den sich die kommunal geteilten,

jedoch baulich mehr und mehr zusammenwachsenden Städte nun räumlich auszurichten begannen. Bis zum frühen 17. Jh. gediehen die Schwesternstädte so zu einem reputierlichen Markt- und Handelsmittelpunkt im brandenburgisch-mitteldeutschen Raum. Erst der 30jährige Krieg (1618-48) unterbrach diese Entwicklung. Belagerung, Einquartierung, Kontributionen, v.a. aber Pestepidemien beeinträchtigten das städtische Leben wiederholt auf das Schwerste.

Aber schon 1642, noch ehe der Krieg beendet war, begann unter Kurfürst Friedrich Wilhelm (1640-88) der planmäßige Auf- und Umbau der durch den Krieg stark verwüsteten Stadt, deren Einwohnerzahl von ca. 14.000 im Jahre 1590 auf weniger als 7.500 zurückgegangen war (> BEVÖLKERUNG). V.a. die Vorstädte galt es wiederherzustellen. Sie waren aus Verteidigungsgründen 1640 (Berliner Vorstadt) und 1641 (Köllner Vorstadt) niedergebrannt worden. In diesem Zusammenhang fiel als wichtigste städtebauliche Entscheidung der Ausbau des Reitweges zwischen Schloß und > GROSSEM TIERGARTEN zu einer breiten, mit sechs Lindenreihen bepflanzten Allee, der späteren Straße > UNTER DEN LINDEN.

Ab 1658 wurde Berlin, dessen Name sich nun endgültig für die Doppelstadt durchgesetzt hatte, nach Plänen von Johann Gregor Memhardt zur Festungsstadt ausgebaut, Garnisonsstadt war es schon zuvor gewesen. Die Ausführung der fortifikativen Anlagen nahm mehr als 25 Jahre in Anspruch. Auf Berliner Seite waren die Festungswerke vor der alten Stadtmauer angelegt, auf Köllner Seite wurden der Stadtgraben, der *Friedrichswerder* sowie die kleine Gemeinde Neukölln (nicht mit dem heutigen > NEUKÖLLN identisch) mit einbezogen. Noch heute erinnern Namen und Lage von Oberwall, Unterwall und Wallstr. an die einstige Bastion (> STADTMAUER). Ihr Verlauf stand jedoch schon zum Zeitpunkt des Entstehens im Widerspruch zu den in den 60er Jahren des 17. Jh. einsetzenden planmäßigen > STADTERWEITERUNGEN. Während die Friedrichswerdersche Neustadt (1658 begonnen) noch innerhalb der ursprünglich geplanten Festungswerke lag und damit unmittelbar an das alte Stadtgebiet angebunden war, befand sich die ab 1673 nördlich an der zum Tiergarten aufschließenden Lindenallee angelegte *Dorotheenstadt* bereits außerhalb der Fortifikation. Die Anlegung der südlich davon gelegenen *Friedrichstadt*, ab 1688 in direkter stadträumlicher Beziehung zur Dorotheenstadt konzipiert, war ebenfalls eine Erweiterung „vor den Toren der Stadt". Ihre rasterartige Grundrißfigur gradliniger, scheinbar unendlicher Straßenfluchten zeigte aber zugleich die kommende Dimension im Bauen an und bereitete neue stadtbaukünstlerische Qualitäten vor, die sich dann mit der Regentschaft Friedrich Wilhelms III. (1797-1840) am Ende des 17. Jh. vollends durchsetzten.

II. DIE PREUSSISCHE KAPITALE

Berlin avancierte 1701 zur Hauptstadt des Königreichs Preußen, nachdem sich Kurfürst Friedrich III. von Brandenburg in Königsberg selbst zum König Friedrich I. in Preußen (1688-1713) krönte. Schon zuvor bereitete er die Stadt baulich auf ihre neue Funktion vor. Der machtpolitische und der damit verbundene stadtkulturelle Aufstieg, durch die planmäßigen > STADTERWEITERUNGEN diesseits und jenseits der „Linden" eingeleitet, wurde durch bedeutende Einzelbauten, welche der Stadt sowohl einen neuen Maßstab, als auch ein neues Profil gaben, sichtbar untermauert. Verbanden sich die erwähnten Stadterweiterungen namentlich mit Johann Arnold Nering und Philipp Gerlach, war es die Persönlichkeit Andreas Schlüters, der die künstlerische Qualität des barocken Berlins entscheidend prägte.

Seine Werke stellten die ersten herausragenden Leistungen internationalen Ranges dar, die in der Stadt hervorgebracht wurden und formulierten einen ästhetischen Anspruch, der für lange Zeit zum Maßstab werden sollte. 1694 nach Berlin berufen, schuf er als Bildhauer-Architekt während seiner hiesigen Schaffenszeit bis 1713 u.a. so bedeutende Bau- und Kunstwerke wie das 1698-1705 errichtete, 1872 abgerissene *Gießhaus*, das 1701-06 erbaute und 1889 abgetragene *Palais Wartenberg* (> EPHRAIM-PALAIS) sowie das 1711/12 geschaffene, 1943 während des II. Weltkriegs zerstörte *Landhaus Kameke*.

Die für die Gestalt der Stadt aber bestimmenden Arbeiten waren das > ZEUGHAUS (1695 von Johann Arnold Nering und Martin Grünberg begonnen; 1706 durch Jean de Bodt vollendet) an der Straße > UNTER DEN LINDEN, die umfassende Barockisierung, verbunden mit Aus- und Umbau des > STADTSCHLOSSES zwischen 1698 und 1706 (1950/51 teilbeschädigt abgerissen) sowie die Ausgestaltung der Langen Brücke (> RATHAUSBRÜCKE) mit dem Reiterdenkmal des Großen Kurfürsten (> SCHLOSS CHARLOTTENBURG). Waren es am Zeughaus die Gestaltung der kolossalen Fassaden mit dem überreichen plastischen Schmuck, die neue ästhetische Dimensionen offenbarte, beeindruckte das geniale Reiterstandbild auf der Langen Brücke durch seine sensible Balance zwischen dynamischer Kraft und würdevoller Haltung. Das Schloß mit seiner neuen Palastfront mit dem triumphalen Säulenrisalit – zu der die Lange Brücke städtebaulich in Verbindung stand –, wurde zum baulichen Mittelpunkt, der den Stadtraum auf lange Zeit ordnend zusammenfassen sollte.

Das absolutistische Berlin des 18. Jh. brachte, in der Folge Schlüters, einen vornehmlich niederländischen bzw. französisch beeinflußten Barockklassizismus hervor, der für das Stadtbild prägend wurde. Architektonisch setzte v.a. unter der Regentschaft Friedrichs II. (1740-86) der Baumeister Georg Wenzeslaus v. Knobelsdorff glanzvolle Akzente. Mit dem Bau des Königlichen Opernhauses (> DEUTSCHE STAATSOPER UNTER DEN LINDEN) 1741-43 entstand das *Forum Fridericianum* am heutigen > BEBELPLATZ als neuer städtebaulicher Monumentalplatz in Korrespondenz zum Schloßbezirk. Dem Opernhaus folgten 1748-66 das > PRINZ-HEINRICH-PALAIS von Johann Boumann sowie die > ST.-HEDWIGS-KATHEDRALE, deren Fertigstellung 1773 erfolgte. Die Königliche Bibliothek (> ALTE BIBLIOTHEK) nach Entwürfen von Christian Unger 1775-80 errichtet, vervollständigte die Platzumbauung. Schon zuvor war 1747-50 am > LUSTGARTEN nach Plänen Boumanns der erste Berliner > DOM entstanden.

Mit der Bibliothek war zugleich ein Hauptwerk des friderizianischen Barock in Berlin verwirklicht, welches für die letzten Jahrzehnte des 18. Jh. noch einmal bestimmend geworden war. Namentlich nach dem Siebenjährigen Krieg (1756-63) kam es seit 1769 zu einer regen Bautätigkeit, die der Verschönerung der Stadt diente. Auf Kosten des Königs entstanden eine große Anzahl sogenannter Immediatbauten – zumal in der *Dorotheenstadt* und *Friedrichstadt* –, denen (nach römischem Vorbild aus Kupferstichkatalogen) festliche Fassaden vorgehängt wurden. Großartige Schauarchitekturen, wie die Kolonnaden am > SPITTELMARKT und die Königskolonnaden, die beide in der zweiten Hälfte der 70er Jahre des 18. Jh. entstanden (> KOLONNADEN), waren Schöpfungen Carl Gontards, der mit den imposanten Turmbauten am > GENDARMENMARKT (in Zuordnung zur deutschen und französischen Kirche) dem

Stadtraum zwei markante Züge hinzufügte, die geradezu charakteristisch für die Silhouette wurden (> FRANZÖSISCHE FRIEDRICHSTADTKIRCHE; > NEUE KIRCHE).

Städtebaulich war die unter Gerlach erfolgte Errichtung der *südlichen Friedrichstadt* die bedeutendste Lösung des Jahrhunderts. Mit dem seit 1734 erfolgten umfangreichen Ausbau wurden zugleich die alte, viel zu eng gewordene Bastionärbefestigung geschleift und durch eine die Vorstädte einschließende *Zollmauer* ersetzt. Der erweiterte Stadtgrundriß wurde in seiner Konfiguration nun von drei Torplätzen bestimmt, dem *Quarrée* (> PARISER PLATZ) und dem *Octogon* (> LEIPZIGER PLATZ) im Westen und dem *Rondell* (Belle-Alliance-Platz, heute > MEHRINGPLATZ) im Süden. Hauptmotiv der Erweiterung bildete ein Straßenfächer: Lindenstr. (im heutigen Bezirk > KREUZBERG) und > FRIEDRICHSTRASSE, beide in der Trassierung schon existent, wurden auf den Rundplatz („Rondell") innerhalb des südlichen Tores der neuen Zollmauer zugeführt. Eine neu angelegte dritte Straße, die > WILHELMSTRASSE, vervollständigte die Fächerfigur. Die oft zitierte Übernahme des Platzmotivs von der Piazza del popolo in Rom blieb dabei im Formalen unvollständig, denn die monumentale Ausstattung des Vorbilds mit zwei Kirchen zwischen den Straßenmündungen war hier nie intendiert.

Außerhalb der Stadt war schließlich der planmäßige Um- und Ausbau des westlich Berlins gelegenen Tiergartens zu einem „Lustpark für die Bevölkerung" durch Knobelsdorff bedeutsam (> GROSSER TIERGARTEN; > IN DEN ZELTEN,) sowie die Errichtung einer Reihe von Schlössern, die sich wie ein Gürtel um das Weichbild des städtischen Umlandes legten, wobei das > SCHLOSS CHARLOTTENBURG, schon 1695 unter Nering begonnen und seit 1701 von Johann Friedrich Eosander v. Göthe erweitert (und später von Knobelsdorff ausgebaut), dabei die herausragendste Anlage darstellte.

Das ausgehende 18. Jh. brachte, inspiriert von den gesellschaftlichen Ereignissen der Französischen Revolution und unter dem Eindruck der beginnenden Industrialisierung, auch in der Baukunst einschneidende Veränderungen. In Berlin verband sich dieser Aufbruch in eine neue Architektur mit der Person Friedrich Gillys. Allzu jung gestorben und so zum Mythos geworden, stand er für einen „revolutionären Klassizismus", getragen von den bürgerlichen Idealen der Revolution und durchdrungen von der Philosophie der Aufklärung. Blieben seine kühnen Entwürfe zu einer bürgerlich-emanzipierten Architektur, kulminierend in der als Gesamtkunstwerk angelegten Konzeption eines „Denkmals für Friedrich den Großen" am Leipziger Platz, erhabene Vision, offenbarte Karl Gotthard Langhans – in Gillys Gefolge stehend – mit seinen Werken für Berlin deren ästhetische Dimension im stadträumlichen Kontext. Geradezu als dafür emblematisch ist der Bau des > BRANDENBURGER TORES (1789-1791) zu begreifen; als Anspielung auf die Propyläen, dem Eingangsbau der Akropolis von Athen, ist es die Vergegenständlichung des bürgerlich-intellektuellen Sehnsuchtsbildes von „Spree-Athen".

Karl Friedrich Schinkel blieb es vorbehalten, dass klassizistische Berlin „zu bauen" und ihm damit für mehr als ein halbes Jahrhundert die charakteristischen Züge zu verleihen. Der Wandel Berlins zu einer bürgerlichen Stadt, in der der großgrundbesitzende Adel seine politisch-militärische Kommandofunktion behaupten konnte, wurde – zumal im Innenstadtbereich – in Schinkels Werken manifest. Bauten wie die > NEUE WACHE (1816-18) an der Straße Unter den Linden, das > ALTE MUSEUM am Lustgarten (1822-25) sowie der Umbau des dortigen alten Doms Anfang des 19. Jh., die > Bauakademie (1832-36) und die > Friedrichswerdersche Kirche (1824-30) bildeten die architektonischen Glanzpunkte.

Auch in den Vorstädten schlug sich diese neue Architektur nieder. So entstanden bspw. 1832-35 die vier Schinkelschen > Vorstadtkirchen nach einem einheitlichen, ebenfalls dem Klassizismus verpflichteten Grundkonzept. Mit den Stadterweiterungsplänen für > Moabit und das Köpenicker Feld (im heutigen > Kreuzberg) wirkte sein städtebauliches Schaffen unmittelbar in die zweite Hälfte des 19. Jh. hinein.

Das reale Wachstum der Stadt vollzog sich indes bis zur Mitte des Jahrhunderts noch vornehmlich innerhalb der Stadt- und Zollmauern und führte zu einer enormen Verdichtung, die sich in die späteren Stadterweiterungen übertrug. Denn die 1851 verabschiedete neue Kommunalverfassung enthielt neben dem Dreiklassenmodus als bedeutsames und zugleich folgenschweres Instrument das Hausbesitzerprivileg, wonach 51 % der Stadtverordneten Haus- und Grundbesitzer sein mußten, was die Bau- und Bodenspekulation begünstigte. Vor diesem Hintergrund entstand 1853 die „Baupolizeiordnung von Berlin", welche in der Festsetzung brandschutztechnischer Minimalforderungen die Mietskasernenviertel ermöglichte, die sich auf der Grundlage des 1862 in Kraft gesetzten Hobrechtschen Bebauungsplanes (> Hobrechtplan) für Berlin und > Charlottenburg in der Folgezeit bis zur Jahrhundertwende gürtelartig um die Kernstadt legten und die „größte Mietskasernenstadt der Welt" und den Ruf des „steinernen Berlins" (Werner Hegemann) provozierten (> Mietskasernen, > Wohnungsbau).

III. DIE HAUPTSTADT DES KAISERREICHES

Mit der Reichsgründung 1871 wurde Berlin zur Reichshauptstadt befördert (> Hauptstadt). Beeinflußt von der rasanten industriellen Entwicklung, die Berlin schon zuvor zur größten und wichtigsten Industriestadt Deutschlands gemacht hatte, vollzog sich ein explosionsartiger Aus- und Umbau der Stadt, deren Struktur und Gestalt dabei total verändert wurde (> Wirtschaft). Um den Transport von Gütern und Personen sicherzustellen, entstanden Nah- und Fernverkehrsnetze, > Wasserstrassen wurden kanalisiert und Chausseen gebaut (> Verkehr). Bahnhöfe, > Markthallen, Waren- und Kaufhäuser sowie Hotels bildeten die neuen Orte städtischer Konsumtion und Distribution; Fabrikanlagen wurden aus der Erde gestampft. Mit der industriellen Arbeit kam das ländliche Proletariat in den städtischen Ballungsraum um Berlin und verlangte nach billigem Wohnraum (> Wohnungsbau).

Seit ca. 1890 begann die Stadt, mit den sich gleichzeitig ausdehnenden Nachbarstädten und Gemeinden, wie z.B. > Charlottenburg, > Wilmersdorf, > Schöneberg und Rixdorf (später > Neukölln) zusammenzuwachsen. Das „steinerne Berlin" verdichtete seine Baublöcke bis zur Sättigungsgrenze, v.a. in den Arbeitervierteln der heutigen Bezirke > Friedrichshain, > Lichtenberg, > Wedding, > Tiergarten und > Kreuzberg mit lichtlosen engen Hinterhöfen mit Quergebäuden und Seitenflügeln. In den beengten Wohnungen hausten in der Regel mehrere Familien, die oft zusätzlich noch Schlafburschen und Untermieter aufnahmen (> Mietskasernen). Die > Bevölkerung im Agglomerationsraum Berlin expandierte zwischen 1871 und 1900 von ca. 900.000 auf mehr als 2,7 Mio. Einwohner.

Die Kritik an den unhaltbaren Zuständen in den Massenquartieren führte schließlich 1892 zu einer differenzierteren „Baupolizeiordnung für die Vororte Berlins", die das künftige Wachstum der Stadt besser regulieren sollte. Einen entscheidenden Schritt zur Verbesserung der großstädtischen Verhältnisse stellte der 1908 ausgeschriebene Wettbewerb „Groß-Berlin" dar, dessen Aufgabe es war, den inzwischen auf ca. 3,5 Mio. Einwohner angewachsenen städtischen Raum des späteren > GROSS-BERLINS neu zu ordnen und ihm ein zusammenhängendes Gefüge zu geben. Seine bedeutsamen Ergebnisse, die in der Allgemeinen Städtebauausstellung von 1910 (der ersten großen Berliner Bauausstellung mit internationaler Beteiligung; > BAUAUSSTELLUNGEN) vorgestellt und diskutiert wurden, waren zugleich eine Kampfansage gegen die spekulative Mietskaserne. Wenn auch die direkte Umsetzung der Wettbewerbsvorschläge durch die Kriegsereignisse versagt blieb, stellten die Themen und Ergebnisse der Ausstellung doch die Weichen für den Berliner Städtebau der 20er Jahre.

Gleichwohl bleibt festzuhalten, daß Berlin im Zeitraum zwischen 1890 und 1910 seine für das 20. Jh. bestimmenden städtebaulichen Charakteristika herausbildete. Während die Innenstadt, v.a. die Dorotheen- und Friedrichstadt, sich zu einem dichten Geschäfts- und Verwaltungsviertel entwickelte, setzte sich zugleich der schon in der Mitte des 19. Jh. begonnene „Zug nach Westen" verstärkt fort. Die Herausbildung neuer Stadtviertel für mittlere und gehobenere Bürgerschichten war die Folge. Die Luxusbebauung des > KURFÜRSTENDAMMS und seiner Nebenstraßen sind hierfür exemplarisches Beispiel, wie auch die Wohngegend um den > LIETZENSEEPARK und Kaiserdamm oder das > BAYERISCHE VIERTEL in Schöneberg sowie das > RHEINGAUVIERTEL in Wilmersdorf.

Parallel zu den städtischen Wohnvierteln bildeten sich von > GRUNEWALD über > DAHLEM bis nach > WANNSEE weiträumige Landhaus- und > VILLENKOLONIEN heraus, in denen an der Peripherie der Stadt das „Leben auf dem Lande" gepflegt wurde (> GARTENSTÄDTE). Die „größte Mietskasernenstadt" hatte sich zugleich zur europäischen Metropole mit den weitläufigsten Vororten und Villenvierteln entwickelt. Sie war zur Jahrhundertwende gleichermaßen die „versteinertste und grünste des Kontinents".

Die Architektur der Epoche war dabei schnellebig und vielgesichtig wie die gesellschaftliche Situation. Zwischen Rückschritt und Aufbruch, zwischen Historismus und Moderne, spannte sich ein grandioser Bogen baulicher Formen- und Gestaltungswelten. Die Widersprüchlichkeiten der Zeit offenbarten sich z.B. im Werk Franz Schwechtens. Mit seinem > ANHALTER BAHNHOF (1877-80), der „Mutterhöhle der Eisenbahn" (Walter Benjamin), schuf er eine Architektur des technischen Aufbruchs, wie gleichermaßen mit der > KAISER-WILHELM-GEDÄCHTNISKIRCHE (1891-95) höfische Imponierbaukunst. Ludwig Hoffmann, zwischen 1896 und 1924 Stadtbaurat von Berlin, prägte dagegen wie kein zweiter das „kommunale Berlin" der Kaiserzeit mit einer Vielzahl von Schulen, > KRANKENHÄUSERN, Feuerwachen, > HALLENBÄDERN sowie städtischen Verwaltungsbauten. Mit seinem 1898-1906 errichteten Rudolf-Virchow-Krankenhaus (> UNIVERSITÄTSKLINIKEN), dem > MÄRKISCHEN MUSEUM (1896-1908), dem > STADTHAUS (1902-11) und dem > MÄRCHENBRUNNEN (1902-13) setzte Hoffmann bestimmende Akzente in die Stadtlandschaft. Er und Alfred Messel, der Architekt des Wertheim-Kaufhauses am > LEIPZIGER PLATZ (1896, 1899/1900) und Schöpfer des > PERGAMONMUSEUMS (1909-30) gingen in ihrer „Architektur der

Reduktion" den ersten entscheidenden Schritt auf dem Wege zu einer neuen, modernen Architektur. Ihr standen die pathetische Monumentalbaukunst des neuen Berliner > Doms (1894-1905) am > Lustgarten von Julius Raschdorff sowie Paul Wallots gewaltiges > Reichstagsgebäude (1884-94) gegenüber, dessen Plazierung am Königsplatz (heute > Platz der Republik) zugleich den Versuch darstellte, der Stadt eine neue, eine republikanische Mitte zu geben. Peter Behrens schließlich weist mit seinem epochemachenden Bauten für die AEG an der Brunnenstraße (1910-12) sowie der > AEG-Turbinenhalle an der Huttenstr.in > Moabit (1909-11) den direkten Weg zur Architektur des 20. Jh. Er wurde damit zum „Vater der Moderne", die viele Namen hatte.

IV. VON DER HAUPTSTADT ZUR WELTSTADT: DAS REPUBLIKANISCHE BERLIN

Die Not der Nachkriegszeit forcierte die schon seit 1908 verfolgte Idee der administrativen Zusammenfassung des verstädterten Ballungsraumes Berlin. 1920 erfolgte der Zusammenschluß Berlins mit den die Stadt umgebenden sieben Städten, 59 Landgemeinden und 27 Gutsbezirken zur „Einheitsgemeinde > Gross-Berlin" und ließ diese – hinter London – zur flächenmäßig zweitgrößten Stadt Europas aufrücken. In den 20er Jahren entwickelte sich jene „neue" Stadt Berlin aus der Nachkriegsdepression dann zu der vitalen, weltoffenen Metropole, die noch heute gern beschworen wird. In Ermangelung finanzieller und wirtschaftlicher Möglichkeiten, blieb das Bauen in den ersten Jahren nach Kriegsende auf das Abenteuer des Entwurfs beschränkt. Dabei entwickelte sich die Stadt binnen kurzer Zeit zum „avantgardistischen Nabel der Welt". Hier wirkten und bauten u.a. Hugo Häring, Walter Gropius, Ludwig Mies van der Rohe, Bruno und Max Taut sowie Martin Wagner und Hans Scharoun neben den großen Meistern expressionistischer Baukunst wie Erich Mendelsohn und Hans Poelzig. Eine stattliche Anzahl von Einzelbauten der genannten Protagonisten, wie z.B. das > Haus des Rundfunks (1929-31) von Poelzig, Max Tauts Verbandshaus der Deutschen Buchdrucker (1925), das > Strandbad Wannsee (1929/30) von Wagner im Zusammenwirken mit Richard Ermisch, die Büro- und Geschäftsbauten von Peter Behrens am > Alexanderplatz (1928-31) sowie das 1926-28 errichtete Universum-Kino (heute > Schaubühne am Lehniner Platz) von Mendelsohn zeugen noch heute von der enormen Vielfältigkeit und dem hohen gestalterischen Niveau dieser Zeit.

So ästhetisch wie funktional die architektonischen und städtebaulichen Utopien der Avantgarde waren und so intensiv sie die nachfolgende internationale Debatte auch anregten und befruchteten, erfaßten sie in ihrer totalen Ablehnung der Geschichte die konkreten Probleme der Großstadt nur unzureichend. Auch und gerade auf dem Gebiet des > Wohnungsbaus zielten die Ansätze in ihren Ergebnissen an den eigentlichen sozialen Aufgabenstellungen der Zeit vorbei. Denn die beispielhaften Lösungen der durchgrünten, luftigen und mit Gemeinschaftseinrichtungen (wie Waschküche, Trockenraum usw.) ausgestatteten Mustersiedlungen der Weimarer Republik, die von den genossenschaftlichen, bzw. gewerkschaftlichen Wohnungsbaugesellschaften als Antwort auf die „Stadt des 19. Jahrhunderts", nach dem Prinzipien „Licht, Luft und Sonne" an der städtischen Peripherie errichtet wurden, ignorierten die Problematik der real existierenden Massenquartiere der Arbeiterviertel und vermochten deren Verhältnisse nicht zu verbessern. Die > ONKEL-TOM-SIEDLUNG in > ZEHLENDORF, die > WEISSE STADT in > REINICKENDORF, die Ringsiedlung in > SIEMENSSTADT, die > HUFEISENSIEDLUNG in > BRITZ, die > WOHNSTADT CARL LEGIEN im > PRENZLAUER BERG und die Wohnanlage „Sonnenhof" in > LICHTENBERG gelten heute wie damals dennoch als hervorragende soziale wie städtebauliche und architektonische Leistungen. Demgegenüber rufen die aus ökonomischen Gründen unrealisierten rigorosen Neu- und Umbaupläne für die zentralen Bereiche der Innenstadt (Wettbewerbe für Alexanderplatz und > POTSDAMER PLATZ sowie den > PLATZ DER REPUBLIK und die Straße > UNTER DEN LINDEN) dieser Zeit heute zunehmende Skepsis hervor.

Darüber hinaus bleibt festzuhalten, daß es an der Realität vorbeigehen würde, die bauliche Entwicklung Berlins in der Weimarer Republik auf die Avantgarde zu verengen. Sie hatte letztlich am Gesamtbaugeschehen nur einen bescheidenen Anteil. Dagegen war das „alltägliche Baugeschehen" durchgängig von konservativ-traditionalistischen Bauauffassungen geprägt, wie sie beispielsweise im „Zehlendorfer Dächerstreit" in der Bebauung am Fischtalgrund programmatisch gegen Bruno Tauts Siedlungshäuser zum Ausdruck kommen.

V. VON BERLIN NACH GERMANIA: DIE NATIONALSOZIALISTISCHE REICHSHAUPTSTADT UND IHRE ZERSTÖRUNG

Mit dem 30.1.1933, dem Tag der sog. Machtergreifung der Nationalsozialisten, setzte für Berlin eine Phase ein, die schließlich mit der physischen Vernichtung weiter Teile der Stadt endete. Die Stadt, deren Bevölkerung der NSDAP bis 1933 (und z.T. auch noch danach) bemerkenswerten Widerstand entgegensetzte, hatte in der Zeit des „Dritten Reiches" (und letztlich in den Auswirkungen bis in die Gegenwart) am schwersten unter der Hypothek der NS-Herrschaft zu leiden.

Zunächst jedoch blieb die politische Zäsur im Bereich der Bau- und Planungsentwicklung ohne direkte Auswirkungen. Im Bau befindliche Objekte wurden weitergeführt, zurückgestellte Vorhaben aus der Zeit vor 1933 im Rahmen der Arbeitsbeschaffungsprogramme reaktiviert. Das konzeptionelle wie formale Spektrum der Architektur war dabei breiter gefächert, als von der NS-Propaganda suggeriert und von der Baugeschichtsschreibung behauptet wurde. Gleichwohl hatte das Baugeschehen zunächst ein vergleichsweise bescheidenes Volumen. Der Hochbaubereich erschöpfte sich vornehmlich in einigen propagandawirksamen Großbauten, wie dem Erweiterungsbau des > REICHSBANKGEBÄUDES (1934-40) von Heinrich Wolff, dem Reichsluftfahrtministerium (1935-36; > DETLEV-ROHWEDDER-HAUS) und dem Zentralflughafen Berlin-Tempelhof (1936-39; > FLUGHÄFEN) von Ernst Sagebiel sowie den Anlagen des Reichssportfeldes (1934-36) von Werner March (> OLYMPIASTADION). Der > WOHNUNGSBAU hingegen spielte eine untergeordnete Rolle.

Mit der ab 1937 zum Tragen kommenden, auf Expansion abzielenden Außenpolitik, vollzog sich auch eine nachhaltige Veränderung des Berliner Baugeschehens. Sie fand ihren administrativen Ausdruck in der Einsetzung eines > GENERALBAUINSPEKTORS FÜR DIE REICHSHAUPTSTADT BERLIN (GBI). Unter dessen Leitung wurde im Vorgriff auf die Raubkriege Berlin planerisch zur Welthauptstadt Germania ausgebaut. Die in diesem Zusammenhang entwickelte Architektur einer monströsen Nord-Süd-Achse vollzog dabei inhaltlich wie formal einen qualitativen Sprung. Kennzeichnend war, daß sie, im Gegensatz zu den Bauten der ersten Phase, weitgehend keinen praktischen Gebrauchswert mehr hatte, sondern primär herrschaftstechnische Funktion. Die Architektur war auf Staats- und Parteibauten memorialen Charakters konzentriert, die die Kulissen für die kultischen Inszenierungen des Nationalsozialismus bilden sollte. Während die GBI-Planungen sich bis auf wenige Beispiele jedoch auf die Zerstörung des Bestehenden beschränkten (einige Botschaftsgebäude im > Diplomatenviertel), initiierte die Stadtverwaltung bis in die 40er Jahre hinein die noch heute im Stadtbild erfahrbare NS-Architektur. Sie ist in ihrer architektonischen Haltung im Prinzip als Teil einer sich fortschreibenden Entwicklung zu begreifen, die sich – wurzelnd in den Konventionen konservativ-traditionalistischer Baukultur – bereits zu Beginn des 20. Jh. herausbildete und schließlich über 1945 hinaus ihre Gültigkeit behielt. Exemplarisch steht dafür die noch heute existierende, zwischen 1935 und 1943 entstandene Bebauung des > Fehrbelliner Platzes in > Wilmersdorf.

Blieben die Zerstörungen des „Kaiserlichen Berlins", bezogen auf die Innenstadt, unter dem Banner des Funktionalismus der 20er Jahre nur planerischer Fiebertraum, begannen die Speerschen Abrißspezialisten bereits real mit der Demontage ganzer Stadtteile, wie dem Gebiet des heutigen > Kulturforums Tiergarten oder des Spreebogens am > Reichstagsgebäude. Die geplante, bewußte Liquidierung des bestehenden Berlins zugunsten „Germanias" fand schließlich im Bombenkrieg ihre grausame Fortsetzung. Die Politik des Weltenbrandes endete in der totalen Niederlage und, als deren über vierzig Jahre währendes Resultat, in der Teilung Deutschlands und seiner > Hauptstadt Berlin.

Günther Kühne

BAUGESCHICHTE NACH DEM II. WELTKRIEG

VI. Die Ausgangslage nach dem II. Weltkrieg

VII. Erste Planungen für den Wiederaufbau

VIII. Die Aufbauphase 1950-60

IX. Der Mauerbau und die Folgen

X. Die Städtebaupolitik in den 70er Jahren

XI. Von der 750-Jahr-Feier bis zur Vereinigung

XII. Die Vereinigung und ihre Folgen

VI. DIE AUSGANGSLAGE NACH DEM II. WELTKRIEG

Im Mai 1945 lag die Stadt in Trümmern. Nach Quellen des > LANDESARCHIVS waren von 245.300 ermittelten Gebäuden 30 % total zerstört oder schwer beschädigt. Am stärksten betroffen waren die Bezirke > MITTE und > TIERGARTEN mit über 50 % aller Gebäude sowie > FRIEDRICHSHAIN mit 45 %. Über 500.000 von insg. 1.562.000 Wohnungen waren vernichtet, nur 370.000 blieben fast unbeschädigt. Von 33.000 Krankenhausbetten waren rd. 24.000 unbenutzbar (> KRANKENHÄUSER); von 649 Schulgebäuden waren 149 völlig zerstört. Alle > MUSEEN waren stark in Mitleidenschaft gezogen, 19 > THEATER und Konzertsäle völlig, 13 teilweise zerstört. Von rd. 400 Kinos waren nur noch 20 intakt, von 277.628 Arbeitsstätten (1939) nur noch 117.845 vorhanden.

Von den am 12.8.1945 erfaßten Betrieben waren nur 41.842 arbeitsfähig, von 24.000 Hotelbetten gab es nur noch 1.000, von 12.000 Gaststätten waren 9.500 vernichtet. Auch der > ÖFFENTLICHE PERSONENNAHVERKEHR war stark in Mitleidenschaft gezogen. Die 87 Pumpwerke der Stadtentwässerung wiesen zu 60 % Zerstörungen auf (> WASSERVERSORGUNG/ENTWÄSSERUNG); die 19 Wasserwerke waren nur teilweise, die acht Gaswerke etwa zur Hälfte betroffen, 37 von 38 Gasbehältern waren beschädigt. Die Kraftwerke hatten ebenfalls schwere Schäden erlitten. 1.350 km > STRASSEN des 4.300-km-Netzes waren völlig zerstört, zwei Drittel der 188 Postämter schwer beschädigt.

Doch kein Chaos brach aus. Mit dem von der Sowjetischen Kommandantur (> STADTKOMMANDANTEN) am 19.5.1945 eingesetzten provisorischen > MAGISTRAT wurde der parteilose Architekt Hans Scharoun zum Stadtbaurat berufen. Vordringliche Aufgaben waren die Beseitigung der Trümmer und die provisorische Wiederherstellung innerstädtischer Verkehrswege. Dazu gehörte die Instandsetzung der beschädigten oder zerstörten Versorgungseinrichtungen: > GASVERSORGUNG und > ELEKTRIZITÄTSVERSORGUNG, > WASSERVERSORGUNG/ENTWÄSSERUNG. Gleichzeitig mußten Wohnungen, Arbeitsstätten und Büroräume hergerichtet werden; gut erhaltene Gebäude wurden häufig von den Besatzungsmächten in Anspruch genommen (> ALLIIERTE).

VII. ERSTE PLANUNGEN FÜR DEN WIEDERAUFBAU

Der Stadtbaurat Scharoun war ein Mann, der, ohne die drängenden Tagesaufgaben zu vernachlässigen, in die Zukunft blickte. Wenn diese in politischer Hinsicht allerdings in jenen Wochen und Monaten noch völlig ungewiß war, mußte doch jegliche Planung von der Erhaltung der Hauptstadtfunktion ausgehen. An Teilung dachte niemand. Scharoun versammelte um sich einen Kreis ihm aus der Zeit vor 1933 vertrauter Fachleute, die sich als „Planungskollektiv" unter seiner Leitung an die Arbeit machten. Das Ergebnis war der *Kollektivplan*, der im Sommer 1946 in der Ausstellung „Berlin plant" im Weißen Saal des damals noch in großen Teilen benutzbaren > STADTSCHLOSSES der Öffentlichkeit vorgestellt wurde. Dieser erste Entwurf sah ein von Peter Friedrich entwickeltes, großmaschiges Rasternetz aus Verkehrslinien (> EISENBAHN, > S-BAHN, > U-BAHN) vor, das sich an der Topographie des > WARSCHAU-BERLINER URSTROMTALS orientierte und eine nach Funktionen gegliederte und aufgelockerte Stadt vorsah. Die hohe Wohndichte der innerstädtischen > BEZIRKE mit ihren lichtlosen, engen Hinterhöfen sollte aufgebrochen und die Wohnungen auf das ganze Stadtgebiet gleichmäßiger verteilt werden. Die Einflüsse gewisser CIAM-Vorstellungen – Congrès Internationaux d'Architecture Moderne (Internationale Kongresse für Neues Bauen), eine 1928 in La Sarraz (Schweiz) gegründete Architektengruppe – der funktional gegliederten Stadt nach der – damals nur in Umrissen bekannten – „Charta von Athen" aus dem Jahr 1933, wie auch der Londoner „MARS"-Planung (1938), an der auch emigrierte Planer aus Berlin beteiligt gewesen sind, waren unübersehbar.

Zur gleichen Zeit ist im Zehlendorfer Planungsamt unter maßgeblicher Beteiligung des Amtsleiters Walter Moest ein konkurrierender Plan entwickelt worden, dem der Autor das Motto des Jansen-Planes – aus dem Wettbewerb > GROSS-BERLIN von 1910 – vorangestellt hatte: „In den Grenzen der Möglichkeit". Das war angesichts der damaligen Situation realistisch gedacht, vielleicht zu realistisch. Dieser Plan war im wesentlichen ein Verkehrsplan, der gewisse Elemente – z.B. das Ringstraßensystem – aus der Speerschen Planung seit 1937 übernahm, jedoch das überdimensionierte, repräsentative Achsensystem vermeiden wollte (> GENERAL-BAUINSPEKTOR FÜR DIE REICHSHAUPTSTADT BERLIN). Unter Beibehaltung des Straßenzuges > UNTER DEN LINDEN – Charlottenburger Chaussee (> STRASSE DES 17. JUNI) – Bismarck- und Heerstr. (> OST-WEST-ACHSE) sollte dieser Plan mit seinen Weiterentwicklungen für viele Jahre zur Grundlage der Stadtplanung werden.

Daneben gab es zahlreiche private Konzepte, die teilweise vom Magistrat unterstützt worden sind. So veröffentlichte Max Taut sein Mappenwerk „Berlin im Aufbau"(1945/46) mit der Anregung, unvermeidliche Provisorien so auszuführen, daß eine spätere großzügige Planung nicht verbaut werde. Ebenfalls 1946 stellte der Architekt und Sozialreformer Georg Heyer seinen „Hermsdorfer Plan" (so genannt nach dem ersten Ausstellungsort) vor, der ein völlig neues, formal geometrisches, jedoch auf sozialwirtschaftlichen Prinzipien und dem Erbbaurecht beruhendes System zur Grundlage seiner Vorschläge machte. Andere Anregungen galten der Umgestaltung einiger Stadtbereiche, so der Gegend „Rund um den Zoo" oder der Bahnsysteme. Festzuhalten bleibt, daß alle diese Vorschläge und Ansätze die politisch-ökonomische Einheit der Stadt zur Voraussetzung hatten und daß fast alle Fachleute, die sich öffentlich geäußert hatten, dem Neubau den Vorzug gegenüber einem Wiederaufbau gaben.

Nach den ersten > WAHLEN vom 20.10.1946 trat Karl Bonatz die Nachfolge Scharouns als Stadtbaurat an. Während seiner Amtszeit wurden stufenweise neue Pläne entwickelt, die sich vom Kollektivplan entfernten. Beteiligt waren die Mitarbeiter des Bauressorts Richard Ermisch und Walter Moest, der vom Zehlendorfer Amt in die Zentrale berufen wurde. Deren Pläne („Neuer Plan von Berlin", 1947; „Plan 48" A und B) beruhten auf konventionellen Vorstellungen, sind jedoch durch die sich zuspitzende politische Entwicklung ebenso folgenlos geblieben, wie ein schon 1948 ausgeschriebener Wettbewerb „Rund um den Zoo", der das Gebiet zwischen dem > WITTENBERGPLATZ und der Joachimstaler Str. umfaßte.

Die wirtschaftliche Lage Berlins beschränkte trotz aller hochfliegenden Pläne die Bautätigkeit weitgehend auf notdürftige Reparatur und Wiederherstellung des Bestehenden.1948 zerbrach die Einheit der Stadt unter dem Druck des aufflammenden Kalten Krieges zwischen Ost und West, nur wenig später als ein Vierteljahrhundert nach der Gründung der Einheitsgemeinde Groß-Berlin (1920). Die getrennten > WÄHRUNGSREFORMEN jenes Jahres und die darauf folgende > BLOCKADE West-Berlins durch die Sowjetmacht führten mit der politischen > SPALTUNG der Stadt zu getrennten Planungs- und Baubehörden in beiden Stadthälften. Auch nach Aufhebung der Blockade im Mai 1949 blieb die wirtschaftliche Lage in beiden Teilen der Stadt so geschwächt, daß auch die Bauwirtschaft nur langsam ihre alte Leistungsfähigkeit wieder erreichen konnte. An der Nahtstelle zwischen Ost und West wurde nur wenig gebaut, größere, zusammenhängende Planungen waren nicht möglich oder blieben Papier. Andererseits haben die noch vorhandenen persönlichen Kontakte der Planer und Architekten in beiden Teilen der Stadt noch so weit funktioniert, daß Informationen über Planungsabsichten der jeweils anderen Seite über die Sektorengrenze hinweg vermittelt werden konnten.

VIII. DIE AUFBAUPHASE 1950-60

Die Entwicklung im Ostsektor vollzog sich anders als im Westen. In West-Berlin konnte der Anschluß an die westliche Welt schnell hergestellt werden. Die Informationen, z.B. über das durch deutsche Emigranten stark beeinflußte Bauen in den USA, flossen reichlich nach Berlin, nicht zuletzt unterstützt durch die Kultur- und Informationszentren der Besatzungsmächte (> ALLIIERTE). Der 1947 von den USA initiierte Marshallplan (> EUROPEAN RECOVERY PROGRAM) konnte indes in Berlin erst nach dem Ende der > BLOCKADE (Mai 1949) wirksam werden. Diesem und dem damit verbundenen (West-) > BERLINER AUFBAUPROGRAMM setzte die DDR bald ein „Nationales Aufbauprogramm" entgegen, das seinen sichtbaren Ausdruck in den Bauten der Stalinallee finden sollte (> NATIONALES AUFBAUWERK; > KARL-MARX-ALLEE).

In Ost-Berlin machte sich dabei der Einfluß des in der Sowjetunion propagierten

„Sozialistischen Realismus" bemerkbar, der sich um einen Anschluß an die Vergangenheit durch einen neuen Historismus bemühte und westliche Einflüsse als Dekadenz abzuwerten suchte. Schon im August 1950 wurden die „Städtebaulichen Grundsätze für die Hauptstadt" entwickelt. Das erste Ergebnis war der Abbruch des Stadtschlosses bis Ende des Jahres. Der erste Abschnitt der Stalinallee wurde 1952 begonnen.

Dennoch ist festzustellen, daß auf beiden Seiten der geteilten Stadt, nicht zuletzt durch die bis etwa Mitte der 50er Jahre noch wirksamen Kontakte, eine gewisse Scheu zu beobachten war, durch demonstrative Planungen oder Bauten im inneren Bereich der Stadt, also beiderseits der Sektorengrenzen, künftige Möglichkeiten nach einer Wiedervereinigung zu verbauen. So blieben die grenznahen Stadtteile auf beiden Seiten, für viele Betrachter innerhalb und außerhalb der Stadt unverständlich, von neuer Bebauung so gut wie frei. Die Folge war eine Art „Versteppung" der alten Stadtmitte, die häufig kritisiert wurde. Diese Tendenz hat im Westen länger vorgehalten als im Osten, wo man sich – zumindest offiziell – mit der definitiven Form der „Hauptstadt der DDR" schneller abgefunden hatte.

Der Beginn der 50er Jahre in West-Berlin ist gekennzeichnet durch lokale Planungen kleineren Umfangs. So die erste Flächensanierung an der Ackerstr. im Bezirk > Wedding, die Ernst-Reuter-Siedlung von Felix Hinssen (1953/54), und in Britz-Süd 1953-59 im Anschluß an die von Bruno Taut errichtete > Hufeisensiedlung. Kleinere Wettbewerbe gab es u.a. für den Wiederaufbau des > Schiller-Theaters und des Konzertsaals der Hochschule für Musik (> Hochschule der Künste), für die > Amerika Gedenkbibliothek am Halleschen Tor, für die ersten Bauten der 1948 gegründeten > Freien Universität Berlin in > Dahlem und für den Hauptsitz der Berliner Bank an der Hardenbergstraße.

Die westliche > City von der > Tauentzienstrasse zum östlichen > Kurfürstendamm belebte sich langsam mit – mehr oder weniger – repräsentativen Ladenbauten, meist ein- oder zweigeschossig. Erst im Laufe der Jahre wurden diese Bauten aufgestockt oder durch Neubauten ersetzt. Ein bemerkenswertes Beispiel ist das Maison de France an der Ecke Kurfürstendamm/Uhlandstr., ein Wiederaufbau der Ruine des früheren Scharlachberghauses (> Institut Français de Berlin). Diese verstreut im Stadtgebiet liegenden Anfänge eines Neuaufbaus der Stadt riefen – nicht nur bei den Architekten – Unmut hervor: Gewünscht wurden zentrale Projekte, die eine überlokale Ausstrahlung haben sollten, nicht zuletzt auch als Antwort auf in Ost-Berlin entstandene repräsentative Demonstrationsobjekte wie die Stalinallee.

So wurde ein Planungswettbewerb ausgeschrieben für das am nordwestlichen Rande des > Grossen Tiergartens gelegene > Hansaviertel, einem Wohngebiet, das im Kriege fast völlig zerstört worden war und dem überlokale Bedeutung zukam. Noch während der Laufzeit des Wettbewerbs wurde von Bausenator Karl Mahler bekanntgegeben, daß dieses Viertel das wichtigste Demonstrationsobjekt einer für 1956 vorgesehenen Internationalen Bauausstellung werden sollte, der *Interbau* (> Bauausstellungen). Sie hat dann 1957 stattgefunden und das gewünschte Signal gesetzt. Geplant war das Hansaviertel als Muster für innerstädtischen Wohnungsbau. Die Beteiligung zahlreicher prominenter Architekten, von denen ein Drittel Ausländer waren, hat die Planung sicherlich erschwert, so daß ein berühmter Kritiker, Bruno Zevi aus Rom, die schlüssige Formel fand: „Tutte primadonne senza direttore" – Alles Primadonnen ohne Regisseur! Doch die bedeutendste Leistung dieser Demonstration blieb so gut wie ohne Nachfolge: Die Neuordnung des Bodens nach städtebaulichen Grundsätzen, die Unterordnung der Spekulation unter die als ideal angesehenen Prinzipien fand nicht statt.

In enger Verbindung zur Interbau stehen zwei Bauwerke, die über die Stadt hinausreichende Bedeutung erlangt haben. Le Corbusier, der gleichfalls zur Interbau eingeladen worden war, hatte den Bauplatz im Tiergarten abgelehnt, sich aber für ein Gelände neben dem > Olympiastadion entschieden. Zwar hatten Anwohner gegen den geplanten Riesenbau, angelehnt an seine „Unité d'habitation", die er schon in Marseille und in Nantes gebaut hatte, protestiert, doch wurde seine Errichtung durchgesetzt (> Corbusier-Haus), wenn auch mit so zahlreichen, auf die Berliner Bauvorschriften zurückgehenden Veränderungen, daß der Meister sich von diesem Berliner Bau distanzierte. Gleichfalls außerhalb des offiziellen Bauplatzes wurde als Beitrag der USA zur Interbau 1958 die > Kongresshalle am Spreeufer des Tiergartens fertiggestellt. Architekt war der amerikanische Gropius-Schüler Hugh A. Stubbins.

Mögen die „Interbau" im Hansaviertel und die Stalinallee als Höhepunkte dessen empfunden werden, was heute unter dem Begriff „Fünfziger Jahre" als eigenständige Epoche – im Sinne der Denkmalpraxis – angesehen wird, so muß doch an weitere herausragende Leistungen erinnert werden, nicht nur architektonischer Art. Genannt seien u.a. die Programme Schillerhöhe am > Schillerpark und > Müllerstrasse im > Wedding, die > Otto-Suhr-Siedlung und die Springsiedlung in > Kreuzberg. Der Versuch Hans Scharouns, 1958-60 mit Hilfe einer städtischen Wohnungsbaugesellschaft in > Charlottenburg Nord – im Anschluß an die von ihm mit anderen Architekten 1929-31 errichtete Ring-Siedlung > Siemensstadt – ein abwechslungsreich gegliedertes, gründurchzogenes Wohngebiet zu schaffen, ist durch technisch-bürokratische Schwierigkeiten verwässert worden, so daß nur im Westteil der Siedlung die Planung verwirklicht werden konnte.

Die Bilanz des Sozialen > Wohnungsbaus in diesen Jahren ist nicht nur quantitativ eindrucksvoll, sondern auch durch die von Jahr zu Jahr steigende Qualität der Ausstattung und der Größe der Wohnungen einschließlich der Versorgung mit Folgeeinrichtungen: > Kindergärten und Schulen (> Schule und Bildung), > Einkaufszentren und Sozialeinrichtungen sowie kirchlichen Einrichtungen. Hier wurde mit der Zusammenfassung gemeindlicher Sozialstützpunkte, Kindergärten und Jugendclubs mit den eigentlichen Kirchräumen ein Typ gefunden, der die neuen Siedlungsgebiete beherrscht. Die Absicht war, durch die Dezentralisierung solcher „Gemeindezentren" näher an die Bevölkerung heranzurücken, in Abkehr von der aus wilhelminischer Zeit überlieferten Tendenz der Großkirchen. Auch unter den in der Nachkriegszeit errichteten Gotteshäusern entstanden einige architektonisch herausragende Kirchenbauten, wobei der heftig geführte öffentliche Streit um Abriß oder Bewahrung der Turmruine der > Kaiser-Wilhelm-Gedächtniskirche Mitte der 50er Jahre exemplarisch die städtebauliche Grundkontroverse jener Zeit dokumentierte. Von bedeutenderen Kirchenbauten seien neben der Gedächtniskirche genannt: die Kirche am > Lietzenseepark von Paul Baumgarten, das Bethaus der Herrnhuter Brüdergemeinde in > Neukölln von Peter Lehrecke, die neue Paul-Gerhardt-Kirche in > Schöneberg von Hermann Fehling und Daniel Gogel, die Kirche in > Westend von Konrad Sage und Karl Hebecker, die Kirche > Maria Regina Martyrum am Heckerdamm in Charlottenburg von Hans Schädel und Friedrich Ebert.

Zwei getrennte Wettbewerbe im Herzen der Hauptstadt sollten Impulse geben. Der seit 1953 von der Bundesregierung angekündigte Wettbewerb „Hauptstadt Berlin" wurde endlich 1957 ausgeschrieben, er umfaßte das Gebiet vom Großen Stern im Großen Tiergarten bis zum > ALEXANDERPLATZ. Mit bemerkenswerter Beteiligung auch ausländischer Planer – darunter Le Corbusier (Paris) und Alison und Peter Smithson (London) – gab es herausragende Arbeiten wie die von der Gruppe Eggeling/Pempelfort/Spengelin (1. Preis) und Scharoun (ein 2. Preis). Praktische Ergebnisse hat der Wettbewerb nicht erbracht. Ein zweiter Wettbewerb wurde Ende 1958 von der DDR-Regierung ausgeschrieben, der sich auf das Gebiet Ost-Berlins beschränkte. Der von Hermann Henselmann (außer Konkurrenz) vorgelegte Entwurf wurde wegen des zentral gelegenen „Turmes der Signale" heftig kritisiert – aber mit dem > FERNSEHTURM nur wenige Jahre später gebaut, 365 m hoch.

Die bemerkenswerten Solitärbauten der ersten Aufbauzeit sind fast durchweg aus den o.a. Wettbewerben hervorgegangen. Vielleicht ist es bezeichnend, daß der erste Großbau der Nachkriegszeit ein Bankgebäude gewesen ist: der Hauptsitz der Berliner Bank von Gerhard Siegmann an der Hardenbergstr. Viele der frühen Großbauten sind im Zusammenhang mit der politischen Entwicklung zu sehen, so etwa die ersten Bauten der Freien Universität Berlin: Der Henry-Ford-Bau und die Bibliothek wurden von den Architekten Franz Heinrich Sobotka und Gustav Müller als Zeichen für die in Dahlem entstehende Campus-Universität erbaut. Die Amerika Gedenkbibliothek der Architekten Fritz Bornemann und der Gruppe Gerhard Jobst/Willy Kreuer/Hartmut Wille am Blücherplatz in Kreuzberg entstand als Mahnmal für die > LUFTBRÜCKE und wurde gleichzeitig die Zentrale der West-Berliner Stadtbibliothek; die alte > BERLINER STADTBIBLIOTHEK in der Breiten Str. im Bezirk > MITTE blieb die Zentrale für die Ost-Berliner Bezirke.

Schon frühzeitig wurde auch die Instandsetzung oder der Neubau kriegszerstörter kultureller Bauten betrieben: Bereits 1951 wurde das Schiller-Theater als Staatstheater wieder eingeweiht, sozusagen der dritte Bau nach dem Neubau von Max Littmann (1907) und dem monumentalisierenden Umbau von Paul Baumgarten d.Ä. (1938; > THEATER). Der Versuch der Architekten Heinz Völker und Rolf Grosse war noch tastend, bemerkenswert die Mitarbeit moderner Künstler wie Bernhard Heiliger, Alexander Camaro und Hans Kuhn. Wurde beim Schiller-Theater die Rohbausubstanz des alten Baus mitverwendet, so geschah dies beim Wiederaufbau der früheren Städtischen Oper an der Bismarckstr. durch Fritz Bornemann als > DEUTSCHE OPER BERLIN 1956-61 nur noch mit Bühne und technischen Räumen. Für den zerstörten Konzertsaal der Musikhochschule an der Fasanenstr. schuf Paul Baumgarten 1953 einen transparenten Neubau in fein empfundenen Proportionen, der überdies eine hervorragende Akustik besitzt (> HOCHSCHULE DER KÜNSTE).

Schon im Jahre 1949 wurde die „Gesellschaft der Freunde der Philharmonie" gegründet, die einen Neubau als Ersatz der im Kriege zerstörten alten Philharmonie an der Bernburger Str. anstrebte. Im Wettbewerb für einen Neubau hinter dem ehem. > JOACHIMSTHALSCHEN GYMNASIUM in > WILMERSDORF wurde mit Unterstützung des damaligen Chefdirigenten des > BERLINER PHILHARMONISCHEN ORCHESTERS, Herbert v. Karajan, die Arbeit von Hans Scharoun preisgekrönt, die eine völlig neue Form des Konzertsaales mit der „Musik im Mittelpunkt" vorsah. Aus städtebaulichen und politischen Gründen beschlossen das > ABGEORDNETENHAUS und der > SENAT VON BERLIN die Verlegung der > PHILHARMONIE an den Kemperplatz, in die Nähe des traditionellen Zentrums der Stadt. So sollte die kulturelle Kommunikation innerhalb der – damals noch nicht durch die > Mauer getrennten – beiden Teile der Stadt gefördert werden (> Kulturforum Tiergarten).

Die planmäßige Zerstörung dieses Gebietes hatte schon vor dem Kriege begonnen. Hitlers > Generalbauinspektor Albert Speer hatte seit 1939 die dort vorhandene Bebauung niederlegen lassen, um Platz zu schaffen für seine überdimensionierte Nord-Süd-Achse – vom Spreebogen bis zum geplanten Südbahnhof – und den „Runden Platz" an ihrem Schnittpunkt mit der alten Reichsstr. 1. Scharoun konnte das Projekt dem neuen Standort so anpassen, daß der Grundgedanke des Entwurfes nicht aufgegeben zu werden brauchte. Im September 1963 wurde die Philharmonie eingeweiht – ein Glied des vom damaligen Senatsbaudirektor Werner Düttmann geplanten „Kulturbandes" von der alten Innenstadt bis zum > Schloss Charlottenburg, das jedoch durch den Bau der Mauer am > 13. August 1961 nur im Westteil der Stadt verwirklicht werden konnte.

Das zweite Glied in der Kette der Bauten am später so genannten „Kulturforum" war der Bau der > Neuen Nationalgalerie von Ludwig Mies van der Rohe, der 1938 aus Berlin emigriert war und seitdem in Chicago lehrte und baute. Aus Anlaß seines 75. Geburtstages (1961) wurde Mies aufgefordert, am > Landwehrkanal einen Bau für die (Städtische) „Galerie des 20. Jahrhunderts" zu planen. Er legte ein Projekt vor, das als Summe seiner Lebensarbeit zu bezeichnen nicht zu hoch gegriffen ist.

Noch vor dem Bau für die Neue Nationalgalerie war 1960 im Hansaviertel – an einer Stelle, an der ursprünglich zweigeschossige Wohnhäuser errichtet werden sollten – die von Werner Düttmann locker gestaltete Baugruppe für die > Akademie der Künste entstanden, eine Stiftung des Amerikaners (und gebürtigen Berliners) Henry H. Reichhold. Diese Bauten haben sich zu einer glücklichen Ergänzung des stillen Wohngebiets Hansaviertel entwickelt.

IX. DER MAUERBAU UND DIE FOLGEN

Vier Jahre nach der Interbau, am > 13. August 1961, wurde die quer durch die Stadt verlaufende > Demarkationslinie zwischen Ost und West durch die > Mauer befestigt. In diesem Zusammenhang sind für Ost-Berlin bemerkenswerte städtebauliche Eingriffe zu sehen, z.B. die heimliche Beseitigung des Stalin-Denkmals an der Stalinallee in der Nacht vom 13. zum 14.11.1961, verbunden mit deren Umbenennung in > Karl-Marx- und > Frankfurter Allee, sowie der plötzliche Abbruch der Schinkelschen > Bauakademie – deren Restaurierung schon begonnen hatte – zugunsten des Neubaus des Außenministeriums (> Auswärtiges Amt), dessen künftiges Schicksal heute noch ungewiß ist.

Die allgemeine Tendenz zur Trennung der städtischen Funktionen und zur Entlastung der Innenstädte von dichter Wohnbebauung – gefördert durch die nur in Umrissen bekannte „Charta von Athen" (1933) und Beispiele in den Niederlanden, England und Skandinavien – hat auch in Deutschland seit den 50er Jahren zu großen Neubaugebieten an den Stadträndern geführt. Erste Ansätze in Berlin gab es schon 1954 mit Britz-Süd. Noch als mittelbare Folge der Interbau von 1957 ist der Auftrag an den früheren Berliner Architekten Walter Gropius und sein Team TAC

(„The Architects' Collaborative") anzusehen, im Südosten Berlins südlich der in den 20er Jahren von Bruno Taut und Martin Wagner erbauten, zu Weltruhm gelangten > Hufeisensiedlung in > Britz eine *Satellitenstadt* für 50.000 Einwohner zu planen. Nach längeren Planungsarbeiten, an denen auch der Berliner Professor und frühere Gropius-Schüler Wils Ebert und andere beteiligt wurden, ist 1964-1975 unter Mitarbeit zahlreicher Architekten eine locker durch Grünzüge gegliederte Wohnstadt mit knapp 18.000 Wohnungen entstanden, die gegenüber anderen ähnlichen Vorhaben den Vorzug genoß, von Beginn an durch eine U-Bahn-Linie mit der Innenstadt verbunden zu sein (> U-Bahn). Während des Baufortschritts kam es zu mancherlei Veränderungen der ursprünglichen Planung, so daß sich Gropius schließlich resigniert von dem Ergebnis distanzierte. Dennoch bürgerte sich für die neue *Trabantenstadt* der Name > Gropiusstadt ein, der ihr 1972 auch offiziell verliehen wurde.

Als Gegenstück zu dieser südlichen Stadterweiterung wurde 1963-74 nach einer Generalplanung von Werner Düttmann, Hans Müller und Georg Heinrichs im Norden Berlins an der Bezirksgrenze > Reinickendorfs zu Ost-Berlin für gleichfalls 50.000 Einwohner das > Märkische Viertel geschaffen. Dem ehrgeizigen Vorhaben wurden architektonische Großformen zugrundegelegt, zwischen denen Grünzüge und übernommene Kleinhausgebiete als Kontrast gedacht waren. Versäumt wurde dabei der rechtzeitige Anschluß an die Schnellbahnnetze. In den ersten Jahren hat es im Märkischen Viertel einige Integrationsschwierigkeiten gegeben, die seinen Ruf außerhalb Berlins gemindert haben. Seit einiger Zeit jedoch konsolidieren sich die Verhältnisse; die oftmals unfreiwillig dorthin gezogenen Bewohner identifizieren sich in immer stärkerem Maße mit ihrem Wohnort.

Die an anderen Stellen der Stadt entstandenen neuen Wohngebiete haben ihren dorthin verpflanzten Bewohnern zunächst ähnliche Eingliederungsschwierigkeiten bereitet. Zu nennen sind die Wohngebiete > Falkenhagener Feld an der Heerstr. in > Spandau (ab 1960) sowie weitere Beispiele in > Lichtenrade (Marienfelder Str.), Reinickendorf (westl. der Teichstr.) und > Tegel (Bernauer Str.) bis zur > Thermometersiedlung von Heinz Schudnagies an der Osdorfer Str. in > Lichterfelde (ab 1970).

Über die genannten Beispiele hinaus standen Reserveflächen für den > Wohnungsbau im eingeschlossenen West-Berlin kaum noch zur Verfügung. Dagegen gab es in der Innenstadt Wohngebiete aus dem 19. und frühen 20. Jh., die modernen Vorstellungen von Wohnkomfort und -hygiene nicht entsprachen; z.T. war ihre Substanz heruntergewirtschaftet. Zustände, die schon von Heinrich Zille und Werner Hegemann scharf kritisiert worden waren. Nach längeren Vorbereitungen wurde am 9.6.1964 das *1. Stadterneuerungsprogramm* verkündet, dem am 30.7.1965 der > Flächennutzungsplan folgte. Das Programm bezog sich auf die innerstädtischen Bezirke > Tiergarten, > Wedding, > Kreuzberg, > Neukölln, > Charlottenburg und > Schöneberg; betroffen waren 56.000 Wohnungen. Die 1. Phase war gekennzeichnet durch Abbruch und Neubau. Die dazu notwendige Umsetzung der Bevölkerung in eine neue, nicht vertraute Umgebung rief erhebliche Kritik und auch Widerstand hervor. Die erste Folge war die von Hardt-Waltherr Hämer u.a. seit Mitte der 70er Jahre betriebene *behutsame Stadterneuerung* unter Erhaltung der Grundsubstanz, zunächst praktiziert im Wedding und in Charlottenburg, dann hauptsächlich in Kreuzberg. In Ost-Berlin vollzogen sich in geringerem Umfang ähnliche Entwicklungen. Genannt seien der Bizetblock in > Weissensee, der > Arkonaplatz im Bezirk > Prenzlauer Berg und andere kleinere Objekte. Der Flächennutzungsplan 1965 sah u.a.

auch den Ausbau des 1958 begonnenen Stadtautobahnnetzes auf 200 km vor: 45 km für den inneren Ring, 60 km für die Tangenten, der Rest für Zubringer (> BUNDES-FERNSTRASSEN). Doch schon 1977 hat der damalige Bausenator Harry Ristock, nicht zuletzt der in der Bevölkerung wachsenden Stimmung für stärkere Berücksichtigung umweltbewußter Planung folgend, den Ausbau auf 70 km Länge begrenzt (> VER-KEHR).

Die Gestaltung des historischen *Zentralen Bereichs* lag im Hinblick auf die nach wie vor ungeklärt erscheinende politische Perspektive mit Ausnahme von Plänen zum weiteren Ausbau des Kulturzentrums um die 1963 fertiggestellte > PHIL-HARMONIE brach. Noch während des Baus der > NEUEN NATIONALGALERIE und nach der Fertigstellung der Philharmonie wurde in einem Wettbewerb für den Neubau der > STAATSBIBLIOTHEK 1964 ein umfassender Entwurf von Hans Scharoun preisgekrönt, der auch Gedanken zur Weiterentwicklung des gesamten Bereiches enthielt. Er umfaßte neben den erwähnten Gebäuden die > ST.-MATTHÄUS-KIRCHE, mehrere > MU-SEEN und einen von ihm zunächst als „Gästehaus" bezeichneten Bau, der das Gelände gliedern sollte (> KULTURFORUM TIERGARTEN). Die Staatsbibliothek wurde 1978 eingeweiht; fertiggestellt wurde sie von der Bundesbaudirektion, nachdem Scharoun 1972 gestorben war. Sein Mitarbeiter Edgar Wisniewski hatte nur noch geringen Einfluß.

Ein Jahr nach dem Mauerbau begann in Ost-Berlin die Umgestaltung des Stadtzentrums nach den Wettbewerbsergebnissen von 1958 (s.o.). Der große Straßenzug > UNTER DEN LINDEN – Karl-Liebknecht-Str. – > KARL-MARX-ALLEE wurde bis zur > FRANKFURTER ALLEE ausgebaut. Doch der Zugang zum > BRANDENBURGER TOR blieb an der Otto-Grotewohl-Str. (heute Toleranzstr., ehemals > WILHELMSTRASSE) verriegelt: Die Berliner konnten das Tor von beiden Seiten nur aus peinlicher Distanz betrachten. Der > ALEXANDERPLATZ wurde, gedacht als Fortsetzung der Wagnerschen Planung Anfang der 30er Jahre, allzu weiträumig von gesichtslosen Hochhäusern umsäumt; von der mittelalterlichen Altstadt um den > NEUEN MARKT westlich der Rathausstr., deren Straßenstruktur noch erkennbar gewesen war, blieb nur die > MARIENKIRCHE erhalten. Auf dem weiten Platz wirkt sie verloren. Mitten auf der kahlgeschlagenen Fläche wurde der Fernsehturm (s.o.) errichtet, als Zugabe wurden der vom alten Schloßplatz entfernte > NEPTUNBRUNNEN von Reinhold Begas und sozialistische Standbilder von Fritz Cremer aufgestellt. Der kleinteilige Fischerkiez auf der > FISCHERINSEL, das Herzstück Alt-Köllns, wurde völlig abgeräumt, um Platz zu schaffen für sechs 22geschossige Wohntürme.

X. DIE STÄDTEBAUPOLITIK IN DEN 70ER JAHREN

Schon in den 60er Jahren gab es, beginnend mit einem Buch Wolf Jobst Siedlers, das den aufrüttelnden Titel „Die gemordete Stadt" (1964) trug, heftige Kritik an der im letzten Kapitel skizzierten öffentlichen Baupolitik. Doch dauerte es rund zehn Jahre, bis der vieldiskutierte Wechsel wirksam wurde: Abwendung von der Politik geschlossener, großer Wohngebiete am Stadtrand, zur Wiederbelebung der Innenstadt, in der es noch eine große Anzahl Baulücken gab. Höhere Grundstückskosten konnten durch Ersparnisse bei der Erschließung ausgeglichen werden, die „Infrastruktur" war vorhanden.

Als charakteristische Beispiele gelten neben der noch nach einer preisgekrönten Wettbewerbsarbeit Hans Scharouns von Werner Düttmann ausgeführten ring-förmigen Bebauung des > MEHRINGPLATZES (1968-75), das zu massiv geratene Neue Kreuzberger Zentrum (Johannes Uhl, 1969-74) und der auf dem Gelände des ehem. > SPORTPALASTES errichtete „Sozialpalast" (1975-77) von Jürgen Sawade u.a. sowie die > AUTOBAHNÜBERBAUUNG SCHLANGENBADER STRASSE (1976-81) von Georg Heinrichs mit Gerhard und Klaus Krebs. Zu den Großbauten jener Jahre gehört auch das > INTER-NATIONALE CONGRESS CENTRUM BERLIN (1973-79) von Ralf Schüler und Ursulina Schü-ler-Witte, ein technizistischer Bau, gewissermaßen als Kopfbau des sich ständig er-weiternden > AUSSTELLUNGS- UND MESSEGELÄNDES AM FUNKTURM. Zu zweifelhaftem Ruhm gelangte der 1969-75 von Sigrid Kressmann-Zschach errichtete > STEGLITZER KREISEL, dessen Investitionsruine schließlich vom > SENAT übernommen werden mußte, ebenso wie das von derselben Architektin gebaute > KUDAMM-KARREE am > KURFÜRSTENDAMM.

Das 2. *Stadterneuerungsprogramm* von 1974 wandte sich verstärkt der von Hämer u.a. propagierten *behutsamen Stadterneuerung* zu, unter weitestgehender Erhaltung der brauchbaren Bausubstanz. Diese Zeit war gekennzeichnet durch zahlreiche > HAUSBESETZUNGEN wegen unnötigen Wohnungsleerstands, z.T. gerade im Hinblick auf lukrative Sanierungserwartungen. Gleichzeitig tauchte der Gedanke auf, in Fort-führung einer Tradition, den Planungs- und > BAUAUSSTELLUNGEN von 1910, 1931 und 1957 („Interbau") eine vierte folgen zu lassen, für die das Jahr 1981 in Aussicht ge-nommen wurde: 50 Jahre nach der von Martin Wagner eingerichteten „Deutschen Bauausstellung". Ein Planungswettbewerb (1973) für das Gebiet zwischen dem Süd-rand des > GROSSEN TIERGARTENS und dem > LANDWEHRKANAL sollte die Grundlage da-für schaffen, mit richtungweisenden Bauten – gewissermaßen als modernes Pendant zu der Bebauung des > HANSAVIERTELS – ein attraktives Wohngebiet zu erschließen, das auf längere Zeit modernen Ansprüchen genügen sollte. Doch die öffentliche Aufmerksamkeit wandte sich in stärkerem Maße dem bislang vernachlässigten Be-zirk > KREUZBERG zu, der durch die Teilung der Stadt seine traditionellen Verbindun-gen zur alten Innenstadt verloren und dafür keine ausreichende Verknüpfung mit der sich immer stärker entwickelnden „West-City" gefunden hatte. Auf Beschluß des > ABGEORDNETENHAUSES VON BERLIN von 1978 wurde ein Jahr später zur Vorbereitung und Organisation der Ausstellung die „IBA"-Gesellschaft gegründet, die ihre Arbeitsergebnisse 1984 in einem „Berichtsjahr" vorstellte, während die eigentliche Ausstellung auf das Jahr der 750-Jahr-Feier Berlins 1987 verschoben wurde.

Auch in Ost-Berlin waren die städtebaulichen Anstrengungen erheblich. Neben dem Bau großer Satellitenstädte in > MARZAHN (ab 1976), > HOHENSCHÖNHAUSEN (ab 1979) und > HELLERSDORF (ab 1980) begann man Mitte der 70er Jahre, auch das fast brachliegende alte Stadtzentrum zu beleben: Auf einem Teil des seit dem Abbruch des > STADTSCHLOSSES wüsten Geländes des > MARX-ENGELS-PLATZES wurde 1973-76 der > PALAST DER REPUBLIK erbaut. Sein Raumprogramm verwirklichte frühe Ideen eines „Volkshauses", wie sie schon in den ersten Jahren der Weimarer Republik von vie-len Architekten vorgeschlagen worden waren. Gleichzeitig wurde die Wiederher-stellung des benachbarten > DOMS – bis auf die Gruftkirche und den Hauptraum – begonnen, äußerlich mit nur geringen Vereinfachungen. Ab Ende der 70er Jahre er-hielt der > GENDARMENMARKT – damals noch Platz der Akademie – eine neue Fassung mit formal-historisierenden Anleihen, deren Vollendung 1992 noch aussteht.

XI. VON DER 750-JAHR-FEIER BIS ZUR VEREINIGUNG

Die 750-Jahr-Feier Berlins 1987 wurde getrennt ausgerichtet; eine Zusammenarbeit der Teilstädte hat es nicht gegeben, sie wurde auch nicht ernsthaft gesucht (> GE-SCHICHTE). Die städtebaulichen Anstrengungen waren auf beiden Seiten erheblich. In Ost-Berlin gab es zur weiteren Belebung der Innenstadt zahlreiche Rekonstruktionen kriegsbeschädigter oder zerstörter historischer Gebäude: Berlins älteste Kirche, die > NIKOLAIKIRCHE, in der 1809 die erste gewählte > STADTVERORDNETENVERSAMMLUNG er-öffnet worden war, wurde als stadthistorisches Museum wiederaufgebaut (1985), die > FRIEDRICHSWERDERSCHE KIRCHE als Schinkelmuseum (1987). Am > GENDARMEN-MARKT wurde 1984 die Restaurierung des Schinkelschen > SCHAUSPIELHAUSES abge-schlossen. In seinem Innern entstand anstelle des Theaters ein großer, rechteckiger Konzertsaal. Auch die benachbarten beiden barocken Kirchen, die > FRANZÖSISCHE FRIEDRICHSTADTKIRCHE („Französischer Dom", 1983) und die > NEUE KIRCHE („Deut-scher Dom", 1992 noch nicht fertiggestellt) wurden mit den Gontardschen Turm-bauten wieder aufgebaut.

Das > EPHRAIM-PALAIS am > MÜHLENDAMM wurde, um wenige Meter vom alten Standort verschoben, unter Verwendung der kompletten Fassade und weiterer er-haltener Bauteile als Nebenstelle des > MÄRKISCHEN MUSEUMS wiedererrichtet (1987). Auf dem benachbarten Gelände des ältesten Stadtgebietes um die Nikolaikirche wurde 1981-87 ein neues > NIKOLAIVIERTEL gebaut, dessen historisierende Gestalt al-lerdings höchst umstritten ist. Dabei wurden zweifelhafte Kopien eingebaut wie die Gastwirtschaft „Zum Nußbaum" oder die > GERICHTSLAUBE – deren Original seit 1872 im Babelsberger Park steht –, von einem Nachkommen des damaligen Stadtbaurats Hermann Blankenstein so charakterisiert: „Am falschen Ort, in falscher Gestalt, aus falschen Steinen erbaut." Ebenfalls zum Stadtjubiläum wurde mit der > HUSEMANN-STRASSE im Stadtbezirk > PRENZLAUER BERG ein ganzer Straßenzug unter musealen Gesichtspunkten im Stil der Jahrhundertwende rekonstruiert.

Auf West-Berliner Seite sind die Anstrengungen der > INTERNATIONALEN BAUAUS-STELLUNG (IBA) 1984-87 zu nennen, die brachliegende Flächen der Innenstadt beleben sollten: den südlichen Teil der Friedrichstadt bis zum ehem. > CHECKPOINT CHARLIE, die Luisenstadt in Kreuzberg, Bauten am südlichen Rand des Großen Tiergartens, Plätze in > WILMERSDORF und das Gebiet um den > TEGELER HAFEN. Der 1979 gegrün-deten IBA-GmbH waren dabei zwei sich inhaltlich ergänzende, doch organisatorisch getrennte Aufgaben gestellt worden, was eine Zweiteilung der Gesellschaft mit sich brachte: Die „Neubau"-IBA unter der Leitung von Josef Paul Kleihues und die „Alt-bau"-IBA unter der Leitung von Hardt-Waltherr Hämer. Während sich die „IBA-Alt" um die „behutsame Erneuerung" im östlichen Kreuzberg bemühte, ließ Josef Paul Kleihues mit Hilfe jüngerer Architekten, darunter prominente Ausländer von Japan bis zu den USA, verstreut im Stadtgebiet spektakuläre Wohnbauten errichten, an denen man jüngste Architekturmoden ablesen kann; ein Lesebuch internationa-ler Architektur der 80er Jahre, die inzwischen schon Geschichte geworden ist. Nach Abschluß der IBA wurde die Trägergesellschaft Anfang 1988 aufgelöst. Die Aufga-ben der ehem. Kleihues-Gruppe zur „Wiederbelebung der Innenstadt" wurden von der > SENATSVERWALTUNG FÜR BAU- UND WOHNUNGSWESEN übernommen, während die der „behutsamen Stadterneuerung" um Hardt-Waltherr Hämer von der nunmehr privaten > S.T.E.R.N.-Gruppe weitergeführt werden (> STADTSANIERUNG).

Über die IBA hinaus gab das Stadtjubiläum 1987 Anlaß, spektakuläre Pläne zu entwickeln und z.T. auch schon in die Tat umzusetzen. Da gab es 1985 zwischen > Britz und > Mariendorf eine > Bundesgartenschau, die dem Süden der Stadt eine große Parkanlage geschenkt hat (> Britzer Garten). Der Erfolg hat zu einer zweiten Bundesgartenschau für das Jahr 1995 angeregt, die auf dem „Moabiter Werder" genannten Gelände nördlich der > Spree und dem Großen Tiergarten auf dem alten Güterbahnhof angelegt werden sollte. Kurz nach Fertigstellung des ersten Ausstellungsbaus (1990/91) der Architekten Joachim Ganz und Walter Rolfes wurde das Projekt BUGA 95 im Zusammenhang mit veränderten Prioritätensetzungen als Folge der > Vereinigung aufgegeben. Nach der Hauptstadtentscheidung des > Deutschen Bundestages vom 20.6.1991 wurde das Gelände als Teil des Parlamentsbereichs nördlich des Spreebogens am > Platz der Republik vorgesehen.

Der „behutsamen Stadterneuerung" dienen nicht nur solche Nachbesserungen wie der Umbau eines nutzlosen Parkhauses am Kottbusser Tor in Kreuzberg zu einem Kinderhaus (Architekten: Frowein und Spangenberg), sondern auch die Arbeiten zur Verbesserung der Wohnqualität der zu schnell entstandenen großen Wohngebiete – spektakulär im Märkischen Viertel und in der Gropiusstadt. Beispielgebend sind auch die denkmalgerechte Wiederherstellung einiger der Großsiedlungen aus den Zwanziger Jahren, etwa der > Onkel-Tom-Siedlung in > Zehlendorf, der > Weissen Stadt in > Reinickendorf und der Ringsiedlung in > Siemensstadt. Daß zuweilen – in anderen Teilen der Stadt – solche Bemühungen allzusehr ins Kraut schießen und aus Freude am dekorativen Detail zu einer peinlichen „Stadtverschmückung" geraten (z.B. historisierende Straßenlaternen am > Kurfürstendamm, die dort so nie gestanden haben; falsch nachgeahmte Fraktur auf Straßenschildern, die es in Berlin nie gegeben hat; überdesignte U-Bahn-Eingänge oder Schaufensterfronten u.dgl.m.), muß man – in Erinnerung an manche Auswüchse der wilhelminischen Zeit vor hundert Jahren – vielleicht hinnehmen. Berlinischer Tradition entsprechen sie gewiß nicht.

Die Handschrift modernen Bauens der 80er Jahre zeigen auch einige bemerkenswerte Bauten außerhalb der IBA-Zuständigkeit. Am auffallendsten im Stadtbild sind die Neubauten der > Technischen Universität an der > Strasse des 17. Juni in der Nähe des > Ernst-Reuter-Platzes: das Mathematik-Institut von Barna von Sartory und Georg Kohlmaier (1976-83) und das Physikalische Institut von Dieter Hundertmark und Bruno Lambart (1985). Beide, dem „High-Tech" nahestehende Bauten, markieren die Abkehr von der Campus-Universität und die erneute Hinwendung zum Typus der Großstadtuniversität, wie er sich bis zu den 30er Jahren ausgebildet hatte. Etwas entfernt vom TU-Stammgelände liegt im Spreebogen das Doppelinstitut für Produktionstechnik der TU und der Fraunhofergesellschaft von den Architekten Gerhard Fesel, Peter Bayerer, Hans-Dieter Hecker und Roland Ostertag (1983-86; > Produktionstechnisches Zentrum). Weitere Bauten sind das Spreewaldbad am Spreewaldplatz in Kreuzberg, erbaut 1984-87 von Christoph Langhof auf dem Gelände des früheren > Görlitzer Bahnhofs (> Görlitzer Park; > Hallenbäder).

XII. DIE VEREINIGUNG UND IHRE FOLGEN

Die Ereignisse im Herbst 1989 kamen überraschend, den fast lautlosen Zusammenbruch des DDR-Regimes hat niemand so schnell vorausgesehen. Planerische Probleme, die bisher Behörden und Öffentlichkeit im Westteil beschäftigten, wie der Ausbau der westlichen > CITY um > BREITSCHEIDPLATZ und Kurfürstendamm, die Gestaltung des *Zentralen Bereichs* vom Kulturforum Tiergarten bis zum Spreebogen am > REICHSTAGSGEBÄUDE mit dem vom Kanzler angeregten – und inzwischen abgesagten – Neubau eines > DEUTSCHEN HISTORISCHEN MUSEUMS oder die Bundesgartenschau 1995, wurden plötzlich in den zweiten Rang versetzt. Im östlichen Teil der Stadt gibt es durch die Unsicherheit der Grundbesitzverhältnisse bedingte Schwierigkeiten (> LANDESAMT ZUR REGELUNG OFFENER VERMÖGENSFRAGEN). Das änderte sich auch nicht nach der mit Jubel begrüßten offiziellen > VEREINIGUNG am > 3. OKTOBER 1990. Seit diesem Tage ist Berlin wieder eine politische Einheit und > HAUPTSTADT Deutschlands, durch den Bundestagsbeschluß vom 20.6.1991 auch wieder zukünftiger Parlaments- und Regierungssitz. Doch da beginnen die Probleme.

Bisher gibt es keinen > FLÄCHENNUTZUNGSPLAN oder Generalplan für das vereinigte Berlin. Auch das für Berlins Stadtbild wichtige (West-Berliner) Denkmalschutzgesetz aus dem Jahre 1972 sollte längst durch ein wirksameres ersetzt werden. Die Wirtschaft erwartet klare Entscheidungen für Ausweisung von Bauflächen in guter Lage und höhere Nutzung der zur Verfügung stehenden Flächen. In den kommenden Jahren müssen 200.000 Wohnungen gebaut werden, da als Folge der Übernahme wichtiger Hauptstadtfunktionen > DEUTSCHER BUNDESTAG und > BUNDESRAT, Präsidialamt (> BUNDESPRÄSIDENT) und > BUNDESKANZLERAMT sowie die wichtigsten – „klassischen" – Ministerien (> BUNDESMINISTERIEN), > AUSLÄNDISCHE VERTRETUNGEN und Wirtschaftsverbände ihre berechtigten Ansprüche anmelden, denen entsprochen werden muß (> WOHNUNGSBAU).

Solche Anforderungen können nicht ad hoc erfüllt werden. Die Planungsbehörden stehen vor Problemen, die in kürzerer Zeit kaum zu lösen sind (> REGIONALPLANUNG). Struktur-, Verkehrs- und Grünplanung müssen wachsenden Ansprüchen der Ökonomie und der Ökologie genügen und der Öffentlichkeit verständlich gemacht werden (> VERKEHR; > STADTGRÜN). Dazu gibt es neben den traditionellen Behörden und Berufsvertretungen beratende Organe wie das aus internationalen Fachleuten gebildete „Stadtforum" beim Senator für Stadtentwicklung und Umweltschutz (> SENATSVERWALTUNG FÜR STADTENTWICKLUNG UND UMWELTSCHUTZ), dem ein „Verkehrsforum" beim Verkehrssenator und schließlich ein regelmäßiges „Architekturgespräch" des Senators für Bau- und Wohnungswesen gefolgt sind (> SENATSVERWALTUNG FÜR VERKEHR UND BETRIEBE). Außerdem gibt es bei der > SENATSVERWALTUNG FÜR KULTURELLE ANGELEGENHEITEN eine Denkmalkommission und bei der > SENATSVERWALTUNG FÜR STADTENTWICKLUNG UND UMWELTSCHUTZ einen Denkmalbeirat, die ihre Verwaltungen in Fragen der Denkmalpflege beraten.

Nach dem Fall der Mauer sind die Verkehrsverbindungen – als erstes Indiz für das Zusammenwachsen der lange getrennten Stadt – noch lange nicht ideal geregelt. Der erste städtebauliche Wettbewerb für das Gebiet > POTSDAMER/ > LEIPZIGER PLATZ ist entschieden, der zweite – architektonische – ist z.Z. der Niederschrift ausgeschrieben. Der Streit um bauliche Höhenbegrenzung ist in vollem Gange. Im Zusammenhang damit zu sehen ist die Gestaltung der > LEIPZIGER STRASSE vom Leipziger Platz bis zur Kreuzung mit der > FRIEDRICHSTRASSE, deren östlicher Teil stark verbreitert und von Hochhausketten umsäumt ist. Die schon vor der Wende begonnene Neubebauung der Ostseite Friedrichstr. zwischen Leipziger Str. und > UNTER DEN LINDEN wird – sowohl strukturell wie architektonisch verfehlt – abgebrochen. Ein Architekturwettbewerb für drei Blöcke ist entschieden, das Ergebnis ist umstritten. Nach Möglichkeit sollte die kleinteilige Struktur des alten Stadtzentrums erhalten bleiben, soweit sie noch vorhanden ist. Das wurde bei der Entscheidung kaum berücksichtigt.

Das Gebiet um den > LUSTGARTEN, der Platz der Republik und seine Umgebung sollen für Regierungsfunktionen reserviert bleiben, doch ohne zu einer Monostruktur zu geraten. Das künftige Schicksal des Palastes der Republik ist noch ungewiß, das maßstabstörende ehem. DDR-Außenministerium wird vermutlich abgebrochen (> AUSWÄRTIGES AMT). Tendenzen, das alte Stadtschloß und die > BAUAKADEMIE Schinkels in alter Form wiederherzustellen, muß mit Skepsis begegnet werden; der Kern der Stadt darf nicht zu einem Attrappenmuseum geraten. Ungewiß ist noch die Umgebung des Brandenburger Tores, das durch ungehemmten Verkehr großen Schaden leiden könnte. Für die Ost-West-Verkehrsführung muß eine dem Bauwerk verträgliche Lösung gefunden werden. Die Herrichtung des Reichstagsgebäudes für den Deutschen Bundestag ist beschlossene Sache, sein äußeres und inneres Gesicht (Plenarsaal) sollte die Spuren seiner dramatischen Geschichte erkennen lassen: Kosmetik wäre keine vertretbare Lösung.

Darüber hinaus sollte die Bedeutung der Innenstadtsanierung und ihres Ausbaus nicht die Probleme vergessen lassen, die mit der Sanierung und den Umweltverbesserungen der in der DDR-Zeit entstandenen, gesichtslosen Trabantenstädte verbunden sind: Sie dürfen nicht zu monofunktionellen Schlafstädten verkommen. Der zu erwartende Bevölkerungszuwachs gibt den Planungsbehörden schon jetzt Veranlassung, nach geeignetem Gelände Ausschau zu halten und überlegte Entscheidungen zu treffen. Eine weitere Aufgabe kommt auf die Hauptstadt Berlin zu mit der Bewerbung um die > OLYMPISCHEN SPIELE im Jahr 2000. Leicht erreichbare Sport- und Erholungsflächen für eine Millionenbevölkerung werden gebraucht – auch wenn die Entscheidung für Berlin negativ ausfallen sollte (> SPORTSTÄTTEN).

Bei allem muß der Umgang mit den noch zahlreich in Berlin vorhandenen historischen Strukturen und Bauten sehr sensibel erfolgen. Auch die Bauten der NS-Zeit (z.B. > OLMPIASTADION; > FEHRBELLINER PLATZ; > DETLEV-ROHWEDDER-HAUS; Flughafen Tempelhof [> FLUGHÄFEN]) und der Aufbauzeit nach dem II. Weltkrieg bedürfen der sorgfältigen Auslese nach denkmalpflegerischen Gesichtspunkten, zumal in der Öffentlichkeit der Denkmal-Begriff noch weiterhin allein mit dem Alterswert verbunden wird. Zu groß sind die Verluste gerade in der jüngeren Zeit, erinnert sei an den Abriß zahlreicher Bauten des Rudolf-Virchow-Krankenhauses 1988, erbaut 1899-1906 vom damaligen Berliner Stadtbaurat Ludwig Hoffmann, und an das > ALLIIERTE KRIEGSVERBRECHERGEFÄNGNIS in Spandau (1987).

Manche Erfolge der letzten Jahrzehnte sind gegen die Behörden errungen worden: der Ausbau des alten > KAMMERGERICHTS an der Lindenstr. zum > BERLIN-MUSEUM (1969), auch die Wiederherstellung des früheren > KUNSTGEWERBEMUSEUMS von Martin Gropius zu einem großen Museums- und Ausstellungsbau, der nun den Namen seines Architekten trägt (1981; > MARTIN-GROPIUS-BAU), wenn auch der detailverliebte Ausbau gerade dieses Gebäudes durch Winnetou Kampmann nicht unumstritten ist. Daß Berlins ältester Bahnhof, der > Hamburger Bahnhof an der Invalidenstr., als einziger die Abrißwut der 50er und 60er Jahre überdauert hat, verdankt er dem Umstand, daß er ab 1906 als Verkehrs- und Baumuseum gedient und von 1945 bis 1984 der Verwaltung der > Deutschen Reichsbahn (DR) unterstand. Alle anderen großen Fernbahnhöfe der Stadt sind in den Nachkriegsjahren der Spitzhacke zum Opfer gefallen. Lediglich vom > Anhalter Bahnhof ist der Portikus als kläglicher Rest stehengeblieben.

Wie bei der sorgfältigen Wiederherstellung des im Laufe der Jahre arg ramponierten Hamburger Bahnhofs ab 1984 zeigte sich jedoch in den 80er Jahren auch an anderen Bauvorhaben das bei Politikern und Öffentlichkeit gewachsene Bewußtsein für die Wiedergewinnung und Bewahrung bisher fahrlässig vernachlässigter Zeugen der Stadtgeschichte. Beispiele hierfür sind das 1982 eröffnete > Museum für Verkehr und Technik auf dem Gelände des früheren Anhalter Güterbahnhofs an der Trebbiner Str. im Bezirk Kreuzberg – historische Bausubstanz und inhaltliches Anliegen des Museums wurden hier in vorbildlicher Weise in einer konzeptionellen Einheit verbunden – oder der Umbau des 1926-28 von Erich Mendelsohn erbauten Universumblocks für die > Schaubühne am Lehniner Platz 1976-78, bei dem es wenigstens gelang, das Äußere weitgehend originalgetreu wiederherzustellen. Hierzu zählt auch die – durch das Land Berlin 1985 vor Gericht erstrittene – Erhaltung des ältesten technischen Museums Berlins, des 1903 errichteten ehem. Arbeitsschutzmuseums in der Fraunhoferstr./Ecke Kohlrauschstr. in Charlottenburg im Besitz der > Physikalisch-Technischen Bundesanstalt.

In den Vordergrund der Diskussion rückt derzeit der weitere Ausbau Berlins zum Parlaments- und Regierungssitz. Bis zum Ende des II. Weltkrieges lagen die Gebäude der Reichsregierung und der Preußischen Staatsregierung überwiegend konzentriert im Bereich der > Wilhelmstrasse – deren Name oft als Synonym für die Regierung schlechthin verwendet wurde – zwischen der Straße Unter den Linden und der Prinz-Albrecht-Str., die durch den SS-Terror zu negativem Ruhm gelangt ist (> Prinz-Albrecht-Gelände). Einige weitere Einrichtungen (z.B. Reichstag; Generalstab, > Reichsbankgebäude, Reichsdruckerei [> Bundesdruckerei], > Münze) und kleinere Ämter waren über das Stadtgebiet verstreut. Das > Stadthaus an der Klosterstr. diente der Kommunalverwaltung, von der DDR wurde es als Ministerratsgebäude genutzt; z.Z. nimmt es Außenstellen der Bundesregierung auf, u.a. die Berliner Nebenstelle des > Bundeskanzleramts. Wie weit die Stadt ein Rückgaberecht geltend machen kann, ist unklar.

Im Mai 1992 ist ein Architektenwettbewerb für die Planung eines *Regierungsviertels* ausgeschrieben worden. Das alte Reichstagsgebäude wird für den Bundestag reaktiviert, indes reicht es für die gewachsenen Aufgaben des Parlaments nicht aus. Vorgesehen für den Regierungswettbewerb ist das Gelände des Spreebogens nördlich des Platzes der Republik, das für den Gesamtbereich eines Regierungsviertels jedoch nicht ausreicht. Als zweiter Standort für die Ansiedlung von Regierungsbauten wird der südliche Teil der Spreeinsel ins Auge gefaßt (> Inseln), auf dem, ohne strukturellen Zusammenhang mit der Umgebung, der „Palast der Republik" steht, ein architektonisch belangloser Bau: Volkshaus, Restaurants, Ausstellungsflächen, Theater und schließlich ein bedeutungsloses Parlament. Die Zeichen stehen für seine Erhaltung; Erweiterungen und Umbauten für neue Funktionen sind nicht auszuschließen. Zumindest müssen die in Jahrhunderten ge-

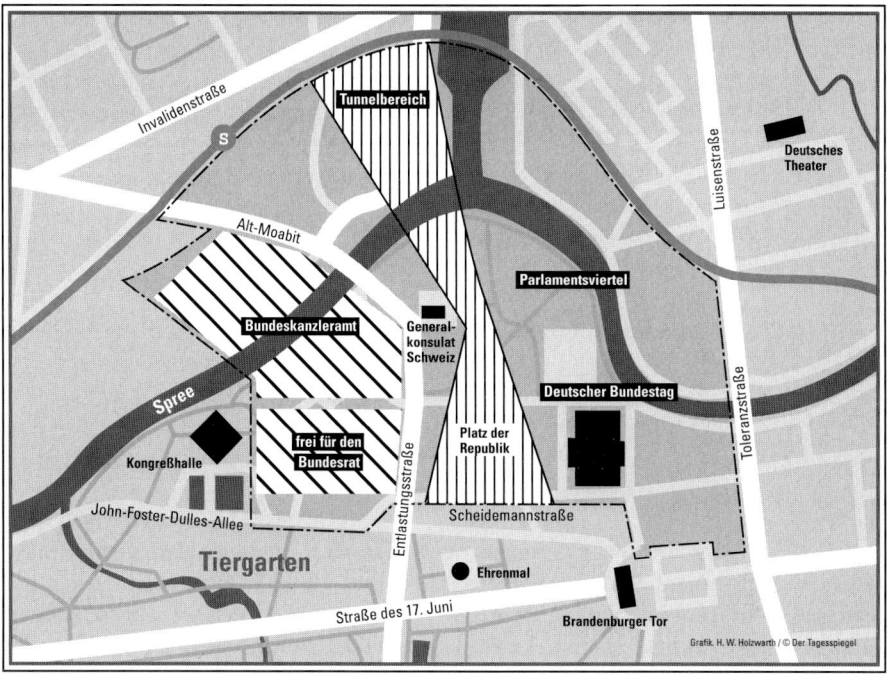

Parlamentsbereich am Spreebogen (Planung)

wachsenen Strukturen erkennbar werden – vor historisierender Wiederherstellung des abgegangenen Hohenzollernschlosses kann indes nur gewarnt werden, obwohl manche Romantiker eine optische Erinnerung an vergangene Zeiten wünschen. Sentimentalität ist keine Zier der Stadtentwicklung. Zur Zeit der Drucklegung sind die Fragen noch offen.

Dezentralisierung und Funktionstrennung sollte das Gebot der Stunde sein, zumal ein Teil der Ministerien und andere Bundesämter ohnehin in Bonn und in anderen Orten der Bundesrepublik Deutschland bleiben werden.

Peter Ring

BEVÖLKERUNG

I. Von den Anfängen bis 1945

II. Zwischen 1945 und 1949

III. Während der Teilung 1949 bis 1989

IV. Nach der Vereinigung 1990

I. VON DEN ANFÄNGEN BIS 1945

Berlin ist im Vergleich mit anderen europäischen Metropolen eine junge Stadt: Die beiden Ursprungsgemeinden > KÖLLN und Berlin – an einer günstigen Stelle der > SPREE gelegene Handelsplätze – wurden erstmals 1237 bzw. 1244 urkundlich erwähnt. Die Bedeutung der aufstrebenden Doppelstadt wuchs, nachdem sie Mitte des 15. Jh. Residenz der Kurfürsten von Brandenburg geworden war (> GESCHICHTE; > LANDESHERREN). Die Zahl der Einwohner (Ew.) stieg von schätzungsweise 6.000 z.Z. des ausgehenden Mittelalters auf etwa 12.000 (laut Statistischem Jahrbuch 9.000) um das Jahr 1600. Gleichzeitig kamen Adelige und Beamte in die Stadt; die bis dahin vorherrschenden Händler und Handwerker verloren ihre dominierende soziale Stellung.

Einen erheblichen Rückschlag in seiner Entwicklung erlitt Berlin durch den Dreißigjährigen Krieg (1618-48). Als Folge direkter Kriegseinwirkung, aber auch durch Hungersnöte und Epidemien sank die Bevölkerungszahl um annähernd 40 % und lag 1648 bei nur noch 6.000 Personen. Um diese Verluste auszugleichen und die wirtschaftliche Entwicklung voranzutreiben, förderten die brandenburgischen Kurfürsten die *Einwanderung* von Gewerbe- und Handelsfachleuten. Zunächst kamen v.a. *Friesen* und *Holländer*. Später – etwa ab 1660 – konzentrierten sich die Anwerbebemühungen auf *Glaubensflüchtlinge* aus verschiedenen Teilen Europas. Zahlreiche Toleranzedikte sicherten diesen Gruppen freie Religionsausübung zu. 1671 – ein Jahrhundert nach der Vertreibung „auf ewige Zeiten" – bot Kurfürst Friedrich Wilhelm (1640-88) auch 50 jüdischen Familien aus Wien an, sich in Brandenburg anzusiedeln. Sie sollten Finanzmittel für den Aufbau des verwüsteten Landes beschaffen und neue Beziehungen für den Warenhandel aufbauen. Um 1700 wurden 117 Familien mit 585 Personen als Mitglieder der Berliner Judenschaft registriert. Trotz Zuzugsbeschränkungen nahm die Zahl der jüdischen Ew. bis in die zweite Hälfte des 18. Jh. hinein überproportional zu: 1770 lebten rd. 3.800 *Juden* in Berlin, das waren knapp 3 % der Gesamtbevölkerung.

Von besonderer Bedeutung für die wirtschaftliche und kulturelle Entwicklung der Stadt im ausgehenden 17. Jh. und im 18. Jh. war die Aufnahme der im katholischen Frankreich verfolgten Protestanten (*Hugenotten*). Sie waren wegen ihrer

Kenntnisse und Fähigkeiten im Bereich der gewerblichen Produktion umworben und zunächst überwiegend als kleinere Selbständige oder Meister im Textil- und Bekleidungsgewerbe tätig. Den Hugenotten wurden neben finanziellen Vergünstigungen besondere Rechte und soziale Privilegien – Selbstverwaltung, eigene Schulen und Erleichterungen bei der Gewerbeausübung – eingeräumt. Von den 15.000 Hugenotten, die aufgrund des *Edikts von Potsdam* von 1685 bis zum Ende des 17. Jh. nach Brandenburg eingewandert waren, siedelten sich etwa 6.000 in Berlin an. 1698 erreichte der Anteil der „Refugiés" an der Berliner B. seinen Höhepunkt: Jeder vierte Ew. der Stadt war französischer Herkunft. Danach stieg die Zahl der Kolonieangehörigen zwar noch an (1732 auf 8.900); ihre relative Bedeutung ging jedoch im Zuge des allgemeinen Bevölkerungswachstums kontinuierlich zurück und lag am Ende des 18. Jh. bei 3 %. Neben den Hugenotten kamen u.a. ca. 1.600 *Orangeois* (1704), ca. 450 *Pfälzer* (1709) und 500 *Welschschweizer* (1710) nach Berlin. Diese Glaubensflüchtlinge ließen sich vorwiegend in den Ende des 17. Jh. entstandenen Vorstädten nieder (> Böhmisches Dorf; > Stadterweiterung).

Als Hauptstadt des 1701 zum Königreich proklamierten und im Verlaufe des 18. Jh. unter Friedrich II. (1740-86) zur Großmacht aufgestiegenen *Preußens* entwickelte sich Berlin zu einer Stadt von internationaler Bedeutung. Durch den Zusammenschluß Berlins mit den vier Ende des 17. Jh. entstandenen Vorstädten im Jahr 1709 vergrößerte sich die Einwohnerzahl auf 57.000. 1750 hatte Berlin 113.000 Ew., am Ende des 18. Jh. waren es gut 170.000. Gemessen an der Einwohnerzahl lag Berlin damit an sechster Stelle unter den großen europäischen Städten.

Mit dem Wiederaufstieg Preußens nach der Niederlage gegen Napoleon und im Zuge der Industrialisierung des europäischen Kontinents im frühen 19. Jh. baute Berlin seine Stellung als bedeutendes Gewerbezentrum aus (> Wirtschaft). Zu den traditionellen Tuch- und Porzellanmanufakturen kamen neue Industrien – v.a. aus den Bereichen Maschinen- und Lokomotivenbau, Elektrotechnik und Chemie; aber auch als Modeplatz wurde Berlin zunehmend bekannt (> Berliner Durchreise). Mit der Ansiedlung entsprechender Betriebe war ein verstärkter Zuzug von Arbeitskräften verbunden. Die B. wuchs rapide. 1850 wurden rd. 420.000, 1871 – als die preußische Residenzstadt zur > Hauptstadt des Deutschen Reichs avancierte – bereits 825.000 Ew. gezählt. Dabei hat die Vergrößerung des Stadtgebietes durch die Eingemeindung von > Moabit, > Wedding und > Gesundbrunnen im Jahr 1861 eine Rolle gespielt.

Die Zeit zwischen Reichsgründung 1871 und Ausbruch des I. Weltkrieges 1914 brachte Berlin einen beispiellosen wirtschaftlichen Aufschwung und enorme Zuwanderungen. In nur 40 Jahren stieg die Zahl der Ew. innerhalb der traditionellen Stadtgrenzen um das Eineinhalbfache auf 2 Mio. Den größten Teil dieses Zuwachses stellte das städtische Proletariat, das in den > Mietskasernen im Norden und Osten Berlins lebte. Geradezu explosiv verlief die Entwicklung in den angrenzenden Vorstädten. Dort entstanden die neuen Fabriken, wurden ganze Industriesiedlungen – wie > Siemensstadt und > Borsigwalde – gebaut. Die dortigen Wohngebiete dehnten sich rasch aus: So schwoll die B. in den stadtnahen Siedlungen innerhalb von rd. 40 Jahren von 100.000 im Jahre 1871 auf 1,7 Mio. an. Der gesamte Ballungsraum hatte 1914 rd. 3,7 Mio. Ew. – etwa ebenso viele wie Paris (> Lage und Stadtraum).

Die *Zuwanderer* kamen von überall her, v.a. aus den landwirtschaftlich geprägten Gebieten östlich der Elbe, aus Pommern und Schlesien. Dabei war die massive Zuwanderung kein spezifisches Berliner Phänomen. Mit der allgemeinen Verbesserung der hygienischen Verhältnisse stieg die Lebenserwartung. Da gleichzeitig die Fruchtbarkeit hoch blieb, entstand ein erheblicher Geburtenüberschuß. Im gesamten Deutschen Reich stieg die Zahl der Ew. um mehr als die Hälfte. Die Landwirtschaft konnte diesen Zuwachs nicht mehr ernähren; die Menschen wanderten in die Städte ab.

Der I. Weltkrieg und das Ende des Kaiserreichs im Jahre 1918 belasteten die wirtschaftliche Entwicklung Berlins in starkem Maße; das Wachstum der B. wurde jedoch nur kurz unterbrochen. 1920 wurde Berlin mit den angrenzenden Städten, Landgemeinden und Gutsbezirken zur Einheitsgemeinde > GROSS-BERLIN verschmolzen. Damit waren auch die administrativen Voraussetzungen für die Entwicklung Berlins zu einer Metropole geschaffen. Die neue Stadt, in 20 > BEZIRKE mit weitgehendem politischem Selbstverwaltungsrecht gegliedert (> POLITISCHES SYSTEM), erstreckte sich über ein Gebiet von 878 km^2 und war damit flächenmäßig eine der größten Städte der Welt; mit 3,86 Mio. Ew. rangierte sie hinter New York und London an dritter Stelle. Gleichzeitig wuchs Berlin zum bedeutendsten Industriestandort des Kontinents heran; es war Handels-, Finanz- und Dienstleistungszentrum des Reichs sowie wichtiger europäischer Verkehrsknotenpunkt (> VERKEHR). Etwa ein Zwölftel aller deutschen Unternehmen war in der Stadt konzentriert. Fast 2,5 Mio. Menschen arbeiteten hier, das waren 10 % sämtlicher Beschäftigten im Deutschen Reich.

In den 20er Jahren erlebte Berlin kulturell eine weltweit beachtete Blütezeit (> KULTUR). Die große Ausstrahlungskraft der Stadt und die Hoffnung auf bessere Lebenschancen zogen Menschen aller Bevölkerungsschichten und aus vielen Gegenden an; die Zahl der Ew. stieg bis 1933 nochmals um mehr als 400.000 auf 4,24 Mio. Gegen Ende der 20er Jahre war dann der Höhepunkt des Bevölkerungswachstums überschritten. Im Gefolge der Weltwirtschaftskrise, die in der Industriestadt Berlin Hunderttausende arbeitslos machte, kam es vorübergehend sogar zu einem Rückgang der Einwohnerzahl.

Zu Beginn des II. Weltkrieges erreicht die B. Berlins den höchsten Stand der Stadtgeschichte: Die Zählung von 1939 ergab 4,32 Mio. Ew. Den amtlichen Fortschreibungen zufolge stieg die Bevölkerungszahl bis 1943 sogar auf 4,49 Mio. an. Diese Zunahme resultierte u.a. auch aus der Rekrutierung in- und ausländischer Arbeitskräfte (Zwangsarbeiter) für die Rüstungsindustrie. Sie verdeckte allerdings die nahezu völlige Auslöschung des jüdischen Bevölkerungsteils. Von den etwa 160.000 *Juden*, die 1933 in Berlin lebten, waren 10 Jahre später nur noch wenige hundert in der Stadt; 90.000 konnten auswandern, die übrigen wurden verschleppt und ermordet (> POGROMNACHT 1938; > KONZENTRATIONSLAGER).

Nach 1943 kam es aufgrund direkter Kriegseinwirkung, durch Deportationen und Evakuierungen – rd. 1 Mio. Menschen haben die Stadt im Zuge entsprechender Maßnahmen verlassen – zu einem rapiden Rückgang der Bevölkerungszahl. Bei Einstellung der Kampfhandlungen, im Mai 1945, lag die Zahl der in Berlin verbliebenen Ew. bei nur noch etwa 2,5 Mio.

Die Bevölkerung Berlins[1] 1600-1945			
Jahr[2]	Alt-Berlin	Umland Alt-Berlin	Groß-Berlin
1600	9.000		
1648	6.000		
1709	57.000		
1750	113.289		
1800	172.132		
1850	418.700		
1860	493.400	70.500	563.900
1871	826.800	105.200	932.000
1880	1.120.000		
1890	1.575.000	378.800	1.953.800
1900	1.885.900	820.000	2.705.900
1910	2.076.200	1.658.100	3.734.300
1919	1.907.500	1.896.600	4.024.300
1939	1.779.200	2.559.600	4.338.800
1945	1.083.400	1.934.100	3.017.500

[1] Alt-Berlin ab 1850 in der Abgrenzung von 1850, Groß-Berlin in der Abgrenzung von 1920.
[2] Stand: jeweils am Jahresende

II. ZWISCHEN 1945 UND 1949

Unmittelbar nach Ende des Krieges setzte ein gewaltiger Rückstrom von Evakuierten und Kriegsgefangenen ein: Monatlich kehrten rd. 100.000 Personen in die Stadt zurück. Der rasche Bevölkerungsanstieg wurde allerdings im November 1945 durch eine von der > ALLIIERTEN KOMMANDANTUR angeordnete Zuzugssperre abgeschwächt. Am Jahresende 1945 lebten den amtlichen Angaben zufolge 3,02 Mio. Menschen in den Trümmern der ehem. Reichshauptstadt.

Die B. war geprägt durch einen außerordentlich hohen Frauenüberschuß; auf 1.000 männliche kamen 1.562 weibliche Ew. (1939 betrug das Geschlechterverhältnis 1.000 : 1.200). Auch die *Altersstruktur* hatte sich deutlich verschlechtert. Die über 50jährigen stellten mit 36,2 % (1939: 28,5 %) einen nur geringfügig kleineren Bevölkerungsanteil als die Altersgruppe von 21-50 Jahren mit 40 % (1939: 50,1 %). Besonders drastisch machten sich die Auswirkungen des Krieges bei der männlichen B. im Alter zwischen 18 und 40 Jahren bemerkbar. Diese Personengruppe war gegenüber 1939 um fast 70 % geschrumpft, wodurch sich das Geschlechterverhältnis auf 1.000 : 2.500 veränderte. Im Zuge der Wanderungsbewegung in die Stadt hat sich das extreme Mißverhältnis zwar zurückgebildet, insg. betrachtet blieb der Frauenüberschuß jedoch vergleichsweise hoch; 1949 entfielen im Durchschnitt aller Altersgruppen auf 1.000 Männer 1.320 Frauen.

Die ungünstige Alters- und Geschlechtsstruktur, aber auch hohe Säuglingssterblichkeit und Mangelsituationen hatten einen gravierenden Sterbeüberschuß zur Folge. Gleichzeitig hielt allerdings der Zuwanderungsstrom – nicht zuletzt gespeist aus der Vielzahl derer, die aus den Gebieten östlich von Oder und Neiße vertrieben wurden – an. Per Saldo stieg daher die B. weiter an, 1949 wurden 3,3 Mio. Ew. gezählt.

Im gleichen Jahr endete die gemeinsame Verwaltung der Stadt durch die vier Siegermächte des II. Weltkrieges (> ALLIIERTE): Der Widerstand der Vereinigten Staaten, Großbritanniens und Frankreichs gegen die Einbeziehung ihrer Sektoren in das Wirtschafts- und Währungssystem der sowjetisch besetzten Zone Deutschlands gab letztlich den Anstoß für die administrative > SPALTUNG Berlins. Vier Jahrzehnte lang galten für die beiden Teilstädte unterschiedliche Rahmenbedingungen, die sich auch in der Entwicklung der jeweiligen Einwohnerzahl niedergeschlagen haben.

III. WÄHREND DER TEILUNG 1949 BIS 1989

1. West-Berlin

In Berlin (West) erhöhte sich die Bevölkerungszahl nach der > BLOCKADE von 1948/ 49 im Zuge des Flüchtlingsstroms aus der SBZ/DDR und Ost-Berlin ständig – und dies, obwohl die Wohnsitznahme in der Stadt nur in bestimmten Fällen genehmigt war und der ganz überwiegende Teil der > FLÜCHTLINGE in das übrige Bundesgebiet weitergeleitet wurde: Innerhalb des Jahrzehnts bis 1958, dem Jahr des „Chruschtschow-Ultimatums" (> SOWJETISCHES ULTIMATUM [1958]) wuchs die B. um 125.000 auf 2,26 Mio. Danach ist die Zahl der Ew. fast Jahr für Jahr zurückgegangen – bis auf einen Tiefstand von knapp 2 Mio. zu Beginn der 80er Jahre. Dann stieg die B. wieder an und erreichte Ende 1989 einen Stand von 2,13 Mio. – das waren rd. 87.000 weniger als im Jahr des Mauerbaus 1961.

Von wesentlich größerer Bedeutung als dieser Rückgang der Einwohnerzahl waren Veränderungen in der Zusammensetzung der B. Besonders sichtbar wurden diese Veränderungen in der Nationalitätenstruktur. Verringert hatte sich nämlich lediglich die Zahl der Deutschen, und zwar innerhalb des betrachteten Vierteljahrhunderts um etwa 310.000. Die Zahl der *Ausländer* dagegen ist im gleichen Zeitraum um 220.000 angestiegen. Die Abnahme der deutschen B. West-Berlins ist Resultat der besonderen demographischen Struktur, die sich in der Stadt als Folge von Kriegs- und Nachkriegseinflüssen herausgebildet und zu anhaltenden Sterbeüberschüssen geführt hat.

Der Anteil älterer Menschen war seit langem ungewöhnlich hoch: Als Mitte der 60er Jahre ein Rückgang der Zahl deutscher Ew. einsetzte, waren rd. 450.000 deutsche Bewohner der Stadt 65 Jahre und älter, davon waren 70 % Frauen. Und auch 1989 wurden noch gut 350.000 Personen in dieser Altersklasse gezählt. Ihr Anteil an der gesamten deutschen B. war allerdings zurückgegangen – von 20 % im Jahr 1965 auf 16 % im Jahr 1989. Entgegengesetzt verlief die Entwicklung im übrigen Bundesgebiet. Dort stieg der Anteil der über 60jährigen von 12 % im Jahr 1965 auf 17 % im Jahr 1989.

Die Zahl der jährlichen *Sterbefälle* in Berlin erreichte 1968 mit 42.000 ihren Gipfel und nahm danach allmählich ab; sie betrug aber auch 1989 noch 30.000 jährlich, davon waren 99 % Deutsche. Dies entsprach einer Sterbeziffer von 14 (Bundesdurchschnitt: 12) Sterbefällen auf 1.000 Ew.

Der Anteil der *Frauen* im gebärfähigen Alter (15-45 Jahre) an der deutschen B. ist mit 20 % vergleichsweise gering. Ihre Zahl ist zudem von 400.000 im Jahr 1965 auf etwa 360.000 im Jahr 1989 gesunken. Schließlich sind erhebliche Änderungen im generativen Verhalten eingetreten. Insbes. bei den Frauen der Geburtsjahrgänge

1940-50 zeigte sich in den vergangenen Jahren eine Tendenz zum Aufschub der Familiengründung und zur Verringerung der Zahl der *Kinder*. Als Folge dieser Entwicklung ging die Zahl der deutschen *Geburten* von 25.000 im Jahr 1965 auf 15.000 im Jahr 1989 zurück. Je 1.000 Ew. gerechnet sind dies knapp acht Geborene – gegenüber gut neun im gesamten Bundesgebiet.

Der Sterbeüberschuß in West-Berlin – zeitweilig noch verstärkt durch die *Abwanderung* v.a. jüngerer Menschen – wurde bis zum Bau der > Mauer im Jahre 1961 durch *Zuwanderungen* aus der DDR und aus Ost-Berlin kompensiert. Danach versuchten Bundesregierung und > Senat von Berlin durch vielfältige Anreize den Zuzug – insbes. von Arbeitskräften – aus dem übrigen Bundesgebiet anzuregen (> Berlinförderung). Ein Ausgleich des biologisch bedingten Defizits durch Wanderungsgewinne bei der deutschen B. war jedoch nur bis Mitte der 60er Jahre möglich. Von den frühen 70er Jahren an war die Wanderungsbilanz West-Berlins bei den Deutschen – nach amtlichen Angaben – bis zum Beginn der 80er Jahre durchweg negativ. Mehr Fort- als Zuzüge gab es in nahezu allen Altersgruppen. Lediglich die Jahrgänge im Ausbildungsalter (18-27 Jahre) weisen einen positiven Saldo auf. Dies legt den Schluß nahe, daß bei den verzeichneten Fortzügen das Erwerbsmotiv, bei den Zuzügen hingegen das Ausbildungsmotiv ein hohes Gewicht hatte, das insg. negative Wanderungsergebnis also auch in Zusammenhang mit der in dieser Phase vergleichsweise ungünstigen ökonomischen Entwicklung der Stadt stand. Nach 1983 wies die Statistik wieder einen positiven Wanderungssaldo bei den Deutschen aus. Diese Trendumkehr spiegelt in erster Linie den gewachsenen Bedarf der regionalen Wirtschaft an qualifizierten Arbeitskräften; von Bedeutung war aber auch die großzügigere Praxis der DDR bei der Genehmigung von Ausreiseanträgen.

Der Rückgang der deutschen B. zwischen 1960 und 1989 wurde nur zur Hälfte durch die Zunahme der ausländischen Einwohner Berlins ausgeglichen. Die Anwerbung ausländischer Arbeitskräfte – Hauptgrund für den Anstieg der Ausländerzahl – setzte in Berlin zwar wesentlich später ein als im übrigen Bundesgebiet; noch 1961 lebten lediglich 20.000 nichtdeutsche Ew. in der Stadt. Ab Mitte der 60er Jahre expandierte die Zuwanderung von *Ausländern* sehr stark: 1975 wurden knapp 190.000, Ende 1989 schließlich rd. 297.000 Ausländer gezählt. Unter ihnen dominierten die *Türken* mit 128.000 Personen. Quantitativ bedeutend waren auch die Ew. mit *jugoslawischer* (zum Berichtszeitpunkt 34.000) und *polnischer* (22.000) Staatsangehörigkeit. Aus den Staaten der > Europäischen Gemeinschaften (EG) kamen 37.000, aus dem übrigen Europa nochmals 15.000; aus den Ländern Asiens stammten 32.000, aus Amerika 12.000, aus Afrika 8.000 und aus Australien schließlich 1.000 Personen. Bei den übrigen war die Staatsangehörigkeit ungeklärt oder sie waren staatenlos.

Bemerkenswert ist, daß der Ausländerzustrom nach West-Berlin nicht nur die rückläufige Entwicklung der deutschen Ew. gemildert, sondern auch zu einer deutlichen Verjüngung der Bevölkerung beigetragen hat. 80 % der in West-Berlin lebenden Ausländer, aber nur 45 % der deutschen B. sind jünger als 40 Jahre. Als Folge dieses unterschiedlichen *Altersaufbaus* sowie wesentlich höheren Fruchtbarkeitsziffern war die Geburtenhäufigkeit bei den Ausländern mit 16 Geburten je 1.000 Einwohner zuletzt doppelt so hoch wie bei den Deutschen. Entsprechend unterschiedlich sind die Ausländeranteile in den einzelnen Altersgruppen der B.: Von den Kindern im Alter bis 15 Jahren war 1989 jedes vierte ausländischer Abstammung. Überdurchschnittlich hoch war der Ausländeranteil auch in der Gruppe der 15-

40jährigen (18 %). Relativ geringe Bedeutung hatten Ausländer dagegen bei den älteren Ew. Von den 40-65jährigen waren 9 %, von den über 65jährigen waren sogar nur 1 % Ausländer. Insg. betrug der Anteil der Ausländer an der B. West-Berlins 1989 rd. 12 %. Damit lag West-Berlin im Mittelfeld aller deutschen Großstädte, deutlich über dem Niveau der anderen Bundesländer und weit über dem Bundesdurchschnitt (7 %).

Trotz der räumlichen Begrenzung hat es nach dem Mauerbau innerhalb West-Berlins zumindest bis zum Beginn der 80er Jahre spürbare räumliche Verlagerungen der B. gegeben: Während die Zahl der Einwohner in den dichtbesiedelten Innenstadtbezirken > TIERGARTEN, > WEDDING, > KREUZBERG, > CHARLOTTENBURG und > SCHÖNEBERG zwischen 1950 und 1989 nicht zuletzt als Folge der Entkernung überalterter Wohnquartiere um 237.000 abnahm (> STADTSANIERUNG), stieg sie in den peripheren Bezirken mit ihren weitläufigen Neubausiedlungen, v.a. in > SPANDAU, > TEMPELHOF, > NEUKÖLLN und > REINICKENDORF, kräftig an. Die Verteilung der Bevölkerungsdichte über die Bezirke – mit 4.200 Ew. je km² höher als in fast allen anderen deutschen Großstädten – wurde ausgeglichener.

Dabei zogen allerdings überwiegend Deutsche in die Neubaugebiete am Stadtrand. Die von ihnen geräumten Innenstadtquartiere mit ihrer – trotz erheblicher Sanierungsanstrengung – häufig schlechten Bausubstanz, wurden vielfach von Ausländern bezogen. Besonders augenfällig ist dies im Bezirk Kreuzberg. Dort ist die Zahl aller Einwohner zwischen 1961 und 1989 um ein Drittel zurückgegangen, der Ausländeranteil jedoch von deutlich weniger als 10 % auf über 30 % gestiegen. In den traditionellen Arbeiterbezirken Kreuzberg, Schöneberg und Wedding zusammengenommen hatte 1989 nahezu jeder vierte Einwohner eine ausländische Staatsangehörigkeit; in diesen Bezirken wohnen rd. 40 % aller Ausländer im Westteil Berlins.

Im Verlauf der 40jährigen > SPALTUNG Berlins haben sich allerdings nicht nur räumliche Verteilung und demographische Struktur der West-Berliner B. verändert; verschoben hat sich auch die *Sozialstruktur*. Die Zahl der privaten Haushalte ist trotz leicht verringerter Einwohnerzahl gestiegen. Zugenommen hat dabei v.a. der Bestand an Ein-Personen-Haushalten, die zuletzt rd. die Hälfte aller Haushalte in West-Berlin ausmachten; Zahl und Anteil größerer Haushalte sind dagegen zurückgegangen. Diese Entwicklung weist auf deutliche Veränderungen in der *Familienstruktur* hin, die sich auch in der Entwicklung anderer Kennziffern manifestieren. So lag die Zahl der *Eheschließungen* 1989 mit 6,1 auf 1.000 Ew. um nahezu ein Drittel unter dem Wert für 1961, die der *Scheidungen* mit 2,9 auf 1.000 Ew. um ein Drittel über dem entsprechenden Bezugswert.

Gravierende Wandlungen sind schließlich auch in der Struktur der Erwerbstätigen eingetreten. Nach dem Verlust der Hauptstadtfunktion, der Zerschlagung des gewachsenen Wirtschaftsraums und der Abwanderung wichtiger Unternehmenszentralen konzentrierten sich die wirtschaftspolitischen Bemühungen auf den Ausbau der Industrie. Es gelang auch, West-Berlin wieder zur größten Industriestadt Deutschlands zu entwickeln. Allerdings wurden bis in die jüngste Zeit hinein neue Produktionsstätten in der Stadt errichtet; die meisten übrigen Funktionen der Unternehmen – Management und Verwaltung, Forschung und Entwicklung, Marketing usw. – blieben an anderen Standorten im Bundesgebiet bzw. wurden bevorzugt dort ausgebaut. Folge dieser „räumlichen Arbeitsteilung" war einmal, daß in der Stadt relativ mehr Arbeiter und entsprechend weniger Angestellte tätig waren als in den meisten westdeutschen Ballungsgebieten. Zum anderen war die formale Qualifikation der Beschäftigten – gemessen am Anteil der Facharbeiter an allen Arbeitern – in West-Berlin geringer als in fast allen vergleichbaren Städten Westdeutschlands. Dies galt nicht nur für die Industrie, sondern auch für die Mehrzahl der übrigen Wirtschaftszweige, v.a. für den Sektor private Dienstleistungen (> ARBEITSMARKT).

Die Bevölkerung West-Berlins 1950-90[1]			
Jahr	Insgesamt	Männer	Frauen
1950	2.154,6	915,7	1.238,9
1955	2.203,3	936,4	1.266,9
1960	2.202,2	933,6	1.268,7
1965	2.197,3	944,1	1.253,1
1970	2.176,7	953,6	1.223,2
1975[2]	2.086,8	926,6	1.160,2
1980[2]	1.998,2	904,8	1.093,4
1985[2]	1.962,1	908,1	1.053,0
1990[3]	2.155,0	1.026,5	1.128,5

[1] in 1.000 Personen; jeweils am Jahresende
[2] Amtliche Fortschreibung, ergänzt um 102.000 Personen, die durch Fortschreibungsfehler nicht erfaßt wurden.
[3] Stand: 3. Oktober

2. Ost-Berlin

Als der sowjetische Sektor Berlins am 7.10.1949 zur > HAUPTSTADT der DDR erklärt wurde, betrug seine Einwohnerzahl etwa 1,2 Mio. Bis 1989 unterlag die Bevölkerungsentwicklung Ost-Berlins relativ geringen Schwankungen, deren Eckpunkte durch wichtige politische Ereignisse markiert wurden.

In der Zeit von 1950-61 nahm die Einwohnerzahl Ost-Berlins zunächst um etwa 150.000 Personen ab. Dabei spielte der *Sterbeüberschuß* mit knapp 3.600 Personen jährlich nur eine untergeordnete Rolle. Entscheidend war die starke Fluchtbewegung (> FLÜCHTLINGE); nach offiziellen DDR-Angaben verließen 22.000-30.000 Personen pro Jahr Ost-Berlin in Richtung Westen. Der daraus resultierende Bevölkerungsverlust konnte nicht durch Zuwanderungen aus anderen Teilen der DDR kompensiert werden, obwohl der Binnenwanderungssaldo mit jahresdurchschnittlich 12.700 Personen relativ hoch war. Ost-Berlin war für die Ew. der DDR durchaus eine attraktive Stadt, die sich zunehmend als politisches, wirtschaftliches und geistig-kulturelles Zentrum etablierte und eine Vorrangstellung unter allen DDR-Städten besaß. Zum schnellen Aufbau wurden Arbeitskräfte benötigt, die durch günstige Arbeits- und Lebensbedingungen angezogen werden sollten: Den Zuzugswilligen wurde eine Vielzahl qualifizierter Arbeitsplätze in Industrie und Baugewerbe, in Planung und Verwaltung sowie im Dienstleistungsbereich angeboten; das Durchschnittseinkommen lag um ein Drittel über dem Niveau im übrigen Staatsgebiet. Die Versorgung mit Grundbedarfs- und Luxusgütern war vergleichsweise gut; auch die Versorgung mit Wohnraum wurde verbessert. Durch die Instandsetzung von über 175.000 und den Neubau von 45.000 Wohnungen konnte bis 1960 zumindest die akute Wohnungsnot beseitigt werden (> Wohnungsbau).

Verstärkt wurde der Migrationstrend durch den Rückgang der Beschäftigungs-möglichkeiten in den ländlichen Gebieten. Schließlich war Ost-Berlin auch eine beliebte Zwischenstation von Etappenwanderern, die das Land verlassen wollten. Mit dem Bau der > Mauer am > 13. August 1961 versiegte der Strom der Flüchtlinge schlagartig. Zu diesem Zeitpunkt hatte die Bevölkerungszahl Ost-Berlins mit 1,05 Mio. ihren Tiefstand erreicht.

Da die Stadt bevorzugtes Ziel der *Zuwanderer* blieb und 1962-70 einen durch-schnittlichen jährlichen Wanderungsgewinn von fast 4.000 Personen erzielte, stieg die Zahl der Ew. in der Folgezeit kontinuierlich an und lag 1970 bei knapp 1,09 Mio. Zu dieser Entwicklung hat beigetragen, daß der Sterbeüberschuß bis 1970 auf durch-schnittlich 1.100 Personen jährlich zurückging. Ohne die Zuzugssperre für Ost-Ber-lin, die bereits seit 1954 existierte und einen Zuzug nur aus familiären Gründen oder im Falle benötigter Arbeitskräfte zuließ, wäre der Anstieg wohl noch deutlicher ausgefallen.

Anfang der 70er Jahre wurden die Weichen für eine weitere Konsolidierung Ost-Berlins gestellt: Mit der Unterzeichnung des > Vier-Mächte-Abkommens am 3.9.1971 und des > Grundlagenvertrags am 21.12.72 normalisierten sich die Beziehungen der beiden deutschen Staaten. Gleichzeitig beschloß der VIII. Parteitag der > Sozialisti-schen Einheitspartei Deutschlands (SED), den Ausbau der Hauptstadt zu forcieren. In diesem Zusammenhang ist auch die Aufhebung der Zuzugssperre im Jahre 1974 zu sehen. Diese Maßnahme hat dazu beigetragen, daß der Wanderungsgewinn an-haltend hoch blieb und im Durchschnitt der Jahre 1971-86 rd. 9.000 Personen betrug.

Die Herkunftsstruktur der Zuwandernden hat sich im Laufe der Jahre deutlich verändert. In den 80er Jahren ließ der Zustrom aus den ländlichen Gebieten nach. Der größte Teil der Zuziehenden kam jetzt aus den größeren Städten; die 27 Stadt-kreise der DDR stellten zuletzt zwei Drittel des Ost-Berliner Wanderungsgewinns. Der Zuzug von Ausländern spielte für die Bevölkerungsentwicklung Ost-Berlins eine nachrangige Rolle. Dies zeigt sich u.a. daran, daß 1989 lediglich knapp 21.000 *Ausländer* gemeldet waren, etwa 1,6 % der Gesamtbevölkerung.

Als Folge der gelockerten Ausreisebestimmungen waren seit Beginn der 80er Jah-re allerdings auch wieder zunehmend Wanderungsverluste gegenüber West-deutschland zu verzeichnen: 1980-87 waren es 4.000-6.000 Personen pro Jahr; 1988 stieg die Zahl auf 11.000 und 1989 – allein bis zum 9. November – auf mehr als 30.000 an. Insg. verlor Ost-Berlin in den 70er und 80er Jahren über die politischen Grenzen rd. 100.000 Personen und büßte damit wieder ein Drittel seines Wanderungsgewinns ein.

Die verschiedenartigen Wanderungsbewegungen haben die Bevölkerungs-struktur Ost-Berlins in starkem Maße beeinflußt. Vor 1961 hatte das geringe Durch-schnittsalter der in den Westen Übergesiedelten wesentlich dazu beigetragen, daß der Anteil der B. im arbeitsfähigen Alter um 15 % ab-, der Anteil der Personen im Rentenalter um 5 % zunahm. Die Zahl der Kinder im Alter bis 15 Jahre ging um 20 % zurück – und dies, obwohl die Zahl der Lebendgeborenen 1961 um ein Viertel über dem Wert von 1950 lag.

Die Geschlechterproportion veränderte sich in dieser Phase auf 1.330 Frauen pro 1.000 Männer, was einerseits auf einen höheren Anteil der Frauen an den Gestorbenen, andererseits auf einen leichten Männerüberschuß bei der Bevölkerungsgruppe im Kindesalter zurückzuführen ist (1960 kamen auf 1.000 männliche Einwohner im Kindesalter nur 940 weibliche). Im Rentenalter jedoch hatte sich das Verhältnis mit 2.660 Frauen auf 1.000 Männer weiter verschlechtert.

Eine positive Wirkung auf die Altersstruktur hatte demgegenüber die Binnenwanderung: 85 % der Zuwanderer nach 1971 waren unter 45 Jahre. Durch sie verjüngte sich die B. insg.; der Anteil der B. im arbeitsfähigen Alter stieg von 58 % im Jahr 1971 auf 68 % im Jahre 1986. Gleichzeitig normalisierte sich der Frauenüberschuß bis auf 1.120 Frauen pro 1.000 Männer.

Auf der anderen Seite ging die Zahl der Lebendgeborenen mit der Legalisierung des Schwangerschaftsabbruchs und der Freigabe von Antikonzeptiva im Jahre 1972 zunächst deutlich zurück. Die allgemeine Fruchtbarkeitsziffer (Lebendgeborene pro 1.000 Frauen zwischen 15 und 45) sank von 82,5 im Jahr 1965 auf 47,1 im Jahr 1973. Damit hängt auch zusammen, daß Ost-Berlin bis 1978 einen Sterbeüberschuß von durchschnittlich jährlich 3.200 Personen zu verzeichnen hatte. Mit massiven bevölkerungspolitischen Maßnahmen ist es gelungen, die Geburtenhäufigkeit vorübergehend zu steigern: Die um Alterseinflüsse bereinigte kumulierte Fruchtbarkeitsziffer stieg 1975-80 um 25 % – von 1.608 auf 2.045 Kinder je 1.000 Frauen. Von 1979 an verzeichnete die Stadt einen Geburtenüberschuß.

Nachdem 1985 der Bevölkerungsbestand von 1949 wieder erreicht war, zählte Ost-Berlin 1988 mit 1,29 Mio. die höchste Einwohnerzahl nach dem II. Weltkrieg. Die Abnahme der Bevölkerungszahl in West-Berlin ließ den ostdeutschen Planern in absehbarer Zukunft eine gleiche Einwohnerzahl der Teilstädte erreichbar erscheinen.

Um die Zuwandernden aufnehmen zu können, aber auch als zusätzlichen Anreiz für qualifizierte Arbeitskräfte, wurde 1973 ein umfangreiches Wohnungsbauprogramm gestartet (> WOHNUNGSBAU). In den folgenden Jahren entstanden im Osten und Nordosten der Stadt drei neue Bezirke – > MARZAHN, > HOHENSCHÖNHAUSEN und > HELLERSDORF. Erst Ende der 70er Jahre wurde neben diesem Neubauprogramm auch die Instandsetzung von Altbauwohnungen im Stadtkern verstärkt (> STADTSANIERUNG). Insg. wurden 1971-86 ca. 282.000 Wohnungen fertiggestellt, darunter rd. 192.000 Neubauwohnungen – das waren annähernd 20 % aller in der DDR neu gebauten Wohnungen.

Die Attraktivität der vergleichsweise gut ausgestatteten Neubauwohnungen in diesen Trabantenstädten zog einen starken Bevölkerungsstrom aus den Innenstadtbezirken in die Neubauviertel nach sich. Besonders betroffen davon waren die Bezirke > MITTE, > PRENZLAUER BERG und > FRIEDRICHSHAIN, die zwischen 1970 und 1986 knapp ein Drittel ihrer B. verloren. Der Anteil der City-Bezirke an der gesamten B. verringerte sich zwischen 1971 und 1985 um knapp 10 %. Folge dieser Verlagerung vom Stadtzentrum in die östlichen Randbezirke war ein starker Anstieg der Mobilität. Dies resultierte daraus, daß – zumindest in der ersten Hälfte der 80er Jahre – mehr als die Hälfte der Arbeitsplätze in der Innenstadt angesiedelt war, dagegen annähernd zwei Drittel der dort Beschäftigten nicht im Zentrum wohnten. Von den Bewohnern der Großsiedlungen am Ostrand der Stadt einmal abgesehen, war die Ost-Berliner Innenstadt auch für Arbeitnehmer aus den angrenzenden Bezirken Frankfurt/O. und Potsdam ein wichtiges Zielgebiet. Mit etwa 70 % stellten dabei die sechs Umlandkreise Oranienburg, Bernau, Strausberg, Fürstenwalde, Königs Wusterhausen und Zossen den größten Anteil.

Gleichwohl blieb die Verflechtung Ost-Berlins mit seinem Umland relativ gering: Mit schätzungsweise 80.000 Personen war die Zahl der *Pendler* noch in den 80er Jahren weitaus niedriger als in vergleichbaren westdeutschen Ballungsräumen.

Die Bevölkerung Ost-Berlins 1950-90[1]			
Jahr	Insgesamt	Männer	Frauen
1950	1.189,1	506,4	682,7
1955	1.139,9	486,7	653,2
1960	1.071,8	458,8	613,0
1965	1.077,2	473,9	603,3
1970	1.085,4	485,0	600,5
1975	1.098,2	498,0	600,2
1980	1.152,5	532,1	620,4
1985	1.215,6	571,3	644,3
1990[2]	1.274,3	605,5	668,8

[1] in 1.000 Personen; jeweils am Jahresende
[2] Stand: 3. Oktober

IV. NACH DER VEREINIGUNG 1990

Durch die > VEREINIGUNG wurde Berlin wieder zum Mittelpunkt des zweitgrößten Ballungsraums in Deutschland. Innerhalb eines 60-km-Radius um das Stadtzentrum lebten am Jahresende 1990 knapp 4,3 Mio. Menschen. Davon entfielen 80 % auf Berlin, 20 % auf das Umland. Der Anteil der Kernstadt an der Gesamtbevölkerung ist damit im Großraum Berlin erheblich höher als in den großen westdeutschen Agglomerationen. Dies ist zum einen Ausdruck der großzügigen Eingemeindungen bei der Bildung > GROSS-BERLINS im Jahre 1920, zum anderen Folge der politischen Umstände nach dem II. Weltkrieg.

Von den 3,43 Mio. Ew., die am > 3. OKTOBER 1990 mit Hauptwohnung in Berlin gemeldet waren, entfielen 2,16 Mio. (63 %) auf die elf West-Berliner, 1,27 Mio. (27 %) auf die zwölf Ost-Berliner Bezirke. Damit hat die Zahl der Ew. in den über 40 Jahren der Teilung insg. nur wenig, um knapp 100.000 Personen, zugenommen.

In den ersten neun Monaten nach der Vereinigung, also zwischen Oktober 1990 und Juni 1991, ist die Bevölkerungszahl Berlins geringfügig, um 10.000 Personen, gestiegen. Dieser Zuwachs setzt sich zusammen aus einem Sterbeüberschuß von ca. 7.000 Personen und einem Wanderungsgewinn von ca. 17.000 Personen.

Der globale Wanderungsgewinn verdeckt allerdings, daß die Zahl der Zuzüge aus den alten Bundesländern von Quartal zu Quartal abgenommen hat und der Zuzugsüberschuß gegenüber Westdeutschland sich zuletzt in einen Fortzugs-überschuß verkehrt hat. Ein Wanderungsgewinn konnte dabei – wie fast immer in der Vergangenheit – lediglich in der Altersgruppe zwischen 18 und 25 Jahren erzielt werden. In diesem Altersbereich, bei dem die Bildungswanderung eine entscheidende Rolle spielt, wurden auch die höchsten Wanderungsgewinne gegenüber den neuen Bundesländern erzielt.

Eine nach Deutschen und Nichtdeutschen differenzierte Betrachtung zeigt überdies, daß der Wanderungsgewinn bei den Deutschen nicht ausgereicht hat, um den Sterbeüberschuß zu kompensieren, die Zahl der deutschen Bewohner also abgenommen hat. Der Bevölkerungszuwachs ist damit allein auf einen Anstieg der Zahl der Nichtdeutschen zurückzuführen. Von den 3,44 Mio. Ew. Berlins am 30.6.1991 waren 341.000 (9,9 %) *Ausländer*. Mehr als neun Zehntel von ihnen leben im Westteil der Stadt. Dort war der Ausländeranteil mit 14,6 % weitaus höher als in den östlichen Bezirken (2,0 %).

Bemerkenswert ist schließlich, daß zumindest innerhalb des ersten halben Jahres nach der Vereinigung die traditionellen Wanderungsmuster weiter galten: Noch immer hatten fast 90 % der Zuzüge aus den alten Bundesländern die westlichen, mehr als 75 % der Zuzüge aus den neuen Bundesländern die östlichen Bezirke zum Ziel. Ähnlich war die regionale Verteilung bei den Fortzügen.

Deutlich und anhaltend zugenommen hat die Zahl der *Pendler*. Dies gilt in besonderem Maße für West-Berlin: Die Zahl der Arbeitsplatzpendler aus den östlichen Bezirken und dem Umland ist innerhalb des ersten Jahres nach der Vereinigung von wenigen hundert auf mindestens 140.000 angestiegen; die Verflechtungsbeziehungen zwischen Ballungskern und Umland sind jedoch noch immer ungleich schwächer ausgeprägt als in vergleichbaren westdeutschen Großstädten.

Für die Zukunft wird generell ein kräftiges Wachstum der B. erwartet. Die Schätzungen differieren allerdings ganz erheblich. Das > DEUTSCHE INSTITUT FÜR WIRTSCHAFTSFORSCHUNG geht davon aus, daß Fruchtbarkeit und Sterblichkeit in den westlichen Bezirken auf absehbare Zeit bei den Durchschnittswerten aus den Jahren 1987-89 verharren, in den östlichen Bezirken jeweils leicht zurückgehen. Danach ist für Berlin mit einem erheblichen, ja sogar wieder wachsenden „natürlichen" Bevölkerungsdefizit zu rechnen. Für die Zeit zwischen 1991 und 2000 wird ein Sterbeüberschuß der heimischen B. von mindestens 100.000 Personen erwartet.

Diese Betrachtung berücksichtigt allerdings noch nicht das Wanderungsgeschehen, das die Bevölkerungsentwicklung meist in stärkerem Maße beeinflußt als die biologisch determinierte Komponente. Hier kann davon ausgegangen werden, daß die wirtschaftliche Expansion – v.a. im Dienstleistungssektor – qualifizierte Arbeitskräfte erfordert, die aus dem heimischen Potential allein nicht gewonnen werden können (> ARBEITSMARKT; > WIRTSCHAFT). Dazu kommen Zuzüge im Zusammenhang mit der Verlagerung der Parlaments- und Regierungsfunktionen von Bonn nach Berlin (> HAUPTSTADT). Schließlich ist damit zu rechnen, daß Berlin weiterhin bevorzugte Anlaufstelle für Aussiedlungswillige aus Osteuropa und den Krisengebieten der Dritten Welt bleibt. Alle diese Effekte lassen sich zwar nicht genau quantifizieren; ein Zuzugsüberschuß von 30.000 Personen jährlich dürfte jedoch eine realistische Annahme sein.

Insg. kann danach bis zum Ende des Jahrzehnts ein Bevölkerungszuwachs von etwa 200.000 Personen veranschlagt werden. Berlin hätte dann im Jahr 2000 etwa 3,6 Mio. Ew. Im Zuge dieses Bevölkerungswachstums wird sich die Altersstruktur der Berliner B. verändern: Der Anteil der über 60jährigen wird weiter zurückgehen. Leicht abnehmen dürfte daneben allerdings auch der Anteil der Kinder und Jugendlichen bis 18 Jahre.

Altersaufbau der Bevölkerung Berlins

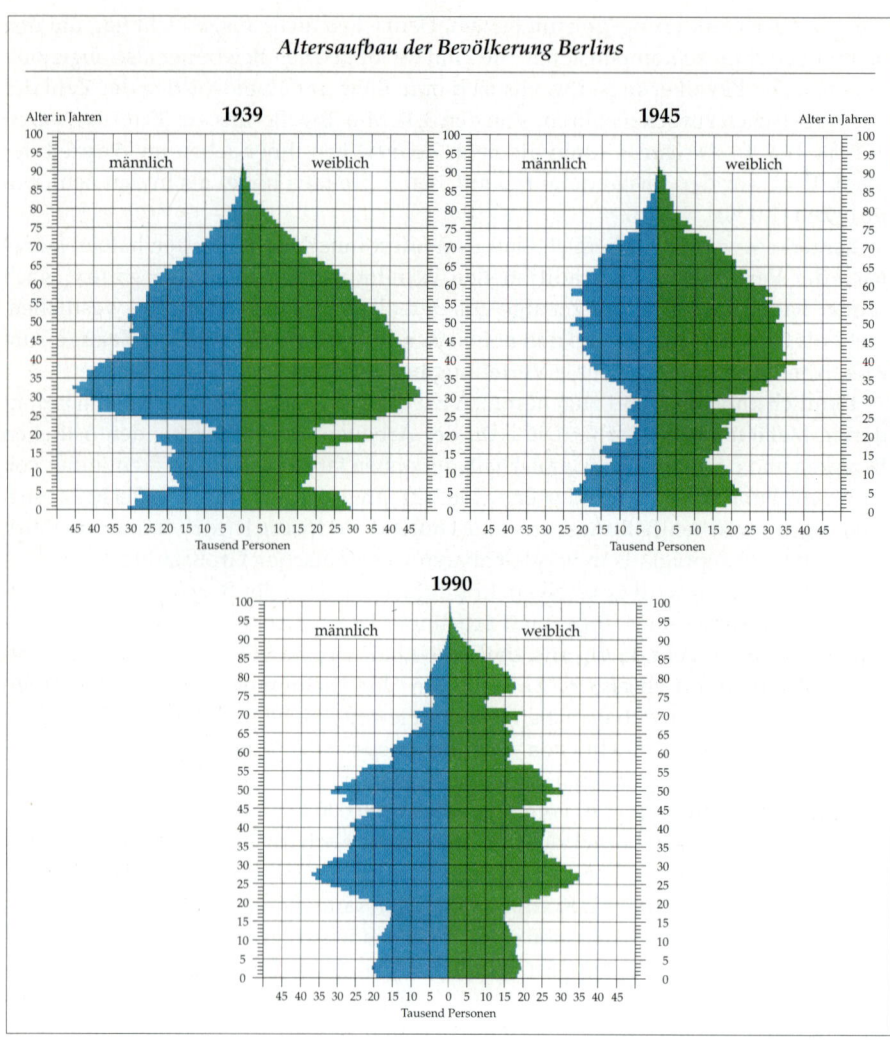

248

C

Campingplätze: In Berlin gibt es insg. acht ganzjährig geöffnete C., von denen die drei im Westteil der Stadt gelegenen Plätze auch auswärtigen Besuchern für Übernachtungen zur Verfügung stehen. Sie gehören zum Deutschen Camping-Club e.V. (DCC) und befinden sich in den westlichen Randgebieten der Stadt, in > KLADOW und in > HASELHORST im Bezirk > SPANDAU sowie im äußersten Süden bei > ALBRECHTS TEEROFEN im Bezirk > ZEHLENDORF. Daneben gibt es fünf C. im > KÖPENICKER FORST im Ost-Berliner Bezirk > KÖPENICK: „Zeuthener See I", „Zeuthener See II" am > ZEUTHENER SEE sowie „Große Krampe I" und „Große Krampe II" und ein spezieller Jugendcampingplatz an der > GROSSEN KRAMPE. Ihre Existenz beruht seit der > VEREINIGUNG auf einem Pachtvertrag mit dem Landesforstamt (> FORSTEN), der es den jeweiligen C.-Verwaltungen bis auf weiteres untersagt, außer den bisherigen Dauercampern weitere Urlauber aufzunehmen. Die Gesamtkapazität dieser fünf C. bietet Platz für ca. 6.000 Dauercamper und war in der vergangenen Saison fast vollständig ausgebucht. Da auch auf den drei C. in Spandau und Zehlendorf rund 80 % aller Stellplätze an Dauercamper vergeben sind, steht auch dort nur jeder fünfte Stellplatz für auswärtige Besucher zur Verfügung. Auf diesen Plätzen haben von Januar bis Oktober 1991 ca. 48.671 Gäste fast 134.000 Übernachtungen verbracht. Die durchschnittliche Aufenthaltsdauer betrug 3-4 Tage. Unter den ausländischen Besuchern, die 56 % der Gästeanmeldungen ausmachten, dominierten die Niederländer vor den Belgiern und den Dänen.

Canisius-Kolleg: Das nach dem berühmten Kirchenlehrer des 16. Jh. Petrus Canisius benannte C. ist ein staatlich anerkanntes grundständiges Gymnasium, das in freier Trägerschaft durch den Jesuitenorden geführt wird. Es wurde 1925 gegründet und hat seit 1947 seinen Sitz im 1938 erbauten ehem. Gästehaus der Firma Krupp in der Tiergartenstr.

30 am Rand des ehem. > DIPLOMATENVIERTELS im Bezirk > TIERGARTEN. Wert- und Zielvorstellungen des Unterrichts orientieren sich am christlich-katholischen Weltbild; Religion ist ordentliches Lehrfach. Die Sprachenfolge ist Latein (ab 5. Klasse), Englisch (ab 7. Klasse) und wahlweise Griechisch oder Französisch (ab 8. Klasse); seit 1985 wird ab der 9. Klasse auch Japanisch angeboten. Der Fachunterricht wird ergänzt durch ein breites Angebot außerschulischer Jugendarbeit (incl. gemeinsamer Freizeitgestaltung), das von etwa der Hälfte der Schüler genutzt wird. 1992 hatte das C. rd. 800 Schüler, die von 66 Lehrkräften unterrichtet wurden. Die Personalmittel werden zu 90 % vom Land Berlin übernommen, die restlichen Kosten werden durch das Schulgeld der Eltern, Zuwendungen der > KATHOLISCHEN KIRCHE und Spenden gedeckt. (> PRIVATSCHULEN)

CARE: Die Cooperative for American Remittances to Europe (CARE) wurde am 27.11. 1945 von 27 privaten amerikanischen Hilfsorganisationen gegründet. Aus Spenden finanziert, verteilte CARE zur Bekämpfung des Elends und Notstands in Deutschland nach dem II. Weltkrieg von 1946-63 fast 10 Mio. CARE-Pakete, davon ca. 3 Mio. in Berlin. Ihren größten Umfang erreichte die Unterstützung während der sowjetischen > BLOKADE Berlins 1948/49, als ca. 200.000 CARE-Pakete über die > LUFTBRÜCKE in die Stadt geflogen wurden. Neben Lebensmittel-Paketen gab es Lieferungen mit Babyartikeln, Kleidung, Decken, Handwerkszeug, Kerzen und Maschinen. Ferner organisierte CARE ab 1951 Schulspeisungen für Schüler und Studenten. Die Verteilung der Hilfsgüter erfolgte in Zusammenarbeit mit den Berliner Sozialämtern. Das Organisationsnetz von CARE nutzte man auch zur Verteilung von Lebensmitteln, die mit Haushaltsmitteln der US-Regierung finanziert wurden (> GARIOA-HILFE). 1960 wurde die CARE-Hilfe für die Bundesrepublik und 1963 für Berlin

(West) eingestellt.
In den 50er und 60er Jahren dehnte CARE ihre Hilfe international aus und lieferte z.B. während des Korea-Krieges Hilfsgüter in asiatische Länder. Dementsprechend führt sie heute den Namen Cooperative for American Remittances to Everywhere. Am 20.3. 1980 wurde CARE DEUTSCHLAND e.V. mit

Verteilung von Care-Paketen an Flüchtlinge 1953

Sitz in Bonn gegründet, um Hunger, Krankheit und Armut in Ländern der Dritten Welt zu bekämpfen. (> ENTWICKLUNGSPOLITIK)

Carillon: Das am 27.10.1987 im Rahmen der 750-Jahr-Feier Berlins eingeweihte C. im > GROSSEN TIERGARTEN ist das größte Instrument dieser Art in Europa und das viertgrößte der Welt. Das neben der > KONGRESSHALLE TIERGARTEN in einem 42 m hohen, mit schwarzem Granit verkleideten Betonturm installierte Glockenspiel mit 68 Glocken in einem Tonumfang von fünfeinhalb Oktaven enstand in einer niederländischen Gießerei nach Entwürfen des amerikanischen Musikwissenschaftlers Jeffery A. Bossin. Es war das Geschenk eines Automobilkonzerns an die Stadt zur Erinnerung an die im II. Weltkrieg zerstörten Glockenspiele in der Potsdamer Garnisonskirche und der Berliner > PAROCHIALKIRCHE. Die Kosten für den Turm wurden vom Mäzen und dem Land Berlin gemeinsam getragen. Neben Sonderkonzerten erklingt das C. computergesteuert täglich um 12 und 18 Uhr jeweils für 5 min. Am 6. und 7.7.1991 fand im C. erstmals ein internationaler Wettbewerb für Carilloneure mit zwölf Teilnehmern statt. Außer dem C. gibt es in Berlin weitere Glockenspiele in den Türmen der > FRANZÖSISCHEN FRIEDRICHSTADTKIRCHE und der > NIKOLAIKIRCHE.

Caritasverband Berlin e.V.: Der C. mit Sitz in der Residenzstr. 90-91 im Bezirk > WEDDING ist ein anerkannter Spitzenverband der freien > WOHLFAHRTSPFLEGE. Er ist eine Gliederung des Caritasverbandes für das Bistum Berlin e.V. und des Deutschen Caritasverbandes e.V. in Freiburg und unterliegt der Aufsicht des Bischofs von Berlin (> KATHOLISCHE KIRCHE).

Die Caritas hilft Menschen, die Hilfe brauchen, unabhängig von Nationalität, Weltanschauung oder Konfession. Sie widmet sich allen Aufgaben sozialer und karitativer Hilfe in Einrichtungen und offener Sozialarbeit. Der C. ist Dachverband für 127 rechtlich selbständige Träger und vertritt deren Interessen innerhalb der Liga der Spitzenverbände der Freien Wohlfahrtspflege. Zur Erfüllung seiner Aufgaben unterhält er über 70 Bezirksstellen, > SOZIALSTATIONEN und Beratungsstellen, die Hilfe in Krisensituationen, z.B. bei Ehe- und Familienfragen, bei Schwangerschaftskonflikten, Suchtproblemen und allgemeinen Lebensfragen, oder für bestimmte Zielgruppen, z.B. Aussiedler, Ausländer, Alleinstehende oder > OBDACHLOSE, leisten. Der C. unterhält ferner 71 katholische > KINDERTAGESSTÄTTEN, 13 Kinder- und Jugendheime, 21 Seniorenheime (> ALTENHILFE) sowie 15 > KRANKENHÄUSER und drei Krankenheime. In den Einrichtungen des C. sind über 6.000 hauptamtlich Beschäftigte und rd. 2.000 ehrenamtliche Mitarbeiter tätig.

Dem C. sind die karitativen Fachverbände wie Caritas- und Vinzenzkonferenzen, der Sozialdienst katholischer Frauen und der Verband katholischer Mädchensozialarbeit, das Raphaelwerk, der Kreuzbund sowie der Malteser-Hilfsdienst angeschlossen. Er finanziert sich aus Leistungsvergütungen, Zuwendungen und Spenden, aus Mitgliedsbeiträgen sowie aus öffentlichen Fördermitteln.

Der C. wurde am 11.3.1901, vier Jahre nach Gründung des deutschen Caritasverbandes durch den katholischen Priester Lorenz Werthmann, in der Niederwallstr. im heutigen Bezirk > MITTE gegründet. Unter der nationalsozialistischen Herrschaft wurde die Tätigkeit des C. eingeengt, er blieb aber als arbeitsfähige und nicht gleichgeschaltete Institution bestehen. Nach der > SPALTUNG Berlins arbeitete der C. nur noch im Westteil Berlins, im Ostteil der Stadt entstand ein eigener Caritasverband als Dienststelle des Berliner Bischofs. Nach der > VEREINIGUNG ist der C. seit 1.1.1991 wieder für ganz Berlin zuständig.

Carl Duisberg-Gesellschaft e.V. (CDG): Die 1949 auf Initiative des Chemikers und Industriellen Carl Duisberg gegründete CDG ist eine gemeinnützige Organisation für internationale berufliche Weiterbildung und Personalentwicklung. Sie setzt sich aus mehreren rechtlich selbständigen Gesellschaften im In- und Ausland und aus einer Reihe von Förderkreisen zusammen. Leitgesellschaft ist die Carl Duisberg Gesellschaft e.V. in Köln. Daneben verfügt sie in jedem Bundesland über eine Landesstelle. Der Sitz der Berliner Landesstelle befindet sich am Lützowufer 6-9 im Bezirk > TIERGARTEN. Die CDG betreut Fach- und Führungskräfte aus der Bundesrepublik sowie aus nahezu allen Industrie- und Entwicklungsländern der Welt. Die CDG ist ferner Träger des in Berlin durchgeführten Programms > ARBEITS- UND STUDIENAUFENTHALTE IN AFRIKA, LATEINAMERIKA UND ASIEN, ASA-PROGRAMM. Außerdem arbeitet in Berlin eine Fachgruppe der mit Entwicklungspolitik befaßten Abteilung der Zentrale mit dem Schwerpunkt Umwelt- und Ressourcenschutz.

1991 betreute die Landesstelle Berlin mit 26 festen Mitarbeitern 444 Stipendiaten der CDG und anderer Programmträger sowie 117 Seminargruppen mit 1.843 Stipendiaten der CDG und anderer entwicklungspolitischer Institutionen. Neben ihrem Landesbüro unterhält die CDG zur Stipendiatenunterbringung ein Gästehaus in der Schillerstr. in > CHARLOTTENBURG sowie weitere ca. 160 angemietete Apartments.

Die CDG wird von zahlreichen deutschen Firmen, Wirtschaftsverbänden, der Bundesregierung und den Regierungen der Bundesländer getragen. Im Vorstand der CDG sind die Bundesregierung, die Bund-Länder-Verbände, Unternehmen und z.T. die regionalen CDG-Arbeitskreise vertreten. Neben Mitgliedsbeiträgen und Spenden sind Zuwendungen der Bundesregierung, der Landesregierungen – im Fall Berlin verschiedener > SENATSVERWALTUNGEN – und internationaler Organisationen die wichtigsten Finanzierungsquellen.

Chamber Orchestra of Europe: Das 1981 von jungen Musikern aus zwölf europäischen Ländern gegründete und als eingetragener Verein rechtlich organisierte C. hat seit 1988 seinen Hauptsitz in Berlin. Dabei stellt die > BERLINER FESTSPIELE GMBH in der Budapester Str. 48-50 im Bezirk > CHARLOTTENBURG dem C. seine Infrastruktur zur Verfügung. Der Vorstand des Orchesters, dessen Musiker von Projekt zu Projekt wechseln, hat seinen Sitz in London, von wo aus er die jeweilige Zusammensetzung des C. organisiert. Das Orchester wird von Claudio Abbado in künstlerischen Fragen beraten, hat jedoch keinen festen Leiter. Der jeweilige Dirigent wird erst im Hinblick auf die geplanten Programme gewählt.

Das C. ist kein Spezialensemble für bestimmte Epochen oder Stile, sondern deckt die gesamte orchestrale Musik des 18.-20. Jh. ab. Dabei zeichnen sich die Programme durch unkonventionelle Zusammenstellungen und die Einbeziehung unbekannter oder vernachlässigter Werke aus. Auch auf dem Schallplattenmarkt ist das C. mit einer Reihe von Produktionen vertreten, darunter Aufnahmen sämtlicher Symphonien von Ludwig van Beethoven und Franz Schubert sowie der Bläserkonzerte von Mozart. Ein Großteil dieser Produktionen entstand während der Berliner Arbeitsphasen. Als freies, nicht an eine bestimmte Institution gebundenes Ensemble hat es sich in dem bisherigen Jahrzehnt seiner Existenz den Ruf eines Orchesters ersten Ranges erworben.

Dem Orchester gehören etwa 50 Musiker an. In der Spielzeit 1991/92 gab es insg. 20 Konzerte, davon zehn in Berlin. Die Arbeit des Orchesters in Berlin wird noch bis Ende der Spielzeit 1992/93 zu etwa 75 % ermöglicht durch Zuschüsse der Stiftung > DEUTSCHE KLASSENLOTTERIE BERLIN und der Festspiele GmbH, die im Auftrag der > SENATSVERWALTUNG FÜR KULTURELLE ANGELEGENHEITEN die Verwaltung der Konzertreisen übernimmt und während der > BERLINER FESTWOCHEN Aufträge an das C. für Konzerte erteilt. Darüber hinaus erhält das Orchester Unterstützung von internationalen Firmen und privaten Mäzenen.

Die Wahl von Berlin als Hauptsitz für zunächst drei Jahre bewirkte ab 1988 eine gewisse institutionelle Konsolidierung. Durchschnittlich kommen die Mitglieder innerhalb eines Jahres etwa 14 Tage per Monat zusammen – dreimal im Jahr für jeweils drei Wochen in Berlin zur Probenarbeit, den Rest zu Konzertreisen. In Berlin hält das Orchester seine jährlichen Arbeitsphasen ab, hier liegt auch der Schwerpunkt der Konzerttätigkeit mit etwa 50 %. Durch die Fortführung der staatlichen Unterstützung gelang es 1991, das C. für weitere zwei Jahre an Berlin zu binden.

Chamissoplatz: Der nach dem Dichter und Naturforscher Adelbert von Chamisso benannte Platz im Bezirk > KREUZBERG, östlich des > VIKTORIAPARKS, liegt inmitten eines Gebietes, das seit 1964 als „geschützter Baubereich" und seit 1979 als Sanierungsgebiet ausgewiesen ist (> STADTSANIERUNG). Die für Berlin typische fünfgeschossige einheitliche Blockrandbebauung des Platzes und seiner angrenzenden Straßen entstand in der zweiten Hälfte des 19. Jh. auf der Grundlage des > HOBRECHTPLANS und wurde im II. Weltkrieg nicht zerstört. In den 70er Jahren war die Umgebung eines der ersten Projekte im Rahmen der „behutsamen Stadterneuerung", die sich anstelle der bisher meist praktizierten sog. „Kahlschlagsanierung" um eine Wohnwertverbesserung bei Erhalt und Wiederherstellung der gewachsenen Bausubstanz und des Stadtbildes bemühte (> BAUGESCHICHTE UND STADTBILD).

Südwestlich des C. steht an der Fidicin-/ Ecke Kopischstr. ein 1887/88 nach Entwürfen der Regierungsbaumeister Hugo Hartung und Richard Schultze erbautes Wasserhebewerk (> WASSERVERSORGUNG/ENTWÄSSERUNG). Der 1960 stillgelegte und Anfang der 80er Jahre unter Denkmalschutz gestellte Turm wurde 1986-88 restauriert und wird seitdem vom Bezirksamt Kreuzberg als Jugend-, Kultur- und Kommunikationszentrum genutzt.

Charité: Die C. ist das älteste und traditionsreichste Krankenhaus Berlins (> KRANKENHÄUSER). Gleichzeitig ist sie die älteste medizinische Bildungseinrichtung Deutschlands. Als *Universitätsklinikum* und Medizinische Fakultät der > HUMBOLDT-UNIVERSITÄT ZU BERLIN umfaßt sie neben den 19 Kliniken und 18 Instituten (einschließlich der Vorklinik) und der Zahnklinik eine Poliklinik für die ambulante medizinische Versorgung, eine Schule für Medizinalfachberufe, die Charité-Apotheke und eine wissenschaftliche Zentralbibliothek. Das Klinikum verfügt über 1.600 Betten. Die Einrichtungen der C. im Osten des Bezirks > MITTE erstrecken sich über das Areal zwischen Invalidenstr. und dem > REICHSTAGSGEBÄUDE.

An der C. waren im Juli 1992 etwa 4.900 Mitarbeiter beschäftigt, davon 950 Wissenschaftler (Ärzte, Zahnärzte und Naturwissenschaftler), 150 Professoren und 1.600 Pflegekräfte. In den Studiengängen Humanmedizin, Zahnmedizin, Medizin-/Pflegepädagogik sowie Pflegemanagement sind

insg. 3.400 Studenten (davon im 1. Studienjahr 1992/93 in der Humanmedizin 490, Zahnmedizin 82 und Pflegepädogogik 40) immatrikuliert. Der Gesamthaushalt der C. umfaßte etwa 440 Mio. DM, davon 175 Mio. DM als Landeszuschuß. Bei der Einwerbung von Drittmitteln hat die C. ca. 15 Mio. DM per anno erreicht. Forschungsschwerpunkte

Charité, links im Hintergrund die Chirurgische Klinik

sind u.a. Risikoneugeborene, Neurotransmissionsmechanismen, Gefäß- und Herzwandfunktionen, Autoimmunerkrankungen sowie Proteinstrukturforschung.

Die Tradition der C. reicht bis ins Jahr 1710 zurück. Als *Pesthaus* vor der > STADTMAUER am Spandauer Tor errichtet, wurde das Haus 1726 als Garnisons- und Bürgerlazarett zu einer preußischen Lehr- und Forschungsstätte sowie Übungsschule für angehende Ärzte und Wundärzte. Vom „Soldatenkönig" Friedrich Wilhelm I. (1713-40) erhielt es 1727 den Namen C. („Liebeswerk", „Mildtätigkeit"). Die C. war sowohl mit Akutkranken als auch mit Hospitaliten belegt und diente als klinisch-praktische Ergänzung zum 1724 gegründeten Collegium medico-chirurgicum, einer Ausbildungs- und Prüfungsbehörde.

Mit der Gründung der Berliner Universität (> FRIEDRICH-WILHELMS-UNIVERSITÄT) begann die eigentliche Blütezeit der C. Sie erhielt zahlreiche Neu- und Erweiterungsbauten, wurde in den Universitätsbereich jedoch nur allmählich einbezogen. Von den nach 1800 errichteten Gebäuden (v.a. 1831-36 um den Robert-Koch-Platz) ist nur noch das 1836-37 erbaute einstige Pockenkrankenhaus erhalten, das heute das Institut für Experimentelle Endokrinologie beherbergt. Auf Anregung von Friedrich Althoff erfolgten nach Plänen von Kurt Diestel 1894-1917 umfangreiche Neubauten auf dem Gelände zwischen Invalidenstr., > STADTBAHN, Schumann- und

Luisenstr. Die im Stil der Neogotik errichteten, mit roten Ziegeln verblendeten Einzelgebäude und Baukomplexe mit Schaugiebeln, Türmchen und Loggien-Arkaden prägen bis heute des Bild der C.

Ein Teil der Gebäude wurde im II. Weltkrieg zerstört, andere 1975-1985 rekonstruiert. 1977-82 entstand auf der östlichen Seite der Luisenstr. (damals Hermann-Matern-Str.) nach Plänen von Karl-Ernst Swora ein 21geschossiges Bettenhochhaus für die operativen Fächer mit 26 Operationssälen, intensivmedizinischen Bereichen sowie dem Lehrtrakt. Eine überdachte Brücke verbindet Alt- und Neubau.

Berühmte Ärzte der C., an die z.T. auf dem Gelände aufgestellte Porträt-Büsten erinnern, waren u.a. der Psychiater Wilhelm Griesinger, der Physiologe Johannes Müller, die Chirurgen Adolf Bardeleben, Franz König, Johann Friedrich Dieffenbach und Ferdinand Sauerbruch, die Kinderärzte Otto Heubner und Adalbert Czernig, die Internisten Ernst v. Leyden, Johann Lucas Schönlein und Ludwig Traube oder der Pathologe Rudolf Virchow. Das architektonische Denkmal für den Augenarzt Albrecht v. Graefe an der Schumann-/Ecke Luisenstr. ist ein Werk von Rudolf Siemering in Zusammenarbeit mit Martin Gropius und Heino Schmieden von 1882.

Charlottenburg: Der Innenstadtbezirk C. ist neben dem Bezirk > MITTE der zweite City-Bezirk Berlins (> CITY). Von 1945-90 gehörte C. zum britischen Sektor (> SEKTOREN) und bildete mit dem Geschäftsviertel um > TAUENTZIENSTRASSE und > KURFÜRSTENDAMM das Zentrum der westlichen Teilstadt. Auch heute noch gibt der dichtbebaute Bezirk mit seinen zahlreichen Einkaufsmöglichkeiten, Gast- und Kulturstätten, Geschäftshäusern und Hotels der Stadt ihr eigentliches großstädtisches Gepräge.

Der Bezirk entstand 1920 bei der Bildung > GROSS-BERLINS als siebter Verwaltungsbezirk durch die Eingemeindung der bis dahin selbständigen Stadt C. Seinen Namen führt der Bezirk nach dem gleichnamigen Schloß, das König Friedrich (III.) I. (1688-1713) ab 1695 für seine Ehefrau Sophie Charlotte als Sommerresidenz errichten ließ (> SCHLOSS CHARLOTTENBURG).

Im Osten grenzt C. an den Bezirk > TIERGARTEN und mit einem kurzen Stück an > SCHÖNEBERG, im Süden an > WILMERSDORF, im Westen

an > SPANDAU und im Norden längs des Hohenzollernkanals an > REINICKENDORF und > WEDDING. Bei der Gebietsreform 1938 verlor C. erhebliche Flächen an Spandau, Reinickendorf, Wedding und Schöneberg, erhielt umgekehrt aber ein Stück von Wilmersdorf. C. liegt überwiegend im > WARSCHAU-BERLINER URSTROMTAL der > SPREE, die den Bezirk im Norden von Ost nach West durchfließt, zu Teilen auch auf dem Hochplateau des > TELTOW. Der Bezirk wird nicht in weitere Ortsteile gegliedert, es gibt aber lokale Bezeichnungen für einzelne Bereiche wie > EICHKAMP, > WESTEND, > RUHLEBEN und > CHARLOTTENBURG-NORD.

Funde belegen die Anwesenheit von Menschen im Charlottenburger Raum bereits in der Jungstein- und in der Bronzezeit. Ein 1881 nördlich des heutigen > ERNST-REUTER-PLATZES gefundenes Urnenfeld aus der Zeit um 1000 v. Chr. läßt auf die Nähe einer Siedlung schließen. Das heutige C. nahm seinen Ursprung mit der Ansiedlung *Lietzow* (im 18. Jh. auch *Lützow*), die 1373 anläßlich ihrer Umwandlung in ein Dorf erstmals erwähnt wurde. Bis zu dessen Säkularisierung 1558 unterstand das Dorf dem Benediktinerinnen-Kloster in > SPANDAU, danach der Stadt Spandau, bis es 1695 an die Kurfürstin kam. Mit dem Bau des zunächst „Lützenburg" genannten Schlosses entstand auf der benachbarten Feldmark eine Siedlung mit etwa 100 Einwohnern, die 1705 durch Friedrich I. zur Stadt erhoben wurde und – wie das Schloß – auf Anweisung des Königs zu Ehren der Königin den Namen C. erhielt. Der Sohn und Nachfolger Friedrich I., Friedrich Wilhelm I. (1713-40), ließ Lietzow 1719 nach C. eingemeinden. Vom alten Dorf Lietzow ist außer der Straße Alt-Lietzow und der als Standesamt genutzten Villa Kogge (1864) nichts erhalten. Die dortige Kirche von 1961 ersetzte den kriegszerstörten Bau von 1910, der an die Stelle der um 1470 errichteten, 1848-56 von August Stüler aufwendig umgebauten alten Dorfkirche getreten war.

Dank des Schlosses nahm C. einen raschen Aufschwung. V.a. nach dem Einsetzen der Industrialisierung und in der zweiten Hälfte des 19. Jh. entstand eine rege Bautätigkeit. 1866 begann die Anlage der > VILLENKOLONIE > WESTEND, 1886 der Bau des Kurfürstendamms. 1893 war C. mit 100.000 Einwohnern zur Großstadt geworden, die sich sprunghaft weiterentwickelte. Um die Jahrhundertwende betrug die Einwohnerzahl bereits 182.000

und 1913 waren es 320.000.

In diese Zeit gehören die Errichtung der Technischen Hochschule Charlottenburg (1878; heute > Technische Universität), der > Hochschule der Künste (1898), des > Theaters des Westens (1896), der > Kaiser-Wilhelm-Gedächtniskirche (1895), des > Schiller-theaters (1907) und des Opernhauses (1912; heute > Deutsche Oper Berlin). C. war aufgrund des hohen Steueraufkommens ihrer Bürger zur „reichsten Stadt in Preußen" geworden. Einen sichtbaren Ausdruck fand dieser Wohlstand auch in dem als repräsentativer Stadteingang von Berlin her 1906 an der Charlottenburger Chaussee, der heutigen > Strasse des 17. Juni, errichteten *Charlottenburger Tor* an der Charlottenburger Brücke über den > Landwehrkanal und dem 1899 erbauten repräsentativen Rathaus an der heutigen Otto-Suhr-Allee. Östlich des Charlottenburger Tors liegt heute das Ernst-Reuter-Haus mit dem > Deutschen Institut für Urbanistik und der > Senatsbibliothek sowie die > KPM – Königliche Porzellanmanufaktur. Auf der Straße des 17. Juni findet an Wochenenden Berlins größter Flohmarkt statt (> Trödelmärkte).

Die schnelle Entwicklung C. setzte sich in den 20er Jahren fort. Bis 1925 stieg die Bevölkerungszahl auf 345.000 an. Der Berliner Westen war zu einem zweiten kulturellen Zentrum Berlins geworden, während die Regierungsinstitutionen, Bank- und Geschäftshäuser überwiegend im Bezirk Mitte verblieben. Es entstanden weitere für die ganze Stadt wichtige Einrichtungen: Die > Avus (1921), das > Messegelände mit dem Funkturm (1926), das > Haus des Rundfunks (1931), die > Deutschlandhalle (1935). Für die > Olympischen Spiele 1936 wurde das > Olympiastadion („Reichssportfeld") zusammen mit der Hochschule für Leibesübungen, dem *Maifeld*, dem Glockenturm und der als Amphitheater angelegten > Waldbühne erbaut. Im Gebäude der Hochschule befand sich in der Zeit der alliierten Besetzung von 1945-90 das Hauptquartier der britischen Streitkräfte. Das Maifeld nutzten die Briten als Polofeld und für die alljährliche Geburtstagsparade zu Ehren der britischen Königin. Westlich und südwestlich des Stadions war im Rahmen der Planungen des > General-bauinspektors für den Ausbau der „Reichs-hauptstadt" eine Wissenschaftsstadt vorgesehen. Die Ruine der damals begonnenen Wehrtechnischen Fakultät überdeckt heute

Berlins größter Trümmerberg, der > Teufels-berg, am Nordrand des > Grunewalds (> Trümmerberge). Er ist mit 115 m Höhe gemeinsam mit den > Müggelbergen in > Köpenick zugleich die höchste Erhebung Berlins.

Als Innenstadtbezirk erlitt C. schwere Kriegsschäden, etwa zwei Fünftel aller Wohnungen wurden ganz oder teilweise zerstört. Neben der Instandsetzung der Gebäude spielten daher nach dem Ende des II. Weltkriegs Neubauprojekte eine besondere Rolle.

Rathaus Charlottenburg

Die Neubausiedlungen gegenüber dem Ruhwaldpark in Charlottenburg-Nord und die benachbarte > Paul-Hertz-Siedlung sind hierfür ebenso Beispiele wie die Hochhaussiedlung zwischen Angerburger Allee und Heerstr. Ein in jeder Hinsicht herausragendes Wohngebäude ist das im Rahmen der Interbau 1957 entstandene > Corbusier-Haus des französischen Architekten Le Corbusier am Olympiastadion (> Bauausstellungen).

Obwohl C. ein Innenstadtbezirk ist, weist er mit 35 % einen relativ hohen Anteil an Wohngebietsflächen aus. Selbst in den unmittelbaren Citybereichen um den Kurfürstendamm gibt es im Gegensatz zu den Zentren anderer Großstädte einen hohen Bestand an Wohnungen, die maßgeblich dazu beitragen, daß dieses Viertel auch nach Geschäftsschluß seine Lebendigkeit und Attraktivität bewahrt. Dies ist v.a. Resultat einer in der Zeit der Teilung und Abschnürung aufgrund der Wohnraumknappheit eingeführten Preis- und Nutzungsbindung, die eine Verdrängung der Bewohner durch geschäftliche Nutzung bisher verhindert hat (> MIETRECHT; > WOHNUNGSBAU). Auch zukünftig soll die Durchmischung dieser Bereiche erhalten bleiben.

Die wichtigsten Ost-West-Verbindungen sind der Kurfürstendamm, die Kantstr. und die an der > STADTBAHN. Der Südring der > S-BAHN zwischen *Westkreuz* und > BAUMSCHULENWEG in > TREPTOW soll Ende 1993 wieder in Betrieb genommen werden. Dazu kommen im Eisenbahn-Fernverkehr der > BAHNHOF ZOOLOGISCHER GARTEN und als Regionalbahnhöfe Charlottenburg und Jungfernheide. Der Bus-Fernverkehr startet am *Zentralen Omnibusbahnhof (ZOB)* gegenüber den Messehallen.

Die zentrale Dienstleistungsfunktion von C. wird deutlich durch das inzwischen auf 26

Charlottenburg – Fläche und Einwohner		
Fläche (31.12.1990)	30,33 km^2	100 %
Bebaute Fläche	14,12	45,8
Wohnfläche	7,43	24,6
Gewerbe- und Industriefläche		
inkl. Betriebsfläche	0,83	2,7
Verkehrsfläche	7,32	24,2
Grünfläche[1]	6,22	20,6
Landwirtschaft	0,13	0,4
Wald	0,7	2,3
Wasser	0,98	3,2
Einwohner (31.12.1989)	183.300 EW	
darunter: Ausländer	29.935	16,3 %
Einwohner pro km^2	6.064	

[1] Parks, Tierparks, Kleingärten, Spielplätze, ungedeckte Sportanlagen, Freibäder, Friedhöfe

Hardenbergstr., die sich nach Osten in der Budapester Str. bzw. dem mit der Tauentzienstr. beginnenden > GENERALSZUG fortsetzen sowie die > OST-WEST-ACHSE im Verlauf der Bundesstraßen 2 und 5 (> BUNDESFERNSTRASSEN), die den Bezirk von Ost nach West auf voller Länge durchquert. Wichtigste Verbindungen in Nord-Süd-Richtung sind der Straßenzug Kaiser-Friedrich-Str., Lewishamstr. mit der Untertunnelung des Kurfürstendamms am Adenauerplatz und Helmholtzstr., Dovestr., Cauerstr., Leibnizstr., v.a. aber der Stadtautobahnring A 100 mit dem Avus-Verteiler am > FUNKTURM, der mit einer täglichen Belastung von bis zu 200.000 Kfz das am stärksten befahrene Autobahnstück Deutschlands ist. Die 930 m lange *Rudolf-Wissell-Brücke* der A 100 über das Spreetal ist die längste Brücke Berlins (> BRÜCKEN).

Für den > ÖFFENTLICHEN PERSONENNAHVERKEHR gibt es neben dem > OMNIBUSVERKEHR 19 U-Bahnhöfe an vier Linien und vier S-Bahnhöfe an

Hallen mit knapp 100.000 m^2 Ausstellungsfläche angewachsene Messegelände und das > INTERNATIONALE CONGRESS CENTRUM (ICC), den > SENDER FREIES BERLIN mit seinem Fernsehzentrum am > THEODOR-HEUSS-PLATZ und einer Ausbildungsstätte für ausländische Fernsehfachkräfte, die Landespostdirektion der > DEUTSCHEN BUNDESPOST, das Firmen-Verwaltungszentrum am Ernst-Reuter-Platz, das Hotelviertel an der Budapester Str., die > INDUSTRIE- UND HANDELSKAMMER mit der > BÖRSE und dem nach dem II. Weltkrieg neu entstandenen Bankenviertel um Hardenberg- und Kantstr. Außerdem haben in C. die > LANDESVERSICHERUNGSANSTALT, die > OBERFINANZDIREKTION, die > SENATSVERWALTUNG FÜR FINANZEN und die > FACHHOCHSCHULE FÜR VERWALTUNG ihren Sitz.

Im Bezirk befinden sich die beiden Berliner Instanzen der > VERWALTUNGSGERICHTSBARKEIT und das > BUNDESVERWALTUNGSGERICHT sowie der fünfte Senat des > BUNDESGERICHTSHOFS und das > Landgericht. In der Nähe des > Plötzensees liegen die Berliner Frauenhaftanstalt und die Jugendstrafanstalt Plötzensee (> Justizvollzug). Bereits 1952 wurde aus dem Gefängnisbereich die ehem. Hinrichtungsstätte ausgegliedert und zur > Gedenkstätte Plötzensee für die Opfer des Nationalsozialismus umgewandelt.

Mit der Technischen Universität ist C. auch ein wichtiger Standort von > Wissenschaft und Forschung. Zu den bedeutenden Forschungseinrichtungen zählen u.a. das > Heinrich-Hertz-Institut der Fraunhofer-Gesellschaft und das architektonisch anspruchsvolle > Produktionstechnische Zentrum am Spreebogen oder die > Versuchsanstalt für Wasserbau und Schiffbau. Auch der > Deutsche Werkbund Berlin und das > Internationale Design-Zentrum sind in C. ansässig.

Die größte Gruppe der Gewerbebetriebe stellen Einzelhandel, Gaststättengewerbe und Beherbergungsbetriebe. In diesem Bereich liegt C. an der Spitze aller Berliner Bezirke. Aber es gibt auch 70 Betriebe des verarbeitenden Gewerbes mit mehr als 20 Beschäftigten, deren Standorte sich überwiegend in der Nähe der >Wasserstrassen im Norden des Bezirks befinden. Die insg. 6.438 Mitarbeiter dieser Betriebe erwirtschafteten 1989 einen Umsatz von 1,5 Mrd. DM. Damit liegt C. im unteren Viertel der West-Berliner Industriebetriebe.

Wie sonst nur noch im Bezirk Mitte konzentrieren sich in C. kulturelle Einrichtungen aller Sparten. Neben den schon erwähnten > Staatlichen Bühnen und dem Theater des Westens befinden sich hier das > Renaissance-Theater, die > Tribüne sowie die > Komödie und das > Theater am Kurfürstendamm im > Kudamm-Karree. Auch die Kultureinrichtungen der westlichen > Alliierten haben in C. ihren Sitz (> Amerika Haus, > British Centre und > Institut Français). Der Orchestersaal der Hochschule der Künste ist einer der vier großen Konzertsäle der Stadt (> Musik).

Mit den > Museen und Sammlungen am Schloß Charlottenburg (> Ägyptisches Museum, > Antikenmuseum, > Museum für Vor- und Frühgeschichte, Galerie der Romantik, Bröhan-Museum, Schinkel-Pavillon, Orangerie, Belvedere) bildet C. neben der > Museumsinsel, > Dahlem und dem > Kulturforum Tiergarten ein viertes Museumszentrum in der Stadt. Eine Besonderheit bildet die > Gipsformerei. An Museen findet man weiter-hin das > Georg-Kolbe-Museum, das > Kollwitz-Museum als Teil des Wintergarten-Ensembles (mit Villa Grisebach und > Literaturhaus) und das > Deutsche Rundfunkmuseum. Sehenswert ist auch das Wachsfigurenkabinett „Berliner Panoptikum" im > Kudamm-Eck.

Im Charlottenburger Citybereich befindet sich die größte Ansammlung von > Kinos in der Stadt und unzähligen Galerien. Die Restaurants und Kneipen, vor allem zwischen Adenauerplatz und > Savignyplatz, tragen ebenso zum Flair bei wie die berühmte Kranzler-Ecke (Kurfürstendamm/Joachimstaler Str.) und das zu einer eigenen Welt gewordene > Europa-Center am > Breitscheidplatz. Hier hat Berlins bekanntestes Kabarett, > Die Stachelschweine, sein Domizil.

Größte Grünanlage ist der im Rahmen eines Notstandsprogramms in den 20er Jahren entstandene > Volkspark Jungfernheide im Norden des Bezirks. Von gartenkünstlerischer Bedeutung sind ferner der Schloßpark Charlottenburg und auch der kleine > Lietzenseepark am westlichen Ende der Kantstr. An der Olympischen Str. liegt rund um den Sausuhlensee der > Städtische Friedhof Heerstrasse, auf dem zahlreiche bekannte Berliner Persönlichkeiten bestattet sind. Weiter stadtauswärts liegt südlich der Heerstr. im nördlichsten Zipfel des Grunewalds ein britischer Soldatenfriedhof und der > Jüdische Friedhof Heerstrasse. Ein Zeugnis für die große Bedeutung der > Jüdischen Gemeinde für die Entwicklung Berlins bildet auch das Jüdische Gemeindehaus (mit der Jüdischen Volkshochschule) an der Stelle der in der > Pogromnacht 1938 zerstörten Synagoge in der Fasanenstr. Die Synagoge Pestalozzistr. überstand den Nazi-Terror wegen ihrer Lage inmitten von Wohnhäusern äußerlich unbeschädigt (> Synagogen).

Wichtige Sportanlagen neben der Anlage des > Olympiastadions sind das > Mommsenstadion und die Eissporthalle Jafféstr. (> Kunsteislaufbahnen). In Ruhleben soll das Olympische Dorf entstehen, falls Berlin im September 1993 den Zuschlag für die > Olympischen Spiele im Jahr 2000 erhält.

Neben der City um Tauentzienstr. und Kurfürstendamm verfügt C. mit der > Wilmersdorfer Strasse über ein zweites Hauptzentrum (> Einkaufszentren). Das Rathaus an der Otto-Suhr-Allee 100 entstand 1899-1905 nach Plänen von Reinhardt und Süßenguth. Bereits zwischen 1911-15 wurde es durch

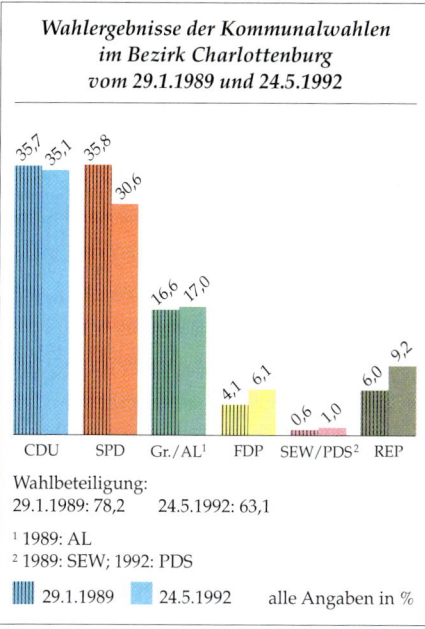

Wahlergebnisse der Kommunalwahlen im Bezirk Charlottenburg vom 29.1.1989 und 24.5.1992

Wahlbeteiligung:
29.1.1989: 78,2   24.5.1992: 63,1

[1] 1989: AL
[2] 1989: SEW; 1992: PDS

29.1.1989   24.5.1992   alle Angaben in %

Heinrich Seeling um einen rechten Seitenflügel erweitert. Der monumentale Bau aus
schlesischen Sandquadern mit einer in allen
drei Geschossen durch figürlichen und ornamentalen Schmuck bereicherten Fassade und
einem 88 m hohen Turm wurde im II. Weltkrieg zur Hälfte zerstört und nach 1945 in
seiner ursprünglichen Fassung wiederhergestellt.
Der Bezirk pflegt Partnerschaften mit Linz
(Österreich), London-Lewisham (Großbritannien), Trento (Italien), Or-Yehuda (Israel),
Mannheim, Bad Iburg und dem Landkreis
Marburg/Biedenkopf. Zusätzlich gibt es

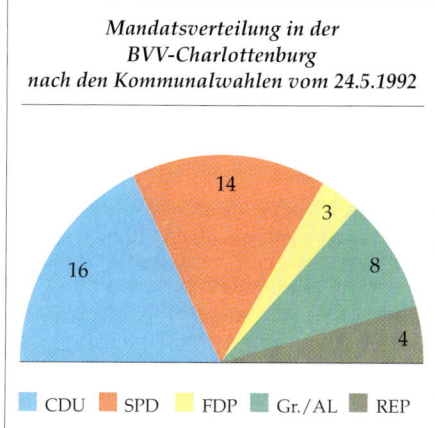

Mandatsverteilung in der BVV-Charlottenburg nach den Kommunalwahlen vom 24.5.1992

CDU   SPD   FDP   Gr./AL   REP

freundschaftliche Kontakte zu Lage/Lippe,
dem Schwalm-Eder-Kreis und dem Landkreis Waldeck-Frankenberg.
Bei der ersten Gesamt-Berliner Kommunalwahl am 24.5.1992 wurde die CDU stärkste
Partei (> WAHLEN). Sie stellt wie die SPD drei
Stadträte, den siebten Stadtratsposten erhalten Grüne/AL. Die Bezirksbürgermeisterin
stellt die SPD.

Charlottenburg Nord: Als östliche Erweiterung der Großsiedlung > SIEMENSSTADT entstand 1956-60 rund um Heilmannring und
Goebelstr. die Großsiedlung C. Nach Plänen
von Hans Scharoun, Werner Weber, Felix
Hedinger und Hans Hoffmann wurden für
die Gemeinnützige Siedlungs- und Wohnungsbaugesellschaft drei- bis achtgeschossigen Wohnhäuser mit 1.294 Wohnungen errichtet (ohne die Wohnungen südwestlich
des Heilmannrings). Die Verkehrserschließung erfolgte durch die Anlage einer an den
Heckerdamm anschließenden Ringstraße.
Östlich des Kurt-Schumacher-Damms befindet sich am Heckerdamm die 1960-65 nach
Plänen von Wils Ebert, Werner Weber und
Fritz Gaulke auf ehem. Kleingartenland errichtete, achtgeschossige *Paul-Hertz-Siedlung*,
in der alle Straßen nach Widerstands-
kämpfern der NS-Zeit benannt wurden (>
WIDERSTAND).

Checkpoint Charlie: Der C. war ein alliierter
Kontrollposten am Sektorenübergang >
FRIEDRICHSTRASSE an der Bezirksgrenze zwischen > MITTE und > KREUZBERG. Hier war von
1961-90 die einzige Übergangsstelle für die
Angehörigen der Alliierten Streitkräfte zwischen West- und Ost-Berlin (> ALLIIERTE; >
SEKTOREN). Gleichzeitig war die Übergangsstelle der einzige Straßenübergang für alle
sonstigen Ausländer („Ausländerübergang")
im innerstädtischen West-Ost-Verkehr. Auch
die Bediensteten der von 1974-90 in Ost-Berlin arbeitenden > STÄNDIGEN VERTRETUNG DER
BUNDESREPUBLIK DEUTSCHLAND bei der DDR
und deren Angehörige sowie im Staatsauftrag reisende DDR-Funktionäre konnten diese Übergangsstelle benutzen, nicht jedoch die
Einwohner West-Berlins und der damaligen
Bundesländer sowie DDR-Reisende im Besucherverkehr (> BESUCHERREGELUNGEN). Heute erinnern noch die als Denkmal erhaltenen
beiden Schlagbäume und die Signalbrücke
der einstigen Ost-Berliner Abfertigungsanlagen sowie eine vom benachbarten Mauer-

museum > Haus am Checkpoint Charlie seitwärts errichtete Mauer-Gedenkstätte an die
ehem. Funktion dieses Straßenstücks.

Aufgrund einer – mit dem Bau der > Mauer
am > 13. August 1961 zusammenhängenden –
im Widerspruch zum alliierten > Sonderstatus des Vier-Mächte-Gebiets Berlin stehenden Anordnung der DDR vom 22.8.1961,
wurde die bis dahin unbehinderte Verkehrs-
freiheit der Alliierten in ganz Berlin für den
Übertritt zwischen den westlichen Sektoren

*Die Außenminister der an den Zwei-plus-Vier-Ver-
handlungen beteiligten Staaten mit den Alliierten
Stadtkommandanten und den Berliner Bürgermeistern
beim Abbau des Checkpoint Charlie am 22. Juni 1990*

und dem Ostsektor auf den Sektorenübergang Friedrichstr. beschränkt. Am 22.9.1961
errichteten die Westmächte daraufhin auf der
westlichen Seite (im amerikanischen Sektor)
einen provisorischen Posten. Nach westlicher
Auffassung handelte es sich dabei lediglich
um eine praktische Maßnahme ohne rechtliche oder politische Bedeutung; der C. war
keine „Grenzstation". Gemäß der amerikanischen Buchstabiertafel erhielt der Posten –
nach den damaligen alliierten Autobahn-
Kontrollpunkten in Helmstedt („Alpha") und
in > Dreilinden („Bravo") – die Bezeichnung
„Charlie". Ab 1962 stationierten die britischen und französischen Streitkräfte dort
ebenfalls ständig Personal.

Konflikte um von der DDR einseitig eingeführte Ausweiskontrollen sowohl von zivil
gekleideten wie auch von uniformierten Angehörigen der Alliierten Streitkräfte machten
den C. im Oktober 1961 weltbekannt. Da die
Maßnahme alliierte Rechte und langjährige
Praktiken direkt und einschneidend berührte, postierten die USA am 25.10.1961 Panzer
und Schützenpanzer am C. Die Sowjetunion
ließ daraufhin am 27.10. auf östlicher Seite
ebenfalls Panzer auffahren. Kurzzeitig standen sich so, nur wenige Meter voneinander

entfernt, beide Atommächte bewaffnet gegenüber. Nach dem beiderseitigen Rückzug
am 28.10. konnten die westlichen Fahrzeuge
die Sektorengrenze am C. wieder unkontrolliert passieren (> Geschichte). Seitdem
konnte das alliierte Personal, einschließlich
der Familienangehörigen, in Zivil den Ostsektor über den C. frei und ohne jede Forma-
litäten betreten, sofern es eine Identitätskarte
vorzeigte. Diese Karte bestätigte die Zugehörigkeit zu den Besatzungsbehörden. Ansonsten war die Uniform, ohne Namensschild,
der ausschließliche Identitätsnachweis.

Nach dem Umbruch in der DDR und der Öffnung der Sektorengrenze am > 9. November
1989 erweiterten die Westmächte die Zahl
der von ihnen benutzten Übergänge auf 15.
Die sowjetische Seite wurde darüber jeweils
informiert. Im Zusammenhang mit dem allgemeinen Mauerabriß und der deutschen >
Vereinigung wurde der C. am 22.6.1990 im
Beisein der Außenminister der Vereinigten
Staaten, Großbritanniens, Frankreichs, der
Sowjetunion und der beiden deutschen Staaten abgebaut.

**Christlich-Demokratische Union Deutsch-
lands (CDU):** Die Berliner CDU bildet einen
der gegenwärtig 16 Landesverbände der
Bundespartei. Sie zählte Ende 1991 16.935
Mitglieder, davon (Ende 1990) 3.271 in den
östlichen Bezirken. Ihre Landesgeschäftsstelle befindet sich in der Lietzenburger Str.
46 im Bezirk > Wilmersdorf. Daneben unterhält die CDU Kreisbüros in allen Berliner >
Bezirken.

Bei den > Wahlen zum > Abgeordnetenhaus
von Berlin (AbgH) am 2.12.1990 wurde die
Partei mit 101 Mandaten (40,4 %) stärkste
Fraktion vor der > Sozialdemokratischen Partei Deutschlands (SPD), mit der sie eine Große Koalition unter dem > Regierenden Bürgermeister (RBm) Eberhard Diepgen (CDU)
und seiner Stellvertreterin, der Bürgermeisterin Christine Bergmann (SPD), bildete.
In den am 24.5.1992 gewählten > Bezirksverordnetenversammlungen (BVV) errang die
CDU insg. 271 Sitze (= 27,5 %). Sie ist damit
in allen Bezirksparlamenten vertreten. In sieben BVV ist sie nach Sitzen allein stärkste
Partei (> Charlottenburg; > Neukölln; >
Reinickendorf; > Spandau; > Steglitz; > Tempelhof; Wilmersdorf) und in zwei (> Schöneberg und > Tiergarten) zusammen mit der
SPD.

Entsprechend der Bundespartei gliedert sich

die CDU in Berlin in 85 Ortsverbände, 23 Kreisverbände und den Landesverband. Höchstes Organ ist der Landesparteitag, der über Grundsätze und Richtlinien der Berliner CDU entscheidet. Er wählt den Landesvorstand, die Delegierten zum Bundesparteitag und -ausschuß sowie die Berliner CDU-Kandidaten für den > DEUTSCHEN BUNDESTAG und das Europäische Parlament. Zwischen den Parteitagen besorgen Landesvorstand und -ausschuß die politischen Geschäfte. Dem Landesvorstand obliegt dabei die Erledigung der laufenden politischen Arbeit, während der Landesausschuß den Jahresetat beschließt und die Vorsitzenden der auch für Nicht-Mitglieder offenen CDU-Fachforen wählt, die zu politischen Sachgebieten eingerichtet worden sind. Auch die in gewissem Umfang eigenständigen „Vereinigungen" (z.B. Mittelstandsvereinigung) stehen Nicht-Mitgliedern offen, doch dürfen diese nicht gleichzeitig Mitglied einer anderen Partei sein. Als Organ der Partei erscheint monatlich die *Berliner Rundschau*.

Die Idee einer christlichen, die konfessionellen Gegensätze überbrückenden Volkspartei war bereits im Kaiserreich und in der Weimarer Republik diskutiert, aber nicht verwirklicht worden. Erst die Erfahrung des Nationalsozialismus führte nach Kriegsende zur Gründung einer konfessionsübergreifenden Partei, wobei der Begriff „Union" den integrativen Anspruch zum Ausdruck bringen sollte.

Am 17.6.1945 fand in Berlin eine Gründungsversammlung für eine „Christlich-Demokratische Union Deutschlands" statt. Erster Parteivorsitzender der CDU in Berlin und der Sowjetischen Besatzungszone (SBZ) wurde Andreas Hermes, sein Stellvertreter Walther Schreiber. Wie die anderen demokratischen Parteien mußte sich auch die CDU gegen das politische Hegemoniestreben der Kommunisten zur Wehr setzen. Bereits im Dezember 1945 wurden Hermes und Schreiber von der > SOWJETISCHEN MILITÄRADMINISTRATION IN DEUTSCHLAND (SMAD) abgesetzt, da sie sich gegen entschädigungslose Enteignungen im Rahmen der Bodenreform ausgesprochen hatten. Ihre Nachfolger wurden Jakob Kaiser und Ernst Lemmer.

Bei den nach dem Krieg ersten – und bis zur > VEREINIGUNG letzten – freien Wahlen zur > STADTVERORDNETENVERSAMMLUNG am 20.10.1946 wurde die CDU mit 22,2 % zweitstärkste Kraft und konnte mit Ferdinand Friedens-burg als Stellvertreter des > OBERBÜRGERMEISTERS den 1. Bürgermeister stellen. Im März 1947 bildete die West-Berliner CDU angesichts des wachsenden kommunistischen Drucks einen eigenen Landesverband mit Walther Schreiber als erstem Vorsitzenden. Anfang 1948 installierte die SMAD wie in der SBZ so auch im Ostsektor Berlins eine ihr genehme Parteileitung.

Von 1949-89 war die Ost-CDU in der SBZ/DDR unter dem Vorsitz von Otto Nuschke und Gerald Götting eine der im „Demokratischen Block" zusammengeschlossenen Parteien und Organisationen, die jedoch unter Führung der SED in weitgehender Anpassung keine eigenständige Rolle spielten (> BLOCKPARTEIEN). Die CDU in der DDR hatte zum Zeitpunkt der „Wende" rd. 140.000 Mitglieder in 6.200 Grundorganisationen.

Bei den Wahlen zur Stadtverordnetenversammlung vom 5.12.1948, die nur in den Westsektoren stattfanden, behauptete sich die CDU mit 19,4 % nur knapp als zweitstärkste Partei. In einer Allparteien-Koalition mit der führenden SPD und der > LIBERAL-DEMOKRATISCHEN PARTEI DEUTSCHLANDS (LDPD) wählte auch die CDU Ernst Reuter (SPD) zum Oberbürgermeister. Bei den ersten Wahlen zum AbgH am 3.12.1950 konnte sich die CDU auf 24,6 % der Stimmen verbessern. Zusammen mit der F.D.P. verfügte sie über eine rechnerische Mehrheit. Trotzdem wurde jedoch Reuter im zweiten Wahlgang erneut zum RBm gewählt. Im Rahmen einer Allparteien-Koalition übernahm Schreiber als Bürgermeister dessen Stellvertreterposition. Nach Reuters Tod wurde Schreiber im Oktober 1953 zum Chef einer Koalitionsregierung aus CDU und F.D.P. gewählt.

Bei den Wahlen vom Dezember 1954 erreichte die CDU 30,4 %, und es kam zur Bildung einer Großen Koalition mit der SPD unter dem RBm Otto Suhr (SPD), die nach dessen Tod von Oktober 1957 bis Anfang 1963 unter Willy Brandt (SPD) fortgesetzt wurde. Die Wahlen vom Dezember 1958 brachten der CDU mit 37,7 % das bis dahin beste Ergebnis. Franz Amrehn wurde als Nachfolger Schreibers Bürgermeister von Berlin (1955-63).

Eine Zäsur in der Geschichte der Berliner CDU brachten die Wahlen vom Dezember 1963. Die Partei fiel auf 28,8 % zurück und übernahm nun die bis 1981 während Rolle der Opposition. Die Wahlergebnisse vom März 1967 (32,9 %) und vom März 1971 (38,2

%) signalisierten jedoch wieder einen Aufwärtstrend. Unmittelbar vor den Wahlen vom 2.3.1975 wurde der damalige CDU-Landesvorsitzende und Spitzenkandidat der Partei, Peter Lorenz, von Terroristen entführt und mehrere Tage festgehalten. Der CDU gelang es, mit 43,9 % erstmals stärkste Partei zu werden, sie blieb dennoch weiter in der Opposition.

Unter dem neuen Spitzenkandidaten Richard v. Weizsäcker konnte sie bei den Wahlen vom März 1979 ihre Position als stärkste Partei mit 44,4 % weiter ausbauen, dennoch bildeten SPD und F.D.P. erneut den Senat. Ein > VOLKSBEGEHREN für die Auflösung des AbgH führte am 10.5.1981 zu vorzeitigen Neuwahlen, bei denen die CDU mit 48,0 % ihr bis dahin bestes Ergebnis erreichte und nur knapp die absolute Mehrheit verfehlte. Richard v. Weizsäcker, inzwischen auch Landesvorsitzender der Berliner CDU, wurde zum RBm gewählt. Er führte zunächst einen CDU-Minderheitssenat, ab März 1983 eine Koalition mit der F.D.P. Als v. Weizsäcker vor Ablauf der Legislaturperiode Berlin verließ, um das Amt des > BUNDESPRÄSIDENTEN zu übernehmen, wurde 1984 Eberhard Diepgen zu seinem Nachfolger gewählt. Mit ihm (seit Ende 1983 auch als CDU-Landesvorsitzendem) gewann die Partei bei den Wahlen vom März 1985 46,4 % der Stimmen, so daß die Koalition mit der F.D.P. fortgesetzt werden konnte.

Die CDU versuchte, sich als moderne Großstadtpartei zu profilieren. Zur gleichen Zeit verschärften sich die innerstädtischen Probleme. Schon 1985/86 erschütterten zudem u.a. der Fall des wegen Bestechlichkeit verurteilten Charlottenburger CDU-Baustadtrats Antes und die Auseinandersetzungen um den Bausenator Franke die Partei. Die Folge war bei den Wahlen vom 29.1.1989 ein Abrutschen auf 37,7 % der Stimmen. Zwar blieb die CDU mit einem Vorsprung von 0,4 % stärkste politische Kraft, da die F.D.P. jedoch an der 5-%-Sperrklausel gescheitert war, konnte die CDU/FDP-Koalition nicht fortgesetzt werden. Die SPD ergriff die politische Initiative und bildete mit der AL eine rot-grüne Koalition, während die CDU in die Opposition gehen mußte.

Bei den Wahlen zum AbgH vom 2.12.1990 erzielte die auf einem Landesparteitag in der > KONGRESSHALLE ALEXANDERPLATZ am 8.9.1990 wieder mit der Ost-CDU vereinigte Partei 40,4 %. Dabei erreichte sie im Westen Berlins

mit 49,0 % annähernd die absolute Mehrheit, im Osten der Stadt lag sie mit 25,0 % weit hinter der SPD. Eberhard Diepgen übernahm wieder das Amt des RBm, diesmal an der Spitze eines CDU/SPD-Senats.

Landesvorsitzende der Berliner CDU

Walther Schreiber	1947-52
Robert Tillmanns	1952-55
Ernst Lemmer	1955-61
Franz Amrehn	1961-69
Peter Lorenz	1969-81
Richard v. Weizsäcker	1981-83
Eberhard Diepgen	seit 1983

City: Berlin verfügt über zwei historisch gewachsene, räumlich getrennte Citybereiche, die in der Zeit der > SPALTUNG Berlins 1948-90 zu jeweils einer der beiden Stadthälften gehörten. Infolge der über 40jährigen getrennten Entwicklung unter den besonderen gesellschaftlichen und städtebaulichen Vorgaben der gegensätzlichen politischen Systeme, sind sie heute nach Charakter und Gestalt sehr unterschiedlich.

1. Das historische Zentrum

Um den Stadtkern des historischen Alt-Berlin herum begann zwischen > POTSDAMER PLATZ und > ALEXANDERPLATZ bzw. > STETTINER BAHNHOF und Kochstr. infolge des von der Industrialisierung ausgelösten wirtschaftlichen Aufschwungs (> WIRTSCHAFT) und der Berlin als Reichshauptstadt zugefallenen neuen politischen Aufgaben (> GESCHICHTE; > HAUPTSTADT) in den 80er Jahren des 19. Jh. eine großstädtische Zentrumsbildung, die baulich zu Beginn des 20. Jh. abgeschlossen war. Auch gegenüber dem ab der Jahrhundertwende entstehenden „Neuen Westen" behielt diese C. um > FRIEDRICHSTRASSE und > UNTER DEN LINDEN ihren Charakter als wirtschaftlich und politisch regster Teil der Stadt mit dem > STADTSCHLOSS am > LUSTGARTEN, dem Regierungsviertel an der > WILHELMSTRASSE, den Banken, den wichtigsten Handelsbetrieben, dem Zeitungsviertel mit seinen Verlagen und Druckereien an der Kochstr., dem Konfektionsviertel am > HAUSVOGTEIPLATZ und dem Ausstellungszentrum um die Ritterstr. Durch die Bildung > GROSS-BERLINS im Jahr 1920 wurde dieser Teil der Stadt der 1. Verwaltungsbezirk Berlins, der Bezirk > MITTE (> BEZIRKE). Im II. Weltkrieg wurde das Zentrum schwer beschädigt und verlor einen großen Teil seiner baulichen Substanz. Bei der Besetzung Berlins durch die > ALLIIERTEN 1945 kam der Bezirk Mitte zum sowjetischen Sektor (> SEKTOREN). Schon 1946 stellte der > MAGISTRAT einen langfristigen Plan für den Wiederaufbau und die Neugliederung der C. auf, der aber nicht realisiert wurde (> BAUGESCHICHTE UND STADTBILD). Die Verlagerung von Betrieben in die weniger beschädigten Mittel- und Randzonen der Stadt war nicht aufzuhalten. Die Spaltung der Stadt 1948 machte dann Gesamt-Berliner Neuplanungen undurchführbar.

Ab Mitte der 50er Jahre wurde der Wiederaufbau der nun das Zentrum von Ost-Berlin bildenden Innenstadt zum „Bauschwerpunkt der DDR" erklärt. Hauptkomplexe der künftigen Gestaltung waren das Gebiet zwischen > KARL-MARX-ALLEE und > BRANDENBURGER TOR. Im Rahmen dieser Planung wurden die historischen Prachtbauten an der Straße Unter den Linden restauriert, der Wiederaufbau der > MUSEUMSINSEL begonnen, der Alexanderplatz neu gestaltet und das Umfeld bebaut, das > STAATSRATSGEBÄUDE und der > FERNSEHTURM errichtet. Anstelle der Schinkelschen > BAUAKADEMIE entstand das Außenministerium der DDR (> AUSWÄRTIGES AMT) und anstelle des 1950/51 abgerissenen Stadtschlosses der > PALAST DER REPUBLIK. Ferner gehörten die Sanierung der > FISCHERINSEL und der Wiederaufbau des > NIKOLAIVIERTELS sowie die Errichtung von Wohn- und Geschäftsbauten an Liebknecht- und Rathausstr. zum Programm. Es entstand eine großteilige, auf repräsentative Prachtentfaltung angelegte „sozialistische" C. mit zahlreichen öffentlichen Bauten, die jedoch hinsichtlich der Ausstattung mit Geschäften und Dienstleistungseinrichtungen etwa nur ein Drittel des im Westen vorhandenen Niveaus erreichte.

2. Der „Neue Westen"

Ende des 19. Jh. entstand auf Initiative des Reichskanzlers Fürst Otto v. Bismarck mit dem Ausbau des > KURFÜRSTENDAMMS und der > TAUENTZIENSTRASSE ein neues, vornehmes Wohnviertel westlich der damaligen Berliner Stadtgrenzen, das sich nach der Eingemeindung 1920 mit zahlreichen Cafés, Einkaufs- und Vergnügungsstätten zu einem zweiten städtischen Zentrum entwickelte. Nach der Spaltung Berlins 1948 wurde daraus die C. der West-Berliner Teilstadt. Auch nach der > VEREINIGUNG gibt sie Berlin mit ihren zahlreichen Restaurants, Läden und Kulturstätten, den Hotels und Geschäfts-

häusern bis heute das eigentliche städtische Gepräge.

Den Kern der westlichen C. bildet der 1983-84 zu einem Stadtplatz umgestaltete > BREITSCHEIDPLATZ mit der > KAISER-WILHELM-GEDÄCHTNISKIRCHE, der 1955-57 entstandenen Bebauung südlich der Budapester Str. (Hochhaus am Hardenbergplatz, Kino Zoo-Palast, Bikini-Haus mit *Staatlicher Kunsthalle*) und dem 1965 eröffneten > EUROPA-CENTER. In den Randzonen dieser neuen C. schlossen sich schon früh weitere Projekte der innerstädtischen Bebauung an, so 1955 der Konzertsaal der heutigen > HOCHSCHULE DER KÜNSTE und das Gebäude der > INDUSTRIE- UND HANDELSKAMMER (IHK) mit der benachbarten > BÖRSE an der Hardenbergstr., das 1957 errichtete > HANSAVIERTEL und die Bauten der > TECHNISCHEN UNIVERSITÄT an der > STRASSE DES 17. JUNI, der Neubau der > URANIA (1962), die Zentrale des > DEUTSCHEN GEWERKSCHAFTSBUNDES (DGB) Berlin (1963), die in den 60er Jahren entstandenen Neubauten am > ERNST-REUTER-PLATZ, die Hotels an der Budapester Str. u.a.m. Am Kurfürstendamm entstanden das *Café Kranzler* (1958), das Warenhaus Wertheim (1971), das > KUDAMM-ECK (1972) und das > KUDAMM-KARREE (1974). 1985 hat die Grundkreditbank mit ihrer imposanten Eckbebauung an der Budapester Str. die letzte kriegsbedingte Baulücke in diesem Gebiet geschlossen.

Auch in Zukunft wird die westliche C. ein Entwicklungsschwerpunkt sein. Gegenwärtig wird das Kantdreieck gegenüber dem > THEATER DES WESTENS bebaut. Auch auf dem jenseits der > STADTBAHN liegenden Grundstück zwischen Joachimstaler, Hardenberg- und Kantstr. ist ein rd. 100 m hohes Geschäftszentrum geplant. Auf dem *Klingelhöfer Dreieck* am > LÜTZOWPLATZ nördlich des > LANDWEHRKANALS soll ab 1993 ein Welthandelszentrum entstehen.

Zur besseren Abstimmung aller die westliche C. betreffenden Planungen wurde 1981 die *City-Kommission* ins Leben gerufen. Der Kommission gehören unter dem Vorsitz der > SENATSVERWALTUNG FÜR WIRTSCHAFT UND TECHNOLOGIE neben Vertretern der > SENATSVERWALTUNG FÜR STADTENTWICKLUNG UND UMWELTSCHUTZ, der > SENATSVERWALTUNG FÜR VERKEHR UND BETRIEBE und der > SENATSVERWALTUNG FÜR BAU- UND WOHNUNGSWESEN Vertreter der Bezirksverwaltungen von > CHARLOTTENBURG, > WILMERSDORF und > SCHÖNEBERG, die Arbeitsgemeinschaft City-Gebiet, die Forschungsstelle für den Handel e.V., die IHK sowie das > DEUTSCHE INSTITUT FÜR URBANISTIK an.

Eine wesentliche Aufgabe nach der Vereinigung der Stadt ist – neben der Planung und dem Bau der Regierungsbauten für die Hauptstadt – die schrittweise Weiterentwicklung der beiden Citybereiche. Das „Doppelzentrum" Berlin ist unter Beachtung der erhaltenen historischen Strukturen seiner künftigen Bedeutung entsprechend auszubauen. Neben der Weiterentwicklung von kulturellen und Regierungsfunktionen sind v.a. der > EINZELHANDEL und die Dienstleistungseinrichtungen Träger des städtischen Lebens, wobei insbes. im Ostteil Berlins ein großer Nachholbedarf besteht (> EINKAUFSZENTREN; > RÄUMLICHES STRUKTURKONZEPT).

Corbusier-Haus: Das nach seinem Französisch-Schweizer Architekten Le Corbusier (Künstlername für Charles-Edouard Jeanneret) benannte Wohnhaus an der Reichssportfeldstr. im Bezirk > CHARLOTTENBURG entstand im Rahmen der Internationalen Bauausstellung 1957. Als Standort des 1956-58 errichteten 17geschossigen Wohnhochhauses war ursprünglich das > HANSAVIERTEL vorgesehen. Da der Bau aber für die dortige Anlage zu groß proportioniert war, kam es zur Verlegung an den heutigen Standort.

Mit seinen rd. 550 Wohnungen, 1000 Räumen und ca. 1.400 Bewohnern ist der 135 m lange, 56 m hohe und 23 m tiefe Block eines der größten Wohnhäuser Deutschlands. Der auf 7 m hohen Pfeilern stehende Stahlbetonbau wird in seinem Inneren von neun „Straßen" erschlossen, die den Zugang zu den sich z.T. über zwei Geschosse erstreckenden Wohnungen ermöglichen. Das Gebäude verfügt über ein eigenes Kraftwerk, ein Postamt und einen Einkaufsladen. Die umliegenden Grünanlagen sind der Gesamtanlage angepaßt. Der Komplex war nach in Marseille und Nantes errichteten Bauten das dritte Beispiel Le Corbusiers für sein Konzept der „Unité d' habitation", einer „Wohneinheit angemessener Größe". Aufgrund der geographischen Gegebenheiten und Vorbehalten der Berliner Behörden wurde der ursprüngliche Entwurf derart geändert, daß sich der Architekt später von seinem Bauwerk distanzierte.

D

Dämeritzsee: Der D. ist ein 112 ha großer und bis zu 4,4 m tiefer, von der > SPREE gebildeter See auf der Stadtgrenze am Ostrand des Bezirks > KÖPENICK. 47 ha seiner Fläche liegen innerhalb des Stadtgebiets, der Rest gehört zum Kreis Fürstenwalde. Über den für die Ausflugsschiffahrt befahrbaren Gosener Kanal (> SCHIFFAHRT) ist der D. mit dem ca. 3 km südlich gelegenen > SEDDINSEE verbunden.

Dahlem: Der an der östlichen Bezirksgrenze von > ZEHLENDORF gelegene, 8,4 km² große Ortsteil D. ging aus einem erstmals im > LANDBUCH KAISER KARLS IV. von 1375 erwähnten Angerdorf hervor (> DÖRFER), zu dem auch ritterlicher Besitz gehörte. Hieraus entwickelte sich im Lauf der Jahrhunderte ein Adelsgut, das sich bis zum Anfang des 19. Jh. über die gesamte Dorfflur ausdehnte. Nach dem Tod seines letzten Besitzers, des preußischen Ministers Carl Friedrich v. Beyme, kaufte 1841 der preußische Domänenfiskus das Gut. Bei der Schaffung > GROSS-BERLINS 1920 wurde D. in den Bezirk Zehlendorf eingegliedert. Im Zuge eines Gebietsaustauschs zwischen den Berliner > BEZIRKEN 1938 wurden der nördliche Teil von D. an > WILMERSDORF und einige östliche Gebiete an > STEGLITZ abgegeben. 1945 kam D. mit Zehlendorf zum amerikanischen Sektor (> SEKTOREN). Das Gut wurde bei der Auflösung des preußischen Staates durch die > ALLIIERTEN der Stadt Berlin übertragen und von dieser bis 1976 als > EIGENBETRIEB weitergeführt (> STADTGÜTER).
1897-1910 wurde auf dem heute zu Steglitz gehörenden Teil von D. der > BOTANISCHE GARTEN angelegt. 1901 begann eine königliche Kommission mit der Erschließung des restlichen Domänengeländes als Villenvorort (> VILLENKOLONIEN). Wesentliche Teile der Ländereien sollten dabei staatlichen Bauten, vor allem wissenschaftlichen und kulturellen Einrichtungen sowie obersten Fachbehörden Preußens und des Reichs vorbehalten bleiben. So entstanden hier (als Vorläufer der heutigen > MAX-PLANCK-GESELLSCHAFT) die > KAISER-WILHELM-GESELLSCHAFT ZUR FÖRDERUNG DER WISSENSCHAFTEN, das Kaiserliche Gesundheitsamt (heute > BUNDESGESUNDHEITSAMT), die Gärtneranstalt und die landwirtschaftlichen Institute der > FRIEDRICH-WILHELMS-UNIVERSITÄT sowie das Asiatische Museum (heute > MUSEUM FÜR VÖLKERKUNDE). Im Chemischen Institut der Kaiser-Wilhelm-Gesellschaft in der Thielallee gelang den Physikern Otto Hahn und Fritz Straßmann 1938 die erste Kernspaltung.
Die damaligen Planungen bestimmen bis heute den Charakter des Ortsteils. Der Gutshof und die verbliebene landwirtschaftliche Nutzfläche der ehem. Domäne werden seit 1976 von einem privaten Verein bewirtschaftet, der die Anlage zu einem Freilichtmuseum ausgebaut hat (> DOMÄNE DAHLEM). Vom alten Dorf um die Dorfaue (heute Teil der Königin-Luise-Str.) zeugen noch die Annen-Kirche (> DORFKIRCHEN), ein Backsteinbau auf Feldsteinsockel aus dem 13. Jh., das Gutshaus, ein im Kern mittelalterlicher Barockbau von 1680 (> GUTSHÄUSER), der Alte Krug (um 1830), ein Eiskeller von 1709 und einige Landarbeiterhäuser (Insthäuser). Der Turm der Dorfkirche diente von 1832-49 der optischen Telegraphenlinie Berlin-Koblenz als Relaisstation. Der reetgedeckte U-Bahnhof (Friedrich und Wilhelm Hennings) von 1913 ist der dörflichen Umgebung angepaßt.
In der Zeit des III. Reichs war die Gemeinde D. aktiv im > WIDERSTAND gegen den Nationalsozialismus und wurde mit ihrem Pfarrer Martin Niemöller ein Zentrum der Bekennenden Kirche in Preußen (Dahlemer Bekenntnissynode 1934). In D. liegen heute die Hauptgebäude der > FREIEN UNIVERSITÄT BERLIN und nahe des Dorfkerns mit dem > MUSEUMSZENTRUM DAHLEM einer der vier großen Museumsstandorte Berlins (> MUSEEN UND SAMMLUNGEN). Ferner befinden sich in D. das > BRÜCKE-MUSEUM sowie zahlreiche Dienststellen der amerikanischen Streitkräf-

te. Im Westen liegt im gleichnamigen Forst das > Jagdschloss Grunewald. Zum Zeitpunkt der letzten Volkszählung 1987 hatte D. rd. 11.000 Einwohner.

Dahlem-Konferenzen: Die D. in der Wallotstr. 5 im Bezirk > Zehlendorf wurden 1974 vom Stifterverband für die Deutsche Wissenschaft und der Deutschen Forschungsgemeinschaft gegründet. Die D. fördern internationale und interdisziplinäre Spitzenforschung in den Naturwissenschaften und ihren Grenzgebieten. Diese Förderung erfolgt i.d.R. durch jährlich vier einwöchige Forschungskonferenzen (Workshops) mit höchstens 48 Teilnehmern, die ein vorgegebenes Thema behandeln. Ein „Program Advisory Committee" bereitet den jeweiligen Workshop vor und wählt die Teilnehmer aus. Im Unterschied zu anderen Konferenzen werden auf den D. keine Vorträge gehalten, sondern von den Teilnehmern bereits zuvor durchgearbeitete Manuskripte diskutiert. Vorbereitung und Durchführung der Workshops sowie die Publikation der Ergebnisse erfolgen ausschließlich in englischer Sprache. Bisher haben mehr als 60 D. mit über 2.500 Wissenschaftlern stattgefunden. Die D. unterstehen als Projektgruppe dem Stifterverband für die Deutsche Wissenschaft und dem Verein für Wissenschaftspolitische Initiativen e.V., beide mit Sitz in Essen. Finanziert werden die D. von der > Freien Universität Berlin und durch Drittmittel.

Dahme: Die 95 km lange D., im nördlichen Teil auch *Wendische Spree* genannt, ist ein z.T. schiffbarer Fluß, der im äußersten Südosten bei > Rauchfangswerder das Stadtgebiet erreicht und auf einer Länge von rd. 5 km den Bezirk > Köpenick durchfließt. Sie entspringt in der Nähe des Ortes Dahme in Brandenburg und mündet westlich der Altstadt von Köpenick in die > Spree. Auf ihrem Weg durch die Stadt bildet sie bei > Schmöckwitz mit dem > Zeuthener See, dem > Seddinsee und dem > Langen See ein einzigartiges Seenkreuz. Auf dem Langen See befindet sich bei > Grünau Berlins bedeutendste > Regattastrecke für den Ruder- und Kanusport.

Demarkationslinie: Die auf der Grundlage von Kriegsvereinbarungen sowie nach dem Ende des II. Weltkriegs vorgenommenen Verwaltungshandlungen der > Alliierten entstandenen vorläufigen Grenzen zwischen den alliierten Besatzungsgebieten in Deutschland einschließlich Berlins waren keine Grenzen im völkerrechtlichen Sinne, sondern sog. D. (> Londoner Protokoll). Während diese Linien nach der Gründung der beiden deutschen Staaten auf dem Gebiet der Bundesrepublik Deutschland keine und innerhalb der westlichen > Sektoren Berlins nur mehr beschränkte Bedeutung hatten, waren die D. zwischen der DDR und der Bundesrepublik sowie um die Berliner Westsektoren nach der Auffassung der Sowjetunion und der DDR zu völkerrechtlich verbindlichen Staatsgrenzen geworden. Nach der Rechtsauffassung der Bundesrepublik wurden diese Grenzen zwar tatsächlich respektiert, begründeten aber keine besondere Staatsangehörigkeit. Mit der im Zwei-plus-Vier-Vertrag vereinbarten Aufhebung der alliierten Vorbehaltsrechte im Zuge der > Vereinigung am > 3. Oktober 1990 hörten auch die D. in Deutschland endgültig auf zu existieren.

Denkmalanlage Unter den Linden: Die 1963/64 angelegte D. auf einer Grünanlage zwischen > Opernpalais und > Deutscher Staatsoper Unter den Linden versammelt vier herausragende, ursprünglich an anderen Standorten plazierte Denkmäler des Berliner Bildhauers Christan Daniel Rauch, die alle preußische Generäle aus den Befreiungskriegen darstellen.
Im Zuge der Ausgestaltung der Straße > Unter den Linden zu einer „via triumphalis" nach dem Sieg über Napoleon wurde zwischen dem Opernhaus und dem Prinzessinnenpalais (heute Opernpalais) am 18.6. 1826 ein Bronze-Denkmal für den preußischen Feldmarschall Gebhard Leberecht Fürst Blücher v. Wahlstatt aufgestellt. Im Mai 1855 kamen die Denkmäler für die preußischen Feldmarschälle August Wilhelm Anton Graf Neithardt v. Gneisenau und David Ludwig Graf Yorck v. Wartenburg hinzu. Bereits 1822 waren auf der gegenüberliegenden Seite links und rechts der > Neuen Wache die Marmor-Denkmäler der preußischen Generäle Friedrich Wilhelm Graf Bülow v. Dennewitz und Gerhard Johann David v. Scharnhorst aufgestellt worden. Alle fünf Denkmäler haben den II. Weltkrieg überstanden.
1950 wurden die Denkmäler für Scharnhorst und Bülow neben der Neuen Wache entfernt. Während das *Bülow-Denkmal* im Depot der > Staatlichen Museen zu Berlin – Preußischer Kulturbesitz magaziniert wurde, fand das

Scharnhorst-Denkmal 1964 gegenüber mit Blick zur Straße Unter den Linden einen neuen Standort. Die anderen drei, ursprünglich an diesem Platz befindlichen Denkmäler wurden nach Süden versetzt und dort in alter Anordnung, ebenfalls mit Blickrichtung Straße Unter den Linden wieder aufgestellt.

Das 1819-22 nach einem Entwurf von Karl Friedrich Schinkel von Rauch geschaffene *Scharnhorst-Denkmal* gilt als eines der hervorragendsten Werke des nordeuropäischen Klassizismus. Das mit Sockel 5,7 m hohe Standbild zeigt den Heeresreformer und Organisator der Erhebung gegen Napoleon in historischer Tracht mit nach links gewendetem Kopf – das Denkmal stand östlich vor der Neuen Wache – in nachdenklicher Haltung an einen Baumstumpf gelehnt. Der Sockel ist mit Allegorien verziert; ein an der Vorderseite befindlicher Adler wurde entfernt und durch den Namenszug „Scharnhorst" ersetzt. Das Denkmal wurde 1992 zur Restaurierung wieder entfernt und soll danach seinen alten Standort zusammen mit dem z.Z. gleichfalls restaurierten Denkmal des Grafen Bülow von Dennewitz an der Neuen Wache wieder erhalten.

Das 1819-24 von Rauch unter Beratung von Schinkel in Bronze gegossene, 7,85 m hohe *Blücher-Denkmal* zeigt den Marschall in Generaluniform, über die der faltenreiche Mantel fällt. Der linke Fuß ist auf einen zerbrochenen Kanonenlauf, die linke Hand auf das Knie gestemmt. In der rechten Hand hält Blücher den gezückten Säbel. Auf dem zweifach gegliederten, mit Allegorien verzierten Sockel sind an der Vorderseite Blüchers Wappen zu sehen, an den beiden Seiten ein ruhender und ein schreitender Löwe und auf der Rückseite die Jahreszahlen 1813, 1814, 1815. Ein umlaufender Relieffries stellt Blüchers Siegeszug durch Europa dar.

Das Blücher-Denkmal wird westlich vom *Gneisenau-Denkmal* und östlich vom *Yorck-Denkmal* flankiert; beide Denkmäler sind etwas kleiner als das Standbild Blüchers. Während die Skulpturen in Bronze gearbeitet sind, bestehen die gleichartigen, an der Vorderseite mit Siegesgöttinnen verzierten Sockel aus rotem Granit. Gneisenau erhebt den rechten Arm; Yorck v. Wartenburg hält beide Arme vor sich auf sein Schwert gestützt.

Denkmalschutz, Denkmalpflege: Die Aufgaben des Denkmalschutzes und der Denkmalpflege werden in Berlin von drei Institutionen wahrgenommen: Die *Baudenkmale* fallen in die Kompetenz des *Landeskonservators*; > FRIEDHÖFE, Garten- und Grünanlagen (> STADTGRÜN) werden von der > GARTENDENKMALPFLEGE betreut. Bau- und Gartendenkmalpflege sind in unterschiedlichen Bereichen bei der > SENATSVERWALTUNG FÜR STADTENTWICKLUNG UND UMWELTSCHUTZ (SENSTADTUM) angesiedelt. Für die > BODENDENKMALPFLEGE ist das der > SENATSVERWALTUNG FÜR KULTURELLE ANGELEGENHEITEN nachgeordnete *Archäologische Landesamt Berlin* verantwortlich.

Gesetzliche Grundlage für die Arbeit aller mit dem Denkmalschutz befaßten Bereiche ist das Denkmalschutzgesetz Berlin vom 22.12.1977, das mit dem > EINIGUNGSVERTRAG auf die gesamte Stadt ausgedehnt wurde. Es legt die Kriterien für die Denkmalwürdigkeit fest (§ 2), regelt das Unterschutzstellungsverfahren (§ 4), den Umgang mit den Baudenkmalen (§§ 9-12) und die Entschädigungs- bzw. Förderungsmöglichkeiten für den Eigentümer (§§ 13, 18).

Aufgabe der D. ist es, Denkmale nach wissenschaftlichen Grundsätzen zu erforschen, zu schützen, zu erhalten und zu pflegen. Von Bedeutung ist dabei nicht nur das Äußere eines Baudenkmals, sondern gleichermaßen seine materielle Substanz und die Art seiner Ausführung. Deshalb steht im Mittelpunkt der Denkmalpflege die Erhaltung des Bestehenden und nicht die „Verbesserung" oder gar Rekonstruktion von Baudenkmalen (> STADTBILDPFLEGE).

Als Kriterien für Baudenkmäler bestimmt das Gesetz im § 2: „Ein Baudenkmal ist eine bauliche Anlage, ein Teil einer baulichen Anlage oder eine Mehrheit baulicher Anlagen, eine Gartenanlage, eine öffentliche Grünanlage oder ein Friedhof, deren Erhaltung wegen ihrer geschichtlichen, künstlerischen oder wissenschaftlichen Bedeutung oder wegen ihrer Bedeutung für das Stadtbild im Interesse der Allgemeinheit liegt." Dabei genügt bereits eines der genannten Merkmale. Man stellt heute nicht nur prominente oder besonders schöne Gebäude unter Schutz, sondern auch schlichte und unbequeme Bauten, sofern sie Zeugnis ablegen von der Geschichte der Stadt (> BAUGESCHICHTE und STADTBILD). Neben Einzelgebäuden können auch größere Komplexe wie Siedlungen, ganze Straßenzüge oder Platzanlagen denkmalwert sein. So ist nicht nur das > SCHLOSS KÖPENICK denkmalwert, sondern auch die > WOHNSTADT

CARL LEGIEN in > PRENZLAUER BERG, das Kolonistenhaus im > WEDDING, die Hochbahn auf der > SCHÖNHAUSER ALLEE, das > SCHLOSS CHARLOTTENBURG mit dem Park und allen Gebäuden darin, die Ruine der > KAISER-WILHELM-GEDÄCHTNISKIRCHE oder die *Villa Lemm* in > GATOW.

Wird eine bauliche Anlage als denkmalwert erkannt, ist der Landeskonservator verpflichtet, sie förmlich unter Schutz zu stellen. Dies erfolgt durch Eintragung in das Denkmalbuch; danach genießt das Baudenkmal den vollen Schutz des Denkmalschutzgesetzes. Der Verfügungsberechtigte ist verpflichtet, das Baudenkmal in einem denkmalgerechten Zustand zu erhalten. Veränderungen sind i.d.R. trotzdem möglich, sofern diese den Wert des Denkmals nicht unnötig beeinträchtigen. Alle geplanten Maßnahmen an einem Baudenkmal sind daher im Einverständnis mit der Denkmalschutzbehörde durchzuführen. Der Eigentümer kann die Vorgaben der Behörde im Widerspruchsverfahren und ggf. vor Gericht überprüfen lassen. Ebenfalls geschützt wird die Umgebung eines Baudenkmals, sie darf nur so verändert werden, daß sie das Erscheinungsbild des Denkmals nicht beeinträchtigt (§ 16).

Die Listen der eingetragenen Baudenkmale Berlins verzeichnen ca. 2.000 Positionen, davon ca. 940 im Westteil der Stadt. Die Zahl der bereits als denkmalwert erkannten, aber noch nicht rechtskräftig eingetragenen Objekte, ist um ein Vielfaches höher.

Zur Bewahrung der aus geschichtlichen, künstlerischen und städtebaulichen Gründen wertvollen Eigenart eines größeren Stadtbildes sind 1964-81 durch Rechtsverordnung insg. acht *geschützte Baubereiche* ausgewiesen worden (§ 17), bspw. der > CHAMISSOPLATZ in > KREUZBERG, der > KURFÜRSTENDAMM in > CHARLOTTENBURG oder die Villenkolonie Lichterfelde-West. Die von der SenStadtUm erlassenen Verordnungen werden im > GESETZ- UND VERORDNUNGSBLATT BERLIN bekanntgegeben.

Die Ursprünge der D. reichen ins 18. Jh. zurück. Zu ihren Wegbereitern zählte Karl Friedrich Schinkel, Alexander Ferdinand v. Quast wurde 1843 zum ersten „Königlichen Conservator der Kunstdenkmäler des Staates Preußen" ernannt. Die Stadt Berlin erhielt aber erst 1936 einen eigenen Provinzialkonservator; bis dahin gehörte sie zum Amtsbereich des preußischen (General)Konservators. Nach dem II. Weltkrieg wurde das Amt für Denkmalpflege beim > MAGISTRAT von Berlin angesiedelt, es hatte seinen Sitz im Schloß Charlottenburg. Nach der > SPALTUNG Berlins verblieb die Denkmalpflege für den Westteil der Stadt bei der Bauverwaltung und wurde in den 60er Jahren dem Senatsbaudirektor zugeordnet. Nach Bildung der SenStadtUm 1982 kam die D. als Stabsstelle zu dieser Verwaltung.

Die Stelle des Landeskonservators hatten nach dem II. Weltkrieg Hinnerk Scheper (1946-57), Kurt Seelecke (1960-69) und Walter Briesenik (kommissarisch bis 1972) inne. Seit 1972 fungiert Helmut Engel als Landeskonservator.

Im Gegensatz zu Berlin (West) unterschied man in der ehemaligen DDR Denkmale nach lokaler, regionaler und (inter)nationaler Bedeutung. Die Berliner Kreisdenkmallisten wurden vom Rat des entsprechenden Stadtbezirkes beschlossen, die Berliner Bezirkslisten vom Magistrat der Stadt und die Zentrale Liste der DDR 1979 vom Ministerrat. Im Einigungsvertrag wurde festgelegt, daß die im Ostteil der Stadt zuvor eingetragenen Baudenkmale weiterhin als Denkmale zu schützen sind.

Die wissenschaftlichen Aufgaben der D. in der früheren DDR nahm das Anfang der 50er Jahre gegründete *Institut für Denkmalpflege* wahr. Es hatte seinen Sitz im > NICOLAIHAUS in der Brüderstr. 13 im Bezirk > MITTE und unterstand dem Ministerium für Kultur. Die Berlin betreffenden Aufgaben des Instituts wurden nach der Wende dem Landeskonservator übertragen, der auch einen Teil der Mitarbeiter übernommen hat.

Der Bundesbeauftragte für die Unterlagen des Staatssicherheitsdienstes der ehemaligen Deutschen Demokratischen Republik: Der B. ist eine obere Bundesbehörde im Geschäftsbereich des > BUNDESMINISTERS DES INNERN (BMI). Sein Dienstsitz befindet sich im früheren Berliner Bankenviertel in der Glinkastr. 35 im Bezirk > MITTE, in einem ehemals der Deutschen Bank gehörenden Gebäude aus den Gründerjahren. Die Abt. „Bildung und Forschung" ist in der Behrenstr. 14-16, einem von Heinrich Theising 1898 errichteten eklektizistischen Sandsteinbau, untergebracht. Zu DDR-Zeiten unterstanden beide Gebäude dem *Ministerium für Staatssicherheit (MfS)* als Leitstelle für die Bewachung der ausländischen Missionen (> STAATSSICHERHEITSDIENST). Außerdem nutzt die

Behörde die Häuser 6, 7, 8 und 9 auf dem Gelände des ehem. MfS an der Normannenstr./ Ecke Ruschestr. in > LICHTENBERG als zentrales Archiv und für die Einsichtnahme von Bürgern in ihre Unterlagen.

Der B. war die erste Bundesbehörde, die ihren Hauptsitz in den neuen Bundesländern errichtete. Außenstellen bestehen in den Ländern Berlin, Brandenburg, Mecklenburg-Vorpommern, Sachsen, Sachsen-Anhalt und Thüringen. Das Gesetz sieht daneben eine enge Zusammenarbeit mit zu benennenden Landesbeauftragten für die fünf neuen Bundesländer vor, die dem jeweiligen Landesrecht unterstehen sollen.

Aufgabe des B. ist es, die Unterlagen des Staatssicherheitsdienstes der DDR zu erfassen, nach archivalischen Grundsätzen zu bewerten, zu ordnen, zu erschließen und zu verwalten. Grundlage für seine Arbeit bildet das „Gesetz über die Unterlagen des Staatssicherheitsdienstes der ehemaligen Deutschen Demokratischen Republik (Stasi-Unterlagen-Gesetz – StUG)" vom 20.12.1991.

Neben der Erteilung von Auskünften und der Gewährung der Einsichtnahme von Betroffenen in die über sie gesammelten Unterlagen soll der B. die Tätigkeit des Staatssicherheitsdienstes unter historischen und politischen Gesichtspunkten aufarbeiten und durch Unterstützung der Forschung sowie der politischen Bildung die Öffentlichkeit über die Strukturen, Methoden und die Wirkungsweise des MfS aufklären. Er liefert Unterlagen für die Rehabilitierung von Opfern des SED-Regimes und überprüft Personen, die im Öffentlichen oder kirchlichen Dienst angestellt bzw. weiterbeschäftigt werden sollen, die sich in leitender Position befinden bzw. öffentliche Ämter bekleiden oder für ein öffentliches Amt kandidieren, auf hauptamtliche oder inoffizielle Mitarbeit beim Staatssicherheitsdienst. Für die Arbeit der Medien und der historischen Forschung stellt der B. ebenfalls Unterlagen zur Verfügung. In jedem Falle sind aber die schutzwürdigen Interessen Dritter der Veröffentlichung von personenbezogenen Akten übergeordnet. Diese werden nur zu Personen der Zeitgeschichte (soweit sie nicht Betroffene sind) und zu ehem. Mitarbeitern des MfS weitergegeben, ansonsten werden diese Daten in Duplikaten anonymisiert.

Öffentliche und nichtöffentliche Stellen haben gegenüber dem B. die Pflicht, Akten des MfS, in deren Besitz sie gelangt sind, herauszugeben. Der B. kann Einsicht in die Akten der > SOZIALISTISCHEN EINHEITSPARTEI DEUTSCHLANDS (SED), der ehem. > BLOCKPARTEIEN und anderer Massenorganisationen verlangen. Stößt er bei seiner Arbeit auf einen Verdacht von strafbaren Handlungen, hat er der Staatsanwaltschaft Anzeige zu erstatten. Der B. gibt seinerseits auf Anforderung Unterlagen für gerichtliche Untersuchungen an Staatsanwaltschaft, Gerichte und Polizeibehörden heraus, muß diese aber unverzüglich zurückerhalten, sobald sie dort nicht mehr benötigt werden. Für Nachrichtendienste sind die Akten bis auf wenige, jeweils gegenüber dem > DEUTSCHEN BUNDESTAG zu rechtfertigende Ausnahmen wie Spionageabwehr oder Terrorismusbekämpfung, gesperrt.

Der Leiter der Behörde, derzeit der ehem. Rostocker Pfarrer Joachim Gauck, wird auf Vorschlag der Bundesregierung vom Bundestag gewählt und vom > BUNDESPRÄSIDENTEN ernannt bzw. entlassen. Seine Amtszeit beträgt fünf Jahre, einmalige Wiederwahl ist zulässig. Der B. ist in der Ausübung seines Amtes unabhängig und nur dem Gesetz unterworfen. Er untersteht jedoch der Dienstaufsicht des BMI und hat gegenüber dem Bundestag – mindestens alle zwei Jahre – Berichtspflicht. Ein durch den BMI für fünf Jahre bestellter Beirat, bestehend aus neun von den neuen Bundesländern benannten und sieben vom Deutschen Bundestag gewählten Mitgliedern, berät den B. bei seiner Arbeit.

Insg. werden in der Behörde des B. ca. 3.400 Mitarbeiter beschäftigt sein. Der Jahresetat ohne anfängliche Investitionen für die Unterbringung und Ausstattung beträgt ca. 200 Mio. DM. Neben der Verwaltungsabteilung werden die Fachaufgaben der Behörde von den Abt. AR (Archivbestände) und AU (Auskunft, Einsicht und Verwendung) wahrgenommen. Für die politische Bildung und die historische Forschung besteht beim B. eine eigene Abt. „Bildung und Forschung".

Das vom B. verwaltete Archivmaterial gliedert sich in: 1. Personalakten über die hauptamtlichen bzw. inoffiziellen Mitarbeiter des Staatssicherheitsdienstes; 2. Personenbezogene Akten von observierten Personen; 3. sog. „Sachakten", d.h. Anweisungen, Befehle und Dienstvorschriften, aber auch Arbeitsbücher ehem. Mitarbeiter des MfS, die den größten Teil des Materials darstellen. Insg. ergibt sich ein Aktenbestand von ca.

202 km Regallänge, wobei auf einen Regalmeter etwa 10.000 Blatt Papier kommen. Davon lagern allein ca. 78 km in Berlin, der Rest befindet sich in den Außenstellen. Die zentrale Personalkartei verzeichnet ca. 6 Mio. Namen. Ein großer Teil der Akten (ca. 50 %) befindet sich noch in ungeordnetem bzw. nicht brauchbarem Zustand und lagert teilweise zerrissen in Säcken (ca. 8.000 Stück). Die Akten der Auslandsspionage- und Spionageabwehrabteilung „Hauptverwaltung Aufklärung" und die elektronischen Datenträger sind auf Beschluß des Zentralen > RUNDEN TISCHES im Frühjahr 1990 zum größten Teil vernichtet worden. Im Juni 1992 lagen insg. 1,2 Mio. Anträge auf Einsichtnahme in die Akten vor (Anträge von Betroffenen, Anträge von Behörden auf Überprüfung sowie Anfragen von Gerichten), von denen ca. 150.000 in Bearbeitung waren.

Das StUG vom 20.12.1991 entstand gem. dem > EINIGUNGSVERTRAG vom 31.8.1990, der das entsprechende Volkskammergesetz vom 24.8. 1990 nur ungenügend berücksichtigt hatte, dafür aber die schnelle Verabschiedung eines Bundesgesetzes ankündigte. Während die Volkskammer bereits die Einsetzung eines Stasi-Beauftragten vorgesehen hatte, sperrte der – durch eine Zusatzvereinbarung vom 18.9.1990 erweiterte – Einigungsvertrag die Akten bis auf wenige Ausnahmefälle und sah die Einsetzung eines „Sonderbeauftragten" vor. Für dieses Amt, das am > 3. OKTOBER 1990 geschaffen wurde, wurde Joachim Gauck von der Volkskammer vorgeschlagen und vom Bundespräsidenten ernannt.

Der *Sonderbeauftragte der Bundesregierung für die personenbezogenen Unterlagen des ehemaligen Staatssicherheitsdienstes*, so der volle Titel, hatte schon am 12.12.1990 eine „Vorläufige Ordnung für die Nutzung personenbezogener Unterlagen des ehem. MfS/AfNS" erlassen, konnte jedoch aufgrund der ungeklärten Gesetzeslage weder den Betroffenen Einsicht in die über sie gesammelten Unterlagen gewähren noch eine politische, historische und juristische Nutzung der Akten in Angriff nehmen. Erst nach Inkrafttreten des StUG und der damit einhergehenden Umbenennung seines Amtes in B. wurde diese für die Aufarbeitung der Vergangenheit der DDR notwendige Arbeit möglich.

Die Auflösung eines noch arbeitenden Geheimdienstes und die Übernahme seines fast vollständigen Aktenbestandes war eine bisher historisch einmalige Situation. Dabei kämpfte die Behörde mit dem doppelten Problem, daß sie sich einerseits im Aufbau und in der Strukturierung ihrer Tätigkeit befand, andererseits aber bereits voll funktionstüchtig und arbeitsfähig sein mußte.

Der Tagesspiegel: Die in der > POTSDAMER STRASSE 87 im Bezirk > TIERGARTEN ansässige unabhängige Tageszeitung ist nach > BERLINER ZEITUNG und > BERLINER MORGENPOST die drittgrößte Berliner Abonnementzeitung mit einer Verkaufsauflage von z.Z. 132.000 Exemplaren. Der erstmals im September 1945 herausgegebene D. war nach dem II. Weltkrieg die erste politisch und wirtschaftlich unabhängige deutsche Zeitung in Berlin. Gemäß ihrem Grundsatz „rerum cognoscere causas" (den Grund der Dinge erkennen) beschränkt sich die Zeitung nicht allein auf die Wiedergabe von Nachrichten, sondern analysiert mit dem Ziel der Meinungsbildung das politische und gesellschaftliche Geschehen. Neben einem die Berichterstattung aus dem In- und Ausland umfassenden Teil beinhaltet sie einen Berliner Lokalteil, einen Regionalteil Brandenburg/Potsdam, einen Wirtschafts- und einen Sportteil, ein Feuilleton sowie einen Teil „Bildung und Wissenschaft", ergänzt durch die Themenseiten zu Reisen, Zeitgeschichte (Weltspiegel) und Literatur usw. in den Sonntagsausgaben.

Seit dem Fall der > MAUER am > 9. NOVEMBER 1989 ist D. auch im Ostteil der Stadt erhältlich. Im Februar 1990 wurde dort ein eigenes Redaktionsbüro eröffnet. Parallel zum Prozeß der > VEREINIGUNG wurde das Konzept der Zeitung – in Reaktion auf die veränderte Medienlandschaft Berlins – den neuen Verhältnissen angepaßt. Seitdem finden die Belange der östlichen Bezirke und des Umlands einen größeren publizistischen Niederschlag. Gleichzeitig expandierte D. im personellen sowie technischen Bereich und änderte außerdem das Format sowie das Layout der Zeitung. Vom 2.12.1991 an wurde auf tägliche Erscheinungsweise umgestellt.

Herausgeberin der Zeitung ist die Verlag- und Pressestiftung Tagesspiegel. Die „Gemeinnützige Gesellschaft mbH Pressestiftung" fördert mit den Erträgen aus der Beteiligung beim Tagesspiegel Projekte in den Bereichen > KULTUR, > WISSENSCHAFT UND FORSCHUNG, Bildung und Erziehung, insbes. auf dem Gebiet der Presse und des grafischen Gewerbes sowie von Kunst und Kultur, so u.a. mit dem erstmals 1985 vergebenen *Franz-*

Karl-Maier-Preis, der der Kommentarform stärkere Anerkennung verschaffen und jüngere Journalisten ermutigen soll, der *Erik-Reger-Stiftungsprofessur* im Fachbereich Publizistik der > FREIEN UNIVERSITÄT BERLIN und dem erstmals 1990 vergebenen *Wolfgang-Staudte-Preis* im Rahmen des Internationalen Forums des Jungen Films der > INTERNATIONALEN FILMFESTSPIELE BERLIN. Beim D. waren 1991 ca. 105 Redakteure sowie zahlreiche journalistische Mitarbeiter in In- und Ausland beschäftigt. Die Zeitung finanziert sich ausschließlich aus dem Zeitungsverkauf (Abonnement und Einzelverkauf) sowie dem Anzeigenverkauf (ca. 60 % der Erlöse).

Detlev-Rohwedder-Haus: Das D. in der Toleranzstr. (früher > WILHELMSTRASSE) Ecke > LEIPZIGER STRASSE ist der größte Verwaltungsbau Berlins. Er beherbergt seit 1991 die > TREUHANDANSTALT. Seit dem 16.1.1992 trägt er nach dem 1991 ermordeten Leiter dieser Einrichtung den Namen D. Der dem > PREUSSISCHEN LANDTAG benachbarte Gebäudekomplex entstand 1935/36 nach Plänen von Ernst Sagebiel für das *Reichsluftfahrtministerium* als erster Großbau des III. Reichs (> GENERAL-

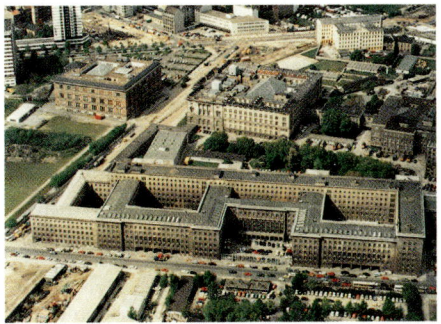

Detlev-Rohwedder-Haus, im Hintergrund links Martin-Gropius-Bau, im Hintergrund Mitte Preußischer Landtag

BAUINSPEKTOR FÜR DIE REICHSHAUPTSTADT BERLIN). Im II. Weltkrieg wurde der Komplex nur leicht beschädigt. Nach dem Krieg tagte hier zunächst die 1947 gegründete Deutsche Wirtschaftskommission, die zentrale Verwaltungsorganisation der damaligen sowjetischen Besatzungszone (SBZ). Am 7.10.1949 wurde in dem Gebäudes die Deutsche Demokratische Republik gegründet. Die 330 Mitglieder des vom Deutschen Volkskongreß in der SBZ aus Vertretern der Parteien und Massenorganisationen gewählten Abgeordneten des Deutschen Volksrats beschlossen ihre Konstituierung zur Provisorischen *Volkskammer* der DDR und setzten die Verfassung der DDR vom 7.10.1949 in Kraft. Otto Grotewohl wurde mit der Bildung der Provisorischen Regierung beauftragt. Am 11.10.1949 wählten hier die Provisorische Volkskammer und die Länderkammer der DDR in einer gemeinsamen Sitzung Wilhelm Pieck zum ersten (und einzigen) Präsidenten der DDR. Am 12.10. gab Ministerpräsident Grotewohl in dem Gebäude seine erste Regierungserklärung ab. 1950 zog die Volkskammer in das 1914/15 errichtete ehem. Vereinshaus der Deutschen Gesellschaft für Chirurgie und der Berliner Medizinischen Gesellschaft in der Luisenstr., wo sie bis zum Umzug in den > PALAST DER REPUBLIK 1976 tagte. Das ehem. Reichsluftfahrtministerium wurde als *Haus der Ministerien* Sitz des Ministeriums der Finanzen und mehrerer Industrieministerien der DDR sowie anderer zentraler Dienststellen, die im Zuge der > VEREINIGUNG aufgelöst wurden (> HAUPTSTADT). Als zentraler Staatsbesitz fiel der Bau an den Bund, der ihn seiner heutigen Nutzung zuführte.

Die meist fünf- bis siebengeschossigen Gebäudeteile in Stahl- oder Stahlbetonskelettbauweise sind mit Muschelkalksteinplatten verkleidet. An der Toleranzstr. liegt vor dem Flügel mit den Repräsentationsräumen ein Ehrenhof. Neben dem unscheinbaren Haupteingang an der Leipziger Str. befindet sich eine Pfeilerhalle, in der ein von Max Lingner 1952 geschaffenes Wandbild aus Meißener-Porzellan-Kacheln angebracht ist, das in idealisierender Weise die Lebensverhältnisse im Sozialismus darstellt. Eine Gedenktafel erinnert an die Harnack/Schulze-Boysen-Organisation, deren leitende Persönlichkeiten beide im Reichsluftwaffenministerium beschäftigt waren (> WIDERSTAND); eine zweite Gedenktafel erinnert an Detlev Karsten Rohwedder.

Deutsche Angestellten-Gewerkschaft (DAG): Die parteipolitisch und konfessionell ungebundene DAG, deren in seiner heutigen Form am 29.9.1990 entstandener Landesverband „Berlin und Brandenburg" seinen Sitz in der Weystr. 1 im Bezirk > WILMERSDORF hat, vertritt die wirtschaftlichen und sozialen Interessen der Angestellten und betreibt ihre berufliche Fortbildung. Der Landesverband gliedert sich in sieben DAG-Bezirke, davon drei in Berlin (Berlin-Nord, Berlin-Südost,

Berlin-Südwest) sowie vier in Brandenburg (Potsdam, Neuruppin, Cottbus, Frankfurt/O.). Der 1. Landesverbandstag Berlin und Brandenburg der DAG fand am 20./21.4.1991 in Berlin statt. Mitte 1991 hatte der Landesverband 61.347 Mitglieder, davon 32.136 weibliche.

Deutsche Bundesbahn (DB): Die der Fach- und Rechtsaufsicht des > BUNDESMINISTERS FÜR VERKEHR unterstehende DB unterhält in Berlin eine Verwaltungsstelle am Halleschen Ufer 74-76 im Bezirk > KREUZBERG, die seit dem 1.4.1952 zunächst als Sonderabteilung der Bundesbahndirektion Hamburg eingerichtet wurde. Seit im Zuge der technischen und organisatorischen Zusammenführung der DB und der > DEUTSCHEN REICHSBAHN (DR) auf der Grundlage des > EINIGUNGSVERTRAGES (Art. 26) auch unterhalb der Vorstandsebene eine Zusammenarbeit in den Bereichen Personen- und Güterverkehr erfolgt, untersteht die Verwaltungsstelle der DB seit dem 1.6.1992 fachlich der *Reichsbahndirektion (Rbd)* Berlin der DR, dienstrechtlich zunächst noch der Bundesbahndirektion Hamburg. Gemeinsam unterhalten die DB und die DR in Berlin seit August 1991 eine Generalvertretung Personenverkehr im S-Bahnhof Charlottenburg und seit Oktober 1991 eine Generalvertretung > GÜTERVERKEHR im Gebäude der Verwaltungsstelle der DB, die zugleich Dienststelle weiterer der DB nahestehender oder mit ihr zusammenarbeitender Institutionen ist, wie die Bundesbahn-Versicherungsanstalt, die Bundesbahn-Betriebskrankenkasse, das Bundesbahn-Sozialwerk oder die Bezirksstelle Berlin der Gewerkschaft der Eisenbahner Deutschlands.
Mit der Gründung der DB als Sondervermögen der Bundesrepublik Deutschland durch das Allgemeine Bundesbahngesetz vom 13.12.1951 nahm zunächst ein Verkehrsbeauftragter der späteren Bundesbahndirektion Hannover die Aufgaben der DB in Berlin wahr und überwachte insbes. die Abwicklung des Güterverkehrs auf den Strecken der DR zwischen der Bundesrepublik und Berlin (West). Ab 1952 richtete die DB dann nach dem Gesetz zur Regelung der Rechtsverhältnisse und Versorgungsansprüche der Angestellten und Beamten des Deutschen Reiches (Art. 131 GG) eine Versorgungsstelle zunächst am Theoder-Heuss-Platz in > CHARLOTTENBURG ein, ab 1960 im Sitz des ehem. Reichsbahnzentralamtes, der

heutigen Verwaltungsstelle der DB am Halleschen Ufer 74-76. Im Zuge der Erfüllung ihrer Aufgaben (die Versorgungsstelle behandelte bis in die 60er Jahre rd. 25.000 Fälle) übernahm die Verwaltungsstelle der DB zunehmend auch Aufgaben im Bereich des Personen- und Güterverkehrs sowie im Aquisitionsdienst (Werbung, Kundenberatung usw.) und bearbeitete seit 1984 zentral die Beamtenunfallversorgung für die gesamte DB. Bis 1991 unterhielt die DB ein *Güterverkehrszentrum* in der Möckernstr. 26 in Kreuzberg; das von der DB eingerichtete Reisezentrum zur Kundenberatung und zum Kartenverkauf für den Bahnverkehr in der Hardenbergstr. 20 in > CHARLOTTENBURG besteht auch seit der weitreichenden Zusammenarbeit der DB und der DR in den kundenorientierten Bereichen des Personen- und Güterverkehrs auf dem Weg zu einem gemeinsamen Unternehmen Bahn fort, in dessen Verlauf sich auch die Aufgaben und die Verwaltungsstruktur der DB in Berlin ändern werden. Anfang 1992 beschäftigte die DB in Berlin rd. 300 Mitarbeiter.

Deutsche Bundespost (DBP): Mit dem Gesetz zur „Neustrukturierung des Post- und Fernmeldewesens und der Deutschen Bundespost" (Poststrukturgesetz) vom 8.6.1989 ist die *Oberpostdirektion Berlin (OPD)* gemäß § 1 des Postverwaltungsgesetzes nachgeordnete mittlere Ausführungsbehörde des > BUNDESMINISTERS FÜR POST- UND TELEKOMMUNIKATION (BMPT). Im Zuge der Reform des *Post- und Fernmeldewesens* der Bundesrepublik Deutschland und des Zusammenschlusses der DBP mit der *Deutschen Post* der DDR kam es mit der > VEREINIGUNG in Berlin zu einer umfangreichen Neustrukturierung der DBP. Dabei gingen die Einrichtungen der ehemals für den Westteil der Stadt zuständigen *Landespostdirektion (LPD)* sowie die ehem. „Bezirksdirektion Berlin der Deutschen Post der DDR" am 1.2.1991 in der heutigen OPD auf. Die Bankdienste der DBP in Berlin unterstehen seither losgelöst von der OPD direkt der Generaldirektion der DBP-Postbank. In der OPD sind die unternehmerisch weitgehend selbständigen Bereiche Postdienste und Telekom unter ihrem Dach zusammengefaßt. Diese den 17 übrigen Oberpostdirektionen im alten Bundesgebiet (sowie fünf Direktionen Postdienst in den neuen Bundesländern) entsprechende Angleichung des Status als regionale mittlere

Bundesbehörde im Geschäftsbereich des BMPT war erst nach der Suspendierung des > SONDERSTATUS möglich geworden.

1. Oberpostdirektion Berlin (OPD)
Die sich in die beiden Bereiche Postdienst sowie Telekom gliedernde OPD hat ihren Sitz in einem 1928 errichteten Gebäude in der Dernburgstr. 50 im Bezirk > CHARLOTTENBURG. Sie beschäftigte Anfang 1992 insg. rd. 33.000 Mitarbeiter; ihr Etat ist Teil des Gesamthaushalts des BMPT. Beide Geschäftsbereiche stellen für Berlin einen erheblichen Wirtschaftsfaktor dar. 1991 investierten die beiden Unternehmen in der Stadt bzw. erteilten ihrer Industrie Aufträge im Wert von rd. 2,44 Mrd. DM.

1.1. Deutsche Bundespost – Postdienst
Der Bereich *Postdienst* umfaßt die vier Abteilungen: Produktion; Immobilien, Einkauf; Personal; Recht, Finanzen, Organisation sowie die besonderen Bereiche Briefdienste (> BRIEFMARKEN) und Frachtdienste. Ihm sind im geeinten Berlin 15 *Postämter (PA)* mit Verwaltungsdienst unterstellt, denen wiederum 201 PA und 10 Poststellen unterstehen; außerdem 65 Briefzustellämter für 2.952 Briefzustellbezirke und 27 Paketzustellämter für 657 Paketzustellbezirke. Daneben gibt es vier Ämter mit Sonderaufgaben: das zentrale Briefpost- und Postzeitungsamt (PA 11); die Versandstelle für Postwertzeichen (PA 12); das zentrale Paketpost- und Verzollungspostamt (PA 77) sowie (als einziges im Ostteil der Stadt) das Bahnpostamt. Von fünf PA mit besonderen Öffnungszeiten ist das PA im Bahnhof Zoo auch an Sonn- und Feiertagen durchgehend geöffnet. In diesem Bereich der OPD waren 1992 insg. ca. 21.000 Mitarbeiter beschäftigt.
1992 gab es im Stadtgebiet 3.158 Briefkästen, 15.433 Postfächer und 960 Münzwertzeichengeber. Der Fuhrpark der DBP-Postdienst umfaßte in Berlin ca. 1.800 Kfz und 1.370 Fahrräder. 1992 wurden in Berlin täglich durchschnittlich ca. 3.152.400 Briefsendungen, 72.700 Päckchen und 96.600 Pakete bearbeitet. 11.214 Zeitungen sind zum Postzeitungsdienst zugelassen. Von den 843.000 Briefmarkenabonnenten der DBP betreute die Berliner Versandstelle für Postwertzeichen 240.000 Kunden bundesweit.

1.2. Deutsche Bundespost – Telekom
Der Bereich Telekom unter dem Dach der OPD gliedert sich in sechs Abteilungen: Netze, Vermittlungstechnik, Voice-Dienste; Vertrieb, Marketing, Telekom-Service; Organisa-

tion, Personal, Telekom-Recht; Hochbau, technische Gebäudeausrüstung, Liegenschaften, Finanzen und Controlling, Baurecht und die beiden Sonderdienststellen Vorprüfung und Innovation im Breitbandbereich. Das Funkamt und das Fernamt in Ost-Berlin wurden aufgelöst und mit dem *Fernmeldeamt* 1 in West-Berlin zu einem gemeinsamen *Weiterverkehrsamt Berlin* zusammengeführt. Mit der Reorganisation der Territorialbereiche im Ostteil der Stadt verfügt Berlin nunmehr neben dem Weiterverkehrsamt über fünf Fernmeldeämter und ein Fernmeldezeugamt als zentrale Stelle für alle Telekom-Angelegenheiten.
Vordringlichste Aufgabe des Bereichs Telekom der DBP in Berlin war nach der Vereinigung der Stadt der Ausbau der Telekommunikations-Infrastruktur in den östlichen Bezirken auf das Niveau in West-Berlin. Im Vordergrund stand dabei die Verbesserung der Verkehrsabwicklung zwischen den seit 1952 getrennt geschalteten Telekommunikationsnetzen – bis zur Vereinigung des Ortsnetzes im Sommer 1992 mußten ca. 150.000 doppelt belegte Rufnummern in Berlin umgeschaltet werden –, die Digitalisierung der Vermittlungstechnik sowie der Ausbau und die Rekonstruktion von Kabelanlagen. Bis zur Vereinigung der getrennten Telefonnetze Ende Juni 1992 wurde die Zahl der Verbindungsleitungen zwischen den beiden Stadthälften von 584 (512 in West-Ostund 72 in Ost-West-Richtung) auf 6.726 erhöht (West-Ost 3.602, Ost-West 3.124).
1992 verfügte Berlin über 1.724.000 Fernsprechhauptanschlüsse, 4.974 Telexanschlüsse und 17.000 Btx-Anschlüsse. Insg. wurden über 870.300 Telegramme aufgegeben und 21.400 zugestellt. Von den 1.092.000 Kabelanschlüssen waren 736.800 an eine Wohneinheit angeschlossen. Die Stadt verfügte Anfang 1992 über 7.424 öffentliche Sprechstellen, davon 2.745 Kartentelefone. Täglich wurden durchschnittlich 6.927.000 Ortsgespräche und 400.200 Ferngespräche vermittelt.
Als räumlich begrenzter, dicht besiedelter Markt mit hoher Nachfrage hat der Geschäftsbereich Telekom – wie bereits die Abteilung Fernmeldewesen der LPD Berlin – vielfach Pilotfunktionen bei Erprobung und Ausbau moderner Kommunikationstechniken wie *Btx, Telex, Telefax*, Telebox, Sprachspeicherdienst und Service 130. Der *Funktelefondienst* (B/B2-Netz und C-Netze) umfaßte 1992 mehr als 34.000 Teilnehmer in Ber-

lin, der Kommunikationsservice *Eurosignal* hatte 1991 ca. 7.000 Nutzer. Ferner wurde 1988 der *Cityruf* als neues Kommunikationssystem eingerichtet. Über 15.000 Datenstationen nutzen den Datenübermittlungsdienst der DBP-Telekom. Daneben ist die DBP-Telekom an der Erprobung der Kommunikationssysteme > BERKOM und des 1989 eingerichteten integrierten Sprach- und Datennetzes (*ISDN – Integrated Services Digital Network*) zur gleichzeitigen Übertragung von Sprache, Text, Daten und Bildern in einem Träger beteiligt. Am 8.8.1991 ging die erste digitale ISDN-fähige Telefonvermittlungsstelle im Ostteil der Stadt ans Netz. 1991 beschäftigte der Geschäftsbereich Telekom der DBP in Berlin 12.000 Mitarbeiter.

2. Deutsche Bundespost – Postbank
Der im 1971 fertiggestellten, 89 m hohen *Postscheckamt Berlin* am Halleschen Ufer im Bezirk > KREUZBERG untergebrachte Bereich Berlin der DBP-Postbank nahm seinen Geschäftsbetrieb zum 1.1.1990 auf. Ihre Geschäfte wickelt sie in Berlin – wie im übrigen Bundesgebiet – über die Schalter der hiesigen 216 *Postämter* des Schwesterunternehmens DBP-Postdienst ab, deren Dienstleistungen sie entsprechend entgeltet. Die Postbank beschäftigte 1992 ca. 2.320 Mitarbeiter. Der Postgirodienst und der Postsparkassenbetrieb im Geschäftsbereich der Postbank Berlin verfügte Anfang 1992 über rd. 590.000 Konten, was der größten Dichte innerhalb der DBP-Postbank entspricht. Durchschnittlich werden täglich in Berlin von der Postbank bis zu 1.300.000 Buchungen abgewickelt, der Gesamtumsatz liegt monatlich bei rd. 40 Mrd. DM.

3. Sonstige Einrichtungen der DBP in Berlin
Zur anwendungsorientierten Forschung unterhält die OPD seit 1951 das *Forschungsinstitut der DBP* in Darmstadt mit 24 Forschungsgruppen. Davon arbeiten drei Gruppen mit 55 Mitarbeitern in Berlin im Gebäude des 1928 gegründeten Reichspostzentralamtes in der Ringbahnstr. im Bezirk > TEMPELHOF, wo auch eine der beiden Fachhochschulen der DPB ihren Sitz hat (> FACHHOCHSCHULE DER DEUTSCHEN BUNDESPOST BERLIN). Auch das dem Forschungsinstitut übergeordnete *Fernmeldetechnische Zentralamt*, das *Posttechnische Zentralamt* – beide mit Sitz in Darmstadt – sowie das > BUNDESAMT FÜR POST- UND TELEKOMMUNIKATION mit Sitz in Mainz unterhalten Außenstellen in Berlin. In der ehem. Dänischen Botschaft an der Thomas-

Dehler-Str. 48 im sog. > DIPLOMATENVIERTEL unterhält die Telekom die Berliner Ausbildungsstelle ihrer Akademie für Führungskräfte.

Deutsche Dienststelle (WASt) für die Benachrichtigung der nächsten Angehörigen von Gefallenen der ehemaligen deutschen Wehrmacht: Die dem > LANDESAMT FÜR ZENTRALE SOZIALE AUFGABEN nachgeordnete WASt im Verwaltungsgebäude der ehem. Deutschen Waffen- und Munitionswerke am Eichborndamm 179 im Bezirk > REINICKENDORF hat die Aufgabe, Auskünfte über im I. und II. Weltkrieg gefallene, verstorbene, vermißte oder anderweitig durch Kriegseinwirkungen und -folgen in Mitleidenschaft gezogene Personen zu erteilen. Ein weiteres umfangreiches Aufgabenfeld besteht in der Ausstellung von Dienstzeitbescheinigungen und Nachweisen über Kriegsgefangenschaft für die Erstattung der Kriegsopferversorgung (*Kriegsopferfürsorge*). Darüber hinaus recherchiert sie für Aussiedler aus Osteuropa den Nachweis der deutschen Staats- bzw. Volkszugehörigkeit (> ÜBERSIEDLER / AUSSIEDLER). Die Arbeitsergebnisse der WASt dienen vielfach der Beweisführung bei der Anmeldung von Rechtsansprüchen der Betroffenen bzw. ihrer Erben.
Bei ihrer Arbeit stützt sich die WASt auf eine Zentralkartei mit über 20 Mio. Karteikarten, in der seit Kriegsbeginn 1939 alle verfügbaren Meldungen und Hinweise zum persönlichen Lebensweg von Wehrmachtsangehörigen erfaßt werden. Darüber hinaus existieren zahlreiche weitere Informationsquellen, wie Erkennungsmarkenverzeichnisse (ca. 100 Mio. Daten), amtliche Verlustlisten (ca. 150 Mio. Daten), ca. 11 Mio. Grabmeldungen aus dem I. und II. Weltkrieg, Kriegsgefangenenunterlagen über etwa 17 Mio. Personen, ca. 300.000 Nachlässe sowie Ranglisten, Ordenskarteien, Feldpostnummernverzeichnisse u.a.m. Auf diese Daten zurückgreifend hat die WASt bis heute über 3,1 Mio. Kriegssterbefälle der Beurkundung zugeführt und weit über 1 Mio. Auskünfte über den Verbleib von Personen (Vermißtenfälle, Todeserklärungen) erteilt. Darüber hinaus wurden in mehreren tausend Fällen Anschriften gesuchter Personen festgestellt. Ferner hat die WASt in 2,1 Mio. Fällen Fragen im Zusammenhang mit Kriegsgräbern (Nachweis, Identifizierung von Personen) beantwortet und ca. 300.000 Nachlässe aufgenommen. Bis 1992

wurden schließlich 5 Mio. Dienstzeitbescheinigungen erstellt, ca. 2,5 Mio. Auskünfte zu Kriegsopferversorgungsanträgen, 500.000 Auskünfte in Verfahren nach nationalsozialistischen Gewaltverbrechen, 2,6 Mio. Auskünfte in Kriegsgefangenenangelegenheiten gegeben sowie 2,9 Mio. sonstige Nachweise erbracht (darunter auch Klärung der Staatsangehörigkeit).

Den Grundstock des Archivs der WASt bilden die Akten der Vorläuferbehörde, der am 26.8.1939 in Berlin errichteten Wehrmachtsauskunftsstelle für Kriegsverluste und Kriegsgefangene. Diese Behörde wurde 1943 nach Saalfeld und Meiningen in Thüringen ausgelagert und nach amerikanischer Besetzung ab dem 12.4.1945 unter Aufsicht der amerikanischen Militärkontrollkommission weitergeführt. Am 1.7.1945, unmittelbar vor der Besetzung Thüringens durch sowjetische Truppen, verlegten die Amerikaner die WASt nach Fürstenhagen bei Kassel. 1946 kehrte sie nach Berlin zurück und nahm ihre Arbeit am 15.2. d.J. unter ihrem heutigen Namen wieder auf. Im Juni 1946 wurde sie der Aufsicht der französischen Gruppe des > ALLIIERTEN KONTROLLRATS unterstellt. Am 31.12.1950 erfolgte die Eingliederung des Amts für die Erfassung der Kriegsopfer in der Hardenbergstr. 10 im Bezirk > CHARLOTTENBURG in die WASt. Nach einer Verwaltungsvereinbarung zwischen der Bundesrepublik Deutschland und dem Land Berlin vom 9.1.1951 wird die WASt als Behörde des Landes Berlin geführt. Mit der > VEREINIGUNG endete am 3.10.1990 die Aufsicht des Alliierten Kontrollrats über die WASt. Seitdem nutzen auch Behörden und Bürger der neuen Bundesländer zunehmend deren Auskunftsdienste. Im Dezember 1990 hat die WASt Teile von Unterlagen des ehem. Heeresarchivs in Potsdam zur Auswertung und Bearbeitung übernommen. 1992 waren bei der WASt 710 Personen angestellt. Da die Behörde Bundesaufgaben wahrnimmt, wird ihr Etat in voller Höhe vom Bund gedeckt.

Deutsche Film- und Fernsehakademie Berlin (DFFB): Die 1965 als GmbH gegründete und je zu 50 % durch das > BUNDESMINISTERIUM DES INNERN und durch die > SENATSVERWALTUNG FÜR KULTURELLE ANGELEGENHEITEN finanzierte D. in der Pommernallee 1 im Bezirk > CHARLOTTENBURG (wo auch die > STIFTUNG DEUTSCHE KINEMATHEK ihren Sitz hat), ist eine der wichtigsten Ausbildungsstätten der Bundesrepublik Deutschland in den Sparten > FILM und > FERNSEHEN. Die Akademie vermittelt eine umfassende Grundausbildung in verschiedenen Bereichen der Film- und Fernsehproduktion, insbes. bereitet sie auf die Berufe des Regisseurs und Kameramanns vor. Doch auch Cutter, Tonmeister, Szenenbildner oder Produzenten werden an der Akademie ausgebildet. Die Spezialisierung erfolgt während des Hauptstudiums. An der D. studieren durchschnittlich 80 Studenten gleichzeitig, verteilt auf vier Studienjahrgänge. Die Akademie verfügt über eine öffentlich zugängliche Fachbibliothek mit ca. 62.000 Bänden. Für 1995 ist der Umzug der D. in das künftige > FILMHAUS ESPLANADE geplant.

Deutsche Forschungsanstalt für Luft- und Raumfahrt e.V. (DLR): Die DLR mit Hauptsitz in Köln ist seit 1956 in Berlin in der Müller-Breslau-Str. 8 im Bezirk > CHARLOTTENBURG mit der Abt. Turbulenzforschung des Instituts für experimentelle Strömungsmechanik vertreten, das seinen Hauptsitz in Göttingen hat. Die DLR ist die größte ingenieurwissenschaftliche Forschungseinrichtung in der Bundesrepublik Deutschland. Sie unterhält Forschungszentren in Berlin- > ADLERSHOF, Braunschweig, Göttingen, Köln-Porz, Oberpfaffenhofen und Stuttgart sowie Außenstellen in Bonn, Hamburg, Harthausen, Trauen, Weilheim und Berlin-Charlottenburg. Vorgänger der DLR waren die 1912 in Adlershof gegründete Deutsche Versuchsanstalt für Luftfahrt e.V. (DVL), die Deutsche Forschungsanstalt für Luftfahrt in Braunschweig und die Aerodynamische Versuchsanstalt Göttingen. Die Berliner Einrichtung gehörte bis zur Gründung der DLR 1969 zur DVL. Sie hat heute die Arbeitsschwerpunkte Turbomaschinenlärm, Verminderung des Reibungswiderstands an umgeströmten Körpern und Untersuchungen der Turbulenzstruktur bei Heißgasströmungen und Brennerströmungen mit Flammen. Die Berliner Abteilung arbeitet mit dem Hermann-Föttinger-Institut für Thermo- und Fluiddynamik der > TECHNISCHEN UNIVERSITÄT BERLIN zusammen. Von den insg. ca. 3.900 Mitarbeitern der DLR sind 25 in Berlin tätig. Der Etat der Berliner Abteilung wird zu ca. 80 % durch den > BUNDESMINISTER FÜR FORSCHUNG UND TECHNOLOGIE und zu ca. 20 % durch Aufträge der Industrie finanziert.

Deutsche Gesellschaft e.V.: Die D. mit ihrer Geschäftsstelle in der > LEIPZIGER STRASSE im Bezirk > MITTE hat sich als Aufgabe die Förderung politischer, kultureller und sozialer Beziehungen in Europa gestellt. Ihr wichtigstes Ziel dabei ist es, den langwierigen und oftmals auch schmerzhaften Prozeß des Zusammenwachsens der beiden Teile Deutschlands zu begleiten und zu fördern.

Bereits seit Mitte der 80er Jahre bemühten sich Persönlichkeiten aus beiden deutschen Staaten um die Gründung eines Vereins, der unterhalb der staatlichen Ebene das Miteinander der Menschen in ganz Deutschland erleichtern und fördern wollte. Nachdem diese Initiative um die Jahreswende 1988/89 zunächst am Veto der > SOZIALISTISCHEN EINHEITSPARTEI DEUTSCHLANDS (SED) gescheitert war, wurde die D. nach der Wende am 13.1.1990 in der > NIKOLAIKIRCHE in einem feierlichen Akt gegründet.

In Vorstand und Kuratorium sind die beiden ehem. Teile Deutschlands gleichberechtigt repräsentiert und nahezu alle gesellschaftlich relevanten Gruppen vertreten. Gleichberechtigte Vorsitzende des Vereins sind Detlef Stronk und Wolfgang Thierse. Die D. zählt etwa 150 Kuratoriumsmitglieder, unter ihnen zahlreiche Prominente wie Egon Bahr, Willy Brandt, Eberhard Diepgen, Klaus von Dohnanyi, Oskar Lafontaine, Lothar de Maizière, Markus Meckel, Jens Reich, Friedrich Schorlemmer und Manfred Stolpe. Insg. hat sie ca. 800 Mitglieder (Stand Ende 1991).

Die Gesellschaft engagiert sich hauptsächlich auf vier Arbeitsfeldern. Auf dem Gebiet der politischen Bildung veranstaltet sie in enger Kooperation mit den Landeszentralen für politische Bildung Diskussionsforen und Seminare insbes. zu Problemen des deutschen und europäischen Einigungsprozesses. Schwerpunkt bildet das v.a. Osteuropa zugewandte nationale und internationale Jugendaustauschprogramm. Im Bereich des > DENKMALSCHUTZES und der Stadterneuerung, für die die D. ein Büro in der Mohrenstr. in Mitte unterhält, will die D. mithelfen, wertvolle historische Bausubstanz und Parks, Schlösser und Herrenhäuser in den neuen Bundesländern zu erhalten, zu restaurieren und einer adäquaten Nutzung zuzuführen. Sie bemüht sich darum, Dokumentationen über die gefährdeten Objekte zu erstellen, betreut Projekte (gegenwärtig v.a. in der Mark Brandenburg), führt Symposien mit Denkmalpflegern, Kommunalpolitikern und inter-

essierten Bürgern durch, veranstaltet Fachseminare, berät Bürgerinitiativen und unterstützt Vereine. Auf dem Feld der Industriearchäologie und in einem Fotoprojekt werden Industriedenkmale wie die Kalkwerke Rüdersdorf dokumentiert und inventarisiert. In Brandenburg und Sachsen wurden außerdem Bildungswerke der D. gegründet. Weitere Einrichtungen sind im Aufbau.

Deutsche Gesellschaft für die Vereinten Nationen e.V. (DGVN): Die 1952 gegründete DGVN, deren Landesverband Berlin seinen Sitz Am Karlsbad 4 im Bezirk > SCHÖNEBERG hat, ist ein gemeinnütziger, unabhängiger und überparteilicher Verein. Neben Berlin gibt es Landesverbände in Baden-Württemberg und Bayern, Sitz des Generalsekretariats ist Bonn. In Berlin hat die DGVN gut 300, im gesamten Bundesgebiet ca. 1.600 Mitglieder. Ziel der DGVN ist die Vermittlung von Kenntnissen über die Arbeit der Vereinten Nationen (UNO); dazu gehören u.a. Fragen des Nord-Süd-Dialogs und der > ENTWICKLUNGSPOLITIK. Die DGVN veranstaltet Vorträge, Seminare, Konferenzen und Studienreisen, veröffentlicht die Fachzeitschrift „Vereinte Nationen" sowie eine Schriftenreihe, vertreibt die Fachliteratur aller UN-Organisationen und unterhält eine große Dokumentation beim Generalsekretariat, kleinere Informationsstellen bei den Landesverbänden. Z.Z. bemüht sich die DGVN um neue Arbeitskontakte zu Organisationen und Gruppen in Osteuropa mit ähnlicher Zielsetzung.

Der 1957 gegründete Berliner Landesverband ist v.a. in der Öffentlichkeitsarbeit engagiert; er betreut ausländische Besuchergruppen und unterstützt über eine Gruppe Berliner Lehrer kleine basisorientierte Projekte in ländlichen Gebieten des Senegal. Diese Aktivitäten werden aus Mitgliedsbeiträgen und Spenden sowie aus Zuwendungen und Zuschüssen, u.a. der > SENATSKANZLEI und der > SENATSVERWALTUNG FÜR WIRTSCHAFT UND TECHNOLOGIE finanziert. Ein großer Teil der Arbeit wird ehrenamtlich geleistet.

Die DGVN ist Mitglied der World Federation of United Nations Associations, die Beratungsstatus bei der UNO hat. Seit 1977 verleiht die DGVN in Berlin die *Dag-Hammarskjöld-Medaille* für besondere Verdienste um die UNO und seit 1988 die *Otto-Hahn-Friedensmedaille*.

Deutsche Industrieausstellung: Die zwischen 1950 und 1978 veranstaltete D. war West-Berlins erste und größte Industriemesse nach dem II. Weltkrieg. Am 1.10.1950 hatte der damalige Bundespräsident Theodor Heuss auf dem > AUSSTELLUNGS- UND MESSE-GELÄNDE AM FUNKTURM im Bezirk > CHAR-LOTTENBURG die unter seiner Schirmherrschaft stehende erste D. unter dem Motto „Berlin ist wieder da" eröffnet. Bis zum 15.10. zählten die Veranstalter über 1 Mio. Besucher, darunter 450.000 aus Ost-Berlin und der DDR, die in den folgenden Jahren stets etwa ein Drittel der Besucher ausmachten. Bis zum Bau der > MAUER 1961 hatte die Messe deshalb auch immer eine politische Funktion als „Schaufenster des Westens". Ab 1974 wurde die D. im Wechsel mit der > INTERNATIONALEN FUNKAUS-STELLUNG nur noch zweijährig durchgeführt. Auf der letzten Ausstellung waren 579 Aussteller vertreten, darunter 14 aus dem Ausland, und 183 zusätzliche Unternehmensvertreter; es kamen 228.700 Besucher.

Zwar wurde die Konzeption der D. im Laufe der Jahre verändert, als gemeinsames Merkmal blieb jedoch die Idee, Schwerpunktthemen in kleinerem Rahmen darzustellen, erhalten – z.B. „Qualität der Forschung und Technik" (1968), „Wasser" (1973). Der Bedarf nach einer stärker branchenspezifischen Präsentation und die Entwicklung entsprechender Veranstaltungen führte 1978 zur Einstellung der D. Insofern kann sowohl die seit 1988 in zweijährigem Rhythmus durchgeführte Investitionsgüterausstellung *Indu-Tech* als ein später Nachfolger der D. angesehen werden, wie auch die aus der D. hervorgegangene zweijährlich stattfindende *büro-data Berlin*. Auch die seit 1962 jährlich veranstaltete > IMPORT-MESSE „PARTNER DES FORT-SCHRITTS" setzt die Tradition der D. fort.

Deutsche Klassenlotterie Berlin (DKLB): Die in ihrer heutigen Form 1958 gegründete D. ist die staatliche Lotterie des Landes Berlin. Sie ist eine Anstalt des öffentlichen Rechts und hat nach dem Gesetz über die D. vom 7.6.1974 (zuletzt geändert am 11.12. 1991) die Aufgabe, Lotterien einschließlich des Sporttoto und alle damit zusammenhängenden Ausspielungen durchzuführen. Die DKLB führt 20 % ihrer Umsätze aus dem Spielgeschäft sowie ihren Bilanzgewinn an die *Stiftung Deutsche Klassenlotterie Berlin* (DKLB-Stiftung) ab.

Die D. ist mit den Lotterien der anderen Bundesländer im Deutschen Lotto- und Toto-block zusammengeschlossen und führt in Berlin die bundesweit veranstalteten Lotterien durch („Lotto 6 aus 49" am Sonnabend und am Mittwoch, das „Spiel 77", die Ergebniswette und die Auswahlwette „6 aus 45" im Fußballtoto sowie die GlücksSpirale). Ausschließlich für Berlin veranstaltet die D. seit 1984 die Rubbellos-Lotterien mit wechselnden Spielformeln und Gewinnplänen. Neben der Zentrale in der Brandenburgischen Str. 36 im Bezirk > WILMERSDORF unterhält die D. im Stadtgebiet zwölf Kontaktstellen als Spielscheinsammelstellen und Anfang 1992 rd. 950 Annahmestellen, davon 180 in den östlichen Bezirken. Pro Jahr gibt die D. ca. 50 Mio. Spielscheine aus, 1991 betrug der Jahresumsatz 466,6 Mio. DM. Die Gewinn- und Prämienausschüttung betrug 1991 insg. 226 Mio. DM (= 48,5 %).

Die Lotteriesteuer in Höhe von 16,66 % der Spieleinsätze einschließlich Bearbeitungsgebühren (1991 = 79,2 Mio.) geht an den Berliner Fiskus. Die an die DKLB-Stiftung 1991 abgeführte Zweckabgabe in Höhe von 20 % der Umsatzerlöse betrug 1991 95 Mio. DM. Aus den Umsätzen der GlücksSpirale führte die DKLB 1991 insg. 3,6 Mio. DM an den Deutschen Sportbund, die Bundesarbeitsgemeinschaft der Freien > WOHLFAHRTSPFLEGE und die Deutsche Stiftung Denkmalschutz zusätzlich ab.

Die am 1.1.1975 als rechtsfähige Stiftung des öffentlichen Rechts gegründete DKLB-Stiftung verwaltet und verteilt die ihr von der DKLB zur Verfügung gestellten Mittel und selbst erwirtschaftete Überschüsse (1991 insg. 101,4 Mio. DM). Über die Verwendung und Verteilung der Mittel entscheidet der (aus drei vom > ABGEORDNETENHAUS VON BERLIN zu wählenden und drei vom > SENAT VON BERLIN zu bestellenden Mitgliedern zusammengesetzte) Stiftungsrat aufgrund der vom Senat erlassenen Satzung. Die Durchführung der Beschlüsse obliegt dem Stiftungsvorstand, der zugleich Vorstand der D. ist. Die Stiftung verfügt über kein eigenes Personal.

Schwerpunkte der Unterstützung sind Einrichtungen und Projekte aus den Bereichen > KULTUR (mit jeweils 1991 ca. 44 Mio. DM = 40 %), > SCHULE UND BILDUNG (ca. 17,1 Mio. DM = 15,5 %), > SPORT (ca. 23,7 Mio. DM = 21,4 %) sowie Gesundheit und Soziales (ca. 13 Mio. DM = 11,7 %).

Die Tradition von Lotterien und Glücksspielen reicht in Berlin mehrere Jahrhunderte zurück. Nach Vergabe des ersten „Patents, betreffend eine Königlich Preußische Lotterie" durch König Friedrich II. (1740-86) wurde die erste Lotterie in Berlin am 31.8.1763 durch das kurz zuvor gegründete General-Lotterie-Amt in der > WILHELMSTRASSE ausgespielt. Gezogen wurden fünf Zahlen aus 90 Nummern, wobei jede Nummer zugleich den Namen eines Mädchens aus dem Waisenhaus trug, das – sofern das Glücksrad bei seiner Zahl stehenblieb – 50 Taler für die Aussteuer erhielt. Nach der Preußischen Staatslotterie (1767) und einer von den Nationalsozialisten ins Leben gerufenen zentralen Reichslotterie (1938) kam es nach dem II. Weltkrieg zur Gründung der Berliner Stadtlotterie, deren erste Ziehung am 25.10.1945 stattfand. Die Erträge wurden u.a. zum Wiederaufbau der Stadt verwendet. 1947 beschloß der > MAGISTRAT die Gründung der Deutschen Klassenlotterie Berlin, die bis 1949 die Hälfte ihrer Lose in Ost-Berlin und der Sowjetzone verkaufte. Daneben existierte ab 1948 ein Fußball-Totobetrieb, der ab 1949 von der Berliner Sporttoto Gesellschaft mbH durchgeführt wurde. Aus beiden Institutionen entstand 1958 die heutige D.

In Ost-Berlin begann erst relativ spät das zunächst verpönte öffentliche Glücksspiel. 1953 wurde der VEB Sport-Toto und 1954 die Berliner Bärenlotterie eingeführt. Seit 1968 bestanden nur noch die dem Finanzministerium direkt unterstellten VEB Vereinigte Wettspielbetriebe mit Sitz in der Hermann-Matern-Str. 33/34 (heute Luisenstr.) im Bezirk > MITTE. Beliebtestes Spiel war das Tele-Lotto, auf das drei Viertel aller Einsätze entfielen. In unregelmäßigen Abständen fanden auch Sonderlotterien, insbes. Sachlotterien, statt.

Im Zuge der > VEREINIGUNG erhielt die DKLB vom Magistrat und vom Senat von Berlin die Genehmigung, vom 1.9.1991 an in ganz Berlin tätig zu sein, und zwar bis zum 31.3.1991 in Ost-Berlin noch in Konkurrenz mit der Ostdeutschen Lotterie GmbH (OLG), dem Nachfolger des VEB Vereinigte Wettspiele. Die Lotterieerlaubnis der OLG für den Ostteil der Stadt erlosch am 31.3.1991.

Neben den Spielangeboten der D. gibt es heute eine Reihe weiterer Lotterieveranstaltungen in Berlin. Besonders populär ist der seit 1952 jährlich durchgeführte > TAG DER OFFENEN TÜR. Darüber hinaus finden Lotterien und Tombolas im Rahmen von größeren Veranstaltungen wie bspw. dem > PRESSEBALL

statt. Für Spielfreudige existieren außerdem zwei Spielbanken (> SPIELBANK BERLIN; > SPIELCASINO BERLIN) und der Totalisator-Einsatz auf der > TRABRENNBAHN MARIENDORF, der > TRABRENNBAHN KARLSHORST und der > GALOPPRENNBAHN HOPPEGARTEN.

Deutsche Lufthansa AG (LH): Nach Aufhebung des alliierten > SONDERSTATUS im Zuge der > VEREINIGUNG ist die LH seit dem 28.10.1990 als Luftverkehrsgesellschaft auch wieder auf den Berliner > FLUGHÄFEN vertreten. Sie war am 6.1.1926 als Zusammenschluß der Deutschen Aero Lloyd und der Junkers Luftverkehr AG in Berlin gegründet worden. Am 26.3.1926 genehmigte der Reichsverkehrsminister den Luftverkehrsbetrieb, der am 6.4. planmäßig aufgenommen wurde. Als Heimatflughafen diente der Flughafen Tempelhof, während die zentrale Wartungsbasis für die Flugzeuge in > STAAKEN eingerichtet wurde. Bei Betriebsbeginn verfügte das Unternehmen über 934 Mitarbeiter und 162 Flugzeuge 18 verschiedener Typen. Bereits im ersten Verkehrsjahr wurde das Streckennetz auf 54 Routen ausgeweitet, von denen 20 Berlin einschlossen.

Mit dem Beginn des II. Weltkriegs mußte der Liniendienst auf innerdeutsche Verbindungen und wenige Routen ins neutrale europäische Ausland reduziert werden, bevor er schließlich völlig zum Erliegen kam. Die Neugründung als Aktiengesellschaft für Luftverkehrsbedarf am 6.1.1953, deren Namen am 6.8.1954 in LH geändert wurde und die am 1.3.1955 den Probeflugverkehr innerhalb der Bundesrepublik aufnahm, erfolgte wegen alliierter Vorbehaltsrechte in Köln.

Die Flughafengesellschaft der DDR wurde ebenfalls unter dem Namen Deutsche Lufthansa gegründet und nahm am 30.6.1955 ihre Tätigkeit auf. In der Folgezeit kam es zu einem jahrelangen Streit um die Rechte an dem Traditionsnamen. Nachdem die bundesdeutsche LH 1962 selbst in Jugoslawien Titelschutz durchsetzen konnte und die DDR ihre Linienflüge auf das westliche Ausland ausdehnen wollte, ging die Deutsche Lufthansa (Ost) am 1.9.1963 als bereits 1958 als zweites staatliches Luftfahrtunternehmen zunächst für Charterdienste gegründeten *Interflug* auf. Die Interflug, der in der DDR auch der Betrieb der Zivilflughäfen und die zivile Flugsicherung übertragen waren, wurde 1991 von der > TREUHANDANSTALT liquidiert. Während die Flugsicherung der > BUNDESANSTALT

FÜR FLUGSICHERUNG und die Flughäfen neu-gegründeten Betreibergesellschaften über-tragen wurden, existieren die Betriebsteile Fernerkundung, Industrie- und Forschungs-flug als „Berliner Spezial-Flug" unter neuen Besitzverhältnissen und Agrarflug als „Flug-Service-Berlin" weiter. Fünf Turboprop-maschinen des Typs IL-18 des Bereiches Verkehrsflug werden von ehem. Interflug-Mitarbeitern unter dem Namen „Berline" für Charterflüge betrieben.

Obwohl der LH während der alliierten Luft-hoheit jahrzehntelang der Anflug Berlins verwehrt war, zeigte die Gesellschaft hier eine ständig steigende Präsenz. So wurde ne-ben dem Stadtbüro am > KURFÜRSTENDAMM in Tegel eine Frachtabteilung unterhalten, die mit Lastzügen einen „Bodenersatzverkehr" nach Frankfurt/M. betrieb. Die „Lufthansa Service Berlin GmbH" übernahm die Flug-hafengastronomie und richtete eine Groß-küche für Bordverpflegung ein. Die „Deut-sche Lufthansa Berlin-Stiftung" ist Eigentü-mer der historischen Junkers Ju 52 „Berlin-Tempelhof". Mit 51 % ist die LH an der ge-meinsam mit der Air France gegründeten Fluggesellschaft „EuroBerlin" und an der „Lufthansa Software und Informationstech-nik GmbH Berlin" beteiligt, mit 49 % an der gemeinsam mit der > BERLINER FLUGHAFEN-GESELLSCHAFT gegründeten „Berliner Luft-hansa Service GmbH", die nach der Vereini-gung auch in Schönefeld die Passagier- und Flugzeugabfertigung betreibt.

Bereits am 28.9.1990 konnte auf dem Flugha-fen Schönefeld ein Jumbo-Jet vom Typ Boing 747-400 auf den Namen Potsdam getauft werden. Am 2.10.1990 landete dann erstmals nach dem Ende des II. Weltkriegs wieder ein Lufthansa-Flugzeug auf einem innerhalb der Stadtgrenzen gelegenen Flugplatz. Mit meh-reren LH-Flügen wurden Abgeordnete des > DEUTSCHEN BUNDESTAGS zu den Feiern der deutschen Einheit am > 3. OKTOBER 1990 nach Berlin befördert. Der offizielle Linienverkehr von und nach Berlin begann am 28.10.1990. Während die LH hauptsächlich den Flugha-fen Tegel bediente und auch einige Flüge ab Schönefeld anbietet, betreibt die LH-Tochter-gesellschaft Lufthansa City Line (vormals DLT) Regionaldienste ab Tempelhof. Im er-sten vollen Betriebsjahr 1991 beförderte die LH auf 46.500 Berlin-Flügen 1,88 Mio. Passa-giere. Die Zahl der hier beschäftigten Mitar-beiter liegt bei 3.600.

In Schönefeld hat die LH den Werftbetrieb und das Trainingszentrum der ehem. Inter-flug übernommen. Am 1.3.1991 traf die erste Boing 737-200 zur Überholung in Schönefeld ein, am 25.10. konnte ein Flugsimulator für den Airbus A310-300 in Betrieb genommen weden. Parallel dazu errichtete die Lufthansa City Line hier einen Simulator für das Kurz-streckenflugzeug Canadair Regional Jet.

Deutsche Oper Berlin: Die am 24.9.1961 er-öffnete D. in der Bismarckstr. 35 im Bezirk > CHARLOTTENBURG ist neben der > DEUTSCHEN STAATSOPER UNTER DEN LINDEN und der > KOMI-SCHEN OPER eine der drei städtischen Opern-bühnen Berlins. Das 1.885 Zuschauer fassen-de Haus widmet sich vornehmlich der Pflege der klassischen und modernen Oper sowie des Balletts (> TANZ).

Deutsche Oper Berlin

Die D. ist der > SENATSVERWALTUNG FÜR KULTU-RELLE ANGELEGENHEITEN nachgeordnet; ihr Generalintendant ist seit 1981 Götz Friedrich. In der Spielzeit 1991/92 umfaßte das künstle-rische und künstlerisch-technische Personal 312 Personen (darunter 141 Orchester-musiker, 108 Chorsänger, 35 Ballettänzer und 19 Solotänzer, davon zwei als Gäste). Ferner waren 66 Sängerinnen (davon 45 als Gäste) und 97 Sänger (davon 65 als Gäste) verpflich-tet. An weiterem Personal waren 427 Perso-nen fest beschäftigt.

Pro Spielzeit haben durchschnittlich vier Opern und zwei Ballettabende Premiere, ca. fünf Opern und drei Ballette werden als Neueinstudierungen bzw. Wiederaufnahmen vorgenommen. Insg. finden in der D. pro Jahr ca. 312 Vorstellungen auf der Haupt-bühne statt, davon ca. 60 Ballettabende. In der Spielzeit 1991/92 standen ca. 40 Opern auf dem Spielplan. Weitere 32 Produktionen hat die D. im Repertoire; das Ballett-repertoire umfaßt 30 Titel. Pro Jahr präsentiert die D. ferner durchschnittlich 80 Sonderveranstaltungen und unternimmt mehrere Gastspiele. Mit jährlich etwa 480.000 Zuschauern soll die D. ca. 15 % ihrer Ausgaben selbst einspielen, der Rest wird vom Land Berlin gedeckt.

Das Opernhaus wurde 1956-61 nach Plänen von Fritz Bornemann errichtet. Dabei bezog man das instandgesetzte rückwärtige Bühnenhaus des 1912 eröffneten und im II. Weltkrieg weitgehend zerstörten Stammhauses der Oper mit ein. Die Fassade zur Bismarckstr. bestimmt eine ca. 70 m lange, fensterlose Waschbetonwand, die von den verglasten Seitenwänden kontrastiert wird. Der darunterliegende Sockel mit dem Eingangsbereich tritt ca. 3 m hinter den Kubus zurück. Vor der Hauptfassade befindet sich eine 20 m hohe, 1961 von Hans Uhlmann geschaffene monumentale Freiplastik, die heute als eines der wichtigsten architekturbezogenen Kunstwerke der 60er Jahre gilt (> KUNST AM BAU). Bemerkenswert ist das gelegentlich für Veranstaltungen genutzte Foyer, das die gesamte Höhe des Stahlskelettbaus einnimmt und über zwei Freitreppen erreicht werden kann. Eine Galerie und Kunstwerke von Hans Arp, Henry Moore, Henri Laurens, Ernst Wilhelm Nay sowie Kenneth Armitage gliedern und akzentuieren diesen Bereich. Obgleich die Fassade und das Foyer funktionalistisch gestaltet sind, behält der Opernraum – wenn auch in moderner Form – die traditionelle Sitzaufteilung mit Rang und Logen bei. Auffällig ist hier v.a. die seitliche Umfassung mit Balkonen.

Die Geschichte der D. reicht bis in die Zeit vor dem I. Weltkrieg zurück. 1912 wurde am Standort der D. das „Deutsche Opernhaus" der damals noch nicht eingemeindeten Stadt Charlottenburg eröffnet. Gegenüber der königlichen Hofoper sollte sie die Wünsche des Bürgertums stärker berücksichtigen. Erster Intendant war Georg Hartmann (1912-23), der ein internationales Opernrepertoire aufbaute. In der Inflationszeit nach dem I. Weltkrieg wurde die finanzielle Situation immer prekärer, während gleichzeitig das Publikumsinteresse stark zurückging.

1925 übernahm die Stadt Berlin das in „Städtische Oper" umbenannte Haus. Intendant wurde Heinz Tietjen, das Repertoire bestimmte jedoch weitgehend der damalige Generalmusikdirektor, der Dirigent Bruno Walter. Nach der Machtergreifung der Nationalsozialisten wurde die Oper direkt dem

„Reichsminister für Volksaufklärung und Propaganda" Joseph Goebbels unterstellt und Wilhelm Rode als Intendant eingesetzt. Neben der obligatorischen Wagner-Pflege standen in dieser Zeit v.a. die deutschen Spielopern und klassischen Operetten auf dem Spielplan. 1935 wurde das Interieur des Opernhauses umgebaut.

Nachdem im November 1943 Bomben das Haus zu großen Teilen zerstört hatten, spielte das Ensemble bis zur Schließung sämtlicher deutscher Theater Mitte 1944 im > ADMIRALS-PALAST. Am 4.9.1945 wurde der Spielbetrieb der Oper mit Beethovens „Fidelio", der ersten Opernaufführung in Berlin nach dem Krieg, im kaum beschädigten > THEATER DES WESTENS wiederaufgenommen. Zur Neueröffnung des Hauses an der Bismarckstr. am 24.9.1961 mit Mozarts „Don Giovanni" erfolgte die Umbenennung in D. Gert Reinholm prägte als Ballettdirektor von 1962-90 das Tanztheater des Hauses. Sein Nachfolger ist der Däne Peter Schaufuss.

Generalmusikdirektoren

1923-24	Leo Blech
1925-29	Bruno Walter
1934-43	Arthur Rother
1943-44	Hans Schmidt-Isserstedt
1949-52	Ferenc Fricsay
1953-58	Arthur Rother
1953-61	Richard Kraus
1965-71	Lorin Maazel
1981-90	Jesus Lopez Cobos
seit 1992	Rafael Frühbeck de Burgos

Intendanten

1912-23	Georg Hartmann
1923-25	Wilhelm Holthoff v. Faßmann
1925-30	Heinz Tietjen
1930-31	Kurt Singer
1931-33	Carl Ebert
März-Juli 1933	Max v. Schillings
1933-44	Wilhelm Rode
1945-47	Michael Bohnen
1947-54	Heinz Tietjen
1954-61	Carl Ebert
1961-72	Gustav Rudolf Sellner
1972-76	Egon Seefehlner
1976-81	Siegfried Palm
seit 1981	Götz Friedrich

Deutscher Akademischer Austauschdienst (DAAD): Der DAAD wurde 1925 mit Sitz in Berlin auf der Grundlage akademischer

Eigeninitiative eingerichtet, 1945 aufgelöst und 1950 mit dem Hauptsitz in Bonn als ein e.V. privaten Rechts wiedergegründet. Er ist eine Einrichtung der Hochschulen der Bundesrepublik Deutschland zur Förderung des internationalen akademischen Austausches. In Berlin verfügt der DAAD über zwei Dienststellen. Das 1965 geschaffene Büro Berlin residiert seit dem 1.4.1992 am Gendarmenmarkt im Bezirk > MITTE in dem Gebäude der ehem. > AKADEMIE DER WISSENSCHAFTEN DER DDR. Die bereits am 4.10.1990 eröffnete Arbeitsstelle im Gebäude des ehem. Ministeriums für Bildung und Wissenschaft am > MARX-ENGELS-PLATZ 2 führt die bisherigen DDR-Förderungsprogramme für das Auslands- und das Ausländerstudium sowie für den Wissenschaftler- und Studentenaustausch weiter.

Der DAAD vermittelt Stipendien, fördert und betreut deutsche und ausländische Studenten sowie Nachwuchswissenschaftler aller Fachrichtungen. Seit 1988 gab es im Rahmen des deutsch-deutschen Kulturabkommens ein Austauschprogramm mit der DDR. Ferner organisiert er Studienfahrten, bietet Sprachkurse an und vermittelt Referenten zum Thema Internationale Zusammenarbeit in Wissenschaft und Hochschule.

In dem seit mehr als 25 Jahren durchgeführten Seminar-Programm „Informationen über Deutschland und Berlin" haben von 1956-91 in 1.920 einwöchigen Seminaren rd. 64.200 ausländische Studenten und Wissenschaftler aus über 90 Ländern teilgenommen. Im gleichen Zeitraum kamen über 4.750 ausländische Wissenschaftler, Universitätspräsidenten, leitende Hochschulbeamte, Journalisten und Künstler nach Berlin, um hier eigene Forschungs- und Studienvorhaben zu realisieren. Zusätzlich besuchten im Rahmen des DAAD-Programms „Informationsaufenthalte ausländischer Studentengruppen" insg. 928 Reisegruppen mit 18.100 ausländischen Studenten aller Fakultäten die Stadt zu fachwissenschaftlich orientierten Besuchen, weitere 12.900 ausländische Hochschulpraktikanten beendeten ihre deutschen Praktika mit einer mehrtägigen Berlin-Exkursion.

Das vom DAAD durchgeführte *Berliner Künstlerprogramm (BKP)* geht zurück auf ein 1962 als „Artists in Residence" von der Ford Foundation initiiertes Programm zur Förderung von Bildung, Wissenschaft und Kunst, durch das international bekannte Künstler nach Berlin eingeladen wurden, um die Kulturlandschaft der Stadt zu beleben. Bereits im April 1963 übertrug die Ford Foundation dem DAAD die Abwicklung des Programms. Seit 1965 wird die Finanzierung durch das > AUSWÄRTIGE AMT (AA) und das Land Berlin, vertreten durch die > SENATSVERWALTUNG FÜR KULTURELLE ANGELEGENHEITEN, gewährleistet. Bis Ende 1991 sind durch das Programm ca. 900 Künstler der Sparten Literatur, Film, Musik, Tanz und Bildende Kunst nach Berlin gekommen. Den jährlich ca. 25 Gästen wird ein Stipendium in Höhe von 3.800 DM monatlich sowie eine Wohnung oder ein Atelier zur Verfügung gestellt. Neben den Jahresgästen werden im Rahmen des Programms jährlich ca. 10-12 Künstler zu Kurz- und Wiederholungsaufenthalten von einer Dauer bis zu drei Monaten nach Berlin eingeladen. Für gesonderte Projekte kann das BKP einen Projektzuschuß von 25.000 DM gewähren. Unter den Stipendiaten waren so bekannte Künstler wie Ingeborg Bachmann, John Cage, Lars Gustafsson, Jean Ipoustéguy, István Szabó, Jim Jarmusch, György Konrad, Witold Gombrowicz, Luigi Nono, Adrej Tarkowskij und Antonio Skármeta.

Die Arbeiten der Gäste werden der Öffentlichkeit auf jährlich ca. 130 Veranstaltungen vorgestellt. Im > KÜNSTLERHAUS BETHANIEN befinden sich Gastateliers, Werkstätten und Ausstellungsräume für Stipendiaten der > BILDENDEN KUNST. Eine eigene Galerie für Veranstaltungen und Lesungen wurde 1978 in der einstmals der Schauspielerin Henny Porten gehörenden Gründerzeitvilla in der Kurfürstenstr. 58 eingerichtet.

Träger des DAAD ist ein Verein, dessen ordentliche Mitglieder die in der Hochschulrektorenkonferenz vertretenen Hochschulen und Fachhochschulen sowie deren Studentenschaften sind. In den beiden Berliner Dienststellen arbeiteten 1992 42 der insg. 362 Mitarbeiter des DAAD. Die Arbeit der Institution wird u.a. durch das AA, den > BUNDESMINISTER FÜR BILDUNG UND WISSENSCHAFT, den > BUNDESMINISTER FÜR WIRTSCHAFTLICHE ZUSAMMENARBEIT und andere Bundesministerien sowie aus Mitteln der Kultusminister der Länder finanziert.

Deutscher Beamtenbund (DBB): Der DBB ist als Gewerkschaft der Berufsbeamten die Spitzenorganisation zur Vertretung und Förderung der rechtlichen und sozialen Belange der deutschen Berufsbeamten. Er gliedert sich in 16 Landesverbände, 15 Bundesbeamtenverbände und 20 auf Bundesebene zusammengeschlossene Bundesbeamten(fach)vereinigungen. Der 1950 wiedergegründete Berliner Landesverband in der Mommsenstr. 58 im Bezirk > CHARLOTTENBURG war gemäß seiner Satzung auch in den Jahren der > SPALTUNG der Stadt formal für ganz Berlin zuständig. Mit der > VEREINIGUNG hat er die Interessenvertretung jener Mitglieder übernommen, die in Ost-Berlin schon vor der Wiedervereinigung den Fachgewerkschaften beigetreten waren. Zu den aktuellen Zielen des DBB gehört v.a. die materielle Gleichstellung der Beamten im Ost- und im Westteil der Stadt. Daneben hilft er durch Fortbildungsmaßnahmen beim Aufbau einer vergleichbaren Verwaltung. 1992 zählte der Berliner Landesverband rd. 50.000 Mitglieder.

Die Gründung des DBB als „Zusammenschluß der deutschen Beamten- und Lehrervereinigungen auf gewerkschaftlicher Grundlage" fand am 4.12.1918 in Berlin statt. Hier verabschiedete die Organisation am 25./27. 10.1920 auch ihre Satzung und ihre Organisationsrichtlinien und hielt seinen letzten Bundestag (27./28.10.1932) vor der Machtergreifung durch die Nationalsozialisten ab, bevor er am 24.3.1933 wie die übrigen gewerkschaftlichen Interessenorganisationen „gleichgeschaltet" wurde. Die Wiedergründung des Berliner Landesverbandes nach dem II. Weltkrieg erfolgte 1950, nachdem es in der britischen Zone schon 1948 zur Konstituierung einzelner Landesverbände gekommen war.

Deutscher Bundestag: Der D. ist das für die Gesetzgebung zuständige Verfassungsorgan der Bundesrepublik Deutschland. Die Einzelheiten sind im Grundgesetz (Art. 38-49) geregelt. Sitz des D. ist bisher Bonn. Im Zuge der > VEREINIGUNG entschied das Parlament am 20.6.91 seine Verlegung nach Berlin. Sein Sitz wird das > REICHSTAGSGEBÄUDE sein (> HAUPTSTADT), der z.Z. einzigen Liegenschaft des D. in Berlin. 1992 waren dort 113 Mitarbeiter beschäftigt.

Der D. war seit Gründung der Bundesrepublik Deutschland auch in Berlin vertreten. Aufgrund der Teilung Deutschlands nach dem II. Weltkrieg wählte der D. Bonn zu seinem Sitz, betonte jedoch bereits beim ersten Zusammentreten am 7.9.1949 die Vorläufigkeit dieser Entscheidung. Um seine Verbundenheit mit Berlin und die Zugehörigkeit der Stadt zur Bundesrepublik zu unterstreichen,

hielt der D. bis zum Inkrafttreten des > VIERMÄCHTE-ABKOMMENS vom 3.9.1971 regelmäßig Sitzungen und Arbeitstagungen in Berlin ab. Das Plenum tagte fünfmal in der Stadt und zwar jeweils im Oktober 1955, 1956, 1957, 1958 sowie nach einer längeren Pause im April 1965. Außer den Plenarsitzungen fanden Sitzungen der *Bundestagsausschüsse* und *Bundestagsfraktionen* in Berlin statt, die zeitweilig während sog. Berlinwochen demonstrativ gehäuft wurden. Über diese *Bundespräsenz* kam es wiederholt zu Konflikten zwischen Ost und West. Während die DDR-Regierung die erste Sitzung 1955 noch begrüßte, wurden die späteren Sitzungen (insbes. die letzte im April 1965) von der Sowjetunion und der DDR scharf kritisiert und als politische Provokation dargestellt, da sie im Widerspruch zum Vier-Mächte-Status (> SONDERSTATUS 1945-90) ständen. Die Bundesregierung und die Westmächte widersprachen regelmäßig dieser Ansicht.

Das > VIER-MÄCHTE-ABKOMMEN vom 3.9.1971 präzisierte die Form der Bundespräsenz. In der Folgezeit fanden in Berlin keine Plenarsitzungen des D. mehr statt. Einzelne Ausschüsse tagten jedoch nach wie vor in der Stadt, wenn ein Zusammenhang mit der Aufrechterhaltung und Entwicklung der > BINDUNGEN bestand. Dieses Erfordernis war erfüllt, wenn ein Gesetz beraten wurde, das in Berlin übernommen werden sollte oder wenn der Ausschuß die Tätigkeit der Bundesbehörden in Berlin oder die Verwendung von Bundesmitteln durch Berliner Behörden kontrollierte.

Der Sonderstatus Berlins kam auch in der Vertretung der Stadt im D. zum Ausdruck. So durften die *Berliner Bundestagsabgeordneten* nicht direkt gewählt werden und – wie im > BUNDESRAT – auch im D. kein volles Stimmrecht ausüben. Nach § 53 des (in Berlin übernommenen) Bundeswahlgesetzes wählte das > ABGEORDNETENHAUS VON BERLIN jeweils am Tag der Wahl zum D. 22 Berliner Abgeordnete und eine Anzahl von Ersatzpersonen auf der Grundlage der Zusammensetzung des Abgeordnetenhauses am Wahltag. Die entsprechenden Vorschläge kamen von den im Abgeordnetenhaus vertretenen Fraktionen und Gruppen. Im D. beteiligten sich die Berliner Bundestagsabgeordneten zwar an allen Abstimmungen, ihre Stimmen wurden jedoch bei Parlamentsentscheidungen mit konstitutiver Wirkung nicht berücksichtigt (z.B. bei der Verabschiedung von Gesetzen und der Wahl des Bundeskanzlers); bei parlamentsinternen Entscheidungen (z.B. Wahl des Bundestagspräsidenten, Geschäftsordnungsfragen) sowie in den Ausschüssen genossen sie hingegen volles Stimmrecht.

Deutsche Reichsbahn (DR):
1. Die Deutsche Reichsbahn nach der Vereinigung

Seit Dezember 1990 befindet sich in der Ruschestr. 57-59 in > LICHTENBERG der Hauptsitz der DR, die mit Inkrafttreten des > EINIGUNGSVERTRAGES am 3.10.1990 als *„Sondervermögen Deutsche Reichsbahn"* Vermögen der Bundesrepublik Deutschland geworden ist (Art. 26). Im Zuge der > VEREINIGUNG wurde das Sondervermögen DR der Fach- und Rechtsaufsicht des > BUNDESMINISTERS FÜR VERKEHR (BMV) unterstellt. Auf der Grundlage des Einigungsvertrages hat die DR mit der > DEUTSCHEN BUNDESBAHN (DB) auf das Ziel hinzuwirken, die beiden Bahnen technisch und organisatorisch zusammenzuführen.

Das Gebäude der Hauptverwaltung der DR ist auch Sitz der von einem Präsidenten geführten *Reichsbahndirektion (Rbd)* Berlin der DR, die – wie die fünf weiteren Direktionen der DR auf dem Gebiet der chem. DDR bzw. die insg. zehn Direktionen der DB – für die unmittelbaren Fachaufgaben der DR in ihrem Direktionsbereich zuständig ist und in weitestgehender Zusammenarbeit mit der Verwaltungsstelle der DB in den kundenorientierten Bereichen des Personen- und Güterverkehrs Aufgaben wahrnimmt. Auf dem Weg zu einem gemeinsamen Unternehmen Deutsche Bahnen unterhalten die DR und DB erste gemeinsame Verkaufsorganisationen, seit August 1991 die Generalvertretung Personenverkehr im Gebäude des S-Bahnhofs Charlottenburg am Stuttgarter Platz und seit Oktober 1991 die Generalvertretung Güterverkehr am Halleschen Ufer 74-76. (> VERKEHR)

Die DR betreibt in Berlin auf Grundlage des Einigungsvertrages das deutsche Eisenbahnnetz sowie im Ostteil der Stadt auch die > S-BAHN (am 1.1.1994 geht auch der im Westteil der Stadt seit dem 9.1.1984 von den > BERLINER VERKEHRS-BETRIEBEN (BVG) betriebene S-Bahn-Verkehr wieder an die DR über). Das Gebiet der Rbd Berlin erstreckt sich im wesentlichen auf die Länder Berlin und Brandenburg und umfaßt rd. 3.000 km Strecke, davon rd. 1.100 km mit Oberleitung für den elektrischen Betrieb sowie 185 km mit der Stromschiene für die S-Bahn. Anfang 1992 beschäftigte die Rbd rd. 36.000 Eisenbahner. Täglich verkehren in ihrem Direktionsbezirk ca. 2.100 Reisezüge, davon 520 EuroCity-, InterCity-, InterRegio- und D-Züge, die von täglich etwa 150.000 Reisenden genutzt werden. Die wichtigsten von der DR unterhaltenen Hauptstadtbahnhöfe des Personenverkehrs sind – in der Reihenfolge ihres Verkehrsaufkommens – der > HAUPTBAHNHOF, der > BAHNHOF LICHTENBERG und der > BAHNHOF ZOOLOGISCHER GARTEN. Für den *Fernverkehr* bedeutsam sind auch Berlin-Schöneweide, weiterhin der > BAHNHOF FRIEDRICHSTRASSE und > WANNSEE sowie > SPANDAU an der Stadtbahngrenze, ferner der Bahnhof Flughafen Berlin-Schönefeld, der außerhalb der Berliner Stadtgrenze im Land Brandenburg gelegen ist (> FLUGHÄFEN). Das Betriebswagenwerk in > RUMMELSBURG ist Heimatbahnhof für 500 Reisezugwagen der DR und seit Aufnahme des InterCity-Verkehrs von und nach Berlin zum Sommerfahrplanwechsel 1991 Versorgungs- und Wartungsstation der zum Sommerfahrplan 1992 in Berlin ankommenden und abfahrenden 70 IC-Züge.

Im > GÜTERVERKEHR bewegt die DR im Direktionsgebiet Berlin täglich rd. 20.000 t Fracht. Wichtigste Umschlagplätze sind der Ostgüterbahnhof am Hauptbahnhof für den Stückgutbereich, der Rangierbahnhof Seddin südlich der Stadtgrenze und als Umschlagplatz des Kombinierten Ladungsverkehrs für Container und Huckepack-Sendungen der > LEHRTER BAHNHOF in > MOABIT.

Weiterhin nutzt die DR das im Westteil der Stadt am Schöneberger Ufer 1-3 in > KREUZBERG gelegene, zwischen 1892-95 für die Reichsbahn-Direktion Berlin erbaute und von dieser bis 1949 als Dienstsitz frequentierte Gebäude, in dem heute u.a. die Betriebskrankenkasse der DR und das Reichsbahnarchiv untergebracht sind. Bis nach der Zeit der > SPALTUNG befanden sich in diesem Gebäudekomplex neben einer Poliklinik der DR (> POLIKLINIKEN) auch Ausbildungsstätten und Leitungsbüros für die während der Teilung rd. 4.000 in West-Berlin wohnenden und arbeitenden Angestellten der DR.

2. Die Deutsche Reichsbahn 1920-90

Die DR wurde 1920 durch einen Staatsvertrag zwischen dem Deutschen Reich und seinen Ländern gegründet und als erstes einheitliches staatliches Eisenbahnunternehmen dem Reichsverkehrsministerium zugeordnet.

1937 wurde die seit 1924 als selbständiges Unternehmen im Besitz des Deutschen Reiches bestehende Deutsche Reichsbahn-Gesellschaft aufgelöst und mit dem gesamten Betriebs- (Fahrzeuge und betriebliche Anlagen) und Vorratsvermögen (nicht unmittelbar dem Betrieb dienend) wieder in die DR – als Sondervermögen des Deutschen Reiches – umgewandelt. Das Reichsbahngesetz vom 4.7.1939 regelte die rechtlichen Grundlagen der DR, die nun auch direkt dem Reichsverkehrsministerium unterstellt war, neu.

Nach dem II. Weltkrieg entwickelte sich aus der DR – mit dem nach 1949 jeweils neu geschaffenen Eisenbahnrecht – in der Bundesrepublik Deutschland die DB und in der DDR das volkseigene Unternehmen DR, das auch in der Vier-Mächte-Stadt den Eisenbahn-Verkehr und bis zum 9.1.1984 den S-Bahn-Verkehr in West-Berlin betrieb. Im Gegensatz zur Bundesrepublik Deutschland und zur DDR galt aber in Berlin das Reichsbahngesetz vom 4.7.1939 fort. Nach Kriegsende führte die > SOWJETISCHE MILITÄRADMINISTRATION IN DEUTSCHLAND (SMAD) den Bahnbetrieb in Gesamt-Berlin zunächst in eigener Regie. Am 1.8.1945 ordnete sie die Neubildung von acht Eisenbahn-Direktionen innerhalb der sowjetischen Besatzungszone (SBZ) einschließlich der Direktion Berlin an, letztere nahm ihren Sitz in ihrem angestammten Gebäude am Schöneberger Ufer 1-3 und bekam bereits Ende September 1945 die gesamte Abwicklung des Personen- und Güterverkehrs in eigener Verantwortung übertragen. Aus praktischen Gründen überließen die Westalliierten den technischen Betrieb der DR in ihren > SEKTOREN der Rbd Berlin, so daß auch nach Ende der Vier-Mächte-Verwaltung der Stadt am 16.6.1948 bis zum Mauerbau die ursprüngliche Einheit des Eisenbahn- und S-Bahn-Betriebes im wesentlichen erhalten blieb.

Während somit der Betrieb der DR in Berlin einheitlich gestaltet war – die Rbd Berlin unterstand verwaltungsmäßig nicht dem > MAGISTRAT von Groß-Berlin, sondern der sowjetzonalen Zentralverwaltung für Verkehr, seit 1950 dem Ministerium für Verkehrswesen der DDR – zerfiel das Sondervermögen „Reichsbahn" als Bestandteil des Vermögens des Deutschen Reiches in mehrere Teile.

Zunächst wurde das Vermögen des Deutschen Reiches durch das Militärgesetz Nr. 52 des > ALLIIERTEN KONTROLLRATES (inkraftge-

treten am 24.8.1945; im sowjetischen Sektor galt entsprechender Befehl Nr. 124 der SMAD v. 30.10.1945) beschlagnahmt und bestimmt, daß u.a. auch das Sondervermögen „Reichsbahn" hinsichtlich des Besitz- und Eigentumsrechts der Beschlagnahme, Weisung, Verwaltung, Aufsicht und sonstigen Kontrolle der Militärregierung (innerhalb eines jeden Sektors des jeweiligen Stadtkommandanten) untersteht.

Als die Reichsbahndirektion Berlin nach Durchführung der > WÄHRUNGSREFORM ihren Dienstsitz im Juli 1949 vom Schöneberger Ufer im amerikanischen Sektor in die Wilhelm-Pieck-Str. im außerhalb des DM-Währungsgebiets befindlichen Ostteil der Stadt verlegte und sich damit den Bestimmungen dieses Währungsgebietes entzog (u.a. der Abfuhr aller Einnahmen aus ihrem Westberliner Vermögen, bspw. Pacht- und Mieteinnahmen), übertrugen die westlichen > ALLIIERTEN in ihren Sektoren ab 19.10.1949 dem Finanzamt für Liegenschaften in Berlin (West) die treuhänderische Verwaltung aller nicht unmittelbar dem Eisenbahnbetrieb dienenden Grundstücke und Anlagen der DR. Am 1.10.1953 wurde durch ein Verwaltungsabkommen zwischen der Hauptverwaltung der DB und dem > SENAT VON BERLIN diese Aufgabe der der Senatsverwaltung für Finanzen unterstehenden Dienststelle „Verwaltung des ehemaligen Reichsbahnvermögens (Vorratsvermögen) in Berlin (West)" (VdeR) übertragen. Bis zum Inkrafttreten der S-Bahn-Vereinbarung vom 29.12.1983 wurde somit das sog. Vorratsvermögen der DR vom Land Berlin und das Betriebsvermögen, d.h. die Anlagen, die unmittelbar dem Bahnbetrieb dienen, von der Rbd Berlin der DDR verwaltet. Nach Inkrafttreten der S-Bahn-Vereinbarung zum 9.1.1984 gingen die zur S-Bahn gehörenden Teile des Betriebsvermögens der DR auf die West-Berliner BVG über.

Seither waren bis zur > VEREINIGUNG – vorbehaltlich der Befugnisse der westlichen Alliierten – auf dem West-Berliner Betriebsgelände der DR, einschließlich der Bahnhöfe sowie sonstiger Grundstücke, drei Verwaltungen zuständig:

– für den Bahnbetrieb (Personen- wie Güterverkehr) nahm die Rbd Berlin der DR die Betriebsbefugnis wahr, d.h. sie war zuständig für das gesamte Personal, alle Fahrzeuge und Anlagen, die für die Betriebsführung erforderlich waren;

– für die zur S-Bahn gehörenden Teile des

Betriebsvermögens übernahm die der >
SENATSVERWALTUNG FÜR VERKEHR unterstehende
BVG die Verwaltung;
– für die nicht unmittelbar der Betriebs-
führung dienenden Liegenschaften (Bahn-
hofsgaststätten, Läden, Kioske, vermietete
Güter-, Lagerplätze und Wohnungen) die
VdeR. Im Ostteil der Stadt verwaltete die
Rbd Berlin im Auftrag des Ministeriums für
Verkehrswesen der DDR das Reichsbahn-
vermögen.
Insofern Eigentümer des Reichsbahnver-
mögens insg. das rechtlich fortbestehende,
wenngleich handlungsunfähige Deutsche
Reich war, unterlag auch das Betriebs-
vermögen der DR in den Westsektoren der
Kontrolle und Weisungsbefugnis der westli-
chen Alliierten (> SONDERSTATUS 1945-90).
Entsprechend Einigungsvertrag werden seit
dem > 3. OKTOBER 1990 die nicht mehr dem
Betrieb dienenden Eisenbahnflächen der DR
(Bahnanlagen, gewerblich genutzte Grundstücke, Wohnhäuser und Kleingartenflächen;
insg. ca. 600 ha) im Westteil der Stadt durch
die VdeR im Auftrag des BMV verwaltet. Im
Zuge der Zusammenführung der DR und der
DB und ihrer Umwandlung in eine Aktiengesellschaft werden sowohl die funktionalen
Strukturen der deutschen Bahnen wie auch
Sondervermögen und Eigentumsverhältnisse
an Immobilien, Liegenschaften und Strecken-
netzen neu geordnet.

Deutscher Entwicklungsdienst (ded) GmbH:
Der ded ist eine Einrichtung der personellen Entwicklungszusammenarbeit. Er wurde
1963 in der Form einer gemeinnützigen Gesellschaft in Bonn gegründet. Gesellschafter
sind die Bundesrepublik Deutschland (95 %)
und der Arbeitskreis Lernen und Helfen in
Übersee e.V., ein Zusammenschluß entwick-
lungspolitisch tätiger nichtstaatlicher Organisationen (5 %). Die Arbeit des ded wird zu
100 % durch die Bundesregierung finanziert.
Seit 1977 hat der ded seine Geschäftsstelle
und die Vorbereitungsstätten für Entwicklungshelfer am Kladower Damm 229 im Bezirk > SPANDAU. In Bonn besteht ein Be-
ratungsreferat für Interessenten und Bewerber.
Der ded wird im Auftrag der Bundesregierung tätig und stellt staatlichen und privaten
Trägern in Entwicklungsländern Fachkräfte
für die Mitarbeit an ihren Projekten und Programmen zur Verfügung. Die Mitarbeit von
Entwicklungshelfern des ded erfolgt nur auf

ausdrücklichen Wunsch einheimischer Partner und auf Grundlage eines zwischen der
Bundesregierung und der Regierung des
Gastlandes geschlossenen Rahmenabkom-
mens. In 29 der gegenwärtig 36 Gastländer
unterhält der ded Büros. Ende 1991 waren
gut 1.000 Entwicklungshelfer tätig. Neu etablierte Arbeitsfelder sind Kleingewerbe-
förderung, Ressourcensicherung und Frauenförderung. Im Zuge der > VEREINIGUNG wurden vom ded Projekte von Brigaden der
ehem. DDR-Jugendorganisation FDJ in
Äthiopien, Angola, Simbabwe, Tansania, Jemen, Laos und Nicaragua übernommen.
1985 übernahm der ded auf deutscher Seite
die Durchführung des Europäischen Frei-
willigenprogramms, in dem pro Jahr ca. 100
junge Deutsche und Franzosen gemeinsam in
Projekten in afrikanischen Ländern zusam-
menarbeiten. Seit 1985 gehört auch die Zusammenarbeit mit dem Freiwilligendienst
der Vereinten Nationen wieder zu den Aufgaben des ded. Die seit 1973 bestehende
zweite Hauptaufgabe des ded der finanziellen und beratenden Zusammenarbeit mit einheimischen Solidaritätsdiensten und Selbsthilfeinitiativen hat seit Ende der 80er Jahre
eine stetig wachsende Bedeutung gewonnen.
Seit 1985 gibt es durch Abordnung einer Leh-
rerin ein *Entwicklungspolitisches Bildungsre-
ferat* der > SENATSVERWALTUNG FÜR SCHULE,
BERUFSAUSBILDUNG UND SPORT beim ded. Die
Referentin vermittelt im Hause des ded Berliner Schulklassen ein praxisbezogenes entwicklungspolitisches Bildungsangebot.

**Deutscher Gewerkschaftsbund (DGB) –
Landesbezirk Berlin-Brandenburg:** Der
DGB ist der Dachverband von 16 Einzelgewerkschaften in der Bundesrepublik
Deutschland. Der Landesbezirk Berlin-Brandenburg hat seinen Sitz in der Keithstr. 1-3
im Bezirk > SCHÖNEBERG.
Im Prozeß der > VEREINIGUNG konstituierte
sich am 15.2.1990 schon wenige Wochen nach
dem Fall der > MAUER ein gewerkschaftlicher
„Regionalausschuß", bestehend aus den Vorsitzenden der geschäftsführenden Vorstände
der Bezirke des *Freien Deutschen Gewerkschaftsbundes (FDGB)* Berlin (Ost), Frankfurt/
O. und Potsdam sowie dem DGB-Landes-
bezirksvorstand. Am 1.8.1990 richtete der
DGB-Bundesvorstand in Berlin-Ost eine
Außenstelle ein und bestellte in den folgenden Wochen Beauftragte für die neuen Länder. Zeitgleich kam es zur Ausformung einer

Einzelgewerkschaften des DGB

Einzelgewerkschaft	Abk.	Sitz	
IG Bau-Steine-Erden	BSE		
Landesverband Berlin-Brandenburg		Keithstr. 1-3	Schöneberg
Bezirksverband Berlin-Nord-Ost (zuständig für die Bezirke Weißensee, Pankow, Friedrichshain, Treptow, Köpenick, Hellersdorf, Hohenschönhausen, Marzahn, Mitte, Lichtenberg und Prenzlauer Berg)		Am Köllnischen Park	Mitte
Bezirksverband Berlin-Süd-West (zuständig für die Bezirke Zehlendorf, Reinickendorf, Schöneberg, Wedding, Neukölln, Kreuzberg, Wilmersdorf, Steglitz, Tiergarten, Charlottenburg, Spandau und Tempelhof)		Keithstr. 1-3	Schöneberg
IG Bergbau und Energie	IGBE		
Bezirksleitung Brandenburg-Nord		Inselstr. 6a	Mitte
IG Chemie-Papier-Keramik	CPK		
Bezirk Berlin-Brandenburg		Keithstr. 1-3	Schöneberg
Verwaltungsstelle Berlin		Wallstr. 61-65	Mitte
Gew. der Eisenbahner Deutschlands	GdED		
Außenbüro Hauptvorstand		Schöneberger Ufer 1-3	Schöneberg
Bezirksleitung Berlin-Brandenburg		am gleichen Ort	
Ortsverwaltung Berlin		am gleichen Ort	
Gew. Erziehung und Wissenschaft	GEW		
GEW Berlin (West und Ost)			
Landesgeschäftsstelle		Ahornstr. 5	Schöneberg
Gew. Gartenbau, Land- und Forstwirtschaft	GGLF		
Landesbezirk Berlin-Brandenburg		Dortusstr. 36	Potsdam
Verwaltungsstelle Berlin		Wallstr. 61-65	Mitte
Gew. Handel, Banken und Versicherungen	HBV		
Landesbezirk Berlin-Brandenburg		Dortusstr. 36	Potsdam
Landesbezirk Berlin		am gleichen Ort und	
		Keithstr. 1-3	Schöneberg
Gew. Holz und Kunststoff	GHK		
Bezirksleitung Berlin-Brandenburg/ Sachsen-Anhalt		Am Köllnischen Park 2	Mitte
Geschäftsstelle Berlin 1		Keithstr. 1-3	Schöneberg
Geschäftsstelle Berlin 2 Mitte		Am Köllnischen Park 2	
Gewerkschaft Leder	GL		
Bezirksleitung		Engeldamm	Mitte

IG Medien Landesbezirksbüro Bezirksbüro Berlin	IGM	Dudenstr. 10 Michaelkirchplatz 4	Kreuzberg Mitte
IG Metall Bezirksleitung Berlin-Brandenburg Verwaltungsstelle Berlin	Metall	Engeldamm Alte Jakobstr. 148-155	Mitte Kreuzberg
Gew. Nahrung, Genuß, Gaststätten Landesbezirk Berlin-Brandenburg Verwaltungsstelle Berlin	NGG	Gotzkowskystr. 8 am gleichen Ort	Spandau
Gew. Öffentliche Dienste, Transport und Verkehr Bezirksverwaltung Berlin (West und Ost)	ÖTV	Joachimstaler Str. 20	Wilmersdorf
Gew. der Polizei Bereich Berlin; GdP Landesbezirk Berlin	GdP	Viktoria-Luise-Platz 12a	Schöneberg
Deutsche Postgewerkschaft Bezirksverwaltung Berlin (West und Ost)	DPG	Schillstr. 9	Tiergarten
Gew. Textil-Bekleidung Betreuungsstelle Berlin	GTB	Keithstr. 1-3	Schöneberg

neuen Gewerkschaftsstruktur, nachdem der FDGB auf seinem 13. Kongreß am 14.9.1990 seine Auflösung zum Ende des Monats beschlossen hatte. Im Dezember 1990 beschloß der Bundesvorstand des DGB, daß ein Landesbezirk Berlin-Brandenburg mit Sitz in Berlin eingerichtet wird. Im Februar 1992 kam es innerhalb der Stadt zu einer neuen Organisationsstruktur, indem zwei DGB-Kreise eingerichtet wurden: Nord umfaßt 14 Bezirke und Süd neun Bezirke. Im Frühjahr 1992 war der Umstrukturierungsprozeß noch nicht abgeschlossen. Der neue DGB-Landesbezirk Berlin-Brandenburg besteht seit März 1991. 1993 werden erstmals Wahlen in Berlin und Brandenburg auf einer gemeinsamen Landesbezirkskonferenz stattfinden.
Die Gesamtmitgliederzahl im Landesbezirk Berlin des DGB betrug Ende 1991 ca. 620.000. Hiervon entfielen ca. 290.000 Mitglieder auf die westlichen > Bezirke, was hier einem Organisationsgrad von ca. 31 % entspricht. In den östlichen Bezirken lag er in den Einzelgewerkschaften teilweise deutlich höher.
Der DGB und seine Einzelgewerkschaften unterhalten in Berlin eine Reihe von Einrichtungen. 1992 waren dies in der Kleiststr. 19-21 in Schöneberg der *ACE Auto Club Europa*

e.V., die *Büchergilde Gutenberg* und das *DGB Jugendzentrum*, in der Keithstr. 1-3 im gleichen Bezirk gemeinsam mit den > Volkshochschulen als Einrichtung der Erwachsenenbildung die Arbeitsgemeinschaft „*Arbeit und Leben*", das *Berufsfortbildungswerk Gemeinnützige Bildungseinrichtung des DGB GmbH Bezirksgeschäftsstelle Berlin* und die *DGB-Technologieberatungsstelle*. Ebenfalls in der Keithstr. 1-3 befinden sich die Ausländerberatung des DGB sowie die für die Hausverwaltung des DGB-Hauses zuständige VGT – Vermögens- und Treuhandgesellschaft. Weitere Einrichtungen sind im Bezirk > Zehlendorf die *DGB-Jugendbildungsstätte „Gustav Pietsch"* in der Bismarckstr. 24 und das *Bildungs- und Begegnungszentrum der Gewerkschaft ÖTV* in der Koblanckstr. 39, im Bezirk > Wedding das *DGB Jugend- und Kulturzentrum Brunnenstraße* (125-127) und in > Spandau die *IG Metall Bildungsstätte Berlin Am Pichelssee 30*.
Die Geschichte des Berliner DGB geht zurück auf die am 10.6.1945 mit dem Befehl Nr. 2 der > Sowjetischen Militäradministration in Deutschland überraschend erfolgte Genehmigung zur Bildung von zentralen Parteien und Gewerkschaften in der gesamten Sowje-

tischen Besatzungszone (SBZ) einschließlich > Gross-Berlins. Daraufhin kam es am 2.2.1946 zur Gründung des FDGB als Einheitsgewerkschaft. Der FDGB bestand aus 16 Industrie- und zwei Angestelltengewerkschaften. Eine geschickte Kaderpolitik führte dazu, daß nach der Zwangsvereinigung von Kommunistischer Partei Deutschlands (KPD) und > Sozialdemokratischer Partei Deutschlands (SPD) zur > Sozialistischen Einheitspartei Deutschlands (SED) am 14.4.1946 im Berliner > Admiralspalast, der FDGB zunehmend eine kommunistische Richtungsgewerkschaft wurde und sich im Rahmen der entstehenden Planwirtschaft immer mehr als Transmissionsriemen der SED zur Erfüllung staatlicher Produktionsziele betrachtete.

Ermutigt von der bei der Urabstimmung der SPD in den Westsektoren deutlich sichtbaren Gegnerschaft gegen die Zwangsvereinigung mit der KPD, entwickelte sich im FDGB bald eine gewerkschaftsinterne Opposition. Der Versuch der FDGB-Leitung, oppositionelle Mitglieder aus der Gewerkschaft zu entfernen, führte schließlich im Mai 1948 zur Bildung einer Kommissarischen Leitung des FDGB Groß-Berlins – *Unabhängige Gewerkschaftsorganisation (UGO)*. Die UGO wurde schon im Juni von den westlichen > Alliierten als alleiniger Tarifpartner anerkannt. Nach der Konstituierung der „UGO-Groß-Berlin, Rechtsnachfolger des FDGB-Berlin" seitens der 19 inzwischen in West-Berlin selbständigen Fachverbände im August 1948 erkannten auch die Gewerkschaften der Westzonen die UGO als einzig rechtmäßige Gewerkschaft an und brachen die Beziehungen zum FDGB ab.

Vor diesem politischen Hintergrund der > Spaltung schloß sich die UGO (mit Ausnahme von zwei Angestelltenverbänden, die sich zur > Deutschen Angestellten-Gewerkschaft bekannten) am 8.7.1950 einstimmig als „Landesbezirk Berlin" dem ein Jahr zuvor aus den Zonengewerkschaften hervorgegangenen DGB an. Ernst Scharnowski war der erste Vorsitzende, ihm folgten Walter Sickert (1960-81), Michael Pagels (1981-90) und Christiane Bretz (ab Dezember 1990).

Deutscher Kinderschutzbund Landesverband Berlin e.V.: Der seit 1954 bestehende Berliner Landesverband des D. in der Malplaquetstr. 38 im Bezirk > Wedding hat die Aufgabe, sich überregional für den Kinderschutz einzusetzen. Zu diesem Zweck unterhält er an seinem Geschäftssitz eine Beratungsstelle. Seit 1988 werden zusätzliche Aufgaben im Präventivbereich bei Kindesmißhandlungen, -vernachlässigungen und sexuellem Mißbrauch wahrgenommen. Der D. bemüht sich ferner seit Jahren um die Einrichtung eines Berliner Kinderbeauftragten, der bei Gesetzesvorhaben oder Planungen die Interessen der Kinder wahrnehmen soll. Als einzige Berliner Organisation bietet der D. präventive Elterngruppenarbeit und Einzelberatungen an, mit deren Hilfe Kindesmißhandlungen in gefährdeten Familien schon im Vorfeld verhindert werden sollen. Dazu gehört ein Elterncafé mit Spielzimmer für die Kinder. Seit 1991 besteht zusätzlich eine Gruppe für Eltern mit frühgeborenen Kindern. Diese Aufgaben werden von drei festen Mitarbeitern (sieben davon bilden den Vorstand) und 15 ehrenamtlichen sowie einer Honorarkraft wahrgenommen.

Die Ausweitung des Kinderschutzbundes mit einer Anlaufstelle im Ostteil der Stadt wird vorbereitet. Seit Anfang 1990 bestehen zahlreiche Kooperationsbeziehungen zu Projekten und Initiativen im Ostteil. Die Beratungsstelle im Wedding wird seit diesem Zeitpunkt in steigender Zahl von Klienten aus Ost-Berliner Bezirken in Anspruch genommen.

In der Amsterdamer Str. 13 in Wedding besteht seit 1973 ein Hort mit 80 Plätzen. Dort arbeiten 10 Erzieher. Darüber hinaus bietet der D. Fortbildungen für Erzieher, Sozialarbeiter, Lehrer u.a. zu den Themen an. Die Finanzierung der Arbeit erfolgt durch Zuschüsse der > Senatsverwaltung für Jugend und Familie, Mitgliedsbeiträge, Spenden und Bußgelder.

Deutscher Staatsbürgerinnen-Verband e.V.: Der D. mit Sitz am > Tempelhofer Damm 2 im Bezirk > Tempelhof ist der älteste Frauenverband Deutschlands. Er ist zugleich der einzige organisierte Frauenverband in der Bundesrepublik mit Sitz und Bundesgeschäftsstelle in Berlin. Der 1992 ca. 2.000 Mitglieder zählende Verein versteht seine Arbeit als überparteilich und überkonfessionell. Die Staatsbürgerinnen initiierten bis 1989 Projekte zur Integration von DDR-Übersiedlerinnen und Ausländerinnen (> Übersiedler/Aussiedler), veranstalteten kommunalpolitische Seminare und Diskussionsabende zu aktuellen politischen Problemen. Nach der > Vereinigung wurde die Betreuungsarbeit mit

Übersiedlerinnen aus der DDR hinfällig. Statt dessen werden von Berlin aus in den neuen Bundesländern neue Gruppen gebildet, um den Staatsbürgerinnenverband zu erweitern und durch diese Aufbauarbeit zum Einigungsprozeß beizutragen. Ein weiteres Arbeitsgebiet ist die Aufarbeitung der eigenen Verbandsgeschichte als Teil der historischen > FRAUENBEWEGUNG. Die Arbeitsergebnisse werden u.a. im verbandseigenen Publikationsorgan „Staatsbürgerin" veröffentlicht. Des weiteren verfügt der Verband über eine ca. 6.000 Bände umfassende, dem > BERLINER GESAMTKATALOG angeschlossene Bibliothek, die u.a. Unikate aus den Anfängen der Frauenbewegung beinhaltet (> BIBLIOTHEKEN). Der D. ist Mitglied im > LANDESFRAUENRAT, im Bundesfrauenrat und in der „International Alliance of Women" (mit UN-Beraterstatus). Bis 1991 wurde der Verband durch das Ministerium für innerdeutsche Beziehungen finanziert, nach dessen Auflösung ist die Finanzierung ungeklärt. Die sechs fest angestellten Mitarbeiterinnen wurden entlassen, die Arbeit geschieht seitdem ehrenamtlich; die Mitgliedsbeiträge sind z.Z. die einzige Finanzierungsquelle. Vorläufer des Vereins war der 1865 von Louise Otto-Peters und Auguste Schmidt gegründete „Allgemeine Deutsche Frauenverein", der 1927 den heutigen Namen erhielt. Durch Selbstauflösung 1933 konnte die Gleichschaltung durch die Nationalsozialisten verhindert werden. Nach dem II. Weltkrieg wurde die Arbeit zunächst als „Notgemeinschaft" 1947 wiederaufgenommen, bevor 1949 die Eintragung des alten und heute noch gültigen Namens ins Vereinsregister erfolgte. Der in Berlin nach dem Bezirksprinzip strukturierte Verband hat bereits eine Gruppe in > TREPTOW gegründet, alle anderen östlichen Bezirke sollen folgen.

Deutscher Werkbund Berlin e.V.: Der D. mit Sitz in der Goethestr. 13 im Bezirk > CHARLOTTENBURG ist einer von acht Landesbünden des 1949 neugegründeten Deutschen Werkbundes, der sein Generalsekretariat in Frankfurt/M. hat. Ziel des Vereins ist die Propagierung einer am Gebrauchswert orientierten Gestaltung der dem Menschen dienenden Gegenstände sowie die Schärfung des Verantwortungsbewußtseins des Einzelnen für die soziale und kulturelle Entwicklung der Gesellschaft und eine humane Umwelt.

Der D. fußt auf den Bestrebungen des 1907 in München gegründeten Deutschen Werkbundes, der – hervorgegangen aus der Kunstgewerbebewegung (> KUNSTGEWERBEMUSEUM) – das Ziel hatte, eine erneuerte Warenästhetik zu schaffen. Er vertrat einen ethisch fundierten Qualitätsbegriff in einer wesentlich am Profit orientierten Industriegesellschaft und ging in zweifacher Hinsicht über die Kunstgewerbebewegung hinaus. So bezog er von Anfang an die industrielle Massenproduktion mit ein, während sich die Kunstgewerbebewegung v.a. auf das Kunstwerk bezogen hatte. Ferner machte er die Politik zu einem bevorzugten Mittel zur Durchsetzung seiner Zwecke.
Zum Gründer- und Mitgliederkreis zählten auch zahlreiche in Berlin arbeitende Architekten wie Henry van de Velde, Peter Behrens, Walter Gropius, Mies van der Rohe, Bruno Taut, Theodor Fischer, Friedrich Naumann, Hans Poelzig, Fritz Schumacher und Hermann Muthesius. 1938 wurde der Werkbund von den Nationalsozialisten aufgelöst. Im Rahmen der 1949 erfolgten Neugründung nach föderalistischem Prinzip entstand auch der D. Neben den alten Zielsetzungen verfolgte er insbes. die humane Gestaltung der Umwelt und die Sicherung der Lebensgrundlagen.
Anfang der 70er Jahre wurde – unter Beteiligung von Personen aus dem D. – das > WERKBUND-ARCHIV in Berlin gegründet, das sich, ausgehend von der Geschichte des Werkbunds, mit der Massenkultur im 20. Jh. beschäftigt. Der D. publiziert Aufsätze zu kulturpolitischen Themen und gibt seit 1952 vierteljährlich die Zeitschrift „werkundzeit" heraus. Texte zur eigenen Geschichte erscheinen in der Beilage „werkundzeitmagazin". 1991 hatte der D. ca. 200 Mitglieder. Er finanziert sich durch Mitgliederbeiträge, Spenden und eine institutionelle Förderung der > SENATSVERWALTUNG FÜR KULTURELLE ANGELEGENHEITEN.

Deutsches Archäologisches Institut (DAI): Das 1829 in Rom gegründete DAI in der Podbielskiallee 69 im Bezirk > ZEHLENDORF ist eine wissenschaftliche Bundesbehörde im Geschäftsbereich des > AUSWÄRTIGEN AMTS. Das DAI gliedert sich in die Zentrale mit Sitz in Berlin, drei Inlandskommissionen in Bonn, Frankfurt/M. und München, sieben Auslandsabteilungen in Rom, Athen, Bagdad, Istanbul, Kairo, Madrid und Teheran sowie

Stationen in Ankara, Damaskus, Lissabon und Sanaa. Das DAI betreibt Forschung auf dem Gebiet der Archäologie und ihrer Nachbarwissenschaften. Es führt eigene Ausgrabungen, Expeditionen und Forschungsprojekte durch, unterhält Spezialbibliotheken und Phototheken und pflegt die Beziehungen zur internationalen archäologischen Forschung. Das DAI veranstaltet wissenschaftliche Kurse, Kolloquien und Führungen und veröffentlicht seine Forschungsergebnisse in zahlreichen Zeitschriften, Serien- und Einzelpublikationen.

In Berlin befinden sich die Dienststelle des Präsidenten mit einer wissenschaftlichen Abteilung, die zentrale Verwaltung sowie eine Bibliothek und das Archiv. Zur wissenschaftlichen Abteilung gehören die Redaktion für die zentralen Institutionspublikationen sowie die Referate für Archäologische Bauforschung und für Christliche Archäologie. Das DAI arbeitet eng mit den Universitäten (> Freie Universität Berlin; > Technische Universität Berlin; > Humboldt-Universität), den > Museen und anderen Forschungseinrichtungen zusammen. Es ist Mitglied der Deutschen Forschungsgemeinschaft (DFG) und zahlreicher anderer Institutionen. Die Bibliothek in Berlin mit ca. 45.000 Bänden und das Archiv mit über 300 Nachlässen bedeutender Archäologen stehen ebenso wie die Spezialbibliotheken und Phototheken der Abteilungen Wissenschaftlern aller Nationen offen. 1992 hatte das DAI 295 Mitarbeiter, davon 125 Fachwissenschaftler, die in mehr als zehn Ländern tätig sind. Die Finanzierung der Einrichtung erfolgt durch den Bundeshaushalt sowie durch Wissenschaftsstiftungen und -gesellschaften.

Das architektonisch bemerkenswerte Institutsgebäude, dessen alter Haupteingang in der Peter-Lenné-Straße liegt, wurde 1911/12 nach Plänen von Peter Behrens für den Archäologen und Museumsdirektor Theodor Wiegand erbaut. 1976 wurde in der parkartigen Anlage ein Neubau errichtet, der Bibliothek, Redaktion und Verwaltung beherbergt. Das Nachbarhaus, Peter-Lenné-Str. 32-34, ist gegenwärtig Sitz der Abteilungen Bagdad und Teheran.

Deutsches Bibliotheksinstitut (dbi): Das D. in der Bundesallee 184/185 im Bezirk > Wilmersdorf ist eine bundesweit tätige Einrichtung für das Bibliothekswesen (> Bibliotheken). Nach Befürwortung durch die Kul-

tusministerkonferenz und die Konferenz der Landesfinanzminister und -senatoren wurde es durch das Berliner Gesetz vom 22.5.1978 als landesunmittelbare rechtsfähige Anstalt des öffentlichen Rechts mit Sitz in Berlin errichtet und hat am 1.10.1978 seine Tätigkeit zunächst im Gebäude der > Staatsbibliothek zu Berlin – Preussischer Kulturbesitz und in der ehem. „Arbeitsstelle für das Büchereiwesen (AfB)" aufgenommen, bevor es Ende 1980 in das für seine Zwecke umgebaute heutige Dienstgebäude umziehen konnte. In den sieben Abteilungen des Instituts arbeiten insg. 90 Mitarbeiter. Der Etat der in der > Blauen Liste geführten Einrichtung wird zu 30 % vom Bund und 70 % von den Bundesländern getragen. Rechtsaufsicht führt die > Senatsverwaltung für Wissenschaft und Forschung. Das D. unterhält eine Präsenzbibliothek mit ca. 8.000 Monographien, ca. 250 laufenden Zeitschriften und ca. 1.500 Bänden Periodika.

Die Aufgaben des D. liegen in der Bereitstellung von Dienstleistungen für Bibliotheken sowie in der Durchführung von Forschungsvorhaben auf dem Gebiet des Bibliothekswesens. Dazu gehören die Analyse und Planung von Bibliothekssystemen und -netzen, wobei Entwicklungen von spezifischen Datenverarbeitungssystemen einen Schwerpunkt bilden. Das D. analysiert außerdem Haushaltsstrukturen, entwickelt Etatmodelle und erarbeitet Konzeptionen für bibliothekarische Werbung und Öffentlichkeitsarbeit. Weitere Aufgaben sind das Erstellen von bibliographischen Diensten und Datenbanken (wie die Zeitschriftendatenbank), die Führung der Deutschen Bibliotheksstatistik, die Zusammenstellung von Fernstudienmaterialien sowie die Durchführung von Fortbildungsseminaren. Ferner können Bibliotheken, Dokumentationseinrichtungen sowie Firmen und andere Interessenten bibliographische Datenbanken nutzen, die in Zusammenarbeit u.a. mit der Staatsbibliothek zu Berlin zusammengestellt werden. Internationale Zusammenarbeit wird besonders im Rahmen von Austauschprogrammen geleistet. Weiter übernimmt das D. die Projektträgerschaft für Forschungsvorhaben, deren Ergebnisse dem gesamten Bibliothekswesen zugänglich gemacht werden und deren Finanzierung durch den > Bundesminister für Bildung und Wissenschaft, den > Bundesminister für Forschung und Technologie und die Deutsche Forschungsgemeinschaft erfolgt.

Ein im Zusammenhang mit der > VEREINI-GUNG in Gang gesetzter Umstrukturierungs-prozeß des D. trägt der Tatsache Rechnung, daß mit Ablauf des Jahres 1991 die ehem. DDR-Institutionen, das *Zentralinstitut für Bibliothekswesen* (das für den Bereich der Öffentlichen Bibliotheken zuständig war) und das *Methodische Zentrum für wissenschaftliche Bibliotheken* ihre Tätigkeit einstellten und Teile ihrer Aufgaben in die Arbeit des D. integriert wurden. Als neues bedeutendes Arbeitsgebiet wird dadurch die Koordinierung der Verbundkatalogisierung und der retrospektiven Bestandsaufnahme hinzukommen.

Deutsches Herzzentrum Berlin (DHZB): Das 1986 eröffnete D. am Augustenburger Platz im Bezirk > WEDDING zählt zu den leistungsfähigsten Zentren seiner Art in der Welt. Das auf dem Gelände des > UNI-VERSITÄTSKLINIKUMS RUDOLF VIRCHOW liegende Zentrum verfügt über 142 Betten und nimmt jährlich ca. 3.250 operative Eingriffe vor. Bis Anfang 1992 wurden hier über 500 Herz-Transplantationen und 12 Herz-Lungen-Transplantationen vorgenommen. 50 % der Behandelten kommen aus Berlin, die andere Hälfte aus dem Bundesgebiet und dem Ausland. Der Transport von Patienten und Spenderorganen erfolgt in vielen Fällen mit den auf dem Flughafen Tempelhof stationierten Flugzeugen der Deutschen Rettungsflugwacht.
Das D. hat die Rechtsform einer Stiftung des bürgerlichen Rechts und ca. 700 Mitarbeiter, darunter ca. 125 Ärzte. Die Betriebskosten werden durch die Pflegesätze der Krankenkassen finanziert. In bezug auf Forschung und Lehre besteht ein Kooperationsvertrag mit der > FREIEN UNIVERSITÄT BERLIN.

Deutsches Historisches Museum (DHM): Das DHM mit Sitz im > ZEUGHAUS an der Straße > UNTER DEN LINDEN wird seine im Aufbau befindliche Sammlung zur deutschen Geschichte voraussichtlich 1996 eröffnen. Der Gründung des DHM am 27.10.1987 gingen jahrelange kontroverse Diskussionen voraus. Am 7.10.1985 hatte die Bundesregierung eine Sachverständigenkommission berufen, die für die Entscheidungsfindung eine erste wissenschaftliche Konzeption erarbeitete. Ziel des DHM sollte es nach diesem Gutachten sein, einen möglichst umfassenden Überblick über die deutsche Geschichte von ihren Anfängen bis zur Gegenwart als Teil der euro-

päischen Geschichte anschaulich darzustellen und zur kritischen Auseinandersetzung mit der deutschen Geschichte anzuregen. Zeitlich sollte sich die Ausstellung von der keltischen, römischen, germanischen und fränkischen Geschichte bis zur Gegenwart erstrecken. Als der einzig richtige Ort für dieses Museum wurde Berlin bestimmt. Zur Erreichung der in der Konzeption vorgegebenen Zielsetzung mußte ein reicher Fundus von historisch aussagekräftigen „Sachzeugen" angelegt werden. Gleichzeitig sollte auch die historische Forschungstätigkeit ein wichtiges Tätigkeitsfeld sein. In Vorbereitung auf diese Aufgabe wurde durch eine Art „Aufbaustab" mit dem Erwerb von Dokumenten, Militaria, Büchern, Gemälden, Plastiken, Grafiken und anderen historisch verwertbaren Sachzeugen begonnen. Um zugleich auch in der Öffentlichkeit bekannt zu werden und auf das zukünftige Profil des Museums innerhalb der traditionellen Berliner Museumslandschaft aufmerksam zu machen, veranstaltete der „Aufbaustab" des Museums unter Leitung seines Generaldirektors Sonderausstellungen zu verschiedenen Themen (z.B. Bismarck, Preußen, Deutschland, Europa; Abschied und Anfang, Ostdeutsche Porträts von 1989-90; Entartete Kunst).
Die Bundesregierung schlug nach Diskussion und Bestätigung dieser Konzeption vor, das DHM der Stadt Berlin anläßlich ihres 750-jährigen Bestehens als Geschenk zu machen. Am 27.10.1987 fand am geplanten Standort des DHM, im Spreebogen gegenüber dem > REICHSTAGSGEBÄUDE, die feierliche Enthüllung einer Stiftungstafel durch Bundeskanzler Helmut Kohl statt.
Als vorläufige Trägerschaft des DHM wurde die Form einer GmbH gewählt, in der die Bundesregierung und das Land Berlin zu gleichen Teilen vertreten sind. Im August 1987 hatte die > BUNDESBAUDIREKTION bereits einen internationalen Architektenwettbewerb für das Gebäude des DHM ausgelobt. Den 1. Preis erhielt 1988 der italienische Architekt Aldo Rossi.
Mit der > VEREINIGUNG am > 3. OKTOBER 1990 wurde das 1952 im > ZEUGHAUS > UNTER DEN LINDEN gegründete *Museum für Deutsche Geschichte* durch die letzte DDR-Regierung aufgelöst und das DHM als Erbe des Hauses und der historischen Sachzeugen (einschließlich der historischen preußischen Waffen-, Uniform- und Trophäensammlung) einge-

setzt. Zu dieser Zeit vom DHM noch als ein provisorischer Standort betrachtet, änderte sich diese Frage Mitte 1991 durch den Beschluß, Parlament und Regierung in die deutsche > HAUPTSTADT zu verlegen. Damit unmittelbar verbunden war die Ansiedlung wichtiger Regierungsbauten im Spreebogen und somit auch der Verlust des Standortes für den geplanten Neubau des DHM. Erst durch Zuweisung von weiteren Gebäuden an das Museum in unmittelbarer Nähe des Zeughauses durch die Bundesregierung, wurden 1992 die Voraussetzungen geschaffen, das DHM an dieser Stelle repräsentativ zu etablieren.

Deutsches Institut für Entwicklungspolitik gemeinnützige Gesellschaft mbH (DIE): Das am 2.3.1964 in Berlin gegründete DIE in der Fraunhofer Str. 33-36 im Bezirk > CHARLOTTENBURG führt auf der Grundlage unabhängiger interdisziplinärer Forschung Beratungs- und Ausbildungsaufgaben auf dem Gebiet der > ENTWICKLUNGSPOLITIK durch. Schwerpunkte der Arbeit sind Demokratie und Menschenrechte; Konzepte und Instrumente der Entwicklungszusammenarbeit, Kohärenz der Entwicklungspolitik mit anderen Politikbereichen, Geberkoordinierung; Agrarpolitik, Umweltpolitik; soziale Sicherung; Kooperation mit Ländern im Systemumbruch; sozial und ökologisch orientierte Marktwirtschaft; Entwicklungsfinanzierung, Währungs- und Welthandelspolitik; internationale Wettbewerbsfähigkeit in fortgeschrittenen Entwicklungsländern und technologische Zusammenarbeit. Darüber hinaus bearbeitet das DIE Themen von besonderem aktuellem Interesse und erstellt Gutachten für Ministerien des Bundes und der Länder, die Kommission der EG, internationale Organisationen und Regierungen von Entwicklungsländern.

Ein jährlich angebotenes Ausbildungsprogramm hat das Ziel, deutsche Hochschulabsolventen in neun Monaten auf eine berufliche Tätigkeit in der Entwicklungszusammenarbeit vorzubereiten. Die vom DIE durchgeführten Fortbildungsprogramme richten sich überwiegend an Mitarbeiter von > BUNDESMINISTERIEN und von entwicklungspolitischen Institutionen. An seinem Sitz unterhält es ferner eine öffentliche Präsenzbibliothek mit ca. 55.000 Bänden und ca. 300 Zeitschriften.

Träger der Gesellschaft sind die Bundesrepublik Deutschland mit 75 % und das Land Berlin mit 25 %, die auch gemeinsam die Finanzierung übernehmen. 1992 hatte das DIE 49 Mitarbeiter.

Deutsches Institut für Urbanistik (Difu): Das im > ERNST-REUTER-HAUS untergebrachte Difu an der > STRASSE DES 17. JUNI 110 im Bezirk > CHARLOTTENBURG wurde 1973 vom Deutschen Städtetag mit dem Ziel gegründet, den Kommunalverwaltungen durch wissenschaftlich fundierte Beratung die Lösung aktueller Probleme zu erleichtern und längerfristige Perspektiven der städtischen Entwicklung aufzuzeigen.

Als Gemeinschaftseinrichtung von derzeit 114 Zuwenderstädten orientiert das Difu seine Forschung bewußt am Bedarf der Städte und bietet ihnen ein breites Spektrum von Dienstleistungen. Städteberatungen und Gutachten. Publikationsreihen und Fortbildungsseminare sowie Informations- und Dokumentationsdienste dienen der praxisgerechten Vermittlung von wissenschaftlichen Erkenntnissen, dem Erfahrungsaustausch zwischen den Kommunen und der Beratung bei der Umsetzung von Planungszielen in kommunales Verwaltungshandeln. Die Forschungsvorhaben konzentrieren sich auf fünf Arbeitsschwerpunkte: Kommunale Wirtschaftspolitik und Finanzen; Stadtentwicklung, Städtebauliche Planung, Wohnungsversorgung und Verkehr; Kommunaler Umweltschutz und Stadtökologie; Sozialpolitik und kommunale Kulturpolitik; Recht, Politik, Verwaltung und Stadtgeschichte.

Das Difu beschäftigt z.Z. rd. 100 Mitarbeiter, davon 40 Wissenschaftler. Rechtsträger ist der aus Vertretern des Deutschen Städtetags, des > SENATS VON BERLIN und anderer Städte gebildete „Verein für Kommunalwissenschaften e.V.“. Zur Finanzierung des Instituts tragen die Zuwenderstädte mit 22 %, der Verein mit 15 %, das Land Berlin sowie der Bund mit je 14 % bei. Hinzu kommen Eigenmittel des Difu (35 %).

Deutsches Institut für Wirtschaftsforschung (DIW): Das DIW in der Königin-Luise-Str. 5 im Bezirk > ZEHLENDORF wurde 1925 als Institut für Konjunkturforschung gegründet und erhielt 1941 seinen heutigen Namen. Das ausschließlich und unmittelbar gemeinnützigen und wissenschaftlichen Zwecken dienende DIW beobachtet und erforscht wirtschaftliche Vorgänge im In- und Ausland. Seine Tätigkeit reicht von der Diagnose und Prognose kurzfristiger Prozesse und der Beantwortung aktueller wirtschaftspolitischer Fragen bis hin zur Projektion und Beurteilung langfristiger, struktureller Wandlungen der Wirtschaft. Probleme der Bundesrepublik Deutschland stehen dabei im Vordergrund. Die neun regional und thematisch gegliederten Fachabteilungen haben folgende Arbeitsschwerpunkte: Konjunktur, Öffentliche Finanzsektoren, Strukturforschung, Industrie und Technologie, Verkehr, Bergbau und Energiewirtschaft, Berlin-Brandenburg, Osteuropa, Westliche Industrieländer und Entwicklungsländer sowie die Projektgruppe „Das Sozio-ökonomische Paneel".

Die Arbeitsergebnisse des DIW werden in Publikationen wie den DIW-Wochenberichten, dem Economic Bulletin mit Auszügen aus dem Wochenbericht in englischer Sprache, den Vierteljahresheften für Wirtschaftsforschung, den Sonderheften, den Beiträgen zur Strukturforschung und zahlreichen weiteren Publikationen veröffentlicht. Darüber hinaus berät das DIW Verwaltung, Wissenschaft, Wirtschaft und Politik durch spezielle Berichte und Gutachten. Daneben werden die Forschungsergebnisse auch in wissenschaftlichen Tagungen im In- und Ausland, auf den DIW-Symposien und -Colloquien vorgestellt. Das DIW kooperiert mit der > FREIEN UNIVERSITÄT BERLIN, der > TECHNISCHEN UNIVERSITÄT BERLIN sowie zahlreichen weiteren in- und ausländischen Universitäten, Hochschulen und Forschungseinrichtungen. In einigen Fällen werden Forschungsprojekte mit anderen Institutionen durchgeführt. Bindeglied bei der Zusammenarbeit mit der > WIRTSCHAFT ist die Vereinigung der Freunde des DIW, die sich v.a. aus führenden Unternehmensvertretern zusammensetzt. Das DIW veranstaltet zweimal jährlich zusammen mit Vertretern der Wirtschaftsunternehmen und -verbände Prognosetagungen über die künftige Konjunkturentwicklung der Gesamtwirtschaft im verarbeitenden Gewerbe und in einzelnen Branchen.

Träger des DIW ist der gleichnamige gemeinnützige Verein, dessen Mitglieder das Kuratorium bilden. Im Kuratorium sind einige > BUNDESMINISTERIEN und > SENATSVERWALTUNGEN sowie Banken, Handel und Industrie, Parteien und Gewerkschaften, die „Vereinigung der Freunde des DIW" und persönliche Mitglieder vertreten. 1991 hatte die Forschungseinrichtung über 200 Mitarbeiter, davon 100 Wissenschaftler. Die Finanzierung des in der > BLAUEN LISTE geführten DIW aus öffentlichen Zuwendungen – etwa 50 % des Haushalts – erfolgt zu gleichen Teilen durch das Land Berlin und den Bund. Hinzu kommen die Einnahmen aus Projekten und Aufträgen Dritter.

Deutsches Musikarchiv: Das 1969 gegründete D. in der Gärtnerstr. 25-32 im Bezirk > STEGLITZ ist das nationalbibliographische Zentrum für Musik in der Bundesrepublik Deutschland. Als Teil der seit 1990 unter dem Namen „Die Deutsche Bibliothek" zusammengeführten nationalbibliographischen Einrichtungen in Deutschland – Deutsche Bibliothek, Frankfurt/M. und Deutsche Bücherei, Leipzig – hat es die Aufgabe, die in Deutschland erschienenen Musikalien (Noten) und Musiktonträger in je einem Exemplar zu archivieren, in einer laufenden Bibliographie so aktuell, vollständig, genau und objektiv wie möglich anzuzeigen und für künstlerische und wissenschaftliche Zwecke bereitzustellen. Ein Informationsdienst erteilt Auskunft über musikeditorische, musikbibliographische und musikphonographische Fragen.

Das D. verfügte Ende 1991 über insg. 700.000 Archivstücke. Darin sind enthalten 280.000 Notendrucke, 300.000 moderne und 120.000 historische Tonträger. Die Erschließung dieses Materials erfolgt sukzessive seit 1965 über eine eigene Datenbank, die 1990 ca. 1 Mrd. recherchierbare Daten umfaßte. Die neu eingegangenen Titel werden in zwei eigenen Reihen erfaßt in der „Deutschen Nationalbibliographie" („Musikalien-Verzeichnis der Deutschen Bibliographie, Reihe M"), in der auch alle nicht im Handel zugänglichen Musikalien verzeichnet sind, und in dem „Musiktonträger-Verzeichnis der Deutschen Bibliographie, Reihe T", das seit 1974 erscheint, und in dem alle Arten von Tonträgern – Schallplatten, Compact Discs und Musikkassetten – verzeichnet werden. Für den Publikumsverkehr stehen sechs Arbeitsplätze, zwei davon mit Abhöreinrichtungen, ein Tonstudio und eine Handbibliothek mit 20.000 Einheiten zur Verfügung. Dienstgebäude des D. ist seit 1977 die 1913-15 von dem Fabrikanten Friedrich Christian Correns erbaute und 1925-37 im Besitz von Werner v. Siemens befindliche, nach ihm so benannte *Siemens-Villa* im Steglitzer Ortsteil > LANKWITZ. Das D., dessen Gründung auf das „Gesetz über die Deutsche Bibliothek" aus dem Jahr 1969 zurückgeht, hat zwei in Berlin angesiedelte historische Vorläufer. Am Beginn stand die „Deutsche Musiksammlung", die 1906 als Kernstück einer „Reichsmusik-bibliothek" an der Königlichen Bibliothek in Berlin eingerichtet wurde (> STAATSBIBLIOTHEK ZU BERLIN – PREUSSISCHER KULTURBESITZ). Initiator dieser bis 1943 fortgeführten Sammlung, die die Produktion der deutschen Musikverlage aus diesem Zeitraum enthält und sich bis heute in der Berliner Staatsbibliothek befindet, war der 1915-27 amtierende Direktor der Musikabteilung der Staatsbibliothek Wilhelm Altmann. Die Deutsche Musiksammlung hat in dem seit 1973 im Deutschen Musikarchiv im Aufbau befindlichen Notenbestand ihre Fortsetzung gefunden. Unmittelbarer Vorläufer des D. war die 1961 nach ausländischen Vorbildern gegründete „Deutsche Musik-Phonothek" mit Sitz in der > AMERIKA GEDENKBIBLIOTHEK. Die Bestände der Phonothek bildeten bei Errichtung des D. den Grundstock für deren Tonträgersammlung.

Deutsches Olympisches Institut (DOI): Das DOI Am Kleinen Wannsee 6A im Bezirk > ZEHLENDORF wurde auf Beschluß des Nationalen Olympischen Komitees für Deutschland (NOK) am 18.11.1989 mit dem Ziel gegründet, in der Hauptstadt Deutschlands ein dem olympischen Anspruch gemäßes Begegnungs-, Studien- und Forschungszentrum zu schaffen. Zu seinen Aufgaben gehört die wissenschaftliche Erforschung und Dokumentation der Geschichte der Olympischen Bewegung mit ihren erzieherischen und kulturellen Aspekten sowie die Bildung von Initiativen zur Vertiefung, Weiterentwicklung und Verbreitung des olympischen Gedankens (> OLYMPISCHE SPIELE). Das DOI erarbeitet Beratungs- und Entscheidungshilfen für das NOK und andere Organisationen und Institutionen aus den Bereichen > SPORT, Sporterziehung und Sportwissenschaft. Ferner veranstaltet das DOI Seminare, Symposien und Diskussionsrunden, um v.a. den Sport mit anderen Bereichen des gesellschaftlichen Lebens in Verbindung zu bringen (z.B. Politik, Wirtschaft, Kultur, Kirche). Beim DOI sind 1992 in der Aufbauphase zunächst sechs hauptamtliche und einige nebenamtliche Mitarbeiter beschäftigt. Zum Abschluß der Aufbauphase wird das DOI ca. 20 Mitarbeiter haben. Dem DOI ist der am 17.11.1990 gegründete Verein „Deutsches Olympisches Institut e.V." zugeordnet. Die Finanzierung des DOI erfolgt durch das NOK, den > SENAT VON BERLIN und den > BUNDESMINISTER DES INNERN.

Deutsches Patentamt: Das dem > BUNDESMINISTER DER JUSTIZ (BMJ) unterstellte D. mit Hauptsitz in München ist in Berlin mit einer Dienststelle in der Gitschiner Str. 97 im Bezirk > KREUZBERG vertreten. Durch die > VEREINIGUNG wurde das D. alleinige Zentralbehörde für den gewerblichen Rechtsschutz in Deutschland und nimmt seither seine Aufgaben auch für das Gebiet der früheren DDR und Ost-Berlin wahr. In diesem Zusammenhang wurde das Patentamt der DDR (früher: Amt für Erfindungs- und Patentwesen) aufgelöst und seine Abwicklung dem Präsidenten des D. übertragen. Aufgrund der damit verbundenen neuen Aufgaben ist die Berliner Dienststelle in den Rang einer Hauptabteilung erhoben worden. Sie verfügt seitdem auch über die bisher vom Patentamt der DDR genutzten Dienstgebäude, insbes. in der Mohrenstr. 37b im Bezirk > MITTE, sowie über weitere Räumlichkeiten im Ostteil der Stadt. Die Dienststelle Berlin umfaßte 1991 neben der Verwaltung drei weitere Abteilungen, die für die Patentprüfung, für Information und Dokumentation sowie für das Rechtswesen einschließlich der Bearbeitung der Warenzeichen und Geschmacksmuster zuständig waren. Seit dem 1.7.1988 ist die Dienststelle Berlin für die Anmeldung und Registrierung aller Geschmacksmuster und aller typographischen Schriftzeichen in der Bundesrepublik Deutschland zuständig. Ferner obliegt ihr die Verwaltung und Bearbeitung (bzw. Verlängerung) der bis zum Ende des II. Weltkrieges eingetragenen deutschen Warenzeichen. Zu den Aufgaben gehören im Einzelnen die Führung der Zweitrollen für Patente, Gebrauchsmuster und Warenzeichen, die Auskunft über die beim D. angemeldeten und eingetragenen Schutzrechte und ihren rechtlichen Bestand geben. Eine spezielle Auskunftsstelle gibt Rat bei der Anmeldung gewerblicher Schutzrechte. Des weiteren obliegt dem D. der Schriftenvertrieb im Rahmen des internationalen Schriftenaustausches. Auf diesem Gebiet druckte die gleichfalls in Kreuzberg ansässige > BUNDESDRUCKEREI 1990 im Auftrag der Berliner Dienststelle der D. ca. 3,2 Mio. Patentdokumente, die an zahlreiche ausländische Patentämter, an die im gleichen Gebäude untergebrachte Berliner Dienststelle des > EUROPÄISCHEN PATENTAMTS (EPA) sowie darüber hinaus an Interessenten aus Wissenschaft und Wirtschaft versandt bzw. verkauft wurden. Zur Information auf dem Gebiet des Patentwesens bietet der Schriftenvertrieb die Lieferung von Druckschriften- und Mikrofilmlochkarten aller beim D. angemeldeten technischen Erfindungen sowie die Überwachung des Erscheinens bestimmter Publikationen an. 1991 wurde die Integration des von der DDR übernommenen Patentschriften-Service abgeschlossen.

Von großer Bedeutung ist die in der Berliner Dienststelle untergebrachte > BIBLIOTHEK des D. in den Dienstgebäuden Gitschiner Str. und Mohrenstr. Die in der Gitschiner Str. vorhandenen Bestände bieten Informationen über die gesamte deutsche Patentliteratur. 1991 umfaßten sie ca. 223.155 Bücher, ca. 19 Mio. Patentdokumente in Mikroform sowie 17,7 Mio. Patentdokumente in Papierform, darüber hinaus eine systematisch geordnete Sammlung von ca. 3 Mio. Patentdokumenten. Darin enthalten sind auch die Patentveröffentlichungen des EPA, das die Bibliothek mitbenutzt. Bei den Beständen im Dienstgebäude in der Mohrenstr. handelt es sich um den Bestand des ehem. DDR-Patentamts mit ca. 15,8 Mio. Patentdokumenten. Dazu gehören u.a. Patentschriftensammlungen der UdSSR, aller osteuropäischen Staaten sowie 2,8 Mio. Abstracts japanischer Patentanmeldungen. Ferner umfaßt die Bibliothek über 80.000 Medieneinheiten und ca. 920 laufend bezogene Zeitschriften. Mit der Integration der Bestände in der Mohrenstr. in das Bibliothekssystem des D. wurde 1990 begonnen.

1990 hatte die Dienststelle Berlin ca. 600 Mitarbeiter. Die Finanzierung des D. erfolgt durch den BMJ.

Architektonisch bemerkenswert ist der 1903-05 nach Plänen von Hermann Solf und Franz Wichards errichtete Hauptbau der Berliner Dienststelle in der Gitschiner Str. Zentraler Bezugspunkt des Komplexes ist der von zwei Türmen flankierte Kopfbau, von dem aus spitzwinklig zwei Büroflügel abgehen. Das mit Stilelementen der Renaissance verzierte Gebäude wurde im II. Weltkrieg stark beschädigt und in den 50er Jahren vereinfacht wiederaufgebaut. Zunächst war der Bau Sitz des Kaiserlichen Patentamts, das 1919 in Reichspatentamt umbenannt wurde. Nach dem II. Weltkrieg wurde der Hauptsitz des Patentamts nach München verlagert. In Berlin nahm am 1.10.1949 die Anmeldestelle für Patent-, Gebrauchsmuster- und Warenzeichenanmeldung ihre Tätigkeit auf, bevor 1950 die Dienststelle Berlin als Zweigstelle des D. errichtet wurde.

Deutsches Rheumaforschungszentrum Berlin (DRFZ): Das in der Straße Am Kleinen Wannsee 5 im Bezirk > ZEHLENDORF ansässige DRFZ hat 1991 seine Arbeit aufgenommen. Es hat die Aufgabe, das hinsichtlich seiner Ursachen noch weitgehend ungeklärte rheumatische Krankheitsgeschehen insbes. in immunbiologischer Hinsicht zu erforschen. Grundlagenforschung und klinische Krankenversorgung sollen dabei zusammengeführt werden. 1993 soll ein Standortwechsel in den Bezirk > MITTE erfolgen; eine enge Kooperation mit der > CHARITÉ ist vorgesehen.

Die 1988 gegründete „Stiftung Deutsches Rheuma-Forschungszentrum Berlin" wird durch den > SENAT VON BERLIN, das Immanuel-Krankenhaus der Evangelisch-Freikirchlichen Gemeinde in > WANNSEE sowie eine Reihe von Wissenschaftlern getragen. Die Finanzierung erfolgt z.Z. durch Zuwendungen des Landes Berlin und Drittmittel. In der derzeitigen ersten Phase sind 40 wissenschaftliche Mitarbeiter am DRFZ tätig. Ihre Zahl soll bis 1995 auf 100-120 gesteigert werden.

Deutsches Rotes Kreuz Landesverband Berlin (DRK): Der Berliner Landesverband des DRK ist ein anerkannter, unabhängiger Spitzenverband der freien > WOHLFAHRTSPFLEGE mit Sitz in der Bundesallee 73 im Bezirk > WILMERSDORF. Innerhalb des in Bonn ansässigen Bundesverbands nimmt er in Berlin die Aufgaben wahr, die sich aus dem Genfer Rotkreuz-Abkommen von 1864 und den Beschlüssen der alle vier Jahre stattfindenden internationalen Rotkreuz-Konferenzen ergeben. Dazu gehören v.a. Hilfsmaßnahmen bei gewaltsamen Konflikten und in Katastrophenfällen, Rettungsdienste, Erste-Hilfe- und andere Ausbildungsangebote für die Bevölkerung sowie der Blutspendedienst (> RETTUNGSWESEN). Ferner ist das DRK in der Wohlfahrtspflege tätig.

In seinen insg. über 170 Einrichtungen beschäftigt der Berliner Landesverband des DRK rd. 3.600 hauptamtliche Mitarbeiter, die von mehr als 1.200 ehrenamtlichen Helfern unterstützt werden. Das DRK ist in 21 Bezirken durch einen Kreisverband mit einer Bereitschaft für freiwillige Rotkreuz-Helfer vertreten, in 19 Bezirken gibt es > SOZIALSTATIONEN. Daneben unterhält das DRK in Berlin den Landesnachforschungsdienst, den Blutspendedienst, ein Berufsbildungswerk für psychisch beeinträchtigte Jugendliche, eine Versehrten-Fahrschule, den Fahrbaren Mittagstisch sowie den Zentralen Hilfsmitteldienst mit Filialen in den Kreisgeschäftsstellen, ein Krankenheim, sieben > KRANKENHÄUSER (darunter fünf Sonderkrankenhäuser für geistig/psychisch > BEHINDERTE), eine psychiatrische Tages-, Nacht- und Vollklinik, zehn Seniorenheime, acht Seniorentagesstätten/Seniorenclubs (> ALTENHILFE), eine Begegnungsstätte für Behinderte und Nichtbehinderte, eine Trainingsstätte für behinderte Jugendliche und junge Erwachsene, eine Trainings- und Wohnstätte für geistig behinderte Erwachsene, ein Wohnprojekt „Betreutes Wohnen", zwei psychosoziale Kontakt- und Begegnungsstätten, ein familienanaloges Heim für Kinder und Jugendliche, 18 Wohnheime für > ASYLBEWERBER, vier Wohnheime für Aussiedler (> ÜBERSIEDLER/AUSSIEDLER) und Kontingentflüchtlinge sowie 28 Beratungsstellen und -angebote für unterschiedliche Zielgruppen in Anbindung an andere Einrichtungen. Ferner beteiligt sich das DRK am Rettungsdienst und Krankentransport mit 37 Einsatzfahrzeugen sowie am Wasserrettungsdienst entlang der Unterhavel. Schließlich betreibt es in seiner Zentrale die Berliner Flugleitstelle für die Deutsche Rettungsflugwacht.

Die Arbeit des Landesverbandes wird finanziert durch Leistungsentgelte, Zuwendungen, Mitgliedsbeiträge und Spenden.

Nach dem II. Weltkrieg war das DRK für die SBZ und den Ost-Sektor Berlins im September 1945 auf Befehl der > SOWJETISCHEN MILITÄRADMINISTRATION IN DEUTSCHLAND zunächst aufgelöst worden. In den Westsektoren Berlins konnte es unter Kontrolle der westlichen > ALLIIERTEN bis zur offiziellen Gründung des Landesverbandes auf provisorischer Grundlage weiterarbeiten. Im Ostteil Berlins und der DDR wurde im Oktober 1952 neu gegründet und entsprechend der Verwaltungsstruktur der DDR in Bezirkskomitees gegliedert. Nach der Wende in der DDR im Herbst 1989 hat sich 1990 das Bezirkskomitee für Ost-Berlin als zunächst noch eigenständiger Landesverband mit Sitz in der Straße der Befreiung 60 (heute Alt-Friedrichsfelde) im Bezirk > LICHTENBERG neu konstituiert. Nach der > VEREINIGUNG schlossen sich die beiden Berliner Landesverbände im Mai 1991 zusammen.

Deutsches Rundfunkmuseum: Das am 24.8. 1967 während der 25. Großen Deutschen Funkausstellung (> INTERNATIONALE FUNKAUSSTELLUNG BERLIN) eröffnete D. auf dem > AUSSTELLUNGS- UND MESSEGELÄNDE AM FUNKTURM am Hammarskjöldplatz 1 im Bezirk > CHARLOTTENBURG hat seine Räume in dem am Fuß des > FUNKTURMS gelegenen Gebäude des ehem. Senders Witzleben. Die umfangreiche Sammlung dokumentiert die Entwicklung des > HÖRFUNKS und > FERNSEHENS im soziologischen und zeitgeschichtlichen Zusammenhang. Die Ausstellung Hörfunk 1923-1945 (Untergeschoß) präsentiert in 10 Vitrinenbereichen Mikrofone und Senderöhren, Empfangsgeräte und Exponate zur Studio- und Außenproduktion. Schaltbilder, zeitgenössische Fotos, Einzelteile, Werbeprospekte u.ä. ergänzen die Objektsammlung.

Im Obergeschoß ist eine Darstellung zur Entwicklung des Fernsehens von 1935-67 angesiedelt. Empfangsgeräte der 30er bis 60er Jahre, Kameras, Mikrofone, Verstärker und Videorekorder zählen ebenso zu den Ausstellungsstücken wie Fotos, Schaltbilder, Antennen, Kabel, Stecker, Fernsehleuchten etc. Ergänzt wird die Ausstellung durch ein modernes Fernsehstudio mit Technikräumen. Hier können Programme aufgezeichnet oder live ausgestrahlt werden. Ferner ist eine ca. 3.000 Titel umfassende Präsenzbibliothek vorhanden.

Träger des D. ist der 1964 von Vertretern des Rundfunks, der > DEUTSCHEN BUNDESPOST, der Elektroindustrie, den Hochschulen und der Fachpresse gegründete gemeinnützige „Verein Deutsches Rundfunkmuseum e.V.". Das D. finanziert sich durch Zuwendungen der > SENATSVERWALTUNG FÜR KULTURELLE ANGELEGENHEITEN und (seit 1987) einen jährlichen Zuschuß der ARD. Hinzu kommen Einnahmen aus eigenen Projekten und Beiträge der Mitglieder des Vereins.

Deutsche Staatsoper Unter den Linden: Die am 7.12.1742 als Königliches Opernhaus eröffnete. D. in der Straße > UNTER DEN LINDEN 7 im Bezirk > MITTE ist neben der > DEUTSCHEN OPER BERLIN und der > KOMISCHEN OPER eines der drei Opernhäuser Berlins. Das im Hauptsaal (Parkett und drei Ränge) 1.396 und im Apollosaal 200 Zuschauer fassende Haus widmet sich der Pflege der frühen, der klassischen und der modernen Oper, des Balletts sowie der Konzerte der Staatskapelle (> MUSIK; > TANZ).

Deutsche Staatsoper Unter den Linden

Die D. ist der > SENATSVERWALTUNG FÜR KULTURELLE ANGELEGENHEITEN (SENKULT) nachgeordnet; ihr Intendant ist seit 1991 der Musik- und Theaterwissenschaftler Georg Quander. Als Generalmusikdirektor und als Künstlerischer Leiter wurde ab 1992/93 Daniel Barenboim verpflichtet. In der Spielzeit 1992/93 umfaßt das Gesamtpersonal (incl. der Werkstätten für die D., das > DEUTSCHE THEATER UND KAMMERSPIELE sowie das > BERLINER ENSEMBLE) ca. 1.100 Personen, darunter 40 Solisten im Jahresvertrag sowie eine Reihe von Gästen. Das 1570 gegründete Orchester der D., die *Staatskapelle Berlin*, besteht aus ca. 150 Musikern. Es gibt neben seinen Opernverpflichtungen pro Jahr ca. 20-30 zusätzliche Symphonie- und Sonderkonzerte. Der 1821 gegründete *Staatsopernchor* hat ca. 110 Mitglieder. Das *Staatsopernballett* umfaßt ca. 75 Mitglieder, davon ca. 20 Solisten. Pro Jahr haben durchschnittlich sechs Opern bzw. Ballettvorstellungen an der D. Premiere, und es werden ca. drei Neueinstudierungen bzw. Wiederaufnahmen vorgenommen, davon eine im Bereich des Balletts. Die D. spielte 1991 15 % ihrer Ausgaben selbst ein, der Rest wird von der SenKult gedeckt.

Der Ursprungsbau der D. war das erste königliche Theatergebäude Deutschlands, das aus dem Schloß herausgelöst war und völlig frei stand. Es wurde 1741-43 nach Entwürfen von Georg Wenzeslaus v. Knobelsdorff und des Kronprinzen Friedrich (1740-86 König Friedrich II.) für ein Forum Fridericianum am Opernplatz, dem heutigen > BEBELPLATZ, errichtet. 1786-88 erfolgte eine gründliche Modernisierung des Innern durch Carl Gotthard Langhans. Nach einem Brand am 18.8.1843 wurde das Opernhaus bis Ende 1844 nach Plänen von Carl Ferdinand Langhans mit erneut veränderter Innengestaltung wieder aufgebaut. 1926-28 fand ein weiterer Umbau statt – eine beiderseitige symmetrische Erweiterung des Hauses mit Einbeziehung des Schnürbodenaufbaus und Einbau einer neuzeitlichen Bühnenmaschinerie – wodurch sich die ursprüngliche Form des Gebäudes erheblich veränderte. Bei einem Luftangriff im April 1941 zerstörten Bomben das Haus bis auf die Grundmauern. Bis zum 12.12. 1942, kurz nach dem 200. Jahrestag der Eröffnung, erfolgte der Wiederaufbau, bevor die Oper am 3.2.1945 wiederum stark beschädigt wurde.

Der erneute Wiederaufbau der Lindenoper (incl. Neubau des Verwaltungs- und Magazingebäudes sowie Ausbau des Werkstättengebäudes) nach einem Entwurf von Richard Paulick begann 1952 und wurde 1955 abgeschlossen. Es erfolgte im Kern eine Rekonstruktion des Zustands von 1928, wobei allerdings der hohe Aufbau über dem verbreiterten Bühnenhaus den Formen des Knobelsdorff-Baus angepaßt wurde. Die Inschrift „Fridericus Rex Apollini et Musis" über dem sechssäuligen Giebelportikus ersetzte man durch die Inschrift „Deutsche Staatsoper".

Bei einer Rekonstruktion 1983-86 wurde das Bauwerk komplett erneuert. Gleichzeitig erfolgte eine Modernisierung der gesamten technischen Ausstattung. Großer Wert wurde dabei auf die Erneuerung des Interieurs gelegt. Die Wandverkleidung und den Schmuckvorhang mit alten Webmustern stellte man ebenso wieder her wie die historischen Kronen, Leuchter und Wandarme. Die historischen Möbel und das Saalgestühl sind in der alten Form aufgearbeitet worden. Schließlich wurde am Giebelportikus wieder die ursprüngliche Inschrift „Fridericus Rex Apollini et Musis" angebracht.

Eröffnet wurde das Königliche Opernhaus noch vor Fertigstellung des ersten Gebäudes am 7.12.1742 mit der Oper „Cleopatra e

Cesare" von Carl Heinrich Graun, dem ersten Musikalischen Leiter der Hofoper. Das Solistenensemble war aus Italien engagiert, 1771 trat erstmals eine deutsche Sängerin auf. Gespielt wurde zunächst nur in der Karnevalszeit (November bis März) mit einer Frequenz von zwei Aufführungen pro Woche. Ein Repertoire existierte nicht, jedes Werk wurde nur drei- bis viermal wiederholt.

Am 5.8.1789 wurde das Opernhaus anläßlich einer Oratorienaufführung erstmals gegen Eintrittsgeld auch der Öffentlichkeit zugänglich gemacht. Nach ihrer Zusammenfassung mit dem Nationaltheater unter eine Direktion (1811) wurde die Oper Teil der „Königlichen Schauspiele". Dem ersten Generalmusikdirektor Gaspare Spontini (1820-42) und seinem Nachfolger Giacomo Meyerbeer (1842-45) gelang es, das Personal zur Aufführung von großen Prunkopern außerordentlich zu erweitern. Meyerbeer setzte eine angemessene Bezahlung der Musiker durch und führte erstmals Tantiemen für Autoren ein, die dadurch 10 % des Kassenertrags erhielten.

Unter dem Generalintendanten Bolko v. Hochberg (1886-1902) wurde 1896 das „Krollsche Etablissement" angekauft und zur > KROLLOPER ausgebaut. Er verpflichtete 1898 Richard Strauss als 1. Kapellmeister, der i.d.F. eine der wichtigsten Persönlichkeiten des Berliner Kulturlebens wurde. 1908 zum Generalmusikdirektor ernannt, übernahm er auch die Leitung der Hofkapelle.

1913 plante die preußische Regierung einen neuen großen Opernbau für die Bühnen, der anstelle des abzureißenden Kroll-Hauses entstehen sollte. Der Ausbruch des I. Weltkriegs ließ diese Pläne jedoch scheitern. Nach Kriegsende wurden die Königlichen Hofbühnen 1918 zu Preußischen Staatstheatern, die dem Preußischen Minister für Wissenschaft, Kunst und Fortbildung unterstanden. Zum ersten Intendanten des in *Preußische Staatsoper* umbenannten Hauses wurde Max v. Schillings ernannt, der von 1919-25 amtierte. Danach übernahm ein Triumvirat (u.a. mit Erich Kleiber) die Leitung der D., bis 1927 der bisherige Intendant der Städtischen Oper, Heinz Tietjen, zum Intendanten der D. ernannt wurde und die Gesamtoberleitung für die Linden- und Krolloper erhielt. Bis zur Machtübernahme der Nationalsozialisten erfuhr die D. trotz der schwierigen finanziellen Lage eine künstlerische Blüte. Mit der Eröffnung der Krolloper am 1.1.1924, deren Umbau sich über Jahre hingezogen hatte, bespielte das Ensemble der D. zunächst beide Bühnen im Doppelbetrieb, bevor sie während des Umbaus des Hauses Unter den Linden 1926-28 vorübergehend ganz in die Krolloper auswich. 1927 wurden die beiden Häuser organisatorisch getrennt. Die Leitung der D. übernahm Franz Ludwig Hörth, Generalintendant aller Opernbühnen wurde Tietjen. Zu den Höhepunkten der künstlerischen Arbeiten vor dem II. Weltkrieg zählte u.a. die Uraufführung von Alban Bergs „Wozzeck" am 14.12.1925 unter der musikalischen Leitung von Erich Kleiber, der von 1923 bis zu seiner Emigration 1934 Generalmusikdirektor war. Während des Nationalsozialismus wurde die D. nicht wie die anderen Staatsbühnen dem Propagandaministerium, sondern dem Preußischen Ministerpräsidenten unterstellt. Diesem Sonderstatus verdankte sie auch den raschen Wiederaufbau nach der ersten Bombardierung 1941.

Das erste Opernkonzert nach der Kapitulation fand am 16.6.1945 im Großen Sendesaal des Funkhauses (> HAUS DES RUNDFUNKS) in der Masurenallee im Bezirk > CHARLOTTENBURG statt. Am 29.6. wies die sowjetische Zentralkommandantur der Oper den später vom > METROPOL-THEATER genutzten ADMIRALSPALAST in der > FRIEDRICHSTRASSE als Spielstätte zu, wo unter dem Namen „Deutsche Staatsoper" am 23.8.1945 die erste Spielzeit nach dem II. Weltkrieg mit einem Festkonzert begann. Das wiederhergestellte Opernhaus Unter den Linden wurde am 4.9.1955 mit Richard Wagners „Die Meistersinger von Nürnberg" eröffnet. Der 1951 aus der Emigration zurückgekehrte Erich Kleiber sollte erster Generalmusikdirektor nach dem II. Weltkrieg werden, trat jedoch nach politischen Unstimmigkeiten sein Amt 1955 nicht an.

Seine Stelle übernahm 1955 Franz Konwitschny, der bis 1962 amtierte. Erste Intendanten der D. in der Nachkriegszeit waren Ernst Legal (1945-52) und Max Burghardt (1954-62). Zu ihrem Nachfolger wurde 1963 der Cembalist und Kulturpolitiker Hans Pischner ernannt, der 1984 die Leitung des Hauses an seinen langjährigen Stellvertreter für den künstlerischen Bereich, Günter Rimkus, abgab. Generalmusikdirektor an der D. war von 1964-90 Otmar Suitner. Seit der > VEREINIGUNG bemüht sich die D. um einen künstlerischen Neuanfang.

Deutsches Theater und Kammerspiele: Das 1883 eröffnete D. und die 1906 gegründeten K. in der Schumannstr. 13 und 14 im Bezirk > MITTE wurden im Zuge der > VEREINIGUNG vom Land Berlin übernommen. Sie zählen zu den ältesten und traditionsreichsten Berliner Sprechbühnen (> THEATER). Die beiden in benachbarten Gebäuden untergebrachten Thea-

Deutsches Theater und Kammerspiele

ter werden seit 1991 von dem Regisseur Thomas Langhoff geleitet. Das Deutsche Theater verfügt über 612, der intimere Zuschauerraum der Kammerspiele über 422 Plätze. 1992 zählte das an beiden Bühnen eingesetzte Ensemble 69 feste Schauspieler. In der Saison 1991/92 standen 25 Inszenierungen auf dem Spielplan, die von insg. über 160.000 Zuschauern gesehen wurden. Durch den Verkauf der Karten deckten die Theater ca. 10 % ihrer Kosten, den Rest trägt die > SENATSVERWALTUNG FÜR KULTURELLE ANGELEGENHEITEN. 1883 von einer Gruppe um den Regisseur und Dramatiker Adolph L'Arronge als nationale Musterbühne eröffnet, etablierte sich das D. dank hervorragender Schauspieler (z.B. Josef Kainz, Agnes Sorma) zu einer der ersten Bühnen Berlins. Nach Übernahme der künstlerischen Direktion durch Otto Brahm 1894 gelangten zunehmend Werke zeitgenössischer Autoren wie Henrik Ibsen, Gerhart Hauptmann und Arthur Schnitzler zur Aufführung. Mit Brahm kam der Naturalismus als stilprägende Kraft ins D. Die Entwicklung zu einer Bühne von nationalem und internationalem Rang verbindet sich jedoch v.a. mit Max Reinhardt. Gestützt auf ein Repertoire, das sich sowohl Shakespeares, der deutschen Klassik, Ibsens als auch der Moderne annahm, mit hervorragenden Schauspielern (u.a. Alexander Moissi, Albert Bassermann, Elisabeth Bergner, Adele Sandrock) und zahlreichen Tourneen ver-

wirklichte Reinhardt hier ab 1905 seine bahnbrechenden Ideen modernen Regietheaters. Zugleich avancierte die Bühne in den folgenden Jahren zum Mittelpunkt seines Bühnenimperiums; u.a. nahmen 1906 die K. den Spielbetrieb auf. Die Nationalsozialisten beendeten gewaltsam diese Ära. Mit einer klugen (Theater)-Politik gelang es aber dem neuen Intendanten Heinz Hilpert, auch in den Jahren 1934-44 das künstlerische Niveau des Hauses zu bewahren.

Die Wiedereröffnung nach dem II. Weltkrieg erfolgte im Herbst 1945. Nach dem Interregnum von Gustav v. Wangenheim lenkte Wolfgang Langhoff von 1946-63 die Geschicke des D. Sein Ziel war es, die Klassiker erneut „zu wahren Zeitgenossen" zu erheben. Unter Langhoff genoß auch Brechts > BERLINER ENSEMBLE bis 1953 Gastrecht am D. Nach Langhoffs von der Partei- und Staatsführung der DDR erzwungenem Rücktritt leitete bis 1969 Wolfgang Heinz das D. Die folgenden 20 Jahre gestalteten sich wechselvoll, ohne daß dies zu künstlerischen Einbußen geführt hätte. Auf Hanns Anselm Perten 1970-72 folgten Gerhard Wolfram 1972-82 und Rolf Rohmer 1982-84. In den Jahren 1984-91 fungierte der Schauspieler Dieter Mann als Intendant. Seit September 1991 setzt Thomas Langhoff, der Sohn Wolfgang Langhoffs, die Tradition beider Bühnen fort.

Der Bau des D. wurde 1849/50 von dem Schinkel-Schüler Eduard Titz im Garten des Friedrich-Wilhelmstädtischen Casinos errichtet. Bauherr war der Casinobetreiber, der dort zunächst das bereits 1842 entstandene *Friedrich-Wilhelmstädtische Theater* unterbrachte, das v.a. volkstümliche Darbietungen präsentierte, bevor es sich in der 2. Hälfte des 19. Jh. zur Operetten-Bühne entwickelte (> LEICHTE MUSIK). Der im Stil der Neorenaissance errichtete Bau wurde 1872 von Hermann Richter umgestaltet. 1883 erhielt er, immer noch Privattheater, den Namen D. 1905/06 folgten grundlegende bauliche Veränderungen durch William Müller. Dabei erhielt die Fassade ein neoklassizistisches Aussehen, im Innern entstand das repräsentative Rangfoyer in Formen der Neorenaissance, und das Theater wurde mit einer Drehbühne ausgestattet. Gleichzeitig entstanden im benachbarten, 1841 von Seiboth und Stange errichteten Casino die Kammerspiele mit 336 Plätzen. Eine weitere Veränderung der Innenräume beider Gebäude nahm Ernst Schütte 1937 vor. Im II. Weltkrieg wurden beide Häuser beschädigt, ihre Wiederherstellung erfolgte 1946. 1981 wurden D. und K. zwecks einer umfassenden Renovierung geschlossen; die Wiedereröffnung erfolgte zum 100. Gründungsjubiläum 1983.

Deutsche Stiftung für Internationale Entwicklung (DSE): Die 1959 auf Initiative der Parteien des > Deutschen Bundestages von Bund und Ländern gegründete DSE hat die Aufgabe, die Beziehungen der Bundesrepublik Deutschland zu den Entwicklungsländern auf der Grundlage des gegenseitigen Erfahrungsaustauschs im Bereich der Entwicklungszusammenarbeit zu pflegen. Diesem Auftrag kommt die DSE nach, indem sie durch Dialog- und Fortbildungsmaßnahmen Vorhaben der Länder Afrikas, Asiens und Lateinamerikas unterstützt, die der wirtschaftlichen und sozialen Entwicklung dieser Länder dienen. (> Entwicklungspolitik)
In Berlin haben mehrere Abteilungen und Einrichtungen der DSE ihren Sitz. Die Geschäftsführung, die Zentralverwaltung und die Zentralstelle für öffentliche Verwaltung sind in der Rauchstr. 22 und 25 im Bezirk > Tiergarten untergebracht. In der am > Tegeler See auf der Halbinsel Reiherwerder im Bezirk > Reinickendorf gelegenen > Villa Borsig befinden sich die Zentralstelle für Wirtschafts- und Sozialentwicklung und das der Geschäftsführung direkt unterstellte Entwicklungspolitische Forum. Die im Aufbau befindliche Zentralstelle für Gesundheit ist in der Breiten Str. 11 im Bezirk > Mitte untergebracht, die übrigen vier Zentralstellen der DSE haben ihre Standorte in Feldafing, Mannheim, Bad Honnef und Bonn, Zweigstellen in Magdeburg und Zschortau.
Die drei Berliner Zentralstellen führen ihre Tagungen, Seminare und Trainingskurse in Berlin selbst, z.T. aber auch in den Entwicklungsländern durch. Sie haben sich auf Gebiete spezialisiert wie z.B. Außenwirtschafts-, Integrations- und Kooperationspolitik, Entwicklungsplanung, Kreditwirtschaft, Industriepolitik, Förderung von Klein- und Mittelindustrie sowie auf Probleme der Finanzverwaltung und Finanzkontrolle, der Kommunalverwaltung, der Arbeits- und Sonderverwaltung (einschließlich Auswärtige Dienste), auf allgemeine Fragen der Verwaltungshilfe, des Managements sowie der Stadt- und Regionalplanung. Zum in Berlin vertretenen Spezialwissen zählen ferner Probleme der

Einrichtung von Basisgesundheitsdiensten und der Reintegration von Ärzten, die in Deutschland studiert haben. Das *Entwicklungspolitische Forum (DSE/EF)* soll dem Erfahrungsaustausch und der Meinungsbildung der Partner im Nord-Süd-Dialog (insbes. in Zusammenarbeit mit den Vereinten Nationen) dienen.
Die DSE hat seit ihrer Gründung über 85.000 Fach- und Führungskräfte aus mehr als 140 Ländern betreut. Sie hat die Rechtsform einer Stiftung des bürgerlichen Rechts mit einem Kuratorium an der Spitze, in dem Mitglieder der Bundesregierung, des Bundestages, der Bundesländer und anderer Institutionen vertreten sind. Die Einrichtungen der DSE werden überwiegend aus Zuwendungen der Bundesregierung finanziert. Das Land Berlin leistet einen Zuschuß zur Finanzierung der Programme der DSE in Berlin. 1991 waren bei der DSE 530 Mitarbeiter beschäftigt, davon 162 in Berlin.

Deutsches Zentralinstitut für Soziale Fragen (DZI): Das 1893 als *„Archiv für Wohlfahrtspflege"* gegründete und 1964 in DZI umbenannte Institut in der Miquelstr. 83 im Bezirk > Zehlendorf ist ein öffentliches Informations- und Dokumentationszentrum zu allen Fragen des Sozialwesens. Zu seinen Aufgaben gehört die (ausschließlich schriftliche) Spenderberatung, die jährlich für mehr als 10.000 Spenderanfragen durch Behörden, Firmen, Medien, Verbände und Privatpersonen genutzt wird. Eine ca. 80.000 Bände umfassende, öffentliche Fachbibliothek mit (seit 1979) computergestützter Literatur-Dokumentation informiert über die Fachliteratur auf den Gebieten der sozialen Arbeit, der Sozialpädagogik und des Sozialwesens. Das Wohlfahrtsarchiv gibt Auskunft über das Wirken der in Deutschland ansässigen Wohlfahrtsorganisationen. Weitere Einrichtungen sind die Arbeitsgemeinschaft „Betriebliche Sozialberatung" und die Videothek für Behinderte. Im Eigenverlag des DZI erscheinen Publikationen zu Spezialthemen, fachspezifische Handbücher, monatlich die Fachzeitschrift „Soziale Arbeit" sowie seit 1896 (jetzt in 15. Auflage) das „Graubuch - Der Führer durch das soziale Berlin". Letzteres wird 1993 in 16. Auflage für Gesamt-Berlin erscheinen. Ferner bearbeitet das DZI befristete Projekte, wie die Produktion von fachspezifischen Video-Filmen, Expertentreffen u.a. Seit der > Vereinigung nutzen zunehmend auch Interessierte aus den neuen Bundesländern, v.a. Fachhochschulen, die Informationsangebote des DZI.

Das DZI hat die Rechtsform einer Stiftung des privaten Rechts. Die Stiftungsträger sind der > SENAT VON BERLIN, das > BUNDES-MINISTERIUM FÜR FAMILIE UND SENIOREN, der Deutsche Städtetag, die > INDUSTRIE- UND HANDELSKAMMER ZU BERLIN und die Bundes-arbeitsgemeinschaft der Freien Wohlfahrts-pflege (> WOHLFAHRTSPFLEGE). Der 1957 ge-gründete „Verein zur Förderung der Stiftung DZI" unterstützt die Arbeit des Instituts mit Sach- und Barmitteln. Den Etat des DZI fi-nanzieren Zuwendungen der Stiftungsträger, der Bundesländer und eigene Einnahmen. 1991 waren beim DZI 22 Mitarbeiter, darun-ter fünf Wissenschaftler, beschäftigt.

Deutsches Zentrum für Altersfragen e.V. (DZA): Das 1973 in Berlin gegründete DZA mit Sitz in der Manfred-von-Richthofen-Str. 2 im Bezirk > TEMPELHOF ist ein auf dem Gebiet der Gerontologie und Altenhilfe tätiges wis-senschaftliches Institut. Träger ist ein ge-meinnütziger Verein, dem Gerontologen so-wie Vertreter der Zuwendungsgeber > BUNDESMINISTER FÜR FAMILIE UND SENIOREN und der > SENATSVERWALTUNG FÜR SOZIALES an-gehören. Das DZA hat die Aufgabe, Erkennt-nisse über die Lebenslage alternder und alter Menschen zu erweitern, zu sammeln, auszu-werten und zu verbreiten. Es fungiert dabei als Wissensvermittler zwischen Wissenschaft und Praxis. Zu seinen Tätigkeiten zählen u.a. angewandte sozialgerontologische For-schung, wissenschaftliche Beratung, Litera-tur- und Datendokumentation, Durchfüh-rung von Tagungen sowie die Vermittlung von Informationen an einzelne Interessenten. Das DZA gibt eigene Publikationsreihen her-aus und unterhält eine öffentlich zugängliche Präsenzbibliothek. Es hat 20 Planstellen. Sei-ne Finanzierung erfolgt zu 70 % aus Bundes-und zu 30 % aus Landesmitteln.

Deutschlandhalle: Die 1935 zu den > OLYM-PISCHEN SPIELEN von 1936 in Berlin errichtete D. am Messedamm im Bezirk > CHARLOTTEN-BURG ist mit einem Platzangebot für bis zu 10.000 Zuschauer eine der weltweit ältesten Veranstaltungsstätten dieser Dimension. Nach Entwürfen der Architekten Franz Orthmann und Fritz Wiemer errichtet, wurde die 117 m lange und 83 m breite (im Hallen-innenraum: 94 und 43 m) Stahlkonstruktion

nach nur neunmonatiger Bauzeit am 29.11. 1935 eingeweiht. In erster Linie diente sie den Massenveranstaltungen der national-sozialistischen Partei, wurde aber auch zur Durchführung diverser olympischer Diszipli-nen wie Boxen oder Leichtathletik genutzt. Am 7.12.1935 wurde die 206 m lange Holz-piste für das erste Radrennen in Betrieb ge-nommen.

Deutschlandhalle 1938

Nach nahezu vollständiger Zerstörung im II. Weltkrieg wurde die Halle zwischen Januar und Oktober 1957 mit einer Spannbeton-konstruktion als frei überdachte Arena mit sich über vier Geschosse erstreckenden Zu-schauerrängen wieder aufgebaut.

Zu den traditionellen Veranstaltungen in der D. gehören zahlreiche Musik- und Show-veranstaltungen wie die 1937 zum ersten Mal angebotenen *„Menschen – Tiere – Sensatio-nen"*, *„Holiday on Ice"* oder Showprogramme der > INTERNATIONALEN FUNKAUSSTELLUNG BER-LIN, in deren Rahmen 1967 aus der D. die er-ste deutsche Farb-Fernsehsendung ausge-strahlt wurde. Daneben sind Sportveran-staltungen wie das > SECHSTAGERENNEN, das internationale Hallenfußballturnier, die Welt- und Europameisterschaften der Tanz-paare, das Reit- und Springturnier CHI und die Finale von > JUGEND TRAINIERT FÜR OLYMPIA feste Bestandteile ihres Programms. Am 1.1.1977 wurde die seit ihrem Wiederaufbau durch eine Aktiengesellschaft betriebene Deutschlandhalle organisatorisch in die seit 1970 bestehende > AUSSTELLUNGS-MESSE-KON-GRESS-GMBH integriert. 1991 nahmen über 530.000 Besucher an insg. 120 Veranstaltun-gen teil, dabei kamen zu den 65 Show-veranstaltungen ca. 313.000 und zu den 55 Sportveranstaltungen ca 217.000 Zuschauer. Im Zuge der angestrebten Erweiterung des Messegeländes und auch im Hinblick auf die

Bewerbung Berlins für die Olympischen Spiele im Jahr 2000 ist der Ausbau und die Modernisierung der D. geplant.

Diakonisches Werk Berlin-Brandenburg – Innere Mission und Hilfswerk – e.V.: Das D. ist einer der anerkannten Spitzenverbände der Freien > WOHLFAHRTSPFLEGE mit Sitz in der Paulsenstr. 55/56 im Bezirk > STEGLITZ. Es ist ein selbständiger Landesverband des in Stuttgart ansässigen Diakonischen Werkes der > EVANGELISCHEN KIRCHE in Deutschland. Seine Aufgabe ist die Hilfe am Nächsten in körperlicher, seelischer und sozialer Not. Das D. ist Dachverband für 220 (davon ca. 150 in Berlin) rechtlich selbständige Träger diakonischer Arbeit und vertritt deren Interessen innerhalb der Liga der Spitzenverbände der freien Wohlfahrtspflege sowie u.a. gegenüber Senatsdienststellen, Kostenträgern, Kommunen und Interessenverbänden.

Für seine sozialen und karitativen Aufgaben unterhält das D. neben seinen Bezirksstellen in allen Berliner > BEZIRKEN mehr als 850 stationäre, halboffene und offene Einrichtungen mit ca. 19.000 hauptamtlichen und zahlreichen ehrenamtlichen Helfern. Hierzu zählen u.a. 155 Seniorenheime und -wohnhäuser (> ALTENHILFE), 13 Ausbildungsstätten, 57 Behinderteneinrichtungen (> BEHINDERTE), 44 Einrichtungen der Erziehungshilfe (> JUGENDHILFE), 40 Heime und Gästehäuser, 251 > KINDERTAGESSTÄTTEN, 37 > KRANKENHÄUSER und Krankenheime, 104 Beratungsstellen, 70 Diakoniestationen und 28 Tageseinrichtungen.

Das D. nimmt die Geschäftsführung der evangelischen Entwicklungshilfeaktion „Brot für die Welt" für den Bereich der Bundesländer Berlin und Brandenburg wahr. Das jährliche Spendenaufkommen in der Region beträgt rd. 5 Mio. DM. Gefördert werden Projekte nach dem Prinzip Hilfe zur Selbsthilfe in Afrika, Asien und Lateinamerika. Neben dem D. unterhält die Bundesorganisation des Diakonischen Werks in Berlin eine Dienststelle in der Altensteinstr. 51 in > DAHLEM, in der das Archiv sowie die Bibliothek mit ca. 80.000 Bänden untergebracht sind.

Der Ursprung des Diakonischen Werks geht auf den 1848 durch den evangelischen Theologen Johann Hinrich Wichern gegründeten „Centralausschuß für die Innere Mission der Deutschen Evangelischen Kirche" zurück. Parallel dazu entstand 1848 in Berlin der „Evangelische Verein für kirchliche Zwecke",

der 1920 mit dem „Berliner Hauptverein für Innere Mission" fusionierte, woraus 1935 der „Gesamtverband der Berliner Inneren Mission e.V." hervorging. 1945 entstand außerdem als Nachkriegshilfeorganisation das „Hilfswerk der Evangelischen Kirche in Deutschland". Obwohl die > SPALTUNG Berlins und der Bau der > MAUER die Zusammenarbeit zwischen den Geschäftsstellen in Ost und West erheblich erschwerte, behielten beide Organisationen zunächst jeweils ihre einheitliche Rechtsform. Erst 1964 fusionierten in West-Berlin Hilfswerk und Innere Mission zum „Diakonischen Werk" (Westregion). In Ostberlin kam es 1969 zum Zusammenschluß beider Organisationen unter dem Namen „Innere Mission und Hilfswerk der Evangelischen Kirche in Berlin-Brandenburg" (Ostregion) mit Sitz in der > SCHÖNHAUSER ALLEE 141 im Bezirk > PRENZLAUER BERG. Im Zuge der > VEREINIGUNG schlossen sich am 20.11.1990 westlicher und östlicher Verband zum D. zusammen.

Die Distel: Das am 2.10.1953 von dem Stadtschulrat Erich Brehm gegründete > KABARETT D. hat seinen Sitz im Vorderhaus des > ADMIRALSPALASTS (420 Plätze) in der > FRIEDRICHSTRASSE 101 im Bezirk > MITTE. Intendantin ist seit dem 2.2.1990 Gisela Oechelhaeuser, die zuvor 20 Jahre bei den Leipziger Academixern Kabarett gespielt hat. Seit ihrem Bestehen hat die D. in ca. 13.700 Vorstellungen 80 Programme aufgeführt, davon ca. 900 Gastspiele im In- und Ausland.

Bei allem kritischen Bemühen war die Distel jedoch stets den politischen Zielsetzungen der SED verpflichtet und der Zensur unterworfen. Ihre Programme stellten häufig eine Gratwanderung zwischen dem gerade noch Möglichen und dem schon Verbotenen dar. So mußten z.B. das 28. Programm „Kleine Geschichten vom großen Muckefuck" 1965 und das 74. Programm „Keine Müdigkeit vorschützen" 1980 auf Weisung des > MAGISTRATS von Ost-Berlin abgesetzt werden. Während der DDR-Zeit war die D. eine Einrichtung der Abteilung Kultur des Magistrats. Seit dem 1.8.1991 hat sie die Rechtsform einer GmbH. Das Haus kann sich gegenwärtig ohne Subventionen tragen.

Während der Wendezeit waren die Programme der Distel besonders gefragt. Infolge der Geschwindigkeit der politischen Veränderungen in der DDR nach der Maueröffnung am > 9. NOVEMBER 1989 mußten jeden Tag neue Texte geschrieben werden. Seitdem bringt das Ensemble insbes. Probleme der deutschen > VEREINIGUNG zur Sprache, wobei die Sichtweise aus der Betroffenenperspektive in den Vordergrund gestellt wird.

Die Intendanten der Distel

Erich Brehm	1953-58
Hans Krause	1958-63
Georg Honigmann	1963-68
Otto Stark	1968-89
Gisela Oechelhaeuser	seit 1990

Die Grünen/Alternative Liste für Demokratie und Umweltschutz (Grüne/AL): Grüne/AL sind ein Landesverband der Bundespartei *Die Grünen*. Sie zählten im Juni 1992 2.680 Mitglieder, davon 160 im Ostteil der Stadt. Das „Basisbüro" des in 23 Bezirksgruppen gegliederten Landesverbands, das die Aufgaben einer Parteigeschäftsstelle wahrnimmt, befindet sich in der Badenschen Str. 29 im Bezirk > SCHÖNEBERG. In der Wahlperiode 1990-94 ist die AL mit zwölf Mandaten (5,0 %) im > ABGEORDNETENHAUS VON BERLIN (AbgH) vertreten, wo sie in einer Fraktionsgemeinschaft mit dem > BÜNDNIS 90 in der Opposition steht. Bei den > WAHLEN zu den > BEZIRKSVERORDNETENVERSAMMLUNGEN (BVV) der 23 Berliner > BEZIRKE am 24.5.1992 kandidierte die Partei mit Ausnahme von > HELLERSDORF nur in den West-Berliner > BEZIRKEN. Hier konnte sie insg. 90 Sitze gewinnen (8,8 %). Sie ist damit in den BVV aller 13 Bezirke vertreten, in denen sie sich zur Wahl gestellt hat, wobei sie in ihrem stärksten Bezirk, > KREUZBERG, 29,1 % (= 14 Sitze) und in Hellersdorf 7,2 % (= 3 Sitze) gewann. In den Ost-Berliner Bezirken kandidierte an ihrer Stelle das Bündnis 90 (in Hellersdorf konkurrierend).
Höchstes beschlußfassendes Organ der Partei ist die bei Bedarf einberufene Mitgliederversammlung (MVV), deren Geschäfte i.d.R. von der aus den Grundorganisationen gebildeten Landesdelegiertenkonferenz (LDK) wahrgenommen werden, die etwa viermal im Jahr zusammentritt. Die Grundorganisationen bestehen aus den Bezirksgruppen und den thematisch orientierten Arbeitsbereichen, die in Abteilungen zusammengefaßt werden können. Die Funktion des Landesvorstands nimmt ein von der MVV bzw. der LDK gewählter Geschäftsführender Ausschuß (GA) aus sieben Personen wahr, der vom monatlich tagenden Landesaus-schuß (LA) unterstützt wird, der sich aus je zwei Vertretern der Grundorganisationen und der Abgeordnetenhausfraktion sowie dem GA zusammensetzt. Der GA ist an die Beschlüsse der MVV, der LDK bzw. des LA gebunden. Nach außen wird er durch einen Sprecher und eine Sprecherin vertreten.
Die AL wurde am 5.10.1979 gegründet. Vorausgegangen waren monatelange Diskussionen verschiedenster Bürgerinitiativen, Wählergemeinschaften und meist links stehender Initiativen und Organisationen über die Wahlchancen eines „alternativen" Bündnisses. In die Gründungserklärung wurde nach langen Debatten ein Beschluß aufgenommen, der einzelnen Mitgliedern oder Anhängern kommunistischer Parteien die Mitarbeit in der AL erlaubte, gleichzeitig jedoch festlegte: „Parteien oder parteiähnliche Gruppen können nicht Träger oder Mitglieder der AL sein."
Im Januar 1979 verabschiedete die AL ihr erstes Wahlprogramm und bei den Wahlen vom März 1979 gewann sie landesweit 3,7 % der Stimmen. Im AbgH war die AL damit nicht vertreten, doch gelang ihr auf Bezirksebene der Einzug in vier BVV. In der Folgezeit war die AL an der Gründung der Partei Die Grünen in Westdeutschland beteiligt, die sich im Januar 1980 konstituierte. Im Dezember 1985 schlossen die AL und Die Grünen einen Vertrag, in dem der AL die Funktion eines Berliner Landesverbandes der Grünen übertragen wurde.
Die vorgezogenen Neuwahlen vom 10.5.1981 brachten der AL 7,2 % der Stimmen und damit erstmals den Einzug in das AbgH mit neun Mandaten. Auch in zehn BVV war die AL seitdem vertreten. Nach der Bundestagswahl vom März 1983, bei der den Grünen mit 5,6 % der Sprung in den > DEUTSCHEN BUNDESTAG gelang, bildeten die Mandatsträger der Grünen mit den Berliner Abgeordneten der AL eine gemeinsame Fraktion. 10,6 % der Stimmen erreichte die AL bei den Wahlen zum AbgH vom März 1985 und gewann damit 15 Mandate im Landesparlament. Auch auf Bezirksebene waren die AL-Kandidaten erfolgreich und konnten in alle West-Berliner BVV einziehen. Bei den Wahlen vom 29.1. 1989 baute die AL ihren Stimmenanteil um etwa einen Prozentpunkt auf 11,8 % nochmals leicht aus. Im AbgH fielen ihr damit 17 Mandate zu. In den zwölf West-Berliner BVV hatte die AL insg. 80 Sitze gewonnen.
Da bei der Abgeordnetenhauswahl vom Ja-

nuar 1989 die bisherigen Koalitionsparteien > CHRISTLICH-DEMOKRATISCHE UNION DEUTSCHLANDS (CDU) und > FREIE DEMOKRATISCHE PARTEI (F.D.P.) sehr starke Verluste hinnehmen mußten, und die F.D.P. sogar an der 5-%-Hürde scheiterte, kam es zur Bildung eines „rot-grünen" Senats, in dem die AL erstmals Regierungsverantwortung übernahm und mit vier Senatorinnen vertreten war (> SENAT VON BERLIN). Die SPD/AL-Koalition kam allerdings erst zustande, nachdem die AL die sog. „drei Essentials" der > SOZIALDEMOKRATISCHEN PARTEI DEUTSCHLANDS (SPD) gebilligt hatte: Danach durften der > SONDERSTATUS der Stadt und die Anwesenheit der westlichen > ALLIIERTEN, die Verpflichtung zur Übernahme von Bundesgesetzen (> BINDUNGEN) und die Anerkennung des staatlichen Gewaltmonopols von der AL nicht in Frage gestellt werden. Die „rot-grüne" Koalition war insg. von inneren Konflikten und Widersprüchen geprägt. Sie scheiterte im Dezember 1990 nach nur 20 Monaten kurz vor den ersten Gesamt-Berliner Wahlen nach der Vereinigung der Stadt an Auseinandersetzungen um den Umgang mit Hausbesetzern (> ALTERNATIVBEWEGUNG, > HAUSBESETZUNGEN).

Auf dem Landesparteitag vom Juli 1990 wurde die AL auch organisatorisch ein Landesverband der Grünen und änderte ihren Namen in Grüne/AL. Nach der Abgeordnetenhauswahl vom 2.12.1990 schlossen sich ihre Vertreter mit den Abgeordneten von > BÜNDNIS 90 und dem Unabhängigen Frauenverband zur Fraktion Bündnis 90/Grüne (AL) – UFV zusammen, um eine gemeinsame Opposition gegen die Große Koalition CDU und SPD zu bilden. Bis zum Frühjahr 1993 streben die Grünen/AL und das aus der Bürgerbewegung der DDR hervorgegangene Bündnis 90 einen Zusammenschluß an.

DienstleistungsMarkt Berlin: Der D. ist ein Branchenkatalog, der 1987 gemeinsam von der > SENATSVERWALTUNG FÜR WIRTSCHAFT UND TECHNOLOGIE und der > INDUSTRIE- UND HANDELSKAMMER ZU BERLIN herausgegeben wurde. Er erschien 1991 in der zweiten Auflage und informiert über ca. 360 überwiegend gewerbliche Dienstleistungsunternehmen in Berlin, die ihre Leistungen primär für andere Unternehmen erbringen und die innovativ und überregional orientiert sind. Jedes Unternehmen stellt sich mit seinen Dienstleistungsprogrammen auf jeweils einer Textseite vor. In ähnlicher Form informieren der

> FORSCHUNGSMARKT BERLIN und der > INNOVATIONSMARKT BERLIN UND BRANDENBURG über die Breite des Berliner Angebots in den jeweiligen Fachgebieten. Die Handbücher werden von der > BAO BERLIN – MARKETING SERVICE GMBH, der > WIRTSCHAFTSFÖRDERUNGSGESELLSCHAFT BERLIN MBH und anderen Institutionen z.B. auf überregionalen Messen und Ausstellungen vorgestellt und an Unternehmen, die sich über die Berliner Dienstleistungsbranche informieren wollen, unentgeltlich abgegeben.

Die Republikaner (REP): Der Berliner Landesverband der rechtsradikalen REP wurde am 5.1.1987 gegründet. Innerparteiliche Auseinandersetzungen und mehrmalige Wechsel in der Führung der Partei und der Fraktion bestimmten seither das Bild des Landesverbandes, der z.Z. etwa 1.340 Mitglieder (davon ca. 400 in den östlichen Bezirken) zählt. Die Berliner Geschäftsstelle der REP befindet sich in der Kluckstr. 25 im Bezirk > SCHÖNEBERG, Landesvorsitzender war im Sommer 1992 Werner Müller.

Einen ersten großen Erfolg erzielten die REP bei den > WAHLEN zum > ABGEORDNETENHAUS VON BERLIN am 29.1.1989, als die Partei mit 7,5 % der Stimmen elf Mandate erreichte. Bei den vorzeitigen Neuwahlen am 2.12.1990 erreichte die Partei nur noch 3,1 % der Stimmen, bei den BVV-Wahlen am 24.5.1992 waren es 8,3 % der Stimmen (9,9 % in den westlichen und 5,4 % in den östlichen Bezirken).

Die REP, deren Verfassungstreue trotz gegenteiliger Behauptungen von Experten angezweifelt wird (> LANDESAMT FÜR VERFASSUNGSSCHUTZ), wenden sich an „alle patriotischen Wähler, die sich in den Bonner Parteien nicht mehr repräsentiert sehen – in klarer Abgrenzung nach rechtsaußen" (Parteienjahrbuch 1988; gegenüber der NPD besteht ein Unvereinbarkeitsbeschluß). In ihrem Parteiprogramm fordern sie u.a. die Einschränkung des Grundrechts auf Asyl, eine drastische Beschleunigung der Asylverfahren (> ASYLBEWERBER), die vorrangige Besetzung von Arbeitsplätzen mit Deutschen, eine bessere Ausrüstung und Stärkung des Ansehens der > POLIZEI sowie eine konsequente Verbrechensbekämpfung.

Die Stachelschweine: Das 1949 gegründete und mittlerweile älteste Berliner > KABARETT D. hat seit 1965 seinen Sitz im Keller des > EUROPA-CENTERS am > BREITSCHEIDPLATZ im Bezirk > CHARLOTTENBURG. Die Leitung des Ensembles liegt seit 1949 bei Wolfgang Gruner. Die Spielstätte bietet 300 Personen Platz, Rechtsträger des Kabaretts ist eine GmbH. Das Ensemble bringt pro Jahr durchschnittlich ein neues Programm heraus. Des weiteren wird die Spielstätte durch Gastspiele anderer Ensembles oder Solisten ausgelastet. Das Theater finanziert sich ausschließlich über den Kartenverkauf und sonstige Eigenerträge.

Die Stachelschweine etablierten sich nach Anfangsstreitigkeiten mit Abspaltungen ab 1953 bis zum Umzug um Rolf Ulrich in dem Lokal „Ewige Lampe" in der Rankestr. Günter Pfitzmann, Wolfgang Gruner, Jo Herbst, Achim Striezel, Inge Wolffberg, Ingeborg Wellmann und Klaus Becher bildeten den Kern des damaligen Ensembles, das sich gleichermaßen kritisch Ost- wie West-Themen widmete.

die tageszeitung (taz): Die seit dem 17.4. 1979 erscheinende taz mit Sitz in der Kochstr. 18 im Bezirk > KREUZBERG ist die einzige überregionale Tageszeitung, die in Berlin herausgegeben wird. Sie unterhielt 1992 in insg. sieben weiteren Städten Lokalredaktionen. Die dem links-alternativen Spektrum zuzurechnende Zeitung erscheint mit einer Auflage von derzeit 60.000 täglich außer sonntags. Ihre Berichterstattung konzentriert sich auch auf von der „bürgerlichen" Presse nicht oder nur in geringem Umfang behandelte Themen (z.B. außerparlamentarische Bewegungen in der Bundesrepublik; > ALTERNATIVBEWEGUNG; Bürgerbewegungen und Bürgerrechtsbewegungen in europäischen und außereuropäischen Staaten). Die taz hat neben einem überregionalen Teil mit Nachrichten aus dem In- und Ausland sowie Kommentaren und Hintergrundberichten in Berlin, Hamburg und Bremen zusätzlich einen Lokalteil mit einem Umfang von vier bis zwölf Seiten. Ferner enthält jede Ausgabe ein Feuilleton, einen Sportteil sowie eine Wirtschafts- und Medienseite. Schließlich gibt die taz in unregelmäßigen Abständen Sonderpublikationen heraus. Sie ist außerdem mit 50 % an der deutschen Ausgabe der europäischen, in zehn Ländern erscheinenden Literaturzeitschrift „Lettre International" beteiligt, die vierteljährlich erscheint. Weiterhin arbeitet sie in dem Netzwerk „World Media" mit Zeitungen wie „Libération", „El País" und „The Guardian" zusammen.

Die als Modellprojekt der Alternativbewegung entstandene taz wurde bis 1991 im Kollektiv betrieben, die Mitarbeiter erhielten einen Einheitslohn. Im November 1991 wurde von zwei Dritteln der Belegschaft beschlossen, den Mitarbeiterverein aufzulösen, alle Mitarbeiter wurden zum 31.12.1991 entlassen und die taz in eine Genossenschaft umgewandelt. Anfang 1992 hatte die taz 150 Mitarbeiter, von denen 74 in den Redaktionen tätig waren. Insg. verfügt die taz über feste und freie Mitarbeiter in 60 Ländern.

Die Weltbühne: Die kritische Wochenzeitschrift für Politik, Kunst und Wirtschaft „Weltbühne" mit Sitz in der Oberwasserstr. 12 im Bezirk > MITTE wurde 1905 von Siegfried Jacobsohn zunächst als Theaterzeitschrift „Schaubühne" gegründet, weitete jedoch schon bald ihr Themenspektrum aus. 1918 in D. umbenannt, entwickelte sich die Zeitschrift zu einem der wichtigsten Publikationsorgane der Weimarer Republik. Zu den Autoren zählten u.a. Alfred Döblin, Egon Friedell, Walter Hasenclever, Arthur Holitscher, Else Lasker-Schüler, Rudolf Leonhardt, Heinrich und Klaus Mann, Walter Mehring, Joachim Ringelnatz, Alexander Roda Roda, René Schickele und Arnold Zweig. Die Weltbühne war zugleich das bedeutendste Publikationsorgan des Berliner Schriftstellers Kurt Tucholsky, der nach dem Tod Jacobsohns im Dezember 1926 zeitweilig die Redaktion leitete, bevor er sie im Mai 1927 an Carl v. Ossietzky abgab. 1935 erhielt v. Ossietzky den Friedensnobelpreis, durfte ihn aber aufgrund eines Verbots der Nationalsozialisten nicht annehmen. Die kritische Einstellung der Weltbühne gegenüber den konservativen Eliten führte immer wieder zu Angriffen gegen die Zeitschrift. So kam es im November 1931 zu einem Prozeß wegen Landesverrats, bei dem v. Ossietzky zu 18 Monaten Gefängnis verurteilt wurde. Der zunehmende Druck auf die Zeitschrift – v. Ossietzky mußte seine Strafe im Mai 1932 antreten (er starb 1938) – führte zur Verlegung der Redaktion nach Wien. Dort erschien die Zeitschrift bis zum 7.3.1933 als „Die Wiener Weltbühne"; danach bis 1938 als „Neue Weltbühne" (Prag, Paris).

Nach dem II. Weltkrieg wurde die Weltbühne auf Lizenz der sowjetischen Besatzungsbehörde 1946 von Ossietzkys Ehefrau Maud wiedergegründet, geriet jedoch rasch in die Abhängigkeit der Pressepolitik der > Sozialistischen Einheitspartei Deutschlands (SED). Seit dem Fall der > Mauer am > 9. November 1989 bemüht sich die im gleichnamigen Verlag produzierte Weltbühne in der Herausgeberschaft von Helmut Reinhardt um einen Neuanfang. Die Verkaufsauflage betrug im Frühjahr 1992 ca. 18.000 Exemplare.

Die Wühlmäuse: Das > Kabarett die W. hat seit 1966 seinen Sitz in der Nürnberger Str. 33 im Bezirk > Schöneberg. Leiter der Spielstätte, die 362 Personen Platz bietet, ist der Kabarettist Dieter Hallervorden, Rechtsträger des Hauses ist eine GmbH. Die Wühlmäuse finanzieren sich ausschließlich über Eigenerträge.
Das 1960 u.a. von Rotraud Schindler, Wilfried Herbst und Dieter Hallervorden in der alten Skala in der Martin-Luther-Str. gegründete Theater machte zunächst traditionelles Nummernkabarett mit beziehungslos nebeneinanderstehenden Einzelszenen (> Kabarett). Mit dem Umzug in die neuen Räume 1966 änderte sich auch der Stil; die Wühlmäuse boten jetzt ein Kabarett-Theater mit durchgehenden Rollen und einem roten Faden oder einem Grundthema, wobei weiterhin politische und sozialkritische Themen den Schwerpunkt der Programme bildeten. Heute ist das Haus ein reines Gastspieltheater, in dem Solisten und Ensembles mit politisch-satirischen Programmen auftreten, so u.a. Martin Buchholz, Ursula Herking, Dieter Hildebrandt, Thomas Freytag, Mary & Gordy und die Leipziger Pfeffermühle.

DIN Deutsches Institut für Normung e.V.: Das D. in der Burggrafenstr. 6 im Bezirk > Tiergarten wurde 1917 gegründet. Seine Aufgabe ist die Erstellung, Anpassung und Harmonisierung von Normen, die Förderung ihrer Anwendung zur Rationalisierung, Qualitätssicherung, Ordnung und Information in Wirtschaft, Technik, Wissenschaft und Verwaltung. Neben seinem Hauptsitz in Tiergarten und einer Zweigstelle in der Wallstr. 16 im Bezirk > Mitte hat das D. eine Zweigstelle in Köln sowie Außenstellen in Hamburg, Pforzheim und Koblenz. Nach der > Vereinigung ging das *Amt für Standardisierung, Meßwesen und Warenprüfung (ASMW)* der DDR, mit dem seit Juli 1990 ein Normenunionsvertrag bestand, z.T. im DIN auf. Zur internationalen Harmonisierung arbeitet das D. mit Schwesterinstituten und anderen Einrichtungen in nahezu allen Ländern zusammen.
Das D. verfolgt ausschließlich und unmittelbar gemeinnützige Zwecke; es beschäftigt insg. ca. 700 Mitarbeiter. Neben den festangestellten Mitarbeitern arbeiten in Normen- und Arbeitsausschüssen ehrenamtlich Fachleute aus den einschlägigen Bereichen mit. Das D. finanziert sich durch Zuwendungen der öffentlichen Hand (ca. 15 %), Beiträge der Wirtschaft (18 %) sowie Erlöse und eigene wirtschaftliche Tätigkeiten (67 %).
Seit 1979 besteht im Hauptsitz des D. das *Deutsche Informationszentrum für technische Regeln (DITR)*. Es dokumentiert sämtliche in der Bundesrepublik gültigen technischen Normen und Regeln und informiert über alle damit zusammenhängenden Fragen. Dazu gehören neben DIN-, VDE/VDI-, ISO- und Ö-Normen auch technische Rechts- und Verwaltungsvorschriften der Länder, des Bundes und der > Europäischen Gemeinschaften. Das DITR erteilt auch Auskunft über ausländische Normen und unterstützt die Bundesregierung bei der Erfüllung ihrer internationalen Verpflichtungen zum Abbau technischer Handelshemmnisse. Neben den gedruckten Diensten können die Informationen über eine umfangreiche Datenbank abgerufen werden, die mehr als 130.000 Nachweise enthält. Das Informationszentrum hat ca. 35 Mitarbeiter. Die Finanzierung erfolgt zu 80 % durch Verkaufserlöse, zu 10 % durch den > Bundesminister für Wirtschaft und zu 10 % durch das D.

Diplomatenviertel: Neben den traditionellen Botschaftsgegenden, der > Wilhelmstrasse und dem *Alsenviertel* im Spreebogen nördlich des > Reichstagsgebäudes (wo sich heute allein noch das Generalkonsulat der Schweiz befindet), bezogen die > Ausländischen Vertretungen in Berlin ab Anfang des 20. Jh. zunehmend repräsentative Villen im sog. *Geheimratsviertel* zwischen Tiergartenstr. und > Landwehrkanal südlich des > Grossen Tiergartens (> Villenkolonien). Mitte der 30er Jahre beabsichtigte der damalige > Generalbauinspektor für die Reichshauptstadt Berlin Albert Speer im Rahmen der sog. „Neugestaltungsplanungen für die Reichshauptstadt Berlin", alle Gesandtschaften und diplomatischen Vertretungen in einem besonderen Viertel, dem D., zusammenzufassen, wobei das Tiergartenviertel aus unterschiedlichen Gründen als besonders geeignet angesehen wurde. Im Zusammenhang damit standen städtebauliche Maßnahmen, die den Charakter des Viertels von Grund auf veränderten. Die Durchführung des Planes machte Enteignungen notwendig, erforderte Richtlinien für eine einheitliche Gestaltung von Plätzen, Straßen und Gebäuden sowie den Abriß vorhandener Bauten für Neubauprojekte. Das D. wurde jedoch nicht in seiner Gesamtheit verwirklicht. Der II. Weltkrieg löschte es nahezu vollständig aus. Die Grundstücke befinden sich nach wie vor in ausländischem Besitz, was nach > Vereinigung und Hauptstadtentscheidung des > Deutschen Bundestags (> Hauptstadt) vielfach zu einer neuerlichen Nutzung als Botschaftsgelände führen dürfte.

Die 1940/41 nach Plänen von Friedrich Hetzelt errichtete ehem. Italienische Botschaft an der Tiergartenstr. wird in Teilen als Generalkonsulat genutzt. Die benachbarte, 1938 von Ludwig Moshamer erbaute einstige Japanische Botschaft wurde 1986 abgerissen, 1986/87 als originalgetreue Replik neu erstellt und dient seither dem > Japanisch-Deutschen Zentrum als Sitz. An der Tiergartenstr. besitzen außerdem auch Südafrika (Nr. 17a) und die Türkei (Nr. 19) größere Grundstücke. Das Grundstück der Türkei soll ab Ende 1992 bebaut werden. An der Hildebrandtstr. stehen noch die Gebäude der griechischen (Nr. 4) und der estnischen Vertretung (Nr. 5). Schließlich verfügen in diesem Areal auch die Bundesländer Baden-Württemberg und Schleswig-Holstein über Grundstücke, auf denen sie die Errichtung ihrer Berliner Landesvertretungen planen.

Westlich der 1983/84 im Rahmen der > Internationalen Bauausstellung (IBA) 1987 entstandenen Stadtvillen an der Thomas-Dehler-Str. liegen das renovierte dänische Gesandtschaftsgebäude (Nr. 48, Johann Emil Schaudt 1938-40, Nutzung durch die > Deutsche Bundespost Telekom als Ausbildungsstätte Berlin ihrer Akademie für Führungskräfte) und die ehem. Spanische Botschaft (Nr. 49-51, Walter und Johannes Krüger 1938), von der die unbeschädigten Gebäudeteile als Generalkonsulat genutzt werden; in den derzeit brachliegenden Teilen soll ein spanisches Kulturzentrum entstehen. Die 1938-40 von Werner March erbaute einstige Jugoslawische Gesandtschaft an der Rauchstr. 17/18 diente nach dem Krieg als Sitz des > Obersten Rückerstattungsgerichts. An der gegenüberliegenden Rauchstr./Ecke Drake-str. liegt die Anfang der 40er Jahre von O. v. Estorff und G. Winkler erbaute, heute als Bürogebäude genutzte Norwegische Gesandtschaft.

Dönhoffplatz: Der D. war ein rd. 12.000 m² großer, historischer Stadtplatz an der Südseite der > Leipziger Strasse westlich des > Spittelmarkts in der ab 1688 entstandenen Friedrichstadt (> Stadterweiterung). Nach weitgehender Zerstörung des Viertels im II. Weltkrieg ist er bei der Neugestaltung der Leipziger Str. ab 1970 überbaut worden und im heutigen Stadtbild nicht mehr erkennbar. Zur Zeit der Befestigung Berlins im 17. Jh. war der Platz eine Esplanade vor dem Leipziger Tor (> Stadtmauer). Er trug zunächst die Bezeichnung „Großer Markt" und wurde 1725 nach dem Kommandanten Alexander Graf v. Dönhoff benannt, unter dessen Leitung der Platz 1734 nach Abtragung des Leipziger Tores mit Häusern umbaut wurde. 1730 wurde auf dem D. ein großer Obelisk aufgestellt, der als Bezugspunkt für die Entfernungsangaben auf den Postmeilensäulen entlang der Landstraßen und Chausseen nach Berlin diente (> Meilensäulen). Auf dem von Leipziger-, Kommandanten-, Krausen- und Jerusalem Str. umgebenen, mit Bäumen eingefaßten Platz wurde bis zur Errichtung der > Markthallen in der zweiten Hälfte des 19. Jh. regelmäßig Markt gehalten (> Wochenmärkte). An der Nordostecke des Platzes wurde 1875 das von Hermann Schievelbein geschaffene und von Hugo Hagen vollendete 3,5 m hohe Bronzedenkmal des Reichsfreiherrn vom Stein aufgestellt, das 1981 einen neuen Standort südwestlich der > Schlossbrücke an der Straße > Unter den Linden erhielt. Um 1886 war der Platz – wahrscheinlich durch den Gartenbaudirektor Hermann Mächtig – gartenarchitektonisch umgestaltet und mit zwei Springbrunnen verziert worden. Ein 1907 auf dem D. errichtetes Bronzestandbild für den Fürsten v. Hardenberg ist verschollen. Etwas östlich der ursprünglichen Position steht seit 1979 eine Nachbildung des historischen Obelisken vor den dort teilweise rekonstruierten Spittelkolonnaden (> Kolonnaden).

Dörfer: Das heutige Berlin entstand 1920 durch die Zusammenlegung von acht Stadtgemeinden, 59 Landgemeinden und 27 Gutsbezirken (> Gross-Berlin). Bei den Landgemeinden handelte es sich überwiegend um

D., deren Ursprünge häufig bis ins Mittelalter und die Zeit der Stadtgründung zurückreichten, in geringerem Umfang aber auch um jüngere Ansiedlungen wie z.B. > FRIEDENAU, > GRUNEWALD, > NIEDER- und > OBERSCHÖNEWEIDE (> BESIEDLUNG DES BERLINER RAUMS; > GESCHICHTE). An der Zahl der D. hat sich seit 1920 nichts verändert, jedoch haben fast alle inzwischen ihren ländlichen Charakter verloren.

Die meisten im Berliner Raum angelegten D. sind nach der Siedlungsform dem Angerdorf zuzurechnen. Sie sind im Stadtbild an der Straßenführung und Bebauung noch deutlich zu erkennen. Um den linsenförmigen (u.a. in > BRITZ, > BUCKOW, > DAHLEM, > KAULSDORF, > LICHTENBERG, > LICHTENRADE, > LICHTERFELDE, > MARZAHN, > PANKOW, > REINICKENDORF und > ZEHLENDORF) oder manchmal auch rechteckigen (z.B. in Dalldorf [> WITTENAU], > LÜBARS und > ROSENTHAL) Dorfanger gruppieren sich die planmäßig angelegten Gehöfte, auf dem Anger liegt als Gemeindeweide die Dorfaue. Hier oder daneben befinden sich auch Dorfteich, Kirche, Schule, Dorfkrug und andere öffentliche Gebäude (> DORFKIRCHEN). Ihre ursprüngliche Funktion als Mittelpunkte des öffentlichen Lebens haben die Dorfauen jedoch längst verloren. Um 1900 wurden sie meist in moderne öffentliche Anlagen verwandelt wie z.B. in > CHARLOTTENBURG oder > WILMERSDORF, andere sind durch den Ausbau der Durchgangsstraßen zerstört bzw. beeinträchtigt worden (z.B. in > BIESDORF, > GIESENSDORF, > SCHMARGENDORF, > SCHÖNEBERG und > STEGLITZ). Vereinzelt aber haben sich ursprüngliche Bauernhäuser mit zugehörigen Vorgärten am Rande der Dorfauen erhalten.

Als weitere Siedlungsformen in Berlin sind Straßendörfer (z.B. > BLANKENFELDE, > BUCH, > GATOW, > KAROW, > MAHLSDORF, > MALCHOW, > MARIENFELDE oder > WARTENBERG), Rundplatzdörfer und Sackgassendörfer (z.B. > RAHNSDORF, > SCHMÖCKWITZ, > SCHÖNOW, > TEGEL) zu nennen. Dazu kommen – in den traditionellen Formen angelegte – Kolonistensiedlungen aus dem 18. Jh. (z.B. Böhmisch-Rixdorf [> BÖHMISCHES DORF], > FRIEDRICHSHAGEN, > GRÜNAU und > MÜGGELHEIM), die sich fast ausschließlich im Osten und Südosten der Stadt befinden. Von den zahlreichen selbständigen Gutsbezirken zeugen noch etliche > GUTSHÄUSER, die z.T. auch als Herrenhäuser oder > SCHLÖSSER bezeichnet werden. Sie stammen überwiegend aus dem 18./19. Jh. Weitge-

hend erhaltene Dorfbilder gibt es heute noch in Blankenfelde, Britz, Buckow, Gatow, Heiligensee, Karow, Lübars, Malchow, Marienfelde, Rosenthal und Wartenberg.

Dom: Der auch *Berliner Dom* genannte evangelische D. auf der Spreeinsel am > LUSTGARTEN im Bezirk > MITTE liegt in der Zuständigkeit der Evangelischen Landeskirche der Union und des Domkollegiums. Als einzige evangelische Kirchengemeinde Berlins ist die Domgemeinde eine Personalgemeinde, der interessierte Mitglieder aus allen Bezirken angehören. Sie hat ihre Verwaltungsräume (Domverwaltungsrat) im Südostturm des D. Der Gottesdienst findet bis zur Fertigstellung der Predigtkirche in der Tauf- und Traukirche statt.

Dom, im Hintergrund von links nach rechts Berliner Rathaus, Stadthaus und Nikolaiviertel

Der heutige D. wurde nach Plänen von Julius Raschdorff in den Jahren 1894-1905 als Hauptkirche des preußischen Protestantismus und als Hof- und Denkmalskirche der hohenzollerschen > LANDESHERREN errichtet. Er war der vierte Dombau in Berlin und der dritte Dombau an dieser Stelle im Lustgarten. 1536 wurde die südlich des Stadtschlosses auf dem Schloßplatz gelegene Dominikanerkirche (Schwarzes Kloster) zum ersten Dom Berlins geweiht. Trotz einiger Umbauten war dieser mittelalterliche D. gegen Ende des 17. Jh. so baufällig, daß ein Neubau beschlossen wurde.

Nach dem 1747 erfolgten Abriß ließ Friedrich II. (1740-86) nach eigenen Skizzen und Plänen von Johann Boumann 1747-50 nördlich des Schlosses am Lustgarten einen neuen D. errichten. Der Saalbau von 68 m Länge, 20 m Breite und 12 m Höhe nahm damals auch die Prunksarkophage des Großen Kurfürsten, der Kurfürstin Dorothea, König Friedrich I. (1688-1713) und der Königin Sophie Charlotte auf. Nach verschiedenen, nicht verwirklichten Plänen im 18. Jh., einen neuen, noch größeren Dom zu errichten, erhielt Karl Friedrich Schinkel Anfang des 19. Jh. den Auftrag, den vorhandenen D. im klassizistischen Stil umzubauen. Der neue D. wurde 1822 fertiggestellt.

Ein weiteres, 1842 begonnenes Neubauvorhaben nach Plänen von August Stüler wurde 1848 unter Einfluß der Ereignisse der Revolution wieder abgebrochen. Nach 1867 beginnenden erneuten Diskussionen um einen Dom-Neubau und langwierigen Planungen entschloß sich Kaiser Wilhelm II. (1888-1918) im Jahr seines Amtsantritts für die Entwürfe von Julius Raschdorff. 1893 begann der Abriß des alten D., von dem eine Säule aus der Vorhalle noch heute auf dem Gelände der > TECHNISCHEN UNIVERSITÄT BERLIN steht. Die Grundsteinlegung für den neuen D. erfolgte am 17.6.1894, die Übergabe am 27.2. 1905. Der aus schlesischem Granit errichtete Zentralbau hatte eine 114 m lange Hauptachse, 77 m Tiefe und eine gewaltige Kuppel mit Laterne. Vom Boden bis zum Kuppelkreuz betrug die Höhe 114 m. Im Innern war der D. dreigeteilt: Um die achteckige Predigtkirche im Kuppelraum – die mit den Emporen 2.100 Sitzplätze aufwies, in der aber insg. rund 4.500 Besucher Platz finden konnten – gruppierten sich an der Südseite die Tauf- und Traukirche und an der Nordseite die als großer apsisförmiger Anbau mit einem Kapellenkranz gestaltete Denkmalskirche, in deren Nischen sechs Prunksarkophage der Hohenzollern-Herrscher (zwei waren für Gemahlinnen bestimmt) standen. Der Haupteingang zum D. an der Westseite glich einem Triumphbogen. An der nördlichen und südlichen Ecke befanden sich zwei 79 m hohe Kuppeltürme, von denen der nördliche als Glockenturm diente. An der Südwestecke des D. gab es einen Zugang zur Hofloge über die Kaisertreppe. An der schlichten Ostseite des D. zur > SPREE hin, befanden sich an der nördlichen und an der südlichen Ecke ebenfalls zwei Kuppeltürme, die aber niedriger waren als die beiden Türme zur Lustgartenseite.

1944 und 1945 erlitt der D. durch Bomben und Kampfhandlungen schwere Beschädigungen. Nach dem Krieg setzten Witterungseinflüsse das Werk der Zerstörung fort; erst 1951 wurde über der eingestürzten Kuppel ein Notdach errichtet. Die Gottesdienste der Domgemeinde fanden in der notdürftig hergerichteten Gruftkirche statt. Nach langen Diskussionen über Abriß oder Wiederaufbau der Ruine kam es 1974 zu einem Vertrag zwischen dem Bund der Evangelischen Kirchen in der DDR und der Regierung der DDR, in dem die Kirche sich zu dem vom Staat aus Gründen der Stadtbildpflege gewünschten Wiederaufbau des D. verpflichtete.

Bei den 1975 begonnenen Wiederherstellungsarbeiten wurde die alte Denkmals- oder Gruftkirche an der Nordseite durch Abriß beseitigt und die Nordfassade völlig neu gestaltet. Die Tauf- und Traukirche an der Südseite konnte 1980 wieder eingeweiht werden. Seitdem finden hier die Gottesdienste der Domgemeinde statt. Die Kuppeln des D. wurden in vereinfachter Form wiederhergestellt. Auf der großen Kuppel wurde 1981 ein großes, vergoldetes und weithin sichtbares Kreuz verankert; ihre Höhe vom Boden bis zur Kreuzspitze wurde auf 98 m reduziert. Die Wiederherstellung des Äußeren war 1984 abgeschlossen. Zur Finanzierung des Wiederaufbaus wurden bis Mitte 1990 ca. 75 Mio. DM von der Bundesregierung und den Evangelischen Kirchen in der Bundesrepublik zur Verfügung gestellt. Der Innenausbau soll bis Mitte der 90er Jahre abgeschlossen sein.

Wiederhergestellt wird auch die Domgruft, wo die Hohenzollernsärge- und sarkophage der Öffentlichkeit gezeigt werden sollen. Von ehemals 89 Särgen sind 70 erhalten. Besonders bemerkenswert sind das Bronze-Epitaph für Kurfürst Johann Cicero von Peter Vischer und dessen Sohn aus Nürnberg von 1530, die Prunksarkophage des Großen Kurfürsten Friedrich Wilhelm und der Kurfürstin Dorothea, beide von Michael Döbel, sowie die von Andreas Schlüter geschaffenen, prächtigen Sarkophage der Königin Sophie Charlotte und König Friedrich I. Ebenfalls von Andreas Schlüter ist der Sarg des Prinzen Friedrich Ludwig.

Nach Beendigung der Restaurierungsarbeiten in der Predigtkirche, die zu den größten Kirchenräumen der Stadt gehört und mehreren tausend Besuchern Platz bieten kann, werden dort neben den Gottesdiensten große Veranstaltungen der Kirche stattfinden. Darüber hinaus soll eine vielseitige Nutzung des D. das Gemeindeleben stärken. Museums- und Ausstellungsbereiche sollen für kirchliche Informations- und Bildungszwecke zur Verfügung stehen. So ist geplant, die kirchenmusikalische Arbeit der Domkantorei in größerem Maße als bisher einzubeziehen. Die beiden Nordtürme werden der akademischen Ausbildung von Theologen dienen und Seminarräume sowie eine Bibliothek enthalten. Es gibt ferner Bestrebungen, bis zum 100jährigen Jubiläum des Dombaus im Jahr 2005 auch die beim Wiederaufbau gesprengte Denkmalkirche wieder zu errichten und sie wie die Fürstengruft der Öffentlichkeit zugänglich zu machen.

Domäne Dahlem. Landgut und Museum: Auf dem Gutshof der ehemaligen D. an der Königin-Luise-Str. 49 im Bezirk > ZEHLENDORF betreibt ein privater Verein ein Freilichtmuseum zu den bäuerlichen Arbeits- und Lebensverhältnissen in der Mark Brandenburg bis zum Beginn der industrialisierten Landwirtschaft. Die erstmals 1375 als Rittergut erwähnte D. ging 1841 in staatlichen Besitz über (> DAHLEM). Ab der Jahrhundertwende wurde das Domänengelände zum erheblichen Teil für den Ausbau Berlins als Kultur- und Wissenschaftsstandort und als Siedlungsfläche verwendet, so daß das ehemals 500 ha große Gut bis 1945 auf etwa 58 ha zusammenschrumpfte. Das bei der Auflösung Preußens durch die > ALLIIERTEN 1945 an die Stadt Berlin gekommene Gut wurde 1958 vom städtischen Eigenbetrieb Berliner > STADTGÜTER übernommen (> EIGENBETRIEBE VON BERLIN). Als im Zuge der Auflösung der West-Berliner Stadtgüter 1976 die D. in ihrer Existenz bedroht war, fand sich ein Personenkreis von zunächst 30 engagierten Bürgern zu einem privaten Verein „Die Freunde der Domäne Dahlem" zusammen, der das Gut in freier Trägerschaft übernahm und es schrittweise zum Freilichtmuseum ausbaute. In Zusammenwirken von privater Initiative und staatlicher Förderung entstand so eine in der deutschen Museumslandschaft einzigartige Verbindung von praktischer Landwirtschaft und Museum. Auf 3,8 ha werden weiterhin Feldfrüchte angebaut und Viehhaltung betrieben. Die verbliebenen restlichen 12 ha der D. werden noch von den Sendeanlagen des > AMERICAN FORCES NETWORK sowie zwei Instituten der > FREIEN UNIVERSITÄT BERLIN genutzt. Das rekonstruierte und zum Ausstellungsgebäude umgebaute Herrenhaus

mit seiner gotischen und barocken Bausubstanz gehört zu den ältesten profanen Gebäuden Berlins und ist ein Baudenkmal von herausragendem Rang. Es besitzt einen mittelalterlichen Kern (Kellergewölbe und „Hofstube" – wahrscheinlich von 1485) und wurde 1678-80 erweitert. In einem ehem. Stallgebäude des Gutshofs pflegen drei selbständige Handwerksbetriebe sowie die inzwischen rd. 1.000 Mitglieder des Vereins in verschiedenen Arbeitsgruppen alte Handwerkskünste wie Blaudruckerei, Töpferei, Weberei oder Bauernmalerei. Vollständig eingerichtet und in Funktion ist die Hofschmiede. Hinzu kommt eine ständige Ausstellung landwirtschaftlicher Geräte auf dem Museumsboden im Stall.

Mit dem Domänenfest 1977 trat der Verein erstmals an die Öffentlichkeit. Inzwischen sind die öffentlichen Veranstaltungen der D. wie das Erntedankfest und der Adventsmarkt Ereignisse, die zahlreiche Besucher aus der ganzen Stadt anziehen. Textil- und Töpfermarkt haben auch überregionale Bedeutung.

Dorfkirchen: Neben den zahlreichen v.a. im 19. Jh. entstandenen Stadtkirchen besitzt Berlin als ein für eine Großstadt einmaliges Charakteristikum 55, z.T. aus dem Mittelalter stammende D. Sie kamen durch Eingemeindungen im Zuge von > STADTERWEITERUNGEN sowie (v.a.) bei der 1920 erfolgten Bildung > GROSS-BERLINS zum heutigen Stadtgebiet (> GESCHICHTE).

In fast allen > DÖRFERN, die im Mittelalter die damaligen Städte Berlin/ > KÖLLN, > KÖPENICK und > SPANDAU umgaben, existierte eine D. Diese fast immer in die frühesten Siedlungsanfänge der Orte im 13. Jh. zurückreichenden Kirchen bildeten den Mittelpunkt des Dorfes. Zahlreiche noch im 19. Jh. gut erkennbare Ortskerne sind inzwischen in dichten Siedlungsgebieten aufgegangen. Gerade dort sind die vielfach bescheiden wirkenden Kirchenbauten oft der letzte Hinweis auf die alten Dörfer.

Entwicklungsgeschichtlich lassen sich bei den Berliner D. mehrere Gruppen unterscheiden: Die sog. „vollständigen Anlagen" entstanden durchweg im ersten Drittel des 13. Jh. Sie bestehen aus einem Langhaus mit in gleicher Breite vorgelagertem Westturm, eingezogenem Chor und halbrunder Apsis. Ein besonders schönes Beispiel ist die auf einem vollständig erhaltenen Dorfanger stehende

D. in > MARIENFELDE, die als älteste D. Berlins gilt (um 1220). Daneben existieren „Chorquadratkirchen", bestehend aus einem Langhaus mit eingezogenem quadratischen Chor, wie etwa in > BRITZ oder > TEMPELHOF, sowie die besonders häufig vorkommenden einräumigen, rechteckigen Saalkirchen, wie in > BUCKOW und > MARIENDORF.

Dorfkirche Marienfelde

Als Baumaterial dienten zunächst vorwiegend Feldsteine, meist nordischer Granit aus dem eiszeitlichen Moränenschutt, der in Quadern verlegt und vermörtelt wurde. Das Fundament bildeten unbearbeitete Blöcke. Seit dem 13. Jh. wurden die Steine nur noch gespalten, was ein sehr unregelmäßiges Mauerwerk ergab. Die Kirchen trugen ursprünglich steile Satteldächer und waren vermutlich ziegelgedeckt. Im Innern hatten sie verputzte Wände. Einbauten wie Emporen etc. stammen durchweg aus späteren Jahrhunderten. Erst ab dem 14. Jh. fand Backstein als Baumaterial Verwendung und ab dem 15. Jh. wurden die D. zunehmend in Mischmauerwerk und schließlich aus Backsteinen des mittelalterlichen Klosterformats errichtet. Im Laufe der Jahrhunderte erlebten die D. viele Wandlungen. Die Zerstörungen des Dreißigjährigen Krieges führten meist zu einer barocken Ausstattung vieler Bauten. Verschiedene D. mußten im 18. und im 19. Jh.

aufwendigeren Neubauten weichen. Ein herausragendes Beispiel dafür ist die 1731-36 errichtete > SCHLOSSKIRCHE BUCH. Durch den II. Weltkrieg wurden zahlreiche D. schwer beschädigt. Sie wurden jedoch in den meisten Fällen nach Kriegsende aufgrund ihres denkmalpflegerischen und stadtgeschichtlichen Werts wiederhergestellt, oft allerdings mit starken Veränderungen. Einige D., wie die in > FALKENBERG, > MALCHOW und > WARTENBERG gingen für immer verloren. Von den mittelalterlichen Bauten haben sich 34 erhalten. Neben den bereits erwähnten in Marienfelde, Britz, Tempelhof, Buckow und Mariendorf sind dies die D. in > BLANKENBURG, > BLANKENFELDE, > DAHLEM, Dalldorf (jetzt > WITTENAU), > GATOW, Giesensdorf (> LICHTERFELDE), > HEILIGENSEE, > HEINERSDORF, > HOHENSCHÖNHAUSEN, > KAROW, > KAULSDORF, > KLADOW, > LANKWITZ, > LICHTENBERG, > LICHTENRADE, > LICHTERFELDE, > MAHLSDORF, > PANKOW, > REINICKENDORF, Rixdorf (jetzt > NEUKÖLLN), > ROSENTHAL, > RUDOW, > SCHMARGENDORF, > STAAKEN und > STRALAU. Auch die besonders stark veränderten D. in > BIESDORF, > BUCHHOLZ, > NIEDERSCHÖNHAUSEN und > WEISSENSEE gehen auf mittelalterliche Bauten zurück. Die anderen sind jüngeren Ursprungs. Vielfach sind die D. noch von den zugehörigen alten *Kirchhöfen* bzw. Resten davon umgeben (> FRIEDHÖFE).

Dreilinden: D. ist eine Landhaussiedlung südlich Berlins zwischen der Stadtgrenze im Bezirk > ZEHLENDORF und dem Autobahnzubringer A 115 (> AVUS) zum > BERLINER RING (> BUNDESFERNSTRASSEN). Sie hat ihren Namen nach dem 1867 von Prinz Friedrich Karl im > DÜPPELER FORST östlich des Kleinen Wannsees erbauten Jagdschloß D., das 1955 abgerissen wurde. Nach 1945 befanden sich hier die Abfertigungsanlagen für den > TRANSITVERKEHR auf der Autobahn Richtung Helmstedt und Hof. Mit dem Neubau der heutigen Autobahnanbindung wurde 1969 ein neuer Kontrollpunkt D. südlich des Zehlendorfer Kleeblatts eröffnet und im Laufe der Jahre großflächig ausgebaut. Nach der > VEREINIGUNG soll das 2,5 ha große Stauraumgelände aufgeforstet werden.

13. August 1961: Am 13.8.1961 ließ die Führung der DDR den Ostsektor Berlins durch den Bau von Sperranlagen gegenüber den westlichen > SEKTOREN abriegeln, um den ständig wachsenden Strom von > FLÜCHTLIN-

GEN aus ihrem Gebiet über die Sektoren-grenze zu stoppen. Nach dem gescheiterten Aufstand vom > 17. JUNI 1953 hatte die SED ihren Kurs vorübergehend gemildert und auch die Versorgungslage verbessert. In der zweiten Hälfte der 50er Jahre hatte sich der Druck jedoch insbes. parallel zu der 1958 von der UdSSR provozierten Berlin-Krise (> SO-WJETISCHES ULTIMATUM [1958]) sowie der 1959 begonnenen Forcierung der Zwangskollekti-vierung in der Landwirtschaft und im Hand-werk wieder verstärkt. Die Sorge, vielleicht bald nicht mehr in den Westen gelangen zu können, verbunden mit schlechter werden-den Lebensbedingungen, führte ab 1960 zu einem ständigen Anwachsen der Flüchtlings-zahlen.

Nach den 1952 erfolgten Absperrmaßnahmen an der innerdeutschen Grenze und der Gren-ze zwischen West-Berlin und der DDR (> DEMARKATIONSLINIE) verlief dieser Flüchtlings-strom zum größten Teil über Berlin, wo auf-grund der offenen innerstädtischen Sektoren-grenzen noch ein weitgehend unkontrol-lierter Übergang von Ost nach West möglich war (1959: 63 %; 1960: 76 %; 1961 [bis 13.8.]: 80 %).

Flüchtlinge aus der DDR und Ost-Berlin
1959-61

	insgesamt	über West-Berlin
1959	90.862	143.917
1960	199.188	152.291
1961 (bis 13.8.)	155.402	125.053

Da der mit dem sowjetischen Ultimatum von 1958 unternommene Versuch der UdSSR, die Westmächte aus Berlin zu vertreiben und so ganz Berlin unter Kontrolle zu bekommen, scheiterte, machten die Ersten Sekretäre der kommunistischen und Arbeiterparteien der Mitgliedsstaaten des Warschauer Pakts auf ihrer Tagung in Moskau vom 3.-5.8.1961 der DDR den „Vorschlag, an der Westberliner Grenze eine solche Ordnung einzuführen, durch die der Wühltätigkeit gegen die Län-der des sozialistischen Lagers zuverlässig der Weg verlegt und rings um das ganze Gebiet Westberlins, einschließlich seiner Grenze mit dem demokratischen Berlin, eine verläßliche Bewachung und eine wirksame Kontrolle gewährleistet wird". (Neues Deutschland vom 13.8.1961) Obwohl der SED-Chef Walter Ulbricht bereits seit längerer Zeit auf eine solche Entscheidung gedrängt hatte, war es

schließlich der sowjetische Parteivorsitzende Nikita Chruschtschow, der sie tatsächlich traf.

Am 11.8.1961 erteilte die Volkskammer dem Ministerrat der DDR den allgemein gehalte-nen Auftrag, „Schutzmaßnahmen" gegen „Menschenhändler, Abwerber und Sabo-teure" (so der Vorsitzende des Ministerrats Willi Stoph) durchzuführen. Tags darauf faß-

Sicherung der Sektorengrenze am Brandenburger Tor am 23.11.1961

te der Ministerrat den am 13.8. zusammen mit der Moskauer Erklärung im Neuen Deutschland veröffentlichten Beschluß, „eine solche Kontrolle an den Grenzen der Deut-schen Demokratischen Republik einschließ-lich der Grenze zu den Westsektoren von Groß-Berlin" einzuführen, „wie sie an den Grenzen jedes souveränen Staates üblich ist". Einwohner der DDR und Ost-Berlins sollten nur noch mit einer „besonderen Genehmi-gung" nach West-Berlin reisen können. An diesem Tag meldeten sich 2.400 Flüchtlinge im Notaufnahmelager Berlin-Marienfelde (> ZENTRALE AUFNAHMESTELLE DES LANDES BERLIN). Am 13.8. ab 2 Uhr morgens wurde die De-markationslinie vom sowjetischen Sektor zu den westlichen Sektoren durch Einheiten der Volksarmee und der Volkspolizei mit Unter-stützung von Betriebskampfgruppen abgerie-gelt und mit Stacheldraht, spanischen Rei-tern, Gräben oder anderen Hindernissen be-festigt. Bewohner Ost-Berlins und der DDR durften die Grenzen nicht mehr passieren. 193 Verbindungsstraßen wurden unterbro-chen, 62 zum Ost-Sektor, 131 zur umgeben-den DDR. Die bisher 81 Übergangsstellen im Straßenverkehr wurden bis auf 13 geschlos-sen. Nach Schließung des > BRANDENBURGER TORS am nächsten Tag verblieben nur noch zwölf. Der direkte U- und S-Bahn-Verkehr zwischen Ost und West bzw. mit dem Umland wurde eingestellt (vier U-Bahn-, acht S-Bahn-Linien). Mehrere nahe der Sektorengrenze gelegene S-Bahnhöfe und die an den Nord-Süd-Durchgangslinien durch den Ost-Sektor gelegenen U-Bahnhöfe wurden geschlossen, mit Ausnahme des U-Bahnhofs Stadtmitte, der allerdings nur noch nach einer Kontrolle betreten werden konnte (> U-BAHN; > S-BAHN). Der > BAHNHOF FRIEDRICH-STRASSE blieb als Grenzbahnhof geöffnet, der Zugang zu den nach Westen führenden Linien von U-, S- und Fernbahn wurde ebenfalls unter Kontrolle genommen. Am 17.8. gab der DDR-Rundfunk bekannt, daß „bis zum Abschluß eines Friedensvertrags" keine der im Beschluß des Ministerrats vom 12.8. erwähnten „besonderen Genehmigungen" für Besuche in West-Berlin ausgegeben werden.

Am 22.8. verkündete das Innenministerium der DDR, daß West-Berliner für den bis dahin noch gegen Vorlage des Personalausweises möglichen Übergang in den Ostsektor ab 23.8. Aufenthaltsgenehmigungen benötigten. Für die Ausgabe dieser Genehmigungen sollten in West-Berlin zwei Antragsannahmestellen des DDR-Innenministeriums errichtet werden. Gleichzeitig wurde die Zahl der offenen Straßenübergänge von zwölf auf sieben reduziert: vier für West-Berliner, zwei für West-Deutsche und einer für Ausländer. (> BESUCHERREGELUNGEN; > CHECKPOINT CHARLIE). Um einer völkerrechtlichen Anerkennung der DDR entgegenzuwirken und die Beschränkungen der Freizügigkeit nicht nachträglich zu billigen, lehnte der > SENAT VON BERLIN die von der DDR vorgesehene Eröffnung der Ausgabestellen auf West-Berliner Gebiet einen Tag später ab. Damit war den West-Berlinern ab 23.8.1961 der Zutritt nach Ost-Berlin verwehrt.

Parallel zu diesen administrativen Maßnahmen bauten die Sicherheitskräfte die Befestigungen der Sektorengrenze und West-Berlins Grenze zum Umland ständig weiter aus. Häuser, die auf der Grenzlinie lagen, wurden zugemauert und ab 20.9. zwangsgeräumt, so z.B. an der Bernauer Str. im Bezirk > PRENZLAUER BERG. Die Stacheldrahtverhaue wurden zunehmend durch Betonplattenwände ersetzt. Die Schienenverbindungen wurden aufgerissen und die Enden umgebogen. An der Grenze zum Umland schlugen Forstarbeiter breite Schneisen in die Wälder, um das Vorfeld frei zu machen. Die Sperranlagen selbst sind ständig weiter ausgebaut und modernisiert worden. Mit der Per-

fektionierung des Grenzsystems sanken die Flüchtlingszahlen rapide. Der Versuch, die Grenzanlagen zu überwinden, hat viele Menschen das Leben gekostet (> MAUER).

Die Bundesregierung reagierte am 13.8. mit einer Erklärung Bundeskanzler Konrad Adenauers, in der er den Menschen in der DDR seine Solidarität bekundete und zu Festigkeit, Ruhe und Vertrauen in die > ALLIIERTEN aufforderte. Am 16.8. empfing Adenauer den Sowjetischen Botschafter Andrej Smirnow zu einem Gespräch über die Lage. Am gleichen Tag schrieb der > REGIERENDE BÜRGERMEISTER VON BERLIN, Willy Brandt, an den amerikanischen Präsidenten John F. Kennedy, daß das gegenwärtige Verhalten der Alliierten Zweifel an der Entschlossenheit und der Reaktionsfähigkeit der Westmächte erwecken könne. Diese protestierten zwar am 17.8. bei der Regierung der UdSSR gegen die Verletzung des Vier-Mächte-Status von Berlin (> SONDERSTATUS VON 1945-90), sahen im 13.8. aber wohl zunächst eher das Ende der Berlin-Krise als deren Verstärkung. Dies galt um so mehr, als die von Kennedy am 25.7.1961 für West-Berlin formulierten > THREE ESSENTIALS durch den Mauerbau nicht berührt worden waren. Kennedy beorderte als symbolische Geste am 18.8. 1.500 Soldaten zur Verstärkung der amerikanischen Garnison nach Berlin. Außerdem schickte er – begleitet vom ehem. amerikanischen Stadtkommandanten und Vater der > LUFTBRÜCKE General Lucius D. Clay – seinen Stellvertreter Lyndon B. Johnson in die Stadt, der am 19.8. vor > SENAT und > ABGEORDNETENHAUS eine Garantieerklärung für die Freiheit West-Berlins abgab. Am 18.8. hatte sich der > DEUTSCHE BUNDESTAG in Bonn zu einer Sondersitzung zusammengefunden, auf der Bundeskanzler Adenauer und Willy Brandt die Maßnahmen der DDR verurteilten. Vier Tage später kam Adenauer nach Berlin. Der Höhepunkt der Krise war zu diesem Zeitpunkt jedoch schon überschritten.

Die Lage spitzte sich noch einmal zu, als die DDR am 23.10.1961 von Mitgliedern der amerikanischen Militärmission in Zivil verlangte, sich beim Grenzübertritt zukünftig gegenüber der Volkspolizei auszuweisen. Die Amerikaner ließen daraufhin am 25.10. vor dem Checkpoint Charlie zehn Panzer auffahren, denen sich am 27.10. sowjetische Panzer entgegenstellten. Am Ende gab die östliche Seite nach. Mit dem Mauerbau wurden hunderttausende verwandtschaftlicher Beziehungen unterbrochen. Ca. 12.000 > GRENZ-GÄNGER in West-Ost- und 52.000 in Ost-West-Richtung verloren ihren Arbeitsplatz, was die > WIRTSCHAFT West-Berlins nachhaltig beeinflußte. Abgesehen von den befristeten > PASSIERSCHEINREGELUNGEN der 60er Jahre ermöglichte erst das Berlin-Abkommen von 1971 den West-Berlinern wieder einen geregelten Zutritt nach Ost-Berlin und in die umgebende DDR.

Obwohl die Krise um Berlin mit ihrem Übergang in die Kuba-Krise bis 1963 andauerte, war mit dem Mauerbau für die West-Berliner auch die Gefahr gesunken, durch gewaltsamen Zugriff in die DDR eingegliedert zu werden. Indem beide Großmächte den Status quo akzeptierten, war der Wendepunkt vom Kalten Krieg zur Entspannungspolitik erreicht, die zehn Jahre später zum > VIER-MÄCHTE-ABKOMMEN über Berlin führen sollte, mit dem die Situation um die Stadt erstmals dauerhaft entschärft werden konnte (> POLI-TIK DER KLEINEN SCHRITTE).

3. Oktober 1990: Der 3. Oktober 1990 ist der Tag der > VEREINIGUNG Deutschlands und Berlins, die durch den Beitritt der DDR zur Bundesrepublik Deutschland vollzogen wurde. Die offiziellen Feierlichkeiten aus diesem Anlaß fanden in Berlin statt. Sie wurden am Vormittag des 2.10.1990 eingeleitet mit einer feierlichen Verabschiedung der alliierten > STADTKOMMANDANTEN, da die > ALLIIERTE KOMMANDANTUR mit dem Ablauf des 2.10. ihre Arbeit einstellte. Am Nachmittag des 2.10. fand im > SCHAUSPIELHAUS am > GENDARMENMARKT ein Festakt statt, an dem die Parlamentarier und die politische Führung der beiden deutschen Staaten teilnahmen. Kurz vor Mitternacht desselben Tages läutete dann die > FREIHEITSGLOCKE im > RATHAUS SCHÖNEBERG die Vereinigung ein. Um Mitternacht wurde vor dem > REICHSTAGSGEBÄUDE in Anwesenheit der Regierungschefs und zahlreicher Minister der beiden deutschen Staaten vor Hunderttausenden auf dem > PLATZ DER REPUBLIK die deutsche Fahne gehißt. Kurz zuvor war ohne besondere Feierlichkeiten die DDR-Fahne vom > STAATSRATSGEBÄUDE am > MARX-ENGELS-PLATZ eingeholt worden. Bundespräsident Richard v. Weizsäcker legte ein öffentliches Bekenntnis Deutschlands zum Frieden ab. Im Anschluß daran erhellte ein großes Feuerwerk den Himmel der Stadt, in der die Vereinigung auf Straßen und Plätzen von rd. 1 Mio. Menschen gefeiert wurde.

Am Vormittag des 3. Oktober fand in der > PHILHARMONIE ein Staatsakt statt, bei dem Bundespräsident Richard v. Weizsäcker, Bundestagspräsidentin Rita Süßmuth, die letzte Präsidentin der DDR-Volkskammer, Sabine Bergmann-Pohl, die auch als DDR-Staatsoberhaupt amtiert hatte, sowie der > REGIERENDE BÜRGERMEISTER VON BERLIN, Walter Momper, als Bundesratspräsident Ansprachen hielten. Musikalisch eingerahmt wurde die Veranstaltung vom > BERLINER PHIL-

Wiedervereinigungsfeier vor dem Reichstag

HARMONISCHEN ORCHESTER. Im Anschluß an den Festakt gab der Bundespräsident in der Philharmonie einen Empfang. Am 4. Oktober 1990 kam der > DEUTSCHE BUNDESTAG, ergänzt um 144 Abgeordnete aus der früheren DDR, im Berliner Reichstagsgebäude zu seiner ersten gemeinsamen Sitzung zusammen.

Mit dem 3. Oktober 1990 war der 1989 und 1990 durch die Bürger der DDR erzwungene Prozeß zur Überwindung der SED-Diktatur und zur Wiedervereinigung Deutschlands im wesentlichen abgeschlossen. Mit der Hinterlegung der Ratifizierungsurkunden zum Zwei-plus-Vier-Vertrag der vier ehem. > ALLIIERTEN und der beiden deutschen Staaten bei der Bundesregierung in Bonn bis zum 15.3.1991 traten die bis dahin nur suspendierten Vorbehaltsrechte der vier Siegermächte auch formell außer Kraft (> SONDER-STATUS 1945-90). Damit war die Nachkriegszeit in Deutschland und Europa endgültig beendet. Der am Tag der Vereinigung in Kraft getretene > EINIGUNGSVERTRAG bestimmte statt des 17. Juni (> 17. JUNI 1953) den 3. Oktober als *Tag der deutschen Einheit* zum gesetzlichen Feiertag.

Drittes Überleitungsgesetz: D. ist die Kurzbezeichnung für das *Gesetz über die Stellung des Landes Berlin im Finanzsystem des Bundes* vom 4.1.1952 (BGBl. I S. 1/GVBl. S. 394), zuletzt geändert durch Gesetz vom 30.8.1971 (BGBl. I S. 1426/GVBl. S. 1745; > GESETZ- UND VERORDNUNGSBLATT FÜR BERLIN). Das in Berlin übernommene Bundesgesetz wurde erforderlich, um die Rechtseinheit zwischen dem Bundesgebiet und Berlin zu wahren, da Berlin aufgrund der mit dem alliierten > SONDERSTATUS verbundenen Oberhoheit der > ALLIIERTEN von 1945-90 kein verfassungsmäßiger Teil der Bundesrepublik Deutschland war und Bundesrecht damit nicht unmittelbar auch in Berlin galt (> VERFASSUNG VON BERLIN). Das D. regelt die finanziellen Beziehungen des Bundes zum Land Berlin und die Pflicht des Landes Berlin, Bundesgesetze zu übernehmen (> BINDUNGEN).

Für die finanziellen Beziehungen des Bundes und der anderen Bundesländer zu Berlin gilt nach § 1 des Gesetzes zwar grundsätzlich das gleiche Recht wie zwischen dem Bund und den anderen Ländern und den anderen Ländern untereinander; tatsächlich sind in den wichtigsten Punkten jedoch Sonderregelungen vorgesehen. Insbes. nimmt Berlin nicht an dem horizontalen Finanzausgleich gemäß Art. 107 GG teil (> HAUSHALT UND FINANZEN), sondern erhält stattdessen nach § 16 des D. zur Deckung eines auf andere Weise nicht auszugleichenden Haushaltsfehlbetrags eine > BUNDESHILFE. Voraussetzung für die Gewährung der finanziellen Leistungen war nach § 19 die in den §§ 12 bis 15 geregelte Übernahme von Bundesrecht nach Berlin.

Nach der allgemeinen Bestimmung (§ 13) waren Bundesgesetze innerhalb eines Monats nach ihrer Verkündung im Bundesgesetzblatt oder Bundesanzeiger durch Beschluß des > ABGEORDNETENHAUSES VON BERLIN in Kraft zu setzen, wenn der Gesetzgeber dies durch die sog. *Berlin-Klausel* ausdrücklich bestimmte. Sie wurde jeweils als vorletzter Paragraph – vor den Angaben zum Inkrafttreten – in den Gesetzestext eingefügt und lautete: „Dieses Gesetz gilt nach Maßgabe des § 13 Abs. 1 des Dritten Überleitungsgesetzes vom 4. Januar 1952 (Bundesgesetzbl. I S. 1) auch im Land Berlin." In aller Regel ist dies unabhängig von den jeweiligen politischen Mehrheitsverhältnissen in Bonn und Berlin einstimmig und ohne Aussprache erfolgt. Erst die 1985 erstmals ins Berliner Landesparlament eingezogenen Alternative Liste bestand darauf, in besonderen Fällen die eingebrachten Gesetze auch inhaltlich zu diskutieren (z.B. die Sicherheitsgesetze im Mai 1989), hat sich jedoch am Ende auch immer an die Einstimmigkeit gehalten (> DIE GRÜNEN/ALTERNATIVE LISTE FÜR DEMOKRATIE UND UMWELTSCHUTZ).

Am 23.2.1952 hatte die > ALLIIERTE KOMMANDANTUR dem Abgeordnetenhaus die Erlaubnis erteilt, zukünftig auch Gruppen von Bundesgesetzen durch ein einziges *Mantelgesetz* gemeinsam zu übernehmen. Aufgrund von übernommenen Bundesgesetzen erlassene Durchführungsverordnungen galten in Berlin unmittelbar (§ 14).

Mit der Herstellung der Einheit Deutschlands auf der Grundlage des > EINIGUNGSVERTRAGS ist der Sonderstatus Berlins aufgehoben worden. Bundesrecht gilt nunmehr auch in Berlin unmittelbar. Zur Finanzierung hat der Einigungsvertrag für eine Übergangszeit bis zum 31.12.1994 besondere Regelungen getroffen. Danach findet in dieser Zeit ein gesamtdeutscher Länderfinanzausgleich nicht statt. Die neuen Länder und Berlin (für den Ostteil der Stadt) erhalten statt dessen Zuweisungen aus dem vom Bund und den alten Ländern (einschließlich Berlin) finanzierten *Fonds „Deutsche Einheit".*

Die Stellung Berlins im Finanzsystem des Bundes bestimmt sich im übrigen auch weiterhin nach dem D. und dem Gesetz über den Finanzausgleich zwischen Bund und Ländern (Finanzausgleichsgesetz). Berlin nimmt dementsprechend am Finanzausgleich unter den Ländern bis auf weiteres nicht teil und erhält statt dessen Bundeshilfe nach § 16 des D. Die Geltung dieser Regelung ist durch den Einigungsvertrag auch auf den Ostteil der Stadt erstreckt worden. Zum 1.1.1995 sollen die bundesstaatlichen Finanzbeziehungen neu geordnet werden. In diesem Rahmen ist geplant, neben den neuen Ländern auch Berlin in den zu schaffenden gesamtstaatlichen Länderfinanzausgleich einzubeziehen.

Drogen: Die Zahl der Drogen- und Suchtabhängigen in Berlin wurde 1991 auf insg. 145.000 Personen geschätzt. An erster Stelle stand der Alkoholmißbrauch mit ca. 100.000 Betroffenen, an zweiter der Medikamentenmißbrauch mit rd. 35.000, von Heroin und anderen harten D. abhängig sind vermutlich ca. 8.000 Personen. Der Konsum sog. „weicher D." wie Haschisch o.ä. entzieht sich genauer Schätzung. Erfahrungen mit illegalen D. hatten 1991 nach der Bundesstudie rd. 23 % der 12-24jährigen (etwas höher als der Bundesdurchschnitt, aber mit anderen Großstädten vergleichbar). Davon waren jedoch

85-90 % Haschisch-Konsumenten. Nachdem die Zahl der Drogentoten in den 80er Jahren zwischen 32 und 94 jährlich lag, ist sie ab 1990 (143) stark gestiegen und erreichte 1991 mit 242 ihren bisherigen Höchstwert (erstes Halbjahr 1992: 108). Das Durchschnittsalter der Toten liegt bei 28 Jahren; sie stammen zu 85-90 % aus Berlin und Westdeutschland.

Doch nicht nur die Einnahme von D. führt zu Abhängigkeit und sozialen Problemen. Als süchtig gelten in Berlin u.a. auch ca. 3.000-5.000 der Spielleidenschaft Verfallene (> SPIELBANK BERLIN; > SPIELCASINO).

Spielten bis Anfang der 60er Jahre in Berlin (West) – in Berlin (Ost) bis 1990 – wie in anderen Großstädten vornehmlich legale D. wie Alkohol und Medikamente schichtübergreifend eine Rolle, nahm der Anteil der illegalen D. (z.B. Morphin, Opiate) phasenweise ab etwa 1962 im Westteil der Stadt zu. Dies gilt für den Ostteil der Stadt gleichermaßen ab 1991.

Während sich der Markt harter D. von 1974-80 völlig auf Heroin einstellte, nahm gleichzeitig – besonders in Zeiten wechselnden Wirkstoffgehalts des Heroins – der Konsum von Ausweichdrogen (bes. Medikamenten) zu. Etwa seit 1982 förderten sowohl geringer Wirkstoffgehalt als auch eine Veränderung in der Heroin-Szene (Einbezug sozial Benachteiligter, u.a. auch Punker) zunehmend den Mischkonsum (Heroin, Alkohol und Medikamente). Besonders bedeutsam aber war, daß die Zahl der Heroin-Einsteiger unter 18 Jahren bis 1990 kontinuierlich abnahm und daß Kokain und Amphetamine bei ihnen (noch) keine Rolle spielten. Seit 1991 ist aber in der nunmehr offenen Stadt eine Trendwende zu jüngeren Einsteigern – vornehmlich aus den östlichen Bundesländern – zu beobachten (24 Erstkonsumenten von Heroin unter 18 Jahren gegenüber 3-12 in den Vorjahren).

Bis Ende der 60er Jahre war das Drogenproblem vorwiegend mit den Mitteln von > POLIZEI, Justiz und Psychiatrie angegangen worden. Ab 1969 unternahmen dann Wissenschaftler, konfessionelle Organisationen wie der > CARITASVERBAND BERLIN, Kliniken, Behörden sowie Eltern und Betroffene vielfältige Anstrengungen, um Forschung, Therapie und Nachsorge zu verbessern. Mit Release I (ab 1975 > SYNANON) bildete sich 1971 die erste Selbsthilfegruppe für Fixer in Berlin (> SELBSTHILFEGRUPPEN). Bis 1976 wurden von rd. 15 Gruppen, Organisationen und Betroffeneninitiativen 28 verschiedene Angebote und Einrichtungen geschaffen.

Ein wichtiger Schritt in der Drogenbekämpfung war der erste *Drogenbericht* des > SENATS VON BERLIN 1977, mit dem dieser seine bis dahin (weitgehend) reaktive Politik aufgab und für zusätzliche Maßnahmen jährlich rd. 8,6 Mio. DM vorsah. Die neue Linie stellte Vorbeugung, Beratung, Therapie, Restriktion und internationale Zusammenarbeit in den Vordergrund. Berichte über Alkoholmißbrauch (1978), zur Suchtprophylaxe (1981) und der zweite Drogenbericht (1983) führten zu weiteren Maßnahmen.

Seit 1978 wird die Berliner Drogenpolitik durch einen bei der > SENATSVERWALTUNG FÜR JUGEND UND FAMILIE angesiedelten *Drogenbeauftragten* koordiniert, dem auch fast alle Mittel für Vorbeugung, Beratung, Therapie und Vorsorge zugeordnet wurden. Dies ermöglichte in Verbindung mit freien Trägern und Selbsthilfegruppen eine zügige Umsetzung der Programme in einem Verbundsystem der verschiedenen Einrichtungen. Die Dienststelle des Drogenbeauftragten arbeitet eng mit dem bereits seit 1975 bestehenden „Drogen-meeting" der freien Träger und Selbsthilfegruppen sowie mit einer monatlichen Koordinatoren-Runde der Landes- und Bezirksbehörden, sonstigen Drogenkommissionen, *Drogenkontaktlehrern* der Schulen (> SCHULE UND BILDUNG) und dem Bund-Länder-Arbeitskreis der Drogenbeauftragten zusammen.

1992 zeigen die einzelnen Programmbereiche folgenden Stand: In der Vorbeugung reicht das Angebot von Informations- und Fortbildungsveranstaltungen für das Gefährdetenumfeld und Fachkräfte über gezielte Ansprache von Minderjährigen, z.B. durch Musik, Workshops und Saftbars bis zum Einsatz von acht Mobilen Teams (je 3 Fachkräfte). Die Kosten belaufen sich auf rd. 1,6 Mio. DM im Bereich der Jugendarbeit. Zusätzlich eingerichtet wurde beim Drogenbeauftragten das Büro für Suchtprophylaxe, besonders für die Arbeit in den östlichen Bezirken mit mobilen Beratungskräften. Die insg. eingesetzten Mittel stiegen von rd. 0,9 (1978) auf rd. 5 Mio. DM (1992).

Für die *Drogenberatung* stehen elf Beratungsstellen mit insg. rd. 90 Fachkräften zur Verfügung, einschließlich des 1984 gegründeten *Zentralen Drogennotdienstes* mit 18 Übernachtungsplätzen. Drei neue regionale Suchtberatungsstellen und zwei bundesgeförderte Modelle in den östlichen Bezirken ergänzen dieses Angebot. 1992 wurden hierfür aus dem Landeshaushalt (> SENATSVERWALTUNG FÜR JUGEND UND FAMILIE) rd. 6,5 Mio. DM – Kosten für psychosoziale Betreuung Substituierter eingeschlossen – eingesetzt. Neben der ortsgebundenen Beratung stehen offene Angebote, Streetwork und eine adressatenorientierte Ansprache in Haftanstalten (> JUSTIZVOLLZUG) und > KRANKENHÄUSERN. Zur Bekämpfung des Drogenhandels sind in der gemischten Ermittlungsgruppe Rauschgift mehr als 100 Spezialbeamte der Polizei und des Zolls in acht Kommissariaten tätig.

Für die stationäre Therapie standen 1992 insg. 555 Plätze in 36 Einrichtungen und Wohngemeinschaften zur Verfügung (davon 95 Nachsorgeplätze), ferner zur ambulanten Therapie je 180 (vier Einrichtungen) und in zwei Übergangseinrichtungen 35 Plätze. Zusätzlich bietet Synanon – nunmehr im Ostteil der Stadt angesiedelt – bis zu 250 offene Plätze an. Insg. wurden dafür 1992 aus Landesmitteln rd. 8,4 Mio. DM bereitgestellt. Daneben sind vier Einrichtungen – Drogenhilfe Berlin (2), Day Top und ADV – zusätzlich pflegesatzfinanziert.

Nicht nur die anhaltende Problematik, sondern auch die Entwicklung der AIDS-Erkrankungen (> AIDS) erforderten erweiterte Strategien. Dazu gehören ab 1990 aufgrund des zunehmenden Mischkonsums ein Suchtbekämpfungskonzept, das Alkohol und Medikamente einschließt, die HIV/AIDS-Problematik intravenös Drogenabhängiger stärker durch niedrigschwellige Angebote (Kontaktläden wie Olga, STRASS u.a.) und ein erweitertes, methodisch begleitetes, Substitutionsprogramm (1992: 500 Personen, davon ca. 380 sozialpädagogisch begleitet) einbezieht. Der Landesaufwand für die niedrigschwelligen Angebote beträgt 1992 rd. 2,6 Mio. DM. In Arbeit befinden sich ein neuer (3.) Drogenbericht und ein Gesamtkonzept Sucht.

Düppel: Das ursprünglich Neu-Zehlendorf genannte Vorwerk D. westlich des alten Ortskerns von > ZEHLENDORF entstand Anfang des 19. Jh. 1865 erhielt es den „Ehrennamen" D. nach den am 18.4.1864 im Krieg gegen Dänemark von preußischen Truppen erstürmten „Düppeler Schanzen" in Nordschleswig. 1927 wurde das Gut von der Stadt Berlin gekauft und 1928 in den Bezirk Zehlendorf eingemeindet. Auf der früheren Gemarkung entstanden verschiedene Siedlungen (>

WANNSEE, > NIKOLASSEE). Der an der südwestlichen Stadtgrenze gelegene > DÜPPELER FORST ist einer der großen > FORSTEN Berlins. Am Krummen Fenn in der Clauertstr. befindet sich das > MUSEUMSDORF DÜPPEL, in den einstigen Gutsgebäuden am Königsweg sind die Tierkliniken der > FREIEN UNIVERSITÄT BERLIN untergebracht.

Düppeler Forst: Mit rd. 1.300 ha ist der im Südwesten an der Stadtgrenze im Bezirk > ZEHLENDORF gelegene D. der kleinste der fünf bedeutenden Berliner > FORSTEN. Er wird von der Königstr., der alten Chaussee von Berlin nach Potsdam, durchschnitten und umschließt den Zehlendorfer Ortsteil > WANNSEE sowie die Seenkette Kleiner Wannsee, Pohle-See, Stölpchen-See (> GRUNEWALDSEEN). Im Westen und Südwesten grenzt er an > HAVEL, Glienicker Lake und Griebnitz-See, durch die gleichzeitig die Stadtgrenze verläuft. Dem sandigen Boden entsprechend besteht der D. überwiegend aus Kiefernmischwald, der auf reicheren Böden von Laubwald durchbrochen ist. Das *Große Fenn* südlich der > EISENBAHN nach Magdeburg und Halle ist Naturschutzgebiet (> NATURSCHUTZ).

Im D., unmittelbar nördlich der Königstr., liegt der zweithöchste natürliche Berg Berlins, der 103 m hohe *Schäferberg*, mit einem Fernmeldeturm der > DEUTSCHEN BUNDESPOST, der auch als Beobachtungsturm für den Brandschutz genutzt wird (> BERGE). Nördlich, am Havelufer, kommt man zur > PFAUENINSEL und zum Blockhaus > NIKOLSKOE mit der Kirche St. Peter und Paul. Südlich der Königstr. befinden sich das > HAHN-MEITNER-INSTITUT, zwei der drei > GOLFPLÄTZE Berlins sowie die inzwischen rekultivierte Mülldeponie Wannsee, ehemals die größte in West-Berlin. Am westlichen Ende des D. erstrecken sich nördlich der > GLIENICKER BRÜCKE Schloß- und Parkanlagen von > KLEINGLIENICKE; südlich davon liegen das > JAGDSCHLOSS GLIENICKE und der 66 m hohe *Böttcherberg* mit der 1869 von Alexander Gilli geschaffenen *Loggia Alexandra* – einem nach der russischen Zarin Alexandra, einer Schwester des Prinzen Carl v. Preußen, benannten Pavillon mit weiter Aussicht über Babelsberg, Potsdam und das Havelland.

315

E

Ehrenbürger: Der > SENAT VON BERLIN kann im Einvernehmen mit dem > ABGEORDNETEN-HAUS Personen (Deutsche wie Ausländer), die sich in hervorragender Weise um Berlin verdient gemacht haben, das Ehrenbürgerrecht verleihen. Der Geehrte erhält eine vom > REGIERENDEN BÜRGERMEISTER unterzeichnete Ehrenurkunde, in der seine Verdienste genannt werden.

Die Ernennung ist eine persönliche Auszeichnung, die keine Sonderrechte oder -pflichten begründet. Die gemäß den Richtlinien über Vergünstigungen für E. und > STADTÄLTESTE vom 20.8.1956 vorgesehenen Vorteile werden ohne Rechtsanspruch gewährt. Dazu gehören u.a. Einladungen zu repräsentativen Feierlichkeiten des Landes Berlin wie Empfänge, Gedenkveranstaltungen oder Bälle, eine Jahresfreifahrkarte der > BERLINER VERKEHRS-BETRIEBE (BVG), eine Ehrenversorgung für den E. selbst und seine Hinterbliebenen (bei Bedürftigkeit), ein Begräbnis auf Landeskosten und eine *Ehrengrabstelle* (> FRIEDHÖFE). Von 1945-90 konnten sich neu ernannte E. außerdem von Künstlern ihrer Wahl auf Kosten des Landes Berlin porträtieren lassen. Die Gemälde hängen in den Wandelgängen des > RATHAUSES SCHÖNEBERG. Nach der Ernennung Richard v. Weizsäckers zum E. wurde dieses Recht abgeschafft.

Die Verleihung des Ehrenbürgerrechts geht auf die Steinsche Städteordnung vom 19.11. 1808 zurück. Damals besaß nur eine Minderheit der Berliner > BEVÖLKERUNG das Bürgerrecht, da es nur sehr wohlhabenden Bewohnern gewährt wurde; die große Mehrheit galt als „Schutzverwandte". Mit dem Bürgerrecht ehrenhalber sollten auch minderbemittelte Personen, die sich um die Stadt verdient gemacht hatten, in den Bürgerstand erhoben werden können. Als erster wurde am 6.7. 1813 Conrad Gottlieb Ribbeck, Oberkonsistorialrat und Probst zu Berlin, wegen seiner aufopfernden Dienste für Stadt und Bevölkerung – insbes. während der französischen Besetzung – zum E. der Stadt Berlin er-

nannt. Nach der > SPALTUNG der Stadt wurden auf Beschluß der (in West-Berlin tagenden) > STADTVERORDNETENVERSAMMLUNG am 16.12.1948 der 59., 60., 61. und 62. E. (die Nationalsozialisten Adolf Hitler, Hermann Göring, Joseph Goebbels und Wilhelm Frick) sowie der 64. E. (der Kommunist Wilhelm Pieck) aus der Liste der E. gestrichen.

In Ost-Berlin blieb Wilhelm Pieck bis 1955 der einzige E. nach 1945. Seitdem lautet der dort vergebene Titel „E. der Hauptstadt der Deutschen Demokratischen Republik". Insg. erhielten – außer Pieck – 24 Personen diese Auszeichnung, darunter 14 Bürger der UdSSR. An drei Persönlichkeiten wurde die Ehrung postum vergeben, darunter der Zeichner Heinrich Zille. Zum letzten Ost-Berliner E. vor der > VEREINIGUNG wurde am 30.6.1989 in der DDR die Alterspräsidentin der Volkskammer, Wilhelmine Schirmer-Pröscher (SED), ernannt, die in diesem Monat 100 Jahre alt wurde.

Erster gemeinsamer E. beider Stadthälften wurde Bundespräsident Richard v. Weizsäcker, dem diese Würde am 29.6.1990 von den damals noch existierenden beiden Stadtparlamenten und -regierungen in einer gemeinsamen Feierstunde in der > NIKOLAIKIRCHE verliehen wurde.

Ehrenbürger von Berlin

1. Conrad Gottlieb Ribbeck, Oberkonsistorialrat und Probst zu Berlin, 6.7.1813
2. Heinrich Falckenberg, Stadtrat und Kämmerer, 28.2.1815
3. Gebhard Leberecht Fürst Blücher v. Wahlstatt, 31.1.1816
4. Ernst Ludwig Heim, Geheimer Medizinalrat, 15.4.1822
5. Ludwig v. Brauchitsch, Generalleutnant und Kommandant, 19.5.1822
6. Friedrich Freiherr v. Schuckmann, Geheimer Staatsminister des Innern und der Polizei, 11.1.1829
7. Carl v. Gontard, Oberstleutnant und

Platzmajor, 31.7.1829
8. Otto Hansmann, Königlicher Rechnungs-
   rat, 28.10.1829
9. Carl Graf v. Wylich und Lottum, Geheimer Staatsminister, 9.4.1834
10. Carl v. Gerlach, Polizeipräsident,
    3.10.1834
11. Friedrich August v. Staegemann, Gehei-
    mer Staatsrat, 4.2.1835
12. Ludwig Wilhelm Neumann, Geheimer
    Justiz- und Stadtgerichtsrat, 20.1.1837
13. Nikolaus I., Kaiser von Rußland, 18.10.
    1837
14. Johann Philipp v. Ladenberg, Geheimer
    Staatsminister, 26.11.1839
15. Carl v. Kamptz, Geheimer Staats- und Ju-
    stizminister, 24.3.1840
16. Georg v. Rauch, Geheimer Staats- und
    Kriegsminister, 6.4.1840
17. Friedrich Magnus v. Bassewitz, Ober-
    präsident der Provinz Brandenburg,
    31.3.1842
18. Friedrich Carl Ferdinand v. Müffling,
    General der Infanterie und Gouverneur
    von Berlin, 15.11.1842
19. Hermann v. Boyen, Geheimer Staats-
    und Kriegsminister, 19.11.1842
20. Adolph Streckfuß, Wirklicher Geheimer
    Oberregierungsrat, 9.3.1848
21. Johann Christian Krüger, Geheimer Ju-
    stiz- und Stadtgerichtsrat, 14.5.1843
22. Ludwig v. Borstell, General der Kaval-
    lerie, 6.9.1843
23. Johann David Heegewaldt, Geheimer
    Hofrat und Bürgerdeputierter, 6.1.1844
24. Carl August Alsleben, Chefpräsident des
    Oberlandesgerichts, 12.6.1845
25. Eugen v. Puttkammer, Oberpräsident der
    Provinz Posen, 27.7.1847
26. Christian Rother, Staatsminister, 14.10.
    1847
27. Heinrich Freiherr v. Gagern, ehem. Präsi-
    dent des deutschen Reichsministeriums,
    29.3.1849
28. Friedrich Wilhelm Graf v. Brandenburg,
    Ministerpräsident, 6.2.1850
29. Otto Theodor Freiherr v. Manteuffel, Mi-
    nisterpräsident, 6.12.1850
30. Friedrich Freiherr v. Wrangel, General
    der Kavallerie, 24.9.1850
31. Christian Daniel Rauch, Bildhauer,
    31.5.1851
32. Alexander Freiherr v. Humboldt, Wirkli-
    cher Geheimrat, 24.1.1856
33. Eduard Heinrich Flottwell, Oberpräsi-
    dent und Staatsminister a.D., 16.2.1856

34. Prof. Dr. August Boeckh, Geheimer Re-
    gierungsrat, 15.3.1857
35. Samuel Marot, Oberkonsistorialrat,
    1.7.1858
36. Heinrich Wilhelm Krausnick, Oberbür-
    germeister, 30.12.1862
37. Otto Fürst v. Bismarck, Reichskanzler,
    16.3.1871
38. Helmuth Graf v. Moltke, Generalfeld-
    marschall, 16.3.1871
39. Friedrich Heinrich Eduard Kochhann,
    Stadtverordnetenvorsteher, 1875
40. Heinrich Schliemann, Kaufmann und
    Altertumsforscher, 16.6.1881
41. Leopold v. Ranke, Geschichtsforscher,
    31.3.1885
42. Robert Koch, Arzt und Forscher,
    21.11.1890
43. Rudolf Virchow, Arzt und Politiker,
    13.10.1891
44. Adolph v. Menzel, Maler, 8.12.1895
45. Paul Langerhans, Arzt und Stadtver-
    ordnetenvorsteher, 25.5.1900
46. Heinrich Walter Bertram, Stadtschulrat,
    1.1.1901
47. Arthur Hobrecht, Oberbürgermeister
    und Finanzminister, 14.8.1904
48. Albert Friedrich Wilhelm Haack, unbe-
    soldeter Stadtrat, 22.1.1905
49. Karl Arnold Marggraff, unbesoldeter
    Stadtrat, 7.6.1911
50. Martin Kirchner, Oberbürgermeister,
    15.5.1912
51. Paul Michelet, Stadtverordnetenvor-
    steher, 20.1.1914
52. Oskar Cassel, Stadtverordnetenvor-
    steher-Stellvertreter, 20.1.1914
53. Ferdinand Straßmann, Arzt und un-
    besoldeter Stadtrat, 18.12.1915
54. Ludwig Hoffmann, Stadtbaurat, 13.3.
    1924
55. Hermann Bamberg, Stadtverordneter,
    24.6.1926
56. Hugo Heimann, Stadtverordneter, 24.6.
    1926
57. Max Liebermann, Maler, 20.7.1927
58. Paul v. Beneckendorff und v. Hinden-
    burg, Generalfeldmarschall und Reichs-
    präsident, 1.4.1933
59. Adolf Hitler*, Reichskanzler, 1.4.1933
60. Hermann Göring*, Reichsminister, 1934
61. Dr. Joseph Goebbels*, Reichsminister,
    1934
62. Dr. Wilhelm Frick*, Reichsminister, 1937
63. Paul Lincke, Komponist, 7.11.1941
64. Wilhelm Pieck*, KPD-Politiker, 1946

65. Dr. h.c. Rudolf Wissell, Reichsarbeits-
minister a.D., 8.3.1949
66. Prof. Dr. Theodor Heuss, Bundespräsident, 31.10.1949
67. Paul Löbe, Reichstagspräsident a.D.,
14.12.1955
68. Louise Schroeder, Bürgermeister a.D.,
2.4.1957
69. Jakob Kaiser, Bundesminister a.D.,
8.2.1958
70. Dr. Otto Dibelius, Ev. Bischof von Berlin,
15.5.1958
71. Dr. Dr. h.c. Marie-Elisabeth Lüders,
Alterspräsidentin des Deutschen Bundestages, 25.6.1958
72. Dr. h.c. Heinrich Lübke, Bundespräsident, 30.4.1962
73. Lucius Dubignon Clay, General, 5.5.1962
74. Prof. Dr. Otto Heinrich Warburg, Ehrensenator der Max-Planck-Gesellschaft,
8.10.1963
75. Dr. h.c. Konrad Adenauer, Bundeskanzler, 10.10.1963
76. Nelly Sachs, Schriftstellerin, 14.7.1967
77. Prof. Dr. Otto Hahn, Forscher, 17.6.1968
78. Prof. Hans Scharoun, Architekt, 26.2.1969
79. Prof. Karl Schmidt-Rottluff, Maler, 10.4.
1970
80. Dr. Heinrich Grüber, Propst, 8.5.1970
81. Dr. h.c. Willy Brandt, Bundeskanzler,
12.12.1970
82. Prof. Dr. Ferdinand Friedensburg, Bürgermeister a.D., 20.10.1971
83. Franz Neumann, Ehrensenator der TU
Berlin, 20.10.1971
84. Prof. Dr. Hans Reif, Vizepräsident des
Abgeordnetenhauses von Berlin, Mitglied des Deutschen Bundestages,
20.10.1971
85. Herbert v. Karajan, Dirigent, 23.11.1973
86. Dr. Dr. Gustav W. Heinemann, Bundespräsident a.D., 18.2.1974
87. Walter Scheel, Bundespräsident, 27.11.
1978
88. Dr. Johann Baptist Gradl, Bundesminister a.D., 28.4.1982
89. Prof. Dr. Shepard Stone, Leiter des
Aspen-Instituts Berlin, 24.3.1983
90. Prof. Dr. Karl Carstens, Bundespräsident,
3.4.1984
91. John J. McCloy, ehem. Hochkommissar
der Vereinigten Staaten von Amerika in
Deutschland, 2.4.1985
92. Dr. h.c. Heinz Galinski, Vorsitzender des
Vorstandes der Jüdischen Gemeinde zu
Berlin, 26.11.1987

93. Helmut Schmidt, Bundeskanzler a.D.,
13.12.1989
94. Richard v. Weizsäcker, Bundespräsident,
26.6.1990

*Am 16.12.1948 wurden auf Beschluß der (in West-
Berlin tagenden) Stadtverordnetenversammlung
der 59., 60., 61. und 62. E. (die Nationalsozialisten
Adolf Hitler, Hermann Göring, Joseph Goebbels
und Wilhelm Frick) sowie der 64. E. (der Kommunist Wilhelm Pieck) aus der Liste gestrichen.

Ehrenbürger von Berlin (Ost)

1. Wilhelm Pieck, KPD-Politiker und 1949-
60 Präsident der DDR, 3.1.1946 anläßlich
des 70. Geburtstags
2. Walter Ulbricht, damals 1. Sekretär des
ZK der SED und Vorsitzender des Staatsrats der DDR, anläßlich des 70. Geburtstags, 29.6.1963
3. Fjodor J. Bokow, Generalleutnant der Roten Armee, 7.5.1965, Mitglied des Kriegs-
rats der 1. Belorussischen Front
4. Michail A. Jegorow, Sergeant der Roten
Armee, hißte am 30.4.1945 zusammen
mit M. W. Kantarija die rote Fahne auf
dem Reichstagsgebäude, 7.5.1965*
5. Meliton W. Kantarija, Gefreiter der Roten
Armee, hißte am 30.4.1945 zusammen
mit M. A. Jegorow die rote Fahne auf
dem Reichstagsgebäude, 7.5.1965*
6. Michail J. Katukow, Marschall der
Panzertruppen der Roten Armee, 7.5.
1965*
7. Iwan S. Konew, Marschall der Sowjetunion und Oberbefehlshaber der 1. Ukrainischen Front der Gruppe der sowjetischen Streitkräfte in Deutschland,
7.5.1965*
8. Alexander G. Kotikow, Generalmajor der
Roten Armee und dritter Sowjetischer
Stadtkommandant von Berlin, 7.5.1965*
9. Nikolai I. Massalow, Gardesergeant der
Roten Armee, rettete am 30.4.1945 einem
deutschen Mädchen nahe dem Landwehrkanal das Leben (seine Tat bildete
den Anlaß für die Gestaltung der Sol-
datenfigur des > Sowjetischen Ehrenmals
im > Treptower Park), 7.5.1965*
10. Michail D. Salamatin, Generaloberst der
Roten Armee, 7.5.1965*
11. Wladimir S. Semjonow, Politischer Berater des Obersten Chefs der Sowjetischen
Militäradministration in Deutschland,
7.5.1965*
12. Wassilij D. Sokolowski, Marschall der

Sowjetunion und Oberster Chef der sowjetischen Militäradministration in Deutschland, 7.5.1965*

13. Wassili I. Tschuikow, Marschall der Sowjetunion und Armeegeneral der 8. Gardearmee der 1. Belorussischen Front, nach W. D. Sokolowski Oberster Chef der SMAD, 7.5.1965*

14. Friedrich Ebert, Oberbürgermeister von Berlin (Ost) von 1948-67, 5.7.1967

15. Otto Nagel, Maler und Präsident der Akademie der Künste zu Berlin, postum, 30.1.1970

16. Heinrich Zille, Zeichner, seit 1924 Mitglied der Preußischen Akademie der Künste, postum, 30.1.1970

17. Pjotr Abrassimov, Außerordentlicher und Bevollmächtigter Botschafter der UdSSR in der DDR, 3.9.1971

18. Nikolai E. Bersarin, Generaloberst der Roten Armee und vom 28.4.-16.6.1945 erster sowjetischer Stadtkommandant von Berlin, postum, 2.5.1975

19. Anna Seghers, Schriftstellerin, Präsidentin des Schriftsteller-Verbandes der DDR, anläßlich des 70. Geburtstags, 19.11.1975

20. Oberst Waleri F. Bykowski, Kosmonaut, zusammen mit S. Jähn anläßlich ihres gemeinsamen Raumflugs vom 26.8.-3.9. 1978, 21.9.1978

21. Oberst Siegmund Jähn, Kosmonaut, „erster Deutscher im All", zusammen mit W.F. Bykowski anläßlich ihres gemeinsamen Raumflugs im August 1978, 21.9.1978

22. Erich Honecker, Generalsekretär des ZK der SED und Vorsitzender des Staatsrats der DDR, anläßlich des 70. Geburtstags, 25.8.1982**

23. Wolfgang Heinz, Schauspieler und Intendant, Präsident des Verbandes der Theaterschaffenden der DDR, 30.9.1983

24. Wieland Herzfelde, Schriftsteller und Verleger, 11.4.1986

27. Wilhelmine Schirmer-Pröscher, Alterspräsidentin der Volkskammer der DDR, Mitglied des Magistrats von Berlin (Ost) 1948-58, Abgeordnete der Stadtverordnetenversammlung von 1953-63 anläßlich des 100. Geburtstags, 31.3.1989

* Tag der Verleihung; die Urkunden datieren vom 8.5.1965, dem 20. Jahrestag der Kapitulation („Tag der Befreiung").
** Auf Beschluß der Stadtverordnetenversammlung von Berlin (Ost) vom 13.12.1989 gestrichen.

Eichkamp: Die Kleinhaussiedlung E. am Nordostrand des > GRUNEWALDS wurde 1918-29 nach Plänen von Max Taut und Bruno Hoffmann angelegt. Sie liegt unmittelbar neben der > AVUS. Ursprünglich gehörte das Gelände teils zum Gebiet Grunewald Forst, teils zum Kreis Teltow. Bei der Bildung > GROSS-BERLINS 1920 kam es zunächst zum Bezirk > WILMERSDORF. Seit 1938 ist es Teil des Bezirks > CHARLOTTENBURG. In E. befinden sich in der Harbigstr. die 1959 erbaute Studentensiedlung E. und das 1960 am Dauerwaldweg errichtete Evangelische Studentenheim der > TECHNISCHEN UNIVERSITÄT BERLIN, außerdem das 1930 nach Plänen von Fred Forbat erbaute > MOMMSENSTADION an der Waldschulallee 34 sowie einige weitere > SPORTSTÄTTEN und Schulen.

Eigenbetriebe von Berlin: E. sind nichtrechtsfähige wirtschaftliche Unternehmen des Landes Berlin unter der Aufsicht der > SENATSVERWALTUNG FÜR VERKEHR UND BETRIEBE. Anfang 1992 gehörten hierzu (nach der Zahl der Beschäftigten) die > BERLINER VERKEHRS-BETRIEBE (BVG), die > BERLINER STADTREINIGUNGS-BETRIEBE (BSR), die > BERLINER WASSER-BETRIEBE (BWB), die > BERLINER GASWERKE (GASAG) und die > BERLINER HAFEN- UND LAGERHAUS-BETRIEBE (BEHALA). Insg. beschäftigten die E. – incl. ihrer durch die > VEREINIGUNG hinzugekommenen Betriebsteile in den östlichen > BEZIRKEN – rd. 50.000 Personen. Die als Monopolbetrieb der > ELEKTRIZITÄTSVERSORGUNG arbeitende > BERLINER KRAFT- UND LICHT (BEWAG)-AKTIENGESELLSCHAFT gehört einschließlich ihrer für das östliche Versorgungsgebiet zuständigen Tochtergesellschaft, der > ENERGIEVERSORGUNG BERLINER AKTIENGESELLSCHAFT (EBAG), nicht zu den E., sondern zu den öffentlichen Unternehmen im Rahmen der > BETEILIGUNGEN DES LANDES BERLIN AN WIRTSCHAFTSUNTERNEHMEN. Die Grundlage für die Wirtschaftsführung der E. bildet das „Gesetz über die Eigenbetriebe des Landes Berlin" vom 11.12.1959 in der Fassung vom 22.12.1988. Die E. sind organisatorisch aus der allgemeinen Verwaltung ausgegliedert und mit eigenen Leitungs- und Kontrollorganen ausgestattet. Sie gelten als Sondervermögen des Landes und werden finanzwirtschaftlich außerhalb des Landeshaushalts geführt (> HAUSHALT UND FINANZEN). Jeder Eigenbetrieb hat einen Verwaltungsrat, dessen Vorsitzender das für die Eigenbetriebsaufsicht zuständige Senatsmitglied ist, derzeit der Senator für Verkehr und Betriebe. Die E. verfolgen eine eigenständige Wirtschaftsplanung und Rechnungslegung. Sie erstellen einen jährlichen Geschäftsbericht, der vom > RECHNUNGSHOF überprüft wird. Die jährlichen Wirtschaftspläne der E. werden vom Verwaltungsrat festgestellt. Soweit Zuschüsse aus dem oder Abführungen an den allgemeinen Landeshaushalt vorgesehen sind, werden sie als Teil des Haushaltsplans vom > SENAT VON BERLIN beschlossen und vom > ABGEORDNETENHAUS im Rahmen der Haushaltsberatungen verabschiedet. Verluste der E. werden nur insoweit aus dem Landeshaushalt ausgeglichen, als die E. in den Folgejahren nicht selbst einen Ausgleich erwirtschaften können. Die Tarife der E. werden vom jeweiligen Verwaltungsrat empfohlen und nach Zustimmung des Abgeordnetenhauses durch den Senat festgesetzt. Einzige Ausnahme hierbei bildet die BEHALA, da sie für die Bevölkerung keine unmittelbaren Versorgungsfunktionen wahrnimmt.

In Ost-Berlin beschloß die > STADTVERORDNETENVERSAMMLUNG am 24.7.1990 auf der Grundlage der Kommunalverfassung der DDR vom 17.5.1990, einen Teil der ehem. volkseigenen Versorgungsbetriebe gleichfalls als E. zu führen, um die kommunalwirtschaftlichen Strukturen in Hinblick auf die bevorstehende Vereinigung zu vereinheitlichen. Im Gesetz über die Vereinheitlichung des Berliner Landesrechts vom 28./29.9.1990 wurde die räumliche Erstreckung des Eigenbetriebsgesetzes auf Gesamt-Berlin geregelt. Für die umgewandelten Betriebe wurden Verwaltungsräte eingerichtet und die Geschäftsleitungen der E. (West) bestellt.

Zum 1.1.1992 wurden dann die (Ost-) „Berliner Verkehrs-Betriebe (BVB)" in die BVG, der für Müllabfuhr und Straßenreinigung zuständige Betrieb „Stadtreinigung Berlin" in die BSR, der Betrieb „Wasserversorgung und Abwasserbehandlung Berlin" in die BWB sowie der > OSTHAFEN Berlin in die BEHALA integriert. Nach der für Mitte 1992 vorgesehenen Umwandlung der GASAG in eine Aktiengesellschaft wird noch für 1992 der Zusammenschluß mit der für die > GASVERSORGUNG im östlichen Stadtteil verantwortlichen > BERLINER ERDGAS AG vorbereitet. Das fusionierte Berliner Gasversorgungsunternehmen soll demnach wie die BEWAG nicht mehr als E., sondern als Aktiengesellschaft geführt werden, an der das Land Berlin 51 % halten wird. Die mit der Vereinigung übernommenen und zunächst als eigenständiger E. geführten Berliner > STADTGÜTER wurden bereits im Oktober 1991 in eine landeseigene GmbH überführt.

Einigungsvertrag: Mit dem am 31.8.1990 unterzeichneten „Vertrag zwischen der Bundesrepublik Deutschland und der Deutschen Demokratischen Republik über die Herstellung der Einheit Deutschlands – Einigungsvertrag – " wurden die rechtlichen Grundlagen nicht nur für die Wiederherstellung der Einheit Deutschlands, sondern auch für die Wiedervereinigung Berlins und seine Integration in das neue Gesamtdeutschland geschaffen. Mit dem Wirksamwerden des Vertrages am > 3. OKTOBER 1990 ist das Grundgesetz (GG) auch „in dem Teil des Landes Berlin, in dem es bisher nicht galt" (Ost-Berlin), in Kraft getreten.

Der E. regelt die Wirkung des Beitritts, die dadurch bedingten Änderungen des Grundgesetzes und der Finanzverfassung sowie die Rechtsangleichung. In einem Protokoll und zwei umfangreichen Anlagen finden sich Klarstellungen und besondere Bestimmungen zur Überleitung von Bundesrecht (gemäß Art. 8 und 11 des Vertrages) sowie besondere Bestimmungen für fortgeltendes Recht der DDR. Als Anlage III ist zudem die „Gemeinsame Erklärung der Bundesregierung und der Regierung der DDR zur Regelung offener Vermögensfragen" vom 15.6.1990 angefügt.

Art. 1 Abs. 2 des E. bestimmt: „Die 23 Bezirke von Berlin bilden das Land Berlin". Hierzu wird im Protokoll klargestellt, daß die Grenzen des Landes Berlin grundsätzlich durch das preußische Gesetz über die Bildung der neuen Stadtgemeinde Berlin vom 27.4.1920 bestimmt werden. Diese Grenzen > GROSS-BERLINS hatten auch die > ALLIIERTEN im > LONDONER PROTOKOLL vom 12.9.1944 den Bestimmungen über das „Berliner Gebiet" und dessen Einteilung in > SEKTOREN zugrundegelegt. Das Protokoll zum E. bestätigt darüber hinaus die zwischen 1945 und 1990 erfolgten Veränderungen der Grenzen Berlins, die sich aus Handlungen der Besatzungsmächte in der unmittelbaren Nachkriegszeit, aus den Vereinbarungen des > SENATS VON BERLIN mit der Regierung der DDR zum > GEBIETSAUSTAUSCH sowie aus späteren Verwaltungsmaßnahmen der DDR ergeben haben. Weiter bestimmt es, „daß alle Gebiete, in denen nach dem 7.10.1949 eine Wahl zum

Abgeordnetenhaus oder zur Stadtverordnetenversammlung von Berlin stattgefunden hat, Bestandteile der Bezirke von Berlin sind". Das bedeutet:

1. Das auf Beschluß des > ALLIIERTEN KONTROLLRATS vom 30.8.1945 zur sowjetischen Besatzungszone geschlagene, seit 1920 zum Bezirk > SPANDAU gehörende Gebiet von West-Staaken mit dem Flugplatz > STAAKEN (> FLUGHÄFEN), das am 1.2.1951 zunächst der Verwaltung des Ost-Berliner Bezirks > MITTE unterstellt und 1952 dem Kreis Nauen angegliedert worden war, gehört wieder zum Land Berlin, denn in West-Staaken fanden 1950 noch > WAHLEN zum > ABGEORDNETENHAUS VON BERLIN statt. Der 1945 im Tausch dagegen zum britischen Sektor (Bezirk Spandau) gekommene *Seeburger Zipfel* (Weinmeisterhöhe) mit dem Flugplatz Gatow und dem östlich des > GROSS-GLIENICKER SEES gelegenen Teil von Groß-Glienicke bleibt Teil des Landes Berlin, da seine Einwohner ab 1946 regelmäßig an den Berliner Wahlen teilgenommen haben.

2. Die unter dem Dach des > VIER-MÄCHTE-ABKOMMENS vom 3.9.1971 zwischen dem Senat und der DDR-Regierung 1971 ausgehandelte „Vereinbarung über die Regelung von Enklaven durch Gebietsaustausch", die durch eine Vereinbarung vom 31.3.1988 ergänzt wurde, gilt auch im Verhältnis zwischen den Ländern Berlin und Brandenburg fort, so daß die früher bestehenden West-Berliner Exklaven nunmehr endgültig zum Land Brandenburg gehören (> GEBIETSAUSTAUSCH).

3. Die im Ostteil Berlins an die neuen Bezirke > MARZAHN bzw. > HELLERSDORF angrenzenden und von dort verwalteten Neubaugebiete Ahrensfelde-Süd und Hönow-West, deren Einwohner an den Wahlen zur Ost-Berliner > STADTVERORDNETENVERSAMMLUNG am 6.5.1990 teilgenommen haben, sind mit dem E. ebenfalls Teile des Landes Berlin geworden.

Die Länder Berlin und Brandenburg werden verpflichtet, den sich durch diese konstitutive Grenzregelung ergebenden Grenzverlauf zu „überprüfen" und zu „dokumentieren", wobei es schwerpunktmäßig nur noch um eine weitere Präzisierung des Grenzverlaufs geht. Dies spielt v.a. für die Gebiete bei *Ahrensfelde* und *Hönow* eine Rolle, da dort 1990 keine förmliche Neufestsetzung der Stadtgrenzen vorgenommen wurde, sondern die stillschweigende Einbeziehung dieser Ortsteile in das Stadtgebiet lediglich in der Versendung der Wahlbenachrichtigungen zum Ausdruck kam.

Den gesetzgebenden Körperschaften des vereinten Deutschlands wird in Art. 5 des E. empfohlen, die Möglichkeit einer Neugliederung des Raumes Berlin/Brandenburg abweichend von den Vorschriften des Art. 29 GG durch Vereinbarung der beteiligten Länder zu erwägen. Für eine eventuelle Vereinigung der Länder Berlin und Brandenburg stellt er dabei eine vereinfachte Prozedur, angelehnt an Art. 118 GG, in Aussicht.

Art. 2 des E. bestimmt, „Hauptstadt Deutschlands ist Berlin" (> HAUPTSTADT). Die Frage des Sitzes von Parlament und Regierung wurde zunächst offengelassen. Sie sollte „nach Herstellung der Einheit Deutschlands entschieden" werden. Am 20.6.1991 hat sich der > DEUTSCHE BUNDESTAG mit einer Mehrheit von 338 zu 320 Stimmen für Berlin als Parlaments- und Regierungssitz ausgesprochen. Innerhalb von zehn Jahren soll der politisch-parlamentarische Kernbereich – Bundestag, > BUNDESPRÄSIDENT, Bundeskanzler (> BUNDESKANZLERAMT), Führungsbereiche der > BUNDESMINISTERIEN – von Bonn nach Berlin umziehen. Der > BUNDESRAT wird nach einem Beschluß vom 5.7.1991 zunächst seinen Sitz in Bonn beibehalten.

Da Wahlen zu einem Gesamt-Berliner Landesparlament erst einige Wochen nach der Vereinigung stattfinden konnten, bestimmte der E. in Art. 16, daß bis zur Bildung einer einheitlichen Gesamt-Berliner Landesregierung der Senat von Berlin gemeinsam mit dem > MAGISTRAT die Aufgaben der Gesamt-Berliner Landesregierung wahrnimmt. Diese Übergangsperiode dauerte vom 3.10. 1990, dem Tag der Vereinigung, bis zum 24.1.1991, der Bildung einer neuen Landesregierung durch das aus den Wahlen vom 2.12.1990 hervorgegangene Gesamt-Berliner Abgeordnetenhaus. In dieser Zeit war der Ost-Berliner > OBERBÜRGERMEISTER Mitglied des Bundesrats.

Die durch die Nachkriegsereignisse getrennten Teile der ehem. staatlichen preußischen Sammlungen – u.a. die staatlichen Museen (> STAATLICHE MUSEEN ZU BERLIN – PREUSSISCHER KULTURBESITZ), die Staatsbibliotheken (> STAATSBIBLIOTHEK ZU BERLIN – PREUSSISCHER KULTURBESITZ), das > GEHEIME STAATSARCHIV STIFTUNG PREUSSISCHER KULTURBESITZ, das > IBERO-AMERIKANISCHE INSTITUT und das > STAATLICHE INSTITUT FÜR MUSIKFORSCHUNG – sollen nach Art. 35 des E. wieder zusammengeführt werden. Die vorläufige Trägerschaft soll die bisher vom Bund und den elf alten Ländern gemeinsam getragene > STIFTUNG PREUSSISCHER KULTURBESITZ übernehmen. „Auch für die künftige Regelung ist eine umfassende Trägerschaft für die ehemals staatlichen preußischen Sammlungen in Berlin zu finden", heißt es in Art. 35 Abs. 5.

Im E., seinem Protokoll und seinen Anlagen finden sich im Hinblick auf Berlin einige Regelungen, die von denen für die fünf neuen Länder abweichen. So gilt das von der DDR erlassene Kirchensteuerrecht zwar nach dem E. als Landesrecht in den fünf neuen Ländern, nicht aber für den Ostteil Berlins: Das in Berlin (West) geltende Kirchensteuerrecht wurde mit Wirkung vom 1.1.1991 „auf den Teil Berlins erstreckt, in dem es bisher nicht galt" (> RELIGIONSGEMEINSCHAFTEN). Auch beim > ÖFFENTLICHEN DIENST, bei der Verwaltung (> POLITISCHES SYSTEM), der > POLIZEI, in den Bereichen > SCHULE UND BILDUNG, Gesundheitswesen und Justiz wurden die in Berlin (West) geltenden Regelungen auf den Ostteil der Stadt ausgedehnt. (> VEREINIGUNG)

Für den Bereich der Rechtspflege enthält der E. in Anlage I, Kapitel III, Sachgebiet A: Rechtspflege, Abschnitt IV, ein ganzes Bündel von Sonderregelungen für Berlin. So wurden Aufbau und Zuständigkeit der in West-Berlin bestehenden ordentlichen Gerichtsbarkeit einschließlich der > STAATSANWALT-SCHAFTEN, der Verwaltungs-, Finanz-, Arbeits- und Sozialgerichtsbarkeit mit dem 3.10.1990 auch auf Ost-Berlin erstreckt (> SENATS-VERWALTUNG FÜR JUSTIZ). Das bedeutete: Im Gegensatz zu den fünf neuen Ländern stellten die Gerichte und die Staatsanwaltschaft im Ostteil der Stadt am Tag der Vereinigung ihre Tätigkeit ein. Bereits am 1.10.1990 waren die Polizeihoheit auf die Senatsinnenverwaltung (> POLIZEI) und der zuvor beim Innenministerium der DDR angesiedelte > JUSTIZVOLLZUG in die Zuständigkeit der Sen-Just übergegangen. Richter und Staatsanwälte, die weiter amtieren wollen, können sich einer Überprüfung durch den West-Berliner > RICHTERWAHLAUSSCHUSS stellen. Bei einem positiven Ergebnis können sie vom Senator für Justiz „auf Probe" als Richter oder Staatsanwalt berufen werden. Von insg. knapp 400 betroffenen Richtern und Staatsanwälten wurden letztendlich 33 Richter und 17 Staatsanwälte übernommen. Rechtsanwälte, die am 3.10.1990 in Ost-Berlin zugelassen waren,

wurden hingegen automatisch Mitglieder der Rechtsanwaltskammer Berlin und brauchten nur einen Zulassungsantrag bei einem ordentlichen Gericht des Landes Berlin zu stellen (> RECHTSANWALTSCHAFT).

Einkaufszentren: Neben den Citybereichen um den > KURFÜRSTENDAMM (Verkaufsfläche 1985: 134.000 m²) und den > ALEXANDERPLATZ (> CITY) entwickelten sich mit der wachsenden Großstadt – nach dem II. Weltkrieg insbes. in West-Berlin – eigenständige E. in den > BEZIRKEN, die in ihrer Versorgungsfunktion denen im Zentrum kaum nachstehen (> EINZELHANDEL; > LAGE UND STADTRAUM). Die wichtigsten dieser Zentren sind:

– der Straßenzug > SCHLOSS-STRASSE – Rheinstr. mit dem > FORUM STEGLITZ in > STEGLITZ (Verkaufsfläche 1985: 91.000 m²);

– die > KARL-MARX-STRASSE mit dem > HERMANNPLATZ in > NEUKÖLLN (80.000 m²);

– die > WILMERSDORFER STRASSE in > CHARLOTTENBURG (57.000 m²);

– die > MÜLLERSTRASSE im > WEDDING (36.000 m²);

– die Altstadt > SPANDAU (35.000 m²);

– das > TEGEL-CENTER und die *Gorkistraße* in > REINICKENDORF (27.000 m²);

– die > SCHÖNHAUSER ALLEE im Bezirk > PRENZLAUER BERG (Verkaufsfläche 1991: 19.000 m²);

– die > LEIPZIGER STRASSE in > MITTE (17.000 m²);

– die > FRANKFURTER ALLEE in > FRIEDRICHSHAIN (12.000 m²).

Gemäß der im > FLÄCHENNUTZUNGSPLAN formulierten *Zentrenhierarchie* sollen die o.g. E. neben den Citybereichen zu *Hauptzentren* entwickelt werden. Daneben gibt es v.a. in den dichtbebauten Wohngebieten der Innenstadt weitere *Mittel-* und *Unterzentren* zur Deckung des Bedarfs.

Die Versorgung der Bevölkerung mit Verkaufsfläche lag 1985 in West-Berlin bei 0,95 m²/Einwohner; das entspricht dem bundesdeutschen Durchschnitt. In Ost-Berlin lag die Versorgung 1991 mit 0,45 m²/Einwohner deutlich darunter. Um langfristig die Versorgung in ganz Berlin auf einem Niveau zu erreichen, sind bis 2010 weitere 1,4 Mio. m² Verkaufsfläche zu den bisherigen 2,6 Mio. m² zu errichten. Die Zentrenhierarchie geht davon aus, daß im wesentlichen die bestehenden zentralen Lagen der Stadt weiterentwikkelt werden und daß nur in begrenztem Maße neue Einkaufszentren entstehen werden.

Die Steigerung der vorhandenen Verkaufs-
fläche um ca. 50 % wird v.a. zugunsten der
City um Friedrichstr./Leipziger Str. im
ehem. Ostteil Berlins erfolgen. Daneben wird
dort auch die Entwicklung von historischen
Lagen wie der Breiten Str. in > PANKOW, der
Altstadt von > KÖPENICK, der Greifswalder
Str. und Zentren in Großsiedlungen wie >
MARZAHN, > HELLERSDORF und > HOHENSCHÖN-
HAUSEN zu einer Belebung der Stadt beitra-
gen. Aber auch einige Lagen im Westteil,
etwa am Hermannplatz, am > POTSDAMER
PLATZ oder in Spandau-Wilhelmstadt, sollen
durch den Ausbau des Einzelhandels- und
Dienstleistungsangebots aufgewertet wer-
den.

Einkommen: Bis zur > VEREINIGUNG galt, daß
die E. in Berlin (West) geringfügig höher waren als im übrigen Bundesgebiet, während
sie andererseits deutlich unter denen anderer
Ballungszentren lagen. Das Niveau der erzielten E. in einer Region ist sowohl ein
Indikator für deren Wirtschaftskraft als auch
ein wichtiges Kriterium für die Beurteilung
der Attraktivität eines Standortes. Dies galt
insbes. für das geographisch und politisch
isolierte West-Berlin. Nach der letzten hierzu
vom > DEUTSCHEN INSTITUT FÜR WIRTSCHAFTS-
FORSCHUNG durchgeführten Untersuchung betrug die durchschnittliche Bruttolohn- und
-gehaltssumme je Arbeitnehmer in West-Berlin 40.392 DM. Im alten Bundesgebiet waren
die Verdienste um 1,2 % niedriger, in Hamburg um 10,1 % höher. Besonders groß war
der Vorsprung Hamburgs im Handel (27 %),
im Verkehrsgewerbe (23 %) und im verarbeitenden Gewerbe (17 %). Dabei wurden die
Bruttoverdienste zugrunde gelegt, d.h. die
Einkommen vor Abzug von Steuern und
Sozialversicherungsbeiträgen der Arbeitnehmer und für West-Berlin ohne Arbeitnehmerzulage nach dem Berlinförderungsgesetz (>
BERLINFÖRDERUNG).
Dieser beachtliche Abstand ergibt sich aus
den Unterschieden im Gewicht einzelner
Wirtschaftsbereiche sowie aus den Unterschieden innerhalb der Branchen hinsichtlich
Produktionsprofil, Tätigkeitsstruktur, Arbeitszeiten und Qualifikation der Arbeitnehmer (> WIRTSCHAFT). So wirkt sich die West-
Berliner Arbeitnehmerstruktur ungünstig auf
das Einkommensniveau aus: Der Ange-
stelltenanteil in West-Berlin ist geringer, der
Frauenanteil sowie der der qualifizierten Arbeitskräfte höher (> ARBEITSMARKT). Bereinigt

um Unterschiede in der Männer/Frauen-
Relation und Arbeiter/Angestellten-Relation
lagen die Durchschnittsverdienste im alten
Bundesgebiet 3,6 % unter West-Berliner Niveau, die von Hamburg 7,5 % darüber. Außerdem muß berücksichtigt werden, daß die
tatsächlich verfügbaren E. bisher i.d.R. durch
die Sonderleistungen im Rahmen der Berlinförderung nicht unerheblich erhöht worden
sind.
Beschränkt man den Vergleich auf die Arbeitnehmer im verarbeitenden Gewerbe, so
wird dieses Bild insg. bestätigt. Nach der
Strukturbereinigung sinkt der Vorsprung
Berlins gegenüber dem Bundesdurchschnitt

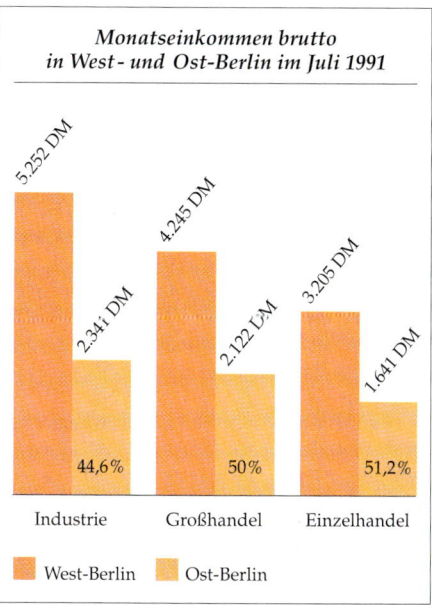

**Monatseinkommen brutto
in West- und Ost-Berlin im Juli 1991**

5.252 DM   2.341 DM   4.245 DM   2.122 DM   3.205 DM   1.641 DM

44,6 %   50 %   51,2 %

Industrie   Großhandel   Einzelhandel

☐ West-Berlin   ☐ Ost-Berlin

auf praktisch Null, während sich der Vorsprung von Hamburg auf 2,9 % verringert.
Andererseits wird deutlich, daß in anderen
Städten im verarbeitenden Gewerbe deutlich
mehr verdient werden kann, in Köln z.B. rd.
10 %.
Angesichts der zwischen den beiden Stadthälften stark unterschiedlichen Einkommenshöhe nach der Vereinigung sind aktuelle
durchschnittsbildende Einkommensvergle-
che für die Gesamtstadt derzeit unsinnig,
von umso größerem Interesse ist dagegen der
innerstädtische Vergleich. So lag z.B. im Oktober 1991 der Durchschnittsstundenlohn eines Industrie- und Bauarbeiters im Westteil
Berlins bei 21,64 DM, während er im Ostteil
nur 12,67 DM betrug (58,5 %). Bei den Ange-

stellten schwankte der Anteil im Juli 1991 je nach Beschäftigungsbereich zwischen rd. 45-51 %.

Es ist damit zu rechnen, daß diese Unterschiede etwa bis Mitte der 90er Jahre ausgeglichen sein werden. Ende 1991 gab es im Bereich der neuen Bundesländer 27 Tarifverträge, in denen bereits eine Angleichung der Ostgehälter an das westliche Tarifniveau zeitlich fixiert war. Die Zeitspanne erstreckte sich dabei vom 1.5.1991 (Gebäudereiniger) bis zum 1.4.1995 (Metallhandwerk).

Einzelhandel: Wie in der Berliner > WIRTSCHAFT insg., so zeigt sich auch im E. derzeit noch ein uneinheitliches Bild. Von der Konsumwelle, die mit der Währungsunion beider deutscher Staaten zum 1.7.1990 einsetzte, konnte der West-Berliner E. besonders stark profitieren. Aber auch die Konsumenten aus den Grenzregionen Polens trugen zur guten Einzelhandelskonjunktur bei. 1990 schnellte der Umsatz gegenüber dem Vorjahr um 28,4 % auf 26 Mrd. DM (nominal) in die Höhe. Im Vergleich der Monate Juli 1990 und 1989 betrug die Steigerung sogar 53 %. Mit dem Auslaufen der „Erstausstattungswelle" und Verbesserung der Einkaufsmöglichkeiten im Umland ließ das Einkaufsvolumen jedoch wieder nach. Dennoch dürfte auch 1991 noch ein Umsatzplus von über 10 % erzielt worden sein. Der E. in West-Berlin ist damit 1990 deutlich stärker und 1991 etwa in gleichem Maße gewachsen wie im westdeutschen Bundesgebiet. Dort nahmen die Umsätze um 11 % (1990) bzw. 10 % (1991) zu. Das stürmische Wachstum führte auch zu einer deutlichen Aufstockung der Zahl der Beschäftigten in West-Berlin, und zwar um 6 % (1990) bzw. 8 % (1991) (> ARBEITSMARKT).

Bei den einzelnen Sparten fiel das Geschäftsergebnis indes sehr unterschiedlich aus. Profitiert hat vor allem der E. mit elektrotechnischen Erzeugnissen, Fahrzeugen und Ersatzteilen sowie Einrichtungsgegenständen. Besondere Anziehungskraft übten die großen Kaufhäuser und Läden mit ihrem breiten Warenangebot in den > EINKAUFSZENTREN West-Berlins aus. Kleine Läden haben dagegen nicht so sehr am Wachstum partizipiert.

Über die Struktur des West-Berliner E. liegen keine amtlichen Angaben vor. Letztmalig wurde 1985 eine Totalerhebung durchgeführt, die detaillierte Informationen enthielt. Nach dem Ergebnis dieser Handelsstät-tenzählung waren in den gut 14.400 Berliner Arbeitsstätten knapp 81.000 Beschäftigte tätig, das Umsatzvolumen des Vorjahres belief sich auf 7,2 Mrd. DM. Damit entfielen fast 10 % der Beschäftigten in der Berliner Wirtschaft auf diesen Bereich. Die wichtigsten Wirtschaftsgruppen waren, gemessen am Umsatz, der Handel mit Nahrungsmitteln, Getränken und Tabakwaren (36 %), sonstigen Waren (25 %), Textilien, Bekleidung und Schuhen (11 %), mit Fahrzeugen (8 %) und pharmazeutischen sowie kosmetischen Erzeugnissen (7 %). Im Vergleich mit westdeutschen Großstädten nahm der Berliner E. eine Spitzenstellung ein; hier wurden 1985 die meisten Arbeitsstätten gezählt. Diese sind allerdings – im wesentlichen bedingt durch das begrenzte Flächenangebot – weitaus kleiner als in den anderen Städten. Beschäftigung und Umsatzvolumen in Berlin wurden nur noch von Hamburg übertroffen. Dennoch war der Absatz – bezogen auf die Zahl der Einwohner – relativ gering und lag nur knapp über dem Bundesdurchschnitt.

Eine wichtige Ursache dafür dürfte die Insellage der Stadt gewesen sein. Dadurch entfiel das Umland als Versorgungsgebiet. Darüber hinaus hat auch der bis 1985 anhaltende Rückgang der > BEVÖLKERUNG und ihre Überalterung zu Umsatzeinbußen beigetragen. Kompensierend wirkte der in den letzten Jahren stark gestiegene > TOURISMUS, allerdings haben davon in der Regel nur die Unternehmen im City-Bereich profitiert.

Für die östlichen > BEZIRKE Berlins werden die Indizes zum E. beim > STATISTISCHEN LANDESAMT seit Mitte 1990 geführt. Diesen Angaben zufolge kann von einem Durchbruch in der wirtschaftlichen Entwicklung noch keine Rede sein. Die Umsätze haben insg. nicht zugenommen, die Zahl der Beschäftigten war im Mai 1991 15 % niedriger als im zweiten Halbjahr 1990. Der Umbruchprozeß ist dennoch in vollem Gang. Die Privatisierung der früheren staatlichen Läden und Kaufhäuser ist weit vorangeschritten. Zugleich werden aber auch neue Kapazitäten aufgebaut. Die vorhandenen reichen bei weitem nicht aus.

So belief sich die Verkaufsfläche zu DDR-Zeiten auf etwas mehr als 400.000 m², in West-Berlin waren es 1,9 Mio. m² (1985). Damit stand umgerechnet auf die Bevölkerung in West-Berlin etwa das Dreifache an Verkaufsfläche zur Verfügung wie im Ostteil der Stadt. Die Zahl der Beschäftigten pro Kopf der Bevölkerung lag dagegen in Ost-Berlin nur ein Zehntel unter dem West-Berlin-Niveau. Häufig machte die > TREUHANDANSTALT deshalb Zugeständnisse beim Kaufpreis und verpflichtete gleichzeitig die neuen Eigentümer für eine gewisse Zeit zur Weiterbeschäftigung der überzähligen Arbeitskräfte. Ohne diese Verpflichtungen wären die aktuellen Arbeitslosenzahlen sicherlich noch höher.

Die Entwicklung im gesamten Berliner E. wird 1992 durch verschiedene Faktoren gedämpft. Dazu zählt einmal der Kaufkraftverlust der West-Berliner, die neben der Teuerung (> LEBENSHALTUNGSKOSTEN) auch den Abbau der Berlin-Zulage verkraften müssen. Hinzu kommt, daß die Bewohner Ost-Berlins und des Umlandes ihren Nachholbedarf inzwischen weitgehend gedeckt haben, und daß Käufe nach dem Verbrauch der Ersparnisse immer mehr aus laufendem > EINKOMMEN finanziert werden müssen, das derzeit in Ost-Berlin und dem Umland immer noch weit unter westlichem Niveau liegt. Auch die – in Ost- und West-Berlin – kräftig steigenden Mieten wirken umsatzdämpfend. Langfristig gesehen ist jedoch mit einem Wachstums des E. zu rechnen, allein schon deshalb, weil die Kaufkraft Ost-Berlins zunehmen wird.

Der Kapazitätsaufbau im E. birgt allerdings auch einige Risiken. Besonders im Ostteil der Stadt könnte die Entstehung einer ausgewogenen Handelsstruktur wie in den westlichen Bezirken behindert werden, wenn außerhalb der Stadtgrenzen, wie derzeit z.B. in Eiche bei > MARZAHN geplant, großflächige Einkaufs- und Multifunktionszentren v.a. im nordöstlichen Berliner Umland entstehen. Im Hinblick auf deren Zahl, Dimensionierung und Standorte bedarf es deshalb dringend der Abstimmung zwischen Berlin und dem Land Brandenburg (> RÄUMLICHES STRUKTURKONZEPT; > REGIONALPLANUNG). Risiken liegen aber auch in den derzeit überbordenden Gewerbemieten, die bereits heute in Verbindung mit der nicht hinreichend schnell forcierten Bereitstellung zusätzlichen Gewerberaums die Entstehung eines leistungsfähigen Mittelstandes im Ostteil der Stadt hemmen, und im Westteil seine Entwicklung zu beeinträchtigen beginnen.

Eisenbahn: Das Eisenbahn-Streckennetz der > DEUTSCHEN REICHSBAHN (DR) in Berlin umfaßte Ende 1991 1.083 km. Weitere ca. 400 km sind Anlagen von > KLEINBAHNEN UND PRIVATANSCHLUSSBAHNEN.

Die gegenwärtige Struktur des Eisenbahnnetzes ist das Ergebnis einer über 150jährigen Entwicklung und der politischen Gegebenheiten. Es besteht aus elf, zwischen 1838 und 1879 entstandenen, radial verlaufenden Fernbahnlinien, die ihren Anfang zumeist in an der Peripherie der damaligen Siedlungsfläche errichteten großen Kopfbahnhöfen nahmen. Sie werden durch die das engere Stadtgebiet umschließende > RINGBAHN und die die Stadtmitte durchquerende > STADTBAHN verbunden. Etwa zwischen 1870 und dem I. Weltkrieg entstanden, zumeist in enger baulicher Verbindung mit den Fernbahnen, besondere Nahverkehrsgleise, die heute überwiegend von den Zügen der mit Gleichstrom betriebenen, im Ostteil unter Verwaltung der DR, im Westteil unter Verwaltung der > BERLINER VERKEHRSBETRIEBE (BVG) stehenden > S-BAHN benutzt werden.

Das Netz ist noch nicht wieder in seinem Vorkriegszustand betriebsfähig. Bis zur Grenzöffnung 1989 war das Eisenbahnnetz in Berlin zweigeteilt; es bestand nur eine Gleisverbindung im > BAHNHOF FRIEDRICHSTRASSE über die Stadtbahn. Ein Austausch von Güterzügen fand nicht statt. Von den elf Fernverkehrsstrecken sind heute noch vier an der ehem. Sektorengrenze zu Ost-Berlin unterbrochen (> DEMARKATIONSLINIE; > SEKTOREN): die Anhalter Bahn in Richtung Leipzig, die Dresdener Bahn, die Nordbahn nach Rostock und die Hamburger Bahn. Die Görlitzer Bahn und die Stettiner Bahn, die ebenfalls entweder den Westteil der Stadt durchfuhren oder dort endeten, wurden nach der Stillegung des > STETTINER BAHNHOFS und des > GÖRLITZER BAHNHOFS im Ostteil der Stadt auf die Ringbahn geführt.

1. Personenfernverkehr

Der Personenfernverkehr von und nach Berlin wird derzeit über insg. sieben *Fernbahnhöfe* abgewickelt, auf denen täglich (Jahresfahrplan 1991/92) 138 Züge mit durchschnittlich insg. 52.000 Reisenden abfahren und 161 Züge mit durchschnittlich 60.000 Reisenden ankommen. Der Ost-West-Verkehr bzw. West-Ost-Verkehr verläuft vorwiegend über die Stadtbahn. Hier sind (in Ost-West-Reihenfolge) der > HAUPTBAHNHOF, der Bahnhof Friedrichstraße und der > BAHNHOF ZOOLOGISCHER GARTEN als Fernbahnhöfe ausgewiesen. Wichtigster Bahnhof für die anderen Richtungen ist der > BAHNHOF LICHTEN-BERG im gleichnamigen Bezirk. Die Gleisverbindungen vom Hauptbahnhof und Bahnhof Lichtenberg zu den einzelnen Fernverkehrsstrecken werden auf dem > BERLINER AUSSENRING um West-Berlin herumgeführt. Im Ostteil ist als Fernbahnhof weiterhin zu nennen der *Bahnhof Schöneweide* für Züge in Richtung Süd und Südwest. In Richtung West und Nordwest halten die Fernzüge, die über die Stadtbahn geführt werden, noch in > WANNSEE und > SPANDAU. Der außerhalb des Stadtgebiets liegende Bahnhof Flughafen Schönefeld ist für die Anbindung der Stadt an den nationalen und internationalen > LUFTVERKEHR von Bedeutung (> FLUGHÄFEN). Er liegt am südlichen Teil des Berliner Außenrings und hat darum auch noch eine Bedeutung für den Eisenbahnfernverkehr in die neuen Bundesländer.

Mit Ausnahme des Bahnhofs von Spandau verfügen alle Fernbahnhöfe über direkte Umsteigemöglichkeiten zur S-Bahn (Friedrichstraße, Zoologischer Garten und Lichtenberg auch zur > U-BAHN) und Anschluß an den innerstädtischen > ÖFFENTLICHEN PERSONENNAHVERKEHR (ÖPNV). Die Stadtbahn wird gegenwärtig saniert und danach elektrifiziert, so daß ab 1997 auch der ICE über die derzeit in Konstruktion befindliche Schnellfahrstrecke Hannover – Berlin die Stadt erreichen kann.

2. Regionalverkehr

Von den auf 14 Linien von der DR betriebenen *Regionalbahnen* in der Region Berlin beginnen bzw. enden neun Linien im Stadtgebiet; hierfür standen nach dem Jahresfahrplan 92/93 insg. neun Bahnhöfe zur Verfügung (> KAROW, > LICHTENBERG, > HOHENSCHÖNHAUSEN, Schöneweide, > KARLSHORST, Spandau, > STAAKEN [für Pendelanschlußzüge], > JUNGFERNHEIDE und Ahrensfelde). Der Bahnhof Charlottenburg ist derzeit wegen Sanierung der Statdbahn für Regionalzüge gesperrt.

Die Gesamtzahl der Reisenden lag 1991 bei ca. 36.000 täglich. Wie die Fernbahnhöfe sind auch die Stationen der Regionalbahn gleichzeitig Umsteigebahnhöfe zur S-Bahn bzw. S- und U-Bahn, die gemeinsam die Hauptlast des schienengebundenen ÖPNV in Berlin tragen.

3. Güterfernverkehr

Im Berliner Güterfernverkehr wurden 1991 monatlich im Durchschnitt 7.900 Güterwagen mit 111.000 t Fracht zum Versand gebracht

und 17.900 Güterwagen mit 645.000 t Fracht entladen. Der schienengebundene *Güternahverkehr* spielt in Berlin keine große Rolle und wird fast ausschließlich von den eingangs erwähnten Kleinbahnen und Privatanschlußbahnen übernommen (> GÜTERVERKEHR).

Insg. gibt es in Berlin 50 *Güterbahnhöfe*. Davon betreibt die DR 45, die Osthavelländische Eisenbahn zwei und die Neukölln-Mittenwalder-Eisenbahn drei. Die bedeutendsten Güterbahnhöfe der DR sind u.a. der Berlin-Hamburger und Lehrter Güterbahnhof mit einer großen Containeranlage an der Heidestr. in > MOABIT und der *Containerbahnhof* Berlin Frankfurter Allee (> FRANKFURTER ALLEE) in Friedrichshain sowie die Güterbahnhöfe Berlin-Pankow und Berlin-Ruhleben.

4. Sonstige Einrichtungen

Daneben unterhält die DR zur Abwicklung des Eisenbahnverkehrs in Berlin: zwei Abstellbahnhöfe für den Fernreiseverkehr (Lichtenberg und > RUMMELSBURG), mehrere Bahnbetriebswerke (Hauptbahnhof, Schöneweide, > PANKOW, Lichtenberg), zwei Ausbesserungswerke Schöneweide (für S-Bahn-Wagen und Straßenbahn-Wagen) und Revaler Str. (für Güterwagen, speziell Kühlwagen).

5. Geschichte

Als erste E. Preußens wurde am 29.10.1838 die ab August 1837 durch eine private Gesellschaft erbaute 26 km lange Eisenbahnlinie von Berlin nach Potsdam (die sog. *Stammbahn*) eröffnet (der Teilabschnitt Potsdam/ > ZEHLENDORF war bereits am 22.9.1838 in Betrieb genommen worden). Sie nahm ihren Anfang am > POTSDAMER BAHNHOF, der damals noch außerhalb der > STADTMAUER liegend, südlich des heutigen > POTSDAMER PLATZES errichtet worden war. 1846 wurde die Bahnlinie über Brandenburg bis Friedrichstadt, einem östlich der Elbe gelegenen Vorort Magdeburgs, verlängert. Mit dem Brückenschlag über die Elbe wurde 1848 der durchgehende Betrieb von Berlin nach Magdeburg aufgenommen. Damit war eine durchgehende Schienenverbindung zwischen Berlin und Paris geschaffen.

Es folgte 1841 die Anhalter Bahn als Verbindung nach Sachsen-Anhalt. Der > ANHALTER BAHNHOF als Berliner Endbahnhof lag ebenfalls außerhalb der Stadtmauer zwischen dem Potsdamer und dem Halleschen Tor.

1842 folgte vom Stettiner Bahnhof die Stettiner Bahn mit einem ersten Teilstück bis Neustadt-Eberswalde; ein Jahr später wurde der durchgehende Betrieb nach Stettin aufgenommen.

Ebenfalls 1842 ging auch die Bahn nach Frankfurt/O., die ab 1846 durch die Niederschlesisch-Märkische Eisenbahngesellschaft nach Breslau verlängert wurde, in Betrieb. Ausgangspunkt war der *Frankfurter Bahnhof* (später *Schlesischer Bahnhof*, heute Hauptbahnhof), der als erster Bahnhof innerhalb der damaligen > STADTMAUER lag.

1846 wurde ausgehend vom > HAMBURGER BAHNHOF die Berlin-Hamburger Eisenbahn eröffnet.

Ab 1857 verband die „Königliche Preußische Ostbahn" als erste staatliche Eisenbahn Berlin mit Königsberg/Ostpreußen unter Mitbenutzung der Niederschlesisch-Märkischen Eisenbahn; 1867 erhielt die Ostbahn durch den Neubau einer Strecke nach Küstrin sowie des > OSTBAHNHOFS einen direkten Anschluß an Berlin. Gleichfalls 1867 wurde die vom Görlitzer Bahnhof ausgehende Eisenbahn nach Görlitz durchgehend in Betrieb genommen.

Ab 1871 verkehrten vom > LEHRTER BAHNHOF die Züge auf der Strecke Berlin – Lehrte in die westlichen Provinzen Preußens.

Die direkte Eisenbahnverbindung Berlin – Dresden ging 1875 in Betrieb. Der Dresdener Bahnhof wurde nach einem siebenjährigen Provisorium aufgegeben; die Züge wurden zum Anhalter Bahnhof geführt.

Ab Juli 1877 war die Nordbahn bis Neubrandenburg, ab 1879 bis Stralsund fertiggestellt. Die Personenzüge endeten zunächst am Ringbahnhof > GESUNDBRUNNEN, ab November 1877 im Stettiner Bahnhof. Der > NORDBAHNHOF als Kopfstation nördlich der > BERNAUER STRASSE (heute der aufgelassene Güterbhf. Eberswalder Str.) hatte nur Bedeutung als Güterbahnhof.

Als letzte wurde 1879 die Wetzlarer Bahn gebaut; sie verband Berlin mit Frankfurt/M. und stellte zusammen mit der Ostbahn und der Stadtbahn eine durchgehende Verbindung zwischen den östlichen und westlichen Landesteilen her. Die Wetzlarer Bahn sollte von vornherein an die Stadtbahn angebunden werden und erhielt daher keinen eigenen Fernbahnhof. Bis zur Fertigstellung der Stadtbahn 1882 wurden ihre Züge über die südliche Ringbahn zum Potsdamer Bahnhof geführt.

Bis auf die Dresdener Bahn, die Nordbahn und die Wetzlarer Bahn endeten somit alle Fernbahnen ursprünglich in acht eigenen, als Kopfbahnhöfe ausgebildeten Fernbahnhöfen. Nach dem Bau der Stadtbahn 1882 wurden die Kopfbahnhöfe der Ostbahn und der Hamburger Bahn stillgelegt. Der Schlesische Bahnhof, vormals Frankfurter Bahnhof, wurde 1878-82 zum Durchgangsbahnhof im Zuge der Stadtbahn umgebaut.

Am Ende der Ausbauzeit waren acht Eisenbahndirektionen in Berlin mit von ihnen verwalteten Strecken vertreten, von denen zwei unter königlicher Verwaltung standen, während sechs von privaten Gesellschaften unterhalten wurden. Die 1879 begonnene Übernahme dieser privaten Eisenbahngesellschaften durch den preußischen Staat war 1887 mit dem Ankauf der Dresdener Bahn abgeschlossen. 1920 wurde die Königlich-Preußische Eisenbahnverwaltung (KPEV) in die Verwaltung des Reiches übernommen.

Mit der Ausdehnung der Berliner Siedlungsflächen ins Umland nahm der *Vorortverkehr* auf diesen Strecken stark zu. In der Folge wurden ab 1874 (Eröffnung von separaten Gleisen für Vorortverkehr zwischen Zehlendorf über Wannsee nach Griebnitzsee nördlich der Stammbahn) bis etwa zum I. Weltkrieg parallel zu den Fernbahn- und Gütergleisen besondere Nahverkehrs- und Vorortgleise mit eigenen Bahnhöfen errichtet. Dadurch wurden weitere Stadtgebiete an das Netz der Berliner Stadt-, Ring- und Vorortbahnen angebunden. 1891 wurde die gesamte Stammbahn durch die neue *Wannseebahn* auf vier Gleise ergänzt.

1882 erfolgte die Eröffnung der Berliner Stadtbahn. Sie hatte bereits bei ihrer Eröffnung getrennte Gleise für den Stadtverkehr und für den Fernverkehr. Zwischen 1928 und 1933 wurde der Großteil der besonderen Nahverkehrsgleise mit Gleichstrom elektrifiziert. Das so entstandene Stadtschnellbahn-System auf Eisenbahn-Trassen erhielt im Dezember 1930 den Namen S-Bahn.

Nach Kriegsende überließen die > ALLIIERTEN 1945 zur Gewährleistung eines einheitlichen Betriebsablaufs den Eisenbahn-Betrieb auch in den Westsektoren Berlins der für die Sowjetische Besatzungszone und den Ostsektor zuständigen DR (> SONDERSTATUS 1945-90). Dieser Zustand blieb auch nach der politischen > SPALTUNG der Stadt 1948 erhalten. Die Fernbahnhöfe wurden – mit Ausnahme des Potsdamer Bahnhofs – trotz schwerer Kriegszerstörungen zunächst alle wieder in Betrieb genommen. Schon 1948 begann die DR jedoch, Strecken aus- und umzubauen und

Gleisbeziehungen herzustellen, die ein Umfahren des Westteils der Stadt ermöglichten. Das politisch motivierte Ziel, alle Züge des Personenverkehrs nur in Ost-Berlin beginnen und enden zu lassen, war 1952 erreicht. Zwischen 1950-55 schloß die DR das letzte noch offene Drittel des Berliner Außenrings nördlich von Berlin einschließlich einer Umgehungsstrecke der westlichen Sektoren im Süden Berlins. Durch diese Verbindung konnten ab 1953 alle auf Berlin zulaufenden Fernbahn-Strecken ohne Benutzung West-Berliner Bahnanlagen zum Ostbahnhof (heute Hauptbahnhof) oder zum Bahnhof Lichtenberg geführt werden. Lediglich die Interzonenzüge zwischen West-Berlin und den alten Bundesländern wurden weiterhin auf die Stadtbahn geleitet. Ab 1952 stand damit für den Personenfernverkehr in Berlin (West) nur noch der Bahnhof Zoologischer Garten zur Verfügung.

Im Zusammenhang mit dem Mauerbau am > 13. AUGUST 1961 wurde auch der bis dahin noch funktionierende Vorortverkehr unterbrochen. 1976 kamen als zusätzliche Fernbahnhöfe für den West-Berliner > TRANSITVERKEHR die Bahnhöfe Wannsee und Spandau hinzu. Außerdem konnte der auf Ost-Berliner Gebiet gelegene Fernbahnhof Friedrichstraße von West-Berlin aus genutzt werden.

In Ost-Berlin konzentriert sich der Personenfernverkehr seit 1951 auf den 1975-82 ausgebauten Bahnhof Lichtenberg und den seit 1987 als Hauptbahnhof bezeichneten ehem. Schlesischen Bahnhof (nach 1945 zunächst Ostbahnhof).

5. Eisenbahn-Konzeption

Das heute vorhandenen Eisenbahn-Netz in Berlin wird den Anforderungen der Stadt als > HAUPTSTADT sowie als Kern eines Ballungsraums von künftig etwa 5 Mio. Menschen nicht gerecht. Die Verbesserungen auf den Eisenbahn-Korridoren nach Berlin im Zuge der Verkehrsprojekte Deutsche Einheit erfordern zudem eine Neuordnung des Knotenpunkts Berlin. Die DR hat deshalb gemeinsam mit dem > SENAT VON BERLIN ein Konzept entwickelt, nach dem neben der Durchbindung der Ost-West-Relationen auf der Stadtbahn auch die Nord-Süd-Relationen durch die Stadt zu führen sind. In ihrem Schnittpunkt sollen beide Achsen durch einen leistungsfähigen Umsteigebahnhof verbunden werden, der auch einen Anschluß an die S-Bahn und den Regionalverkehr herstellt, der vorwiegend über die Ringbahn ab-

gewickelt werden soll.

Die wichtigsten Zielvorstellungen dabei sind:
– direkte Erreichbarkeit der Innenstadt für alle Relationen insbes. auch für den Regionalverkehr;
– gute Orientierung für die Reisenden durch eindeutige Zuordnung der jeweiligen Relationen auf die Stadtbahn bzw. auf die Nord-Süd-Durchbindung;
– gegenüber anderen Varianten insg. geringere Kosten;
– geringere Eingriffe in bestehende Strukturen.

Um unter dem vorgegebenen finanziellen Rahmen und unter den zeitlichen Restriktionen die Nord-Süd-Eisenbahn-Durchbindung realisieren zu können, hat die DR im Einvernehmen mit dem > SENAT VON BERLIN eine Ausbaustufe des Achsenkreuzmodells entwickelt, das unter Zurückstellung des Ausbaus der südlichen Ringbahn einschließlich des Lückenschlusses in > TREPTOW und der Stammbahn den termingerechten Bau des Nord-Süd-Tunnels zwischen Gleisdreieck südlich des > LANDWEHRKANALS bis zum Güterbahnhof nördlich der Invalidenstr. einschließlich des Fernbahnhofs Lehrter Bahnhof ermöglicht. Diese wegen seiner Netzform als Pilzkonzept bezeichnete Ausbaustufe ist vom > BUNDESMINISTER FÜR VERKEHR in den Bundesverkehrswegeplan 1992 aufgenommen worden.

Das Pilzkonzept sieht im einzelnen folgende Maßnahmen vor: Lückenschlüsse der Anhalter und Dresdener Bahn über die Stadtgrenze im Süden, der Nordbahn und der Hamburger Bahn zwischen Spandau und Nauen. Lückenschluß der Ringbahn zwischen > GESUNDBRUNNEN und > SCHÖNHAUSER ALLEE und zur Stettiner Bahn.

Neben dem Neubau des Lehrter Bahnhofs als Kreuzungsbahnhof werden zwei weitere neue Fernbahnhöfe entstehen: am Schnittpunkt der Anhalter und Dresdener Bahn mit der Ringbahn der Bahnhof Papestr. und an der Einmündung der Nordbahn in die nördliche Ringbahn (Nordkreuz) der Bahnhof Gesundbrunnen. Die Bahnhöfe Zoologischer Garten, Hauptbahnhof und Bahnhof Lichtenberg bleiben Fernbahnhöfe. Der Bahnhof Spandau soll zur Klosterstr. verlegt werden. Im Zuge des viergleisigen Tunnels unter dem > GROSSEN TIERGARTEN wird unter dem > POTSDAMER PLATZ ein zusätzlicher Regionalbahnhof entstehen. Die Eisenbahnanlagen werden so ausgelegt, daß auch der Regionalverkehr sowohl in Ost-West- wie auch in Nord-Süd-Richtung durch die Stadt durchgebunden werden kann. Nach den Vorstellungen der Verkehrsplanung sollen langfristig für den Regionalverkehr etwa 30 Bahnhöfe im Stadtgebiet zur Verfügung stehen.

Der geplante neue Großflughafen im Süden der Stadt wird über den Tunnel im Tiergar-Nord-Süd-Tunnel über Lehrter Bahnhof in Betrieb gehen. Alle Maßnahmen des Pilzkonzeptes sollen bis 2004 fertiggestellt sein. Die Gesamtkosten werden 1992 auf ca. 9,9 Mrd. DM geschätzt.

Gleichfalls Bestandteil der Bundesverkehrswegeplanung ist die Errichtung einer Magnetbahnstrecke *Transrapid* zwischen Ham-

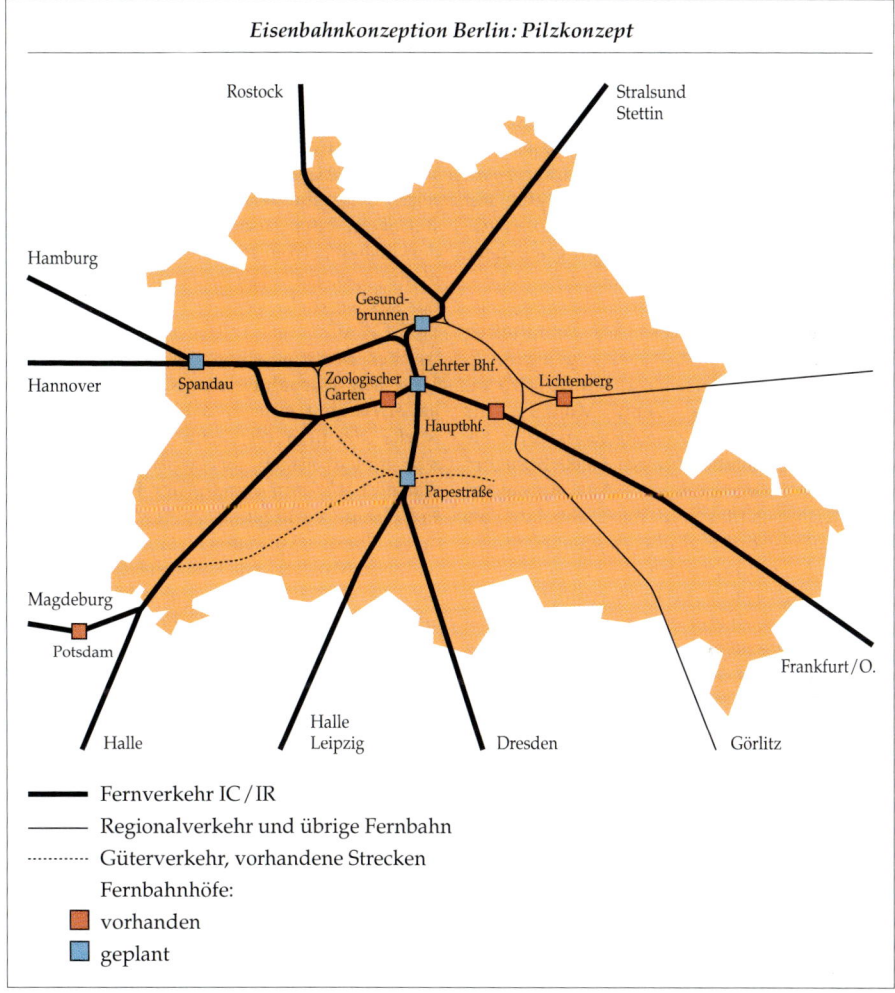

Eisenbahnkonzeption Berlin: Pilzkonzept

Rostock

Stralsund
Stettin

Hamburg

Gesundbrunnen

Hannover   Spandau   Zoologischer   Lehrter Bhf.   Lichtenberg
Garten

Hauptbhf.

Papestraße

Magdeburg

Potsdam

Frankfurt/O.

Halle   Halle
Leipzig   Dresden   Görlitz

——— Fernverkehr IC/IR

——— Regionalverkehr und übrige Fernbahn

·········· Güterverkehr, vorhandene Strecken

Fernbahnhöfe:

◼ vorhanden

◼ geplant

ten direkt an das Zentrum der Stadt angebunden (> VERKEHR).

Um den Bau der Parlamentsbauten nicht zu gefährden, müssen die Rohbauten der Tunnelstrecke im Tiergarten, einschließlich des ebenfalls geplanten Straßentunnels sowie der U-Bahn- und S-Bahn-Tunnel, bis Ende 1997 abgeschlossen sein. Bis zum Jahr 2000 soll eine voll funktionsfähige Ausbaustufe mit

burg und Berlin. Die Einbindung dieser Strecke in die Stadt wird gegenwärtig im Auftrag des Bundesverkehrsministers gutachterlich geprüft. Der Senat hat die Errichtung dieses Verkehrsträgers grundsätzlich begrüßt, jedoch darauf hingewiesen, daß dadurch der Bau der Eisenbahnverbindung nach Hamburg nicht beeinträchtigt werden darf. Die Führung der *Magnetbahn* innerhalb der Stadt ist noch nicht geklärt. Es steht jedoch fest, daß der Transrapid nicht durch den geplanten Nord-Süd-Eisenbahntunnel und auch nicht über die Stadtbahn geführt werden kann.

Eiserne Brücke: Die 32 m lange und 23 m breite E. über den > KUPFERGRABEN im Verlauf der Bodestr. im Bezirk > MITTE bildet einen westlichen Zugang zur > MUSEUMSINSEL. Ihr Name stammt von der an dieser Stelle 1797 errichteten ersten gußeisernen Brücke Berlins, die bis 1825 bestand. In der Folgezeit wechselten verschiedene Konstruktionen. Die heutige Brücke, 1914/16 nach Plänen von Walter Köppen errichtet, ist – in äußerer Anpassung an die Museumsbauten – eine mit Muschelkalkstein verkleidete Eisenkonstruktion. Die im II. Weltkrieg beschädigte Brücke wurde 1950 und 1982 restauriert.

Eissporthalle Jafféstraße: Die unmittelbar hinter der > DEUTSCHLANDHALLE gelegene E. im Bezirk > CHARLOTTENBURG wurde 1973 innerhalb von knapp zehn Monaten als funktional gestalteter Zweckbau errichtet. Sie hat ein Platzangebot für rd. 6.000 Besucher und dient überwiegend als Austragungsort für Meisterschaftsspiele im Eishockey, als dem Landessportbund überlassene leistungssportliche Trainingsstätte sowie als öffentliche > KUNSTEISLAUFBAHN. Im (begrenzt) öffentlichen Betrieb bietet sie neben einer Eis-Discothek spezielle Nutzungszeiten für Senioren an. Ein einlegbarer Holzplattenboden ermöglicht ihre Verwendung als Mehrzweckhalle für andere Sportarten sowie für Popkonzerte. 1991 wurden während der insg. 140 Veranstaltungen ca. 220.000 Besucher gezählt. Die E. gehört zur > AUSSTELLUNGS-MESSE-KONGRESS-GMBH und wird von ihr verwaltet. Im Zuge der für die 90er Jahre geplanten Erweiterung des benachbarten > AUSSTELLUNGS- UND MESSEGELÄNDES AM FUNKTURM ist ihr Abriß vorgesehen.

Elektrizitätsversorgung: Als Folge der > SPALTUNG der Stadt 1948-90 ist die E. noch, den beiden ehem. Stadthälften entsprechend, in die technisch getrennten Versorgungsgebiete Ost und West aufgeteilt. Im Westteil liegt die Stromerzeugung und -verteilung in den Händen der > BERLINER KRAFT UND LICHT (BEWAG) AKTIENGESELLSCHAFT, die dieses Gebiet im Inselbetrieb versorgt. Im östlichen Versorgungsgebiet übernimmt diese Aufgabe

die > ENERGIEVERSORGUNG BERLIN AKTIENGESELLSCHAFT (EBAG), eine BEWAG-Tochtergesellschaft, die den dortigen Strombedarf jedoch nur z.T. deckt (1. Hj. 1991 41,3%), da der größte Teil des Bedarfs als Fremdlieferung aus dem VEAG-Verbundnetz bezogen wird. Beide Energieversorgungsunternehmen (EVU) unterliegen der Aufsicht der > SENATSVERWALTUNG FÜR WIRTSCHAFT UND TECHNOLOGIE.

Zur Stromerzeugung unterhalten die beiden EVU insg. 13 *Kraftwerke* in der Stadt. Die Stromverteilung erfolgt über ein Kabel- und Freileitungsnetz von insg. 27.041 km Länge (Stand 1991). Der Verteilung dienen ferner 101 (BEWAG-Bereich) und 49 (EBAG-Bereich) Umspannwerke und 4.191/2.384 Netzstationen. Eine Zusammenführung der beiden bisher getrennten Netze ist bis 1997 geplant.

Für das westliche Versorgungsgebiet betreibt die BEWAG neun Kraftwerke mit einer elektrischen Bruttonennleistung von insg. 2.603 MW. Mit Ausnahme des Kraftwerks Oberhavel handelt es sich dabei um Heizkraftwerke, die über die technische Möglichkeit zur gleichzeitigen Erzeugung von Fernwärme nach dem Prinzip der Kraft-Wärme-Kopplung verfügen (> FERNWÄRMEVERSORGUNG). Die aufgrund des Inselbetriebs bislang fehlende Möglichkeit, Lastspitzen oder Ausfälle bei Havarien aus einem Verbundnetz auszugleichen, erfordert die Bereithaltung mindestens der Leistung des größten vorhandenen Kraftwerkblocks als Reservekapazität. Bei den Kraftwerken Reuter und Oberhavel sowie bei den Blöcken I, III und IV im Kraftwerk Moabit und beim Block II im Kraftwerk Rudow handelt es sich um Anlagen zur Deckung des Grundlastbedarfs, dagegen wird die schwankende Nachfrage der Mittellast von den Kraftwerken Charlottenburg, Lichterfelde, Wilmersdorf und Steglitz sowie dem Block II im Kraftwerk Moabit und Block I in Rudow abgedeckt. Zur Deckung des Spitzenbedarfs und als Reservekapazitäten stehen in den Kraftwerken Charlottenburg, Moabit und Steglitz heizölbetriebene Gasturbinen mit kurzer Startzeit zur Verfügung. Zusätzlich wird die West-Berliner E. durch eine 40-MW-Dampfspeicheranlage im Kraftwerk Charlottenburg abgesichert.

Die EBAG unterhält im östlichen Versorgungsgebiet vier Kraftwerke mit einer installierten Gesamtleistung von 349 MW, die als Heizkraftwerke gleichfalls alle Fernwärme nach dem Prinzip der Kraft-Wärme-Kopplung erzeugen. Besondere Lastspitzen oder Ausfälle können hier aus dem VEAG-Verbundnetz ausgeglichen werden, aus dem zu DDR-Zeiten rd. 85 % des Ost-Berliner Strombedarfs bezogen wurden.

dernstes Kraftwerk ist das 1982-89 unter erheblichen kontroversen Diskussionen um eine sachgerechte Energiepolitik errichtete Kraftwerk Reuter West in > RUHLEBEN. Neben der traditionellen Stromerzeugung in Großkraftwerken wird die Entwicklung und

Brutto-Nennleistung der Berliner Kraftwerke 1990/91			
Kraftwerk	Jahr der Inbetrieb-nahme	Leistung elektrisch MW	thermisch MW
I. BEWAG			
Heizkraftwerk Reuter West	1988/89	600	648
Heizkraftwerk Lichterfelde	1972-74	450	442
Heizkraftwerk Charlottenburg	1899/1900	385	479
Heizkraftwerk Wilmersdorf	1911/12	280	245
Heizkraftwerk Reuter	1929/30	232	214
Heizkraftwerk Moabit	1899/1900	206	123
Kraftwerk Oberhavel	1912	200	–
Heizkraftwerk Rudow	1963/65	175	145
Heizkraftwerk Steglitz	1910/11	75	60
Gesamtleistung		**2.603**	**2.356**
II. EBAG			
Heizkraftwerk Klingenberg	1926	180	1.186
Heizkraftwerk Lichtenberg	1972	72	1.334
Heizkraftwerk Mitte	1964	96	598
Heizkraftwerk Buch	1974	0,6	130
Summe weiterer Heizwerke		–	396
Gesamtleistung		**349**	**3.643**

Als Brennstoffe werden in Berlin Steinkohle (West 68 %/Ost 0 %), Braunkohle (3,6 %/ 23,8 % incl. Müll), schweres und leichtes Heizöl (20,9 %/32,2 %) sowie Erdgas (7,6 %/ 44 %) eingesetzt (> GASVERSORGUNG).
Das 1924-26 nach Plänen des Architekten Werner Issel und des Berliner Elektrotechnikers und AEG-Vorstandsmitglieds Georg Klingenberg erbaute und inzwischen weitgehend modernisierte *Heizkraftwerk* Klingenberg am rechten Ufer der > SPREE im Bezirk > LICHTENBERG ist eines der bedeutenden Industriedenkmale der Stadt. Jüngstes und mo-

Nutzung > ALTERNATIVER ENERGIEN weiter ausgebaut. So unterhält z.B. die BEWAG-Tochtergesellschaft DEPOGAS-GmbH auf der ehem. Mülldeponie in > WANNSEE unter Nutzung der dort entstehenden Deponiegase (Methangas) das mit einer elektrischen Kapazität von 4,5 MW und einer thermischen von 10 MW größte *Blockheizkraftwerk* in Europa.
Durch eine Überarbeitung des mit der BEWAG bestehenden Konzessionsvertrags bzw. durch dessen Neufassung nach seinem Auslaufen 1995 soll die Entstehung weiterer dezentraler Energiequellen gefördert wer-

den. So gab es Mitte 1992 im Berliner Stadtgebiet neben der DEPOGAS-Anlage 24 weitere Eigenerzeugungsanlagen mit einer Gesamtleistung von 48,2 MW, davon 22 Blockheizkraftwerke unterschiedlicher Größe und Finanzierungsform sowie zwei Großanlagen für den Flughafen Tempelhof (> FLUGHÄFEN) und die Arzneimittelfirma Schering in > WEDDING (zusammen 30,5 MW). Zehn weitere Förderungsanträge sind bereits genehmigt. In den von Unternehmen, privaten Trägergemeinschaften, aber auch von städtischen > KRANKENHÄUSERN betriebenen Anlagen kommen als Brennstoffe Heizöl und Erdgas zum Einsatz.

Der Beginn der öffentlichen E. in Berlin markiert zugleich den Auftakt der öffentlichen Stromversorgung in Deutschland. Nach ersten Versuchen und Vorführungen zu elektrischer Beleuchtung von geschlossenen Räumen (12.4.1882 Druckerei Büxenstein) sowie von Straßen und Plätzen (2.12.1882 > WILHELMSTRASSE) gründete der Maschinenfabrikant Emil Rathenau am 19.4.1883 für die Auswertung der Edison-Patente in Deutschland die Deutsche Edison Gesellschaft (DEG). Ab dem 13.9.1884 lieferte eine Blockstation der DEG im Kranzler-Eck (> UNTER DEN LINDEN/> FRIEDRICHSTRASSE) Strom für die in diesem Häuserblock untergebrachten Restaurants und Läden. Im Februar 1884 schloß die Stadt Berlin mit der DEG erste Konzessionsverträge über die Errichtung von Stromerzeugungsanlagen, die Verlegung von Leitungen und die alleinige E. in dem bezeichneten Versorgungsgebiet. Am 8.5.1884 gründete die DEG die Aktiengesellschaft Städtische Elektrizitäts-Werke (AG StEW). Sie trat am 12.8.1884 in den zwischen > MAGISTRAT und DEG geschlossenen Konzessionsvertrag ein. Ihr Ziel: Bau der Zentrale „Markgrafenstraße". Mit der Inbetriebnahme des Kraftwerks am 15.8.1885 begann die öffentliche Stromlieferung. In der Folgezeit blieb die DEG für den Bereich Produktion und Entwicklung zuständig, während die AG StEW den Ausbau der öffentlichen E. vorantrieb.

Aus der DEG entstand 1887 die Allgemeine Elektricitäts Gesellschaft (AEG). Die AG StEW wurde in Berliner Elektricitäts-Werke (BEW) umbenannt und von der AEG verwaltet. Drittes Elektrizitätsunternehmen war die 1892 gegründete Union Elektrizitäts-Gesellschaft (UEG), die u.a. beim Bau und Betrieb von > STRASSENBAHNEN tätig war. 1904 ging die UEG in der AEG auf. Nachfrage und Stromproduktion waren unterdessen stetig angestiegen: 1897/98 wurden 425.000 kWh Strom verkauft. 1903/04 lag die nutzbare Stromabgabe bereits bei über 2 Mio. kWh.

Angesichts des rückläufigen Stromabsatzes nach Beginn des I. Weltkriegs entschloß sich der Magistrat, die BEW in die eigene Verwaltung zu übernehmen. Am 1.10.1915 erwarb die Stadt Berlin für 132,4 Mio. Mark die sechs Kraftwerke mit einer Gesamtleistung von 174.120 kW sowie die dazugehörigen Anlagen und Leitungsnetze. Das Unternehmen wurde in Städtische Elektrizitätswerke Berlin (StEW) umbenannt. 1920, bei der Bildung > GROSS-BERLINS, verfügten die StEW über eine Kraftwerksleistung von insg. 875 MW und waren damit das größte örtliche EVU in Deutschland.

Auf dem Höhepunkt der wirtschaftlichen Rezession wurden die StEW 1923 wieder teilprivatisiert und in die zuvor neu gegründete Berliner Städtische Elektrizitätswerke AG (BEWAG) überführt. Trotz inflationsbedingter Absatzeinbußen schritt die Elektrifizierung Berlins stetig voran: 1925 waren 25 %, 1927 bereits 50 % der Haushalte an das öffentliche Stromnetz angeschlossen.

Die Weltwirtschaftskrise und die schwierige Finanzlage der Stadt machten 1931 wiederum eine Neuordnung der Berliner Elektrizitätswirtschaft erforderlich: Rückwirkend zum 1.1.1931 wurde die BEWAG am 19.5.1931 in die am selben Tag gegründete Holding-Gesellschaft Berliner Kraft- und Licht-Aktiengesellschaft (BKL) eingebracht. Größter Anteilseigner wurden Banken mit 67 %, gefolgt von der Stadt Berlin mit 16 % sowie den Reichselektrowerken und der Preußischen Elektrizitäts-Aktiengesellschaft (PREAG) mit jeweils 8,5 %. Am 23.11.1934 schließlich entstand aus der Fusion von BEWAG und BKL die heutige > BERLINER KRAFT- UND LICHT (BEWAG)-AKTIENGESELLSCHAFT. 1933 lag die Kapazität der Berliner Kraftwerke bei 800.000 kW.

1938 wurde die BEWAG mit dem Elektrizitätswerk Südwest AG verschmolzen; im selben Jahr übernahm die BEWAG nach Auslaufen des Konzessionsvertrags zwischen Berlin und der Märkischen Elektrizitätswerke AG auch die Versorgung der Ortsteile > GRUNEWALD, > DAHLEM, > LANKWITZ, Südend, > TEMPELHOF, > MARIENDORF und > MARIENFELDE. Zu diesem Zeitpunkt waren 92 % aller Berliner Haushalte an das Versorgungsnetz angeschlossen.

1945, nach Ende des II. Weltkrieges, war die öffentliche E. in Berlin durch Kriegsschäden und Demontage noch intakter Kraftwerksanlagen weitgehend zusammengebrochen. Die > BLOCKADE 1948/49 zwang die Menschen in den West-Sektoren zu erheblichen Einschränkungen im Energieverbrauch. Im April 1948 hatte die Britische Militärregierung den Neubau des Kraftwerkes West angeordnet. Im November 1949 ging die erste Ausbaustufe in Betrieb, nachdem während der Blockade 1.500 t Maschinen- und Anlagenteile über die > LUFTBRÜCKE eingeflogen worden waren.

Nachdem zunächst trotz der > SPALTUNG Berlins 1948 die östlichen und die westlichen Betriebsteile der BEWAG die E. der Stadt weiterhin gemeinsam betrieben, folgte am 5.3.1952 auf Verlangen des östlichen BEWAG-Betriebsteils die Einstellung von Stromlieferungen nach West-Berlin und die Trennung der beiden Netze. Der inzwischen fortgeschrittene Ausbau des Kraftwerkes West, nach dem Tode des > REGIERENDEN BÜRGERMEISTERS und BEWAG-Aufsichtsratsvorsitzenden Ernst Reuter 1953 in Kraftwerk Reuter umbenannt, sicherte West-Berlin jedoch trotz dieser Maßnahme auch weiterhin die erforderliche E. Allerdings blieb der Inselbetrieb in West-Berlin mit einer Reihe erheblicher Nachteile verbunden: Zur Sicherung der notwendigen Reserven wurden in der bisherigen „Strominsel West-Berlin" mehr Kraftwerksblöcke als eigentlich notwendig betrieben. Um darüber hinaus bei einem Kraftwerks-Störungsfall Frequenzabsenkungen im Stromnetz zu verhindern, wurden die Generatoren trotz der damit verbundenen Mehrkosten nicht mit voller Leistung gefahren. Eine sinnvolle Auslastung der Kraftwerke wurde auch durch die fehlende Möglichkeit zur Einspeisung von Überschußstrom erschwert. Die Nachrüstung der Kraftwerke mit Anlagen zur Schadstoffbegrenzung mußte bei laufendem Betrieb erfolgen, was sich u.a. kostensteigernd auf das Umweltschutzprogramm auswirkte.

Zur Überwindung dieses Zustandes begannen im Oktober 1987 Verhandlungen mit der DDR über einen deutsch-deutschen *Stromverbund*. Im März 1988 wurde zwischen der BEWAG, der PreußenElektra AG und der DDR-Außenhandelsgesellschaft INTRAC ein Vertrag abgeschlossen, der die Belieferung von DDR und West-Berlin mit jeweils rd. 1 Mrd. kWh Strom aus dem Bundesgebiet vorsah. Mit dem Bau einer 380-kV-Doppel-

leitung von Helmstedt nach Wolmirstedt nördlich von Magdeburg wurde im Sommer 1988 begonnen. Seit Ende 1989 liefert ein Kraftwerksblock der PreußenElektra über diese Trasse einseitig im Richtbetrieb Strom in das Gebiet der früheren DDR. Der Weiterbau der Leitung von der Schaltanlage Wolmirstedt bis zur Berliner Stadtgrenze ist inzwischen weit fortgeschritten. Gegen die ursprünglich von der BEWAG aus Kostengründen als Freileitung favorisierte, rd. 9 km lange innerstädtische Verbundstraße zum Umspannwerk Reuter entstanden Bedenken aus Gründen der Umweltverträglichkeit. Mit Bescheid vom Dezember 1989 gab der Senat vor, die 380-kV-Verbundleitung bis auf eine 1,1 km lange Freileitungstrasse von der Stadtgrenze zur Schaltanlage Teufelsbruch im > SPANDAUER FORST unterirdisch zu verkabeln. Die dafür notwendigen Mittel in Höhe von rd. 465 Mio. DM wurden vom BEWAG-Aufsichtsrat im Oktober 1990 bewilligt. Die Entscheidung zur überwiegend unterirdischen Trassenführung wurde vom Gesamt-Berliner Senat im April 1991 bestätigt. Damit soll Berlin voraussichtlich Ende 1994/Anfang 1995 an das überregionale Verbundnetz angeschlossen werden. Zur Anbindung ganz Berlins und der neuen Länder an das westeuropäische Verbundnetz reicht jedoch eine Stromtrasse nicht aus. Geplant sind deshalb zusätzlich eine Nord-Trasse, eine Bayern-Trasse und eine Stromleitung zwischen Hessen und Thüringen.

Emissionskataster: Nach Bestimmungen des Bundesimmissionsschutzgesetzes von 1974 ist West-Berlin 1976 hinsichtlich der Luftverschmutzung als > BELASTUNGSGEBIET ausgewiesen worden. Dadurch sind besondere administrative Maßnahmen der Überwachung der Luftverschmutzung und der *Luftreinhaltung* möglich (> UMWELTSCHUTZ). Für Berlin wird auf der Grundlage dieser Verordnung ein E. geführt, d.h. eine Aufstellung über Art, Menge, räumliche und zeitliche Verteilung sowie Austrittsbedingungen von Luftverunreinigungen von luftverschmutzenden Anlagen und Fahrzeugen. Das bei der > SENATSVERWALTUNG FÜR STADTENTWICKLUNG UND UMWELTSCHUTZ geführte E. bildet eine wesentliche Basis für die Erforschung der Ursachen der *Luftverschmutzung* sowie für die darauf aufbauende Anordnung emissionsmindernder Maßnahmen durch Politik und Verwaltung. Es ist gegliedert nach den

Quellgruppen Industrie und Kraftwerke (die sog. „genehmigungsbedürftigen Anlagen" nach Bundesemissionsschutzgesetz), > VERKEHR, Kleingewerbe und Hausbrand.

Für das Kataster der Industrie- und Kraftwerksanlagen müssen die Betreiber jährlich eine Erklärung über ihren Schadstoffausstoß abgeben. 1988 waren in West-Berlin 791 Betriebe berichtspflichtig; die größte Gruppe dabei bildeten mit 272 die Feuerungsanlagen (Heizwerke; > ELEKTRIZITÄTSVERSORGUNG; > FERNWÄRMEVERSORGUNG). Die Methodik der Datenermittlung ist dabei den Betreibern nicht vorgeschrieben. Da nicht an jeder Emissionsquelle ein Meßgerät für die verschiedenen Schadstoffsorten angebracht ist, beruhen die Angaben in den Erklärungen zumeist auf Berechnungen oder Schätzungen.

Die Schadstoffemissionen des Verkehrs werden aus den in Verkehrszählungen ermittelten Verkehrsmengen berechnet, unter Verwendung empirisch gewonnener Emissionsfaktoren für die verschiedenen Straßentypen, Verkehrssituationen und Fahrweisen sowie der fahrzeugspezifischen Kenngrößen.

Das E. für West-Berlin ist, gegliedert nach Teilbereichen, in den 80er Jahren wiederholt veröffentlicht worden. Bei der erforderlichen Fortschreibung und Einbeziehung Ost-Berlins haben der > SENAT VON BERLIN, der > MAGISTRAT von Ost-Berlin und die Bezirks-Hygiene-Inspektionen von Berlin, Potsdam und Frankfurt/O. 1990 vereinbart, ein gemeinsames E. zu erstellen.

Energieversorgung Berlin Aktiengesellschaft (EBAG): Die EBAG ist das für den Ostteil Berlins zuständige Unternehmen der > ELEKTRIZITÄTSVERSORGUNG. Sie ist eine Tochtergesellschaft der > BERLINER KRAFT- UND LICHT (BEWAG)-AKTIENGESELLSCHAFT, die diese Aufgabe im technisch nach wie vor getrennten westlichen Versorgungsgebiet wahrnimmt.

Die Aufgabe der EBAG ist gemäß ihrer Satzung die „Erzeugung und der Vertrieb von Elektroenergie und Fernwärme in Form von Dampf-Heiß- und Warmwasser, insbes. zur Versorgung von Berlin". Im Gegensatz zum West-Berliner Inselbetrieb war Ost-Berlin an das ostdeutsche und osteuropäische Stromverbundnetz der „Vereinigten Energiesysteme der Mitgliedsländer des RGW" gekoppelt, aus dem es wegen der beschränkten eigenen Kapazitäten zu DDR-Zeiten bis zu 85 % des Bedarfs bezog.

Zur Versorgung mit Strom und Fernwärme betreibt die EBAG die *Heizkraftwerke* Klingenberg, Lichtenberg, Mitte und Buch mit einer installierten elektrischen Gesamtleistung von 349 MW und einer installierten thermischen Leistung von 3.643 MW. Neben dem in den Heizkraftwerken nach dem Kraft-Wärme-Kopplungsverfahren erzeugten Fernwärmeaufkommen produziert die EBAG auch Fernwärme in elf speziellen Heizwerken mit einer installierten Wärmeleistung von zusammen 396 MW. Die teilweise mit Braunkohle befeuerten Heizwerke werden schrittweise auf Erdgasfeuerung umgerüstet und an das bestehende Verbundsystem der > FERNWÄRMEVERSORGUNG geschlossen. Im Kraftwerk Klingenberg wurde im Mai 1987 eine Rauchgasreinigungsanlage in Betrieb genommen, wodurch ein maximaler Entschwefelungsgrad von 96 % erreicht werden konnte. Weitere Modernisierungsmaßnahmen für die Ost-Berliner Kraftwerke sind geplant.

Von der EBAG wurden im Rumpfgeschäftsjahr 1991 (1. Halbjahr) 1.948 Mrd. kWh Strom an insg. 759.800 Niederspannungsanlagen und 1.279 Hoch- und Mittelspannungskunden verkauft. Der Brutto-Fremdbezug aus dem Verbundnetz belief sich auf 1.259 Mrd. kWh. Auf private Haushalte entfielen 658 Mrd. kWh, auf Industrie, Gewerbe und öffentliche Einrichtungen 967 Mrd. kWh und auf die Fahrstromversorgung der Berliner Verkehrsbetriebe (BVB; > BERLINER VERKEHRSBETRIEBE) 290 Mrd. kWh. Der Verbrauch an Brennstoffen belief sich in diesem Zeitraum auf 902.910 t Steinkohleeinheiten Heizöl, Kohle/Müll und Erdgas.

Die von den beiden Berliner Energieversorgungsunternehmen jeweils festgesetzten Stromtarife müssen von der > SENATSVERWALTUNG FÜR WIRTSCHAFT UND TECHNOLOGIE als Energie-Aufsichtsbehörde genehmigt werden. Die Strompreise im östlichen und westlichen Teil Berlins werden erst dann übereinstimmen, wenn eine einheitliche Kostenlage bei der Strombeschaffung und -verteilung gegeben ist. Dagegen ist der auf der Grundlage der neuen Bundestarifordnung für Elektrizität (BTO) vom 1.1.1990 wieder in ganz Berlin eine einheitliche Tarifstruktur geschaffen worden, die bei der EBAG schrittweise bis zum 1.1.1991 eingeführt wurde und die bei der BEWAG zum 1.7.1991 in Kraft getreten ist.

Die EBAG beschäftigte im Juni 1992 rd. 5.000 Mitarbeiter. Von den 6.027 Mitarbeitern im

Rumpfgeschäftsjahr 1991 waren 3.357 im gewerblichen, 1.386 im technischen und 1.284 im kaufmännischen Bereich tätig. Die Umsatzerlöse beliefen sich im 1. Halbjahr 1991 auf 913,58 Mio. DM.

Die EBAG ist aus der Aufspaltung des 1979 unter Einschluß der > GASVERSORGUNG gegründeten *VEB Energiekombinats Berlin* mit zuletzt ca. 10.000 Beschäftigten entstanden. Einer entsprechenden Verordnung der ehem. Regierung der DDR vom 1.3.1990 folgte am 29.6.1990 die Umwandlung in die > BERLINER ERDGAS AKTIENGESELLSCHAFT und die EBAG. Eigentümerin beider Gesellschaften blieb zunächst die > TREUHANDANSTALT. Am 22.8.1990 schlossen DDR-Regierung, Treuhand und die BEWAG einen Stromvertrag, der die EBAG-Geschäftsbesorgung der BEWAG übertrug. Zu diesem Zweck wurde im September 1990 die BEWAG-Geschäftsbesorgungs-Aktiengesellschaft (BEGEAG) gegründet, die die EBAG in ein marktorientiertes, leistungsfähiges Energieversorgungsunternehmen umwandeln und die Zusammenführung mit der BEWAG vorbereiten sollte. Mit dem Beschluß von Treuhandanstalt und BEWAG vom November 1991 zur Übernahme der EBAG-Aktien durch die BEWAG rückwirkend zum 1.1.1991 wurde die EBAG zu einer 100%igen BEWAG-Tochter und die BEGEAG als Bindeglied überflüssig. Die Fusion zu einem einzigen Unternehmen streben EBAG und BEWAG bis 1994 an. Die Vernetzung des östlichen und des westlichen Stromversorgungssystems ist bis 1997 geplant.

ENERGY 103,4: Der Hörfunksender E. sendet seit dem 12. August 1991 aus den Studios in der Potsdamer Str. 131 im Bezirk > SCHÖNEBERG. Er versteht sich als Berlins erstes Formatradio für die 18- bis 35jährigen. Das von Pop-Musik dominierte Programm („European Hit Radio") wird durch kurze Wortbeiträge und Nachrichten ergänzt. „Infotainment" und „Lifestyle" sind die Schwerpunkte der Berichterstattung im Rahmen des 24-Stunden-Programms. Es wird über Kabel und über Antenne auf UKW verbreitet und erreicht Hörer im Großraum Berlin und Umland. E. wird von einer GmbH mit vier Gesellschaftern getragen. Der Sender finanziert sich ausschließlich durch Werbeeinnahmen und beschäftigte Anfang 1992 19 feste und 30 freie Mitarbeiter (> HÖRFUNK).

Entmilitarisierung: Die E. war ein wesentliches Element des Berliner > SONDERSTATUS 1945-90. Im > POTSDAMER ABKOMMEN vom 2.8. 1945 war vorgesehen worden, Deutschland abzurüsten und zu entmilitarisieren sowie die gesamte deutsche Industrie auszuschalten, die für eine Kriegsproduktion benutzt werden konnte. Gleichzeitig mit der Souveränitätsgewährung an die Bundesrepublik Deutschland durch den Deutschlandvertrag vom 5.5.1955 machten die > ALLIIERTEN mit ihrer Erklärung über Berlin klar, daß sie in Berlin ihre Machtbefugnisse weiter ausübten, insbes. in bezug auf die „Abrüstung und Entmilitarisierung einschließlich verwandter Gebiete der wissenschaftlichen Forschung, zivilen Luftfahrt sowie der damit in Beziehung stehenden Verbote und Beschränkungen der Industrie".

So blieb dort der entmilitarisierte Status de jure für die Gesamtheit des Vier-Mächte-Gebietes von > GROSS-BERLIN erhalten. Die östliche Seite hingegen sah in der im Widerspruch hierzu stehenden faktischen militärischen Integration des Ostsektors in die DDR ab Anfang der 50er Jahre einen Ausdruck ihrer Position, wonach dieser Teil der Stadt ein vollgültiger Bestandteil der DDR war und keinem besatzungsrechtlichen Sonderstatus unterlag.

Die E. schloß alle militärischen Aktivitäten von Deutschen aus. Das vom > ALLIIERTEN KONTROLLRAT erlassene Gesetz Nr. 34 vom 20.8.1946 über die Auflösung der Wehrmacht war weiterhin in Kraft, ebenso das Gesetz Nr. 8 vom 30.11.1945 über das Verbot militärischer Ausbildung. Das Gesetz Nr. 5 der > ALLIIERTEN KOMMANDANTUR vom 25.2.1950 verbot den Deutschen in Berlin das Tragen militärischer Uniformen. Entsprechend wurde die Verteidigungsgesetzgebung des Bundes nicht nach Berlin übernommen – neben dem Wehrpflichtgesetz (> WEHRPFLICHT) etwa das Soldatengesetz oder das Wehrstrafgesetz. Angehörige der Bundeswehr durften sich nur unbewaffnet und in Zivil in Berlin aufhalten.

Mit der > BK/O (BERLIN KOMMANDATURA/ ORDER) (74) 11 vom 30.9.1974 erinnerte die Alliierte Kommandantur nochmals daran, daß die verantwortlichen Behörden und Dienststellen die alliierte Gesetzgebung weiterhin strikt zu befolgen hatten, insbes. u.a. das Kontrollratsgesetz Nr. 43 vom 20.12.1946 über das Verbot jeglichen Umgangs mit Kriegsmaterial. Durch Klarstellungen und Ergänzungen hatten die Alliierten das Gesetz im Laufe der Zeit allerdings in bezug auf Waffen für friedliche Zwecke, wie etwa Sportwaffen, liberalisiert.

Weitere Einzelgesetze betrafen die Bewaffnung der Berliner > POLIZEI, die friedliche Nutzung der Kernenergie (> HAHN-MEITNER-INSTITUT, BERLIN GMBH), das Verbot militärischer Forschung und die Zivilluftfahrt. Das Kontrollratsgesetz Nr. 43 untersagte den Deutschen u.a. auch das Führen von Luftfahrzeugen aller Art einschließlich Drachen, Fesselballons, Gleitern und Flugzeugmodellen (> LUFTVERKEHR). Obwohl die Kommandantur die Bestimmungen für Drachen, Ballons und Modellflugzeuge mit BK/O (84) 2 vom 31.1.1984 liberalisierte, wurde die Ausübung der Lufthoheit unverändert im Zusammenhang der Wahrung der E. und des Status insg. gesehen (> LUFTKORRIDORE; > LUFTSICHERHEITSZENTRALE BERLIN). Etwa 10 % der jährlich erlassenen BK/O betrafen Abrüstung und E.

Im Gegensatz zur strikten Handhabung dieser Bestimmungen in den Westsektoren wurde die Militärgesetzgebung der DDR von Anfang an auf Berlin (Ost) ausgedehnt. Bereits laut der Vorläufigen Ordnung vom 23.1.1953 unterstützte der Ost-Berliner > MAGISTRAT die Verteidigungsfähigkeit der DDR. Seit 1956 stellte die *Nationale Volksarmee der DDR (NVA)* ihre Waffen an den Staatsfeiertagen der DDR auch in Berlin bei Paraden zur Schau.

Nachdem bewaffnete Einheiten am > 13. AUGUST 1961 den Bau der > MAUER gedeckt hatten, übernahm der Ostsektor am 26.1.1962 u.a. das Verteidigungsgesetz, das Wehrpflichtgesetz und das Militärstrafgesetz der DDR. Am 23.8.1962 ersetzte ein Stadtkommandant der NVA den sowjetischen Kommandanten (> STADTKOMMANDANTEN; > STADTKOMMANDANTUR VON BERLIN [OST]). Während das Verteidigungsministerium der DDR außerhalb Berlins in Strausberg angesiedelt war, lagen zahlreiche Behörden und Dienststellen der NVA innerhalb der Stadtgrenzen, u.a. das Wehrbezirkskommando Berlin in der > FRIEDRICH-ENGELS-KASERNE im Bezirk > MITTE mit nachgeordneten Wehrkreiskommandos der elf Ost-Berliner Stadtbezirke. Der „Nationale Verteidigungsrat der DDR" tagte am Sitz des Verteidigungsministeriums in Strausberg und nicht innerhalb Ost-Berlins. In Ost-Berlin befand sich auch das Grenzkommando Mitte, das die um die Westsektoren eingesetzten Grenzstreitkräfte führte.

Die Westmächte protestierten kontinuierlich gegen diese widerrechtlichen Maßnahmen und wahrten damit ihren Rechtsstandpunkt. Durch die > VEREINIGUNG Deutschlands und die Erlangung der vollen Souveränität entfielen mit dem besatzungsrechtlichen Sonderstatus auch die Bestimmungen über die E. Am 3.10.1990 übernahm der > BUNDESMINISTER DER VERTEIDIGUNG die Befehls- und Kommandogewalt über die Soldaten der ehem. NVA auch in Berlin. Die Stadt wurde Standort der > BUNDESWEHR.

Entnazifizierung: Aufgrund des Berliner > SONDERSTATUS 1945-90 galt bis zur deutschen > VEREINIGUNG am > 3. OKTOBER 1990 alliiertes Recht. Es beinhaltete u.a. auch das Verbot nationalsozialistischer und neonazistischer Aktivitäten. Neben der > ENTMILITARISIERUNG war die E. ein Hauptziel der Siegermächte des II. Weltkrieges, niedergelegt im > POTSDAMER ABKOMMEN vom 2.8.1945, konkretisiert und umgesetzt durch eine Vielzahl von gesetzgebenden Akten der Vier Mächte (> BK/O [BERLIN KOMMANDATURA/ ORDER]). Nach der > SPALTUNG der Stadt Ende 1948 übertrugen die westlichen > ALLIIERTEN am 16.2.1949 dem in den Westsektoren amtierenden > MAGISTRAT (> SENAT VON BERLIN) die Verantwortung für die weitere Durchführung der alliierten Vorschriften zur E. Am 31.7.1949 amnestierte die > ALLIIERTE KOMMANDANTUR (ohne Mitwirkung der Sowjetunion und mit faktischer Wirkung nur in den Westsektoren) alle nach dem 1.1.1919 geborenen Personen, mit Ausnahme von bestimmten Angehörigen der Hitler-Jugend und des Bundes Deutscher Mädel. Am 21.6.1951 trat ein vom > ABGEORDNETENHAUS VON BERLIN beschlossenes Gesetz zum Abschluß der E. in Kraft. Im Ostteil Berlins wurde die Zentrale E.-Kommission auf Beschluß des dortigen Magistrats am 23.2.1949 aufgelöst. Durch die Verordnung vom 16.3.1950 über den Erlaß von Sühnemaßnahmen wurden alle Betroffenen amnestiert, wenn sie von deutschen Gerichten nicht zu mehr als einem Jahr Gefängnis verurteilt worden waren.

In Übereinstimmung mit der Proklamation Nr. 2 des > ALLIIERTEN KONTROLLRATS vom 20.9.1945 und dem Kontrollratsgesetz Nr. 2 vom 10.10.1945 waren die NSDAP und andere NS-Organisationen verboten. Das Gesetz Nr. 5 der Kommandantur vom 25.2.1950 untersagte u.a. auch das Tragen, die Herstellung, den Verkauf sowie den Erwerb von

Uniformen und Abzeichen der NSDAP bzw. einer ihrer Organisationen. Das gleiche galt für jegliche nationalsozialistische Propaganda oder Förderung militaristischen Gedankengutes (Kontrollratsgesetz Nr. 8 vom 30.11.1945).

Die 1964 gegründete rechtsradikale *Nationaldemokratische Partei Deutschlands (NPD)* als solche war zwar nicht verboten, doch untersagte die Kommandantur der Parteiführung sowie dem im März 1966 gegründeten Berliner Landesverband und seinen lokalen Untergliederungen regelmäßig alle öffentlichen Betätigungen, wie Kundgebungen, Parteitage, Teilnahme an Wahlen, öffentliche Zurschaustellung oder Verbreitung von Büchern, Flugschriften, Anschlägen, Abzeichen usw. Die erste Anordnung einen NPD-Parteitag in Berlin betreffend erging am 7.10.1969 mit BK/O (69) 10. Etwa 18 % der jährlich erlassenen BK/Os betrafen NPD-Verbote.

Entwicklungspolitik:

1. Berlin – Ein Zentrum des Nord-Süd-Dialogs zwischen Ost und West

Berlin kann in seinen Beziehungen zu Ländern in Übersee auf eine lange Tradition zurückblicken. Sie reicht zurück bis zu den Kolonialbestrebungen des Deutschen Kaiserreichs. Viele der heutigen internationalen Aktivitäten gehen auf die Rolle Berlins als Reichshauptstadt (> HAUPTSTADT) zurück, als die außen- und wirtschaftspolitischen Entscheidungszentren sowie eine Reihe von Forschungseinrichtungen in Berlin ihren Standort hatten (> IBERO-AMERIKANISCHES INSTITUT).

Durch den Verlust der Hauptstadtfunktion und durch die > SPALTUNG haben sich die Verbindungen Berlins zur Dritten Welt zwar zunächst verringert, in der Folgezeit haben sie jedoch im Westteil Berlins bald ein neues Gewicht gewonnen. Insbes. nach dem Mauerbau vom > 13. AUGUST 1961 wurden zahlreiche Einrichtungen mit entwicklungspolitischen Aufgaben aus dem Bundesgebiet nach Berlin (West) verlagert oder in der Stadt neu gegründet, um hier ein zukunftsträchtiges Arbeitsfeld zu schaffen und um Berlins > BINDUNGEN an den Bund und an die Welt zu festigen.

Gleichzeitig wurde im Ostteil der Stadt die E. der DDR ausgebaut, die sich vorrangig an den Grundsätzen der internationalen Politik der > SOZIALISTISCHEN EINHEITSPARTEI DEUTSCHLANDS (SED) orientierte. Dem zentralistischen System entsprechend war Ost-Berlin der Mittelpunkt dieser Politik; nur in die Durchführung waren Einrichtungen außerhalb Berlins, insbes. die staatlichen Betriebe und die Universitäten, eingeschaltet.

Die DDR kannte nur staatliche und gesellschaftliche, keine privaten Entwicklungshilfeleistungen. Träger gesellschaftlicher Leistungen waren Parteien, Gewerkschaften, Freie Deutsche Jugend, wissenschaftliche Vereinigungen, Frauenverbände, auch die Kirchen. Als „Nichtregierungsorganisationen" pflegten z.B. die „Freundschaftsgesellschaften" die Beziehungen zu bestimmten Ländern; sie bestanden überwiegend aus Akademikern und hatten eher repräsentativen Charakter. Auch das Solidaritätskomitee war eine staatlich verordnete Nichtregierungsorganisation, die die zweifellos vorhandene Solidarität der Bevölkerung der DDR in die staatlich gewünschten Bahnen lenkte. Lediglich die Gruppe INKOTA (heute: > INKOTA – ÖKUMENISCHES NETZWERK E.V.) machte den mühsamen Versuch, innerhalb der einen gewissen Schutz verleihenden Kirche die Funktion einer tatsächlich unabhängigen Organisation wahrzunehmen.

Die E. der DDR wurde im Zuge der Vereinigung in drei Phasen in die E. der Bundesrepublik übergeleitet. Die erste Phase begann mit dem Fall der > MAUER. Sie war die große Zeit des entwicklungspolitischen > RUNDEN TISCHES, den die Evangelische Akademie Berlin-Brandenburg und INKOTA am 9.2.1990 zum ersten Mal einberiefen. Dieser Runde Tisch, der Vertreter aller gesellschaftlichen Gruppen der DDR und Gäste aus den westlichen Bundesländern versammelte, brachte eine engagierte, fachlich kompetente Diskussion über die Möglichkeiten einer solidarischen Entwicklungszusammenarbeit in Gang, die bis heute anhält. Er war darüber hinaus maßgeblich an der Neuorientierung der E. der DDR beteiligt, die nach den Volkskammerwahlen am 18.3.1990 u.a. in die Gründung des Ministeriums für wirtschaftliche Zusammenarbeit der DDR mündete und dazu beitrug, daß viele Entwicklungsvorhaben der DDR eine Anschlußfinanzierung fanden und weitergeführt werden konnten.

Mit dem Beitritt der DDR zur Bundesrepublik erlosch die autonome E. der DDR. In dieser zweiten Phase begann die Auflösung und „Abwicklung" aller staatlichen Stellen und der meisten Durchführungsorganisationen. Die Devise der dritten Phase war „Fortführung durch Neubeginn". Einige wenige

Einrichtungen gründeten sich neu in anderer Rechtsform (so wurde z.B. aus dem ehem. Solidaritätskomitee der Solidaritätsdienst International SODI) und/oder verschmolzen mit ähnlichen Institutionen im Westen des Landes. Nur der private Bereich zeigte eine erstaunliche Dynamik: Schon kurz nach dem Fall der Mauer entstanden in den neuen Bundesländern und im Ostteil Berlins eine große Zahl von Nichtregierungsorganisationen, die sich dem Solidaritätsgedanken verpflichtet fühlen. Sie ergänzen in sehr positiver Weise das Profil des „entwicklungspolitischen Zentrums" Berlin.

Neben Berlin gibt es heute drei weitere Zentren der bundesdeutschen E: Im Bonner Raum haben sich die Institutionen angesiedelt, die auf engen Kontakt zur Regierung oder den Zentralen der Parteien angewiesen sind. Bei Frankfurt/M. befinden sich die wichtigsten Durchführungsinstitutionen sowie die in deren Auftrag tätigen Beratungs- und Studienbüros. Hamburg schließlich ist der traditionelle Standort der sog. Ländervereine und wissenschaftlicher Forschungsinstitute, die sich v.a. mit den wirtschaftlichen Beziehungen zwischen der Bundesrepublik und der Dritten Welt befassen. Im Vergleich mit diesen Städten kennzeichnen heute folgende Komponenten das Profil von Berlin als viertem Zentrum der E.:
– personelle Zusammenarbeit, Aus- und Fortbildung;
– Dialogveranstaltungen, kulturelle Zusammenarbeit und Informationsarbeit;
– Forschung und wissenschaftliche Zusammenarbeit.
Speziell mit diesen Themen befassen sich in der Stadt zehn große Institutionen, etwa 150 Einrichtungen arbeiten teilweise auf diesem Gebiet. Die Arbeit dieser Institutionen wird durch die Einrichtung zahlreicher vorhandener Forschungs- und Dienstleistungseinrichtungen aus anderen Fachgebieten, die Lage der Stadt im Schnittpunkt des internationalen Kräftefelds und ihr vielseitiges kulturelles Angebot sehr positiv beeinflußt. Die Mannigfaltigkeit der Einrichtungen ist zugleich die Voraussetzung dafür, E. so zu behandeln, wie dies international schon lange gefordert wird: als Querschnittsaufgabe.

2. Institutionen und Funktionen der Entwicklungspolitik in Berlin

2.1. Personelle Zusammenarbeit, Aus- und Fortbildung
Dieses Arbeitsfeld hat zwei Komponenten:

erstens die personelle Zusammenarbeit im engeren Sinne, d.h. die Entsendung von Experten in Länder der Dritten Welt. Zweitens die Aus- und Fortbildung von Fach- und Führungskräften aus diesen Ländern in der Bundesrepublik sowie die Vorbereitung von deutschem Personal auf entwicklungspolitische Aufgaben im In- und Ausland.

Die wichtigste Institution der personellen Zusammenarbeit in Berlin ist der > DEUTSCHE ENTWICKLUNGSDIENST (DED). Daneben entsenden eine Reihe kleinerer, meist kirchlicher Organisationen und einige der in der Stadt ansässigen Bundesbehörden – diese in der Regel für kürzere Einsätze – Personal in die Dritte Welt. Bis Ende September 1991 wurden die noch verbliebenen 71 Projekte der DDR mit Personaleinsatz von einer Nachfolgeorganisation des ehem. Außenhandelsbetriebs der DDR Intercoop betreut. Danach ist diese Funktion voll auf die Deutsche Gesellschaft für Technische Zusammenarbeit (GTZ) in Eschborn übergegangen, die auch einen Teil der Experten übernommen hat.

In der Aus- und Fortbildung haben die Hochschulen herausragende Bedeutung: Berlin übertrifft mit ca. 9.000 Studenten aus Entwicklungsländern (davon 680 im Ostteil der Stadt) alle anderen deutschen Universitätsstädte. Dem Bedarf ihrer Heimatländer entsprechend bevorzugen diese Studenten naturwissenschaftliche und technische Fächer. Gegenwärtig verschiebt sich die Nachfrage vom Grundstudium, das zunehmend im Herkunftsland absolviert wird, auf die höheren Studiensemester und Aufbaustudiengänge. Neben den Universitäten bieten Fachschulen und andere Fortbildungseinrichtungen Studenten aus Entwicklungsländern eine überwiegend praxisbezogene Ausbildung.

Die spezielle Vorbereitung auf entwicklungspolitische Tätigkeiten im In- oder Ausland für deutsche und ausländische Studenten erfolgt für Hochschulabsolventen in postuniversitären Studiengängen. Das Zentrum für Technologische Zusammenarbeit an der > TECHNISCHEN UNIVERSITÄT BERLIN (TUB) organisiert entsprechende Programme, u.a. einen Nachdiplomkurs zur Reintegration ausländischer Studenten. Das > DEUTSCHE INSTITUT FÜR ENTWICKLUNGSPOLITIK (DIE) bereitet deutsche Hochschulabsolventen auf eine Berufstätigkeit in der Entwicklungszusammenarbeit vor. Das Seminar für Landwirtschaftliche Entwicklung an der TUB bildet

Agrarexperten aus, und am Seminar für Tropenveterinärmedizin an der > FREIEN UNI-VERSITÄT BERLIN (FU) werden Deutsche und Ausländer für ihre Tätigkeit in Entwicklungsländern geschult. In der Vergangenheit haben die > HUMBOLDT-UNIVERSITÄT und andere akademische Einrichtungen im Ostteil der Stadt eine große Zahl von Studenten aus Entwicklungsländern ausgebildet. 1990 waren es ca. 4.500 in der gesamten DDR, davon waren etwa 1.500 in Berlin. Die Bundesregierung hat sichergestellt, daß alle ihre Ausbildung zu Ende führen können. Die künftigen Aktivitäten der Humboldt-Universität sowie der neu gegründeten > FACHHOCHSCHULE FÜR WIRTSCHAFT UND TECHNIK und der künstlerischen Fachhochschulen im Ostteil der Stadt sind von der noch nicht abgeschlossenen Neugliederung des Hochschulbereichs insg. abhängig.

Die Berliner Landesstelle der > CARL-DUIS-BERG-GESELLSCHAFT (CDG) veranstaltet in der Stadt ein umfangreiches Programm, mit dem Stipendiaten aus Entwicklungsländern in Berliner Wirtschaftsunternehmen ausgebildet werden. Die > DEUTSCHE STIFTUNG FÜR INTERNA-TIONALE ENTWICKLUNG (DSE) bietet ein Fortbildungsprogramm insbes. für Fach- und Führungskräfte an. Ferner tuhren die Stiftungen der Parteien fachorientierte Stipendiatenprogramme durch.

Innerhalb der bundesdeutschen Entwicklungszusammenarbeit bildet Berlin einen bes. Schwerpunkt in der Medienarbeit. Das > IN-TERNATIONALE INSTITUT FÜR JOURNALISMUS im Westteil, das Institut für Journalistik im Ostteil der Stadt sowie die > AUSBILDUNGSSTÄTTE FÜR AUSLÄNDISCHE FERNSEHFACHKRÄFTE TELE-VISION TRAINING CENTRE des > SENDERS FREIES BERLIN bilden Journalisten, Fernsehtechniker und Redakteure aus der Dritten Welt für Tätigkeiten in ihren Heimatländern aus.

2.2. Dialogveranstaltungen, kulturelle Zusammenarbeit und Informationsarbeit
Berlin ist ein fachlich besonders geeigneter Standort für den Dialog zwischen den Industrieländern und der Dritten Welt. Zugleich eignet sich die Stadt gut, ausländischen Gästen die Besonderheiten der Bundesrepublik und ihrer Nachbarn zu vermitteln. Aus diesen Gründen ist Berlin sowohl für die Veranstalter wie für die Teilnehmer aus aller Welt ein bevorzugter Veranstaltungsort von Seminaren, in denen Nord-Süd- und Ost-West-Fragen behandelt werden.
Ferner veranstaltet die > AUSSTELLUNGS-MESSE-

KONGRESS-GMBH während der großen Messen und Kongresse Gesprächsrunden, Podiumsveranstaltungen und Foren mit entwicklungspolitischem Bezug, etwa über Handelspolitik am Rande der > IMPORT-MESSE „PARTNER DES FORTSCHRITTS". In der DSE wurde eigens für die Durchführung größerer Dialogveranstaltungen das Entwicklungspolitische Forum eingerichtet.

In gewissem Kontrast zu den großen Veranstaltern und z.T. mit bewußt anderer Zielsetzung stehen nicht-staatliche Organisationen wie das > BILDUNGS- UND AKTIONSZENTRUM DRITTE WELT. Institutionen dieser Art entstanden vermehrt seit Ende der 60er Jahre, ausgehend von der > STUDENTENBEWEGUNG, die u.a. eine Sensibilisierung gegenüber Problemen der Dritten Welt bewirkte. Diese Institutionen führen v.a. Veranstaltungen durch, in denen Berliner Bürger unmittelbar – meist durch das Gespräch mit Vertretern aus Entwicklungsländern – mit den Problemen dieser Länder konfrontiert werden. Im Ostteil der Stadt ist im Gegensatz zum weitgehend abgewickelten staatlichen Bereich auf diesem Gebiet eine rasch wachsende Zahl von „Nichtregierungsorganisationen" wie z.B. INKOTA tätig.

Auch die Intensivierung des kulturellen Austauschs ist ein wichtiger Teil der E. Beispielhaft sind das seit 1979 alle drei Jahre stattfindende > HORIZONTE – FESTIVAL DER WELTKUL-TUREN und die Gründung des > HAUSES DER KULTUREN DER WELT zu nennen.

Entwicklungspolitische Informationsarbeit wird in Berlin von zahlreichen freien Trägern geleistet. Einige Veranstalter haben sich auf einen begrenzten Adressaten- und Themenkreis spezialisiert; dazu zählen insbes. eine Reihe von *Solidaritätsgruppen Dritte Welt*, die zum großen Teil von Studenten getragen werden und die den staatlich organisierten Kooperationsprogrammen mit der Dritten Welt eher kritisch gegenüberstehen.

Andere Veranstalter, die z.T. ihren Hauptsitz, z.T. Zweigstellen bzw. Büros in Berlin haben, betonen in ihrer Arbeit v.a. den globalen Aspekt von E. Dabei handelt es sich um Institutionen mit sehr unterschiedlichen Zielen und entwicklungspolitischen Ansätzen, wie etwa den > WELTFRIEDENSDIENST, die > AKTIONSGEMEINSCHAFT SOLIDARISCHE WELT und die > SOCIETY FOR INTERNATIONAL DEVELOPMENT – BERLIN CHAPTER (SID). Im Ostteil der Stadt arbeiten z.B. die > ENTWICKLUNGSPOLITISCHE GESELLSCHAFT E.V. und die > GESELLSCHAFT FÜR

SOLIDARISCHE ENTWICKLUNGSZUSAMMENARBEIT mit ähnlicher Zielsetzung.

2.3. Forschung und wissenschaftliche Zusammenarbeit

Eine Reihe von wissenschaftlichen Einrichtungen widmet sich ganz oder teilweise der Entwicklungsländer-Forschung. An erster Stelle stehen zahlreiche Institute und Lehrstühle an der FU und der TUB, in Zukunft vermutlich auch wieder an der Humboldt-Universität, die einen Teil ihrer Forschungsvorhaben im Rahmen von Partnerschaften mit Hochschulen und anderen Wissenschaftseinrichtungen in der Dritten Welt abwickeln. Insg. bestanden 1991 über 50 solcher Universitätspartnerschaften (> WISSENSCHAFT UND FORSCHUNG).

Außerhalb der Universitäten ist es v.a. das DIE, das auf der Grundlage wissenschaftlicher Forschung Gutachten über entwicklungspolitische Themen für öffentliche Institutionen im In- und Ausland erstellt und sie berät. Ähnliche Aufgaben erfüllt die Entwicklungsländer-Abteilung des > DEUTSCHEN INSTITUTS FÜR WIRTSCHAFSFORSCHUNG.

Zahlreiche weitere Institutionen setzen einen Teil ihrer Kapazitäten für die Lösung von entwicklungspolitischen Problemen ein, u.a. im Rahmen von Forschungs- und Beratungsaufträgen des > BUNDESMINISTERS FÜR WIRTSCHAFTLICHE ZUSAMMENARBEIT (BMZ), der seit der Vereinigung eine Außenstelle im Ostteil Berlins hat, und seiner Vorfeldinstitutionen, insbes. der GTZ. Beispiele dafür sind das > WISSENSCHAFTSZENTRUM BERLIN FÜR SOZIALFORSCHUNG und einige Bundesbehörden, wie das > BUNDESGESUNDHEITSAMT und die > BIOLOGISCHE BUNDESANSTALT FÜR LAND- UND FORSTWIRTSCHAFT. Zu diesen Institutionen zählen auch Einrichtungen, die ursprünglich für die Lösung nationaler Probleme gegründet wurden und ihr Wissen inzwischen auch der Entwicklungszusammenarbeit zur Verfügung stellen, wie die > BUNDESANSTALT FÜR MATERIALFORSCHUNG UND -PRÜFUNG, das > DIN DEUTSCHES INSTITUT FÜR NORMUNG und die > PHYSIKALISCH-TECHNISCHE BUNDESANSTALT.

3. Entwicklungspolitische Aktivitäten des Senats von Berlin

Staatliche E. ist grundsätzlich Sache des Bundes unter Federführung des BMZ. Dennoch können sich auch die Bundesländer auf diesem Feld betätigen. Ein Beschluß der Ministerpräsidenten der Länder vom Oktober 1988 führt als Schwerpunkt der Mitarbeit der Länder die Förderung der Aus- und Fortbildung von Fachkräften vor Ort und in Deutschland, die personelle Hilfe, die Durchführung von Projekten in Entwicklungsländern und die entwicklungspolitische Informations- und Bildungsarbeit an.

Das Land Berlin hat für Entwicklungszusammenarbeit 1962-90 ca. 240 Mio. DM ausgegeben und wird in dieser Leistung nur von Baden-Württemberg und Nordrhein-Westfalen übertroffen. 1991 waren im Landeshaushalt von Berlin für E. ca. 10 Mio. DM eingeplant (> HAUSHALT UND FINANZEN). Mit diesen Mitteln fördert das Land eine breite Palette von Aktivitäten, die die jährlich erscheinende „Mitteilung über entwicklungspolitische Maßnahmen" der > SENATSVERWALTUNG FÜR WIRTSCHAFT UND TECHNOLOGIE (SENWITECH) dokumentiert. Ein großer Teil der Mittel (1991 ca. 5,8 Mio. DM) dient der Unterstützung ortsansässiger entwicklungspolitischer Institutionen, die im Bereich der Aus- und Fortbildung, Reintegration sowie der Forschung tätig sind (z.B. das ASA-Programm, die CDG, die DSE und das DIE).

Einige Institutionen fördern unter Beteiligung des Senats die wirtschaftliche Zusammenarbeit, u.a. die > BERLINER GESELLSCHAFT FÜR DEUTSCH-TÜRKISCHE WIRTSCHAFTLICHE ZUSAMMENARBEIT und das bereits erwähnte Zentrum für Technologische Zusammenarbeit.

Der zweite Teil der für Entwicklungszusammenarbeit vorgesehenen Haushaltsmittel fließt in einzelne Aus- und Fortbildungs- sowie Stipendiatenprogramme. Im Landesetat von 1991 waren dafür ca. 3,2 Mio. DM veranschlagt. Diese Gelder werden von insg. fünf > SENATSVERWALTUNGEN in Zusammenarbeit mit in Berlin ansässigen entwicklungspolitischen Institutionen ausgegeben.

Die Vergabe der Mittel durch einzelne Ressorts hat den Vorteil einer breiten Angebotspalette, erschwert es aber gleichzeitig, ein fachübergreifend abgestimmtes Konzept für die Entwicklungszusammenarbeit zu verwirklichen. Zur Verbesserung der Koordinierung und zur ressortübergreifenden Umsetzung der entwicklungspolitischen Leitlinien des > SENATS VON BERLIN wurde am 1.3.1991 bei der SenWiTech die > LANDESSTELLE FÜR ENTWICKLUNGSZUSAMMENARBEIT eingerichtet.

Neben der Institutionenförderung und der Abwicklung der Aus- und Fortbildungsprogramme hat sich die Landesstelle das Ziel gesetzt, die Zusammenarbeit mit den in Berlin arbeitenden Nichtregierungsorganisationen,

Solidaritäts- und Dritte-Welt-Gruppen zu intensivieren. Die Landesstelle unterstützt sowohl die Projekt- als auch die Bildungs- und Öffentlichkeitsarbeit dieser Institutionen. 1990 wurden zwölf Auslandsprojekte und 13 Vorhaben der Bildungs- und Öffentlichkeitsarbeit mit über 600.000 DM gefördert, 1992 steigt dieser Betrag auf über 900.000 DM. Einen Überblick über das breite Spektrum der ca. 130 in Berlin ansässigen entwicklungspolitischen Organisationen gibt der von der SenWiTech 1991 herausgegebene „Stadtführer Entwicklungspolitik".

Eine besondere Form der Entwicklungszusammenarbeit stellt schließlich die Beurlaubung von Landesbediensteten für den Einsatz in der Dritten Welt dar. Um das Interesse an solchen Möglichkeiten bei den Landesbehörden und in der Privatwirtschaft weiter zu verstärken, hat die SenWiTech 1987 die *Beratungsstelle Fachkräfte für die Dritte Welt (BF3W)* eingerichtet. Ihre Beratung über Einsatzmöglichkeiten, geeignete Weiterbildungsangebote oder Auslandspraktika wird ergänzt durch das ebenfalls von der SenWiTech herausgegebene Handbuch Arbeitsfeld Dritte Welt.

4. Bilanz und Perspektiven

Die Konzentration qualifizierter Einrichtungen in Berlin hat aus der Stadt neben den mit anderen entwicklungspolitischen Aufgaben befassten Standorten Bonn, Frankfurt/M. und Hamburg ein Zentrum der Entwicklungszusammenarbeit in der Aus- und Fortbildung, der Forschung und des Nord-Süd-Dialogs gemacht. Ob dies auch in Zukunft so bleiben wird, ist zum jetzigen Zeitpunkt ungewiß. Die Hauptstadtentscheidung vom 20.6.1992 besagt zwar einerseits, daß das Parlament und große Teile der Regierung ihren Sitz nach Berlin verlagern werden, sie impliziert aber auch die Verlagerung von Einrichtungen aus Berlin in andere (neue) Bundesländer. Ob und wie die entwicklungspolitischen Einrichtungen in Berlin von diesem Prozeß betroffen sind, ist noch nicht endgültig entschieden.

Zwei gewichtige Gründe sprechen für die Konsolidierung und den Ausbau der entwicklungspolitischen Aus- und Fortbildungs-, Forschungs- und Dialogfunktion Berlins: Ein Grund liegt in der Entwicklung in Osteuropa und in den neuen Staaten der ehem. Sowjetunion. Viele Probleme in diesen Ländern sind – bei allen kulturellen, politischen und geographischen Unterschieden –

denen bestimmter Entwicklungsländer ähnlich. Das über Jahre in der Stadt gewachsene Know-How und die günstige geopolitische Lage sind gute Voraussetzungen dafür, daß Berlin sowohl der Partner des Ostens als auch des Südens sein kann.

Der weitere Grund liegt in dem Ausbau des Entwicklungshilfeansatzes zu einem Konzept der Entwicklungszusammenarbeit als Querschnittsaufgabe, an der nicht nur entwicklungspolitische Einrichtungen im engeren Sinne beteiligt sind. Mit seinem breiten Angebot von Institutionen der Forschung, Beratung, der Ausbildung und des Dialogs ist Berlin für die Wahrnehmung dieser Querschnittsaufgabe hervorragend ausgestattet.

Entwicklungspolitische Gesellschaft e.V. (EPOG): Die am 1.4.1990 gegründete EPOG mit Sitz in der Treskowallee 8 im Bezirk > Lichtenberg ist eine nichtstaatliche, parteien- und konfessionsunabhängige gemeinnützige Vereinigung. Ihr wesentliches Anliegen ist es, für eine weltweite Friedens- und Abrüstungspolitik, für ein Klima globaler Verantwortung und Solidarität, die ausländische Mitbürger einschließt, sowie für eine > Entwicklungspolitik einzutreten, die auf wirkliche Bedürfnisse und Interessen der Menschen im Süden gerichtet ist und Entwicklung v.a. als menschliche Entwicklung versteht. Die EPOG sieht zunehmend ein Hauptfeld ihrer Arbeit in der Beschäftigung mit dem entwicklungspolitischen Erbe Osteuropas und den daraus erwachsenden spezifischen Anforderungen an europäische Entwicklungspolitik.

Schwerpunkte der Arbeit sind: die Öffentlichkeit für die Probleme des Südens und für die globale Verantwortung zu sensibilisieren; wissenschaftliche Forschung und Lehre zur Entwicklungsproblematik zu fördern; Kooperationsprojekte und Solidaritätsaktionen zu unterstützen, Erfahrungsaustausch und Beratung zu organisieren; einen Beitrag zur demokratischen Legitimation und Transparenz von Entwicklungspolitik zu leisten und politikberatend und -begleitend zu wirken sowie an Bildungsaufgaben mitzuwirken. Die EPOG finanziert sich aus Mitgliedsbeiträgen und Spenden.

Ephraim-Palais: Das heutige E. am Mühlendamm/Ecke Poststr. im > Nikolaiviertel im Bezirk > Mitte ist die originalgetreue Rekonstruktion eines Mitte des 18. Jh. erbauten prächtigen, viergeschossigen Bürgerpalais im Stil des Rokoko. Es wurde 1983-87 nur wenige Meter von seinem ursprünglichen Standort entfernt wiedererrichtet. Bereits im letzten Jh. galt der Eckbau „als schönste Ecke Berlins".

Das ursprüngliche Gebäude, ein ins 15. Jh. zurückreichendes Apothekenhaus, ließ der

Ephraim-Palais

Apotheker Karl Walter Tonnenbinder auf Veranlassung des Kurfürsten Friedrich III. (1688-1713) um 1700 durch einen repräsentativen Neubau ersetzen. 1762-65 wurde das Gebäude nach Plänen von Friedrich Wilhelm Diterichs für Veitel Heine Ephraim umgebaut, der seit 1754 Hofjuwelier und später Münzpächter Friedrichs des Großen (1740-86) war.

Charakteristisch für das E. ist die abgerundete Ecke. Links und rechts des Portals befinden sich je zwei Paare mit dorischen Säulen, die den geschwungenen Haupt-Balkon des ersten Stocks tragen. Neben dem großen Hauptbalkon zieren vier kleinere Balkons mit schmiedeeisernen, vergoldeten Geländern die Stirnseite des Palais. Auf dem großen Balkon befanden sich Putten und das Dach wurde durch prachtvolle Vasen bekrönt. Durch die Säulengalerie des Eingangs am Mühlendamm betrat der Besucher einen großen ovalen Raum, der zu einem etwas kleineren ovalen Raum, der mehrgeschossigen Treppenhalle, führte. Diese Treppe hatte ein prächtiges Geländer aus Schmiedeeisen. Im zweiten Obergeschoß befand sich das berühmte „chinesische Zimmer".

1843 erwarb der preußische Staat das E. und nutzte es als Büro des > POLIZEIPRÄSIDENTEN. 1880 übernahm eine Bank das E., und 1935/36 wurde der Bau im Zusammenhang mit der Verbreiterung des > MÜHLENDAMMS abgetragen. Die 2.493 numerierten Fassadenteile einschließlich der Säulen und Balkonplatten wurden zum späteren Wiederaufbau im Bezirk > WEDDING gelagert. Nach einem entsprechenden Beschluß des > ABGEORDNETENHAUSES von Berlin gab der > SENAT VON BERLIN die Fassadenteile im Sommer 1983 nach Ost-Berlin zurück.

Das nach Meßbildern und Grundrissen aus alten Polizeiakten rekonstruierte E., das Ende April 1987 der Öffentlichkeit übergeben wurde, entspricht in seinem Äußeren und den Abmessungen dem Bau von Diterichs aus dem Jahre 1766. Von den Fassadenteilen mußten 15 % neu gefertigt werden. Die Puttenfiguren vom Hauptbalkon und andere Teile des bildkünstlerischen Schmucks wurden wegen ihres schlechten Erhaltungszustandes durch Kopien ersetzt. Im Inneren des Gebäudes mußten Treppen und Ziergitter vollkommen neu hergestellt werden. Anstelle des verschollenen „chinesischen Zimmers" ist die „Schlüterdecke" aus dem 1701-03 von Andreas Schlüter errichteten *Palais Wartenberg* eingefügt worden. Es stand schräg gegenüber dem > STADTSCHLOSS an der Rathausstr./Ecke Burgstr. und wurde 1889 abgerissen. Das E. dient seit Fertigstellung seines Wiederaufbaus dem > MÄRKISCHEN MUSEUM als Ausstellungsraum für zeitgenössische Malerei und Plastik.

Erholungspark Marzahn: Der E. zwischen Blumberger Damm und Eisenacher Str. im Bezirk > MARZAHN entstand 1987 zur 750-Jahr-Feier Berlins unter dem Namen *Berliner Gartenschau* als erste Ausbaustufe des Marzahn/Hellersdorfer Naherholungsgebiets entlang der > WUHLE. Er umfaßt ein 18 ha großes Gelände auf und am 101 m hohen, aus Trümmerschutt aufgeschütteten *Kienberg* (> TRÜMMERBERGE). Die Anlage sollte Stätte der Information und der Erholung sein. Zur Befestigung der Flächen wurden kaum Betonelemente, sondern vorwiegend alte Berliner Pflastersteine verwendet. Auf dem asphaltierten Hauptweg fahren Kutschen. Unter den Gartenanlagen befinden sich ein Rosenhang und ein Blumental, ein Naturlehrpfad sowie mehrere Musterkleingärten. Dem Bornimer Staudenzüchter und Gartenschriftsteller Karl Foerster ist ein eigener Staudengarten gewidmet. Ferner gibt es ein sog. Blumentheater, Rhododendren- und Azaleen-Anlagen, Gingko-Bäume, einen Dahliengarten und mehrere Brunnen.

Seit September 1991 ist die Grünlage der

landeseigenen „Britzer Garten GmbH Berlin" unterstellt, die auch den > BRITZER GARTEN in > NEUKÖLLN betreibt. Gleichzeitig wurde der Name von Berliner Gartenschau in E. geändert. Dem neuen Namen entsprechend wollen die Betreiber das Gelände weniger für Schau- und Informationsausstellungen, sondern stärker als Freizeit- und Erholungspark nutzen. Geplant sind u.a. die Auflösung der Musterkleingärten, der Umbau des Blumentheaters zu einem Kindertheater mit Bühne sowie die Errichtung von mehreren Kinderspielplätzen und einem Haustierzoo. Auf einem noch einzurichtenden witterungsgeschützten Platz werden künftig wöchentlich Veranstaltungen stattfinden. Unmittelbar angrenzend an das Wuhletal sollen ökologisch schützenswerte und naturnahe Themen der extensiven Parklandschaft gezeigt werden. In den intensiv genutzten Bereichen werden künftig bunte Blumenrabatten und bespielbare Rasenflächen vorherrschen.

Ermelerhaus: Das E. am > MÄRKISCHEN UFER 10 im Bezirk > MITTE ist ein rekonstruiertes Bürgerhaus vom Ende des 17. Jh. Ursprünglich stand es in der Breiten Str. 11, wo es 1724 erneuert und um 1760 für den Heereslieferanten Peter Friedrich Damm vermutlich nach Plänen von Friedrich Wilhelm Diterichs zu einem Rokoko-Palais umgestaltet wurde. Das Innere wurde von dem Dekorationsmaler Karl Frisch mit Decken- und Wandgemälden kostbar ausgestattet. 1804 kaufte der Tabakfabrikant Johann Heinrich Neumann das Haus und ließ es mit seiner frühklassizistischen Fassade versehen. Der Tabakfabrikant Wilhelm Ermeler erwarb das Wohn- und Geschäftshaus 1824 und machte es mit seinen Mittwochabendveranstaltungen zu einem geistig-kulturellen Mittelpunkt des bürgerlichen Gesellschaftslebens. 1914 ging das E. in das Eigentum der Stadt Berlin über, die dort 1932 die Abteilung „Berliner Wohnkultur" des > MÄRKISCHEN MUSEUMS unterbrachte. Das im II. Weltkrieg stark beschädigte Gebäude wurde nach 1945 zunächst für die Ratsbibliothek und das > STADTARCHIV genutzt. Von 1953-60 wurde das E. restauriert, im Zusammenhang mit der Verbreiterung der Breiten Str. jedoch Mitte der 60er Jahre abgetragen und 1968/69 an seinem heutigen Standort wieder aufgebaut. Dabei wurden Sockelgeschoß und Freitreppe hinzugefügt und die ursprüngliche Durchfahrt für die Tabakwagen weggelassen. Das Relief über der Tür symbolisiert den Tabakanbau.

Im Innern sind in der ersten Etage die historischen Rokokoräume wiederhergestellt worden. Erhalten sind auch zwei Putten als Laternenträger in den Treppennischen. In der Mitte des 1. Obergeschosses befindet sich der Fechhelmsaal, der ehem. Festsaal des E. aus der Zeit um 1760. Auf der westlichen Seite liegen das Vogelzimmer mit Vogelbildern auf den Supraporten (um 1790) und dahinter das Rosenzimmer (um 1760). Auf der östlichen Seite befinden sich das Dianazimmer, das Florazimmer aus der Zeit um 1800 mit einem Deckengemälde (um 1870) und das Kartenzimmer.

Das E., im Innern mit dem Nachbarhaus Nummer 12 verbunden, ist seit 1969 eine historische Gaststätte. Im Erdgeschoß wurde ein Café eingerichtet und im ersten Obergeschoß ein repräsentatives Weinrestaurant. In den Kellerräumen befindet sich die *Raabe-Diele*, ein Bierkeller, der an eine gleichnamige, nach dem Dichter Wilhelm Raabe benannte, historische Gaststätte in der > SPERLINGSGASSE auf der > FISCHERINSEL erinnert. Erinnerungsstücke aus dieser im II. Weltkrieg zerstörten Gaststätte haben hier einen neuen Platz gefunden.

Ernst-Reuter-Platz: Der E. im Zuge der > OST-WEST-ACHSE im Bezirk > CHARLOTTENBURG erhielt seinen heutigen Namen am 1.10.1953 zu Ehren des am 29.9.1953 verstorbenen > REGIERENDEN BÜRGERMEISTERS VON BERLIN Ernst Reuter. Der zuvor für den Platz gebräuchliche Name „Knie" geht auf den hier gelegenen einzigen Knick der ansonsten schnurgeraden einstigen Verbindungsstraße zwischen dem kurfürstlichen > STADTSCHLOSS in Berlin und dem > SCHLOSS CHARLOTTENBURG zurück. Ende der 50er Jahre wurde der E. nach Plänen von Bernhard Hermkes und Werner Düttmann zu einem der größten und verkehrsreichsten Plätze Berlins umgestaltet und seitdem mehrfach umgebaut. Auf der von Bürobauten umgebenen Mittelinsel der als Rondell gestalteten Anlage befinden sich zwei von Düttmann entworfene Wasserbecken mit 41 Fontänen.

Schon vor der Umgestaltung des Platzes war im Südosten des E. das Institut für Bergbau der > TECHNISCHEN UNIVERSITÄT BERLIN (TUB) von Willy Kreuer (1955-59) errichtet worden. Es folgten im Nordwesten der Bau für die heutige Eternit-AG-Hauptverwaltung von

Hermkes (1956/57) und der parallel dazu angeordnete Hochhaustrakt von Gustav Müller und Franz Heinrich Sobotka (1960) sowie am Westrand des Platzes das Telefunken-Hochhaus von Paul Schwebes und Hans Schoszberger (1960). Im Süden entstanden das IBM-Gebäude von Rolf Gutbrod (1961) und das Raiffeisenhaus von Hans Geber und Otto Risse (1972). Im Norden befindet sich das Architekturgebäude der TUB von Bernhard Hermkes (1968) mit dem Anbau für das Städtebauinstitut von Hans Scharoun (1970). Auf dem freien Platz davor steht als symbolisches Erinnerungsmal an Ernst Reuter die 1961 geschaffene Bronzeplastik „Flamme" von Bernhard Heiliger.

Ernst-Thälmann-Park: Der E. zwischen Greifswalder Straße, Dimitroffstr., Prenzlauer Allee und der > RINGBAHN im Bezirk > PRENZLAUER BERG ist ein insg. 26 ha großer Wohnpark mit 1.300 Wohnungen für 4.000 Menschen und ebensoviel Bäumen auf den rund 17,5 ha umfassenden Grünflächen. Das 1986 eingeweihte, attraktive Wohngebiet, mit dem die SED nicht nur dem einstigen Führer der Kommunistischen Partei Deutschlands (KPD), Ernst Thälmann, zur 100. Wiederkehr seines Geburtstages am 16.4.1986, sondern auch sich selbst ein Denkmal setzen wollte, entstand ab 1983 nach Plänen der Architekten Eugen Schröter, Helmut Stingl, Dietrich Kabisch, Marianne Battke und Dorothea

Ernst-Thälmann-Park mit Thälmann-Denkmal

Krause. Zu Zeiten der DDR galt der E. als Musterbeispiel der neueren „sozialistischen Städtebaukonzeption".
Bis 1981 arbeitete auf dem Gelände Berlins 1872-74 errichtetes, ältestes Gaswerk (> GASVERSORGUNG). Noch 1982 wollte man die riesigen Gasometer als technische Denkmäler erhalten und in die Gestaltung des Parks einbe-

ziehen. Schließlich wurden jedoch nur fünf alte Klinkerbauten des Gaswerks erhalten und zu einem Kulturzentrum umgebaut. Unter dem Namen „Die Wabe" blieb die Einrichtung auch nach der > VEREINIGUNG als offenes Kulturhaus erhalten.
Die in der für die DDR üblichen Großplattenbauweise errichteten acht- bis 18geschossigen Wohnblocks des E. zeichnen sich durch abwechslungsreiche Fassadengestaltung aus. Verglaste Loggien als Ecklösungen, Erker, Ateliers und neue Balkonformen, das Zusammenspiel von Waschbeton und roten Klinkern sollten zeigen, welche bis dahin nicht gekannte Gestaltungsvielfalt das industrielle Bauen bieten kann. Neben den Wohnbauten wurden Kinderspielplätze, Kindergärten und -krippen, eine Schule, eine Turn- und eine Schwimmhalle (> HALLENBÄDER), mehrere Geschäfte und Cafés errichtet. Ein besonderer Anziehungspunkt ist das 1987 eingeweihte > ZEISS-GROSSPLANETARIUM am westlichen Rand des Parkgeländes. Östlich des Parks schließt sich jenseits der Greifswalder Str. der > VOLKSPARK ANTON SAEFKOW an den Grünzug an.
Dort steht auch das von dem in der ehemaligen UdSSR hoch geschätzten, verstorbenen sowjetischen Bildhauer Lew Kerbel geschaffene und gleichzeitig mit dem Wohnpark eingeweihte monumentale Thälmann-Denkmal. Das 14 m hohe, 15 m breite und 55 t schwere Monument sollte „politisch-künstlerischer Mittelpunkt" des E. sein. Auf einem Sockel aus rötlichem, ukrainischen Granit – in den vorne „Ernst Thälmann" und an den Seiten „Rot Front" eingemeißelt ist – ruht in Bronze gegossen die in der Schulter angeschnittene Büste Thälmanns mit der geballten Faust vor einer wehenden Fahne mit Hammer und Sichel an der Fahnenspitze.

Erpetal: Das seit 1957 unter Landschaftsschutz stehende E. nördlich von > FRIEDRICHSHAGEN im Bezirk > KÖPENICK ist eines der wenigen in Berlin noch vorhandenen, nicht verbauten Fließtäler (> FLIESSGEWÄSSER). Der den > BARNIM nach Süden entwässernde, ehem. Flußlauf der Erpe, wird heute als *Neuenhagener Mühlenfließ* ausgewiesen und mündet bei Hirschgarten in die > SPREE. Es speist sich aus dem Stienitzfließ bei Werneuchen (Kreis Bernau), dem Mühlenfließ nördlich von Altlandsberg sowie aus dem Zoche-Graben bei Trappenfelde (Kreis Strausberg). Außerdem nimmt es die gereinigten Abwässer des Klärwerks Münchehofe südlich von Dahlwitz-Hoppegarten im Kreis Strausberg auf (> Wasserversorgung/Entwässerung). Das im E. entstandene Niedermoor trug ehemals als Mahdwiesen genutzte Feucht- und Frischwiesen, deren Artenreichtum nach Aufgabe der Mahd und teilweiser Beweidung inzwischen stark abgenommen hat. Anfang der 60er Jahre wurde das E. im Zuge umfangreicher wasserbaulicher Maßnahmen saniert. Heute wird das in sich geschlossene, ca. 40 ha große Wiesengebiet mit den nördlich anschließenden, bis zur S-Bahn-Linie nach Strausberg reichenden, 140 ha großen Talniederungen im Kreis Strausberg durch umfangreiche Wanderwege erschlossen.

Europa-Center: Das 1963-65 errichtete E. am > Breitscheidplatz zwischen Budapester Str. und > Tauentzienstrasse im Bezirk > Charlottenburg ist eines der großen Geschäfts- und Bürohochhäuser Berlins. Die Gestaltung des Komplexes oblag den Architekten Helmut Hentrich und Hubert Petschnigg unter künstlerischer und städtebaulicher Beratung von Werner Düttmann und Egon Eiermann. Das 86 m hohe Hauptgebäude mit 22 Etagen ist von einem dreigeschossigen Sockelbau (zum Breitscheidplatz hin fünfgeschossigen, dem sog. Eiermann-Bau mit architektonischen Anklängen an die > Kaiser-Wilhelm-Gedächtnis-Kirche) umgeben. In den unteren beiden Etagen und im ersten Kellergeschoß liegt der Geschäfts- und Vergnügungsbereich mit ca. 100 Läden sowie zahlreichen Gaststätten und Dienstleistungseinrichtungen. Die beiden zunächst offenen Innenhöfe wurden 1974 nach Plänen von Ivan Kursnik überdacht und eine ursprünglich eingerichtete Eisbahn entfernt. Heute befinden sich hier ein terrassenförmig über einem Wasserspiel angelegtes Café und die bei einem nochmaligen Umbau durch Kursnik 1982 installierte 13 m hohe (Wasser-) „Uhr der fließenden Zeit" des Pariser Physikers Bernard Gitton. Im Kellergeschoß haben das Kabarett > Die Stachelschweine und die > Spielbank Berlin ihre Räume. Andere wichtige Einrichtungen im E. sind das > Verkehrsamt Berlin, die > Senatsverwaltung für Kulturelle Angelegenheiten, die > Europäische Wirtschaftshochschule und die > Medienanstalt Berlin-Brandenburg. Die gesamte Nutzfläche beträgt rd. 26.000 m², die Schaufensterfronten sind insg. ca. 1,8 km lang. Auf dem Dach des Hochhau-

ses, unterhalb des 14 m hohen, drehbaren Mercedessterns, liegt eine Aussichtsplattform, direkt darunter befinden sich ein Aussichtscafé und ein Restaurant. Den Übergang zur Tauentzienstr. bilden mehrere Kinos. Zum Komplex gehören auch ein Parkhaus an der Nürnberger Str. mit ca. 1.150 Stellplätzen und eine Sauna mit Dachgarten sowie ein zur Budapester Str. hin liegendes Hotel.

Europa-Center

An der Stelle des E. stand bis zu seiner Zerstörung im II. Weltkrieg das 1895 von Franz Schwechten, dem Architekten der alten Kaiser-Wilhelm-Gedächtniskirche, erbaute Romanische Haus mit dem *Romanischen Café*, das v.a. zu Zeiten der Weimarer Republik ein bekannter Treffpunkt von Schriftstellern und Künstlern war.

Europäische Akademie Berlin e.V.: Die 1964 gegründete E. an der Bismarckallee 46-48 im Bezirk > Wilmersdorf ist eine internationale, von einem überparteilichen, gemeinnützigen Verein getragene Tagungs- und Bildungsstätte. Schwerpunkte der überwiegend internationalen Tagungen sind Themen der europäischen Kooperation und Integration sowie Fragen der internationalen Politik und der modernen Industriegesellschaft. Teilnehmer der meist einwöchigen Veranstaltungen sind vorwiegend Pädagogen, Wissenschaftler, Journalisten sowie Vertreter anderer beruflicher und gesellschaftlicher Gruppen. Daneben besteht mit den meisten osteuropäischen Staaten ein Austausch- und Gästeprogramm für Multiplikatoren aus Politik, Wirtschaft und Kultur.
Der E. angegliedert ist das *Institut für Europäische Lehrerbildung*. In meist internationalen Fachseminaren für Geschichts- und Sozialkundelehrer werden Themen der europäischen Kooperation und Integration sowie der

Abbau von Feindbildern in Schulbüchern behandelt. Das Institut veranstaltet jährlich sechs bis sieben Tagungen mit insg. knapp 300 Teilnehmern. Als Hilfsmaterial für die Schulen gibt das Institut jährlich 5-6 Hefte der Schriftenreihe „Europa im Unterricht" heraus.

Ebenfalls der E. angegliedert ist seit 1992 eine *Europäische Akademie für die städtische Umwelt*, die auf Initiative des > SENATS VON BERLIN in Verbindung mit dem Land Brandenburg und der EG-Kommission gegründet wurde. Sie will durch Seminare, Konferenzen und Projektentwicklung dem internationalen Erfahrungsaustausch und der Förderung einer ökologisch orientierten Stadtentwicklung dienen. Im Aufbau sind eine Datenbank und eine Auskunftsstelle.

Die ca. 23.000 Bände umfassende Bibliothek der E. ist die einzige öffentliche Spezialbibliothek in Berlin zu Fragen der europäischen Integration und zugleich Europäisches Dokumentationszentrum der EG (> BIBLIOTHEKEN). Die E. ist Mitglied der Fédération Internationale des Maisons de l'Europe (FIME). Die über 45 Tagungsplätze verfügende E. führt jährlich ca. 50 Veranstaltungen mit ca. 2.000 Gästen durch.

Europäische Gemeinschaften (EG):

1. Berlin als eine europäische Metropole
Durch die > VEREINIGUNG am > 3. OKTOBER 1990 und die Rückgewinnung der Hauptstadt-Aufgabe hat sich Berlins Position in der EG völlig verändert. In der vorherigen politisch-geographischen Insellage war die Stadt eher ein Außenposten, dessen Stellung der besonderen Solidaritätsbekundungen der EG und ihrer Mitgliedsländer bedurfte. Heute hat sich der Schwerpunkt der EG nach Osten verschoben; zudem hat die EG mit der Vereinigung 16 Mio. Bürger dazugewonnen. Durch die anstehenden Erweiterungen der Gemeinschaft – mit dem Beitritt Finnlands, Österreichs und Schwedens wird bereits für 1995 gerechnet – wird Berlin weiter in eine neue geopolitische Position rücken.

2. Der Beitrag der EG zur deutschen Vereinigung
Die EG hat die Vereinigung wesentlich unterstützt. Nachdem früher Berlin (West) ein beständiger „Zankapfel" im Verhältnis der EG zu den Mitgliedstaaten des *Rates für Gegenseitige Wirtschaftshilfe (RGW)* war, in dem besonders die Regierungen der Sowjetunion und der DDR die Zugehörigkeit

Berlins zur EG bestritten, wurde diese Position praktisch bereits mit der Öffnung der > MAUER am > 9. NOVEMBER 1989 aufgegeben. Noch bei der Aufnahme offizieller Beziehungen zwischen EG und RGW durch die Unterzeichnung einer Gemeinsamen Erklärung am 25.6.1988 hatte die Gemeinschaft auf eine besondere „Berlin-Klausel" bestehen müssen. Im Dezember 1989 bekundete die Regierung der DDR in einem Aide memoire an den Europäischen Rat der Staats- und Regierungschefs, daß sie an einer Intensivierung der Zusammenarbeit interessiert sei. Bei ersten Überlegungen, wie sich die EG gegenüber einer möglichen Vereinigung verhalten solle, sprach Kommissionspräsident Jacques Delors im Januar 1990 von der „Sonderrolle" der DDR.

In dieser Zeit gab es in West- und Osteuropa viele Äußerungen des Mißtrauens gegenüber einem deutschen Vereinigungsstreben. Zu unbestimmt schien die Rolle, die ein vereinigtes Deutschland in Europa anstreben werde. Insbes. Bundeskanzler Helmut Kohl hat in den folgenden Wochen dann deutlich gemacht, daß das deutsche Engagement in der EG durch die Vereinigung nicht etwa geschwächt oder gar in Frage gestellt, sondern – im Gegenteil – verstärkt werde. Die Deutschen bräuchten für den schwierigen Prozeß der Vereinigung die volle Solidarität und die Unterstützung durch die EG.

Beides kam auf einer Sondersitzung des Europäischen Rates der Staats- oder Regierungschefs am 28.4.1990 in Dublin zustande. Die EG-Mitgliedsländer brachten ihr Einverständnis für die Vereinigung zum Ausdruck und damit auch für die Einbeziehung des Territoriums der früheren DDR in die EG. Zur gleichzeitig angestrebten Intensivierung der Zusammenarbeit, d.h. der Vertiefung der Gemeinschaft, wurde die Einsetzung von zwei Regierungskonferenzen beschlossen, für die Errichtung einer Politischen Union und einer Wirtschafts- und Währungsunion. Die beiden Regierungskonferenzen begannen ihre Arbeit im Dezember 1990; nach einjährigen schwierigen Verhandlungen wurden in Maastricht auf einer Sitzung des Europäischen Rates die entsprechenden Verträge geschlossen, die im Laufe des Jahres 1992 von allen zwölf Mitgliedstaaten ratifiziert werden sollen.

Die Einbeziehung der DDR in die EG erfolgte aber nicht automatisch, sondern mußte gesetzgeberisch erarbeitet werden. Für die deutsche Vereinigung wurden auf Seiten der EG-Kommission eine Gruppe der Kommissare und eine Task-force im Generalsekretariat eingesetzt; sie erarbeitete mit Vertretern der beiden deutschen Staaten das EG-Gesetzgebungspaket, das die Erstreckung der EG-Verträge mit Ausnahmen und Übergangsregeln auf das Gebiet der früheren DDR ermöglichte. Im Europäischen Parlament wurde ein Ad-hoc-Ausschuß „Deutsche Einheit" eingesetzt, der das europäische Gesetzgebungsverfahren von Anfang an diskutierte und miterarbeitete; der Ausschuß tagte im Juni 1990 auch in Berlin im > REICHSTAGS-GEBÄUDE.

Auch auf Seiten des Ministerrates wurden u.a. Arbeitsgruppen der Ständigen Vertretungen der Mitgliedstaaten in Brüssel geschaffen. Die EG-Kommission legte ihren Vorschlag am 12.8.1990 vor. Wegen der außerordentlichen Beschleunigung im Prozeß der Vereinigung mußte das Gesetzgebungspaket zum Tag der Deutschen Einheit am 3.10.1990 unter Ausnahmeregeln vorzeitig in Kraft gesetzt werden; die Verabschiedung erfolgte am 4.12.1990. Damit verbunden war die Zusage, den Aufbau in den östlichen Bundesländern einschließlich des östlichen Teils von Berlin mit 6,3 Mrd. DM für die Jahre 1991-93 aus den EG-Strukturfonds zu unterstützen.

3. *Die politische Einbeziehung Berlins in die EG*
In den Jahren des Ost-West-Gegensatzes hatte die Einbeziehung in die EG für Berlin (West) eine außerordentliche politische Bedeutung. Neben der politischen und militärischen Präsenz der drei westlichen > ALLIIERTEN und ihrer Verantwortung für die Sicherheit und Lebensfähigkeit der Stadt sowie den > BINDUNGEN an den Bund, war die EG-Einbeziehung der dritte Eckpfeiler der politischen und wirtschaftlichen Existenz der gespaltenen Stadt.

Am 9.5.1950 (der heute als offizieller Europatag gilt) hatte der damalige französische Außenminister Robert Schuman die Nachbarstaaten zu einer engen Zusammenarbeit im Bereich von Kohle und Stahl aufgerufen, einem Sektor, der damals für den Wiederaufbau der europäischen Industrie große Bedeutung hatte. Von deutscher Seite gab es sehr schnell eine zustimmende Reaktion durch Bundeskanzler Konrad Adenauer. Die sechs Gründerstaaten Belgien, Bundesrepublik Deutschland, Frankreich, Italien, Niederlande und Luxemburg unterzeichneten am

18.4.1951 den Vertrag zur Gründung der *Europäischen Gemeinschaft für Kohle und Stahl (EGKS)*, auch *Montan-Union* genannt, der am 23.7.1952 in Kraft trat. Dieser Schritt der Bundesrepublik Deutschland und der ihr verbundenen Stadt Berlin (West) war neben den Westverträgen und dem Beitritt zur > NATO Teil der Westintegration, die nach dem II. Weltkrieg wesentlich dazu beitrug, daß die Bundesrepublik unter den demokratischen Staaten des Westens akzeptiert wurde. Die Einbeziehung von Berlin (West) in den EGKS-Vertrag war zwar noch nicht – wie später in den *Römischen Verträgen* – gesondert angesprochen, faktisch wurde der Vertrag jedoch von Anfang an auf Berlin angewendet. Berliner Montan-Unternehmen wurden bezüglich der Preise, Umlagen, Meldepflichten und Beihilfen nach den Bestimmungen des Vertrages behandelt.

Der weitere Ausbau der Zusammenarbeit zwischen den sechs Gründerstaaten mußte 1954 zwar einen empfindlichen Rückschlag hinnehmen, als der Vertrag zur Gründung einer Europäischen Verteidigungsgemeinschaft (EVG) in der französischen Nationalversammlung nach langer heftiger Debatte scheiterte. Die EGKS-Mitgliedsländer unternahmen jedoch bereits 1955 auf einer Konferenz in Messina einen neuen Anlauf, die Zusammenarbeit auszubauen. Nach intensiven Verhandlungen wurden bereits am 25.3.1957 in Rom die Verträge zur Gründung der *Europäischen Wirtschaftsgemeinschaft (EWG)* und der *Europäischen Atomgemeinschaft (EURATOM)* geschlossen, die am 1.1.1958 in Kraft traten. Die Römischen Verträge, die die Zusammenarbeit der sechs Gründerstaaten wesentlich vertieften, gelten heute als die eigentliche Geburtsurkunde der EG. In diese Verträge wurde Berlin (West) ausdrücklich einbezogen; bei der Zusammenführung der Organe der drei Gemeinschaften 1965 wurde dies auch für den EGKS-Vertrag nachgeholt.

4. *Die rechtliche Einbeziehung Berlins in die EG*
Berlin (West) ist mit Zustimmung der drei westlichen Alliierten rechtlich in den Geltungsbereich der EG-Verträge einbezogen. Grundlage hierfür ist die Berlin-Erklärung der Bundesregierung bei Hinterlegung der Ratifikationsurkunde zu den Römischen Verträgen am 9.12.1957. In Übereinstimmung und nach Absprache mit den Vertragspartnern wurde erklärt, daß diese am 1.1.1958 in Kraft getretenen Verträge „auch für das Land Berlin" gelten, daß diese Erklärung aber die

Rechte und Verantwortlichkeiten Frankreichs, des Vereinigten Königreichs und der Vereinigten Staaten in bezug auf Berlin unberührt lasse (> SONDERSTATUS 1945-90).

Die westlichen Alliierten hatten bereits mit ihren BK/L (57) 44 und 45 vom 18.11.1957 die Anwendung der Römischen Verträge auf Berlin – im Rahmen ihrer Vorbehaltsrechte – gestattet, „soweit es sich mit den in der Erklärung über Berlin vom 5.5.1955 festgesetzten Rechten und Verantwortlichkeiten der alliierten Behörden vereinbaren läßt. Die Einbeziehung Berlins darf außerdem nicht so ausgelegt werden, als ob sie irgendwie die Aufhebung oder Änderung alliierter Rechtsvorschriften bedeutet". Damit war der Weg frei für die Übernahme des Vertragsgesetzes nach Berlin (West), die entsprechend dem üblichen Verfahren am 12.12.1957 erfolgte.

Von besonderer politischer Bedeutung für die herausgehobene Position Berlins in der EG und ein Dokument der Solidarität mit der Stadt ist die „Gemeinsame Erklärung betreffend Berlin". Sie wurde von den Regierungen der sechs Vertragspartner beim Abschluß der Römischen Verträge am 25.3.1957 abgegeben und ist Bestandteil der Schlußakte des EWG-Vertrages. In der Erklärung werden die Notwendigkeit der „Unterstützung Berlins" und die „Verbundenheit mit der Bevölkerung" der Stadt bekräftigt. In diesem Sinne sollen „alle erforderlichen Maßnahmen getroffen werden, um die wirtschaftliche und soziale Lage Berlins zu erleichtern, seine Entwicklung zu fördern und seine wirtschaftliche Stabilität zu sichern".

Durch das > VIER-MÄCHTE-ABKOMMEN über Berlin vom 3.9.1971 hat sich die Einbeziehung Berlins in die EG nicht verändert, sondern wurde vielmehr rechtlich und politisch bestätigt. Im Abkommen heißt es, daß völkerrechtliche Vereinbarungen der Bundesrepublik auf die Westsektoren Berlins ausgedehnt werden können, wenn dies ausdrücklich erwähnt wird. Das ist bei den EG-Verträgen der Fall. Außerdem wird in der Präambel des Abkommens davon gesprochen, daß die Vertragsparteien von der „Berücksichtigung der bestehenden Lage" ausgehen. Die rechtliche und faktische Einbeziehung Berlins in die EG war bei Abschluß des Vier-Mächte-Abkommens Bestandteil dieser Lage.

Die praktische Bedeutung der rechtlichen Einbeziehung Berlins in die EG wurde u.a. bei den Direktwahlen zum *Europäischen Par-*lament sichtbar. Mit Rücksicht auf die Vorbehaltsrechte der drei Westmächte wurden die Berliner Mitglieder des Europäischen Parlaments entsprechend denen des > DEUTSCHEN BUNDESTAGES, jedoch nicht unmittelbar durch die Bevölkerung, sondern durch das > ABGEORDNETENHAUS VON BERLIN gewählt (> WAHLEN). Anders als im Bundestag hatten jedoch die Berliner *Abgeordneten* im Europäischen Parlament das volle Stimmrecht.

Die *Europawahlen* wurden erstmals 1979 durchgeführt. In diesem ersten, aus allgemeinen unmittelbaren Wahlen hervorgegangenen Europäischen Parlament war Berlin (West) entsprechend dem Bevölkerungsanteil mit drei Abgeordneten vertreten. Die nächsten Direktwahlen zum Europäischen Parlament wurden 1984 und 1989 durchgeführt, in Berlin jeweils noch nach dem besonderen Status. Z.Z. ist Berlin mit je einem Abgeordneten der Partei > DIE GRÜNEN/ALTERNATIVE LISTE FÜR DEMOKRATIE UND UMWELTSCHUTZ (GRÜNE/AL), der > CHRISTLICH-DEMOKRATISCHEN UNION DEUTSCHLANDS (CDU) und der > SOZIALDEMOKRATISCHEN PARTEI DEUTSCHLANDS (SPD) vertreten. Nach der Vereinigung und der gleichzeitigen Aufhebung der alliierten Vorbehalte wird es 1994 auch bei den Wahlen zum Europäischen Parlament keine Besonderheit mehr für die Stadt geben.

5. Die wirtschaftliche Einbeziehung Berlins in die EG

Die EG ist ihrer aus der rechtlichen Integration Berlins erwachsenen und durch politische Erklärungen bekräftigten Verantwortung gegenüber der Stadt in vielfältiger Weise gerecht geworden. Die für die Entwicklung der Wirtschaft Berlins von der Bundesregierung und dem > SENAT VON BERLIN durchgeführten Maßnahmen der > BERLINFÖRDERUNG wurden als nicht im Widerspruch mit den Wettbewerbsbestimmungen des EWG-Vertrags stehend betrachtet. Nach Art. 92 werden „Beihilfen für die Wirtschaft bestimmter durch die Teilung Deutschlands betroffener Gebiete der Bundesrepublik Deutschland, soweit sie zum Ausgleich der durch die Teilung verursachten wirtschaftlichen Nachteile erforderlich sind", ausdrücklich vom generellen Beihilfeverbot ausgenommen.

Ebenfalls von großer Bedeutung für Berlin wie für das Verhältnis zwischen der Bundesrepublik und der DDR war der *Innerdeutsche Handel*. Aus dem EG-Protokoll über den innerdeutschen Handel und die damit zusammenhängenden Fragen vom 25.3.1957, das dem EWG-Vertrag beigefügt ist, folgte, daß dieser Warenverkehr nicht als Außenhandel angesehen wurde. Dementsprechend fanden die gegenüber Staatshandelsländern üblichen EG-Handelsregelungen, wie gemeinsame Außenzölle, Abschöpfungen bei der Einfuhr und Erstattungen bei der Ausfuhr landwirtschaftlicher Erzeugnisse sowie handelspolitische Schutzmaßnahmen im innerdeutschen Verhältnis keine Anwendung.

An diesen Beispielen wird deutlich, daß die EG durch Ausnahmeregelungen Berlins wirtschaftliche Entwicklung besonders gefördert hat. Hinzu kamen Zuschüsse aus den Strukturfonds der EG, besonders aus dem Regional- und dem Sozialfonds. Auch die Europäische Investitionsbank hat für Investitionsvorhaben in Berlin zinsgünstige Kredite zur Verfügung gestellt. Daraus ergab sich ein enges Netz auch von wirtschaftlichen Bindungen Berlins zur EG, das gleichwohl auch zur politischen Stabilisierung beitrug.

Aus Schaffung des europäischen Binnenmarktes, der am 1.1.1993 die Grenzen für Menschen, Waren, Kapital und Dienstleistungen öffnen wird, werden sich auch für die Wirtschaft Berlins zusätzliche Entwicklungsimpulse ergeben, die sich im Sommer 1992 jedoch noch nicht im einzelnen absehen ließen.

6. Präsenz und Aktivitäten der EG in Berlin

Die EG hat Berlin auch durch Schaffung von Einrichtungen ihre Solidarität bekundet. Bereits 1968 wurde neben den Vertretungen der EG-Kommission in den Hauptstädten der Mitgliedstaaten die erste Außenstelle in Berlin errichtet, heute ist es die Berliner Vertretung der EG-Kommission, die neben ihren bisherigen Aufgaben eine ganz neue Ausrichtung im Hinblick auf die sie umgebenden neuen Bundesländer wahrnimmt (> Kommission der Europäischen Gemeinschaften Vertretung in der Bundesrepublik Deutschland - Vertretung in Berlin). 1975 nahm das > Europäische Zentrum für die Förderung der Berufsbildung seine Arbeit auf. Ferner ist das > Europäische Patentamt in der Stadt vertreten. Aber nicht nur durch die Schaffung von Einrichtungen, sondern durch viele Aktivitäten der Gemeinschaft in und für Berlin ist die Einbeziehung in die EG zum Ausdruck gekommen. 1988 wurde Berlin zur *Europäischen Stadt der Kultur* ernannt. Dieser Aufgabe hat sich Berlin mit der Durchführung eines umfangreichen Programms gewidmet, in dessen

Rahmen Künstler aus Ost und West wie aus Nord und Süd in Berlin zusammenkamen. Dazu gehörte auch die Neuschaffung des > Europäischen Filmpreises *Felix* und dessen erste Verleihung in Berlin. Diesem jährlich zu vergebenden Filmpreis blieb die Stadt auch danach verbunden, so daß er 1991 in den filmhistorisch traditionsreichen Hallen in Potsdam-Babelsberg verliehen wurde. Daraus entwickelte sich die Initiative zur Gründung einer Europäischen Filmakademie (*European Film Academy*).

In den zurückliegenden Jahren waren Sitzungen von EG-Gremien, insbes. von Fraktionen und Ausschüssen des Europäischen Parlaments, lebendiger Ausdruck der Einbeziehung Berlins in die EG. Aber auch Fachkonferenzen z.B. zu Energie-, Forschungs- und Umweltthemen führten eine große Anzahl von Wissenschaftlern und Politikern in der Stadt zusammen. Nach der Vereinigung finden heute solche Veranstaltungen ganz selbstverständlich auch im östlichen Teil Berlins statt. An der > Humboldt-Universität werden von Mitgliedern und Beamten der EG-Kommission seit dem Sommersemester 1991 regelmäßig Vorlesungen zu EG-Themen gehalten.

Neben den bereits genannten befassen sich in Berlin u.a. folgende Einrichtungen mit EG-Fragen: die > Europäische Akademie Berlin, das > Europa-Institut, die > Europäische Wirtschaftshochschule und die > Europa Union Berlin. Auch das > Umweltbundesamt, die > Bundesanstalt für Materialforschung und -prüfung, das > DIN Deutsche Institut für Normung, das > Deutsche Institut für Entwicklungspolitik und das > Bundesinstitut für Berufsbildung beschäftigen sich mit Fragestellungen im Rahmen der EG. Im Jahr 1989 wurden im DIN sowie in der > BAO Berlin – Marketing Service GmbH bei der > Industrie- und Handelskammer zwei *Euro Info Center* zur Beratung von kleinen und mittleren Unternehmen in Berlin eingerichtet. 1990 erfolgte mit beträchtlicher Unterstützung der EG die Schaffung der > OstWestWirtschaftsAkademie, der in der völlig veränderten politischen Lage gegenüber den Ländern Osteuropas und der früheren Sowjetunion wichtige Aufgaben bei der Einführung der Marktwirtschaft dort gestellt sind, der > Deutschen Gesellschaft und 1991 die Gründung einer *Europäischen Akademie für die städtische Umwelt*.

Die politische, wirtschaftliche und soziale

Einbindung Berlins ist immer ein besonderes Anliegen des Senats und des Abgeordnetenhauses gewesen.

1983 hat das Abgeordnetenhaus beschlossen, daß ihm jährlich vom Europa-Beauftragten des Senats – jetzt dem Senator für Bundes- und Europaangelegenheiten – ein Bericht über die Einbindung Berlins in die EG, die Zusammenarbeit der Berliner Verwaltung mit den Europäischen Institutionen, die finanziellen Leistungen der Gemeinschaft für Berlin sowie über die auf die europäische Einigung bezogene Informations- und Bildungsarbeit vorzulegen ist. Diese Berichte geben einen Überblick über die Vielfalt der Beziehungen zwischen Berlin und der EG. Bindeglied ist dabei die > SENATSVERWALTUNG FÜR BUNDES- UND EUROPAANGELEGENHEITEN (SENBUNDEURO), der das Berliner Büro in Brüssel mit dem *EG-Berater des Senats* zugeordnet ist.

Europäischer Filmpreis: Der E. wurde erstmals am 26.11.1988 im > THEATER DES WESTENS anläßlich der in diesem Jahr von den > EUROPÄISCHEN GEMEINSCHAFTEN (EG) an Berlin vergebenen Veranstaltung Europäische Stadt der Kultur verliehen. Er wird seitdem in wechselnden europäischen Städten jährlich im November oder Dezember vergeben und soll den europäischen Film in seiner kulturellen Vielfalt und künstlerischen Kraft stärken sowie seine weltweite Konkurrenzfähigkeit fördern.

Das den Preis organisatorisch betreuende Sekretariat hat seinen Sitz in Berlin. Es koordiniert die nationalen Benennungsverfahren aller filmproduzierenden Länder Europas, die Juryverfahren, die internationale Öffentlichkeitsarbeit und – auf Vorschlag der *European Film Academy* – die Zusammensetzung der Jurys.

Die „European Film Academy e.V." ist eine Vereinigung von derzeit 57 europäischen Regisseuren, Produzenten, Schauspielern, Kameraleuten, Drehbuchautoren und Komponisten unter dem von Ingmar Bergman, Wim Wenders und Istvan Szábo gebildeten Präsidium. Der E. ist das derzeit wichtigste Projekt der European Film Academy, die auch jährliche Masterschools, Symposien und Filmreihen veranstaltet. Sie wird durch Gelder des Mediaprogramms der EG und private Sponsoren finanziert.

Der E. in Form einer von dem Berliner Bildhauer Markus Lüpertz geschaffenen, 50 cm hohen Statuette namens *Felix* wird in folgenden Sparten verliehen: Europäischer Film des Jahres, Junger Europäischer Film des Jahres, Europäischer Dokumentarfilm des Jahres, Darsteller, Drehbuch, Kamera, Musik, Produktions-Design und Schnitt. Zusätzlich vergibt die Academy zwei Sonderauszeichnungen für ein Lebenswerk und für besondere Verdienste.

Nach Berlin fanden die weiteren Preisverleihungen in Paris (1989), Glasgow (1990) und Babelsberg (1991) statt. Die Verleihungsorte gestalten zusammen mit der European Film Academy die entsprechende Gala und organisieren ihre europaweite Fernsehausstrahlung.

Europäisches Patentamt: Das E. hat seinen Sitz in München und unterhält Außenstellen in Den Haag, Wien und Berlin. Die Berliner Dienststelle ist im Gebäude des ehem. Reichspatentamts in der Gitschiner Str. 103 im Bezirk > KREUZBERG untergebracht, wo auch die Dienststelle Berlin des > DEUTSCHEN PATENTAMTS seinen Sitz hat. Die am 1.6.1978 eröffnete Berliner Dienststelle des E. führt gemeinsam mit der Zweigstelle Den Haag Recherchen zu Patentanmeldungen durch. Aufgrund dieser „europäischen Recherchenberichte" wird im Münchner Hauptsitz die Entscheidung über den Patentanspruch getroffen. Den Prüfern stehen für ihre Arbeit ca. 22 Mio. Dokumente (wie Patentschriften, technische Literatur usw.) aus aller Welt zur Verfügung.

Grundlage für die Tätigkeit des E. ist das Europäische Patentübereinkommen, das am 5.10.1973 in München unterzeichnet wurde und am 7.10.1977 in Kraft trat. Der Europäischen Patentorganisation gehören z.Z. 16 Mitgliedstaaten an. Dazu gehören alle Staaten der > EUROPÄISCHEN GEMEINSCHAFTEN (EG) mit Ausnahme Irlands sowie die EFTA (European Free Trade Association)-Länder. In der Dienststelle Berlin des E. sind 190 Mitarbeiter aus den Mitgliedstaaten beschäftigt, davon 100 Prüfer. Das E. finanziert sich durch eigene Gebühreneinnahmen.

Europäisches Zentrum für die Förderung der Berufsbildung (CEDEFOP): Das E. in der Bundesallee 22 im Bezirk > WILMERSDORF wurde 1975 auf Beschluß des Ministerrats der > EUROPÄISCHEN GEMEINSCHAFTEN (EG) auf der Grundlage des sozialpolitischen Aktionsprogramms von 1974 gegründet. Es sammelt

Informationen über die unterschiedlichen Berufsbildungssysteme in den Ländern der EG sowie über neue Initiativen in der Bildungs- und Ausbildungsarbeit und fertigt Untersuchungen zur Verzahnung von Aus- und Weiterbildung an. Ziel ist es, einen Beitrag zur Entwicklung der gemeinschaftlichen Berufsbildungspolitik in Abstimmung mit dem Arbeitsprogramm der EG-Kommission in Brüssel zu leisten.

Europäische Wirtschaftshochschule (EAP): Die EAP (Abk. des ursprünglich franz. Namens École des Affaires de Paris; heute: École Européenne des Affaires, EAP European School of Management, EAP Europäische Wirtschaftshochschule, EAP Escuela Superior de Marketing y Gestion) wurde 1973 von der Industrie- und Handelskammer Paris (Chambre de Commerce et d'Industrie de Paris [CCIP]), die mit der > INDUSTRIE- UND HANDELSKAMMER ZU BERLIN (IHK) zusammenarbeitet, als europäische Bildungseinrichtung gegründet. Die Standorte der EAP sind Paris, Oxford, Berlin und Madrid. Die deutsche Zweigstelle wurde 1984 von Düsseldorf nach Berlin verlagert; sie befindet sich im > EUROPA-CENTER am > BREITSCHEIDPLATZ im Bezirk > CHARLOTTENBURG.
Angeboten wird ein dreijähriges wirtschaftswissenschaftliches Hauptstudium mit Schwerpunkt „Internationales Management". Das Studium führt wahlweise für jeweils ein Jahr von Paris über Oxford nach Berlin (Berlin-Studiengang) oder von Oxford über Madrid nach Paris (Madrid-Studiengang). Studiert wird in der jeweiligen Landessprache, in jedes Jahr ist ein Pflichtpraktikum integriert. Durch die Zusammenarbeit mit Unternehmern und Verbänden wird eine enge Verbindung zwischen Wissenschaft, Forschung und beruflicher Praxis gewährleistet. Neben dem Hauptstudium bietet die EAP ein einjähriges post-graduate und post-experience Masterprogramm an sowie Exekutive-Development-Programme in Paris, Oxford und Madrid.
Die EAP ist gleichzeitig eine französische Grande École und seit 1988 eine staatlich anerkannte deutsche Hochschule. Alle Absolventen erhalten den französischen Titel „Diplôme de Grande Ecole de Gestion". Absolventen des Berlin-Studiengangs erhalten gleichzeitig den deutschen akademischen Grad Diplom-Kaufmann/Kauffrau.
Die EAP Berlin wird zu je 50 % durch die >

SENATSVERWALTUNG FÜR WISSENSCHAFT UND FORSCHUNG und die CCIP finanziert. Die Studiengebühren betragen jährlich ca. 7.800 DM. Für alle Auslandsjahre kann Bafög beantragt werden.
1992 studierten an allen Niederlassungen der E.A.P. ca. 550 Studenteninnen und Studenten aus allen europäischen Ländern, davon 35 % Franzosen, 23 % Deutsche, 8 % Engländer, 8 % Spanier, 26 % andere. Die 115 Studierenden in Berlin wurden 1992 von sieben hauptamtlichen und sechs nebenamtlichen Dozentinnen und Dozenten unterrichtet. Die Bibliothek der E.A.P. Berlin umfaßt ca. 5.000 Bände und etwa 30 in- und ausländische Zeitschriften. Ferner besteht die Möglichkeit zu Datenbankrecherchen.

Europa-Institut: Das 1976 als Institut für intereuropäische Studien eröffnete E. am > MARIANNENPLATZ 26 im Bezirk > KREUZBERG ist die Berliner Bildungsstätte der *Europäischen Staatsbürger-Akademie e.V.* mit Sitz in Bocholt. Das E. will mit seiner Arbeit zur besseren Verständigung in Europa und zwischen den Völkern der Welt beitragen. Der Arbeitsschwerpunkt hat sich im Zuge der > VEREINIGUNG von der Berlin- und Deutschlandpolitik zu gesamteuropäischen Themen verschoben. Für maximal je 38 Teilnehmer aus allen Bevölkerungsgruppen veranstaltet das E. jährlich etwa 55 Wochenseminare zur Europapolitik sowie zu Aspekten des Ost-West-Verhältnisses. Insg. werden pro Jahr rd. 1.600 Teilnehmer betreut, von denen etwa 50 % aus dem Ausland kommen.
Das E., das sich überwiegend durch Teilnehmerbeiträge finanziert, ist Mitglied der Fédération Internationale des Maisons de l'Europe, der in Berlin außerdem die > EUROPÄISCHE AKADEMIE an der Bismarckallee im Bezirk > WILMERSDORF und im Bundesgebiet zwölf weitere Europahäuser angehören.

Europa-Union Berlin e.V.: Die 1949 gegründete E. in der Lietzenburger Str. 91 im Bezirk > CHARLOTTENBURG ist ein Landesverband der im selben Jahr ins Leben gerufenen Europa-Union Deutschland mit Hauptsitz in Bonn. Die E. arbeitet als überparteiliche Organisation der europäischen Bewegung für die politische und wirtschaftliche Einigung Europas (> EUROPÄISCHE GEMEINSCHAFTEN). Im Rahmen ihrer Informations- und Bildungsarbeit bietet sie Vorträge, Seminare, Publikationen und Informationstagungen an, organisiert Informationsveranstaltungen und vermittelt Referenten. Des weiteren veranstaltet die E. den in Berlin jährlich stattfindenden, vom Europarat ausgerufenen „Europäischen Wettbewerb". Er richtet sich mit seinen bildnerischen und schriftlichen Themen an Schülerinnen und Schüler aller Berliner Schulen. Zum *Europatag* (5. Mai) führt die E. eigene Veranstaltungen durch und unterstützt andere Verbände bei dessen Durchführung. Des weiteren fördert sie den internationalen Austausch zwischen Schulen, Berufsgruppen und Gemeinden. In diesem Bereich arbeitet die E. eng mit zahlreichen Gruppen, ausländischen Vereinen und Botschaften zusammen.

Innerhalb der E. wirken die „Jungen Europäischen Föderalisten Deutschlands (JEF) – Landesverband Berlin e.V." als autonomer Verband sowie die unabhängige Arbeitsgemeinschaft für eine Internationale Schule für Europa. Die E. finanziert sich durch Mitgliedsbeiträge, Spenden und Zuschüsse des Landes Berlin. Der Verein hatte 1992 ca. 450 Mitglieder und beschäftigt zwei feste Mitarbeiter.

European Recovery Program (ERP): Das 1947 von den USA ins Leben gerufene und seit 1969 vom > Bundesminister für Wirtschaft (BMWi) verwaltete Europäische Wiederaufbauprogramm ERP war insbes. für die Zeit der > Spaltung der Stadt eines der bedeutendsten Instrumente der > Wirtschaftsförderung für die Berliner > Wirtschaft. Es ist auch heute noch als Starthilfe bedeutsam.

Ausgangspunkt des ERP bildete die amerikanische Nachkriegswirtschaftshilfe für Europa, die neben privaten Spenden (> Care e.V.) auf zwei Säulen basierte: Zunächst lieferte das US-Verteidigungsministerium bereits ab 1946 vorrangig Lebensmittel nach Berlin zur Bekämpfung von Hunger, Elend und Verzweiflung (> GARIOA-Hilfe). Darüber hinaus entwickelte das US-Außenministerium ein Programm für den wirtschaftlichen Aufbau des zerstörten Europas, das der damalige Außenminister George C. Marshall am 5.6. 1947 in einer Rede an der Harvard-Universität ankündigte. Die historische Bedeutung des nach ihm auch *Marshall-Plan* genannten Programms lag weniger in dessen – wegen des sowjetischen Annahmeverbots auf Westeuropa beschränkten – Umfang, als vielmehr in den angestrebten und auch erreichten Zielen: Eindämmung des kommunistischen Machtbereichs, Gewinnung leistungsfähiger Handelspartner und Förderung der Europäischen Einigung. Westdeutschland und die Westsektoren Berlins erhielten in den Jahren 1948-52 rd. 1,6 Mrd. US-$ der insg. für Europa aufgewendeten fast 13 Mrd. US-$ sowie rd. 1,7 Mrd. US-$ GARIOA-Mittel, von denen später ein Drittel zurückgezahlt wurde. Politisch signalisierte diese Hilfe die Einbeziehung Deutschlands in den europäischen Wiederaufbau. Ökonomisch bedeutsam war v.a. die von diesem Programm gemeinsam mit der > Währungsreform ausgehende Initialzündung für das „Wirtschaftswunder" der 50er Jahre.

Die Abwicklung des ERP wurde richtungweisend für die Hilfe für exportschwache und devisenarme Länder: Die amerikanische Regierung bezahlte US-Exporteure, die Güter nach Europa lieferten in US-$, während die westeuropäischen Importeure die erhaltenen Waren in ihren Währungseinheiten kauften. Die so in Deutschland angesammelten DM-Gegenwerte bildeten den Grundstock für das *ERP-Sondervermögen*, aus dem in der Folgezeit zinsgünstige Wiederaufbaukredite gewährt wurden. Dieser erste völkerrechtliche Vertrag der Bundesrepublik Deutschland, das Abkommen über wirtschaftliche Zusammenarbeit zwischen den USA und der Bundesrepublik vom 15.12.1949, enthielt wie auch das spätere ERP-Verwaltungsgesetz von 1953 die Verpflichtung zur Förderung der deutschen Wirtschaft sowie zur Erhaltung des Sondervermögens. Die Summe aller Gegenwerte belief sich auf über 6 Mrd. DM. Durch permanenten und zinspflichtigen Einsatz konnte das ERP-Sondervermögen bis 1990 auf einen Nettobestand von 18 Mrd. DM erhöht werden. Daraus wurde bis 1990 ein Gesamtprogramm von knapp 88 Mrd. DM finanziert, davon 19,5 Mrd. DM in Berlin.

Die Berliner Wirtschaft bildet neben Mittelstand und Umweltschutz einen traditionellen Förderschwerpunkt des ERP. Hier dienten sie v.a. zur Finanzierung des > Berliner Aufbauprogramms.

Seit Übernahme in die Verwaltung des BMWi 1969 gehört das ERP zu den Instrumenten der allgemeinen > Wirtschaftsförderung, wobei der besonderen Situation West-Berlins v.a. in zweierlei Hinsicht Rechnung getragen wurde. Zum einen galten hier keine Höchstbeträge für die einzelnen Darlehen, so daß auch Großbetriebe berücksichtigt werden konnten. Zum anderen lag der Zinssatz für die von dem Hauptleihinstitut Berliner Industriebank AG gewährten Kredite bis Mai 1990 jeweils 2 Prozentpunkte und bis Ende 1990 einen Prozentpunkt unter den allgemeinen ERP-Zinsen (> BERLINFÖRDERUNG). 1990 wurde das ERP-Programm auf das Beitrittsgebiet ausgedehnt, das seitdem absoluter Schwerpunkt der Förderung ist. Dabei liegt der Zinssatz für Ost-Berlin und die neuen Bundesländer einen Prozentpunkt unter dem für West-Berlin und die alten Bundesländer gültigen Wert.

Euro-Scout: E. ist ein *Verkehrsleitsystem* zur individuellen Verkehrsführung des > KRAFT-FAHRZEUGVERKEHRS im Berliner Stadtgebiet. Es ist aus einem 1989-91 unter der Bezeichnung *Leit- und Informationssystem Berlin (LISB)* durchgeführten Großversuch hervorgegangen. Rd. 2.000 an 220 Lichtsignalanlagen angebrachte Infrarotbaken sendeten an 700 ausgewählte Fahrzeuge Leitsignale aus, die über einen Navigations-Computer im Fahrzeug in Leitempfehlungen für den Fahrer umgesetzt wurden. Gleichzeitig meldete das Einzelfahrzeug Reise- und Wartezeiten pro Streckenabschnitt über die Infrarotbaken an einen Leitrechner, der diese Daten zur Optimierung der Verkehrssignalsteuerung verwendete. Nach Auslaufen des Großversuchs hat die > SENATSVERWALTUNG FÜR VERKEHR UND BETRIEBE im April 1992 entschieden, das System unter dem Namen E. technisch auszubauen und fortzuführen.

Evangelische Akademien: In Berlin bestanden 1992 noch zwei E., deren Zusammenschluß für Anfang 1993 vorgesehen ist. Beide Akademien sind aus der 1951 gegründeten Evangelischen Akademie Berlin-Brandenburg hervorgegangen, deren Büros im Ost- bzw. Westteil Berlins nach dem Bau der > MAUER als eigenständige kirchliche Werke weiterarbeiteten. Die „Evangelische Akademie Berlin (West)" in der Goethestr. 27-30 in > CHARLOTTENBURG ist seit 1976 eine Abteilung des Evangelischen Bildungswerks im *Haus der Kirche*. Im Ostteil der Stadt besteht die „Evangelische Akademie Berlin-Brandenburg" in der Albrechtstr. 16 im Bezirk > MITTE. Beide E. sehen sich als Forum für den Dialog zwischen Kirche und Gesellschaft und bieten pro Halbjahr etwa 25 (West) bzw. 15 (Ost) Tagungen und Abendveranstaltungen zu aktuellen gesellschaftlichen Fragen an. Arbeitsschwerpunkte der Evangelischen

Akademie Berlin (West) sind u.a. Osteuropa und die GUS-Staaten, Widerstand gegen den Nationalsozialismus, der interreligiöse Dialog zwischen Christen, Juden und Moslems sowie Stadt- und Entwicklungspolitik. Ferner bestehen Arbeitskreise zu den Themen Europa (bes. Osteuropa), Ökonomie, Stadtpolitik, christlich-jüdischer Dialog sowie zur Begegnung mit Minsk und St. Petersburg.

Tagungshaus der Westakademie ist das *Adam-von-Trott-Haus* Am Kleinen Wannsee 19-20 in > WANNSEE. Neben Gästebetten für 38 Personen stehen dort sechs Tagungs- und Seminarräume für max. 60 Teilnehmer zur Verfügung. Die Akademie beschäftigt ca. 30 Mitarbeiter und finanziert ihre Arbeit über den Haushalt der > EVANGELISCHEN KIRCHE sowie über Spenden und Teilnehmergebühren. Schwerpunkte der Arbeit der Evangelischen Akademie Berlin-Brandenburg bilden u.a. Kirche und Kultur, Geschichte und Vergangenheitsbewältigung, Friedensfragen sowie die Probleme der „Dritten" Welt. Seit 1990 veranstaltet sie den entwicklungspolitischen > RUNDEN TISCH, ein gesamtdeutsches Forum der Dritte-Welt-Arbeit mit besonderer Ausrichtung auf die neuen Bundesländer (> ENTWICKLUNGSPOLITIK). Die Akademie verfügt über kein eigenes Tagungshaus. Ihre Veranstaltungen finden in verschiedenen kirchlichen Tagungszentren in Berlin und im Umland statt, vorrangig aber im Stephanus-Stift in > WEISSENSEE. Sie hat z.Z. sechs Mitarbeiter und wird ebenfalls durch die Evangelische Kirche sowie Spenden und Teilnehmergebühren finanziert.

Evangelische Fachhochschule Berlin (EFB): Die Verwaltung der EFB befindet sich in der Reinerzstr. 40/41, das Lehrgebäude im Reichensteiner Weg/Altensteinstr., beide im Bezirk > ZEHLENDORF. Die EFB wurde 1971 als „Fachhochschule für Sozialarbeit und Sozialpädagogik" gegründet. Sie setzt eine bis ins Jahr 1904 zurückreichende Tradition der Ausbildung in sozialen Berufen fort. Träger der staatlich anerkannten Hochschule mit dem Status einer Körperschaft des öffentlichen Rechts ist die > EVANGELISCHE KIRCHE BERLIN-BRANDENBURG.

Neben der anwendungsbezogenen Forschung und Lehre zur fachlichen Bildung von Sozialarbeitern und Sozialpädagogen hat die EFB in der Fort- und Weiterbildung einen weiteren Arbeitsschwerpunkt. Zu den Lehr- und Forschungsschwerpunkten zählen u.a.

Rehabilitation und Resozialisierung, Sozialarbeit mit Aussiedlern, Ausländern und Asylsuchenden, Datenverarbeitung in der Sozialarbeit, Medienpädagogik sowie Sozialberatung im Stadtteil und Obdachlosenarbeit.

Im Wintersemester 1991/92 waren an der EFB 600 Studenten immatrikuliert. Sie wurden von 22 Hochschullehrern und 80 Lehrbeauftragten unterrichtet. Durch die Auflösung kirchlicher Ausbildungsstätten in Berlin-Weißensee und Potsdam im Zuge der > VEREINIGUNG hat sich der Anteil der Studenten aus den neuen Bundesländern deutlich erhöht. Das Land Berlin trägt die Personalmittel, die Evangelische Kirche die Sachmittel. Die Bibliothek der EFB umfaßt rd. 25.000 Bände.

Evangelische Kirche in Berlin-Brandenburg:
1. Die Evangelische Kirche in Berlin-Brandenburg 1992
Die E. vereint die spezifische Situation und Herausforderung einer Großstadtkirche und die Probleme, die sich im ländlichen Raum sowie in den Industriestandorten des Landes Brandenburg stellen. Insg. hat die E. in Berlin 1.030.000 Mitglieder. Im Westteil Berlins mit seinen rd. 910.000 Kirchenmitgliedern bestehen noch stärker volkskirchlich geprägte Verhältnisse, während sich die E. im Ostteil der Stadt mit 120.000 Mitgliedern (ca. 7-8 % der Bevölkerung) in einer klaren Minderheitensituation befindet.

In der gesamten Stadt bestehen 263 Kirchengemeinden (168 im West- und 95 im Ostteil), die in 19 Kirchenkreisen (12 im West- und 7 im Ostteil) zusammengefaßt sind. Während die Kirchenkreise in West-Berlin im wesentlichen den Flächen der jeweiligen > BEZIRKE entsprechen, decken sich die Kreise im Ostteil der Stadt nur teilweise mit den Verwaltungsgrenzen. Dazu kommen ein deutsch-reformierter und ein französisch-reformierter Kirchenkreis, zu denen die Kirchenmitglieder mit reformiertem Bekenntnis gehören. Sie sind Teil der Landeskirche, haben jedoch ihre reformierte Eigenständigkeit bewahrt. Die E. verfügt in Berlin über insg. ca. 224 Kirchenbauten, davon 164 im West- und 60 im Ostteil der Stadt.

Die Gemeinden bilden die Zellen kirchlichen Lebens. Sie tragen nach der Grundordnung (Verfassung) der E. die Verantwortung dafür, daß das Evangelium in Wort und Tat verkündigt wird. Geleitet werden sie von gewählten Gemeindekirchenräten. In der Bindung an die Bibel und das Bekenntnis sowie innerhalb der kirchlichen Ordnung erfüllen die Gemeinden ihre Aufgaben in eigener Verantwortung. Das Gemeindeleben geschieht außer in den Gottesdiensten in einer großen Zahl von Kreisen und Initiativen, angefangen von Bibel- und Arbeitskreisen über insg. 169 > KINDERTAGESSTÄTTEN (mit 10.000 Plätzen), Miniclubs, Jugend-, Frauen-, Männer- und Seniorenarbeit bis hin zu Besuchsdienstkreisen und Arbeitskreisen für Ökumene und Weltmission. Die musikalische Arbeit (Chöre, Posaunen, Gemeindesingen) spielt eine große Rolle. Eine Reihe von Kantoreien wird hohen künstlerischen Ansprüchen gerecht und prägt ein vielfältiges kirchenmusikalisches Spektrum.

Gemeinden einer Region sind zu einem Kirchenkreis zusammengefaßt. Geleitet wird ein Kirchenkreis von der Kreissynode, der Vertreter aus allen Gemeinden angehören, und – zwischen den Synodaltagungen – vom Kreiskirchenrat, dessen Vorsitz der Superintendent führt. Die Kirchenkreise im Ostteil und im Westteil bilden je einen Sprengel, wobei für das ehem. Ost-Berlin Generalsuperintendent Günter Krusche als „Regionalbischof" zuständig ist. (Weitere Generalsuperintendenten haben ihren Amtssitz in Potsdam, Eberswalde und Cottbus.) In dem Sprengel, der das frühere West-Berlin umfaßt, nimmt Bischof Martin Kruse, dessen Amtssitz sich in der Neuen Grünstr. 19-22 im Bezirk > MITTE befindet, die Aufgaben des Generalsuperintendenten wahr. Oberstes Gremium ist die Synode der E., deren Mitglieder von den Kirchenkreisen sowie von kirchlichen Arbeitszweigen und Werken gewählt werden.

Die Kirchenleitung – Vorsitzender ist der Bischof, Stellvertreter kraft Amtes der Präses der Synode, Helmut Reihlen, – erfüllt die Aufgaben der Synode zwischen deren halbjährlichen Tagungen, hat aber auch darüber hinausgehende Pflichten. Sie wird von der Synode für ihre sechs Jahre dauernde Amtszeit gewählt, wobei einige Mitglieder der Kirchenleitung kraft Amtes angehören. Kirchenleitende Aufgaben erfüllt außerdem das Konsistorium in der Bachstr. 1-2- in > TIERGARTEN und in der Neuen Grünstr. 19-22, das Beschlüsse der Kirchenleitung vorbereitet, die laufenden Geschäfte der Kirche führt, für die Rechtsaufsicht über Gemeinden und Kirchenkreise zuständig ist sowie alle kirchlichen Bereiche bei der Erfüllung ihrer Aufgaben unterstützt. Leiter des Konsistoriums ist Präsident Horstdieter Wildner, ein Jurist; die theologische Leitung haben die Pröpste Hans-Otto Furian und Karl-Heinrich Lütcke. Im sozialen Bereich unterhält die E. über ihren Wohlfahrtsverband, das > DIAKONISCHE WERK, ein dichtes Netz von Hilfsangeboten. Es reicht von > KRANKENHÄUSERN und Seniorenheimen (> ALTENHILFE), Behinderteneinrichtungen (> BEHINDERTE) und Diakoniestationen bis hin zu Beratungsstellen bei Eheschwierigkeiten und Familienproblemen, für Suchtkranke, Überschuldete oder Nichtseßhafte, für Aussiedler oder ausländische Mitbürger (> ÜBERSIEDLER/AUSSIEDLER). Bekannte diakonische Einrichtungen sind z.B. das > EVANGELISCHE JOHANNESSTIFT in > SPANDAU und die *Stephanus-Stiftung* in > WEISSENSEE. Insg. gibt es in Berlin etwa 600 diakonische Einrichtungen mit 14.000 hauptamtlichen sowie vielen ehrenamtlichen Mitarbeitern. Über das > BERLINER MISSIONSWERK unterhält die Kirche vertraglich geregelte Beziehungen zu Kirchen im Südlichen Afrika und am Horn von Afrika, in Nahost und in Ostasien (> ENTWICKLUNGSPOLITIK). Mehrere Bildungseinrichtungen, darunter acht evangelische Schulen und die > EVANGELISCHE FACHHOCHSCHULE BERLIN, befinden sich in kirchlicher Trägerschaft. Dazu kommen das *Evangelische Bildungswerk* im *Haus der Kirche* in der Goethestr. 27-30 im Bezirk > CHARLOTTENBURG mit dem Schwerpunkt Erwachsenenbildung, die > EVANGELISCHEN AKADEMIEN im Ost- und im Westteil als künftig vereinigte Einrichtungen für einen intensiven Dialog mit der Gesellschaft und die > KIRCHLICHE HOCHSCHULE BERLIN (KiHo), die allerdings in absehbarer Zeit mit der Theologischen Fakultät der > HUMBOLDT-UNIVERSITÄT zusammengeführt werden soll.

Anders als in den meisten Bundesländern wird der Religionsunterricht an öffentlichen Schulen ausschließlich in kirchlicher Verantwortung von kirchlichen Mitarbeitern (Katecheten), in einigen Fällen auch von staatlichen Lehrern mit kirchlichem Auftrag, erteilt. Er ist kein ordentliches Lehrfach, die Schüler müssen also zum Religionsunterricht angemeldet werden. Auch die Ausbildung der Katecheten geschieht an einem kircheneigenen Institut.

2. Die Evangelische Kirche in Berlin-Brandenburg bis 1933
Die E. ging nach 1945 aus einer der Kirchen-

provinzen der „Ev. Kirche der Altpreußischen Union" hervor. Sie ist deshalb Gliedkirche der „Ev. Kirche der Union (EKU)", zu der sich die aus der Kirche der Altpreußischen Union gebildeten Landeskirchen zusammengeschlossen haben. Die „Union" geht auf das Jahr 1817 zurück, als König Friedrich Wilhelm III. (1797-1840) Lutheraner und Reformierte (die vom Genfer Reformator Calvin geprägte Richtung des Protestantismus) zu einer Kirche zusammenfassen wollte, was aber aufgrund des Widerstands von Gemeinden und Theologen nur teilweise gelang. Das lutherische oder reformierte Bekenntnis der Gemeinden blieb auch damals unangetastet, allerdings wurden eine einheitliche Verwaltung sowie einheitliche Gottesdienstordnungen geschaffen. Zu den Reformierten Christen zählen u.a. die Nachfahren der in Frankreich wegen ihres Glaubens verfolgten *Hugenotten*, denen der Große Kurfürst Friedrich Wilhelm (1640-88) durch sein *Edikt von Potsdam* 1685 eine neue Heimat in Preußen bot. Sie verliehen der > WIRTSCHAFT wie der > WISSENSCHAFT kräftige Impulse. Protestantisch war das berlin-brandenburgische Gebiet 1539 geworden, als Kurfürst Joachim II. (1735-71) in der > ST.-NIKOLAI KIRCHE SPANDAU erstmals das Abendmahl nach lutherischem Ritus nahm.

Mindestens seit Mitte des vorigen Jh. stellte sich die soziale Frage in der rasch wachsenden Industriestadt Berlin besonders scharf. Dieses Problem wurde von der Kirche lange Zeit nicht deutlich genug erkannt, da die soziale Frage als Aufgabe des christlichen Staates oder einzelner Persönlichkeiten galt. So waren es einzelne wie Baron v. Kottwitz und der Initiator der Inneren Mission und Gründer des Johannesstifts, Johann Hinrich Wichern, die mit großem Einsatz dem sozialen Elend entgegentraten. Zugleich brachte das rasche Wachstum Berlins massive kirchliche Probleme, etwa riesige Kirchengemeinden von 60.000 bis mehr als 100.000 Mitgliedern, in denen die Pfarrer geistliche Verantwortung nicht mehr ausreichend wahrnehmen konnten. Auch die Entkirchlichung wurde deutlich spürbar. Die Kirchenaustritte nahmen sichtbar zu, so daß man schon 1878 bei einigen Berliner Amtsgerichten Reihen von Austrittswilligen beobachtete.

1918 wurde mit der Abdankung Kaiser Wilhelms II. (1888-1918) die enge Verbindung von Thron und Altar – der preußische

König war stets zugleich kirchliches Oberhaupt – beendet. Doch viele Kirchenvertreter hatten mit der Weimarer Republik wenig im Sinn, sie vertraten in der Mehrheit deutschnationale Positionen. Die Weimarer Reichsverfassung trennte zwar Staat und Kirche, sicherte den Kirchen aber als Körperschaften öffentlichen Rechts unter Wahrung ihrer Freiheit zur Selbstverwaltung eine Reihe von Rechten, darunter das der Steuererhebung. Es gab weiterhin Staatszuschüsse für diakonische Einrichtungen, an den öffentlichen Schulen wurde Religionsunterricht erteilt.

3. Die Evangelische Kirche 1933-45

Mit Beginn der Hitler-Diktatur versuchten die Nationalsozialisten und die von ihnen unterstützten „Deutschen Christen", die Kirche „gleichzuschalten". Als Antwort darauf bildete sich die *Bekennende Kirche*. Einer ihrer bekanntesten Vertreter war Martin Niemöller, damals Pfarrer in > DAHLEM. Dort proklamierte im Oktober 1934 die Zweite Bekenntnissynode das kirchliche Notrecht: Es wurden neue kirchliche Leitungsorgane geschaffen, die von den Gemeinden – und nicht von den Behörden – ihre Legitimation erhielten. Die Bekenntnissynode im Juni 1934 hatte die „Barmer Theologische Erklärung" verabschiedet, das theologische Programm der Bekennenden Kirche. Aus der eigens eingerichteten Pfarrerausbildung ging die KiHo hervor. Eines der Predigerseminare leitete der Berliner Theologe Dietrich Bonhoeffer, der im Zusammenhang mit dem Attentat vom 20.7.1944 verhaftet und im April 1945 im KZ Flossenbürg hingerichtet wurde. In Berlin gründete 1936 die Bekennende Kirche eine Hilfsstelle zum Schutz verfolgter Juden, die Pfarrer Heinrich Grüber leitete und die als *„Büro Grüber"* bekannt wurde. Doch auch Protestanten, die sich nicht in der Bekennenden Kirche engagierten, standen gegen die Nazi-Diktatur. Stellvertretend sei der Dichter Jochen Klepper genannt. Er starb im Dezember 1942 aus eigener Entscheidung mit seiner jüdischen Frau und ihrer Tochter im gemeinsamen Haus in > NIKOLASSEE.

4. Die Evangelische Kirche zu Zeiten der Spaltung

Als nach 1945 die > SPALTUNG Deutschlands und Berlins immer deutlicher wurde, war die Kirche besonders betroffen. Da die Trennlinie mitten durch ihren Bereich hindurchging, sahen sich die Christen in Ost und West unterschiedlichen Gesellschafts- und Staatsformen gegenüber. In Ost-Berlin wie in der ganzen DDR war die Kirche v.a. in den 50er Jahren massiven Repressionen ausgesetzt. In dieser Zeit – von 1945-66 – war Otto Dibelius Bischof in Berlin.

Seit dem Bau der > MAUER 1961 konnte kaum noch gemeinsame kirchliche Verantwortung wahrgenommen werden. Synode und Kirchenleitung mußten sich jeweils aufgliedern und getrennt tagen. Die Kirche bildete eine West-Region (West-Berlin) und eine Ost-Region. Der in West-Berlin ansässige Dibelius durfte nicht nach Ost-Berlin und in die DDR einreisen, ebensowenig sein Nachfolger Kurt Scharf, der ursprünglich in Ost-Berlin wohnte. Kurz nach dem Mauerbau war Scharf nach einer Dienstreise in den Westen die Rückkehr in den Ostteil der Stadt von den dortigen Behörden verweigert worden. 1966 ist Scharf trotz des Einreiseverbots von den Regionalsynoden Ost und West als Bischof der – gesamten – E. gewählt worden. In der Ost-Region wurden die Aufgaben des Bischofs dann von einem Verwalter dieses Amtes wahrgenommen, ab 1967 von Albrecht Schönherr, der 1972 zum Bischof der Ost-Region gewählt wurde, nachdem eine solche Wahl kirchenrechtlich ermöglicht worden war. Nachfolger Schönherrs wurde 1981 Gottfried Forck. In der West-Region wurde 1976 Martin Kruse als Bischof gewählt. Trotz der äußeren Trennung haben beide Bereiche immer an ihrer geistlichen Zusammengehörigkeit festgehalten und sich als eine Kirche verstanden. Es gab stets enge Kontakte auf allen kirchlichen Ebenen zwischen Ost und West.

Seit 1991 ist diese Aufteilung in eine Ost- und eine West-Region beendet. Es gibt wieder eine Synode, eine Kirchenleitung und ein Konsistorium. Nachdem Gottfried Forck im Herbst 1991 in den Ruhestand trat, trägt Martin Kruse als Bischof Verantwortung für das gesamte Kirchengebiet.

Evangelisches Gymnasium zum Grauen Kloster: Das 1963 eröffnete E. in der Salzbrunner Str. 41 im Bezirk > ZEHLENDORF sieht sich in der Tradition der gleichnamigen ältesten Gelehrtenschule Berlins, des 1574 gegründeten ehem. > BERLINISCHEN GYMNASIUMS ZUM GRAUEN KLOSTER in der Klosterstr. im heutigen Bezirk > MITTE. In der von der > EVANGELISCHEN KIRCHE unterhaltenen Privatschule wurden 1992 insg. 635 Schüler von ca. 60 Lehrern unterrichtet. Das E. ist ein grundständiges altsprachliches Gymnasium mit La-

tein, Englisch und Griechisch als Sprach-
fächer.

Nachdem das historische Berlinische *Gymnasium zum Grauen Kloster* in Ost-Berlin 1958 unter Streichung seines Namens in eine erweiterte Oberschule (EOS) im Rahmen des einheitlichen sozialistischen Bildungssystems umgewandelt woren war, ließ die Evangelische Kirche die heutige Schule in Wiederbelebung der alten Tradition im Bezirk Zehlendorf neu errichten.

Evangelisches Johannesstift: Das 1858 nach dem Vorbild des Rauhen Hauses in Hamburg durch den evangelischen Theologen Johann Hinrich Wichern gegründete E. an der Schönwalder Allee 26 im Bezirk > SPANDAU ist eine als gemeinnützig anerkannte Einrichtung der Diakonie (> DIAKONISCHES WERK BERLIN-BRANDENBURG). Rd. 1.300 aus den verschiedensten Gründen Benachteiligte werden in der weitläufigen Anlage beherbergt und betreut. Schwerpunkte der Arbeit bilden Krankenpflege und Behindertenfürsorge sowie Erziehung und Ausbildung. Mit dem *Wichern-Krankenhaus* für etwa 106 Patienten in der Inneren und 274 Betten in der Chronischen Abteilung, einem Seniorenheim und einem Seniorenwohnhaus für insg. 155 Senioren, einer Wohnstätte für 90 schwerstbehinderte Kinder, Jugendliche und Erwachsene in gemeinsamer Unterbringung mit Nichtbehinderten, drei Heimen mit pädagogischen Wohngruppen für ca. 180 Kinder und Jugendliche aus gestörten Familienverhältnissen, einer Kindertagesstätte mit 158 Plätzen, einer Heimschule für 50 verhaltensauffällige Kinder, Berufsförderlehrgängen und Lehrplätzen für ca. 140 Jugendliche, vier Fachschulen für die Ausbildung von ca. 210 Schülern in kirchlichen oder pflegerischen Berufen, mehreren Sportstätten und Läden bildet das E. eine kleine Stadt für sich. Daneben gibt es im E. ein Tagungs- und Gästezentrum für bis zu 400 Personen mit 150 Übernachtungsplätzen sowie als staatlich anerkannte > PRIVATSCHULEN der > EVANGELISCHEN KIRCHE IN BERLIN-BRANDENBURG die 1948 eröffnete Evangelische Schule Spandau mit etwa 540 Schülern und die 1974 gegründete Fachoberschule für Sozialarbeit und Sozialpädagogik mit ca. 100 Schülern.

Die erste Anlage des E. war 1864-66 auf einem Gelände am > PLÖTZENSEE im heutigen Bezirk > WEDDING errichtet worden. Als dort der > WESTHAFEN angelegt werden sollte, zog das E. 1910 an seinen heutigen Ort um. Auf einem 75 ha großen Areal des Spandauer Stadtwalds errichteten Hermann Solf, Franz Wichards und Otto Kuhlmann in axialer Anlage um die Stiftskirche in aufgelockerter Bauweise 32 meist zwei- bis dreigeschossige rote Backsteinhäuser, die nach 1955 durch 35 Neubauten in Ziegelbauweise von Otto Block und anderen Architekten ergänzt wurden.

F

Fabrik Osloer Straße e.V.: Das 1982 gegründete Nachbarschafts- und Kulturzentrum F. ist ein Zusammenschluß verschiedener überwiegend aus der > ALTERNATIVBEWEGUNG stammender Gruppen im Gebäudekomplex einer ehem. Maschinenfabrik an der Osloer Str. 12 im Bezirk > WEDDING. Das vom Bund Deutscher Pfadfinder 1978 für handwerkliche Projekte gemietete Gebäude mit 6.000 m² Nutzfläche wurde 1982 vom Sozialpädagogischen Institut Berlin – Walter May (SPI) in dessen Treuhandvermögen übernommen und dem neu gegründeten Verein durch einen Nutzungsvertrag übertragen. Eine 1983 geschlossene Vereinbarung zur Selbsthilfe-Modernisierung zwischen dem SPI und der > SENATSVERWALTUNG FÜR BAU- UND WOHNUNGSWESEN (Volumen 5 Mio. DM, zu erbringende Eigenleistung 15 %) ermöglichte die 1989 abgeschlossene Renovierung des Gebäudes.
Hauptprojekt der F. ist die als Stadtteil- und Kulturzentrum konzipierte Große Nachbarschaftsetage mit einem Angebot verschiedener Arbeitsgruppen, angeschlossenem Gastspielhaus ThiFOS (Theater in der F.) und öffentlichem Café. Der Verein hat gemeinsam mit dem SPI ein bezirkliches Kulturkonzept erarbeitet und engagiert sich in der Nachbarschaftsarbeit. Außerdem gehören zur F. mehrere Gruppen, die sich in der Ausländerarbeit und handwerklichen Ausbildungsprojekten betätigen, ein Selbstversorgungs-Jugendhotel sowie mehrere kleine Gewerbebetriebe.

Fachhochschule der Deutschen Bundespost Berlin (FHDBPT): Die in Folge der Hochschulreform 1972 gegründete FHDBPT in der Ringbahnstr. 130 im Bezirk > TEMPELHOF ging aus der Ingenieur-Akademie der > DEUTSCHEN BUNDESPOST hervor. Die FHDBPT ist eine Körperschaft des öffentlichen Rechts, deren Träger die Deutsche Bundespost Telekom ist. Sie ist eine von drei Fachhochschulen der DBP; Standorte der Schwesterinstitution sind Dieburg und Leipzig. Die FHDBPT bildet Studentinnen und Studenten zu Diplom-Ingenieuren der Nachrichtentechnik aus. Der größte Teil findet anschließend bei der DBP einen Arbeitsplatz. 1991 studierten an der Fachhochschule 601 Studenten, die von 38 Hochschullehrern unterrichtet wurden. Die Bibliothek der FHDBPT umfaßt ca. 22.000 Lehr- und Fachbücher.

Fachhochschule des Bundes für öffentliche Verwaltung (FH Bund): Die F. ist eine verwaltungsinterne, dem > BUNDESMINISTER DES INNERN unterstehende Einrichtung, die der Ausbildung der (unmittelbaren und mittelbaren) Bundesbeamten des gehobenen nichttechnischen Dienstes dient. Sie nahm ihren Lehrbetrieb im Jahre 1979 auf. Z.Z. umfaßt sie zehn Fachbereiche mit Ausbildungsstätten in mehreren Orten im Bundesgebiet. In Berlin befindet sich im Ausbildungszentrum der > BUNDESVERSICHERUNGSANSTALT FÜR ANGESTELLTE in der Nestorstr. 25 im Bezirk > WILMERSDORF der Fachbereich Sozialversicherung. Er ist der BfA zugeordnet, bildet aber auch Anwärter anderer Einrichtungen, wie z.B. der Bundesknappschaft sowie verschiedener Landesversicherungsanstalten aus. Der Schwerpunkt der Lehre liegt auf dem Rentenversicherungsrecht. Am Berliner Fachbereich der F. sind ca. 1.500 Studenten immatrikuliert, die von 60 hauptamtlichen Lehrkräften unterrichtet werden. Künftig werden auch Anwärter der Landesversicherungsanstalten aus den neuen Bundesländern am Berliner Fachbereich studieren. Die Studierenden haben Zugang zu der Bibliothek der BfA und damit zu einer der größten Büchereien auf dem Gebiet des Sozialversicherungsrechts (190.000 Bände).

Fachhochschule für Sozialarbeit und Sozialpädagogik Berlin (FHSS): Die in Folge der Hochschulreform gegründete FHSS in der Karl-Schrader-Str. 6 im Bezirk > SCHÖNEBERG ging 1971 aus der Akademie für Sozialarbeit der > ARBEITERWOHLFAHRT, der katholischen

Helene-Weber-Akademie, der Akademie Rupenhorn und dem > PESTALOZZI-FRÖBEL-HAUS hervor. Seit November 1991 ist die FHSS eine Kuratorial-Hochschule, zuvor war sie als Körperschaft des öffentlichen Rechts verfaßt. Die Mitte 1992 noch nicht von der > SENATSVERWALTUNG FÜR WISSENSCHAFT UND FORSCHUNG genehmigte neue Studienordnung sieht ein achtsemestriges Studium (einschließlich eines Praxissemesters) zum Diplom-Sozialarbeiter und zum Diplom-Sozialpädagogen mit einem anschließenden einjährigen Berufsanerkennungsjahr vor. 1992 hat die FHSS eine Studienstrukturreform eingeleitet und sieben Studienzentren mit fachübergreifenden Schwerpunkten, z.B. „Jugend und Familie" oder „Internationale und multikulturelle Sozialarbeit", gebildet. Des weiteren bietet sie Fort- und Weiterbildungsveranstaltungen, eine Zusatzausbildung für Kindertagesstätten-Leiter sowie das Weiterbildungsstudium „Psychosoziale Versorgung" an. Für das Wintersemester 1992/93 ist die Einrichtung eines berufsbegleitenden Sonderstudienganges für Praktiker aus den neuen Bundesländern geplant. 1992 verzeichnete die FHSS 1.014 Studierende, davon 70 % Frauen. Die Zahl der Lehrkräfte betrug 135. Die Bibliothek der FHSS umfaßt ca. 57.000 Bände, darunter den Nachlaß von Alice Salomon, sowie 175 laufende Zeitschriften.
Der Verein der Freunde und Förderer der FHSS vergibt seit 1988 alle zwei Jahre den *Alice-Salomon-Preis* für eine hervorragende Arbeit in Wissenschaft oder Praxis auf dem Gebiet der sozialen Arbeit. Der mit 10.000 DM dotierte Preis erinnert an die Gründerin der ersten „Sozialen Frauenschule" Deutschlands, die 1908 in Schöneberg ihre Arbeit aufnahm (> FRAUENBEWEGUNG).

Fachhochschule für Technik und Wirtschaft in Gründung (FHTW): Die FHTW entstand nach der > VEREINIGUNG im Zuge der Neustrukturierung der Berliner Hochschulen. Bis zum geplanten Abschluß ihrer Gründungsphase 1994 wird sie als Abteilung der > TECHNISCHEN FACHHOCHSCHULE BERLIN geführt. Ziel des Gründungsprozesses ist es, die *Ingenieurhochschule Lichtenberg* sowie die Verwaltungsvermögen der ehem. *Ingenieurhochschule Wartenberg* und der ehem. *Hochschule für Ökonomie (HfÖ)* in > KARLSHORST zur neuen Fachhochschule zusammenzuführen. Zentraler Standort der FHTW ist das Gelände der ehem. HfÖ an der Treskowallee 8 in >

KARLSHORST. Weitere Standorte sind die zuvor von den genannten DDR-Hochschulen genutzten Gelände in > LICHTENBERG an der Marktstr. 9-12 und in > WARTENBERG an der Dorfstr. 4b sowie ein Gebäude in der Allee der Kosmonauten in Lichtenberg.
Die F. wird durch den Gründungsrektor und zwei Gründungsprorektoren geleitet. Sie gliedert sich in acht Fachbereiche und fünf zentrale Einrichtungen. Ihr Angebot erstreckt sich auf technische, wirtschaftswissenschaftliche und kulturwissenschaftlich/künstlerische Grund- und Hauptstudiengänge, die u.a. auch Bekleidungstechnik und -gestaltung einschließen. Dieses Regelangebot wird ergänzt durch ein fünfjähriges berufsbegleitendes Fernstudienangebot in einem Großteil der Studiengänge. Außerdem werden Ergänzungsstudiengänge (Brückenkurse) angeboten, die sich an Absolventen von Fachschulausbildungen ehem. DDR-Bildungseinrichtungen richten. Im Wintersemester 1991/92 wurden an der FHTW ca. 4.000 Studierende in insg. neun Studiengängen ausgebildet; zum Wintersemester 1992/93 soll das Angebot auf insg. 17 Studiengänge erweitert werden. Langfristig soll die FHTW bis zu 9.000 Studierende aufnehmen, die von über 320 Professoren und weiteren Lehrbeauftragten unterrichtet werden. Die Fachbibliothek der Hochschule verfügte 1992 über ca. 270.000 Bände.

Fachhochschule für Verwaltung und Rechtspflege Berlin (FHSVR): Die im > KUDAMM-KARRÉ am > KURFÜRSTENDAMM 207-208 im Bezirk > CHARLOTTENBURG untergebrachte FHSVR wurde 1973 in Folge der Hochschulreform gegründet. Die FHSVR ist als rechtsfähige Körperschaft verfaßt. Die > SENATSVERWALTUNG FÜR INNERES übt die Rechtsaufsicht im Einvernehmen mit der > SENATSVERWALTUNG FÜR WISSENSCHAFT UND FORSCHUNG und den obersten Dienstbehörden aus. Aufgabe der FHSVR ist die Ausbildung von Beamten des gehobenen Dienstes für die Laufbahnen im nichttechnischen Verwaltungsdienst, der Rechtspflege, des Polizeivollzugsdienstes und des Steuerverwaltungsdienstes. In der Rechtspflege werden hier auch Beamte aus Hamburg und Brandenburg ausgebildet. 1992 studierten an der FHSVR ca. 2.200 Studenten, die von 40 Dozenten und ca. 350 Lehrbeauftragten unterrichtet wurden. Die Bibliothek der FHVSR umfaßte ca. 50.000 Bände.

Fachhochschule für Wirtschaft Berlin (FHW): Die in Folge der Hochschulreform gegründete FHW in der Badenschen Str. 50-51 im Bezirk > SCHÖNEBERG ging 1971 aus der 1966 gegründeten staatlichen Wirtschaftsakademie hervor. Die als Körperschaft des öffentlichen Rechts verfaßte FHW ist der > SENATSVERWALTUNG FÜR WISSENSCHAFT UND FORSCHUNG (SENWIFO) nachgeordnet. Sie betreibt anwendungsbezogene Lehre und Forschung auf dem Gebiet der Wirtschafts- und Sozialwissenschaften. Nach Abschluß des Studiums, das auch als Abendstudium absolviert werden kann, wird der akademische Grad „Betriebswirt (grad.)" verliehen; auf Antrag kann die nachträgliche Umwandlung in „Diplom-Betriebswirt (FH)" durch die SenWiFo erfolgen. Ferner veranstaltet die FHW Fortbildungsseminare für Leiter und Mitarbeiter mittelständischer Betriebe. Im Wintersemester 1991/92 studierten an der FHW 2.250 Studenten, die von ca. 200 Lehrkräften ausgebildet wurden. Die Bibliothek der Fachhochschule umfaßt ca. 50.000 Bände.

Fachinformationszentrum Chemie GmbH: Das 1981 gegründete, in der > BLAUEN LISTE geführte F. am Steinplatz 2 in > CHARLOTTENBURG ist eine weltweit tätige Informationseinrichtung mit der Aufgabe, wissenschaftliche und technische Informationsdienstleistungen auf dem Gebiet der Chemie und ihrer Grenzgebiete zu erbringen oder verfügbar zu machen. Das Leistungsangebot umfaßt die Herstellung von Datenbanken, Magnetbanddiensten und gedruckten Informationsdiensten, ferner die Ausführung von Recherchen und die Veranstaltung von Lehrgängen über die Nutzung von Datenbanken. Das F. verfügt über eine Spezialbibliothek, die ggf. Aufsätze aus den ca. 225 laufend gehaltenen Zeitschriftentiteln vermittelt. Die Dienste der F. können von allen Interessenten in Anspruch genommen werden.
Das F. ist autorisierter Repräsentant in Deutschland, Österreich und der Schweiz für den in den USA ansässigen Chemical Abstracts Service, dem weltweit größten Datenbanksystem in der Chemie. Ferner unterhält es Kooperations- bzw. Handelsverträge zur Vermarktung von eigenen Produkten zu entsprechenden Einrichtungen in verschiedenen Ländern und ist Mitglied des International Council for Scientific and Technical Information sowie der Chemical Structure Association.

Seit Anfang 1991 ist dem F. eine Projektgruppe der ehem. „Zentralen Informationsverarbeitung Chemie" im Ostteil Berlins angegliedert. Im Z. sind über 130 Mitarbeiter beschäftigt, davon ca. 80 Wissenschaftler. Gesellschafter des F. sind der Bund, das Land Berlin, die Gesellschaft Deutscher Chemiker e.V., die DECHEMA Deutsche Gesellschaft für Chemisches Apparatewesen, Chemische Technik und Biotechnologie e.V. sowie die Forschungsgesellschaft Kunststoffe e.V.

Fahrradverkehr: In Berlin wurden 1992 etwa 5 % aller Wege mit dem Fahrrad zurückgelegt. Der Anteil der mit dem Fahrrad erbrachten Verkehrsleistung am Personenverkehr insg. beträgt etwa 2 %. Für den F. stehen insg. ca. 900 km Radverkehrsanlagen (Fahrradwege, Fahrradstreifen) zur Verfügung, davon ca. 770 km auf öffentlichem Straßenland (> STRASSEN). Damit weisen 15 % des Berliner Straßennetzes Radverkehrsanlagen auf. Hinzu kommen noch etwa 127 km Radwege außerhalb des öffentlichen Straßenlands.
Für Fahrten über längere Strecken ist vorgesehen, in den nächsten Jahren ein Fahrradroutennetz auszuweisen, das besonders attraktive Hauptverbindungen innerhalb der Stadt und ins Umland herstellen soll. Dieses insg. 340 km lange Routennetz soll aus zwölf sternförmig vom > MARX-ENGELS-PLATZ im Bezirk > MITTE in die wichtigsten Umlandgemeinden führenden Fahrradrouten bestehen, die durch ein inneres und äußeres Tangentenviereck um den Stadtkern ergänzt werden soll.

Falkenberg: Das auf eine mittelalterliche Siedlungsgründung zurückgehende F. beiderseits der Fernverkehrsstraße Berlin – Bad Freienwalde ist ein ländlich geprägter Ortsteil des 1985 neu gebildeten Bezirks > HOHENSCHÖNHAUSEN im Nordosten Berlins.
1349 wird ein Herr „Hasse v. Falkenberg" genannt, 1370 tritt dann auch der Ort selbst als „Valkenberg" erstmals urkundlich in Erscheinung (> DÖRFER). Die Besitzverhältnisse waren sehr zersplittert und vielen Veränderungen unterworfen, bis 1875 die Stadt Berlin F. als Stadtgut v.a. für die Anlage von Rieselfeldern erwarb (> STADTGÜTER; > WASSERVERSORGUNG/ENTWÄSSERUNG). Erst um 1895 kam es durch die Anlage der kleinen Kolonie *Neu-Ahrensfelde* im heutigen Bezirk > MARZAHN zu einer ersten Erweiterung des Ortes,

der 1932 die Stadtrandsiedlung *Marienaue* südlich der Ahrensfelder Chaussee (heute südlich der Schwarzwurzelstr. gleichfalls beim Bezirk Marzahn) und bald danach nordöstlich des Dorfes die Siedlung am *Gehrensee* folgten. Eine wesentliche Veränderung bedeutete in neuester Zeit, beginnend 1984, die Einbeziehung des östlichen Teils der Dorffeldmark in den umfassenden Neubaukomplex Hohenschönhausen, der nach Nordosten sogar über die Stadtgrenze hinausgreift und die Dorfkerne von Ahrensfelde und Eiche erreicht.

Im Ortszentrum von F. haben sich nur wenige bäuerliche Wohnbauten erhalten, darunter das Haus Dorfstr. 1 mit schlichter klassizistischer Fassade. Bemerkenswert sind ferner zahlreiche Landarbeiterhäuser des 19. Jh., v.a. Dorfstr. 4 aus dem ersten Drittel des 19. Jh. Das ehem. Herrenhaus, im Kern ein Bau des 18. Jh., wurde nach 1959 abgerissen. Die ansehnliche mittelalterliche Feldsteinkirche, im Auftrage der Mutter der Gebrüder v. Humboldt 1794/95 in ägyptisierenden Formen durch Paul Ludwig Simon umgestaltet, wurde durch die SS am 21.4.1945 gesprengt (> DORFKIRCHEN). Ein schönes Beispiel modernen Kirchenbaus ist die zur Stadtrandsiedlung Marienaue gehörende katholische Kirche *St.-Konrad-v.-Parzam* nördlich der Ahrensfelder Chaussee, 1939/40 nach einem Entwurf von Josef Bachem erbaut. 1920 wurde F. nach > GROSS-BERLIN eingemeindet und kam zum Verwaltungsbezirk > WEISSENSEE; mit diesem wurde es 1945 Teil des sowjetischen Sektors (> SEKTOREN). Auf Beschluß der Ost-Berliner > STADTVERORDNETENVERSAMMLUNG vom 1.9.1985 wurde es dem neu gebildeten Stadtbezirk Hohenschönhausen zugeschlagen.

Falkenhagener Feld: Das F. beiderseits der Falkenseer Chaussee im Bezirk > SPANDAU entstand nach dem II. Weltkrieg ab 1960 als erste von vier neuen West-Berliner Großsiedlungen in Stadtrandlage (> GROPIUSSTADT; > MÄRKISCHES VIERTEL; > THERMOMETERSIEDLUNG) unter der Generalplanung von Hans Stephan. Ferner waren bei der Errichtung der ca. 8.000 Wohnungen u.a. die Architekten Paul Schwebes, Hans Schoszberger, Siegfried Fehr, Richard Kappey und Jost Vollering beteiligt. Das früher weitgehend als Laubengelände genutzte Areal erhielt eine sechs- bis zwölfgeschossige Wohnzeilenbebauung, die mit bis zu 17 Geschossen hohen Punkt-

häusern durchsetzt ist. Städtebaulich und architektonisch gilt das F. als die farbloseste Großsiedlung der 60er Jahre.

Familienförderung: Ab 1961 gewannen Familienpolitik und allgemeine F. zunehmend an Bedeutung. Seit 1967 führt das jeweils zuständige Mitglied des > SENATS VON BERLIN den Hinweis Familie auch in seiner Geschäftsbereichsbezeichnung (> SENATSVERWALTUNG FÜR JUGEND UND FAMILIE). Standen Anfang der 60er Jahre bevölkerungspolitische Gründe im Vordergrund – jungen Familien aus dem Bundesgebiet sollte ein Anreiz gegeben werden, nach Berlin zu ziehen – sind heute, auch unter Berücksichtigung der veränderten Lebensvorstellungen der Eltern sowie im Hinblick auf die große Zahl Alleinerziehender, die Vereinbarkeit von Erwerbstätigkeit und Familienleben von besonderer Bedeutung. So wurde z.B. das ab 1961 eingeführte Familiengründungsdarlehen, von 1987-90 *Familiendarlehen*, ergänzt durch das ab 1.1.1983 eingeführte (Berliner) *Familiengeld* – ein Landeserziehungsgeld –, das im ersten Jahr nach der Geburt eines Kindes gezahlt wurde. Damit hatte Berlin als erstes Bundesland das seinerzeit geltende Mutterschaftsurlaubsgesetz durch eine Familiengeldregelung ergänzt, die erstmals Erwerbstätige (unter 19 Wochenstunden) sowie Nichterwerbstätige einschloß. Seit dem 1.11.1986 ist das Berliner Familiengeld im Anschluß an das (Bundes-)*Erziehungsgeld* neu gestaltet worden; in seinen Bedingungen entspricht es diesem, wurde auf das zweite Lebensjahr ausgedehnt und wird monatlich – einkommensabhängig – in Höhe von bis zu 600 DM einkommensteuerfrei ausgezahlt. Aus finanziellen Gründen wird es jedoch ab 1993, wenn das Erziehungsgeld auf 24 Monate ausgedehnt wird, vorerst bis 1998 ruhen. 1991 wurden in den westlichen Bezirken (die östlichen werden ab dem 1.7.1992 einbezogen) rd. 14.000 Bewilligungen ausgesprochen. Der Haushaltsplan 1992 sieht dafür 121,8 Mio. DM vor.

Zusätzliche Hilfen in schweren Notlagen können durch die am 27.6.1984 gegründete *„Stiftung Hilfe für die Familie – Stiftung des Landes Berlin"* an Familien – einschließlich Alleinerziehender – gewährt werden. Die Stiftung gewährt Hilfen aufgrund von Mittelzuweisungen durch die Bundesstiftung *„Mutter und Kind – Schutz des ungeborenen Lebens"* und aus Erträgen des Stiftungsvermögens (16,67 Mio. DM).

In der F. wirken die öffentlichen Träger, insbes. die Jugendämter und die freien Träger eng zusammen. Wie in anderen Bundesländern arbeiten die Verbände, in denen sich Eltern zur Interessenvertretung zusammengeschlossen haben, in einer *Arbeitsgemeinschaft Berliner Familienverbände* zusammen. Neben den Aufgaben der > ERZIEHUNGS- UND FAMILIENBERATUNG nehmen diese freien Träger vielfältige Aufgaben wahr. So wird z.B. seit 1967 *Familienerholung* durch die Jugendämter und die freien Träger sowohl in der Form organisierter Familienreisen als auch durch Zuschußgewährung zu einer individuell gestalteten Familienerholung gefördert. Für die bevorzugt einbezogenen Mehrkinderfamilien sowie solche mit unterem und mittlerem Einkommen stehen 1992 rd. 4,1 Mio. DM zur Verfügung. Daneben unterhält die *Stiftung Hilfswerk Berlin* drei *Familienferiendörfer*, in denen sich jährlich rd. 4.500 Familien erholen können (Stiftungsaufwand: rd. 2,5 Mio. DM). Für die Erholung behinderter junger Menschen stehen zusätzlich rd. 1 Mio. DM zur Verfügung (> BEHINDERTE; > JUGENDHILFE).

Erziehungs- und Familienberatung, aber auch Beratung in Fragen der Trennung sowie bei Schuldenproblemen, werden in Beratungsstellen der Jugendämter und freier Träger geleistet. Jedes Jugendamt verfügt über eine Erziehungs- und Familienberatungsstelle, die freien Träger unterhalten insg. 29 (1992 mit 3,8 Mio. DM gefördert). Bei den Beratungsstellen der Jugendämter stehen rd. 120 Fachkräfte, bei denen der freien Träger rd. 85 zur Verfügung. Die Betreuung und Versorgung des Kindes in Notsituationen durch Familienpflege wird über die > SOZIALSTATIONEN der freien Träger geleistet. Das für Alleinstehende bedeutende Vormundschaftswesen führt nicht nur Vormundschaften und Amtspflegschaften, sondern zur Sicherung des Lebensunterhalts in vielen Fällen Amtsbeistandschaften und betreut 80.000 Kinder und Jugendliche. Diesem Bereich stehen mit der Zentralen Vormundschaftskasse und der Unterhaltsvorschußkasse des *Landesjugendamts* Instrumente für die schnelle Zahlbarmachung von Unterhalt zur Verfügung (Umsatz der Kasse rd. 140 Mio. DM jährlich). Für Alleinstehende (1992: 119.000 von 400.000 Familien mit Kindern und Jugendlichen unter 18 Jahren) ist das umfangreiche Tageseinrichtungsangebot von besonderer Bedeutung (>KINDERTAGESSTÄTTEN). Für Frauen stehen in Not- und Krisensituationen vielfältige Einrichtungen ebenso zur Verfügung wie für junge Menschen (> NOT- UND KRISENDIENSTE).

Fehrbelliner Platz: Der F. im Bezirk > WILMERSDORF an der Kreuzung Hohenzollerndamm/Brandenburgische Str. erhielt seinen Namen nach dem nordwestlich von Berlin gelegenen Ort Fehrbellin, bei dem 1675 der Kurfürst Friedrich Wilhelm (1640-88) einen entscheidenden Sieg über die schwedischen Truppen erzielte. Der F. ist der wichtigste Verkehrsknotenpunkt des Bezirks und ein bedeutendes Verwaltungszentrum der Stadt. Hier kreuzen sich zwei U-Bahn-Linien (U2 und U6) sowie mehrere Buslinien. An seiner Westseite liegt das von den Gebrüdern Jan und Rolf Rave 1970-73 errichtete Hauptgebäude der > BUNDESVERSICHERUNGSANSTALT FÜR ANGESTELLTE. Im Süden und Westen wird der Platz von einer in den 30er Jahren entstandenen Rundbebauung umschlossen, die noch heute – ähnlich wie am Flughafen Tempelhof (> FLUGHÄFEN) – den Baustil der NS-Architektur widerspiegelt. In diesem Teil liegen u.a. das Rathaus Wilmersdorf (> RATHÄUSER), das > BUNDESINSTITUT FÜR BERUFSBILDUNG, die > SENATSVERWALTUNG FÜR INNERES und das > LANDESVERWALTUNGSAMT. Nördlich, an der Württembergischen Str., haben das > STATISTISCHE LANDESAMT und die > SENATSVERWALTUNG FÜR BAU- UND WOHNUNGSWESEN ihren Sitz. Im gleichen Gebäude, auf der Rückseite an der Sächsischen Str., befindet sich das > LANDESAMT FÜR ZENTRALE SOZIALE AUFGABEN. Im Norden grenzt an den Platz der etwa 6 ha große *Preußen Park* mit einer 1885 von Reinhold Begas geschaffenen, bis 1936 im > ZEUGHAUS > UNTER DEN LINDEN stehenden Monumentalfigur der Borussia (Kunststein-Nachguß; Marmororiginal seit 1980 im > LAPIDARIUM). Etwas westlich vom F. am Hohenzollerndamm unterhält das Kunstamt Wilmersdorf eine *Kommunale Galerie* (> KULTUR- UND KUNSTÄMTER).

Feministisches Frauen Gesundheits-Zentrum e.V. (FFGZ): Das 1976 von Frauen aus dem *Frauenzentrum Berlin* gegründete FFGZ in der Bamberger Str. 51 im Bezirk > WILMERSDORF ist ein vom Selbsthilfegedanken ausgehendes Projekt zur Information und Beratung von Frauen über die Frauengesundheit. Es ist die einzige Einrichtung dieser Art in Berlin. Basierend auf einem ganzheitlichen

Gesundheitsbewußtsein wird versucht, Gesundheit im Zusammenhang mit der gesellschaftlichen und psychischen Situation von Frauen zu verstehen und diese Faktoren in die Heilung oder Gesunderhaltung einzubeziehen. Damit setzt sich das F. bewußt in den Gegensatz zum Anspruch der traditionellen Medizin und den Methoden der Pharmaindustrie. Neben Beratungsdiensten bietet das F. Kurse zu verschiedenen Themen an. Das F. verfügt über ein Archiv und gibt die Zeitschrift „Clio" heraus. Eine Mischfinanzierung aus Spenden, Honoraren und Mitteln der > SENATSVERWALTUNG FÜR GESUNDHEIT ermöglicht dem FFGZ eine inhaltlich unabhängige Arbeit. Die acht Mitarbeiterinnen und zwei Praktikantinnen verstehen sich als Kollektiv. Nach der > VEREINIGUNG hat die Zahl der Veranstaltungen ebenso zugenommen wie die Zahl der ratsuchenden Frauen.

Fer de Berlin: F. ist die Bezeichnung für im 19. Jh. durch die *Königliche Eisengießerei* zu Berlin hergestellte Schmuckgegenstände aus Gußeisen. Die 1804 an der Invalidenstr. im heutigen Bezirk > MITTE eröffnete Gießerei stellte bis zu ihrer Schließung 1874 neben gußeisernen Maschinenteilen, Walz- und Mahlwerken, Kleinmaterial wie Schrauben und Bolzen sowie Großobjekten (Denkmäler, Brücken, Kanonen u.a.) auch Schmuckgegenstände her. Durch die enge Zusammenarbeit von Technikern und Künstlern, u.a. Karl Friedrich Schinkel, entstanden künstlerisch hochwertige Schmuckstücke aus Gußeisen, die unter der Bezeichnung F. Berühmtheit erlangten und bis nach Amerika exportiert wurden. Von den durch die Gießerei gleichfalls produzierten Grabkreuzen und -denkmälern haben sich auf den Berliner > FRIEDHÖFEN noch zahlreiche Exemplare bis heute erhalten (> GARNISONSFRIEDHÖFE; > INVALIDENFRIEDHOF). 1875-78 wurde auf dem Gelände der Gießerei das Gebäude der Königlich Preußischen Geologischen Landesanstalt errichtet, in dem heute die > GESELLSCHAFT FÜR UMWELT- UND WIRTSCHAFTSGEOLOGIE MBH BERLIN ihren Sitz hat.

Fernsehen:
1. Die Berliner Fernsehlandschaft 1992
In der durch die > NEUEN MEDIEN in den 70er und 80er Jahren und die > VEREINIGUNG 1990 veränderten Fernsehlandschaft Berlins konnten 1992 insg. 30 Fernsehprogramme empfangen werden. 28 werden über Kabel verbreitet, von denen sieben sowohl über Kabel als auch terrestrisch, d.h. über Antenne empfangen werden können. Ausschließlich über Antenne können zwei Programme empfangen werden. Berlin nimmt damit in Hinblick auf die Anbieterdichte in der Bundesrepublik die Spitzenstellung ein. Insg. gab es 1992 in der Stadt 1.365.432 Fernsehanschlüsse, davon 458.612 im Ostteil der Stadt.

Von den über Antenne empfangbaren Kanälen, die – bis auf die Programme der > ALLIIERTEN – hinsichtlich ihrer technischen Reichweite alle Berliner erreichen, werden in öffentlich-rechtlicher Verantwortung das 1. Programm der *Arbeitsgemeinschaft der öffentlich-rechtlichen Rundfunkanstalten der Bundesrepublik Deutschland (ARD)*, das Programm des > ZWEITEN DEUTSCHEN FERNSEHENS (ZDF), das dritte, gemeinsam vom > SENDER FREIES BERLIN (SFB), vom *Norddeutschen Rundfunk (NDR)* und von *Radio Bremen (RB)* produzierte Programm N bzw. *Nord 3* sowie das Regionalprogramm des *Ostdeutschen Rundfunks Brandenburg (ORB)* sowie in privater Verantwortung > SAT 1 und > RTL PLUS gesendet. Ausschließlich über Antenne, aber nur lokal und mit zusätzlichen Farb- und Tonkonvertern empfangbar sind die Programme von > AMERICAN FORCES NETWORK (AFN) und > BRITISH FORCES BROADCASTING SERVICE (BFBS).

Das *Kabelfernsehen* bietet in Berlin 1991 28 Programme an, die insg. 730.000 Haushalte in Berlin erreichen, davon 11.000 im Ostteil der Stadt. Neben den oben aufgeführten handelt es sich dabei überwiegend um Programme der öffentlich-rechtlichen Rundfunkanstalten, das vom ZDF verantwortete *3Sat*, das von der ARD produzierte *1 Plus*, die dritten Programme *Bayern 3* und *WEST 3*, die Regionalprogramme des ORB und des *Mitteldeutschen Rundfunks (MDR)*, den *Offenen Kanal* sowie den *Mischkanal* und die Einspeisung von herangeführten Programmen privater Anbieter mit nationaler (*TELE 5* und *Pro 7*, der *Kabelkanal*) oder internationaler Ausrichtung (*CNN, Eurosport, MTV Europe, Super Channel, Screen Sport*). Ferner bietet das nur mit einem speziellen Konverter empfangbare *PREMIERE Pay-TV* gegen eine monatliche Gebühr ausgewählte Spielfilme. Seit dem 1.6.1992 wird auch der europäische Kulturkanal *A.R.T.E.* ins Berliner Kabelnetz eingespeist. Zum 11.3.1988 erhielt der bis dato größte Berliner Anbieter, der türkische Kanal *TD 1* einen „eigenen" Kabelkanal, d.h.

eine Lizenz für 20 Sendestunden pro Tag. Die Zeit zwischen 14-18 Uhr ist andere türkischsprachige Anbietern vorbehalten. Weitere fremdsprachige Anbieter sind neben *TRT-INT* in türkischer Sprache die Programme von > TELEVISION FORCES FRANÇAISES À BERLIN (TFB), *Antenne 2* und *TF 1* in französischer Sprache. Seit dem 1.2.1991 ist auch ein privater lokaler Anbieter als Vollprogramm im Berliner Kabelnetz vertreten: > FERNSEHEN AUS BERLIN (FAB) produziert täglich ein dreistündiges Programm und sendet im Rotationsprinzip, d.h. in Wiederholungen rund um die Uhr.

Gemessen an der Zahl und inhaltlichen Vielfalt der angebotenen Programme ist die Fernsehproduktion in Berlin eher gering, hat sich aber in letzter Zeit erhöht. Der Anteil des SFB an der Produktion des ARD-Gemeinschaftsprogramms beträgt 6,5 %, der an der Nordkette im dritten Programm 25 %. Das ZDF vergibt 15 % seiner Programmproduktion nach Berlin. Die Berliner Produktionen von SAT 1 sind in den letzten zwei Jahren auf ca. 12 % gestiegen. Unter den neu hinzugekommenen Produktionen sind v.a. „Talk im Turm" und „Einspruch" als regelmäßige Live-Sendungen zu erwähnen. Auch das SAT 1-Frühstücksfernsehen wird in Berlin produziert, ebenso das von SAT 1 und Schamoni Fernsehen gemeinsam hergestellte regionale Fenster „Wir in Berlin". FAB als Regionalsender produziert ausschließlich in Berlin. Auch das ehemalige RIAS-TV wird weiterhin in Berlin hergestellt, hat durch die Neukonzeption des Senders allerdings nurmehr 30 Minuten Sendezeit täglich im Fenster von SAT 1 zur Verfügung. RTL plus ist mit dem Frühstücksfernsehen sowie einer Nachrichtenredaktion in der Stadt vertreten und übernimmt das in Berlin hergestellte Magazin „*elf 99*".

2. Die Anfänge des Fernsehens in Berlin

Die Entwicklung des deutschen F. hatte ebenso wie die des > HÖRFUNKS ihren Ausgangspunkt in Berlin. Im Herbst 1928 fand auf der 5. Großen Deutschen Funkausstellung (> INTERNATIONALE FUNKAUSSTELLUNG BERLIN) die erste öffentliche Fernsehvorführung statt. Deutschland gehörte damit neben den Vereinigten Staaten von Amerika und Großbritannien zu den Schrittmachern in der Fernsehtechnik. 1934 wurden in Berlin erste Live-Sendungen der Deutschen Reichspost gesendet und am 22.3.1935 das erste regelmäßige Fernsehprogramm ausgestrahlt.

Höhepunkt dieser Entwicklungsphase waren die Übertragungen während der > OLYMPISCHEN SPIELE 1936, für die von der Reichspost 28 öffentliche Fernsehstuben in Berlin eingerichtet wurden. Diese erste Phase, die noch Versuchscharakter hatte, endete am 26.11. 1943 mit der Zerstörung des Berliner Fernsehsenders bei einem Luftangriff.

3. Das Berliner Fernsehen zur Zeit der Spaltung

3.1. Berlin (West)

Nach dem Ende des II. Weltkriegs verlagerte sich das Zentrum der Fernsehentwicklung zum *Nord-Westdeutschen Rundfunk (NWDR)* nach Hamburg. Dieser unterhielt in Berlin seit April 1946 das Landesstudio NWDR Berlin, von wo aus der Aufbau eines eigenen Berliner F. betrieben wurde, der sich nach der > SPALTUNG 1948 jedoch auf den Westteil der Stadt beschränkte. Der NWDR Berlin nahm am 20.4.1951 seinen Fernsehprobebetrieb auf, bevor am 25.10.1951 der regelmäßige Sendebetrieb begann. Nachdem Hamburg und Berlin Ende 1952 über eine Fernsehbrücke verbunden worden waren, stellte sich Berlin am 1.1.1953 erstmals offiziell im westdeutschen Fernsehprogramm vor.

Die Bestrebungen Berliner Politiker nach einer eigenständigen *Landesrundfunkanstalt* führten 1953 zur Gründung des SFB. Das Berliner Haus des NWDR ging mit seinen Einrichtungen und Mitarbeitern an den SFB über, der am 1.6.1954 mit seinem Fernsehprogramm, das Regionalsendungen und anteilige Beiträge zum Gemeinschaftsprogramm der ARD umfaßt, begann. Seit dem 1.1.1965 produziert der SFB zusammen mit dem NDR und RB das Programm N 3.

Das erste Fernsehprogramm einer alliierten Schutzmacht richteten 1967 die Amerikaner ein. Ihre beim AFN angesiedelten Fernsehstation AFN-TV richtet sich v.a. an die in der Stadt lebenden Soldaten und ihre Angehörigen. Die Briten unterhalten seit 1975 beim BFBS das BFBS-TV, das 1982 in Services Sound and Vision Corporation-TV (SSVC-TV) umbenannt wurde. Die Franzosen verbreiten seit 1980 über ihren Sender TFB französischsprachige Sendungen unter wechselnden Programmnamen, unterhalten aber im Gegensatz zu AFN-TV und BFBS-TV keine Berliner Redaktionen. Die Alliierten halten ihre Programme auch nach der Vereinigung unverändert aufrecht. Es ist allerdings damit zu rechnen, daß nach dem (für Ende 1994 geplanten) Abzug der alliierten Streitkräfte aus der Stadt die Frequenzen neu vergeben werden.

Einen qualitativen Sprung in der Fernseh-technik stellte die Einführung des Farbfern-sehens dar, das am 25.8.1967 auf der Interna-tionalen Funkausstellung in Berlin vorge-stellt wurde und seitdem bundesweit ausge-strahlt wird. Als weitere Neuerung kam 1981 der *Videotext* hinzu, dessen gemeinsam von den öffentlich-rechtlichen Rundfunkanstalten getragene Videotext-Redaktion beim SFB angesiedelt wurde.

Vom 18.6.1984 an unternahm die > DEUTSCHE BUNDESPOST in Berlin einen zweimonatigen Betriebsversuch, Fernsehprogramme über Kabel zu verbreiten. 40.000 Kabelteilnehmer in > SPANDAU und > CHARLOTTENBURG waren am Probebetrieb beteiligt. Am 28.8.1985 star-tete das Berliner *Kabelpilotprojekt*, das sich institutionell auf drei Institutionen stützte: Die *Anstalt für Kabelkommunikation (AKK)* als öffentlich-rechtliche Behörde, die *Projekt-gesellschaft (PK Berlin)* als GmbH zur techni-schen und wirtschaftlichen Durchführung des Projekts und die Projektkommission, ein Gremium aus gesellschaftlich relevanten Gruppen, dessen Einfluß auf den Projekt-verlauf allerdings sehr gering war. Durch das Kabelpilotprojekt konnten die verkabelten Berliner Haushalte zunächst zwölf zusätzli-che Fernsehprogramme in erheblich verbes-serter Qualität empfangen. Mit der Einrich-tung weiterer Kanäle erhöhte sich bis 1992 die Anzahl auf derzeit 28.

Seit August 1987 steht für Berlin eine weitere terrestrische Fernsehfrequenz zur Verfü-gung, die im Frequenzsplitting seit dem 27.8. 1987 zugleich von SAT 1, vom 22.8.1988-1.10.1991 auch von > RIAS-TV und seit dem 1.3.1989 von Schamoni F. für die drahtlose Übermittlung von Fernsehprogrammen ge-nutzt wird. Auch RTL plus sendet seit dem 4.3.1991 auf einer terrestrischen Frequenz.

3.2. Berlin (Ost)

Bereits 3 Wochen nach der Konstituierung der DDR begann am 31.10.1949 die Pro-jektierung und der Aufbau eines DDR-Fernsehzentrums in der Rudower Chaussee 3 in > ADLERSHOF. Die praktischen Vorbereitun-gen zur Ausstrahlung eines Fernsehpro-gramms begannen im März 1950 nach einem entsprechenden Beschluß des DDR-Ministe-rats. Am 21.12.1952 schließlich nahm der *Deutsche Fernsehfunk (DFF)* der DDR seine re-gelmäßige Programmtätigkeit auf. Zu dieser Zeit waren gerade 600 Besitzer von Fernseh-geräten in der DDR registriert. In den folgen-den Jahren nahm die Entwicklung des Fern-sehempfangs einen lebhaften Aufschwung: bis 1968 waren schließlich 4,17 Mio. Empfän-ger (bei einer Sendedauer von 12,7 Std. täg-lich) gemeldet. Im selben Jahr wurde das Staatliche Komitee für Fernsehen beim Ministerrat gebildet. Am 3.10.1969 nahm das 2. Programm des DFF mit einem vollen Wochenprogramm und regelmäßigen Farb-sendungen seinen Sendebetrieb auf. Zur Farbübertragung wurde das französische SECAM-System gewählt, um sich so von dem in der BRD gebräuchlichen PAL-System abzusetzen und die Anziehungskraft der bundesdeutschen Fernsehprogramme zu mindern. Ab 1973 wurden auch im 1. Pro-gramm Sendungen in Farbe ausgestrahlt.

Der mangelnden Akzeptanz der DDR-Fernsehprogramme wurden diverse Pro-grammreformen entgegengehalten; die letzte datierte vom 13.12.1982. Sie hatte v.a. einen drastischen Anstieg der Anteile von Unter-haltungssendungen und Spielfilmen in bei-den Programmen zum Inhalt. Insg. sendete das DDR-Fernsehen seit Mitte der 70er Jahre in seinem 1. Programm täglich etwa 14 Stun-den, im 2. Programm täglich etwa 7,5 Stun-den. Nach dem > 3. OKTOBER 1990 wurde das *Fernsehen der DDR* (ebenso wie der Hörfunk) gemäß Art. 36 des > EINIGUNGSVERTRAGS als „gemeinschaftliche staatsunabhängige rechtsfähige Einrichtung" bis zum 31.12.1991 weitergeführt und danach abgewickelt.

3. Die Situation nach der Vereinigung

Auf dem öffentlich-rechtlichen Sektor wurde zunächst angestrebt, eine Dreiländeranstalt der Länder Berlin, Brandenburg sowie Meck-lenburg-Vorpommern einzurichten. Nach-dem die Vertragsverhandlungen schon weit-gehend abgeschlossen waren, entschloß sich Mecklenburg-Vorpommern im Juni 1991 je-doch dazu, mit dem NDR zu kooperieren. In der Folgezeit bemühten sich Berlin und Brandenburg um die Einrichtung einer Zwei-länderanstalt. Nachdem auch dieses Projekt scheiterte, besteht nunmehr der SFB weiter-hin als Landesrundfunkanstalt für Berlin, während der ORB diese Funktion für Brandenburg innehat. Beide Sender planen ab Oktober 1992 die Ausstrahlung eines ge-meinsamen dritten Fernseh-Programms.

Trotz dieser Schwierigkeiten kam es 1992 im-merhin zur Errichtung der > MEDIENANSTALT BERLIN – BRANDENBURG (MBB) als *Landes-medienanstalt* für die Länder Berlin und Brandenburg. Rechtsgrundlage der aus der

AKK hervorgegangenen MBB ist der am 6.5.1992 in Kraft getretene Medienstaatsvertrag der Länder Berlin und Brandenburg. Danach nimmt die MBB die öffentliche Verantwortung für die Sicherung der Meinungsvielfalt in Berlin und Brandenburg wahr und ist die maßgebliche öffentlich-rechtliche Instanz für die Ausschreibung, Vergabe und Aufsicht von Sendefrequenzen.

Fernsehen aus Berlin (FAB): FAB mit Sitz im ehem. Kulissenhaus des > METROPOLS am Nollendorfplatz im Bezirk > SCHÖNEBERG ist ein seit Februar 1991 sendender privater Fernsehanbieter. FAB berichtet v.a. über Geschehnisse aus Berlin, wobei die kulturelle Berichterstattung unter besonderer Berücksichtigung der „Off-Szene" im Vordergrund steht. Neben Musik-, Theater- sowie Kinosendungen werden auch Magazine mit wissenschaftlichen Inhalten u.a. aus Medizin, Sozialwissenschaft und Ökologie gesendet. Auch Minderheiten sind mit eigenen Sendungen im Programm vertreten, bspw. mit dem Schwulenmagazin „AndersRum" oder dem Magazin für Lesben „Läsbisch". Seit April 1992 sendet außerdem Spiegel-TV Berlin exklusiv für FAB wöchentlich ein einstündiges Programm. Das tägliche Dreistundenprogramm des Senders wird in einer „Schleife" rund um die Uhr gesendet. Eine Programmreform mit einer Verdoppelung der bisherigen Sendezeit auf sechs Stunden ist für Mitte 1992 geplant. Während FAB bis Juni 1991 nur über eine terrestrische Frequenz per Kabel zu empfangen war, kann seitdem seine Regionalsendung „Fenster aus Berlin" durch Einräumung von Sendezeit im Programm von > RTL PLUS auch über Antenne mit einer Reichweite von ca. 60 km empfangen werden.

FAB beschäftigt insg. 40 feste Mitarbeiter sowie bis zu 400 freie Mitarbeiter einschließlich zahlreicher Praktikanten. Der rechtlich als Aktiengesellschaft mit 41 Gesellschaftern organisierte Sender finanziert sich ausschließlich durch Werbeeinnahmen.

Fernsehturm: Der Fernseh- und UKW-Turm am > ALEXANDERPLATZ im Bezirk > MITTE wurde 1966-69 nach einem Entwurf von Fritz Dieter und Günter Franke unter künstlerischer Beratung von Hermann Henselmann erbaut. Mit 365 m Höhe (davon der Betonschaft 250 m, der Antennenträger 115,5 m) ist der Berliner F. eines der höchsten Bauwerke

in Europa. Die Eigentumsfrage des Grundstücks war im Frühjahr 1992 noch nicht geklärt. Der Turm und die Turmkugel sowie die fernmeldetechnischen Einrichtungen gehören der > DEUTSCHEN BUNDESPOST. Die Antennen dienen dem > FERNSEHEN und > HÖRFUNK im UKW-Bereich sowie für Richtfunkstrecken im Fernsprechverkehr.

Fernsehturm

Vom Turmfuß bringen zwei Schnellaufzüge die Besucher in 35 s zur 203 m hoch gelegenen, verglasten Turmkuppel und zum 207 m hoch gelegenen Tele-Café (Durchmesser 29 m, 200 Plätze), das auf einem Drehring steht. Die Turmumbauung wurde aus zweigeschossigen Pavillonbauten mit stark geneigten Dachflächen nach den Plänen von Walter Herzog, Heinz Aust und Rudolf Heider bis 1972 vollendet. Sie gliedert sich in drei Trakte, die miteinander durch Kolonnaden, Passagen und Brücken verbunden sind. Die Eingangshalle zum F. ist mit einer Ausstellungsfläche von 2.400 m² verbunden. Der westlichen Freitreppe ist eine Terrasse mit zwei mal vier in der Höhe gestaffelten Wasserbecken rechts und links einer breiten Mittelpromenade vorgelagert. Vom Frühjahr bis zum Herbst sprudeln hier stündlich aus 560 Düsen mit einem zehnminütigen Programm Wasserspiele, wobei die Fontänen bei Dunkelheit von 296 farbigen Unterwasserscheinwerfern angestrahlt werden.

Fernwärmeversorgung: Die > SPALTUNG der Stadt von 1948-90 hat dazu geführt, daß auch die in der Nachkriegszeit entwickelten Systeme zur Versorgung mit Fernwärme getrennt ausgebaut wurden. V.a. in Ost-Berlin hat ihre Bedeutung seit Beginn der 70er Jahre stark zugenommen. Dort beträgt ihr Anteil an der Raumheizung inzwischen 49 %, während er im Westen nur etwa die Hälfte davon erreicht.

Im Ostteil Berlins unterhält die > ENERGIE-VERSORGUNG BERLIN AKTIENGESELLSCHAFT (EBAG) das größte Fernwärmeversorgungssystem Deutschlands. Im April 1992 umfaßte es eine Leitungslänge von 537 km und zählte 4.212 Hausanschlußstationen. Neben einem Fernwärme-Verbundsystem, an das die Heizkraftwerke Klingenberg, Lichtenberg und Mitte sowie das Heizwerk Scharnhorststr. gekoppelt sind, werden kleine Fernwärme-Inselsysteme aus elf Heizwerken und dem Heizkraftwerk Buch versorgt. Die Heizkraftwerke Klingenberg und Lichtenberg betreiben zusätzlich Dampfnetze in den jeweiligen Territorien, durch die im wesentlichen Industrieabnehmer beliefert werden. Das Verbundsystem erstreckt sich v.a. auf die Bezirke > MITTE, > FRIEDRICHSHAIN und > LICHTENBERG sowie die Großsiedlungen am östlichen Stadtrand in > HOHENSCHÖNHAUSEN, > MARZAHN und > HELLERSDORF, während im Inselbetrieb auch Ortsteile in > KÖPENICK und > PANKOW versorgt werden.

Der theoretische Anschlußwert der EBAG-Anlagen (der Bedarf an Leistung bei gleichzeitiger maximaler Nutzung aller Kundenanlagen) beläuft sich auf 4.398 MW thermisch (Stand 30.6.91). Dies entspricht etwa 49 % des Gesamtwärmebedarfs Ost-Berlins und einer beheizten Gesamtfläche von rd. 25 Mio. m². Die installierte thermische Gesamtleistung beträgt 3.643 MW (davon 3.247 MW durch Heizkraftwerke und 396 MW durch Heizwerke). Bei einer gleichzeitigen elektrischen Gesamtleistung von maximal 349 MW verringert sich die verfügbare Wärmeleistung auf 2.874 MW thermisch. Der Anteil der Fernwärmeerzeugung aus Kraft-Wärme-Kopplung beträgt ca. 63 %. Das z.T. sanierungsbedürftige EBAG-Fernwärmenetz wird 1992 mit Bundes- und Landesmitteln in Höhe von 46,4 Mio. DM aus dem „Gemeinschaftswerk Aufschwung Ost" modernisiert (> HAUSHALT UND FINANZEN).

Auch im Westteil Berlins hat die Bedeutung der Fernwärme seit 1977 stetig zugenommen, nachdem mit dem Bau der Heizkraftwerke Lichterfelde und Wilmersdorf das Verbundnetz der > BERLINER KRAFT- UND LICHT (BEWAG)-AKTIENGESELLSCHAFT entstanden. Heute betreiben hier insg. fünf Anbieter getrennte Heizwassernetze. Größter Fernwärmeanbieter im Westteil ist die BEWAG. Sie produziert Fernwärme in acht Heizkraftwerken und unterhält dazu ein Leitungsnetz von 455 km sowie 5.346 Hausanschluß- bzw. Übergabestationen (Stand 30.6.92). Versorgt werden rd. 240.000 Haushalte in den Bezirken > TIERGARTEN, > SCHÖNEBERG, > WILMERSDORF, > WEDDING, > CHARLOTTENBURG, > SPANDAU, > ZEHLENDORF und > STEGLITZ sowie in den Neuköllner Ortsteilen > BUCKOW und > RUDOW, darunter z.B. die gesamte > GROPIUSSTADT.

Die effektive thermische Wärmeerzeugungsleistung der BEWAG-Heizkraftwerke beträgt insg. 2.356 MW (bei maximaler Wärmeauskopplung würde allerdings die verfügbare elektrische Leistungskapazität der Kraftwerke um rd. 300 MW absinken). Der Anschlußwert liegt bei 2.811 MW bei einer beheizten Gesamtfläche von 17 Mio. m² oder rd. 19 % des gesamten theoretischen Anschluß-Wärmebedarfs West-Berlins. Die jetzt installierte Erzeugungskapazität reicht aus, um einen Anschlußwert von 3.550 MW zu decken, das entspricht rd. 25 % des gesamten Wärmebedarfs.

Zweitgrößter Anbieter von Fernwärme ist das *Fernheizwerk Märkisches Viertel GmbH* in der Wallenroderstr., das über ein 45,1 km langes Netz 310 Übergabestationen mit Fernwärme versorgt. Es ist das einzige Berliner Fernheizwerk in alleiniger privater Trägerschaft. Gegenwärtig wird der Betrieb von Kohlefeuerung auf Öl und Gas umgestellt. Der Anschlußwert des Heizwerks liegt bei 352,2 MW. Das Versorgungsgebiet umfaßt v.a. das > MÄRKISCHE VIERTEL in > REINICKENDORF, reicht jedoch in westlicher Ausdehnung bis zum S-Bahnhof > TEGEL.

Der drittgrößte Anbieter, das *Fernheizwerk Neukölln* am Weigandufer, war bis zur Umwandlung in eine Aktiengesellschaft 1987 eine landeseigene GmbH. Danach lag das gesamte Aktienkapital zunächst beim Land Berlin. Inzwischen hält Berlin 50 % plus eine Aktie, der Rest befindet sich in Streubesitz. Das Versorgungsgebiet erstreckt sich vom S-Bahnhof Neukölln über Hermannstr., > HER-

MANNPLATZ, sowie entlang der Sonnenallee von Reuterstr. bis zur Bezirksgrenze nach > TREPTOW > BAUMSCHULENWEG. Die Netzlänge beträgt 39,5 km, die Zahl der Übergabestationen 411, aus denen 29.000 Wohnungen versorgt werden. Der Anschlußwert des Fernheizwerks liegt bei 185,1 MW, das entspricht einer beheizten Gesamtfläche von rd. 1,85 Mio. m^2 (Stand jeweils 1991). Seit Ende 1991 wird im Nachbarbezirk > TREPTOW ein neues Versorgungsnetz mit zugehörigem Heizkraftwerk aufgebaut, das Ende 1993 in Betrieb gehen soll.

Der viertgrößte Produzent von Fernwärme, die *EAB-Fernwärme GmbH* in der Flottwellstr. in > TIERGARTEN, ist eine Tochtergesellschaft der BEWAG. Die EAB bezieht die von ihr in Teilen von > KREUZBERG und Tiergarten auf rd. 5 km^2 angebotene Fernwärme zu etwa 70 % aus dem BEWAG-Netz über eine Großwärmetauschanlage und den Rest über vier eigene ölbefeuerte Heizwerke zur Spitzenlastabdeckung. Das EAB-Netz hatte im Mai 1992 eine Länge von 15 km. Zum gleichen Zeitpunkt lag der Anschlußwert für die 110 Übergabestationen bei 85 MW, dies entspricht einer beheizten Fläche von rd. 700.000 m^2. Darüber hinaus betreibt die EAB ein weiteres Netz in Tegel mit einer Erzeugungsleistung von 23,4 MW zur Versorgung der auf dem Gelände der ehem. > BORSIGWERKE angesiedelten Gewerbebetriebe.

Schließlich versorgen auch die > BERLINER GASWERKE (GASAG) 120 Hausanschlüsse über ein 10,8 km langes Verteilungsnetz mit Fernwärme aus einem an das Gaswerk Charlottenburg angeschlossenen Heizwerk. Nutzer von GASAG-Fernwärme ist neben der GASAG selbst v.a. die Paul-Hertz-Siedlung in > CHARLOTTENBURG NORD einschließlich Kindergarten und Grundschule. Zu den Abnehmern gehören außerdem die > GROSS-MÄRKTE an der Beusselstr., die evangelische Kirchengemeinde Charlottenburg sowie die GSW-Häuser in der Lise-Meitner-Str. Der Anschlußwert des GASAG-Heizwerkes beträgt 42,5 MW.

In West-Berlin kommt bei der F. das sog. Dreileitersystem (gleitender Leiter, konstanter Leiter und Rückführung) zum Einsatz. Für Raumheizung in Hausanlagen wird im gleitenden Leiter je nach Außentemperatur eine bestimmte Vorlauftemperatur geliefert. Im konstanten Leiter wird für Schwimmbadheizung, Klimaanlagen oder Belüftung im ganzjährigen Betrieb eine Vorlauftemperatur

von konstant 100° C bereitgestellt.

Im EBAG-Versorgungsgebiet wird das Fernwärmenetz im Zweileitersystem mit einem gleitenden Leiter und Rückführung betrieben, der Wärmevorlauf also abhängig von der Außentemperatur gleitend für alle Abnehmer geregelt.

Die Preise der einzelnen Berliner Fernwärme-Anbieter sind unterschiedlich. Der Durchschnittswärmepreis pro Megawattstunde (MWh) liegt bei der BEWAG bei gut 70 DM. Bei der EAB kostet die MWh 105 DM, bei der EBAG im Ostteil 97,20 DM (Stand jeweils 1992).

Der Ausbau der F. in Berlin soll nach entsprechenden Planungen der > SENATSVERWALTUNG FÜR STADTENTWICKLUNG UND UMWELTSCHUTZ besonders innerhalb des inneren S-Bahn-Rings (> RINGBAHN) forciert werden. Eine neue Nord-Süd-Heizwasserleitung zur Netzerweiterung und die neue Netzpumpstation Moabit-Süd wurden inzwischen in Betrieb genommen. Zur Förderung der Fernwärme aus Kraft-Wärme-Kopplung hat sich im Oktober 1990 eine Fachgemeinschaft „Fernwärme für Berlin" gegründet, der neben der BEWAG Berliner Heizungsfirmen und Ingenieurbüros angehören.

Feuerwehr: Die Berliner F. ist neben dem Brandschutz auch für das > RETTUNGSWESEN im gesamten Stadtgebiet zuständig. Sie gliedert sich in sechs Abschnitte unter der Oberleitung eines der > SENATSVERWALTUNG FÜR INNERES unterstellten Landesbranddirektors.

Ende 1991 gab es 35 Feuerwachen der Berufsfeuerwehr und 37 Freiwillige Feuerwehren mit eigenen Feuerwachen und eigenem Ausrückbereich. Das Personal bestand aus 3.933 Berufsfeuerwehrmännern, davon 212 in der Ausbildung, sowie 1.219 Angehörigen der Freiwilligen Feuerwehren, davon 60 Frauen. Die F. verfügte über 767 Kraftfahrzeuge, davon 96 Rettungs-, 16 Notarztwagen und fünf Löschboote. Der Haushalt umfaßte knapp 209 Mio. DM. Im vorbeugenden Brandschutz war die Feuerwehr 1991 mit Gutachten, Abnahmen u.ä. 4.719mal tätig, sie hatte insg. 268.711 Einsätze, davon 14.719 bei Bränden und Explosionen und 36.917 Fehleinsätze (13 %).

Im Jahr 1618 wurde von Kurfürst Johann Sigismund (1608-19) die erste Feuerordnung für Berlin erlassen. Die Brandbekämpfung erfolgte durch die Bewohner mit Feuerspritzen, -haken, -leitern und Wasserbottichen. 1672 erließ der Große Kurfürst Friedrich Wilhelm (1640-88) eine Feuerschutzordnung, nach der u.a. leicht brennbare Materialien wie Getreide und Stroh außerhalb der > STADTMAUER zu lagern waren, was zur Errichtung des > SCHEUNENVIERTELS östlich des Spandauer Tors in der Gegend der heutigen > VOLKSBÜHNE AM ROSA-LUXEMBURG-PLATZ führte. 1706 wurde das erste Spritzenhaus gebaut und angeordnet, daß Brandmauern zwischen je vier und sechs Häusern zu errichten waren. Mit dem Polizeireglement von 1787 wurde die Leitung der Löschmaßnahmen dem Polizeidirektor übertragen, ab 1794 war die > POLIZEI in Preußen für die Brandbekämpfung zuständig, die Bürger wurden zwangsweise zum Löschen herangezogen. 1828 wurden acht nächtliche Feuerwachen mit angestelltem Löschpersonal geschaffen. 1832 wurde aus England eine erste Dampfspritze gekauft. Der Brand der Oper > UNTER DEN LINDEN 1843 (> DEUTSCHE STAATSOPER UNTER DEN LINDEN), der die Unzulänglichkeiten der Brandbekämpfung deutlich werden ließ, führte 1851 unter dem Polizeipräsidenten Karl Ludwig Friedrich v. Hinckeldey zur Einrichtung der ersten Berliner F., die auch die erste Berufsfeuerwehr in Deutschland war. Sie wurde von einem Branddirektor (Ludwig Scabell) geleitet, unterstand aber weiterhin dem PPr und umfaßte 18 Feuerwachen mit 586 hauptamtlichen Feuerwehrmännern, von denen 360 Spritzenmänner und nebenberuflich Straßenreiniger waren. Im Zuge organisatorischer Veränderungen kam es zur Bildung fester Löschzüge und 1875 schließlich zur Trennung der Straßenreinigung von der Feuerwehr.

Anfang des 20. Jh. begann die Motorisierung der Berliner F. Nach der Bildung > GROSS-BERLINS 1920 wurde die F. eine städtische Behörde mit fünf Direktionen. Bereits im Mai 1933, mit Beginn der NS-Zeit, wurden sieben Luftschutzgruppen gebildet und für jede Feuerwache ein „Luftschutzwart" ernannt. Außerdem wurde ein „Sicherheits- und Hilfsdienst" (SHD) gebildet, der auch Freiwilligen Brandschutzdienst u.a. zu leisten hatte. 1935 wurde aus dem Stadtamt für Feuerlöschwesen die „Feuerlöschpolizei Berlin" gebildet, die nunmehr zur Ordnungspolizei gehörte und damit wieder der Polizei unterstellt wurde. Zu Beginn des II. Weltkriegs verfügte die F. über 9.161 Beschäftigte, davon etwa 7.000 Angehörige des SHD, 1.509 Fahrzeuge und 8 Löschboote; es standen ca. 40.000 Hydranten zur Verfügung.

Im Mai 1945 wurde das „Zentralamt der Feuerwehr" neu gebildet. Der Neuaufbau der F. vollzog sich zunächst dezentral in den > BEZIRKEN aufgrund von Weisungen der jeweiligen Sektorkommandanten (> STADTKOMMANDANTEN). Ende 1945 existierten bereits wieder 28 Feuerwachen und 57 Freiwillige Feuerwehren. Auch die Werkfeuerwehr der Siemenswerke nahm im Januar 1946 ihren Dienst für > SIEMENSSTADT und > HASELHORST auf.

Im November 1948 kam es im Zuge der > SPALTUNG Berlins auch zur Spaltung der Feuerwehr. Ab 22.11.1948 wurde allen Feuerwehrfahrzeugen der Westsektoren untersagt, den „sowjetischen Sektor bzw. die Zone zu durchfahren".

Am 8.11.1949 wurde der erste Oberbranddirektor der „Feuerwehr in Berlin (West)" berufen, die am 14.2.1953 wieder „Berliner Feuerwehr" hieß. Ab 1955 lösten die > ALLIIERTEN ihre eigenen Löschzüge bis auf die Flughafenfeuerwehren in > GATOW, > TEMPELHOF und > TEGEL auf (> FLUGHÄFEN). Nach dem Bau der > MAUER am > 13. AUGUST 1961 trat die F. vielfach mit spektakulären Fluchthilfeeinsätzen in Aktion, etwa an der > BERNAUER STRASSE, wo sie Sprungtücher spannte, um Flüchtlingen den Sprung in den Westen zu ermöglichen. Aufgrund einer *Vereinbarung über Rettungsmaßnahmen an der Sektorengrenze* mit der DDR vom 29.10.1975 durfte die F. seitdem an der > SPREE in > KREUZBERG auf 2 km Länge und an zwei anderen Grenzgewässern, die ganz zur DDR bzw. Ost-Berlin gehörten, wieder Hilfe leisten, ohne durch Grenzorgane der DDR behindert zu werden. Nach der Grenzöffnung am > 9. NOVEMBER 1989 kam es in der Neujahrsnacht 1989/90 zum ersten gemeinsamen Einsatz der F. aus beiden Stadthälften, auf den im Januar 1990 ein erster offizieller Erfahrungsaustausch folgte. Mit der > VEREINIGUNG wurde die Zuständigkeit des Landesbranddirektors der F. auf das gesamte Stadtgebiet ausgedehnt. Im Ostteil der Stadt war die Feuerwehr bis dahin der Volkspolizei unterstellt.

FFA Filmförderungsanstalt: Die 1967 gegründete, seit 1987 in der Budapester Str. 41 im Bezirk > CHARLOTTENBURG ansässige FFA befaßt sich mit der bundesweiten Förderung von Filmproduktionen und Drehbüchern. Als bundesunmittelbare, der Rechtsaufsicht des > BUNDESMINISTERS FÜR WIRTSCHAFT unterstellte Anstalt des öffentlichen Rechts hat sie die Aufgabe, „die Qualität des deutschen Films auf breiter Grundlage zu steigern und die Struktur der Filmwirtschaft zu verbessern". Die FFA arbeitet seit 1974 aufgrund eines Abkommens eng mit den deutschen Fernsehanstalten zusammen. Die Anstalt verfügt über 35 Mitarbeiter, der Etat wird durch die Filmabgabe der Filmtheater (> Kinos) und Videotheken gedeckt. Geleitet wird die FFA durch ein neunköpfiges Präsidium, das der 27 Mitglieder (und Stellvertreter) umfassende Verwaltungsrat, bestehend aus Vertretern des > Deutschen Bundestages, des > Bundesrates, der Filmwirtschaft, des öffentlichen und privaten > Fernsehens u.a., aus seinen Reihen wählt.

FFBIZ – Frauenforschungs-, -bildungs- und -informationszentrum e.V.: Das FFBIZ in der Dankelmannstr. 15 und 47 im Bezirk > Charlottenburg ist ein 1978 entstandenes Selbsthilfeprojekt, das aus einer Initiative von 250 Frauen überwiegend der autonomen > Frauenbewegung sowie einiger Vertreterinnen der traditionellen Frauenverbände hervorging. Es vereinigt sonst getrennte Forschungs-, Bildungs- und Informationsangebote außerhalb des „akademischen Sektors" mit dem Anspruch, ohne Spezialistentum, Hierarchien und Konkurrenz zu arbeiten. In Arbeitsgruppen werden Themen wie „Frauenarbeit", „Frauen in der sogenannten III. Welt", „Frauen und Faschismus" und „Frauenforschung" aufgearbeitet und veröffentlicht.
Seit 1982 bietet das FFBIZ Kurse für Frauen zu politischen, wirtschaftlichen und sozialen Themen sowie zum Training künstlerischer und handwerklicher Fähigkeiten an. Eine öffentliche Anerkennung der Bildungsgänge steht noch aus. Außerdem führt das FFBIZ kulturelle Veranstaltungen (Lesungen, Ausstellungen) durch und beteiligt sich an regionalen und überregionalen Bildungs- und > Frauenkulturinitiativen. Die Bibliothek des FFBIZ umfaßt ca. 5.000 fachspezifische Bücher (v.a. Frauenliteratur), eine Zeitschriftensammlung von über 250 Titeln, ein Archiv mit Zeitungsausschnitten, eine Sammlung unveröffentlichter Examensarbeiten von Frauen sowie seit 1984 das Archiv der 1976-84 in Berlin erschienenen Frauenzeitschrift „Courage". Seit 1985 erarbeitet eine Frauengruppe die Geschichte der Frauen in Charlottenburg; sie bietet historische Stadtrundgänge zum Leben von Frauen in diesem

Bezirk an. 1991 wurde in der Dankelmannstr. 15 eine Galerie für Künstlerinnen eröffnet.
Der größte Teil der Arbeit wird unbezahlt geleistet. Seit der Anerkennung des Frauenprojekts 1985 finanziert die > Senatsverwaltung für Arbeit und Frauen (SenArbFrau) eine feste Stelle. Hinzu kommen derzeit drei ABM-Stellen. Finanziert wird die Einrichtung insg. durch Mitglieds- und Förderbeiträge, Spenden, Kostenbeiträge für Kurse und die Bibliotheksbenutzung. Seit 1985 stehen Sach- und Personalmittel als Zuschüsse der SenArbFrau zur Verfügung. Durch die Unterstützung der > Frauenbeauftragten des > Senats von Berlin konnten 1986 Büchereiräume in der Dankelmannstr. 15 gemietet werden.

Fichte-Bunker: Der F. ist ein im II. Weltkrieg als Bunker genutzter, ehem. Gasbehälter in der Fichtestr. 4-12 im Bezirk > Kreuzberg. Der einst 30.000 m³ fassende Behälter wurde 1882-84 nach Entwürfen des technischen Dirigenten der Städtischen Gasanstalten, Reiss-

Fichte-Bunker

ner, erbaut und diente der Speicherung des im Städtischen Gaswerk Nr. 1 an der Gitschiner Str. erzeugten Leuchtgases (> Gasversorgung). Die Kuppelkonstruktion stammte von Johann Wilhelm Schwedler. Der freistehende Rundbau aus gelben Klinkern hat einen Innendurchmesser von 54,6 m. Er ist in klassizistisch anmutender Strenge zweigeschossig über dem 5,2 m hohen Sockel ausgeführt und erreicht mit seiner Oberkante eine Höhe von rd. 22 m. Von der einst 122 m hohen Kuppel ist nur das teilweise beschädigte Eisengerüst aus 32 radialen Sparren und Verstrebungen erhalten.
Nach Schließung der Gasanstalt in der Gitschiner Str. 1922 wurde der Behälter noch einige Jahre vom Gaswerk Neukölln aus ge-

füllt, dann stillgelegt. 1941/42 wurde das Bauwerk zu einem sechsgeschossigen Luftschutzbunker mit etwa 750 Schutzräumen umgebaut (> ZIVILSCHUTZ). Nach 1945 diente er als Unterkunft für > FLÜCHTLINGE und Spätheimkehrer (> ÜBERSIEDLER/AUSSIEDLER), später als Asyl für > OBDACHLOSE, wobei die menschenunwürdigen Verhältnisse in den fensterlosen Räumen immer zu politischen Auseinandersetzungen führten. Ab 1958 wurde er als Lagerraum für die > BERLIN-BEVORRATUNG genutzt. Bis in die 70er Jahre drohte dem Bau der Abriß, weil er auf der Trasse der geplanten Osttangente stand (> VERKEHR). Der F. ist der einzige verbliebene gemauerte Gasometer Berlins und einer der wenigen dieser Art in Europa. Es ist vorgesehen, ihn als Architektur- und Industriedenkmal einzustufen. Eine zukünftige Nutzung ist wegen der verschachtelten Raumaufteilung nur schwer möglich.

Film: Nach der > VEREINIGUNG ist Berlin – mit den benachbarten Filmstudios in Babelsberg im Bundesland Brandenburg – neben Hamburg und München eine der drei wichtigen Filmstädte in Deutschland. 1991 wurden in der Stadt ca. 60 geförderte und zahlreiche frei finanzierte Filme, darunter 15-20 % abendfüllende Spielfilme produziert, das sind rd. 50 % der gesamten deutschen Jahresproduktion.

Das bedeutendste Filmereignis Berlins sind die seit 1951, z.Z. jeweils Ende Februar stattfindenden > INTERNATIONALEN FILMFESTSPIELE BERLIN. In Berlin haben die European Cinema Society und die Gesellschaft für den europäischen Film, die seit 1988 den > EUROPÄISCHEN FILMPREIS „Felix" vergeben, ihren Sitz. Seit 1951 wird auch der vom > BUNDESMINISTER DES INNEREN jeweils in der ersten Juniwoche verliehene *Deutsche Filmpreis* (Bundesfilmpreis), die höchste Auszeichnung für Filmschaffende, im Berliner > THEATER DES WESTENS in der Kantstr. 9-12 im Bezirk > CHARLOTTENBURG vergeben. Als 1978 die Berlinale auf den Februar verlegt wurde, entstand die zeitliche Trennung beider Veranstaltungen.

Zu den wichtigen Berliner Film-Institutionen gehören die > STIFTUNG DEUTSCHE KINEMATHEK in der Pommernallee 1 im Bezirk Charlottenburg, die u.a. das Deutsche Filmarchiv betreut, sowie die *Freunde der Deutschen Kinemathek*, die innerhalb der Filmfestspiele das „Internationale Forum des jungen Films" veranstalten. Am gleichen Ort hat auch die >

DEUTSCHE FILM- UND FERNSEHAKADEMIE BERLIN (DFFB) GMBH ihren Sitz, die künstlerischen Nachwuchs für die Film- und Fernsehproduktion ausbildet. Zusätzlich ist der Aufbau des > FILMHAUSES ESPLANADE in der Bellevuestr. 16 im Bezirk > TIERGARTEN geplant, das die wichtigsten Berliner Film-Institutionen unter einem Dach zusammenfassen und Interessenten eine Anlaufstelle bieten soll.

Trotz dieser z.T. weit über Berlin hinaus wirkenden Veranstaltungen und Institutionen sowie der ca. 130 im Stadtgebiet verteilten > KINOS, leidet die Filmstadt Berlin unter den Nachwirkungen sowohl der > SPALTUNG als auch der inhaltlichen Krise des Deutschen F. Zur Überwindung dieser seit den 70er Jahren latenten Schwierigkeiten hat der > SENAT VON BERLIN 1978 ein Filmförderungsprogramm eingerichtet, um die Stadt für Filmproduktionen wieder attraktiver zu machen (> BERLINER FILMFÖRDERUNG). Bis 1991 wurden innerhalb dieses Programms ca. 500 Lang- und Kurzfilme mit insg. 280 Mio. DM unterstützt. Um auch den immer wichtiger werdenden kleineren Produktionen zu helfen, schuf man ferner 1982 die sog. *Low-Budget-Förderung*. Damit werden v.a. Regisseure und Produzenten unterstützt, die kleinere, aber innovative Ausdrucksformen und Genreideen entwickeln. Seit 1987 ist dieses Programm auf ein Fördervolumen von 20 Mio. DM erweitert und umfaßt nun auch Fernseh- und Videoproduktionen. Die Durchführung dieser Programme obliegt dem 1978 eingerichteten und bei der > SENATSVERWALTUNG FÜR KULTURELLE ANGELEGENHEITEN angesiedelten *Beauftragten des Senats für Filmförderung*. Erster Leiter des mit 4-6 Mitarbeitern ausgestatteten Amts war bis 1981 Günter Struve. Ihm folgte Hubert Ortkemper, der als Filmbeauftragter allerdings erst 1983 dem Kultursenator unterstellt war; vorher gehörte dieses Amt zum Wirtschaftsressort. Dessen Nachfolger war seit Ende 1987 Hans Robert Eisenhauer. Im März 1992 wurde der bisher im > ZWEITEN DEUTSCHEN FERNSEHEN (ZDF) für die Leitung der Spielfilmabteilung verantwortliche Georg Alexander als zukünftiger *Filmbeauftragter der Länder Berlin und Brandenburg* berufen. Alexander soll als Geschäftsführer einer GmbH vorstehen, die die Filmförderung beider Länder organisiert. Eine weitere Filmförderungseinrichtung ist die seit 1987 bestehende > FFA FILMFÖRDERUNGSANSTALT in der Budapester Str. 41 in Charlottenburg, die v.a.

für die Vertriebsförderung zuständig ist.

Die Infrastruktur für Filmproduktionen in Berlin ist 1991 nicht mit den herausragenden Bedingungen der 20er Jahre zu vergleichen. Z.Z. bestehen – neben den umfangreichen Anlagen in Babelsberg – in Berlin lediglich sechs privat betriebene *Filmstudios*. Das mit 1.300 m² größte ist das Filmatelier Haselhorst in der verlängerten Daumstr. 16 im Bezirk > SPANDAU. Erwähnenswert sind ferner die mit Unterstützung des > SENATS VON BERLIN renovierten Reste der traditionsreichen Anlagen südlich des Zentralflughafens Tempelhof (> FLUGHÄFEN) in der Oberlandstr. 26-35 im Bezirk > TEMPELHOF, die u.a. vom ZDF genutzt werden. Die ehem., ebenfalls in Tempelhof gelegenen Anlagen der UFA an der Viktoriastr. 10-18 werden heute von der > UFA-FABRIK, einem alternativen Kulturzentrum genutzt. Darüber hinaus sind ca. 200 Betriebe in den verschiedenen Gebieten der Filmherstellung und -bearbeitung tätig.

Eine Spitzenstellung hält Berlin in der *Film-Synchronisation*. Etwa 40 % aller für den deutschen Markt übernommenen ausländischen Filme werden in Berlin synchronisiert. Insg. bestehen z.Z. sechs Synchronfirmen und 21 Synchronstudios.

Die Anfänge des F. sind eng mit Berlin verknüpft. Einer der ersten Vorläufer des heutigen F. war das „Theater lebender Photographien", das Max Skladanowsky (zusammen mit seinen Brüdern Emil und Eugen) am 1.11.1895 auf der Bühne des Berliner Wintergartens an der > FRIEDRICHSTRASSE vorstellte. Skladanowskys Erfindung setzte sich jedoch nicht durch. Größeren Erfolg hatte der Mechaniker Eduard Oskar Meßter, der 1896 einen Filmprojektor mit Malteserkreuz baute und ab 1914 ebenfalls im Wintergarten die ersten regelmäßigen Wochenschauen (Meßter-Woche) vorführte. Der F. der frühen Jahre galt als Jahrmarktvergnügen, als Slapstick in Konserven, als Kitsch und Schund, der Artistik und Clownerie des Zirkus eher verwandt als der Literatur, der Malerei oder dem Theater. Immerhin entstanden durch den Pionier Max Skladanowsky an seinem Wohnort Tempelhof 1895 die ersten improvisierten Studios in Lagerhallen und ungenutzten Fabrikgebäuden. Von dort aus traten die Berliner Pioniere gegen den Wildwestfilm aus Hollywood und gegen die Tragödien aus Dänemark an – der Heimat des ersten Filmstars Asta Nielsen. Die Schurkenfilme aus Hollywood machten das Rennen, allein

um die Nachfrage nach ihnen zu stillen, entstanden ab 1910 die ersten speziellen *Lichtspielhäuser*, so bspw. das 1911 eröffnete Prinzeß-Theater in der Kantstr. 163 und zwischen 1910 und 1913 die erste Kinokette von der Münzstr. bis zum Rosenthaler Platz. Schon vor dem I. Weltkrieg hatten die dänischen Stars Wanda Traumann und Viggo Larsen bei ihrem Berlin-Besuch mehr Publikum als der Kaiser bei seinen Paraden. Dennoch stand der F. bis zum Ende des I. Weltkriegs in harter Konkurrenz zum > VARIETÉ, dem er bis dahin nicht den Rang ablaufen konnte.

Nach dem I. Weltkrieg erlebte der deutsche F. seine erste wirtschaftliche Blüte. Schon 1916 waren am südlichen Rand des Tempelhofer Feldes die ersten Filmstudios entstanden. 1917 erfolgte die Gründung der *Universum Film AG (UFA)*, die sich in den 20er Jahren zum größten deutschen und neben den Studios in Hollywood weltweit bedeutendsten Filmunternehmen entwickelte. Weitere große Produktionsstätten in Berlin waren Erich Pommers Deda-Bioskop, Emelka, Phoebus und Terra. Bereits 1922 war Deutschland mit 474, zumeist in Berlin produzierten Filmen nach den USA zweitgrößter Filmhersteller der Welt.

Die publikumswirksamen Ausstattungsfilme der frühen 20er Jahre waren sehr stark vom Inszenierungsstil Max Reinhardts geprägt (> THEATER). Beispiele sind die von Dimitri Buchowetzki gedrehten Filme „Danton" (1920) und „Othello" (1922) sowie Richard Oswalds „Lucrezia Borgia" (1922). Einer der größten Regisseure der frühen Jahre war Ernst Lubitsch, ein Reinhardt-Schüler, der für die UFA Volkskomödien und Historienfilme drehte: 1919 „Madame Dubarry" und 1921 „Anne Boleyn" mit den deutschen Stars Henny Porten und Emil Jannings.

Den großen künstlerischen Durchbruch des deutschen Stummfilms brachte der Expressionismus. Begonnen hatte diese Periode des bereits 1913 mit Stellan Ryes „Der Student von Prag", einer dunklen Ballade über die Mächte der Finsternis und den modernen Menschen. Höhepunkt des Expressionismus bildeten Paul Wegeners „Der Golem" von 1920 und der im Jahr zuvor gedrehte „Das Kabinett des Dr. Caligari" von Robert Wiene, in dem die realistische Darstellung aufgelöst wurde, um psychologischen und politischen Bedrohungen Raum zu schaffen. Berühmt wurde vor allem die Dekoration, eine gewagte geometrische Konstruktion der Sturm-Maler Hermann Warm, Walter Röhrig und Walter Reimann.

Weitere bedeutende Regisseure jener Zeit waren Friedrich Wilhelm Murnau, der 1922 mit Licht und Landschaft als Mittel des Horrors in „Nosferatu – Eine Symphonie des Grauens" experimentierte, und Fritz Lang, der es auf virtuose Art verstand, das historische Ornament als Ausdrucksmittel zu nutzen, so bspw. in den Nibelungenfilmen „Siegfrieds Tod" (1923) und „Kriemhilds Rache" (1924) und in seinem monumentalen F. über den Totalitarismus „Metropolis" (1926), einer der wichtigsten und umstrittensten Arbeiten der Filmgeschichte – wirtschaftlich allerdings ein Flop. Murnau und Lang gingen 1926 bzw. 1933 in die USA. Nach 1924 setzten sich die Produktionen Hollywoods massiv auf dem deutschen Markt durch. In den Berliner Studios wurde es ruhiger, auch wegen der nun dominierenden, etwas zurückhaltenden Stilrichtung der Neuen Sachlichkeit. Wichtigster Vertreter dieser Phase war Georg Wilhelm Pabst, u.a. mit seinen F. „Die freudlose Gasse" (1925) und „Die Büchse der Pandora" (1929). Den wichtigsten Berliner Dokumentarfilm drehte 1927 der aus der cineastischen Avantgarde kommende Walter Ruttmann: Mit „Berlin – Die Sinfonie einer Großstadt" setzte er seiner Stadt ihr Kinodenkmal, indem er die Vielfalt der Metropole an einem Frühlingstag in Schlaglichtern hintereinander montierte. 1928 machte eine Gruppe junger Regisseure den Berlin-Film über den Einzelnen in der Stadt: „Menschen am Sonntag" von Robert Siodmak, Fred Zinnemann, Billy Wilder und Edgar Ulmer war weniger euphorisch und weniger kollektivistisch als Ruttmanns Film.

Die Bedeutung des Tonfilms wurde in Berlin zu spät erkannt, obwohl er in der Stadt seine Ursprünge hat. Die drei Ingenieure Hans Vogt, Joseph Massolle und Jo Engel hatten mit Unterstützung der UFA Anfang der 20er Jahre in > MARIENDORF und später in > WEISSENSEE ihr Tonfilm-Studio Tri-Ergon aufgebaut. Sie entwickelten und produzierten im Alleingang den ersten Tonfilm „Das Mädchen mit den Schwefelhölzern", der 1925 im > METROPOL am Nollendorfplatz Premiere hatte – und durchfiel. Dies lag u.a. daran, daß die Berliner Filmszene noch zu sehr auf den Stummfilm eingeschworen war. Lediglich der Theaterkritiker Julius Bab unterstützte Tri-Ergon, weil er hoffte, damit Theater-

inszenierungen aufnehmen zu können. Da der Erfolg ausblieb, verkauften die Erfinder ihr System, das so über die Schweiz nach Hollywood gelangte. Erst von dort aus eroberte der Tonfilm Ende der 20er Jahre Berlin.

Anfang der 30er Jahre wurden Tonfilme dann auch in der Stadt produziert. Zu den ersten gehörten der Weihnachten 1929 ins Kino gekommene „Die Nacht gehört uns" von Carl Froehlich mit Hans Albers in der Hauptrolle und Erich Charrells „Der Kongress tanzt" (1931). Der Tonfilm bescherte Berlin noch einmal eine kurze Blüte des F. Innerhalb von zwei Jahren entstanden so bedeutende Arbeiten wie Josef v. Sternbergs Heinrich-Mann-Verfilmung „Der Blaue Engel" mit Marlene Dietrich und Emil Jannings (1930), die vom Zille-Realismus inspirierte Döblin-Verfilmung „Berlin Alexanderplatz" von Piel Jutzis, Pabsts „Dreigroschenoper" nach Brecht und Weill, Fritz Langs „M." (alle 1931) sowie der kommunistische Spielfilm „Kuhle Wampe" von Slatan Dudow, zu dem 1932 Brecht und Ernst Ottwalt das Drehbuch geschrieben sowie Hanns Eisler die Musik komponiert hatten.

1933 bemächtigten sich die Nationalsozialisten des F. Die Künstler, Regisseure und Autoren, die in der Blütezeit des deutschen F. Zeichen gesetzt hatten, waren teilweise schon zuvor ins Ausland gegangen. In der Folgezeit verarmte die deutsche Filmkultur fast völlig. Die wenigen, die geblieben waren und sich nicht den Nationalsozialisten andienten, hatten striktes Arbeitsverbot. Die UFA, die bereits 1927 in den Besitz des nationalistischen Hugenberg-Konzerns übergegangen war, wurde 1937 vom Deutschen Reich übernommen. Die Palette des v.a. in deren Studios von den Nationalsozialisten produzierten Kinos reichte von plumper politischer Agitation wie in Hans Steinhoffs „Hitlerjunge Quex" (1933) bis zu den zahlreichen Historienfilmen, in denen die Verdienste großer Deutscher im nationalsozialistischen Sinne gefeiert wurden. Beispiele sind Friedrich Zelnicks „Der Choral von Leuthen" (1933), Wolfgang Liebeneiners „Bismarck" (1940) und Veit Harlans „Der große König" (1942). Schließlich entstanden reine Propagandafilme, die jeweils die aktuellen Ziele der Nationalsozialisten über das Kino vermitteln sollten. Dazu gehören „Pour le mérite" von Karl Ritter (1939), „Kampfgeschwader Lützow" von Hans Bertram (1941)

sowie als schlimmste Beispiele der antisemitische Hetzfilm „Jud Süß" von Veit
Harlan (1940) und der Euthanasiefilm „Ich
klage an" von Wolfgang Liebeneiner (1941).
Daneben wurden in Berlin eskapistische Komödien produziert, wie Willi Forsts „Al-
lotria" (1936), „Bel Ami" (1939) und „Wiener
Blut" (1942). In dieser Zeit entstanden auch
die populären F. der Schauspielerin Zarah
Leander, etwa „Zu neuen Ufern" (1937) mit
Willy Birgel und „Heimat" (1938) sowie zahlreiche Arbeiten mit Heinz Rühmann, bspw.
„13 Stühle" (1938) und „Die Feuerzangen-
bowle" (1944). Schließlich gab es einige wenige Ausnahmen, die z.T. gegen den Nationalsozialismus gerichtete Interpretationen erlaubten. Am bekanntesten ist die „Mond-Sze-
ne" in dem 1934 von der UFA als einem der
ersten Farbfilme produzierten „Münchhausen", in der Hans Albers vieldeutig über
die „kaputte Zeit" spricht: „Dieser Stern ist
ein Unstern. ... Entweder die Uhr ist kaputt
oder die Zeit. – Die Zeit selber ist kaputt."
Für das Drehbuch zeichnete Berthold Bürger
verantwortlich – hinter diesem Pseudonym
verbarg sich der Schriftsteller Erich Kästner,
der offiziell Arbeitsverbot hatte. Zusammen
mit Regisseur Josef v. Baky hatte Reichsfilm-
intendant Fritz Hippler persönlich bei
Reichspropagandaminister Joseph Goebbels
um Zustimmung für dieses stille Agreement
geworben.
Es herrschte Friedhofsruhe, und Filmleute
wie Walter Ruttmann machten die Schnitt-
arbeiten an Leni Riefenstahls großem Dokumentarfilm über die Olympischen Spiele von
1936 „Fest der Völker" und „Fest der Schönheit" (1938).
Nach Kriegsende traten zunächst jene Regisseure in Erscheinung, die keine Nazi-F. gemacht hatten. Als erster Nachkriegsfilm entstand 1944/45 in Berlin Helmuth Käutners
„Unter den Brücken" mit Hannelore Schroth,
Gustav Knuth und Carl Raddatz, wobei ein
Teil der Dreharbeiten noch während der
Kampfhandlungen um Berlin stattfand. Nach
ihrem Einmarsch beschlagnahmten die > AL-
LIIERTEN das reichseigene Filmvermögen, von
dem sich ca. 70 % in der Sowjetischen Besatzungszone befand, ein Großteil davon
wiederum in Babelsberg. Das dortige, ca.
500.000 m² große Gelände wurde in der
Folgezeit der Hauptproduktionsstandort der
im Mai 1946 gegründeten Deutschen Film AG
(DEFA).
Dort drehte der Regisseur Wolfgang Staudte

1946 als ersten DEFA-Film „Die Mörder sind
unter uns", eine Abrechnung mit dem Ter-
rorregime mit Hildegard Knef und Arno
Paulsen in den Hauptrollen. Am gleichen Ort
entstand 1948 Robert Adolf Stemmles „Berliner Ballade" mit Gert Fröbe in der sprichwörtlich gewordenen Rolle des Otto Normal-
verbrauchers. Weitere wichtige Werke aus
Babelsberg waren „Die Affäre Blum" von
Erich Engel, „Rotation" von Staudte (beide
1949) und Staudtes „Der Untertan" (1951).
Dieser vielversprechende Neuanfang scheiterte jedoch schon kurz nach Gründung der
DDR, als die SED (> SOZIALISTISCHE EINHEITS-
PARTEI DEUTSCHLANDS) genaue Richtlinien für
ihre Filmproduktion durchsetzte und allzu
kritische Reflexion auf politische Zusammenhänge über die gängige Parteidoktrin
hinaus unterband. In den folgenden Jahrzehnten wurde die DEFA zum Film- und
Fernsehproduktionszentrum der DDR ausgebaut, das zeitweise über elf Atelierhallen verfügte, in denen jährlich ca. 15-20 Kino- und
ca. 25 Fernseh- sowie zahlreiche Dokumentarfilme entstanden. Künstlerisch erreichten
diese Arbeiten jedoch nur noch selten das anfängliche Niveau. Eine der wichtigsten Arbeiten (ursprünglich verboten, aber Ende der
80er Jahre wieder in die Kinos gelangt) war
der 1966 unter der Regie von Frank Beyer
entstandene F. „Spur der Steine" mit Manfred Krug in der Hauptrolle. Weitere Beispiele für den hohen künstlerischen Standard
vieler DEFA-Filme sind Falk Harnacks „Das
Beil von Wandsbek" (1950/51), Frank Beyers
„Fünf Patronenhülsen" (1959/60) und „Kar-
bid und Sauerampfer" (1963).
Das Wirtschaftswunderkino im Westen verlangte in den 50er und 60er Jahren nach belangloser Unterhaltung oder nach „großen
Männern" wie Admiral „Canaris" von Alfred
Weidenmann (1954). Engagiertes Kino wurde
zur Seltenheit; Beispiele dafür sind der 1959
von Wolfgang Staudte gedrehte, die zwiespältige Moral der Zeit kritisierende F. „Rosen für den Staatsanwalt" mit Martin Held in
der Hauptrolle oder Bernhard Wickis 1960
entstandener Anti-Kriegsfilm „Die Brücke".
Weitere wichtige Berliner F., die sich in sati-
risch-bissiger Weise mit der Vergangenheit
auseinandersetzten, waren die von den Berliner Kabarettisten Wolfgang Müller und
Wolfgang Neuss realisierten „Wir Keller-
kinder" (1960) und „Genosse Münchhausen",
den Neuss nach Müllers Tod 1962 allein
drehte. Eine der großen internationalen, un-

mittelbar vor dem Bau der > MAUER in Berlin verwirklichten Produktionen war Billy Wilders „Eins – Zwei – Drei" mit James Cagney, Horst Buchholz, Liselotte Pulver und Hanns Lothar in den Hauptrollen. Angesichts der dramatischen Ereignisse vom > 13. AUGUST 1961 konnte jedoch kaum jemand über die ironische und unterhaltsame Auseinandersetzung mit dem Ost-West-Konflikt lachen, und der F. wurde ein kommerzieller Reinfall. Erst Ende der 80er Jahre entdeckte man den Film neu, und er war über mehrere Jahre in einigen Kinos der Stadt zu sehen.

Einen starken Einbruch erlebte (nicht nur) der Berliner F. durch die Expansion des > FERNSEHENS ab Mitte der 60er Jahre. Trotz des kleinen künstlerischen Filmwunders um den „Jungen Deutschen F." spielte das deutsche Kino international keine kommerzielle Rolle mehr. Viele Filmschaffende verließen die Stadt, weil ihre Infrastruktur nicht mit dem internationalen Standard Schritt halten konnte, aber auch weil aufgrund der Insellage Außenaufnahmen nur in urbanem Ambiente möglich waren. Das große Kino fand im Ausland statt und der Junge deutsche F. war nicht auf Berlin konzentriert – obwohl sich dort schon wieder eine neue Schule bildete: ein Realismus, der sich der Arbeitswelt und der Arbeiterbewegung verpflichtet fühlte (Max Willutzki, Christian Ziewer u.a.) Daneben entwickelte sich in den 60er Jahren, z.T. im Zusammenhang mit der > STUDENTENBEWEGUNG ein spezifisch Berliner F., der sich aus der Subkultur der Stadt nährte (Lothar Lambert, Rudolf Thome, Ulrike Ottinger, Helma Sanders-Brahms, Wolf Gremm, Ottokar Runze, Jutta Brückner, Manfred Stelzer, Rosa v. Praunheim).

Bei der DEFA entstanden nach dem 1971 erfolgten Wechsel in der SED-Führung von Walter Ulbricht zu Erich Honecker neben den stark an der Parteidoktrin ausgerichteten Arbeiten wieder eine Reihe künstlerisch bedeutender Produktionen. Beispielhaft dafür ist der Film des Berliner Autors Ulrich Plenzdorf „Die Legende von Paul und Paula", der 1973 unter der Regie von Heiner Carow mit Angelica Domröse und Winfried Glatzeder in den Hauptrollen gedreht wurde. Der wichtigste und deshalb von den Kontrollgremien am meisten angefeindete Regisseur blieb Frank Beyer. 1974 drehte er nach Jurek Beckers Buch den Film „Jakob der Lügner", der im Ghetto in Polen spielte, 1977 mit Jutta Hoffmann und Manfred Krug die

gesellschaftskritische Ehekomödie „Das Versteck" und 1982 nach Wolfgang Kohlhaases Drehbuch zu Hermann Kants Roman „Der Aufenthalt" – vielleicht sein wichtigster politischer Film neben „Spur der Steine". Weitere, die DDR-Wirklichkeit kritisch reflektierende Filme waren „Der Dritte" von Egon Günther (1971), „Solo Sunny" von Konrad Wolf und Wolfgang Kohlhaase (1979) sowie „Insel der Schwäne" von Hermann Zschocke (1983).

Mit Einrichtung der staatlichen Filmförderung wurde der Westteil Berlins für große Produktionen wieder interessanter. Zu den wichtigen, in den 70er und 80er Jahren in Berlin verwirklichten und teilw. mit internationalen Preisen ausgezeichneten Produktionen zählten Volker Schlöndorffs „Die Blechtrommel" (1979), Margarethe v. Trottas „Die bleierne Zeit" (1981), Peter Lilienthals „David" (1979), Thomas Braschs „Engel aus Eisen" (1981), Werner Schroeters „Palermo oder Wolfsburg" (1980), Rainer Werner Fassbinders „Querelle" (1982) sowie Hans W. Geissendörfers „Zauberberg" (1981).

Zu dieser Zeit arbeiteten ebenfalls wichtige Vertreterinnen des deutschen Frauen-Kinos in der Stadt und verarbeiteten die rege lokale feministische Diskussion in ihren F., so bspw. Helma Sanders-Brahms' „Deutschland, bleiche Mutter" (1979), Ulrike Ottingers „Freak Orlando" (1981) und Helke Sanders „Der subjektive Faktor" (1980).

In den 80er Jahren stagnierte der deutsche Film, wichtige Regisseure gingen nach Hollywood (Wim Wenders und Volker Schlöndorff), setzten die Selbstreflexion der 70er Jahre fort (Rudolf Thome in „System ohne Schatten" 1983) oder beschäftigten sich mit sehr spezifischen Erscheinungen des Lebens in der Stadt (Praunheim in „Stadt der verlorenen Seelen" 1982). Ein Fanal filmpolitischer und ästhetischer Art war die Rückkehr des Wim Wenders mit „Der Himmel über berlin" (1987). Die Vereinigung hat im F. noch keine nennenswerten Folgen gezeigt. Lediglich die Öffnung Europas nach Osten provozierte interessante Berliner Perspektiven in Michael Kliers „Überall ist es besser, wo wir nicht sind" (1989).

Filmhaus Esplanade: Das geplante F. in den Gebäuderesten des im II. Weltkrieg zerstörten „Grandhotels Esplanade" in der Bellevuestr. am > POTSDAMER PLATZ im Bezirk > TIERGARTEN soll ab 1995 die > STIFTUNG DEUT-

SCHE KINEMATHEK, den Verein Freunde der Stiftung Deutsche Kinemathek, die > DEUTSCHE FILM- UND FERNSEHAKADEMIE BERLIN, das Filmhaus e.V. sowie filmwirtschaftliche Betriebe aufnehmen, um dort wichtige Berliner Filminstitutionen zu konzentrieren. Neben den Büros für die genannten Einrichtungen soll das F. ein Filmmuseum, Räume für Seminare, Kongresse, ein Aufnahmestudio sowie ein > KINO enthalten. Für die Filmwirtschaft sind ein Service-Center mit Schneide- und Vorführräumen sowie Flächen für Produktionsbüros vorgesehen. Zusätzlich soll im F. das „Berliner Filmbüro" als Informationszentrum für Produzenten und Regisseure aus dem In- und Ausland eingerichtet werden.

Die Idee eines F. geht auf einen Vorschlag des damaligen Kultursenators Volker Hassemer aus dem Jahr 1983 zurück. Nach einem Architekturwettbewerb erhielten Hermann Hertzberger (Amsterdam) und Hinrich Baller (Berlin) 1985 den Zuschlag für den Bau des F., wobei die noch vorhandenen Gebäudeteile des 1906-08 von Otto Rehnig erbauten „Grandhotels *Esplanade*" integriert werden sollten. Wegen der zunächst ungeklärten Finanzierung und veränderter Rahmenbedingungen nach der > VEREINIGUNG steht die Verwirklichung des Projekts noch aus.

Im Juni 1991 verkaufte der > SENAT VON BERLIN das Esplanade-Grundstück und das umliegende Gelände an einen japanischen Elektronikkonzern mit der Auflage, das F. im Rahmen des von der Firma geplanten Bauprojekts zu verwirklichen und die Baukosten dafür zu übernehmen. Bis 1995 soll das F., nun jedoch nicht unter Einbeziehung der alten Gebäudeteile, sondern in einem Neubau, bezugsfertig sein.

Finanzgerichtsbarkeit: Die Finanzgerichtsbarkeit ist die jüngste und zugleich kleinste Gerichtsbarkeit, die erst durch die Finanzgerichtsordnung (FGO) vom 6.10.1965 ihre schon vom Grundgesetz (Art. 108 Abs. 6) geforderte Selbständigkeit erhalten hat. Es handelt sich, wie bei der > SOZIALGERICHTSBARKEIT, um einen Teil der besonderen > VERWALTUNGSGERICHTSBARKEIT. Die Finanzgerichte (FG) sind insbes. zuständig für den Interessenausgleich zwischen Bürger und Staat in allen Steuer- und Zollsachen, aber auch bei Streitigkeiten über > SUBVENTIONEN (v.a. Investitionszulagen; > WIRTSCHAFTSFÖRDERUNG).

Das FG Berlin hat seit 1990 seinen Sitz in der Schönstedtstr. 5 im Bezirk > WEDDING. Es liegt damit in zentraler Lage auch zum ehem. Ost-Berlin, für das ein FG erstmals im Oktober 1990 zuständig geworden ist, da im Rechtssystem der DDR keine F. existierte. Beim FG arbeiten neun bzw. zehn Senate, die grundsätzlich in der Besetzung mit drei Berufsrichtern und zwei ehrenamtlichen Richtern (Laienbeisitzer) entscheiden.

Vorläufer der FG waren in Preußen in der zweiten Hälfte des 19. Jh. bei den Finanzbehörden gebildete, als Rechtsmittelinstanzen fungierende Kommissionen, denen auch Laien angehörten. Erst durch die Zulassung der Rechtsbeschwerde an das preußische Oberverwaltungsgericht wurde 1891-93 eine gerichtliche Kontrolle institutionalisiert. In den Jahren 1918-22 entstanden unselbständige, nämlich den Finanzämtern angegliederte Finanzgerichte, gegen deren Entscheidungen der im Juli 1918 errichtete Reichsfinanzhof anstelle der Steuersenate des preußischen Oberverwaltungsgerichts angerufen werden konnte.

Das FG Berlin wurde 1966 auf der Grundlage der FGO errichtet (Sitz zunächst Hardenbergstr. 21, dann Kleiststr. 23-26 bis zum Umzug in das heutige eigene Domizil). Es entstand – anders als in den anderen Gerichtszweigen – ein nur zweistufiger Instanzenzug; das FG ist mithin bereits oberes Landesgericht. Es untersteht der weiteren Dienstaufsicht der > SENATSVERWALTUNG FÜR JUSTIZ. Der Aufbau des Finanzgerichts Berlin ist wesentlich durch dessen langjährigen Präsidenten Uwe Jessen geprägt worden. Jetziger Präsident ist Herbert Bültmann.

Fischereiamt Berlin: Das seit 1945 bestehende F. liegt an der > HAVELCHAUSSEE am Stößensee im Bezirk > CHARLOTTENBURG, nahe an der Bezirksgrenze zu > SPANDAU. Das F. ist eine nachgeordnete Sonderbehörde der > SENATSVERWALTUNG FÜR STADTENTWICKLUNG UND UMWELTSCHUTZ. Dem F. obliegt die Wahrung der Fischereirechte Berlins nach den Landesfischereigesetzen. Es sorgt in Zusammenarbeit mit der > WASSERSCHUTZPOLIZEI und anderen Behörden für die Hege der Fischbestände und für die Verbesserung der Lebensbedingungen der Fische in Berliner Gewässern (> FLIESSGEWÄSSER, > PFUHLE, > SEEN, > WASSERSTRASSEN). Das F. unterhält als Außendienst eine Fischereiaufsicht, die den *Fischfang* sowie die Entwicklung der Fischbestände und ihrer Lebensgrundlagen überwacht. Daneben ist das F. Beratungsstelle für

Berufsfischer und Angler.
Berlin verfügt über große Gewässerflächen (> LAGE UND STADTRAUM) mit beträchtlichem Fischbestand, v.a. Blei, Güster, Plötze, Barsch, Kaulbarsch und Zander. Durch Besatz mit Jungfischen gestützt werden Aal, Hecht, Karpfen, Schleie und Wels. 13 Haupt- und 19 Nebenerwerbsfischer fangen zusammen mit den etwa 34.000 Anglern jährlich rd. 500 t Fisch. Nach Inkrafttreten der Höchstmengenverordnung für Schadstoffe in Lebensmitteln am 1.1.1988 durften Fische aus der Berliner > HAVEL wegen eines überhöhten Gehalts an Polychloriertem Biphenylen (PCB) nicht mehr gewerbsmäßig vermarktet werden. Zur Erhaltung der Berufsfischerei als unverzichtbarem Instrument der Gewässergütebewirtschaftung in Berlin wurden die Havelfischer seitdem mit Hegemaßnahmen beauftragt. Die vom Land geförderte Hegefischerei bewirkte eine Verjüngung der Fischbestände. Dies führte zusammen mit anderen umweltrelevanten Maßnahmen zur Verbesserung der Berliner Gewässerqualität und zu sichtbaren Erfolgen bei der Rückstandsbelastung der Fische. Seit Mai 1992 können daher grundsätzlich wieder alle Fische aus Berliner Gewässern, bis auf die belasteten Aale aus dem Bereich der Unterhavel und dem > TELTOWKANAL, gewerblich vermarktet werden. Zur weiteren Verbesserung der Fischqualität ist vorgesehen, die Hegefischerei fortzuführen.

Trotz der > VEREINIGUNG gelten in Berlin noch unterschiedliche fischereigesetzliche Regelungen. In den westlichen > BEZIRKEN gelten u.a. das Preußische Fischereigesetz von 1916 und das Fischereigesetz von 1939, in den östlichen das Fischereigesetz der DDR von 1959 und die Binnenfischereiordnung von 1981. Für die Zukunft ist geplant, die Landesfischereigesetzgebung Berlins zu novellieren, wobei eine weitgehende Abstimmung mit dem Land Brandenburg beabsichtigt ist.

Fischerinsel: Als F. bezeichnet man die südöstlich der Gertraudenstr. und des > MÜHLENDAMMS gelegene Südspitze der von > SPREE und Spreekanal (> FRIEDRICHSGRACHT) gebildeten 1,5 km langen Spreeinsel im Stadtzentrum Berlins (> INSELN). Das etwa 8 ha große Gebiet gehörte zum ältesten Teil der mittelalterlichen Stadt > KÖLLN (> GESCHICHTE). Bis ins 15. Jh. war es Wohnsitz angesehener und wohlhabender Bürger aus den Fischer- und Schiffergilden. Nach der Regu-

lierung der Spree im 17. Jh. entwickelte sich die Gegend durch zunehmende Bebauungsverdichtung bis ins 19. Jh. immer mehr zum Arme-Leute-Viertel, dem sog. *Fischerkiez*. Bis zum II. Weltkrieg bewahrte sich dieses Stück Altstadt sein mittelalterliches, malerisch-verwinkeltes Aussehen. In der Fischerstr. stand der 1507 erbaute Gasthof *Zum Nußbaum*, den Heinrich Zille um die Jahrhundertwende berühmt gemacht hat und der im 1981-87 errichteten > NIKOLAIVIERTEL rekonstruiert worden ist.
Im II. Weltkrieg wurde die F. weitgehend zerstört. Von 1967-71 ließ der Ost-Berliner > MAGISTRAT die gesamte Altbausubstanz abreißen. Nur das aus dem Jahr 1740 stammende Haus > FRIEDRICHSGRACHT Nr. 15 wurde jenseits des Spreekanals am > MÄRKISCHEN UFER Nr. 12 originalgetreu wieder aufgebaut. Auch die alten Straßen verschwanden: Anstelle von An der Fischerbrücke, Fischerstr., Köllnische Str., Schornsteinfegergasse, Rittergasse oder Petristr. entstanden bis 1972 fünf Hochhäuser mit je 21 Etagen und je ein Doppel-Hochhaus mit 18 und 21 Geschossen, außerdem zwei Kindergärten, ein Einkaufszentrum, eine Schwimmhalle (> HALLENBÄDER) und eine eigenwillig konstruierte Gaststätte mit einem Dach in der Form eines Ahornblatts. Heute wohnen auf der F. rd. 5.000 Menschen.

Flächennutzungsplan (FNP): In einem FNP wird die beabsichtigte Bodennutzung in einer Gemeinde für ihr ganzes Gebiet und auf einen längerfristigen Zeitraum bezogen dargestellt. Im bundesgesetzlich geregelten zweistufigen System der *Bauleitplanung* ist der FNP die vorbereitende Stufe, die behördenverbindlich ist und aus der die gegenüber jedermann rechtsverbindlichen *Bebauungspläne* abzuleiten sind. Die Aufstellung jedes FNP folgt einem im Baugesetzbuch geregelten mehrstufigen Verfahren, das u.a. eine mindestens zweimalige Beteiligung der Öffentlichkeit vorschreibt.
Da der FNP für die gesamte Gemeinde lediglich die Grundzüge der beabsichtigten städtebaulichen Entwicklung zeigt, Bebauungspläne andererseits meist auf kleine Teilflächen des Gemeindegebiets begrenzt werden, wird in großen Städten die dort entstehende Lücke zwischen den beiden *Planungsebenen* vielfach durch ergänzende Planungen geschlossen. In Berlin dient die landesgesetzlich geregelte räumliche *Bereichsentwick-*

lungsplanung der Schließung dieser Maßstabslücke. Vervollständigt wird das System der Berliner Planung durch die ebenfalls landesgesetzlich geregelten > Stadtentwicklungspläne und das > Landschaftsprogramm. Seit die Bauleitplanung bundeseinheitlich geregelt ist, sind in West-Berlin zwei FNP aufgestellt worden. Der erste Plan (FNP 65) mußte sich zwar auf den Westteil Berlins beschränken, ging aber konzeptionell von einer Wiedervereinigung der Stadt und von deutlichem Wachstum im Rahmen seiner Laufzeit aus. Er zielte auf eine gründliche Umgestaltung der Stadt, auf eine starke Reduzierung der Dichte der Innenstadt, auf Stadterweiterung durch Großsiedlungen an den Rändern, auf eine stärkere Entflechtung von Wohnen und Arbeiten sowie auf einen großzügigen Ausbau des Straßennetzes (> Baugeschichte und Stadtbild).

Bereits Mitte der 70er Jahre war dieser Plan hinsichtlich seiner städtebaulichen Ziele, nach dem > Vier-Mächte-Abkommen von 1971 auch hinsichtlich seiner politischen Annahmen, überholt. Ende der 70er Jahre wurde mit der Konzeption eines neuen Planes begonnen. 1984 begann das förmliche Verfahren, das unter beispielloser Beteiligung der Berliner Bevölkerung 1988 mit der Beschlußfassung des > Abgeordnetenhauses abgeschlossen wurde.

Im Unterschied zum Vorgänger setzt der FNP 84 die Akzente auf Entwicklung im Rahmen des Status quo – politisch wie städtebaulich. Die geopolitische Lage der Stadt, die vielfach kritisch betrachtete städtebauliche Entwicklung der Stadt in den zurückliegenden Jahren und ein gestiegenes Umweltbewußtsein führten zum neuen Leitbild der bestandsorientierten „Innenentwicklung" mit den Zielen Erhaltung, Verbesserung, Ergänzung des Bestandes, dem Bekenntnis zur Nutzungsmischung, zur Polyzentralität und zur Sicherung der meisten Grün- und Freiflächen bei deutlicher Begrenzung der Siedlungsflächenerweiterung (> Stadtsanierung). Die Option für die Wiederverknüpfung von West-Berlin mit dem Ostteil der Stadt und dem Umland wurde zwar weiterhin mitgedacht und planerisch berücksichtigt, der FNP 84 atmet jedoch den Geist der „Insel" West-Berlin der 80er Jahre.

Seit dem Fall der > Mauer am > 9. November 1989 sind grundlegende Planungsannahmen des FNP 84 hinfällig. Die Stadt steht sehr wahrscheinlich vor einem neuen Wachs-

tumsschub, und in wichtigen Teilräumen stehen grundlegende Strukturänderungen bevor. Dort sind die Darstellungen des FNP 84 heute nicht mehr geeignet, die städtebauliche Entwicklung anzuleiten. Im Ostteil der Stadt fehlt ein FNP gänzlich. Vorliegende *Generalbebauungspläne* aus den Jahren 1980 und 1989, die in der DDR grundsätzlich vergleichbare Aufgaben wie ein FNP zu erfüllen hatten, konnten schon deshalb nicht übernommen werden, weil Mindesterfordernisse an ein rechtmäßiges Aufstellungsverfahren nicht erfüllt waren.

Im Frühjahr 1991 wurde deshalb der Aufstellungsbeschluß für einen neuen FNP für die gesamte Stadt gefaßt (FNP 91), der in der Zuständigkeit der > Senatsverwaltung für Stadtentwicklung und Umweltschutz erarbeitet wird. Wichtige Vorklärungen für einen ersten FNP-Entwurf werden durch das > Räumliche Strukturkonzept erwartet, das im Frühjahr 1992 öffentlich zur Diskussion gestellt wurde.

Fleischgroßmarkt Berlin: Der F. an der Beusselstr. im Bezirk > Tiergarten, unmittelbar benachbart dem > Schlachthof Berlin, dient der Versorgung des Berliner > Einzelhandels mit Fleisch und Fleischerzeugnissen (> Großmärkte). Er wurde von der Berliner Großmarkt GmbH errichtet und am 2.1.1967 eröffnet. Pächter und Betreiber ist die Fleischgroßmarkt Berlin Verwaltungsgenossenschaft e.G., ein Zusammenschluß der dort tätigen Großhändler bzw. Standinhaber, die den F. privatrechtlich verwalten.

Auf einer Gesamtfläche von 88.202 m², einer Hallenfläche von 18.370 m² und einer Standfläche von 10.512 m² wurden 1991 110.000 t Fleisch und Fleischerzeugnisse umgesetzt. Am Umsatz waren Fleischwaren vom Schwein zu 65 %, vom Rind zu 20 % und vom Lamm sowie Innereien zu 8,6 % beteiligt. Über den F. wurden 1991 60 % der Versorgung von Berlin mit Fleisch und Fleischerzeugnissen abgewickelt. Der weitaus größte Teil des Fleisches kommt von außerhalb (> Landwirtschaft) und wird per LKW angeliefert. Während 1989 nur ca. 11 % des Fleisches aus der DDR stammten, ist der Anteil der Lieferungen aus den neuen Bundesländern seit der > Vereinigung auf ca. 20 % gestiegen. Nach wie vor kommt dieses Kontingent ausschließlich über den benachbarten Schlachthof Beusselstr. zum F. Ab 1989 übernahm der F. zu einem großen Teil auch die

Versorgung der Ostbezirke und des Berliner Umlands.

Während der > SPALTUNG Berlins erfolgte die Belieferung des Ost-Berliner Einzelhandels mit Fleisch und Fleischerzeugnissen zunächst über das „VE Fleischkombinat Berlin" an der Leninallee im Bezirk > LICHTENBERG (heute > LANDSBERGER ALLEE), das allerdings keine echten Großmarktfunktionen wahrnahm, da es die Waren lediglich administrativ verteilte, ohne daß es eine freie Preisbildung gegeben hätte. 1991 wurde der Betrieb in Hinblick auf eine geplante Nutzung des Geländes als Olympiastandort stillgelegt. Schon seit Anfang der 80er Jahre war Ost-Berlin jedoch zunehmend auch vom „VEB Schlacht- und Verarbeitungskombinat Eberswalde (SVKE)" beliefert worden, das nach seiner Privatisierung als „Schorfheider Fleischwaren GmbH" – wie andere Privatfirmen auch – weiterhin maßgeblich an der Fleischversorgung Berlins beteiligt ist. Nach der > VEREINIGUNG war zunächst erwogen worden, den F. vom beengten Großmarktgelände an der Beusselstr. an den Standort des alten Berliner Schlachthofs an der Landsberger Allee zu verlegen, zumal die Anlage den Hygieneanforderungen der Ende 1992 in Kraft tretenden EG-Fleischrichtlinie nicht entsprach. Mittlerweile ist von diesem Vorhaben u.a. aufgrund der Planungen für die > OLYMPISCHEN SPIELE Abstand genommen worden. Stattdessen ist der Neubau einer moderneren Halle neben dem heutigen F. geplant.

Fließgewässer: Alle größeren Berliner > SEEN werden von F. durchströmt. In erster Linie sind dies die > SPREE, die > HAVEL und die > DAHME, die in dieser Reihenfolge die größten Flüsse Berlins darstellen und die alle drei schiffbar sind (> SCHIFFAHRT; > WASSERSTRASSEN). Als ehem. Mühlenstandorte sind außerdem zu nennen: im Norden Berlins die > PANKE und im Süden die > BÄKE, deren Bett heute zum größten Teil vom > TELTOWKANAL eingenommen wird, ferner das > TEGELER FLIESS, das *Neuenhagener Mühlenfließ*, dessen unterer Abschnitt bei > FRIEDRICHSHAGEN im Bezirk > KÖPENICK als > ERPETAL unter Landschaftsschutz steht, im Osten die fast völlig kanalisierte > WUHLE und das *Fredersdorfer Mühlenfließ* bei > RAHNSDORF, das nördlich des Müggelwerder in den > GROSSEN MÜGGELSEE fließt. Eigentlich müßte die Spree als Oberlauf der Havel aufgefaßt werden, da sie diese

hinsichtlich Wasserführung und Größe des Einzugsbereichs etwa um das Dreifache übertrifft.

Die ausschließlich in die Havel fließenden und damit über die Elbe dem Einzugsbereich der Nordsee zuzurechnenden F. Berlins wurden in ihrer Grundstruktur durch die letzte Eiszeit bestimmt, besonders durch die Frankfurter Eisrandlage. Das breite > WARSCHAU-BERLINER URSTROMTAL und das Fehlen anstehenden Gesteins erleichtern regulierende Eingriffe; Kanalisierungen, Stau- und Abflußregulierung sind seit der Stadtgründung im 13. Jh. nachweisbar, im 16. Jh. setzt weiterreichender Kanalbau ein (> VERKEHR). Infolge der im Berliner Stadtgebiet in die F. geleiteten Regenwasserkanalisation (> WASSERVERSORGUNG/ENTWÄSSERUNG) variiert die quantitative und qualitative Belastung der F. stark. Extrembeispiel ist die Panke, deren höchster natürlicher Abfluß bei 9 m^3/s liegt, während der maximale Zufluß aus Notauslässen und Regenwasserkanalisation 47 m^3/s beträgt.

Flüchtlinge: Bis zum Bau der > MAUER am > 13. AUGUST 1961 war in Berlin durch die offenen Sektorengrenzen ein weitgehend unkontrollierter Übergang zwischen den beiden Stadthälften möglich. Dadurch wurde der Westteil Berlins schon bald nach dem II. Weltkrieg zum Ziel eines stetigen Stroms von F. aus der DDR und Ost-Berlin sowie aus anderen osteuropäischen Staaten. Sofern es sich bei diesen F. um deutsche Staats- oder Volksangehörige handelte, wurde ihre Aufnahme und Stellung in der Bundesrepublik Deutschland durch das 1950 entstandene einheitliche Notaufnahmeverfahren und das Gesetz über die Angelegenheiten der Vertriebenen und Flüchtlinge (Bundesvertriebenengesetz [BVFG]) vom März 1953 geregelt, die beide auch in Berlin (West) galten.

Im Sinne des BVFG wurden als F. nur die ohne Genehmigung der dortigen Behörden aus der DDR oder Ost-Berlin in die Bundesrepublik kommenden Deutschen bezeichnet. Die förmliche Anerkennung des Flüchtlingsstatus erforderte als Anlaß der Flucht den Nachweis einer besonderen, vom F. selbst nicht zu vertretenden politischen Zwangslage, die über das Maß der allgemeinen Zumutbarkeit hinausging. Zu den F. wurden auch politische Häftlinge aus der DDR gezählt, die seit Anfang der 60er Jahre regelmäßig in kleiner Zahl durch besondere humanitäre Bemühungen der Bundesregierung in die Bundesrepublik kamen. Anerkannte F. erhielten den sog. C-Ausweis, der zu besonderen Eingliederungshilfen nach dem Häftlingshilfegesetz berechtigte.

Umgangssprachlich als F. bezeichnete Personen aus anderen Ländern wurden, sofern sie deutscher Volkszugehörigkeit waren, statistisch und rechtlich als Aussiedler geführt, andernfalls als > ASYLBEWERBER. Legal aus der DDR oder Ost-Berlin ausgereiste Deutsche wurden unter dem Begriff Übersiedler zusammengefaßt (> ÜBERSIEDLER/AUSSIEDLER).

Die ersten F. wurden 1947 registriert. Zunächst gab es jedoch keine systematische Erfassung. Erst mit dem Bau der ersten

Flüchtlingslager im August 1952

Flüchtlingslager in Berlin ab Januar 1949 und der Einführung des Notaufnahmeverfahrens im August 1950 war die Grundlage für eine exakte Registrierung gegeben. Zwischen 1949 und dem Mauerbau 1961 wurden für die gesamte Bundesrepublik knapp 2,7 Mio. F. gezählt. Jeweils in besonderen Krisen- und Konfliktsituationen in der DDR stiegen die Zahlen stark an (> 17. JUNI 1953). Indes können diese Angaben nur Näherungswerte sein, denn bis Mitte 1962 wurden die legal ausreisenden Übersiedler nicht gesondert ausgewiesen, während sich andererseits vermutlich nicht alle F. dem Aufnahmeverfahren unterzogen. Auch die spätere Rückkehr von F. in die DDR sowie Doppelzählungen durch einen mehrfachen Wechsel zwischen den beiden deutschen Staaten sind Fehlerquellen in der Statistik.

Bis zum Mauerbau wählten rd. 50 % aller F.

den Weg über Berlin. Die meisten dieser F. wurden in das Bundesgebiet ausgeflogen; der in Berlin verbleibende Anteil lag 1961 bei 8,6 %. Nach einer im gleichen Jahr durchgeführten Volkszählung waren damals 21,1 % der West-Berliner > BEVÖLKERUNG ehem. Bewohner der DDR und Ost-Berlins.

Nach dem Mauerbau ging die Zahl der F. schlagartig zurück. Zwischen dem 13.8.1961 und dem 31.12.1988 wurden bundesweit 233.570 F. registriert, davon 40.100 sog. Sperrbrecher, die unter Gefahr von Leib und Leben die Grenzsperren direkt überwanden. Die abermalige Zunahme der F. ab 1985/86 hing mit den von der DDR seit dieser Zeit gewährten Erleichterungen für West-Reisen zusammen und ging v.a. auf die parallel zur Gesamtzahl dieser Reisen wachsende Zahl nicht rückkehrwilliger Besucher zurück. Mitte der 80er Jahre kamen mit Abstand die meisten F. auf diesem Weg in die Bundesrepublik, während von 1961-85 und 1989 der Weg über Drittländer der am häufigsten genutzte war.

1989, v.a. nach Öffnung der ungarisch-österreichischen am 2.5., später auch der tschechisch-deutschen Grenze, nahm die Zahl der F. stark zu. Seit der Maueröffnung am > 9. NOVEMBER 1989 kann bei DDR-Bürgern, die in die Bundesrepublik kamen, nicht mehr von F. gesprochen werden. Das Notaufnahmeverfahren wurde indes erst mit Inkrafttreten der Währungsunion zum 1.7.1990 ausgesetzt. Eine nach der deutschen > VEREINIGUNG möglich gewordene Auswertung der Akten der Volkspolizei und der Grenztruppen der DDR ergab, daß 191 Menschen beim Fluchtversuch ihr Leben gelassen haben, davon 95 an der Sektorengrenze bzw. der Grenze zwischen Berlin (West) und der DDR. Die meisten von ihnen wurden erschossen, einige sind bei der Flucht tödlich verunglückt. Auch 25 Angehörige der Grenztruppen bzw. der Volkspolizei sind bei Fluchtversuchen anderer ums Leben gekommen. In den meisten Fällen wurden sie von zur Flucht entschlossenen Kameraden getötet.

Flughäfen: In der Berliner Geschichte gab es insg. sechs Flughäfen, von denen die F. Tegel, Schönefeld und > TEMPELHOF heute noch für den zivilen > LUFTVERKEHR genutzt werden, während die F. Gatow ausschließlich als Militärflugplatz dient. Die F. > JOHANNISTHAL und > STAAKEN wurden nach dem II. Weltkrieg stillgelegt. Betreiber der

Zivilflughäfen ist die 1924 gegründete > BERLINER FLUGHAFENGESELLSCHAFT (BFG) mit Hauptsitz in > TEGEL, deren Geschäftsführer auch der „Flughafen Berlin-Schönefeld GmbH" vorstehen. Im Zuge der > VEREINIGUNG ist die Errichtung eines neuen *Großflughafens Berlin-Brandenburg* geplant, als dessen mögliche Standorte Schönefeld-Süd, Sperenberg und Jüterbog (beides bisher GUS-Militärflugplätze) geprüft werden. Mit einer Fertigstellung des neuen Großflughafens ist jedoch frühestens um das Jahr 2005 zu rechnen.

1. Flughafen Tegel „Otto Lilienthal"

Der in seiner heutigen Form 1974 eröffnete F. Tegel im Süden des Bezirks > REINICKENDORF

Flughafen Tegel

ist mit einem jährlichen Passagieraufkommen von 6,47 Mio. Fluggästen (1991) der bedeutendste F. der Stadt. Die insg. 460 ha große Anlage verfügt über zwei Start- und Landebahnen, von denen die 3.023 m lange Nordpiste für Blindlandungen bis zur Kategorie IIIa ausgestattet ist. Während das Pistensystem mit 104.000 Starts und Landungen noch nicht ausgelastet ist, hat die vorhandene Abfertigungskapazität ihre Grenzen erreicht. Ein provisorischer Erweiterungsbau ist zugunsten des schnelleren Ausbaus von Schönefeld gestoppt worden. Mit 13.100 t Luftfracht und 16.000 t Luftpost ist Tegel auch in diesen Bereichen unter den Berliner F. der Spitzenreiter.

Bis 1918 übten auf dem „Tegeler Schießplatz" in der > JUNGFERNHEIDE die Artillerie und die Luftschiffertruppe. Anfang der 30er Jahre starteten Hermann Oberth, Rudolf Nebel und Wernher v. Braun hier ihre ersten Raketenversuche. Während der > BLOCKADE wurde hier mit dem Bau eines zusätzlichen F. für den Westteil der Stadt begonnen, um genügend Landeplätze für die > LUFTBRÜCKE zu

schaffen. Bereits 92 Tage nach Aufnahme der Bauarbeiten konnte am 5.11.1948 die erste Maschine landen, die offizielle Eröffnung folgte am 1.12. Nach dem Ende der Blockade diente das im französischen Sektor gelegene Flugfeld für elf Jahre ausschließlich als französischer Militärflugplatz (> ALLIIERTE; > SEKTOREN). Am 6.1.1960 verlegte die Air France ihren Betrieb dorthin, weil die Tempelhofer Landebahnen für das neue Düsenflugzeug „Caravelle" zu kurz waren. Angesichts steigender Passagierzahlen mußte 1968 auch der gesamte Charterflugverkehr von Tempelhof nach Tegel verlagert werden. Am 12.6.1969 erfolgte der erste Spatenstich für den neuen Zivilflughafen am Südrand des Geländes, der am 1.11.1974 in Betrieb genommen wurde.

2. Flughafen Schönefeld

Am 24.4.1934 wurde im Zuge der Hochrüstung des Nazi-Regimes beschlossen, in Schönefeld unmittelbar jenseits der Stadtgrenze im Süden Berlins eine neue Fertigungsstätte für das im Vorjahr gegründete und zunächst in Johannisthal angesiedelte Flugzeugwerk des Henschel-Konzerns zu errichten. Am 5.5.1935 wurde die erste Fertigungshalle übergeben und mit dem Bau des Sturzkampfbombers Hs 123 begonnen. Parallel zum Ausbau der Anlagen entstand 1938 im südlichen Bereich des Areals die geheime Luftfahrterprobungsstelle des Reichsluftfahrtministeriums. Bis zum Ende des II. Weltkrieges entstanden insg. 15 Montagehallen. Die Zahl der Beschäftigten war bis 1944 auf 17.000 angestiegen, dazu gehörten 5.000 „Fremdarbeiter" und Kriegsgefangene sowie 2.000 Wehrdienstpflichtige. Am 22.4. 1945 wurde der F. Schönefeld von sowjetischen Truppen eingenommen, im Mai mit der Demontage der Anlagen begonnen, die als Reparationsleistung in die Sowjetunion transportiert wurden. Noch 1945 begannen 500 ehem. Mitarbeiter in den verbliebenen Gebäuden mit der Reparatur von landwirtschaftlichen Geräten, Bussen und Eisenbahnwaggons als „Friedensproduktion". 1948 beschlossen die Sowjets den Ausbau Schönefelds, da ihnen Johannisthal als Flugplatz zu klein erschien. In der Folgezeit wurde eine neue, 2.000 m lange Start- und Landebahn gebaut. Während sich die Militärs im Norden im ehem. Werksbereich einrichteten, bezog die sowjetische Fluggesellschaft Aeroflot, die auch zu militärischen Transportaufgaben herangezogen wurde, die Gebäude der bisherigen Erprobungsstelle bei Diepensee. Nach dem Abschluß eines Regierungsabkommens zwischen der DDR und der Sowjetunion über die schrittweise Eigennutzung des 615 ha großen Areals, nahm hier die Deutsche Lufthansa der DDR am 30.7. 1955 ihren Flugbetrieb auf. 1961 entstand die 3.000 m lange heutige Hauptstart- und -landebahn, ein Jahr später wurde die Abfertigung in die ehem. Henschel-Lehrlingswerkstatt im Nordteil verlegt. 1965 erfolgte die Fertigstellung der nördlichen Start- und Landebahn, am 1.6.1976 die Einweihung des heutigen Abfertigungsgebäudes. Obwohl sich der F. Schönefeld während der Zeit des > SONDERSTATUS 1945-90 innerhalb der unter alliierter Lufthoheit stehenden Luftkontrollzone von Berlin befand (> LUFTKORRIDORE), nahmen die westlichen Alliierten anders als bei den West-Berliner F. hin, daß er auch während der alliierten Lufthoheit durch Flugzeuge aus allen Ländern angesteuert wurde und sich der Überwachung durch die alliierte > LUFTSICHERHEITSZENTRALE entzog, da sie keine Möglichkeit hatten, ihre Rechtsposition durchzusetzen.

Nach der Vereinigung wurde das Terminal einer ersten Rekonstruktion unterzogen und die Kapazität auf drei Mio. Passagiere erweitert. Anfang 1992 wurde die Erneuerung der Südpiste abgeschlossen, die nunmehr für Blindlandungen der Kategorie IIIa geeignet ist. Dennoch wird von den Fluggesellschaften vorerst Tegel bevorzugt. So sank von 1990-91 die Zahl der Flugbewegungen von

Flughafen Schönefeld

33.203 auf 26.253, die der abgefertigten Passagiere von 1,9 auf 1,1 Mio. Nach einem Generalausbauplan soll der F. Schönefeld voraussichtlich bis zum Jahr 2000 in drei Etappen auf eine Kapazität von 18 Mio. Fluggästen ausgebaut werden, um Tegel bis zur

Fertigstellung des geplanten neuen Großflughafens zu entlasten.

3. Zentralflughafen Tempelhof

Seit der Vereinigung dient das nach der Verlegung des zivilen Linienverkehrs zum F.

Flughafen Tempelhof mit Luftbrücken-Denkmal

Tegel fast ausschließlich von der US Air Force genutzte, 400 ha große Areal des Zentralflughafens Tempelhof als Zentrum des Regionalluftverkehrs. Wegen der nur 2.116 m langen Hauptstart- und Landebahn und seiner innerstädtischen Lage kann der F. Tempelhof nur nach der Blindlandekategorie I angesteuert werden und ist besonders leisen Turbopropflugzeugen vorbehalten. Nach Wiedereröffnung der großen Abfertigungshalle am 21.6.1991 wurden hier 1991 39.915 Flugbewegungen mit 404.000 Passagieren gezählt. Bei Fracht (707 t) und Luftpost (1.118 t) hatte Tempelhof ebenfalls den geringsten Anteil der Berliner Flughäfen. Wegen der Lärmbelästigung der Anwohner soll der F. geschlossen werden, sobald es die Kapazität der anderen Plätze zuläßt. Zur Zeit ist in Tempelhof auch die Hubschrauberstaffel des > BUNDESGRENZSCHUTZES für die neuen Bundesländer stationiert, außerdem befindet sich hier die Basis des Rettungshubschraubers „Christoph 31" und des Leerguts der Deutschen Rettungsflugwacht (> RETTUNGSWESEN).

Um 1720 ließ Friedrich Wilhelm I. (1713-40) die Feldmark der Tempelhofer Bauern gegen deren Protest in einen Exerzierplatz umwandeln. Am Rande des *Tempelhofer Feldes* etablierten sich nach dem deutsch-französischen Krieg 1870/71 die militärischen Luftschiffer. Am 8.10.1923 wurde der „Zentralflughafen" in Betrieb genommen. 1927/28 entstand nach den Plänen der Architekten Engler & Sohn in zwei Bauabschnitten ein umfangreicher Betriebs- und Abfertigungskomplex, der im II. Weltkrieg zerstört wurde. Der heutige, fast 1,3 km lange Hallenzug wurde in den Jahren 1936-39 nach Plänen von Ernst Sagebiel errichtet. Im Juli 1945 von den Sowjets an die amerikanischen Alliierten übergeben, erfolgte die Wiederaufnahme des zivilen Luftverkehrs am 18.5.1946. Z.Z. der Luftbrücke 1948/49 war der F. der wichtigste Start- und Landeplatz für die „Rosinenbomber" und zugleich der wichtigste Umschlagplatz für die eingeflogenen Güter. Danach diente er v.a. dem zivilen Luftverkehr, bevor er mit Inbetriebnahme des F. Tegel weitgehend stillgelegt wurde.

4. Flugplatz Gatow

1935 als „Luftkriegsakademie" und „Lufttechnische Akademie" erbaut, werden die Anlagen seit Juli 1945 von der britischen Royal Air Force genutzt. Neben Tempelhof war Gatow wichtigster Landeplatz während der Luftbrücke. Über die weitere Nutzung des F. Gatow nach dem Abzug der Royal Air Force im Jahre 1994 war im Juni 1992 noch keine Entscheidung gefallen. Während der Bezirk > SPANDAU eine weitere militärische Nutzung ablehnt und Wohnhäuser errichten möchte, erwägt der > BUNDESMINISTER DER VERTEIDIGUNG die Verlegung des Stabes der 5. Luftwaffendivision aus Eggersdorf sowie den Umzug des Luftwaffenmuseums aus Uetersen bei Hamburg. Vom > BUNDESMINISTER DES INNERN wird Gatow als mögliche Basis der Hubschrauberstaffel des Bundesgrenzschutzes für die neuen Bundesländer nach Schließung des F. Tempelhof betrachtet.

5. Flughafen Staaken

Der auf der westlichen Stadtgrenze Berlins unmittelbar nördlich der Heerstraße (> OST-WEST-ACHSE) gelegene F. Staaken wurde 1915 als Produktionsstätte der Luftschiffbau Zeppelin GmbH gegründet, die hier Militärluftschiffe und Riesenflugzeuge baute. 1919 war er Landeplatz des Linienverkehrs zwischen Friedrichshafen und Berlin mit dem Luftschiff „Graf Zeppelin". Nach dem I. Weltkrieg mußte eine der beiden Fertigungshallen abgerissen werden, die zweite Halle diente als Filmatelier. Die Deutsche Luft-Reederei, die ihren Betrieb bereits 1920 von Johannisthal nach Staaken verlegt hatte, ging 1923 in der Deutschen Aero Lloyd AG auf, die 1926 mit der Junkers Luftverkehr AG zur Deutschen LuftHansa – so die damalige Schreibweise – fusionierte. Diese richtete auf dem F. Staaken, der auch Sitz der Deutschen Verkehrsfliegerschule war, ihre Zentralwerkstatt und Ausbildungsstätte ein. 1929 wurde die rd. 300 ha große Anlage, die Ausgangspunkt zahlreicher Pionierleistungen der Luftfahrt war, von der Stadt gekauft und in die Verwaltung der BFG übertragen. In den 30er Jahren entstanden südwestlich des zivilen Bereiches umfangreiche Militäranlagen und Staaken diente auch als Regierungsflughafen. Nach dem II. Weltkrieg wurde der Platz noch einige Jahre von der sowjetischen Luftwaffe genutzt. Nachdem am 5.4.1948 eine britische Verkehrsmaschine im Anflug auf Gatow mit einem in Staaken gestarteten sowjetischen Jagdflugzeug kollidierte (15 Todesopfer), wurde der Betrieb bald darauf aus Gründen der Flugsicherheit eingestellt. Seitdem wird das Gelände industriell genutzt. Geplant ist ferner der Bau von Wohnungen.

6. Flughafen Johannisthal

Zur Einrichtung des ersten deutschen Motorflugplatzes pachtete die Deutsche Flugplatzgesellschaft von der Verwaltung des preußischen Forstbesitzes ein 300 ha großes Waldgebiet und ließ es roden. Der F. Johannisthal wurde vom 26.9.-3.10.1909 mit einer 1. Internationalen Flugwoche eröffnet. Die zwischen Johannisthal und > ADLERSHOF gelegene Anlage südlich des Segelfliegerdamms war während des I. Weltkriegs ein Zentrum der deutschen Militärflugzeugproduktion. Ab 1919 wurde Johannisthal dann als Heimatflughafen der Deutschen Luft-Reederei zur Wiege der deutschen Luftfahrt. 1929 kaufte die Stadt den Flughafen und ließ ihn 1931-37 durch die BFG verwalten. Danach übernahm die 1912 auf dem Gelände gegründete Deutsche Versuchsanstalt für Luftfahrt die Anlage (> DEUTSCHE FORSCHUNGSANSTALT FÜR LUFT- UND RAUMFAHRT E.V.). Ab 1945 wurde der F. Johannisthal nur noch für kurze Zeit als sowjetischer Militärflugplatz genutzt, bis die Rote Armee ihre Aktivitäten aus Platzgründen ab 1948 auf den F. in Schönefeld konzentrierte. Nach neuesten Planungen sollen auf dem zuletzt auf eine Gesamtfläche von 686 ha angewachsenen Areal unter Erhalt vorhandener Grünflächen und Biotope rd. 6.500 Wohnungen gebaut sowie Gewerbe und Forschungseinrichtungen angesiedelt werden.

7. Sportflugplätze im Berliner Umland
Neben den genannten F. gibt es im Berliner Umland eine Reihe von Sportflugplätzen, so in Friedersdorf, Eggersdorf, Kreuzbruch, Saarmund und Schönhagen. Die bei Trebbin gelegene ehem. Reichssegelflugschule diente zu DDR-Zeiten unter der Regie der vormilitärischen Gesellschaft für Sport und Technik als Ausbildungsstätte für Zivil- und Militärpiloten und war Zentrum des Luftsports im östlichen Deutschland. Schönhagen soll zu einem Flugsport- und Gewerbezentrum ausgebaut werden, geplant ist die Errichtung einer befestigten Start- und Landebahn. Der Flugplatz des ehem. DDR-Verteidigungsministeriums bei Strausberg wurde nach vorübergehender Übernahme durch die > Bundeswehr in zivile Verwaltung übergeben und soll ebenfalls zu einem Zentrum des Flugsports sowie der Geschäftsflieger werden. Von den GUS-Luftstreitkräften wurde der Flugplatz Werneuchen bereits zur Mitbenutzung durch Luftsportler freigegeben. Auf dem 1936 eingeweihten Flugplatz des Heinkel-Flugzeugwerks in Oranienburg ist noch eine Hubschraubereinheit der GUS-Armee stationiert (> Gruppe der sowjetischen Streitkräfte in Deutschland).

Flughafensee: Der F. am Ostrand der > Jungfernheide im Bezirk > Reinickendorf entstand 1958-78 durch Kiesabbau als Baggersee und ist nach dem südlich angrenzenden Flughafen Tegel benannt (> Flughäfen). Er hat eine Fläche von 30 ha und erreicht mit 30 m die größte Tiefe aller Berliner > Seen. Der F. wird als Badesee (> Frei- und Sommerbäder) und – in seinem Westteil – auch als Vogelschutzgebiet genutzt (> Naturschutz). 1990/91 wurde am F. unter Mitwirkung des Naturschutzbundes Deutschland und des Bezirksamtes Reinickendorf der erste Berliner *Landschaftsplan* verwirklicht, der ein verträgliches Nebeneinander von Erholung und Natur ermöglichen soll (> Landschaftsprogramm). Hierzu gehören u.a. die Errichtung eines Biotops im Vogelschutzreservat mit einem Lehrpfad und einer Informationsstation sowie eine Bepflanzung des ausgedehnten Badebereichs. In der Informationsstation werden ähnlich wie im Freilandlabor des > Britzer Gartens in > Neukölln v.a. jungen Besuchern ökologische Zusammenhänge erläutert (> Umweltschutz).

Forschungsmarkt Berlin: Der 1984 gegründete F. ist eine von den Berliner Hochschulen und Wissenschaftsinstitutionen des > Senats von Berlin (> Senatsverwaltung für Wissenschaft und Forschung), der > Industrie- und Handelskammer zu Berlin sowie wechselnden Berliner Unternehmen unterhaltene Einrichtung zur Verbesserung des Informationsaustauschs und der Kooperation zwischen > Wissenschaft und > Wirtschaft. Auf überregionalen Messen und Ausstellungen informiert der F. mit einem Gemeinschaftsstand der beteiligten Institutionen über die Leistungen der Berliner Hochschulen sowie anderer wissenschaftlicher Einrichtungen, über ihr Forschungspotential und ihre Kooperationspartner. Ziel ist dabei auch, Drittmittel für Forschungs- und Entwicklungsaufträge einzuwerben und Werbung für den Wissenschaftsstandort Berlin zu betreiben. Für seine Messebeteiligungen erhält der F. eine finanzielle Unterstützung durch den Senat. Hauptverantwortlich für die Koordination, Gestaltung, Öffentlichkeitsarbeit und Präsentation des Messestands ist die > Technische Universität Berlin. Jeweils zur betreffenden Messe wird ein Messekatalog herausgegeben, der detailliert über die ausgestellten Exponate informiert und über einen Adressenteil verfügt.

Forschungsstelle für gesamtdeutsche wirtschaftliche und soziale Fragen e.V.: Die F. in der Stresemannstr. 90 im Bezirk > Kreuzberg, die sich künftig „Forschungsstelle für deutsche und gesamteuropäische Integrationspolitik" nennen wird, ist eine überregionale, disziplinübergreifende, politikberatende Wissenschaftseinrichtung. Sie ging aus dem 1952 gegründeten, 1974 aufgelösten Forschungsbeirat für Fragen der Wiedervereinigung beim Bundesminister für innerdeutsche Beziehungen hervor. Aufgabe der F. war die ständige Beobachtung und Analyse der technologischen, wirtschaftlichen und sozialen Entwicklung in der DDR im Vergleich mit der Bundesrepublik Deutschland und im Rahmen der östlichen Staatengemeinschaft.
Im Zusammenhang mit der > Vereinigung verlagerte die F. ihre Forschungsschwerpunkte auf die Transformations- und Inte-

grationsprozesse im geeinten Deutschland. Im Vordergrund der Arbeit stehen nunmehr u.a. Regionalanalysen (Infrastruktur und Raumordnung), sektorale Strukturpolitik und Technologieeinsatz, Sozialordnung und politisches System, Geschichtsbild und politische Kultur. Die F. veröffentlicht ihre Forschungsergebnisse in der von ihr regelmäßig herausgegebenen Schriftenreihe „FS-Analysen", auf Kolloquien und Tagungen sowie v.a. während eines jährlich im November stattfindenden Symposiums zu Fragen der europäischen und deutschen Integrationspolitik im > REICHSTAGSGEBÄUDE. Die F. hat 14 Mitarbeiter, darunter sechs Wissenschaftler, und wird vom > BUNDESMINISTER DES INNERN finanziert.

Forschungs- und Gedenkstätte in der Normannenstraße (ASTAK e.V.): Die am 7.11. 1990 eröffnete F. hat ihren Sitz im Gebäudekomplex des ehem. *Ministeriums für Staatssicherheit (MfS)* im Bezirk > LICHTENBERG. Die im Haus 1, der einstigen Macht- und Kommandozentrale des MfS, untergebrachte Einrichtung ist Museum und Begegnungsstätte zur Auseinandersetzung mit der Geschichte der DDR, speziell mit der Tätigkeit ihres > STAATSSICHERHEITSDIENSTES. Gleichzeitig wird an alle erinnert, die unter der Willkür des vergangenen Systems zu leiden hatten. Zur ständigen Ausstellung gehören die Arbeitszimmer des MfS-Chefs Erich Mielke, eine Sammlung politischer „Kultgegenstände", Observierungstechnik sowie Ausstellungsstücke und Dokumente zum Aufbau und zur Wirkungsweise des MfS. Betroffenen-Berichte von DDR-Bürgern vermitteln den Besuchern einen Eindruck von dem Ausmaß der Repressalien dieses Machtapparates. Das Museum beherbergt eine Galerie mit Arbeiten betroffener Künstler, eine im Aufbau befindliche Forschungsbibliothek mit Lese- und Arbeitsräumen und eine Dokumentation zur Geschichte der DDR, speziell zum MfS und seiner Auflösung. Das Museum, das auch über ein Lesecafé verfügt, veranstaltet ferner Sonderausstellungen, Vorträge, Gesprächsrunden und Lesungen.
Die Errichtung der Gedenkstätte erfolgte aufgrund eines Beschlusses des Zentralen > RUNDEN TISCHS vom 22.1.1990, der am 16.5. 1990 vom Ministerrat der DDR bestätigt wurde. Der Aufbau der zunächst den DDR-Ministerien für Inneres und Kultur unterstellten Einrichtung lag wesentlich in den Händen des Ende 1989 entstandenen Bürgerkomitees Berlin, aus dem auch der seit der > VEREINIGUNG verantwortliche gemeinnützige Trägerverein „Antistalinistische Aktion Berlin-Normannenstraße e.V. (ASTAK)" hervorgegangen ist. Die Finanzierung der Arbeit (ABM-Kräfte, ehrenamtliche und freie Mitarbeiter) erfolgt hauptsächlich durch Spenden und Zuwendungen verschiedener Institutionen.

Forschungsverbund Berlin e.V.: Der F. mit seiner gemeinsamen Verwaltung in der Jägerstr. 22/23 im Bezirk > MITTE hat am 1.1.1992 seine Arbeit aufgenommen. Er umfaßt acht naturwissenschaftliche Forschungseinrichtungen, die im Zuge der Auflösung der > AKADEMIE DER WISSENSCHAFTEN DER DDR und der Neugestaltung der Berliner Wissenschaftslandschaft auf Empfehlung des Wissenschaftsrats neu entstanden sind, sich der Forschung und Lehre verpflichtet fühlen und in der > BLAUEN LISTE gefördert werden (> WISSENSCHAFT UND FORSCHUNG). Der F. unterstützt die Institute durch eine gemeinsame Verwaltung sowie die Übernahme von Management-, Service- und Beratungsaufgaben. Mitglieder des F. sind lt. Satzung die Direktoren der Institute, die Vorsitzenden der Gründungskomitees oder deren Vertreter für die Institute, das Land Berlin und die Bundesrepublik Deutschland, vertreten jeweils durch die zuständigen Ressorts, sowie weitere natürliche und juristische Personen. Derzeit finanzieren die > SENATSVERWALTUNG FÜR WISSENSCHAFT UND FORSCHUNG und der > BUNDESMINISTER FÜR FORSCHUNG UND TECHNOLOGIE die Arbeit des F. zu je 50 %. Der F. ist als Modell der administrativen Forschungsförderung und damit als Rechtsträger für die Institute auf zunächst fünf Jahre befristet. Angestrebt wird die Kooperation mit Hochschulen, anderen Wissenschaftseinrichtungen, der > WIRTSCHAFT sowie weiteren Zuwendungsgebern. Anfang 1992 gehörten zum F. folgende Institute:
Das 1992 über 110 Mitarbeiter verfügende *Institut für Gewässerökologie und Binnenfischerei (IGB)* am Müggelseedamm 310 im Bezirk > KÖPENICK betreibt hydrologische, limnologische und fischereibiologische Untersuchungen als Grundlagen- und Vorsorgeforschung sowie Lehre auf den Gebieten Fischereiwissenschaft, Gewässerbewirtschaftung, Ökohydrologie und Geohydrodynamik. (Die Abt. Limnologie Geschichteter Seen befindet sich

am Stechlin-See in Neuglobsow.)

Das nach dem deutschen Physiker und Pionier der Funktechnik benannte, über 93 Mitarbeiter verfügende *Ferdinand-Braun-Institut für Höchstfrequenztechnik (FHB)* in der Rudower Chaussee 5 im Bezirk > TREPTOW betreibt anwendungsorientierte Grundlagenforschung im Vorfeld der Industrieforschung. Den Schwerpunkt bilden Themen zu mobilen und stationären Funknetzen (öffentliche und private) und zur Funksensortechnik (z.B. Verkehrsabstandsradar, Füllstandsradar). Das Institut unterstützt die Mobilkommunikation in Richtung eines Universal Mobile Telecommunication System.

Das über 52 Mitarbeiter verfügende *Institut für Kristallzüchtung (IKZ)* in der Rudower Chaussee 6 im gleichen Bezirk betreibt Grundlagen- und angewandte Forschung zur Züchtung und Charakterisierung kristalliner Werkstoffe. Es entwickelt ferner die Verfahren und Anlagen, um diese Werkstoffe herzustellen, die v.a. in der Informationstechnik (Mikroelektronik, Photonik), der Leistungselektronik, Photovoltaik und Sensorik zum Einsatz kommen. Einen Forschungsschwerpunkt bilden Technologien zum Halbleitersilicium – sowohl für die Volumenkristallzüchtung als auch für die Schichtabscheidung.

Das über 129 Mitarbeiter verfügende *Institut für Nichtlineare Optik und Kurzzeitspektroskopie* am gleichen Ort betreibt anwendungsorientierte physikalische Grundlagenforschung und untersucht dazu die grundlegenden Wechselwirkungen von Lichtfeld und Materie im Wellenlängenbereich vom Infraroten bis zum Röntgengebiet. Einen Schwerpunkt der Forschung bildet das Erzeugen und Anwenden extrem kurzer Laserimpulse mit sehr hoher Leistung, worauf eine Vielzahl spektroskopischer Untersuchungen in Natur und Technik beruht. Grundlagenforschung, Methodenentwicklung und wissenschaftlichtechnische Anwendung erschließen ein Forschungsfeld, das in Verbindung von Kurzzeitphysik und Laserentwicklung zunehmende Bedeutung gewinnt.

Die Forschungsthemen des über 100 Mitarbeiter verfügenden *Forschungsinstituts für Molekulare Pharmakologie (FMP)* in der Alfred-Kowalke-Str. 4 im Bezirk > LICHTENBERG werden voraussichtlich vier Arbeitsrichtungen umfassen (Vorschläge des Gründungskomitees, vorläufige Arbeitstitel): Neuropharmakologie und -toxikologie, Peptidpharma-

kologie, Zellkommunikation, Entwicklungs- und Adaptionsbiologie.

Das über 50 Mitarbeiter verfügende *Institut für Wild- und Zootierforschung (IWZ)*, gleichfalls in der Alfred-Kowalke-Str. 4, hat als zentrale Einrichtung für Deutschland die Aufgabe, neue Erkenntnisse über das gesunde und kranke, nicht domestizierte Tier aus freier Wildbahn, Reservaten, tiergärtnerischen Einrichtungen sowie aus Privathaltungen zu erarbeiten. Besonders wichtig ist seine Mitwirkung bei der Erhaltung vom Aussterben bedrohter Tiergruppen durch ein wissenschaftlich fundiertes Wildlife-Management. Die erarbeiteten Forschungsergebnisse fließen durch Lehrtätigkeit in die Wissenschaftsrichtungen Zoologie, Veterinärmedizin, Medizin und Umweltforschung ein.

Das nach dem deutschen Physiker benannte, über 73 Mitarbeiter verfügende *Paul-Drude-Institut für Festkörperelektronik (PDI)* am > HAUSVOGTEIPLATZ 5-7 im Bezirk Mitte konzentriert seine Forschungsarbeit derzeit auf III-V-Halbleiter, eine Kombination von Elementen der dritten und fünften Gruppe des Periodensystems der Elemente, die in sehr kleinen, maßgeschneiderten räumlichen Anordnungen neuartige Eigenschaften aufweisen. Derartige Strukturen verhalten sich qualitativ anders als traditionelle dreidimensionale Festkörper. So eröffnen sich dem Institut Arbeitsgebiete von der Grundlagenforschung bis zur technologischen Anwendung, eingeschlossen die Entwicklung neuer Methoden und theoretischer Interpretation.

Das über 86 Mitarbeiter verfügende *Institut für Angewandte Analysis und Stochastik (IAAS)* in der Mohrenstr. 39 in Mitte hat die Aufgabe, zur Weiterentwicklung der angewandten Mathematik in Deutschland beizutragen. Die Forschungen zur angewandten Analysis konzentrieren sich auf Differential- und Integralgleichungen mit dem Grundanliegen, analytische, numerische, informatische und interdisziplinäre Fragen in ihrer Einheit zu bearbeiten. Sie sollen einen engen Bezug zu aktuellen naturwissenschaftlichen und technischen Problemstellungen haben. Den Schwerpunkt der Stochastik bilden Fragestellungen der Wahrscheinlichkeitstheorie und ihre Anwendungen. Sie sollen sich vorrangig auf fundamentale naturwissenschaftliche Probleme beziehen und der technologischen Vorlaufforschung dienen.

Forsten: 15.562 ha der Fläche Berlins, das

entspricht 17,5 % des Gesamtgebiets oder 46 m² je Einwohner, werden vom Wald eingenommen. Außerdem liegen rd. 11.325 ha Berliner Waldflächen im Land Brandenburg, deren Rückführung beantragt ist. Die Berliner F. konzentrieren sich an der Peripherie der Stadtfläche, wobei es fünf größere zusammenhängende Forstflächen gibt: den > KÖPENICKER FORST im Südosten rund um den > GROSSEN MÜGGELSEE, betreut von den Forstämtern > FRIEDRICHSHAGEN und > TREPTOW (ca. 6.600 ha), den > GRUNEWALD östlich der unteren > HAVEL (ca. 3.000 ha) und den im Südwesten gelegenen > DÜPPELER FORST (ca. 1.100 ha), verwaltet von dem Forstamt Grunewald, die beiden Forsten im Nordwesten, > SPANDAUER FORST (1.530 ha) und > TEGELER FORST (1.890 ha), die vom Forstamt Tegel verwaltet werden, sowie der *Bucher Forst* (1.194 ha) im Norden Berlins, betreut vom gleichnamigen Forstamt.

In den Berliner F. überwiegen die Nadelgehölze, wobei in den Forstgebieten der östlichen > BEZIRKE das Verhältnis von Nadelgehölzen zu Laubbäumen 82 zu 18 % und in den F. der Westhälfte rd. 60 zu 40 % beträgt. Die wichtigste Waldbaumart ist gegenwärtig die Kiefer, aus der in den Ost-Berliner F. 80 % und im ehem. West-Berlin 54 % der Wälder bestehen. Weitere wichtige Baumarten sind in Berlin Traubeneichen und Birken. Langfristig wird ein Laubholzanteil von 60 % angestrebt, da diese Baumarten vielfältigere Lebensmöglichkeiten für die Tier- und Pflanzenwelt bieten und zu ökologisch stabileren Waldbeständen sowie zu einem abwechslungsreicheren Landschaftsbild führen, wie es in etwa den ursprünglichen Gegebenheiten entspricht (> STADTGRÜN). Der Wald in Berlin befindet sich fast vollständig in Landesbesitz und dient gemäß den Bestimmungen des Berliner Landeswaldgesetzes von 1978 (i.d.F.v. 9.12.1988) v.a. als Erholungs- und Schutzwald. Demgegenüber spielt eine forstwirtschaftliche Nutzung zur Holzerzeugung nur eine untergeordnete Rolle. Die *Jagd* (überwiegend auf Muffel- und Dammwild) unterstützt in den F. den naturnahen Waldbau. Sie verfolgt daher das Ziel, die Höhe des Wildbestandes gering zu halten, um eine natürliche Waldentwicklung zu erleichtern. Seit dem Wegfall alliierten Rechts findet hier auch eine Beteiligung privater Jäger statt. Der Erholungsfunktion und der ökologischen Bedeutung des Waldes wird durch die Ausweisung fast aller Forstflächen als Landschaftsschutzgebiete Rechnung getragen (> NATURSCHUTZ). Den beträchtlichen > WALDSCHÄDEN versucht der > SENAT VON BERLIN durch das 1984 verabschiedete Waldgesundheitsprogramm zu begegnen, das bis 1993 jährlich 1,15 Mio. DM für forstliche Sanierungsmaßnahmen bereitstellte.

Zuständig für die Waldpflege ist nach dem Gesetz die Behörde *Berliner Forsten.* Sie setzt sich zusammen aus dem *Landesforstamt,* fünf *Forstämtern* und 35 Revierförstereien. Die Berliner Forsten sind dem für das Forstwesen zuständigen Senatsmitglied, z.Z. die > SENATSVERWALTUNG FÜR STADTENTWICKLUNG UND UMWELTSCHUTZ, nachgeordnet. Der Personalbestand der Behörde beträgt etwa 420 Beschäftigte (Waldarbeiter, Angestellte und Beamte) sowie rd. 300 Mitarbeiter im Rahmen von Arbeitsbeschaffungsmaßnahmen.

Die für den Berliner Raum ursprünglich typischen Mischwälder wurden im Zuge von Besiedlung und Ackerbau abgeholzt und seit Mitte des 18. Jh. durch eine systematische Forstwirtschaft mit der schnellwüchsigen Kiefer als Hauptbaumart (u.a. zur Deckung der Kriegsschulden aus den Schlesischen Kriegen) ersetzt. Einzelne Forstflächen in unmittelbarer Stadtnähe wie der > GROSSE TIERGARTEN wurden als Parkanlagen für die Allgemeinheit zugänglich gemacht. Im Zuge der schnellen baulichen Entwicklung Berlins im 19. Jh. wurden viele Waldflächen verkauft, parzelliert und als Bauland ausgewiesen. Um diese Entwicklung zu verhindern, erwarb der damalige Zweckverband > GROSS-BERLIN vom preußischen Forstfiskus ab 1915 über 10.000 ha Dauerwald, darunter den > GRUNEWALD und die F. > SPANDAU, > TEGEL, > GRÜNAU und > KÖPENICK.

Nach der > SPALTUNG der Stadt 1948 gingen von den rd. 25.500 ha Waldbesitz Berlins etwa jeweils ein Drittel an die DDR, an Ost-Berlin und an West-Berlin. Starke Kriegs- und Kriegsfolgeschäden, etwa durch Abholzungen im Westteil für die Brennholzbeschaffung während der > BLOCKADE (im Grunewald bspw. 44 % der Fläche), wurden durch Wiederaufforstung beseitigt. Während aufgrund der politischen Insellage West-Berlins der Druck auf die Wälder in der Nachkriegszeit groß war, kam es im Ostteil kaum zu Abholzaktionen, so daß hier durchweg ein älterer *Baumbestand* zu finden ist. Mit der > VEREINIGUNG konnten die in der Nachkriegszeit zu Ost-Berlin und zur DDR gekommenen Berliner F. wieder an das Land Berlin zurückfallen. Neben den organisatorischen Problemen gehörten die Walderhaltung und Pflege sowie die Rückübertragung der sowohl im innerstädtischen Bereich als auch der im Umland liegenden 11.500 ha Waldfläche zu den wichtigsten Aufgaben der Berliner Forstverwaltung. Aufgrund des großen Erholungswertes für die Menschen der Großstadt, der wichtigen Funktion des Waldes für das > KLIMA, der großen Bedeutung der Wälder als Trinkwassergewinnungsgebiet und der Erhaltung der märkischen Waldlandschaft als typischem Landschaftsbild soll in Berlin naturgemäße Waldwirtschaft betrieben werden, die in besonderem Maße dem Wald als Ökosystem und Erholungsbereich gerecht wird.

Fort Hahneberg: Unmittelbar südlich des ehem. Grenzkontrollpunkts Heerstr. im Bezirk > SPANDAU liegt auf dem 66 m hohen *Hahneberg* die militärische Festungsanlage F. Die 450 x 170 m große Verteidigungsanlage in Form einer Lünette entstand 1882-86 als letzter Bau der Festung Spandau. Nachdem gravierende Verbesserungen der Waffentechnik im 19. Jh. den Artilleriebeschuß aus größerer Entfernung ermöglicht hatten, beschloß die Reichsregierung, strategisch wichtige Städte durch den Bau vorgeschobener Verteidigungsanlagen zu schützen. Ähnlich wie die großen Randbefestigungen des Reichs in Straßburg, Metz oder Posen sollte laut „Cabinets Ordre" vom 26.6.1872 und „Reichsfestungsgesetz" vom 30.5.1873 auch die > ZITADELLE SPANDAU durch eine ringförmige Anlage von vier Forts gesichert werden. Da sich jedoch das als erstes errichtete F. bereits bei seiner Fertigstellung als militärisch veraltet erwies, verzichtete man auf den Bau der anderen Festen.
In der Folgezeit diente das F. als Infanterie-Ausbildungsstätte. Auch nachdem 1903 Spandau als letzte deutsche Festungsstadt entfestigt worden war, behielten die Zitadelle und das F. bis 1945 ihre militärische Nutzung, z.T. als Kaserne oder als Flak-Stellung im II. Weltkrieg. Von 1951-90 gehörte die Anlage wie der umgebende Ortsteil West-Staaken zum Hoheitsgebiet der DDR (> STAAKEN). Stärker noch als die Kriegsbeschädigungen hinterließen die in dieser Zeit erfolgten Sprengungen einiger Bereiche, die Nutzung als Steinbruch zur Baustoffgewinnung für Neu-Bauernhöfe ab 1949 so-

wie die Witterungseinflüsse Spuren am F. Die über Jahrzehnte isolierte Lage im Grenzstreifen ließ das für Berlin einzigartige Bauwerk in Verfall und in Vergessenheit geraten. Erst nach der Maueröffnung 1989 wurde das F. „wiederentdeckt". Durch Bemühungen des Kunstamts Spandau, der Gemeinde Staaken und eines neugegründeten Vereins konnte

Fort Hahneberg

das F. provisorisch gesichert und in den Sommermonaten durch Führungen zugänglich gemacht werden. Mit der > VEREINIGUNG am > 3. OKTOBER 1990 kam West-Staaken wieder zum Berliner Stadtgebiet (> EINIGUNGSVERTRAG; > STADTERWEITERUNG) und das F. in die Zuständigkeit des Gartenbauamts Spandau. Nach Abschluß der Instandsetzungsarbeiten soll die Anlage, die neben einem gleichartigen Fort bei Ingolstadt die einzige ihrer Art in Deutschland ist, museal genutzt werden.

Forum Steglitz: Das 1970 am U-Bahnhof Walther-Schreiber-Platz (U5) in verkehrsgünstiger Lage am Nordende der > SCHLOSS-STRASSE eröffnete F. entstand nach dem > EUROPA-CENTER als zweites multifunktionales Einkaufs- und Dienstleistungszentrum Berlins. In unmittelbarer Nachbarschaft von mehreren großen Kauf- und Bekleidungshäusern schufen die Architekten Finn Bartels, Georg Heinrich und Christoph Schmidt-Ott 1967-70 diesen neuartigen, aus den USA stammenden Typus eines großen „Shop-in-shop-Zentrums", der sich bald zum Hauptanziehungspunkt des hiesigen Subzentrums entwickelte (> EINKAUFSZENTREN). Der hier ehemals befindliche „Bornmarkt" wurde mit etwa 60 festen Verkaufsständen in den Neubau integriert (> WOCHENMÄRKTE). Der 42.000 m² Verkaufsfläche umfassende viergeschossige Stahlskelettkubus mit seinem in zwei getrennten Kompartimenten auflagernden fünften Obergeschoß bietet Platz für fast 130 Einzelhandelsgeschäfte und zahlreiche Dienstleistungs- und Vergnügungsbetriebe. Das Haus ist vollständig klimatisiert, die verschiedenen Geschosse werden durch Rollbänder und -treppen erschlossen. Zu der Anlage gehört ein Parkhaus mit knapp 800 Einstellplätzen. Nach finanziellen Schwierigkeiten Mitte der 70er Jahre scheint die Zukunft des F. heute trotz einer immer noch auffälligen Fluktuation der Geschäfte weitgehend gesichert zu sein.

Frankfurter Allee: Die auf eine mittelalterliche Handelsstraße nach Frankfurt/O. zurückgehende F. ist Teilstück der wichtigsten östlichen Ausfallmagistrale Berlins vom > ALEXANDERPLATZ bis zur Autobahn-Anschlußstelle Lichtenberg am > BERLINER RING. Die F. beginnt am *Frankfurter Tor*, einem rechteckigen Platz an der Einmündung Petersburger Str./Warschauer Str. im Bezirk > FRIEDRICHSHAIN (benannt nach dem ehemals etwa auf Höhe des Strausberger Platzes gelegenen gleichnamigen Tor in der alten > STADTMAUER). Sie führt in östlicher Verlängerung der > KARL-MARX-ALLEE über knapp 3,5 km bis zur Einmündung Rosenstr. im Bezirk > LICHTENBERG, wo sie in die Straße Alt-Friedrichsfelde übergeht. Über die F. sowie die westlich und östlich angrenzenden Straßenzüge verlaufen die Berlin durchquerenden > BUNDESFERNSTRASSEN 1 und 5.
1701 erfolgte die Anlage einer vierreihigen Lindenallee vom damaligen Franfurter Tor zum königlichen > SCHLOSS FRIEDRICHSFELDE, 1801-03 dann der Ausbau der Straße als Chaussee bis Frankfurt/O. Zunächst als Frankfurter Chaussee bezeichnet, erhielt die F. 1872 ihren heutigen Namen. Von 1949-61 trugen das westliche Ende der F. ab der Einmündung Proskauer Str. und die anschließende Karl-Marx-Allee vorübergehend den Namen Stalinallee. Dieser Teil wurde ab 1951 in die Neubebauung des westlichen Straßenzugs bis zum Strausberger Platz unter Leitung des Chefarchitekten Hermann Henselmann einbezogen. Im Zuge dieser Maßnahmen entstand 1957-60 auch die Umbauung am Frankfurter Tor mit der den Gontardschen Kirchentürmen am > GENDARMENMARKT nachempfundenen torartigen Eckbebauung beiderseits der Karl-Marx-Allee.
Zwischen Niederbarnim- und Gürtelstr. befanden sich beiderseits der F. im II. Weltkrieg

stark beschädigte Arbeiterwohnquartiere mit dichter Hinterhofbebauung aus der Zeit zwischen 1870 und 1918, die ab 1984/85 modernisiert wurden. Südlich der F. im Bezirk Lichtenberg ist in den 70er Jahren das neue Wohnviertel Frankfurter Allee/Süd mit insg. 4.372 Wohnungen für rd. 16.000 Einwohner entstanden. Nördlich des S-Bahnhofs F. befindet sich einer der beiden Berliner Containerbahnhöfe der > DEUTSCHEN REICHSBAHN (> GÜTERVERKEHR). Von der noch vorhandenen alten Bebauung der F. sind das von Hans Liepe und Oskar Garbe errichtete fünfgeschossige Wohn- und Geschäftshaus Nr. 40 und das ebenfalls fünfgeschossige, mit Jugendstilornamenten verzierte Geschäftshaus an der Ecke Finowstr. beachtenswert. Nördlich der F. zwischen Rusche- und Magdalenenstr. liegt der riesige Komplex des ehem. Ministeriums für Staatssicherheit (Eingang in der Normannenstr.), der heute u.a. vom Bezirksamt Lichtenberg, einem Finanzamt (> OBERFINANZDIREKTION BERLIN), zwei > ARBEITSÄMTERN, einer > POLIKLINIK und dem Stasi-Museum > ANTISTALINISTISCHE AKTION BERLIN genutzt wird (> STAATSSICHERHEITSDIENST DER DDR).

Französische Friedrichstadtkirche: Die unter dem Namen *Französischer Dom* bekannte F. auf dem nördlichen Teil des > GENDARMENMARKTS im Bezirk > MITTE ist heute ein kirchliches Zentrum für die Berliner Gemeinde der Französisch-Reformierten Kirche und der Friedrichswerderschen Kirchengemeinde der > EVANGELISCHEN KIRCHE. Die F. wurde 1701-05 von Jean Cayart und nach dessen Tod von Abraham Quesnay nach dem Vorbild des 1624 erbauten und 1685 zerstörten hugenottischen „Tempels von Charenton" bei Paris als „Französische Kirche auf der Friedrichstadt" errichtet. Sie war für die ca. 5.000 Hugenotten bestimmt, die sich nach dem 1685 durch den Großen Kurfürsten Friedrich Wilhelm (1640-88) erlassenen Edikt von Potsdam als Glaubensflüchtlinge in Berlin niedergelassen hatten (> BEVÖLKERUNG; > GESCHICHTE).
Das Gebäude hat einen rechteckigen Grundriß mit halbkreisförmigen Anbauten an den Schmalseiten und einem besonderen Trakt mit Wohn- und Diensträumen im Osten. Im Zuge einer Neugestaltung des Gendarmenmarkts hatte Friedrich der Große (1740-86) der F. und der auf der südlichen Seite des Platzes erbauten > NEUEN KIRCHE an

ihren Ostseiten gleichartige Kuppeltürme nach Entwürfen von Karl v. Gontard vorsetzen lassen. Der mit reichem Figuren- und Reliefschmuck – größtenteils nach Entwürfen von Daniel Chodowiecki – versehene Turm der F. hat keinen proportionalen und formalen Zusammenhang mit dem Kirchengebäude. 1905 wurde die F. von Otto March umgebaut. Der Architekt bemühte sich, die Unstimmigkeit zwischen der schlichten Kirche und dem Turmvorbau zu korrigieren sowie dem Innern der Kirche eine neue Form zu geben.

1944 wurde die F. schwer beschädigt. Erst 1977 begann mit finanzieller Hilfe v.a. der Evangelischen Kirche in Deutschland (EKD) und der Ökumene der Wiederaufbau im Rahmen des Sonderbauprogramms der evangelischen Kirchen in der DDR. Dabei wurde die von Otto March entwickelte Konzeption zugrundegelegt. Im Rahmen dieser Arbeiten ist auch der 500 Besuchern Platz bietende, neobarocke Kirchsaal wiedererstanden. Im April 1983 konnte die F. als das älteste öffentliche Gebäude dieses Stadtviertels wieder eingeweiht werden. Während das Gotteshaus mit kirchlichen Geldern wiederaufgebaut worden war, hat der Staat die Turmanlage wiederhergestellt. Wie schon vor der Zerstörung der Kirche hat dort das > Hugenottenmuseum seinen Sitz. Darüber befinden sich ein Weinrestaurant, eine Aussichtsbalustrade in 40 m Höhe und ein 1987 zur 750-Jahr-Feier Berlins eingeweihtes *Glockenspiel* aus 60 Bronzeglocken (> Carillon).

Französisches Gymnasium/Collège Français: Das F. in der Derflinger Str. 7 im Bezirk > Tiergarten ist ein grundständiges Gymnasium. Es nimmt pro Schuljahr in zwei 5. Klassen deutschsprachige Schüler auf, denen sehr gute und gute Leistungen am Ende der 4. Klasse bescheinigt worden sein müssen. Sie erhalten im 5. und 6. Schuljahr pro Schultag zwei Stunden Französischunterricht. In einer dritten Eingangsklasse werden Schüler aus zweisprachigen deutsch-französischen Familien aufgenommen. Erziehungsziel ist eine gründliche Auseinandersetzung mit der französischen Kultur. Der Unterricht erfolgt zweisprachig, es werden die französischen Schulbücher benutzt. Am Ende der 9. Klasse erwerben die Schüler das „brevet des collèges", das Zeugnis der Mittleren Reife an französischen Schulen. Die 10. Klasse nimmt eine Übergangsstufe zur Oberstufe (Kl. 11

und 12) ein. Als zusätzliche Fächer werden in der 10. Klasse Informatik (Programme in französisch) und Wirtschaftskunde gelehrt. Der Abschluß nach vier Semestern (zwei Jahren) ist beim „baccalauréat" je nach Leistungsfächern in vier Zweige differenziert (in französischer Sprache): Im Zweig A schließt man mit Französisch und Deutsch ab, B ist wirtschaftswissenschaftlich orientiert, C ist das naturwissenschaftliche Examen mit Mathematik, Physik und Chemie und D steht für die Leistungsfächer Biologie und Mathematik. Das deutsche Abitur legen die Schüler ab, die Deutsch als Leistungsfach wählen (in der Regel zusammen mit dem „baccalauréat"). Somit können die deutschen Schüler nach einer Sonderregelung der Kultusministerkonferenz in einer Regelzeit von 12 Jahren das Abitur ablegen. Der Berliner Rahmenplan und der französische Lehrplan wurden miteinander koordiniert. Die Abschlußprüfungen werden in beiden Staaten anerkannt.

Das F. pflegt einen intensiven Austausch mit vier französischen Partnerschulen; die Klassenreisen gehen in der Regel nach Frankreich. 1992 besuchten 847 Schüler die Anstalt, darunter ca. 500 Schüler mit deutscher Muttersprache. Sie wurden von 95 Lehrern (Stand 1992), davon 45 mit deutscher und 50 mit französischer Muttersprache, unterrichtet. Träger des F. ist der > Senat von Berlin, die französischen Lehrer werden vom französischen Staat bezahlt.

Die Geschichte des F. geht zurück auf das 1689 durch den Großen Kurfürsten Friedrich Wilhelm (1640-88) gegründete *Collège Français*. Brandenburg hatte mit dem Edikt von 1685 protestantische *Hugenotten* aus Frankreich aufgenommen, die nach der Aufhebung des Toleranzedikts von Nantes (1598) durch Ludwig XIV. aus Frankreich flüchteten. Der Kurfürst gestattete den Hugenotten freie Religionsausübung und förderte den Gebrauch der französischen Sprache, wodurch es den Hugenotten gelang, ihre Identität und ihre Kultur zu bewahren.

Vom Ende des 19. Jh. an bis zum I. Weltkrieg wurde das F. von den deutschen Nationalisten scharf attackiert. Nach einer kurzen Liberalisierungsphase in der Weimarer Republik übten die Nationalsozialisten nach ihrer Machtergreifung 1933 wiederum starken Druck auf die Anstalt aus. Neben dem Direktor und Lehrkräften mußten auch Schüler, die aus jüdischen Familien kamen, die

Schule verlassen. Nach Ende des II. Weltkriegs wurde der Unterrichtsbetrieb am 15.10.1945 im Bezirk > MITTE wieder aufgenommen. 1947 zog das F. in den Bezirk > WEDDING um und fusionierte 1952 schließlich mit dem von den französischen > ALLIIERTEN in > REINICKENDORF errichteten College Français. 1974 wurde die Schule in den Neubau in der Derflinger Str. verlegt. Bekannteste Schüler des F. waren der Dichter Adelbert v. Chamisso und der Publizist Kurt Tucholsky.

Frauenbeauftragte: In Berlin gab es 1992 insg. 32 F., davon neun in Universitäten und 23 in den > BEZIRKEN (in den östlichen Bezirken Berlins heißen sie *Gleichstellungsbeauftragte*). Auf Landesebene wurde das Amt der F. im Oktober 1984 durch Beschluß des > ABGEORDNETENHAUSES VON BERLIN (ABGH) eingerichtet. Mit der Etablierung des rot-grünen > SENATS VON BERLIN 1989 wurde erstmals in Berlin das Ressort „Frauen" in einer Senatsverwaltung etabliert, der > SENATSVERWALTUNG FÜR ARBEIT UND FRAUEN (SENARBFRAUEN). Die *Landesfrauenbeauftragte* war zunächst mit einer Abteilung in der Senatsverwaltung integriert, später wurden die Aufgaben einer Staatssekretärin übertragen. Seit der Regierung der Großen Koalition 1991 gibt es bei der SenArbFrauen das Amt einer Staatssekretärin für Frauen in der Klosterstr. 47 in > MITTE.
Die Staatssekretärin für Frauen hat Mitwirkungsrechte in allen Grundsatzfragen der Berliner Frauenpolitik. Sie betreut fachlich und haushaltsmäßig verschiedene Frauenprojekte (> SELBSTHILFEGRUPPEN) und pflegt Kontakte zu Frauengruppen, Frauenverbänden etc. Zu ihren Kompetenzen gehören ferner die Koordinierung und federführende Bearbeitung von ressortübergreifenden, frauenpolitischen Angelegenheiten und das Mitzeichnungsrecht bei Senatsbeschlüssen, die Frauenbelange beinhalten. Sie wirkt mit bei der Aufstellung des > FRAUENFÖRDERPLANS und kontrolliert seine Einhaltung, ohne allerdings über Sanktionsmittel zu verfügen. Der Schwerpunkt ihrer Arbeit seit der > VEREINIGUNG liegt wegen der überproportional hohen Arbeitslosenquote für Frauen in Berlin im Bereich der Arbeitsmarktpolitik (> ARBEITSMARKT).
Die Einrichtung von F. auf Bezirksebene erfolgte am 15.5.1986 durch das AbgH. *Bezirksfrauenbeauftragte* haben initiierende, koordinierende und informierende Aufgaben. Eingegliedert in die > BEZIRKSÄMTER und den jeweiligen Bezirksbürgermeistern unterstellt, kooperieren sie mit der F. des Senats u.a. bei der Kontrolle über die Einhaltung des Frauenförderplans. Ihre Aufgabe ist es, in den > BEZIRKEN Benachteiligungen von Frauen aufzuzeigen und abzubauen. Dies umfaßt die Einrichtung einer bezirklichen Interessenvertretung für Frauen, Beratung und Unterstützung im Einzelfall, Kontaktpflege zu und Unterstützung von Frauengruppen, -projekten und -organisationen sowie Parteien, Gewerkschaften und Verbänden, Vernetzung der unterschiedlichen bezirklichen Fraueninitiativen, Durchführung von Veranstaltungen, Seminaren und Ausstellungen. Sie erarbeiten Empfehlungen zur Förderung von Frauen im Beruf. Die bezirklichen F. sind in der Regel mit zwei Stellen ausgestattet; sie sind organisiert in einer Landesarbeitsgemeinschaft.
Aus der > FRAUENBEWEGUNG hervorgegangene Gruppen an den Hochschulen bemühten sich in den 80er Jahren, unterstützt von der Landesfrauenbeauftragten und Vertreterinnen verschiedener Parteien, um eine gesetzliche Verankerung von hauptamtlichen Frauenbeauftragten an den Berliner Universitäten. Obwohl seit 1989 einzelne Regelungen existierten, wurde erst im Herbst 1990 mit der Novellierung des Berliner Hochschulgesetzes das vierjährige Wahlamt möglich. Die > HUMBOLDT-UNIVERSITÄT war, noch vor der Vereinigung, die erste Berliner Universität mit einer zentralen Frauenbeauftragten. 1992 gibt es im Hochschulbereich insg. neun Frauenbeauftragte, deren personelle Ausstattung aber gesetzlich nicht geregelt ist. Ihnen obliegt im wesentlichen die Erstellung von Frauenförderrichtlinien und die Kontrolle ihrer Einhaltung; sie haben sich in der „Landeskonferenz der Berliner Hochschulbeauftragten" organisiert.

Frauenbewegung: Die deutsche F. entstand vor dem Hintergrund der bürgerlichen Revolution von 1848 (Louise Otto-Peters) und dem Beginn des industriellen Zeitalters im 19. Jh. angesichts der sozialen Not vieler Arbeiterinnen, Dienstmädchen sowie mangelnder Berufsmöglichkeiten für unverheiratete Frauen des Mittelstands. Sie organisierte sich erstmals 1865 mit der Gründung des „Allgemeinen Deutschen Frauenvereins", dem Zusammenschluß von Frauenbildungs- und

-erwerbsvereinen und hatte ihren größten Aufschwung im wilhelminischen Berlin. In der Folgezeit bildeten sich zwei wesentliche Richtungen heraus.

Die sog. Gemäßigten mit Helene Lange und Gertrud Bäumer, die die Reform der Mädchenschule, die Lehrerinnenausbildung und andere Bedingungen für das Studium von Frauen an den Hochschulen (in Berlin seit 1908) anstrebten.

Die sog. Radikalen forderten Gleichbehandlung lediger Mütter und nichtehelicher Kinder, die Aufdeckung sexueller Doppelmoral und die Problematisierung der Prostitution. Diese zweite Richtung gründete 1888 den Verein Frauenwohl (Vorsitzende: Minna Cauer), der als erster das Frauenstimmrecht forderte und 1905 den „Bund für Mutterschutz und Sexualreform" ins Leben rief (Vorsitzende: Helene Stöcker). Der Kampf dieses Zweigs der F. um die Etablierung sozialer und pädagogischer Frauenberufe führte 1908 durch Alice Salomon zur Schaffung der Sozialen Frauenschule in Berlin, deren staatliche Anerkennung als Fachschule 1918 der Grundstein für die heutige > FACHHOCHSCHULE FÜR SOZIALARBEIT UND SOZIALPÄDAGOGIK BERLIN in Berlin war. Eine eigenständige proletarische F. wurde erst ab 1919 durch Clara Zetkin in der Kommunistischen Partei Deutschlands (KPD) aufgebaut.

In der Weimarer Republik war mit dem Frauenstimmrecht ein wichtiges Ziel der F. erreicht. Viele Frauen engagierten sich nun innerhalb der Parteien. Zu dieser Zeit war Berlin ein Zentrum vielfältiger Frauenkultur. 1933 löste die letzte Vorsitzende des Bundes Deutscher Frauenvereine, Agnes v. Zahn-Harnack, diesen Dachverband mit über 1 Mio. Mitgliedern 1931 auf, um eine Gleichschaltung zu vermeiden. Als sie unmittelbar nach dem Ende des II. Weltkrieges den Berliner Frauenbund gründete, knüpfte sie an die Tradition der ersten F. an. Sie prägte diesen überparteilichen und überkonfessionellen Verein bis zu ihrem Tod 1950 mit ihrem weitgefaßten Politikbegriff, der vom „Nähfaden bis zur Atombombe" reichte. Gemessen an dieser Phase der Frauenpolitik gingen im Nachkriegs-Berlin in den folgenden beiden Jahrzehnten kaum noch wesentliche politische Aktivitäten von den Berliner Frauenverbänden aus.

Erst das Aufkommen der autonomen F. ab 1968 führte zu neuen Denkanstößen. Ohne an die etablierten Frauenverbände anzuknüpfen, entstand die Neue Frauenbewegung in Auseinandersetzung mit der antiautoritären > STUDENTENBEWEGUNG und den sozialliberalen Strömungen Ende der 60er Jahre. Als Frauen aus dem Sozialistischen Deutschen Studentenbund (SDS), dessen „Hochburg" neben Frankfurt/M. Berlin war, im Januar 1968 den „Aktionsrat zur Befreiung der Frauen" gründeten, legten sie einen Grundstein für diese Bewegung. Anlaß war der von Frauen im Umgang mit linken Männern erlebte Widerspruch, daß diese die gesellschaftliche Unterdrückung der Frau zwar anprangerten, sie jedoch im Privaten aufrechterhielten. V.a. Mütter im „Aktionsrat" gründeten in Berlin die ersten Kinderläden (> KINDERTAGESSTÄTTEN) der Bundesrepublik und brachten eine emanzipatorische Erziehungsdiskussion in Gang.

Die noch nicht in Frage gestellte Zugehörigkeit zur Neuen Linken erwies sich jedoch im nachhinein als eine fatale Abhängigkeit, die autonome Ansätze zunichte machte, v.a. als sich die Studentenbewegung immer stärker dogmatisierte. Die von Männern übernommenen Denkmodelle und Schulungskonzepte verdrängten den konkreten Frauenalltag und führten zur Auflösung des „Aktionsrates", dessen Nachfolge nun der 1970 neugegründete „Sozialistische Frauenbund" beanspruchte.

Der eigentliche Beginn der Neuen F. war die Gründung eines autonomen Frauenzentrums im Januar 1972 in Berlin. Die heute nicht mehr bestehende Einrichtung war zunächst Ausgangspunkt aller Initiativen und Projekte. Das Prinzip der Autonomie in der Neuen F. besagt, daß jede Bevormundung durch Männerorganisationen sowie deren hierarchische Organisationsformen abgelehnt wurden. Ausgehend von der Maxime „Das Private ist politisch" entwickelte sich das Konzept von Selbsterfahrung und Selbsthilfe zur politischen Strategie der autonomen F. Diese aus der amerikanischen F. übernommenen Selbsterfahrungsgruppen, („conscious-raising-groups") waren anfangs bestimmend für die weitere Entwicklung von Frauenprojekten. In diesen Gruppen vollzog sich ein Lernprozeß, der sich an der gemeinsamen Bewußtwerdung persönlicher und gesellschaftlicher Unterdrückungserfahrung orientierte.

Von Anfang an begriffen sich die Frauen als Feministinnen, ein Kampfbegriff aus der amerikanischen F. *Feminismus* bedeutet eine neue Sicht der Gesellschaft durch Frauen sowie das Suchen nach neuen Lebensformen im Befreiungsprozeß aus jeglicher Fremdbestimmung durch die Männer. Als Basis von Männerherrschaft (Patriarchat) wurde der Sexismus analysiert.

Das Bewußtsein von der Existenz einer Neuen F. bildete sich jedoch nicht nur in der Auseinandersetzung mit Patriarchat und Sexismus heraus, sondern zunächst v.a. durch die Massenkampagne für die Streichung des § 218 des Strafgesetzbuchs (Verbot der Abtreibung). Die Aktivitäten zu diesem Thema waren der erste massive Frauenprotest in der Nachkriegsgeschichte auch in Berlin. Seit 1972 organisierte das Frauenzentrum zahlreiche Demonstrationen und Aktionen gegen den § 218. Im Verlaufe dieser Kampagne wurde erstmals Gewalt in Familie, Ehe, in den Beziehungen der Geschlechter überhaupt radikal in Frage gestellt und öffentlich gemacht. Diese Thematisierung von Gewalt war dann der Ursprung einer Vielzahl von Selbsthilfeprojekten (> SELBSTHILFEGRUPPEN).

Mitte der 70er Jahre entstanden in Berlin als weitere Aktivitäten der Neuen F. > FRAUEN-KULTURINITIATIVEN. Dazu gehörten Buchläden, Frauenverlage, Frauencafés und -kneipen und die erste Frauenrockband „Flying Lesbians". Nicht nur in diesen, auch in anderen bedeutenden Frauenprojekten spielten die lesbischen Frauen eine besondere Rolle. 1976 wurde in Berlin *Courage*, neben „Emma" die zweite überregionale Zeitschrift mit feministischem Anspruch, in Berlin gegründet. 1984 stellte sie ihr Erscheinen ein; ihre Funktion als Frauenmitteilungsblatt und Diskussionsforum führen die Publikation „Blattgold" und seit 1979 das Hörfunkmagazin „Zeitpunkte" beim > SENDER FREIES BERLIN (SFB) fort. „Zeitpunkte" ist das einzige Magazin einer öffentlich-rechtlichen Rundfunkanstalt, das von Frauen in eigener Verantwortung produziert wird.

In den 80er Jahren hat sich in Berlin ein weiteres Terrain der Neuen F. etabliert: die Frauenbildungsbewegung. Ausgangspunkt waren zunächst die Universitäten und die Herausbildung einer neuen *Frauenforschung* (> FREIE UNIVERSITÄT BERLIN; > TECHNISCHE UNIVERSITÄT BERLIN). Ihr zentrales Anliegen war es, unter „weiblichem Blickwinkel" das Geschlechterverhältnis als neue soziale Kategorie zu analysieren. Der anfängliche Schwerpunkt feministischer Frauenforschung in den Sozial-, Erziehungs- und Kulturwissenschaften erweiterte sich auf Naturwissenschaften und Technik mit Netzwerken von Wissenschaftlerinnen. Die > HUMBOLDT-UNIVERSITÄT ist seit 1990 bemüht, soziologische Frauenforschung als Aufarbeitung der eigenen Vergangenheit zu etablieren.

Neue Frauenbildungsinitiativen entstanden auch seit Mitte der 70er Jahre an allen Berliner > VOLKSHOCHSCHULEN. Zentrales Ziel einzelner Feministinnen war dabei, auch nichtakademische Frauen in Gesprächskreisen und Frauenforen mit diesem breiten Themenspektrum vertraut zu machen. Diese Aufgabe wird u.a. vom 1978 eröffneten > FFBIZ – FRAUENFORSCHUNGS-, -BILDUNGS- UND -INFORMATIONSZENTRUM in der Dankelmannstr. 15-17 in > CHARLOTTENBURG und dem Frauenkulturzentrum Begine wahrgenommen.

Heute kennzeichnet die F. in Berlin ein umfangreiches Netzwerk zwischen Frauen in den verschiedenen Arbeitsbereichen: Erwachsenenbildung, Frauenforschung, Kunst (> BILDENDE KUNST), > LITERATUR, Medien (> HÖRFUNK; > FERNSEHEN; > NEUE MEDIEN). Dabei ist es zu einer Annäherung an die traditionelle F. gekommen. Ein historischer Annäherungsversuch war die „Erste Berliner Frauenkonferenz der traditionellen Frauenverbände und autonomen Frauengruppen" in Berlin im September 1977. Die traditionellen Gruppen übernahmen feministisches Gedankengut und Formen feministischer Praxis, während die autonomen ein Verhältnis zu Institutionen gewannen, die sie zuvor ignorierten.

Aus dieser Annäherung resultierte 1987 die Gründung der Berliner Frauenaktion, ein informeller Zusammenschluß von Frauen aus traditionellen Frauenverbänden, Gewerkschaften und autonomen Frauenprojekten. Die Veränderung im Verhältnis zu den gesellschaftlichen und staatlichen Institutionen bei der Neuen F. stand auch im Zusammenhang mit einer zunehmenden Professionalisierung ihrer Arbeit. Mitarbeiterinnen in autonomen Projekten streben jetzt eine öffentliche Finanzierung an, versuchen jedoch gleichzeitig, ihre Autonomie zu wahren und mit ihrem frauenpolitischen Engagement eine befriedigende Berufsperspektive zu verbinden.

Die dem Feminismus verpflichtete F. ist heute in Berlin durch verschiedene weltanschauliche Strömungen und Positionen gekennzeichnet. Gemeinsam ist ihnen aber das Eintreten für die Interessen der Frauen, der Kampf gegen den Sexismus und für die Abschaffung der gesellschaftlichen Arbeitstei-lung zwischen den Geschlechtern. Mit der Ökologie- und Friedensbewegung zu Beginn der 80er Jahre kamen neue Aspekte in die F.: u.a. Kritik an Technokratie, Genmanipu-lation, dem Umgang mit der Natur, dem ato-maren Wettrüsten, dem männlichen Fort-schrittsbegriff.

Letztlich hat die F., die wesentliche ihrer Im-pulse aus der Berliner Entwicklung bekam, bundesweit ihre Wirkungsweise in staatli-chen und gesellschaftlichen Institutionen fortgesetzt. Die erneute Gleichberechtigungs-diskussion, der > FRAUENFÖRDERPLAN, > FRAU-ENBEAUFTRAGTE und der Quotierungsbeschluß der > SOZIALDEMOKRATISCHEN PARTEI DEUTSCH-LANDS (SPD) im August 1988 sowie das *Landesantidiskriminierungsgesetz* von 1991 wä-ren ohne sie nicht denkbar.

Emanzipatorische, soziale Bewegungen gab es in der DDR kaum. Die führende Partei, die > SOZIALISTISCHE EINHEITSPARTEI DEUTSCHLANDS (SED), und die Regierung erklärten seit 1965, gemäß der marxistisch-leninistischen Ideolo-gie, die Frauenfrage für gelöst. Die gesell-schaftliche Gleichberechtigung der Frauen wurde über ihre Eingliederung in den Produktionsprozeß definiert – und wohl auch weitgehend akzeptiert. Ein Bewußtsein von Diskriminierung von Frauen konnte sich öffentlich ebensowenig entwickeln wie eine eigenständige Frauenkultur. Seit Anfang der 80er Jahre gab es in einigen Kirchen-gemeinden Ost-Berlins und der DDR opposi-tionelle Frauengruppen. Die offizielle In-teressenvertretung oblag hingegen dem SED-nahen, als „Transmissionsriemen" fungieren-den *Demokratischen Frauenbund Deutschland* (DFD). So erklärt sich, daß keine originären Formen der Zusammenarbeit von Frauen entstehen konnten.

Die nach dem Fall der > MAUER, insbes. nach der ersten freien Volkskammerwahl entstan-denen Frauenprojekte zeichnen sich bisher dadurch aus, daß sie sich weder der traditio-nellen noch der Neuen F. verpflichtet fühlen. Die Initialzündung zu eigenständiger Frau-enarbeit in Projekten und Initiativen ging im Dezember 1990 von einer Frauenversamm-lung in der > FREIEN VOLKSBÜHNE (ca. 2.000 or-ganisierte und nicht organisatorisch gebun-dene Frauen) aus. Aus den Enttäuschungen über die Unmöglichkeit, am > RUNDEN TISCH und in den neuen Parteien die eigenen Inter-essen zu vertreten, erwuchs der Wille, selbst Frauenarbeit zu leisten. Am 17.2.1992 erfolg-

te daraufhin die Gründung des *Unabhängigen Frauenverbandes (UVV)*, der ideologisch der > PARTEI DES DEMOKRATISCHEN SOZIALISMUS (PDS) und dem ehem. DFD des alten DDR-Systems sehr nahe steht. Der UVV wurde aus Finanzierungsgründen bald in einen e.V. um-gewandelt; er organisiert sich von Berlin aus auch in den neuen Bundesländern und hat 1992 ca. 1.000 Mitglieder.

Frauenförderplan: Der Berliner F. wird seit 1988 jährlich von der > SENATSVERWALTUNG FÜR ARBEIT UND FRAUEN aufgestellt und vom > ABGEORDNETENHAUS VON BERLIN verabschiedet. Im F. werden Zielvorgaben formuliert, nach denen das Übergewicht männlicher Beschäf-tigter in höher dotierten Stellen zugunsten von Frauen überwunden werden soll, um die im Grundgesetz garantierte Gleichstellung zu verwirklichen. Dies bezieht sich v.a. auf den > ÖFFENTLICHEN DIENST und die Berliner Hochschulen. Danach sollen bei Stellen-besetzungen Frauen künftig bei gleicher Qualifikation bevorzugt werden.

Einzelheiten regelt das Anfang 1991 als In-strument der Frauenförderung im Öffentli-chen Dienst in Kraft getretene Berliner *Landesantidiskriminierungsgesetz (LADG)*. Die Initiative dazu ging von Juristinnen in der > FRAUENBEWEGUNG aus; seine Durchsetzung war im wesentlichen durch das Amt der Senatorin für Frauen, Familie und Jugend möglich geworden. In seiner Essenz bedeutet das LADG, daß bei „gleichwertiger Qua-lifikation Frauen solange bevorzugt werden müssen, bis ihr Anteil in den jeweiligen Qualifikations- und Verdienststufen 50 % be-trägt". Im September 1991 beurteilte das Ber-liner Verwaltungsgericht Teile des LADG als verfassungswidrig und auch dem Beamten-gesetz widersprechend. Dieses Urteil stellt Rechtsunsicherheit her, die die Bemühungen um gezielte Frauenförderung nicht erleich-tert, sondern eher stagnieren läßt.

Institutionell soll die Einhaltung des F. von den > FRAUENBEAUFTRAGTEN kontrolliert wer-den, wenngleich bisher Sanktionsmittel feh-len.

Im Bereich der Berliner Behörden wird seit Inkrafttreten des LADG die Arbeit der dorti-gen Frauenbeauftragten unterstützt durch gewählte Frauenvertreterinnen, deren Aufga-be darin besteht, Frauen gezielt beruflich an ihren Arbeitsstellen zu fördern. 1992 war ihre Anzahl etwa 50, rd. 300 Stellen sind dafür vorgesehen; zusammengeschlossen sind sie in einer Arbeitsgemeinschaft Landesfrauenvertreterinnen. Die Hochschulen sind als Körperschaften öffentlichen Rechts nach der Novellierung des Berliner Hochschulgesetzes ebenso gehalten, Frauenförderrichtlinien aufzustellen. Konkret ist dies die Aufgabe der Hochschulfrauenbeauftragten, die die erarbeiteten Richtlinien dann den Akademischen Senaten zur Abstimmung vorlegen müssen; dieser Prozeß ist noch nicht an allen Hochschulen abgeschlossen.

Frauenhäuser: 1992 gab es im Westteil Berlins drei F., während im Ostteil vier derartige Einrichtungen im Aufbau waren. Die Adressen der F. werden geheim gehalten, um den für die Frauen nötigen Schutz zu gewährleisten, sind jedoch für Betroffene u.a. beim Krisentelefon erfahrbar (> NOT- UND KRISENDIENSTE). Das jahrhundertelang tabuisierte Thema von Gewalt gegen Frauen in der Ehe entwickelte sich erst in den 70er Jahren – aufgrund der Initiative einer Gruppe von fünf Frauen aus dem Umkreis des 1972 gegründeten Frauenzentrums der autonomen Frauenbewegung – zu einem Thema, das einer größeren Öffentlichkeit bewußt wurde. Im November 1976 eröffnete in Berlin das erste F. in Deutschland mit dem Ziel, den zahlreichen von ihren Männer oder Partnern mißhandelten Frauen, die – oft unter Lebensgefahr – mit ihren Kindern eine Zuflucht suchen, aktuell zu helfen und sie darüber hinaus zu befähigen, ihr Leben selbständig in die Hand zu nehmen. Leitgedanke ist dabei, Gewalt gegen Frauen nicht als individuelles Schicksal, sondern als gesellschaftliches Problem zu begreifen. Die umstrittene Frage, ob die notwendige Autonomie (d.h. die Ablehnung jeglicher öffentlicher Kontrolle und Einwirkung auf die selbständige Leitung) der F. durch eine finanzielle Förderung von staatlichen Stellen, die ihrerseits eine unkontrollierte Ausgabe öffentlicher Mittel fürchten, gefährdet wird, lösten die Beteiligten durch Gründung eines Trägervereins. Dieser „Verein zur Förderung des Schutzes mißhandelter Frauen e.V.", dem Vertreterinnen öffentlicher Verbände sowie Einzelpersonen angehören, nimmt die staatlichen Gelder für das F. entgegen. Damit war eine modellhafte Lösung erreicht, die bei der Einrichtung zahlreicher anderer F. in der Bundesrepublik vielfach übernommen wurde; derzeit existieren in Deutschland rd. 300 autonome Frauenhäuser.

Das auf diese Weise von der > SENATSVERWALTUNG FÜR ARBEIT UND FRAUEN finanziell unterstützte F. 1 bietet ca. 50 Frauen und 35 Kindern Platz, die von 12 fest angestellten Mitarbeiterinnen betreut werden. 1979 entstand mit gleicher Konzeption, Ausstattung und Finanzierung das F. 2 mit dem Träger „Frauenselbsthilfe – Frauen gegen Gewalt an Frauen e.V. Es ist für 70 Frauen und Kinder eingerichtet und hat 15 feste Mitarbeiterinnen.

Ein drittes F. wird vom > CARITASVERBAND BERLIN E.V. getragen. Es orientiert sich im Gegensatz zu den anderen beiden F. am traditionellen Leitgedanken karitativer Hilfe und wirkt v.a. auf Familienzusammenführung hin. Das mit zehneinhalb festen Stellen ausgestattete Haus bietet 20 Frauen und 24 Kindern Unterkunft.

Die bei den o.g. F. angegebenen Zahlen sind Soll-Zahlen; in der Praxis sind die beiden autonomen F. ständig überfüllt.

Seit 1991 befinden sich im östlichen Teil Berlins vier F. im Aufbau (ein autonomes sowie je eines von der Caritas, von der > EVANGELISCHEN KIRCHE und von der Heilsarmee), die sich in einer Arbeitsgemeinschaft zusammengeschlossen haben und als Projekte des > BUNDESMINISTERS FÜR FRAUEN UND JUGEND in Bonn angesiedelt sind. Frauen, die sich in Not befinden, können derzeit außerdem in 15 Zufluchtswohnungen untergebracht werden.

Frauenkulturinitiativen: F. sind mit der Neuen > FRAUENBEWEGUNG und der > ALTERNATIVBEWEGUNG in dem Bewußtsein entstanden, Räume für die Entwicklung „weiblicher Kultur" zu schaffen und Frauen die Ausübung von Kunst im gesellschaftlichen Raum – außerhalb des männerdominierten staatlichen Kulturbetriebs – zu ermöglichen. In gewisser Weise kann man sie in diesem Sinne als > SELBSTHILFEGRUPPEN UND -PROJEKTE bezeichnen. Im folgenden werden die wichtigsten F. genannt.

Das 1982 gegründete *Lärm und Lust Frauenmusikzentrum e.V.* in der Oranienstr. 189 im Bezirk > KREUZBERG fördert Aktivitäten von Frauen auf dem Gebiet der > ROCK-MUSIK und des > JAZZ. Es organisiert Konzerte, Sessions und Workshops und vermittelt Frauenbands Auftrittsmöglichkeiten. Des weiteren bieten Musikerinnen Unterricht an. Ein Archiv zur aktuellen Frauenmusik ist im Aufbau.

Die im Mai 1984 gegründete *Berliner-Frauen-Kultur-Initiative (BFKI)* ist ein Zusammenschluß von Frauen aus unterschiedlichen Berufen und Interessengebieten zur Förderung der Zusammenarbeit von Künstlerinnen und historisch-politisch engagierten Frauen. Im Rahmen der 750-Jahr-Feier Berlins organisierten die Mitarbeiterinnen der BFKI im > Künstlerhaus Bethanien die Ausstellung „200 Jahre Frauenleben und Frauenbewegung in Berlin".

Auch das im Mai 1986 gegründete feministische Frauenprojekt *Das Verborgene Museum e.v.* in der Schlüterstr. 70 im Bezirk > Charlottenburg produzierte zum gleichen Anlaß in der > Akademie der Künste eine große Ausstellung zur Kunst von Frauen aus dem Bestand der Berliner > Museen. Der Verein beschäftigt sich mit der Analyse gesellschaftlicher und historischer Bedingungen der künstlerischen Arbeit von Frauen im patriarchalischen Kunstbetrieb sowie der kunsthistorischen Bewertung der Kunst von Frauen und gibt bisher unbekannten Künstlerinnen Möglichkeiten, sich und ihre Werke vorzustellen. Diese Arbeit wird durch Vorträge, Lesungen und Konzerte ergänzt.

Im Oktober 1986 wurde in der Potsdamer Str. 139 im Bezirk > Schöneberg das *Begine – Café und Kulturzentrum für Frauen* eröffnet. Es versteht sich als Begegnungsstätte für Frauen unterschiedlicher Lebensweisen, Nationalitäten und Altersgruppen. Es ist außerdem ein Nachbarschaftszentrum für Frauen aus dem durch Drogen, Spielhallen und Prostitution geprägten Wohngebiet um die Potsdamer Str. Ferner wird in Vorträgen, Diskussionsveranstaltungen, Filmvorführungen, Musikdarbietungen und Ausstellungen das aktuelle Kulturschaffen von Frauen vorgestellt.

Ein Frauenkulturprojekt besonderer Art ist die im gleichen Haus untergebrachte Initiative *Pelze multi media*. Das Projekt dient als Begegnungsstätte für Frauen, die Interesse an künstlerisch-experimentellen Ausstellungen und anderen Darbietungen haben, wie > Theater, Performance, Lesungen und Workshops.

Die nach 1945 gegründete *Gemeinschaft der Künstlerinnen und Kunstfreunde e.V. (GEDOK)* in der Pücklerstr. 4B im Bezirk > Zehlendorf ist die älteste Berliner Frauenkulturvereinigung. Der Verein ist Mitglied im > Landesfrauenrat e.V. und versteht sich als berufsständische Organisation. Er sieht seine Aufgabe in der Förderung der künstlerischen Arbeit von Frauen, der Interessenwahrnehmung von Künstlerinnen, der Durch-

setzung gleichberechtigter Teilnahme von Künstlerinnen in allen Sparten der Kunst sowie der Nachwuchsförderung in den Bereichen angewandte Kunst/Kunsthandwerk, > Bildende Kunst, > Literatur und > Musik. Ferner organisiert die GEDOK Ausstellungen, Lesungen und Konzerte.

All diese F. finanzieren sich durch Eigenerträge, Spenden sowie staatliche Projektmittel, die jedoch den Umfang von 2,5 Stellen nicht überschreiten. Angeregt durch die Erfahrungen im westlichen Teil sind seit 1990 auch in den östlichen Bezirken Berlins F. z.T. aus Gruppierungen entstanden, die in der DDR nicht öffentlich arbeiten durften. Hatten alle oben geschilderten Kulturprojekte größten Wert auf Autonomie gelegt und nur zögerlich staatliche Gelder in Anspruch genommen, so unterscheiden sich davon die neuen Initiativen wesentlich. Anlaß ihrer Gründung war häufig die Möglichkeit, im Rahmen eines ABM-Programms der > Arbeitsämter für den aufzubauenden östlichen Teil der Stadt neue Frauenarbeitsplätze zu schaffen. Ein Beispiel dafür ist *Förderband e.V.*, welches sich selbst als F. definiert und die größte ihrer Art darstellt. Förderband e.V. wirkt über Berlin hinaus; es übernimmt in Form einer Beschäftigungsgesellschaft die Trägerschaft für (1992) 100 ABM-Maßnahmen in Initiativen, Projekten und Vereinen, und verwaltet sie auch. Im Aufbau befindet sich ferner *Goldnetz e.V.*, bisher besteht es aus einem Frauencafé und einer Fraueninfothek.

Frauenstadtteilzentren: Das älteste und bisher größte F. ist aus der autonomen Frauenbewegung hervorgegangen. Es wurde im September 1981 von etwa 40 Frauen im Gebäude einer leerstehenden Schokoladenfabrik in der Naunynstr. 72 im Bezirk > Kreuzberg gegründet. Diese durch einen e.V. getragene *Schokofabrik* dient als Zentrum für feministische Politk, Bildung, Handwerk, Selbstverteidigung, Bewegung und Tanz, Mädchen- und Kinderarbeit sowie Bildung und Beratung für Frauen und Mädchen aus der Türkei. Das von Frauen instandgesetzte Gebäude beherbergte in den ersten Jahren Werkstätten zum Tischlern und Bauen, eine Beratungsstelle für Ausbildung und Umschulung, eine Ökologiegruppe, Projekte zu Kunst und Kultur, den Verein „Feministische Organisation für Planerinnen und Architektinnen (POPA)", ein Café, ein *Türkisches Bad* als Kommunikationsort für türkische Frauen und eine Kindertagesstätte für alleinerziehende Mütter. Des weiteren verfügt die Schokofabrik über Gruppenräume in der Mariannenstr. 36. Die Ökologiegruppe sowie POPA sind inzwischen ausgeschieden, hinzugekommen ist ein Wohnhaus für Frauen, zwei Krisenwohnungen und ein „Treffpunkt Bildung und Beratung für Frauen und Mädchen aus der Türkei" (> Not- und Krisendienste). Das sich als autonom verstehende, von der > Senatsverwaltung für Arbeit und Frauen (SenArbFrau) geförderte Projekt verfügt über 20 feste Mitarbeiterinnen.

Im östlichen Teil Berlins wurden seit dem Fall der > Mauer fünf F. als e.V. aufgebaut. Es sind dies die F. *Paula Pauke, Brunhilde* und *Mathilde* (mit einer Anschubfinanzierung durch das > Bundesministerium für Frauen und Jugend), das F. *Eura* (1990 gefördert vom Ost-Berliner > Magistrat) und das F. *Frieda* (1990 aus Spenden der Mitglieder finanziert). Nach schwierigen Verhandlungen wurden 1991 alle fünf F. in den Berliner Nachtragshaushalt bei der SenArbFrau aufgenommen. Seither hat jedes Projekt ein bis zwei feste Mitarbeiterinnen, die Anzahl der ABM-Stellen schwankt. Der Schwerpunkt der Arbeit ist Beratung auf allen Gebieten, die sich aus der sozialen Unsicherheit der Frauen im Einigungsprozeß ergeben (Rechtsberatung, > Sozialhilfe, Arbeitslosengeld, psychosoziale Probleme); hinzu kommen, in unterschiedlicher Präsenz, Seniorinnen-, Mädchen-, Selbsthilfe- und Künstlerinnengruppen.

Fraunhofer-Gesellschaft zur Förderung der angewandten Forschung e.V. (FhG): Die FhG mit Hauptsitz in München ist eine nichtstaatliche Trägerorganisation für angewandte Forschung und Entwicklung in der Bundesrepublik Deutschland. Sie widmet sich im Gegensatz etwa zur > Max-Planck-Gesellschaft zur Förderung der Wissenschaften e.V., die v.a. Grundlagenforschung betreibt, der Auftragsforschung im Rahmen der Verbundprojektforschung für Wirtschaftsunternehmen und staatliche Institutionen. Von den 1992 insg. 47 Instituten der FhG haben drei ihren Standort in Berlin: Das > Fraunhofer-Institut für Mikrostrukturtechnik, das *Fraunhofer-Institut für Produktionsanlagen und Konstruktionstechnik (IPK)* sowie das im Zuge der > Vereinigung neugegründete > Fraunhofer-Institut für Software und Systemtechnik. Seit 1986 ist das IPK zusammen mit dem „Institut für Werkzeug-

maschinen und Fertigungstechnik (IWF)" im > Produktionstechnischen Zentrum (PTZ) am Spreebogen in der Pascalstr. 8 im Bezirk > Charlottenburg untergebracht.

Im Zuge der Vereinigung und der damit verbundenen Auflösung der > Akademie der Wissenschaften der DDR (AdW) wurden eine Reihe ihrer Berliner Einrichtungen entweder in selbständige Fraunhofer-Einrichtungen umgewandelt, um sie nach einer dreijährigen Übergangszeit in dauerhafte Fraunhofer-Institute zu überführen, oder als Außenstellen in bestehende Fraunhofer-Institute eingegliedert, die nach einer Anpassungsphase ständige Außenstellen bleiben oder in das zugehörige Institut integriert werden sollen. Dabei entstand 1991 aus Teilen des „Instituts für Informatik und Rechentechnik" der Akademie sowie des „Zentralinstituts für Kybernetik und Informationsprozesse" der Akademie das eigenständige Fraunhoferinstitut für Software und Systemtechnik. Andere Forschungsbereiche der beiden genannten Institute der AdW wurden als „Außenstelle für Prozeßoptimierung" dem „Fraunhofer-Institut für Informations- und Datenverarbeitung" mit Sitz in Karlsruhe bzw. als „Außenstelle für Bildverarbeitung" dem IPK in Berlin zugeordnet. Eine weitere „Außenstelle für Robotersystematik" des IPK ging aus dem Institut für Automatisierung der AdW in Berlin hervor. Die drei in Berlin angesiedelten Außenstellen befinden sich in der Kurstr. 33 im Bezirk > Mitte und hatten 1992 zusammen 90 Mitarbeiter.

Des weiteren ist die FhG in Berlin an der > Berliner Elektronenspeicherring – Gesellschaft für Synchrotronstrahlung (BESSY) und am Festkörper-Laser-Institut – letzteres ein > An-Institut der > Technischen Universität Berlin – als Gesellschafter beteiligt.

Die FhG hatte Anfang 1992 insg. ca. 7.000 Angestellte, davon etwa ein Drittel Wissenschaftler. An den bestehenden bzw. im Aufbau befindlichen Einrichtungen in Berlin waren zum gleichen Zeitpunkt ca. 600 Mitarbeiter beschäftigt. Die Finanzierung der FhG erfolgt überwiegend durch eigene Erträge aus der Auftragsforschung sowie durch Zuwendungen des Bundes, vertreten durch den > Bundesminister für Forschung und Technologie und der Länder. Berlin ist vertreten durch die > Senatsverwaltung für Wissenschaft und Forschung.

Fraunhofer-Institut für Mikrostrukturtech-

nik (IMT): Das zur > Fraunhofer-Gesellschaft zur Förderung der angewandten Forschung e.V. (FhG) gehörende IMT in der Dillenburger Str. 53 im Bezirk > Zehlendorf betreibt Grundlagenforschung für Zukunftstechnologien und erprobt diese an hochintegrierten Teststrukturen. Im Vordergrund stehen Verfahren zur Herstellung höchstintegrierter Schaltkreise auf Siliziumbasis mit minimalen Strukturdimensionen (kleiner als 1/1000 mm). Anfang 1992 hatte das IMT 95 Mitarbeiter, davon ca. die Hälfte Wissenschaftler. Der Etat wird durch die FhG, Zuwendungen des > Bundesministers für Forschung und Technologie und durch Erträge aus der Auftragsforschung gedeckt.

Fraunhofer-Institut für Software und Systemtechnik (ISST): Das ISST der > Fraunhofer-Gesellschaft zur Förderung der angewandten Wissenschaften e.V. (FhG) ist als Doppelinstitut konstituiert, bestehend aus dem FhG-Institut in der Kurstr. 33 im Bezirk > Mitte und einem Universitätsinstitut in Dortmund (ein weiteres wird auch an der > Technischen Universität Berlin gebildet). Es übernimmt primär Aufgaben in der angewandten Forschung und Entwicklung sowie in der Einführung neuer Technologien in die industrielle Praxis. Im Vordergrund der Arbeit des ISST stehen die Forschung, Entwicklung und Implementierung auf den Gebieten Software-Engineering und System-Engineering, rechnergestützte Software-Entwicklung sowie integrierte Infrastrukturen. Es kooperiert weltweit mit Universitäten, Forschungsinstitutionen, Industrieunternehmen und Institutionen der öffentlichen Verwaltung und beteiligt sich u.a. auch am größten EUREKA-Projekt „Software Factory". Der Etat des am 1.1.1992 gegründeten und derzeit einzigen FhG-Insituts mit Hauptsitz in den neuen Bundesländern, das z.Z. rd. 45 wissenschaftliche Mitarbeiter beschäftigt (nach der Aufbauphase rd. 120), wird durch die FhG, Projektzuwendungen des > Bundesministers für Forschung und Technologie und der zuständigen Landesministerien sowie Erträge aus der Auftragsforschung gedeckt. Ein großer Teil der in Berlin beschäftigten wissenschaftlichen Mitarbeiter des ISST arbeitete zuvor im am 1.5.1969 gegründeten und zum 31.12. 1991 aufgelösten Zentralinstitut für Kybernetik und Informationsprozesse der > Akademie der Wissenschaften der DDR, das im Gebäude des heutigen ISST untergebracht war.

Freie Berliner Kunstausstellung (FBK): Die seit 1971 jährlich i.d.R. im April/Mai auf dem > Ausstellungs- und Messegelände am Funkturm stattfindende FBK ist die einzige *Jahreskunstausstellung* Berlins. Sie ist Nachfolgerin der bis ins Jahr 1892 zurückreichenden *Großen Berliner Kunstausstellung* sowie der erstmals 1911 durchgeführten *Juryfreien Kunstausstellung* und zeigt einen Querschnitt aktueller Arbeiten der > Bildenden Kunst Berlins. Träger der Ausstellung ist der 1971 gegründete Verein „Freie Berliner Kunstausstellung e.V.". Vorstand, Geschäftsführer und Ausstellungsleitung werden jeweils für zwei Jahre gewählt und sind für die Durchführung der FBK verantwortlich. Die Finanzierung erfolgt durch die > Senatsverwaltung für Kulturelle Angelegenheiten.

Die Verantwortung für die Auswahl der Bilder, Skulpturen und Installationen liegt bei den Künstlern selbst. Das Konzept der FBK beruht auf der Beteiligung von Künstlergruppen (mit mindestens sieben, maximal 50 Mitgliedern, von denen zwei Drittel Berufskünstler sein müssen und ein Drittel Laienkünstler sein können), die Vertreter in den Verein entsenden und die ihre Bilder selbständig auswählen (1992: 91 Gruppen). Als Einzeleinsender (1992: 2.300) sind ausschließlich Berufskünstler zugelassen, deren Arbeiten in der „freien Abteilung" gezeigt werden. Ihre Interessen werden durch drei von der Vollversammlung gewählte Vertreter wahrgenommen. Jeder Künstler ist nur mit einer Arbeit vertreten, eine Jurierung findet nicht statt. Daneben besteht die Möglichkeit, bis zu zwei weitere Arbeiten in den Abteilungen Basar Druckgrafik und Auflagenkleinplastik auszustellen.

Auf der letzten FBK vor der > Vereinigung im April 1990 waren 2.100 Arbeiten ausgestellt, darunter 24 aus der DDR. Die 21., erste Gesamt-Berliner FBK vom 14.4.-12.5.1991 zeigte 2.300 Exponate, darunter 300 aus dem Ostteil der Stadt. Auf der ausnahmsweise im Juni/Juli stattfindenden FBK 1992 waren ca. 2.200 Arbeiten zu sehen. Der Erlös der Ankäufe betrug 1991 345.000 DM. Die FBK hat jährlich rd. 33.000 Besucher zu verzeichnen.

Freie Demokratische Partei (F.D.P.): Die Berliner F.D.P. (die Punkte hinter den Buchstaben wurden 1969 eingeführt) bildet einen der 16 Landesverbände der Bundespartei. Sie hat mit der > Vereinigung ihre Mitgliederzahl in Berlin auf rd. 4.677 verdoppelt, darunter

2.204 in den östlichen > BEZIRKEN (Juni 1992). Die Berliner Landesgeschäftsstelle der F.D.P. befindet sich im Zehlendorfer Ortsteil > DAHLEM, Im Dol 2-6. Der Berliner Landesverband der F.D.P. gliedert sich in 23 Bezirksverbände, die sich teilweise in Ortsverbände untergliedern (insg. 60). Die Ortsverbände wählen jeweils die Delegierten des Landesparteitages sowie der Bezirksausschüsse. Weitere Organe sind auf Bezirksebene der Bezirksvorstand, auf Landesebene der Landesvorstand und der Landesausschuß. Jugend- und Nachwuchsorganisation der Partei sind seit 1983 (anstelle der Jungdemokraten) die Jungen Liberalen (Julis). Die Parteizeitung der F.D.P., die *Berliner Liberale Zeitung*, erscheint seit 1992 monatlich (davor vierteljährlich).

Bei den > WAHLEN zum > ABGEORDNETENHAUS VON BERLIN (AbgH) am 2.12.1990 konnte die Partei 18 Mandate erreichen (7,1 %). Sie steht in der Opposition. In den am 24.5.1992 gewählten 23 > BEZIRKSVERORDNETENVERSAMMLUNGEN ist sie hingegen nur in sieben Fällen (> CHARLOTTENBURG; > REINICKENDORF; > SCHÖNEBERG; > STEGLITZ; > TEMPELHOF; > WILMERSDORF; > ZEHLENDORF) mit insg. 20 Sitzen vertreten (insg. erzielte sie 4,8 %).

Nach 1945 entstanden in den Besatzungszonen zunächst mehrere liberale Parteiorganisationen. Die Liberalen in Berlin und in der sowjetischen Besatzungszone (SBZ) organisierten sich in der am 5.7.1945 in Berlin gegründeten > LIBERALDEMOKRATISCHEN PARTEI DEUTSCHLANDS (LDPD).

In der SBZ und Ost-Berlin geriet die LDPD jedoch bald unter den Einfluß der > SOZIALISTISCHEN EINHEITSPARTEI DEUTSCHLANDS (SED), was Anfang 1948 zum Ausschluß des sich dieser Entwicklung widersetzenden Berliner Landesverbandes führte. Zusammen mit anderen liberalen Parteien aus den Westzonen beteiligte sich der seit dem Ausschluß in seiner Tätigkeit auf West-Berliner Gebiet beschränkte Landesverband der LDPD im Dezember 1948 an der Gründung der FDP in Heppenheim an der Bergstraße und konstituierte sich unter neuem Namen als Berliner Landesverband der FDP. Am 1.2.1949 wurde die FDP von der > ALLIIERTEN KOMMANDANTUR für die Westsektoren Berlins zugelassen.

Der bisherige Vorsitzende der Berliner LDPD, Carl-Hubert Schwennicke, wurde auf dem ersten Landesparteitag am 25./26.6.1949 zum ersten Landesvorsitzenden der FDP gewählt. Er übte dieses Amt bis 1956 aus. Bei den Wahlen zum AbgH vom Dezember 1950 konnte die FDP mit 23 % der Stimmen ihr bisher bestes Ergebnis erzielen. 1948-53 beteiligte sich die FDP an einer Allparteien-Koalition mit der SPD und der CDU unter dem > REGIERENDEN BÜRGERMEISTER VON BERLIN (RBm) Ernst Reuter (SPD), nach dem Tode Reuters bildete sie eine Koalition mit der CDU unter Walther Schreiber (CDU).

Nach den Abgeordnetenhauswahlen vom Dezember 1954, bei denen die FDP auf 12,8 % der Stimmen zurückgefallen war, ging die Partei in die Opposition. Im Juni 1956 verließ der Vorsitzende des Berliner Landesverbandes, Schwennicke, mit zahlreichen Parteimitgliedern die FDP und schloß sich der im April 1956 gegründeten, aus dem „Ministerflügel" der Bundes-FDP hervorgegangenen *Freien Volkspartei (FVP)* an. Daraufhin kam die Berliner FDP bei den Wahlen vom Dezember 1958 nur noch auf 3,5 % und war nicht mehr im AbgH vertreten. Nach Rudolf Wills und Hans Reif wurde im Mai 1960 William Borm zum Landesvorsitzenden gewählt, der dieses Amt acht Jahre lang bekleidete.

Im Frühjahr 1963 gelang der Partei mit 7,9 % die Rückkehr ins AbgH. Obwohl die SPD bei dieser Wahl 61,9 % erreichte, bildete sie eine Koalition mit der FDP. Bei den Abgeordnetenhauswahlen vom Frühjahr 1967 erzielte die FDP 7,1 % und konnte die Koalition mit der SPD fortsetzen.

1968 wählte die Berliner FDP Hermann Oxfort zu ihrem Landesvorsitzenden. Bei den Wahlen zum AbgH vom März 1971 erzielte sie mit 8,5 % zwar ein gutes Resultat, jedoch kündigte die SPD die Koalition auf. Oxforts Nachfolger im Parteivorsitz wurde Wolfgang Lüder. Bei den Wahlen vom März 1975 verlor die SPD ihre absolute Mehrheit und ging nun wieder eine Koalition mit der F.D.P. ein, die 7,1 % der Stimmen erreicht hatte. Diese Koalition konnte sich auch in den Wahlen vom März 1979 behaupten, bei denen sich die F.D.P. auf 8,1 % verbesserte.

Zum Jahreswechsel 1980/81 geriet der SPD/F.D.P.-Senat jedoch durch den „Garski-Skandal" in eine Krise, die zum Rücktritt des RBm Stobbe (SPD) führte. Der von Hans Jochen Vogel (SPD) und Guido Brunner (F.D.P.) geführte neue Senat scheiterte bei den vorgezogenen Neuwahlen vom Mai 1981. Dabei konnte die F.D.P. mit 5,6 % nur noch knapp die Sperrklausel überspringen.

Das Wahlergebnis vom Mai 1981 hatte der

SPD/F.D.P.-Koalition zwar die Mehrheit entzogen, der CDU aber keine absolute Mehrheit gebracht. Unter dem neuen Landesvorsitzenden Jürgen Kunze sprach sich der eher linksliberal geprägte Landesparteitag der F.D.P. gegen eine Koalition mit der CDU und auch gegen die Tolerierung eines CDU-Minderheitssenats aus. Als dieser am 11.6. 1981 dann doch gewählt wurde, leitete der F.D.P.-Landesvorstand Parteiordnungsverfahren gegen vier F.D.P.-Abgeordnete ein, von denen man annahm, daß sie den CDU-Senat mitgewählt hatten.

Nach dem Koalitionswechsel der F.D.P. zur CDU im Bund im September 1982 entschied sich auch die F.D.P. in Berlin für ein Zusammengehen mit der CDU. Im März 1983 wurde Walter Rasch zum neuen Landesvorsitzenden gewählt. Die F.D.P. trat jetzt in den Senat unter Eberhard Diepgen (CDU) ein. Mit einer Koalitionsaussage zugunsten der CDU zog die F.D.P. auch in die Wahlen vom März 1985, in denen sie sich mit einem Ergebnis von 8,5 % der Stimmen erfolgreich behauptete. Überraschend endeten die Abgeordnetenhauswahlen vom Januar 1989 mit einer hohen Niederlage für die CDU/F.D.P.-Koalition. Mit 3,9 % der Stimmen scheiterte die F.D.P. an der Sperrklausel und war damit im AbgH nicht mehr vertreten. Nach der Wahlniederlage übernahm abermals Hermann Oxfort, ein Exponent ihres rechten Flügels, die Führung der Partei.

Auf Bundesebene hatten sich die drei seit dem 12.2.1990 im Wahlbündnis Bund Freie Demokraten (BFD) zusammengeschlossenen liberalen Parteien der DDR – die aus der LDPD entstandene LDP, der sich zwischenzeitlich mit der NDPD eine weitere > BLOCK-PARTEI angeschlossen hatte, die neugegründete Freie Demokratische Partei/FDP und die Deutsche Forumpartei – am 11.8.1990 mit der Bundes-F.D.P. unter dem Namen „Freie Demokratische Partei – Die Liberalen" vereinigt. Nachdem diese Vereinigung auf einem Landesparteitag der F.D.P. im > INTERNATIONALEN CONGRESS CENTRUM BERLIN am 1.9.1990 auch in Berlin vollzogen war, wählten die Delegierten die Berliner Landesbeauftragte für Frauenfragen (> FRAUENBEAUFTRAGTE), Carola v. Braun, zur Parteivorsitzenden.

Landesvorsitzende der Berliner F.D.P.

Carl-Hubert Schwennicke	1949-56
Rudolf Willms	1956-58
Hans Reif	1958-59
William Borm	1960-68
Hermann Oxfort	1968-71
Wolfgang Lüder	1971-81
Jürgen Kunze	1981-83
Walter Rasch	1983-89
Hermann Oxfort	1989-90
Carola v. Braun	seit 1990

Freie Universität Berlin (FU): Die FU im Bezirk > ZEHLENDORF hat wie die > HUMBOLDT-UNIVERSITÄT ZU BERLIN (HUB) das Studienangebot einer klassischen Universität mit allen großen Fachrichtungen. Mit 62.000 Studierenden war sie 1992 die größte Hochschule Berlins und nach München die zweitgrößte der Bundesrepublik Deutschland.

Die Gründung der FU erfolgte im Zuge der > SPALTUNG Berlins am 4.12.1948 im > TITANIA-PALAST in > STEGLITZ. Nicht kommunistisch orientierte Professoren, Dozenten und Studenten reagierten damit auf den zunehmenden politischen Druck, dem sie an der bereits 1946 im sowjetisch besetzten Teil Berlins (wieder)eröffneten traditionellen Berliner Universität ausgesetzt waren. Im Juni 1948 nahm ein Gründungsausschuß unter dem späteren > OBERBÜRGERMEISTER Ernst Reuter seine Arbeit auf. Dank der Zusage umfangreicher finanzieller und materieller Unterstützung durch die amerikanische Besatzungsmacht (> ALLIIERTE) und der Bereitschaft des Historikers Friedrich Meinecke, erster Rektor der neuen Universität zu werden, konnte die Gründung der FU in Form einer Körperschaft des öffentlichen Rechts innerhalb eines halben Jahres vollzogen werden. Bereits am 15.11.1948 wurde der Lehrbetrieb in Gebäuden der ehem. > KAISER-WILHELM-GESELLSCHAFT ZUR FÖRDERUNG DER WISSENSCHAFTEN (KWG) in Dahlem unter provisorischen Bedingungen für zunächst 2.140 Studenten aufgenommen.

Die FU sollte mit ihrer inneren Struktur vorbildhaft zum gesellschaftlichen Aufbau und zur demokratischen Gestaltung des Landes nach dem II. Weltkrieg und der Zerschlagung des Dritten Reiches beitragen. Deshalb war sie nicht nur eine Kuratorialhochschule nach altem Muster, sondern gab erstmals in der deutschen Hochschulgeschichte Studenten in den Selbstverwaltungsgremien Mitspracherechte.

1. Struktur, Organisation und Haushalt
Seit der Hochschulreform von 1970 besteht die FU aus 22 Fachbereichen, darunter zwei

der drei Berliner *Universitätsklinika*, fünf *Zentralinstituten (ZI)* und sieben *Zentraleinrichtungen (ZE)*. Die Fachbereiche sind aus den früheren Fakultäten hervorgegangen, weisen allerdings nicht deren fachliche Breite auf. Die ZI, eine Besonderheit der FU, betreiben v.a. interdisziplinäre Forschung und Lehre. Die ZE erbringen Dienstleistungen für die Hochschulen insg. oder für einzelne Fachbereiche.

Die FU ist Körperschaft des öffentlichen Rechts und zugleich staatliche Einrichtung. Sie hat das Recht zur Selbstverwaltung im Rahmen der Gesetze und regelt ihre Angelegenheiten autonom durch Satzungen. Professoren, akademischer Mittelbau, Studenten sowie sonstige Mitarbeiter bilden für die Vertretung in den Gremien der akademischen Selbstverwaltung jeweils eine Gruppe. Das wichtigste Entscheidungsgremium der FU ist der akademische Senat, der u.a. Grundsätze für Forschungsförderung sowie für Lehre und Studium festlegt. Vorsitzender ist der Präsident der Universität, der diese nach innen und außen vertritt. Weitere Organe der FU sind das Konzil, das sich mit grundsätzlichen Angelegenheiten der Universität befaßt (u.a. Wahl des Präsidenten), der Kanzler an der Spitze der Verwaltung sowie das Kuratorium als Bindeglied der Hochschule zu Staat und Gesellschaft. Letzteres entscheidet über alle grundsätzlichen und besonders bedeutsamen Fragen der Verwaltung, des Haushalts und des Personalwesens. An der FU ist eine verfaßte Studentenschaft als Teilkörperschaft des öffentlichen Rechts eingerichtet.

Haupt- und nebenberufliche > FRAUENBEAUF-TRAGTE wirken zentral und in den Bereichen auf die Herstellung der Chancengleichheit der Frauen in der Hochschule und auf die Vermeidung von Nachteilen für weibliche Hochschulangehörige hin.

Institutioneller Aufbau und Selbstverwaltung der Universität als Körperschaft des öffentlichen Rechts sind im Berliner Hochschulgesetz vom 12.10.1990 geregelt. Der Haushalt der FU in Höhe von insg. 1,29 Mrd. DM (1992) wird von der > SENATS-VERWALTUNG FÜR WISSENSCHAFT UND FORSCHUNG sowie vom Bund, der Deutschen Forschungsgemeinschaft (DFG) und anderen Drittmittelgebern gedeckt. Die Drittmitteleinnahmen der FU betrugen 1991 ca. 87,6 Mio. DM.

2. Lehre und Forschung

Im Wintersemester 1991/92 waren an der FU ca. 62.000 Studierende, davon 50,7 % Frauen und 8,9 % Ausländer, immatrikuliert. Die Studentenzahl ist damit fast doppelt so hoch wie in der Normalauslastung (32.600) vorgesehen.

Das planmäßige Personal umfaßte zum gleichen Zeitpunkt insg. 925 Professoren, 2.974 akademische Mitarbeiter und 11.572 sonstige Mitarbeiter. Hinzu kamen als Beschäftigte 1.051 wissenschaftliche Mitarbeiter und 1.943 sonstige Mitarbeiter aus nicht planmäßigen Mitteln und Drittmitteln sowie 731 Lehrbeauftragte, 2.609 studentische Hilfskräfte/Tutoren und 767 Auszubildende und Praktikanten.

Insg. wurden an der FU Ende 1991 ca. 100 Studienfächer angeboten, die für verschiedene Lehrämter qualifizieren oder mit dem Diplom, dem Magister, dem Staatsexamen (ohne Lehramt) sowie mit Zertifikaten in den Aufbau- und Ergänzungsstudiengängen beendet werden. Im Wintersemester 1991/92 verzeichnete die FU ca. 3.500 Studienabschlüsse sowie 800 Promotionen.

Die größten Fächer sind Medizin mit rd. 7.000 Erstfachstudenten sowie Jura, Germanistik und Erziehungswissenschaften mit jeweils ca. 5.000 Erstfachstudierenden. Die größte politikwissenschaftliche Lehr- und Forschungseinrichtung im deutschen Sprachraum mit mehr als 3.500 Studierenden der Fachbereich Politische Wissenschaft (> OTTO-SUHR-INSTITUT). Ferner zeichnet sich die FU v.a. durch ein großes Angebot kleiner, außergewöhnlicher Studienfächer aus, so etwa in den Altertums- und Kulturwissenschaften bspw. mit den Fächern Ägyptologie, Altorientalistik, Byzantinistik, Islamwissenschaft, Judaistik, Japanologie, Indische Kunstgeschichte, Indische Philologie, Iranistik, Semitistik u.a. Ferner können derzeit folgende Aufbau- und Ergänzungsstudiengänge an der FU gewählt werden: Journalisten-Weiterbildung, Mathematische Methoden und Modelle in den Geowissenschaften, Mikroökonomik (Graduiertenkolleg), Qualitative Methoden in den Sozialwissenschaften, Synthese und Strukturaufklärung niedermolekularer Verbindungen (Graduiertenkolleg), Technischer Vertrieb, Tourismus mit dem Schwerpunkt Management und regionale Fremdenverkehrsplanung, Tropenveterinärmedizin und ab Wintersemester 1992/93 Psychosoziale Versorgung.

Neben der Lehre und Ausbildung ist die FU eine der größten Forschungsstätten Berlins.

Von den z.Z. ca. 150 in der Bundesrepublik durch die DFG geförderten Sonderforschungsbereichen (SFB), in denen komplexe Themen über einen längeren Zeitraum hinweg erforscht werden, sind fünf bei der FU angelagert. Gemeinsam mit der TUB wird z.Z. ein SFB betreut, an zwei SFB der TUB ist die FU beteiligt. An diesen Bereichen arbeiten z.T. auch Wissenschaftler außeruniversitärer Forschungseinrichtungen mit, so sind das > HAHN-MEITNER-INSTITUT, das > BUNDES-GESUNDHEITSAMT und die > MAX-PLANCK-GE-SELLSCHAFT mit Arbeiten an Teilprojekten einbezogen. Daneben bestehen zwei von der DFG geförderte kleinere Forschungsgruppen. Eine neue, in den 80er Jahren entwickelte Forschungsform sind die > AN-INSTITUTE, die als Bindeglied zwischen > WISSENSCHAFT UND FORSCHUNG und der > WIRTSCHAFT dienen. Als privatwirtschaftlich organisierte, unabhängige Einrichtungen sind drei An-Institute über einen Kooperationsvertrag mit der FU verbunden.

Eine Besonderheit der FU ist schließlich die > BERLIN-FORSCHUNG. Mit diesem Programm zur Förderung des wissenschaftlichen Nachwuchses werden Dissertationen zu Berlin-spezifischen und Berlin-dienlichen Themen unterstützt.

3. *Die Zentralinstitute*

Eine weitere Besonderheit der FU sind die Anfang der 70er Jahre gebildeten Zentralinstitute (ZI).

Das *Osteuropa-Institut* in der Garystr. 55 in > DAHLEM wurde 1951 mit dem Ziel gegründet, als Zentrum der Osteuropa-Forschung die Arbeit der in den 20er Jahren eingerichteten Spezialinstitute in Breslau und Königsberg fortzusetzen und an die Tradition der deutschen Osteuropa-Forschung vor 1933 anzuknüpfen. Die Forschung befaßt sich v.a. mit den Regionen Ost-, Ost-Mittel- und Süd-Ost-Europa. Die nach dem Umbruch in Osteuropa erforderliche Neudefinierung des Aufgabengebiets des Instituts war im Frühjahr 1992 noch nicht abgeschlossen. Die 350.000 Bände umfassende Bibliothek hat als Besonderheit einen bibliographischen Lesesaal zur Literatur in Osteuropa.

Das *John-F.-Kennedy-Institut* für Nordamerika-Studien in der Lahnstr. 5-9 in Dahlem geht auf das bereits bei der Gründung der FU eingerichtete Englisch-Amerikanische Seminar zurück, aus dem 1952 eine eigenständige Amerika-Abteilung entstand. Diese etablierte sich 1955 als Amerika-Institut, wurde 1963

auf Initiative des Politikwissenschaftlers Ernst Fraenkel zu einem interfakultativen Institut mit dem Namen John-F.-Kennedy-Institut erweitert und 1970 in ein ZI der FU umgewandelt. Das J. ist mit seiner über 400.000 Titel umfassenden Bibliothek die größte Forschungsstätte Europas, die sich mit Nordamerika-Studien befaßt.

Das in einem von Max Taut und Franz Hoffmann entworfenen Bau untergebrachte *Lateinamerika-Institut* in der Rüdesheimer Str. 54-56 am Breitenbachplatz im Bezirk > WILMERSDORF hat in der Lehre als Schwerpunkte die beiden Studiengänge Altamerikanistik und Lateinamerikanistik. Die Forschung konzentriert sich derzeit auf Brasilien, die Anden und den karibischen Raum. Die Bibliothek umfaßt ca. 36.000 Bücher, 210 laufende Zeitschriften sowie ca. 200 Filme und Videobänder.

Das *Zentralinstitut für sozialwissenschaftliche Forschung* in der Malteserstr. 74-100 in > LANKWITZ wurde 1969 gegründet. Die heutigen Arbeitsgebiete des Institutes sind: Empirische Extremismusforschung, Parteien und Wahlen, Gewerkschaften und Verbände, Öffentliche Verwaltung und Politikfeldanalysen, Eliten und Repräsentationsforschung sowie Soziale Bewegungen. Es verfügt über eine 140.000 Bände umfassende Bibliothek, darunter 40.000 zur DDR-Geschichte, und ein Archiv mit über 700 laufend bezogenen Periodika sowie Spezialsammlungen.

Das 1978 gegründete *Zentralinstitut für Fachdidaktiken* in der Habelschwerdter Allee 45 in Dahlem ist für die Fachdidaktik der lehrerbildenden Fachbereiche der FU zuständig. Es übernahm 1980 nach deren Auflösung einen Teil der Aufgaben der *Pädagogischen Hochschule*. Neben sieben Abteilungen und einer Arbeitsstelle umfaßt es verschiedene Serviceeinrichtungen wie Dokumentation und didaktische Information, eine Station für audiovisuelle Geräte und Medien und eine Pädagogische Werkstatt.

4. *Die Universitätsbibliothek der FU*

Die Entwicklung der Universitätsbibliothek (UB) der FU ist im Vergleich mit anderen Hochschulgründungen nach dem Krieg insofern atypisch verlaufen, als mit den neu gegründeten Instituten und Seminaren zuerst umfangreiche autonome Fachbibliotheken entstanden und eine zentrale UB erst später – mit der Errichtung des *Henry-Ford-Baus* – geschaffen wurde. Das Bibliothekssystem ist derzeit in 184 Einzelbibliotheken untergliеdert, die auf 106 Standorte verteilt sind. Von den 184 Einzelbibliotheken haben 93 einen Bestand von weniger als 5.000 Bänden. Der Bestand umfaßte 1991 über 7 Mio. Bücher (UB 1,9 Mio., Fachbibliotheken 5,1 Mio.) und 36.000 laufend gehaltenen Zeitschriften.

5. Dienstleistungen
Dienstleistungen für die FU erbringen die sieben *Zentraleinrichtungen (ZE)*. Die ZE Hochschulsport im Kiebitzweg 15 in Dahlem bietet für alle Mitglieder der FU Veranstaltungen in ca. 80 verschiedenen Sportbereichen an. Die ZE Studienberatung und Psychologische Beratung in der Brümmerstr. 50 in Dahlem berät Studierende (u.a. in Workshops und speziellen Veranstaltungen) zu studiumsspezifischen Themen. Die ZE Sprachlabor in der Habelschwerdter Allee 45 in Dahlem führt sowohl die Sprachausbildung für Fächer mit sprachpraktischen Studienanteilen als auch eine studienbegleitende Sprachausbildung für alle interessierten Studierenden in fünf verschiedenen Fremdsprachen und für Deutsch als Fremdsprache durch. Die ZE für Datenverarbeitung in der Fabeckstr. 32 in Dahlem ist das Hochschulrechenzentrum und bietet Kurse aus den Bereichen Betriebssysteme, Sprachen und Anwendungssoftware sowie PC-Kurse an. In der *ZE Tierlaboratorien* in der Krahmerstr. 6 im Bezirk > STEGLITZ werden Tierversuche durchgeführt und ausgewertet. Die *ZE für audiovisuelle Medien* in der Malteserstr. 74-100 in Steglitz ermöglicht FU-Mitgliedern die Produktion studienfachbezogener Filme und Videos. Die *ZE zur Förderung von Frauenstudien und Frauenforschung* in der Dahlemer Königin-Luise-Str. 34 wurde 1980 mit dem Ziel gebildet, die Benachteiligung von Frauen im Wissenschaftsbetrieb der FU abzubauen. Ihre Beschlüsse haben lediglich empfehlenden Charakter, die Verantwortung für deren Umsetzung liegt bei den Fachbereichen und den zentralen Forschungseinrichtungen (> FRAUENBEWEGUNG; > FRAUENFÖRDERPLAN).
Die beiden Universitätsklinika, das > UNIVERSITÄTSKLINIKUM STEGLITZ und das > UNIVERSITÄTSKLINIKUM RUDOLF VIRCHOW in > WEDDING, tragen wesentlich zur Sicherung der Gesundheitsversorgung der Bevölkerung bei (> KRANKENHÄUSER).
Die Gesundheitsversorgung des Berliner Tierbestandes sichern u.a. die *Tierkliniken* des Fachbereichs Veterinärmedizin der FU in Lankwitz (> LANDWIRTSCHAFT). Aufgrund ei-

ner Empfehlung des Wissenschaftsrates sollen der Fachbereich Veterinärmedizin in der FU und die veterinärmedizinische Fakultät der HUB fusionieren.
Zu den Dienstleistungen der FU zählen schließlich die mehrfach täglich vom > INSTITUT FÜR METEOROLOGIE in Dahlem erstellten Wetterberichte für Hörfunk und Fernsehen.

6. Weitere Einrichtungen und Außenbeziehungen
Aufgrund ihrer besonderen Geschichte hat die FU besonders viele und intensive Außenbeziehungen. Z.Z. bestehen über 50 förmliche Partnerschaften mit Universitäten in allen Erdteilen, insbes. mit den USA (17), Großbritannien (5) und anderen westeuropäischen Ländern, aber auch mit Ländern Osteuropas wie Rußland (1), Polen (2) und Ungarn (2), mit der Volksrepublik China (2) und mit Ländern der Dritten Welt.

7. Gebäude
Bereits Anfang dieses Jahrhunderts bestanden Pläne, südwestlich Berlins, auf dem Gelände der ehem. > DOMÄNE DAHLEM, eine Wissenschaftsstadt nach angelsächsischem Vorbild zu errichten. Mit dem Bau einiger Institute für die > FRIEDRICH WILHELMS-UNIVERSITÄT und die Kaiser-Wilhelm-Gesellschaft zur Förderung der Wissenschaften, des > BOTANISCHEN GARTENS sowie weiterer wissenschaftlicher Einrichtungen wurde ein Teil dieser Pläne verwirklicht.
Erste Neubauprojekte der FU waren zu Beginn der 50er Jahre im Süden Dahlems eine Mensa sowie der *Henry-Ford-Bau* mit Auditorium Maximum und Universitätsbibliothek, finanziert von der Henry Ford Foundation. Seit den frühen 60er Jahren entstanden nordöstlich davon Neubauten v.a. für die Naturwissenschaften sowie eine umfangreiche Anlage für Geistes- und Sozialwissenschaften, die wegen ihrer Stahl- und Aluminiumverkleidung bald als „Rostlaube" sowie in einem neueren Teil als „Silberlaube" bekannt wurde. Die für die FU vorgesehenen Bauten sind heute nur z.T. verwirklicht. Nach wie vor befinden sich zahlreiche Institute und Einrichtungen in Dahlemer Villen und in anderen Gebäuden der südlichen Bezirke. In Steglitz ist 1969 ein moderner Klinikkomplex entstanden. Mit dem Klinikum Rudolf-Virchow entsteht im Bezirk Wedding eine der modernsten Universitätsklinika Deutschlands.

Freie Volksbühne: Die 1992 geschlossene F. an der Schaperstr. 24 im Bezirk > WIL-

MERSDORF war eine der drei Theaterinstitutionen mit dem Namen „Volksbühne", deren gemeinsamer Ursprung bis ins Ende des 19. Jh. zurückreicht. Während die > VOLKSBÜHNE AM ROSA-LUXEMBURG-PLATZ im Bezirk > MITTE und die > BESUCHERORGANISATION „Freie Volksbühne e.V." auch weiterhin bestehen werden, beschloß die > SENATSVERWALTUNG FÜR KULTURELLE ANGELEGENHEITEN (SENKULT) 1991 im Zusammenhang mit der durch die > VEREINIGUNG bedingten Neuordnung der Berliner Theaterlandschaft die Auflösung der F. (> THEATER). Die Spielstätte der F. soll bis 1994 in ein *Theater der Nationen* überführt werden. Die Konzeption für dieses neue Theater war 1992 bei der SenKult in Arbeit.

Die F. war am 12.12.1946 in Reaktion auf den zunehmenden kommunistischen Druck im Ostsektor als West-Berliner Neugründung entstanden, während der in Ost-Berlin verbliebene Teil der *Volksbühnenbewegung* 1954 im Freien Deutschen Gewerkschaftsbund (FDGB) aufging. Zunächst nutzte die F. das > THEATER AM KURFÜRSTENDAMM als provisorische Spielstätte. Bis zur spektakulären Verpflichtung Erwin Piscators 1962 wechselte die Leitung so häufig, daß – mit Ausnahme der Intendanz von Oscar Fritz Schuh (1953-58) – kaum dauerhafte künstlerische Akzente gesetzt werden konnten. Der aus der Emigration zurückgekehrte Piscator brachte bis zu seinem Tod 1966 der Bühne internationalen Ruhm, indem er dem Dokumentartheater zum Durchbruch verhalf. Zu seinen herausragenden Inszenierungen gehört die Uraufführung von Rolf Hochhuths „Der Stellvertreter" am 20.2.1963 mit Dieter Borsche und Günther Tabor in den Hauptrollen. Dies war gleichzeitig die letzte Inszenierung im Theater am Kurfürstendamm. Die Eröffnung des neuen Hauses an der Schaperstr. fand am 1.5.1963 mit der Aufführung von Romain Rollands „Robespierre" statt. In der Folgezeit gab es eine Reihe weiterer bedeutender Inszenierungen, so 1964 die Uraufführung von Heinar Kipphardts „In der Sache J. Robert Oppenheimer" und 1965 die Uraufführung von Peter Weiss' „Die Ermittlung". Nach Piscators Tod 1966 geriet die F. zunehmend in die künstlerische Krise. Nach glücklosen Interimslösungen sorgte erst Kurt Hübner (1973-87) wieder für Kontinuität. Er holte attraktive Regisseure an sein Haus, die mit populären (Gast-)Schauspielern arbeiten konnten. Den letzten Höhepunkt der Ära Hübner setzte der 1980 zum Spielleiter beru-

fene Peter Zadek 1984 mit der europäischen Erstaufführung von Sobols „Ghetto". 1987 trat der Regisseur Hans Neuenfels mit einem festen Ensemble Hübners Nachfolge an. Nach dem Rücktritt von Neuenfels übernahm der Schauspieler Hermann Treusch 1990 die Intendanz, die er bis zur Schließung der F. innehatte.

In seiner letzten Spielzeit 1991/92 hatte das Ensemble der F. elf feste Schauspieler. Es standen 13 Stücke auf dem Spielplan, die Zahl der Zuschauer betrug insg. ca. 35.000. Bis zur Schließung des Theaters wurden die Kosten durch Eintrittsgelder und von der SenKult getragen.

Der Bau in der Schaperstr. wurde 1961-63 nach Plänen von Fritz Bornemann als zweigeschossiger Stahlskelettbau mit flachem Kassenhallen-Vorbau errichtet. Der Zuschauerraum mit 1.017 Plätzen bildet ein langgezogenes Sechseck mit ansteigendem Parkett und einem kleinen dreiseitigen Rang. Die Kassenhalle wurde als Spielstätte für kleinere Inszenierungen genutzt. Im Zuge der Errichtung des Theaters der Nationen ist ein umfassender Umbau des Hauses geplant.

Freie Waldorf-Schulen: In Berlin existieren z.Z. fünf F. Diese *Alternativschulen* in freier Trägerschaft arbeiten auf der Grundlage der von Rudolf Steiner anthroposophisch begründeten Anthropologie. Die Verbindlichkeit der philosophischen Grundüberzeugung für Lehrer und Eltern soll zur Geschlossenheit und Einheitlichkeit in der Pädagogik führen. Aus anthroposophischem Verständnis soll der junge Mensch befähigt werden, an der Vollendung der „Welt-Wirklichkeit" schöpferisch mitzuwirken. Die Erziehungskunst des Lehrers und Erziehers bezieht sich auf die Überzeugung, daß sich die menschliche Entwicklung (0-21 Jahre) im 7-Jahres-Rhythmus vollzieht. Lehrmethoden und Lehrinhalte sollen sich an diesem Rhythmus sowie an den individuellen Entwicklungsschritten orientieren.

Als wesentliche Voraussetzung für die Entfaltung der Persönlichkeit haben musische Lehrinhalte auf malerisch-plastischem, sprachlich-dramatischem sowie musikalisch-rhythmischem Gebiet eine entscheidende Bedeutung. Einen konzentrierten Höhepunkt soll die künstlerische Aktivität in der sog. Eurythmie finden, bei der Gesprochenes, Vokal- und Instrumentalmusik in Ausdrucksbewegungen umgesetzt werden.

Waldorfschulen und -kindergärten stoßen bei vielen Eltern in Berlin auf wachsendes Interesse. Diese erwarten im Vergleich mit den Regelschulen von den F. weniger Leistungsdruck, mehr künstlerisch-musische Lernangebote, größere Beachtung individueller Bedürfnisse und vorbeugenden Schutz vor den negativen Folgen unserer technisch geprägten Zivilisation.

Die älteste der fünf Berliner F. ist die *Rudolf-Steiner-Schule* in > ZEHLENDORF mit 86 Lehrern und 779 Schülern. Die weiteren vier Schulen befinden sich z.T. noch im Aufbau. Die *Emil-Mold-Schule* mit 31 Lehrern und 312 Schülern hat ihren Sitz ebenfalls in Zehlendorf, die *Waldorf-Schule „An der Mauer"* mit elf Lehrern sowie 150 Schülern befindet sich in > MITTE. Die F. > KREUZBERG unterrichtet 265 Schüler und hat einen Lehrkörper mit 26 Personen, die *F. Märkisches Viertel* mit 380 Schülern sowie 39 Lehrern befindet sich in > REINICKENDORF. Insg. wurden somit 1992 an den Berliner F. 1.896 Schülerinnen und Schüler von 193 Lehrerinnen und Lehrern betreut.

Freiheitsglocke: Die der „Liberty Bell", einem amerikanischen Nationaldenkmal in Philadelphia nachgebildete F., wurde den Berlinerinnen und Berlinern am 21.10.1950 vor dem > RATHAUS SCHÖNEBERG als Geschenk des amerikanischen Volkes durch General Lucius D. Clay übergeben. Sie fand ihren Platz in der damals neu angelegten Aussichtshalle des Rathausturmes, wo sie am 24.10.1950 während einer Feierstunde in Anwesenheit des damaligen Bundeskanzlers Konrad Adenauer vor 450.000 Teilnehmern erstmals erklang.

Das „Nationalkomitee für ein freies Europa", dessen Vorsitzender Clay war, hatte Finanzierung und Ausführung dieses symbolhaften Geschenkes getragen. Die Glocke trägt die Inschrift: „That this world under God shall have a new birth of freedom" (Möge diese Welt mit Gottes Hilfe eine Wiedergeburt der Freiheit erleben). Die Glocke wiegt 10.200 kg. Sie läutet jeden Mittag um zwölf Uhr sowie Heiligabend und zum Jahreswechsel. Ferner wurde sie zu besonderen Anlässen geläutet: am > 17. JUNI 1953, zum Volksaufstand in Ungarn 1956, zur Trauerfeier für den amerikanischen Präsidenten John F. Kennedy 1963 und am > 3. OKTOBER 1990 um 0 Uhr zum Inkrafttreten der deutschen > VEREINIGUNG.

In einer Dokumentenkammer im Rathaus-turm werden die Listen mit den Unterschriften der über 16 Mio. Amerikaner aufbewahrt, die mit ihren Spenden die Glocke finanziert haben, sowie der Text der Freiheitserklärung: „Ich glaube an die Unantastbarkeit und an die Würde jedes einzelnen Menschen. Ich glaube, daß allen Menschen von Gott das gleiche Recht auf Freiheit gegeben wurde.

Montage der Freiheitsglocke am 20. Oktober 1950

Ich schwöre, der Aggression und der Tyrannei Widerstand zu leisten, wo immer sie auf Erden auftreten werden, auf daß diese Welt mit Gottes Hilfe eine Wiedergeburt der Freiheit erleben möge".

Freitag – Die Ost-West-Wochenzeitung: Der seit November 1990 erscheinende F. ist eine linke, kritische Wochenzeitung. Der Sitz der Redaktion befindet sich Am Treptower Park 28-30 im Bezirk > TREPTOW, eine Außenstelle besteht in Bonn. 1992 hatte die F. eine Verkaufsauflage von 24.000 Exemplaren.

Der F. ist hervorgegangen aus der 1946 vom „Kulturbund zur demokratischen Erneuerung Deutschlands" (ab 1974 Kulturbund der DDR) gegründeten kulturpolitischen Wochenzeitschrift „Sonntag" und der West-Berliner „Volkszeitung", die 1953 als „Deutsche Volkszeitung" in Düsseldorf gegründet worden war. Er ist die einzige authentische Ost-West-Zeitung, d.h. er wurde im Gegensatz zu anderen Zeitungen zu gleichen Teilen aus einer Ost- und einer Westzeitung gebildet.

Neben der Berichterstattung über aktuelle Themen legt der F. großen Wert auf die Analyse politischer, gesellschaftlicher und kultureller Zusammenhänge. Seine Artikel sind aufgeteilt in die Themenblöcke In- und Ausland, Kultur, Frauen, Alltag und Reportagen, Schwerpunkte sind Politik und Kultur.

Herausgeber der Zeitung sind Günter Gaus, Christoph Hein, Gerburg Treusch-Dieter und Wolfgang Ullmann, verlegt wird sie im Zeitungsverlag „Freitag" GmbH. 1991 waren 19 Personen in der Redaktion beschäftigt. Die Zeitung finanziert sich zu 90 % aus dem Verkauf (Abonnement und Einzelverkauf) und zu 10 % aus Anzeigenerlösen.

Frei- und Sommerbäder: Berlin verfügt 1991 – neben einigen privat bzw. vereinssportlich betriebenen Anlagen – über insg. 15 von den > Bezirken und der > Senatsverwaltung für Schule, Berufsbildung und Sport verwaltete Sommerbäder, 16 Freibäder sowie 20 vor dem Bootsverkehr geschützte Badestellen.

In Berlin werden unter *Freibädern* Schwimmbäder an Naturgewässern mit abgegrenzten Wasserflächen, Badeaufsicht und sanitären Anlagen verstanden. Die beiden größten Einrichtungen dieser Art sind das > Strandbad Wannsee und das > Strandbad Müggelsee. Als *Sommerbäder* werden in Berlin die künstlich angelegten, ungedeckten Schwimmbecken bezeichnet. Darunter fallen bspw. das anläßlich der > Olympischen Spiele 1936 erbaute *Olympia-Schwimmstadion* (> Olympiastadion) und das Sommerbad am > Insulaner im Bezirk > Schöneberg.

1991 besuchten ca. 5,4 Mio. die je nach Witterung zumeist zwischen Anfang Mai und Mitte September geöffneten F. Nahezu alle Bäder sind eingebettet in weitläufige Grünanlagen, die als Liege- und Ballspielwiesen genutzt werden können; alle Sommerbäder sowie der Großteil der Freibäder sind mit Sprunganlagen ausgestattet; das Olympia-Schwimmstadion, das Freibad Pankow, das Sommerbad Neukölln sowie das Freibad Oberhavel (> Havel) verfügen über einen 10-m-Turm. Alle Bäder sind mit 50-m-Becken ausgestattet, mit Ausnahme des Sommerbades Lichterfelde und des Kinderbades im > Monbijoupark, das nur über ein kleineres, stehtiefes Plansch- und Spielbecken verfügt. In Teilen der Freibäder Tegelsee (> Tegeler See), Oberhavel, > Plötzensee und der Strandbäder

Wannsee und Müggelsee darf ohne Bekleidung gebadet werden. Zehn der Sommerbäder sind mit Anlagen zur Erwärmung des Beckenwassers ausgestattet.

Die 20, durch gelbe Bojenmarkierungen vor dem Bootsverkehr geschützten, an Wald- und Grünflächen angelegten Badestellen befinden sich v.a. am an den Forst > Grunewald

Freibad Wilmersdorf

angrenzenden Ostufer der > Havelseen, im nördlichen Lauf der Havel sowie am Tegeler See, am Kleinen und > Grossen Müggelsee sowie am von der > Dahme gebildeten > Langen See. Diese Badestellen werden regelmäßig von der > Senatsverwaltung für Gesundheit auf ihre Wasserqualität untersucht und sind von der > Senatsverwaltung für Stadtentwicklung und Umweltschutz zur freizeitsportlichen Nutzung freigegeben.

Freiwillige Polizei-Reserve (FPR): Die FPR wurde zu Zeiten der > Spaltung und politischen Bedrohung West-Berlins (> Sowjetisches Ultimatum 1958; Bau der > Mauer am > 13. August 1961) mit Gesetz vom 25.5.1961 errichtet. Dabei war die Zustimmung der > Alliierten erforderlich, die dafür 1961 eine entsprechende > BK/O (Berlin Kommandatura/Order) erließen. Anlaß und Errichtung der FPR sind einmalig in der Bundesrepublik Deutschland; lediglich Baden-Württemberg

hat seit 1963 einen Freiwilligen Polizei-Dienst mit Aufgaben im Verkehrsbereich.
Die FPR besteht aus freiwilligen, berufstätigen Bürgern. Ihre Aufgaben umfassen die Sicherung von Gebäuden und Anlagen (*Objektschutz*) zur Entlastung der Berliner Polizei (§ 1 FPRG), u.a. in Situationen, in denen es aufgrund der besonderen Lage Berlins zu Unruhen kommen könnte. Nach der > VEREINIGUNG wurde ein neues FPR-Gesetz erlassen (vom 23.6.1992), das die Tätigkeit der FPR neu definiert. Danach soll sie die Polizei von Aufgaben entlasten, die im politischen Alltag nicht voll ausgebildete Polizeibeamte übernehmen können. Neben dem Objektschutz beinhaltet dies u.a. die Unterstützung bei der Überwachung des Straßenverkehrs, des Streifendienstes in Grünanlagen, Wäldern, auf Friedhöfen sowie bei öffentlichen Veranstaltungen.

Für ihre freiwillige Tätigkeit in der Freizeit erhalten die bei der FPR eingesetzten Bürger eine Aufwandsentschädigung von 8 DM pro Stunde. Die Dienstaufsicht über die FPR übt der Polizeipräsident aus. Ihre Ausbildung erfolgt in Lehrgängen durch die Polizei. 1992 hatte die FPR ca. 2.500 Mitglieder, darunter auch Frauen.

In Ostberlin gab es keine FPR oder eine ähnliche Polizeieinheit. Die sogenannten Betriebskampfgruppen, die später mit der Bezeichnung „Kampfgruppen als bewaffnete Organe der Arbeiterklasse in den volkseigenen Betrieben und Gütern ..." in Hundertschaften organisiert, durch Beschluß des ZK der SED im Juli 1953, als Reaktion auf den Volksaufstand am 17. Juni 1953, DDR-weit eingesetzt wurden, sind mit der FPR in keiner Weise vergleichbar. Wenngleich die Ausbildung zunächst den Leitern der VP-Kreisämter übertragen wurde, wurden den „Kämpfern in den Hundertschaften die notwendigen militärischen Fähigkeiten und Fertigkeiten vermittelt". Dazu gehörten „gründliche Ausbildung im Orts-, Straßen- und Häuserkampf" und gegebenenfalls Zusammenwirken mit der VP und NVA. So waren sie beispielsweise zur Sicherung der Errichtung der Mauer am 13.8.1961 eingesetzt. Dies war nicht vergleichbar mit den Aufgaben, der Struktur und der Ausbildung der FPR.

Freizeitpark Lübars: Der F. im Bezirk > REINICKENDORF entstand durch Begrünung einer nord-östlich des > MÄRKISCHEN VIERTELS gelegenen ehem. Mülldeponie an der früheren Sektorengrenze zu Ost-Berlin (Nutzung 1957-82: 3,6 Mio. m^3 Müll). Die 1975 begonnene Renaturierung der 61,4 ha großen, sehr einfach gehaltenen Anlage ist noch nicht abgeschlossen. Der steile Südhang ist dicht abgepflanzt, am flacheren Nordhang erstrecken sich Spiel- und Liegewiesen sowie eine > RODELBAHN. Von der Spitze der 35 m hohen Erhebung (80 m über NN) blickt man auf das nördlich gelegene > TEGELER FLIESS und die Rieselfelder bei > BLANKENFELDE und > ROSENTHAL. Am Fuß des Berges liegt ein vom Jugendamt Reinickendorf unterhaltener Kinderbauernhof.

Freizeitpark Marienfelde: Der F. liegt auf einer ehem. Mülldeponie am südlichen Stadtrand Berlins im Bezirk > TEMPELHOF (Nutzung 1950-83: 9,4 Mio. m^3 Müll). Nach Beginn der Renaturierung im Jahr 1977 erfolgte 1980 die erste Teileröffnung der insg. 38 ha großen Anlage, die sich nach wie vor im Aufbau befindet. Vegetation und vielfältige Kleintierwelt sind bisher weitgehend natürlichen Ursprungs. Der Baumwuchs wird durch ausströmendes Deponiegas behindert, das teilweise erfaßt und von einem benachbarten Gewerbebetrieb als Heizölersatz genutzt wird. Zur Erhöhung des Freizeitwerts wurde eine > RODELBAHN angelegt. Außerdem sind verschiedene landschaftsgestalterische Maßnahmen geplant, u.a. ein Wasserfall sowie ein geologischer Lehrpfad. Von den Schüttungsterrassen (höchste Erhebung 26 m über Geländeniveau, 76,5 m über NN) hat man einen weiten Blick über den Süden Berlins und in die angrenzenden Gebiete.

Von internationaler technischer Bedeutung ist der über eine Industriebahn führende *Adolf-Kiepert-Steg* am südöstlichen Zugang des Parks. Die unter wissenschaftlicher Begleitung durch die > TECHNISCHE UNIVERSITÄT BERLIN 1988/89 errichtete 51 m lange und 5 m breite „Forschungsbrücke" weist einige innovative Besonderheiten auf, die hier für ihre allgemeine Anwendung im Brückenbau erprobt werden sollen (teilweise Vorspannung ohne Verbund mit externen Spanngliedern, Spannglieder aus Glasfaserverbundwerkstoffen, besondere Sensormeß- und Überwachungstechnik).

Freizeit- und Erholungszentrum Wuhlheide (FEZ): Im östlichen Teil des Landschaftsschutzgebiets > WUHLHEIDE im Bezirk >

KÖPENICK befindet sich auf einer Fläche von 120 ha die ehemals *Pionierpark „Ernst Thälmann"*, heute FEZ genannte größte Freizeit- und Erholungseinrichtung für Kinder und Jugendliche in Berlin. Die 1951 zu den III. Weltfestspielen der Jugend eröffnete Einrichtung umfaßt als zentrales Veranstaltungsgebäude den dreigeschossigen ehem. „Pionierpalast", zwei Gewächshäuser, ein Haus für Natur und Umwelt, einen Erlebnisspielplatz, einen künstlich angelegten Badesee mit angeschlossenem Clubhaus, eine große und eine kleine Freilichtbühne, ein Sportstadion sowie eine 6,9 km lange, von der > DEUTSCHEN REICHSBAHN betriebene Park-Kleinbahn (> KLEINBAHNEN UND PRIVATANSCHLUSS-BAHNEN). Daneben befinden sich auf dem weitläufigen Waldgelände diverse gastronomische Einrichtungen.

Der 1976-79 nach Plänen von Günter Stahn errichtete und dem Ministerium für Volksbildung der DDR unterstellte Pionierpalast diente zu DDR-Zeiten Pionier- und FDJ-Gruppen aus der gesamten DDR als Ort aktiver Freizeit- und Lehrveranstaltungen. Die vom > MAGISTRAT von Berlin verwaltete Anlage wurde zusammen mit dem Palast am 1.1.1991 der > SENATSVERWALTUNG FÜR JUGEND UND FAMILIE unterstellt. Innerhalb des Hauses befinden sich auf einer Gesamtfläche von 13.000 m^2 in insg. 600 Räumen, Sälen und Foyers u.a. die Schwimmhalle des FEZ mit einem 50-m-Becken, eine Sporthalle, drei Vortrags- und Kongreßsäle mit bis zu 1.150 Sitzplätzen, diverse Bühnen- und Studioeinrichtungen, Club- und Seminarräume, Spiel- und Basteleinrichtungen, eine Diskothek sowie verschiedene Restaurants. Das rd. 200 Programmpunkte umfassende Angebot des täglich geöffneten Palastes nehmen monatlich 75.000-100.000 Besucher – zumeist im Alter zwischen sechs und sechzehn Jahren – in Arbeitsgruppen, individuell oder gemeinsam mit der Familie wahr. Die Veranstaltungen erstrecken sich inhaltlich auf die Bereiche Spiel, Technik, Naturwissenschaften, Darstellende Kunst/Musik und Bildende Kunst. Das Hauptgebäude wird auch als Weiterbildungs- und Begegnungsstätte für Erzieher und Pädagogen des Landes Berlin genutzt.

Die am 8.6.1956 („Tag des Eisenbahners") eingeweihte „Pioniereisenbahn" durchfährt das Gelände auf einem Rundkurs mit vier Stationen. Sie wurde unter Anleitung von Reichsbahnbediensteten überwiegend von jugendlichen Mitgliedern der Pionierorgani-sation „Ernst Thälmann" und der FDJ betrieben.

Die > SPORTSTÄTTEN auf dem Gelände des FEZ umfassen ein großes Sportstadion mit einer Fläche von 10.000 m^2 und 6.000 Zuschauerplätzen sowie den 240 m langen und 50 m breiten, mit einem künstlichen Sandstrand angelegten Badesee. Die beiden Freilichtbühnen haben ein Platzangebot für 2.500 und 20.000 Zuschauer, wobei die größere der > SENATSVERWALTUNG FÜR KULTURELLE ANGELEGENHEITEN unterstellt ist und von dieser für Musik- und Kinoveranstaltungen verpachtet wird.

Friedenau: F. ist ein 1,6 km^2 großer Ortsteil im Süden des Bezirks > SCHÖNEBERG. Die 1871 auf dem Gelände des Ritterguts Deutsch-Wilmersdorf von dem Hamburger Immobilienhändler Johann Anton Wilhelm Carstenn begründete Vorortsiedlung F. um den Friedrich-Wilhelm-Platz wurde 1874 selbständige Landgemeinde. Nach Plänen von Johannes Otzen entstanden zwischen heutiger Bundesallee und Rheinstr. Landhäuser für den „gehobenen Mittelstand" (> VILLENKOLONIEN), ab 1887 auch drei- und ab 1901 mehrgeschossige Wohnhäuser in gediegener Ausführung, die bis heute den Charakter von F. bestimmen. 1912 zählte die Gemeinde bereits 43.000 Einwohner. Mit der Bildung > GROSS-BERLINS im Jahr 1920 wurde sie Ortsteil von Schöneberg. 1945 kam F. zum amerikanischen > SEKTOR und war nochmals kurzzeitig eigener Verwaltungsbezirk. Ortsbildbestimmend sind das Rathaus von Hans Altmann am Breslauer Platz (1913-17) und die neogotische Kirche „Zum Guten Hirten" von Karl Doflein auf dem Friedrich-Wilhelm-Platz (1891-93). Das nach Kriegszerstörungen in vereinfachten Formen wieder aufgebaute viergeschossige Rathaus mit dem imposanten barocken Turm wird heute von der Abteilung Frauen, Jugend und Sport des Bezirksamts Schöneberg, der Gerhart-Hauptmann-Bücherei und Jugendbücherei genutzt. Hervorhebenswert ist der „Schlesiensaal" mit seinem Wappenschmuck.

Wie die westlich benachbarte > KÜNSTLERKOLONIE AM LAUBENHEIMER PLATZ in Wilmersdorf war und ist F. eine bevorzugte Wohngegend von Künstlern, v.a. Schriftstellern. So lebten und arbeiteten hier u.a. Erich Kästner, Günther Weisenborn, Max Frisch, Uwe Johnson und Günter Grass. Zum Zeitpunkt der letzten Volkszählung 1987 hatte F.

26.458 Einwohner. Über F. hinaus bekannt ist die 1899 in der Fehlerstr. 8 gegründete Bildgießerei Noack, aus der u.a. das Soldatenstandbild auf dem > SOWJETISCHEN EHRENMAL IN BERLIN-TIERGARTEN und der 1958 fertiggestellte Neuguß der Quadriga auf dem > BRANDENBURGER TOR stammen. Auch mehrere moderne Plastiken Henry Moores sind hier entstanden.

Friedensbibliothek und Antikriegsmuseum der Evangelischen Kirche in Berlin-Brandenburg: F. in der Georgenkirchstr. im Bezirk > FRIEDRICHSHAIN zeigen seit Mai 1984 in zwei Räumen wechselnde Ausstellungen zum Thema Krieg und Frieden. Sie sind in der evangelischen *Bartholomäuskirche* untergebracht, einem 1850 von Friedrich Adler nach Plänen von August Stüler errichteten Kirchenbau, der nach Beschädigung im II. Weltkrieg vereinfacht wiederhergestellt wurde.
Zu Zeiten der DDR waren F. Gesprächsort der kritischen Bevölkerung und der Friedensbewegung. Die Bibliothek ermöglichte den Zugang zu sonst nicht öffentlicher Literatur. F. waren damit eine der Keimzellen der Bürgerbewegung in der DDR, die im zweiten Halbjahr 1989 den Sturz des SED-Regimes einleitete (> 9. NOVEMEBR 1989; > VEREINIGUNG). Von Beginn an arbeiteten F. mit dem im damaligen Westteil Berlins beheimateten > ANTI-KRIEGS-MUSEUM zusammen.
Bereits im Dezember 1981 war in Ost-Berlin das Vorhaben entstanden, ein Forum für Gespräche u.a. zum Thema Krieg und Frieden aufzubauen, aus dem in den folgenden Jahren F. hervorgingen. Im Juni 1982 wurde eine erste Ausstellung über das Leben und Wirken des Pazifisten Ernst Friedrich in der Erlöserkirche gezeigt. Seither veranstalteten F. 436 Ausstellungen an 160 Orten, die von 1,6 Mio. Personen besucht wurden. Der Bestand der im April 1985 eröffneten Ausleih-Bibliothek umfaßt 9.400 Bände zum Thema Krieg und Frieden. Sie wird von ca. 1.800 eingetragenen Lesern genutzt. Ferner werden Filme gezeigt.
Die Räume für F. werden gegen Miete von der > EVANGELISCHEN KIRCHE zur Verfügung gestellt. Die Arbeit wird von zwei haupt- und ca. 20 nebenberuflichen Mitarbeitern getragen und fast ausschließlich durch Spenden finanziert.

Friedhöfe: 1992 gab es in Berlin insg. 264 F. (einschließlich der geschlossenen) mit einer Gesamtfläche von rd. 1.600 ha, darunter 104 landeseigene, 137 evangelische, elf katholische und vier > JÜDISCHE FRIEDHÖFE, je einen islamischen (> MOSCHEEN) und einen > RUSSISCH-ORTHODOXEN FRIEDHOF sowie fünf größere *Soldatenfriedhöfe*. Die Zuständigkeit für die konfessionellen F. liegt bei den jeweiligen Religionsgemeinschaften, die für die landeseigenen Anlagen bei den Bezirken und bei der > SENATSVERWALTUNG FÜR STADTENTWICKLUNG UND UMWELTSCHUTZ (SENSTADTUM).
In die Kompetenz der SenStadtUm sowie der bezirklichen Gartenbauämter fällt ebenfalls das Friedhofswesen. Rechtsgrundlagen sind das „Gesetz über die landeseigenen Friedhöfe Berlins" vom 16.2.1976 i.d.F. vom 16.4.1984 mit Ausführungsvorschriften vom 30.11. 1988, das „Gesetz über die nichtlandeseigenen Friedhöfe" vom 18.12.1970 und das „Gesetz über das Leichen- und Bestattungswesen" vom 2.11.1973 mit Durchführungsverordnung vom 22.10.1980 sowie Änderungen vom 5.3.1987 und 9.12.1988. Danach sind im Land Berlin Erd- und Feuerbestattungen sowie anonyme Urnenbestattungen in Wahl- und Reihengräbern möglich.
1991 wurden 42.536 Beisetzungen auf den F. der Stadt vorgenommen, davon 12.700 Erd- und 30.166 Feuerbestattungen. 8.177 Feuerbestattungen wurden als anonyme Urnenbeisetzungen ausgeführt. Der Platzmangel in den 60er und 70er Jahren auf den F. im Westteil der Stadt, vor dem Hintergrund steigender Sterbezahlen, hat i.d.F. zur Festlegung kürzerer Liegezeiten (20 Jahre) und zu kleineren Gräbern geführt. Die Feuerbestattung, die etwa seit 1850 heftig diskutiert wurde, bis sie 1910 die evangelische Kirche und 1964 die katholische Kirche erlaubte, wird heute auch aus Kostengründen für ca. 70 % der Verstorbenen gewählt. Der preußische Staat genehmigte im Jahre 1911 Feuerbestattungen, woraufhin bereits 1912 das erste *Krematorium* Berlins in der Gerichtstr. in > WEDDING mit zugehöriger Urnenhalle entstand. Danach folgte bis heute der Bau dreier weiterer Krematorien: 1913 am Baumschulenweg in > TREPTOW, 1922 in der Berliner Str. in > WILMERSDORF – mit sehenswerten Kolumbarien (Säulenhallen für die Urnenbestattung an den Wänden) – und 1975 in Ruhleben im Bezirk > SPANDAU. Heute sind die Krematorien Ruhleben und Wedding mit modernen Emissionsschutzeinrichtungen in Betrieb; im

Baumschulenweg ist für 1993/94 der Neubau einer Anlage vorgesehen, und Wilmersdorf wurde 1990 außer Betrieb genommen. (Einäscherungen in Berlin 1991: 32.900 in allen Krematorien, davon 13.300 Baumschulenweg, 10.100 Ruhleben und 9.500 Wedding.) Eine Verordnung über die Gestaltung von *Grabmälern* auf landeseigenen Friedhöfen vom 6.4.1966 regelt die Grabgestaltung.
Nach der Allgemeinen Anweisung für die Anerkennung, Überlassung und Pflege von Grabstätten namhafter und verdienter Persönlichkeiten vom 4.11.1986 können (jeweils auf Beschluß des > SENATS VON BERLIN) *Ehrengrabstätten* eingerichtet werden, die das Land Berlin unentgeltlich und ggf. über den Ablauf der Ruhefrist hinaus betreut. 1991 waren es 523 Ehrengrabstätten. Einen Anspruch auf eine Ehrengrabstelle haben u.a. alle > EHRENBÜRGER Berlins, Verstorbene, die ein Staatsbegräbnis erhielten und Bürger, die sich in besonderem Maße um die Stadt verdient gemacht bzw. hervorragende Leistungen in Wissenschaft, Technik oder Kultur vollbracht haben.
Die rd. 60.000, z.T. auf *Soldatenfriedhöfen* gelegenen *Kriegsgräber* im Westteil Berlins werden nach dem „Gesetz über die Erhaltung der Gräber der Opfer von Krieg und Gewaltherrschaft" (Gräbergesetz) vom 1.7.1965 dauernd unterhalten. 1992 bestanden Kriegsgräber auf 46 landeseigenen und 74 konfessionellen F. sowie einige außerhalb öffentlicher F.
Nach den Festlegungen des > EINIGUNGSVERTRAGS gelten für den Ostteil der Stadt bis zur Übernahme des Gräbergesetzes, die voraussichtlich 1995 erfolgen wird, noch die von anderen Voraussetzungen ausgehenden gesetzlichen Regelungen der ehem. DDR. Es ist dort mit ca. 40.000 Kriegsgräbern zu rechnen. Die aufwendigste Anlage ist das > SOWJETISCHE EHRENMAL IM TREPTOWER PARK, in der rd. 5.000 sowjetische Gefallene begraben sind. Im > VOLKSPARK SCHÖNHOLZER HEIDE befindet sich eine weitere sowjetische Begräbnis- und Gedenkstätte für ca. 13.200 im Kampf um Berlin gefallene Soldaten. 2.500 Gefallene ruhen beim > SOWJETISCHEN EHRENMAL IN BERLIN-TIERGARTEN. Weitere größere Anlagen sind der auf dem Waldfriedhof Zehlendorf gelegene *Italienische Soldatenfriedhof* mit 1.177 und der *Britische Militärfriedhof Heerstraße* mit 3.576 Gräbern.
Die bauhistorische und denkmalpflegerische Bedeutung einzelner *Grabdenkmäler* sowie

ganzer F. wurde erst seit Mitte der 70er Jahre weitergehend beachtet. Das seitdem gestiegene Interesse an F. hat auch eine Reihe von neuen Erkenntnissen über ihre Geschichte erbracht. Ursprünglich wurden die Toten in und bei den Kirchen (*Kirchhöfe*) bestattet. Ein Beispiel für eine solche Anlage befindet sich an der > SOPHIENKIRCHE im Bezirk Mitte. Vielfach sind die > DORFKIRCHEN noch von den zugehörigen alten Kirchhöfen bzw. von Resten davon umgeben, so z.B. in > BLANKENBURG, > BLANKENFELDE, > BRITZ, > BUCKOW, > DAHLEM, > FALKENBERG, > HEILIGENSEE, > KAROW, > LANKWITZ, > LICHTENRADE, > LICHTERFELDE, > LÜBARS, > MAHLSDORF, > MALCHOW, > MARIENDORF, > MARIENFELDE, > Alt->REINICKENDORF, > ROSENTHAL, > SCHÖNEBERG, > SCHMARGENDORF, > STRALAU, > TEGEL, > TEMPELHOF, > WANNSEE, > WARTENBERG, > WEISSENSEE, > WITTENAU und > ZEHLENDORF. Im 18. Jh. bestimmte jedoch das Allgemeine Landrecht für die preußischen Staaten ein Verbot dieser Bestattungsarten und ordnete die Anlage von F. vor der Stadt an. Daraufhin entstanden 1735 im heutigen Bezirk > KREUZBERG die > FRIEDHÖFE VOR DEM HALLESCHEN TOR (> BÖHMISCHE FRIEDHÖFE) und im heutigen Bezirk > MITTE 1748 der > INVALIDENFRIEDHOF, 1762 der Dorotheenstädtische Friedhof und 1780 der Französische Friedhof (> FRIEDHÖFE AN DER CHAUSSEESTRASSE). 1799 wurde der Friedhof der Sophiengemeinde zunächst im Gartenreich und 1827 vor dem Hamburger Tor im heutigen Bezirk Mitte in der Bergstr. angelegt.
Bereits im 19. Jh. war die Stadt so stark gewachsen, daß immer größere und weiter entfernte F. nötig wurden. So kam der Alte Kirchhof von St. Nikolai und St. Marien 1802 an die Prenzlauer Allee, der St.-Georgen-Friedhof 1814 an die Greifswalder Str. des heutigen Bezirks > PRENZLAUER BERG vor das Prenzlauer Tor. Es entstanden im heutigen Bezirk > FRIEDRICHSHAIN 1825 der Friedhof der Parochialgemeinde an der Friedenstr., in Kreuzberg 1825-52 die > FRIEDHÖFE AN DER BERGMANNSTRASSE, in Wedding 1830-35 die > FRIEDHÖFE AN DER LIESENSTRASSE, in Schöneberg 1856 der > ALTE ST.-MATTHÄUS-KIRCHHOF an der Großgörschenstr. sowie ab 1760 die Charlottenburger Friedhöfe an der Guerickestr. und am Fürstenbrunner Weg.
Bis zu dieser Zeit waren die F. meist kirchlich. Sie bestanden aus weiten, durch Alleen gegliederte Nutzflächen. Ende des 19. Jh. entstanden die ersten künstlerisch gestalteten Reformfriedhöfe, auch sie weit vor der dama-

ligen Stadt gelegen. Der älteste von ihnen, in der Art eines Zentralfriedhofs (Vorbild: Hamburg-Ohlsdorf) angelegt, ist der 1881 entstandene Städtische > ZENTRALFRIEDHOF FRIEDRICHSFELDE im Bezirk > LICHTENBERG, der jedoch entgegen ursprünglichen Plänen nicht weiter ausgebaut wurde. In diese Gruppe gehören auch der 1909 eröffnete > SÜDWESTFRIEDHOF des Berliner Stadtsynodalverbandes in Stahnsdorf im Landkreis Potsdam, der 1905 entstandene *Parkfriedhof Lichterfelde*, der *Waldfriedhof Ahrensfelde* im Kreis Bernau aus dem gleichen Jahr, der *Güterfelder Friedhof* von 1914, der *Waldfriedhof Frohnau* von 1920 und der 1921 entstandene > WILMERSDORFER WALDFRIEDHOF, ebenfalls bei Stahnsdorf. Der Wald- oder Parkfriedhof blieb auch im weiteren Verlauf des 20. Jh. bestimmend: Als Anlagen dieser Art entstanden 1924 der > STÄDTISCHE FRIEDHOF HEERSTRASSE, 1931-33 der *Waldfriedhof Dahlem*, 1945-54 der *Waldfriedhof Zehlendorf*, 1945-59 der *Parkfriedhof Neukölln*, 1950-56 der *Friedhof Ruhleben* und 1951 der *Heidefriedhof Mariendorf*. Es gelang in Berlin jedoch trotz aller Bemühungen nicht, einen Zentralfriedhof wie in anderen Großstädten einzurichten.
Die > SPALTUNG der Stadt hat auch dazu geführt, daß eine Reihe historisch bedeutender Friedhöfe beschädigt und z.T. zerstört wurden oder lange Zeit gar nicht bzw. sehr eingeschränkt zugänglich waren. Nach der > VEREINIGUNG sind große Anstrengungen nötig, um die F. der Stadt im Rahmen einer Gesamtplanung zusammenzuführen und bedarfsgerecht weiterzuentwickeln, den Pflegezustand der Friedhofsflächen und der Gebäude insbes. im Ostteil der Stadt erheblich zu verbessern sowie den Aspekten der Denkmalpflege, der Kultur, der Erholung und der Ökologie verstärkt Rechnung zu tragen.

Friedhöfe an der Bergmannstraße: Die insg. etwa 18 ha großen vier F. der Dreifaltigkeitsgemeinde, der Friedrichswerderschen, der Jerusalems- und der Neuen Kirchgemeinde sowie der Gemeinde der Luisenstädtischen Kirche im heutigen Bezirk > KREUZBERG, waren 1825-52 in mehreren Abschnitten entstanden und werden bis heute genutzt. Hier befinden sich die Gräber so bekannter Persönlichkeiten wie des Architekten Martin Gropius, des Dichters August Kopisch, des Malers Adolph v. Menzel (Büste v. Reinhold Begas), des Philosophen Friedrich Schleiermacher (Denkmalsbüste v. Christian

Daniel Rauch), des Dichters Ludwig Tieck, der Charlotte v. Kalb, der geistigen Freundin Friedrich Schillers, Friedrich Hölderlins und Jean Pauls, des Historikers Theodor Mommsen sowie des Reichsaußenministers Gustav Stresemann. Kunsthistorisch bedeutend sind außerdem das Grabmal der Fürstin Christiane Charlotte Sophie v. d. Osten-Sacken (nach einem Entwurf von Karl Friedrich Schinkel), das Mausoleum für den Kommerzienrat Wilhelm v. Krause (von Friedrich Hitzig) sowie zahlreiche Jugendstilgrabmäler.

Friedhöfe an der Chausseestraße: Von den ehemals fünf, in unmittelbarer Nachbarschaft zum > BERTOLT-BRECHT-HAUS gelegenen F. an der Chausseestr. 126/127 im Bezirk > MITTE existieren heute nur noch der Dorotheenstädtische und der Französische Friedhof. Der ehem., im 18. Jh. gegründete Friedhof der > CHARITÉ wurde 1856 geschlossen und geräumt, die Schließung des 1777 gegründeten Friedrichswerderschen Friedhofs erfolgte 1887 und die des gleichzeitig entstandenen Friedhofs der St.-Hedwigs-Gemeinde 1902. Die beiden noch existierenden F. haben als Ruhestätte zahlreicher bedeutender Persönlichkeiten und aufgrund der typologisch fast vollständig vertretenen Denkmalkunst der Berliner Bildhauerschulen des 19. Jh. eine herausragende Bedeutung.
Der *Dorotheenstädtische Friedhof* wurde 1762 vor dem Oranienburger Tor angelegt und bis 1826 mehrfach vergrößert. Seit Schließung des Friedrichswerderschen Friedhofs dient er beiden Gemeinden als Begräbnisstätte. Zu den vom Friedrichswerderschen Friedhof hierher verlegten Grabstätten zählen die der Philosophen Georg Wilhelm Friedrich Hegel und Johann Gottlieb Fichte sowie des Arztes Christoph Wilhelm Hufeland. Auf dem Eingangsweg des Friedhofs steht seit 1975 ein Marmor-Standbild des Reformators Martin Luther, das sich früher in der im II. Weltkrieg zerstörten Dorotheenstädtischen Kirche befand. Es handelt sich um eine 1909 von Ernst Waegener hergestellte vergrößerte Kopie einer 1821 von Johann Gottfried Schadow geschaffenen Statue.
Das älteste klassizistische Grabmal ist ein Postament mit bekränzter Urne am Grab des 1807 verstorbenen Fabrikanten Jacob Fröhlich. Zu den bedeutendsten bildhauerischen Arbeiten zählt eine mit marmorner Deckelurne bekrönte, von Schadow geschaffene Säule auf dem Grab seiner 1832 gestorbenen

zweiten Frau Marie Caroline. Auf Schadows gleichfalls hier gelegenem eigenem Grab steht der Nachguß einer Statuette des Bildhauers nach einem 1822 angefertigten Modell seines Schülers Heinrich Kaehler. Das Porträtmedaillon auf dem Grab des Förderers von Gewerbe und Gewerbeschulen, Peter Christian v. Beuth, sowie die Büste auf dem Grab des Industriellen August Borsig stammen von Christian Daniel Rauch, der gleichfalls hier bestattet ist. Das Bildnismedaillon auf seinem Grab ist eine Arbeit von Albert Wolff. Reinhold Begas schuf das Medaillon am Grabmal für den Philologen August Boeckh. Die Büste auf dem Grab des Baumeisters Johann Heinrich Strack stammt von Alexander Calandrelli. Bemerkenswert sind daneben die überlebensgroße Bildnisbüste auf dem Grab des Schrifstellers Heinrich Mann (Gustav Seitz, 1950), die Reliefs der Bronzetafel auf dem Grab des Internisten Theodor Brugsch mit Darstellungen aus seinem Leben (Werner Stötzer, 1969) sowie die von Fritz Cremer geschaffene Bronzeplatte an der Grabstelle für den Maler Heinrich Ehmsen.

Neben den Genannten befinden sich auf dem Friedhof u.a. die Ruhestätten der Autoren Bertolt Brecht, Johannes R. Becher, Arnold Zweig und Anna Seghers; der Komponisten Hanns Eisler und Paul Dessau; der Baumeister Friedrich Hitzig und Friedrich August Stüler; des Malers Franz Krüger; des Künstlers John Heartfield; des Regisseurs Erich Engel; der Schauspielerin Helene Weigel; des Rechtsphilosophen Eduard Gans; des Buchdruckers Ernst Theodor Litfaß sowie der Politiker Rudolf v. Delbrück, Karl Georg Maassen, Friedrich v. Motz, Hans Loch, Otto Nuschke und Johannes Dieckmann.

Zu den interessanten Bildhauerarbeiten auf dem nur durch eine Mauer getrennten, 1780 eröffneten *Französischen Friedhof*, zählt u.a. das von Schinkel entworfene und von Christian Gottlieb Cantian ausgeführte Marmorgrabmal für Friedrich Ancillon, den Erzieher des Kronprinzen Friedrich Wilhelm (Friedrich Wilhelm IV., 1840-61) mit Bildnismedaillon und Fries. Herausragend ist auch das von Stüler entworfene Grabmal des Kommerzienrats Peter Ludwig Ravené in Form einer neoromanischen Säulenhalle. Auf dem Friedhof ruhen ferner der Kupferstecher, Zeichner und Maler Daniel Chodowiecki und der Schauspieler Ludwig Devrient. Devrients Grabmal aus Gußeisen stammt aus der 1804-06 errichteten Königli-

chen Eisengießerei (> FER DE BERLIN).

Friedhöfe an der Liesenstraße: An der Liesenstr. 6-8 im Bezirk > WEDDING wurden in den 30er Jahren des 19. Jh. vier Friedhöfe angelegt: Der Dom-Friedhof (1830; > DOM); der Französische Friedhof (1835) als Erweiterung des Friedhofs der Französisch-reformierten Gemeinde (> FRANZÖSISCHE FRIEDRICHSTADTKIRCHE; > FRIEDHÖFE AN DER CHAUSSEE-STRASSE), der St.-Hedwigs-Friedhof (1834) als Erweiterung des kleinen Friedhofs der kath. St.-Hedwigs-Gemeinde (> ST.-HEDWIGS-KATHEDRALE) und – auf der gegenüberliegenden Straßenseite – der Neue Dorotheenstädtische Friedhof (1834; > PFARRHÄUSER FRIEDRICHSWERDER).

Von 1961-90 verlief an der Ostseite der Liesenstr., wo sich die Zugänge zum Dom-, zum Französischen und zum St.-Hedwigs-Friedhof befanden, die > MAUER. Der einzige gemeinsame Zugang befand sich während dieser Zeit in der Wöhlertstr./Ecke Pflugstr. im Bezirk > MITTE. Jene Friedhofsteile, die direkt an die Mauer grenzten, mußten geräumt werden. Dabei haben zahlreiche Umbettungen stattgefunden. 1961-85 durften die drei F. nur von nahen Angehörigen der hier ruhenden Toten „mit Grabkarte" betreten werden. Seit Frühjahr 1985 war der Zugang jedoch wieder frei. Auf dem *St.-Hedwigs-Friedhof* haben nahe der 1866 als Rundbau in gelben Klinkern erbauten neoromanischen St.-Annen-Kapelle unter einem hohen Kreuz die Domherren des Berliner Bistums ihre letzte Ruhestätte gefunden. Ferner ruhen hier der Berliner „Großstadtseelsorger" Carl Sonnenschein, die Maler Carl Begas d. Ä. und Peter Cornelius, der italienische Bildhauer Ceccardo Gilli, dessen Sohn Alexander Gilli ihm eine Grabstele mit seinem Bildnisrelief schuf, und der Mathematiker Karl Weierstraß.

Auf dem *Französischen Friedhof* befindet sich das schlichte Grab Theodor Fontanes. Anstelle der beiden ursprünglichen, 1945 zerstörten schwarzen Grabplatten wurde 1946 im Auftrag des Konsistoriums der französisch-reformierten Gemeinde ein neuer Grabstein aus schwarzem Granit aufgestellt. In unmittelbarer Nähe befindet sich das Grabmal von Leopold A. F. Arends, dem Begründer des nach ihm benannten Stenographiesystems, mit einer 1888 von Alexander Calandrelli geschaffenen Bildnisbüste auf hoher Granitstele. Ein großes Ehrenmal erinnert an die in den Kriegen von 1864, 1866 und 1870/71 gefallenen Mitglieder der französisch-reformierten Gemeinde und eine Gedenktafel an 13 im I. Weltkrieg Gefallene.

Auf dem *Dom-Friedhof* haben u.a. der Hof- und Domorganist Bernhard Irrgang, der Oberhofprediger, Generalsuperintendent und Vertraute König Friedrich Wilhelms IV. (1840-61), Wilhelm Hoffmann, und der Begründer des stenographischen Systems Stolze-Schrey, Wilhelm Stolze, ihre letzte Ruhestätte gefunden.

Zwei bedeutende Marmordenkmäler befinden sich auf dem *Neuen Dorotheenstädtischen Friedhof*: Eine große Stele für Emil Loeffler mit einem Relief im klassischen Stil von Fritz Klimsch (1904) sowie das Grabmal für Woldemar Behrt mit einer großen weiblichen, zum Himmel blickenden Gestalt auf barockisierendem Sockel von Ludwig Cauer.

Friedhöfe vor dem Halleschen Tor: Die F. am Mehringdamm im Bezirk > KREUZBERG zählen zu den bedeutendsten und neben den Kirchhöfen der > DORFKIRCHEN auch zu den ältesten > FRIEDHÖFEN Berlins. Sie wurden 1735 als Armenkirchhof der Friedrichstädtischen Gemeinde und Begräbnisstätte der Böhmischen Gemeinde fern von den Kirchen eingerichtet (> BÖHMISCHE FRIEDHÖFE; > BÖHMISCHES DORF). Durch Erweiterungen 1766, 1798 (durch die Jerusalems- und Neue Kirchengemeinde) und 1918 (jenseits des 1739 eröffneten Dreifaltigkeitskirchhofes) entstand die heutige, im Innern durch Mauern aufgeteilte ca. 6 ha große Anlage. 1971 gingen durch den Neubau der Blücherstr. Teile der F. verloren. In den 80er Jahren wurden zahlreiche Grabstellen unter > DENKMALSCHUTZ gestellt und mit der Restaurierung begonnen.

Zu den bedeutenden Grabstätten gehören die des Leibarztes Friedrich II. (1740-86), Johann C. W. Moehsen, des Obristen Friedrich Wilhem v. Lüderitz, des Kriegsministers Leopold v. Gaudi, des Kammergerichtsrates Justus Dietrich Schlechtendahl sowie des Baumeisters Georg Wenzeslaus v. Knobelsdorff und des Malers Antoine Pesne (versetzt aus der > NEUEN KIRCHE). Bemerkenswert sind ferner die Gräber für Henriette Herz, den Generalstabsarzt Carl F. v. Graefe, den Schauspieler Johann F. Fleck, den Theaterleiter August W. Iffland, die Schauspielerin Friederike Bethmann-Unzelmann, den Arzt Ernst L. Heim, den Architekten David Gilly,

für Karl A. Varnhagen v. Ense, den Komponisten Felix Mendelssohn Bartholdy, die Dichter Adelbert v. Chamisso und E.T.A. Hoffmann sowie den Schriftsteller Adolph Glaßbrenner sowie den Generalpostmeister Heinrich v. Stephan. Ein herausragendes Grabdenkmal ist auch das Eben-Mausoleum von 1798 (möglicherweise von David Gilly).

Friedhof der Märzgefallenen: Der im März 1848 am Südrand des heutigen > VOLKSPARKS FRIEDRICHSHAIN im gleichnamigen Bezirk angelegte F. ist die letzte Ruhestätte für die Mehrzahl der am 18.3.1848 bei der Revolution in Berlin erschossenen Aufständischen (> GESCHICHTE). Der auf Beschluß eines Bürgerkomitees und auf Kosten der Stadt noch vor der Eröffnung des Volksparks angelegte Ehrenfriedhof liegt auf dem damals höchsten Punkt des Geländes, dem Kanonenberg (nach einer 1760 während des Siebenjährigen Krieges von hier aus erfolgten Beschießung Berlins durch die russische Armee), nördlich der > LANDSBERGER CHAUSSEE. Nach einer öffentlichen Trauerfeier auf dem > GENDARMENMARKT und Vorbeimarsch am > STADTSCHLOSS, bei dem König Friedrich Wilhelm IV. (1840-61) den Toten seine Ehre erweisen mußte, wurden hier am 22.3.1848 unter großer Anteilnahme der Berliner Bevölkerung 183 vom preußischen Militär erschossene Revolutionäre beigesetzt.

1925 wurde der F. nach einem Entwurf des Stadtbaurats Ludwig Hoffmann umgestaltet und nach Zerstörungen im II. Weltkrieg 1957 unter Verwendung noch verbliebener, ursprünglicher Grabdenkmale wiederhergestellt. Dabei wurden auch die 33 Ruhestätten von Opfern der revolutionären Kämpfe 1918 mit einbezogen. Drei Porphyr-Grabplatten erinnern am Eingang an diese Toten. Die beiden äußeren enthalten Gedenkworte von Karl Liebknecht und Walter Ulbricht, die mittlere Platte die Namen sämtlicher im November und Dezember 1918 in Berlin gefallenen revolutionären Arbeiter und Soldaten. Bereits 1948 war ein Granitquader mit den Namen der hier beigesetzten Märzgefallenen aufgestellt worden. 1960 wurde am Eingang des Friedhofes eine überlebensgroße Bronzefigur „Roter Matrose" von Hans Kies aufgestellt.

Friedhof der Sophiengemeinde: Der zwischen Acker- und Bergstr. im Bezirk > MITTE gelegene F. wurde 1827 eröffnet (> SOPHIEN-

KIRCHE). 1961-90 war der westliche Teil des F. unzugänglich, da er unmittelbar an der > MAUER im Grenzgebiet lag. Zu den bedeutenden, auf dem F. bestatteten Persönlichkeiten zählen der letzte Enkel Johann Sebastian Bachs, August Wilhelm Bach, Kapellmeister der Königin Luise und Musiklehrer ihrer Kinder, der Klavierfabrikant Carl Bechstein, die Berliner Komponisten Walter Kollo und Albert Lortzing, der Baurat James Hobrecht (> HOBRECHTPLAN) und der Erbauer des > BERLINER RATHAUSES Hermann Friedrich Waesemann. Nur wenige Schritte vom ehemals unzugänglichen Teil des F., in Sichtweite des im Bezirk > WEDDING gelegenen Lazarus-Krankenhauses, befindet sich die Grabanlage, die das Lazarushaus seinen Diakonissen gewidmet hat.

Friedrich-Ebert-Stiftung (FES): Das Bildungszentrum Berlin der FES in der Knesebeckstr. 99 im Bezirk > CHARLOTTENBURG nahm 1962 seine Tätigkeit auf. Die FES, heute mit über 70 Büros im Ausland vertreten, die in mehr als 100 Ländern Projekte betreuen, wurde 1925 als Vermächtnis des sozialdemokratischen Reichspräsidenten Friedrich Ebert (1919-25) in Berlin ins Leben gerufen (> SOZIALDEMOKRATISCHE PARTEI DEUTSCHLANDS [SPD]). Sie ist damit die älteste politische Stiftung in Deutschland. 1933 nach der Machtergreifung der Nationalsozialisten verboten, wurde sie 1947 auf Anregung des Sozialistischen Deutschen Studentenbundes (SDS) in Hannover neu gegründet. Die Übersiedlung nach Bonn als Hauptsitz erfolgte 1954.
Das Berliner Büro der FES bietet im Rahmen seiner SPD-nahen politischen Bildungsarbeit überwiegend einwöchige, aber auch Tages- und Wochenendseminare mit wechselnden Arbeitsformen und -methoden vorrangig in der Erwachsenenbildung an. Die Veranstaltungen sind für jeden zugänglich, wobei sich der Interessentenkreis v.a. aus der Arbeitnehmerschaft, aber auch aus Arbeitslosen und Senioren zusammensetzt. Das Spektrum des Bildungsangebots reicht von der Geschichte der sozialen Demokratie über die Auseinandersetzung mit Nationalsozialismus und Neofaschismus bis zu den aktuellen Problemen der Berlin- und Deutschlandpolitik im zusammenwachsenden Europa, der Umwelt- und Sozialpolitik sowie der Kultur- und Kommunalpolitik. Darüber hinaus betreut das Büro über 100 Stipendiaten

der FES an den Berliner Hochschulen, gestaltet Programme für ausländische Besucher und organisiert Großveranstaltungen zu aktuellen politischen Anlässen.
Das Bildungszentrum Berlin hat neun feste und ca. 30 freie Mitarbeiter und führt jährlich 130-140 Veranstaltungen durch, davon ca. 80 Wochenseminare mit ca. 4.000 Teilnehmern, z.T. in eigenen Räumen sowie in Hotels, anderen Bildungsstätten und öffentlichen Gebäuden. Die Finanzierung der gemeinnützigen Einrichtung erfolgt aus Mitteln der Stiftung > DEUTSCHE KLASSENLOTTERIE BERLIN, aus Teilnehmerbeiträgen und Spenden sowie aus Mitteln verschiedener Bundesministerien.

Friedrich-Engels-Kaserne: 1773/74 ließ Friedrich II. (1740-86) durch seinen Baumeister Johann Boumann am nördlichen Ende des > KUPFERGRABENS im heutigen Bezirk > MITTE eine Kasernenanlage errichten, die in der zweiten Hälfte des 19. Jh. durch umfangreiche Neubauten ersetzt wurde (Kasernen). Sie dienten u.a. dem Kaiser-Alexander-Garde-Grenadier-Regiment Nr. 1 als Quartier. Am 28.2.1963 wurde die Kaserne nach Friedrich Engels benannt, der hier vom 1.10.1841 bis zum 30.9.1842 als „Bombardier" seinen Militärdienst tat. Zu Zeiten der DDR waren die Gebäude Sitz des *Wachregiments* der Nationalen Volksarmee „Friedrich Engels" (unter diesem Namen ab 7.10.1980), das vom 1.5.1962 bis zum 26.9.1990 das Ehrenpostenpaar am Mahnmal für die Opfer des Faschismus und Militarismus an der Str. > UNTER DEN LINDEN stellte (> NEUE WACHE). Nach der > VEREINIGUNG und Auflösung des Wachregiments wurden die Gebäude vom Bundesvermögensamt übernommen. Über eine neue Nutzung war bis März 1992 noch nicht entschieden. Lediglich ein Hauskomplex wurde an die > HUMBOLDT-UNIVERSITÄT vermietet.

Friedrich-Ludwig-Jahn-Sportpark: Der nach dem als „Turnvater Jahn" bekannten Pädagogen und Politiker Friedrich Ludwig Jahn (> VOLKSPARK HASENHEIDE) benannte F. an der Cantianstr. 24 im Bezirk > PRENZLAUER BERG umfaßt auf einer Fläche von ca. 22,5 ha ein bis zu 20.000 Zuschauern Platz bietendes kombiniertes Fußball- und Leichtathletikstadion, ein kleineres Leichtathletikstadion mit ca. 1.000 Stehplätzen sowie vier weitere Wettkampf- und Trainingsstätten, acht Tennisplätze und Einrichtungen für weitere

Ballspielarten. Für 1993 ist im Zusammenhang mit den Planungen Berlins für die > OLYMPISCHEN SPIELE im Jahr 2000 der Baubeginn einer Mehrzweckhalle mit ca 10.000 Plätzen geplant. Auf dem Gelände des F. befindet sich ferner das > SPORTMUSEUM BERLIN. Seit der > VEREINIGUNG untersteht der F. der > SENATSVERWALTUNG FÜR SCHULE, BERUFSBILDUNG UND SPORT. Er wird für den bezirklichen Schul- und Vereinssports, als Trainingsstätte des > TURN- UND SPORTCLUB (TSC) BERLIN E.V. sowie als Heimspielstätte der Berliner Fußballclubs FC Berlin, > SPORTLICHE VEREINIGUNG BLAU-WEISS 1990 E.V. BERLIN und > TÜRKIYEMSPOR BERLIN E.V. genutzt.

Der Sportkomplex entstand 1951 anläßlich der III. Weltfestspiele der Jugend und Studenten in unmittelbarer Nähe zur damaligen Sektorengrenze auf den Trümmern eines Exerzierplatzes und dem Sportpatz „Zur einsamen Pappel" der Fichte-Sportbewegung. Unter der Verwaltung des Ost-Berliner > MAGISTRATS wurden die Sportanlagen für Fuß- und Handball, Basket- und Volleyball, Leichtathletik, Bogenschießen, Tennis und Tischtennis von bezirklichen Sportgemeinschaften, dem TSC sowie dem mehrfachen DDR-Fußballmeister BFC Dynamo (> SPORTCLUB BERLIN E.V.), der in dem mit einer Flutlichtanlage ausgestatteten Stadion seine Heimspiele austrug, genutzt. Ferner war der F. Veranstaltungsort des „Olympischen Tags" der Leichtathleten der DDR sowie der Kinder- und Jugendspartakiaden Ost-Berlins und der DDR.

Friedrich-Naumann-Stiftung (FNS): Das Büro Berlin der FNS, 1974 unter dem Namen Europäische Begegnungsstätte Berlin gegründet, hat seinen Sitz in der Taubenstr. 48/49 im Bezirk > MITTE. Die der > FREIEN DEMOKRATISCHEN PARTEI (F.D.P.) nahestehende Stiftung des öffentlichen Rechts mit ihrer Geschäftsstelle in Königswinter bei Bonn wurde 1958 gegründet. Sie hat ihren Namen nach dem 1919 verstorbenen Schriftsteller und Politiker Friedrich Naumann, der u.a. die Deutsche Demokratische Partei der Weimarer Republik mitbegründete. Die gemeinnützige Stiftung betätigt sich in den Bereichen Politische Bildung und Politikberatung im In- und Ausland. Sie unterhält fünf Bildungsstätten in den alten Bundesländern und Berlin sowie über 60 Auslandsbüros.

Vorrangige Aufgabe des Berliner Büros der FNS ist eine gezielte politische Bildungsarbeit speziell in den neuen Bundesländern, aber auch in Berlin. Die Schwerpunkte liegen auf dem Gebiet der Kommunal-, Wirtschafts- und Finanzpolitik sowie im Bereich methodischer Seminare wie Rhetorik, Presse- und Öffentlichkeitsarbeit, Verbandsarbeit u.a. Weiterhin gehören auch Berlin-politische Informationsseminare, u.a. auch für Interessenten aus den osteuropäischen Ländern zum Angebot. Neben einwöchigen Kursen und Wochenendseminaren finden Tages- und Abendveranstaltungen statt. Sie werden v.a. in Hotels und anderen externen Tagungsstätten durchgeführt. Mit seiner politischen Bildungstätigkeit wendet sich das Büro Berlin der FNS in jährlich rd. 200 Veranstaltungen mit 7.000-8.000 Teilnehmern vorrangig an Mitglieder des organisierten politischen Liberalismus. Seit 1985 hat auch die Abteilung Begabtenförderung der FNS ihren Sitz in Berlin. Sie hat die Aufgabe, den liberalen akademischen Nachwuchs an den wissenschaftlichen Hochschulen der Bundesrepublik Deutschland materiell und ideell zu unterstützen. Ende 1991 wurden rd. 600 deutsche und 200 ausländische Studenten bzw. Doktoranden betreut.

Im Büro Berlin der FNS sind insg. 25 feste sowie zahlreiche freie Mitarbeiter beschäftigt. Die Finanzierung erfolgt aus Mitteln der Bundes- bzw. der > LANDESZENTRALE FÜR POLITISCHE BILDUNG, der Stiftung > DEUTSCHE KLASSENLOTTERIE BERLIN sowie verschiedener > BUNDESMINISTERIEN.

Friedrichsbrücke: Die F. überspannt die > SPREE im Bezirk > MITTE nahe der > NATIONALGALERIE und verbindet die Burgstr. mit der > MUSEUMSINSEL. Die 68,5 m lange und 12,5 m breite Spannbetonbrücke entstand in ihrer heutigen Form als reine Fußgängerbrücke 1982. Im 18. Jh. führte hier die 1719 als hölzerne Jochbrücke errichtete „Große Pomeranzenbrücke" zum Neuen Packhof. Sie hatte ihren Namen nach dem 1685 eingerichteten Pomeranzen- (Orangerie-)Haus im benachbarten königlichen > LUSTGARTEN, das später zum neuen Packhof umgebaut wurde. Diese Brücke wurde 1769 von Boumann d.Ä. durch eine Steinbrücke mit sieben Gewölben ersetzt. Nach einem Umbau 1792 erhielt sie den Namen „Neue Friedrichsbrücke". Nach mehreren Umbauten riß man diese zum Schiffshindernis gewordene Brücke 1892 endgültig ab und errichtete etwas versetzt einen Neubau mit drei Bögen, der den Namen F. erhielt. Er wurde im II. Weltkrieg zerstört und 1951 zunächst durch eine provisorische Holzbrücke ersetzt, bevor 1981/82 das heutige, schmalere Bauwerk entstand. Dabei wurden die im Krieg nur leicht beschädigten vier Obelisken der alten F. wieder aufgestellt.

Friedrichsfelde: Das ehem. Angerdorf F. ist seit der Bildung > GROSS-BERLINS 1920 ein Ortsteil des Bezirks > LICHTENBERG. Seine Osthälfte wird vom 1955 eröffneten > TIERPARK FRIEDRICHSFELDE mit dem > SCHLOSS FRIEDRICHSFELDE eingenommen, die restliche Ortsteilfläche ist überwiegend mit Mietwohnhäusern bebaut.

Bereits 1265 tritt mit der Erwähnung eines Pfarrers Ludewicus de Rosenvelde der ursprüngliche Name des Ortes, *Rosenfelde*, erstmals in Erscheinung. Mit 104 Hufen war es im Mittelalter das größte Dorf im heutigen Berliner Stadtgebiet (> DÖRFER). Bereits 1319 gelangte es in den Besitz der Städte Berlin und > KÖLLN. Aus dem einstigen Vorwerk entwickelte sich ein Gut, das 1681 vom kurfürstlichen General-Schiffahrtsdirektor Benjamin v. Raule übernommen wurde. Nach einem Zerwürfnis mit dem Kurfürsten Friedrich III. (1688-1713) beschlagnahmte dieser 1698 den Besitz und ließ das Dorf und die 1695 durch Raule errichtete Schloßanlage 1699 in F. umbenennen. Bis Mitte des 18. Jh. blieb F. rein agrarisch strukturiert. Nach der 1772 vollzogenen Separation des Gutslandes vom Bauernland und der Anlage der Kolonie F. an der Frankfurter Chaussee (heute > FRANKFURTER ALLEE) ab 1776 siedelten sich auch einzelne Handwerker an. Mit der Eröffnung eines Haltepunkts an der 1867 in Betrieb genommenen Verbindung zur Königlichen Ostbahn nach Küstrin 1881 (> EISENBAHN) setzte dann v.a. beidseits der Reichsstraße 1, der heutigen Bundesstraße 1 im Straßenzug Frankfurter Allee – Alt-Friedrichsfelde (> BUNDESFERNSTRASSEN), eine rege Bautätigkeit ein. Von 1880-1900 stieg die Einwohnerzahl von 3.000 auf 10.000 an.

In den 20er Jahren wurden entlang der im Bau befindlichen U-Bahn-Linie vom > ALEXANDERPLATZ (Eröffnung bis Bahnhof F. 1930, heute U5; > U-BAHN) ausgedehnte Wohnviertel angelegt. Die Wohnsiedlung Hans-Loch-Str./Splanemannstr./Friedenhorster Str., 1925-26 nach Entwürfen des Berliner Stadtbaurats Martin Wagner errichtet, ist das weltweit erste Beispiel für die Anwendung der Plattenbauweise im > WOHNUNGS-

BAU. Zahlreiche weitere Wohnanlagen in F. wie Erlenhof (Kraetkestr.), Eichenhof (Am Tierpark/Criegernweg), Pappelhof (Zachertstr.) und Sonnenhof (Marie-Curie-Allee) gelten als beispielhaft für den fortschrittlichen Wohnungsbau dieser Jahre.

1945 kam F. mit Lichtenberg zum sowjetischen Sektor (> SEKTOREN). Von 1961 bis zum Ende der 70er Jahre wurde der Westteil des Ortsteils weitgehend mit vier- bis 19geschossigen Wohnhäusern in Plattenbauweise bebaut. Kernstück der Anlage ist das von 1961-66 nach Plänen von Werner Dutschke u.a. errichtete *Hans-Loch-Viertel* (benannt nach einem Mitbegründer der ehem. > LIBERAL-DEMOKRATISCHEN PARTEI DEUTSCHLANDS [LDPD]) zwischen Rummelsburger Str. und Hans-Loch-Str. mit etwa 5.000 Wohnungen.

Trotz der starken baulichen Eingriffe hat F. wesentliche Elemente seines dörflichen Ursprungs bewahren können. Das betrifft v.a. Teile des historischen Dorfangers mit der Dorfkirche an der Alfred-Kowalke-Str., der in seiner Gesamtheit unter Denkmalschutz steht. Die mittelalterliche Dorfkirche, ein Granitquaderbau aus der zweiten Hälfte des 13. Jh., wurde allerdings 1890 abgerissen und durch einen 1887-90 unmittelbar benachbart errichteten aufwendigen neugotischen Backsteinbau ersetzt. Nach Zerstörung im II. Weltkrieg wurde er 1950-52 in vereinfachter Form als Putzbau wiederhergestellt. Die ältesten Gebäude sind das um 1830-40 erbaute ehem. Gutsinspektorenhaus (Alfred-Kowalke-Str. 34), weiterhin das um 1880 errichtete ehem. Wohnhaus eines Großbauern (Nr. 39) sowie drei Miethäuser aus der Zeit um 1885 am Rande des Dorfangers.

An der Straße Alt-Friedrichsfelde 60 (1975-91 zum Gedenken an die sowjetischen Truppen, die sich hier im April 1945 zum Stadtzentrum vorgekämpft hatten, *Straße der Befreiung*) steht der Gebäudekomplex der einstigen Berliner Bezirksverwaltung des > STAATSSICHERHEITSDIENSTES der DDR. In der Anlage befinden sich jetzt u.a. wesentliche Teile der > SENATSVERWALTUNG FÜR GESUNDHEIT und der > SENATSVERWALTUNG FÜR SOZIALES, des > GESUNDHEITSAMTS Lichtenberg sowie weitere Einrichtungen des Gesundheitswesens und des > DEUTSCHEN ROTEN KREUZES. Auf dem 1881 eröffneten, nördlich von F. bereits in Lichtenberg liegenden Städtischen Zentralfriedhof Friedrichsfelde an der Gudrunstr. befindet sich die > GEDENKSTÄTTE DER SOZIALISTEN mit Gräbern von führenden Repräsentanten der deutschen Arbeiterbewegung und der DDR.

Friedrichsgracht: Die F. ist eine Straße am Ostufer des *Spreekanals* zwischen > GERTRAU-DENBRÜCKE und > SPERLINGSGASSE im Bezirk > MITTE (> SPREE). Der ursprünglich gleichfalls F. genannte Kanal zwischen der heutigen Inselbrücke im Süden der Spreeinsel und der > MONBIJOUBRÜCKE an ihrem Nordende (> IN-SELN) entstand 1670-81 durch Begradigung und Regulierung des linken Spreearms beim Ausbau der Festungsanlagen um Berlin/Kölln 1658-83 durch den Großen Kurfürsten (1640-88; > STADTMAUER). Sein mittlerer Teil zwischen Gertraudenbrücke und > SCHLEU-SENBRÜCKE wurde auch als *Schleusengraben* bezeichnet, während der nördliche Abschnitt ab > EISERNER BRÜCKE bis heute den Namen > KUPFERGRABEN trägt. Der Name F. geht gleichzeitig auf den Kurfürsten Friedrich Wilhelm und die holländischen Facharbeiter zurück, die dieser zur Errichtung der Festungsanlagen ins Land geholt hatte und die ihre Wohnungen an der F. nahmen.
Im II. Weltkrieg wurde die ursprünglich bis zur Inselbrücke reichende F. stark zerstört; die Häuser zwischen Roßstraßenbrücke und Inselbrücke fielen ab 1965 der Neugestaltung der > FISCHERINSEL zum Opfer. Dabei wurde das Haus Nr. 15 an das gegenüberliegende > MÄRKISCHE UFER versetzt (Nr. 12). Seitdem trägt nur noch das Straßenstück nördlich der Gertraudenbrücke den Namen F. Zwischen Gertraudenbrücke und Scharrenstr. existiert von der alten Bausubstanz noch ein 1975/76 wiederhergestellter Block aus einem im späten 19. Jh. errichteten Wohngebäude und einem 1898 von Max Jacob und Georg Roensch mit neogotischer Fassade erbauten Geschäftshaus an der Ecke Gertraudenstr.

Friedrichshagen: Das von Friedrich II. (1740-86) gegründete, ehem. Kolonistendorf F. am Nordwest-Ufer des > GROSSEN MÜGGEL-SEES ist seit der Bildung > GROSS-BERLINS 1920 ein Ortsteil des Bezirks > KÖPENICK. Das zunächst „Friedrichsgnade" genannte Straßendorf entlang der heutigen Bölschestr. entstand 1753 als eine der größten friderizianischen Kolonien im Umkreis Berlins für rund 100 Baumwoll- und Seidenspinnerfamilien aus Böhmen und Sachsen (> DÖR-FER). Der bereits 1849 erfolgte Anschluß an die > EISENBAHN (heutiger Bahnhof von 1902) und die Lage am Wasser führten allmählich zur Umwandlung der Siedlung in einen Villenvorort und ein vielbesuchtes Ausflugsziel (> VILLENKOLONIEN). 1870 gründete der Bankier Friedrich Wilhelm Hirte westlich von F. nach einem Bebauungsplan von Eduard Titz die Kolonie *Hirschgarten*, die 1920 mit F. zu Köpenick kam. 1889 entstand das gegen Ende des 19 Jh. sehr beliebte Seebad F. am Müggelsee. Ebenfalls in den 80er Jahren ließ sich die Bronzegießerei Gladenbeck in F. nieder, von der zahlreiche Berliner Denkmäler stammen. 1888-93 wurde das > WASSER-WERK FRIEDRICHSHAGEN errichtet, das als eines der bedeutendsten technik- und architekturgeschichtlichen Denkmäler der Stadt gilt und in dem sich heute ein Museum der Wasserwirtschaft befindet.
In der bevorzugten Wohngegend entwickelte sich um die Jahrhundertwende der sog. Friedrichshagener Dichterkreis, der Schriftsteller wie Wilhelm Bölsche, Bruno Wille, die Brüder Heinrich und Julius Hart und Peter Hille zu seinen Mitgliedern zählte. Die zunehmende Bedeutung und der wachsende Wohlstand des Ortes kamen auch in zahlreichen aufwendigen öffentlichen Bauten zum Ausdruck, darunter das 1897/98 durch den Architekten Peter Groth errichtete dreigeschossige Rathaus mit zwei gestaffelten Giebelwänden und großem Ratssaal in der Bölschestr. 87, das heute von der > POLIZEI genutzt wird, oder die etwas weiter südlich gelegene, 1901-03 von Jürgen Kröger im Stil märkischer Backsteingotik erbaute *Christophoruskirche*, deren Turm nach Sturmschäden 1972 allerdings nur in vereinfachter Form wieder aufgebaut wurde.
1926/27 wurde F. durch den *Spreetunnel*, einen 120 m langen und 5 m breiten Fußgängertunnel am Ausgang des Müggelsees, mit dem südlichen Ufer der > SPREE verbunden. Im benachbarten Müggelpark befindet sich eine Anlegestelle für die Ausflugsschiffe der Weißen Flotte (> SCHIFFAHRT). Der Nordosten des Bezirks wird mit weitläufigen Waldgebiet der *Krummendammer Heide* eingenommen, einem Teil des > KÖPENICKER FORSTS. Entlang der nordwestlichen Ortsteilgrenze erstreckt sich das idyllische > ERPETAL, eines der wenigen erhaltenen Berliner Fließtäler.

Friedrichshain: Der 1945-90 zu Ost-Berlin gehörende Innenstadtbezirk F. ist der kleinste aller > BEZIRKE Berlins. Aufgrund seiner dichten Bebauung liegt er jedoch hinsichtlich der Bevölkerungsdichte nach > KREUZBERG, > PRENZLAUER BERG und > SCHÖNEBERG an vierter

Stelle. Im Süden und Südwesten des Bezirks bildet die > SPREE (als einzige Wasserfläche des Bezirks) eine natürliche Grenze zu den Bezirken Kreuzberg (1945-90 gleichzeitig Sektorengrenze; > SEKTOREN) und > TREPTOW. Westlich, nördlich und östlich grenzt F. an die Bezirke > MITTE, Prenzlauer Berg und > LICHTENBERG. Wie Prenzlauer Berg ist F. ein ausgesprochener Altbaubezirk. Von den gegenwärtig rd. 67.000 Wohnungen sind etwa zwei Drittel älter als 50 Jahre. Dem entspricht der schlechte Ausstattungsgrad: Über ein Viertel der Wohnungen haben weder Bad noch Dusche. 9 % haben keine Innentoilette. Nur in Prenzlauer Berg ist der Standard ähnlich gering. So stellt sich die Sanierung von Altbauwohnungen aktuell als dringendstes Problem im Bezirk.

Seinen Namen erhielt der Bezirk 1920 nach dem 1848 eröffneten > VOLKSPARK FRIEDRICHSHAIN an der nördlichen Bezirksgrenze. An der Südseite des Parks liegt der > FRIEDHOF DER MÄRZGEFALLENEN für die Berliner Opfer der Revolution von 1848. In der Zeit des Nationalsozialismus trug F. von 1934-45 den Namen „Bezirk Horst Wessel", nach dem am 23.2.1930 vor seiner Wohnung in der Großen Frankfurter Str. 62 (heute > KARL-MARX-ALLEE) von politischen Gegnern getöteten und von den Nazis zum Märtyrer stilisierten SA-Sturmführer.

Der Bezirk entstand 1920 bei der Bildung > GROSS-BERLINS als fünfter Verwaltungsbezirk der neuen Stadtgemeinde. Er umfaßt die äußeren Teile der ehem. Vorstädte *Königsstadt* und *Stralauer Vorstadt*, die Ende des 17., Anfang des 18. Jh. außerhalb der Memhardtschen Befestigung entstanden waren (Palisadenstr.; > STADTERWEITERUNG; > STADTMAUER). Ältester Teil des Bezirks ist das im Südosten gelegene Fischerdorf > STRALAU. Bei der Bezirksreform 1938 kamen die westlich der > RINGBAHN gelegenen Teile der seit 1920 zu Lichtenberg gehörenden ehem. Landgemeinde Boxhagen-Rummelsburg – das alte *Boxhagen* – zum Bezirk hinzu (> RUMMELSBURG). Der Bezirk liegt überwiegend im > WARSCHAU-BERLINER URSTROMTAL der Spree. Nur das Gebiet um den Volkspark liegt auf der Hochfläche des > BARNIM. Am Südhang dieser Hochfläche wurde vom 16. bis zum 18. Jh. intensiv Weinbau betrieben. 1565 zählte man hier 55 Weinhügel.

Etwa ab 1850 begann im Zuge der Industrialisierung und des damit verbundenen sprunghaften Bevölkerungswachstums die Bebauung des zuvor überwiegend landwirtschaftlich genutzten Geländes (die Blumenstr. ist noch heute ein Hinweis auf die hier v.a. von Hugenotten betriebene Blumenzucht). Sie konzentrierte sich entlang der drei Magistralen, die fächerförmig aus dem Stadtzentrum am > ALEXANDERPLATZ nach Osten aus Berlin herausführten: der > LANDSBERGER ALLEE sowie der Straßenzüge Große Frankfurter Str. (Karl-Marx-Allee) – Frankfurter Allee (heute > BUNDESFERNSTRASSEN 1 und 5)

Rathaus Friedrichshain

und Holzmarktstr. – Mühlenstr. – Stralauer Allee (Bundesstraße 96). Etwa in der Mitte des Bezirks werden diese Ausfallstraßen durch den übergeordneten Ringstraßenzug Warschauer Str. – Petersburger Str. – Breitscheidstr. in nord-südlicher Richtung miteinander verbunden. Gemäß dem Bebauungsplan des damaligen Baustadtrats James Hobrecht von 1862 (> HOBRECHTPLAN) entstanden v.a. > MIETSKASERNEN mit lichtlosen Hinterhöfen als Wohnquartiere für die Arbeiter der im Bezirk angesiedelten Industriebetriebe, daneben aber auch einige wegweisende Reformbauten, wie etwa die nach Plänen von Alfred Messel vom „Verein zur Verbesserung der kleinen Wohnungen" zwischen 1899 und 1905 errichtete Anlage beiderseits der Weisbachstr. mit 400 Wohnungen, Läden und Hallenbad und Erich Köhns 1904-06 erbaute Beamtenwohnanlage *Helenenhof* mit 442 Wohnungen nördlich der Simplonstr. Die 1897/98 von Messel erbaute Blockrandbebauung östlich der Proskauer Str. zwischen Bänsch- und Schreinerstr. mit 116 Kleinwohnungen (alle mit Innentoilette), Läden, Gaststätten, Spielplatz, Kindergarten und Bibliothek wurde auf der Pariser Weltausstellung 1900 mit einer Goldmedaille ausgezeichnet.

Ende des 19. Jh. war das Gebiet um den

Schlesischen Bahnhof (heute > HAUPTBAHN- HOF) eines der großen Proletarierviertel des Berliner Ostens. Bei den letzten freien Reichstagswahlen im März 1933 erhielt die KPD in F. 35 % (SPD 22 %, NSDAP 28 %). Der Saalbau Friedrichshain in der Straße Am Friedrichshain (unmittelbar jenseits der Bezirksgrenze im Bezirk Prenzlauer Berg) war einer der Hauptversammlungsorte der Berliner Arbeiterbewegung (> SAALBAUTEN). Nach dem Krieg als Großgaststätte wiedereröffnet, wurte um den Leninplatz, den heutigen Platz der Vereinten Nationen, an der Landsberger Allee (1968-70, Hermann Henselmann, Heinz Mehlan) und nördlich des Hauptbahnhofs an der Straße der Pariser Kommune (1971-73, Helmut Stingl, Harald Hanspach und Heinz Mehlan); in den 80er Jahren folgten die Wohnbebauung am Bersarinplatz und ab 1984/85 die Sanierung der Viertel beiderseits der Frankfurter Allee zwischen Gürtel- und Niederbarnimstr.

Friedrichshain – Fläche und Einwohner		
Fläche (Juni 1989)	9,78 km^2	100 %
Bebaute Fläche	6,18	63,2
Wohnfläche	3,58	37,6
Gewerbe- und Industriefläche inkl. Betriebsfläche	0,86	8,7
Verkehrsfläche	1,53	15,7
Grünfläche[1]	1,11	11,3
Landwirtschaft	0,01	0,1
Wald	–	–
Wasser	0,94	9,6
Einwohner (31.12.1989)	109.830 EW	
darunter. Ausländer	1.100	1,0 %
Einwohner pro km^2	11.230	

[1] Parks, Tierparks, Kleingärten, Spielplätze, ungedeckte Sportanlagen, Freibäder, Friedhöfe

de er im Oktober 1990 aus bautechnischen Gründen geschlossen. Auch die Nationalsozialisten hatten in F. ihre Stammquartiere. Besonders berüchtigt war die Gastwirtschaft „Keglerheim" in der Petersburger Str. 94, die von den Nazis nach 1933 als „wildes Konzentrationslager" genutzt wurde (> KONZENTRATIONSLAGER).
1939 war die Einwohnerzahl des Bezirks mehr als dreimal so hoch wie heute. Im II. Weltkrieg wurden von 5.800 Gebäuden 3.700 total bzw. stark zerstört; damit gingen 65 % der Bausubstanz verloren. Aus dem Trümmerschutt entstand der „Mont Klamott" im Volkspark F. (> TRÜMMERBERGE). F. war der erste Ost-Berliner Bezirk, in dem nach der > SPALTUNG der Stadt und der Gründung der DDR im Rahmen des von der SED verkündeten > NATIONALEN AUFBAUWERKS mit dem Wiederaufbau begonnen wurde. Der Schwerpunkt lag auf der damaligen Stalinallee (Karl-Marx-Allee, Frankfurter Allee). In den 60er und 70er Jahren entstanden die Neubau-

Im Zusammenhang mit der angestrebten Durchführung der > OLYMPISCHEN SPIELE sind größere Neubauten auf der Halbinsel Stralau vorgesehen, die zwischenzeitlich als Wohnungen für die „olympische Familie" dienen sollen.
Bereits in der ersten Hälfte des 19. Jh. gab es auf dem Gebiet des heutigen Bezirks mehrere Handwerksbetriebe und einige Manufakturen. Aber erst die Bahnhöfe für die 1842 eröffnete Eisenbahnstrecke Berlin – Frankfurt/ O. mit günstigen Verbindungen zum Schiffsverkehr auf der Spree und dem 1867 vollendeten Anschluß zur Königlichen Ostbahn nach Küstrin schufen die Voraussetzungen für das Entstehen größerer Fabrikanlagen (> EISENBAHN). Um das 1856 in Betrieb genommene erste Berliner Wasserwerk am Stralauer Tor (> WASSERVERSORGUNG) siedelten sich Holzverarbeitungsbetriebe und Brauereien an. In den Gründerjahren entstanden dann die ersten Großbetriebe, wie die Fabrik zur Herstellung von Luftdruckbremsen für die

Eisenbahnen, die wenig später von dem Ingenieur Georg Knorr übernommen und seitdem unter dem Namen *Knorr-Bremse* in ganz Deutschland bekannt wurde. Der 1913-16 von Alfred Grenander errichtete Stammbetrieb westlich der Ringbahn an der Bahnhofstr. 9-17 ist ein wichtiges Industriedenkmal. Mit dem 1868 an seiner Stelle errichteten, 1873 erheblich erweiterten ehem. Böhmischen Brauhaus an der Friedenstr. 89 – in der DDR-Zeit Sitz einer Wein-Großkellerei – sowie den historischen Kühl- und Lagerhäusern am Osthafen verfügt der Bezirk über weitere bedeutende Baudenkmäler der Berliner Industriegeschichte.

Die Tradition F. als Industriebezirk setzte sich auch nach dem II. Weltkrieg fort. Aus den Betrieben des Stadtbezirkes kamen rd. 15 % der industriellen Warenproduktion Ost-Berlins. Neben einigen Großbetrieben produzierten hier zumeist Mittel- und Kleinbetriebe der elektrotechnischen, elektronischen, chemischen sowie der Leicht- und Nahrungsmittelindustrie. Größter Betrieb des Stadtbezirks war das Berliner Glühlampenwerk Narva „Rosa Luxemburg" mit über 5.000 Beschäftigten (bis 1945 Osram Werk D). 1992 wurde das Werk über die Berliner > TREU-HANDANSTALT zum Verkauf ausgeschrieben, wobei Prämissen für den Erhalt von Arbeitsplätzen gesetzt wurden. Weitere Industriebetriebe im Bezirk waren das Berliner Bremsenwerk, der VEB Meßelektronik, der VEB Berliner Vergaser- und Filterwerke sowie die VEB Kraftwerksanlagenbau, Fahrzeugausrüstungen und Glaswerk Stralau. Am Franz-Mehring-Platz lagen Verlag, Redaktion und Druckerei des SED-Zentralorgans > NEUES DEUTSCHLAND. Nach der Wende ist ein industrieller und gewerblicher Strukturwandel mit Schwerpunkten auf mittelständischen und kleinen Unternehmen sowie Dienstleistungsbetrieben erkennbar.

Im Bezirk F. befinden sich wichtige überregionale Verkehrseinrichtungen: Neben dem Hauptbahnhof an der Mühlenstr. sind dies v.a. der 1968 an der Ringbahn errichtete Containerbahnhof der > DEUTSCHEN REICHS-BAHN (DR) nördlich der Frankfurter Allee sowie der Ostgüterbahnhof und der Wriezener Güterbahnhof nordöstlich des Hauptbahnhofs (> GÜTERVERKEHR). Der 1913 eröffnete > OSTHAFEN an der Spree ist der größte Binnenhafen Berlins (> HÄFEN; > SCHIFFAHRT). Der > ÖFFENTLICHE PERSONENNAHVERKEHR in F. wird weitgehend von der > S-BAHN getragen, die den Bezirk mit sechs Linien auf der Trasse der > STADTBAHN in West-Ost-Richtung durchquert. Über den Umsteigebahnhof *Ostkreuz* haben die Linien Anschluß an den S-Bahn-Verkehr auf der in Nord-Süd-Richtung verlaufenden Ringbahn-Trasse (drei Linien) mit dem Umsteigebahnhof Frankfurter Allee, über den eine Verbindung zur > U-BAHN (U5) vom Alexanderplatz nach Hönow besteht. Der Hauptbahnhof und der Bahnhof Ostkreuz bieten außerdem Anschluß an den von der DR betriebenen Vorortverkehr in das Berliner Umland. Zahlreiche Straßenbahn- und Buslinien erschließen den Bezirk im Inneren und stellen die Verbindung zu den Nachbarbezirken her (> STRASSENBAHN; > OMNIBUSVERKEHR).

F. besitzt im Volkspark Friedrichshain ein zentrales Naherholungsgebiet mit zahlreichen Freizeit- und Sporteinrichtungen. Weitere Grünflächen bilden die *Friedhöfe an der Friedenstraße* 80-82 mit zahlreichen bedeutenden Grabdenkmälern. Von den ursprünglich vor der Stadtmauer auf gleich großen Feldern angelegten vier Friedhöfen sind noch der 1825 eröffnete Friedhof V der Georgen-Parochial-Gemeinde, der 1838 eingeweihte Petrifriedhof und der 1848 angelegte Georgenfriedhof, heute Friedhof II der Georgen-Parochial-Gemeinde, erhalten. Der hier gelegene Armenfriedhof wurde 1879 geschlossen und nach > FRIEDRICHSFELDE verlegt. Neben den Sportanlagen auf dem Volksparkgelände gibt es eine Reihe weiterer > SPORTSTÄTTEN in anderen Teilen des Bezirks, darunter eine Tennisanlage in der Modersohnstr. Von überbezirklicher Bedeutung ist das 1981 fertiggestellte > SPORT- UND ERHOLUNGSZENTRUM an der Landsberger Allee sowie das angrenzende > KARL-FRIEDRICH-FRIESEN-SCHWIMM-STADION.

Der Bezirk hat kein zentrales Einkaufszentrum. Geschäftsstraßen sind v.a. die Frankfurter Allee, die Warschauer Str. und die Boxhagener Str. Am Hauptbahnhof befindet sich das im Zuge der > VEREINIGUNG vom Hertie-Konzern (1992 von „Kaufhof") übernommene, 1980 eröffnete ehem. Centrum-Warenhaus, eines der beiden großen Warenhäuser im einstigen Ost-Berlin. Am S-Bahnhof Frankfurter Allee liegt die als Kino erbaute, seit 80 Jahren als > MARKTHALLE genutzte Ringbahnhalle, für deren Neugestaltung verschiedene Konzepte vorliegen. Der Bevölkerung stehen im Bezirk 14 öffentliche > BIBLIOTHEKEN zur Verfügung; die

Hauptbibliothek in der Mollstr. mußte 1990 wegen schwerer bautechnischer Mängel geschlossen werden. Unter den zwei Filmtheatern des Bezirks ragt das 1960-62 von Josef Kaiser und Herbert Aust erbaute Kino *Kosmos* an der Karl-Marx-Allee 131a mit 1.000 Plätzen als größtes und eines der modernsten im Ostteil der Stadt heraus (> KINOS). Die große Tradition, die das 1887 als „Ostendtheater" gegründete *Rose-Theater* (ehemals Große Frankfurter Allee 132) als Volkstheater für die Berliner Theaterlandschaft hatte, konnte nach dessen Zerstörung im Krieg bislang nicht fortgesetzt werden (> THEATER). Seit 1966 befindet sich in der Frankfurter Allee 91 in einem ehem. Kino eine kleine Studiobühne, die sich 1991 in Anlehnung an dessen volkstümliche Bezeichnung den neuen Namen *Theater im schmalen Handtuch* gegeben hat. In der Proskauerstr. 19 hat, gleichfalls in einem ehem. Kino, das *TiK (Theater im Kino)*, ein kleines Amateurtheater mit einem 50köpfigen Ensemble und 80 Zuschauerplätzen, seinen Sitz. Zu den bezirklichen Kultureinrichtungen gehören auch mehrere Galerien („Galerie im Turm" Am Frankfurter Tor; „f" und „Passage" in der Frankfurter Allee; „Glatzkasten" in der Boxhagener Str. u.a.), ein kommunaler Kunstverleih, Weidenweg 37, sowie das Heimatmuseum in der Lichtenberger Str. 41 (> HEIMATMUSEEN). Einen besonderen Akzent hat die kulturelle Szene in F. durch die im September 1990 eröffnete *East-Side-Gallery* an der Mühlenstr. bekommen. Auf Initiative der schottischen Galeristen Chris MacLean gestalteten hier 118 Künstler aus 21 Ländern auf den Segmenten eines 1,3 km langen ehem. Mauerstücks zwischen > OBERBAUMBRÜCKE und Hauptbahnhof die größte Open-Air-Galerie der Welt (> MAUER).

Wichtigste Einrichtung des Gesundheitswesens im Bezirk ist das 1868-74 im östlichen Teil des Volksparks F. als erstes städtisches Krankenhaus Berlins erbaute *Städtische Krankenhaus im Friedrichshain* (> KRANKENHÄUSER). Das der Zentralversorgung dienende Krankenhaus entstand unter wissenschaftlicher Beratung von Rudolf Virchow nach Entwürfen von Martin Gropius und Heino Schmieden. Das Krankenhaus verfügt über rd. 1.000 Betten. Im ehem. Stadtbezirksgericht in der Rüdersdorfer Str. 58 residiert seit Anfang 1991 als erstes im Ostteil der Gesamtstadt eröffnetes Gericht das Berliner Verkehrsgericht.

Die Bezirksverwaltung F. befindet sich in einem in den 60er Jahren errichteten Gebäudekomplex in der Petersburger Str. 86-90 nahe dem Frankfurter Tor. Bei den ersten Gesamt-Berliner Kommunalwahlen am 24.5.1992 wurde die PDS stärkste Partei. Sie stellt drei Stadträte, die SPD zwei, CDU und Bündnis Friedrichshain je einen. Den Bezirksbürgermeister stellt die SPD.

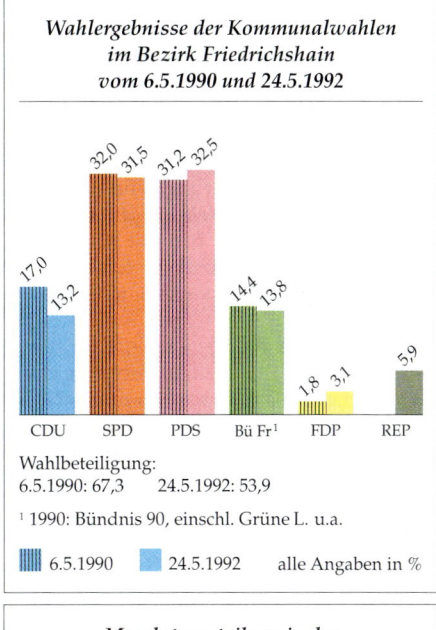

Wahlergebnisse der Kommunalwahlen im Bezirk Friedrichshain vom 6.5.1990 und 24.5.1992

Wahlbeteiligung:
6.5.1990: 67,3   24.5.1992: 53,9

[1] 1990: Bündnis 90, einschl. Grüne L. u.a.

6.5.1990   24.5.1992   alle Angaben in %

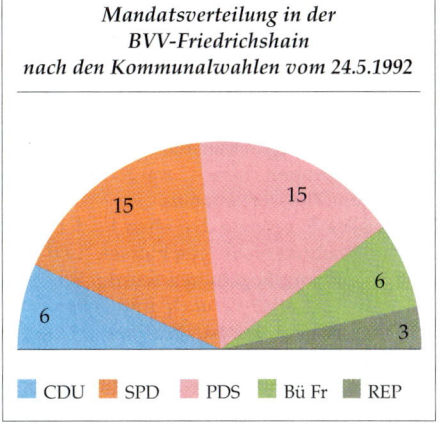

Mandatsverteilung in der BVV-Friedrichshain nach den Kommunalwahlen vom 24.5.1992

CDU   SPD   PDS   Bü Fr   REP

Friedrichstadtpalast: Der heutige F. in der > FRIEDRICHSTRASSE 107 im Bezirk > MITTE ist das einzige große Revuetheater, das die Traditionen der Berliner > VARIETÉS fortsetzt. Architektonischer und funktioneller Mittelpunkt ist die als Amphitheater angelegte Große Revue, die 1.900 Besuchern Platz bietet. Ergänzt wird sie durch die Kleine Revue, ein 240 Besucher fassendes intimes Galerietheater mit gastronomischem Service. Das Haus pflegt eine im F. entwickelte moderne Form der großen Ausstattungsrevue, mit Ballett, Gesang und Artistik.

Im Zuge der > VEREINIGUNG wurde der F. der > SENATSVERWALTUNG FÜR KULTURELLE ANGELEGENHEITEN unterstellt, eine Privatisierung ist geplant. Der seit 1990 von Intendant Hans-Gerald Otto geleitete F. hatte 1992 rd. 500 Mitarbeiter, davon gehören ca. 60 Tänzerinnen und Tänzer und etwa 50 Musiker zum ständigen Ensemble. Zu jeder der durchschnittlich drei Inszenierungen pro Jahr werden Gäste aus aller Welt verpflichtet. Seit vielen Jahren spielt der F. meist vor ausverkauftem Haus. Gelegentlich finden auch Gastspiele des F. in anderen Bundesländern statt.

Das Gebäude, eine 110 m lange, 80 m breite und 20 m hohe Stahlbetonkonstruktion mit einem 32 m hohen Bühnenturm und einer an der Vorderfront fast orientalisch wirkenden Zierfassade aus Sichtbeton wurde 1981-84 nach Plänen von Walter Schwarz, Manfred Prasser und Dieter Bankert errichtet. Die Hauptbühne verfügt über eine Drehscheibe von 18 m Durchmesser und zwei Seitenbühnen. Im Bereich der Vorderbühne ist ein Hubpodium von 12 m Durchmesser installiert, so daß hier innerhalb weniger Sekunden wahlweise eine Tanzebene, eine Zirkusmanege, ein Wasserbassin oder eine Eisarena erscheinen können. Ferner gibt es zwei Orchesterränge neben der Bühne, zwei Artistensprungebenen, vier Flugwerke für Trapez-Darbietungen sowie moderne Lasertechnik und Wasserfontänen.

Dieser neue F. ersetzte den alten F., der 1980 wegen Einsturzgefahr geschlossen und bis 1986 vollständig abgetragen wurde. Das alte Gebäude war 1865-67 nach Entwürfen von Friedrich Hitzig als erste Berliner > MARKTHALLE errichtet worden. Wegen des mangelnden Zuspruchs mußte die Markthalle jedoch bereits sieben Monate nach der Eröffnung wieder schließen. 1870/71 diente das Gebäude der preußischen Heeresverwaltung als Lager und Sammelstelle. 1873 eröffnete der Parforcereiter Albert Salamonsky dort den sog. Markthallenzirkus für 5.000 Zuschauer, bevor Ernst Renz den Bau 1879 erwarb. Seine

Pferdedressuren machten den Zirkus Renz in der Folgezeit weltberühmt. Nach Renz' Tod übernahm Bollosy Kiraly das Haus, ließ die Bühne um etwa die Hälfte des Zuschauerraums erweitern und veranstaltete in dem nun „Neues Olympia-Riesentheater" genannten Betrieb sog. Superschauen, Varietéprogramme unter Einbeziehung von artistischen Attraktionen, aber auch Kuriositäten aller Art. Von 1899 an war der Zirkusdirektor Albert Schumann Hausherr. Er baute das Haus abermals um und zeigte bis 1918 die Programme seines Zirkus Schumann.

Danach übernahm Max Reinhardt, Direktor des nahegelegenen > DEUTSCHEN THEATERS, der bereits 1910 in Schumanns Zirkus „König Ödipus" inszeniert hatte, den Bau und ließ ihn 1919 von Hans Poelzig zum *Großen Schauspielhaus* mit 3.000 Plätzen umgestalten. V.a. wegen der Form der den Bau im Innern tragenden Säulen galt das Gebäude zu dieser Zeit als eines der herausragendsten Beispiele expressionistischer Architektur. Finanzielle Gründe zwangen Reinhardt jedoch zum Verkauf. Der neue Hausherr, der Tänzer Eric Charell, etablierte dort 1924 ein Revuetheater.

1933 übernahmen die Nationalsozialisten das Gebäude, beseitigten die expressionistische Innengestaltung und errichteten ein „Theater des Volkes", in dem v.a. große Ausstattungsoperetten zu sehen waren. Im letzten Kriegsjahr wurde das Bühnenhaus zerstört. Doch schon im August 1945 kam es im notdürftig reparierten „Haus der 3.000" unter der Leitung der Artistin Marion Spandoni zur Eröffnung eines „Palast-Varieté". 1947 übernahm der > MAGISTRAT das Haus und benannte es in F. um. Bis 1954 wurden unter der Leitung des Verwandlungskünstlers Nicola Lupo artistische Nummernprogramme und 1954-61 unter der Direktion von Gottfried Herrmann Varieté-Revuen gezeigt. 1961 übernahm Wolfgang E. Struck, einst Regieassistent unter Bertolt Brecht, die Leitung des Hauses. Beim Abriß des F. blieb das Ensemble bestehen und absolvierte bis zur Wiedereröffnung im neuen Gebäude zahlreiche Gastspiele.

Friedrichstraße: Die F. führt vom Oranienburger Tor im Norden des Bezirks > MITTE über ca. 3,3 km in südlicher Richtung bis zum > MEHRINGPLATZ in > KREUZBERG. Dabei überquert sie auf der > WEIDENDAMMER BRÜCKE die > SPREE und kreuzt u.a. die Straße > UN-

TER DEN LINDEN und die > LEIPZIGER STRASSE. In der Zeit der > SPALTUNG der Stadt 1948-90 war sie südlich der Leipziger Str. durch den auf der Bezirksgrenze zwischen Mitte und Kreuzberg liegenden Sektorenübergang F. geteilt (> CHECKPOINT CHARLIE). Heute ist die F. neben der Entlastungsstraße durch den > GROSSEN TIERGARTEN wieder die wichtigste Nord-Süd-Verbindung im Zentrum Berlins.

Friedrichstraße 1909, an der Ecke Behrenstraße Passage mit Panoptikum

Als Hauptachse der ab 1688 errichteten Friedrichstadt (> STADTERWEITERUNG) erstreckte sich die F. ursprünglich von der Dorotheenstr. (heute Clara-Zetkin-Str.) bis zur Zimmerstr. Beim Ausbau der Spandauer Vorstadt ab Ende des 17. Jh. wurde sie nach Norden bis zum Oranienburger Tor verlängert; ihre Weiterführung nach Süden bis zum „Rondell" am Halleschen Tor erfolgte bei Errichtung der Berliner Zollmauer 1734-36 (> STADTMAUER).

Seit etwa 1900 war die F. in ihrem südlichen Teil eine Einkaufs- und Amüsierstraße, in der sich repräsentative Geschäfte, Cafés, Hotels, Nobelrestaurants und Bars, > VARIETÉS, > KINOS und > THEATER abwechselten. Im nördlichen Teil dominierten Bierquellen und Studentenkneipen. Aus dieser Zeit erhalten ist der 1910 erbaute, heute vom > METROPOL-THEATER und dem Kabarett > DIE DISTEL genutzte > ADMIRALSPALAST gegenüber dem > BAHNHOF FRIEDRICHSTRASSE an der 1882 eröffneten > STADTBAHN. Zwischen Bahnhof und Dorotheenstr. lag das Central-Hotel mit dem 1880 eröffneten *Wintergarten*, einer mit tropischen Pflanzen und Springbrunnen dekorierten, 2.500 m² großen Glaskuppelhalle, die als Veranstaltungsort zahlreicher Musik- und Varietédarbietungen weit über Deutschland hinaus Berühmtheit erlangte. Der nördlich der Spree auf der Westseite der F. gelegene,

traditionsreiche > FRIEDRICHSTADTPALAST – eine als Zirkus und Theater genutzte ehem. Markthalle (> MARKTHALLEN) – wurde 1980-86 abgetragen und 1984 auf der anderen Straßenseite schräg gegenüberliegend durch den Neubau des heutigen Revuetheaters ersetzt (> LEICHTE MUSIK).

Die Kreuzung F./Unter den Linden war schon seit dem frühen 19. Jh. ein Zentrum des Fremdenverkehrs. 1825 eröffnete an der Südwestecke das *Café Kranzler*, dessen 1932 eingerichtete und nach dem Krieg wieder aufgebaute Filiale am > KURFÜRSTENDAMM/Ecke Joachimstaler Str. noch heute zu den bekanntesten Treffpunkten Berlins gehört. An der Südostecke der Kreuzung lag das Café Bauer und an der Nordostecke das Café Viktoria. Alle drei Cafés wurden im II. Weltkrieg zerstört. Erhalten ist allein das 1936 vom Schweizer Architekten E. Meier errichtete sechsgeschossige „Haus der Schweiz" an der Nordwestecke mit der Figur des Wilhelm Tell. Bei der Neubebauung der Kreuzung 1964-66 entstanden auf den drei zerstörten Eckgrundstücken das Hotel „Unter den Linden", das Gaststätten- und Bürohaus „Lindencorso" und ein Appartementhaus, an das später das Grand-Hotel angeschlossen wurde.

Das 1887/88 für die Münchener Pschorr-Brauerei in reichen barockisierenden Formen erbaute Haus F. 165/Ecke Behrenstr. gehört

Friedrichstraße heute, links vorne Haus der Wissenschaft und Kultur der russischen Föderation

zu den wenigen Gebäuden an der F., die den II. Weltkrieg überstanden haben, und ist seit der Wende in der DDR als > HAUS DER DEMOKRATIE Domizil für mehrere Bürgerrechtsgruppen und Parteien. In den oberen Räumen befand sich „Castans Panoptikum", dessen Exponate den Grundstock des heutigen Berliner Panoptikums im > KUDAMM-ECK bil-

den. Gegenüber des Gebäudes war der Südeingang der 1869-73 von Walter Kyllmann und Adolf Heyden errichteten *Passage* oder *Kaisergalerie* zur Straße Unter den Linden. Im Innern der Passage befanden sich außer einem Café und zahlreichen Läden das Passage-Panoptikum mit dem Anatomischen Museum und das berühmte „Kaiserpanorama", das jetzt im > BERLIN-MUSEUM in Kreuzberg zu besichtigen ist.
Im II. Weltkrieg wurde die F. fast völlig zerstört. Nur nördlich der Spree blieben geschlossene Häuserfronten, vier- bis fünfgeschossige Wohn- und Geschäftshäuser aus dem späten 19. Jh., erhalten. Erst lange nach dem Krieg entstanden neben den Gebäuden an der Kreuzung F./Unter den Linden als Einzelobjekte westlich der F. zwischen Clara-Zetkin-Str. und Mittelstr. das Luxushotel Metropol mit 320 Zimmern (1977) und auf der anderen Straßenseite südlich der Stadtbahn das > INTERNATIONALE HANDELSZENTRUM (1979). Ab Mitte der 80er Jahre betrieb die DDR-Regierung dann den systematischen Wiederaufbau der F. als Gegenpol zum Kurfürstendamm im damaligen West-Berlin. Größtes Projekt der südlich der Linden begonnenen Arbeiten war das 1987 eröffnete „Grand-Hotel" zwischen den Linden und der Behrenstr., eine Luxusunterkunft mit 600 Übernachtungs- und 900 Gaststättenplätzen. Fertiggestellt wurde auch der mächtige Gebäudekomplex des am 5.7.1984 eröffneten heutigen > HAUS DER WISSENSCHAFT UND KULTUR DER RUSSISCHEN FÖDERATION – GUS zwischen Jäger- und Taubenstr. Die anderen Projekte kamen wegen Finanzmangels nicht zum Abschluß und wurden bei der > VEREINIGUNG als Bauruinen übernommen. Ein Investoren- und Architektenwettbewerb soll über die zukünftige Gestaltung des Geländes neu entscheiden. Auch in der vereinigten Stadt soll die F. als zentrales Kultur- und Geschäftszentrum ausgebaut werden. Geplant sind drei große Gebäudekomplexe, in denen sich u.a. eine Dependance des Pariser Kaufhauses Lafayette ansiedeln will.

Friedrichswerdersche Kirche: Die F. und das in ihr untergebrachte Schinkelmuseum am > WERDERSCHEN MARKT im Bezirk > MITTE gehören seit der > VEREINIGUNG zu den > STAATLICHEN MUSEEN PREUSSISCHER KULTURBESITZ. Die F. wurde 1824-30 nach den Entwürfen von Karl Friedrich Schinkel als erster neugotischer Kirchenbau in Berlin errichtet.

Sie ist ein dem Vorbild der gotischen „chapels" in England – besonders in Cambridge und Oxford – folgender neugotischer, einschiffiger Backsteinbau von fünf Jochen und war – v.a. aus Sparsamkeitsgründen – der erste Kirchenbau in der Technik des Rohziegelbaus seit 300 Jahren in Preußen. Ihre Einweihung erfolgte 1831 in Anwesenheit ihres Stifters König Friedrich Wilhelm III. (1797-1840).

Friedrichswerdersche Kirche mit Goethe-Denkmal

Markante Baumerkmale sind der vieleckig gebrochene Chor in voller Langhausbreite, die großen Maßwerkfenster und eine zweitürmige Fassade mit Doppelportal unter einem monumentalen Spitzbogenfenster mit Rosette. Die äußeren Strebepfeiler enden über einem durchbrochenen Fries in 16 Fialen, die das abgeflachte Dach umgrenzen. Dieses heute der Öffentlichkeit nicht mehr zugängliche Dach war im 19. Jh. wegen der weiten Aussicht ein beliebtes Ausflugsziel. Der hohe lichtdurchflutete Innenraum mit Sternengewölben hat durch eingezogene Strebepfeiler den Charakter einer Halle mit einem Emporenumgang auf hölzernen Zwillingsarkaden. Die in einem besonderen Brennprozeß hergestellten und im Innenraum verputzten und bemalten Ziegel, lassen im Innern den Eindruck entstehen, das Kirchenschiff sei in Sandstein errichtet, während sie von außen fast wie rötlicher Marmor wirken. Am Altar befand sich ursprünglich ein Altarbild von Karl Begas, Christi Auferstehung darstellend, das verschollen ist.
Die F. spielte eine bedeutende Rolle im > WIDERSTAND gegen den Nationalsozialismus. Am

23.6.1937 wurden dort bei einer Sitzung eines leitenden Organs der *Bekennenden Kirche* acht ihrer führenden Vertreter verhaftet, zehn Tage später erfolgte die Festnahme von Pastor Martin Niemöller. Eine Gedenktafel im Innenraum der F. erinnert an diese Vorgänge. Bei den Kämpfen um Berlin am Ende des II. Weltkriegs brannte die F. aus. Nach Sicherungsarbeiten in der Nachkriegszeit begann 1981 die Wiederherstellung an der 1980 vom Staat gepachteten F. Die Friedrichswerdersche Gemeinde hat seit 1983 ein neues Domizil in der wiederaufgebauten > FRANZÖSISCHEN FRIEDRICHSTADTKIRCHE gefunden.
Nach der originalgetreuen Wiederherstellung der F. einschließlich ihrer fast vollständig zerstörten Chorfenster wurde dort im Rahmen der 750-Jahr-Feier Berlins am 15.11. 1987 das zur > NATIONALGALERIE gehörende *Schinkelmuseum* eröffnet. Es zeigt auf der umlaufenden Empore Reproduktionen des zeichnerischen und druckgraphischen Werks des Künstlers und im Kirchenschiff Berliner Bildhauerkunst zu Zeiten des Klassizismus. Neben Plastiken von Schinkel selbst (Relieftafeln der > BAUAKADEMIE) sind herausragende Arbeiten von Johann Gottfried Schadow (Prinzessinnengruppe, Grabmal des Grafen Wilhelm v. Arnim), Christian Daniel Rauch (zweite Fassung des Sarkophages für die Königin Luise von Preußen; Mausoleum beim > SCHLOSS CHARLOTTENBURG), Christian Friedrich Tieck u.a. zu sehen.

Friedrich-Wilhelms-Universität: Am 16.8. 1809 hatte Friedrich (III.) I. (1688-1713) nach langwierigen Verhandlungen in einer Kabinettsorder die Errichtung einer allgemeinen und höheren Lehranstalt mit „Namen und Würde" einer Universität verfügt und stellte dafür das seit 1802 leerstehende > PRINZ-HEINRICH-PALAIS an der Straße > UNTER DEN LINDEN zur Verfügung. Die 1810 als „Universität zu Berlin" eröffnete F. war die erste Universität Berlins. Sie gilt als Vorläuferin der heutigen > HUMBOLDT-UNIVERSITÄT ZU BERLIN und der > FREIEN UNIVERSITÄT BERLIN.
Politischer Hintergrund der Universitätsgründung waren die Reformbestrebungen des in die Krise geratenen Staates Preußen. Mit der Niederlage gegen Napoleon (Frieden von Tilsit am 7.7.1807) hatte der preußische Staat große Teile seines Gebiets verloren. Von fünf Universitäten (Halle [ca. 1.000 Studenten], Königsberg [über 300 Studenten], Frankfurt/O. [ebenfalls über 300 Studenten],

Erlangen [über 200 Studenten] und Duisburg [ca. 40 Studenten]) verblieben nur Königsberg und Frankfurt. Um den physischen Verlust durch geistige Kräfte zu ersetzen, sah Wilhelm v. Humboldt, der am 20.2.1809 zum Geheimen Staatsrat und Direktor der Sektion Kultus und öffentlicher Unterricht im Preußischen Ministerium des Innern ernannt worden war, die Gründung einer Berliner Universität als eine vordringliche Aufgabe an. Er erwirkte bereits im Winter 1809 im noch nicht eingerichteten Gebäude einen vorläufigen Universitätsbetrieb mit Vorlesungen von Johann Gottlieb Fichte, Friedrich Ernst Daniel Schleiermacher u.a.
Der offizielle Lehrbetrieb begann am 15.10. 1810 mit einem „Winterkursus" für 252 Studenten, dem 24 ordentliche und neun außerordentliche Professoren zur Verfügung standen und außerdem 14 Privatdozenten, fünf Lektoren sowie sechs lesende Mitglieder der > PREUSSISCHEN AKADEMIE DER WISSENSCHAFTEN. Im ersten Semester wurden 116 Vorlesungen angeboten. Erster Rektor war der Staatsrechtler Theodor Anton Heinrich Schmalz, als Dekane fungierten Fichte, Schleiermacher, Friedrich August Biener und Christoph Wilhelm Hufeland. 1811 wurde dann Fichte der erste gewählte Rektor. 1828 erhielt die Universität den Namen F.
Nach dem Konzept v. Humboldts versuchte die F. als „universitas literarum" Bildung und Erziehung sowie Forschung und Lehre organisch zu verbinden und der allseitigen humanistischen Bildung des Menschen zu dienen. Die vier gleichberechtigten Fakultäten bei der Gründung waren: Theologie, Jura, Medizin und Philosophie. 1829 wurde die 1727 gegründete > CHARITÉ in die F. eingegliedert. Nach dem Ende der Freiheitskriege setzte eine rasante Entwicklung ein, und bereits zwei Jahrzehnte nach ihrer Gründung war die F. die größte Universität Deutschlands; 1832 wies sie 1.732 Studenten aus.
Bis zur Machtübernahme durch die Nationalsozialisten 1933 war die F. eines der führenden europäischen Zentren von > WISSENSCHAFT UND FORSCHUNG. An ihr lehrten die Philosophen Johann Gottlieb Fichte und Georg Wilhelm Friedrich Hegel, der Theologe Friedrich Ernst Daniel Schleiermacher, der Jurist Friedrich Karl v. Savigny, der Agrarwissenschaftler Albrecht Thaer, der Althistoriker Theodor Mommsen, die Naturwissenschaftler Alexander v. Humboldt, Karl

Theodor Weierstraß, Walter Nernst, Otto Hahn, Gustav Magnus, Hermann v. Helmholtz, Max Planck, Max v. Laue, Albert Einstein, Max Born und die Mediziner Christoph Wilhelm Hufeland, Albrecht v. Graefe, Rudolf Virchow, Robert Koch, Ferdinand Sauerbruch.

Die Studentenzahlen entwickelten sich parallel zur Bedeutung der Universität. Studierten im Gründungsjahr 1810 an der F. rd. 250 Studenten, so betrug ihre Zahl 1860 bereits knapp 2.500 und stieg bis 1910 auf über 8.000. Ab 1933 trieb die nationalsozialistische Politik mit ihrer rassischen Verfolgung und der Verfolgung andersdenkender Intellektueller viele hervorragende Wissenschaftler und Professoren aus dem Amt und in die Emigration. 1936 lagen die Studentenzahlen an der F. nur noch bei ca. 6.700.

Am Ende des II. Weltkrieges waren 70 % der Gebäude zerstört. In provisorisch instandgesetzten Räumen begannen jedoch bereits am 3.9.1945 wieder erste „Vorkurse" zur Vorbereitung späterer Vorlesungen. Die offizielle Eröffnung als „Universität Berlin" erfolgte am 29.1.1946 im > ADMIRALSPALAST. Versuche der westlichen Oberbefehlshaber im > ALLIIERTEN KONTROLLRAT, der westlichen Militärregierungen in Berlin und des > MAGISTRATS, die F. der > ALLIIERTEN KOMMANDANTUR und dem Magistrat zu unterstellen, scheiterten am Widerstand der sowjetischen Besatzungsmacht, die die Universität als Reichseinrichtung und damit ihrer Besatzungszone zugehörig betrachtete. Die Hochschulpolitik der > SOWJETISCHEN MILITÄRADMINISTRATION IN DEUTSCHLAND unterlief schrittweise die akademische Selbstverwaltung und versuchte zunehmend, die Universität in ihrem Sinne umzugestalten. Die Absetzung des Vorsitzenden der studentischen Arbeitsgemeinschaft, Georg Wrazidlo, im Sommersemester 1946 und die Relegation der Studenten Otto Hess, Otto Stolz und Joachim Schwarz im April 1948 bewirkten eine Zuspitzung der Konflikte und die Spaltung der Universität: Am 4.12.1948 erfolgte die Gründung der Freien Universität im Westteil der Stadt. Die Universität Berlin wurde am 8.2.1949 in Humboldt-Universität umbenannt und in das sozialistische Hochschulsystem der späteren DDR eingegliedert.

Fritz-Haber-Institut der Max-Planck-Gesellschaft: Das F. am Faradayweg 4-6 im Bezirk > ZEHLENDORF wurde 1911 als Kaiser-Wilhelm-Institut für Physikalische Chemie und

Elektrochemie der > KAISER-WILHELM-GESELLSCHAFT ZUR FÖRDERUNG DER WISSENSCHAFTEN gegründet. Nach dem II. Weltkrieg wurde es der > MAX-PLANCK-GESELLSCHAFT ZUR FÖRDERUNG DER WISSENSCHAFTEN e.V. unterstellt und trägt seit 1953 seinen heutigen Namen. Es betreibt vorrangig Grundlagenforschung auf dem Grenzgebiet zwischen Physik und Chemie. Schwerpunkte der Arbeit der fünf Abteilungen sind die Erforschung der Oberflächen von Festkörpern, das Studium der Grenzflächen zwischen Festkörpern und Gasen oder Flüssigkeiten, die Entwicklung und Anwendung der Elektronenmikroskopie sowie solare Energieumwandlung. Das F. war wesentlich an der Gründung des > BERLINER ELEKTRONENSPEICHERRING – GESELLSCHAFT FÜR SYNCHROTRONSTRAHLUNG beteiligt. 1992 arbeiteten am F. ca. 245 feste Mitarbeiter, darunter 67 Wissenschaftler, sowie eine Reihe von Gastwissenschaftlern. Die Finanzierung tragen zu je 50 % der Bund (> BUNDESMINISTER FÜR FORSCHUNG UND TECHNOLOGIE) und das Land Berlin, vertreten durch die > SENATSVERWALTUNG FÜR WISSENSCHAFT UND FORSCHUNG.

Frohnau: F. ist der nördlichste Ortsteil des Bezirks > REINICKENDORF. Er umfaßt eine Fläche von 7,8 km². Der noch heute weitgehend in seiner ursprünglichen Bebauung erhaltene Ort entstand ab 1909 als > GARTENSTADT nach dem Muster der aus England stammenden Gartenstadtbewegung an der 1910 auf der Trasse der 1877 eröffneten Nordbahn fertiggestellten Vorortbahn vom > STETTINER BAHNHOF nach Oranienburg (> EISENBAHN).

Die von der „Berliner-Terrain-Centrale" unter maßgeblicher Förderung des Fürsten Henckel v. Donnersmarck nach einem Bebauungsplan von Joseph Brix und Felix Genzmer in der Stolper Heide und der Bieselheide angelegte Kolonie wurde wegen ihrer geringen Bevölkerungszahl weder Dorf noch Stadt, sondern blieb Gutsbezirk. Der 1920 erfolgten Eingliederung nach > GROSS-BERLIN setzten die steuerkräftigen Frohnauer erbitterten Widerstand entgegen. Erst 1922 wurde der Name Frohnau/Mark in Berlin-Frohnau geändert und erst 1924 der Ort vollständig in die Verwaltung von Reinickendorf überführt. 1945 kam F. mit Reinickendorf zum französischen Sektor (> SEKTOREN).

Die Siedlung F. (der Name ist von „frohe Aue" abgeleitet) war für „gutbürgerliche Bewohner" gedacht. Die Hauptlinien des Straßennetzes führen alle zu dem 1910 fertiggestellten Vorort-Bahnhof zwischen dem Zeltinger Platz und dem Ludolfinger Platz, die beide als gärtnerische Schmuckplätze gestaltet sind. Am *Zeltinger Platz* steht die 1935/36 nach Plänen von Walter und Johannes Krüger, den Schöpfern des Tannenbergdenkmals, im gotischen Stil errichtete mächtige *Johanniskirche*. Eine Brücke über die Bahnstrecke führt zum *Ludolfinger Platz*, der von dem 30 m hohen *Casinoturm*, dem Wahrzeichen von F., beherrscht wird. Casino und Turm entstanden 1910 als Teil des S-Bahnhofs nach Plänen von Gustav Hardt und Alfred Lesser und hatten u.a. eine Funktion als Wasserturm für den Bahnbetrieb. In den strahlenförmig von beiden Plätzen abgehenden, leicht gekrümmten Straßen findet man eine größere Zahl bemerkenswerter Villen, die vorwiegend in einem wesentlich von Hermann Muthesius geprägten „Landhausstil" gehalten sind. Ein schönes Beispiel bürgerlicher Architektur vom Beginn dieses Jh. ist das von Heinrich Straumer errichtete, breit gelagerte Landhaus am Ludolfinger Weg 50-54.

Zu den Sehenswürdigkeiten in F. gehört das 1922-24 nach Plänen von Max Meyer erbaute > BUDDHISTISCHE HAUS am Edelhofdamm 54, das der Berliner buddhistischen Gemeinde als Tempel dient. 1937 wurde auf einem an der nördlichen Stadtgrenze gelegenen Waldgelände für die Bewohner als Ersatz des für eine andere Verwendung vorgesehenen > INVALIDENHAUSES im Bezirk > MITTE für Kriegsinvaliden und deren Angehörige die > INVALIDENSIEDLUNG errichtet.

Am Jägerstieg wurde 1980 auf einem 6 ha großen Gelände zur Gewährleistung abhörsicherer Fernsprechverbindungen zwischen Berlin und der Bundesrepublik über das Gebiet der DDR ein 344 m hoher Fernmeldemast der > DEUTSCHEN BUNDESPOST in Betrieb genommen. In der Nähe liegt der 1,4 ha große *Hubertussee*, der bei der Errichtung der Landhauskolonie ausgehoben worden war. Gleichfalls im Norden von F. liegt ein besonderes Bodendenkmal, das größte geschlossene Eiskeilfeld Norddeutschlands. 1987, zum Zeitpunkt der letzten West-Berliner Volkszählung, hatte F. rd. 16.600 Einwohner.

25 km von Berlin: Der erstmals 1981 in Anlehnung an den 20 km Lauf von Paris veranstaltete Straßenlauf „25 km de Berlin" wurde bis 1990 von der französischen Schutzmacht – stellvertretend für die drei westlichen > ALLIIERTEN – als Ausdruck ihrer Verbundenheit mit der Stadt durchgeführt. Der zu Beginn der sommerlichen Laufsaison jeweils in der ersten Maiwoche veranstaltete Lauf erhielt im Zuge der > VEREINIGUNG seinen heutigen Namen, neuer Veranstalter wurde der Berliner Leichtathletik-Verband. Am 11. Lauf 1991 nahmen ca. 9.000 Starter aus 45 Nationen teil. Die Strecke führt unverändert vom Start auf dem geräumigen Vorplatz des > OLYMPIASTADIONS über Hauptverkehrsstraßen im westlichen Zentrumsbereich durch die Bezirke > CHARLOTTENBURG, > SCHÖNEBERG, > TIERGARTEN und > WEDDING zurück zum Olympiastadion. Den Rekord auf dieser größten Lauf-Veranstaltung über eine nicht-olympische Distanz in Europa halten die beiden deutschen Läufer Herbert Steffny und Ralf Salzmann, die die Strecke 1986 in 1 h 16 min und 11 s zurücklegten.

Funkturm: Der F. auf dem > AUSSTELLUNGS- UND MESSEGELÄNDE gegenüber dem > INTERNATIONALEN CONGRESS CENTRUM BERLIN – alle drei betrieben von der > AUSSTELLUNGS-MESSE-KONGRESS-GMBH – im Bezirk > CHARLOTTENBURG gilt wie der > FERNSEHTURM und das > BRANDENBURGER TOR als eines der Wahrzeichen Berlins. Als Sendemast wird er heute nur noch für den Polizeifunk genutzt. Der Öffentlichkeit zugänglich sind ein zweigeschossiges, 55 m hoch gelegenes Restaurant für ca. 200 Gäste und eine Aussichtsplattform in 125 m Höhe.

Erbaut wurde die an den Pariser Eiffelturm angelehnte, 138 m (mit Antenne 150 m) hohe und ca. 400 t schwere Stahlkonstruktion 1924-26 anläßlich der 1. Großen Deutschen Funkausstellung 1924 (> INTERNATIONALE FUNKAUSSTELLUNG BERLIN). Als reiner Antennenmast geplant, wurde sie nachträglich mit Restaurant und Aussichtsplattform versehen und 1926 zur 3. Funkausstellung mit einer Rede Albert Einsteins eröffnet. Architekt war Heinrich Straumer, von dem auch das den F. umgebende, 1935 bei einem Brand zerstörte Haus der Funkindustrie stammte. Der F. diente als Antennenträger für den 1923 in Berlin begründeten deutschen > HÖRFUNK, nach dem II. Weltkrieg vorübergehend nochmals der Übertragung von Hörfunk und > FERNSEHEN, bevor ein 1962/63 am Scholzplatz errichteter Fernsehfunkmast seine Funktionen übernahm. 1966 wurde er unter Denkmalschutz gestellt. Am Fuß des F. liegt das 1967 eröffnete > DEUTSCHE RUNDFUNKMUSEUM.

Fußball-Club Hertha 03 Zehlendorf: Der am 10.3.1903 gegründete Sportverein Hertha 03 Zehlendorf, der 1948 als erster Berliner Verein nach dem II. Weltkrieg die alliierte Lizenz zur Organisation sportlicher Aktivitäten erhielt, hat seinen Sitz in der Onkel-Tom-Str. 52a-54a im Bezirk > Zehlendorf. Der Sport ausschließlich in der Sparte Fußball betreibende Club ist mit 28 spielenden Jugendmannschaften 1991 der Verein mit den meisten Mannschaften in den Schüler-, A-, B- und C-Jugendklassen in Deutschland. Für diese intensive Jugendarbeit erhielt er bislang 21 Auszeichnungen des > Senats von Berlin. Diese Prämierungen reflektieren auch die sportlichen Erfolge der Jugendmannschaften, die je ein Mal die deutsche A- bzw. B-Jugendmeisterschaft gewannen und bis 1991 insg. 78 Berliner Meister- und Pokalsiege errangen. Von den 1991 ca. 1.700 Mitgliedern des Vereins spielen ca. 85 % Aktive in insg. 46 Mannschaften; die Damen- bzw. Herrenmannschaften konnten sich jedoch über die jeweiligen regionalen Ligen hinaus bisher nicht qualifizieren.

Das Clubhaus des Vereins liegt an dem 1953 angelegten bezirkseigenen *Ernst-Reuter-Sportfeld*, das neben der Nutzung durch bezirkliche Schulen dem FC Hertha 03 und anderen Vereinen als Spiel- und Trainingsstätte zur Verfügung steht. Die Sportanlage umfaßt ein Fußball- und Leichtathletikstadion mit einem Platzangebot für ca. 5.000 Zuschauer, einen weiteren Rasen- und zwei Kunstrasenplätze, drei Hockey- sowie mehrere Kleinspielfelder.

G

Galgenhaus: Das G. in der Brüderstr. 10 im Bezirk > MITTE gehört zu den wenigen erhaltenen Gebäuden Berlins aus dem 17. Jh. Es beherbergt z.Z. das der > SENATSVERWALTUNG FÜR WISSENSCHAFT UND FORSCHUNG unterstellte > INSTITUT FÜR MUSEUMSKUNDE. Das G. wurde um 1688 als barockes Bürgerhaus für den Kammerrat Heinrich Phillipp v. Happe errichtet. Seit 1737 diente es als Propstei der Petrikirche, der ältesten Pfarrkirche von > KÖLLN (1960 abgerissen). Der Name G. verknüpft Tatsachen und Legenden: Wegen der fälschlichen Anschuldigung, einen Silberlöffel gestohlen zu haben, sei eine Dienstmagd des Kammerrats 1735 vor dem Hause öffentlich gehenkt worden.
Das G. ist ein dreigeschossiger Putzbau von fünf Achsen. In der Mittelachse befindet sich ein rundbogiges Durchfahrtsportal. Die Fassade des Hauses wurde 1805 klassizistisch verändert. Das Holztreppenhaus stammt noch aus der Ursprungszeit und ist das einzig erhaltene dieser Art in Berlin. Ebenfalls aus den 80er Jahren des 17. Jh. stammt die prächtige Stuckdecke in einem der Räume des Erdgeschosses.

Galopprennbahn Hoppegarten: Die östlich Berlins im Landkreis Strausberg gelegene G. in der Goetheallee 1 (früher Kaiserallee) in Dahlwitz-Hoppegarten wurde 1868 eröffnet. Sie ist die einzige Galopprennbahn für Berlin und das weitere Umland. Die 440 ha große Anlage verfügt über einen 2.400 m langen und 30 m breiten Rechtskurs, deren 550 m lange, leicht ansteigende Zielgerade Teil einer weiteren 1.400 m langen geraden Bahn ist. Daneben bestehen mehrere Hinderniskurse, die in Hürden- und Jagdkurse aufgeteilt sind, und weitere drei außerhalb des Geländes liegende Trainingsbahnen mit einer Gesamtlänge von 18 km. Die G. verfügt über eine Kapazität von 400 Pferdeboxen, die auf mehrere Stallgebäude aufgeteilt sind, von denen Ende 1991 343 belegt waren.
In der von April bis Ende Oktober dauernden Saison wurden 1991 an 18 Renntagen mit ca. 295.000 Besuchern knapp 6,93 Mio. DM am Totalisator umgesetzt. Der Renntag mit dem höchsten Umsatz war der Prix-Zino-Davidoff, Preis der Deutschen Einheit, hier wurden incl. Rahmenprogramm 958.280 DM umgesetzt. Am 14.7.1991 wurde das erste Europa-Gruppe-III-Rennen in Hoppegarten ausgetragen.

Galopprennbahn Hoppegarten

Betreiber der Rennen war nach einem Geschäftsbesorgungsvertrag mit der > TREUHANDANSTALT als vorläufigem Eigentümer der 1990 gegründete Rennverein Hoppegarten e.V. Im Februar 1992 wurde die Rennbahn für 17,5 Mio. DM an die 1945 als Eigentümer enteigneten, inzwischen in Köln ansässigen, gemeinnützigen Union-Klub verkauft, der die Tradition der Anlage als „Galopprennbahn im Grünen" fortführen wird. Allerdings ist die Eigentumsfrage damit noch nicht endgültig geklärt, da auch das Land Brandenburg Anspruch auf das Gelände erhebt.
Zu den architektonisch bedeutenden Bauten der G. gehört die aus den 20er Jahren stammende, unter Denkmalschutz stehende Haupttribüne, die 4.000 Besucher faßt. Auf der einstigen Union-Klub-Tribüne und der „Kaiserloge" finden ca. 500 Personen Platz. Die Tribünen IV und V sind seit 40 Jahren nicht mehr in Nutzung. Auf dem Gelände gibt es ferner zwei Restaurants und einen

Kultursaal. Der Richterturm aus den 50er Jahren muß technisch überholt oder ganz abgerissen werden.

Der Baumeister der G., Carl Bohm, ließ sich bei seinen Planungen von den Rennbahnen Paris-Longchamps und Chantilly inspirieren. Das Anwesen war ursprünglich für den Aufbau eines Gestüts gedacht. Am 9.10.1867 fand ein erster Proberenntag statt und am 17.5.1868 war die feierliche Eröffnung. In der Kaiserzeit entwickelte sich die G. zum Zentrum des deutschen Turfs. Unter Führung des Union-Klubs, der die Anlage 1874 erwarb, wurde die Parkbahn am Rande Berlins zum Schauplatz der wichtigsten deutschen, europäischen und internationalen Flachrennen, darunter u.a. das Henkel-Rennen, Schwarzgold-Rennen, Preis der Diana, Goldene Peitsche, Großer Preis der Reichshauptstadt, Union-Rennen, St. Leger. Es gab internationale Rennwochen mit dem „Großen Preis von Berlin" als Hauptereignis. Der 1964 verstorbene legendäre Otto Schmidt hatte im Oktober 1915 mit Omaha auf der G. den ersten seiner insg. 2.218 Siege errungen. Am 1.6.1930 hat „Otto-Otto" von sechs Rennen in Hoppegarten fünf gewonnen, darunter den Preis der Diana, das Silberne Pferd und das Hindenburg-Rennen.

Nach dem II. Weltkrieg wurde der Union-Klub enteignet und die G. vom Land Brandenburg übernommen. 1952, bei der Auflösung der Länder, ging die Geschäftsleitung an den VE-Rennbetrieb Hoppegarten über. Ab 1.4.1974 leitete der VEB Vollblutrennbahnen neben seinen Betriebsteilen in Dresden, Leipzig, Halle und Magdeburg auch die G. Am 24.6.1990 fand das letzte DDR-Derby und am 5.8.1990 das letzte Rennen um den Großen Preis der DDR statt. Bei diesem Rennen wurde bereits getrennt in Mark und DM gewettet. Im Herbst 1990 übernahm die Treuhandanstalt die Geschäfte.

Neben Galopprennen steht das Gelände der jährlich im September stattfindenden Weltmeisterschaft im Drachenfliegen, dem Neuenhagener Musiksommer, einer Musikveranstaltung der Gemeinde Neuenhagen mit z.B. dem Dresdener Kreuzchor oder dem Leipziger Thomanerchor etc., zur Verfügung. Weitere Veranstaltungen sind Freizeitausstellungen, die Ausstellung „Rund ums Pferd" und Militärspringen in Vorbereitung auf die > OLYMPISCHEN SPIELE. Der Union-Klub als neuer Eigentümer hat sich im Kaufvertrag zu Investitionen in einer Gesamthöhe von 30 Mio. DM verpflichtet. Bei Einstellung des Rennbetriebs oder Auflösung des Klubs fällt das Gelände an den Bund zurück.

GARIOA-Hilfe: Government Appropriations for Relief in Occupied Areas (GARIOA) ist der Name eines 1946 eingerichteten und 1950 ausgelaufenen Titels im amerikanischen Bundeshaushalt. Mit den Geldern wurden unter der Bezeichnung G. Notstandsmaßnahmen in Besatzungsgebieten gegen Hunger, Seuchen, Unruhen usw. finanziert. Dazu zählten auch Lebensmittel und Bedarfsgüter im Wert von 679 Mio. DM, welche die West-Alliierten während der > BLOCKADE mit der > LUFTBRÜCKE nach Berlin transportierten (> ALLIIERTE).

Die G., die Unterstützung durch die private Organisation > CARE und weitere Sonderzuweisungen waren Teil der westalliierten Notstandsmaßnahmen für die Stadt zur Beseitigung der Kriegsschäden und der Folgen der Blockade (> BERLINER AUFBAUPROGRAMM). Den größeren Rahmen dieser Hilfen bildete das > EUROPEAN RECOVERY PROGRAM (ERP), in das Berlin (West) 1949 einbezogen wurde. Im Gegensatz zur Hilfe durch CARE war die G. nicht kostenlos. Die erstatteten DM-Beträge flossen jedoch nicht in die USA zurück, sondern standen als „Gegenwertmittel" (ERP-Sondervermögen) in West-Deutschland und Berlin (West) für den weiteren Wiederaufbau zur Verfügung.

Garnisonsfriedhöfe: Zwei der drei Berliner G. wurden zwischen 1701 und 1703 für die 1701 beim Spandauer Tor erbaute Alte Garnisonskirche auf dem Gelände der Stadtfreiheit im heutigen Bezirk > MITTE angelegt. Der Friedhof an der Kleinen Rosenthaler Str. blieb als Begräbnisstätte ausschließlich Offizieren und ihren Familien vorbehalten, der andere, östlich der Gormannstr. gelegene G., war für die einfachen Soldaten vorgesehen. Dieser Mannschafts-Friedhof wurde 1866 geschlossen und in einen Park umgewandelt. Ab 1900 wurden auf dem Gelände Mietshäuser errichtet.

1961 wurde auch der Offiziersfriedhof geschlossen und seine Umwandlung in einen Park vorbereitet. Die schon begonnene Beseitigung der Grabstätten konnte Ende 1979 aufgehalten werden, so daß zahlreiche historisch interessante und künstlerisch wertvolle Grabmäler auf dem parkartig gestalteten Gelände erhalten blieben. Kunsthistorisch bemerkenswert sind die eisernen Grabkreuze aus der Königlichen Eisengießerei, die auch Karl Friedrich Schinkel zu ihren künstlerischen Mitarbeitern zählte (> FER DE BERLIN). Zwischen dem > VOLKSPARK HASENHEIDE und dem Zentralflughafen > TEMPELHOF (> FLUGHÄFEN) im Bezirk > NEUKÖLLN liegt der G. Columbiadamm, der ab 1861 als „Neuer G." für die „Regimenter südlich der Spree" angelegt wurde. Er wird heute noch als städtischer Friedhof genutzt. An seiner Westgrenze befindet sich der 1866 eröffnete Islamische Friedhof. (> FRIEDHÖFE; > MOSCHEEN)

Gartendenkmalpflege: Unter der Bezeichnung G. wurde 1978 bei der > SENATSVERWALTUNG FÜR BAU- UND WOHNUNGSWESEN eine Arbeitsgruppe zur Betreuung der Berliner *Gartendenkmale* eingerichtet, die seit 1981 bei der > SENATSVERWALTUNG FÜR STADTENTWICKLUNG UND UMWELTSCHUTZ ressortiert. Sie hat die Aufgabe, den großen Bestand an historischen Anlagen in Berlin (er wird auf ca. 1.500 im Westteil und ca. 1.000 im Ostteil geschätzt) zu dokumentieren, zu erforschen, ggf. unter Schutz zu stellen und restaurieren zu lassen. Wie in den meisten Bundesländern geht auch das Berliner Denkmalschutzgesetz vom 22.12.1977 von einem erweiterten Denkmalbegriff aus und erkennt auch den historischen Garten als ein den Baudenkmälern gleichrangiges und selbständiges Kunst- und Kulturdenkmal an – und zwar unabhängig davon, ob es sich um ehemals fürstliche Parkanlagen, städtische Parks oder Plätze, ehem. Gutsparks (> GUTSHÄUSER), Dorfauen (> DÖRFER), > FRIEDHÖFE, private Parks, Villen- und Landhausgärten handelt (> VILLENKOLONIEN). Rechtsgrundlage ist das Gesetz zum Schutz von Denkmalen in Berlin vom 22.12.1977. Es ermöglicht (neben konservatorischer Betreuung) historische Gärten, Parks und Friedhöfe aus geschichtlichen, künstlerischen bzw. wissenschaftlichen Gründen oder wegen ihrer Bedeutung für das Stadtbild unter > DENKMALSCHUTZ zu stellen. Bis Anfang 1992 konnten etwa 120 Objekte eingetragen werden. Die G. dient der Erhaltung und Wiederherstellung erlebnisreich gestalteter Erholungsräume. Dieses Bemühen ist eingebunden in die generellen denkmalpflegerischen Zielsetzungen und in das Berliner > LANDSCHAFTSPROGRAMM. In Anbetracht der besonderen Anforderungen, die an Grün- und Freiflächen in einer Großstadt zu stellen sind, fühlt sich die G. neben ihren konservatorischen Aufgaben stets auch sozialen Fragestellungen verpflichtet, was den Schwerpunkt der Tätigkeiten im öffentlichen Grün zur Folge hat (> STADTGRÜN). Dies beinhaltet auch die Einbeziehung von ökologischen Aspekten. Insbes. die 750-Jahr-Feier Berlins, aber auch das Lenné-Jahr 1989 gaben den Anlaß, die Wiederherstellung historischer Parks und Gärten in eine übergreifende geschichtsbezogene Stadtrenovierung verstärkt einzubeziehen. Dazu gehören Wiederherstellungsmaßnahmen in ausgewählten Bereichen des > GROSSEN TIERGARTENS als dem zentralen Park der Stadt und in den Parkanlagen von > KLEINGLIENICKE, die Restaurierung des Gutsparks > BRITZ, des > SCHUSTEHRUSPARKS in > CHARLOTTENBURG, des > VIKTORIAPARKS in > KREUZBERG, verschiedener Vorgärten in ausgewählten Bereichen der Stadt, sowie des Viktoria-Luise- und des > SAVIGNYPLATZES und Instandsetzungen auf den historischen > FRIEDHÖFEN VOR DEM HALLESCHEN TOR. Auch weiterhin werden u.a. die innerstädtischen Parkanlagen und Stadtplätze ein Schwerpunkt gartendenkmalpflegerischer Tätigkeit sein. Dazu zählen neben den genannten der > TREPTOWER PARK und der > VOLKSPARK FRIEDRICHSHAIN.

Ferner ist vorgesehen, *Parkpflegewerke* als Grundlage für Erhaltung, Weiterentwicklung und Restaurierung von historischen Parks und Gärten voranzutreiben. Noch im Jahr 1992 wird das zentrale und für alle weiteren Parkpflegewerke Berlins richtungsweisende Pflegewerk für den Tiergarten vollendet. Begonnen bzw. für die nächste Zeit vorgesehen sind der Viktoriapark, der Schloßpark in > BUCH (> SCHLOSSKIRCHE BUCH), der Stadtpark in > BIESDORF, der Volkspark Friedrichshain, die Schloßgärten Charlottenburg (> SCHLOSS CHARLOTTENBURG) und Bellevue (> SCHLOSS BELLEVUE), der > VOLKSPARK REHBERGE sowie der > SCHILLERPARK in > WEDDING. Hinsichtlich der Erhaltung bedeutender Friedhöfe im Ostteil Berlins haben der > INVALIDENFRIEDHOF, der > GARNISONSFRIEDHOF, beide im Bezirk > MITTE, der > JÜDISCHE FRIEDHOF WEISSENSEE sowie die Friedhöfe der Hedwigs-, Dom- und Französischen Gemeinde oberste Priorität (> FRIEDHÖFE AN DER LIESENSTRASSE). Darüber hinaus gibt es Bestrebungen, verstärkt historisch bedeutsame Stadtplätze wie den > PARISER PLATZ, den

Hohenstaufenplatz in Kreuzberg, den Arns-walder-, den Senefelder- und den Humann-platz, alle drei im Bezirk > PRENZLAUER BERG, den Robert-Koch-Platz, den Michael-Kirch-Platz mit dem ehem. Engelbecken und den Bereich des Luisenstädtischen Kanals (> LANDWEHRKANAL), alle im Bezirk Mitte, in konkrete Wiederherstellungsbemühungen einzubeziehen.

Gartenstädte: Zwischen etwa 1910 und 1940 beeinflußte der Gartenstadtgedanke den Siedlungs- und Städtebau in Berlin erheblich (> BAUGESCHICHTE UND STADTBILD). Die sog. Gartenstadtbewegung entstand um 1870 in England und kam von hier nach Deutsch-land. Die G. sollten unabhängige Gemeinden sein, Orte gesünderen Lebens, die Wohnen, Arbeit und Freizeitaktivitäten in sich ver-einigten. Anders als bei den > VILLENKOLONIEN blieb der Grundbesitz genossenschaftlich. In Berlin entstanden die Gartenstadt > FROHNAU um den Zeltinger und den Ludolfinger Platz im Bezirk > REINICKENDORF (Joseph Brix und Felix August Helgott Genzmer 1908-10), die Gartenstadt > FALKENBERG am Gartenstadt-weg/Akazienhof bei > GRÜNAU (Bruno Taut 1913-15) und – im Sinne der ursprünglichen Idee am ausgeprägtesten – die Gartenstadt Staaken beiderseits der Hackbuschstr. in > STAAKEN (1914-17, von Paul Schmidthenner als Wohnort für die Stammarbeiter der Span-dauer Munitionswerke). Die sog. Gartenstadt > ZEHLENDORF südlich der Berlepschstr. (be-gonnen 1912, vollendet 1919-35) ist nur ein Fragment.

Gaststätten: Die touristische Attraktivität Berlins resultiert u.a. auch aus dem vielfälti-gen Angebot der (1991) insg. rd 6.000 (Eck-)Kneipen, Cafés und Restaurants, davon ca. 4.600 in den westlichen und 1.400 in den öst-lichen > BEZIRKEN (> TOURISMUS). Da es in Ber-lin keine *Sperrstunde* gibt, haben viele von ih-nen rund um die Uhr geöffnet. Nach der letz-ten Gaststättenzählung 1985 verfügten die (damals) 4.738 Gaststättenbetriebe in West-Berlin über nahezu 20.000 Erwerbstätige und einen Jahresumsatz von 1,22 Mrd. DM. Da-mit lag West-Berlin hinsichtlich der Gesamt-zahl der Betriebe im Bundesgebiet auf Rang eins. Ein Drittel aller Gaststätten waren Re-staurants. Neben vielen Betrieben mit Berli-ner und deutscher Küche gab es rd. 800 ita-lienische Lokale, 300 jugoslawische Restau-rants und 100 Betriebe mit asiatischer Küche.

Diese Verteilung dürfte sich im Westteil der Stadt auch für die Gegenwart nicht wesent-lich verändert haben.

In Ost-Berlin gab es 1989 1.278 Gaststätten-betriebe, die Mehrzahl darunter (633) in Trägerschaft der örtlichen Handelsorganisa-tion (HO), aber auch 302 Kommissions-betriebe und 132 private G. Bereits bis zum Inkrafttreten der Währungsunion am 1.7. 1990 wurden bis auf wenige Ausnahmen alle HO-Betriebe durch die > TREUHANDANSTALT privatisiert. Dabei wurden rd. 80 % der G. unter Beteiligung der eigenen Belegschaft weitergeführt. Für die anderen nicht privaten Gaststättenbetriebe erfolgte ebenfalls eine Umwandlung in private Rechtsform bzw.

„Diener" in der Grolmanstraße

ihre Schließung. Ob die so neu entstandenen privaten Betriebe auch für die Zukunft eine Existenzmöglichkeit haben, ist jedoch ange-sichts des allgemeinen Umstellungsprozesses und der damit verbundenen wirtschaftlichen Schwierigkeiten eher fraglich. Umsatzein-bußen nach der Währungsunion von bis zu 50 % (von September 1990 bis Februar 1991 insg. 35 %) sowie die Erhöhung der Ge-werbemieten haben bereits zu zahlreichen Stillegungen geführt. Langfristig günstig könnte sich indes auswirken, daß trotz eini-ger Neugründungen auch nach der > VEREINI-GUNG in den östlichen Bezirken im Vergleich zum Westteil Berlins immer noch eine deutli-che Unterversorgung mit G. besteht.

Als besonderes Problem des Berliner Gast-stättengewerbes erweist sich die hohe Fluk-tuation bei den Gaststättenbetreibern. Jeder zweite gastronomische Betrieb wechselt jedes Jahr seinen Inhaber. Die Hotel- und Gast-stätteninnung führt diesen Tatbestand auf unzureichende Schulung und ungenügende finanzielle Mittel zurück. Prognosen gehen davon aus, daß die Zahl der typischen Berliner Eckkneipen (Familienbetriebe mit geringem Umsatz) künftig zurückgehen wird, während für Restaurants und zielgruppenorientierte G. gute Wachstumsaussichten bestehen.

Gasversorgung: Als Folge der > SPALTUNG Berlins 1948 war die G. der Stadt auch 1992 noch in ein östliches und ein westliches Versorgungsgebiet getrennt. In der westlichen Stadthälfte lag die Verantwortung für die G. bei den > BERLINER GASWERKEN (GASAG), einem > EIGENBETRIEB des Landes Berlin, während sie in den östlichen > BEZIRKEN von der landeseigenen > BERLINER ERDGAS AG wahrgenommen wurde. Beide Unternehmen verfügen über das Monopol in ihrem Versorgungsgebiet. Nach Umwandlung der GASAG in eine Aktiengesellschaft zum 28.8.1992 streben beide Betriebe zum Jahreswechsel 1992/93 unter dem Namen *GASAG Berliner Gasversorgungs Aktiengesellschaft* den Zusammenschluß zu einem gemeinsamen Gasversorgungsunternehmen an.

Der Aufbau einer öffentlichen G. in Berlin begann im ersten Drittel des 19. Jh. zunächst ausschließlich zu Beleuchtungszwecken. Die Einführung von Gas in Haushalt, Gewerbe und Industrie setzte dagegen erst um die Jahrhundertwende ein.

1826 errichtete die englische Gesellschaft „Imperial Continental Gas Association (ICGA)" an der Gitschiner Str. auf dem Gelände des heutigen Sommerbades Kreuzberg (> FREI- UND SOMMERBÄDER) aufgrund eines bis 1846 laufenden Monopolvertrages mit dem Preußischen Innenministerium eine erste Gaserleuchtungsanstalt. Ziel war die Umrüstung der Straßenbeleuchtung von den bisherigen Öllampen auf Gaslaternen; erstmals brannte das neue Gaslicht am 19.9.1826 an der Straße > UNTER DEN LINDEN. Seit 1829 gab es auch die ersten privaten Abnehmer.

Ab 1.1.1847 nahmen die städtischen Berliner Gaswerke mit den Gaswerken am Stralauer Platz und am Hellweg (heute Gitschiner Str.) ihren Betrieb als Ergänzung zur ICGA auf. Von 1850-96 wurde das Berliner Gasleitungsnetz von 182 km auf 895 km ausgebaut. Außerhalb der Stadtgrenzen Berlins blieben weiter private Gesellschaften tätig, darunter auch die ICGA.

Im Zuge der Gebietsreform zur Schaffung > GROSS-BERLINS 1920 vollzog sich 1923 der Zusammenschluß der insg. 29, teilweise von privaten Gesellschaften betriebenen und

überwiegend recht kleinen *Gaswerke* der umliegenden, bislang selbständigen Städte, Landgemeinden und Gutsbezirke zu der städtischen Gaswerke AG, wobei die vielen separaten Rohrverteilungsnetze miteinander verknüpft wurden. Bis 1929 konnten 21 Gaswerke stillgelegt und die Stadtgasherstellung an den restlichen Standorten zentralisiert werden. In den verbliebenen acht Gaswerken kam die Produktion bis 1945 nach Kriegsschäden zum Erliegen, sechs davon konnten wiederaufgebaut werden.

Die „Städtischen Gaswerke AG" wurden am 1.1.1937 in einen Eigenbetrieb umgewandelt. Als Folge der Blockade und der anschließenden Spaltung Berlins 1948 wurde das Gas-

Gaswerk Schöneberg

netz zwischen dem östlichen und dem westlichen Teil Berlins getrennt. Im Zuge der Spaltung Berlins wurde am 28.3.1949 ein nur für den Westteil Berlins zuständiges Unternehmen gegründet.

Die Situation in West-Berlin blieb für Jahrzehnte durch den Inselbetrieb gekennzeichnet. Wegen fehlender Verbundmöglichkeit mußte der Gasbedarf durch Eigenerzeugung gedeckt werden. Von den sechs im Westteil Berlins gelegenen Gaswerken wurden nach Kriegsende die Standorte > CHARLOTTENBURG, > MARIENDORF, > TEGEL und > NEUKÖLLN wiederaufgebaut, die Werke Tegel 1953 und Neukölln 1966 wegen veralteter Technik und Unwirtschaftlichkeit wieder stillgelegt. Das Werk Charlottenburg wurde dagegen modernisiert, ebenso wie der wegen seiner günstigen Lage und ausreichenden Platzreserven zu einer modernen Gaskokerei ausgebaute Standort an der Lankwitzstr. in Mariendorf. In beiden Gaswerken wird bis heute noch Stadtgas produziert.

In Ost-Berlin entstand am 1.1.1956 aus den bisherigen „Berliner Gaswerken" der „VEB

Gasversorgung Berlin", der zum Jahresbeginn 1979 unter Einschluß des „VEB Energieversorgung Berlin" (> Elektrizitätsversorgung) im *„VEB Energiekombinat Berlin (EKB)"* aufging. Auf Beschluß des Ministerrats der DDR vom 1.3.1990 wurde das EKB zum 19.6.1990 aufgelöst. Rechtsnachfolger wurden für den Bereich Gas die Berliner Erdgas AG sowie für den Bereich Fernwärme und Elektrizität die > Energieversorgung Berlin Aktiengesellschaft (EBAG).

In den Jahren der Teilung wurden in Ost-Berlin zunächst die Gaswerke in > Lichtenberg (Blockdammweg/Köpenicker Chaussee) und in > Prenzlauer Berg (Dimitroffstr./Greifswalder Straße) betrieben. Seit 1960 mußte für die Bedarfsdeckung Stadtgas auch aus dem DDR Ferngas-Verbundnetz eingespeist werden. Ab 1966 dann erfolgte die schrittweise Reduzierung der Produktionskapazitäten in den veralteten Gaswerken. 1981 wurde das 1872-74 als vierte städtische Gasanstalt erbaute Werk Dimitroffstr. geschlossen. Auf dem ehem. Werksgelände entstand 1983-86 der heutige > Ernst-Thälmann-Park.

Mit Inbetriebnahme der Erdgasübernahmestation Schönerlinde 1979 an der nördlichen Stadtgrenze bei > Buch begann in den östlichen Bezirken das Erdgaszeitalter. Als erstes wurden die Anlagen im Bezirk Pankow auf das aus der Sowjetunion gelieferte Erdgas umgestellt.

1984/85 folgte die Stillegung des Gaswerks Lichtenberg. Die Versorgung mit Stadtgas wurde fortan ganz aus dem Verbundnetz Ferngas für die noch nicht umgestellten Betriebe bestritten. Die letzten Kundenanlagen sind im September 1990 im Bezirk > Hellersdorf umgerüstet worden.

Auch in West-Berlin wurden bereits seit Mitte der 60er Jahre Möglichkeiten eines Erdgasbezugs geprüft, ohne jedoch greifbare Ergebnisse zu erreichen. Mit den Mitte der 80er Jahre verfügbaren Erzeugungskapazitäten von täglich rd. 10 Mio. m³ Stadtgas waren die technischen und wirtschaftlichen Grenzen erreicht. Erst der vierte Erdgas-Liefervertrag zwischen der sowjetischen Außenhandelsgesellschaft „V/O Sojuzgasexport" und der Ruhrgas AG eröffnete die Möglichkeit, Erdgas für Berlin (West) zu beziehen. Die Ruhrgas AG verpflichtete sich im Vertrag mit der GASAG vom 10.6.83, pro Jahr bis zu 650 Mio. m³ Erdgas für Berlin (West) bereitzustellen. Der Transport erfolgt über eine 235 km lange Stichleitung, die bei Sayda von einer aus der Tschechoslowakei kommenden Fernleitung abzweigt und im Süden Berlins die Erdgas-Übernahmestation in > Buckow erreicht. Innerhalb des Stadtgebiets erfolgt die Weiterleitung über ein 36 km langes Hochdruckleitungssystem, das die Übernahmestation mit dem Übertagespeicher und der Speicherbetriebszentrale an der Glockenturmstr. im > Grunewald mit den beiden Gaswerken Mariendorf und Charlottenburg verbindet. Die Lieferungen wurden am 1.10. 1985 zunächst mit einer Menge von 200 Mio. m³ für das Gaswerk Mariendorf jährlich aufgenommen. Die Menge kann schrittweise auf jährlich 650 Mio. m³ gesteigert werden.

Unter den damaligen Verhältnissen war die mit dem Abkommen verbundene Abhängigkeit von der UdSSR und der DDR sicherheitspolitisch nicht unumstritten. Aus Gründen der Versorgungssicherung West-Berlins verlangten die westlichen > Alliierten deshalb als Voraussetzung für die Direktversorgung mit sowjetischem Erdgas die Errichtung eines Erdgas-Untertagespeichers für einen Jahresbedarf (rd. 645 Mio. m³). Angesichts der neuen politischen Situation nach der > Vereinigung wird der „Arbeitsspeicher" nun nur auf eine Größe von etwa 315 Mio. m³ ausgelegt. Die schrittweise Befüllung soll Ende 1992 beginnen.

Mit den Umstellungsarbeiten der Verbrauchsgeräte für die direkte Nutzung des in seinem Heizwert gegenüber Stadtgas 2,3mal höheren Erdgases begann die GASAG im April 1991, nachdem in diesen Bereichen die Rohrnetzsanierungsarbeiten abgeschlossen waren. Bis zu dem für 1998 vorgesehenen Abschluß der Geräteeinstellungen wird die GASAG weiter Stadtgas produzieren. Hierfür wird überwiegend Erdgas eingesetzt.

Von den alten Berliner Gasanlagen sind heute noch einige als Industriedenkmale erhalten. Überwiegend in der Kaiserzeit entstanden, spiegeln sie den typischen Baustil ihrer Epoche. Von der ersten Berliner Gaserleuchtungsanstalt stehen nur noch etwa 80 m der Umfassungsmauer an der Gitschiner Str. Daneben befindet sich die ehem. Gasmesserfabrik von 1853 und ihr zehn Jahre später entstandener Ergänzungsbau. In unmittelbarer Nachbarschaft im Bereich des Böcklerparks lag auch eines der zwei ersten Städtischen Gaswerke, von dem noch das Expeditions- und das Magazingebäude sowie das Beamtenwohnhaus erhalten sind. Hierzu gehörte auch der 1883-84 als zweiter von insg.

vier errichtete Behälter, heute unter dem Namen > Fichte-Bunker an der Fichtestr. 4-12 bekannt.

Noch heute genutzt wird der von 1908-09 durch die „Berlin-Anhaltinische Maschinenbau AG (BAMAG)" als 160.000-m^3-Niederdruck-Gasbehälter erbaute Gasometer Nr. 4 auf dem Gelände des früheren Gaswerks Schöneberg an der Torgauer Str. Der 77 m hohe Turm gilt als eines der Wahrzeichen des Bezirks. Daneben stehen noch einige weitere Gaswerksgebäude im typischen Baustil der Jahrhundertwende.

Fast vollständig erhalten ist ebenfalls das dichte bauliche Ensemble der Gebäude und Gasbehälter auf dem Gelände des 1901 von der ICGA in Betrieb genommenen Gaswerks Mariendorf aus der Zeit von 1910. Äußerlich lehnen sie sich backsteingotischen Vorbildern an und weisen besonders bei der Giebelgestaltung vielfältige Schmuckteile und Ornamente auf. Im Gaswerk Charlottenburg an der Gaußstr. befindet sich noch ein alter Wasserturm.

Gatow: Das auf ein mittelalterliches Dorf zurückgehende G. ist ein 14,2 km² großer Ortsteil des Bezirks > Spandau zwischen der > Havel und der westlichen Stadtgrenze zum Landkreis Potsdam (> Dörfer). Von 1945-90 gehörte die ländlich geprägte Siedlung zum britischen Sektor (> Sektoren) und war Standort des britischen Militärflughafens. Über seine weitere Nutzung nach Abzug der Royal Air Force bis Ende 1994 war im Juli 1992 noch keine Entscheidung gefallen. Der Bezirk Spandau lehnt eine weitere militärische Nutzung ab und möchte auf dem Gelände stattdessen Wohnhäuser errichten (> Flughäfen).

Schon 1258 hatte das Kloster zu Spandau Rechte in dem schmalen Straßendorf, das es 1272 ganz erwarb, und dem es bis zur Auflösung des Klosters im Zuge der Säkularisierung 1558 unterstand. Das alte Dorf ist in seinen Grundzügen noch heute gut zu erkennen, insbes. durch die mittelalterliche Dorfkirche (> Dorfkirchen). Ursprünglich Anfang des 14. Jh. als flachgedeckte Chorquadratkirche in Feldsteinmauerwerk errichtet, wurde sie im 15. oder 16. Jh. nach Osten erweitert. Anbauten (1869 das Altarhaus, 1913 die Sakristei) folgten verschiedene Renovierungen, zuletzt 1953 durch Max Glöckner und Erich Rothe. Von der Ausstattung ist das kostbare Altarbild zu erwähnen,

ein Epitaph der Berliner Patrizierfamilie Wins um 1495, das sich bis 1945 in der > Marienkirche befand. In der Straße Alt-Gatow haben sich einige vorwiegend aus dem letzten Drittel des 19. Jh. stammende Bauernhäuser erhalten. Alt-Gatow 57 beherbergte von 1955-70 das Varieté „Haus Carow am See" (> Varieté). In Alt-Gatow 46-50 wurde nach den Entwürfen des Kölner Architekten Rudolf Schwarz von 1963-65 die katholische St.-Raphael-Kirche errichtet.

Die Lage von G. in der Nähe der Havelgewässer begünstigte seit dem Ende des 19. Jh. einen regen Ausflugsverkehr, der vorzugsweise im Uferbereich zur Niederlassung mehrerer > Gaststätten führte. Die Anlage von Rieselfeldern für die Stadtentwässerung (> Wasserversorgung/Entwässerung) und die Abgeschiedenheit des Ortes verhinderten aber gleichzeitig mit Ausnahme der kleinen Kolonie *Hohengatow* im Süden bis in die Gegenwart eine stärkere Besiedlung des Gebiets. Mit nur rd. 3.800 Einwohnern (Volkszählung 1987) ist G. noch heute der kleinste Ortsteil Berlins. Von den ehem. Versickerungsflächen wird an der nördlichen Ortsteilgrenze das Rieselfeld *Karolinenhöhe* von den > Berliner Wasserbetrieben (BWB) noch als Reservefläche und zu Versuchszwecken in Betrieb gehalten. Westlich des Kladower Damms erstreckt sich das umfangreiche Landschaftsschutzgebiet Gatower Heide mit der 75 m hohen Erhebung *Helle Berge*.

Auf Beschluß des > Alliierten Kontrollrats vom 30.8.1945 hatte G. nach dem II. Weltkrieg im Austausch gegen West-Staaken von der Gemeinde Groß-Glienicke 172 ha Land erhalten, um den Ausbau des britischen Flugplatzes zu ermöglichen (> Staaken). Mit dem > Einigungsvertrag sind diese Gebietszuwächse auf Dauer bestätigt worden (> Stadterweiterung).

Gebietsaustausch: Die in der Folge des > Vier-Mächte-Abkommens vom 3.9.1971 getroffenen insg. drei Vereinbarungen zum G. zwischen dem > Senat von Berlin und der Regierung der DDR haben es ermöglicht, eine Reihe aus der politischen Nachkriegsentwicklung Berlins entstandenen territorialen Probleme an den Grenzen West-Berlins zu Berlin (Ost) und zur DDR nach pragmatischen Gesichtspunkten zu regeln (> Sektoren, > Demarkationslinie).

Bei der Bildung > Gross-Berlins am 1.10.1920 waren in der Mark Brandenburg insg. zehn

Berliner *Exklaven* entstanden (aus Sicht des Umlands Enklaven), die zwar verwaltungsmäßig zu Berlin gehörten, aber außerhalb des Stadtgebiets lagen. Aufgrund der im > LONDONER PROTOKOLL getroffenen Vereinbarungen der > ALLIIERTEN zur Besetzung Deutschlands, die sich an den alten deutschen Verwaltungsgrenzen orientierten, blieben diese Gebiete auch nach 1945 zunächst als Inseln innerhalb der sowjetischen Besatzungszone erhalten, bis sie 1949 mit Gründung der DDR zu Enklaven wurden.

Hieraus ergaben sich eine Reihe hoheitsrechtlicher Probleme, die immer wieder zu Konflikten führten. V.a. im Falle > STEINSTÜCKENS, der einzigen ständig bewohnten Exklave, kam es durch Behinderung des nur über DDR-Gebiet möglichen Zugangs wiederholt zu Konfrontationen zwischen den DDR-Organen und den Anwohnern, Senatsvertretern sowie der zuständigen amerikanischen Besatzungsmacht.

Exklaven nach 1945

Falkenhagener Wiese (S)	45,44 ha
Wüste Mark (Z)	21,83 ha
Laszinswiesen (S)	13,49 ha
Steinstücken (Z)	12,67 ha
Große Kuhlake (S)	8,03 ha
Nuthewiesen (Z)	3,64 ha
Fichtenwiesen (S)	3,51 ha
Finkenkrug (S)	3,45 ha
Erlengrund (S)	0,51 ha
Böttcherberg (Z)	0,30 ha

(S) = zum Bezirk Spandau gehörend
(Z) = zum Bezirk Zehlendorf gehörend

Daneben hatte die gewaltsame Unterbrechung der gewachsenen Stadtstrukturen durch den Bau der > MAUER entlang der den alten Bezirksgrenzen folgenden Sektorengrenze zwischen Ost und West am > 13. AUGUST 1961 z.T. erhebliche negative Auswirkungen für Verkehrsverbindungen und -planungen auf beiden Seiten.

So lag es in beiderseitigem Interesse, als 1972 eine zumindest teilweise Regelung dieser Probleme im Rahmen des Vier-Mächte-Abkommens gelang. In dessen Teil II C und in der Anlage III 3 hieß es: „Die Probleme der kleinen Enklaven einschließlich Steinstückens und anderer kleiner Gebiete können durch Gebietsaustausch gelöst werden." Die konkreten Regelungen sollten zwischen den „zuständigen deutschen Behörden" vereinbart werden. Die getroffene Vereinbarung erhielt außerdem mit Art. 6 eine Entwicklungsklausel, die auch in der Zukunft weitere Vereinbarungen ermöglichte.

Noch am 3.9.1971, dem Tag der Unterzeichnung des Vier-Mächte-Abkommens, ermächtigte die > ALLIIERTE KOMMANDANTUR den > SENAT VON BERLIN, entsprechende Verhandlungen mit der DDR-Regierung aufzunehmen. Diese Gespräche führten am 21.12.1971 zur Unterzeichnung der „Vereinbarung über die Regelung von Enklaven durch Gebietsaustausch", die am 3.6.1972 zusammen mit dem Vier-Mächte-Abkommen in Kraft trat. Danach erhielt die DDR insg. 15,6 ha Fläche zugesprochen, zu Berlin (West) kamen Flächen von insg. 17,1 ha. Die bedeutendste Fläche war der 2,3 ha große Zugang nach Steinstücken, das damit ab 30.8.1972 eine direkte Straßenverbindung zum Bezirk > ZEHLENDORF erhielt. Als Wertausgleich zahlte der Senat der DDR-Regierung 4 Mio. DM. In einer ergänzenden, zweiten Vereinbarung schlossen Senat und DDR-Regierung am 21.7.1972 ein 8,5 ha großes, zu Ost-Berlin gehörendes Gelände am ehemaligen > POTSDAMER BAHNHOF in den am 21.12.1971 vereinbarten G. ein, für das eine Zahlung von 31 Mio. DM an die DDR geleistet wurde.

Nicht eigentlich zum G., aber doch in diesen Rahmen gehört die am 21.2.1974 zwischen der > SENATSVERWALTUNG FÜR BAU- UND WOHNUNGSWESEN und der DDR-Reichsbahndirektion Berlin getroffene Grundsatzvereinbarung über das sogenannte *Südgelände Schöneberg*, ein unter Reichsbahnverwaltung stehendes, über 68 ha großes Gelände zwischen dem ehemaligen > ANHALTER BAHNHOF im Bezirk > KREUZBERG und dem > INSULANER im Bezirk > SCHÖNEBERG. Die in einem Briefwechsel vom 24.1.1980 zwischen der Hauptverwaltung der Bahnanlagen der > DEUTSCHEN REICHSBAHN (DR) im DDR-Ministerium für Verkehrswesen und der Senatsverwaltung konkretisierten Maßnahmen sahen im Austausch für den Bau eines neuen Südgüterbahnhofs mit Rangier- und Güteranlagen die Erlaubnis zum Abriß, Um- und Neubau von Bahnhöfen und S-Bahnstrecken (> S-BAHN), ferner den Bau einer Stadtautobahn (Westtangente) entlang der S-Bahn-Trasse der Wannseebahn, die Erweiterung vorhandener Straßen, u.a. des Stadtrings Süd im Bereich des Sachsendamms sowie die Überlassung des ehemaligen Eisenbahngeländes am Anhalter Bahnhof für die städtebauliche Nutzung vor. Geänderte Bedarfsprognosen für den > GÜTERVERKEHR sowie innenpolitischer Widerstand, v.a. gegen die vorgesehenen Straßenbaumaßnahmen, ließen diese Pläne jedoch nicht zur Ausführung kommen. Die > VEREINIGUNG vom > 3. OKTOBER 1990 machte dann eine grundsätzliche Neuorientierung erforderlich, so daß die ursprünglichen Vereinbarungen und Planungen gegenstandslos wurden.

Eine dritte Vereinbarung über G. wurde am 31.3.1988 nach mehr als vierjähriger Verhandlungszeit unterzeichnet und trat am 1.7.1988 in Kraft. Danach erhielt Berlin (West) 14 Flächen von insg. 96,7 ha entlang der inneren und äußeren Stadtgrenzen, darunter das > LENNÉ-DREIECK am > POTSDAMER PLATZ, während der DDR die letzten West-Berliner Exklaven Falkenhager Wiese, Laszinswiesen und Wüste Mark sowie ein 50 m breiter Streifen am Eberwalder Güterbahnhof nördlich der > BERNAUER STRASSE im Bezirk > WEDDING überlassen wurden. Als Werteausgleich zahlte der Senat 76 Mio. DM an die DDR-Regierung. Die Stadtgebietsfläche hatte sich damit um 9,4 ha vergrößert (> STADTERWEITERUNG).

Als Teil des Vier-Mächte-Abkommens blieben die Vereinbarungen bis zur Vereinigung in Kraft. In einem Protokollvermerk zum Art. I des > EINIGUNGSVERTRAGS wurde der G. zwischen den Bezirken Berlins und zwischen Berlin und dem neuen Bundesland Brandenburg bestätigt. Die in diesem Zusammenhang vereinbarte Überprüfung und Dokumentierung der Grenze zwischen Berlin und Brandenburg erfolgte 1991.

Gedenkbibliothek zu Ehren der Opfer des Stalinismus e.V.: Die seit November 1990 bestehende G. in der ehem. Gaststätte „Zum Bullenwinkel" am > HAUSVOGTEIPLATZ 3/4 im Bezirk > MITTE versteht sich neben ihrer Funktion als spezialisierte Bibliothek (> BIBLIOTHEKEN) auch als eine Aufklärungsstätte über die Machtmechanismen des totalitären Systems der DDR und die Opfer der Gewaltherrschaft in Osteuropa sowie als ein Ort der Begegnung Betroffener.

Ein Förderverein mit prominenten Mitgliedern aus der Bürgerbewegung, wie Lew Kopelew, Bärbel Bohley, Jürgen Fuchs oder Wolfgang Ullmann, und aus der Wissenschaft, wie Wolfgang Leonhard, Ralph Giordano oder Hermann Weber, unterstützt dieses Anliegen. Kooperationsbeziehungen be-

stehen zum Bundesbeauftragten für die Stasi-Unterlagen (> DER BUNDESBEAUFTRAGTE FÜR DIE UNTERLAGEN DES STAATSSICHERHEITSDIENSTES) sowie zur > FORSCHUNGS- UND GEDENKSTÄTTE IN DER NORMANNENSTRASSE.

Der kleine Raum beherbergt derzeit ca. 5.000 Bücher und Zeitschriften über politische Verfolgung und Opposition in der DDR und Osteuropa, die Arbeit des > STAATSSICHERHEITSDIENSTES, Menschenrechtsverletzungen u.ä. Im belletristischen Bereich werden die Werke oppositioneller Schriftsteller sowie Häftlings- und Lagerliteratur gesammelt. Daneben veranstaltet die Freihandbibliothek auch literarische, kulturpolitische und zeitgeschichtliche Vorträge oder Diskussionen sowie Begegnungen mit Zeitzeugen und Betroffenen und erstellt eine fortlaufende Bibliographie zu Politik und Zeitgeschichte.

Gedenkstätte der Sozialisten: Die 1949-51 geschaffene G. am Eingang des Städtischen > ZENTRALFRIEDHOFS FRIEDRICHSFELDE an der Gudrunstr. im Bezirk > LICHTENBERG erinnert an führende Repräsentanten der deutschen Arbeiterbewegung. Die am 14.1.1951 vom damaligen Präsidenten der DDR, Wilhelm Pieck, eingeweihte Anlage wird von einer fast kreisförmigen, 4 m hohen Umfassungsmauer aus Klinkern umfriedet, die vorn einen etwa 25 m breiten Eingang hat. In der Mitte des Innenhofs erhebt sich ein 4 m hoher und 2 m breiter Stein aus Porphyr mit der Inschrift „Die Toten mahnen uns". Um diesen Stein herum liegen die Gräber von Karl Liebknecht, Rosa Luxemburg, Franz Mehring (1926 hierher umgebettet), Wilhelm Pieck, Otto Grotewohl, Walter Ulbricht, John Schehr und Franz Künstler sowie symbolische Grabstellen für Ernst Thälmann und Rudolf Breitscheid. An den Umfassungsmauern erinnern Grabsteine, Gedenktafeln, Stelen und Reliefs an weitere bedeutende Persönlichkeiten der Arbeiterbewegung. Ab 1981 wurden in der Mauer an der rechten Seite des Wegs vom Haupteingang zur G. nach dem Vorbild der Moskauer Kremlmauer die Urnen von verstorbenen Mitgliedern der Partei- und Staatsführung der DDR beigesetzt. Hinter der G. befindet sich ein Ehrenhain, wo man ab Mitte der 50er Jahre Kommunisten beisetzte, die zwar nicht zum engsten Führungskreis gehörten, sich aber „besonders große Verdienste beim Aufbau des Sozialismus in der DDR" erworben hatten. Seit Bestehen der G. ziehen jährlich am zweiten Sonntag im Januar (am 15.1.1919 waren Rosa Luxemburg und Karl Liebknecht in Berlin ermordet worden) Tausende hierher, um der Toten zu gedenken. Die zu DDR-Zeiten als eine offizielle Feierlichkeit unter Beteiligung der Spitzen aus Partei und Staat abgehaltene Zeremonie hat sich auch nach der > VEREINIGUNG erhalten. 1992 waren es mehr als 50.000, die daran teilnahmen.

Vorläufer der G. war das auf Beschluß der Führung der Kommunistischen Partei Deutschlands (KPD) 1924-26 im nördlichen Teil des Friedhofs nach Plänen von Ludwig Mies van der Rohe errichtete expressionistische *Revolutionsdenkmal* für Karl Liebknecht, Rosa Luxemburg und andere bedeutende Mitglieder der deutschen Arbeiterbewegung, das von den Nationalsozialisten 1935 zerstört wurde. Das Fundament des Revolutionsdenkmals blieb erhalten, dort wurde 1983 eine Gedenktafel angebracht. Nachkriegspläne, das ursprüngliche Denkmal zu rekonstruieren, wurden zugunsten des Baus der neuen G. fallengelassen.

Gedenkstätte Deutscher Widerstand (GDW):
Die 1968 durch den > SENAT VON BERLIN eingerichtete G. wurde am 20.7.1969 als *Gedenk- und Bildungsstätte Stauffenbergstraße* eröffnet. Sie befindet sich in den Räumen des ehem. Allgemeinen Heeresamtes des Oberkommandos des Heeres im > BENDLERBLOCK an der Stauffenbergstr. im Bezirk > TIERGARTEN. Von hier aus organisierten General Friedrich Olbricht, Oberst Claus Graf Schenk v. Stauffenberg den Umsturzversuch gegen Adolf Hitler und den *Nationalsozialismus* vom > 20. JULI 1944, und hier wurden beide nach dessen Scheitern erschossen.

Die zunächst in kleinem Rahmen eingerichtete ständige Ausstellung wurde 1983-89 grundlegend umgestaltet und auf der gesamten ehem. Stabsetage zu einer nationalen Forschungs-, Ausstellungs- und Gedenkstätte zum deutschen und europäischen > WIDERSTAND ausgebaut. Die wissenschaftliche Ausarbeitung wurde dem Historiker Peter Steinbach übertragen; für die Gestaltung wurde der Designer Hans-Peter Hoch gewonnen. Anfang Juli 1985 wurde die Bildungsarbeit aufgenommen und zum 20.7. 1986 der erste Teil der neu gestalteten G. eröffnet. Nach weiteren Teileröffnungen erfolgte am 19.7.1989 die Einweihung der Gesamtausstellung.

Anhand von über 5.000 Fotos und Dokumenten auf ca. 1.000 m² Ausstellungsfläche stellt sie in 26 Räumen erstmals das gesamte Spektrum des Widerstandes dar. Die Bildungsarbeit der G. wendet sich insbes. an Schüler- und Jugendgruppen. Neben Einführungsvorträgen, Seminarveranstaltungen und Filmvorführungen finden auch Führungen statt. Darüber hinaus organisiert die G.

Gedenkstätte Deutscher Widerstand, Innenhof

Busfahrten zu Stätten des Terrors und des Widerstands (> KONZENTRATIONSLAGER). Ferner gibt die G. Publikationen heraus und arbeitet an langfristigen Forschungsprojekten zu diesem Thema. Im Hof des Geländes finden ebenso wie in der > GEDENKSTÄTTE PLÖTZENSEE jährlich Gedenkveranstaltungen anläßlich des 20.7.1944 statt.

Organisatorisch ist die G. seit dem 1.4.1992 der > SENATSVERWALTUNG FÜR KULTURELLE ANGELEGENHEITEN unterstellt (zuvor dem > REGIERENDEN BÜRGERMEISTER). In der G. und den ihr angegliederten Forschungsgruppen arbeiteten Mitte 1992 33 Mitarbeiter (einschließlich Gedenkstätte Plötzensee), davon zwölf Wissenschaftler. 1991 wurden rd. 44.000 Besucher gezählt.

Gedenkstätte Plötzensee: Die 1952 durch den > SENAT VON BERLIN eingerichtete G. liegt auf dem Gelände des ehemaligen NS-Zuchthauses Plötzensee am Hüttigpfad im Bezirk > CHARLOTTENBURG. Sie erinnert an die Opfer der Hitlerdiktatur von 1933-45. Der hinter einer langgestreckten Ehrenmauer liegende, als Gedenk- und Dokumentationsraum genutzte rote Ziegelschuppen war einst Hinrichtungsstätte der NS-Justiz. Etwa 2.500 Männer,

Frauen und Jugendliche – Deutsche, Tschechen, Polen, Franzosen, Österreicher, Niederländer, Belgier und Angehörige anderer Nationen – wurden hier bis zum 25.4.1945 durch Fallbeil oder Strick hingerichtet.

Seitwärts der Mauer befindet sich eine steinerne Urne mit Erde aus > KONZENTRATIONS-LAGERN (KZ), wenige Schritte davon entfernt ein großes Holzkreuz. In dem vom eigentlichen Hinrichtungsraum abgetrennten Dokumentationsraum sind heute v.a. Originalakten des > VOLKSGERICHTSHOFS ausgestellt, die Einzelfälle der Rechtswillkür durch die NS-Justiz dokumentieren.

Neben dem Zuchthaus Brandenburg war Plötzensee die größte Hinrichtungsstätte der Nationalsozialisten in Norddeutschland. Allein in der Nacht vom 7. zum 8.9.1943 wurden in der Zeit von 19.30 Uhr abends bis 8.30 Uhr morgens 186 Menschen in Gruppen von je acht Personen gehängt. Neben Kriminellen wurden auch zahlreiche Widerstandskämpfer in Plötzensee hingerichtet, so am 22.12.1942 die ersten elf Mitglieder der Harnack/Schulze-Boysen-Organisation (> WIDERSTAND). Auch 89 am Umsturzversuch des > 20. JULI 1944 beteiligte Personen wurden in Plötzensee ermordet. Die Zugangsstraße zur G. wurde nach dem ersten, am

Gedenkstätte Plötzensee, ehemaliger Hinrichtungsraum

14.6.1934 hier hingerichteten politischen Gefangenen, dem Kommunisten Richard Hüttig, benannt. Das inzwischen durch eine Mauer abgetrennte ehemalige Zuchthaus wird heute als Jugendstrafanstalt genutzt (> JUSTIZVOLLZUG).

Die G. gehört organisatorisch zur > GEDENK-STÄTTE DEUTSCHER WIDERSTAND im > BENDLER-BLOCK und wird aus dem Landeshaushalt finanziert. Jährlich zum 20. Juli finden an der G. wie auch im Bendlerblock Gedenkveranstaltungen für die Opfer des National-

sozialismus statt.

Gedenktafeln: In Berlin gibt es insg. rd. 1.000 G., die v.a. an historische Ereignisse oder an individuelle Verdienste einzelner Personen erinnern. Grundsätzlich darf jede Person G. anbringen (mit Genehmigung z.B. des Hauswirts oder Eigentümers).

Eine Besonderheit ist das anläßlich der *750-Jahr-Feier 1987* ins Leben gerufene *Berliner Gedenktafelprogramm*. Es knüpft einerseits an ein um die Jahrhundertwende existierendes ähnliches Programm an (von dem u.a. im Bezirk > MITTE noch zwei Tafeln für Karl Friedrich Schinkel > UNTER DEN LINDEN Nr. 67 und Johann Gottfried Schadow am > SCHADOW-HAUS existieren), orientiert sich andererseits an ähnlichen Programmen anderer Städte wie London, Paris, Wien oder Hamburg. Ein wissenschaftlicher Beirat empfiehlt aufgrund von Vorschlägen aus der Bevölkerung, der Verwaltung oder einzelner Institutionen die Anbringung von G. Als Auswahlkriterien gelten dabei v.a. die Berücksichtigung von Personen aller gesellschaftlicher Bereiche, deren Bedeutung über die Stadt hinausreichte, sowie die exemplarische Erinnerung an verfolgte oder im > WIDERSTAND tätig gewesene Persönlichkeiten. Seit der > VEREINIGUNG können sich auch die im Ostteil gelegenen Bezirke an dem Programm beteiligen.

Die 40 x 60 (in Sonderfällen 60 x 60) cm großen, nach einem Entwurf des Graphik-Designers Wieland Schütz gestalteten G. sind weiß und mit einer preußisch-blauen Concorde-Antiqua-Beschriftung versehen. Sie werden einheitlich von der > KPM – KÖNIGLICHEN PORZELLAN-MANUFAKTUR hergestellt. Der Bezirk > SPANDAU bevorzugt eine eigene Gestaltung. Wurden die ersten 300 G. mit einer Anschubfinanzierung von der Sparkasse der Stadt Berlin (> LANDESBANK BERLIN – GIRO-ZENTRALE) unterstützt, so waren danach die Bezirke dafür zuständig. Bis 1992 wurden im Rahmen dieses Programms insg. über 200 G. angebracht.

Während der > SPALTUNG gab es in Ost-Berlin eigene Gedenktafelprogramme. Insg. wurden in dieser Zeit mehr als 400 G. angebracht. Auf Antrag von Parteien (insbes. der SED) und gesellschaftlichen Organisationen entschieden über die Anbringung bei örtlicher Bedeutung die Räte der dortigen Stadtbezirke und bei zentraler Bedeutung der > MAGISTRAT.

Geheimes Staatsarchiv Stiftung Preußischer Kulturbesitz: Das in der Archivstr. 12-14 im Bezirk > ZEHLENDORF beheimatete G. gehört seit dem 1.1.1963 zur > STIFTUNG PREUSSISCHER KULTURBESITZ. 1979 wurden dem G. die bis dahin im Staatlichen Archivlager Göttingen verwahrten Bestände des ehem. Preußischen Staatsarchivs in Königsberg eingegliedert. Durch die > VEREINIGUNG erhielt es 1990 die Zuständigkeit für seine am Kriegsende nach Mitteldeutschland ausgelagerten Bestände zurück. Die Rückführung der im ehem. Zentralen Staatsarchiv der DDR, Dienststelle Merseburg, befindlichen Unterlagen, ist für die nächste Zukunft vorgesehen. Bis dahin wird das Archiv in Merseburg, unmittelbar von > DAHLEM aus als Abt. des G. geleitet.

Die Bestände des bis 1945 als Zentralarchiv des Staates *Preußen* fungierenden G. umfassen in Dahlem ca. 5.000 und in Merseburg ca. 25.000 laufende Meter Akten. Dazu kommen 1.800 m des Bestands Staatsarchiv Königsberg. Neben den Registraturen der preußischen Zentralbehörden gehören auch die Reste des Schriftgutes verschiedener Provinzial- und Lokalbehörden, v.a. aus den alten Ostprovinzen Preußens, zum G. Bedeutsam ist der Bestand an Urkunden (mehr als 1.000 in Dahlem, ca. 2.000 in Merseburg, ca. 6.000 im Fonds Staatsarchiv Königsberg), der einen Zeitraum vom 12.-19. Jh. umfaßt und wesentliche Verträge der > LANDESHERREN sowie Testamente der preußischen Könige enthält, darunter das Friedrichs des Großen (1740-86). Unter den ca. 430 Nachlässen (150 in Dahlem, 280 in Merseburg) befinden sich u.a. die von Karl August v. Hardenberg, August Wilhelm Anton Neidhardt v. Gneisenau und Gerhard v. Scharnhorst sowie aus neuerer Zeit die des 1920-32 amtierenden preußischen Ministerpräsidenten Otto Braun und des Historikers Friedrich Meinecke.

Neben der Bibliothek mit mehr als 120.000 Bänden sind an weiteren Beständen zu nennen: die Siegelsammlung, eine zeitgeschichtliche Sammlung (Zeitungen, Broschüren, Flugblätter, Plakate usw.), die bedeutende Kartensammlung und eine Bildersammlung. Im G. befinden sich auch die für die historischen Hilfswissenschaften wichtigen Sammlungen des Vereins Der Herold zu Berlin (mit Archiv, Bibliothek und Archiv der Deutschen Wappenrolle).

Die Bestände und Sammlungen des G. sind allgemein zugänglich, sofern ein berechtigtes Interesse für die Einsicht in die Akten nachgewiesen werden kann. Das Archiv fördert durch Publikationen, die der Erschließung bedeutsamer Bestände dienen, die Forschung zu Problemen der preußischen und brandenburgischen Geschichte.

Die Geschichte des G. reicht ins 13. Jh. zurück. Das Archiv der brandenburgischen Markgrafen wird erstmals 1282 in Stendal erwähnt. Danach befand es sich an verschiedenen Orten, bevor es im 15. Jh. im sog. Grünen Hut des > STADTSCHLOSSES seine Bleibe fand. Am 27.4.1803 erhielt es den Ehrennamen G. 1874 wurde es mit dem bis dahin selbständigen Ministerialarchiv zum zentralen Archiv Preußens vereinigt und erhielt sein Domizil in einem Gebäude in der Klosterstr. im Zentrum Berlins. Als der Platz dort nicht mehr ausreichte, kam es schon vor dem I. Weltkrieg zur Planung eines Neubaus durch Oberbaurat Eduard Fürstenau. Der bereits 1915 an seinem heutigen Standort begonnene Bau konnte jedoch erst nach dem Krieg fertiggestellt werden. Er wurde am 26.4.1924 als einer der modernsten Archivbauten seiner Zeit durch den preußischen Ministerpräsidenten Otto Braun eröffnet.

Hatte das G. schon 1852 bei Gründung des Hausarchivs der Hohenzollern Bestände abgeben müssen, so verlor es 1937 das Heeresarchiv, das nach Potsdam verlegt und dessen größter Teil 1945 vernichtet wurde. Das hohenzollerische Hausarchiv, das 1924 ein eigenes Gebäude am Luisenplatz in > CHARLOTTENBURG erhalten hatte, wurde 1943 zerstört. Die wenigen geborgenen Reste werden heute wieder im G. aufbewahrt. 1943/44 verlagerte das Archiv den größten Teil seiner Bestände in Bergwerksschächte bei Staßfurt, von wo sie nach Kriegsende vorwiegend nach Merseburg gelangten. Den in Berlin verbliebenen Rest vernichtete ein Großbrand des Magazingebäudes noch nach Kriegsende.

Bereits 1946 wurde das G. als Hauptarchiv für Behördenakten wiedereröffnet. 1950 erhielt das Archiv den Namen Berliner Hauptarchiv, 1957 Hauptarchiv (ehem. Geheimes Staatsarchiv). Mit der Überführung zur Stiftung Preußischer Kulturbesitz wurde es 1961 in G. umbenannt. In den folgenden Jahrzehnten kam es zu einer Bestandsabgrenzung mit dem Bundesarchiv in Koblenz und dem > LANDESARCHIV BERLIN. (> ARCHIVE)

Gemäldegalerie: Die zu den > STAATLICHEN MUSEEN ZU BERLIN zählende G. der > STIFTUNG PREUSSISCHER KULTURBESITZ steht seit dem

1.1.1992 wieder unter einer einheitlichen Leitung, verfügte jedoch zu diesem Zeitpunkt noch über zwei Standorte: das > BODE-MUSEUM auf der > MUSEUMSINSEL und Räume im > MUSEUMSZENTRUM DAHLEM. Auf der Grundlage der durch die Stiftung nach der > VEREINIGUNG verabschiedeten Neuordnung der Berliner Museumslandschaft soll der Standort Dahlem langfristig aufgehoben und das Bode-Museum zum Nebenstandort werden. Künftiger Hauptstandort wird nach dessen Fertigstellung die 1992 noch im Bau befindliche G. im > KULTURFORUM TIERGARTEN (> MUSEEN UND SAMMLUNGEN).

Die G. im Bode-Museum verfügt über reichhaltige Bestände der deutschen, niederländi-

Pieter Bruegel d.Ä.: Die niederländischen Sprichwörter, Ausschnitt, um 1595

schen, flämischen, italienischen, englischen und französischen Malerei von der Gotik bis zum späten 18. Jh., die in 35 Ausstellungssälen und einem speziellen Miniaturenkabinett dargeboten werden. Der besondere Reiz der Galerie in ihrem angestammten Haus besteht in der Harmonie zwischen den ausgestellten Kunstwerken und den Räumlichkeiten, die durch die in die Ausstellung mit einbezogenen Skulpturen, Möbel und Architekturdetails erreicht wird. In dieser Weise fühlt sie sich dem Erbe ihres Begründers, Wilhelm v. Bode, verpflichtet, der dieses Haus und diese G. in der genannten Art und Weise entwickelt und geprägt hat. Gemälde wie „Das Abendmahl" des rheinischen Hausbuchmeisters (um 1480), das „Jüngste Gericht" von Lucas Cranach d.Ä. oder „Neptun und Amphitrite" des Niederländers Jan Gossaert, Werke der italienischen Schulen von Florenz, Siena, Urbino und Ferrara sind Beispiele für den hohen Rang dieses Teils der G., der sich bis in das 18. Jh. mit Werken von Anna Dorothea Therbusch

und Anton Graff fortsetzt.

Die durch die kriegsbedingte Auslagerung in den Westteil Deutschlands gelangten Galeriebestände bilden das Fundament der G. in Dahlem. Sie wurden von 1950-57 aus ihren Verlagerungsorten nach Berlin zurückgeführt und entsprechend den vorhandenen Räumlichkeiten im Museumszentrum Dahlem ausgestellt. Die dortigen Bestände umfassen die eigentlichen Spitzenwerke aus dem ehem. Kaiser-Friedrich-Museum. Schwerpunkte bilden die deutsche Malerei vom 13.-18. Jh., die niederländische Malerei des 15. und 16. Jh., die flämische und holländische Malerei des 17. Jh., die italienische Malerei vom 13.-18. Jh. sowie die spanischen, französischen und englischen Malerschulen.

Die wiedervereinigte Berliner G. gehört aufgrund ihrer außerordentlich qualitätvollen Bestände zu den großen Gemäldegalerien der Welt. Ihre Anfänge gehen bereits auf die kurfürstlichen Sammlungen zurück. Besonders unter König Friedrich II. (1740-86) wurden die Sammlungen in den > SCHLÖSSERN um wichtige Werke der französischen und italienischen Malerschulen erweitert. Friedrich II. ließ eigens für seine Sammlungen im Park von Sanssouci 1756 eine Bildergalerie errichten, die als erste eigenständige Gemäldegalerie außerhalb eines Schloßgebäudes gilt. Mit dem 1830 eröffneten „Königlichen Museum" (> ALTES MUSEUM) erhielt die Galerie im Zentrum der Stadt ein neues Gewicht. Durch den schnell wachsenden Bestand reichten die Ausstellungsmöglichkeiten schon bald nicht mehr aus, so daß unter dem Direktorat von Wilhelm v. Bode 1896 und 1904 das *Kaiser-Friedrich-Museum* (seit 1956 Bode-Museum) entstand, in dem die Galerie eine neue repräsentative Unterkunft fand. Die im wesentlichen durch v. Bode geprägte G. im Kaiser-Friedrich-Museum zeichnete sich durch eine bewußte Abstimmung zwischen Raum und Gemälden, durch eine wirkungsgerechte Lichtführung und durch die Schaffung eines den Bildwert steigernden Ambientes aus. So wurden Fußböden und Decken, Türgewände und Kamine, Möbel und Skulpturen mit in die Ausstellungssäle einbezogen. 1930, mit der Fertigstellung des > PERGAMONMUSEUMS, erhielten die Galerie und die Skulpturensammlung (> SKULPTURENGALERIE) weitere Ausstellungsräume im Nordflügel, dem sog. „Deutschen Museum". In ihm wurden die „nordischen" Schulen – Deutschland, Niederlande, Schweiz – zusammengefaßt, während die „romanischen" Gemälde und Skulpturen – Italien, Frankreich und Spanien – im Kaiser-Friedrich-Museum verblieben. Beide Museen standen, über die Stadtbahnlinie hinweg, durch einen Übergang in Verbindung, so daß der Besucher die räumliche Trennung kaum wahrnahm.

1939 erfolgte kriegsbedingt die Schließung der Galerie und die differenzierte Verlagerung der Bestände. Die nach dem Krieg auf der Museumsinsel verbliebenen Gemälde wurden größtenteils 1945/46 in die Sowjetunion transportiert, 1958 zurückgegeben und 1959 wieder an ihrem alten Ort ausgestellt. Die bedeutendsten Werke wurden jedoch noch kurz vor Kriegsende in den westlichen Teil Deutschlands verlagert und kehrten 1950-57 in den westlichen Teil Berlins zurück. Sie erhielten in Dahlem ein provisorisches Domizil. 1963 begannen Planungen für ein neues Gebäude auf dem Kulturforum am Südrand des > GROSSEN TIERGARTENS. Begonnen wurde der Neubau 1991, seine Fertigstellung ist für 1995/96 vorgesehen.

Gemeinnützige Wohnungswirtschaft: Die Geschichte der traditionellen G. endete in Berlin nach dem Fall der > MAUER am 31.12.1989 infolge Aberkennung der Gemeinnützigkeit durch ein Bundesgesetz. Seit diesem Zeitpunkt wird der Begriff der „ehemals gemeinnützigen Gesellschaften" verwendet. Am 15.6.1992 wurden diese im westlichen und östlichen Teil der Stadt unter dem Begriff *Verbände Berlin-Brandenburgischer Wohnungsunternehmen e.V. und Wohnungswirtschaft e.V.* zusammengefaßt. Mit Stand vom 1.7.1991 gehören diesen Verbänden insg. 229 Mitgliedsunternehmen an, die in Berlin und Brandenburg einen Bestand von rd. 1,3 Mio. Wohnungen verwalten. Es handelt sich überwiegend um städtische und kommunale Wohnungsgesellschaften sowie um Wohnungsgenossenschaften. Der Anteil für Berlin beträgt 105 Mitgliedsunternehmen mit 900.765 Wohnungen. Auf das Land Brandenburg entfallen mithin 388.442 Wohnungen, die von 124 Mitgliedsunternehmen betreut werden.

Vor dem Fall der Mauer 1989 gab es in West-Berlin insg. 24 gemeinnützige *Wohnungsbaugesellschaften* und 27 gemeinnützige *Wohnungsbaugenossenschaften,* ferner zwölf kleinere Genossenschaften ohne Gemeinnützigkeitscharakter, die sich im Rahmen der G. betätigten. Sie waren im 1897 gegründeten *Ver-*

band Berliner Wohnungsbaugenossenschaften und -gesellschaften e.V. mit Sitz in der Lentzeallee 107 im Bezirk > WILMERSDORF zusammengeschlossen. Ihr Anteil am West-Berliner Wohnungsbestand von rd. 1,15 Mio. Wohnungen betrug 1989 rd. 300.000 Wohnungen, von denen etwa 50.000 Wohnungen genossenschaftliches Eigentum waren.

Die vorrangige Gewinnorientierung des privaten Mietwohnungsbaus und eine mangelnde staatliche Förderung des > WOHNUNGSBAUS führten bereits Mitte des 19. Jh. zum Entstehen einer G. Aufgrund einer Initiative des Professors der Literaturgeschichte Victor Aimé Huber kam es 1847 zur Gründung der ersten „Berliner gemeinnützigen Baugesellschaft", der späteren Alexanderstiftung, eine Wohltätigkeitsorganisation wohlhabender Bürger und Adliger, noch ohne Selbsthilfecharakter, der erst bestimmend wurde für die nach 1860 entstandenen Wohnungsbaugenossenschaften. Der Staat förderte diese Entwicklung durch das Genossenschaftsgesetz von 1889. Vor dem I. Weltkrieg gab es in Berlin 22 gemeinnützige Baugenossenschaften.

Die großen Wohnungsprobleme nach dem I. Weltkrieg konnten jedoch durch die kapitalschwachen Genossenschaften nicht bewältigt werden; so kam es bis 1932 zur Gründung von 19 gemeinnützigen Wohnungsbaugesellschaften der öffentlichen Hand, der Gewerkschaften, von Industriegesellschaften sowie von anderen Trägern, die mit ausreichendem Kapital ausgestattet waren, um auch große Wohnungsbauprojekte bedarfsgerecht unter günstigen Mietbedingungen zu verwirklichen.

Nach der nationalsozialistischen Machtergreifung 1933 wurden in großer Zahl leitende Männer der G. verhaftet, entlassen und z.T. umgebracht. Ab Mai 1933 gab es einen Beauftragten des Preußischen Staatsministeriums zur Gleichschaltung der gemeinnützigen Wohnungsunternehmen sowie zur Vereinheitlichung des baugenossenschaftlichen Verbandswesens.

Der II. Weltkrieg brachte den Gesellschaften und Genossenschaften große Verluste. Mehr als 40.000 Familien, denen die G. ein Heim gegeben hatten, waren ganz ohne Wohnung, etwa 50.000 Familien lebten in den notdürftig in den beschädigten Wohnsiedlungen. Der Wiederaufbau der Wohnungen nach dem II. Weltkrieg in den westlichen > SEKTOREN ist durch die sowjetische Politik stark behindert worden, u.a. durch Erschwernisse beim

Transport von Baustoffen, durch Währungsprobleme und schließlich die > BLOCKADE von West-Berlin. Für die begrenzten baulichen Maßnahmen im Wohnungswesen wurde der Begriff „Winterfestmachung" geprägt. Die G. förderte die Instandsetzungen an ihren beschädigten Wohnungen dadurch, daß sie 1946 mit Unterstützung des > MAGISTRATS mit ihren Hypothekengläubigern eine Aussetzung der Hypothekentilgung vereinbarte, um diese Geldmittel für die dringlichsten Arbeiten an ihren Wohngebäuden zu verwenden. Nach Aufhebung der Blockade im Mai 1949 begann der Wiederaufbau im westlichen Teil der Stadt, zu dem die G. einen großen Beitrag leistete.

Während der Spaltung wurde die G. in der DDR Aufgabe des Staates. 1961 betrug der Wohnungsanteil der Wohnungsbaugenossenschaften in dem Gesamtbereich der früheren DDR 29 %. Der zu jenem Zeitpunkt noch große Anteil privater Wohngebäude ging aufgrund der politischen Situation in der DDR in den Folgejahren überwiegend an den Staat über. Grund und Boden wurden volkseigen, für die Gebäude übernahmen die *Arbeiterwohnungsbaugenossenschaften (AWG)* die Rechtsträgerschaft. Die Verwaltung des staatlichen Wohnraums sowie seine Instandhaltung und Reparatur wurden ab 1958 von der *Kommunalen Wohnungsverwaltung (KWV)* wahrgenommen, die mit ihren Außenstellen in jedem Bezirk vertreten war. Der für etwa 550.000 Mietwohnungen im Ostteil von Berlin zuständige Volkseigene Betrieb hatte vor der > VEREINIGUNG rd. 10.000 Mitarbeiter. Der vom Staat finanzierte und gelenkte Wohnungsbau wurde im Ostteil der Stadt realisiert durch die DDR-Regierung sowie den Magistrat unter Mitwirkung der AWG und der KWV. Als Folge der Vereinigung wurden diese kommunalen Organisationen umgewandelt: Die elf städtischen KWV erhielten zum 1.7.1990 den Status von Wohnungsbaugesellschaften mbH, wobei Eigentümer und einziger Gesellschafter das Land Berlin ist; aus den 30 Arbeiterwohnungsbaugenossenschaften sind zur gleichen Zeit Wohnungsbaugenossenschaften e.V. entstanden.

Gendarmenmarkt: Der aus drei Karrees des regelmäßigen Rasters der Friedrichstadt (> STADTERWEITERUNG) bestehende G. im Bezirk > MITTE zählt zu den schönsten Plätzen Europas. Seit 1991 trägt er wieder seinen traditionsreichen Namen. Am 12.7.1950 war er

aus Anlaß des 250. Jahrestages der Gründung der > PREUSSISCHEN AKADEMIE DER WISSENSCHAFTEN ZU BERLIN in *Platz der Akademie* umbenannt worden. Ein Jahr zuvor hatte die sich als deren Nachfolger verstehende > AKADEMIE DER WISSENSCHAFTEN DER DDR das an der Ostseite des G. gelegene Gebäude der ehem. Königlichen Seehandlungs-Sozietät, der späteren Preußischen Staatsbank, als neues Domizil erhalten (> STIFTUNG PREUSSISCHE SEEHANDLUNG).

Bis 1688 war der spätere „Neue Markt" oder „Friedrichstädtische Markt" genannte Platz ein Wiesen- und Ackergelände vor den > STADTMAUERN Berlins. Im Jahr 1700 wurden der expandierenden lutherischen und der

Gendarmenmarkt

französisch-reformierten Gemeinde der Refugiés je ein Grundstück am inzwischen „Mittelmarkt" genannten Gelände zugewiesen, wo auf dem nördlichen Karree bis 1705 die > FRANZÖSISCHE FRIEDRICHSTADTKIRCHE und auf dem südlichen Karree bis 1708 die > NEUE KIRCHE errichtet wurden. In den 30er Jahren des 18. Jh. wurden beide Kirchen in ein Viereck von Stallungen eingeschlossen, die der Soldatenkönig Friedrich Wilhelm I. (1713-40) für sein Regiment „Gens d'Armes" errichten ließ, nach dem der Platz den Namen G. erhielt.

Die eigentliche Architekturgeschichte des Platzes begann im Rahmen der regen Bautätigkeit unter Friedrich dem Großen (1740-86) nach dem Siebenjährigen Krieg. 1773 ließ der König die Pferdeställe verlegen und durch den holländischen Baumeister Johann Boumann ein „Französisches Comödienhaus" errichten. Der Architekt Karl v. Gontard sollte die beiden unscheinbaren Kirchen auf dem Platz durch zwei identische, repräsentative Vorbauten verschönern. 1780-85 wurden die beiden großartigen, aufeinander bezogenen Turmbauten errichtet, für die sich bald die Bezeichnungen *Französischer Dom* und *Deutscher Dom* einbürgerten. Die Umbauung des G. an den umgrenzenden Straßen mit dreigeschossigen Wohnhäusern im spätfriderizianischen Stil erfolgte im späten 18. Jh. durch Gontard und Georg Christian Unger.

Das Comödienhaus, das ab 1778 acht Jahre leer gestanden hatte, wurde von Friedrich Wilhelm II. (1786-97) kurz nach seinem Regierungsantritt an den Schauspieler und Theaterleiter Carl Theophil Döbbelin übergeben, der darin das erste „Deutsche National-Theater" eröffnete. 1801 beauftragte Friedrich Wilhelm III. (1797-1840) Carl Gotthard Langhans, hinter dem Comödienhaus an der Charlottenstr. zwischen den beiden Domen einen 2.000 Zuschauer fassenden Neubau für das National-Theater zu errichten, der 1802 fertiggestellt wurde, jedoch bereits 1817 abbrannte. An seiner Stelle entstand bis 1821 nach Entwürfen von Karl Friedrich Schinkel das heutige > Schauspielhaus. Erst mit dem Schinkel-Bau erhielt der Platz seine wirkungsvolle Gestalt.

Im November 1871 wurde anläßlich der Einweihung des > Schiller-Denkmals der Teil des G. vor der Freitreppe des Schauspielhauses in Schillerplatz umbenannt – eine Bezeichnung, die sich jedoch nie durchsetzte. Der für ca. 150 Jahre auf dem G. betriebene > Wochenmarkt wurde 1886 geschlossen, da sich die Versorgung auf die in dieser Zeit neu gebauten > Markthallen verlagerte.

Von der ursprünglichen Randbebauung ist nichts mehr erhalten; im späten 19. und frühen 20. Jh. ist sie im Zusammenhang mit dem Ausbau der Friedrichstadt zu einem Geschäfts-, Banken- und Verwaltungszentrum vollkommen verändert worden; im II. Weltkrieg wurde sie fast vollständig zerstört. Erhalten geblieben ist das einstige Hauptgebäude der Akademie der Wissenschaften der DDR, das 1901-03 von Paul Kieschke für die Preußische Staatsbank in neobarocken Formen errichtet worden war. Die Erweiterungsbauten in der Taubenstr. (im Bauhausstil mit roten Klinkern) und in der Jägerstr. (mit plattenverkleideter Fassade) stammen aus den Jahren 1926 und 1936. Schauspielhaus, Französische Friedrichstadtkirche und Neue Kirche wurden im II. Weltkrieg ebenfalls beschädigt. Mit dem Wiederaufbau des wertvollen Architekturensembles wurde Ende der 70er Jahre begonnen. Die

Platzumbauung ist in historisch angeglichenen Formen erfolgt. Es handelt sich um Wohn- und Verwaltungsbauten, in deren Erdgeschoßzone zumeist Läden, Gaststätten und andere Einrichtungen untergebracht sind. Im Dezember 1988 wurde auf dem G. das Mitte der 30er Jahre abgetragene Schiller-Denkmal vor dem Schauspielhaus wieder-aufgestellt. Anfang 1991 wurde an der Südseite des Platzes das „Dom-Hotel" eröffnet, ein im Zuge der > Vereinigung vom Hilton-Konzern übernommenes Luxus-Hotel, das 1992 auch den Namen „Hilton Berlin" erhielt.

Generalbauinspektor für die Reichshauptstadt Berlin (GBI): Das Amt des G. wurde durch einen Erlaß vom 30.1.1937 geschaffen und mit dem nationalsozialistischen Architekten Albert Speer besetzt, der nur dem „Führer und Reichskanzler" Adolf Hitler verantwortlich war. Die Aufgabe des G. war es, einen Gesamtbauplan für die Reichshauptstadt aufzustellen. Er hatte „dafür zu sorgen, daß alle das Stadtbild beeinflussenden Platzanlagen, Straßenzüge und Bauten nach einheitlichen Gesichtspunkten würdig durchgeführt werden". Der G. wurde mit umfassenden Vollmachten ausgestattet und war damit faktisch die oberste Planungsbehörde Berlins (> Stadtplanung). In einem Interessengebietsplan, der mehr als die Hälfte des Stadtgebietes umfaßte, wurden die Bereiche festgelegt, in denen ohne die Zustimmung des G. keine Baumaßnahmen durchgeführt werden durften; die Baugesetzgebung war faktisch außer Kraft gesetzt.

Bedeutendster Teil seiner Planung für den Umbau Berlins zur *Reichshauptstadt Germania* war das als Prachtstraße auszubauende 7 km lange Mittelstück der Nord-Süd-Straße, im Norden begrenzt von einer 200 m hohen Großen Halle auf dem damaligen Königsplatz im Bezirk > Tiergarten (heute > Platz der Republik), die als größtes Bauwerk der Welt projektiert war, und im Süden von einem 117 m hohen Triumphbogen in Höhe der Dudenstr. im Bezirk > Tempelhof. Speers Planungen setzten bewußt die Zerstörung der Stadt des 19. Jh. voraus, die „Architektur der Neugestaltung" wurde zur Dekoration monumentaler Gewalt. (> Baugeschichte und Stadtbild) Ein einziges Gebäude der Planungen des G. wurde realisiert, die *Neue Reichskanzlei*, östlich der Hauptachse in der Voßstr. gelegen.

444

Speer wurde im Nürnberger Kriegsverbrecherprozeß zu 20 Jahren Haft verurteilt. Bis 1966 war er im > Alliierten Kriegsverbrechergefängnis Berlin-Spandau inhaftiert, er starb 1981.

Generalkonsulat der Russischen Föderation: Das als *Sowjetische Botschaft* entstandene G. an der Straße > Unter den Linden 63/65 war der erste Neubau, der an dieser Straße nach dem II. Weltkrieg errichtet wurde. Er wurde nach Plänen des sowjetischen Architekten A. Stryshewski unter Leitung von Friedrich Skujin von 1950-53 gebaut. Zuvor hatte hier das 1765 von Johann Boumann errichtete Palais der Prinzessin Amalie, der Schwester Friedrichs II. (1740-86), gestanden. 1837 hatte es der russische Zar Nikolaus I. (1825-55) erworben und bis 1841 von Eduard Knoblauch zur Kaiserlichen Russischen Botschaft umbauen lassen. 1917 nahm hier die erste sowjetische Botschaft ihren Sitz. Im II. Weltkrieg wurde das Gebäude vollständig zerstört.
Für den viergeschossigen Neubaukomplex, der rückwärtig bis zur Behrenstr. reicht, wurden einige anschließende Grundstücke hinzugenommen. Ein Ehrenfriedhof mit dem blockhaften, den Haupteingang enthaltenden Mittelbau unterbricht die fast 80 m lange Straßenfront. Am Mittelbau befindet sich ein Fries mit dem Wappen der Sowjetunion und den 15 Unionsrepubliken. Bekrönt wird er von einer aufgesetzten, quadratischen Laterne, an deren vier Ecken Sandsteinplastiken als Symbole des werktätigen Sowjetlandes stehen. Das Innere der Botschaft ist prunkvoll mit Marmor ausgestattet. Im repräsentativen Kuppelsaal befindet sich ein riesiges Farbfenster, das den Spasskiturm des Moskauer Kreml zeigt.
1963 wurde der Gebäudekomplex durch Anbauten bis zur Glinkastr. verlängert. Dort sind u.a. die Büros des Reisebüros Intourist und der Fluggesellschaft Aeroflot untergebracht. Das botschaftseigene Schwimmbad wurde nach der Stillegung der Botschaft im Zuge der > Vereinigung an einen privaten Betreiber verpachtet und steht seit Oktober 1991 als „Schwimmhalle am Brandenburger Tor" der Öffentlichkeit zur Verfügung. Mit einer Wassertemperatur von über 30° sind die beiden Becken v.a. für therapeutisches Schwimmen geeignet (> Hallenbäder).
1949 war die sowjetische Botschaft die erste diplomatische Vertretung gegenüber der neugegründeten DDR (> Ausländische Vertretungen). In der Nachfolge des sowjetischen Hohen Kommissars bzw. der > Sowjetischen Kontrollkommission war der sowjetische Botschafter Mitinhaber der von den > Alliierten in Berlin ausgeübten obersten Gewalt und mit den Verbindungen zu den Botschaftern der Westmächte in Bonn und deren Berliner Mitarbeitern betraut (> Alliierte Hohe Kommission; > Sonderstatus 1945-90). Mit dem Beitritt der DDR zur Bundesrepublik endeten deren diplomatische Beziehungen und die besondere siegerrechtliche Stellung der sowjetischen Botschaft in Berlin. Diese wurde zunächst eine Außenstelle der sowjetischen Botschaft in Bonn, bevor sie im Zuge der Auflösung der Sowjetunion im Herbst 1991 von der russischen Föderation als Generalkonsulat übernommen wurde.

Generalszug: Der sog. G. ist eine überwiegend nach Generälen der Befreiungskriege benannte Abfolge von Straßen und Plätzen (*Hardenbergstraße*, > Breitscheidplatz, > Tauentzienstrasse, > Wittenbergplatz, *Kleiststraße, Nollendorfplatz, Bülowstraße, Dennewitzplatz, Yorckstraße, Gneisenaustraße*), die als verkehrsreiche innerstädtische West-Ost-Verbindung vom > Ernst-Reuter-Platz in > Charlottenburg über die Bezirke > Schöneberg und > Kreuzberg bis zum *Südstern* an der Bezirksgrenze zu > Neukölln führt. Durch den Anschluß an die > Ost-West-Achse im Westen und die Fortführung über *Hasenheide* und > Karl-Marx-Strasse im Osten stellt sie gleichzeitig die Verbindung zwischen zwei wichtigen Ausfallstraßen her. Der G. entstand als Teil des vom Baurat James Hobrecht 1862 konzipierten Ringboulevards (> Hobrechtplan), dessen südlicher Abschnitt bereits von Peter Joseph Lenné in seinem Bebauungsplan für die Schöneberger Feldmark geplant worden war. Der zunächst geradlinig geplante Verlauf der Yorckstr. und der zwischen Dennewitzplatz und Möckernstr. vorgesehene Wahlstadtplatz fielen der Erweiterung der Bahnanlagen von > Anhalter und > Potsdamer Bahnhof zwischen 1868-80 zum Opfer. Die Yorckstr. wurde deshalb 380 m nach Süden verschwenkt und unterquert auf einer Länge von ca. 600 m das an dieser Stelle etwa 4 m hoch aufgeschüttete Bahngelände. Die sonst 56 m breite Straße ist hier auf 26,4 m eingeengt und führt unter den heute weitgehend stillgelegten 29 verbliebenen Eisenbahnbrücken hindurch. Als in der Stadt einmalige Brückenlandschaft wurden sie unter > DENKMALSCHUTZ gestellt (> BRÜCKEN).

Georg-Kolbe-Museum: Das 1950 im Atelier- und Wohnhaus des Bildhauers Georg Kolbe in der Sensburger Allee 25 im Bezirk > CHARLOTTENBURG eröffnete G. zeigt neben dem Nachlaß des Künstlers v.a. Berliner Bildhauerei des 20. Jh. Die Sammlung enthält ca. 180 Skulpturen, 1.500 Zeichnungen und Graphiken, die Kolbes Werk repräsentieren und in einem Bestandskatalog dokumentiert sind. Neben den Arbeitswerkzeugen, Möbeln und anderen persönlichen Gegenständen enthält der Kolbe-Nachlaß eine Sammlung von Zeichnungen, Gemälden (u.a. von Wilhelm Lehmbruck, Gerhard Marcks, Karl Schmidt-Rottluff und Ludwig Kirchner) und Skulpturen (u.a. von August Gaul, Rudolf Belling und Renée Sintenis), die in Wechselausstellungen präsentiert werden. Eine Bibliothek und ein Archiv können nach vorheriger Anmeldung benutzt werden.
Ursprünglich war das Sammlungsgebiet des G. auf Werke Georg Kolbes und einiger mit ihm befreundeter Künstler beschränkt, bevor es 1970 auf die Bildhauerei des 20. Jh. erweitert wurde. Neben Einzelwerken konnten Nachlässe anderer Künstler (Richard Scheibe, August Kraus, Hermann Blumenthal), die in Berlin lebten und arbeiteten, erworben und gesichert werden. Träger des G. ist die aufgrund einer testamentarischen Verfügung des Künstlers gegründete „Georg-Kolbe-Stiftung". Seit 1978 wird das G. zu 90 % durch die > SENATSVERWALTUNG FÜR KULTURELLE ANGELEGENHEITEN, zu 10 % aus dem Eintrittsgeld und dem Verkauf von Katalogen finanziert.
Das kulturgeschichtlich und architektonisch interessante Museumsgebäude entstand 1928/29 nach Entwürfen des Baseler Architekten Ernst Reutsch als strenger, kubischer Backsteinbau und wurde 1935 durch ein Tonatelier und einen Skulpturenhof – z.T. von Paul Linder gestaltet – erweitert.

Gerichtshilfe: Die G. für Erwachsene ist Teil der *Sozialen Dienste* bei der > SENATSVERWALTUNG FÜR JUSTIZ mit Sitz in der Schönstedtstr. 5 im Bezirk > WEDDING. Die G. arbeitet im Gegensatz zur > BEWÄHRUNGSHILFE hauptsächlich im Vorfeld gerichtlicher Entscheidungen. Die persönlichen, gesundheitlichen, wirtschaftlichen, familiären und sozialen Verhältnisse der Betroffenen werden für gerichtliche Prognosen ermittelt und Emp-

fehlungen ausgesprochen. Hierzu gehört auch die Haftentscheidungs- und Haftvermeidungshilfe beim Bereitschaftsgericht (> AMTSGERICHTE). Auftraggeber sind Staats- und Amtsanwaltschaft, Gerichte, Vollstreckungs- und Gnadenbehörden. 1991 bearbeiteten 36 Mitarbeiter ca. 9.000 Berichtsersuchen. Weitere Arbeitsschwerpunkte der G. sind die Vermittlung in freie Tätigkeit, um die Vollstreckung von Ersatzfreiheitsstrafen zu verhindern, sowie die Durchführung eines Täter-Opfer-Ausgleichs.

Gerichtslaube: Die G. ist ein nach mittelalterlichem Vorbild errichtetes, als Gaststätte genutztes Gebäude an der Poststr. im > NIKOLAIVIERTEL im Bezirk > MITTE. Die ursprüngliche G. stammte aus der zweiten Hälfte des 13. Jh. und befand sich an der Nordwestseite des heutigen > BERLINER RATHAUSES. Als ältestes Zeichen städtischer Gerichtsbarkeit und Selbständigkeit war sie Sitz des Gerichts. Im ebenerdigen Gewölbe, dem „Schöffenstuhl", hielten der Schulze (Vorsitzender des höchsten Stadtgerichts) und seine sieben Schöffen Gericht. Der Raum darüber war die Ratsstube des > MAGISTRATS. In diesem Raum fanden auch Empfänge und Hochzeiten reicher Bürger statt. Wurde die G. noch in den Rathausneubau des 16. Jh. einbezogen, so mußte sie 1868 dem Neubau des heutigen Berliner Rathauses weichen.
Im Park Babelsberg erfolgte 1871/72 eine Rekonstruktion der G. als freistehender, auf vier Seiten offener Pavillon nach einem Entwurf des Architekten Johann Heinrich Strack. Dabei wurden Bauelemente der ursprünglichen G. verwendet. Die heutige G. entstand im Zusammenhang mit dem Ausbau Ost-Berlins als damalige Hauptstadt der DDR zur 750-Jahr-Feier. Im Erdgeschoß befindet sich eine Bierstube und im 1. Stockwerk eine Weingaststätte.

Gertraudenbrücke: Die 1894-95 errichtete G. an der Gertraudenstr. im Bezirk > MITTE überspannt in einem 18 m langen und 22 m breiten Bogen den westlichen Arm der > SPREE (> FRIEDRICHSGRACHT). Die gesamte Brückenkonstruktion ist mit Basaltlava verkleidet, die Brüstungen über dem Brückenbogen sind von spitzbogigen Säulenarkaden durchbrochen und mit schmiedeeisernen Blumen verziert. Ihren Namen erhielt die Brücke von der seit 1405 jenseits des alten Köllnischen Stadtgrabens (> KÖLLN) gelegenen Gertraudenkapelle mit Spital und Spitalmarkt, dem heutigen, westlich an die G. anschließenden > SPITTELMARKT.

Die 1895 vom Berliner Bildhauer Rudolf Siemering geschaffene 3 m hohe Bronzeplastik auf der G. stellt die Hl. Gertraud dar, die als Gertraud v. Landen Mitte des 7. Jh. in Franken gelebt haben soll. Sie galt als Schutzpatronin der Saaten, der Wanderer und der Armenspitäler. Der Spinnrocken in der linken Hand weist auf das damals polizeilich verordnete Garnspinnen als Arbeit für Arme, Waisen sowie Insassen von Asylen und Spitälern hin. Die fliehenden Ratten und Mäuse am Fries unter der Fußplatte sind ein Sinnbild für den Sieg über Seuchen und den Schutz der Ernte. Während des II. Weltkrieges bewahrte der Bronzegießer Hans Füssel das Standbild in einem Versteck vor dem Einschmelzen für die Kriegswirtschaft. Nach dem Krieg wurde es restauriert und 1954 wieder aufgestellt.

Bereits seit dem 13. Jh. gab es hier einen Übergang über die Spree, anfangs noch zweiteilig, da sich im Fluß eine Insel befand. 1738 baute Titus Favre dann hier eine hölzerne Klappbrücke, auch Teltower Torbrücke genannt, die noch bis ins 19. Jh. genutzt wurde, nachdem sie 1878/79 zwei erhöhte eiserne Fußgängerstege und 1886 eine Verstärkung erhielt, die auch der > STRASSENBAHN den Verkehr gestattete. Heute ist die alte G. nur noch den Fußgängern vorbehalten, da beim Ausbau des Straßenzugs > LEIPZIGER STRASSE / > MÜHLENDAMM 1976 südlich von ihr eine neue 36 m lange und fast 34 m breite, achtspurige Stahlbetonbrücke für den Fahrzeugverkehr errichtet wurde.

Gesellschaft für musikalische Aufführungs- und mechanische Vervielfältigungsrechte (GEMA): Die GEMA ist in Berlin mit einer ihrer zwei Generaldirektionen in der Bayreuther Str. 37/38 am > WITTENBERGPLATZ im Bezirk > SCHÖNEBERG, einer Bezirksdirektion am ERNST-REUTER-PLATZ 10 im Bezirk > TIERGARTEN und einer Außenstelle in der Rhinstr. 111 im Bezirk > LICHTENBERG vertreten. Sie hat die Aufgabe, jeder Nutzung urheberrechtlich geschützter Musik nachzugehen und sie angemessen zu vergüten. Dabei übernimmt sie auch die Vermittlung zwischen den Inhabern der Musikurheberrechte und den möglichen Nutzern. Als Verwertungsgesellschaft im Sinne des Wahrnehmungsgesetzes vom 9.9.1965 (zuletzt geändert durch Art. 2 des Gesetzes zur Änderung von Vorschriften auf dem Gebiet des Urheberrechts vom 24.6.1985) hat sie die Rechtsform eines wirtschaftlichen Vereins kraft staatlicher Verleihung (§ 22 BGB). Sie arbeitet ohne Gewinn und besitzt kein eigenes Kapital. Alle Erträge aus Vergütungsansprüchen werden an die 1991 ca. 29.000 deutschen Mitglieder bzw. an die mehr als 500.000 ausländischen Berechtigten ausgeschüttet, deren Rechte die GEMA in Deutschland wahrnimmt. Die Bezirksdirektion Berlin, die Außenstelle im Ostteil der Stadt und die Außenstelle in Schwerin sind gemeinsam für das Inkasso der Aufführungsrechte in den Bundesländern Berlin, Brandenburg und Mecklenburg-Vorpommern zuständig.

Die GEMA untersteht der Aufsicht der in Berlin ansässigen Außenstelle des > DEUTSCHEN PATENTAMTS, ferner übt die > SENATSVERWALTUNG FÜR JUSTIZ eine eingeschränkte Rechtsaufsicht aus. Wegen ihrer Monopolstellung unterliegt die GEMA auch einer Mißbrauchsaufsicht durch das ebenfalls in Berlin befindliche > BUNDESKARTELLAMT. 1991 waren 300 Mitarbeiter in der Generaldirektion und 60 in der Bezirksdirektion beschäftigt.

Im Zuge der > VEREINIGUNG wurde die Ost-Berliner Bezirksdirektion der in Liquidation befindlichen „Anstalt zur Wahrnehmung der Aufführungsrechte auf dem Gebiet der Musik (AWA)" der DDR mit ihren Mitarbeitern von der GEMA übernommen. Ab 1993 sollen die Büros in Berlin zu einer Bezirksdirektion zusammengefaßt und in einem Erweiterungsneubau der Generaldirektion am Wittenbergplatz untergebracht werden. Außerdem errichtet die GEMA an der Kleist- und Keithstr. seit August 1991 zwei Verwaltungsbauten im postmodernen Stil, die neben dem angestammten Bau am Wittenbergplatz, der noch dem Funktionalismus des Bauhauses verpflichtet ist, auch neue architektonische Akzente am Ausgang der > TAUENTZIENSTRASSE setzen sollen.

Gesellschaft für solidarische Entwicklungszusammenarbeit (GSE): Die GSE in der Georgenkirchstr. 70 im Bezirk > FRIEDRICHSHAIN ging im Herbst 1989 aus einer Bürgerinitiative in der DDR hervor und wurde im Februar 1990 in der Rechtsform eines e.V. gegründet. Ihre Hauptaufgabenfelder sieht die GSE in der Kooperation mit Nichtregierungsorganisationen aus der Dritten Welt zur Unterstützung ihrer Bemühungen im Kampf gegen Armut. Zweiter Schwerpunkt ist die Bildungs- und Öffentlichkeitsarbeit, die sich an den Problemen des Nord-Süd-Verhältnisses orientiert. Im Mittelpunkt steht dabei v.a. die Arbeit an Schulen im Osten Deutschlands. Zur Förderung der theoretischen Auseinandersetzung und zur Darstellung von entwicklungspolitischen Standpunkten besonders aus den neuen Bundesländern gibt die GSE halbjährlich ein „Nord-Süd-Heft" heraus. Die Finanzierung der GSE erfolgt über Mitgliederbeiträge, Spenden sowie projektbezogene Zuschüsse des > BUNDESMINISTERS FÜR WIRTSCHAFTLICHE ZUSAMMENARBEIT und der Berliner > LANDESSTELLE FÜR ENTWICKLUNGSZUSAMMENARBEIT.

Gesellschaft für Umwelt- und Wirtschafts-geologie mbH Berlin (UWG): Die im Juni 1990 gegründete, aus dem Zentralen Geologischen Institut der DDR hervorgegangene UWG ist eine Einrichtung für Dienstleistungen und wissenschaftliche Untersuchungen auf dem Umweltsektor. Dieses Aufgabenprofil umfaßt sowohl die Zustandserfassung als auch die Vorsorge. Im weitesten Sinne beschäftigen sich die Geowissenschaftler der UWG mit dem Untergrund, bestehend aus Wasser und Boden, unter Berücksichtigung ökologischer Aspekte. Die Hauptgeschäftsstelle befindet sich in der Invalidenstr. 44 im Bezirk > MITTE, Filialen bestehen in Mecklenburg-Vorpommern (Grimmen) und Brandenburg (Bernau, u.a. mit dem größten Bohrkern-Archiv Deutschlands [400.000 m]).

Im einzelnen untersucht, erkundet und begutachtet die UWG im Auftrag von Behörden, Kommunen und Firmen militärische und gewerbliche Altlastverdachtsflächen, umweltrelevante Gefährdungspotentiale, Deponien, untertägige Sonderabfall-Endlager. Weitere Untersuchungsfelder sind Oberflächengewässer, Trinkwasser-Schutzzonen und das Grundwasser. Ferner prüft die UWG Flächennutzungseignungen bzw. Vorbehaltsräume, Baugrund, Erdfall- und Senkungsgebiete, Küstenveränderungen, Steine-Erden-Lagerstätten, Umweltverträglichkeitsbedingungen, geothermische Ressourcen und Objekte der Denkmalpflege. Wichtigste Arbeitsmethoden sind die Geo-Fernerkundungen, Vor-Ort-Untersuchungen, Vermessung, Probenahme (Bohrungen u.a.), Schadstoffanalytik, rechentechnische Modellierung von Strömungen, bodenmechanische Untersu-

chungen und Dekontaminationssimulierungen. Hervorgehoben werden muß das Know-how auf kartographischem Gebiet, das einerseits auf Ergebnisse von 15 Jahren Umwelttechnologie im Staatsauftrag aufbaut, andererseits nach der > VEREINIGUNG einen deutlichen Innovationsruck in Richtung Altlastenkataster, Luftbildauswertung und Umweltprävention (Havariekarten) erfuhr. Im April 1992 wurde die UWG privatisiert. Sie verfügte zu diesem Zeitpunkt über 125 Mitarbeiter.

Der Hauptsitz der UWG ist im Teil eines Gebäudekomplexes untergebracht, in dem die 1875 gegründete Königlich Preußische Geologische Landesanstalt ihren Sitz hatte. Das eigens für sie nach Plänen von August Tiede 1875-78 errichtete, dreigeschossige Gebäude, befindet sich auf dem Gelände der traditionsreichen, 1874 geschlossenen Königlichen Eisengießerei (> FER DE BERLIN). Der nahezu quadratische Bau von fünfzehn zu elf Achsen mit turmartig ausgebildeten Ecken ist im Stil der klassischen Schinkel-Nachfolge gestaltet. Zu Zeiten der DDR waren hier das Zentrale Geologische Institut und das Ministerium für Geologie untergebracht. Mit der Vereinigung fiel das Gebäude an den Bund. Die UWG belegt den Seiten- und Nordflügel des Gebäudes. An dieser Stelle befand sich z.Z. der Eisengießerei ein Stauteich der > PANKE, deren Auslauf die nötige Wasserkraft für die Maschinen der Gießerei lieferte.

Gesetz- und Verordnungsblatt für Berlin (GVBL): Das von der > SENATSVERWALTUNG FÜR JUSTIZ herausgegebene GVBL ist das amtliche Verkündungsblatt des > SENATS VON BERLIN. Im Gegensatz zu dem von der > SENATSVERWALTUNG FÜR INNERES seit dem 3.4.1951 wöchentlich herausgegebenen > AMTSBLATT FÜR BERLIN, das Verwaltungsvorschriften und -bekanntmachungen,Stellenausschreibungen, Mitteilungen der > WIRTSCHAFT etc. enthält, werden in dem unregelmäßig nach Bedarf erscheinenden GVBL landesrechtliche Rechtsvorschriften und Gesetze veröffentlicht. Rechtliche Grundlage ist das „Gesetz über die Verkündung von Gesetzen und Rechtsverordnungen" vom 29.1.1953 in der Fassung vom 14.11.1966. Art. 46 der > VERFASSUNG VON BERLIN schreibt für die Verkündung eine Frist von max. 14 Tagen vor.

Die erste Ausgabe nach dem Krieg wurde vom > MAGISTRAT am 10.7.1945 unter dem Titel „Verordnungsblatt der Stadt Berlin" veröffentlicht. Ab 15.11.1946 erhielt es die Bezeichnung „Verordnungsblatt für Groß-Berlin". Nach der > SPALTUNG der Stadtverwaltung veröffentlichte der in West-Berlin amtierende Magistrat ab 23.10.1948 ein eigenes „Verordnungsblatt für Groß-Berlin", das ab 6.10.1950, nach Inkrafttreten der Verfassung von Berlin, zunächst die Bezeichnung „Verordnungsblatt für Berlin" führte und seit dem 4.4.1951 unter seinem heutigen Namen erscheint.

Bis zur > VEREINIGUNG erhielten aufgrund des alliierten > SONDERSTATUS auch Bundesgesetze in Berlin erst Gültigkeit, nachdem sie per Mantelgesetzgebung in das Berliner Recht übernommen und im GVBL verkündet waren (> BINDUNGEN; > DRITTES ÜBERLEITUNGSGESETZ). Seit Aufhebung der alliierten Vorbehalte mit dem > 3. OKTOBER 1990 bleibt das GVBL dem reinen Landesrecht vorbehalten. Auch internationale Verträge, die zuvor in Form von Anwendungsgesetzen im GVBL verkündet wurden, werden seitdem dort nicht mehr veröffentlicht.

Im Ostteil der Stadt wurde das von Anfang an im Ostsektor (> SEKTOREN) gedruckte Verordnungsblatt zunächst auch nach der Spaltung unter dem 1946 entstandenen Namen *Verordnungsblatt für Groß-Berlin* beibehalten. Dies entsprach der im > LONDONER PROTOKOLL der > ALLIIERTEN vereinbarten Vier-Mächte-Verantwortung für ganz Berlin, nach der auch die Gesetze der 1949 gegründeten DDR im Ostsektor nicht unmittelbar galten, sondern erst durch einen Rechtssetzungsakt des Magistrats übernommen und durch die Veröffentlichung im Verordnungsblatt in Kraft gesetzt wurden.

Schon bald verfolgte die DDR, unterstützt von der Sowjetunion, jedoch das Ziel, den Ostsektor aus der Vier-Mächte-Zuständigkeit zu lösen, indem sie die damit verbundenen Beschränkungen allmählich aufhob und Ost-Berlin zum Regierungssitz und zur Hauptstadt der DDR erklärte. Auch die verfassungsrechtlichen Besonderheiten Ost-Berlins wurden nach und nach aufgehoben, was sich u.a. auch in der Handhabung der Gesetzesverkündung im Verordnungsblatt niederschlug. So wurden die DDR-Gesetze ab dem Inkrafttreten der zweiten DDR-Verfassung vom 6.4.1968 nicht mehr im Wortlaut abgedruckt, sondern nur noch aufgezählt und das Verordnungsblatt am 20.9.1976 schließlich ganz eingestellt. Von der Volkskammer der DDR erlassene Gesetze galten damit zukünf-

tig auch in Ost-Berlin unmittelbar.

Dieses Vorgehen war insofern ein Politikum, als die östliche Seite damit den nach westlicher Auffassung seit 1945 unveränderten Sonderstatus der Gesamtstadt ignorierte und gegen die Bestimmung des > VIER-MÄCHTE-ABKOMMENS von 1971 verstieß, nach dem keine einseitigen Veränderungen der „bestehenden Lage in dem betreffenden Gebiet" und der „Lage, die sich in diesem Gebiet entwickelt hat" (d.h. nach westlicher Auffassung in ganz Berlin und mithin auch im Ostsektor) zulässig waren. Nach der Wende 1989 gab der Ost-Berliner Magistrat nochmals für kurze Zeit vom 25.7.-27.12.1990 unter dem Titel „Gesetz-, Verordnungs- und Amtsblatt" (GVABl.) ein Verkündungsblatt für die Ostbezirke heraus.

Gesundbrunnen: Der G. ist ein dicht besiedeltes Wohnviertel an der > PANKE im Osten des Bezirks > WEDDING. Sein Name geht auf eine 1701 entdeckte eisenhaltige Mineralquelle nahe der Pankemühle und der späteren Badstr. zurück, die der Hofapotheker und Arzt Dr. Heinrich Wilhelm Behm 1758-60 zu einer Trink- und Heilstätte, dem Friedrichs-Gesundbrunnen, ausbaute. Die Anlage, seit 1809 nach der Königin Luise *Luisenbad* genannt, wurde 1882 geschlossen, nachdem die Quelle in Folge von Bauarbeiten versiegt war. Im Hof und Keller des Hauses Badstr. 39 sind Reste des Bades und eine Kaffeeküche in schlechtem Zustand vom Ende des 19. Jh. erhalten, während sich das Vorderhaus schön restauriert präsentiert (mit Stuckdarstellung eines Badehauses und der Inschrift „In fonte salus" unter dem Giebel).

Die erste dauerhafte Besiedlung des Gebiets erfolgte Anfang des 18. Jh., als Friedrich (III.) I. (1688-1713) die Panke aufstauen und kanalisieren ließ, um eine Schiffsverbindung zwischen dem > SCHLOSS CHARLOTTENBURG und dem > SCHLOSS NIEDERSCHÖNHAUSEN zu schaffen. 1712 ließ er hier eine Walkmühle erbauen, die zwei Jahrzehnte später in eine Papiermühle umgewandelt wurde. Heinrich W. Behm, dem die alte Papiermühle als Wohnhaus diente, errichtete dann um sein Brunnenhaus und um das Badehaus, das 40 Gästen Unterkunft bot, einige Siedlungshäuser.

Mitte des 19. Jh. war die „scheene Jejend" an der „Plumpe", wie die Berliner das Gebiet nach der Pumpe des Brunnens mundartlich nannten (> BERLINISCH), ein beliebtes Ausflugziel mit zeitweise mehr als 40 Vergnügungsetablissements und Lokalen. Sie lagen hauptsächlich in der *Badstraße*, die auch heute noch mit ihren vielen Geschäften die belebteste Einkaufsstraße am G. ist. Bei den großen Eingemeindungen des Jahres 1861 kam G. mit dem Wedding zu > GROSS-BERLIN (> STADERWEITERUNG).

Mit der Industrialisierung begann sich die eher ländliche Struktur und Gestalt des G. völlig zu wandeln. In wenigen Jahren entstanden zunächst südlich der 1871 eröffneten > RINGBAHN und schnell auch darüber hinaus in dichter Bauweise zahlreiche Blöcke der berüchtigten > MIETSKASERNEN mit ihren engen und lichtlosen Hinterhöfen. Der G. wurde zu einem der am dichtest besiedelten Mietskasernenquartiere und Industriegebiete Berlins.

1945 wurde der G. mit Wedding Teil des französischen Sektors (> SEKTOREN). Nach den schweren Zerstörungen des II. Weltkriegs wurden die verbliebenen Gebäude ab 1963 fast vollständig abgetragen und durch eine offene Blockrandbebauung ersetzt. Die entkernten Blockinnenflächen bieten Platz für Kinderspielplätze, Mietergärten und von Grünflächen überdeckte Tiefgaragen (> STADTSANIERUNG). Die alten Industriebauten (AEG-Brunnenstr.) sind teilweise abgerissen und durch Neubauten ersetzt worden, z.T. werden sie neu genutzt (Berliner Innovations- und Gründerzentrum an der Ackerstr.). Zu den wenigen erhaltenen historischen Bauwerken zählt die 1832-35 von Karl Friedrich Schinkel errichtete > ST.-PAULS-KIRCHE an der Badstr./Ecke Pankstr. Der Naherholung dient der vor der Haustür gelegene > VOLKSPARK HUMBOLDTHAIN.

Gesundheitsämter: Anfang 1992 gab es in jedem der 23 > BEZIRKE Berlins ein jeweils von einem Amtsarzt geleitetes G. Rechtsgrundlage ist das Gesetz über den öffentlichen Gesundheitsdienst vom 28.7.1980. Am 31.12. 1989 waren in den zwölf G. im Westteil der Stadt 372 Ärzte tätig, 36 Zahnärzte, 582 Sozialarbeiter, 111 Krankengymnasten, 229 Arzthelferinnen, 95 Gesundheitsaufseher und 59 Desinfektoren. Die G. in den östlichen Bezirken befanden sich Anfang 1992 noch im Aufbau, repräsentative Zahlen lagen noch nicht vor.

Den G. obliegen im wesentlichen die beiden Bereiche Gesundheitsschutz/Gesundheitsaufsicht und Gesundheitshilfe. Ihre Kompetenzen ergänzen sich dabei mit denen der > SENATSVERWALTUNG FÜR GESUNDHEIT, der bezirklichen Veterinär- und Lebensmittelaufsichtsämter sowie der > UMWELTÄMTER. Zum *Gesundheitsschutz* gehört neben der *Seuchenverhinderung* und -bekämpfung auch die Ortshygiene wie z.B. das Leichen- und Bestattungswesen. Im Rahmen der *Gesundheitsaufsicht* sollen auch die gesundheitlichen Gefahren, die von Boden, Wasser und Luft ausgehen, erkannt und beseitigt werden. Seit Ende der 80er Jahre wurden hierzu bezirkliche Umweltämter geschaffen, wobei allerdings die Kompetenzabgrenzung und Organisation im Rahmen der bezirklichen Selbständigkeit unterschiedlich geregelt ist. Des weiteren überwachen die G. die Gemeinschaftseinrichtungen, wie z.B. Bäder (> FREI- UND SOMMERBÄDER; > HALLENBÄDER) oder Obdachlosenquartiere (> OBDACHLOSE), und üben die Aufsicht über die Einrichtungen des Gesundheitswesens, z.B. > KRANKENHÄUSER und > SOZIALSTATIONEN, aus. Schließlich fallen in diesen Bereich die gesundheitlichen Maßnahmen im Rahmen des > KATASTROPHENSCHUTZES. Ein weiteres, umfangreiches Tätigkeitsfeld ergibt sich aus amts- und vertrauensärztlichen Begutachtungen aufgrund von Anforderungen der zuständigen Behörden, Gerichte und sonstiger berechtigter Institutionen.

Die Aufgaben der *Gesundheitshilfe* werden i.d.R. durch Beratungsstellen wahrgenommen. So gibt es in fast allen Bezirken *Sozialmedizinische Beratungsstellen* für Ehe, Partnerschaft und Schwangerschaft, die von 70 % aller Schwangeren in West-Berlin – bis zur > VEREINIGUNG von nahezu 100 % in Ost-Berlin – in Anspruch genommen werden. Im *Jugendgesundheitsdienst* erfolgt eine Beratung und Betreuung von Säuglingen und Kleinkindern sowie Schülern und Jugendlichen. Ebenfalls dort angesiedelt sind die Untersuchungen nach dem Jugendarbeitsschutzgesetz, die gesundheitliche Beratung der > KINDERTAGESSTÄTTEN und der Schulen (> SCHULE UND BILDUNG) sowie die ärztliche Begutachtung für diesen Personenkreis. Dabei werden über die Schulen fast 100 % aller schulpflichtigen Kinder erreicht. Dies gilt auch für den *Zahnärztlichen Dienst* (früher Schulzahnkliniken). In sechs Bezirken arbeiten Beratungsstellen für Risikokinder. Der *Sozialpsychiatrische Dienst* bietet Beratung und Betreuung für seelisch und geistig Erkrankte sowie Suchtkranke und deren Angehörige (> DROGEN). Die G. bieten des weiteren Beratungs- und Hilfsangebote für körperlich > BEHINDERTE, einschließlich der Geschwulstkranken, in deren Rahmen 1-2 % der Bevölkerung betreut werden. In einigen Bezirken existieren auch *Beratungsstellen für Tuberkulosekranke* und *Beratungsstellen für Geschlechtskranke*, die jeweils für mehrere Bezirke tätig sind. Zu den Spezialberatungsstellen der G., die – in einem Bezirk lokalisiert – für das gesamte Stadtgebiet und z.T. darüber hinaus tätig sind, gehört ferner die 1978 entstandene *Genetische Beratungsstelle* am Heubnerweg 6 im Bezirk > CHARLOTTENBURG. Sie arbeitet in Personalunion mit dem Institut für Genetik der > FREIEN UNIVERSITÄT BERLIN. Pro Jahr werden hier rd. 2.500 Beratungen durchgeführt.

In der 1959 eröffneten *Beratungsstelle für Hörbehinderte* an der Paster-Behrens-Str. in > NEUKÖLLN werden von einem multiprofessionellen Team v.a. bei Kindern, darunter auch Säuglingen, Hörbehinderungen frühzeitig geklärt und entsprechende Hilfen geboten. Rd. 8.000 Kinder stehen hier oft unter mehrjähriger Beobachtung.

Die 1963 gegründete, dem Gesundheitsamt Charlottenburg zugeordnete *Beratungsstelle für Vergiftungserscheinungen und Embryonaltoxikologie* in der Pulsstr. 3-7 beantwortet jährlich rd. 45.000 Anfragen aus Berlin, anderen Bundesländern und aus dem Ausland.

Die Inanspruchnahme von Angeboten der G. ist grundsätzlich kostenlos.

Gewerbeaußendienst (Gad): Der Gad gehört als Referat U/G (Umwelt- und Gewerbedelikte) mit vier Inspektionen zur Direktion Verbrechenbekämpfung der > KRIMINALPOLIZEI. Seine Aufgabe ist das Ermitteln von Straftaten sowie die Überwachungen auf dem Gebiet des Gewerberechts. In der 1. Inspektion werden Umweltschutzstraftaten verfolgt und bearbeitet (> UMWELTSCHUTZ). In den anderen Inspektionen werden Ermittlungsverfahren wegen Straftaten aus den Bereichen Urheber- und Wettbewerbs-, Lebensmittel-, Arzneimittel-, Heilkunderecht, ferner Schwarzarbeit, illegale Einreise durch „Schlepper" und illegale Arbeitsvermittlung u.ä. eingeleitet und bearbeitet. Zugleich ist das Referat U/G auch für Ordnungswidrigkeiten zuständig, hat aber fast keine Ahndungsbefugnisse. Ressortübergreifende Bekämpfung illegaler Beschäftigung und Schwarzarbeit (geschätzt jährlich 50 Mrd.

DM Verluste in Berlin) und Umweltkriminalität sind die Schwerpunkte. Die Allgemeine Gewerbeüberwachung und Überwachung von Gaststätten und Spielcasinos (vierte Inspektion) besteht aus sieben örtlichen Kommissariaten (eines in jeder Polizeidirektion).

Beim Gad sind ca. 350 Personen beschäftigt, davon ca. ein Drittel Kriminalbeamte. Der Gewerbekommissar wird in gleicher Weise wie der Kriminalkommissar an der > FACHHOCHSCHULE FÜR VERWALTUNG UND RECHTSPFLEGE ausgebildet.

Gewerbesiedlungs-Gesellschaft mbH: Die 1965 auf Initiative des > SENATS VON BERLIN gegründete G. mit Hauptsitz in der Frankinstr. 27 im Bezirk > CHARLOTTENBURG ist neben der > WIRTSCHAFTSFÖRDERUNGSGESELLSCHAFT BERLIN MBH eine der beiden großen Einrichtungen des Landes Berlin zur > WIRTSCHAFTSFÖRDERUNG. Sie hat die Aufgabe, preiswerten Produktionsraum für Wirtschaftsbetriebe aller Branchen zu schaffen und diesen ansiedlungs- und umsiedlungswilligen Betrieben anzubieten. Sie unterhält und vermietet Gewerbehöfe u.a. an Betriebe, die ihren bisherigen Standort in Berlin infolge von Stadterneuerungsmaßnahmen aufgeben mußten. Ferner führt sie eigene Sanierungsprojekte zur Neueinrichtung von Gewerbehöfen durch (> STADTSANIERUNG). Die Gesellschaft entstand als Reaktion auf den Mauerbau 1961, als viele Wirtschaftsunternehmen Berlin verließen oder einen Wegzug erwogen, und das wirtschaftliche Wachstum in Berlin immer stärker hinter dem Bundesdurchschnitt zurückblieb (> WIRTSCHAFT).

Seit ihrem Bestehen hat die G. 42 Gewerbehöfe mit einer Produktionsfläche von ca. 300.000 m² eingerichtet. Mehrheitsgesellschafter der G. ist mit 99 % das Land Berlin, mit je 0,2 % beteiligt sind ferner die > INDUSTRIE- UND HANDELSKAMMER ZU BERLIN, die > HANDWERKSKAMMER BERLIN und drei Banken. Die G. hat (1992) 60 Mitarbeiter und finanziert sich ausschließlich aus Eigenerträgen. Neben neuzeitlichen Anlagen wie dem > INNOVATIONS- UND GRÜNDERZENTRUM auf dem Gelände der ehem. > AKADEMIE DER WISSENSCHAFTEN DER DDR in > ADLERSHOF betreut sie u.a. auch mehrere historische Gewerbehöfe z.B. in > KREUZBERG, so einen 1865 erbauten Hof in der Waldemarstr. 33-37, die 1896 vom berühmten Architektenbüro Messel und Altgelt errichtete Anlage in der Alexandrinenstr. 2-3 und den Gewerbehof in der Oranienstr. 6, in dem Conrad Zuse seine ersten Computer entwickelte (Nachbau im > MUSEUM FÜR VERKEHR UND TECHNIK).

Das Modell der erstmals im späten 19. Jh. entstandenen *Gewerbehöfe* repräsentiert bis heute die für die Berliner Innenstadtbezirke einst so typische Mischung von „Wohnen" und „Arbeiten", die inzwischen unter dem Begriff „Kiez" vielfach als Gegend mit hohem sozialen Wohnwert betrachtet wird (> KIETZ). Eindrucksvolle Beispiele von erhaltenen (nicht von der G. betreuten) Anlagen sind auch der 1988-91 mit einer Senatsförderung von 11 Mio. DM restaurierte *Ritterhof* an der Ritterstr. 11, der 1895 von August Kösel errichtete *Urbanhof* in der Urbanstr. 116 und der 1897/98 von Kurt Berndt erbaute *Elisabethhof* am Erkelenzdamm 59. Ein spätes Beispiel für einen Industriehof ist auch das von Max Taut 1925 erbaute „Verbandshaus der Deutschen Buchdrucker" in der Dudenstr. 10 im Bezirk > TEMPELHOF, das heute den Berliner Landesverband der Industriegewerkschaft Medien beherbergt.

Gipsformerei Staatliche Museen zu Berlin: Die 1830 gegründete, heute zur > STIFTUNG PREUSSISCHER KULTURBESITZ gehörende G. in der Sophie-Charlotten-Str. 17-18 im Bezirk > CHARLOTTENBURG stellt Abgüsse von Originalskulpturen her, die in die ganze Welt verkauft werden. Mit ihren derzeit über 6.000 von Originalen abgenommenen Formen, die einen repräsentativen Querschnitt durch alle bedeutenden Kulturen und Zeiten darstellen, ist sie neben dem Atelier de Moulages des Louvre in Paris die weltweit größte Einrichtung ihrer Art. Ein Teil der Abgüsse der alten Kulturen Griechenlands und Roms ist in der > ABGUSS-SAMMLUNG ANTIKER PLASTIK ausgestellt, die eng mit der G. zusammenarbeitet. 1991 arbeiteten bei der G. 24 Mitarbeiter, der Etat der Einrichtung wird durch die Stiftung Preußischer Kulturbesitz finanziert.

In den ersten Jahren ihres Bestehens war die G. in Kellerräumen des 1830 eröffneten > ALTEN MUSEUMS auf der > MUSEUMSINSEL untergebracht, bevor sie 1842 in die Neue Münze in der Münzstr. 10-12 umzog (> MÜNZE). 1889-91 entstand dann nach Plänen des Königlichen Landbauinspekteurs Johann Merzenich für die G. der bis heute genutzte Bau in der Sophie-Charlotten-Str. Das vierstöckige Gebäude hat einen U-förmigen Grundriß, die glatte Fassade zur Sophie-Charlotten-Str.

mißt elf Achsen. Der Bau und die Bestände der G. haben den II. Weltkrieg unbeschädigt überstanden. Da die Einrichtung durch die > SPALTUNG von ihren Verkaufsstellen auf der Museumsinsel getrennt wurde, integrierte man auch die Serviceeinrichtungen in den Charlottenburger Bau.

Glienicker Brücke: Die auf der Stadtgrenze im äußersten Südwesten Berlins liegende G. über die > HAVEL verbindet den Bezirk > ZEHLENDORF mit dem angrenzenden Stadtkreis Potsdam. Die unter Denkmalschutz stehende 128 m lange Brücke ist Teil der 1792-95 zur ersten Chaussee Preußens ausgebauten Hauptverbindung von Berlin nach Potsdam. Bis zur > VEREINIGUNG war die G. eine Grenzübergangsstelle zur DDR. Ab 1961 war sie nur noch für sowjetische Militärs (>

Glienicker Brücke

GRUPPE DER SOWJETISCHEN STREITKRÄFTE IN DEUTSCHLAND [GSSD]), Angehörige der > MILITÄRMISSIONEN IN BERLIN und die drei westlichen > ALLIIERTEN passierbar, die sie als direkten Verbindungsweg zwischen ihren Garnisonen in Berlin und ihren in Potsdam gelegenen Militärischen Verbindungskommissionen in Deutschland benutzten.

Nach Erhebung Potsdams zur Sommerresidenz ließ der Große Kurfürst (1640-88) 1663 an dieser Stelle zunächst eine Holzbrücke errichten. Sie wurde 1831-34 durch einen von Karl Friedrich Schinkel entworfenen Backsteinbau mit elf gemauerten Bögen ersetzt. 1905-07 errichtete dann die preußische Wasserbauverwaltung an ihrer Stelle die heutige dreifeldrige Stahlfachwerk-Trägerbrücke mit unten liegender Fahrbahn. Im April 1945 wurde die G. von sowjetischen Truppen gesprengt. Eine hölzerne Behelfsbrücke wurde 1948/49 von den Behörden der sowjetischen Besatzungszone durch den Wiederaufbau der G. in ihrer ursprünglichen Form ersetzt. Mit ihrer Eröffnung am 19.12. 1949 erhielt sie auf Beschluß des brandenburgischen Landtags den Namen *Brücke der Einheit*. Im März 1990 erfolgte ihre Rückbenennung in G.

Als Folge der im Mai 1952 von der DDR vorgenommenen Absperrmaßnahmen um Berlin (> GESCHICHTE) war die G. ab 1.6.1952 für zivile Personen nur noch mit Sondergenehmigung passierbar. Mit dem Mauerbau am > 13. AUGUST 1961 wurde auch diese Möglichkeit unterbunden. Anfang der 80er Jahre ließ der > SENAT VON BERLIN die westliche Hälfte der Brücke sanieren. Nach einer auf Druck der Alliierten zustande gekommenen Übereinkunft mit der DDR vom 20.12.1984 wurde 1985 auch die östliche Hälfte aus West-Berliner Landesmitteln renoviert. Seit Dezember 1985 konnten auch bei der DDR akkreditierte Diplomaten über die G. in die DDR ein- und ausreisen. Nach der Öffnung der Grenzen am > 9. NOVEMBER 1989 wurde die G. auch für Deutsche wiedereröffnet.

Ihre Lage zwischen dem Schloßpark > KLEINGLIENICKE und dem > JAGDSCHLOSS GLIENICKE, der Ausblick nach Babelsberg und Potsdam sowie eine Schiffsanlegestelle (> SCHIFFAHRT) haben die G. zu einem beliebten Ausflugsziel werden lassen. Drei auf der Brücke vollzogene Austauschaktionen von Agenten oder Dissidenten zwischen Ost und West haben die Brücke auch über Berlin hinaus bekannt gemacht. Ausgetauscht wurden am 12.2.1962 der bei einem Aufklärungsflug über der UdSSR abgeschossene U.S.-Pilot Francis G. Powers gegen den sowjetischen Spion Rudolf J. Abel, am 11.6.1985 23 politische Gefangene aus der DDR gegen vier in den USA verurteilte Ost-Spione, am 11.2.1986 der sowjetische Bürgerrechtler Anatol Schtscharanski zusammen mit vier im Osten inhaftierten West-Spionen gegen vier Ost-Spione.

Görlitzer Bahnhof: Der ehem. G. wurde 1866-68 nach Plänen von August Orth als Ausgangsbahnhof der Eisenbahnlinie in die Lausitz und nach Niederschlesien erbaut (> EISENBAHN). Sein Standort östlich des heutigen Lausitzer Platzes in > KREUZBERG lag außerhalb der > STADTMAUER auf damals noch freiem Feld.

Das Bahnhofsgebäude bestand aus einem Kopfbau und zwei Flügelbauten sowie einer 147 m langen, 37 m breiten und 38 m hohen Bahnsteighalle mit fünf Gleisen an zwei Seiten- und zwei Mittelbahnsteigen. 1892-94 wurde es zu einem viergleisigen Bahnhof mit einem Mittelbahnsteig zwischen den beiden Seitenbahnsteigen umgebaut. Im II. Weltkrieg brannte der G. aus. 1952 legte ihn die > DEUTSCHE REICHSBAHN still, und 1962-76 erfolgte sein Abriß. Nachdem die Fläche lange Zeit brach lag, wurde 1987 an der Stelle des Bahnhofsgebäudes das Spreewaldbad eröffnet. Das übrige rd. 14 ha große Bahnhofsgelände zwischen Görlitzer Str. und Wiener Str. bis hin zum > LANDWEHRKANAL wird seitdem zu einer Parklandschaft umgestaltet (> GÖRLITZER PARK).

Görlitzer Park: Auf dem ca. 14 ha großen Gelände des ehem. > GÖRLITZER BAHNHOFS zwischen Lausitzer Platz, Wiener Str., Görlitzer Str. und > LANDWEHRKANAL entsteht gegenwärtig mit dem G. eine der wenigen Grünanlagen im östlichen Teil des Bezirks > KREUZBERG. Gebaut wird in Abschnitten seit 1987, bis Ende 1995 sollen die Arbeiten abgeschlossen sein. Zur Parkanlage gehören ein Rasensportplatz mit Umkleidehalle und Mehrzweckraum auf der Tenne eines alten Lagerhauses an der Görlitzer Str. (Höhe Lübbener Str.) und ein Kunstrasenplatz mit Trainingsbeleuchtungsanlage an der Wiener Str. (Höhe Ratiborstr.). Ein bereits vorhandener Kinderbauernhof wird in die Anlage integriert. Neu hinzu kommen ein Rodelberg (> RODELBAHNEN) und ein Verkehrskindergarten. Parallel zur Görlitzer Str. gibt es eine Schmuckbepflanzung, die nach Süden in einen „Naturerlebnisbereich" mit Feuchtbiotop übergeht. In Höhe der Falckensteinstr. entsteht das „Bahnhofsbelvedere", eine Aussichtsplattform in der Art eines S-Bahnsteigs. An einem künstlichen Hang neben dem 1987 eröffneten *Spreewaldbad* am Spreewaldplatz fällt Wasser über Betonterrassen in ein Planschbecken. Nachempfunden ist die Anlage den Sinterterrassen des Pamukkale bei Denizli in Westanatolien (Türkei).

Goethe Institut e.V.: Das Berliner G. wurde 1960 eröffnet und hat seit 1989 seinen Sitz in einem architektonisch anspruchsvollen Neubau des Architekten Wolf-Rüdiger Borchardt in der Hardenbergstr. 7 im Bezirk > CHARLOTTENBURG. Es ist das größte von insg. 16 Inlandsinstituten des 1951 gegründeten G. mit der Zentrale in München. Aufgabe der gemeinnützigen Einrichtung, die derzeit 157 Institute in 73 Ländern unterhält, ist die Pflege der deutschen Sprache im Ausland und die Förderung der internationalen kulturellen Zusammenarbeit. In diesem Zusammenhang nimmt das G. umfangreiche Aufgaben der auswärtigen Kulturpolitik wahr.

Das Berliner G. führt achtwöchige Deutschkurse als Intensivunterricht im Grund-, Mittel- und Oberstufenbereich durch, die von Teilnehmern aus allen Teilen der Welt als Stipendiaten z.B. des > DEUTSCHEN AKADEMISCHEN AUSTAUSCHDIENSTES oder des > AUSWÄRTIGEN AMTES, aber auch als Selbstzahler besucht werden. Daneben gehört der Sprachunterricht für in Berlin lebende Ausländer (> BEVÖLKERUNG) in Form achtwöchiger, halbintensiver Abendkurse zum Angebot des Instituts. Für ausländische Deutschlehrer, Germanisten und andere Multiplikatoren wie Journalisten, Kulturschaffende usw. veranstaltet das G. Berlin ein- bis vierwöchige Fortbildungs- und Informationsseminare, die sowohl der fachspezifischen Weiterbildung als auch der landeskundlichen und berlinpolitischen Information dienen. Dabei arbeitet das Institut häufig, wie etwa bei Themen zur > ENTWICKLUNGSPOLITIK, mit Berliner Partnerorganisationen zusammen oder beteiligt sich mit eigenen Beiträgen an deren Programmen, z.B. im > HAUS DER KULTUREN DER WELT. Die hauseigene Mediothek sowie das kursbegleitende kulturelle Rahmenprogramm bilden ein zusätzliches Angebot zur Information und Sprachintensivierung der Kursteilnehmer.

Pro Jahr besuchen ca. 3.500 Interessenten aus über 80 Ländern die Intensivkurse. Die jährlich ca. 50 Fortbildungs- und Informationsseminare verzeichnen über 1.000 Teilnehmer. Das G. Berlin hatte Ende 1991 77 feste Mitarbeiter, davon 57 Lehrer. Es finanziert sich aus Kursgebühren, wobei sich die > SENATSVERWALTUNG FÜR SCHULE, BERUFSBILDUNG UND SPORT an den Mietkosten des Gebäudes beteiligt.

Goldenes Buch: Wie in vielen anderen Städten der Welt ist es auch in Berlin üblich, herausragende Persönlichkeiten, v.a. offizielle Gäste, durch eine feierliche Einzeichnung im G. zu ehren. In Berlin gibt es das G. seit 1913. Die Ersteintragung stammt vom Prinzregenten Ludwig v. Bayern, der den Wunsch geäußert hatte, bei seinem Besuch in der Stadt auch das > BERLINER RATHAUS zu sehen. Da ein Gästebuch bis dahin fehlte, bestellte > OBERBÜRGERMEISTER Adolf Wermuth (1912-20) ein G. in der städtischen Buchbinderfach-

schule. Während des II. Weltkriegs ging das Buch verloren. Erst 1948 wurden ca. zwei Dutzend der originalen Blätter von einem Bürger gefunden und dem > MAGISTRAT übergeben. Sie wurden zu Zeiten der > SPALTUNG Berlins im > RATHAUS SCHÖNEBERG aufbewahrt. Im Westteil der Stadt wurde das G. mit einer Ersteintragung am 17.3.1948 anläßlich eines Empfangs des Deutschen Städtetags und Eintragungen von Teilnehmern an der Jahrhundertfeier der Märzrevolution fortgeführt. Bis zum Fall der > MAUER 1989 war es auf fünf Bände von je ca. 200 Seiten mit insg. über 1.000 Eintragungen angewachsen. Auch alle > BUNDESPRÄSIDENTEN haben sich auf den von den Kalligraphen Wolfgang Miethke und Bernd Thiel künstlerisch gestalteten Seiten eingetragen. Die Ehrungen erfolgten zumeist in der Brandenburg-Halle des Rathauses Schöneberg, aber auch im > SCHLOSS CHARLOTTENBURG. Das in West-Berlin geführte G. endet am Tag der > VEREINIGUNG, dem > 3. OKTOBER 1990, mit der gemeinsamen Eintragung des Bundespräsidenten Richard v. Weizsäcker, der Bundestagspräsidentin Rita Süßmuth, des Bundeskanzlers Helmut Kohl, des Bundesaußenministers Hans Dietrich Genscher, des Bundesverfassungsgerichtspräsidenten Roman Herzog sowie des ehem. DDR-Ministerpräsidenten Lothar de Maizière.

Während der Spaltung war auch im Ostteil der Stadt ein G. geführt worden. Die Ersteintragung erfolgte am 30.11.1949 durch den Präsidenten der DDR, Wilhelm Pieck. 1973 wurde ein zweiter Band angelegt. In den beiden Bänden sind über 350 Seiten mit Eintragungen und Namenszügen gefüllt.

Nach der Vereinigung wurde ein neues G. für ganz Berlin angelegt. Als erster Gast trug sich am 22.2.1991 die Präsidentin Nicaraguas, Violeta Barrios de Chamorro, in das Buch ein. Am 30.6.1991 wurde anläßlich des Besuchs des mexikanischen Präsidenten Carlos Salinas de Gortari erstmals wieder eine Eintragung im traditionellen Wappensaal des Berliner Rathauses vorgenommen. Bis März 1992 haben insg. 29 Persönlichkeiten Aufnahme in das neue G. gefunden.

Gouverneurshaus: Das G. in der Straße > UNTER DEN LINDEN 11, das zusammen mit dem benachbarten > ALTEN PALAIS als Institutsgebäude von der > HUMBOLDT-UNIVERSITÄT BERLIN genutzt wird, stand ursprünglich in der Rathausstr./Ecke Jüdenstr. 1721 war es dort von Friedrich Wilhelm Diterichs errichtet worden. Seit 1732 diente es als Sitz des Gouverneurs von Berlin und seit 1808 als Sitz des Stadtgerichts. Den II. Weltkrieg überstand das G. unversehrt. Es mußte jedoch beim Wiederaufbau des Stadtzentrums von Ost-Berlin den Neubauten in der Rathausstr. weichen und wurde in den 60er Jahren abgerissen. Eine Kopie seiner wertvollen Barockfassade wurde 1963/64 in die Ruinenlücke Unter den Linden eingefügt, in der vorher das *Niederländische Palais* gestanden hatte. Dieser 1753 von Andreas Krüger errichtete Bau war im II. Weltkrieg vollständig zerstört worden. Lediglich die geborgene Freitreppe wurde beim Wiederaufbau des G. anstelle einer Toreinfahrt in den dreigeschossigen Bau eingefügt.

Granitschale: Die 1828-31 von Christian Gottlieb Cantian geschaffene G. vor dem > ALTEN MUSEUM im > LUSTGARTEN im Bezirk > MITTE galt als „Weltwunder der Biedermeier-Zeit" und war in der ersten Hälfte des 19. Jh. eine der Hauptsehenswürdigkeiten des königlichen Berlins. Sie entstand auf Anregung König Friedrich Wilhelms III. (1797-1840) und sollte nach dem Willen des Künstlers die größte Schale der Welt werden. Der ca. 750 t schwere Granitfindling, aus dem die G. gearbeitet wurde, stammt aus den Rauenschen Bergen in der Gegend von Fürstenwalde. Die im Herbst 1828 vor Ort roh ausgemeißelte, ca. 70 t schwere Schale wurde auf einem eigens für diesen Transport gebauten Kahn auf der > SPREE nach Berlin gebracht, wo sie in Absprache mit Karl Friedrich Schinkel in der Rotunde des zur gleichen Zeit von diesem errichteten Alten Museums aufgestellt werden sollte. Da die entgegen anfänglicher Planungen nicht 5, sondern 7 m im Durchmesser messende G. jedoch die architektonische Wirkung der Rotunde zerstört hätte, kam man überein, sie an ihrem heutigen Platz vor der Freitreppe des Museums aufzustellen.
In einem eigens errichteten Fachwerkbau an der Spree wurde die G. mittels einer Dampfmaschine 1830/31 geschliffen und poliert. Nach zunächst provisorischer Aufstellung 1831 wurde die G. 1834 auf drei von Karl Friedrich Schinkel entworfenen Füßen plaziert. Die Entstehung der G. und ihre Aufstellung hat der Maler Johann Erdmann Hummel in vier Gemälden festgehalten, die v.a. durch ihre bemerkenswerten Spiegelungseffekte bekannt sind. Sie sind heute im Besitz der > NATIONALGALERIE.

Als unter den Nationalsozialisten der Lustgarten 1934 zu einem steingepflasterten Platz für Massenaufmärsche umgestaltet wurde, verlagerte man die G. vor die Ostseite des Alten Museums auf das Gelände nördlich des > DOMS. Während des II. Weltkrieges wurde die Schale leicht beschädigt. Weitere Beschädigungen erhielt sie im November 1980 beim Rücktransport an ihren alten Standort. Die Schäden wurden repariert und die Risse im Granit mit Kunstharz geschlossen.

Graues Kloster: Von der durch Luftangriffe im Februar und April 1945 schwer beschädigten Anlage des G. in der Klosterstr./Ecke Grunerstr. im Bezirk > MITTE steht heute nur noch die Ruine der frühgotischen *Klosterkirche*. Bis zu ihrer Beschädigung galten die ab Mitte des 13. Jh. nachweisbare Kirche und das nördlich anschließende Kloster- und Schulgebäude als einer der ältesten Gebäudekomplexe der Stadt. Die Kirchenruine wurde in der Nachkriegszeit gesichert und in den letzten Jahren mehrfach für Fotoausstellungen genutzt. Die übrigen Klostergebäude sind 1950-68 in mehreren Etappen abgetragen worden. Der Chor gilt als künstlerisch bedeutendste Leistung gotischer Architektur in Berlin. Auf der den Bau umgebenden kleinen Grünanlage stehen zwei monumentale Säulenkapitelle vom Eosanderportal (Portal III) des ehem. > STADTSCHLOSSES aus dem frühen 18. Jh.
Die Franziskaner („Graue Brüder") sind in Berlin seit 1249 nachweisbar. 1271 überließen die askanischen > LANDESHERREN dem Orden den ursprünglich zum > HOHEN HAUS gehörenden Baugrund des G. Als erstes Bauwerk errichtete der Orden einen langgestreckten Rechtecksaal aus Feldsteinen, von dem ein Teil in der Nordwand der Ruine erhalten ist. Im letzten Viertel des 13. Jh. erweiterten sie den Bau zu einer dreischiffigen, kreuzrippengewölbten Backsteinbasilika von vier Jochen mit einem zweijochigen Chor in der Breite des Mittelschiffs. In der Kirche fanden Angehörige des askanischen Markgrafengeschlechts und märkische und fränkische Adelsfamilien ihre letzte Ruhestätte. Nördlich der Kirche schlossen sich weitere Bauten des Klosters an, darunter der Kreuzgang, das 1471-74 erbaute, zweigeschossige sog. Kapitelhaus und das 1516-19 noch kurz vor der Reformation fertiggestellte Langhaus (Refek-

torium). Mit der Reformation wurde der Orden 1540 aufgehoben.

Einen Teil der leerstehenden Räume überließ der Kurfürst Johann Georg (1571-98) 1571 seinem aus Basel stammenden Leibarzt Leonhard Thurneysser. Er richtete im G. neben seinem Laboratorium eine leistungsfähige Druckerei ein, mit der eine Schriftgießerei verbunden war. In Thurneyssers Werkstätten arbeiteten zeitweise bis zu 200 Künstler, Handwerker und Arbeiter. Auch nach Thurneyssers heimlichem Weggang aus Berlin 1584 bestand die Druckerei noch bis 1659 fort, zuletzt über mehrere Generationen im Besitz der Familie Runge. Andere Räume des G. erhielt das 1574 begründete > BERLINISCHE GYMNASIUM ZUM GRAUEN KLOSTER, das nach und nach den größten Teil der ursprünglichen Klostergebäude nutzte und im ausgehenden 18., im 19. und frühen 20. Jh. umfangreiche Neubauten errichtete. Die Schulgebäude wurden 1945 vollständig vernichtet.

Nach der Reformation führte die schwierige Unterhaltung der Kirche zu erheblichem Verfall. Von zahlreichen Renovierungen griff die von 1842-44 stärker in die äußere Gestalt ein, was aber bei der letzten Restaurierung 1926-37 weitgehend wieder zurückgenommen wurde. Der Zerstörung 1945 fiel das kostbare mittelalterliche Chorgestühl zum Opfer, während ein großer Teil der beweglichen Kunstwerke vorher geborgen werden konnte. So befindet sich heute der älteste datierte Berliner Grabstein für Conrad v. Beelitz aus dem Jahr 1308 in der > NIKOLAIKIRCHE, während die herausragende Triumphkreuzgruppe in der > ST.-JOHANNIS-KIRCHE in > MOABIT einen neuen Standort fand.

Die Kirchenruine sollte nach dem Willen des Ost-Berliner > MAGISTRATS als Mahnmal erhalten bleiben. Nach der > VEREINIGUNG gibt es seit 1990 wieder Vorschläge für einen Wiederaufbau der Kirche, möglicherweise auch in Verbindung mit einer neuen Heimstatt für das Gymnasium.

Grenzgänger: Als G. bezeichnete man nach dem Ende des II. Weltkrieges Personen, die ihren Wohnsitz in Berlin (West) hatten, jedoch in Berlin (Ost) oder der angrenzenden sowjetischen Besatzungszone (seit 1949 der DDR) arbeiteten bzw. die umgekehrt im Osten wohnten und im Westen ihrer Berufstätigkeit nachgingen. 1949 gab es ca. 100.000 West-Ost- und rd. 45.000 Ost-West-G. Deren Zahl nahm in den folgenden Jahren noch zu, während sich die der West-Berliner G. stark verringerte.

Durch den Kaufkraftunterschied der 1948 eingeführten Währungen war es für Ost-Berliner vorteilhaft, in West-Berlin zu arbeiten und z.T. in DM entlohnt zu werden, während sie ihre Ausgaben in Ost-Mark zu den in Ost-Berlin geltenden niedrigen Grundbedarfspreisen und Tarifen begleichen konnten (> WÄHRUNGSREFORM). Gleichzeitig traten für die zu 90 % in Ost-Mark entlohnten West-Ost-G. unzumutbare Härten ein, die eine in West-Berlin eingerichtete *Lohnausgleichskasse* zu mildern versuchte. Sie konnten dort 40 % ihres Netto-Einkommens in DM umtauschen (verfügten sie über eine Lebensmittelkarte für Ost-Berlin oder die DDR nur 30 %). Trotz dieser Umtauschbeschränkungen hat die Ausgleichskasse lange Jahre mit erheblichen Defiziten gearbeitet, die bis 1952 durch eine besondere Abgabe in Form des Währungsnotopfers, danach durch das > NOTOPFER BERLIN ausgeglichen wurden. Die stetig abnehmende Zahl von West-Ost-G. führte 1953 erstmals zu einem Kassenausgleich. Danach erfolgte allmählich eine Aufbesserung der Umtauschbeträge.

Die DDR-Führung bekämpfte das Grenzgängertum und verstärkte Anfang 1959 den Druck auf diese Personengruppe. Es wurden ihnen die Personalausweise abgenommen, und sie mußten sich registrieren lassen. Ferner hatten sie mit Wirkung vom 1.8.61 Mieten, Gebühren und Steuern in DM zu bezahlen. Der Bau der > MAUER am > 13. AUGUST 1961 machte diese Maßnahmen gegenstandslos. Die G. aus Ost-Berlin und der DDR mußten sich bei ihren früheren Betrieben oder staatlichen Stellen melden und erhielten dort eine Arbeit zugeteilt. Z.Z. des Mauerbaus hatte es noch ca. 12.000 G. in West-Ost-Richtung gegeben, davon ca. 50 % bei der > DEUTSCHEN REICHSBAHN (DR), sowie ca. 52.000 G. von Ost nach West, zuzüglich mindestens 20.000 Teilzeitkräfte und Beschäftigte in Privathaushalten.

Der Mauerbau machte auch den Lohnaustausch hinfällig. Eine Ausnahme bildete allein die DR, deren in West-Berlin wohnende Mitarbeiter nur 60 % ihres Lohns in DM erhielten. Erst ab dem 1.12.1964 erfolgten die Gehaltszahlungen für diesen Personenkreis ausschließlich in DM, so daß die Lohnausgleichskasse am 1.8.1965 aufgelöst werden konnte.

Nach Öffnung der Mauer am > 9. NOVEMBER

1989 gab es binnen kurzer Zeit wiederum viele G., die aus Ost-Berlin bzw. der DDR zur (legalen oder illegalen) Arbeitsaufnahme in den Westteil der Stadt kamen, bevor im Zuge der > VEREINIGUNG 1990 die staatliche Einheit Deutschlands und die Freizügigkeit wiederhergestellt und die Grenzen abgeschafft wurden.

Grips Theater: Das 1966 aus dem Berliner Reichskabarett (> KABARETT) hervorgegangene, seit 1972 unter seinem heutigen Namen spielende G. an der Altonaer Str. 22 im Bezirk > TIERGARTEN ist Berlins bekanntestes > KINDER- UND JUGENDTHEATER. Die 1974 bezogene Spielstätte inmitten des > HANSAVIERTELS faßt je nach Alter 370-440 Zuschauer. Künstlerischer Leiter des als private GmbH organisierten Theaters ist seit Beginn Volker Ludwig. 1991 hatte das G. insg. 45 Mitarbeiter, davon elf feste Schauspieler und fünf Gäste.
Das Ensemble entwickelt i.d.R. seine Stücke mit eigenen Autoren selbst. Durch neue, an der Lebenswirklichkeit von Kindern und Jugendlichen orientierte Themen, wandte sich das Theater von Anfang an vom traditionellen Märchen-Kinder-Theater ab. Auch inszenatorisch setzte das G. neue Akzente (Musik, Tempo, Komödiantik). Nicht zuletzt durch seine auch verfilmte Aufführung des Stücks „Linie 1" wurde das Theater weit über Deutschland hinaus bekannt. In Anerkennung seiner vorbildlichen Jugendarbeit wurde das G. fünfmal (1967, 1969, 1971, 1975 und 1985) mit dem von der > SENATSVERWALTUNG FÜR KULTURELLE ANGELEGENHEITEN (SENKULT) vergebenen *Brüder-Grimm-Preis* ausgezeichnet. 1976 erhielt es den Kulturpreis des > DEUTSCHEN GEWERKSCHAFTSBUNDES, 1982 den Deutschen Kritikerpreis und 1987 den Mülheimer Dramatikpreis. Stücke des G. wurden inzwischen über 1.000 Mal in 46 Ländern aller Kontinente nachinszeniert.
Seit seiner Gründung hat das G. über 47 Stücke herausgebracht, dazu zwölf Neuinszenierungen älterer eigener Stücke. In der Saison 1990/91 fanden 220 Aufführungen statt, die von insg. ca. 77.000 Zuschauern gesehen wurden. Dazu kamen Gastspiele zahlreicher anderer Theater im G. Das G. selbst gastierte in den letzten zwölf Jahren in 14 europäischen Ländern sowie (mit „Linie 1") in Israel, den USA und Australien. Sein letztes Gastspiel führte das G. im November 1991 nach Moskau. Durch den Verkauf der Karten bzw. durch Tourneen deckt das Ensemble über ein Drittel seiner Kosten, den Rest trägt die SenKult.
Architektonisch bemerkenswert ist die Spielstätte des Theaters. Das seit 1991 unter Denkmalschutz stehende Gebäude wurde 1957 im Rahmen der Interbau (> BAUAUSSTELLUNGEN) nach Plänen von Hans-Rudolf Plarre errichtet und zunächst als Kino (Bellevue-Kino) genutzt. 1974 übernahm das G. den Bau und ließ 1975 ein 140 m² großes, von Rainer Hachfeld entworfenes Wandbild an der Außenfassade anbringen. Von dem Bühnenmaler Joachim Grieger als farbiges Kachelmosaik ausgeführt, zeigt es im Stil eines Comic-Bildes eine Gruppe von 73 Personen unterschiedlicher Rassen und Hautfarben. Das Innere des Baus wurde entsprechend den Bedürfnissen des Theaters zur Arena-Bühne umgebaut. Als zweite Spielstätte steht dem G. seit 1983 in einem S-Bahn-Bogen der > STADTBAHN eine Probebühne für ca. 110 Zuschauer zur Verfügung.

Gropiusstadt: Die G. ist eine von vier nach dem Kriege in West-Berliner Stadtrandlage entstandenen Großsiedlungen im Süden des Bezirks > NEUKÖLLN (> FALKENHAGENER FELD; > THERMOMETER-SIEDLUNG; > MÄRKISCHES VIERTEL) 1962-75 unter der Gesamtplanung von Walter Gropius als Demonstrativprogramm im sozialen Wohnungsbau erbaut, bietet sie auf einer Fläche von 265 ha in knapp 17.000 Wohnungen Platz für 50.000-60.000 Menschen.

Gropiusstadt

Ursprünglicher Arbeitstitel für diese von der Gehag (Gemeinnützige Heimstätten AG) errichtete Trabantenstadt war das Kürzel „BBR" (Berlin-Buckow-Rudow) nach den beiden Neuköllner Ortsteilen > BUCKOW und > RUDOW, auf deren Gebiet sie im wesentlichen liegt. 1972 erhielt sie dann offiziell den um-

gangssprachlich bereits gebräuchlichen Namen G. Anders als im gleichzeitig entstandenen Märkischen Viertel wurden in der G. parallel zum Baufortschritt auch alle erforderlichen Gemeinschafts- und Folgeeinrichtungen wie Verkehrsverbindungen, Geschäfts- und Dienstleistungszentren, Bildungs- und Kulturstätten sowie Freizeiteinrichtungen erstellt. Diese gruppieren sich um die als Erschließungsachse geführte > U-BAHN mit insg. vier Haltestellen innerhalb des Wohngebiets. Am U-Bahnhof Johannisthaler Chaussee liegt ein von Wils Ebert erbautes Ladenzentrum, am Bahnhof Lipschitzallee ein 1973 von Anatol Ginelli erbautes Gemeinschaftshaus und am Bahnhof Wutzkyallee befinden sich ein weiteres Ladenzentrum sowie ein 1989 eröffnetes Jugend- und Kulturzentrum, das im Reflex auf die häufig in Großwohnsiedlungen anzutreffenden Erscheinungen von Vandalismus und Ausländerfeindlichkeit u.a. Workshops zum Thema Gewalt anbietet und bewußt die Begegnung mit ausländischer Kultur anstrebt.
Zu den von Gropius selbst entworfenen Bauten zählen nicht nur das 31geschossige, 90 m hohe Punkthaus am Wildmeisterdamm, sondern auch die erste, nach ihm benannte, integrierte Gesamtschule Berlins sowie ein als Hommage an Bruno Taut und Martin Wagner verstandenes, halbkreisförmiges, an die > HUFEISENSIEDLUNG erinnerndes Wohnhochhaus im Zentrum der Siedlung. Bis Ende 1993 soll die G. mit Investitionen von rd. 12 Mio. DM saniert werden; geplant sind u.a. Glasüberdachungen von Passagen und bepflanzte Fassaden.

Groß-Berlin: Das dynamische Wachstum der 1871 zur > HAUPTSTADT des Deutschen Reiches aufgestiegenen preußischen Residenz und die sich daraus ergebenden Verkehrs- und Versorgungsprobleme führten zu mehreren Versuchen, aus Berlin und seinem Umland einen modernen Großstadtverband zu machen. Aber weder die von > OBERBÜRGERMEISTER Arthur Hobrecht (1872-78) favorisierte Bildung einer „Provinz Berlin" (1875/76), noch die vom preußischen Innenminister Ernst Ludwig Herrfurth erarbeiteten Eingemeindungspläne ließen sich angesichts der vielschichtigen Opposition realisieren. Verwirklicht wurden nur die *Eingemeindungen* des Viehhofs in > LICHTENBERG (1878), des > GROSSEN TIERGARTENS, des > ZOOLOGISCHEN GARTENS und des Bezirks um das >

SCHLOSS BELLEVUE (1881). Danach lebten in Berlin auf 60 km² ca. 1,124 Mio. Einwohner (> BEVÖLKERUNG; > STADTERWEITERUNG).
Zu Beginn des 20. Jh. wurden auf Initiative von Oberbürgermeister Martin Kirschner (1899-1912) die Verhandlungen mit den Vororten wieder aufgenommen. Kirschner wollte mit Lichtenberg, Boxhagen-Rummelsburg (> RUMMELSBURG), > STRALAU und > TREPTOW über die Eingemeindung verhandeln, da sich in jeder dieser Gemeinden schon weit mehr als die Hälfte des Bodens im Besitz der Stadt Berlin befand. Die zuständigen Kreise Niederbarnim und Teltow mißtrauten jedoch diesen Verhandlungen, da sie noch wesentlich größere Verluste befürchteten.
Erst zum 1.4.1912 wurden Berlin, > CHARLOTTENBURG, > SCHÖNEBERG, > WILMERSDORF, > NEUKÖLLN, Lichtenberg, > SPANDAU und die beiden Kreise Teltow und Niederbarnim durch ein am 19.7.1911 vom König von Preußen unterzeichnetes Gesetz im *Zweckverband Groß-Berlin* zusammengefaßt. Die Kompetenzen dieses Verbandes waren indessen begrenzt auf die Regelung des Verkehrswesens, die Abstimmung der Bebauungspläne, den Erwerb und Erhalt von Freiflächen, Wäldern, Parks und Sportanlagen. Abgesehen vom Ankauf von 10.000 ha Dauerwald (1915), bestehend aus > GRUNEWALD, > TEGELER FORST, Waldgebieten an der Oberspree (> SPREE) und am > GROSSEN MÜGGELSEE (> KÖPENICKER FORST), die dadurch der Bodenspekulation entzogen wurden, sowie dem Erwerb der > STRASSENBAHN (1919), war der Verband nicht sehr erfolgreich. Vor der drängenden Bewältigung der Kriegswirtschaft versagte er ganz. Deshalb propagierten der 1912 gegründete „Bürgerbund von Groß-Berlin" und insbes. der 1917 gebildete „Bürger-Ausschuß von Groß-Berlin" die Forderungen nach einer durch Vereinheitlichung effektiveren Verwaltung.
Unter dem Druck der allgemeinen Notsituation wurde schließlich das „Gesetz über die Bildung einer neuen Stadtgemeinde Berlin" ausgearbeitet und am 27.4.1920 in der Preußischen Landesversammlung mit 164:148, bei drei ungültigen Stimmen, angenommen (> GESCHICHTE). Die Befürworter kamen von der > SOZIALDEMOKRATISCHEN PARTEI DEUTSCHLANDS (SPD), der Unabhängigen Sozialdemokratischen Partei Deutschlands (USPD) und Teilen der Deutschen Demokratischen Partei (DDP). Das Gesetz trat am 1.10.1920 in Kraft und schloß neben Berlin

Die Bildung der neuen Stadtgemeinde Berlin 1920

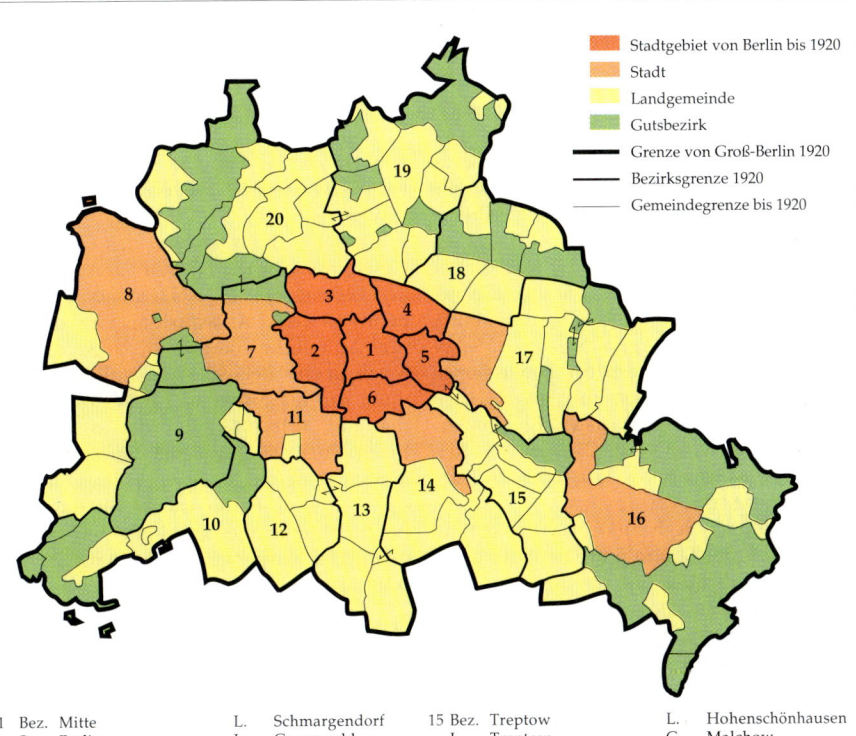

Legend:
- Stadtgebiet von Berlin bis 1920
- Stadt
- Landgemeinde
- Gutsbezirk
- Grenze von Groß-Berlin 1920
- Bezirksgrenze 1920
- Gemeindegrenze bis 1920

1	Bez.	Mitte	L.	Schmargendorf	15 Bez.	Treptow	L.	Hohenschönhausen

1 Bez. Mitte
  St. Berlin
  G. Schloß
2 Bez. Tiergarten
  St. Berlin
3 Bez. Wedding
  St. Berlin
4 Bez. Prenzlauer Berg
  St. Berlin
5 Bez. Friedrichshain
  St. Berlin
  L. Stralau
6 Bez. Kreuzberg
  St. Berlin
7 Bez. Charlottenburg
  St. Charlottenburg
  G. Plötzensee
  G.-A. Heerstraße
  G.-A. Jungfernheide-Süd
8 Bez. Spandau
  St. Spandau
  L. Staaken
  L. Tiefwerder
  L. Pichelsdorf
  L. Gatow
  L. Kladow
  G. Zitadelle
  G. Pichelswerder
  G. Pichelswerder
  G.-A. Heerstraße
9 Bez. Wilmersdorf
  St. Wilmersdorf

L. Schmargendorf
L. Grunewald
G. Grunewald-Forst
10 Bez. Zehlendorf
  L. Zehlendorf
  L. Nikolassee
  L. Wannsee
  G. Dahlem
  G. Glienicke
  G. Pfaueninsel
  G. Potsdam-Forst
11 Bez. Schöneberg
  St. Schöneberg
  L. Friedenau
12 Bez. Steglitz
  L. Steglitz
  L. Lichterfelde
  L. Lankwitz
  L.-A. Südende/Marien-
       dorf
13 Bez. Tempelhof
  L. Tempelhof
  L. Marienfelde
  L. Lichtenrade
  L.-A. Mariendorf/Süd-
       ende
  L.-A. Buckow-West
14 Bez. Neukölln
  St. Neukölln
  L. Britz
  L. Rudow
  L.-A. Buckow-Ost

15 Bez. Treptow
  L. Treptow
  L. Oberschöneweide
  L. Niederschöneweide
  L. Johannisthal
  L. Adlershof
  L. Altglienicke
  G. Wuhlheide
16 Bez. Köpenick
  St. Köpenick
  L. Friedrichshagen
  L. Rahnsdorf
  L Müggelheim
  L. Schmöckwitz
  L. Bohnsdorf
  L. Grünau
  G. Köpenick-Forst
  G. Grünau-Forst
17 Bez. Lichtenberg
  St. Lichtenberg
  L. Friedrichsfelde
  L. Biesdorf
  L. Kaulsdorf
  L. Mahlsdorf
  L. Marzahn
  G. Biesdorf
  G. Hellersdorf
18 Bez. Weißensee
  L. Weißensee
  L. Malchow
  L. Wartenberg
  L. Falkenberg

L. Hohenschönhausen
G. Malchow
G. Wartenberg
G. Falkenberg
19 Bez. Pankow
  L. Pankow
  L. Niederschönhausen
  L. Blankenfelde
  L. Buchholz
  L. Buch
  L. Karow
  L. Blankenburg
  L. Heinersdorf
  L.-A. Rosenthal-Ost
  G. Niederschönhausen
  G. Rosenthal
  G. Blankenfelde
  G. Buch
  G. Blankenburg
20 Bez. Reinickendorf
  L. Reinickendorf
  L. Lübars
  L. Hermsdorf
  L. Heiligensee
  L. Tegel
  L. Wittenau
  L.-A. Rosenthal-West
  G. Tegel-Forst
  G. Tegel-Schloß
  G. Frohnau
  G.-A. Jungfernheide-
       Nord

Bez. = Verwaltungsbezirke, St. = Stadtgemeinden, L. = Landgemeinden, L.-A. = Landgemeinde-Anteile,
G. = Gutsbezirke, G.-A. = Gutsbezirks-Anteile

sieben Städte, 59 Landgemeinden und 27 *Gutsbezirke* zu einer Verwaltungseinheit von 878 km² mit 3,858 Mio. Einwohnern zusammen. Die Bezeichnung „Groß-Berlin" stand zwar nicht im Gesetz, bürgerte sich aber dennoch bald ein.

Als dezentrale Komponente der neuen Stadtverfassung wurden 20 Verwaltungsbezirke geschaffen (> Bezirke). Sie umfaßten sechs innerstädtische Viertel des bisherigen Berlin (> Mitte, > Tiergarten, > Wedding, Prenzlauer Tor [seit September 1921 > Prenzlauer Berg], > Friedrichshain und Hallesches Tor [seit September 1921 > Kreuzberg]), die sieben eingemeindeten Städte (Charlottenburg, > Köpenick, Lichtenberg, > Neukölln, Schöneberg, Spandau, Wilmersdorf) sowie sieben neu geschaffene Bezirke, die jeweils nach dem Ortsteil mit der höchsten Einwohnerzahl benannt wurden (> Pankow, > Reinickendorf, > Steglitz, > Tempelhof, > Treptow, > Weissensee, > Zehlendorf).

Die Aufteilung in Bezirke berücksichtigte den Wunsch der Städte und wichtiger Ortsteile, im Rahmen des Ganzen ihr Eigenleben zu bewahren. Zentrale Instanzen blieben u.a. die auf vier Jahre zu wählende, 225 Abgeordnete umfassende > Stadtverordnetenversammlung sowie der aus ihr zu wählende, höchstens 30 Mitglieder umfassende > Magistrat mit dem > Oberbürgermeister an seiner Spitze. Von den Magistratsmitgliedern mußten zwölf unbesoldet sein, sie wurden für vier Jahre gewählt, die besoldeten Mitglieder für zwölf Jahre. Diesen Institutionen entsprachen als dezentrale Einrichtungen auf Bezirksebene das Bezirksamt, zu dem der Bezirksbürgermeister und eine Reihe von Stadträten gehörte, sowie die Bezirksversammlung. Die Zahl der Bezirksverordneten variierte je nach Einwohnerzahl zwischen 15 und 45. Zusätzlich wurden die 225 Stadtverordneten gemäß der Wahlkreise auf die 20 Bezirksversammlungen verteilt, so daß alle Stadtverordneten gleichzeitig auch einen Sitz in den Bezirksversammlungen hatten. Damit sollte die enge Verzahnung der Arbeit von Stadtverordnetenversammlung und Bezirksversammlungen gesichert werden. Zur genauen Kompetenzverteilung zwischen Stadt und Bezirk äußerte sich das Gesetz nur unklar. Die Bezirke hatten aber alles in allem nur wenige echte Selbstverwaltungsbefugnisse, z.B. keine Steuer- oder Finanzhoheit. Dennoch hat das Eingemeindungsgesetz von 1920 für die weitere Entwicklung Berlins gro-

ße Vorteile gebracht. Insbes. die Zusammenfassung der Versorgungsbetriebe für Gas (> Gasversorgung), Wasser (> Wasserversorgung/Entwässerung) und Strom (> Elektrizitätsversorgung) sowie die Schaffung einer einheitlichen Verkehrsgesellschaft 1928 (> Berliner Verkehrs-Betriebe [BVG]), an deren Zustandekommen der damalige Stadtrat für Verkehrswesen, Ernst Reuter, großen Anteil hatte, erwiesen sich als zeitgemäße Lösungen (> Verkehr).

Trotz der > Spaltung war das Groß-Berlin-Gesetz auch in der Nachkriegszeit von großer Bedeutung. Im > Londoner Protokoll diente es den > Alliierten als Grundlage für die Aufteilung Berlins in > Sektoren (> Sonderstatus 1945-90). Als amtliche Bezeichnung wurde G. nach dem II. Weltkrieg durch die am 20.10.1946 von der > Alliierten Kommandantur erlassenen Vorläufigen Verfassung eingeführt. Dort heißt es in Art. 1 Abs. 1: „Groß-Berlin ist die für das Gebiet der Stadtgemeinde Berlin alleinige berufene öffentliche Körperschaft." Auch im Grundgesetz der Bundesrepublik Deutschland vom 23.5.1949 (Art. 23, Art. 145) und in der > Verfassung von Berlin vom 1.9.1950 (Art. 4) wird der Begriff verwendet.

Der heutige Verwaltungsaufbau und die innere Gliederung der Stadt gehen im wesentlichen auf das Groß-Berlin-Gesetz zurück – trotz einiger Veränderungen, etwa der Änderung der Verwaltungsgrenzen 1938 oder der Schaffung dreier neuer Stadtbezirke durch die Ost-Berliner Stadtverordnetenversammlung (> Marzahn 1979, > Hohenschönhausen 1985 und > Hellersdorf 1986). Die drei letztgenannten Veränderungen wurden mit der > Vereinigung vom 3. Oktober 1990 durch den > Einigungsvertrag bestätigt, obgleich ihre Gültigkeit bis dahin westlicherseits aus statusrechtlichen Gründen umstritten war.

Auch die äußeren Stadtgrenzen sind bis heute weitgehend durch das Groß-Berlin-Gesetz bestimmt. Mit Ausnahme einiger kleinerer Veränderungen aufgrund alliierter oder innerdeutscher Vereinbarungen in der Nachkriegszeit (> Gebietsaustausch; > Staaken; > Gatow) sowie zweier in den 80er Jahren durch den Ost-Berliner Magistrat stillschweigend vorgenommener geringfügiger > Stadterweiterungen bei Ahrensfelde und Hönow entspricht die Stadtfläche im wesentlichen den damals getroffenen Festlegungen.

Große Krampe: Die G. ist ein bei > Schmöckwitz von der > Dahme nördlich abzweigender, fjordartiger See im > Köpenicker Forst,
der sich über 3,2 km bis nach > Müggelheim
erstreckt. An den Ufern des 74,2 ha großen
und max. 5 m tiefen Gewässers liegen die
drei > Campingplätze „Große Krampe I",
„Große Krampe II" und „Krampenburg". Bei
Schmöckwitz bildet die G. mit dem >
Zeuthener See, dem > Seddinsee und dem >
Langen See ein für Berlin einzigartiges Seenkreuz, das zu den beliebtesten Ausflugsgebieten der Stadt gehört. (> Seen)

Großer Müggelsee: Der von der > Spree
durchflossene G. im Bezirk > Köpenick ist mit
einer Fläche von 740 ha der größte See
Berlins. Er hat eine maximale Tiefe von 8 m
und ist südöstlich am Zufluß der Spree mit
dem *Kleinen Müggelsee* (7 ha) verbunden, der
eine größte Tiefe von 5 m aufweist. Der G. ist
ein beliebtes Ausflugsgebiet für Erholung-
suchende und Wassersportler. Vom Müggelpark in > Friedrichshagen aus verkehren die
Fahrgastschiffe in den Sommermonaten zu
den am Südufer unterhalb der > Müggelberge
gelegenen Ausflugsgaststätten „Müggelsee-
perle" und „Rübezahl" (> Schiffahrt). Neben
dem bereits 1889 eröffneten Seebad Friedrichshagen und dem > Strandbad Müggelsee
gibt es am G. zahlreiche Freibadstellen (>
Frei- und Sommerbäder). Das z.T. aus dem G.
gespeiste > Wasserwerk Friedrichshagen ist
eines der bedeutendsten Industriedenkmale
Berlins und spielt eine wichtige Rolle bei der
Berliner > Wasserversorgung. Das Süd- und
Westufer des G. zwischen der Anlegestelle
Müggelhort am Zufluß der Spree und dem
1926/27 erbauten *Spreetunnel*, einem 120 m
langen und 5 m breiten Fußgängertunnel unter der Spree am Seeausgang, ist in den 70er
Jahren befestigt und umgestaltet worden. Dabei wurden auf 6 km Uferlinie Wanderwege,
ein Radfahrweg, Liegewiesen, Schutzhütten
und Sportstätten angelegt.

Großer Tiergarten: Der G. im Bezirk > Tiergarten ist mit einer Fläche von 203 ha die
größte Grünanlage Berlins. Der nordöstlich
angrenzende Schloßpark des > Schlosses
Bellevue umfaßt weitere 30 ha. Der Name
des Parks erinnert daran, daß er ursprünglich
von den > Landesherren als waldartiges
Gehege für jagdbares Wild genutzt wurde.
Die gartenkünstlerische Gestaltung begann
Ende des 17. Jh. Damals ließ Kurfürst Fried-

rich III. (1688-1713) in Fortsetzung der Straße
> Unter den Linden eine Verbindungsallee
zum 1695-99 erbauten Schloß Lietzenburg
anlegen (> Schloss Charlottenburg), die auf
halber Strecke mit kreuzenden Alleen den
achtstrahligen *Großen Stern* bildete. An der >
Spree, etwa an der Stelle der heutigen >
Kongresshalle Tiergarten, entstand ein halbkreisförmiger Platz, von dem fächerartig sieben, später neun Alleen ausliefen. Da dies
der Zahl der deutschen Kurfürsten entsprach, wurde die Anlage auch Kurfürstenplatz genannt. Friedrich Wilhelm I. (1713-40)
ließ im Nordosten einen Teil des Waldes
abholzen, um einen Exerzierplatz anzulegen,
den späteren Königsplatz, heute > Platz der
Republik.
Nach Aufgabe der Jagd ließ Friedrich II.
(1740-86) den Tiergarten durch seinen Baumeister Georg Wenzeslaus v. Knobelsdorff
als erste öffentliche Parkanlage Berlins herrichten. Der Goldfischteich entstand, weitere
Alleen und Plätze wurden angelegt und der
Große Stern erhielt einen Schmuck aus Statu-
en, die von der Bevölkerung respektlos
„Puppen" genannt wurden. Da sie damals
weit vor der Stadt lagen, wurde die Redewendung „bis in die Puppen" bald zum
geflügelten Wort für eine sich lang hinziehende Angelegenheit. Ab 1745 erfrischten
sich die Ausflügler in der Nähe des Kur-
fürstenplatzes in Restaurationszelten, nach
denen die dortige Straße den Namen > In den
Zelten erhielt. 1792 und 1809 kamen mit der
Rousseauinsel und der *Luiseninsel* erste landschaftliche Gartenelemente in den Park.
Peter Joseph Lenné beseitigte dann 1833-40
die bis dahin in weiten Teilen noch bewahrte
Wildnis und schuf ein wohlgeordnetes
Wegenetz mit malerischen Lichtungen, Rasenflächen und Wasserläufen. 1838 fertigte
die Firma Borsig als erste Hängebrücke
Berlins die nach dem Krieg originalgetreu restaurierte *Löwenbrücke* südöstlich des Großen
Sterns. 1840 legte Lenné nördlich der Brücke
den Grund für den späteren Rosengarten.
Südlich des > Landwehrkanals entstand 1841-
44 ebenfalls nach Plänen Lennés der > Zoologische Garten. 1846/47 folgte die Anlage des
Neuen Sees. In der Kaiserzeit nach 1871 nahm
der G., wie er jetzt im Gegensatz zum Mitte
des 19. Jh. von Lenné entworfenen *Kleinen
Tiergarten* zwischen > Turmstrasse und Alt-
Moabit hieß, eine wachsende Anzahl repräsentativer und patriotischer Denkmäler auf.
Ihre extremste Massierung erfuhren sie in

der 1898-1901 angelegten, im II. Weltkrieg zerstörten > SIEGESALLEE vom Kemperplatz zur 1873 errichteten > SIEGESSÄULE, die damals noch auf dem Königsplatz stand. Beim Ausbau der > OST-WEST-ACHSE 1938/39 wurde der Große Stern in der heutigen Weise gefaßt und die Siegessäule dorthin versetzt.

1943-45 führten Kampfhandlungen und Holzschlag zum Verlust fast aller Bäume im G. In den Nachkriegsjahren wurde hier teilweise Gemüse angebaut. An der Charlottenburger Allee, der heutigen > STRASSE DES 17. JUNI, errichtete die siegreiche Rote Armee 1945 das monumentale > SOWJETISCHE EHREN-MAL. Seine heutige Bepflanzung verdankt der Park einer großangelegten Erneuerungs-

Löwenbrücke

aktion von 1949-59 unter der Leitung des Tiergartener Gartenamtsleiters Wilhelm Alverdes. Der Kurfürstenplatz und der Alleenfächer mußten 1957 dem Neubau der Kongreßhalle weichen. Die Wiesenflächen wurden gegenüber Lennés Planung vergrößert und die barocken Alleen, die Lenné hatte bestehen lassen, größtenteils aufgegeben. Auf einem früher zum Schloß Bellevue gehörenden Parkteil wurde 1951/52 der *Englische Garten* angelegt, benannt nach dem Geldgeber, der britischen Regierung. Königin Elisabeth II. pflanzte hier 1965 eine Eiche. Am Platz der Republik wurden im Rahmen eines europäischen Bildhauersymposiums mehrere Steinskulpturen aufgestellt, die in ihrer weitgehenden Naturbelassenheit eine Einheit von bildnerischer Kunst und Landschaft symbolisieren sollen. Bei der Kongreßhalle ermöglichte eine Firmenspende zur 750-Jahr-Feier Berlins 1987 die Errichtung des > CARILLONS, Berlins größtem Glockenspiel.

1984 wurden in der > GARTENDENKMALPFLEGE im Rahmen eines Parkpflegewerks Erneuerungsmaßnahmen im G. eingeleitet, um die

in den Nachkriegsjahren aus den Augen verlorene charakteristische Synthese von künstlerisch hochwertigen Elementen verschiedener Epochen zurückzugewinnen. Dazu wurden bis Ende 1990 die Alleen des Zelten-Platzes, des Großen Sterns und die Bellevueallee in der Art des 18. Jh., der Großfürstenplatz und die Luiseninsel in der Fassung des späten 19. Jh. rekonstruiert. Im Zusammenhang mit dem Ausbau des Parlamentsbereichs um das > REICHSTAGSGEBÄUDE (> BAUGESCHICHTE UND STADTBILD; > HAUPTSTADT) und der Untertunnelung des G. im Zuge der geplanten *Nord-Süd-Verbindung* wird der Park in seinem Ostteil zwangsläufig große Veränderungen erfahren, über deren endgültige Form jedoch bisher noch nicht entschieden ist.

Mit über 70 Bildwerken (davon knapp 40 vor 1945) umfaßt der G. trotz der Kriegsverluste die größte Sammlung von Denkmälern im Berliner Raum. Übersichtstafeln über die Standorte befinden sich am Anfang der Hauptwege. Beispielhaft seien genannt – als eines der ältesten – das von der Berliner Bevölkerung dem Stifter des G. gewidmete Marmorbildnis Friedrich Wilhelm III. an der Luiseninsel (Friedrich Drake, 1849) sowie, ihm zugewandt, das im Stil angeglichene Standbild seiner Gattin Königin Luise (Erdmann Encke, 1880; beide Originale im > LAPIDARIUM, Kopien seit 1987 an alter Stelle). Auf der kleinen Luiseninsel steht das Denkmal des Prinzen Wilhelm (Adolf Brütt, 1904), des späteren Kaisers Wilhelm I. (1861-88).

Bei der Neugestaltung des Großen Sterns 1938 wurden drei um die Jahrhundertwende entstandene „patriotische" Standbilder von anderen Standorten an dessen Nordseite versetzt: das *Bismarck-Denkmal* (Reinhold Begas, 1901) und das *Moltke-Denkmal* (Joseph Uphues, 1904, beide vom Platz der Republik) sowie das *Roon-Denkmal* (Harro Magnussen, 1904, vom Alsenplatz).

Weitere Denkmäler würdigen deutsche Dichter und Musiker: *Goethe-Denkmal* (Fritz Schaper, 1880), *Lessing-Denkmal* (Otto Lessing, 1890), *Fontane-Denkmal* (Fritz Klein, 1908), *Haydn-Mozart-Beethoven-Denkmal* (Rudolf Siemering, 1904) sowie *Wagner-Denkmal* (1903) und *Lortzing-Denkmal* (1906, beide Gustav Eberlein).

Von den Tier- und Jagdgruppen sind zu erwähnen die bronzene „Löwengruppe" (Wilhelm Wolff, 1878) sowie die restaurierten Fassungen der 1904 entstandenen Bronzejagdgruppen „Altgermanische Büffeljagd"

462

(Fritz Schaper), „Eberjagd zur Zeit Joachims I." (Karl Begas), „Hasenhetze der Rokokozeit" (Max Baumbach) und „Fuchsjagd zur Kaiserzeit" (Wilhelm Haverkamp).

In die Gruppe der allegorischen bzw. symbolischen Darstellungen gehören – als letzte der „Puppen" – die Sandsteinskulptur des „Hercules Musagetes" (Georg Franz Ebenhecht, 1845), die Sandsteingruppen „Vier deutsche Ströme" und „Vier Kriegergruppen" (Alexander Calandrelli, 1870), das „Volkslied" (Louis Sussmann-Hellborn, 1875, Steingußkopie) sowie die „Amazone zu Pferd" (Louis Tuaillon, 1906), eine vergrößerte Fassung der Bronze vor der > NATIONALGALERIE.

Jüngstes Denkmal im G. ist das von den Berliner Architekten Ralph Schüler und Ursulina Schüler-Witte entworfene und gestiftete Mahnmal für Karl Liebknecht, das 1987 etwa an der Stelle am Neuen See enthüllt wurde, an der der Arbeiterführer am 15.1.1919 von Reichswehrsoldaten „auf der Flucht" erschossen wurde.

Beim S-Bahnhof Tiergarten liegt an der Klopstockstr. der 1957 im Rahmen der Interbau (> BAUAUSSTELLUNGEN) von Hermann Fehling, Daniel Gogel und Peter Pfannkuch entworfene *Berlin-Pavillon*, der von der > SENATSVERWALTUNG FÜR BAU- UND WOHNUNGSWESEN für wechselnde Ausstellungen genutzt wird. Vor dem Pavillon sowie südlich der > STRASSE DES 17. JUNI wurde von der SenBauWohn gemeinsam mit den > BERLINER GASWERKEN (GASAG) im Februar 1978 ein *Gaslaternen-Freilichtmuseum* eröffnet, das entlang des Schleusenwegs und des Tiergartenufers im G. 80 im Originalzustand restaurierte Gaslaternen aus dem In- und Ausland zeigt.

Großer Wannsee: Der nördlich des Ortsteils > WANNSEE im Bezirk > ZEHLENDORF gelegene G. ist eine Ausbuchtung der > HAVEL (> HAVELSEEN). Der 260 ha große, ovale See ist 8-10 m tief und hat eine Breite von etwa 1 km. Im Westen wird er durch die Landzunge *Heckeshorn* und im Norden durch die Insel > SCHWANENWERDER begrenzt (> INSELN). Mit dem > STRANDBAD WANNSEE, dem größten Binnenstrandbad Europas am Ostufer, zahlreichen Bootshäfen, Yachtclubs und Landungsbrücken ist er neben dem > TEGELER SEE in > REINICKENDORF und dem > GROSSEN MÜGGELSEE in > KÖPENICK ein Zentrum des Wassersports in Berlin. Die im Süden des Sees gelegene Anlegestelle > WANNSEE ist ein stark

genutzter Ausgangs- und Zielpunkt für die Ausflugsschiffahrt sowie für eine regelmäßige Fährverbindung der > BERLINER VERKEHRSBETRIEBE (BVG) nach > KLADOW (> SCHIFFAHRT).

Groß-Glienicker See: Der 29 ha große und max. 11 m tiefe G. liegt auf der westlichen Stadtgrenze Berlins beim Spandauer Ortsteil > KLADOW. Die außerhalb der Stadtgrenzen liegende Hälfte des Sees gehört zum Landkreis Potsdam. Auf Berliner Seite des in einem Seitenarm der Havelrinne liegenden G. befinden sich ein Strandbad sowie mehrere Ausflugslokale (> FREI- UND SOMMERBÄDER; > HAVEL). An seinem Südende liegt einer der drei für auswärtige Besucher nutzbaren Berliner > CAMPINGPLÄTZE. Im Frühjahr 1992 begannen am G. umfangreiche Sanierungsarbeiten, um die in diesem ehemals saubersten See Berlins aufgetretenen Verunreinigungen zu beseitigen. Neben der Beseitigung von rd. 30.000 m³ Schlamm ist die Installation von vier Belüftungsgeräten nach dem Vorbild des > TEGELER SEES vorgesehen.

Großmärkte: Die zentralen G. zur Versorgung des West-Berliner > EINZELHANDELS mit schnell verderblichen Lebensmitteln liegen auf dem 32,6 ha umfassenden Großmarktgelände an der Beusselstr. im Norden des Bezirks > TIERGARTEN. Hier befinden sich der > OBST- UND GEMÜSEGROSSMARKT BERLIN, der > FLEISCHGROSSMARKT BERLIN und der > SCHLACHTHOF BERLIN. Blumen, Pflanzen sowie Gärtnerei- und Floristenbedarf werden im > BLUMENGROSSMARKT BERLIN an der > FRIEDRICHSTRASSE in > KREUZBERG umgeschlagen.

Alle genannten Anlagen werden von der 1960 gegründeten *Berliner Großmarkt GmbH (BGM)* unterhalten, die diese an Verwaltungsgenossenschaften der Großhändler in den einzelnen Großmarktsegmenten zum privatrechtlichen Betrieb verpachtet. Das Stammkapital der GmbH von 48,5 Mio. DM wird zu 100 % vom Land Berlin gehalten (> BETEILIGUNGEN DES LANDES BERLIN AN WIRTSCHAFTSUNTERNEHMEN). Die BGM untersteht der > SENATSVERWALTUNG FÜR WIRTSCHAFT UND TECHNOLOGIE und verwaltet neben den genannten G. auch die > MARKTHALLEN Arminiusstr., Marheinekeplatz und Eisenbahnstr.

Zu Zeiten der > SPALTUNG Berlins zwischen 1948 und 1990 erfolgte die Versorgung der staatlichen Handelsunternehmen sowie der Großabnehmer im Ostteil der Stadt wie in der gesamten DDR durch die jeweiligen nach

Fleisch und Fleischwaren sowie Obst, Gemüse und Speisekartoffeln gegliederten Kombinate der betreffenden DDR-Bezirke, die direkt dem DDR-Ministerium für Land-, Forst- und Nahrungsgüterwirtschaft bzw. dem Ministerium für bezirksgeleitete und Lebensmittelindustrie unterstanden. In Ost-Berlin befanden sich diese in der Nähe des 1881 an der > RINGBAHN südlich der > LANDS-BERGER ALLEE in > LICHTENBERG eröffneten Berliner Zentralvieh- und Schlachthofs, wo sich auch das „Kombinat Waren täglicher Bedarf (WTB)" befand, das gleichfalls zentrale Verteilungsfunktionen wahrnahm. Eine echte Großmarktfunktion hatten diese Sammel- und Verteilungszentren jedoch nicht, da die Weitergabe der Waren rein administrativ ohne freie Preisbildung auf der Basis von Angebot und Nachfrage erfolgte. Da das „VE Fleischkombinat Berlin" 1991 in Hinblick auf die Nutzung des Geländes als Olympiastandort stillgelegt wurde (> OLYMPISCHE SPIELE) und die Einrichtungen des ehem. „VEB Kombinat Obst, Gemüse und Speisekartoffeln (OGS)" sowie des WTB heute von (mehreren) westdeutschen Einzelhandelsketten genutzt werden, übernahmen ab Herbst 1989 die nach 1945 im Westteil Berlins entstandenen G. zum größten Teil auch die Versorgung der Ostbezirke und des Berliner Umlands.

Die ersten G. in Berlin entstanden im Zuge der Industrialisierung Ende des 19. Jh. und des damit verbundenen Bevölkerungszustroms, der eine verbesserte Organisation der Versorgung mit Lebensmitteln erforderlich machte (> GESCHICHTE, > WIRTSCHAFT, > BEVÖLKERUNG). Bereits 1868 begann an der Brunnenstr. im heutigen Bezirk > WEDDING die Anlage eines zentralen Viehhofs für Berlin, der 1870 auf einer Gesamtfläche von 30 ha eröffnet wurde. Bereits 1874 wurde er wieder geschlossen. 1878 erfolgte dann der Baubeginn für den am 1.3.1881 eröffneten Zentralviehhof an der Landsberger Allee. Als erster Obst- und Gemüsegroßmarkt entstand 1886 die Zentralmarkthalle am > ALEXANDERPLATZ im Zuge eines umfangreichen Programms zur Errichtung von Markthallen in den Wohngebieten.

Grünanlage Hahneberg: Die G. südlich der Heerstr. im Spandauer Ortsteil > STAAKEN entstand durch Renaturierung einer 1970-87 angelegten, 88 m hohen Aufschüttung von Bodenaushub und Bauschutt aus der >

STADTSANIERUNG. Sie wird durch Spazierwege erschlossen und bietet auf einer Rodelbahn Möglichkeiten für den Wintersport. 1988 hat ein privater Astronomieverein mit dem Bezirksamt einen Nutzungsvertrag zur Errichtung einer kleinen *Sternwarte* auf dem 47 m über dem umgebenden Geländeniveau liegenden Hochplateau abgeschlossen, die 1990 fertiggestellt wurde. Die zum großen Teil aus Mitteln der > DEUTSCHEN KLASSENLOTTERIE BERLIN und durch Eigenleistungen der rd. 70 Vereinsmitglieder errichtete, nach dem deutschen Astronomen *Bruno H. Bürgel* benannte Anlage wird mit Solarenergie betrieben und verfügt über ein 20-cm-Spiegelteleskop mit 2 m Brennweite. Die Anschaffung eines 40-cm-Teleskops ist geplant. Nach der > VEREINIGUNG hat der Verein in einem ehem. DDR-Grenzgebäude am Fuß des Berges einige Computerarbeitsplätze, eine Bibliothek und einen kleinen Vortragssaal eingerichtet, in dem regelmäßig öffentliche Informationsveranstaltungen stattfinden.

Die G. erhielt ihren Namen nach dem etwa 600 m weiter westlich, im Spandauer Ortsteil West-Staaken gelegenen 66 m hohen *Hahneberg* mit der aus dem 19. Jh. stammenden militärischen Befestigungsanlage > FORT HAHNEBERG. Von 1951-90 gehörten Ortsteil und Berg zum Hoheitsgebiet der DDR (> GEBIETSAUSTAUSCH; > STADTERWEITERUNG). Durch den > EINIGUNGSVERTRAG kamen sie wieder zu Berlin.

Grünau: G. ist ein Ortsteil des Bezirks > KÖPENICK am Westufer des von der > DAHME gebildeten > LANGEN SEES. Die ab 1749 in Form eines Straßendorfes (> DÖRFER) angelegte Kolonie für pfälzische und später auch böhmische Siedler entwickelte sich zu einem beliebten Ausflugsziel der Berliner, nachdem die Frau des Kolonisten Jäger hier 1858 ein Restaurant eröffnet hatte und der Ort 1866 durch einen Haltepunkt an der Görlitzer > EISENBAHN sowie eine Dampferanlegestelle erschlossen worden war (> SCHIFFAHRT). Aus den Anfängen der Besiedlung ist in der Regattastr. 152 ein Tagelöhnerhaus von 1768 in Teilen noch erhalten. Ab etwa 1875 wurde die landschaftlich reizvolle Gegend auch zunehmend mit Villen und Landhäusern bebaut (> VILLENKOLONIEN).

Zur Entwicklung des Ortes beigetragen hat auch die 1880 eröffnete > REGATTASTRECKE auf dem Langen See. Die zur Jahrhundertwende von 1.200 m auf 2.000 m verlängerte Anlage mit Bootshäusern, Zielrichterturm, Zuschauerhaus und Restaurant wurde im II. Weltkrieg zerstört. Nach dem Wiederaufbau 1945/47 startete 1950 das erste Nachkriegsrennen. Nach der > VEREINIGUNG wurde das hiesige Wassersportzentrum zu einem der vier Standorte des Berliner > OLYMPIASTÜTZPUNKTS. In der Regattastr. 141 befindet sich in vom Bezirksamt gemieteten Räumen das am 28.10.1990 auf Initiative eines Bürgerkomitees eröffnete private *Wassersportmuseum*.

Grundlagenvertrag: Der auch als *Grundvertrag* bekannte, am 21.12.1972 in Berlin im damaligen Haus des Ministerrats, dem heutigen > STADTHAUS am > MOLKENMARKT im Bezirk > MITTE, unterzeichnete „Vertrag über die Grundlagen der Beziehungen zwischen der Bundesrepublik Deutschland und der Deutschen Demokratischen Republik" regelte, ausgehend von der Anerkennung der Existenz zweier Staaten in Deutschland und basierend auf dem in der UN-Charta festgeschriebenen Gewaltverzicht, erstmals in der Nachkriegsgeschichte Deutschlands grundsätzliche Fragen der Beziehungen zwischen den beiden deutschen Staaten. Der G. war eingebettet in die 1969 begonnene neue deutsche Ostpolitik sowie die von den > ALLIIERTEN betriebene *Entspannungspolitik* um Berlin (> VIER-MÄCHTE-ABKOMMEN). Auf seiner Grundlage haben beide deutsche Staaten bis zur > VEREINIGUNG auf zahlreichen Gebieten weitere Vereinbarungen zu Fragen des praktischen Zusammenlebens geschlossen.
Berlin wurde durch den am 21.6.1973 in Kraft getretenen G. in mehreren Punkten berührt. In einer „Erklärung beider Seiten in bezug auf Berlin (West)" wurde festgelegt, daß die im Zusatzprotokoll zum Art. 7 des Vertrages aufgelisteten Folgevereinbarungen – in Übereinstimmung mit dem Vier-Mächte-Abkommen (Anlage IV, A und B) – auch für Berlin (West) vereinbart werden können, was in der Praxis in allen folgenden deutsch-deutschen Verträgen auch geschehen ist. Ferner war festgelegt, daß die gemäß Art. 8 des G. in Ost-Berlin einzurichtende > STÄNDIGE VERTRETUNG DER BUNDESREPUBLIK DEUTSCHLAND bei der DDR auch die Interessen von Berlin (West) vertritt. Eine weitere Erklärung besagte, daß auch die Vereinbarung über die Arbeitsmöglichkeiten für Journalisten für Berlin (West) Anwendung findet. Die besonderen Vereinbarungen zwischen dem > SENAT VON BERLIN und der DDR-Regierung in der Folge

des Vier-Mächte-Abkommens wurden von diesen Regelungen nicht berührt (> BESUCHERREGELUNGEN; > GEBIETSAUSTAUSCH). Mit der Vereinigung am > 3. OKTOBER 1990 verlor der G. seine Funktion und trat außer Kraft.

Grunewald: Der G. ist der zweitgrößte der fünf großen Berliner > FORSTEN. Nach ihm wurde auch der um die Jahrhundertwende an seinem nordöstlichen Rand neu entstehende Ortsteil G. im heutigen Bezirk > WILMERSDORF benannt.
1. Forst
Der rd. 3.000 ha große Berliner Stadtforst G. erstreckt sich über weite Gebiete der Bezirke Wilmersdorf und > ZEHLENDORF sowie einen kleinen Teil von > CHARLOTTENBURG. Höchste natürliche Erhebung ist der in seinem Südteil gelegene 97 m hohe *Havelberg*. Der Name G. des ehemals Teltowsche Heide genannten Geländes geht auf das 1542 hier vom Kurfürst Joachim II. errichtete Jagdschloß „Zum grünen Walde" zurück (> JAGDSCHLOSS GRUNEWALD). Bis 1903 diente der G. den in Berlin residierenden > LANDESHERREN als Jagdrevier. Im 18. Jh. führte der steigende Holzbedarf zu einer immer stärkeren forstwirtschaftlichen Nutzung. Aus dem ursprünglichen Urwald wurde ein fast nur aus Kiefern bestehender Forst. Seit Anfang des 19. Jh. entwickelte sich der G. zunehmend auch zu einem beliebten Ausflugsgebiet für die Berliner Bevölkerung.
1897 wurde auf dem 78,5 m hohen *Karlsberg* an der heutigen > HAVELCHAUSSEE zum Gedenken an Kaiser Wilhelm I. (1861-88) ein Aussichtsturm errichtet (> GRUNEWALDTURM). Das mit der Gründerzeit beginnende rapide Städtewachstum Berlins ließ den G. bis zum I. Weltkrieg stetig schrumpfen. 1915 kaufte der eigens dafür gegründete Zweckverband > GROSS-BERLIN den G. sowie andere Forsten um Berlin, um die Bauspekulation in diesem Bereich zu beenden (> VILLENKOLONIEN). Im II. Weltkrieg und in der Nachkriegszeit wurden durch Kriegseinwirkungen und Abholzungen fast 80 % des Baumbestands zerstört. Von 1949-55 wurden die kriegsbedingten Geländezerstörungen mit hohem Arbeitsaufwand beseitigt und der G. in seiner ursprünglichen Form als Mischwald wieder aufgeforstet. Im Norden entstand durch Ablagerung von Trümmerschutt der 115 m hohe > TEUFELSBERG. (> TRÜMMERBERGE)
Heute ist der G. mit seinen abwechslungsreichen Wald-, Wiesen-, Flur- und Wasser-

flächen – obwohl durch > EISENBAHN und > AVUS getrennt – zusammen mit > GROSSEM WANNSEE, > HAVEL und den > GRUNEWALDSEEN eines der am stärksten genutzten Naherholungsgebiete Berlins. Die zum großen Teil als Naturschutzgebiete ausgewiesenen Feuchtgebiete innerhalb des G. sind von hoher landschaftlicher Attraktivität und großer Artenvielfalt (> MOORE; > NATURSCHUTZ).

2. Ortsteil

Der 475 ha große Ortsteil G. des Bezirks Wilmersdorf am südlichen Ende des > KURFÜRSTENDAMMS entstand um die Jahrhundertwende als Villenkolonie auf Anregung des damaligen Reichskanzlers Fürst Otto v. Bismarck. Als Gegenleistung für den Ausbau des Kurfürstendamms erhielt das ausführende Konsortium 1882 südlich des > HALENSEES 234 ha des Forsts G. zur Pacht, die 1889 von der eigens gegründeten Kurfürstendamm-Gesellschaft gekauft und zu einem Vorort für „bessere Kreise" ausgebaut wurden. Polnische Arbeiter schaufelten die sumpfigen Niederungen frei und schufen durch künstliche Bewässerung die heutige Kette der > GRUNEWALDSEEN. Gemäß der geltenden Bauordnung durften höchstens zweigeschossige Häuser auf maximal 30 % der Grundstücksfläche errichtet werden. 1891 wurden die ersten Villen bezogen. Als G. am 1.4.1899 (Bismarcks Geburtstag) zur selbständigen Landgemeinde erhoben wurde, lebten hier bereits 3.056 Menschen. Grunewald wurde zum Wohnort vieler berühmter Berliner Persönlichkeiten (z.B. Walther Rathenau, Koenigsallee 65; Alfred Kerr, Höhmannstr. 6 und Douglasstr. 10; Friedrich Murnau, Douglasstraße; Max Reinhardt, Fontanestr. 8; Lion Feuchtwanger, Regerstr. 8; Gerhart Hauptmann, Trabener Str. 54; Samuel Fischer, Erdener Str. 8). An den Initiator der Villenkolonie erinnert die Bismarck-Allee mit der unter Denkmalschutz stehenden Bismarck-Brücke.

Mit der Bildung > GROSS-BERLINS 1920 kam G. als Ortsteil zum Bezirk Wilmersdorf. Während der Zeit des Nationalsozialismus verwaisten viele Villen, da die zu einem hohen Anteil jüdischen Besitzer zur Emigration gezwungen waren. Ab 1941 diente der an der Auerbacher Str. gelegene Güterbahnhof Grunewald als Verladestation für die Massentransporte von 50.000 Berliner Juden in die nationalsozialistischen Vernichtungslager. Seit 1973 erinnert eine (mehrmals gestohlene) Gedenktafel an diese Ereignisse; 1991 wurde

hier ein von dem Bildhauer Karol Boniatowski geschaffenes 19 m langes und 3,8 m hohes Mahnmal errichtet (> GESCHICHTE; > KONZENTRATIONSLAGER).

Im II. Weltkrieg wurde die Kolonie nur zu etwa 20 % zerstört. Bei der Besetzung Berlins durch die > ALLIIERTEN kam G. zum amerikanischen Sektor (> SEKTOREN). Beim Wiederaufbau galt eine veränderte Bauordnung, so daß die heutige Bebauungsdichte mit Reihenhäusern und Eigentumswohnungen wesentlich höher ist als in der Entstehungszeit. Geblieben ist die Anziehungskraft der Siedlung durch ihre Lage im Grünen und gleichzeitiger Nähe zur > CITY – mit > BODENRICHTWERTEN von 1.300 DM/m² (31.12.1990) allerdings auch ihre Exklusivität. 1987 bei der letzten Volkszählung lebten in G. 12.860 Menschen.

Grunewaldseen: In einer bereits während der vorletzten Eiszeit vorgeprägten Nebenrinne der > HAVEL haben sich im Südwesten Berlins eine Reihe kleinerer > SEEN herausgebildet, die nach dem umgebenden Forst > GRUNEWALD genannt werden. Sie haben Flächen zwischen 1 und 43 ha und sind im allgemeinen 2-4 m tief. Vom Norden des Bezirks > WILMERSDORFS bis in die Mitte > ZEHLENDORFS reihen sich hier > HALENSEE (5,7 ha), *Herthasee* (1,3 ha), *Koenigssee* (2,2 ha), *Dianasee* (2,5 ha), *Hundekehlesee* (7,2 ha), *Grunewaldsee* (17,5 ha), *Krumme Lanke* (15,4 ha) und > SCHLACHTENSEE (43,1 ha).

Am Nordende des Grunewaldsees befindet sich eine Hundebadestelle und auf dem Westufer der FKK-Badeplatz *Bullenwinkel*; an seinem Ostufer liegt das > JAGDSCHLOSS GRUNEWALD. Nach Süden sind dieser Rinne noch zuzurechnen > NIKOLASSEE (2 ha), *Kleiner Wannsee* (25 ha), *Pohlesee* (10 ha), *Stölpchensee* (10 ha), *Griebnitzsee* (55 ha) und *Glienicker Lake* (12 ha), während sie sich nach Norden im *Lietzensee* (6,9 ha; > LIETZENSEEPARK) fortsetzt und bis zur Schleuse > PLÖTZENSEE nachweisen läßt. Natürliche Verlandungserscheinungen und die Absenkung des Grundwasserspiegels durch zunehmende Brauchwassergewinnung machten die Verbindung der G. durch ein Kanalsystem erforderlich, durch das jährlich etwa 4-6 Mio. m³ Havelwasser von Süden her eingepumpt werden. Zwischen den Seen befinden sich vermoorte Gebiete wie das *Riemeisterfenn* und die Naturschutzgebiete *Hundekehlefenn* und *Langes Luch* (> NATURSCHUTZ). Auch einige der im

Norden gelegenen heutigen Seen sind ehemalige Fenns: Torffenn (Hubertussee), Rundes Fenn (Herthasee), Diebesloch (Dianasee) und Langes Fenn (Koenigssee). Sie wurden Ende des 19. Jh. bei der Errichtung der > VILLENKOLONIE Grunewald auf 2 m Tiefe ausgebaggert und umbenannt (Der Koenigssee erhielt seinen Namen nach dem hier wohnhaften Bankier Felix Koenig, der zu den Mitbegründern der Kolonie gehörte). Die bisher zu den Villengrundstücken gehörenden Uferzonen dieser Seen sollen nach einem 1988 vom Bezirksamt Wilmersdorf entworfenen Landschaftsplan auf insgesamt etwa 4 km Länge durch Wanderwege für die Allgemeinheit erschlossen werden. In Zehlendorf entstand nördlich des Mexikoplatzes ebenfalls durch Ausbaggern des Krummen Fenns der 2,7 ha große *Waldsee*.

Grunewaldturm: Der G. auf dem 79 m hohen *Karlsberg* am Westrand des Forsts > GRUNEWALD oberhalb der > HAVEL im Bezirk >

Grunewaldturm, von der Havel aus gesehen

WILMERSDORF ist ein Aussichtsturm mit benachbartem Gaststättenbetrieb. Er wurde 1897 vom Landkreis Teltow, zu dem der Forst damals gehörte, anläßlich der 100. Wiederkehr des Geburtstages des ersten deutschen Kaisers, Wilhelm I. (1861-88), erbaut.

Der nach einem Entwurf von Franz Schwechten aus rotem Backstein errichtete, 55 m hohe Turm steht unmittelbar neben der > HAVELCHAUSSEE. In der Halle des Bauwerks ist eine 1902 von Ludwig Mansel geschaffene marmorne Statue des Kaisers zu sehen. Die über 204 Stufen zu erreichende Plattform bietet bei klarem Wetter einen einzigartigen Blick über die > HAVELSEEN und nach Potsdam. Bis zu seiner Umbenennung in G. am 15.9.1948 hieß der Bau *Kaiser-Wilhelm-Turm*. Während trockener Witterungsperioden nutzen die Berliner > FORSTEN den Turm als Beobachtungsposten für den Brandschutz.

Gruppe der Sowjetischen Streitkräfte in Deutschland (GSSD): Die GSSD war am 10.6.1945 als „Gruppe der sowjetischen Besatzungsstreitkräfte in Deutschland" formiert worden, um den sowjetischen Machtbereich abzusichern und die sozialistische Umgestaltung der SBZ/DDR zu gewährleisten. 1954 erhielten die Truppen den Namen GSSD. Im Juni 1989 wurden sie in *Westgruppe der sowjetischen Streitkräfte* umbenannt. Die Auflösung der Sowjetunion führte im Dezember 1991 zu einer abermaligen Namensänderung in *Westgruppe der Truppen (WGT)*. Gleichzeitig wurden die Streitkräfte durch Erlaß des Präsidenten der Russischen Föderation, Boris Jelzin, Rußland unterstellt. Das Oberkommando der WGT liegt in Wünsdorf im Kreis Zossen südlich von Berlin. Zum Zeitpunkt der > VEREINIGUNG, am > 3. OKTOBER 1990, umfaßten die Einheiten 337.800 Soldaten und 44.700 Zivilbedienstete. Hinzu kamen 163.700 Familienangehörige. Es handelt sich um das zahlenmäßig größte und bestausgerüstete Truppenkontingent außerhalb der ehem. sowjetischen Landesgrenzen. Im Ostteil Berlins ist ein motorisiertes Schützenregiment mit etwa 2.500 Soldaten stationiert. Die von der WGT in den östlichen > BEZIRKEN genutzten Liegenschaften umfassen elf Objekte mit einer Gesamtfläche von ca. 85 ha v.a. im Ortsteil > KARLSHORST im Bezirk > LICHTENBERG und im Köpenicker Ortsteil > OBERSCHÖNEWEIDE. In der Zeit des Kalten Krieges und der > SPALTUNG Berlins stellte die übermäßige sowjetische Militärpräsenz einen erheblichen Belastungsfaktor für die Sicherheit der Bundesrepublik Deutschland und West-Berlins dar. Die Stadt wurde jedoch durch die Anwesenheit der westlichen > ALLIIERTEN und die Einbeziehung in die Schutzklausel des Nord-

atlantik-Vertrages dauerhaft nach außen stabilisiert (> NATO). Die GSSD schlug den
Aufstand vom > 17. JUNI 1953 nieder und unterstützte den Mauerbau am > 13. AUGUST
1961. Die formelle Gewährung der Souveränität an die DDR 1954/55 ließ die besatzungsrechtliche Stationierungsgrundlage
unberührt. Im Stationierungsvertrag mit der
DDR vom 12.3.1957 wurde eine entsprechende Souveränitätseinschränkung verankert.
Der Oberkommandierende der GSSD hielt
die Verbindung mit den Oberkommandierenden der anderen drei > ALLIIERTEN in
den Fragen aufrecht, die sich aus den Beschlüssen der Vier Mächte für Deutschland
als Ganzes ergaben (> LONDONER PROTOKOLL).
Ferner war die besondere Stellung der sowjetischen Streitkräfte in der Periode der Teilung Deutschlands an den *Militärischen
Verbindungsmissionen* erkennbar, die die Sowjetunion in den drei ehemaligen Westzonen
unterhielt, ohne daß es einer Zustimmung
der Bundesregierung bedurfte. Ebenso waren
die drei westlichen Militärmissionen in der
ehemaligen sowjetischen Zone in Potsdam
bei den sowjetischen Streitkräften und nicht
bei der DDR akkreditiert.
Zu den zentralen siegerrechtlichen Aufgaben
in bezug auf Berlin gehörte die Abfertigung
des alliierten Militärverkehrs zwischen dem
damaligen Bundesgebiet und der Stadt (>
TRANSITVERKEHR). In den Westsektoren beteiligte sich die GSSD an der Arbeit in der >
LUFTSICHERHEITSZENTRALE BERLIN. Das gleiche
galt bis 1987 für das > ALLIIERTE KRIEGS-
VERBRECHERGEFÄNGNIS BERLIN-SPANDAU. Bis
Ende 1990 übernahmen sowjetische Militärs
die Wache am > SOWJETISCHEN EHRENMAL IN
BERLIN-TIERGARTEN. Häufig waren die Vertreter des sowjetischen Militärs Protokollgäste
bei Veranstaltungen der Alliierten in den
Westsektoren. Im Gebiet dieser > SEKTOREN
führte die sowjetische Armee Patrouillen
durch, ohne der deutschen Rechtsordnung
unterworfen zu sein.
Infolge der deutschen Vereinigung, insbes.
aufgrund des Vertrages über die abschließende Regelung in bezug auf Deutschland
(Zwei-Plus-Vier-Vertrag) vom 12.9.1990 und
des deutsch-sowjetischen *Vertrages über die
Bedingungen des befristeten Aufenthalts und die
Modalitäten des planmäßigen Abzugs* vom
12.10.1990 wird die WGT nach Maßgabe eines Gesamtabzugsplans im Zeitraum 1991-94
aus Deutschland zurückgeführt: je 30 % des
Gesamtvolumens in den ersten drei Jahren,

10 % im Jahre 1994. Die Bundesregierung
stellt hierfür insg. 15 Mrd. DM zur Verfügung. Davon entfallen 7,8 Mrd. auf den Bau
von Wohnungen für die abziehenden Truppen in der UdSSR und 7,2 Mrd. auf Sta-
tionierungskosten, Abtransport und Um-
schulungsmaßnahmen für die heimkehrenden Soldaten. Die elf östlichen Bezirke von
Berlin, als dem Aufenthaltsgebiet in den neu-
en Bundesländern „gleichgestelltes Gebiet",
werden nach der Planung als letzter Standort
geräumt. Bis zum Mai 1992 wurden bereits
vier Objekte in einer Größe von 33 ha sowie
mehrere Wohnungen und Wohngebäude geräumt und an die zuständigen deutschen Behörden übergeben. Bis zum Abschluß des sowjetischen Abzugs spätestens Ende 1994 bleiben auf deutschen Wunsch gemäß dem
Zwei-Plus-Vier-Vertrag amerikanische, britische und französische Streitkräfte in Berlin
stationiert.
Zur Regelung praktischer Fragen des Aufenthalts der WGT in Berlin wurde ein Kontakt-
ausschuß unter Beteiligung des > SENATS VON
BERLIN geschaffen. Gemäß dem Vertrag vom
12.10.1990 können die Mitglieder der WGT
und ihre Familienangehörigen die westlichen
Bezirke Berlins zu außerdienstlichen Zwekken sichtvermerksfrei besuchen. Zahl und
Ausrüstungsumfang der WGT in den elf östlichen Bezirken dürfen den bisherigen Stand
nicht überschreiten. Ebenso dürfen dort keine Manöver und Übungen abgehalten werden. Im übrigen gelten alle für das „Aufenthaltsgebiet" getroffenen Regelungen. So
haben die sowjetischen Truppen etwa die in
der Bundesrepublik geltenden Gesetze und
Rechtsvorschriften zu beachten.
Die Bundesregierung hat sich im deutsch-sowjetischen *Vertrag über gute Nachbarschaft*
vom 13.9.1990 verpflichtet, nach Abschluß
des Abzugs für die weitere Pflege der sowjetischen Ehrenmale und Gedenkstätten in
Deutschland zu sorgen. In Berlin sind dies
neben dem Ehrenmal im Tiergarten das zentrale > SOWJETISCHE EHRENMAL IM TREPTOWER
PARK, ein weiteres Ehrenmal im > VOLKSPARK
SCHÖNHOLZER HEIDE sowie das von der WGT
unterhaltene > MUSEUM DER BEDINGUNGSLOSEN
KAPITULATION in Karlshorst.

Güterverkehr: Verläßliche Daten zum G.
von und nach Berlin sowie im Binnenverkehr
liegen für die Situation nach der > VEREINI-
GUNG nicht vor. Im *Güterfernverkehr* für den
Westteil der Stadt (mit dem übrigen Bundes-

gebiet und der DDR) lag der Lkw als Verkehrsträger mit 50 % Anteil am gesamten G. von ca. 25 Mio. t (1989) deutlich vor der Binnenschiffahrt mit 29 % (> SCHIFFAHRT) und der > EISENBAHN mit 21 %. Mit der Eisenbahn und mit dem Binnenschiff wurden hauptsächlich Massengüter (Baumaterialien, Mineralölerzeugnisse) befördert, während hochwertige Industriegüter und Versorgungsgüter überwiegend mit dem Lkw transportiert wurden. Der > LUFTVERKEHR spielte im Güterfernverkehr mit 0,1 % eine äußerst geringe Rolle. Auch im *Güterbinnenverkehr* dürfte der Lkw mit Abstand der wichtigste Verkehrsträger sein. Nur ein geringer Anteil wird über die Schiene, d.h. über die Anlagen der > DEUTSCHEN REICHSBAHN (DR) sowie der > KLEINBAHNEN UND PRIVATANSCHLUSSBAHNEN verteilt.

Für den Gütertransport in Ost-Berlin stammen die letzten Angaben von 1987. Danach hat der Lkw-Verkehr (öffentlicher Kraftverkehr und Werkverkehr) bei einer Gesamtmenge von 53 Mio. t einen Anteil von etwa 70 %, die Eisenbahn von 25 % und die Binnenschiffahrt von 5 %. Diese Statistik unterscheidet jedoch nicht nach Fern- und Nahverkehr. Angesichts des hohen Lkw-Anteils dürfte es sich hierbei in hohem Maße um Stadt- bzw. *Nahverkehr* handeln.

Für die Abwicklung des Eisenbahn-Güterfernverkehrs stehen in Berlin 45 Tarifgüterbahnhöfe der DR und fünf *Güterbahnhöfe* der Nebenbahnen zur Verfügung. Darüber hinaus gibt es ca. 200 Privatanschlußbahnen. Die wichtigsten Güterbahnhöfe sind der Berlin-Hamburger *Containerbahnhof* und der Lehrter Güterbahnhof an der Heidestr. im Bezirk > TIERGARTEN, der Containerbahnhof Berlin- > FRANKFURTER ALLEE an der > RINGBAHN im Bezirk > PRENZLAUER BERG, Berlin- > PANKOW und Berlin- > RUHLEBEN. Der Anteil des Containerverkehrs am gesamten Güterverkehr der Bahn beträgt im Versand 26 % und im Empfang 7 %. Im Monatsdurchschnitt kommen im G. 412 Ganzzüge in Berlin an, 30 Ganzzüge gehen ab.

Für den *Binnenschiffsverkehr* verfügt Berlin über 14 öffentliche > HÄFEN und ca. 90 an das Netz der Berliner > WASSERSTRASSEN angebundene private Umschlagstellen. Sechs Häfen unterstehen der > BERLINER HAFEN- UND LAGERHAUS-BETRIEBE (BEHALA), einem > EIGENBETRIEB des Landes Berlin, acht Häfen werden von der Teltowkanal AG verwaltet, die zu 90 % ebenfalls im Besitz des Landes Berlin ist.

1989 wurden im Binnenschiffsverkehr 11,4 Mio. t Güter von und nach Berlin transportiert, davon entfielen auf den Westteil der Stadt 7,2 und auf den Ostteil 4,2 Mio. t. Die wichtigsten Häfen sind der > WESTHAFEN an der Einmündung des Westhafenkanals in den Berlin-Spandauer Schiffahrtskanal in Tiergarten und der > OSTHAFEN an der > SPREE in > FRIEDRICHSHAIN.

Bis zum Jahr 2010 wird ein Anstieg des Binnenschiffsverkehrsaufkommens auf 21,4 Mio. t erwartet. Um diese Gütermenge abwickeln zu können, ist neben dem Ausbau und der Modernisierung der bestehenden Hafenanlagen der Bau eines weiteren Hafens geplant. Der Standort liegt jedoch noch nicht fest. In der Prüfung sind derzeit Flächen am > TELTOWKANAL im Bereich des Gaswerks > MARIENDORF und an der Einmündung des Britzer Zweigkanals.

Im Straßengüterverkehr von und nach dem Westteil der Stadt wurden 1989 12,5 Mio. t Güter transportiert. Wichtige Umschlagpunkte für den Lkw-Verkehr sind Berlins > GROSSMÄRKTE an der Beusselstr. im Norden des Bezirks Tiergarten (> SCHLACHTHOF BERLIN; > FLEISCHGROSSMARKT; > OBST- UND GEMÜSEGROSSMARKT) sowie an der > FRIEDRICHSTRASSE in > KREUZBERG (> BLUMENGROSSMARKT).

Derzeit gibt es in Berlin 973 Güternahverkehrsbetriebe sowie 2.550 Genehmigungen für den Güterfernverkehr. 118 Unternehmen besitzen die Erlaubnis für den Umzugsverkehr. Statistische Angaben über die im *Güternahverkehr* transportierte Gütermenge gibt es nicht.

Zur besseren Koordinierung der Transportleistungen insbes. auch im Hinblick auf eine bessere Verknüpfung des Straßengüterverkehrs mit den umweltfreundlicheren Verkehrsträgern Eisenbahn und Binnenschiff sollen in den nächsten Jahren *Güterverkehrszentren (GVZ)* im näheren Umland von Berlin entstehen. Konzeptionell sind vier Standorte vorgesehen, von denen die Standorte Wustermark westlich von Berlin und Großbeeren südlich von Berlin in Abstimmung mit dem Land Brandenburg möglichst bald realisiert werden sollen. Das GVZ Wustermark wird über den im Rahmen der Verkehrsprojekte Deutsche Einheit ausgebauten *Havelkanal* an das übergeordnete Wasserstraßennetz angeschlossen. Zur Realisierung dieser beiden Standorte ist noch 1992 die Gründung einer Güterverkehrszentrum-Entwicklungsgesellschaft (GVZ-E) vorgesehen.

Weitere mögliche Standorte sind Freienbrink östlich und Schönerlinde nördlich von Berlin.

Gutshäuser: Auf dem Stadtgebiet von Berlin gibt es heute noch mehrere ehem. G., die bei größeren Anlagen, insbes. bei ehem. Rittergütern auch als *Herrenhäuser* oder z.T. als > SCHLÖSSER bezeichnet werden. Im Mittelalter war es in den meisten der 1920 mit acht Städten zu > GROSS-BERLIN vereinigten 59 Landgemeinden (> DÖRFER) und 27 Gutsbezirken zur Herausbildung einer Gutsherrschaft gekommen, die ihre beherrschende Stellung vielfach durch ein hervorragendes Wohnhaus zum Ausdruck brachte. Die unterschiedlich gestalteten Anlagen wurden fast alle im Lauf der Jahrhunderte durch Kriege zerstört oder durch Um- bzw. Neubauten erweitert oder ersetzt. So sind sie heute nur noch selten als ehem. G. im Stadtbild zu erkennen. Der Typ des in der Mark Brandenburg früher weit verbreiteten Herrenhauses z.B. wird heute im Stadtgebiet allein durch das G. auf der > DOMÄNE DAHLEM vertreten.

Andere G. wurden schon im 17. oder 18. Jh. von den > LANDESHERREN übernommen und zu Schlössern ausgebaut, wie > SCHLOSS FRIEDRICHSFELDE, > SCHLOSS NIEDERSCHÖNHAUSEN und das nicht vollständig ausgeführte, bereits im 18. Jh. wieder aufgelassene Lustschloß > ROSENTHAL. Zahlreiche, vielfach fälschlich als G. bezeichnete Gebäude entstanden aus Freigütern, Kruggütern und Vorwerken, v.a. am Ende des 18. Jh., waren jedoch nie mit einer Gutsherrschaft verbunden. Beispiele hierfür finden sich u.a. in > KAULSDORF, > KLADOW und > LICHTENBERG. Ferner ergab sich auch durch Verkäufe der öffentlichen Hand oder durch Parzellierungen im 19. Jh. für die oft vermögenden, neuen Eigentümer die Gelegenheit, vor den Toren der Stadt repräsentative Bauwerke zu schaffen, die vielfach irrtümlich als G. oder gar als Schlösser bezeichnet wurden, wie Schloß > BIESDORF, Schloß > LICHTERFELDE, > SCHLOSS TEGEL oder das Schloß Steglitz (> HERRENHAUS BEYME). Viele Bauten sind inzwischen untergegangen, wie die Anlagen in > FALKENBERG oder > PANKOW, oder sie wurden bis zur Unkenntlichkeit verändert, wie die G. in > RUDOW, > BLANKENBURG oder > BLANKENFELDE.

Zu vielen G. gehörten umfangreiche Park- und Gartenanlagen, z.T. auch als *Schloßparks* bezeichnet, von denen sich einige erhalten haben. Hierzu gehören bspw. die Anlagen in > BUCH (> SCHLOSSKIRCHE BUCH), > BRITZ, > FRIEDRICHSFELDE (umgestaltet zum > TIERPARK FRIEDRICHSFELDE) oder > TEGEL.

Ilja Mieck

GESCHICHTE BERLINS BIS 1945

I. Die mittelalterliche Handelsstadt

II. Die kurfürstliche Residenzstadt

III. Die königliche Hauptstadt

IV. Die Reichshauptstadt

V. Die Weltstadt in der Weimarer Republik

VI. Berlin im Nationalsozialismus

Erste Spuren der > Besiedlung des Berliner Raumes lassen sich bis in die Zeit um 50.000 v. Chr. zurückverfolgen. Die G. der Stadt Berlin selbst beginnt im 12. Jh. Berlin entstand an der schmalsten Stelle des > Warschau-Berliner Urstromtals. Wo sich die Spreeniederung zwischen den Hochflächen des > Barnim im Norden und des > Teltow im Süden auf vier bis fünf Kilometer verengte, legten durchreisende Kaufleute, die wahrscheinlich aus dem niederrheinisch-westfälischen Raum kamen, im ausgehenden 12. Jh. erste Niederlassungen an: > Berlin auf einer vor dem nordöstlichen Ufer gelegenen Spreeinsel und, auf einer anderen Spreeinsel direkt gegenüber, > Kölln (> Lage und Stadtraum). Neue Grabungen ließen erkennen, daß Berlin-Kölln nicht eine allmählich gewachsene Siedlung war, sondern eine Gründungsstadt aus dem letzten Viertel des 12. Jh. Während die befestigten Burgsiedlungen > Spandau und > Köpenick am westlichen und am östlichen Ausgang des Spreetales vorwiegend strategische Bedeutung hatten, waren die Doppelstädte Berlin-Kölln von Anfang an in erster Linie Handelsplätze. Für die brandenburgischen Markgrafen, die beiden bald nach 1230 die Stadtrechte verliehen, waren handels- und wirtschaftspolitische Interessen bei dieser Gründung bestimmend.

Die schriftliche Überlieferung setzt später ein. In einer im Domarchiv Brandenburg aufbewahrten Urkunde vom 28.10.1237 wird als Zeuge ein „Symeon plebanus de Colonia" (Symeon, Pfarrer von Kölln) genannt. Derselbe Symeon erscheint in einer anderen Urkunde aus dem Jahre 1244 als „praepositus de Berlin" (Propst von Berlin). Diese ersten Erwähnungen der Orte Kölln und Berlin sagen über ihren rechtlichen Status allerdings nichts aus: Als „Stadt" wird Berlin urkundlich erstmals 1251 erwähnt, Kölln sogar erst 1261.

I. DIE MITTELALTERLICHE HANDELSSTADT

Aus den Kämpfen um die politische Vorherrschaft im Berliner Raum ging um 1245 die Familie der brandenburgischen Markgrafen aus dem Hause der *Askanier* als Sieger hervor (> LANDESHERREN). Ihnen verdankt die Doppelstadt zu einem guten Teil ihren raschen Aufschwung von einem kleinen Brückenort zum bedeutsamen Spreeübergang. Es gelang ihnen, den alten Fernhandelsweg von Magdeburg nach Posen, der über Köpenick und Spandau führte, über Berlin-Kölln zu leiten. Das Berlin von den Markgrafen gewährte Niederlags- oder Stapelrecht verpflichtete alle durchreisenden Kaufleute, ihre Waren einige Tage in der Stadt anzubieten. Die von den Askaniern gewährten Zollfreiheiten begünstigten den über Berlin gehenden Zwischenhandel und die Ausfuhr landwirtschaftlicher Produkte. Berliner Kaufleute lieferten Roggen, Wolle und Eichenholz, aus Osteuropa kommende Felle sowie Häute und andere Waren bis nach Hamburg, Flandern und England. Zugleich importierten sie zahlreiche Handelsgüter wie flandrische Qualitätstuche und Ostseeheringe, die ein Hauptnahrungsmittel darstellten. Die Stadt umfaßte damals die am > MOLKENMARKT und um die > NIKOLAIKIRCHE gelegene erste Handelsniederlassung sowie die Gegend des > NEUEN MARKTES und der > MARIENKIRCHE. Berlin erstreckte sich damit über eine Fläche von etwa 0,7 km².

Die meisten Berliner stammten von Einwanderern ab, die aus dem Gebiet zwischen Harz und Thüringer Wald oder vom Niederrhein gekommen waren (> BEVÖLKERUNG). Eine kleine Gruppe von Großkaufleuten und Fernhändlern bildete das Patriziat und führte die Stadtregierung. Diese Ratsgeschlechter waren die politisch maßgebende Oberschicht. Als Vertreter des Markgrafen amtierte in Berlin und Kölln ein Schultheiß, der den Vorsitz im herrschaftlichen Stadtgericht innehatte und formal an der Spitze der Verwaltung stand. Der erste bekannte Schultheiß der Doppelstadt war Marsilius, der – zusammen mit Symeon – in einer Urkunde von 1247 erwähnt wird. Die mittleren Schichten umfaßten kleinere Kaufleute und Handwerksmeister, aber auch viele Ackerbürger. Ihre soziale Position wurde weitgehend durch die vom Rat bestätigten Zünfte (Gewerke) bestimmt, die in das private und geschäftliche Leben vielfältig eingriffen. Seit wann sie bestanden, ist nicht bekannt. 1253 wird erwähnt, daß Bäcker, Schuster, Fleischer und andere Handwerker Zünfte nur mit Billigung des Rats bilden dürfen. Das älteste Dokument des Berliner Zunftwesens ist eine Bestätigung der Bäckergilde aus dem Jahre 1272. Der erste überlieferte Innungsbrief (für die Schuster) stammt von 1284. Wer selbständig arbeitete, mußte das Bürgerrecht erworben haben und Mitglied einer Zunft sein. An der Stadtherrschaft waren diese mittleren Schichten nicht beteiligt, ebensowenig die darunter anzusiedelnden Gesellen und Lehrlinge, Lohnknechte und Tagelöhner, Handlanger und die große Gruppe des Dienstpersonals.

Seelsorge, Unterricht und soziale Hilfen lagen in den Händen der Geistlichkeit, die sich in den hohen und niederen Klerus teilte. Es gab eine Propstei, drei Pfarrkirchen sowie ein Franziskaner- und ein Dominikanerkloster mit den dazugehörigen Kirchen. Als Geldverleiher oder in niederen Dienstleistungsbereichen waren *Juden* tätig, deren Anwesenheit erstmals 1295 urkundlich belegt wurde.

Trotz einiger gemeinsamer Einrichtungen (Befestigungen, Bürgerrecht, Kirchenorganisation, Marktordnungen, Rechtspflege, Kaufmannsgilde) besaßen Berlin und Kölln getrennte Verwaltungen (> RATHÄUSER). Hier wie dort lag das Stadtregiment allein in der Hand des Patriziats. In Berlin stellte es jährlich 12 Ratsmannen, darunter zwei Bürgermeister, in Kölln die halbe Anzahl. Wegen der zunehmenden Unsicherheit in der Mark durch raub- und fehdelustige Landadlige, aber auch zur Interessenwahrung gegen einen ihnen nicht genehmen Landesherrn, vereinbarten beide Städte in der „Union" von 1307 eine gemeinsame Bündnis- und Verteidigungspolitik. Für das neue Beschlußorgan der „Bundesstadt", den gemeinsamen Rat, wurde „bei der neuen Brücke zwischen beiden Städten" ein drittes kleines Rathaus gebaut, vielleicht auf der Mitte der Langen Brücke – heute > Rathausbrücke –, vielleicht auch an ihrem Anfang auf der Berliner Seite.

Im ausgehenden 13. Jh. begannen langanhaltende soziale Auseinandersetzungen innerhalb der Bürgerschaft. Gegen die Machtstellung des Patriziats wandten sich insbes. die allmählich wohlhabend gewordenen Zünfte der Fleischer, Tuchmacher, Bäcker und Schuster. Sie forderten – letztlich jedoch erfolglos – eine Beteiligung der Handwerker und kleinen Kaufleute am Stadtregiment, an der Finanz- und Steuerpolitik des Rates und weitgehende Selbstverwaltung in Zunftangelegenheiten.

Begünstigt durch das Wohlwollen der brandenburgischen Markgrafen nahm die Stadt im 13. Jh. weiterhin einen raschen Aufschwung. Wohl von Anfang an hatten die Askanier einen Wohnsitz in der Stadt, die 1261 erstmals urkundlich erwähnte „aula" auf dem Gelände des späteren > Hohen Hauses in der Klosterstraße. Das Ende des 13. Jh. erbaute und 1931 abgerissene Haus diente den Landesherren bis zum Bau des > Stadtschlosses Mitte des 15. Jh. als Residenz. Es spricht für die gewachsene Bedeutung der Stadt, daß der erste urkundlich nachweisbare märkische Landtag, bei dem sich der Adel der Altmark, der Prignitz und der Mittelmark versammelte, 1280 in Berlin stattfand. Auch in der Folgezeit war die Stadt Tagungsort der Landstände (z.B. 1345, 1369, 1400). Zu dieser Zeit beherbergte Berlin auch die größte landesherrliche Münzanstalt (> Münze).

Mit dem Aussterben der Askanier durch die rasch aufeinanderfolgenden Todesfälle der Markgrafen Waldemar (1319) und seines minderjährigen Vetters Heinrich v. Landsberg (1320) begann für die Mark Brandenburg eine Zeit der Wirren. In den langwierigen Auseinandersetzungen der rivalisierenden *Wittelsbacher* und *Luxemburger* um den Besitz der Mark versuchte Berlin seine eigenständige politische und ökonomische Stellung zu wahren und auszubauen. Als 1323 der Wittelsbacher Ludwig der Bayer, der deutsche König, seinen erst achtjährigen Sohn Ludwig I. mit der Mark belehnte, ließen politisches und wirtschaftliches Kalkül die Stadt sich diesem bereitwillig unterwerfen. Damit zog sich Berlin den Zorn des in Avignon residierenden Papstes Johannes XXII. zu, da Ludwig der Bayer, der spätere deutsche Kaiser, zu dessen erbittertsten Gegnern gehörte. Als sich die Berliner einem päpstlichen Verbot, dem 1324 gebannten Wittelsbacher zu folgen, widersetzten, kam es zum Konflikt zwischen der Stadt und den Gefolgsleuten des Papstes in der örtlichen Kirchenhierarchie. Er gipfelte in der Ermordung und Verbrennung des Propstes von Bernau vor der Marienkirche im Jahre 1325, die den Papst veranlaßte, den Kirchenbann über Berlin-Kölln zu verhängen. Die Stadt war von allen kirchlichen Unterstützungen ausgeschlossen und sämtliche priesterlichen Dienste innerhalb der Stadtmauern hatten zu ruhen. Jedem Christen war der Kontakt mit den gebannten Bürgern untersagt. Das dürfte insbes. das Wirtschaftsleben der Stadt so sehr beeinträchtigt haben, daß diese sich seit 1335 unter Aufwendung hoher Bußzahlungen darum bemühte, den Kirchenbann aufheben zu lassen, was schließlich 1344 geschah.

Am Turmfuß der Marienkirche erinnert ein 1726 dort aufgestelltes Sühnekreuz an den Vorfall.

Dem sich ausbreitenden Raubrittertum begegnete die Doppelstadt durch eine umfassende Bündnispolitik. In dieser Zeit wurden beide Städte Mitglieder der *Hanse*, des mächtigen Städtebundes im Ostseeraum. So wurde Berlin-Kölln zur führenden Stadtgemeinde und zum städtischen Mittelpunkt der Mark Brandenburg. 1393 stand sie an der Spitze eines großen märkischen Städtebundes, der dem Raubrittertum ein Ende machen sollte. Als mit Hilfe des 1411 zum „obersten Verweser und Hauptmann der Mark" berufenen Burggrafen Friedrich VI. von Nürnberg aus dem Hause *Hohenzollern* die Burgen der Brüder Johann und Dietrich von Quitzow, der berüchtigtsten Raubritter dieser Zeit, 1414 endlich bezwungen waren, hatte Berlin-Kölln den Höhepunkt seiner selbständigen und machtpolitischen Stellung erreicht.

Gegen den bewußten Ausbau der Macht durch den 1415 zum neuen Kurfürsten berufenen Landesherrn Friedrich I. (1415/17-1440) rückten Berlin und Kölln zwar noch enger zusammen, vollzogen 1432 ihre Vereinigung und bildeten eine gemeinsame Stadtverwaltung, doch konnte Friedrich II. (1440-70) die Streitigkeiten zwischen Patriziat und Zünften für eine Schiedsrichterposition ausnutzen und 1442 seine eigenen Hoheitsansprüche durchsetzen: Die Union der beiden Städte wurde aufgehoben, die patrizische Ratsverfassung zerschlagen und die Teilnahme an Bündnissen verboten. Das Niederlagsrecht und die 1391 erworbene Gerichtshoheit fielen an den Landesherrn zurück. In das gemeinsame Rathaus zog ein kurfürstlicher Richter ein. 1443 begann man auf einem abgetretenen Bauplatz mit der Errichtung des Stadtschlosses in Kölln. Der Kurfürst legte am 31.7. eigenhändig den Grundstein.

Gegen die Einschränkung der zwei Jahrhunderte gewahrten Autonomie Berlins setzte sich die Bevölkerung zur Wehr. Ausgelöst durch die Beschlagnahme von Ländereien, von der auch Bürger der Stadt betroffen waren, kam es 1447/48 zu einem Konflikt zwischen Stadt und Landesherrn, der sich im *Berliner Unwillen* entlud. Da keine Hilfe von außen kam, mußte die Stadt klein beigeben. Der Kurfürst verzichtete auf ein militärisches Strafgericht und ging auf einen von den märkischen Ständen vermittelten Vergleich mit dem Rat und der Bürgergemeinde ein. Das Ergebnis war dennoch eindeutig: 1448 verloren Berlin und Kölln ihre weitgehende politische Selbständigkeit und wurden zu kurfürstlichen Städten. Seitdem die hohenzollernschen Kurfürsten 1486 ständige *Residenz* im Schloß nahmen, wuchsen die beiden Städte immer stärker in ihre künftige Funktion hinein und wurden zu den kurfürstlichen Residenzstädten Berlin-Kölln.

II. DIE KURFÜRSTLICHE RESIDENZSTADT

Die Entwicklung der Doppelstadt Berlin-Kölln zur *Residenz* (> HAUPTSTADT) der brandenburgischen Kurfürsten hatte vielfältige Folgen. Sichtbarster Ausdruck der neuen Machtverhältnisse wurde die burgähnliche Schloßanlage, deren zeitgenössische Bezeichnung „Zwing Kölln" deutlich auf ihren ursprünglichen Zweck hinweist. Das > STADTSCHLOSS wurde unter Einbeziehung der Nordwestmauer Köllns gebaut und lag direkt an der > SPREE, ebenso wie die Schloßkapelle, die 1465 dem Heiligen Erasmus geweiht und zur Kollegiatkirche mit neun Domherren erhoben wurde.

Die sich bis in die Zeit Joachims I. Nestor (1499-1535) hinziehende Verlagerung von Hof und Regierung machte die Doppelstadt an der Spree in wachsendem Maße zum politischen, administrativen, wirtschaftlichen und kulturellen Mittelpunkt des brandenburgischen Territorialstaates. Der kurfürstliche Hof und die neuen Behörden (> KAMMERGERICHT, Hofrat, Amtskammer, seit 1543 das Konsistorium) prägten fortan das städtische Leben. In der sozialen Oberschicht verdrängten Hofleute, Beamte und Geistliche die bislang dominierenden Kaufleute.

Die alten Kaufmannsfamilien, die an politischem und wirtschaftlichem Einfluß verloren, suchten sich den neuen Verhältnissen anzupassen. Die Bedürfnisse des Hofes und der Beamten, besonders die Nachfrage nach Luxusartikeln, bot ihnen einen gewissen Ausgleich dafür, daß der brandenburgische Landadel den Getreidehandel mehr und mehr in die eigene Hand zu nehmen trachtete. Manche Kaufleute wurden Hoflieferanten, andere bemühten sich um den sozialen Aufstieg, indem sie für sich oder ihre Söhne landesherrliche Ämter anstrebten. Mit dem Hof kamen zahlreiche Adlige nach Berlin, mit den Behörden viele Juristen. Die steigende Nachfrage nach Gebrauchsgütern und Luxuswaren lockte auch viele Handwerker an: Mindestens 23 neue Zünfte entstanden im 16. Jh. in Berlin. Die Zahl der Einwohner stieg von 6.000-7.000 im ausgehenden Mittelalter auf etwa 12.000 um das Jahr 1600, obwohl Pestepidemien bspw. in den Jahren 1546, 1576 und 1588 Tausende von Opfern forderten. Mit dem raschen Bevölkerungszuwachs nahmen auch die sozialen Spannungen zu. In dieser Phase kam es zu besonders starken, weitgehend irrational motivierten *Judenverfolgungen*, die in dem berüchtigten Judenprozeß von 1510 gipfelten. Ausgelöst wurden sie durch den Diebstahl einer Monstranz und zweier Hostien durch einen Juden. Wie bei einer Kettenreaktion breiteten sich die Verfolgungen aus, und am 19.7.1510 wurden auf dem > NEUEN MARKT 38 Juden zum Tode verurteilt und vor dem Frankfurter Tor verbrannt. Alle anderen verloren ihr Vermögen und wurden aus der Mark Brandenburg ausgewiesen. Erst 1539 wurde dieser Befehl wieder aufgehoben.

Durch das Wachstum der Stadt in dieser Phase wurde ein Ausbau der kurfürstlichen Residenz notwendig. Da weder alle Behörden noch die über vierhundert Höflinge und Amtsträger im Schloß unterzubringen waren, begann Kurfürst Joachim II. (1535-71) im Jahre 1538 mit dem Bau eines neuen Flügels, der sich im rechten Winkel an das alte Gebäude anschloß. Der Schloßbau gab den Anstoß zu einer allgemeinen regen Bautätigkeit, die von hohen Beamten, vom Adel und von den großen Kaufherren ausging (> BAUGESCHICHTE UND STADTBILD). Neben den Privathäusern, die finanzkräftige Bauherren mehr und mehr aus Stein errichteten, gab es die sogenannten Burglehnhäuser; das waren stattliche Gebäude, die der Kurfürst an seine Gefolgsleute als Lehen vergab. Sie gehörten rechtlich zum Schloß, und ihre Bewohner brauchten keine städtischen Abgaben zu entrichten. So entstand ein eigenes, der kommunalen Aufsicht entzogenes Adels- und Beamtenviertel.

Während sich die Lehre des Wittenberger Reformators Martin Luther seit 1517 in den deutschen Territorien rasch ausbreitete, hielt Kurfürst Joachim I. streng am Katholizismus fest. Selbst prominente Anhänger des neuen Glaubens wie die Kurfürstin mußten das Land verlassen. Nach dem Tod des Kurfürsten 1535 erbaten die Räte von Berlin-Kölln 1539 vom neuen Landesherrn Joachim II. die Einführung der *Reformation*. Religiöse, wirtschaftliche und politische Motive wirkten zusammen, als der Kurfürst die erste evangelische Abendmahlfeier am 1.11.1539 in der > ST.-NI-

KOLAIKIRCHE SPANDAU genehmigte. Einen Tag später fand, so lassen es die dürftigen Quellen vermuten, ein erster protestantischer Gottesdienst im > DOM zu Berlin-Kölln statt, dem der Kurfürst aber nicht beiwohnte. Im Sommer 1540 verkündete die neue Kirchenordnung im Namen des Kurfürsten die Reformation in Brandenburg. Damit fielen die oberste kirchliche Gewalt und das gesamte Kirchengut dem Landesherrn zu, darunter die Güter und Einnahmen der Berliner Kirchen, Klöster und Hospitäler. Als oberste geistliche Behörde trat 1543 das Kurfürstliche Konsistorium ins Leben. 1574 wurde in einem Teil des ehemaligen Franziskaner-Klosters das > BERLINISCHE GYMNASIUM ZUM GRAUEN KLOSTER eingerichtet, in dem vor allem Beamte und Geistliche ausgebildet werden sollten. Es nahm auch Schüler aus der näheren und ferneren Umgebung auf.

Einen weiteren Impuls erhielt das geistige Leben Berlins durch die erste Buchdruckerei, die 1539 von Johannes (Hans) Weiss aus Wittenberg gegründet wurde, jedoch nur wenige Jahre bestand. 1571 richtete dann der vom Kurfürsten nach Berlin berufende Leonhard Thurneysser, der zugleich Leibarzt des Kurfürsten, Apotheker, Alchimist, Goldschmied, Verleger und Buchdrucker war, in einigen Räumen des leerstehenden Franziskaner-Klosters ein Laboratorium und eine bedeutsame Buchdruckerei mit Schriftgießerei ein.

Die hemmungslose Verschwendung am Hofe des lebenslustigen und repräsentationsfreudigen Kurfürsten Joachim II., seine glanzvollen Feste und Empfänge, die üppigen Gelage sowie die teuren Reisen animierten das begüterte Bürgertum zur Nachahmung. Auch die ärmeren Schichten ließ er an seinen Vergnügungen teilhaben. Weit verbreitet war der übermäßige Alkoholkonsum, und die Behörden mußten häufig gegen Kleiderluxus, Prasserei, Trunksucht und Unruhestiftung vorgehen. 1565 erließ der Kurfürst eine Verordnung gegen Zinswucher und Glücksspiel mit übermäßig hohen Einsätzen.

Sein Nachfolger, der Kurfürst Johann Georg (1571-98), war in erster Linie darauf bedacht, die etwa 5 Mio. Taler Schulden, die sein Vater hinterlassen hatte, abzutragen. Dem Finanzberater Joachims II., dem Juden Lippold, wurde der Prozeß gemacht; im Januar 1573 erfolgte seine Hinrichtung, nachdem man bereits ein Jahr zuvor erneut alle Juden aus dem Gebiet des Kurfürstentums ausgewiesen hatte. Entsprechend der sparsameren Haushaltsführung unter Johann Georg erließen die Räte von Berlin und Kölln 1580 eine Polizeiverordnung, die sämtliche Einwohner Berlins – ohne die kurfürstlichen Amtsträger – in vier Stände einteilte. Je nach Rang und Stand wurde den vier Gruppen bei Festlichkeiten ein unterschiedlicher Aufwand zugebilligt: Die erlaubten Stoffarten, ihre Preislage, die Art ihrer Verarbeitung, der dazugehörige Schmuck, die Anzahl der Gäste, die Art der Speisen und Getränke, selbst die Höhe der Löhne und Trinkgelder wurden festgelegt. Die sozialen Gegensätze, die sich um die Jahrhundertwende weiter verschärften, ließen sich dadurch nicht aus der Welt schaffen. 1595 wurde deshalb – allerdings erfolglos – durch eine „Bettelordnung" versucht, dem Problem der zunehmenden Verarmung breiter Schichten entgegenzuwirken.

Im Laufe der langjährigen Erbstreitigkeiten um die Herzogtümer Jülich-Cleve, die auch stark konfessionell bestimmt waren, hielt Kurfürst Johann Sigismund, dessen Ansprüche von katholischer Seite bestritten wurden, nach Verbündeten Ausschau. Während sein Kontrahent, der Pfalzgraf Wolfgang Wilhelm, zum Katholizismus übertrat, wechselte Johann Sigismund vom lutherischen zum calvinistischen Glauben, dem er allerdings auch persönlich zugetan war. Das für den Erbstreit so wichtige Bündnis mit den Niederlanden wurde dadurch befestigt und die Beziehungen zu den Calvinisten in Jülich-Cleve verbessert; dagegen führte der Konfessionswechsel zu einer Belastung des Verhältnisses mit den brandenburgischen Ständen und den durchweg lutherischen Untertanen des Kurfürsten („Berliner Tumult").

Die Schrecken des Dreißigjährigen Krieges bekam die Stadt erstmals 1627 zu spüren, als sie vom kaiserlichen Heer unter Wallenstein, der in Bernau sein Hauptquartier hatte, vorübergehend besetzt wurde. Die vorsichtige Neutralitätspolitik des Kurfürsten Georg Wilhelm (1619-40) bewahrte die Doppelstadt zwar vor Plünderung und Brandschatzung, doch hatten die Bürger binnen 16 Monaten über 300.000 Taler Sonderzahlungen für das kaiserliche Heer zu leisten. Der Kurfürst selbst war 1627 nach Königsberg ausgewichen und blieb dort bis 1630. Sein leitender Minister, Adam Reichsgraf v. Schwarzenberg, begleitete ihn; in Berlin residierte ein Verwandter des Kurfürsten als Statthalter. In den folgenden Jahren erlebte Berlin zahlreiche Heeresdurchzüge, die Verwüstung seiner Feldmark und die Verschleppung seiner Viehherden. Immer wieder waren neue Abgaben und Sondersteuern an die verschiedenen kriegführenden Parteien zu entrichten. 1638 siedelte der Kurfürst erneut nach Königsberg über, beließ aber Schwarzenberg als Statthalter in der Mark. Von der durch eine schwedische Armee drohenden Plünderung konnte sich die Stadt 1639 mit 30.000 Talern loskaufen. Am Ende des Krieges hatte sich die Bevölkerungszahl von Berlin-Kölln durch die Kriegsereignisse auf etwa 6.000 vermindert; von 1.200 Häusern standen rund 450 leer oder waren verwüstet.

Unter Friedrich Wilhelm, dem Großen Kurfürsten (1640-88), durchlebte Berlin eine Wiederaufbau- und Erholungsphase. Die Stadt wurde auch in einen besseren Verteidigungszustand versetzt. Nachdem Berlin und Kölln 1657 zu Garnisonsstädten gemacht und 1.500 Soldaten mit 600 Frauen und Kindern in Privathäuser einquartiert worden waren, begann 1658 die Befestigung der Stadt. Bürger und Bauern wurden zu Schanzarbeiten verpflichtet. Unter der Leitung des kurfürstlichen Baumeisters Johann Gregor Memhardt entstand in einem Zeitraum von etwa 25 Jahren ein Befestigungssystem nach holländischem Vorbild (> STADTMAUER). Zur Hebung der kurfürstlichen Einnahmen wurden 1641 für Berlin neue Verbrauchssteuern auf Bier, Wein, Lebensmittel, Korn, Vieh und Gebrauchsgüter eingeführt. Die zahlreichen Befreiungen für Hof, Adel, Beamte und Soldaten fielen weg, als diese Akzise 1667 allen brandenburgischen Städten auferlegt wurde. 1681 ging das Recht der Steuererhebung vom > MAGISTRAT an kurfürstliche Steuerkommissare über. Überhaupt sank die Bedeutung des Magistrats gegenüber den staatlichen Amtsträgern in diesen Jahrzehnten erheblich.

Um die Bevölkerungsverluste auszugleichen, förderte der Große Kurfürst die Einwanderung (> BEVÖLKERUNG). Voraussetzung für diese Politik war ein Ausgleich zwischen den zerstrittenen Konfessionen. Nach mehreren erfolglosen Vermittlungsversuchen erließ der Kurfürst 1664 ein Toleranzedikt, das das gegenseitige Schmähen von der Kanzel herab verbot. In einem weiteren Edikt vom 26.5.1671 gewährleistete der Kurfürst 50 aus Österreich vertriebenen jüdischen Familien das Recht zur Niederlassung in der Mark. Einige von ihnen siedelten sich in der Judengasse in Berlin an, andere vor den Toren der Stadt. Bis 1700 stieg die Zahl der jüdischen Familien in Berlin auf 70.

Von großer Bedeutung für die Gesamtentwicklung Berlins wurden die französischen Glaubensflüchtlinge, von denen 1677 bereits 700 in der Stadt lebten. Als Ludwig XIV. 1685 die Calvinisten (*Hugenotten*) im katholischen Frankreich nicht länger dulden wollte, bot ihnen der Kurfürst mit dem am 29.10. desselben Jahres erlassenen *Edikt von Potsdam* die Aufnahme in Brandenburg an. Er sicherte ihnen Vergünstigungen als Starthilfen zu. Von den über 15.000 Einwanderern kamen etwa 6.000 nach Berlin, und um 1700 war fast jeder fünfte Einwohner Berlins französischer Herkunft. Die „Réfugiés" erhielten das Recht auf Selbstverwaltung, eigene Schulen (1689: das Collège Français; > FRANZÖSISCHES GYMNASIUM/COLLÈGE FRANÇAIS) und Kirchen. Das Wirtschaftsleben, Verwaltung und Armee, Künste und Wissenschaften, Sprache, Bildung und Mode haben sie stark beeinflußt. 46 Gewerbezweige sollen die Réfugiés neu ins Land gebracht haben. Bis heute enthält die Berliner Mundart viele aus dem Französischen abgeleitete Begriffe (> BERLINISCH).

Auf dem Werder westlich von Kölln entstand infolge des Bevölkerungszuwachses seit den 50er Jahren eine Ansiedlung, die vom Kurfürsten 1662 einen Schutzbrief erhielt. Aus ihr entwickelte sich die erste von drei kurfürstlichen Neustädten, der um 1670 zur Stadt erhobene Friedrichswerder. Während das im Südosten entstehende Neu-Kölln am Wasser in die Stadt einbezogen wurde, erhielten die beiden anderen sorgfältig geplanten westlichen Vorstädte Dorotheenstadt und Friedrichstadt 1674 und 1688 ebenfalls eigene Stadtrechte (> BAUGESCHICHTE UND STADTBILD; > STADTERWEITERUNG).

III. DIE KÖNIGLICHE HAUPTSTADT

Im Jahre 1701 krönte sich Kurfürst Friedrich III. (1688-1701) in Königsberg als Friedrich I. (1701-13) zum König in Preußen, das bis dahin nur ein Herzogtum gewesen war. Dadurch stieg Berlin zur königlichen Residenzstadt auf. Als > HAUPTSTADT des brandenburgisch-preußischen Gesamtstaats entwickelte sie sich zu einem bedeutenden Zentrum von Politik, > WIRTSCHAFT und > KULTUR. Die Einwohnerzahl stieg von 29.000 im Jahre 1700 über 172.000 im Jahre 1800 auf 428.000 in der Mitte des 19. Jh. Der Anteil der Garnison betrug jeweils 20-25 %, Soldatenfrauen und -kinder mitgerechnet.

Die in der zweiten Hälfte des 17. Jh. entstandenen neuen Vorstädte Friedrichswerder, Dorotheenstadt und Friedrichstadt wurden am 1.1.1710 mit Berlin und Kölln zu einer einzigen Stadt zusammengeschlossen. An die Stelle der bisherigen fünf Magistrate mit fast 300 Bediensteten trat für die neue zentralisierte Stadtgemeinde ein einziger, paritätisch aus Lutheranern und Reformierten zusammengesetzter > MAGISTRAT, dessen 19 Mitglieder vom Kurfürsten persönlich auf ein Jahr ernannt wurden. Damit verschwanden die letzten Reste kommunaler Freiheiten; besonders seit dem Regierungsantritt Friedrich Wilhelms I., des Soldatenkönigs (1713-40), wurde die neue Einheitsgemeinde, die den Namen > BERLIN zu führen hatte, unnachsichtig der königlichen Autorität unterworfen. Weil die Festungsanlagen die Verbindungen zu den zunächst nur locker bebauten Vorstädten störten, begann man 1734 mit ihrer Abtragung. Eine 1736 vollendete, mehr als 14 km lange > STADTMAUER mit 14 Toren diente nicht mehr militärischen sondern zollpolitischen Zwecken. Das von ihr umschlossene städtische Areal reichte als Baulandreserve bis in die zweite Hälfte des 19. Jh. aus.

Unter den preußischen Königen Friedrich I., Friedrich Wilhelm I. und Friedrich

II. (1740-86) nahm Berlin einen bemerkenswerten Aufschwung. Mit der Stiftung der > Preussischen Akademie der Künste (1696) und der von dem Universalgelehrten Gottfried Wilhelm Leibniz angeregten > Preussischen Akademie der Wissenschaften (1700) gab der erste Preußenkönig wichtige Anstöße für das geistige Leben (> Wissenschaft und Forschung).

Sein Nachfolger, mehr den praktischen Wissenschaften zugewandt, wandelte 1726 die 1710 gegründete > Charité zu einem Krankenhaus um, das über Berlin hinaus Berühmtheit erlangen sollte. Außerdem profitierte die preußische Hauptstadt vielfach von seiner intensiven Förderung der Wollverarbeitung. 1723 wurde die Stadtverwaltung der neuen Provinzialbehörde, der Kurmärkischen Kriegs- und Domänenkammer, unterstellt. Seit 1726 amtierte der Kammerdirektor auch als Stadtpräsident, zu dem 1742 als königlicher Vertrauensmann noch ein Polizeidirektor trat. Beide Ämter wurden 1746 zusammengelegt.

Unter Friedrich II. wurde Berlin zu einem Zentrum der Aufklärung, die nach dem Königsberger Philosophen Immanuel Kant den „Ausgang des Menschen aus seiner selbstverschuldeten Unmündigkeit" durch eine vernünftige, humane und philosophische Weltsicht herbeiführen wollte. In Berlin galten der Verleger Friedrich Nicolai und der Philosoph Moses Mendelssohn als die Häupter dieser Bewegung. Um die Jahrhundertwende wurden viele neue wissenschaftliche Lehranstalten gegründet. Höhepunkt dieser Entwicklung war die Eröffnung der Universität Berlin 1810 (> Friedrich-Wilhelms-Universität).

Auch an der architektonischen Verschönerung der Haupt- und Residenzstadt Berlin haben die preußischen Könige gearbeitet. Friedrich I. ließ das alte im Renaissancestil erbaute > Stadtschloss durch den vielseitig begabten Andreas Schlüter gründlich umgestalten und ab 1707 durch den Baumeister Eosander von Göthe ausbauen und erweitern. Schlüter schuf das Reiterstandbild des Großen Kurfürsten (> Schloss Charlottenburg) und die Masken der sterbenden Krieger am > Zeughaus. Unter Friedrich Wilhelm I., der auch über tausend neue Wohnhäuser bauen ließ, entstand 1735 das > Kammergericht, in dem heute das > Berlin-Museum untergebracht ist. Zur Zeit Friedrichs II. schufen Baumeister wie Georg Wenzeslaus v. Knobelsdorff und Karl v. Gontard viele Repräsentationsbauten, darunter das Opernhaus (> Deutsche Staatsoper Unter den Linden), die > St. Hedwigs-Kathedrale und die Königliche Bibliothek (> Alte Bibliothek). Das 1788-91 von Carl Gotthard Langhans errichtete > Brandenburger Tor, auf das 1793 die von Johann Gottfried Schadow geschaffene Quadriga gesetzt wurde, entwickelte sich bald zum Wahrzeichen Berlins. Nach 1815 prägten die Arbeiten des Baumeisters Karl Friedrich Schinkel das architektonische Gesicht Berlins. Es entstanden die > Neue Wache, das neue > Schauspielhaus, das > Alte Museum, die > Bauakademie u.v.a. öffentliche und private Gebäude (> Baugeschichte und Stadtbild).

Seit dem Rathäuslichen Reglement vom 21.2.1747, das bis 1806 in Geltung blieb, bestand der Magistrat aus dem vom König ernannten Stadtpräsidenten als Verwaltungs- und Polizeichef, aus drei oder vier Bürgermeistern, zwei Syndici, einem Ökonomiedirektor, einem Kämmerer und zwölf Ratsherren. Der Magistrat trat dreimal wöchentlich zusammen; er ernannte auch die Stadtverordneten und betraute sie mit verschiedenen kommunalen Aufgaben (Marktaufsicht, Feuerlöschwesen u.a.). In vielen städtischen Angelegenheiten besaßen auch die zuständigen Militärbehörden (Gouverneur, Kommandant und Platzmajor) beträchtlichen Einfluß.

Die militärischen Erfolge Friedrichs II. verleiteten seine Nachfolger Friedrich Wilhelm II. (1786-97) und Friedrich Wilhelm III. (1794-1840) zu einer auf lange Sicht verhängnisvollen Neutralitätspolitik, die dazu führte, daß das diplomatisch isolierte Preußen 1806/07 unter den Schlägen Napoleons I. zusammenbrach. Am 27.10. 1806 zog der Kaiser der Franzosen in die Hauptstadt des bei Jena und Auerstedt schwer geschlagenen Preußen ein. Die Quadriga und andere Kunstwerke ließ er nach Paris schaffen. Erst Ende 1809 kehrten die königliche Familie und die obersten Behörden, die zu Beginn des Krieges nach Ostpreußen geflüchtet waren, in die Hauptstadt zurück. Anfang November 1806 trat ein auf Befehl Napoleons von 60 ausgewählten wohlhabenden Bürgern bestelltes siebenköpfiges „Comité administratif" für über zwei Jahre an die Spitze der Stadtverwaltung. Trotz seiner eingeschränkten Kompetenzen stellte dieses aus der Bürgerschaft gebildete Verfassungsorgan einen wichtigen Schritt auf dem Wege zu einer modernen städtischen Selbstverwaltung dar.

Die Erneuerung Preußens durch ein umfassendes Reformwerk, das der Freiherr vom Stein einleitete, brachte der Stadt im Frühjahr 1809 die Einführung der *Städteordnung*. Stein wollte durch dieses Gesetz eine Belebung des Gemein- und Bürgersinns und eine Mitwirkung der Bürger am politischen Leben erreichen. Stimmberechtigt waren allerdings nur Bürger mit Hauseigentum oder einem Jahreseinkommen von 200 Talern. Die Wahlen zur ersten > STADTVERORDNETENVERSAMMLUNG fanden vom 18.-22.4. statt. In 22 Kirchen wählten knapp 7 % der Zivilbevölkerung die ersten 102 Abgeordneten Berlins. Als > OBERBÜRGERMEISTER nominierte die Versammlung im Rahmen eines Dreiervorschlags den früheren Kammerpräsidenten Leopold von Gerlach, der auch vom König ernannt wurde (Amtszeit: 1809-13). Schließlich wählte die Versammlung zehn besoldete und fünfzehn unbesoldete Stadträte, die den Magistrat bildeten. Amtseinführung und Vereidigung fanden am 6.7.1809 in der > NIKOLAIKIRCHE statt.

Die wichtigsten Aufgaben der neuen Stadtbehörden waren die Kontributionszahlung und die Schuldentilgung, das Haus- und Wohnungswesen, die Gewerbeangelegenheiten und das Schulwesen (> SCHULE UND BILDUNG), während Gerichtsbarkeit und > POLIZEI staatlichen Behörden unterstanden. In der Amtszeit des Oberbürgermeisters Johann Stephan Gottfried Büsching (1814-32) wurde 1819 der Stadt das Armenwesen übertragen. Straßenreinigung und -beleuchtung sowie das Feuerlöschwesen (> FEUERWEHR) fielen in die Kompetenz der Polizei.

Infolge des französisch-preußischen Zwangsbündnisses vom Februar 1812 wurden der Stadt wiederum schwere materielle Lasten auferlegt. Nach der Katastrophe der französischen Armee in Rußland wurde Berlin zum Mittelpunkt der nationalen Erhebung. Die *Freiheitskriege* fanden hier ihr geistiges Zentrum. Tausende Bürger aus allen Bevölkerungsschichten meldeten sich freiwillig zu den Waffen oder gaben „Gold für Eisen". Vor den Toren Berlins, bei Großbeeren, scheiterte der Versuch Napoleons, die Stadt nochmals zu erobern. Im August 1814 wurde die Quadriga, die Friedrich Wilhelm III. aus Paris nach Berlin zurückgeschickt hatte, neu enthüllt, jetzt mit Eisernem Kreuz und preußischem Adler versehen. Sechs Jahre später wurde ein von Schinkel entworfenes Siegesmonument, das an seiner Spitze ebenfalls das Eiserne Kreuz trug, eingeweiht: Der Sandhügel, auf dem es stand, erhielt den Namen Kreuzberg (> VIKTORIAPARK).

Die staatliche Wirtschaftsförderung hatte aus Berlin im 18. Jh. ein Gewerbezentrum von außerordentlichem Rang gemacht (> WIRTSCHAFT). 15.000 Arbeiter waren in der Woll-, mehr als 5.000 in der Seidenverarbeitung beschäftigt. Das „Königliche Lagerhaus" war mit bis zu 5.000 Arbeitern die größte Tuchmanufaktur Deutschlands. Als eine vom Kaufmann Ernst Johann Gotzkowsky betriebene Porzellanfabrik 1763 in Schwierigkeiten geriet, kaufte sie Friedrich II. Als > KPM – KÖNIGLICHE PORZELLAN-MANUFAKTUR durch Herstellungsmonopol, Importverbote für ausländisches Porzellan und Zwangsabsatz gefördert, nahm das Unternehmen einen raschen Aufschwung und erlangte europäisches Ansehen.

Der Einsatz englischer Spinnmaschinen, die Aufstellung der ersten Dampfmaschine 1795 und die Gründung der *Königlichen Eisengießerei* 1804 waren Anzeichen der beginnenden Industrialisierung (> FER DE BERLIN). Mit der 1810 eingeführten Gewerbefreiheit begann eine zielbewußte Liberalisierung des Wirtschaftslebens. Fortan konnte jeder seinen Beruf ausüben, ohne der entsprechenden Zunft angehören zu müssen. Die Gewerbetreibenden gewöhnten sich aber nur allmählich an die ungewohnte Freiheit und den wirtschaftlichen Wettbewerb. Nach den Agrarreformen wanderten viele ehemalige Landbewohner in die preußische Hauptstadt, wo sie auf Arbeitsplätze in den entstehenden und expandierenden Fabriken hofften. Nach 1815 setzte sich diese Entwicklung verstärkt fort und erfuhr seit den 30er Jahren mit der Gründung mehrerer großer Maschinenbauanstalten und mit dem 1838 beginnenden Eisenbahnbau eine unerhörte Beschleunigung (> EISENBAHN; > VERKEHR). Durch eine behutsame und gezielte Gewerbeförderung vermochte es die preußische Verwaltung, die Unternehmer und Fabrikanten von den Vorteilen eines liberalen, am Konkurrenzdenken orientierten Wirtschaftslebens zu überzeugen. Gewerbefreiheit und Handelsfreiheit führten Berlin zu einer beachtlichen Wirtschaftsblüte. Die Gewerbeausstellung von 1844 im Zeughaus war eine eindrucksvolle Schau der industriellen Leistungsfähigkeit der preußischen Hauptstadt.

Die Kehrseite der Medaille war, daß sich die Arbeits- und Lebensverhältnisse breiter Schichten ständig verschlechterten. Schon im 18. Jh. war die Armut in Berlin weit verbreitet: 1788 soll etwa jeder zehnte Einwohner bei der Armendirektion registriert gewesen sein. Gegen die harten Arbeitsbedingungen in den Manufakturen hat es wiederholt Streiks und Auflehnungen gegeben. Mit der zunehmenden Mechanisierung der Arbeit konnten die Fabrikanten mehr Frauen und Kinder einsetzen. Dazu kam der enorme Bevölkerungsanstieg, der sich vor allem aus einer starken Landflucht ergab. So entstand allmählich eine rechtlich und sozial völlig ungesicherte Arbeiterschaft, die unter unvorstellbaren Verhältnissen lebte und arbeitete. Mit dem sozialen Protest besonders der Handwerker, Arbeiter und Studenten verbanden sich bald politische Forderungen: Ende der polizeilichen Willkür, Pressefreiheit und Erlaß der während der Reformzeit mehrfach versprochenen Verfassung. 1830, 1835 und 1847 kam es zu mehrtägigen Straßenunruhen.

Trotz Pressezensur und Verfolgung hatte die politische Opposition in Wort, Schrift und Karikatur ihre liberalen und nationalen Forderungen erhoben. Ein kleines, dennoch bemerkenswertes Ergebnis war, daß die Sitzung der Stadtverordnetenversammlung am 19.12.1847 erstmals öffentlich stattfand. Als unter dem Eindruck der Pariser Februarrevolution auch in Berlin große politische Versammlungen abgehalten wurden, kam es seit dem 13.3.1848 zu Zusammenstößen mit dem Militär. Versuche der Stadtverordnetenversammlung und des Magistrats, vermittelnd auf den König einzuwirken, scheiterten. Der König ging zwar auf einige Forderungen ein, doch als die am 18.3. vor dem Schloß versammelte Menge Truppen erblickte und zwei Schüsse fielen, schlug die Situation um. In kurzer Zeit waren an die 200 Barrikaden errichtet; Straßenkämpfe begannen. Nach 16 Stunden zog der König die Truppen zurück. Er gewährte Pressefreiheit, Koalitions-, Versammlungs- und Wahlrecht sowie die Aufstellung einer Bürgerwehr. Außerdem erwies er den Opfern der Erhebung, den über 250 *Märzgefallenen* im Schloßhof die letzte Ehre (> Friedhof der Märzgefallenen).

Während der 1834 zum Oberbürgermeister gewählte Heinrich Wilhelm Krausnick, der Nachfolger von Friedrich von Baerensprung (1832-34) war, zurücktreten mußte, blieb die städtische Selbstverwaltung unangetastet. Da sich die Stadtverordnetenversammlung nach den Märzereignissen selbst aufgelöst hatte, um Platz für „zeitgemäße Vertreter" zu schaffen, fanden am 15.5. Neuwahlen statt. Da die das Besitzbürgertum begünstigenden Bestimmungen der Städteordnung unverändert galten, wählten die etwa 25.000 Stimmberechtigten überwiegend konservative oder gemäßigt liberale Abgeordnete. Politisch stand die neue Stadtverordnetenversammlung ganz im Schatten der am 1.5. gewählten preußischen Nationalversammlung, die am 22.5. in Berlin zusammentrat, um eine Verfassung auszuarbeiten.

Während die Beratungen noch andauerten, eroberten die reaktionären Kräfte schrittweise verlorenen Boden zurück. Die erfolgreiche Gegenrevolution in Wien und Paris bestärkte diese Kreise. „Die Zähmung Berlins" endete mit der militärischen Vertreibung der Nationalversammlung durch die Truppen des Generals v. Wrangel und mit der Verhängung des Kriegsrechtes über die Stadt am 12.11.1848. Der Magistrat distanzierte sich vom Aufruf der Nationalversammlung zum allgemeinen Steuerboykott und wandte sich demonstrativ von der Revolution ab. Am 5.12. verkündete die preußische Regierung eine Verfassung, die – am 31.1.1850 modifiziert – als „oktroyierte Verfassung" bis zum November 1918 in Kraft blieb. Ihr Kernstück, das völlig undemokratische *Dreiklassenwahlrecht*, durch ein besonderes Wahlgesetz vom 30.5.1849 eingeführt, fand sogar Eingang in die Gemeindeordnung von 1850 (> Wahlen). In Preußen wie in ganz Deutschland war damit der erste große Versuch der Demokratisierung und der nationalen Einigung gescheitert.

Gegen den Willen der städtischen Selbstverwaltungsorgane mußte Berlin 1850 die preußische Gemeindeordnung übernehmen. Sie war ein Ausdruck der konservativen Wende, stärkte die Stellung des Bürgermeisters, dem ein Vetorecht zustand und schwächte die Position des nunmehr „Gemeinderat" genannten Stadtparlaments. Da der Zensus auf 300 Taler erhöht wurde, konnten 1850 etwa 6.000 Bürger weniger wählen als 1847. Von den 21.000 Stimmberechtigten entfielen 1.600 auf die erste, 5.400 auf die zweite und 14.000 Urwähler auf die dritte Abteilung. Bei recht hoher Wahlbeteiligung gewannen die Konservativen die Wahl. An die Spitze des Magistrats trat erneut der im März 1848 aus dem Amt gedrängte Krausnick, der bis 1862 amtierte.

Die Städteordnung von 1853 führte die alten Bezeichnungen wieder ein, übernahm aber das Dreiklassenwahlrecht und dehnte die Regierungsaufsicht weiter aus. Alle Stadträte mußten von der Regierung bestätigt werden; die Stadtverordnetenversammlung konnte durch königliche Verordnung aufgelöst werden. Der Schwächung der kommunalen Selbstverwaltung entsprach die Ausweitung der staatlichen Kompetenzen: Der Polizeipräsident Karl Ludwig Friedrich von Hinckeldey war von 1848-56 der „eigentliche Herr der Hauptstadt".

Trotz der Ereignisse von 1848 erreichte das Tempo der Industrialisierung zwischen 1850 und 1870 seinen Höhepunkt. Über 1.000 neue Fabriken und viele Banken entstanden, auch als Aktiengesellschaften; neue Fernbahnlinien und drei innerstädtische Kanäle (> WASSERSTRASSEN) wurden eröffnet. Um 1865 gab es in Berlin 2.200 Droschken und 36 Pferde-Omnibus-Linien (> OMNIBUSVERKEHR). Nach Charlottenburg fuhr seit 1865 die Pferdebahn. 1867 begann der Bau des S-Bahn-Rings (> S-BAHN). Durch die Eingemeindung von Wedding, Gesundbrunnen, Moabit u.a. vergrößerte sich das Stadtgebiet 1861 auf 59 km^2 (> STADTERWEITERUNG). Die Einwohnerzahl stieg von 493.000 (1860) auf 826.000 (1870). Der enorme Bedarf an Wohnraum führte zu Bodenspekulation, Mietwucher und Obdachlosigkeit. 70.000 Berliner hatten nur eine „Schlafstelle". Die Bauordnung von 1853 ermöglichte eine extrem hohe Bebauungsdichte: Seitenflügel und Quergebäude mit lichtarmen Wohnungen umgaben bis zu sechs schachtartige Innenhöfe, für die ein Mindestmaß von 5,3 x 5,3 m festgesetzt war, damit die Feuerwehr wenden konnte (> HOBRECHTPLAN). Berlin wurde in diesen Jahren zur größten Mietskasernenstadt der Welt (> MIETSKASERNEN).

IV. DIE REICHSHAUPTSTADT

Die Proklamierung des Deutschen Reiches in Versailles am 18.1.1871 – nach dem unter preußischer Führung errungenen Sieg über Frankreich – war eine Reichsgründung von oben. Die nationale Einheit brachte, anders als 1848 angestrebt, nicht die politische Freiheit; selbst das allgemeine Reichstags-Wahlrecht wurde in seinen demokratischen Tendenzen durch die willkürliche Wahlkreiseinteilung verwässert. Dennoch ließen sich die liberalen Ideen gerade in Berlin nicht unterdrücken. In unterschiedlicher Akzentuierung nahmen sie sowohl die fortschrittlichen Parteien des Bürgertums als auch die sich formierende Arbeiterbewegung in ihre Programme auf. Die politischen Auseinandersetzungen verschärften sich in dem Maße, wie sich die sozialen Gegensätze in der expandierenden Stadt vertieften.

1871 wurde Berlin während der Amtszeit des > OBERBÜRGERMEISTERS Karl Theodor Seydel (1862-72) zur Reichshauptstadt, in der – neben den preußischen Staatsbehörden und der Stadtverwaltung – auch die neuen Reichsbehörden ihren Sitz hatten (> HAUPTSTADT). Die größte deutsche Behördenstadt war zugleich die größte Garnisons- und Kasernenstadt des Reiches. Die > BEVÖLKERUNG stieg über 1,1 Mio. (1880) auf 1,5 Mio. (1890) und überschritt 1905 die 2-Mio.-Grenze. Berlin wurde in diesen Jahren zum politischen, ökonomischen und wissenschaftlichen Zentrum des Kaiserreiches und gewann als Schauplatz auch internationaler Ereignisse (Berliner Kongreß 1878) an politischem Gewicht. Ausdruck des gehobenen städtischen Selbstbewußtseins war der 1869 vollendete und am 6.1.1870 mit einer Stadtverordnetenversammlung eröffnete Neubau des > BERLINER RATHAUSES, dessen 97 m hoher Turm sogar das > STADTSCHLOSS überragte.

Die von Frankreich zu zahlende Kriegsentschädigung von 5 Mrd. Goldfranken löste auch in Berlin eine wilde Spekulationstätigkeit aus. 1872 entstanden in der Stadt 174 Aktiengesellschaften, darunter zahlreiche Baugesellschaften, die eine Bodenspekulation größten Ausmaßes betrieben. Vielen der in diesen „Gründerjahren" ins Leben gerufenen Unternehmen fehlte jedoch die solide Grundlage, so daß der „Gründerkrach" vom Oktober 1873 eine ganze Flut von Konkursen auslöste. Die langfristige Folge dieses Zusammenbruchs war eine schwere Wirtschaftskrise, die bis 1879 anhielt (> WIRTSCHAFT).

Aber auch diese Depression vermochte die stürmische Entwicklung der Berliner Industrie nicht nachhaltig zu unterbrechen. Die außerhalb Berlins gelegenen Städte und Dörfer wurden bald in die Dynamik des Industrialisierungsprozesses einbezogen; nicht wenige Unternehmen wanderten in die Vorstädte ab, wo teilweise ganze Industriesiedlungen neu gebaut wurden (> BORSIGWALDE; > SIEMENSSTADT; > SPINDLERSFELD). Maschinenbau, Chemie- und Elektroindustrie, das Bekleidungsgewerbe sowie die Nahrungs- und Genußmittelherstellung bildeten die Schwerpunkte der Produktion. Während die Randwanderung der Berliner Industrie den Wirtschaftsraum der Kaiserstadt erheblich vergrößerte, entstand im Herzen der Kapitale eine klassische „City" mit Regierungsviertel, mit Niederlassungen von Banken und Versicherungen, von > PRESSE und Verlagen, mit Handels- und Warenhäusern, mit Restaurants und Hotels (> HOTELS; > GASTSTÄTTEN). Gleichzeitig vollzog sich, häufig mit Terrainspekulationen verbunden, der Ausbau der Stadtrandgebiete zu Wohnsiedlungen.

Trotz dieses enormen Aufschwungs blieben die Selbstverwaltungsrechte des > MAGISTRATS stark eingeschränkt. Erst seit 1876 durfte die Stadt über Erneuerung und Ausbau von Straßen, Plätzen und Brücken entscheiden, doch blieb der Bereich der königlichen Schlösser und Anlagen davon ausgenommen. Viele Projekte bedurften der königlichen Genehmigung (Verkehrsbauten, Denkmäler, Straßennamen u.a.). Zum 1.4.1881 wurde Berlin aus dem Regierungsbezirk Potsdam herausgelöst und zu einem eigenständigen Stadtkreis erhoben. Doch der Polizeipräsident und der brandenburgische Oberpräsident konnten wie bisher in die städtische Verwaltung hineinregieren – sehr zum Verdruß der Oberbürgermeister Arthur Hobrecht (1872-78), Max v. Forckenbeck (1878-92), Robert Zelle (1892-98) und Martin Kirschner (1899-1912).

Die mit der Industrialisierung einhergehende fortschreitende Verelendung weiter Bevölkerungskreise, die unter unvorstellbaren Bedingungen in den Mietskasernenvierteln im Osten, Südosten und Norden Berlins lebten, fand ihren Niederschlag in den Wahlergebnissen: 1877 konnte die > SOZIALDEMOKRATISCHE PARTEI DEUTSCHLANDS (SPD) 40 % der Stimmen und zwei der sechs Berliner Reichstagsmandate erringen. Ein Jahr später wurde das „Gesetz gegen die gemeingefährlichen Bestrebungen der Sozialdemokratie" (*Sozialistengesetz*) erlassen, das bis 1890 in Kraft blieb. Dennoch konnte die Berliner Sozialdemokratie ihren Stimmenanteil bei den Reichstagswahlen von 64.000 (1878) auf 159.000 (1890) steigern. Besonders bemerkenswert war, daß trotz des berüchtigten preußischen Dreiklassenwahlrechts 1883 erstmals fünf Sozialdemokraten zu Stadtverordneten gewählt wurden. Diese kleine Fraktion gewann unter der Führung von Paul Singer von Wahl zu Wahl an Bedeutung. 1890 gehörten von den 42 Stadtverordneten der dritten Klasse elf zur Sozialdemokratie; 1905 waren es bereits 35 von 48. Zu diesem Zeitpunkt befanden sich in einigen Vororten alle Mandate der dritten Klasse im Besitz der Sozialisten. Beim Tode Wilhelm Liebknechts 1900 erlebte die Stadt ein Leichenbegängnis, wie sie es noch nie gesehen hatte; Hunderttausende trugen den bedeutenden Führer der Sozialdemokratie zu Grabe. Bei den Wahlen des Jahres 1912 erreichten die Sozialdemokraten von 408.000 gültig abgegebenen Stimmen 307.000, das waren 75 % (> WAHLEN).

Nur allmählich wurden die Verkehrs- und Versorgungseinrichtungen der Kaiserstadt den neuen Erfordernissen angepaßt. Die > WASSERVERSORGUNG, die seit 1856 in den Händen einer englischen Firma lag, wurde 1873 kommunalisiert; im gleichen Jahr begann der Bau der unterirdischen Entwässerungsanlagen. Damit verschwanden endlich die tiefen offenen Rinnsteingräben der Innenstadt. Gegen viele Widerstände hatten der Arzt und Kommunalpolitiker Rudolf Virchow, der Stadtbaurat James Hobrecht und der Stadtrat Carl Arnold Marggraff die Kanalisation vorbereitet, durchgesetzt und zur Ausführung bringen lassen. 1881 fuhr in Lichterfelde die erste elektrische > STRASSENBAHN; im gleichen Jahr wurde der Telefondienst aufgenommen. Die Eröffnung der > STADTBAHN fand 1882 statt, die Inbetriebnahme der Zentralmarkthalle am Alexanderplatz 1884 und des ersten Kraftwerkes 1885 (> MARKTHALLEN; > ELEKTRIZITÄTSVERSORGUNG). Die Elektrifizierung des Nahverkehrs begann in den 90er Jahren; die erste Hochbahnstrecke wurde 1902 in Betrieb genommen, die erste unterirdische Bahnlinie im gleichen Jahr (> U-BAHN). Zu dieser Zeit hatte die Motorisierung des öffentlichen und privaten innerstädtischen Verkehrs bereits eingesetzt (> ÖFFENTLICHER PERSONENNAHVERKEHR; > KRAFTFAHRZEUGVERKEHR; > VERKEHR).

Eine der zunehmenden „technischen Eingemeindung" entsprechende organisatorische Zusammenfassung Berlins und der inzwischen vielfach zu eigenen Großstädten herangewachsenen Nachbargemeinden wurde seit den 70er Jahren wiederholt erwogen, gelangte aber wegen zahlreicher Widerstände nicht über Ansätze hinaus. Ein Grund dafür war das Mißtrauen des preußischen Staates gegenüber einem „Roten Meer", da die Berliner überwiegend sozialdemokratisch oder liberal wählten. Den ersten Schritt auf dem notwendigen Wege zu einer größeren Verwaltungseinheit stellte der am 1.4.1912 in Funktion getretene *Zweckverband Groß-Berlin* dar, dem Berlin, sechs Nachbarstädte und zwei Landkreise angehörten. Er besaß aber nur einen begrenzten Aufgabenbereich und beschäftigte sich mit Verkehrswesen, Bebauungsplänen und Grünflächen (> FORSTEN; > GRUNEWALD).

Im Bauwesen der Kaiserstadt herrschte unter Wilhelm II. (1888-1918) eine pompöse, überladene Stilrichtung vor, die von manchen Kritikern als „Reichsrenommierstil" bezeichnet wurde. Der > DOM, das > REICHSTAGSGEBÄUDE, die > KAISER-WILHELM-GEDÄCHTNIS-KIRCHE und die > SIEGESALLEE waren dafür bezeichnende Beispiele. Im Stadtbild setzten aber auch Architekten wie Peter Behrens, Ludwig Hoffmann und Alfred Messel bemerkenswerte Akzente (> BAUGESCHICHTE UND STADTBILD). Zugleich erlebten die Malerei des Impressionismus (Max Liebermann, Walter Leistikow, Lovis Corinth und Max Slevogt) und der Jugendstil glänzende Höhepunkte (> BILDENDE KUNST). Auch als Theater- und Musikstadt errang Berlin internationale Geltung. Das 1883 gegründete > DEUTSCHE THEATER stand seit 1905 unter der Leitung von Max Reinhardt (> THEATER). Das seit 1882 bestehende Philharmonische Orchester unter den Dirigenten Hans von Bülow, Richard Strauß und Arthur Nikisch errang Weltruhm (> BERLINER PHILHARMONISCHES ORCHESTER; > MUSIK). Auch auf dem Gebiet von > WISSENSCHAFT UND FORSCHUNG gewann Berlin im Vergleich mit anderen Industrieländern eine Spitzenposition. Aus den hier beheimateten Lehr- und Forschungsstätten gingen zahlreiche Nobelpreisträger hervor, darunter Robert Koch und Paul Ehrlich (1905, 1908: Medizin), Emil Fischer und Fritz Haber (1902, 1918: Chemie), Max v. Laue (1914: Physik) und Theodor Mommsen (1902: Literatur).

Aber es gab auch Künstler, die hinter die glänzende Fassade der Wilhelminischen Ära blickten, wie der Schriftsteller Theodor Fontane und der Dramatiker Gerhart

Hauptmann, die Zeichner Käthe Kollwitz und Heinrich Zille sowie der junge Autor Kurt Tucholsky (> KULTUR).

Als der *I. Weltkrieg* ausbrach, wurde auch die SPD, die 1912 zur stärksten Fraktion des Reichstages aufgestiegen war, von der nationalen Begeisterung ergriffen. Im August 1914 stimmten ihre Abgeordneten für die Bewilligung der Kriegskredite. Aber durch die Kriegsereignisse trat ein Wandel ein: 1916 lehnte die SPD den Berliner Haushaltsplan ab.

Die Versorgung der Millionenstadt während der Kriegsjahre wurde immer schwieriger. 1915 einigte sich Berlin mit 44 Nachbargemeinden auf die Ausgabe einer gemeinsamen Brotkarte; nach dem „Kohlrübenwinter" 1916/17 sanken die wöchentlichen Lebensmittelzuteilungen pro Person auf ein Ei, 20 g Butter und 70-80 g Fleisch. Auch Heizung, Beleuchtung und Kleidung waren rationiert. Hunger und Kriegsmüdigkeit verbanden sich mit politischen Forderungen und führten in Berlin zu großen Streiks im April 1917 und im Januar 1918.

In diesen Jahren, die zu den schwierigsten in der Geschichte Berlins gehörten, war Adolf Wermuth Oberbürgermeister. Der parteilose Berufsbeamte hatte vorher im Reichsschatzamt gearbeitet und wurde 1912 zum Nachfolger des verstorbenen Martin Kirschner gewählt. Er blieb bis 1920 im Amt und sicherte dadurch die administrative Kontinuität vom Kaiserreich zur Republik.

V. DIE WELTSTADT IN DER WEIMARER REPUBLIK

Die militärische Niederlage im I. Weltkrieg leitete das Ende der preußisch-deutschen Monarchie ein. Die von Kiel ausgehende Revolution erreichte Berlin am 9.11.1918. Die Abdankung Wilhelms II. wurde verkündet, und der Vorsitzende der > SOZIAL-DEMOKRATISCHEN PARTEI DEUTSCHLANDS (SPD), Friedrich Ebert, übernahm das Amt des Reichskanzlers. Binnen weniger Stunden riefen die Politiker Philipp Scheidemann (SPD) die „Deutsche Republik" und Karl Liebknecht (*Spartakusbund*) die „Freie Sozialistische Republik" aus. Berlin wurde während und nach der *Novemberrevolution* zum Schauplatz heftiger Machtkämpfe, die ihren Höhepunkt im Spartakus-Aufstand vom 6.-15.1.1919 fanden, hinter dem die von der SPD abgespaltene *USPD* und die am 30.12.1918 gegründete *Kommunistische Partei Deutschlands (KPD)* standen. Die Regierungstruppen bereiteten dem Versuch, nach russischem Vorbild eine Diktatur zu errichten, gewaltsam ein Ende. Die führenden Politiker des Spartakusbundes, Rosa Luxemburg und Karl Liebknecht, wurden am 15.1.1919 von Regierungssoldaten verhaftet und ermordet.

Während die Wahlen zur Nationalversammlung am 19.1. stattfanden, wurde die > STADTVERORDNETENVERSAMMLUNG am 23.2.1919 neu gewählt. Nach der Abschaffung des Dreiklassenwahlrechts entfielen auf die USPD 47, auf die (M)SPD 46 Sitze, insg. also 93 von 144. Zum ersten Mal gehörten dem Stadtparlament auch 25 Frauen an (> WAHLEN). Nach dem Rücktritt Wermuths (November 1920) wurde der bisherige Stadtkämmerer Gustav Böß am 20.1.1921 zum > OBERBÜRGERMEISTER gewählt; er stand bis 1929 an der Spitze der Stadtverwaltung.

Agitationen und Aktivitäten von linken und rechten politischen Gruppierungen erschwerten die Lösung der zahllosen Probleme, vor denen Berlin am Ende des Krieges stand. Im Januar 1920 gab es bei einem Polizeieinsatz gegen Linksradikale

42 Tote und über 100 Verletzte. Im März floh die Reichsregierung vor dem rechtsradikalen Putschversuch des konservativen Politikers Wolfgang Kapp. Unter dem passiven Widerstand der Beamtenschaft und infolge des Generalstreiks der Berliner Arbeiter brach der *Kapp-Putsch* nach wenigen Tagen zusammen.

Gleichzeitig verschärften sich aber die sozialen Probleme: Die Zahl der Arbeitslosen, die 1914 bei 20.000 gelegen hatte, betrug im Winter 1918/19 rd. 300.000 und lag, nach vorübergehender Erholung, 1923 wiederum bei 235.000. Der Währungsverfall (Inflation) beschleunigte sich in diesem Jahr in grotesker Weise. Schließlich gelang 1923 die Stabilisierung: für 1.000.000.000.000 (1.000 Mrd.) Papiermark gab es 1 Rentenmark. Damit begann eine allmähliche Besserung der politischen und wirtschaftlichen Verhältnisse. (> WIRTSCHAFT)

Am 27.4.1920 wurde in der preußischen Landesversammlung das „Gesetz über die Bildung einer neuen Stadtgemeinde Berlin" nach langen Debatten mit den Stimmen von SPD und USPD angenommen. Nur 164 der 315 Abgeordneten hatten sich dafür ausgesprochen. Das Gesetz trat am 1.10. in Kraft. Für das neue Gemeinwesen mit seinen 20 > BEZIRKEN bürgerte sich bald die Bezeichnung > GROSS-BERLIN ein. In diesem neuen Stadtgebiet von 878 km² Größe lebten 1920 3,858 Mio. Einwohner.

Die Vorteile der Eingemeindung zeigten sich insbes. bei den Versorgungsbetrieben, die jetzt in großen kommunalen Gesellschaften zusammengefaßt werden konnten (> BERLINER GASWERKE [GASAG]; > BERLINER KRAFT- UND LICHT [BEWAG]-AKTIENGESELLSCHAFT; > BERLINER WASSER-BETRIEBE). Das größte Unternehmen wurde die 1928 geschaffene Berliner Verkehrs-Gesellschaft für den Straßenbahn-, Bus- und U-Bahn-Betrieb (> BERLINER VERKEHRS-BETRIEBE [BVG]). Als Stadtrat für Verkehr hat sich der spätere Regierende Bürgermeister Ernst Reuter um Ausbau und Modernisierung dieser Betriebe sehr verdient gemacht. Das zweite bedeutsame Nahverkehrsmittel, die > S-BAHN, wurde seit 1922 elektrifiziert. Für den > KRAFTFAHRZEUGVERKEHR und den Motorsport wurde 1921 die *Automobil-Verkehrs- und Übungsstraße* (> AVUS), eine 9,8 km lange Autobahn zwischen Charlottenburg und Nikolassee, für den Verkehr freigegeben.

Berlin war in den 20er Jahren die größte Industriestadt des Kontinents, der bedeutendste Handels-, Bank- und Börsenplatz (> BÖRSE), der wichtigste Eisenbahnknotenpunkt und der zweitgrößte Binnenhafen des Deutschen Reiches (> EISENBAHN; > HÄFEN). 46 % der Erwerbstätigen waren Arbeiter, 30,5 % Beamte und Angestellte. Seit der Eröffnung des Flughafens Tempelhof (1924) gehörte Berlin als „Luftkreuz Europas" (> FLUGHÄFEN; > LUFTVERKEHR) und mit seinem großzügigen > AUSSTELLUNGS-UND MESSEGELÄNDE und dem 1926 errichteten > FUNKTURM zum Kreis der Weltstädte. Zahlreiche Besucher strömten zur ersten „Großen deutschen Funkausstellung Berlin" (1924) und zur „Grünen Woche", die seit 1926 jährlich stattfand. (> INTERNATIONALE FUNKAUSSTELLUNG BERLIN; > INTERNATIONALE GRÜNE WOCHE BERLIN)

Die „Goldenen 20er Jahre" verbinden sich besonders mit der Stellung Berlins als geistigem und kulturellem Zentrum von Weltgeltung (> KULTUR). Es gab in der Stadt etwa 35 Schauspielbühnen, mehrere Opernhäuser und über 20 Konzertsäle (> THEATER; > MUSIK). Hier lebten und arbeiteten maßgebende Vertreter der modernen Malerei wie Erich Heckel, Otto Nagel, Karl Hofer, Max Pechstein und George Grosz, neben ihnen bedeutende Schriftsteller der Moderne wie Bertolt Brecht, Alfred Döblin, Heinrich Mann u.v.a. (> BILDENDE KUNST; > LITERATUR). Das größte deutsche Filmunternehmen, die UfA, hatte in Berlin seinen Sitz (> FILM). Rund 150 Tages- und

Wochenzeitungen wurden hier verlegt und gedruckt (> Presse). 1923 nahm der Berliner Rundfunk seine Sendungen auf (> Hörfunk). Hotels, Cafés, Kaufhäuser, Gaststätten und eine ganze Vergnügungsindustrie breiteten sich über die Stadt aus.

Moderne Architekten wie Walter Gropius, Hans Scharoun, Otto Rudolf Salvisberg und die Brüder Bruno und Max Taut schufen vorbildliche Wohnsiedlungen, etwa die > Hufeisensiedlung in Britz, die > Onkel-Tom-Siedlung in Zehlendorf und die > Weisse Stadt in Reinickendorf. Neben diesen etwa 135.000 Wohnungen (> Wohnungsbau) entstanden auch viele herausragende Einzelbauten, wie bspw. das von Hans Poelzig geplante > Haus des Rundfunks an der Masurenallee. Angelegt wurden auch die Gartenstadt Staaken (> Gartenstädte), der > Volkspark Rehberge, der > Volkspark Jungfernheide sowie der Goethepark.

Bei den Wahlen zur Stadtverordnetenversammlung am 25.10.1925 konnten die Linksparteien mit 117 (SPD 73, KPD 43, USPD 1) von 225 und am 17.11.1929 mit 120 (SPD 64, KPD 56) von 225 Sitzen zwar die Mehrheit erreichen, doch kam eine Koalition der SPD mit der KPD nicht in Frage. Die Folge war, daß sich der Oberbürgermeister in der Stadtverordnetenversammlung nicht mehr auf eine sichere Mehrheit stützen konnte. Im übrigen versuchten die Extremparteien von links und (seit 1929) rechts, das Stadtparlament durch provozierte Tumulte und andere destruktive Aktionen arbeitsunfähig und lächerlich zu machen. Die sich 1929 verschärfende Wirtschaftskrise begünstigte die politische Radikalisierung. Im Februar 1929 betrug die Zahl der Arbeitslosen 450.000, im April und Mai kam es zu Arbeitslosenunruhen, Demonstrationen und Zusammenstößen mit der Polizei in Neukölln, am Alexanderplatz und im Wedding, wo Barrikaden errichtet wurden. Die mehrtägigen bewaffneten Auseinandersetzungen des *Blutmai* 1929 kosteten über 30 Tote und Hunderte von Verletzten.

Der Zusammenbruch des Aktienmarktes in New York am „Schwarzen Freitag" (25.10.1929) führte weltweit zu Vermögensverlusten, Preisverfall, Konkursen und rapide steigender Arbeitslosigkeit. Ungeheure Emotionen und Aggressionen setzte der *Sklarek-Skandal* frei, eine Kreditbetrugs- und Korruptionsaffäre vom Herbst 1929. Die Brüder Leo, Willi und Max Sklarek, Inhaber einer Kleidungsverwertungsgesellschaft, hatten zum Schaden der Stadtbank betrügerische Kreditgeschäfte getätigt. Der von einer Amerikareise zurückkehrende Oberbürgermeister Böß, der sich um den Aufbau des demokratischen Groß-Berlin außerordentlich verdient gemacht hatte, sah sich durch den Kauf einer zu preiswerten Pelzjacke für seine Frau in den bereits hochgeputschten Skandal verwickelt und ließ sich vorläufig beurlauben. Bis zur gerichtlichen Klärung der Anschuldigungen, bei der er übrigens vom Vorwurf der unehrenhaften Handlung freigesprochen wurde, führte Bürgermeister Arthur Scholtz (1929-31) interimistisch die Amtsgeschäfte.

Die Affäre war für alle demokratiefeindlichen Kräfte eine günstige Gelegenheit, antisemitische Propaganda mit einer massiven Kampagne gegen die Sozialdemokratie zu verbinden. Der Skandal vergiftete weithin das politische Klima in Berlin und beeinflußte die am 17.11.1929 stattfindenden Wahlen zur Stadtverordnetenversammlung, die sogenannten Sklarek-Wahlen. Gewinner waren die radikalen Parteien: Die KPD konnte ihren Stimmenanteil von 19 auf 25 % steigern, und die 1920 aus der 1919 in München gegründeten Deutschen Arbeiterpartei (DAP) hervorgegangene *Nationalsozialistische Deutsche Arbeiterpartei* (NSDAP), die 5,8 % erhalten hatte, zog mit 13 Mandaten erstmals ins Stadtparlament ein. Dies war nicht zuletzt das Ergebnis der massiven Wahlkampagne von Joseph Goebbels, des „Gauleiters" von Berlin, den Adolf Hitler 1926 beauftragt hatte, das „Rote Berlin" für die NSDAP zu erobern.

Bei der Untersuchung des Sklarek-Skandals hatte sich gezeigt, daß die Organisation des > MAGISTRATS, in dem immer noch einige unbesoldete Stadträte arbeiteten, unübersichtlich und schwerfällig war. Deshalb wurde eine Novellierung der Stadtverfassung vorgesehen und am 30.3.1931 vom preußischen Landtag beschlossen. Das neue Gesetz stärkte die Stellung des Oberbürgermeisters, der die volle Exekutivgewalt erhielt. Neben ihm amtierten zwei Bürgermeister, neun hauptamtliche, aber auch noch sechs ehrenamtliche, also unbesoldete Stadträte. Ein neues, aus 45 Parlamentariern bestehendes Gremium, der Stadtgemeindeausschuß, sollte die Regierungstätigkeit effizienter machen. Zum neuen Oberbürgermeister – Böß hatte sich inzwischen in den Ruhestand versetzen lassen – wurde im April 1931 der frühere Senatspräsident von Danzig, Heinrich Sahm (1931-35), gewählt. Zu den unterlegenen Gegenkandidaten gehörte Wilhelm Pieck von der KPD.

Durch das sich verschärfende politische Klima und die zunehmenden sozialen Spannungen kam es immer häufiger zu blutigen Auseinandersetzungen zwischen links- und rechtsextremen Gruppierungen auf den Straßen Berlins. Zunehmende Massenarbeitslosigkeit (Dezember 1932: 636.000), Steuer- und Tariferhöhungen bei Lohnsenkungen bis zu 15 % führten zahlreiche Familien ins Elend, zur Bettelei, sogar zum Selbstmord. Viele wandten sich den extremen Parteien zu: Militante Streikbewegungen, blutige Wahlkämpfe, politische Morde, Straßen- und Saalschlachten wurden zu Dauererscheinungen.

Die politische Krise erfuhr im Sommer 1932 ihren Höhepunkt. In den sieben Wochen vor der gewaltsamen und am 25.10.1932 vom Staatsgerichtshof in Leipzig für verfassungswidrig erklärten Entmachtung der von Otto Braun (SPD) seit 1920 geleiteten preußischen Landesregierung durch den Reichskanzler Franz v. Papen (Zentrum) am 20.7., den sogenannten *Preußenschlag*, forderten politische Gewalttaten 72 Tote und fast 500 Schwerverletzte in Preußen. Immer wieder gab es neue, beunruhigende Schlagzeilen: Schließung der Universität, Sitzungsabbruch im preußischen Landtag, Verhaftungen aus politischen Gründen, Zeitungsverbote, Sturz der preußischen Regierung, Verhängung des Ausnahmezustandes. Im November 1932 organisierten Kommunisten und Nationalsozialisten gemeinsam einen großen *BVG-Streik* (> BERLINER VERKEHRS-BETRIEBE [BVG]). Der Anlaß des Streiks – eine Lohnsenkung für die übertariflich bezahlten Verkehrsarbeiter von 2 Pf./Std. – war so unbedeutend, daß die Gewerkschaften gegen einen Streik waren. Dennoch gelang es der KPD und der NSDAP über ihre Betriebsorganisationen, die überwiegende Mehrzahl der BVG-Mitarbeiter zu mobilisieren: Am 3.11. legten 22.000 Verkehrsarbeiter geschlossen die Arbeit nieder. Der Streik trug z.T. militante Züge und dauerte, sich abschwächend, mehrere Tage. Noch am 7.11. fuhr nur gut die Hälfte aller Straßenbahnen. Längerfristig ging von diesem Streik eine Signalwirkung aus, die die bürgerlichen Kräfte sorgenvoll in die politische Zukunft blicken ließ.

VI. BERLIN IM NATIONALSOZIALISMUS

Trotz Straßenterror und Propagandaflut stießen die Nationalsozialisten in Berlin auf größeren Widerstand als andernorts. Ihr Stimmenanteil sank sogar von Juli bis November 1932 von 757.000 auf 720.000 und lag mit 25,9 % deutlich unter dem Reichsdurchschnitt von 33 %. Auch nach dem 30.1.1933, als Goebbels die Ernennung Hitlers zum Reichskanzler durch einen glänzend inszenierten, mehrstündigen Fackelzug durch das > Brandenburger Tor feiern ließ, änderte sich daran zunächst nichts. Obwohl nach dem > Reichstagsbrand vom 27.2. die Grundrechte aufgehoben worden waren und eine erste Verhaftungswelle eingesetzt hatte, erhielt die NSDAP, deren Wahlkampf ein betäubender Propagandafeldzug in > Presse und > Hörfunk begleitet hatte, bei den letzten halbwegs freien Wahlen zum Reichstag am 5.3.1933 in Berlin lediglich 34,6 % der Stimmen, während sie im Reichsdurchschnitt auf 43,9 % kam. Auch bei der am 12.3. stattfindenden Wahl zur > Stadtverordnetenversammlung errang die Partei Hitlers nur 86 von 225 Sitzen. Berlin war in diesen Wochen noch längst nicht erobert.

Was sich durch > Wahlen nicht erreichen ließ, erzwangen die Nationalsozialisten durch scheinlegale Maßnahmen und Terror; die wirkliche *Machtergreifung* stand noch bevor. Wichtigste Voraussetzung aller künftigen legislativen Maßnahmen war das *Ermächtigungsgesetz* vom 24.3.1933, das der Regierung die gesamte Gesetzgebung auslieferte und die Selbstentmachtung des Parlaments bedeutete. In Berlin waren die Weichen schon einige Tage vorher gestellt worden: Durch die vom geschäftsführenden preußischen Innenminister und Ministerpräsidenten Hermann Göring (NSDAP) am 14.3.1933 vorgenommene Ernennung des Führers der nationalsozialistischen Stadtverordnetenfraktion Julius Lippert zum „Staatskommissar der > Hauptstadt Berlin" wurde Oberbürgermeister Sahm weitgehend ausgeschaltet. Lippert erhielt Eingriffsrechte in alle wichtigen Maßnahmen der Stadtkörperschaften; damit war die demokratische Verfassung der Stadt praktisch ausgehöhlt. Schon am 17.3. ordnete er die Entlassung aller in den städtischen > Krankenhäusern beschäftigten jüdischen Ärzte an (> Charité). Am 20.3. verloren alle kommunistischen Stadt- und Bezirksverordneten ihre Mandate, im Juli wurden allen SPD-Mitgliedern die Stadtverordnetenmandate aberkannt.

In der dadurch auf 131 Mitglieder reduzierten Stadtverordnetenversammlung hatten die Nationalsozialisten nun die absolute Mehrheit; gemäß dem sich durchsetzenden „Führerprinzip" sank das Stadtparlament rasch zur Bedeutungslosigkeit ab. 1934 wurden alle gewählten Gremien aufgelöst. Die politischen Säuberungen, die Lippert als „Aufräumungsarbeit" bezeichnete, betrafen auch die Bezirksebene. Insg. fielen den Maßnahmen etwa 350 Beamte aus den Hauptverwaltungen und 900 aus den Bezirksverwaltungen zum Opfer. Von den Angestellten wurde jeder Dritte, von den Arbeitern jeder Zehnte entlassen. Im Dezember 1935 resignierte Oberbürgermeister Sahm vor der Demontage seiner Stellung durch Lippert und trat zurück. Wahrscheinlich wegen parteiinterner Widerstände gegen Lipperts Karrierepläne blieb das Amt zunächst unbesetzt und wurde von dem 1933 ernannten Stellvertreter Sahms, Bürgermeister Oskar Maretzky (DNVP) kommissarisch verwaltet, während der Staatskommissar zielstrebig an der Festigung seiner Position arbeitete, mit Erfolg. Am 1.3.1937 wurde er Oberbürgermeister und (in Personalunion) Stadtpräsident und erlangte, da er auch noch Maretzky im April 1937 zum Rücktritt nötigte, eine bislang unbekannte Machtfülle. Dennoch war er nicht der unumschränkte Herr über die Reichshauptstadt. Durch Goebbels, den Gauleiter von Berlin, kontrollierte die NSDAP sämtliche Entscheidungen der Stadtverwaltung. Dieser Anspruch beruhte wohl auch auf einem gewissen Mißtrauen Goebbels gegen Lippert, der nicht zur alten Garde der Partei gehörte und diese sogar 1929 vorübergehend verlassen hatte. Auch die von Speer eingefädelte Intrige, die zu Lipperts unfreiwilligem Ausscheiden führte, hat Goebbels nicht verhindert. Lippert hatte versucht, sich gegen Kompetenzansprüche des „Generalbauinspektors für die Reichshauptstadt" zu wehren, ohne Erfolg. Im Juni 1940 erreichte Albert Speer die Ablösung Lipperts, der sich zur Wehrmacht meldete. Während der seit April 1937 amtierende Bürgermeister Ludwig Steeg (NSDAP), der von 1933-37 Vertreter Lipperts gewesen war, kommissarisch das Amt des Oberbürgermeisters führte (1940-44), übernahm Goebbels die Befugnisse des Stadtpräsidenten. Seine allmächtige Position wurde am 1.4.1944 durch einen Führererlaß besiegelt, der Goebbels beauftragte, „die Verwaltung der Reichshauptstadt zu lenken". Aus dem Stadtpräsidium erwuchs eine neue Behörde: der Regierungspräsident für die Reichshauptstadt. Im Februar 1945 wurde Steeg noch zum Oberbürgermeister ernannt.

Am 1.4.1933 fand der erste gesteuerte Wirtschaftsboykott gegen jüdische Geschäfte, Ärzte und Rechtsanwälte statt; das „Gesetz zur Wiederherstellung des Berufsbeamtentums" (7.4.1933) verfügte die Entfernung jüdischer und „politisch unzuverlässiger" Beamter aus dem Dienst. Viele Juden wurden unverzüglich nach der Machtergreifung eingekerkert, so etwa Rudolf Mosse, Neffe des Berliner Verlegers Rudolf Mosse, der auf mysteriöse Weise umkam, und Dr. Max Naumann vom Verband nationaldeutscher Juden (> KONZENTRATIONSLAGER).

Während die Umbenennungen des Reichskanzlerplatzes in Adolf-Hitler-Platz und die des Bezirks Friedrichshain in Horst-Wessel-Stadt (nach einem 1930 erschossenen SA-Führer) eher unbedeutende, wenngleich bezeichnende Randerscheinungen der nationalsozialistischen Machtübernahme waren, fand am 1.5., den Hitler zum gesetzlichen Feiertag erklären ließ, eine Großkundgebung mit Hunderttausenden von Teilnehmern auf dem Tempelhofer Feld statt. Dieser betont arbeiterfreundlich begangene „Tag der Deutschen Arbeit" war die propagandistische Vorbereitung dafür, daß am nächsten Tag die Gewerkschaften aufgehoben, ihre Häuser und Büros besetzt, ihre Vermögen beschlagnahmt und ihre Funktionäre verhaftet wurden.

Sichtbarstes Zeichen der nationalsozialistischen Machtübernahme im wissenschaftlichen und künstlerischen Bereich war die „Aktion wider den undeutschen Geist", die mit der öffentlichen *Bücherverbrennung* auf dem Opernplatz am 10.5.1933 ihren Höhepunkt erreichte. Bertolt Brecht, Heinrich Heine, Erich Kästner, Thomas und Heinrich Mann, Walter Mehring, Kurt Tucholsky u.v.a., auch jüdische Maler, Bildhauer, Musiker und Dirigenten gehörten von nun an zu den verfemten und „entarteten" Künstlern. (> KULTUR)

Neben der „Deutschen Studentenschaft" war auch die Sturmabteilung (SA) maßgeblich an den Bücherverbrennungen beteiligt. Im Februar 1933 war diese in Berlin etwa 60.000 Mann umfassende nationalsozialistische Kampftruppe zur Hilfspolizei erhoben worden und betrieb seitdem eine völlig unkontrollierte Jagd auf die politischen Gegner des Nationalsozialismus. Die Revolutionsarmee des SA-Führers Ernst Röhm beherrschte die Straßen Berlins und terrorisierte Mißliebige, vornehmlich in den Bezirken, in denen die organisierte Arbeiterschaft lebte. Standorte und Stammlokale der SA-Abteilungen wurden zu wilden Konzentrationslagern und Folterstätten. Höhepunkt dieser privaten Säuberungs- und Rachefeldzüge war die *Köpenicker Blutwoche* vom 21.-26.6.1933, die 90 Tote oder Vermißte und Hunderte von Verletzten forderte. Als der SA die Hilfspolizei-Funktion im August 1933 wieder entzogen wurde, ließen die brutalen Ausschreitungen nach.

Die planmäßigen Verfolgungen der Gegner des Nationalsozialismus gingen von der politischen Polizei, der berüchtigten Geheimen Staatspolizei (Gestapo), aus. Von Göring eingerichtet, wurde das Geheime Staatspolizeiamt in der Prinz-Albrecht-Straße unter Heinrich Himmler und Reinhard Heydrich zur Zentrale eines perfekten Polizeistaates ausgebaut (> PRINZ-ALBRECHT-GELÄNDE). Der Proklamierung des Einparteienstaates am 14.7.1933 und der „Gleichschaltung" der gesamten Presse und aller berufsständischen Organisationen und Institutionen während der Jahre 1933/ 34 folgte schließlich am 30.6.1934 – unter dem Vorwand eines angeblich von Röhm geplanten Putsches – die Ermordung von über 85 hohen SA-Führern und politischen Gegnern; mehr als 40 Erschießungen fanden in der Kadettenanstalt in Lichterfelde statt.

Das nationalsozialistische Regime, das seit dem Sommer 1934 die uneingeschränkte Diktatur in Deutschland ausübte, stützte sich nicht nur auf Terror, Verfolgung und die weitgehende „Erfassung" aller „Volksgenossen" durch das vielgliedrige Netz der NS-Organisationen. Es gab auch Zustimmung großer Bevölkerungsteile, war es doch gelungen, durch Arbeitsdienst und Wehrpflicht, durch Straßen- und Autobahnbau und durch die anlaufende Rüstungsproduktion die Arbeitslosigkeit allmählich abzubauen und einen, wenn auch bescheidenen Lebensstandard zu sichern. Bei den verschiedenen Volksabstimmungen, in denen sich das Regime eine pseudodemokratische Absicherung zu verschaffen suchte, zeichnete sich die Hauptstadt durch eine deutlich geringere Wahlbeteiligung aus; es läßt sich daraus auf die Zivilcourage vieler Berliner schließen, da die Teilnahme an den Abstimmungen zur Ehrenpflicht erklärt und auch überwacht wurde.

Die bereits 1930/31 nach Berlin vergebenen > OLYMPISCHEN SPIELE, die in der ersten Augusthälfte 1936 stattfanden, benutzten die Nationalsozialisten zu einer Demonstration ihrer Herrschaft, die das Ausland über den wahren Charakter des Regimes hinwegtäuschte. Die Stadt war von Hetzplakaten und Schildern wie „Für Juden verboten" gereinigt worden und bot den ausländischen Besuchern vordergründig ein Bild der Normalität, dessen vorübergehenden Charakter sie nur schwer erkennen konnten. Mit ähnlichen propagandistischen Absichten wurde 1937 die 700-Jahr-Feier Berlins durchgeführt. Nach Beendigung der Spiele begann eine breite Säuberungsaktion gegen „Volksschädlinge", und der Terror gegen die jüdische Bevölkerung formierte sich in einem bisher nicht gekannten Maße.

Die zunehmende Diskriminierung der jüdischen Bevölkerung, die im Juni 1933 bei 160.000 Einwohnern (3,78 %) gelegen hatte, führte über Entlassungen, Wirtschaftsboykott, Schikanen aller Art, Zwangsverkäufe jüdischer Unternehmen („Arisierungen") und die Nürnberger Gesetze „zum Schutze des deutschen Blutes und der deutschen Ehre" (1935) schließlich zur geplanten > POGROMNACHT, der sog. „Reichskristallnacht" vom 9.11.1938. Hatte sich die jüdische Bevölkerung bis 1938 auf 140.000 vermindert, so sank sie jetzt unter dem massierten Druck und der sich verschärfenden Ausnahmegesetzgebung bis zum Kriegsausbruch auf etwa 75.000. Die

Deportationen der Berliner Juden begannen, noch bevor die in einer Villa in Berlin-Wannsee am 20.1.1942 stattfindende Wannsee-Konferenz die Grundzüge für die „Endlösung der Judenfrage" festlegte (> HAUS DER WANNSEE-KONFERENZ). Seit Herbst 1941 sind insg. 40.000 bis 50.000 Berliner Juden deportiert und, meist in Auschwitz oder Theresienstadt, ermordet worden. 1943 gab es kaum noch Juden in der Stadt. Etwa 1.500 dürften in der Illegalität der Großstadt unter Mithilfe zahlreicher Berliner Bürger, der *Unbesungenen Helden*, überlebt haben; weitere 1.900 kehrten nach Kriegsende aus den Lagern nach Berlin zurück. Etwa 90.000 Berliner Juden war es gelungen, dem Schrecken des Nationalsozialismus durch Auswanderung zu entgehen.

Zu Beginn des *II. Weltkrieges*, den Hitler am 1.9.1939 mit dem Überfall auf Polen entfesselte, zeigten die Berliner, anders als 1914, keine Kriegsbegeisterung. Abgesehen von der Verdunkelung und den allgemeinen Folgen der Kriegswirtschaft bekamen sie den Ernst der Lage mit den ersten Luftangriffen seit August 1940 zu spüren; doch wurden diese wegen der hohen Verluste der angreifenden Bomber 1941 und 1942 stark reduziert. Im Januar 1943 setzten die Bombardierungen der Stadt, jetzt auch durch amerikanische Flugzeuge, verstärkt wieder ein. Im gleichen Monat vollzog sich die Katastrophe der deutschen Armee bei Stalingrad, auf die Goebbels mit der Erklärung des „Totalen Krieges" im > SPORTPALAST am 18.2.1943 reagierte. Was das aus anderer Sicht bedeutete, erfuhren die Berliner, als die anglo-amerikanischen Flugzeuge seit dem Herbst 1943 mit großräumigen Flächenbombardements begannen. Ganze Stadtbezirke, besonders im Zentrum und im Westen, sanken in Schutt und Asche. Im Zuge der 1943 eingeleiteten Evakuierungsmaßnahmen für Frauen und Kinder haben etwa 1 Mio. Menschen die Reichshauptstadt verlassen.

Neun Monate vor dem Zusammenbruch des Dritten Reiches, als die > ALLIIERTEN noch weit jenseits der deutschen Grenzen standen, versuchte Oberst Claus Graf Schenk v. Stauffenberg Hitler durch das Attentat vom > 20. JULI 1944 aus dem Wege zu räumen, um einen Frieden zu ermöglichen. Für eine breitere Öffentlichkeit wurde damit erstmals sichtbar, daß es eine Widerstandsbewegung gab (> WIDERSTAND). Doch die vereinzelten Maßnahmen der verschiedenen Widerstandsgruppen reichten nicht aus, um das Regime ernsthaft zu gefährden, und auch die Aktion vom 20.7. scheiterte. Die Widerstandkämpfer wurden gnadenlos verfolgt und vom > VOLKS-GERICHTSHOF unter seinem berüchtigten Präsidenten Roland Freisler zum Tode verurteilt. In Plötzensee, wo sich heute die Gedenkstätte für alle Opfer der Hitlerdiktatur befindet, sind allein etwa 2.500 Todesurteile vollstreckt worden (> GEDENKSTÄTTE PLÖTZENSEE). 89 Opfer gehörten zum Kreis um Stauffenberg. So dauerte der längst verlorene Krieg noch ein Dreivierteljahr länger.

Am Ende des Krieges waren 28,5 km² Berlins in ein Ruinenfeld verwandelt, ein Fünftel der Gebäude und 612.000 Wohnungen völlig zerstört. Von seinem ursprünglichen Wohnungsbestand verlor Groß-Berlin 39 %, von seinen Industrieanlagen 35 %. Die mehr als 360 Luftangriffe kosteten etwa 50.000 Berlinern das Leben, die Zahl der Vermißten ist ungewiß. Nach dem Abschluß der Kämpfe lebten im Mai 1945 noch 2,3-2,5 Mio. Menschen inmitten einer Trümmermenge, die auf 70-90 Mio. m³ geschätzt wurde. Berlin, von dem zwölf Jahre lang die verbrecherische Politik der Nationalsozialisten ausgegangen war, stand am Tiefpunkt seiner Geschichte.

Peter Jochen Winters

GESCHICHTE BERLINS NACH 1945

VII. Von der Besetzung der Stadt bis zur Spaltung der
Stadtverwaltung 1945-1948

VIII. Von der Spaltung bis zum Chruschtschow-Ultimatum 1948-1958

IX. Vom Chruschtschow-Ultimatum bis zum
Vier-Mächte-Abkommen 1958-1971

X. Die Entwicklung Berlins bis zum Fall der Mauer 1971-1989

XI. Wiedervereinigung und Perspektiven

VII. VON DER BESETZUNG DER STADT BIS ZUR SPALTUNG
DER STADTVERWALTUNG 1945-1948

Der *II. Weltkrieg* endete für Berlin am 2.5.1945 durch die Kapitulation der deutschen Truppen in der von sowjetischen Truppen eingeschlossenen und fast vollständig besetzten Stadt. Einige Tage später, in der Nacht vom 8. auf den 9.5.1945, wurde die schon zuvor im Hauptquartier von General Dwight D. Eisenhower in Reims erfolgte „bedingungslose Kapitulation" der deutschen Wehrmacht durch die Unterzeichnung der Kapitulationsurkunde im sowjetischen Hauptquartier in > KARLS-HORST wiederholt (> MUSEUM DER BEDINGUNGSLOSEN KAPITULATION). Damals war Berlin ein großer Trümmerhaufen, in dem von den 4,3 Mio. Einwohnern zu Beginn des Krieges noch 2,3 Mio. lebten, ein Viertel über 60 Jahre alt, rd. zwei Drittel Frauen (> BEVÖLKERUNG). Von den im Krieg evakuierten 750.000 Berlinern kehrten die meisten bald in die Stadt zurück. Nicht zurückkehren konnten die rd. 55.000 Berliner jüdischen Glaubens, die von den Nationalsozialisten deportiert und ermordet worden waren (> KONZENTRATIONSLAGER), und auch die 90.000 Berliner Juden, die zwischen 1933 und 1945 ins Ausland gelangen konnten, kamen zunächst nicht wieder (> JÜDI-SCHE GEMEINDE ZU BERLIN). Eine Bevölkerungs- und Arbeitsstättenzählung ergab am 12.8.1945, daß Berlin bereits wieder 2.807.405 Einwohner und 119.123 Arbeitsstätten hatte.

Noch während der Schlacht um Berlin hatte die Rote Armee in den eroberten Stadtteilen mit dem Aufbau einer örtlichen deutschen Verwaltung begonnen. Nachdem am 28.4.1945 Generaloberst Nikolai E. Bersarin zum > STADTKOMMANDANTEN ernannt worden war, traf am 30.4.1945 die *Gruppe Ulbricht* aus Moskau kommend in Berlin ein, zehn Funktionäre der *Kommunistischen Partei Deutschlands (KPD)* unter der Leitung von Walter Ulbricht, dem späteren Generalsekretär der > SOZIALISTISCHEN EINHEITSPARTEI DEUTSCHLANDS (SED) und Vorsitzenden des DDR-Staatsrats. Ihre Aufgabe war es, neben der Neugründung der KPD und einer Gewerkschaftsbewegung

494

v.a., eine deutsche Verwaltung aufzubauen. In Zusammenarbeit mit dem Militär-kommando der Roten Armee und der späteren > SOWJETISCHEN MILITÄRADMINISTRATION IN DEUTSCHLAND (SMAD) wurden kommunistische Funktionäre an die entscheiden-den Schlüsselpositionen der Stadtverwaltung und in den > BEZIRKEN gebracht und mit parteilosen Fachleuten, früheren Sozialdemokraten und bürgerlichen Politikern umgeben. So sollte nach außen der Eindruck erweckt werden, es gehe alles ganz demokratisch zu. Beamte und Richter wurden entlassen und durch „Unbelastete", nicht zuletzt Mitglieder und Sympathisanten der KPD, ersetzt. Nach sowjetischem Vorbild wurden „Volkskomitees" gebildet und Haus-, Straßen- und Blockobleute zur Ausführung sowjetischer Befehle und deutscher Verordnungen eingesetzt, um die Versorgung der Bevölkerung mit Lebensmitteln sowie Wasser, Elektrizität und Gas sicherzustellen (> WASSERVERSORGUNG / ENTWÄSSERUNG; > ELEKTRIZITÄTSVERSORGUNG; > GASVERSORGUNG) und ehem. Nationalsozialisten aufzuspüren. Am 14.5.1945 begann die Ausgabe von Lebensmittelkarten, gestaffelt in fünf Kategorien nach der Schwe-re der beruflichen Belastung. In den Westsektoren konnte die Rationierung von Tex-tilien am 1.7.1949, die von Lebensmitteln bis zum Frühjahr 1950 wieder aufgehoben werden; die Ausgabe von Lebensmittelkarten wurde am 1.9.1950 eingestellt. In Ost-Berlin wurde die Versorgung über Bezugskarten – in allmählich immer abge-schwächterem Umfang – noch bis zum 28.5.1958 fortgesetzt.

Bereits am 13.5.1945 war der erste Berliner > MAGISTRAT nach dem Krieg vom Militärkommando der Roten Armee bestätigt worden. Erster > OBERBÜRGERMEISTER wurde der parteilose Architekt Arthur Werner. Von seinen vier Stellvertretern ge-hörten drei der KPD an, darunter der einflußreiche 1. Stellvertreter Karl Maron, spä-ter Innenminister der DDR. Einziger bürgerlicher Politiker unter den Stellvertretern war der ehem. Reichsminister Andreas Hermes, der bereits am 7.5.1945 vom sowje-tischen Stadtkommandanten zum Leiter des zentralen Ernährungsamtes der Stadt Berlin und Beauftragten für das Ernährungswesen ernannt worden war. Von den zwölf Stadträten waren sechs Funktionäre der KPD, unter ihnen Arthur Pieck – der Sohn des KPD-Vorsitzenden und späteren Präsidenten der DDR, Wilhelm Pieck, verantwortlich für Personalfragen und Verwaltung – sowie Otto Winzer, der späte-re DDR-Außenminister, verantwortlich für Volksbildung (> SCHULE UND BILDUNG). Stadtrat für Gesundheit wurde der Chirurg Ferdinand Sauerbruch, das Ressort Bau- und Wohnungswesen übernahm der Architekt Hans Scharoun (> BAUGESCHICHTE UND STADTBILD). Am 19.5.1945 befahl der sowjetische Stadtkommandant den Aufbau ei-ner Stadtpolizei (> POLIZEI) und gab die Ernennung des Obersten Paul Markgraf, ei-nes ehem. Wehrmachtsoffiziers, der in der sowjetischen Kriegsgefangenschaft dem Nationalkomitee „Freies Deutschland" beigetreten war, zum Polizeipräsidenten be-kannt. Obwohl das Polizeipräsidium durch den Stadtkommandanten formal dem Magistrat unterstellt wurde, pochte Markgraf auf weitgehende Selbständigkeit und betrachtete sich auch in den folgenden Jahren ausschließlich den Befehlen der SMAD verpflichtet. Ein Jahr später waren 15 von 21 Dezernenten der > KRIMINALPOLIZEI und 70 % der Reviervorsteher in Berlin Mitglieder der SED.

Die SMAD bemühte sich in den ersten Nachkriegsmonaten aber nicht nur um die Einrichtung einer mit ihren Gesinnungsgenossen besetzten Verwaltung und Polizei in Berlin. Sie versuchte auch auf anderen Gebieten, die Weichen für die künftige Entwicklung in ihrem Sinn zu stellen und vor dem Eintreffen der Westalliierten vollendete Tatsachen zu schaffen. Am 9.6.1945 erklärte sie Berlin zum Sitz der Verwaltung der sowjetischen Besatzungszone (SBZ) und behandelte die Stadt auch wirtschaftlich als Teil ihrer Zone. U.a. unterstellte sie die > Eisenbahn einschließlich der > S-Bahn in ganz Berlin der Reichsbahndirektion Berlin (> Deutsche Reichsbahn), einer von acht Eisenbahndirektionen der SBZ, und die Berliner > Wasserstrassen einer sowjetzonalen Wasserverkehrsdirektion (> Verkehr). Dadurch erlangten sowjetzonale Einrichtungen Betriebsrechte auf Eisenbahnanlagen und Schleusen auch in jenem Teil Berlins, der von den Westalliierten besetzt werden sollte. Auf sowjetischen Befehl verfügte der Magistrat am 5.6.1945 die Schließung aller Banken und Sparkassen; als einzige Bank für den Zahlungsverkehr wurde die „Berliner Stadtbank" zugelassen (> Landesbank Berlin – Girozentrale). Ausrüstungen wissenschaftlicher und militärischer Forschungseinrichtungen wurden ebenso wie viele der im Krieg nicht zerstörten Industriebetriebe demontiert und zusammen mit dem qualifizierten Personal als Reparationen in die Sowjetunion gebracht. Dabei unternahmen die Sowjets besondere Anstrengungen, die zur Besetzung durch die Westalliierten vorgesehenen > Sektoren auszuplündern, bevor deren Besatzungstruppen eintrafen. Durch Kriegszerstörung und *Demontagen* entstand der Berliner Industrie ein Ausfall, der sich 1947 je nach Branche zwischen 70 % und 90 % bewegte (> Wirtschaft).

Mit dem Befehl Nr. 2 der SMAD vom 10.6.1945 wurde „auf dem Territorium der sowjetischen Besatzungszone", zu der Berlin wie selbstverständlich hinzugerechnet wurde, die Bildung und die Tätigkeit antifaschistischer Parteien und Gewerkschaften unter der Kontrolle der sowjetischen Militärverwaltung erlaubt. Neben der KPD (am 11.6.) bildeten sich bis Anfang Juli in Berlin die > Sozialdemokratische Partei Deutschlands (SPD), die > Christlich-Demokratische Union (CDU) und die > Liberal-Demokratische Partei (LDP). Die sowjetische Besatzungsmacht, die auf die Auswahl der Führungspersönlichkeiten entscheidend Einfluß nahm, betrachtete die KPD als führende Kraft und bewirkte die Zusammenarbeit der vier Parteien im antifaschistisch-demokratischen Block (> Blockparteien). Später schlossen sich dieser am 14.7.1945 gebildeten „Einheitsfront", die im Regelfall einmütige Beschlüsse faßte, der am 13.6.1945 gegründete *Freie Deutsche Gewerkschaftsbund (FDGB)* und andere Massenorganisationen an. Der *Demokratische Block* wurde zum Kern der *Nationalen Front der DDR*.

Allmählich kam das städtische Leben wieder in Gang. Bereits am 4.5.1945 nahm im > Haus des Rundfunks an der Masurenallee in > Charlottenburg der > Berliner Rundfunk seine Sendungen auf (> Hörfunk). Am 14.5. fuhr die erste > U-Bahn, am 15.5. erschien als erste Tageszeitung die von der SMAD herausgegebene „Tägliche Rundschau" (> Presse), am 26.5. gab das > Berliner Philharmonische Orchester sein erstes Konzert im > Titania-Palast in > Steglitz und am 27.5. eröffnete das > Renaissance-Theater in Charlottenburg mit dem „Raub der Sabinerinnen". Am 11.6.1945 erließ der Magistrat vorläufige Richtlinien zur Wiederaufnahme des Schulunterrichts.

Am 5.6.1945 verkündeten die vier alliierten Oberbefehlshaber in der > Berliner Erklärung offiziell die Niederlage Deutschlands und die Übernahme der Regierungsgewalt in Deutschland. Unter Leitung des > Alliierten Kontrollrats wurde das Gebiet von > Gross-Berlin von der aus den vier Stadtkommandanten bestehenden Interalliierten Kommandantur (> Alliierte Kommandantur) verwaltet und von Truppen einer jeden der vier Mächte besetzt. Das alliierte Militärpersonal

genoß uneingeschränkte Freizügigkeit in dem für Deutsche entmilitarisierten Stadtgebiet (> ENTMILITARISIERUNG). Anfang Juli 1945 trafen die amerikanischen und britischen, im August die französischen Besatzungstruppen in den ihnen zugewiesenen
Sektoren ein. Am 11.7.1945 fand die erste Sitzung der Alliierten Kommandantur
statt; am 30.8.1945 konstituierte sich der Alliierte Kontrollrat, zu dessen Sitz die Alliierten das Gebäude des ehem. preußischen > KAMMERGERICHTS im > HEINRICH-VON-
KLEIST-PARK in > SCHÖNEBERG bestimmten. Auf der Potsdamer Konferenz der Staats-
und Regierungschefs der Drei Mächte (Großbritannien, USA und UdSSR) vom 17.7.-
2.8.1945 wurde die Zusammenarbeit der Siegermächte in Deutschland und Berlin
noch einmal bestätigt (> POTSDAMER ABKOMMEN). So waren die drei Westalliierten in
der Kommandantur auch bereit, alle bisher von der sowjetischen Seite geschaffenen
Regelungen und Anordnungen als weitergeltendes Recht anzuerkennen. Da Beschlüsse im Kontrollrat und in der Kommandantur nur einstimmig gefaßt werden
konnten, die Sowjetunion (wie die anderen) also ein Vetorecht hatte, war damit eine
spätere Änderung der von der Sowjetunion geschaffenen Fakten durch die Westmächte praktisch ausgeschlossen. Allerdings konnte jeder Stadtkommandant gegebenenfalls für seinen Sektor gesonderte Befehle erteilen, die von den Bezirken – die
formal dem Magistrat und damit der Kommandantur unterstanden – ausgeführt
werden mußten. Auf diese Weise wurde in den drei Westsektoren das System der
Haus-, Straßen- und Blockobleute wieder abgeschafft, am 21.8.1945 im amerikanischen, am 12.10.1945 im britischen und am 1.8.1946 im französischen Sektor. Andererseits weigerte sich die sowjetische Seite, den von ihr lizensierten und in Betrieb
genommenen Berliner Rundfunk in der Masurenallee, der jetzt im britischen Sektor
lag, und die am 29.1.1946 im sowjetischen Sektor wiedereröffnete Berliner Universität an der Straße > UNTER DEN LINDEN der Kommandantur zu unterstellen (>
HUMBOLDT-UNIVERSITÄT ZU BERLIN). Sie betrachtete beide als ehemals Reichs- bzw.
preußische Angelegenheit und somit als Einrichtungen ihrer Besatzungszone.

Da die SMAD verlangte, daß die Bewohner der drei Westsektoren mit Lebensmitteln und Kohlen aus den drei Westzonen versorgt werden müßten, kam es 1945/46
zwischen den > ALLIIERTEN nicht nur zu Absprachen über den Zutritt der Westalliierten zu ihren Sektoren, sondern auch zu Vereinbarungen über den Verkehr
zwischen den Westzonen und den Westsektoren Berlins durch die sowjetische Zone
auf Straßen, Schienen und Wasserwegen (> ZZZ – ZUGEHÖRIGKEIT/ZUGANG/ZUTRITT;
> TRANSITVERKEHR). Da auch die Lufthoheit im Berliner Gebiet (bis 1990) gemeinsam
von den Alliierten ausgeübt wurde, einigten sich die Vier Mächte im Oktober 1946
für den > LUFTVERKEHR auf die Errichtung einer Luftkontrollzone Berlin, die durch
eine gemeinsam zu betreibende > LUFTSICHERHEITSZENTRALE im Alliierten Kontrollratsgebäude überwacht wurde. Zugleich wurden drei > LUFTKORRIDORE zwischen
Berlin und den Westzonen eingerichtet, die bis zur > VEREINIGUNG die einzige wirklich freie und von Sowjets und Ostdeutschen unkontrollierte Verbindung von Berlin (West) mit dem übrigen Bundesgebiet waren.

Die auf der Potsdamer Konferenz noch einmal bestätigte einvernehmliche Zusammenarbeit der vier Siegermächte in Deutschland und Berlin wurde durch den sich
von Jahr zu Jahr verschärfenden Kalten Krieg zunehmend schwieriger und schließlich fast ganz unmöglich. Zu ersten Auseinandersetzungen kam es in Berlin, als sich
die Sozialdemokraten in den Westsektoren dem von der SMAD und der KPD angestrebten und von den Führungsgremien von KPD und SPD in der sowjetischen Zone

beschlossenen Zusammenschluß der beiden Parteien widersetzten. Die von einer Funktionärskonferenz der Groß-Berliner Sozialdemokratie beschlossene *Urabstimmung* aller Parteimitglieder über den Zusammenschluß wurde von den Sowjets in ihrem Sektor verboten. Sie fand am 31.3.1946 nur in den Westsektoren statt. Dabei stimmten 82,2 % der an der Abstimmung teilnehmenden West-Berliner Sozialdemokraten gegen einen sofortigen Zusammenschluß (62 % befürworteten allerdings eine Zusammenarbeit beider Parteien unter Wahrung der Selbständigkeit). So blieb die SPD in den Westsektoren als selbständige Organisation bestehen, während sich SPD und KPD im sowjetischen Machtbereich auf dem *Vereinigungsparteitag* vom 21./22.4.1946 im > ADMIRALSPALAST zur SED zusammenschlossen.

Nach heftigen Auseinandersetzungen zwischen den Alliierten beschloß die Kommandantur am 31.5.1946 auf Weisung des Kontrollrats die Zulassung sowohl der SPD als auch der SED in allen vier Sektoren Berlins. So gab es bis 1961 Kreisverbände der SPD im Ostsektor und in den Westsektoren eine Parteiorganisation der SED, die sich im November 1962 formal verselbständigte und erst nach der Vereinigung auflöste (> SOZIALISTISCHE EINHEITSPARTEI WESTBERLINS [SEW]).

Am 13.8.1946 übergab die Alliierte Kommandantur dem Oberbürgermeister den genehmigten Text der *Vorläufigen Verfassung von Groß-Berlin*. Am 20.10.1946, dem Tag des Inkrafttretens der Vorläufigen Verfassung, fanden die ersten – und bis 1990 letzten – freien > WAHLEN in Gesamt-Berlin statt, in denen die SPD bei einer Wahlbeteiligung von 92,3 % fast die Hälfte aller Stimmen erhielt, während die von der sowjetischen Besatzungsmacht kräftig unterstützte SED nur 19,8 % (in den Westsektoren 13,7 %) erreichte. Von den 130 Sitzen der > STADTVERORDNETENVERSAMMLUNG (StVV) erhielten die SPD 63, die CDU 29, die SED 26 und die LDP 12 Sitze.

Nach der Vorläufigen Verfassung mußten alle zugelassenen Parteien gemäß ihrer Stärke an der Bildung des Magistrats beteiligt werden. Weiter hieß es dort: „Verfassungsänderungen, Rücktritt des Magistrats oder eines seiner Mitglieder sowie Ernennung und Entlassung leitender Personen der Stadtverwaltung können nur mit Genehmigung der Alliierten Kommandatura Berlin vorgenommen werden." Diese Bestimmung wurde v.a. vom sowjetischen Stadtkommandanten sehr weit ausgelegt, so daß sich bald langwierige Streitigkeiten zwischen den gewählten deutschen Organen und der Kommandantur, nicht nur über Personalfragen, ergaben. Durch ihr Vetorecht konnte die Sowjetunion alle ihr oder der SED unangenehmen, demokratisch zustande gekommenen Entscheidungen im nachhinein blockieren.

Am 5.12.1946 wählte die StVV den neuen Magistrat. Oberbürgermeister wurde der SPD-Politiker Otto Ostrowski, 1. Bürgermeister Ferdinand Friedensburg von der CDU, 2. Bürgermeister Heinrich Acker (SED) und 3. Bürgermeister die Sozialdemokratin Louise Schroeder. Dem Magistrat gehörten neben den Vertretern von SPD, CDU und LDP insg. drei SED-Mitglieder an. Die Kommandantur weigerte sich zunächst jedoch (nicht zuletzt auf Intervention der SED), drei der gewählten Stadträte – darunter den zum Stadtrat für Verkehr und Versorgungsbetriebe gewählten Ernst Reuter von der SPD – zu bestätigen. Je einen Stadtrat von der CDU und der LDP lehnte sie später endgültig ab, die Parteien mußten neue Kandidaten vorschlagen. Reuter wurde schließlich akzeptiert. Die in dieser Auseinandersetzung zum Ausdruck gekommene Konfrontation zwischen der sowjetischen Besatzungsmacht und der SED auf der einen, den drei demokratischen Parteien und den drei Westalliierten auf der anderen Seite, spitzte sich weiter zu und führte schließlich mit zur Spaltung der Stadt.

Oberbürgermeister Ostrowski sah sich nicht nur den Schwierigkeiten gegenüber, die die Kommandantur der Stadtverwaltung machte, er mußte auch mit den Folgen des ungewöhnlich harten Winters 1946/47 fertigwerden. Bereits im November 1946 wurde wegen der unzureichenden Belieferung mit Kohle und des dadurch drohenden Zusammenbruchs der Stromversorgung der Stromverbrauch auf sog. Lichtstunden – 1,5 bis max. 2,5 h pro Tag – beschränkt. Zahlreiche Betriebe mußten stillgelegt werden, die Arbeitslosigkeit stieg. Der öffentliche Nahverkehr stand vor dem Zusammenbruch. Nahrungsmittel wurden knapp, und das Gesundheitswesen sah sich plötzlich einem Ansturm von rd. 40.000 Menschen gegenüber, die wegen Erfrierungen behandelt werden mußten. Auch die ab August 1946 aus den USA eintreffenden Care-Pakete konnten die Not nur teilweise lindern (> CARE). Am 13.2.1947 wurde ein Notkomitee unter Leitung der Bürgermeisterin Louise Schroeder eingesetzt.

In dieser Situation verhandelte Ostrowski ohne Rückendeckung seiner Parteiführung zunächst mit dem sowjetischen Stadtkommandanten, der ihn an die SED verwies, und dann mit dieser über die Herstellung der Handlungsfähigkeit des Magistrats und ein gemeinsames Arbeitsprogramm zur Überwindung des Notstands. Auf Druck seiner eigenen Partei und der CDU, die seine Kontakte mit der SED mißbilligten, trat Ostrowski am 17.4.1947 zurück, nachdem ihm die StVV auf Antrag der SPD gegen die Stimmen der SED am 11.4.1947 das Mißtrauen ausgesprochen hatte. Der am 24.7.1947 mit großer Mehrheit zum Nachfolger gewählte Ernst Reuter wurde von den Sowjets nicht akzeptiert. Nach längeren internen Diskussionen ließ die Kommandantur am 18.8.1947 endgültig wissen, daß sie „es nicht möglich" gefunden habe, Reuter zu bestätigen. Die stellvertretenden Bürgermeister Louise Schroeder und zeitweilig auch Ferdinand Friedensburg führten daraufhin die Geschäfte des Oberbürgermeisters. Die Auseinandersetzungen um die Amtsenthebung des Stadtrats für Volksbildung, Siegfried Nestriepke von der SPD, „wegen seiner inkorrekten Haltung der Alliierten Kommandatura Berlin gegenüber" durch die Kommandantur am 3.7.1947 und die Weigerung des Polizeipräsidenten Markgraf, zurückzutreten und überhaupt Befehle vom Magistrat entgegenzunehmen, nachdem ihm die StVV am 13.11.1947 das Mißtrauen ausgesprochen hatte, verschärften die Spannungen. Bereits am 26.6.1948 kam es so zur Spaltung der Berliner Polizei. Der vom Magistrat nach der Suspendierung von Markgraf ernannte neue Polizeipräsident Johannes Stumm übernahm kommissarisch das Polizeipräsidium, konnte seine Amtsgeschäfte jedoch nur in den Westsektoren ausführen, da der sowjetische Stadtkommandant seine Bestellung nicht anerkannte.

Dem Auftrag der Vorläufigen Verfassung von 1946 folgend, hatte die StVV eine neue „Verfassung von Berlin" erarbeitet, die nach der Auflösung des Staates Preußen durch das Kontrollratsgesetz Nr. 46 vom 25.2.1947 Berlin in den Rang eines Landes erhob. Am 22.4.1948 wurde diese Verfassung von der StVV gegen 20 Stimmen der SED angenommen. „Im Wunsche, die Hauptstadt eines neuen geeinten Deutschlands zu bleiben, hat sich Berlin diese Verfassung gegeben", hieß es im Vorspruch. Fristgerecht wurde die Verfassung der Kommandantur zum 1.5.1948 zugeleitet. Der sowjetische Stadtkommandant verhinderte jedoch ihre Bestätigung.

Inzwischen hatte sich die internationale Lage zugespitzt. Das Kriegsbündnis der vier Siegermächte zerbrach, die wachsende Konfrontation zwischen Ost und West brachte die 1944/45 verabredete gemeinsame Besatzungspolitik zum Scheitern. Da die Besatzungsmächte sich über die Herstellung einer einheitlichen deutschen Verwaltung 1947 weder auf der Moskauer noch auf der Londoner Außenministerkonferenz zu einigen vermochten und die Münchner Konferenz aller deutschen Ministerpräsidenten im Juni 1947 scheiterte, begannen in den Westzonen ebenso wie in der Sowjetzone die Vorbereitungen für die Bildung zweier deutscher Staaten. Im Juni 1947 wurden die amerikanische und die britische Zone zum Vereinigten Wirtschaftsgebiet mit einem Wirtschaftsrat in Frankfurt/M. an der Spitze zusammengeschlossen. Im März 1948 übernahm die *Deutsche Wirtschaftskommission* mit Sitz im ehem. Reichsluftfahrtministerium, dem späteren Haus der Ministerien und heutigen > Detlev-Rohwedder-Haus an der > Leipziger Strasse, die zentrale Leitung und Lenkung der Wirtschaft in der SBZ.

Seit Februar 1948 leiteten die Bildung eines Länderrats für die britisch-amerikanische Zone und der Bank Deutscher Länder das letzte Vorstadium für die Bildung eines westeuropäisch orientierten deutschen Teilstaates ein. Die zu gleicher Zeit in London mit Unterbrechungen tagende Konferenz der Westmächte kam überein, sich durch kein sowjetisches Veto mehr von der Bildung eines freien deutschen Staates abhalten zu lassen. Am 20.3.1948 verließ der sowjetische Oberkommandierende, Marschall Wassilij D. Sokolowski, daraufhin mit der sowjetischen Delegation den Alliierten Kontrollrat, da er darin einen Bruch des Potsdamer Abkommens durch die Westmächte sah, und beendete damit faktisch die gemeinsame Vier-Mächte-Verwaltung Deutschlands. Am 16.6.1948 stellten die Sowjets auch die Mitarbeit in der Alliierten Kommandantur ein; doch erklärten die drei westlichen Stadtkommandanten, daß die Kommandantur am 21.12.1948 ihre Arbeit wieder aufnehme: „Solange sich die sowjetischen Behörden davon fernhalten, werden die drei westlichen Alliierten die Befugnisse der Alliierten Kommandatura ausüben, wobei es ihnen klar ist, daß ihre Entscheidungen infolge der sowjetischen Obstruktion zur Zeit nur in den Westsektoren zur Ausführung gelangen können." Auf dieser Grundlage arbeitete die Kommandantur, in die die Sowjets nie wieder zurückkehrten, bis zum Tag der > Vereinigung, dem > 3. Oktober 1990.

Im Juni 1948 führten die Konflikte zwischen den Alliierten um die Durchführung der > Währungsreform in Berlin zum endgültigen Bruch der Anti-Hitler-Koalition und mit der > Blockade zur ersten großen Nachkriegskrise um Berlin. Um die Westsektoren Berlins durch Aushungern seiner Bevölkerung ihrem Machtbereich einzuverleiben, die Westmächte zur Aufgabe ihrer Position in Berlin zu zwingen oder wenigstens die bevorstehende Weststaatgründung doch noch zu verhindern, vollzog die UdSSR vom 24.6.1948 bis zum 12.5.1949 eine totale Abschnürung der Westsektoren Berlins vom Umland und eine Unterbrechung aller Landverbindungswege mit den westlichen Besatzungszonen. Die Westalliierten reagierten mit der > Luftbrücke. Sie befürchteten im Hinblick auf die Entwicklung in der Tschechoslowakei – Ernst Reuter und General Lucius D. Clay, der „Vater der Luftbrücke", sprachen es offen aus –, daß die Preisgabe Berlins schließlich den Verlust Deutschlands und Europas bedeuten würde. Vor mehr als 300.000 Menschen, die sich auf dem > Platz der Republik vor dem > Reichstagsgebäude zur größten Kundgebung in Berlin seit Kriegsende zusammengefunden hatten, rief Reuter am 9.9.1948 die Völker der Welt auf, Berlin nicht preiszugeben.

Die im ununterbrochenen Einsatz von Flugzeugen der Westalliierten sicherge-stellte Versorgung der drei Westsektoren machte die politischen Absichten der So-wjetunion zunichte, ließ die drei Westsektoren Berlins aber zugleich auch näher an die drei Westzonen heranrücken. Für die West-Berliner Bevölkerung wurden damals aus den drei Besatzungsmächten *Schutzmächte*. Trotz der Mangelsituation folgten nur etwa 5 % der West-Berliner Bevölkerung dem östlichen Angebot, sich im Ost-sektor als Empfänger von Lebensmittelkarten registrieren zu lassen. Als die Sowjet-union erkannte, daß ihre Maßnahmen eher das Gegenteil ihrer ursprünglichen Ab-sichten bewirkten, willigte sie schließlich am 4.5.1949 im > NEW YORKER ABKOMMEN in die Beendigung der Blockade ein, ohne daß sich damit jedoch die Vier Mächte in der Lösung der deutschen Frage einen Schritt näher gekommen waren. Der Preis für die Freiheit West-Berlins war die > SPALTUNG der Stadt.

Nachdem die Berliner StVV bereits am 23.6. und am 26.8.1948 im Zusammenhang mit den Konflikten um die Währungsreform in Berlin wiederholt von durch die SED mobilisierten Demonstranten massiv gestört worden war, verlegte der Stadt-verordnetenvorsteher Otto Suhr (SPD) die Sitzungen am 6.9.1948 aufgrund erneu-ter Störungen aus dem im sowjetischen Sektor gelegenen > NEUEN STADTHAUS in der Parochialstr. in das Studentenhaus der > TECHNISCHEN UNIVERSITÄT am Charlotten-burger Steinplatz im britischen Sektor. Die SED-Fraktion weigerte sich daraufhin, an Tagungen außerhalb des sowjetischen Sektors teilzunehmen. Gespalten wurde die einheitliche Stadtverwaltung aber durch einen kommunistischen Putsch: Eine ille-gale „außerordentliche Sitzung der Stadtverordneten" im > ADMIRALSPALAST mit 1.616 Teilnehmern aus den von der SED kontrollierten Massenorganisationen und den Ost-Berliner Betrieben, darunter aber nur 23 Stadtverordnete der SED, beschloß die Absetzung des legalen Magistrats und die Bildung eines „provisorischen demokra-tischen Magistrats" mit dem SED-Politiker Friedrich Ebert, dem Sohn des ersten Reichspräsidenten der Weimarer Republik, als Oberbürgermeister an der Spitze. Am 2.12.1948 erkannte der sowjetische Stadtkommandant den „provisorischen demokra-tischen Magistrat Groß-Berlins als das einzig rechtmäßige Stadtverwaltungsorgan" an. Der verfassungsmäßige Magistrat und die rechtmäßige StVV saßen nun in den Westsektoren, auf die ihre Macht beschränkt war. Die Spaltung der Berliner Stadt-verwaltung war vollzogen.

VIII. VON DER SPALTUNG BIS ZUM CHRUSCHTSCHOW-ULTIMATUM 1948-1958

Die für den 5.12.1948 vorgesehenen > WAHLEN konnten nur in den Westsektoren stattfinden. Im Ostsektor waren sie vom sowjetischen > STADTKOMMANDANTEN verbo-ten worden. Trotz des Boykott-Aufrufs der > SOZIALISTISCHEN EINHEITSPARTEI DEUTSCH-LANDS (SED), die an den Wahlen nicht teilnahm, beteiligten sich 86,3 % der Bevölke-rung von Berlin (West). Die SPD erhielt fast zwei Drittel der Stimmen und bildete zusammen mit CDU und LDP eine Allparteienkoalition unter Ernst Reuter als > OBERBÜRGERMEISTER. Die drei westlichen Stadtkommandanten hatten Mitte Mai 1949 das *Kleine Besatzungsstatut* verkündet, das den deutschen Behörden in Berlin (West) größere Vollmachten übertrug und die alliierten Vorbehaltsrechte festlegte. Zuvor waren mit der Verkündung des Grundgesetzes am 23.5.1949 in den drei Westzonen die Bundesrepublik Deutschland und am 7.10.1949 in der sowjetischen Zone die

Deutsche Demokratische Republik gegründet worden. Die Verfassungen beider Staaten in Deutschland beanspruchten Berlin für sich. Das Grundgesetz bezeichnete Groß-Berlin als Land der Bundesrepublik; die Verfassung der DDR vom 7.10.1949 bestimmte: „Hauptstadt der Republik ist Berlin." Im Auftrag der Sowjetregierung übergab der Vorsitzende der Sowjetischen Kontrollkommission, Armeegeneral Wassilij I. Tschuikow am 11.11.1949 der Provisorischen Regierung der DDR die bisher von der > SOWJETISCHEN MILITÄRADMINISTRATION (SMAD) ausgeübten Verwaltungsfunktionen. Dem Ost-Berliner > MAGISTRAT übergab der sowjetische Stadtkommandant einen Tag später die städtischen Verwaltungsfunktionen.

Am 1.10.1950 trat die zuvor von der > ALLIIERTEN KOMMANDANTUR genehmigte > VERFASSUNG VON BERLIN in Kraft, doch war ihr tatsächlicher Geltungsbereich durch die > SPALTUNG auf die drei Westsektoren beschränkt. Sie entsprach bis auf geringfügige Modifizierungen der am 22.4.1948 vor der Spaltung der Stadt beschlossenen Verfassung. Allerdings wurden die Bestimmungen des Art. 1 „Berlin ist ein Land der Bundesrepublik Deutschland" und „Grundgesetz und Gesetze der Bundesrepublik Deutschland sind für Berlin bindend" von den Westalliierten „zurückgestellt". Für die Beziehungen Berlins zum Bund galten infolge der alliierten Vorbehaltsrechte Einschränkungen und Sonderregelungen (> BINDUNGEN; > SONDERSTATUS 1945-90).

Am 3.12.1950 fanden die ersten Wahlen nach Inkrafttreten dieser Verfassung statt. Das Parlament hieß von nun an > ABGEORDNETENHAUS (statt > STADTVERORDNETENVERSAMMLUNG), und an der Spitze der Regierung – nach dem Vorbild der Hansestädte Bremen und Hamburg nun > SENAT VON BERLIN statt > MAGISTRAT genannt – stand statt eines Oberbürgermeisters der > REGIERENDE BÜRGERMEISTER VON BERLIN (> POLITISCHES SYSTEM).

In *Ost-Berlin* ist die Verfassung von 1948 unter der Herrschaft der SED niemals in Kraft getreten; bis 1990 war Ost-Berlin ohne jede Verfassung. Der im November 1948 durch Putsch ins Amt gekommene Ost-Berliner Magistrat unter Oberbürgermeister Ebert amtierte bis Januar 1953 ohne eine parlamentarische Volksvertretung. Erst aufgrund einer vom Oberbürgermeister im Namen des Magistrats erlassenen Verordnung vom 19.1.1953 wurde eine „Volksvertretung Groß-Berlin" gebildet, die zunächst aus 130 vom Demokratischen Block ernannten Mitgliedern bestand (> BLOCKPARTEIEN). Beginnend mit der Wahl zur Volkskammer der DDR am 17.10.1954 wurde dann mit der üblichen Einheitsliste am Tag der Volkskammerwahl jeweils auch eine Volksvertretung für Ost-Berlin gewählt, die seit 1957 wieder > STADTVERORDNETENVERSAMMLUNG hieß. Im gleichen Jahr wurden die Organe des Ostsektors von Berlin in den einheitlichen, zentralistischen Staatsaufbau der DDR integriert. Damit wurde Ost-Berlin de facto der 15. der 1952 nach der Abschaffung der Länder gebildeten Bezirke der DDR.

Nach > BLOCKADE und > SPALTUNG der Stadt hatten die in eine Insellage geratenen drei westlichen > SEKTOREN – Berlin (West) – nur eine Überlebenschance, wenn sie auf dauernde Hilfe aus dem Westen, v.a. von der neu gegründeten Bundesrepublik Deutschland, rechnen konnten. Zunächst mußte die durch Betriebsstillegungen und Industriedemontage, Arbeitslosigkeit, Wohnungsnot, unzureichende Versorgung sowie hohe Zuwanderung von > FLÜCHTLINGEN gekennzeichnete Notlage gebessert werden. Bereits am 6.8.1948 hatten die drei westlichen Stadtkommandanten die Einbeziehung Berlins in die Marshallplan-Hilfe beantragt, die jedoch wegen der nach der > WÄHRUNGSREFORM bis zum 20.3.1949 in den Westsektoren umlaufenden Doppelwährung erst ab April 1949 verwirklicht wurde (> EUROPEAN RECOVERY PROGRAM). Da West-Berlin die während der Blockade über die > LUFTBRÜCKE eingeflogenen Güter nicht allein bezahlen konnte, beschloß der Bizonen-Wirtschaftsrat am 8.11.1948 als erste Hilfsmaßnahme zur Erleichterung der nicht nur finanziell schwierigen Lage der Stadt ein > NOTOPFER BERLIN.

Am 20.3.1949 war die Westmark einziges gesetzliches Zahlungsmittel in den Westsektoren geworden. Daraufhin streikten im Mai 1949 die in den Westsektoren wohnenden Eisenbahner und forderten den Umtausch ihrer von der > DEUTSCHEN REICHSBAHN in Ostmark ausgezahlten Löhne und Gehälter in Westmark. Nachdem die Reichsbahn sich bereit erklärt hatte, 60 % der Löhne in Westmark zu zahlen, erlaubten die Westmächte einen Umtausch der restlichen 40 % zum Kurs von 1:1. Die in West-Berlin eingerichtete *Lohnausgleichskasse* sorgte für rd. 145.000 > GRENZGÄNGER zwischen den beiden Währungsgebieten für einen angemessenen Umtausch der jeweils im anderen Teil verdienten Einkommen.

Ende Februar 1950 hatte die Zahl der Arbeitslosen in den Westsektoren mit über 306.000 einen neuen Höchststand erreicht. Im März 1950 wurde West-Berlin auf Beschluß des > DEUTSCHEN BUNDESTAGS zum Notstandsgebiet erklärt. Die Westalliierten verzichteten in ihren Sektoren auf weitere Demontagen, und Mitte April wurde ein Notstandsprogramm begonnen, mit dem v.a. die Arbeitslosigkeit bekämpft werden sollte (> BERLINER AUFBAUPROGRAMM). Zunächst konzentrierten sich die Maßnahmen auf die Enttrümmerung (> TRÜMMERBERGE), später kamen Tiefbauarbeiten, Instandsetzung und Neubau von Wohnungen hinzu (> WOHNUNGSBAU). Auch viele Park- und Grünanlagen wurden im Rahmen dieses Programms angelegt und wiederhergestellt (> STADTGRÜN).

Aufgrund der Erfahrungen aus der Blockade und der nach wie vor bestehenden äußeren Bedrohung hatte man in West-Berlin begonnen, sich von Lieferungen aus der Sowjetzone und Ost-Berlin unabhängig zu machen. So war am 1.12.1949 das wiederaufgebaute Kraftwerk West seiner Bestimmung übergeben worden, das die Unabhängigkeit der > ELEKTRIZITÄTSVERSORGUNG West-Berlins sicherstellen sollte. Wie notwendig dies war, sollte sich zeigen, als die Ost-Berliner Behörden am 5.3.1952 die bis dahin bestehende Netzeinheit mit Berlin (West) trennten. Störungen gab es nach der Blockade auch in der > WASSERVERSORGUNG. Die letzten Verbindungen zwischen den beiden Rohrnetzen wurden um die Jahreswende 1966/67 getrennt. In diesen Zusammenhang gehört auch die auf Befehl der Alliierten Kommandantur erfolgte Anlage einer umfangreichen > BERLINBEVORRATUNG aller wichtigen Verbrauchsgüter ab August 1949.

Allmählich zeichneten sich auch erste Erfolge ab: Am 21.4.1950 eröffnete Frankreich am > KURFÜRSTENDAMM ein französisches Kulturzentrum (> INSTITUT FRANÇAIS DE BERLIN), und im Juli wurde mit der Wiedereröffnung des KaDeWe an der > TAUENTZIENSTRASSE der erste Schritt zur Wiederbelebung der westlichen > CITY getan. Im Juli 1951 wurde der Zentralflughafen Tempelhof für den zivilen > LUFTVERKEHR freigegeben (> FLUGHÄFEN). Am 6.6.1951 begannen im > TITANIA-PALAST in > STEGLITZ die ersten > INTERNATIONALEN FILMFESTSPIELE BERLIN, und am 1.7.1951 lockte das erste Nachkriegs-Autorennen auf der > AVUS mehr als 350.000 Zuschauer an. Im gleichen Monat führte der Dritte Deutsche Evangelische Kirchentag über 300.000 Besucher in beide Teile der Stadt. Am 1.10.1950 eröffnete Bundespräsident Theodor Heuss die > DEUTSCHE INDUSTRIEAUSSTELLUNG auf dem > AUSSTELLUNGS- UND MESSEGELÄNDE AM FUNK-

TURM, damals die größte deutsche Ausstellung seit Kriegsende, und seit Februar 1951 findet die > INTERNATIONALE GRÜNE WOCHE regelmäßig jedes Jahr in Berlin statt. In Ost-Berlin beschloß der III. Parteitag der SED im Juli 1950 den ersten Fünfjahresplan zur Entwicklung der Volkswirtschaft der DDR 1951-55.

Berlin (West) – vom Umland abgeschnürt, seiner Dienstleistungsfunktion als > HAUPTSTADT beraubt und von außen bedroht – konnte ohne enge > BINDUNGEN an die Bundesrepublik Deutschland nicht überleben. Daher war seine Einbeziehung in das Finanz-, Rechts-, Wirtschafts- und Gesellschaftssystem der Bundesrepublik Deutschland unerläßlich. Diese wurde v.a. durch das > DRITTE ÜBERLEITUNGSGESETZ von 1952 geregelt. Es verpflichtete die Stadt, die vom Bund erlassenen Gesetze innerhalb eines Monats in Berlin in Kraft zu setzen – sofern sie nicht den Bereich der alliierten Vorbehaltsrechte betrafen – und gab ihr dafür einen dauerhaften Rechtsanspruch auf > BUNDESHILFE zum Ausgleich ihres Haushaltsdefizits.

Die Erfolge stellten sich bald ein. Investitionen flossen in die produzierende > WIRTSCHAFT. Der Export stieg von 1950-1960 um das Zwölffache. Die Zahl der Arbeitslosen ging zurück; bis 1959 wurde nahezu Vollbeschäftigung erreicht (> ARBEITS-MARKT). Nachdem das Scheitern der Berliner Außenministerkonferenz der > ALLIIER-TEN im Januar/Februar 1954 deutlich gemacht hatte, daß mit einer baldigen Wiedervereinigung nicht zu rechnen war, begann man, sich langfristig auf den gegebenen Zustand einzustellen. Der am 27.4.1955 vom Wirtschaftskabinett der Bundesregierung beschlossene und am 28.8.1955 vom Senat verabschiedete Berliner Aufbauplan brachte zusätzliche Investitionsmittel von insg. 5,3 Mrd. DM in die Stadt, die v.a. im > WOHNUNGSBAU und im Verkehrswesen eingesetzt wurden (> VERKEHR). Ab 1955 entstanden jährlich rd. 20.000 Wohnungen. Bereits am 21.6.1957 konnte die 100.000. nach Kriegsende fertiggestellte Wohnung übergeben werden. Auch im Rahmen der Internationalen Bauausstellung 1957 wurden mehr als 1.200 Wohnungen errichtet, v.a. durch den Wiederaufbau des > HANSAVIERTELS, das dank internationaler Architekten-Beteiligung zu einem der damals modernsten Stadtviertel Europas wurde (> BAUAUSSTELLUNGEN). Gleichzeitig entstanden das 17 Stockwerke hohe > CORBUSIER-HAUS für 1.500 Mieter und die > KONGRESSHALLE TIERGARTEN. Bereits im Oktober 1953 war der erste Spatenstich zum weiteren Ausbau der > U-BAHN erfolgt und im April 1956 begann der Bau der Stadtautobahn (> BUNDESFERNSTRASSEN). Zudem wurden zahlreiche Bundesbehörden in der Stadt angesiedelt, als erste in Nachfolge des Reichsgesundheitsamts am 27.2.1952 das > BUNDESGESUNDHEITSAMT und am 4.4.1952 das > BUNDESAUFSICHTSAMT FÜR DAS VERSICHERUNGSWESEN.

Im Ostteil der Stadt hatte der Krieg 20 Mio. m³ Trümmerschutt hinterlassen; 1949 waren davon erst 5 Mio. m³ abgeräumt worden. Im > VOLKSPARK FRIEDRICHSHAIN wurden zwei große Trümmerberge aufgeschichtet. Manche kunsthistorisch wertvollen Bauten, die im Krieg beschädigt worden waren, deren Wiederaufbau später aber durchaus möglich gewesen wäre, fielen aus ideologischen Gründen der Spitzhacke zum Opfer (> BAUGESCHICHTE UND STADTBILD). Das krasseste Beispiel war die Sprengung des > STADTSCHLOSSES, mit der am 7.9.1950 begonnen wurde. Nachdem am 21.12.1949 die > FRANKFURTER ALLEE, die Hauptverkehrsstraße des Berliner Ostens, in *Stalinallee* umbenannt worden war, folgte im Mai 1951 die Umbenennung von weiteren insg. 58 Straßen. Weitere Straßenumbenennungen fanden in den 60er und 70er Jahren statt. In der „Hauptstadt der DDR" sollten die Erinnerung an die preußische und deutsche Geschichte getilgt, der Sozialismus und Sozialisten verherrlicht werden. Die Stalinallee wurde bereits 1961 wieder umbenannt, für viele andere Straßen geschah dies 1990/91 nach der > VEREINIGUNG.

Zur Untermauerung des von der SED erhobenen Anspruchs, die DDR sei das neue Deutschland, das Deutschland der Zukunft, fanden in Ost-Berlin 1950 das Deutschlandtreffen der 1946 gegründeten Freien Deutschen Jugend (FDJ) mit Hunderttausenden von Jugendlichen, davon einigen zehntausend aus der Bundesrepublik, und 1951 die kommunistisch gelenkten 3. Weltfestspiele der Jugend und Studenten statt, die von rd. 2 Mio. Jugendlichen aus 104 Ländern besucht wurden. 1950 waren an der damaligen Stalinallee die ersten vier Wohnhaus-Neubauten in Ost-Berlin entstanden. Anfang 1952 wurde das „Nationale Aufbauprogramm Berlin" ins Leben gerufen, das 1953 als > NATIONALES AUFBAUWERK auf die ganze DDR ausgeweitet wurde. Im Rahmen dieser Großaktion wurden in Ost-Berlin bis 1961 rund 40,5 Mio. Aufbaustunden (zumeist nach Feierabend) geleistet, wodurch Werte im Umfang von 185,4 Mio. Ostmark geschaffen wurden.

Zugunsten des Neubaus wurden jahrelang die Instandsetzung und Erhaltung von Wohnraum, der den Krieg – wenn auch beschädigt – überstanden hatte, vernachlässigt (> STADTSANIERUNG). Ganze Straßenzüge wurden abgerissen und an die Stelle der alten Häuser schnell hochgezogene, qualitativ minderwertige Wohnblocks gesetzt, so zwischen 1951 und 1955 in der Dimitroff-/Artur-Becker-Str., an der Ostseestr., am Sterndamm in > JOHANNISTHAL und in Neu-Lichtenberg. 1956 begann in > KARLSHORST und in > FRIEDRICHSHAIN der industrielle > WOHNUNGSBAU in Großblockmontage-Bauweise. Zwei Jahre später wurden in Ost-Berlin bereits 30 % der Neubauwohnungen industriell gebaut und 90 % nach Typen. Obwohl der Wohnungsbau Vorrang haben sollte, war die SED-Führung doch daran interessiert, den östlichen Teil Berlins zu einer repräsentativen Hauptstadt werden zu lassen. Zu Beginn der 50er Jahre wurde der planmäßige Wiederaufbau der alten Prachtstraße > UNTER DEN LINDEN beschlossen. Am 4.9.1955 konnte die > DEUTSCHE STAATSOPER UNTER DEN LINDEN wiedereröffnet werden. Auch das > BRANDENBURGER TOR wurde 1956/57 wiederhergestellt. Am 21.12.1952 begann in > ADLERSHOF der Fernsehfunk der DDR mit einem ersten Versuchsprogramm. Das westdeutsche Fernsehen folgte am 25.12. mit den Sendeorten Berlin, Köln und Hamburg (> FERNSEHEN). Am 1.6.1954 nahm der > SENDER FREIES BERLIN (SFB) seine Sendungen auf, nachdem er zuvor die in Berlin tätigen Abteilungen des Nordwestdeutschen Rundfunks (NWDR) übernommen hatte (> HÖRFUNK).

Als Reaktion auf die Unterzeichnung des Deutschlandvertrags zwischen der Bundesrepublik Deutschland und den drei Westmächten im Mai 1952 wurden die Fernsprechverbindungen zwischen den beiden Teilen der Stadt sowie zwischen Berlin (West) und den Orten in der DDR von östlicher Seite unterbrochen. Wenige Tage zuvor hatte die > DEUTSCHE REICHSBAHN bereits den > ANHALTER BAHNHOF geschlossen und begonnen, die nach Berlin kommenden Fernzüge um West-Berlin herum direkt nach Ost-Berlin zu leiten (> EISENBAHN). Abgeriegelt wurden am 1.6.1952 auch die meisten Straßenverbindungen von Berlin (West) in das Umland. Nach den vom DDR-Innenminister erlassenen Bestimmungen für die Einreise von Bewohnern West-Berlins und der Bundesrepublik in den Ostteil der Stadt und in die DDR war die Einreise nur noch mit von der DDR ausgegebenen Sonderausweisen und Passierscheinen erlaubt. Für West-Berliner wurde es nahezu unmöglich, in die DDR einzureisen. Am 15.1.1953 unterbrach die östliche Seite den innerstädtischen Straßenbahnverkehr (> Strassenbahn). Im Juli 1953 wurden auch die letzten beiden Übergänge in die DDR, die > Glienicker Brücke und die Heerstr. in > Staaken, für den Wechselverkehr geschlossen. Bereits am 5.9.1952 hatte der Ost-Berliner Magistrat alle Geschäftsinhaber mit Wohnsitz in Berlin (West) enteignet, im November folgten die Grundstücke und andere Vermögenswerte von in West-Berlin wohnenden Eigentümern. Nach der Vereinigung haben diese Enteignungen zu einer Vielzahl von Restitutionsansprüchen geführt (> Landesamt zur Regelung offener Vermögensfragen).

Inzwischen hatten die rasche Entwicklung der SED zu einer totalitären Kaderpartei („Partei neuen Typs" ab Mitte 1948), die Gleichschaltung der bürgerlichen Parteien im sowjetischen Machtbereich und die forcierte radikale Umgestaltung der gesellschaftlichen Verhältnisse im Zuge des auf der 2. Parteikonferenz in Ost-Berlin im Juli 1952 beschlossenen planmäßigen „Aufbaus des Sozialismus" sowie das immer deutlicher zutage tretende Bestreben der SED, ihrem Teil Deutschlands das Sowjetsystem aufzuzwingen, die Unzufriedenheit unter der Bevölkerung immer größer werden lassen. So kam es in Ost-Berlin zu einem zweitägigen Arbeiteraufstand, der am > 17. Juni 1953 seinen Höhepunkt erreichte, als Tausende den Rücktritt der Regierung und freie Wahlen forderten. Am Mittag dieses Tages verkündete der „Militärkommandant des sowjetischen Sektors von Berlin" den Ausnahmezustand, der erst am 11.7.1953 wieder aufgehoben wurde. Sowjetische Panzer retteten die DDR-Führung unter Ulbricht vor dem Zorn des Volkes.

Bereits vorher war die Flüchtlingssituation in Berlin (West) angesichts der Massenflucht, die die Stadt seit 1952 überschwemmte, immer prekärer geworden. Am 22.1.1953 hatte das Abgeordnetenhaus die Bundesregierung um rasche Hilfe gebeten. In der Stadt befanden sich damals 30.000 anerkannte und 100.000 nicht anerkannte > Flüchtlinge aus Ost-Berlin und der DDR, die zum großen Teil seit Jahren hier lebten, viele von ihnen in einem der 74 Lager im West-Berliner Stadtgebiet. So wurde am 22.8.1953 in > Marienfelde ein zentrales *Notaufnahmelager* eröffnet (heute > Zentrale Aufnahmestelle des Landes Berlin). Der Flüchtlingsstrom, der nach dem 17. Juni 1953 weiter anschwoll, riß auch in den folgenden Jahren nicht ab: Am 20.9.1956 wurde der einmillionste Flüchtling in Berlin (West) registriert.

Nach dem Inkrafttreten der Pariser Verträge, dem die Aufnahme der Bundesrepublik Deutschland in die > NATO folgte, wurde am 5.5.1955 die (eingeschränkte) *Souveränität* der Bundesrepublik Deutschland proklamiert. In Berlin (West) veröffentlichte die Alliierte Kommandantur am gleichen Tag eine *Erklärung über Berlin*, durch die das „ Kleine Besatzungsstatut" von 1949 aufgehoben wurde und mit der die Alliierten ihre Eingriffsmöglichkeiten gegenüber dem Berliner Senat auf einige Vorbehaltsrechte hinsichtlich der Erhaltung des Status und der Sicherheit Berlins sowie seiner Verbindungswege und der Erfüllung der internationalen Verpflichtungen der Alliierten beschränkten (> Bindungen). Keine Bedenken hatten die Westalliierten gegen die Einbeziehung von Berlin (West) in die Römischen Verträge zur Gründung der Europäischen Wirtschaftsgemeinschaft (EWG) vom 25.3.1957 (> Europäische Gemeinschaften), Sitzungen von > Deutschem Bundestag (die erste Plenarsitzung in Berlin fand im Oktober 1955 statt) und > Bundesrat (erste Tagung im März 1956) sowie der Bundesversammlung zur Wahl des > Bundespräsidenten, die von 1954-69 ausschließlich in Berlin (West) zusammentrat.

Die äußere Bedrohung der Stadt hatte bewirkt, daß das normale parlamentarische Wechselspiel zwischen Regierung und Opposition im freien Teil Berlins nach der Spaltung der Stadt nicht so recht funktionierte. Die Wahlen in Berlin (West) wurden immer wieder durch äußere Ereignisse entscheidend beeinflußt. Bis zum Tod Ernst Reuters am 29.9.1953 war die Stadt von einer Allparteienregierung der drei im > ABGEORDNETENHAUS vertretenen Parteien – SPD, CDU, FDP – regiert worden. Nach Reuters Tod wurde Walther Schreiber von der CDU zum > REGIERENDEN BÜRGERMEISTER gewählt. Er regierte für eine kurze Übergangszeit mit einer Koalition von CDU und FDP. Doch schon nach den Wahlen vom 5.12.1954 bildete Otto Suhr (SPD) eine Große Koalition aus SPD und CDU. Als Opposition standen den 108 Koalitionsabgeordneten lediglich 19 FDP-Abgeordnete gegenüber. Nach Suhrs Tod wurde Willy Brandt – seit den Wahlen 1954 Präsident des Abgeordnetenhauses – am 3.10.1957 zum Regierenden Bürgermeister gewählt.

Der Westintegration der Bundesrepublik Deutschland und der Verfestigung der Bindungen von Berlin (West) an die Bundesrepublik standen die Integration der DDR in das östliche Bündnissystem – Mitglied des Warschauer Pakts seit seiner Gründung am 14.5.1955 – und die Eingliederung Ost-Berlins in die DDR gegenüber. Während sich die Westmächte jedoch zur Fortgeltung des Vier-Mächte-Status von Berlin bekannten und sich entsprechend verhielten, versuchte die Sowjetunion Fakten zu schaffen, die dokumentieren sollten, daß der Vier-Mächte-Status obsolet geworden sei. Nach der Erklärung der Sowjetregierung vom 25.3.1954 über die Gewährung der *Souveränität* an die DDR, dem Beschluß über die einseitige Beendigung des Kriegszustandes mit Deutschland vom 25.1.1955 und dem Abschluß des Vertrages über die Beziehungen zwischen der Sowjetunion und der DDR am 20.9.1955, der die Souveränität der DDR weiter festigen sollte, wurde das Gesetz über die Schaffung der Nationalen Volksarmee vom 18.1.1956 im Widerspruch zu Kriegs- und Nachkriegsvereinbarungen der Alliierten auch in Ost-Berlin in Kraft gesetzt (> ENTMILITARISIERUNG). Zwar erhielt das Ministerium für Nationale Verteidigung der DDR 1956 in Strausberg seinen Sitz (wo es bis zum Ende der DDR blieb) und nicht in Berlin, doch wurde 1962 bereits eine deutsche > STADTKOMMANDANTUR VON BERLIN in Ost-Berlin eingerichtet. Mit Wirkung vom 23.8.1962 war die sowjetische Kommandantur für aufgelöst erklärt worden, nachdem der letzte sowjetische > STADTKOMMANDANT von Berlin einen Tag zuvor von der sowjetischen Regierung abberufen worden war.

Mit der Einbindung der beiden deutschen Staaten in die jeweiligen Paktsysteme konnten die bis dahin auf den Außenministerkonferenzen der vier Alliierten unternommenen Versuche, das Berlin-Problem und die deutsche Frage einvernehmlich auf dem Verhandlungswege zu lösen, als gescheitert betrachtet werden. Nachdem die UdSSR im Vorfeld der Westintegration und des NATO-Beitritts der Bundesrepublik noch Gesprächsbereitschaft signalisiert hatte – so in der Stalin-Note vom 10.3.1952 mit dem Angebot, Gesamtdeutschland zu neutralisieren –, versuchte sie in den folgenden Jahren den gegebenen und grundsätzlich nicht mehr veränderbar erscheinenden Zustand massiv zu ihrem Vorteil auszunutzen und beschwor mit dem > SOWJETISCHEN ULTIMATUM von 1958 die zweite große Berlin-Krise herauf.

IX. VOM CHRUSCHTSCHOW-ULTIMATUM BIS ZUM VIER-MÄCHTE-ABKOMMEN 1958-1971

Das > Sowjetische Ultimatum vom 27.11.1958 an die drei Westmächte richtete sich gegen zwei für die Lebensfähigkeit von Berlin (West) entscheidende Faktoren: das Anwesenheitsrecht der drei Westmächte in Berlin aufgrund des > Sonderstatus von > Gross-Berlin und die > Bindungen von Berlin (West) an die Bundesrepublik Deutschland, insbes. seine Einbeziehung in deren Finanz-, Wirtschafts- und Rechtssystem. Die Forderung des sowjetischen Ministerpräsidenten Nikita S. Chruschtschow, für deren Annahme er den Westmächten sechs Monate Zeit gab, enthielt die einseitige Aufkündigung des Vier-Mächte-Status. Die sowjetische Note sah die Beendigung der „unrechtmäßigen" Besetzung der drei Westsektoren und die Umwandlung von Berlin (West) in eine > Selbständige politische Einheit Westberlin – eine *entmilitarisierte Freie Stadt* – vor, in deren Leben sich kein Staat, „auch keiner der beiden bestehenden deutschen Staaten", einmischen dürfe. Die Westmächte beharrten jedoch auf ihren originären Rechten in Berlin. Zusammen mit der Bundesrepublik erklärten sie sich jedoch bereit, über eine Berlin-Regelung mit der Sowjetunion zu verhandeln, allerdings nur im Rahmen einer Lösung der deutschen Frage. Am 10.1.1959 unterbreitete die sowjetische Regierung den Westmächten den Entwurf eines Friedensvertrages mit Deutschland. Die daraufhin einberufene Genfer Außenministerkonferenz der vier Siegermächte, an der erstmals Vertreter beider Staaten in Deutschland teilnehmen konnten, endete Anfang August 1959 ebenso ohne Ergebnis wie das Zusammentreffen Chruschtschows mit dem amerikanischen Präsidenten John F. Kennedy am 3./4.6.1961 in Wien. Den im Chruschtschow-Ultimatum enthaltenen Forderungen der sowjetischen Berlin-Politik setzte Kennedy am 25.7.1961 die > Three Essentials der amerikanischen Berlin-Position entgegen: das Recht der > Alliierten auf Anwesenheit in West-Berlin, das Recht auf ungehinderten Zugang durch Ostdeutschland und das Recht auf Selbstbestimmung für die Bevölkerung von West-Berlin.

Obwohl sie die von Chruschtschow gesetzte Frist verstreichen ließ, ohne – wie angedroht – durch ein Abkommen mit der DDR dieser die volle Souveränität in Berlin und über die Zugangswege nach Berlin zu übertragen, hielt die Sowjetunion an ihren berlinpolitischen Zielen fest. Die durch ständige Drohungen aufrechterhaltenen Spannungen, die wirtschaftlichen Schwierigkeiten in der DDR, die sich 1960 infolge der zeitweisen Kündigung des Interzonenhandelsabkommens durch die Bundesregierung und die Kollektivierung der Landwirtschaft vergrößerten, sowie der verstärkte politische Druck auf die Bevölkerung der DDR ließ den Strom der > Flüchtlinge immer mehr anschwellen, was wiederum die wirtschaftlichen Probleme der DDR potenzierte. Um den Verlust an Arbeitskräften zu stoppen und den Zusammenbruch der DDR-Wirtschaft zu verhindern, zugleich aber auch der sowjetischen Forderung nach Umwandlung West-Berlins in eine selbständige politische Einheit näherzukommen, errichtete die DDR am > 13. August 1961 mit Billigung der Staaten des Warschauer Paktes entlang der > Demarkationslinie zum Ostsektor eine militärisch gesicherte > Mauer und an der Stadtgrenze von West-Berlin Sperranlagen, die im Laufe der folgenden Jahre zu einer stark befestigten Grenze ausgebaut wurden. Den Einwohnern Ost-Berlins und der DDR, die bis dahin West-Berlin besuchen oder als > Grenzgänger dort arbeiten konnten, wurde das Betreten der Westsektoren untersagt. Viele versuchten, die Sperranlagen unter Einsatz ihres Lebens zu überwinden. Bis zur Grenzöffnung am > 9. NOVEMBER 1989 kamen dabei mindestens 80 Menschen ums Leben. Umgekehrt wurde auch den West-Berlinern die Einreise in den Ostsektor unmöglich gemacht. Bis zum Inkrafttreten der > BESUCHERREGELUNG Mitte 1972 wurden lediglich im Rahmen von insg. vier > PASSIERSCHEINREGELUNGEN (1963, 1964, 1965 und 1966) kurzfristige Besuche im Ostteil Berlins gestattet.

Der Mauerbau löste unter der Bevölkerung in beiden Teilen der so auseinandergerissenen Stadt heftige Erregung aus. Die Westalliierten unternahmen außer verbalen Protesten jedoch nichts gegen die Absperrmaßnahmen. Selbst die Konfrontation amerikanischer und sowjetischer Panzer, die sich am > CHECKPOINT CHARLIE in der > FRIEDRICHSTRASSE drohend gegenüberstanden, machte nur deutlich, daß die Westmächte und die Sowjetunion sich darin einig waren, den jeweils anderen Machtbereich respektieren und sich jeder Einmischung enthalten zu wollen. Daß die drei Westmächte jedoch am Vier-Mächte-Status von Berlin festhalten und die Sowjetunion nicht aus ihrer Verantwortung für Groß-Berlin entlassen wollten, demonstrierten sie, als sie am 25.10.1961 wieder uniformierte Patrouillen in den Ostsektor schickten, die weder von sowjetischen noch von DDR-Behörden behindert wurden. Die Bewegungsfreiheit der vier Alliierten in Groß-Berlin war durch den Mauerbau nicht in Frage gestellt worden. Das Ende der durch sein Ultimatum ausgelösten und mit dem Mauerbau verschärften Berlin-Krise signalisierte Chruschtschow am 23.1.1963 in einer Rede in Ost-Berlin. Die Verdrängung der drei Westmächte aus Berlin war der Sowjetunion nicht gelungen. Der Besuch Kennedys in Berlin am 23.6.1963, in dessen Verlauf er vom Balkon des > RATHAUSES SCHÖNEBERG ausrief „Ich bin ein Berliner", machte die Entschlossenheit der Westalliierten deutlich, ihre Position und ihre Rechte in Berlin ohne Wenn und Aber aufrechtzuerhalten.

Ende der Krise hieß aber nicht Ende der Spannungen und Verzicht der Sowjetunion auf ihre Ziele. Nach 1963 richtete sich ihr Hauptstoß nicht mehr gegen die Anwesenheit der Westalliierten in Berlin. Sie verfolgte jetzt vielmehr um so stärker ihr Ziel, aus Berlin (West) eine selbständige politische Einheit, einen dritten deutschen Staat, werden zu lassen, wobei sie den Hebel zur Isolierung und Verselbständigung West-Berlins bei den Bindungen von Berlin (West) an den Bund, seiner Außenvertretung durch die Bundesrepublik und beim zivilen > TRANSITVERKEHR ansetzte, der immer wieder durch Schikanen beeinträchtigt wurde. Dabei drohte sie mit dem Abschluß eines separaten Friedensvertrages mit der DDR, durch den alle bisher von der Sowjetunion in Deutschland ausgeübten Rechte und Verantwortlichkeiten an die DDR übertragen würden. Zum erstenmal in einem völkerrechtlichen Vertrag wurde West-Berlin im Freundschafts- und Beistandsvertrag zwischen der UdSSR und der DDR von 1964 als „selbständige politische Einheit" bezeichnet. Anläßlich der Plenarsitzung des > DEUTSCHEN BUNDESTAGES in Berlin 1965 und der Tagung der Bundesversammlung 1969 – beide waren die letzten im geteilten Berlin – wurde der Berlin-Verkehr zeitweise ganz zum Erliegen gebracht. Im Juni 1968 führte die DDR für Einreisen aus der Bundesrepublik und aus West-Berlin sowie im Transitverkehr die Paß- und Visumpflicht ein.

Die kurz nach dem Chruschtschow-Ultimatum stattfindende Wahl in Berlin (West) brachte am 7.12.1958 mit 92,9 % nicht nur die höchste Wahlbeteiligung, die eine demokratische Wahl in Deutschland bisher zu verzeichnen hatte, sie führte auch dazu, daß nur noch SPD (52,6 %) und CDU (37,7 %) im Abgeordnetenhaus vertreten waren. Angesichts der bedrohlichen Lage blieben beide Parteien zusammen und verzichteten ganz auf eine Opposition. Nachdem Chruschtschow durch sein Ultimatum die 1954 nach dem Scheitern der Berliner Außenministerkonferenz begonnene Große Koalition gestärkt hatte, brachte er sie im Januar 1963 wieder auseinander: Während seines Aufenthalts in Ost-Berlin lud er den Regierenden Bürgermeister Brandt zu einem Gespräch dorthin ein. Brandt wollte die Einladung annehmen, der Koalitionspartner CDU drohte jedoch ultimativ mit Koalitionsbruch. Brandt sah sich daraufhin genötigt, die Zusammenkunft abzulehnen. Bei der Wahl am 17.2.1963 erhielt die SPD mit 61,9 % der Stimmen das zweithöchste Ergebnis ihrer Berliner Nachkriegsgeschichte und bildete eine Koalition mit der ins Abgeordnetenhaus zurückgekehrten FDP. Die CDU – die auf 28,9 % gekommen war – ging zum ersten Mal seit 1946 in die Opposition, wo sie bis 1981 verblieb.

Der wirtschaftliche Aufschwung von Berlin (West) wurde durch den Bau der Mauer jäh unterbrochen. Zwar wurde das Chruschtschow-Ultimatum dank der Solidarität der westdeutschen Wirtschaft, die Berlin durch kontinuierliche Auftragsvergabe beisprang, ohne wirtschaftliche Rückschläge überstanden, doch der 13. August 1961 machte eine Umorientierung der Wirtschaftspolitik notwendig. Nun wurde der Mangel an Arbeitskräften zu einem bestimmenden Faktor, denn buchstäblich über Nacht gingen der West-Berliner Wirtschaft durch die Errichtung der Mauer rund 60.000 Arbeitskräfte verloren, > Grenzgänger aus dem Osten, die vor dem 13.8.1961 im Westteil Berlins gearbeitet hatten (> Arbeitsmarkt). Doch auch viele West-Berliner – nicht zuletzt Führungskräfte der Wirtschaft – verließen die Stadt aus Angst vor der Zukunft in Richtung Westen. Durch die Absperrmaßnahmen wurde darüber hinaus eine Zuwanderung aus dem Umland unmöglich gemacht. So kam es in den 60er Jahren v.a. darauf an, das industrielle Wachstum durch Rationalisierung und Produktivitätsfortschritte sicherzustellen. Das erforderte überdurchschnittliche Investitionen. Das vom Bundestag am 29.6.1962 verabschiedete *Berlin-Hilfe-Gesetz* schuf hierfür die Voraussetzungen (> Berlinförderung). Dem Arbeitskräftemangel wurde durch eine verstärkte Anwerbung von Ausländern begegnet (> Bevölkerung). Der Wohnraumknappheit versuchte man mit der Errichtung großer Trabantenstädte an den Stadträndern zu begegnen. Ab 1963 wurden die Großsiedlungen > Falkenhagener Feld im Bezirk > Spandau mit über 8.000 Wohnungen (Fertigstellung 1971), das > Märkische Viertel in > Reinickendorf mit 17.000 Wohnungen (Fertigstellung 1974) und ab 1964 die Großsiedlung > Gropiusstadt im Süden > Neuköllns mit 17.000 Wohnungen errichtet (Fertigstellung 1975). Bereits am 12.6.1964 war die 250.000. Wohnung in Berlin (West) seit Kriegsende fertiggestellt worden.

Auch das kulturelle und geschäftliche Leben erholte sich langsam wieder. Am 15.10.1963 wurde mit der von Hans Scharoun erbauten > Philharmonie am Kemperplatz das erste Gebäude des neuen > Kulturforums Tiergarten eingeweiht, wo die > Stiftung Preussischer Kulturbesitz im Oktober 1968 die nach einem Entwurf von Ludwig Mies van der Rohe errichtete > Neue Nationalgalerie und im Dezember 1975 das nach Entwürfen von Hans Scharoun in mehreren Bauabschnitten seit 1967 errichtete Gebäude ihrer > Staatsbibliothek eröffnen konnte. Am 2.4.1965 wurde das > Europa-Center am > Breitscheidplatz als erstes „Multicenter" mit einem 22-geschossigen Bürohochhaus als neue städtebauliche Dominante in der West-Berliner > City der Öffentlichkeit übergeben. Zweieinhalb Jahre später, Anfang Oktober

1967, wurde im damals ungebrochen aufbau- und autogläubigen West-Berlin die letzte > STRASSENBAHN stillgelegt. Seit der Vereinigung soll sie, in Ost-Berlin in Betrieb geblieben, wieder in den Westteil hinein verlängert werden (> ÖFFENTLICHER PERSONENNAHVERKEHR). 1968 wurde mit dem > UNIVERSTÄTSKLINIKUM STEGLITZ der erste größere Krankenhausneubau in West-Berlin nach dem Kriege eingeweiht (> KRANKENHÄUSER).

Als größte Universitätsstadt Deutschlands wurde West-Berlin in der zweiten Hälfte der 60er Jahre zum Ausgangspunkt der > STUDENTENBEWEGUNG als Ausdruck eines weit über Berlin hinausreichenden Protests gegen autoritäre Strukturen und Überfüllung der Hochschulen, die Bildung der Großen Koalition in Bonn zur Durchsetzung der Notstandsgesetze, sattes Wohlstandsdenken und amerikanischen Großmachtimperialismus. Am 5.2.1966 kam es zur ersten Vietnam-Demonstration in Berlin (West); am 22./23.6.1966 erlebte die Stadt das erste „Sit-in" in Deutschland. Als am 2.6.1967 nach einer Demonstration gegen den in Berlin (West) weilenden Schah von Persien, der Student Benno Ohnesorg von einem Polizeibeamten erschossen wurde, wandelte sich die Protestbewegung einer studentischen Minderheit zu einer Massenbewegung, die sich schon bald als *außerparlamentarische Opposition (APO)* verstand. Eine führende Rolle in diesem Prozeß spielte der Sozialistische Deutsche Studentenbund (SDS) mit seiner politischen Leitfigur Rudi Dutschke. Im Februar 1968 veranstalteten 12.000 Teilnehmer eines vom SDS einberufenen Vietnam-Kongresses eine Anti-USA-Demonstration durch die Innenstadt, an der erstmals auch offen Mitglieder der SPD teilnahmen. Der spätere Kandidat für das Amt des Regierenden Bürgermeisters (1984), Harry Ristock, wurde damals kurzzeitig aus der Partei ausgeschlossen. Nachdem Rudi Dutschke am 11.4.1968 bei einem Attentat auf dem > KURFÜRSTENDAMM lebensgefährlich verletzt worden war, demonstrierten am 1. Mai 30-40.000 Anhänger der APO in der West-Berliner City.

Eine Frucht der Studentenbewegung war das Berliner Hochschulgesetz vom 16.7.1969, das die alte Ordinarien-Universität zerschlug und eine Demokratisierung der Hochschulen erreichen wollte, jedoch die politisierte Gruppenuniversität schuf. Mit dem damals 31 Jahre alten Rolf Kreibich wurde 1969 an der > FREIEN UNIVERSITÄT BERLIN (FU) erstmals in Deutschland ein Assistent Universitätspräsident. Ein Urteil des Bundesverfassungsgerichts von 1973 und das Hochschulrahmengesetz des Bundes von 1975 korrigierten die überhasteten Reformen.

Die zunehmende Radikalisierung und Brutalisierung der rebellierenden Jugendlichen – die 1968 ihren Höhepunkt erreichten – bewirkten ein Auseinanderfallen der Studentenbewegung. Ein Teil der studentischen Wortführer versuchte den „langen Marsch durch die Institutionen". Andere – wie Ulrike Meinhof, der Rechtsanwalt Horst Mahler, Andreas Baader und Gudrun Ensslin – glitten in den Terrorismus ab und begannen von Berlin aus „bewaffnete Aktionen" gegen die bestehende gesellschaftliche und politische Ordnung. Eine erste spektakuläre Aktion war die gewaltsame Befreiung des in der Justizvollzugsanstalt Berlin-Tegel (> JUSTIZVOLLZUG) einsitzenden Kaufhausbrandstifters Andreas Baader durch Ulrike Meinhof u.a. am 2.5.1970.

Der Tod Benno Ohnesorgs hatte im September 1967 zum Rücktritt des erst Ende 1966 als Nachfolger von Willy Brandt ins Amt gekommenen Regierenden Bürgermeisters Heinrich Albertz (SPD) geführt. Ihm folgte am 19.10.1967 Klaus Schütz (SPD), der dieses Amt für zehn Jahre innehaben sollte. Im gleichen Jahr erhielt auch

Ost-Berlin einen neuen > Oberbürgermeister: Im Juli 1967 wurde der 72 Jahre alte Friedrich Ebert, der das Amt seit der > Spaltung Berlins 1948 bekleidet hatte, durch Herbert Fechner abgelöst, der bis 1974 amtierte.

In Ost-Berlin war noch vor dem Mauerbau im April 1961 ein „Plan für den Aufbau der Hauptstadt der DDR" veröffentlicht worden; zehn Jahre später war das Ost-Berliner Zentrum, die alte Mitte Berlins, weitgehend aufgebaut. Entstanden waren neben neuen innerstädtischen Wohngebieten um das 1955 wiederhergestellte > Berliner Rathaus das > Staatsratsgebäude 1964, das Außenministerium 1967 (> Auswärtiges Amt), der > Fernsehturm am > Alexanderplatz 1969 und schließlich der > Palast der Republik 1976. Neubauwohngebiete entstanden im Gebiet Leninallee/Ho-Chi-Minh-Str. (heute > Landsberger Allee/Weißenseer Weg), an der Greifswalder Str., in > Köpenick (> Salvador-Allende-Viertel) sowie für jeweils rd. 100.000 Menschen in den später zu neuen Stadtbezirken erhobenen Gebieten > Marzahn, > Hohenschönhausen und > Hellersdorf.

Doch trotz aller Wiederaufbauerfolge verschärfte sich das innenpolitische Klima in der DDR. 1964 wurde der an der > Humboldt-Universität lehrende Professor für Physikalische Chemie, Robert Havemann, wegen kritischer Äußerungen fristlos entlassen, aus der SED ausgeschlossen und 1966 auch aus der Mitgliederliste der > Akademie der Wissenschaften der DDR gestrichen. Im Dezember 1965 legte das in Ost-Berlin tagende 11. Plenum des Zentralkomitees der SED Kultur und Kunst ideologische Fesseln an, die sie bis zum Ende des SED-Staates nicht abstreifen konnten. Havemann wurde in den folgenden Jahren zu einer Leitfigur für die Oppositionsbewegung in der DDR.

1969 wurde Gustav Heinemann (SPD) in den West-Berliner Messehallen am > Funkturm zum > Bundespräsidenten gewählt und Willy Brandt Bundeskanzler der sozial-liberalen Koalition, mit der die von der Regierung der Großen Koalition unter Kurt Georg Kiesinger begonnene Ostpolitik kräftige neue Akzente bekam. Ende der 60er Jahre war die weltpolitische Konstellation in Bewegung geraten. Die beiden Supermächte USA und UdSSR strebten von der Konfrontation zur Entspannung. Von diesem Prozeß wurde auch die Bundesrepublik Deutschland erfaßt. So begann die 1969 in Bonn gebildete SPD/FDP-Koalition mit ihrer Vertragspolitik gegenüber der Sowjetunion (Moskauer Vertrag vom 12.8.1970), den anderen Staaten des Warschauer Paktes (Warschauer Vertrag vom 7.12.1970; Prager Vertrag vom 11.12.1973), aber auch gegenüber der DDR (> Grundlagenvertrag). Bei diesem Prozeß spielte Berlin eine große Rolle. Sowohl die Sowjetunion als auch die Westmächte wollten den Krisenherd entschärfen und strebten eine Verständigung an. So begannen im März 1970 die Botschafter der Vier Mächte im Gebäude des > Alliierten Kontrollrats mit intensiven Verhandlungen über Berlin, die schließlich zur Paraphierung des > Vier-Mächte-Abkommens vom 3.9.1971 führten. Das am 4.6.1972 unterzeichnete Schlußprotokoll verband die alliierten Abmachungen mit den deutschen Ausführungsvereinbarungen – dem zwischen der Bundesrepublik und der DDR geschlossenen Transitabkommen vom 17.12.1971 (> Transitverkehr) sowie den zwischen der DDR und dem > Senat von Berlin geschlossenen Vereinbarungen über den Reise- und Besucherverkehr (> Besucherregelungen) und über den > Gebietsaustausch vom 20.12.1971 – zu einem unauflöslichen Vertragswerk, das die Grundlage für die Existenz Berlins in den folgenden 18 Jahren bis zur > Vereinigung bildete.

X. DIE ENTWICKLUNG BERLINS BIS ZUM
FALL DER MAUER 1971-1989

Das > VIER-MÄCHTE-ABKOMMEN von 1971 hatte zwar die grundsätzlichen Meinungs-verschiedenheiten der Vier Mächte über den Status von Berlin nicht beseitigt, doch bestätigte es zum ersten Mal seit der unmittelbaren Nachkriegszeit in einem gemeinsamen Dokument den Fortbestand der Vier-Mächte-Rechte und -Verantwortlichkeiten in bezug auf > GROSS-BERLIN und ermöglichte eine entscheidende Verbesserung der Lebensfähigkeit West-Berlins. In völkerrechtlich verbindlicher Form bestätigte das Abkommen die originären Rechte der drei Westmächte in Berlin. Es machte die Verbindungswege zwischen Berlin (West) und dem Bundesgebiet sicherer und garantierte einen nahezu reibungslosen > TRANSITVERKEHR. Die nach dem Bau der > MAUER am > 13. AUGUST 1961 im Hinblick auf Ost-Berlin und die DDR beseitigte Bewegungsfreiheit der West-Berliner Bevölkerung wurde durch das Abkommen teilweise wiederhergestellt. Über die Zugehörigkeit von Berlin (West) zur Bundesrepublik Deutschland und die Entwicklung der > BINDUNGEN enthielt das Vier-Mächte-Abkommen eine Kompromißformel, die unterschiedliche Deutungen zuließ und daher in der Folge immer wieder zu Auseinandersetzungen führte, wie sich bereits 1974 bei der Errichtung des > UMWELTBUNDESAMTS in Berlin zeigen sollte.

Nach dem Inkrafttreten des Abkommens waren die Sowjetunion und die DDR allerdings bemüht, die im Abkommen gemachten Zugeständnisse wieder zurückzunehmen und Berlin (West) doch noch zu isolieren. Die drei Westmächte sind diesen Versuchen immer wieder entgegengetreten. Mit ihrer Unterstützung wurde Berlin ab 1972 durch die Bundesrepublik in den Vereinten Nationen vertreten. 1975 konnte das > EUROPÄISCHE ZENTRUM FÜR DIE FÖRDERUNG DER BERUFSBILDUNG in West-Berlin angesiedelt werden und 1978 eine Dienststelle des > EUROPÄISCHEN PATENTAMTES. In die ersten Direktwahlen zum Europäischen Parlament 1979 war West-Berlin in der Weise einbezogen, daß die Berliner Europa-Abgeordneten zum Kontingent der Bundesrepublik am Europäischen Parlament gehörten und durch das > ABGEORDNETENHAUS entsandt wurden. Sie erhielten volles Stimmrecht (> EUROPÄISCHE GEMEINSCHAFTEN).

Das Vier-Mächte-Abkommen brachte der DDR mit der damit einsetzenden Vertragspolitik zwischen den beiden Staaten in Deutschland in der ersten Hälfte der 70er Jahre die völkerrechtliche Anerkennung durch fast alle Staaten der Welt, einschließlich der drei Westmächte. Gleichberechtigt neben den Staats- bzw. Regierungschefs der vier Siegermächte, der Bundesrepublik Deutschland und 29 weiterer Staaten unterschrieb Erich Honecker als Staatsratsvorsitzender der DDR am 1.8.1975 die Schlußakte der Konferenz über Sicherheit und Zusammenarbeit in Europa (KSZE). Ost-Berlin wurde zum Sitz zahlreicher Botschaften ausländischer Staaten (> AUSLÄNDISCHE VERTRETUNGEN). Als Folge des 1972 in Ost-Berlin unterzeichneten > GRUNDLAGENVERTRAGS zwischen Bundesrepublik und DDR wurde am 2.5.1974 in Ost-Berlin die > STÄNDIGE VERTRETUNG DER BUNDESREPUBLIK DEUTSCHLAND bei der DDR eröffnet.

Während die Unruhe an den West-Berliner Universitäten auch in den 70er Jahren anhielt, ereigneten sich die ersten spektakulären Aktionen der Terroristen – der Rote Armee Fraktion (RAF) genannte Baader-Meinhof-Bande, der Bewegung 2. Juni und deren Nachfolgeorganisationen – in Berlin (West). Am 10.11.1974 töteten Terroristen den Präsidenten des Berliner > KAMMERGERICHTS, Günter v. Drenkmann, und am 27.2.1975 wurde der CDU-Landesvorsitzende Peter Lorenz von Mitgliedern der Bewegung 2. Juni gewaltsam entführt und erst wieder in Freiheit gesetzt, nachdem fünf inhaftierte Terroristen freigelassen und nach dem Südjemen ausgeflogen worden waren. Der Ausbruch von vier Terroristinnen aus der Frauenhaftanstalt Lehrter Str. führte am 10.7.1976 zum Rücktritt von Justizsenator Herrmann Oxfort (FDP). Zwei Jahre später trat auch sein Nachfolger, Jürgen Baumann (FDP), zurück, nachdem am 23.5.1978 einem Terroristen mit Hilfe von Gesinnungsgenossen die Flucht aus der Untersuchungshaftanstalt > MOABIT gelungen war.

Als mit dem Inkrafttreten des Vier-Mächte-Abkommens die Bedingungen für eine normale Entwicklung geschaffen worden waren und der nachlassende äußere Druck auf Berlin (West) die Hinwendung zur Stadtpolitik erlaubte, wurden Fehlentwicklungen und Mißstände sichtbar, die bis dahin verdeckt gewesen waren. In den 60er Jahren waren nicht nur radikale Jugendliche und solche junge Männer, die dem Dienst in der > BUNDESWEHR entgehen wollten, nach Berlin (West) gekommen (> WEHRPFLICHT), um sich der Studentenbewegung anzuschließen. Die nach dem Mauerbau gewährte Berlin-Hilfe, die im Lauf der Jahre zu einer immer weiter ausgedehnten Berlinförderungs-Gesetzgebung wurde, lockte auch Hasardeure in die Stadt, die unter Mißbrauch der staatlichen > BERLINFÖRDERUNG schnell reich zu werden hofften. Im Baubereich kam es zu Spekulationen mit Abschreibungsvergünstigungen. In Berlin (West) breitete sich eine Subventionsmentalität aus (> SUBVENTIONEN). Affären um die > KPM – KÖNIGLICHE PORZELLAN-MANUFAKTUR BERLIN GMBH (1974) und den > STEGLITZER KREISEL (1976) beschäftigten Untersuchungsausschüsse des Abgeordnetenhauses und führten zum Rücktritt von Senatoren. Unter der seit Kriegsende fast ununterbrochenen Vorherrschaft der SPD – die nach dem Mauerbau von 1963-71 mit der FDP, von 1971-75 allein und seit 1975 wieder mit der FDP regierte – hatte sich das ausgebreitet, was damals als „Filzokratie" bezeichnet wurde. Klaus Schütz (SPD), der 1967 die Führung des SPD/FDP-Senats übernommen hatte, mußte am 2.5.1977 zurücktreten. Der neue > REGIERENDE BÜRGERMEISTER, Dietrich Stobbe (SPD), der nach seinem Amtsantritt am 12.7.1977 einen Neubeginn aus eigener Kraft versprochen hatte, scheiterte wie sein Vorgänger. Nach dem größten Finanzskandal der West-Berliner Nachkriegsgeschichte, der sog. *Garski-Affäre* im Zusammenhang mit verlorenen Bürgschaften des Landes Berlin in Höhe von 93 Mio. DM für Kredite der landeseigenen Berliner Bank an einen unseriösen Bauunternehmer, in den auch Senatoren verwickelt waren, und einer immer deutlicher zu Tage tretenden innerparteilichen Krise in der SPD, mußte Stobbe am 15.1.1981 zurücktreten. Sein Nachfolger wurde am 23.1.1981 der aus Bonn herbeigerufene Bundesjustizminister und frühere Münchner Oberbürgermeister Hans-Jochen Vogel (SPD), doch leiteten CDU und Alternative Liste Anfang 1981 gleichzeitig ein > VOLKSBEGEHREN zur vorzeitigen Beendigung der Wahlperiode des > ABGEORDNETENHAUSES ein, woraufhin das Abgeordnetenhaus seine Selbstauflösung beschloß.

Die am 10.5.1981 folgenden Neuwahlen beendeten vorerst die fast 35jährige Vorherrschaft der Sozialdemokraten in Berlin (West). Die CDU erhielt mit 48 % der Stimmen fast die absolute Mehrheit, so daß der CDU-Kandidat Richard v. Weizsäcker einen von ihm geführten CDU-Minderheitssenat bilden konnte, der durch den Eintritt der FDP am 17.3.1983 als Koalitionssenat im Abgeordnetenhaus über eine Mehrheit verfügte. Als v. Weizsäcker am 23.5.1984 zum > BUNDESPRÄSIDENTEN gewählt wurde, übergab er das Amt des Regierenden Bürgermeisters bereits am 9.1.1984 an

Eberhard Diepgen (CDU), der die Koalition mit der FDP auch nach den Wahlen vom 13.3.1985 fortsetzte.

Bei den Wahlen zum Abgeordnetenhaus am 18.3.1979 hatte zum ersten Mal die aus der außerparlamentarischen Opposition entstandene Alternative Liste (AL) kandidiert und 3,7 % der Stimmen erhalten (> Die Grünen / Alternative Liste). Nicht zuletzt aufgrund der Bauskandale und Affären zog sie 1981 mit 7,2 % der Stimmen ins Abgeordnetenhaus ein und wurde drittstärkste Partei. Inzwischen waren im November 1979 die ersten > Hausbesetzungen erfolgt, denen sehr schnell mehr als 150 weitere folgten. Ging es den ersten „Instandbesetzern" noch um wohnungspolitische Ziele wie Protest gegen Mietwucher, spekulativen Leerstand und Wohungsnot, folgten ihnen bald die „Autonomen", die jeden sich bietenden Anlaß zu gewalttätigen Auseinandersetzungen mit der > Polizei nutzten. Durch die konsequente Anwendung der „Berliner Linie" ab Anfang 1981 (bereits besetzte Häuser wurden nur geräumt, wenn sofort realisierbare Nutzungskonzepte oder Strafanträge vorlagen; Neubesetzungen wurden mit sofortigen Räumungen beantwortet) und das Bemühen um eine Legalisierung der Besetzungen durch den Abschluß von Nutzungsverträgen konnte die Zahl der besetzten Häuser bis Anfang April 1984 auf ein Dutzend verringert werden. In > Kreuzberg aber hatte sich eine „autonome Szene" gebildet, deren meist vermummt auftretende Mitglieder immer wieder für Krawalle nach friedlich verlaufenen Demonstrationen sorgten. Nach der Maueröffnung im November 1989 etablierten sie sich auch in den östlichen Nachbarbezirken, wie sich im November 1990 bei den Krawallen in der Mainzer Str. im Bezirk > Friedrichshain zeigen sollte.

Der Wechsel von der SPD zur CDU in der Führung der Stadt im Mai 1981 hatte das politische Klima in Berlin (West) zunächst verbessert. Verstärkt wurden Anstrengungen zum Abbau der Arbeitslosigkeit und zum Bau von Wohnungen unternommen (> Wohnungsbau). Die > Internationale Bauausstellung (IBA), die in Berlin (West) 1984 stattfinden sollte, mußte wegen unvorhersehbarer Probleme und Hindernisse auf 1987, das Jahr der 750-Jahr-Feier, verschoben werden. Sie leitete jedoch, seit 1978/79 mit ihrer Vorbereitung begonnen wurde, eine Wende in der Berliner Stadtplanung und Stadtarchitektur ein. Ihre Ziele waren, die durch Krieg und Nachkriegspolitik doppelt beschädigte Stadt zu retten, eine „behutsame Stadterneuerung" zu beginnen, historisch gewachsene Stadtstrukturen mit neuem Leben zu erfüllen und die Innenstadt auch als Ort zum Wohnen wiederzugewinnen (> Baugeschichte und Stadtbild). Insg. wurden im Rahmen der IBA rd. 4.000 Wohnungen gebaut.

Nach langem Zögern hatte man in den 70er Jahren auch in Ost-Berlin mit der Modernisierung von Altbauwohnungen begonnen und die Erhaltung alter Häuser und gewachsener Strukturen im Stadtbezirk > Prenzlauer Berg sogleich zum größten Sanierungsobjekt der DDR erklärt. So wurde 1971 mit der Modernisierung am > Arkonaplatz begonnen, 1973 folgte das Gebiet um den > Arnimplatz. > Stadtsanierung wurde in den 80er Jahren v.a. im Stadtbezirk > Mitte, im sog. > Scheunenviertel, betrieben. Zwischen 1981 und 1987 entstand rund um die wiederaufgebaute > Nikolaikirche an der Gründungsstätte Berlins das > Nikolaiviertel, eine Mischung von erhalten gebliebenen und wieder aufgebauten historischen Bauten sowie modernen Wohnungsbauten. Im Bezirk > Prenzlauer Berg wurde auf dem Gelände eines alten Gaswerks Mitte der achziger Jahre der > Ernst-Thälmann-Park errichtet, ein

Wohngebiet für rd. 4.000 Menschen inmitten von Grünanlagen und Bäumen. Bereits 1982 war der 21geschossige Neubau des Chirurgisch Orientierten Zentrums der > CHARITÉ seiner Bestimmung übergeben worden. Ein Jahr später konnte die > FRANZÖSISCHE FRIEDRICHSTADTKIRCHE, 1987 der angebaute Turmbau (Französischer Dom) am > GENDARMENMARKT wiedereingeweiht werden. 1984 waren die Außenarbeiten am Berliner > DOM, der im II. Weltkrieg schwer beschädigt worden war, abgeschlossen. Im gleichen Jahr wurde der neue > FRIEDRICHSTADTPALAST an der > FRIEDRICHSTRASSE seiner Bestimmung übergeben und das wieder aufgebaute Schinkelsche > SCHAUSPIELHAUS am Gendarmenmarkt als Konzerthaus eröffnet. Im Juli 1989 konnte nach viereinhalbjähriger Bauzeit die 10,1 km lange U-Bahn-Strecke zwischen > TIERPARK FRIEDRICHSFELDE – wo die Züge vom > ALEXANDERPLATZ seit 1973 endeten – und Hönow dem Verkehr übergeben werden.

Erste Erfolge in dem Bestreben, Berlin (West) zu einem Forschungs- und Dienstleistungszentrum sowie zur Stätte moderner Hochtechnologie zu machen (> WISSENSCHAFT UND FORSCHUNG), zeigten sich 1983. Damals wurde von der > TECHNISCHEN UNIVERSITÄT BERLIN mit finanzieller Unterstützung durch den Senator für Wirtschaft und Arbeit in einem ehem. Fabrikgebäude der AEG in der Ackerstr. im Bezirk > WEDDING das erste Gründerzentrum in Deutschland gegründet (> INNOVATIONS- UND GRÜNDERZENTREN). Einen Aufschwung als Stadt der Messen und Kongresse nahm Berlin (West), nachdem 1979 das > INTERNATIONALE CONGRESS CENTRUM (ICC) nach fast neunjähriger Bauzeit eröffnet worden war. Das ICC ist das umfangreichste Bauwerk Berlins nach 1945. Rd. 5 Mio. Besucher zählte 1985 die > BUNDESGARTENSCHAU (BUGA) in > BRITZ. Das knapp 100 ha große Gartenschaugelände, auf dem sich 1978 noch Getreidefelder und Kartoffeläcker erstreckten, ist als > BRITZER GARTEN v.a. für die Bewohner der Bezirke > NEUKÖLLN und > TEMPELHOF erhalten geblieben. Als vierte Stadt nach Athen, Florenz und Amsterdam war Berlin (West) – ausgewählt von der EG – 1988 *Kulturstadt Europas*; rd. 7 Mio. Menschen besuchten die verschiedenen Veranstaltungen, an denen sich auch Künstler und Ensembles aus der DDR und Osteuropa beteiligten.

Die Probleme aber, die die Regierenden Bürgermeister Schütz und Stobbe zum Rücktritt gezwungen hatten, waren geblieben. Im April 1986 erschütterte der Korruptionsskandal um den Charlottenburger Baustadtrat Wolfgang Antes (CDU) den Senat und führte schließlich zum Rücktritt von drei Senatoren. Bei den folgenden Wahlen am 29.1.1989 erhielten CDU und SPD im Abgeordnetenhaus je 55 Mandate, so daß die SPD unter Walter Momper zusammen mit der AL eine Koalition bilden konnte, zumal die FDP an der Fünf-Prozent-Hürde gescheitert war. Die Überraschung dieser Wahl war der Erfolg der rechtsextremen Partei > DIE REPUBLIKANER, die 7,5 % der Stimmen erhielt. Die seit Beginn der 80er Jahre zunehmende Zahl der Arbeitslosen, die im Juni 1988 mit 97.200 die höchste in den vorangegangenen 30 Jahren war, der hohe Ausländeranteil an der West-Berliner > BEVÖLKERUNG – 1988 waren es 270.000, bereits am 1.1.1975 war eine Zuzugssperre für Ausländer in den Bezirken Kreuzberg, Tiergarten und Wedding in Kraft getreten – und der verstärkte Zustrom von > ASYLBEWERBERN und > ÜBERSIEDLERN aus der DDR sowie die Verknappung bezahlbarer Wohnungen hatte Verunsicherte und Protestwähler zu den Republikanern wechseln lassen.

Nach Inkrafttreten des Vier-Mächte-Abkommens und des Grundlagenvertrages ist Berlin (West) nicht nur in alle Verträge und Vereinbarungen der Bundesrepublik

Deutschland mit der DDR einbezogen worden, es gab auch eine Reihe von Vereinbarungen zwischen dem > Senat von Berlin oder anderen West-Berliner Einrichtungen und den Behörden der DDR, die von Vereinbarungen über Abfallstoffe und Abwasser über den Bau von Phosphateliminierungsanlagen in DDR-Klärwerken (> Abfallwirtschaft; > Wasserversorgung/Entwässerung) und Abmachungen über Rettungsmaßnahmen auf Grenzgewässern (> Feuerwehr) bis hin zum *Kulturgüteraustausch* reichten (> Kultur). Nach einem Eisenbahnerstreik in West-Berlin im September 1980, der zu zahlreichen Streckenstillegungen und Fahrplaneinschränkungen im S-Bahn-Netz führte, konnte am 30.12.1983 mit der > Deutschen Reichsbahn die Übernahme der > S-Bahn durch die > Berliner Verkehrs-Betriebe (BVG) vereinbart werden.

Es gab aber bis zum Fall der Mauer keine offiziellen Kontakte zwischen dem Senat von Berlin und dem Ost-Berliner > Magistrat bzw. zwischen dem Regierenden Bürgermeister und dem > Oberbürgermeister von Ost-Berlin. In diesem Amt hatte Erhard Krack (SED) am 11.2.1974 Herbert Fechner abgelöst. Auch zwischen einem Regierenden Bürgermeister und einem DDR-Ministerpräsidenten hat es vor dem Fall der Mauer nie eine offizielle Begegnung gegeben. Am 15.9.1983 trafen jedoch erstmals ein Regierender Bürgermeister und ein Staatsratsvorsitzender der DDR als „deutsche Politiker" zu einem Gespräch zusammen, als Richard v. Weizsäcker im Ost-Berliner > Schloss Niederschönhausen von Erich Honecker empfangen wurde. Eine Teilnahme des DDR-Staatsratsvorsitzenden Honecker am Festakt zur *750-Jahr-Feier* Berlins im Westteil der Stadt am 30.4.1987, zu der ihn der Regierende Bürgermeister Diepgen eingeladen hatte, kam jedoch ebensowenig zustande wie eine Teilnahme Diepgens am entsprechenden Staatsakt der DDR am 23.10.1987 in Ost-Berlin. Allerdings hatten Diepgen und Krack, die am 22.2.1987 an einer kirchlichen Veranstaltung in der Gethsemanekirche im Ost-Berliner Stadtbezirk Prenzlauer Berg teilgenommen hatten ohne sich zu begrüßen, am 21.10.1987 eine erste inoffizielle Begegnung in der Ost-Berliner > Marienkirche auf der Abschlußveranstaltung des von der Kirchenleitung der > Evangelischen Kirche in Berlin-Brandenburg (Region Ost) aus Anlaß des Stadtjubiläums ausgerichteten Veranstaltungsprogramms „750 Jahre Kirche in Berlin", zu dem ein Ost-Berliner Kirchentag im Juni gehörte. Auch gab es ab 12.2.1987 Gespräche über die Koordination der Feiern zwischen den Staatssekretären der Berliner > Senatskanzlei, Detlef Stronk, und des DDR-Kulturministeriums, Kurt Löffler; tatsächlich feierten West- und Ost-Berlin jedoch getrennt und jeder auf seine Weise.

Neben fünf Staatsoberhäuptern aus Frankreich, Großbritannien, den Vereinigten Staaten, Israel und Costa Rica kamen zwölf Regierungschefs bzw. deren Stellvertreter nach Berlin (West). An einem Erfahrungsaustausch zum Thema „Die Stadt der Zukunft" nahmen dort anläßlich der Eröffnung der IBA im Mai 55 Bürgermeister ausländischer und deutscher Großstädte teil. An dem Ost-Berliner „Internationalen Treffen der Bürgermeister" beteiligten sich 168 Repräsentanten aus 83 (darunter auch westdeutschen) Städten, und während ihres Gipfeltreffens im Mai in Ost-Berlin gratulierten mit Gorbatschow, Schiwkow, Kadar, Jaruzelski, Ceausescu und Husak die führenden Politiker der Warschauer-Pakt-Staaten dem Oberbürgermeister zum Stadtjubiläum. Dem Stadtfest mit verschiedenen Großveranstaltungen in West-Berlin entsprach ein Großer Festumzug in Ost-Berlin. Im beiden Teilen der Stadt gab es Ausstellungen, Theater- und Konzert-Gastspiele.

Der aus den Wahlen vom 29.1.1989 hervorgegangene „rot-grüne" Senat amtierte nur zwei Jahre. Er war der erste Senat, in dem die Frauen die Mehrheit hatten: Neben dem Regierenden Bürgermeister Momper (SPD) gehörten ihm acht Senatorinnen und nur fünf Senatoren an. Die Koalition bezeichnete die Gleichstellung von Frauen und Männern als gesellschaftspolitische Hauptaufgabe. Auf seiner letzten Sitzung in dieser verkürzten Legislaturperiode verabschiedete das Abgeordnetenhaus das *Landesantidiskriminierungsgesetz* vom 31.12.1990, das die Berliner Verwaltung verpflichtet, besondere > FRAUENFÖRDERPLÄNE aufzustellen (> FRAUENBEAUFTRAGTE). Bereits im März 1989 wurde zum ersten Mal in seiner Geschichte mit Gisela Knobloch eine Frau Präsidentin des > KAMMERGERICHTS. Ein geplantes Investitionsprogramm „Arbeit und ökologischer Stadtumbau" sollte die Aufgaben des > UMWELTSCHUTZES mit der Bekämpfung der Arbeitslosigkeit sinnvoll verbinden (> ARBEITSMARKT). Im City-Bereich wurden Busspuren, auf Wohnstraßen „Tempo 30" und bei den > BERLINER VERKEHRS-BETRIEBEN (BVG) die „Umweltkarte" eingeführt (> VERKEHR; > VERKEHRSBERUHIGUNG).

Aus außenpolitischen Gründen hatte die DDR-Führung die sich im Westen bildende „Friedensbewegung" nach 1979 massiv unterstützt. Das führte dazu, daß sich auch in der DDR junge Menschen für den Frieden engagierten. Die bei den evangelischen Kirchengemeinden bestehenden Friedenskreise fanden großen Zulauf. In Ost-Berlin entstand 1982 die Initiative „Frauen für den Frieden". Der Staat verweigerte jedoch den Dialog mit den Gruppen. Der > STAATSSICHERHEITSDIENST lies sie bespitzeln, versuchte sie zu unterwandern, kriminalisierte und schikanierte ihre führenden Leute.

Die von Michail Gorbatschow – seit 1985 Partei- und Staatschef der Sowjetunion – eingeleiteten Reformen, die unter den Schlagworten „Perestroika" und „Glasnost" auch die sozialistischen Staaten in Europa erfaßten, hatten in den folgenden Jahren ihre Wirkungen auch auf die DDR. Während in der Bevölkerung bis weit in die Reihen der SED hinein die Forderung nach Übernahme der Gorbatschow-Reformen immer stärker wurde, reagierte die Führung unter Honecker mit zunehmender Verhärtung. Die Zahl derjenigen, die in der DDR keine Zukunft mehr für sich sahen und das Land verlassen wollten, stieg sprunghaft an. Andere, die dableiben und gesellschaftliche Reformen durchsetzen wollten, trafen sich mit Gleichgesinnten oder reihten sich in die Gruppen unter dem Dach der evangelischen Kirche ein, deren Thema nicht mehr nur Frieden war. Diese Gruppen beschäftigten sich nun auch mit Menschenrechten, Umweltschutz und Problemen der Dritten Welt. So bildeten sich in Ost-Berlin 1986 die unabhängige *Initiative Frieden und Menschenrechte* – die ein auch von der Kirche nicht legitimiertes Informationsblatt „Grenzfall" herausgab – und die *Umweltbibliothek* in den Räumen der Zionskirche. Auf dem Gelände der Erlöserkirche fanden seit 1982 jährlich „Friedenswerkstätten" statt, auf denen sich die verschiedensten kirchlichen Gruppen zum Meinungsaustausch trafen.

Im November 1987 – zwei Monate, nachdem Honecker seinen offiziellen Besuch in der Bundesrepublik absolviert hatte – besetzten Mitarbeiter des Staatssicherheitsdienstes die Umweltbibliothek in der Zionskirche, nahmen sieben dort mit dem Drucken der kirchlich legitimierten „Umweltblätter" beschäftigte junge Leute fest und beschlagnahmten Papiere. „Mahnwachen" in Ost-Berliner Kirchen waren die Reaktion. Wenig später erfolgten im Januar 1988 bei der offiziellen Demonstration von Partei und Staat für die 1919 ermordeten Revolutionäre Rosa Luxemburg und Karl Liebknecht, der sich Oppositionelle mit eigenen Losungen und solche, die ihre

Übersiedlung in den Westen forderten, anschließen wollten, zahlreiche Festnahmen. Das *Ministerium für Staatssicherheit (MfS)* nutzte die Gelegenheit und ließ einige der prominentesten Wortführer der oppositionellen Gruppen, die mit der Demonstration gar nichts zu tun hatten, unter dem Vorwurf „landesverräterischer Beziehungen zu geheimdienstlich gesteuerten Kräften in Westberlin" verhaften und später in den Westen abschieben. Mit „Fürbittandachten" in der ganzen DDR protestierten Tausende gegen das Vorgehen der Sicherheitsorgane. Am 6.3.1988 kam es an der Sophienkirche zur Kontrolle von Gottesdienstbesuchern, Handgreiflichkeiten, Verfolgungen von Besuchern des Gottesdienstes, an dem viele Ausreisewillige teilgenommen hatten, und zu Festnahmen.

Die brutalen Übergriffe des Staatssicherheitsdienstes, die zunehmende Verschlechterung der wirtschaftlichen Lage und die nach wie vor fehlenden Reisemöglichkeiten führten zu einem rasch anschwellenden Strom von > FLÜCHTLINGEN und > ÜBERSIEDLERN. Außer in den Botschaften der Bundesrepublik in Budapest, Prag und Warschau suchten 1989 auch in der > STÄNDIGEN VERTRETUNG in Ost-Berlin hunderte von Fluchtwilligen Zuflucht, um auf diese Weise ihre Ausreise in die Bundesrepublik zu erzwingen. Die oppositionellen Gruppen in Ost-Berlin und in der DDR wurden immer selbstbewußter. Sie verließen das schützende Dach der evangelischen Kirche, organisierten sich in *Bürgerbewegungen* wie *Neues Forum, Demokratie Jetzt* oder *Demokratischer Aufbruch* und demonstrierten für ihre politischen Forderungen auf den Straßen und Plätzen.

In Ost-Berlin kam es am 7.10.1989, als die Partei- und Staatsführung im Beisein Gorbatschows den 40. Jahrestag der DDR feierte, und am folgenden Tag bei Demonstrationen von mehreren tausend Menschen zu brutalen Übergriffen der Sicherheitskräfte. Es gab Verletzte und zahlreiche Festnahmen. Fortan rissen die Massendemonstrationen in Ost-Berlin nicht mehr ab. Nach dem Sturz Honeckers am 18.10. 1989 – der im Mai 1971 kurz vor dem VIII. Parteitag der SED Ulbricht in der Parteiführung gefolgt war – überschlugen sich die Ereignisse. Am 21.10.1989 diskutierten erstmals Oberbürgermeister Krack und der 1. Sekretär der SED-Bezirksleitung Berlin, das Politbüromitglied Günter Schabowski, mit den Demonstranten. Am 24.10. 1989 demonstrierten 12.000 gegen die Wahl von Egon Krenz, der Honecker als Generalsekretär der SED gefolgt war, zum Vorsitzenden des Staatsrats. Am 29.10.1989 begannen in der > KONGRESSHALLE ALEXANDERPLATZ und vor dem > BERLINER RATHAUS die ersten „Sonntagsgespräche", zu denen Oberbürgermeister Krack und SED-Politbüromitglied Schabowski protestierende Bürger eingeladen hatten. Am gleichen Tag kam es unter Teilnahme von Konsistorialpräsident Manfred Stolpe und Generalsuperintendent Günter Krusche zu einer ersten Begegnung des Regierenden Bürgermeisters Momper – der am 20.10.1989 turnusgemäß zum Präsidenten des Bundesrats gewählt worden war – mit Schabowski und Krack in Ost-Berlin. Aufgerufen von Künstlern und Kulturschaffenden, demonstrierten am 4.11.1989 in Ost-Berlin über 500.000 Menschen für Demokratie und Menschenrechte in der DDR. Während der fünfstündigen Veranstaltung auf dem > ALEXANDERPLATZ wandten sich 26 Redner an die Demonstranten – Schriftsteller, Schauspieler, Künstler, Angehörige der Bürgerbewegungen, Kirchenmänner, aber auch Politiker des bisherigen Systems. Die Volkspolizei hielt sich auffallend zurück und so verlief die größte, nicht von der SED veranstaltete Kundgebung in der Geschichte der DDR friedlich und ohne jeden Zwischenfall.

Nach dem Rücktritt der DDR-Regierung am 7.11.1989 und des SED-Politbüros am folgenden Tag wurden am späten Abend des > 9. NOVEMBER 1989 überraschend die Grenzübergänge geöffnet, nachdem ein entsprechender Beschluß des amtierenden DDR-Ministerrats durch SED-Politbüromitglied Schabowski auf einer Pressekonferenz vorzeitig mitgeteilt worden war. Zehntausende von Berlinern aus dem Ostteil der Stadt strömten zu den innerstädtischen Grenzübergängen und zwangen die offensichtlich uninformierten und verunsicherten Grenzposten, ihnen den Weg nach West-Berlin freizugeben und sie zumeist unkontrolliert passieren zu lassen. Auf den Straßen West-Berlins lagen sich die Menschen in den Armen; die > MAUER trennte die Stadt nicht mehr. Noch in der Nacht vom 9. auf den 10.11.1989 begannen die Arbeiten zur Öffnung weiterer innerstädtischer Grenzübergänge. In Ost-Berlin präsentierte der neue Ministerpräsident Hans Modrow der Volkskammer am 17.11.1989 seine Regierung, der 16 Minister der SED und zwölf der vier > BLOCK-PARTEIEN angehörten. Das Politbüro mit Egon Krenz an der Spitze – das am 22.11.1989 einen Dialog am Runden Tisch vorgeschlagen hatte, bei dem die Parteien „gemeinsam mit anderen politischen Kräften des Landes" u.a. ein neues Wahlgesetz und eine Verfassungsreform erörtern könnten – trat am 3.12.1989 zusammen mit dem Zentralkomitee der SED geschlossen zurück. Drei Tage später erklärte Krenz seinen Rücktritt auch als Staatsratsvorsitzender.

Am 7.12.1989 begannen im Ost-Berliner Dietrich-Bonhoeffer-Haus auf Einladung der beiden großen Kirchen die Gespräche am Zentralen > RUNDEN TISCH. Ein außerordentlicher Parteitag der SED wählte am 8.12.1989 Gregor Gysi zum neuen Parteivorsitzenden und beschloß einige Tage später die Umbenennung der Partei zunächst in „SED-PDS" (Partei des Demokratischen Sozialismus), um bald darauf „SED" endgültig aus dem Namen zu entfernen. Wegen „Amtsmißbrauchs" wurde Erich Honecker, der seit 1976 das Amt des Staatsratsvorsitzenden der DDR innegehabt hatte, am 14.12.1989 aus der Liste der > EHRENBÜRGER Ost-Berlins gestrichen. Am Tag zuvor war Altbundeskanzler Helmut Schmidt in West-Berlin zum Ehrenbürger von Berlin ernannt worden.

Am 15.1.1990 hatte das Neue Forum zu einer Demonstration vor der Zentrale des früheren MfS an der Normannenstr. aufgerufen, die außer Kontrolle geriet: Zehntausende stürmten und verwüsteten den Gebäudekomplex. Ein Bürgerkomitee übernahm in einer „Sicherheitspartnerschaft" mit der Volkspolizei und der Militärstaatsanwaltschaft den Komplex, um zu gewährleisten, daß dort nicht mehr gearbeitet werde. Ministerpräsident Modrow verzichtete auf die Bildung eines Nachrichtendienstes und eines Verfassungsschutzes anstelle des aus dem MfS hervorgegangenen Amtes für Nationale Sicherheit. Bei Verhandlungen Modrows mit dem Runden Tisch wurde am 28.1.1990 die Bildung einer „Regierung der Nationalen Verantwortung" vereinbart, in die alle acht oppositionellen Parteien und Gruppierungen des Runden Tisches je einen Minister ohne Geschäftsbereich entsenden sollten. Zugleich wurde vereinbart, Volkskammerwahlen am 18.3.1990 und Kommunalwahlen am 6.5.1990 stattfinden zu lassen. Die Regierung der nationalen Verantwortung unter Ministerpräsident Modrow nahm am 5.2.1990 ihre Arbeit auf. Nach dem Rücktritt von Oberbürgermeister Krack, dem Wahlbetrug bei den letzten Kommunalwahlen in Ost-Berlin am 7.5.1989 vorgeworfen worden war, übernahm Christian Hartenhauer (PDS) am 23.2.1990 das Amt des Ost-Berliner Oberbürgermeisters.

Im Westteil Berlins versammelten sich einen Tag nach der Maueröffnung am 10.11. vor dem > Rathaus Schöneberg rd. 20.000 Menschen zu einer Kundgebung, auf der neben Momper und dem früheren Regierenden Bürgermeister Willy Brandt auch Bundeskanzler Helmut Kohl und Außenminister Hans-Dietrich Genscher sprachen. Zur Beratung der neuen Lage trafen sich die Botschafter der Vier Mächte am 11.12.1989 im Gebäude des > Alliierten Kontrollrats. Am 5.12.1989 erfolgte im Hotel „Stadt Berlin" am Alexanderplatz das erste offizielle Gespräch zwischen dem Regierenden Bürgermeister Momper und Oberbürgermeister Krack über eine kommunale Zusammenarbeit. Am 22.12.1989 konstituierte sich im Rathaus Schöneberg ein *Provisorischer Regionalausschuß Berlin,* der später durch Vertreter der umliegenden DDR-Bezirke erweitert wurde. Am gleichen Tag wurde das > Brandenburger Tor als Grenzübergang für Fußgänger geöffnet, und zum Jahreswechsel wurde es zum Mittelpunkt eines Vereinigungsfestes, zu dem rd. eine halbe Million Menschen kamen. Wie an den Tagen nach der Maueröffnung waren über die Weihnachtstage 1989 mehr als eine Million Besucher aus Ost-Berlin und der DDR in den Westteil der Stadt geströmt. Am ersten Gesamt-Berliner Neujahrslauf „vom Alex zur Siegessäule" beteiligten sich über 20.000 Läufer.

Seit dem 2.3.1990 fahren die Ausflugsdampfer auf den > Wasserstrassen Berlins wieder von einem Teil der Stadt in den anderen und in die Umgebung, und im April wurde zwischen den beiden Stadthälften der Linienbusverkehr wieder aufgenommen. Am 17.3.1990 steuerte zum ersten Mal seit Kriegsende ein deutsches Flugzeug offiziell Berlin-West an. Erstmals fanden 1990 die > Internationalen Filmfestspiele und das > Theatertreffen in beiden Teilen Berlins statt. Die Präsidentinnen des Bundestages, Rita Süßmuth, und der frei gewählten Volkskammer, Sabine Bergmann-Pohl, erinnerten auf der ersten gemeinsamen Gedenkveranstaltung von Ost und West im Schauspielhaus am Gendarmenmarkt an den Aufstand vom > 17. Juni 1953; Konsistorialpräsident Manfred Stolpe hielt die Gedenkrede. Am 22.6.1990 nahmen die Außenminister der vier Siegermächte des II. Weltkriegs gemeinsam mit den Außenministern der beiden deutschen Staaten – bevor sie sich zu einer neuen Gesprächsrunde im Rahmen der Zwei-plus-Vier-Gespräche im > Schloss Niederschönhausen trafen – an der offiziellen Aufhebung des alliierten Kontrollpunktes > Checkpoint Charlie in der > Friedrichstrasse teil. Zum ersten Gesamt-Berliner Ehrenbürger nach dem Fall der Mauer wurde am 29.6.1990 in der Nikolaikirche von beiden noch getrennten Stadtregierungen und -parlamenten Bundespräsident Richard v. Weizsäcker ernannt.

XI. WIEDERVEREINIGUNG UND PERSPEKTIVEN

Nach den ersten freien Volkskammerwahlen in der DDR am 18.3.1990 fanden am 6.5.1990 im Rahmen der Kommunalwahlen in der DDR auch in Ost-Berlin die ersten freien > Wahlen zur > Stadtverordnetenversammlung (StVV) und den elf Stadtbezirksversammlungen statt. In der StVV wurde die erst am 7.10.1989 in der DDR gegründete SPD mit 34 % die stärkste Partei vor der in > Partei des Demokratischen Sozialismus (PDS) umbenannten SED mit 30 % und der CDU mit 17,7 %. SPD und CDU bildeten am 30.5.1990 zusammen einen > Magistrat unter dem > Oberbürgermeister Tino Schwierzina (SPD).

Am 11.7.1990 verabschiedete die StVV von Ost-Berlin die erste Verfassung für den

Ostteil der Stadt, die sich stark an jene Berliner Verfassung anlehnte, welche die Gesamt-Berliner StVV am 22.4.1948 beschlossen hatte, die jedoch in Ost-Berlin niemals in Kraft getreten war (> VERFASSUNG VON BERLIN). Die Ost-Berliner Verfassung sollte jedoch nur bis zur konstituierenden Sitzung des Gesamt-Berliner > ABGEORDNETENHAUSES am 11.1.1991 Gültigkeit haben.

Die Vereinigung Deutschlands, das Ende der staatlichen Teilung durch das Wirksamwerden des Beitritts der DDR zur Bundesrepublik Deutschland am > 3. OKTOBER 1990 bedeutete zugleich die Überwindung der > SPALTUNG Berlins. Doch ebenso wie die Bundesregierung durch die historische Chance zur Vereinigung der beiden Staaten in Deutschland überrascht wurde und ohne Vorbereitungen in aller Eile mit der freigewählten Regierung der DDR einen > EINIGUNGSVERTRAG ausarbeiten mußte, war auch Berlin nicht auf eine schnelle > VEREINIGUNG vorbereitet. Das Abgeordnetenhaus und die frei gewählte StVV bildeten je einen „Ausschuß Einheit Berlins", die sich am 14.6.1990 im > RATHAUS SCHÖNEBERG zur ersten gemeinsamen Sitzung trafen, und danach abwechselnd getrennt und gemeinsam tagten. Sie erarbeiteten nach Vorarbeit von Senat und Magistrat – die am 12.6.1990 zum ersten Mal gemeinsam getagt hatten – den Entwurf für eine Gesamt-Berliner Verfassung, ein Wahlgesetz und vor allem – analog zum Einigungsvertrag – ein „Gesetz über die Vereinheitlichung des Berliner Landesrechts". Völlige Rechtseinheit konnte wegen der in den Jahren der Teilung gewachsenen unterschiedlichen Strukturen und sozialen Gegebenheiten jedoch kurzfristig nicht hergestellt werden.

Mit dem Inkrafttreten der Wirtschafts-, Währungs- und Sozialunion zwischen der Bundesrepublik und der DDR am 1.7.1990 entfielen die Kontrollen an den innerstädtischen Grenzen in Berlin. Straßenverbindungen und der durchgehende S-Bahn-Verkehr wurden wiederhergestellt.

Am Tag vor der Vereinigung hatten Senat und Magistrat auf einer Sitzung im Rathaus Schöneberg eine „Erklärung zur Wiederherstellung der Einheit Berlins" beschlossen. Darin bekräftigten sie: „Von morgen an ist das wiedervereinigte Berlin die Hauptstadt des vereinten Deutschlands." Ebenfalls am 2.10.1990 verabschiedeten sich die drei westalliierten > STADTKOMMANDANTEN im letzten Schreiben der > ALLIIERTEN KOMMANDANTUR an den > REGIERENDEN BÜRGERMEISTER von den Berlinern. Gemäß dem Vertrag über die abschließende Regelung in bezug auf Deutschland (Zwei-plus-Vier-Vertrag) endeten am 3.10.1990 der 1945 entstandene > SONDERSTATUS und die alliierten Vorbehaltsrechte. Der Vertrag bestimmt aber auch, daß für die Dauer des Aufenthalts sowjetische Streitkräfte auf dem Gebiet der bisherigen DDR und Berlins auf deutschen Wunsch Truppen der drei Westalliierten aufgrund vertraglicher Vereinbarungen in Berlin stationiert bleiben (> GRUPPE DER SOWJETISCHEN STREITKRÄFTE IN DEUTSCHLAND; > ALLIIERTE). Mit dem 3.10.1990 ging auch die seit 1945 von den vier Siegermächten ausgeübte Lufthoheit wieder an die Deutschen über.

Am 4.10.1990 fand im > REICHSTAGSGEBÄUDE die erste Plenartagung des gesamtdeutschen Bundestages statt (> DEUTSCHER BUNDESTAG). Nach dem Wegfall der alliierten Vorbehaltsrechte wurde das vereinte Berlin in die Wehrgesetzgebung der Bundesrepublik Deutschland einbezogen. Die Stadt wurde Standort der > BUNDESWEHR. Geschaffen wurde nun auch durch Gesetz der von der Verfassung von 1950 vorgesehene > VERFASSUNGSGERICHTSHOF, auf den bisher verzichtet worden war, um die Rechtseinheit zwischen dem Bund und Berlin (West) nicht zu gefährden. Bei den > WAHLEN zum Gesamt-Berliner Abgeordnetenhaus am 2.12.1990 wurde die CDU wieder stärkste Partei. CDU und SPD bildeten unter dem Regierenden Bürgermeister Eberhard Diepgen (CDU) einen Senat der Großen Koalition.

Das Ende des Ost-West-Konflikts und die Wiedervereinigung Deutschlands haben die Lage Berlins von Grund auf verändert. Die Stadt sieht sich zunehmend auf sich selbst gestellt, nachdem die Bundesregierung darangegangen ist, die Berlin-Hilfe schrittweise abzubauen (> BUNDESHILFE; > BERLINFÖRDERUNG). Vordringlich ist es, gleiche Lebens- und Arbeitsbedingungen für alle Menschen in Berlin zu schaffen, was jedoch nur gelingen kann, wenn für den Ostteil der Stadt – wie für die fünf neuen Länder – ausreichende finanzielle Mittel von Bund und Ländern zur Verfügung gestellt werden (> HAUSHALT UND FINANZEN). Zudem muß in Berlin ein Wirtschaftsklima geschaffen werden, in dem die Finanzkraft der Stadt gestärkt und die materielle Basis für die notwendigen Aufgaben verbreitert werden kann. Berlin bemüht sich daher um Investitionen aus dem In- und Ausland, vor allem um Großinvestoren, mit deren Hilfe die Stadt zu einem Industrie-, Forschungs- und langfristig auch Dienstleistungszentrum in der Mitte Europas gemacht werden soll. Voraussetzung dafür ist ein Wohnungsbauprogramm und die Ausarbeitung eines Verkehrskonzepts, das den Erfordernissen einer Metropole entspricht und durch eine sachgerechte Kombination von > ÖFFENTLICHEM PERSONENNAHVERKEHR und Individualverkehr sowohl ökonomischen als auch ökologischen Interessen entspricht und die Erfordernisse des Fernverkehrs auf Straße, Schiene und Wasserstraßen nicht außer acht läßt (> WOHNUNGSBAU; > VERKEHR).

Der erste – und für eine Legislaturperiode von fünf Jahren – gewählte Gesamt-Berliner Senat machte sich keine Illusionen darüber, daß die Erringung der staatlichen Einheit für Berlin nur ein erster Schritt sein konnte. Seine Hauptaufgabe – vermutlich auch noch die seiner Nachfolger – ist es, die geistigen Schranken zu beseitigen und die sozialen und wirtschaftlichen Schwierigkeiten, die mit der Einigung verbunden sind, zu überwinden. Das begann bei der durch völlige Umstrukturierung der Industrie und Abbau der zentralen staatlichen Verwaltung der DDR bedingten Arbeitslosigkeit im Ostteil der Stadt, die deutlich höher lag als im Westteil der Stadt und nur durch den starken Einsatz arbeitsmarkt- und sozialpolitischer Instrumente – Maßnahmen zur beruflichen Bildung, Arbeitsbeschaffungsmaßnahmen und Altersübergangsgeld – sowie durch Abwanderung von Arbeitskräften in die alten Länder an einem dramatischen Ansteigen gehindert werden konnte (> ARBEITSMARKT). Große Schwierigkeiten bereiteten die unterschiedlichen > EINKOMMEN in Ost und West bei gleichen Preisen und rasch steigenden Mieten im Osten. Ungeklärte Eigentumsfragen infolge der durch den Einigungsvertrag den Alteigentümern eingeräumten Ansprüche auf Rückgabe oder Entschädigung von Grundstücken und Gebäuden im Ostteil der Stadt – Mitte 1992 lagen bereits 150.000 Anträge vor – bremsten Investitionen und die Schaffung neuer Arbeitsplätze (> LANDESAMT ZUR REGELUNG OFFENER VERMÖGENSFRAGEN). Hinzu kam die Aufgabe, neue Träger für jene kulturellen Einrichtungen in der einstigen „Hauptstadt der DDR" zu finden, die nicht von der Stadt, sondern vom Staat DDR finanziert worden waren, nach der Vereinigung aber wegen der Kulturhoheit der Länder an das Land Berlin gefallen sind.

Wie stark die beiden Teile Berlins Mitte 1992 noch auseinanderklafften, wie wenig die Einheit in den Köpfen der Menschen vorangekommen war, machte das Ergebnis der – erstmals nicht zusammen mit der Wahl zum Abgeordnetenhaus durchgeführten – Wahlen zu den > Bezirksverordnetenversammlungen am 24.5.1992 deutlich. Während die CDU im Westteil mit 35 % stärkste Partei wurde, lag sie im Ostteil mit 14,3 % hinter der SPD und der aus der SED hervorgegangenen PDS. Die PDS errang im Ostteil 29,7 % gegen 0,9 % im Westteil. Lediglich die SPD erzielte in beiden Teilen der Stadt das gleiche Ergebnis: 31,8 %.

Anreize für die Stadtentwicklung nach dem Vorbild Münchens 1972 und zusätzliche Investitionen verspricht sich der Senat von den > Olympischen Spielen, um deren Austragung Berlin sich für das Jahr 2000 intensiv bemüht. Man rechnet mit rd. 2,4 Mrd. DM externer Mittel für den Ausbau der Infrastruktur. Seit 1991 arbeitet die > Berlin 2000 Olympia GmbH, die aus einem Olympiabüro hervorgegangen ist, das noch der sozial-liberale Senat vor der Vereinigung eingesetzt hatte.

Am 20.6.1991 hat sich der Bundestag mit 337 zu 320 Stimmen für Berlin als Sitz von Parlament und Regierung entschieden (> Hauptstadt). Der Bundesrat beschloß am 5.7.1991 mit einer Mehrheit von neun der 16 Bundesländer, seinen Sitz in Bonn zunächst beizubehalten und diese Entscheidung später zu überprüfen. Der Senat von Berlin hat die Aufgabe, in Zusammenarbeit mit den Bundesinstanzen die Voraussetzungen für den Umzug des Bundespräsidenten, des Bundestages, des Bundeskanzlers und des „Kernbereichs" der Ministerien von Bonn nach Berlin in der Stadt zu schaffen sowie das wiedervereinigte Berlin zu einer europäischen Metropole auszubauen und als Kulturmetropole von europäischem Rang zu erhalten.

Mit der Wiedervereinigung der Stadt entdeckte Berlin sein Umland wieder. Neue Beziehungen entstanden, die für andere Städte selbstverständlich sind, die Berlin aber erst wieder knüpfen mußte. Dabei erinnerte man sich daran, daß Berlin 1920 sozusagen aus der Mark Brandenburg herausgewachsen war und nach dem im Oktober 1990 erfolgten Wiederentstehen des 1952 aufgelösten Landes Brandenburg die Chance besteht, den Wirtschafts-, Sozial- und Kulturraum Berlin-Brandenburg, den drittgrößten Ballungsraum im Gemeinsamen Europäischen Markt, gemeinsam zu organisieren und so eine europäische Region von Gewicht zu schaffen. Durch einen Zusammenschluß von Berlin und Brandenburg entstünde ein Land mit 30.000 km² Fläche und derzeit 6, zukünftig 8 Mio. Einwohnern, das fünftgrößte der Bundesrepublik Deutschland. Beide Länder haben wichtige Weichen für eine Vereinigung bereits gestellt. Entsprechend der Empfehlung des Einigungsvertrages soll bei der Neufassung des Art. 118 des Grundgesetzes die Vereinigung beider Länder durch Staatsvertrag ermöglicht und ihnen gestattet werden, über Zeitpunkt, Bedingungen und Verfahren unter Beteiligung der Bevölkerung selbst zu entscheiden.

Bereits Ende 1990 hatten sich die beiden Landesregierungen auf die Einsetzung einer Gemeinsamen Regierungskommission zur Klärung der Eckpunkte für die Vereinigung beider Länder geeinigt. Geklärt werden sollten Fragen der gemeinsamen Verfassungs- und Verwaltungsstruktur, der Finanzen, der gemeinsamen Landes- und Regionalstruktur sowie übergreifend ein gerechter Interessenausgleich zwischen Stadt, Umland und ländlichem Raum. Die Grundsatzentscheidung über die Vereinigung wollen beide Landesregierungen aufgrund der von der Gemeinsamen Kommission erarbeiteten Ergebnisse spätestens Anfang 1993 fällen. Voraussetzung für die Vereinigung, die frühestens 1997/98 erfolgen könnte, ist es jedoch, daß das gemeinsame Land finanziell nicht schlechter dasteht als die beiden getrennten Länder. Die Voraussetzung zu schaffen, liegt nicht in der Macht Berlins und Brandenburgs. Der Bund und auch die anderen Länder haben dabei ein entscheidendes Wort zu sprechen. Bis 1995 sollen die Finanzbeziehungen zwischen Bund und Ländern generell neu geordnet werden. Bei diesen Verhandlungen wird letztlich über die Zukunft der Region Berlin-Brandenburg entschieden werden.

H

Hackesche Höfe: Die von der Rosenthaler Str. und von der Sophienstr. aus zugänglichen H. nördlich des Hackeschen Markts sind ein wichtiges sozio-kulturelles Zentrum im Bezirk > MITTE. Der 1906 errichtete Komplex von acht miteinander verbundenen innerstädtischen Wohn-, Veranstaltungs- und Gewerbehöfen stellt mit 10.000 m² Grundfläche das größte Hofareal dieser Art in Europa dar. Die buntglasierte Jugendstil-Klinkerfassade im ersten Hof und die Inneneinrichtung, die am besten im ersten Neumannschen Festsaal erhalten ist, sind ein Werk des Architekten August Endell. Hier hat seit Februar 1991 die „Comédie-Varieté

Hackesche Höfe

Chamäleon" ihre Spielstätte, die ca. 250 Personen Platz bietet. Zusammen mit dem kleineren Varieté „Scheinbar" im Westteil der Stadt knüpft sie an die große Zeit des Berliner > VARIETÉS der 20er Jahren an. Das *DAT (Das andere Theater)*, ein Repertoirepantomimentheater, das aus dem ehem. Pantomimenensemble des > DEUTSCHEN THEATERS hervorgegangen ist, befindet sich noch in der Ausbauphase. In den ehem. Proberäumen des früheren *Staatlichen Tanzensembles der DDR* soll das *Tanzhaus Berlin*, eine Kommunikations-, Experimentier- und Produktionsstätte für zeitgenössischen > TANZ, ein Domizil erhalten, das auch freien Tanzgruppen geöffnet ist. Daneben bietet auch

der in den H. ansässige Jazzclub *Sophienclub* Trainings- und Fortbildungsmöglichkeiten im Bereich Tanz. Außerdem haben sich Cafés der Filmkunstszene sowie Kleingewerbe in den Höfen angesiedelt.

Die im August 1991 entstandene „Gesellschaft Hackesche Höfe e.V., Verein zur Förderung urbanen Lebens" bemüht sich gemeinsam mit der „Stiftung Scheunenviertel" (> SCHEUNENVIERTEL) und der Bezirksbauverwaltung, den Charakter der Höfe im Rahmen eines gemischten Nutzungskonzepts zu erhalten und alte Traditionen wiederzubeleben. Ein Problem stellen allerdings die ungeklärten Eigentumsverhältnisse und die wachsenden Gewerbemieten dar. Bislang ist die Sanierung des ersten Hofes im Rahmen des Wirtschaftsförderungs- und des Denkmalpflegeprogramms geplant (> WIRTSCHAFTSFÖRDERUNG; > DENKMALSCHUTZ).

Der benachbarte, namengebende *Hackesche Markt* ist heute ein wichtiger Verkehrsknotenpunkt am S-Bahnhof > MARX-ENGELS-PLATZ. Ursprünglich war hier ein Sumpfgelände zwischen zwei Bastionen der 1658-83 errichteten kurfürstlichen Stadtbefestigung, das von Berlin aus den Eingang zur Spandauer Vorstadt bildete (> STADTERWEITERUNG; > STADTMAUER). Nach dem Schleifen der Befestigungsanlagen erfolgte ab 1751 auf Kabinetts-Ordre Friedrichs II. (1740-86) seine Bebauung durch den ab 1749 amtierenden Kommandanten von Berlin, Generalleutnant Hans Christoph Friedrich Graf v. Hacke, nach dem der Platz zunächst umgangssprachlich, ab 1848 dann auch amtlich benannt wurde. Von der ursprünglichen Bebauung des unregelmäßig geformten Platzes war schon zu Beginn des 20. Jh. nichts mehr erhalten. Bis zu seiner Zerstörung im II. Weltkrieg bildete er ein belebtes Geschäftszentrum.

Häfen: An den > WASSERSTRASSEN Berlins liegen insg. 14 öffentliche H. sowie ca. 90 private Umschlaganlagen. Wichtigster Betreiber

von Hafenanlagen sind die > Berliner Hafen-
und Lagerhaus-Betriebe (BEHALA), ein >
Eigenbetrieb des Landes Berlin. Zu ihr gehö-
ren die folgenden H.: der > Westhafen am
Zusammenfluß von Hohenzollernkanal,
Westhafenkanal und Berlin-Spandauer-
Schiffahrtskanal im Bezirk > Tiergarten, der
> Osthafen an der > Spree im Bezirk >
Friedrichshain, der *Südhafen* > Spandau an
der > Havel bei > Tiefwerder, der Hafen >
Neukölln am Neuköllner Schiffahrtskanal,
die Viktoriaspeicher I an der Oberspree in
> Kreuzberg, die Bauschuttumschlaganlage
Nonnendammallee an der Spree in > Charlottenburg.
Sowohl nach der Größe der Anlagen als auch
nach der Umschlagmenge (1990 ca. 4,3 Mio.
t) ist der Westhafen der bedeutendste H. der
Stadt. Die der BEHALA gehörenden Ladestraßen am bereits 1850 eröffneten *Humboldthafen* und am Friedrich-Krause-Ufer südlich des Berlin-Spandauer-Schiffahrtskanals
in > Moabit, am Spreebord am Nordufer der
Spree in Charlottenburg und an der Ziegrastr. am Neuköllner Schiffahrtskanal sind an
private Nutzer vermietet und werden nicht
mehr als Ladestraßen benutzt.
Die am > Teltowkanal gelegenen H. Rudow-
West, Britz-Ost, Britz-West, > Tempelhof, >
Mariendorf, > Lankwitz, > Steglitz und >
Lichterfelde sind Anlagen der Teltowkanal
AG, die diese ebenfalls zum großen Teil
weitervermietet hat. Der Stichkanal am Teltowkanal in > Zehlendorf ist derzeit als H.
gesperrt. Der Anteil der städtischen H. am
Güterumschlag lag in den westlichen > Bezirken bei ca. 60 %; der übrige Anteil entfällt auf
private Umschlaganlagen oder auf die Anlagen der Teltowkanal AG.
Vor dem II. Weltkrieg besaß Berlin noch weitere Häfen, die jedoch nach der > Spaltung
der Stadt 1948 an Bedeutung verloren und
nach und nach stillgelegt wurden. Dazu gehörten der *Schöneberger Hafen* (zugeschüttet
1960, heute *Mendelssohn-Bartholdy-Park*) und
der *Urbanhafen* (zugeschüttet 1963-64) am >
Landwehrkanal in Kreuzberg, der Humboldthafen (Beschränkung der Nutzung auf
die westlichen Kaianlagen, die Wasserfläche
gehörte zu Ost-Berlin), der *Nordhafen* (stillgelegt 1966) am Berlin-Spandauer-Schiffahrtskanal in Moabit und der Ende der 60er Jahre
stillgelegte > Tegeler Hafen, auf dessen Gelände inzwischen im Rahmen der > Internationalen Bauausstellung 1987 ein ehrgeiziges
Wohnprojekt entstanden ist. Der *Packhof* an

der Spree in Moabit wurde bereits im II.
Weltkrieg zerstört und nicht wieder in Betrieb genommen. Außerdem gab es zwei
Hafenanlagen am Luisenstädtischen Kanal,
das Wassertorbecken und das Englerbecken,
die jedoch schon 1926 zusammen mit dem
Kanal zugeschüttet wurden.
Unter den Bedingungen der > Spaltung wurden 1989 11,3 Mio. t Güter über die *Binnenschiffahrt* umgeschlagen, davon im Westteil
der Stadt 7,1 Mio. t. Aufgrund der geänderten Rahmenbedingungen und insbes. auch
durch den geplanten Ausbau der Bundeswasserstraßen nach Berlin wird im Rahmen
der Bundesverkehrswegeplanung für das
Jahr 2010 von einer Umschlagmenge von 21,4
Mio. t von/nach Berlin ausgegangen. Zur
Realisierung dieser Umschlagmengen sind
Ausbaumaßnahmen an den bestehenden H.
insbes. am West- und Osthafen erforderlich.
Längerfristig ist ein dritter großer städtischer
H. geplant. Als möglicher Standort kommt
u.a. eine Fläche an der Einmündung des
Britzer Zweigkanals in den Teltowkanal in
Frage. Auch die H. im Umland von Berlin –
v.a. der geplante Hafen im Zusammenhang
mit dem Güterverkehrszentrum Wustermark
westlich von Berlin (> Güterverkehr) – werden künftig für die Stadt eine große Bedeutung erlangen.

Hahn-Meitner-Institut, Berlin GmbH (HMI):
Das am 14.3.1959 eingeweihte, nach dem
Chemiker Otto Hahn und der Physikerin Lise
Meitner benannte HMI an der Glienicker Str.
100 im Bezirk > Zehlendorf ist neben dem im
Januar 1992 gegründeten > Max-Delbrück-
Centrum für molekulare Medizin im Bezirk >
Pankow eine von zwei der insg. 17 Großforschungseinrichtungen in der Bundesrepublik Deutschland mit Sitz in Berlin. Die Aufgaben des HMI, das mit seinem Forschungsreaktor BER II und dem Schwerionen-
beschleuniger VICKSI über zwei Großgeräte
verfügt, liegen v.a. im Bereich der Grundlagenforschung. Das HMI hat seit 1989 die
beiden Arbeitsschwerpunkte „Strukturforschung" zur Analyse des Aufbaus der Materie aus Atomen und Molekülen sowie die
„Photochemische Energieumwandlung" speziell unter dem Aspekt der Photovoltaik (Erzeugung elektrischer Energie durch Licht).
Die Informationstechnik, die Kernphysik und
die Analyse von Spurenelementen in Gesundheit und Ernährung sind weitere For-
schungsaktivitäten mit geringerem Umfang.

Der Forschungsreaktor BER I war 1958 als einer der ersten der Bundesrepublik in Betrieb genommen worden. Nach seiner Stillegung 1971 nahm 1973 der neue Forschungsreaktor BER II seinen Betrieb auf. Der 1985-89 modernisierte und in seiner Leistung auf 10 MW ausgebaute BER II wurde – nach langen Auseinandersetzungen zwischen dem Land Berlin und dem Bund – am 23.10.1991 offiziell wieder in Betrieb genommen. Der Reaktor erzeugt Neutronenstrahlung zur Analyse von Materie und dient nicht der Energiegewinnung oder der Weiterentwicklung der Reaktortechnik. Seine Wiederinbetriebnahme 1990 wurde dennoch in der Öffentlichkeit unter Aspekten des > Umweltschutzes und der Entsorgung heftig diskutiert.

Seit der > Vereinigung liegen der kerntechnische Betrieb und die Entsorgung, die aufgrund des > Sonderstatus 1945-90 unter Kontrolle der > Alliierten standen, in nationalstaatlicher Kompetenz. Die abgebrannten Brennelemente werden in Großbritannien wiederaufbereitet.

Für schwach radioaktive Abfälle aus Berlin besteht eine *Zentralstelle zur Behandlung und Beseitigung radioaktiven Abfalls des Landes Berlin (ZRA)*, die dem HMI untersteht und sich auf ihrem Gelände befindet. Die Einhaltung des erforderlichen Strahlenschutzes wird durch das > Landesamt für Arbeitsschutz und technische Sicherheit überwacht. Die Endlagerung der in der ZRA gesammelten Abfälle, die zu unter 10 % aus dem HMI, v.a. aber aus den Berliner > Krankenhäusern und Industriebetrieben stammen, ist – wie generell in der Bundesrepublik – z.Z. noch nicht gelöst.

Das HMI arbeitet mit zahlreichen Berliner Forschungseinrichtungen zusammen, u.a. mit der > Berliner Elektronenspeicherring – Gesellschaft für Synchrotronstrahlung. Mit der schon in der Aufbauphase des HMI beteiligten > Freien Universität Berlin und der > Technischen Universität Berlin besteht seit 1974 ein Kooperationsvertrag über die gemeinsame Berufung von Wissenschaftlern, die gegenseitige Nutzung von Forschungsstätten und die Beteiligung von HMI-Mitarbeitern an der Lehre. Ein entsprechender Vertrag mit der > Humboldt-Universität Berlin ist in Vorbereitung. Das HMI ist ferner Mitglied in zahlreichen wissenschaftlichen Vereinigungen und Verbänden, wie der Deutschen Forschungsgemeinschaft (DFG) sowie dem Deutschen Forschungsnetz (DFN)

und kooperiert mit einer Vielzahl von Forschungseinrichungen und Universitäten in der ganzen Welt.

Seit 1971 ist das HMI als GmbH organisiert. Es beschäftigt ca. 830 Mitarbeiter, ca. 30 % davon sind Wissenschaftler. Wie alle Großforschungseinrichtungen wird es zu 90 % vom > Bundesminister für Forschung und Technologie und zu 10 % vom jeweiligen Bundesland, d.h. von der > Senatsverwaltung für Wissenschaft und Forschung, finanziert. Das HMI vergibt jährlich ca. 30 Stipendien, die von der 1970 gegründeten Arbeitsgemeinschaft aller Großforschungseinrichtungen (AGF) finanziert werden.

Hakenfelde: H. ist ein Siedlungs- und Industriegebiet im Norden des Stadtgebiets von > Spandau am Rande des > Spandauer Forsts. Es hat seinen Ursprung in einer erstmals 1774 nachgewiesenen, zu Spandau gehörenden Meierei, aus der sich im 19. Jh. ein kleines Gut entwickelte. Einen größeren Aufschwung nahm die Ansiedlung aber erst, als sich 1908-10 das 1858 in Berlin gegründete > Evangelische Johannisstift hier niederließ. 1920 kam H. mit Spandau zu > Gross-Berlin. Besonders die ufernahen Flächen an der > Havel um *Teufelsseekanal, Aalemannkanal, Maselakekanal* und den *Nordhafen* Spandau sind vorwiegend industriell geprägt. Am Teufelsseekanal betreibt die > Berliner Kraft- und Licht(BEWAG)-Aktiengesellschaft ihr Kraftwerk Oberhavel (> Elektrizitätsversorgung). Der Gleisanschluß des Industrieriviers erfolgt durch die Osthavelländische Eisenbahn (> Kleinbahnen und Privatanschlussbahnen). Westlich des Straßenzugs Streitstr./Niederneuendorfer Allee und nördlich der Werderstr. liegen mehrere Kleinhaussiedlungen, darunter die 1911 angelegte *Wannseeaaten-Siedlung*. Zwischen Aalemannufer und der Anlegestelle Jörsstr. am Ostufer der Havel in Tegelort betreibt ein privates Unternehmen Berlins einzige Autofähre.

Halensee: Die Villen- und Mietshaussiedlung H. liegt am westlichen Ende des > Kurfürstendamms am Rande des > Grunewalds im Bezirk > Wilmersdorf. Sie entstand im letzten Viertel des 19. Jh. und erhielt ihren Namen nach dem dort gelegenen, 5,7 ha großen und bis zu 10 m tiefen H., der zu den > Grunewaldseen gehört. Die 1877 fertiggestellte > Ringbahn mit der Station Grunewald (später H.) begünstigte die Erschließung der

Kolonie als Ausflugsziel und ihre weitere Entwicklung zum großstädtischen Vorort. 1904 öffnete hier eine der größten Vergnügungsanlagen Europas, der spätere > Lunapark, ihre Pforten (1934 geschlossen). Die hierfür genutzte Fläche ist heute zum großen Teil bebaut oder wird von der Stadtautobahn (> Bundesfernstrassen) eingenommen. Am Ufer des Sees liegen Grünanlagen und eine städtische Badeanstalt (> Frei- und Sommerbäder).

Hallenbäder: Seit der > Vereinigung verfügt Berlin über 46 städtisch betriebene H. (*Stadtbäder*) mit einer Wasserfläche von ca. 31.000 m², die bis auf fünf den Sport- und Bäderämtern der > Bezirke unterstehen. Bei den fünf nichtbezirklichen Einrichtungen handelt es sich um das H. im > Sport- und Erholungszentrum (SEZ), das > Karl-Friedrich-Friesen-Schwimmstadion, beide im Bezirk > Friedrichshain, und die Schwimmhalle im > Sportforum Berlin im Bezirk > Hohenschönhausen, die alle drei der > Senatsverwaltung für Schule, Berufsbildung und Sport unterstellt sind; das H. des > Freizeit- und Erholungs-Zentrums Wuhlheide (FEZ) in > Köpenick untersteht der > Senatsverwaltung für Jugend und Familie und das Bad des Freizeitforums > Marzahn der > Senatsverwaltung für Kulturelle Angelegenheiten. Daneben gibt es drei privat betriebene H.: die auch für Nichtmitglieder geöffnete Vereinsanlage des > Sport-Club Siemensstadt e.V. am Rohrdamm 61-64 in > Spandau mit einem 25-m-Becken, das 1985 als Spaß- und Spielbad eröffnete Freizeitzentrum *Berliner Luft- und Badeparadies – Blub* in der Buschkrugallee in > Neukölln und – seit Oktober 1991 – das als „Schwimmhalle am Brandenburger Tor" für die Öffentlichkeit zugänglich gemachte ehem. Privatbad der Sowjetischen Botschaft in der Straße > Unter den Linden (> Generalkonsulat der Russischen Föderation). V.a. für mohammedanische Frauen wurde im Januar 1989 im > Frauenstadtteilzentrum Schokofabrik an der Naunynstr. in > Kreuzberg ein ausschließlich weiblichen Besuchern offenstehendes *Türkisches Bad* eröffnet. Von den öffentlich betriebenen H. Berlins verfügen 12 über 50-m-Becken und zwei – die Sport- und Lehrschwimmhalle im > Sportzentrum Schöneberg sowie die Schwimmhalle des Sportforums Berlin – über eine 10-m-Sprunganlage. Die Mehrzahl der Bäder bietet besondere

Warmbadetage mit einer auf mindestens 27° C erhöhten Wassertemperatur, 13 verfügen über (z.T. privat betriebene) Solarien- und Bräunungsanlagen, neun sind behindertengerecht ausgebaut und in zehn gibt es Reinigungsabteilungen mit Dusch- und Wannenbädern. Zahlreiche H. bieten neben der öffentlichen, schul- und vereinssportlichen Inanspruchnahme besondere Zeiten für Schwerbehinderte, Senioren, Schwangere usw. an, in fünf H. (Alte Halle Charlottenburg, Kleine Schwimmhalle Köpenick, Kleine Schwimmhalle Neukölln, Stadtbad Spandau-Nord und die Schwimmhalle Adlershof) gibt es auch FKK-Badezeiten. Bei jährlich steigenden Besucherzahlen (1949: 560.889; 1991: ca. 4,4 Mio.) standen bis 1987 im Westteil der Stadt 23 städtische H. mit einer Wasserfläche von 14.691 m² zur Verfügung; 1990 nahmen noch über 200.000 Besucher Wannen- oder Brausebäder in Anspruch. Vor der Vereinigung gab es im Ostteil der Stadt – mit Ausnahme des SEZ und des FEZ – 12 mit Sauna und 25-m-Becken ausgestattete Schwimmhallen zumeist in Neubaugebieten. Diese vom Sportstättenbetrieb Berlin verwalteten Einrichtungen wurden 1991 neben den Schulklassen von ca. 3,4 Mio. Besuchern genutzt. Die ersten Schwimmbäder in Berlin entstanden als privat betriebene Badeanstalten, wie das geschlossene *Welpersche Badeschiff* von 1821 oder die *Pfuelsche Schwimmanstalt* in der > Spree am Schlesischen Tor in > Kreuzberg. 1874 wurde das Admiralgartenbad im > Admiralspalast in der > Friedrichstrasse fertiggestellt. Als erstes städtisches H. wurde am 1.11.1892 das heute nicht mehr existierende Volksbad Moabit eröffnet. Aus der Gründerzeit haben sich einige H. erhalten, die wegen ihrer bauhistorischen Bedeutung unter Denkmalschutz gestellt wurden. Das älteste ist das 1898 nach Plänen von Paul Bratring erbaute, Anfang der 80er Jahre renovierte Charlottenburger H. in der Krumme Str. 10. Ferner gehört dazu das 1901 vom Berliner Baustadtrat Ludwig Hoffmann errichtete Stadtbad Kreuzberg in der Baerwaldstr. 64-67. Bis 1908 vollendete Hoffmann drei weitere H. in Berlin, darunter das Stadtbad Wedding an der Gerichtstr. 65-69 und das in der Oderberger Str. im Bezirk > Prenzlauer Berg. 1912-14 entstand nach Entwürfen des Rixdorfer Stadtbaurats Reinhold Kiehl als architektonisch besonders gelungener Bau unter

den H. das Stadtbad Rixdorf (heute > NEU-
KÖLLN) an der Ganghoferstr. 5 mit zwei
Schwimmhallen sowie medizinischen und
römisch-irischen Bädern. Das Gebäude wurde 1976-84 restauriert und 1979 unter Denkmalschutz gestellt. 1924 schließlich wurde im
> LUNAPARK am > HALENSEE in > WILMERSDORF
von einer privaten Betreibergesellschaft das

1955 lediglich die großen Schwimmhallen
der Stadtbäder Wedding und Kreuzberg wieder aufgebaut wurden. Im Rahmen eines
Bäderbauprogramms entstanden dann ab
1972 innerhalb von nur vier Jahren fünf weitere, nach einer einheitlichen Konzeption
ausgeführte H., die alle mit mindestens drei
Becken, davon einem 50-m-Becken sowie ei-

Hallenbad Krumme Straße

erste Wellenbad Deutschlands eröffnet. Das
derzeit modernste, nach einem Entwurf des
Architekten Christoph Langhof errichtete,
1987 eröffnete H. ist das Sport- und Freizeitbad am Spreewaldplatz am > GÖRLITZER PARK
an der Wiener Str. 59h im Bezirk > KREUZ-
BERG, das neben dem Sportbecken auch einen
Erlebnisbereich mit einer Wellenanlage besitzt.
Nach dem II. Weltkrieg und der > SPALTUNG
verlief der Bau von H. in beiden Stadthälften
unterschiedlich. Im Westteil Berlins setzte
der Bau neuer H. Ende der 50er, Anfang der
60er Jahre mit dem Neubau der Stadtbäder
Reinickendorf/Paracelsusbad (1960), Wilmersdorf (1961), Tempelhof (1962) und
Zehlendorf (1963) ein, nachdem die 1939 13
H. während des II. Weltkrieges z.T. schwer
beschädigt worden waren und 1954 bzw.

nem Sprungbecken ausgestattet waren, von
denen die Bäder Gropiusstadt, Mariendorf
(Ankogelweg) und Seestraße als kombinierte
Bäder auch Freischwimmbecken für den
Sommerbetrieb haben (> FREI- UND SOMMER-
BÄDER).
Im Ostteil der Stadt wurde der Neubau von
H. 1958 mit der Eröffnung des Bades in der >
WUHLHEIDE (12 x 25-m-Becken und Sprung-
becken) begonnen. Die aus den Jahren 1928
und 1930 stammenden und heute unter
Denkmalschutz stehenden Stadtbäder Lich-
tenberg und Mitte wurden schon kurz nach
dem II. Weltkrieg 1947 wiederhergestellt und
verfügten bereits damals über 25- bzw. 50-m-
Becken. Der forcierte Bau öffentlicher H. in
Ost-Berlin setzte dann Anfang der 70er Jahre
ein, so daß – mit Ausnahme des SEZ und des
FEZ – bis 1988 12 mit Sauna und 25-m-Bek-

ken ausgestattete Schwimmhallen zumeist in Neubaugebieten zur Verfügung standen.

Hamburger Bahnhof: Der H. ist das älteste, in seinen wesentlichen Teilen erhaltene Bahnhofsgebäude in Berlin (> EISENBAHN). Gegenwärtig erfolgt sein Umbau zum Museum für zeitgenössische Kunst, das als Teil der > NATIONALGALERIE der > STIFTUNG PREUSSISCHER KULTURBESITZ die deutsche Kunst der Gegenwart zeigen soll. Die Eröffnung des *Hauses der Moderne* ist für 1993 geplant.
Der nach Plänen von Friedrich Neuhaus 1846/47 im spätklassizistischen Stil errichtete dreistöckige Kopfbahnhof an der Invalidenstr. im Bezirk > TIERGARTEN wurde bereits

Hamburger Bahnhof

1885 wieder stillgelegt, da seine Funktionen weitgehend vom 1871 fertiggestellten benachbarten > LEHRTER BAHNHOF übernommen worden waren. Die Bahnsteighalle wurde abgerissen, das Kopfgebäude für Wohn- und Verwaltungszwecke genutzt. 1905/06 wurde der H. zum *Verkehrs- und Baumuseum* umgebaut und erhielt eine dreischiffige, 71 m lange, z.T. glasgedeckte Ausstellungshalle. 1911 und 1916 wurden die beiden Seitenflügel angefügt. Im II. Weltkrieg wurde der H. stark beschädigt. Obwohl das Gebäude dem Staat gehörte, stellten die > ALLIIERTEN den H. nach 1945 (vermutlich irrtümlich) unter die Verwaltung der in Ost-Berlin ansässigen Direktion der > DEUTSCHEN REICHSBAHN (DR). Diese konnte das Museum jedoch nicht wieder eröffnen, da sich die ihr in West-Berlin zugestandenen Betriebsrechte auf die Wahrnehmung von Transportaufgaben beschränkten. Sie sorgte lediglich für eine notdürftige Reparatur und Sicherung des Gebäudes und der Museumsbestände. Erst im Rahmen der Übernahme des in West-Berlin gelegenen S-Bahn-Netzes (> S-BAHN) durch den > SENAT

VON BERLIN am 20.12.1983 kam der H. Anfang 1984 in die Zuständigkeit der > SENATSVERWALTUNG FÜR KULTURELLE ANGELEGENHEITEN. Übernommen wurden neben dem Gebäude auch die noch vorhandenen rd. 1.000 Ausstellungsstücke des alten Verkehrs- und Baumuseums sowie eine noch größere Zahl von Gemälden, Plänen und Bildern, die dem 1982 gegründeten > MUSEUM FÜR VERKEHR UND TECHNIK übergeben wurden. Ein geringer Teil der Exponate wurde dem Verkehrsmuseum in Dresden als Dauerleihgabe überlassen. Die der DR entstandenen Kosten für den Erhalt des Gebäudes wurden mit einer Zahlung von 3 Mio. DM abgegolten.
Nach einer ersten Restaurierung wurde der H. 1987 unter Denkmalschutz gestellt und als Ausstellungshaus wiedereröffnet. Auf die Sonderausstellung „Die Reise nach Berlin" anläßlich der 750-Jahr-Feier (Mai-September 1987) folgte das „Dressater" (Modetheater) „Dressed to Thrill" (April 1988) und die Skulpturenausstellung „Zeitlos" (Juni-September 1988). Ende 1987 entschied der Senat, den H. der Stiftung Preußischer Kulturbesitz zur Errichtung einer Dependance der Nationalgalerie für zeitgenössische Kunst auf Dauer mietfrei zu überlassen. Die Ende 1988 begonnenen Umbauarbeiten sollen 1993 abgeschlossen sein.

Handwerk: Ende 1991 gehörten gut 22.000 Betriebe der > HANDWERKSKAMMER BERLIN an, gut 6.000 davon waren in den östlichen > BEZIRKEN ansässig. Sie erzielten mit knapp 230.000 Beschäftigten (davon in Ost-Berlin 42.050) einen Jahresumsatz von gut 20 Mrd. DM (Ost-Berlin: 3,1 Mrd. DM).
Das West-Berliner H. erlebte in den 80er Jahren – nach einer längeren Phase der Stagnation – eine positive Entwicklung. Die Zahl der Betriebe nahm stetig zu, seit 1980 insg. um 13 %, das Umsatzvolumen stieg auf fast das Doppelte. Auch die Beschäftigung ist deutlich angestiegen – um knapp 40 % – und erreichte 1991 den höchsten Stand seit 21 Jahren (> WIRTSCHAFT). Damit leisten die Berliner Handwerksbetriebe einen wichtigen Beitrag zur Schaffung und Sicherung von Arbeitsplätzen in der Stadt (> ARBEITSMARKT).
Die Nachkriegsentwicklung des H. in Ost-Berlin bis zum Fall der > MAUER 1989 verlief im wesentlichen wie in der gesamten DDR. Auf der Grundlage des Gesetzes zur Förderung des Handwerks vom 9.8.1950 und seinen Folgeverordnungen nahm die Zahl der

selbständigen Betriebe in Ost-Berlin von knapp 17.000 (1952) auf 4.519 (1980) ab. Erst aufgrund der Vorbereitungen zur 750-Jahr-Feier 1987 nahmen die Zahlen der Betriebe und Beschäftigten wieder zu, u.a. in der Bauproduktion und bei den Dienstleistungen. Darüber hinaus mußte das Bauhandwerk aus anderen Teilen der DDR Kapazitäten an die „Hauptstadt" abgeben.

Bei den ab 1952 entstandenen *Produktionsgenossenschaften des Handwerks (PGH)* gab es dagegen seit 1980 wie in der übrigen DDR kaum Veränderungen. Ende 1989 gab es in Ost-Berlin 158 PGH mit 12.484 Beschäftigten, 12.400 davon waren Mitglieder, der Rest Angestellte. Daneben gab es 4.585 Betriebe in privater Hand mit insg. 18.544 Beschäftigten. Die gewichtigsten Handwerksgruppen in Berlin sind heute die Bereiche Metall, Gesundheitspflege und Bau. Knapp vier Fünftel aller Betriebe gehörten 1990 diesen Branchen an, die zwei Drittel der Arbeitsplätze stellen. Überdurchschnittlich expandierten – in West-Berlin – wie in den Vorjahren die Baubetriebe, der Metallbereich und das Holzgewerbe. Besonders bei den Maurern, Dachdeckern, Malern, Metallbauern, Installateuren, Tischlern und Gebäudereinigern hat die Zahl der Betriebe – und i.d.R. auch der Beschäftigten – zugenommen. In den Gebäudereinigungsbetrieben ist der ohnehin schon höchste Anteil an Ausländern und Teilzeitbeschäftigten noch weiter gestiegen. Im Bereich des handwerksähnlichen Gewerbes weist lediglich das Holzschutzgewerbe einen erhöhten Betriebsstand aus. Weiter zurückgegangen ist dagegen die Bedeutung der Bekleidungs- und Textilbetriebe sowie der Nahrungsmittelbetriebe, u.a.der Fleischereien.

Zahl der Betriebe nach Handwerksgruppen

Handwerksgruppe	Betriebe 1991
Bau	6.300
Metall	7.283
Holz	851
Bekleidung, Textil, Leder	1.684
Nahrung	993
Gesundheits- und Körperpflege	3.864
Glas, Papier, Sonstige	114
Insgesamt	21.985

Die Veränderung im Betriebsbestand ist das Ergebnis einer bemerkenswerten Fluktuation: 10 % der Ende 1990 bestehenden Betriebe West-Berlins wurden 1991 in der Handwerksrolle bzw. im Verzeichnis der handwerksähnlichen Gewerbe gelöscht, 12 % im Laufe des Jahres neu eingetragen.

Das Berliner H. trägt wesentlich zur Ausbildung qualifizierten Nachwuchses – auch für andere Wirtschaftsbereiche – bei. Ende 1991 bestanden 12.552 Ausbildungsverhältnisse mit West-Berliner Betrieben, 7 % mehr als 1990. Die Ausbildung fand in 4.442 Ausbildungsstätten statt. Drei Viertel der Lehrlinge waren männlich. Der Anteil der Auszubildenden an allen Beschäftigten erreichte 8 %, dies ist deutlich mehr als bspw. im verarbeitenden Gewerbe. In Ost-Berlin befanden sich 3.300 Lehrlinge in 994 Stätten in der Ausbildung. Auch hier lag der Anteil der männlichen Auszubildenden bei etwa 75 %.

Handwerkskammer Berlin (HWK): Die im Jahr 1900 gegründete HWK mit Sitz in der Blücherstr. 68 im Bezirk > KREUZBERG ist die Interessenvertretung des gesamten > HANDWERKS in Berlin. Alle selbständigen Handwerker und die Inhaber handwerksähnlicher Betriebe sind mit ihren Gesellen und Auszubildenden Pflichtmitglieder. Die HWK wird in der Form einer Körperschaft des öffentlichen Rechts geführt und über drei Organe verwaltet: die von den Kammermitgliedern gewählte Vollversammlung, den Vorstand und die Ausschüsse. Ein Drittel der 60 Mitglieder der Vollversammlung und des zwölfköpfigen Vorstands müssen aus dem Gesellenstand kommen. Im fünfköpfigen Präsidium sind zwei Gesellen vertreten.

Die HWK unterhält derzeit die drei Ausschüsse Berufsbildung, *Gewerbeförderung* und Rechnungsprüfung. Sie vertritt 44 *Innungen*, fünf Verbände des handwerkähnlichen Gewerbes, drei Innungskrankenkassen, neun Einkaufsgenossenschaften und fünf handwerkliche Zusammenschlüsse. Die Kammer führt die *Handwerksrolle*, in der alle Handwerksunternehmen eingetragen sind. Sie regelt die Berufsausbildung, erläßt Gesellen- und Meisterprüfungsordnungen und fördert die Fortbildung. Sie betreut die knapp 300 öffentlich bestellten Sachverständigen für die Begutachtung von handwerklichen Leistungen und betreibt entsprechend ihrem gesetzlichen Auftrag eine Beratungs- und Beschwerdestelle. Ende 1991 gehörten der

HWK gut 22.000 Betriebe an, etwa 6.000 davon in den östlichen > BEZIRKEN.

Hervorzuheben sind die Anstrengungen der Kammer im Rahmen der Gewerbeförderung. Die seit 1954 bestehende Betriebsberatung führte 1991 gut 1.700 Beratungen durch, überwiegend bei betriebswirtschaftlichen Fragen. Zugleich dominierten die Existenzgründungsberatungen, v.a. in Ost-Berlin (insg. gut 1.000). Seit 1989 bestehen zusätzlich Beratungsangebote zu Umwelt- und Arbeitsschutzfragen. Des weiteren bietet das im Oktober 1989 erweiterte *Bildungs- und Technologiezentrum der Handwerkskammer (BTZ)* gegenüber dem Hauptgebäude, am Mehringdamm 14, eine Fülle von Weiterbildungslehrgängen. In 500 Lehrgängen wurden 1991 etwa 9.300 Teilnehmer weitergebildet. 1.236 Teilnehmer legten Meister- oder Gesellenprüfungen ab. Schließlich wurde – als vierjähriger Modellversuch des > BUNDESMINISTERS FÜR WIRTSCHAFT – am 1.8.1990 eine Technologie-Transfer-Stelle eingerichtet, die die Einführung und Verbreitung neuer Technologien in Handwerksbetrieben beschleunigen soll. Insg. wurden von der HWK 1991 ca. 13.000 Teilnehmer informiert, aus- oder weitergebildet.

Die HWK Berlin entstand auf Grundlage des Handwerkerschutzgesetzes von 1897. Sie war damals auch für Brandenburg zuständig und gehörte zu den größten HWK in Deutschland. Unter dem Hitler-Regime verlor sie ihre Eigenständigkeit, ohne formell aufgelöst zu werden. 1946 wurde sie als Ressort „Handwerk" in die Wirtschaftsverwaltung des > MAGISTRATS von > GROSS-BERLIN eingegliedert, welches 1949 in ein West- und ein Ostressort gespalten wurde (> SPALTUNG). Aufgrund des Widerstandes der > ALLIIERTEN wegen des Berliner > SONDERSTATUS konnte die heutige HWK erst 1954 gegründet werden. Grundlage war die 1953 in Kraft getretene neue Handwerksordnung.

In Berlin (Ost) wurde bereits durch die Verordnung des Magistrats zur Förderung des Berliner Handwerks vom 2.3.51 eine HWK als Körperschaft des öffentlichen Rechts errichtet. Sie blieb dem Magistrat unterstellt, der auch ihren Vorstand berief. Sie war nach ihrem Statut verpflichtet, die privaten Handwerker und Gewerbetreibenden für die genossenschaftliche Arbeit zu gewinnen. Außerdem hatte sie die Aufgabe, die Erfüllung der Pläne und die Einhaltung der Preise zu kontrollieren sowie die Verzeichnisse ihrer Mitglieder zu führen. Dies waren die Handwerks- und Gewerberolle der Privaten, sowie die Verzeichnisse und Mitgliederkarteien der Produktionsgenossenschaften des Handwerks (PGH) und der Einkaufs- und Liefergenossenschaften (ELG).

Zwischen Januar und Mai 1990 wurde auf der Grundlage einer am 16.3.1990 von der Volkskammer verabschiedeten neuen Handwerksordnung eine neue, staatlich unabhängige H. geschaffen, die weiterhin sowohl das Privathandwerk als auch den PGH und ELG vertrat. Sie löste sich zum 1.10.1990 auf, um ihren Mitgliedern einen Beitritt zu der ab > 3. OKTOBER 1990 auch für Ost-Berlin zuständigen West-Berliner HWK zu ermöglichen. Ein gerichtlicher Einspruch gegen diese Selbstauflösung wegen fehlender gesetzlicher Grundlage führte zu einer Senatsverordnung vom 3.12.1991, die eine Vereinigung der beiden Kammern zum 1.1.1992 bestimmte.

Hansa-Theater: Das 1963 im ehem. Tanzsaal der Kronen-Brauerei in Alt-Moabit 48 im Bezirk > TIERGARTEN von Paul Esser gegründete H. ist eine in der Tradition des Berliner Volksparktheaters des 19. Jh. stehende Privatbühne (> THEATER). Sie spielt in ihrem 570 Plätze umfassenden Haus v.a. Berliner Volksstücke, Lokalpossen sowie internationalen Boulevard, gelegentlich auch klassische Komödien mit Lokalbezug. Direktor des als GmbH organisierten Theaters ist seit der Saison 1981/82 – in direkter Nachfolge des Gründers – der Schauspieler und Regisseur Horst Niendorf. Das H. hat kein festes Ensemble, sondern spielt ausschließlich mit Gastschauspielern. In der Saison 1990/91 standen vier Stücke auf dem Spielplan, die von insg. 74.634 Zuschauern gesehen wurden. Durch den Verkauf der Karten deckt das Theater etwa zwei Drittel seiner Kosten, den Rest trägt die > SENATSVERWALTUNG FÜR KULTURELLE ANGELEGENHEITEN.

Hansaviertel: Das H. zwischen dem Nordwestrand des > GROSSEN TIERGARTENS und der > STADTBAHN im Bezirk > TIERGARTEN entstand im Rahmen der *Internationalen Bauausstellung Berlin 1957 (Interbau)* als Höhepunkt des innerstädtischen Neuaufbaus West-Berlins in den 50er Jahren (> BAUGESCHICHTE UND STADTBILD). Die hier bereits seit 1875 errichtete, z.T. hochherrschaftliche Wohnbebauung des alten H. war im November 1943 durch Bombenangriffe fast vollständig zerstört worden.

Kompliziert gestaltete sich v.a. die Bau-landumlegung der 159 Altgrundstücke, wo-bei letztlich 14 Enteignungen durchgeführt werden mußten. Am 5.8.1955 konnte der Grundstein für das vielbeachtete Wohn-viertel gelegt werden, das demonstrativ als westliches Gegenbeispiel zur sozialistischen Wohnbebauung der Stalinallee (heute > KARL-MARX-ALLEE und > FRANKFURTER ALLEE) gefeiert wurde.

Errichtung des Hansaviertels 1957

Die Aufstellung des Bebauungsplans oblag einem Ausschuß unter der Leitung von Otto Bartning, der den ursprünglichen Grundplan von Gerhard Jobst und Willy Kreuer voll-kommen überarbeitete. An der Ausführung der 1.300 Wohneinheiten für ca. 3.500 Ein-wohner umfassenden Wohnanlage beteilig-ten sich 48 berühmte Architekten aus 13 Län-dern (darunter Alvar Alto, Walter Gropius, Sten Samuelsen, Oscar Niemeyer und Pierre Vago), die eine lockere Mischung aus insg. 48 Scheiben- und Punkthochhäusern, Zeilen-bau- und Einfamilienhäusern realisierten. Die in großzügig angelegten Grünflächen eingebettete Siedlung gilt bis heute als bevor-zugter Wohnstandort in direkter Nähe der Innenstadt.
Die im Rahmen der Interbau errichteten Kirchenbauten der *Kaiser-Friedrich-Gedächt-niskirche* an der Händelallee (von Ludwig

Lemmer, anstelle eines gleichnamigen Vor-gängerbaus) und die *St.-Ansgar-Kirche* west-lich des Hansaplatzes (von Willy Kreuer) gel-ten als bemerkenswerte Neuschöpfungen der Nachkriegszeit. Von überregionaler kulturel-ler Bedeutung sind die am Ostrand des H. gelegene > AKADEMIE DER KÜNSTE und das > GRIPS THEATER am Hansaplatz.

Haselhorst: Der ehem. Gutsbezirk H. ist mit einer Fläche von 4,7 km² der kleinste der sechs Ortsteile des Bezirks > SPANDAU. Er liegt nördlich der Spreemündung in die > HAVEL und ist – insbes. entlang der > WASSER-STRASSEN – stark industriell geprägt (z.B. BMW-Motorradwerke). Der Name H. ist als Flurname erstmals 1590 belegt. Auf dem Ge-lände befand sich ein Vorwerk, das dem Amt Spandau unterstellt war. Als erster Industrie-betrieb wird 1848 ein „Schneide- und Gips-mühlen-Etablissement" in *Paulstern* genannt. 1892 leitet dann die Eröffnung einer Kon-servenfabrik für die Armee die umfassende Industrialisierung ein. 1889 wurde der Guts-bezirk vom preußischen Militärfiskus erwor-ben, der für die in den Betrieben beschäf-tigten Arbeiter ab 1892 die Wohnkolonie H. errichten ließ. 1910 wurde das Gelände nach Spandau eingemeindet, mit dem es 1920 zu > GROSS-BERLIN kam.
1931-34 entstand nördlich der Gartenfelder Str. nach städtebaulicher Planung von Walter Gropius und Stephan Fischer durch Fred Forbat, Paul Mebes, Paul Emmerich u.a. die *Reichsforschungssiedlung Haselhorst* mit 3.000 Wohnungen. Die in Zeilenbauweise errichte-te Anlage aus vier- bis fünfgeschossigen, in Nord-Süd-Richtung erbauten Häusern, wur-de 1938-40 nach Norden erweitert. Nach dem II. Weltkrieg wurde die Siedlung südlich der Gartenfelder Str. zwischen 1954-60 durch Fe-lix Hedinger und Wolfram Vogel ergänzt. Mit Eröffnung der U-Bahn-Linie 7 bis Rat-haus Spandau 1984 erhielt H. eine U-Bahn-Verbindung zur > CITY. In den 80er Jahren geplante Siedlungsverdichtungen wurden in das Konzept für die im Herbst 1992 begonne-ne > WASSERSTADT OBERHAVEL integriert, das sich auch über weite Teile von H. erstrecken wird. Bis etwa 2005 soll hier an beiden Havelufern und auf der Insel Eiswerder ein neues Zentrum von Wohnen und Gewerbe mit fast 13.000 Wohnungen und ca. 22.000 Arbeitsplätzen entstehen.

Hauptbahnhof: Der H. am Stralauer Platz

im Bezirk > FRIEDRICHSHAIN erhielt seinen politisch motivierten Namen 1987 im Zuge des 1985-89 erfolgten Ausbaus zum Zentralbahnhof Ost-Berlins. Seit der > VEREINIGUNG ist er wieder Teil der Berliner > STADTBAHN, der im Fernverkehr die Funktion eines langgestreckten, sich über mehrere Stationen verteilenden Hauptbahnhofs hat.

Hauptbahnhof

Nach Fertigstellung des derzeitigen Umbaus wird der H. über eine 300 m lange Eingangs- und Empfangshalle auf fünf Ebenen verfügen. In einem sechsgeschossigen Anbau sollen weitere Abfertigungs-, Service- und Funktionsraume Platz finden. Gründlich renoviert werden die beiden Hallenschiffe des Bahnhofs und die fünf Bahnsteige mit insg. neun Gleisen. Der Hauptbahnhof ist an das elektrifizierte Streckennetz der > DEUTSCHEN REICHSBAHN (DR) angeschlossen. Er verfügt über ein zweigeschossiges, offenes Parkdeck für 345 Fahrzeuge auf dem Bahnhofsvorplatz.
Der erste Bahnhof an dieser Stelle war 1841/ 42 für die Strecke Berlin – Frankfurt/O. niveaugleich zu den angrenzenden Straßen unter dem Namen *Frankfurter Bahnhof* erbaut worden. Nach der Verlängerung der Strecke bis Breslau 1846 wurde er in *Schlesischer Bahnhof* umbenannt. Bereits 1867-69 machte der wachsende Verkehr einen vergrößerten, fünf Gleise und zwei Seitenbahnsteige überspannenden Neubau des Kopfbahnhofs erforderlich. Ab 1874 folgte der Umbau des Bahnhofs zur „Viadukt-Station", wozu Gleisrampen aufgeschüttet und Gleise wie Bahnsteige 6 m höher gelegt wurden. 1882 wurde der Bahnhof Teil der neu eröffneten Berliner Stadtbahn und zum Durchgangsbahnhof ausgebaut.
Im II. Weltkrieg wurden Teile des Empfangsgebäudes und die Glasdächer der beiden

Hallenschiffe zerstört. Das Empfangsgebäude wurde nach dem Krieg wiederhergestellt. Seit dem 1.12.1950 hieß der Bahnhof „Ostbahnhof". In den 50er bis 70er Jahren war der Bahnhof der wichtigste Fernbahnhof Berlins, bis der > BAHNHOF LICHTENBERG auf seine heutige Leistungsfähigkeit ausgebaut wurde. Im August 1985 begann mit der Sprengung der bisherigen Empfangshalle der Umbau zum heutigen H. Entsprechend der vom > SENAT VON BERLIN und der DR entwickelten Eisenbahnkonzeption für Berlin, soll der H. auch künftig die Funktion eines Fernbahnhofs behalten.

Hauptstadt: Seit der > VEREINIGUNG am > 3. OKTOBER 1990 ist Berlin die H. der Bundesrepublik Deutschland. Nach der Entscheidung des > DEUTSCHEN BUNDESTAGES vom 20.6.1991 wird die Stadt in den kommenden Jahren auch *Parlaments- und Regierungssitz* werden. Damit übt sie in ihrer über 750jährigen > GESCHICHTE zum siebten Mal für den insg. siebten Staat bzw. Staatenbund die Funktion der H. aus. Gemäß des im Grundgesetz (GG) festgelegten föderalistischen Staatsaufbaus (Art. 20-37) wird sich Berlin nicht zu einer klassischen „Zentrale" entwickeln, wie es etwa Paris für Frankreich oder London für Großbritannien ist. In Berlin werden nach dem Bundestagsbeschluß von 1991 lediglich die Kernbereiche von Parlament, Regierung und Verwaltung angesiedelt. Die bisherige Bundeshauptstadt Bonn bleibt ein wichtiges Verwaltungszentrum, andere hoheitliche Institutionen werden auch in Zukunft regional über die Bundesrepublik verteilt sein.
1. Die Bundeshauptstadt Berlin Mitte 1992
1992 war das Staatsoberhaupt, der > BUNDESPRÄSIDENT (Art. 54-61 GG), in Berlin im > SCHLOSS BELLEVUE, wo sich auch die Berliner Außenstelle des *Bundespräsidialamtes* befindet, mit einem seiner beiden Amtssitze vertreten. Die Legislative, der > DEUTSCHE BUNDESTAG (Art. 38-49 GG), verfügte in Berlin mit dem > REICHSTAGSGEBÄUDE über seine zweite Tagungsstätte, die nach ihrem Umbau in den 90er Jahren wieder regelmäßig für Sitzungen des Parlaments genutzt werden soll. Die Länderkammer, der > BUNDESRAT (Art. 50-53 GG), behält ihren Sitz in Bonn, hat sich allerdings eine mögliche Revision dieser am 5.7.1991 getroffenen Entscheidung vorbehalten. Die aus dem Bundeskanzler und den Ministern gebildete *Bundesregierung* (Art. 62-

69 GG) sowie die ihr nachgeordnete Bundeshauptverwaltung waren durch Außenstellen des > Bundeskanzleramtes, des > Presse- und Informationsamtes der Bundesregierung sowie der insg. 18 > Bundesministerien (einschließlich des > Auswärtigen Amts) in Berlin präsent. Räumlich sind die Außen- bzw. Dienststellen der Ministerien im Stadtzen-

sog. „Kombinationsmodell", d.h. eine vertikale Aufteilung der Ministerien. In einem Kabinettsbeschluß vom 3.6.1992, der diese Entscheidung nochmals bestätigte, billigte die Bundesregierung zugleich den Bericht des 1991 beim > Bundesminister des Innern eingesetzten *Arbeitsstabes Bonn/Berlin*. Danach sollen zehn der 18 Bundesministerien

Bundesministerien in Berlin		
Bundesministerium	Künftiger Hauptstandort	
Auswärtiges Amt (AA)	Berlin	
Bundesminister für Arbeit und Sozialordnung (BMA)	Berlin	
Bundesminister für Bildung und Wissenschaft (BMBW)		Bonn
Bundesminister für Ernährung, Landwirtschaft und Forsten (BML)		Bonn
Bundesminister für Familie und Senioren (BMFuS)	Berlin[1]	
Bundesminister der Finanzen (BMF)	Berlin	
Bundesminister für Forschung und Technologie (BMFT)		Bonn
Bundesminister für Frauen und Jugend (BMFJ)	Berlin	
Bundesminister für Gesundheit (BMG)		Bonn
Bundesminister des Innern (BMI)	Berlin	
Bundesminister der Justiz (BMJ)	Berlin	
Bundesminister für Post und Telekommunikation (BMPT)		Bonn
Bundesminister für Raumordnung, Bauwesen und Städtebau (BMBau)	Berlin	
Bundesminister für Umwelt, Naturschutz und Reaktorsicherheit (BMU)		Bonn
Bundesminister für Verkehr (BMV)	Berlin	
Bundesminister für Verteidigung (BMVg)		Bonn
Bundesminister für Wirtschaft (BMWi)	Berlin	
Bundesminister für wirtschaftliche Zusammenarbeit (BMZ)		Bonn
Summe	10	8

[1] Das BMFuS wird als einziges Ministerium ausschließlich in Berlin präsent sein.

trum im Bezirk > Mitte konzentriert, wo sie v.a. die von der DDR-Regierung bzw. von der > Sozialistischen Einheitspartei Deutschlands (SED) und den Massenorganisationen der DDR genutzten Gebäude übernommen haben.

Neben den Bundesministerien waren in der Stadt ca. 100 *Bundesbehörden, Bundesanstalten* oder weitere in diesem Bereich tätige Institutionen mit ihrem Hauptsitz oder mit Dienst-, Außen- bzw. Nebenstellen oder Geschäftsbereichen in Berlin vertreten.

2. Der Umzug von Parlament und Regierung

Das künftige Profil der Bundeshauptstadt war im Sommer 1992 bereits erkennbar. Am 11.12.1991 beschloß die Bundesregierung das

sowie das Bundespresseamt und der Chef des Bundeskanzleramtes nach Berlin verlegt werden, wobei sie Teile in unterschiedlicher Größenordnung in Bonn belassen. Die acht Bonner Ministerien werden einen zweiten Dienstsitz in Berlin, die Berliner Ressorts einen zweiten Dienstsitz in Bonn behalten. Lediglich der > Bundesminister für Familie und Senioren wird als einziges Ministerium vollständig nach Berlin umziehen und keine Vertretung in Bonn aufrechterhalten.

Die Umsetzung dieser Entscheidungen war bis zum Sommer 1992 zeitlich noch nicht präzisiert. Nach einem Beschluß des Ältestenrates des Bundestags vom 12.12.1991 soll der Umzug erfolgen, wenn vier Kriterien ver-

Umzugsempfehlungen der Föderalismuskommission für in Berlin ansässige Einrichtungen

Einrichtung	empfohlener Standort
Teile der Bundesversicherungsanstalt für Angestellte	Brandenburg, Mecklenburg-Vorpommern, Thüringen
Biologische Bundesanstalt für Land- und Forstwirtschaft	Brandenburg
Bundesrechnungshof	Brandenburg, Bonn
Landwirtschaftliche Berufsgenossenschaft	Mecklenburg-Vorpommern
Umweltbundesamt	Sachsen-Anhalt
Wasser- und Schiffahrtsdirektion Ost	Sachsen-Anhalt
Bundesverwaltungsgericht	Sachsen
5. Strafsenat des Bundesgerichtshofs	Sachsen
Zentrum für Telekommunikation der Deutschen Bundespost Berlin	Sachsen
Deutsches Patentamt	Thüringen
Bundesanstalt für Wasserbau	Thüringen
Bundeskartellamt	Bonn
Bundesversicherungsamt	Bonn
Bundesaufsichtsamt für das Kreditwesen	Bonn
Bundesaufsichtsamt für das Versicherungswesen	Bonn
Bundesinstitut für Berufsbildung	Bonn
Teile des Bundesgesundheitsamts	Bonn
Außenstelle der Bundesforschungsanstalt für Landeskunde und Raumordnung	Bonn
Teile der Bundesbaudirektion	Bonn
Außenstelle des Statistischen Bundesamts	Bonn
Außenstelle der Bundesanstalt für Geowissenschaften und Rohstoffe	Bonn
Außenstelle des Bundesamts für Strahlenschutz	Bonn
Teile der Deutschen Stiftung für Internationale Entwicklung	Bonn
Deutscher Entwicklungsdienst (ded) GmbH	Bonn
Deutsches Institut für Entwicklungspolitik gemeinnützige Gesellschaft mbH	Bonn
Max-Planck-Institut für Bildungsforschung	Bonn

wirklicht sind: Das Reichstagsgebäude muß „als für dauerhafte Nutzung eingerichtetes Plenargebäude" zur Verfügung stehen; im Reichstag und in seinem Umfeld müssen die Abgeordneten, die Fraktionen und ihre Mitarbeiter sowie die Verwaltung über „ausreichend Fläche" verfügen können; die Bundesregierung muß „in Berlin so präsent sein, daß sie ihrer Verantwortung gegenüber dem Parlament nachkommen kann", und die Abgeordneten, die Fraktionen sowie die Verwaltung mit ihren jeweiligen Mitarbeitern müssen mit „zumutbaren Wohnungen" versorgt sein. Mit einer Erfüllung dieser Kriterien wird nicht vor Ende der 90er Jahre gerechnet. Alles in allem sollen rd. zwei Drittel der Arbeitsplätze in Bonn verbleiben (1991 ca. 13.900).

Die Bundesregierung nahm am 3.6. ebenfalls die am 27.5. veröffentlichten, mit Zwei-Drittel-Mehrheit beschlossenen Empfehlungen der *Unabhängigen Föderalismuskommission* von Bund und Ländern zur Kenntnis. Jene Vorschläge, die Verlegungen von Einrichtungen nach Bonn betreffen, entsprechen den im Bericht des Arbeitsstabs Berlin/Bonn genannten Einrichtungen. Insg. sollen 36 Bundesinstitutionen ihren Sitz wechseln, davon 14 in die neuen Bundesländer. Berlin soll insg. 26 Einrichtungen bzw. Teile von Einrichtungen abgeben, davon 15 nach Bonn und 11 in die neuen Bundesländer; dabei ist vorgesehen, die > BUNDESVERSICHERUNGSANSTALT FÜR ANGESTELLTE auf Brandenburg, Mecklenburg-Vorpommern und Thüringen sowie den > BUNDESRECHNUNGSHOF auf Brandenburg und Bonn aufzuteilen.

Kurz nach der Veröffentlichung dieser Empfehlungen gab es eine Reihe von Protesten gegen diese Entscheidungen. So dementierte die > MAX-PLANCK-GESELLSCHAFT Umzugspläne für das > MAX-PLANCK-INSTITUT FÜR BILDUNGSFORSCHUNG. Auch der > REGIERENDE BÜRGERMEISTER und der Ministerpräsident des Landes Hessen kritisierten einige Einzelentscheidungen (bzgl. Berlin insbes. die vorgesehene Verlagerung von Einrichtungen der > ENTWICKLUNGSPOLITIK), ohne die Tendenz der Beschlüsse in Frage zu stellen. Angesichts der Proteste war im Sommer 1992 noch nicht absehbar, ob und ggf. welche Veränderungen es an den Verlagerungsplänen geben wird.

Nach Umsetzung dieser Entscheidung in den 90er Jahren wird die künftige Zahl der Bundesbeschäftigten in Berlin ca. 130.000 betragen. Bei dieser Zahl ist berücksichtigt, daß

Berlin ca. 12.000-15.000 Arbeitsplätze im Rahmen der Verlagerung von Bundeseinrichtungen aus der Stadt verlieren und rd. 9.000 Arbeitsplätze durch den Regierungs- und Parlamentsumzug gewinnen wird.

Die Finanzierung des Umzugs war im Sommer 1992 noch nicht geklärt. Um eine verläßliche Grundlage für die weiteren Planungen zu erhalten, beabsichtigt die Bundesregierung die Einbringung eines *Berlin/Bonn-Gesetzes*. Ein Hauptstadtvertrag über die Zusammenarbeit mit Berlin wurde bereits im Juli 1992 abgeschlossen. Ferner ist auch der Abschluß eines „Bonn-Vertrages" geplant.

Nach den Planungen – Stand Sommer 1992 – sind in Berlin vier Bereiche als Standort für Parlament, Regierung und Verwaltung vorgesehen: Das Reichstagsgebäude als Tagungsgebäude des Parlaments (Beginn des Architektenwettbewerbs am 26.6.92), der *Spreebogen*, wo Neubauten für die Bundestagsverwaltung, Büros für die Abgeordneten, das Bundeskanzleramt und das Presse- und Informationsamt der Bundesregierung entstehen sollen (Beginn des städtebaulichen Wettbewerbs am 12.6.92), die Spreeinsel als Standort der großen Ministerien sowie die > WILHELMSTRASSE und die Ministergärten für kleinere Ministerien und die Hauptstadtvertretungen der Bundesländer.

3. Die Geschichte der Hauptstadt Berlin

Der kurz nach dem Fall der > MAUER am > 9. NOVEMBER 1989 einsetzende, z.T. stark emotionalisiert geführte Streit über die H. Berlin ist nur im Zusammenhang mit der europäischen und deutschen Entwicklung der letzten 150 Jahre zu verstehen, die sich in der > GESCHICHTE der Stadt Berlin spiegelt.

Nachdem Berlin rd. 400 Jahre Sitz der > LANDESHERREN Brandenburgs bzw. *Preußens* gewesen war, bildeten sich im Gefolge der Französischen Revolution erste nationalstaatliche Strukturen heraus. Nach mehreren gescheiterten Versuchen der Staatenbildung in der ersten Hälfte des 19. Jh. kam es am 18.8.1866 zur Gründung des von Preußen dominierten Norddeutschen Bundes mit Berlin als H. Dort trat der Bund am 20.2.1867 zu seinem verfassungsgebenden Reichstag zusammen, dessen Eröffnungssitzung am 24.2. im Weißen Saal des > STADTSCHLOSSES stattfand.

Mit der Proklamation des Deutschen Reichs am 18.1.1871 wurde Berlin zu dessen H., ohne daß dies ausdrücklich in der Verfassung verankert worden war. In der Reichsverfassung (Art. 2) tauchte die H. lediglich

als Hilfskonstruktion auf, um den Anfangs-
termin eines Gesetzes festzulegen, falls der
Text keinen Termin nannte. Verfassungsrechtlich war Berlin demnach nur die Stadt,
in der das „betreffende Stück des Reichsgesetzblatts ... ausgegeben" wurde. Die Folgen der Entscheidung für Berlin als H. spiegelten sich auch in einer unfangreichen, bereits in den 70er Jahren einsetzenden Bautätigkeit, v.a. im die Wilhelmstraße umgrenzenden Areal. Dort entstanden innerhalb
weniger Jahre durch Um- und Neubauten die
Reichskanzlei (Nr. 77), das Auswärtige Amt
(Nr. 75-76), das Reichsamt des Innern (Nr. 74;
alle drei nicht mehr vorhanden) und als
größtes Projekt nördlich des > Brandenburger
Tors das neue Reichstagsgebäude. An der
Kreuzung > Unter den Linden/Wilhelmstr.
versammelten sich die wichtigsten ausländischen Botschaften (Rußland, USA, Großbritannien und Frankreich; ebenfalls zerstört).
Ein weiteres Repräsentationsviertel entstand
im *Alsenviertel* südlich des Spreebogens, wo
bspw. Deutschlands engster Verbündeter –
Österreich-Ungarn – residierte (> Ausländische Vertretungen; > Diplomatenviertel).
Auch die Anlage der > Siegesallee, die gesamte Gestaltung des Königsplatzes (> Platz
der Republik), die Aufstellung des *Bismarck-
Denkmals* sowie der Denkmäler für *Roon* und
Moltke spiegelten das nationale Selbstverständnis des damaligen Deutschland.
Nach der Niederlage Deutschlands im I.
Weltkrieg kam es während der Novemberrevolution zum Sturz der konstitutiven Monarchie und am 9.11.1918 zur Proklamation
der (Weimarer) Republik. Berlin blieb H., obgleich die in Weimar tagende Nationalversammlung in die „Verfassung des Deutschen Reiches" vom 11.8.1919 keinen entsprechenden Passus aufnahm. Immerhin
wird in Art. 71 die Reichshauptstadt als
Erscheinungsort des Reichsgesetzblatts genannt (der Name Berlins war im Verfassungsentwurf noch enthalten, wurde aber
später gestrichen, um eine Verlegung in
revolutionären Zeiten zu ermöglichen) und
in Art. 28 erwähnt, daß der Präsident „das
Hausrecht und die Polizeigewalt im Reichstagsgebäude" ausübt. Berlin entwickelte sich
zum Zentrum der neuen Demokratie; hier
wurde in den Anfangsjahren, im Krisenjahr
1923 und in den letzten Jahren der Republik
der Kampf um die erste deutsche Demokratie
ausgetragen. Neue Bauten der Reichsregierung entstanden zu dieser Zeit kaum. Er-

wähnenswert sind u.a. ein 1928-30 errichteter
Neubau für die Reichskanzlei in der
Wilhelmstr. und das 1928/29 erbaute Heeres-
waffenamt in der Jebensstr. 1 im Bezirk >
Charlottenburg.
Nach der Zerschlagung der Weimarer Republik übernahmen am 30.1.1933 die Nationalsozialisten die Macht auch in der H. Berlin.
Das nationalsozialistische Selbstverständnis
schlug sich in einer regen Bautätigkeit nieder. Die ab 1933 entstandenen Anlagen wurden auch mit dem Ziel errichtet, Berlin zur,
von überdimensionalen Monumenten geprägten, *Reichshauptstadt Germania* umzugestalten. Zuständig für diese Planungen war
der > Generalbauinspektor für die Reichshauptstadt Berlin. Eine Reihe von verwirklichten Bauten ließ die Richtung dieser Entwicklung erkennen. Drei markante Beispiele
sind das dem > Preussischen Landtag benachbarte, 1935/36 als erster Großbau des
III. Reichs nach Plänen von Ernst Sagebiel errichtete *Reichsluftfahrtministerium* (heute >
Detlev-Rohwedder-Haus), das 1936-38 nach
einem Entwurf von Fritz Keibel erbaute
ehem. Verwaltungsgebäude der Reichsmünze am > Molkenmarkt (> Münze) und die
1938/39 nach Plänen von Albert Speer errichtete und 1945 zerstörte *Neue Reichskanzlei* in
der Voßstr. 4-6.
Nach Kriegsende übernahmen die > Alliierten die Oberste Gewalt in Deutschland und
Berlin. Ihre wichtigsten Organe waren der
für ganz Deutschland zuständige > Alliierte
Kontrollrat, der das Gebäude des Preußischen > Kammergerichts am > Heinrich-von-
Kleist-Park in der Elßholzstr. im Bezirk >
Schöneberg (amerikanischer Sektor) zu seinem Sitz bestimmte, sowie die für Berlin zuständige > Alliierte Kommandantur am
Corrensplatz in > Dahlem (> Sonderstatus
1945-90).
Für die am 8.5.1949 gegründete Bundesrepublik Deutschland wurde Bonn durch einen
Beschluß des Parlamentarischen Rats vom
10.5.1949 (bestätigt vom Bundestag am
3.11.1949) zum provisorischen Sitz von Parlament und Regierung (den Titel Bundeshauptstadt erhielt Bonn erst im Bonn-Vertrag von
1970). Das GG enthält keine Regelungen zur
Hauptstadtfrage, sondern lediglich Verfahrensweisen zur Wiedervereinigung (Art.
23 und 146). Dennoch gab es v.a. in den ersten Jahren zahlreiche Bekenntnisse zu Berlin
als H. im Fall der Wiedervereinigung. Dementsprechend wurden aufgrund eines Be-

schlusses der Bundesregierung vom 29.11. 1949 in Berlin Außenstellen der Bundesministerien (mit Ausnahme des > Bundesministers der Verteidigung) eingerichtet, die nach Inkrafttreten des > Vier-Mächte-Abkommens 1972 in die Dienststelle des *Bevollmächtigten der Bundesregierung in Berlin* eingegliedert wurden (> Bundeshaus). Unterhalb der Ministerialebene entstand ab 1949 gleichzeitig ein dichtes Netz von Bundesbehörden, öffentlich-rechtlichen Körperschaften und Anstalten oder Stiftungen, die direkt dem Bund unterstanden (> Bindungen). Zugleich wurden Berlin die Mittel der > Bundeshilfe (Gesetz von 1956, § 16 Abs. 2, 3) mit dem Ziel gewährt, die Stadt auf die künftigen Aufgaben einer „Hauptstadt Deutschlands" vorzubereiten. Dieses Engagement wurde in den 50er und 60er Jahren durch eine Reihe politischer Initiativen sowie später v.a. bei den Gedenkfeiern zum *Tag der Deutschen Einheit* am 17. Juni bekräftigt (> 17. Juni 1953). In den 70er und 80er Jahren war die Hauptstadtfrage in der Bundesrepublik kein dominierendes Thema mehr. Wie die nach dem Fall der > Mauer einsetzende Debatte zeigte, akzeptierten die politischen Eliten ebenso wie zahlreiche Bundesbürger den bestehenden Status quo.

Für die am 6.10.1949 gegründete Deutsche Demokratische Republik wurde der Ost-Teil Berlins zur *„Hauptstadt der DDR".* Bereits die erste Verfassung vom 7.10.1949 enthielt den Passus: „Die Hauptstadt der Republik ist Berlin" (Art. 2), der in der Verfassung vom 9.4.1968 (später auch in die Fassung vom 7.10.1974 so übernommen) wie folgt präzisiert wurde: „Die Hauptstadt der Deutschen Demokratischen Republik ist Berlin" (Art. 1). Von Beginn an entwickelte sich der Ostteil zum Zentrum der DDR, in dem fast alle wichtigen Partei- und Staatsorgane angesiedelt waren. Das Selbstverständnis der DDR schlug sich auch in einer regen Bautätigkeit nieder, die v.a. im Bezirk Mitte z.T. bewußt mit historischen Traditionen brach (z.B. Abriß des Stadtschlosses und Bau des > Palastes der Republik sowie des Außenministeriums) und versuchte, die gewachsenen Strukturen durch neue Planungen zu ersetzen. Rechtlich war der Status der H. der DDR immer umstritten und wurde von den West-Alliierten und von der Bundesregierung bis zuletzt de jure nicht anerkannt. Dies führte zu einer Reihe von Besonderheiten, etwa der, daß die drei West-Alliierten im Westteil mit

ihren (für ganz Berlin zuständigen) Militärregierungen und im Ostteil mit Botschaften vertreten waren. Erst mit der Vereinigung wurde dieser Zustand beendet. Die Regierungseinrichtungen der DDR wurden aufgelöst oder in Bundeseinrichtungen überführt bzw. integriert.

Nach dem Fall der Mauer begann noch im Dezember 1989 eine intensive und heftig geführte Debatte um die H. Ein Markstein war dabei das Bekenntnis des Bundespräsidenten, der sich anläßlich der Verleihung der Ehrenbürgerwürde der Stadt Berlin am 29.6.1990 in der > Nikolaikirche für Berlin als „Platz für die politisch verantwortliche Führung Deutschlands" aussprach (> Ehrenbürger). Parallel zu den öffentlich geführten Debatten kam es bei den Verhandlungen über den > Einigungsvertrag zu massiven Konflikten zwischen den Delegationen und v.a. innerhalb der westdeutschen Delegation über eine entsprechende Festlegung. Der Kompromiß lautete schließlich: „Hauptstadt Deutschlands ist Berlin. Die Frage des Sitzes von Parlament und Regierung wird nach der Herstellung der Einheit Deutschlands entschieden." (Art. 2 [1]) Danach wurde Berlin mit dem Tag der Einheit, dem > 3. Oktober 1990, zur H. der Bundesrepublik Deutschland.

In der Folgezeit ging es bei der Debatte v.a. um das Profil der H., d.h. um die Frage des Parlaments- und Regierungssitzes. Bemerkenswert war dabei, daß die Meinungen – wie nur in wenigen Fällen zuvor – quer durch die politischen Parteien gingen. Zu den Hauptgegenständen der Diskussion gehörten u.a. folgende, jeweils nach Für und Wider ausgelegte Themen: Glaubwürdigkeit, Föderalismus contra Zentralismus, Finanzen, neue regionale Strukturen, Identifikationsangebote an die ehem. DDR-Bürger und historische Traditionen. Im Frühjahr 1991 schien sich auf der einen Seite eine numerische Mehrheit der Abgeordneten (u.a. Norbert Blüm, Rita Süßmuth und Theo Waigel) für Bonn entschieden zu haben, während zahlreiche prominente Politiker – neben v. Weizsäcker u.a. Willy Brandt, Wolfgang Schäuble, Wolfgang Thierse, Helmut Kohl – für Berlin votierten. Höhepunkt dieses eineinhalbjährigen Diskussionsprozesses war die ganztägige Plenarsitzung des Bundestags am 20.6.1991. Dabei waren u.a. drei Reden besonders bemerkenswert: Als Hauptsprecher der jeweiligen

Gruppen votierten Norbert Blüm (CDU) für Bonn und Wolfgang Thierse (SPD) für Berlin. Große Bedeutung wurde auch dem Berlin-Bekenntnis des Innenministers Wolfgang Schäuble (CDU) zugemessen. Nachdem zwei Kompromißanträge und ein Antrag zur sofortigen Verlegung der Regierung nach Berlin gescheitert waren, kam es am Abend zur entscheidenden Abstimmung, in der sich 337 Abgeordnete für Berlin und 320 für Bonn aussprachen (zwei Enthaltungen, eine ungültige Stimme).

Haus am Checkpoint Charlie: Das 1963 eröffnete H. am ehem. Grenzübergang > CHECKPOINT CHARLIE in der > FRIEDRICHSTRASSE 44 im Bezirk > KREUZBERG zeigt ständige Ausstellungen zum Bau der Berliner > MAUER, zur Berliner Nachkriegsgeschichte und zu menschenrechtlichen Aktivitäten. Trägerverein ist die Arbeitsgemeinschaft 13. August e.V., die erstmals 1962 eine Ausstellung an der Bernauer Str. organisiert hatte. In dem mehrfach erweiterten Museum werden vier ständige Ausstellungen gezeigt: Seit 1963 „Die Mauer – Vom 13. August bis heute", seit 1966 „Berlin – Von der Frontstadt zur Brücke Europas", seit 1974 „Maler interpretieren die Mauer" und seit 1984 „Von Gandhi bis Walesa – Gewaltfreier Kampf für Menschenrechte". Nach dem Fall der Mauer eröffnete das Museum auf dem Gelände des ehem. Grenzübergangs unter dem Namen „Topographie der deutsch-deutschen Grenze" eine Gedenkstätte mit den in Serie hergestellten Objekten des „Grenzsicherungssystems" und dem letzten verbliebenen Kontrollhaus der DDR-Grenzwachen sowie einem 24 m langen Mauerabschnitt und einem Gedenkkreuz für einen 1974 an dieser Stelle erschossenen Flüchtling.

Hausbesetzungen: Anfang 1992 gab es in Berlin ca. 1.000 besetzte Wohnungen; für nahezu alle waren Miets- oder Nutzungsverträge bereits abgeschlossen oder in Vorbereitung. Ende der 70er, Anfang der 80er Jahre waren die H. im Westteil Berlins eine der bedeutendsten sozialen Bewegungen in der Bundesrepublik, die ähnlich der > STUDENTEN-BEWEGUNG Ende der 60er Jahre und der > ALTERNATIVBEWEGUNG in den 80er Jahren, mit der sie sich z.T. überschnitt, das politische Klima beeinflußte und das Bewußtsein für gesellschaftliche Probleme veränderte. Auch im Ostteil Berlins kam es noch zu DDR-Zei-

ten zu Besetzungen leerstehender Wohnungen. Nach dem Fall der > MAUER am 9. November 1989 wurden die v.a. in den Bezirken > PRENZLAUER BERG, > MITTE und > FRIEDRICHSHAIN erfolgten zahlreichen Neubesetzungen leerstehender Abrißhäuser zu einem Politikum.

Die Berliner Hausbesetzerbewegung verfügte weder über einheitliche Ziele noch gehörte sie einer homogenen sozialen Schicht an. Ursprünglich wurden H. verstanden als Selbsthilfemaßnahme und Protest gegen Wohnungsnot, Wohnungsleerstand und Spekulation mit Wohnraum (> WOHNUNGSBAU; > MIETRECHT). Unmittelbares Ziel war es, leerstehende Wohnungen und Häuser in Eigen-

Hausbesetzung in der Arndtstraße in Kreuzberg 1981

arbeit „instandzusetzen", d.h. wieder bewohnbar zu machen und als Altbauten zu erhalten. Vielen ging es dabei auch um die Erprobung anderer Lebensformen wie gemeinsames Leben und Arbeiten in Wohngemeinschaften und Kollektivbetrieben. Darüber hinaus verstanden ein Teil der Besetzer die H. als politischen Protestakt gegen das politische System der Bundesrepublik. Ausgehend von diesen unterschiedlichen Motiven war ein Teil der Hausbesetzer zu Gewalttätigkeiten bereit, während andere diese strikt ablehnten.

Die ersten H. erfolgten im Februar 1979 im Bezirk > KREUZBERG durch Mitglieder der „Bürgerinitiative SO 36". Im späteren > KERNGEHÄUSE e.V. in der Cuvrystr. 20-23 gründete sich im März 1980 ein „Besetzerrat" für 20 Häuser. Die Bewegung erhielt in der Öffentlichkeit relativ große Zustimmung, was nicht zuletzt durch mehrere damals publik gewordene Bauskandale verstärkt wurde. Insbes. nach Räumungen von besetzten Häusern durch die > POLIZEI demonstrierten bis zu 30.000 Menschen gegen Wohnungsleerstand, für Instandbesetzer und für die Freilassung von verhafteten Besetzern; häufig kam es dabei zu gewalttätigen Auseinandersetzungen zwischen Polizei und Demonstranten.

Im Frühjahr 1981 verkündete der > SENAT VON BERLIN unter dem > REGIERENDEN BÜRGERMEISTER VON BERLIN Hans-Jochen Vogel die sog. „Berliner Linie". Danach wurden zukünftig neu besetzte Häuser sofort geräumt; Häuser, die bereits besetzt waren, wurden nur geräumt, wenn die Hauseigentümer es beantragten und die rechtlichen Voraussetzungen für eine sofortige Sanierung vorlagen; für alle anderen Besetzungen waren Legalisierungsverträge zu erarbeiten.

Bereits im Februar 1981 hatte der SPD-Senat ein 20-Mio.-Programm für die Instandsetzung von Altbauwohnungen angekündigt, das jedoch wegen vorgezogener > WAHLEN im Mai 1981, aus denen die > CHRISTLICH-DEMOKRATISCHE UNION DEUTSCHLANDS (CDU) als Sieger hervorging, nicht zustande kam. Die CDU machte sich zum Ziel, die Berliner Linie – was die Räumungen betraf – fortzusetzen. In der Folgezeit kam es zu heftigen Auseinandersetzungen in einer sehr erhitzten Atmosphäre. Die Besetzer warfen dem Senat vor, durch seine Politik Verhandlungslösungen zu verhindern. Der Senat wiederum beharrte auf den Räumungen und verwies auf Straftaten im Umfeld der H. Ein von der erstmals ins > ABGEORDNETENHAUS VON BERLIN eingezogenen Alternativen Liste (AL) (> DIE GRÜNEN/ALTERNATIVE LISTE FÜR DEMOKRATIE UND UMWELTSCHUTZ) im Juni 1981 eingebrachter Amnestiegesetz-Entwurf wurde abgelehnt. Mit Aktionen wie „Demonstranten besuchen Spekulanten" und der Aktionswoche TUWAT im August 1981 versuchten eine Vielzahl von Gruppen für die Ziele der Bewegung zu werben, deren Geschlossenheit herzustellen bzw. zu bewahren und politischen Druck auszuüben.

Vom September 1981 an solidarisierten sich sog. „Hauspaten" mit den Besetzern: Prominente Gewerkschafter, Schriftsteller, Universitätsangehörige usw. halfen den Besetzern öffentlich bei der Instandsetzung und wohnten mit ihnen in den Häusern. Als der damalige Innensenator Heinrich Lummer (CDU) nach der Räumung von acht Häusern im Umfeld der > POTSDAMER STRASSE am 22.9.1981 in einem der Häuser eine Pressekonferenz gab, kam es zu einer Spontandemonstration und einer gewaltsamen Konfrontation mit der Polizei, bei der der Demonstrant Klaus-Jürgen Rattay auf der Potsdamer Str./Ecke Bülowstr. unter einen BVG-Bus geriet und starb. Bis zu 30.000 Menschen demonstrierten an den folgenden Tagen gegen das Vorgehen der Polizei und die damalige Politik des Senats.

Die Instandbesetzer-Bewegung selbst war mittlerweile durch die Frage „Legalisieren – ja oder nein?" gespalten. Ein Teil der Bewegung wollte durch Verträge ihr neues Wohn- und Lebensverhältnis sichern, andere wollten ihren Besetzerstatus nicht aufgeben. Auch auf Seiten der Hauseigentümer waren die Meinungen geteilt: Die meisten ließen ihre Häuser räumen, während bspw. im November 1982 die „Neue Heimat" ihre Bereitschaft erklärte, die in ihrem Besitz befindlichen 41 besetzten Häuser durch Verträge „legalisieren" zu lassen. Gleichzeitig zog sie gegen den Willen des damaligen Justizsenators Hermann Oxfort (FDP) 25 Strafverfahren gegen 177 Hausbesetzer zurück.

Von den insg. knapp 300 besetzten Häusern – Anfang der 80er Jahre waren es zeitweilig gleichzeitig bis zu 230 – wurden bis 1984 insg. 78 nach und nach durch Pacht-, Miet- oder Kaufverträge legalisiert, der Rest zwangsgeräumt oder freiwillig verlassen. Mit dem kulturellen Zentrum der Bewegung, dem *Kunst- und Kulturzentrum Kreuzberg (KuKuCK)* wurde im Oktober 1984 das letzte noch besetzte Haus geräumt. Zwar gab es auch nach diesem Zeitraum vereinzelte Besetzungen, eine politische Bewegung entstand jedoch erst wieder nach der „Wende" in der DDR.

Im Ostteil Berlins kam es nach der Grenzöffnung am > 9. NOVEMBER 1989 aus Protest gegen den Leerstand von schätzungsweise 25.000 Wohnungen zu insg. ca. 130 H. Am 24.7.1990 beschlossen > MAGISTRAT und > SENAT VON BERLIN gemeinsam eine Neuauflage der „Berliner Linie": Nach diesem Stichtag besetzte Häuser sollten geräumt werden. Mit dem Ziel, das Wohnen in den zuvor besetzten Häusern rechtlich abzusichern, bildeten Mitglieder des Magistrats, der Wohnungsbaugesellschaften und der Besetzerinnen und Besetzer ab Mitte September 1990 einen > RUNDEN TISCH. Die Gespräche scheiterten jedoch, da die vom Magistrat gebildeten neuen Wohnungsbaugesellschaften mit Verweis auf z.T. ungeklärte Eigentumsverhältnisse den Abschluß von langfristigen Nutzungsverträgen ablehnten und nur zum Abschluß von

Mietverträgen für einzelne Wohnungen bereit waren.

Im November 1990 kam es im Zusammenhang mit Räumungen und Protestdemonstrationen v.a. in der Mainzer Str. im Bezirk Friedrichshain zu schweren Auseinandersetzungen zwischen Polizei und Hausbesetzern. In den ab Januar 1991 aufgenommenen Verhandlungen zwischen Mitgliedern der > Bezirksverordnetenversammlungen, der Bezirksbesetzerräte und der bezirklichen Wohnungsbaugesellschaften in Friedrichshain, Mitte und im Prenzlauer Berg wurden bis August 1991 für ca. 90 Häuser Einzelmietverträge kombiniert mit Instandsetzungsverträgen abgeschlossen. 15 % der Mittel müssen die Mieter bereitstellen, der Rest wird aus öffentlichen Fördermitteln finanziert.

Haus der Demokratie: Das H. in der > Friedrichstrasse 165/Ecke Behrensstr. 25/26 im Bezirk > Mitte ist heute Sitz zahlreicher politischer Gruppierungen und Initiativen. Als soziokulturelles Zentrum ist es Begegnungs-, Versammlungs-, Kontakt- und Geschäftsstelle mehrerer aus der Bürgerbewegung der DDR hervorgegangenen Parteien und einiger ihrer Abgeordneten sowie Beratungsstelle freier sozialer Gruppen und Organisationen. Es gilt als der zentrale Ort, von dem aus die oppositionellen Gruppen in der DDR die Entmachtung der > Sozialistischen Einheitspartei Deutschlands (SED) organisiert und den Prozeß der > Vereinigung der beiden deutschen Staaten kritisch begleitet haben.

Das 1887/88 von den Architekten Kayser und v. Großheim in barockisierenden Formen als viergeschossiges Geschäftshaus für den Pschorr-Bräu errichtete Gebäude ging 1966 in das Immobilienvermögen der SED über. Bis Ende 1989 befand sich im H. die SED-Kreisleitung des Ost-Berliner Stadtbezirks Mitte. Nach dem Beschluß des zentralen > Runden Tisches, das Gebäude den Gruppen der Opposition zur Verfügung zu stellen, erklärte sich der Ministerrat der DDR am 21.12.1989 bereit, mit der SED-PDS einen Nutzungsvertrag abzuschließen, die Finanzierung des Gebäudes zu übernehmen und es den neuen Parteien und politischen Gruppierungen des Runden Tisches „möbliert" zur Verfügung zu stellen. Ab dem 15.1.1990 fanden hier die folgenden Gruppen eine neue Unterkunft: Demokratischer Aufbruch (DA), Kommunistische Partei Deutsch-

lands (KPD), Grüne Partei, Vereinigte Linke (VL), Demokratie Jetzt (DJ), Initiative für Frieden und Menschenrechte (IFM), Neues Forum (NF) und Grüne Liga e.V. sowie der Unabhängige Frauenverband (UFV). Im April 1990 gründeten die verbliebenen Bürgerbewegungen NF, DJ, IFM, VL, Grüne Liga sowie der UFV einen Hausverein, der das H. am 29.11.1990 zum symbolischen Preis von 60.000 DM von der PDS erwarb. Damit dieser Kaufvertrag rechtsgültig wird, und das Objekt den Bürgerbewegungen erhalten bleibt, bedarf es einer Zustimmung der > Treuhandanstalt, die Ende 1991 noch ausstand.

Seit Gründung des Hausvereins nutzen die genannten Bürgerbewegungen das H. für ihre Bundes- bzw. Landesgeschäftsstellen. Daneben unterhalten Mitglieder aus der Bundestagsfraktion Linke Liste/PDS und die Fraktion > Bündnis 90/> Die Grünen/Alternative Liste für Demokratie und Umweltschutz (Grüne/AL) des > Abgeordnetenhauses von Berlin Kontaktbüros. Ferner werden dem „Kuratorium für einen demokratisch verfaßten Bund deutscher Länder" sowie zahlreichen anderen Vereinen Büroräume zur Verfügung gestellt. Im Kellergeschoß hat die Hausdruckerei „Undruck" ihr Domizil. Über Nutzung, Belegung und Funktion wird in einem gemeinsamen Hausrat entschieden, der von einer Geschäftsführung unterstützt wird.

Haus der Kulturen der Welt GmbH: Das 1988 nach dem Vorbild der > Berliner Festspiele GmbH gegründete H. hat seit 1989 seinen Sitz in der > Kongresshalle Tiergarten an der John-Foster-Dulles-Allee 10 im > Grossen Tiergarten. Das H. stellt die außereuropäischen Kulturen in Ausstellungen, Gastspielen, Tagungen und Literaturveranstaltungen vor. Die über 600 im Jahr 1991 durchgeführten Veranstaltungen wurden von rd. 120.000 Personen besucht. Im H. erarbeitete Programme werden auch anderen Veranstaltern in der Bundesrepublik zur Übernahme angeboten. Zum Programmauftrag des H. gehört es ferner, verwandten Initiativgruppen und Institutionen sowie den ausländischen Gemeinden der Stadt Räume für Veranstaltungen zur Verfügung zu stellen. Die beiden Gesellschafter, der > Senat von Berlin und das > Auswärtige Amt, bestreiten den Etat der Einrichtung zu je 50 %.

Haus der Wannsee-Konferenz: Das H. ist

eine Gedenk- und Bildungsstätte zum Völkermord an den Juden Europas in der Zeit des Nationalsozialismus. In der Villa Am Großen Wannsee 56-58 (*Wannsee-Villa*) im Bezirk > ZEHLENDORF verhandelten am 20.1.1942 unter dem Vorsitz von Reinhard Heydrich, dem Chef des Reichssicherheitshauptamtes, 14 Spitzenbeamte der Ministerialbürokratie und der SS über die organisatorische Durchführung des Völkermordes an den Juden Europas. Nach diesem Ort wird die Besprechung *Wannsee-Konferenz* genannt. Das von Adolf Eichmann angefertigte Konferenz-Protokoll wurde 1947 in den Akten des Auswärtigen Amtes gefunden.

Zum 50. Jahrestag der Konferenz, am 20.1. 1992, wurde in dem Haus eine Gedenk- und Bildungsstätte eröffnet. Eine ständige Ausstellung dokumentiert die Konferenz selbst, die Geschichte des Hauses sowie den Prozeß der Ausgrenzung, Verfolgung und Ermordung der Juden Europas. Eine zweite Abteilung dient der politischen Bildung. Außerdem umfaßt das Haus eine allen Besuchern offenstehende Mediothek.

Bereits in der Vorbereitungsphase war im Oktober 1990 ein Verein „Erinnern für die Zukunft. Trägerverein des Hauses der Wannsee-Konferenz e.V." gegründet worden, dem neben dem Land Berlin und der Bundesrepublik Deutschland Vertreter des Zentralrats der Juden in Deutschland, der > JÜDISCHEN GEMEINDE ZU BERLIN, des Bistums Berlin der > KATHOLISCHEN KIRCHE, der > EVANGELISCHEN KIRCHE IN BERLIN-BRANDENBURG, des Bundes der Verfolgten des Naziregimes und des > DEUTSCHEN HISTORISCHEN MUSEUMS angehören. Die Finanzierung erfolgt zu gleichen Teilen durch die Bundesregierung und das Land Berlin.

Die Wannsee-Villa wurde 1914/15 für den Fabrikanten Ernst Marlier von dem Architekten Paul O. A. Baumgarten erbaut. 1921 kaufte sie Friedrich Minoux, der zu dieser Zeit Generaldirektor im Stinnes-Konzern war. 1940 wurde die Villa von der SS-Stiftung Nordhav erworben und als Gästehaus für auswärtige Polizei- und SS-Offiziere eingerichtet. Ab 1943 diente sie dem Reichssicherheitshauptamt als „Kameradschafts- und Führerheim der Sicherheitspolizei". 1945 war das Haus zuerst von sowjetischen Marinesoldaten, danach von amerikanischen Offizieren belegt. 1947 richtete das > AUGUST-BEBEL-INSTITUT hier eine Heimvolkshochschule ein. Von 1952-89 diente das Haus als

Schullandheim des Bezirks > NEUKÖLLN. Der anschließende Umbau für die Zwecke als Gedenkstätte ist auch unter denkmalpflegerischen Gesichtspunkten durchgeführt worden.

Haus der Wissenschaft und Kultur der russischen Föderation – GUS: Das 1984 als *Haus der sowjetischen Wissenschaft und Kultur* eröffnete H. in der > FRIEDRICHSTRASSE 176-179 im Bezirk > MITTE ist mit 20.000 m² Nutzfläche das größte russische Kultur- und Informationszentrum außerhalb der russischen Föderation. Der siebengeschossige Bau präsentiert sich außen in Granit (Erdgeschoß), Betonwerkstein, Glas und Marmor, innen in Marmor, Holz und Gipselementen (Decken). Die Wände sind mit Friesen geschmückt. Außer der Förderung des technisch-wissenschaftlichen Austauschs führt das H. Kulturprogramme und politische Veranstaltungen durch. In einem großen, für Theater-, Film- und Konzertaufführungen nutzbaren Saal finden ca. 500 Gäste Platz. Der kleinere, mit einer Dolmetscher-Simultananlage für sechs Sprachen ausgerüstete Vortragssaal mit ca. 200 Plätzen wird als Filmvorführraum unter dem Namen „Filmtheater Friedrichstraße" genutzt. Darüber hinaus stehen weitere Räume für Vorlesungen, Kolloquien und Symposien zur Verfügung. In den Salons und dem großräumigen Eingangsfoyer können Ausstellungen präsentiert werden. Zwei Bibliotheken – eine wissenschaftlich-technische und eine für Belletristik und Kunstliteratur – verfügen über insg. ca. 40.000 Bände. Ferner gibt es ein „Russisches Sprachzentrum", das von Muttersprachlern geführte Sprachkurse für Anfänger und Fortgeschrittene anbietet.

Nach der > VEREINIGUNG wurde das Programmangebot des H. nur geringfügig verändert; politische Veranstaltungen werden seitdem in geringerem, kulturelle dagegen in höherem Maße durchgeführt, monatlich z.Z. insg. fünf bis sieben größere Veranstaltungen. Die Räume des H. für Kongresse und Tagungen können angemietet werden.

Haus des älteren Bürgers: Das am 24.11. 1983 in Betrieb genommene H. in der Werbellinstr. 42 im Bezirk > NEUKÖLLN ist ein in der Kombination seiner unterschiedlichen Einrichtungen für Berlin einmaliges Seniorenzentrum in Form einer gemeinnützigen GmbH (> ALTENHILFE). Es betreibt 24 Tagespflegeplätze, eine Rehabilitationseinrichtung mit einer medizinischen Bäderabteilung und einem Bewegungsbad, eine Sozialberatungsstelle, eine Tagesfreizeitstätte, einen Fortbildungsbereich, in dem u.a. Seminare für in der Altenhilfe Tätige durchgeführt werden, sowie 10 Wohnplätze für behinderte Erwachsene zur Kurzzeitunterbringung. Außerdem ist hier eine Behindertenwerkstatt (mit eigener Trägerschaft) untergebracht (> BEHINDERTE).

Die Gründung des H. geht auf eine Spende in Höhe von 8,5 Mio. DM zurück, die die Stiftung Hilfswerk Berlin anläßlich ihres 25jährigen Bestehens 1973 für die Errichtung einer Senioreneinrichtung zur Verfügung gestellt hatte. 1976 wurde vom > SENAT VON BERLIN und der Liga der Spitzenverbände der Freien Wohlfahrtspflege eine gemeinnützige GmbH als Träger des H. gegründet (> WOHLFAHRTSPFLEGE). Den 1981-83 erfolgten Bau des H. haben auch das Bundesministerium für Familie, Jugend und Gesundheit und die > DEUTSCHE KLASSENLOTTERIE BERLIN und das Land Berlin finanziell unterstützt. Die laufenden Kosten werden durch selbst erwirtschaftete Erträge und Zuschüsse der > SENATSVERWALTUNG FÜR SOZIALES finanziert. Das H. hat ca. 40 Mitarbeiter.

Haus des Lehrers: Das H. am > ALEXANDERPLATZ im Bezirk > MITTE wurde 1961-64 in Verbindung mit der benachbarten > KONGRESSHALLE ALEXANDERPLATZ nach Plänen des Ost-Berliner Chef-Architekten Hermann Henselmann am Standort des im II. Weltkrieg zerstörten Lehrervereinshauses erbaut. Das am 9.9.1964 als Kultur-, Bildungs- und Informationszentrum der Ost-Berliner Lehrer und Erzieher eröffnete, zwölfgeschossige H. wird heute von der > SENATSVERWALTUNG FÜR SCHULE, BERUFSBILDUNG UND SPORT genutzt. Zwei Stockwerke sind an gastronomische Betriebe vermietet. In der 3. bis 5. Etage ist z.Z. noch die 1951 aus der 1875 gegründeten Deutschen Lehrerbücherei hervorgegangene *Pädagogische Zentralbibliothek* untergebracht. Die in der Zuständigkeit der > SENATSVERWALTUNG FÜR WISSENSCHAFT UND FORSCHUNG stehende Bibliothek gilt als eine der bedeutendsten Fachbibliotheken ihrer Art (> BIBLIOTHEKEN). In ihrem Bestand befinden sich ca. 1 Mio. Bände und ca. 1.200 lfd. Zeitschriften. Charakteristikum des 54 m hohen Stahlbetonskelettbaus mit vorgehängter Glas-Aluminium-Fassade ist ein 125 m langer und 7 m hoher Bildfries des Berliner Malers Walter

Womacka auf Höhe der 3. und 4. Etage. Die aus Glas-, Keramik-, Emaille- und Metallelementen gestalteten Motive sollten das gesellschaftliche Leben in der ehem. DDR widerspiegeln. Nach der > VEREINIGUNG wurde das bis dahin im Besitz des Lehrerverbandes der DDR stehende Haus in das Verwaltungsvermögen des Landes Berlin übernommen.

Haus des Rundfunks: Das nach Entwürfen des Architekten Hans Poelzig errichtete H. in der Masurenallee 8-14 im Bezirk > CHARLOTTENBURG entstand 1929-31 als eines der ersten Funkhäuser Deutschlands und erfüllt als Sitz des > SENDERS FREIES BERLIN (SFB) noch heute seine ursprüngliche Funktion. Nach dem das Vox-Haus am > POTSDAMER PLATZ, in dem die Geschichte des deutschen > HÖRFUNKS 1923 begonnen hatte, bereits Mitte der 20er Jahre zu klein geworden war, wurde der heutige, ca. 14.000 m² große Standort als Bauplatz für einen Neubau gewählt. Das Baugelände hatte die Form eines nahezu gleichschenkligen Dreiecks von ca. 170 m Länge und fiel nach Osten um ca. 3 m ab. Dem Grundstück wurde von Poelzig die Form des Baus angepaßt. An die fünfgeschossige, ca. 150 m lange Hauptfront schließen an beiden Ecken Flügel an, die sich im stumpfen Winkel treffen. Den so entstandenen Innenhof durchschneiden drei Quertrakte für die Sendesäle. V.a. der Große Sendesaal, in dem am 18.5.1945 das erste Symphoniekonzert nach dem II. Weltkrieg stattfand, wird heute noch häufig für Konzerte des > RADIO-SYMPHONIE-ORCHESTERS BERLIN u.a. Veranstaltungen genutzt.

Zunächst 1931 vom Berliner Sender in Betrieb genommen, wurde das H. 1933 dem nationalsozialistischen Propagandaapparat unterstellt. Der zeitweilig mit einem Netz getarnte Bau überlebte den II. Weltkrieg weitgehend unbeschädigt. Nach Kriegsende besetzte die sowjetische Armee das H., unter deren Leitung bereits am 13.5.1945 der Sendebetrieb wieder aufgenommen wurde. Der unter sowjetischer Aufsicht betriebene > BERLINER RUNDFUNK blieb auch nach dem Einrücken der britischen Truppen im H., das damit zunächst als Exklave im britischen > SEKTOR unter sowjetischer Verwaltung weiter bestand. Der mit Beginn des Kalten Krieges zwischen den > ALLIIERTEN entfachte Streit über die Verfügung des H. führte noch 1945 zu Vorbereitungen für die Gründung eines amerikanischen Senders, dem DIAS, aus dem später der > RIAS BERLIN hervorging. Als Antwort der britischen Besatzungsmacht auf verschiedene Abschnürungsmaßnahmen des Ostens in den Jahren 1950-52 wurde das H. längere Zeit durch die britische Militärpolizei gesperrt bzw. unter scharfe Kontrolle und Bewachung gestellt. Erst 1956 räumten

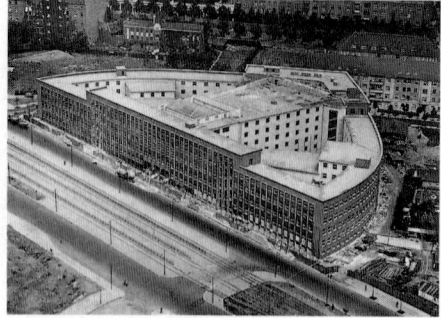

Haus des Rundfunks 1932

die Sowjets das im Innern stark verwüstete Gebäude. Nach Instandsetzungsarbeiten übernahm der SFB 1957 das H. und ließ es im Innern für seine Zwecke umgestalten. 1986/87 wurde der in schwarzblauem Klinker ausgeführte Bau äußerlich rekonstruiert. Im Nordwesten schließt sich das 1961-71 nach Plänen von Robert Tepez erbaute Fernsehzentrum des SFB am > THEODOR-HEUSS-PLATZ mit einem 14-geschossigen Hochhaus mit Turm und Antennenträgern an (> FERNSEHEN).

Haushalt und Finanzen: Hauptartikel, siehe S. 578.

Hausvogteiplatz: Der H., noch Ende des 19. Jh. Schinkelplatz genannt, liegt im Bezirk > MITTE südlich der Straße > UNTER DEN LINDEN am Ende der Oberwallstr. Hier befand sich ehemals die Bastion III der Memhardtschen Stadtbefestigung aus dem 17. Jh. (> STADTMAUER). An der Nordseite des Platzes ließ Friedrich II. (1740-86) in der Anlage des Jägerhofs 1750 die Hausvogtei errichten. Sie war im Unterschied zur Stadtvogtei, dem Stadtgefängnis, das Untersuchungsgefängnis für alle Personen, die dem Hofgericht unterstanden, z.B. die Bewohner und Angestellten des Schlosses und der Schloßfreiheit sowie politische Gefangene. Prominenter Insasse war der Dichter Fritz Reuter, der hier wegen Teilnahme an „Umtrieben" der Burschenschaften 1834 und nochmals 1838 vorüberge-

hend inhaftiert war. 1891 erwarb die Reichsbank das Gelände und nutzte es für einen umfangreichen, 1892-99 ausgeführten Erweiterungsbau für ihr benachbartes Haupthaus (> REICHSBANKGEBÄUDE), bei dem das Gefängnis abgerissen wurde. An seiner Westseite, in der Mohrenstr., stehen noch am ursprünglichen Ort die 1778 nach Entwürfen von Carl Gotthard Langhans auf der Brücke über den ehem. Festungsgraben errichteten *Mohrenkolonnaden* (> KOLONNADEN). Im späten 19. Jh. war der H. das Zentrum des Berliner Konfektionshandels. Von der Bebauung dieser Zeit haben sich als aufwendige Geschäftsbauten die Häuser H. Nr. 3/4 und 12 erhalten. Nach der > VEREINIGUNG entwickelten private Investoren mit Unterstützung der > SENATSVERWALTUNG FÜR WIRTSCHAFT UND TECHNOLOGIE Pläne zur Wiederbelebung der alten Tradition durch die Errichtung eines internationalen Mode- und Textilzentrums. Im Dezember 1990 wurde am H. Nr. 3/4 in der ehem. Gaststätte „Zum Bullenwinkel" die > GEDENKBIBLIOTHEK ZU EHREN DER OPFER DES STALINISMUS E.V. eröffnet.

Havel: Die 341 km lange H. entspringt bei Neustrelitz in Mecklenburg aus dem Dambecker See und mündet bei Werben in die Elbe. Der in seinem schiffbaren Teil 60-90 m breite Fluß hat ein Einzugsgebiet von 24.350 km² und durchfließt Berlin in einer Länge von rund 30 km. Die auf diesem Weg liegenden > HAVELSEEN bilden die größte Seenkette der Stadt. Die Wasserführung beträgt bei > SPANDAU durchschnittlich 14 m³/s. Hier wurde schon Mitte des 16. Jh. eine Schleuse angelegt, die *Oberhavel* und *Unterhavel* trennt (> WASSERSTRASSEN). Mit dem Bau des Müllroser Oder-Spree-Kanals (Friedrich-Wilhelm-Kanal) durch Kurfürst Friedrich Wilhelm (1640-88) entstand 1662-69 eine über H. und > SPREE führende Wasserstraßenverbindung zwischen Elbe und Oder, die maßgeblich zum wirtschaftlichen Aufschwung der Stadt beitrug (> GESCHICHTE; > WIRTSCHAFT). Der Oberlauf der H. ist streckenweise für kleinere Kähne befahrbar und wird bereits seit dem 16. Jh. durch Schleusen und Fahrrinnen reguliert. Bedeutendere Schiffahrt (für 750-t-Schiffe) findet heute ab der Einmündung des Oder-Havel-Kanals bei Oranienburg statt. Nach einem für die 90er Jahre geplanten Umbau der Spandauer Schleuse soll die Durchfahrt von Europaschiffen (1.350 t) möglich werden.

Havel, rechts die Pfaueninsel

Eigentlich müßte auch die bei Spandau in die H. mündende > SPREE als Oberlauf der H. aufgefaßt werden, da sie diese hinsichtlich Wasserführung und Größe des Einzugsbereichs etwa um das Dreifache übertrifft.

Havelchaussee: Die rund 11 km lange H. führt von > TIEFWERDER im Bezirk > SPANDAU in südlicher Richtung entlang dem Ostufer der > HAVEL durch das Landschaftsschutzgebiet > GRUNEWALD (> NATURSCHUTZ) nach > NIKOLASSEE im Bezirk > ZEHLENDORF. Etwa auf halber Strecke liegt als reizvoller Aussichtspunkt der 55 m hohe > GRUNEWALDTURM. Die 1929 erstmals für den > KRAFTFAHRZEUG-VERKEHR freigegebene und 1956 in der jetzigen Form ausgebaute H. durchquert eines der am intensivsten genutzten Ausflugsgebiete Berlins. Der begleitende Kfz-Verkehr auf der H. – in den Sommermonaten bis zu 10.000 PKW täglich – führte zu Umweltbelastungen für Natur und Grundwasser (direkt neben der H. liegen über 100 Tiefwasserbrunnen für die > WASSERVERSORGUNG von rd. 500.000 Einwohnern; > UMWELTSCHUTZ). Ein 1976 unternommener Versuch, die H. durch ein Nachtfahrverbot sowie partielle Fahrverbote an Wochenenden und zu Spitzenzeiten zu entlasten, blieb erfolglos. Im November 1989 wurde die H. deshalb begleitet von heftigen Diskussionen ab der Straße Am Postfenn für den privaten Kfz-Verkehr gesperrt. Nach dem Regierungswechsel im Januar 1991 wurde sie im April 1991 wieder geöffnet.

Havelseen: Die von der > HAVEL im Stadtgebiet gebildete Seenkette ist die größte Seenrinne Berlins (> SEEN). Im Nordwesten des Bezirks > REINICKENDORF mit dem 50 ha großen *Nieder-Neuendorfer See* beginnend, bildet sie im Bereich der Oberhavel bis > SPANDAU den > HEILIGENSEE und den > TEGELER

SEE. Südlich des Tegeler Sees liegen im Flußlauf die kleinen > INSELN *Großer* und *Kleiner Wall* sowie die *Pionierinsel*. Die benachbarte, rd. 14 ha große Insel *Eiswerder* ist derzeit noch Industriegebiet, soll aber künftig als Teil der > WASSERSTADT OBERHAVEL zu einem kombinierten Wohn- und Gewerbegebiet ausgebaut werden.

Die Seen der Unterhavel südlich Spandau sind – abgesehen vom > GROSSEN WANNSEE, dessen Südteil incl. der südlich anschließenden Gewässer der Rinne der > GRUNE-WALDSEEN zuzurechnen ist – Ausbuchtungen des Flusses, die oft als Lanken oder Seitenarme bezeichnet werden. Dazu gehören in Flußrichtung von Nord nach Süd u.a. der *Grimnitzsee* (6 ha), der *Pichelssee* (7 ha) und der *Stößensee* (21 ha), die *Scharfe Lanke* bei > PICHELSDORF, die *Jürgenlanke* östlich der Halbinsel Schildhorn und die *Lieper Bucht* mit einem viel besuchten Badestrand (> FREI- UND SOMMERBÄDER). Der Bucht vorgelagert ist die mit einer Fähre zu erreichende Insel *Lindwerder* mit einem Ausflugslokal. Südlich der Insel folgen am linken Havelufer *Kleine* und *Große Steinlanke* und die *Klare Lanke* bei der Insel > SCHWANENWERDER. Die am rechten Ufer > KLADOW gegenüberliegende Insel *Imchen* ist Vogelschutzgebiet und für die Öffentlichkeit nicht zugänglich (> NATURSCHUTZ). Im weiteren Flußverlauf folgen die kleine unbewohnte Insel *Kälberwerder* und schließlich mit 60 ha als größte Berliner Insel das Naturschutzgebiet > PFAUENINSEL mit dem gleichnamigen Schloß.

Die eiszeitlich stark übertieften H. sind durch fortschreitende Sedimentation erheblich flacher geworden (Durchschnittstiefe 2-9 m) und zeigen an den Ufern Anlandungserscheinungen. Als attraktive Erholungslandschaft sind sowohl die Wasserflächen wie auch die Uferzonen starken ökologischen Belastungen durch Sport und andere Freizeitaktivitäten ausgesetzt, die zu ständigen Konflikten mit den Belangen des Natur- und > UMWELTSCHUTZES führen (> HAVELCHAUSSEE). Ende der 70er Jahre hat der > SENAT VON BERLIN deshalb eine spezielle Uferkonzeption entwickelt, um einen angemessenen Ausgleich zwischen den verschiedenen Nutzungsinteressen zu ermöglichen.

Hebbel-Theater: Das anläßlich der 750-Jahr-Feier 1987 neu eröffnete H. in der Stresemannstr. 29 im Bezirk > KREUZBERG dient heute v.a. als Bühne für internationale Produktionen, Gastspiele und Festivals der internationalen Avantgarde aber auch als Werkstattbühne für Freie Theatergruppen (> THEATER). Die Leitung des 601 Plätze umfassenden Hauses hat seit Januar 1989 Nele Hertling. Rechtsträger des H. ist eine GmbH, deren alleiniger Gesellschafter das Land Berlin ist. 1991 hatte das Haus insg. 17 feste Mitarbeiter. In der Saison 1990/91 fanden im H. rd. 250 Veranstaltungen statt, die von insg. 80.000 Zuschauern gesehen wurden. Durch den Verkauf der Karten deckt das Theater 20 % seiner Kosten, den Rest trägt die > SENATSVERWALTUNG FÜR KULTURELLE ANGELEGENHEITEN.

Der Theaterbau entstand 1907/08 nach Plänen von Oskar Kaufmann. Auffälliges Merkmal des fünfgeschossigen, mit Muschelkalkplatten verkleideten Baus ist eine hohe segmentförmige Wandnische, aus der sich ein Fensterfeld hervorwölbt. Der traditionell in Parkett und zwei Ränge gegliederte Innenraum ist mit einer Mahagonivertäfelung, Wandbespannungen aus Seide und auffälligen Kristallüstern ausgestattet. Zur 750-Jahr-Feier erfolgte eine grundlegende Renovierung des gesamten, im II. Weltkrieg unbeschädigt gebliebenen Baus.

Eröffnet wurde die Bühne am 29.1.1908 mit Friedrich Hebbels „Maria Magdalena". Es folgten häufige Besitzer- und Namenswechsel (Theater in der Stresemannstr. in den 20er Jahren; Theater in der Saarlandstr. während des Nationalsozialismus). Künstlerische Höhepunkte lagen vor dem I. Weltkrieg (unter den Direktoren Carl Meinhardt und Rudolf Bernauer), in den 20er Jahren (unter Victor Barnowsky) sowie in den ersten Nachkriegsjahren. Als eines der wenigen unzerstörten Theater diente es 1945 bis 1948 Karl Heinz Martin als „staatliche" Bühne des Westteils. Nach Martins Tod 1948 und der Wiedereröffnung des > SCHILLER-THEATERS 1951 verlor es als Privat- und Tourneetheater immer mehr an Bedeutung, bis es 1978 geschlossen wurde. Nach mehrjähriger Nutzung als Ausweichquartier für verschiedene Theatergruppen ließ es der > SENAT VON BERLIN, der das Gebäude bereits 1972 übernommen hatte, 1987 wiedereröffnen.

Heiligensee: H. ist ein 10,7 km² großer, ländlich geprägter Ortsteil des Bezirks > REINICKENDORF an der nordwestlichen Stadtgrenze Berlins zum Kreis Oranienburg. Das auf einer schmalen Landzunge zwischen dem gleichnamigen See (mit Strandbad) und dem Ostufer der > HAVEL am *Nieder-Neuendorfer See* gelegene einstige Angerdorf wurde erstmals 1308 in einer Verkaufsurkunde erwähnt, mit einem Nikolaus Clavier, Pfarrer in H., als Zeugen. Im > LANDBUCH KAISER KARLS IV. von 1375 wird H. im Gegensatz zu anderen > DÖRFERN der Umgebung als eine verhältnismäßig große und bevölkerungsreiche Ansiedlung beschrieben. Die Entwicklung des Dorfes wurde wesentlich durch seine Lage an der schmalen Stelle der Havel mitbestimmt und die Fähre von H. war eine wichtige Handelsverbindung, die zu hohen Einnahmen führte. 1506 war die Bedeutung der Fähre jedoch durch einen Brückenbau bei Henningsdorf beträchtlich zurückgegangen. 1544 geriet der bis dahin in Adelsbesitz befindliche Ort durch Tausch an den Kurfürsten Joachim II. Hektor (1535-71) und unterstand seitdem den Ämtern Mühlenhof, Mühlenbeck und ab 1829 dem Amt > SPANDAU. Bis zur Mitte des 19. Jh. vergrößerte sich die Einwohnerzahl nur unwesentlich (1734: 172; 1840: 230). Um 1850 wurde eine Getreidemühle errichtet und einige Gewerbetreibende siedelten sich an. Aber selbst 1871 betrug die Einwohnerzahl erst 340. Der danach einsetzende Bevölkerungszuwachs ergab sich v.a. durch die in der hiesigen Sommerfrische südlich des eigentlichen Dorfes angelegten Siedlungen > KONRADSHÖHE und *Tegelort*, die heute unter dem gemeinsamen Namen Konradshöhe einen eigenen, 2,2 km² großen Ortsteil von Reinickendorf bilden.

Dank seiner abgeschiedenen Lage jenseits des > TEGELER FORSTS konnte H. trotz verkehrsmäßiger Erschließung und zunehmendem Ausflugsverkehr seinen Charakter über die Eingemeindung 1920 hinaus weitgehend bewahren. So finden sich heute neben den zahlreichen Villen und Landhäusern in den umliegenden Siedlungen im alten Dorfkern noch einige Bauernhäuser vom Ende des 18. Jh. (Alt-Heiligensee 71 und 93) sowie etliche Bauten des ausgehenden 19. Jh. Die unter Denkmalschutz stehende Dorfkirche an der Dorfaue stammt aus dem 15./16. Jh. (> DORFKIRCHEN), ihr Westturm aus dem Jahr 1761. Sie steht an der Stelle eines mittelalterlichen Vorgängerbaus. 1958/59 wurde sie restauriert. Im Innern sind ein gleichzeitig mit dem Turm geschaffener Kanzelaltar und die aus Messing getriebene Taufschale aus dem 16. Jh. bemerkenswert. Das benachbarte, 1910 von Ernst Busse errichtete ehem. Amtshaus (Alt-Heiligensee 56) ist ein der Gegend angepaßtes, zweigeschossiges Landhaus, das lange Zeit als Schule genutzt wurde. Den nach der > VEREINIGUNG entstandenen Bestrebungen der > SENATSVERWALTUNG FÜR BAU- UND WOHNUNGSWESEN, die Heiligenseer Feldmark östlich des alten Dorfes für den Wohnungsbau zu nutzen, hat sich das Bezirksamt Reinickendorf entschieden widersetzt. 1987, zur letzten West-Berliner Volkszählung, hatte H. etwa 15.500 Einwohner.

Heilig-Geist-Kapelle: Die im Kern vermutlich aus dem 13. Jh. stammende H. in der Spandauer Str. im Bezirk > MITTE ist eines der ältesten Gebäude Berlins. Sie dient heute als eine Mensa der > HUMBOLDT-UNIVERSITÄT BERLIN. Der Bau gehörte zu dem Hospital zum Heiligen Geist am Spandauer Tor, das 1272 urkundlich erwähnt, 1825 abgerissen und durch einen zweigeschossigen Neubau ersetzt wurde.
Die 1313 erstmals urkundlich nachgewiesene H., ein 17 m langer und ca. 10 m breiter Backsteinbau von drei Jochen über einem Feldsteinsockel mit reich gegliedertem Ostgiebel, hatte ursprünglich im Innern einen flach gedeckten Saal. Bei einem Umbau erhielt sie 1476 ein spätgotisches Sterngewölbe. 1816 erfolgte der Abriß des Turms, der 1720 bei der Explosion des unweit stehenden Pulverturms stark beschädigt worden war. Von 1655-1703 war sie die erste Garnisonskirche Berlins. Bis 1905 wurde die H. für katholische Gottesdienste genutzt, dann wurde sie in den Neubau der 1906 eröffneten Handelsschule der Berliner Kaufmannschaft einbezogen (Architekten: Wilhelm Cremer und Richard Wolffenstein) und diente als Hörsaal.
Das wertvolle Inventar der H. wurde auf zahlreiche Berliner Einrichtungen verteilt. Die Wetterfahne aus dem 17. Jh., Totenschilde der Brüder Halkan vermutlich aus dem 16. Jh. und Teile mittelalterlicher Altäre befinden sich heute in der > NIKOLAIKIRCHE, weitere Altarteile im > MÄRKISCHEN MUSEUM. Von dem großen Tafelbildprogramm, das von 1579 bis zur Mitte des 17. Jh. die Emporenfelder ausfüllte und schließlich 36 Stücke umfaßte, sind 28 Tafeln erhalten, von denen 26 in verschiedenen > DORFKIRCHEN (14 in Zehlendorf, sieben in Mariendorf, fünf in Tempelhof) und zwei im Seniorenheim Heinrich-Grüber-Haus am Teltower Damm

124 in Zehlendorf untergebracht sind.
Nach dem II. Weltkrieg wurde die schwer beschädigte Handelshochschule in vereinfachten Formen wiederaufgebaut. Der gesamte Gebäudekomplex wurde der Sektion Wirtschaftswissenschaften der > HUMBOLDT-UNIVERSITÄT überlassen, die in der im Krieg fast unversehrten H. ihre Mensa einrichtete. Es ist langfristig beabsichtigt, die H. zu einer Konzerthalle mit eingebauter Orgel umzugestalten.

Heimatmuseen: In Berlin bestehen neben den beiden stadtgeschichtlichen Museen, dem > MÄRKISCHEN MUSEUM und dem > BERLIN-MUSEUM insg. 21 H. sowie zwei Archive, die die Geschichte und Entwicklung der einzelnen > BEZIRKE, Ortsteile und > DÖRFER dokumentieren. Da > GROSS-BERLIN erst 1920 durch Zusammenschluß mit den umliegenden Großstädten und Gemeinden entstand, nimmt hier die lokalhistorische Forschung einen besonderen Stellenwert ein.
Hauptaufgabe der H. ist die Erforschung und Darstellung der Heimatgeschichte des jeweiligen Bezirks. Die einzelnen Museen gehen dabei die Darstellung, Vermittlung und Forschungen zur örtlichen Geschichte sehr unterschiedlich an: Die Darstellung der „Heimat" schließt traditionell nostalgische Konzepte ebenso ein wie stadtpolitisches Engagement. Die Sammlungen umfassen Alltagsgegenstände zu allen Themen sowie Archive, v.a. mit Fotografien, Urkunden, Akten, Flugblättern, Zeitungsausschnitten, Postkarten, Stadtplänen und Landkarten.
Ältestes und bedeutendstes regionalgeschichtliches Museum ist neben der Landeseinrichtung Märkisches Museum das 1897 gegründete *Emil-Fischer-Heimatmuseum* des Bezirks > NEUKÖLLN. Aufgrund seiner herausragenden Initiativen und Ausstellungen erhielt es 1986 den Museumspreis des Europarates. Ferner zu nennen ist das H. in > KÖPENICK, dessen Anfänge auf das Jahr 1926 zurückgehen.
Mit Ausnahme der H. in > STEGLITZ und > ZEHLENDORF, die von Heimatvereinen verwaltet werden, sind die jeweiligen Bezirksämter rechtliche und finanzielle Träger der H.

Heinersdorf: H. ist ein auf ein mittelalterliches Straßendorf zurückgehender Ortsteil im Südwesten des Bezirks > WEISSENSEE (> DÖRFER). 1920 bei der Bildung > GROSS-BERLINS war die bis dahin selbständige Landge-

meinde zunächst dem Bezirk > PANKOW zugeschlagen worden, ehe sie im Zuge der Neuordnung der nördlichen Bezirke anläßlich
der Bildung des neuen Stadtbezirks >
HOHENSCHÖNHAUSEN 1985 mit Wirkung vom
1.1.1986 zu Weißensee kam (> BEZIRKE).
H. wird als „Hinrickestorppe" 1319 erstmals
urkundlich erwähnt, als das Dorf in den Besitz des Berliner Heilig-Geist-Hospitals gelangte, in dessen Besitz es bis 1691 blieb und
für das es eine große landwirtschaftliche Bedeutung erlangte (> HEILIG-GEIST-KAPELLE).
Danach ging es für eine kurze Zeit an den
preußischen Staatsminister Paul v. Fuchs, bis
es 1705 Friedrich (III.) I. (1688-1713) für das
Amt > NIEDERSCHÖNHAUSEN erwarb, von dem
es 1812 zum Amt Mühlenhof kam.
Vom Feldsteinbau der mittelalterlichen Dorfkirche aus dem späten 13. Jh. an der heutigen
Romain-Rolland-Str. sind noch die Längs-
wände mit schmalen Spitzbogenfenstern an
der Nordseite erhalten, ebenso die kleine
Backsteinvorhalle im Süden aus dem ausgehenden 15. Jh. mit bemerkenswerten figürlichen Schlußsteinmedaillons (> DORFKIR-
CHEN). Die Kirche erlebte eingreifende Veränderungen durch Errichtung des Westturms
1893 und Anbauten im Osten in den Jahren
1934/35. Von der Innenausstattung ist v.a.
die auf 1621 datierte, schöne Kalksteintaufe
in Pokalform zu nennen. Im Zentrum des
Dorfs finden sich noch ein Spritzenhaus aus
der Zeit um 1840, die aufwendige Villa eines
Pferdehändlers von 1876 (Romain-Rolland-
Str. 49) und das 1909 errichtete stattliche
Pfarrhaus. Der 1890 zwischen Pankow und
H. angelegte große Güterbahnhof (> GÜTER-
VERKEHR) begünstigte eine schnelle industrielle Entwicklung und trug dazu bei, daß der
Ort schnell in Berlin aufging. 1945 kam H.
mit dem Bezirk Pankow zum sowjetischen
Sektor (> SEKTOREN). Zu DDR-Zeiten wurden
im 1964/65 an der Romain-Rolland-Str. 19-35
errichteten Milchhof täglich bis zu 500.000 l
Milch verarbeitet. Außerdem betrieb eine
gärtnerische Produktionsgenossenschaft eine
ausgedehnte Blumenzucht.

**Heinrich-Hertz-Institut für Nachrichten-
technik Berlin GmbH (HHI):** Das HHI am
Einsteinufer 37 im Bezirk > CHARLOTTENBURG
ging 1975 aus dem Heinrich-Hertz-Institut
für Schwingungsforschung e.V. hervor. Seine Aufgabe ist die anwendungsorientierte
Grundlagenforschung auf dem Gebiet der Informationstechnik, speziell der Breitband-

kommunikation. Der Aufgabenbereich umfaßt vier Schwerpunkte: Breitbandnetze,
Photonik, integrierte Optik und elektronische
Bildtechniken. Das HHI arbeitet u.a. eng mit
der > TECHNISCHEN UNIVERSITÄT BERLIN zusammen. Gesellschafter des HHI sind der >
BUNDESMINISTER FÜR FORSCHUNG UND TECHNOLO-
GIE und die > SENATSVERWALTUNG FÜR WISSEN-
SCHAFT UND FORSCHUNG. Der Jahresetat wird
durch die Gesellschaft sowie durch Drittmittel gedeckt. Das HHI hatte Anfang 1992
320 Beschäftigte, davon sind knapp die Hälfte Wissenschaftler. (> BERKOM; > NEUE
MEDIEN)

Heinrich-von-Kleist-Park: Der 5,7 ha große
H. an der > POTSDAMER STRASSE im Bezirk >
SCHÖNEBERG war 1506-1679 kurfürstlicher
Küchengarten. 1679 ließ Kurfürst Friedrich
Wilhelm (1640-88) hier einen Mustergarten
errichten, der im Laufe der Zeit zum > BOTA-
NISCHEN GARTEN ausgebaut wurde. Aus dieser
Zeit stammt noch der interessante Baumbestand des Parks. 1899-1910 wurde der Botanische Garten auf das Gelände der >
DOMÄNE DAHLEM verlegt. Die heutige Gestaltung des H. ist danach entstanden und
stammt von Stadtgartendirektor Albert
Brodersen. Zum 100. Todestag Kleists 1911
wurde der Park nach dem Dichter benannt.
1910 wurden längs des Zugangs zum Park
von der Potsdamer Str. die 1777-80 von Carl
v. Gontard entworfenen *Königskolonnaden*
aufgestellt (> KOLONNADEN). Auf der westlichen Seite des Parks erhebt sich das 1909-13
erbaute Gebäude des preußischen > KAMMER-
GERICHTS, das von 1945-90 von den > ALLIIER-
TEN genutzt wurde (> ALLIIERTER KONTROLLRAT;
> LUFTSICHERHEITSZENTRALE BERLIN). Seit dem
27.3.1992 ist es auch Sitz des neu gegründeten > VERFASSUNGSGERICHTSHOF VON BERLIN. Die
beiden monumentalen Bronzegruppen zweier Rossebändiger vor dem Gebäude sind ein
Werk Peter Jakob Clodts von Jürgensburg
und standen bis 1945 vor dem Portal IV des
Berliner > STADTSCHLOSSES. Sie waren ein Geschenk des Zaren Nikolaus I. an seinen
Schwager Friedrich Wilhelm IV. aus dem
Jahr 1842. Im südlich des Parks an der
Grunewaldstr. gelegenen *Haus am Kleistpark*,
dem ehemaligen Botanischen Museum, befinden sich heute das Heimatmuseum und die
Musikschule des Bezirks Schöneberg (>
HEIMATMUSEEN; > MUSIKSCHULEN).

Hellersdorf: Der 1986 gebildete Bezirk H. an

der östlichen Stadtgrenze Berlins zum Kreis Strausberg ist nach > Marzahn (1979) und > Hohenschönhausen (1985) die dritte und letzte Ost-Berliner Bezirksneugründung in der Zeit der > Spaltung der Stadt von 1948-90 (> Bezirke). Er umfaßt die Ortsteile H., > Kaulsdorf und > Mahlsdorf. Das Ortsbild ist geprägt durch die ab 1980 errichteten riesi-

nördlich der, den Bezirk in West-Ost-Richtung durchquerenden Bundesstraße 1/5 gelegenen Teile des Bezirks liegen auf der Hochfläche des > Barnims, die südlich davon im > Warschau-Berliner Urstromtal der > Spree. Die im Bezirk gelegenen Siedlungen H., Kaulsdorf und Mahlsdorf sind mittelalterliche Ortsgründungen (> Dörfer). Bei der Er-

Hellersdorf – Fläche und Einwohner		
Fläche (Juni 1989)	28,1 km^2	100 %
Bebaute Fläche	20,7	73,4
Wohnfläche	18,1	64,3
Gewerbe- und Industriefläche inkl. Betriebsfläche	0,6	2,2
Verkehrsfläche	1,2	4,3
Grünfläche[1]	2,7	9,7
Landwirtschaft	1,9	6,8
Wald	0,6	2,0
Wasser	0,4	1,5
Einwohner (31.12.1989)	109.464 EW	
darunter: Ausländer	1.169	1,1 %
Einwohner pro km^2	3.890	

[1] Parks, Tierparks, Kleingärten, Spielplätze, ungedeckte Sportanlagen, Freibäder, Friedhöfe

gen Neubaugebiete entlang der U-Bahn-Linie 5 nach Hönow. Von den knapp 128.000 Einwohnern des Bezirks wohnen etwa 90.000 (über 70 %) im Neubaugebiet. Unter allen Berliner Bezirken hat H. mit 32,8 % den größten Bevölkerungsanteil von Jugendlichen unter 18 Jahren. Gleichzeitig ist er der kinderreichste Bezirk: 16,4 % der Einwohner sind jünger als sechs Jahre (31.12.1989). Das Durchschnittsalter aller Einwohner liegt bei 28 Jahren.
Der Bezirk entstand zum 1.6.1986 auf Beschluß der Ost-Berliner > Stadtverordnetenversammlung vom 17.5.1986 durch die Zusammenführung der bis 1979 zum Stadtbezirk > Lichtenberg, danach zu Marzahn gehörenden Ortsteile H., Kaulsdorf und Mahlsdorf. Eine 1988/89 bei der Anlage des Neubauviertels vorgenommene Erweiterung des Stadtgebiets Richtung *Hönow* wurde durch den > Einigungsvertrag 1990 übernommen und endgültig festgeschrieben (> Stadterweiterungen).
Stadtseitig grenzt H. im Süden an den Bezirk > Köpenick und westlich an Marzahn, wo das Flüßchen > Wuhle die Grenze bildet. Die

schließung des Neubaugebiets in den 80er Jahren stieß man auf wertvolle archäologische Funde aus der Bronzezeit und legte beiderseits der Wuhle auf einer Länge von mehreren hundert Metern Reste einer Ansiedlung aus der Zeit um 1230 frei. 1985 wurden bei Grabungen eine mittelalterliche Kirche und Begräbnisstätten nachgewiesen. 1375 wird der Ort dann als „Helwichstorf" im > Landbuch Kaiser Karls IV. erstmals erwähnt, ausgestattet mit einer Windmühle und einem Krug. Im 15. und 16. Jh. war die „Wüste Feldmark Hellerstorff" offensichtlich unbesiedelt. Am Ende des 16. Jh. wird eine Schäferei erwähnt, die zum benachbarten Gut in Eiche gehörte. Bei Ausbruch des Dreißigjährigen Krieges 1618 war in H. ein zum Gut Blumberg gehörendes Vorwerk vorhanden, das in den 20er Jahren des 19. Jh. zu einem Rittergut ausgebaut wurde. 1840 gehörten hierzu neben den Wirtschaftsgebäuden vier Häuser, in denen 64 Personen wohnten. 1885 wurde das 865 ha große Gut von der Stadt Berlin erworben, die hier Rieselfelder anlegte (> Wasserversorgung/ Entwässerung; > Stadtgüter). 1891 war die

Einwohnerzahl bereits auf 1.000 angestiegen. Von der historischen Bebauung haben sich nur die um 1840/50 errichtete Kate an der Alt-Hellersdorfer Str. 9 sowie einige Landarbeiterhäuser aus der Zeit um 1900 bzw. 1920 erhalten. Nach der Bildung > GROSS-BERLINS 1920 setzte, wie schon zuvor in Kaulsdorf und Mahlsdorf, auch in H. allmählich eine städtische Siedlungstätigkeit ein. So entstand z.B. die von Bruno Taut mitgestaltete, vielbeachtete Arbeitersiedlung „Lichtenberger Gartenheim" in Mahlsdorf. Ab 1986 wurde das Gebiet von H. dann zum größten Neubaustandort Ost-Berlins. Der Schwerpunkt des Wohnungsbaus lag im nördlichen Teil des Bezirks um das frühere Dorf H., wo in Fortführung der bereits Anfang der 80er Jahre fertiggestellten Wohngebiete in Kaulsdorf-Nord der Neubau von 46.000 Wohnungen geplant war. Bis 1990 wurden davon über 40.000 Wohnungen fertiggestellt.

Mit dem Stadtzentrum Berlins ist H. durch die > S-BAHN und die 1989 nach Hönow (Kreis Strausberg) verlängerte U-Bahn-Linie 5 zum > ALEXANDERPLATZ verbunden, die in H. an fünf Stationen hält (> U-BAHN). Von den S-Bahnhöfen Kaulsdorf und Mahlsdorf führen Buslinien in die neuen Wohngebiete und in die Nachbarbezirke (> OMNIBUS-VERKEHR). Straßenbahnverbindungen bestehen nach Köpenick und Marzahn (> STRASSENBAHN).

H. hatte auch zu DDR-Zeiten nur wenig Industriebetriebe. Als größerer Betrieb existierte lediglich der VEB Elektromechanik mit fast 1.000 Beschäftigten. Außerdem hatten einige landwirtschaftliche und gärtnerische Genossenschaften in H. ihre Produktionsstätten. Nach der Wende sind zahlreiche kleinere Handwerks- und Dienstleistungsbetriebe neu entstanden.

Die erklärte Absicht, im Neubaugebiet H. die Fehler der anderen Satellitenstädte im Osten Berlins zu vermeiden und Einrichtungen für ein reges gesellschaftliches Leben zu schaffen, konnte bisher nicht einmal in Ansätzen verwirklicht werden. Von 18 vorgesehenen > BIBLIOTHEKEN stehen erst sieben zur Verfügung. Begonnene Neubauten wurden eingestellt, weil die finanziellen Mittel für die Innenausstattung fehlen. H. verfügt über kein Kino. Zehn Kultur- und Kunstvereine bemühen sich, das fehlende kommunale Angebot zu ersetzen und tragen zum Entstehen einer „Kulturschiene" entlang der U-Bahn

bei, deren Kernstück das im Februar 1992 eröffnete Kulturforum in der Carola-Neher-Str. 1 bildet. An den Wochenenden können in Mahlsdorf ein kleines Gründerzeit- und ein Feuerstättenmuseum (Hultschiner Damm 333, Melanchthonstr. 63) besichtigt werden, an der Hellersdorfer Str. 173 wird von der Bezirkschronik H. ein Heimatmuseum aufge-

Rathaus Hellersdorf

baut. Dem geistigen und kulturellen Leben im Bezirk dient auch das „Theater am Park" in Biesdorf.

Den Einwohnern stehen im Bezirk nur zwei Sportplätze zur Verfügung. Als Übergangslösung wurden zum Sommer 1992 drei große Rasenspielflächen errichtet. Eine erste Schwimmhalle ist schon seit längerer Zeit im Bau. Ein kleines Freibad befindet sich am *Wernersee* an der Ernst-Haeckel-Str., einem der für den Berliner Nordosten so typischen kleinen > PFUHLE (> FREI- UND SOMMERBÄDER). Als weitere Gewässer dieser Art befinden sich im Bezirk der *Fischteich* und der *Beeren-pfuhl* südlich der Landsberger Chaussee, der *Schleipfuhl* und der *Kreppfuhl* nördlich und südlich der Heinrich-Grüber-Str. (bis 1990 Hönower Str.) und der *Rohrpfuhl* nördlich des S-Bahnhofs Mahlsdorf. Bis Ende der 90er Jahre sollen die früheren Acker- und Wiesenflächen entlang der Wuhle zwischen Ahrensfelde und der Straße Alt-Biesdorf auf 9 km

Länge zu einem über 400 ha großen Naherholungsgebiet umgestaltet werden, das zur Hälfte in H., zur anderen Hälfte in Marzahn liegt.

Noch vor der > VEREINIGUNG wurde im September 1990 ein städtebaulicher Ideenwettbewerb für das Stadtzentrum von H. ausge-

wurden, wodurch 215 Wohnungen blockiert sind.

Bei den ersten Gesamt-Berliner Kommunalwahlen am 24.5.1992 wurde die PDS stärkste Partei. Sie stellt wie die SPD drei Stadträte, die CDU stellt einen. Der Bezirksbürgermeister kommt von der SPD.

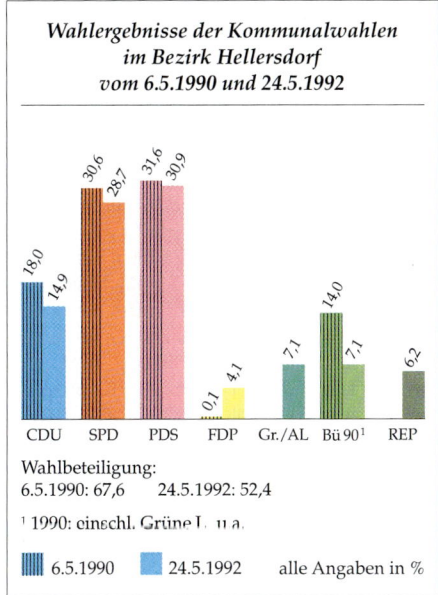

Wahlergebnisse der Kommunalwahlen im Bezirk Hellersdorf vom 6.5.1990 und 24.5.1992

Wahlbeteiligung:
6.5.1990: 67,6   24.5.1992: 52,4

[1] 1990: einschl. Grüne L. u.a.

6.5.1990   24.5.1992   alle Angaben in %

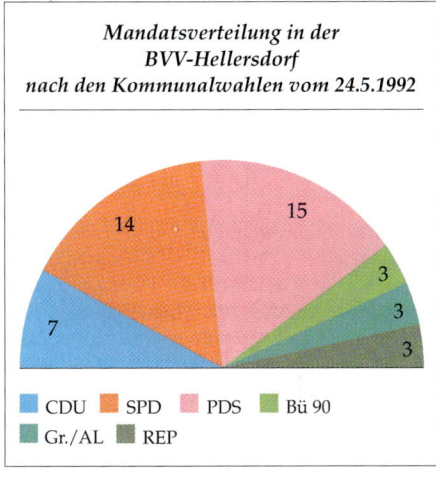

Mandatsverteilung in der BVV-Hellersdorf nach den Kommunalwahlen vom 24.5.1992

CDU   SPD   PDS   Bü 90
Gr./AL   REP

schrieben. Der bevorzugte, von einem West-Berliner Architektenteam geschaffene Entwurf sah für das Gebiet direkt am U-Bahnhof H. einen Baukomplex mit drei etwa 95 m hohen Häusern vor, welche die „Hellersdorfer Skyline" kennzeichnen sollten. Geplant waren u.a. ein Rathaus und ein Finanzamt, ein Kultur- und Freizeitzentrum, ein Stadtbad sowie ein Warenhaus, Supermärkte, Läden und weitere Wohnungen. Aus dem mehrfach modifizierten Entwurf erwuchs der Plan für die Errichtung des Rathauses, das nach Plänen von Ralph Schüler als 16stöckiges Hochhaus in Verbindung mit vier fünfstöckigen Klinkerbauten bis 1996 fertiggestellt werden sollte, aber z.Z. des Redaktionsschlusses aus finanziellen Gründen nicht mehr realisierbar erscheint. Selbst der Plan, als Ersatz eine von der Volkspolizei hinterlassene Investruine zu einem Rathaus umzubauen, ist gegenwärtig nicht gesichert. Z.Z. befinden sich die Einrichtungen des > BEZIRKSAMTS an 14 verschiedenen Standorten, davon die meisten in zwei Punkthochhäusern in der Hellersdorfer Str. 171 und 173, die als Wohnhäuser errichtet

Hermann-Ehlers-Akademie Berlin: Die 1974 eröffnete H. in der Knesebeckstr. 20/21 im Bezirk > CHARLOTTENBURG gehört zu der 1969 auf Initiative des ehemaligen Ministerpräsidenten von Schleswig-Holstein, Kai-Uwe von Hassel, gegründeten „Hermann-Ehlers-Stiftung" mit Sitz in Kiel. Sie ist nach dem CDU-Politiker und ehemaligen Präsidenten des > DEUTSCHEN BUNDESTAGES Hermann Ehlers benannt. Die Stiftung unterhält Studentenwohnheime mit angeschlossenem Akademiebetrieb in Kiel, Hannover, Oldenburg, Osnabrück und Hamburg. Reine Akademien ohne Studentenwohnheime gibt es noch in Bremen und Schwerin.

Als Einrichtung der politischen Erwachsenenbildung veranstaltet die H. für Interessierte aus allen Bevölkerungsgruppen Vorträge, Colloquien und Seminare zu allen Fragen von aktuellem wie grundsätzlichem politischem Interesse. Dazu gehören Fragen der Innen- und Außenpolitik, der Wirtschafts-, Sicherheits- und Sozialpolitik, Kommunalpolitik, Medienfragen sowie Rhetorikseminare. Daneben gehören Exkursionen, Studienreisen und Ausstellungen in den Räumen der HEA Berlin zum Programm. Die jährlich ca. 200 Veranstaltungen werden von ca. 7.000 Teilnehmern besucht. Die HEA Berlin finanziert sich zum überwiegenden Teil aus Bundes- und Landesmitteln.

Hermannplatz: Der H. ist ein wichtiges Einkaufs- und Verkehrszentrum im Bezirk > NEUKÖLLN am nördlichen Ende der > KARL-MARX-STRASSE. Obwohl die westliche Platzseite bereits die Bezirksgrenze zu > KREUZBERG bildet, erfüllt der H. aufgrund der zahlreichen hier angesiedelten Geschäfte sowie als Kreuzungspunkt mehrerer Bus- und U-Bahn-Linien für Neukölln zentrale Versorgungsfunktionen. Regelmäßig ist er auch Standort eines > WOCHENMARKTS.
Bereits 1712 war der H., der damals noch „Platz am Rollkrug" hieß, ein wichtiger Verkehrsknotenpunkt. Die neueröffnete Poststraße Berlin – Rixdorf – Mittenwalde – Dresden über die Dresdener Heerstr. (heute Hermannstr.) bildete hier einen Schnittpunkt mit der älteren Poststraße nach Cottbus (die heutige Karl-Marx-Str.). Um 1824 etablierten sich neben dem „Rollkrug" zwei weitere Lokale, von denen sich das Café „Spreewald" zum Treffpunkt für Künstler und Gelehrte entwickelte. Einer der berühmtesten Gäste war Theodor Fontane. Ab 1860 entstand eine viergeschossige Bebauung mit Miets- und Geschäftshäusern, die 1907 auch zum Abriß des alten „Rollkrugs" führte. 1885 erhielt die Platzanlage ihren heutigen Namen. Als Namenspatron fungierte wahrscheinlich der erste Rixdorfer Bürgermeister Hermann Boddin.
Eine bedeutende architektonische Dominante erhielt der H. mit der Einweihung des Warenhauses Karstadt am 21.6.1929. Der vom Hamburger Architekten Philipp Schäfer errichtete siebengeschossige Stahlskelettbau mit 37.000 m² Verkaufsfläche und 63 m hohen Turmbauten, zwischen denen ein riesiger Dachgarten mit Café lag, galt seinerzeit als modernstes Kaufhaus Europas. Völlig neuartig war der direkte Zugang zu dem von Alfred Grenander errichteten U-Bahn-Umsteigebahnhof, der noch heute zu den schönsten U-Bahn-Stationen Berlins gezählt wird (1991/92 restauriert). Der Karstadt-Bau wurde in den letzten Kriegstagen durch SS-Einheiten gesprengt, um der einmarschierenden Roten Armee keine Vorräte in die Hände fallen zu lassen. 1950 wurde auf den Ruinen das heutige vierstöckige Kaufhaus erbaut.
Im letzten Jahrzehnt wurde der bis dahin völlig schmucklose Platz grundlegend umgestaltet. Statt der Parkstände auf der gro-

ßen, gepflasterten Mittelinsel wurde der Marktplatz mit Sitzbänken und Blumenbeeten angelegt. 1985 erhielt der H. mit der „Säule mit dem tanzenden Paar" von Joachim Schmettau auch ein ansehnliches Schmuckelement in der Platzmitte.

Hermsdorf: H. ist ein 6 km² großer, ländlich geprägter Ortsteil im Norden des Bezirks > REINICKENDORF. Das bis 1907 noch aus einem Guts- und einem Gemeindebezirk bestehende Dorf H. wurde lange Zeit als deutsche Gründung angesehen, neuere Interpretationen schließen aber auch einen wendischen Ursprung nicht aus (> DÖRFER). 1349 wurde der ehem. Sackgassen-Rundling erstmals in einer Überschreibungsurkunde als „Hermanstorp" erwähnt und 1375 im > LANDBUCH KAISER KARLS IV. als Besitz der Nachkommen des Johann v. Buch, eines Hofrichters der Wittelsbacher, geführt. Danach wechselte der Eigentümer des Dorfes sehr häufig. 1694 ging H. durch Kauf in den Besitz des Kurfürsten Friedrich III. (I.) (1688-1713) über. Die Ritterhufen wurden in der Folgezeit an Häusler verpachtet, ohne daß sich H. wesentlich vergrößerte. 1801 werden sieben Häusler, sieben Büdner, ein Fischer, ein Radmacher und acht Einlieger, insg. 144 Einwohner, genannt. Zum Dorf gehörten das Gut, drei Mühlen, ein Krug und eine Ziegelei. Aus letzterer entwickelte sich 1840 eine Tonwarenfabrik, die 1860 durch den neuen Gutsbesitzer Leopold Lessing erweitert wurde und zahlreiche Arbeitskräfte anzog. Sie lieferte u.a. auch die Terrakotten für das > BERLINER RATHAUS. 1880 mußte sie wegen eines Wassereinbruchs in die Tongrube schließen. Der dabei entstandene See ist beiderseits der Seebadstr. erhalten. Die Einwohnerzahl stieg von 216 im Jahre 1840 bis 1871 auf 628. 1877 erhielt H. eine Haltestelle an der im selben Jahr eröffneten Nordbahn nach Neubrandenburg, die die weitere Entwicklung des Ortes beschleunigte. Ab 1891 begann man, das Gutsland und die Feldmark zu parzellieren und planlos mit Villen und Sommerhäusern zu bebauen. Nach der Erschließung einer Solquelle (1899) entwickelte sich H. zu einem beliebten Ausflugsort, der – ausgestattet mit einem Gradierwerk (1907 abgebrannt) und einem Kneipp-Sanatorium – zeitweilig sogar als Kurort diente. Neben Villen und Landhäusern entstanden Zwei- und Vierfamilienhäuser und um die Jahrhundertwende auch zwei- und dreigeschossige Mietshäuser. Bereits 1901 wurde eine eigene Gasanstalt eröffnet. Der Bau einer systematisch geplanten > GARTENSTADT um den 1,5 ha großen *Waldsee* an der Parkstr. wurde durch den I. Weltkrieg unterbrochen. Bis 1919 wuchs die Einwohnerzahl auf 7.664 an. Bei der Eingemeindung nach > GROSS-BERLIN 1920 kam H. vom Kreis Niederbarnim zu Reinickendorf; 1945 wurde es mit dem Bezirk Teil des französischen Sektors (> SEKTOREN).

Die Dorfkirche ist abseits des Standortes der mittelalterlichen Kirche erst um 1830 entstanden (Erweiterungen 1909, Kirchturm – nach Kriegsbeschädigungen – 1960 erneuert; > DORFKIRCHEN). Sie hat trotz des späten Baujahrs einen spätbarocken Einschlag. Reste des einstigen Dorfes, unmittelbar neben dem > TEGELER FLIESS, finden sich an der Straße Alt-Hermsdorf Nr. 10 (Bauernhaus von 1780 mit Umbauten von 1830/40) und Nr. 35. Hier befindet sich in der ehem. Fließtal-Schule (um 1870) seit Anfang 1980 das Reinickendorfer Heimatmuseum und auf dessen Freigelände ein germanisches Gehöft mit einem Wohn- und Langhaus, Wirtschaftsgebäuden und einem gegen Mäusefraß aufgestelzten Kornspeicher (> HEIMATMUSEEN). Der ca. 6 ha große *Hermsdorfer See,* der vom Tegeler Fließ durchströmt wird, bildet eine Grenze zu den be nachbarten Ortsteilen > WAIDMANNSLUST und > LÜBARS. Einige hundert Meter westlich des Siedlungskerns wurden 1955 am Elsenbruch Reste eines Teerofens aus dem 13. Jh. gefunden. Zum Zeitpunkt der letzten West-Berliner Volkszählung 1987 hatte H. 16.550 Einwohner.

Herrenhaus Beyme: Das umgangssprachlich auch als *Schloß Steglitz* oder *Wrangel-Schlößchen* bezeichnete H. an der > SCHLOSS-STRASSE gegenüber dem > STEGLITZER KREISEL wurde 1804 als Herrenhaus des Gutes > STEGLITZ nach Plänen von Friedrich Gilly, vermutlich unter Beteiligung von Heinrich Gentz, für den Kabinettsrat Carl Friedrich v. Beyme erbaut. Das Gebäude ist eines der wenigen erhaltenen Beispiele frühklassizistischen Bauens in Berlin, der Zeit vor Schinkel, die den französischen Revolutionsarchitekten näher stand als den antiken Vorbildern. Die Hoffassade besaß den Entwürfen nach ursprünglich nur einen Mittelrisalit mit Dreiecksgiebel und eine Freitreppe, vermutlich jedoch keinen Vorbau. Hinter dem H. dehnte sich ein Park aus. Heute befindet sich dort der Anbau eines Kinos. An die Nordwest-

seite des Gebäudes schließt das > SCHLOSS-PARK-THEATER an. Nach Auslaufen des Pachtvertrags mit dem lange Zeit im H. untergebrachten Restaurant wurde seine Wiederherstellung eingeleitet. Der durch das Restaurant eingeführte Name „Wrangel-Schlößchen" weist auf den Generalfeldmarschall Friedrich Heinrich Ernst Graf v. Wrangel hin, der ab 1853 hier seine Sommerfrische verbrachte.

Hertha BSC e.V.: Der 1892 gegründete Verein H. zählt zu den bundesweit bekanntesten Berliner Sportclubs. Neben Fußball betreibt der in der Reichsstr. 7 im Bezirk > CHARLOTTENBURG ansässige Verein auch die Sportarten Boxen und Tischtennis. Die Fußballmannschaft spielt z.Z. in der 2. Bundesliga, die Boxer sind über den Boxring Berlin bzw. die Neuköllner Sportfreunde ebenfalls in der 2. Bundesliga vertreten. Seit 1988 erfolgt eine aktive Nachwuchsförderung in der Sparte Fußball mit z.Z. 16 Jugendmannschaften, die in allen vier Jugendklassen in den höchsten Berliner Ligen vertreten sind. Der Club richtet zur Winterpause alljährlich in der > DEUTSCHLANDHALLE das *Internationale Hallenfußballtunier* aus, an dem neben Berliner Vereinen auch auswärtige Mannschaften aus der 1. und 2. Bundesliga sowie aus dem Ausland teilnehmen. 1992 findet zum 100jährigen Jubiläum des Vereins das Hanne-Sobeck-Gedächtnis-Turnier der besten europäischen Jugendmannschaften in Berlin statt, mit dem an den populärsten Fußballspieler des Clubs erinnert wird. 1991 hatte der Verein 1.600 Mitglieder, darunter rd. 320 aktive Spieler. Der 1892 gegründete Verein „BFC Hertha 92" fusionierte 1923 mit dem Weddinger Arbeitersportverein „Berliner Sportclub". 1930 erhielt der neue Verein den Namen H. Nach einigen Jahren spaltete sich der Berliner Sportclub von diesem Verein wieder ab. Ab 1926 hatte H. ihren Sitz in den vereinseigenen Sportstätten an der „Plumpe" (> BERLINISCH: Plumpe, gemeint ist der > GESUNDBRUNNEN) im Bezirk > WEDDING. Zu den größten Erfolgen jener Zeit zählten die 1925-31 siebenmal hintereinander errungene Berliner Fußballmeisterschaft. Ferner stand H. 1926-31 sechsmal in Folge im deutschen Fußball-Finale, das der Verein – mit dem achtfachen Nationalspieler Hanne Sobeck – 1930 (5:4 gegen Holstein Kiel) und 1931 (3:2 gegen TSV 1860 München) gewann.
1963 bei der Gründung der Fußball-Bundesli-

ga in die höchste deutsche Fußballklasse berufen, wechselten die Herthaner in das >
OLYMPIASTADION. Das Gelände an der Plumpe
(Behmstr./Ecke Jülicher Str.) wurde an den >
SENAT VON BERLIN verkauft und bebaut. Bereits in der Saison 1964/65 mußte der Verein
wegen Verstoßes gegen das damalige Lizenz-
spieler-Statut wieder absteigen. Der Wiederaufstieg erfolgte 1968. Bis zum erneuten Abstieg 1980 belegte H. in der Bundesliga einmal den dritten (1969/70) und einmal den
zweiten (1974/75) Rang. In dieser Zeit stand
H. zweimal im > POKAL-ENDSPIEL des Deutschen Fußball-Bundes (1977 1:1 nach der Verlängerung und 0:1 im Wiederholungsspiel
gegen 1. FC Köln; 1979 0:1 nach Verlängerung gegen Fortuna Düsseldorf). 1978 erreichte der Verein das Viertelfinale des
UEFA-Pokals. Dem erneuten Aufstieg 1982 in
die 1. Bundesliga folgten der sofortige
Wiederabstieg und 1986 sogar der Abstieg
aus der 2. Bundesliga, in die H. zu Beginn
der Saison 1988/89 zurückkehrte.

Hessenwinkel: H. ist eine nach dem seit
1704 belegten Flurnamen „Hasselwinckel"
(nach Haselstrauch) benannte > VILLENKO-
LONIE am Westufer des > DÄMERITZSEES im Bezirk > KÖPENICK. Sie enstand ab 1871 durch
die Parzellierung eines 1739 vom Landjäger
Bock angelegten Vorwerks und wurde 1891
in den Ort > RAHNSDORF eingemeindet, mit
dem sie 1920 zu > GROSS-BERLIN kam. Von
1945-90 gehörte sie zum sowjetischen Sektor
(> SEKTOREN). Das Ortsbild wird bestimmt
durch die in sehr unterschiedlichen Stilen errichteten Villen.

**Historische Kommission zu Berlin e.V. –
Forschungszentrum für Geschichte – (HiKo):**
Die HiKo im Kirchweg 33 im Bezirk >
ZEHLENDORF wurde 1959 als Berliner Historische Kommission beim Friedrich-Meinecke-
Institut der > FREIEN UNIVERSITÄT BERLIN gegründet. 1963 wurde sie in HiKo umbenannt.
Sie knüpft an die Tradition der märkischen
Geschichtsvereine und der 1925 ins Leben gerufenen, aber 1939 – nach Mittelkürzungen
von seiten der Stadt Berlin und Kündigung
der Zusammenarbeit durch die Provin-
zialverwaltung – wieder aufgelösten „Historischen Kommission für die Provinz Brandenburg und die Reichshauptstadt Berlin"
an, griff mit ihren Arbeiten aber von Beginn
an über den Bereich der Heimat- und
Landesgeschichte hinaus. Ihre drei Haupt-

forschungsgebiete sind: Berlin und Brandenburg im historisch-politischen Umfeld, Preußen und seine Nachbarn sowie deutsche und
europäische Fragen. Ziel der Forschungen ist
es, die Geschichte der preußischen und deutschen > HAUPTSTADT Berlin sowie Brandenburg-Preußens in der Wechselwirkung mit
den historisch-politischen Entwicklungen in
Deutschland und Europa zu begreifen.
Die Forschungsstelle der HiKo ist in acht
Sektionen gegliedert: Geschichte Berlins;
Brandenburgisch-preußische   Landesgeschichte; Sozial- und Wirtschaftsgeschichte;
Geschichte der Arbeiterbewegung; Deutschland und das östliche Europa (ursprünglich:
Geschichte der deutsch-polnischen Beziehungen); Geschichte der deutsch-französischen
Beziehungen; Deutsch-jüdische Geschichte;
Kulturgeschichte. Ein Beirat für Preußen-
forschung koordiniert die Arbeiten auf diesem Gebiet.
Außerdem gibt es das „Internationale Kon-
sultations-, Stipendien- und Austauschprogramm" zur Förderung der wissenschaftlichen Kontakte mit dem Ausland für die Veranstaltung von Tagungen und Betreuung
auswärtiger Stipendiaten. Das umfangreiche
Publikationsprogramm wird vom Lektorat
mit eigener Satzabteilung betreut. Dazu gehören mehrere Schriftenreihen für wissenschaftliche Monographien und Aufsatz-
Sammlungen, das „Jahrbuch für die Geschichte Mittel- und Ostdeutschlands", die
Vierteljahreshefte   „Internationale   wissenschaftliche Korrespondenz zur Geschichte
der deutschen Arbeiterbewegung" mit Bei-
heften und die „Informationen" mit einer
Beiheften-Reihe. Eine kartographische Abteilung stellt historische Atlaswerke und Karten
für den wissenschaftlichen und Schulge-
brauch her. Die Bibliothek der HiKo umfaßt
rd. 60.000 Bände.
Die > VEREINIGUNG brachte für die HiKo eine
Ausweitung ihrer Aufgaben. Eine zweite
Arbeitsstelle wurde Anfang 1992 in einem
zur ehem. > AKADEMIE DER WISSENSCHAFTEN DER
DDR gehörenden Gebäude in > PANKOW eingerichtet.
Die HiKo hatte 1992 ca. 90 Mitarbeiter, davon
rd. drei Viertel Wissenschaftler. Der Grund-
etat wird durch die > SENATSVERWALTUNG FÜR
WISSENSCHAFT UND FORSCHUNG gedeckt. Hinzu
kommen projektgebundene Mittel verschiedener Forschungsförderungs-Einrichtungen.
Das seit 1976 von der HiKo genutzte Gebäude, der 1914/15 nach Plänen des Berliner Ar-

chitekten Hermann Muthesius für den Generaldirektor Wilhelm Mertens erbaute Mittelhof, zählt zu den wichtigsten Beispielen des von diesem Architekten entwickelten Landhausstils, der im Ortsteil > Nikolassee mit einigen weiteren Beispielen vertreten ist. Die zweigeschossige Hausanlage gruppiert sich um zwei Höfe, wobei die ehem. Wohn- und Wirtschaftsräume den mit einem Brunnen ausgestatteten „Mittelhof" umschließen. Die ehem. Schlafräume umgeben den zweiten, kleineren Hof, der später überdacht wurde, und heute als Lesesaal der Bibliothek dient.

Hobrechtplan: Der H. ist der unter Verantwortung des Polizeipräsidenten von Berlin entstandene „Bebauungsplan für Berlin und Charlottenburg" aus dem Jahr 1862. Nach

bieten sowie der starke Bevölkerungszuwachs hatten Mitte des 19. Jh. eine koordinierte Stadtplanung unumgänglich gemacht. Hobrechts Plan umfaßte neben den 1861 zu Berlin gekommenen neuen Stadtteilen (> Stadterweiterung) die Stadt > Charlottenburg und Teile der Feldmark von Rixdorf (> Neukölln), > Tempelhof, > Schöneberg sowie > Lichtenberg. Damit stand eine größtenteils unbebaute Gesamtfläche von rd 7.000 ha zur Verfügung.
In dem Plan waren lediglich die Fluchtlinien der Straßen und der Schmuckplätze festgelegt, dagegen kein Maß für die Ausnutzung der dazwischen liegenden Flächen. Hobrecht konzipierte für die noch unbebauten Gebiete ein rasterförmiges Straßennetz mit bis zu 53 m breiten Straßen und großen, zur Frontseite

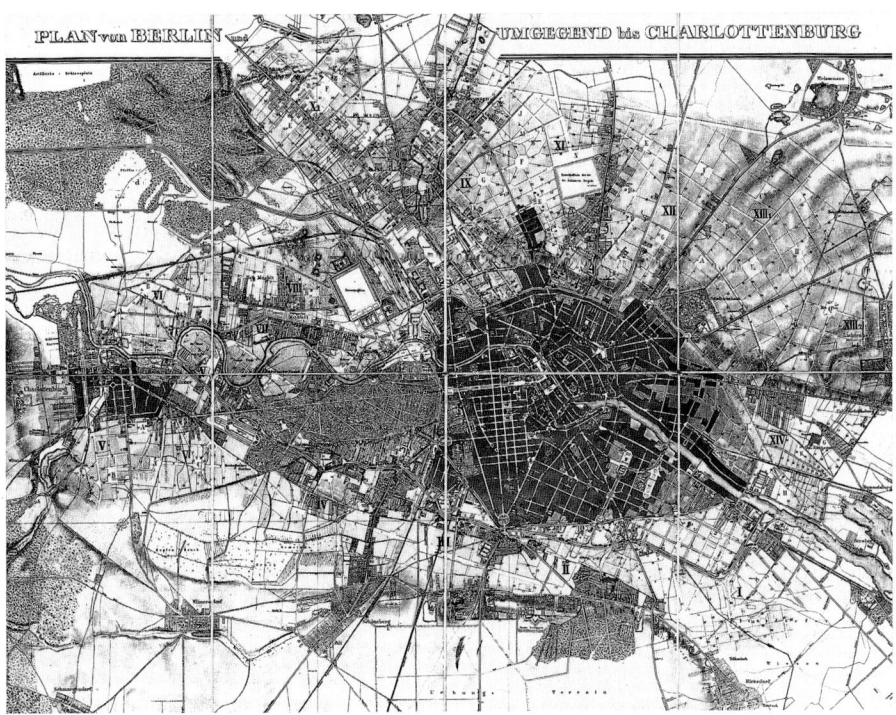

Hobrechts Bebauungsplan von 1862

seinem Verfasser, dem damals 33jährigen Baurat James Friedrich Ludolf Hobrecht, einem Bruder des späteren > Oberbürgermeisters Arthur Hobrecht (1872-75), erhielt er den Namen H. Der wirtschaftliche Aufschwung Berlins, die Ansiedlung zahlreicher Industrie- und Dienstleistungsbetriebe im Stadtzentrum und den Innenstadtrandgebieten

hin geschlossenen Baublöcken. Nach dem Vorbild von Paris wurde die Stadt von einem Ringstraßensystem umschlossen, das z.T. heute noch im Stadtbild erkennbar ist (> Generalzug). Der H. bildete zusammen mit der Bauordnung von 1853, die eine außerordentlich starke Grundstücksausnutzung erlaubte, die Grundlage für die Entstehung der

Berliner > Mietskasernen (> Wohnungsbau). Mit einigen Änderungen blieb er bis 1919 in Kraft.

Hochschule der Künste (HdK): Die Kuratorialhochschule HdK mit Verwaltungssitz am > Ernst-Reuter-Platz 10 im Bezirk > Charlottenburg und dem Hauptausbildungsstandort an der Hardenberg- und Fasanenstr. ist mit 5.300 Studierenden die viertgrößte Hochschule Berlins. Zugleich ist sie die größte und einzige Kunsthochschule in der Bundesrepublik Deutschland, die gleichzeitig eine Ausbildung in den Sparten > Musik, > Bildende Künste und > Theater anbietet. Weitere Berliner Kunsthochschulen sind die > Kunsthochschule Berlin, die > Hochschule für Schauspielkunst „Ernst Busch" und die > Hochschule für Musik „Hanns Eisler".

1. Struktur, Organisation und Haushalt
Die HdK hat elf Fachbereiche, oberstes Beschlußgremium ist das Kuratorium. Sie wird geleitet von einem Präsidenten und drei Vizepräsidenten, die vom Konzil gewählt werden. Der Präsident ist auch Vorsitzender des Akademischen Senats. Institutioneller Aufbau und Selbstverwaltung der Universität als Körperschaft des öffentlichen Rechts sind im Berliner Hochschulgesetz vom 12.10.1990 geregelt. Der Haushalt der HdK (1992 insg. 113 Mio. DM) wird v.a. durch Zuschüsse des Landes Berlin gedeckt (> Senatsverwaltung für Wissenschaft und Forschung).

2. Lehre und Forschung
Im Wintersemester 1991/92 waren an der HdK 5.364 Studierende immatrikuliert (die Normalausstattung sieht 3.750 Studienplätze vor), davon waren 55 % Frauen und 13 % Ausländer. Das festangestellte Personal umfaßte zum gleichen Zeitpunkt insg. 251 Professoren und 197 akademische Mitarbeiter. Darüber hinaus beschäftigte die HdK 314 sonstige sowie 54 Bibliotheksmitarbeiter.
An der HdK wird in über 30 Studiengängen mit den Abschlüssen Meisterschüler, Absolvent, Konzertexamen, Diplom sowie Lehramt ausgebildet. Für vier Fächer besteht das Promotions- und Habilitationsrecht. Das Studienangebot der HdK umfaßt neben den klassischen Sparten wie Bildende Kunst, Musik und Schauspielkunst u.a. auch die Studienrichtungen Architektur, Industrial Design, Bühnenbild und Kostüm, Musical/Show, Textilgestaltung, Tonmeister, Visuelle

Kommunikation und Szenisches Schreiben (Probephase). Zu den Aufbau- und Ergänzungsstudiengängen zählen Künstlerweiterbildung, Musiktherapie, Spiel- und Theaterpädagogik, Darstellendes Spiel sowie Textilgestaltung. Der Zugang zum Studium ist bis auf die Studiengänge Gesellschafts- und Wirtschaftskommunikation sowie Druck nur über den Nachweis einer künstlerischen Begabung möglich. Neben den Forschungsschwerpunkten der einzelnen Fachbereiche bestehen als fächerübergreifende Forschungseinrichtungen in Charlottenburg die Design-Transfer-Stelle in der Grolmanstr. 16, das Filminstitut in der Mierendorffstr. und Lietzenburger Str. sowie das Institut für Neue Musik in der Hardenbergstr. 9.

3. Bibliothek, weitere Einrichtungen und Außenbeziehungen
Die Bibliothek der HdK umfaßt 240.000 Bände, 84.000 Notensätze, 68.000 audiovisuelle Medien sowie 110.000 Zeichnungen, Druckgraphiken und Fotos.
Jährlich wird von der HdK der mit 10.000 DM dotierte *Karl-Hofer-Preis* für künstlerische und/oder wissenschaftliche Beiträge vergeben, um die Zusammenarbeit der Künste untereinander sowie zwischen Wissenschaft und Forschung und der Kunst zu fördern.
Förmliche Kooperationsabkommen bestehen mit dem California Institut of the Arts, der Universität Poznan, der Kunsthochschule Surikow Moskau, der Kunsthochschule Repin St. Petersburg sowie der Akademie der angewandten Künste Budapest.

4. Gebäude
Stammhäuser der HdK sind die Gebäude der ehem. Hochschule für Bildende Künste am Steinplatz, Hardenbergstr. 10, und der ehem. Hochschule für Musik in der Fasanenstr. 1. Unmittelbar benachbart liegt der 1955 eröffnete, von dem Architekten Paul Baumgarten entworfene *Konzertsaal der HdK*, der mit 1.360 Plätzen einer der größten Musiksäle der Stadt ist. Neben weiteren Einrichtungen, u.a. in den Bezirken > Tiergarten, > Kreuzberg, > Schöneberg und in > Lankwitz, werden von der HdK auch Räume im > Joachimsthalschen Gymnasium an der Bundesallee in > Wilmersdorf genutzt.

5. Geschichte
Die HdK entstand 1975 durch die umstrittene Zusammenlegung der Staatlichen Hochschule für Bildende Künste mit der Staatlichen Hochschule für Musik und Darstellende

558

Kunst. In ihren Ursprüngen gehen beide Hochschulen auf die Ausgliederung der entsprechenden Unterrichtsaufgaben aus der > PREUSSISCHEN AKADEMIE DER KÜNSTE im 19. Jh. zurück.

Die *Hochschule für Bildende Künste* ging im Rahmen der Hochschulreform 1971 aus der Staatlichen Hochschule für Kunst und der Staatlichen Hochschule für Kunsterziehung hervor, die 1945 zusammengelegt worden waren und in die in den 50er und 60er Jahren zahlreiche weitere Institutionen integriert wurden.

Die *Hochschule für Musik und Darstellende Kunst* war 1964 gegründet worden. Ihr Vorläufer war u.a. die 1945 gegründete Hochschule für Musik, die aus dem Staatlichen Institut für Kirchenmusik sowie aus der 1922 gegründeten Staatlichen Akademischen Hochschule für Musik hervorgegangen war. Sie und einige weitere Einrichtungen, darunter die 1951 gegründete Max-Reinhardt-Schule für Schauspiel, wurden 1964 in der Hochschule für Musik und Darstellende Kunst vereinigt. 1966 wurde ihr außerdem das auf die 1850 von Julius Stern gegründete Musikschule für Gesang, Klavier und Komposition zurückgehende *Städtische Konservatorium* eingegliedert.

Mit Zusammenlegung der beiden Hochschulen sowie der Übernahme der Kunst- und Musikerzieherausbildung von der aufgelösten Pädagogischen Hochschule 1980 fand der Konzentrationsprozeß aller künstlerischen Hochschulausbildungen seinen Abschluß.

Hochschule für Musik „Hanns Eisler": Die seit 1950 bestehende H. mit Sitz in der Charlottenstr. 55 im Bezirk > MITTE wurde im Zuge der > VEREINIGUNG durch das Land Berlin übernommen und der > SENATSVERWALTUNG FÜR WISSENSCHAFT UND FORSCHUNG unterstellt. Ihre Rektorin ist seit 1990 die Pianistin Annerose Schmidt. Die H. verfügt über fünf Fachabteilungen (Gesang, Musiktheater, Regie, Dirigieren; Streicher, Harfe, Gitarre; Bläser, Schlagzeug; Klavier, Historische Tasteninstrumente, Akkordeon; Komposition, Musiktheorie, Musikwissenschaft, Tonmeister, Popularmusik. Seit 1990 wird auch ein dreisemestriges Zusatzstudium für Kulturmanagement angeboten. 172 Beschäftigte (davon 122 überwiegend künstlerische Lehrkräfte) betreuten die 1991 mehr als 1.000 Studierenden über ein i.d.R. fünfjähriges Studi-

um. Voraussetzungen für die Studienzulassung sind die Hochschulreife und eine umfassende musikalische Vorbildung. Überdurchschnittlich begabte Bewerber ohne Abitur müssen den Nachweis der Eignung für ein Musikstudium gesondert erbringen. Die Zulassung wird für alle Studiengänge nur nach bestandener Eignungsprüfung ausgesprochen. Diese Verfahrensweise sichert die hohe Qualität der Ausbildung, für die die H. weit über die Grenzen Deutschlands hinaus bekannt ist.

Die H. plant das Ausbildungsspektrum – neben dem klassischen Angebot – um die Fächer Filmmusik/Arrangement, Medien-/Musikkritik zu erweitern, um den Studierenden bessere Möglichkeiten des beruflichen Einsatzes zu bieten. Zahlreiche renommierte Künstler (im Wintersemester 1991/92 z.B. Walter Levin, David Epstein, Elisabeth Schwarzkopf) vervollständigen das Studienangebot des Instituts.

Die H. verfügt über eine bedeutende Fachbibliothek (mit ca. 60.000 Bänden, Schallplatten und CD-Sammlungen), ein großes und wertvolles Notenarchiv sowie einen umfangreichen Instrumentenfundus zur Ausleihe an die Studierenden.

Das Hochschulorchester dient der praktischen Ausbildung aller an der Hochschule studierenden Orchestermusiker. Es erarbeitet pro Semester mehrere sinfonische Programme, die sowohl im > SCHAUSPIELHAUS als auch in Werkstattkonzerten und Kursen im Studiosaal der H. aufgeführt werden. Außerdem erwirbt dieses Orchester Opernrepertoire-Erfahrung während der Einstudierung von Musiktheater-Aufführungen, die meist im Apollo-Saal der > DEUTSCHEN STAATSOPER vorgestellt werden.

Die Musikhochschule wurde am 1.10.1950 als *Deutsche Hochschule für Musik* (in der Otto-Grotewohl-Str. 19 im Bezirk Mitte) gegründet. In den ersten Jahren gehörte zu ihr eine Arbeiter- und Bauernfakultät, die begabten jungen Leuten den Weg zum Musikstudium ebnete. Am 4.7.1964 wurde die Hochschule zu Ehren des Komponisten Hanns Eisler in H. umbenannt. 1987 erfolgte der Umzug zum heutigen Hauptsitz in einem Neubau am > GENDARMENMARKT, wobei jedoch auch die Unterrichtsräume im bisherigen Standort weiter genutzt werden.

Hauptaufgabe der H. war zu DDR-Zeiten die Ausbildung des künstlerischen Nachwuchses für die ca. 80 Orchester und ca. 40 Opernensembles der DDR. Im Verlauf ihrer Existenz lehrten an der H. renommierte Persönlichkeiten der deutschen und internationalen Musikszene, so der Musikwissenschaftler und Gründungsdirektor Georg Knepler, Dieter Zechlin (1971-82) und Olaf Koch (1982-86), beide als Rektoren, Ruth Berghaus, Wolfram Heicking. Als Gastdozenten waren u.a. Paul Dessau, Ernst Hermann Meyer, Dmitri Schostakowitsch, Aram Chatschaturjan sowie David und Igor Oistrach an der H. tätig. Zu den zahlreichen Absolventen der H. gehören u.a. Jochen Kowalski (Countertenor), Brigitte Eisenfeld (Sopran), das Vogler-Quartett, Ruth Homann (Jazzgesang), Michael Sanderling (Cello), die Komponisten Bernd Wefelmeyer, Siegfried Matthus und Georg Katzer u.v.a.

Hochschule für Schauspielkunst „Ernst Busch": Die H. mit Hauptsitz in der Schnellerstr. 104 im Bezirk > TREPTOW wurde am 1.9.1951 als *Staatliche Schauspielschule* gegründet. 1981 erhielt sie den Status einer Hochschule, wobei ihr der Name des Schauspielers Ernst Busch verliehen wurde, dessen volksverbundener Realismus u.a. auch für Bertolt Brecht als Regisseur maßgebend war. Jahrzehntelang in einem alten, ausgebauten Bootshaus untergebracht, erhielt die Bildungsstätte 1979 auf demselben Grundstück ihr neues Gebäude. Neben diesem Domizil zählt zur H. auch das *„Regieinstitut/Studiotheater bat"* in der Belforter Str. 15 im Bezirk > PRENZLAUER BERG.
Rektor der H. ist seit 1987 Prof. Kurt Veth. Seit der > VEREINIGUNG untersteht die H. als zweite Berliner Schauspielschule neben dem Fachbereich Darstellende Kunst an der > HOCHSCHULE DER KÜNSTE (HDK) der > SENATSVERWALTUNG FÜR WISSENSCHAFT UND FORSCHUNG. Das Studium an der H. erfordert neben der für den jeweiligen Studiengang erforderlichen Hochschulzulassungsberechtigung eine spezielle Eignungsprüfung und schließt mit einem Diplom ab. Ausgebildet wird in den fünf Studiengängen Schauspiel, Puppenspielkunst, Regie, Choreographie und Bewegungspädagogik für Schauspieler. 50 Lehrkräfte betreuen ca. 140 Studenten (1991) über ein in der Regel vierjähriges Studium. Im Verlauf der über 40 Jahre ihrer Existenz lehrten an der H. renommierte Persönlichkeiten des deutschen und internationalen > THEATERS, des > FILMS und des Tanz- und Musiktheaters (> TANZ) wie Paul Dessau, Manfred

Wekwerth, Friedo Solter, Dietmar Seyffert, Konstanza Kavrakova-Lorenz sowie Wolfgang Heinz, Rudolf Penka und Hans-Peter Minetti – die letzten drei als Rektoren der H. von 1960-62, 1962-75 bzw. 1975-87. Für den Sommer 1992 plant die Hochschule gemeinsam mit der HdK die Veranstaltung des 1990 aus der Ständigen Konferenz der Schauspielschulen hervorgegangenen „Treffens deutscher Schauspielstudenten". Während der beiden bisherigen Treffen erhielt die H. jeweils den ersten Preis für herausragende Ensembleleistungen mit den Inszenierungen „Die Räuber" (1990) und „Die Palästinenserin" (1991).
Die Geschichte der H. reicht zurück bis auf Max Reinhardt, der 1905 als neuer Hausherr des > DEUTSCHEN THEATERS erstmals in Deutschland eine Ausbildungsstätte für Schauspieler eröffnete. Namhafte Schauspielerinnen und Schauspieler wie Marlene Dietrich, Paul Dahlke, O. E. Hasse und Hans-Joachim Kulenkampff erhielten dort ihre Ausbildung. Nach dem II. Weltkrieg war die Schule aufgrund der Zerstörung ihres Gebäudes vorübergehend im > SCHILLER-THEATER untergebracht. 1951 erfolgte bei der Umbildung der Schauspielschule in die „Staatliche Schauspielschule" die Trennung vom Deutschen Theater. Die neugegründete Staatliche Schauspielschule und später dann die H. vermochten an die erfolgreiche Tradition Max Reinhardts anzuknüpfen. Für Ansehen sorgten maßgeblich Absolventen wie z.B. Dieter Mann, Alexander Lang, Ursula Karusseit, Christian Grashof, Manfred Karge, Christine Schorn, Friedo Solter.

Hörfunk:
1. Die Berliner Hörfunklandschaft 1992
In Berlin konnten 1992 insg. 28 Hörfunkprogramme (27 auf UKW und eines auf MW) empfangen werden, die alle im Berliner Kabelhörfunknetz eingespeist sind. 20 dieser Programme sind zusätzlich auch terrestrisch, d.h. über Antenne zu empfangen (19 auf UKW und eines auf MW). Gleichzeitig waren 1992 insg. 1.477.290 Hörfunkanschlüsse (davon 489.244 im Ostteil der Stadt) angemeldet. Berlin nimmt damit hinsichtlich der Vielfalt des Programmangebotes in der Bundesrepublik die Spitzenstellung ein.
Von den über Antenne empfangbaren 20 Programmen werden in öffentlich-rechtlicher Verantwortung die vier Programme des zur *Arbeitsgemeinschaft der öffentlich-rechtlichen*

Rundfunkanstalten der Bundesrepublik Deutschland (ARD) gehörenden > SENDERS FREIES BERLIN (SFB) und die drei Programme *Radio Brandenburg, Antenne Brandenburg* sowie Rockradio B des *Ostdeutschen Rundfunks Brandenburg (ORB)* produziert. Weiterhin wird auch das *Jugendradio DT 64,* das sich die Frequenz mit Rockradio B teilt, als Programm des *Mitteldeutschen Rundfunks (MDR)* in Berlin hergestellt. Auch das Programm *DS-Kultur* des *Deutschlandsenders* wird in Berlin produziert, wie auch das Programm des > RIAS BERLIN. Diese beiden Programme sollen in Zukunft – ebenso wie das Programm DLF des *Deutschlandfunks,* der über Mittelwelle und über Kabel zu empfangen ist – Bestandteile eines nationalen Hörfunkprogramms werden. Die drei Hörfunkprogramme der > ALLIIERTEN – > AMERICAN FORCES NETWORK (AFN), > BRITISH FORCES BROADCASTING SERVICE (BFBS) und > RADIO FORCES FRANÇAISES À BERLIN (FFB) – sind ebenfalls über Antenne zu empfangen, genauso die Sendungen der > BRITISH BROADCASTING CORPORATION (BBC).

Die Zahl der privaten Anbieter auf dem Berliner Hörfunkmarkt hat sich nach der > VEREINIGUNG stark erhöht: Am 1.6.1992 wurden neben dem seit dem 10.4.1987 sendenden > HUNDERT,6 fünf weitere private Vollprogramme in Berlin produziert und terrestrisch verbreitet: Neben > ENERGY 103,4 (seit 12.8. 1991), das die Frequenz von Radio100 übernahm und > 104.6 RTL BERLIN (seit 30.7.1991), sendet seit November 1991 auch der private Nachrichten- und Informationskanal > INFORADIO 101 ein 24-Stunden-Programm; dazu kommen seit dem 1.1.1992 der privatisierte > BERLINER RUNDFUNK unter seinem neuen Betreiber und seit dem 1.6.1992 der R.S.2 als privater Nachfolger von RIAS 2.

Die Bedeutung der Programmverteilung über Kabel ist beim H. weit geringer als beim > FERNSEHEN. Der *Kabelhörfunk* dient v.a. zur Erhöhung der Empfangssicherheit und der Störungsfreiheit für die auch über Antenne empfangbaren Programme. Ausschließlich über Kabel sind derzeit der *Offene Kanal,* der *Mischkanal, StarSat Radio, Radioropa, Klassik Radio, RTL Radio, Radio Edi-son* und *Voice of Europe* empfangbar.

2. Die Anfänge des Hörfunks

Die Geschichte des deutschen H. hat wie die des Fernsehens ihren Ursprung in Berlin. Im Sommer 1923 wurde als erste drahtlose Hörfunksendung ein Konzert aus dem Telefunkenhaus am Mehringdamm 32-34 im Bezirk > KREUZBERG übertragen. Ab dem 29.10.1923 sendete die private Interessengemeinschaft Radio-Stunde AG ein regelmäßiges Hörfunkprogramm aus dem *Vox-Haus* in der > POTSDAMER STRASSE im Bezirk > TIERGARTEN. Der im Rahmen der 3. Großen Deutschen Funkausstellung (> INTERNATIONALE FUNKAUSSTELLUNG BERLIN) 1926 eingeweihte > FUNKTURM diente u.a. als einer der Antennenträger für den H. Das erste Funkhaus Deutschlands, das > HAUS DES RUNDFUNKS in der Masurenallee im Bezirk > CHARLOTTENBURG, wurde 1931 in Betrieb genommen.

Die Nationalsozialisten erkannten als erste die von den meisten demokratischen Politikern der Weimarer Republik unterschätzte

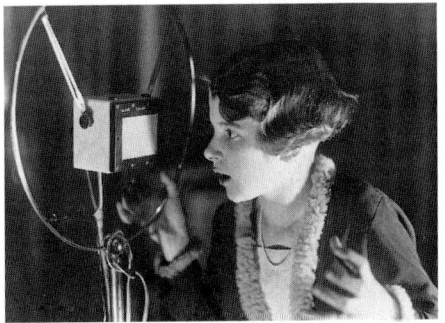

Sprecherin vor Mikrofon 1927/28

Bedeutung des H. Durch die gezielte Förderung eines für alle Schichten erschwinglichen Radios, des Volksempfängers, der bereits ab Mai 1933 in Serie gefertigt wurde, erreichte der H. nahezu die gesamte Bevölkerung und wurde zu einem der effektivsten Propagandainstrumente zur Gleichschaltung und Lenkung der öffentlichen Meinung. Der H. wurde, ebenso wie der > FILM, 1933 dem Reichsministerium für Volksaufklärung und Propaganda zugeordnet. Die Reichs-Rundfunkgesellschaft mbH mit Sitz in Berlin steuerte alle Reichsrundfunksender in publizistischer sowie ökonomischer Hinsicht.

2. Der Berliner Hörfunk zur Zeit der Spaltung

2.1. Berlin (West)

Die Wiederaufnahme des H. nach dem II. Weltkrieg erfolgte im Mai 1945. Ab dem 13.5. strahlte das unter Leitung der sowjetischen Befehlshaber stehende *Radio Berlin* zunächst provisorisch von einem Sender in Tegel ein einstündiges und binnen einer Woche ein ganztägiges Programm aus. Kurz darauf wurde Radio Berlin in Berliner Rundfunk umbenannt und verlagerte seinen Sendebetrieb in das Haus des Rundfunks an der Masurenallee, das bereits am 1.5. von sowjetischen Soldaten besetzt worden war.

Nach dem Einzug der Westalliierten in Berlin bauten zunächst die Amerikaner ihren Militärsender AFN in Berlin auf, der seinen Sendebetrieb am 4.8.1945 begann. Die Briten und die Franzosen folgten 1946 mit Errichtung des BFBS und des FFB. Neben dem Aufbau ihrer eigenen Sender versuchten die Westalliierten, auch Einfluß auf den Berliner Rundfunk zu erlangen. Formal unterstand er dem > MAGISTRAT, faktisch wurde er aber weiterhin von den Sowjets kontrolliert, die ihn zu ihrem Propagandainstrument machten. Da es den Westalliierten nicht gelang, ihre Vorstellungen durchzusetzen, richtete die amerikanische Militärregierung am 7.2.1946 als Gegengewicht den *Drahtfunk im amerikanischen Sektor (DIAS)* ein. Das Programm des DIAS wurde zunächst über das Telefonnetz verbreitet, bis der Sender am 5.9.1946 in den RIAS (Rundfunk im amerikanischen Sektor) umgewandelt wurde, der über Antenne empfangbar war und damit erheblich mehr Zuhörer erreichte.

Seit 17.8.1946 strahlte der für die Nachkriegsgeschichte des H. in Deutschland und Berlin wegweisende *Nord-Westdeutsche Rundfunk (NWDR)* über einen eigenen Mittelwellensender auch in Berlin sein Hörfunkprogramm aus. Hierzu steuerte das vom NWDR in West-Berlin eingerichtete Landesstudio „Funkhaus Berlin" ab 29.1.1946 eigene Hörfunksendungen bei.

Die Zuspitzung des Ost-West-Konflikts 1948/49 durch die > BLOCKADE und die > SPALTUNG der Stadt führte dazu, daß sich Berlin nicht zum Zentrum des neuen deutschen H. entwickeln konnte. Dieser vollzog sich stattdessen in Westdeutschland, wo die Besatzungsmächte Sendeanstalten in ihren jeweiligen Zonen einrichteten. 1953 folgte dann die Gründung des SFB als *Landesrundfunkanstalt*, die nach Übernahme der Einrichtungen des NWDR am 1.6.1954 ihre Sende- und Programmtätigkeit aufnahm. Seit dem 1.12.1957 sendet der SFB aus dem Haus des Rundfunks, das nach langen Auseinandersetzungen am 5.7.1956 von der sowjetischen Militärregierung zurückgegeben worden war.

Lange Jahre stabil geblieben, kam es Mitte der 80er Jahre zu einer grundlegenden Umstrukturierung der Hörfunklandschaft. Mit Beginn des Berliner *Kabelpilotprojekts* am 28.8.1985 (> NEUE MEDIEN) wurde es möglich, auch kabelgebundene Hörfunkprogramme zu empfangen. Da schon bald nach Start des Projekts zwei weitere terrestrische Frequenzen zur drahtlosen Übermittlung von Hörfunkprogrammen von der > DEUTSCHEN BUNDESPOST zur Verfügung gestellt wurden, konzentrierte sich das Interesse der privaten Hörfunkanbieter jedoch hierauf. Die am 1.1.1987 freigegebene UKW-Frequenz 100,6 wurde gesplittet. Als erster privater Anbieter ging am 1.3.1987 der den Inhalten der > ALTERNATIVBEWEGUNG nahestehende und inzwischen in Konkurs gegangene Sender Radio 100 auf Sendung. Auf der gleichen Frequenz nahm am 10.4.1987 Radio Hundert,6 für die verbleibende tägliche Sendezeit den Hörfunkbetrieb auf.

Durch die Erweiterung des Markts und die Zulassung privater Anbieter wurde die Konkurrenz um Hörerzahlen und Werbeeinnahmen erheblich verschärft, was den SFB und den RIAS veranlaßte, sich zumindest teilweise der Programmstruktur der privaten Sender anzupassen, um in der Berliner Hörfunklandschaft konkurrenzfähig zu bleiben. Im Ergebnis kam es Mitte der 80er Jahre bei beiden Sendern zu einer teilweise erheblichen Reduzierung der Wortprogramme, die zu Konflikten mit der ursprünglichen Aufgabenstellung führte und die erst Ende der 80er Jahre wieder teilweise zugunsten einer erneuten Ausweitung der Nachrichten-, Informations- und Bildungssendungen zurückgenommen wurde.

Insg. hat die Einführung des dualen Rundfunksystems die Situation in den 80er Jahren stark verändert: die Zahl der Anbieter erhöhte sich und die Verteilung der täglichen Reichweiten der einzelnen Anbieter änderte sich drastisch. Hundert,6 wurde fast aus dem Stand zum insg. beliebtesten Programm in der Stadt, gefolgt von RIAS 2. Während Hundert,6 bei der Altersgruppe der Hörer über 30 Jahren dominierte, traf dasselbe für RIAS 2 bei den 14 bis 29 Jahre alten Hörern zu. Diese Verschiebungen der Reichweiten gingen allesamt zu Lasten der eingeführten Programme des SFB. Auch das neue Jugendprogramm des SFB, Radio 4 U, konnte diesen Trend nicht umkehren.

2.2. Berlin (Ost)

Am 13.5.1945 strahlte der Berliner Rundfunk aus dem Rundfunkgebäude in der Masurenallee die ersten Sendungen unter der Verantwortung der sowjetischen Militär-

Hörfunksender im Raum Berlin 1992

Programm	Anbieter	Frequenz (Mhz) Antenne	Kabel
AFN	American Forces Network (AFN)	87,6	94,0
Antenne Brandenburg	Ostdeutscher Rundfunk Brandenburg (ORB)	99,7	101,85
BBC	British Broadcasting Company (BBC)	90,2	87,55
Berliner Rundfunk	Neuer Berliner Rundfunk AG	91,4	99,45
BFBS	British Forces Broadcasting (BFB)	98,8	102,85
DLF	Deutschlandfunk (DF)	810[1]	100,3
DS-Kultur	Deutschlandsender Kultur	97,65	102,15
DT 64/ Rockradio B	Mitteldeutscher Rundfunk (MDR)/ORB	102,6	91,7
ENERGY 103,4	Radio 2000 GmbH	103,4	90,5
FFB	Radio Forces Françaises à Berlin (RFFB)	93,6	103,95
Hundert,6	Schamoni Medien GmbH	100,6	89,15
104.6 RTL Berlin	RTL Radio	104,6	104,15
Inforadio 101	Inforadio Berlin	101,3	105,15
Klassik Radio	Klassik Radio GmbH & Co. KG	–	88,45
Mischkanal	diverse Anbieter	–	90,8
Offener Kanal	Mediaport Berlin	–	92,75
Radio 88,8 (früher SFB 1)	Sender Freies Berlin (SFB)	88,8	94,85
Radio Brandenburg	ORB	94,3	101,0
Radio Edi-son	Radiokneipe Hans-Georg Szeni	–	107,85
Radio 4 U (früher: SFB 4)	SFB	98,2	96,85
Radioropa	Radioropa Tele und Radio GmbH	–	93,3
RIAS 1	RIAS	89,6	97,4
R.S. 2	Radio-Informations-Audio Service GmbH	94,3	101,0
RTL Radio	Radio Tele Luxemburg	–	88,15
SFB 2	SFB	92,4	95,15
SFB 3	SFB	96,3	96,55
Star*Sat Radio	Star*Sat GmbH	–	106,2
VOA Europe	Voice of America	–	106,5
insgesamt 28 Programme	**insgesamt 24 Anbieter**	**20 Sender**	**28 Sender**

[1] Mittelwelle, 810 Khz

administration aus. Am 21.12.1945 übergaben die Sowjets die Leitung des Rundfunkwesens in der damaligen SBZ an die bereits bestehende „Deutsche Verwaltung für Volksbildung". Aus deren Rundfunk-Referat entstand 1947 die „Generalintendanz des Deutschen Demokratischen Rundfunks". 1949 zog der Berliner Rundfunk in die Nalepastr. im Ostteil der Stadt. Von dort nahm im gleichen Jahr auch der Deutschlandsender seinen Betrieb auf. Am 14.8.1952 wurde das Staatliche Rundfunkkomitee als oberstes zentrales Leitorgan aller Sender gebildet, das zur Aufgabe hatte, drei Programme für die Bevölkerung der DDR und der BRD einzurichten: Neben dem Deutschlandsender, der sich in erster Linie an die Bevölkerung der BRD richtete, und Radio DDR, das mit seinen Landesstudios die Aufgabe eines DDR-weiten H. zu erfüllen hatte, sollte der Berliner Rundfunk die Hauptstadt repräsentieren und, seit 1958, mit einer „Berliner Welle" auch die West-Berliner Bevölkerung erreichen. 1959 schließlich ging „Radio Berlin International" mit einem Auslandsprogramm auf Sendung. Aus den Vorbereitungen für den Ausbau einer UKW-Senderkette für Regionalprogramme, die seit 1952 liefen, entwickelte sich 1964 das 2. Programm von Radio DDR.

1968 wurde das Staatliche Rundfunkkomitee geteilt: Für den Bereich des H. entstand daraus das „Staatliche Komitee für Rundfunk beim Ministerrat". Diesem Gremium unterstanden die Programme von Radio DDR, der Berliner Rundfunk, der Deutschlandsender, der 1971 eine neue Programmstruktur und den Namen Stimme der DDR erhielt, Radio Berlin International (RBI) und – seit 1987 – das Jugendradio DT 64. Die Einrichtung eines eigenen Jugendradios entsprang Programmreformen, die – analog zum Fernsehen – der mangelnden Akzeptanz der DDR-eigenen Programme im Vergleich zu den auf DDR-Gebiet fast überall empfangbaren West-Sendern entgegentreten sollte.

3. Der Berliner Hörfunk seit der Vereinigung
Die Vereinigung hatte für den H. in Berlin eine weitgehende Umstrukturierung zur Folge. Es verschob sich durch die Auflösung der Rundfunksender der DDR nicht nur das Verhältnis von öffentlich-rechtlichen und privaten Anbietern. Durch die Gründung des ORB und die Umstrukturierung des RIAS änderte sich auch die Angebotsstruktur innerhalb des öffentlich-rechtlichen Bereichs: Momentan

bieten SFB und ORB insg. sieben Programme an. Die Tatsache, daß den öffentlich-rechtlichen Anbietern künftig aber nur sechs Frequenzen zur Verfügung stehen werden, hat für die auf Jugendliche ausgerichteten Programme Radio 4 U und Rockradio B zur Konsequenz, daß noch 1992 eine Zusammenführung der beiden Programme auf eine gemeinsamen Frequenz stattfinden soll. Das Programm von DT 64 wird nach dem 1.7.1992 voraussichtlich auf einer Mittelwellenfrequenz ausgestrahlt werden.

Mit der Privatisierung von RIAS 2 haben sich die Höreranteile weiter zugunsten der privaten Anbieter verschoben: Mitte 1992 vereinigen die „großen" privaten Anbieter (Hundert,6, 104.6 RTL Berlin, R.S.2, ENERGY 103.4 und Berliner Rundfunk) ca. 60% der Berliner Hörer auf sich. Im Zuge dieser Entwicklung ist insg. mit einer weiteren inhaltlichen Nivellierung der Programmangebote zu rechnen, da in den meisten Fällen öffentlich-rechtlich und privat betriebene Programme bezüglich der Zielgruppenvorgaben miteinander konkurrieren.

Hoheitszeichen: Nach Art. 5 der > Verfassung von Berlin führt Berlin als H. „Flagge, Wappen und Siegel mit dem Bären, die Flagge mit den Farben Weiß-Rot". Die genauere Ausgestaltung regelt das Gesetz über die H. des Landes Berlin vom 13.5.1954. Es ermächtigt den > Senat von Berlin, den > Bezirken eigene Wappen zu verleihen, die sie bei besonderen Anlässen neben dem Landeswappen führen. Bis zur > Vereinigung 1990 konnte der Senat dieses Recht nur für die zwölf West Berliner Bezirke ausüben. Es dokumentiert sich in der den West-Berliner Bezirkswappen gemeinsamen dreitürmigen Mauerkrone mit dem Berliner Landeswappen auf dem mittleren Turm. Ihre sonstige Ausführung orientiert sich häufig an historischen Vorbildern der ehemals selbständigen Städte und Gemeinden.

Auch die Ost-Berliner Bezirke führten eigene Wappen, die sich an historischen Vorbildern orientieren und teilweise bis ins Mittelalter zurückgehen (> Köpenick). Die Innenstadtbezirke > Mitte, > Friedrichshain und > Prenzlauer Berg erhielten ihre Wappen erst 1987, nachdem sie bis dahin das allgemeine Berliner Stadtwappen geführt hatten. Auch für die drei in Ost-Berlin neu gegründeten Bezirke > Marzahn (1979), > Hohenschönhausen (1985) und > Hellersdorf (1986) wurden neue Wappen geschaffen. Da die in der Zeit der > SPALTUNG entstandenen Wappen z.T. Bezug nehmen auf die politisch-gesell-schaftliche Ordnung der DDR, werden diese Bezirke ihre Wappen ändern.

Aktuelles Wappen des Landes Berlin

Der *Berliner Bär* als Wappentier der Stadt fin-det sich erstmals auf Berlins zweitältestem Siegel, das aus dem Jahr 1280 überliefert ist: Ein Bärenpaar flankiert den markgräflichen Adlerschild. Das erste bekannte Siegel von 1253 zeigt nur den markgräflichen Adler unter einem von drei Türmen umgebenen Stadttor. Die Herkunft des Bären ist bis heute nicht eindeutig geklärt. Teils wird sie mit dem ersten Markgrafen, Albrecht dem Bären, in Verbindung gebracht, teils vom Namen der Stadt abgeleitet (> BERLIN) oder dem da-mals häufigen Vorkommen von Bären in die-ser Gegend zugeschrieben. Bald wurde der Bär (> KÖLLN führte den märkischen Adler als Wappentier) zur heraldischen Zentral-figur der Doppelstadt an der > SPREE, blieb aber dennoch jahrhundertelang in – unter-schiedlich gestalteter – Verbindung mit dem Adler: 1338 erschien der Bär erstmals in der Mitte des Siegelbilds, der Adler wurde auf einem Schild am Halsband nachgezogen. Nach der Niederschlagung des Berliner Un-willens und dem Verlust der bürgerlichen Selbständigkeit thronte von 1448-1709 der landesherrliche Adler auf dem Rücken des auf allen Vieren laufenden Bären (> GE-

SCHICHTE).

Nach der Zusammenfügung von Berlin und Kölln zu einer Einheitsgemeinde am 1.1.1710 wurden großes Stadtsiegel und Wappen neu gestaltet: Sie zeigten – in einem dreigeteilten Feld vor weißem Hintergrund – den seitdem aufrecht stehenden Bären mit Halsband un-terhalb des schwarzen preußischen und des roten brandenburgischen Adlers. Über dem von Laubranken umrahmten Schild befand sich die Krone des 1701 aus dem Kur-fürstentum erhobenen preußischen König-reichs. Mit einigen Veränderungen (Ersatz der königlichen durch eine Mauer-Krone 1839, Wegfall des Halsbandes 1875) wurden diese H. bis ins späte 19. Jh. benutzt.

Im Gegensatz zum großen Stadtsiegel zeigte das kleine Magistratssiegel mindestens seit dem frühen 17. Jh. den Bären allein. Von die-

Großes Wappen der Stadt Berlin, 1709

ser Darstellung leitet sich auch das moderne Bärenwappen ab, dessen wechselvolle Ge-schichte 1913 begann, als erstmals die weiße Stadtfahne mit rotem Randstreifen und dem allein stehenden, aufrechten Bären in der Mitte wehte. 1861 hatte die > STADTVER-ORDNETENVERSAMMLUNG die Farben Schwarz-Rot-Weiß als Stadtfarben bestimmt. Die dar-aus entstandene erste Flagge bot jedoch im-mer wieder Anlaß zur Verwechslung mit der Reichsflagge (Schwarz-Weiß-Rot), so daß der > MAGISTRAT 1911 beschloß, sie in obiger Wei-se zu verändern. Bei dieser Landesfahne ist es seither geblieben. Beim Wappen waren mit Gründung der Republik 1918 preußi-scher und brandenburgischer Adler sowie die feudalen Symbole hinfällig geworden. Nach der Schaffung > GROSS-BERLINS 1920 stand wie auf der Flagge der Bär allein auf dem neuen Wappen. 1934 wurde es nach einem Entwurf von dem Kunstmaler und Heraldiker Sigmund v. Weech nochmals umgestaltet.

Nach dem II. Weltkrieg wurde der Bär durch den ersten Verfassungsentwurf von 1946 als

Ehemaliges Ost-Berliner Wappen

Wappentier bestätigt und schließlich auch in die 1950 in West-Berlin in Kraft gesetzte Verfassung übernommen. Die konkrete Ausgestaltung war hier jedoch noch über mehrere Jahre strittig, bis das Problem durch das Gesetz über die H. des Landes Berlin vom 13.5.1954 geregelt wurde. Der Entwurf entstand im Rahmen eines Wettbewerbs und stammt von dem Heraldiker Ottfried Neubecker: Der nach links gewandte, aufrecht gehende schwarze Bär mit roter Zunge und fünf roten Krallen steht in einem unten spitzen, silbernen Wappenschild, auf dem eine goldene, fünfblättrige Laubkrone ruht, deren Stirnreif aus Mauerwerk in der Mitte ein Tor zeigt. Diese Volkskrone symbolisiert den Stadt-Land-Charakter Berlins.

Ost-Berlin hatte nach der > SPALTUNG der Stadt das von Weechsche Vorkriegswappen für sich übernommen: Auf unten rundem Wappenschild sind Schrittrichtung, Silhouette und Farbgebung des Bären weitgehend gleich mit dem westlichen Entwurf, jedoch hatte er jeweils nur vier Krallen, eine längere Zunge, die linke Pranke wies leicht nach oben, der Rücken war gerundet und statt gol-

dener Laub- hatte er eine rote Mauerkrone. Mit der Übernahme der > VERFASSUNG VON BERLIN durch das nach der Vereinigung gewählte erste Gesamt-Berliner > ABGEORDNETENHAUS für die Gesamtstadt am 10.1.1991 gelten die von der Verfassung vorgesehenen H. einheitlich für ganz Berlin.

Hohenschönhausen: Der auf Beschluß der Ost-Berliner > STADTVERORDNETENVERSAMMLUNG vom 11.4.1985 zum 1.9.1985 gebildete Bezirk H. an der nordöstlichen Stadtgrenze Berlins war die zweite von drei Bezirksneugründungen in Ost-Berlin während der Zeit der > SPALTUNG der Stadt von 1948-90 (> BEZIRKE). Er entstand aus den vier bis dahin zum Stadtbezirk > WEISSENSEE gehörenden Ortsteilen > FALKENBERG, > MALCHOW und > WARTENBERG. Der Bezirk grenzt im Osten und Süden an die Bezirke > MARZAHN bzw. > LICHTENBERG, im Westen an > PRENZLAUER BERG und Weißensee und nach Norden an den Kreis Bernau des Landes Brandenburg. Die genannten Ortsteile des Bezirks sind aus mittelalterlichen > DÖRFERN des Kreises Niederbarnim hervorgegangen. Bei der Eingemeindung nach > GROSS-BERLIN im Jahre 1920 waren Falkenberg, Malchow und Wartenberg noch Bauerndörfer, während H., in dem sich einige Industriebetriebe angesiedelt hatten, bereits Vorstadtcharakter hatte. Charakteristisch für das heutige H. ist das Nebeneinander von großen Neubaugebieten, Altbauvierteln und Dorfteilen.

Eine erste indirekte Erwähnung fand der Ort Schönhausen bereits in einer Urkunde vom 19.8.1284, in der der Rat von Berlin, zu dem auch ein Conradus de Schonenhusen gehörte, den in der Stadt ansässigen Schuhmachern Innungsprivilegien erteilte (> GESCHICHTE). Der erste direkte urkundliche Beleg des Straßendorfs H. stammt aus dem Jahr 1356. Der Beginn der Besiedlung lag aber bereits in der ersten Hälfte des 13. Jh., nachdem die an der Ostexpansion beteiligten deutschen Territorialfürsten zum Landesausbau und zur Sicherung eine Siedlungsbewegung von Bauern aus ostelbischen Gebieten einleiteten. Dabei kam es auch zur Anlage neuer Dörfer in der wald- und wasserreichen Hochfläche des > BARNIMS, darunter H., Falkenberg, Wartenberg und Malchow. Zur Unterscheidung von dem tiefer gelegenen, heute zum Bezirk > PANKOW gehörenden > NIEDERSCHÖNHAUSEN („Nydderen Schonhusen"), erhielt das auf dem Barnim gelegene Dorf den Zusatz „Hohen"-Schönhausen (Hoschonhusen, Hogenschonhusen).

Einen wesentlichen Einfluß auf die Entwicklung von H. hatte der als Berliner Unwille bekannt gewordene Aufstand der Berliner Bürger gegen Kurfürst Friedrich II. Eisenzahn (1440-70) aus dem Jahr 1448, in dessen Folge etwa 100 wohlhabende Patrizier ihre

Trotz der Einbeziehung des Ortes in das heutige Neubaugebiet sind einige ältere Dorfbauten erhalten geblieben. Der Kern der Dorfkirche – ein Rechteckchor aus Granitquadern mit einem zugemauerten spätromanischen Rundbogenfenster – stammt aus der Mitte des 13. Jh., das kurze Schiff mit Pfeilern und die Sakristei aus dem 14./15.

Hohenschönhausen – Fläche und Einwohner		
Fläche (Juni 1989)	26,0 km²	100 %
Bebaute Fläche	13,7	52,7
Wohnfläche	6,98	26,9
Gewerbe- und Industriefläche		
inkl. Betriebsfläche	2,48	9,5
Verkehrsfläche	1,58	6,1
Grünfläche[1]	3,03	11,7
Landwirtschaft	6,81	26,2
Wald	0,33	1,3
Wasser	0,24	0,9
Einwohner (31.12.1989)	118.056 EW	
darunter: Ausländer	2.372	2,0 %
Einwohner pro km²	4.542	

[1] Parks, Tierparks, Kleingärten, Spielplätze, ungedeckte Sportanlagen, Freibäder, Friedhöfe

Besitzungen verloren. Der Kurfürst übertrug einige verfallene Lehnbesitzungen an seine „Liebenn getreunn Paschen Donewitz, Merten vnd Peter Donewitz, des genannten Paschen Sone ... in vnnserm dorff hoenschonhusenn". Aus diesem Lehnschulzengut wurde dann im 15. Jh. das Rittergut H., das 1480 für mehr als 250 Jahre in das Eigentum des märkischen Adelsgeschlechts v. Röbel überging. Um 1890 erwarb der Aachener Bankier Henry Suermondt das ca. 400 ha große Gut, um das parzellierte Gelände ab 1893 zum Verkauf anzubieten. So entstanden um die Jahrhundertwende südlich der heutigen Suermondtstr. die beiden Landhauskolonien am > ORANKESEE (ab 1893) und am > OBERSEE (nach 1900) (> VILLENKOLONIEN). 1897 erhielt der Ort mit der „Elektrischen Kleinbahn Berlin-Hohenschönhausen" erstmals eine Verkehrsverbindung zum Stadtzentrum. Ab 1900 wurde auch die der Bahn als Trasse dienende Verbindungsstraße nach Berlin, heute Konrad-Wolf-Str., stärker bebaut. 1910 erfolgte die Gründung der Gartenstadt H. am östlichen Ende der Gehrenseestr. (> GARTENSTÄDTE).

Jh.; südliche Anbauten kamen erst im 19. Jh. bzw. 1904/05 hinzu (> DORFKIRCHEN). Der 1924 aufgestellte Flügelaltar (Marienaltar) und zwei hölzerne weibliche Heiligenfiguren (um 1450) stammen aus der ehem. Wartenberger Kirche. Er ersetzte den ursprünglichen Altar mit spätgotischer Kreuzigungsgruppe, der 1875 dem > MÄRKISCHEN MUSEUM übergeben wurde. Zu den Kunstschätzen der Kirche gehören auch das Totenschild des 1671 verstorbenen Rittergutbesitzers Hans-Christoph v. Röbel und die Anfang des 17. Jh. geschaffene Spätrenaissance-Kanzel.

Das etwas westlich von der Kirche gelegene, unter > DENKMALSCHUTZ stehende sog. Schloß Hohenschönhausen in der Hauptstr. 44 erhielt seine heutige Gestalt durch eine um 1850 vorgenommene Erweiterung des aus dem 18. Jh. stammenden ursprünglichen Gutshauses (> GUTSHÄUSER). Nachdem es zu Zeiten der DDR als Entbindungsklinik und zeitweilig auch als Pflegeheim genutzt worden war, stand es ab 1989 leer. Im Sommer 1991 beschloß das > BEZIRKSAMT H. seinen Ausbau zum neuen Kulturzentrum des Bezirks mit Ausstellungs- und Veranstaltungsräumen, gastronomischen Angeboten und dem Heimatmuseum (> HEIMATMUSEEN).

Unter Denkmalschutz stehen auch die 1931/32 und 1933/34 von Paul Mebes und Paul Emmerich errichtete Wohnsiedlung Flußpferdhof/Große-Leege-Str./Goeckestr. sowie die im gleichen Jahr von Ludwig Mies van der Rohe erbaute Villa Lemke (heute als Galerie genutzt) in der Oberseestr. 60. 1926/27 entstand nach einem Entwurf von Bruno Taut die Kleinhaussiedlung an der Paul-König-Str. An der Falkenberger Str. steht ein preußischer Postmeilenstein mit der Aufschrift „1 Meile bis Berlin" (> MEILENSÄULEN). An der bis 1920 entstandenen Prägung von H. änderte sich auch nach der Eingemeindung nur wenig, bis 1979-81 im Rahmen des Wohnungsbauprogramms des Ost-Berliner > MAGISTRATS zunächst insbes. zwischen Gehrenseestr. und Wartenberger Str. sowie an der damaligen Leninallee (heute > LANDSBERGER ALLEE) und von 1981-84 auch um den alten Dorfkern erste Neubaukomplexe mit etwa 7.000 Wohnungen errichtet wurden. Am 8.2.1984 legte dann der DDR-Staatsratsvorsitzende Erich Honecker den Grundstein zur Großbaustelle H. beiderseits der Falkenberger Chaussee, wo ein völlig neues Wohngebiet entstehen sollte. Bis 1990 wurden hier rd. 30.000 Wohnungen, mehr als ein Viertel aller in diesem Zeitraum in Ost-Berlin entstandenen Neubauwohnungen, fertiggestellt. Zugleich erfolgte eine umfassende Sanierung der im Bezirk vorhandenen Altbauwohnungen, so daß H. im Ostteil Berlins neben Marzahn den höchsten Ausstattungsgrad an Wohnungen mit Innentoiletten (98,7 %) und Duschen oder Bädern (98,1 %) aufweist. Die Gesamtzahl der Wohnungen im Bezirk beträgt über 47.000, davon wurden etwa 40.000 nach 1945 erbaut. Um den gewachsenen Wasserbedarf der neuen Wohngebiete im Osten und Nordosten Berlins zu decken, wurde auf der Barnim-Hochfläche im Raum Wartenberg/Lindenberg außerhalb der Stadtgrenze ein großes *Pumpwer*k errichtet, das vom > WASSERWERK FRIEDRICHSHAGEN versorgt wird (> WASSERVERSORGUNG/ENTWÄSSERUNG).

Wie in Hellersdorf wurden auch in H. die vorgesehenen Kultur-, Freizeit- und Sozialbauten, die einem „regen gesellschaftlichen Leben dienen sollten", bisher nur teilweise fertiggestellt. Das Zentrum des Bezirks sollte mitten im Neubaugebiet am Prerower Platz am Schnittpunkt von Falkenberger Chaussee

und Zingster Str. entstehen, wo neben den bereits errichteten Kultur- und Handelseinrichtungen – u.a. der modern ausgestatteten Anna-Seghers-Bibliothek, der Post und medizinischen Einrichtungen, Klubhäusern und Gaststätten – auch eine Schwimm- und Sporthalle sowie das Rathaus ihren Standort finden sollten. Nach der > VEREINIGUNG wur-

Rathaus Hohenschönhausen

de die Realisierung dieser Vorhaben zurückgestellt bzw. aufgegeben; als einzigem der Berliner Bezirke verfügt H. über kein Krankenhaus (> KRANKENHÄUSER).

Seit Ende 1984 verbindet eine 5,5 km lange S-Bahn-Strecke mit den Bahnhöfen Wartenberg, Hohenschönhausen und Gehrenseestr. H. über den > BAHNHOF LICHTENBERG mit dem Stadtzentrum (> S-BAHN). Wichtigstes Verkehrsmittel des > ÖFFENTLICHEN PERSONENNAHVERKEHRS im Bezirk ist aber mit rd. 50 Haltestellen auf 15 km Gleislänge die > STRASSENBAHN.

Seit Beginn der Neubauvorhaben wurden innerhalb des Bezirks ca. 15 km Straßen neu angelegt oder ausgebaut. Größere Durchgangsstraßen sind neben der in West-Ost-Richtung verlaufenden Suermondtstr. die zum Stadtzentrum führende Konrad-Wolf-Str. und die durch die Mitte des Bezirks in nordöstlicher Richtung verlaufende Bundesstraße 158 (Falkenberger Chaussee; > BUNDESFERNSTRASSEN). Als Straßenverbindungen in Nord-Süd-Richtung von Bedeutung sind die Rhinstr. mit der Fortsetzung Wartenberger Str. und die Indira-Gandhi-Str./Weißenseer Weg am westlichen Rand des Bezirks.

Während der DDR-Zeit befanden sich die wenigen Industriebetriebe des Bezirkes v.a. in den südlichen Teilen an den Grenzen zu Weißensee, Lichtenberg und Marzahn. Zu ihnen zählten ein Plattenwerk und ein Betonwerk des Wohnungsbaukombinats, der VEB

568

Technische Gebäudeausrüstung und der VEB Baustoffversorgung. An der Indira-Gandhi-Str. (früher Lichtenberger Str. und Weißenseer Str.) befanden sich die Betriebe des Ost-Berliner Getränkekombinats wie die Kindl-Brauerei und der 1972/73 errichtete Betrieb für alkoholfreie Getränke, der heute zur „Brau- und Erfrischungsgetränke AG (BEAG)" gehört. Die 1992 gegründete und gleichfalls zur BEAG gehörende „Berliner Pilsner Brauerei GmbH" setzt die auf diesem Gelände gepflegte 90jährige Brautradition fort und ist mit 900 Beschäftigten einer der größten Arbeitgeber des Bezirks. Im Zuge der Privatisierung der Wirtschaft nach der Wende sind Umstrukturierungen eingeleitet und viele der alten Betriebe stillgelegt worden. Die Bezirksverwaltung bemüht sich um arbeitsplatzintensive Investitionen und strebt eine breite Ansiedlung unterschiedlicher Gewerbe an. Nach einem noch sehr umstrittenen Vorschlag soll das Gelände zwischen Ahrensweg und Rhinstr. städtebaulich durch ein Projekt „City Nord-Ost" mit Wohn- und Geschäftshäusern erschlossen werden, durch das über 20.000 Arbeitsplätze entstehen sollen. Als erster Großinvestor hat der Coca-Cola-Konzern im Bezirk Fuß gefaßt, der beabsichtigt, größere Teile seines deutschen Verwaltungs- und Logistikzentrums nach H. zu verlegen. In Falkenberg hat der Konzern eine große Abfüllanlage eröffnet.

Im nördlichen Teil des Bezirkes lagen rd. 25 % der landwirtschaftlich genutzten Fläche Ost-Berlins (> LANDWIRTSCHAFT). Die 1953 gegründete, rd. 200 ha große LPG „1. Mai" Wartenberg war das wichtigste agrarische Produktionszentrum der „Hauptstadt". Es wurde wie andere Landwirtschaftsbetriebe unterstützt durch das 1977 gegründete Agrarchemische Zentrum Falkenberg. Auch weiterhin soll H. Raum für Landwirtschafts- und Gartenbaubetriebe bieten und seinen traditionellen Charakter als „Gemüsegarten Berlins" behalten.

Zahlreiche Parkanlagen und Gewässer machen die riesigen Neubaugebiete wohnlicher, wobei der 1919 eröffnete > VOLKSPARK HOHEN-SCHÖNHAUSEN nördlich der Suermondtstr. im Zuge der Neugründung des Bezirks 1985 verwaltungsmäßig dem Bezirk Weißensee zugeschlagen wurde. Nahe dem Obersee befindet sich auf dem Lindwerderberg ein denkmalgeschützter Wasserturm aus dem Jahr 1900. Zwischen den Neubaugebieten und dem Malchower See ist ein 85 ha großer

Volkspark mit Wanderwegen, einem Naturlehrpfad, Sportanlagen und Erholungsmöglichkeiten im Entstehen. Neben den genannten Seen gibt es 34 kleinere stehende Gewässer im Bezirk, die z.T. in die Wohnbebauung einbezogen wurden. So entstand z.B. an der Barther Str. ein Wohngebietspark mit Spielberg, Wanderwegen und einem kleinen Teich. Insg. verfügt H. über rd. 180 ha Grün-

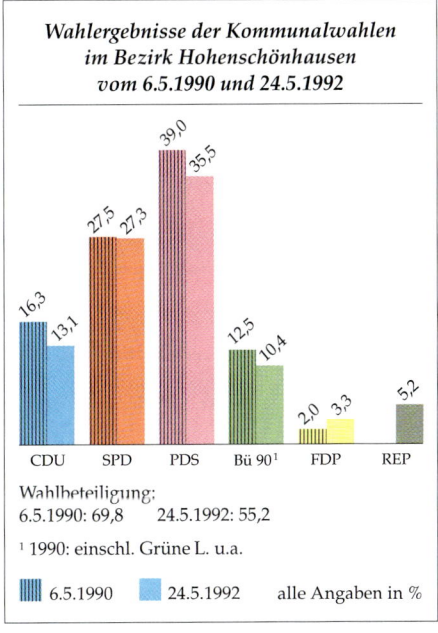

Wahlergebnisse der Kommunalwahlen im Bezirk Hohenschönhausen vom 6.5.1990 und 24.5.1992

	6.5.1990	24.5.1992
CDU	16,3	13,1
SPD	27,5	27,3
PDS	39,0	35,5
Bü 90[1]	12,5	10,4
FDP	2,0	3,3
REP		5,2

Wahlbeteiligung:
6.5.1990: 69,8   24.5.1992: 55,2

[1] 1990: einschl. Grüne L. u.a.

▥ 6.5.1990   ▨ 24.5.1992   alle Angaben in %

flächen mit über 25.000 Bäumen, darunter 115 ha Parkanlagen und rd. 100 Wohnhofgärten bzw. Wohngebietsparks. Daneben prägen ausgedehnte Laubenkolonien mit über 3.000 > KLEINGÄRTEN auf rd. 135 ha und über 700 Siedler-Parzellen das Bild von H. als Bezirk im Grünen. Zwischen Weißenseer Weg. und Konrad-Wolf-Str. erstreckt sich auf einer Fläche von fast 54 ha das im wesentlichen zwischen 1954-64 als größte Sportstätte Ost-Berlins für den Sportclub Dynamo errichtete > SPORTFORUM BERLIN. Nach der Vereinigung wurde diese auch für internationale Wettkämpfe genutzte Sportstätte vom > SENAT VON BERLIN übernommen.

Die Bezirksverwaltung befindet sich zum großen Teil in einem ehemals zum Ministerium für Staatssicherheit gehörenden Gebäude in der Große-Leege-Str. 103 (> STAATSSICHERHEITSDIENST). Dort tagt auch die > BEZIRKSVERORDNETENVERSAMMLUNG (> RATHÄUSER). Als einziges Bezirksamt gibt H. eine monatlich

erscheinende Heimatzeitung, das „Hohenschönhauser Lokalblatt" heraus, das die Traditionen der 1889 gegründeten Zeitung gleichen Namens fortsetzt.
Bei den ersten Gesamt-Berliner Kommunalwahlen am 24.5.1992 wurde die PDS stärkste
Partei. Sie stellt drei Stadträte, die SPD zwei,
CDU und Bündnis 90 je einen. Die Bezirksbürgermeisterin stellt das Bündnis 90.

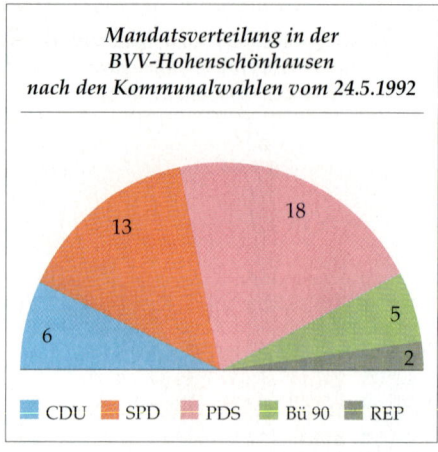

Mandatsverteilung in der
BVV-Hohenschönhausen
nach den Kommunalwahlen vom 24.5.1992

■ CDU ■ SPD ■ PDS ■ Bü 90 ■ REP

Hohes Haus: Das im 13. Jh. erbaute, 1931 ab-
gerissene H. stand in der Klosterstr. 76 im
Bezirk > MITTE an der östlichen > STADTMAUER
Berlins in unmittelbarer Nachbarschaft zu
dem nur wenig später errichteten > GRAUEN
KLOSTER. Mit einer Straßenfront von 20 m war
das H. um 1300 das einzige größere Haus in
Berlin. Es war Wohnsitz der Markgrafen und
Kurfürsten bei ihren Aufenthalten in Berlin
(> LANDESHERREN), bevor sie Mitte des 15. Jh.
das > STADTSCHLOSS bezogen. Nach dessen
Fertigstellung vergab Kurfürst Friedrich II.
Eisenzahn (1440-70) das H. als Burglehen. In
der zweiten Hälfte des 17. Jh. wurde es Sitz
des Gouverneurs der Festung Berlin, 1705
Ritterakademie. Friedrich Wilhelm I. (1713-
40) richtete 1713 im H. eine Wollmanufaktur
ein. 1819 wurde das Gebäude Atelier des
Bildhauers Christian Daniel Rauch. Danach
nutzten verschiedene Einrichtungen das H.,
u.a. war es von 1874-1924 Sitz des > GEHEIMEN
PREUSSISCHEN STAATSARCHIVS. Der letzte Eigentümer, das Kaufhaus Wertheim, ließ das H.
1931 abreißen und an seiner Stelle ein Kaufhaus errichten (im II. Weltkrieg zerstört, danach abgetragen). Erst beim Abbruch erkannte man, daß sich hinter dem häufig umgebauten und der jeweiligen Nutzung angepaßten

Haus die Reste eines der wichtigsten Baudenkmäler Berlins verborgen hatten. Das dabei entdeckte mittelalterliche Portal wurde
im > MÄRKISCHEN MUSEUM wieder aufgebaut.

Horizonte – Festival der Weltkulturen: Das
von der > BERLINER FESTSPIELE GMBH in der Regel alle drei Jahre im Juni durchgeführte H.
will den Nord-Süd-Dialog mit den Nationen
und Völkern außerhalb Europas vertiefen.
Die Idee zu der Veranstaltung entstand in einer vom damaligen Bundeskanzler Helmut
Schmidt angeregten und geleiteten Gesprächsrunde, die im > ASPEN INSTITUT BERLIN
und im Haus des Bundeskanzlers tagte. Seit
1979 fanden vier Festivals statt. Dabei standen jeweils große Ausstellungen im Mittelpunkt, die durch Musikveranstaltungen,
Theater- und Filmaufführungen, Lesungen,
wissenschaftliche Symposien und Publikationen ergänzt wurden.
Das erste, vom 21.6.-15.7.1979 unter Leitung
des Journalisten Jochen Klicker durchgeführte Festival hatte v.a. Afrika zum Thema. Im
Mittelpunkt stand eine in der Staatlichen
Kunsthalle Berlin präsentierte Ausstellung
zum Thema „Kunst aus Afrika und Kunst
aus Haiti".
Horizonte '82 – nun unter der Leitung von
von Gereon Sievernich – fand vom 29.5.-20.6.
statt und befaßte sich mit Lateinamerika. Höhepunkt war die im > MARTIN-GROPIUS-BAU
gezeigte Ausstellung „Mythen der Neuen
Welt – Zur Entdeckungsgeschichte Lateinamerikas". Das Festival hatte insg. über
70.000 Besucher.
Horizonte '85 widmete sich vom 7.-30.6.
der Region Ostasien/Südostasien. Hauptan-
ziehungspunkte waren die beiden großen
China-Ausstellungen im Martin-Gropius-Bau
„Palastmuseum Peking: Schätze aus der Verbotenen Stadt" und „Europa und die Kaiser
von China 1240-1816". Das dritte H. hatte
insg. 380.000 Besucher.
Das vierte H. fand wegen der 750-Jahr-Feier
1987 und der Veranstaltung Europäische
Stadt der Kultur 1988 erst 1989 statt. Es
stand unter dem Titel „Orient/Okzident".
Die große im Martin-Gropius-Bau gezeigte
Ausstellung „Europa und der Orient 800-
1900" versuchte historische und aktuelle
Wechselbeziehungen zwischen beiden Kulturkreisen nachzuzeichnen. In die Planung
und Durchführung war das 1988 gegründete,
in der > KONGRESSHALLE TIERGARTEN beheimatete > HAUS DER KULTUREN der Welt einbe-

zogen. Insg. haben ca. 180.000 Besucher die vom 10.6.-2.7.1989 dauernden Veranstaltungen des vierten H. gesehen.

Horst-Korber-Sportzentrum: Das im Oktober 1990 in Betrieb genommene H. an der Glockenturmstr. 3 und 5 im Bezirk > CHARLOTTENBURG liegt am östlichen Rand des Maifelds und bildet zusammen mit der 1972 eingeweihten Rudolf-Harbig-Halle (Glockenturmstr. 1) einen weiteren Sportkomplex neben den Sportstätten um das > OLYMPIA-STADION. Das nach dem langjährigen Berliner Politiker und Präsidenten des > LANDESSPORT-BUNDES BERLIN (LSB) benannte Sportzentrum umfaßt das siebengeschossige Verwaltungs- und Gästehaus und die 3.106 m² große, kunststoffbelegte Sporthalle, die gegenwärtig Berlins modernste Ballspiel- und Trainingsstätte sowie mit einem Platzangebot für max. 3.450 Zuschauer gleichzeitig auch einer der größten Austragungsorte sportlicher Hallenwettbewerbe ist (> SPORTSTÄTTEN).
In erster Linie ist das H. Leistungszentrum und Trainingsstätte der Berliner Leichtathletik und des Ballspielsports. In dem der Sporthalle gegenüberliegenden Verwaltungsgebäude sind der > OLYMPIASTÜTZPUNKT und das > LANDESLEISTUNGSZENTRUM für Volleyball, Handball und Leichtathletik untergebracht, ferner hat dort der Berliner Volleyball-Verband sein Domizil. In dem Gebäude befindet sich außerdem eine Cafeteria und eine Sportlerunterkunft mit 40 Einbettzimmern. Die mit dem Verwaltungsgebäude unterirdisch verbundene Sporthalle dient als Trainingsort der Berliner Bundesligisten > POSTSPORTVEREIN BERLIN E.V., > SPORT-CLUB CHARLOTTENBURG E.V., Christliches Jugenddorfwerk und der Handballer von Blau-Weiß-Spandau sowie als Austragungsort ihrer Meisterschaftsspiele.
Die weitgehend ins Erdreich versenkte, flach überwölbte Halle mit Platz für drei Handballfelder läßt sich flexibel nutzen. Im Trainingsbetrieb, bei zurückgefahrenen Tribünen, können herabgelassene Wände den Raum in bis zu fünf Spielflächen trennen; im Veranstaltungsbetrieb bieten sich drei Nutzungsmöglichkeiten mit jeweils unterschiedlichen Zuschauerkapazitäten. Als zusätzliche Einrichtungen sind in den Katakomben der Halle eine Sauna, ein Kraftraum und verschiedene Räumlichkeiten für Physiotherapie und Regeneration untergebracht. Das von den Architekten Christoph Langhof,

Thomas Hänni und Herbert Meerstein geplante Zentrum bietet beste architektonische Qualitäten, indem es technisch modern sowie kompromißlos funktionalistisch in bezug auf die Nutzungsmöglichkeiten ist. Es kontrastiert mit der auf dem gleichen Gelände östlich gegenübergelegenen und baukünstlerisch weit weniger ambitionierten *Rudolf-Harbig-Halle*, die als Fertigteilbau mit einer Waschbetonfassade gestaltet ist. Die 1971/72 als reine Trainings- und Wettkampfhalle konzipierte Harbig-Halle ist das Domizil des Berliner Leichtathletik-Verbandes. Seit über fünf Jahren ist sie regelmässiger Austragungsort des Internationalen Hallen-Mehrkampfes (7er-Kampf der Männer). Die Halle bietet neben der in Deutschland einzigartigen ausklappbaren 200-m-Rundlaufbahn nahezu alle Einrichtungen leichtathletischer Disziplinen: Im 12 m hohen Hallenteil gestattet ein Fangnetz das Werfen mit Speer und Diskus, den Läufern stehen zwei 80-m-Sprintgeraden mit je sechs Bahnen, den Springern zwei Sprunggruben für Weit- und Dreisprung sowie zwei Hoch- und Stabhochsprunganlagen zur Verfügung.

Hotels: Berlin bietet seinen Geschäftsreisenden, Kongreß- und Messebesuchern und Touristen ein umfangreiches und differenziertes Angebot an Unterkünften. In West-Berlin gab es 1990 insg. 371 *Beherbergungsbetriebe*, darunter 54 Hotels, 194 Hotels garnis, 53 Pensionen, 19 Gasthöfe, 45 Erholungs-, Ferien- und Schulungsheime sowie sechs Jugendherbergen und weitere ähnliche Einrichtungen (> JUGENDGÄSTEHÄUSER). Die Hotels und Hotels garnis stellen mit 47 % bzw. 29 % das größte Kontingent der insg. rd. 30.000 Betten. Mehr als 30 % der Betriebe verfügt über mind. 30 Betten, 69 Betriebe haben 100 Betten und mehr.
Auf die 54 Hotels in West-Berlin entfielen gut die Hälfte der 2,9 Mio. Gäste und knapp die Hälfte der 7,2 Mio. Übernachtungen. Hier war die durchschnittliche Aufenthaltsdauer mit 2,2 Tagen geringer als bei den Hotels garnis (792.000 Gäste mit 2,6 Tagen), Pensionen (199.000 Gäste mit 2,8 Tagen) und Jugendherbergen (66.000 Gäste mit 2,9 Tagen). Das größte Bettenkontingent weisen die Innenstadtbezirke > CHARLOTTENBURG (36 %), > TIERGARTEN (17 %), > WILMERSDORF (15 %) und > SCHÖNEBERG (11 %) auf.
Insg. betrachtet, hat sich das Bettenkontingent in den letzten Jahren kaum geändert:

1987 unterhielten die 415 Betriebe West-Berlins ebenfalls etwa 29.000 Betten. Allerdings zeigen sich einige strukturelle Veränderungen. Die Hotels garnis bauten innerhalb eines Jahres (1990-1991) die Kapazität um 774 (8 %) ab, die Hotels, insbes. die großen, erweiterten ihre Kapazität um 443 Betten (3 %). Zugleich schloß etwa ein Zehntel der Betriebe dieser Kategorie.

Der mit der 750-Jahr-Feier Berlins und mit dem Fall der > MAUER zeitweilig sprunghaft angestiegene Strom an Touristen, aber auch an Geschäftsreisenden, führte zu einem starken Anstieg der Umsätze in West-Berlin. 1990 lagen die Umsätze mit knapp drei Viertel über dem Niveau von 1986; 1991 dürften sie doppelt so hoch gewesen sein.

Die Ost-Berliner Betriebe haben nicht in dem Maße vom steigenden Besucherstrom profitieren können. Die Umsätze des 3. Quartals 1991 konnten im 1. Quartal 1992 etwa gehalten werden.

Über Umsatz und Beschäftigte im Berliner Hotelgewerbe liegen keine gesicherten aktuellen Zahlen vor. Für West-Berlin wurde letztmalig 1985 eine Totalerhebung vorgenommen. Demzufolge waren in den damals 453 Arbeitsstätten 6.042 Arbeitnehmer beschäftigt, zwei Drittel davon in Hotels und 27 % in Hotels garnis. Der Umsatz 1984 von knapp 0,5 Mrd. DM entfiel zu mehr als 90 % auf diese beiden Kategorien. 1991 dürften in Gesamt-Berlin ca. 10.000 Beschäftigte tätig gewesen sein, die einen Umsatz von 1,6 Mrd. DM erwirtschafteten.

Bisher ergab sich die Erhöhung der Beherbergungskapazität im wesentlichen durch Erweiterung bestehender Hotels und in geringerem Ausmaß durch Neubau. Spätestens mit der > VEREINIGUNG Deutschlands steht eine anspruchsgerechte Verbesserung des Angebotes außer Zweifel, sowohl hinsichtlich der Zahl der Betten als auch hinsichtlich der unterschiedlichen Ausstattungs- und Preiskategorien. Bis Ende 1991 waren nach Feststellungen des > VERKEHRSAMTES BERLIN von den mehr als 100 projektierten Hotel- und Erweiterungsbauten 22 Vorhaben mit über 1.000 Betten im Bau. Rd. 90 weitere Objekte mit insg. über 11.000 Betten sind in Planung.

Hürriyet: H. ist der Titel der jeweils donnerstags erscheinenden Beilage der Europa-Ausgabe der auflagenstärksten türkischen Tageszeitung Hürriyet (dt.: Freiheit). Die Berlin-Beilage wird seit 1977 erstellt und umfaßt jeweils vier bis acht Seiten. Die Berliner Redaktion der H. befindet sich in der Knesebeckstr. im Bezirk > CHARLOTTENBURG. Nachrichten aus Berlin werden von zwei festangestellten sowie sechs freien Mitarbeitern regelmäßig an die Frankfurter Zentralredaktion übermittelt. Die Beilage enthält, neben ausführlicher Sportberichterstattung (u.a. über > TÜRKIYEMSPOR), die 40 % der Berichterstattung ausmacht, Reportagen über das Leben der türkischen Bevölkerungsgruppe in der Stadt (> BEVÖLKERUNG). Zusätzlich werden Entscheidungen des > SENATS VON BERLIN, in Kraft getretene Gesetze sowie sonstige Mitteilungen von Berliner Behörden in türkischer Sprache abgedruckt. Täglich werden von der in Frankfurt/M. redaktionell bearbeiteten Europa-Ausgabe in der Bundesrepublik rd. 80.000 Exemplare abgesetzt, davon in Berlin 10.000. H. wird im eigenen Verlag hergestellt, sie finanziert sich durch Anzeigenschaltung und den Verkaufspreis.

Hufeisensiedlung: Die H. in > BRITZ an der Fritz-Reuter-Allee zwischen Buschkrugallee und Blaschkoallee ist die erste von insg. vier Berliner Großsiedlungen (> WEISSE STADT; > SIEMENSSTADT; > ONKEL-TOM-SIEDLUNG), die unter dem damaligen Berliner Stadtbaurat Martin Wagner entstanden. Sie wurde 1925-1931 in mehreren Bauabschnitten nach Plänen von

Hufeisensiedlung

Bruno Taut durch die GEHAG (Gemeinnützige Heimstätten AG) und die DEGEWO (Deutsche Gesellschaft zur Förderung des Wohnungsbaus) errichtet. Weitere Architekten waren Martin Wagner (Stavenhagener Str.) sowie Ernst Engelmann und Emil Fangmeyer (Bebauung östlich der Fritz-Reuter-Allee).

Ihren Namen erhielt die Siedlung durch einen hufeisenförmig angelegten, dreigeschossigen Häuserring (Luise-Reuter-Ring), der um einen der vielfach noch in Britz erhaltenen > PFUHLE gruppiert ist. In der Umgebung verwirklichte Taut einheitliche, zweigeschossige Reihenhäuser mit Mietergärten und Gemeinschaftseinrichtungen, die sich lediglich in der Farbgebung unterschieden und – wie der Hufeisenring mit dem Teich im Zentrum – die soziale Gleichheit und Gemeinschaft der Mieter schaffen bzw. widerspiegeln sollten. Die Randbebauung an der Fritz-Reuter-Allee ist wiederum dreigeschossig. Der gesamte Baukomplex umfaßt 1.027 Wohneinheiten, darunter 427 Einfamilienhäuser.

Die für den Großsiedlungsbau weltberühmt gewordene Wohnanlage ist erstes Beispiel für das „Neue Bauen" im Berlin der 20er Jahre, das gleichzeitig die immense Wohnungsnot beheben und soziale Fragen des Wohnens stärker berücksichtigen wollte. Trotz der Bemühungen, die Kosten zu reduzieren, erwiesen sich die Wohnungen später für die als Mieter vorgesehenen Arbeiterfamilien als zu teuer. 1930/31 wurde die H. von Bruno Taut und Bruno Schneidereit, in den 50er Jahren dann u.a. von Eduard Ludwig und Werner Weber erweitert und in den 80er Jahren restauriert. 1987 lebten in der H. rd. 1.900 Einwohner.

Hugenottenmuseum: Das H. im Kuppelturm der > FRANZÖSISCHEN FRIEDRICHSTADT-KIRCHE am > GENDARMENMARKT im Bezirk > MITTE ist eine Einrichtung der Französisch-reformierten Kirche. Das Museum präsentiert die Geschichte von Reformation und Gegenreformation in Frankreich und das Wirken der ca. 20.000 französischen Glaubensflüchtlinge, die nach der 1685 erfolgten Aufhebung des Toleranzedikts von Nantes aus dem Jahr 1598 in Berlin-Brandenburg (ca. 5.000 in Berlin) eine neue Heimat fanden (> GESCHICHTE; > BEVÖLKERUNG). Hervorgegangen ist das H. aus einer kleinen Ausstellung, die der Kunsthändler Alfred Sachse 1935 zum 250. Jahrestag des *Edikts von Potsdam*, mit dem der Große Kurfürst Friedrich Wilhelm (1640-88) 1685 die Ansiedlung der Refugiés ermöglichte, hauptsächlich aus Spenden von Mitgliedern der französisch-reformierten Gemeinde zusammengestellt hatte. Nach dem II. Weltkrieg konnten die Bestände des Museums erheblich erweitert werden; zu ihnen gehören Urkunden, Archivalien, Bücher, Stiche, Gemälde, Medaillen und Münzen, Büsten, Handwerksgerät und Gebrauchsgegenstände. Ausführlich werden die großen Mitglieder und Nachkommen der französischen Kolonie gewürdigt, wie der Mathematiker Leonhard Euler, der Kupferstecher und Maler Daniel Chodowiecki, der Chemiker und Meteorologe François-Charles Achard, der die industrielle Zuckergewinnung aus Rüben entwickelte und die erste Rübenzuckerfabrik errichtete (> ZUCKER-MUSEUM), ferner der Schauspieler Ludwig Devrient, der Verleger Anton Philipp Reclam sowie der Ägyptologe Adolf Erman. Außerdem wird der Besucher über die Baugeschichte der Französischen Friedrichstadtkirche informiert, in deren Turm das Archiv und die ca. 15.000 Bände umfassende Bibliothek des H. untergebracht sind.

Humboldt-Universität zu Berlin (HUB): Die HUB mit Hauptsitz im ehem. > PRINZ-HEIN-RICH-PALAIS an der Straße > UNTER DEN LINDEN 6 im Bezirk > MITTE wurde nach der > VEREINIGUNG zur Kuratorialhochschule umstrukturiert. Im Unterschied zur > TECHNISCHEN UNIVERSITÄT BERLIN (TUB) und zur > HOCHSCHULE DER KÜNSTE (HDK) hat sie wie die > FREIE UNIVERSITÄT BERLIN (FU) das Studienangebot einer klassischen Universität mit allen großen Fachrichtungen. Mit knapp 20.000 Studierenden war sie 1992 die drittgrößte Hochschule Berlins.

1. Struktur, Organisation und Haushalt
Die HUB bestand im Frühjahr 1992 aus 25 Fachbereichen, darunter die > CHARITÉ als eine der drei Berliner Universitätsklinika, mehreren fachbereichsunabhängigen Instituten, zwei noch aufzulösenden Sektionen sowie vier Zentraleinrichtungen, darunter die Universitätsbibliothek. Die angestrebte Neuordnung der Universitätsstruktur nach Auflösung der Fakultäten und Sektionen soll Ende 1994 abgeschlossen sein.

Als Kuratorialhochschule weist die HUB in ihrer Struktur die Organe Rektor, Kuratorium, Konzil, Akademischer Senat, Personalrat sowie Studentenrat auf. Seit 1.1.1992 gilt für die HUB das Berliner Hochschulgesetz (BerlHG) vom 12.10.90. Das seit dem 27.7.1991 geltende Ergänzungsgesetz zum BerlHG schränkt jedoch die Autonomie der Hochschule bis zum vorgesehenen Abschluß der Umstrukturierung ein. Der Haushalt der HUB wird vom Land Berlin sowie von Stiftungen, der Deutschen Forschungsgemeinschaft (DFG), dem > BUNDESMINISTER FÜR FOR-

SCHUNG UND TECHNOLOGIE, aus Drittmitteln und aus dem je zur Hälfte von Bund und Ländern getragenen Hochschulerneuerungsprogramm gedeckt.

2. Lehre und Forschung

Im Wintersemester 1991/92 waren an der HUB 19.463 Studierende, davon 9.446 Frauen und ca. 1.500 Ausländer, immatrikuliert. Die HUB hat ihr Angebot von ca. 2.500 Neuimmatrikulationen pro Jahr vor 1989 auf ca. 5.000 erweitert. Es ist ein Ausbauziel von rd. 20.000 Studienplätzen vorgesehen.

Das wissenschaftliche Personal umfaßte 611 Professoren und Dozenten und 1.701 akademische Mitarbeiter. Ferner beschäftigte die HUB 2.510 sonstige Mitarbeiter sowie 53

Humboldt-Universität

Auszubildende. Nach Abschluß der Umstrukturierungsmaßnahmen wird es an der HUB rd. 550 Professoren, rd. 1.250 akademische Mitarbeiter und rd. 1.500 sonstige Mitarbeiter geben.

Insg. wurden an der HUB Ende 1991 rd. 130 Fachstudiengänge mit dem Abschluß Diplom oder Magister angeboten, ca. 20 bilden auch in den verschiedenen Lehramtsstudiengängen aus. Aufgrund der noch nicht abgeschlossenen Umstrukturierungen und geplanter Fusionen in einigen Fächern mit solchen der TUB bzw. FU sind definitive Aussagen über das endgültige Studienangebot der HUB gegenwärtig nicht möglich. In der Lehrerweiterbildung sowie in den meisten anderen Fächern werden – u.a. zur Förderung der Anpassungsqualifizierung – Aufbau- und Ergänzungsstudien angeboten bzw. noch entwickelt.

An der HUB wird derzeit vorrangig Grundlagenforschung betrieben, die sowohl durch den eigenen Haushalt als auch durch eingeworbene Drittmittel finanziert wird. Eine Reihe von Wissenschaftlern der HUB, vor-

rangig aus den Fachbereichen Mathematik, Informatik und Medizin sind an insg. elf, u.a. an der TUB und der FU angelagerten Sonderforschungsbereichen der DFG beteiligt.

Im Zuge der Neuordnung der Wissenschaftslandschaft in den neuen Ländern wird die seit den 80er Jahren in Westdeutschland existierende Forschungsform des > AN-INSTITUTS als ein Bindeglied zwischen > WISSENSCHAFT UND FORSCHUNG und der > WIRTSCHAFT auch dort etabliert. Die erste derartige Einrichtung der HUB, das *Institut für Terminologie und Angewandte Wissensforschung (itaw) Berlin* befindet sich derzeit in der Gründungsphase.

3. Die Universitätsbibliothek der HUB

Die Universitätsbibliothek der HUB (UB) gliedert sich in die Zentrale Bibliothek und 27 Zweigbibliotheken in den Fachbereichen und Fakultäten. Sie verfügt mit Ausnahme verschiedener Gebiete der Technik über moderne und historische Bestände aus fast allen Wissenschaftsdisziplinen, die bis ins 18. Jh. zurückgehen. Die UB verzeichnete zum Ende 1991 einen Bestand von 5,1 Mio. Medieneinheiten. Davon entfallen auf die Zentrale Bibliothek fast 2,6 Mio. Die wichtigste Sondersammlung der UB ist mit über 1,2 Mio. Einheiten der Bestand an Dissertationen aus allen deutschen Universitäten und Hochschulen. Als öffentliche wissenschaftliche Allgemeinbibliothek ist sie nicht nur Grundlage für Lehre und Forschung, sondern steht allen Bürgern und Institutionen Berlins offen.

4. Dienstleistungen

Dienstleistungen für die HUB erbringen ihre drei *Zentraleinrichtungen (ZE)*: Die ZE Hochschulsport in der > FRIEDRICHSTRASSE 82 in Mitte führt für alle Mitglieder der HUB Veranstaltungen in 42 verschiedenen Sportarten durch, das Rechenzentrum mit Sitz im Hauptgebäude bietet auch Fortbildung in den Bereichen Betriebssysteme, Sprachen und Anwendungssoftware sowie PC-Kurse an. Die *ZE audiovisuelle Lehrmittel* mit Sitz am gleichen Ort stellt Ton- und Videobänder sowie Filme für Lehrzwecke zur Verfügung. HUB-Mitglieder können dort auch studienfachbezogene Filme und Videos produzieren. Das Universitätsklinikum Charité trägt wesentlich zur Sicherung der Gesundheitsversorgung der Bevölkerung bei. Die Gesundheitsbetreuung des Berliner Tierbestands sichern u.a. die Tierkliniken des Fachbereichs Veterinärmedizin der HUB, die im Studienjahr 1992/93 formal mit dem entsprechenden Fachbereich der FU zusammengelegt werden sollen, wobei alle Kliniken als Dienstleistungszentren erhalten bleiben.

5. Weitere Einrichtungen und Außenbeziehungen
Zur HUB gehört das in vier Institute sowie den Bereich Ausstellungen gegliederte > Museum für Naturkunde an der Invalidenstr. Über die eventuelle Umwandlung seiner Museumsabteilungen in ein Landesmuseum war im Frühjahr 1992 noch nicht entschieden. Die HUB unterhält zu über 100 ausländischen Hochschuleinrichtungen vertragliche Beziehungen, davon ca. 50 zu Universitäten und Hochschulen Mittel- und Osteuropas. Darüber hinaus bestehen Partnerschaften zu fast allen hauptstädtischen Universitäten Westeuropas sowie zu Hochschulen in Nordamerika und Asien.

6. Gebäude
Die Gebäude der HUB sind überwiegend auf zwei Standorte im Bezirk Mitte verteilt. Das Hauptgebäude der HUB, das ehem. > Prinz-Heinrich-Palais an der Straße Unter den Linden, die > Alte Bibliothek am > Bebelplatz sowie mehrere Gebäude im weiteren Umfeld werden v.a. von den Geisteswissenschaftlichen Fachbereichen genutzt. Zwischen Habersaathstr., Chausseestr., Friedrichstr. und dem S-Bahn-Ring (> Ringbahn) befinden sich die Gebäude der Charité sowie der Naturwissenschaftlichen Fachbereiche mit dem Museum für Naturkunde.

7. Geschichte
Die HUB geht auf die 1810 eröffnete Berliner Universität zurück, die 1828 den Namen > Friedrich-Wilhelms-Universität erhielt. Nachdem deren Lehrbetrieb während des II. Weltkriegs stark eingeschränkt war, erfolgte am 29.1.1946 die offizielle Neueröffnung unter dem Namen „Universität Berlin" mit zunächst sieben Fakultäten. Auf Befehl der > Sowjetischen Militäradministration in Deutschland wurde sie trotz der vereinbarten gemeinsamen Sonderverwaltung der Stadt durch alle vier > Alliierte der Zuständigkeit des > Magistrats entzogen und der am 10.8.1945 für die sowjetischen Besatzungszone gebildeten Zentralverwaltung für Volksbildung unterstellt. Nach Versuchen kommunistischer Politiker, Lehrbetrieb und Verwaltung der Universität zu bestimmen, gründete ein Teil der nichtkommunistischen Studierenden und Lehrerschaft am 4.12.1948 im Westteil der Stadt die FU (> Geschichte). Die alte Berliner Universität wurde am 8.2.1949 zu Ehren der Brüder Alexander und Wilhelm Humboldt in HUB umbenannt und

später – wie alle Hochschulen der DDR – in eine marxistisch-leninistisch orientierte Universität umgestaltet. Die Anerkennung der führenden Rolle der > Sozialistischen Einheitspartei Deutschlands (SED) war seit 1968 verfassungsmäßig verankert und damit auch für die HUB bindend. Entsprechende zentrale staatliche Vorgaben begrenzten die Studentenzahlen und beeinflußten Personalentscheidungen, Studieninhalte sowie Forschungsbedingungen.

Bis zur „Wende" im November 1989 ging die Organisationsstruktur der HUB – mit den Organen Rektor, Prorektoren, wissenschaftlicher Rat, Senat und gesellschaftlicher Rat – auf die dritte Hochschulreform der DDR aus dem Jahr 1968 zurück. Dem Senat gehörten u.a. Vertreter der SED, dem Freien Deutschen Gewerkschaftsbund (FDGB) und der freien Deutschen Jugend (FDJ) an. Der Gesellschaftliche Rat setzte sich aus gewählten Vertretern der Hochschullehrer und Kooperationspartnern aus der gesellschaftlichen Praxis, v.a. Direktoren wichtiger Industriebetriebe in Ost-Berlin sowie Angehörigen der Stadtverwaltung, zusammen. Mit zuletzt (WS 1989/90) 13.800 Direkt- und 7.000 Fernstudenten sowie 120 Fachrichtungen war die HUB die größte Hochschule der DDR.

Die Konstituierung eines unabhängigen Studentenrates im November 1989 und die darauf folgende Auflösung der ehem. Sektion Marxismus-Leninismus leitete die Reformierung der HUB zu einer demokratischen Hochschule ein. Im Oktober 1990 beschloß das Konzil der HUB ein neues Statut, das den Aufbau der Universität und die Mitbestimmung in den Gremien neu regelte. Im Gegensatz zum BerlHG, dem die HUB erst seit dem 1.1.92 unterliegt, sicherte dieses Statut den Professoren nicht die absolute Mehrheit an Stimmen. Seit dem SS 1990 wurden Studierende aus West-Berlin als Gasthörer an der HUB zugelassen; ein Vollstudium war ab dem Wintersemester 1990/91 möglich.

Im Zuge der demokratischen Erneuerung der HUB kam es zu zahlreichen Entlassungen auf der Grundlage des > Einigungsvertrags wegen mangelnden Bedarfs, persönlicher Nichteignung oder früherer Tätigkeiten im > Staatssicherheitsdienst (> Der Bundesbeauftragte für die Unterlagen des Staatssicherheitsdienstes der ehemaligen DDR) vorsah. Im Zusammenhang mit der angestrebten personellen Erneuerung kam es im November 1991 zur öffentlich heftig diskutierten fristlosen Kündigung des Rektors der HUB, Heinrich Fink, durch die Personalkommission. Nach Protesten der Studentenschaft und der Klage Prof. Finks sowie Rechtsvertretern der HUB vor dem Verwaltungsgericht wurde ihm im April 1992 erlaubt, wieder als Hochschullehrer zu arbeiten, während es ihm jedoch zu diesem Zeitpunkt untersagt blieb, als Rektor zu amtieren.

Von den geplanten 550 (1989 waren es noch 950) Professorenstellen an der HUB sind bis zum Frühjahr 1992 insg. 230 Professuren ausgeschrieben worden, etwa 60 Rufe wurden durch den Berliner Wissenschaftssenator erteilt, 20 Professoren haben ihren Ruf angenommen, einige lehren seit dem Wintersemester 1991/92.

Hundert,6: Der private Hörfunksender H. in der Paulsborner Str. 44 im Bezirk > WIL-MERSDORF startete seinen Sendebetrieb am 10.4.1987. Zunächst wurde seine namengebende UKW-Frequenz durch den Kabelrat im Frequenzsplitting mit dem Anbieter Radio 100 (> ENERGY 103,4) vergeben. Nachdem Radio 100 am 1.12.1987 auf die UKW-Frequenz 103,4 wechselte, erweiterte H. seine tägliche Programmleistung auf 24 Stunden. Der im Umkreis von ca. 100 km empfangbare Sender konzentriert sein Programm auf leichte Unterhaltung und populäre Musik, ergänzt durch Servicemeldungen und Informationen (> HÖRFUNK).

H. ist ein Unternehmen mit 35 mittelständischen Gesellschaftern, das sich neben seinen Hörfunkaktivitäten auch auf dem Gebiet des > FERNSEHENS engagiert und u.a. gemeinsam mit dem Fernsehsender > SAT 1 eine Produktionsgemeinschaft für die Regionalsendung „Wir in Berlin" bildet. Anläßlich des fünfjährigen Bestehens des Senders am 10.4.1992 wurde das „Gläserne City-Studio" im Palasthotel im Bezirk > MITTE eingeweiht. Für H. arbeiten 60 feste und 70 freie Mitarbeiter.

104.6 RTL Berlin: 104.6 RTL Berlin mit Sitz im > KUDAMM-KARREE am > KURFÜRSTENDAMM 207-208 im Bezirk > CHARLOTTENBURG ist ein privater Radiosender, der sein Programm seit dem 9.9.1991 ausstrahlt. 104.6 RTL Berlin ist ein reiner Musiksender, der v.a. Hits „aus den 70er, 80er und 90er Jahren" sendet, unterbrochen lediglich durch stündlich gesendete Nachrichten mit anschließender Ver-

kehrsübersicht. Der Sender ist über Kabel, außerdem auf der namensgebenden Frequenz in Berlin sowie im Umland in einem Umkreis von ca. 50 km zu empfangen. 104.6 RTL Berlin hat 45 Mitarbeiter, von denen 20 im Programmbereich tätig sind. Der Sender, der eine Tochtergesellschaft der Compagnie Luxembourgoise de Telediffusion (CLT) ist, finanziert sich ausschließlich über Werbeeinnahmen.

Husemannstraße: Die H. im Bezirk > PRENZLAUER BERG war ein Musterprojekt der Ost-Berliner > STADTSANIERUNG zur 750-Jahr-Feier Berlins 1987. Sie ist nach Walter Husemann benannt, einem am 13.5.1943 im Gefängnis Plötzensee hingerichteten Widerstandskämpfer (> GEDENKSTÄTTE PLÖTZENSEE; > WIDERSTAND). Die Straße entstand in den 70er Jahren des vorigen Jh. auf dem Gelände des Deutsch-Holländischen Actien-Bauvereins und erhielt 1877 in Beziehung zum deutschen Ritterorden zunächst den Namen Hochmeisterstr. Sie wurde als erste Straße in Berlin mit industriellen Methoden der Vorfertigung aufgebaut. Die Fenster, Deckenbalken, Türen und Schlösser der fünf-

Husemannstraße

geschossigen Häuser wurden serienmäßig gefertigt, und Bildhauer produzierten in großer Zahl Schmuckelemente für die Fassaden. Von dieser Besonderheit abgesehen, war die H. in vieler Hinsicht typisch für die in der Gründerzeit schnell wachsenden, dicht besiedelten Arbeiterwohngebiete um Berlin (> MIETSKASERNEN; > WOHNUNGSBAU).

Ab 1985 wurde die H. instandgesetzt und die Häuser modernisiert. Ziel war es, ein Stück Alt-Berlin neu entstehen zu lassen und zugleich die Wohnverhältnisse grundlegend zu verbessern. So entstanden 370 moderne Wohnungen, Läden, Gaststätten und öffentliche

Einrichtungen. Durch Restaurierung der historischen Fassaden und die Ansiedlung traditioneller Geschäfte und Gewerke (u.a. Scherenschleifer, Blumenbinder, Weißnäher, Schneider, Drucker, Schuster, Glaser, Friseur sowie historische Eckkneipen) wurde dabei äußerlich der Zustand der Jahrhundertwende nachempfunden. Auch die Gestaltung des Straßenbildes (Lampen, Pflasterung usw.) entspricht weitgehend dem historischen Vorbild.

Der museale Charakter der H. wird außerdem durch die Ansiedlung zweier Museen betont: Im Haus Nr. 12 hat als Außenstelle des > MÄRKISCHEN MUSEUMS das *Museum Berliner Arbeiterleben* sein Quartier, in dem die Wohnverhältnisse der Jahrhundertwende dokumentiert werden. Im Haus Nr. 8 befindet sich das aus den Beständen der ehemaligen Ost-Berliner Einkaufs- und Liefergenossenschaft des Friseurhandwerks hervorgegangene, private *Friseurmuseum*. Rund 3.000 Exponate einer insg. 13.000 Objekte umfassenden Sammlung geben Aufschluß über die Entwicklung des Barbier- und Friseurhandwerks von der Antike bis zur Gegenwart. Wertvollstes Ausstellungsstück ist ein von Henry van de Velde geschaffener, komplett ausgestatteter Frisierplatz aus dem Jahr 1910.

Dieter Vesper

HAUSHALT UND FINANZEN

I. Finanzverfassung und Haushaltsplanung

II. Der Haushaltsplan von Berlin 1992

III. Mehrjährige Finanzplanung

IV. Berlins finanzpolitische Stellung im föderativen
System der Bundesrepublik Deutschland

Durch die > Vereinigung vom > 3. Oktober 1990 wurde Berlin auch in der Finanzpolitik vor die größte Herausforderung seiner Geschichte gestellt. Mit dem Wegfall
des politischen > Sonderstatus und der Aufhebung der Insellage der Stadt werden
für Berlin alle finanzpolitischen und haushaltsrechtlichen Besonderheiten, die das
Haushaltswesen der Stadt in der Zeit der > Spaltung und der Abschnürung vom
Umland prägten, fortfallen. Viel einschneidender noch sind die Umwälzungen für
den Ostteil der Stadt, denn seit der Vereinigung gelten auch hier Steuerrecht und
haushaltspolitische Grundsätze der „alten" Bundesrepublik. Nach den bisherigen
Planungen soll Berlin spätestens 1995 finanzpolitisch den gleichen Status haben wie
jedes andere Bundesland auch.

I. FINANZVERFASSUNG UND HAUSHALTSPLANUNG

Die Finanzverfassung der „alten" Bundesrepublik Deutschland orientierte sich am
föderativen Staatsaufbau; daraus leitete sich die finanzwirtschaftliche Stellung der
Länder und Stadtstaaten – also auch (West-)Berlins – sowie deren Kommunen ab.
Bund und Länder waren nach Art. 109 Abs. 1 des Grundgesetzes (GG) in ihrer
Haushaltswirtschaft selbständig und voneinander unabhängig, also eigenver-
antwortlich für die Planung, Ausführung und Kontrolle ihrer Haushalte. In der ehe-
maligen DDR besaßen staatliche Aktivitäten einen sehr viel höheren Stellenwert.
Dort war der Staatshaushalt das für die Planung und Lenkung der Volkswirtschaft
wichtigste Steuerungsinstrument; zu ihm gehörten nicht nur die „Einnahmen und
Ausgaben des Staates", sondern auch die verschiedenen Fonds der volkseigenen
Betriebe und Kombinate.

Der Aufbau des Staatshaushalts in der DDR entsprach der zentralistischen Struktur der staatlichen Leitung. Er war ein Gesamthaushalt, in dem neben dem zentralen Haushalt auch die Budgets der Bezirke und nachgeordneten Gebietskörperschaften integriert waren. Der Aktionsspielraum war für die unteren staatlichen
Ebenen außerordentlich begrenzt. Die örtlichen Haushalte waren fast ausschließlich
auf Finanzzuweisungen des Zentralstaates angewiesen. Dieses galt auch für den

Haushalt Ost-Berlins, das bis 1990 den Status eines 15. Bezirks der DDR hatte. Wenn im folgenden der Ostteil der Stadt aus der Betrachtung weitgehend ausgeklammert bleibt, so deshalb, weil bislang kein aussagefähiges Material über seine finanzwirtschaftliche Entwicklung bis zur Wiedervereinigung zur Verfügung steht.

Beratung und Verabschiedung des Haushalts gehören zu den wichtigsten Aufgaben des Parlaments, in Berlin das > ABGEORDNETENHAUS. Es kann anhand des Plans das Handeln der Regierung politisch kontrollieren. Für den > SENAT VON BERLIN – die Exekutive – stellt dieser Plan das in quantitative Form gebrachte Regierungsprogramm dar. Das Budget ist Gesetz und bindet die Regierung, gemäß den Etatansätzen zu handeln und zu wirtschaften. Darüber hinaus besteht die Verpflichtung zur effizienten Verwendung der Mittel; hierüber wacht der unabhängige Landesrechnungshof (> RECHNUNGSHOF VON BERLIN).

Wie in den anderen Bundesländern müssen auch bei der Aufstellung des Berliner Landeshaushalts verschiedene vom Grundgesetz vorgegebene Normen eingehalten werden, die in weiteren Gesetzen, v.a. im Haushaltsgrundsätzegesetz und in der Landeshaushaltsordnung, spezifiziert sind. Eine dieser Normen, der für die Politik zentrale Bedeutung zukommt, ist die Grenze der jährlichen Neuverschuldung. Sie darf die Summe der im Haushaltsplan veranschlagten Ausgaben für Investitionen nicht überschreiten. Nur in Ausnahmefällen – v.a. bei (drohender) Störung des gesamtwirtschaftlichen Gleichgewichts – darf von dieser Norm abgewichen werden.

Der Prozeß der Haushaltsplanung und -kontrolle besteht auf allen Haushaltsebenen aus vier Phasen (Budgetkreislauf):

1. Haushaltsentwurf
2. Beratung und Verabschiedung durch das Parlament
3. Haushaltsvollzug
4. Haushaltskontrolle (s.u.).

Zunächst wird – im Frühjahr eines jeden Jahres – innerhalb der einzelnen Ressorts der Bedarf an finanziellen Mitteln für das nächste Jahr angemeldet und durch hausinterne Abstimmungen der Ressortbedarf festgelegt. Anschließend reichen die > SENATSVERWALTUNGEN ihre Vorstellungen beim Finanzsenator ein (> SENATSVERWALTUNG FÜR FINANZEN), der diese unter Berücksichtigung seiner finanzpolitischen Ziele in einem Entwurf verdichtet. Der Haushaltsentwurf wird – meist modifiziert – im Sommer vom Senat beschlossen und als Gesetzesvorlage im Abgeordnetenhaus eingebracht. Dort eröffnet der Finanzsenator i.d.R. im September mit seiner Etatrede die Haushaltsberatungen. Sie werden im Hauptausschuß des Abgeordnetenhauses, dem speziell für die Beratung des Landeshaushalts zuständigen Gremium des Parlaments, und in den fachbezogenen Unterausschüssen fortgeführt und am Jahresende mit einer Plenardebatte sowie der Feststellung des Haushaltsgesetzes für das folgende Jahr abgeschlossen. Das Gesetz wird durch die Verwaltungen vollzogen und anschließend vom Rechnungshof geprüft, dessen Prüfungsbericht die Grundlage für die politische Kontrolle durch das Parlament bildet.

II. DER HAUSHALTSPLAN VON BERLIN 1992

Der Haushalt 1992 ist der erste reguläre Gesamt-Berliner Etat seit der > VEREINIGUNG, nachdem 1991 die Ausgaben und Einnahmen für den Ostteil der Stadt in einem erst am 19.7.1991 verabschiedeten Nachtragshaushalt untergebracht worden waren. Beide Haushalte sind anschauliches Zeugnis für den Anpassungsdruck, unter dem Berlin steht: Einerseits sind enorme Finanzmittel erforderlich, sollen beide Stadthälften sozialverträglich zusammenwachsen, andererseits ist die Gefahr groß, daß riesige Löcher im Haushalt schon bald jeden finanzpolitischen Handlungsspielraum zunichte machen, denn die Finanzlage spitzt sich dramatisch zu.

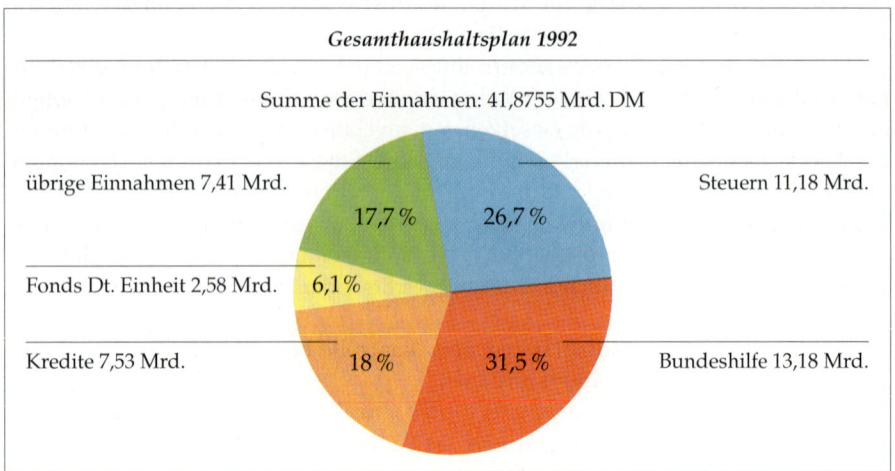

Der Etat 1992 weist ein Gesamtvolumen von fast 42 Mrd. DM auf, das sind über 12.000 DM je Einwohner. Gegenüber dem Vorjahr errechnet sich ein Zuwachs von knapp 5 %. Einschließlich des Nachtragshaushalts für Ost-Berlin war der Etat 1991 auf 40 Mrd. DM gestiegen. Im Jahr zuvor (nur für West-Berlin) waren es 26 Mrd. DM, während der nach Inkrafttreten der Währungsunion am 1.7.1990 von der Ost-Berliner > STADTVERORDNETENVERSAMMLUNG für Ost-Berlin im September 1990 beschlossene Rumpfhaushalt bis zum Jahresende 1990 rd. 3,7 Mrd. DM umfaßte. Unterstellt man, daß die Mittel aus dem Nachtragshaushalt 1991 (insg. 12,7 Mrd. DM) ausschließlich in den Ostteil geflossen sind, so waren 1991 dort Ausgaben von 9.500 DM je Einwohner vorgesehen; für den Westteil errechnen sich fast 13.000 DM.

Die Netto-Neuverschuldung wird 1992 mit 5,8 Mrd. DM veranschlagt und damit höher sein als im Jahr zuvor. Tatsächlich blieb die Kreditaufnahme 1991 hinter dem Haushaltsansatz zurück, weil wegen der sehr günstigen Wirtschaftsentwicklung im Westteil der Stadt die Steuerquellen kräftiger sprudelten als angenommen, aber auch, weil die Ansätze für die Investitions- und Transferausgaben unterschritten wurden. Das Defizit 1991 betrug etwa 3,5 Mrd. DM. Vor dem Fall der > MAUER bewegten sich die Haushaltsfehlbeträge in Größenordnungen von 500 Mio. DM bis höchstens 1 Mrd. DM. Ihr drastischer Anstieg resultiert in erster Linie aus der geringen Steuerkraft und dem hohen Finanzbedarf im Ostteil der Stadt; von Gewicht ist auch die rückläufige > BUNDESHILFE.

Angesichts der Finanzmisere war die Aufstellung des Haushalts 1992 von dem

Bemühen um Einsparungen und Umschichtungen zugunsten des Ostteils geprägt. Nach Angaben des Finanzsenators entfallen nunmehr – je Einwohner gerechnet – auf die östlichen Bezirke um 43 % höhere konsumtive Sachausgaben als auf den Westteil der Stadt, d.h. die Unterschiede in den Pro-Kopf-Ausgaben zwischen West und Ost werden 1992 voraussichtlich kleiner. Im Mittelpunkt der Einsparungen steht der Stellenplan. Durch die Streichung von 10.000 Stellen im > ÖFFENTLICHEN DIENST sollen jährlich 500 Mio. DM an Personalkosten eingespart werden. Diese Stellen dürften v.a. im Ostteil gestrichen werden, denn dort zeichnet sich – gemessen am Niveau im Westen – in manchen Bereichen, insbes. im Bereich > SCHULE UND BILDUNG, eine „Überversorgung" ab. Aber auch die Investitionsausgaben sollen gekürzt werden, vornehmlich die Investitionszuschüsse an Unternehmen, z.B. im > WOHNUNGSBAU, und private Organisationen ohne Erwerbscharakter. Aus ökonomischer Sicht zeigt sich hier die ganze Widersprüchlichkeit der Situation: Die Defizite in der östlichen Infrastruktur liegen auf der Hand, eine gut ausgebaute und moderne Infrastruktur ist aber die Grundvoraussetzung für vermehrte wirtschaftliche Aktivitäten.

Auf der Einnahmenseite (Abb.1) sind seit der Vereinigung gewichtige Strukturverschiebungen erkennbar. So geht die Bundeshilfe von 14,5 Mrd. DM auf 13,2 Mrd. DM und damit auf das Niveau vor 1990 zurück. Damals deckte die Bundeshilfe über die Hälfte der Ausgaben im (West-)Berliner Haushalt, 1992 sind es nur noch knapp ein Drittel. Dagegen soll – laut Haushaltsplan – der Anteil der Steuereinnahmen steigen, von 21 % auf fast 27 % der Gesamteinnahmen. Diese Erwartung gründet sich einmal auf die anhaltend günstige Wirtschaftsentwicklung im Westteil der Stadt, zum anderen schlägt sich darin schon der Abbau der Steuervergünstigungen im Rahmen der > BERLINFÖRDERUNG nieder. Das Steueraufkommen im Ostteil der Stadt dürfte – bezogen auf die Einwohnerzahl – 1992 weniger als die Hälfte des Aufkommens im Westen betragen. Hohe Arbeitslosigkeit (> ARBEITSMARKT) und geringere > EINKOMMEN sind der eine Grund, niedrige Ertragssteuern der andere, zumal aus deren Aufkommen die in Berlin ebenso wie in den fünf neuen Bundesländern gewährten besonderen Investitionszulagen finanziert werden (nicht zu verwechseln mit den o.e. Investitionszuschüssen).

Von größerer Bedeutung als die Steuern sind für den Ostteil noch die Mittel aus dem *Fonds „Deutsche Einheit"*. Dieser Fonds wurde anstelle eines gesamtdeutschen Länderfinanzausgleichs für die Jahre 1990-94 eingerichtet und dient auch als Ersatz für die sonst in der Bundesrepublik üblichen Ergänzungszuweisungen des Bundes an finanzschwache Länder. 1991 flossen aus diesem Fonds 2,7 Mrd. DM nach Ost-Berlin, für 1992 ist eine ähnliche Summe eingeplant. Nach der im Februar 1992 beschlossenen Anhebung der Mehrwertsteuer zum 1.1.1993, deren Mehreinnahmen in den Fonds fließen, werden für Berlin 1993 nochmals 2,46 Mrd. DM und für 1994 1,78 Mrd. DM zur Verfügung stehen. Im Gegensatz zum Fonds „Deutsche Einheit" fließen 1992 und später keine weiteren Mittel aus dem *Gemeinschaftswerk „Aufschwung Ost"* nach Berlin. Aus diesem Topf wurde 1991 eine Investitionspauschale für kommunale Projekte von 300 DM je Einwohner, also 400 Mio. DM für den Ostteil, gewährt. Einen Gesamtüberblick über die für 1992 geplanten Ausgaben und Einnahmen nach Funktionsbereichen und getrennt nach den beiden Stufen der Berliner Verwaltung, Haupt- und Bezirksverwaltung (vgl. auch Kapitel IV.), gibt die folgende Tabelle.

Haushaltsplan 1992 des Landes Berlin

Einzelplan	Bezeichnung	Einnahmen	Ausgaben
			Mio. DM
	Hauptverwaltung		
01	Abgeordnetenhaus	0,0	142,7
03	Regierender Bürgermeister	0,5	71,9
04	Bundes- und Europaangelegenheiten	0,1	5,9
05	Inneres	679,9	4.717,2
06	Justiz	272,1	836,2
07	Schule, Berufsausbildung und Sport	66,1	683,1
08	Wissenschaft und Forschung	616,7	3.645,0
09	Soziales	200,3	627,2
10	Jugend und Familie	70,4	505,5
11	Gesundheit	20,5	855,1
12	Bau- und Wohnungswesen	1.055,4	4.246,9
13	Wirtschaft und Technologie	275,0	767,8
14	Städteentwicklung und Umweltschutz	147,8	399,2
15	Finanzen	479,8	711,7
16	Verkehr und Betriebe	245,8	2.028,7
17	Kulturelle Angelegenheiten	317,7	986,1
18	Arbeit und Frauen	610,9	1.054,3
20	Rechnungshof	0,0	22,4
21	Datenschutzbeauftragte	0,0	1,9
29	Allgemeine Finanzangelegenheiten	35.569,3	6.414,5
	Summe	**40.628,3**	**28.723,3**
	Bezirksverwaltungen		
31	Bezirksverordnetenversammlungen	0,0	20,0
33	Bezirksbürgermeister	0,1	9,1
35	Personal und Verwaltung	7,4	353,3
37	Volksbildung	87,1	3.215,6
39	Sozialwesen	465,7	3.316,3
40	Jugend und Sport	184,6	2.802,3
41	Gesundheit und Umweltschutz	6,4	272,9
42	Bau- und Wohnungswesen	323,2	2.857,8
43	Wirtschaft	12,2	27,1
44	Umweltschutz	0,5	11,0
45	Finanzen	152,6	157,9
59	Allgemeine Finanzangelegenheiten	7,4	109,0
	Summe	**1.247,2**	**13.152,3**

Quelle: Haushaltsplan von Berlin für das Haushaltsjahr 1992, Band 1.

III. MEHRJÄHRIGE FINANZPLANUNG

Die jährliche Haushaltsplanung wird auf allen Haushaltsebenen ergänzt von einer mehrjährigen Finanzplanung. Ihr generelles Ziel ist eine längerfristige Ausrichtung der öffentlichen Finanzwirtschaft: Umfang und Struktur der Staatsausgaben und

-einnahmen sollen mit den gesamtwirtschaftlichen Erfordernissen in Einklang gebracht werden. Von Bedeutung ist dabei insbes. die mehrjährige Investitionsplanung, denn den öffentlichen Investitionen wird ein hoher Stellenwert für die wirtschaftliche Entwicklung einer Region beigemessen. Die mehrjährige Finanzplanung soll Aufschluß darüber geben, welche finanzpolitischen Möglichkeiten und Mittel zur längerfristigen Gestaltung verfügbar sind. Der mehrjährige Finanzplan ähnelt in seiner Systematik dem Haushaltsplan. Auch die Funktionen entsprechen weitgehend denen der kurzfristigen Budgetierung. Naturgemäß sind die Positionen bzw. Projekte des Finanzplans nicht so detailliert geplant wie im Haushaltsplan. Im Gegensatz zum jährlichen Plan ist der Finanzplan kein Gesetz, und es fehlt ihm die Vollzugsverbindlichkeit. Somit ist der Finanzplan v.a. ein Informationsinstrument; er informiert über die finanzpolitischen Absichten des Staates und die damit verbundenen Auswirkungen auf die wirtschaftliche Entwicklung.

Angesichts der vielfältigen Unsicherheiten, mit denen die Finanzpolitik in Berlin z.Z. konfrontiert ist, sah sich der > Senat von Berlin 1990 und 1991 nicht in der Lage, eine mehrjährige Finanzplanung zu verabschieden. Erst im Februar 1992 wurden die Eckwerte der Einnahmen und Ausgaben des Landeshaushalts für den Zeitraum bis 1995 vorgelegt. Werden diese Ansätze realisiert, muß sich die Stadt auf einen äußerst restriktiven Kurs der Finanzpolitik einstellen, denn die Ausgaben sollen von 1992-95 nur um knapp 3 % im Jahresdurchschnitt erhöht werden. Kürzungen sind danach bei den investiven Ausgaben sowie bei den laufenden Zuweisungen und Zuschüssen zu erwarten; die Personalausgaben sollen ab 1993 stagnieren, was bedeutet, daß der Rotstift auch weiterhin beim Personal angesetzt werden soll, denn von den zu erwartenden Tarifsteigerungen im > Öffentlichen Dienst kann sich das Land Berlin nicht abkoppeln.
Allein die Zinsausgaben werden wegen der hohen Verschuldung in die Höhe klettern. Denn trotz der geringen Ausgabenzuwächse werden die jährlichen Haushaltsdefizite rasch auf fast 15 Mrd. DM im Jahre 1995 steigen. Diese hohen Fehlbeträge sind Ausfluß der rückläufigen Einnahmen, mit denen der Senat auf mittlere Frist rechnet: Relativ kräftig expandierenden Steuereinnahmen stehen sinkende Zuschüsse aus dem Bundeshaushalt und aus dem Fonds „Deutsche Einheit" gegenüber. So läßt sich gegenwärtig – ohne die „Altlasten" aus dem > Wohnungsbau von derzeit 28 Mrd. DM – für 1995 ein Schuldenberg von 60 Mrd. DM und mehr für den Berliner Haushalt prognostizieren.

Inwieweit die Eckwerte der mittelfristigen Planung schon Ausdruck der „Finanzpolitischen Leitlinien" (Senatsbeschluß 285/91 vom 7.5.1991) sind, läßt sich schwer beurteilen. In diesen Leitlinien hatte der Senat seine Absicht bekundet, die Ausgaben an die erzielbaren Einnahmen anzupassen. Bei strenger Betrachtung der Eckwerte der Finanzplanung ist dies mißlungen; offensichtlich waren die Ziele viel zu hoch gesetzt. Der Senat hat explizit festgestellt, daß er sich den gravierenden finanziellen Anpassungszwängen nicht „durch ein Ausweichen in die Verschuldung entziehen (kann)", weil die Zinslasten „binnen weniger Jahre den Verlust jeglicher politischer Handlungsfähigkeit zur Folge hätten" – genau diese Konsequenz ergibt sich aber aus der Finanzplanung. Tatsächlich dürfte das strukturelle Ungleichgewicht zwischen Einnahmen und Ausgaben noch lange Zeit fortbestehen, und die Anpassung der Ausgaben an die Einnahmen wird vermutlich einen viel längeren Zeitraum beanspruchen und schmerzhafter sein als sich gegenwärtig vorstellen läßt.

Zu einer ähnlichen Einschätzung wie der Senat in seiner im Frühjahr 1992 verabschiedeten mittelfristigen Finanzplanung ist im Herbst 1991 das in Berlin ansässige > Deutsche Institut für Wirtschaftsforschung (DIW) gekommen. Nach der DIW-Projektion werden sich die Defizite bis 1995 verdreifachen; eine solche Größenordnung wäre für die Stadt kaum tragbar. Dabei beruht die Projektion keinesfalls auf pessimistischen Annahmen:

– Unterstellt sind ein beträchtlicher Beschäftigungszuwachs in der Stadt und überdurchschnittliche Einkommenssteigerungen. Die Progressionswirkung des Einkommensteuertarifs wird sich im Ostteil voll entfalten und der Abbau der Berlin-Präferenzen wird kräftige Steuermehreinnahmen bescheren, so daß 1995 Berlin mindestens die durchschnittliche Steuerkraft der Flächenländer erreichen dürfte. Dennoch werden die gesamten Einnahmen vermutlich kaum steigen, weil die Mittel aus dem Fonds „Deutsche Einheit" und die Bundeshilfe sinken.

– Die Ausgaben nehmen relativ stark zu, weil im Ostteil mit einem raschen Aufholen der Einkommen im öffentlichen Dienst und mit kräftig steigenden Transferzahlungen zu rechnen ist; Zuwachsraten von 20 % pro Jahr sind bei den Personalausgaben wahrscheinlich. Die hohen Deckungslücken haben zur Konsequenz, daß die Zinsausgaben gewaltig, von knapp 1 Mrd. DM auf über 4 Mrd. DM, zunehmen.

Die riesigen Haushaltslöcher bergen die Gefahr, daß schon bald jeder finanzpolitische Spielraum zur Gestaltung der Zukunft zunichte gemacht wird, zumal die schnell steigenden Zinslasten einen immer größeren Teil der jährlichen Steuermehreinnahmen beanspruchen. Für einen öffentlichen Haushalt in der Größe Berlins sind die Grenzen der Kreditfinanzierung von Ausgaben relativ schnell erreicht. Die Möglichkeiten für den Berliner Haushalt, die Steuerbasis zu vergrößern, sind gering; nur eine Anhebung der Hebesätze für die Gewerbe- und Grundsteuern kommt in Betracht. Aus diesem Grunde sind Einschnitte bei den Ausgaben unumgänglich. Aber hier gibt es Restriktionen: Durch die Öffnung der Grenzen wird die West-Berliner Infrastruktur sehr viel stärker in Anspruch genommen und die Stadt muß vermehrt Kapazitäten für das Umland bereitstellen. Hinzu kommen die vielfältigen Belastungen im Zusammenhang mit dem Ausbau Berlins zum Regierungssitz (> Hauptstadt), ganz zu schweigen von dem Finanzbedarf zur Modernisierung Ost-Berlins. Der Berliner Haushalt wird deshalb noch auf Jahre erhebliche Mittel von außen benötigen.

IV. BERLINS FINANZPOLITISCHE STELLUNG IM FÖDERATIVEN SYSTEM DER BUNDESREPUBLIK DEUTSCHLAND

Bund und Länder einschl. der Stadtstaaten sind in ihrer Haushaltsführung unabhängig voneinander, während die Gemeinden Teile der „Flächenländer", also keine eigenständige staatliche Ebene sind. Gleichwohl nehmen die Gemeinden eine herausgehobene Stellung im Verwaltungsaufbau der Bundesrepublik ein; sie gründet sich auf das in Art. 28 Abs. 2 GG verankerte kommunale Selbstverwaltungsrecht. Dazu gehört auch, daß den Gemeinden nach Art. 106 Abs. 5 und 6 GG eigene Steuereinnahmen zustehen und darüber hinaus die Länder ausreichende Finanzmittel im Rahmen des kommunalen Finanzausgleichs bereitstellen müssen.

Auch die Verwaltung im Stadtstaat Berlin ist zweistufig aufgebaut. Allerdings können die > Bezirke nicht so selbständig agieren wie die Kommunen in den Flächenländern. So werden die Haushaltspläne der Bezirke sowohl von der jeweiligen > Bezirksverordnetenversammlung als auch vom > Abgeordnetenhaus beschlossen. Die Bezirke verfügen über keine eigenen Einnahmen, obwohl sie fast ein Drittel der Gesamtausgaben bewirtschaften. Nach der > Verfassung von Berlin haben sie aber Anspruch auf „eine gerechte soziale und gleichmäßige kulturelle Betreuung der Bevölkerung" sowie die Bereitstellung von „angemessenen Verfügungs- und Verstärkungsmitteln" (Art. 73).

Mit der Verteilung der Aufgaben und Ausgaben auf die verschiedenen Haushaltsebenen (Bund, Länder und Gemeinden) – der Lastenverteilungsgrundsatz nach Art. 104a Abs. 1 GG postuliert eine Deckungsgleichheit von Aufgaben und Ausgaben – stellt sich die Frage der Finanzmittelverteilung. In diesem Zusammenhang spricht man vom „vertikalen" Finanzausgleich, im Gegensatz zum „horizontalen" Finanzausgleich, bei dem es um einen Ausgleich der Steuerkraft zwischen den Bundesländern geht. Auch vor der > Vereinigung war West-Berlin trotz seines politischen > Sonderstatus bereits in die Regelungen der vertikalen Beziehungen eingebunden (> Bindungen), nahm aber nicht am horizontalen Ausgleich teil; dies wird in Zukunft anders sein.

1. Verteilung der Steuern

In der Aufteilung der Steuereinnahmen nach Art. 106 GG auf Bund, Länder und Gemeinden finden sich Steuern, deren Ertrag in voller Höhe einer Haushaltsebene zusteht, ebenso wie Steuern, an deren Aufkommen alle Ebenen beteiligt sind („Gemeinschaftssteuern"). Im Durchschnitt aller (alten) Bundesländer bestehen knapp drei Viertel der Ländereinnahmen aus Steuern, bei den Gemeinden beträgt der Anteil nur 35 %, so daß die Stadtstaaten – gemessen am Ausgabevolumen – relativ gesehen über weniger Steuereinnahmen verfügen als die Flächenstaaten.

Bedeutendste Einnahmequelle der Länderhaushalte ist die *Lohnsteuer*. An ihrem Aufkommen – wie auch am Aufkommen an veranlagter *Einkommensteuer* – sind die Flächenstaaten mit 42,5 % und die Stadtstaaten, also auch Berlin, mit 57,5 % beteiligt; der höhere Anteil der Stadtstaaten erklärt sich daraus, daß ihnen zusätzlich der kommunale Anteil in Höhe von 15 % zusteht. Die Bedeutung der Lohnsteuer resultiert aus deren Progressionswirkung, die durch die verschiedenen Senkungen des Steuertarifs nur wenig geschmälert worden ist. Hingegen ist der Progressionseffekt der veranlagten Einkommensteuer gering. Dies liegt an den höheren Durchschnittseinkommen der Steuerpflichtigen (Selbständige) und dem höheren Steuersatz.

Die *Kapitalertragsteuer* ist wie die Lohnsteuer eine besondere Erhebungsform der Einkommensteuer. An dieser Steuer sind die Länder bzw. Stadtstaaten zur Hälfte beteiligt, ebenso am Körperschaftsteueraufkommen. Im Gegensatz zur Lohn- und Einkommensteuer ist die *Körperschaftsteuer* eine Proportionalsteuer, die sich entsprechend den Gewinneinkommen entwickelt. Die Steuersätze betragen 50 % für einbehaltene und 36 % für ausgeschüttete Gewinne.

Der Anteil der Länder an der *Umsatzsteuer* beträgt 35 %. Hinzu kommen 2 % in Form von Ergänzungszuweisungen des Bundes an finanzschwache Länder; Berlin erhielt wegen der besonderen Unterstützung durch die > Bundeshilfe bisher keine solchen Zuweisungen. Inzwischen sind die Steuern vom Umsatz nach der Lohnsteuer zur wichtigsten Einnahmequelle geworden. Neben der Anhebung der Mehrwertsteuersätze hat dazu auch die sukzessive Erhöhung der Länderanteile beigetragen.

Von großer Bedeutung für die kommunalen Haushalte – und für die Stadtstaaten – ist die *Gewerbesteuer*, deren Aufkommen – wie auch das der *Grundsteuern* – durch das sog. Hebesatzrecht der Gemeinden beeinflußt wird. In West-Berlin waren bisher die Hebesätze sehr niedrig, sie wurden bewußt als Instrument der Wirtschaftsförderung eingesetzt. Diese direkte Möglichkeit der Einflußnahme besteht bei den Gemeinschaftssteuern nicht oder nur mittelbar (über den Bundesrat) und auch nicht für den überwiegenden Teil der sog. Landessteuern (v.a. *Kraftfahrzeug-, Vermögen-, Erbschaftsteuer*). Im Jahre 1990, also vor der Vereinigung, konnte West-Berlin aus den einzelnen Steuerarten folgende Einnahmen verbuchen:

Steuereinnahmen West-Berlins 1990	
	Mio. DM
Gemeinschaftssteuern	4.306
Steuern vom Einkommen	
(42,5 bzw. 50 %)	1.905
Steuern vom Umsatz (35 %)	1.756
Gewerbesteuerumlage (50 %)	109
Gemeindeanteil an der Wohn- u.	
veranl. Einkommensteuer (15 %)	536
Landessteuern	867
Vermögensteuer	212
Erbschaftsteuer	128
Grunderwerbsteuer	179
Kfz-Steuer	216
Rennwett- und Lotteriesteuer	88
Biersteuer	32
Feuerschutzsteuer	12
Gemeindesteuern	902
Grundsteuern	255
Gewerbesteuer (netto)	618
Sonstige	29

Im Berliner Haushalt 1992 sind Steuereinnahmen in Höhe von 11,2 Mrd. DM veranschlagt. Davon entfallen 7,4 Mrd. DM auf die Anteile an den Gemeinschaftssteuern, während die Ländersteuern mit 1,2 Mrd. DM und die Gemeindesteuern mit 2,7 Mrd. DM zu Buche schlagen. Insg. beläuft sich das geplante Einnahmevolumen auf knapp 42 Mrd. DM, d.h. im Berliner Haushalt liegt der Anteil der Steuern nur bei 27 % der Gesamteinnahmen.

Eine weitere wichtige Finanzierungsquelle sind die Gebühren. Die Finanzierung öffentlicher Dienstleistungen über Gebühren wird meist für solche Leistungen gewählt, die vom privaten Sektor in individuell meßbaren Quantitäten nachgefragt werden. Häufig fließen in die Gebührenpolitik verteilungspolitische Ziele ein. In Berlin wird die Anhebung von Gebühren in bestimmten Bereichen – z.B. > KINDER-TAGESSTÄTTEN – regelmäßig heftig diskutiert. Im Haushaltsplan 1992 sind Einnahmen aus Gebühren mit 1,2 Mrd. DM eingestellt.

2. Verteilung der Aufgaben

Auch bei den Auf- bzw. Ausgaben wird eine strikte vertikale Verteilung nicht durchgehalten, vielmehr werden einige Aufgaben von Bund und Ländern gemeinsam wahrgenommen. Hierbei handelt es sich um die sog. „Mischfinanzierungstatbestände", z.B. um Finanzhilfen des Bundes zur > STADTSANIERUNG und -entwicklung, zum Ausbau der Gemeindeverkehrswege (> STRASSEN) oder des > ÖFFENTLICHEN PERSONENNAHVERKEHRS.

Der Schwerpunkt der Länderaufgaben liegt auf dem Bildungs- und Wissenschaftssektor (> SCHULE UND BILDUNG; > WISSENSCHAFT UND FORSCHUNG). Mit großem Abstand folgen die Bereiche soziale Sicherung, politische Führung und zentrale Verwaltung (> POLITISCHES SYSTEM) sowie öffentliche Sicherheit (> POLIZEI) und der Gesundheitssektor. Die Kommunen sind v.a. im sozialen Bereich (> SOZIALHILFE) und im Gesundheitswesen (> KRANKENHÄUSER in kommunaler Trägerschaft) tätig. Von großer Bedeutung sind auch der Bereich > VERKEHR und – in den Haushalten der Stadtstaaten – die kommunalen Gemeinschaftsdienste. Schulische Bildung ist primär Länderaufgabe, doch sind die Gemeinden für die Errichtung der Schulgebäude und ihre Unterhaltung zuständig. In Berlin werden fast alle Ausgaben für schulische Zwecke über die > BEZIRKE „abgewickelt", also auch die Besoldung der Lehrer.

In der Unterteilung nach Ausgabearten dominieren bei den Ländern die Personalausgaben; im Durchschnitt der alten Bundesländer liegt ihr Anteil bei rd. 40 %. Ins Gewicht fallen die personalintensiven Bereiche Schulen und Hochschulen. Ein Zehntel der Ausgaben sind laufende Sachaufwendungen, mit 15 % schlagen die investiven Ausgaben – einschließlich Investitionszuschüsse und Darlehen – zu Buche. Der Rest entfällt auf die Transfer- und Zinsausgaben.

In Berlin sind die Relationen etwas anders, weil die Stadt auch kommunale Aufgaben wahrnimmt. So liegt der Anteil der Personalausgaben bei nur 30 % der Gesamtausgaben (wobei aber zu berücksichtigen ist, daß dieser Anteil im Zuge der Vereinigung gesunken ist, weil im Ostteil der Stadt die Personalkosten noch nicht so stark wie im Westteil der Stadt zu Buche schlagen). Die eigenen Sachinvestitionen machen nur 4 % der Ausgaben aus, während die Investitionszuschüsse an Dritte 6 % betragen. Diese Zuschüsse fließen zu einem großen Teil in den > WOHNUNGSBAU, ebenso die Darlehen, die fast so hoch sind wie die Sachinvestitionen. Wegen der noch relativ geringen Verschuldung Berlins auf den Kreditmärkten spielen die Zinsausgaben bisher eine eher untergeordnete Rolle. Vergleichsweise hoch ist die Stadt beim Bund verschuldet, doch sind diese Kredite mit einer langen Laufzeit und niedrigen Zinsen ausgestattet; sie wurden zum Wiederaufbau der Stadt eingesetzt (> BERLINER AUFBAUPROGRAMM). Die sächlichen Verwaltungsaufgaben weichen – gemessen am Anteil an den Gesamtausgaben – kaum vom Länderdurchschnitt ab.

3. Berlin und der horizontale Finanzausgleich

Aufgrund seiner besonderen politischen Lage blieb West-Berlin bisher von dem *Länderfinanzausgleich* ausgeklammert (> SONDERSTATUS). Stattdessen erhielt der Berliner Haushalt zur Erfüllung seiner Aufgaben erhebliche Zuschüsse aus dem Bundeshaushalt; zuletzt wurden mehr als die Hälfte der Ausgaben durch die > BUNDESHILFE finanziert (> BINDUNGEN). Ohne daß dafür i.E. konkrete Zahlen vorliegen, kann man für Ost-Berlin davon ausgehen, daß die „Hauptstadt der DDR" ebenfalls erhebliche

Sonderzuweisungen aus dem zentralen Staatshaushalt und andere Förderleistungen, wie z.B. bevorzugte Versorgung mit Baumaterial und Arbeitskräften, erhalten hat (> Baugeschichte und Stadtbild). Mit über 6.000 Mark je Einwohner wurden in Ost-Berlin vor dem Fall der > Mauer fast doppelt so hohe Ausgaben getätigt wie im Durchschnitt für jeden DDR-Bürger.

Nach dem Auslaufen der Bundeshilfe Ende 1994 wird Berlin von 1995 an – wie auch die anderen ostdeutschen Länder – an diesem Ausgleich teilnehmen, und bereits jetzt wird heftig darüber diskutiert, welche Mittel die Stadt von dem Ausgleich erwarten kann. Vieles spricht dafür, daß dieses System 1995 neu geregelt werden muß, weil es den verschiedensten Ansprüchen, die gestellt werden, nicht gerecht werden dürfte. Sicher ist, daß die Neuregelung für Berlin von erheblicher Bedeutung sein wird. Durch den horizontalen Länderfinanzausgleich sollen die wirtschafts- und finanzschwachen Länder in die Lage versetzt werden, ein ähnlich hohes Ausgabenniveau wie die finanzstarken Länder zu finanzieren. Dieser Ausgleich ist als Steuerkraftausgleich konstruiert. Das Verfassungsgebot eines angemessenen Ausgleichs gilt als erfüllt, wenn die Steuern je Einwohner eines finanzschwachen Landes auf 95 % des Durchschnitts aller Länder angehoben worden sind. Umgekehrt ist garantiert, daß kein finanzstarkes Land („Geberland") in seiner Steuerkraft unter den Durchschnitt (100 %) fallen darf.

Dem horizontalen Ausgleich ist eine Stufe vorgelagert, die schon immer auch für West-Berlin bedeutsam war, nämlich die Verteilung (Zerlegung) des Länderanteils an der Einkommen- und Körperschaftsteuer sowie an der Umsatzsteuer. Die Lohnsteuer wird nach dem Wohnsitz der Arbeitnehmer erhoben, während die Körperschaftsteuer nach den Standorten der Betriebsstätten der steuerpflichtigen Unternehmen zerlegt wird. Die Pendlerströme werden künftig in Berlin – wie schon bisher in Hamburg und Bremen – eine große Rolle spielen. Werden durch diese Zerlegung Steuerkraftunterschiede verringert (und dies ist der Fall), so reduzieren sich die Ansprüche im eigentlichen Ausgleich. Dies gilt auch für die Umsatzsteuer: drei Viertel des Länderanteils an der Umsatzsteuer werden nicht nach dem örtlichen Aufkommen, sondern nach der Einwohnerzahl verteilt; es wird quasi unterstellt, daß die Konsumausgaben pro Kopf überall gleich hoch sind. Von dieser Regelung profitieren die einkommensschwächeren Regionen (also auch Ost-Berlin und die anderen ostdeutschen Länder), denn sie erhalten einen relativ höheren Umsatzsteueranteil.

Anschließend kommt es zum sog. Umsatzsteuervorwegausgleich. Die finanzschwachen Länder erhalten vorab bis zu einem Viertel des Umsatzsteueranteils, um ihre Steuerkraft auf 92 % des Länderdurchschnitts anzuheben. Der horizontale Ausgleich i.e.S. garantiert den finanzschwachen Ländern eine Steuerkraft von 95 % des Länderdurchschnitts. Die Abschöpfung der Geberländer erfolgt progressiv, d.h. mit zunehmender Steuerkraft steigt die Abschöpfungsquote. Der Umverteilungsprozeß wird durch ein vertikales Element mit horizontaler Wirkung, die *Ergänzungszuweisungen* des Bundes an die finanzschwachen Länder, abgeschlossen. Auf dieser Stufe können Sonderlasten (z.B. von „Krisenregionen") berücksichtigt werden.

Auch hier werden die Stadtstaaten im Finanzausgleich anders als die Flächenstaaten behandelt. Da bei ihnen „Kosten der Kleinheit" anfallen und sie „Hauptstädte ohne Umland" sind, denen durch das Angebot von zentralörtlichen Leistungen zusätzliche Kosten entstehen, werden ihre Einwohnerzahlen höher gewichtet, nämlich mit 135 %. Von dieser Regelung wird Berlin künftig profitieren, der Stadt stehen dann – geltende Ausgleichsregelungen unterstellt – Steuereinnahmen zu, die etwa um 30 % über dem Länderdurchschnitt liegen. Nach überschlägigen Schätzungen könnte Berlin 1995 etwa 3,5 Mrd. DM aus diesem Topf beanspruchen – ein Betrag, der aber längst nicht ausreicht, den Wegfall der Bundeshilfe zu kompensieren. Unter Einbeziehung der Ergänzungszuweisungen errechnet sich eine Größenordnung von allenfalls 4 Mrd. DM. Allerdings muß damit gerechnet werden, daß das System des Länderfinanzausgleichs verändert wird, denn nach den geltenden Regelungen müßten die westdeutschen Länder 1995 insg. mindestens 25 Mrd. DM an horizontalen Ausgleichsleistungen nach Ostdeutschland (einschl. Berlin) transferieren. Eine illusorische Größenordnung, zumal dann alle Bundesländer – mit Ausnahme des fast bankrotten Saarlands und Bremens – zu den Geberländern zählen würden.

4. Berlins Finanzen im Stadtstaatenvergleich

Ein Vergleich des Berliner Landeshaushalts mit der Summe aller Länderhaushalte ist insofern nicht unproblematisch, als Berlin ein Stadtstaat ist und vom Landeshaushalt auch kommunale Aufgaben finanziert werden. Aussagekräftiger ist ein Vergleich mit den beiden anderen Stadtstaaten Hamburg und Bremen, obwohl auch hier das Problem besteht, daß die öffentlichen Aufgaben zum Teil unterschiedlich geregelt und institutionell anders zugeordnet sind. Bei den Steuereinnahmen Berlins gilt zwar der Verteilungsschlüssel für die Stadtstaaten. Das Steueraufkommen der Stadt wurde bisher aber beträchtlich dadurch geschmälert, daß West-Berlin entsprechend seines Anteils an den Steuereinnahmen für die Gewährung der Steuervergünstigungen im Rahmen der > BERLINFÖRDERUNG aufzukommen hatte. Das zeigt sich insbes. bei den Einkommen- und Körperschaftsteuern, die 1990 in West-Berlin – pro Kopf gerechnet – nur ein Drittel des Hamburger Niveaus und die Hälfte des Bremer Aufkommens erreichten; auch bei den Gewerbesteuern zeigten sich sehr große Unterschiede. Die geringe Steuerkraft war zudem auch Reflex der schwierigen wirtschaftlichen Entwicklungsbedingungen West-Berlins.

Im Jahre 1990 summierten sich die in der Landeskasse verbliebenen Steuereinnahmen – also nach der Zerlegung von Einkommen-, Körperschaft- und Umsatzsteuer – auf lediglich 2.930 DM je Einwohner. Damit war die Steuerkraft nur halb so hoch wie in Hamburg und auch sehr viel niedriger als im wirtschafts- und finanzschwachen Bremen.

In den 80er Jahren hatte sich der Abstand aber nicht mehr vergrößert, was auch darauf zurückzuführen war, daß die Stadt aufgrund ihrer Insellage im Gegensatz zu Hamburg und Bremen keine einkommensstarken Einwohner an das Umland verlor. Auch die Berlinförderung hat dazu beigetragen, weil sich durch diese Maßnahmen die wirtschaftliche Entwicklung in der Stadt und damit auch die Bemessungsgrundlagen für das Steueraufkommen stabilisierten. Die Lücke bei den Steuereinnahmen wurde mehr als kompensiert durch die > BUNDESHILFE. Sie betrug 1990 über 6.100 DM je Einwohner. Insg. standen im West-Berliner Haushalt in jenem Jahr Einnahmen von über 11.000 DM je Einwohner zur Verfügung, in Hamburg und Bremen waren es jeweils reichlich 8.000 DM – und dies, obwohl auch Bremen erhebliche Mittel von außen erhielt, sei es vom Bund in Form von Ergänzungszuweisungen bzw. Mitteln aus dem Strukturhilfeprogramm, sei es von den Ländern im Rahmen des horizontalen Finanzausgleichs.

Die Unterschiede auf der Einnahmenseite korrespondieren mit den Diskrepanzen bei den Ausgaben. 1990 lagen die Pro-Kopf-Ausgaben in Berlin um 30 % bzw. 40 % über denen von Bremen bzw. Hamburg, obwohl sie in den 80er Jahren in Berlin langsamer gestiegen waren. Das höhere Niveau in Berlin läßt sich wohl zum Teil mit dem Bemühen erklären, durch eine leistungsfähige öffentliche Infrastruktur die Attraktivität der Stadt zu erhöhen und die Nachteile der geopolitischen Lage auszugleichen. Höhere Belastungen als anderswo sind dem Landeshaushalt aber auch durch die bis zur > Vereinigung relativ ungünstige Sozialstruktur der > Bevölkerung und dadurch entstanden, daß die Berliner Hochschulen und Universitäten in erheblichem Umfang Ausbildungsleistungen für das übrige Bundesgebiet erbringen: Berlin hat 1989 per Saldo 34.000 Studenten mehr in seine Hochschulen aufgenommen, als „Landeskinder" in anderen Bundesländern studierten; mit einer Importquote von 55 % liegt Berlin mit großem Abstand an der Spitze aller (alten) Bundesländer. Schließlich ist ein Teil der hohen Ausgaben Berlins auf die überdurchschnittlich personalintensive Verwaltung zurückzuführen (> Öffentlicher Dienst; > Politisches System).

Vergleicht man die Pro-Kopf-Ausgaben nach Aufgabenbereichen, so liegt Berlin fast in allen Fällen an der Spitze. Groß sind die Unterschiede insbes. in den Bereichen Hochschulen, > Polizei, Gesundheit und Soziales und Wohnungswesen (> Wohnungsbau), aber auch im Sektor > Kultur sowie bei den Erholungseinrichtungen (> Stadtgrün) und > Sportstätten. Nur für Schulen (> Schule und Bildung) und die kommunalen Gemeinschaftsdienste wird, auf die Zahl der Einwohner bezogen, weniger als in Hamburg und in Bremen ausgegeben.

Die Unterschiede im Bereich der kommunalen Gemeinschaftsdienste beruhen darauf, daß diese Aufgaben in Berlin vielfach auch von öffentlichen Unternehmen wahrgenommen und dort verbucht werden (Freie > Wohlfahrtspflege). Allerdings ist die Einwohnerzahl als Orientierungspunkt nicht immer aussagekräftig. Geeigneter sind vielfach Kennziffern, die den spezifischen Bedarf in den einzelnen Aufgabenbereichen genauer beschreiben. Im schulischen Sektor bietet sich etwa die Zahl der von Lehrern erteilten Wochenstunden je Schüler an. Ein solcher Vergleich zeigt zwischen den Stadtstaaten keine signifikanten Unterschiede, ebensowenig im Hochschulbereich, wenn man die Personalausstattung auf die Zahl der Studenten bezieht.

Auffallend hoch waren bisher jedoch die Unterschiede in der Polizeidichte. Mit 10 Polizisten auf 1.000 Einwohner war sie in West-Berlin etwa doppelt so hoch wie in den beiden anderen Stadtstaaten; diese Diskrepanz wurde mit dem politischen > Sonderstatus der Stadt begründet. Auch im Bereich der politischen Führung und zentralen Verwaltung weist Berlin die größte Personalstärke auf. Erheblich sind die Differenzen bei Sport und Erholung, wo Berlin viel besser ausgestattet ist, weil Naherholungsgebiete außerhalb der Stadt über Jahrzehnte nicht zur Verfügung standen.

Auch bei den anderen Ausgabearten zeigen sich zu Hamburg und Bremen teilweise große Unterschiede. Bei den laufenden Sachaufwendungen fallen die hohen Unterhaltskosten für unbewegliches Vermögen und die Aufwendungen für > Sozialhilfe und > Jugendhilfe ins Gewicht, bei den Transferzahlungen sind es v.a. die Zuschüsse an die öffentlichen Unternehmen. Im Bereich der öffentlichen Investitionsausgaben nahm Berlin indes immer eine mittlere Position zwischen Hamburg und Bremen ein. Die Verschuldung Berlins ist dank der > Bundeshilfe bisher relativ gering, die Zinsausgaben spielen im Landeshaushalt im Moment noch eine weit geringere Rolle als in den beiden anderen Stadtstaaten. Dies wird sich jedoch zukünftig in dem Maße ändern, wie die Bundeshilfe abgebaut wird und die Kreditaufnahme zunimmt.

I

Ibero-Amerikanisches Institut (IAI): Das IAI hat seinen Sitz in einem zur > STAATS-BIBLIOTHEK ZU BERLIN – PREUSSISCHER KULTUR-BESITZ am > KULTURFORUM TIERGARTEN gehörenden Gebäude an der Potsdamer Str. 37 im Bezirk > TIERGARTEN. Das IAI hat die Aufgabe, die Wissenschaft und Forschung über die Länder Ibero-Amerikas, über Spanien und Portugal sowie die wissenschaftlichen und kulturellen Beziehungen mit diesen Ländern zu fördern. Die Einrichtung unterhält die größte europäische Spezialbibliothek zu diesen Ländern und z.T. auch zu den ehem. Kolonien in Afrika und Asien. Neben ihren Aufgaben als wissenschaftliche Bibliothek bietet sie der Öffentlichkeit einen kostenlosen bibliographischen Auskunftsdienst an.

Der Bestand der Bibliothek umfaßt rd. 670.000 Bücher, etwa 4.300 Zeitschriften, ein seit 1930 geführtes Zeitungsschnittarchiv, ca. 57.000 topographische und thematische Karten, ein Bildarchiv, eine Phonothek mit 17.000 Schallplatten, Tonbändern und Compactdisketten und zahlreiche Nachlässe. Ca. 18.000 Benutzer greifen jährlich auf die in der Bibliothek vorhandenen Bestände zurück. Der ursprüngliche Bestand von 120.000 Bänden setzte sich aus drei wichtigen Büchersammlungen zusammen: die zweier argentinischer Wissenschaftler, der aus Marburg überführten Mexiko-Bücherei – einem Geschenk der mexikanischen Regierung – und der Bibliothek des 1930 aufgelösten Ibero-Amerikanischen Forschungsinstituts der Universität Bonn (> BIBLIOTHEKEN; > ARCHIVE). Nach dem Krieg kam die bedeutende Gelehrtenbibliothek W. Lehmann hinzu.

Das IAI bietet seinen Benutzern nicht nur die bibliothekarischen Dienste, sondern betreibt Forschungen auf dem Gebiet der Literatur, Linguistik, Anthropologie / Ethnologie, Geschichte und Kunstgeschichte. Im Rahmen eines wissenschaftlich-kulturellen Programms finden am IAI regelmäßig internationale Kolloquien, Vorträge, Ausstellungen und künstlerische Veranstaltungen statt. In mehreren Buchreihen und Zeitschriften veröffentlicht das Institut wissenschaftliche Arbeiten.

Das IAI wurde 1930 als Kulturinstitut des preußischen Staates zur Pflege der kulturellen Beziehungen zu den ibero-amerikanischen Ländern gegründet. Zunächst war es im Schloßflügel des > MARSTALLS untergebracht, aus dem es 1941 in die ehemalige Villa der Familie Siemens in > LANKWITZ umzog. Nach dem II. Weltkrieg übernahm die Stadt die Einrichtung. Das Institut setzte seine Arbeit am gleichen Ort zunächst unter dem Namen Lateinamerikanische Bibliothek, von 1954-62 als Ibero-Amerikanische Bibliothek fort. 1962 wurde es unter seinem jetzigen Namen in die > STIFTUNG PREUSSISCHER KULTUR-BESITZ eingegliedert, 1977 erfolgte der Umzug in die Potsdamer Str. 1992 waren am IAI 80 Mitarbeiter (davon 6 Wissenschaftler) beschäftigt.

Import-Messe „Partner des Fortschritts": Die jährlich im Juni von der > AUSSTELLUNGS-MES-SE-KONGRESS-GMBH (AMK BERLIN) auf dem > AUSSTELLUNGS- UND MESSEGELÄNDE AM FUNK-TURM ausgerichtete Spezialmesse besteht seit 1962. Bis 1990 wurde sie unter dem Namen Übersee-Import-Messe „Partner des Fortschritts" jeweils im Herbst durchgeführt und konzentrierte sich auf die Aufgabe, die Einfuhr aus überseeischen Ländern, zumeist Entwicklungsländern, zu fördern (> ENTWICKLUNGS-POLITIK). Seit dem Fall der > MAUER am > 9. NOVEMBER 1989 dient sie zunehmend auch dem sich entwickelnden Ost-Süd-Handel. 1991 erhielt die Messe ihren heutigen Namen. 1992 präsentierte sie sich mit neuen Akzenten. Dabei spielte nicht nur die Konzentration des Produktangebotes auf umsatzintensive Marktsegmente (Textilien, Leder, Wohnen, Schenken) eine Rolle, sondern auch die Tatsache, daß diese internationale Handelsmesse nun auch Ausstellern aus osteuropäischen Ländern offensteht.

Von der AMK zusammen mit der > BAO BER-LIN – MARKETING SERVICE GMBH und der > INDU-

STRIE- UND HANDELSKAMMER ZU BERLIN (IHK) sowie der > SENATSVERWALTUNG FÜR WIRTSCHAFT UND TECHNOLOGIE u.a. im > INTERNATIONALEN CONGRESS CENTRUM BERLIN (ICC BERLIN) organisierte Begleitveranstaltungen machen die I. außerdem zu einem wichtigen Außenhandelsforum. Diese Messe ist dem Publikum nicht zugänglich, sondern den Fachbesuchern der europäischen importierenden Wirtschaft vorbehalten. 1966 fand im Rahmen der Übersee-Importmesse eine Sonderschau statt, aus der sich 1968 die > INTERNATIONALE TOURISMUS-BÖRSE entwickelte.

Aus dem traditionellen Testkaufsbereich der I., zu dem das Berliner Publikum Zutritt hatte, entwickelte sich eine eigenständige Veranstaltung, die 1992 als Verbraucherausstellung „Partner des Fortschritts" durchgeführt wurde. An fünf Verkaufstagen bietet die Verbraucherausstellung für über 200 Aussteller aus 30 Ländern die Möglichkeit, ihre Produkte, Dienstleistungen und Problemlösungen auf die Resonanz beim Endverbraucher zu testen. 1.203 Aussteller und 356 zusätzlich vertretene Firmen und Handelsorganisationen nahmen 1991 vom 5.-8.6. an der I. teil. Es kamen insg. 15.048 Besucher, davon waren 17 % Fachbesucher.

In den Zelten: I. war der Name einer Str. im > GROSSEN TIERGARTEN, die durch ein dort etwa an der Stelle der heutigen > KONGRESSHALLE TIERGARTEN ab Mitte des 18. Jh. entstandenes Ausflugsgebiet führte. 1745 erteilte Friedrich II. (1740-86) den Hugenotten Dortu und Thomassin die Genehmigung, am Spreeufer im Norden des Tiergartens, wo sich in den Sommermonaten die Berliner im Grünen vergnügten, Leinwandzelte aufzustellen, um Erfrischungen zu verkaufen. Als dann das Schlittschuhlaufen aufkam, durften die Zelte auch im Winter stehenbleiben, und der Franzose Mourier erhielt 1767 die Erlaubnis, feste Holzhütten aufzustellen. Schließlich wurde ein größeres, massives, zweistöckiges Gebäude errichtet, der Name „Zelte" aber blieb. Mehr und mehr wurden die Zelte ein beliebtes Ausflugsziel, das den Gästen nicht nur Speisen und Getränke, sondern auch Musik, Tanz und andere Unterhaltungen bot. Die parallel zur > SPREE durch das Gelände führende Straße erhielt 1832 den Namen I.

Im März 1848 waren die Zelte ein Zentrum der Volksversammlungen, in denen die politischen und sozialen Forderungen an Friedrich Wilhelm IV. (1840-61) verfaßt wurden.

Als am 13.3. die Volksmassen von der „Zelten-Versammlung" zurückkehrten, kam es am > BRANDENBURGER TOR zu den ersten bewaffneten Zusammenstößen in der Revolution. (> GESCHICHTE)

1887/88 wurde an der Straße nach Plänen des Architekten Hans Griesbach ein großer Backsteinbau mit Sandsteingliederung in den Formen der Spätrenaissance mit barocken Anklängen errichtet, das sogenannte Kronprinzen-Zelt. Auch ein Teil der anderen Lokale paßte sich gegen Ende des 19. Jh. durch pompöse Neubauten der Entwicklung an. Zwar ging dabei ihre „Ländlichkeit" verloren, als Vergnügungslokale behielten sie aber typisch berlinischen Charakter. Das ganze Viertel wurde 1943 bei einem Bombenangriff zerstört. In Anknüpfung an die historische Funktion des Ortes wird das Gelände seit 1980 vom > TEMPODROM als Standort genutzt.

Industrie- und Handelskammer zu Berlin (IHK): Die IHK Berlin ist das Selbstverwaltungsorgan der gewerblichen > WIRTSCHAFT in Berlin. Zu ihren Pflichtmitgliedern gehören alle Gewerbetreibenden in Berlin ohne das > HANDWERK, das durch die > HANDWERKSKAMMER Berlin vertreten wird. Die IHK Berlin hat ihren Sitz in der Hardenbergstr. 16-18 im Bezirk > CHARLOTTENBURG. Mit ihren rd. 110.000 Mitgliedern, von denen 33.000 in das vom Amtsgericht geführte Handelsregister eingetragen sind, und ihren rd. 77.000 Kleingewerbetreibenden ist sie nach der IHK München und Oberbayern die zweitgrößte IHK der Bundesrepublik Deutschland. Rechtsgrundlage der Rechtsaufsicht der > SENATSVERWALTUNG FÜR WIRTSCHAFT unterstehenden IHK Berlin sind im wesentlichen das Bundesgesetz zur vorläufigen Regelung des Rechts der Industrie- und Handelskammern vom 18.12.1956 und das Berliner Landesgesetz über die Industrie- und Handelskammer zu Berlin vom 17.10. 1957, jeweils mit verschiedenen Änderungsfassungen und Ergänzungsregelungen.

Zu den Aufgaben der IHK Berlin zählt die Wahrnehmung der Gesamtinteressen der Gewerbetreibenden, die Förderung der gewerblichen Wirtschaft und die Unterstützung der Behörden durch Vorschläge, Gutachten und Berichte. Hinzu kommen die ihr vom Staat übertragenen besonderen hoheitlichen Aufgaben wie die Überwachung der betrieblichen Berufsausbildung einschließlich Organisation und Durchführung der Zwischen- und Abschlußprüfungen (mit in Berlin in der Aus- und Weiterbildung 400 Prüfungsausschüssen und 1.800 ehrenamtlichen Prüfern).

Darüber hinaus umfaßt die Tätigkeit der IHK Berlin die Beratung des > ABGEORDNETEN-HAUSES VON BERLIN und des > SENATS VON BERLIN bei Gesetzgebungsvorhaben und Verwaltungsentscheidungen in wirtschaftlichen Fragen. Dies gilt sowohl für die Weiterentwicklung der > WIRTSCHAFTSFÖRDERUNG (> BERLINFÖRDERUNG) als auch für die Stadtplanung, wo bei Änderung der Bauleitplanung und des > FLÄCHENNUTZUNGSPLANS die IHK Berlin kraft Gesetz gehört werden muß.

Eine weitere Aufgabe besteht in dem umfassenden Serviceangebot gegenüber den Mitgliedsfirmen. Diese Arbeit reicht bspw. von der Beratung bei Existenzgründungen (> INNOVATIONSASSISTENT; > TECHNOLOGIE-VERMITT-LUNGS-AGENTUR) über die Förderung von Forschung und Entwicklung (> WISSENSCHAFT UND FORSCHUNG) bis hin zur Betreuung bei Industrieansiedlungen.

Die IHK Berlin finanziert ihre Tätigkeit durch Mitgliedsbeiträge, die sich nach der Höhe der Gewerbesteuer richten. Ihr oberstes Organ ist gem. ihrer Satzung die Vollversammlung, die das Präsidium wählt, das wiederum den Hauptgeschäftsführer bestellt. Zur Unterstützung der Kammerorgane können nach Bedarf Ausschüsse (derzeit existieren Ausschüsse für: Absatzförderung und Wirtschaftswerbung, Außenhandel, Beitragswesen, Berufsbildung, Handel, Industrie, strukturelle Anpassung und wirtschaftliche Integration, Sachverständigenfragen, Stadtentwicklung, Steuern, Sozialwirtschaft, Umwelt und Verkehr) und andere Einrichtungen gebildet werden. Letztere sind z.Z. die > BAO BERLIN-MARKETING SERVICE GMBH, ERIC Berlin (offizielle EG-Beratungsstelle bei der BAO/OHK), die *Einigungsstelle für Wettbewerbsstreitigkeiten* sowie die *Schlichtungsstelle für Verbraucherbeschwerden*. Die ehemals auch zur IHK Berlin zählende Berliner > BÖRSE wurde 1989 in einen selbständigen eingetragenen Verein umgewandelt.

Zu Zeiten der > SPALTUNG bestand auch im Ostteil der Stadt eine IHK. Sie wurde 1954 eingerichtet und 1958 dem > MAGISTRAT unterstellt, der auch den Direktor berief. Seit dieser Zeit hatte die IHK keine Selbstverwaltungsrechte mehr, sondern wurde zu einem Ausführungsorgan für die Durchführung der Planwirtschaft. Ab 1983 führte sie

den Namen *Handels- und Gewerbekammer* und vertrat nur einen kleinen Teil der Wirtschaft. Seit der > VEREINIGUNG am > 3. OKTOBER 1990 vertritt die IHK Berlin auch die selbständigen Unternehmer in den elf östlichen > BEZIRKEN der Stadt. Zu diesem Tag hatte die nach der Wende im Ostteil neugegründete Industrie- und Handelskammer von Berlin ihre Auflösung beschlossen, um im vereinten Berlin auch eine einheitliche Kammerorganisation zu gewährleisten. 1992 folgte dann die seit sechs Jahrzehnten erste Gesamt-Berliner Wahl der IHK zur neuen Amtszeit der Vollversammlung bis zum Jahre 1996. Im Zuge der neu entstehenden Wirtschaftsregion Berlin-Brandenburg arbeiten die vier Industrie- und Handelskammern von Berlin und Brandenburg in einem Arbeitskreis zusammen.

Die IHK Berlin ist entstanden aus einem täglichen Treffen von Berliner Kaufleuten seit 1761. Daraus wurde 1803 die Vereinigte Börsen-Kooperation, eine Gesamtvertretung der Berliner Handelswelt. 1820 folgte ein Statut zur Errichtung einer Kooperation der Berliner Kaufmannschaft, die im selben Jahr ihre Arbeit aufnahm. 1901 wurde eine Handelskammer für die Stadtgemeinden Berlin, > CHARLOTTENBURG, > SCHÖNEBERG und Rixdorf (> NEUKÖLLN) errichtet, die 1919 mit der Potsdamer Handelskammer vereinigt wurde und 1924 den Namen IHK Berlin erhielt. Ihre Neugründung nach dem Krieg erfolgte am 1.7.1950, zunächst als eingetragener Verein. Am 1.1.1958 wurde sie mit dem Status einer Körperschaft des öffentlichen Rechts versehen.

Info-Radio Berlin: Das im > KUDAMM-KARREE am > KURFÜRSTENDAMM 207-209 in > CHARLOTTENBURG ansässige I. ist der einzige private lokale Radioanbieter in der Bundesrepublik Deutschland, dessen Programm ausschließlich aus Wortbeiträgen besteht. Neben Nachrichten aus aller Welt, Reportagen und Kommentaren werden Informationen aus der Welt des Sports sowie der Wirtschaft (bspw. Börsennotierungen) gesendet. Einen weiteren Schwerpunkt des I. bildet zudem die aktuelle Berichterstattung über Berlin, verbunden mit Serviceleistungen wie Verkehrslageberichten und Wettermeldungen sowie z.B. Mitfahrmöglichkeiten und Mietangebote. Anstelle eines festen Programmschemas ist der Programmablauf lediglich skizziert, um bei aktuellen Ereignissen die Hörer laufend informieren zu können.

Das am 22.11.1991 auf Sendung gegangene I. beschäftigte Ende 1991 20 feste Redakteure sowie 10 freie Reporter und unterhält Kontakte zu rd. 100 Korrespondenten in anderen Städten der Bundesrepublik und im Ausland. Es finanziert sich ausschließlich durch Werbeeinnahmen. Betreiber sind Radio Schleswig-Holstein, > DER TAGESSPIEGEL sowie die überregionalen Tageszeitungen „Süddeutsche Zeitung" und „Frankfurter Allgemeine Zeitung".

Informationszentrum Berlin (IZB): Das IZB in der Hardenbergstr. 20 im Bezirk > CHARLOTTENBURG wurde 1961 als nichtrechtsfähige Anstalt des öffentlichen Rechts unter der Dienst- und Fachaufsicht des > REGIERENDEN BÜRGERMEISTERS VON BERLIN gegründet, um Berlins Besucher über die besonderen Aufgaben und Probleme zu informieren.
In diesem Zusammenhang wurden vom IZB v.a. Studienfahrten für in- und ausländische Schulklassen und Jugendgruppen einschließlich der Vermittlung von > JUGENDGÄSTE-HÄUSERN organisiert und durchgeführt. 1962 verzeichnete das IZB 195.000 Gruppen-Besucher (150.000 Jugendliche und 45.000 Erwachsene). Ende der 70er Jahre verdoppelten sich die Besucherzahlen. In den beiden Jahren vor dem Fall der > MAUER betreute das IZB jährlich mehr als 400.000 Personen durch ein Besuchsprogramm. Ein ebenfalls wesentlicher Teil der Tätigkeit dieser Institution bestand in der Erarbeitung und Herausgabe von Berlin-Publikationen. Seit Bestehen des IZB wurden mehr als 30 Mio. Broschüren, Faltblätter und andere Materialien kostenlos abgegeben und vertrieben.
Mit der > VEREINIGUNG Deutschlands und Berlins fielen die berlin- und deutschlandpolitischen Aufgaben, für die das IZB 1961 geschaffen wurde, weg. Bund und Länder stellten deshalb die Zahlung von Zuschüssen für Studienfahrten nach Berlin Anfang 1991 ein. Ab 1992 entfiel auch die Zuwendung des Bundes an das IZB. Danach wurde das IZB 1992 aufgelöst. Die noch verbliebenen Aufgaben werden seitdem vom > VERKEHRSAMT (Anlaufstelle für Gruppen- und Studienfahrten) und von der > SENATSKANZLEI (Information über Berlin) weitergeführt.

INKOTA – Ökumenisches Netzwerk e.V.: Der INKOTA (Information, Koordination, Tagungen) -Arbeitskreis in der Georgenkirchstr. 70 im Bezirk > FRIEDRICHSHAIN wurde 1971 auf Initiative von evangelischen und katholischen entwicklungspolitischen Basisgruppen und Einrichtungen gegründet. Die Einrichtung setzt auch die bereits 1957 von Präses Lothar Kreißig, Bischof Kurt Scharf, dem damaligen > REGIERENDEN BÜRGERMEISTER Willy Brandt, dem Vorsitzenden der > JÜDISCHEN GEMEINDE ZU BERLIN Heinz Galinski u.a. gegründete „Aktionsgemeinschaft für die Hungernden" fort.
INKOTA versteht sich als Dienstleistungsangebot für entwicklungspolitische Arbeit und Solidarität für Einzelengagierte, Gruppen und Kirchengemeinden. Als Laienbewegung versucht sie Verständnis, Interesse und politische Veränderung zu wecken, damit Solidarität verstehbar und konkret wird und die Stimmen der Menschen Asiens, Afrikas und Lateinamerikas hier vernehmbar werden. Die ökumenische Diskussion und die Zusammenarbeit mit Nichtchristen war immer wichtig. Schwerpunkte der Arbeit sind die Bildungs- und Bewußtseinsarbeit mit Tagungen und Seminaren, Zeitschriften und Referentenvermittlung, die Koordinierung durch Förderung von Basisgruppen, Gremienarbeit und Vermittlung von Kontakten zu anderen Organisationen und Projekten sowie die Projektarbeit in Nicaragua, El Salvador, Mozambique und Vietnam. INKOTA vermittelt auch work camps und Praktika in Übersee und betreut ausländische Gäste in Berlin.
1992 hatte der Verein 172 Mitglieder. Er finanziert seine Sach- und Personalkosten aus Spenden und Zuschüssen der Evangelischen Kirche in Deutschland, die Projektarbeit ebenfalls aus Spenden sowie aus Zuschüssen des > BUNDESMINISTERS FÜR WIRTSCHAFTLICHE ZUSAMMENARBEIT und der > SENATSVERWALTUNG FÜR WIRTSCHAFT UND TECHNOLOGIE.

Innovationsassistenten: Im Herbst 1982 startete der > SENAT VON BERLIN ein Programm, mit dem junge Hochschulabsolventen über die > TECHNOLOGIE-VERMITTLUNGS-AGENTUR BERLIN E.V. als I. an kleine und mittlere Berliner Unternehmen vermittelt werden. Damit sollten die bisherigen Maßnahmen der individuellen Technologieberatung von Unternehmen durch einen wirksamen *Personal-Transfer* ergänzt werden. Die Förderung besteht für die ersten zwei Absolventen aus einem Zuschuß in Höhe von 40 % des lohn- oder einkommensteuerpflichtigen Bruttogehalts für die Dauer von max. zwölf Monaten, höchstens jedoch 24.000 DM je Absolvent. Für die folgenden zwei Absolventen ermäßigt sich der Zuschuß auf 25 %, max. 15.000 DM. Durch die hohe Anfangssubventionierung wird insbes. kleineren und mittleren Unternehmen die Beschäftigung von jungen Akademikern erleichtert. Es handelt sich also bei der Maßnahme in erster Linie um ein strukturpolitisches Programm zur Verbesserung der Management-Qualifikationen und innovativen Kompetenzen der mittelständischen Unternehmen in Berlin.

Bis Mai 1992 konnten 1.173 I. vermittelt werden, von denen die meisten auch nach Ablauf des subventionierten ersten Beschäftigungsjahrs in den Unternehmen geblieben sind. Das stärkste Interesse der Unternehmen besteht an Elektroingenieuren und Informatikern, aber auch an Wirtschaftsingenieuren und Betriebswirten. Bisher haben 695 Unternehmen das Programm I. nachgefragt, davon 31 aus dem Ostteil der Stadt. Die Neufassung der Richtlinie Personal-Transfer 1992 berücksichtigte in Ost-Berlin auch den Innovationsbedarf größerer Unternehmen, so daß die Inanspruchnahme des Programms aus dem Ostteil der Stadt steigen dürfte. Zugleich wurde in der Neufassung für den Ostteil der Stadt u.a. eine höhere Förderungsquote (60 % statt 40 % für die ersten zwei Absolventen) festgelegt, um den besonderen Bedürfnissen dieses Unternehmenskreises gerecht zu werden.

Die als Varianten des I. 1986/87 initiierten Maßnahmen *Fertigungsassistent* und *Mittelstandsassistent* sind im Mai 1992 bzw. April 1990 beendet worden. Im Rahmen des Programms Fertigungsassistent konnten am *Fraunhofer-Institut für Produktionsanlagen und Konstruktionstechnik* (> Produktionstechnisches Zentrum) 41 Teilnehmer in produktionstechnischen Unternehmensbereichen qualifiziert und anschließend in Berliner Betrieben eingesetzt werden. Das Programm Mittelstandsassistent wurde von 60 Teilnehmern genutzt. 30 von ihnen fanden daraufhin einen Arbeitsplatz. Die in der Qualifizierungsphase gewonnenen Ergebnisse und Erfahrungen werden nunmehr im Programm I. genutzt. Seit dem Herbst 1991 erhalten alle I. die Möglichkeit einer mittelstandsspezifischen Basisqualifizierung.

Innovationsfonds: Der I. wurde 1982 von der damaligen Senatsverwaltung für Wirtschaft gemeinsam mit dem Strukturprogramm für neue Arbeitsplätze in Berlin eingerichtet, um durch finanzielle Förderung innovativer, risikobehafteter Projekte die Leistungsfähigkeit kleiner und mittlerer Unternehmen zu stärken (> Senatsverwaltung für Wirtschaft und Technologie). Gleichzeitig sollen damit hochqualifizierte, zukunftsorientierte Arbeitsplätze geschaffen bzw. gesichert werden. Die Mittel werden in Form stiller Beteiligungen, als Darlehen oder als bedingt rückzahlbare Zuschüsse gewährt. Bis Oktober 1989 erhielten 66 Unternehmen (darunter 39 Neugründungen) Mittel in Höhe von insg. rd. 42 Mio. DM, die zur Schaffung bzw. zum Erhalt von ca. 1.000 Arbeitsplätzen beitrugen. Die bisherige Verlustquote von rund 13 % ist in diesem Bereich der Risikofinanzierung als gering anzusehen. Um die Förderung stärker auf kleine und mittlere Unternehmen zu konzentrieren, wurde die betriebliche Umsatzhöchstgrenze 1989 von 150 auf 50 Mio. DM gesenkt.

Neben dem v.a. auf technologieorientierte Risikofinanzierung zielenden I. gibt es schon seit 1978 einen weiteren Fonds der Senatsverwaltung für Wirtschaft und Technologie zur Förderung kleiner und mittlerer Unternehmen, aus dem bis Oktober 1989 Darlehen oder Beteiligungen für 106 Berliner Betriebe von insg. 60,3 Mio. DM flossen. Damit konnte zur Schaffung oder zum Erhalt von 2.150 Arbeitsplätzen beigetragen werden. Ursprünglich aus dem Landeshaushalt finanziert, trägt sich dieser Fonds inzwischen überwiegend aus den zurückfließenden Tilgungen und Zinsen.

InnovationsMarkt Berlin und Brandenburg: Der I. ist ein Branchenkatalog, der seit 1985 von der > Senatsverwaltung für Wirtschaft und Technologie gefördert bzw. herausgegeben wird. In den einzelnen Branchenheftern dokumentieren Firmen sich und ihre Leistungen. In enger Zusammenarbeit mit dem Ministerium für Wirtschaft, Mittelstand und Technologie des Landes Brandenburg wurde der I. mit über 400 Firmenprofilen im Dezember 1991 erstmals für beide Bundesländer gemeinsam herausgegeben. In ähnlicher Form informieren der > Forschungsmarkt Berlin und der > DienstleistungsMarkt Berlin über angrenzende Fachgebiete.

Innovations- und Gründerzentren (IGZ): Die Einrichtung von IGZ ist ein strukturpolitisches Instrument, um den technologischen Wandel der > WIRTSCHAFT und die Schaffung von qualifizierten Arbeitsplätzen zu unterstützen; Vorreiter in Deutschland ist hierbei Berlin.

Im Herbst 1983 wurde in enger Zusammenarbeit mit der > TECHNISCHEN UNIVERSITÄT BERLIN (TUB) und der > SENATSVERWALTUNG FÜR WIRTSCHAFT UND TECHNOLOGIE in einem ehem. AEG-Gebäude in der Ackerstr. im Bezirk > WEDDING als erstes deutsches Zentrum zur Förderung technologieorientierter Unternehmensgründungen das *Berliner Innovations- und Gründerzentrum (BIG)* eröffnet. In unmittelbarer Nachbarschaft zu mehreren Instituten der TUB finden hier Unternehmen Aufnahme, die nicht älter als zwei Jahre sind, die über ein tragfähiges Unternehmenskonzept verfügen und die kooperationsbereit sind. Für die Gründer bietet das BIG personelle und technische Angebote „unter einem Dach", die eine kostengünstige und zielgerichtete Unternehmensentwicklung ermöglichen. Hierzu gehört u.a. ein flexibles Raumangebot, Gemeinschaftseinrichtungen (z.B. Konferenz- und Kopierräume), zentrale Dienstleistungsangebote (z.B. Empfangs- und Telefondienst) und die Beratung durch das Zentrums-Management. Der Unterhalt für das Gemeinschaftszentrum und die Mietkosten werden von den BIG-Firmen in voller Höhe erbracht.

Bisher waren 58 Unternehmen im BIG tätig. Derzeit sind es 33 mit ca. 600 Mitarbeitern und einem Umsatz 1991 von ca. 90 Mio. DM. 22 Unternehmen haben bereits erfolgreich das BIG nach der fünfjährigen Mietzeitdauer verlassen und sich außerhalb etabliert.

1985 wurde das BIG auf dem ehem. AEG-Industriekomplex „Brunnenstraße" um den *Technologie- und Innovationspark Berlin (TIB)* erweitert. In räumlicher und ideeler Nähe arbeiten hier auf insg. 89.000 m² Geschoßfläche anwendungsnahe Forschungsinstitute (speziell der TUB), innovative Mittelstandsunternehmen und neugegründete Technologiefirmen zusammen. Folgende Schwerpunktbereiche haben sich inzwischen herausgebildet: Mikrosystemtechnik (u.a. mit dem größten europäischen Hochschul-Reinluftlabor für Dünnschicht- und Halbleitertechnologie mit ca. 110 hochqualifizierten Beschäftigten); Informations- und Kommunikationstechnik/Medien (z.T. in enger Kooperation mit der hier befindlichen Kabelfernsehzentrale; > NEUE MEDIEN) und Umwelttechnik (> UMWELTSCHUTZ). An der Her-

richtung des Geländes beteiligt sich neben dem Land Berlin in erheblichem Umfang auch der Europäische Regionalfonds der > EUROPÄISCHEN GEMEINSCHAFTEN.

Im Rahmen der Neustrukturierung der Wirtschaft im Ostteil Berlins wurde im Bezirk > TREPTOW auf dem Standort > ADLERSHOF der ehem. > AKADEMIE DER WISSENSCHAFTEN DER DDR 1991 ebenfalls ein IGZ eröffnet. Dies war die erste Maßnahme auf dem 76 ha großen Gelände, das zu einem wissenschaftsbasierten Wirtschaftsstandort umgestaltet werden soll. In einer größeren Dimension als beim TIB werden im *Technologiepark Adlershof* naturwissenschaftliche Forschungs- und Lehreinrichtungen der Hochschulen (speziell der > HUMBOLDT-UNIVERSITÄT), wissenschaftliche Großeinrichtungen und -geräte (z.B. Elektronenspeicherring Synchrotron BESSY II; > BERLINER ELEKTRONENSPEICHERRING-GESELLSCHAFT FÜR SYNCHROTRONSTRAHLUNG), außeruniversitäre Forschungseinrichtungen, Gründerzentrum, Technologiepark und Industriezone eine integrierte Landschaft von Wirtschaft und Wissenschaft bilden.

Die Tätigkeit der Berliner IGZ erfolgt in enger Abstimmung mit dem 1992 geschaffenen Amt des > TECHNOLOGIEBEAUFTRAGTEN des Landes Berlin.

Die in Berlin entwickelte Konzeption der IGZ bzw. Technologieparks hat sich als erfolgreicher „Exportartikel" erwiesen. So haben seit 1983 in dieser Form 84 Zentren in den alten Bundesländern ihre Arbeit aufgenommen, in denen mehr als 2.000 Firmen mit über 20.000 Arbeitsplätzen entstanden sind. In den neuen Bundesländern wurden bisher zusätzlich 21 Zentren eröffnet. Im Großraum Berlin handelt es sich dabei u.a. um entsprechende Initiativen im Bezirk > KÖPENICK *(Innovationspark Wuhlheide GmbH)* und in > TELTOW.

Insel der Jugend: Die in der > SPREE gelegene, zum Bezirk > TREPTOW gehörende, gut 1 ha große I. ist ein beliebtes Ausflugsziel mit Freilichtbühne und Badestrand (> FREI- UND SOMMERBÄDER). Auf der früher bruchartigen Schilfinsel war zur Berliner Gewerbeausstellung 1896 ein Ausflugslokal im Stil einer schottischen Klosterruine errichtet worden. Nach dieser 1897 eröffneten „Abtei" erhielt die Insel zunächst den Namen *Abtei-Insel.* Während des I. Weltkriegs wurde die Insel 1916 über eine elegant geschwungene Stahlbetonbrücke mit dem > TREPTOWER PARK am linken Spreeufer verbunden. Die vorwiegend von französischen Kriegsgefangenen erbaute Brücke war die erste derartige Konstruktion in Deutschland. Flankiert von zwei Türmen hat sie bei 9 m Durchfahrtshöhe eine Spannweite von 75 m.

Als 1949 die Gebäude auf der I. zu einem Jugend-Klubhaus umgebaut wurden, erhielt sie ihren heutigen Namen. Im selben Jahr wurde die I neu gestaltet und landschaftlich in den benachbarten Volkspark einbezogen.

Inseln: In den > FLIESSGEWÄSSERN Berlins und den von ihnen gebildeten > SEEN gibt es rd. 35 I. Die bekannteste ist die aus Talsanden gebildete, ca. 1,5 km lange und rd. 40 ha große *Spreeinsel* zwischen der > SPREE und dem am > MÄRKISCHEN UFER westlich abzweigenden *Spreekanal* im Bezirk > MITTE (> FRIEDRICHSGRACHT; > KUPFERGRABEN). Sie gehört zu den ältesten Siedlungsgebieten der Stadt. Über ihre Südspitze führte die Furt, an der Ende des 12. Jh. die Doppelstädte > KÖLLN (auf der I.) und Berlin (am östlichen Spreeufer gegenüberliegend) entstanden, die die Keimzelle des heutigen Berlin bildeten (> GESCHICHTE; > LAGE UND STADTRAUM). Ihr Südteil wird als > FISCHERINSEL bezeichnet, während ihr Nordteil von der > MUSEUMSINSEL eingenommen wird. Im mittleren Bereich, am heutigen > MARX-ENGELS-PLATZ, stand das 1950 von der DDR-Regierung abgetragene > STADTSCHLOSS der Hohenzollern (> LANDESHERREN). Heute befindet sich dort der 1976 fertiggestellte > PALAST DER REPUBLIK. Außerdem liegen in diesem Bereich der I. südlich des Marx-Engels-Platzes das ehemalige > STAATSRATSGEBÄUDE der DDR sowie der > MARSTALL und nördlich der > LUSTGARTEN mit dem Berliner > DOM.

Eine zweite Insel in der Innenstadt ist die etwa 6 ha große *Lohmühleninsel* zwischen Spree, > LANDWEHRKANAL und Flutgraben im Bezirk > KREUZBERG. Sie wird vorwiegend von Gewerbebetrieben eingenommen. Auch die Altstadt von > KÖPENICK liegt auf einer I. in der Mündung der > DAHME in die Spree. Ihr ist im Süden die Schloßinsel vorgelagert, die bereits in der Steinzeit besiedelt war und später eine slawische Burg trug (> SCHLOSS KÖPENICK). Nördlich davon erstreckt sich die unbesiedelte *Baumgarteninsel*.

Beliebte Ausflugsziele sind die > INSEL DER JUGEND in der Spree beim > TREPTOWER PARK mit Freilichtbühne und Badestrand sowie das 60 ha große Naturschutzgebiet > PFAUENINSEL mit dem gleichnamigen Schloß im Flußlauf

der seenartig verbreiterten > HAVEL nördlich des > DÜPPELER FORSTS, die zugleich die größte der Berliner I. ist (> HAVELSEEN). Die nordöstlich davon am Eingang zum > GROSSEN WANNSEE gelegene, ca. 25 ha große I. > SCHWANENWERDER ist mit dem linken Havelufer durch eine Brücke verbunden und wurde Ende des 19. Jh. mit herrschaftlichen Villen bebaut, die heute teils privat, teils von den > BEZIRKSÄMTERN für Jugenderholungsmaßnahmen genutzt werden (> JUGENDFÖRDERUNG). Außerdem befindet sich hier die Berliner Tagungsstätte des > ASPEN-INSTITUTS. Die größte Insel im > TEGELER SEE mit rd. 20 ha ist *Scharfenberg*, die seit 1921 Sitz der Internatsschule > SCHULFARM INSEL SCHARFENBERG ist, und um die jährlich im Juli das Langstreckenschwimmen „Rund um Scharfenberg" veranstaltet wird. Die im südlichen Teil der Oberhavel gelegene, rd. 14 ha große I. *Eiswerder* wird bisher weitgehend von Gewerbebetrieben eingenommen. Rund um die mit beiden Havelufern verbundene I. soll jedoch in den nächsten Jahren die > WASSERSTADT OBERHAVEL mit 18.000 Wohnungen und 25.000-30.000 Arbeitsplätzen entstehen.

Außer den von den natürlichen Flußläufen gebildeten I. gibt es noch einige I. in den Seen der städtischen Parkanlagen, so z.B. die Rousseauinsel und die Luiseninsel im > GROSSEN TIERGARTEN oder die Luiseninsel im Park des > SCHLOSSES CHARLOTTENBURG.

Inseln in Berliner Gewässern (in der Reihenfolge der Flußläufen folgend, bzw. von Nord nach Süd) sind:

Seddinsee: Berg, Dommelwall, Nixenwall, Kleiner Seddinwall, Seddinwall, Weidenwall, Werderchen, Zeuthener Wall;

Langer See: Kleiner Rohrwall, Großer Rohrwall, Rohrwallinsel, Schloßinsel Köpenick;

Spree: Baumgarteninsel, Bullenbruch, Kratzbruch, Liebesinsel, Insel der Jugend, Spreeinsel;

Havel: Eiswerder, Großer Wall, Kleiner Wall, Pionierinsel, Lindwerder, Imchen, Kälberwerder, Pfaueninsel, Schwanenwerder;

Tegeler See: Hasselwerder, Lindwerder, Scharfenberg, Reiswerder, Baumwerder, Valentinswerder, Maiwerder.

Die I. Imchen steht wie die Pfaueninsel unter > NATURSCHUTZ.

Institut Français de Berlin: Das seit 1950 im Westteil der Stadt am > KURFÜRSTENDAMM 211 im Bezirk > CHARLOTTENBURG bestehende Institut Français und das seit 1984 im Ostteil >

UNTER DEN LINDEN 37 im Bezirk > MITTE ansässige *Centre Culturel Français* wurden im Zuge der > VEREINIGUNG unter dem Namen I. zusammengeschlossen. Das I. ist ein französisches Kultur- und Informationszentrum und versteht sich als offenes Forum des Informations- und Meinungsaustauschs über Gesellschaft, Politik, Kultur und Wissenschaft Frankreichs sowie seiner Beziehungen zur Bundesrepublik Deutschland. Das I. veranstaltet und organisiert – oft in Zusammenarbeit mit Berliner Instituten – Tagungen, Seminare, Vorträge und Konferenzen zu Fragen der deutsch-französischen Beziehungen, des europäischen Integrationsprozesses sowie internationaler Beziehungen und Entwicklungspolitik. Einen weiteren Schwerpunkt bildet die Lehrerfortbildung besonders in den Fächern Französisch, Geschichte und Geographie Frankreichs. Ferner bietet das I. Sprachkurse sowie ein Kulturprogramm an, das Film- und Videovorführungen, Lesungen, Ausstellungen und Konzerte umfaßt.

Das I. verfügt über insg. zwei Veranstaltungsräume in beiden Häusern. Die im *Maison de France* am Kurfürstendamm untergebrachte Bibliothek umfaßt ca. 8.000 Bücher aus den Bereichen Literatur, Kultur, Geschichte und Soziologie, 40 Periodika sowie französischsprachige Videobänder, Kassetten usw. Das Haus Unter den Linden, in dem ca. zwei Drittel aller Veranstaltungen des I. durchgeführt werden, umfaßt eine Galerie und ein Kino mit 236 Plätzen sowie eine Bibliothek mit ca. 10.000 Bänden aller Fachgebiete. Die Leseräume sind für alle Interessierten zugänglich.

Die beiden Häuser des I. werden von z.Z. fünf Mitarbeitern aus Frankreich geleitet. Ferner arbeiten in der Einrichtung zehn Hilfskräfte und ca. 40 Sprachlehrer. Die Finanzierung erfolgt durch die Einnahmen aus den Sprachkursen und durch Zuwendungen des Französischen Außenministeriums. 1991 hatte das I. ca. 3.500 Anmeldungen zu den Sprachkursen sowie ca. 4.000 Teilnehmer an den etwa 50 sonstigen Veranstaltungen.

Institut für Bautechnik Berlin (IfBt): Das IfBt am Reichpietschufer 72-76 im Bezirk > TIERGARTEN wurde 1968 aufgrund eines Abkommens zwischen Bund und Ländern als rechtsfähige Anstalt des öffentlichen Rechts gegründet. Es ist zuständig für die einheitliche Bearbeitung bautechnischer Aufgaben auf dem Gebiet der Bauaufsicht, insbes. der

Erteilung allgemeiner bauaufsichtlicher (baurechtlicher) Zulassungen für neue Baustoffe, -teile und -arten, die Erteilung von Prüfzeichen und die Durchführung bautechnischer Untersuchungen. Außerdem bearbeitet das IfBt Forschungsaufträge und wirkt an der Vereinheitlichung internationaler bautechnischer Bestimmungen mit. Dabei kooperiert es eng mit dem > DIN DEUTSCHES INSTITUT FÜR NORMUNG e.V. Seit der > VEREINIGUNG nimmt das IfBt seine Aufgaben auch in den neuen Bundesländern wahr. Darüber hinaus überwacht es die Einhaltung der bautechnischen sowie der Richtlinien für Bauprodukte der > EUROPÄISCHEN GEMEINSCHAFTEN. Aus diesen Bereichen kamen als neue Aufgaben der Gesundheits- und Umweltschutz in bezug auf Bauteile und -stoffe hinzu.

Das von der > SENATSVERWALTUNG FÜR BAU- UND WOHNUNGSWESEN beaufsichtigte IfBt beschäftigte Anfang 1992 ca. 120 Mitarbeiter. Es finanziert sich durch Zuweisungen des > BUNDESMINISTERS DES INNERN, des > BUNDESMINISTERS FÜR RAUMORDNUNG, BAUWESEN UND STÄDTEBAU, der für Bau- und Wohnungswesen zuständigen Länderministerien sowie durch eigene Einnahmen. Für die nächsten Jahre ist eine Modifizierung der Aufgaben und die Umbenennung der Einrichtung in *„Deutsches Institut für Bautechnik"* geplant.

Institut für Gärungsgewerbe und Biotechnologie (IFGB): Das 1874 gegründete I. in der Seestr. 13 im Bezirk > WEDDING ist eine Gesellschaft bürgerlichen Rechts, zu der sich die heute noch bestehende *Versuchs- und Lehranstalt für Spiritusfabrikation und Fermentationstechnologie (VLSF)*, die *Versuchs- und Lehranstalt für Brauerei (VLB)* und die *Versuchsanstalt der Hefeindustrie e.V. (VH)* unter einem Dach zusammengeschlossen haben. Die drei rechtlich selbständigen Anstalten – VLSF und VLB haben die Rechtsform eines Vereins kraft Verleihung – sind gleichzeitig die Gesellschafter des I., das für sie eine Reihe von gemeinsamen Aufgaben erledigt. Alle drei Institutionen sind auf dem Gebiet der Forschung, der akademischen Aus- und Weiterbildung, der Beratung und Erbringung von Dienstleistungen für die gärungsgewerbliche Industrie tätig. Dabei kooperieren sie teilweise eng mit der > TECHNISCHEN UNIVERSITÄT BERLIN und anderen fachspezifischen Einrichtungen. Die Ergebnisse werden in eigenen Zeitschriften und Schriftenreihen publiziert, ferner führt man Symposien, Tagungen und Seminare durch. Das I. und die Gesellschafter haben zusammen 250 Mitarbeiter und finanzieren sich durch Mitgliedsbeiträge und Eigenerträge.

Die älteste der drei Einrichtungen ist die 1857 als eine der ersten Institutionen der Kooperation mit der Industrie auf dem Gebiet der Gemeinschaftsforschung gegründete VLSF. Sie verfügt über zwölf Forschungsinstitute und Abteilungen mit ca. 120 Mitarbeitern (15 Wissenschaftler). Die 1883 gegründete VLB unterhält neben ihrer Zentrale in Berlin ein Untersuchungslabor in Köln. An der VLB sind 89 Mitarbeiter (41 Wissenschaftler) tätig. Die 1924 gegründete VH hat acht Mitarbeiter, davon vier Wissenschaftler.

Institut für Genbiologische Forschung Berlin GmbH: Das 1984 durch das Land Berlin und die Firma Schering AG gegründete I. in der Ihnestr. 63 im Bezirk > ZEHLENDORF nahm 1986 seine Arbeit auf. Damit soll Berlin neben München, Köln und Heidelberg als viertes bio-technologisches Zentrum der Bundesrepublik Deutschland ausgebaut werden. Das I. betreibt unter Verwendung gentechnischer Methoden Grundlagen- und Auftragsforschung auf dem Gebiet der Zellbiologie. Schwerpunkte sind Untersuchungen zur Kontrolle der Gen-Aktivitäten höherer Pflanzen sowie molekulargenetische Studien an pflanzenschädlichen Pilzen und Mikroorganismen. Ferner bildet das I. wissenschaftlichen Nachwuchs für die Universitäten und die Industrie aus. Das I. ist durch einen Kooperationsvertrag mit der > FREIEN UNIVERSITÄT BERLIN verbunden und arbeitet ferner mit der > TECHNISCHEN UNIVERSITÄT BERLIN, anderen Gen-Zentren und einigen Max-Planck-Arbeitsgruppen der > MAX-PLANCK-GESELLSCHAFT ZUR FÖRDERUNG DER WISSENSCHAFTEN E.V. sowie mit mehreren weiteren in- und ausländischen Forschungsgruppen zusammen. Das Institut hat 132 Mitarbeiter; es finanziert sich aus Zuwendungen der beiden Gesellschafter sowie Forschungsmitteln des > BUNDESMINISTERS FÜR FORSCHUNG UND TECHNOLOGIE, der Deutschen Forschungsgemeinschaft und fachbezogenen Fonds der > EUROPÄISCHEN GEMEINSCHAFTEN.

Institut für Management und Technologie IMT Berlin GmbH: Das im Herbst 1988 von einer Reihe Berliner und westdeutscher Großunternehmen gegründete IMT Berlin in der Ehrenbergstr. 29 in > DAHLEM ist ein wirtschaftsnahes Weiterbildungsinstitut in der Rechtsform einer gemeinnützigen GmbH. Es bietet management- und technologiebezogene Weiterbildungsveranstaltungen für höchste Führungskräfte und Führungsnachwuchskräfte von Wirtschaftsunternehmen aus der gesamten Bundesrepublik. Alle Veranstaltungen werden in enger personeller Kooperation mit den Berliner Hochschulen und Universitäten organisiert. Inhaltliche Schwerpunkte des Weiterbildungsprogramms sind sowohl neue Technologien (Mikroelektronik, Fertigungstechnik) als auch Management-Funktionen (Industriemarketing, Innovations-, Produktions-, Logistik- und Informationsmanagement sowie Industriecontrolling und Umweltmanagement); dabei steht die ganzheitliche Beurteilung technisch-betriebswirtschaftlicher Grenzfragen im Vordergrund.

1991 wurden 39 Seminare mit mehr als 1.300 Teilnehmern durchgeführt. Dazu gehörten mehrere Spezialveranstaltungen für Führungskräfte aus den neuen Bundesländern. Die Gemeinkosten des Instituts werden aus den Zinserträgen des Gesellschaftsvermögens sowie den Teilnehmergebühren gedeckt. Die > SENATSVERWALTUNG FÜR WIRTSCHAFT UND TECHNOLOGIE gewährte über fünf Jahre eine Anschubfinanzierung in Höhe von insg. 3 Mio. DM.

Institut für Meteorologie: Das 1949 gegründete I. gehört als Einrichtung des Fachbereichs Geowissenschaften zur > FREIEN UNIVERSITÄT BERLIN. Es hat seinen Hauptsitz im Dietrich-Schäfer-Weg im Bezirk > STEGLITZ. Seine wesentlichen Aufgaben liegen in der Lehre und Forschung.

Zum I. gehört auch der an der benachbarten Schmidt-Ott-Str. in einem 1886 erbauten ehemaligen Wasserturm auf dem 68 m hohen Fichteberg untergebrachte *Universitätswetterdienst*. Gemäß einem Vertrag von 1960 übernahm er als Daueraufgabe im Auftrag des Deutschen Wetterdienstes der Bundesrepublik Deutschland (DWD) den Wirtschaftswetterdienst für das Land Berlin. Hierzu gehört die wetterdienstliche Information der Medien (> FERNSEHEN; > HÖRFUNK; > PRESSE) und der > WIRTSCHAFT sowie der Öffentlichen Dienste, Energieversorgungsunternehmen und Umweltdienststellen. Im Rahmen dieser Aufgabe verbreitet das I. seit 1952 über Telefon bei stündlicher Aktualisierung Wetterberichte für Berlin, Reisewetterberichte und Straßenwetterberichte in Zusammenarbeit mit dem ADAC. In den vergangenen Jahren wurden die Berichte bis zu 5 Mio. mal im Jahr abgerufen. Über Telefon werden auch die über das > BERLINER LUFTGÜTE-MESSNETZ ermittelten Umwelt-Daten verbreitet (SO_2/ Ozon; > UMWELTSCHUTZ) sowie im Frühjahr und Sommer ein *Polleninformationsdienst* für Allergiker.

Für die Stadtklima-Forschung und für die Bearbeitung von Gutachten bei Schadensfällen stehen die Daten von insg. über 80 Klima- und Regenmeßstellen zur Verfügung (> KLIMA). Mit dem für den > LUFTVERKEHR zuständigen *Wetteramt Berlin* des Deutschen Wetterdienstes am Platz der Luftbrücke 2 im Bezirk > TEMPELHOF, das ebenfalls einige Klima-Stationen im Stadtgebiet unterhält, besteht eine inhaltliche Zusammenarbeit. Seit 1952 gibt das I. täglich die Berliner Wetterkarte heraus, die u.a. auch die Werte der Radioaktivität und der Staubbelastung enthält, außerdem Standardwerte aus der Bundesrepublik Deutschland sowie einer großen Anzahl weiterer Stationen rund um den Erdball. Seit 1966 erscheint als Beilage hierzu täglich das Europäische Satellitenbild. Nach einer Überleitungszeit wird das Wetteramt Berlin ab 1.1.1994 die Aufgaben des Deutschen Wetterdienstes für das Land Berlin übernehmen.

Die Stratosphären-Gruppe des I. hat eine zentrale Stellung im internationalen Forschungsprogramm der Weltorganisation für Meteorologie in Genf. Für alle Länder der Erde unterhält sie die Alarm-Zentrale für besondere Ereignisse in der Stratosphäre. Bei der Satelliten-Gruppe des I. wurde 1986 das Sekretariat des Internationalen Satelliten-Landoberflächen-Klimatologie-Projekts eingerichtet. Die Gruppe Statistische und Theoretische Klimatologie beteiligt sich an der Erforschung der Atmosphäre über der südlichen Erdhälfte und pflegt eine intensive Zusammenarbeit mit dem Wetterdienst Australiens und der Universität Melbourne.

Institut für Museumskunde (IfM): Das IfM der > STAATLICHEN MUSSEN ZU BERLIN (> STIFTUNG PREUSSISCHER KULTURBESITZ) In der Halde 1 in > DAHLEM wurde 1979/80 gegründet. Es hat den Auftrag, für das Museumswesen der Bundesrepublik und Berlins Forschung, Dokumentation und Information zu betreiben (> MUSEEN UND SAMMLUNGEN). Zur Erfüllung dieser Aufgaben führt es Forschungen zur Museumsmethodik durch, veranlaßt Untersuchungen zum Verhältnis der Öffentlichkeit und bestimmter Besuchergruppen zum Museum und erarbeitet Statistiken sowie Dokumentationen zu museumsspezifischen Problemen. Ferner führt das IfM gemeinsam mit den Museen und internationalen Fachexperten wissenschaftliche Fachtagungen durch und publiziert seine Forschungsergebnisse und statistischen Erhebungen in einer instituteigenen Schriftenreihe. Darüber hinaus bilden die „Berliner Schriften zur Museumskunde" eine wissenschaftliche Reihe, in der bedeutende museumstheoretische Themen abgehandelt werden.

Das IfM erstellt zentral die Besucherstatistik der Museen für die gesamte Bundesrepublik. Diese Aufgabe wird seit der > VEREINIGUNG mit dem Institut für Museumswesen gemeinsam durchgeführt und erfaßt auch die neuen Bundesländer (für ca. 4.300 Museen). Das IfM verfügt über eine umfangreiche Bibliothek, eine Diathek und ein computergestütztes Informationszentrum.

Neben dem IfM bestand 1992 in der Brüderstr. 10 im Bezirk > MITTE das mit ihm eng zusammenarbeitende *Institut für Museumswesen* (IFM). Dieses 1971 als „Institut für Museumswesen der DDR" gegründete Einrichtung geht unmittelbar auf die 1954 ins Leben gerufene „Zentrale Fachstelle für Heimatmuseen" zurück, die anfangs ihren Sitz in Halle/Saale hatte, bevor sie 1964 nach Berlin übersiedelte. Bis zum > 3. OKTOBER 1990 war das IFM eine dem Ministerium für Kultur der DDR nachgeordnete, zentrale staatliche Dienststelle, verantwortlich für wissenschaftlich-methodische und kulturpolitische Fragen des DDR-Museumswesens. Zu seinen Aufgaben gehörten die Schaffung des wissenschaftlichen Vorlaufs für das Ministerium, um Entscheidungen im Museumswesen treffen zu können, Forschungen zur Museologie und zu museumsspezifischen Einzelfragen sowie deren Übertragung in die Praxis, die Durchführung von Tagungen, die Führung der Landesmuseumsstatistik sowie Dokumentationen zum Museumswesen der DDR.

Dem IFM organisatorisch beigeordnet war der „Rat für Museumswesen der DDR (RFM)", der 1965 aus Museumsfachleuten gebildet worden war. Er stellte die Interessenvertretung der DDR-Museen gegenüber dem Ministerium dar. Mit der Vereinigung wurde auch der RFM aufgelöst.

Für das IFM wird seitdem um Lösungen einer Fortführung und Eingliederung in das westliche IfM gesucht. 1992 wurde das personell reduzierte IFM noch aus Mitteln des Bundes finanziert und war der > SENATSVERWALTUNG FÜR KULTURELLE ANGELEGENHEITEN unterstellt. Das IFM verfügt über eine umfangreiche Fachbibliothek und über eine bedeutende Sammlung von Katalogen und Plakaten aus Museen der ehem. DDR.

Institut für Städtebau: Das I. in der Jebensstr. 1 im Bezirk > CHARLOTTENBURG wurde 1961 auf Anregung des Bundes und des Landes Berlin von Wissenschaftlern der > TECHNISCHEN UNIVERSITÄT BERLIN gegründet. Seine Aufgabe besteht in der Aus- und Fortbildung von Fachkräften der öffentlichen Verwaltungen, von freiberuflichen Fachkräften sowie – seit 1964 – auch von Referendaren des höheren Staatsdienstes auf den Gebieten des Städtebaus, der Raumordnung und Landesplanung, des > UMWELTSCHUTZES und des Umweltrechts sowie angrenzender Fachgebiete. Das I. führt jährlich 12-15 Fortbildungskurse in Form von Vortragsveranstaltungen, Seminaren und Studienfahrten durch. Hinzu kommen im Frühjahr und im Herbst zwei spezielle Lehrgänge für Referendare des höheren Staatsdienstes in den Fachrichtungen Städtebau, Vermessungswesen und Landschaftsplanung. Das Kuratorium besteht aus je einem Vertreter des für Raumordnung und Städtebau zuständigen Bundesministers, des für Städtebau zuständigen Mitgliedes des > SENATS VON BERLIN, der Deutschen Akademie für Städtebau und Landesplanung, der Bundesvereinigung der kommunalen Spitzenverbände sowie dem Direktor und einem Mitglied des Institutsrats. Dem Kuratorium obliegt insbes. die Beschlußfassung über das Arbeitsprogramm und den Haushaltsplan. Träger des I. ist die Deutsche Akademie für Städtebau und Landesplanung e.V. Neben der Leiterin der Geschäftsstelle arbeiten im I. z.Z. 15 wissenschaftliche Mitarbeiter. Die Finanzierung erfolgt zu 40 % durch Teilnehmergebühren und zu je 30 % durch das > BUNDESMINISTERIUM FÜR RAUMORDNUNG, BAUWESEN UND STÄDTEBAU und die > SENATSVERWALTUNG FÜR STADTENTWICKLUNG UND UMWELTSCHUTZ.

Institut für technische Weiterbildung Berlin e.V. (ITW): Das 1967 gegründete I. ist einer der ältesten gemeinnützigen Weiterbildungs-

träger Berlins. Es verfügte 1992 in Berlin über insg. sieben Schulungszentren in den Bezirken > WEDDING (3), > LICHTENBERG (3) und > WEISSENSEE (1) sowie über 3 weitere in Dresden, Güstrow und Fürstenwalde. Die Geschäftsstelle des I. befindet sich im Schulungszentrum an der > TECHNISCHEN FACHHOCHSCHULE BERLIN (TFH) in der Luxemburgstr. 10 im Wedding. Mitglieder des Vereins sind der > SENAT VON BERLIN, die TFH, die > INDUSTRIE- UND HANDELSKAMMER ZU BERLIN sowie eine Vielzahl von Wirtschaftsunternehmen und Verbänden.
Ursprüngliche Hauptaufgabe des I. war es, technische Führungskräfte und qualifizierte Angestellte mit dem Fortschritt in der Technik vertraut zu machen und fehlende Disziplinen der Ingenieurausbildung abzudecken. Seit Beginn der 80er Jahre hat sich das Kursangebot von den technischen Gebieten auf den Bereich der EDV, der Wirtschaftswissenschaften und des Managements ausgedehnt. Neben berufsbegleitender Weiterbildung in Abendkursen und ganztägigen Kompaktseminaren werden im Auftrag der > ARBEITSÄMTER auch längerfristige Fortbildungen und Umschulungen für Arbeitslose nach dem Arbeitsförderungsgesetz durchgeführt. Des weiteren bietet das I. Firmenschulungen sowie im Auftrag des Senats von Berlin öffentlich geförderte Weiterbildungs- und Qualifizierungsprojekte an.
Bei der Wahrnehmung seiner Aufgaben arbeitet das I. mit der TFH und der > FACHHOCHSCHULE FÜR TECHNIK UND WIRTSCHAFT zusammen. Es beschäftigt 350 Dozentinnen und Dozenten und finanziert sich aus Teilnehmerbeiträgen. Für Auftragsprojekte werden Zuwendungen zur Kostendeckung gewährt. 1990/91 betrug der Schulungsumfang des I. insg. 790.000 Teilnehmerstunden (= Summe der von den Teilnehmern belegten Seminarstunden).

Insulaner: Der I. ist ein 1946-51 aus rd. 1,8 Mio. m³ Schutt aufgeschichteter, 75 m hoher > TRÜMMERBERG an der Bezirksgrenze von > SCHÖNEBERG zu > STEGLITZ. Der ursprünglich beabsichtigte Ausblick über die Stadt ist inzwischen weitgehend zugewachsen. Am I. liegen eine > RODELBAHN und ein Sommerbad (> FREI- UND SOMMERBÄDER). Auf dem Gipfel befindet sich die 1963 fertiggestellte > WILHELM-FOERSTER-STERNWARTE und am Fuß das dazugehörige, 1965 eröffnete Planetarium. Der Name des Bergs geht auf einen Schülerwettbewerb zurück und erinnert an das 1948 von Günther Neumann beim > RIAS gegründete Funk-Kabarett *„Die Insulaner"* (> KABARETT).

Internationale Bauausstellung (IBA) 1987: Nach den großen Berliner > BAUAUSSTELLUNGEN der Jahre 1931 und 1957 setzte die 1987 in West-Berlin durchgeführte IBA neue Akzente für die 80er Jahre. Bereits im August 1974 wurde von Senatsbaudirektor Hans Christian Müller ein erstes Arbeitsprogramm mit Vorschlägen für eine Internationale Bauausstellung vorgelegt, doch erst am 14.2.1979 kam es durch Handelsregistereintrag als GmbH zur endgültigen Geburtsstunde der zuerst für 1981, dann für 1984 projektierten Bauausstellung. Etwa 80 Mitarbeiter sollten in den nächsten Jahren mit 85 Mio. DM Eigenmitteln ein Investitionsvolumen von 3,4 Mrd. Mark bewegen.

Zentrales Thema der IBA wurde „Die Innenstadt als Wohnort". Mit neuentwickelten Konzepten der Stadterneuerung beabsichtigte die bis Ende 1983 zu 75 % vom Land Berlin und zu 25 % von der Bundesrepublik getragene Gesellschaft Fehlentwicklungen der Vergangenheit zu korrigieren, „... um in der stark ramponierten und geteilten Stadt gegen die erkannten Defizite des neuen Städtebaues modellhaft eine menschliche und künstlerisch anspruchsvolle Architektur zu stellen und ein Stück Stadt jenseits routinierter Praxis zu reparieren". Im März 1983 beschloß das > ABGEORDNETENHAUS VON BERLIN die zwölf Grundsätze der *behutsamen Stadterneuerung,* die in Zukunft die Sanierungspolitik des Senats bestimmen sollten (> STADTSANIERUNG).

Räumlich konzentrierte sich die IBA v.a. auf Gebiete, die durch den Mauerbau am > 13. AUGUST 1961 in eine Randlage geraten und deshalb seitdem vernachlässigt worden waren. Als Organisationsform wählte man die Gliederung in zwei Bereiche: den Bereich Stadtneubau („Kritische Rekonstruktion") unter Leitung des Architekten Josef Paul Kleihues in Tegel (> TEGELER HAFEN), im südlichen Tiergartenviertel (> DIPLOMATENVIERTEL; > LÜTZOWPLATZ; > KULTURFORUM TIERGARTEN), am Prager Platz und der südlichen Friedrichstadt in > KREUZBERG, wo südlich der ehemaligen > MAUER zwischen Köthener Str. und Alter Jakobstr. auf einer Nutzfläche von 125 ha der Bau von 2.500 Sozialwohnungen geplant wurde. Der zweite Bereich umfaßte die Behutsame Stadterneuerung und stand unter

der konzeptionellen Verantwortung des Architekten Hardt-Waltherr Hämer. Er erstreckte sich auf zwei Quartiere im östlichen Kreuzberg, die Luisenstadt rund um das Kottbusser Tor zwischen > LANDWEHRKANAL und der ehemaligen Sektorengrenze sowie das Viertel SO 36 nördlich und südlich des > GÖRLITZER BAHNHOFS.

Im September 1982 fiel dann die Entscheidung, die IBA auf das Jahr 1987 zu verschieben und 1984 lediglich ein Berichtsjahr durchzuführen. Von den in diesem Rahmen durchgeführten 15 Ausstellungen, fünf Symposien und vier Kongressen hatten die zentrale IBA-Ausstellung „Idee, Prozeß, Ergebnis" im > MARTIN-GROPIUS-BAU und die Aus-

Stadtvilla vom Architekten Hans Hollein in der Rauchstraße

stellung der > TECHNISCHEN UNIVERSITÄT „Die Zukunft der Metropolen – Das Beispiel Berlin" mit jeweils etwa 30.000 Besuchern die größte Publikumsresonanz. Leider konnten auch für 1987 nicht alle Projekte in vollendetem Zustand präsentiert werden. Dies entsprach jedoch dem Selbstverständnis der Organisatoren, die ihre Bauausstellung bewußt als „Prozeß" und „Werkstatt", also mehr als Anstoß, denn als Ziel verstanden wissen wollten. Parallel zur 750-Jahr-Feier Berlins führte die IBA eine zentrale Informationsschau im Kreuzberger *Merkur-Haus,* einem 1912 errichteten, nach Kriegszerstörungen jahrelang leerstehenden ehemaligen Geschäftshaus in der Lindenstr. 32-45 durch sowie eine vielbeachtete stadthistorische Ausstellung „750 Jahre Architektur, Städtebau und Stadtentwicklung in Berlin" in der >

Unter der Mitarbeit vieler international renommierter Architekten (z.B. Georgio Grassi, Hans Hollein, Rem Koolhaas, Rob Krier, Aldo Rossi, James Stirling, Oswald Matthias Ungers) entwickelte sich die IBA trotz der organisatorischen und finanziellen Schwierigkeiten doch zu einem Ereignis mit Weltgeltung. Herausragende Projekte waren u.a. die unter der koordinierenden Leitung von Rob Krier durch acht Architekten errichteten *Stadtvillen* mit 239 Wohnungen an der Rauchstr. 4-10 im Bezirk > Tiergarten (1983-84) und die fünf *Energiesparhäuser* mit jeweils 12 Wohnungen am Lützowufer 1a-5a, ebenfalls in Tiergarten. Die im sozialen > Wohnungsbau geförderten sechsgeschossigen Häuser repräsentieren bei identischen Baukosten unterschiedliche Konzepte zur Energieeinsparung, von der Optimierung der passiven Wärmedämmung über Wärmepumpen und Wärmerückgewinnungsanlagen bis zu Sonnenkollektoren. Als Musterbeispiel der behutsamen Stadterneuerung aber galt v.a. das durch Hinrich und Inken Baller gleichfalls im sozialen Wohnungsbau errichtete Bauensemble mit insg. 104 Wohnungen am Fraenkelufer 38-42 in Kreuzberg. Hinter den torartigen Häusern an der Straßenfront liegt ein begrünter Innenhof mit einer futuristisch anmutenden Hofinnenbebauung, deren Fassaden Formen des Jugendstils mit denen des Expressionismus vereinen.

Zum Jahresende 1985 erfolgte die Auflösung der für die Stadterneuerung zuständigen IBA-Alt, deren Aufgaben ab 1.1.1986 von der neugeschaffenen Gesellschaft > S.T.E.R.N. übernommen wurden. Nach Ende der offiziellen Ausstellungsaktivitäten 1987 stellte auch die Neubau-IBA ihre Arbeit ein. Die noch laufenden Bauvorhaben werden seitdem von einer Arbeitsgruppe bei der > Senatsverwaltung für Bau- und Wohnungswesen betreut. Nach der dritten, 1991 vorgestellten, aktualisierten Projektübersicht waren 1990 die meisten der insg. 106 Neubauvorhaben und 75 Projekte im Erneuerungsbereich fertiggestellt.

Internationale Filmfestspiele Berlin: Die von der > Berliner Festspiele GmbH in Verbindung mit der „Spitzenorganisation der Filmwirtschaft e.V." veranstalteten I. sind neben Cannes und Venedig eines von weltweit drei A-Filmfestivals. Gründer der 1951 ins Leben gerufenen *Berlinale* waren der Filmhistoriker und Jurist Alfred Bauer (bis 1976 auch Leiter des Festivals), der US-Filmoffizier Oscar Martay und der Publizist Manfred Barthel. Nach erfolgreicher Wiederholung der Veranstaltung 1952 und 1953 beschloß das > Abgeordnetenhaus von Berlin am 15.10.1953 die I. zu einer ständigen, jährlich durchzuführenden Einrichtung zu machen. 1956 erhielten sie die Anerkennung des Internationalen Produzentenverbandes als A-Festival mit dem Recht, eine internationale Jury einzusetzen, offizielle Preise zu verleihen und Filme vorzuführen, die außer im Ursprungsland noch nicht öffentlich gezeigt wurden. Bis 1977 fanden die I. Ende Juni, danach auf Initiative des neuen Festivalleiters, des Journalisten Wolf Donner, jeweils von Mitte bis Ende Februar für 12 Tage statt. Im Mai 1979 übernahm der Filmemacher und Ex-Festivalchef von Lyon und Locarno Moritz de Hadeln die Leitung des Festivals. Zweiter Festivaldirektor ist Ulrich Gregor, der Leiter des 1970, während einer Krise der Berlinale, gegründeten „Internationalen Forums des jungen Films". Nach dem Fall der > Mauer am > 9. November 1989 wurde Ost-Berlin erstmals 1990 in die I. einbezogen.

Das I. gliedert sich derzeit in die fünf Bereiche Wettbewerb, Internationales Forum des Jungen Films, Panorama, Retrospektive und Internationales Kinderfilmfest, wobei das Forum und das Kinderfilmfest als eigenständige Veranstaltungen einen Sonderstatus haben.

Die zentrale Veranstaltung der I. ist der Wettbewerb. Hier hat die Berlinale trotz mehrerer Krisen und heftiger Diskussionen ihren besonderen Rang unter den A-Festivals bis heute gehalten. Der Wettbewerb ist einerseits immer um Glamour bemüht, hat sich jedoch andererseits nie so sehr von den Interessen des Marktes, v.a. der „Hollywood major companies", bestimmen lassen, wie z.B. Cannes. Die Qualität der I. und der oft umstrittenen Auswahl der Wettbewerbsbeiträge besteht v.a. darin, daß sie anhaltendem Publikumszuspruch und internationaler Resonanz sowohl künstlerischen Ansprüchen als auch ökonomischen Interessen – seit Jahren repräsentiert durch die Präsenz des (anspruchsvollen) Hollywoodkinos – gerecht werden. Diese Lebendigkeit kommt in den ebenfalls fast immer umstrittenen und heftig diskutierten Preisentscheidungen zum Ausdruck, die vielfach Anlaß waren, intensiv und grundlegend über die Situation des

Films nachzudenken.

Die im Wettbewerb verliehenen Hauptpreise und Auszeichnungen werden durch eine neunköpfige internationale Jury aus i.d.R. 25-30 Filmen (Spiel- und Dokumentarfilme über 1.600 m/60 min im 35- oder 70-mm-Format und Kurzfilme bis 600 m/22 min) ausgewählt. Dabei gibt es folgende Preise: als Großen Preis des Festivals den *Goldenen Bären*; als Spezialpreis der Jury den *Silbernen Bären* für einen Film sowie mehrere Silberne Bären für den besten Schauspieler und die beste Schauspielerin, für die beste Regie und für herausragende Einzelleistungen. Ferner werden je ein weiterer Goldener und ggf. mehrere Silberne Bären für die besten Kurzfilme vergeben. Die Preise sind nicht dotiert. Zudem hat die Jury die Möglichkeit, lobende Erwähnungen bzw. besondere Anerkennungen auszusprechen.

Das 1971 von den Freunden der deutschen Kinemathek (> STIFTUNG DEUTSCHE KINEMATHEK) erstmals veranstaltete *Internationale Forum des jungen Films* unter der Leitung von Ulrich Gregor hat sich seit seinem Bestehen zu einem renommierten Treffpunkt des jungen, progressiven Kinos entwickelt. Das Forum wurde 1970 dem Wettbewerb zur Seite gestellt, um die geforderte Öffnung der Berlinale für das neue junge und unabhängige Kino einzuleiten. Anlaß war der Eklat um den deutschen Wettbewerbsbeitrag „O.k." von Michael Verhoeven. Die Jury wollte den Film über die Vergewaltigung einer Vietnamesin durch G.I.s vom Wettbewerb ausschließen und trat nach zahlreichen Protesten gegen ihren Beschluß am 5.7.1970 zurück. Preise wurden keine vergeben, die Weiterexistenz der Berlinale war in den kommenden Jahren umstritten. Die Einrichtung des Forums für das Jahr 1971 sollte schließlich eine Plattform für das politische und ästhetisch innovative Kino schaffen.

Das von dem ehem. Programmkinomacher Manfred Salzgeber geleitete, nach politischen und ästhetischen Perspektiven gegliederte und als Informationsschau angesehene *Panorama* soll einen Eindruck von dem Profil der jeweiligen Weltproduktion an Filmen geben.

Die filmhistorische *Retrospektive* hat die Aufgabe, das Werk einzelner Schauspieler oder Regisseure (z.B. Billy Wilder, Ernst Lubitsch, Gilmaz Güney) zu würdigen oder spezielle cineastische Themen (z.B. Geschichte des Farbfilms) in einer größere Zusammenhänge herstellenden Gesamtschau vorzustellen.

Das 1978 vom Festivalleiter Donner als neue Filmreihe innerhalb der I. initiierte und von der > LANDESBILDSTELLE BERLIN mitorganisierte *Internationale Kinderfilmfest* veranstaltet einen eigenständigen Wettbewerb mit einer Kinder-Jury (seit 1985) und zwei zusätzlichen Preisverleihungen durch die UNICEF und das C.I.F.E. (Centre International du Film pour l'Enfance et la Jeunesse). Verantwortliche Leiterin des Kinderfilmfestes ist seit 1985 die langjährige Organisatorin der Berliner Kinderkinotage Renate Zylla. Ihre Vorgängerin war Gaby Sikorski. Absicht des Kinderfilmfests ist es, Kinder als Zuschauer ebenso ernst zu nehmen wie Erwachsene und dem ökonomisch in Schwierigkeiten geratenen Kinderfilm als unterhaltendem und ästhetisch ambitioniertem Genre ein Podium zu verschaffen.

Zoo-Palast während der Filmfestspiele 1991

Neben den Hauptpreisen für im Wettbewerb gezeigte Filme gibt es eine Reihe weiterer Preise für Filme aus verschiedenen Sektionen: Preis der OCIC-Jury (Internationales Katholisches Filmbüro), FIPRESCI-Preis der Fédération Internationale de la Presse Cinématographique (Internationale Filmkritik), INTERFILM-Preis (Internationales Evangelisches Filmzentrum), C.I.D.A.L.C.-Preis (Internationales Komitee für die Verbreitung der Künste und Wissenschaften durch den Film) sowie jeweils einen Preis der internationalen Filmorganisationen C.I.C.A.E. (Confédération Internationale des Cinemas d'Art et d'Essai) und C.I.F.E.J. (Zentrum für Kinder- und Jugendfilm). Schließlich wird seit 1990 zur Ehre des Mitbegründers und langjährigen Festivalleiters auch der Alfred-Bauer-Preis verliehen.

Schließlich ist dem I. eine *Internationale Filmmesse* angegliedert, die als Podium der Kinobranche fungiert. Sie findet in der Festivalgalerie in der Budapester Str. statt und richtet sich v.a. an die Kaufinteressenten unter den Verleihern der internationalen Kinobranche. Sie wird seit 1988 von Beki Probst geleitet. Deren Vorgängerin war Aina Bellis, die die Messe seit ihrem Ausbau zur eigenständigen Sektion im Jahr 1980 leitete. Die Filmmesse der Berlinale ist international als Gegengewicht zum American Film Market anerkannt.

Hauptpreisträger der Internationalen Filmfestspiele Berlin

1951   Dramatischer Film: „Die Vier im Jeep", Schweiz; Komödie: „Sans laisser d'adresse" („Ohne Angabe von Gründen"), Frankreich; Kriminalfilm: „Justice est faite" („Schwurgericht), Frankreich; Musikfilm: „Cinderella" („Tolle Geschichte der Cinderella"), USA

1952   „Hon dansade en Sommer" („Sie tanzten nur einen Sommer"), Schweden

1953   „Le salaire de la peur" („Lohn der Angst"), Frankreich

1954   „Hobson's choice" („Herr im Haus bin ich"), Großbritannien

1955   „Die Ratten", (BRD)

1956   Publikumsabstimmung: „Vor Sonnenuntergang", (Deutschland); Internationale Jury: „Invitation to the dance" („Einladung zum Tanz"), USA

1957   „Twelve angry man" („Die zwölf Geschworenen"), USA

1958   „Smultronstället" („Wilde Erdbeeren"), Schweden

1959   „Les cousins" („Schrei, wenn du kannst"), Frankreich

1960   „El lazarillo de tormes" („Der Schelm von Salamanca"), Spanien

1961   „La notte" („Die Nacht"), Italien

1962   „A kind of loving" („Nur ein Hauch Glückseligkeit"), Großbritannien

1963   „Bushido zankoku monogatari" („Bushido - Sie lieben und sie töten"), Japan

1964   „Susuz Yaz" („Trockener Sommer"), Türkei

1965   „Alphaville" („Lemmy Caution gegen Alpha 60"), Frankreich

1966   „Cul-de-sac" („Wenn Katelbach kommt"), Großbritannien

1967   „Le départ" („Start"), Belgien

1968   „Oh dole doff", Schweden

1969   „Rani Radovi" („Frühe Werke"), Jugoslawien

1970   keine Preise, da Jury zurücktrat

1971   „Il giardino Dei Finzi Contini" („Der Garten der Finzi Contini"), Italien

1972   „Il Racconti Di Canterbury" („Passolinis tolldreiste Geschichten"), Italien

1973   „Ashani Sanket", (Indien)

1974   „The Apprenticeship of Duddy Kravitz" („Duddy will hoch hinaus"), Kanada

1975   „Orökbefogadàs" („Adoption"), Ungarn

1976   „Buffalo Bill and the Indians or Sitting Bull's History Lesson" („Buffalo Bill und die Indianer"), USA

1977   „Woschozdenie" („Die Erhöhung"), UdSSR

1978   für den spanischen Gesamtbeitrag zu den 28. I.

1979   „David", BRD

1980   zu gleichen Teilen an „Heartland" („Land meines Herzens"), USA und „Palermo oder Wolfsburg", BRD

1981   „De prisa, De prisa!" („Los, Tempo!"), Spanien

1982   „Die Sehnsucht der Veronika Voss", BRD

1983   zu gleichen Teilen an „Ascendency", Großbritannien und „La Colmena" („Der Bienenkorb"), Spanien

1984   „Love Streams", USA

1985   zu gleichen Teilen an „Wetherby", Großbritannien und „Die Frau und der Fremde", DDR

1986   „Stammheim", BRD

1987   „Tema", UdSSR

1988   „Hong Goaliang", VR China

1989   „Rain Man", USA

1990   zu gleichen Teilen an „Music Box", USA und „Lerchen am Faden", CSSR

1991   „La casa del sorriso" („Das Haus des Lächelns"), Italien

1992   „Grand Canyon", USA

Internationale Funkausstellung Berlin (IFA):
Die alle zwei Jahre Ende August auf dem > AUSSTELLUNGS- UND MESSEGELÄNDE AM FUNKTURM stattfindende IFA ist die weltweit größte Messe für Unterhaltungs- und Kommunikationselektronik. Als Verbindung von Besucher- und Fachmesse werden auf ihr die neuesten Produkte der Konsumelektronik und Technik für privaten und professionellen Einsatz präsentiert. Das Programm der

IFA wird durch Fachkongresse und -ausstellungen sowie Vortragsveranstaltungen ergänzt, die auch als Börse für den Austausch von Erfahrungen der Fachleute dienen. Des weiteren bildet sie ein Forum für Positionsbestimmungen und Forderungen der medienpolitischen Interessenträger. Schließlich ist die IFA die beliebteste Publikumsmesse Berlins. Die öffentlich-rechtlichen Rundfunkanstalten (ARD; > SENDER FREIES BERLIN [SFB]) und das > ZWEITE DEUTSCHE FERNSEHEN (ZDF) sowie die privaten Programmanbieter übertragen während der IFA täglich zahlreiche öffentliche Veranstaltungen im > HÖRFUNK und > FERNSEHEN.

Die IFA hat erhebliche wirtschaftliche Bedeutung. Sie gilt inzwischen als größte Ordermesse Europas und als wichtigster Impulsgeber für das Herbst-Weihnachts-Geschäft. An der ersten IFA nach der > VEREINIGUNG nahmen 1991 571 Aussteller aus 29 Ländern teil, die Besucherzahl betrug 515.752.

Die Gründung der Funkausstellung ist eng mit der Geschichte des Hörfunks verknüpft. Ein Jahr nach dem offiziellen Sendebeginn des „Deutschen Unterhaltungsrundfunks" aus dem Vox-Haus in der Potsdamer Str. (> POTSDAMER PLATZ) organisierte der „Verband der Radioindustrie" 1924 die „Große Deutsche Funkausstellung", die im 4.-14.12. von der „Gemeinnützigen Berliner Messe-Aufbau-Gesellschaft" im Auftrag der Stadt ausgerichtet wurde. Sie verzeichnete 250 Aussteller und 114.000 Besucher. 1928 wurde auf der Funkausstellung erstmals das Fernsehen vorgestellt, dessen praktische Erprobung 1936 während der > OLYMPISCHEN SPIELE begann. Bis 1939 fand die Funkmesse jährlich – unter gelegentlich wechselnden Namen – statt.

Nach dem II. Weltkrieg wurde diese Messetradition 1950 mit der „Deutschen Funkausstellung" in Düsseldorf wieder aufgenommen, wo auch die folgenden Ausstellungen stattfanden. 1957 und 1959 war Frankfurt/M. der Veranstaltungsort. 1961 kam die Ausstellung nach Berlin zurück, wo sie auch 1963 ausgerichtet wurde. 1965 ging die Messe nach Stuttgart, 1967 wieder nach Berlin, wo das Farbfernsehen eingeführt wurde. 1969 fand die Ausstellung erneut in Stuttgart statt, 1970 in Düsseldorf und 1971 wieder in Berlin. Danach ging man zum noch heute gültigen Zwei-Jahres-Rhythmus über. Gleichzeitig erhielt die Ausstellung ihre heutige Bezeichnung, und Berlin wurde ständiger Veran-

staltungsort. Bis 1991 haben 30 der insg. 38 Ausstellungen in Berlin stattgefunden.

Internationale Grüne Woche Berlin: Die jährlich Ende Januar/Anfang Februar von der > AUSSTELLUNGS-MESSE-KONGRESS-GMBH (AMK BERLIN) auf dem > AUSSTELLUNGS- UND MESSEGELÄNDE AM FUNKTURM durchgeführte und seit 1952 unter der Schirmherrschaft des > BUNDESPRÄSIDENTEN stehende I. wurde 1926 ins Leben gerufen. Als Publikums- und Fachmesse informiert sie über die aktuellen Neuheiten der internationalen Ernährungswirtschaft, der Landwirtschaft sowie des Gartenbaus. Daneben dient sie als Testmarkt und Handelsforum. Ein umfangreiches Tagungs- und Informationsprogramm sowie wechselnde Sonderschauen ergänzen die Messe. Im Zuge der > VEREINIGUNG entschieden die Bundesvereinigung der Deutschen Ernährungsindustrie und der Deutsche Bauernverband, sich an der I. als offizielle Mitträger zu beteiligen.

Die erste I. nach der Vereinigung fand vom 25.1.-3.2.1991 statt und stand im Zeichen der Erschließung neuer Märkte und der Vorbereitung auf den bevorstehenden Wettbewerb im gemeinsamen europäischen Binnenmarkt (> EUROPÄISCHE GEMEINSCHAFTEN). 57 Länder, darunter 27 aus der Dritten Welt, präsentierten auf der gegenüber dem Vorjahr um die drei Hallen 21b, 22b und 23b erweiterten Ausstellungsfläche in Gemeinschaftsschauen Nahrungs- und Genußmittel aus allen fünf Kontinenten. Insg. boten 1.057 Aussteller (534 Inland, 523 Ausland) und 358 zusätzlich vertretene Firmen (147 Inland, 238 Ausland) Produkte und Informationen an.

Die erste Grüne Woche wurde im Februar 1926 als „Ausstellung für den Bedarf der Landwirtschaft und verwandter Betriebe" durchgeführt. Angegliedert waren Jagdhunde- und Rassehunde-Schauen sowie eine Geflügel- und Kaninchen-Ausstellung, verbunden mit einer Pelzmodenschau. Über 60.000 Besucher interessierten sich für das Angebot der damals 351 Aussteller. Als jährliche Veranstaltung wurde die Grüne Woche bis 1939 (394.000 Besucher) durchgeführt. Der Neuanfang erfolgte Ende August 1948, 1962 erhielt die Messe ihre heutige Bezeichnung.

Internationales Congress Centrum (ICC Berlin): Das 1973-79 nach Plänen der Architekten Ralph Schüler und Ursulina Schüler-

Witte errichtete ICC gegenüber dem > AUSSTELLUNGS- UND MESSEGELÄNDE AM FUNK-TURM am Messedamm 19 im Bezirk > CHAR-LOTTENBURG ist der größte und wichtigste Veranstaltungsort Berlins für internationale Kongresse. Daneben wird es für zahlreiche andere Veranstaltungen wie Konzerte, Shows, Bälle (> PRESSEBALL) sowie Firmen-tagungen oder Betriebsversammlungen ge-nutzt. Eigentümer des ICC ist das Land Ber-lin, Betreiber die > AUSSTELLUNGS-MESSE-KONGRESS-GMBH (AMK BERLIN). 1991 fanden dort 445 Veranstaltungen mit insg. ca. 250.000 Teilnehmern statt. Außerdem kamen rd. 180.000 Besucher zu 67 Unterhaltungs-veranstaltungen in das ICC, das damit den

Internationales Congress Centrum

ersten Rang unter den deutschen Kongreß-häusern einnimmt.

Mit Baukosten von rd. 1 Mrd. DM war das 320 m lange, 80 m breite und bis zu 40 m hohe Gebäude eines der teuersten Bauvor-haben in der Geschichte Berlins. Das wie ein Raumschiff wirkende Gebäude verkörpert in äußerer Gestaltung und Ausstattung die z.Z. der Planung Mitte der 60er Jahre vorherr-schende Technikauffassung. Zum futuristi-schen Gesamteindruck trägt wesentlich die auffällige, silbrig glänzende Außenverklei-dung aus Aluminium bei. Ungewöhnlich ist ferner die äußerlich sichtbare, freischwe-bende Stahlbinderkonstruktion des Dachs.

Das ICC verfügt über insg. ca. 80 Säle und Räume mit einer Gesamtkapazität von 20.300 Plätzen. Die einzelnen Ebenen und Ver-anstaltungsorte werden über ein elektroni-sches Informations- und Leitsystem erschlos-sen. Kernstück sind die beiden großen Säle. Saal 1 faßt 5.000, Saal 2 als Bankettsaal bis zu 4.000 Gäste. Eine absenkbare Tribünenanlage mit einer festen Bestuhlung für 1.500 Perso-nen macht diesen zweitgrößten Saal vielsei-

tig verwendbar. Zwischen den beiden großen Sälen befindet sich eine komplett ausgestatte-te Bühne, die gleichzeitig nach beiden Seiten geöffnet werden kann und unterschiedlichste Veranstaltungsformen ermöglicht. Mit dem Messegelände ist das Gebäude durch eine 60 m lange Fußgängerbrücke über den Messe-damm verbunden.

Ferner verfügt das ICC über eine in das Kellergeschoß integrierte Kfz-Vorfahrt, ein Parkhaus mit 650 Einstellplätzen, ein SB- und ein A-la-Carte-Restaurant, einen Dachgarten, ein Postamt und eine Bank. Auf dem Platz vor dem Haupteingang an der Neuen Kantstr. wurde 1980 die von dem französi-schen Künstler Jean Ipoustéguy geschaffene, 6,6 m hohe Bronze-Skulptur *„Ecbatane – Der Mensch baut seine Stadt"* aufgestellt.

Internationales Design-Zentrum Berlin e.V. (IDZ Berlin): Das 1969 als gemeinnütziger Verein gegründete IDZ am > KURFÜRSTEN-DAMM 66 im Bezirk > CHARLOTTENBURG infor-miert und berät Unternehmer und Verbrau-cher unter soziologischen, ökonomischen, technischen, ästhetischen und historischen Gesichtspunkten über alle Fragen der Gestal-tung. Dabei will es eine Mittlerrolle zwischen Wirtschaft und Kultur einnehmen. Neben seinen Beratungs- und Informationstätig-keiten werden Ausstellungen, Symposien, Informationsabende und Fortbildungskurse veranstaltet. 1991 beschäftigte das IDZ sieben Mitarbeiter. Es finanziert sich aus Mitteln der > SENATSVERWALTUNG FÜR WIRTSCHAFT UND TECHNOLOGIE, der Industrie und aus Mit-gliedsbeiträgen.

Internationales Handelszentrum GmbH Berlin (IHZ): Das 1978 eröffnete IHZ in der > FRIEDRICHSTRASSE am > BAHNHOF FRIEDRICH-STRASSE im Bezirk > MITTE bietet in- und aus-ländischen Firmen, Wirtschaftsverbänden, Banken, Versicherungen u.a. Unternehmen besonders der Dienstleistungsbranche um-fangreiche Möglichkeiten zur Einrichtung von Repräsentanzen. Neben Büros stehen den Mietern Empfangsräume, Salons und Ausstellungseinrichtungen mit einer um-fangreichen technischen Ausstattung zur Verfügung, die auch die Durchführung von Seminaren oder Konferenzen ermöglichen.

Die Immobilienverwaltungsgesellschaft IHZ GmbH besteht seit ihrer Gründung am 7.11.1975 in dieser Rechtsform und wird durch zwei Geschäftsführer geleitet. Ca.

2.000 Menschen gehen bei den im Haus ansässigen, 1992 ca. 180 Mietern aus mehr als 20 Ländern ihrer Tätigkeit nach. Durch die Veranstaltungstätigkeit und den Geschäftsbetrieb der Firmenbüros wird das IHZ monatlich von rd. 30.000 Besuchern frequentiert. Seit der > VEREINIGUNG werden jährlich ca. 170 Konferenzen durchgeführt.

Internationales Institut für Journalismus (IIJ): Das IIJ mit seinem Sitz im > EUROPA-CENTER wurde 1962 gegründet und dient der Fortbildung von Journalisten der Printmedien aus der Dritten Welt. Die Einrichtung führt in Berlin dreimonatige Fortbildungskurse zum allgemeinen Journalismus, sieben- bis achtwöchige Spezialkurse sowie zweiwöchige Überseeseminare durch. Teilnahmevoraussetzung ist eine bereits erworbene, mindestens vierjährige Berufsausbildung. Bis 1992 hatten 1.162 Journalisten an den Kursen in Berlin und 928 an den Überseeseminaren teilgenommen. Träger des IIJ ist der Berliner Verein zur Förderung der Publizistik in den Entwicklungsländern e.V. Das Budget wird zu zwei Dritteln aus Mitteln des > BUNDES-MINISTERS FÜR WIRTSCHAFTLICHE ZUSAMMENARBEIT und zu einem Drittel aus Mitteln der > SENATSKANZLEI finanziert. (> ENTWICKLUNGS-POLITIK)

Internationales Kulturcentrum UFA-Fabrik: Das 1979 entstandene I. auf dem ehem. Studiogelände der Universum Film AG (UFA; > FILM) in der Viktoriastr. 10-18 im Bezirk > TEMPELHOF beherbergt zahlreiche kulturelle und soziale Einrichtungen. Zum Angebot gehören zwei Kinosäle und im Sommer das Freilichtkino, ein großer Veranstaltungssaal für Aufführungen von Freien Theatergruppen (> THEATER), des > KABARETTS, der > MUSIK und des > TANZES sowie für Internationale Kongresse und Festivals. Zu den kulturellen Eigenproduktionen des I. zählen der „UFA-Cirkus", das jährliche Kinderzirkusfestival sowie Musik- und Tanzveranstaltungen. Ferner gibt es ein Café, ein Gästehaus, eine Bio-Bäckerei, einen Naturkostladen und eine Freie Schule. Schließlich verfügt die I. über Studios, die für Workshops, Sport-, Tanz- und Informationsveranstaltungen sowie Treffen von Kindergruppen genutzt werden. Die Percussionschule für afrikanische und brasilianische Rhythmen und Berlins größte Sambaschule „Terra Brasilis" proben in den ehem. umgebauten

Filmbunkern. Auf dem Gelände ist außerdem das *Nachbarschafts- und Selbsthilfe-Zentrum (NUSZ) Tempelhof* untergebracht, das umfangreiche soziale und gesundheitliche Beratungsdienste, Kurse, Workshops usw. anbietet.

Entstehungsdatum der U. war der 9.6.1979, als eine Gruppe von jungen Leuten das bis dahin brachliegende Gelände friedlich besetzte. Sie machten aus dem zur Baustelle zerfallenen Areal ein Modell alternativen Lebens und bauten in Selbsthilfe Betriebe und Einrichtungen auf. Seit 1987 sind die Besitzverhältnisse durch einen Erbpachtvertrag legalisiert. Heute wohnen auf dem 2 ha großen Gelände die 60 Mitglieder der UFA-Kommune, 40 weitere Personen arbeiten in den Einrichtungen der UFA-Fabrik. Die Finanzierung der kulturellen Aktivitäten erfolgt über Eintrittsgelder sowie durch Zuschüsse der > SENATSVERWALTUNG FÜR KULTURELLE ANGELEGENHEITEN. Für soziale Bereiche wie das NUSZ gibt es Zuschüsse der > SENATSVERWALTUNG FÜR SOZIALES.

Internationales Reit- und Springturnier (CHI): Das Concours Hippique Internationale (CHI), eine der wichtigsten Reitsportveranstaltungen in Europa, wird seit 1958 jährlich im November in der > DEUTSCHLAND-HALLE in der Jafféstr. ausgetragen. Eingebettet in ein umfangreiches Rahmenprogramm fand das einwöchige traditionsreiche Turnier 1991 unter Beteiligung zahlreicher Weltmeister und Olympiasieger vor rd. 39.000 Zuschauern statt. Insg. waren ca. 200 Pferde aus 15 Ländern am Start. Das Preisgeld der insg. 17 Prüfungen im Dressur- und Springreiten, darunter das Mächtigkeitsspringen sowie Prüfungen für den 1979 geschaffenen und seitdem auch in Berlin ausgetragenen Weltcup, betrug in diesem Jahr 523.000 DM. Höhepunkt ist der „Große Preis von Deutschland" als höchstdotierte Prüfung des Turniers. Seit 1991 wird das CHI von der Turniergemeinschaft Deutschlandhalle in Zusammenarbeit mit der > AUSSTELLUNGS-MESSE-KONGRESS-GMBH, dem Reiterverband Berlin/Brandenburg sowie dem Reitclub Olympiastadion Berlin ausgerichtet.

Internationales Stadion-Sportfest (ISTAF): Das alljährlich an einem Abend im August im > OLYMPIASTADION ausgerichtete und 1991 zum 50. Mal durchgeführte ISTAF ist neben dem > BERLIN-MARATHON eine der bedeutendsten internationalen Sportveranstaltungen in Berlin. Vor durchschnittlich 35.000 Zuschauern kämpfen bis zu 250 Athleten um Punkte in dem seit 1985 zum leichtathletischen Grand-Prix zählenden Wettbewerb. 1991 gingen 23 Weltmeister an den Start in den Disziplinen Sprint, 400-m-, 800-m-, 1.000-m- bzw. 10.000- m- und Hürdenlauf; Weit-, Drei-, Hoch- und Stabhochsprung; Diskus- und Hammerwerfen sowie Kugelstoßen. Das Leichtathletiktreffen wird in der ISTAF-Gemeinschaft zusammen vom Berliner Sport-Club, dem > OLYMPISCHEN SPORT-CLUB und dem > SPORT-CLUB CHARLOTTENBURG organisiert. Seit seiner Premiere am 1.8.1937 wurde das ISTAF, unterbrochen durch sechs Kriegs- bzw. Nachkriegsjahre, bis 1969 an wechselnden Orten, u.a. im > MOMMSENSTADION, der > DEUTSCHLANDHALLE oder im Olympiastadion ausgerichtet.

Internationale Tennismeisterschaften von Deutschland der Damen: Seit 1979 finden alljährlich zu Pfingsten auf der Anlage des > LAWN-TENNIS-TURNIER-CLUBS (LTTC) „ROT-WEISS" E.V. am Gottfried-von-Cramm-Weg 47 im Bezirk > ZEHLENDORF die renommierten I. statt. Der Club hat sich mit dem Ausbau seiner Center Courts und der Errichtung eines Pressezentrums 1987 für (mind.) zehn Jahre das Recht der Ausrichtung dieses Titelturniers gesichert. Das 1988 auf 300.000 US-$ erhöhte Preisgeld, mit dem dieses Turnier auf dem dritten Platz in Europa hinter den Grand-Slam-Wettkämpfen in Wimbledon und Paris rangiert, garantiert internationale Spitzenbeteiligung und eine beachtliche Zuschauerresonanz. 1991 verfolgten 55.000 Besucher die Titelkämpfe der Damen auf den beiden Center Courts, die zusammen ein Platzangebot für 6.000 Zuschauer besitzen. Zu den bisherigen Turniersiegerinnen gehören u.a. Martina Navratilova, Chris Evert und Steffi Graf, die sich am 17.5.1992 vor 4.500 Zuschauern den Titel zum sechsten Mal sicherte, wobei sie zum insg. achten Mal in Folge im Endspiel stand.

Internationale Tourismus-Börse ITB Berlin: Die jährlich jeweils Ende Februar/Anfang März von der > AUSSTELLUNGS-MESSE-KONGRESS-GMBH (AMK BERLIN) auf dem > AUSSTELLUNGS- UND MESSEGELÄNDE AM FUNKTURM ausgerichtete ITB Berlin ist die weltweit größte und bedeutendste Fachmesse der internationalen Tourismus-Wirtschaft. Parallel dazu finden Kongresse, Tagungen, Workshops und Seminare über branchenaktuelle Probleme statt. Als Informations- und Werbeausstellung ist die Messe außerdem auch für die reiseinteressierte Öffentlichkeit zugänglich. Seit 1974 wird ferner der von der AMK ins Leben gerufene touristische Filmwettbewerb „PRIX ITB Berlin" ausgetragen. Das Preissymbol, ein Kompaß in Gold, Silber und Bronze wird an die besten touristischen Filme vergeben. Seit 1983 ist die Prämierung von Video- und Audio-Produktionen hinzugekommen.

Die ITB Berlin vermittelt einen Überblick über das weltweite Angebot und über die weltweite Nachfrage. Die Messe spiegelt mit ihrem alljährlichen Wachstum die Expansion des internationalen Reisemarktes wider, dessen Einnahmen sich 1990 auf 230 Mrd. US-$ beliefen. An der 25. ITB Berlin nahmen 1991 3.853 Aussteller und 102 zusätzlich vertretene Firmen und Organisationen aus 154 Ländern und Gebieten teil. Insg. kamen 116.061 Besucher, davon waren ca. 25.000 Fachbesucher aus ca. 160 Ländern und Regionen. Die Zahl der Rahmenveranstaltungen belief sich auf über 300.

Die Messe wurde 1966 zum ersten Mal mit neun Ausstellern auf einer Ausstellungsfläche von 580 m² als Sonderschau im Rahmen der heutigen > IMPORT-MESSE BERLIN „PARTNER DES FORTSCHRITTS" durchgeführt. 1968 wurde sie als eigene Veranstaltung zeitgleich mit der „Boot-, Sport- und Freizeitausstellung BSF Berlin" veranstaltet, bevor sie ab 1980 als eigenständige Messe durchgeführt wurde.

Invalidenfriedhof: Der unter Denkmalschutz stehende I. zwischen der Scharnhorststr. und dem Berlin-Spandauer Schiffahrtskanal im heutigen Bezirk > MITTE war der bedeutendste preußisch-deutsche Heldenfriedhof Berlins. Er wurde 1748 nach den ersten beiden Schlesischen Kriegen (1740-42 bzw. 1744/45) unter Friedrich II. (1740-86) als Anstaltsfriedhof für das benachbarte > INVALIDENHAUS angelegt. Nach den Befreiungskriegen 1813-15 fanden hier v.a. hohe Militärs und ab Ende des 19. Jh. auch Zivilpersonen ihre letzte Ruhestätte. Bis 1961 wurde der I. noch für Beisetzungen genutzt. Mit dem Mauerbau am > 13. AUGUST 1961 wurde er zum Grenzgebiet und war bis 1989 nur eingeschränkt zugänglich.

Dem Ausbau der > MAUER fielen im Laufe

der Jahre drei von insg. neun Grabfeldern vollständig zum Opfer; zwei weitere wurden stark in Mitleidenschaft gezogen. Ende der 60er Jahre wurde ein weiteres Feld als Parkplatz für das damalige Regierungskrankenhaus der DDR im ehem. Invalidenhaus freigegeben. Einige Gräber konnten umgesetzt werden. Dazu zählt auch das Grab des berühmten Kampffliegers aus dem I. Weltkrieg, Manfred v. Richthofen, des „Roten Barons". Von den ehemals über 3.000 Grabstätten sind nur etwa 200 erhalten. Die Bestatteten sind jedoch namentlich überliefert. Ein Stück der den Friedhof zerschneidenden Hinterlandmauer soll auch künftig als Denkmal erhalten bleiben.

Das bedeutendste Grabmal ist die von Christian Daniel Rauch nach einem Entwurf Karl Friedrich Schinkel geschaffene Begräbnisstätte für den preußischen Heeresreformer

Scharnhorst-Grabmal, im Hintergrund ein Rest der Mauer

Gerhard Johann David v. Scharnhorst. Am 28.6.1813 war er in Prag seiner schweren Verwundung aus der Schlacht bei Großgörschen erlegen und auch zunächst dort beigesetzt worden, bevor seine Gebeine 1826 auf den I. überführt wurden. 1834 erfolgte die Enthüllung der 5,60 m hohen monumentalen Anlage in der Form eines freistehenden Hochsarkophags, die als bedeutendstes Werk Schinkelscher Grabmalkunst gilt. Der Marmorschmuck des Sarkophags stammt von Christian Friedrich Tieck. Der ruhende Löwe wurde 1828 nach Entwürfen von Rauch durch Theodor Kalide modelliert und in der Königlichen Eisengießerei gegossen (> FER DE BERLIN).

Von Schinkel stammt auch das stattliche Eisenguß-Grabmal für den preußischen Kriegsminister Job v. Witzleben. Neben dem Grab Scharnhorsts liegt das Grab des

Leutnants und Adjutanten Karl Friedrich Friesen, der zusammen mit „Turnvater" Friedrich Ludwig Jahn zu den Lützowschen Jägern ging und am 16.3.1814 bei La Lobbe in Frankreich fiel (> KARL-FRIEDRICH-FRIESEN-SCHWIMMSTADION).

Aufmerksamkeit verdienen auch die Grabmäler des Generalleutnants Hans Karl v. Winterfeldt, des Freiherrn Heinrich v. Ledebur, des Generalleutnants Gustav Friedrich v. Kessel sowie die Ruhestätten für Alfred Graf v. Schlieffen, 1891-1906 Leiter des Großen Generalstabs, für Generaloberst Hans v. Seeckt, Chef der Heeresleitung 1920-26, sowie den Oberbefehlshaber des Heeres Generaloberst Werner Freiherr v. Fritsch (1935-38), der durch die Nationalsozialisten aus dem Amt und in den Freitod getrieben wurde. 1942 ließ Adolf Hitler den in Prag einem Attentat zum Opfer gefallenen Chef der Sicherheitspolizei und des SD, SS-Obergruppenführer Reinhard Heydrich, mit einem Staatsbegräbnis auf dem I. beisetzen. Sein Grab wurde 1945 unkenntlich gemacht. Von den Zivilpersonen, die auf dem Friedhof bestattet wurden, sei der Religionsphilosoph Ernst Tröltsch genannt.

Invalidenhaus: Das am 15.11.1748 durch König Friedrich II. (1740-86) eröffnete I. an der Scharnhorststr. 36/37 (bis 1859 Kirschallee)/ Ecke Invalidenstr. 48/49 (ehemaliger Haupteingang) im heutigen Bezirk > MITTE diente als Heimstätte für Kriegsinvaliden aus den beiden Schlesischen Kriegen (1740-42 bzw. 1744/45) und ihre Familienangehörigen, die hier Unterkunft, Verpflegung, Kleidung und ärztliche Betreuung fanden. Der 1747/48 nach einem Entwurf des Ingenieurs und preußischen Offiziers Isaak Jakob Petri durch den Oberbaudirektor und Architekten Christian Friedrich Feldmann erbauten, ursprünglich dreiflügeligen Anlage mit 631 Plätzen waren eine katholische und eine evangelische Kapelle sowie verschiedene Wirtschaftsgebäude u.a. für Viehzucht, Bierbrauerei und Branntweinbrennerei angeschlossen.

Als die Wehrmacht das I. 1938 für die Erweiterung ihrer Militärakademie beanspruchte, ließ sie als Ersatz die > INVALIDENSIEDLUNG an der nördlichen Stadtgrenze Berlins in > FROHNAU errichten, die auch heute noch überwiegend von Kriegsversehrten bewohnt wird. Vom I. existieren nach Kriegszerstörungen nur noch die beiden Seitenflügel des ehemaligen Ehrenhofs. Zu Zeiten der DDR wurde das Haus als Regierungskrankenhaus genutzt. Nach der > VEREINIGUNG haben sich hier u.a. die Verwaltung des > DEUTSCHEN HERZZENTRUMS BERLIN und dessen Akademie für Kardiotechnik sowie mehrere ärztliche und zahnärztliche Niederlassungen angesiedelt. Aus der Gründungszeit des Hauses erhalten hat sich – wenn auch durch die DDR-Grenzsicherungsmaßnahmen in der Folge des > 13. AUGUSTS 1961 stark in Mitleidenschaft gezogen – der nördlich des I. gelegene > INVALIDENFRIEDHOF an der Scharnhorststr. 33.

Invalidensiedlung: Die I. am Staehleweg im Reinickendorfer Ortsteil > FROHNAU an der nördlichen Stadtgrenze Berlins ist eine 14 ha große Wohnanlage für Kriegsversehrte unter Verwaltung des > LANDESAMTS FÜR ZENTRALE SOZIALE AUFGABEN (LaSoz). Sie wurde 1937-39 von der Wehrbereichsverwaltung III als Ersatz für das 1748 eröffnete > INVALIDENHAUS an der Scharnhorststr. 36/37 im heutigen Bezirk > MITTE errichtet, das die Wehrmacht 1938 für die Erweiterung ihrer Militärakademie beanspruchte. Die von den Architekten Kallmeyer und Hagen errichtete Siedlung wurde vom Reichsfiskus der Stiftung „Invalidenhaus Berlin" übereignet und noch 1938 bezogen. Die Anlage besteht aus 51 Häusern mit insg. rd. 180 Wohnungen für ursprünglich 600 Personen. Der Baustil der zweigeschossigen Gebäude mit steilen Satteldächern und Sprossenfenstern ist im Vergleich zu anderen in dieser Zeit entstandenen Siedlungen eher traditionell gehalten und hat Anklänge an holländische Architektur. Nach 1945 fiel die Siedlung zunächst an das Verwaltungsamt für ehem. Reichsgrundbesitz, von dem sie 1953 zur damaligen Senatsverwaltung für Arbeit und Soziales kam, die ihrerseits die Verwaltung dem Landesversorgungsamt übertrug – dem heutigen LaSoz.

Die Bereitstellung geeigneten Wohnraums für Berechtigte in der I. ist Aufgabe der *Stiftung „Invalidenhaus Berlin"*, einer rechtsfähigen Stiftung des öffentlichen Rechts, deren Vorstand jeweils vom Leiter des LaSoz gebildet wird. Bis 1961 erhielt die Stiftung jährliche Bundeszuschüsse für Baumaßnahmen und Substanzerhaltung in Höhe von insg. 600.000 DM. Danach leistete das Land Berlin bis 1991 einen jährlichen Zuschuß von rd. 50.000 DM zu den laufenden Bewirtschaftungskosten. Für Bauvorhaben erhält die Stiftung besondere Mittel aus dem Landeshaushalt und von der Stiftung > DEUTSCHE KLASSENLOTTERIE BERLIN.

Auch heute sind die rd. 300 Einwohner der I. noch überwiegend Kriegsbeschädigte aus beiden Weltkriegen, wenn auch seit Anfang der 80er Jahre gleichfalls > BEHINDERTE aufgenommen werden. Die Anlage verfügt über ein Gemeinschaftshaus, eine Pflegestation und einen Kindergarten sowie einen Versehrtensportplatz und eine Versehrtensporthalle. Für das Wohnrecht zahlen die Bewohner eine am Familieneinkommen orientierte Nutzungsentschädigung, die unter dem Niveau der Mieten im sozialen Wohnungsbau liegt. Im März 1991 wurde die I. unter Denkmalschutz gestellt. Der durch die Siedlung führende Staehleweg erhielt seinen Namen 1971 nach Oberst Wilhelm Staehle, dem ersten und einzigen Siedlungskommandanten der I., der 1944 als Mitglied der Widerstandsgruppe Stauffenberg von der SS erschossen wurde (> 20. JULI 1944; > WIDERSTAND). An ihn erinnert auch ein freistehender Glockenturm mit der Glocke aus dem alten Invalidenhaus.

Israelitische Synagogen-Gemeinde (Adass Jisroel) zu Berlin: Die I. bildete sich 1869, als eine Gruppe gesetzestreuer Juden aus der > JÜDISCHEN GEMEINDE ZU BERLIN austrat, da ihnen diese zu angepaßt geworden war und sich das Judentum nach ihrer Meinung in einer modernen, sich wandelnden Gesellschaft so nicht würde erhalten können. 1885 wurde die I. von Wilhelm I. (1861-88) als Körperschaft des öffentlichen Rechts anerkannt und entwickelte sich fortan zur zweiten jüdischen Gemeinde in Berlin. Sie wurde zum religiösen und kulturellen Mittelpunkt für rd. 30.000 Berliner Juden (ca. ein Sechstel der jüdischen Bevölkerung Berlins). Bis zu ihrem Verbot durch die Nationalsozialisten besaß die I. drei > SYNAGOGEN, ein Kranken- und Altenheim, ein Realgymnasium, ein Oberlyzeum und eine Grundschule. Der Gemeinde war das „Rabbiner-Seminar zu Berlin" angeschlossen, und sie besaß einen eigenen Friedhof in der Wittlicher Str. 2 in > WEISSENSEE (> JÜDISCHE FRIEDHÖFE) sowie zahlreiche andere religiöse und kulturelle Einrichtungen. Erster Rabbiner und geistliches Oberhaupt der Gemeinde war Esriel Hildesheimer s.A. Nach ihrer Zwangseingliederung in die „Reichsvereinigung der Juden in Deutschland" verlor Adass Jisroel 1939 die organisatorische und rechtliche Selbständigkeit. Jene Mitglieder, denen die Emigration nicht gelang, wurden deportiert und ermordet.

In der Nachkriegszeit konnte die Gemeindearbeit zunächst weder in Ost- noch in West-Berlin fortgesetzt werden. Erst nach der Wende in der DDR wurde die I. wieder in ihre Rechte eingesetzt und konnte ihre Arbeit in ihrem ursprünglichen, 1904 eingerichteten Gemeindezentrum in der Artilleriestr. 31 (jetzt Tucholskystr. 40) im Bezirk > MITTE auf religiösem, kulturellem und sozialem Gebiet fortsetzen. Seit März 1990 amtiert Rabbiner Eliezer Ebner; zur Gemeinde gehörten 1992 ca. 250 Mitglieder. Beim Gemeindezentrum befinden sich außerdem Veranstaltungs- und Schulungsräume, die Bibliothek, das Archiv und die Verwaltung der Gemeinde. Es finden regelmäßig Gottesdienste statt, die Gemeinde unterhält Kurse in Religion und hebräischer Sprache. Die I. verfügt ferner über eine eigene Chewra Kadisha (Beerdigungsbruderschaft), und auf dem Gemeindefriedhof mit neuerrichteter Trauerhalle wird wieder nach gesetzestreuem Ritus bestattet. Im Juli 1991 eröffnete die I. das „Beth Café" in der Tucholskystr. 40, das erste jüdische Restaurant in Stadtmitte. Seit dem 2.4.1992 gehört zur Gemeinde der erste KOLBO Berlins, ein Laden, in dem koschere Lebensmittel erworben werden können. Die Gemeinde hat eine eigene koschere Schächtung (Schlachterei).

IZT Institut für Zukunftsstudien und Technologiebewertung: Das 1981 gegründete IZT in der Lindenallee 16 im Bezirk > CHARLOTTENBURG ist ein gemeinnütziges Forschungsinstitut, das sich auf interdisziplinärer Basis mit zukunftsorientierten Projektstudien von langfristiger gesellschaftlicher Bedeutung befaßt. Forschungs- und Entwicklungsschwerpunkte sind: umweltverträgliche Produkte und Produktionsgestaltung; wirtschaftliche, soziale und ökologische Folgenabschätzung von Energie- und Verkehrstechnologien, Energie-, Verkehrs- und Umweltplanung; wirtschaftliche, soziale und beschäftigungspolitische Wirkungen und Bewertungen neuer Technologien, insbes. von Informations- und Kommunikationstechnologien; Wissenschafts-, Technik- und Innovationsforschung; Methoden der qualitativen und quantitativen Planung und Prognostik; Szenario-Technik; Auswirkungen der Technikentwicklung auf Familien- und Haushaltsstrukturen; Fort- und Weiterbildungsprogramme für neue Technologien.

Das IZT arbeitet vorwiegend praxisorientiert mit dem Ziel, konkrete Ergebnisse für Entscheidungsträger in Wirtschaft und Politik zu erarbeiten und gleichzeitig die Grundlagenforschung voranzubringen. Dazu führt es Forschungsaufträge durch, erstellt Gutachten, veröffentlicht Forschungsergebnisse, führt pro Jahr ca. fünf bis acht themenbezogene Veranstaltungen, Seminare und Tagungen mit insg. ca. 1.000 Teilnehmern sowie Ausstellungen durch.

Das IZT arbeitet mit zahlreichen deutschen und ausländischen Forschungseinrichtungen sowie mit staatlichen und privaten Institutionen zusammen, u.a. mit den Berliner Universitäten und Fachhochschulen, sowie zahlreichen weiteren außeruniversitären Forschungseinrichtungen. Das IZT ist als gemeinnützige GmbH im Handelsregister eingetragen und beschäftigt 18 Mitarbeiter unterschiedlicher Fachrichtungen. Die Finanzierung erfolgt weitgehend durch Projektaufträge und eine Grundfinanzierung des Landes Berlin.

J

Jagdschloß Glienicke: Das J. liegt an der Stadtgrenze Berlins im äußersten Südwesten des Bezirks > ZEHLENDORF südlich der > GLIENICKER BRÜCKE. Im Hauptgebäude des Schlosses hat die 1964 gegründete *Internationale Begegnungsstätte Jagdschloß Glienicke* (Jugendbildungsstätte) ihren Sitz. Die der > SENATSVERWALTUNG FÜR JUGEND UND FAMILIE (SENJUGFAM) nachgeordnete Einrichtung hat 75 Unterkunftsplätze. Die Nebengebäude sind seit 1988 Domizil der 1979 eröffneten, zuvor im benachbarten Schloß > KLEINGLIENICKE untergebrachte *Heimvolkshochschule Jagdschloß Glienicke*, die im Frühjahr 92 noch der SenJugFam unterstand, aber im Laufe des Jahres der > SENATSVERWALTUNG FÜR SCHULE, BERUFSBILDUNG UND SPORT übergeben werden soll. Sie verfügt über 51 Kursplätze.

Der Große Kurfürst Friedrich Wilhelm (1640-88) hatte das Schloß 1683 an der von der > HAVEL gebildeten Glienicker Lake (> GRUNEWALDSEEN) durch seinen Baumeister Philipp de Chièze errichten lassen. Nach verschiedenen Besitzerwechseln und Nutzungen (u.a. als Lazarett, Tapetenfabrik und Waisenhaus) erwarb es 1859 der in Kleinglienicke residierende Prinz Carl v. Preußen für seinen Sohn Friedrich Carl und ließ es durch Ferdinand v. Arnim aufwendig umbauen. Weitere Umbauten erfolgten 1889 (Albert Geyer) und 1963 (durch Max Taut im Sinne eines modernen Zweckbaus für die Internationale Begegnungsstätte). Bis zur > VEREINIGUNG wurde die alte Auffahrt zum J. von den Grenzanlagen der DDR eingenommen (> DEMARKATIONSLINIE), so daß das Schloß nur über den – seit 1983 für die Allgemeinheit geöffneten – Schloßpark zugänglich war. Der 1860-62 von Peter Joseph Lenné gestaltete Park wurde 1984-87 gartendenkmalpflegerisch wiederhergerichtet und ist als Landschaftsschutzgebiet ausgewiesen (> GARTENDENKMALPFLEGE; > NATURSCHUTZ).

Jagdschloß Grunewald: Das in seinen Ursprüngen Mitte des 16. Jh. entstandene J.

liegt am östlichen Ufer des Grunewaldsees (> GRUNEWALDSEEN) im Bezirk > ZEHLENDORF. Es ist heute ein Museum in der Zuständigkeit der > VERWALTUNG DER STAATLICHEN SCHLÖSSER UND GÄRTEN, in dem v.a. Möbel und ca. 200 Gemälde aus dem 16. bis 19. Jh., darunter Werke von Lucas Cranach d.Ä., ausgestellt sind.

Das erste Gebäude des J. wurde 1542 von Caspar Theyß für Kurfürst Joachim II. Hektor (1535-71) erbaut und gehörte zu einem Kranz von Jagdhäusern, die der Kurfürst um Berlin errichten ließ (> SCHLÖSSER). Der ursprüngliche Name des J. „Zum grünen Walde" verlieh im Laufe der Zeit dem umgebenden Waldgebiet die Bezeichnung > GRUNEWALD. Durch Umbauten 1580-93 (Nebengebäude, Baumeister Rochus Graf zu Lynar) und 1669-1707 (Dach, Fassade, Fenster, Stuckdecken) erhielt das J. seine heutige Gestalt.

Der dreigeschossige Bau mit zwei quadratischen Querflügeln zum Seeufer hin liegt an einem von Wirtschaftsgebäuden umschlossenen Hof. Ein markanter, nur z.T. aus dem Hauptgebäude hervortretender, mehreckiger Turm neben dem als zweigeschossiger Vorbau ausgebildeten Eingang beherbergt das Treppenhaus. Bis zur Absenkung des Grunewaldsees im Jahr 1900 lag das Schloß direkt am Seeufer und war von einem Wassergraben umgeben. Noch bis 1903 wurde es als Ausgangspunkt für Hofjagden benutzt. Nach der Gründung der Weimarer Republik kam das J. zur Verwaltung der Staatlichen Schlösser und Gärten und wurde 1932 als Museum der Öffentlichkeit zugänglich gemacht. Im II. Weltkrieg nicht zerstört, konnte es schon 1949 wieder eröffnet werden.

1973 entdeckte man unter der barocken Verkleidung des Großen Saals die ursprüngliche Gestaltung aus der Zeit der Erbauung, die daraufhin freigelegt und restauriert wurde. In dem Gebäude auf der Nordseite des Schloßhofs wurden 1983 mehrere große Renaissancebögen freigelegt, um die Elemente dieser Bauperiode, aus der in Berlin nur

Jagdschloß Grunewald

sehr wenige Zeugnisse vorhanden sind, besonders hervorzuheben. In dem um 1770 errichteten Gebäude gegenüber dem Schloß ist seit 1977 eine Sammlung von Jagdgerätschaften und -gemälden – vornehmlich aus den Beständen des Prinzen Carl v. Preußen – ausgestellt. In einem weiteren Gebäude wird eine Ausstellung der Schutzgemeinschaft Deutscher Wald gezeigt.

Jannowitzbrücke: Die im Südosten des Bezirks > Mitte über die > Spree führende J. ist Teil eines bedeutenden innerstädtischen Verkehrskreuzes, das – unmittelbar an der Trasse der > Stadtbahn gelegen – Autobusverkehr, > S-Bahn, > U-Bahn und > Schifffahrt miteinander verbindet. 1822 ließ der Berliner Baumwollfabrikant August Alexander Jannowitz hier als Verbindung zwischen der Luisenstadt und der Stralauer Vorstadt (> Stadterweiterung) auf eigene Kosten eine hölzerne Zugbrücke errichten, die bis 1840 nur gegen Entrichtung eines Brückengeldes benutzt werden konnte. 1825 erhielt sie den Namen J. Am 1.1.1876 wurde die Brücke von der Stadt übernommen und wegen des ständig zunehmenden Verkehrs 1881-83 durch den repräsentativen Neubau einer 83 m lan-

gen, über drei Felder führenden Bogenbrücke ersetzt. Mit Gründung der Stern-Schiffahrtsgesellschaft 1888 entstand in unmittelbarer Nähe eine Anlegestelle für Schiffsausflüge auf den Berliner > Wasserstrassen.

Der Bau des Spreetunnels für die U-Bahn-Linie > Gesundbrunnen/Leinestr. (U8) erforderte bereits 1927 einen abermaligen Abbruch. Beim 1934 vollendeten Neubau wurden der neu entstehende U-Bahnhof J. und der vorhandene Stadtbahnhof zum heutigen Verkehrsknotenpunkt verbunden. Die neue stählerne Bogenfachwerkbrücke war mit fast 37 m doppelt so breit wie die alte und bildete mit ihren hohen Bögen ein markantes Berliner Wahrzeichen. Im Frühjahr 1945 wurde sie gesprengt. Die Ruine wurde 1950/51 abgetragen und verschrottet. 1952-59 entstand dann als reines Nutzbauwerk die heutige Konstruktion.

Japanisch-Deutsches Zentrum Berlin: Die private Stiftung deutschen Rechts J. in der Tiergartenstr. 24/25 im Bezirk > Tiergarten wurde am 15.1.1985 gegründet. Das J. will gegenwarts- und zukunftsbezogene Forschung fördern sowie die wissenschaftlichen und kulturellen Kontakte auf allen Gebieten vertiefen. Es führt wissenschaftliche Projekte und Konferenzen durch. Die Schwerpunkte der Arbeit sind Politik, Wirtschaft und Neue Technologien. Arbeitssprachen sind Deutsch und Japanisch. Ferner fördert das J. den Dialog und das gegenseitige Verständnis zwischen Europa und Japan. Das J. arbeitet eng mit der > FREIEN UNIVERSITÄT BERLIN, der > TECHNISCHEN UNIVERSITÄT BERLIN, der > HUMBOLDT-UNIVERSITÄT und weiteren wissenschaftlichen Institutionen zusammen (> WISSENSCHAFT UND FORSCHUNG). Das Land Berlin hat das Stiftungsvermögen von 15 Mio. DM zur Verfügung gestellt, die laufenden Kosten werden je zur Hälfte von Japan und vom Land Berlin getragen.

Das J. befindet sich im Gebäude der im II. Weltkrieg zerstörten und 1986-88 wiederaufgebauten ehemaligen Japanischen Botschaft im ehem. > DIPLOMATENVIERTEL. Der Residenz-Teil des 1938-42 von Ludwig Moshamer erbauten Gebäudes wurde 1986 abgerissen und seine Fassade wieder originalgetreu aufgebaut, während das Innere weitgehend neu gestaltet wurde. Für diese Arbeiten und die Ergänzung des Baus mit japanischen Elementen (ein Feld mit der Chrysantheme und ein fernöstlicher Garten zwischen den Hofflügeln) zeichneten die japanischen Architekten Kisho Kurokawa und Taiji Yamaguchi verantwortlich. Die Kosten von 50 Mio. DM wurden vom Eigentümer, dem japanischen Staat, übernommen. Das Gebäude wurde am 8.11.1987 eingeweiht und am 30.3.1988 fertiggestellt.

Ein Vorläufer des J. war das am 4.12.1926 aufgrund privater Initiativen deutscher und japanischer Wissenschaftler gegründete Institut zur Förderung der wechselseitigen Kenntnis des geistigen Lebens und der öffentlichen Einrichtungen in Deutschland und Japan (Japan-Institut) e.V. Dieses *Japan-Institut* war in den Räumen der > KAISER-WILHELM-GESELLSCHAFT im > STADTSCHLOSS untergebracht. Das Schwesterinstitut in Japan war am 18.6.1927 eröffnet worden.

Jazz: Der Ende des 19. Jh. aus dem Zusammenfluß europäischer und afrikanischer Musiktraditionen in den USA entstandene J. wurde erst nach dem I. Weltkrieg in größerem Umfang in Europa bekannt. In den 20er Jahren entstanden in Berlin zahlreiche J.-Bands, die in Bars, Tanzlokalen, > HOTELS und den Vergnügungsetablissements der Stadt spielten. Ende der 20er Jahre galt Berlin als die europäische Swing-Hauptstadt.

In der Musikentwicklung beeinflußte der J. v.a. die Neue Musik, deren Komponisten (u.a. Igor Strawinsky, Hanns Eisler, Paul Hindemith) J.-Elemente in ihren Kompositionen verarbeiteten. Die Herkunft des J. von den Schwarzen Amerikas und Afrikas führte 1935 zu einem Verbot der „entfesselten Niggermusik" durch die Nationalsozialisten, das allerdings – z. B. während der > OLYMPISCHEN SPIELE 1936 – nicht strikt durchgehalten wurde. So durfte das dem Vorsitzenden der damaligen Reichskulturkammer und Reichsminister für Volksaufklärung und Propaganda Joseph Goebbels unterstehende Deutsche Tanz- und Unterhaltungsorchester (DTU) diese „artfremde" Musik weiterhin spielen.

Die Berliner Jazztradition war deshalb nicht völlig ungebrochen, als 1945 der deutsche Nachkriegsjazz von Berlin aus Deutschland eroberte. Eine der ersten führenden Berliner Bands dieser Zeit waren die Berlin All Stars, die mit ihrem Dixieland-Swing nicht nur die traditionellen Entwicklungen in den USA nachvollzogen, sondern auch erste Elemente des Modern J. verarbeiteten. Nach dem Modell des DTU entstanden kurz nach Kriegsende das Radio Berlin Tanzorchester des damals noch unter sowjetischer Kontrolle stehenden > HAUS DES RUNDFUNKS und das RIAS Tanzorchester, die – anknüpfend an die Swing-Tradition der 20er Jahre – J. einem breiteren Publikum bekannt machten (> SENDER FREIES BERLIN [SFB]; > RIAS BERLIN).

Drei Berliner Combos, die vor allem die Entwicklung des J. in den Vereinigten Staaten rezipierten, prägten die Geschichte des deutschen J. der 50er Jahre entscheidend mit: das Johannes-Rediske-Quintett, das Michael-Naura-Quintett und das Helmut-Brandt-Quintett. Die Hauptspielstätten jener Jahre waren die Badewanne in der Nürnberger Str. in > SCHÖNEBERG, die Eierschale am Breitenbachplatz in > DAHLEM und das Blue Note in der Uhlandstr. in > CHARLOTTENBURG.

Ende der 50er, Anfang der 60er Jahre beherrschten zwei Haupttendenzen die West-Berliner J.-Szene: Die Revival-Szene versuchte in erster Linie die New-Orleans-Tradition wieder aufleben zu lassen, die Mainstream-Bewegung nahm hingegen vor allem internationale Strömungen auf und entwickelte sie weiter. In den 60er Jahren spalteten neue Einflüsse wie vor allem Bebop und > ROCK-MUSIK die Jazzwelt. Analog zur allgemeinen musikalischen Entwicklung hat sich in der Folge auch innerhalb des J. keine vorherrschende, prägende Stilrichtung entwickelt. Diese Vielfalt spiegelt sich auch in den verschiedenen West-Berliner J.-Veranstaltungen.

Im Rahmen der > BERLINER FESTWOCHEN wurden 1964 erstmals die *Berliner Jazztage* durchgeführt. Aufgrund des großen Erfolges fanden sie ab 1965 jährlich im Herbst als eigenes, drei- bis fünftägiges Festival statt. 1981 wurde die Veranstaltung in > JAZZFEST BERLIN umbenannt. Sie gilt auch heute als eines der bedeutendsten J.-Festivals der Welt. Daneben gab es die Veranstaltung *Jazz in the Garden*, die nach einer Idee des Museum of Modern Art in New York 1969 erstmals in West-Berlin durchgeführt wurde. Jazz in the Garden fand seitdem jährlich an sieben Wochenenden von Ende Mai bis Mitte Juni im Skulpturengarten der > NATIONALGALERIE am > KULTURFORUM TIERGARTEN statt. Seit 1991 wird die Veranstaltung in veränderter Form unter dem Titel *Jazz across the border* an den letzten beiden Juni-Wochenenden durchgeführt. Vorgesehen ist die Anbindung der Veranstaltung an das in der > KONGRESSHALLE TIERGARTEN residierende > HAUS DER KULTUREN DER WELT, um aktuelle Spielformen des J. in einer angemessenen Form zu präsentieren.

Dem Free J. sind die zahlreichen Aktivitäten der *Free Music Production (FMP)* gewidmet, einer 1969 gegründeten Vereinigung von Free-J.-Musikern in der Mierendorffstr. in Charlottenburg. Ziel der FMP ist es, die Arbeitsmöglichkeiten der Musiker zu verbessern und Schallplatten in eigener Verantwortung zu produzieren.

Die FMP führt ferner seit 1968, z.T. in Zusammenarbeit mit der > BERLINER FESTSPIELE GMBH, das *Total Music Meeting* durch. Diese Veranstaltung repräsentiert Entwicklungen des J., die nach Auffassung der Veranstalter auf dem JazzFest Berlin nicht ausreichend berücksichtigt werden.

Neben dem Total Music Meeting veranstaltet die FMP seit 1969 jährlich im Frühjahr/Sommer in der > AKADEMIE DER KÜNSTE im > HANSAVIERTEL den *Workshop Freie Musik* – im ersten Jahr noch unter dem Titel „3 Nights of Living Music and Minimal Art" –, in dem vor allem experimenteller J. vorgestellt wird.

Seit 1985 führt der Landesmusikrat jährlich an einem Herbstwochenende den *Berliner Jazztreff* durch, der einen Überblick über die aktuelle Berliner J.-Szene vermittelt.

Zu Zeiten der > SPALTUNG Berlins bestand auch im Ostteil der Stadt – nach anfänglichen Behinderungen (bis hin zu Verboten, etwa im Hörfunk) und Schwierigkeiten der J.-Musiker, einen eigenen Stil zu entwickeln – eine unabhängige und lebendige J.-Szene. In der > VOLKSBÜHNE AM ROSA-LUXEMBURG-PLATZ (zuletzt im neueröffneten > FRIEDRICHSTADTPALAST) fand jährlich im Sommer die vom Berliner Rundfunk veranstaltete Internationale Jazzbühne statt, ein Drei-Tage-Festival, das verschiedene Strömungen des internationalen J. vorstellte. Es wurde 1990 eingestellt. Die Musiker haben heute Auftrittsmöglichkeiten in verschiedenen Jugendclubs, im Jazzkeller des Kreiskulturhauses > TREPTOW, im > PODEWIL in der Klosterstr. 68-70 und (bis 1990) bei Jazz in der Kammer in den Kammerspielen (> DEUTSCHES THEATER UND KAMMERSPIELE).

Seit der > VEREINIGUNG treten Musiker an den verschiedenen Spielstätten der ganzen Stadt auf. In zahlreichen Szene-Clubs und Programmkneipen kann man heute vom Dixieland über Blues bis zum Free J. alles hören, was einheimische und auswärtige Musiker zu bieten haben. Zu den wichtigsten Spielstätten zählen neben dem Flöz in der Nassauischen Str. 37 in > WILMERSDORF und dem Quasimodo in der Kantstr. 12a in Charlottenburg auch das Quartier und die an die Podbielskiallee umgezogene Eierschale. In den östlichen Bezirken befinden sich u.a. der Sophienclub in den > HACKESCHEN HÖFEN und das > TACHELES in der Oranienburgerstr. 53-56, beide im Bezirk > MITTE, sowie der Franz-Club in der > KULTURBRAUEREI an der > SCHÖNHAUSER ALLEE und die Wabe in der Breitscheidstr. 101 im Bezirk > PRENZLAUER BERG (> ERNST-THÄLMANN-PARK). Die aktuellen Entwicklungen und Programme werden insb. von den Berliner > STADTMAGAZINEN verfolgt und kommentiert.

JazzFest Berlin: Alljährlich im Herbst veranstaltet die > BERLINER FESTSPIELE GMBH ein drei- bis fünftägiges Jazz-Festival, das mit zwei bis drei Konzerten pro Tag jeweils einen bestimmten Schwerpunkt, etwa eine bestimmte Region (z.B. Karibik, Indien, Afrika) und/oder eine stilistische Epoche der Jazzgeschichte (z.B. Black Music, Aspect Soul, Keybords; Swing; Modern Jazz; Mainstream; Bebop) vorstellt. Das erste Festival fand 1964 im Rahmen der > BERLINER FESTWOCHEN unter der Bezeichnung *Berliner Jazztage* statt. Wegen des großen Erfolgs wurde das Festival ab

1965 als eigene Veranstaltung durchgeführt, seit 1981 unter dem Namen J.

Die künstlerische Leitung hatte zunächst Joachim Ernst Berendt, seit 1971 ist der Schweizer Musiker und Komponist George Gruntz für die thematische Konzeption und die Auswahl der Orchester, Bands und Musiker verantwortlich. Veranstaltungsorte sind i.d.R. die > PHILHARMONIE und das Delphi-Kino in der Kantstr. 12a neben dem > THEATER DES WESTENS. Auf dem J. spielten nahezu alle bedeutenden zeitgenössischen Jazz-Musiker. Das Festival ist die herausragende Jazz-Veranstaltung in Berlin und gilt als eines der wichtigsten der Welt (> JAZZ).

Dizzy Gillespie beim JazzFest Berlin 1989

Finanziert wird das J. durch das Land Berlin, durch den Verkauf der Senderechte an die Arbeitsgemeinschaft der öffentlich-rechtlichen Rundfunkanstalten (ARD) und durch den Kartenverkauf.

Joachimsthalsches Gymnasium: Der langgestreckte Bau des ehem. J. an der Bundesallee 1-12 (früher Kaiserallee) im Bezirk > WILMERSDORF wurde 1875 von Heinrich Strack, einem Schüler Karl Friedrich Schinkels, entworfen und 1876-80 von Johann Eduard Jacobsthal und Ludwig Giersberg ausgeführt. Das aus gelben Ziegeln errichtete Gebäude ist einer der letzten spätklassizistischen Bauten der Schinkel-Schule. Die lange Fassade ist durch drei vorspringende Risalite gegliedert. Dem zweigeschossigen Mittelteil mit giebelbekröntem Mittelrisalit ist ein 13achsiger Arkadengang vorgelagert. Das Gebäude wird heute v.a. von der > HOCHSCHULE DER KÜNSTE (HdK) genutzt.

Das dem Haus seinen Namen gebende Gymnasium war 1607 von Kurfürst Joachim Friedrich (1598-1608) in Joachimsthal am Werbellinsee als Fürstenschule gegründet

worden. Nach Zerstörung im Dreißigjährigen Krieg zog es 1636 vorübergehend nach Angermünde um. 1647 wurde es in Berlin reorganisiert, wo es der Große Kurfürst (1640-88) für einige Zeit im > STADTSCHLOSS unterbrachte. 1688 erhielt es ein eigenes Haus in der Burgstr. 1707 erhielt es den Namen „Königliches J." 1880 bezog es das neue Haus in Wilmersdorf, 1909 wurde es nach Templin verlegt. Nach dem I. Weltkrieg erhielt das J. die Rechtsform einer staatlichen Stiftung. Ab 1945 fungierte es als „Landesschule Templin", aus der 1953 das Lehrerbildungsinstitut Templin hervorging.

Beim Umzug nach Templin wurde das Gebäude an der Kaiserallee von der Stadt Wilmersdorf als Stadthaus und Verwaltungssitz übernommen (> RATHÄUSER). Nach Beseitigung der Schäden aus dem II. Weltkrieg bis 1955 nahm hier das auf eine Gründung aus dem Jahr 1850 zurückgehende *Städtische Konservatorium* seinen Sitz. 1966 wurde es der Staatlichen Hochschule für Musik und Bildende Kunst eingegliedert. Diese vereinigte sich 1975 mit der Staatlichen Hochschule für Bildende Künste zur HdK. Von 1962-84 beherbergte das J. auch das Musikinstrumenten-Museum (> STAATLICHES INSTITUT FÜR MUSIKFORSCHUNG).

Johannisthal: J. ist ein auf eine Kolonistenansiedlung im 18. Jh. zurückgehender Ortsteil im Bezirk > TREPTOW. 1753 erhielt der Kammerrat Johannes Werner die königliche Erlaubnis, auf einem von ihm übernommenen Erbzinsgut des Amtes > KÖPENICK zehn Familien anzusiedeln. Die sich nur sehr langsam entwickelnde Kolonie erhielt nach dem Vornamen ihres Gründers den Namen J. Kern des als Straßendorf angelegten J. (> DÖRFER) war die heutige Winkelmannstr., deren Nr. 32 – wenngleich in veränderter Form – noch heute an die Anfänge des Ortes erinnert. Die 1880 erfolgte Vereinigung des Gemeindebezirks mit dem Gutsbezirk und die Anbindung an die Görlitzer > EISENBAHN 1874 sowie die Bemühungen des letzten Gutsbesitzers Karl v. Trützschler, aus J. einen Kur- und Badeort zu machen, führten zu einem raschen Aufschwung. Heute erinnern an diese Zeit noch die Warmbadeanstalt am Sterndamm 82, ein Ziegelbau vom Ende des 19. Jh., wie auch die Villa „Bella Vista" am Sterndamm 88. Aus dem Kurhaus wurde nach unterschiedlicher Nutzung durch Umbau 1921 die evangelische Kirche von J.

(Sterndamm 92-96). Zwar konnte sich die Gemeinde 1905/06 am Sterndamm 102 nach dem Entwurf von Georg Roensch noch ein aufwendiges Rathaus in Formen der Neorenaissance errichten lassen, doch beendeten die Industrialisierung des östlich benachbarten > Niederschöneweide, der Bau des > Teltowkanals 1901-06 und die Anlage des ersten Berliner Flugplatzes 1909 (> Flugplätze; > Luftverkehr) alle Bemühungen, J. als Badeort weiter auszubauen. Überdies war der Ort durch den 1885 erfolgten Anschluß an die > Stadtbahn Berlin entscheidend näher gerückt. Das ehem. Rathaus ist heute Sitz des Treptower Schulamts, des Kunstamts und des Heimatmuseums (> Kultur- und Kunstämter; > Heimatmuseen). Seit 1990 erfolgt eine Rekonstruktion, die 1992 mit der Wiederherstellung des Ratskellers beendet sein soll. In den 20er Jahren kam es zu beiden Seiten des Sterndamms zur Anlage ausgedehnter Wohnsiedlungen, deren z.T. geschlossene Komplexe auf namhafte Architekten zurückgehen, so die Bebauung der Weststr. durch Bruno Taut oder die Anlage Südostallee/ Rixdorfer Str. nach einem Entwurf von Walter Kaas.

Der *Flugplatz Johannisthal* wurde bis zum I. Weltkrieg zu einem bedeutenden Zentrum des europäischen Motorflugs. Im Krieg selbst entwickelte sich dann hier das Zentrum der deutschen Kriegsflugzeugproduktion. Ab 1919 diente er einige Zeit auch dem Passagierflug- und Luftfrachtlinienverkehr, um danach wieder rein militärisch genutzt zu werden. Von 1945-52 hatten schließlich sowjetische Fliegereinheiten die mit Ortsteil und Bezirk zum Ost-Sektor gekommene Anlage belegt (> Sektoren). Danach wurde er geschlossen. Auf der ca. 180 ha großen, weitgehend brachliegenden Fläche sollen nach den Plänen des Bezirks in den nächsten Jahren ein Gewerbepark und rd. 6.000 Wohnungen entstehen.

Im Norden von J. erstreckt sich das unter Landschaftsschutz stehende Waldgebiet > Königsheide, an das sich westlich ausgedehnte > Kleingärten und Baumschulen anschließen, die ab 1864 durch die Gärtnerei Späth hier angelegt wurden. Am ehem. Herrenhaus der Familie in der Späthstr. 80/81 liegt das 1879 eingerichtete > Arboretum. Auf dem ehem. Baumschulengelände südlich der Späthstr. sollen in den nächsten Jahren etwa 1.000 Wohnungen in Reihenhausbauweise entstehen.

John-F.-Kennedy-Schule: Die 1962 gegründete J. am Teltower Damm 87 im Bezirk > Zehlendorf ist eine öffentliche deutsch-amerikanische Gemeinschaftsschule mit gesamtschulähnlichem Aufbau (> Schule und Bildung). Sie gliedert sich in eine Grund- und eine Oberschule, eine Mischform aus Gymnasium und akkreditierter Highschool, die zum Abitur oder dem Highschool-Diploma führt. Die durch das > Bezirksamt Zehlendorf verwaltete J. ist dem Gedanken der Völkerverständigung verpflichtet. Den Inhalt der Unterrichts- und Erziehungsarbeit bestimmt das Erziehungsdirektorium, dem deutsche und US-amerikanische Eltern, von der Vertretung der USA in Berlin benannte Persönlichkeiten sowie Vertreter der deutschen Schulaufsicht angehören. Dabei müssen vor allem die gemeinsamen Aspekte der nationalen Ziele auf dem Gebiete des Schulwesens zur Geltung kommen. Der Unterricht erfolgt zweisprachig und bezieht sich auf den deutschen und den US-amerikanischen Lehrplan. Der staatlichen Schulaufsicht obliegt die Sorge dafür, daß die Schule in ihren Lernzielen und Einrichtungen nicht hinter den übrigen öffentlichen Schulen zurücksteht, auch wenn die Lehr- und Erziehungsmethoden sowie die Lehrstoffe in Teilen davon abweichen. Im Schuljahr 1992/93 besuchten ca. 1.350 Schülerinnen und Schüler die J., die von ca. 150 Lehrkräften unterrichtet wurden. Schüler und Lehrer besitzen jeweils zur Hälfte die deutsche und die US-amerikanische Staatsangehörigkeit.

Jüdische Friedhöfe: In der Geschichte des heutigen Berlins gab es insg. neun besondere > Friedhöfe für Angehörige jüdischen Glaubens. Bis heute erhalten sind davon vier Anlagen, von denen drei noch als Begräbnisstätten genutzt werden. Dies sind der als größter J. in Europa 1880 eröffnete > Jüdische Friedhof Weissensee, der nach der > Spaltung Berlins 1954-56 für die jüdischen Toten im Westteil der Stadt angelegte > Jüdische Friedhof Charlottenburg und der Adass-Jisroel-Friedhof in > Weissensee. Da die Beisetzung von Juden auf christlichen Friedhöfen lange Zeit untersagt war, und die Juden keine Begrenzung der Ruhezeiten akzeptierten, entstanden für sie frühzeitig besondere Friedhöfe. Der älteste bekannte J. war der 1324 erstmals erwähnte *Juden-Kiewer* in der Jüdenstr. im heutigen Bezirk > Spandau. Er wurde nach Vertreibung der Juden aus der Mark Brandenburg 1510 zerstört und die abgeräumten Grabsteine z.T. beim Ausbau der > ZITADELLE SPANDAU verwendet. Einzelne in jüngster Zeit freigelegte Grabsteine hat man auf dem J. Charlottenburg aufgestellt.

Zwischen 1539-71 bestatteten die Juden ihre Toten vermutlich auf dem *Friedhof an der Judengasse* (Landwehrstr.). Er reichte von der westlichen Seite dieser Gasse bis zur Lietzmannstr. (heute Gerlachstr.) und zur Großenkirchstr. (heute Georgenkirchstr.). Ob hier die Opfer der Judenpogrome von 1348, 1510 und 1571 ruhten, ist nicht sicher verbürgt, jedoch war an der Ruine der dortigen, 1965 abgetragenen kleinen Synagoge eine Steinplatte angebracht, die an 40 verbrannte Juden aus dem Jahre 1510 erinnert. 1866 waren bereits die letzten Reste des Leichenwaschhauses beseitigt worden.

Nach dem Aufnahmeedikt des Großen Kurfürsten (1640-88) für jüdische Einwanderer nach Brandenburg von 1671 stieg die Zahl der Juden in Berlin wieder rasch an (> BEVÖLKERUNG; > GESCHICHTE). So entstand bereits 1672, ein Jahr nach Gründung der > JÜDISCHEN GEMEINDE ZU BERLIN, der *Alte Jüdische Friedhof an der Großen Hamburger Straße* im heutigen Bezirk > MITTE. Dieser J., auf dem insg. ca. 12.000 Personen bestattet wurden, bestand bis zur Eröffnung des Friedhofs an der Schönhauser Allee im Jahr 1827. 1943 ließen ihn die Nationalsozialisten abräumen und einebnen. Etwa 20 aus der Frühzeit des Friedhofs erhaltene Grabsteine waren in die Südwand der Anlage eingelassen und entgingen so der Zerstörung. Dort befindet sich auch eine Gedenktafel, die an den Friedhofsbegründer Model Riess erinnert. Nach 1945 gestaltete man das Gelände als Parkanlage und Gedenkstätte. Für den Philosophen Moses Mendelssohn, dessen Grab 1943 ebenfalls zerstört worden war, wurde ein schlichtes Gedenkgrab eingerichtet. Am Eingang in der Großen Hamburger Str. erinnert ein Gedenkstein an das hier 1828 eröffnete erste Altersheim der Jüdischen Gemeinde zu Berlin, das die Gestapo 1942 in ein Sammellager für jüdische Bürger verwandelt hatte. Von hier aus wurden bis zur Zerstörung des Gebäudes 1943 ca. 55.000 jüdische Bürger in die > KONZENTRATIONSLAGER Theresienstadt und Auschwitz deportiert.

Noch erhalten ist der *Jüdische Friedhof in der Schönhauser Allee* im heutigen Bezirk > PRENZLAUER BERG. Er wurde 1827 nach Plänen des Stadtbaumeisters Friedrich Wilhelm Langerhans als Ersatz für den J. in der Großen Hamburger Str. angelegt und 1880 nach Eröffnung des J. in Weißensee offiziell geschlossen. Allerdings wurden bis in die 20er Jahre unseres Jh. hinein neue Grabmäler auf den Erbbegräbnissen errichtet, bis 1940 fanden auch noch einzelne Beisetzungen statt. Insg. wurden auf dem Friedhof ca. 22.500 Einzelbestattungen vorgenommen, außerdem gab es 750 Erbbegräbnisse. Auf dem Rondell des ehemaligen Hauptwegs erinnert eine Stele an die während der Märzrevolution 1848 gefallenen Berliner Juden Alexander Goldmann und Simon Barhold.

Ein 1961 von Ferdinand Friedrich entworfenes Ehrenmal aus Quadersteinen erinnert an die im Krieg zerstörte Feierhalle. Auf dem Friedhof fanden bedeutende Persönlichkeiten der Jüdischen Gemeinde ihre letzte Ruhestätte, wie der Bankier und Berater Bismarcks, Gerson v. Bleichröder, der Maler Max Liebermann, der Komponist Giacomo Meyerbeer (Jakob Liebermann Beer), der Mediziner Ludwig Traube, der Botaniker Nathanael Pringsheim, James Simon, der Großkaufmann, Mäzen, Förderer von Kunst und Wissenschaft sowie Verlagsgründer Leopold Ullstein. Neben weiteren repräsentativ und aufwendig gestalteten Familiengrabstätten erinnert eine Gedenktafel an Kriegsgegner, die sich im II. Weltkrieg auf dem Friedhof versteckt hatten und die Ende 1944 hier von der SS erhängt wurden.

1859 erwarb die zu Beginn des 18. Jh. wiederentstandene Jüdische Gemeinde in Spandau ein Gelände am Schülerberg zur Bestattung ihrer Toten, die bis dahin in Berlin begraben wurden. Der Friedhof mußte allerdings 1940 wieder aufgegeben werden, da das zuständige Wehrkreiskommando das inmitten militärischer Anlagen befindliche Gelände in seine Bebauungspläne einbezog. Die ca. 200 Beigesetzten konnten auf ein Feld des Adass-Jisroel-Friedhofs in Weißensee überführt werden.

Neben dem großen Friedhof in Weißensee wurde ebenfalls 1880 an der Wittlicher Str. der *Adass-Jisroel-Friedhof* eingerichtet. Dieser ca. 2 ha große J. war für orthodoxe Juden vorgesehen, die 1869 aus der Jüdischen Gemeinde ausgetreten waren und sich zur (1939 zwangsaufgelösten) Adass Jisroel (Gemeinde Israel) zusammengeschlossen hatten. Im II. Weltkrieg wurde lediglich die Feierhalle des Friedhofs zerstört. Da die Gemeinde nach dem Krieg zunächst nicht wieder gegründet wurde, hat die Ost-Berliner Jüdische Gemeinde den Friedhof 1974 geschlossen. Bis zum Beginn der Restaurierungsarbeiten im Herbst 1985 wurden 2.400 der insg. etwa 3.000 Grabsteine umgestürzt. Im Juni 1986 wurde der Friedhof erneut der Öffentlichkeit zugänglich gemacht und dient seit 1988 wieder als Gemeindefriedhof zur Beisetzung. Auf einem Gedenkstein sind die Namen von in Konzentrationslagern ermordeten orthodoxen Juden verzeichnet, deren Urnen 1939-42 auf diesem Friedhof beigesetzt wurden. Neu errichtet wurde ein Gärtnerhaus, in dem auch die Gräberkartei untergebracht ist. Nach dem Krieg wurden nahe des Eingangs einige geschändete Thorarollen in die Erde gebettet. Ein weiterer kleiner J., der noch 1937 belegt wurde, aber wahrscheinlich bald danach nicht mehr bestand, befand sich – heute nicht mehr erkennbar – in > KÖPENICK an der Mahlsdorfer Str./Gehsener Str. Der erste nachgewiesene Grabstein stammt aus dem Jahr 1887. Nach einem Lageplan waren etwa 250 Bestattungen vorgesehen. Bei der Abräumung für ein Neubaugebiet 1959-62 wurden ca. 25 Grabsteine geborgen und auf den J. in Weißensee gebracht.

Jüdische Gemeinde zu Berlin: Die als Körperschaft des öffentlichen Rechts verfaßte J. ist die größte jüdische Gemeinde in Deutschland. Sie ist zugleich einer der Spitzenverbände der Freien > WOHLFAHRTSPFLEGE.
1. Die Jüdische Gemeinde 1992
Ende Mai 1992 hatte die J. 8.862 Gemeindemitglieder. Das Gemeindehaus befindet sich in einem 1957-59 errichteten Neubau am Standort der 1912 eingeweihten und in der Pogromnacht 1938 verwüsteten großen Synagoge in der Fasanenstr. 79/80 in > CHARLOTTENBURG (> POGROMNACHT 1938). Die beiden Rabbiner der J. sowie die Kultusabteilung der Gemeinde sind für den Gottesdienst in den > SYNAGOGEN und für den Religionsunterricht zuständig. Zu den weiteren Einrichtungen der J. gehörten 1992 ein Jugendzentrum, eine Sozialabteilung, eine 1946 gegründete und seit 1971 in > WILMERSDORF ansässige Kindertagesstätte, eine seit 1986 bestehende Grundschule in Charlottenburg, die Gemeindebibliothek in der Fasanenstr. (1959 gegründet, heutiger Bestand ca. 60.000 Bände) und in der Oranienburger Str. (1978 eingerichtet) sowie die seit 1962 bestehende *Jüdische Volkshochschule* im Gemeindehaus in

der Fasanenstr. Außerdem gibt es heute in Berlin noch mehrere > JÜDISCHE FRIEDHÖFE, auf zwei von ihnen finden Bestattungen statt. Die J. finanziert sich durch Leistungsentgelte, öffentliche Zuwendungen sowie Gemeindesteuerbeiträge und Spenden. Vorsitzender der J. war von 1949 bis zu seinem Tod am 19.7.92 Heinz Galinski.
2. Die Jüdische Gemeinde zu Berlin als Spitzenverband der Freien Wohlfahrtspflege
Als ein anerkannter unabhängiger Spitzenverband der Freien Wohlfahrtspflege leistet die J. praktische Hilfe auf allen Gebieten sozialer Not und nimmt fördernden Einfluß auf die Gestaltung der öffentlichen Wohlfahrtspflege. Zur Erfüllung ihrer Aufgaben unterhält die J. 23 Einrichtungen mit ca. 210 hauptamtlichen Mitarbeitern, die von etwa 60 ehrenamtlichen Helfern unterstützt werden. Zu diesen Einrichtungen gehören neben den bereits genannten eine Religionsschule, ein Club für Zuwanderer, drei Seniorenheime, ein geriatrisches Krankenhaus sowie die offene Sozialarbeit (> ALTENHILFE; > KRANKENHÄUSER; > SOZIALHILFE).
3. Die Geschichte der Jüdischen Gemeinde zu Berlin
Die ersten urkundlichen Nachweise jüdischen Lebens im Berliner Raum stammen aus dem 13. Jh. 1671 erließ Kurfürst Friedrich Wilhelm (1640-88) ein Edikt, das einigen der aus Wien vertriebenen Juden die Ansiedelung in Brandenburg ermöglichte (> BEVÖLKERUNG; > GESCHICHTE). Am 10.9.1671 erhielten die ersten österreichischen Familien einen Schutzbrief; dieser Tag gilt als Gründungstag der J. Diese ersten jüdischen Familien hatten nur sehr eingeschränkte Bürgerrechte. Jüdische Gottesdienste mußten in dieser Zeit noch in Privathäusern abgehalten werden. Erst 1714 fand die Einweihung der ersten Synagoge der J. in der Heidereutergasse, einer nach dem II. Weltkrieg überbauten Straße zwischen Spandauer und Rosenstr. im Bezirk > MITTE statt. Mit dem Erlaß des Emanzipationsedikts vom 11.3.1812, das die Berliner Juden zu „Einländern und preußischen Staatsbürgern" erklärte, wurden diese zu fast gleichberechtigten Bürgern.
Von 1812-48 wuchs die Mitgliederzahl der J. auf 8.300 an, was einem Bevölkerungsanteil von 2,38 % entsprach. 77 Jahre später, 1925, hatte Berlin eine Gesamtbevölkerung von über 4 Mio., wobei die Juden mit 172.672 Personen einen Anteil von 4,30 % bildeten. Dies war ca. ein Drittel aller Juden, die zur dama-

ligen Zeit im Bereich der Weimarer Republik lebten. Insbes. seit dem Ende des 19. Jh. hatten sich zahlreiche vor den Pogromen in Ost-Europa flüchtende Juden im sog. > Scheunenviertel nordwestlich des > Alexanderplatzes niedergelassen, wo ein eigenes Zentrum ostjüdischen Lebens und Glaubens entstand.

Obwohl die Juden in Berlin bis zum Ende des preußischen Staates 1919 per Gesetz völlige Gleichberechtigung erhalten hatten, blieb die gesellschaftliche Diskriminierung erhalten und verstärkte sich sogar. Insbes. konnten deutsche Juden nicht in Positionen des höheren Verwaltungsapparates oder gar des Militärs gelangen.

In der Weimarer Republik verfügte die J. über zwölf Gemeindesynagogen. Die Hälfte davon hielt einen liberalen Gottesdienst ab und war mit einer Orgel ausgestattet; in allen Synagogen gab es einen eigenen Chor.

Neben der J. existierte noch die > Israelitische Synagogen-Gemeinde (Adass Jisroel), die 1885 die Rechte einer eigenen Synagogengemeinde erhalten hatte und von den freiwilligen Beiträgen ihrer Mitglieder unterhalten wurde. Zusätzlich gab es noch eine Vielzahl von privaten Synagogenvereinen, die, von der Gemeinde unterstützt, z.T. eigene Synagogen und Religionsschulen unterhielten. Diese räumlich über die gesamte Stadt verstreuten privaten Vereine vertraten religiöse Richtungen von extrem orthodox bis reformiert und hatten z.T. eigene Rabbiner. Ihre Mitglieder zahlten neben der üblichen Gemeindesteuer einen gesonderten Mitgliedsbeitrag.

Die J. unterhielt ein weitverzweigtes soziales Netzwerk, zu dem Kinderheime, Waisenhäuser, Schulen, Krankenhäuser, Ausbildungsstätten, Altersheime, Behinderteneinrichtungen, Volksküchen usw. zählten. Es gab außerdem noch zahlreiche von der Gemeinde unterstützte Sport-, Kultur- und Bildungseinrichtungen, sowie viele, die auf privater Basis unterhalten wurden.

Mit der Entwicklung Berlins zum geistigen und politischen Zentrum Deutschlands während der Weimarer Zeit wurde die J. auch zum Mittelpunkt des deutschen Judentums. Zahlreiche jüdische Persönlichkeiten hatten wesentlichen Anteil am öffentlichen und geistigen Leben der deutschen > Hauptstadt und wirkten über Berlin hinaus. Zu den Persönlichkeiten zählten u.a. die Politiker Walther Rathenau, Kurt Rosenfeld, Rudolf Hilferding, Fritz Elsas, Rosa Luxemburg, Hugo

Haase und Hugo Preuss; die Wissenschaftler Albert Einstein (Nobelpreis Physik 1921), Richard Willstätter (Nobelpreis Chemie 1915), James Franck (Nobelpreis 1925); die Theaterleiter und Regisseure Otto Brahm, Max Reinhardt, Leopold Jessner und Felix Hollaender; die Schauspieler Elisabeth Bergner, Ernst Deutsch, Helene Weigel, Curt Bois, Grete Mosheim, Fritzi Massary; die Dichter und Schriftsteller Franz Werfel, Jakob Wassermann, Walter Benjamin, Theodor Wolff, Siegfried Jacobsohn, Julius Bab, Theodor Lessing, Lion Feuchtwanger, Arthur Eloesser und Else Lasker-Schüler; die Verlegerfamilie Ullstein, Rudolf Mosse, Samuel Fischer, Salman Schocken und die Brüder Bruno und Paul Cassirer; die Filmschöpfer Fritz Lang, Ernst Lubitsch, Robert Siodmak, Joseph v. Sternberg, Erich Pommer; die Musiker Arnold Schönberg, Leo Blech, Paul Dessau, Hanns Eisler, Maria Ivogün, Rudolf Nelson, Joseph Schmidt, Friedrich Holländer, Bruno Walter, Willy Rosen und Kurt Weill; die bildenden Künstler Alexander und Ernst Oppler, Max Liebermann, Felix Nussbaum, Kurt Schwitters, Lesser Ury, Emil Orlik, John Heartfield; die Architekten Erich Mendelsohn, Oskar Kaufmann, Hans Poelzig; die Gelehrten und Pädagogen Leo Baeck, Martin Buber, Gerschom Scholem, Recha Freier, Alice Salomon, Ludwig Marcuse.

Mit der Ernennung Adolf Hitlers zum Reichskanzler am 30.1.1933 begann die Verfolgung der Juden in Deutschland, später, im II. Weltkrieg, auch in den von Deutschland besetzten Ländern. Anders als bei der Verfolgung der Juden im Mittelalter wurde der Mord an den 6 Mio. europäischen Juden in den Jahren 1933-45 genauestens geplant (Wannsee-Konferenz 1942; > Haus der Wannseekonferenz) und von einem riesigen Verwaltungsapparat von loyalen Staatsdienern ausgeführt. Wer Jude war definierten die Nationalsozialisten durch die Nürnberger Rassengesetze. Dies bedeutete nicht nur, daß die ca. 160.000 Juden, die 1933 in Berlin lebten, wirtschaftlichem Ruin und physischer Bedrohung ausgesetzt waren, sondern auch, daß es Tausenden von Nichtjuden ebenso erging, die mit Juden verheiratet oder jüdischer Abstammung waren.

In den Jahren 1933-38 leitete die J. ein umfassendes Selbsthilfeprogramm ein, das z.T. auch von anderen Gemeinden in Deutschland übernommen wurde. Schulen wurden eröffnet und Umschulungskurse für die Auswanderung ins Leben gerufen. Wegen ihrer jüdischen Herkunft entlassene Musiker, Schauspieler usw. wurden vom „Kulturverband deutscher Juden" übernommen, jedoch zensierten die Nazis dessen Repertoire, und das Publikum durfte nur aus Juden bestehen. Das im Januar 1933 eröffnete *Jüdische Museum* gab in Zusammenarbeit mit der jüdischen Künstlerhilfe bildenden Künstlern eine Ausstellungsmöglichkeit.

Nach den Novemberpogromen 1938 wurde die Mehrzahl der jüdischen Organisationen geschlossen, die ersten größeren Verhaftungswellen begannen, und nach Kriegsbeginn 1939 war die Auswanderung fast unmöglich. Im Herbst 1941 wurde das Tragen des „Judensterns" angeordnet. Kurz danach begannen die systematischen Deportationen in die Vernichtungslager (> KONZENTRATIONSLAGER). Bis 1945 waren 90.000 Berliner Juden ausgewandert, 55.000 in den Vernichtungslagern ermordet und 7.000 gestorben, zum größten Teil durch Selbstmord.

Die ersten jüdischen Gottesdienste nach dem II. Weltkrieg wurden im Sommer 1945 abgehalten. 1.400 Berliner Juden hatten im Untergrund überlebt, 1.900 jüdische Überlebende kamen aus den Vernichtungslagern nach Berlin. Zusätzliche 4.700 Personen hatten in sog. „privilegierten Mischehen" überlebt. In den ersten Nachkriegsjahren war die J. hauptsächlich damit beschäftigt, Menschen bei der Auswanderung zu helfen und wurde daher als „Liquidationsgemeinde" gesehen. Erst nach der Wiederanerkennung als Körperschaft des öffentlichen Rechts 1946 und den ersten Wahlen für die Repräsentantenversammlung 1948 sah sich die Gemeinde wieder als eine „Aufbaugemeinde".

1953 wurde eine Trennung innerhalb der Berliner Gemeinde vollzogen: Ein kleiner Teil der Gemeindemitglieder blieb im damaligen sowjetischen Sektor von Berlin, während der größere Teil in den westlichen > SEKTOREN seine Zukunft sah. Zum einen war dies mit der politischen > SPALTUNG der Stadt zu erklären. Ein anderer Grund war, daß zu dieser Zeit in Osteuropa politische und antisemitische Verfolgungen der Juden durch die kommunistischen Regimes stattfanden. Auch die Juden in der DDR blieben davon nicht verschont. Erst Ende 1990, nach der > VEREINIGUNG Deutschlands, schlossen sich die beiden Gemeinden in Ost- und West-Berlin wieder zusammen.

Die Zahl der Mitglieder der Jüdischen Ge-

meinde in Ost-Berlin war im Jahr 1990 auf unter 200 gesunken. Die Gemeinde unterhielt mit staatlicher Hilfe die > SYNAGOGE IN DER RYKESTRASSE, ein Altersheim und eine koschere Fleischerei. Da alle jüdischen Friedhöfe, die in den letzten Jahrhunderten eingeweiht worden waren, auf Ost-Berliner Gebiet lagen, standen sie auch unter Verwaltung der Ost-Berliner Gemeinde – eine Aufgabe, die mit deren begrenzten finanziellen und personalen Möglichkeiten kaum zu bewältigen war. Als eine herausragende Leistung der Ost-Berliner Jüdischen Gemeinde hervorzuheben sind die kulturellen Bemühungen, die angesichts der geringen Mitgliederzahl zu eindrucksvollen Ergebnissen führten. 1978 wurde eine Bibliothek eröffnet. Initiiert hat sie der letzte Vorsitzende dieser Gemeinde, Peter Kirchner. Die Bibliothek ist heute in den Räumen des restaurierten Gebäudes Oranienburger Str. 28 untergebracht.

Das kuturelle Angebot besonders ab Ende der 70er Jahre war vielseitig. Von 1961-89 gab es eine viermal jährlich erscheinende Zeitung, die von der Jüdischen Gemeinde in Ost-Berlin zusammen mit dem Dachverband der Jüdischen Gemeinden der DDR herausgegeben wurde. Da es ihm außenpolitisch opportun erschien, beschloß das damalige SED-Regime die Gründung der *Stiftung Neue Synagoge Berlin – Centrum Judaicum* (> NEUE SYNAGOGE), zu deren Zwecken es gehörte, ein Forschungszentrum aufzubauen und Spenden für den Wiederaufbau des Vorderhauses der ehem. Synagoge an der Oranienburger Str. zu sammeln. 1990 ist damit begonnen worden, die Gebäude mit neuem jüdischen Leben zu erfüllen. Hier entstanden z.B. ein Club für jüdische Zuwanderer, ein koscher geführtes Café und die Berliner Büros des Zentralrats und der zentralen Wohlfahrtsstelle der Juden in Deutschland. Außerdem wurden dort Zweigstellen der nunmehr vereinigten J. untergebracht. Das Vorstandsbüro, die Jüdische Volkshochschule und die Sozialabteilung sind nunmehr auch hier vertreten.

Eines der wichtigsten Ereignisse in der Nachkriegsgeschichte der Berliner Gemeinde war die Einweihung des Jüdischen Gemeindehauses 1959. Unter dem Vorsitz Heinz Galinskis entwickelte sich im Westteil der Stadt sehr schnell ein blühendes Gemeindeleben. 1971 wurde zwischen dem > SENAT VON BERLIN und der J. eine „Vereinbarung zur Vertretung gemeinsamer Interessen" geschlossen. Hierdurch wurde eine Basis für den Fortbestand der Berliner Gemeinde geschaffen. Dieses Abkommen wurde im Sommer 1989 erweitert, um die Gemeinde bei der Eingliederung der vielen Zuwanderer aus der ehem. Sowjetunion zu unterstützen.

Jüdischer Friedhof Charlottenburg: Der J. an der Heerstr. im Bezirk > CHARLOTTENBURG ist einer der beiden noch als Begräbnisstätten genutzten > JÜDISCHEN FRIEDHÖFE Berlins. Er wurde von der > JÜDISCHEN GEMEINDE ZU BERLIN nach der > SPALTUNG der Stadt 1954-56 für die Toten im Westteil angelegt, die noch bis 1955 auf dem > JÜDISCHEN FRIEDHOF WEISSENSEE beigesetzt worden waren. Im Ehrenhain des von den Architekten Kurt Lechnitzer und Bernhard Kynastz gestalteten Friedhofs hat man Asche von Opfern aus dem KZ Auschwitz beigesetzt (> KONZENTRATIONSLAGER). 1966 und 1979 wurde der J. erweitert. Bestattet sind hier u.a. die sozialdemokratische Politikerin Jeanette Wolff und der Schauspieler Ernst Deutsch. Ferner wurden auf dem J. sechs Grabsteine des 1510 bei einem Pogrom zerstörten Juden-Kiewers aus > SPANDAU aufgestellt.

Jüdischer Friedhof Weißensee: Der 1880 eingeweihte J. in der Herbert-Baum-Str. (früher Lothringer Str.) im Bezirk > WEISSENSEE ist mit einer Fläche von über 40 ha einer der größten und schönsten > JÜDISCHEN FRIEDHÖFE Europas. Die Anlage entstand im Ergebnis eines Wettbewerbs nach Plänen des Architekten Hugo Licht. Bis 1991 haben hier mehr als 115.000 jüdische Bürger Berlins ihre letzte Ruhestätte gefunden. Es gibt allerdings nur für rund 1.000 Gräber Pflegeverträge, so daß die meisten Grabstellen überwuchert oder ganz verschwunden sind.
Der Haupteingang in der Herbert-Baum-Str. führt auf ein Rondell, in dessen Mitte ein Stein zum Gedenken an die 6 Mio. Juden errichtet wurde, die Opfer der nationalsozialistischen Verfolgung geworden sind. Die Namen aller großen KONZENTRATIONSLAGER sind auf kreisförmig angeordneten Steinen eingemeißelt. Hinter dem Rondell steht die 1880 von Hugo Licht als Zentralbau auf quadratischem Grundriß (mit drei rechtwinkligen Anbauten) errichtete (alte) Trauerhalle. Der aus gelbem Backstein gemauerte Bau mit halbrunder Apsis wird von einem achteckigen Tambour bekrönt. Rechts vom Haupteingang, in einem Gräberfeld an der

Nordecke des J., liegt eine Beisetzungsstätte für ca. 90 während der > POGROMNACHT 1938 geschändete Thorarollen. Südlich des jetzt durch einen Erdhügel gekennzeichneten Standorts der um 1910 erbauten und 1944 zerstörten neuen Trauerhalle (Ruine 1980 abgetragen) liegt ein 1927 angelegtes Ehrenfeld für die gefallenen jüdischen Soldaten des I. Weltkriegs. Im Zentrum dieser von einer übermannshohen Kalksteinmauer umgebenen kleinen Anlage steht ein 3 m hoher, einen monumentalen Altar darstellender Gedenkstein aus Muschelkalk.
Auf dem J. befinden sich – z.T. in besonderen Ehrenreihen in der Nähe des Haupteingangs – die Gräber zahlreicher Berliner Persönlich-

Jüdischer Friedhof Weißensee

keiten, wie das des Nationalökonomen und Sozialpolitikers Max Hirsch, des Landrabbiners Martin Riesenburger, der die Zeit des Nationalsozialismus auf diesem Friedhof überlebte und noch bis 1965 Rabbiner der Ost-Berliner > JÜDISCHEN GEMEINDE war, sowie des hebräischen Schriftstellers Micha Josef Bin Gorion. Auch der Physiker Eugen Goldstein, der Augenarzt Julius Hirschberg, der Maler und Grafiker Lesser Ury, der Chefredakteur des „Berliner Tagblatts" Theodor Wolff, der Restaurantbesitzer Berthold Kempinski, der Verleger Samuel Fischer und sein Lektor Moritz Heimann, der Philosoph Heymann Steinthal und der Schriftsteller Karl Emil Franzos wie auch der Verleger Rudolf Mosse fanden hier ihre letzte Ruhestätte. Ferner befindet sich auf dem J. das Grab für Herbert Baum, der eine Gruppe jugendlicher Widerstandskämpfer in Berlin leitete, die Teil der illegalen Organisation der Kommunistischen Partei Deutschlands (KPD) war. Baum erlag 1942 den Folterungen durch die Gestapo. Die 27 Namen seiner Mitstreiter, die 1942-43 hingerichtet wurden, sind auf der

Rückseite des Gedenksteins verzeichnet (> WIDERSTAND). Weitere Opfer des nationalsozialistischen Terrors liegen in einer Abteilung der nordöstlichen Friedhofserweiterung, wo die Urnen von 809 in verschiedenen Konzentrationslagern ermordeten Menschen jüdischen Glaubens beigesetzt worden sind.

Die Zahl der kunstvollen *Grabdenkmäler* ist – verglichen mit anderen Berliner > FRIEDHÖFEN – außerordentlich hoch. Beeindruckend ist v.a. die Vielfalt der verwendeten Materialien. Am häufigsten finden sich geschliffene und polierte Granite, aber auch Muschelkalkstein, Sandstein und Marmor, seltener Eisen (> FER DE BERLIN). Die teilweise repräsentativen Grabanlagen sind in verschiedensten Stilrichtungen – z.T. auch in Mischformen – gestaltet. Ein herausragendes Beispiel ist die 1890 vom Architekten Bruno Schmitz, dem Erbauer des Völkerschlachtdenkmals in Leipzig, für eine halbe Million Mark aus rotem Granit geschaffene Grabmalanlage des Industriellen Sigmund Aschrott.

Während des II. Weltkrieges wurden durch Bombeneinschläge ca. 4.000 Gräber beschädigt oder völlig zerstört. Zur gleichen Zeit haben auf dem Friedhof Martin Riesenburger und einige jüdische Mitbürger in der steinernen Grabstätte des Kammersängers Rudolf Schwarz letzte Zuflucht vor der Deportation und Ermordung gefunden. Nach 1945 sind auf dem J. zwei Sonderfelder eingerichtet worden, auf denen nichtjüdische Ehepartner bestattet werden konnten, die während der Zeit des Nationalsozialismus zu ihren jüdischen Ehegatten gehalten hatten. Nach der > SPALTUNG Berlins 1948 wurden auch die Toten der Jüdischen Gemeinde aus West-Berlin noch einige Jahre auf dem J. beigesetzt, bis diese 1955 den > JÜDISCHEN FRIEDHOF CHARLOTTENBURG erhielt. Anfang der 80er Jahre von der DDR-Regierung verfolgte Bestrebungen, einen seit 1920 geplanten Straßenbau über den J. zu verwirklichen, konnten auf Druck der Bevölkerung verhindert werden.

Jugendaufbauwerk Berlin: Das durch Gesetz vom 14.12.1950 als Anstalt öffentlichen Rechts gegründete und der > SENATSVERWALTUNG FÜR JUGEND UND FAMILIE rechtsaufsichtlich zugeordnete J. am Brunsbütteler Damm 143-147 im Bezirk > SPANDAU bietet sozial benachteiligten jungen Menschen Lehrgänge zur Berufsvorbereitung und berufliche Vollausbildungen sowie Erziehungshilfen (einschließlich der Unterbringung außer-

halb des Elternhauses). Die Maßnahmen richten sich an junge Menschen mit sozialen und Bildungsdefiziten, die aufgrund dieser Probleme auf dem allgemeinen > ARBEITSMARKT keinen Ausbildungsplatz erlangen können. Zur Erfüllung ihrer Aufgaben unterhält das J. derzeit 150 Ausbildungsplätze in den Berufen Hauswirtschafter, Damen-Maßschneiderin, Tischler, Maler, Lackierer, Metallarbeiter, Industriemechaniker, Zerspanungsmechaniker (Abt. Dreh- und Frästechnik) sowie Gas- und Wasserinstallateur, 50 Plätze in berufs- (ausbildungs-)vorbereitenden Lehrgängen und 60 Plätze in Arbeitsbeschaffungsmaßnahmen sowie drei Wohngruppen. Das J. beabsichtigt im Ostteil der Stadt eine zweite Einrichtung mit ca. 250 Plätzen zu schaffen. Ende 1991 verfügte das J. über insg. 60 Mitarbeiter. Die Finanzierung seiner Arbeit erfolgt über die Bundesanstalt für Arbeit und durch das Land Berlin.

Jugendförderung: Die Berliner J. umfaßt neben den allgemeinen Förderungsmaßnahmen für die Jugend eine Reihe berlinspezifischer Angebote. Dazu zählen u.a. neben der *Jugendarbeit* mit verschiedensten Einrichtungen (von Kinderspielplätzen bis zu Jugendfreizeitstätten) besondere Angebote für sozial gefährdete Jugendliche, die Jugendkulturarbeit und -bildung, internationale Jugendbegegnungen sowie die Kinder- und Jugenderholung. Getragen wird die J. vom Bund, vom Land und den Bezirken sowie von zahlreichen freien, z.T. im > LANDESJUGENDRING BERLIN zusammengeschlossenen Trägern und Initiativen. 1993 soll die künftig entfallende Bundesförderung (6,7 Mio. DM) stufenweise durch einen *Landesjugendplan* ersetzt werden. Bedeutsam ist dabei die Sicherung der Jugendarbeit in den östlichen Bezirken, die sich teilweise noch in einer Anschubförderung durch Bundesmittel befindet. Berlintypisch ist ferner die zentrale Förderung freier Träger durch das *Landesjugendamt*. Von den 23 *Jugendämtern* der > BEZIRKE wurden 1992 rd. 290 *Jugendfreizeitstätten* als Einrichtungen der J. und Jugendarbeit unterhalten. Darunter befinden sich rd. 55 pädagogisch betreute Spielplätze, sog. Abenteuerspielplätze und Kinderbauernhöfe, 15 Stadtranderholungsheime, aber auch 24 Jugendklubs in Dienstleistungszentren (DLZ) sowie in allen östlichen Bezirken Schülerfreizeitzentren. Darüber hinaus werden rd. 110 Jugendfreizeitstätten und entsprechende Räume mit pädagogischen Angeboten freier Träger durch das Landesjugendamt gefördert; da nur 30 davon in den östlichen Bezirken bestehen, ist dort mit einem Ausbau zu rechnen. Überdies bestehen in ca. 350 Kirchengemeinden, Vereinsgebäuden u.ä. kleinere Jugendtreffs. Als überregionale Einrichtung besteht im Volkspark Wuhlheide das > FREIZEIT- UND ERHOLUNGSZENTRUM WUHLHEIDE mit vielfältigen Räumlichkeiten und pädagogischen Angeboten für Kinder, Jugendliche und Familien.

Einrichtungen der J. sind auch die 1.534 öffentlichen (Stand 31.12.91) *Kinderspielplätze* einschließlich der pädagogisch betreuten Spielplätze. Daneben bestehen im Stadtgebiet über 300 Spiel- und Liegewiesen sowie eine Reihe zahlenmäßig nicht erfaßter Kinderspielplätze.

Seit 1986 werden besondere Angebote, z.B. für Zehn- bis Vierzehnjährige (Lücke-Kinder-Projekte) und die Mädchenarbeit (sieben Mädchenprojekte) gefördert. Hinzu kamen aufgrund besonderer Probleme in der Stadt für die Förderung der Arbeit freier Träger 1989 ein Programm für soziale Brennpunktarbeit (0,48 Mio. DM), ein Experimentierfonds (1992: 1,5 Mio. DM), seit 1991 ein Straßensozialarbeiterprogramm gegen Gruppengewalt von rd. jungen Menschen (rd. 3 Mio. DM, 45 Fachkräfte in 15 Teams) sowie 1992 ein Programm für „Hinausreichende Jugendarbeit" (2,3 Mio. DM, 45 Fachkräfte). Auch am Bundesprogramm gegen Gewalt ist Berlin mit vier Projekten beteiligt. Der Förderung der Suchtprävention in der Jugendarbeit dienen acht Mobile Teams (je 3 Fachkräfte) des Landesjugendamts, die etwa zweijährlich wechselnd regional tätig sind. Für die Suchtprävention stehen im übrigen für die Jugendhilfeträger 1993 rd. 1,8 Mio. DM bereit (> DROGEN).

Die Förderung der Jugendkulturarbeit durch das Landesjugendamt umfaßt seit 1987 die Förderung des *Landesjugendorchesters* (> MUSIK), seit 1988 des *Weltjugendorchesters* mit Sitz des Sekretariats in Berlin sowie die Ausgabe eines Super-*Ferienpasses* für das ganze Jahr (10 DM) für junge Menschen bis zu 18 Jahren, der 1991 rd. 50.000 Abnehmer fand. Daneben werden u.a. die Kinder-Zirkus-Schule des > INTERNATIONALEN KULTURCENTRUMS UFA-FABRIK und das Jugend- und Kulturzentrum Schlesische Str. gefördert. Der ermäßigte Besuch von > KINDER- UND JUGENDTHEATERN einzeln oder in Gruppen

wird durch die Ausgabe von Gutscheinen gefördert (2 bis 3 DM, Gesamtaufwand 1992 450.000 DM; > BESUCHERORGANISATIONEN). In diesem Zusammenhang sind auch die vielfältigen Angebote der > MUSIKSCHULEN bedeutsam, für die im Senat die > SENATSVERWALTUNG FÜR JUGEND UND FAMILIE zuständig ist.

Weitere Aufgabe der J. ist die Förderung von neun *Jugendbildungsstätten* freier Träger, 1992 mit 4,8 Mio. DM. Das Landesjugendamt selbst unterhält die internationale Begegnungsstätte > JAGDSCHLOSS GLIENICKE. Der Förderungsaufwand für Freizeitstätten freier Träger beträgt in 1992 4,2 Mio. DM. Die von freien Trägern der Jugendarbeit unterhaltenen fünf > JUGENDGÄSTEHÄUSER sowie das Gästehaus und die beiden Jugendherbergen des *Deutschen Jugendherbergswerks* werden aus Eigenmitteln und Teilnehmerbeiträgen finanziert. Die Förderungsmöglichkeiten für *Internationale Jugendbegegnung*, Politische Bildung und Gruppenfahrten (aus Bundesmitteln bis 1991 jeweils bis zu 1 Mio. DM Förderung) sind künftig aus Landesmitteln zu decken.

Besondere Bedeutung für eine Großstadt haben *Kinder- und Jugenderholungsmaßnahmen*, von denen – öffentlich gefördert – 1992 rd. 20.000 Kinder und Jugendliche profitierten. Enthalten sind darin rd. 2.500 Freiplätze, die regelmäßig seit Jahrzehnten von ausländischen Gasteltern gespendet werden. Noch bis 1994 fördert auch die *Stiftung Hilfswerk Berlin* davon 4.500 Plätze für die Wohlfahrtsverbände (> WOHLFAHRTSPFLEGE). In Zukunft sollen die Erholungsangebote noch stärker auf das Berliner Umland bezogen werden.

Insg. wird der Aufwand für die Förderung freier Träger der Jugendarbeit 1993 rd. 30 Mio. DM, ohne investive Maßnahmen, betragen. Die Ausgaben der 23 Jugendämter für J. belaufen sich 1992 auf rd. 118 Mio. DM.

Jugendgästehäuser: In Berlin bieten insg. rd. 100 Bildungsstätten, Tagungshäuser, Übernachtungsstätten überregionaler Verbände und Vereine sowie gemeinnützige, staatliche, kirchliche und private Einrichtungen Übernachtungsmöglichkeiten insbes. für Jugendliche an. Etwa 20 dieser Übernachtungsstätten sind private oder gemeinnützige Jugendhotels oder J., die auswärtigen Schulklassen oder Jugendgruppen zur Belegung offenstehen. Eine entsprechende Mitgliedschaft in einem Verband oder Verein ist nicht erforderlich. Die Reservierung erfolgt meist über das

> VERKEHRSAMT BERLIN. Da die J. i.d.R. auf jugendliche Besucher eingestellt sind, stehen Einzel- bzw. Doppelzimmer nur in begrenztem Umfang zur Verfügung. Der Tagespauschalsatz lag 1992 bei ca. 38 DM für volle Verpflegung, Übernachtung und Bettwäsche. Neben einer Vollpension wird in einigen Häusern auch Halbpension (Frühstück und Abendessen) angeboten. Die J. verfügten 1992 über mehr als 3.000 Übernachtungsplätze.

Auch das *Deutsche Jugendherbergswerk, Landesverband Berlin*, mit Sitz am Tempelhofer Ufer im Bezirk > KREUZBERG unterhält in Berlin drei J. mit insg. 739 Übernachtungsplätze. Hier finden nicht nur Gruppen, sondern auch Einzelpersonen Unterkunft, wenn sie Mitglied des weltweiten Jugendherbergsverbandes sind. Außerdem gibt es preisgünstige Übernachtungsmöglichkeiten auf den Berliner > CAMPINGPLÄTZEN sowie 260 Plätze im *Internationalen Jugendcamp Fließtal* des Berliner Jugendclubs am Waidmannsluster Damm in > REINICKENDORF.

Jugendhilfe: Entsprechend der Zweistufigkeit der Berliner Verwaltung wird die J. von dem für Jugend zuständigen Mitglied des Senats (seit 1985: > SENATSVERWALTUNG FÜR JUGEND UND FAMILIE), das zugleich die Aufgabe der Obersten Landesjugendbehörde und des *Landesjugendamtes* nach dem Berliner Ausführungsgesetz zum Kinder- und Jugendhilfegesetz (AGKJHG) wahrnimmt, und von den 23 *Jugendämtern* geleistet. Diese sind in den > BEZIRKSÄMTERN Organisationsteile der Abt. Jugend (Familie) und Sport.

Die Jugendamtsaufgaben werden in Fachbereichen (Vormundschaftswesen, Sozialpädagogischer Dienst/Familienfürsorge, Erziehungs- und Familienberatung, Heime/Kindertagesstätten, Jugendförderung und Wirtschaftliche Hilfen) wahrgenommen. Für die wichtigen Angelegenheiten der J. sind die von der > BEZIRKSVERORDNETENVERSAMMLUNG gewählten Jugendhilfeausschüsse zuständig. Für den Landesjugendhilfeausschuß werden die Mitglieder durch das > ABGEORDNETENHAUS VON BERLIN gewählt oder durch die Senatsverwaltung ernannt. Die Jugendämter sind auch für einen Teil der Hilfen nach dem BSHG zuständig, so z.B. für Hilfen für junge > BEHINDERTE, > SOZIALHILFE für Minderjährige, aber auch für die Gewährung des Erziehungsgeldes und des Berliner Familiengeldes.

Auch in den elf östlichen > BEZIRKEN, in denen erst seit Mitte 1990 – nach dem Jugendhilfeorganisationsgesetz der DDR – Jugendämter durch die Zusammenführung verschiedenster Einrichtungen und Dienste aufgebaut werden konnten, ist der Aufbau der Jugendämter nahezu abgeschlossen. Vornehmlich die Fachkräftegewinnung und die Qualifizierung des vorhandenen Personals sind noch längerfristige Aufgabe. Zu beachten ist auch, daß es für eine Übergangszeit teilweise noch unterschiedliches Recht in beiden Stadthälften gilt und der Umfang von Leistungen unterschiedlich ist.

Beim zuständigen Senatsmitglied ressortieren in der Landesjugendamtsfunktion überregional wichtige Dienste, wie z.B. Zentrale Adoptions- und Adoptionsvermittlungsstelle, Zentrale Vormundschafts- und Unterhaltsvorschußkasse, Zentraler Veranstaltungsdienst, Zentrales Zeltmateriallager, > BEWÄHRUNGSHILFE für Jugendliche und Heranwachsende, aber auch als nachgeordnete Einrichtungen die Kinder- und Jugendnotdienste (> NOT- UND KRISENDIENSTE), die sozialpädagogischen Fortbildungsstätten sowie die Internationale Begegnungsstätte > JAGDSCHLOSS GLIENICKE und das > FREIZEIT- UND ERHOLUNGSZENTRUM WUHLHEIDE. Wie in anderen Bundesländern wird aber in der gesamten Stadt in allen Bereichen der J. mit einer Vielfalt freier Träger zusammengearbeitet. Die öffentliche Anerkennung dieser Träger und deren Förderung, von örtlichen Angelegenheiten abgesehen, ist ebenfalls Aufgabe des Landesjugendamtes.

Wenngleich J. nach dem KJHG (SGB VIII) insbes. die Förderung der Erziehung in der Familie betont (> FAMILIENFÖRDERUNG), ist sie vom Aufwand her durch die Leistungen im Bereich Förderung von Kindern in Tageseinrichtungen und in Tagespflege (> KINDERTAGESSTÄTTEN; Aufwand 1992: rd. 1,5 Mrd. DM) und im Bereich Hilfe zur Erziehung bei *Heimerziehung* (Aufwand 1991: rd. 548 Mio. DM) geprägt. Dagegen sind rd. 6 Mio. DM für die Träger von Familienarbeit und rd. 30 Mio. DM für freie Träger der Jugendarbeit verhältnismäßig unbedeutend, selbst wenn man den Aufwand von rd. 118 Mio. DM für städtische Angebote in der Jugendarbeit einbezieht.

Die Hilfen für die rd. 640.000 Berliner Kinder und Jugendlichen, die in 413.000 Familien leben, sowie für die rd. 300.000 jungen Erwachsenen zwischen 18 und 25 Jahren werden durch die Zusammenfassung der Familien-

und Jugendhilfeaufgaben einschließlich der der Allgemeinen und Besonderen Sozialdienste (Sozialpädagogischer Dienst/Familienfürsorge) von den Jugendämtern geleistet, soweit nicht freie Träger daran mitwirken. An den Leistungen und anderen Aufgaben der J. sind besonders beachtenswert:

In der Jugendarbeit (> JUGENDFÖRDERUNG) stellen die Jugendämter zahlreiche *Jugendfreizeitstätten* zur Verfügung. Im Bereich Jugendsozialarbeit werden – in Verbindung mit den Hilfen zur Erziehung – im Rahmen der *Jugendberufshilfe* ca. 9.020 Berufsvorbereitungs- und Ausbildungsplätze – davon etwa ein Drittel mit Wohnmöglichkeiten – überwiegend als Angebote freier Träger genutzt. Da davon nur rd. 50 in den östlichen Bezirken bestehen, ist dort die Schaffung von weiteren 450 geplant. Zusätzlich gibt es die Möglichkeit der Teilnahme am Freiwilligen Sozialen Jahr, für das 1992 2,15 Mio. DM für rd. 300 Plätze zur Verfügung standen. Im Ostteil der Stadt fördert der Bund zusätzlich etwa 60 Plätze, in diesem Bereich auch das Freiwillige Ökologische Jahr. Besonders bedeutsam sind Maßnahmen zur Deckung des Wohnraumbedarfs für junge Menschen, um die Familie oder ein Heim verlassen zu können (Bedarf ca. 1.600 Wohnungen). Jugendarbeit und Jugendsozialarbeit sind auch deshalb besonders wichtig, weil 1992 rd. 30.000 junge Menschen bis zu 25 Jahren arbeitslos waren.

Die bisher vorwiegend durch die Heimerziehung geprägten Hilfen zur Erziehung befinden sich nicht zuletzt wegen der erheblichen Kosten in einer Entwicklung hin zu mehr ambulanten Maßnahmen. Erziehungs- und Familienberatungsstellen sind bei allen Jugendämtern und bei freien Trägern vorhanden. Im Rahmen der sozialpädagogischen *Familienhilfe* wurden 1992 für rd. 1.100 Familienhelfereinsätze bei den 23 Jugendämtern 9 Mio. DM veranschlagt. Die bedeutendsten Bereiche sind die Vollzeitpflege und die Heimerziehung – einschließlich sonstiger betreuter Wohnformen. 1991 wurden rd. 3.850 Kinder und Jugendliche in Familienpflege betreut, davon aber nur 850 in den östlichen Bezirken. 1991 standen 144 Heime, davon 75 bei freien Trägern, mit 5.831 Plätzen für die Unterbringung junger Menschen zur Verfügung. Sie waren im Jahresdurchschnitt mit 4.875 Personen belegt, davon rd. 23 % Volljährigen und rd. 20 % Behinderten. In Heimen außerhalb Berlins sind weitere rd. 2.200 Personen untergebracht. Die Großstadt-

situation und berlinspezifischen Probleme bedingen, daß die Zahl der Untergebrachten gegenüber den westlichen Bundesländern doppelt so hoch ist wie der Durchschnitt. Die große Anzahl der Volljährigen zeigt, daß insbes. die Überleitung in eigenen Wohnraum schwerfällt. Sowohl in den Bereichen Familienhilfe als auch Hilfe zur Erziehung ist die *Familienfürsorge* des Jugendamts tätig, die in den westlichen Bezirken (einschließlich Jugendgerichtshilfe und Behindertenhilfe) rd. 600 Mitarbeiter umfaßt, in den östlichen Bezirken sind es derzeit rd. 300.

Des weiteren sind besonders die Not- und Krisendienste für die Inobhutnahme von Kindern und Jugendlichen bedeutsam, die vom Landesjugendamt geführt werden. Amtspflegschaften und Beistandschaften, Vormundschaften und Hilfen in Unterhaltsfragen werden für rd. 80.000 junge Menschen durch das Vormundschaftswesen der Jugendämter geleistet. Die Zentrale Adoptionsvermittlungsstelle des Landesjugendamts vermittelte 1991 127 Kinder, denen eine fast zehnfache Bewerberzahl gegenüberstand.

Außerdem bestehen in allen Bereichen besondere Hilfen für ausländische junge Menschen. Für die regelmäßig über 1.000 Personen liegende Zahl alleinstehender minderjähriger > ASYLBEWERBER werden von freien Trägern fünf Einrichtungen mit ca. 290 Plätzen für die Sofortunterbringung durch das Landesjugendamt und durch die Jugendämter bereitgehalten. Auch für > BEHINDERTE stehen vielfältige Integrationsmöglichkeiten zur Verfügung, die durch den Behindertenhilfebereich der Jugendämter vermittelt werden. Neben der Frühförderung ist insbes. die Integration im Kindertagesstättenbereich bedeutsam. Für ältere Jugendliche gibt es in den westlichen Bezirken als Tageseinrichtungen neun Jugendwerkheime.

Besonders bedeutsam sind die zahlreichen Angebote freier Träger, die seit 1986 im Zusammenhang mit Gewalt in der Familie entwickelt und öffentlich gefördert worden sind. Für jugendliche Straffällige sind in den letzten zehn Jahren im Rahmen von Diversionsstrategien ambulante Maßnahmen in größerem Umfang ausgebaut worden, die von freien Trägern durchgeführt werden (Förderung 1992: 1,3 Mio. DM). Beim Landesjugendamt werden die Interessen von Kindern auch insoweit besonders gewürdigt, als 1991 ein Kinderbüro für das Projekt „Kids beraten Senator" eingerichtet worden ist.

Jugend trainiert für Olympia: Der seit 1969 jährlich veranstaltete Bundeswettbewerb J. ist ein bundeseinheitlicher, leistungsorientierter und die Kooperation zwischen Schul- und Vereinssport fördernder Mannschaftswettbewerb der Schulen aus den 16 Bundesländern der Bundesrepublik Deutschland. Seit seiner Einrichtung finden die Finalveranstaltungen in Berlin statt. Zur Durchführung dieses freiwilligen und nur Schulmannschaften offenen Wettbewerbs gründeten die Kultusminister der Länder und der Deutsche Sportbund am 14.1.1992 den Verein J. mit Sitz in Frankfurt/M., um nach der Ermittlung der bundesbesten Schulmannschaften insbes. die Bundesfinalveranstaltungen vorzubereiten und zu finanzieren. Der Verein wird durch den > Bundesminister des Innern gefördert.

Das Wettkampfangebot wird getrennt nach Jungen und Mädchen im Alter zwischen 12 und 19 Jahren – in verschiedenen Altersklassen – in den gegenwärtig dreizehn Sportarten Badminton, Basketball, Fußball, Geräteturnen, Hallenhandball, Hockey, Leichtathletik, Rudern, Schwimmen, Skilanglauf, Tennis, Tischtennis und Volleyball durchgeführt. Bis auf den Skilanglauf finden die Endausscheidungen in Berlin in den Hallensportarten jeweils im Mai und in den übrigen Sportarten jeweils im September statt. Diese Finale werden von der > Senatsverwaltung für Schule, Berufsbildung und Sport organisiert, die dafür eine besondere Abteilung am olympischen Schwimmstadion eingerichtet hat (> Olympiastadion).

Die Austragungsorte der Veranstaltung J. sind über das ganze Stadtgebiet verteilt, die Endausscheidungen finden in vereins-, bezirks- bzw. senatseigenen Sportstätten statt, u.a. in der > Deutschlandhalle, im > Horst-Korber-Sportzentrum, in der Sport- und Lehrschwimmhalle Schöneberg (> Sportzentrum Schöneberg), im Sportzentrum des > Sport-Clubs Siemensstadt e.V., im Olympiastadion, auf dem Maifeld, in der > Eissporthalle Jafféstrasse und auf der Regattastrecke in > Grünau (> Regattastrecken). 1991 nahmen über 8.000 Schüler und Schülerinnen an den jeweils einwöchigen Wettkampfbegegnungen in Berlin teil.

Junge Welt: Die J. mit Sitz am Treptower Park 28-30 im Bezirk > Treptow ist eine überregionale, montags bis samstags erscheinende Tageszeitung mit einer Auflage von der-

zeit ca. 80.000 pro Ausgabe. Ihre Berichterstattung umfaßt alle klassischen Bereiche einer Tageszeitung mit den Themen Politik, Wirtschaft, Kultur, Sport und Bildung. Besonderen Wert legt sie auf ökologische und soziale Aspekte. Dabei wendet sich die J. speziell an Menschen im Alter von 18-35 Jahren, die 65 % ihrer Leserschaft ausmachen. Die J., die über 65 Mitarbeiter verfügt, wird zu 90 % im Abonnement vertrieben. Seit 1990 ist sie auch in den alten Bundesländern erhältlich; die Auflage wird jedoch fast ausschließlich in den neuen Bundesländern abgesetzt.

Die J. war bis zum Herbst 1989 Organ des Zentralrates der DDR-Jugendorganisation Freie Deutsche Jugend (FDJ). Mit 1,5 Mio. Exemplaren war sie in den 80er Jahren die auflagenstärkste Zeitung der DDR. Anfang 1990 wurde die J. unabhängig und erscheint nach einer Übergangszeit seit Februar 1992 in der „Verlagsanstalt in Berlin".

Jungfernbrücke: Die J. an der Unterwasserstr. über die > Friedrichsgracht im Bezirk > Mitte ist die älteste noch erhaltene Brücke Berlins und zugleich die einzige Klappbrücke der Stadt (> Brücken). Die 28 m lange und knapp 5 m breite Fußgängerbrücke ist die letzte von insg. neun Holzzugbrücken über den Spreekanal, die Ende des 17. Jh. bei der Kanalisierung des südlichen Spreearms nach holländischen Vorbildern errichtet wurden. In ihrer heutigen Form stammt sie von 1798. Die massiven, aus rotem Sandstein errichteten Bögen an den beiden Ufern haben eine Weite von 3,65 bzw. 6,60 m. Die beiden Durchlaßklappen über der Mitteldurchfahrt sind je 4 m lang. Die Speichenräder, Zugrollen und -ketten mit Gegengewichten werden von vier hölzernen Pfeilern getragen.

Der Name J. ist erstmals 1690 bezeugt. Er soll von den neun Töchtern der in der Nähe wohnenden Hugenottenfamilie Blanchet herrühren, die Stickereien und Seidenwaren an der Zugbrücke verkauften und dabei zugleich für den Stadtklatsch sorgten. Im II. Weltkrieg wurde die J. stark beschädigt und nach 1945 als kunsthistorisches und technisches Denkmal restauriert.

Jungfernheide: Die J. im Südwesten des Bezirks > Reinickendorf zählt zu den kleineren der Berliner > Forsten. Das heute rd. 270 ha große Mischwaldgebiet erstreckt sich als knapp 1-2 km breiter Streifen zwischen dem > Tegeler See und dem Flughafen Tegel mit

Jungfernbrücke 1909

dem benachbarten > FLUGHAFENSEE (> FLUGHÄFEN). Im Süden wird es von den Siedlungen am Hohenzollernkanal begrenzt (> WASSERSTRASSEN), an seinem Nordrand liegen das Wasserwerk Tegel und die Siedlung Waldidyll südlich der Bernauer Str.

Der Name J. geht auf das 1239 von Johann I. (1220-66) und Otto III. (1220-67) gestiftete Benediktinerinnenkloster in > SPANDAU zurück, dem bis zur Reformation zahlreiche Nordberliner > DÖRFER gehörten. Der Waldbesitz der Nonnen erstreckte sich einst von > HASELHORST bis > WEDDING und von > TEGEL bis > CHARLOTTENBURG. Nach Auflösung der Klöster wurde die „Heide der Jungfern" wegen ihres großen Wildbestands zum Jagdrevier der Kurfürsten (> LANDESHERREN). 1828 entstand im nördlichen Teil ein Schießplatz, der Anfang der 30er Jahre unseres Jh. u.a. von Hermann Oberth, Wernher v. Braun und Rudolf Nebel als Raketenversuchsfeld genutzt wurde. Während der > BLOCKADE West-Berlins 1948/49 wurde dieses Gebiet als Flugplatz hergerichtet und später zum Großflughafen Tegel ausgebaut.

Bei der Bildung > GROSS-BERLINS 1920 erfolgte eine Teilung des ehem. Gutsbezirks: Der südliche Teil kam zum Bezirk Charlottenburg und wurde 1920-23 auf 146 ha zum > VOLKSPARK JUNGFERNHEIDE umgestaltet. Der bewaldete nördliche Teil wurde dem Bezirk Reinickendorf zugeordnet. Hier, im östlichen Teil der ursprünglichen J., entstand 1926-29 der > VOLKSPARK REHBERGE. Bei der Neugliederung der Bezirke 1938 kam dieses Gebiet von Reinickendorf zum Bezirk Wedding. Die als Landschaftsschutzgebiet ausgewiesene J. besteht aus Talsandflächen mit einem hohen Bestand an Kiefern (rd. 48 %) und Eichen (rd. 41 %). Es wird vom Forstrevier Tegel-Süd mit Sitz in > SAATWINKEL betreut. Forstwirtschaftlich wird das Gebiet zur Gewinnung von Möbel-, Pfahl- und Brennholz sowie von Holz zur Papierherstellung genutzt. Entlang der Bernauer Str. befinden sich 70 Tiefbrunnen und im Bereich Saatwinkel vier Sickerbecken, die zum Wasserwerk Tegel gehören (> WASSERVERSORGUNG).

Trotz der starken Lärmbelästigung durch den Flugverkehr gilt die J. als Naherholungsgebiet. Von der Bernauer Str. führt neben dem Maienwerder Weg ein Wanderpfad für Blinde mit einer seitlichen Wegbegrenzung durch niedrige Holzleisten nach Saatwinkel zur Tageserholungsstätte „Max Telschow" des Allgemeinen Blindenvereins. Das Gebiet östlich der Bernauer Str. bis in die Nähe des Flughafensees ist als Hundeauslaufbereich ausgewiesen, an das sich bis zum See ein Vogelschutzreservat anschließt.

Justizprüfungsamt Berlin (JPA): Dem JPA in der Bayreuther Str. 41 im Bezirk > SCHÖNE-BERG obliegt in erster Linie die Abnahme der 1. und 2. Juristischen Staatsprüfung im Anschluß an das Hochschulstudium bzw. die Referendarzeit, die bei den verschiedensten Berliner Justizbehörden unter Aufsicht der Ausbildungsabteilung des > KAMMERGERICHTS abgeleistet wird. Durch Bestehen des ersten Examens werden aus Studenten (Cand. jur.) Rechtsreferendare, durch erfolgreiches Ablegen der zweiten Prüfung Rechtsassessoren mit der „Befähigung zum Richteramt". Diese Befähigung wiederum ist Voraussetzung für viele juristische Berufe, wie etwa die des Anwalts oder Staatsanwalts, aber auch für Tätigkeiten im > ÖFFENTLICHEN DIENST oder in der freien Wirtschaft. Der Präsident des mit wenigen hauptamtlichen, v.a. aber nebenamtlichen Prüfern aus allen Bereichen der Praxis arbeitenden JPA ist zugleich als Leiter der Abt. VI der > SENATSVERWALTUNG FÜR JUSTIZ zuständig für Aus- und Fortbildung in der Rechtspflege. Auf dem Wege zur Europäischen Union werden beiden Dienststellen neue Prüfungs- (ausländische Rechtsanwälte) und Ausbildungsaufgaben zuwachsen (> EUROPÄISCHE GEMEINSCHAFTEN).

Justizvollzug: Strafrechtliche, mit Freiheitsentzug verbundene Sanktionen werden auf der Grundlage des Strafvollzugsgesetzes (StVollzG), der Strafprozeßordnung sowie des Jugendgerichtsgesetzes in Berlin in sechs *Justizvollzugsanstalten (JVA)*, einer *Jugendstrafanstalt* und einer *Jugendarrestanstalt* mit insg. 4.079 Haftplätzen, davon 181 Krankenhausplätzen, vollstreckt.
Die > SENATSVERWALTUNG FÜR JUSTIZ (Abt. V) führt die Aufsicht über alle JVA. Deren Aufgabe ist in Berlin insbes. der Vollzug von Freiheitsstrafen, Sicherungsverwahrung, Jugendstrafen, Jugendarrest, Untersuchungshaft und Zivilhaft. Im einzelnen sind folgende Anstalten eingerichtet (die Zahl der jeweils verfügbaren Haftplätze [HP] sowie der Krankenhausplätze [KhP] ist in Klammern nachgestellt):
JVA Tegel, Seidelstr. 39 (1.219 HP; 46 KhP Psychiatrie u. Neurologie);
JVA Moabit, Alt-Moabit 12a (1.086 HP; 85

KhP Chirurgie u. Inneres), vorrangig *Untersuchungshaftanstalt* für Männer mit unmittelbarer Anbindung an das > KRIMINALGERICHT MOABIT;
JVA Plötzensee, Friedrich-Olbricht-Damm 16 (120 HP; 50 KhP Inneres), Ollenhauer Str. 128 (104 HP), Saatwinkler Damm 1 (280 HP im offenen Männervollzug);
JVA Düppel, Haus 1, Straße 518 Nr. 2 (98 HP) Haus 2, Söhtstr. 7 (68 HP, beides im offenen Männervollzug);
JVA Hakenfelde, Niederneuendorfer Allee 140 (216 HP im offenen Männervollzug);
JVA für Frauen Berlin, Friedrich-Olbricht-Damm 17 (insg. 285 HP, davon 45 im offenen Frauenvollzug und 10 weibliche Gefangene mit Kleinkindern);
Jugendstrafanstalt Berlin, Friedrich-Olbricht-Damm 40 (393 HP), Friedrich-Olbricht-Damm 15 (15 HP im offenen Jugendvollzug), Jugendarrestanstalt Berlin, Neuwedellerstr. 4 (23 Arrestplätze).
In der JVA Tegel bildet die dortige Teilanstalt IV die für Männer eingerichtete sozialtherapeutische Anstalt des Berliner J. gem. § 9 StVollzG. In der JVA für Frauen ist eine Abteilung mit 15 Haftplätzen als sozialtherapeutische Abteilung eingerichtet.
Nach der > VEREINIGUNG wurden die dem früheren Ministerium des Innern der DDR unterstehenden JVA in > RUMMELSBURG, > KÖPENICK, > HOHENSCHÖNHAUSEN, > LICHTENBERG und > PANKOW zum 30.11.1990 wegen der dortigen unzumutbaren baulichen Verhältnisse geschlossen. Im Hinblick auf deren politisch besonders belastete Vergangenheit sollen die JVA Hohenschönhausen, die als Untersuchungshaftanstalt dem Ministerium für Staatssicherheit unterstand (> STAATS-SICHERHEITSDIENST), und Rummelsburg nicht wieder als Vollzugsanstalten eingerichtet werden. In Hohenschönhausen ist geplant, eine Gedenkstätte für die dort Inhaftierten (und in Einzelfällen auch außerhalb Berlins hingerichteten) Opfer der SED-Willkürherrschaft einzurichten (> TODESSTRAFE). Rummelsburg soll eventuell im Rahmen der Baumaßnahmen für die > OLYMPISCHEN SPIELE Verwendung finden. Die ehem. Anstalten Köpenick, Lichtenberg und Pankow sollen umgebaut und mit geänderter Zweckbestimmung zukünftig als Anstalt des offenen Männervollzuges (Köpenick) bzw. Anstalten des geschlossenen Frauenvollzuges (Lichtenberg und Pankow) genutzt werden.
Im J. sollen die Inhaftierten zu einem künfti-

gen Leben ohne Straftaten in sozialer Verantwortung befähigt (§ 2 StVollzG) und als Untersuchungsgefangene sicher untergebracht und gleichwohl angemessen gefördert werden (Nr. 1 Untersuchungshaftvollzugsordnung).

Bei allen JVA sind auf der Grundlage von § 162 StVollzG Anstaltsbeiräte eingerichtet, deren Mitglieder auf Vorschlag von für den Strafvollzug förderlichen Organisationen von der SenJus bestellt werden und weisungsunabhängig sind. Die Vorsitzenden der Anstaltsbeiräte sowie weitere Persönlichkeiten bilden den Berliner *Vollzugsbeirat*, der die SenJus in Vollzugsangelegenheiten berät. Eine Besonderheit ist das im Jahre 1990 eingerichtete Beratungszentrum in der JVA Moabit, in dem Drogen-, Sozial-, Familien- und Schuldnerberatung durchgeführt wird.

In der Vollzugsabteilung der SenJus besteht als Referat V AF die Vollzugsschule in der Drontheimer Str. 28-38 in > WEDDING, an der Beamte des allgemeinen Vollzugsdienstes ausgebildet werden, und die für alle im Vollzug tätigen Mitarbeiterinnen und Mitarbeiter der unterschiedlichsten Berufsgruppen Fortbildungsveranstaltungen durchführt.

K

Kabarett: Ausgehend von Paris (Boheme-kreis des Chat noir) kam das K. als literarischer Ableger des > VARIETÉ in Dichter- und Schauspielerzirkeln der Boheme um die Jahrhundertwende auf dem Umweg über München nach Berlin. Ernst v. Wolzogens *Buntes Theater (Überbrettl)*, 1901 zunächst in der „Berliner Secessionsbühne", Alexander-str. 40, nahe dem > ALEXANDERPLATZ, dann im gleichen Jahr noch in einem eigenen im Jugendstil ausgebauten Theater mit 800 Plätzen in der Köpenickerstr. 67/68 unterge-bracht, begründete mit seinen Programm-teilen Lied, Rezitation, dramatische Kurz-szene und Pantomime das K. als neue, kritisch-parodistische Kunstform in Deutsch-land, die literarischen Vortrag und Couplé-Darbietungen mit theatralischem Aufführungsstil zu einem eigenständigen Genre ver-dichtete. Von Max Reinhardts Klassiker-parodien in *Schall und Rauch*, zunächst seit 1901 im Künstlerhaus in der Bellevuestr., dann > UNTER DEN LINDEN 44, und neu-gegründet als literarisch-politisches, auch künstlerisch experimentierendes K. (Schall und Rauch II; 1919-24) in den ehem. Stallungen im Keller des Zirkus Schumann an der > WEIDENDAMMER BRÜCKE, den Reinhardt zum Großen Schauspielhaus umbauen ließ (> FRIEDRICHSTADTPALAST), über spöttisch-skurrile Solo- und Duettnummern bis hin zum Kaba-rett-Poeten entwickelten sich immer neue Spielarten, die das K. bald zu einem festen Bestandteil des Nachtlebens werden ließen (> KULTUR).

Namen wie Rudolph Nelson, Claire Waldoff, Otto Reutter, Joachim Ringelnatz, Roda Roda, Trude Hesterberg oder Friedrich Hol-laender stehen für die inhaltlich-thematische Spannweite zwischen geistreich-mondänem Kommerz, groteskem Tingeltangel und sati-rischer Systemkritik. Autoren wie Klabund, Erich Kästner, Walter Mehring und Kurt Tucholsky machten das K. der 20er Jahre zum politischen Podium, das kritisch die Schattenseiten der Weimarer Republik re-flektierte und einen Gegenentwurf darstellte zum *Kabarett der Komiker* – (1924-35) im Kel-ler des Künstlerhauses, Bellevuestr. 3, als Li-terarisches Kleinkunsttheater gegründet –, das in seine Programmgestaltung überwie-gend Elemente der Kleinkunst und des Varietés aufnahm. Aus der Vielzahl der K., die nach dem I. Weltkrieg und dem Fortfall der Zensur v.a. in Berlin – wenn auch oft nur

Wolfgang Neuss im „Domizil" am Lützowplatz 1965

für kurze Zeit – entstanden, seien genannt: „Die Wilde Bühne" (1921-24) im Keller des > THEATERS DES WESTEN in der Kantstr. 12, „Die Rampe" (1922-25) am > KURFÜRSTENDAMM 32, „Die Unmöglichen" (1928/29) in der Luther-str. 31, „Die Wespen" (1920-32) ohne festes Domizil, meist in Kneipen rund um den Alexanderplatz, und die *Katakombe* (ab 1925). Im Nationalsozialismus überlebte von den vielen politischen K., den Conferenciers und Einzelgängern anfänglich nur Werner Fincks Katakombe, die 1935 endgültig verboten wurde.

An die kritische Tradition der Weimarer Re-publik knüpften in der Nachkriegszeit die neugegründeten Berliner K. an, die nun eine neue Blütezeit als politische Seismographen erlebten. Aus den rd. 100 K. dieser Jahre rag-te Friedrich Pasches *Ulenspiegel* (Nürnberger Str. 50/52) mit Günter Neumanns Kabarett-revuen („Alles Theater" 1946; „Schwarzer Jahrmarkt" 1947) heraus. Neumanns Funk-

kabarett *Der Insulaner* (gesendet vom > RIAS
BERLIN ab 1948) artikulierte Behauptungs-
willen und Frontstadtbewußtsein des Westteils der Stadt in Zeiten des Kalten Kriegs.
Das 1949 gegründete K. > DIE STACHELSCHWEI-
NE avancierte gemeinsam mit Wolfgang
Neuss und Wolfgang Müller zum kritisch-sa-
tirischen Chronisten des Wirtschaftswun-
ders.
Zu Beginn der 60er Jahre – nach dem Mauerbau – folgte mit dem K. > DIE WÜHLMÄUSE,
dem *Bügelbrett*, dem *Reichskabarett* und dem
Mann mit der Pauke, Wolfgang Neuss, ein
neuer Aufschwung. Neben diesen etablierten
K. entwickelte sich in den 70er und 80er Jahren eine alternative K.-Szene, in der die *Drei
Tornados* und das *Cabarett des Westens
(CaDeWe)* zu den bekanntesten Vertretern gehören.
Im September 1946 wurde im Ostteil der
noch ungeteilten Stadt zunächst im stark
kriegsgeschädigten Haus des ehem. Kaba-
rettlokals Alt Bayern in der Friedrichstr. 94
ein politisch-satirisches Kabarett *Frischer
Wind* eröffnet, das noch im gleichen Jahr in
das Kellergewölbe des Friedrichstadtpalastes
zog, wo einst Schall und Rauch II spielte. Es
bestand bis 1949, dann wurde unter Leitung
des Schweizer Schauspielers und Kabarettisten Robert Trösch, der bis zur Zeit des
Nationalsozialismus in „Agitpropgruppen"
wirkte, die „Kleine Bühne" im Haus der Kultur der Sowjetunion gegründet, die 1953 in
der Distel aufging. Zu Zeiten der DDR blieb
> DIE DISTEL das einzige öffentliche K. im Ost-
teil der Stadt. Dennoch gab es in größerer
Zahl K. in Betrieben und Hochschulen. Hinzuweisen ist auch auf das 1961 von Wolf
Biermann gegründete und 1963 verbotene
Berliner Arbeiter- und Studententheater (BAT).

Kaiser-Wilhelm-Gedächtniskirche: Die K.
auf dem heutigen > BREITSCHEIDPLATZ im Bezirk > CHARLOTTENBURG wurde 1891-95 zu Ehren Kaiser Wilhelms I. (1861-88) errichtet. Sie
entstand im Zusammenhang mit der repräsentativen Anlage des > KURFÜRSTENDAMMS
und seiner Umgebung als vornehmes Wohnviertel für das gehobene Bürgertum. Der Architekt Franz Schwechten entwarf das Bauwerk als spätromanische Zentralanlage in
Form eines lateinischen Kreuzes. Der Haupt-
turm auf der Westfront hatte eine Höhe von
113 m. Die reich ornamentierte Innenausstattung verband exemplarisch sakrales
mit monarchischem Ideengut. Im II. Welt-

*Auguste-Viktoria-Platz mit Kaiser-Wilhelm-
Gedächtniskirche 1934*

krieg wurde der Bau stark beschädigt. Mitte
der 50er Jahre entstand eine heftige öffentliche Diskussion über Abriß und vollständigen
Neubau an anderer Stelle oder Bewahrung
der 63 m hohen Turmruine. Aus einem 1956
durch den > SENAT VON BERLIN ausgeschriebenen Wettbewerb ging der Entwurf des
Karlsruher Architekten Egon Eiermann als

Die zerstörte Kirche 1946

Sieger hervor, der ein Ensemble kirchlicher
Neubauten unter Einbeziehung der Turmruine als Mahnmal für den II. Weltkrieg vorsah. 1959 wurde der Grundstein gelegt; die
Einweihung fand am 17.12.1961 statt.
Die Kirche umfaßt einen achteckigen flachgedeckten Hauptbau und ein Foyer als

Kaiser-Wilhelm-Gedächtniskirche, im Hintergrund die Tauentzienstraße

"Haus der Offenen Tür" der Berliner Stadtmission westlich der Turmruine sowie auf dem Boden des alten Kirchenschiffs einen sechseckigen, 53 m hohen Kirchturm mit einer Trauungs- und Taufkapelle. Die Bauten bestehen aus wabenförmigen Betonplatten, deren Öffnungen mit blauem Glas ausgefüllt sind. Als markanter Punkt im Stadtbild der > City um den Kurfürstendamm entwickelte sich die K. schnell zu einem neuen Wahrzeichen Berlins. Die zuletzt 1983-85 baulich gesicherte Turmruine beherbergt als einzig wiederhergestellten Raum der alten Kirche eine im Januar 1987 eröffnete Gedächtnishalle, die mit ihren Mosaiken und Marmorreliefs einen Eindruck von der einst prächtigen Ausstattung vermittelt. Sie dient als Kirchenmuseum und Mahnraum für Frieden und Versöhnung.

Kaiser-Wilhelm-Gesellschaft zur Förderung der Wissenschaften (KWG): Die KWG wurde 1911 gegründet und nach dem II. Weltkrieg aufgelöst. Ihre Nachfolgerin ist die > Max-Planck-Gesellschaft zur Förderung der Wissenschaften e.V. (MPG). Die KWG war eine zentrale Einrichtung des Deutschen Reichs zur Förderung von > Wissenschaft und Forschung. Der Aufruf zur Gründung der KWG erfolgte im Oktober 1910 anläßlich der 100-Jahr-Feier der > Friedrich-Wilhelms-Universität auf Anregung des Theologen Adolf Harnack mit der Absicht, den damals sich abzeichnenden Rückstand der naturwissenschaftlichen Forschung in Deutschland gegenüber anderen Ländern aufzuho-

len. Formell gegründet wurde die KWG am 11.1.1911. Ihr Ziel war es, Wissenschaftler mit besonderer Eignung für die Forschung weitgehend von den Verpflichtungen zur Lehre freizustellen und ihnen gleichzeitig ein optimales Instrumentarium für ihre Forschungsarbeit zur Verfügung zu stellen. Insg. wurden hierzu 35 Institute gegründet, von denen 13 ihren Sitz in Berlin (neun in > Dahlem, drei im Bezirk > Mitte und eins im heutigen > Buch) hatten. 18 lagen im übrigen Reichsgebiet und vier im Ausland (zwei in Italien und je eines in der Schweiz und in Brasilien). Als erste dieser Kaiser-Wilhelm-Institute (KWI) wurden am 23.10.1912 die Institute für Chemie sowie für Chemie und Elektrochemie eröffnet. Die Wahl Dahlems als Hauptstandort in Berlin geht auf die damaligen Pläne zurück, dort ein neues Wissenschafts- und Museumszentrum zu gründen. (> Museumszentrum Dahlem)

Die KWI gehörte in den 20er und frühen 30er Jahren zu den weltweit führenden Zentren der naturwissenschaftlichen Forschung. Unter ihren Präsidenten und Mitarbeitern finden sich fünfzehn *Nobelpreisträger*. Sieben Wissenschaftler erhielten den Nobelpreis für Chemie (Richard Willstätter 1915, Fritz Haber 1918, Carl Bosch 1931, Petrus Debye 1936, Richard Kuhn 1938, Adolf Butenandt 1939, Otto Hahn 1944), fünf für Physik (Max v. Laue 1914, Max Planck 1918, Albert Einstein 1921, James Franck 1925, Werner Heisenberg 1932) und drei für Medizin (Otto Meyerhof 1922, Otto Warburg 1931, Hans Spemann 1935).

Während des II. Weltkriegs wurden zahlreiche Berliner KWI bzw. einzelne Abteilungen sowie Teile der Generalverwaltung in den Westen Deutschlands verlagert. Nach Kriegsende gaben die > Alliierten 1946 bekannt, die KWG auflösen zu wollen. Daraufhin wurde am 26.2.1948 in Göttingen die MPG gegründet. Für die im Westteil der Stadt gelegenen Berliner Einrichtungen der KWG fungierte seit 1948 vorübergehend die eigens gegründete *Deutsche Forschungshochschule* als Auffanginstitution. Nach deren Auflösung 1953 wurden sie am 1.7.1953 in die MPG übernommen. Die KWG selbst wurde am 6.4.1951 liquidiert und stellte ihre Arbeit ein. Ihre juristische Auflösung erfolgte am 21.6. 1960, das verbliebene Vermögen wurde der MPG übertragen. Die beiden im östlichen Teil der Stadt verbliebenen Einrichtungen der KWG waren schon früher der dort ansäs-

sigen, 1946 gegründeten Deutschen Akademie der Wissenschaften eingegliedert worden, aus der 1972 die > AKADEMIE DER WISSENSCHAFTEN DER DDR hervorging.
In den Gebäuden der ehem. KWG in Dahlem sind heute weitgehend Einrichtungen der > FREIEN UNIVERSITÄT BERLIN untergebracht. Das im Juli 1945 von den US-Streitkräften besetzte *Harnack-Haus* in Dahlem, das mit seinen Hörsälen, Casinoräumen und Gästewohnungen in den 20er und 30er Jahren der gesellschaftliche Mittelpunkt der KWG gewesen war, verblieb im Eigentum der KWG bzw. später der MPG. Es wird noch heute weitgehend von den Amerikanern genutzt, dient aber auch der MPG in unregelmäßigen Abständen als Veranstaltungsort. Über die künftige Nutzung war Anfang 1992 noch nicht entschieden.

Kammergericht (KG): Das KG ist die höchste Instanz der ordentlichen (d.h. Zivil- und Straf-) Gerichtsbarkeit auf Berliner Landesebene. Es ist seit 1951 überwiegend in dem 1910 für das Reichsmilitärgericht erbauten Gebäude in der Witzlebenstr. 4/5 am > LIETZENSEEPARK im Bezirk > CHARLOTTENBURG untergebracht. Das KG übt für Berlin die Funktion aus, die in den übrigen Bundesländern die *Oberlandesgerichte* wahrnehmen. Für seine (1992) 27 Zivilsenate, fünf Strafsenate und die Spezialsenate sowie den Dienstgerichtshof sind etwa 420 Mitarbeiter tätig, davon ca. 140 Richter.
Im strafrechtlichen Bereich ist das Kammergericht Revisionsinstanz für Strafsachen, deren erste Instanz die > AMTSGERICHTE waren. Es ist seinerseits erste Instanz insbes. in Staatsschutzsachen, Auslieferungssachen sowie Klagen gegen Justizverwaltungsakte nach den §§ 23ff. Einführungsgesetz zum Gerichtsverfassungsgesetz.
An Spezialsenaten ist in Berlin als Sitz des > BUNDESKARTELLAMTS der Kartellsenat mit seiner Zuständigkeit für Beschwerden gegen Verfügungen sowie für Einsprüche gegen Bußgeldbescheide dieses Amtes hervorzuheben. Daneben gibt es an besonderen Senaten im zivilrechtlichen Bereich u.a. die Familiensenate (Rechtsmittel gegen Entscheidungen der Abteilungen für Familiensachen der Amtsgerichte), die Senate für Baulandsachen sowie für Angelegenheiten der Steuerberater und der > NOTARE. Eine Laienrichterbeteiligung findet an einem Oberlandesgericht wegen seiner vorrangigen Befassung mit spezialisierten grundsätzlichen Rechtsfragen nicht statt.
Seit 1990 wird das KG von Gisela Knobloch und damit erstmals von einer Frau geleitet. Ihre Vorgänger ab 1945 waren Arthur Kanger (1945-46), Georg Strucksberg (1946-51), Alfred Skott (1951-58), Walter Kühn (1958-66), Günter v. Drenkmann (1967-74), Diether Dehnicke (1976-90).
Der wohl bekannteste Richter in der Geschichte des KG war der Dichter E.T.A. Hoffmann (1816-22).
1468 erstmals urkundlich erwähnt, tagte das Gericht als oberstes Hofgericht der Mark Brandenburg ursprünglich „in seines Herren Kammer", dem Schloß des > LANDESHERREN, der damals noch nachhaltigen Einfluß auf die Entscheidungen nahm. Als erstes eigenes Haus wurde 1735 das „Königliche Collegien-Haus" an der Lindenstr. 14 bezogen, das heutige > BERLIN-MUSEUM in > KREUZBERG. Der räumlichen Trennung folgte bald die innere Lösung von den Regierenden. Die Unabhängigkeit des KG wurde sprichwörtlich („il y a des juges à Berlin – es gibt Richter in Berlin") und führte nicht selten zu Auseinandersetzungen mit der Obrigkeit, z.B. in dem Prozeß des Wassermüllers Arnold aus Pommerzig in der Neumark um den Entzug des Mühlwassers.
1913 folgte der Umzug in das ab 1909 nach Plänen von Paul Thoemer und Rudolf Mönnich errichtete Gebäude am > HEINRICH-VON-KLEIST-PARK an der Elßholzstr. 30-33 in > SCHÖNEBERG mit einem 235 m² großen Plenarsaal. Hier begann am 7.8.1944 unter dem Vorsitz seines Präsidenten Roland Freisler gegen acht Mitverschwörer der erste Prozeß des > VOLKSGERICHTSHOFS gegen die Beteiligten des Attentats auf Adolf Hitler vom > 20. JULI 1944 (> WIDERSTAND). Am 18.10.1945 tagte an gleicher Stelle der „Interalliierte Militärgerichtshof", der nach dieser konstituierenden Sitzung weiter in Nürnberg amtierte. Danach diente das Haus bis März 1948 dem > ALLIIERTEN KONTROLLRAT als Sitz. Bis zur > VEREINIGUNG hatte hier außerdem die > ALLIIERTE LUFTSICHERHEITSZENTRALE ihr Quartier.
Am 26.3.1970 begann in dem Gebäude die Vier-Mächte-Konferenz der Außenminister der ehem. > ALLIIERTEN zu Berlin, die am 3.9.1971 mit der Unterzeichnung des > VIER-MÄCHTE-ABKOMMENS im großen Plenarsaal des Hauses endete. Heute – nach Wegfall des alliierten > SONDERSTATUS – ist das KG wieder Hausherr des Gebäudes am Kleistpark. Acht

Zivilsenate, das Ausbildungsreferat und Teile des Justizverwaltungsamtes sind vorweg bereits eingezogen; auch die Staatsanwaltschaft beim KG wird dort ihr Domizil finden (> STAATSANWALTSCHAFTEN). Der Berliner > VERFASSUNGSGERICHTSHOF hat dort ebenfalls seinen Sitz.

Nach dem II. Weltkrieg hatte das KG für kurze Zeit aufgehört zu existieren. Die sowjetische Besatzungsmacht setzte zunächst ein Obergericht mit der Bezeichnung „Stadtgericht" ein. Am 15.10.1945 erhielt das Gericht dann wieder seinen historischen Namen. Im Februar 1949 zogen fast alle Senate des Gerichts in den Westteil der Stadt um. Nach dieser „Justizspaltung" gab es vorübergehend zwei KG in Berlin. Das im Ostsektor verbliebene Gericht verdiente diesen Namen jedoch kaum noch. Es führte einige Jahre ein Schattendasein und wurde 1961 schließlich aufgelöst.

Kammermusiksaal: Der 1984-88 nach Entwürfen von Hans Scharoun durch Edgar Wisniewski erbaute K. am Matthäikirchplatz im Bezirk > TIERGARTEN ist neben der ihm baulich verbundenen > PHILHARMONIE einer der beiden Stammspielorte des > PHILHARMONISCHEN ORCHESTERS BERLIN. Der Bau zählt zu den architektonisch herausragenden Gebäuden des > KULTURFORUMS TIERGARTEN. Der 1.136 Sitzplätze umfassende K. nimmt zahlreiche Stilelemente der Philharmonie auf und bettet ebenso wie diese den hohen Saalbau in zweigeschossige Flachbauten ein. Die Zuschauerränge sind in drei Ebenen um das Orchester herumgruppiert. Allerdings wurde als Grundriß kein Pentagon wie bei der Philharmonie, sondern ein Sechseck gewählt, wodurch die gesamte Struktur des K. geschlossener wirkt. Eine zeltartig gefaltete Decke schließt den Saalbau ab. Außenverkleidung und Natursteinböden des in die Philharmonie übergehenden Foyers wurden in deren Stil gehalten. Die Akustik des K. gilt als richtungsweisend. Wie die Philharmonie verfügt der K. über eine komplette Aufnahmeeinrichtung nach dem neuesten Stand der Technik. Vor dem Eingang des K. befinden sich links und rechts die von Bernhard Heiliger 1988 mit Bezug zur Architektur geschaffenen, abstrakten Eisenskulpturen Echo I und Echo II.

Der K. und seine Veranstaltungen knüpfen an die große Tradition an, die in Berlin gerade auch Konzerte in kleiner Besetzung – v.a. auch Solistenkonzerte, Lieder- und Arienabende und alle Formen der Kammermusik – hatten und für die es bis zum II. Weltkrieg in großer Zahl Konzertsäle gab (z.B. den Beethovensaal in der Köthenerstr. 32, den Bachsaal in der Lützowstr. 76, den Bechsteinsaal in der Linkstr. 42, den Meistersaal in der Köthenerstr. 38 und den Schubertsaal in der Bülowstr. 104). Der K. wird aber auch vielfach für Konzerte der kleinen Formen zeitgenössischer Musik und für Veranstaltungen aus den Bereichen der Pop-Musik durch Agenturen genutzt.

Bereits der Architektenwettbewerb für den Neubau der Philharmonie 1956 sah einen Kammermusiksaal vor, aus finanziellen Gründen wurde das Projekt jedoch mehrfach zurückgestellt, bis im Juli 1983 beschlossen wurde, den K. zur 750-Jahr-Feier zu errichten. Das Eröffnungskonzert fand am 28.10. 1987 im Rahmen der 750-Jahr-Feier – noch vor der kompletten Fertigstellung des Baus – statt.

Neben diesem Bau gibt es im > SCHAUSPIELHAUS am > GENDARMENMARKT einen weiteren Konzertsaal, der als K. bezeichnet und intensiv genutzt wird.

Karl-Friedrich-Friesen-Schwimmstadion: Das z.Z. aus baupolizeilichen Gründen geschlossene K. an der Werneuchener Str. am Ostrand des > VOLKSPARKS FRIEDRICHSHAIN war zugleich öffentliches Bad (> FREI- UND SOMMERBÄDER) und internationale Wettkampfstätte (> SPORTSTÄTTEN). Die am 1.8.1951 eröffnete Anlage entstand nach Entwürfen des Kollektivs Karl Souradny anläßlich der 1951 in Ost-Berlin veranstalteten III. Weltfestspiele der Jugend und Studenten. Sie erhielt ihren Namen nach Karl Friedrich Friesen, einem in den Befreiungskriegen gefallenen engen Mitarbeiter Friedrich Ludwig Jahns (> VOLKSPARK HASENHEIDE) und Wegbereiter der Burschenschaften, der 1811 eine der ersten Berliner Schwimmanstalten gegründet hatte. Das Schwimmstadion umfaßte ein 50-m-Becken und eine gesonderte 10-m-Sprunganlage mit Tribünen für 8.000 Zuschauer. Für Ruderer stand eine Kastenruderanlage zur Verfügung. Als ergänzende Sportanlagen für die Bevölkerung gab es ein weiteres 50-m-Flach- und Planschbecken sowie – je nach Jahreszeit – eine Rollschuh- bzw. Schlittschuhbahn. Vor einigen Jahren wurde eine zusätzliche Mehrzweckschwimmhalle errichtet.

Nach Installation einer transportablen Überdachung, die eine ganzjährige Nutzung des Stadions ermöglichen sollte, führten Belüftungsprobleme zum allmählichen Verfall der Bausubstanz, so daß die Anlage ab 1987 schrittweise geschlossen werden mußte. Für Trainingszwecke des > Turn- und Sportclubs (TSC) Berlin e.V. sind allerdings die Schwimmhalle, eine Kampfsporthalle und die Außenanlagen weiterhin in Betrieb. Über die weitere Verwendung des K. – etwa seinen Ausbau zur Wettkampfstätte im Rahmen der > Olympischen Spiele oder eine Zusammenlegung mit dem südlich angrenzenden > Sport- und Erholungszentrum (SEZ) – ist noch nicht entschieden.

Karl-Marx-Allee: Die auf eine mittelalterliche Handelsstraße nach Frankfurt/O. zurückgehende K. ist Teilstück der wichtigsten östlichen Ausfallmagistrale Berlins vom östlichen Stadtzentrum zur Autobahn-Anschlußstelle > Lichtenberg am > Berliner Ring. Vom > Alexanderplatz im Bezirk > Mitte führt sie über knapp 2,5 km zum Frankfurter Tor im Bezirk > Friedrichshain, wo sie in die > Frankfurter Allee übergeht. Über die K. verlaufen die > Bundesfernstrassen 1 und 5.
Vom frühen 18. Jh. an trug das innerhalb der > Stadtmauer gelegene Teilstück der K. den Namen Große Frankfurter Str. Die vom alten Frankfurter Tor aus nach Osten verlaufende Fortsetzung hieß zunächst Frankfurter Chaussee und wurde 1872 in Frankfurter Allee umbenannt. Nach dem II. Weltkrieg erhielt dann am 21.12.1949 der Abschnitt vom Alexanderplatz bis zur Einmündung Proskauer Str. zum Gedenken an den damaligen sowjetischen Partei- und Staatschef den Namen *Stalinallee.* Am 13.11.1961 wurde diese Umbenennung wieder rückgängig gemacht und dem Teilstück zwischen Alexanderplatz und heutigem Frankfurter Tor der Name K. gegeben.
Im II. Weltkrieg war der gesamte Straßenzug weitgehend zerstört worden. Sein Wiederaufbau erfolgte in zwei Abschnitten zwischen 1952 und 1965. 1949 waren an der Südseite der Straße nach Plänen von Ludmilla Herzenstein, die auf Entwürfe von Hans Scharoun zurückgriff, bereits zwei Laubenganghäuser errichtet worden (Nr. 102/104 und 126/128). Die als Musterbauten gedachten, an die 20er Jahre erinnernden fünfgeschossigen Gebäude mit Einraumwohnungen in den oberen Etagen und Läden im Erdgeschoß fanden jedoch keine Zustim-

mung in der Bevölkerung, so daß diese Entwürfe nicht weiter verfolgt wurden.
1952 begann dann auf der Grundlage des Aufbaugesetzes vom 6.9.1950 als eines der Hauptprojekte im Rahmen des 1951 ausgerufenen Nationalen Aufbauprogramms Berlin (ab 1953 > Nationales Aufbauwerk der DDR) zwischen Strausberger Platz und Proskauer Str. der konzentrierte Aufbau der Stalinallee als „erste sozialistische Straße in Deutschland". Die sechs beteiligten Projektierungskollektive standen unter der Leitung der Architekten Hermann Henselmann (dem späteren Chef-Architekten Ost-Berlins), Hans Hopp, Richard Paulick, Kurt Leucht, Egon Hartmann und Karl Souradny. Bei ihren Ent-

Karl-Marx-Allee

würfen orientierten sie sich architektonisch an der Sowjetarchitektur der Stalinzeit („Zuckerbäckerstil"). Die „Paläste für das Volk" waren Ausdruck des Strebens der SED nach Darstellung gesellschaftlicher Überlegenheit des seit der II. Parteikonferenz 1952 endgültig auf den Aufbau des Sozialismus festgelegten Systems der DDR. Nur wenig später gingen jedoch gerade von diesem Bauvorhaben die Streiks und Demonstrationen aus, die zum Arbeiteraufstand vom > 17. Juni 1953 führten und den Staat an den Rand des Zusammenbruchs brachten.
An die Stelle der alten Korridorstraßen mit starren Bauchfluchten entstand eine durch versetzte Abschnitte einander gegenüberliegender Gebäudekomplexe räumlich gegliederte Allee, die an den zwei bedeutendsten Kreuzungen – Strausberger Platz und Frankfurter Tor – durch großzügig angelegte Plätze besondere Akzente erhielt. Der gesamte Straßenzug wurde auf 90 m verbreitert und durch mehrere Baumreihen und Grünflächen aufgelockert. Auf einer dieser Grünflächen an der Nordseite der heutigen K. (Nr. 131a)

entstand 1960-62 nach Plänen des Kollektivs Josef Kaiser und Herbert Aust als größtes Kino Ost-Berlins in moderner Gestaltung das Filmtheater *Kosmos*. Der eiförmige Zuschauerraum mit vorgelagertem, großflächigem Foyer umfaßt 1.000 Plätze (> KINOS).

Den *Strausberger Platz* säumen im Süden und Norden achtgeschossige Wohnhäuser. An seiner Ostseite wurden zwei zehngeschossige, an seiner Westseite zwei 14geschossige Hochhäuser errichtet, die die Allee zum Stadtzentrum hin torartig flankieren. In der Mitte des Platzes schuf der Kunstschmied Fritz Kühn 1966/67 einen großen, von plastisch gestalteten Kupferplatten umgebenen Ringbrunnen. An der westlichen Platzseite des Frankfurter Tors entstanden beiderseits der K. zwei Turmhochhäuser, deren grüne Kuppeln denen des Deutschen und des Französischen Doms nachempfunden sind (> NEUE KIRCHE; > FRANZÖSISCHE FRIEDRICHSTADTKIRCHE).

Die 100-300 m langen, sieben- bis neungeschossigen Wohnblocks sind mehrfach durch vor- und zurückspringende Bauabschnitte gegliedert. Im Erdgeschoß und teilweise auch im ersten Obergeschoß sind Geschäfte und Gaststätten untergebracht. Die insgesamt rund 2.236 Wohnungen – überwiegend Zwei- und Dreizimmer-Wohnungen – sind mit Bädern, Fernheizung und Aufzügen ausgestattet. Eines der ersten fertiggestellten Häuser war das Hochhaus an der Weberwiese, das erste Wohnhochhaus Ost-Berlins. Noch heute gelten die Wohnungen an der K. im Rahmen der im Ostteil Berlins vorhandenen Bausubstanz als Beispiele für eine in Gestaltung, Ausstattung und sozialem Umfeld qualitativ hochwertige Architektur.

Von 1959-65 folgte nach Plänen der Kollektive Edmund Collein, Josef Kaiser und Werner Dutschke der zweite, 700 m lange Bauabschnitt der K. zwischen Strausberger Platz und Alexanderplatz. Durch Zurücksetzen der Wohnhäuser wurde der Straßenraum von 90 auf 125 m verbreitert. Mit Ausnahme der beiden achtgeschossigen Wohngebäude am Strausberger Platz wurden hier fünf- und zehngeschossige Wohnblocks zum ersten Mal in industrieller Großplattenbauweise errichtet. Läden oder Restaurants in zweigeschossigen Pavillons mit rechteckigem und L-förmigem Grundriß in Grünanlagen lockern die Anlage auf.

1961-63 wurden an der Nordseite dieses Abschnitts das Kino „International" und dahinter das Hotel „Berolina" errichtet, ein 13geschossiges Gebäude mit Natursteinverkleidung und einer Hotelhalle in verglaster Stahlkonstruktion. Auf der Südseite eröffnete 1964 das Restaurant „Moskau", ein zweigeschossiges Atriumgebäude in Stahlkonstruktion mit insgesamt 600 Plätzen. Bis 1989 wurde dieser Teil der K. regelmäßig für von der Partei- und Staatsführung der DDR veranstaltete Paraden und Aufmärsche genutzt.

Karl-Marx-Straße: Die knapp 3 km lange K. ist die wichtigste Verkehrs- und Geschäftsader des Bezirks > NEUKÖLLN und ein überregionales Einkaufszentrum für den Südosten Berlins (> EINKAUFSZENTREN). Sie verbindet die Einkaufsstätten am > HERMANNPLATZ mit dem Geschäfts- und Verwaltungszentrum rund um das Rathaus Neukölln und die Neuköllner Gewerbegebiete beiderseits der Grenzallee. Die K. ist Teil der > BUNDESFERNSTRASSE 179, die als Ausfallstraße nach Südosten weiterführend die Ortsteile > BRITZ und > RUDOW durchquert und am Flughafen Schönefeld (> FLUGHÄFEN) den Autobahnzubringer zum > BERLINER RING erreicht.

Bereits zu Beginn des 18. Jh. war die seinerzeit genannte Poststr. bedeutenden Teil des bedeutenden Verkehrsweges von Berlin über Rixdorf und Königs Wusterhausen nach Cottbus. Bei ihrer Anlage waren die westlich gelegenen, bis 20 m über Geländeniveau hohen *Rollberge* zu umgehen, die als eiszeitliches Relikt den Übergang vom > WARSCHAU-BERLINER URSTROMTAL zur Grundmoränenplatte des > TELTOW markieren. Die K. bleibt deshalb in einem weiten Bogen nach Osten stets am Fuße dieser Hügelkette, auf der einst die Rixdorfer Mühlen standen (> WINDMÜHLEN). Ab 1875 wurden die Rollberge bei der Gewinnung von Bausand teilweise abgetragen. Die im gleichen Jahr eröffnete Linie der „Großen Berliner Pferdeeisenbahn" in dem nunmehr Berg und Berliner Str. genannten Straßenzug leitete die Entwicklung des beschaulichen Handelswegs zu einer pulsierenden Großstadtstraße ein. Nachdem sie kurzzeitig den Namen Adolf-Hitler-Str. trug, wurde sie nach Kriegsende in K. umbenannt. Bis zum Bau der > MAUER 1961 profitierte die Neuköllner Hauptstraße v.a. von den zahlreichen Käufern aus dem benachbarten Ostsektor (> SEKTOREN). In den folgenden Jahren entwickelte sich die K. zum Haupteinkaufszentrum im Südosten West-Berlins. Seit der Maueröffnung 1989 nimmt sie diese Funktion wieder für die Gesamtstadt sowie das südliche Umland wahr.

Das älteste erhaltene Gebäude an der K. ist das Gesindehaus eines ehemaligen Bauernhofs auf dem Grundstück Nr. 178 aus dem Jahr 1827. Zusammen mit dem zugehörigen Wohn- und Stallgebäude aus dem Jahr 1860 und dem als Vorderhaus errichteten typischen Arbeitermietshaus von 1890 wurde es 1991 unter > Denkmalschutz gestellt.

Karlshorst: Der Ortsteil K. liegt im Osten des Bezirks > Lichtenberg. Er entstand aus einem 1820 auf der Feldmark von > Friedrichsfelde angelegten Vorwerk und erhielt seinen Namen 1825 nach seinem Gründer Carl v. Treskow. Für die weitere Entwicklung des kleinen Anwesens waren die ab 1862 in der benachbarten > Wuhlheide mehrfach ausgetragenen preußischen Armeejagdrennen von ausschlaggebender Bedeutung. Anknüpfend an diese Veranstaltungen entstand auf dem Gelände 1893 ein Eisenbahn-Haltepunkt an der Bahnlinie nach Frankfurt/O. und 1893/94 eine Hindernisbahn für Pferderennen, die heutige > Trabrennbahn Karlshorst. 1895 folgte südlich der Bahnstrecke nach einem Bebauungsplan von Oskar Gregorovius die Gründung der > Villenkolonie K., die sich nicht zuletzt dank der nahen Rennbahn rasch entwickelte. Nördlich der Bahn entstanden westlich der heutigen Treskowallee etwa gleichzeitig zahlreiche mehrgeschossige Mietshäuser, was zu einem schnellen Anwachsen der Einwohnerzahlen führte. Ab 1900 wurde das östlich der Treskowallee liegende sog. Rheinviertel bebaut und in den 20er Jahren durch Lückenschließung ergänzt. Von architektonischer Bedeutung ist die von Peter Behrens entworfene, in den Jahren 1919-21 erbaute Waldsiedlung Wuhlheide beiderseits des Hegemeister Wegs.

Die 1909/10 nach Entwurf von Peter Jürgensen und Jürgen Bachmann in Formen der Stilkunst errichtete evangelische Pfarrkirche „Zur frohen Botschaft" in der Weseler Str. 6 beeindruckt durch die einheitliche Baugruppe von Kirche, Pfarrhaus und Küsterhaus. Zur Ausstattung der mit roten Klinkern verblendeten Kirche gehört eine der wertvollsten Berliner Barockorgeln. Das 1755 (wahrscheinlich von Ernst Marx) für die Prinzessin Amalie von Preußen geschaffene Instrument stand zunächst im Berliner > Stadtschloss. Um 1767 wurde es in ein von der Prinzessin erworbenes Palais an der Stra-

ße > Unter den Linden umgesetzt, bevor es 1788 in die > Schlosskirche Buch kam. 1939 wurde das Gehäuse in der > Marienkirche zwischengelagert, während das Werk für die geplante Aufstellung der Orgel in der > Nikolaikirche bei der Firma Schuke in Potsdam restauriert wurde. Da nach Kriegsende ein Wiederaufbau der zerstörten Nikolaikirche zunächst nicht absehbar war, wurde die Orgel 1960 der Gemeinde in K. überlassen.

Auch die katholische Pfarrkirche St. Maria in der Gundelfinger Str. 36, ein 1935-37 von Clemens Lohmer errichteter Putzbau, ist mit kostbaren Kunstwerken ausgestattet, darunter zwei Schnitzfiguren aus dem späten 15. Jh. bzw. der Zeit um 1500 und eine Marmorgruppe von 1750, die bis 1945 zum Hochaltar der > St.-Hedwigs-Kathedrale gehörte. Die weiträumige Anlage des 1913-14 errichteten ehemaligen Realgymnasiums und Lyzeums an der Treskowallee 8 (Erweiterung 1919-20) beherbergte von 1950 bis zu ihrer Schließung im Zuge der > Vereinigung die DDR-*Hochschule für Ökonomie.* Heute sind die Gebäude Sitz der neu gegründeten > Fachhochschule für Technik und Wirtschaft.

In einer ehem. Kasernenanlage aus den 30er Jahren am Ende der Fritz-Schmenkel-Str. befindet sich seit 1967 eine Gedenk- und Ausstellungsstätte der ehem. sowjetischen Armee (> Museum der bedingungslosen Kapitulation). In der Nacht vom 8. zum 9.5.1945 war hier die bedingungslose Kapitulation der deutschen Wehrmacht gegenüber der Roten Armee vollzogen worden. Danach hatte die Kommandantur der > Sowjetischen Militäradministration in Deutschland in dem Gebäude ihren Sitz. Auch nach Gründung der DDR haben die sowjetischen Truppen große Teile von K. für Kasernen und Offiziersunterkünfte ihrer in Berlin stationierten Soldaten genutzt (> Gruppe der Sowjetischen Streitkräfte in Deutschland).

Karow: K. ist ein auf ein mittelalterliches Straßendorf zurückgehender Ortsteil im Norden des Bezirks > Weissensee (> Dörfer). Von 1945-90 gehörte er zum sowjetischen Sektor (> Sektoren). 1920 bei der Bildung > Gross-Berlins war die Landgemeinde K. zunächst dem Bezirk > Pankow zugeschlagen worden, ehe sie im Zuge der Neuordnung der nördlichen Bezirke Ost-Berlins 1985 mit Wirkung vom 1.1.1986 zu Weißensee kam (> Bezirke). Schon 1244 wird ein „Fridericus de Kare" urkundlich erwähnt, der sich sehr wahrscheinlich nach diesem Ort nannte. Der Ort selbst tritt ebenfalls als „Kare", ausgestattet mit 42 Hufen, erstmals 1375 im > LANDBUCH KAISER KARLS IV. in Erscheinung. Im alten Dorfzentrum hat H. sein ländliches Erscheinungsbild z.T. bis heute bewahrt. Beherrschend tritt der spätromanische Feldsteinbau der Dorfkirche aus der Mitte des 13. Jh. hervor (> DORFKIRCHEN). Dem rechteckigen Langhaus mit eingezogenem quadratischen Chor und einer Halbrundapsis wurde 1845-47 der heutige Westturm hinzugefügt. Aus der Zeit der Spätrenaissance stammt die schöne einheitliche Ausstattung, wozu auch 33 Ölgemälde mit Szenen aus dem Alten und Neuen Testament gehören (datiert 1617 und 1622).

An der Straße Alt-Karow errichteten die zu erheblichem Wohlstand gekommenen Bauern v.a. im letzten Viertel des 19. Jh. stattliche Wohnhäuser mit reichen Stuckfassaden, vielfach geprägt vom Spätklassizismus. Hervorzuheben sind die Anlagen in Alt-Karow 17 und 35. Der 1882 erfolgte Anschluß an die > EISENBAHN führte zum Bau von Villen und Landhäusern um den alten Dorfkern herum, durch die der Charakter des Ortsteils bis heute weitgehend bestimmt wird. Der erste Bahnhof wurde um 1910 durch einen repräsentativen Neubau im Landhausstil ersetzt. Entlang der westlichen Grenze von K. fließt die > PANKE. An den ca. 18 ha großen *Karower Teichen* nordwestlich des Ortes brüten über 30 Vogelarten. Das Gelände um den 63 m hohen *Teichberg* im Südosten des Ortsteils ist als Stadterweiterungsgebiet für den Neubau von rd. 1.200 Wohnungen vorgesehen (> WOHNUNGSBAU).

Katastrophenschutz: K. ist die Aufgabe der Ordnungsbehörden, zusätzliche Kräfte und Mittel bereitzustellen, damit in außergewöhnlichen Situationen eine Überforderung der regulären Behörden verhindert oder beseitigt werden kann. Solche Situationen können etwa Großbrände, Explosionen, die Freisetzung giftiger Gase und radioaktiver Strahlung im Stadtgebiet bzw. im Umland sein. Die Koordinierung des K. im Land Berlin obliegt der > SENATSVERWALTUNG FÜR INNERES, die auch für die Koordinierung des > ZIVILSCHUTZES zuständig ist. Rechtliche Grundlage bilden das Atomrecht, das Immissionsschutzrecht, das Gewerberecht, das Baurecht u.a.m. Zuständig sind nach dem Allgemei-

nen Sicherheits- und Ordnungsgesetz die Ordnungsbehörden, z.B. die > SENATSVERWALTUNGEN, > BEZIRKSÄMTER, die > FEUERWEHR und die > POLIZEI.

Die Berliner Feuerwehr kann ihre Aufgaben in Katastrophenfällen mit dem Landesverband Berlin des > TECHNISCHEN HILFSWERKES (THW) und privaten Hilfsorganisationen im Rahmen des bei entsprechenden Anlässen gebildeten *Katastrophenhilfsdienstes (KatHD)* gemeinsam erfüllen (§ 3, Abs. 1 Feuerwehrgesetz). Rechtsgrundlage für den KatHD ist neben dem Feuerwehrgesetz die Verordnung über die Erweiterung des K. vom 25.3.1974 in der Änderungsfassung vom 29.11.1977. Der KatHD, der eine Reserve darstellt, umfaßt in Berlin 143 Einheiten und Einrichtungen der Feuerwehr, des THW und fünf privater Hilfsorganisationen (Arbeiter-Samariter-Bund, > DEUTSCHES ROTES KREUZ, Deutsche Lebensrettungsgesellschaft, Johanniter-Unfall-Hilfe, Malteser-Hilfsdienst) unter der Aufsicht des Leiters der Berliner Feuerwehr. Innerhalb des KatHD bestehen Fachdienste für Brandschutz, Bergung, Betreuung, Instandsetzung, ein Sanitätsdienst, ein ABC-Dienst u.a.m. Der gegenwärtige Personalbestand beträgt ca. 3.300 Helfer, davon ca. 1.600 aus der Feuerwehr und ca. 1.700 ehrenamtliche Helfer des THW und der privaten Hilfsorganisationen.

Außerdem zählen zum K. eine Reihe von Maßnahmen auf den verschiedensten Gebieten. So stehen bei den westlichen Bezirksämtern, Abteilung Sozialwesen, jeweils 600 Bettenplätze zur Unterbringung von Obdachlosen zur Verfügung (für die östlichen > BEZIRKE wurde die Regelung bisher noch nicht übernommen). Als organisatorische Vorsorge für den Einsatz, insbes. bei Anlagen mit hohem Schadensrisiko, erarbeiten die zuständigen Behörden Katastrophenschutzpläne, so z.B. für die Umgebung des Forschungsreaktors BER II des > HAHN-MEITNER-INSTITUTS den Seuchenalarmplan vom 23.6.1991, die Richtlinien zur Unterbringung und Betreuung durch Schadensereignisse in Berlin obdachlos gewordener Personen (Notunterbringungsrichtlinien) vom 7.11.1984 oder den Erlaß über die Bildung einer Gemeinsamen Einsatzleitung bei der Berliner Feuerwehr vom 30.9.1988.

Katholische Fachhochschule Berlin (KFB): Die am 5.10.1991 eröffnete FHS auf dem Gelände des ehem. Antonius-Krankenhauses an der Köpenicker Allee 39-57 im Bezirk > LICHTENBERG entstand im Zuge der Neustrukturierung der Berliner > HOCHSCHULEN nach der > VEREINIGUNG. Die staatlich anerkannte KBF ist eine kirchliche Hochschule in der Trägerschaft des Bistums Berlin (> KATHOLISCHE KIRCHE). Der zum berufsqualifizierenden Abschluß führende Diplomstudiengang Sozialarbeit/Sozialpädagogik an der KFB gliedert sich in drei Hauptstudienrichtungen. Diese orientieren sich an den Arbeitsfeldern der Sozialarbeit, Sozialpädagogik und Heilpädagogik. Die Regelstudienzeit beträgt einschließlich des Praxissemesters (20 Wochen) und der Prüfungszeiten sieben Semester. Im Gründungsjahr nahmen 148 Studenten ihr Studium an der FHS auf, die von 17 Dozenten und acht Lehrbeauftragten ausgebildet wurden. Die Bibliothek der Fachhochschule umfaßte im Gründungsjahr 3.000 Fachbücher. Bis 1995 soll die Zahl der Studenten auf 500 erhöht werden.

Katholische Kirche – Bistum Berlin:
1. Die Katholische Kirche in Berlin 1992
Im 1930 errichteten, insg. ca. 30.000 km² großen *Bistum Berlin*, das die Gebiete von West- und Ost-Berlin sowie Vorpommern und den größten Teil der Mark Brandenburg umfaßt, lebten 1992 bei einer Gesamteinwohnerzahl von 5,7 Mio. Menschen rd. 415.000 Katholiken, davon 306.304 im Westteil Berlins. Damit bekannten sich rd. 10 % der Berliner > BEVÖLKERUNG zum katholischen Glauben. Etwa jeder achte Katholik ist Ausländer. Neben den Gemeinden der französischen, US-amerikanischen und britischen Garnisonen bestehen in Berlin ausländische Gemeinden für kroatisch, slowenisch, spanisch, portugiesisch, italienisch, koreanisch, vietnamesisch, indonesisch und polnisch sprechende Katholiken und für Filipinos, insg. 40.000 Menschen. (> RELIGIONSGEMEINSCHAFTEN) Kirchliches Oberhaupt der K. ist der *Bischof von Berlin*, der seinen Sitz an der > ST.-HEDWIGS-KATHEDRALE im Bezirk > MITTE hat. Das *Ordinariat*, die Verwaltungsbehörde des Bistums, liegt in der Wundtstr. 48-50 im Bezirk > CHARLOTTENBURG. Bischof ist seit dem 25.6.89 Georg Sterzinsky, der am 28.6.1992 zum Kardinal erhoben wurde. Weihbischof Wolfgang Weider wurde am 13.2.82 geweiht.

Die Bischöfe von Berlin

Christian Schreiber	1930-33
Nikols Bares	1933-35
Konrad Kardinal v. Preysing	1935-50
Wilhelm Weskamm	1951-56
Julius Kardinal Döpfner	1957-61
Alfred Kardinal Bengsch	1961-79
Joachim Kardinal Meisner	1980-89
Georg Sterzinsky	seit 1989

Die Weihbischöfe in Berlin

Paul Tkotsch	1948-63
Alfred Bengsch	1959-61
Heinrich Theissing	1963-70
Johannes Kleineidam	1970-81
Wolfgang Weider	seit 1982

1992 gab es im gesamten Bistum 229 *Pfarreien* mit zahlreichen Außenstationen. Davon befinden sich 80 – in zwölf Dekanaten, die weitgehend mit den > BEZIRKEN identisch sind – im West- und 40 – in vier Dekanaten – im Ostteil Berlins; außerhalb der Stadt liegen 109 in elf Dekanate zusammengefaßte Gemeinden. Die Gläubigen wurden von rd. 450 Priestern im Bistum (davon 94 im Westteil, 126 im Ostteil und der Rest außerhalb der Stadt) und 18 ständigen Diakonen (davon acht im Westteil, acht im Ostteil und zwei außerhalb der Stadt) betreut. Ferner verfügt das B. über rd. 1.000 pastorale, pädagogische und technische Mitarbeiter, davon mehr als zwei Drittel in Berlin. An Kirchenbauten stehen der K. in Berlin 115 Kirchen, sieben Friedhofskapellen sowie eine Anzahl von Kapellen in Krankenhäusern zur Verfügung.
Von den sozial-karitativen Einrichtungen des Bistums befindet sich der größte Teil in Berlin, darunter 40 Spezialberatungsstellen, 60 Kinder-, Jugend- und Senioreneinrichtungen (> KINDERTAGESSTÄTTEN; > JUGENDHILFE; > ALTENPFLEGE), 17 > KRANKENHÄUSER und -heime, die Krankenpflegeschulen des St.-Antonius-Krankenhauses in der Josef-Nawrocki-Str. 32-34 in > KÖPENICK, das St.-Hedwig-Krankenhaus in der Großen Hamburger Str. 5-11 in > MITTE und das St.-Gertrauden-Krankenhaus in der Paretzer Str. 11-12 sowie die staatlich anerkannte *Zentralschule für Krankenpflegeberufe katholischer Krankenhäuser in Berlin e.V.* in der Tübinger Str. 5 in > WILMERSDORF, in der sich auch eine *Altenpflegeschule* befindet und in der Ausbildungskurse für Hauspflege angeboten werden. Weitere Einrichtungen sind die *Katholische Schule Edith Stein – Berufsfachschule für Sozialwesen und Fachschule für*

Erzieher in der Waldenserstr. 27 in > Tiergarten und die *Bischöfliche Kirchenmusikschule
Berlin* in der Kolonnenstr. 38 in > Schöneberg.
Neben den 21 Caritas-Bezirksstellen unterhält der > Caritasverband Berlin e.V. 20 >
Sozialstationen in der Stadt.
Für überwiegend katholische Kinder und Jugendliche unterhält die K. ein gut ausgebildetes System mit insg. 21 Schulen in freier
Trägerschaft, die den Anforderungen der öffentlichen Schulen entsprechen und gleichwertige Schulabschlüsse vermitteln. In Berlin
befinden sich 19 Schulen, darin enthalten
sind zehn Grundschulen, zwei Hauptschulen, vier Realschulen und sieben Gymnasien
sowie drei Schulen für gesundheitsgeschä-
digte und für lern- und geistig behinderte
Kinder (> Behinderte). Insg. besuchen in Berlin rd. 6.000 Kinder und Jugendliche diese
Schulen. Eine der bekanntesten ist das >
Canisius-Kolleg im Bezirk > Tiergarten.
In Berlin gibt es keine katholische theologische Fakultät, so daß die West-Berliner katholischen Theologen seit 1961 in Paderborn
und Fulda, die Studenten aus der DDR in
Erfurt studierten, ab Wintersemester 1992/93
studieren alle in Erfurt. An der > Freien Universität Berlin gibt es ein Seminar für katholische Theologie mit vier Lehrstühlen für Systematische Theologie, Moraltheologie, Bib-
lische Theologie und Didaktik der katholischen Theologie, an der > Hochschule der
Künste im Fachbereich Musik einen Lehrstuhl für Liturgik und Kirchenkunde. Seit
1991 besteht die > Katholische Fachhochschule Berlin in der Köpenicker Allee
39-57 in > Lichtenberg.
Die katholische Kirchenzeitung erschien 1992
im 46. Jahrgang im Morusverlag, seit einigen
Jahren gemeinsam mit der Kirchenzeitung
für das Bistum Hildesheim und in re-
daktioneller Zusammenarbeit mit den Kirchenzeitungen Osnabrück und Paderborn.
Die Ost-Berliner Kirchenzeitung St. Hed-
wigsblatt erschien vom 3.1.1954 bis Dezember 1990, nachdem das „petrusblatt" im Ostteil des Bistums nicht mehr vertrieben werden durfte. Seit Januar 1991 erscheinen beide
Kirchenzeitungen wieder als „Katholische
Kirchenzeitung für das Bistum Berlin" für
das gesamte Bistum.
2. Die Anfänge der Katholischen Kirche in Berlin
Das mittelalterliche Berlin gehörte zum Bistum Brandenburg. Die Bischöfe von Brandenburg, Havelberg und Lebus zählten zu den
Räten der Markgrafen und Kurfürsten von

Brandenburg. Das örtliche Kirchenwesen leiteten zu jener Zeit die Pröpste von Berlin, die
ihren Sitz an der St.-Nikolai-Kirche hatten.
Nach der Reformation beschloß der Reichstag 1555 in Augsburg den Frieden mit den
protestantischen Fürsten; u.a. war dort ausgeführt: „Welche Religion in den einzelnen
Territorien zu gelten hat, bestimmen die Fürsten, nicht die Untertanen, doch dürfen diese
auswandern, falls sie sich dem Glauben ihrer
Fürsten nicht anbequemen wollen." Seitdem
war Deutschland in Gebiete zersplittert, die
zwei Religionen angehörten; Preußen entwikkelte sich zu einer protestantischen Großmacht. Erst 1788 erkannte der Vatikan den
1701 vom Kurfürsten von Brandenburg angenommenen Königstitel an. Durch den Westfälischen Frieden, der den Dreißigjährigen
Krieg beendete, fielen auch die Bistümer
Magdeburg, Halberstadt, Minden und Kam-
min an Brandenburg. Der Große Kurfürst
Friedrich Wilhelm (1640-88) duldete die katholische Religion in allen ihm zugefallenen
Gebieten; in Berlin und Brandenburg jedoch
war den Katholiken das Recht der öffentlichen Religionsausübung verwehrt. Um 1711
wohnten in Berlin ca. 600 Katholiken, in der
Umgebung ca. 200. Unter dem Soldatenkönig
Friedrich Wilhelm I. (1713-40) kehrte das katholische Leben langsam zurück und in den
Residenzen Potsdam und Berlin sowie in den
Garnisonsstädten wurde die katholische
Religionsausübung wieder zugelassen. 1719
konnte in Berlin wieder eine öffentliche Ka-
pelle eingerichtet werden, eine Generation
später – 1745 belief sich die Zahl der Katholiken in Berlin auf ca. 10.000 – gestattete Friedrich II. (1740-86) den Berliner Katholiken den
Bau einer repräsentativen Kirche. Die St.-
Hedwigs-Kirche wurde 1773 eingeweiht und
1930 zur Kathedrale erhoben. Während der
Säkularisierung 1803 wurden alle geistlichen
Fürstentümer und über 200 Klöster des
Reichs unter den weltlichen Fürsten verteilt.
Von den Fürsten des Deutschen Bundes und
späteren neuen Deutschen Reiches waren nur
noch die Könige von Bayern und Sachsen ka-
tholisch. Die katholischen Organisationen
wurden zerstört, karitative Institute und
Schulen mußten geschlossen werden.
Von 1821-29 war die Fürstbischöfliche Dele-
gatur Berlin, bestehend aus den Pfarreien
Berlin, Potsdam, > Spandau, Frankfurt/O.,
Stettin und Stralsund, in Personalunion
durch den Fürstbischof von Breslau mit der
Diözese Breslau verbunden. Verwaltet wurde

sie vom jeweiligen Propst der St.-Hedwigs-Kirche. Am 10.9.1929 stellte Papst Pius XI. das kirchenrechtlich noch nicht errichtete Bistum Berlin unter die Administratur des Bischofs von Meißen. Die Errichtung des Bistums erfolgte am 13.8.1930. Es umfaßte die Gebiete Pommern, Mark Brandenburg und Berlin.

3. Die Katholische Kirche Berlins im Nationalsozialismus

Nach der nationalsozialistischen Machtübernahme am 30.1.1933 verstärkte Adolf Hitler schrittweise die kirchenfeindlichen Maßnahmen. Bereits Ende April 1934 kam es zur ersten Beschlagnahme des katholischen Kirchenblattes des Bistums. Am 30.6.1935, sechs Tage nach dem Katholikentreffen auf der > GALOPPRENNBAHN HOPPEGARTEN, erschoß die Gestapo Ministerialrat Erich Klausener, den Leiter der Katholischen Aktion, einem Zusammenschluß der katholischen Verbände Berlins, in seinem Dienstzimmer im Reichsverkehrsministerium. In einer Rede in der > DEUTSCHLANDHALLE sagte Joseph Goebbels am 28.5.1937 als Reaktion auf die am 21.3.1937 erschienene Enzyklika „Mit brennender Sorge" von Papst Pius XI. den Bischöfen den offenen Kampf an. Die Folgen waren u.a. Schauprozesse gegen katholische Geistliche wegen angeblicher Devisen- und Sittlichkeitsvergehen und die Schließung staatlicher katholischer Schulen. 1938 gründete Bischof Konrad Graf v. Preysing das „Hilfswerk beim Bischöflichen Ordinariat Berlin" mit der Aufgabe, katholischen „Nichtariern", die nicht auswandern konnten oder wollten, zu helfen. Der St. Raphaelsverein, ein Verein zum Schutze Katholischer Auswanderer e.V. (gegr. 1871 in Mainz, 1941 verboten und 1945 wiedergegründet), leistete dagegen Hilfestellung bei der Auswanderung. Am 9.9.1938 erfolgte dann das Erscheinungsverbot der Berliner Kirchenzeitung. Ostern 1939 wurde der größte Teil der katholischen Schulen geschlossen. In der Fuldaer Bischofskonferenz bildeten sich zwei Lager, als es um die Verteidigung der Kirche gegen den Nationalsozialismus ging. Die eine Linie, von Kardinal Bertram aus Breslau verfolgt, versteifte sich auf eine defensiv orientierte Politik. Sie bestand aus internen Protesten beim Staat unter Ausschluß der Öffentlichkeit. Die andere Linie, verfolgt von Bischof Kardinal Faulhaber und den Bischöfen Galen und Preysing, verfolgte eine Politik des offensiven Protestes. Mit Beginn des Krieges wurde jede Gegen-

wehr kirchlicher Stellen als Sabotage geahndet; ab 1941 wurden Kirchen, Klöster und das Priesterseminar des Bistums beschlagnahmt. Die Verhaftung von Dompropst Bernhard Lichtenberg erfolgte am 23.10.1941. Er wurde angezeigt, da er nach jeder Abendmesse in der St.-Hedwigs-Kathedrale für „die Juden, für die armen Gefangenen in den > KONZENTRATIONSLAGERN (KZ) und die Soldaten beider Seiten" gebetet hatte. Er starb nach seiner Gefängnishaft in Tegel am 5.11.1943 auf dem Transport in das KZ Dachau. Während des Regimes der Nationalsozialisten befanden sich 29 Priester und zahlreiche Laien des Bistums in KZ, Gefängnissen und Zuchthäusern. Viele Laien und vier Priester wurden hingerichtet, einige starben während der Haft. Die Namen der Blutzeugen des Bistums Berlin stehen auf der Ehrentafel an der Grabstätte von Dompropst Bernhard Lichtenberg in der Krypta der St.-Hedwigs-Kathedrale.

4. Die Katholische Kirche von der Spaltung bis zur Vereinigung

Die Nachkriegszeit brachte neue tiefgreifende Veränderungen für die K. Zunächst führte der Zustrom von > FLÜCHTLINGEN und Heimatvertriebenen aus dem Osten zur Verdoppelung der Katholikenzahl. Im Zuge der Spaltung zerschnitten die > DEMARKATIONSLINIEN das Bistumsgebiet in mehrere Teile. 1945 kamen die Dekanate Köslin, Stargard (Hinterpommern) und ein Teil des Dekanats Pommern unter polnische Verwaltung. (1972 wurden auf diesem polnische Bistümer errichtet. Das Bistum Berlin wurde durch Dekret vom 28.6.1972 unmittelbar dem Heiligen Stuhl unterstellt.) Durch den Bau der > MAUER verschärfte sich diese schwierige Situation noch. Der in Ost-Berlin residierende Bischof erhielt pro Monat drei Tage Ausreisegenehmigung nach West-Berlin. In West-Berlin war das Kooperationsmodell weitgehend der Rechtslage in der Bundesrepublik angepaßt, d.h. die Übernahme des Reichskonkordats galt auch für Berlin. 1970 wurden die Beziehungen zwischen der K. und dem Land Berlin geregelt in einem „Abschließenden Protokoll vom 2. Juli 1970 über Besprechungen zwischen Vertretern des Bischöflichen Ordinariats und des Senats von Berlin über die Regelungen gemeinsam interessierender Fragen", das 1986 und 1991 ergänzt wurde. Im Ostteil der Stadt und in der übrigen DDR beschränkte sich die K. weitgehend auf innerkirchliche Aktivitäten. Von den mehr als 500.000 Katholiken wohnte nur ein Sechstel außerhalb Berlins, von der verbleibenden Zahl ein Drittel in Ost-, zwei Drittel in West-Berlin. Die Einheit des Bistums Berlin blieb jedoch bis zum Fall der Mauer am > 9. NOVEMBER 1989 bewahrt. Am 1.9.1990 wurden die Ordinariate Ost und West wieder unter einem Generalvikar zusammengelegt.

Katholischer Friedhof Charlottenburg: Der K. befindet sich unmittelbar außerhalb der Berliner Stadtgrenze an der Südseite der Bundesstraße 5 (Heerstraße; > OST-WEST-ACHSE) im Landkreis Nauen. 1907 hatte ihn die katholische Herz-Jesu-Gemeinde Alt-Lietzow aus > CHARLOTTENBURG hier angelegt, da die Beisetzungen auf den evangelischen Luisenfriedhöfen zu teuer geworden waren. Von den 20 ha Land, die sich noch heute in Gemeindebesitz befinden, wurden ca. 7 ha für Bestattungen genutzt. Auf dem übrigen Boden betrieb bis 1990 eine angrenzende landwirtschaftliche Produktionsgenossenschaft Hühnerzucht. Auch nach der > SPALTUNG Berlins 1948/49 und Gründung der DDR 1949 wurde der K. noch durch die Gemeinde genutzt. Seit 1967 finden keine Beisetzungen mehr statt.
Wertvolle Teile wie Eisengitter oder Schmuckgegenstände an den Gräbern sind inzwischen gestohlen, die fast verfallene Kapelle abgetragen worden. Das große Holzkreuz, das das Zentrum des K. bildete, befindet sich in der Gemeinde Dallgow. Die 1877 von Baronin v. Wangersheim gestiftete Bonifazius-Glocke, die ab 1937 in der Friedhofskapelle hing, schenkte die Herz-Jesu-Gemeinde 1990 der Antonius-Gemeinde in Staaken-West.

Kaulsdorf: Das auf eine mittelalterliche Ansiedlung zurückgehende K. ist heute einer der beiden Ortsteile des Bezirks > HELLERSDORF an der östlichen Stadtgrenze Berlins. Es umfaßt etwa die westliche Hälfte des Bezirks, während die östliche von > MAHLSDORF eingenommen wird. Das in seiner Struktur noch gut erkennbare ursprüngliche Angerdorf, im Mittelalter mit 40 Hufen ausgestattet, liegt nördlich der Bundesstr. 1/5, der alten Reichsstr. 1 von Aachen über Berlin nach Königsberg (> BUNDESFERNSTRASSEN).
Bereits 1285 wird ein „Nicolao de Caulestorp" erwähnt, 1347 tritt dann der Ort auch selbst urkundlich in Erscheinung (> DÖRFER). Im engeren Siedlungsbereich von K. haben sich einige wertvolle Beispiele bäuerlicher Anwesen aus dem 18. und 19. Jh. erhalten,

die aber größtenteils stark restaurierungsbedürftig sind. Mittelpunkt des Dorfes ist die im Kern wahrscheinlich aus dem 14. Jh. stammende Kirche an der Dorfstr., die allerdings in der Folgezeit vielfach verändert wurde. Bedeutsam ist die barocke Ausstattung (> DORFKIRCHEN). Auf dem Gelände des im späten 17. Jh. entstandenen Freigutes experimentierte dessen damaliger Besitzer, der Chemiker Franz Carl Achard, mit der Herstellung von Rübenzucker und errichtete hier 1798 an der Straße Alt-K. 1 eine Sirupkocherei. Nachdem diese wenig später abbrannte, setzte Achard seine Versuche in > BUCHHOLZ fort, bis er 1801 mit königlicher Unterstützung in Cunern/Schlesien die erste Rübenzuckerfabrik der Welt eröffnete (> ZUCKER-MUSEUM).
Bis ins letzte Drittel des 19. Jh. blieb K. ein Bauerndorf, dessen Ausdehnung kaum zunahm. Ab der Jahrhundertwende wurde dann die Feldmark mehr und mehr im Stil der Landhauskolonien bebaut, wozu auch die 1891 errichtete Haltestelle an der 1867 eröffneten Ostbahn von Berlin nach Küstrin beitrug (> VILLENKOLONIEN; > EISENBAHN). So verwuchs K. schon bald mit Mahlsdorf und dem westlich gelegenen > BIESDORF zu einer einheitlichen Siedlungsfläche. 1920 wurde K. nach > GROSS-BERLIN eingemeindet und kam zum Verwaltungsbezirk > LICHTENBERG. Zwischen 1945 und 1990 gehörte es zum sowjetischen Sektor (> SEKTOREN). Bei der Neubildung der Ost-Berliner Bezirke wurde es 1979 zunächst > MARZAHN zugeschlagen und Anfang 1986 schließlich dem Stadtbezirk Hellersdorf.
An der Grenze zu Mahlsdorf entstand 1929/30 nach einem Entwurf von Josef Bachem in den Formen der Neuen Sachlichkeit die katholische Pfarrkirche St. Martin, die mit zahlreichen kostbaren Kunstwerken des Mittelalters, der Renaissance und des Barock – vorwiegend süddeutscher Herkunft – ausgestattet ist. Architektonisch bemerkenswert ist der Schulbau in der Ulmenstr. 79/85, 1927/28 mit expressionistischen Gliederungselementen aus rotem Klinker erbaut. Östlich der Sportplätze an der Lassaner Str. liegt in einer ehemaligen Kiesgrube der ca. 6 ha große *Butzer See*. Südlich davon, auf der Ortsteilgrenze zu Mahlsdorf, liegen die beiden ebenfalls durch Kiesabbau entstandenen, insg. rd. 12 ha großen Becken des *Habermannsees*, an dessen Westufer sich ein Wasserwerk befindet (> WASSERVERSORGUNG).

Kerngehäuse e.V.: Der 1983 aus einem Hausbesetzerkollektiv hervorgegangene alternative Projektträgerverein K. hat seinen Sitz in einem ehem. Gewerbehof in der Cuvrystr. 20-23 im Bezirk > KREUZBERG. 1983 wurde das 1980 besetzte Gebäude durch den Verein erworben und bis Ende der 80er Jahre instandgesetzt. 1992 beherbergt es ca. 60 Bewohner in 14 Wohnungen sowie mehrere Kollektivbetriebe. Die Mitglieder des Vereins sind alle Bewohner und Nutzer des Gebäudes. Etwa die Hälfte der Bewohner arbeitet zugleich in einem der Handwerks-, Dienstleistungs- oder Kulturbetriebe des K., zu denen u.a. Tischlereien, eine Metallwerkstatt, ein Ingenieurbüro, mehrere Taxikollektive, die Sprachschule Babylonia, ein Gesundheitsselbsthilfezentrum, ein Tonstudio sowie ein Musikübungsraum zählen. Die Kollektive erhalten wie das K. selbst keine staatlichen Gelder, sondern finanzieren sich über Eigenerträge.

Aus der Künstler-Assoziation „Foto Design Grafik Öffentlichkeitsarbeit" (FDGÖ) des K. ging im Oktober 1987 das *„Büro für ungewöhnliche Maßnahmen"* hervor, das mit seinen spontanen, regierungskritischen und phantasievollen Aktionen über die Grenzen Berlins hinaus bekannt wurde. Es erhielt am 28.11.1988 den Kulturpreis der Kulturpolitischen Gesellschaft Hagen.

Kietz: Die 1387 erstmals erwähnte ehem. Fischersiedlung K. südlich des historischen Ortskerns von > KÖPENICK wurde 1897 in die Stadt Köpenick eingemeindet und kam mit dieser 1920 zu > GROSS-BERLIN. Die nach wie vor dörflich geprägte Siedlung weist zahlreiche eingeschossige Häuser aus dem 18. und 19. Jh. auf, die sich z.T. als geschlossene Anlage erhalten haben und deren ältestes (Kietz Nr. 19) aus dem Jahr 1709 stammen soll. Ab Mitte des 19. Jh., verstärkt ab 1875, wurde auch die Kietzer Vorstadt östlich und südlich des alten Dorfs mit Wohnhäusern bebaut. 1930-32 errichtete die „Stadt und Land"-Wohnbauten GmbH südlich von K. nach Plänen von Paul Schmidt die 120 Parzellen umfassende Stadtrandsiedlung Kietzer Feld aus eingeschossigen, mit Satteldächern gedeckten Reihenhäusern östlich der Wendenschloßstr.

Die Bezeichnung K. ist im berlin-brandenburgischen Raum recht häufig anzutreffen. Ihre Entstehung hängt eng mit der mittelalterlichen deutschen Siedlungsbewegung nordöstlich der Elbe zusammen. Fast alle in Deutschland bekannten K. liegen im ehem. Machtbereich der brandenburgischen Markgrafen (> LANDESHERREN). Sie bildeten sich als überwiegend von Slawen bewohnte Vorsiedlungen der deutschen Burggründungen oder Herrensitze. Burg und K. bildeten dabei eine lokale und wirtschaftliche Einheit. Aufgrund des zumeist niedrigeren Bildungsstands und Kulturniveaus der den K. bewohnenden slawischen Bevölkerung, hat der Begriff im Laufe der Jahre eine abwertende Bedeutung gewonnen, bis er schließlich als Bezeichnung für die von sozialen Randgruppen, Ganoven und Prostituierten bewohnten Arme-Leute-Viertel der Altstädte in Gebrauch kam. Erst in jüngster Zeit hat K. als Umschreibung für den engeren, Heimatgefühl, soziale Nähe und vielfältige Lebensqualität vermittelnden Wohnbereich in der Großstadt einen positiven Bedeutungswandel erfahren. Gleichzeitig hat sich im allgemeinen die Schreibweise ohne „tz" (*Kiez*) durchgesetzt. In diesem Sinne findet der Begriff v.a. für bestimmte Wohnviertel in > KREUZBERG oder im Bezirk > PRENZLAUER BERG eine neue Verwendung.

Aus der Geschichte Berlins ist der Begriff K. im heutigen Stadtgebiet außer in Köpenick noch an anderen Stellen überliefert: Bereits 1319 ist ein K. in > SPANDAU südlich der Burg urkundlich erwähnt, doch wurde er schon 1560 beim Bau der Festung aufgegeben und am Südufer der > HAVEL neu errichtet (> ZITADELLE SPANDAU). Nach einem Brand wurde der Ort 1813 abermals verlegt und erhielt nach der angestammten Flurbezeichnung seines neuen Ortes den Namen > TIEFWERDER. Auf der > FISCHERINSEL zwischen den beiden Armen der > SPREE im Kern des alten > KÖLLN (heute Bezirk > MITTE) liegt der sog. *Fischerkiez*. Die Namensgebung ist hier nicht eindeutig zu erklären, für eine Burg- oder Befestigungsanlage fehlen bislang alle Anhaltspunkte. Auch bei dem angeblichen K. in > LICHTENBERG, auf den der Flurname Kietzlaken (1571) hinzudeuten scheint, handelt es sich wohl um einen unechten K.

Kindertagesstätten: Verändertes Bewußtsein über Erziehung und Bildung (z.B. Vorschulerziehung) sowie der Wandel in der Familiensituation führten seit den 60er Jahren zu einer stürmischen Nachfrage nach Kindertages(stätten)erziehung. Der > SENAT VON BERLIN entsprach dieser Entwicklung – besonders seit 1971 – mit entsprechenden Programmen (Kindertagesstättenentwicklungspläne [KEP] I und II, Sonder- und Sofortprogramme, die auch die inhaltliche Entwicklung fördern), die bis heute für den Westteil der Stadt gültig sind. Eine weitere Vermehrung der Platzzahl ist dort vorgesehen, Wartelisten wurden angelegt. Im Ostteil sind dagegen genügend Plätze – wenn auch oft in schlechtem Bauzustand – vorhanden.

Die insg. 172.417 Plätze bestehen in 2.217 K. Beachtlich ist, daß von rd. 31.000 Plätzen freier und gewerblicher Träger rd. 11.000 Plätze in 594 sog. *Eltern-Initiativ-Kindertagesstätten (EKT)* angesiedelt sind. Daneben unterhalten die größte Zahl an Plätzen das > Diakonische Werk und der > Caritasverband. Für den überregionalen Vergleich ist die große Zahl von *Krippenplätzen* in den westlichen Bezirken bedeutsam. Andererseits ist dort noch die Errichtung von ca. 15.000 *Kindergartenplätzen* notwendig, um einen Rechtsanspruch, auf eine 90-%-Inanspruchnahme bezogen, verwirklichen zu können. Berücksichtigt werden muß für den Kindergartenbereich, daß ca. 8.000 Plätze in Vorklassen, 6.000 Tagespflegesätze und weitere 3.000 Plätze in sog. Miniklubs und Elternspielkreisen von Kirchen und Jugendämtern zur Verfügung stehen. Bei den *Horten* ist die Versorgung von rd. 6.000 Schülern in Ganztagsschulen zu berücksichtigen. Für die östlichen Bezirke ist zu beachten, daß der Hortplatzanteil der Jugendhilfe dort niedrig ist, da im Schuljahr 1991/92 noch 262 Schulhorte mit 42.600 Plätzen existierten. Diese sollen solange weitergeführt werden, bis durch die zu erwartende Geburtenentwicklung freiwerdende Plätze im Jugendhilfebereich eine Umorganisation erlauben. Voraussichtlich werden für das Schuljahr 1992/93 noch 5.800 weitere Plätze für die Klassen 1 bis 4 sowie für Behinderte benötigt, die möglicherweise schon im Jugendhilfebereich eingerichtet werden können.

Fast alle Kitas sind von 6 bis – längstens – 18 Uhr (Montag bis Freitag) geöffnet. Die Kitas der Jugendämter sind überwiegend größere Einrichtungen, die sowohl Krippe, Kindergarten als auch Hort umfassen. Nach Aufgabe der einheitlichen Kostenbeteiligung der Eltern im Jahre 1982 (sog. Nulltarif – einheitlicher Beitrag, der sich an häuslichen Ersparnissen orientierte) wird nach dem Kindertagesstätten-Kostenbeteiligungsgesetz ein einkommensabhängiger Kostenbeitrag entrichtet (Höchstbeitrag 1992: 340 DM). Im Kindergarten erhalten alle fünfjährigen Kinder Gelegenheit zum Besuch der Vorschulgruppe, in der nach dem vorläufigen Rahmenplan für die Vorklasse gearbeitet wird. Im Hort werden schulpflichtige Kinder in den westlichen Bezirken im Regelfall nur bis zum vollendeten 9. Lebensjahr betreut; in den östlichen Bezirken steht eine Anpassung an. Wegen dieser Begrenzung sind Angebote für zehn- bis 14jährige Kinder (sog. Lücke-Kinder) besonders gefragt.

Seit 1987 wird durch ein Programm zur personellen Absicherung von *Integrationskindertagesstätten* die gemeinsame Erziehung behinderter und nichtbehinderter Kinder in Regel-Kitas gefördert, was zu einer Minderung der Sonderbetreuung führen soll. Im Kindergartenbereich standen 1992 1.324 Plätze in Integrationsgruppen zur Verfügung. Im Krippenbereich sind Vorbereitungen für Integration begonnen. Im Hortbereich werden die Betroffenen im wesentlichen durch die Ganztagsbetreuung an Sonderschulen erfaßt. Nachdem die Förderung für K. der Wohlfahrtsverbände 1989 auf 58 %, das Platzgeld der EKT auf 62 % der Selbstkosten erhöht worden war, ist 1992 eine Erhöhung und Angleichung auf 67 % vorgesehen. Die restlichen Kosten sind durch Elternbeiträge und Eigenmittel zu decken, abgesehen von Investitionen. Für EKT-Gründer ist weiterhin eine Starthilfe von 750 DM je Platz (bei der Aufnahme von Behinderten 1.000 DM) möglich. Für die Personalausstattung der K. gilt aufgrund der langen Öffnungszeiten im Hortbereich ein Schlüssel von 1,25, im übrigen einer von 1,5 Fachkräften pro Gruppe.

Die Gesamtausgaben Berlins für die städtischen K. belaufen sich – ohne die Berücksichtigung der Einnahmen – im Jahre 1992 auf rd. 1,2 Mrd. DM, für die Zuwendung an freie Träger auf rd. 280 Mio. DM.

Kinder- und Jugendtheater: 1992 gab es in Berlin rd. 80 K. und freie Gruppen, die für junge Menschen spielten. Es handelte sich dabei bis auf das staatliche > Theater der Freundschaft um private Theater, die jedoch teilweise von der > Senatsverwaltung für Kulturelle Angelegenheiten (SenKult) direkt oder durch Zuschüsse für Projekte von Theatergruppen finanziell unterstützt wurden. Indirekt profitierten einige durch die öffentliche Förderung von > Besucherorganisationen (*Theater der Schulen*).

Zu den bedeutendsten und aufgrund ihrer thematischen und künstlerischen Impulse seit langer Zeit weit über die Stadt hinaus bekannten Ensembles zählen das > Grips Theater in der Altonaer Str. 22 im Bezirk > Tiergarten, die > Rote Grütze am Mehringdamm 51 im Bezirk > Kreuzberg, das Theater der Freundschaft am Hans-Rodenberg-Platz 1 im Bezirk > Lichtenberg und die > Berliner Kammerspiele in der Straße Alt-Moabit 99 im Bezirk Tiergarten.

Die übrigen K. arbeiten nur teilweise mit festen Spielstätten. Die Mehrzahl der in den westlichen Bezirken angesiedelten K. läßt sich von *SPOTT (Selbsthilfe-Projekt von Off-Theatern und Theatergruppen Berlin e.V.)* beim Büro für freie Theater in Kreuzberg vertreten, teilweise auch schon die östlichen Gruppen. Insg. gehören dazu auch die Zauber-, Figuren- und > Puppentheater privater Betreiber und freier Gruppen. Auch der UFA-Cirkus des > Internationalen Kulturcentrums UFA-Fabrik mit Kinder-Zirkus-Schule wird hinzugerechnet.

Zur Förderung des modernen K. vergibt die SenKult seit 1976 den mit 20.000 DM dotierten *Brüder-Grimm-Preis*. Vom 21.-27.4.1991 fand in Berlin erstmals das *Kinder- und Jugendtheatertreffen* mit neun ausgewählten Aufführungen statt. Gastgeber dieser vom bundesdeutschen Kinder- und Jugendtheaterzentrum in Frankfurt/M. durchgeführten Veranstaltung war das Grips Theater, die Schirmherrschaft hatte der > Bundespräsident. Das von der > Berliner Festspiele GmbH veranstaltete > Theatertreffen der Jugend fand 1992 zum 13. Mal statt. Es richtet sich an Schülertheatergruppen sowie an Auszubildende, Jugendgruppen und Freie Gruppen.

Kinos: Heute gibt es in Berlin ca. 130 K., von denen ca. 40 zumeist im Bereich der westlichen > City um den > Kurfürstendamm gelegene Erst- bzw. Uraufführungstheater sind. Die ursprünglich zahlreichen Bezirkskinos, in denen die uraufgeführten Filme nachgespielt werden, sind von einigen Ausnahmen abgesehen mittlerweile fast bedeutungslos geworden, da die in kleinere K. unterteilten Filmcenter diese Funktion weitgehend mit übernommen haben. Viele der Bezirkskinos wurden geschlossen, andere in den 70er Jahren in Off- oder Programmkinos umgewandelt, die mit thematischen Sonderveranstaltungen, Filmreihen u.a. ältere und selten gespielte Filme pflegen. (> Film)

1. Uraufführungstheater

Zu den wichtigsten Erst- bzw. Uraufführungstheatern zählen die Filmcenter (mit z.T. bis zu neun Einzelkinos) „Royal-Palast", „Filmbühne Wien", „Marmorhaus" und „Zoo-Palast". Letztgenannter verfügt mit

Marmorhaus 1949

1.206 Plätzen über den größten Kinosaal der Stadt, der bei den > Internationalen Filmfestspielen Berlin zu den wichtigsten Aufführungsstätten zählt und Ort der Preisverleihung ist. Des weiteren gehören zu den Premierenfilmtheatern das „Astor", das „Kuli" und das „Europa-Studio", ferner das „Gloria" und die „Gloriette" sowie das „Cinema Paris", alle am Kurfürstendamm.

Zu den Erst- und Uraufführungstheatern im Ostteil Berlins zählen das „Kosmos" und das „International" in der > Karl-Marx-Allee 131T bzw. 33 im Bezirk > Mitte und das „Colosseum" in der > Schönhauser Allee 123 am > Prenzlauer Berg. In den Außenbezirken kommen hinzu das „Forum" in der Parisiusstr. 12-14 und das „Union" in der Bölschestr. 69, beide in > Köpenick, das „Sojus" am Helene-Weigel-Platz 12 in > Marzahn, das „Toni" am Antonplatz in > Weissensee, das „Tivoli" in der Berliner Str. 27 in > Pankow sowie das „Venus" in der Degenerstr. 9 in > Hohenschönhausen.

2. Off-Kinos

Die aus Protest gegen den Konzentrationsprozeß am Kurfürstendamm und gegen das rein kommerzielle Programmkonzept der Konzerne in den 70er Jahren entstandenen sog. Off-Kinos sind heute in die beiden Gruppen Erstaufführer und Nachspieler unterteilt, wobei im Unterschied zu den großen Premierenkinos auch weniger kassenträchtige Filme aufgeführt werden. Zu den Erstaufführungskinos gehören u.a. in > CHARLOTTENBURG das „Broadway A-D" in der > TAUENTZIENSTRASSE 8, das „Delphi" in der Kantstr. 12a und das „Filmkunst 66" in der Bleibtreustr. 12, in > KREUZBERG das „Yorck" und das „New Yorck", beide in der Yorckstr. 86 sowie das „Babylon" (West) in der Dresdnerstr. 126, in > NEUKÖLLN das „Off" in der Hermannstr. 20, in > SCHÖNEBERG das Originalversion-Kino „Odeon" in der Hauptstr. 116 sowie in > WILMERSDORF das „Graffiti" in der Pariser Str. 44. Die ca. 50 weiteren Off-Kinos konzentrieren sich v.a. auf das Nachspielen der bereits in den Erstaufführungstheatern gelaufenen Filme.

3. Programmkinos

Programmkino im eigentlichen Sinn, mit täglich wechselnden Filmen, Retrospektiven zu Regisseuren und Themen sowie aufwendigen Reihen bieten die meisten Off-Kinos im Gegensatz zu ihren Anfängen heute kaum noch. Dieser Aufgabe widmet sich inzwischen vorrangig das *Arsenal*, das Kino der Freunde der deutschen Kinemathek (> STIFTUNG DEUTSCHE KINEMATHEK) in der Welserstr. 25 in Schöneberg. Weitere Programmkinos sind das „Bali" am Teltower Damm 33 in > ZEHLENDORF, in dem heute v.a. der Kinderfilm gepflegt wird, der „Notausgang" in der Vorbergstr. 1 in Schöneberg, in dem hauptsächlich wiederentdeckte Kinoklassiker gezeigt werden, das „Kino am Steinplatz" in der Hardenbergstr. 12 in Charlottenburg mit seinem einzigartigen Engagement für den nichtkommerziellen deutschsprachigen Film und der internationalen politischen Film, das „Alhambra" in der Müllerstr. 136 im > WEDDING mit seinen originellen Wiederentdeckungen des Unterhaltungskinos, das „Movimento 1-3" am Kottbusser Damm 22 in Kreuzberg, das älteste K. in Berlin, mit seinem offenen Haus für freie K.-Gruppen und den Doppel- und Dreifachprogrammnächten zu wichtigen Schauspielern und Regisseuren sowie schließlich das „U.F.O. 1-3" des > INTERNATIONALEN KULTURCENTRUMS UFA-FABRIK in der Viktoriastr.

13 in > TEMPELHOF, das sein Programm mit einer Mischung aus kommerziellen Spezialitäten und Kunstkino bestreitet.

Zu den eigenwilligsten K. zählt das „Sputnik", das mittlerweile über drei Spielstätten verfügt (Sputnik 1 in der Reinickendorfer Str. 113 im Wedding, Sputnik 2 und Sputnik/ Kulturrevolution in der Hasenheide 54 am Südstern in Kreuzberg). Im Sputnik gibt es K. in Extremen, vom schrillen Genre-Kino amerikanischer B-Pictures bis zum Avantgarde-Kino des Undergrounds.

Das Filmtheater „Babylon" (Mitte) in der Rosa-Luxemburg-Str. 30 im Bezirk Mitte zeigte bis zur Wende u.a. das vom staatlichen Filmarchiv der DDR zusammengestellte und an insg. 7 DDR-Kinos weitergegebene „Camera"-Programm. Dieses beinhaltete filmhistorische Retrospektiven (z.B. „Jolly Haas"), Genreübersichten aus der Sicht der Arbeiterbewegung und Zusammenstellungen von DEFA-Schwerpunkten. Heute ist es ein Studiofilmtheater, das vorwiegend künstlerisch anspruchsvolle Filme der klassischen internationalen Filmkunst sowie alte deutsche Stummfilme einem speziell an historischen Kunstwerken der Kinematographie interessierten Publikum zugänglich macht.

4. Off-Off-Kinos

Die Kommerzialisierung im Off-Bereich hat in den 80er Jahren die sog. Off-Off-Kinos hervorgebracht, zu denen in Kreuzberg das „Eiszeit" in der Zeughofstr. 20, das „Regenbogenkino" in der Lausitzer Str. 22, das FSK in der Wiener Str. 20, in Schöneberg das „Kino im K.O.B." in der Potsdamer Str. 157, im Bezirk Mitte das Kino „Angenehm" im Kulturzentrum > TACHELES in der Oranienburger Str. 53-56 sowie andere K. in Fabriketagen, Kneipen und Hinterhöfen zählen. Dort werden v.a. Filme, die keinen Verleih finden, Super-8-Filme, Kurzfilme sowie „Politkino von unten" gezeigt.

Eine Rarität unter den Berliner K. ist das *Berliner Kinomuseum e.V.* in der Großbeerenstr. 57 in Kreuzberg, wo legendäre Klassiker, v.a. des großen konventionellen Unterhaltungskinos gezeigt werden.

Freilichtkino in den Sommermonaten bieten das Sputnik im > VOLKSPARK HASENHEIDE, das U.F.O.-Freilichtkino auf dem Gelänger der Ufa-Fabrik sowie die Freilichtbühne Friedrichshain im > VOLKSPARK FRIEDRICHSHAIN an. Daneben finden auch in der > WALDBÜHNE am > OLYMPIASTADION in Charlottenburg Filmaufführungen statt.

5. Die Geschichte des Kinos in Berlin

Die Geschichte des K. in Berlin reicht in die letzten Jahre des 19. Jh. zurück und ist eng mit der wesentlich von Berlin aus geprägten Geschichte des Films verbunden. Berlins erstes K., Otto Pritzkows „Theater lebender Photographien" in der Münzstr., eröffnete 1897, kurz nach der Präsentation der ersten Filme von Skladanowsky und Meßter im Wintergarten an der > FRIEDRICHSTRASSE. Danach gab es einige Jahre gelegentliche Filmvorführungen in sog. Ladenkinos, aber auch die Varieté-Veranstalter (> VARIETÉ) zeigten neben artistischen Darbietungen in ihren Theatern erste Stummfilme. Wie rasch sich das neue Medium nach der Jahrhundertwende verbreitete, zeigt die Zahl der K.: Gab es im Mai 1905 in Berlin ganze 16 Lichtspielhäuser, so waren es knappe zwei Jahre später bereits 139. Den ersten Rückschlag erlitt diese Entwicklung 1910, als Kaiser Wilhelm II. (1888-1918) eine Lustbarkeitssteuer für K. erließ und damit eine Konkurswelle auslöste. Der zweite Rückschlag traf das K. 1912, als die Polizei den Zutritt für Kinder und das Rauchen in den Zuschauerräumen verbot. Trotzdem wurden ab 1910 die ersten Kinopaläste gebaut. Diese ersten Kinobauten waren mit ihren offenen Logen, seitlichen Rängen und einem Orchestergraben noch an der Architektur und Ausstattung der alten > THEATER orientiert. So bspw. die „Kammerlichtspiele am Potsdamer Platz" im 1911/12 von Franz Schwechten erbauten Haus Potsdam (später Haus Vaterland; > POTSDAMER PLATZ) und die „Admiralslichtspiele" im > ADMIRALSPALAST. Vor dem I. Weltkrieg schlossen sich mehrere Betreiber zur Unions-Theater-Gesellschaft zusammen und eröffneten K. u.a. am > ALEXANDERPLATZ, > UNTER DEN LINDEN, in der Hasenheide (> VOLKSPARK HASENHEIDE), am Moritzplatz, in der Friedrichstr., in der Tauentzienstr. und am Kurfürstendamm. Herausragende Kinopaläste waren das mit weißem schlesischen Marmor verkleidete, 1912/13 von Hugo Pál erbaute „Marmorhaus" am Kurfürstendamm, das 1912/13 von Oskar Kaufmann errichtete „Cines" am Nollendorfplatz mit seiner verschiebbaren, ca. 80 m² großen Glaskuppel, der 1925 von Ernst Lessing und Max Bremer errichtete „Gloria-Palast" im Romanischen Haus und der 1919 im ehem. Theater Groß-Berlin (1912 von Arthur Biberfeld errichtet) eröffnete „Ufa-Palast am Zoo", das mit seinen 1.206 Sitzplätzen seinerzeit größte Kino Europas.

Nach dem I. Weltkrieg trat erstmals eine gewisse Konzentration ein. Hatte es 1921 noch 418 Berliner K. mit 148.390 Plätzen gegeben, so waren es 1925 noch 342, die mit 147.612 Plätzen jedoch über ein fast gleiches Platzangebot verfügten. 1928 erreichte die Besucherzahl die 60-Mio.-Grenze. In den 20er Jahren wurden erstmals in größerem Umfang Lichtspielhäuser nur noch für Projektionen – ohne artistisches oder musikalisches Beiprogramm – gebaut. Zu den bedeutendsten zählten die im Stil des Expressionismus errichteten, inzwischen jedoch zerstörten Häuser „Piccadilly" (1925 von Fritz Wilms) und das „Capitol" (1925/26 von Hans Poelzig). Das 1928 ebenfalls von Poelzig errichtete „Baby-

Ufa-Palast 1928

lon" wird dagegen bis heute noch als K. genutzt. Auch das 1924 von Fritz Wilms errichtete „Colosseum", in dem 1945-55 das > METROPOL-THEATER untergebracht war, ist heute wieder ein K. Dagegen werden das „Palastkino Stern" (1925/26 von Max Bischoff und Heinrich Möller erbaut), der „Mercedes-Palast" (1924, Fritz Wilms) sowie der > TITANIA-PALAST seit Ende der 60er Jahre als Gewerberäume genutzt. Das 1927/28 von Erich Mendelsohn errichtete „Universum" wurde 1978-80 abgerissen, aber als äußerliche Kopie für die > SCHAUBÜHNE AM LEHNINER PLATZ wiederaufgebaut. In den 30er Jahren hielt sich die Zahl der Berliner K. bei etwa 400, die Besucherzahl stieg allerdings bis 1942 auf jährlich 100 Mio. an.

Nach Ende des II. Weltkriegs standen im Berliner Westen nur noch vier K. Aber schon 1947 gab es in allen vier Sektoren bereits wieder 219 Aufführungsstätten. Die „Filmbühne Wien" am Kurfürstendamm zeigte im Dezember 1948 Lubitschs „Ninotschka" und hatte damit in 18 Wochen fast 300.000 Besucher. Und an der „Kurbel" in der Giesebrechtstr. standen ab 1953 die Besucher zwei-einhalb Jahre lang Hunderte von Metern Schlange, um „Vom Winde verweht" zu sehen. Zu den wichtigen in der Nachkriegszeit entstandenen Kinoneubauten gehören u.a. das 1949/50 von Hans Semrau errichtete „Cinema Paris", der 1952/53 nach Plänen von Siegfried Fehr und Gerhard Jäckel erbaute neue „Gloria-Palast" und der 1956/57 von Schwebes, Schloßberg und Richter in den Mauern des ehem. „Ufa-Palastes" errichtete „Zoo-Palast".

Einen schweren Einbruch gab es 1961 mit dem Bau der > MAUER. Die sog. *Grenzkinos*, die die Ost-Berliner zu Vorzugspreisen v.a. in der Gegend am Schlesischen Tor und in der Potsdamer Straße mit vorwiegend amerikanischen Unterhaltungsfilmen versorgt hatten, mußten schließen. In der Folgezeit entstanden auch im Ostteil Berlins einige Kinoneubauten, so bspw. das *„Kosmos"* und das „International", 1960-62 bzw. 1961-63 nach Entwürfen des Kollektivs Josef Kaiser und Herbert Aust erbaut, die als die modernsten Filmtheater der DDR galten.

In den 70er Jahren bildete sich u.a. aus Protest gegen den Aufbau von Filmcentern am Kurfürstendamm und gegen das Programmkonzept der Konzerne die Gruppe der Off Kinos. Ihre Betreiber übernahmen vielfach ehem. Bezirkskinos und bewahrten sie damit vor der Schließung.

Ende der 70er und v.a. in den 80er Jahren differenzierte sich diese Szene weiter und es erfolgte eine zunehmende Spezialisierung. Inspiriert worden sind die Off-K. durch die Gilde-K. mit ihren Filmkunstprogrammen und durch studentische Kinoprojekte der 60er Jahre, in denen das Genre-K. wiederentdeckt und analysiert wurde. Die Pioniere der Off-K.-Bewegung (von: Off-Ku'Damm) waren Franz Stadlers „Filmkunst 66", der „Notausgang" von Gunther Rometsch und das „Klick" von Michael Weinert. Die Riege der Off-K. bildete damals eine Front, die Filmreihen austauschte, Programme miteinander absprach und gemeinsam Originalversionen beschaffte. Das Konzept der Off-K. erweiterte sich kommerziell mit der Expansion der Studio-Betriebe GmbH auf das traditionelle „Kant-K." und vor allem mit dem Aufbau der Kinokette von Georg Kloster und Knut Steenwerth. Mit deren Ausdehnung und der immensen Ressonanz des Off-Kinos beim Berliner Publikum der 70er Jahre wurden die Off-Häuser auch für die Erstauffüh-

rungen internationaler Verleihe interessant. Nach der Vereinigung hat sich das Berliner Kinoangebot quantitativ verbessert. Die meisten der ehem. von der Bezirksfilmdirektion verwalteten Ost-Berliner K. existieren heute als private Häuser weiter und werden v.a. als Uraufführungskinos betrieben. Daneben konnten sich einige Häuser als Off- und Programmkinos etablieren.

Kirchliche Hochschule Berlin (KiHo): Die KiHo mit Hauptsitz am Teltower Damm 120-122 und Außenstellen in der Straße Heimat 24A im Bezirk > ZEHLENDORF wurde im Herbst 1935 von der Bekenntnis-Synode der evangelischen Kirche der altpreußischen Union in Dahlem gegründet und sofort von den Nationalsozialisten verboten. Trotzdem konnte sie illegal den Lehr- und Forschungsbetrieb an verschiedenen Orten in Berlin bis 1941 fortsetzen. Nach dem Ende des II. Weltkriegs nahm sie im Wintersemester 1945/46 mit Genehmigung der > ALLIIERTEN im Gemeindehaus Zehlendorf ihre Tätigkeit wieder auf. Seit den 50er Jahren war sie in den Räumen der Kirchengemeinde „Zur Heimat" in Zehlendorf untergebracht, bevor sie 1962-65 an ihren heutigen Standort wechselte. Träger der seit 1969 staatlich anerkannten Hochschule ist die > EVANGELISCHE KIRCHE IN BERLIN-BRANDENBURG.

Die KiHo nimmt aufgrund einer Vereinbarung zwischen dem Land Berlin und der Evangelischen Kirche die Funktion einer evangelisch-theologischen Universitätsfakultät wahr. Das Studium wird mit kirchlichen (z.B. Pfarrer) oder akademischen Abschlüssen (Magister Artium, Doktor theol.) beendet. Daneben kann an der KiHo das Studium universale für die nicht-theologischen Disziplinen (v.a. Philosophie, Klassische Philologie und Soziologie) absolviert werden. Zur KiHo gehören die Institute für Kirche und Judentum, Brandenburgische und Preußische Kirchengeschichte, Religionssoziologie und Gemeindeaufbau sowie das Institut zur Erforschung des Urchristentums in der Spätantike. Seit 1979 besteht bei der KiHo die *Schleiermacher-Forschungsstelle*, die eine kritische Ausgabe der Briefe und Vorlesungen des evang. Theologen und Philosophen Friedrich Schleiermacher plant. Die Bibliothek der KiHo umfaßt ca. 200.000 Bände.

Im Sommersemester 1992 waren an der als Körperschaft des öffentlichen Rechts verfaßten KiHo 474 Studenten immatrikuliert, die von ca. 25 Lehrkräften unterrichtet wurden. Das Land Berlin finanziert 70 % der Personalkosten, der Rest wird von der Evangelischen Kirche getragen. Ferner verfügt die KiHo über ein Wohnheim mit 85 Plätzen (> WISSENSCHAFT UND FORSCHUNG). Für 1992/93 ist die Zusammenführung der KiHo mit der theologischen Fakultät der > HUMBOLDT-UNIVERSITÄT zu einem gemeinsamen Fachbereich Evang. Theologie geplant.

Kladow: K. ist ein 10,7 km² großer, ländlich geprägter Ortsteil zwischen der > HAVEL und der westlichen Stadtgrenze zum Stadt- bzw. Landkreis Potsdam im Süden des Bezirks > SPANDAU (> BEZIRKE). Zu K. zählen seit Sommer 1945 auch die östlich des > GROSS-GLIENICKER SEES gelegenen Teile von *Groß-Glienicke* (darunter der frühere Gutshof), die damals durch einen Gebietstausch der > ALLIIERTEN dem im britischen Sektor liegenden K. zugeordnet wurden (> SEKTOREN), um den Ausbau des britischen Militärflughafens > GATOW zu ermöglichen (> FLUGHÄFEN; > STADTERWEITERUNG). Im Zuge der > VEREINIGUNG wurden diese Gebietsgewinne durch den > EINIGUNGSVERTRAG auf Dauer bestätigt. Das Platzdorf „Clodow" wird erstmals 1267 urkundlich erwähnt, als ein Ritter Abgaben des Dorfes dem Kloster in Spandau stiftete, dem es bis zur Aufhebung des Klosters im Zuge der Säkularisierung 1558 unterstand (> DÖRFER). 1799 wurde das Lehnschulzengut mit seinem umfangreichen Besitz in ein Erbzinsgut umgewandelt, Grundlage der im Jahr 1800 erfolgten Anlage des Vorwerks *Neu-Kladow* am nördlichen Havelufer. Mittelpunkt des mittelalterlichen Dorfes ist die Kirche, die allerdings 1808 abbrannte und erst 1818/19 unter Verwendung des ursprünglichen Feldsteinbaus aus der Wende vom 13. zum 14. Jh. wieder aufgebaut wurde (> DORFKIRCHEN). Eingreifend war die Wiederherstellung des Jahres 1953, bei der im Osten ein quadratischer Chorraum angefügt und die Inneneinrichtung vollkommen verändert wurde. Die z.T. sehr aufwendigen Neubauten von Bauernhäusern vom Ende des 19. und Beginn des 20. Jh. bezeichnen noch heute die Lage des in seinem Kern gut erkennbaren Dorfes. Besonders zu nennen sind Alt-Kladow Nr. 21 mit einer Jugendstilfassade (um 1900) und Sakrower Kirchweg Nr. 9 (um 1880-90). Der am Ende des 19. Jh. verstärkt einsetzende Ausflugsverkehr an die > HAVELSEEN führ-

te zum Bau vieler Landhäuser und Villen in K. Erwähnenswerte Beispiele sind die 1895 errichtete Backsteinvilla „Inselblick" an der Sakrower Landstr. 141-143 und die für W. Wertheim von Alfred Messel 1905/06 erbaute Villa am Temmeweg 10. Mit der 1892 eröffneten (noch heute bestehenden) Fährverbindung nach > WANNSEE entstanden mehrere Gaststättenkomplexe, darunter am bekanntesten das Ausflugslokal „Helgoland" mit großem Veranstaltungssaal und Kegelbahn. Der bis in die Gegenwart erweiterte umfangreiche Bestand an Einfamilienhäusern bietet gute Einblicke in das Gestaltungsvermögen Berliner Architekten. Seit 1977 residiert am Kladower Damm 229 der > DEUTSCHE ENTWICKLUNGSDIENST. Bei der letzten Volkszählung in West-Berlin lebten in K. knapp 11.000 Menschen.

Kleinbahnen und Privatanschlußbahnen: In Berlin gibt es drei K. und rd. 250 P. (davon 33 mit eigener Betriebsführung), deren Streckennetz innerhalb des Stadtgebiets insg. etwa eine Länge von 400 km umfaßt. Sie dienen bis auf die Heidekrautbahn der NBE fast ausschließlich dem > GÜTERVERKEHR. Im Rahmen von Sonderfahrten wird auf den übrigen K. in Einzelfällen auch eine Personenbeförderung angeboten.
Die *Neukölln-Mittenwalder Eisenbahn (NME)*, gegründet 1899, ist ausschließlich in Privatbesitz. Mit 8,9 km Streckenlänge verbindet sie den *Güterbahnhof* > NEUKÖLLN östlich der Hermannstr. und das Kraftwerk Rudow am > TELTOWKANAL.
Die *Osthavelländische Eisenbahn (OHE)*, gegründet 1892, hat eine Streckenlänge von 9,0 km ohne Anschlußgleise. Sie verbindet den Güterbahnhof Berlin-Spandau mit dem Kraftwerk Oberhavel.
Die *Niederbarnimer Eisenbahn AG (NBE)* ist zu etwa 67 % im Besitz des Landes Berlin. Sie umfaßt eine Streckenlänge von insg. 88 km und ist damit die größte Kleinbahn Berlins. Von den 88 km Streckenlänge entfallen 62 km auf die *Heidekrautbahn* zwischen dem Bahnhof Schönholz in > REINICKENDORF und Liebenwalde im Landkreis Oranienburg bzw. Groß Schönebeck im Landkreis Bernau. Die Strecke zwischen Wilhelmsruh und Schönwalde, davon 7,0 km innerhalb der Stadt, wird z.Z. nur für den Güterverkehr genutzt. Die Strecke von Schönwalde über Basdorf nach Groß Schönebeck bzw. nach Liebenwalde wird über ein 1949/50 von der > DEUT-

SCHEN REICHSBAHN (DR) erbautes Anschluß-gleis von > KAROW aus betrieben. Der Senat prüft derzeit, ob die Heidekrautbahn in das Netz des Eisenbahnregionalverkehrs eingebunden werden kann. In diesem Zusammenhang wird auch die künftige Betriebsführung, die derzeit noch von der DR wahrgenommen wird, geklärt.

Die *Industriebahn Tegel – Friedrichsfelde* mit insg. 26 km ist ebenfalls Teil der NBE; 13,8 km sind derzeit abgebaut. Die NME und die OHE haben eine eigene Betriebsführung.

Die bisher unter Verwaltung einzelner Bezirke stehenden Anschlußbahnen im Besitz des Landes Berlin wurden organisatorisch in der *Industriebahn-Gesellschaft mbH* zusammengefaßt, die zum 1.9.1989 ihren Betrieb aufnahm. Die Geschäfte der Gesellschaft werden über einen Geschäftsbesorgungsvertrag von den > BERLINER HAFEN- UND LAGERHAUS-BETRIEBEN wahrgenommen.

Kleines Theater: Die 1973 von der Schauspielerin Sabine Fromm und dem Regisseur Pierre Badan gegründete Privatbühne K. am Südwestkorso 64 im Bezirk > STEGLITZ pflegt ein Programm, das sich v.a. aus literarischen Raritätenschauen, kokett-ironisch inszenierten Trivialitäten, frivolem Schmierentheater und revueartiger Kleinkunst zusammensetzt (> THEATER). Der Zuschauerraum des im Erdgeschoß eines Wohnhauses liegenden und lange Zeit als Vorstadtkino genutzten Theaters faßt 99 Zuschauer. Die Leitung des als GmbH organisierten Privattheaters liegt seit seiner Gründung bei Sabine Fromm. 1991 gehörten zwölf Schauspieler zum K. In der Saison 1990/91 stand die musikalische Revue „Das Küssen macht so gut wie kein Geräusch" auf dem Spielplan, das von insg. ca. 31.000 Zuschauern gesehen wurde. Diese bisher bei weitem erfolgreichste Inszenierung des K. steht seit Juni 1986 auf dem Spielplan und ist inzwischen über 1.800 Mal gezeigt worden. Durch den Verkauf der Karten deckt das Theater 69 % seiner Kosten, den Rest trägt die > SENATSVERWALTUNG FÜR KULTURELLE ANGELEGENHEITEN. Ferner unterstützen private Sponsoren das K.

Kleingärten: In Berlin gab es Ende 1991 insg. 84.082 K. in 927 Kleingartenanlagen. Davon sind rd. 48.000 im Westteil und rd. 36.000 im Ostteil der Stadt angesiedelt. Die Kleingartennutzung nimmt in Berlin eine Fläche von 3.604 ha ein, das sind gut 4 % der Stadt-fläche. Die meisten K. im Westteil liegen in den > BEZIRKEN > NEUKÖLLN, wo sie fast 10 % der Bezirksfläche einnehmen, > REINICKENDORF, > CHARLOTTENBURG, > SPANDAU, > TEMPEL-HOF und > STEGLITZ; im Ostteil konzentrieren sie sich auf die Außenbezirke > PANKOW, > TREPTOW, und > WEISSENSEE, wobei eine noch größere Anzahl von Anlagen im Berliner Umland zu finden ist.

K. entstanden in Berlin ab Mitte des 19. Jh. aufgrund der schlechten Wohn- und Lebenssituation der Industriearbeiter und stellten eine private Gartennutzung auf öffentlichem Grund dar (> BAUGESCHICHTE UND STADTBILD; > MIETSKASERNEN). Durch die Ausweisung von Gelände für K. (Armengärten) und des dadurch ermöglichten Nahrungsmittelselbstanbaus erhoffte sich der > MAGISTRAT eine Entlastung seiner Armencassa. Aufgeschlossene Bürger förderten das Kleingartenwesen als Wohlfahrtseinrichtung für die „entwurzelten" Arbeiterschichten, die v.a. aus dem kleinbäuerlich bestimmten Osten in die Stadt gekommen waren. Gleichzeitig richteten sog. Laubenkolonisten in Eigeninitiative K. ein. Ab Ende des 19. Jh. dienten die K. jedoch zunehmend als profitable Zwischennutzung für Bodenspekulanten, die durch die Verpachtung von Flächen an Arbeiter ein Zusatzgeschäft erwirtschafteten.

V.a. um diese Mißstände zu bekämpfen, organisierten sich seit Beginn des 20. Jh. die Gartenfreunde immer stärker in eigenen Verbänden. In der Weimarer Republik erreichte das Kleingartenwesen auch aufgrund der im Zuge der Kriegswirtschaft zusätzlich eingerichteten K. seinen Höhepunkt. Die Selbstverwaltung der Gartenfreunde wurde anerkannt und in den Kleingartengebieten bildete sich eine eigenständige Garten- und Freizeitkultur heraus. 1925 umfaßte die Kleingartenfläche in Berlin mit 6.239 ha ihre größte Ausdehnung: Berlin war die größte Laubenpieperstadt Deutschlands. In der Zeit des Nationalsozialismus wurde das Kleingartenwesen zu ideologischen und kriegswirtschaftlichen Zwecken (Nahrungsmittelproduktion) mißbraucht. Im Kriege dienten K. vielen ausgebombten Berlinern als Notquartiere und z.T. auch als Zuflucht vor politischer oder rassistischer Verfolgung (> WIDERSTAND).

Nach dem II. Weltkrieg kam es aufgrund der wirtschaftlichen Notzeiten (> BLOCKADE) zunächst zur Ausweisung zusätzlicher Kleingarten- und Grabelandparzellen. Nach der >

SPALTUNG 1948 führten jedoch städtebauliche Nutzungskonflikte angesichts begrenzter Flächenreserven in West-Berlin bis etwa 1965 zu einer Verringerung der Kleingartenfläche von 2.864 auf 1.956 ha. In den Folgejahren blieb die Gesamtkleingartenfläche im Westteil bis heute nahezu gleich, weil i.d.R. für umgewidmete K. in den inneren Bezirken am Stadtrand Ersatz bereitgestellt wurde. Aufgrund der eingeschränkten Erholungsmöglichkeiten überstieg die Kleingartennachfrage jedoch schon bald bei weitem das Angebot. Der damit ausgelöste Nachfragedruck führte zu einer sozialen Umstrukturierung der K. Aus Arbeitergärten wurden Mittelstandsziergärten, die nicht mehr dem Nutzpflanzenanbau, sondern in erster Linie der Erholung dienten.

Im Ostteil der Stadt erfuhren die K. als wesentlicher Faktor der Nahrungsmittelproduktion beträchtliche staatliche Förderung. Ihr Bestand wurde – auch über die Stadtgrenzen hinaus – erheblich ausgeweitet. Allein von 1981-85 entstanden 5.650 neue K. Spezielle staatliche Ankaufsstellen für Obst und Gemüse führten die abgelieferten Ernteerträge zu subventionierten Ankaufspreisen dem Wirtschaftskreislauf zu. Insbes. bei Beerenobst und Honig stammte das Hauptstadtangebot ganz überwiegend von den im staatlichen „Verband der Kleingärtner, Siedler und Kleintierzüchter" zusammengeschlossenen Kleingärtnern.

Bezogen auf die > BEVÖLKERUNG war die Ausstattung mit K. im Ostteil deutlich besser als im Westen. Während dort auf je 100 Wohnungen in Mehrfamilienhäusern etwa sechs Parzellen zur Verfügung standen, waren es in den westlichen Bezirken nur knapp fünf. Zudem sind die Ost-Berliner Parzellen mit durchschnittlich 470 m² erheblich größer als die West-Berliner mit 385 m².

Nach der Vereinigung mußten die Ost-Berliner Kleingärtner in den Bezirksverband der Berliner Gartenfreunde integriert, einheitliche Vertragsverhältnisse für kleingärtnerisch genutzte landeseigene Grundstücke geschaffen und die Regelungen des Bundeskleingartengesetzes auch auf den Ostteil Berlins übertragen werden. Probleme für den Fortbestand von Kolonien im Ostteil ergeben sich insbes. auch aus den vielfach ungeklärten Eigentumsverhältnissen (> LANDESAMT ZUR REGELUNG OFFENER VERMÖGENSFRAGEN). Weitere Probleme sind in den übergroßen Lauben zu sehen, die teilweise zu Wohnzwecken genutzt werden und die manche Kolonien eher als Einfamilienhaussiedlung denn als Kleingartengelände erscheinen lassen. Aufgrund alter Rechte aus der Nachkriegszeit besitzen im Westteil 1.233 Kleingärtner ein Dauerwohnrecht, im Ostteil sind es nach offiziellen Angaben 3.131. Die tatsächlichen Zahlen dürften angesichts der Wohnungsknappheit deutlich höher liegen. Im Rahmen des für Gesamt-Berlin zu erarbeitenden > FLÄCHENNUTZUNGSPLANS sollen die vorhandenen K. als typische Berliner Form städtischer Freiflächen, wo immer es möglich ist, erhalten bleiben (> RÄUMLICHES STRUKTURKONZEPT).

Kleinglienicke: Die 116 ha große Schloß- und Parkanlage K. liegt im äußersten Südwesten Berlins an der Stadtgrenze im Bezirk > ZEHLENDORF und gehört zu den schönsten und abwechslungsreichsten Parklandschaften im Umkreis Berlins. Das an die > HAVEL grenzende Gelände war ursprünglich ein Landgut nördlich der Chaussee nach Potsdam, der heutigen Königstraße, das Friedrich Wilhelm I. (1713-40) 1738 einem Fabrikanten als Maulbeerplantage überlassen hatte. 1814 kam K. in den Besitz des Staatskanzlers Fürst Karl August v. Hardenberg. Dieser beauftragte 1816 den aus Bonn stammenden Gärtnergesellen Peter Joseph Lenné mit der Neugestaltung des Gutsgartens zwischen Haus und > GLIENICKER BRÜCKE. Es war die erste Arbeit des jungen Lenné in Preußen. Nach dem Tod Hardenbergs 1822 erwarb 1824 Prinz Carl v. Preußen, der dritte Sohn Friedrich Wilhelm III. (1797-1840), das Anwesen und beauftragte Lenné, seine Arbeiten fortzusetzen. Die vorhandenen Gebäude ließ er von 1824-60 durch Karl Friedrich Schinkel, später durch dessen Schüler Ludwig Persius und Ferdinand v. Arnim, aufwendig umgestalten und durch zahlreiche Nebenbauten ergänzen: Umbau des vorhandenen frühklassizistischen Landhauses von Andreas Ludwig Krüger zur Sommerresidenz (Schinkel 1825-28 und Persius 1844), Kleine Neugierde mit Grabmalreliefs der 3.-5. Jh. an der Straße (Schinkel 1825), Kasino mit beidseitiger Pergola am Havelufer (Schinkel 1824-25), Große Neugierde an der Glienicker Brücke – eine runde Gartenhalle nach dem Denkmal des Lysikrates in Athen – sowie die Löwenfontäne vor dem Schloß nach einem Vorbild in der Villa Medici in Rom (Schinkel 1835-37), Gärtner- und Maschinenhaus (Persius 1836-38), Orangerie (Persius 1839), Stibadium

– eine überdachte Rundbank nach alt-römischem Muster – mit Granitschale aus dem > SCHLOSS CHARLOTTENBURG (Persius 1840), Wirtschaftshof (Persius 1843-45), Klosterhof aus Bauteilen vom Kartäuser-kloster auf der Insel St. Andrea della Certosa bei Venedig (v. Arnim 1850) u.a.m. In die Außenmauer des von einer Pergola um-zogenen Gartenhofs sind antike Plastiken eingelassen, die Prinz Carl von seinen Reisen – u.a. aus Pompeji und Karthago – mitge-bracht hatte.

Lenné bezog das gesamte Gut in seine Pla-nung ein, wobei der ausgedehnte, mit Bu-chen bepflanzte Park entstand. Leitbild war ein italienischer Landsitz, der nach Norden

Das Kasinohaus in Kleinglienicke

zu in alpine und englische Gefilde übergeht (Jägerhof, Schinkel 1838). Einbezogen wur-den auch auf der südlichen Straßenseite der 66 m hohe *Böttcherberg* mit der 1869 von Alexander Gilli geschaffenen *Loggia Alexan-dra* – einem nach der Schwester Prinz Carls, der russischen Zarin Alexandra Feodorowna, benannten Pavillon mit weiter Aussicht über Babelsberg, Potsdam und das Havelland – und (nur optisch) die Anlagen des > JAGD-SCHLOSSES GLIENICKE. Auch die 1841-44 von Persius erbaute *Sacrower Heilandskirche* am gegenüberliegenden Havelufer war in erster Linie als Blickpunkt von K. aus gedacht. Sie wurde jedoch bis zum Bau der > MAUER 1961 auch als Gotteshaus genutzt. Nach der Wen-de in der DDR wurde sie 1989 – bereits 1985-88 mit Hilfe des > SENATS VON BERLIN und ei-ner Pressestiftung des Tagesspiegels (> DER TAGESSPIEGEL) notdürftig repariert – mit einem Weihnachtsgottesdienst wiedereröffnet. In dieser weiträumigen Gesamtkonzeption wur-de K. so ein Hauptbestandteil der von den Hohenzollern geprägten Potsdamer Kultur-landschaft („Landesverschönerung"), zu der

auch die Schloßanlagen von Potsdam und Babelsberg sowie die > PFAUENINSEL gehören und die erst durch den Mauerbau zerrissen wurde. Nach der > VEREINIGUNG und dem Ab-riß der Sperranlagen konnte das einheitliche Gesamtbild ab 1990 wiederhergestellt wer-den.

Die Nachkommen des Prinzen verkauften 1934-39 Park und Gebäude an die Stadt Ber-lin. Aus dieser Zeit stammt die irreführende Bezeichnung „Volkspark Glienicke". In der Folge dienten die Gebäude u.a. als Lazarett, Versehrtenheim, Hotel und Heimvolks-hochschule. Durch den Ausbau der König-straße zur Reichsstraße 1 1939 und Kriegsein-wirkungen erlitten Park und Gebäude große Schäden. 1950 erfolgten erste, denkmal-pflegerisch jedoch bedenkliche Erneuerungs-maßnahmen an den Gebäuden, 1952 wurden die Parkanlagen unter Landschaftsschutz ge-stellt, dem 1982 der > DENKMALSCHUTZ folgte. 1966 gingen die Gebäude in die > VERWAL-TUNG DER STAATLICHEN SCHLÖSSER UND GÄRTEN über, die Parkanlagen kamen zum Garten-bauamt Zehlendorf. 1979 begann die großan-gelegte Wiederherstellung des Lennégartens durch die > GARTENDENKMALPFLEGE. Gelände-modellierung, Wege, Sichtbezüge zur Havel-landschaft und nach Potsdam, Bänke, Blumenbeete und Figuren wurden wieder-gewonnen. Nach Auszug des Hotels und der Heimvolksschule öffnete das „Schloß" 1987 erstmals mit einer Ausstellung seine Pforten der Öffentlichkeit.

Kleist-Grab: Das Grab des Dichters Heinrich v. Kleist liegt am Südufer des Kleinen Wann-sees (> GRUNEWALDSEEN) auf dem Grundstück Bismarckstr. 3 im Bezirk > ZEHLENDORF an der Stelle, an der Kleist und seine Lebensge-fährtin Henriette Vogel am 21.11.1811 Selbst-mord begingen. 1936 wurde der zwischen Bootshäusern und einem kleinen Wäldchen stehende Grabstein erneuert, auf dem ein Kleist-Vers aus dem Drama „Prinz von Homburg" eingemeißelt ist: „Nun, oh Un-sterblichkeit, bist du ganz mein".

Klima: Berlin hat ein kühl-gemäßigtes, feuchtes Übergangsklima, das durch den Wechsel von kontinentalen und ozeanischen Luftmassen bestimmt wird. Es zeigt entspre-chend hohe Schwankungen in den Jahresab-läufen. Die kontinentalen Einflüsse werden v.a. deutlich in häufigen Unterbrechungen der Westwindwetterlagen durch östliche

Winde besonders in den Übergangsjahreszeiten Frühling und Herbst, während im Sommer etwa die Hälfte aller Luftströmungen aus dem Westquadranten kommt. Außerdem verursachen sie gelegentlich längere Hitze- und Frostperioden. Der stimulierende Wechsel der Wetterlagen bewirkt ein Reizklima, für das der Begriff „Berliner Arbeitsklima" geprägt wurde.

Die frühesten regelmäßigen Aufzeichnungen der Witterungsverhältnisse in Berlin erfolgten ab 16.8.1700 durch den Astronomen Gottfried Kirch, ein Mitglied der > PREUSSISCHEN AKADEMIE DER WISSENSCHAFTEN. Ab 1719 wurden Luftdruck und Temperatur mit Barometer und Thermometer gemessen. 1847 folgte die Gründung eines Königlich preußischen Meteorologischen Instituts.

Heute stehen für die Wetterbeobachtung im Stadtgebiet rd. 150 Klima- und Regenmeßstellen zur Verfügung. Betreiber dieser Meßnetze sind die > BERLINER WASSER-BETRIEBE, die Forstämter der > SENATSVERWALTUNG FÜR STADTENTWICKLUNG UND UMWELTSCHUTZ, die Gartenbauämter der > BEZIRKE (> BEZIRKSÄMTER) und einige private Institutionen. Die Daten werden vom Universitätswetterdienst des > INSTITUTS FÜR METEOROLOGIE der > FREIEN UNIVERSITÄT BERLIN ausgewertet und veröffentlicht.

Als Extremwerte der *Temperatur* innerhalb der 1766 begonnenen Aufzeichnungen wurden -26° C (1929) und +37,8° C (1959) gemessen. An durchschnittlich 24 Tagen im Jahr bleibt die Temperatur unter dem Gefrierpunkt (Eistage), an 89 Tagen gibt es zeitweise Frost, an 33 Tagen werden +25° C oder mehr erreicht und an sechs Tagen über +30° C. Wärmebegünstigt sind die Hochflächen (> BARNIM; > TELTOW; > LAGE UND STADTRAUM), die besonders im Winter deutlich höhere Temperaturen aufweisen als die Niederungen, in denen sich Kaltluft sammelt; v.a. in den Übergangsjahreszeiten haben sie häufiger Frost (z.B. > RUHLEBEN: erster Frost durchschnittlich 15.10., letzter 28.4.; 94 Frosttage im Jahr).

Die Jahresmenge der *Niederschläge* im Stadtgebiet schwankt zwischen 540 mm (Bezirke > MITTE und > TIERGARTEN) und 620 mm (Havelberge [> BERGE], Bezirk > HOHENSCHÖNHAUSEN). Im Jahresdurchschnitt fallen etwa an jedem dritten Tag Niederschläge von mehr als 1 mm Höhe; an 20,4 Tagen im Jahr gibt es Gewitter, an vier Tagen Graupel und an zwei Tagen Hagel. Im Januar und Februar fallen über die Hälfte aller Niederschläge als Schneeregen oder Schnee. Im langjährigen Durchschnitt erfolgt der erste Schneefall am 15.11., der letzte am 16.4., die erste Schneedecke liegt am 29.11., die letzte am 18.3. Die Verteilung der Menge der Niederschläge im Jahresgang zeigt ein ausgeprägtes Maximum im Sommer, die größte Häufigkeit dagegen im Winter. Bei den Niederschlägen muß nach Zahl und Intensität mit kräftigen Abweichungen von den Durchschnittswerten gerechnet werden. Bisher registrierte Extremfälle waren der Juni 1953 mit 324 % und der September 1928 mit 2 % des normalen Durchschnitts.

Durch die Speicherwirkung der dichten Baumassen und der umfangreichen Pflasterung hebt sich das *Stadtklima* in den Innenbezirken deutlich als Wärmeinsel vom Umland ab. So liegt das Jahresmittel der Temperatur in den Außenbezirken 1-2° C unter dem der inneren Stadt, was einer Höhendifferenz von 200 m entspräche. Extreme Strahlungswetterlagen führen zu Temperaturdifferenzen zwischen Innenstadt und Stadtrand von bis zu 10° C, so daß thermisch verursachte, stadteinwärts gerichtete Flurwinde entstehen. An der Westflanke des bebauten Stadtgebietes bewirkt die verstärkte Bodenreibung eine Abbremsung und Vertikalbewegung der feuchten Luftmassen und damit eine Verstärkung der Niederschläge (Jahresniederschlagshöhe > WESTEND, Ulmenallee: 598 mm). Die innerstädtischen Grünflächen, v.a. der > GROSSE TIERGARTEN, > VOLKSPARK FRIEDRICHSHAIN, > VOLKSPARK PRENZLAUER BERG, > VOLKSPARK HUMBOLDTHAIN sowie der > TREPTOWER PARK haben einen mäßigen Effekt auf das Stadtklima und erhöhen partiell die Luftfeuchtigkeit um bis zu 3 %.

Insg. gesehen weist das Innenstadtklima gegenüber dem des Umlands folgende Hauptunterschiede auf: höhere Temperaturen (0,5-10° C), stärkere Bewölkung (5-10 %) und Nebelbildung (Winter 100 %, Sommer 30 %), erhebliche Luftverschmutzung durch Kondensationskerne (bis zum zehnfachen Wert) und Abgase (> UMWELTSCHUTZ), Erhöhung der Niederschläge und Verdoppelung der Abflußhöhe infolge der Bodenversiegelung, Reduzierung der Windgeschwindigkeit, jedoch Düsenwirkung der Bebauungsschneisen und Straßenzüge. Bereits in früheren Jahrhunderten fanden Berlin-Besucher den kalten Luftzug in der Straße > UNTER DEN LINDEN bemerkenswert. Dieser Effekt wird heute durch die weitflächige Raumgestaltung im Bereich > ALEXANDERPLATZ/> FERNSEHTURM verstärkt. Ferner sind eine Verringerung der Globalstrahlung (bis zu 20 %) und der UV-Strahlung (besonders im Winter) sowie der Sonnenscheindauer (um 10 %) zu beobachten; dennoch gehört Berlin zu den sonnenscheinreichsten Städten in Deutschland. Diese auch für andere Großstädte typischen klimatischen Anomalien führen u.a. zur Ansiedlung von allochthoner Vegetation z.B. aus dem Mittelmeergebiet auf den offenen Flächen im Innenstadtbereich.

Die Belastungen des Stadtklimas werden durch zahlreiche Emissionsquellen in der näheren und weiteren Umgebung verstärkt, so daß bei ungünstigen, austauscharmen Wetterlagen Smogwarnungen ausgegeben werden müssen (> SMOG-VERORDNUNG). Im Jahresdurchschnitt gibt es 74 Inversionstage, von denen elf im Frühjahr, drei im Sommer, 19 im Herbst und 41 im Winter auftreten.

Klinikum Berlin-Buch: Das K. am nordöstlichen Stadtrand im Bezirk > PANKOW war mit mehr als 4.000 Krankenbetten bis Ende der 80er Jahre die größte Gesundheitseinrichtung Europas. Die schon in der Gründungszeit vor 1914 als „Krankenstadt Buch" bezeichneten fünf selbständigen > KRANKENHÄUSER schlossen sich 1963 zum K. zusammen. Das K. verfügte im Juli 1992 über mehr als 4.200 Mitarbeiter, darunter 540 Ärzte und Zahnärzte. Außer der Kieferchirurgie und der Lungenheilkunde sind hier alle medizinischen Fachgebiete vertreten. Auf einem Gelände von 160 ha – darunter 114 ha z.T. denkmalgeschützter Grün- und Waldflächen – werden in 40 Kliniken und Instituten, 98 Stationen und 16 Fachambulanzen sowie einer Poliklinik täglich 4.000 Patienten ambulant und stationär behandelt. Das zum > BEZIRKSAMT Pankow gehörende K. betreut neben den Berliner Bürgern auch einen erheblichen Anteil von Patienten aus dem Land Brandenburg.

Nachdem der > MAGISTRAT von Berlin 1898 das Gut > BUCH gekauft hatte, entstanden auf dem 160 ha großen Gelände zwischen 1899 und 1929 nach Plänen des Berliner Architekten und Stadtbaurats Ludwig Hoffmann fünf große, z.T. weitverzweigte Krankenhauskomplexe mit insg. 116 Gebäuden, überwiegend in einfacher Landhausarchitektur, sowie das Werk Buch mit Maschinenhaus, Wäscherei, Bäckerei und eigenem Wasserwerk,

ferner eine Wohnsiedlung und ein Friedhof (> FRIEDHÖFE).

Der größte der fünf Komplexe ist das von 1912-14 errichtete Genesungsheim, das ursprünglich für die Unterbringung von rd. 2.000 Nervenkranken gedacht war. Es bestand aus 30 überwiegend zweigeschossigen Gebäuden mit Walmdächern und wurde nach dem I. Weltkrieg als Kinderheilstätte genutzt. Heute bildet es den Medizinischen Bereich I des K. an der Wiltbergstr., ein allgemeinmedizinisches Krankenhaus mit einigen hochspezialisierten Einrichtungen, darunter ein Dialyse-Zentrum, Kliniken für Gynäkologie/Geburtshilfe, Pädiatrie, Infektionskrankheiten, Tropenmedizin und Strahlentherapie sowie einer 1984 errichteten Nuklearmedizinischen Klinik.

Zwischen 1901 und 1906 entstanden als „offene Psychiatrie" vierzig pavillonartige, ein- bis dreigeschossige Gebäude mit roten Ziegelfassaden und Architekturelementen aus Werkstein mit Giebeln, Erkern und Dachtürmen. Diese Musteranstalt bildet heute als *Hufeland-Krankenhaus* den Medizinischen Bereich II an der Karower Str. Hier sind Kliniken für Innere Medizin, Kinderheilkunde und -chirurgie, Hals-Nasen-Ohren-Krankheiten, Augenkrankheiten und Neurochirurgie sowie die neuerrichtete Schule für Gesundheitsberufe für rd. 1.000 Studierende untergebracht.

Das 1904-08 entstandene, 21 meist zweigeschossige Gebäude umfassende ehem. Alteleuteheim bildet heute als *Ludwig-Hoffmann-Krankenhaus* den Medizinischen Bereich III des K. an der Zepernicker Str. Hier befinden sich Kliniken für Geriatrie, Rheumatologie und Neurologie.

Von 1901-06 entstand für 150 Tuberkulosekranke die Lungenheilstätte Buch. Dieser heute *Waldhaus* genannte Medizinische Bereich IV des K. an der Straße Alt-Buch ist Zentrum für Querschnittsgelähmte und Neuro-Orthopädie.

Als letzte Anlage ist zwischen 1914 und 1928 nördlich des Hauptkomplexes im Bucher Forst nahe dem Hobrechtsfelder Chaussee das *Dr.-Heim-Krankenhaus* als Tuberkulosekrankenhaus entstanden. Heute befindet sich dort die Orthopädische Klinik.

Nach dem II. Weltkrieg sind die historischen Gebäude mehrfach umgebaut worden. Die denkmalgeschützten Ensembles wurden um wenige Neubauten ergänzt. Nach der Wende in der DDR im Herbst 1989 kamen auch die westlich des Medizinischen Bereichs I an der Hobrechtsfelder Chaussee gelegenen Einrichtungen des Regierungskrankenhauses und der Klinik des > STAATSSICHERHEITSDIENSTES DER DDR zum K., die aufgrund ihrer modernen Ausstattung für die Gefäß-, Allgemein- und Unfallchirurgie sowie Urologie genutzt werden.

In unmittelbarer Nähe des K. befinden sich außerdem einige Institute und Kliniken der ehem. > AKADEMIE DER WISSENSCHAFTEN DER DDR: die 1961-68 als Forschungs- und Behandlungszentrum für Geschwulstkrankheiten errichtete *Robert-Rössle-Klinik* am Lindenberger Weg sowie auf dem Gelände des K. das Zentralinstitut für Herz- und Kreislaufforschung an der Wiltbergstr. und das Forschungsinstitut für Lungenkrankheiten und Tuberkulose an der Karower Str., für die gegenwärtig bei Aufrechterhaltung der medizinischen Funktion ein Trägerwechsel vorbereitet wird.

Knoblauchhaus: Das K. in der Poststr. 23 im Bezirk > MITTE, rechts neben der Turmfront der > NIKOLAIKIRCHE, ist das älteste erhaltene Wohnhaus im > NIKOLAIVIERTEL. Das Haus wurde 1759-61 als dreigeschossiger barocker Putzbau mit drei Straßenseiten errichtet und um 1835 im Stil des Berliner Frühklassizismus umgebaut.

Seinen Namen hat das K. von der alten Berliner Bürgerfamilie Knoblauch, der es fast 170 Jahre lang gehörte (bis 1928). Die Familie hat bedeutende Männer hervorgebracht, darunter den Architekten Eduard Knoblauch, den Gründer des Berliner Architektenvereins, der sich u.a. mit der Errichtung der > NEUEN SYNAGOGE in der Oranienburger Straße, der ehemaligen russischen Botschaft > UNTER DEN LINDEN, des Etablissements Kroll (> KROLL-OPER) sowie von Krankenhäusern und Wohnbauten einen Namen gemacht hat.

Das K., das den II. Weltkrieg unbeschädigt überstand, ist beim Wiederaufbau des Nikolaiviertels gründlich renoviert worden. Dabei wurden die nach dem Krieg im Erdgeschoß eingerichteten „Historischen Weinstuben" neu gestaltet und durch den Ausbau von Gewölben im Keller erweitert. Noch während der > SPALTUNG der Stadt wurde in Zusammenarbeit mit in der Bundesrepublik Deutschland lebenden Nachkommen der Familie Knoblauch als Abteilung des > MÄRKISCHEN MUSEUMS ein *Knoblauch-Museum* im ersten Stock des K. eingerichtet. Es enthält

wertvolles Interieur, teils aus dem 18. und 19. Jh. mit vielen Bildern der Familie Knoblauch und Erinnerungsstücken an ihren großen Freundeskreis.

Kölln: Die Stadt K. ist eine der beiden Ende des 12. Jh. an einem Flußübergang der > SPREE gegründeten Ansiedlungen, aus denen das heutige Berlin hervorgegangen ist. 1710 wurde K. durch König Friedrich (III.) I. (1688-1713) mit der am östlichen Spreeufer gegenüberliegenden Nachbarstadt Berlin sowie drei im 17. Jh. entstandenen Vorstädten zur einheitlichen Residenz Berlin vereinigt (> GESCHICHTE; > STADTERWEITERUNG).

Die Herkunft des Namens K. ist bisher nicht zweifelsfrei geklärt. Da die ältesten urkundlichen Belege durchgehend Colonia lauten (1237 Symeon plebanus de Colonia [Symeon, Pfarrer von Kölln], 1247 Colonia juxta Berlin [Kölln jenseits Berlin], 1280 Berlin apud Coloniam [Berlin bei Kölln]), liegt eine Übernahme des Namens der Stadt Köln am Rhein nahe, deren Namensursprung als Pflanzstadt in einem eroberten Lande zu deuten ist. Zahlreiche Forscher haben sich in diesem Sinne entschieden, so in neuerer Zeit der Landeshistoriker Johannes Schultze und der Archäologe Joachim Herrmann. Einer anderen Theorie folgend, könnte eine ursprünglich altpolabische Wurzel Kol'n zu Kol in der Bedeutung von Pfahl, Pflock an die schriftlich überlieferte Form angeglichen worden sein. In diesem Sinne entschied sich der Sprachwissenschaftler Gerhard Schlimpert in seiner Betrachtung über die Ortsnamen des > BARNIM aus dem Jahr 1984. Die frühesten Belege für den Namen K. im Kreis Güstrow lauten für 1337 Colne und für K. im Kreis Altentreptow 1271/78 ebenfalls Colne.

Anfang des 20. Jh. setzte sich die Schreibweise K. gegenüber der älteren Form *Cölln* durch, was sich auch in den heute noch in Berlin auf K. hinweisenden Ortsbezeichnungen niederschlug: > NEUKÖLLN, Köllnische Heide, > KÖLLNISCHER PARK, Köllnische Str. in > NIEDERSCHÖNEWEIDE oder Köllnische Vorstadt mit Köllnischem Platz in > KÖPENICK.

Köllnischer Park: Der ca. 2 ha große K. umgibt das 1899-1908 errichtete > MÄRKISCHE MUSEUM an der Wallstr. im Bezirk > MITTE. Er erstreckt sich von der Rungestr. bis zum Südufer der > SPREE. Im 17. Jh. lag hier die Bastion VII der Memhardschen Stadtbefestigung (> STADTMAUER). Nach ihrer Beseiti-

gung 1737 entstand an ihrer Stelle der entlang des Festungsgrabens verlaufende Splitgerbersche Garten. Von dieser Vergangenheit zeugt noch der „Wusterhausener Bär", ein runder Backsteinturm mit Haube und bekrönender Waffentrophäe von 1718, der als erhalten gebliebenes Bollwerk besagter Stadtbefestigung 1893 in den 1873 als Freizeitpark umgestalteten K. einbezogen wurde. 1928 wurde an der Rungestr. ein Zwinger für zwei von der Stadt Bern gestiftete Braunbären errichtet, die das Berliner Wappentier symbolisieren (> HOHEITSZEICHEN). Bei der Neugestaltung des auch heute noch mit Bären besetzten Zwingers 1976/77 entstanden gleichzeitig ein Kinderspielplatz und eine Terrasse unmittelbar am Märkischen Museum.
Auch die anderen zahlreichen kunsthistorischen Bauwerke und Plastiken im K., wie z.B. der 1970 entdeckte Stumpf einer Windmühle aus dem 17. Jh., ein reich gestalteter Terrakotta-Brunnen im Stil der italienischen Hochrenaissance sowie die 1787 von Johann Gottfried Schadow entworfene und 1791 von Conrad Boy ausgeführte Sandsteinplastik „Herkules, den Nemëischen Löwen bezwingend" verleihen dem Park den Charakter eines > LAPIDARIUMS. Die aus den Trümmern des II. Weltkriegs geborgenen und in das die Terrasse begrenzende Mauerwerk eingelassenen alten Berliner Hauszeichen sowie zahlreiche meist sandsteinerne Vasen und Puttengruppen aus dem 17. und 18. Jh. verstärken den musealen Charakter der Anlage. Am Rand des K. zur Wallstr. befindet sich das 1965 von Heinrich Drake geschaffene, überlebensgroße Bronzedenkmal des Berliner Milieumalers Heinrich Zille.

Königin-Luise-Stiftung: Die 1811 gegründete K. unterhält in der Podbielskiallee 78 im Bezirk > ZEHLENDORF eine Grundschule, eine Realschule und ein Gymnasium. Die 644 Schüler der K. werden 1992 von 59 Lehrkräften unterrichtet. Zur K. gehört ein *Internat* für 100 Kinder und Jugendliche, dessen Träger seit 1957 das > DIAKONISCHE WERK ist. Ursprüngliche Aufgabe der 1811 zum Gedenken an die Königin Luise von Preußen als Luisenstiftung gegründete K. war die Unterrichtung sog. „höherer Töchter" sowie die Ausbildung von Erzieherinnen und Lehrerinnen. Nach Unterkünften u.a. in der „Neuen Münze" (1811; > MÜNZE) und im Prinz-Albrecht-Palais (1812-30) bezog die K. 1907 ihr jetziges Gebäude in der Podbielskiallee.

1901 erfolgte die Umbenennung in K. Nachdem die Lehrerinnenausbildung an Hochschulen bzw. pädagogische Akademien übergegangen war, erhielt die K. 1928 den Status eines Oberlyzeums, das auf die Reifeprüfung vorbereitete. Seit 1933 nahm die K. auch Internatsschülerinnen auf. Nach zeitweiliger Evakuierung im II. Weltkrieg begann die Schule im Mai 1945 wieder mit dem Unterricht. Mit Einführung der Koedukation in Berlin 1949 nahm die K. erstmals auch Jungen auf, die heute ca. 50 % der Schülergesamtzahl ausmachen. Neben dem Gymnasium der K. bestehen seit 1953 eine Grundschule sowie seit 1982 eine Realschule.

Königsheide: Die etwa 140 ha große K. (früher auch „Kanne Heide") zwischen > BAUMSCHULENWEG und > JOHANNISTHAL im Bezirk > TREPTOW gehört zu den letzten Resten einer großen Heidelandschaft, die einst bis nach Königs Wusterhausen reichte. Der Name K. soll auf ein Treffen zwischen Kurfürst Georg Wilhelm (1619-40) und dem Schwedenkönig Gustav Adolf während des Dreißigjährigen Krieges (1631) zurückzuführen sein, das hier stattgefunden haben soll. Im Ostteil der K. liegt auf 12 ha des Waldgebiets das ehem. Kinderheim A. S. Makarenko für 200 Jungen und Mädchen. Als der > SENATSVERWALTUNG FÜR JUGEND UND FAMILIE unterstellte Einrichtung wird das heutige *Sozialpädagogische Zentrum Königsheide* zu einer mehrfach gegliederten Einrichtung der > JUGENDHILFE entwickelt.

Köpenick: Der bis zur > VEREINIGUNG zu Ost-Berlin gehörende Bezirk K. im Südosten Berlins ist an Ausdehnung der größte und der wald- und seenreichste Bezirk der Stadt. Wegen des geringen Anteils an bebauten Flächen ist er zugleich der am dünnsten besiedelte. Mit rd. 100 Industriebetrieben, die 22 % der in der „Hauptstadt" hergestellten Gesamtproduktion hervorbrachten, war K. jedoch zu DDR-Zeiten gleichzeitig Ost-Berlins bedeutendster Industriebezirk. Die den Bezirk in Ost-West-Richtung durchfließende > SPREE bildet eine wichtige Verkehrsader für den > GÜTERVERKEHR und die Ausflugsschiffahrt (> SCHIFFAHRT).
Der Bezirk besteht aus dem Ortsteil K. und den ehem. Gemeinden > RAHNSDORF und > SCHMÖCKWITZ, die aus bereits im > LANDBUCH KAISER KARLS IV. von 1375 erwähnten > DÖRFERN hervorgegangen sind, so-

wie den Ortsteilen > FRIEDRICHSHAGEN, > GRÜ-
NAU und > MÜGGELHEIM, die auf im 18. Jh.
durch Friedrich II. (1740-86) gegründete
Kolonistendörfer zurückgehen. Bei der Neufestlegung der Bezirksgrenzen 1938 kam im
Austausch mit dem westlichen Nachbarbezirk > TREPTOW gegen > BOHNSDORF als sieb-
tem Ortsteil > OBERSCHÖNEWEIDE zum Bezirk

Langen Brücke von der Schloßinsel zum westlichen Ufer der Dahme befand sich damals
einer der ältesten Flußübergänge im Berliner
Raum. Nach dem Sieg der Askanier über die
Wettiner beim Kampf um die Vorherrschaft
im Spreegebiet (> LANDESHERREN) entwickelte
sich ab 1240 nördlich der Burg die Köpenicker Altstadt. 1298 als „oppidum" (Flek-

Köpenick – Fläche und Einwohner		
Fläche (Juni 1989)	127,4 km²	100 %
Bebaute Fläche	26,46	20,8
Wohnfläche	17,5	13,7
Gewerbe- und Industriefläche		
inkl. Betriebsfläche	2,86	2,2
Verkehrsfläche	3,99	3,1
Grünfläche[1]	7,90	6,2
Landwirtschaft	4,18	3,3
Wald	63,57	49,9
Wasser	20,25	15,9
Einwohner (31.12.1989)	111.304 EW	
darunter: Ausländer	572	0,5 %
Einwohner pro km²	874	

[1] Parks, Tierparks, Kleingärten, Spielplätze, ungedeckte Sportanlagen, Freibäder, Friedhöfe

K. Im Norden grenzt K. an die Bezirke >
TREPTOW, > LICHTENBERG und > MARZAHN, im
Osten und Süden an die Kreise Strausberg,
Fürstenwalde und Königs Wusterhausen des
Landes Brandenburg.
Der Bezirk entstand 1920 als 16. Verwal-
tungsbezirk > GROSS-BERLINS (> BEZIRKE) durch
den Zusammenschluß des Stadtbezirks K.
mit den o.g. Landgemeinden sowie den Gutsbezirken Köpenick-Forst (mit der Siedlung
Hirschgarten, heute bei Friedrichshagen) und
Grünau-Dahmer-Forst (mit > RAUCHFANGS-
WERDER). Die Kernsiedlung K. gehört zu den
ältesten Niederlassungen im Berliner Raum
(> BESIEDLUNG DES BERLINER RAUMS). Bereits im
7./8. Jh. befand sich auf einer langgestreckten Talsandinsel am Zusammenfluß
von > DAHME und Spree (im südlichen Teil
der heutigen *Schloßinsel Köpenick*) eine
slawische Burg, um die herum sich im 11./
12. Jh. eine Siedlung herausbildete, die auf
Münzen aus der Mitte des 12. Jh. *Copnik* genannt wird (> SCHLOSS KÖPENICK). Der Name
ist slawischen Ursprungs und leitet sich aus
„kopa" (Erdhügel) ab. An der Stelle der heutigen, 1890 erbauten und 1933 erweiterten

ken) und 1325 als „civitas" (Stadt) bezeichnet, erhielt sie zwischen diesen beiden Daten
das Stadtrecht. 1424 wurde ihr das Marktrecht verliehen. Um die Mitte des 13. Jh. entstand als Siedlung von Fischern und Dienst-
leuten der Burg südlich der Altstadt das 1879
nach K. eingemeindete Wohnviertel > KIETZ.
Seine Dorfanlage mit einigen im Kern aus
dem 18. Jh. stammenden Wohnhäusern ist
heute noch erkennbar. Südlich davon entwikkelte sich Ende des 19. Jh. die > VILLEN-
KOLONIE > WENDENSCHLOSS.
Bis in die 30er Jahre des 19. Jh. war K. v.a.
eine Ackerbürgerstadt. Mit dem 1842 erfolgten Anschluß an die Görlitzer > EISENBAHN
setzte jedoch auch hier die Industrialisierung
ein, und seit Ende des vorigen Jh. entwickelte
sich K. zu einem der größten Industrie-
bezirke Berlins. Gleichzeitig kam es zu einer
Erweiterung des Stadtgebiets v.a. nach Norden (*Damm Vorstadt*) und Westen (*Köllnische
Vorstadt*). Hier wurde 1879 die 1752 am Westufer der Dahme gegenüber von Kietz gegründete kleine Kolonie *Grünerlinde*, ab 1778 auch
Schönerlinde, eingemeindet. Nördlich davon
entstand ab 1873 um die vom > SPITTELMARKT

hierher verlegten Wäschereibetriebe der Unternehmer Carl und Wilhelm Spindler die nach diesen benannte Werkssiedlung > SPINDLERSFELD. 1912/13 errichtete Hugo Kinzer am westlichen Rand der Kämmereiheide das Kreiskrankenhaus Teltow, das heutige, der Schwerpunktversorgung dienende *Salvador-Allende-Krankenhaus*. Mit 700 Betten in fünf Kliniken und 1.200 Mitarbeitern gehörte es zum Zeitpunkt der Vereinigung zu den modernsten Gesundheitseinrichtungen im ehem. Ost-Berlin. Nach dem I. Weltkrieg entstanden nördlich des Köpenicker Stadtgebiets an der Mahlsdorfer Str. die Kleinhaussiedlungen *Dammfeld, Uhlenhorst, Wolfsgarten* und *Elsengrund*.
1906 wurde K. weltbekannt, als der arbeitslose Schuhmacher Wilhelm Voigt als preußischer Hauptmann verkleidet das zwei Jahre zuvor fertiggestellte Rathaus besetzte und die Stadtkasse beschlagnahmte. Jährlich an einem Wochenende im Juli wird die Szene als Auftakt des seit 1961 veranstalteten Bezirksfestes *Köpenicker Sommer* nachgestellt. Nach der Machtergreifung der Nationalsozialisten war K. vom 21.-27.6.1933 Ort der *Köpenicker Blutwoche*, einer von den SA-Standarten 15 und 33 durchgeführten blutigen Strafaktion gegen rund 500 Kommunisten, Sozialdemokraten, Gewerkschaftler und Mitglieder anderer oppositioneller Gruppen, der 91 Menschen zum Opfer fielen. Mehrere Gedenksteine und -tafeln erinnern an das Ereignis, darunter eine 6 m hohe Stele von Walter Sukowski auf dem Platz des 23. April und eine museale Gedenkstätte im ehem. Amtsgerichtsgefängnis in der Puchanstr. am Mandrella-Platz.
Im II. Weltkrieg wurden von den vorhandenen Wohnbauten nur wenige zerstört. Als einziges großes Neubauvorhaben nach dem Krieg entstand 1971-73 und 1980-83 westlich des alten Stadtkerns für rd. 16.000 Menschen das > SALVADOR-ALLENDE-VIERTEL. Die denkmalgeschützte Köpenicker *Altstadt* wird seit 1985 unter denkmalpflegerischen Gesichtspunkten restauriert und in den Lücken durch Neubauten ergänzt. Unter den rd. 120 erhaltenen Gebäuden befinden sich 30 mit einem besonderen historischen Wert. Insg. überwiegt in K. die Altbausubstanz. Fast 57 % der 56.500 Wohnungen wurden vor 1946 erbaut. Etwa 10 % verfügen weder über Dusche noch Bad, etwa 6 % über keine Innentoilette (1990).
Im > ÖFFENTLICHEN PERSONENNAHVERKEHR ist K.

v.a. durch die > S-BAHN mit der Innenstadt verbunden (S3, S6, S85). Die wichtigsten Straßenverbindungen zum Stadtzentrum sind nördlich der Spree der Straßenzug An der Wuhlheide – Friedrichshagener Str. – Müggelseedamm – Fürstenwalder Allee weiter nach Erkner, zwischen Spree und Dahme der Straßenzug Müggelheimer Damm –

Rathaus Köpenick

Gosener Landstr. und südlich der Dahme von Treptow aus die teilweise als > BUNDESFERNSTRASSE (B 96a) ausgewiesene Straße Adlergestell, die sich von Schmöckwitz an als Wernsdorfer Str. zur Stadtgrenze fortsetzt. Die bei Grunau westlich nach > ALTGLIENICKE abzweigende Weiterführung der B 96a führt zum Autobahnzubringer A 113 zum > BERLINER RING und zum Flughafen Schönefeld (> FLUGHÄFEN).
In den Industriebetrieben von K. gab es vor der Wende 35.000 Arbeitsplätze, von denen rd. 10.000 übrig geblieben sind. Das bedeutendste Industriegebiet liegt in Oberschöneweide, das zusammen mit > NIEDERSCHÖNEWEIDE im Bezirk Treptow auf einer Fläche von über 520 ha das größte geschlossene Industriegebiet im Osten Berlins bildet. Im Rahmen eines vom > SENAT VON BERLIN, der > TREUHANDANSTALT und dem Bezirksamt K. getragenen Konzepts der „Integrierten Standortentwicklung" soll dieser traditionelle Industriestandort am Spreeknie erhalten werden, wobei in das Projekt in großer Zahl auch Kleinbetriebe einbezogen sind.
Die bedeutendsten Werke in K. sind das 1897 von der AEG gebaute Kabelwerk Oberspree, heute „Kabelwerke Oberspree GmbH", das Werk für Fernsehelektronik und das Transformatorenwerk, heute „Transformatoren- und Schaltgerätegesellschaft mbH". Zwischen der Nalepastr. – wo sich im Funkhaus das Zentrum des DDR-Rundfunks befand (>

HÖRFUNK; > FERNSEHEN) – und Alt-Köpenick liegen weitere Areale ehem. Industriebetriebe, die sich gegenwärtig noch zum großen Teil im Privatisierungsprozeß befinden, darunter das Werk für Fernsehelektronik mit seiner bemerkenswerten, 1914-17 von Peter Behrens im Stil der Neuen Sachlichkeit für die Nationale Automobilgesellschaft errichteten Fabrikanlage. Ihr 70 m hoher, quadratischer Turm ist eine weithin sichtbare Dominante. Er beherbergt heute im 12. und 13. Stock ein Industriemuseum. Etwas abseits der Spree, zwischen der Wilhelminenhofstr. und der Ostendstr. befindet sich das Gebäude des ehemaligen VEB Berliner Akkumulatoren- und Elementefabrik (davor Varta), heute „Akkumulatoren und Elemente GmbH". Nördlich der Köpenicker Altstadt, in der Dammstadt, liegt in der Friedrichshagener Str. an der Müggelspree ein weiteres Industriegelände, auf dem sich Großbetriebe wie die Fotochemischen Werke Berlin (vormals Vereinigte Glanzfilm AG) und das Kabelwerk K. (früher Vogel AG) befinden. Südlich der Altstadt liegt zwischen Dahme und Wendenschloßstr. ein langgestrecktes Industriegelände mit dem Funkwerk Köpenick und einer Yachtwerft.

1968/69 entstand an der Köpenicker Str. 325 a der große Gebäudekomplex des DDR-Ministeriums für Wissenschaft und Technik. Auf dem insg. 32 ha großen Gelände wurde nach der Vereinigung auf rd. 2.000 m² ein Technologie- und Gründerzentrum (Innovationspark Wuhlheide GmbH) eröffnet, das Anfang 1992 von ca. 20 Firmen belegt war. Mit dem > WASSERWERK FRIEDRICHSHAGEN am nordwestlichen Ufer des Müggelsees und zahlreichen Brunnenanlagen im Köpenicker Forst ist K. einer der Hauptlieferanten von Trinkwasser für Berlin (> WASSERVERSORGUNG/ ENTWÄSSERUNG).

Mit dem 7.500 ha umfassenden > KÖPENICKER FORST, dem in seiner Mitte gelegenen, 121 ha großen Naturschutzgebiet > KRUMME LAAKE bei Müggelheim, dem 750 ha umfassenden > GROSSEN MÜGGELSEE und den 115 m hohen > MÜGGELBERGEN verfügt K. über vier landschaftliche Besonderheiten, die jeweils die größten ihrer Art in Berlin darstellen (> FORSTEN; > NATURSCHUTZ; > SEEN; > BERGE). Als weitere Naturräume von hohem Wert gelten der von einem Hochmoor umgebene Teufelssee nördlich der Müggelberge, das > ERPETAL und die zwischen > DÄMERITZSEE und > SEDDINSEE gelegenen Spreewiesen, ein ehem.

Feuchtwiesengebiet, das heute nach Aufgabe der Mahd zum großen Teil von Weiden- und Faulbaumgebüschen sowie Erlenbruchgehölzen überwachsen ist. Mehr als die Hälfte der Bezirksfläche sind Landschaftsschutzgebiet. Die an Spree und Dahme gelegenen zahlreichen Seen bieten viele Möglichkeiten des Wassersports und der Naherholung. Das >

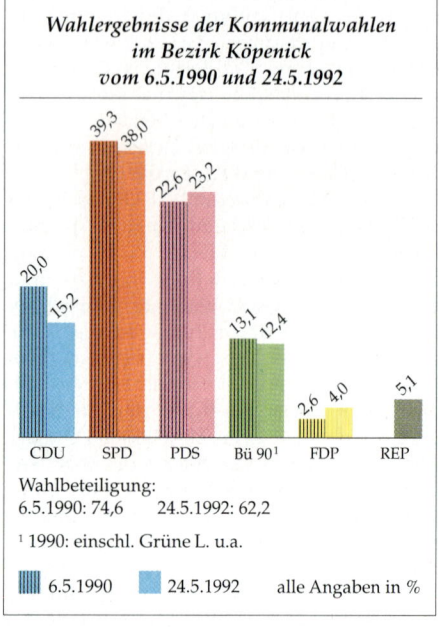

Wahlergebnisse der Kommunalwahlen im Bezirk Köpenick vom 6.5.1990 und 24.5.1992

CDU: 20,0 / 15,2
SPD: 39,3 / 38,0
PDS: 22,6 / 23,2
Bü 90¹: 13,1 / 12,4
FDP: 2,6 / 4,0
REP: 5,1

Wahlbeteiligung:
6.5.1990: 74,6   24.5.1992: 62,2

¹ 1990: einschl. Grüne L. u.a.

6.5.1990   24.5.1992   alle Angaben in %

STRANDBAD MÜGGELSEE ist eines der ältesten > FREI- UND SOMMERBÄDER Berlins. Auf dem > LANGEN SEE bei Grünau befindet sich die längste und älteste Berliner > REGATTASTRECKE. Eine weitere wichtige Sportstätte ist das Stadion Alte Försterei in der > WUHLHEIDE, das zum Liga-Stadion ausgebaut werden soll. Als Jugendfreizeit- und Kultureinrichtung hat das benachbarte > FREIZEIT- UND ERHOLUNGSZENTRUM WUHLHEIDE eine über den Bezirk hinausgehende Bedeutung. Im Schloß K. befindet sich ein Standort des Berliner > KUNSTGEWERBEMUSEUM.

Die Bezirksverwaltung von K. hat ihren Sitz in dem 1901-04 von Hans Schütte erbauten Rathaus in der Straße Alt-Köpenick 21, einem markanten Gebäude im Stil märkischer Backsteingotik mit 54 m hohem Turm (> RATHÄUSER). K. unterhält im Rahmen der europäischen Zusammenarbeit > STÄDTEVERBINDUNGEN zu den Balearen (gemeinsam mit dem West-Berliner Patenbezirk > CHARLOTTENBURG) und zum 13. Bezirk von Paris.

Bei der ersten Gesamt-Berliner Kommunalwahl am 24.5.1992 wurde wiederum die SPD stärkste Partei (> WAHLEN). Sie stellt drei Stadträte, die PDS zwei, CDU und Bündnis 90 je einen.

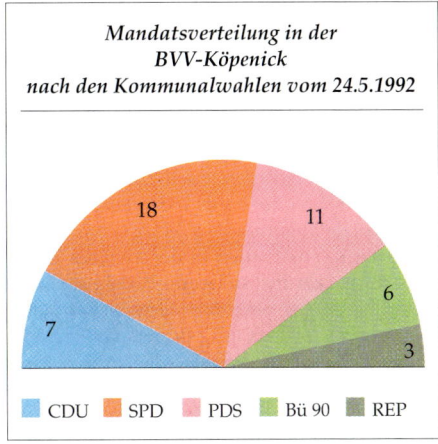

Mandatsverteilung in der BVV-Köpenick nach den Kommunalwahlen vom 24.5.1992

CDU   SPD   PDS   Bü 90   REP

Köpenicker Forst: Der 7.500 ha große K. im Südosten Berlins im Bezirk > KÖPENICK ist das größte Waldgebiet Berlins. Es erstreckt sich über alle Köpenicker Ortsteile entlang der hier von > SPREE und > DAHME gebildeten > SEEN (> GROSSER MÜGGELSEE; > DÄMERITZSEE; > LANGER SEE; > GROSSE KRAMPE; > SEDDINSEE; > ZEUTHENER SEE). In den verschiedenen Waldgebieten gibt es zahlreiche Sport-, Spiel- und Erholungsstätten und Wanderwege mit einer Gesamtlänge von 320 km. An den Seeufern befinden sich zahlreiche Freibadestellen und Sommerbäder, darunter das > STRANDBAD MÜGGELSEE bei > RAHNSDORF (> FREI- UND SOMMERBÄDER). An der Großen Krampe und auf dem Schmöckwitzer Werder liegen einige > CAMPINGPLÄTZE. Das Landschaftsrelief ist durch mehrere, aus eiszeitlichen Stauchendmoränen entstandene > BERGE gekennzeichnet, darunter die *Kanonenberge* (70 m) östlich vom > WENDENSCHLOSS, der *Seddinberg* (63 m) südlich von > MÜGGELHEIM und mit den > MÜGGELBERGEN (115 m) die höchsten natürlichen Erhebungen Berlins. Trotz des beträchtlichen Siedlungsdrucks, z.B. durch Wochenendhäuser, besitzt diese abwechslungsreiche Landschaft aus Wald, Seen und Feuchtgebieten eine artenreiche Pflanzen- und Tierwelt mit einigen wichtigen Naturschutzeinrichtungen: Südöstlich der Ortschaft > MÜGGELHEIM liegt das Naturschutzgebiet > KRUMME LAKE, mit 57 ha das größte Natur-

schutzgebiet Berlins (> NATURSCHUTZ). Nördlich der Müggelberge befindet sich am Teufelssee ein Naturschutzzentrum mit einem 3 km langen Naturlehrpfad. Ähnlich wie im > NATURSCHUTZZENTRUM ÖKOWERK BERLIN am > TEUFELSSEE in > CHARLOTTENBURG kann man sich über Naturschutzfragen informieren.

Körnerpark: Der rd. 2 ha große K. an der Jonasstr., westlich der > KARL-MARX-STRASSE in > NEUKÖLLN, entstand aus einer ehem. Kiesgrube, die der Stadt von ihrem Besitzer Franz Körner unter der Bedingung geschenkt wurde, daß der anzulegende kleine Park seinen Namen trage. 1912-16 legte das Gartenamt den K. als „Architekturpark" nach barockem Vorbild an. Dazu gehören eine Orangerie, die heute als „Galerie im Körnerpark" Ausstellungszwecken dient und ein Café beherbergt, sowie eine Kaskade mit neun Springbrunnen, deren neobarocke monumentale Anlage wie der > MÄRCHENBRUNNEN im > VOLKSPARK FRIEDRICHSHAIN und die Große Kaskade im > LIETZENSEEPARK dem damaligen Zeitgeschmack entsprach. Der in der Nachkriegszeit verfallene K. wurde 1980-83 im ursprünglichen Sinne wiederhergestellt und 1984 unter > DENKMALSCHUTZ gestellt.

Kohlhasenbrück: Die an der Einmündung des > TELTOWKANALS in den Griebnitzsee (> GRUNEWALDSEEN) gelegene Siedlung K. im Zehlendorfer Ortsteil > WANNSEE ist ein beliebtes Ausflugsziel mit einer Schiffsanlegestelle (> SCHIFFAHRT) und einem großen Gartenlokal. Bis zur Öffnung der > MAUER 1989 erfolgte von hier aus der einzige Zugang zur Kolonie > ALBRECHTS TEEROFEN und zur früheren Exklave > STEINSTÜCKEN. Der Name der Siedlung geht auf den 1540 hingerichteten Kaufmann Hans Kohlhase aus Berlin zurück, den Heinrich von Kleist zum Helden seines Dramas Michael Kohlhaas gemacht hat. Er soll hier einen Silbertransport überfallen und den Schatz an der Brücke über die > BÄKE (die hier heute im Bett des Teltowkanals fließt) vergraben haben. Die auf ein aus einem Teerofen hervorgegangenes, erstmals 1743 nachgewiesene Vorwerk des Amtes Potsdam zurückgehende Stadtrandsiedlung kam 1858 zum Dorf Stolpe. Mit diesem ging sie 1898 in der neuen Gemeinde Wannsee auf, die 1920 bei der Bildung > GROSS-BERLINS Ortsteil des Bezirks > ZEHLENDORF wurde.

Kolk/Benitz: K. sind die nördlich der Straße Am Juliusturm gelegenen Teile der *Altstadt* von > SPANDAU und gleichzeitig zwei Straßennamen in diesem Viertel. Bis ins Mittelalter war die der Burg vorgelagerte Siedlung von der Spandauer Altstadt getrennt (> ZITADELLE SPANDAU). 1240 kam sie zum Stadtgebiet Spandau und wurde 1320 beim Bau der Schutzmauer in die Stadtbefestigung einbezogen. Am Hohen Steinweg hat sich ein 53 m langes Stück dieser Mauer in der ursprünglichen Höhe von 6 m in gutem Zustand erhalten. Als älteste Siedlungsstelle in diesem Bereich lassen sich in K. archäologisch alle Siedlungsperioden seit der Steinzeit nachweisen.

Die Architektur des Viertels vermittelt, insbes. am Kolk, noch die ursprüngliche Straßen- und Gebäudeeinheit, da die alte Bebauungsstruktur noch in großen Teilen erhalten ist. In Baulücken eingefügte Neubauten wurden in ihrem Erscheinungsbild dem Gesamtcharakter angepaßt. Am Benitz 9 befindet sich die 1847-48 vom Königlichen Bauinspektor Julius Manger erbaute katholische *Garnisonskirche* (*Alte St.-Marien-Kirche am Benitz*), die, nach erheblichen Zerstörungen im II. Weltkrieg, 1946 provisorisch instandgesetzt und 1964 sorgfältig rekonstruiert wurde. Das Gebäude neben der Garnisonskirche, ein Gründerzeithaus, ist 1973 durch Bemalung dem Charakter des Viertels angepaßt worden. Am Benitz 5 liegt direkt an der > HAVEL das um 1770-80 von Johann Friedrich Lehmann erbaute zweigeschossige Heinemann-Haus (benannt nach dem Komponisten Wilhelm Heinemann), das noch spätbarocke Einflüsse aufweist. Gleich dahinter liegt die 1910 in Betrieb genommene Spandauer Schleuse. Eine erste Schleuse an dieser Stelle läßt sich bereits 1723 nachweisen (> WASSERSTRASSEN).

Kollwitzplatz: Der K. – bis 1947 Wörther Platz – im Bezirk > PRENZLAUER BERG gilt als einer der schönsten Plätze Berlins. An der Ecke Knaackstr. (Kollwitzstr. 25, bis 1947 Weißenburger Str.) stand das im II. Weltkrieg zerstörte Haus, in dem die Malerin, Grafikerin und Bildhauerin Käthe Kollwitz mit ihrem Mann von 1891-1943 gelebt hatte. Heute befindet sich dort eine kleine Grünanlage mit einer Nachbildung der 1932-37 von Käthe Kollwitz geschaffenen Plastik „Mutterliebe". Auf der Mitte des von Bäumen bestandenen dreieckigen, knapp 0,75 ha großen

Platzes erinnert ein 1959 enthülltes überlebensgroßes Sitzbildnis an seine Namensgeberin. Die Bronzefigur wurde von 1955-58 im Auftrag des Ost-Berliner > MAGISTRATS von Gustav Seitz nach einem Selbstportrait der Künstlerin aus dem Jahr 1938 gestaltet.

Kolonnaden: Von den ursprünglich vier K. in Berlin existieren heute noch die Mohrenkolonnaden, die Spittelkolonnaden und die Königskolonnaden. Die im 17. Jh. errichteten, ältesten K. Berlins auf der Mühlendammbrücke wurden nach Einstellung des dortigen Mühlenbetriebs 1888 zusammen mit der Brücke abgerissen (> MÜHLENDAMM). Die anderen K. entstanden in der zweiten Hälfte des 18. Jh. als frei stehende Brückenanlagen im Zuge der repräsentativen architektonischen Ausgestaltung Berlins als Residenz und > HAUPTSTADT Preußens.

Die 1787 nach Plänen von Carl Gotthard Langhans errichteten *Mohrenkolonnaden* am östlichen Ende der Mohrenstr. im Bezirk > MITTE sind die einzigen K., die sich noch an ihrem ursprünglichen Standort befinden. Sie säumten die gemeinsam mit ihnen gebaute ehemalige Mohrenbrücke zur Friedrichstadt über den zu den Festungsanlagen des 17. Jh. gehörenden Grünen Graben (> STADTMAUER). Der Fries, das kräftige Dachgesims, die ornamentalen Rundmedaillons in den Verbindungsstücken der Arkaden sowie die plastische Figurenschmuck stammen aus der Werkstatt Johann Gottfried Schadows. 1881 wurde der militärisch längst bedeutungslos gewordene Festungsgraben zugeschüttet und bebaut. Die beiderseits des Fahrdamms errichteten Bogenhallen in einer Länge von fünf Arkaden auf gedoppelten toskanischen Säulen überdachen die Fußwege der Straße. An den Rückwänden der Bogenhallen befanden sich einst kleine Verkaufsläden; heute sind hier die Zugänge zu den dahinter liegenden Gebäuden.

Die in barockem Geist konzipierten *Spittelkolonnaden* entstanden 1776 nach Plänen von Carl v. Gontard ebenfalls als Verzierung einer Brücke über den Grünen Graben am > SPITTELMARKT im Verlauf der > LEIPZIGER STRASSE. Zwei sich gegenüberstehende, halbelliptisch geschwungene ionische Säulenhallen mit rückwärtigen Läden wurden in der Mitte und an den Seiten durch Pavillons betont. Der südliche Teil wurde 1929 wegen des Neubaus eines Geschäftshauses trotz der Proteste aus der Bevölkerung abgerissen.

Den im II. Weltkrieg schwer beschädigten nördlichen Teil trug man 1960 ab. Bei der Neugestaltung der Leipziger Str. wurde 1979/80 etwas östlich des ursprünglichen Standorts auf dem ehemaligen > DÖNHOFF-PLATZ eine Kopie des südlichen Teils ohne Läden wieder aufgestellt. Der vor dem Halbrund aufgestellte Obelisk ist einer 1730-1870 hier stehenden Meilensäule nachgebildet (> MEILENSÄULEN).

Die wohl schönste Anlage, die 1777-80 ebenfalls von Gontard an der damaligen Königsstr. (heute Rathausstr., etwa auf der Höhe des S-Bahnhofs > ALEXANDERPLATZ im Bezirk Mitte) errichteten, 52 m langen *Königskolonnaden* mußten 1910 der > STADTBAHN weichen und wurden als Eingangsanlage in den 1911 im Bezirk > SCHÖNEBERG eröffneten > HEINRICH-VON-KLEIST-PARK verlegt.

1905-08 griff man beim Bau des Charlottenburger Tors an der heutigen > STRASSE DES 17. JUNI noch einmal auf das architektonische Gestaltungselement der K. zurück und entwarf die Torbauten in dieser Form.

KOMBA Berlin – Gewerkschaft des öffentlichen Dienstes im Deutschen Beamtenbund: Die Gewerkschaft des öffentlichen Dienstes im > DEUTSCHEN BEAMTENBUND wurde am 23.6.1895 als „Zentralverband der Gemeindebeamten Preußens" in Berlin gegründet. 1933 „gleichgeschaltet", erfolgte ihre Wiedergründung nach dem II. Weltkrieg zunächst in den Ländern der Britischen Zone. Der „Verband der Berliner Kommunalbeamten und Angestellten (KOMBA Berlin)" gründete sich am 5.3.1950 und wurde am 19.3.1950 auf dem Bundesvertretertag in die Bundesorganisation als vollberechtigtes Mitglied aufgenommen.

Der KOMBA versteht sich als ausschließliche Interessenvertretung der Beschäftigten im Kommunal- und Landesdienst (außer den Bereichen Justiz, > POLIZEI, Steuerwesen und Schule). Am Tag der > VEREINIGUNG, dem > 3. OKTOBER 1990, erfolgte auf dem Einigungsgewerkschaftstag der Zusammenschluß mit dem seit März 1990 bestehenden Ost-Berliner KOMBA. Der Landesverband Berlin zählte 1992 rd. 10.000 Mitglieder. Mit dem Landesverband Brandenburg findet eine enge Kooperation statt (z.B. gemeinsame Geschäftsstelle in der Uhlandstr. 137 im Bezirk > WILMERSDORF).

Komische Oper: Die 1947 gegründete K. in der Behrenstr. 55-57 im Bezirk > MITTE ist neben der > DEUTSCHEN STAATSOPER UNTER DEN LINDEN und der > DEUTSCHEN OPER BERLIN eine der drei städtischen Opernbühnen Berlins. Das ca. 1.200 Zuschauer fassende Haus bietet v.a. Operninszenierungen, daneben auch unkonventionelle Operettenaufführungen sowie Inszenierungen des Tanztheaters (> MUSIK; > LEICHTE MUSIK; > TANZ).

Die K. ist der > SENATSVERWALTUNG FÜR KULTURELLE ANGELEGENHEITEN (SENKULT) nachgeordnet; ihr Intendant ist seit 1981 Werner Rackwitz. Chefregisseur ist Harry Kupfer, Chefdirigent Rolf Reuter. Das Tanztheater besteht unter der Leitung seines Chefchoreographen Tom Schilling seit 1966; Ballettdirektorin ist seit 1992 Doris Laine. In der Spielzeit 1991/92 umfaßte das künstlerische und künstlerisch-technische Personal ca. 500 Personen. Pro Jahr haben durchschnittlich vier Inszenierungen Premiere. Insg. hat die K. 18 Operninszenierungen sowie acht Inszenierungen bzw. Ballettabende des Tanztheaters im Repertoire. Die Sinfoniereihe des Orchesters der K. umfaßt acht Konzerte. Zu den weiteren Veranstaltungen der K. zählen u.a. Liederabende, die Reihe „Jazz im Frack", Foyer-Inszenierungen des Studios der K., die „Opernstunde für junge Leute", Salonkonzerte sowie Kammermusik. Im Spielplan eines Monats stehen durchschnittlich 20 Operninszenierungen, fünf Ballettaufführungen sowie fünf bis sechs Foyerveranstaltungen, Werkeinführungen, Konzerte etc. Die K. finanziert sich über Eigenerträge und Zuschüsse der SenKult.

Beim Gebäude der K. handelt es sich im Kern um das ehem. Stammhaus des 1898 gegründeten Theaters Unter den Linden, aus dem später das > METROPOL-THEATER hervorging. Der 1891/92 nach Plänen der Architekten Ferdinand Fellner und Hermann Gottfried Helmer errichtete und 1928 im Innern von Alfred Grenander umgestaltete Bau wurde im II. Weltkrieg stark beschädigt. Im Februar 1946 begannen auf Beschluß der > SOWJETISCHEN MILITÄR-ADMINISTRATION IN DEUTSCHLAND die Enttrümmerungsarbeiten und der Wiederaufbau. Am 23.12.1947 wurde die K. im wiederhergestellten Haus mit der Premiere „Die Fledermaus" unter Leitung von Walter Felsenstein wiedereröffnet.

In den folgenden Jahren wurden Werkstätten und Dekorationsmagazine errichtet, 1952 eine Probebühne in den Maßen der Hauptbühne und 1955 eine Seitenbühne. 1966/67 erfolgte die grundlegende Umgestaltung des gesamten Komplexes durch den Architekten Kunz Nierade. Lediglich der im Stil des Wiener Spätbarock gehaltene, reich dekorierte und nahezu kreisrunde Zuschauerraum sowie das Treppenhaus blieben weitgehend erhalten. Zur Straße > UNTER DEN LINDEN entstand ein neues Funktionsgebäude, die Hauptfront in der Behrenstr. ist im sachlichen Stil der 60er Jahre gestaltet. Dabei dominiert der asymmetrisch eingefügte, aus der mit Sandsteinplatten verkleideten Front leicht heraustretende und erhöhte Mittelrisalit.

Die realistischen Inszenierungen des Gründers der K., Walter Felsenstein (bis 1975), errangen internationale Aufmerksamkeit. Daneben begründeten Produktionen von Joachim Herz, Tom Schilling und Harry Kupfer den Ruf der K. als lebendiges, interessantes Musiktheater. Das Opernensemble gastierte u.a. in Stockholm, Moskau, Bologna, Warschau, Wien, Budapest, Prag (u.a. 1956 beim Musikfest „Prager Frühling"), Kopenhagen, London und Tokio.

Kommission der Europäischen Gemeinschaften Vertretung in der Bundesrepublik Deutschland – Vertretung in Berlin: Die im Juni 1968 eröffnete Berliner Vertretung der EG-Kommission hat ihren Sitz am > KURFÜRSTENDAMM 102 im Bezirk > WILMERSDORF. Die Entscheidung, in Berlin die erste regionale Vertretung in den > EUROPÄISCHEN GEMEINSCHAFTEN (EG) – zusätzlich zu den bestehenden Vertretungen in den Hauptstädten der Mitgliedsländer – zu errichten, bekräftigte die Stellung der Stadt innerhalb der EG. Diese Entscheidung war auch im Sinne der bei der Unterzeichnung der Römischen Verträge abgegebenen „Gemeinsamen Erklärung über Berlin vom 25.3.1957" der Vertragspartner getroffen worden und hatte angesichts der damals vom Osten vertretenen Drei-Staaten-Theorie große politische Bedeutung (> SONDERSTATUS 1945-90).

Aufgabe der K. ist es, die Öffentlichkeit über die Arbeit und Ziele der EG zu informieren und die Einbeziehung Berlins in die EG zu fördern. Das geschieht durch die Herstellung enger Bindungen Berlins zu den Institutionen der Gemeinschaft, durch Besuche, Arbeitssitzungen von EG-Gremien in Berlin und eine große Anzahl von EG-Projekten und -Aktivitäten in der Stadt. Unmittelbar nach der Öffnung der > MAUER am > 9. NOVEMBER 1989 stellte sich die K. auf die neue Situation ein und weitete noch vor der > VEREINIGUNG ihre vielfältigen Aktivitäten in die DDR aus. In diesem Zusammenhang wurde das Büro ausgebaut und die Anzahl der ständigen Mitarbeiter auf zwölf verdoppelt.

Komödie: Die am 1.11.1924 gegründete und heute im > KUDAMM-KARREE am > KURFÜRSTENDAMM 206/207 im Bezirk > CHARLOTTENBURG beheimatete K. ist ein privates Boulevardtheater mit 644 Plätzen. Es wird mit dem benachbarten > THEATER AM KURFÜRSTENDAMM in Personalunion geführt. Die Leitung liegt bei Jürgen und Christian Wölffer. 1991 bestand das an beiden Bühnen spielende Ensemble aus insg. 61 Schauspielern, darunter Wolfgang Spier, Georg Thomalla, Herbert Herrmann, Susanne Uhlen und Edith Hancke; darüber hinaus hatten die Theater 114 weitere Mitarbeiter. Die K. pflegt v.a. die gehobene Boulevardtradition. In der Saison 1990/91 standen fünf Stücke auf dem Spielplan, darunter vier Neuinszenierungen, die von insg. 253.876 Zuschauern gesehen wurden. Die durch eine KG getragene K. finanziert sich ausschließlich durch den Verkauf der Karten. Der 1923-25 nach Plänen von Oskar Kaufmann errichtete Bau, in dem die K. bis 1972 ihren Sitz hatte, wurde im Zusammenhang mit der Errichtung des Kudamm-Karrees abgebrochen. Am 20.10.1972 erhielt dort das Theater neue Räume. Die Theatergeschichte der in den 20er Jahren von Max Reinhardt geleiteten Bühne begann am 1.11.1924 mit der Aufführung von Carlo Goldonis Stück „Diener zweier Herren". Nach Reinhardts Emigration und Enteignung übernahm Hans Wölffer 1934 das Haus und führte es ebenso wie das Theater am Kurfürstendamm weiter. Nach Kriegsende und verschiedenen kürzeren Intendanzen übernahm Wölffer 1951 erneut die Leitung der K. Zum Ensemble gehörten damals u.a. Schauspieler wie Lil Dagover, Grethe Weiser und Rudolf Platte. In den 60er Jahren entwickelte sich die K. zum Boulevardtheater, 1976 gab Wölffer die Leitung der K. und des Theaters am Kurfürstendamm an seine Söhne ab.

Kongreßhalle Alexanderplatz: Die K. an der Ostseite des > ALEXANDERPLATZES im Bezirk > MITTE ist der > SENATSVERWALTUNG FÜR SCHULE, BERUFSBILDUNG UND SPORT unterstellt. Bis zur > VEREINIGUNG war sie eine der Abt. Volksbildung des > MAGISTRATS nachgeordnete Einrichtung. Die K. ist 1961-64 zusammen mit dem > HAUS DES LEHRERS, dem sie architektonisch zugeordnet ist, nach Plänen des Architekten-Kollektivs Hermann Henselmann, Bernhard Geyer und Jörg Streitparth errichtet worden. Der zweigeschossige Kuppelbau in Stahlbeton-Schalenbauweise enthält neben einem Kongreßsaal mit 1.000 Plätzen zwei kleinere Säle und eine Gaststätte. 1991 fanden in der K. 271 Veranstaltungen statt, die von ca. 120.000 Personen besucht wurden.

Kongreßhalle Tiergarten: Die von ihrer Wiedereröffnung zur 750-Jahr-Feier Berlins 1987 bis zum 31.3.1992 als nichtrechtsfähige Anstalt des Landes Berlin geführte K. an der John-Foster-Dulles-Allee 10 im > GROSSEN TIERGARTEN ist seit 1989 Sitz des > HAUSES DER KULTUREN DER WELT GMBH, die 1992 die Verwaltung übernommen hat.

Kongreßhalle Tiergarten mit der Plastik „Big Butterfly" von Henry Moore

Die Halle entstand 1955-57 nach einem Entwurf des US-amerikanischen Architekten Hugh A. Stubbins als Beitrag zur 1957 in West-Berlin stattfindenden Internationalen Bauausstellung Interbau (> HANSAVIERTEL). Die Herstellungskosten wurden von der amerikanischen Benjamin-Franklin-Stiftung, der Bundesregierung und dem > SENAT VON BERLIN unter Verwendung von Mitteln des > EUROPEAN RECOVERY PROGRAM aufgebracht. Die markante Hängedachkonstruktion galt in den 50er Jahren als Novum. Das Auditorium der K. hat ca 1.200 Sitzplätze. Ein zusätzlicher Theatersaal mit knapp 400 Plätzen, auch für Tagungen mit 200 Teilnehmern an Arbeitstischen nutzbar, wird durch vier kleinere Kongreßräume und eine Ausstellungshalle ergänzt. Bis zu ihrem durch Materialermüdung und Korrosion verursachten Teil-

einsturz im Mai 1980, wurde die K. für über 7.000 Kongresse, Tagungen, Ausstellungen und kulturelle Veranstaltungen mit etwa 4 Mio. Teilnehmern genutzt. Der Wiederaufbau der inzwischen unter Denkmalschutz gestellten K. dauerte von 1984-87.

Konrad-Adenauer-Stiftung (KAS): Das Büro Berlin der KAS wurde 1976 unter dem Namen „Verbindungsstelle Berlin" gegründet. Seit Oktober 1991 hat es seinen Sitz im > PALAIS SCHWERIN am > MOLKENMARKT 1-3 im Bezirk > MITTE.

Die 1964 ins Leben gerufene CDU-nahe KAS mit ihrer Zentrale in St. Augustin bei Bonn ging aus der Politischen Akademie Eichholz e.V. hervor, die ihrerseits aus der 1956 gegründeten Gesellschaft für Christlich-Demokratische Bildungsarbeit entstanden war. Neben einer Reihe weiterer Einrichtungen in Deutschland unterhält die KAS Büros in 18 Industriestaaten und wirkt bei rd. 200 Projekten in ca. 100 Entwicklungsländern mit. Die KAS hat die Rechtsform eines eingetragenen Vereins und ist als gemeinnützig anerkannt. Sie ist in ihrer Arbeit christlich-demokratischen Grundsätzen verpflichtet. Leitlinien dabei sind Leben und Werk des 1967 verstorbenen ersten Bundeskanzlers der Bundesrepublik Deutschland und Vorsitzenden der > CHRISTLICH-DEMOKRATISCHEN-UNION (CDU), Konrad Adenauer.

Dem Büro Berlin sind als Berliner Vorstandsbüro der KAS die Arbeitsbereiche Bildungswerk Berlin – das für die politische Bildungsarbeit in Berlin und Brandenburg zuständig zeichnet – Europäische Tagungen und die Koordination der Kommunalberatung in den neuen Bundesländern zugeordnet. Es unterstützt außerdem das Internationale Institut der KAS in St. Augustin bei der Betreuung von Gästen aus Übersee.

Mit seiner politischen Bildungsarbeit wendet sich das Bildungswerk Berlin der KAS an alle Interessierten, vorrangig an Lehrer, Schüler und Studenten, Angehörige der > BUNDESWEHR, Kommunalpolitiker sowie mit speziellen Veranstaltungen an Frauen. Besonderes Anliegen sind die gemeinsame Diskussion von Teilnehmern aus den neuen und alten Bundesländern v.a. zu Themen des Zusammenwachsens Deutschlands und Europas sowie anderer Bereiche der Außen- und Innenpolitik. Die Seminare, Tagungen, Kolloquien, Lesungen und Vorträge v.a. in Form von Tagesseminaren, Abendveranstaltungen oder einwöchigen Informationstagungen finden in öffentlichen Einrichtungen wie Hotels, Gaststätten, Bildungsstätten, Schulen u.a. statt. Jährlich nehmen in Berlin 2.000-2.300 Interessenten an ca. 150 Veranstaltungen und in Brandenburg rd. 4.500 Interessenten an ca. 180 Veranstaltungen teil.

Die Finanzierung des Büros Berlin der KAS mit 16 festen und ca. 250 freien Mitarbeitern erfolgt u.a. durch das Bundesinnenministerium, die Stiftung > Deutsche Klassenlotterie Berlin, die > Landeszentrale für politische Bildung in Berlin und Brandenburg sowie durch Teilnehmerbeiträge und Spenden.

Konradshöhe: K. ist ein 2,2 km² großer Ortsteil im Westen des Bezirks > Reinickendorf an der Bezirksgrenze zu > Spandau. Ausgehend vom nördlich benachbarten > Heiligensee hatten sich hier ab 1865 als Sommerfrische der Berliner die Landhauskolonien K. und *Tegelort* gebildet, die sich dank ihrer idyllischen Lage zwischen > Havel und > Tegeler Forst sowie mehrerer > Gaststätten bis zum Ende des Jh. zu einem beliebten Ausflugsziel entwickelten. 1920, bei der Bildung > Gross-Berlins, kamen beide Siedlungen als Teil der Landgemeinde Heiligensee zum Bezirk Reinickendorf, in dem sie zum eigenen Ortsteil K. zusammengefaßt wurden. Von 1945-90 gehörte K. mit Reinickendorf zum französischen Sektor (> Sektoren). 1987, zur letzten West-Berliner Volkszählung, lebten hier knapp 5.900 Einwohner. Zwischen Tegelort und dem gegenüberliegenden Havelufer bei Hakenfelde betreibt ein Privatunternehmen Berlins einzige Autofähre.

Konrad-Zuse-Zentrum für Informationstechnik Berlin (ZIB): Das nach dem Ingenieur und Industriellen Konrad Zuse benannte ZIB in der Heilbronner Str. 10 im Bezirk > Wilmersdorf wurde 1984 vom Land Berlin als Anstalt des öffentlichen Rechts gegründet. Es untersteht der Rechtsaufsicht der > Senatsverwaltung für Wissenschaft und Forschung. Das ZIB betreibt in enger Zusammenarbeit mit den Hochschulen und wissenschaftlichen Einrichtungen in Berlin Forschung und Entwicklung auf dem Gebiet der Informationstechnik und deckt den dazugehörigen Dienstleistungsbedarf. Auf dem Gebiet Scientific Computing werden innovative Rechenmethoden für die Simulation von mathematischen Modellen zur Beschreibung von naturwissenschaftlichen Prozessen entwickelt.

Das ZIB verfügt über einen Superrechner (Vektorrechner), der ausschließlich für Projekte genutzt wird, deren Lösungen Rechenleistungen in Grenzbereichen der technisch erreichbaren Geschwindigkeiten erfordern. Das ZIB arbeitet eng mit anderen wissenschaftlichen Einrichtungen zusammen, wie der > Technischen Universität Berlin, der > Freien Universität Berlin, der > Humboldt-Universität zu Berlin, dem > Hahn-Meitner-Institut, der > Bundesanstalt für Materialforschung und Prüfung und den Max-Planck-Instituten der > Max-Planck-Gesellschaft zur Förderung der Wissenschaften e.V. Mit den Bundesländern Schleswig-Holstein und Niedersachsen besteht eine Kooperationsvereinbarung (Norddeutscher Vektorrechnerverbund) über die gegenseitige Nutzung von Rechnerkapazitäten der höchsten Leistungsklasse. Im ZIB sind 120 Mitarbeiter beschäftigt, darunter knapp 50 Wissenschaftler. Der Etat wird zu ca. 90 % vom Land Berlin und zu ca. 10 % durch eigene Einnahmen gedeckt.

Kontaktbereichsdienst (KoBD)/Kontaktbereichsbeamter (KoBB): Seit Errichtung des Berliner Polizeipräsidiums am 25.3.1809 und der Bildung einer Schutzmannschaft am 23.6.1948 (> Schutzpolizei) gab es in Berlin „Schutzleute", die i.d.R. im Bereich eines Polizeireviers „patrouillierten", z.T. auf vorgeschriebenen Routen. Neben der Kontrollaufgabe hatte der Schutzmann auch den Kontakt zur Bevölkerung zu pflegen. Der „Streifenpolizist" wurde auch nach 1945 eingesetzt. Mit zunehmender Motorisierung durch Funkwagen in den 50er bis 60er Jahren verschwand er aus dem Straßenbild. Der durch den KoBB zu versehende KoBD wurde durch die Polizeireform von 1974 eingerichtet. Aufgaben der KoBB (Polizeikommissare) sind neben sichtbarer uniformierter polizeilicher Präsenz u.a. Gefahrenabwehr, (kriminalitätsvorbeugende) Beratung, „mitmenschliche Hilfeleistung" und „die Kontaktaufnahme und -pflege" zu Bürgern. Der KoBB hat seinen Dienst allein und zu Fuß zu versehen. Die Einrichtung des KoBD und die Tätigkeiten des KoBB hatte teilweise Modellwirkung für andere Großstädte in Deutschland und Europa.

Derzeit gibt es 1.150 Kontaktbereiche innerhalb der Abschnitte (> Polizei), davon 427 im Ostteil Berlins, 18 der > Wasserschutzpolizei (Ostteil 10) und 16 der Polizeireiter (Ostteil 11).

Zu Zeiten der DDR und damit auch in Ost-Berlin wurden innerhalb der Volkspolizei Abschnittbevollmächtigte (ABV) in den Revierbereichen eingesetzt. Sie hatten i.d.R. Offiziersrang und sollten „Bindeglied zur Bevölkerung im jeweiligen Abschnitt" sein. Wesentliche Tätigkeit neben normalen polizeilichen Aktivitäten war polizeiliche Kontrolle der Bürger mit Verpflichtung zur Meldung an den > STAATSSICHERHEITSDIENST. Dadurch entstand ein dichtes Kontrollnetz durch die ca. 500 ABV, die auch dichter an der „Mauer" konzentriert und in die „Grenzüberwachung" eingebunden waren.

Konzentrationslager (KZ): Mit der Machtergreifung der Nationalsozialisten im Januar 1933 wurde der politische Terror zunehmend Alltag auch in Berlin. Schon vor Ausbau der großen Lager in Dachau, Sachsenhausen und Buchenwald zu späteren Massenvernichtungslagern zur Vernichtung des europäischen Judentums außerhalb des Reichsgebiets, bedienten sich die Nationalsozialisten zahlreicher kleinerer KZ in der Stadt, um ihre Gegner zu isolieren und auszuschalten.

Nach Inkrafttreten der nach dem > REICHSTAGSBRAND erlassenen „Notverordnung zum Schutz von Volk und Staat" wurden am 21.3.1933 gleichzeitig in Dachau bei München und in Oranienburg nördlich von Berlin die ersten KZ eröffnet. In den Wochen danach richtete die SA etwa 50 „wilde KZ" innerhalb des Stadtgebiets ein, in denen die „Verhafteten" verhört, geprügelt und gefoltert wurden. Insg. über 100 solcher frühen Terrorstätten sind in Berlin bekannt.

Häufig waren diese improvisierten Gefängnisse Hinterzimmer oder schalldichte Keller in den Sturmlokalen der SA, ehemalige Kasernen oder Gefängnisse. Beispiele sind die Eckkneipe „Zur Hochburg", Gneisenaustr./ Ecke Solmstr. in > KREUZBERG, das „Afrikakasino" in der Lützowstr. 15 in > LICHTENRADE, die berüchtigte Gaststätte „Keglerheim" an der Petersburger Str. 94 im Bezirk > FRIEDRICHSHAIN (Stammquartier des 1930 getöteten und zum Märtyrer verklärten SA-Sturmführers Horst Wessel, dem Namensgeber des „Horst-Wessel-Liedes"), die Keller des > WASSERTURMS PRENZLAUER BERG an der Knaackstr. sowie im Bezirk Tempelhof das Restaurant „Birkenwäldchen" in der Manteuffelstr. (im Krieg zerstört).

Auch die Kellerräume der Kasernen in der General-Pape-Str. in Tempelhof dienten der SA zur Inhaftierung ihrer Gegner. Die Verselbständigung der Terrororganisationen der SA und später der SS nahm hier mit der Lösung aus dem Staatsapparat und der Justiz ihren Anfang: Die SA wollte ihre Opfer nicht der preußischen Polizei übergeben und schuf sich so ihr eigenes Unterdrückungs- und Vernichtungssystem. Die Kaserne in der General-Pape-Str. war von März bis Dezember 1933 Hauptquartier der SA-Hilfspolizei.

Ab 8.1.1935 existierte ein regelrechtes SS-Konzentrationslager in den zunächst als Gestapo-Gefängnis geführten Räumlichkeiten eines ehem. Militärgefängnisses, dem *Columbiahaus* am heutigen Columbiadamm am Nordrand des Flughafens Tempelhof (der Name geht zurück auf das Flugzeug „Columbia", mit dem Clarence Chamberlain und Charles Levine hier am 7.6.1927 nach einem Rekordflug von New York gelandet waren. Unter den Häftlingen befanden sich viele Kommunisten, Sozialdemokraten und Bürgerliche, aber auch Deutsche jüdischer Herkunft, darunter der stellvertretende Chefredakteur der SPD-Zeitung „Vorwärts", Franz Klühs, der Pazifist Kurt Hiller und Wolfgang Szepanski, der am 12.8.1933 eine Wand mit der Parole „Nieder mit Hitler! KPD lebt. Rot Front" bemalt hatte. Erwähnt seien aus der langen Liste der „Schutzhäftlinge" außerdem: der Rabbiner (und Präsident der Reichsvertretung der deutschen Juden) Leo Baeck; der Kabarettist Werner Finck (Kabarett der Künstler, Katakombe) und der spätere SED-Chef und DDR-Staatsratsvorsitzende Erich Honecker. Im Zusammenhang mit dem Ausbau des Tempelhofer Flugfelds zum Großflughafen und Drehkreuz des internationalen Luftverkehrs wurde dieses KZ mit dem 5.11.1936 aufgelöst und die Häftlinge in das neuerrichtete Konzentrationslager Sachsenhausen bei Oranienburg nördlich von Berlin überführt. Das Columbiahaus wurde im Frühsommer 1983 abgerissen. In den vier Jahren seines Bestehens sind schätzungsweise 8.000 Häftlinge in diesem KZ gefoltert und z.T. auch ermordet worden. Ein Beschluß der Tempelhofer Bezirksverordnetenversammlung vom 15.6.1988 zur Errichtung eines Mahnmals für das KZ Columbia wurde bisher nicht ausgeführt.

Außerdem befanden sich während des II. Weltkriegs zahlreiche Außenstellen von außerhalb des Stadtgebiets gelegenen K. in Berlin, deren Häftlinge zur Zwangsarbeit in der Industrie, aber auch zu Aufräumarbeiten nach Luftangriffen und bei häufig tödlich endenden Bomben- und Luftminenräumkommandos eingesetzt wurden.

KPM – Königliche Porzellan-Manufaktur Berlin GmbH: Die 1763 gegründete KPM ist einer der traditionsreichsten Betriebe Berlins. Seit ihrer Gründung stellt sie hochwertige Porzellane von Weltruf her. Der Bestand umfaßt mehr als 18.000, zum großen Teil historische Formen, davon ca. 2.500 in der laufenden Fertigung. Neben ihrer Produktionsstätte in der Wegelystr. 1 im Bezirk > CHARLOTTENBURG verfügt die KPM über eine Verkaufsstelle am > KURFÜRSTENDAMM 26a und eine weitere in Hamburg. Insg. werden von der KPM ca. 400 Fachhändler im In- und Ausland beliefert.

Seit 1988 hat die bis dahin als > EIGENBETRIEB DES LANDES BERLIN geführte KPM die Rechtsform einer GmbH mit dem Land Berlin als alleinigem Gesellschafter. Die Organe der KPM sind der Aufsichtsrat, die Geschäftsführung und ein künstlerischer Beirat. Ihre Bedeutung als Wirtschaftsunternehmen und Kulturfaktor im Land Berlin kommt in der Besetzung des Aufsichtsrates zum Ausdruck, dem neben einem Vorstandsmitglied der Berliner Bank auch ein Vertreter der > INDUSTRIE- UND HANDELSKAMMER sowie ein Staatssekretär der > SENATSVERWALTUNG FÜR KULTURELLE ANGELEGENHEITEN angehören. Die KPM beschäftigte Ende 1991 ca. 450 Mitarbeiter. Sie bildet in kaufmännischen und fachbezogenen Berufen (Porzellanmaler, Keramikformer u.a.) aus und sorgt im Rahmen ihrer Produktion für die ständige fachliche Weiterbildung ihrer Beschäftigten. Ihr Geschäftsbericht für 1991 weist einen Umsatz von 36 Mio. DM aus.

Die Geschichte der KPM beginnt bereits vor ihrer offiziellen Gründung: 1751 schenkte Friedrich II. (1740-86) dem Wollfabrikanten Wilhelm Caspar Wegely ein Gebäude in der Neuen Friedrichstr., etwa an der Stelle des heutigen S-Bahnhofs > ALEXANDERPLATZ, wo dieser nach dem Vorbild der 1710 gegründeten Porzellanmanufaktur in Meißen eine „Manufacture de Porcellaine de Berlin" errichtete, die jedoch bereits 1757 wieder schloß. 1761 eröffnete der Kaufmann Johann Ernst Gotzkowsky nahe dem > LEIPZIGER PLATZ in der > LEIPZIGER STRASSE 4 eine eigene Manufaktur. Er geriet jedoch bereits 1763 in finanzielle Schwierigkeiten, so daß Friedrich II. (1740-86) per Kabinettsordre vom 13.9. 1763 diese Manufaktur für einen Kaufpreis

von 225.000 Talern in das Eigentum des preußischen Staates übernahm. Der König verlieh seinem Unternehmen das Recht der Nutzung des Zepters aus dem Wappen des Erzkämmerers der Mark Brandenburg. Seither tragen die Porzellane das aus dem Kurbrandenburgischen Wappen übernommene Zepter in blauer Farbe, die später zum für die KPM berühmten „bleu mourant" (sterbenden Blau), einer Farbe zwischen hellem Blau und Grau, abgewandelt wurde. Seit 1832 werden die Porzellane zusätzlich mit dem farbigen Reichsapfel als Malereimarke versehen. Unter der preußischen Krone fand die Produktion der KPM nicht nur eine gesicherte wirtschaftliche Grundlage, sondern

Französische Vase, um 1860, Bemalung mit Neuer Wache und Zeughaus

auch einen neuen qualitativen Höchststand. Namhafte klassizistische Architekten und Bildhauer Berlins, wie Karl Friedrich Schinkel und Johann Gottfried Schadow, entwarfen Modelle, die zum internationalen Ansehen der Manufaktur beitrugen.

Nach der Reichsgründung ließ der neue Reichskanzler Otto Fürst v. Bismarck die KPM 1871 an ihren heutigen Standort am Rand des > GROSSEN TIERGARTENS verlegen, um auf dem Gelände an der Leipziger Str. einen provisorischen Bau für den Deutschen Reichstag errichten zu lassen (> REICHSTAGS-

GEBÄUDE). Nach 1918 wurde die KPM in *Staatliche-Porzellan-Manufaktur Berlin* umbenannt und als Staatsbetrieb weitergeführt; ihr international bekannter Markenname „KPM" blieb jedoch erhalten. In den 20er Jahren belebten Künstler wie Renée Sintenis, Georg Kolbe oder die in den 30er Jahren aus dem Bauhaus und der Burg Giebichenstein inspirierten Keramikerinnen Trude Petri und Marguerite Friedländer-Wildenhain die künstlerische Tradition (> BAUHAUS-ARCHIV). Allerdings erwirtschaftete die Manufaktur seit dem I. Weltkrieg mit Ausnahme des Olympia-Jahrs 1936 (> OLYMPISCHE SPIELE) keine Gewinne.

Im II. Weltkrieg wurden die Werkstätten der KPM zu 85 % zerstört. Die technische Produktion wurde deshalb nach Kriegsende im nach Selb (Bayern) ausgelagerten Werk fortgeführt. Von 1954-60 entstanden am Tiergarten dann die heutigen Fertigungs- und Verwaltungsgebäude für die nunmehr vom Land Berlin als Eigenbetrieb geführte Manufaktur. Bereits 1951 war es gelungen, große Teile der in der damaligen DDR ausgelagerten Modelle zurückzubekommen. 1981 erhielt die KPM im Rahmen des ersten Kulturgüteraustausches mit der DDR für die in West-Berlin gelagerten Figuren der > SCHLOSSBRÜCKE auch ihr wertvolles Archiv zurück. Wirtschaftlich blieb die KPM jedoch bis zur Umwandlung in ihre heutige Rechtsform 1988 weiterhin ein defizitäres Unternehmen. Bei dieser Umwandlung erhielt die Manufaktur ihren ursprünglichen Namen als „Königliche" Porzellan-Manufaktur zurück.

Das 57.000 Positionen umfassende KPM-Archiv lagert im Turm des > SCHLOSSES CHARLOTTENBURG, wo es gegenwärtig restauriert wird. Es ist ein bedeutendes kunsthistorisches Zeugnis und gleichzeitig eines der letzten noch existierenden kompletten Werkarchive aus friederizianischer Zeit. Zusätzlich existiert eine Sammlung historischer KPM-Porzellane im Belvedere des Schlosses Charlottenburg, die der > VERWALTUNG DER STAATLICHEN SCHLÖSSER UND GÄRTEN untersteht und laufend durch wichtige Stücke ergänzt wird.

Kraftfahrzeugverkehr: In Berlin waren am 1.7.1991 1.260.800 im Verkehr befindliche Kfz registriert, davon 1.077.200 Pkw und Kombis. Der Stand der *Motorisierung* in den östlichen > BEZIRKEN ist noch geringer als im Westen; zwischen 1987-89 lag der Anteil von Ost-Berlin bezogen auf den Gesamtbestand an Pkw und Kombis bei 30 % (bei einem Bevölkerungsverhältnis von 37:63). 1991 erreichte er bereits 35 % mit weiter steigender Tendenz.

Seit 1970 hat sich der Pkw-Bestand im Westteil der Stadt damit verdoppelt und im Ostteil mehr als vervierfacht. Die stärkste Zunahme der Motorisierung in Ost-Berlin mit 25 % erfolgte allerdings erst von 1989-91. Im Westteil lag die Motorisierungskennziffer 1989 bei 3,1 Einwohner pro Pkw und Kombi; wegen der starken Zuwanderung 1989/90 ging sie 1991 auf 3,2 zurück, während sie im Ostteil im selben Zeitraum von 4,3 auf 3,4 anstieg. Mit einer Motorisierungskennziffer von 3,3 Einwohner pro Pkw und Kombi insg. liegt Berlin deutlich unter dem Bundesdurchschnitt von 2,1. Städte wie Frankfurt/M. mit 2,0, Hamburg mit 2,5 oder München mit 2,2 haben ebenfalls eine deutlich höhere Motorisierung.

In Berlin wurden nach Untersuchungen des > DEUTSCHEN INSTITUTS FÜR WIRTSCHAFTSFORSCHUNG (DIW) 1988/89 im gesamten *Personenverkehr* 38 % der Wege mit dem Pkw zurückgelegt; der Anteil der mit dem Pkw erbrachten Verkehrsleistung im Personenverkehr betrug etwa 56 %. Die Angleichung der Lebensbedingungen in den beiden Stadthälften sowie insbes. auch im Umland von Berlin dürften zu einem weiteren Anwachsen der Motorisierung führen. Das DIW hat auf der Grundlage szenarischer Betrachtungen die künftige Motorisierungsentwicklung abgeschätzt. In einem Szenario „Zersiedlung" wurde eine Zersiedlungsentwicklung für die Region Berlin (Berlin und umliegende Landkreise) in Analogie zu anderen Ballungsräumen unterstellt. Dabei wurde von einer Bevölkerungszunahme in der Region Berlin von derzeit 4,3 Mio. auf 4,9 Mio. ausgegangen (> BEVÖLKERUNG). In einem Szenario „Gestaltung" wurden Strategien zur verkehrsreduzierenden Flächennutzung sowie ordnungspolitische Maßnahmen zur Dämpfung des motorisierten *Individualverkehrs* unterstellt. Unter diesen Annahmen dürfte der Bestand an Pkw in Berlin bis zum Jahr 2010 im ungünstigen Fall (Szenario „Zersiedlung") um etwa 73 % zugenommen haben, während er sich im Umland sogar nahezu verdreifachen könnte. Die Pkw-Fahrleistung würde sich gleichzeitig um etwa 55 % erhöhen, in der Region Berlin insg. sogar etwa verdoppeln. Im günstigen Fall (Szenario „Gestaltung") kann mit einer Erhöhung des Pkw-Be-

Motorisierungsentwicklung in Berlin seit 1960[1]			
Jahr[2]	West-Berlin	Ost-Berlin	Gesamt-Berlin
1960	145.800	23.400	169.200
1965	275.400	46.800	322.200
1970	375.200	85.800	461.000
1975	425.300	136.300	563.600
1980	538.100	194.600	732.700
1985	589.800	248.500	838.300
1989	663.400	301.100	964.500
1991	703.800	373.400	1.077.200

[1] für den Verkehr zugelassene Pkw und Kombi
[2] Stand: jeweils 1. Juli des Jahres

stands in Berlin um 60 % gerechnet werden, im Umland würde er sich etwa verdoppeln. In diesem Fall würde die Pkw-Fahrleistung in der Region insg. um etwa 15 % zunehmen. In den Innenstadtbereichen Berlins innerhalb der > RINGBAHN wäre unter diesen Umständen immer noch eine Zunahme des Pkw-Verkehrs um 17 % zu erwarten.

Diesem Anwachsen des K. soll durch geeignete Strategien der Verkehrsvermeidung und -verlagerung begegnet werden. Insbes. soll durch eine Angebotserweiterung im > ÖFFENTLICHEN PERSONENNAHVERKEHR und durch ordnungspolitische Maßnahmen wie z.B. das Parkraumkonzept (> RUHENDER VERKEHR) oder zur > VERKEHRSBERUHIGUNG der Anteil der individuellen Kfz-Nutzung gegenüber öffentlichen Verkehrsträgern im Innenstadtbereich auf ein Verhältnis von 20:80 gesenkt werden.

Krankenhäuser: Nach dem Krankenhaus-Rahmenplan 1991 der > SENATSVERWALTUNG FÜR GESUNDHEIT wurden am 31.12.1990 im Land Berlin 113 K. mit insg. 43.018 Betten, darunter 29.808 Betten im Bereich der Akutversorgung, betrieben; dies entspricht einem Versorgungsgrad von 12,3 (8,6) Betten je 1.000 Einwohner. Die Krankenhausstatistik verzeichnete ca. 13,2 Mio. Pflegetage mit einer durchschnittlichen Verweildauer von 22 Tagen (West 23,6; Ost 19,5).

Einige K. bestehen aus mehreren örtlich getrennten Bereichen: z.B. das > KLINIKUM BERLIN-BUCH mit sieben Bereichen im Bezirk > PANKOW, der Krankenhausbetrieb Spandau mit drei Bereichen in > SPANDAU oder das Max-Bürger-Krankenhaus mit fünf Standorten in > CHARLOTTENBURG und > WILMERSDORF, so daß an insg. 149 Standorten stationäre

Krankenhausversorgung angeboten wird. Am Stichtag lagen zwei Standorte (Ulrici-Klinik/Sommerfeld, Auguste-Viktoria-Krankenhaus, örtlicher Bereich Wyk/Föhr) außerhalb Berlins.

Nach Trägern kann man unterscheiden in öffentliche, einschließlich der Universitätsklinika, gemeinnützige und private K. Zu den gemeinnützigen Trägern gehören die Spitzenverbände der freien > WOHLFAHRTSPFLEGE: die > ARBEITERWOHLFAHRT LANDESVERBAND BERLIN E.V., der > CARITASVERBAND BERLIN E.V., das > DEUTSCHE ROTE KREUZ LANDESVERBAND BERLIN, das > DIAKONISCHE WERK BERLIN-BRANDENBURG und der > PARITÄTISCHE WOHLFAHRTSVERBAND.

Bei den einzelnen K. ist zu unterscheiden zwischen:

K. der *Grundversorgung*, deren medizinisches Leistungsangebot nicht mehr als zwei Fachdisziplinen umfaßt. In der Regel bieten sie eine Erste Hilfe an. Dazu zählen alle K. für Chronisch Kranke und die Belegkrankenhäuser.

K. der *Regelversorgung*, deren Leistungsumfang mind. die Fachdisziplinen Innere Medizin und Chirurgie umfaßt und die sich durch eine oder mehrere zusätzliche Fachdisziplinen im Bereich der Akutversorgung aus der Stufe der Grundversorgung hervorheben.

K. der *Schwerpunktversorgung*. Diese haben ein breitgefächertes Angebot an Fachdisziplinen, das im Sinne einer Schwerpunktbildung auch durch eine Spezialisierung der Inneren Medizin und Chirurgie in eigenständige Abteilungen für einzelne Teilgebiete gekennzeichnet ist. Eine Teilnahme an der Unfall- und Notfallversorgung ist grundsätzlich erforderlich.

Die Berliner Krankenhäuser der Schwerpunkt- und Zentralversorgung nach Trägerzugehörigkeit und Bettenangebot am 31. Dezember 1990

Schwerpunktversorgung

Häuser	Trägerbereich	Betten
St.-Gertrauden-Krhs.	GEM/CVB	519
St.-Joseph-Krhs.	GEM/CVB	517
Ev. Waldkrhs. Spandau	GEM/DIA	729
Immanuel-Krhs.	GEM/DIA	222
Martin-Luther-Krhs.	GEM/DIA	400
Krhs. Moabit II	GEM/DIA	419
Jüdisches Krhs.	GEM/PW	486
Oskar-Helene-Heim	GEM/PW	267
Krhs. Jungfernheide	GEM/DRK	287
Deutsches Herzzentrum	GEM/STI	142
Bundeswehr-Krhs.	KOM/BMV	520
Urban-Krhs.	KOM/STD	1.286
Aug.-Viktoria-Krhs.	KOM/STD	1.271
Diplomaten-Krhs.	KOM/STD	189
Humboldt-Krhs.	KOM/STD	1.052
Karl-Bonhoeffer-Nervenklinik	KOM/STD	1.054
Krhs. Kaulsdorf	KOM/STD	494
Kinder-Krhs. Lindenhof	KOM/STD	237
Klinikum Berlin-Buch	KOM/STD	3.589
Krhs. Moabit I	KOM/STD	467
Nervenklinik Spandau	KOM/STD	755
Zentralklinik Wilhelm Griesinger	KOM/STD	927
Fachkrhs. Lichtenberg	KOM/STD	823
Oskar-Ziethen-Krhs.	KOM/STD	567
Salvador-Allende-Krhs.	KOM/STD	621
Krhs. Spandau	KOM/STD	1.404
Wenckebach-Krhs.	KOM/STD	559
Krhs. Zehlendorf	KOM/STD	831
Insgesamt		**20.634**

Zentralversorgung

Häuser	Trägerbereich	Betten
Krhs. Friedrichshain	KOM/STD	1.048
Krhs. Neukölln	KOM/STD	1.992
Charité	KOM/UNI	1.960
Forschungsinstitut für Lungenkrankheiten und Tuberkulose	KOM/UNI	177
Klinikum Steglitz	KOM/UNI	1.354
Klinikum Rudolf Virchow	KOM/UNI	2.255
Zentralinstitut für Arbeitsmedizin	KOM/UNI	50
Zentralinstitut für Herz- und Kreislaufforschung	KOM/UNI	88
Zentralinstitut für Krebsforschung	KOM/UNI	200
Insgesamt		**9.124**

BMV = Bundesministerium für Verteidigung, CVB = Caritasverband Berlin, DIA = Diakonisches Werk, PW = Paritätischer Wohlfahrtsverband, DRK = Deutsches Rotes Kreuz, GEM = gemeinnützig, KOM = kommunal, STD = städtisch, STI = Stiftung, UNI = Universität

Krankenhäuser in Berlin nach Status Krankenhausplan und Trägerzugehörigkeit am 31. Dezember 1990

In den Krankenhausplan aufgenommen (West-Berlin)

	Anzahl der Häuser	Betten
Gemeinnützige Häuser	35	10.195
Private Häuser	10	1.308
Städtische Häuser	11	11.370
Universitätskrankenhäuser	2	3.609
Insgesamt	**58**	**26.482**

In die vorläufige Förderliste aufgenommen (Ost-Berlin)

	Anzahl der Häuser	Betten
Gemeinnützige Häuser	8	1.633
Sonstige Einrichtungen	1	520
Städtische Häuser	16	10.330
Universitätseinrichtungen	4	515
Universitätskrankenhäuser	1	1.960
Insgesamt	**30**	**14.958**

Nicht in den Krankenhausplan aufgenommen (West-Berlin)

	Anzahl der Häuser	Betten
Gemeinnützige Häuser	6	349
Private Häuser	10	543
Insgesamt	**16**	**892**

Sonderkrankenhäuser (West-Berlin)

	Anzahl der Häuser	Betten
Gemeinnützige Häuser	6	334
Private Häuser	2	139
Städtische Häuser	1	213
Insgesamt	**9**	**686**
Summe	**113**	**43.013**

Bettenangebot der Allgemein-, Fach- und Sonderkrankenhäuser nach Versorgungsstufen

	Anzahl der Häuser	Betten
Grundversorgung	39	7.733
Regelversorgung	12	4.027
Schwerpunktversorgung	28	20.556
Zentralversorgung	9	9.124
Ohne Zuordnung	25	1.578

K. der *Zentralversorgung* stellen die höchste Versorgungsstufe dar mit einem breitgefächerten Angebot aller Fachdisziplinen bis zur medizinischen Spitzen- und Spezialversorgung. Hierzu gehören u.a. auch die *Universitätsklinika* (> UNIVERSITÄTSKLINIKUM RUDOLF VIRCHOW; > UNIVERSITÄTSKLINIKUM STEGLITZ; > CHARITÉ), die jedoch in erster Linie der Lehre und Forschung dienen.

Aufgegliedert nach Fachgebieten sind die größten Einzeldisziplinen der Berliner K. die Innere Medizin mit einem Angebot von 10.363 Betten (26 %), Chirurgie mit 6.436 Betten (16 %), Chronisch Kranke mit 6.891 Betten (17 %) und Psychiatrie mit 6.319 Betten (15 %). Von den insg. 43.018 Betten gehören rechnerisch 28.060 (65 %) in 83 K. zum Westteil, 14.958 Betten in 30 Häusern zum Ostteil der Stadt. Die Krankenhausdichte ist in den einzelnen Bezirken sehr unterschiedlich.

Im Rahmen des Krankenhausplanes müssen die notwendigen Maßnahmen zur weiteren Entwicklung des Krankenhauswesens aufgezeigt werden. Dazu gehören insbes. die Sanierung des Gebäudebestandes und die weitere Entwicklung in der Medizin. Beispielhaft sei hier angeführt die Schaffung eines Lasermedizinischen Zentrums Berlin mit 20 Betten am Krankenhausstandort > NEUKÖLLN. Da die Bezirke > HOHENSCHÖNHAUSEN und > MARZAHN über keine allgemeinen K. verfügen, ist für Hohenschönhausen eine Praxisklinik, in der ambulant tätige Ärzte ihre Patienten auch stationär weiterversorgen können, sowie eine Diabetes-Nachklinik geplant. In Marzahn soll ein 500-Betten-Krankenhaus der Schwerpunktversorgung entstehen.

Nach der > VEREINIGUNG mußte in die Krankenhausplanung auch die Versorgung des Umlandes mit einbezogen werden; dies gilt vor allem für die nördlichen Bereiche mit der Zentralisierung der stationären Versorgung im Klinikum Berlin-Buch. Von den dort geplanten 1.800 Betten sollen etwa 1.000 für die Versorgung von Patienten aus dem Umland vorgehalten werden.

1991 wurden insg. rd. 40.000 Brandenburger in Berliner K. behandelt (= 6 % aller Berliner Behandlungsfälle), die große Mehrzahl davon (38.000) in Ost-Berlin. Sie belegten etwa 2.500 der insg. rd. 43.000 Berliner Krankenhausbetten. Während zur länderübergreifenden Krankenhausplanung bereits erste Vereinbarungen getroffen werden konnten, stehen vertragliche Regelungen der wechselseitigen finanziellen Ausgleichsan-

sprüche noch aus.

Für die Versorgung von langfristig (chronisch) und geriatrischen Kranken sind im Zusammenhang mit dem ersten Landeskrankenhausgesetz *Krankenheime* geschaffen worden, die über eine von K. abweichende Ausstattung verfügen (> ALTENHILFE). Am 1.1. 1990 gab es in West-Berlin 27 Krankenheime mit 3.241 Krankenheimbetten. Im Krankenhausrahmenplan wird zunächst keine Veränderung für diesen Bereich vorgenommen, da durch die Pflegeversicherung und andere sozial- und gesundheitspolitisch angestrebte Regelungen eine Neuordnung auf diesem Gebiet notwendig wird.

Die Geschichte der K. als Behandlungsstätte von Krankheiten läßt sich in Berlin bis zum Beginn des 18. Jh. zurückverfolgen. Das *Jüdische Krankenhaus* kann auf die längste Geschichte zurückblicken. 1703 wurde ein Hekdesch gegründet, 1756 erfolgte der erste Krankenhausbau für die Krankenverpflegungsanstalt der > JÜDISCHEN GEMEINDE in der Oranienburger Str. 1710 wurde im Westen der Stadt ein Pesthaus errichtet, aus dem sich die Charité entwickelte. Die ersten städtischen K. entstanden 1874 in > FRIEDRICHSHAIN, 1872 in > MOABIT und 1890 in > KREUZBERG (Am Urban). Von den konfessionellen K. mit langer Tradition seien das Elisabeth Diakonissen- und Krankenhaus (1837) und das St.-Hedwigs-Krankenhaus (1844) genannt.

Kreuzberg: Der Innenstadtbezirk K. ist nach > FRIEDRICHSHAIN der zweitkleinste der 23 Berliner > BEZIRKE. Aufgrund seiner dichten Bebauung, v.a. mit um die Jahrhundertwende entstandenen > MIETSKASERNEN, weist er jedoch die höchste Einwohnerdichte aller Bezirke auf. 61 % der insg. 75.000 Wohnungen stammen aus der Zeit vor 1919. 20 % aller Wohnungen verfügen nicht über ein eigenes Bad und 4 % nicht über eine Innentoilette. Rd. 5.000 Wohnungen sind dringend instandsetzungsbedürftig. V.a. der im innerstädtischen (West-Berliner) Vergleich bisher billige Wohnraum dürfte die Ursache für den höchsten Ausländeranteil der Berliner Bezirke sein. Knapp zwei Drittel von ihnen sind Türken. Bei der Ausstattung mit Grün- und Wasserflächen liegt K. am Ende der Verteilungsskala.

Der Bezirk entstand 1920 bei der Bildung > GROSS-BERLINS als sechster Verwaltungsbezirk aus Teilen des alten Berliner Stadtgebiets einschließlich deren Vorstädte (*Südliche Fried-*

richstadt, Luisenstadt und *Tempelhofer Vorstadt*). Bis September 1921 hieß er zunächst *Hallesches Tor*. Seinen heutigen Namen verdankt der Bezirk dem 66 m hohen gleichnamigen Berg an der Abbruchkante des > TELTOW im > VIKTORIAPARK. Die übrige Bezirksfläche K. liegt ausschließlich im > BERLIN-WARSCHAUER URSTROMTAL der > SPREE, die den Bezirk im Osten gegenüber dem Bezirk Friedrichshain begrenzt. 1938 erfolgte eine Begradigung der Bezirksgrenzen zum nördlich anschließenden Bezirk > MITTE, die jedoch keine gravierenden Gebietsverschiebungen mit sich brachte. Im Südosten grenzt K. an > TREPTOW, im Süden an > NEUKÖLLN und > TEMPELHOF sowie im Westen an >

dem damaligen *Tempelhofer Berg*, wie vielfach in der Umgebung Berlins, Wein angebaut (> VOLKSPARK AM WEINBERG). Seit gut einem Jahrzehnt wird diese Tradition in bescheidenem Maße wieder gepflegt (z.B. an der Methfesselstr.). Der Wein wird vom Bezirksamt bei offiziellen Anlässen und als Geschenk verwendet. 1821 erhielt der Tempelhofer Berg anläßlich der Errichtung des Schinkelschen Nationaldenkmals und dessen Bekrönung mit einem Eisernen Kreuz den Namen „Kreuzberg".

Die Besiedlung der innerhalb der > STADTMAUER gelegenen Teile des heutigen K. in südlicher Richtung bis zum *Rondell* (später Belle-Alliance-, heute > MEHRINGPLATZ) mach-

Kreuzberg – Fläche und Einwohner		
Fläche (31.12.1990)	10,38 km²	100 %
Bebaute Fläche	5,94	56,6
Wohnfläche	2,67	25,7
Gewerbe- und Industriefläche inkl. Betriebsfläche	0,6	5,4
Verkehrsfläche	3,27	31,5
Grünfläche¹	0,91	8,8
Landwirtschaft	–	–
Wald	–	–
Wasser	0,23	2,2
Einwohner (31.12.1989)	151.295 EW	
darunter: Ausländer	27.547	31,4 %
Einwohner pro km²	14.576	

¹ Parks, Tierparks, Kleingärten, Spielplätze, ungedeckte Sportanlagen, Freibäder, Friedhöfe

SCHÖNEBERG und > TIERGARTEN. Von Juli 1945 bis zum Ende des alliierten > SONDERSTATUS am > 3. OKTOBER 1990 gehörte K. zum amerikanischen Sektor (> SEKTOREN). In dieser Zeit bildete die Bezirksgrenze zu Mitte, Friedrichshain und Treptow gleichzeitig die Sektorengrenze (> DEMARKATIONSLINIE; > MAUER). In der > FRIEDRICHSTRASSE lag die Ausländerübergangsstelle > CHECKPOINT CHARLIE (> BESUCHERREGELUNGEN).

Während seit dem 17. Jh. v.a. die südliche Friedrichstadt und die Luisenstadt die bevorzugte Ausdehnungsrichtung der Berliner > STADTERWEITERUNGEN war, wurde die Tempelhofer Vorstadt erst 1861 zu Berlin geschlagen. Das Gelände war bereits im 15. Jh. von der Doppelstadt Berlin/Kölln gekauft worden. Bis etwa Mitte des 18. Jh. wurde auf

te bereits im 18. Jh. große Fortschritte. Der Bedeutung dieses Gebietes wurde 1734/35 mit der Errichtung des preußischen > KAMMERGERICHTS (heute > BERLIN-MUSEUM) in der Lindenstr. Rechnung getragen. Dieser noch mehrfach erweiterte Bau war gleichzeitig das erste allein für Verwaltungszwecke errichtete Gebäude in Berlin.

Bedingt durch die Lage zum als Exerzierplatz genutzten Tempelhofer Feld entwickelte sich K. auch zu einer bedeutenden Garnison. Davon zeugt noch die 1850-53 von Wilhelm Drewitz errichtete ehem. *Garde-Dragoner-Kaserne* am Mehringdamm 20-25 (seit 1920 Finanzamt). Auch sonst entwickelte sich die Bebauung der Bezirksfläche sehr unterschiedlich. Im Westen und entlang des > LANDWEHRKANALS zeigte sie eine eher hochherrschaftliche Prägung, wie sie sich etwa in > RIEHMERS HOFGARTEN oder den Häusern am Planufer beispielhaft erhalten hat, während insbes. ab den letzten Jahrzehnten des 19. Jh. v.a. im Osten der Mietskasernenbau dominierte. Die sozialen und wirtschaftlichen Strukturen waren dort entsprechend: ein altes Zuwanderergebiet mit schlechter Wohnqualität und starker Durchmischung mit Gewerbebetrieben v.a. auf den Hinterhöfen (> GEWERBE-SIEDLUNGSGESELLSCHAFT). Dazu kamen der > GÜTERVERKEHR auf und an den > WASSERSTRASSEN Spree und Landwehrkanal (*Urbanhafen* südlich des heutigen *Böcklerparks* an der Gitschiner Str.) mit dem beide verbindenden Luisenstädtischen Kanal (1920 zugeschüttet, jetzt wieder in Rekonstruktion).

Die überalterte und im II. Weltkrieg stark in Mitleidenschaft gezogene Wohnsubstanz machte K. frühzeitig zum bevorzugten Objekt der > STADTSANIERUNG. Die Sünden des in den 70er Jahren praktizierten Kahlschlagprinzips haben im Bezirk unübersehbar ihre steinernen Zeugen hinterlassen, so z.B. das 1969-74 nach Plänen von Wolfgang Jokisch und Johannes Uhl am *Kottbusser Tor* errichtete *Neue Kreuzberger Zentrum* oder die Bebauung an der Bergfriedstr. und südlich des Wassertorplatzes. Später entdeckte man K. für das Verfahren der Modernisierung durch „Entkernung", für das der 1978 fertiggestellte Block 100 an der Südseite des > MARIANNENPLATZES das erste Beispiel war. Der durch Spekulation auf Sanierungsgelder und schrittweise „Entmietung" der Blöcke verursachte Leerstand führte hier früh zu zahlreichen > HAUSBESETZUNGEN. Die > INTERNATIONALE BAUAUSSTELLUNG 1987 machte K. dann zum Zentrum ihrer Bemühungen um „behutsame Stadterneuerung" und hat dem Bezirk zu einigen bedeutenden Musterbauten verholfen, etwa am Fraenkelufer, an der Ritterstr. oder an der Lindenstr. neben dem Berlin-Museum. Nach dem Mauerbau 1961 abgeschnitten vom alten City-Bereich im Norden und im Osten, war der Bezirk in eine isolierte und lange vernachlässigte Randlage geraten. Wer es sich leisten konnte, zog in „bessere" Gegenden. Es blieben v.a. die sozial Schwachen. In den Altbaubereichen siedelten sich zahlreiche Ausländer an, aber auch Studenten, Künstler und Menschen, die alternative Wege urbanen Lebens suchten, so v.a. in dem einstigen Postzustellbezirk *SO (Süd-Ost) 36* um den ehem. > GÖRLITZER BAHNHOF. Eine

dichte Ansammlung von Kneipen und kleinen Geschäften, alteingesessenen „Pantoffelfabriken" (weil im Hinterhof mit Pantoffeln von der Wohnung aus erreichbar) und alternativen Projekten verhalf K. zu einem eigenen Flair, der sog. „Kreuzberger Mischung", die es über Berlin hinaus bekannt machte. K. galt als Hochburg der > ALTERNATIVBEWEGUNG, die etwa in Form des > MEHRINGHOFS, des > KERNGEHÄUSES oder der > REGENBOGENFABRIK Einrichtungen schuf, die heute zum festen Bestandteil der Berliner Stadtkultur gehören. Auf der anderen Seite nährten sich hier im Brennpunkt sozialer

Rathaus Kreuzberg

Probleme unter den gesellschaftlichen Randgruppen aber auch kriminelle Energie und Gewaltbereitschaft, wie sie sich für die Stadt schockartig und im schrillen Kontrast zu den offiziellen 750-Jahr-Feiern 1987 in den Straßenschlachten am damaligen 1.-Mai-Feiertag entluden.

Mit der > VEREINIGUNG ist K. wieder in eine attraktive Lage in der Mitte der Stadt gerückt, was sich in einer radikalen Neubewertung der Flächenproduktivität niederschlägt. Aus dem Fluchtpunkt für Aussteiger wurde ein Anziehungspunkt für Einsteiger. So haben sich die Gewerbemieten seit der Grenzöffnung 1989 z.T. verfünffacht und auch für die Wohnungsmieten weist der

Trend nach oben. Insofern wird der Bezirk in den nächsten Jahren umfassende wirtschaftliche, städtebauliche und soziale Veränderungen erfahren, die auch vor der von vielen lieb gewonnenen Idylle des Kreuzberger Kiezes nicht haltmachen wird.

Schon jetzt verfügt K. über zahlreiche Einrichtungen und Gebäude mit überregionaler Bedeutung, so die > AMERIKA GEDENKBIBLIOTHEK am Halleschen Tor, den > MARTIN-GROPIUS-BAU an der Stresemannstr., das > LANDESEINWOHNERAMT an der Friedrichstr. und die > BUNDESDRUCKEREI an der Oranienstr. Entlang ihrer westlichen Fortsetzung, der Kochstr., hatte sich Ende des 19. Jh. das Berliner *Zeitungsviertel* etabliert, an dessen Tradition nach dem II. Weltkrieg der Springer-Verlag mit seinem 1961-66 unmittelbar neben der Mauer errichteten Verlagshochhaus und die im Mai 1989 an die Kochstr. umgezogene Zeitung > DIE TAGESZEITUNG wieder anknüpfen (> PRESSE). Weitere Einrichtungen mit überbezirklicher Bedeutung sind der > BLUMENGROSSMARKT an der Friedrichstr., das Postgiroamt Berlin am Halleschen Ufer (> DEUTSCHE BUNDESPOST), die Dienststellen der > POLIZEI und des Kraftverkehrsamtes in der Friesenstr., das mit 1.286 Betten ausgestattete *Schwerpunktkrankenhaus Am Urban* an der Urbanstr. (> KRANKENHÄUSER) und die > SENATSVERWALTUNG FÜR STADTENTWICKLUNG UND UMWELTSCHUTZ an der Lindenstr. Als Gewerbestandort liegt K. bisher im unteren Drittel der West-Berliner Bezirke: 1989 erwirtschafteten knapp 11.000 Beschäftigte in 118 Betrieben des verarbeitenden Gewerbes einen Umsatz von 1,72 Mrd. DM. Bekanntere Betriebe sind die Schultheiss-Brauerei an der Methfesselstr. (mit einem *Brauereimuseum*, das in Gruppen besichtigt werden kann) und die Klavierfabrik Bechstein am Moritzplatz. Hier soll in den kommenden Jahren ein großes Ost-West-Handelszentrum entstehen, an den Yorckbrücken ist ein 100 m hohes Bürohochhaus geplant und an der Kochstr. will die japanische Firma Nikon ein Großprojekt errichten.

Durch seine Lage am südlichen Rand des Stadtzentrums ist K. stark vom Durchgangsverkehr belastet. Die jahrzehntelange Teilung und die an den Gegebenheiten orientierte Stadtplanung haben allerdings mehrere alte Verbindungen unterbrochen, z.B. Friedrichstr. – Mehringdamm, und auch die Lindenstr. kann durch den Umbau des > MEHRINGPLATZES ihre alte Rolle nicht wieder

ausfüllen. Der Straßenzug Tempelhofer Ufer (Gegenrichtung: Hallesches Ufer) – Gitschiner Str. – Skalitzer Str. – Oberbaumstr. soll nach Wiedereröffnung der > OBERBAUMBRÜCKE Teil eines übergeordneten Innenstadtrings werden.

Im > ÖFFENTLICHEN PERSONENNAHVERKEHR ist der Bezirk v.a. durch die > U-BAHN gut erschlossen: Vier Linien mit 13 Stationen, von denen vier (einschließlich Gleisdreieck) zugleich Umsteigebahnhöfe sind, durchqueren den Bezirk. Die auch durch ein gleichnamiges Musical berühmt gewordene „Linie 1" folgt in ihrem östlichen Teil der Berliner Stadtgrenze von 1734, woran noch heute die Bezeichnung „Tor" in mehreren Stationsnamen erinnert. Die > S-BAHN ist hingegen nur mit einem Bahnhof und zwei Linien vertreten.

Im kulturellen Bereich sind unter den annähernd 300 Theatergruppen, Kinos, Varietés, Musikbühnen und anderen Einrichtungen v.a. das > HEBBEL-THEATER, die Spielstätte der Theatermanufaktur, das > KÜNSTLERHAUS BETHANIEN und die Berliner Kammeroper zu nennen. Neben dem Berlin-Museum sind das > MUSEUM FÜR VERKEHR UND TECHNIK und im Martin-Gropius-Bau die > BERLINISCHE GALERIE und das *Jüdische Museum* in K. präsent. Die benachbarte Ausstellung „Topographie des Terrors" auf dem > PRINZ-ALBRECHT-GELÄNDE mahnt an die Verbrechen des Nazi-Terrors. An den einstigen Vorstadtcharakter des Innenstadtbezirks erinnern mehrere großflächige > FRIEDHÖFE mit den Gräbern zahlreicher berühmter Persönlichkeiten und vielfältigen Beispielen eindrucksvoller Grabmalkunst (> FRIEDHÖFE VOR DEM HALLESCHEN TOR; > FRIEDHÖFE AN DER BERGMANNSTRASSE). Der Naherholung dienen der Viktoriapark sowie der auf dem Gelände des Görlitzer Bahnhofs ab 1987 angelegte > GÖRLITZER PARK. Mit dem benachbarten, gleichzeitig eröffneten Spreewaldbad und dem 1901 eröffneten, unter Denkmalschutz stehenden Stadtbad an der Baerwaldstr. 64-68 verfügt K. gleichzeitig über eines der modernsten und eines der ältesten städtischen > HALLENBÄDER Berlins. Im sportlichen Bereich hat K. eine Berliner Einmaligkeit zu bieten: die jährlich im September ausgetragenen Berliner und Deutschen Meisterschaften im *Seifenkistenrennen* auf dem Mehringdamm, die 1991 mit mehr als 300 Startern rd. 20.000 Besucher an die 327 m lange Strecke lockten.

K. verfügt über kein herausgehobenes bezirkliches Zentrum. Die Geschäfte verteilen sich im gesamten Bezirk, z.B. im Bereich Mehringdamm, Bergmannstr. und Gneisenaustr. oder Oranienburger Str., Kottbusser Tor, Kottbusser Str./Kottbusser Damm. Die Bergmannstr. ist bekannt für ihre vielen Trödelläden (> TRÖDELMÄRKTE).

Das Rathaus, ein durch Willy Kreuer in zwei Bauetappen (1952-54 bzw. 1956-58) geschaffener elfgeschossiger Hochhauskomplex, liegt abseits in der Yorckstr. 4-11 (> RATHÄUSER). K. unterhält in Deutschland > STÄDTE-VERBINDUNGEN zu Wiesbaden, Ingelheim, Porta Westfalica, den Kreisen Lippe, Bergstraße und Limburg-Weilburg und international zu San Rafael del Sur in Nicaragua und Kiryat Yan in Israel. Seit 1945 stellte regelmäßig die SPD den Bezirksbürgermeister.

Bei der ersten Gesamt-Berliner Kommunalwahl am 24.5.1992 wurde wiederum die SPD knapp stärkste Partei (> WAHLEN). Sie stellt einschließlich des Bezirksbürgermeisters drei Stadträte, CDU und Grüne/AL je zwei.

Kriminalgericht Moabit: Das zentrale Gebäude der Berliner *Strafgerichtsbarkeit* war bis zur > SPALTUNG der Stadt 1948 und ist wieder seit der > VEREINIGUNG das K. in der > TURMSTRASSE 91 im Bezirk > TIERGARTEN. Der 1906 fertiggestellte monumentale Zentralbau ist im Laufe der Jahre durch immer neue Gerichtsanbauten (zuletzt 1990 an der Wilsnacker Str.) und ein Parkhaus erweitert worden, die inzwischen nahezu den gesamten Bereich zwischen Turmstr., Wilsnacker Str. und Alt-Moabit einnehmen. Die Justizvollzugsanstalt Moabit (Untersuchungshaft- und Aufnahmeanstalt) rundet den Gesamtkomplex zur Rathenower Str. hin ab (> JUSTIZVOLLZUG). Die Gerichtsgebäude beherbergen heute das > AMTSGERICHT Tiergarten, die Straf- und Strafvollstreckungskammern des > LANDGERICHTS, die Staatsanwaltschaft beim Landgericht sowie die Amtsanwaltschaft (> STAATSANWALTSCHAFTEN). Zugleich ist hier der Sitz des Berliner Amtsgerichtspräsidenten.

Bei Errichtung des „neuen" Kriminalgerichts zum Jahre 1906 bestand das an der Rathenower Str./Ecke Alt-Moabit gelegene Vorgängergebäude erst 25 Jahre. Hier befand sich bereits seit 1881 das Königliche Untersuchungsgefängnis Moabit. Bereits im Gründungsjahr wurden die Strafabteilungen aller Berliner Amtsgerichte in Moabit konzentriert. Der Besucher betritt das K. durch die 29 m hohe und 27 m breite Mittelhalle des ebenso einschüchternd wie für die Zwecke der Strafjustiz funktional geplanten zentralen Hauptgebäudes. Es gibt gesonderte Zugänge für Richter und Staatsanwälte zu den Schwurgerichtssälen, von der angrenzenden Justizvollzugsanstalt führt ein überdachter Verbindungsgang direkt in die Zimmer der Haftrichter und zu den Verhandlungssälen. Auch innerhalb des Gebäudes dienen abgeschlossene Gänge und brückenartige Überführungen über die Hauptflure diesem

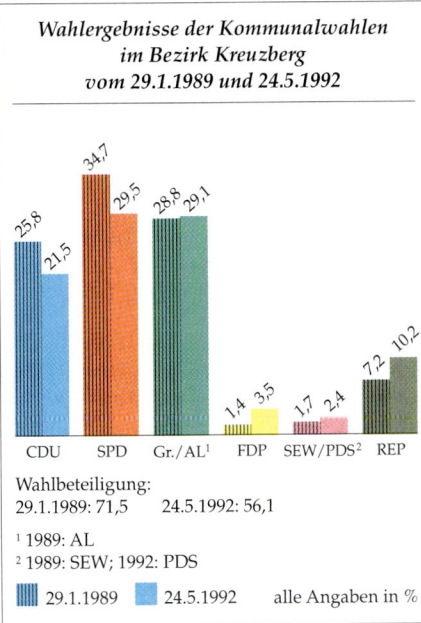

Wahlergebnisse der Kommunalwahlen im Bezirk Kreuzberg vom 29.1.1989 und 24.5.1992

CDU: 25,8 / 21,5
SPD: 34,7 / 29,5
Gr./AL[1]: 28,8 / 29,1
FDP: 1,4 / 3,5
SEW/PDS[2]: 1,7 / 2,4
REP: 7,2 / 10,2

Wahlbeteiligung:
29.1.1989: 71,5   24.5.1992: 56,1

[1] 1989: AL
[2] 1989: SEW; 1992: PDS

29.1.1989   24.5.1992   alle Angaben in %

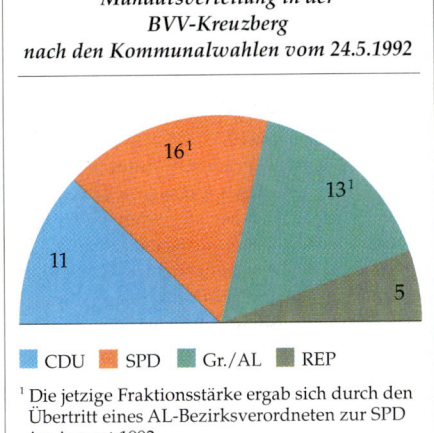

Mandatsverteilung in der BVV-Kreuzberg nach den Kommunalwahlen vom 24.5.1992

SPD: 16[1]
Gr./AL: 13[1]
CDU: 11
REP: 5

CDU   SPD   Gr./AL   REP

[1] Die jetzige Fraktionsstärke ergab sich durch den Übertritt eines AL-Bezirksverordneten zur SPD im August 1992.

Zweck. Die unterschiedliche Gestaltung der in den verschiedenen Epochen entstandenen Verhandlungssäle versinnbildlicht auch architektonisch den angestrebten Funktionswandel der Strafrechtspflege: Obrigkeitsstaatliches Strafrecht, vorrangig auf den Ausgleich von Schuld durch Sühne bedacht, weicht dem Bemühen um rationale Reaktion des Staates auf menschliches Fehlverhalten.

Wie kein anderes Strafjustizgebäude spiegelt das K. deutsche Strafrechtsgeschichte wider. Schon wenige Monate nach Einweihung des Gebäudes begann dort die Strafsache gegen den Schuhmacher Wilhelm Voigt, der als *Hauptmann von Köpenick* in die Geschichte einging, als er am 16.10.1906 in preußischer Hauptmannsuniform die Stadtkasse von > KÖPENICK beschlagnahmte. Er wurde zu vier Jahren Gefängnis verurteilt – jedoch schon nach zwei Jahren von Kaiser Wilhelm II. (1888-1918) begnadigt. 1911 wurde ein Journalist wegen schwerer Beleidigung des Schriftstellers Karl May zu einer Geldstrafe von 100 Mark verurteilt, weil er diesen als „geborenen Verbrecher" bezeichnet hatte. Ein erster Fall von Wirtschaftskriminalität war der Prozeß gegen den Bürstenbinder Max Klante, der mit seinem 1920 gegründeten „Weltkonzern" etwa 80.000 Anleger um ihr Geld betrogen hatte.

Vor den Schranken des Gerichts standen der Kommunist Max Hölz wegen seiner Beteiligung an den Aufständen in Mitteldeutschland 1920/21, Arthur Schnitzler und George Grosz. Berühmte Verteidiger der 20er Jahre waren Max Ahlsberg und Erich Frey. Nicht aus den Annalen Moabits hinwegzudenken sind schließlich Gerichtsberichterstatter wie Paul Schlesinger (Sling) oder Moritz Goldstein (inquit).

In Moabit wurde auch gegen den späteren Bischof von Berlin-Brandenburg, Otto Dibelius, verhandelt, der 1937 vor einem Sondergericht wegen Verstoßes gegen das Heimtückegesetz angeklagt worden war. 1940 standen hier die Gebrüder Saß vor Gericht, weil sie 1929 durch einen Stollen in den Tresorraum der Discontobank Kleiststr./Ecke Bayreuther Str. eingebrochen und dort erhebliche Beute gemacht haben sollten. Nach einer Abschiebung aus Dänemark wurden sie im Januar 1940 zu Zuchthausstrafen verurteilt. Bereits im März erfolgte ihre Überstellung an die Geheime Staatspolizei und noch am selben Tag wurden sie wegen angeblichen Widerstandes erschossen. Noch bis

unmittelbar vor Inkrafttreten des Grundgesetzes wurde auch die > TODESSTRAFE in diesem Gebäude mehrfach verhängt.

Nach dem II. Weltkrieg waren die historischen Säle Kulisse für einige der raren und letztlich erfolglosen Versuche, während der NS-Zeit in der Richterrobe begangenes Unrecht strafrechtlich aufzuarbeiten. Erwähnung verdienen in diesem Zusammenhang der Fall Rehse und die sehr späten Ermittlungen der Staatsanwaltschaft bei dem Landgericht Berlin gegen ehem. Richter und Staatsanwälte beim > VOLKSGERICHTSHOF. Der Richter Hans-Joachim Rehse war angeklagt worden, als Beisitzer im ersten Senat (Vorsitzender: Roland Freisler) an mindestens sieben (insg. wohl 230) Todesurteilen dieses Gerichts mitgewirkt zu haben. Nachdem er zunächst 1967 wegen Beihilfe zum Mord und zum versuchten Mord zu fünf Jahren Zuchthaus verurteilt worden war, mußte das Verfahren nach einer heftig kritisierten Aufhebung des Urteils durch den > BUNDESGERICHTSHOF wiederholt werden. 1968 wurde Rehse freigesprochen.

Justizgeschichte im geteilten Deutschland schrieb der „Fall Brückmann". Der damals 16jährigen Ingrid Brückmann wurde vorgeworfen, 1972 in der DDR ihren Vater erschlagen zu haben. Sie floh anschließend in den Westen. Der Generalstaatsanwalt der DDR verlangte ihre „Zulieferung". Das > KAMMERGERICHT, das Bundesverfassungsgericht und schließlich die Europäische Menschenrechtskommission befaßten sich mit dem Fall. Erst als der Gesetzgeber das bis zur Vereinigung fortgeltende „Gesetz über die innerdeutsche Rechts- und Amtshilfe in Strafsachen" entsprechend geändert hatte, konnte der Prozeß vor einer Jugendkammer hier in Moabit beginnen.

Ende der 60er, Anfang der 70er Jahre wurde Moabit zum Schauplatz der ersten Terroristenprozesse. Am 10.11.1974 war der Präsident des Kammergerichts, Günter v. Drenkmann, Opfer eines Attentats geworden. Am 27.2.1975 hatten Terroristen den CDU-Landesvorsitzenden Peter Lorenz entführt, um die Freilassung von inhaftierten Komplizen zu erzwingen. Zweieinhalb Jahre dauerte dieser „Lorenz-Drenkmann-Prozeß" vor dem 1. Strafsenat des Kammergerichts, der nicht in der Witzlebenstr., sondern im Saal 700 in Moabit tagte. Die Anklage vertrat – auch gegen alliierte Bedenken – die Bundesanwaltschaft in ihren roten Roben.

680

Nicht aus den Annalen Moabits zu tilgen sein wird auch Deutschlands bis dahin aufwendigster und längster Strafprozeß, der viermal aufgerollte „Schmücker-Prozeß" gegen Ilse Schwipper u.a. wegen des Fememordes an dem Studenten Ulrich Schmücker. Nach mehreren Aufhebungen der Urteile durch den Bundesgerichtshof mußte er 1990/91 nach zehnjähriger Prozeßdauer schließlich eingestellt werden, da dem Gericht nach der offenbaren Außensteuerung des Strafverfahrens und der nicht mehr aufklärbaren Verstrickung anderer Behörden ein fairer Prozeß nicht mehr möglich erschien. Die Terroristenprozesse brachten 1978 den Einbau von besonderen Sicherheitsmaßnahmen mit sich, die auch zu erheblichen baulichen Beeinträchtigungen im Hauptgebäude führten.

Seit der Vereinigung treten v.a. Prozesse in den Vordergrund, die auf Anklagen der Arbeitsgruppe Regierungskriminalität der Staatsanwaltschaft beim Kammergericht beruhen, um die Unrechtmäßigkeiten der SED-Diktatur auch mit den gebotenen strafrechtlichen Mitteln aufzuarbeiten. Vom Mauerschützen bis zu Mitgliedern der Staatsführung mußten sich hier Personen wegen Verstoßes auch gegen die DDR-Rechtsordnung verantworten. Denn bundesdeutsches Strafrecht allein konnte wegen des verfassungsrechtlich verankerten strafrechtlichen Rückwirkungsverbotes nicht herangezogen werden. Als bislang prominentester Häftling wurde am 29.7.1992 der aus dem Moskauer Exil nach Deutschland zurückkehrende ehem. Staats- und Parteichef der DDR, Erich Honecker, in das K. eingeliefert, wo er gemeinsam mit den ehem. Politbüromitgliedern Erich Mielke (Minister für Staatssicherheit; > STAATSSICHERHEITSDIENST), Heinz Keßler (Verteidigungsminister), Willy Stoph (Ministerpräsident), Hans Albrecht (SED-Bezirksvorsitzender Suhl) sowie dem Stabschef der DDR-Volksarmee Fritz Streletz auf seinen Prozeß wegen des Schießbefehls an der innerdeutschen Grenze wartet (> MAUER). Der Alltag in Moabit wird jedoch jenseits dieser spektakulären Verfahren viel mehr durch die vielen hundert kleinen Strafprozesse gegen Verkehrsdelinquenten, Gelegenheitsdiebe oder notorische Kriminelle bestimmt, deren Leben über weite Strecken durch Moabit geprägt wurde. Ihnen v.a. gilt der Sinnspruch im Innenhof: „Die Sonne bringt es an den Tag".

Kriminalität: Die K., d.h. die Summe aller Straftaten (Verbrechen und Vergehen), werden in Berlin in der seit 1953 geführten *Polizeilichen Kriminalstatistik (PKS)* jährlich – nach bundeseinheitlichen Richtlinien – erfaßt, wobei nicht zwischen Delinquenz (z.B. Bagatelltaten) und Kriminalität (Taten von Intensivtätern mit krimineller Energie) differenziert wird. Die Kriminalstatistik der DDR und damit von Ost-Berlin wurde im Statistischen Jahrbuch der Deutschen Demokratischen Republik bis 1988 (letzte Ausgabe 1989) veröffentlicht (1951-56 und 1971-74 keine Angaben). Ab 1991 werden in der PKS alle Straftaten für die gesamte Stadt erfaßt.

Die z.T. progressive Zunahme der registrierten Straftaten erklärt sich u.a. aus dem erheblichen Anstieg der Eigentumsdelikte, insbes. des Ladendiebstahls mit Tätern aus allen Bevölkerungsschichten und den Delikten um das Kfz. Dies gilt besonders für die Jahre 1989 und 1990. Nach der Öffnung der > MAUER am 9. NOVEMBER 1989 wurden bis Jahresende im Westteil der Stadt für diese zwei Monate allein ca. 15.000 Ladendiebstähle polizeilich registriert, die nicht bekannt gewordenen Taten werden auf das 10-20fache und mehr geschätzt. Der anhaltend progressive Anstieg 1990 erklärt sich aus der weiteren Öffnung der Grenzen im Zuge der > VEREINIGUNG.

Neben diesen politischen Bedingungen erklärt sich der Anstieg auch durch neue Deliktformen, die sich insbes. seit Mitte der 70er Jahre verbreiteten (*Wirtschafts-* und *Umweltkriminalität* sowie Drogen- und Beschaffungskriminalität, z.B. beim Wohnungseinbruch, der zu ca. 60-70 % von Drogenabhängigen begangen wurde). Verzeichnete die PKS 1954 noch 1.298 Wohnungseinbrüche, so waren es 1978 bereits 6.620, 1988 insg. 9.227 und 1989 sowie 1990 11.550 bzw. 15.935. Die Drogendelikte setzen in größerem Umfang ab Ende der 60er Jahre ein: 1965 waren es 50 Fälle, 1968 bereits 140, 1970, als erstmals Heroinfunde in Berlin verzeichnet wurden, insg. 1.070, 1983 3.862 sowie 1990 und 1991 insg. 5.557 bzw. 7.237.

Für 1991 verzeichnet die PKS insg. 501.889 bekannt gewordene Delikte, das ist eine Zunahme um 150.353 gegenüber dem Vorjahr (+ 42,8 %). Davon waren 250 (+ 71,2 %) Tötungsdelikte , 8.139 (+ 62,4 %) Raub und 314.080 (+ 40,5 %) Diebstahl, der sich wiederum in schweren Diebstahl 184.925 (+ 73,0 %), Ladendiebstahl 52.147 (- 13,3 %), Dieb-

Straftaten in Berlin (West)

Jahr	erfaßte Delikte	aufgeklärte Delikte	%
1953	65.588	40.840	62,3
1958	72.040	36.895	51,2
1968	142.542	73.009	51,2
1978	205.933	91.427	44,4
1983	254.512	120.219	47,2
1988	273.090	130.582	47,8
1989	294.143	142.950	48,6
1990	351.536	166.434	47,3

Straftaten in Berlin (West) nach einzelnen Deliktgruppen

Jahr	Tötung	Raub	Diebstahl				
			insges.	schwer	SB[1]	an/aus Kfz	Fahrräder
1954	52	137	29.585	7.938	1.275	884	2.721
1958	34	175	40.911	11.295	–	2.600	3.990
1968	69	394	82.664	31.470	6.486	21.345	3.191
1978	142	2.288	131.145	68.800	19.958	36.884	7.378
1983	131	2.368	153.981	88.910	22.825	44.383	16.378
1988	134	2.582	152.170	86.038	26.933	36.631	13.751
1989	150	2.924	167.255	87.765	38.534	38.002	16.387
1990	146	5.013	223.510	106.868	63.078	49.408	17.255

[1] Diebstahl in bzw. aus Warenhäusern, Verkaufsräumen und Selbstbedienungsläden

stahl aus Kfz 70.521 (+ 42,7 %) und Taschendiebstahl 18.932 (+ 22,5 %) gliedert. Die relativ hohen Steigerungsraten 1991 erklären sich daraus, daß seit diesem Jahr – ausgehend von den Zahlen Westberlins = 100 % – die Straftaten für ganz Berlin registriert und somit etwa 60 % mehr Einwohner und Stadtgebiet erfaßt werden. Die Zahl der Tötungsdelikte ist in den letzten zehn Jahren etwa gleich geblieben, wobei der Anteil der ausländischen Tatverdächtigen (TV) mit 25-30 % überproportional hoch ist (etwa 60 % der Opfer ausländischer TV sind ebenfalls Ausländer). Die als Mord statistisch ausgewiesenen Taten haben sich wie folgt entwickelt: 1978 = 48, 1983 = 46, 1988 = 30, 1990 = 37 und 1991 = 75, davon ca. 30 % Versuche. Ebenfalls steigend ist die Zahl der Vergewaltigungen: 1954 wurden 110 Fälle bekannt. 1968 waren es bereits 278 und 1978 insg. 502. 1983 betrug die Zahl 489, 1988 348 und 1990 334. 1991 stieg die Zahl für ganz Berlin auf 512 an. Alle diese Deliktformen weisen seit den letzten 15 Jahren eine etwa gleichbleibende Tendenz auf. Über das Dunkelfeld liegen für Berlin keine Untersuchungen vor. Aufgrund von Studien in anderen Städten der Bundesrepublik ist jedoch deliktspezifisch von unterschiedlich hohen Dunkelfeldzahlen auszugehen, die u.a. vom Anzeigeverhalten der Bevölkerung bestimmt werden (ca. 90 % aller von der > POLIZEI erfaßten Straftaten werden angezeigt). Insoweit kann die Zunahme von Straftaten auch von einem veränderten Anzeigeverhalten beeinflußt werden, was z.B. für den SB-Diebstahl zutrifft, da in diesem Bereich zeitweilig die meisten dieser Taten angezeigt wurden. Die Zahl der Intensivtäter, die etwa 40-50 % aller Straftaten begehen, scheint in etwa gleich geblieben zu sein. Die *Jugenddelinquenz* weist in den letzten zehn Jahren eine etwa gleichbleibende, eher rückläufige Tendenz aus. Die Steigerungen 1988/89, die eine starke öffentliche Aufmerksamkeit erzielten, lagen v.a. bei der sogenannten Jugendgruppengewalt. Sie wird im wesentlichen von einem kleinen Kreis von Intensivtätern bestimmt. Bis Mitte 1992 war auch dieser Deliktbereich leicht rückläufig. Die nichtdeutschen jugendlichen und heranwachsenden Tatverdächtigen, aber auch die Erwachsenen, verzeichnen bei Straftatenvergleichen in den letzten Jahren eine Zunahme, während bei den Kindern ein leichter Rückgang feststellbar ist.

Im internationalen Städtevergleich ergibt sich für ganz Berlin folgende Situation:

In West-Berlin begann sich seit Ende der 60er Jahre das *Organisierte Verbrechen* wieder stärker auszubilden, nachdem in den 50er Jahren

stahl von und aus Kfz sowie die Wirtschaftskriminalität (v.a. „Schwarzarbeit") und die Umweltkriminalität. Seit der Vereinigung ist Berlin auch für internationale organisierte Kriminalität zunehmend interessant geworden

Im Zusammenhang mit der Vereinigung entstand der Bereich der sog. *Regierungs- und Vereinigungskriminalität*, der von der *Zentralstelle für Ermittlungen Regierungs- und Vereinigungskriminalität* aufgearbeitet wird. Hierbei handelte es sich überwiegend (zunächst) um Wirtschaftskriminalität und Betrugstaten, aber auch sonstige Straftaten, wie Amts-

Städtevergleich von Berlin 1991 mit einigen Großstädten der USA 1990						
Stadt	Bevölkerung	Delikte	Tötung[1]	Raub	Körperverletzung[2]	schwerer Diebstahl[3]
Los Angeles	3.485.398	321.536	983	36.098	44.714	51.482
New York	7.322.564	710.222	2.245	100.280	68.891	119.937
Chicago	2.783.726	–	851	37.156	41.114	50.203
Washington D.C.	606.900	65.389	472	7.365	6.779	12.035
Berlin	3.433.695	501.889	94	8.139	10.131	169.985

[1] ohne fahrlässige Tötung
[2] schwere und gefährliche Körperverletzung
[3] ohne Diebstahl von Kfz

die sog. Sparvereine Südost und West von der Polizei erfolgreich bekämpft worden waren. Insg. kam es dabei sehr selten zu offenen bewaffneten Auseinandersetzungen. Die letzte große fand 1970 in der Bleibtreustr. in > CHARLOTTENBURG statt, als es zu einer Schießerei zwischen deutschen und persischen Straftätergruppierungen kam, bei der es offenbar auch um den Einfluß im Glücksspielbereich ging. Seitdem gab es einige wenige Tötungsdelikte bei ethnischen Straftätergruppen, die im Zusammenhang mit Organisierter Kriminalität stehen. Diese hat in Berlin und wohl auch in Deutschland eine Netzstruktur von Kleingruppen sowie Kerngruppen mit Umfeld und Großgruppen gebildet (1986 ca. 200+n solcher Gruppen in West-Berlin). Arbeitsteilung, notwendige Informationen und Unterstützung der Gruppen untereinander kennzeichnen diese Vernetzung. Mafiaähnliche Strukturen sind bisher nicht erkennbar. „Tätigkeitsfelder" sind insbes. der Nachtlebenbereich, das illegale Glücksspiel, Hehlerei, > DROGEN, Dieb-

anmaßung, Rechtsbeugung und Tötungen an den Grenzen, von denen z.Z. ca. 350 Fälle bearbeitet werden. Bei der Mordinspektion der > KRIMINALPOLIZEI wurde bzw. wird in ca. 86 Tötungsfällen durch Schußeinwirkungen an der Mauer ermittelt, die von ehem. Führungskadern der DDR begangen wurden. Bis Juli 1992 wurden 353 Verfahren wegen Wirtschafts- bzw. Betrugstaten eröffnet. Der geschätzte Schaden beläuft sich auf über 7 Mrd. DM (> DER BUNDESBEAUFTRAGTE FÜR DIE UNTERLAGEN DES STAATSSICHERHEITSDIENSTES DER EHEMALIGEN DEUTSCHEN DEMOKRATISCHEN REPUBLIK; > STAATSSICHERHEITSDIENST DER DDR).

Kriminalpolizei (Kripo): Die Kripo hat in Berlin die Aufgabe, alle Straftaten – ohne Verkehrsdelikte – zu verfolgen und aufzuklären (Strafverfolgungszwang nach dem Legalitätsprinzip § 163 StPO). Seit der Polizeireform 1974 (> POLIZEI) ist die Kripo in West-Berlin in das Dezernat VB Grundsatzangelegenheiten und Einsatzplanung sowie in die Direktionen Verbrechensbekämpfung

(Dir. VB) mit den zentralen Referaten M (De-likte am Menschen, z.B. Tötung/Sexual-delikte, Brandstiftungen), B (Betrug/Wirt-schaftskriminalität), E (Eigentumsdelikte, z.B. gewerbsmäßiger Einbruch/Bankraub), S (Staatsschutzdelikte, polizeilicher Staats-schutz), P (Ordnungsbehördlicher Staats-schutz), R (Rauschgiftkriminalität), O (Or-ganisierte Kriminalität), U/G (Umwelt- und Gewerbedelikte, > GEWERBEAUSSENDIENST), F (Fahndung) und EuS (Verdeckte Aufklä-rung/Spezialeinsatzkommando = SEK) ge-gliedert. Außerdem gibt es seit 1992 in den sieben Polizeidirektionen je ein Referat Verbrechensbekämpfung mit zwei bzw. drei Inspektionen. Die 1. Inspektion (Bereit-schaftsdienst) ist bei allen anfallenden Straf-taten für die ersten Maßnahmen am Tatort, Sofortfahndung, Vernehmungen, Durchsu-chungen u.ä. zuständig. Die so bearbeiteten Vorgänge werden dann entweder an die zen-tralen Fachdienststellen der Dir. VB oder an die deliktorientiert arbeitenden Kommis-sariate der 2. und 3. Inspektion im örtlichen Bereich zur Sachbearbeitung weitergeleitet. Die angezeigten Straftaten werden dort i.d.R. abschließend bearbeitet und auch ermittelt, für die Kriminalstatistik erfaßt und dann an die Staatsanwaltschaft weitergeleitet.

In den örtlichen Kommissariaten werden u.a. Wohnungs- und Kellereinbrüche, Kfz-Delik-te, Fahrrad- und einfache Diebstähle, Raub und Roheitstaten bearbeitet (> KRIMINALITÄT). Bei der Kripo werden auch alle Vermißten-fälle bearbeitet.

Über die angezeigten Straftaten wird jährlich bei dem Dez. VB eine Kriminalstatistik er-stellt, die an das Bundeskriminalamt (BKA) weitergegeben wird.

Gegenwärtig hat die Polizei Pläne, für Berlin wie in anderen Bundesländern ein *Lan-deskriminalamt (LKA)* zu errichten, da die Aufgaben des LKA bei unterschiedlichen Dienststellen, Dez. VB, Dir. VB, ZD II wahr-genommen werden. Zur Aufklärung und Be-weisführung bedient sich die Kripo moder-ner kriminalistischer und naturwissenschaft-licher Methoden, auch unter Mithilfe der Di-rektion Polizeitechnische Untersuchung (DTU), bei der auch Naturwissenschaftler ar-beiten.

Mitte 1992 stehen der Kripo 2.893 Planstellen zur Verfügung, von diesen entfallen 1.396 auf die örtlichen Dienststellen, 1.353 auf die Di-rektion VB und 214 auf andere Abteilungen. In Ost-Berlin war, ähnlich wie im West-Teil, die Kripo in zentralen Dienststellen und im örtlichen Bereich in Kriminalkommissariaten tätig. Es gab aber auch zusätzlich beim Mini-sterium für Staatssicherheit (MfS) (> STAATS-SICHERHEITSDIENST DER DDR) die Hauptabt. 9, an die alle besonderen Delikte, auch die, in die Bürger der Bundesrepublik oder des Aus-lands sowie politisch Verdächtige verwickelt waren, abgegeben oder zumindest gemeldet werden mußten. Der Sitz dieser Abt. war in Hohenschönhausen, Freienwalder Str., neben dem Untersuchungsgefängnis des MfS. Ein Teil der Ost-Berliner Kriminalpolizisten ist nach der Vereinigung für die Gesamt-Berli-ner Polizei übernommen worden.

Krolloper: Unter dem Namen der heute nicht mehr existierenden K. versteht man v.a. jenes in die Musikgeschichte eingegangene Opernexperiment, das unter der Leitung des Dirigenten Otto Klemperer von 1927-31 Ber-lin zum Zentrum der modernen Opernpflege machte und eigentlich „Staatsoper am Platz der Republik" hieß. Die Geschichte der K. reicht jedoch weiter zurück und ihre Ver-knüpfung mit dem Berliner Kulturleben ist auch wesentlich vielfältiger und enger, als es jener kurze Zeitraum annehmen ließe.

Das „Krollsche Etablissement", so benannt nach seinem Auftraggeber, dem Breslauer Restaurateur Joseph Kroll, wurde in den Jah-ren 1843-44 auf der Westseite des Exerzier-platzes vor dem > BRANDENBURGER TOR gegen-über dem späteren > REICHSTAGSGEBÄUDE nach Plänen von Ludwig Persius zunächst als Vergnügungslokal erbaut. Nach einem Brand im Februar 1851 wurde das Gebäude binnen Jahresfrist von Eduard Tietz im Äußeren fast unverändert, im Inneren um vieles prächti-ger wieder aufgebaut und ein großes Bühnenhaus angefügt. Mit seinen insg. 6.000 Besucher fassenden Räumlichkeiten stellte es eine frühe Form eines Mehrzweck-Veran-staltungsortes dar, der allen Bevölkerungs-schichten zugänglich war und einen festen Bestandteil des kulturellen Lebens Berlins bildete. Ausstellungen fanden darin ebenso statt wie Maskenbälle, Konzerte und Opern-aufführungen.

Nach dem Verkauf des Etablissements an den königlich-preußischen Hof 1896 wurde die K. dem Generalintendanten der Königli-chen Schauspiele unterstellt und zum „Neu-en Kgl. Operntheater" ausgebaut. 1913 be-schloß die preußische Regierung, nicht zu-letzt auf Wunsch Kaiser Wilhelm II. (1888-

1918), die K. abzureißen und durch einen pompösen Neubau zu ersetzen. Während des I. Weltkriegs blieb das halb abgerissene Haus jedoch stehen, bis es im Juli 1920 von der der Sozialdemokratie nahestehenden > VOLKS-BÜHNE übernommen und – aus verschiedenen Gründen mehrfach unterbrochen – durch den Theaterarchitekten Oskar Kaufmann mit fi-

Krolloper 1924

nanzieller Unterstützung des Kultusministeriums umgebaut wurde. Am 1.1.1924 wurde die K. mit der Aufführung von Richard Wagners Oper „Die Meistersinger von Nürnberg" unter Leitung des Dirigenten Erich Kleiber als Deutschlands größtes Opernhaus mit ca. 2.500 Sitzplätzen eröffnet und von der > DEUTSCHEN STAATSOPER UNTER DEN LINDEN im Filialbetrieb bespielt. Der benachbarte Festsaal faßte ca. 5.000 Personen. Während des Bühnenhausumbaus der Staatsoper 1926-27 diente die K. – wie bereits 1910 – als Ausweichquartier.
1927 wurde Otto Klemperer Direktor der nunmehr selbständigen K., die er für ein anspruchsvolles Programm nutzte, das auch schwierigste Stücke der Gegenwart und selten gespielte Werke, aber auch klassische Opern in stilbildenden Inszenierungen beinhaltete. Am 3.7.1931 kam es aus wirtschaftlichen Gründen und wegen inhaltlicher Konflikte mit der kulturell eher konservativ ausgerichteten Volksbühne nach insg. 49 Premieren zur Schließung des Hauses.
Nach dem > REICHSTAGSBRAND am 27.2.1933 wurde die K. bis 1942 Tagungsstätte des Deutschen Reichstags und diente als propagandistische Kulisse für Führerreden. Am 23.3.1933 wurde hier das „Ermächtigungsgesetz" beschlossen und 1938 der Anschluß Österreichs gefeiert. In den letzten Kriegsjahren diente die K. bis zu ihrer Zerstörung für kurze Zeit nochmals als Opernspielstätte.

Nach dem Krieg wurde die Ruine samt umliegendem Gartengelände bis zur Sprengung am 27.3.1951 als Vergnügungsstätte genutzt.

Kronprinzenpalais: Das K. gegenüber dem > ZEUGHAUS an der Str. > UNTER DEN LINDEN 3 im Bezirk > MITTE ist 1968/69 in den äußeren Formen des im II. Weltkrieg zerstörten Gebäudes rekonstruiert worden. Von der DDR als Gästehaus der Regierung genutzt und *Palais Unter den Linden* genannt, ist der spätklassizistische, dreigeschossige Putzbau als Amtssitz des > BUNDESPRÄSIDENTEN vorgesehen.
An der Stelle des K. war 1663 zunächst ein einfaches Wohnhaus für den Geheimsekretär Johann Martitz errichtet worden, das 1732 von Philipp Gerlach für den Kronprinzen Friedrich, den späteren Friedrich II. (1740-86), als zweigeschossiges Palais im Barockstil umgebaut wurde. Seitdem wurde das Haus als Stadtpalais des jeweiligen preußischen Kronprinzen genutzt. Die späteren deutschen Kaiser Wilhelm I. (1861-88) und Wilhelm II. (1888-1918) wurden dort geboren. 1810/11 ließ Friedrich Wilhelm III. (1797-1840) das K. von Heinrich Gentz durch einen die Oberwallstr. überbrückenden Verbindungsbau mit dem gleichfalls von Gentz errichteten Kopfbau des Prinzessinnenpalais (> OPERNPALAIS) verbinden und das Innere durch Karl Friedrich Schinkel umgestalten. Für den späteren Kaiser Friedrich III. (1888) wurde das Gebäude 1856/57 durch Johann Heinrich Strack nochmals weitgehend umgebaut und erweitert. Es erhielt ein drittes, als Attikageschoß ausgebildetes Stockwerk, dem statt des ursprünglichen Walmdachs ein Flachdach aufgesetzt wurde. Zudem wurden dem Gebäude eine Säulenvorhalle am Hauptportal und zwei Seitenflügel angefügt, der östliche mit einer Säulenpergola.
Nach dem Zusammenbruch der Monarchie beherbergte das Palais von 1919-37 die von Ludwig Justi eingerichtete Neue Abteilung der > NATIONALGALERIE, die das Sammeln deutscher Kunst nach dem Impressionismus. 1937 wurde die Ausstellung von den Nationalsozialisten geschlossen und 162 Gemälde, 31 plastische Bildwerke und 353 Zeichnungen als „entartete Kunst" beschlagnahmt, z.T. ins Ausland verkauft oder vernichtet. Im Februar 1943 fiel das Gebäude einem Bombenangriff zum Opfer. 1961 wurde die Ruine abgetragen. Als letzter der an den Linden re-

konstruierten historischen Bauten ist er dann sieben Jahre später unter der Leitung von Richard Paulick und Werner Prendel äußerlich entsprechend der Strackschen Konzeption von 1857 wieder aufgebaut worden. Im Treppenhaus des für die Zwecke als Gästehaus hergerichteten Innern wurde ein von Johann Gottfried Schadow entworfener Relieffries

Kronprinzenpalais

aus dem Giebelfeld des im II. Weltkrieg zerstörten und später abgerissenen Potsdamer Schauspielhauses angebracht.
Am 31.8.1990 unterzeichneten der Parlamentarische Staatssekretär beim Ministerpräsidenten der DDR, Günther Krause, und der > BUNDESMINISTER DES INNERN, Wolfgang Schäuble, im K. den > EINIGUNGSVERTRAG. Mit der > VEREINIGUNG ging das Gebäude in den Besitz des Bundes über.

Krumme Lake: Am bekanntesten ist die Bezeichnung K. als Name für einen 6 ha großen See inmitten eines 121 ha großen Naturschutzgebiets im > KÖPENICKER FORST östlich von > MÜGGELHEIM. Der See entstand in der Nacheiszeit aus einem durch Dünenbildung abgeschnittenen Arm der > SPREE, der nach und nach verlandete. Das seit 1940 unter > NATURSCHUTZ stehende Gelände besteht neben der Wasserfläche aus Flach- und Hochmooren sowie Kiefernwald. Flora und Fauna umfassen einige seltene Arten sowie fast 40 Brutvogelarten.
Südlich der > DAHME zwischen > GRÜNAU und der Siedlung Karolinenhof (> SCHMÖCKWITZ) erstreckt sich in der moorigen Senke eines bewaldeten Landschaftsschutzgebiets ein ca. 3 km langer Graben, der ebenfalls den Namen K. trägt. Der durch Trinkwassergewinnung von Austrocknung bedrohte Graben wird inzwischen künstlich bewässert, wodurch am Zufluß nahe dem Wirtshaus

Richtershorn ein kleiner Teich entstand, der wegen seiner ovalen Form in Anspielung auf sein großes Vorbild im Südwesten Deutschlands den Namen *Bogensee* erhielt. (> MOORE)

Kudamm-Eck: Das 1969-72 nach Plänen von Werner Düttmann an der Kreuzung > KURFÜRSTENDAMM, Joachimstaler und Augsburger Str. errichtete K. ist neben dem > EUROPACENTER und dem > KUDAMM-KARREE das dritte multifunktionale Einkaufs- und Vergnügungszentrum der westlichen > CITY. Der 35 m hohe, markante kubische Gebäudekörper des 14geschossigen K. steht unmittelbar neben dem 1971 von Hans Soll erbauten Warenhaus Wertheim, an dessen städtebaulicher Planung und Fassadengestaltung Düttmann ebenfalls beteiligt war. Der mit einer hellen, weitgehend fensterlosen, kunststoffbeschichteten Aluminium-Fassade verkleidete Stahlskelettbau überbaut auf einer Fläche von knapp 2.500 m² fünf Kellergeschosse mit einer viergeschossigen Tiefgarage, die über 320 Stellplätze verfügt. Ähnlich dem Karstadt-Warenhaus am > HERMANNPLATZ, ist das K. durch einen direkten Zugang an das U-Bahn-Netz angeschlossen.
Eine über drei Haupteingänge erreichbare zentrale Halle reicht durch alle Geschosse und wird über netzartig angeordnete Wege erschlossen, die jedes Stockwerk in verschiedene Ebenen aufteilen. Der „Shop-in-Shop-Bereich" reicht vom Keller- bis zum vierten Obergeschoß. Die oberen Geschosse beherbergen v.a. Unterhaltungseinrichtungen (Bowling- und Kegelbahnen, Billard und Tischtennis). Neben Berlins erstem Raucherkino findet sich im K. auch das *Café des Westens*, dessen gleichnamiger Vorgänger bis zum I. Weltkrieg als *Café Größenwahn* bekannt war und in dem Schriftsteller, Maler und Schauspieler wie Erich Mühsam, Herwarth Walden, Gottfried Benn, Else Lasker-Schüler, Marc Chagall, Paul Klee und Max Reinhardt verkehrten.
Im dritten Stockwerk ist der Eingang zum 1976 eröffneten Berliner *Panoptikum*. Die über 200 Exponate des *Wachsfigurenkabinetts* stammen z.T. noch aus dem Ende des 19. Jh. entstandenen alten Panoptikum (Castans Panoptikum) an der > FRIEDRICHSTRASSE. Neben Berühmtheiten aus Berlin und Preußen sind hier zahlreiche bekannte Persönlichkeiten aus der ganzen Welt vertreten. Das „medizinische Kabinett" enthält medizinische Präparate, Objekte und Exponate verschiedener

Krankheitsbilder aus dem 19. Jh.

Als weitere Attraktion gilt die seit dem 1.12.1988 über Eck an der Außenfassade angebrachte erste deutsche und mit 270 m² weltgrößte *Wandzeitung*, die von der Gruner + Jahr-Tochtergesellschaft AVNET Bildwand GmbH in Hamburg betrieben wird. Die Erzeugung der Bilder erfolgt computergesteuert durch 100.320 drehbare Kunststoff-Würfel, deren vier senkrechte Seiten die Farben Rot, Blau, Grün und Weiß abbilden. Im Neun-Sekunden-Wechsel werden so Nachrichten und Werbung, aber auch Kunst und persönliche Grußbotschaften dargestellt.

Kudamm-Karree: Als fünftes multifunktionales > EINKAUFSZENTRUM Berlins entstand 1969-74 am > KURFÜRSTENDAMM 206-209 im Bezirk > CHARLOTTENBURG das ein- bis 20geschossige K. Neben zahlreichen Geschäften und Kneipen beherbergt es zwei Theater (> KOMÖDIE; > THEATER AM KURFÜRSTENDAMM), die > VERWALTUNGSAKADEMIE BERLIN, die > FACHHOCHSCHULE FÜR VERWALTUNG UND RECHTSPFLEGE BERLIN (FHSVR), einige Senatsdienststellen sowie ein Parkhaus.

Die in verschiedenen Bauweisen von der Architektin Sigrid Kressmann-Zschach (> STEGLITZER KREISEL) errichteten 14 Bauteile des Gesamtkomplexes basieren auf der Grundkonzeption einer Gebäudeerschließung durch passageartige Blockdurchquerungen. Die dabei angestrebte Zielvorstellung, ein „Shop-in-Shop-System" über mehrere Geschosse zu realisieren, stieß jedoch von Beginn an auf große Schwierigkeiten. So erwies sich die Vermietung der insgesamt 40.000 m² Büro- und Geschäftsfläche des K. als nicht durchführbar. Noch zehn Jahre nach Fertigstellung des Gesamtkomplexes standen mit 14.000 m² mehr als ein Drittel der gesamten Mietfläche leer. Um die finanziellen Probleme des 200-Mio.-DM-Großprojekts zu beheben, hatte das Land Berlin 1974 das 20.000 m² große Grundstück für 22,7 Mio. DM gekauft und auf seinen jährlichen Erbbauzinsanspruch in Höhe von 1,1 Mio. DM verzichtet. 1978 folgte ein weiteres Sanierungskonzept, das mit erheblichen Verlusten für die Finanzträger verbunden war. In den letzten Jahren hat sich die wirtschaftliche Situation des K. gebessert, nachdem u.a. ein großes Bekleidungsgeschäft als Mieter gewonnen werden konnte. Von den zahlreichen Geschäften, Gaststätten, Kneipen und Diskotheken in den Passagen seien die Lokale der „Sperlings-

gasse" besonders erwähnt, die mit ihrem Namen an die vom Dichter Wilhelm Raabe verewigte historische Sperlingsgasse an der > JUNGFERNBRÜCKE auf der > FISCHERINSEL (heute Bezirk > MITTE) anknüpft.

Künstlerhaus Bethanien: Das K. am > MARIANNENPLATZ 1-3 im Bezirk > KREUZBERG besteht in seiner heutigen Form seit 1974. Die von einer gemeinnützigen GmbH getragene Einrichtung, deren Gesellschafter die > AKADEMIE DER KÜNSTE ZU BERLIN und der > DEUTSCHE AKADEMISCHE AUSTAUSCHDIENST (DAAD) sind, ist eine internationale Projektwerkstatt für > BILDENDE KUNST, > MUSIK, > THEATER, > LITERATUR, Architektur, Photographie, > FILM und Video. Arbeitsschwerpunkte sind u.a. die Förderung von Künstlern und die Vermittlung von Kunst. Der besondere Akzent liegt auf neuen und herausragenden Beispielen zeitgenössischer internationaler Kunst. Der große Veranstaltungsraum des K. dient als Ort für Ausstellungen und Aufführungen, z.B. von Theaterproduktionen, deren Augenmerk auf neuen Entwicklungen und außergewöhnlichen Projekten liegt. Für Künstler stehen 24 Arbeitsräume und fünf Wohnungen zur Verfügung, die u.a. von den Stipendiaten

Künstlerhaus Bethanien

des Berliner Künstlerprogramms des DAAD genutzt werden. Eine vom K. eingeladene Jury aus Kritikern, Ausstellungsmachern und Künstlern vergibt einjährige Stipendien, die mit einer öffentlichen Ausstellung der Arbeiten im Haus beendet werden. Die Arbeit des K. wird zu 90 % durch die > SENATSVERWALTUNG FÜR KULTURELLE ANGELEGENHEITEN finanziert. Weitere Mittel stellen der Förderverein des K. sowie private Sponsoren zur Verfügung. 1991 hatte das K. elf feste Mitarbeiter. Die (incl. Keller) viergeschossige Dreiflügelanlage des K. wurde 1845-47 als *Krankenhaus*

Bethanien nach Plänen von Theodor Stein im Stil der Neoromanik errichtet. Hauptmerkmal des Ziegelbaus sind die beiden den Haupteingang flankierenden achteckigen und mit spitzen Kegeldächern versehenen Türme. Lange Zeit galt v.a. der Innenausbau als wegweisend für den Berliner Krankenhausbau (> KRANKENHÄUSER). Der im II. Weltkrieg beschädigte Komplex wurde nach seiner Wiederherstellung noch bis 1970 als Krankenhaus genutzt. Nach seiner Schließung wurde das wertvolle Kircheninventar der Krankenhauskapelle auf mehrere Berliner Kirchenbauten verteilt. Eine Bürgerinitiative verhinderte den geplanten Abriß des bauhistorisch wertvollen Gebäudes und setzte in den 70er Jahren seine heutige Nutzung durch. In diesem Zusammenhang erfolgte schrittweise die grundlegende Renovierung bzw. Restaurierung des unter Denkmalschutz gestellten Baus.

Neben dem K. beherbergt der Gebäudekomplex u.a. eine Druckwerkstatt des Berufsverbands Bildender Künstler, das Kunstamt, die Musikschule sowie die Ausländerbücherei des Bezirksamts Kreuzberg (> KULTUR- UND KUNSTÄMTER; > MUSIKSCHULEN; > BIBLIOTHEKEN), ein Seniorenzentrum (> ALTENHILFE), acht > KINDERTAGESSTÄTTEN, Lehrerseminare sowie weitere Einrichtungen der Jugend- und Familienpflege.

Künstlerkolonie Laubenheimer Platz: Rund um den heutigen Ludwig-Barnay-Platz zwischen Südwestkorso, Breitenbachplatz und Kreuznacher Str. im Bezirk > WILMERSDORF entstanden 1927/28 nach Entwürfen von Ernst und Günther Paulus drei große Wohnblöcke als Gemeinschaftswerk mehrerer Siedlungsgesellschaften, der Berufsgenossenschaft deutscher Bühnenangehöriger und des Schutzverbandes deutscher Schriftsteller. Sie sollten v.a. den Angehörigen dieser Berufe zu billigen Wohnungen verhelfen. Bis 1933 wohnten in den Gebäuden etwa 300 Schriftsteller, Journalisten und Künstler, darunter der Philosoph Ernst Bloch, der Sänger Ernst Busch, der Schauspieler Ludwig Barnay, das Künstlerehepaar Hedda Zinner und Fritz Erpenbeck sowie die Schriftsteller Arthur Koestler und Walter Hasenclever (> LITERATUR).

Die Gebäude, für die sich der Name K. einbürgerte, sind bis heute erhalten, jedoch leben nur noch wenige Künstler in den räumlich beengten Wohnungen. Seit einiger Zeit bemüht sich die Verwaltung wieder darum, insbes. diese Berufsgruppe als Mieter zu gewinnen; so erlaubt die Hausordnung ausdrücklich das Musizieren von 8-22 Uhr. In einer Erdgeschoßwohnung werden Räume als Galerie für Ausstellungen genutzt.

Kultur: Hauptartikel, siehe S. 702.

Kulturbrauerei GmbH: Die K. ist ein alternativer Veranstaltungsort im Bezirk > PRENZLAUER BERG auf dem Gelände der ehem. Schultheiss-Brauerei in dem Karree zwischen > SCHÖNHAUSER ALLEE, Dimitroff-, Knaack- und Sredzkistr. Der Zugang befindet sich an der Knaack-/Ecke Dimitroffstr. (Nähe U-Bahnhof Eberswalder Straße).

Nach Stillegung der Brauerei Mitte der 60er Jahre wurde in dem von Franz Schwechten 1889-92 in Klinkerarchitektur ausgeführten Fabrikkomplex ein Möbelmarkt angesiedelt, der heute weiterbesteht. Auf einem knappen Drittel des 50.000 m² Bruttogeschoßfläche umfassenden Industriedenkmals sowie in zwei der vier Innenhöfe entsteht seit 1991 ein „multikulturelles Zentrum". Die K. GmbH umfaßt mehrere Vereine: Der „Kulturbrauerei e.V." nutzt das restaurierte Kesselhaus, einen der eigenwilligsten Konzert- und Theaterräume Berlins, als Hauptveranstaltungsort für Theaterveranstaltungen, Konzerte, Symposien und Lesungen. Der *Musik-Szene e.V.*, eine Vereinigung von Rock- und Jazzmusikern, bietet neben Veranstaltungsreihen wie dem „Liedercafé" Instrumentalkurse und -workshops an und gewährt seinen Mitgliedern rechtliche Beratung und Betreuung (> JAZZ; > ROCK-MUSIK). Der *Sonnenuhr e.V.* ist eine Kunstwerkstatt für behinderte Kinder und Erwachsene, der *Franz-Club e.V.* ist eines der traditionell wichtigsten Zentren der alternativen und Musikkultur-Szene im Ostteil Berlins. Die *Stiftung Industrie- und Alltagskultur* stellt Gegenstände des Alltagslebens und Industriedesign aus. Daneben bietet die K. auch bildenden Künstlern aus Osteuropa über Stipendien Arbeitsmöglichkeiten, Ateliers und Ausstellungsräume. Einmalig in Berlin sind die großen Kühlgewölbe der ehem. Brauerei, die gleichfalls als Veranstaltungsort genutzt werden.

Die fünf Initiativen, die sich seit Jahren um eine kulturelle Nutzung des denkmalgeschützten Areals bemühen, haben sich zum Ziel gesetzt, die üblichen Grenzen zwischen „Kommerz, Kunst und Kommune" zu überwinden. Über eine Mischfinanzierung aus öffentlicher und privater Förderung wird eine Symbiose aus Gewerbe, Dienstleistung und Kultur erprobt.

Kulturforum Tiergarten: Das K. am *Kemperplatz* im Bezirk > TIERGARTEN ist ein Ensemble von Kultureinrichtungen der Stadt Berlin und des Bundes, das nach seiner Fertigstellung eines der bedeutendsten geistig-kulturellen Zentren der Stadt sein wird. Zu diesem Forum gehören als ältestes Gebäude die 1844-46 durch den Baumeister Friedrich August Stüler errichtete > ST.-MATTHÄUS-KIRCHE an der Sigismundstr., die 1967-68 nach Plänen des Architekten Hans Scharoun erbaute > STAATSBIBLIOTHEK ZU BERLIN – PREUSSISCHER KULTURBESITZ östlich der > POTSDAMER STRASSE sowie drei fertiggestellte und zwei im Bau befindliche bzw. geplante > MUSEEN UND SAMMLUNGEN der > STIFTUNG PREUSSISCHER KULTURBESITZ. Ferner gehören zum K. mit der 1960-63 durch Scharoun errichteten > PHILHARMONIE sowie dem nach seinen Plänen 1985-87 von Edgar Wisniewski ausgeführten > KAMMERMUSIKSAAL zwei der wichtigsten Konzertspielstätten der Stadt.

Nach Fertigstellung der im Bau befindlichen bzw. geplanten Museen wird das K. neben der > MUSEUMSINSEL im Bezirk > MITTE, dem > MUSEUMSZENTRUM DAHLEM und dem > MUSEUMSZENTRUM CHARLOTTENBURG einer der vier großen Museumsstandorte Berlins sein. Bereits vorhanden sind die 1965-68 nach Plänen des Architekten Mies van der Rohe erbaute > NEUE NATIONALGALERIE am Reichpietschufer, das *Musikinstrumenten-Museum* im 1979-84 nach einem Entwurf von Scharoun durch Wisniewski fertiggestellten > STAATLICHEN INSTITUT FÜR MUSIKFORSCHUNG und der vom Architekten Rolf Gutbrod 1979-85 errichtete Neubau für das > KUNSTGEWERBEMUSEUM. Bis 1993 sollen das zusammen mit der > KUNSTBIBLIOTHEK in einem Gebäude untergebrachte > KUPFERSTICHKABINETT, bis 1996 die > GEMÄLDEGALERIE hinzukommen.

Zum weiteren Umfeld des K. gehören auch die Villen *Palais Gonthard* in der Staufenbergstr. 41 (1907/08 nach Plänen der Architekten Cremer und Wolffenstein errichtet), Sitz der Generaldirektion der > STAATLICHEN MUSEEN ZU BERLIN und die 1895/96 nach Plänen von Kayser und Großheim für den Verleger Paul Parey errichtete *Villa Parey* in der Sigismundstr. 4a, die in den neuzuerrichtenden Komplex der Gemäldegalerie ein-

bezogen werden sollen. Sie sind die letzten Zeugen des hier einstmals am südlichen Rand des > GROSSEN TIERGARTENS befindlichen, im II. Weltkrieg weitgehend zerstörten Villenviertels *(Geheimratsviertel)*.

Das innerhalb des letzten Vierteljahrhunderts auf dem Areal des traditionellen Tiergartenviertels gewachsene K. ist eines der bedeutendsten, aber auch umstrittensten Kulturzentren Europas. Ausgangspunkt war der sog. *Kollektivplan* aus dem Jahr 1946, der die

Kulturforum Tiergarten

1 Philharmonie
2 Staatliches Institut für Musikforschung mit Musikinstrumenten-Museum
3 Kammermusiksaal
4 Kunstgewerbemuseum
5 St.-Matthäus-Kirche
6 Neue Nationalgalerie
7 Staatsbibliothek
8 Ibero-Amerikanisches Institut

Zusammenfassung der zentralen kulturellen Einrichtungen eines künftigen Gesamt-Berlins in Gestalt eines „kulturellen Bandes" entlang der > SPREE vorsah. Dieses „Bandstadtkonzept" entwickelte sich auf Senatsseite zur favorisierten städtebaulichen Konzeption für die kriegszerstörte Trümmerlandschaft westlich des > POTSDAMER PLATZES (> BAUGESCHICHTE UND STADTBILD). Nachdem der Architekt Hans Scharoun 1956 den Wettbewerb für den Neubau der Philharmonie gewonnen hatte und der ursprünglich gedachte Standort 1959 von der Schaperstr. an den Kemperplatz verlegt wurde, waren erste Schritte für das K. getan.

Bereits 1955-58 waren kriegsbedingt verlagerte Museumsbestände nach Berlin zurückgekehrt. Dadurch reichten die in > DAHLEM und in > CHARLOTTENBURG zur Verfügung stehenden Museen und Archivgebäude nicht mehr aus. Daraufhin faßte die Stiftung Preußischer Kulturbesitz – in Übereinstimmung mit den staatlichen Vorstellungen eines Kulturbandes entlang der Spree – am 28.9. 1962 einen „Grundsatz für die Errichtung von Museen", der die Anbindung bedeutender Museen an das K. vorsah. Dieser berücksichtigte gleichzeitig die aufgrund der > SPALTUNG entstandene Notwendigkeit, den umfangreichen Sammlungsbestand der Staatlichen Museen im Westteil der Stadt neu zu ordnen und in geeigneten Bauten unterzubringen.

Diese Vorstellungen korrespondierten mit den Planungen, die Scharoun mit seinem Assistenten Edgar Wisniewski 1959-64 erarbeitet hatte. Umringt von den Kulturbauten sahen sie als stadträumliches Zentralstück der Anlage einen großräumigen Platz zwischen Kirche und Philharmonie vor. Dieser Gesamtraum sollte sich in die kleineren Einheiten einer zum Verweilen einladenden „Piazza" und eines „talförmigen" Raumes zur Staatsbibliothek hin differenzieren.

Für die Stiftung Preußischer Kulturbesitz stellte sich das geplante „Kulturforum" an dieser Stelle als ein nahezu idealer Standort heraus, weil hier die Sammlungen europäischer Kunst wie die Gemäldegalerie, die Skulpturensammlung, das Kupferstichkabinett, das Kunstgewerbemuseum und die Musikinstrumentensammlung als ein inhaltlich und geistig zusammenhängender Komplex zusammengeführt werden konnten. Außerdem entsprach der Standort der Vorstellung, die neuen Museen zum alten Museumszentrum jenseits des > BRANDENBURGER TORS in eine organische Verbindung zu bringen. Somit schien es auch im Hinblick auf eine zukünftige > VEREINIGUNG der damals getrennten Sammlungen als konsequent, zu der mehr archäologisch geprägten Ost-Berliner Museumsinsel eine zweite „Museumsinsel" im Westen zu errichten, deren Schwerpunkte die im Westteil der Stadt verbliebenen Sammlungen der europäischen Kulturgeschichte bilden sollten.

Als eine weitere günstige Voraussetzung für den neuen Standort stellte sich auch die Absicht des Senats heraus, in unmittelbarer Nachbarschaft zur wiederhergestellten Matthäuskirche ein von dem Architekten Mies van der Rohe entworfenes Ausstellungsgebäude für die Bestände der *Galerie des 20. Jahrhunderts* zu errichten. Um zwischen dieser schon 1948 gegründeten Galerie für Moderne Kunst und der Nationalgalerie der Stiftung Preußischer Kulturbesitz mit gleichem Sammlungsinteresse keine Konkurrenzsituation entstehen zu lassen, wurde 1965 auf der Grundlage einer Verwaltungsvereinbarung eine Zusammenlegung beider Sammlungen sowie ihre Unterstellung unter die Stiftung beschlossen. Auf dieser Grundlage erfolgte 1965-68 der Bau der Neuen Nationalgalerie.

Zur architektonischen Umsetzung des geplanten Museumskomplexes für die „Europäischen Kulturen" wurde 1966 von der Stiftung Preußischer Kulturbesitz ein Architektenwettbewerb ausgeschrieben, aus dem der Architekt Rolf Gutbrod als erster Preisträger hervorging. 1968 legte Gutbrod seine, die Scharounschen Ideen weiterentwickelnden Planungen vor, nach denen vier von der Sammlungssubstanz her unterschiedliche Museen in jeweils architektonisch eigenständigen Gebäuden entstehen sollten, die durch eine zentrale Eingangshalle mit gemeinsamen Funktionsbereichen für den Besucherverkehr miteinander verbunden waren. Dieser vorgelagert war im Außenbereich eine schräganstiegende Piazetta mit einem Restauranttrakt, von der aus man zu den tieferliegenden Teilen des Forums gelangen konnte. Finanzielle Probleme der Stiftung und des Landes Berlin führten allerdings zu einer 10jährigen Verzögerung des Baubeginns. Als erstes wurde der Dringlichkeit wegen 1978 mit dem Neubau des Kunstgewerbemuseums begonnen, das 1985 eröffnet werden konnte.

Parallel zur Errichtung des Kunstgewerbemuseums gab die Stiftung Preußischer Kulturbesitz den Auftrag zum Bau des zu ihr gehörenden „Staatlichen Instituts für Musikforschung", dem die alte Berliner Musikinstrumentensammlung angegliedert ist. Aus inhaltlichen Gründen wurde dieser Baukomplex der Philharmonie zugeordnet, so daß es sinnvoll erschien, auch hierfür den gleichen Architekten zu gewinnen. Die Ausführung des Scharounschen Entwurfs oblag nach seinem Tode seinem Mitarbeiter Edgar Wisniewski und wurde 1984 vollendet. 1985-87 wurde gleichfalls nach Plänen von Scharoun und ausgeführt von Wisniewski der lang geplante Kammermusiksaal verwirklicht.

Mitte der 80er Jahre waren auch die zentrale Eingangshalle sowie der Bau für das Kupferstichkabinett und die Kunstbibliothek im Rohbau fertiggestellt. Jedoch stießen diese Teile des Gesamtkomplexes sowie das fertiggestellte Kunstgewerbemuseum in der Öffentlichkeit und bei den Nutzern auf heftige Kritik. Eine zu lange Zeit war zwischen dem Entwurf und der Ausführung vergangen, neue architektonische und museologische Vorstellungen hatten sich inzwischen herausgebildet und ließen den Entwurf von Gutbrod als nicht mehr zeitgemäß erscheinen. So wurde der Weiterbau 1984 gestoppt, Gutbrod trat als verantwortlicher Architekt zurück.

Die weitere Planung übernahm zunächst der Wiener Architekt Hans Hollein, dessen Entwurf einen geschwungenen Baukörper an der Potsdamer Str. vorsah, der die Piazza abschirmen sollte. Parallel zur Kirche sollte ein „City-Kloster" entstehen. Ferner war ein vom > LANDWEHRKANAL abzweigender Wasserlauf geplant, um den Matthäikirchplatz nach Westen und Norden zu begrenzen. U.a. wegen der Nichtbeachtung der Verkehrsprobleme wurde der Hollein-Plan jedoch bald wieder aufgegeben. Stattdessen übernahm das Münchener Architekturbüro Christoph Sattler und Heinz Hilmer die Planung. Sie überarbeiteten die Entwürfe der Rohbauten und fertigten einen Neuentwurf der Gemäldegalerie. Diese Pläne werden z.Z. realisiert.

Die Fertigstellung des zweiten Bauabschnittes ist für Mitte 1993 vorgesehen. Zu ihm gehören: das Gebäude für das Kupferstichkabinett und die Kunstbibliothek sowie die Haupteingangshalle mit dem Sonderausstellungstrakt. Bereits im Sommer 1991 konnte die der Eingangshalle vorgelagerte Piazzetta, jedoch ohne den dafür geplanten Restaurantbau, der Öffentlichkeit zugänglich gemacht werden. Damit erhielt das Kunstgewerbemuseum anstelle des seit 1985 vorhandenen provisorischen Zugangs den der ursprünglichen Planung entsprechenden vom zentralen Forum.

In einem dritten Bauabschnitt wird die Gemäldegalerie errichtet. Der Bau wurde 1992 begonnen und soll 1996 bezugsfertig sein. Das auf dem Gelände liegende Palais Gonthard und die Villa Parey werden mit in den Baukörper der Galerie einbezogen. Der in der Ausgangsplanung für den Museumskomplex Kulturforum vorgesehene Bauteil für die Skulpturengalerie bleibt einem zeitlich noch nicht fixierten vierten Bauabschnitt vorbehalten.

Da alle Museen am K. einschließlich der Neuen Nationalgalerie allein auf den Sammlungsbestand der Staatlichen Museen Stiftung Preußischer Kulturbesitz zugeschnitten waren, ergaben sich mit der seit dem > 9. NOVEMBER 1989 auf der Tagesordnung stehenden Vereinigung der getrennten Sammlungen in Ost und West Probleme hinsichtlich der Unterbringung des nunmehr vorhandenen Gesamtbestandes an einem Ort. Neue Überlegungen waren anzustellen, die auch die Konzeption des Museumskomplexes beeinflußten, ohne jedoch seinen inhaltlichen Gesamtcharakter zu verändern.

Danach werden das Kunstgewerbemuseum, die Nationalgalerie und die Gemäldegalerie künftig mit ihren ständigen Ausstellungen an mehreren Standorten innerhalb der Stadt vertreten sein: So verfügt das Kunstgewerbemuseum neben dem Bau auf dem K. auch über das > SCHLOSS KÖPENICK, in dem v.a. die angewandte Kunst der Renaissance und des Barock präsentiert wird. Die Nationalgalerie nutzt neben dem Van-der-Rohe-Bau das Stammhaus auf der Museumsinsel, die > FRIEDRICHSWERDERSCHE KIRCHE und – als Museum für zeitgenössische Kunst – den zum Museum ausgebauten > HAMBURGER BAHNHOF an der Invalidenstr.

Allein das Kupferstichkabinett, das 1993 seine Räume am K. beziehen soll, wird in der Lage sein, den Dahlemer Bestand und den der „Sammlung der Zeichnungen" aus dem > ALTEN MUSEUM zu übernehmen.

Kulturstiftung der Länder (KSL): Die am 1.1.1988 als rechtsfähige Stiftung des bürgerlichen Rechts errichtete KSL mit Sitz am > KURFÜRSTENDAMM 102 im Bezirk > CHARLOTTENBURG hat die Aufgabe, Kunst und Kultur „nationalen Ranges" zu bewahren. Ihre Mitglieder sind seit der > VEREINIGUNG alle 16 Länder der Bundesrepublik Deutschland. Die KSL fördert den Erwerb wichtiger und bewahrenswerter Zeugnisse deutscher Kultur. Dies gilt insbes. für Kunstwerke, die infolge der nationalsozialistischen Aktion „Entartete Kunst" 1937 Deutschland verlassen mußten oder die durch Kriegsereignisse ins Ausland gerieten. Die KSL fördert ferner Vorhaben der Dokumentation und Präsentation deutscher Kunst und Kultur. Sie unterstützt zeitgenössische Kunstformen und -entwicklungen von besonderer Bedeutung und hilft bei der Verwirklichung überregional und international bedeutsamer Kunst- und Kulturvorhaben.

Oberstes Organ der KSL ist der Stiftungsrat, dem jeweils ein Mitglied der Landesregierungen sowie drei Vertreter der Bundesregierung angehören und der den Vorstand bestellt. Den Stiftungsrat berät ein Kuratorium, das sich aus Vertretern aus Industrie und Wirtschaft sowie Sachverständigen zusammensetzt. Die Mitglieder beider Organe arbeiten ehrenamtlich. Innerhalb des Kuratoriums bestehen die fünf Arbeitsgruppen für > BILDENDE KUNST, > FILM, > THEATER, Medien und Soziokultur, > LITERATUR, > BIBLIOTHEKEN, Archive und Kulturgeschichte. > MUSIK sowie Ausstellungen. Zur Finanzierung stellen die Bundesländer jährlich 10 Mio. DM bereit. Des weiteren stellt der Bund Mittel zur Förderung von ca. 30 überregional und international bedeutsamen Kunst- und Kulturvorhaben durch die KSL zur Verfügung, 1992 insg. 15,7 Mio. DM.

Kultur- und Kunstämter: Auf Anordnung der ALLIIERTEN KOMMANDANTUR vom 15.3.1946 wurden in allen damals 20 > BEZIRKEN Berlins K. eingerichtet. Sie hatten zur Aufgabe, das kulturelle Leben wieder zu beleben und nicht zuletzt die professionellen Künstlerinnen und Künstler der Stadt regional zu fördern. Nach der > SPALTUNG wurden im Westteil der Stadt bis Anfang der 70er Jahre viele kulturelle Funktionen – z.B. die Künstlerförderung – von den Bezirken in die Zuständigkeit des > SENATS VON BERLIN abgegeben. In den Bezirken verblieben K. mit unterschiedlicher Prägung: Von Orten mit überbezirklicher und überregionaler Bedeutung (z.B *Haus am Waldsee* in > ZEHLENDORF) bis zu K., die von anderen Bereichen innerhalb der Volksbildungsabteilungen mitverwaltet wurden (z.B. in > STEGLITZ von der > MUSIKSCHULE) und die z.T. über keine eigenen Veranstaltungsorte verfügten. In der Folgezeit entfalteten sich in den Bezirken zunehmend kulturelle Aktivitäten, die sich an einem gewachsenen Kunst- und Kulturbedürfnis breiter Bevölkerungskreise orientierten, das nicht mehr allein durch die großen Institutionen im City-Bereich zu befriedigen war. Seit Ende der 70er Jahre entstanden deshalb unterschiedliche Konzepte zur Erfüllung dieser Bedürfnisse: Eine Richtung zielte darauf ab, Kunst-Ausstellungen, Konzerte, Lesungen aber auch *Artotheken* in die Randbezirke zu bringen; ein zweites Konzept ging von einem erweiterten Kunstbegriff aus und wollte diese Veranstaltungen an den Besonderheiten der jeweiligen kulturellen Bezirksstruktur, z.B. den neu entstandenen multikulturellen Milieus, orientieren. Seit den 80er Jahren – nicht zuletzt durch personelle Neubesetzungen und die Besinnung auf die eigenständige Geschichte der Bezirke im Rahmen der 750-Jahr-Feier Berlins – verstanden sich die Bezirke kulturell als mittlere Großstädte mit dem Anspruch auf eigenständige Kunst- und Kulturförderung (Dezentrale Kulturarbeit; > HEIMATMUSEUM).

In den Vereinigungsprozeß brachten die östlichen Bezirke jeweils „Abteilungen Kultur" ein, die von der Künstlerförderung bis zum Denkmalschutz, von den „Klubs der Werktätigen" bis zu den kulturorientierten Jugendklubs, Musikschulen und > BIBLIOTHEKEN alle Kunstbereiche umfaßt hatten. Die Kommunalwahlen 1990 führten beim Neuzuschnitt der > BEZIRKSÄMTER in zehn von elf östlichen Bezirken zur Gründung kombinierter Abteilungen „Kultur und Bildung" (zwar vergleichbar, aber doch mit anderer Gewichtung als die „Volksbildungsabteilungen" in den westlichen Bezirken) und in > HOHENSCHÖNHAUSEN zu einer Abteilung „Kultur, Jugend und Sport". Kulturamtsleiter koordinieren jetzt die verschiedenen Kulturbereiche und haben i.d.R. mehrere kulturelle Einrichtungen wie Kulturhäuser, kommunale Galerien, Heimatmuseen in ihrem Amtsbereich.

Seither befinden sich Kunstämter (West) und *Kulturämter* (Ost) in einer Umstrukturierungsphase. Sie suchen nach einem Weg, der die gewachsenen regionalen Besonderheiten ebenso berücksichtigt wie die Tatsache, daß Berlin eine multikulturelle Großstadt ist, die in allen Bereichen einen Anspruch auf ein hohes künstlerisches und kulturelles Niveau hat.

Kunst am Bau/Kunst im Stadtraum: Die Verknüpfung von Kunst mit dem Bauen und mit dem Stadtraum wird seit der Bildung des > SENATS VON BERLIN nach dem Kriege sowohl im Interesse der Künstler wie auch der Öffentlichkeit durch besondere Förderungsmaßnahmen aus dem Berliner Landeshaushalt gepflegt. Von unterstützender Wirkung war die Einrichtung eines Beratungsausschusses für Kunst am Bau/Kunst im Stadtzentrum durch den Senator für Bau- und

Wohnungswesen Ende der 70er Jahre, dessen Kompetenzen in der Ergänzung zur „Anweisung Bau" von 1985 definiert wurden (> SENATSVERWALTUNG FÜR BAU- UND WOHNUNGSWESEN). Wesentliche Aufgabe des Ausschusses, in dem Künstler, Architekten und die Fachöffentlichkeit vertreten sind, ist die Beratung des Bausenators in Fragen der Kunst und die Anregung von Wettbewerben unter Künstlern. Seit 1990 gehören – zunächst als Gäste – auch sieben Vertreter aus dem Ostteil Berlins dem Ausschuß an, der im Jahre 1993 erstmalig für das gesamte Berlin berufen wird.

Kunst am Bau wird im Rahmen der Berliner Haushaltsbestimmungen seit mehr als vier Jahrzehnten für alle Neubauten in einem Umfang von 0,5-2 % der Baukosten empfohlen. Als herausragendes Beispiel für eine gelungene Verschmelzung von Kunst und Bauwerk gilt die 1963 fertiggestellte > PHILHARMONIE von Hans Scharoun im > KULTURFORUM TIERGARTEN mit ihren Farbglasfenstern von Alexander Camaro, dem Foyerfußboden von E. F. Reuter, den Kugelleuchten von Günter Symmank sowie den Skulpturen von Bernhard Heiliger und Hans Uhlmann. Eine eindrucksvolle Lösung wurde auch 1961 im Falle der von Fritz Bornemann erbauten > DEUTSCHEN OPER BERLIN an der Bismarckstr. gefunden, als Hans Uhlmann eine 20 m hohe, die Gebäudefront überragende, schwarz getönte Chrom-Nickel-Stahl-Skulptur spannungsreich vor die ungegliederte Straßenfassade aus Kieselwaschbetonplatten stellte.

Nachträglich erworbene oder geschaffene Kunstwerke waren indes oft nur ein applikatorischer Schmuck, der auch bei hohem künstlerischen Eigenwert nicht Bestandteil des Bauwerkes wurde. Ein charakteristisches Beispiel hierfür ist der 1979 vor dem > INTERNATIONALEN CONGRESS CENTRUM aufgestellte „Alexander vor *Ecbatane* – Der Mensch baut seine Stadt" von Jean Ipoustéguy, eine Großplastik, die ohne Beziehung zum Inhalt und zur Form des Bauwerkes die ursprünglich integrierte, einen Vorplatz artikulierende Kunst, bestehend aus neun baumhaften lichtspendenden Skulpturen von Matschinski-Denninghoff, aus einer homogenen Gesamtkonzeption verdrängte.

Kunst im Stadtraum ist in der „Anweisung Bau" des Senats von Berlin definiert als „künstlerische Gestaltungen an stadträumlich bedeutsamen Stellen oder in bezug auf besondere Bauwerke". Nach einem 1988 von der Senatsbauverwaltung herausgegebenen Verzeichnis solcher der Öffentlichkeit uneingeschränkt zugänglichen Objekte wurden nach 1945 im westlichen Teil Berlins etwa 700 Kunstwerke für den Stadtraum geschaffen. Hierzu gehören repräsentative Monumentalplastiken, teils mit dem Charakter von Wahrzeichen, wie das 1951 aufgestellte > LUFTBRÜCKENDENKMAL von Eduard Ludwig auf dem Platz der Luftbrücke, ferner Brunnenanlagen, Stelen, Skulpturen, Wandbilder und ornamentale Reliefs. In Straßenräumen, z.B. dem Hohenzollerndamm und temporär auf dem > KURFÜRSTENDAMM (*Skulpturen-Boulevard*), entstanden „Kunstmeilen" mit Objekten in gereihter Aufstellung. Im Sommergarten auf dem > AUSSTELLUNGS- UND MESSEGELÄNDE AM FUNKTURM schufen mehr als 20 Künstler 1981 einen *Skulpturengarten* in einem weiten landschaftlichen Umfeld.

Im Ostteil von Berlin galten zwischen > SPALTUNG und > VEREINIGUNG für den Bereich Kunst und Bauen ähnliche Verfahrensweisen und Zielvorstellungen wie im Westen. Für die „Kunst am Bau" wurden bei Baumaßnahmen in Abhängigkeit von den Bausummen entsprechende Beträge ausgewiesen. Für die Förderung von „Kunst im Stadtraum" gab es neben dafür bestimmten Haushaltstiteln einen Kulturfonds, der sich auf Kultur-Abgaben in verschiedenen öffentlichen Einrichtungen stützte. So entstand im Laufe von vier Jahrzehnten eine Fülle von unterschiedlichsten künstlerischen Gestaltungen im Stadtraum. Einen großen Anteil hieran hatte die politisch motivierte Denkmalkunst mit zahlreichen Gedenk- und Erinnerungsstätten, von denen ein Teil nach der Vereinigung unter kontroversen Diskussionen v.a. aus politischen Gründen wieder entfernt wurde. Als früheste Beispiele hierfür seien genannt das von russischen Künstlern unter Beteiligung deutscher Bildhauer und Kunsthandwerker 1946-49 errichtete > SOWJETISCHE EHRENMAL IM TREPTOWER PARK oder die in der gleichen Zeit entstandenen Ehrenhaine für ermordete Antifaschisten und Kämpfer für den Aufbau des Sozialismus auf dem Alten und Neuen Friedhof in > BAUMSCHULENWEG. In diese Reihe gehören auch die monumentale Relieftafel des *Spanienkämpferdenkmals* von Siegfried Krepp aus dem Jahre 1968 im > VOLKSPARK FRIEDRICHSHAIN und das 1985/86 fertiggestellte > MARX-ENGELS-FORUM im Bezirk > MITTE.

Das von dem russischen Bildhauer Nikolai W. Tomski im Jahre 1970 errichtete *Lenin-Denkmal*, das im Neubaugebiet um den Leninplatz (heute Platz der Vereinten Nationen an der > Landsberger Allee) in > Friedrichshain eine städtebauliche Dominante bildete, ist 1991 aus politischen Gründen demontiert worden. Gleiches gilt für das zum 30. Gründungstag der DDR-Betriebskampfgruppen am 15.9.1983 eingeweihte *Kampfgruppendenkmal* von Gerhard Rommel am > Volkspark Prenzlauer Berg. Während Lenin im Umland von Berlin gelagert wird, soll das Kampfgruppendenkmal in die Bestände des > Deutschen Historischen Museums übergehen.

Daneben entstand jedoch eine große Zahl nichtgeschichtlich-politischer Kunstwerke, als Würdigung berühmter Persönlichkeiten (z.B. *Kollwitz-Denkmal* von Gustav Seitz 1958 auf dem > Kollwitzplatz, *Heine-Denkmal* von Waldemar Grzimek 1956 im > Volkspark am Weinberg, *Zille-Denkmal* von Heinrich Drake 1968 im > Köllnischen Park) oder zur Verschönerung von Wohngebieten, Sportstätten und Grünanlagen („Trümmerfrau und Aufbauhelfer" von Fritz Cremer gegenüber dem > Berliner Rathaus 1958, „Pony" im Hof der 5. Grundschule in > Johannisthal von Heinrich Drake 1961, die „Spielenden Kinder" von Siegfried Krepp 1964 für das > Karl-Friedrich-Friesen-Schwimmstadion, die „Liegende" in der Grünanlage am Weidenweg von Hans Hennig 1965).

Von großer stadträumlicher Wirkung sind der 1952 entstandene malerische Bildfries von Max Lingner am heutigen > Detlev-Rohwedder-Haus in der > Leipziger Strasse, der Bildfries aus Glas-Emaille, Keramik und Metallelementen, 7 m hoch und 125 m lang, am > Haus des Lehrers am > Alexanderplatz von Walter Womacka von 1964 und die 1956 von Jürgen Woyski geschaffenen Relieftafeln am Eingangsgebäude der > Kunsthochschule Berlin-Weissensee. Ähnliches gilt für zahlreiche Brunnen im Stadtbild, z.B. den 1967 von Fritz Kühn für einen Platzraum von Heinz Graffunder gestalteten Ringbrunnen auf dem Strausberger Platz und den *Brunnen der Völkerfreundschaft* auf dem > Alexanderplatz von Walter Womacka aus dem Jahr 1969.

Kunstbibliothek Berlin: Die aus der Bibliothek des 1867 gegründeten > Kunstgewerbemuseums 1894 als selbständige Einrichtung hervorgegangene und heute zu den > Staat-

lichen Museen Preussischer Kulturbesitz gehörende K. in der Jebensstr. 2 im Bezirk > Charlottenburg verfügt über eine der ältesten und bedeutendsten kunstwissenschaftlichen Spezialsammlungen Europas. Ihr Bestand beläuft sich auf über 200.000 Bände, darunter wertvolle Sondersammlungen wie die nach ihrem Stifter benannte Lipperheidesche Kostümbibliothek mit Büchern und Graphiken zur Mode und Tracht aller Länder und Völker, zur Geschichte der Etikette, der Festlichkeiten, der Tischsitten, des Tanzes und des Spiels vom Altertum bis zur Gegenwart. Sie wurde der K. 1891 übereignet und seitdem auf den Bestand von 16.000 Bänden und ca. 65.000 Graphikblättern ausgebaut.

Zum internationalen Ruf der K. trug auch die 1897 erworbene Ornamentenstich-Sammlung des französischen Architekten Hippolyte Desteilleur bei, die ca. 5.500 Werke und mehrere tausend Blätter zur Geschichte des Ornaments, der angewandten Kunst, der Architektur und der Gartenkunst enthält, sowie die Grisebach-Sammlung mit Wiegendrucken und illustrierten Büchern des 16.-18. Jh.

Zum Bestand der K. gehören ferner die 45.000 Bände der ehem. Museumsbibliothek sowie eine Sammlung von Plakaten (48.000), Gebrauchsgraphik (60.000 Blätter) und Handzeichnungen (28.000 Blätter), des weiteren ein Bildarchiv mit rd. 61.000 Fotos. Die K. verfügt über 3.500 abgeschlossene und hält 900 laufende Zeitschriften. Gesammelt werden heute v.a. wissenschaftliche Literatur zur mittleren und neueren Kunstgeschichte, Quellenschriften und Bildzeugnisse zur Architektur-, Ornament-, Buch- und Kostümgeschichte sowie zur Gebrauchsgraphik. Als Präsenzbibliothek bietet die K. ihre Bestände in zwei Lesesälen mit 90 Plätzen an. Sie hat 45 Mitarbeiter. Ihr Etat ist in dem der > Stiftung Preussischer Kulturbesitz enthalten.

Kunsteislaufbahnen: In Berlin gibt es neun K. Davon unterstehen drei der > Senatsverwaltung für Schule, Berufsbildung und Sport (SenSchulSport), vier den zuständigen Bezirksverwaltungen und je eine Anlage wird gewerblich betrieben bzw. ist in vereinseigenem Besitz.

Bei den drei seit der > Vereinigung der SenSchulSport unterstellten Anlagen handelt es sich um ehem. DDR-Einrichtungen. Ausschließlich dem Wettkampfsport dienen die überdachte Eisschnellaufbahn und das Eishockey-Stadion des > SPORTFORUM BERLIN am Weißenseer Weg im Bezirk > HOHENSCHÖNHAUSEN sowie das auch für Eishockey und Eiskunstlauf genutzte Eisstadion in der > WERNER-SEELENBINDER-HALLE an der Fritz-Riedel-Str. im Bezirk > PRENZLAUER BERG. Die dritte im Ostteil der Stadt gelegene, vereinssportlicher wie öffentlicher Nutzung zugängliche K. befindet sich im > SPORT- UND ERHOLUNGSZENTRUM an der Landsberger Allee/Ecke Dimitroffstr. im Bezirk > FRIEDRICHSHAIN.

Die bezirklich verwaltete, 1974 fertiggestellte Freiluftanlage des *Eisstadions Wilmersdorf* in der Fritz-Wildung-Str. 9 ist freizeitsportliche wie Vereins- und Verbandstrainingsstätte. Daneben ist es der Öffentlichkeit zugänglich und wurde in der Saison 1990/91 von ca. 230.000 Gästen besucht. Mit seiner 400-m-Bahn ist das Stadion regelmäßig Austragungsort großer internationaler Eisschnelllauf-Wettkämpfe, bspw. 1989 der Frauen-Weltmeisterschaft im Vierkampf mit Starterinnen aus 14 Ländern sowie diverser Weltmeisterschaftsläufe im Eisspeedway. Das Eisstadion ist zusätzlich Bundes- und > OLYMPIASTÜTZPUNKT sowie > LANDESLEISTUNGSZENTRUM der Eisschnelläufer.

Das 1967 erbaute, unter bezirklicher Verwaltung stehende, überdachte *Erika-Heß-Eisstadion* in der Müllerstr. 185 im Bezirk > WEDDING verfügt über je zwei 1.800 m² große Eisflächen sowie 3.700 Zuschauerplätze. Dieses Stadion wird ebenso öffentlich wie von Berliner Vereinen und Verbänden als Wettkampf- und Trainingsstätte genutzt.

Das offene, 2.600 m² große, bezirklich verwaltete *Eisstadion Neukölln* in der Oderstr. 5a dient dem Freizeit- und Vereinssport. Im öffentlichen Betrieb bietet es seinen Gästen eine Eisdiskothek.

Die bezirkliche *Eissportanlage Berlin-Lankwitz* in der Leonorenstr. 37 im Bezirk > STEGLITZ verfügt über eine 30 m x 60 m und eine kleinere 10 m x 45 m große, offene Eisfläche, die sowohl öffentlich wie vereinsportlich genutzt werden, aber auch besondere Angebote wie bspw. Seniorenlauf oder die Inanspruchnahme durch > KINDERTAGESSTÄTTEN vorsehen.

Außerdem steht auch die von der > AUSSTELLUNGS-MESSE-KONGRESS GMBH betriebene, v.a. für Eishockey-Vereinsspiele genutzte > EISSPORTHALLE JAFFÉSTRASSE im Bezirk > CHARLOTTENBURG zeitweilig als öffentliche K. zur Verfügung (> BERLINER SCHLITTSCHUH-CLUB-PREUSSEN EISHOCKEY E.V.). Neben einer Eis-Diskothek bietet sie auch spezielle Nutzungszeiten für Senioren an.

Als vereinseigene Anlage besteht ferner die privat betriebene K. des Berliner Schlittschuh-Clubs in der Glockenturmstr. 21 im Bezirk Charlottenburg.

Alle K. sind i.d.R. von Ende September/Anfang Oktober bis Anfang/Mitte März geöffnet.

Kunstgewerbemuseum: Das zu den > STAATLICHEN MUSEEN ZU BERLIN zählende K. der > STIFTUNG PREUSSISCHER KULTURBESITZ verfügt über zwei Standorte: zum einen den Neubau des K. am > KULTURFORUM TIERGARTEN und zum anderen das > SCHLOSS KÖPENICK. Auf der Grundlage der durch die Stiftung nach der > VEREINIGUNG verabschiedeten Neuordnung der Staatlichen Museen bleiben beide Standorte erhalten, werden jedoch auf der Grundlage des Gesamtbestandes beider Häuser nach einer wissenschaftlichen Konzeption neu geordnet (> MUSEEN UND SAMMLUNGEN). Im Stammhaus des Museums am Kulturforum beginnt die Schausammlung mit einer repräsentativen Gruppe mittelalterlichen Kunsthandwerks (Goldschmiedearbeiten, Bronzen). Darunter befindet sich der hochmittelalterliche Kirchenschatz aus dem Kloster Enger mit dem berühmten Bursenreliquiar Herzog Widukinds (um 780 n. Chr.), und der „Welfenschatz" mit zahlreichen mittelalterlichen Goldschmiedearbeiten. Besonders erwähnenswert sind die Schreine des Rhein-Maas-Gebiets und das Kuppelreliquiar Heinrichs des Löwen sowie das „Lüneburger Ratssilber" mit Silberschmiedearbeiten der Gotik und der Renaissance. Zinnarbeiten, Möbel, Kunstkammerstücke, Gläser, Porzellan, Fayencen der Renaissance und des Barocks vervollständigen den Überblick über das europäische Kunsthandwerk. Einen gesonderten Bereich stellt die Abt. „Produkt-Design" dar, die anhand typischer Gebrauchsgegenstände die Bedeutung der industriellen Formgestaltung für das 20. Jh. erkennen läßt.

Im Schloß Köpenick dominiert innerhalb der ständigen Ausstellung (35 Räume) eine vom Mittelalter bis zum Jugendstil reichende Möbelsammlung. Höhepunkte bilden hier die Sonderkomplexe wie die Schatzkammer mit dem hochmittelalterlichen Goldschmuck der Kaiserin Gisela (Giselaschmuck), der nach neueren Forschungen aber der Kaiserin Agnes zugeschrieben wird; die Sammlung von Möbeln des Neuwieder Ebenisten David Roentgen mit einem Schreibsekretär der französischen Königin Marie-Antoinette sowie einem Schreib- und Musikschrank des preußischen Königs Friedrich Wilhelm II. (1786-97); der Wappensaal von 1690, in dem das Kriegsgericht gegen den Freund Friedrich II. (1740-86), Leutnant Katte, das Todesurteil fällte, sowie die Rekonstruktion des „Großen

Plenar Herzog Ottos des Milden, Vorderdeckel, um 1330

Berliner Silberbüffets" aus dem Rittersaal des zerstörten > STADTSCHLOSSES (um 1695).
In Zukunft sollen das gesamte mittelalterliche Kunsthandwerk im Stammhaus zusammengezogen werden, während im Schloß Köpenick seiner Architektur und Innenausstattung entsprechend das Kunsthandwerk der Renaissance und des Barock zu sehen sein wird.
Das K. wurde 1867 als privates „Gewerbemuseum" gegründet und 1885 den „Königlichen Museen" angegliedert. 1881 hatte es in der Prinz-Albrecht-Str. einen repräsentativen Neubau erhalten (heute > MARTIN-GROPIUS-BAU). Von dort zog es 1920/21 in das Stadtschloß um, wurde mit wichtigen Kunstwerken des Schloßinventars zusammengelegt und fungierte in der Folgezeit als „Schloßmuseum Berlin". Mit dem Abriß des Stadtschlosses 1950 brachte man das K. zunächst provisorisch unter, bevor es 1952 im > BODE-

MUSEUM zwei Ausstellungssäle erhielt. Erst 1963 wurden diese Provisorien durch den Umzug in das Köpenicker Schloß beendet.
Die in den Westteil Deutschlands verlagerten Bestände kehrten 1955-57 nach Berlin (West) zurück. Anfangs wurden Teile davon im > MUSEUMSZENTRUM DAHLEM und seit 1963 im Knobelsdorff-Flügel des > SCHLOSSES CHARLOTTENBURG ausgestellt. Mit der Planung des Museumskomplexes innerhalb des Kulturforums am südlichen Rand des > GROSSEN TIERGARTENS erhielt das K. dort als erstes Museum einen Neubau, der 1985 als K. der Staatlichen Museen – Stiftung Preußischer Kulturbesitz eröffnet wurde. Seit dem 1.1.1992 stehen die beiden Teile des K. wieder unter einer einheitlichen Leitung.

Kunsthochschule Berlin-Weißensee (KHB):
Die 1947 als erste Kunsthochschule nach dem II. Weltkrieg gegründete KHB in der Straße 203 Nr. 20 im Bezirk > WEISSENSEE blieb auch nach der > VEREINIGUNG als selbständige Einrichtung erhalten. Sie wurde vom Land Berlin übernommen und in eine der > SENATSVERWALTUNG FÜR WISSENSCHAFT UND FORSCHUNG nachgeordnete Körperschaft des öffentlichen Rechts umgewandelt. Obwohl die Ausbildungsstätte bei ihrer Gründung den Status einer Hochschule für angewandte Kunst erhielt und der Schwerpunkt der Lehre damit festgelegt war, sind von Anbeginn auch Architektur und die bildkünstlerischen Bereiche vertreten gewesen. Die ersten Hochschullehrer, einige waren Bauhaus-Schüler, legten besonderen Wert auf diese Fächerverbindung als einem Grundsatz früherer Bauhaus-Ausbildung. Auch heute noch bildet die KHB in einem fünfjährigen Studium Absolventen in den Studiengängen Architektur, Malerei, Plastik/Bildhauerei, Bühnenbild sowie in Graphik/Design, Industrie-Design, Keramik-Design, Mode-Design und in Textil/Flächen-Design aus. Eine Besonderheit der KHB ist die für alle Studierenden verbindliche, zweisemestrige, allgemeine künstlerisch-gestalterische Grundlehre. 1991 studierten an der KHB 311 Studenten und 11 Meisterschüler unter Anleitung von insg. 49 Lehrkräften. Die Bibliothek der Fachhochschule umfaßte 1992 15.000 Bände.
Zu Zeiten der DDR war die KHB dem Ministerium der Kultur der DDR unterstellt. Von 1964 bis Mitte der 80er Jahre gehörte zur Kunsthochschule auch ein *Institut für baugebundene Kunst*, in dem Forschungen in Hin-

blick auf die Verbindung von Bau- und Bildkunst betrieben und neue technische und gestalterische Methoden erprobt wurden.

Kunstpreis Berlin: Mit dem jährlich am 18.3. vom Präsidenten der > AKADEMIE DER KÜNSTE im Auftrag des > SENATS VON BERLIN verliehenen K. – dem wichtigsten in Berlin verliehenen Kunstpreis – werden bedeutende künstlerische Leistungen von Einzelpersonen oder Gruppen ausgezeichnet bzw. deren künstlerische Arbeit gefördert. Der Hauptpreis in Höhe von 30.000 DM wird abwechselnd auf den Gebieten > BILDENDE KUNST, Baukunst (> BAUGESCHICHTE UND STADTBILD), > MUSIK, > LITERATUR (seit 1949 nach dem Dichter Theodor Fontane *Fontane-Preis*), Darstellende Kunst (> THEATER) sowie Film- und Medienkunst (bis 1983 > FILM / > HÖRFUNK / > FERNSEHEN) verliehen. Zusätzlich werden auf allen sechs Gebieten jährlich Förderpreise von jeweils 10.000 DM vergeben, die auch auf zwei Personen oder Gruppen aufgeteilt werden können. Auch interdisziplinäre Arbeiten können mit dem Hauptpreis oder Förderpreisen ausgezeichnet werden. Über die Preisvergabe entscheidet für jedes Kunstgebiet eine von den jeweiligen Abteilungen der Akademie der Künste benannte, drei Mitglieder umfassende Jury.

Mit dem am 18.3.1948 zur Erinnerung an die Revolution von 1848 unter dem Titel „Berliner Kunstpreis-Jubiläumsstiftung 1848/1948" gestifteten K. sollten Künstler geehrt werden, die durch ihr Leben und Wirken mit der Stadt Berlin verbunden waren oder sind. Erste Empfänger des vom damaligen Senator für Volksbildung, Joachim Tiburtius, ohne Jury verliehenen Preises waren Renée Sintenis, Ernst Pepping und Wolfgang Fortner. Die 1949 ausgearbeitete Satzung legte die Bildung einer Jury fest, in der die Vertreter des (West-Berliner) > MAGISTRATS und der > STADVERORDNETENVERSAMMLUNG die Mehrheit hatten – eine politische Entscheidung über die Preisträger war damit vorbestimmt. Seit 1956 entschieden drei auf Vorschlag der Akademie der Künste ernannte Preisrichter über die Vergabe, die Auszeichnung wurde von den jeweiligen > REGIERENDEN BÜRGERMEISTERN VON BERLIN in einem Staatsakt überreicht. Während der Feierstunde von 1969 kam es zu Tumulten; Wolf Biermann und Peter Schneider gaben ihre Preise unter Hinweis auf die Kluft zwischen den Vertretern der bürgerlichen Ordnung

und der von vielen Künstlern unterstützten > STUDENTENBEWEGUNG an die Außerparlamentarische Opposition weiter. Nach einem Jahr Unterbrechung übernahm ab 1971 die Akademie der Künste autonom die Vergabe des Preises unter dem neuen Namen K. Die Preisverleihung erfolgt seitdem ohne Zeremoniell. Auch legten die neu erarbeiteten Richtlinien eine stärkere Förderung von Nachwuchskünstlern fest.

Preisträger 1948-1990
Bildende Kunst
Renée Sintenis (1948); Bernhard Heiliger, Karl Hartung, Hans Uhlmann, Werner Heldt, Hans Jaenisch, Wolf Hoffmann, Wilhelm Deffke, Max Zimmermann, Karl-Heinz Kliemann (1950); Luise Stomps, Max Leube, Hans-Joachim Ihle, Theodor Werner, Alexander Camaro, Marcus Behmer, Siegmund Lympasik (1951); Richard Scheibe, Lidy von Lüttwitz, Gerhard Schreiter, Karl Schmidt-Rottluff, Woty Werner, Eva Schwimmer, Gerda Rotermund, Georg Gresko (1952); Alexander Gonda, Emy Roeder, Johannes Schiffer, Karl Hofer, Otto Hofmann, Elsa Böhm, Dietmar Lemke, Elsa Eisgruber (1953); Paul Dierkes, Ursula Förster, Otto Placzek, Max Pechstein, Curt Lahs, Hans Thiemann, Hans Orlowski, Sigmund Hahn (1954); Gerhard Marcks, Hans Purrmann, Manfred Bluth, August Wilhelm Dressler (1955); Heinz Trökes (1956); Erich Heckel (1957); Fritz Winter (1958); Julius Bissier (1960); Rudolf Edwin Belling (1961); Friedrich Ahlers-Hestermann (1962); Max Kaus (1963); Ernst Wilhelm Nay (1964); Jan Bontjes van Beek (1965); Hann Trier (1966); Rudolf Hoflehner (1967); Wilhelm Wagenfeld (1968); Heinrich Richter (1969); Rainer Küchenmeister (1971); Joachim Schmettau (1977); Meret Oppenheim (1982); Rupprecht Geiger (1988).

Baukunst
Max Taut, Hans Scharoun (1955); Hugo Häring (1956); Ludwig Hilberseimer (1957); Wassili Luckhardt (1958); Paul Baumgarten (1960); Ludwig Mies van der Rohe (1961); Egon Eiermann (1962); Sergius Ruegenberg (1963); Werner Düttmann (1964); Hermann Fehling (1965); Walter Rossow (1966); Frei Otto (1967); Erwin Gutkind (1968); Ludwig Leo (1969); Fred Forbat (1971); Gottfried Böhm (1974); Julius Posener (1977); Rolf Gutbrod (1983); Norman Foster (1989).

Darstellende Kunst
Heinz Tietjen, Boleslaw Barlog (1950); Hermine Körner, O. E. Hasse (1951); Mary

Wigman, Frank Lothar, Kurt Meisel (1952); Käthe Dorsch, Ita Maximowna, Wolfgang Spier (1953); Tatjana Gsovsky, Käthe Braun, Caspar Neher (1954); Walter Franck (1955); Ernst Schröder (1956); Joana Maria Gorvin (1957); Martin Held (1958); Elsa Wagner (1959); Erich Schellow (1960); Willi Schmidt (1961); Gert Reinholm (1962); Fritz Kortner (1963); Rolf Henniger (1964); Ernst Deutsch (1965); Rudolf Platte (1966); Gustav Rudolf Sellner (1967); Hans Lietzau (1968); Herbert Ihering (1969); Bernhard Minetti (1973); Wilhelm Borchert (1976); Peter Stein, der ihn zurückgab. Der Senat der Akademie vergab 3 Förderpreise an: Kleines Theater am Südwestkorso, Neuköllner Oper und Tanzfabrik, alle Berlin (1980); Marianne Hoppe (1986).

Film – Hörfunk – Fernsehen
Helmut Käutner (1956); Heinz Rühmann (1957); Robert Siodmak (1958); Günter Neumann, Heinz Pauck (1960); Robert Müller (1961); Hans Rolf Strobel und Heinz Tichawsky (1962); Jürgen Neven DuMont (1963); Wolfgang Neuss (1964); Dieter Ertel (1966); Hans Richter (1967); Georg Stefan Troller (1968); Peter Zadek (1969); Internationales Forum des Jungen Films (Ulrich Gregor) und Team: Klaus Wiese/Christian Ziewer; ARD-Filmstudio: Franz Everschor, Klaus Lackschéwitz, Heinz Ungureit (1973); Ernst Jacobi, Peter Watkins (1976); George Tabori (1981).

Film- und Medienkunst (seit 1984)
Lina Wertmüller (1987).

Musik
Ernst Pepping, Wolfgang Fortner (1948); Werner Egk, Helmut Roloff, Dietrich Fischer-Dieskau (1950); Boris Blacher, Gerhard Puchelt (1951); Arthur Rother, Helmut Krebs, Giselher Klebe (1952); Gerda Lammers, Karl Forster, Max Baumann (1953); Erna Berger, Hertha Klust, Volker Wangenheim (1954); Sergiu Celibidache, Joseph Ahrens, Josef Greindl (1955); Philipp Jarnach (1956); Heinz Tiessen (1957); Hans Werner Henze (1958); Wladimir Vogel (1960); Karl Amadeus Hartmann (1961); Gerhart von Westermann (1962); Paul Hindemith (1963); Hans Chemin-Petit (1964); Elisabeth Grümmer (1965); Johann Nepomuk David (1966); Karl Böhm (1967); Heinz Friedrich Hartig (1968); Bernd Alois Zimmermann (1969); György Ligeti (1972); Josef Tal (1975); 1978 wurde der Preis von der Jury in Form von zwei Förderpreisen verliehen: Han Bennink, Peter Brötzmann, Alexander v. Schlippenbach (Free Music),

Gruppe Neue Musik Berlin (Jolyon Brettingham-Smith, Gerald Humel, Roland Pfrengle, Wolf Dieter Siebert, Karl Heinz Wahren); Olivier Messiaen (1984); Luigi Nono (1990).

Literatur „Fontane-Preis"
Hermann Kasack (1949); Gerd Gaiser, Hans Werner Richter (1951); Kurt Ihlenfeld (1952); Edzard Schaper (1953); Albert Vigoleis Thelen (1954); Hans Scholz (1956); Ernst Schnabel (1957); Günter Blöcker (1958); Gregor von Rezzori (1959); Uwe Johnson (1960); Martin Kessel (1961); Golo Mann (1962); Peter Huchel (1963); Arno Schmidt (1964); Victor Otto Stomps (1965); Walter Höllerer (1966); Walter Mehring (1967); Günter Grass (1968); Wolf Biermann (1969); Hans-Heinrich Reuter (1972); Hubert Fichte (1975); Alexander Kluge (1979); Brigitte Kronauer (1985).

Kupfergraben: Der K. ist das nördliche Teilstück des Spreekanals westlich der Spreeinsel im Bezirk > MITTE (> INSELN). Es erstreckt sich von der > EISERNEN BRÜCKE bis zum Zusammenfluß des Kanals mit der > SPREE an der > MONBIJOUBRÜCKE. Der ab 1580 nachgewiesene Name K. erklärt sich wahrscheinlich aus dem damals nahe gelegenen Gießhaus (Straße „Hinter dem Gießhaus"), für das Kupfer und andere Metalle auf dem Wasserwege angeliefert und hier entladen wurden. Beim Ausbau der Befestigungsanlagen um Berlin/> KÖLLN 1658-83 (> STADTMAUER) wurde der Spreearm kanalisiert.
Die Ostseite des K. nehmen repräsentative Bauten der > MUSEUMSINSEL (> NEUES MUSEUM, > PERGAMONMUSEUM, > BODE-MUSEUM) und der > LUSTGARTEN ein. Auf der Westseite liegen entlang der Uferstraße *Am Kupfergraben* einige Berliner Bürgerhäuser des 18. und 19. Jh., darunter die Nr. 7, das sog. *Magnushaus*. Es wurde um 1753 vermutlich nach Plänen von Georg Wenzeslaus v. Knobelsdorff durch Georg Friedrich Boumann errichtet und ging schließlich in den Besitz des Physikers Heinrich Gustav Magnus über, der hier 1842-70 das erste physikalische Institut Deutschlands unterhielt. Ab 1919 wurde das Gebäude von der Berliner > FRIEDRICH-WILHELMS-UNIVERSITÄT genutzt. Von 1912-29 wohnte hier der Regisseur und Chef des > DEUTSCHEN THEATERS Max Reinhardt. Am 23.4.1958, zum 100. Geburtstag des Physikers Max Planck, wurde das im II. Weltkrieg unzerstörte Haus der Physikalischen Gesellschaft der DDR übergeben, die hier die rd. 1.000 Bände umfassende Privatbibliothek des Physikers unterbrachte.

Im Erdgeschoß erinnert eine kleine Gedenkstätte an den großen Gelehrten.
Die Häuser Am K. 5, 6 und 6a sind ansehnliche Bürgerbauten aus der ersten Hälfte des
19. Jh. Das 1828/29 erbaute Haus Nr. 5 wurde nach Kriegszerstörungen 1978-82 wiederhergestellt und wird heute von der > Humboldt-Universität (HUB) genutzt. Im früher
benachbarten, im II. Weltkrieg zerstörten
Haus 4a wohnte von etwa 1820 bis zu seinem
Tod 1831 der 1818 nach Berlin gekommene
Philosoph Georg Friedrich Hegel. Nördlich
der S-Bahn-Brücke liegen die Anlagen der
> Friedrich-Engels-Kaserne, die heute z.T.
gleichfalls von der HUB genutzt werden.

Kupferstichkabinett: Das zu den > Staatlichen Museen zu Berlin zählende K. der > Stiftung Preussischer Kulturbesitz hatte 1992
noch zwei Standorte: das > Alte Museum auf
der > Museumsinsel und das > Museumszentrum Dahlem. Auf der Grundlage der
durch die Stiftung nach der > Vereinigung
verabschiedeten Neuordnung der Staatlichen
Museen sollen beide Standorte 1993 aufgehoben werden. Künftiger alleiniger Standort
wird nach dessen Fertigstellung 1993 ein
Neubau auf dem > Kulturforum Tiergarten
(> Museen und Sammlungen).
Anders als herkömmliche Museen verfügt
das K. aufgrund der Lichtempfindlichkeit
des Materials Papier über keine permanente
Ausstellung. Grafik wird aus konservatorischen Gründen ständig in Mappen und
dunklen Schränken aufbewahrt. Jedoch besteht an beiden Standorten die Möglichkeit,
in einem dem Kabinett zugeordneten Aus-
stellungssaal zeitweilig unter besonderen
Lichtverhältnissen Sonderkomplexe der
Sammlung der Öffentlichkeit kurzfristig zugänglich zu machen. An die Stelle der permanenten Ausstellung tritt im K. der
„Studiensaal", in dem sich die Besucher die
sie interessierenden Grafiken vorlegen lassen
können.
Der im Alten Museum seit 1966 untergebrachte Teil des nach dem Kriege in Berlin
verbliebenen Bestandes des K. hatte erst wieder nach der Rückführung der 1945 in die
Sowjetunion verbrachten Sammlungen 1958
eine gewisse Bedeutung erlangt. Ca. 120.000
Blatt wurden zurückgeführt, darunter 40.000
Blatt Zeichnungen. Unter diesen verdienen
v.a. die 57 Zeichnungen von Sandro Botticelli
zur „Göttlichen Komödie" von Dante
Alighieri Beachtung sowie die Zeichnungen

von Matthias Grünewald, Lucas Cranach
und Hans Holbein d.J. Von hohem Rang ist
auch die Druckstocksammlung mit Darstellungen nach Albrecht Dürer, Hans Burgk-
mair, Peter Flötner und Georg Pencz.
Der bedeutendere und zahlenmäßig größere
Teil der Sammlung des K. befand sich bei
Kriegsende in Verlagerungsorten des westlichen Teils Deutschlands. Sie bildeten nach
ihrer Rückkehr Mitte der 50er Jahre nach
West-Berlin den Grundstock des K. der Stiftung Preußischer Kulturbesitz und erhielten
in Dahlem ihr Domizil. Zu diesem Sammlungsteil gehören Werke aus nahezu allen
mitteleuropäischen Ländern und aus Mittel-
amerika vom Mittelalter bis zur Gegenwart.
Darunter ca. 35.000 Blatt Zeichnungen vom
14. Jh. bis zum 20. Jh., 380.000 Blatt
Druckgrafik, 100 wertvolle Handschriften
mit Illustrationen sowie ca. 500 illustrierte
Bücher des 17.-18. Jh.
Im auf dem Kulturforum im Bau befindlichen neuen Gebäude wird das K., das am
1.10.1991 mit dem K. im Alten Museum und
der „Handzeichnungssammlung" der > Nationalgalerie zusammengelegt wurde, über
moderne Magazinräume, einen Studiensaal,
der in Verbindung mit der angrenzenden
Fachbibliothek genutzt werden kann, sowie
über einen Sonderausstellungsraum verfügen.
Anfangs im Sockelgeschoß des Alten Museums untergebracht, erhielt das K. aufgrund
eines schnell wachsenden Bestandes im Jahre
1840 erweiterte Räumlichkeiten im Schloß
Monbijou (> Monbijoupark). Da sich auch
diese bald als zu klein erwiesen, bekam das
K. 1848 seine neue Heimstatt im Obergeschoß des > Neuen Museums. 1877 mußte
laut Verfügung des Preußischen Kultusministeriums der Bestand an Handzeichnungen
aus der Zeit ab 1800 der Nationalgalerie
überwiesen werden. 1944/45 wurde das
Neue Museum und damit auch die Räume
des K. zerstört. Für die wenigen nach Kriegsende im Ostteil der Stadt verbliebenen Bestände wurden 1950 zwei Räume zur provisorischen Unterbringung zur Verfügung gestellt. Erst nach den Rückführungen aus der
Sowjetunion 1958 wurden (ebenfalls provisorisch) größere Räumlichkeiten im > Bode-Museum hergerichtet. Seinen neuen Standort erhielt das K. dann 1966 im Alten Museum.

Kurfürstendamm: Der etwa 3,5 km lange K.
vom > Breitscheidplatz zum Rathenauplatz

im Bezirk > WILMERSDORF ist neben der Straße > UNTER DEN LINDEN die bekannteste Straße Berlins. In seinem östlichen Teil, etwa ab Olivaer Platz, bildet der belebte Boulevard das Zentrum der West-Berliner > CITY mit zahlreichen luxuriösen Geschäften, Restaurants, Cafés, Kinos, Theatern und Hotels.

Der K. geht zurück auf einen Mitte des 16. Jh. von Kurfürst Joachim II. Hektor (1535-71) angelegten Verbindungsweg zum 1542 errichteten > JAGDSCHLOSS GRUNEWALD. Auf Initiative des Reichskanzlers Fürst Otto v. Bismarck wurde der damalige Knüppeldamm ab 1873

Kurfürstendamm/Ecke Joachimstalerstraße: die neue Kranzler-Ecke, um 1930

nach dem Vorbild der Champs-Elysées zu einem 53 m breiten Boulevard mit Vorgärten, zwei Fahrdämmen, zwei Bürgersteigen, einem Reitweg und einer Promenade bis nach > HALENSEE ausgebaut, wo ab 1889 durch die eigens gegründete Kurfürstendamm-Gesellschaft die Villenkolonie > GRUNEWALD entstand (> VILLENKOLONIEN). Ursprünglich begann der K. an der Corneliusbrücke am > LANDWEHRKANAL. 1925 wurde der Teil östlich des Auguste-Viktoria-Platzes (heute Breitscheidplatz) in Budapester Str. umbenannt. Da die alte Nummerierung des Straßenzuges beibehalten wurde, beginnt die Straße heute mit der Hausnummer 11.

Schon bald wurde der K. zu einer beliebten und vornehmen Wohnadresse, an der sich eine Vielzahl reicher und prominenter Anwohner niederließen. Neben Luxusgeschäften siedelten sich > THEATER, > KABARETTS und andere Vergnügungsetablissements an. In Halensee entstand nach der Jahrhundertwende der weltberühmte > LUNAPARK. „Europas größtes Caféhaus" (Thomas Wolfe 1925) wurde zum Treffpunkt von Literaten, Schauspielern und anderen Künstlern, die sich im *Café des Westens („Café Größenwahn")*, im

Romanischen Café oder im Café Schilling (ab 1932 *Café Kranzler*) versammelten (> KULTUR). Die *Berliner Sezession*, eine Vereinigung Berliner Künstler wie Max Liebermann, Max Slevogt, Alfred Lesser, Lovis Corinth, Lesser Ury, Walter Leistikow, Käthe Kollwitz u.a., hatte hier ein eigenes Ausstellungshaus (> BILDENDE KUNST). 1921 wurden dessen Räume zum > THEATER AM KURFÜRSTENDAMM umgestaltet. Daneben eröffnet Max Reinhardt 1924 die > KOMÖDIE. Große Lichtspieltheater (Marmorhaus, Capitol, Universum u.a.; > KINOS) ziehen, wie später noch einmal in den 50er Jahren, zahllose Zuschauer an (> INTERNATIONALE FILMFESTSPIELE BERLIN). Der K. war das weltstädtische Zentrum des „neuen Westens".

Im II. Weltkrieg wurden viele Bauten stark beschädigt. Sie wurden in den ersten Nachkriegsjahren weitgehend abgerissen und durch z.T. qualitätsvolle Neubauten ersetzt. Mit Einstellung der > STRASSENBAHN 1954 und der Umgestaltung des Mittelstreifens zu

Kurfürstendamm, rechts Kaufhaus Wertheim, im Hintergrund Kaiser-Wilhelm-Gedächtniskirche und Europa-Center

Autoparkplätzen verlor der K. zunehmend an Charakter. Seit etwa Mitte der 80er Jahre bemüht sich der > SENAT VON BERLIN unter Beteiligung von Anliegern, Stadtplanern und Behördenvertretern, dem K. im Rahmen der > STADTBILDPFLEGE seine ursprüngliche Eleganz und weltstädtische Atmosphäre zurückzugeben. Im Oktober 1988 legte er „zehn Grundsätze zur städtebaulichen Entwicklung des Kurfürstendammbereichs" vor, in denen er seine Planungen bis hin zur Pflasterung der Gehwege im Einzelnen präzisierte. Spielhallenbetriebe und „Hamburger"-Buden sollen verschwinden, die weit verbreiteten Schankveranden werden größtenteils entfernt, z.T. sollen die alten Vorgärten wiederentstehen. Im Rahmen der 750-Jahr-Feier Berlins 1987 aufgestellte Großplastiken machten den K. zum *Skulpturen-Boulevard*. Einige Ergebnisse der Verschönerungsbemühungen – z.B. historisierende gußeiserne Straßenlampen und Ampelanlagen – sind jedoch umstritten. Seit der > VEREINIGUNG drängen verstärkt Banken und Handelshäuser an die noble Adresse und drohen angesichts steigender Bodenpreise (> BODENRICHTWERTE), die angestammten kleineren Geschäfte zu verdrängen.

Klaus Siebenhaar

KULTUR

I. Berlin – kulturhistorisch, Traditionen und Tendenzen

II. Berlin – Nachkrieg und Gegenwart

III. Berlin – die wiedervereinigte Metropole:
Probleme und Perspektiven

Berlin ist wieder eine Metropole im Aufbruch. Mit der nunmehr grenzenlosen Freiheit verbindet sich aber kein voraussetzungsloser Anfang. Über 40 Jahre weltanschaulicher und physischer Teilung haben Spuren und Prägungen im kulturellen Leben der beiden Stadthälften hinterlassen. Das Neue Berlin findet sich zu Beginn der 90er Jahre in einem geopolitischen und soziokulturellen Raum wieder, der sich erst reorganisieren und formieren muß. Berlin ist erneut Fokus und Laboratorium widersprüchlicher kultureller Prozesse: Die Ungleichzeitigkeit in der lebensweltlichen, ästhetischen und künstlerischen Entwicklung in Ost und West drückt sich im konfrontativen Nebeneinander von zwei Modernen und zwei Kulturen aus. Ein Riß geht durch die Biographien, Institutionen und Wertvorstellungen in der langsam zusammenwachsenden Metropole in der Mitte Europas. Vorerst wird Berlin mit einer imaginären Mauer weiterleben müssen, die ein kulturelles Spannungsfeld umgrenzt, auf dem erst in der nächsten Generation wirklich Gemeinsames wachsen kann.

Kultur als Summe und Ausdruck der von Menschen hervorgebrachten und tradierten geistigen, künstlerischen und religiösen Werte setzt sich aus unterschiedlichen Faktoren zusammen. Kultur bestimmt sich aus individueller schöpferischer Tätigkeit genauso wie aus Gruppenmerkmalen sozialer Systeme, gemeinschaftlicher Bildung, Sittlichkeit, Sprache, Ästhetik oder Traditionspflege. In ihr spiegeln sich Weltsicht, Lebensformen und -gestaltung, sie schafft Sinnzusammenhänge und Identifikationsmuster. Ob „als Tauglichkeit oder Geschicklichkeit zu allerlei Zwekken" (Immanuel Kant) oder bloß als „höhere Natur" (Johann Gottfried Herder), in der Kultur findet eine Nation, gesellschaftliche Schicht, einzelne Region oder auch nur eine Straße nach außen – wirkungsbezogen – und nach innen – strukturierend – ihr lebensweltliches Gepräge.

Diese vielschichtigen, bis in den Alltag hineinreichenden Prozesse im geschichtlichen Wandel für Berlin darzustellen, bedeutet, nach dem Besonderen im übergeordneten Allgemeinen zu suchen. Zuletzt hatten die beiden kulturellen Großereignisse der Jahre 1987 und 1988 – *750-Jahr-Feier* und *Kulturstadt Europas* – eine Unzahl von Berlin-Ansichten wiederbelebt bzw. neu hervorgebracht und so das kulturelle Profil der Stadt schärfer konturiert. Fast ein wenig schamhaft wurde damals inmitten des Festtrubels an den Rand gedrückt, was zur leitenden Erkenntnis jeder historischen und gegenwartsbezogenen Annäherung gehört: Berlin ist eine verspätete, dann zerstörte und geteilte und plötzlich wieder unter Schmerzen zusammenwachsende europäische Kulturmetropole. Aus dieser Dauerbelastung bezieht die Stadt seit über 200 Jahren ihre außerordentliche Anziehungskraft – im positiven wie im negativen Sinne. Ungleichzeitigkeiten, Gegensätze und Brüche im geschichtlichen Werdegang zeichnen damit von vornherein für ein spannungsreiches kulturelles Erscheinungsbild verantwortlich.

Topographie und historische Konstellationen stehen dabei in einem Abhängigkeitsverhältnis: „Wo in Europa ist Berlin? Niemals gegründet, einstmals aus zwei Dörfern zusammengezogen, später aus mehreren, zuletzt aus vielen Städten vereinigt. (...) Ein Findelkind, Waise, Aschenbrödel, Metropole, von wenigen gehegt, von Niemand geliebt, außer von den Winden der Ostsee, ist dieses Gebirge von Häusern für sich selbst gewachsen" (Bernard v. Brentano). Kaum ein Berlin-Topos oder -klischee, das nicht die landschaftlich-klimatischen Konstanten mit der kulturellen Physiognomie der Stadt und ihren Bewohnern in Verbindung brächte. Die Mischung aus Sand und Wasser wird zur „eigentlichen Berliner Materie" (Hermann v. Wedderkop), die kein festes Fundament zuläßt und stets Bewegung und Vergänglichkeit in sich birgt. Die „Häuser stehen nicht alt im Boden", und die „nicht entwickelte Landschaft trägt dazu bei, daß auch die kulturellen Gründungen darin locker bleiben und das Berlinische nie so recht ausgemacht ist" (Ernst Bloch). Tief ragt die herbe Schönheit der Mark in das städtische Gefüge hinein und hinterläßt ihre Spuren: Nüchternheit, Härte, sachliche Zurückhaltung, spröder Charme, weite Flächen, Leere und Offenheit bilden den kulturellen Nährboden, der zu allen Zeiten aufnahmebereit war für fremde Einflüsse. Das in vielen kulturkritischen Abhandlungen wiederkehrende Bild von der ewigen Kolonialstadt, die „immer nur wird und nie ist" (Ernst Bloch), vereinigt in sich diese besonderen räumlich-zeitlichen Bedingungen.

I. BERLIN – KULTURHISTORISCH, TRADITIONEN UND TENDENZEN

1. Aufbrüche: Hofkultur und Kolonialstadt

Noch Mitte des 17. Jh. verharrte die vom Dreißigjährigen Krieg schwer gezeichnete kurfürstliche Residenzstadt in spätmittelalterlichen Begrenzungen (> GESCHICHTE). Aufbruchszeichen setzte Kurfürst Friedrich Wilhelm (1640-88), und die Impulse brachte er von draußen mit. Höfische Lebensweise sollte nun das provinziell zurückgebliebene Stadtbild verändern. Aber das feudale Streben nach zeit- und standesgemäßer Selbstdarstellung vollzog sich bereits hier in der für Berlin auch zukünftig so typischen Mischung: Niederländische Baumeister (u.a. Johann Gregor Memhardt) und Künstler sorgten für einen nordeuropäisch-kühlen Barock, den die ins Land geholten Hugenotten mit französisch-absolutistischen Elementen anreicherten (> BAUGESCHICHTE UND STADTBILD; > BEVÖLKERUNG). Verstärkt noch durch böhmische Glaubensflüchtlinge und aus Wien vertriebene Juden kristallisierte sich ein produktives Nebeneinander von handwerklich-kaufmännisch geprägter Bürger- und protestantisch abgeklärter Hofkultur heraus. Im großen Stil befriedigt werden konnte der Geschmack an Wissenschaft und Kunst erst unter der Regentschaft des Nachfolgers, Friedrich (III.) I. (1688-1713), der sich 1701 zum König in Preußen krönte. Wachsendes politisches Großmachtstreben schlug sich verstärkt in einzelnen gezielten wissenschaftlichen und künstlerischen Prestigeprojekten nieder. Die Gründung der > Akademie der Künste (1696; > Preussische Akademie der Künste) und der „Societät der Wissenschaften" (1700; > Preussische Akademie der Wissenschaften) sicherten Berlin erstmals eine Vorreiterrolle in Deutschland: Beide Institutionen bildeten Anziehungspunkte, die sich neben den Naturwissenschaften deutscher Kultur, Sprache und Geschichte widmeten.

Um 1700 haftete Berlin schon ein zweckmäßiger, scharf gekanteter Gesamteindruck an, die neue Stadtgeometrie dokumentierte sich in nüchtern gezogenen Linien mit breiten Straßen und Plätzen. Andreas Schlüters bauplastisches und architektonisches Werk setzte darin Akzente durch die völlige Neugestaltung des > Stadtschlosses, Patriziervillen oder das Reiterdenkmal des „Großen Kurfürsten" (> Bode-Museum; > Schloss Charlottenburg). Zur Vielfalt der Künste mit dem Pariser Hofmaler Antoine Pesne an der Spitze kam eine erste geistige Blüte, für die Leibniz zur Symbolfigur wurde. Trotz dieser unübersehbaren Aufbruchssignale im frühen 18. Jh. hatte Berlin gegenüber den traditionellen Handelsstätten wie Leipzig, Frankfurt/M., Hamburg oder gar dem kunstsinnigen „Elbflorenz" Dresden einen großen Nachholbedarf, um als geistig-kulturelles Zentrum dauerhaft konkurrieren zu können.

Die barocke Festkultur mit ihrer prosperierenden Luxusgüterproduktion (Fayencen, Glasmalerkunst, Gold- und Silberschmiede, Stoff- und Teppichmanufakturen) nahm aber unter dem „Soldatenkönig" Friedrich Wilhelm I. (1713-40) ein jähes Ende. Preußischer Drill und Militärgeist zogen ein und erhoben nun den Nutzen zum alleinigen Maßstab, dem sich auch Wissenschaft und Künste zu unterwerfen hatten. Schmucklose Solidität bestimmte die Bürgerhäuser, selbst Adelspalais und Kirchen paßten sich in Ornament und Dimensionierung der verordneten Zurückhaltung an.

2. Berliner Aufklärung und friderizianisches Rokoko

„Sparta ward zu Athen" – so kennzeichnete der Philosoph Voltaire den Übergang von Friedrich Wilhelm I. zu seinem Sohn Friedrich II. (dem Großen, 1740-86). Während seiner Regentschaft wurde Berlin zu einer festen Größe im europäischen Geistes- und Kulturleben, von nun an importierte die Stadt nicht mehr nur Ideen, sondern sandte Impulse aus. Gefördert von der imperialen Geste eines kunstsinnigen, schöpferischen Monarchen, verwandelte sich die Garnisonsstadt zum internationalen Treffpunkt wissenschaftlicher und künstlerischer Kapazitäten. Der schon immer virulente französische Einschlag erlebte jetzt seinen Höhepunkt: Der frankophile König – flötenspielender, komponierender Architekt und „Philosoph zu Sanssouci" (Anna Luise Karsch) – ernannte den Pariser Mathematiker und Physiker Pierre Louis Maupertuis zum Präsidenten der Akademie der Wissenschaften, sprach und schrieb bevorzugt französisch, pflegte eine spannungsreiche Freundschaft mit Voltaire und holte französische Schauspielertruppen in die Stadt. Getreu seinem Wahlspruch, daß „Künste und Wissenschaften Zwillingsschwestern" seien, ließ er von Georg Wenzeslaus v. Knobelsdorff die Kgl. Oper > Unter den Linden bauen (> Deutsche Staatsoper Unter den Linden), kaufte französische Rokokomaler (u.a. Jean Antoine Watteau), berief den Flamen Jean Pierre Antoine Tassaert zum Hofbildhauer. In seine Epoche fiel die Eröffnung der Kgl. Bibliothek Unter den Linden (> Alte Bibliothek) sowie eine umfassende Schulreform. Die preußisch-friderizianische Kultur gründete auf einer aufgeklärten Aristokratie und einem sich allmählich emanzipierenden Bürgertum. Doch blühte das höfische Rokoko in seiner geistvoll ziselierten Dekorativität mehr in Potsdam-Sanssouci denn in der Hauptstadt.

Anders als in Wien oder Paris spielte das höfische Leben in Berlin niemals eine alles dominierende Rolle. Berliner Freiheit artikulierte sich in den Bürgerhäusern, die ihre eigene Geselligkeit pflegten: Debattierzirkel wie die „Mittwochsgesellschaft" trugen aufklärerisches Gedankengut weiter (> Mittwochsgesellschaften). Denn nicht allein im legendären Dreigestirn Nicolai – Mendelssohn – Lessing manifestierte sich die Berliner Aufklärung – das gesamte geistige Klima der Stadt schien erfüllt von einem kritisch skeptischen Rationalismus, einer von der Vernunft beherrschten Moralphilosophie. Und nicht zuletzt bahnte sich in jenen Jahrzehnten der Traum von der „jüdisch-deutschen Symbiose" an, den der Verleger und Schriftsteller Friedrich Nicolai und der jüdische Philosoph Moses Mendelssohn verkörperten. Publizistisch bereiteten sie den Boden für einen tiefgreifenden Strukturwandel der Öffentlichkeit mit Zeitschriften, Traktaten und Kompendien, die über die steigende Zahl von Lesegesellschaften und Lokale rasche Verbreitung fanden. Die Stadt wuchs, und mit ihr verfeinerten sich die Unterhaltungsbedürfnisse, das Modebewußtsein und die Gefühlskultur der Berliner. Der in der großen Hugenottengemeinde lebende Kupferstecher und Radierer Daniel Chodowiecki wurde zum Illustrator und Bildchronisten bürgerlichen Lebens, das er in kritisch-realistischen Genreszenen festhielt und mit beißender Ironie kommentierte.

3. Preußischer Klassizismus und romantische Utopien
An der Schwelle zum 19. Jh. stand Berlin auch kulturell im Wettstreit mit der Habsburgermetropole Wien. Genau in der Mitte zwischen dem Zarenreich und Frankreich gelegen, war die Stadt als politischer und geistiger Machtfaktor endgültig etabliert. Auch ohne Revolution schritt die bürgerliche Emanzipation voran. Spannungsvoll und abwechslungsreich präsentierte sich das Berliner Leben um 1800. Der strenge, sachliche preußische Klassizismus fand in Architektur, Plastik und Kunsthandwerk mit Künstlern wie Johann Gottfried Schadow, Carl Gotthard Langhans, Friedrich Gilly, Friedrich Tieck, Christian Daniel Rauch und Karl Friedrich Schinkel seine traditionsbildende Vollendung. Zwischen ästhetischer Utopie und patriotischem Sendungsbewußtsein vollzogen sich die Aufbrüche der Romantiker von Ludwig Tieck über die Brüder August Wilhelm und Friedrich v. Schlegel zu Heinrich v. Kleist, Achim v. Arnim und E.T.A. Hoffmann. Philosophen und Naturwissenschaftler von Johann Gottlieb Fichte, Friedrich Hegel bis zu den Brüdern Alexander und Wilhelm v. Humboldt machten aus Berlin ein geistiges Zentrum (Universitätsgründung 1810; > Friedrich-Wilhelms-Universität), und die Kgl. Schauspiele unter August Wilhelm Iffland liefen dem Burgtheater in Wien den Rang ab. In den knapp drei Jahrzehnten zwischen dem Tod Friedrichs des Großen (1786) und dem Wiener Kongreß (1815) hatte Berlin Anschluß an die europäische Kultur gefunden. Die Französische Revolution und besonders die Napoleonischen Eroberungszüge mit der traumatischen Niederlage Preußens 1806 und den folgenden Befreiungskriegen markierten die zeitgeschichtlichen Erschütterungen, welche diese Blütezeit begleiteten und in ihrer inhaltlich-ästhetischen Ausformung prägten. Von den Gedanken der Aufklärung und den Menschheitsidealen der Revolution erleuchtet, fanden in den jüdischen Bürgerhäusern Kunstsinnige und Bildungs-

hungrige zusammen „ohne Rücksicht auf Stand, auf Religion oder auf andere Ne-
bensachen" (Friedrich Nicolai).

Die *Salonkultur* der jüdischen Frauen Henriette Herz oder Rahel Levin (später
Varnhagen) praktizierte v.a. in den frühen Jahren ein Stück gelebter Utopie: freie
Geselligkeit in „Übereinstimmung mit der persönlichen und gemeinschaftlichen
Individualität" (Friedrich Schleiermacher) fernab der gesellschaftlichen Schranken
und der Fährnisse des Alltags. Juden und Christen, Adlige und Bürger, Offiziere und
Philosophen, Männer und Frauen partizipierten gleichberechtigt, man las, spielte,
musizierte und schwärmte gemeinsam. Der Salon wurde zu einer zweiten, nicht
höfischen Öffentlichkeit, die zusammen mit „Gesellschaften", Lokalen und Cafés
den Verbürgerlichungsprozeß der preußisch-feudalen Gesellschaft beschleunigten.
Gerade in schweren Zeiten kam bürgerlicher „Häuslichkeit" besondere Bedeutung
zu: Lesen und Musikpflege gehörte zu den beliebtesten Zerstreuungen. Republika-
nisch-demokratische Gesinnung bestimmte auch die musikalische Praxis der > SING-
AKADEMIE unter dem Goethe-Freund Carl Friedrich Zelter: Jeder wurde aufgenommen, der sich den Statuten unterwarf. Die Napoleonischen Befreiungskriege
förderten auf allen künstlerischen Gebieten nationale Erweckung, die im Begriff der
„politischen Romantik" die Verschmelzung von Kunst und Politik symbolisierte und
im Stein-Hardenbergschen Reformprogramm als politische Kultur Form annahm. In
Schadows Bekenntnis zu einer realistisch-klassizistischen und zugleich patriotisch
erfüllten Kunst klang die dauernde Verpflichtung an, Berlin eine unverwechselbare
kulturelle Identität zu sichern.

4. Bürgerkultur zwischen Restauration und Revolution

Berlins bürgerliche Traditionen bildeten sich zwischen biedermeierlicher Beschau-
lichkeit und vormärzlichem Republikanismus heraus. Beginnende Industrialisierung und die damit verbundene Ausdehnung der Stadt schufen neue Gegensätze,
aber auch einen geschärften Wirklichkeitssinn. Häuslichkeit im Stil der „Gartenlaube" war die bürgerliche Reaktion auf die politische Friedhofsruhe und die bedrohlichen wirtschaftlichen Veränderungen (Bevölkerungswachstum, Vergrößerung der sozialen Kluft). Noch vorhandene Provinzialität existierte neben kühnen,
zukunftsweisenden Entwürfen: der Eckensteher Nante und der > STRALAUER FISCH-
ZUG neben Schinkel, den Humboldts und Hegel. Eine von Witz, schlagfertiger Skepsis und frecher Kritik grundierte volkstümliche Kultur gehörte jetzt zum festen Bestandteil Berliner Lebens. Hier artikulierten sich offiziell unterdrückte politische
Tendenzen und soziale Stimmungen. Mit unterschiedlicher Schärfe reagierten die
Künste auf die gesellschaftlichen Herausforderungen. Lokalpossen, Schmalzstul-
lentheater, Glaßbrenners Texte und Hosemanns Zeichnungen, Krolls Garten, Pfuels
Schwimmschule, Jahns Turnplatz oder Volksfeste aller Art repräsentierten diese
Gegenkultur von unten, zu deren ästhetischer Signatur ein Realismus in verschiedenen Schattierungen wurde. Dialektfärbung, Stadtbild und Interieur kündeten
gleichermaßen vom kleinbürgerlich-bürgerlichen Selbstverständnis: schmucklose
Geradlinigkeit der Fassaden, zweckmäßige Bescheidenheit mit einem Hauch Idylle
im Innern sowie schnoddrige Direktheit im Umgangston (> BERLINISCH). Dabei spielte
die weltanschaulich weit gefächerte politische Opposition zum restaurierten preußischen Staat eine besondere Rolle. Ihr ging es um die Verschmelzung von Politik
und Kultur hin zu einer demokratischen Öffentlichkeit, in der Poesie, Aufklärung

und Mündigkeit eine natürliche, selbstverständliche Einheit bilden. Die publizistischen „Erzieher des zungenfertigen demokratischen Kleinbürgertums" (Heinrich Treitschke) belebten mit ihren „Nantes", „Klugschnäbeln", „Guckkästnern" und „Buffeys" die bisweilen beschauliche Betriebsamkeit des biedermeierlichen Berlin und regten in ihren bissigen Angriffen auf Obrigkeitsstaat und bürgerliche Genügsamkeit den demokratischen Elan des Vormärz und der 48er Revolution an, welcher in Revolutionskomödien und satirischen Flugschriften die Verbindung von Berliner Witz und republikanischer Gesinnung zum Ausdruck brachte.

5. „Parvenüpolis": vom Nachmärz zur Gründerzeit

Berlin wuchs zuerst als Industriezentrum zur Weltstadt heran, bevor es mit der Reichsgründung 1871 zum politischen und kulturellen Mittelpunkt aufrückte. Auch im restaurativen Klima des Nachmärz erhielt sich jene Mischung aus Volks-, Bürger- und höfischer Repräsentationskultur – weniger ambitioniert und innovativ, dafür stärker auf Reiz und Genuß ausgerichtet. Die rapide technische Entwicklung führte zu einer Dynamisierung aller Lebensbereiche, zur beschleunigten Wahrnehmung. Gewohntes unterlag raschem Wandel, der künstlich angeheizte Boom der Gründerzeit veränderte die Stadt fortwährend, so daß die vertrauten Charakterzüge der Stadt in immer kürzeren Abständen verschwanden und damit ein Gefühl der Unsicherheit hinterließen. Die Millionen- und Mietskasernenstadt schien nur noch amerikanischen Maßstäben vergleichbar: vom Spree-Athen zum „Spree-Chicago" (Mark Twain). Der Großraum Berlin büßte seine Übersichtlichkeit ein, > Dörfer und Vorstädte ergaben ein Weichbild der Stadt ohne organisatorische Einheit bei immer größerer Ausdehnung. Spätestens jetzt schuf Berlin seinen eigenen Mythos als Parvenü unter den Metropolen – traditionslos, immer auf der Jagd nach dem Neuen und von kaum zu vereinbarenden soziokulturellen Widersprüchen und Spannungen beherrscht. Gründerzeitliche Prachtentfaltung und Repräsentationsbedürfnisse mit ihrem Eklektizismus, ihrer Fassadenkultur behaupteten sich neben dem kritischen Realismus der Menzel und Liebermann. Das von Theodor Fontane so treffend skizzierte Berliner Bildungsbürgertum suchte nach Orientierung inmitten eines sinn- und wertentleerten Juste milieu, das in Stil und Mode den kaiserlichen Hof kopierte. Alles strebte in die Reichshauptstadt, hier konzentrierten sich nun endgültig > Presse, Verlage, > Museen, Wissenschaft und Künste in einer Form, wie sie bisher für Deutschland ohne Beispiel war. Selbst für europäische Maßstäbe stellte dieser Aufstieg „über Nacht" eine neue Dimension dar.

6. Berliner Moderne: „Ort des Neuen"

Die explodierende Großstadt mit Häusermeer, Fabriken, Menschenmassen und Tempo gestaltete radikal Lebensumwelt und -rhythmus, Raum- und Zeitgefühl um. Industriekultur und Kultwarenproduktion sind sinnfälliger Ausdruck dieser modernen Zeiten: Mit Theatern wird wie mit Aktien spekuliert, die Künste stehen im Dienst industrieller Fertigung oder folgen deren technischen Gesetzen. Optische Sensationen wie > Varieté und > Lunapark, technische Attraktionen wie der > Film, entstaubter Bühnenillusionismus oder der Kult der Zerstreuung in Tanzpalästen, Zirkussen und > Ballhäusern leiteten den Umbruch ein. Naturwissenschaften und Künste entwarfen neue Wirklichkeitsbilder, und die werdende Metropole des 20. Jh. avancierte zur internationalen „Menschenwerkstatt" (Heinrich Mann) der Avantgarde, die hier ihren „Ehrgeizknotenpunkt" (Anton Kuh) und „Umschlagplatz von Kulturgütern" (Herbert Ihering) fand. Berlin lieferte die künstlerischen Konfliktstoffe und wurde selbst zum bevorzugten Sujet in Dichtung und Malerei. Die „Literaturrevolution" der Naturalisten und die Theatermoderne der Brahm und Reinhardt kündeten von europäischen Wechselbeziehungen. Urbane Kultur spiegelte sich in der bunt schillernden Boheme mit ihren Zirkeln und Kneipen ebenso wie in den Ansätzen einer eigenständigen Arbeiterkultur oder der antizivilisatorisch getönten Lebensreformbewegung in den Vorstädten.

Weltstadt mit Kiefernheide – Berlin lebte weiter von und mit extremen Gegensätzen und Widersprüchen, die sich kulturell in Skandalen, Debatten, Polemiken und nicht zuletzt im wachen Geist der Sezession entluden. Gegen die offizielle Kunstpolitik des Kaisers und den staatstragenden Historismus seines Hofmalers Anton v. Werner opponierte eine Gruppe Berliner Maler um Max Liebermann und Walter Leistikow mit der Gründung der *Berliner Sezession* 1892. Wie auf dem Theater und in der > Literatur war damit auch in der > Bildenden Kunst der Kampf um die Moderne ausgebrochen, der in Zeitschriften, Galerien, vor Zensurinstanzen und Gerichten ausgefochten wurde.

Berlins Sonderstellung im Reich, sein beunruhigendes Wachstum rief Ängste und Abwehrreaktionen hervor, die durch die schier hemmungslose Aufnahmebereitschaft und Vielgesichtigkeit der Stadt noch geschürt wurden. Schreckbild, Moloch, Sodom, Babylon – aus der verzerrten Perspektive der Provinz steigerte sich bereits um 1900 kritische Distanz zum konservativen Kulturkampf unter dem Schlachtruf „Los von Berlin!". Daran änderte sich bis zur Machtübernahme der Nationalsozialisten nichts. Das „steinerne Berlin" (Werner Hegemann) reagierte mit souveräner Gelassenheit auf solche Angriffe, hatte man doch schon immer die Provinz in den eigenen Mauern: Das „Milljöh" der kleinen Leute in den Vorstädten, die Kiezkultur der Hinterhöfe pflegt bewußt diesen großstädtischen Provinzialismus bis heute (> Kietz).

7. Weltbühne und Metropolis

Metropolen sind mehr als große Städte, sie sind „singuläre Zusammenballung menschlicher und materieller Ressourcen, Brennpunkt des Ehrgeizes einer Gesellschaft, Ort großer Zukunftsprojektionen der Individuen und der Kollektivität, Spiegelung der Idee dieser Gesellschaft von ihrer guten Ordnung und Bühne der Selbstdarstellung dieser Gesellschaft" (Karl Schwarz). Von all dem hatte das Berlin der Weimarer Republik reichlich zu bieten. Zu diesen besonderen Eigenschaften der Metropole gehörten allerdings auch die eher bedrückenden politischen und ökonomischen Bedingungen, der gesellschaftliche Nährboden, auf dem sich die kulturelle Blüte zwischen Massenkunst und Avantgarde herausbildete und den Mythos von den „Goldenen Zwanzigern" schuf. Eingebettet von Novemberrevolution und nationalsozialistischer Machtübernahme, vermochte die politische Kultur der Weimarer Republik die Polarisierung der Kräfte, die weltanschaulichen Extreme niemals zu überwinden oder auszugleichen. Die kriegsbedingten, in der Inflation zum Ausbruch kommenden Wirtschaftskrisen mit Massenarmut unter der Arbeiterschaft und drohender Verelendung eines Teils des Bürgertums verstärkten Unsicherheit und Brüchigkeit des Systems. Von Beginn an trugen die Weimarer Republik und ihre Hauptstadt Berlin also den Keim der Zerstörung in sich, und wie ein Seismograph reagierten die Künste darauf. Ob als dadaistische Bürgerschreckprovokation, expressionistische Aufbruchsvision oder proletarisch-revolutionäre Agitation – die von Gegensätzen beherrschte Metropolenkultur zog es an die Brennpunkte gesellschaftlicher Auseinandersetzung. Schriftsteller, Maler, Architekten, Theaterschaffende, Komponisten nahmen wie selbstverständlich auch politisch Stellung – verteidigten, kritisierten oder entwarfen konkrete, utopische Gegenmodelle (z.B. „Totaltheater" von Walter Gropius; Gläsernes Hochhaus an der > FRIEDRICHSTRASSE von Ludwig Mies van der Rohe). „Berlin im Licht" bedeutete Zerrbilder der Klassengesellschaft in Romanen, Lithographien und Gemälden genauso wie kalte, neusachliche Momentaufnahmen in Filmen und literarischen Reportagen, dekorative Operettenseligkeit (> LEICHTE MUSIK) oder anklagender Sozialdokumentarismus auf dem politischen Theater.

Was Berlin darüber hinaus aber so unverwechselbar machte, war der sog. Internationale Stil im „brodelnden Kessel" (George Grosz) der bewegten Riesenstadt. Berlin löste Paris, die Hauptstadt des 19. Jh., ab und wurde zum Zentrum und Treffpunkt Europas. „Charlottengrad" im mondänen Berliner Westen erklärte Andrej Belyi zu Mittelpunkt und „Umsteigestation" (El Lissitzky) der großen russischen Kolonie, halb Europa folgte. Aber Herwarth Waldens Vision von Berlin als zukünftiger „Hauptstadt der Vereinigten Staaten von Europa" verwirklichte sich nur in der Kultur (> SCHEUNENVIERTEL).

Die Metropole schuf dauernd alles neu – v.a. gebar sie den neuen Stadtmenschen: hektisch, nervös, überspannt, kühl-distanziert, modern, sportiv und voller gereizter „Kollektivschneidigkeit" (Carl Sternheim). In Sportpaläste, Glanzrevuen, Varietés – wie den berühmten Wintergarten – und ins Theater oder zu > JAZZ und > SECHSTAGERENNEN strebte der Augenmensch und als Flaneur eroberte er den > KURFÜRSTENDAMM (> SPORTPALAST; > VARIETÉ). Im Neben- und Gegeneinander des Schmelztiegels Berlin stießen geistige Vitalität, soziale Mobilität und technische Rapidität aufeinander. Nur hier konnte sich die Angestelltenkultur, die im perfekt illusionistischen Vergnügungstempel des „Hauses Vaterland" am > POTSDAMER PLATZ oder im modisch emanzipierten Frauentypus mit Bubikopf Gestalt annahm, entfalten. Verkehr, Fülle und optische Reizüberflutung bestätigten das Schlagwort vom Amerikanismus. > FILM, > HÖRFUNK und > PRESSE intensivierten und vervielfältigten diesen Eindruck – Berlin pulsierte als Stadt, „in der die Sonne nie unterging" (Isidor Kastan). Die sich wechselseitig durchdringenden Künste verschmolzen mit dem harten, temporeichen Alltag und den sozialen, politischen Konflikten zur atonalen „Sinfonie der Großstadt", wie sie Walter Ruttmanns berühmter Montagefilm von 1927 wiedergibt. Aber vor und hinter den schillernden Fassaden der „roaring twenties" bewahrte sich ein nüchtern-kritisch-realistischer Berliner Ton: Im Schaffen von Käthe Kollwitz, Heinrich Zille, Otto Nagel, Hans Baluschek, Gustav Wunderwald, George Grosz klang er ebenso an wie in den literarischen Werken Bertolt Brechts, Alfred Döblins, Erich Kästners, den Inszenierungen Erwin Piscators und Leopold Jessners oder in der Publizistik eines Carl v. Ossietzky, Kurt Tucholsky und Herbert Ihering. Schmucklose Sachlichkeit, Klarheit und Funktionalität beherrschten auch das sozialreformerische „Neue Bauen" – die Wohnsiedlungen, Büro- und Fabrikgebäude der Gebrüder Bruno und Max Taut und Hans Luckhardts, Hans Scharouns und Erich Mendelsohns. In diesem „städtischen Absolutum" (Wilhelm Hausenstein) schien Platz für fast alles, solange ein Grundbestand an politischer und geistiger Freiheit gewährleistet war.

8. „Goodbye to Berlin":
Reprovinzialisierung unterm Hakenkreuz

Mit > Reichstagsbrand, Bücherverbrennung (> Bebelplatz), Verfolgung und Vertreibung eines Großteils der wissenschaftlich-künstlerischen Intelligenz durch die Nationalsozialisten ab 1933 begann die Metropolenkultur allmählich zu versteppen. Daran vermochte auch eine – besonders während der > Olympischen Spiele 1936 – wegen außenpolitischer Rücksichten geduldete Internationalität nichts zu ändern. Kulturelles Leben verinselte mehr und mehr, weil ihm wichtige Protagonisten fehlten und spießige Deutschtümelei, Antisemitismus, Zensur und Terror die Luft zum Atmen nahmen. Nur in ausgewählten Bereichen wie > Film und > Theater versuchte man, durch Zugeständnisse alten Glanz zu retten. Ansonsten zerstörte der Nationalsozialismus die beispiellos vielschichtige kulturelle Infrastruktur aus Presse, Verlagen, Lokalen, Galerien, Zirkeln, Institutionen und privatem Mäzenatentum, bevorzugt des jüdischen Berliner Großbürgertums. Wer bleiben konnte, paßte sich an oder zog sich zurück ins Private bzw. überwinterte halboffiziell in kleinen Gruppen wie der Ateliergemeinschaft Klosterstraße (u.a. Käthe Kollwitz, Werner Heldt).

Der Nationalsozialismus selbst schuf keine eigenständige Kultur, sondern bediente sich in seinen programmatischen Leitlinien und kulturellen Entäußerungen aus dem Fundus der völkisch-nationalen Tradition seit der Jahrhundertwende. Im Unterschied zum „Reich" bemühten sich die nationalsozialistischen Machthaber im wenig beliebten Berlin, an der Oberfläche den Schein einer pulsierenden Kulturmetropole zu wahren. Neben Film und Theater beließ man eine sog. konfliktfreie Sphäre im Bereich des normalen Unterhaltungs- und Amüsierbetriebs, so daß vordergründig der Eindruck „glitzernder" Betriebsamkeit Besucher und Bewohner blendete. Zu diesem „gespaltenen Bewußtsein" (Hans Dieter Schäfer) gehörten andererseits die gigantischen stadtplanerischen Entwürfe des > Generalinspektors für die Reichshauptstadt, Albert Speer, Berlin in ein „Germania" nationalsozialistischer Prägung zu verwandeln. Nur wenig konnte davon verwirklicht werden (z.B. die > Ost-West-Achse), auch die anderen steinernen Zeugnisse faschistischer Ästhetik im Stile eines monumentalen Pseudoklassizismus blieben verstreute Einzelerscheinungen: Olympiabauten; Ministerien an der > Wilhelmstrasse (> Detlev-Rohwedder-Haus), die Bebauung am Flughafen Tempelhof oder am > Fehrbelliner Platz.

II. BERLIN – NACHKRIEG UND GEGENWART

1. Ideenkonkurrenz zwischen Ruinen: „Neu-Beginnen"

Zwölf Jahre nationalsozialistischer Herrschaft verwandelten am Ende die Stadt der „Jetztzeit" in eine riesige Trümmerwüste, bei deren Anblick es schwerfiel, an eine Zukunft zu glauben (> Baugeschichte und Stadtbild). Aus der Gewißheit, daß Berlin niemals die Hauptstadt, sondern nur das verhaßte Ziel dieser „Bewegung" gewesen sei, schöpften Überlebende und Heimkehrer die Hoffnung, kulturell an die 20er Jahre wieder anknüpfen und Versäumtes nachholen zu können. Im „Schutthaufen bei Potsdam" (Bertolt Brecht) regte sich sofort wieder das Leben, und wie „Luft in ein Vakuum drang nach der Kapitulation von 1945 internationale Kultur durch die geöffneten Luken nach Deutschland" (Hans Heinz Stuckenschmidt). Gefragt war alles, was verboten oder neu war und Abwechslung versprach. Wie im

Rausch wurde Kultur konsumiert, Ausdruck des Nachholbedarfs und ungebrochener Energie.

Kollektiver Aufbruchswille war an die Überzeugung geknüpft, der zerstörten
> HAUPTSTADT neues Leben einhauchen zu können. Das Einheitsgefühl dominierte
und beherrschte alle Planungen und kulturellen Aktivitäten. Unter primitivsten Bedingungen vollzog sich der kulturelle Wiederaufbau, noch im Mai 1945 erschien die
erste Zeitung, fanden das erste Konzert und die erste Theateraufführung statt. Im
Juni folgten die Wiedereröffnung der Hochschule für bildende Kunst unter der Leitung von Karl Hofer (> HOCHSCHULE DER KÜNSTE) sowie die Gründung eines überparteilichen „Kulturbundes zur demokratischen Erneuerung Deutschlands".
Universitärer Wissenschafts- und staatlicher Kulturbetrieb probten bereits im Winter 1945 Normalität inmitten der Ruinen, und nur ein Jahr später waren die ersten >
BIBLIOTHEKEN, > MUSEEN und die ehem. Technische Hochschule als > TECHNISCHE UNI-
VERSITÄT BERLIN der Öffentlichkeit wieder zugänglich.

Die Vier-Sektoren-Stadt geriet kulturpolitisch sofort in das „magnetische Spannungsfeld zwischen Ost und West", zur „Frontstadt zwischen zwei Welten" (Alfred
Kantorowicz), deren polare Gesellschaftsordnung und unterschiedlichen Traditionen lange vor > SPALTUNG und Kaltem Krieg zu Konfrontationen führte (> SONDER-
STATUS 1945-90). Die westlichen Besatzungsmächte brachten ein demokratisches Re-
education-Programm mit, das sich stark auch am jeweils eigenen Kulturverständnis
orientierte und in seiner inhaltlichen Füllung liberaler Offenheit verpflichtet blieb
(> ALLIIERTE). In der Praxis hieß das, ein möglichst vielfältiges Angebot ohne
vordergründige Indoktrination oder direkte politische Bezüge zu präsentieren. Dagegen operierte die sowjetische Besatzungsmacht mit einem scharf konturierten
„antifaschistisch-humanistischen" Kulturkonzept, das in seiner inhaltlichen Akzentuierung und weltanschaulichen Ausrichtung lange vor dem Mai 1945 zusammen mit deutschen Emigranten ausgearbeitet worden war. Es gründete auf dem
Volksfrontkonzept der 30er Jahre, das ein breites Bündnis aus bürgerlich-demokratischen, sozialistischen und marxistischen Kräften unter Führung der KPD vorsah.

Vor der direkten ideologisch-machtpolitischen Auseinandersetzung zwischen
den Siegermächten brachen die kulturpolitischen und ästhetischen Kontroversen
aus. Hinter den Schlagworten von Formalismus, westlicher Dekadenz oder soziali-
stischem Realismus einerseits, Tendenzkunst, Agitprop oder Existenzialismus andererseits, verbargen sich zwar höchst differente Formen künstlerischer Weltan-
eignung, es ging aber v.a. um die Grundsatzfrage: Pluralismus oder Doktrin. Im
anfänglichen Wetteifer kultureller Fürsorglichkeit überdeckte das spannungs-
geladene, verlorene Internationalität zurückholende Nebeneinander von Benjamin
Britten, Aaron Copland, Darius Milhaud, Sergei Prokofjew mit Werken von Paul
Hindemith, Arnold Schönberg und Hanns Eisler in der Musik bspw. drohende Brüche. Die zeichneten sich bereits an den > THEATERN ab, denen von allen Seiten eine
besondere Bedeutung zukam. Antifaschistisches Zeitstück sozialistischer Prägung
oder Jean-Paul Sartres „Fliegen", „Raub der Sabinerinnen" oder antiamerikanische
Bühnenagitation – sehr schnell rissen alte Gräben aus der Weimarer Republik wieder auf. Stellvertretend für andere Bereiche spiegelten die „Theater-Kämpfe" der
frühen Nachkriegszeit die Debatten um „Vergangenheitsbewältigung", politische
Kultur, zeitkritisches Engagement oder bloße Unterhaltung vor dem Hintergrund
westlicher und östlicher Lebensentwürfe bzw. Wertvorstellungen. Die Spaltung der

Volksbühne 1947 war nur ein Vorspiel zum „doppelten" Berlin (> Freie Volksbühne; > Volksbühne am Rosa-Luxemburg-Platz). Gerade der kulturelle Bereich offenbarte neben den Unvereinbarkeiten zwischen den Siegern das Nachkriegsproblem unter den Deutschen: das Aufeinandertreffen von Emigranten mit den Gebliebenen. Auch hier spielte das Nachkriegs-Berlin, die zerstörte Metropole eine besondere Rolle. Namen wie Gustaf Gründgens, Heinrich George, Wilhelm Furtwängler, Gottfried Benn, Bertolt Brecht, Günter Weisenborn, Anna Seghers verdeutlichen die Brisanz. Die symbolische Existenz der Stadt im Sinne einer gemeinsamen deutschen Kulturnation versuchte im Oktober 1947 der erste und zugleich bis zur > Vereinigung letzte gesamtdeutsche Schriftstellerkongreß zu beschwören. Im Vordergrund standen die „geistige Umerziehung des deutschen Volkes" sowie die Wiederaufnahme internationaler Kontakte. Selbst einer Integrationsfigur wie der Ehrenpräsidentin Ricarda Huch gelang es nicht, die ideologische Konfrontation zu verhindern. Die Polemik zwischen Melvin J. Lasky und Valentin Katajew mündete in Tumulten, die kulturellen Wege begannen sich zu trennen. Auch im frühen Sterben solch programmatischer Zeitschriften wie Alfred Kantorowicz' „Ost und West" oder des avantgardistischen Kulturmagazins „Athena" aus dem Umkreis der Galerie Rosen zeichnete sich der Klimawechsel ab.

2. Konfrontation: Kultur im Zeichen des Kalten Krieges
Während die erste bedeutende Künstlergruppe der Berliner Nachkriegszeit noch als „Zone 5" den Realitäten ironisch Tribut zollte, vollzog sich 1948 mit > Währungsreform und > Blockade, Auszug der > Stadtverordnetenversammlung und Ost-Berliner Neugründung des > Magistrats die > Spaltung der Stadt. Kultur geriet vollends in den Sog politischen Geschehens und war fortan unverzichtbarer, oft demonstrativer Bestandteil gesellschaftlicher Selbstdarstellung in Ost- und West-Berlin. Dafür wurden jetzt in steigendem Umfang die materiellen und organisatorischen Voraussetzungen geschaffen. Ost-Berlin, seit Staatsgründung 1949 offiziell „Hauptstadt der DDR", machte sich den Standortvorteil zunutze: Fast alle wichtigen > Theater, > Museen, Akademien, > Bibliotheken und die Oper lagen im sowjetischen Sektor. Zentralistisch gelenkt und propagandistisch geleitet, warb man intensiv um noch zögernde Emigranten wie Heinrich Mann, der als designierter Präsident der > Akademie der Künste vor der Heimkehr starb, oder Bertolt Brecht, dessen Gründung des > Berliner Ensembles in Ost-Berlin 1948 zu den spektakulärsten und erfolgreichsten Ereignissen der Nachkriegsgeschichte gehörte.
    Zum Sinnbild der Teilung wurden die getrennten Feiern zu Goethes 200. Geburtstag 1949. Die von stalinistischen Doktrinen sowie einem antimodernen, klassizistischen Kulturverständnis durchdrungene Ost-Berliner Kulturpolitik führte in den 50er Jahren zu einer „Erbpflege": einerseits Förderung aller „positiven" Traditionen des bürgerlichen Humanismus, die sich im langsamen Wiederaufbau der > Museumsinsel und der historischen Bauten an der Straße > Unter den Linden im Stadtbild niederschlug, andererseits eine bilderstürmerische „Bewältigung" der preußischen Vergangenheit, die sich am deutlichsten in der heftig umstrittenen Sprengung des verhältnismäßig wenig zerstörten Berliner > Stadtschlosses dokumentierte. Die deutsche Kulturnation verkörperten für Ost-Berlin die Heroen des 18. Jh. mit Lessing, Goethe und Schiller, während die gesamte Moderne von der Romantik über Dada und Expressionismus bis zur zeitgenössischen Avantgarde mas-

sive ideologische Vorbehalte hervorrief. Ein normativer Realismus-Begriff verbunden mit einem eindimensional positiven Menschenbild reduzierte die künstlerischen Ausdrucksmöglichkeiten, und ein staatlich straff kontrollierter Kulturbetrieb grenzte die Spielräume ein.

Institutioneller Ausdruck dieser kulturpolitischen Offensive und Konzentrationsbewegung war die Gründung des Ministeriums für Kultur 1954, das sich damals noch der „Verteidigung der Unteilbarkeit der deutschen Kultur" verpflichtet fühlte. In diesen Kontext gehörte auch die Ausgliederung und damit Verselbständigung wichtiger künstlerischer Verbände aus dem Kulturbund seit 1952 sowie die Bildung der Deutschen Konzert- und Gastspieldirektion im gleichen Jahr. Besonderes Gewicht wurde darüber hinaus auf den Sprechtheater- und Medienbereich gelegt. > ADLERSHOF rückte ab 1952 zum Rundfunk- und Fernsehzentrum der DDR auf (Deutscher Fernseh-Funk, Berliner Rundfunk; > FERNSEHEN; > HÖRFUNK). Der erste Theaterkongreß 1953 und die Gründung des > MAXIM-GORKI-THEATERS, der Umzug des Berliner Ensembles in das Theater am Schiffbauerdamm, die Wiedereröffnung der Volksbühne am Luxemburgplatz unterstrichen die offiziell propagierten Bemühungen, Berlins Ruf als Theaterstadt unter sozialistischen Vorzeichen zu erneuern. Im Oktober 1957 fanden in Ost-Berlin erstmals die *Berliner Festtage* statt, und in die Jahre 1955 und 1958 fiel die Rückkehr der ausgelagerten oder deponierten Kulturschätze auf die Museumsinsel. Architektonische Großprojekte wie die Bebauung der Stalinallee nach sowjetischem Vorbild ab 1952 (heute > KARL-MARX-ALLEE) zeugten von den auf Repräsentation angelegten Kraftanstrengungen auch auf alltagskulturellem Gebiet. Im Kommunalpolitischen trugen die mit umfassenden Befugnissen ausgestatteten Kulturämter die Hauptlast: Sie verwalteten und lenkten direkt die verschiedensten Kultureinrichtungen, vom Klubhaus bis zur Galerie.

Dagegen drohten West-Berlin nach 1948 zunehmende Funktionsverluste. Kulturell bedeutete das den Rückzug von Verlags- und Pressehäusern, Galerien oder Filmproduktionen. Im „Vorort" > DAHLEM etablierte sich auch das neue West-Berliner > MUSEUMSZENTRUM DAHLEM mit dem > MUSEUM FÜR VÖLKERKUNDE an der Spitze. Dezentrale Kulturarbeit über die > KULTUR- UND KUNSTÄMTER der > BEZIRKE sollte das entstandene Vakuum fürs erste füllen. Das *Haus am Waldsee* in > ZEHLENDORF mit seinen Ausstellungen und Musikveranstaltungen von überregionaler Bedeutung oder der > TITANIA-PALAST in > STEGLITZ, in dem fast alle wichtigen kulturpolitischen Gründungsakte stattfanden, setzten Akzente.

Anfang der 50er Jahre konnten dann der Öffentlichkeit die Ergebnisse massiver finanzieller Anstrengungen, die aus Mitteln des > SENATS VON BERLIN, des Bundes und v.a. amerikanischer Institutionen bestanden, präsentiert werden: die Wiedereröffnung des > SCHILLER-THEATERS (1951 als > STAATLICHE SCHAUSPIELBÜHNEN) und die Einweihung der > AMERIKA GEDENKBIBLIOTHEK 1954. In diesen Kontext gehörten auch die ersten > BERLINER FESTWOCHEN 1951, die Rückkehr des Ullstein Verlages 1952, die Übernahme der künstlerischen Leitung des > BERLINER PHILHARMONISCHEN ORCHESTERS durch Wilhelm Furtwängler 1952, die > INTERNATIONALEN FILMFESTSPIELE 1953, das SFB-Gesetz 1953 (> SENDER FREIES BERLIN) sowie die Gründung einer West-Berliner > AKADEMIE DER KÜNSTE mit Hans Scharoun als Präsidenten 1954. Institutionalisierung und Internationalisierung hießen die kulturpolitischen Leitlinien. Die „INTERBAU" im > HANSAVIERTEL 1957 holte mit ihrem Staraufgebot an Architekten die Tradition des „internationalen Stils" zurück nach Berlin – zugleich nahm sie vorweg, was Adolf

Arndt anläßlich der Eröffnung des Akademiegebäudes 1960 forderte: „Demokratie als Bauherr" (> BAUAUSSTELLUNGEN). Anknüpfend an die gerade im Berlin der 20er Jahre besonders ausgeprägten sozialreformerischen Architekturideen der Moderne, sollte ein Wohnprogramm im Geist der demokratischen Erneuerung nach 1945 verwirklicht werden. Die > BINDUNGEN an den Bund festigte ferner die Einrichtung der > STIFTUNG PREUSSISCHER KULTURBESITZ 1957.

Inmitten dieser breitangelegten kulturpolitischen Offensive traten die Umrißlinien Berliner Kulturtradition in der städtischen Kulturszene wieder stärker hervor. Besonders das politische > KABARETT, > BILDENDE KUNST und > LITERATUR spiegelten jenen skeptisch-schnoddrigen, immer kritischen Realismus wider. Kabaretts wie Der Insulaner, Ulenspiegel oder > DIE STACHELSCHWEINE förderten die „Kopf-oben-halten"-Mentalität, waren die Kampfansage gegen Misere und die beginnende Wirtschaftswunderbehäbigkeit und versuchten, an große Vorbilder wie Werner Finck (Katakombe in den 30er Jahren) anzuknüpfen. Um den Realismus als ästhetische Kennmarke Berlins ging es 1955 in der Kunstdebatte zwischen Karl Hofer und Will Grohmann, der als Sprecher der abstrakt-konkreten Malerei auftrat. Weniger kontrovers gestaltete sich das literarische Leben im Zeichen einer wirklichkeitsnahen Literatur. Maler-Poeten wie Günter Grass und v.a. Günter Bruno Fuchs und Robert Wolfgang Schnell, die 1958 ihre Hinterhofgalerie „Die Zinke" eröffneten, verkörperten vitale Vielseitigkeit. Erneuert erschien das fruchtbare Nebeneinander von staatlich gefördertem internationalen Kulturaustausch und eigenständiger Keller- bzw. Kneipenkultur.

3. Brennpunkt: Teilung und Neuorientierung

Das Jahrzehnt zwischen dem Bau der > MAUER 1961 und dem > VIER-MÄCHTE-ABKOMMEN 1971 ließ der Nachkriegszeit eine zweite Zerreißprobe folgen, in der Kultur noch stärker zu einem politischen Faktor aufrückte. Sofort nach dem > 13. AUGUST 1961 leitete der > SENAT VON BERLIN mit Hilfe der Bundesregierung und wiederum amerikanischer Stiftungen Maßnahmen ein, West-Berlin zu einem Zentrum von Bildung, > WISSENSCHAFT UND FORSCHUNG sowie Kunst auszubauen. Mit der erzwungenen Abschnürung verlor der Westteil seine Funktion, Brückenkopf und Begegnungsstätte des geteilten Deutschland zu sein. Als nationales Kulturzentrum sollte Berlin jetzt kompensatorisch seine geschichtliche Mission erfüllen – „Schaufenster des Westens" und „geistige Mitte" Deutschlands zugleich. In der Koordination privater und staatlicher Initiativen sah man die Möglichkeit, einzelne Projekte, vorhandene Institutionen sowie geplante wissenschaftlich-kulturelle Einrichtungen beschleunigt zu entwickeln. Neben der Förderung universitärer Forschungsinstitute, technischwirtschaftlicher Akademien, renommierter Forschungsgesellschaften (> MAX-PLANCK-GESELLSCHAFT) bedeutete das in besonderem Maße, die kulturelle Substanz in institutioneller Hinsicht zu fördern und zu verbreitern. Noch im Jahr des Mauerbaus verfügte die > DEUTSCHE OPER über ein neues Gebäude, und ab 1963 galt dies auch für die > FREIE VOLKSBÜHNE. Zu den prestigeträchtigsten Vorhaben dieser Zeit zählte das > KULTURFORUM TIERGARTEN mit den architektonischen Solitären von Hans Scharoun (> PHILHARMONIE, 1963) und Ludwig Mies van der Rohe (> NEUE NATIONALGALERIE, 1968). Ebenso folgenreich für das Berliner Kulturleben erwies sich das von der Ford Foundation initiierte „Artists-in-Residence"-Programm, seit 1966 vom > DEUTSCHEN AKADEMISCHEN AUSTAUSCHDIENST als Berliner Künstlerprogramm weitergeführt.

Von bescheidenerem Zuschnitt, aber ähnlich intensiv in Binnen- und Außenwirkung waren die Anfänge des > Literarischen Colloquiums Walter Höllerers 1963. Das ab 1963 jährlich veranstaltete > Theatertreffen sicherte Berlin eine Leistungsschau der deutschsprachigen Bühnen mit Ausnahme der DDR. Hinzu kamen 1965 die > Deutsche Film- und Fernsehakademie, das > Berlin Museum (1969) sowie der Wiederaufbau des > Reichstagsgebäudes (1970). „Weltoffenen Dialog" garantierte dieser umfangreiche und kostspielige Maßnahmenkatalog, zumal auch die > Akademie der Künste in ihrem neuen Gebäude durch Ausstellungen, Archiv, Konzerte, Lesungen zu einer internationalen Begegnungsstätte avancierte. Für repräsentative Festkultur sorgten weiterhin die Philharmoniker unter Herbert v. Karajan, die Internationalen Filmfestspiele und die jährlichen Berliner Festwochen – ergänzt um die Berliner Jazztage (> JazzFest Berlin).

Einen weiteren tiefgreifenden Einschnitt in das kulturelle Leben der 60er Jahre markierte die > Studentenbewegung. Die gesellschaftlichen Erschütterungen und die damit einhergehende Herausbildung einer provokanten, alternativen Protestkultur bahnten sich in den Künsten schon vorher an. Aufrührerischer Geist gegen den etablierten Kunstbetrieb im Gedenken an die Sezession wurde schon Anfang der 60er Jahre spürbar (Georg Baselitz, Eugen Schönebeck), Happening und Fluxus provozierten, und ein aggressiver, sozialkritischer Realismus organisierte sich in der *Selbst-Hilfegalerie „Großgörschen"* in > Kreuzberg. Von Berlin gingen wieder Impulse aus, die Stadt geriet seit 1965 mit den großen Studentendemonstrationen gegen Bildungsmisere, Vietnam-Krieg und Schah-Besuch in die Schlagzeilen, und die > Freie Universität kristallisierte sich zu einem Zentrum der internationalen Protestbewegung heraus. Die Mischung aus Gegen- und Subkultur manifestierte sich in Sit- und Go-ins, Kommunen, dada-verwandten Bürgerschreckaktionen und Mummenschanz. Straßentheater, Freie Gruppen, Aktionskünstler, Produzentengalerien, Szenelokale kündeten von kulturellen Alternativen bzw. einer „zweiten" Kultur. Aus der Negation eröffneten sich neue Perspektiven – jenseits importierter Kultur, in der innerstädtischen Konfrontation bewies die Stadt innovatorische Kraft. Die Zusammenhänge von Kultur und Gesellschaft rückten ins Bewußtsein, und das strahlte auf den Kulturbetrieb zurück. Die Doppelgründung des *Neuen Berliner Kunstvereins* und der *Neuen Gesellschaft für Bildende Kunst* 1969 waren dafür ebenso Ausdruck wie die Verpflichtung von Peter Steins Theatertruppe an die Schaubühne am Halleschen Ufer 1970 (> Schaubühne am Lehniner Platz). Gerade deren kometenhafter Aufstieg von der skandalumwitterten „linken" Gruppe zum hochsubventionierten Vorzeigeensemble von Weltrang offenbarte die Chancen eines integrativen Kulturkonzepts.

Der seit dem August 1961 nunmehr auch physisch geteilte Himmel über Berlin führte im Ostteil zu verstärkten Bemühungen, das bereits nach dem Ungarn-Aufstand von 1956 entwickelte Konzept einer „sozialistischen deutschen Nationalkultur der DDR" institutionell und ästhetisch umzusetzen. In enger Anbindung an die offizielle SED-Politik führte das zu Umbenennungen (z.B. Akademie der Künste der DDR) und verschärfter ideologischer Abgrenzung. Auf der 11. Tagung des ZK der SED 1965 in Berlin, der sog. Kahlschlagtagung, erfolgte die Abrechnung mit „Nihilismus und Skeptizismus", das damit verbundene Verbot wichtiger Filmproduktionen sowie die Verkündung der neuen propagandistischen Formel durch das SED-Politbüromitglied Kurt Hager: „Die Kunst ist immer Waffe im Klassenkampf". Volkskunstinitiativen der Freien Deutschen Jugend, die systematische Gründung von Kulturzentren der „sozialistischen Bruderländer" und die Eröffnung von Volksbuchhandlungen „Das sowjetische Buch" (1967) stützten den neuen Kurs, der von der „Hauptstadt" aus auf die gesamte DDR ausstrahlte. Im Wettbewerb der Systeme erlangten besonders die Ost-Berliner Opernhäuser (> Deutsche Staatsoper Unter den Linden; > Komische Oper unter Walter Felsenstein) sowie die beiden privilegierten Bühnen > Deutsches Theater und > Berliner Ensemble internationales Renommé. In diesen Kontext fügte sich auch der Wiederaufbau des ehem. > Alten Palais 1964 und des > Kronprinzenpalais 1968 sowie die Errichtung des > Fernsehturms 1966-69 als neuem, „zeitgemäßen" Wahrzeichen.

4. „Blickwechsel": Normalisierung und Öffnungen

Das > Vier-Mächte-Abkommen 1971 befreite die „Stadt im Exil" (Georges Tabori) aus ihrer unfreiwilligen Abschottung und bedeutete eine weitere politische Wende-marke der leidvollen Berliner Nachkriegsentwicklung. Die sich abzeichnende fried-liche Koexistenz zwischen beiden deutschen Staaten mußte einen kulturpolitischen Kurswechsel auf Annäherung nach sich ziehen. Im Wettstreit der Systeme konkur-rierte West-Berlin mit einem Ost-Berlin, das sich als Hauptstadt der DDR wachsen-der diplomatischer Anerkennung erfreute und in der Ära Honecker auf Kosten der gesamten DDR gezielt zum „Schaufenster" des Sozialismus mit zunehmend inter-nationalem Flair ausgebaut wurde. Der West-Teil hatte sich „stellvertretend für die ganze Bundesrepublik" (Senatsmitteilung 1974) dieser Herausforderung zu stellen. „Stärkung der Identität und Ausbau der Urbanität" (so Senator Gerd Löffler) laute-te die Losung, unter der die materiellen Voraussetzungen zu schaffen waren. Immer entscheidender wirkten private Fördervereine, Stiftungen, Einzel- und privat-wirtschaftliche Initiativen auf den staatlichen Kulturetat ein. Die wichtigsten Mu-seen können sich auf solche Freundes- und Fördervereine stützen, eine bedeutende Neugründung wie die > Berlinische Galerie erwuchs aus privatem Anstoß. Staatli-che Lottogelder und erhebliche Bundesmittel (seit 1975 tragen sämtliche Länder die > Stiftung Preussischer Kulturbesitz mit) ergänzten das Budget. Kultur wurde mit steigender Tendenz (über)lebenswichtig für die Stadt, und dementsprechend konsensfähig reagierte staatliche Kulturpolitik auf kritisch-alternative Bewegungen. Die Unterstützung der *Neuen Gesellschaft für Literatur* mit ihren *Berliner Autorentagen*, die Einrichtung des > Künstlerhauses Bethanien am > Mariannenplatz in > Kreuz-berg oder die Öffnung der *Staatlichen Kunsthalle* (1977) kennzeichneten die Bemü-hungen, kritische Potentiale einzubinden. Zögernd begann auch die Förderung der äußerst vitalen Theaterszene der *Freien Theatergruppen* und des schon bald über-regionale Aufmerksamkeit erzielenden > Kinder- und Jugendtheaters (> Grips-Thea-ter; > Rote Grütze; > Theater).

1977 fand die Bedeutung des Faktors Kultur dann in der Bildung einer eigen-ständigen > Senatsverwaltung für Kulturelle Angelegenheiten ihre Entsprechung. In diese Zeit fiel auch eine bis heute wegweisende Trendwende, die sich mit der spektakulären Europaratsausstellung *„Tendenzen der zwanziger Jahre"* 1977 ankün-digte. Besinnung auf die eigene Geschichte berührte sich mit Marketing- und Image-Überlegungen, die Kulturtourismus als Wachstumsbranche erkannten. Glanzvolle Retrospektiven und Großprojekte *(„Preußen – Versuch einer Bilanz"* im wieder-entstandenen > Martin-Gropius-Bau, 1981) dienten der Identitätsstiftung nach innen und schillernder Repräsentation nach außen. Berlin entdeckte seine Geschichte, dies galt mit Zeitverzögerung auch für den Ost-Teil der Stadt, der nun das „fortschrittliche" preußische Erbe reklamierte und in Ausstellungen und Stadtbild bezeugte. Zur historischen Selbstvergewisserung und Spurensuche kamen in West-Berlin Kulturexport und internationaler Metropolenaustausch: Berlin – Paris, Berlin – New York, Berlin – London. Zu den bereits vorhandenen Festivals gesellten sich neue Großveranstaltungen (u.a. > Horizonte – Festival der Weltkulturen), die kulturelle Blockadepolitik des Ostblocks wich vorsichtiger Annäherung. Fülle und Überangebot bestimmten wieder das Berliner Leben, das Wort von der „Kulturmetropole" gehörte zum unverzichtbaren Bestandteil der Selbstdarstellung. Berlin ging auf Distanz zu anderen westdeutschen Städten, indem städtisches Flair und urbane Lebensformen in ihrer unverwechselbaren Eigenständigkeit betont wurden.

Unabhängig vom staatlich geförderten Kultur-Boom gewann Berlin durch seine unvergleichbaren Widersprüche, schroffen Gegensätze und urbane Offenheit verlorengegangene Anziehungskraft zurück. Denn „Berlin Now" setzte sich aus soziokulturellen Besonderheiten zusammen, für die sowohl die vielen „Fremden" in der Stadt (v.a. Einflüsse türkischer Kultur) als auch alternative Lebensformen verantwortlich zeichneten. Politische Absurdität (> Mauer, Insellage), das Unangepaßte, Schrille, Harte wurde gerade von außen neu gesehen. Den Mythos von der Stadt als ein „sich selbst schaffendes Kunstwerk" (György Konrad) bestätigten Mauermaler, Sponti-Sprüche, Spray- und Lebenskünstler – das subkulturelle Dickicht der Großstadt trieb in- und ausländische Künstler, Literaten nach Berlin. In der schnell kommerzialisierten „heftigen Malerei" der „Jungen Wilden" im Umkreis der Kreuzberger „Galerie am Moritzplatz" (ab 1977) fand die grell-exzessive, laute und emotionale Stadterfahrung ihre Spiegelung.

Die Physiognomie der Stadt selbst stand zur Disposition, als mit den > Hausbesetzungen Ende der 70er, Anfang der 80er eine neue, spontaneistische Protestkultur sich gewaltsam artikulierte. Kahlschlagsanierung, Bauspekulation waren der äußere Anlaß radikaler Verweigerung, grundlegend ging es aber um Lebensgestaltung, Stadtbild und eine eigenständige, unkonventionelle Kiezkultur. Dieses nicht mehr theoretisch-intellektuell ausgefeilte „Programm" umfaßte alle Bereiche (> Netzwerk) einschließlich der Medien (Kleinverlage, Alternativpresse, „Piraten"-Sender; > Alternativbewegung). Nicht allein auf künstlerische Experimente beschränkte sich der Gegenentwurf; der neue Typus des „Stadtindianers", eine Art Großstadt-Desperado im nicht-bürgerlichen „Dschungel", unterschied nicht mehr zwischen Kultur, Alltag und „Kampf". Das 1981-84 existierende alternative *Kunst- und Kultur-Centrum Kreuzberg (KuKuCK)* hob die Trennung von künstlerischem Produkt und Herstellungsprozeß auf, alles – Vollversammlung, Wohnen, Theater- und Musikaktionen – war Kunst und Leben zugleich. Im Unterschied dazu propagierte das Künstlerhaus Bethanien als Arbeits-, Begegnungs- und Kommunikationsstätte das produktive Spannungsfeld zwischen künstlerischer Avantgarde, engagierter Laienkunst, kreativer Förderung von Alten und > Behinderten und ausländischer Kultur.

In Ost-Berlin verbanden sich mit dem Beginn der Ära Honecker große kulturpolitische Hoffnungen, die durch entsprechende programmatische Verlautbarungen genährt wurden. Besonders die Theater und die Akademie der Künste der DDR verstanden sich als Foren kritischer Auseinandersetzung – selbstverständlich „auf dem festen Boden des Sozialismus". Die auf dem 7. Schriftstellerkongreß der DDR 1973 in Ost-Berlin angedeuteten Liberalisierungstendenzen fanden drei Jahre später in der sog. *Biermann-Affäre* ihr jähes Ende und ihre temporäre Umkehrung. Im Rückblick stellten die Vorgänge und v.a. die Auswirkungen der Ausweisung des Liedermachers Wolf Biermann einen kulturpolitischen Wendepunkt der gesamten DDR-Geschichte dar. Die mit diesem Ereignis verbundenen Konfrontationen und Verhärtungen strahlten von Berlin auf die ganze Republik ab. Vordergründig aber zeichneten sich die 70er Jahre durch eine größere künstlerische Vielfalt aus, von der sowohl große Ausstellungsprojekte zur deutschen realistischen Kunst der Weimarer Republik (1974 und 1978), die Eröffnung des *Otto-Nagel-Hauses* 1973 (> NATIONALGALERIE; > MÄRKISCHES UFER), die Gründung des > BERTOLT-BRECHT-HAUSES 1978 sowie mehrerer staatlicher Galerien zeugten. Allmählich bildete sich auch eine Art alternativer Nischenkultur u.a. am > PRENZLAUER BERG heraus (besonders Literaten und Maler), auch wenn sie, wie man heute weiß, z.T. vom > STAATS-SICHERHEITSDIENST durchsetzt war.

5. Konvergenzen – Drehscheibe: von „Zeitgeist" zu „Zeitlos"

Die 80er Jahre hielten den Westteil Berlins in Bewegung und führten ein weiteres Mal zur Beschleunigung des kulturellen Tempos und der dazugehörigen Flüchtigkeit, dem modischen Wechsel der Stile und Trends. Die Stadt „kocht über von Kunst" (Alfred Nemeczek) und übt sich in Selbstinszenierung. Nach Befriedung und Alimentation alternativer Kulturprojekte (z.B. > INTERNATIONALES KULTURCENTRUM UFA-FABRIK) waren die heterogensten Elemente zu einem kulturpolitischen Konzept zusammengeführt, das endgültig den Weg zur „Rendevouz-Stadt" (György Konrad) ebnete: „Métropole retrouvée". Der Kulturetat stieg beständig, selbst einstige Stiefkinder wie die Literatur erfuhren stärkere finanzielle Beachtung (u.a. > LITERATUR-HAUS in der Fasanenstraße). Das Ineinandergreifen von Staatsgeldern, privatem und wirtschaftlichem Mäzenatentum bewährte sich beim Ankauf von Kunstwerken und Nachlässen. Neue wirtschaftlich-kulturelle Förderungsimpulse setzte die reaktivierte > STIFTUNG PREUSSISCHE SEEHANDLUNG. Etablierte und erfolgreich arbeitende Institutionen wie das > LITERARISCHE COLLOQUIUM oder die > AKADEMIE DER KÜNSTE offerierten, z.T. unterstützt vom Senat, Literatur-, Drehbuch-Stipendien bzw. Kunst- und Literaturpreise: Berlin, „Ort der Alternativentwürfe, des Umbruchs und des Aufbruchs" (Regierender Bürgermeister Eberhard Diepgen). Von der Low-Budget-Förderung des Filmnachwuchses (> BERLINER FILMFÖRDERUNG) über die Bildhauerwerkstätten im > WEDDING bis zur Gründung einer > AKADEMIE DER WISSENSCHAFTEN spannt sich der Bogen jenes allumfassenden Subventionsprogramms zur Schaffung des internationalen Wissenschafts- und Kulturzentrums Berlin.

Parallel dazu betreibt auch Ost-Berlin die „Rekonstruktion" der alten Metropole. Bereits seit Anfang der 80er Jahre zeichnete sich, organisatorisch abgesichert durch die Bildung des *Nationalen Rates zur Pflege und Verbreitung des nationalen Kulturerbes*, eine kulturpolitische Neuorientierung ab, die sich zuvörderst über bisher zumeist aus ideologischen Gründen vernachlässigte Traditionen zu verständigen versuchte. Anfangs über zum Teil spektakuläre Ausstellungsprojekte wie Adolph v. Menzel und Karl Friedrich Schinkel (1980), Ernst Barlach (1981), alle im > ALTEN MUSEUM, oder die französische Impressionistenausstellung in der Nationalgalerie 1982 wurden die Beschlüsse der > STADTVERORDNETENVERSAMMLUNG über die „weitere Entwicklung des geistig-kulturellen Lebens" (1983) präludiert. Neben der Rückbesinnung auf das preußische Erbe, die sich auch in der Rekonstruktion des > GENDARMENMARKTS mit der > FRANZÖSISCHEN FRIEDRICHSTADTKIRCHE (1983) und dem Schinkelschen > SCHAUSPIELHAUS (1984), dem Wiederaufbau des Berliner > DOMS am > LUSTGARTEN (1983) und der Wiederaufstellung des Skulpturenschmucks der Schinkel-Schüler auf der > SCHLOSSBRÜCKE (1983/84) im Stadtbild sichtbar niederschlug, gehörten die Neubewertung der Reformationszeit (Ausstellung im Alten Museum 1983) und des Expressionismus (Ausstellung in der Nationalgalerie 1986) zu den wichtigsten Ansätzen dieser Politik. Behutsame Sanierung von Altbaukomplexen z.B. am > ARKONAPLATZ oder > ARMINPLATZ ging einher mit Prestigeobjekten wie dem neuen > FRIEDRICHSTADTPALAST (1983) in der > FRIEDRICHSTRASSE sowie dem „nachempfundenen" Wiederaufbau des > NIKOLAIVIERTELS oder der musealen Rekonstruktion der > HUSEMANNSTRASSE (Fertigstellung für beides 1987).

West-Berlin antwortete mit dem > DEUTSCHEN HISTORISCHEN MUSEUM, dem > KAMMERMUSIKSAAL und v.a. der > INTERNATIONALEN BAUAUSSTELLUNG (IBA) 1987, die durch ihre vorsichtige Stadtreparatur im Altbaubereich Tradition und genuine Lebensqualität sichern half. Zugleich brachte die Neubau-IBA den zeitgenössischen internationalen Stil unter den Vorzeichen der Postmoderne in die Stadt, der sich am ursprünglichen Funktionalismus rieb. Spannungen und Widersprüche verlagerten sich ins Ästhetisch-Symbolische. Die in den 60er und 70er Jahren „gemordete Stadt" (Wolf Jobst Siedler) begann sich mit Kunst zu „möblieren". Im verhältnismäßig entspannten innen- wie außenpolitischen Klima gediehen kühle Neon-Sachlichkeit, Reste der Sperrmüll-Kultur, Öko-Kultur oder Punk in dissonanter Gleichzeitigkeit. Überwölbt wurde alles von einer sich nochmals differenzierenden Repräsentationskultur, die aus Festivals, Show-Kultur (z.B. André Hellers „Feuertheater") sowie einer historisierenden Jubiläumsfeier – *750 Jahre Berlin* – bestand.

Gerade das Stadtjubiläum führte auch im Ostteil zu vermehrten Anstrengungen repräsentativ-pompöser Selbstdarstellung. Neben den denkmalpflegerischen Maßnahmen zur Rekonstruktion des historischen Stadtbildes gehörten die Wiedereröffnung des > BODE-MUSEUMS und der Schinkelschen Nationalgalerie nach umfangreicher Renovierung, die Aufstellung des > SCHILLER-DENKMALS auf dem Gendarmenmarkt vor dem Schauspielhaus sowie die festliche Einweihung der rekonstruierten > NIKOLAIKIRCHE zu den spektakulärsten Vorhaben. Zugleich bemühten sich die DDR-Führung und der Ost-Berliner > MAGISTRAT um eine Neubestimmung ihres Verhältnisses zur deutsch-jüdischen Kulturtradition (> EPHRAIM-PALAIS; > NEUE SYNAGOGE in der Oranienburger Straße; > JÜDISCHE FRIEDHÖFE). Internationale Festivals und große Ausstellungsprojekte fügten sich in das kulturpolitische Gesamtkonzept, das zugleich auf Abgrenzung und vorsichtige Öffnung gen Westen zielte.

Fast wie in den 20er Jahren wirkten beide Teile der Stadt wieder als Magnet und Umschlagplatz für jedwede Kulturgüter – Treffpunkt, Markt und Werkstatt zugleich. Berlin schmückte sich auch jenseits der Subventionen mit einem kosmopolitischen Gepräge, zumal langsam Normalität in die Ost-West-Kulturbeziehungen einkehrte. Berliner Begegnungen, Friedensgespräche zwischen Ost- und West-Berliner Schriftstellern (u.a. 1981) demonstrierten Entkrampfung bereits vor dem deutsch-deutschen *Kulturabkommen* von 1986, in das West-Berlin einbezogen wurde. Abgebrochen war auf inoffizieller Künstler-, Verlags- oder Literatenebene der Kontakt zwischen beiden Teilen der Stadt nie. Neu und zukunftsweisend war jetzt der offizielle Austausch zwischen der > Akademie der Künste Berlin (West) und der > Akademie der Künste der DDR oder dem > Bauhaus-Archiv in Berlin mit dem Dessauer Bauhaus. Polnische, ungarische und sowjetische Gäste verliehen Künstlerprogrammen, Lesungen und Theateraufführungen neue Impulse – Berlin nicht mehr nur Brücke, sondern auch Drehscheibe im Ost-West-Kulturverkehr.

Trotz teilweise berechtigter Kritik an einem kaum mehr zu überblickenden, bis tief in die Bezirke sich fortsetzenden Kulturangebot und dem spekulativen „Hang zum Gesamtkunstwerk" Berlin hatte sich das seit Ende der 70er Jahre laufend verfeinerte und erweiterte integrative Konzept in gesellschaftspolitischer und ökonomischer Hinsicht bewährt. Mögliche Gefahren, zwischen *„Zeitgeist"-Ausstellung* und *„Zeitlos"-Ausstellung* zum Testfeld des internationalen Kulturmarkts zu verkommen, erschienen vergleichsweise bedeutungslos, wenn man an die noch nicht ausgeschöpften Ressourcen der Stadt selbst dachte. Nicht zuletzt aus der Anormalität seiner provisorischen Existenz, seines unverwechselbaren Stadtcharakters reproduzierte Berlin stets neu kulturelle Substanz. Die fortwährenden Einflüsse von außen stellten dabei – traditionsgemäß – einen wesentlichen schöpferischen Faktor dar, denn Berlin war immer mehr als nur eine deutsche Stadt. Trotz temporärer „klimatischer" Schwankungen herrschte Ende der 80er Jahre eine Normalität im Anormalen, die auf friedlicher Koexistenz und vorsichtiger Annäherung zwischen beiden Stadthälften gründete.

III. BERLIN – DIE WIEDERVEREINIGTE METROPOLE: PROBLEME UND PERSPEKTIVEN

Der rasche Zusammenbruch der DDR 1989/90 und die Wiedervereinigung Berlins trafen den West- wie Ostteil völlig unvorbereitet und führten in ihrer wachsenden Beschleunigung zu einem kulturellen Anpassungsdruck, der die Stadt auf Jahre hinaus fordern und prägen sollte. Berlin wird zur Metropole im Wartestand, die neben den psycho-mentalen Problemen im kulturellen und zwischenmenschlichen Miteinander v.a. organisatorische Neuordnungen und städtebauliche Großprojekte in der zentralen Mitte (> Potsdamer Platz; > Leipziger Strasse; > Friedrichstrasse; Parlamentsbereich im > Grossen Tiergarten) zu bewältigen hat.

1. Wendezeit: 1989 – Kultur und gesellschaftliche Umbrüche
Während 1989 der Westteil Berlins sich kulturell nach den beiden „fetten" Jahren 1987/88 auf eher „magere" Zeiten einzurichten begann und den Status quo zu verteidigen suchte, herrschte in Ost-Berlin im Vorfeld der Jahresfeiern zum 40. Staatsjubiläum gespannte Ruhe. Das stete Wechselspiel zwischen staatlicher Repression nach innen und Öffnung nach außen und die nach 1976 immer wieder akuten Ausreisen und Ausbürgerungen von Künstlern hatten keine dauerhafte Befriedung zwischen herrschender Partei und Kulturschaffenden gebracht. Neben erklärten Dissidenten bildete eine Allianz aus Kirche und Kultur ein Protestpotential, das sich in Ost-Berlin u.a. um den > Prenzlauer Berg mit der *Gethsemane-Kirche* als Treffpunkt formierte. Von hier gingen wesentliche Impulse aus, die zum Zusammenbruch des Regimes im Oktober/November 1989, der sog. Wende, führten. Am 28.10.1989 veranstalteten die Ost-Berliner Künstlerverbände in der Erlöserkirche im Prenzlauer

Berg eine vom Fernsehen übertragene Versammlung „Wider den Schlaf der Vernunft", auf der zahlreiche namhafte Schriftsteller, Komponisten und Bildende Künstler sich für eine Reform der erstarrten Struktur in der DDR einsetzten. Ihren Kulminationspunkt erreicht diese anfangs kaum organisierte Bewegung in der großen Demonstration und Kundgebung vom mehr als 500.000 Menschen am 4.11.1989 auf dem > ALEXANDERPLATZ. Die Chronik der Ereignisse seit Anfang Oktober weist die drei großen Ost-Berliner Theater – > BERLINER ENSEMBLE, > VOLKSBÜHNE und > DEUTSCHES THEATER – als Katalysatoren der gegen Bevormundung, Unterdrückung und Zensur gerichteten Proteste aus.

Die ausdrücklich „friedliche Manifestation" (Zentralvorstand der Gewerkschaft Kunst) der Literaten, Schauspieler und Dramaturgen klagte mehr Demokratie und Meinungsfreiheit ein und stellte das Machtmonopol der SED, nicht aber den Sozialismus als Wirtschafts- und Gesellschaftsform in Frage. Die besondere Beziehung und Bindung der Kultur an ihr Publikum und umgekehrt artikulierte sich in der Sprachrohrfunktion der Künstler (Christa Wolf, Christoph Hein, Volker Braun, die Schauspieler des Deutschen Theaters z.B.). Das alte Ideal einer Gemeinschaft von Künstlern und Volk beschwor – stellvertretend – Christa Wolf am 4.11. auf dem Alexanderplatz: „Ja, die Sprache springt aus dem Ämter- und Zeitungsdeutsch heraus, in das sie eingewickelt war, und erinnert sich ihrer Gefühlswörter. Eines davon ist: Traum. Also träumen wir mit hellwacher Vernunft: Stell dir vor, es ist Sozialismus und keiner geht weg!".

2. Mauerfall: Das Neue Berlin im Spannungsfeld zweier kultureller Identitäten

Nach Höhepunkt und Erfüllung einer sich politisch und gesellschaftlich verantwortlich fühlenden Kultur im Winter 1989 in Ost-Berlin setzten bereits im Frühjahr 1990 angesichts des näherrückenden und unerwartet schnell beschlossenen Endes der DDR kulturelle Erosionen ein. Neben dem administrativen Kompetenzwirrwarr zwischen der zentralistisch strukturierten Ost-Hälfte (Ministerium für Kultur, Magistrat der Stadt Berlin) und dem föderativ organisierten Westteil der Stadt rückten Finanzierungsprobleme mehr und mehr in den Vordergrund. Auf bezirklicher Ebene stand seit Ende 1990 eine allmähliche Angleichung der mit sehr unterschiedlichen Vollmachten und Selbstverständnis ausgestatteten Kulturämter (Ost) mit den > KULTUR- UND KUNSTÄMTERN (West) vorrangig auf der Tagesordnung. Für ehem. staatlich geleitete und finanzierte Einrichtungen mußten neue Trägerschaften, Privatisierung oder die Schließung verfügt werden. Für den personell nach westlichen Maßstäben übersetzten und ausschließlich staatlich alimentierten Kulturbetrieb waren Finanzierungsmodelle (zeitlich begrenzte Arbeitsbeschaffungsmaßnahmen für Kulturprojekte und freie Kulturinstitutionen oder privatwirtschaftliche Lösungen) zu schaffen. Da eine rasche Umverteilung West-Ost weder kulturpolitisch durchsetzbar noch rechtlich möglich schien, wurden Aufbaumittel oder „umgeleitete" Sonderzuschüsse des Bundes für Kultureinrichtungen von nationalem und internationalem Rang wirksam (z.B. für Opernhäuser, > THEATER, > MUSEEN). Zugleich ging es darum, gewachsene kulturelle Infrastrukturen zu erhalten und dauerhaft abzusichern. Hochschulentwicklungspläne für die > HUMBOLDT-UNIVERSITÄT sowie die drei künstlerischen Hochschulen, die Auflösung und partielle Zuordnung der > AKADEMIE DER WISSENSCHAFTEN DER DDR, die Überführung der

Sprech- und Musikbühnen als Staatstheater (> STAATLICHE SCHAUSPIELBÜHNEN), die Einbindung der großen Ost-Berliner Museen in die > STAATLICHEN MUSEEN unter dem Dach der > STIFTUNG PREUSSISCHER KULTURBESITZ und die Zusammenlegung der beiden > STAATSBIBLIOTHEKEN gehörten zu den seit 1991 in Angriff genommenen vordringlichsten Aufgaben. Während diese Bemühungen verhältnismäßig reibungs- und friktionslos vonstatten gingen, entwickelte sich die gewünschte Vereinigung der beiden > AKADEMIEN DER KÜNSTE zu einem kulturpolitischen Dauerproblem. Fokusartig bündelten die Auseinandersetzungen um die schrittweise Selbstauflösung und Überführung der ehem. Akademie der Künste der DDR (seit Ende 1990 „zu Berlin") das deutsch-deutsche Reizklima in der Kultur. Unvereinbarkeiten im Ästhetischen und Weltanschaulichen, wiederaufgebrochene Konflikte zwischen weggegangenen und gebliebenen DDR-Künstlern, die aus der Zeit nach 1976 herrührten, und eine wachsende Abgrenzungshaltung auf beiden Seiten verdeutlichten die höchst unterschiedlichen kulturellen „Sozialisationen", die zunehmenden Empfindlichkeiten eines sich überstürzenden Einigungsprozesses.

Trotz des angespannten, auf knapp 1 Mrd. DM angewachsenen Kulturhaushalts konnten erste Erfolge verbucht werden. Alternative und soziokulturelle Großprojekte wie die > KULTURBRAUEREI und > PFEFFERWERK im > PRENZLAUER BERG, die > LITERATURWERKSTATT in > PANKOW oder der Atelierkomplex in den > HACKESCHEN HÖFEN zeugen von geglückten, innovativen Erneuerungsansätzen in dieser schwierigen Übergangszeit 1990-92. Völlig an den Rand gedrückt wurden die kulturpolitischen Entscheidungsträger allerdings bei den folgenreichen Stadtplanungs- und Stadtentwicklungsprojekten, die direkt und indirekt die vorhandene ebenso wie die sich entwickelnde kulturelle Infrastruktur tangieren. Der Streit um Standorte und Stadtbild (Hochhausdebatte), der Erwartungsdruck der Investoren, explodierende Wohnungs- und Gewerbemieten wirken sich schon jetzt nachhaltig auf die kulturelle Entwicklung aus und führen mittel- und langfristig zur soziokulturellen Umschichtung ganzer Bezirke.

3. Zurück nach Metropolis? Perspektiven der 90er Jahre

Die Physiognomie des Neuen Berlin wird sich im Verlauf der 90er Jahre nachhaltig verändern. Die Stadt kann zwar wieder an ihre Mythen der 20er Jahre anknüpfen, findet sich aber zugleich in einer völlig neuen geopolitischen Lage in Europa wieder. Diskussionen um eine multikulturelle Stadt z.B. erhalten dadurch eine Konkretion und Selbstverständlichkeit, die spannungsreich und provozierend wirkt. Man hat sich in beiden Hälften der Stadt – nach Jahrzehnten relativer Abschottung und erzwungenen Inseldaseins – an Konkurrenzen und Fremdes, an ungewohnte Dimensionen und Aufgabenstellungen erst zu gewöhnen. Die Kultur gehört ungebrochen zu den prägenden Identitäts- und Imagefaktoren Berlins. Zugleich sieht sich die Stadt – gerade im Kontext der Debatte um die > HAUPTSTADT – mit den alten Vorurteilen und Aversionen („Negativmythen") konfrontiert: Moloch, „Subventionsgrab" u.ä.

Dennoch: Mit dem unaufhaltsamen Wandel von der Subventionsinsel zur Investitionsmetropole und zum zukünftigen politischen Machtzentrum wird eine neue kulturelle Magnetwirkung einhergehen, die an die alte Strahlkraft Berlins (Laboratorium der Moderne u.ä.) gemahnt, sich aber völlig neu und nur bedingt planbar darstellen wird. „Berlin als Zukunftsfaktor ist Argument per se. Die Argumente für die Metropole und Drehscheibe Europas liegen auf der Hand. Die wichtigsten Aufgaben bestehen deshalb in der infrastrukturellen Evolution" (Hilmar Hoffmann). Im Kulturbereich ist das Bewußtsein dafür vorhanden. Die vom > BUNDESPRÄSIDENTEN Richard v. Weizsäcker initiierte und im September 1991 vorgelegte „Denkschrift: Kultur in Berlin" bietet einen umfangreichen Empfehlungskatalog zur „Bewahrung sowie zum weiteren Ausbau kultureller Einrichtungen und Aktivitäten", weil Kunst und Kultur an der „Schnitt- und Nahtstelle Berlin für das Zusammenwachsen der beiden Teile Deutschlands elementare Bedeutung" zukommen. Die kulturpolitischen Handlungsfelder sind nach innen wie außen abgesteckt, „Findigkeit, Einfühlung, Vorsorge, Nachdenklichkeit und Entscheidungsbereitschaft" (Günther Rühle) als qualitative Anforderungsmerkmale benannt.

Die kulturelle Infrastruktur beginnt sich bereits jetzt spürbar zu wandeln: Einerseits kehren Verlage und überregionale Zeitungen zurück bzw. etablieren Vorposten (Dependancen) in der Stadt, andererseits müssen traditionsreiche Etablissements schließen (Club von Berlin) oder harren ungenutzt eines neuen Besitzers bzw. eines anderen Nutzungskonzepts. Berlin gerät in Bewegung, vieles erscheint in seiner Zielsetzung noch völlig offen. Bislang treffen die Veränderungen fast ausschließlich den ehem. Ostteil der Stadt, im Westen gilt mit wenigen Ausnahmen (z.B. Schließung der > FREIEN VOLKSBÜHNE) „business as usual".

Spektakuläre Großausstellungen im > MARTIN-GROPIUS-BAU wie „Metropolis" 1991 oder „Jüdische Lebenswelten" 1992 künden zwar schon vom ungebrochenen Elan, der eigentliche Erneuerungsschub aber wird vom Osten her – in wenigen Jahren – einsetzen und die z.T. verkrusteten Strukturen im noch privilegierten Westen aufbrechen. Für eine neue künstlerische Blüte ist darüber hinaus das Verhältnis von Kultur und > WIRTSCHAFT mitverantwortlich, verbindet sich doch mit den städtebaulichen Großprojekten in der wiederzubelebenden zentralen Mitte die Erwartung, daß neben den kommerziellen die kulturellen Interessen gewahrt, d.h.: in einer vitalen Mischung kombiniert werden.

Unabhängig von einem zukünftigen Hauptstadtvertrag, der den finanziellen Spielraum erheblich erweitern könnte, und bereits angelaufenen Förderungs- und Stipendienprogrammen für alle künstlerischen Sparten, die kulturelle Vielfalt und Innovation sichern helfen, gibt es nur eine Gewißheit: Berlin ist und bleibt eine polyzentrisch strukturierte Metropole voller Gegensätze und Spannungen – im deutschen und im europäischen Kontext.

L

Lage und Stadtraum: Berlins topographischer Mittelpunkt liegt an der Stelle des 1865 abgerissenen alten Rathauses Ecke Spandauer Str./Rathausstr. im Bezirk > MITTE bei 52° 31′ 12″ nördlicher Breite und 13° 24′ 36″ östlicher Länge (> RATHÄUSER). Die (errechnete) Ortszeit folgt der mitteleuropäischen Zeit um 6 min 22 s. Das Stadtgebiet umfaßt 889 km² und liegt in seinen bebauten Teilen auf einem Niveau zwischen 35-60 m über dem Meeresspiegel. Die weitesten Entfernungen betragen in Ost-West-Richtung 45 km und von Nord nach Süd 38 km. In der Stadt leben etwa 3,3 Mio. Menschen (> BEVÖLKERUNG). Hinsichtlich der Fläche wie der Einwohnerzahl ist Berlin die größte Stadt Deutschlands. Verwaltungstechnisch gliedert sich Berlin in 23 > BEZIRKE.

Das Relief der *Landschaft* wurde glazial gestaltet und fast durchweg von Ablagerungen der Gletscher und Schmelzwässer geprägt. Der Stadtkern liegt im > WARSCHAU-BERLINER URSTROMTAL, dem die > SPREE bis zu ihrer Deltamündung in die > HAVEL folgt. Wo die Hochflächen des > BARNIM und des > TELTOW das Urstromtal bis auf 5 km einengen und die Spree sich an einer Sandinsel verzweigt, waren die sumpfige Niederung und der Fluß leicht zu überqueren. Hier entwickelten sich, auf halbem Weg zwischen > KÖPENICK und > SPANDAU, seit Ende des 12. Jh. die Brücken- und Handelsstädte Berlin und > KÖLLN.

Die angrenzenden, höher gelegenen Platten Barnim im Nord-Osten und Teltow im Süd-Westen sowie – westlich der Havel – die Nauener Platte bestehen aus Grundmoränen und Sanderflächen mit aufgesetzten Stau- und Endmoränen; sie erreichen vereinzelt Höhen von mehr als 100 m (> MÜGGELBERGE 115 m, Schäferberg 103 m; > BERGE). Mehrere, meist in nordöstlich-südwestlicher Richtung verlaufende Rinnen, zahlreiche kleinere Sümpfe, Sölle und > PFUHLE bestimmten das ursprüngliche Landschaftsbild. Z.T. haben sie sich im Stadtbild bis heute erhalten (> MOORE; > RUDOLPH-WILDE-PARK).

Die Übergänge vom Urstromtal zu den Hochflächen sind vielfach in die alten Flurbezeichnungen eingegangen und trotz Überbauung noch heute an vielen Stellen im Stadtgebiet sichtbar (zum Teltow etwa am Mehringdamm in > KREUZBERG und an der Neuköllner Hermannstr. westlich der *Rollberge*, Rollbergstr.; zum Barnim an der > SCHÖNHAUSER ALLEE, der Prenzlauer Allee oder der Greifswalder Str. im Bezirk > PRENZLAUER BERG).

Die aus den pleistozänen Ablagerungen gebildeten *Böden* bestehen meist aus von verschiedenen Sanden unterlagertem Geschiebelehm und -mergel. Auf den Hochflächen dehnen sich vor allem Tieflehm-Fahlerden und Sand-Braunpodsol-Böden aus, im Urstromtal besonders Sand-Podsole. Erratische Blöcke (Findlinge) dienten seit dem Mittelalter als Bau- und Pflastermaterial. Am Rest der alten > STADTMAUER in der Klosterstr. sowie an den alten > DORFKIRCHEN und ihren Friedhofsmauern sind sie noch heute erkennbar (> FRIEDHÖFE). Die geomorphologischen Verhältnisse begünstigen die Bildung und Speicherung von *Grundwasser*, eine im Vergleich zu anderen Ballungsräumen vorteilhafte hydrologische Situation (> WASSERVERSORGUNG/ENTWÄSSERUNG). Die lehmigen Böden sind zudem für märkische Verhältnisse relativ fruchtbar. Ihr Waldbestand wurde deshalb nach den deutschen Dorfgründungen des 13. und 14. Jh. zügig gerodet. Schon vor der städtischen Überbauung wurde so das lebhafte Relief durch Anbau, Trockenlegung und Abtragung nivellierend verändert. Noch bis ins 19. Jh. zeigen Karten und Stadtansichten allerdings ein über weite Strecken abwechslungsreiches Landschaftsbild mit zahlreichen Hügeln, Seen, Teichen und Altwässern.

Die sandigen Sedimente im Urstromtal wechseln vielfach mit anmoorigen Ablagerungen ab. Teile der zudem von den Altwässern der stark mäandrierenden Spree durchzogenen Niederung blieben deshalb unbebaut, sie haben allerdings infolge von Grundwassersenkungen ihren ursprünglichen Charakter weitgehend verloren (z.B. > GROSSER TIERGARTEN, > WUHLHEIDE, > PLÄNTERWALD, Charlottenburger Schloßpark, > SCHLOSS CHARLOTTENBURG) oder dienen nach Entwässerung als Industrie-, Gewerbe- und Verkehrsflächen. Im Untergrund des Urstromtales, z.T. aber auch in den Hochflächen, befinden sich in unterschiedlicher Tiefe und Mächtigkeit mit Torf und Mudde durchsetzte Rinnen und Kolke als Reste von Altwässern, Toteiskörpern u.a., die gleichfalls die Bebauung erheblich erschweren und gefährden. So wurde ein Teil des *Forum Fridericianum* (> BEBELPLATZ) und der Bauten der > MUSEUMSINSEL wegen des torfigen Untergrunds auf 1.200 Eichen- und Kieferpfählen errichtet; auch heute noch müssen im Stadtgebiet viele Gebäude auf Pfählen, mit Hilfe von Senkbrunnen oder besonderen Bodenverdichtungsverfahren errichtet werden (> HANSAVIERTEL; > KONGRESSHALLE TIERGARTEN). Besonders über anmoorigem Baugrund treten immer wieder Schäden an Gebäuden nach Grundwasserabsenkungen auf. So mußten z.B. die im *Nassen Dreieck* in > CHARLOTTENBURG (Schloßstr./Ecke Hebbelstr.) um die Jahrhundertwende errichteten Häuser trotz bis zu 10 m mächtiger Sandaufschüttungen und Pfahlgründungen 1972 in Folge einer durch den Bau der > U-BAHN verursachten Instabilität durch Grundwasserabsenkung abgerissen werden. Auch im Gebiet der Torfstr., Torfbrücke und Fennstr. am Berlin-Spandauer-Schiffahrtskanal (> WASSERSTRASSEN) im > WEDDING traten beträchtliche Setzungen auf. In Mitte war z.B. der 1865 erbaute alte > FRIEDRICHSTADTPALAST betroffen, der 1980 niedergelegt werden mußte.

Die v.a. im Norden Berlins verbreiteten Flugsand- und Dünensedimente sind infolge von Rutschungsgefahr und Erschütterungsempfindlichkeit als Baugrund gleichfalls schlecht geeignet. Lediglich in > HERMSDORF und > FROHNAU stehen größere Ansiedlungen auf derartigen Flächen, die sonst vielfach forstwirtschaftlich (> FORSTEN), als > FRIEDHÖFE oder als Parkanlagen (> STADTGRÜN) genutzt werden (z.B. der Friedhof In den Kisseln an der Pionierstr. in Spandau, die ehemaligen Friedhöfe am > PLÖTZENSEE, der > VOLKSPARK REHBERGE, der > SCHILLERPARK und der Kirchhof der > ST.-ELISABETH-KIRCHE an der Wollankstr. im Wedding sowie in > REINICKENDORF der > RUSSISCH-ORTHODOXE FRIED-

HOF östlich der Holzhauser Str. und – auf einer Parabeldüne – der Dom-Kirchhof der St.-Hedwigs-Gemeinde an der Ollenhauerstr.; > ST.-HEDWIGS-KATHEDRALE).

Die *Luche*, weitflächige Feuchtgebiete mit flachen moorigen Ablagerungen, konnten nach teilweise jahrhundertlangen landwirtschaftlichen Meliorationen und Aufschüttungen von bis zu 2 m hohen Sand- und Schuttdecken bebaut werden, so z.B. das Hopfenluch innerhalb der heutigen Straßenzüge Konstanzer Str., Güntzelstr., Bundesallee und dem > KURFÜRSTENDAMM (der wegen des sumpfigen Geländes ursprünglich als Knüppeldamm angelegt worden war) in > WILMERSDORF oder die Kessellake zwischen Sybelstr. und Kantstr. in Charlottenburg.

Die für eine Großstadt recht umfangreichen Forsten nehmen größtenteils minderwertige Böden ein. Ihre forstwirtschaftliche Nutzung ist von geringer Bedeutung. Vorrangig dienen sie der Naherholung. Sie werden in dieser Funktion durch umfangreiche *Grünflächen* ergänzt. Auch die *Wasserflächen* nehmen einen vergleichsweise großen Teil des Stadtgebiets ein. V.a. sind hier zu nennen die Rüdersdorf-Königs Wusterhausener Seenkette im Süd-Osten Berlins (> DÄMERITZSEE; > GROSSER MÜGGELSEE; > SEDDINSEE, > GROSSE KRAMPE; > LANGER SEE; > ZEUTHENER SEE), die > GRUNEWALDSEEN und die > HAVELSEEN (> FLIESSGEWÄSSER; > SEEN). Die wenigen landwirtschaftlichen Flächen sind von geringer Bedeutung (> LANDWIRTSCHAFT). Wegen der starken Nutzung sind diese Gebiete landschaftsökologisch gefährdet und unterliegen besonderen Anstrengungen im > UMWELTSCHUTZ (> NATURSCHUTZ).

Die vielfältigen Lagepotentiale Berlins wurden im Rahmen der territorialen, der technischen und wirtschaftlichen Entwicklung unterschiedlich genutzt. Infolge ihrer verkehrsgeographischen Brückenlage übernahm die Doppelstadt noch im 13. Jh. die Funktion eines zentralen Marktorts für die ertragreichen > DÖRFER des Barnim und des Teltow.

Die neue Rolle als Residenz und als Hauptstadt des territorial expandierenden und seine zentralen Kompetenzen verstärkenden Kurstaates Brandenburg ab 1451 brachte der Stadt dann einen erheblichen Gewinn an Bedeutung und Anziehungskraft. In der Folge kam es in den nächsten Jahrhunderten immer wieder zum Zuzug neuer Bevölkerungsteile, darunter qualifizierter Baumeister, Handwerker, Kaufleute, Künstler und Wissenschaftler, die die Wirtschaftskraft Berlins stärkten und die Handelsbeziehungen nach außen förderten. Ab dem 17. Jh. erfolgte ihre Ansiedlung meist in neu errichteten Vorstädten, die im Laufe der Jahre durch mehrere > STADTERWEITERUNGEN nach Berlin eingemeindet wurden.

Mit dem Ausbau der > WASSERSTRASSEN im 17. und 18. Jh. gewann Berlin günstige Verbindungen zu Oder und Weichsel, bis 1939 auch zu Weser und Rhein, und wurde so Zentrum des mitteleuropäischen Wasserstraßensystems. Bis gegen Ende des 19. Jh. erfolgte die Versorgung der Stadt mit Baumaterial, Brennstoffen und Lebensmitteln größtenteils auf dem Wasserwege. Die Ende des 18. Jh. einsetzende Verkehrserschließung des Landes durch den Bau von Chausseen und die Einführung der > EISENBAHN (ab 1838) verbesserte besonders die Verbindungen zum pommersch-preußischen sowie zum schlesischen Siedlungs- und Wirtschaftsraum und verstärkte den traditionellen Austausch mit den Wirtschaftsregionen in Sachsen und Thüringen (> VERKEHR). Besonders ausgeprägt und weitreichend war der Einfluß Berlins nach Nord-Osten (Ostpreußen) und Süd-Osten (Schlesien). Hingegen war er im Nord-Westen durch Hamburg, im Süden durch Dresden und Leipzig begrenzt.

Nach der Arrondierung Preußens 1867 lag Berlin ziemlich genau auf der Mitte der Luftlinien zwischen Beuthen und Tondern, Trier und Memel. Über die mit der Reichsgründung verstärkten Hauptstadtfunktionen hinaus wuchs die Reichweite der Stadt durch ihre industrielle Entwicklung im 20. Jh. und auch als kontinentaler Verkehrsknoten für Eisenbahn und > LUFTVERKEHR in der Mitte Europas. Nach Osten wurde der Einzugsbereich durch die Grenzziehungen nach 1919, besonders nach 1945, erheblich verringert. Nach der > SPALTUNG gerieten beide Teile der Stadt in ihren jeweiligen Wirtschaftssystemen und politischen Zuordnungen in Randlagen. Mögliche Brückenfunktionen wurden nur in geringem Umfang wahrgenommen (> AUSSENHANDEL).

Für die Stadt selbst führte die Industrialisierung ab Mitte des 19. Jh. zur nachhaltigsten Umgestaltung des Stadtraums seit ihrer Gründung. Angesicht des knappen und entsprechend teuren Platzangebots innerhalb der alten Stadtmauer von 1734 ließ sich die neue Industrie vorwiegend an den Rändern der Stadt in den Vororten nieder bzw. zog aus ihren innerstädtischen Quartieren dorthin um. So begründete etwa 1849 die Niederlassung der Firma Borsig in > MOABIT den Wandel dieses Ausflugsorts in einen der wichtigsten Industrievororte der Stadt (> BORSIGWERKE).

Industrialisierung und Verstärkung der Regierungs- und Verwaltungsfunktionen nach der Reichsgründung führten zu einem rapiden Anwachsen der Bevölkerung und der Nachfrage nach Wohnraum. Der Wohnungsbau vollzog sich hauptsächlich auf den, außerhalb der 1867 niedergelegten Stadtmauer gelegenen Flächen nach Bestimmungen der Polizeiordnung und einem im Kern bis 1919 gültigen Grundrißplan „für die Umgebung Berlins" des Baurats James Hobrecht von 1862 (> HOBRECHTPLAN). Der dort vorgesehene *Boulevardring* um die Stadt blieb fragmentarisch (Straßenzüge: Goerdelerdamm – Seestr. – Bornholmer Str. – Ostseestr./Dimitroffstr. – Petersburger Str. – Warschauer Str./Hasenheide – > GENERALSZUG – Otto-Suhr-Allee; Schmuckplätze: Südstern, Dennewitzplatz, Nollendorfplatz, > WITTENBERGPLATZ). Nach der > VEREINIGUNG wurde er dem Prinzip nach durch das von der Verkehrsplanung entwickelte Ringkonzept wieder aufgenommen (> STRASSEN).

Zwischen 1860 und 1910 wurde das Areal mit großen Wohnblöcken geschlossen und meist fünfgeschossig bebaut. So entstand als Areal von > MIETSKASERNEN der *Wilhelminische Ring*, ungefähr umgrenzt von der 1867-77 als neue städtebauliche Strukturlinie entstandenen > RINGBAHN, großteils extrem überbaut, mit Seitenflügeln, mehreren Hinterhäusern und -höfen, Kellerwohnungen, Gemeinschaftstoiletten etc. und durchsetzt mit Klein- und Mittelbetrieben des verarbeitenden Gewerbes (Kreuzberger Mischung). Im Westen, besonders in Wilmersdorf und Charlottenburg, blieben infolge kommunaler Steuerpolitik die Wohnviertel meist gewerbefrei, größere und komfortablere Wohnungen für gehobene Schichten zeigen bis heute die sozialgeographische Differenzierung innerhalb des Wilhelminischen Rings.

Um dem Erholungsbedürfnis der in den Massenquartieren lebenden Bevölkerung Rechnung zu tragen, entstanden ab Mitte des 19. Jh. als große innerstädtische oder stadtnahe Grünflächen die ersten Volksparks, im Osten der > VOLKSPARK FRIEDRICHSHAIN (1848), im Norden der > VOLKSPARK HUMBOLDTHAIN (1876). Im Süden wurden der > TREPTOWER

PARK (1888) und der > VIKTORIAPARK (1894) angelegt.

Dem Anwachsen der Bevölkerung im Bereich des Wilhelminischen Rings ging ungefähr parallel deren Abnahme im alten Stadtkern infolge der Herausbildung der historischen > CITY um > FRIEDRICHSTRASSE, > UNTER DEN LINDEN und > LEIPZIGER STRASSE (Wohnbevölkerung innerhalb der früheren Akzisemauer

Wohnviertel, Hotels, Theater, Vergnügungs- und Einkaufsstätten entstanden.

Die zunehmende Ausdehnung der Stadt und der Raumbedarf der Produktion führte zur zweiten Randwanderung der Industrie ab 1870. Die Firma Borsig zog abermals um – von Moabit nach Tegel (> BORSIGWALDE), ab 1898 entstand die spätere > SIEMENSSTADT. Neue Verkehrsmittel wie die elektrische >

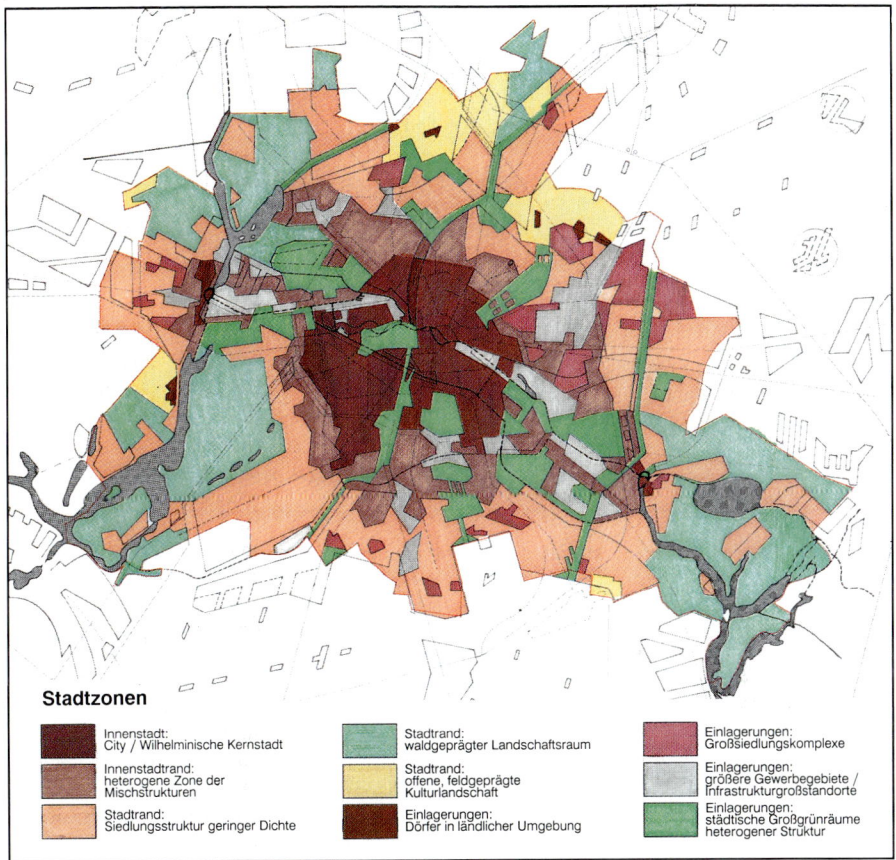

Stadtzonen

■	Innenstadt: City / Wilhelminische Kernstadt
■	Innenstadtrand: heterogene Zone der Mischstrukturen
■	Stadtrand: Siedlungsstruktur geringer Dichte
■	Stadtrand: waldgeprägter Landschaftsraum
■	Stadtrand: offene, feldgeprägte Kulturlandschaft
■	Einlagerungen: Dörfer in ländlicher Umgebung
■	Einlagerungen: Großsiedlungskomplexe
■	Einlagerungen: größere Gewerbegebiete / Infrastrukturgroßstandorte
■	Einlagerungen: städtische Großgrünräume heterogener Struktur

1871: ca. 65.000, 1925: 16.000). In enger Wechselbeziehung mit dem Ausbau des > ÖFFENTLICHEN PERSONENNAHVERKEHRS v.a. durch den Vorortverkehr der Eisenbahn entwickelten sich gleichzeitig weitläufige Landhaus- und > VILLENKOLONIEN v.a. im Südwesten und – in geringerem Umfang – auch im Südosten der Stadt. Durch enorme Zuzüge vergrößerten sich diese selbständigen Vororte in den folgenden Jahren ganz erheblich. Die Citybildung erfaßte vor 1900 auch den Südrand des > GROSSEN TIERGARTENS und das Zooviertel, wo im „Neuen Westen" vornehme

STRASSENBAHN (ab 1888) und die > U-BAHN (ab 1902) verbesserten die innerstädtische Verkehrserschließung. Die > ELEKTRIZITÄTSVERSORGUNG sowie > WASSERVERSORGUNG/ENTWÄSSERUNG hatten längst die Stadtgrenzen überschritten. Insg. war so ein weit über das alte Stadtgebiet hinausreichender Siedlungs-, Wirtschafts- und Verkehrsraum entstanden. Dieser wirtschaftlichen und technischen Eingemeindung folgte nach einigen Anläufen (Zweckverband Groß-Berlin 1911) auch die politische durch den Zusammenschluß der umliegenden Städte und Gemeinden zu > GROSS-

BERLIN am 1.10.1920. Allerdings umfaßte auch deren Gebiet keineswegs den gesamten Ballungsraum. Die Einheitsgemeinde war eigentlich eine Gruppengroßstadt, deren nunmehrige Bezirke aufgrund ihrer gewachsenen stadtgeographischen Strukturen und Funktionen deutliche Eigenständigkeiten zeigten. Bezirkliche und zentrale Kompeten-

zum Kurfürstendamm unterbrochen. Berlin mußte sich stadträumlich in beiden Hälften neu organisieren. Vom Zoo-Viertel und Kurfürstendamm-Bereich ausgehend, entwickelte sich so neben dem nun in Ost-Berlin liegenden historischen Stadtzentrum eine eigenständige City zwischen Lietzenburger und Kantstr. Nördlich des > LANDWEHRKANALS

Berlin – Fläche und Einwohner		
Fläche (31.12.1990)	888,38 km²	100 %
Bebaute Fläche	388,61	43,7
Wohnfläche	235,03	26,5
Gewerbe- und Industriefläche		
inkl. Betriebsfläche	42,32	4,8
Verkehrsfläche	108,52	12,2
Grünfläche[1]	107,13	12,1
Landwirtschaft	60,25	6,8
Wald	155,62	17,5
Wasser	56,91	6,4
Einwohner (31.12.1989)	3.409.737 EW	
darunter: Ausländer	333.663	9,8 %
Einwohner pro km²	3.838	

[1] Parks, Tierparks, Kleingärten, Spielplätze, ungedeckte Sportanlagen, Freibäder, Friedhöfe

zen blieben daher umstritten. In dieser äußeren Form blieb Berlin jedoch, von einigen durch > GEBIETSAUSTAUSCH nach 1945 erfolgten unwesentlichen Veränderungen abgesehen, bis heute konsistent.
Durch Koordination des öffentlichen Nahverkehrs – 1926 Übernahme der U- und Hochbahn durch die Stadt, 1928 Gründung der > BERLINER VERKEHRS-BETRIEBE (BVG) – wurden auch die Freiflächen zwischen den älteren Siedlungsbändern erschlossen und mit öffentlicher Förderung bebaut (z.B. > HUFEISENSIEDLUNG in > BRITZ, > ONKEL-TOM-SIEDLUNG Zehlendorf, > WEISSE STADT Reinickendorf, > WOHNSTADT CARL LEGIEN Prenzlauer Berg). Die Pläne der Nationalsozialisten, Berlin zur Reichshauptstadt Germania auszubauen und den Innenstadtbereich vollständig umzugestalten, blieben durch den II. Weltkrieg in den Anfängen stecken (> BAUGESCHICHTE UND STADTBILD; > GENERALBAUINSPEKTOR FÜR DIE REICHSHAUPTSTADT BERLIN).
Infolge der Kriegszerstörungen und der > SPALTUNG wurde das alte Cityband vom > ALEXANDERPLATZ über den > POTSDAMER PLATZ

entstand das > KULTURFORUM TIERGARTEN.
Wegen der Größe und der regionalen Unterschiede in der Stadtentwicklung haben sich in beiden Stadthälften Subzentren entwickelt, die teilweise Funktionen der City übernehmen (> EINKAUFSZENTREN). Diese Zentren, die mindestens teilweise innerhalb des Wilhelminischen Ringes liegen, haben durch die Zerstörung der alten City bzw. deren Randlage innerhalb Ost- und West-Berlins ebenso an Bedeutung zugenommen wie durch die Wanderungsgewinne der Randbezirke. Verkehrsgeographisch entlasten sie die City. Die aus dem > POLITISCHEN SYSTEM folgende räumliche Verteilung öffentlicher Dienstleistungen in den Bezirken trägt ebenfalls dazu bei. In den Außenzonen der Stadt blieben daneben regionale Zentren des tertiären Sektors erhalten (Spandau, Köpenick) oder sie entwickelten sich unter Überformung alter Dorfkerne wie Zehlendorf, Tegel, Lankwitz.
Soziale Umschichtungsprozesse in der Bevölkerung sowie Verknappung (und Verteuerung) des Baulandes angesichts der räumlichen Begrenzung der Stadt (> BODENRICHTWERTE) führten seit den 50er Jahren in den tra-

ditionellen Villenkolonien vielfach zu Grundstücksaufteilungen und Abrissen zugunsten dichterer Reihenhausbebauung, zur Umwandlung von Ein- in Mehrfamilienhäuser, zu gewerblicher Nutzung sowie – in beiden Teilen der Stadt – zur Umwidmung in Einrichtungen für Forschung, Lehre, Fürsorge u.ä. Der große Bedarf an Wohnraum nach dem Kriege sowie die > STADTSANIERUNG innerhalb des Wilhelminischen Rings führten zunächst in West-Berlin (> MÄRKISCHES VIERTEL; > FALKENHAGENER FELD; > GROPIUSSTADT), später auch im Ostteil der Stadt zum Bau riesiger Wohntrabanten (> MARZAHN; > HELLERSDORF; > HOHENSCHÖNHAUSEN).

Mit der > VEREINIGUNG Deutschlands und dem Abbau der Spannungen in Europa hat Berlin seine Bedeutung als europäisches Verkehrszentrum wiedererlangt. Hier kreuzen sich die wichtigen Verkehrsachsen Stockholm – Dresden – Prag – Wien – Budapest und Paris – Warschau – Moskau. Eine weitere bedeutende Verkehrsverbindung führt von Berlin über Leipzig/Halle, das mittlere Thüringen und Nürnberg nach München. An diesen Verkehrsachsen liegen leistungsfähige Industriegebiete, mit denen der Berliner Wirtschaftsraum eng verflochten war.

Es läßt sich noch nicht ermitteln, ob und in welchem Umfang sich die funktionale Struktur der Berliner City an den Gegebenheiten und Entwicklungen der Vorkriegszeit orientieren wird. Die Rückkehr der Stadtregierung in das > BERLINER RATHAUS, die Planungen für die Amtssitze von > BUNDESPRÄSIDENT und Bundesregierung, die Rückkehr von Banken und Versicherungen in ihre von DDR-Institutionen eingenommenen Häuser, Ansätze zum Ausbau der Geschäfte in der Friedrichstr. u.a. deuten darauf hin, daß traditionelle Standorte beibehalten werden (> HAUPTSTADT). Andererseits dürften schon die gestiegenen qualitativen und quantitativen Raumansprüche des tertiären Sektors und die Verkehrsprobleme in der Innenstadt eine Restauration der funktionalen City-Gliederung verbieten. Auch in anderen Metropolen findet eine Dispersion solcher Strukturen statt. Zudem ist zu bedenken, daß – teilweise im Gegensatz zu früheren Bekundungen – viele zentrale Einrichtungen und Funktionen nicht wieder nach Berlin zurückkehren oder aus der Stadt verlagert werden sollen. Eine integrierte Raumplanung – insbes. unter dem Aspekt der neu (wieder-) entstehenden Region Berlin-Brandenburg – ist erst in Ansätzen entwickelt (> RÄUMLICHES STRUKTURKONZEPT; > REGIONALPLANUNG).

Landbuch Kaiser Karls IV.: Das auf Veranlassung von Kaiser Karl IV. 1375 angelegte „Landbuch der Churmark Brandenburg" ist ein detailliertes Abgabenverzeichnis, das erstmals alle Einnahmen, Ausgaben und Verpflichtungen der Städte, Dörfer, Klöster und Güter der Markgrafschaft fast lückenlos aufführt. Die Doppelstadt Berlin/> KÖLLN rangierte wie Frankfurt/O., Prenzlau und Stendal in der höchsten Steuerklasse und hatte an den > LANDESHERREN 500 Mark Silber Landbede und 150 Mark Silber Urbede (Steuer) zu entrichten (Eine Mark Silber entsprach zu dieser Zeit 234 g Silber oder 1.920 kg Roggen [oder Gerste], 3.840 kg Hafer oder 1.280 kg Weizen). 47 Bürger aus Berlin und 17 aus Kölln hatten Landbesitz oder bezogen Einkünfte aus den Dörfern und Gütern der näheren Umgebung.

Das L. ist für die mittelalterliche Wirtschafts- und Sozialgeschichte der Mark Brandenburg eine einzigartige Quelle. Das Original befindet sich im > GEHEIMEN STAATSARCHIV STIFTUNG PREUSSISCHER KULTURBESITZ in der Archivstr. in > ZEHLENDORF, die letzte wissenschaftliche Edition besorgte 1940 der brandenburgische Landeshistoriker Johannes Schultze.

Landesamt für Arbeitsschutz und technische Sicherheit (LAfA): Das der > SENATSVERWALTUNG FÜR SOZIALES nachgeordnete LAfA mit Sitz in der Drontheimer Str. 32 im Bezirk > WEDDING ist neben dem > LANDESINSTITUT FÜR ARBEITSMEDIZIN eine der beiden Berliner Arbeitsschutzbehörden (> BUNDESANSTALT FÜR ARBEITSMEDIZIN). Das Amt überwacht Betriebe und Dienststellen mit dem vorrangigen Ziel, Arbeitnehmer vor gesundheitlichen Schäden am Arbeitsplatz zu schützen. Hierzu gehören Unfallverhütung, die Klärung der Ursachen von Arbeitsunfällen und die Überwachung der Einhaltung von Sicherheitsbestimmungen beim Umgang mit gefährlichen Arbeitsstoffen einschließlich des Strahlenschutzes. Weitere Aufgaben sind die Kontrolle der Einhaltung der Arbeitszeitordnung sowie des Frauen- und des Jugendarbeitsschutzgesetzes. Schließlich achtet das LAfA darauf, daß von Betrieben keine gesundheitsschädlichen Auswirkungen für die Bevölkerung ausgehen. Seit der > VEREINIGUNG ist das LAfA auch für die im Ostteil der Stadt gelegenen Betriebe zuständig.

Von den 1991 ca. 86.000 beim LAfA vom Landesarbeitsamt (> Arbeitsämter) gemeldeten Betrieben, werden pro Jahr durchschnittlich 16.000 überprüft. War die Zahl der Beanstandungen bis zur Vereinigung tendenziell rückläufig und belief sich 1990 auf 34.500 Fälle, so stieg sie mit der Ausweitung des Zuständigkeitsbereichs 1991 auf 49.671 Fälle an. Das LAfA hat 226 Mitarbeiter. Der Etat wird durch das Land Berlin gedeckt.

Landesamt für Informationstechnik (LIT): Das LIT in der Berliner Str. 112-115 im Bezirk > Wilmersdorf ist eine der > Senatsverwaltung für Inneres (SenInn) nachgeordnete Behörde, die in ihrer heutigen Form seit dem 15.7.1991 besteht. Sie ging aus der Fusion des 1969 gegründeten *Landesamts für elektronische Datenverarbeitung (LED)* mit dem 1990 in Ost-Berlin eingerichteten *Magistratsrechenzentrum* hervor. Als zentrale Dienstleistungseinrichtung des Landes Berlin stellt das LIT den Berliner Verwaltungen Produktionsleistungen für Großrechneranwendungen in Rechenzentren zur Verfügung. So werden u.a. die Datenbestände des Einwohnerwesens im Auftrag des > Landeseinwohneramtes bearbeitet und daraus bspw. die Lohnsteuerkarten und die Wahlbenachrichtigungskarten gedruckt und versandt. Zu seinen Aufgaben gehören ferner die Planung und Realisierung einer Vernetzungskonzeption für das Land sowie die Beratung der Verwaltungen bei Planung und Einsatz von modernen Informations- und Kommunikationstechniken.

Zur Beratung, Schulung und Weiterbildung von Mitarbeitern der einzelnen Verwaltungen dient das im Dezember 1988 noch im LED eingerichtete *Kommunikations- und Informationszentrum (KIZ)*. Es verfügt über zwei Schulungsräume mit insg. 14 Computerübungsplätzen, zwei Vortragsräume und einen Konferenzraum. An den Schulungs- und Informationsveranstaltungen im KIZ haben 1991 über 4.000 Personen teilgenommen. Die Kurse ergänzen fachspezifisch die Schulungsangebote der > Verwaltungsakademie Berlin. Das LIT hat derzeit 250 Mitarbeiter, sein Etat wird von der SenInn finanziert.

Landesamt für Verfassungsschutz Berlin (LfV): Das 1952 errichtete, seit dem 15.9.1990 als nachgeordnete Sonderbehörde unter der Dienst- und Fachaufsicht der > Senatsverwaltung für Inneres stehende LfV hat seinen Sitz Auf dem Grat 2 im Bezirk > Zehlendorf. Die gesetzliche Grundlage für diesen Nachrichtendienst, der ausschließlich für die „Inlandsaufklärung" zuständig ist, bildet das Gesetz über das LfV in der Form vom 31.7.1989, das gegenwärtig überarbeitet wird. Danach ist die Aufgabe des LfV die Sammlung und Auswertung von Auskünften, Nachrichten und sonstigen Unterlagen über verfassungsfeindliche Bestrebungen, sicherheitsgefährdende oder geheimdienstliche Tätigkeiten sowie terroristische Gewalthandlungen. Ferner wirkt das LfV mit in Angelegenheiten des personellen und materiellen/technischen Geheimschutzes und arbeitet in diesem Zusammenhang mit den Verfassungsschutzbehörden des Bundes und der Länder sowie dem polizeilichen Staatsschutz eng zusammen.

Das LfV berichtet über seine Arbeit regelmäßig dem > Senat von Berlin; die parlamentarische Kontrolle wird von dem gegenwärtig 10 Mitglieder umfassenden Ausschuß für Verfassungsschutz des > Abgeordnetenhauses von Berlin ausgeübt. Ferner veröffentlicht das LfV seit 1990 jährlich einen Verfassungsschutzbericht. Gegenwärtig sind in der Behörde rd. 300 Mitarbeiter beschäftigt.

Aufgrund des > Sonderstatus von Berlin arbeitete die Behörde in Verfassungsschutzangelegenheiten in enger Abstimmung mit den drei westlichen > Alliierten und unterlag bis zur Suspendierung der Vorbehaltsrechte am 3.10.1990 gewissen Beschränkungen. So war es wegen der Nichterstreckung des Gesetzes zu Artikel 10 GG (G-10-Gesetz) auf Berlin den deutschen Behörden in der Stadt bis zum 3.10.1990 nicht möglich, in Berlin Maßnahmen nachrichtendienstlicher Post- und Telefonkontrolle durchzuführen. Diese Beschränkungen sind entfallen.

Landesamt für Verteidigungslasten (LVL): Das L. mit Sitz am Lützowufer 28 im Bezirk > Tiergarten ist eine der > Senatsverwaltung für Finanzen (SenFin) nachgeordnete Landesbehörde, die am 9.11.1990 im Zuge der > Vereinigung aus dem 1962 gegründeten *Landesamt für Besatzungslasten* hervorgegangen ist. Aufgaben des L. sind die Abrechnung des Bedarfs der ausländischen Streitkräfte sowie von Personalbezügen der dort beschäftigten Zivilpersonen und die Verwertung oder Versteigerung von (ehem.) Besatzungsgut (> Alliierte). Ferner unterstützt es das > Bundesministerium für Finanzen (BMF) bei der Aufstellung des Haushalts für die westlichen Streitkräfte in Berlin, hat die Geschäftsführung für die ressortübergreifende Arbeitsgruppe zur künftigen Nutzung freiwerdender alliierter Flächen und koordiniert die entsprechenden Ansprüche zwischen dem Bund und Berlin. Weitere Arbeitsgebiete sind das Verfassen von Stellungnahmen zu altem und neuem Recht der Streitkräfte (Besatzungsrecht, Truppenstatut der > NATO u.a.), die Bearbeitung von durch die ausländischen Streitkräfte verursachten Schadensfällen wie Manöverschäden oder Verkehrsunfälle sowie – seit der mit der Aufhebung des > SONDERSTATUS verbundenen Vereinbarung zum Truppenabzug – Maßnahmen zur Unterbringung der ca. 11.000 Zivilbeschäftigten auf anderen Arbeitsplätzen.

Das L. hat ca. 140 Mitarbeiter. Der Etat in Höhe von rd. 1,5 Mrd. DM (1991) wird größtenteils vom BMF getragen; den Rest übernimmt die SenFin.

Die Angelegenheiten der in den östlichen Bezirken Berlins stationierten sowjetischen Truppen werden durch den Bund direkt geregelt bzw. in seinem Auftrag durch die > OBERFINANZDIREKTION BERLIN (> GRUPPE DER SOWJETISCHEN STREITKRÄFTE IN DEUTSCHLAND).

Landesamt für Zentrale Soziale Aufgaben – Landesversorgungsamt – (LASoz): Das LASoz in der Sächsischen Str. 28-30 im Bezirk > WILMERSDORF ist eine der > SENATSVERWALTUNG FÜR SOZIALES nachgeordnete Landesoberbehörde, die 1985 mit erweiterten Zuständigkeiten aus dem Landesversorgungsamt hervorgegangen ist. Dem LASoz sind die *Versorgungsämter* (VA) I und II, die Hauptfürsorgestelle und die Orthopädische Versorgungsstelle als untere Landesbehörden nachgeordnet. Aufgabe dieser Behörden ist die Versorgung von Kriegsbeschädigten, Kriegshinterbliebenen, Angehörigen von Kriegsgefangenen, Personen, die aus politischen Gründen in Gebieten außerhalb der Bundesrepublik Deutschland und Berlins in Gewahrsam genommen wurden sowie deren Angehörigen und Hinterbliebenen, Trägern höchster Kriegsauszeichnungen des I. Weltkriegs (Ehrensold) und Impfgeschädigten sowie Opfern von Gewalttaten nach den entsprechenden Gesetzen.

Weiter werden die Aufgaben wahrgenommen, die sich aus der Durchführung des Gesetzes über die Angelegenheiten der Vertriebenen und Flüchtlinge (Bundesvertriebenengesetz – BVFG –), des Gesetzes über Hilfsmaßnahmen für Heimkehrer (Heimkehrergesetz – HKG –) und des Gesetzes über die Entschädigung ehemaliger Deutscher Kriegsgefangener (Kriegsgefangenen Entschädigungsgesetz – KgfEG –) ergeben (> FLÜCHTLINGE).

Das LASoz erfüllt ferner Aufgaben, die aus der Durchführung des Gesetzes zur Sicherstellung der Eingliederung Schwerbehinderter in Arbeit, Beruf und Gesellschaft (Schwerbehindertengesetz – SchwbG –) einschließlich des Ausweis- und Vergünstigungswesens für > BEHINDERTE entstehen. Nach dem Heimgesetz hat es auch die Zuständigkeit für die Seniorenwohnstätten.

Ein 1950 gegründetes Sonderprogramm dient der *Sozialen Künstlerförderung* für arbeitslose Künstler (1991 Nettojahreseinkommensgrenze West 20.400 DM, Ost 15.600 DM). 1991 standen hierfür insg. 4,8 Mio. DM zur Verfügung. Über die Förderungswürdigkeit der Künstler entscheidet eine sachkundige Jury.

Die *Zentrale Sozialhilfestelle für Asylbewerber – ZSA* – am Friedrich-Krause-Ufer 23 im Bezirk > WEDDING des LASoz ist für eine Reihe die > ASYLBEWERBER betreffende Aufgabenbereiche zuständig. Dazu zählen die Sozialhilfe an Asylbewerber, die Leistungen außerhalb der Sozialhilfe sowie die Unterbringung von und die Hilfen für rückkehrwillige Asylbewerber.

Die zum LASoz gehörende > ZENTRALE AUFNAHMESTELLE DES LANDES BERLIN (ZAB) in der Marienfelder Allee 66 im Bezirk > TEMPELHOF ist zuständig für die Aufnahme und Erstberatung der dem Land Berlin zugewiesenen Aussiedler (> ÜBERSIEDLER/AUSSIEDLER). Solange die Aufnahmekapazität der ZAB damit nicht ausgeschöpft ist, wird die Aufnahmestelle auch als Übergangswohnheim für Aussiedler genutzt.

Der Abt. I des LASoz ist das *Krankenbuchlager Berlin* in der Wattstr. 11-13 im Bezirk Wedding angegliedert. Es handelt sich dabei um die zentrale deutsche Sammelstelle für Krankenunterlagen aus beiden Weltkriegen sowie der Versorgungsunterlagen der ehem. Reichsversorgungsdienststellen. Das Krankenbuchlager hat die Aufgabe, Krankenurkunden in Angelegenheiten der Kriegsopferversorgung an anfordernden Versorgungsämtern zu übergeben und auf Anfragen behördlicher Stellen des In- und Auslandes wie von Privatpersonen daraus Auskünfte zu erteilen (1991 ca. 156.000 Auskünfte).

Dem Präsidenten des LASoz unmittelbar unterstellt ist die > Deutsche Dienststelle für die Benachrichtigung der nächsten Angehörigen von Gefallenen der ehem. deutschen Wehrmacht (WASt) am Eichborndamm 167 im Bezirk > Reinickendorf.

Der *Hauptfürsorgestelle* in der Albrecht-Achilles-Str. 62-66 in Wilmersdorf obliegt die *Kriegsopferfürsorge* für sonderfürsorgeberechtigte Kriegsbeschädigte sowie für deren Hinterbliebene im Rahmen der §§ 25-27i des Bundesversorgungsgesetzes und der dazu ergangenen Verordnung zur Kriegsopferfürsorge – KFürsV – sowie die Erhebung und Verwendung der Ausgleichsabgabe, der Kündigungsschutz und die nachgehende Hilfe im Arbeitsleben nach dem Schwerbehindertengesetz und die zeitweilige Entziehung des Schwerbehindertenschutzes.

Der *Orthopädischen Versorgungsstelle* in der Sächsischen Str. 28 in Wilmersdorf, einer Sonderbehörde, obliegt in ihrem Geschäftsbereich die Durchführung der Versorgung der Beschädigten und Hinterbliebenen mit Hilfsmitteln (Körperersatzstücken, orthopädischen und anderen Hilfsmitteln, Blindenführhunden) und deren Zubehör, die Instandhaltung und der Ersatz der Hilfsmittel und des Zubehörs sowie die Ausbildung im Gebrauch von Hilfsmitteln nach dem Bundesversorgungsgesetz (Ende 1991: 20.935 Fälle). Ihr Leiter hat gleichzeitig die Funktion des *Landesarztes für körperlich Behinderte*. Das LASoz verwaltet zudem die Stiftung Invalidenhaus als Träger der > Invalidensiedlung in Reinickendorf.

Das LASoz und seine Dienststellen hatten 1992 – ohne die WASt – insg. ca. 1.300 Mitarbeiter. Die vom Amt zu verwaltenden Ausgaben beliefen sich auf rd. 340 Mio. DM aus dem Bundeshaushalt und rd. 315 Mio. DM aus dem Landeshaushalt.

Landesamt zur Regelung offener Vermögensfragen (LARoV): Das am 1.1.1991 eingerichtete LARoV mit Sitz in der Klosterstr. 59 im Bezirk > Mitte ist eine der > Senatsverwaltung für Finanzen (SenFin) nachgeordnete obere Landesbehörde. Rechtsgrundlage seiner Einrichtung ist das im Zusammenhang mit dem > Einigungsvertrag am 6.9.1990 vom > Deutschen Bundestag verabschiedete „Gesetz zur Regelung offener Vermögensfragen". Zu seiner Aufgabe gehört die Durchführung des Gesetzes, d.h. die Prüfung möglicher Rückgaben bzw. Entschädigungen von Betriebsvermögen.

Neben dem LARoV besteht das ebenfalls am 1.1.1991 eingerichtete *Amt zur Regelung offener Vermögensfragen (ARoV)* mit Sitz am gleichen Ort. Zu den Aufgaben dieser unteren Landesbehörde gehört die Prüfung der Rückübertragung von Grundstücken (bzw. der Aufhebung ihrer staatlichen Verwaltung), Gebäuden, Konten oder sonstigem Vermögen in der ehem. DDR an die rechtmäßigen Eigentümer. Zudem wird dort auf der Grundlage der „Verordnung über den Verkehr mit Grundstücken" die Grundstücksverkehrsgenehmigung für alle Kaufverträge über Grundstücke in den östlichen Bezirken Berlins erteilt. Angefochtene Entscheidungen des ARoV prüft der Widerspruchsausschuß des LARoV.

Der Antragsstand bei den Vermögensfragen belief sich am 12.6.1992 auf 110.863 Antragsteller. Dabei handelte es sich um Entscheidungen über 102.508 Immobilien, 8.089 Unternehmen, ferner 17.275 Geldforderungen, Hypotheken und Konten sowie 24.209 bewegliche Sachen. Zu diesem Zeitpunkt waren zudem 11.500 Anträge nach der Grundstücksverkehrsverordnung gestellt. LARoV und ARoV haben zusammen insg. 324 Stellen. Der Etat wird durch die SenFin gedeckt.

Die Tätigkeit des LARoV wird – wie die der entsprechenden Landesämter – vom *Bundesamt zur Regelung offener Vermögensfragen (BURoV)* koordiniert, das jedoch nicht weisungsbefugt ist. Das am 1.7.1991 eingerichtete BURoV hat seinen Sitz im > Detlev-Rohwedder-Haus in der Mauerstr. 39/40 im Bezirk Mitte und verfügt über insg. 110 Stellen.

Landesarbeitsgemeinschaft Naturschutz e.V.: Die 1979 gegründete L. mit Sitz in der Abbestr. 13 im Bezirk > Charlottenburg ist ein Zusammenschluß von 13 im > Naturschutz tätigen Vereinen und Verbänden in Berlin. Sie gibt eigene Stellungnahmen zu Fragen des Berliner Naturschutzes ab und koordiniert die Stellungnahmen der einzelnen Mitgliedsvereine in bezug auf den behördlichen Naturschutz. In diesem Sinne ist die L. ein Verbindungsglied zwischen dem ehrenamtlichen und dem behördlichen Naturschutz. Insbes. führt sie Bestandserhebungen der Berliner Pflanzen- und Tierwelt durch und setzt sich für eine naturnahe Gestaltung von Grünbereichen ein. Außerdem nimmt die L. Stellung zu wichtigen, den Naturschutz betreffenden politischen Entscheidungen.

Nach der > VEREINIGUNG ist die L. insbes. durch fachliche Stellungnahmen bei Naturschutzgebietsausweisungen im Ost- und Westteil Berlins tätig und versucht, die Belange des Naturschutzes im Rahmen der Neuausweisung von Baugebieten wahrzunehmen (> WOHNUNGSBAU).

Die L. wird durch die > SENATSVERWALTUNG FÜR STADTENTWICKLUNG UND UMWELTSCHUTZ finanziell gefördert. Sie verfügte Ende 1991 über einen hauptamtlichen Mitarbeiter, der in seiner Arbeit durch mehrere im Rahmen von Arbeitsbeschaffungsmaßnahmen beschäftigte Fachleute unterstützt wird.

Landesarchiv Berlin: Das 1948 gegründete L. hat seit 1976 seinen Sitz in der Kalckreuthstr.1-2 im Bezirk > SCHÖNEBERG. Mit der Eingliederung des ehem. Ost-Berliner Stadtarchivs im Zuge der > VEREINIGUNG entstand eine Außenstelle im Gebäude des früheren > MARSTALLS in der Breiten Str. 30-31 im Bezirk > MITTE. Als zentrales Staatsarchiv des Landes Berlin (> ARCHIVE) untersteht es der > SENATSVERWALTUNG FÜR KULTURELLE ANGELEGENHEITEN. Ihm obliegt die Erfassung, Aufbereitung und wissenschaftliche Auswertung der Akten und Registraturen aller ehem. und gegenwärtig für Berlin zuständigen Behörden, öffentlich-rechtlichen Körperschaften und Anstalten sowie von Dokumentationsmaterialien aller Art, die wegen ihres geschichtlichen, kulturellen oder rechtlichen Wertes oder aus anderen Gründen dauernd erhalten bleiben müssen. Zu den Aufgaben des L. gehören neben der Bereitstellung von Quellen die Führung der Stadtchronik, Forschungen zur Berliner Zeitgeschichte sowie Informationstätigkeit. Eine Besonderheit unter den Archivalien ist das Ende des 14. Jh. begonnene, handgeschriebene > BERLINISCHE STADTBUCH.

Die Bibliothek des L. umfaßt mehr als 60.000 Bände (> BIBLIOTHEKEN), darunter alle wichtigen Handbücher, eine umfassende Verordnungs- und Gesetzessammlung, alle Amtsdrucksachen des Landes Berlin, die stenographischen Berichte der > STADTVERORDNETENVERSAMMLUNG, die Verwaltungsberichte der Stadtverwaltung, Adreßkalender und Stadtadreßbücher. Das L. kann von allen Bürgern benutzt werden, die ein berechtigtes Interesse geltend machen können.

Mit seinem Wirken knüpft das L. an die Tradition des seit dem 14. Jh. nachweisbaren *Stadtarchivs* an. So bestimmten bereits die Statuten der 1307 vereinigten Doppelstadt Berlin und > KÖLLN die Sammlung der städtischen Urkunden im Rathaus (> RATHÄUSER). Erster bedeutender Stadtarchivar war Ernst Fidicin, 1846 zunächst durch die Stadtverordnetenversammlung zum Registrator bestellt, 1848 dann zum hauptamtlichen Archivar des im > BERLINER RATHAUS untergebrachten Archivs berufen. Nach dem Ende des II. Weltkriegs wurde es im Mai 1946 aus dem weitgehend kriegszerstörten Gebäude in die Behrenstr. 65 verlagert. Von 1949-66 hatte es seinen Sitz im > ERMELERHAUS, bis es die heute noch genutzten Arbeits- und Magazinräume im Marstallkomplex erhielt.

Nach der > SPALTUNG Berlins 1948 hatte das im Ostsektor liegende Stadtarchiv seine Tätigkeit für den neu konstituierten Ost-Berliner > MAGISTRAT fortgesetzt und wurde inhaltlich mehr und mehr auf die politische Zielvorstellung des DDR-Staats ausgerichtet. So unterstellte man es der Magistratsverwaltung für Inneres und nutzte es in einer Doppelfunktion als Stadt- und Staatsarchiv, in dem sowohl Akten der Stadtverwaltung und ihrer Einrichtungen wie auch der volkseigenen Betriebe und Industriekombinate aufbewahrt wurden. Zwischen 1952 und 1962 wurden umfangreiche Bestände, die während des II. Weltkriegs in Polen und in der Tschechoslowakei ausgelagert waren, nach und nach in das Ost-Berliner Stadtarchiv zurückgeführt. Zum Zeitpunkt der Vereinigung belief sich der Bestand auf über 10.000 laufende Meter Archivgut. Darunter befanden sich bedeutende mittelalterliche Urkunden, das Berliner und Köllner Stadtbuch, die Berliner und Köllner Bürger- und Eidebücher sowie bedeutende Sammlungen, wie die Nicolaische Porträtsammlung mit mehr als 2.300 Blättern und eine Ansichtensammlung mit den berühmten Berlin-Ansichten von Johann Georg Rosenberg. Ferner verfügte es über rd. 2.000 Karten und Pläne, 25.000 Fotos und mehr als 3.000 Plakate und Flugblätter.

Als Ersatz für das bei der Spaltung in Ost-Berlin verbliebene alte Stadtarchiv wurde im Westteil der Stadt am 1.12.1948 ein neues Stadtarchiv eingerichtet, das nach Inkrafttreten der > VERFASSUNG VON BERLIN 1951 den Namen L. erhielt und seitdem die Funktionen eines zentralen Staatsarchivs des Landes Berlin wahrnimmt. Nach anfänglicher Unterbringung in Hotels am > KURFÜRSTENDAMM, im Deutschlandhaus an der Stresemannstr. und im damaligen Haupt-Archiv, dem jetzigen >

GEHEIMEN STAATSARCHIV PREUSSISCHER KULTUR-
BESITZ, fand es ab 1958 Quartier im Ernst-
Reuter-Haus an der > STRASSE DES 17. JUNI, bis
es 1976 die heutigen Räume an der Kalckreuthstr. bezog.

Aufgrund der in Ost-Berlin verbliebenen Bestände des Stadtarchivs waren die Anfänge
des L. sehr bescheiden. Erst im Laufe der Zeit
konnte durch Aktenübernahmen aus den
Senats- und Bezirksverwaltungen und Ankäufe von Sammlungsstücken ein Grundstock gelegt werden. Inzwischen befinden
sich umfangreiche Bestände der > SENATS-
KANZLEI, der meisten Senatsverwaltungen sowie der Berliner Gerichte und Staatsanwaltschaften im Archiv. Akten der Bezirksverwaltungen, die einen Einblick in die Entwicklung der einst selbständigen Gemeinden vermitteln, reichen z.T. bis in das 17. Jh. zurück.
Nach einer 1953 getroffenen Vereinbarung
mit dem > BUNDESARCHIV Koblenz als damaliger Fachaufsicht für das Berliner Hauptarchiv wurden auch Bestände von staatlichen
preußischen Behörden übernommen, die für
Berlin zuständig waren, so vom Polizeipräsidium Berlin, von der Preußischen Bau-
und Finanzdirektion und vom Stadtpräsidenten. Ergänzt werden die Aktenbestände
durch Nachlässe von Persönlichkeiten des öffentlichen Lebens wie den Politikern Ernst
Reuter und Otto Suhr, dem Schriftsteller
Adolf Glaßbrenner und dem Verleger Friedrich Nicolai u.v.a., sowie durch Schriftgut
von Vereinen und Verbänden, wie dem deutschen Städte- und Gemeindetag sowie dem
Helene-Lange-Archiv mit Unterlagen zur älteren deutschen Frauenbewegung. Hinzu
kommt eine umfangreiche Sammlung Berliner Zeitungen und Zeitschriften, die mit der
Vossischen Zeitung 1725 beginnt und bis in
die Gegenwart reicht (> PRESSE). Das gilt auch
für mehrere tausend Handschriften bekannter Berliner Persönlichkeiten sowie eine umfangreiche theatergeschichtliche Sammlung
(> THEATER). Über 5.000 Karten und Pläne
spiegeln die topographische und bauliche
Entwicklung der Stadt wider (> BAUGE-
SCHICHTE UND STADTBILD; > LAGE UND STADT-
RAUM). Diese Sammlung wird ergänzt durch
20.000 Ansichten der Stadt vom 17. bis 20. Jh.
(Kupfer- und Stahlstiche, Federzeichnungen,
Postkarten und Photographien). In der zeitgeschichtlichen Sammlung finden sich ca.
28.000 Plakate, Flugblätter, Propagandazettel
etc. von Parteien und gesellschaftlichen Organisationen. Durch die Eingliederung des

ehem. Ost-Berliner Stadtarchivs in das L. im
Juni 1991 ergibt sich die Notwendigkeit, die
räumlichen Voraussetzungen für Bestände,
Archivare und Benutzer zu schaffen, die die
Arbeit an einem Ort ermöglichen.

LandesBank Berlin – Girozentrale – (LBB):
Das zum 1.10.1990 als Anstalt des öffentli-
chen Rechts gegründete Kreditinstitut LBB
mit Sitz in der Bundesallee 171 im Bezirk >
WILMERSDORF ist die Nachfolgeeinrichtung der
West-Berliner *Sparkasse*. Mit dem Inkrafttre-
ten des am 27.9.1990 verabschiedeten „Gesetz über die Errichtung der Landesbank
Berlin – Girozentrale –" ging die „Sparkasse
der Stadt Berlin West" auf dem Wege der
Gesamtrechtsnachfolge in der LBB auf.
Durch Beschluß der neuen aus dem > SENAT
VON BERLIN und dem > MAGISTRAT gebildeten Gesamt-Berliner Landesregierung vom
11.12.1990 wurde ihr auch die bis dahin im
Ostteil der Stadt tätige „Sparkasse der Stadt
Berlin" eingegliedert. In Anknüpfung an die
bis ins 19. Jh. zurückreichende Geschichte
des Instituts führt die LBB unter der Bezeichnung „Berliner Sparkasse" im Berliner Stadtgebiet das Sparkassengeschäft fort.
Als Universalkreditinstitut ist die LBB in Geschäften aller Art im In- und Ausland tätig:
Sie betreibt Bankgeschäfte über Beteiligungen, gibt Pfandbriefe, Kommunalobliga-
tionen und sonstige Schuldverschreibungen
aus, betreibt unter der Bezeichnung *Landesbausparkasse* das Bausparkassengeschäft,
hat die Aufgaben einer Sparkassenzentral-
bank und gilt als eigener Sparkassenverband.
Gemäß ihrer Satzung vom 27.11.1990 sind die
Organe der LBB der Vorstand, der Aufsichtsrat und die Gewährträgerversammlung. Der
Gewährträger ist das Land Berlin. Tochter-
unternehmen der LBB sind die LBB Be-
teiligungsgesellschaft mbH Berlin (KBG), die
LBB Landesentwicklungsgesellschaft Berlin
mbH, die LBS-Immobilien GmbH Berlin, die
LBB Service Gesellschaft mbH, die LBB
Grundstücksgesellschaft mbH sowie die LBB
Kommunikationsbaugesellschaft Berlin mbH.
Seit dem 12.6.1991 ist die LBB mit einer
Repräsentanz in Prag vertreten.
Die Geschäftsentwicklung der Bank war 1990
durch die Zusammenführung der beiden
Sparkassen aus dem West- und Ostteil gekennzeichnet. Das Geschäftsvolumen betrug
31,8 Mrd. DM; die Bilanzsumme wies durch
den Zusammenschluß eine Zunahme von
38 % auf und betrug am Ende des Jahres 31,3

Mrd. DM. Dem Anstieg der Erträge – in das Betriebsergebnis der LBB ging auch das Ergebnis der Sparkasse im Ostteil Berlins für die Zeit vom 1.7.-31.12.1990 auf – stand eine Zunahme der Betriebsaufwendungen gegenüber, die u.a. im Zusammenhang mit der Integration und Neuausrichtung des Sparkassenbetriebs in den ehem. Ost-Berliner > BEZIRKEN stand. Mit der Währungsumstellung zum 1.7.1990 wurden 1,5 Mio. Konten für ca. 90 % der Ost-Berliner Bevölkerung umgestellt.

Die LBB verfügt in der Stadt über 170 Sparkassenfilialen. Die Zahl der Beschäftigten stieg 1990 um 1.841 auf 5.907 an; 70 % der Belegschaft waren Frauen. Die Aus- und Weiterbildung wird in einem eigenen Bildungszentrum und in Teilbereichen in Zusammenarbeit mit der Deutschen Sparkassenakademie Hannover am Studienort Berlin durchgeführt. Als größtes ausbildendes Kreditinstitut am Bankplatz Berlin beschäftigt die LBB knapp 600 Auszubildende.

Die geschäfts- und kundenbezogenen zentralen Bereiche der LBB befinden sich in der ehem. Zentrale der Sparkasse der Stadt Berlin West, einem 1965 bezogenen Verwaltungshochhaus. Die betriebs- sowie verwaltungsbezogenen Bereiche sind im gegenüberliegenden, 1988 fertiggestellten neuen Technischen Zentrum in der Badenschen Str. 23 untergebracht, dem auch das Bildungszentrum angegliedert ist.

Die Geschichte der Sparkasse reicht zurück ins 19. Jh. Nach ihrer Gründung als öffentliche Sparkasse unter Gemeindebürgschaft 1818 erlebte sie mit der 1920 erfolgten Gründung von > GROSS-BERLIN durch die Zusammenfassung von acht Stadtsparkassen und sieben Gemeindesparkassen unter der Bezeichnung „Sparkasse der Stadt Berlin" ihren ersten großen Aufschwung. Nach der > SPALTUNG 1948 wurde aus den Zweigstellen im Westsektoren die Sparkasse der Stadt Berlin West errichtet, der 1950 eine eigene Landesbausparkasse angegliedert wurde. Im Ostteil erfolgte die Gründung einer Sparkasse der Stadt Berlin, die bis zur > VEREINIGUNG in das staatliche Bankensystem der DDR integriert war.

Landesbeauftragte für Behinderte: Die zur > SENATSVERWALTUNG FÜR SOZIALES (SENSOZ) gehörende L. mit Sitz An der Urania 14 im Bezirk > SCHÖNEBERG hat die Aufgabe der Beratung von > BEHINDERTEN in sozialen Fragen

sowie Rechts- und Versorgungsangelegenheiten. Sie berät aber auch Behindertenverbände sowie die mit der Behindertenfürsorge befaßten Organisationen der Freien > WOHLFAHRTSPFLEGE und erarbeitet Konzeptionen zur Verhinderung von Behinderungen, zur Förderung sowie zur Integration Behinderter. Dabei sorgt sie für eine Abstimmung von Maßnahmen zwischen den einzelnen Verbänden und der öffentlichen Verwaltung und für eine Koordinierung des Verwaltungshandelns in Behindertenfragen insgesamt.

Die L. ist Mitglied im 1986 gegründeten, den > SENAT VON BERLIN beratenden *Landesbeirat für Behinderte*, dem Vertreter der Wohlfahrtverbände, der Verwaltung und von Selbsthilfegruppen angehören. Bei Senatsvorlagen, Kleinen und Großen Anfragen sowie sonstigen Vorlagen an das > ABGEORDNETENHAUS, die die Belange Behinderter betreffen, hat die L. ein Mitzeichnungsrecht. Ferner koordiniert sie die Tätigkeiten der acht bezirklichen Behindertenbeauftragten und arbeitet eng mit dem > LANDESAMT FÜR ZENTRALE SOZIALE AUFGABEN zusammen. Die L. gibt einen „Stadtführer für Behinderte" heraus und arbeitet an dem von der SenSoz seit Anfang der 80er Jahre in unregelmäßigen Abständen erstellten Behindertenbericht mit, der die Entwicklung der Berliner Behindertenpolitik und -arbeit beschreibt.

Das Amt der L. wurde 1978 durch Beschluß des Senats geschaffen und umfaßt neben der L. selbst drei Mitarbeiter. Erster L. bis 1987 war Uwe Berg, seitdem wird das Amt von Angela Grützmann ausgeübt. Seit dem 1.1. 1991 erstreckt sich die Tätigkeit der L. auch auf den Ostteil Berlins.

Landesbeauftragter für Naturschutz und Landschaftspflege: Laut § 40 des Berliner Naturschutzgesetzes wird der L. von dem für > NATURSCHUTZ und Landschaftspflege (> LANDSCHAFTSPROGRAMM) zuständigen Mitglied des > SENATS VON BERLIN für die Dauer von fünf Jahren berufen. Er ist eine unabhängige, weisungsungebundene, sachverständige Persönlichkeit. Von 1955-75 war Otto Ketelhut als Berliner L. tätig, seit 1975 amtiert Herbert Sukopp.

Der sich z.Z. ehrenamtlich für die Belange des Naturschutzes einsetzende L. unterhält bei der > SENATSVERWALTUNG FÜR STADTENTWICKLUNG UND UMWELTSCHUTZ (SENSTADTUM) in der Lindenstraße 20-25 im Bezirk > KREUZ-

BERG ein Büro mit vier Mitarbeitern. Seine Hauptaufgabe liegt bei der fachlichen und wissenschaftlichen Beratung v.a. der Naturschutzbehörden. Er ist ferner Vorsitzender des Sachverständigenbeirates für Naturschutz und Landschaftspflege, dem Experten aus verschiedenen umweltschutzrelevanten Bereichen angehören und der gemäß des Berliner Naturschutzgesetzes die zuständigen Behörden berät und das Verständnis für die Belange der Natur in der Öffentlichkeit fördern soll.

Darüber hinaus hat sich der L. in den letzten Jahren mit der Koordinierung der Biotopkartierung und des Artenschutzes (> ARTENSCHUTZPROGRAMM, Rote Listen) beschäftigt. Ferner gibt er vierteljährlich die „Informationen aus der Berliner Landschaft" heraus. Die Sach- und Personalmittel des L. finanziert die SenStadtUm, die auch die Dienstaufsicht ausübt. Eine Fachaufsicht besteht nicht.

Landesbildstelle Berlin – Zentrum für audiovisuelle Medien: Die der > SENATSVERWALTUNG FÜR SCHULE, BERUFSBILDUNG UND SPORT nachgeordnete L. am Wikinger Ufer 7 im Bezirk > TIERGARTEN ist die Medienzentrale des Landes Berlin. Ihre Arbeitsschwerpunkte sind: Medienpädagogik/Mediendidaktik, Mediendistribution und -produktion, Medientechnik sowie Dokumentation und Archivierung.

Die L. ist aus der 1920 gegründeten „Filmarbeitsgemeinschaft Berliner Lehrer" hervorgegangen, wurde 1928 als „Film- und Bildamt der Stadt Berlin" in städtische Verwaltung übernommen und führt seit 1938 ihren heutigen Namen. Sie verleiht kostenlos audiovisuelle Medien und Geräte innerhalb Berlins für Schulen und für die Jugend- und Erwachsenenbildung (> JUGENDFÖRDERUNG; > SCHULE UND BILDUNG). Dafür stehen ca. 14.000 Medientitel (Filme, Videos, Dias, Tonträger) zur Verfügung, die in Katalogen und Spezialverzeichnissen nachgewiesen werden. Daneben sammelt sie Film-, Bild- und Tondokumente zur Geschichte Berlins. Die Archive werden durch eigene Aufnahmedienste ständig ergänzt. Sie enthalten derzeit ca. 440.000 Fotos, 2,3 Mio. m Film und etwa 500.000 Tondokumente. Der audio-visuellen Berlin-Information dienen über 250 Medientitel, die weltweit ausgeliehen werden können. Besondere pädagogische Arbeitsschwerpunkte sind in jüngster Zeit die Förderung der aktiven Medienarbeit und die

Nutzung der neuen Informations- und Kommunikationstechniken geworden.

Seit der > VEREINIGUNG ist die L. auch für die östlichen > BEZIRKE der Stadt zuständig und hat dort vier Außenstellen mit unterschiedlichen medienpädagogischen Schwerpunkten eingerichtet. 1991 hatte sie 160 feste Mitarbeiter, weitere 50 kommen wahrscheinlich aus den ehem. Kreisstellen für Unterrichtsmittel der DDR hinzu.

Landeseinwohneramt (LEA): Das der > SENATSVERWALTUNG FÜR INNERES nachgeordnete LEA mit Hauptsitz in der > FRIEDRICHSTRASSE 219 im Bezirk > KREUZBERG und zwölf Nebenstellen in verschiedenen > BEZIRKEN besteht in seiner heutigen Form seit 1986 bzw. seit dem 3.10.1990. Das LEA ist für die insg. 52 *Meldestellen* in Berlin zuständig, darunter auch die vor der > VEREINIGUNG der Volkspolizei zugeordneten 23 Meldestellen im Ostteil der Stadt. Zentrale Dienststellen befinden sich in der Rollbergstr. 7 im Bezirk > NEUKÖLLN (Paß- und Ausweisangelegenheiten West), in der Brunnenstr. 175 im Bezirk > MITTE (Paßangelegenheiten Ost) und im Hauptsitz in der Friedrichstr. (Zentrale Auskunftsstelle). Den Meldestellen obliegen die Entgegennahme und Bearbeitung von An- und Abmeldungen der meldepflichtigen Einwohner einschließlich der Führung des Melderegisters sowie die Ausstellung und Verlängerung von Personalausweisen und Reisepässen. Sie bearbeiten Anträge zur Erteilung von Führungszeugnissen und Auskünften aus dem Gewerbezentralregister. In einer weiteren Abt. des LEA am Friedrich-Klause-Ufer 24 im Bezirk > WEDDING werden Ausländerangelegenheiten behandelt (> BEVÖLKERUNG). Darunter fallen u.a. die Erteilung, Verlängerung oder Ablehnung von Aufenthaltsgenehmigungen sowie die Entscheidung in Asylfragen (> ASYLBEWERBER). Das Referat Kraftfahrzeugzulassung befindet sich in der Jüterboger Str. 3 in Kreuzberg sowie in der Keibelstr. 31 in Mitte, das Referat Führerscheinangelegenheiten und Personenbeförderung in der Puttkammerstr. 16 in Kreuzberg. Das Referat „Verschiedene Ordnungsaufgaben" befindet sich in der Treskowallee 50 und der Dorotheastr. 4 in > KARLSHORST. Seine Aufgaben sind Sammlungen, Lotterien, Schutz von Sonn- und Feiertagen, Anzeigen nach der Tollwutverordnung sowie die Autowrackbeseitigung. Das zentrale *Fundbüro* ist am Platz der Luftbrücke 6 im Bezirk >

TEMPELHOF ansässig. Die Zahl der Beschäftigten des LEA incl. der Meldestellen betrug 1991 insg. 2.408 Personen. Der Etat wird durch den Landeshaushalt finanziert.

Landesfrauenrat Berlin (LFR) e.V.: Das 1950 als „Arbeitsgemeinschaft der Berliner Frauenverbände" gegründete und 1979 in LFR umbenannte Gremium hat seinen Sitz in der Dimitroffstr. 219 im Bezirk > PRENZLAUER BERG. Der 1992 umfassende LFR fungiert als Dachverband für frauenpolitische Fragen, dem 32 konfessionell und gewerkschaftlich orientierte Mitgliedsverbände sowie Frauenorganisationen der Parteien angehören. Zu den Aufgaben des LFR gehört es, die besonderen Belange von Frauen gegenüber der Legislative und Exekutive zu vertreten. In diesem Zusammenhang entsendet das Gremium Delegierte in den Bundesfrauenrat sowie in den Rundfunkrat des > SENDERS FREIES BERLIN. Des weiteren nehmen seine Vertreterinnen an Ausschußsitzungen und Anhörungen des > ABGEORDNETENHAUSES VON BERLIN teil, pflegen Kontakte mit dem > SENAT VON BERLIN, arbeiten mit den > FRAUENBEAUFTRAGTEN zusammen und sind an der Umsetzung des >

FRAUENFÖRDERPLANS beteiligt. Der LFR organisiert seit 1988 eine Vortragsreihe zu frauenpolitischen und -kulturellen Themen (*Berliner Frauenparlament*). Die Finanzierung der Aktivitäten und einer fest angestellten Mitarbeiterin wird durch die Beiträge der Mitgliedsverbände bestritten; die meisten Arbeiten werden ehrenamtlich geleistet.

Landesherren: Berlin war nahezu ein halbes Jahrtausend *Residenz* der L. von Brandenburg und später von Preußen. Der L. besaß die Hoheitsrechte, oft gleichbedeutend mit Souveränität. In der > GESCHICHTE Berlins gab es darum mehrfach Auseinandersetzungen zwischen Stadt und L., etwa 1442-48, als Kurfürst Friedrich II. Eisenzahn (1440-70) Berlin-Kölln militärisch unterwarf und seine landesherrlichen Rechte gewaltsam durchsetzte, was 1448 zu einem allerdings erfolglosen Aufstand, dem Berliner Unwillen, führte. Während der ersten drei Jahrhunderte der Berliner Stadtgeschichte hatten die L. keinen festen Wohnsitz in der Stadt. Bei ihren gelegentlichen Aufenthalten nutzten sie das > HOHE HAUS als Quartier. Mit dem Bau des > STADTSCHLOSSES, das auch als Mittel zur

Landesherren		
Askanier		
1134-1170	Albrecht der Bär	Markgraf von Brandenburg
1170-1184	Otto I.	Markgraf von Brandenburg
1184-1205	Otto II.	Markgraf von Brandenburg
1205-1220	Albrecht II.	Markgraf von Brandenburg
1220-1258	Johann I. und Otto III.	Markgrafen von Brandenburg
1258	Teilung der Mark	
1258-1266	Johann I.	Markgraf von Brandenburg
1266-1281	Johann II.	Markgraf von Brandenburg
1266-1304	Konrad I.	Markgraf von Brandenburg
1266-1308	Otto IV. mit dem Pfeil	Markgraf von Brandenburg
1286-1305	Johann IV.	Markgraf von Brandenburg
1291-1297	Otto VII.	Markgraf von Brandenburg
1308-1319	Woldemar	Markgraf von Brandenburg
1319-1320	Heinrich II.	Markgraf von Brandenburg
1258-1267	Otto III.	Markgraf von Brandenburg
1267-1268	Johann III.	Markgraf von Brandenburg
1267-1298	Otto V. der Lange	Markgraf von Brandenburg
1267-1300	Albrecht III.	Markgraf von Brandenburg
1280-1286	Otto VI. (Ottoko) der Kleine	Markgraf von Brandenburg
1298-1308	Hermann	Markgraf von Brandenburg
1308-1317	Johann V.	Markgraf von Brandenburg

Linie Stendal – im jeweiligen Anteilsgebiet (bei Überschneidungen gemeinsam im Anteilsgebiet)

Linie Salzwedel – im jeweiligen Anteilsgebiet (bei Überschneidungen gemeinsam im Anteilsgebiet)

1320-1323	unklare Herrschaftsverhältnisse	

Wittelsbacher

1323-1351	Ludwig der Ältere	Markgraf von Brandenburg
1351-1365	Ludwig der Römer	Markgraf von Brandenburg
1352-1373.	Otto der Faule	Markgraf von Brandenburg

Luxemburger

1373-1378	Karl IV.	Markgraf von Brandenburg ◄
1378-1388	Sigismund	Markgraf von Brandenburg
1388-1411	Jodocus (Jobst) v. Mähren	Markgraf von Brandenburg ◄

zugl. mit seinen Söhnen Wenzel, Sigismund u. Johann

Bis 1397 Pfandbesitzer der Mark, die schon 1395 an Wilhelm v. Meißen weiterverpfändet war; die Neumark 1388 abgetrennt für Johann, Herzog von Görlitz bis 1396; ab 1400 bzw. 1402 verpfändet an den deutschen Orden.

Hohenzollern

1411-1440	Friedrich I.	Kurfürst von Brandenburg, bis 1415 Verweser der Mark
1440-1470	Friedrich II. Eisenzahn	Kurfürst von Brandenburg
1470-1486	Albrecht Achilles	Kurfürst von Brandenburg
1486-1499	Johann Cicero	Kurfürst von Brandenburg
1499-1535	Joachim I. Nestor	Kurfürst von Brandenburg
1535-1571	Joachim II. Hektor	Kurfürst von Brandenburg
1571-1598	Johann Georg	Kurfürst von Brandenburg
1598-1608	Joachim Friedrich	Kurfürst von Brandenburg
1608-1619	Johann Sigismund	Kurfürst von Brandenburg
1619-1640	Georg Wilhelm	Kurfürst von Brandenburg
1640-1688 (der Große Kurfürst)	Friedrich Wilhelm	Kurfürst von Brandenburg
1688-1713	Friedrich III. (I.)	Kurfürst von Brandenburg ab 1701 König in Preußen
1713-1740	Friedrich Wilhelm I.	König in Preußen
1740-1786 (Friedrich der Große)	Friedrich II.	König von Preußen
1786-1797	Friedrich Wilhelm II.	König von Preußen
1797-1840	Friedrich Wilhelm III.	König von Preußen
1840-1861	Friedrich Wilhelm IV.	König von Preußen ab 1858 wegen Erkrankung Regentschaft an Wilhelm I.
1861-1888	Wilhelm I.	König von Preußen und ab 1871 Deutscher Kaiser
1888	Friedrich III.	König von Preußen und Deutscher Kaiser
1888-1918	Wilhelm II.	König von Preußen und Deutscher Kaiser

Durchsetzung der landesherrlichen Ansprüche diente, entwickelte sich Berlin im 15 Jh. schließlich zu deren ständiger Residenz.

Dem Herrschaftsgeschlecht der *Askanier*, das 1157-1319 über Berlin und Brandenburg herrschte, folgten nach einer Zeit der Wirren 1323-73 die *Wittelsbacher* und 1373-1411 die *Luxemburger*. Danach übernahmen 1415 die *Hohenzollern* die Landeshoheit. Sie stellten zunächst die *Kurfürsten* der Mark Brandenburg, ab 1701 die *Könige Preußens* und ab 1871 gleichzeitig die deutschen *Kaiser*. Die

Herausbildung des Nationalstaates im 18. und 19. Jh. führte dazu, daß die landesherrlichen Hoheitsrechte schrittweise auf die neu entstehenden verfassungsmäßigen Organe übergingen. Mit dem Untergang der Monarchie am Ende des I. Weltkriegs im Jahr 1918 erlosch nicht nur die Funktion der L. als *Staatsoberhaupt* sondern auch die Rolle Berlins als Residenz (> HAUPTSTADT).

Landesinstitut für Arbeitsmedizin (Larbmed): Das 1949 gegründete Larbmed im

Lorenzweg 5 im Bezirk > TEMPELHOF ist der > SENATSVERWALTUNG FÜR SOZIALES (SENSOZ) nachgeordnet. Es berät die SenSoz als oberste Arbeitsschutzbehörde sowie das > LANDESAMT FÜR ARBEITSSCHUTZ UND TECHNISCHE SICHERHEIT als technische Gewerbaufsicht in allen arbeitsmedizinischen Fragen. Das Larbmed überwacht ferner die Ausführung gesetzlicher Arbeitsschutzvorschriften, es berät Betriebe bei der Einrichtung betriebsärztlicher Dienste und erstellt Gutachten zu Ursachen, Verhütung und Rehabilitation angezeigter Berufskrankheiten. Besonders belastete und gefährdete Arbeitnehmer können im Larbmed untersucht werden. Zu seinen Aufgaben zählen ferner die Auswertung der gewerbeärztlichen Aufsichts- und Untersuchungstätigkeit sowie die Durchführung von Erhebungen zu arbeitsmedizinischen Fragen.

Zur Wahrnehmung ihrer Aufgaben haben die Gewerbeärzte des Larbmed das Recht, Betriebsstätten, die der staatlichen Gewerbeaufsicht unterliegen, jederzeit zu besichtigen. In den Betrieben und Verwaltungen des öffentlichen Dienstes nehmen sie die Überwachung des medizinischen Arbeitsschutzes wahr. Darüber hinaus kann sich jeder Arbeitnehmer individuell in arbeitsmedizinischen Fragen beraten lassen. Im Larbmed sind ca. 50 Mitarbeiter, davon 14 Gewerbeärzte, beschäftigt; sein Etat wird aus dem Landeshaushalt gedeckt.

Landesinstitut für gerichtliche und soziale Medizin: Zusammen mit dem Institut für Rechtsmedizin der > FREIEN UNIVERSITÄT BERLIN und dem Institut für gerichtliche Medizin der > HUMBOLDT-UNIVERSITÄT ZU BERLIN dient das der > SENATSVERWALTUNG FÜR GESUNDHEIT nachgeordnete L. in der Invalidenstr. 52 im Bezirk > TIERGARTEN der Begutachtung rechtlich relevanter Gesundheitszustände (u.a. Verhandlungsfähigkeit, Haftfähigkeit) und der Feststellung der Ursachen bei nichtnatürlichen Todesfällen in Zusammenarbeit mit der > POLIZEI. 1991 wurden von den neun Ärzten, einer Psychologin und einem Biochemiker 3.037 schriftliche Gutachten und 270 mündliche Gutachten in Gerichtsterminen erstattet sowie 630 gerichtliche Leichenöffnungen durchgeführt. Dem L. obliegt auch die zweite Leichenschau bei Feuerbestattungen nach dem Berliner Bestattungsgesetz (1991 in 28.482 Fällen).

Landesinstitut für Tropenmedizin (LITrop):

Das 1983 aus der Landesimpfanstalt mit tropenmedizinischer Beratungsstelle hervorgegangene LITrop am Engeldamm 62 im Bezirk > MITTE ist der > SENATSVERWALTUNG FÜR GESUNDHEIT nachgeordnet. Zu seinen Aufgaben zählen die Untersuchung, Beratung und Impfung von Tropenreisenden und die Abklärung tropenmedizinischer Erkrankungen bei Tropenrückkehrern und bei Patienten aus tropischen Ländern. Seit 1982 werden daneben Untersuchungen und Beratungen bei Patienten durchgeführt, die ein HIV-Infektionsrisiko angeben oder bereits infiziert sind (> AIDS). 1985 erfolgte die Einrichtung einer beim LITrop angesiedelten Sondereinheit AIDS, die alle Maßnahmen koordiniert sowie der Information und Beratung dient. Das Institut hat in zunehmendem Maße Aufgaben in der tropenmedizinischen Ausbildung von Ärzten und medizinischem Hilfspersonal der deutschen Entwicklungshilfeorganisation und von ausländischen Ärzten, die in Deutschland ihr Studium absolviert haben, übernommen. Das LITrop verfügt über ein gut ausgestattetes Labor, in dem jährlich ca. 90.000 Untersuchungen durchgeführt werden. Seit der Übersiedlung des LITrop von > CHARLOTTENBURG nach Mitte im März 1992 ist das Institut für ganz Berlin zuständig. Im LITrop sind 65 Mitarbeiter beschäftigt, darunter auch Mitarbeiter des früheren Bezirkshygieneinstituts der DDR; der Etat wird durch den Landeshaushalt gedeckt.

Landesjugendring Berlin (LJR): Der im September 1949 gegründete LJR hat seinen Sitz Münchener Str. 24 im Bezirk > CHARLOTTENBURG. Der LJR vertritt die Belange der Jugend und die gemeinsamen Interessen der ihr angehörenden Jugendverbände in der Öffentlichkeit. Zu seinen Aufgaben zählen u.a. die Förderung des gegenseitigen Verständnisses, des Erfahrungsaustauschs und der Bereitschaft zur Zusammenarbeit einzelner Gruppen, die Mitwirkung an der Lösung von Problemen der Jugendarbeit sowie die Einflußnahme auf die Jugendpolitik und die Entwicklung der Jugendgesetzgebung sowie die Ausgestaltung und Verbesserung der Rahmenbedingungen für die außerschulische demokratische Erziehungs- und Bildungspraxis.

Neben den Gründungsmitgliedern (Evangelische Jugend, Bund der Deutschen Katholischen Jugend, Sozialistische Jugend Deutschlands – Die Falken –, DGB-Gewerkschaftsjugend und Jugend der Deutschen Angestellten Gewerkschaft), gehören dem LJR 1992 die Arbeiter-Samariter-Jugend, der Bund Deutscher Pfadfinder, die Deutsche Schreberjugend, die Freidenkerjugend Berlin, der Jugendbund DJO-Deutscher Regenbogen, die Jugend des Deutschen Alpenvereins, das Jugendnetzwerk Lambda, das Jugendrotkreuz, das Jugendwerk der Arbeiterwohlfahrt, das Jugendwerk der Evangelischen Freikirchen, die Marxistische Jugendvereinigung Junge Linke, die Naturfreundejugend Deutschlands, der Ring Deutscher Pfadfinderinnen- und Pfadfinderverbände, der Sozialistische Jugendverband Deutschlands, die Sportjugend im > LANDESSPORTBUND BERLIN und als Anschlußverband die Jungen Europäischen Föderalisten an. Insg. wurden damit Ende 1992 ca. 260.000 junge Menschen durch den LJR vertreten.

Neben besonderem Engagement für Jugendbildung durch seine Arbeitsgemeinschaft Bildungsurlaub trat er in den letzten Jahren besonders durch Veranstaltungen zur NS-Vergangenheitsbewältigung (Antifaschistische Stadtrundfahrten – bis 1991 über 38.500 Teilnehmer) sowie durch seinen Einsatz für die Förderung Internationaler Jugendbegegnung und der Deutsch-Deutschen Begegnung hervor. Seit der > VEREINIGUNG bemüht sich der LJR verstärkt darum, die Mauer in den Köpfen durch qualifizierte Begegnungen von Ost- und West-Berliner Jugendlichen zu überwinden.

Des weiteren gibt er als Forum jugendpolitischer Diskussionen die zweimonatlich in einer Auflage von 8.000 Exemplaren erscheinende Zeitschrift „Blickpunkt" heraus. Die Finanzierung der Arbeit des LJR erfolgt durch die > SENATSVERWALTUNG FÜR JUGEND UND FAMILIE.

Landeslehranstalt für technische Assistenten in der Medizin: Die mit 27 hauptamtlichen und etwa ebensovielen nebenamtlichen Lehrkräften ausgestattete L. in der Leonorenstr. 35-39 im Bezirk > STEGLITZ ist neben dem Lette Verein und einer entsprechenden Fachschule im Krankenhaus im Bezirk > FRIEDRICHSHAIN eine Ausbildungsstätte für diesen medizinischen Fachberuf. Die im Zuge der Nachkriegsentwicklung in Berlin eingerichtete, heute der > SENATSVERWALTUNG FÜR GESUNDHEIT nachgeordnete Institution hatte Ende (1991) 233 Schüler. Sie ist in einem 1963-67 nach Plänen von Gerd und

Magdalene Hänska errichteten Schulgebäude untergebracht.

Landesleistungszentren (LLZ): LLZ sind die von der zuständigen > SENATSVERWALTUNG FÜR SCHULE, BERUFSBILDUNG UND SPORT (SENSPORT) im Einvernehmen mit den beteiligten Sportgremien auf Landesebene (Landesausschuß Leistungssport und Landesfachverband) anerkannten Einrichtungen für das Training insbes. der 1992 ca. 1.500 Nachwuchssportler, die zum Landeskader ihrer Spitzenverbände gehören. Sie dienen ihrer sportlichen, medizinischen und psychologischen Betreuung. Bei den 1992 über 23 in verschiedenen > SPORTSTÄTTEN untergebrachten LLZ waren 83 hauptamtliche Landestrainer und 76 Honorartrainer beschäftigt.

Die sechs größten LLZ sind das > HORST-KORBER-SPORTZENTRUM (für die Sportspiele Volleyball, Handball, Hockey), das > SPORTFORUM BERLIN (Eissportarten, Fechten, Schwimmen, Turnen und Boxen), die Rudolf-Harbig-Sporthalle (Leichtathletik), der Sportkomplex Paul-Heyse-Str. (Rhythmische Sportgymnastik, Eiskunstlauf, Tischtennis und Gewichtheben), die > REGATTASTRECKE Grünau/Müggelsee (für die Wasserfahrsportarten Rudern, Kanu und Segeln) sowie das > OLYMPIASTADION (Moderner Fünfkampf, Rasenhockey).

Acht der LLZ sind gleichzeitig „Bundesstützpunkte" für das Training der 1992 ca. 500 Bundeskader. Bundesstützpunkte sind Trainingseinrichtungen der Spitzenverbände und werden vom Deutschen Sportbund (DSB) und dem > BUNDESMINISTER DES INNERN (BMI) für die Dauer von zwei Jahren anerkannt. Während die Kosten für die LLZ durch die SenSport und den LSB getragen werden, werden die Kosten der Bundesstützpunkte durch den BMI und den DSB gedeckt.

Landesmedizinaluntersuchungsamt Berlin (LMUA): Das der > SENATSVERWALTUNG FÜR GESUNDHEIT nachgeordnete, in seiner heutigen Form 1960 eingerichtete L. unterstützt als medizinisch-diagnostisches Laboratorium die Gesundheitsverwaltung des Landes Berlin auf dem Gebiet der öffentlichen Gesundheitspflege. Der Einrichtung obliegt die Durchführung von bakteriologischen, serologischen und virologischen Untersuchungen im Rahmen der Verhütung und Bekämpfung übertragbarer Krankheiten gemäß dem Bundesseuchengesetz. Es berät die der Gesundheitsverwaltung nachgeordneten Einrichtungen in Hygieneangelegenheiten sowie die > Gesundheitsämter bei der hygienischen Überwachung der > Krankenhäuser. Für die Krankenhäuser und Krankenheime leistet es Hilfe bei Infektionen sowie in mikrobiologischen Angelegenheiten. Darüber hinaus bildet es Ärzte auf den Gebieten der Laboratoriumsmedizin und der medizinischen Mikrobiologie weiter. Außerdem werden Arbeiten im Bereich der Schädlingskontrolle einschließlich Beratung durchgeführt.

Die Aufgaben des L. werden an insg. vier verschiedenen Stellen wahrgenommen, von denen drei mit modernen Laboratorien ausgestattet sind: Die Zentrale (Medizinaluntersuchungsamt) in der Rubensstr. 111 im Bezirk > Schöneberg sowie die örtlichen Bereiche im Fürstenbrunner Weg 30 im Bezirk > Charlottenburg und in der Wiltbergstr. 50, Haus 106, im Bezirk > Pankow. Darüber hinaus existiert eine zentrale Annahmestelle in der Chrysanthemenstr. 1-3 im Bezirk > Prenzlauer Berg.

Insg. sind im L. 270 Mitarbeiter tätig. Die Finanzierung der Einrichtung erfolgt aus dem Landeshaushalt und durch Gebühren.

Landesschulbeirat: Nach der im Schulverfassungsgesetz festgelegten Aufgabenstellung berät der L. die zuständigen Mitglieder des > Senats von Berlin „in Angelegenheiten, die für die Entwicklung der Schulen und für ihre Unterrichts- und Erziehungsarbeit von grundsätzlicher Bedeutung sind". Ferner muß dem Beirat Gelegenheit gegeben werden, „zu Entwürfen von Rechts- und Verwaltungsvorschriften, die pädagogisch von grundsätzlicher und erheblicher Bedeutung sind, Stellung zu nehmen".

Der L. setzt sich aus je drei Vertretern (Eltern, Schüler, Lehrer) der 23 > Bezirke sowie acht Vertretern sog. relevanter gesellschaftlicher Gruppen (Gewerkschaften, Kammern, Kirchen, Jüdische Gemeinde) zusammen, die einen Bezug zum Schulwesen bzw. ein Interesse daran haben (> Schule und Bildung). Außerdem gehören dem Beirat sechs Vertreter der > Privatschulen mit beratender Stimme an. Gemäß seiner Konstruktion soll auf diesem Wege fachlicher Rat einfließen; seine Tätigkeit hat aber vom Ansatz her auch eine schulpolitische Komponente (Interessenvertretung, Sozialpartner). Der Einbeziehung der Gewerkschaften und damit der Lehrer-

verbände lag auch die Erwägung zugrunde, Beteiligungsverfahren beim Landesschulbeirat zu bündeln.

Zu Beginn einer jeweils über zwei Jahre gehenden neuen Wahlperiode werden für die Dauer eines Jahres der Vorsitzende und dessen Stellvertreter gewählt; die nächste Wahlperiode beginnt 1993. Der L. tagt durchschnittlich zwölfmal im Jahr. Zur Unterstützung des L. ist bei dem für das Schulwesen zuständigen Mitglied des Senats eine Geschäftsstelle eingerichtet (> Senatsverwaltung für Schule, Berufsbildung und Sport).

Landesschulrat: Als oberster Schulaufsichtsbeamter des Landes Berlin ist der L. Leiter der Hauptabteilung „Berliner Schule" in der > Senatsverwaltung für Schule, Berufsbildung und Sport (SenSchulSport). Seine Hauptaufgabe ist die Ausübung der Schulaufsicht im Lande Berlin. Nach Art. 51 Abs. 1 der > Verfassung von Berlin erfolgt sie in Berlin wie in den anderen Stadtstaaten „einstufig", d.h. in den > Bezirken sind keine eigenen Schulaufsichtsbeamten tätig, sondern die Bezirksschulräte handeln als Beamte des jeweiligen Bezirks direkt im Auftrag des Senats. Weitere Rechtsgrundlagen bilden das Schulgesetz, insbes. die §§ 5 und 53, das Schulverfassungsgesetz, insbes. § 9 sowie das Allgemeine Zuständigkeitsgesetz mit der dazugehörigen Durchführungsverordnung.

Dem L. unterstehen im Bereich „Berliner Schule" der SenSchulSport die Abteilungen für Grund- und Sonderschulen, Gesamtschulen, Haupt- und Realschulen, Gymnasien und berufsbildende Schulen etc. sowie für Lehrerbildung, Unterricht und Erziehung, Schulentwicklungsplanung, Statistik und Prognosen, Standort- und Bauangelegenheiten, Schulverwaltung, überregionale und internationale Angelegenheiten, Dienstrecht, Personalorganisation etc. Daneben besteht beim L. ein Referat „Bildungspolitische Grundsatzangelegenheiten", das sich direkt mit bildungspolitischen Fragen beschäftigt, Kongresse organisiert und die Bildungspolitik mit anderen Bundesländern koordiniert. Dazu treten weitere nachgeordnete Einrichtungen, wie etwa das > Wissenschaftliche Landesprüfungsamt, das > Pädagogische Zentrum oder das Institut für Lehrerbildung.

Der dem Staatssekretär für Schulwesen untergeordnete L. wird durch Senatsbeschluß ernannt. Derzeitiger Amtsinhaber ist (seit August 1991) Hans-Jürgen Pokall. Ihm gingen voraus: Paul Fechner (1949 Stadt-schulrat, 1950-59 L.), Carl-Heinz Evers (1959-63), Richard Ahnert (1963-66), Herbert Bath (1966-91).

Landessportbund Berlin – LSB: Der in seiner heutigen Form seit 1967 bestehende LSB ist der freie und unabhängige Zusammenschluß der im Land Berlin tätigen Fachverbände des Amateursports und deren Unterorganisationen. Er hat seinen Sitz im *Haus des Sports* an der Jesse-Owens-Allee 2 im Bezirk > Charlottenburg am südlichen Eingang des > Olympiastadions. Der LSB ist mit seinen (1992) 59 Sportverbänden, in denen ca. 480.000 Mitglieder in mehr als 1.700 Vereinen registriert sind, ordentliches Mitglied des Deutschen Sportbundes (DSB).
Der LSB verfolgt nach seiner Satzung den Zweck der „Förderung der Allgemeinheit durch Sport", wozu insbes. die Koordinierung sämtlicher Aktivitäten im Freizeit-, Breiten- und Spitzensport in enger Verbindung zu Schule und Hochschule sowie zu den Sportwissenschaften zählt. Darüber hinaus fördert er den Bau von > Sportstätten, die Jugendarbeit und Jugendpflege, vertritt die Interessen des Sports gegenüber der Öffentlichkeit, den Bezirksverwaltungen, dem > Abgeordnetenhaus sowie dem > Senat von Berlin, insbes. gegenüber der zuständigen > Senatsverwaltung für Schule, Berufsbildung und Sport, vermittelt den Sporttreibenden Versicherungsschutz und unterstützt kulturelle Einrichtungen und Vorhaben im Bereich des > Sports.
Im einzelnen umfaßt der Aufgabenbereich u.a. die Aus- und Weiterbildung von Übungs- und Organisationsleitern, Sport- und Gymnastiklehrern sowie Führungs- und Verwaltungskräften in der am > Sportzentrum Schöneberg gelegenen *Sportschule* des LSB am Priesterweg 4 sowie in ihrer Zweigstelle im Köpenicker Stadtteil > Grünau in der Regattastr. 279. Ferner fördert er den Spitzensport durch die Koordinierung und Kontrolle der (1992) 23 > Landesleistungszentren, die Koordinierung der Arbeit zwischen Bund und Land für 18 Bundesstützpunkte sowie die Trägerschaft des 1986 eingerichteten > Olympiastützpunktes Berlin und den Einsatz von derzeit 72 Landes- und 47 Verbandstrainern. Weiterhin koordiniert er die weitreichenden Aktivitäten im Freizeit- und Breitensport (bspw. durch „Trimm-Dich"-Aktionen), die Zusammenarbeit mit dem Schulsport sowie Unterstützung durch gezielte Vereinshilfen und Förderungsprogramme.
Darüber hinaus betreut er die in der als Jugendorganisation des LSB zusammengeschlossene *Sportjugend Berlin (SJB)*, mit (1991) insg. rd. 105.000 Mitgliedern die größte Jugendorganisation der Stadt. Deren wesentliche Aufgaben sind u.a. die Förderung des Sports im Kindes- und Jugendalter, die Jugendbildung, die Aus- und Weiterbildung von Jugendgruppenleitern, Übungsleitern und Betreuern sowie die Veranstaltung von Tagungen, Seminaren usw. Die SJB ist Trägerin diverser städtischer und über das Bundesgebiet verteilter Gästehäuser, Bildungs- und Begegnungsstätten, so z.B. des Gästehauses der Sportjugend Berlin in der Kurfürstenstr. 132 im Bezirk > Schöneberg sowie des Jugendhotels Berlin am Kaiserdamm 3 in Charlottenburg.
Organe des LSB sind die Mitgliederversammlung, das Präsidium, die Vollversammlung und der Vorstand der SJB, der Beschwerdeausschuß sowie satzungsgemäß eingesetzte Ausschüsse mit besonderen Aufgaben. Der Haushalt des LSB wird gedeckt durch rd. 25 % aus Mitteln der Stiftung > Deutsche Klassenlotterie, 60 % aus Mitteln des Senats für laufende Förderungsprogramme und Baumaßnahmen, 5 % aus Mitteln des > Bundesministers des Innern sowie 10 % aus Teilnehmer- und Verbandsbeiträgen.
Der größte Verband im LSB war 1992 der Berliner Fußball-Verband mit ca. 77.000 in 370 Vereinen organisierten Mitgliedern, gefolgt vom Betriebssportverband mit rd. 48.000 Mitgliedern; der größte Verein im LSB war 1992 der > Postsportverein Berlin e.V. mit ca. 5.000 Mitgliedern.

Landesstelle Berlin gegen die Suchtgefahren e.V.: Die 1951 gegründete L. in der Gierkezeile 39 im Bezirk > Charlottenburg fungiert als Dachorganisation der traditionellen Abstinenzverbände (Guttempler, Blaukreuz, Kreuzbund) und anderer Vereine sowie der Freien Wohlfahrtsverbände > Caritasverband Berlin, > Diakonisches Werk Berlin-Brandenburg, > Paritätischer Wohlfahrtsverband, der > Senatsverwaltung für Gesundheit (SenGes) und der > Senatsverwaltung für Jugend und Familie, die Suchtgefahren bekämpfen. Entsprechende Einrichtungen gibt es auch in anderen Bundesländern. Ihre Arbeit ist autonom. Es bestehen Kontakte zur Deutschen Hauptstelle gegen die Suchtgefahren in Hamm. Im einzelnen beschäftigt sich die L. in verbandsübergreifenden Arbeitskreisen mit dem Alkoholmißbrauch am Arbeitsplatz, der Arbeit mit Alkoholikern im Krankenhaus, dem Problem Alkohol und Rechtsfragen u.a. Sie unterhält an ihrem Sitz in Charlottenburg eine Beratungsstelle, in der auch Sozialarbeiter und ein Arzt tätig sind. Insg. arbeiten bei der L. 11 Mitarbeiter; der Etat wird teilweise durch die SenGes gedeckt.

Landesstelle für Entwicklungszusammenarbeit: Die L. in der Martin-Luther-Str. 105 im Bezirk > SCHÖNEBERG wurde auf Beschluß des > ABGEORDNETENHAUSES VON BERLIN vom 30.8.1990 im März 1991 bei der > SENATSVERWALTUNG FÜR WIRTSCHAFT UND TECHNOLOGIE eingerichtet. Sie hat die zentrale Verantwortung für die > ENTWICKLUNGSPOLITIK des > SENATS VON BERLIN, die sich v.a. an folgenden Zielen orientiert: Befriedigung der Grundbedürfnisse, Erhaltung der natürlichen Umwelt, Stärkung der demokratischen Selbstorganisation der Betroffenen, Verwirklichung der Menschenrechte und Überwindung rassistischer und geschlechtsspezifischer Diskriminierung.
Die L. soll die Umsetzung dieser entwicklungspolitischen Grundsätze gewährleisten. Dazu wurde ihr ein Mitzeichnungsrecht bei entwicklungspolitischen Vorhaben anderer > SENATSVERWALTUNGEN übertragen. Außerdem soll die L. das entwicklungspolitische Profil Berlins nach außen verdeutlichen und den Senat in seiner Politik gegenüber den Ländern der Dritten Welt beraten.
Die Entwicklungspolitik des Landes Berlin erfolgt durch die Förderung von Institutionen, Projekten und durch Informations- und Bildungsarbeit. Bei der Projektförderung des Senats steht die Zusammenarbeit mit Berliner Nichtregierungsorganisationen, Gewerkschaften, Kirchen und Solidaritätsgruppen im Vordergrund. Besondere Aufmerksamkeit wird dabei der Einbeziehung der Zielgruppen in die Projektplanung gewidmet. Ein weiterer Schwerpunkt ist die Informations- und Bildungsarbeit zu entwicklungspolitischen Themen, die die Ursachen von Unterentwicklung und deren Auswirkungen (in wirtschaftlicher, sozialer, kultureller, ökologischer und politischer Hinsicht) behandeln. Hierzu werden Gruppen und Initiativen in der Stadt unterstützt.

Landesuntersuchungsinstitut für Lebensmittel, Arzneimittel und Tierseuchen Berlin (LAT): Das 1979 gegründete LAT in der Invalidenstr. 60 im Bezirk > TIERGARTEN ist der > SENATSVERWALTUNG FÜR GESUNDHEIT nachgeordnet. Seine Aufgabe ist die chemisch-physikalisch analytische und mikrobiologische Untersuchung von Lebensmitteln, Wein, Tabakerzeugnissen, Arzneimitteln, Körperflüssigkeiten sowie Wasser, Boden und Luft zur Abwehr gesundheitlicher Gefahren v.a. im Rahmen des gesundheitlichen Verbraucherschutzes sowie zur Tierseuchendiagnostik. Das Institut ist ferner in die Drogenkontrolluntersuchung bei Süchtigen eingeschaltet und analysiert im Auftrag der Staatsanwaltschaft Körperflüssigkeiten (> DROGEN).
1990 hat das LAT 17.800 Lebensmittel- und Trinkwasserproben sowie 470 Proben im Rahmen der Bedarfsgegenstände und kosmetischen Mittel untersucht. Die Beanstandungsrate lag bei Lebensmitteln bei 15 % und bei Bedarfsgegenständen und kosmetischen Mitteln bei 16 %. Bei der Arzneimittelüberwachung wurden 450 Arzneimittelproben, im Rahmen der klinischen und forensischen Toxikologie 14.600 Proben eingeliefert. Im Rahmen der Tierseuchendiagnostik erfolgten 1990 insg. 24.650 Einsendungen zu pathologisch-anatomischen, bakteriologischen, virologischen, mykologischen, parasitologischen und serologischen Untersuchungen.
Seit dem 15.12.90 ist das LAT für ganz Berlin zuständig; mehrere Untersuchungseinrichtungen aus dem östlichen Teil der Stadt, u.a. in der Brodauer Str. 16-22 in > KAULSDORF, in der Chaussestr. 48 im Bezirk > MITTE und in der Salvador-Allende-Str. 80a in > KÖPENICK wurden seitdem in das LAT integriert. Das LAT wird durch den Landeshaushalt finanziert; es hat ca. 450 Mitarbeiter.

Landesversicherungsanstalt Berlin (LVA Berlin): Die seit der Vereinigung für die gesamte Stadt zuständige LVA Berlin am Messedamm 1 im Bezirk > CHARLOTTENBURG ist als Körperschaft des öffentlichen Rechts mit Selbstverwaltung Träger der Arbeiterrentenversicherung. Die über 1.200 Mitarbeiter verfügende Anstalt gliedert sich in die Abt. Rentenversicherung und Rehabilitation und in die Ärztliche Abteilung. Zur Durchführung der medizinischen Rehabilitationsmaßnahmen stehen drei eigene Kurkliniken sowie zahlreiche Vertragshäuser im Bundesgebiet zur Verfügung (Spree-Kurklinik in Bad Nauheim, Kurklinik Rudolf Wissell in Bad Kissingen und Kurklinik Lautergrund in Schwabthal/Staffelstein). Die Vertreterversammlung, deren Vorsitz jährlich zwischen den Vertretern der Arbeitgeber und der Versicherten wechselt, besteht aus je 30 Mitgliedern beider Gruppen. Ferner sind der Vertreterversammlung drei Ausschüsse zugeordnet (Haushalts- und Finanzausschuß, Allgemeiner Ausschuß und Rechnungsprüfungsausschuß). Die Interessen der Versicherten nehmen darüber hinaus 30 ehrenamtliche Versichertenälteste wahr. Der Vorstand der LVA Berlin besteht aus zwölf Mitgliedern.

Der Haushalt der LVA wird 1992 ca. 5,7 Mrd. DM betragen, wovon ca. 80 % auf ca. 36.000 zu erwartende Rentenanträge entfallen. 1991 wurden 11.023 Heilbehandlungen, darunter 794 Entwöhnungsbehandlungen, 128 Kinderbehandlungen und 713 Nachbehandlungen von Geschwulstkrankheiten abgeschlossen. 55,9 % der Heilbehandlungen wurden in den drei eigenen Behandlungsstätten durchgeführt.

Landesverwaltungsamt Berlin (LVwA): Das der > Senatsverwaltung für Inneres (SenI) nachgeordnete LVwA am > Fehrbelliner Platz 1 wurde am 1.3.1963 gegründet, um zuvor getrennt wahrgenommene Aufgaben der Hauptverwaltung zusammenzufassen. Es nimmt die ihm von der SenI durch Gesetz bzw. Rechtsverordnung oder – mit Zustimmung der SenI – von anderen Senatsverwaltungen, Dienstbehörden oder durch Verwaltungsvereinbarung übertragenen Aufgaben wahr. Dazu gehören die Auszahlung der Personalbezüge sowie Personaleinzelangelegenheiten, die Festsetzung und Auszahlung von Versorgungsbezügen nach Bundes- und Landesrecht, die Entwicklung der hierfür erforderlichen Verfahren, die Bereitstellung, Verwaltung und Ausstattung von Bürodienstgebäuden und -räumen für die Hauptverwaltung. Am 1.1.1987 wurde dem LVwA das bis dahin selbständige *Entschädigungsamt* eingegliedert. Seitdem obliegen dem LVwA auch die Durchführung der Entschädigungsgesetze, die Anerkennung und Versorgung der politisch, rassisch und religiös Verfolgten des Nationalsozialismus und alle anderen Aufgaben des ehem.

Entschädigungsamts. 1991 hatte das LVwA ca. 1.600 Beschäftigte, der Etat wird durch die SenI gedeckt.

Landeszentralbank in Berlin (LZB) – Hauptverwaltung der Deutschen Bundesbank (BBk): In jedem der alten Bundesländer unterhält die *Deutsche Bundesbank* eine Hauptverwaltung unter der Bezeichnung „Landeszentralbank in ... (jeweiliges Land)". Die seit 1957 bestehende LZB in Berlin hat ihren Sitz in der Leibnizstr. 9-10 im Bezirk > Charlottenburg.

Der Zuständigkeitsbereich der LZB in Berlin bleibt bis zum Inkrafttreten des Vierten Gesetzes zur Änderung des Gesetzes über die BBk, das voraussichtlich im Verlauf des Jahres 1992 verabschiedet und das u.a. die Anzahl der Landeszentralbanken in den alten und den neuen Bundesländern festlegen wird, auf den Westteil Berlins beschränkt. Die Refinanzierung der Kreditinstitute, die ihren Hauptsitz im Ostteil der Stadt haben, wird in der Übergangszeit durch die für das Beitrittsgebiet zuständige Vorläufige Verwaltungsstelle Berlin der BBk gewährleistet; diese hat ihren Sitz in der Kurstr. 40 im Bezirk > Mitte.

Die LZB in Berlin führt zusammen mit der ihr unterstellten Hauptstelle Berlin-Charlottenburg die in ihren Bereich fallenden Geschäfte und Verwaltungsangelegenheiten in eigener Verantwortung durch; dies sind insbes. die Geschäfte mit dem Land und den hiesigen öffentlichen Verwaltungen und mit den Kreditinstituten in Berlin. Ein direktes Kreditgeschäft mit der Wirtschaft betreibt die LZB – sowie die BBk als Ganze – nicht.

Die Präsidenten der Landeszentralbanken werden vom > Bundespräsidenten auf Vorschlag des > Bundesrats bestellt; der Bundesrat stützt sich dabei auf einen Vorschlag der nach Landesrecht zuständigen Stelle (in Berlin: der > Senat von Berlin) und hört vor seiner Entscheidung den *Zentralbankrat* der BBk an. Die Präsidenten der Landeszentralbanken sind Mitglieder des Zentralbankrates; diesem Gremium – oberstes Organ der BBk – gehören weiter der Präsident und der Vizepräsident der BBk sowie die weiteren Mitglieder des Direktoriums der BBk an. Der Zentralbankrat bestimmt den geld- und währungspolitischen Kurs der BBk. Als Instrument zur Beeinflussung des Geldumlaufs und der Kreditversorgung der Wirtschaft stehen der BBk die Diskont-, Lombard-, Mindestreserve-

und Offenmarktpolitik zur Verfügung. Darüber hinaus sorgen BBk und Landeszentralbanken für die bankmäßige Abwicklung des Zahlungsverkehrs im Inland und mit dem Ausland.

Die BBk ist des weiteren in die Aufsicht über die Kreditinstitute eingeschaltet und arbeitet eng mit dem > BUNDESAUFSICHTSAMT FÜR DAS KREDITWESEN (einer nachgeordneten Behörde des > BUNDESMINISTERS DER FINANZEN) zusammen. Ihre Mitwirkungsbefugnisse hierbei sind vielfältig: So können z.B. Eigenkapital- und Liquiditätsgrundsätze nur einvernehmlich mit der BBk aufgestellt werden. Den Landeszentralbanken obliegt die laufende Überwachung der Kreditinstitute aufgrund der von diesen einzureichenden Meldungen, Monatsausweisen und Jahresabschlußunterlagen. Diese Informationen werden, erforderlichenfalls mit Stellungnahmen, an das Bundesaufsichtsamt für das Kreditwesen weitergeleitet.

Die Geschichte der LZB in Berlin reicht in die unmittelbare Nachkriegszeit zurück. Am 20.3.1949 wurde auf Anordnung der drei westlichen > STADTKOMMANDANTEN – gleichzeitig mit der Einführung der DM als alleinigem gesetzlichen Zahlungsmittel in den West-Sektoren Berlins in Folge der > WÄHRUNGSREFORM vom 24.6.1948 – die Berliner Zentralbank geschaffen. Sie ging aus der zur Vorbereitung der Berliner Währungsreform eingesetzten Währungskommission hervor und übte im wesentlichen die Funktionen aus, die in Westdeutschland von den Landeszentralbanken wahrgenommen wurden. In enger Zusammenarbeit mit der „Bank deutscher Länder" hat die Berliner Zentralbank in erheblichem Maße am Wiederaufbau der Berliner > WIRTSCHAFT, v.a. an dessen Finanzierung mitgewirkt. Die Berliner Zentralbank (1949-57) war aber nicht in die BdL integriert. So war sie u.a. nicht an die Weisungen des Zentralbankrates der BdL gebunden, und der Präsident der Berliner Zentralbank nahm an den Sitzungen des Zentralbankrates nur als Gast ohne Stimmrecht teil. De facto verhielt sich die Berliner Zentralbank aber in allen währungspolitischen Fragen wie eine voll zum System der BdL gehörige LZB. Erst mit dem Inkrafttreten des Gesetzes über die BBk vom 20.7.1957, durch das die rechtliche Selbständigkeit der Landeszentralbanken und der Berliner Zentralbank endete, wurde die Berliner Zentralbank in das Zentralbankensystem der Bundesrepublik integriert und zur mit den anderen Landeszentralbanken gleichberechtigten LZB in Berlin. Am 31.12.1991 hatte die LZB in Berlin 426 Mitarbeiter.

Landeszentrale für politische Bildungsarbeit Berlin: Die L. an der Hauptstr. 98 im Bezirk > SCHÖNEBERG ist eine seit 1958 bestehende Einrichtung des Landes Berlin im Geschäftsbereich des > REGIERENDEN BÜRGERMEISTERS. Sie hat die Aufgabe, die politische Bildungsarbeit innerhalb Berlins auf überparteilicher Grundlage unter besonderer Berücksichtigung der Lage Berlins zu pflegen und zu koordinieren. Ihre Überparteilichkeit hat ein Kuratorium zu überwachen, dem der Regierende Bürgermeister und sieben Mitglieder des > ABGEORDNETENHAUSES VON BERLIN (AbgH) angehören. Ein Beirat bestimmt die Richtlinien für die Tätigkeit. Es besteht aus fünf Vertretern des > SENATS VON BERLIN, einem Vertreter der > VOLKSHOCHSCHULEN, zwei Vertretern der > FREIEN UNIVERSITÄT, je einem Vertreter der in das AbgH gewählten Parteien, zwei Vertretern des > DEUTSCHEN GEWERKSCHAFTSBUNDES, einem Vertreter der > DEUTSCHEN ANGESTELLTEN-GEWERKSCHAFT und einem Vertreter der > VEREINIGUNG DER UNTERNEHMENSVERBANDE IN BERLIN UND BRANDENBURG. Die L. gibt unentgeltlich Broschüren und Bücher heraus, stellt audio-visuelle Medien für den Verleih her, veranstaltet und fördert Seminare, finanziert Projekte und berät in Fragen politischer Bildung.

Wegen der nach der > VEREINIGUNG gewachsenen Aufgaben wird die Zahl der Mitarbeiter im Herbst 1992 von derzeit neun auf elf erhöht.

Landgericht (LG): Dem LG Berlin als Teil der ordentlichen Gerichtsbarkeit gehören etwa 340 Richter an, von denen ein Drittel in Strafsachen tätig ist. Das Gericht ist in Zivilsachen (mit Hauptstandort am Tegeler Weg 17-20 im Bezirk > CHARLOTTENBURG) in erster Instanz zuständig für nichtvermögensrechtliche Streitigkeiten und solche, in denen der Streitwert (1992) 6.000 DM übersteigt, ferner grundsätzlich in zweiter Instanz für die Entscheidung über Rechtsmittel gegen amtsgerichtliche Erkenntnisse in Zivilprozessen und in Verfahren der Freiwilligen Gerichtsbarkeit (> AMTSGERICHTE). Besonderheiten der ansonsten nur mit Berufsrichtern besetzten Zivilkammern sind die Kammern für Handelssachen, in denen ausnahmsweise zwei ehrenamtliche Richter (Handelsrichter) neben einem Mitglied des Landgerichtes mitwirken (§§ 93ff. Gerichtsverfassungsgesetz [GVG]), sowie die Kammern für Baulandsachen, die mit drei Richtern des LG einschließlich des Vorsitzenden sowie zwei hauptamtlichen Richtern des Verwaltungsgerichts gemäß §§ 217ff. Baugesetzbuch entscheiden (> VERWALTUNGSGERICHTSBARKEIT).

In Strafsachen (mit Standort im > KRIMINALGERICHT MOABIT in der > TURMSTRASSE 91 in > TIERGARTEN) entscheidet das LG erstinstanzlich in Fällen der schweren Kriminalität (Straferwartung über drei Jahre), bei bestimmten Verbrechen gem. § 74 GVG (Strafkammer als Schwurgericht) sowie als Staatsschutzkammer, als Jugendschutzkammer, Wirtschaftsstrafkammer oder durch Strafvollstreckungskammern. Zweitinstanzlich entscheidet die große Strafkammer (ebenso grundsätzlich besetzt mit drei Berufsrichtern und zwei Schöffen), wenn eine Entscheidung des Amtsgerichts angefochten wird, es sei denn erstinstanzlich entschied der Strafrichter (kleine Strafkammer mit einem Berufsrichter und zwei Schöffen). Dem LG übergeordnet ist auf Landesebene in bestimmten Fällen das > KAMMERGERICHT. Präsident des LG ist Manfred Herzig.

Das LG entstand 1879 in einem vierstufigen Gerichtsaufbau durch Neuordnung der Gerichtsorganisation des Deutschen Reiches aufgrund des GVG vom 27.1.1877. Es löste das ehem. Stadtgericht ab, das in Preußen in einen dreistufigen Gerichtsaufbau eingegliedert war. Das für den Stadtkreis zuständige LG I domizilierte in dem 1896-1905 erbauten Gerichtsgebäude Grunerstr./Ecke Neue Friedrichstr., der jetzigen Littenstr. im Bezirk > MITTE (> STADTGERICHT). Das LG II, zuständig für die stadtnahen Kreise, war in dem 1882-85 entstandenen, 1945 völlig zerstörten Justizkomplex in der Möckernstr. 128-130 in > KREUZBERG untergebracht, in dem heute das Amtsgericht Tempelhof/Kreuzberg seinen Sitz hat (> AMTSGERICHTE). 1899 wurde die Errichtung eines LG III mit Wirkung vom 1.6.1906 beschlossen, das den Norden und den Westen des Berliner Großraums umfassen sollte. Hierfür wurde das von den Architekten Thoemer und Mönnich im romanischen Stil des Frühmittelalters entworfene Landgerichtsgebäude am Tegeler Weg errichtet und von 1912-15 zur Herschelstr. erweitert. An der Front zum Tegeler Weg wurde 1983-87 durch die Archi-

tekten Gerd Rümmlerein harmonisch ein weiterer Bau angefügt. Über dem Eingangsportal dieses größten deutschen LG steht der preußische Wahlspruch: „suum cuique" – Jedem das Seine.

Im Juli 1933 wurden unter Beibehaltung der einzelnen Standorte die bisherigen drei LG zu einem LG Berlin zusammengeschlossen. Nach dem Zusammenbruch 1945 folgte der politischen > SPALTUNG der Stadt 1948 die Spaltung der Justiz. Im Ostteil Berlins wurde das Stadtgericht in einem dreistufigen Gerichtsaufbau wiederbelebt, während es in den Westsektoren bei der bisher geltenden Gerichtsverfassung blieb. Das LG mußte zunächst seine Arbeit in mehreren Zehlendorfer Villen aufnehmen, ehe Ende 1950 das Landgerichtsgebäude am Tegeler Weg als Sitz des Präsidenten, der Verwaltung und der Zivilkammern wieder verfügbar war. Seit der > VEREINIGUNG und der Wiederherstellung der Justizeinheit in Berlin am > 3. OKTOBER 1990 erstreckt sich der Zuständigkeitsbereich des LG wieder auf das gesamte Stadtgebiet. Das ehem. Stadtgericht in der Littenstr. (früher LG I) wird vom LG als Sitz der zivilen Beschwerdekammern und der Mietberufungskammern sowie durch das Amtsgericht Mitte genutzt. Die erstinstanzlichen Zivilkammern des LG sind am Tegeler Weg verblieben.

Landsberger Allee: Die ca. 11 km lange L. verbindet als verkehrlich stark belastete Ausfallstraße die Innenstadt im Bezirk > MITTE mit den bevölkerungsreichen Neubaugebieten in > MARZAHN und > HELLERSDORF. Von 1950 bis 1992 trug sie den Namen *Leninallee*. Die L. beginnt am *Platz der Vereinten Nationen* (vormals *Leninplatz*) und verläuft in nordöstlicher Richtung zur Stadtgrenze, wo sie in die Landsberger Chaussee übergeht. Im Kreis Strausberg erreicht der Straßenzug, seinen Namen mehrfach wechselnd, nach ca. 10 km die im 13. Jh. gegründete, 3.000 Einwohner zählende Stadt Altlandsberg, die der L. ihren Namen gab.

Ihren Ursprung hatte die L. als Teil einer mittelalterlichen Heer- und Handelsstraße zur mittleren Oder. Bereits um 1700 ist die L. als Hauptstraße mit Postroute ausgewiesen. Die 1734-36 errichtete Zollmauer erhielt an der Straße ein *Landsberger Tor*, das 1802 bei der Vorverlegung der > STADTMAUER nach Osten seinen Standort in Höhe der heutigen Friedenstr. erhielt. 1863 wurde das Tor abgerissen und an seiner Stelle der heutige Platz mit den fünf einmündenden Straßen angelegt. Die Erstbenennung der L. erfolgte 1875. Am 22.4.1950, dem 80. Geburtstag des russischen Revolutionärs und Staatsmannes Wladimir Iljitsch Lenin, wurde die L. auf Beschluß des Ost-Berliner > MAGISTRATS in Leninallee umbenannt. Ihre Rückbenennung

Lenin-Denkmal am ehemaligen Leninplatz

erfolgte im Februar 1992. Im März wurde auch der 1968-70 am Anfang der L. angelegte Leninplatz in Platz der Vereinten Nationen umbenannt. Bereits Ende 1991 war das dort am 19.4.1970, drei Tage vor dem 100. Geburtstag Lenins, enthüllte, 19 m hohe *Lenin-Denkmal* aus rotem ukrainischen Granit des sowjetischen Bildhauers Nikolai Tomski abgetragen worden.

Landschaftsprogramm: Das Berliner L., das 1988 gleichzeitig mit dem > FLÄCHEN-NUTZUNGSPLAN für Berlin (West) durch das > ABGEORDNETENHAUS VON BERLIN verabschiedet wurde, ist das gesamtstädtische Planungsinstrument der *Landschaftsplanung*. Am 27.10. 1990 wurde auch für die östlichen > BEZIRKE der Beschluß zur Aufstellung eines L. gefaßt. Die Landschaftsplanung – in anderen Bundesländern *Landespflege* genannt – hat die Aufgabe, die natürlichen Lebensgrundlagen des Menschen zu erhalten und zu schützen

(> NATURSCHUTZ). Aufgrund des gestiegenen Umweltbewußtseins erfuhr die Landschaftsplanung im letzten Jahrzehnt eine erhebliche personelle und finanzielle Aufwertung. Berlin besitzt mit der > TECHNISCHEN UNIVERSITÄT die älteste Ausbildungsstätte für Landschaftsplaner in Europa und die meisten Studenten dieser Fachrichtung in Deutschland. Rechtsgrundlage für die Aufstellung des L. ist das Berliner Naturschutzgesetz (vom 30.1. 1979, geändert am 3.10.1983), das den Senat im § 4 zur Aufstellung verpflichtet. Im L. sind die Grundsätze und Entwicklungsziele der Landschaftsplanung in Text und Karten flächenmäßig dargestellt. Teil des L. ist das > ARTENSCHUTZPROGRAMM, das die Grundlagen des Naturschutzes entwickelt. Mit dem L. sollen die natürlichen Lebensgrundlagen gesichert, der Bestand an grünen Erholungsräumen erhalten und erweitert, die Pflanzen- und Tierwelt geschützt und die ästhetische Komponente des > STADTGRÜNS, d.h. das Landschaftsbild, verbessert werden.

Die Ausführung der Landschaftsplanung und des L. obliegt den bezirklichen Ämtern (> BEZIRKSÄMTER) für Grünflächen und Naturschutz (frühere Bezeichnung: *Gartenbauämter*). Beide Planungsstränge (Bauleitplanung und Landschaftsplanung) liegen in der Zuständigkeit der > SENATSVERWALTUNG FÜR STADTENTWICKLUNG UND UMWELTSCHUTZ.

Inhaltlich gliedert sich das erstmals als Entwurf 1984 und dann in einem intensiven öffentlichen Diskussionsprozeß bis 1988 modifizierte Programm in vier Bereiche (Naturhaushalt, Biotop- und Artenschutz, Landschaftsbild, Erholung), die, jeweils auf Grundlage einer Bestandsanalyse, Planungsaussagen enthalten. Im Programmteil „Naturhaushalt" werden Vorranggebiete für die Luftreinhaltung, den Klimaschutz sowie den Boden- und Wasserschutz dargestellt (> UMWELTSCHUTZ). Hier handelt es sich insbes. um die klimatisch noch wenig belasteten Gebiete im Innenstadtbereich (> GROSSER TIERGARTEN), die zur Verbesserung des Luftaustausches beitragen. Unter Bodenschutzaspekten werden die Bodengesellschaften von Waldgebieten (> FORSTEN), Feldern (> LANDWIRTSCHAFT), > MOOREN, Auenbereichen und Parkanlagen dargestellt.

Im Biotop- und Artenschutz wird mit Hilfe differenzierter Biotop-Entwicklungsräume versucht, eine stabilere Lebensumwelt für Planzen und Tiere im Berliner Stadtgebiet zu schaffen.

Das „Landschaftsbild", das als historisch gewachsene Verbindung naturräumlicher und siedlungsbedingter Faktoren das Milieu einer Stadt prägt und das Heimatgefühl seiner Bewohner fördert, soll erhalten und bspw. durch folgende Einzelmaßnahmen verbessert werden: Die grüne Mitte Berlins rund um den > GROSSEN TIERGARTEN soll stärker erkennbar gemacht werden, indem die grünen Kanten dieses Bereiches (z.B. brachliegende Grünflächen am Lehrter Stadtbahnhof) stärker entwickelt werden.

Im Programmteil „Erholung" soll die Versorgungssituation mit Grün v.a. in den dicht bebauten Innenstadtquartieren verbessert und die Landschaft der Außenräume als attraktive Naherholungsgebiete optimiert werden. Insbes. sollen Grünzüge entlang von Flüssen und Kanälen (> WASSERSTRASSEN), Bahnlinien (> EISENBAHN) und verkehrsberuhigten Straßen (> VERKEHRSBERUHIGUNG) die großen und kleinen Parks Berlins miteinander vernetzen.

Nach der > VEREINIGUNG geht es für die Berliner Landschaftsplanung vorrangig darum, auch für die östlichen Stadtbezirke ein L. aufzustellen. Erste Vorstellungen wurden hierzu in einer öffentlichen Auslegung vom 20.3.-20.4.1992 am > ALEXANDERPLATZ zur Diskussion gestellt und innerhalb des > RÄUMLICHEN STRUKTURKONZEPTS 1992 durch die > SENATSVERWALTUNG FÜR STADTENTWICKLUNG UND UMWELTSCHUTZ erarbeitet. Wichtigstes Ziel eines Gesamt-Berliner L. wird es sein, die schlechte Versorgungssituation mit öffentlichem Grün v.a. im nordöstlichen Berlin zu verbessern. Gleichzeitig muß durch die Einleitung und Vorbereitung von Landschaftsplänen versucht werden, die erhaltenswerten Landschaftsräume zu sichern. So wurden 1991 14 Landschaftspläne in östlichen Bezirken eingeleitet bzw. vorbereitet, darunter so wichtige Bereiche wie der Malchower See bei > MALCHOW, der Bereich > BLANKENFELDE in > PANKOW und das Tal der > WUHLE in > MARZAHN.

Landwehrkanal: Der 10,3 km lange L. verbindet den Oberlauf der > SPREE am > OSTHAFEN im Bezirk > FRIEDRICHSHAIN mit der Unterspree am Spree-Eck in > CHARLOTTENBURG (Dove-Brücke). Er wurde 1845-50 nach Plänen von Peter Joseph Lenné anstelle des seit dem 15. Jh. auch als Grenze fungierenden *Floß-* oder *Schafgrabens* angelegt und 1883-89 erweitert. Der Kanal hat eine Mindesttiefe

von 2 m und ist durchschnittlich 23 m breit. Die Wasserhaltung wird durch eine obere Schleuse zwischen Spree und Schlesischer Brücke und eine untere Schleuse nördlich des > ZOOLOGISCHEN GARTENS gewährleistet (> WASSERSTRASSEN). Die ursprünglich am L. gelegenen beiden > HÄFEN, der *Schöneberger Hafen* an der Stelle des heutigen Mendelssohn-Bartholdy-Parks („Hafenplatz") und der 1891-96 angelegte *Urbanhafen*, wurden aufgrund von Kriegsfolgen und bedingt durch den Wechsel der Verkehrsträger 1960 bzw. 1963/64 zugeschüttet. An seiner Einmündung in die Oberspree verzweigt sich der L. mit dem 600 m langen *Flutgraben*. Beide umschließen die etwa 6 ha große *Lohmühleninsel*. Der L. wird von 26 > BRÜCKEN überquert. Die bekanntesten sind die *Charlottenburger Brücke* im Verlauf der > STRASSE DES 17. JUNI mit dem im Zusammenhang mit der Brücke 1905-08 von Bernhard Schaede errichteten *Charlottenburger Tor*, die *Herkulesbrücke* am > LÜTZOWPLATZ und die *Potsdamer Brücke* im Zuge der > POTSDAMER STRASSE am > KULTURFORUM TIERGARTEN. Über den 4 km langen, 1902-05 erbauten *Neuköllner Schiffahrtskanal* ist der L. im Süden mit dem > TELTOWKANAL verbunden. Der beim Bau des L. vom Urbanhafen nach Norden geführte, 2,3 km lange *Luisenstädtische Kanal* wurde 1928 zugeschüttet. Sein ehem. Verlauf über *Wassertorplatz – Oranienplatz – Engelbecken – Bethaniendamm* bis zur Spree an der Schillingbrücke ist im Stadtbild noch gut erkennbar. Von 1961-90 verlief über Engelbecken und Bethaniendamm die > MAUER. Im April 1991 begannen hier erste Arbeiten zur Wiederherstellung der Anlage als Grünzug zwischen den beiden dicht besiedelten Stadtquartieren > KREUZBERG und > MITTE.

Der L. entlastete die stark frequentierte Spree v.a. bei der Versorgung der Stadt mit Bau- und Brennmaterial. Heute wird er als belebendes Element bewußt in die > STADTBILDPFLEGE einbezogen und dient vorwiegend der Vergnügungsschiffahrt (> SCHIFFAHRT). Von der Schleuse Tiergarten aus erfolgt die noch von Lenné entworfene Bewässerung des > GROSSEN TIERGARTENS unter Ausnutzung der Differenz zwischen den Normalwasserständen des L. (+32,10 m) und der Spree (+30,75 m).

Landwirtschaft: Innerhalb Berlins gibt es (Stand 31.12.91) 3.679 ha landwirtschaftlich genutzte Fläche, was einem Gesamtflächenanteil von 4,1 % entspricht. Etwa zwei Drittel (2.428 ha) der landwirtschaftlichen Flächen befinden sich in den östlichen und ein Drittel (1.251 ha) in den westlichen > BEZIRKEN. Die größten Landwirtschaftsflächen liegen im Nordosten Berlins in den Bezirken > PANKOW, > WEISSENSEE und > HOHENSCHÖNHAUSEN und im Westen Berlins in > SPANDAU. Bewirtschaftet wird die landwirtschaftliche Fläche im Westteil der Stadt von gut 50 privaten Landwirten, im Ostteil (> STADTGÜTER) hauptsächlich von zwölf *Landwirtschaftlichen Produktionsgenossenschaften.*

Die L. in Berlin wies in den letzten Jahrzehnten große Flächenverluste auf. Durch die aus der > SPALTUNG der Stadt und der Inselsituation West-Berlins folgende Beschränkung der Stadterweiterungsgebiete wurden auf landwirtschaftlichen Flächen am Stadtrand vielfach Wohnhäuser, Gewerbegebäude, > KLEINGÄRTEN und Infrastruktureinrichtungen errichtet. Während noch 1950 mehr als 15 % der West-Berliner Fläche landwirtschaftlich genutzt wurden, sind es heutzutage nur noch 2,6 %. Zusammenhängende landwirtschaftlich genutzte Flächen gibt es im westlichen Teil der Stadt noch im Bereich der Feldflur der ehem. > DÖRFER > GATOW und > KLADOW in Spandau, im Gebiet > RUDOW/> MARIENFELDE in > NEUKÖLLN sowie in > LÜBARS und > HEILIGENSEE in > REINICKENDORF.

Auch im Ostteil Berlins waren die Verluste an landwirtschaftlichen Flächen, insbes. bedingt durch den Bau von Großsiedlungen in > MARZAHN, Hohenschönhausen und > HELLERSDORF und die Entwicklung ausgedehnter Industriegebiete im Nordosten außerordentlich groß (ca. 4.400 ha), so daß heute nur noch 6 % des östlichen Teils Berlins aus landwirtschaftlich genutzter Fläche bestehen. Größere landwirtschaftliche Flächen gibt es hier insbes. im Bereich der Hochfläche des > BARNIM im Nordosten der Stadt, in den Feldfluren von > BUCHHOLZ, > BLANKENFELDE und > BUCH. Da diese Flächen im Umfeld der großen Wohnsiedlungen liegen, kommt ihnen eine besondere ökologische und erholungsbezogene Funktion zu.

Gut 81 % der landwirtschaftlichen Fläche Berlins werden als Ackerland, rd. 6 % als Anzuchtstätten von *Baumschulen* genutzt und knapp 11 % sind als Dauergrünland bewirtschaftet. Auf 42 % der Ackerflächen werden Getreide (hauptsächlich Roggen) angebaut, als Gemüseland werden knapp 16 % genutzt, weitere 27 % der Ackerflächen dienen dem Futterpflanzenanbau und auf gut 4 % der Fläche werden Blumen und Zierpflanzen gezogen.

Der relativ hohe Anteil von Grünland im Westteil der Stadt (fast 20 %) deutet darauf hin, daß viele Landwirte hier bereits von der Pensionspferdehaltung leben. Ende 1990 wurden in Berlin 4.103 Pferde gezählt, wovon lediglich 799 im Ostteil lebten. Bei der Nutztierhaltung kehrt sich das Verhältnis um. Im ehem. Ost-Berlin gab es 2.615 Rinder (gegenüber 708 im Westteil) und 22.884 Schweine (West 2.831).

Angesichts der in den letzten 40 Jahren entstandenen Bebauungsverdichtung in den Innenstadtbezirken stellen die Landwirtschaftsflächen für die Berliner Bevölkerung heute einen wichtigen Teil der Erholungslandschaft dar. Außerdem dienen sie als ökologische Ausgleichsräume. Deshalb genießt ihr Erhalt eine größere planerische und politische Priorität als in den letzten drei Jahrzehnten. Die Reste der offenen, feldgeprägten Kulturlandschaft sollen durch Biotop-Anreicherungen und umweltverträgliche Bewirtschaftung aufgewertet werden.

Langer See: Der L. ist ein 284 ha großer, durch Verbreiterung der > DAHME gebildeter See im Südwesten des > KÖPENICKER FORST (> SEEN). Das 150-600 m breite Gewässer erstreckt sich über rd. 15 km vom Seenkreuz bei > SCHMÖCKWITZ (> GROSSE KRAMPE; > SEDDINSEE; > ZEUTHENER SEE) bis zur Altstadt von > KÖPENICK. Gegenüber der Siedlung Karolinenhof liegt die unbewohnte Insel *Kleiner Rohrwall.* Weiter flußabwärts folgen *Großer Rohrwall* und die *Rohrwallinsel* südlich von > KIETZ (> INSELN). Vor > GRÜNAU befindet sich Berlins älteste Ruder-Regattastrecke (> REGATTASTRECKEN). An den Ufern des L. liegen neben mehreren Ausflugsgaststätten das Seebad Wendenschloß und das Strandbad Grünau (> FREI- UND SOMMERBÄDER).

Lankwitz: Der auf eine mittelalterliche Dorfgründung zurückgehende, 7 km² große Ortsteil L. ist einer der drei Ortsteile des Bezirks > STEGLITZ im Süden Berlins. Für das heute überwiegend von aufgelockerter Wohnbebauung geprägte Gebiet ist durch archäologische Funde eine Besiedlung schon ab 8000 v. Chr. sicher nachgewiesen; wahrscheinlich hat es erste Niederlassungen aber schon in der älteren Steinzeit gegeben (> BESIEDLUNG DES BERLINER RAUMS). Besonders für die Eisenzeit läßt sich eine dauerhafte Anwesenheit von Menschen durch Funde in Alt-L. und in den Überresten eines 1888 an der Calandrellistr. entdeckten Urnenfeldes dokumentieren.

Die erste schriftliche Erwähnung fand L. 1239 in einer Schenkungsurkunde der brandenburgischen Markgrafen Johann I. und Otto III., mit der sie „das dorff langwitz mit 44 hueffen, weiden und wassern" dem kurz zuvor gegründeten Benediktinerinnenkloster in > SPANDAU vermachten. Das zunächst hufeisenförmig angelegte Dorf entwickelte sich später zu einem typischen Angerdorf (> DÖRFER). Mit der Reformation wurden die Klostergüter eingezogen und L. dem kurfürstlichen Amt Spandau zur Verwaltung zugewiesen.

Bis ins 19. Jh. siedelten sich nur wenige Gewerbe an. Im letzten Drittel des vergangenen Jh. setzte dann die Verstädterung zu einem Berliner Vorort ein. 1869-72 begann der Kaufmann Felix Rosenthal westlich der 1841 in Betrieb genommenen Anhalter > EISENBAHN nach Halle auf 240 Morgen Bauernland mit der Anlage einer > VILLENKOLONIE. Durch Anschluß an die parallel zu dieser Bahnlinie 1873 eröffnete Lichterfelder Bahn und den 1898/99 errichteten Bahnhof wurde die Attraktivität des Wohngebiets erheblich gesteigert, so daß sich auch das Zentrum von L. vom alten Dorfkern allmählich in die Umgebung des Bahnhofs an der Leonorenstr. verlagerte. Viele der in den letzten Jahrzehnten des 19 Jh., häufig nach dem Vorbild italienischer Villen entstandenen Landhäuser haben den Krieg überstanden. In der Gärtnerstr. 25-32 steht der aufwendigste Bau des Viertels, ein 1915 von Fritz Freymüller für den Kaufmann Friedrich Christian Correns gebautes, palaisartiges Herrenhaus, das 1925 von der Familie Siemens erworben wurde und in dem sich seit 1978 als in Deutschland einmalige kulturelle Institution das > DEUTSCHE MUSIKARCHIV befindet.

1908 wurde L. zu einem selbständigen Amtsbezirk erhoben. Im gleichen Jahr wurde die gemeindeeigene Terrain- und Baugesellschaft gegründet, die wesentlich zum weiteren Ausbau des Ortes beitrug. Der 1877 anstelle des einfachen Ziegelwerkbaus von 1790 errichtete zweigeschossige Schulbau in der Schulstr. wurde 1890 beträchtlich vergrößert und zehn Jahre später durch ein für damalige Zeiten modernes Schulgebäude mit Turnhalle und Brausebad ergänzt. 1903-06 entstand an der Paul-Schneider-Str. nach Plänen von Ludwig v. Tiedemann die *Dreifaltigkeitskirche*, ein im märkischen Kirchenbaustil des 15. Jh. gehaltener Bau, der die im Kern aus dem 13. Jh. stammende Dorfkirche an der Straße Alt-Lankwitz an Größe deutlich übertraf. Die langgestreckte, aus sorgfältig behauenen Feldsteinen errichtete Dorfkirche mit Langhaus, Chor und halbrunder Apsis brannte 1943 aus und wurde 1955/56 wieder hergerichtet. Zugleich wurde die 500 m lange Dorfaue zu einer zusammenhängenden Grünanlage umgestaltet, die von Bäumen und niedrigen Häusern umrahmt ist.

Von großer Bedeutung für den Ort war die Eröffnung des > TELTOWKANALS 1906. Seit 1911 ist am westlichen Teil des Kanals in L. nördlich der Siemensstr. das von der > BERLINER KRAFT- UND LICHT (BEWAG)-AKTIENGESELLSCHAFT betriebene Heizkraftwerk Steglitz in Betrieb. In der Umgebung finden sich mehrere, meist erst nach der Eingemeindung nach > GROSS-BERLIN 1920 errichtete Fabrikationsstätten verschiedenster Industriebranchen. Das östlich der Sieversbrücke gelegene Industriegebiet am *Lankwitzer Hafen* ist äußerlich weithin sichtbar gekennzeichnet durch die großen Öltanks.

1911 ließ die Gemeinde gegenüber dem Bahnhof nach Plänen der Brüder Ratz ein im Stil der deutschen Renaissance als Rauhputzbau mit Natursteinschmuck ausgeführtes, repräsentatives Rathaus errichten (heute Finanzamt) und durch den königlichen Obergärtner Carl Rimann die Anlage des 10,4 ha großen Gemeindeparks als Landschaftspark mit Teich, Tiergehegen und Kinderspielplatz erstellen. Im Park wurde von einem 13 m hohen Berg auch eine 300 m lange > RODELBAHN (die erste in Berlin) errichtet. Südwestlich des Parks, in der Dessauer Str. 21-22, befindet sich seit 1903 das > TIERHEIM Lankwitz und davor Berlins einziger *Tierfriedhof* mit etwa 2.000 Gräbern für Hunde, Katzen und andere Haustiere.

In der Umgebung des Gemeindeparks sind nach Kriegszerstörungen 1958/59 mehrere große Neubaukomplexe entstanden, die zu einem beträchtlichen Teil im Rahmen des sozialen > WOHNUNGSBAUS errichtet wurden. Von 1948 bis zu ihrer Integration in die anderen Berliner Hochschulen 1980 hatte in der Malteser Str. die *Pädagogische Hochschule* ihren Sitz. Heute werden die Gebäude u.a. vom Institut für Publizistik der > FREIEN UNIVERSITÄT BERLIN genutzt. 1987, zum Zeitpunkt der

750

letzten Volkszählung, lebten in L. rd. 41.000 Menschen.

Lapidarium: Das in einem ehem. Pumpwerk untergebrachte L. (lat., „Stein(denkmäler)-sammlung") an der Ecke Schöneberger Str./ Hallesches Ufer im Bezirk > KREUZBERG dient seit 1977 dem Landeskonservator als Restaurierungswerkstatt und Aufbewahrungsort für Freiplastiken (> DENKMALSCHUTZ). Es enthält v.a. gefährdete Standbilder des 19. Jh., darunter die meisten Figuren der früheren > SIEGESALLEE. Das 1873-76 nach Plänen des Baustadtrates Hermann Blankenstein errichtete Pumpwerk III war Teil des vom damaligen Baurat James Hobrecht geplanten Stadtentwässerungssystems (> HOBRECHT-PLAN; > WASSERVERSORGUNG/ENTWÄSSERUNG). Der rechteckige, ornamentierte und in historisierenden Formen errichtete Backsteinbau besitzt einen hohen, viergliedrigen Schornstein. Das Pumpwerk wurde 1972 stillgelegt, in den Folgejahren restauriert und 1985 als einer der ersten Industriebauten unter Denkmalschutz gestellt. Im Inneren blieb eine der Maschinen erhalten.

Lawn-Tennis-Turnier-Club (LTTC) „Rot-Weiß" e.V.: Der 1897 gegründete LTTC hat seinen Sitz an dem nach seinem langjährigen Präsidenten (bis 1976) und berühmten Tennisspieler benannten Gottfried-von-Cramm-Weg 47 im Bezirk > ZEHLENDORF. Der Club, der heute ausschließlich Tennis betreibt (bis 1945 bzw. 1952 auch Hockey und Eishockey), ist als einziger Berliner Tennis-Verein in der Tennis-Bundesliga vertreten. Seine Hauptaktivitäten liegen in der Ausrichtung und Durchführung internationaler Turniere. 1950 wurden die internationalen Jugendmeisterschaften von Berlin, 1976 die ersten Jugendeuropameisterschaften ausgerichtet. Seit 1979 ist die Anlage des LTTC Austragungsort der alljährlich stattfindenden > INTERNATIONALEN DEUTSCHEN TENNISMEISTERSCHAFTEN DER DAMEN, zu denen jährlich über 50.000 Zuschauer kommen. Vor dem II. Weltkrieg, als der LTTC der leistungsstärkste Tennis-Club in Deutschland war, wurden auf seinen Courts die meisten Davis-Cup-Turniere ausgetragen. Zu den insg. 1.700 Mitgliedern des LTTC gehören so herausragende Tennisspieler wie Wilhelm Bungert und Boris Becker. Die Anlage des LTTC, die ihm 1907 vom deutschen Kaiserhaus geschenkt und die im II. Weltkrieg völlig zerstört wurde, umfaßt 1991 17 Plätze, darunter den 1983 fertiggestellten Center Court A mit Tribünenplätzen für 4.500 Zuschauer und den 1988 zusammen mit dem Pressezentrum errichteten Center-Court B, der 1.500 Zuschauern Platz bietet.

Lebenshaltungskosten: Der interregionale Vergleich von L. der privaten Haushalte ist aufgrund der unbefriedigenden Datenlage sehr schwierig. Die hierzu verfügbaren Quellen weisen jedoch darauf hin, daß die L. in Berlin in etwa genauso hoch sind wie in anderen Ballungsräumen. Die letzte diesbezüglich vom > DEUTSCHEN INSTITUT FÜR WIRTSCHAFTSFORSCHUNG durchgeführte Untersuchung von 1984 zeigte, daß die Verbraucherpreise in Berlin (West) ungefähr so hoch waren wie in sieben anderen ausgewählten westdeutschen Großstädten mit mehr als 500.000 Einwohnern. Dabei waren die L. ohne Wohnungsmieten in West-Berlin um rd. 2 % höher als der Durchschnitt. Gegenüber der alten Bundesrepublik insg. war das Niveau um etwa 5 % höher.
Beim Vergleich einzelner Preispositionen fallen jedoch zwei Bereiche aus dem Gesamtbild heraus: Deutlich teurer waren 1984 in West-Berlin die > ELEKTRIZITÄTSVERSORGUNG und die > GASVERSORGUNG, Baustoffe, Waren und Dienstleistungen für die Haushaltsführung (Möbel, Textilien, Haushaltsgeräte, Geschirr etc.) sowie Kraftstoff; billiger waren der > ÖFFENTLICHE PERSONENNAHVERKEHR und – inzwischen aufgehoben – Post- und Fernmeldeleistungen (> DEUTSCHE BUNDESPOST). Auch die Mieten waren 1984 im Durchschnitt um 15 % niedriger als in den Vergleichsstädten, was u.a. auf die damalige Mietpreisbindung im Altbau bei hohem Altbaubestand zurückzuführen sein dürfte (> MIETRECHT; > WOHNUNGSBAU).
In einem Preisvergleich der amtlichen Statistik wurden 1987 nochmals die Preise in den Städten Karlsruhe, München, Bonn und Berlin miteinander verglichen. Danach waren die L. (ohne Mieten) in Berlin um 2 % höher als in Bonn, insbes. wegen der höheren Energiepreise. Bei Einbeziehung der Wohnungsmieten vergrößerten sich die regionalen Unterschiede. Bei Neuvermietungen lag Berlin noch vor München. Hier wurden Preise verlangt, die um die Hälfte über dem Bonner Niveau lagen. Die Durchschnittsmieten dürften aber etwa gleich diesem Niveau gewesen sein.
Ob sich diese Preisunterschiede bis heute er-

halten haben, läßt sich empirisch nicht belegen. Der vom > STATISTISCHEN LANDESAMT monatlich veröffentlichte *Preisindex* ist nur bedingt für einen derartigen Vergleich geeignet, da er vornehmlich die Kaufkraftveränderungen beim Verbraucher widerspiegelt. Die Preise werden monatlich bei einem möglichst gleichbleibenden Kreis von ca. 1.000 Berichtsstellen – Einzelhändler, Dienstleister, Hauseigentümer, Wohnungsmieter – erhoben. Die Auswahl der 750 Waren des sog. Warenkorbs und des Gewichts, mit denen die Preisänderungen der Waren in den Gesamtindex eingehen – das Wägungsschema –, sind bundesweit einheitlich, so daß der Berliner Index nicht die Besonderheiten der Stadt, etwa im Mietenbereich, darstellen kann. Derzeit liegt die Verbrauchsstruktur des Jahres 1985 zugrunde; die etwa alle fünf Jahre erfolgende Anpassung an das veränderte Verbraucherverhalten steht noch aus.

Als Besonderheit wird der Preisindex in West-Berlin für vier verschiedene Typen von privaten Haushalten ermittelt: Seit 1950 gibt es den bundesweit erhobenen Preisindex für die Lebenshaltung eines 4-Personen-Haushalts von Arbeitern und Angestellten mit mittlerem Einkommen. 1987 kamen die Indizes für den 4-Personen-Haushalt von Angestellten und Beamten mit höherem Einkommen, den 2-Personen-Rentner- und Sozialhilfeempfänger-Haushalt sowie der Gesamtindex für alle privaten Haushalte hinzu. Nicht erhoben wird in West-Berlin der bundesweite Index für die einfache Lebenshaltung des Kindes.

Auf Basis des 4-Personen-Arbeiter- und Angestellten-Haushalts zeigt sich, daß die L. in West-Berlin von 1985-90 insg. um 8,2 % zugenommen haben, im alten Bundesgebiet um 6,7 %. Dies liegt im wesentlichen an den überdurchschnittlich steigenden Wohnungsmieten (West-Berlin: + 18,9 %, Bundesgebiet: + 12,9 %) und am schwächeren Preisrückgang bei Energiepreisen, ohne Kraftstoffe (West-Berlin: – 9,4 %, Bundesgebiet: – 14,3 %). Gegenüber 1990 stieg der Preisindex um 3,2 %. Dies ist die höchste Teuerungsrate seit 1985, v.a. bedingt durch die Anhebungen der Mineralölsteuer und der Telefon- und Postgebühren sowie die Preissteigerungen bei Wohnungsmieten. Im Monatsvergleich von Juni 1992 stieg der Preisindex nochmals um 3,9 %. Für westdeutsche Großstädte lagen keine derartigen Informationen vor. Man kann aber unterstellen, daß die Preisentwick-

lung dort der Berliner Entwicklung sehr nahe kommt, da auch in westdeutschen Ballungsräumen die Wohnungsmieten in den letzten Jahren stark gestiegen sind.

Ein Preisindex für das gesamte Stadtgebiet existiert derzeit nicht, auch nicht für das vereinigte Bundesgebiet, da die Unterschiede in Einkommen, Verbraucherverhalten und Haushaltsstruktur in Ost und West noch sehr groß sind. Preisindizes für die Lebenshaltung der privaten Haushalte im Beitrittsgebiet werden derzeit nur für die fünf neuen Länder einschließlich Ost-Berlins insg. ausgewiesen. Unterstellt man keine regionalen Unterschiede, so haben sich die Preise von November 1990 bis November 1991 in Ost-Berlin um gut ein Viertel verteuert. Wesentlichen Anteil daran hatten die Anhebung der Mieten und Verkehrstarife sowie die Aufhebung der > SUBVENTIONEN bei den Energiepreisen.

Lehrter Bahnhof: Der L. wurde 1869-71 nach Plänen von A. Lent, B. Scholz und La Pierre westlich des Humboldthafens im heutigen Bezirk > TIERGARTEN von der Magdeburg-Halberstädter Eisenbahngesellschaft als Endbahnhof der Bahnlinie nach Lehrte (Hannover) erbaut (> EISENBAHN). Der Kopfbahnhof hatte fünf Gleise mit zwei Seitenbahnsteigen und einem Mittelbahnsteig. Das Empfangsgebäude war ein dreigliedriger Bau im Baustil der italienischen Hochrenaissance mit einem hohen Mittelteil als Abschluß der 188 m langen, 38 m breiten und 27 m hohen Bahnsteighalle und mit zwei niedrigeren Seitenflügeln.

Als ab 1882 der Verkehr von/nach Hannover über die > STADTBAHN geführt wurde, übernahm der L. den Verkehr des im selben Jahr stillgelegten benachbarten > HAMBURGER BAHNHOFS. An der Stelle, wo die Stadtbahn die Einfahrtsgleise des L. überquerte, erhielt sie einen Haltepunkt, die heutige S-Bahn-Station Lehrter Stadtbahnhof. Der im II. Weltkrieg schwer beschädigte L. wurde nach 1945 zunächst wieder in Betrieb genommen, 1952 hat die > DEUTSCHE REICHSBAHN (DR) den Bahnhof jedoch geschlossen. Die Ruine wurde 1959 gesprengt.

Das Gelände des Bahnhofsgebäudes dient heute als Bauschuttlager, lediglich zwei Pappelreihen erinnern an die Lage der Bahnsteighalle. Der nördlich der Invalidenstr. bzw. des Lehrter Stadtbahnhofs gelegene Rangier- und Eilgutbahnhof dient heute als Containerbahnhof (> GÜTERVERKEHR). Der Güterbahnhof am Spreeufer südwestlich der Straße Alt-Moabit ist stillgelegt und dient vorwiegend als Standort für Gewerbebetriebe.

Nach dem gemeinsam von der DR und dem > SENAT VON BERLIN mit dem > BUNDESMINISTERIUM FÜR VERKEHR nach der > VEREINIGUNG im Rahmen der Verkehrswegeplanung vereinbarten Achsenkreuzkonzept soll der L. künftig als Fernbahnhof wiederentstehen. Am Schnittpunkt der Stadtbahn mit dem Nord-Süd-Eisenbahntunnel soll ein Kreuzungsbahnhof entstehen, der neben der > S-BAHN auf der Stadtbahn durch eine neue S-Bahn in Nord-Süd-Richtung (von Gleisdreieck bis zum Flughafen Tegel) und durch eine neue > U-BAHN in Ost-West-Richtung (vom > ALEXANDERPLATZ über > UNTER DEN LINDEN zur > TURMSTRASSE in > MOABIT) an das Netz des > ÖFFENTLICHEN PERSONENNAHVERKEHRS angebunden wird. Der Nord-Süd-Fernbahnhof liegt in der Minus-Zwei-Ebene 11,5 m unter Geländeniveau. Die unterirdische, 430 m lange Bahnhofshalle soll vier Bahnsteige für den Fern- und Regionalverkehr (acht Bahnsteigkanten) sowie je einen Bahnsteig für die S-Bahn und die U-Bahn erhalten. Die Minus-Eins-Ebene ist das Service- und Verteilergeschoß. Auf Geländeebene erfolgt die Anbindung an den Nahverkehr (> STRASSENBAHN, Taxen, Pkw-Vorfahrt).

In der Plus-Eins-Ebene liegt der neue Ost-West-Fernbahnhof. Zur Vergrößerung der Kurvenradien im Bahnhofsbereich wird dieser Bahnhof südlich der heutigen Fernbahngleise der Stadtbahn liegen. Er soll zwei Bahnsteige mit vier Bahnsteigkanten erhalten. Es werden etwa 75.000 Reisende pro Tag erwartet, davon ca. 52.000 Reisende im Fernreiseverkehr. Damit würden etwa 37 % aller zukünftig erwarteten Reisenden im Berliner Eisenbahnfernverkehr im L. zu- bzw. aussteigen. Die derzeit größten Fernverkehrsbahnhöfe der Bundesrepublik Köln Hbf und München Hbf weisen (Stand 1991) etwa 47.000 Reisende pro Tag auf.

Leichte Musik: Im Gegensatz zur Ernsten > MUSIK mit den Sparten Oper und symphonischer Dichtung, die in Berlin nach wie vor auf hohem Niveau und mit internationaler Reputation gepflegt werden, ist die Bedeutung der L. in Berlin nach dem II. Weltkrieg – wie überall – stark zurückgegangen und von der Unterhaltungsmusik abgelöst worden. Eine größere Bedeutung hat in Ber-

lin heute noch das Musical, während die Unterhaltungsfunktionen von Operette und Revue v.a. auf das > FERNSEHEN übergegangen sind.

Die ursprünglich auf Parodien der Oper zurückgehende, v.a. in Paris und Wien entwickelte Form der *Operette*, kam in der zweiten Hälfte des 19. Jh. nach Berlin, das rasch zu einer der bedeutendsten Operettenstädte Europas aufstieg. Ein herausragendes gesellschaftliches Ereignis der damaligen Zeit war die Uraufführung von Paul Linckes, von ihm selbst inszenierten Operette „Frau Luna" am 31.12.1899 im Apollo-Theater in der > FRIEDRICHSTRASSE. Ihr sensationeller Erfolg beruhte u.a. darauf, daß Lincke spezifische Berliner Elemente (Posse, Ausstattung) verwendete und seine Operetten wesentlich derber gestaltete als die Wiener Vorbilder. Zu den bedeutendsten Vertretern dieser besonderen Form der *Berliner Operette* zählten neben Lincke Walter Kollo („Wie einst im Mai", Uraufführung Oktober 1913 im Berliner Theater in der Charlottenstr.), Jean Gilbert („Puppchen", Uraufführung Dezember 1912 im Thalia-Theater in der Dresdener Str.) und Eduard Künneke („Der Vetter aus Dingsda", Uraufführung April 1921 im Theater am Nollendorfplatz; heute > METROPOL).

Seit Ende der 20er Jahre bemächtigte sich der frühe Tonfilm rasch der Operette, und die 1917 in Berlin gegründete Universum-Film-AG (UFA) wurde zu einem der auf diesem Gebiet weltweit führenden Filmstudios (> FILM). Zu Zeiten des Nationalsozialismus und während des II. Weltkriegs wurden diese Filme – z.B. „Liebeswalzer" (Wilhelm Thiele 1929), „Die drei von der Tankstelle" (Wilhelm Thiele 1930) und „Der Kongress tanzt" (Erich Charell 1931) – häufig zur Ablenkung und Stärkung des Durchhaltewillens eingesetzt. Diese Entwicklung und das Aufkommen der Revue in den 20er Jahren verdrängten schließlich die Operetten weitgehend von den Berliner Bühnen. Heute spielt diese Gattung in Berlin so gut wie keine Rolle mehr, abgesehen von vereinzelten Inszenierungen zu Silvester. Ihre Funktion hat das Musical übernommen.

Die bürgerliche *Revue* kam Ende des 19. Jh. in Frankreich auf und hatte ihre Blütezeit in den 20er Jahren in den USA und – von dort stark beeinflußt – in Deutschland, v.a. in Berlin. Den Beginn dieser Entwicklung markiert eine aufsehenerregende Aufführung von „Paradies der Frauen" im September 1898 im

> Metropol-Theater in der Behrenstr. im heutigen Bezirk > Mitte (wo sich seit 1947 die heutige > Komische Oper befindet). An großen Ausstattungsstücken waren oft mehr als 500 Mitwirkende beteiligt. Als wichtige Beispiele gelten „Chauffeur, ins Metropol" von Rudolf Nelson (1912 im Metropol-Theater), „Drunter und Drüber" von Hermann Haller, „Das hat die Welt noch nicht gesehen" von James Klein (1923 bzw. 1924 im > Admirals-palast an der Friedrichstr.), und „An Alle" von Erich Charell (1924 im Großen Schauspielhaus im alten > Friedrichstadtpalast). Neben Metropol-Theater und Admiralspalast diente v.a. auch der 1880 eröffnete Wintergarten im Central-Hotel neben dem > Bahnhof Friedrichstrasse als Bühne für Revueveranstaltungen.

Stärker als die Operette diente die Revue nicht nur der leichten Unterhaltung, sondern auch der Ablenkung des krisengeschüttelten Publikums. Auf die massenwirksame Zugkraft der Revue baute 1924 auch Erwin Piscator mit seiner Agitprop-Revue „Roter Rummel", die durch die Versammlungssäle der > Bezirke tourte, und der von ihm inszenierten, am 3.9.1927 im Theater am Nollendorfplatz uraufgeführten Revue „Hoppla, wir leben" (von Ernst Toller). Nach dem II. Weltkrieg lebten die Revuen nur in geringem Umfang wieder auf. Einzig der im ehemaligen Ostteil Berlins gelegene Friedrichstadtpalast pflegte weiterhin diese Tradition und setzte dies auch nach der > Vereinigung fort.

Die im 19. Jh. in New York entstandene Form des von Operette, Revue und z.T. dem > Kabarett beeinflußten *Musicals* fand etwa um die Jahrhundertwende nach Deutschland. Durchschlagenden Erfolg hatten Musicals aber erst nach dem II. Weltkrieg, als auch in Berlin die bereits international erfolgreichen, fast alle aus den USA stammenden Arbeiten nachgespielt wurden. Zu nennen ist bspw. „Kiss me Kate" von Cole Porter aus dem Jahr 1948, das 1955 in der > Komödie am > Kurfürstendamm im Bezirk > Charlottenburg unter der Regie von Leonard Steckel seine Berliner Uraufführung fand. Gastspiele gab es ferner im > Titania-Palast in der > Schlossstrasse in > Steglitz, wo aus den USA eingereiste Ensembles 1951 „Oklahoma" von Richard Rogers und 1952 George Gershwins „Porgy and Bess" aufführten. Im Oktober 1961 eröffnete Hans Wölffer das umgebaute > Theater des Westens in der Kantstr. in Charlottenburg mit Frederik Loewes „My fair Lady" aus dem Jahr 1956.

Ausgelöst durch den Film „Cabaret" aus dem Jahr 1972 mit Liza Minelli erlebt das M. in den letzten Jahren eine Renaissance. In Berlin dient v.a. das ständig ausverkaufte Theater des Westens als Spielort, wo die Musicals „Cabaret" von John Kander (Uraufführung 1966 in New York, Berlin Dezember 1978, 1987 wieder aufgenommen) sowie „La Cage aux Folles" von Jerry Herman (Uraufführung 1983 in New York, Berlin Oktober 1985) langanhaltenden Erfolg hatten.

Leipziger Platz: Der L. ist ein etwa 160 x 160 m großer achteckiger Stadtplatz zwischen dem > Potsdamer Platz und der > Leipziger Strasse im Bezirk > Mitte. Er entstand 1732-34 unter Friedrich Wilhelm I. (1713-40) nach Plänen von Oberbaudirektor Philipp Gerlach im Zuge der Erweiterung der Friedrichstadt nach Westen und Süden (> Stadterweiterung). Bei gleicher Gelegenheit schuf Gerlach nördlich des L. das Quarrée (Quadrat) am > Brandenburger Tor, heute > Pariser Platz, und im Süden das Rondell (Kreis) am Halleschen Tor, den heutigen > Mehringplatz. Aufgrund seiner Form hieß der Platz zunächst *Octogon* am Potsdamer Tor oder auch *Achteck*. Erst 1814 erhielt er in Erinnerung an die Völkerschlacht bei Leipzig den Namen L.

Als Karl Friedrich Schinkel 1823/24 das *Potsdamer Tor* neu errichtete (> Stadtmauer), wurde dieses etwas weiter stadteinwärts verschoben und erhielt seine charakteristischen Torhäuser in den Formen eines dorischen Prostylos, die den L. nach Westen abschlossen. Gleichzeitig wurde der Platz nach Plänen von Peter Joseph Lenné gärtnerisch gestaltet; an den acht Ecken befanden sich als Laternenträger Figurengruppen von Christian Wilhelm Meyer. Gegen Ende des 19. Jh. wurden die Standbilder des preußischen Ministerpräsidenten Friedrich Wilhelm Graf v. Brandenburg (1848-50) und des Feldmarschalls Friedrich Heinrich Graf v. Wrangel hinzugefügt. Der ersten Umbauung aus prachtvollen Palais des 19. Jh. folgten später repräsentative Hotel- und Geschäftsbauten, so am Eingang zur Leipziger Str. 1905 das Kaufhaus Wertheim von Alfred Messel, auf der Seite zum Potsdamer Platz 1892/93 das „Palast-Hotel" von Ludwig Heim und das Aschinger-Hotel „Der Fürstenhof", 1906/07 von Richard Bielenberg und Josef Moser.

Leipziger Platz 1928

Die Behauung um den L. wurde im II. Weltkrieg weitgehend zerstört. Lediglich die
Struktur des Platzes und die Torbauten
Schinkels blieben im wesentlichen intakt.
Erst als der Platz durch den Bau der > MAUER
1961 zum unmittelbaren Grenzgebiet wurde,
trug man die Reste Schritt für Schritt ab, so
daß der L. heute kaum mehr in seinen Umrissen erkennbar ist. Seine Wiederherstellung
war Thema eines am 1.10.1991 entschiedenen
städtebaulichen Wettbewerbs für den gesamten Bereich. Der preisgekrönte Entwurf der
Münchener Architekten Heinz Hilmer und
Christoph Sattler sieht eine bis zu 35 m hohe
Randbebauung in Anpassung an die historischen Formen vor.

Leipziger Straße: Die L. im Bezirk > MITTE
ist eine wichtige Geschäftsstraße am Südrand
der östlichen > CITY. Sie beginnt am >
SPITTELMARKT und führt über ca. 1,5 km parallel zur Straße > UNTER DEN LINDEN über die >
FRIEDRICHSTRASSE hinweg zum > LEIPZIGER
PLATZ mit dem jenseits der ehem. Sektorengrenze (> SEKTOREN; > DEMARKATIONSLINIE) anschließenden > POTSDAMER PLATZ. Seit der >
VEREINIGUNG ist der Straßenzug wieder eine
der Hauptverbindungsstraßen zwischen den

ehemals getrennten Stadthalften.
Die L. enstand ab 1688 beim Ausbau der
Friedrichstadt (> STADTERWEITERUNG). 1706 erhielt sie ihren Namen nach dem hier entlang
führenden Handelsweg nach Leipzig. An ihrem östlichen Ende errichtete Carl v. Gontard
1776 auf der Brücke über den aus dem 17. Jh.
stammenden Festungsgraben die 1929/1960
abgetragenen *Spittelkolonnaden* (> KOLON-
NADEN). Westlich davon, auf der Südseite der
L., befand sich bis zum Umbau der Straße
nach dem II. Weltkrieg der > DÖNHOFFPLATZ,
auf dem eine 1730 errichtete Postmeilensäule
für viele Jahre den Mittelpunkt Berlins markierte (> MEILENSÄULEN). Als architektonischer
Kontrast zu der ab 1970 an der L. entstandenen modernen Hochhausbebauung wurde
1979 etwas östlich dieser Stelle die südliche
Hälfte der Spittelkolonnaden rekonstruiert
und eine Kopie der historischen Meilensäule
aufgestellt.
Im Haus Nr. 31 der L. wurde 1810 der
Schriftsteller und Journalist Adolf Glaßbrenner geboren, der die Berliner Mundart
literaturfähig machte (> BERLINISCH). Nahe
dem Leipziger Platz hatte von 1761-1868 die
Königliche Porzellan-Manufaktur ihren Sitz
(> KPM – KÖNIGLICHE PORZELLAN-MANUFAKTUR

GmbH). Nach Gründung des Deutschen Reiches 1871 entstand auf diesem Grundstück
zunächst ein provisorischer Bau für den
Deutschen Reichstag (> REICHSTAGSGEBÄUDE).
1898 wurde das Gebäude abgerissen und an
seiner Stelle das Preußische Herrenhaus errichtet (> PREUSSISCHER LANDTAG). An der Ecke
Mauerstr. steht das 1893-97 errichtete Gebäude des Reichspostmuseums.
Um die Jahrhundertwende entwickelte sich
die bis dahin stille Wohnstraße zu einem der
verkehrsreichsten Geschäfts- und Handelszentren der Reichshauptstadt. Angrenzend
an den Leipziger Platz entstand auf der nördlichen Straßenseite zwischen 1897-1904 nach
einem für den Kaufhausbau richtungweisenden Entwurf von Alfred Messel das
Großkaufhaus Wertheim. 1911/12 wurde seine Verkaufsfläche auf 18.680 m² erweitert,
die Schaufensterfront maß 330 m. Beim
Dönhoffplatz befand sich außerdem das 1900
erbaute Warenhaus Tietz. 1935-36 entstand
an der Ecke > WILHELMSTRASSE (heute Toleranzstr.) der riesige Gebäudekomplex des
Reichsluftfahrtministeriums, das der DDR als
„Haus der Ministerien" diente und nach der
Vereinigung zum Sitz der > TREUHANDANSTALT
wurde (> DETLEV-ROHWEDDER-HAUS).
Während des II. Weltkriegs wurde die L. fast
völlig zerstört. 1970 begann der systematische Wiederaufbau ihres östlichen Teils ab
Friedrichstr. zu einer Wohn- und Einkaufsstraße mit 2.000 Wohnungen in elf- bis
25geschossigen Wohnhochhäusern. Zugleich
wurde die L. verbreitert und als Teil einer
vierspurigen West-Ost-Magistrale mit der

Leipziger Straße heute

Verbindungen eröffnet. Grundlage für den
weiteren Ausbau der L. ist ein im Oktober
1991 entschiedener städtebaulicher Wettbewerb zur Gestaltung des Gesamtbereichs um
den Potsdamer und Leipziger Platz.

Lenné-Dreieck: Das ca. 4 ha große sog. L.
zwischen > GROSSEM TIERGARTEN und >
POTSDAMER PLATZ war 1988 Gegenstand des
dritten zwischen der DDR und dem > SE-
NAT VON BERLIN vereinbarten > GEBIETSAUS-
TAUSCHES. Das von Lennéstr., Bellevuestr. und
Ebertstr. begrenzte Gelände gehörte seit der
Bildung > GROSS-BERLINS 1920 zum Stadtbezirk > MITTE und kam mit diesem 1945
zum sowjetischen Sektor (> SEKTOREN). Beim
Bau der > MAUER 1961 wurde der Zipfel
durch die Sperranlagen abgeschnitten und
blieb als nur provisorisch umzäunte, nach
West-Berlin hineinragende Brachfläche bestehen. Durch die am 31.3.1988 unterzeichnete
Vereinbarung zum Gebietsaustausch kam
das L. am 1.7.1988 zum West-Berliner Bezirk
> TIERGARTEN.
Über Berlin hinaus bekannt wurde das L., als
es im Vorfeld der Austauschregelung am
25.5.1988 v.a. aus Protest gegen den hier vom
Senat beabsichtigten Schnellstraßenbau besetzt wurde. Bei der Räumung des Geländes
am 1.7.1988 „flüchteten" mehr als 180 der
Besetzer über die Mauer nach Ost-Berlin, das

Leipziger Straße 1901

Gertraudenstr. und dem > MÜHLENDAMM verbunden. Nach dem Fall der > MAUER am > 9.
NOVEMBER 1989 wurde der über die L. und
den Potsdamer Platz führende Straßenzug
als eine der ersten zusätzlichen Ost-West-

sie über die üblichen Grenzübergänge wieder verließen. Die Pläne zum Schnellstraßenbau wurden von der Wende und der > Vereinigung überholt. Heute ist das Gelände Teil des Wettbewerbgebiets für den Bereich Potsdamer/> Leipziger Platz.

Lessing-Hochschule: Die L. in der Jebensstr. 1 in > Charlottenburg ist ein traditionsreiches Bildungsinstitut, dessen Studienkurse und Vortragsreihen sich v.a. an Erwachsene wenden, die ihr Allgemeinwissen den aktuellen Forschungen und Erkenntnissen anpassen wollen. Allen Interessierten steht der Zugang zu diesem wissenschaftlichen Institut offen; es werden keine Abschlüsse vergeben. Die L. ist hervorgegangen aus der im Mai 1900 gegründeten „Lessing-Gesellschaft für Kunst und Wissenschaft e.V.". Die Vorlesungen dieses Instituts für Erwachsenenbildung befaßten sich zunächst vorwiegend mit literarischen, kunst- und musikgeschichtlichen Themen. In den Jahren 1914-33 entwickelte sich die L. zu einem Bestandteil des Berliner Bildungswesens. Persönlichkeiten wie Ernst Jäckh, Theodor Heuss und Gustav Stresemann wirkten als Dozenten an der L. 1933 wurde der damalige Leiter Ludwig Lewin aus politischen Gründen von seinem Amt entbunden und die Hochschule gleichgeschaltet. 1965 wurde sie auf Initiative Lewins neu gegründet und setzte ihre Tradition der Weiterbildung fort. Neue Schwerpunkte sind die Lehrgänge zur beruflichen Weiterbildung und Informatik. Als Dozenten werden Fachleute von den Berliner Hochschulen, anderen wissenschaftlichen Einrichtungen oder aus der Verwaltung verpflichtet. Die L. finanziert sich zu ca. 55 % aus den Teilnehmergebühren, der Rest kommt als Zuschuß von der > Senatsverwaltung für Schule, Berufsbildung und Sport.

Lette-Verein: Der L. mit Sitz am Viktoria-Luise-Platz 6 in > Schöneberg ist seit 1943 als Stiftung des öffentlichen Rechts Träger einer *Technischen Berufsfachschule*, einer *Lehranstalt für Pharmazeutisch-technische Assistenten*, einer *Berufsfachschule für Fotografie, Grafik und Mode* und einer *Hauswirtschaftlichen Berufsfachschule*.
Der L. wurde 1866 von Wilhelm Adolph Lette als „Verein für die Erwerbsfähigkeit des weiblichen Geschlechts" gegründet. Finanziell und ideell wurde die Arbeit unterstützt durch Adelskreise um Kronprinzessin Viktoria, die Gemahlin des späteren Kaisers Friedrich III. (1831-88). Das Hauptanliegen der Institution war – für die damalige Zeit revolutionär – die Förderung der Bildung von Frauen in den Bereichen Handel und Industrie. Nach dem Tod des Gründers wurde der Verein in L. umbenannt.
Aus der von Frauen für Frauen geleiteten Bildungseinrichtung entwickelte sich in über 125 Jahren eine berufliche Ausbildungsstätte für Frauen und Männer. Mit dem Anspruch, daß die berufliche Bildung verstärkt sozial- und arbeitsethische Fragen berücksichtigen soll, werden gesellschaftspolitische und persönlichkeitsbildende Themen in die Ausbildung einbezogen. Alle Ausbildungsgänge führen zu einem staatlich anerkannten Abschlußexamen. Voraussetzung für einen Ausbildungsplatz ist der Realschulabschluß oder das Abitur, für die Hauswirtschaftliche Berufsschule genügt der Hauptschulabschluß. Je nach Berufsziel dauert die Ausbildung ein bis drei Jahre. Durch die i.d.R. aus der Berufspraxis der ausgebildeten Berufe kommenden Dozenten und Dozentinnen wird der direkte Bezug zur Berufswelt hergestellt. Für die Schulen und Lehranstalten des Vereins gilt das Privatschulgesetz (> Privatschulen). Es wird ein Schulgeld erhoben und Ausbildungsförderung (BAföG) für alle Ausbildungsgänge gewährt. Die Förderung schließt das Schulgeld ein, Kosten für Übungsmaterial tragen die Auszubildenden selbst. Der Etat des L. wird von der > Senatsverwaltung für Schule, Berufsbildung und Sport und durch das Schulgeld gedeckt.

Liberal-Demokratische Partei Deutschlands (LDPD): Die nach der am 10.6.1945 erfolgten Zulassung antifaschistischer, demokratischer Parteien und Gewerkschaften durch die > Sowjetische Militäradministration in Deutschland (SMAD) am 5.7.1945 in Berlin gegründete LDPD war eine der in der SBZ/DDR bestehenden sog. > Blockparteien.
In ihrem Gründungsaufruf vom 5.9.1945 bekannte sich die Partei zur „liberalen Weltanschauung" und „demokratischen Staatsgesinnung", zu den individuellen Freiheitsrechten und zum Privateigentum. Wie die anderen Parteien in der SBZ mußte sich auch die LDPD im Juli 1945 der „Einheitsfront der antifaschistisch-demokratischen Parteien" anschließen. Bei den Wahlen zur > Stadtverordnetenversammlung von > Gross-Berlin am 20.10.1946 erreichte die LDPD 9,3 % und be-

teilligte sich an der Bildung des > MAGISTRATS. Der damalige Vorsitzende der LDPD, Wilhelm Külz, versuchte bis zu seinem Tode im April 1948 liberale Positionen gegenüber der > SOZIALISTISCHEN EINHEITSPARTEI DEUTSCHLANDS (SED) und der sowjetischen Besatzungsmacht zur Geltung zu bringen. Noch auf ihrem dritten Parteitag im Februar 1949 in Eisenach beschloß die LDPD ein Grundsatzprogramm, in dem sie sich zu einer demokratisch-parlamentarischen Republik, zur Einheit Deutschlands, zum Privateigentum und zur Unabhängigkeit der Justiz bekannte. Nur wenige Monate später wurde die LDPD jedoch unter starkem Druck auf die Zusammenarbeit mit der SED verpflichtet. Zahlreiche Mitglieder, die sich dem neuen Kurs widersetzten, wurden verhaftet, verurteilt oder zur Flucht in den Westen getrieben.

Der Berliner Landesverband der LDPD opponierte unter seinem Vorsitzenden Carl-Hubert Schwennicke bereits 1946/47 gegen die LDPD-Führung unter Wilhelm Külz, die sich nach ihrer Meinung gegenüber der SED zu kompromißbereit zeigte. Am 10.2.1948 wurde der Berliner Landesverband aus der LDPD ausgeschlossen. Auf Betreiben der SMAD gründete sich nach dem Tode von Külz im Ostsektor der Stadt am 26.4.1948 eine „Arbeitsgemeinschaft der LPD Berlins", die später als „Bezirksverband Groß-Berlin" in die LDPD der DDR eingegliedert wurde.

Der LDPD-Landesverband in den Westsektoren Berlins nahm an den West-Berliner Wahlen zur Stadtverordnetenversammlung am 5.12.1948 teil. Mit 16,1 % der Stimmen wurden die Liberaldemokraten drittstärkste Partei. Im Dezember 1948 beteiligte sich die (West-) Berliner LDPD dann an der Gründung der > FREIEN DEMOKRATISCHEN PARTEI (FDP), deren Berliner Landesverband sie wurde, und übernahm am 1.2.1949 deren Parteinamen.

Die LDPD in der DDR bekannte sich auf ihrem Parteitag 1951 unter ihrem neuen Vorsitzenden Hans Loch vorbehaltlos zum Marxismus-Leninismus. Die Mitgliederzahl, 1950 noch bei knapp 200.000, verringerte sich in den Folgejahren auf etwa 60.000 (1962), war aber bis Ende 1989 wieder auf über 100.000 angestiegen.

Nach der „Wende" trat die Partei am 5.12.1989 aus dem „Demokratischen Block" aus und schloß sich am 12.2.1990 nach Änderung ihres Parteinamens in LDP mit den aus der Bürgerbewegung in der DDR hervor-

gegangenen liberalen Gruppierungen zu einem Wahlbündnis *Bund Freier Demokraten* zusammen. Auf dem Vereinigungsparteitag in Hannover am 11.8.1990 verbanden sich die liberalen Parteien in Ost und West.

Lichtenberg: Der flächenmäßig zu den kleineren > BEZIRKEN Berlins gehörende, aber bevölkerungsreiche Bezirk L. östlich der Innenstadt besteht aus den Ortsteilen L., > FRIEDRICHSFELDE und > KARLSHORST. Seine Nachbarbezirke sind im Norden > HOHEN-SCHÖNHAUSEN, im Osten > MARZAHN, im Süden > KÖPENICK und im Westen > PRENZLAUER BERG, > FRIEDRICHSHAIN und ein kleines Stück von > TREPTOW. Der südliche Teil von L. bis zum Straßenzug > FRANKFURTER ALLEE/Alt-Friedrichsfelde liegt im > WARSCHAU-BERLINER URSTROMTAL der > SPREE; der nördliche gehört zur Hochfläche des > BARNIM. Im Stadtbild mischen sich traditionelle und vielfach architektonisch wegweisende Mietshausanlagen der 20er Jahre v.a. im Westen des Bezirks sowie aus der gleichen Zeit stammenden Kleinhaussiedlungen und > VILLENKOLONIEN im Osten und Süden mit umfangreichen Großbauquartieren in Plattenbauweise aus der Nachkriegszeit im Zentrum und im Norden. L. gehört zu den wichtigen Industriestandorten im Ostteil der Stadt.

Der Bezirk entstand 1920 als 17. Verwaltungsbezirk von > GROSS-BERLIN mit durch den Zusammenschluß der Stadt L. mit den Landgemeinden Friedrichsfelde, > BIESDORF (einschließlich des Gutsbezirks), > KAULS-DORF, > MAHLSDORF, Marzahn und > HELLERS-DORF (mit Wuhlgarten). Als 1979 der Ortsteil Marzahn zum Kern eines neuen, neunten Ost-Berliner Stadtbezirks erhoben wurde, mußte L. neben Marzahn selbst die Ortsteile Biesdorf, Hellersdorf, Kaulsdorf und Mahlsdorf an den neuen Bezirk abgeben. Als Wappen hat der Bezirk das 1914 entstandene Stadtwappen von L. übernommen.

Das ursprüngliche Angerdorf L. wurde 1288 erstmals urkundlich erwähnt (> DÖRFER). Aus dieser Zeit blieb die Dorfkirche am einstigen Dorfanger (heute Loeperplatz im Zuge der Möllendorffstr.) in den aus Feldsteinen errichteten Umfassungsmauern des ehem. Langhauses erhalten. Der Turm stammt von 1792. Nach Kriegsbeschädigungen wurde das Innere der Kirche 1950-54 modern ausgebaut. 1965-66 wurde die ausgebrannte barocke Turmlaterne durch einen Spitzturm ersetzt (> DORFKIRCHEN).

1391 wurde L. von der Stadt Berlin erworben und blieb lange Zeit Kämmereidorf mit Vorwerk. Nach einer Teilseparation erfuhr das Gut 1783 eine beträchtliche Vergrößerung. Anfang des 18. Jh. kam es in den Besitz der Familie des Staatsministers Karl August v. Hardenberg und wurde in den Gründerjahren schließlich von seinem damaligen Besitzer, dem Lichtenberger Amts- und Gemeindevorsteher Hermann Leo Roeder, als Bauland verkauft.

Rathaus Lichtenberg

Die von Friedrich II. (1740-86) geförderte Kolonisierung brachte auch dem Dorf L. durch die Gründung der heute nicht mehr existierenden Kolonien Friedrichsberg (1771) und Lichtenberger Kietz (1783) eine erhebliche Gebietserweiterung. Bereits zu dieser Zeit entwickelte sich L. zu einem Villenvorort und beliebten Ausflugsziel für die Berliner Bevölkerung. 1786 ließ sich der damalige Gouverneur von Berlin, Generalleutnant Wichard Joachim Heinrich v. Möllendorff, in L. ein schloßähnliches Landhaus mit einem großen Park errichten. 1907 erwarb die Gemeinde das Anwesen und ließ es zum heutigen Stadtpark umgestalten. An der Stelle des alten Herrenhauses befindet sich heute in einem 1910/11 als Realgymnasium errichteten Gebäudekomplex (an der Parkaue 25) das > Theater der Freundschaft (> Kinder- und Jugendtheater) sowie das 1949 als Pionierhaus der Freien Deutschen Jugend (FDJ) gegründete und heute vom Bezirksamt L. als überregionale Freizeiteinrichtung betriebene Haus der Kinder.

Mit der Einführung der Gewerbefreiheit (1810) nahmen bald auch einige Handwerksbetriebe sowie eine Branntweinbrennerei, eine Ziegelei und eine Wachstuchfabrik in L. ihren Betrieb auf. 1867 wurde der > Bahnhof Lichtenberg an der Königlich Preußischen Ostbahn eröffnet (> Eisenbahn). Die eigentliche Entwicklung zum Industriestandort setzte jedoch erst nach 1871 ein. 1897/98 wurde in der Möllendorffstr. 6 (nahe dem alten Dorfkern) nach einem Entwurf des Gemeindebaumeisters Ernst Knipping das viergeschossige Rathaus als Klinkerverblendbau in Formen der brandenburgischen Backsteingotik errichtet. Entsprechend seiner Lage am Kreuzungspunkt von fünf Straßen hat es einen trapezförmigen Grundriß. Es zeigt im Eingang gemalte Allegorien bürgerlicher Erwerbszweige (Verkehr, Landwirtschaft, Handel und Gewerbe) sowie von Einigkeit und Gerechtigkeit. Neben dem malerischen Turmaufsatz auf dem Staffelgiebel an der Frontseite sind die in Höhe des obersten Geschosses angebrachten Medaillons erwähnenswert, wobei zwei jeweils den roten brandenburgischen Adler, eines den schwarzen preußischen Adler und eines das Lichtenberger Bezirkswappen zeigen. Nach Beseitigung der Kriegsschäden 1957 erfolgte 1984/85 eine umfassende Innenrestaurierung (> Rathäuser).

Nachdem sich der Ort immer mehr nach Osten und Norden ausdehnte, wurde 1901 als neuer zentraler Mittelpunkt der Gemeinde der *Roedeliusplatz* angelegt (benannt nach Wilhelm-Albert Roedelius, seit 1874 erster Amtsvorsteher des neuen Amtsbezirks L.). Als erste größere Gebäude entstanden hier 1903-06 das von Paul Thoemer und Rudolf Mönnich in Anlehnung an westfälische Barockbauten entworfene Amtsgericht (> Amtsgerichte) und die nach Plänen von Ludwig v. Thiedemann und Robert Leibnitz im spätgotischen Stil ausgeführte *Glaubenskirche*. Um 1900 nahmen an der Peripherie des Ortes Gas- und Wasserwerke ihren Betrieb auf (> Gasversorgung; > Wasserversorgung/Entwässerung). 1907 wurde L. zur Stadt erhoben, die 1908 einen eigenen Stadtkreis bildete, zu dem ab 1912 auch die Landgemeinde Boxhagen-Rummelsburg gehörte (> Rummels-

BURG). Hier war 1872-75 die Arbeitersiedlung *Victoriastadt* errichtet worden, die als erste in Beton errichtete Wohnsiedlung der Welt gilt. In den 20er Jahren entstanden v.a. in den Ortsteilen Karlshorst und Friedrichsfelde zahlreiche weitere beispielhafte Wohnanlagen.

Bereits 1894 war in Karlshorst am Nordrand der > WUHLHEIDE eine Hindernisbahn für Pferderennen eröffnet worden, die nach dem

gen errichtet worden, die die städtebauliche Gestalt des Bezirks erheblich verändert haben. So entstanden das *Hans-Loch-Viertel* in Friedrichsfelde – benannt nach dem die Politik der > SOZIALISTISCHEN EINHEITSPARTEI DEUTSCHLANDS (SED) kompromißlos unterstützenden Parteivorsitzenden der > LIBERAL-DEMOKRATISCHEN PARTEI DEUTSCHLANDS (LDPD) und ersten Finanzminister der DDR (die nach ihm benannte Straße erhielt 1992 den Namen

Lichtenberg – Fläche und Einwohner		
Fläche (Juni 1989)	26,4 km^2	100 %
Bebaute Fläche	16,29	61,8
Wohnfläche	8,71	33,0
Gewerbe- und Industriefläche		
inkl. Betriebsfläche	2,61	9,9
Verkehrsfläche	3,30	12,5
Grünfläche[1]	5,01	19,0
Landwirtschaft	0,22	0,8
Wald	0,20	0,8
Wasser	0,68	2,6
Einwohner (31.12.1989)	172.277 EW	
darunter: Ausländer	7.275	4,2 %
Einwohner pro km^2	6.536	

[1] Parks, Tierparks, Kleingärten, Spielplätze, ungedeckte Sportanlagen, Freibäder, Friedhöfe

II. Weltkrieg zur heutigen > TRABRENNBAHN KARLSHORST umgebaut wurde. Von 1945-49 nahm die Kommandantur der > SOWJETISCHEN MILITÄRADMINISTRATION IN DEUTSCHLAND in diesem Ortsteil ihren Sitz. In einem der dortigen Gebäude wurde in der Nacht vom 8. auf den 9.5.1945 die bedingungslose Kapitulation Deutschlands unterschrieben. 1967 hat die > GRUPPE DER SOWJETISCHEN STREITKRÄFTE IN DEUTSCHLAND hier eine Gedenk- und Ausstellungsstätte eröffnet, über deren konzeptionelle Neugestaltung nach Abzug der Truppen bis 1994 derzeit ein Expertenteam berät (> MUSEUM DER BEDINGUNGSLOSEN KAPITULATION). An der Treskowallee 8 hat in den Räumen der ehem. DDR-Hochschule für Ökonomie die am 1.10.1991 neu gegründete > FACHHOCHSCHULE FÜR TECHNIK UND WIRTSCHAFT (FHTW) ihren Sitz. Die FHTW nutzt gleichfalls die Räume der ehem. *Ingenieurhochschule Lichtenberg* für Maschinenbau und Elektrotechnik in der Marktstr. 9-12.

Seit den 60er Jahren sind in L. umfangreiche neue Wohngebiete mit fast 40.000 Wohnun-

Sewanstr.) – und die Wohngebiete Frankfurter Allee (Nord und Süd), Landsberger Allee/Weißenseer Weg, Alt-Friedrichsfelde, Alfred-Kowalke-Str. und Am Tierpark.

Die Entwicklung L. ist wesentlich durch seine günstige Verkehrslage mitbestimmt worden. Vom Stadtzentrum nach Osten durchqueren die Bundesstraßen 1 und 5 streckengleich über Frankfurter Allee und Alt-Friedrichsfelde den Bezirk (> BUNDESFERNSTRASSEN) und erreichen bei Vogelsdorf den > BERLINER RING. Sie folgen der Linienführung einer alten Handels- und Poststraße von Berlin nach Frankfurt/O. Als Reichsstraßen führten sie einst von der belgischen Grenze über Aachen nach Berlin und dann ostwärts über Küstrin, Königsberg und Gumbinnen an die litauische Grenze (Nr. 1) bzw. von der dänischen Grenze über Tondern und Hamburg nach Frankfurt/O. und weiter nach Breslau und Beuthen zur polnischen Grenze (Nr. 5).

Die wichtigste Nord-Süd-Verbindung verläuft im Osten des Bezirks über Rhinstr., Am

Tierpark und Treskow Allee von Hohenschönhausen nach > OBERSCHÖNEWEIDE. Eine weitere überregionale Nord-Süd-Verbindung ist der am Westrand von L. gelegene Straßenzug Weißenseer Weg – Möllendorffstr., der aus > WEISSENSEE kommend durch den Neubaukomplex Lichtenberg-Nord (50.000 Einwohner) zum alten Dorfanger von L. führt. Nach Überquerung der Frankfurter Allee verläuft sie weiter durch die Gürtelstr. zum wichtigen S-Bahn-Umsteigebahnhof *Ostkreuz* an der Bezirksgrenze in Friedrichshain. Von hier aus durchquert als südöstliche Ausfallstraße nach Köpenick der Straßenzug Hauptstr. – Köpenicker Chaussee – Rummelsburger Landstr. den Südteil des Bezirks. Von überregionaler verkehrlicher Bedeutung sind die im Bezirk errichteten Betriebsanlagen der Eisenbahn. Seit 1968 befindet sich westlich der Möllendorffstr. an der > RINGBAHN einer der beiden Groß-Containerbahnhöfe Berlins und zwischen 1975-82 wurde der Bahnhof L. beträchtlich erweitert und zu Ost-Berlins zweitem Großbahnhof ausgebaut. In Rummelsburg liegt ein großer Eisenbahn-Betriebsbahnhof. Für den > ÖFFENTLICHEN PERSONENNAHVERKEHR stehen in L. die > S-BAHN mit vier Linien, die > U-BAHN mit der Linie U5, sowie etwa je 20 Bus- und Straßenbahnlinien zur Verfügung (> OMNIBUSVERKEHR; > STRASSENBAHN).

Zu DDR-Zeiten gehörte L. zu den industriellen Ballungszentren Ost-Berlins. Die Industrie konzentrierte sich im wesentlichen auf die Standorte zwischen Herzbergstr., Josef-Orlopp- und Siegfriedstr. (mit rd. 285 ha Flächenausdehnung gehörte das Gebiet zu den größten zusammenhängenden Gewerbegebieten der Stadt) sowie zwischen S-Bahnhof Rummelsburg, Rummelsburger See/ Spreelauf, Blockdammweg und der S-Bahn-Strecke nach Erkner. An der östlichen Grenze des Bezirkes Lichtenberg, zwischen Landsberger Allee und Rhinstr., war in den 80er Jahren ein weiteres Industriegebiet (ursprünglich „Lichtenberg-Nordost" genannt) entstanden.

Bedeutendster Betrieb vor der Wende war der zum Chemiekombinat Bitterfeld gehörende VEB Elektrokohle mit rd. 3.000 Beschäftigten. Größter Arbeitgeber mit nahezu 8.000 Beschäftigten war als größtes Kraftfahrzeugtransport-Unternehmen der DDR das Kombinat Auto Trans. Von den um die Jahrhundertwende entstandenen Betrieben der Metallindustrie, die L. zu einer der

dichtbesiedeltsten Städte in Deutschland werden ließen, hat die Knorr-Bremse AG durch die bei ihr produzierte Einkammer-Schnellbremse weltweit Berühmtheit erlangt. Der von 1922-27 als Hauptwerk nach Entwürfen von Alfred Grenander errichtete monumentale Gebäudekomplex gilt als bedeutende Industriearchitektur der 20er Jahre. Industriegeschichtlich von herausragender Bedeutung ist auch das 1925-27 als eines der modernsten Elektrizitätswerke Europas errichtete Heizkraftwerk Klingenberg (> ELEKTRIZITÄTSVERSORGUNG). Der Wasserversorgung von rd. 750.000 Einwohnern dient das 1893 nach Entwürfen des Berliner Wasserwerksdirektors Henry Gill auf einer Fläche von fast 14 ha errichtete Zwischenpumpwerk an der > LANDSBERGER ALLEE, das Trinkwasser vom > WASSERWERK FRIEDRICHSHAGEN am > GROSSEN MÜGGELSEE in die 30 m höher gelegenen Wohn- und Industriegebiete auf der Barnim-Hochfläche transportiert.

Im Zuge der gesellschaftlichen Veränderungen und der damit verbundenen Privatisierung der Wirtschaft setzte auch in L. ein tiefgreifender industrieller und gewerblicher Strukturwandel ein, dessen Auswirkungen gegenwärtig noch nicht abzusehen sind. Von den rd. 6.500 Gewerbeanmeldungen, die Ende des 1. Quartals 1992 in L. registriert waren, gehörten nur 73 in den Bereich der Industrie und 833 zum > HANDWERK (> WIRTSCHAFT). Die Bemühungen der Bezirksverwaltung richten sich insbes. auch auf eine Ansiedlung von produzierenden Klein- und Mittelbetrieben. In größerer Zahl sollen aber auch Arbeitsplätze im Dienstleistungsbereich geschaffen werden. So entsteht am Bahnhof Ostkreuz das „Öko-Haus", ein Dienstleistungszentrum, das langfristig 7.000 Arbeitsplätze sichern soll. Als ein neues Wahrzeichen von L. soll das geplante 140 m hohe Gebäude auf dem Gelände der ehem. Knorr-Bremse AG auch Raum für 300 Wohnungen bieten.

Neben den Gewerbegebieten verfügt L. auch über beachtliche Grün- und Erholungsflächen. Mit einer Gesamtfläche von 155 ha ist der 1955 im Schloßpark des > SCHLOSSES FRIEDRICHSFELDE eröffnete > TIERPARK FRIEDRICHSFELDE größtes Erholungsgebiet des Bezirks und zugleich flächenmäßig größter Zoologischer Garten Europas. Weitere öffentliche Parks sind der Stadtpark zwischen Möllendorffstr. und Ringbahn (6,9 ha) und die Parkanlage um den *Fennpfuhl* am Anton-

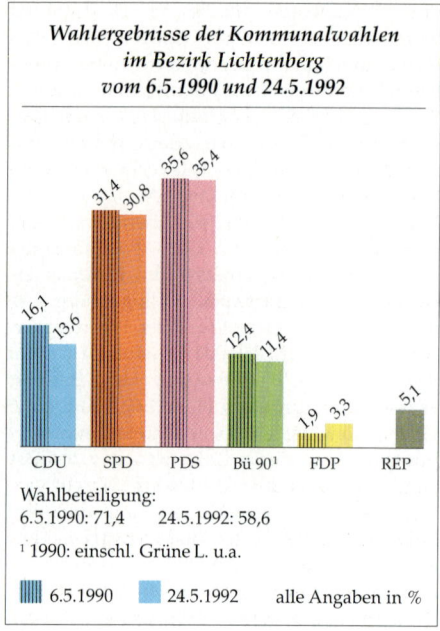

**Wahlergebnisse der Kommunalwahlen
im Bezirk Lichtenberg
vom 6.5.1990 und 24.5.1992**

	CDU	SPD	PDS	Bü 90¹	FDP	REP
6.5.1990	16,1	31,4	35,6	12,4	1,9	
24.5.1992	13,6	30,8	35,4	11,4	3,3	5,1

Wahlbeteiligung:
6.5.1990: 71,4   24.5.1992: 58,6

¹ 1990: einschl. Grüne L. u.a.

▦ 6.5.1990   ▦ 24.5.1992   alle Angaben in %

Saefkow-Platz (12 ha). Daneben gibt es 35 über den gesamten Bezirk verstreute Kleingartenanlagen (> KLEINGÄRTEN).
An der Gudrunstr. liegt der 1881 nach Plänen des Stadtgartendirektors Hermann Mächtig gestaltete > ZENTRALFRIEDHOF FRIEDRICHSFELDE mit der > GEDENKSTÄTTE DER SOZIALISTEN. Drei > KRANKENHÄUSER im Bezirk dienen der Schwerpunktversorgung im Berliner Gesundheitswesen: Am östlichen Ende der Herzberger Str. befindet sich in einem parkartigen Gelände das *Fachkrankenhaus für Neurologie und Psychiatrie*, das von 1889-92 nach Entwürfen von Hermann Blankenstein als Heilanstalt Herzberge der Stadt Berlin erbaut wurde. Heute wird ein Teil durch das Evangelische Diakoniewerk „Königin Elisabeth" genutzt. Ebenfalls von Blankenstein stammt das 1894/95 südlich davon errichtete *Kinderkrankenhaus Lindenhof* in der Gotlindestr. 2-20. Das *Oskar-Ziethen-Krankenhaus* an der Hubertusstr./Ecke Fanninger Str. (vormals Hubertus-Krankenhaus) ist ein Bau von Johannes Uhlig aus den Jahren 1912-14.
Unmittelbar nach der Gründung der DDR hatte sich die Zentrale des neu geschaffenen > STAATSSICHERHEITSDIENSTES in L. angesiedelt. An der Normannenstr. zwischen Rusche- und Magdalenenstr. bis hin zur Frankfurter Allee erstreckt sich der riesige Komplex des ehem. *Ministeriums für Staatssicherheit (MfS)*.

Die Berliner Bezirksverwaltung des MfS hatte ihren Sitz an der Frankfurter Allee in Friedrichsfelde. In die Gebäude an der Normannenstr. ist nach der > VEREINIGUNG zunächst die Berliner Finanzverwaltung eingezogen, inzwischen sind weitere Nutzer in den Komplex eingezogen, darunter die Hauptverwaltung der > DEUTSCHEN REICHSBAHN. Im Haus 1 des Komplexes unterhält die > FORSCHUNGS- UND GEDENKSTÄTTE IN DER NORMANNENSTRASSE ein im November 1990 eröffnetes *Stasi-Museum*.
Das > BEZIRKSAMT von L. befindet sich nur zu einem kleinen Teil im Rathaus L. an der Möllendorffstr.; die meisten Abteilungen haben ihren Sitz in anderen Gebäuden. Bei den ersten Gesamt-Berliner Kommunalwahlen am 24.5.1992 wurde die PDS stärkste Partei. Sie stellt drei Stadträte, die SPD zwei, CDU und Bündnis 90 je einen. Der Bezirksbürgermeister kommt vom Bündnis 90.

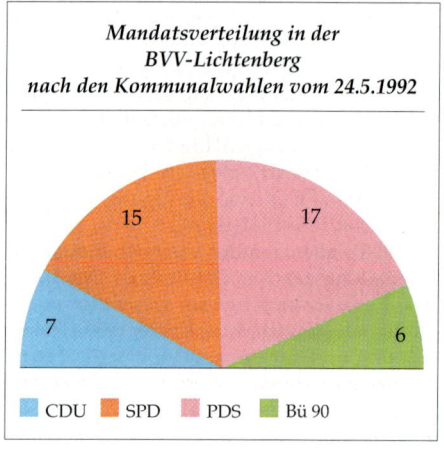

**Mandatsverteilung in der
BVV-Lichtenberg
nach den Kommunalwahlen vom 24.5.1992**

▪ CDU   ▪ SPD   ▪ PDS   ▪ Bü 90

Lichtenrade: Das ehem. Angerdorf L. bildet seit der Gründung > GROSS-BERLINS 1920 einen 10 km² großen Ortsteil des Bezirks > TEMPELHOF. Ausgrabungen belegen die Anwesenheit von Menschen schon seit der Steinzeit (> BESIEDLUNG DES BERLINER RAUMS). Für die Zeit um 2000 v. Chr. ist durch einen bronzezeitlichen Schatzfund (Aunjetizer Kultur) auch seßhafte Besiedlung dokumentiert. Germanische bäuerliche Siedler sind für das erste vorchristliche Jahrtausend und für die Zeit um die Völkerwanderungen belegt. Hinweise auf slawische Siedlungen zwischen dem 7. und 12. Jh. fehlen jedoch, wie überall im Tempelhofer Raum.

L. wurde vermutlich in den ersten Jahrzehnten des 13. Jh. im Zuge der Kolonisation durch die askanischen Markgrafen gegründet (> LANDESHERREN), gehörte aber nicht wie die anderen > DÖRFER des Bezirks Tempelhof zu den Gründungen des Templerordens. Erstmals urkundlich erwähnt wurde „Lichtenrode" im > LANDBUCH KAISER KARLS IV. von 1375. Bis 1688 wird das zuvor in wechselndem Privatbesitz stehende Dorf an die Domkapitel in > KÖLLN und Berlin verkauft. Ab 1774 ließ Friedrich II. (1740-86) eine Wasserregulierung des von häufigen Überschwemmungen heimgesuchten Geländes durch Abzugsgräben vornehmen. Diese ersten Meliorationsarbeiten brachten zwar Verbesserungen, doch konnte erst der 1929 angelegte Lichtenrader-Lankwitzer Regenwassersammler („Lilaresa"), der in den > TELTOWKANAL entwässerte, das Hochwasserproblem lösen und 2.000 ha Land im Süden des Bezirks Tempelhof endgültig trockenlegen.

Wirtschaftliche Verbesserungen für die Bauern brachte in der ersten Hälfte des 19. Jh. der Ausbau der Chaussee zwischen Berlin und Kottbus, da sie ihre Erzeugnisse schneller auf den Markt in Berlin bringen konnten. Kontinuierlich vergrößerte sich seitdem die Bevölkerungszahl; auch Handwerker siedelten sich an und zwischen 1843 und 1861 wurden 18 neue Häuser gebaut. Betrug die Einwohnerzahl ab dem ersten Drittel des 18. Jh. für 100 Jahre nahezu unverändert rund 120, so stieg sie bis zur Reichsgründung 1871 auf 468 und überschritt 1901 die 1.000, um sich in den 20 Jahren bis zur Eingemeindung nochmals zu verfünffachen, wozu auch der 1883 fertiggestellte Haltepunkt an der 1875 eröffneten Dresdner > EISENBAHN maßgeblich beitrug. Eine stärkere Industrialisierung blieb allerdings aus, einziger Großbetrieb war die imposant anmutende Mälzerei der Schöneberger Schloßbrauerei (1898) unmittelbar neben dem Bahnhof. In den 60er und 70er Jahren dieses Jh. entstanden im Umfeld des alten Dorfes auch einige größere Neubaugebiete.

Am Dorfteich (Alt-Lichtenrade) findet sich die Dorfkirche, ein Feldsteinbau aus dem 14. Jh., dem man 1902 einen großen, gleichfalls aus Feldsteinen errichteten Turm hinzugefügt hat (> DORFKIRCHEN). Die bei einem Umbau 1769 zugemauerten gotischen Fenster sind noch gut erkennbar. 1949 wurde die 1943 ausgebrannte Kirche stilgerecht restauriert, wobei das Schieferdach mit seinen vier kleinen Spitztürmchen durch ein einfaches Satteldach ersetzt wurde. In ihrer näheren Umgebung stehen noch einige Bauernhäuser des 19. Jh. Am Rande der gut erhaltenen Dorfaue, die als einzige der vier Dorfauen des Bezirks Tempelhof noch einen von Weiden umgebenen, typisch märkischen Dorfteich hat, steht die 1866 aus Feldsteinen und Ziegeln errichtete ehem. Schmiede. Ein weiteres architektonisch interessantes historisches Gebäude ist die 1909/10 nach Plänen von Regierungsbaumeister Eckler errichtete, zweistöckige Feuerwache, Im Domstift 20, die im Obergeschoß als Filiale der Dorfschule diente. Seit Ende 1989 wurde das unter > DENKMALSCHUTZ stehende Gebäude durch den Verein Tannenhof Berlin e.V. in > SELBSTHILFE-SANIERUNG instandgesetzt, der hier 1991 eine Nachsorgewohngemeinschaft für Drogenabhängige und eine Schule eröffnete, an der man den Haupt- und Realschulabschluß nachholen kann (> DROGEN).

Seit der Grenzöffnung Ende 1989 ist der Lichtenrader Damm im Verlauf der Bundesstraße 96 (> BUNDESFERNSTRASSEN) wieder zu einer vielbefahrenen Ausfallstraße nach Süden geworden. Die in der Zeit der Spaltung unterbrochene S-Bahn-Verbindung über die Stadtgrenze hinaus nach Blankenfelde im Kreis Zossen soll zum 1.9.1992 wieder in Betrieb genommen werden. 1987, zum Zeitpunkt der letzten West-Berliner Volkszählung, lebten in L. gut 48.800 Einwohner.

Lichterfelde: Das auf ein mittelalterliches Angerdorf zurückgehende L. ist der größte Ortsteil des Bezirks > STEGLITZ. Der einstige Anger des erstmals 1375 erwähnten Dorfes ist als verbreiterter Mittelstreifen im Zuge des Hindenburgdamms noch heute erkennbar (> DÖRFER). Auf ihm steht südlich der 1889-1900 erbauten neogotischen *Pauluskirche* die vielfach umgebaute, ursprünglich einen rechteckigen Saalbau aus Feldsteinen bildende Dorfkirche aus dem 14. Jh. (> DORFKIRCHEN). Am Nordstrand der Dorfaue (Nr. 28, unweit der Zufahrt zum > UNIVERSITÄTSKLINIKUM STEGLITZ) liegt das im Kern frühklassizistische Gutshaus mit zugehörigem Park (> GUTSHÄUSER).

1865 wurden die verkehrsgünstig nahe der Anhalter und der Potsdamer > EISENBAHN gelegenen Güter L. und Giesensdorf vom Hamburger Immobilienhändler Johann Anton Wilhelm Carstenn erworben, dessen Grundstücksspekulationen zum Aufstieg L. wie auch des heute im Bezirk > SCHÖNEBERG gelegenen > FRIEDENAUS als Villenvororte führten (> VILLENKOLONIEN). Er ließ das Gutshaus für eigene Wohnzwecke umgestalten und den verwilderten Park neu herrichten. Bis zum Bau des > TELTOWKANALS im Bett der > BÄKE 1905 reichte der Park bis zum heutigen Ostpreußendamm und umfaßte vier Teiche. Etwa die Hälfte des verbliebenen Parks wurde 1923 als Naturschutzgebiet ausgewiesen. Dieser Teil ist heute eingezäunt und in urwaldartigem Zustand. Vor dem umgangssprachlich *Schloß Lichterfelde* genannten Gutshaus liegt eine große, bis auf wenige alte Bäume offene Rasenfläche, die ringsum von altem Baumbestand gerahmt wird, der die städtische Bebauung dem Blick verbirgt. Obwohl heute nur mehr Fragment, kann die Anlage als typisches Beispiel eines alten, märkischen Gutsparks gelten. Das ehem. Gutshaus ist nur im Äußeren erhalten und wird vom Bezirksamt genutzt.

Zwischen den Bahnhöfen Lichterfelde-West (eröffnet 1868) und Lichterfelde-Ost (eröffnet 1871) entstand Ende des 19. Jh. eine große Zahl z.T. sehr individuell gestalteter Villen und Landhäuser, die den Charakter des Ortsteils bis heute prägen. Als größere Bauten zu erwähnen sind das ehem. Kreiskrankenhaus an der Straße Unter den Eichen, Nähe Asternplatz (heute zur > BUNDESANSTALT FÜR MATERIALFORSCHUNG UND -PRÜFUNG gehörend) und die 1872-78 von Ferdinand Fleischinger, Richard Voigtel und Bernhardt errichtete einstige *Hauptkadettenanstalt* an der Finckensteinallee. Derzeit wird die Anlage als *Andrew Barracks* von den amerikanischen > ALLIIERTEN genutzt. Neben der erforderlichen Infrastruktur (Straßen, Gas, Wasser etc.) hatte Carstenn auch eine Pferdebahnlinie von der Kadettenanstalt zum Bahnhof Lichterfelde-Ost bereitzustellen, auf der 1881 die erste elektrische > STRASSENBAHN der Welt verkehrte. 1877 schlossen sich Dorf und Gut Giesensdorf mit dem Gutsbezirk L. zur Gemeinde Groß-L. zusammen, der 1879 auch das Dorf L. beitrat. Dieser Name blieb bis zur Eingemeindung nach > GROSS-BERLIN 1920 erhalten. 1945 kam L. mit dem Bezirk Steglitz zum amerikanischen Sektor (> SEKTOREN).

Vom jenseits der Bäke gelegenen ehem. Dorf *Giesensdorf* im Zuge des heutigen Ostpreußendamms (1299 als „Ghiselbrechtstorp" belegt) zeugt heute allein noch die Dorfkirche an der Osdorfer Str./Ecke Ostpreußendamm. Der kleine Feldsteinbau stammt mindestens aus dem 14. Jh., der Turm wurde im II. Weltkrieg zerstört. Die Ortsansicht wird heute dominiert von der Silhouette des Heizkraftwerks L. am Barnackufer (> ELEKTRIZITÄTSVERSORGUNG). Auch südlich der Goerzallee, um den vom Teltowkanal abzweigenden *Stichkanal*, befinden sich größere Industrieanlagen.

In L.-Süd entstand in den 70er Jahren westlich der Osdorfer Str. als von Hochhäusern geprägte Trabantenstadt nach Plänen einer Architektengruppe um Heinz Schudnagies die sog. > THERMOMETERSIEDLUNG mit bis zu 17geschossigen Hochhäusern. Die Namensgebung resultiert aus der Benennung der verkehrsberuhigten Wohnstraßen nach den Begründern der Temperaturmessung, den Physikern Celsius, Fahrenheit und Réaumur. In der Nähe befinden sich ein militärisches Übungsgelände der Amerikaner und die > LILIENTHAL-GEDENKSTÄTTE an der Schütte-Lanz-Str. für den ehemals in der Boothstraße 17 wohnenden Flugpionier Otto v. Lilienthal. Im Norden des Ortsteils liegt der 1910 eröffnete > BOTANISCHE GARTEN. Zum Zeitpunkt der letzten Volkszählung 1987 hatte L. 71.380 Einwohner.

Liedermacher: Der Begriff L. wurde von dem 1953 bis zu seiner Ausbürgerung 1976 in der DDR bzw. im Ostteil Berlins lebenden Wolf Biermann in Anlehnung an Bertolt Brecht eingeführt und betonte das „ehrlich Handwerkliche" in der Musik im Gegensatz zum „industriell Manipulierten" des Kommerz-Pop (> ROCK-MUSIK). Die Berliner Szene der L. entwickelte sich aus dem Liedersänger-Arbeitskreis um Peter Rohland und Hein & Oss, der 1964 zum ersten Mal das „Festival Chanson Folklore International" auf der hessischen Burg Waldeck organisierte. Die politisch motivierten „Barden" aus der Ostermarschbewegung gegen die atomare Bewaffnung der Bundeswehr setzten sich allmählich von der eher unpolitischen Chansonfraktion um Reinhard Mey ab. Dabei griffen die westdeutschen L. auf Berliner Agitpropformen zurück, wie sie Erwin Piscator in den 20er Jahren mit der „Revue Roter Rummel" (> LEICHTE MUSIK) erprobt hatte, orientierten sich an der Agitationsmanier von Brecht und Kurt Weill oder den satirischen Zeitkommentaren von Kurt Tucholsky sowie an der für Hanns Eisler typischen Melange aus Arbeiterlied, Marsch, Sprechchor und Jazzeinsprengseln.

Die West-Berliner L., die in den Lokalen „Steve Club", „Go-In", „Folkpub" anzutreffen waren, setzten sich zwar beschreibend bis blödelnd mit der Umwelt und ihren alltäglichen Verrücktheiten auseinander, betonten aber vor allem den Unterhaltungswert ihrer Lieder. Der Bänkelsänger Ulrich Roski, die Kalauerkönige und musikalischen Clowns Insterburg & Co., die limerickverliebten Spaßvögel Schobert & Black sowie Inga und Wolf, Lothar v. Versen oder Arno Clauss waren typische Repräsentanten einer folkloristisch getönten L.-Szene, die zur erwachenden > STUDENTENBEWEGUNG der späten 60er Jahre, zu den Aktionen gegen die Notstandsgesetze 1968 und zur politischen Klimaveränderung beim Wahlsieg der SPD 1969 kaum einen inhaltlichen Bezug hatte. Vor allem Reinhard Mey („Ich wollte wie Orpheus singen") stieg mit Millionenumsätzen an Platten und ausverkauften Konzerttourneen zum L.-Idol auf. Auf dem von den Insterburgs in Schwung gebrachten Kalauer-Karussell fuhren in den 70er Jahren Solisten und Ensembles wie Jürgen von der Lippe, Hugo Egon Balder, Gebrüder Blattschuss („Kreuzberger Nächte") mit.

In Ost-Berlin agierte zu jener Zeit Wolf Biermann, der 1965 ein Auftrittsverbot erhielt, danach Wohnzimmer-Aufnahmen seiner an François Villon und Bertolt Brecht geschulten romantischen Satiren mit Erfolg in Westdeutschland vertreiben konnte und 1977 nach einem Gastspiel in Köln von den DDR-Behörden ausgebürgert wurde. Wegen der politischen Repression und der fehlenden Chancen in den staatlich gesteuerten Medien führte die Ost-Berliner Liedermacherszene ein Untergrund-Dasein in den Eingeweihten-Zirkeln des Künstler-Bezirkes > PRENZLAUER BERG.

Lietzenseepark: Der rd. 10 ha große L. erstreckt sich entlang des *Lietzensees* beiderseits der Kantstr. im Bezirk > CHARLOTTENBURG. Der knapp 6 ha große See gehört zur eiszeitlichen Rinne der > GRUNEWALDSEEN. Die Parkanlage wurde Anfang des 20. Jh. von Gartendirektor Erwin Barth in zwei Bauabschnitten angelegt, nachdem bereits im 19. Jh. auf einem Seegrundstück am Westufer ein Privatpark bestanden hatte. 1912/13 entstanden der *Dernburgplatz* an der Dernburgstr. im Süden mit einem repräsentativen Eingangsbereich und der großen Kaskadenanlage zum See sowie der Kuno-Fischer-Platz im Osten.

1919/20 gestaltete Barth im Rahmen des Charlottenburger Notstandsprogramms nach dem I. Weltkrieg (> VOLKSPARK JUNGFERNHEIDE) den eigentlichen Park am Westufer des Sees, dessen Gestaltung im wesentlichen der unregelmäßigen Form des Gewässers folgt. Barth fügte jedoch an mehreren Stellen symmetrische Anlagen ein, unter denen die kleine Kaskade an der Sophie-Charlotte-Str. die aufwendigste ist. Am Ostufer konnte außer dem Kuno-Fischer-Platz ein schmaler Streifen entlang der Straße Lietzenseeufer in die Gestaltung einbezogen werden. Barths Bauweise vereinigt funktionale Gesichtspunkte wie Spielplätze, Liege- und Spielwiesen mit repräsentativen. Der nördliche Seeteil kann seit 1924 mit Ruderbooten befahren werden, die am Witzlebenplatz zu mieten sind. Nach 1945 hat der L. durch Verfall, falsche Pflanzungen, den Einbau von Verbundpflaster und Gittersteinen aus Beton und auch durch die Aufstellung ungeeigneter Banktypen gelitten. Die beiden Kaskaden und die Parktore wurden in den vergangenen Jahren vollständig wiederhergestellt.

Lilienthal-Gedenkstätte: Im Süden von > LICHTERFELDE befindet sich an der Schütte-Lanz Str. der 1892 von dem Ingenieur Otto Lilienthal für seine Flugversuche errichtete, ehemals 15 m hohe *Fliegeberg*. Mit seinen selbst konstruierten Gleitapparaten erreichte der in der nicht weit entfernten Boothstr. 17 wohnende Lilienthal hier Flugweiten von bis zu 100 m (> LUFTVERKEHR). Zum Gedenken an den 1896 bei einem Flugversuch in den Stöllner Bergen bei Rhinow tödlich verunglückten Flugpionier und seine Mitarbeiter wurde der Berg 1932 von Stadtbaurat Fritz Freymüller zur L. ausgestaltet. Dabei wurde er auf 11 m abgeflacht, dreifach terrassiert und mit einer Treppe versehen. Auf der oberen Plattform des nunmehr den Denkmalsockel bildenden Hügels ist unter einem 2,5 m hohen Ringdach die bronzene (bis 1952 kunststeinerne) Weltkugel von Alfred Trenkel installiert (die Verbindung von Erde und Himmel symbolisierend), auf der die wichtigsten Daten der Fluggeschichte vermerkt sind. Der 1933 eingeweihte, umgebende Park mit einem zur Denkmalsanlage gehörenden, großen Rechteckbassin und einem durch den Aushub für den Berg entstandenen Karpfenteich, erhielt den Namen Lilienthal-Park. An der Bäkestr. in den Parkanlagen südlich des > TELTOWKANALS steht au-

765

ßerdem das um 1906 von Peter Breuer für Otto Lilienthal geschaffene Denkmal „Ikarus". Es symbolisiert auf einem pyramidenförmigen Sandsteinsockel von 6 m Höhe die zur Sonne gerichtete Ikarus-Gestalt.

Lindenhof: Als erste große Wohnsiedlung nach dem I. Weltkrieg entstand unter großen finanziellen Schwierigkeiten von 1918-21 im Süden > SCHÖNEBERGS an der Arnulfstr. die „Kleinwohnungssiedlung am Lindenhof". Leitender Architekt der ersten 573 Wohneinheiten war der damalige Schöneberger Stadtbaurat Martin Wagner. Um eine rationelle Serienbauweise zu ermöglichen, verwendete Wagner bei der Errichtung der zweigeschossigen Eigenheime und Geschoßwohnungen in Reihenhausbauweise nur zwei verschiedene Haustypen mit genormtem Grundriß. Die Gestaltung des durch die geschlossene Blockrandbebauung abgeschirmten Innenraumes mit seinen beiden Teichen, einem anschließenden Park und den neuartigen Mietergärten oblag Leberecht Migge. 1922 vollendete Bruno Taut als Hauptportal der Siedlung den 120 Wohneinheiten umfassenden Brückenbau des Ledigenheims. Im gleichen Jahr erwarb die von den Mietern gegründete Genossenschaft „Siedlung Lindenhof e.V." die Wohnanlage, welche als beispielhaftes Bindeglied zwischen dem Vorkriegsreformismus der > GARTENSTÄDTE und dem „Neuen Bauen" in der Weimarer Republik angesehen werden kann. Nach erheblichen Zerstörungen im II. Weltkrieg wurde die Siedlung 1953 und 1967 von Heinrich Sobotka und Gustav Müller verändert wieder aufgebaut, wobei man auf eine Wiederherstellung des Ledigenheims verzichtete.

Literarisches Colloquium Berlin (LCB): Das am 10.5.1963 gegründete, als gemeinnütziger Verein verfaßte LCB Am Sandwerder 5 im Bezirk > ZEHLENDORF basierte auf der Anfang der 60er Jahre von dem Schriftsteller und Professor für Neuere Deutsche Philologie Walter Höllerer vertretenen Idee, ein Forum für die mit der Literatur zusammenhängenden Berufsgruppen zu schaffen. Nach dem Bau der Mauer 1961 fand die Initiative durch Vermittlung von Shepard Stone bei der amerikanischen Stiftung Ford Foundation Unterstützung, die 1963 die finanziellen Mittel für drei Jahre bereitstellte. Die erste große Veranstaltung des LCB fand im Winter 1963/64

statt. Das dabei durchgeführte Seminar zum Thema „Prosaschreiben" für junge Schriftsteller wurde von Hans Werner Richter, Peter Weiss, Günter Grass, Peter Rühmkorf und Walter Höllerer geleitet. Bekannte Autoren wie Peter Bichsel, Hubert Fichte, Nicolas Born u.a. gehörten zu den Teilnehmern. Weitere, z.T. von > FERNSEHEN und > HÖRFUNK übertrage Veranstaltungen folgten.

Das LCB hat die Aufgabe, zwischen Schriftstellern und Verlegern, Literaturkritikern und -wissenschaftlern, zwischen Filmemachern, Hörspielautoren und Stückeschreibern zu vermitteln. Außer den Veranstaltungen mit Lesungen und Podiumsdiskussionen finden internationale Schriftstellertreffen, Übersetzercolloquien und verschiedene Literaturwerkstätten statt. Seit 1983 gliedert sich das LCB in drei Teilbereiche: Literaturveranstaltungen und Verlag, Film und Video sowie Dokumentation (Fotografie und Archiv). Ferner existiert eine umfangreiche Bibliothek mit einer Anthologiensammlung zu Lyrik, Prosa und Drama des 19. und 20. Jh. Im Verlag des LCB erscheinen die Literaturzeitschrift „Sprache im technischen Zeitalter" und die Reihe „Text und Porträt".

Als eine besondere Form der öffentlichen Präsentation von Literatur veranstaltet das LCB monatlich in Zusammenarbeit mit dem Deutschlandfunk die Reihe „Studio LCB". Dabei lesen namhafte Autoren aus unveröffentlichten Manuskripten und diskutieren anschließend mit Kritikern und Kollegen. „Verleger im Gespräch" heißt eine andere mit dem Sender RIAS Berlin produzierte Reihe. Ferner finden in unregelmäßigen Abständen nichtöffentliche Schriftstellertreffen und Werkstattgespräche statt.

Ein wichtiges Arbeitsfeld ist die Vorstellung internationaler Literatur, v.a. die Präsentation von Autoren aus kleineren europäischen Ländern. Umgekehrt vermittelt das LCB auch Berliner Literatur in andere Länder. Seit 1986 besteht ferner ein spezielles Fördermodell für den Nachwuchs mit jährlich wechselnden Werkstätten. Dabei werden junge Autoren von erfahrenen Praktikern betreut. Etwa fünf bis acht Autoren erhalten jährlich ein von der > SENATSVERWALTUNG FÜR KULTURELLE ANGELEGENHEITEN vergebenes Aufenthaltsstipendium im Haus am Wannsee.

Des weiteren werden im LCB verschiedene Preise verliehen, so der von Günter Grass gestiftete > ALFRED-DÖBLIN-PREIS und der von der > STIFTUNG PREUSSISCHE SEEHANDLUNG vergebene *Berliner Preis für deutschsprachige Literatur.*

Das LCB wurde bis 1986 (seit 1983 ehrenamtlich) von Walter Höllerer als geschäftsführendem Direktor geleitet. Die Koordination der Arbeit erfolgt heute über die Zusammenarbeit des Geschäftsleiters (seit 1986 der Germanist Ulrich Janetzki) mit dem Vereinsvorsitzenden (Germanistikprofessor Norbert Miller) und dem Programmbeirat. Das LCB verfügt über insg. acht feste Mitarbeiter. Nach dem Auslaufen der Anschubunterstützung durch die Ford Foundation übernahm 1966 der > Senat von Berlin die Deckung für die Personalkosten und den Unterhalt des Hauses. Die Mittel für die Programmarbeit erwirtschaftet der Verein größtenteils selbst. Die 1884/85 errichtete Villa am > Grossen Wannsee, die Domizil des LCB ist, verfügt neben Büros und Gästeräumen auch über ein Film- und Tonstudio.

Literatur: Von Anbeginn entwickelte sich das literarische Leben in Berlin aus dem spannungsreichen Nebeneinander einer regional eingefärbten, ästhetisch wie inhaltlich eigenständigen Dichtung und vielfältigen, stets von außen hineingetragenen poetischen Strömungen. Diese Mischung aus Provinzialität und Weltoffenheit kennzeichnet bis in die Gegenwart die Berliner L. Wie bei den anderen Künsten auch, so wurde Berlin verhältnismäßig spät zu einem literarischen Zentrum. Bevor im Zuge der Aufklärung sich Dichter, Buchhändler und Verleger in Berlin zusammenfanden und das geistig-künstlerische Profil der preußischen Kapitale zu prägen begannen, keimten die ersten poetischen Talente eher im „märkischen Dichtergarten" in gebührender Entfernung zur aufstrebenden Stadt an der Spree.

Die im 16. Jh. entstandenen, ersten nennenswerten Dichtungen waren volkstümlichderbe Sittenschilderungen, satirisch, grotesk und mit didaktischem Anspruch (Gabriel Rollenhagens „Froschmäuselerkrieg", 1566, oder Bartholomäus Ringwalds Lehrgedichte etwa). Mit Paul Gerhardt und Michael Schirmer wurden diese populären Genres um die geistlichen Volkslieder ergänzt. Neben diesen barocken Kirchenlieddichtern hatte Friedrich (III.) I. (1688-1713) Ende des 17. Jh. eine Schar von Poeten um sich versammelt, die in Festspielen und besonders in ihrer lyrischen Produktion den Zeitgeist bedienten (u.a. Friedrich Rudolf Ludwig v.

Canitz, Benjamin Neukirch) und Ansätze einer Hofkultur repräsentierten.

Dieses bescheidene Präludium zu einer kontinuierlichen Berliner Literaturgeschichte verdeutlicht die Abhängigkeit der kulturellen Prozesse von der allgemeinen Stadthistorie (> Geschichte). Denn wo über größere Zeiträume konstante urbane Strukturen oder ein stilbildender Mittelpunkt der Macht fehlten, konnte kein über Jahrhunderte tradiertes poetisches Gesamttableau entstehen. So war und ist Berliner L. nicht ein eindeutiger, fest umrissener Begriff oder gar ein „Markenzeichen", sondern oft eine flüchtige und sich nur indirekt vermittelnde Erscheinung. Bis heute liegt die literarische Bedeutung Berlins stärker in der Rolle des Anziehungspunktes und Umschlagplatzes, der imaginativen Projektionsfläche, denn als Ort originärer poetischer Schöpfungen. Und wenn die L. sich der Stadt selbst, Berlin also, zuwendet, so zeigt sie „weniger *eine* Stadt, als vielfache ‚villes imaginaires', an denen sich die Risse, Sprünge und Verwerfungen der Geschichte ablesen lassen" (Hans Michael Speier).

1. Erhellungen: die Literatur der Berliner Aufklärung

Gegen Ende des 18. Jh. ermittelten zwei ambitionierte Berliner Kulturchronisten 283 in Berlin lebende Schriftsteller – unter Ausschluß der „eigentlichen Gelehrten". Diese erste Bestandsaufnahme dokumentierte zunächst rein quantitativ eine vom Hof unabhängige literarische Szene, die den wachsenden Einfluß einer bürgerlich-urbanen Kultur unterstrich und ihre qualitative Entsprechung in der Herausbildung einer literarischen Infrastruktur fand. Dazu gehörten sowohl Verlage, Buchhandel und öffentliche Treffpunkte (Caféhäuser, Bibliotheken) als auch publizistische Organe (Zeitungen wie die *Vossische Zeitung*, Zeitschriften) und Institutionen. Das Dreigestirn der Berliner Aufklärung – Friedrich Nicolai, Moses Mendelssohn und Gotthold Ephraim Lessing – verkörperte nicht nur den Geist der neuen Zeit in seiner Synthese aus ästhetischer Erziehung, Toleranz und Humanismus-Gebot, erkenntnisgeleiteter Mündigkeit und Weltoffenheit, sondern offerierte auch in dieser Konstellation die praktische Umsetzbarkeit des aufklärerischen Programms: philosophische, literarische, publizistische und unternehmerische Kompetenz.

Besonders der erfolgreiche Verleger-Schriftsteller Friedrich Nicolai vereinte in sich das Janusgesicht der Aufklärung, war er doch zugleich schöngeistig-belehrender Literat und hart kalkulierender, auf Verwertbarkeit bedachter Buchkaufmann. Nicolai lieferte selbst eine erste „Beschreibung der königlichen Residenzstädte Berlin und Potsdam" (1769 ff.), profilierte sich als Reiseschriftsteller und Romancier, um schließlich als streitbarer Rationalist zum erbitterten Gegner der Sturm-und-Drang-Generation (allen voran Johann Wolfgang v. Goethes) und der Romantiker zu werden. Als Herausgeber der „Allgemeinen Deutschen Bibliothek" (1765-1806) schuf er seine „Rezensieranstalt", das damals mächtigste und einflußreichste Organ der Kunst- und Literaturkritik. Obwohl schon sehr bald beliebte Zielscheibe von Spott und Karikatur der Jüngeren, gelang es Nicolai, gerade auch im theoretischen Diskurs mit Lessing, die deutsche Nationalliteratur zu befördern. Zugleich war mit ihm der Typus des modernen Literaturvermittlers zwischen Kommerz und Kultur geboren. Professionelle Geschäfts- und Vertriebspraktiken sowie eine aufs Populäre zielende Berufsschriftstellerei in seinen „Schreibanstalten" kündeten vom tiefgreifenden Strukturwandel des Literaturbetriebs.

Lessings Berliner Jahre dagegen waren ganz der publizistischen und dramen- wie theatertheoretischen Arbeit gewidmet. Hier gab er gemeinsam mit seinem Vetter Christlob Mylius die Zeitschrift „Beiträge zur Historie und Aufnahme des Theaters" heraus, edierte seine „Theatralische Bibliothek" und – Frucht der Diskussionen mit Mendelssohn und Nicolai – seine „Briefe, die neueste Literatur betreffend". Schließlich schrieb er in Berlin auch seine „Minna von Barnhelm".

Neben dieser Trias wirkten bedeutende Philosophen, u.a. Johann Georg Sulzer, Theologen und Mehrfachbegabungen wie der Popularphilosoph, Dramatiker und Theaterpraktiker Johann Jacob Engel. Die patriotisch gesinnte Lyrik des preußischen Offiziers Ewald v. Kleist, von Ludwig Gleim oder Wilhelm Ramler gehörte ebenso in diesen Kontext wie die erste Erfolgsschriftstellerin Anna Luise Karsch, die als deutsche „Sappho" zum Ruhm des friderizianischen Zeitalters beitrug. Zeitungen und Periodika wie die bei Nicolai erscheinende „Berlinersche Monatsschrift" oder die „Deutsche Monatsschrift" verbreiteten die rationalistischen Ideen und dienten als Plattform für kleinere literarische Arbeiten und philosophische Aufsätze. Außenseiter wie Karl Philipp Moritz, dessen bahnbrechender psychologischer Roman „Anton Reiser" 1785-94 in Berlin entstand, bereicherten das literarische Leben nicht zuletzt auch als Autorenvermittler für seinen Verlegerfreund Johann Friedrich Unger.

Für das Revolutionsjahr verzeichneten die Kataloge bereits 281 neue Werke in Berlin, die, ganz dem bürgerlichen Geschmack entsprechend, größtenteils Erbauungs- und Trivialliteratur waren. Die Zahl der Verleger und Drucker wuchs ebenfalls ständig, sog. Lesekabinette und -gesellschaften zeugen von der „durch alle Volksmassen ausgebreiteten Leselust", wie ein zeitgenössisches Journal vermerkte.

2. Zwischen Geselligkeitsutopie und nationaler Erweckung: die Berliner Romantik

Während in Weimar die deutsche Klassik ihr unumschränktes Zentrum bildete und in der benachbarten Universitätsstadt Jena ein frühromantischer Zirkel unter Einfluß der Französischen Revolution seine kunsttheoretischen und philosophischen Entwürfe formulierte, erfüllte sich in Berlin der Traum von der „utopischen Geselligkeit". Bescheiden waren die Anfänge, wenn man an die ersten Dachstuben-Treffen, die „Theegesellschaften" der Rahel Levin (der späteren Rahel Varnhagen) im elterlichen Haus denkt. Aber gerade Rahels erster *Salon*, der von 1790-1806 in der Jägerstr. 54 existierte, kam in seiner personellen Zusammensetzung, seiner künstlerischen und intellektuellen Atmosphäre dem Ideal einer die Geschlechter-, Religions- und gesellschaftlichen Klassenschranken überwindenden Gemeinschaft der Gleichgesinnten am nächsten: „Adlige und Bürger, Juden und Christen, Prinzen und Fürsten, Offiziere und Beamte, Künstler und Gelehrte waren gleichwertige Gäste, was allein auszeichnete, waren Geist und Gedanke." (Helmut Scurla) Für die junge Jüdin schien es ein Schritt zur gesellschaftlichen Anerkennung. Kein Thema aus Kunst, Gesellschaft, Philosophie und Politik blieb ausgespart, der Teilnehmerkreis umfaßte alle illustren Namen von Friedrich Schleiermacher, über die Brüder Friedrich und August Wilhelm v. Schlegel bis zum Prinzen Louis Ferdinand. Auch die Salons der Henriette Herz und der Herzogin v. Kurland lebten vom Esprit und der weltoffenen Debattierlust dieser „gemischten Gesellschaft".

768

Literarisch verbreiteten von Berlin aus die Dioskuren Ludwig Tieck und Wilhelm Wackenroder den romantischen Geist. Um 1800 lebten auch Friedrich und August Wilhelm v. Schlegel in Berlin, wobei besonders August Wilhelm durch seine Shakespeare-Übersetzungen und seine „Vorlesungen über Schöne Literatur und Kunst" das kulturelle Leben prägte. Autoren wie Adelbert v. Chamisso, Friedrich de la Motte Fouqué, Achim v. Arnim, Clemens Brentano und nicht zuletzt der große Außenseiter Heinrich v. Kleist ließen Berlin zwischen 1800 und den Befreiungskriegen gegen Napoleon zu einem der innovativsten literarischen Zentren in Europa aufrücken.

Das Spätwerk E.T.A. Hoffmanns kündete von der Existenz einer spezifischen Großstadtliteratur zwischen Realismus und Imagination. Literarische Gruppenbildung (> MITTWOCHSGESELLSCHAFTEN, Nordstern-Gruppe oder die Christlich-Deutsche Tischgesellschaft), eine zunehmende Zahl an literarischen Zeitschriften, Lokalen oder Caféhäusern und ein eng miteinander verknüpfter Kreis von Gesellschaften steckten den Rahmen dieser kulturellen Öffentlichkeit ab. Obwohl die napoleonischen Eroberungsfeldzüge eine Welle des Patriotismus hervorriefen und das kulturelle Klima nachhaltig beeinflußten und nach 1815 die allgemeine Restauration zu Ein- und Beschränkungen führte, hatten sich doch gewisse liberale Grundzüge mit internationalem Flair in der Berliner Stadtkultur fest verankert. Berlin war Treffpunkt und Durchgangsstation vieler Schriftsteller und Philosophen (u.a. Johann Gottlieb Fichte, Georg Wilhelm Friedrich Hegel). Rahel Varnhagens zweiter Salon (ab 1819) war nunmehr schon ein gesellschaftlicher Ort mit repräsentativem, fast offiziösem Charakter; intim-geheimbündlerisches Gemeinschaftsgefühl verflüchtigte sich im Glanz der Selbstdarstellung.

3. Biedermeier, Vormärz und Realismus: das literarische Leben zwischen Restauration und Gründerzeit

Die sich nach 1815 ausbreitende Friedhofsruhe verschob auch die Akzente in der dichterischen Produktion: Die Jahre von 1820-30 waren von einem literarischen Provinzialismus geprägt, der zwar eine eigenständige Berliner L. voller Lokalkolorit und Originaltypen wie den Eckensteher Nante hervorbrachte, aber kaum Anspruch auf überregionale Bedeutung erheben durfte. Lokal-

possen-Autoren wie Julius Voss oder Louis Angely belieferten das neue Berliner Volkstheater mit populären Stoffen und seriellen Grundmustern. Nur Adolf Glaßbrenner wahrte in seinen zeitkritischen Genrebildern ein literarisch-publizistisches Niveau, das die Dutzendware seiner Kollegen überdauerte. David Kalisch und Moritz Gottlieb Saphir verkörperten die nunmehr geläufige Doppelbegabung aus Journalist und Populärliterat. Während Kalisch den Kladderadatsch begründete und herausgab (ab 1848), schuf sich Saphir mit der Dichtervereinigung „Tunnel über der Spree" eine Plattform kritischer Auseinandersetzung. Es begann die Blütezeit der Epigonen und trivialen Erfolgsschriftsteller, zu denen auch immer wieder Frauen wie Charlotte Birch-Pfeiffer, die Gräfin Ida Hahn-Hahn oder Fanny Lewald gehörten. Besonders nach der gescheiterten Revolution von 1848 eroberten sich die Prosagattungen Novelle und Roman die Gunst eines ständig wachsenden Leserpublikums. Die Zeit strebte nach dem Wirklichen, d.h. Ernüchterung spiegelte sich im Ästhetischen, in den realistischen Schreibstilen unterschiedlichster Provenienz wider.

Der historische und der zeitkritische Gesellschaftsroman setzte zu seinem Siegeszug an: Im sog. Berliner Realismus fand die Stadt zu ihrer poetischen Kennmarke. Noch vor Theodor Fontane hatten Friedrich Spielhagen und v.a. Wilhelm Raabe in seiner „Chronik der > SPERLINGSGASSE" die Stadt selbst zum Sujet erhoben und mit sozialen Milieustudien das urbane Leben in den Mittelpunkt gerückt. Mit Fontanes Berliner Gesellschaftsromanen erreichte die realistische Romankunst in Berlin von 1880-98 ihren Höhepunkt. Die literarische Produktion gewann Anschluß an die dominierenden europäischen Strömungen (europäischer Realismus). Formal-stilistisch wie inhaltlich überwand Fontane die enggesteckten regionalen Grenzen und behauptete sich in Konkurrenz zu den großen englischen, französischen und russischen Zeitgenossen. Damit bildete er eine Ausnahme, denn Romanciers wie Heinrich Seidel, Julius Stinde oder Erdmann Graeser orientierten sich weiter an idyllisierenden und trivialen Romanmustern – humorvoll bedächtige Chronisten des Berliner Lebens. Am ehesten konnte noch Georg Hermann die Nachfolge für sich reklamieren, obwohl seine Romane neben Fontanes erzähltechnischer Meisterschaft konventionell und wenig ambitioniert wirken.

Unbestritten aber vollzog sich jetzt Berlins Aufstieg zum Hauptumschlagplatz literarischer „Güter". Fast alle Erfolgszeitschriften der zweiten Jahrhunderthälfte wie die „Gartenlaube", „Westermanns Monatshefte" oder die „Deutsche Rundschau" erschienen mittlerweile in Berlin, neben den vielen Verlagen (u.a. Samuel Fischer) Beweis einer werdenden Kulturmetropole.

4. *Berliner Moderne zwischen Kaiserreich und Weimarer Republik*

Zu Beginn der 80er Jahre des 19. Jh. standen die Zeichen auf Sturm: In „kritischen Waffengängen" (Gebrüder Hart) propagierte eine neue Generation von jungen Schriftstellern die radikale ästhetische und inhaltliche Erneuerung der L. im Zeichen von Modernität und Wahrheit. Die naturalistische „Revolution der Literatur" (Karl Bleibtreu) umfaßte alle Gattungen und entwickelte sich in Lyrik, Drama und Prosa zur Großstadtdichtung schlechthin, die Sprache und Milieu abbildgetreu wiedergab und ausschnitthaft den sozialen Mikrokosmos – bevorzugt der Familie – beleuchtete.

Trotz der allmächtigen Theater gelang der Durchbruch mit dem gesellschaftlichen Drama Gerhart Hauptmanns. Während etwa Arno Holz und Johannes Schlaf mit der „Familie Selicke" mit naturalistischen Musterdramen, die vom Dialekt bis zu den biologischen Erbfaktoren alle ästhetisch-inhaltlichen Programmpunkte enthielten, reüssierten, bot Gerhart Hauptmann bei aller Nähe zum Naturalismus ein differenziertes formales wie thematisches Spektrum.

Aus den literarischen Gruppenbildungen urbanen Zuschnitts kristallisierte sich bis zur Jahrhundertwende eine „Berliner Boheme" (Julius Bab) heraus, in der sich das künstlerische Schaffen mit lebensreformerischen und weltanschaulichen Zielsetzungen verband (Neue Gemeinschaft, Friedrichshagener Kreis; > FRIEDRICHSHAGEN). Der Dichterzirkel *Schwarzes Ferkel* mit Autoren wie Richard Dehmel, August Strindberg und Stanislaw Przybyszewski dokumentierte die wachsende Internationalisierung des literarischen Lebens in der Stadt. Französische, skandinavische und osteuropäische Einflüsse (Polen, Rußland) wurden aufgegriffen, aber nun auch direkt in Berlin diskutiert und umgesetzt.

Legendenumwitterte Bohemeexistenzen und Exzentriker von der Statur Peter Hilles,

Theodor Däublers und Mynonas (Salomo Friedlaender) sammelten jüngere Autoren, Verleger, Herausgeber und kunstsinnige Mäzene in Café- und Privathäusern um sich – Zirkel, aus denen noch vor dem I. Weltkrieg die neue expressiv-ekstatische Avantgarde hervorging. Es war die Blütezeit der Zeitschriften und Pamphlete im Banne des Expressionismus. Der Kampf gegen das kaiserliche „Juste Milieu" (Carl Sternheim), die Vätergeneration sowie die naturalistische Ästhetik mit ihrer abbildhaften Wirklichkeitsfixierung entlud sich zuvörderst in einer grellexplosiven, ins Antibürgerliche und Apokalyptische gesteigerten Lyrik, die sich in den verschiedensten Expressionistenkreisen öffentlich artikulierte (Neopathetischer Club, Aktionskreis Franz Pfemferts, Sturm-Kreis Herwarth Waldens) und einen unverbrauchten, radikalen, aufrührerischen Ton ins wilhelminische Berlin brachte. Georg Heym, Else Lasker-Schüler, Gottfried Benn, Carl Einstein fanden in Verlegern wie Pfemfert und Kurt Wolff Förderer und Propagandisten. Das mit Namen wie Ernst v. Wolzogen, Christian Morgenstern, Max Reinhardt verbundene literarische > KABARETT erfuhr unter Kurt Hiller und Jakob v. Hoddis eine provokante Zuspitzung, die neben der literarischen Innovation eine frühe Form von happeningartiger Aktionskunst pflegten und letztlich den von Zürich während des I. Weltkriegs nach Berlin kommenden Dadaismus (Raoul Hausmann, Walter Mehring, Richard Huelsenbeck, Gebrüder Wieland Herzfelde/John Heartfield, George Grosz u.a.) präludierten.

Formale Experimente und unterschiedlich akzentuiertes politisches Engagement führte unter dem Eindruck des I. Weltkriegs zu ästhetischen wie weltanschaulichen Neuorientierungen und gruppengebundenen Abspaltungen innerhalb des Expressionismus und folgend Berlin DADA. Zugleich aber hatte sich damit endgültig ein metropolitanes literarisches Leben ausgebildet, und zwar in bezug auf die literarische Produktion (Themen, experimenteller Stil, fortwährende Ideenkonkurrenz, Facettenreichtum) und die spezifischen Verhaltens- und Lebensweisen (öffentliche Provokation, Sezessionismus, Moden, eigene feste Treffpunkte wie Caféhäuser, Lokale, Clubs, Galerien) einschließlich der notwendigen Zirkulationssphäre (Zeitschriften, Zeitungen, Verlage, Kabaretts, Theater).

5. Im Querschnitt: die Literatur der 20er und 30er Jahre

Als 1929 die Anthologie „Hier schreibt Berlin" erschien, hatte die neue europäische Metropole den Gipfelpunkt ihrer literarisch-geistigen Strahlkraft erreicht: Kaum ein Autor von internationaler Bedeutung, der nicht besuchsweise, zeitweilig oder auf Dauer in Berlin lebte; die Flut berlinbezogener Großstadtdichtungen beschleunigte die urbane Mythenbildung; die literarisch-kulturelle Infrastruktur übte Magnetwirkung in ganz Europa aus (*Café des Westens, Romanisches Café,* Schwannecke; Ullstein Verlag, Samuel Fischer, Bruno Cassirer, Malik usw.); der Zuzug von deutschsprachigen Autoren, die sich oft auch als Journalisten betätigten, hielt an. Rd. 50 Autoren mit klangvollen Namen verzeichnete die Berlin-Anthologie, deren stilistische Bandbreite vom kritischen Realismus über den Spätexpressionismus bis zur Neuen Sachlichkeit reichte. Doch auch im Rückblick fiele es schwer, die verbindlichen Entwicklungslinien kenntlich zu machen.

Das unvermittelte Nebeneinander einer regionalen, ästhetisch eher traditionalistischen L. und eines dominierenden internationalen Stils, den Autoren wie Gottfried Benn, Alfred Döblin und Bertolt Brecht repräsentierten, erscheint in diesen Jahren besonders ausgeprägt. Elias Canetti charakterisiert diese Mischung aus Durcheinander und Gleichgültigkeit: „Man lebte in Gruppen, in Cliquen (...). Jeder einzelne, der etwas war, und viele waren etwas, schlug mit sich auf die anderen los. Ob sie ihn verstanden, blieb fraglich, er verschaffte sich Gehör, es schien ihn nicht zu stören, daß andere sich auf andere Weise Gehör verschafften."

Fast alle neuen Trends wurden nun in der Stadt erprobt oder hier kreiert, Alfred Döblins Montageroman „Berlin Alexanderplatz", die Reportagen und Feuilletons von Egon Erwin Kisch, Siegfried Kracauer, Joseph Roth, Heinrich v. Brentano, die epischen Dramen Bertolt Brechts, die Essayistik Alfred Kerrs und Gottfried Benns, die Gebrauchslyrik Erich Kästners – schier unerschöpflich war das Reservoir innovativer literarischer Ansätze, die simultan entstanden und Mosaiksteine einer internationalen Metropolenkultur bildeten. Zudem verstärkte die große Kolonie russischer Literaten und Künstler in Berlin, italienischer, französischer und amerikanischer Schriftsteller den übergreifenden Dialog. Berlin war ein literarischer Schmelztiegel, die Austauschprozesse entzogen sich bereits ordnender Sichtung. Die großen Magazine und Kulturzeitschriften (Querschnitt, Uhu, > DIE WELTBÜHNE, Die literarische Welt usw.) konturierten das Berlin-Image und gaben den verstärkenden Resonanzkörper ab im Konzert der divergierenden Meinungen und ästhetischen Standpunkte. Ein engmaschiges Netz aus Mentoren und Mäzenen sorgte für die materielle Schwungkraft des hektischen Literaturbetriebs, der zugleich den Rhythmus der Weltstadt in seine literarische Produktion übertrug. Ton, Diktion und Form der Lyrik, Prosa korrespondierten mit den raumzeitlichen „Gesetzen" des expandierenden Stadtorganismus: Tempo, Fragmentierung, Schock, Technikkult. Tradierte Gattungsgrenzen waren längst überwunden, zumal besonders die wechselseitige Beeinflussung zwischen L. und Journalismus für beide Bereiche wesentliche Impulse brachte. Nicht allein durch literarisch-publizistische Doppelbegabungen wie Kurt Tucholsky, Alfred Döblin oder Joseph Roth wurden die Feuilletons „literarischer". Der Journalismus von Siegfried Jacobsohn, Carl v. Ossietzky, Theodor Wolff, Willy Haas und Leopold Schwarzschild zeugte selbst von literarischen Qualitäten. Und schließlich färbte der knappe, pointierte publizistische Stil auf die Erzähltechniken der neusachlichen L. ab.

Das sollte sich schon vor der Machtübernahme durch die Nationalsozialisten am 30.1.1933 ganz allmählich zu Beginn der 30er Jahre ändern. Die experimentellen Potentiale schienen auch in der L. ausgeschöpft, ein traditionalistisch orientierter Formenkanon erkämpfte langsam verlorenes Terrain zurück. Parallel dazu zeigten die ideologischen Polarisierungen unter den Schriftstellern Wirkung. Neben dem literarisch-ästhetischen Selbstbehauptungswillen angesichts der Konkurrenz der Medien (> FILM, > HÖRFUNK) kennzeichnete die 20er Jahre ein spannungsreiches Verhältnis von L. und Politik, nicht zuletzt dokumentiert in zahlreichen Prozessen und Zensureingriffen.

Die tiefgreifenden Auseinandersetzungen in der Abteilung für Dichtung der > PREUSSISCHEN AKADEMIE DER KÜNSTE zwischen völkisch-nationalen, „konservativen" und „liberalen" Autoren offenbarte am Vorabend des „Dritten Reichs" den tiefen Graben zwischen den einzelnen Lagern. Die Umwandlung dieser von Heinrich Mann geführten Abteilung

in eine „Deutsche Akademie für Dichtung"
1933 war das Auftaktzeichen für eine Säu-
berungswelle, die von der *Bücherverbrennung*
am 10.5. auf dem Opernplatz (heute >
BEBELPLATZ) über Indizierungsmaßnahmen bis
zur Zerstörung von > BIBLIOTHEKEN und Buchhandlungen reichte.
Was dann folgte, kann unter dem Stichwort
„Gleichschaltungsversuche" zusammengefaßt werden – ein nur in Maßen koordinierter
Prozeß, der sich über Jahre erstreckte und
von der Zentralisierung bis Zensur und Gewaltanwendung unterschiedliche Maßnahmen beinhaltete. Mit wenigen Ausnahmen –
Gottfried Benn etwa – hatte die gesamte literarische Moderne Berlin und Deutschland
verlassen oder war mundtot gemacht oder
eingekerkert und getötet worden (so bspw.
Carl v. Ossietzky und Erich Mühsam).
Ghettoisiert und in „Katakomben" abge-
drängt wurden die verbliebenen Rudimente
der jüdisch-deutschen Kultursymbiose (Kulturbund, Salman Schocken Verlag); die sog.
„Arisierung" großer Verlage (z.B. Ullstein)
versuchte, die markantesten Symbole dieser
Blütezeit gleichsam auszulöschen.
Trotz staatlicher Repressionen, individueller
Anpassung oder Zurückweichens in die Innere *Emigration* existierte auch in Berlin eine
nicht-nationalsozialistische L. weiter, die
zwar nur geringe Möglichkeiten zur Publikation besaß, aber immerhin vereinzelt in Zeitschriften (Deutsche Rundschau, Das Innere
Reich) zu Wort kam. Mascha Kaléko, Martin
Kessel, Wolfgang Weyrauch, Günter Eich,
Peter Huchel oder Oskar Loerke schrieben
und veröffentlichten – allein Inhalt, Ton und
Rhythmus der Sprache hatten sich gewandelt, gleichsam nach innen gekehrt und in
der Natur Zuflucht gefunden. Die vom Nationalsozialismus so verketzerte „Asphalt-
literatur" – Synonym für die in und von
Berlin geprägte Großstadtdichtung – verschwand, fiel Verbotslisten und Vertreibung
zum Opfer. Das literarische „Exerzierfeld"
der Moderne verödete, war ein nunmehr von
den neuen Machthabern besetztes Gebiet.
6. Zwischen Trümmern und Mauern: die
literarische Entwicklung bis zum Beginn
der 60er Jahre
Das literarische Leben regte sich nach 1945
anfangs noch unter gesamtdeutschen Vorzeichen. Aber bereits die ersten Gedenk- und
Schriftstellerveranstaltungen ließen die zukünftigen ideologischen Auseinandersetzungen erahnen. Die Heimkehr der Emigranten,

die sich anschließenden Diskussionen um
„innere" und „äußere" Emigration auf dem
ersten Schriftstellerkongreß im Oktober 1947
in Berlin, die in der direkten Konfrontation
der Siegermächte eskalierte, bereitete die >
SPALTUNG vor. Verhärtungen im Ästhetischen
und wachsende Dogmatisierung im Inhaltlichen und Formalen von östlicher Seite ze-
mentierten das Trennende. Die aus Moskau
zurück nach Berlin gekommenen Schriftsteller (Johannes R. Becher, Willi Bredel, Friedrich Wolf u.a.) gaben in Ost-Berlin im engen
Schulterschluß mit den Sowjetoffizieren den
Ton an. Im West-Teil meldeten sich die Verstummten (Gottfried Benn oder Elisabeth
Langgässer) und jüngere Autoren wieder zu
Wort – eher hermetisch, mythologisierend
und existentialistisch.
Mit der Gründung der beiden deutschen
Staaten 1949 und der formellen Teilung
Berlins begannen sich die Stadthälften literarisch in entgegengesetzte Richtungen zu bewegen. In Ost-Berlin konzentrierten sich zu
Beginn der 50er Jahre Verbände, Institutionen und v.a. die belletristischen Verlage
(Aufbau Verlag, Volk und Welt usw.). Die
Deutsche Akademie der Künste (später Akademie der Künste der DDR; > AKADEMIE
DER KÜNSTE [OST]) nahm eine Schlüsselpositi-
on ein im Bestreben der Staatsmacht, über
heimkehrende prominente Schriftsteller (Arnold Zweig, Bertolt Brecht, Anna Seghers)
und begabte Nachwuchsliteraten auch nach
außen Glanz zu verbreiten. Der 1950 anfangs
als Bestandteil des Kulturbundes etablierte
Schriftstellerverband konstituierte sich zwei
Jahre später als selbständige Organisation,
die in „der Folgezeit eine wichtige Arbeit bei
der Herausbildung und Entwicklung der sozialistischen Nationalliteratur der DDR leistete" (DDR-Literaturgeschichte). Im Widerspruch zu diesen eindeutigen ideologischen
Vorgaben und den offiziösen formal-ästheti-
schen wie thematischen Leitlinien prägten in
den 50er Jahren noch die „Alten" (Brecht,
Seghers) die literarische Kanonbildung entscheidend mit – unterstützt von „Jüngeren"
wie Stephan Hermlin oder Peter Huchel, der
die einflußreichste Literaturzeitschrift, *Sinn*
und Form, bis 1962 leitete.
Thematisch widmete man sich in der
apologetischen L. dem Wiederaufbau und
danach dem sich entwickelnden sozialistischen Staat. Die „Hauptstadt der Republik"
wurde zum Hort des Friedens verklärt, Hym-
nen auf Plätze, Straßen und Ereignisse unter-

strichen die Dominanz des Politischen. Dort aber übte der Kreis um Brecht seine schöpferische Anziehungskraft aus und bot einigen Unangepaßten Schutz auf Zeit (Peter Hacks, später Heiner Müller). Insg. jedoch beherrschten die SED-Kulturkonferenzen und die alle zwei Jahre stattfindenden Schriftstellerkongresse die offizielle Linie; die unmittelbare Präsenz der Partei- und Staatsmacht in Ost-Berlin verstärkte die Brisanz, aber auch die Bedeutung literarischer Arbeit. Ein ausgeklügeltes (Vor-)Zensursystem kettete die Schriftsteller an den Apparat, beförderte aber zugleich die Notwendigkeit zu Camouflage und temporärer Komplizenschaft. Denn der direkte Zugang zur Macht prägte ebenso das literarische Leben wie die ständigen Rituale zwischen Anpassung und Abgrenzung, poetischer Affirmation und subtilem Ideenschmuggel.

Anders im Westteil der Stadt: Spätestens zu Beginn der 50er Jahre war ein zunehmender Bedeutungsverlust zu verzeichnen, der im Exodus der belletristischen Großverlage – S. Fischer, Suhrkamp, Luchterhand, Rowohlt – seinen Ausgangspunkt nahm. Die Ende der 40er Jahre zwischen Trümmerliteratur und Aufbruchsgeist oszillierende Nachkriegsmoderne hatte sich verflüchtigt, die von Alfred Kantorowicz und anderen beschworenen Ost-West-Passagen mündeten in lauter politisch begründete Sackgassen. Wieder zog sich das „poetische Berlin" auf seine provinziellen Ursprünge zurück. Die Kreuzberger Boheme um die Galerie Zinke mit den Malerpoeten Günter Bruno Fuchs und Robert Wolfgang Schnell verkörperte diese skurril-realistische Traditionslinie. Hans Scholz' Erfolgsromane wie „Am grünen Strand der Spree" (1955) gehörten als bürgerliches Pendant zum nonkonformistischen Künstlertum ebenfalls in diesen Kontext.

Erst Ende der 50er Jahre kam durch den Zuzug von Günter Grass und Uwe Johnson wieder ein Hauch von literarischer Weltläufigkeit nach West-Berlin. Diese Friedenauer Schriftsteller-Kolonie, zu der auch zeitweilig Hans-Magnus Enzensberger, Max Frisch und Ingeborg Bachmann stießen, bildete den Nukleus der radikalen Erneuerung der literarischen Szene in den 60er Jahren.

7. Unter geteiltem Himmel: die literarischen Zentren in West und Ost bis 1989
Die parallel zum > THEATER sich vollziehenden literarischen Aufbrüche der 60er Jahre waren politisch bestimmt und vereinten in ihrem gesellschaftskritischen Impetus die verschiedensten Stilrichtungen und poetischen Schulen. Einen wichtigen Einschnitt markierte die Gründung des > LITERARISCHEN COLLOQUIUMS (LCB) unter Walter Höllerer, dessen spektakuläres Auftaktprogramm 1963/64 mit Grass, Peter Weiss, Peter Rühmkorf u.a. wie ein Signalzeichen wirkte. Eine ähnliche Rolle übernahm Hans Werner Richters Salon in der Erdener Str. in > GRUNEWALD. Gleichsam kompensatorisch entwickelte sich über die Rundfunksender (> SENDER FREIES BERLIN und > RIAS BERLIN) eine literaturförderliche Infrastruktur, die ein wenig über den Verlust der wichtigsten Literaturverlage hinwegtrösten konnte. Die Möglichkeiten des literarischen Austauschs wuchsen, nicht zuletzt unterstützt durch zahlreiche aktive Buchhandlungen. Gleichfalls in den 60er Jahren setzte eine Tendenz zur Gründung kleiner, unabhängiger Verlage ein, von denen der Klaus Wagenbachs v.a. für Furore sorgte – Indiz einer literarischen Nebenrollenfunktion, aber auch Indikator ungebrochener poetischer und publizistischer Vitalität. Die Buchkunst der Handpressen und der wachsende Einfluß berufsständischer Organisationen (z.B. der *Neuen Gesellschaft für Literatur*) unterstrichen den Zug zur literarischen Selbsthilfe von innen. Die internationalen Verbindungen pflegte traditionsgemäß die Literaturabteilung der > AKADEMIE DER KÜNSTE.

In den 70er Jahren wurde die kritische Schreibweise von engagierten Autoren wie Ingeborg Drewitz oder den der Studentenbewegung entwachsenen Schriftstellern wie Peter Schneider, Friedrich Christian Delius, Hans Christoph Buch, Yaak Karsunke, Nicolas Born, Anna Jonas fortgeführt. Zugleich knüpfte man im Westteil, durchaus mit dem Osten vergleichbar, an die Treffpunkt- und Zufluchtstradition der 20er Jahre an: Immigrierte oder geflohene Literaten wie Aras Ören, Oskar Pastior, Antonio Skármeta und Gaston Salvatore sorgten für internationale und multikulturelle Akzente. Unter anderen Vorzeichen galt das in den 80er Jahren für aus Rumänien gekommene deutschsprachige Autoren wie Herta Müller, Richard Wagner, Ernest Wichner u.a. Mittlerweile erschienen auch in West-Berlin viele wichtige Literatur- und Kulturzeitschriften wie *Kursbuch, Ästhetik und Kommunikation, Sprache/Literatur im technischen Zeitalter*, später *Litfass* und *Freibeuter*, die ein eher linkes und kritisches Gegengewicht zu den *Neuen Deutschen Heften* Joachim Günthers bildeten. Zum LCB gesellten sich in den 70er und 80er Jahren das *Berliner Künstlerprogramm* des > Deutschen Akademischen Austauschdienstes und das > Literaturhaus Berlin als wichtige Begegnungs- und Austauschstätten.

Die literarische Szene differenzierte sich weiter aus, zu den klassischen Zentren um den > Savignyplatz und den > Bahnhof Zoologischer Garten, die Friedenauer Buchhandlungen und den Charlottenburger Kiez kam eine junge und radikale Szene in > Kreuzberg hinzu, die Autoren wie Bodo Morshäuser, Thomas Hürlimann, Seyfried und Michael Wildenhain hervorbrachte. Aggressiv und mit formaler Experimentierlust stand sie quer zur eher behäbigen Boheme der 50er Jahre um die „Zinke" oder „Kleine Weltlaterne".

Ihre östliche Entsprechung fand sie im > Prenzlauer Berg, seit den 70er Jahren eine – wie man jetzt weiß – z.T. staatlich kontrollierte und z.T. gesteuerte Subkultur (> Der Bundesbeauftragte für die Unterlagen des Staatssicherheitsdienstes; > Staatssicherheitsdienst der DDR).

In beiden Teilen der Stadt war trotz dieser unterschiedlichen gesellschaftlichen und politischen Rahmenbedingungen eine neue urbane Semantik in der L. entstanden, die sich, provokant und normal unangepaßt, ebenso schrill wie moralisch ambitioniert mit der eigenen Umwelt, den Brüchen und Rissen im sozialen Gefüge beschäftigte. Die eher staatstragend wirkende, gleichermaßen alimentierte wie kontrollierte und von Hermann Kant als Vorsitzendem des DDR-Schriftstellerverbandes straff organisierte literarische Szene Ost-Berlins fächerte sich schon vor der *Biermann-Ausbürgerung* 1976 in viele subjektiv getönte literarische Facetten auf. Ulrich Plenzdorfs Drehbuch- und dramatisierte Prosatexte bildeten den Auftakt zu einer ganzen Reihe individueller Erkundungen, die sich z.T. kritisch mit der realsozialistischen Wirklichkeit auseinandersetzten. Neben den offiziellen, in diversen Klubhäusern und Schriftstellerverbandsinstitutionen organisierten Lesungs- und Autorenprogrammen existierten sich locker zusammenfindende Zirkel in Privathäusern oder in der Akademie der Künste der DDR (Volker Braun, Christoph Hein, Christa Wolf, Heiner Müller). Doch vor dem Mauerfall, auch unabhängig von den bemühten Annäherungen zwischen Ost und West in den Berliner Friedensgesprächen der Schriftsteller seit Beginn der 80er Jahre, waren zwei verbindende Trends zu vermerken: einerseits die starke literarische Präsenz einer neuen Subjektivität unter verschiedenen ästhetischen und literatursoziologischen Vorzeichen, andererseits eine wachsende Autorität großer literarischer Einzelpersönlichkeiten und Einzelgänger wie Christa Wolf, Heiner Müller, Stephan Hermlin, Volker Braun auf östlicher Seite oder Günter Grass, Botho Strauß im Westen. Die West-Berliner L. lebte auch vom Zuzug ausgewiesener oder emigrierter Ost-Berliner Autoren (Jurek Becker, Jürgen Fuchs, Klaus Schlesinger, Hans Joachim Schädlich, Thomas Brasch), genauso wie in der „Hauptstadt" versammelte DDR-Literatur Substanz und Kreativität aus ihrem Gegensatz zum Westen bezog. Aus dieser spannungsreichen Konstellation erwuchs nach den politischen Umbrüchen von 1989 bisher jedoch keine literarische Produktivität.

8. Mauersprünge: offene Horizonte

Rückbesinnung auf die eigenen Positionen der Vorwendezeit kennzeichnet das literarische Klima der frühen 90er Jahre im wiedervereinigten Berlin. Mißtrauen und wechselseitige Schuldzuweisungen ersetzen vorläufig einen möglichen gemeinsamen Neubeginn. Die ästhetische Differenz und das politisch Trennende werden betont und die unterschiedlichen Identitäten akzentuiert. Während die seit 1945 beschädigte literarische Infrastruktur des Westens sich zu revitalisieren beginnt und Verlage wie Rowohlt oder Suhrkamp Außenposten in der Stadt einzurichten beginnen, ringt die hauptstädtische Verlags- und Buchhandelskultur nebst ihren ehemals staatlichen Institutionen ums Überleben. Der Prenzlauer Berg ist mit seinen Stasi-Enthüllungen fast mehr beschäftigt als mit einem poetischen „Dröhnen im Untergrund" (Jens Jessen).

Nach dem Zusammenbruch der staatlichen Infrastruktur im Osten zeichnet sich hier wie im Westen ein Trend zur Individualisierung und zu Einzelgängern ab. Die L. in Berlin lebt nach wie vor stark von der Persönlichkeit einzelner Autoren, deren Themen und Formen ein breites, auf keinen einheitlichen Nenner zu bringendes Spektrum umfassen. Neben den genannten zählen zu wichtigen Berliner Autoren u.a.: Esther Dischereit, Rolf Haufs, Ingomar v. Kieseritzky, Sten Nadolny, Leonie Ossowski, Joachim Satorius und

774

Hans-Ulrich Treichel. Immerhin konnten dank einer weitsichtigen Literatur- und Autorenförderung der > SENATSVERWALTUNG FÜR KULTURELLE ANGELEGENHEITEN Substanz erhalten und produktive Konkurrenzen initiiert werden. Von den rd. 6 Mio. DM Literaturförderung im Jahre 1992 entfielen beträchtliche Zuschüsse auf das *Brecht-Zentrum* (> BERTOLT-BRECHT-HAUS) und die neue > LITERATURWERKSTATT BERLIN in > PANKOW. Kleinere Verlagsgründungen im Osten wie Galrev und Christoph Links geben positive Beispiele publizistischen Unternehmungsgeistes.

Noch liegen keine genauen Zahlen über die Ost-Berliner Autoren vor, aber gewiß werden sie für einen beträchtlichen quantitativen wie qualitativen Zuwachs zu den rd. 500 West-Berliner Autoren sorgen. Mehr denn je muß Berlin als Zentrum der deutschsprachigen L. und Treffpunkt in der Mitte Europas eine Vorreiterrolle übernehmen an der Nahtstelle der deutsch-deutschen und damit europäischen Teilung. Welche poetische Innovationskraft diesem Neuen Berlin entspringt, ist völlig offen, sicher erscheint nur, daß der Druck von außen einen literarischen Neubeginn provozieren wird.

Literaturhaus Berlin: Das 1986 als zentraler literarischer Veranstaltungsort eröffnete, zum *Wintergartenensemble* zählende L. in der Fasanenstr. 23 im Bezirk > CHARLOTTENBURG ist 1992 neben dem > LITERARISCHEN COLLOQUIUM, dem > BERTOLT-BRECHT-HAUS und der > LITERATURWERKSTATT ein wichtiges Forum des literarischen Lebens in Berlin (> LITERATUR).

Das L. ist das erste in Deutschland eingerichtete Literaturhaus. Davon angeregt, wurden inzwischen eine Reihe weiterer Literaturhäuser geschaffen (z.B. in Hamburg). Das in seinen Darbietungsformen vielfältige Programm des L. wendet sich v.a. an ein literarisch interessiertes und anspruchsvolles Publikum. Es umfaßt Autorenlesungen, Vorträge, Diskussionen, Symposien, kleine Theateraufführungen, szenische Lesungen, Vorführungen von Hörspielen und Filmen sowie Veranstaltungen, die literarische Texte in Beziehung setzen zu > TANZ und > MUSIK. Eine Besonderheit des L. sind seine eigenen und von auswärtigen Institutionen übernommenen Literaturausstellungen. Überregionale Beachtung fanden die Ausstellungen über den Neuen Berliner Westen (1988), Walter Serner (1989) und die Zensur in der DDR (1991). Ausstellungsbücher und für das L. geschriebene literarische Texte (Theaterstücke und Hörspiele) erscheinen im hauseigenen Verlag „Texte aus dem Literaturhaus Berlin". Im L. finden jährlich ca. 170 Veranstaltungen statt, die 1991 von ca. 8.000 Personen besucht wurden. Die Programme des L. werden von seinem Leiter, dem Literaturkritiker Herbert Wiesner, und seinem Mitarbeiter, dem Schriftsteller Ernest Wiechner, erarbeitet.

Literaturhaus Berlin

Träger des L. ist der Trägerverein Literaturhaus Berlin e.V., in dem literarische Berliner Kulturinstitutionen und Vereinigungen vertreten sind. Diesen und freien Gruppen steht das Haus für Veranstaltungen offen, die in einem gesonderten Programm angekündigt werden. Die Finanzierung des L. erfolgt durch die > SENATSVERWALTUNG FÜR KULTURELLE ANGELEGENHEITEN (SENKULT), der auch die Rechnungsprüfung obliegt. Größere Projekte wie Symposien und Ausstellungen, die auch außerhalb Berlins gezeigt werden, finanziert das L. durch Sondermittel (u.a. des > GOETHE-INSTITUTS und der > STIFTUNG PREUSSISCHE SEEHANDLUNG). Ein Kuratorium, dem u.a. die SenKult und der Vorstand des Vereins angehören, wacht über die Einhaltung der Satzung.

Das vom L. genutzte, viergeschossige Gebäude war 1889 als Vorstadtvilla im Auftrag des Industriellen Hermann Gruson für seine Tochter Luise und ihren Mann, den Nordpolfahrer Richard Hildebrandt, errichtet worden. Bereits in seinen Anfangsjahren entwickelte es sich unter den Hildebrandts zum

Treffpunkt von Persönlichkeiten aus Wissenschaft, Musik und Theater. Während des I. Weltkrieges diente das Haus als Lazarett, später als Volksküche, Café und gehörte Ende der 20er Jahre der Alexander-von-Humboldt-Stiftung, die es als Haus für ausländische Studierende nutzte. In den 80er Jahren wurde der Bau durch eine Bürgerinitiative vor dem durch die Verkehrsplanung vorgesehenen Abbruch gerettet, vom Land Berlin erworben und unter > Denkmalschutz gestellt.

Das L. verfügt über drei Veranstaltungsräume mit 100, 70 und 35 Plätzen. Außerdem befinden sich dort eine Buchhandlung, ein Café-Restaurant sowie zwei Gästezimmer und Arbeitsräume für die fünf festen Mitarbeiter. Eine Besonderheit stellt das aus von Arbeitsgemeinschaften benutzte *Tucholsky-Zimmer* dar, mit Originalmöbeln und Utensilien aus der Zeit von Kurt Tucholskys schwedischem Exil.

literaturWERKstatt: Die am 13.9.1991 eröffnete l. am Majakowskiring 46-48 im Bezirk > Pankow ist neben dem > Literarischen Colloquium e.V. in > Zehlendorf, dem Brecht-Zentrum im > Bertolt-Brecht-Haus im Bezirk > Mitte und dem > Literaturhaus Berlin im Bezirk > Charlottenburg das jüngste literarische Zentrum in Berlin.

Der Leiter des neuen Literaturhauses, der Germanist Thomas Wohlfahrt, möchte mit der l. v.a. ein Forum für das ost-west-deutsche Gespräch im Prozeß der > Vereinigung schaffen. Diesem Zweck dienen spezielle Veranstaltungsreihen, so bspw. „Dialog und Kontrovers", die im November 1991 mit einer Gesprächsrunde über die Staatssicherheitsproblematik begann, an der die Autoren Sascha Anderson, Volker Braun und ein Vertreter der Gauck-Behörde teilnahmen (> Der Bundesbeauftragte für die Unterlagen des Staatssicherheitsdienstes der ehemaligen DDR; > Staatssicherheitsdienst der DDR). Weitere Veranstaltungsreihen der l. sind „Kein schöner Land ...", die v.a. ausländische Sichtweisen auf Deutschland vorstellt, „Tage ausländischer Autoren" und die Kunst des Übersetzens sowie Hörspiel und zeitgenössisches Drama. Des weiteren existieren das internationale Frauenerzählprojekt „Scheherezade" und eine Reihe „Autoren und ihre Berliner Verlage". Darüber hinaus soll das Haus offen sein für alle Autoren und Literaturinteressenten sowie – im Rahmen der Werkstatt-

funktion – für literarische Arbeitskreise unterschiedlichster Art. Die Trägerschaft für die l. hat der „Literaturbrücke e.V.". Die Finanzierung der Einrichtung, die über drei feste Mitarbeiter verfügt, erfolgt durch die > Senatsverwaltung für Kulturelle Angelegenheiten.

Die l. ist im ehem. Wohnhaus des ersten DDR-Ministerpräsidenten, Otto Grotewohl, untergebracht. 1977-80 diente der Repräsentationsbau aus den 30er Jahren als Gästehaus des DDR-Ministerrates, bevor er ab 1980 dem Schriftstellerverband der DDR übergeben wurde, der ihn als nichtöffentliches Klubhaus nutzte. Wegen dieses nur internen Charakters für die DDR-Literaturnomenklatura ist das Haus von vielen, darunter auch prominenten DDR-Schriftstellern, demonstrativ gemieden worden. Im Zuge der > Vereinigung wurde das Haus seiner heutigen Nutzung zugeführt.

Litfaßsäulen: Im Stadtgebiet von Berlin stehen ca. 3.440 Anschlagsäulen, die nach ihrem Erfinder, dem Druckereibesitzer und Verleger Ernst Litfaß, L. genannt werden. Sie werden von der *Vereinigten Verkehrsreklame (VVR-BEREK)* der > Berliner Verkehrs-Betriebe (BVG) betrieben, die auch die Uhrenkandelaber sowie die Werbetafeln auf allen U-Bahnhöfen und S-Bahnhöfen im Westteil der Stadt betreut. Für die Werbeflächen auf den S-Bahnhöfen im Ostteil Berlins ist die > Deutsche Reichsbahn (DR) zuständig. (> S-Bahn; > U-Bahn)

Bis Mitte des 19. Jh. war das Anbringen von Plakaten und sonstigen Anschlägen an Häuserwänden und Zäunen Privatsache. Mit dem Inkrafttreten des Pressegesetzes am 12.5.1851 wurde das private Ankleben verboten. Am 5.12.1854 übertrug der > Magistrat Ernst Litfaß die Konzession, „zwecks unentgeltlicher Aufnahme der Plakate öffentlicher Behörden und gewerbsmäßiger Veröffentlichung von Privatanzeigen" die von ihm entwickelten Anschlagsäulen auf öffentlichem Straßenland aufzustellen. Schon für die erste am 1.7.1855 errichtete Reklamesäule bürgerte sich bald der Name L. ein. Um die Jahrhundertwende gab es in Berlin um die 400 L. Im März 1921 übernahm die Stadt die Organisation des Reklamewesens und gründete die Berliner Anschlag- und Reklamewesen GmbH (BEREK), die 1970 von der BVG übernommen und in VVR-BEREK umbenannt wurde.

Laut Vertrag sollte Litfaß als Gegenleistung für die Konzession auch 50 städtische Brunnen und *Bedürfnisanstalten* umbauen. Diese Vereinbarung war die Grundlage für die Er-

„Café Achteck" an der Liesenstraße

richtung von zahlreichen grün gestrichenen, meist achteckigen, gußeisernen *Pissoirs* auf den Straßen und Plätzen der Stadt. Im Westteil Berlins sind noch 23 dieser sog. „Café Achtecks" erhalten, z.B. am > CHAMISSOPLATZ in > KREUZBERG. Im Ostteil existiert nur noch eine Anlage am > ARKONAPLATZ. Alle Pissoirs werden von den > BERLINER STADTREINIGUNGS-BETRIEBEN (BSR) unterhalten und sind für die Aufnahme in das Denkmalbuch vorgesehen (> DENKMALSCHUTZ).

Londoner Protokoll: Das am 12.9.1944 verabschiedete L. bildete die Grundlage für die Einteilung der Besatzungsgebiete der > ALLI-IERTEN in Deutschland nach dem II. Weltkrieg. Im Vorgriff auf den erwarteten militärischen Sieg über die Deutsche Wehrmacht beschlossen die Außenminister der UdSSR, der USA und Großbritanniens bereits während ihrer Moskauer Konferenz im Oktober 1943 die Einrichtung einer Europäischen Beratenden Kommission (European Advisory Admission), die Vorarbeiten für eine gemeinsame Deutschlandpolitik leisten sollte.
Die ab 15.12.1943 in London tagende Kommission verabschiedete am 12.9.1944 ein Protokoll über die Besatzungszonen in Deutschland und die Verwaltung von > GROSS-BERLIN, wonach Deutschland in den Grenzen vom 31.12.1937 in drei Zonen geteilt werden sollte. Danach erhielt die Sowjetunion den östli-

chen Teil des Reichsgebiets, während zunächst noch offen blieb, welche der angelsächsischen Mächte die nordwestliche und welche die südwestliche Zone erhalten sollte. Berlin war keiner der Besatzungszonen zugeordnet, sondern sollte als „besonderes Gebiet" – aufgeteilt in zunächst drei > SEKTOREN – von den > STADTKOMMANDANTEN aller Mächte durch eine > ALLIIERTE KOMMANDANTUR gemeinsam verwaltet werden.
Im *Londoner Abkommen* vom 14.11.1944 wurde dann das Verfahren der alliierten Kontrolle festgelegt. Danach hatten die Oberbefehlshaber der Truppen in den einzelnen Zonen nach den Weisungen ihrer nationalen Vorgesetzten die oberste Gewalt auszuüben, sollten aber in allen Angelegenheiten, die Deutschland als Ganzes betrafen, in einem > ALLIIERTEN KONTROLLRAT nach dem Einstimmigkeitsprinzip zusammenwirken. Die Bestimmungen des L. hinsichtlich der Verwaltung Berlins wurden bestätigt und konkretisiert. Ein Zusatzabkommen gleichen Datums zum L. regelte dann auch die noch offene Verteilung der westlichen Besatzungszonen: Die nördliche Zone wurde den Briten zugesprochen, die südliche den USA.
Frankreich als vierte Besatzungsmacht ist dem L. und dem Zusatzabkommen am 1.5.1945 und am 26.7.1945 beigetreten und und erhielt eine eigene Besatzungszone im Westen und Süden Deutschlands sowie einen eigenen Sektor im Norden Berlins. Da die Beteiligung Frankreichs auf eine westliche Initiative zurückging, wurden die französischen Besatzungsgebiete allein aus den westlichen Zonen bzw. Sektoren herausgeschnitten.
Das L. bildete während des gesamten Ost-West-Konflikts und in der Periode der Teilung Deutschlands bis 1990 – gemeinsam mit dem Londoner Abkommen vom 14.11.1944 und der > BERLINER ERKLÄRUNG VOM 5. JUNI 1945 – eines der wesentlichen Dokumente, in denen der > SONDERSTATUS Berlins außerhalb der vier Besatzungszonen und der Vier-Mächte-Status der gesamten Stadt fixiert war. Allerdings leiteten sich die originären Rechte der Vier Mächte in Berlin aus der Besetzung selbst ab.

Lübars: Das ehem., in seinen Strukturen weitgehend erhaltene Angerdorf L. bildet seit der Schaffung > GROSS-BERLINS 1920 einen 5 km² großen Ortsteil des Bezirks > REINICKENDORF. Es ist das einzige der ehem. Berliner > Dörfer, dessen Charakter im Ort selbst wie auch in seiner Umgebung im wesentlichen auch heute noch durch den Landwirtschaftsbetrieb bestimmt ist (> Landwirtschaft). Die erste urkundliche Erwähnung erfolgte 1247 im Urkundeninventar des Benediktinerinnenklosters zu > Spandau, als vermerkt wurde, daß die Markgrafen Johann I. (1220-66) und Otto III. (1220-67) die Abgaben der Bauern aus L. aus der Wachs- und Honigernte an das Kloster abtraten. Das Dorf gehörte dann mindestens bis zur Säkularisation 1558 zum Kloster. Als kurfürstlicher Besitz wurde es danach dem Amt Spandau unterstellt. Bis ins beginnende 19. Jh. stagnierte die Entwicklung. 1790 vernichtete ein Brand sechs Höfe und die Kirche auf dem Dorfanger, die dann 1791-94 unter teilweiser Verwendung der alten Grundmauern in ihrer heutigen Form neu errichtet wurde. Nachdem Mitte des 19. Jh. zwei Ziegeleien ihren Betrieb aufgenommen hatten, setzte ein Zuzug an Arbeitskräften ein, für die vor dem alten Dorf eine neue Siedlung entstand (Straße Im Vogtland). Zu einer deutlichen Vergrößerung des Ortes kam es allerdings erst 1876, als der Hermsdorfer Gutsförster auf einem rd. 65 Morgen großen Grundstück der Lübarser Feldflur ein Gasthaus errichtete, um das herum bald zahlreiche Villen und Landhäuser entstanden (> Waidmannslust).

Große Flächen des am Rande des > Tegeler Fliesses gelegenen Dorfes werden auch heute noch landwirtschaftlich genutzt. So ist L. heute als „das Dorf" in der Großstadt Berlin auch attraktiv für Touristen und als Ausflugsziel. Die z.T. sehr schön restaurierten Bauern- und Kossätenhäuser stammen fast alle aus dem 19. und frühen 20. Jh. Ältestes Gebäude ist das noch aus dem 18. Jh. stammende Haus Alt-Lübars 19; das ähnlich alte Haus Nr. 22 ist mit einem Strohdach gedeckt. Neben der im II. Weltkrieg beschädigten und 1950-56 wiederhergestellten Dorfkirche, an deren Seite Reste des Kirchhofs erhalten sind, steht auf dem Anger auch das alte Schulhaus. Der 1739 von Friedrich Wilhelm I. (1713-40) gestiftete Kanzelaltar stammt aus der 1888 abgerissenen Gertraudenkirche am > Spittelmarkt.

Die zahlreichen Bauernhäuser sind überwiegend Mittelflurhäuser, wie sie für den Berliner Raum typisch sind. Neben der Landwirtschaft spielt in den letzten Jahren immer mehr auch die Pferdehaltung (Reiterhöfe) eine Rolle. Südöstlich des Ortes liegt in einiger Entfernung der auf einer renaturierten Mülldeponie errichtete > Freizeitpark Lübars mit einer vom > Bezirksamt Reinickendorf unterhaltenen Jugendfarm. 1987 zum Zeitpunkt der letzten West-Berliner Volkszählung hatte L. knapp 4.600 Einwohner. Es war damit nach > Gatow der zweitkleinste der West-Berliner Ortsteile.

Lützowplatz: Der L. an der Schillstr. südlich der Herkulesbrücke über den > Landwehrkanal im Bezirk > Tiergarten ist ein wichtiger innerstädtischer Verkehrsknotenpunkt am östlichen Rand der West-Berliner > City. Wie kaum ein anderer Stadtplatz Berlins wandelte der L. im Laufe der Geschichte seine Gestalt und Funktion. Der heute sieben Straßeneinmündungen aufweisende, ca. 180 x 160 m große Blockplatz entwickelte sich in den gut 120 Jahren seines Bestehens von einem viel besuchten Ausflugsziel über einen Kohlen- und Brennholzlagerplatz zu einem der schönsten Schmuckplätze Berlins, bevor er in den 60er Jahren dieses Jh. seine heutige Gestalt erhielt.

Der Name des 1869 durch Kabinettsorder in L. umbenannten Platzes 6 des Hobrechtschen Bebauungsplans von 1862 (> Hobrechtplan) leitet sich von dem wegen seiner „Verwegenheit" berühmten Scharführer der Freiheitskriege, Adolph Frh. v. Lützow, ab, der in der Nähe seine letzten Lebensjahre verbrachte (Tiergarten-/Ecke Bendlerstr.). Die vom Platz ausgehende Lützowstr. und das Lützowufer sind hingegen nach dem Dorf Lützow (Lietzow), der Keimzelle des späteren > Charlottenburg, benannt.

Mitte des 19. Jh. existierte hier lediglich die wegen ihrer Militärkonzerte und Feuerwerke berühmte Ausflugsgaststätte „Krugs Garten". Ab 1873 setzte dann am Rande des Platzes eine private Bautätigkeit ein, während die Platzmitte als Lagerplatz fungierte. Um 1900 erfolgte durch den Berliner Gartenbaudirektor Hermann Mächtig die Anlage eines begrünten Schmuckplatzes mit symmetrischen Diagonalwegen, der seinen Glanzpunkt 1903 mit dem von Stadtbaurat Ludwig Hoffmann und dem Bildhauer Otto Lessing entworfenen Herkulesbrunnen erhielt. In den wegen ihres schönen Ausblicks und der Nähe zum > Grossen Tiergarten begehrten spätklassizistischen Wohnhäusern um den Platz lebten u.a. der Warenhauskönig Georg Tietz, Großadmiral Alfred v. Tirpitz, der Polizeipräsident Traugott v. Jagow (1909-16), der Journalist Theodor Wolff und der Architekt Walter Gropius. Luftangriffe im November 1943 legten den L. jedoch in Schutt und Asche.

In den 60er Jahren erfolgte die „autogerechte" Neuanlage durch Eberhard Fink. 1967 knüpfte die Aufstellung der 1904 von Louis Tuaillon geschaffenen Bronzeplastik „Herkules mit dem Eber" auf der Grünfläche in der Mitte des Platzes an die Tradition des kriegszerstörten Herkulesbrunnens an. Neben dem einzig erhaltenen spätklassizistischen Mietshaus (Nr. 9), 1873/74 von Wilhelm Neumann entworfen und heute durch das Kunstamt Tiergarten genutzt (> KULTUR- UND KUNSTÄMTER), dominieren der moderne Erweiterungsbau des „Hotels Berlin" (1986/87 von Michael König) und das 1986-88 von Jürgen Sawade auf dem sog. Dörnberg-Dreieck errichtete „Grand Hotel Esplanade" die Platzanlage. Mit der im Rahmen der > INTERNATIONALEN BAUAUSSTELLUNG 1979-83 entstandenen sechsgeschossigen Wohnbebauung des Amerikaners Oswald Mathias Ungers an der Schillstr. sowie – jenseits des Landwehrkanals – der > VILLA VON DER HEYDT (> STIFTUNG PREUSSISCHER KULTURBESITZ) und dem > BAUHAUS-ARCHIV vereinigt der L. ein abwechslungsreiches Ensemble Berliner Architekturgeschichte der letzten 130 Jahre.

Luftbrücke: Die 462 Tage während anglo-amerikanische L. war die wichtigste und effektivste Maßnahme gegen die vom 24.6.48 bis 12.5.49 dauernde sowjetische > BLOCKADE West-Berlins. Nach dem Beginn der Abschnürung errichtete die amerikanische Militärregierung auf Anordnung des Militärgouverneurs der amerikanischen Besatzungszone, General Lucius D. Clay, am 25.6.1948 unter dem Namen „Operation Vittles" eine L. zur Versorgung der Westsektoren Berlins von den Westzonen aus. Die Briten starteten ihre „Operation Planefair" am 28.6.1948. Frankreich, das fast alle verfügbaren Maschinen im Indochina-Krieg eingesetzt hatte, beteiligte sich nicht direkt an der L.

Der Minimalbedarf zur Versorgung West-Berlins betrug 4.000-5.000 t täglich, die Transportkapazität der L. belief sich hingegen anfänglich nur auf 500-700 t. Erst die Ausweitung und Zusammenlegung beider L. am 20.10.1948 („Combined Airlift Task Force") bewirkte eine ausreichende Leistungssteigerung. Die Flugzeugflotte bestand anfänglich aus veralteten, zweimotorigen

„Dakotas" (C-47/DC-3) mit 3 t Nutzlast, die im Herbst 1948 weitgehend durch moderne, viermotorige „Skymaster" (C-54/DC-4) mit 12 t Nutzlast ersetzt wurden. Daneben nahmen eine Vielzahl weiterer amerikanischer und britischer Flugzeugtypen, zum großen Teil Maschinen aus dem II. Weltkrieg, an der L. teil.

In den Westsektoren standen anfänglich nur die Flughäfen > TEMPELHOF, der im September 1948 eine zweite Rollbahn erhielt, und > GATOW (zweite Rollbahn im April 1949) zur

Landender „Rosinenbomber" in Tempelhof

Verfügung (> FLUGHÄFEN). Als zusätzlicher Landeplatz wurde dann im Herbst 1948 von über 19.000 Berliner Arbeitskräften in nur drei Monaten der Flughafen > TEGEL errichtet. Die erste Landebahn wurde am 5.11. eröffnet. Außerdem wurden auch die > HAVEL als Landeplatz für Wasserflugzeuge genutzt. Den drei Berliner Flughäfen und den Wasserlandeplätzen auf der Havel standen elf Flugplätze in den Westzonen gegenüber: Frankfurt/M., Wiesbaden, Fritzlar, Schleswig-Land, Lübeck, Hamburg-Fuhlsbüttel, Wunstorf, Celle, Bückeburg, Fassberg und für die Flugboote Finkenwerder bei Hamburg. Für den Ausbau der L. beorderte die amerikanische Regierung Flugzeuge aus Westeuropa, Panama, Alaska, Hawaii, Massachusetts, Texas, Kalifornien, Montana, Tokio, der

Karibik, den Bermudas und den Azoren in die Westzonen. Auf britischer Seite beteiligten sich zeitweise auch Flugzeuge und Besatzungen aus den drei Commonwealth-Ländern Südafrika, Australien und Neuseeland. An der L. nahmen gleichzeitig bis zu 300 Maschinen teil, die in fünf übereinanderliegenden Ebenen – mit einem Abstand von 13,5 km und einer Geschwindigkeit von 270 km/h – über den nördlichen und südlichen Luftkorridor ein- und den mittleren ausflogen (> LUFTKORRIDORE). Zeitweise landete und startete alle 90 s eine Maschine in Berlin. Neben ca. 500 Flugzeugbesatzungen waren in den Westsektoren Berlins über 20.000 Deutsche, vorwiegend durch ein Senatsprogramm finanzierte Arbeitslose, mit Ent- und Beladung sowie der Verteilung der Güter beschäftigt. An den Startplätzen in den Westzonen waren es rd. 30.000 Menschen.

62,8 % der eingeflogenen Güter waren Kohle (insg. 1.091.582 t), 27,9 % Lebensmittel (483.726 t), der Rest Rohmaterialien (161.473 t). Auf den Rückflügen transportierten die Maschinen in Berlin hergestellte Industriegüter („made in blockaded Berlin"). Auf dem Höhepunkt der L. wurde mehr Fracht in die Stadt transportiert, als vor der Blockade auf den Land- und Wasserwegen.

Zur L. gehörte nicht nur der Gütertransport nach Berlin, sondern auch eine aufwendige Infrastruktur und Logistik. So wurden die Maschinen z.B. alle 200 Flugstunden in Großbritannien intensiv gewartet und alle 1.000 Flugstunden zur Generalüberholung in die Vereinigten Staaten geflogen. Die Westmächte demonstrierten am 15./16.4.1949 die Leistungsfähigkeit der L., als innerhalb von 24 h mit 1.398 Flügen 12.940 t Fracht nach Berlin transportiert wurde (das entspricht 22 Güterzügen mit je 50 Waggons). Nach Beendigung der Blockade am 12.05.1949 wurde die L. zunächst in vollem Umfang fortgesetzt. Erst ab dem 1.8. – nachdem sich Straßen-, Schienen- und Schiffsverkehr wieder normalisiert hatten – wurde sie schrittweise abgebaut. Das letzte Flugzeug landete am 30.9.1949 in Tempelhof mit 10 t Kohle an Bord.

In den 462 Tagen der L. wurden in 277.246 Flügen 1.831.200 t Güter nach Berlin und 16.000 t in Berlin hergestellte Industriegüter in die Westzonen (ab 23.5.1949 Bundesrepublik Deutschland) transportiert. Dabei waren zahlreiche Opfer zu beklagen. Die exakte Zahl der bei der L. ums Leben gekommenen

Personen läßt sich ebensowenig feststellen, wie die Zahl der (ca. 38) verlorenen Flugzeuge. Vom Senat anerkannt sind 78 Luftbrückenopfer, die von der 1959 auf Initiative des > SENATS VON BERLIN gegründeten > STIFTUNG „LUFTBRÜCKENDANK" betreut werden. Neben dieser Stiftung kümmert sich der von den drei westlichen > STADTKOMMANDANTEN der > ALLIIERTEN gegründete > LUFTBRÜCKEN-GEDENKFONDS um das Andenken an die L. Zur Erinnerung erhielt der Platz vor dem Verwaltungsgebäude des Flughafens Tem-

Kinder spielen Luftbrücke

pelhof am 25.6.1949 den Namen *Platz der Luftbrücke.* Am 10.7.1951 wurde auf der Mitte des Platzes das > LUFTBRÜCKEN-DENKMAL eingeweiht. Zwei bei der L. eingesetzte „*Rosinenbomber*", eine DC 3 und eine DC 4, stehen heute als Denkmäler auf einem Abstellplatz am Nordrand des Flughafens Tempelhof am Columbiadamm.

Über ihre Versorgungsaufgaben hinaus lag die politische Bedeutung der L. v.a. in ihrer Funktion als effektives Instrument des Krisenmanagements unterhalb der Ebene militärischer Gewaltanwendung. Die L. demonstrierte den Sowjets einerseits die Erfolglosigkeit ihrer Blockade und brachte den westlichen Politikern andererseits einen erheblichen Zeitgewinn zur diplomatischen Regelung der Krise sowie einen Zuwachs an moralischem Prestige. Für die West-Berliner wurde die L. zum Symbol des während der Blockade gewachsenen Zusammengehörigkeitsgefühls mit den Westmächten, die seitdem Schutzmächte genannt wurden.

Luftbrücken-Denkmal: Das am 10.7.1951 eingeweihte L. steht auf dem *Platz der Luftbrücke* im Bezirk Tempelhof. Der vormals namenlose Platz erhielt seinen heutigen Namen am 25.6.1949. Platz und L. erinnern an die Opfer der > Luftbrücke 1948/49 anläßlich der > Blockade der Westsektoren Berlins durch die UdSSR. Die von Eduard Ludwig entworfene, 20 m hohe Skulptur aus Stahlbeton mit drei leicht gebogenen, himmelwärts ragenden Rippen symbolisiert die drei > Luftkorridore, über die die Stadt versorgt wurde. Eine im Travertin-Sockel eingelassene Bronzetafel trägt die Inschrift „Sie gaben ihr Leben für die Freiheit Berlins im Dienste der Luftbrücke 1948/49" und verzeichnet die Namen von 78 Opfern. Seit der Einweihung des L. werden dort von den > Alliierten und deutschen Repräsentanten Berlins alljährlich am Jahrestag der Beendigung der Blockade, dem 12.5.1949, Kränze niedergelegt. Eine Nachbildung des L. in Originalgröße befindet sich auf dem Flughafen in Frankfurt/M., eine stark verkleinerte Kopie auf dem Flughafen in Celle. Beide Kopien erinnern daran, daß u.a. auch von diesen Orten Flugzeuge nach Berlin gestartet waren.

Luftbrücken-Gedenkfonds: Der 1959 zum 10. Jahrestag der > Blockade von den drei westlichen > Stadtkommandanten gestiftete L. (> Alliierte) ist ein nahezu zeitgleich mit der durch den > Senat von Berlin ins Leben gerufenen > Stiftung „Luftbrückendank" geschaffener Fonds. Der von den Kulturinstituten verwaltete und mit einem Stammkapital in Höhe von ca. 1,4 Mio. DM ausgestattete Fonds finanziert aus den Zinserträgen einjährige Studienaufenthalte von jungen Berlinern (unter 35 Jahre, abgeschlossene akademische Ausbildung) in den Luftbrückenländern USA, Großbritannien und Frankreich. Es können sich auch Bürger aus den östlichen Bezirken bewerben. Die jährlich ausgeschriebenen Stipendien werden vom > Amerika Haus für die USA, vom > the British Council für Großbritannien und vom > Institut Français für Frankreich vergeben. Bis 1992 wurden nahezu 250 Studienaufenthalte finanziert.

Luftfahrt-Bundesamt (LBA): Seit der > Vereinigung ist das in Braunschweig ansässige LBA mit einer seiner insg. sechs Außenstellen auch auf dem Berliner Flughafen Schönefeld vertreten. Es hat seinen Sitz im Gebäude der ehem. staatlichen Luftfahrtinspektion der DDR. Die dem > Bundesminister für Verkehr (BMV) unterstehende Bundesoberbehörde hat im zivilen > Luftverkehr v.a. Prüfungs- und Zulassungsaufgaben, u.a. von Luftfahrzeugen, -technik und Luftfahrtpersonal. Ferner überwacht und genehmigt es zusammen mit dem BMV Luftfahrtunternehmen und -schulen. Während ein Teil der Aufgaben des LBA, insbes. die Überwachung des Flugbetriebes der Luftfahrtunternehmen mit Flugzeugen unter 5,7 t sowie die Prüfung von Piloten der privaten Luftfahrt, an die zuständigen Ressorts der Bundesländer delegiert wurde, nimmt die Außenstelle Berlin diese Aufgaben teilweise und vorübergehend für die neuen Bundesländer in Amts- und Verwaltungshilfe wahr. 1992 hatte die Berliner Außenstelle ca. 30 Mitarbeiter.

Luftkorridore: In der Zeit des Berliner > Sonderstatus 1945-90 waren die drei L. die einzigen von der Sowjetunion bzw. der DDR nicht kontrollierten Verbindungswege zwischen Berlin und dem Bundesgebiet (> Luftverkehr). In den L. flogen neben den Militärflugzeugen der drei westlichen > Alliierten in den drei Ländern registrierte zivile Fluggesellschaften.
Als einzige nichtalliierte Linie konnte die polnische Luftgesellschaft LOT das Korridorsystem (für einen regulären Flugdienst nach London) benutzen. Diese Flüge waren noch vor der Einrichtung der L. aufgenommen und aufgrund einer besonderen Vereinbarung mit der alliierten Kontrollbehörde fortgesetzt worden.
Am 30.11.1945 hatte der > Alliierte Kontrollrat den Vorschlag genehmigt, über das Gebiet der sowjetischen Besatzungszone drei L. von Berlin nach Hamburg, Bückeburg (Hannover) und Frankfurt/M. zu schaffen. Als Zweck wurde definiert, „die Sicherheit von Flügen über den Besatzungszonen und dem Gebiet von > Gross-Berlin mit Hilfe eines Systems von Luftkorridoren bei strenger Einhaltung der Flugvorschriften für alle Luftfahrzeuge ... zu gewährleisten". Die L. sollten 20 englische Meilen (32 km) breit sein und von den Flugzeugen aller vier Siegermächte – „bei voller Aktionsfreiheit" – benutzt werden können. Höhenlimits, Begrenzungen der Flugzahlen oder andere Einschränkungen wurden nicht vorgesehen.
Mit der endgültigen Fassung vom 20.10.1946 legte das Luftfahrtdirektorat des Kontrollrates ferner Flugvorschriften sowie Sicht- und Instrumentenflugregeln detailliert fest. Für die L. wurde eine Mindestflughöhe von 1.000 Fuß (300 m), doch auch weiterhin keine

Höchstfluggrenze empfohlen. Über Berlin mündeten die L. in die *Luftkontrollzone Berlin,* die ein Gebiet mit einem Radius von 32 km um das Kontrollratsgebäude umschloß. Der Luftverkehr in den L. sowie in der Kontrollzone Berlin sollte von der beim Kontrollrat gebildeten alliierten > Luftsicherheitszentrale Berlin geregelt und überwacht werden. Keines der Dokumente unterschied zwischen militärischen und zivilen Maschinen.

Bereits während der > Blockade 1948/49 strebte die Sowjetunion eine engere Interpretation der Vereinbarungen an. In den 50er Jahren wurden westliche Zivilmaschinen wiederholt behindert, vereinzelt auch beschossen. Am 4.4.1959 teilte die Sowjetunion der amerikanischen Regierung erstmals mit, in den L. seien lediglich Flüge bis zu einer Höhe von 3.050 m (10.000 Fuß) erlaubt. Die Westmächte hielten sich in der Folgezeit i.d.R. an die 10.000-Fuß-Markierung, verdeutlichten jedoch ihre grundsätzlich abweichende, auf die ursprünglichen Vier-Mächte-Vereinbarungen bezogene Position, durch einzelne Testflüge in größeren Höhen.

Auch nach der Beendigung des Besatzungsregimes übten die Westmächte gegenüber der Bundesrepublik im Luftverkehr von und nach Berlin Vorbehaltsrechte aus. Im den Deutschlandvertrag vom 26.5.1952 ergänzenden Vertrag zur Regelung aus Krieg und Besatzung entstehender Fragen (Überleitungsvertrag) vom 26.5.1952 i.d.F. vom 23.10.1954 hatten sie festgelegt, daß sie „weiterhin jeden Luftverkehr nach und von den Berliner Luftschneisen regeln, die von der alliierten Kontrollbehörde festgelegt wurden". Die Bundesrepublik mußte den uneingeschränkten und unbehinderten Durchflug der Luftfahrzeuge der drei Westmächte auf dem Wege von und nach Berlin erleichtern und unterstützen. Alle zivilen Flüge nach Berlin bedurften der vorherigen alliierten Genehmigung. Die Anträge waren an den jeweiligen zuständigen Botschafter in Bonn und seine Mitarbeiter zu richten. Über die Genehmigung von Flügen einschließlich Flugtarifen und -plänen sowie die Zulassung von Fluggesellschaften im Berlin-Verkehr entschieden die *Zivilluftfahrtattachés* der drei Botschaften in der Regel gemeinsam.

Flüge von Luftfahrzeugen anderer Staaten waren von den Westmächten und der Bundesrepublik ausdrücklich vorgesehen. Die – auch in Art. 6 des Deutschlandvertrages zu-

gesagte – Konsultation der Bundesrepublik erfolgte in der 1972 aus Vertretern der Alliierten, der Bundesregierung und des > Senats von Berlin gebildeten *Berlin Civil Air Transport Advisory Group* mit Sitz in Bonn. Die Möglichkeit, nichtalliierten Flugzeugen Landerechte in Berlin zu gewähren, wurde erstmals 1972 genutzt. Allerdings sollten die damals beabsichtigten Flüge nicht durch die L., sondern auf einer separaten Nord-Süd-Route abgewickelt werden. Die praktische Umsetzung scheiterte jedoch an der Weigerung der DDR, solche Flüge über ihr Territorium zu gestatten.

Mit der > Vereinigung Deutschlands ging die Verantwortung für den Flugverkehr auf die Bundesrepublik über. Seitdem überwacht die > Bundesanstalt für Flugsicherung von Berlin aus den Verkehr in den Luftstraßen „Red 6" (von Hamburg), „Green 9" (von Hannover) und „Red 10" (von Frankfurt/M.). Diese Luftstraßen folgen den ehem. L., nunmehr jedoch ausdrücklich bis zu einer Höhe von 12.800 m. Das niedrigste Niveau liegt bei 2.450 m.

Luftreinhalteplan: Auf der Grundlage des Bundes-Immissionsschutzgesetzes von 1974 wurde West-Berlin als > Belastungsgebiet hinsichtlich der *Luftverschmutzung* ausgewiesen. Dies hat zur Folge, daß für die Stadt neben einem Überwachungssystem zur Schadstoffmessung (> Berliner Luftgüte-Messnetz) und einem > Emissionskataster auch ein L. erstellt werden muß.

1981 wurde vorab der Teilplan Schwefeldioxid veröffentlicht, 1985 ein Luftreinhaltesofortprogramm. Der L. erschien 1987. Er stellte zunächst die Situation der Luftverschmutzung in West-Berlin dar, wie sie Anfang der 80er Jahre bestand. Im Zusammenhang mit den meteorologischen Bedingungen, der Geländesituation und der Flächennutzung wurden Schadstoffausstoß (Emissionen) und Schadstoffeintrag (Immissionen) nach Verursacherbereichen differenziert aufgeführt. Aus der Ursachenanalyse wurde ein Maßnahmenprogramm entwickelt, dem sich die Darstellung des weitergehenden Handlungsbedarfs anschloß.

Der L. sah insbes. vor, die Emissionen von Schwefeldioxid bis 1993 um 66 %, den Staubausstoß um 58 % und die Emissionen von Stickoxiden um 54 % zu senken. Der L. ist nicht rechtsverbindlich. Die vorgesehenen Maßnahmen werden jedoch z.T. auch durch andere gesetzliche Grundlagen, v.a. durch die Großfeuerungsanlagen-Verordnung oder die Technische Anleitung zur Reinhaltung der Luft (TA Luft) verbindlich festgelegt. Während die Reduzierung der Schwefeldioxid-Emissionen u.a. durch die Ausstattung der *Kraftwerke* mit *Rauchgasreinigungsanlagen* im Rahmen des Kraftwerksmodernisierungsprogrammes bereits 1989 in dem angestrebten Ausmaß erreicht wurde (> BERLINER KRAFT- UND LICHT (BEWAG)-AKTIENGESELLSCHAFT), können die Ziele, die den Verkehr als Emittenten betreffen, nicht eingehalten werden. Hier hat sich die Situation teilweise sogar verschlechtert.

Seit der > VEREINIGUNG wird für die östlichen Bezirke ein Luftreinhalte-Sofortprogramm aufgestellt. Da im Ostteil Berlins Schwefeldioxid und Staub die vorrangigen Luftschadstoffe darstellen, wird für die Bezirke > KÖPENICK, > TREPTOW und > WEISSENSEE ein Luftreinhalteplan – Teilplan Schwefeldioxid und Staub – erstellt.

Luftsicherheitszentrale Berlin: In der Zeit des Berliner > SONDERSTATUS 1945-90 war die im Februar 1946 von den vier > ALLIIERTEN errichtete L. (engl.: *Berlin Air Safety Center)* die für die Überwachung und Abwicklung des Berliner > LUFTVERKEHRS zuständige Behörde. Sie entstand auf Beschluß des Koordinierungskomitees des > ALLIIERTEN KONTROLLRATS vom 26.10.1945 und hatte ihren Sitz in dessen Gebäude am > HEINRICH-VON-KLEIST-PARK in > SCHÖNEBERG. Von den insg. 550 Räumen des zuvor hier ansässigen Preußischen > KAMMERGERICHTS waren etwa 40 durch die L. belegt. Laut den vom Luftfahrtdirektorat des Kontrollrates am 22.10.1946 in endgültiger Fassung verabschiedeten Flugvorschriften hatte die L. „jedes Befliegen" der Kontrollzone Berlin und der > LUFTKORRIDORE zu regeln, „die sich von Berlin aus bis zu den Grenzen der benachbarten Kontrollbezirke erstrecken". Sie hatte jedoch keine Befugnis, Flüge zu genehmigen oder zu verbieten. Die Luftkontrollzone Berlin war definiert „als der Luftraum zwischen dem Boden und 10.000 Fuß (3.000 m) Höhe innerhalb eines Radius von 20 Meilen (32 km) vom Alliierten Kontrollratsgebäude". Die L. bedeckte eine Gesamtfläche von rd. 3.200 km², 2.320 km² davon außerhalb Berlins. Unter Hinweis auf die dichte Lage der alliierten > FLUGPLÄTZE wurden außerdem Flughafen-Verkehrszonen eingeführt. Diese Zonen umfaßten den Luftraum bis zu 2.650 Fuß (800 m) und das Gebiet innerhalb eines Umkreises von zwei Meilen vom Mittelpunkt der Hauptverkehrsflugplätze. Kein Luftfahrzeug durfte außer zu Landezwecken in diese Zonen einfliegen. Kein alliiertes Luftfahrzeug durfte in die Verkehrszone eines fremden Flugplatzes eindringen, ohne vorher die Erlaubnis der L. erhalten zu haben.

Obwohl der DDR-Flughafen Berlin-Schönefeld in diese Regelungen ausdrücklich einbezogen war, nahmen die Westmächte die dortigen Landungen nichtalliierter Flugzeuge sowie die von der Vier-Mächte-Ordnung getrennten Kontrollen durch die ostdeutschen Behörden hin. Sie protestierten jedoch wie-

In der Luftsicherheitszentrale

derholt gegen nicht genehmigte Flüge von DDR-Hubschraubern in der Vier-Mächte-Kontrollzone. Falls nötig, nutzten die westlichen Luftfahrzeuge die gesamte Luftkontrollzone. Nur Hubschrauberflüge der Westmächte beschränkten sich ab Mitte der 60er Jahre auf das Gebiet der damaligen Westsektoren. Auch die Sowjetunion führte solche Flüge seither nicht mehr über den Westsektoren durch.

Im März 1949 übertrug die L. die praktisch-technische Ausführung der Luftraumüberwachung dem *Berlin Air Route Traffic Control Center (BARTCC)* auf dem Flughafen Tempelhof. Diese ausschließlich mit Militärs besetzte Einrichtung bestand am Schluß aus 46 amerikanischen Fluglotsen, unterstützt von vier Briten und fünf Franzosen.

Die L. war weiterhin für die Flugsicherungsfreigabe sämtlicher Flüge zuständig. 1955 stellten die Sowjets die Meldungen über ihre Flugbewegungen ein. Sie nahmen seitdem nur noch Informationen über westliche Flüge entgegen und gewährleisteten ihre Sicherheit im östlichen Bereich. Die westlichen Controller benachrichtigten ihre sowjetischen Kollegen in der L. vor dem Abflug von Luftfahrzeugen in Berlin bzw. vor dem Einflug in einen der Korridore vom Bundesgebiet aus. Anschließend wurde die Freigabe dem BARTCC übermittelt. Der sowjetische Vertreter leitete seinerseits die Informationen an die zuständigen sowjetischen und ostdeutschen Stellen weiter. Der DDR-Flughafen Berlin-Schönefeld entzog sich den Meldungen an die L. Die dortigen Bewegungen wurden jedoch vom BARTCC beobachtet. Zur eventuellen Streitbeilegung mit der Sowjetunion stand in der L. ein besonderer „Confrontation Room" zur Verfügung. I.d.R. verlief die Zusammenarbeit jedoch sachlich und routiniert.

Nach dem Zerfall des Kontrollrats und dem Auszug der Sowjetunion aus der > ALLIIERTEN KOMMANDANTUR 1948 waren das 1987 geschlossene > ALLIIERTE KRIEGSVERBRECHERGEFÄNGNIS Berlin-Spandau und die L. die einzigen noch tätigen Vier-Mächte-Einrichtungen in Deutschland. Die L. war ein institutioneller Ausdruck der Vier-Mächte-Rechte und -Verantwortlichkeiten in bezug auf Berlin und Deutschland als Ganzes im allgemeinen und der von den Alliierten ausgeübten *Lufthoheit* über Berlin im besonderen. Zuletzt mit BK/O (74) 11 vom 30.9.1974 (> BK/O [BERLIN KOMMANDATURA ORDER]) hatte die Alliierte Kommandantur die alliierten Vorbehaltsrechte hinsichtlich der Zivilluftfahrt als einem mit Abrüstung und > ENTMILITARISIERUNG in Zusammenhang stehenden Feld nochmals bekräftigt. Das Kontrollratsgesetz Nr. 43 vom 20.12.1946, das u.a. die Anwesenheit deutscher militärischer und ziviler Flugzeuge verbot, galt in Berlin fort. Die Bundesgesetzgebung den Luftverkehr betreffend konnte in Berlin zunächst nur teilweise und unter Wahrung der alliierten Rechte und Verantwortlichkeiten angewandt werden. Das galt bspw. auch für den Lärmschutz und den Transport gefährlicher Materialien. Die Gebiete, für die das Luftverkehrsgesetz den Bundesbehörden bestimmte Befugnisse gibt, nahmen in Berlin Landesbehörden wahr. Die den Ländern übertragenen Aufgaben wurden auch in Berlin von Landesbehörden wahrgenommen, jedoch aufgrund ausdrücklicher alliierter Ermächtigung und nicht im Auftrag des Bundes.

Mit der > VEREINIGUNG Deutschlands trat an die Stelle der Kontrollzone Berlin die Nahverkehrskontrollzone Berlin. Sie umfaßt gegenwärtig die Flughäfen Tegel, Tempelhof, Schönefeld und Gatow. Die Flugsicherung wurde von der > BUNDESANSTALT FÜR FLUGSICHERUNG (BFS) übernommen. Für eine Übergangszeit bis zum 31.12.1992 führen die westalliierten Fluglotsen des BARTCC unter der Aufsicht der BFS ihre Tätigkeit nach den nunmehr geltenden deutschen Verfahren und Richtlinien im Tempelhofer Kontrollzentrum fort.

Luftverkehr: Mit dem Wegfall der alliierten Lufthoheit nach der > VEREINIGUNG hat sich die Situation des Berlin-Flugverkehrs entscheidend verändert. Die Flughäfen im Ost- und Westteil der Stadt sind nicht mehr Endpunkte, sondern Drehkreuze, Berlin ist ein Knotenpunkt im Netz der internationalen Luftstraßen. Im Sommerflugplan 1992 boten allein im Linienverkehr 54 Luftverkehrsgesellschaften wöchentlich 1.434 Flüge zu 83 Zielorten an. Die Zahl der beförderten Passagiere stieg auf den Flugplätzen Tegel und Tempelhof von 5,95 Mio. 1989 auf 6,87 Mio. 1991 an. In Schönefeld ging das Fluggastaufkommen von 1,9 Mio. 1990 auf 1,06 Mio. 1991 zurück.

1991 wurden auf den drei Berliner > FLUGHÄFEN zusammen 170.570 Starts und Landungen durchgeführt und ca. 7,93 Mio. Passagiere abgefertigt. Den größten Anteil hatte dabei der Linienverkehr mit 128.714 Flugbewegungen und ca. 6,63 Mio. Passagieren. Im Pauschalflugverkehr wurden 13.788 Flugbewegungen mit 1,28 Mio. Passagieren gezählt. Ferner wurden 20.151 t Luftfracht umgeschlagen, wobei zwei Drittel des Aufkommens auf den Import entfielen und ein Drittel aus der Stadt exportiert wurde. Das Aufkommen an Luftpost betrug 16.556 t. Damit lagen die drei Berliner Flughäfen unter den deutschen Airports beim Passagieraufkommen an vierter sowie beim Frachtaufkommen an sechster Stelle.

Aus Lärmschutzgründen gilt für die Flughäfen Tegel und Tempelhof von 23 bis 6 Uhr ein Nachtflugverbot, das für Maschinen, die nicht den strengsten Lärmschutzrichtlinien entsprechen, auf 22 Uhr vorgezogen wurde (> UMWELTSCHUTZ). Ferner gelten für diese Flugzeuge höhere Landegebühren. So zahlen Maschinen, die nur dem Kapitel 2 des Annex 16 der internationalen Zivilluftfahrtorganisation ICAO entsprechen, 32 % mehr als „Flüsterjets", die bereits Kapitel 3 erfüllen (z.B. Boing 737 ab Serie -300, alle Airbus-Modelle). Flugzeuge ganz ohne Lärmschutzzertifikat haben einen Tarifzuschlag von bis zu 75 % zu entrichten.

Der Anteil von Kapitel-3-Flugzeugen liegt in Tempelhof wegen des nahezu ausschließlichen Einsatzes von Turboprop-Maschinen fast bei 100 %. Er beträgt in Tegel etwa 83 % und konnte in Schönefeld von 2 % (1989) auf ca. 30 % (1991) gesteigert werden. Für Tegel und Tempelhof wurden 1991 insg. 1.323 Nachtstarts und -landungen registriert. 52,2 % entfielen dabei auf den Nachtpostverkehr. Bei den übrigen Flugbewegungen handelte es sich in erster Linie um ohne Verschulden der jeweiligen Luftverkehrsgesellschaft entstandene Verspätungen, für die von der *Landesluftfahrtbehörde* Ausnahmegenehmigungen erteilt wurden, sowie um Rettungsflüge (> RETTUNGSWESEN).

Erstmals spielt nach der Vereinigung auch der Durchgangsverkehr eine Rolle. Zahlreiche Flugzeuge benutzen die neu entstandenen, in größerer Höhe über das Stadtgebiet führenden Luftstraßen, ohne hier zu landen. So verzeichnete die > BUNDESANSTALT FÜR FLUGSICHERUNG 1991 im Berliner Luftraum eine Steigerungsrate der Flugbewegungen von 85,4 %, insg. wurden rd. 189.000 Flüge abgewickelt.

Die erste „Luftfahrt" erlebte Berlin am 27.9.1788, als der Franzose François Blanchard vor dem > BRANDENBURGER TOR mit einem Heißluftballon aufstieg und eine Strecke von etwa 10 km bis nach > BUCHHOLZ zurücklegte. Fast 100 Jahre später ließ Wilhelm I. (1861-88) 1871 nach den Erfahrungen des Krieges gegen Frankreich auf dem Tempelhofer Feld, dem heutigen *Flughafen Tempelhof*, eine „Luftschifferabteilung" einrichten, die das Ballonfahren unter militärischen Gesichtspunkten erproben und perfektionieren sollte. 1889 veröffentlichte der Berliner Ingenieur Otto Lilienthal mit seiner Schrift „Der Vogelflug als Grundlage der Fliegekunst" die erste wissenschaftliche Abhandlung zur Fliegerei. Nach ersten erfolgreichen Versuchen am Windmühlenberg bei Derwitz (östlich von Werder) 1891 gelangen ihm wenig später von seinem 1892 aufgeschütteten 15 m hohen *Fliegeberg* in > LICHTERFELDE Gleitflüge bis zu 100 m Weite (> LILIENTHAL-GEDENKSTÄTTE). Um 1900 zogen die Luftschiffer vom Tempelhofer Feld in die > JUNGFERNHEIDE bei > REINICKENDORF um (heute *Flughafen Tegel „Otto Lilienthal"*), wo 1906 erstmals ein von Major August v. Parseval

konstruiertes, lenkbares Luftschiff startete. Am 29.8.1909 landete, vom Bodensee kommend, das von Ferdinand Graf v. Zeppelin konstruierte Luftschiff LZ 3 vor 250.000 Zuschauern auf dem Tempelhofer Feld und ab 4.9.1909 begeisterten hier die Amerikaner Orville und Wilbur Wright, denen 1904 der erste Motorflug gelungen war, die Berliner für 14 Tage mit Vorführungen ihres Flugapparats, bei denen sie einen neuen Höhenweltrekord von 172 m aufstellten.

Zur gleichen Zeit begann der Bau des ersten Berliner Flugplatzes bei > JOHANNISTHAL, der nach nur drei Wochen Bauzeit am 26.9.1909 mit einer internationalen Flugwoche eröffnet wurde. Doch zunächst blieb das neue Verkehrsmittel ein exklusives Betätigungsfeld begüterter Individualisten und v.a. der Militärs. Ab 1911 baute die 1909 gegründete Albatroswerke GmbH in Johannisthal eigene Flugzeugkonstruktionen. Im April 1912 wurde dort die Deutsche Versuchsanstalt für Luftfahrt e.V. (> DEUTSCHE FORSCHUNGSANSTALT FÜR LUFT- UND RAUMFAHRT E.V.) gegründet. Im I. Weltkrieg wurde der Flugplatz dann zum Zentrum der deutschen Militärflugzeugproduktion. Nach dem Kriegsende entwikkelte sich Berlin zu einem der Zentren der europäischen Fliegerei. Bereits am 5.2.1919 eröffnete die 1917 gegründete „Deutsche Luftreederei", ein Vorläufer der 1926 in Berlin gegründeten > DEUTSCHEN LUFTHANSA AG (LH), auf der Strecke Johannisthal – Weimar den zivilen Linienflugdienst in Deutschland. Häufigste Fluggäste waren damals die Mitglieder der neuen Reichsregierung, die wegen der bürgerkriegsähnlichen Unruhen in Berlin in Weimar tagte („Weimarer Republik"; > GESCHICHTE). Auf dem Flugplatz Johannisthal wurde der Pilotennachwuchs ausgebildet, in Oranienburg und auf dem 1933 als Firmenflugplatz eröffneten *Flughafen Schönefeld* etablierten sich die Heinkel- und Henschel-Flugzeugwerke, und in > WEDDING baute Adolf Rohrbach seine Flugboote, die zum Start – mit demontierten Tragflächen – per Tieflader zur > HAVEL gebracht wurden. 1925 wurden im Berliner L. 20.428 Passagiere gezählt, 1938 mit 247.453 die höchste Fluggastzahl vor dem II. Weltkrieg erreicht. Das Streckennetz umfaßte 71 Städte von Helsinki bis Rom und von Santiago de Chile bis Bagdad.

Nach dem II. Weltkrieg wurde der zivile L. am 18.5.1946 auf dem Flughafen Tempelhof wieder aufgenommen. Deutschen stand er aber erst ab 2.3.1948 – beschränkt auf innerdeutsche Verbindungen – zur Verfügung. Erst ab 1951 begannen die alliierten Fluggesellschaften mit einem regelmäßigen zivilen Linienflugdienst. Im gleichen Jahr wurden 300.000 Fluggäste gezählt. Als dem auf Vier-Mächte-Vereinbarungen beruhenden, einzigen unkontrollierten Zugangsweg nach Berlin kam dem L. besondere Bedeutung zu, was sich insbes. während der durch die > BLOCKADE ausgelösten > LUFTBRÜCKE gezeigt hatte. Aufgrund des Berliner > SONDERSTATUS lag die Lufthoheit im Berliner Luftraum, der sog. Kontrollzone Berlin, und in den drei > LUFTKORRIDOREN zum Bundesgebiet von 1945-90 bei den > ALLIIERTEN, die in der > LUFTSICHERHEITSZENTRALE BERLIN gemeinsam den Flugverkehr überwachten. Sämtliche zivilen Luftdienste von und nach West-Berlin einschließlich der Flugtarife und der Flugpläne mußten von den *Zivilluftfahrtattachés* der drei westlichen Alliierten (einstimmig) genehmigt werden. Wegen der Erschwernisse auf den Landwegen und der für bestimmte Personengruppen damit verbundenen politischen Risiken wurden die innerdeutschen Berlin-Flüge nach dem Mauerbau 1961 von der Bundesregierung subventioniert. Für diesen Zweck wurden 1990 bis zur Vereinigung letztmalig 81,2 Mio. DM gezahlt (1989: 99,75 Mio. DM).

So konnte ein beständiger Anstieg der Passagierzahlen verzeichnet werden, der 1971 mit 6,12 Mio. Fluggästen seinen vorläufigen Höhepunkt erreichte. Der Anteil am gesamten Berlin-Verkehr stieg auf den Höchstwert von 44,2 %. Ab 1972 führte das Transitabkommen mit der DDR mit seinen Erleichterungen im bodengebundenen Verkehr zu einem Rückgang (> TRANSITVERKEHR). Seit 1984 war wieder ein kontinuierlicher Aufwärtstrend zu verzeichnen, und im Jahr der 750-Jahr-Feier, 1987, wurde mit 5,28 Mio. Passagieren erstmals seit 1972 wieder die 5-Mio.-Grenze überschritten.

Zunächst waren von jeder der drei Westmächte je eine Fluggesellschaft für den Berlin-Verkehr ausgewählt worden. Für die USA die American Overseas Airlines (AOA), die 1950 durch Fusion in den Pan American World Airways (PanAm) aufgingen, für Großbritannien die British European Airways (BEA, ab 1972 British Airways) und für Frankreich die Air France. Nachdem sich die Air France Anfang der 70er Jahre weitgehend aus den innerdeutschen Diensten zurückzog

und British Airways und PanAm 1975 aus wirtschaftlichen Gründen ein oft kritisiertes Abkommen zur Aufteilung der Routen trafen, ließen die Alliierten auch andere Fluggesellschaften aus ihren Ländern im Liniendienst zu. Im bereits 1952 begonnenen, sich ständig ausweitenden Charterverkehr war ohnehin eine Vielzahl insbes. amerikanischer und britischer Unternehmen tätig. Mit Air Berlin USA (1978), Tempelhof Airways USA (1981), Berlin European U.K. (1985) und Euroberlin France (1988) wurde eine Reihe von alliierten Luftverkehrsgesellschaften speziell für den Berlin-Verkehr gegründet. Das auf eine Initiative des damaligen US-Präsidenten Reagan beruhende Berlin-Interesse mehrerer amerikanischer Fluggesellschaften führte 1988 zur Kündigung der Routenaufteilung zwischen British Airways und PanAm. Nach der Vereinigung übernahm die LH die Berlin-Dienste der PanAm, die 1991 ihren Flugbetrieb einstellte. Zum Erhalt ihrer Präsenz gründete British Airways 1992 zusammen mit einem deutschen Bankenkonsortium durch Übernahme der in Friedrichshafen beheimateten Regionalfluggesellschaft Delta Air die Deutsche BA. Von den alliierten Charterfluggesellschaften wurde lediglich die Air Berlin durch Verkauf der Mehrheitsanteile in ein deutsches Luftfahrtunternehmen umgewandelt.

Der Zivilluftverkehr in der DDR begann am 16.9.1955, als die damals dort ebenfalls unter dem Namen Deutsche Lufthansa gegründete Luftverkehrsgesellschaft den Flugbetrieb auf der „Linie der Freundschaft" zwischen Berlin-Schönefeld und Moskau aufnahm. Die zunächst noch von Besatzungen der sowjetischen Aeroflot gesteuerten Maschinen beförderten zunächst ausschließlich Regierungsdelegationen. Das erste Luftfahrtabkommen schloß die DDR am 20.6.1955 mit der Volksrepublik Polen. Der eigentliche Liniendienst begann am 4.2.1956 auf der Route Berlin-Warschau, gefolgt von Diensten nach Prag, Budapest und Sofia am 1.5., Bukarest am 19.5. Im September 1956 reisten die ersten 21 DDR-Piloten zur Ausbildung bei der Aeroflot nach Uljanowsk. Am 7.10. erfolgte die offizielle Einführung des regelmäßigen Liniendienstes nach Moskau. Im ersten vollen Betriebsjahr beförderte die Deutsche Lufthansa der DDR 12.553 Passagiere.

Am 16.6.1957 wurde in der DDR ein Inlandsflugverkehr eingeführt, der neben Berlin-Schönefeld die Städte Dresden, Erfurt und

Leipzig sowie für den Ostseebereich Barth (später Heringsdorf) verband, ein Jahr später kam Karl-Marx-Stadt dazu. Nachdem bereits 1959 die neugegründete *Interflug* mit Messecharterflügen zwischen Leipzig und Kopenhagen begann, wurden ab 1970 auch die Städte Dresden, Erfurt und Leipzig in die internationalen Linienverbindungen einbezogen. Parallel dazu erfolgte mit der Route Schönefeld – Wien die Aufnahme der ersten Strecke in ein „kapitalistisches" Land.

Nachdem die Passagierzahl auf den DDR-Flughäfen 1967 erstmals die Millionengrenze überschritt, wurden 1977 genau 2 Mio. Fluggäste erreicht. Davon entfielen 1,7 Mio. auf den Flughafen Schönefeld. Im letzten Flugplan vor der Wende fanden sich im Ostberliner Flugplan als Linienziele im westlichen Ausland die Städte Amsterdam, Athen, Brüssel, Kopenhagen, Helsinki, Istanbul, Larnaca, Lissabon, Madrid, Malta, Mailand, Rom, Stockholm, Wien und Zürich, sowie die neueröffneten Verbindungen nach Mexiko City und Bangkok und die bereits 1987 eingerichtete Verbindung über Dubai nach Singapur.

Im Jahr der Vereinigung 1990 gab es dann mit 6,7 Mio. Passagieren in Tegel und Tempelhof einen Zuwachs um 12,9 %, und erstmals in der Berliner Luftfahrtgeschichte wurden mehr als 100.000 Flugbewegungen (106.068) registriert. Der rasante Anstieg, der sich 1991 fortsetzte, brachte die Berliner Flughäfen an die Grenzen ihrer Kapazität. Der Bau eines zusätzlichen Behelfsterminals in Tegel wurde vom Senat 1992 zugunsten des Ausbaus von Schönefeld gestoppt. Bis zum Jahr 2000 soll der Flughafen auf eine Kapazität von 18 Mio. Passagieren ausgebaut werden.

Da nach Expertenschätzungen im Berlin-Flugverkehr bis zum Jahr 2010 mit einem Anstieg des jährlichen Passagieraufkommens auf bis zu 35 Mio. Fluggästen zu rechnen ist, planen die Länder Berlin und Brandenburg gemeinsam den Bau eines neuen *Großflughafens Berlin-Brandenburg*. Als mögliche Standorte im Süden der Stadt kommen neben Schönefeld-Süd die noch von den GUS-Streitkräften genutzten Plätze Sperenberg und Jüterbog in Frage. Eine Entscheidung soll auf Seiten der brandenburgischen Landesregierung im Herbst 1992 fallen. Mit einer Inbetriebnahme wird frühestens im Jahr 2005 gerechnet.

Lunapark: Der L. am > HALENSEE war Anfang des 20. Jh. einer der größten Vergnügungsparks in Europa. In der zweiten Hälfte des 19. Jh. hatte sich das Gebiet um den Halensee zu einem beliebten Ausflugsgebiet der Berliner entwickelt. 1882 eröffnete der Inhaber der Concordia-Festsäle C. Saeger direkt am See sein „Wirtshaus am Halensee". In den 90er Jahren gehörte dazu bereits ein Rummel mit Karussell, Schieß- und Würfelbuden, einem Kasperletheater und einer Wasserrutschbahn. 1904 folgten die Gastronomen August Aschinger und Bernhard Hoffmann, ehemaliger Küchenchef bei Kempinski, mit den „Terrassen am Halensee". Bald darauf wurde hier nach dem Vorbild von Coney Island bei New York ein Vergnügungspark eingerichtet. 1909 übernahm die Anlage ein englisches, dann amerikanisch-belgisches Konsortium mit der Bezeichnung Lunapark GmbH. Bereits 1910 konnte der millionste Besucher im L. gezählt werden.

Der L. bot zahlreiche populäre Attraktionen wie das Großrestaurant „Terrassen am Halensee", dessen überdachte Räume 7.000 Gäste aufnehmen konnten, des weiteren die Shimmytreppe (genannt nach einem aus dem Foxtrott entstandenen Gesellschaftstanz), das Teufelsrad, das Zeppelin-Karussell, das Lachhaus, die längste Berg- und Talbahn Deutschlands und sein erstes Wellenbad, die Wasserrutschbahn, Orchesterbauten und den Schautanzsaal. Daneben fanden wechselnde Menschen- und Völkerschauen (Liliputaner-Stadt; Sudanesen-, Somali- und Eskimo-Dorf; Straße von Cairo) sowie Großveranstaltungen (Berlins erste Mißwahlen; Boxwettkämpfe mit Jack Dempsey, Max Schmeling) statt. An einzelnen Tagen wurden bis zu 68.000 Besucher gezählt. 1933 ging die Betreibergesellschaft in Konkurs, 1934 wurde der L. endgültig geschlossen und später abgerissen.

Lustgarten: Der ursprünglich zum Berliner > STADTSCHLOSS gehörende L. liegt auf dem nördlichen Teil der Spreeinsel (> INSELN) zwischen dem > ALTEN MUSEUM und der Karl-Liebknecht-Str. im Bezirk > MITTE. An seiner Ostseite liegt der Berliner > DOM, im Westen wird er vom > KUPFERGRABEN, dem nördlichen Teil des Spreekanals, begrenzt. Der L. gehört zu den ältesten und traditionsreichsten Plätzen der Stadt. Heute erinnern an die einstige Parkanlage nur noch zwei Doppelreihen von Lindenbäumen, die den Platz einschließen, und die vor dem Museum stehende > GRANITSCHALE.

1573 ließ Kurfürst Johann Georg (1571-98) durch Desiderius Corbianus auf dem sumpfigen Gelände nördlich des Stadtschlosses einen Nutz- und Küchengarten anlegen, der auch als erster > BOTANISCHER GARTEN der Stadt gilt, jedoch im Dreißigjährigen Krieg wieder verwilderte. 1646 veranlaßte Kurfürst

könig, ließ den L. verfallen und benutzte ihn als Paradeplatz. Ein am Rande des L. 1650 von Johann Gregor Memhardt errichtetes Sommerhaus wurde 1738 auf Antrag der Kaufmannsgilden zur > BÖRSE umgewandelt, und aus dem Pomeranzenhaus wurde 1749 der, dem sich rapide erweiternden Akzise- und Zollwesen dienende Neue Packhof. Erst ab 1790 unter Friedrich Wilhelm II. (1786-97)

Lustgarten mit Granitschale, im Hintergrund Stadtschloß

Friedrich Wilhelm (1640-88) an seiner Stelle die Anlage eines L. Die durch Hofgärtner Michael Hanf sowie seinen Leibarzt und Gartenmeister Johann Sigismund Elsholtz nach holländischen Vorbildern gestaltete Anlage bestand aus einem Blumengarten, einer Orangerie sowie einem Gewürzgarten und reichte weit in das Gebiet der heutigen > MUSEUMSINSEL hinein. Erstmals wurden hier in Berlin auch Kartoffeln angebaut. Ausgestattet mit zahlreichen Statuen, Muschel- und Korallengrotten, Lusthäusern, Volieren, und Wasserkünsten, wurde der unter dem Großen Kurfürsten und unter Friedrich (III.) I. (1688-1713) für die Öffentlichkeit zugängliche Garten zu einem beliebten Treffpunkt der Berliner Bevölkerung.

Friedrich Wilhelm I. (1713-40), der Soldaten-

wurde der staubige Sandplatz wieder mit Rasen belegt und mit Bäumen bepflanzt.

Nach der 1830 erfolgten Eröffnung des von Karl Friedrich Schinkel entworfenen Königlichen Museums (nach Errichtung weiterer > MUSEEN auf der Spreeinsel „Altes Museum") wurde 1831 vor dessen Freitreppe die große Granitschale aufgestellt und der Platz nach Plänen von Peter Joseph Lenné gärtnerisch gestaltet. Anläßlich der Enthüllung des Reiterdenkmals für Friedrich Wilhelm III. (1797-1840) von Albert Wolff am 16.6.1871 wurde der Platz abermals umgestaltet. Das monumentale Bronzestandbild hatte eine Höhe von 5,8 m, Sockel und Granitunterbau maßen 6,6 m.

In der Zeit der Weimarer Republik war der L. Ort zahlreicher politischer Großkundgebungen, bei denen sich z.T. mehr als 500.000 Menschen versammelten. Die National-sozialisten pflasterten ihn 1934 mit groß-formatigen Natursteinplatten und machten ihn zum Aufmarschforum. Dabei wurden auch die Granitschale an die Seite in die Grünanlage nördlich des Doms gebracht und das Reiterstandbild an die Westseite des Plat-zes gestellt, wo es im II. Weltkrieg zerstört wurde. Die Granitschale hat seit 1980 wieder ihren alten Standort vor dem Alten Museum. Nach Abriß des Stadtschlosses 1950/51 be-zog der Ost-Berliner > MAGISTRAT den L. in den neu entstandenen > MARX-ENGELS-PLATZ ein und nutzte ihn gleichfalls für Kundge-bungen und Aufmärsche. Erst seit der > VER-EINIGUNG wird er wieder als eigenständiger Platz geführt.

M

Märchenbrunnen: Mit seinen insg. 106 Steinskulpturen und Herstellungskosten von 1,2 Mio. Reichsmark gilt der 1902-13 erbaute M. an der Nordwestspitze des > VOLKSPARKS FRIEDRICHSHAIN beim Platz am Königstor als kostspieliges Paradebeispiel wilhelminischer Kunstpflege, das ausnahmsweise einmal v.a. für die arbeitende Bevölkerung gedacht war. Die 90 x 172 m große, am 15.6.1913 eingeweihte neobarocke Anlage entstand auf Initiative der sozialdemokratischen Fraktion in der Berliner > STADTVERORDNETENVERSAMMLUNG als Geschenk für die von Typhus und Rachitis bedrohten Arbeiterkinder im Berliner Osten.

Die bereits seit 1893 verfolgten Pläne zur künstlerischen Schmuckbebauung des Platzes nahmen erst konkrete Formen an, als sich der gerade ins Amt bestellte Stadtbaurat Ludwig Hoffmann des Projekts annahm und statt einer „hochgeschraubten Repräsentationsarchitektur" eine kinderfreundliche Brunnenanlage konzipierte. In über zwölfjähriger Bauzeit entstand nach Plänen Ignatius Taschners ein von halbrunden Kolonnaden umgebenes, vierfach gestuftes Hauptbecken von 34 m Breite und 54 m Länge mit zehn Figuren Grimmscher Märchen aus Kalkstein auf den Beckenrändern und neun Fontänen mit wasserspeienden Fröschen. Auf der Balustrade der Kolonnade mit ihren rundbogigen, von Pilastern und Doppelsäulen gefaßten Öffnungen stehen 14 Plastiken jagdbarer Tiere von Joseph Rauch. Von Georg Wrba stammen die vier Kindergruppen als Wasserspeier am hinteren Fontänebecken. Mitte der 70er Jahre wurde die Anlage restauriert.

Märkisches Museum: Das M. am > KÖLLNISCHEN PARK 5 im Bezirk > MITTE ist eines der neun Landesmuseen Berlins (> MUSEEN UND SAMMLUNGEN). Es unterhält insg. neun Dependancen, so im > NIKOLAIVIERTEL am > MÜHLENDAMM das > BERLINER HANDWERKSMUSEUM, in der > NIKOLAIKIRCHE die im Aufbau befindliche Ausstellung zur Berliner Kirchengeschichte sowie Ausstellungsräume im > EPHRAIM-PALAIS und im > KNOBLAUCHHAUS. Das *Museum Berliner Arbeiterleben* in der > HUSEMANNSTRASSE im > PRENZLAUER BERG, das *Berliner Dorfmuseum* in > MARZAHN sowie die Ausstellung auf der Aussichtsbalustrade im Turm der > FRANZÖSISCHEN FRIEDRICHSTADTKIRCHE am > GENDARMENMARKT sollen künftig aus dem M. ausgegliedert werden. Die *documenta artistica* – eine Ausstellung zur Berliner Geschichte des Zirkus, > VARIETÉS und > KABARETTS in der Inselstr. 7 in Mitte – wird der Theaterabteilung des M. zugeordnet werden. Als Freilichtmuseum gehört zum M. auch ein Lapidarium im Köllnischen Park.

Im Rahmen der durch die > VEREINIGUNG erforderlichen Neuordnung der Berliner Museumslandschaft werden sich die beiden Berliner stadtgeschichtlichen Museen, M. und das > BERLIN-MUSEUM im Bezirk > KREUZBERG, deren Vereinigung z.Z. vorbereitet wird, künftig Aufgaben und Sammlungen teilen. Das M. wird demnach als eines der Häuser des künftigen *Stadtmuseums Berlin* v.a. die Stadt- und Landesgeschichte von der Ur- und Frühgeschichte bis zum Beginn des 19. Jh. darstellen. Die Umstrukturierung soll Mitte der 90er Jahre abgeschlossen sein.

Als kulturhistorisches Museum befaßt sich das M. mit der Geschichte und der Kultur Berlins von den Anfängen bis zur Gegenwart, wobei für die Zeit der > SPALTUNG nur Ost-Berlin berücksichtigt wird. Die Abt. „Berliner Geschichte" belegt die Entwicklung Berlins von den ersten Spuren der > BESIEDELUNG DES BERLINER RAUMS bis zur Gegenwart mit ur- und frühgeschichtlichen Funden, Gebrauchs- und Schmuckgegenständen, Handwerkszeug und Waffen, Münzen und Medaillen, Möbeln, Modellen, Urkunden, Flugblättern, Plakaten, Zeitungen und Schriftstücken, Stadtansichten und Stadtplänen sowie Fotografien. Die Abt. „Berliner Kunst" (mit einer beachtlichen Gemäldesammlung) zeigt Malerei, Plastik und Textilien vom Mittelalter bis zur Gegenwart, Berlin-Brandenburgische Fayencen, Berliner Eisenkunstguß, Märkische Gläser sowie Berliner Porzellan. Die Abt. „Geistiges Leben" dokumentiert die Entwicklung des Berliner > THEATERS von 1700 bis zu den Bühnen Ost-Berlins sowie die Literaturentwicklung in Berlin (> LITERATUR). Dem Berliner Verleger, Publizisten und Aufklärer Friedrich Nicolai ist ein eigener Raum gewidmet. Im seit 1971 bestehenden Lapidarium werden alte Architekturfragmente wie Schlußsteinköpfe, Inschrifttafeln, Reliefs, Haus- und Herbergszeichen, Vasen, Putten, Brunnen, Säulenkapitelle und klassizistische Sandsteingruppen ausgestellt.

Das M. wurde auf Initiative des Arztes und Politikers Rudolf Virchow und des Stadtrates Ernst Friedel 1874 als „Märkisches Provinzial-Museum" gegründet. Nach seiner Unterbringung an verschiedenen Orten bezog es 1908 den nach Plänen von Stadtbaurat Ludwig Hoffmann errichteten heutigen Bau. Der reich gegliederte Komplex mit sechs Gebäudeteilen vereinigt Stilformen der märkischen Backsteingotik mit Renaissance-Elementen. In den Giebel- und Maßwerkmotiven wurden charakteristische märkische Bauwerke nachgestaltet. Im II. Weltkrieg wurde das Gebäude weitgehend zerstört, 20 % seiner Bestände vernichtet und ein großer Teil beschädigt. Am 12.7.1946 wurde das M. als erstes Museum in Berlin in provisorisch hergerichteten Räumen wiedereröffnet. Zu Zeiten der DDR unterlag die Arbeit des M. in hohem Maße den ideologischen Vorgaben der von der SED vertretenen marxistisch-leninistischen Geschichtsauffassung. Mit der Vereinigung wurde das M. vom Land Berlin übernommen.

Märkisches Ufer: Das M. zwischen > JANNOWITZBRÜCKE und Roßstraßenbrücke im Bezirk > MITTE ist eine Uferstraße südlich der > SPREE und des bei der Inselbrücke westlich abzweigenden Spreekanals (> FRIEDRICHSGRACHT). Sie entstand Ende des 17. Jh. und hieß zunächst nach der dort gelegenen gleichnamigen Vorstadt „Neukölln am Wasser" (> STADTERWEITERUNG), später „Brandenburger Ufer". Ihren jetzigen Namen erhielt sie 1931.

Am M. entstanden seit Beginn des 18. Jh. stattliche Bürgerhäuser, von denen einige im II. Weltkrieg zerstört wurden. Bis Ende der 60er Jahre wurden die erhaltenen Häuser restauriert und die Lücken durch von anderen

Stellen in der Stadt hierher versetzte Bürgerhäuser des 18. und 19. Jh. geschlossen. So ist am M. eine geschlossene Straßenfront des alten Berlin wiederentstanden.

Das bekannteste Gebäude ist das historische Restaurant > ERMELERHAUS (Nr. 10). Ebenso wie das im Innern mit ihm verbundene Haus Nr. 12 wurde es 1968/69 an seinen jetzigen

Märkisches Ufer

Standort versetzt. Zuvor stand es in der Breiten Str. 11, das Nachbargebäude stammt von der gegenüberliegenden Friedrichsgracht (Nr. 15). Das Wohnhaus Nr. 14 mit reich gegliederter Fassade im Stil des Neobarock stammt von 1890.

Die beiden Barockbauten Nr. 16 (um 1790) und 18 (um 1700) gehören mit ihren reich gegliederten Fassaden, betonten Mittelrisaliten und breiten Stichbogeneingängen zu den Kostbarkeiten der Berliner Baugeschichte. 1973 wurden die beiden Häuser nach umfassender Restaurierung im Innern miteinander verbunden und als *Otto-Nagel-Haus* der > STAATLICHEN MUSEEN ZU BERLIN der Öffentlichkeit übergeben. Das schmiedeeiserne Gitter im Portal des Hauses aus der Zeit um 1700 befand sich einst vor einer Gruftkapelle der > NIKOLAIKIRCHE. Im Innern befindet sich die Ausstellung „Engagierte Kunst der 20er und 30er Jahre" der > NATIONALGALERIE. Im Erdgeschoß und in der 1. Etage sind Hauptwerke dieses Genres zu sehen, wobei das Werk des Malers und Grafikers Otto Nagel im Mittelpunkt steht. In der 2. Etage werden regelmäßig Sonderausstellungen durchgeführt.

Das dreigeschossige Wohnhaus Nr. 20 nahe der Inselbrücke entstand 1870. Es hat eine spätklassizistische Fassade, die in Gliederung und Dekor den älteren Gebäuden dieser Straße angepaßt wurde. Die *Inselbrücke* zur > FISCHERINSEL wurde 1693 als hölzerne Zugbrücke errichtet. Die heutige dreibogige Straßenbrücke, verkleidet mit Muschelkalkstein und einer Balustradenbrüstung im Stil des Neobarock, entstand 1912/13 nach einem Entwurf von Stadtbaurat Ludwig Hoffmann.

Märkisches Viertel: Das 1963-1974 gleichzeitig mit der > GROPIUSSTADT von der Gesellschaft für sozialen Wohnungsbau errichtete M. um den Wilhelmsruher Damm und den Senftenberger Ring im Bezirk > REINICKENDORF ist eine der umstrittensten Großsiedlungen Berlins. Es umfaßt auf einer Fläche von 370 ha etwa 17.000 Wohneinheiten für ca. 40.000 Einwohner. Die Gesamtplanung des M. lag beim Senatsbaudirektor Werner Düttmann sowie Hans C. Müller und Georg Heinrich; über 30 weitere Architekten waren bei der Errichtung der Einzelbauten beteiligt. Bereits in den 20er Jahren existierten auf dem zur Dalldorfer Feldmark gehörenden Gelände (> WITTENAU) wilde Laubenkolonien, die insbes. nach dem II. Weltkrieg vielfach als Notbehausungen genutzt wurden. Bereits in den 30er und 50er Jahren hatte es für dieses Gebiet erste Sanierungspläne gegeben, die jedoch erst im ersten Stadterneuerungsbericht

Märkisches Viertel

Anfang der 60er Jahre konkretisiert wurden. Die Planer und Architekten strebten mit dem Bau der Trabantensiedlung die Entwicklung einer neuen Stadtlandschaft zur Verbesserung der Wohnqualität an. Ziel war die Abkehr von der Blockrandbebauung mit Zeilen- und Scheibenbau zugunsten gestaffelter Wohnhochhäuser um ein Dienstleistungszentrum. Hauptansatzpunkte der bereits unmittelbar nach Fertigstellung einsetzenden Kritik bildeten die zu hohen und eintönigen Wohnzeilen (primär am Wilhelmsruher Damm mit 750 m Länge, „Der Lange Jammer") und die hieraus resultierende Vereinsamung und Isolation, die verspätete Fertigstellung der Wohnfolgeeinrichtungen sowie die mangelhafte Verkehrserschließung und -anbindung an das Stadtzentrum.
Die Unzulänglichkeiten des M. wurden u.a. mit der mehrfachen Erweiterung des Bebauungsplans und der sich daraus ergebenden nachträglichen Verdoppelung der ursprünglich geplanten 8.000 Wohneinheiten erklärt. Wegen der West-Berliner Bodenknappheit und des durch die > STADTSANIERUNG in den Innenstadtbezirken entstehenden Ersatzbedarfs wurde diese höhere Flächenausnutzung jedoch für unumgänglich gehalten. Ab Anfang der 80er Jahre wurden im M. unter Beteiligung der Bewohner umfangreiche sog. „Wohnumfeldverbesserungen" (Außenanlagen, Farbgestaltung) vorgenommen. Bis 1995 soll der lange geplante Anschluß an die > U-BAHN fertiggestellt werden (U8).

Magistrat: Mit der am 19.11.1808 in Kraft getretenen neuen Städteordnung des Reichsfreiherrn Heinrich Friedrich Karl vom und zum Stein erhielt Berlin erstmals eine kommunale Selbstverwaltung mit dem von den > LANDESHERREN unabhängigen M. als oberstem Verwaltungsorgan und der diesen wählenden > STADTVERORDNETENVERSAMMLUNG (StVV) als Volksvertretung. An der Spitze des M. stand ein von der StVV gewählter und vom König ernannter > OBERBÜRGERMEISTER (> POLITISCHES SYSTEM; > GESCHICHTE). Nach der > SPALTUNG der Stadt 1948 durch die Einsetzung einer eigenständigen Stadtverwaltung im sowjetischen Sektor, die sich gleichfalls den Namen M. gab, bestanden bis 1951 zwei M. nebeneinander, von denen jedoch nur der aus den > WAHLEN vom 20.10. 1946 hervorgegangene, im Westteil Berlins tagende M. eine verfassungsmäßige Legitimation besaß. Obwohl beide M. den Anspruch erhoben, für > GROSS-BERLIN zuständig zu sein, waren sie in ihrer Tätigkeit de facto auf die jeweiligen > SEKTOREN der ihnen alliierten Besatzungsmächte beschränkt (> ALLIIERTE). Mit der Umwandlung Berlins in einen Stadtstaat durch die am 1.10.1950 in Kraft getretene > VERFASSUNG VON BERLIN erhielt die im Westteil der Stadt amtierende Berliner Landesregierung zum 1.2.1951 die

Bezeichnung > SENAT VON BERLIN. Nach der > VEREINIGUNG nahmen Ost-Berliner M. und Senat bis zur Bildung eines Gesamt-Berliner Senats am 24.1.1991 gemeinsam die Aufgaben der Landesregierung für Gesamt-Berlin wahr.

Der am 6.7.1809 vereidigte erste Berliner M. bestand neben dem Oberbürgermeister aus dem Bürgermeister sowie zehn besoldeten und 15 unbesoldeten Stadträten. Durch die 1850 und 1853 revidierte Städteordnung wurden die staatliche Kommunalaufsicht und die Rechte des M. gegenüber der StVV gestärkt. Alle Magistratsmitglieder waren nun besoldete Wahlbeamte und bedurften der Bestätigung durch die Regierung. Nach der Schaffung Groß-Berlins 1920 blieb der aus höchstens 30 Mitgliedern bestehende M. zentrales Organ der nunmehr zweistufig organisierten Verwaltung (> BEZIRKSÄMTER).

Die mit der Übergabe der Exekutivverantwortung vom M. auf den Oberbürgermeister 1931 eingeleitete Schwächung des M. erfuhr ihren Höhepunkt nach der Machtergreifung der Nationalsozialisten 1933. Mißliebige Magistratsmitglieder und Beamte wurden entlassen, der M. nach und nach vollständig entmachtet und die kommunale Selbstverwaltung schließlich aufgelöst.

Nach dem Ende des II. Weltkriegs nahm am 17.5.1945 ein von der Roten Armee eingesetzter M. unter dem parteilosen Oberbürgermeister Arthur Werner seine Arbeit auf. Er bestand aus dem Oberbürgermeister, vier Stellvertretern, 14 Stadträten sowie einem Beirat für kirchliche Angelegenheiten. Mit Zustimmung der > ALLIIERTEN KOMMANDANTUR ernannte der M. die Bezirksbürgermeister, mit Zustimmung der jeweiligen > STADTKOMMANDANTEN deren Stellvertreter und die Bezirksräte (heute Stadträte). Die von der Kommandantur genehmigte *Vorläufige Verfassung von Groß-Berlin* vom 20.10.1946 gab dem neuen M. eine verfassungsmäßige Grundlage und bestimmte ihn als oberstes leitendes und vollziehendes Organ der Gebietskörperschaft Groß-Berlin. Gem. Art. 36 waren seine Beschlüsse jedoch bis zur Übertragung der vollen gesetzgeberischen, vollziehenden und gerichtlichen Gewalt an die Stadt Berlin durch das *Kleine Besatzungsstatut* vom 14.5.1949 an die Genehmigung der > ALLIIERTEN gebunden. Auch danach blieb die Handlungsfreiheit des M. durch alliierte Vorbehalte, die sich aus der besonderen Situation der Stadt ergaben, eingeschränkt (> SONDERSTATUS 1945-90).

Dem nach den Wahlen vom 20.10.1946 am 5.12.1946 von der StVV gewählten M. mit Otto Ostrowski (SPD) als Oberbürgermeister gehörten gem. Art. 3 VV Vertreter aller Parteien an. Im Sommer 1948 kam es in Folge der > WÄHRUNGSREFORM und der > BLOCKADE zu mehrfachen Störungen der im sowjetischen Sektor tagenden StVV, so daß der damalige Stadtverordnetenvorsteher Otto Suhr (SPD) die Sitzungen am 6.9.1948 in den Westteil der Stadt verlegte. Die > SOZIALISTISCHE EINHEITSPARTEI DEUTSCHLANDS (SED) weigerte sich, an Versammlungen außerhalb des sowjetischen Sektors teilzunehmen und rief stattdessen zum 30.11.1948 eine „außerordentliche Sitzung der Stadtverordneten" im Ost-Berliner > ADMIRALSPALAST mit 1.616 von ihr willkürlich ausgewählten Teilnehmern ein. Diese Versammlung beschloß die Absetzung des amtierenden M. und die Bildung eines neuen M. mit dem SED-Politiker Friedrich Ebert als Oberbürgermeister an der Spitze. Am 2.12.1948 wurde dieser „provisorische demokratische Magistrat Groß-Berlin" vom sowjetischen Militärkommandanten in Berlin „bis zur Durchführung von einheitlichen freien und demokratischen Wahlen in ganz Berlin", als das „einzig rechtmäßige Stadtverwaltungsorgan" anerkannt.

Bis zum Januar 1953 amtierte das Gremium ohne Rechtsgrundlage. Am 19.1.1953 erließ der Oberbürgermeister im Namen des „Magistrats von Groß-Berlin" eine „Verordnung über die weitere Demokratisierung des Aufbaus und der Arbeitsweise der Organe der Staatsmacht von Groß-Berlin", die die Bildung einer „Volksvertretung Groß-Berlin" sowie den Magistrat von Groß-Berlin als „das vollziehende und verfügende Organ der Volksvertretung Groß-Berlin" vorsahen. 1957 wurden die Organe von Berlin (Ost) nach Übernahme entsprechender DDR-Gesetze durch die Ost-Berliner Volksvertretung in den einheitlichen Staatsaufbau der DDR integriert. Seit dem 4.7.1985 war für den Magistrat das „Gesetz über die örtlichen Volksvertretungen in der DDR" maßgebend. Danach war er das den Bezirksräten der übrigen 14 Bezirke der DDR entsprechende oberste Verwaltungsorgan Ost-Berlins. Nach dem Prinzip der doppelten Unterstellung war er der StVV, durch die er gewählt wurde, und dem Ministerrat der DDR rechenschaftspflichtig; beide Organe konnten seine Beschlüsse aufheben. Er hatte darüber hinaus die Räte der Stadtbezirke „anzuleiten, zu unterstützen und zu kontrollieren".

Der M. bestand aus dem Oberbürgermeister, seinem Ersten Stellvertreter und zehn Stellvertretern für einzelne Fachgebiete, dem Sekretär des M., sechs Stadträten, dem Bezirksarzt, dem Bezirksbaudirektor und dem Bezirksschulrat. Als kollektiv arbeitendem Organ gehörten ihm Vertreter aller > BLOCK-PARTEIEN an, allerdings mit einem starken Übergewicht der SED. Die von den zehn Stellvertretern wahrgenommenen Fachgebiete gliederten sich in:

– Wohnungspolitik und Wohnungswirtschaft
– Energie, Umweltschutz und Wasserwirtschaft
– Inneres
– Verkehrs- und Nachrichtenwesen
– Handel und Versorgung
– internationale Verbindungen auf kommunalem Gebiet
– bezirksgeleitete Industrie und örtliche Versorgungswirtschaft
– Erholungswesen, Fremdenverkehr und Touristik
– Preise
– Vorsitzender der Bezirksplankommission

Die sechs Stadträte waren zuständig für die Bereiche:

– Kultur
– Arbeiterversorgung und Gastronomie
– Land-, Forst- und Nahrungsgüterwirtschaft
– Jugendfragen, Körperkultur und Sport
– Finanzen
– Arbeit und Löhne

Zur Erfüllung seiner Aufgaben bildete der M. Fachorgane, die für die Anleitung und Kontrolle der dem M. unterstellten Kombinate, Betriebe und Einrichtungen sowie der Genossenschaften verantwortlich waren.

Nach Öffnung der > MAUER am > 9. NOVEMBER 1989 wurden in Ost-Berlin am 6.5.1990 Kommunalwahlen abgehalten. Den neuen M. bildete eine Koaliton aus SPD und CDU unter Oberbürgermeister Tino Schwierzina (SPD). Ab 12.6.1990 begannen M. und Senat in Vorbereitung der > VEREINIGUNG gemeinsam zu tagen, seit dem > 3. OKTOBER 1990 nahmen sie nach Art. 16 des > EINIGUNGS-VERTRAGES als *Magi-Senat* die Aufgaben der Gesamt-Berliner Landesregierung gemeinschaftlich wahr. Dabei verfügten der > REGIE-RENDE BÜRGERMEISTER und der Oberbürgermeister zusammen über zwei Stimmen, die sie einheitlich abgeben mußten und die bei

Stimmengleichheit in der Landesregierung den Ausschlag gaben. Auch für die ab dem 3.10. schrittweise zusammengeführten Fachbereiche trugen Senats- und Magistratsmitglieder die Verantwortung gemeinsam. Mit der Wahl des ersten Gesamt-Berliner Senats am 24.1.1991 durch das am 2.12.1990 für ganz Berlin gewählte > ABGEORDNETENHAUS war die Arbeit des Magi-Senats beendet.

Mahlsdorf: Das auf ein mittelalterliches Dorf zurückgehende M. ist heute einer der beiden Ortsteile des Bezirks > HELLERSDORF an der östlichen Stadtgrenze Berlins. Es umfaßt etwa die östliche Hälfte des Bezirks, während die westliche von > KAULSDORF eingenommen wird. Das sich entlang des Straßenzugs Hönower Str. – Hultschiner Damm in Nord-Süd-Richtung erstreckende M. wurde als deutsches Straßendorf „Malterstorp" 1345 erstmals urkundlich erwähnt (> DÖRFER). Bronzezeitliche Funde und slawische Siedlungsstellen des 8./9. Jh. sowie des 9./10. Jh. weisen jedoch auf eine weiter zurückreichende, dichte Besiedlungsgeschichte hin. Die Einwohnerzahl von zehn Bauern und vier Häuslern, Krug und Windmühle (1696) veränderten sich bis ins 19. Jh. kaum. Erst im Zuge der Separation kam es nach 1816 zu einer Bebauung beiderseits der Chaussee nach Frankfurt/O., der späteren Reichs- und heutigen Bundesstraße 1 (> BUNDESFERNSTRASSEN). Die Gebäude sind allerdings in den letzten Jahren nahezu vollständig dem Ausbau der Fernstraße zum Opfer gefallen.

Ende des 19. Jh. setzte eine umfangreiche Siedlungstätigkeit ein, begünstigt durch die 1895 eröffnete Bahnstation an der 1867 in Betrieb genommenen Ostbahn zwischen Berlin und Küstrin (> EISENBAHN). 1906 erhielt M. eine Straßenbahnverbindung mit > KÖPENICK (> STRASSENBAHN). In dieser Richtung entwickelte sich ab der Jahrhundertwende die Kolonie M.-Süd. Sie verwuchs bald mit der 1751 unter Friedrich II. (1740-86) gegründeten Kolonie *Kiekemal*, die 1911 vom südöstlich (außerhalb der heutigen Stadtgrenzen) liegenden Dahlwitz nach M. umgemeindet wurde. Bei der Bildung > GROSS-BERLINS 1920 kam M. zum Verwaltungsbezirk > LICHTENBERG, mit dem es 1945 Teil des sowjetischen Sektors wurde (> SEKTOREN). Bei der Gründung des Stadtbezirks > MARZAHN 1979 wurde M. zunächst ein Ortsteil dieses Bezirks, bis es schließlich Anfang 1986 dem neu gebildeten Bezirk Hellersdorf zugeschlagen wurde.

Beherrschend für das alte Dorf ist die aus der Mitte des 13. Jh. stammende Dorfkirche an der Hönower Str./Ecke Alt-Mahlsdorf. Sie ist ein besonders gut erhaltenes Beispiel eines mittelalterlichen Kirchenbaus in Berlin (> DORFKIRCHEN). Neben der barocken Ausstattung ist v.a. eine auf 1488 datierte Glocke zu nennen, aber auch eine aus dem frühen 17. Jh. stammende Wappentafel der brandenburgischen Kanzlerfamilie Diestelmeyer, die 1583-1613 in M. ansässig war. Die Dorfschmiede (Alt-Mahlsdorf 109) stammt aus der ersten Hälfte des 18. Jh., verschiedene Bauernhäuser aus dem 19. Jh. prägen das Ortsbild.

Am Südende des alten Dorfes, am Hultschiner Damm 333, hat sich das um 1770 von David Gilly erbaute Haus des Amtmanns erhalten, das 1869 in spätklassizistischen Formen als Gutshaus umgestaltet wurde und heute das 1960 eröffnete, von einem privaten Sammler betriebene *Gründerzeit-Museum* beherbergt. Neben neun mit Möbeln, Kunsthandwerk und sonstigen Gebrauchsgegenständen der Epoche komplett ausgestatteten Räumen ist im Keller des Gebäudes die Einrichtung der 1963 abgerissenen Altberliner Kneipe *Mulackritze* aus der Mulackstr. im ehem. > SCHEUNENVIERTEL ausgestellt. Am Originalstandort diente sie als Kulisse für zahlreiche „Milljöh"-Filme, darunter 1929 „Mutter Krausens Fahrt ins Glück" von Phil Jutzi. Seit 1972 steht das Haus unter > DENKMALSCHUTZ.

Im Norden von M. errichtete die Gemeinnützige Siedlungsgenossenschaft 1924-31 nach den Entwürfen von Bruno Taut die ausgedehnte Wohnhaussiedlung *Lichtenberger Gartenheim* mit der 1935 von Otto Risse erbauten *Kreuzkirche* an der Albrecht-Dürer-Str. In dem 1920 von Bruno Taut errichteten ehem. Geschäftssitz der Genossenschaft in der Melanchthonstr. 63 eröffnete im November 1990 der Bezirksschornsteinfegermeister von M. mit Unterstützung des Bezirksamts ein *Feuerstätten-Museum*. In den fünf Räumen des zuvor als „Klub der Werktätigen" genutzten Gebäudes sind nach Nutzungsart geordnet über 120 Öfen und Herde verschiedenster Art und Alters zusammengetragen.

Östlich der Siedlung Elsengrund an der Elsenstr. liegt in einer Kiesgrube ein ca. 4 ha großer See, der über den Eichwaldgraben in die > WUHLE entwässert. Südlich davon auf der Ortsteilgrenze zu Kaulsdorf liegen die beiden ebenfalls durch Kiesabbau entstandenen, insg. rd. 12 ha großen Becken des *Habermannsees*.

Malchow: Das auf ein mittelalterliches Straßendorf zurückgehende M. ist ein ländlich geprägter Ortsteil im Nordosten Berlins auf der Grenze zwischen den Bezirken > WEISSENSEE und > HOHENSCHÖNHAUSEN. 1344 findet das Dorf als „Malchowe" seine erste urkundliche Erwähnung. Bereits 1375 gehörte es der Adelsfamilie v. Barfuß, die bis 1884 dort ansässig war. 1684 wurden Dorf und Gut vom preußischen Minister Paul v. Fuchs erworben. Von diesem kam es 1705 an König Friedrich (III.) I. (1688-1713). 1882 wurde M. von der Stadt Berlin übernommen, um die Feldmark zur Anlage von Rieselfeldern zu nutzen (> WASSERVERSORGUNG/ENTWÄSSERUNG; > STADTGÜTER). Der Ort entwickelte sich deshalb in der Folgezeit nur langsam und behielt weitgehend sein dörfliches Gepräge. Erst in den 30er Jahren des 20. Jh. entstanden im Südosten die *Nilessiedlung* und im Nordosten die Siedlung *Margaretenhöhe*. 1920, bei der Bildung > GROSS-BERLINS, wurde M. eingemeindet und dem Verwaltungsbezirk > WEISSENSEE zugeschlagen, mit dem es 1945 Teil des sowjetischen Sektors wurde (> SEKTOREN). Auf Beschluß der Weißenseer Stadtbezirksversammlung vom 29.8.1985 kamen das historische Dorf und der größte Teil der Ortsfläche zum neu gebildeten Stadtbezirk Hohenschönhausen, während der Rest der Feldmark bei Weißensee verblieb.

Die mittelalterliche, aus dem 13. Jh. stammende Dorfkirche im alten Dorfzentrum wurde im II. Weltkrieg vollkommen zerstört und ist nicht wieder aufgebaut worden. Einige wertvolle Ausstattungsstücke haben sich erhalten; in der Ruine, die im wesentlichen aus Resten der Umfassungsmauern besteht, stehen einige Inschriftgrabsteine der Pfarrerfamilie Neander vom Ende des 17. Jh. (> DORFKIRCHEN).

Das Malchower Herrenhaus an der Dorfstr. 9 wurde in der Besitzzeit des Ministers v. Fuchs 1684-1705 zu einer barocken, schloßähnlichen Anlage umgestaltet, die jedoch in der Folgezeit zahlreiche Veränderungen erfuhr (> GUTSHÄUSER; > SCHLÖSSER). Die heutige, auf die Schinkel-Nachfolge zurückgehende Gestalt, erhielt der zweigeschossige Putzbau mit seinen beiden pavillonartigen Seitenflügeln 1865/66. Das Gebäude wird von der Fakultät für Landwirtschaft und Gartenbau der > HUMBOLDT-UNIVERSITÄT genutzt. Der einst bedeutende Barockpark ist nur noch im Ansatz erkennbar und geht nach Osten in große Kleingartenanlagen über. Zahlreiche Gutsarbeiterhäuser des ausgehenden 19. Jh. belegen die damalige Sozialstruktur der Gemeinde. Rund um den ca. 6 ha großen *Malchower See* ist die Anlage eines 85 ha großen Volksparks für die Bewohner des Neubaugebiets Hohenschönhausen geplant. Etwas abseits des Sees liegt das Flächennaturdenkmal *Malchower Torfstich*, das v.a. für die Erhaltung heimischer Amphibienarten, aber auch als Vogelbrut- und Durchzugsgebiet von großer Bedeutung ist.

Mariannenplatz: Der ca. 400 m lange und 100 m breite M. im östlichen Teil von > KREUZBERG wurde als damals größter Platz Berlins von Peter Joseph Lenné im Zusammenhang mit seiner Planung des „Köpenicker Feldes" entworfen und 1853 begrünt (> STADTERWEITERUNG). An seiner Westseite steht das 1845-47 von Theodor Stein nach einem Entwurf von Ludwig Persius erbaute ehem. Krankenhaus Bethanien (> KRANKEN-HÄUSER), das heute als > KÜNSTLERHAUS BE-THANIEN als eines der Musterprojekte dezentraler Kulturarbeit in Berlin gilt. An der Nordseite des Platzes steht die 1864-69 von Friedrich Adler erbaute evangelische *St.-Thomaskirche*, im Süden, zwischen Mariannenstr. und Adalbertstr., als erstes Beispiel des in den 70er Jahren im Rahmen des 2. Stadterneuerungsprogramms entwickelten „behutsamen" Sanierungskonzepts der „Entkernung" der 1978 fertiggestellte „Block 100". In diesem Zusammenhang wurde auch der M. 1979/80 nach Lennés ursprünglichem Plan wiederhergestellt. 1981 wurde an der Waldemarstr. der *Feuerwehrbrunnen* von Kurt Mühlenhaupt aufgestellt.

Maria Regina Martyrum: Die als „Gedächtniskirche der deutschen Katholiken zu Ehren der Blutzeugen für Glaubens- und Gewissensfreiheit in den Jahren 1933-45" am Hekkerdamm 230 im Bezirk > CHARLOTTENBURG 1960-62 errichtete M. gilt als einer der bemerkenswertesten Kirchenbauten Berlins nach dem II. Weltkrieg. Der als Doppelkirche ausgeführte Bau entstand nach Plänen der Architekten Hans Schädel und Friedrich Ebert und unter künstlerischer und theologischer Beratung von Urban Rapp.
Übermannshohe Betonwände umgeben die zweigeteilte Anlage, die aus dem Feierhof mit der Kirche und dem westlich davon errichteten, früheren Gemeindezentrum besteht, in dem sich seit Anfang der 80er Jahre ein Karmeliterinnen-Kloster befindet. Den einem Konzentrationslager mit Mauer und Wachturm nachgebildeten, leicht abfallenden Feierhof betritt man entweder seitlich über den Vorplatz am Kloster oder durch den Eingang unter dem 25 m hohen, eckigen Turm an der dem Kirchenbau südöstlich gegenüberliegenden Seite. An der rechten Seite ist ein von Otto Herbert Hajek geschaffener Kreuzweg angebracht, dessen 14 aus Basaltplatten mit Bronzeskulpturen bestehende Stationen zu einem Freialtar führen, der unter der auf drei Stützmauern quer zum Hof stehenden Kirche errichtet wurde. Über dem Eingang hängt eine vergoldete Bronzeskulptur von Fritz König, die Maria als apokalyptisches, von sieben Schlangen verfolgtes Weib zeigt.
Der Eingang führt in die kryptaähnliche Unterkirche. Hier befinden sich vor der von Fritz König geschaffenen Pietà das Grab des von den Nationalsozialisten am 30.6.1934 ermordeten katholischen Laienführers Erich Klausener sowie Symbolgräber für den Berliner Dompropst Bernhard Lichtenberg (beigesetzt in der Krypta der > ST.-HEDWIGS-KATHE-DRALE) und alle Blutzeugen, denen Gräber verweigert wurden bzw. deren Gräber unbekannt sind. Das Innere der über eine Treppe erreichbaren Oberkirche – der eigentlichen Pfarrkirche – wird von einem großen, Visionen des himmlischen Jerusalem darstellenden Wandbild Georg Meistermanns bestimmt. Der an der Ostseite stehende Altar weist in Richtung der ca. 1,5 km entfernten > GEDENKSTÄTTE PLÖTZENSEE.
Die Pfarrei M. der Kirche wurde 1982 zugunsten des am 16.6.1984 geweihten *Karmeliterinnen-Klosters* aufgehoben. Die Karmeliterinnen kamen von ihrem ursprünglichen Kloster auf dem Gelände des ehem. KZ Dachau nach M.

Mariendorf: Das auf ein mittelalterliches Straßendorf zurückgehende M. ist ein 9,4 km² großer Ortsteil des Bezirks > TEMPELHOF im Süden Berlins. Die Gegend war, wie Bodenfunde beweisen, bereits in der älteren Bronzezeit besiedelt; auch altgermanische bäuerliche Siedlungen aus der Zeit um das 3. Jh. v. Chr. sind durch Grabfunde belegt. Der Ort selbst entstand im 13. Jh. im Zuge der Kolonisation der Mark Brandenburg durch die Askanier (> Landesherren). Dorfgründer waren, wie auch in den benachbarten > Dörfern Tempelhof und > Marienfelde, die Ritter des Templerordens. Nach der Auflösung des Ordens im Jahr 1312 wurde das Dorf vom Markgrafen Waldemar (1308-19) dem Johanniterorden übergeben. Als Jahreszahlen für die erste urkundliche Erwähnung werden 1337, 1348 und 1372 genannt. Eindeutig belegt ist eine am 4.4.1372 in Arnswalde ausgefertigte Urkunde, in der Markgraf Otto der Faule (1351-73) den Gebrüdern Witbold und Sigfrid v. Kummeltitz Bede und Wagendienst in Marienfelde und „Mariendorff" als Lehen überträgt. Die Beziehungen des Johanniterordens zur benachbarten Doppelstadt Berlin/> Kölln waren von häufigen Grenzstreitigkeiten bestimmt, die zu einer Fehde führten, deren ungünstiger Verlauf für den Orden 1435 schließlich den Verkauf ihrer drei Dörfer an Berlin und Kölln zur Folge hatte. 1590 mußte das stark verschuldete Berlin seinen Zweidrittelanteil an M. an Kölln verkaufen.

Vom Dreißigjährigen Krieg blieb M. weitgehend verschont, wurde jedoch im Siebenjährigen Krieg von durchziehenden Truppen verwüstet. Der gute Boden – die Feldmark gehörte zu den Besten des Kreises > Teltow – half die Schäden schnell zu überwinden. 1772 wurden 134 Einwohner gezählt. Während Tempelhof bereits Ende des 16. Jh. aus dem Besitz der Doppelstadt Berlin/Kölln ausgeschieden war, blieb M. bis 1830 städtisches Eigentum.

1846 wurde das stattliche Haus des Dorfschulzen Ferdinand Freiberg gebaut, das bis 1983 von der Gaststätte „Heidekrug" genutzt wurde und dann (trotz heftiger Proteste der Bevölkerung) Sitz einer Bankfiliale wurde. Ab 1873 entstand auf einem 87 ha großen Terrain die Landhauskolonie *Südende* (seit der Eingemeindung nach > Gross-Berlin 1920 zu > Steglitz gehörend), die 1882 einen eigenen Bahnhof an der 1842 eröffneten Anhalter Bahn erhielt (> Eisenbahn).

Seinen eigentlichen Aufschwung nahm M. nach der verkehrsmäßigen Anbindung an Berlin. 1887 erfolgte der Anschluß an die > Strassenbahn (1910 elektrifiziert) und 1895 wurde ein Haltepunkt der 1877 in Betrieb genommenen Dresdener Eisenbahn eröffnet (Bahnhof 1912). Die Eröffnung des > Teltowkanals an der (heutigen) nördlichen Ortsteilgrenze (1906) und eines Gaswerks (1902) führten dann schnell zu weiteren Industrie-

ansiedlungen zwischen dem dortigen Hafen Mariendorf und der Großbeerenstr. Die Einwohnerzahl, die bis 1840 lediglich auf 351 angestiegen war, betrug 1871 1.435, 1905 bereits 9.018 und vor der Eingemeindung rd. 21.000. Nach dem II. Weltkrieg, den M. relativ unbeschädigt überstand, kam der Ortsteil mit dem Bezirk Tempelhof zum amerikanischen Sektor (> Sektoren). Nach der > Spaltung der Stadt 1948 wurde im Dezember 1949 in den Fabrikhallen der Askania-Werke an der Ringstr./Ecke Rathausstr. West-Berlins provisorischer > Obst- und Gemüsegrossmarkt eingerichtet, der bis zur Eröffnung der neuen > Grossmärkte an der Beusselstr. im Bezirk > Tiergarten im März 1965 in Betrieb war. 1966 wurde in Alt-Mariendorf die Endstation der U-Bahn-Linie 6 eröffnet (> U-Bahn).

Heute stellt sich M. v.a. als ein Berliner Wohngebiet und Industrievorort dar. An der östlichen Ortsteilgrenze zu > Britz befinden sich aber auch ausgedehnte > Kleingärten und Gartenbaubetriebe sowie ein Grünanschluß an den > Britzer Garten, das Gelände der > Bundesgartenschau 1985. Über Berlin hinaus reicht die Bedeutung der 1913 eröffneten > Trabrennbahn Mariendorf am Hirzer Weg. An der verkehrsreichen Kreuzung Alt-Mariendorf mit dem Mariendorfer Damm – sich die im 13. Jh. noch vom Templerorden errichtete Dorfkirche erhalten. Vor dem Feldsteinbau mit eingezogenem Chor und halbkreisförmiger Apsis steht ein Westturm in der Breite des Kirchenschiffs. Der hölzerne Turmaufsatz mit geschweifter Kupferhaube und Uhr mit Glockenspiel wurde 1737 aufgesetzt. Die Kirchenglocke stammt von 1480. In Kirchennähe stehen einige Bauernwohnhäuser mit zum Teil spätklassizistischen Fassaden aus dem 19. Jh. und die Dorfschule aus dem Jahre 1873, in der das Heimatmuseum und Heimatarchiv Tempelhof untergebracht sind (> Heimatmuseen). An die ländliche Vergangenheit erinnert auch die *Adlermühle* in der Säntisstr. (> Windmühlen). Nördlich des alten Dorfkerns liegt der gartenkünstlerisch beachtenswerte > Volkspark Mariendorf mit einem Rodelberg und dem Sommerbad M. (> Frei- und Sommerbäder). 1987, zum Zeitpunkt der letzten West-Berliner Volkszählung, lebten in M. 45.879 Einwohner.

Marienfelde: Das auf eine mittelalterliche Dorfgründung der Tempelritter zurückgehende M. ist seit der Bildung > Gross-Berlins 1920 ein 9,1 km² großer Ortsteil im Süden des

Bezirks > TEMPELHOF. Nach der Auflösung des Templerordens im Jahr 1312 wurde das einstige Angerdorf vom Markgrafen Waldemar (1308-19) dem Johanniterorden übergeben (> DÖRFER). Die erste schriftliche Erwähnung von M. als „Marghenvelde" erfolgt in einer auf 1344 datierten Urkunde über den Verkauf des Schulzengerichts an den Köllner Bürger Johann Ryke durch die Johanniter. Die Beziehungen zwischen der Doppelstadt und dem Orden standen im Zeichen häufiger Grenzstreitigkeiten, die zu einer Fehde führten, deren ungünstiger Verlauf für den Orden 1435 den Verkauf ihrer drei Dörfer (Tempelhof, > MARIENDORF und M.) an Berlin und > KÖLLN zur Folge hatte, in deren Besitz es bis 1831 blieb.

Den Dreißigjährigen Krieg überstand M. verhältnismäßig unversehrt; die schlechten Erträge der häufig überschwemmten Felder veranlaßten jedoch einige Bauern, ihre Höfe zu verkaufen. 1775 wurde M. an den auf Veranlassung von Friedrich II. (1740-86) angelegten Entwässerungskanal von > LICHTENRADE nach Mahlow angeschlossen, der allerdings den Erwartungen nicht gerecht wurde. Zu Beginn des 18. Jh. hatten von den 15 Höfen neun neue Besitzer. 1811-1825 wurden sechs Bauernhöfe aufgekauft und zu einem Gut zusammengeschlossen, das von der Bevölkerung als Rittergut bezeichnet wurde und 1844 als Erbgut in das Eigentum des Ökonomen Adolf Kiepert überging. Kiepert konnte sein Fachwissen gezielt einsetzen, um die landwirtschaftlichen Ergebnisse in M. zu verbessern und wirkte auch erfolgreich als erster Amtsvorsteher des 1851 gegründeten Gemeindebezirks M., in den der Gutsbezirk 1874 eingegliedert wurde.

Die Herausbildung des Gutes führte zu einer erheblichen Vergrößerung des Ortes, die sich auch in der Einwohnerzahl niederschlug, die sich von 154 im Jahr 1817 bis zur Reichsgründung 1871 auf 599 nahezu vervierfachte. Die Entwicklung Berlins als Reichshauptstadt wirkte sich dann zunehmend auch auf die Struktur von M. aus. Die Eröffnung eines Haltepunktes an der 1875 in Betrieb genommenen > EISENBAHN nach Dresden konzentrierte die weitere Wohnbebauung sowie die Ansiedlung von Industrie und Gewerbe auf die Umgebung der 1900-03 zum Bahnhof ausgebauten Haltestelle auf der nördlichen Feldmark, wodurch der Ortskern selbst bis in die Gegenwart weitgehend unberührt blieb. Im Vergleich zu vielen anderen Dörfern blieb

M. auch vom Bauboom der Gründerzeit weitgehend verschont. Westlich der Straße nach > LANKWITZ wurde 1905 das katholische Frauenkloster „Zum guten Hirten" errichtet, in dem sich heute eine katholische Sonderschule, eine Fürsorgestelle und ein Altenheim befinden. 1945 kam M. mit Tempelhof zum amerikanischen Sektor (> SEKTOREN).

Die heutigen Bauten des im Südosten des Ortes großräumig angelegten Gutshofes an der Straße Alt-Marienfelde entstanden 1850-60 (> GUTSHÄUSER). Das eingeschossige Herrenhaus wurde durch einen zweigeschossigen Anbau und einen dreigeschossigen quadratischen Turm an der Westseite sowie eine Loggia und einen Erker am Ostgiebel mit einer nach Süden führenden großen Pergola erweitert. In ihrem Gesamtbild erinnert die Anlage an die Architektur von Ludwig Persius. Im Gut sind heute Einrichtungen des > BUNDESGESUNDHEITSAMTES untergebracht. Der ehem. Gutspark mit schönem alten Baumbestand ist öffentlich zugänglich.

Älter als die älteste urkundliche Bezeugung des Dorfes ist die um 1220 aus Feldsteinquadern im spätromanischen Stil erbaute Dorfkirche auf dem weitgehend in seiner ursprünglichen Form mit Wiese und Teich erhaltenen, breiten Dorfanger. Sie ist die älteste Kirche Berlins und das älteste Bauwerk der Stadt überhaupt (> DORFKIRCHEN). Wie viele Kirchen der Zeit war sie als Wehrkirche mit wuchtigem Westturm errichtet und diente der Bevölkerung als Fluchtburg bei Überfällen. Die Windfahne auf dem quergestellten Satteldach trägt die Jahreszahl 1595. Trotz mehrfacher Umbauten und Erweiterungen hat die Kirche ihren ursprünglichen Charakter weitgehend behalten. Das eingeschossige Bauernwohnhaus Alt-Marienfelde 12 stammt noch aus dem 18. Jh. (um 1770). Die Wohnhäuser von Großbauern vom Beginn dieses Jh. (Nr. 2, 23, 25) nehmen z.T. fast palastartigen Charakter an.

Um das einzigartige Dorfensemble zu schützen, wurde der Durchgangsverkehr über eine Umgehungsstraße und Straßenumbauten um den alten Ortskern herumgeleitet. Südwestlich des Dorfes entstand in den 60er/70er Jahren eine größere Neubausiedlung (Waldsassener Str.), in Richtung Lichtenrade (Motzener Str.) entwickelte sich ein neues Industriegebiet. Auf einer begrünten Müllkippe am südlichen Stadtrand wurde der > FREIZEITPARK MARIENFELDE errichtet. Die benachbarte Radarstation der US-Streitkräfte wird mit dem Abzug der > ALLIIERTEN demontiert. 1987, zum Zeitpunkt der letzten West-Berliner Volkszählung, lebten in M. rd. 31.500 Einwohner.

Marienhöhe: Die 73 m hohe M. ist ein parkartig gestalteter ehemaliger > TRÜMMERBERG nördlich der Attilastr. im Westen des Bezirks > TEMPELHOF. Seine Aufschüttung erfolgte von 1949-53 aus rd. 200.000 m³ Trümmerschutt des II. Weltkriegs. An seiner Nordost-Flanke entstand eine > RODELBAHN und eine Freilichtbühne, die allerdings Anfang der 70er Jahre wieder abgebaut wurde. Auf dem Gipfelplateau steht ein Denkmal für die Heimatvertriebenen.

Die M. liegt an der Stelle des ehem. *Rauenbergs*, der in der ersten Hälfte des 20. Jh. zur Sand- und Kiesgewinnung abgetragen wurde. Im Zuge der Küstenvermessung von 1837-46 war dort ein trigonometrischer Punkt (TP) eingemessen worden, der 1859 zum Zentralpunkt für das 1899 vollendete preußische Hauptdreiecksnetz bestimmt wurde. Obwohl der Punkt mit dem Abtragen des Rauenbergs verschwand, hat er seine Bedeutung als Bezugspunkt behalten und ist auch heute noch der Zentralpunkt des deutschen Hauptdreiecksnetzes. 1976 wurde er deshalb auf der M. erneut eingemessen und markiert. Am 12.9.1985 erfolgte am neuen Standort kurz unterhalb des Berggipfels die Einweihung eines Denkmal in der Form eines überdimensionierten TP-Steins aus Granit. An seinen Seiten befinden sich zwei Bronzetafeln, deren eine die Bedeutung des Steins erläutert und seine Koordinaten angibt: geographische Länge 31°02′4″928 östlich von Ferro (Ferro ist die westlichste der Kanarischen Inseln; durch sie verlief als westlichstem Punkt der Alten Welt von 1634-1883 der historische Nullmeridian), geographische Breite 52° 27′12″021, Azimut Rauenberg – Berlin-Marienkirche 19°46′04″87. Auf der zweiten Tafel ist das preußische Hauptdreiecksnetz abgebildet.

Marienkirche: Die vermutlich in der zweiten Hälfte des 13. Jh. zusammen mit der damals angelegten „Neustadt" erbaute M. am ehem. > NEUEN MARKT im heutigen Bezirk > MITTE neben dem > FERNSEHTURM wird 1292 erstmals urkundlich erwähnt (> BAUGESCHICHTE UND STADTBILD). Sie ist nach der > NIKOLAI-KIRCHE die zweitälteste Pfarrkirche Berlins und die einzige der erhaltenen mittelalterlichen Kirchenbauten des alten Berlin, die heute noch als Gotteshaus genutzt wird. Der langgestreckte Backsteinbau auf einem hohen Feldsteinquadersockel, eine dreischiffige gotische Hallenkirche von sechs Jochen mit Turmhalle und Chor, ist 72 m lang und 21 m breit. Der erhöhte, einschiffige Ostchor wird halbkreisförmig von fünf Seiten abgeschlossen. Am südlichen Seitenschiff wurde um 1340 die Sakristei mit ihren zierlichen Pfeiler-

Marienkirche

giebeln angefügt. Der Ostgiebel des Langhauses stammt aus der zweiten Hälfte des 14. Jh. Die beim Stadtbrand von 1380 beschädigte M. wurde bis 1405 wiederhergestellt, wobei sie ihre jetzige Gestalt erhielt.

Im frühen 15. Jh. wurde die M. nach Westen durch eine dreischiffige Vorhalle mit hohem Turm nach Plänen von Steffen Boxthude erweitert. Der heute 91 m hohe Turm ist mehrfach durch Brände zerstört worden, wurde aber immer wieder aufgebaut. Der kupferbeschlagene Turmaufsatz in gotisierenden Formen entstand 1789/90 nach Plänen von Carl Gotthard Langhans. Das Langhaus der M. erhielt 1729 als Anbau am südlichen Seitenschiff die zweijochige Magistratsloge. 1893/94 wurde die Sakristei mit der umgestalteten Magistratsloge zusammengeschlossen und zugleich eine Vorhalle angefügt. Nach dem II. Weltkrieg wurde die

Magistratsloge zu einer Kapelle ausgebaut. Im II. Weltkrieg wurde das Viertel um den Neuen Markt schwer beschädigt. Während man die Ruinen der die Kirche umgebenden Wohnbebauung vollständig abriß, wurde die M. unmittelbar nach dem Krieg restauriert. Dabei stellte man die ursprüngliche weiße Ausmalung wieder her. Eine weitere Restaurierung erfolgte 1969/70. 1989, anläßlich des 450. Jahrestages der Einführung der Reformation in der Mark Brandenburg, wurde seitlich der M. die Luther-Figur aus dem 1895 nach einem Modell von Paul Otto und Robert Toberentz auf dem Neuen Markt errichteten *Luther-Denkmal* wieder aufgestellt.

In der Turmhalle der M. ist eines der bedeutendsten Freskogemälde in Deutschland zu sehen: Der um 1485, vermutlich im Zusammenhang mit einer Pestepedemie entstandene, 2 m hohe und 22,60 m lange „Totentanz" war 1730 übertüncht und erst 1860 bei Renovierungsarbeiten durch Friedrich August Stüler wiederentdeckt worden. Das in den 50er Jahren restaurierte Fresko zeigt in 28 Szenen, wie der Tod die Vertreter der Stände zum Reigen führt. Das Schriftband unterhalb des Gemäldes mit Versen in niederdeutscher Sprache gilt als älteste erhaltene Dichtung in Berlin (> BERLINISCH).

Zu den erwähnenswerten Stücken der Innenausstattung gehören das 1437 entstandene Bronzeguß-Taufbecken und die 1703 von Andreas Schlüter geschaffene Kanzel. Der Orgelprospekt von Johann Georg Glume wurde 1742 von Paul de Ritter fertiggestellt. Die Altarwand entstand in der zweiten Hälfte des 18. Jh. nach Entwürfen von Andreas Krüger, die Altargemälde fertigte 1761 Bernhard Rode. Nach 1945 wurde die Ausstattung der M. durch gerettete Kunstwerke aus der Nikolaikirche und der Franziskaner Klosterkirche (> GRAUES KLOSTER) ergänzt. Vor dem Portal an der Turmfront steht seit 1726 das steinerne Sühnekreuz für den 1325 durch die Berliner Bevölkerung wegen Streitigkeiten mit dem Papst um die Nachfolge der > LANDESHERREN ermordeten Propst Nikolaus von Bernau. (> GESCHICHTE)

Markthallen: Neben den 52 städtischen und 72 privaten > WOCHENMÄRKTEN gibt es heute in Berlin drei öffentliche M. Sie gehören zum Besitz der Berliner Großmarkt GmbH, die diese zur privatrechtlichen Nutzung an die Markthalle-Verwaltungsgenossenschaft e.G. verpachtet (> GROSSMÄRKTE): Die *Arminius-Markthalle* an der Arminiusstr. in > MOABIT setzte 1990 auf einer Gesamtfläche von 5.495 m² ca. 35 Mio. DM um; die *Eisenbahn-M.* in der Eisenbahnstr. in > KREUZBERG verfügt über eine Gesamtfläche von 4.405 m², der Umsatz betrug 1990 26 Mio. DM, in der Kreuzberger *Marheineke-Markthalle* an der Bergmannstr./Ecke Zossener Str. wurden 1990 auf einer Gesamtfläche von 3.088 m² rd. 27 Mio. DM umgesetzt.

Neben den in öffentlichem Besitz befindlichen M. werden von privaten Trägern in Berlin noch neun weitere M. betrieben: die Müller-M. in > WEDDING, der Born-Markt in > STEGLITZ, die M. Drakestr. in > LICHTERFELDE, die M. am > TEMPELHOFER DAMM in > TEMPELHOF, die M. Gorkistr. in > TEGEL, die Residenz-Halle in > REINICKENDORF sowie die M. am > ALEXANDERPLATZ und die *Ackerhalle* in der Invalidenstr./Ecke Ackerstr. in > MITTE. Seit Januar 1992 gibt es „Den Grünen Markt" in den Räumlichkeiten des ehem. Schlachthofs Leninallee an der heutigen > LANDSBERGER ALLEE im Bezirk > PRENZLAUER BERG (> SCHLACHTHOF BERLIN).

Städtebauliche und verkehrstechnische Probleme führten in der zweiten Hälfte des 19. Jh. zum Ersatz von Wochenmärkten auf öffentlichem Straßenland durch geschlossene M. Als Vorbilder dienten die M. in Paris, Brüssel und London. Die erste Berliner M. wurde durch einen privaten Träger am Schiffbauerdamm errichtet und um 1.10.1867 eröffnet. Zugleich wurden die Wochenmärkte am Karlsplatz und am Oranienburger Tor geschlossen. Bereits 1870 mußte jedoch der Marktbetrieb in der neuen Halle mangels Kundschaft wieder eingestellt werden. Am 2.5.1886 folgte die Eröffnung der städtischen Zentralmarkthalle am Alexanderplatz, der M. II in der Lindenstr. in Kreuzberg, die wenige Jahre später in den > BLUMENGROSSMARKT umgewandelt wurde, der M. III in der Mauerstr./Zimmerstr. sowie der M. IV in der Dorotheenstr. in Mitte. Im selben Jahr folgte die Schließung der innerstädtischen Wochenmärkte, u.a. am Alexanderplatz, am > NEUEN MARKT, am > GENDARMENMARKT und am > DÖNHOFFPLATZ. Bis 1892 entstanden so im Stadtzentrum insg. 14 M., die alle vom Stadtbaumeister Hermann Blankenstein entworfen wurden. Wochenmärkte unter freiem Himmel fanden seitdem nur noch in den Außenbezirken statt. Von diesen 14 Hallen sind nach Restauration der Kriegsschäden heute nur noch die 1891 eröffneten M. in der

Arminiusstr. und in der Eisenbahnstr. sowie die 1886-88 errichtete, 2800 m² große Ackerhalle erhalten. Zu DDR-Zeiten als Konsumkaufhalle und für mehrere Einzelverkaufsstände genutzt, wurde sie 1991 in eine private M. umgewandelt. Die Marheinekehalle ist ein Neubau von 1951 an der Stelle des 1892 erbauten, im II. Weltkrieg zerstörten Originals. Gleiches gilt für die 1969 anstelle der alten Zentralmarkthalle errichtete M. am Alexanderplatz.

Marstall: Der M. in der Breiten Str. 36-37/ Marx-Engels-Platz 7 im Bezirk > Mitte fällt liegenschaftlich in die Zuständigkeit des > Bundesministeriums für Finanzen, > Oberfinanzdirektion Berlin. Das Hauptgebäude, das bis zur > Vereinigung vom > Palast der Republik als Verwaltungsgebäude genutzt wurde, wird derzeit von verschiedenen Verwaltungsdienststellen und von der > Akademie der Künste (Ost) genutzt, zu der auch die im Erdgeschoß befindliche *Akademie-Galerie* gehört. Hauptnutzer der übrigen Gebäudeteile ist die > Berliner Stadtbibliothek. Das mit dem M. verbundene > Ribbeckhaus ist Sitz der > Olympia 2000 Berlin GmbH und beherbergt eine Gaststätte.
Der M. wurde in seiner über 300jährigen Geschichte mehrfach grundlegend verändert. Schon Mitte des 16. Jh. stand etwa an der Stelle, wo sich heute der *Alte Marstall* in der Breiten Str. befindet, ein Gebäude, das als kurfürstlicher Stall diente. Es wurde 1593 wegen Baufälligkeit abgerissen. An gleicher Stelle entstand das Haus des Oberkämmerers und Oberstallmeisters Hieronymus Grafen Schlick, das 1659 als kurfürstlicher Stall eingerichtet wurde, wobei man das benachbarte, nicht mehr als Wohnhaus benutzte Ribbeckhaus in den M. einbezog. Nachdem diese zweite Marstallanlage 1665 z.T. abgebrannt war, wurde 1665-69 von dem Holländer Michael Matthias Smids ein neuer M. errichtet.
1687 gab Kurfürst Friedrich Wilhelm (1640-88) den Auftrag, in der Dorotheenstadt an der Stelle, an der sich heute das Gebäude der > Staatsbibliothek zu Berlin, > Unter den Linden 9 befindet, einen weiteren repräsentativen M. zu errichten. Johann Arnold Nering schuf 1689-91 ein palastartiges, einstöckiges Gebäude mit zweistöckigen Eck- und Mittelpavillons. Bereits 1696/97 wurde es aufgestockt und bis zur Dorotheenstr. erweitert, um zusätzlich auch als Akademiegebäude

dienen zu können (> Preussische Akademie der Künste, > Preussische Akademie der Wissenschaft). Dieser Bau diente bis 1724 als zweiter M., dann wurden die königlichen Reit- und Zugtiere von dort in den Königlichen Obermarstall (Alten Marstall) an der Breiten Str. verlegt.
Das Hauptgebäude dieses Smidschen M. ist der einzige erhaltene frühbarocke Bau Berlins. Er wurde im II. Weltkrieg stark beschädigt und 1968 ohne die im 19. Jh. hinzugefügten, schmückenden Fassadenelemente rekonstruiert. 1896-1901 wurde unter Einbeziehung des Hauptgebäudes des Alten M. von Ernst v. Ihne der *Neue Marstall* zwischen Breiter Str. und > Spree mit der 93 m langen Hauptfassade zum ehem. Schloßplatz und dem 176 m langen Spreeflügel für 300 Pferde sowie die Kutschen und Schlitten des kaiserlichen Hofs erbaut. Der ursprüngliche Dreiecksgiebel des neobarocken, viergeschossigen Repräsentationsbaus wurde nach dem II. Weltkrieg durch eine Gesimsbalustrade ersetzt. Am Seitenflügel ist dieser Dreiecksgiebel mit dem Relieffeld und den seitlichen Rossebändiger-Gruppen auf der Attika erhalten geblieben.
An Stelle der im Kriege beschädigten und Anfang der 50er Jahre abgetragenen beiden monumentalen Wandbrunnen von Otto Lessing mit der Darstellung des „Gefesselten Prometheus" und der „Befreiung der Andromeda durch Perseus" wurden 1988 zwei 7 m hohe und 3,6 m breite Bronzereliefs angebracht, die der Bildhauer Gerhard Rommel mit Bezug auf die Novemberrevolution 1918 gestaltet hat. Am Hauptportal erinnert eine Bronzetafel daran, daß der Neue M. damals Hauptquartier der Volksmarinedivision und Tagungsstätte ihres Revolutionskomitees war. Am 24.12.1918 wurde der M. von Heeressoldaten gestürmt. Elf der besetzenden Matrosen und 56 der angreifenden Soldaten kamen dabei ums Leben.

Martin-Gropius-Bau: Der 1877-81 errichtete, gegenüber dem > Preussischen Landtag gelegene M. in der Niederkirchnerstr. im Bezirk > Kreuzberg zählt zu den bedeutenden deutschen Museumsbauten des ausgehenden 19. Jh. Nach langem Leerstand wird der Bau seit 1981 wieder als Ausstellungsgebäude genutzt und ist seit 1986 auch Sitz der > Berlinischen Galerie, der Jüdischen Abteilung des > Berlin Museums und des > Werkbund-Archivs.

Der nach Plänen der Architekten Martin Gropius und Heino Schmieden im Stil der Schinkel-Nachfolge für das königliche > KUNSTGEWERBEMUSEUM errichtete Bau bildete zusammen mit dem 1880-86 westlich neben dem M. entstandenen Völkerkundemuseum (> MUSEUM FÜR VÖLKERKUNDE) und der 1901-05 östlich vom M. errichteten Kunstgewerbeschule einen ersten Komplex von Bauten für die Kunst außerhalb der > MUSEUMSINSEL. Architektonische Gestaltung und räumliche Nähe von Kunstgewerbemuseum, -schule und -bibliothek entsprachen dem damaligen Anspruch, technisches Wissen und Zugang zur Kunst zu vereinen. Die Berliner Planungen, die sich an den Vorbildern des South-

Martin-Gropius-Bau

Kensington-Museums in London und des Museums für Kunst und Industrie in Wien orientierten, waren wegweisend für zahlreiche weitere Museumsgründungen in Deutschland.

Nach dem I. Weltkrieg wurden die Bestände des Kunstgewerbemuseums in das durch die Abdankung des Kaisers funktionslos gewordene > STADTSCHLOSS verlagert. Der M. selbst beherbergte danach das > MUSEUM FÜR VOR- UND FRÜHGESCHICHTE und die Ostasiatische Kunstsammlung (> MUSEUM FÜR OSTASIATISCHE KUNST). Der gesamte Komplex wurde im II. Weltkrieg schwer beschädigt. Während man die Reste der Kunstgewerbeschule abtrug, wurde der dem M. benachbarte Bau des Völkerkundemuseums provisorisch gesichert und ab 1955 als behelfsmäßiges Ausstellungsgebäude für die erhaltenen Bestände des Museums für Vor- und Frühgeschichte genutzt. Anfängliche Pläne, die Ruine des M. zu sprengen, wurden 1950 aufgegeben, worauf das Gebäude sich für Jahrzehnte selbst überlassen blieb.

1957 ging der M. in den Besitz der neu-

gegründeten > STAATLICHEN MUSEEN ZU BERLIN – PREUSSISCHER KULTURBESITZ über, während der Bau des Völkerkundemuseums nach der Entscheidung zugunsten eines Neubaus im > MUSEUMSZENTRUM DAHLEM 1962 abgerissen wurde. 1966 kam der M. unter Denkmalschutz. Nach provisorischen Sicherungsarbeiten Ende der 60er Jahre begann 1978 der Wiederaufbau, der 1981 weitgehend abgeschlossen wurde. Mit der Werkschau „Karl Friedrich Schinkel. Werke und Wirkungen" anläßlich seines 200. Geburtstages wurde der M. im gleichen Jahr wiedereröffnet. Seitdem dient er v.a. Großausstellungen (z.B. „Preußen – Versuch einer Bilanz" 1981, „Zeitgeist" 1982/83, „Berlin, Berlin" 1987, „Stationen der Moderne" 1988, „Bismarck" 1990, „Europa und der Orient" 1990, „Metropolis" 1991, „Eduardo Chillida" 1990/91 und „Jüdische Lebenswelten" 1992.

Der viergeschossige Bau hat einen quadratischen Grundriß von ca. 70 m Seitenlänge und eine Höhe von ca. 26 m. Der Sockel ist bis zur Fußbodenhöhe des ersten Geschosses mit Sandstein verkleidet, die Wandflächen mit roten Ziegeln. Die jeweils sieben Fenster nach Norden und Süden bzw. acht nach Osten und Westen werden durch Sandsteinpfeiler hervorgehoben und sind durch Giebelfelder bekrönt. Die Fassaden sind mit Mosaiken und Terrakotta-Reliefs verziert. Der ursprünglich im Norden, zu Zeiten der > SPALTUNG unmittelbar an der > MAUER gelegene Haupteingang wurde beim Wiederaufbau auf die Südseite verlegt.

Im Sockelgeschoß befinden sich Arbeits- und Lagerräume, ein Vortragssaal, der auch als Kino genutzt wird, und ein Restaurant. Zentraler Raum des M. ist der ca. 31 m breite, ca. 21 m tiefe und rd. 22 m hohe Lichthof, der die gesamte Höhe des Baus einnimmt. Neben Lichthof, Vestibül und Treppenhäusern verfügt der M. über 19 Ausstellungsräume.

Marx-Engels-Forum: Das M. im Bezirk > MITTE ist einer der zentralen Stadträume im alten Zentrum Berlins. Es wird umgrenzt von der Karl-Liebknecht-Str. im Norden, der Spandauer Str. im Osten, der Rathausstr. mit angrenzendem > NIKOLAIVIERTEL im Süden und im Westen von der > SPREE, auf derem gegenüberliegenden Ufer sich der > PALAST DER REPUBLIK befindet. Die ehemals hier vorhandene dichte Blockbebauung mit Wohn- und Geschäftshäusern war im II. Weltkrieg weitgehend zerstört worden und wurde nach

1945 abgetragen. Eine zwischenzeitlich auf dieser Fläche angelegte Grünanlage wurde in den 80er Jahren in das M. umgewandelt, eine parkartig gestaltete Freifläche mit einer am Vorabend des XI. Parteitags der > SOZIALISTISCHEN EINHEITSPARTEI DEUTSCHLANDS (SED) am 4.4.1986 eingeweihten Denkmalsanlage, die Karl Marx und Friedrich Engels gewidmet ist. Das Konzept der Anlage wurde nach Plänen und unter der Leitung des Bildhauers Ludwig Engelhart durch ein Künstlerkollektiv entwickelt und verwirklicht. Im Zentrum, innerhalb einer Kreisfläche von ca. 60 m Durchmesser, steht ein, von Engelhart selbst geschaffenes, aus Bronze gegossenes Marx-Engels-Monument ohne Sockel, das in doppelter Lebensgröße Karl Marx sitzend und Friedrich Engels an seiner linken Seite stehend zeigt.

Marx-Engels-Denkmal 1991

Im Rücken der Gruppe, außerhalb der Kreisfläche, auf der alle übrigen Elemente der Anlage ihren Platz haben, befindet sich, nahe dem Spreeufer, eine fünfteilige, 2,2 m hohe und 10 m lange Marmor-Relief-Wand von Werner Stötzer. Sie ist aus weißem, bulgarischem Marmor und zeigt Menschengruppen, die die „unmenschlichen Zustände in der alten, kapitalistischen Welt" versinnbildlichen sollen. Als Kontrast dazu sind zwei doppelseitig gestaltete Bronze-Reliefs von je 4 m

Länge und 1,8 m Höhe gedacht, die vor der Marx-Engels-Gruppe auf der Kreisfläche die Anlage nach der anderen Seite abschließen. Diese Reliefs von der Bildhauerin Margret Midell sollen Szenen des Lebens in einer befreiten Gesellschaft darstellen. Zwischen den Bronze-Reliefs und der Marx-Engels-Gruppe stehen vier Doppel-Stelen aus Stahl, 4,9 m hoch und 1,5 m breit, mit in das Metall eingebrannten Dokumentar-Fotos, die entscheidende Stationen, Ereignisse und Personen aus dem Kampf der deutschen und internationalen Arbeiterklasse seit dem Ende des 19. Jh. zeigen.

Schon vor der > VEREINIGUNG am > 3. OKTOBER 1990 waren Forderungen laut geworden, das M. in seiner gegenwärtigen Form nicht bestehen zu lassen. Eine Entscheidung war bis zum Mai 1992 noch nicht getroffen; sicher scheint jedoch, daß sie in die Konzeption des Ausbaus von Berlin-Mitte zum Parlaments- und Regierungssitz einbezogen wird (> HAUPTSTADT).

Marx-Engels-Platz: Der M. umfaßt die knapp 4 ha große Freifläche vor dem > PALAST DER REPUBLIK zwischen Karl-Liebknecht-Str. und Werderstr. im Bezirk > MITTE. Gegenwärtig wird er als Parkplatz genutzt, gelegentlich finden hier auch Volksfeste oder ähnliche Veranstaltungen statt. Im Zuge der zu erwartenden baulichen Veränderungen in diesem Bereich werden sich seine Gestalt und Nutzung erheblich verändern (> HAUPTSTADT).

Der M. entstand 1950/51 beim Abriß des > STADTSCHLOSSES, das zuvor große Teile des Areals bedeckte. Er war als Schauplatz kommunistischer Massenveranstaltungen nach dem Vorbild des „Roten Platzes" in Moskau gedacht. Einbezogen in den neuen Platz wurden der frühere *Schloßplatz* südlich des Stadtschlosses, die *Schloßfreiheit* am Ufer des Spreekanals im Westen und der > LUSTGARTEN nördlich der Karl-Liebknecht-Str., der erst seit der > VEREINIGUNG wieder als eigenständiger Platz geführt wird. Der 1891 auf dem Schloßplatz aufgestellte > NEPTUNBRUNNEN von Reinhold Begas wurde entfernt und später an seinem heutigen Standort vor dem > BERLINER RATHAUS aufgestellt. Das auf der Schloßfreiheit 1897 gleichfalls von Begas errichtete, im II. Weltkrieg schwer beschädigte *Nationaldenkmal für Kaiser Wilhelm I.* wurde abgetragen. Zwei erhaltene Sockelfiguren (Löwe mit Trophäen) fanden einen neuen

Standort als Teil einer monumentalen Löwengruppe vor dem Alfred-Brehm-Haus im > Tierpark Friedrichsfelde. Jenseits der Werderstr. entstand als südliche Platzbegrenzung 1962-64 das > Staatsratsgebäude der DDR. Der Bau des Palastes der Republik erfolgte 1973-76.

Marzahn: Der 1979 gebildete Bezirk M. im Osten Berlins war die erste von insg. drei Ost-Berliner Bezirksneugründungen in der Zeit der > Spaltung der Stadt von 1948-90 (> Bezirke). Er besteht aus den Ortsteilen M. im Norden und > Biesdorf, das etwa die südlichen zwei Drittel der Bezirksfläche einnimmt. Der Bezirk ist geprägt durch das ab 1976 hier errichtete größte Wohnungsbauprojekt der DDR, das heute mit rd. 165.000 Einwohnern die größte Neubausiedlung Deutschlands darstellt. Dessen ungeachtet ist ein Großteil des Bezirks Siedlungsgebiet mit Ein- und Zweifamilienhäusern. 95 % der insg. 65.000 Wohnungen des Bezirks wurden nach 1975 gebaut. 99 % verfügen über Bad oder Dusche. 65 % der Wohnungen befinden sich in Verwaltung der Wohnungsbaugesellschaft mbH Marzahn, 36 % in Verwaltung von Genossenschaften, knapp 9 % sind in Privateigentum.
Nach > Lichtenberg war M. der bevölkerungsreichste Bezirk in ehem. Ost-Berlin. Wie in den beiden anderen Neubaubezirken > Hohenschönhausen und > Hellersdorf machen die Jugendlichen unter 18 Jahren fast ein Drittel (31,6 %) der Bevölkerung aus. Gleichzeitig hat M. den geringsten Anteil älterer Menschen aller Berliner Bezirke. Nur 4,7 % der Einwohner sind 65 Jahre oder älter. Im Norden grenzt M. an den Bezirk Hohenschönhausen und nordöstlich an die Stadtgrenze zum Kreis Bernau. Die östliche Grenze zum Bezirk Hellersdorf wird durch das Flüßchen > Wuhle gebildet. Südlich schließt der Bezirk > Köpenick und westlich Lichtenberg an. Der südliche Teil des Bezirks bis Alt-Biesdorf liegt im > Warschau-Berliner Urstromtal, der nördliche Teil auf der Hochfläche des > Barnim.
Zum eigenständigen Bezirk wurde M. auf Beschluß der Ost-Berliner > Stadtverordnetenversammlung vom 5.1.1979 durch Zusammenlegung der bis dahin zu Lichtenberg gehörenden Ortsteile M., Friedrichsfelde/Ost (> Friedrichsfelde), Biesdorf, > Kaulsdorf, > Mahlsdorf und Hellersdorf, sowie Teilen des Bezirks > Weissensee. 1986 wurden Kaulsdorf,

Mahlsdorf und Hellersdorf wieder aus dem Bezirk ausgegliedert und zur dritten Bezirksneugründung, Hellersdorf, zusammengefaßt. Zugleich wurde M. um Teile von > Falkenberg und *Ahrensfelde* (Kreis Bernau) erweitert. Vor der Bebauung der meist landwirtschaftlich genutzten Flächen erfolgten 1971-79 umfangreiche archäologische Feldforschungen. Dabei konnten unter nahezu 100 Fundplätzen außer den Resten eines steinzeitlichen Wohnplatzes zwei germanische und eine slawische Siedlung sowie ein germanischer Begräbnisplatz aus dem 5.-1. Jh. v. Chr. fast vollständig untersucht werden. Aus dieser Zeit stammt auch die ältere der beiden germanischen Siedlungen, während die jüngere der Zeit vom 4.-6. Jh. n.Chr. zuzuordnen ist. Die slawische Siedlung bestand ab dem 6. Jh. Vermutlich handelt es sich hier um die Niederlassung der ersten in den Berliner Raum eingewanderten Slawen (> Besiedlung des Berliner Raums).
Das mittelalterliche Angerdorf M. ist erstmals 1300 in einer Urkunde, die dem Nonnenkloster Friedland den Besitz von drei Hufen Land im Dorfe „Morczane" bestätigt, erwähnt. Der Name ist slawischen Ursprungs und auf „Marcana" (Ort an einem Sumpf) zurückzuführen. Über „Mortzane" im > Landbuch Kaiser Karls IV. von 1375 entwickelte sich der heutige Name. Friedrich II. (1740-86) ließ 1764 in einigen > Dörfern, darunter auch in M., Pfälzer Kolonisten ansiedeln. So entstand neben der eigentlichen Dorfgemeinde eine Kolonistengemeinde, der das bisherige Vorwerk M. übergeben wurde. Anfang des 19. Jh. gab es in M. 35 Wohnhäuser, in denen 223 Personen lebten. Noch heute sind in Alt-Marzahn rd. 60 ältere Bauten – meist aus der zweiten Hälfte des 19. Jh. – erhalten. Die heutige Dorfkirche entstand 1870 anstelle einer mittelalterlichen Feldsteinkirche nach Plänen von Friedrich August Stüler (> Dorfkirchen). 1898 erhielt M. einen eigenen Haltepunkt an der > Eisenbahn. Von der um 1900 beginnenden städtischen Siedlungstätigkeit blieb M. trotzdem weitgehend unberührt. Noch bei der Eingemeindung nach > Gross-Berlin 1920 hatte M. nur rund 750 Einwohner. Eine Ursache hierfür waren vermutlich die den Ort im Norden (Falkenberg), Osten (Hellersdorf) und Westen (Hohenschönhausen) umgebenden Rieselfelder. 1963 wurde im Norden des Bezirks das erste vollbiologische Klärwerk Ost-Berlins in Betrieb genommen (> Wasserversorgung/Entwässerung).

Das ehem. Bauerndorf wurde seit 1976 in die entstehende Neubausiedlung einbezogen. In den 80er Jahren wurde der alte Dorfkern aufwendig rekonstruiert, wovon fast alle Altbauten betroffen waren. Auf der mit kleinen gewerblichen Werkstätten und Läden sowie kulturellen und gastronomischen Einrichtungen ausgestatteten „Milieuinsel" leben heute

Teil der Anlage befindet sich ein 1958 eröffneter sowjetischer Ehrenfriedhof mit einem kleinen Ehrenmal.

Auch nach dem II. Weltkrieg blieb der ländliche Charakter M. noch längere Zeit erhalten, bis dann zwischen 1976 und 1990 auf der ehem. Feldmark in den Neubaukomplexen M. I, II und III sowie M.-Nord insg. 62.000

etwa 130 Menschen. In einem ehem. Bauernhof an der Straße Alt-Marzahn 31 wurde im August 1991 das zum > MÄRKISCHEN MUSEUM gehörende *Berliner Dorfmuseum* eröffnet. Anhand von hauswirtschaftlichen Geräten, Werkzeugen und Maschinen vermittelt es einen Eindruck vom einstigen dörflichen Leben um Berlin in seiner Wechselwirkung mit der Großstadt.

Der nördlich des S-Bahnhofs M. am Wiesenburger Weg gelegene, 1908 eröffnete städtische Friedhof M. ist bis 1945 vorwiegend als Armenfriedhof genutzt worden. Von 1933-42 wurden hier auch zahlreiche Gegner des Nationalsozialismus begraben, die wegen Hoch- und Landesverrat hingerichtet worden waren. Ein Gedenkstein weist aber auch auf rd. 400 Opfer hin, die als Zwangsarbeiter im II. Weltkrieg in Berlin den Tod fanden und hier beigesetzt wurden, und ein weiteres Denkmal für 3.300 hier beigesetzte Opfer der Luftangriffe auf Berlin. Ein „Sinti-Stein" erinnert an die Leiden und Opfer der von 1936 bis 1945 im „Zigeunerlager M." zusammengepferchten und von hier nach Auschwitz deportierten Sinti und Roma. Im hinteren

Neubauwohnungen mit den dazugehörigen Einrichtungen errichtet wurden. Gleichzeitig erfolgte die verkehrstechnische Erschließung des Gebiets. Am 30.12.1976 wurde das erste Teilstück der 7 km langen S-Bahn-Linie von Friedrichsfelde-Ost bis Ahrensfelde (Stadtgrenze) mit den Bahnhöfen Springpfuhl, Poelchaustr. und M. eröffnet (> S-BAHN). Am 15.12.1980 wurde sie über Wallenbergstr. bis Mehrower Allee verlängert, und am 30.12. 1982 ging das letzte Teilstück bis Ahrensfelde in Betrieb. Auch die > U-BAHN (Linie U5) berührt M. mit zwei Stationen im Ortsteil Biesdorf. Weitere Verbindungen zum Stadtzentrum und zu den anderen Bezirken sind durch 12 Straßenbahnlinien und 13 Buslinien gegeben (> STRASSENBAHN; > OMNIBUSVERKEHR). Für den > KRAFTFAHRZEUGVERKEHR wurde ein 20 km langes Hauptstraßennetz mit neun Brücken angelegt. Über die > LANDSBERGER ALLEE (Bundesstraße 1/5; > BUNDESFERNSTRASSEN) ist M. mit der östlichen > CITY und dem > BERLINER RING verbunden.

Die vier kommunalen Zentren des Bezirks befinden sich an den S-Bahnhöfen Springpfuhl (Helene-Weigel-Platz), M. (Marzahner

Promenade), Mehrower Allee und Ahrensfelde (Havemannstr.). Am *Helene-Weigel-Platz*, dem Verwaltungszentrum des Bezirks, steht das 1989 von einem Architektenkollektiv unter Leitung von Wolf-R. Eisentraut in Großplattenbauweise mit Ziegelfassade errichtete, fünfgeschossige Rathaus. Eisentraut lieferte auch den Entwurf für das architektonisch bemerkenswerte Hauptpostamt am S-Bahnhof M. Das Rathaus ist von drei Wohnhochhäusern mit 25 Etagen umgeben, den höchsten Gebäuden des Bezirks. Nördlich vom Rathaus liegt die als Flächennaturdenkmal eingetragene Grünanlage *Springpfuhl* mit einem der für die Berliner Landschaft so typischen eiszeitlichen > Pfuhle.

Im Juni 1991 beschloß der > Senat von Berlin, anstelle des im Rohbau befindlichen ehem. Neubaus eines Bezirkskrankenhauses auf dem Gelände des Fachkrankenhauses für Neurologie und Psychiatrie „Wilhelm Griesinger" am Brebacher Weg ein Allgemeinkrankenhaus mit integrierter berufsgenossenschaftlicher Unfallklinik zu errichten. Das Krankenhaus, dessen erste Bereiche 1995 nutzbar sein sollen, wird eine Kapazität von rd. 600 Betten haben und soll auch der Versorgung der Brandenburger Bevölkerung dienen.

Im 1985-91 errichteten und jetzt vom Senat verwalteten *Freizeitforum Marzahn* befinden sich ein spezielles Schülerfreizeitzentrum, eine Schwimmhalle mit einem 50-m-Becken (> Hallenbäder) und einer Sauna, eine 700 m² große Sporthalle sowie eine Kegelhalle, eine Studiobühne und ein großer Veranstaltungssaal. In der Marzahner Promenade 13 bietet die „Galerie Marzahn" auf einer Ausstellungsfläche von 500 m² kontinuierlich wechselnde Ausstellungen, z.T. mit internationaler Beteiligung. Am Frankenholzer Weg 5 in Biesdorf liegt das *Theater am Park* mit 500 Plätzen, das v.a. für Kinder, Jugendliche und Senioren spezielle Programme gestaltet. Die sog. Scheune im Freizeithof, Alt Marzahn 23, verfügt über einen Konzertsaal für etwa 200 Personen.

An der Cecilienstr./Ecke Blumberger Damm liegt die ehem. Hochschule der DDR-Volkspolizei, die nach der > Vereinigung von der Berliner > Polizei als Ausbildungsstätte übernommen wurde. Entlang der Grenze zwischen M. und Hellersdorf entsteht im Niederungsbereich der Wuhle auf 9 km Länge zwischen Ahrensfelde und der Straße Alt Biesdorf eine über 400 ha große Grünanlage, von

der etwa die Hälfte in M. liegt. Auf den hier durch die Aufschüttung von Baugrubenaushub entstandenen *Hellersdorfer Bergen* mit dem 101 m hohen *Kienberg* wurde 1987 als erste Ausbaustufe des auf längere Sicht geplanten Naherholungsgebiets auf einem 21 ha großen Gelände östlich des Blumberger Damms die *Berliner Gartenschau* eröffnet.

Rathaus Marzahn

1992 wurde die gärtnerische Dauerausstellung, die gleichzeitig Informations- und Erholungszwecken dient, in > Erholungspark Marzahn umbenannt.

Bis 1990 spielten in M. die > Landwirtschaft und der Gartenbau eine wichtige Rolle. Die LPG „Edwin Hörnle" – 1953 von 31 Bauern als erste Landwirtschaftliche Produktionsgenossenschaft auf Berliner Boden gegründet – bewirtschaftete mit ihren 400 Genossenschaftsbauern eine etwa 100 ha große Fläche. Angebaut wurden vor allem Gemüse und Blumen. Die Industrie war in M. vorwiegend durch Betriebe der Elektrotechnik/Elektronik, des Maschinenbaus und der Energiewirtschaft vertreten. Zwischen Friedrichsfelde-Ost und Ahrensfelde sollte sich damals das größte zusammenhängende Industrie- und Gewerbegebiet Ost-Berlins mit Arbeitsplätzen für 30.000 Menschen entwickeln. Zu den Großbetrieben gehörten der VEB Elektroprojekt- und Anlagenbau (Elpro), der VEB Berliner Werkzeugmaschinenfabrik, Produktions- und Arbeitsstätten des Kombinats Kraftwerksanlagenbau und der VEB Stern-Radio sowie der Hauptlastverteiler für Elektroenergie, Stadt- und Erdgas im Verbundnetz der DDR.

Im Zuge der > Vereinigung und der damit verbundenen Privatisierung der Wirtschaft setzte ein tiefgreifender industrieller und gewerblicher Strukturwandel ein, dessen Auswirkungen gegenwärtig noch nicht abzusehen sind. Mitte 1992 gibt es in M. etwa 30.000 Arbeitslose. Ziel der Bezirksverwaltung ist es, M. zum größten entwickelbaren Gewerbegebiet im Ostteil der Stadt zu gestalten. Gemeinsam mit der > SENATSVERWALTUNG FÜR WIRTSCHAFT UND TECHNOLOGIE, dem Koordinie-

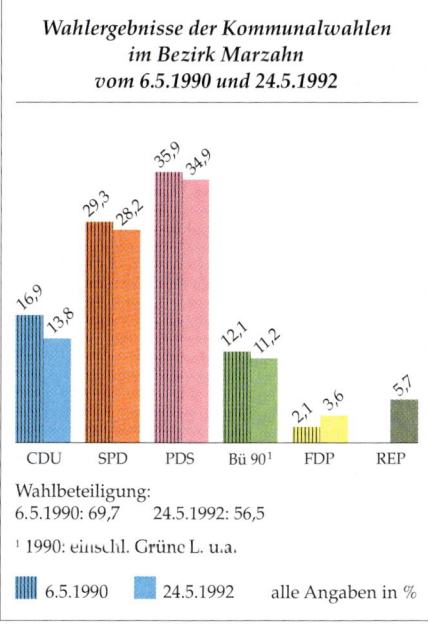

Wahlergebnisse der Kommunalwahlen im Bezirk Marzahn vom 6.5.1990 und 24.5.1992

CDU 16,9 / 13,8
SPD 29,3 / 28,2
PDS 35,9 / 34,9
Bü 90¹ 12,1 / 11,2
FDP 2,1 / 3,6
REP 5,7

Wahlbeteiligung:
6.5.1990: 69,7   24.5.1992: 56,5

¹ 1990: einschl. Grüne L. u.a.

‖ 6.5.1990   ▮ 24.5.1992   alle Angaben in %

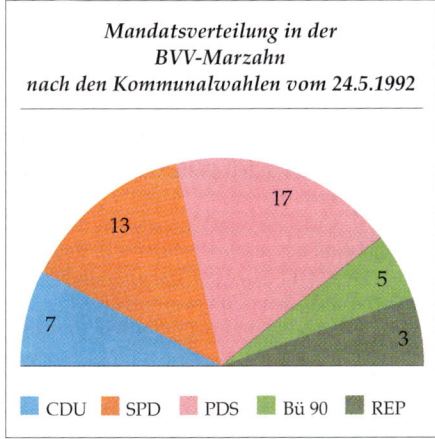

Mandatsverteilung in der BVV-Marzahn nach den Kommunalwahlen vom 24.5.1992

17 / 13 / 7 / 5 / 3

CDU   SPD   PDS   Bü 90   REP

rungsausschuß zur Gewerbeflächenvorsorge des Senats und der > TREUHANDANSTALT werden Vorbereitungen zur Ansiedlung insbes. kleinerer und mittelständischer Unternehmen getroffen. Anfang Mai 1992 waren in M. über 6.000 Gewerbe angemeldet, darunter als Großbetriebe: Elpro AG, Kraftwerksanlagenbau AG, Vereinigte Energiewerke AG, Harry-

Brot Berlin GmbH, STUNA GmbH, METRO, Institut Prüffeld für elektrische Hochleistungstechnik GmbH und Biopharm GmbH Berlin.

Bei der ersten Gesamt-Berliner Kommunalwahl am 24.5.1992 wurde die PDS stärkste Partei (> WAHLEN). Sie stellt drei Stadträte, die SPD zwei, CDU und Bündnis 90 je einen. Den Bezirksbürgermeister stellt die SPD.

Mauer: Als M. wurde die Gesamtheit der über 155 km langen Sperranlagen um die Westsektoren Berlins bezeichnet, mit denen die DDR, gestützt auf die Sowjetunion und die übrigen Staaten des Warschauer Pakts, West-Berlin ab dem > 13. AUGUST 1961 weitgehend von seinem Umland isolierte, um den anwachsenden Flüchtlingsstrom aus der DDR zu stoppen (> SEKTOREN; > DEMARKATIONSLINIE; > FLÜCHTLINGE). Zunächst als Zaun und Stacheldrahtsperren errichtet, wurden die Anlagen in der Folgezeit weiter ausgebaut und zum massiven Bauwerk entwickelt, das lediglich an einigen wenigen Übergangsstellen passierbar war. Die Sperranlagen waren zuletzt meist über 100 m breit und umfaßten eine Vielzahl von verschiedenen Hindernissen. Nach der Wende in der DDR kam es am > 9. NOVEMBER 1989 zur Öffnung der M. und in den folgenden Monaten zu ihrer nahezu vollständigen Beseitigung. Lediglich an sechs Stellen blieben Teile der M. als Denkmal oder Gedenkstätten für die Nachwelt erhalten.

Von den Absperrungen verliefen 37 km überwiegend durch Wohngebiet und 17 km durch Industriegebiet, etwa 30 km durch Waldgebiet, 24 km durch Gewässer, 54 km auf Bahndämmen, durch Felder, Sumpfgebiet u.ä. Sie beendeten den Durchgangsverkehr auf acht Linien der > S-BAHN und vier der > U-BAHN. Auch die Fahrgastschiffahrt zwischen beiden Stadthälften wurde eingestellt (> SCHIFFAHRT). Ferner unterbrach die M. 192 Haupt- und Nebenstraßen, von denen 97 nach Ost-Berlin und 95 in die DDR führten. Von den Straßenübergängen an der innerstädtischen Sektorengrenze verblieben bis zum 23.8.1961 nur noch sieben. Wo Häuser auf der Grenzlinie standen, wurden Eingänge und Fenster zugemauert und die Wohnungen ab 20.9. zwangsgeräumt (> BERNAUER STRASSE).

Ab 1965 erfolgte der Ausbau zur sog. „Modernen Grenze". Die gemauerten Abschnitte wurden schrittweise durch etwa 3,5 m hohe

Die Mauer in Zahlen

Gesamtlänge (Ost-Berlin: 43,1 km; DDR: 111,9 km)	155 km
Betonplattenwand, ca. 4 Meter hoch	107,3 km
Metallgitterzaun, 3-4 Meter hoch	65,3 km
Grundstücksmauer	0,5 km
Beobachtungstürme	300 Stück
Bunker	22 Stück
Panzersperren, bis zu 5 Meter tief	0,9 km
Hundelaufanlagen	256 Stück
Kfz-Graben	105,5 km
Kontakt-, Signalzaun	127,5 km
Kolonnenweg, 6-7 Meter breit	124 km
Schußabgaben durch Grenztruppen	1.693 Fälle
Geschoßeinschläge in West-Berlin:	
mit Personenschaden	20 Projektile
mit Sachschaden	436 Projektile
Schußwaffengebrauch durch Schutzpolizei	14 Fälle
Festnahmen an den Grenzanlagen	3.221 Personen
Flüchtlinge (nach polizeilichen Feststellungen)	5.043 Personen
davon Angehörige der „Bewaffneten Organe"	565 Personen
Flüchtlinge (lt. Durchgangsheim für Aussiedler und Zuwanderer)	38.942 Personen
Verstorbene/getötete Flüchtlinge, Fluchthelfer, West-Berliner	80 Personen
davon erschossen	60 Personen
durch Schußwaffengebrauch Verletzte	118 Personen
Anschläge gegen die Mauer	35 Fälle

Betonplatten ersetzt, die mit einem Rohr von ca. 35 cm Durchmesser abschlossen, so daß die M. eine Gesamthöhe von knapp 4 m erreichte. An die Betonwand schloß sich eine i.d.R. 40 m tiefe Rasen- oder Schlackefläche an, die ein bis zu 2,5 m tiefer Graben begrenzte. Es folgten ein geharkter Spurstreifen mit Beleuchtungsanlagen, ein asphaltierter Weg für die Fahrzeuge der Bewacher und je nach Gelände Laufanlagen mit abgerichteten Hunden sowie Beobachtungstürme, Bunker und Schützenstellungen. Daran schlossen ein Kontaktzaun aus Betonpfählen mit Drähten, die bei Berührung optische oder akustische Signale auslösten, und Wildfangzäune bzw. eine zweite sog. Hinterlandmauer an.

Während ihres Bestehens hat die M. zahlreiche Opfer gefordert. Als erster starb am 19.8.1961 der 47jährige Rudolf Urban bei dem Versuch, sich aus einem Haus in der Bernauer Str. im Bezirk > WEDDING auf den zu West-Berlin gehörenden Bürgersteig abzuseilen. Die beiden letzten der insg. 80 bei Fluchtversuchen nach West-Berlin gestorbe-

nen Opfer waren – noch 1989 – der 20jährige Chris Gueffroy, der in der Nacht zum 6.2. 1989 bei einem Fluchtversuch in > TREPTOW erschossen wurde, und der 32jährige Winfried Freundenberg, der am 8.3.1989 mit einem selbstgebastelten Ballon über > ZEHLENDORF abstürzte.

Die > PASSIERSCHEINREGELUNGEN im Rahmen der > POLITIK DER KLEINEN SCHRITTE in den 60er und das > VIER-MÄCHTE-ABKOMMEN mit den deutsch-deutschen Folgevereinbarungen im Rahmen der Entspannungspolitik in den 70er Jahren brachten eine Reihe von Erleichterungen, die die Folgen des Mauerbaus abmilderten (> BESUCHERREGELUNGEN). Der Fall der M. erfolgte jedoch erst als Folge weltpolitischer Entwicklungen, insbes. der Reformpolitik Michail Gorbatschows ab 1985, die Ende der 80er Jahre zu einer Destabilisierung der politischen Systeme Osteuropas – und damit auch der DDR – führte.

Nach der Massenflucht von DDR-Bürgern über Ungarn ab Mai 1989 und Botschaftsbesetzungen in Warschau, Prag und Ost-Berlin (> STÄNDIGE VERTRETUNG), nach oppositionellen Großdemonstrationen in vielen Städten der DDR und dem Rücktritt Erich Honeckers als Staats- und Parteichef am 18.10. 1989 kam es am Abend des 9.11.1989 zur überraschenden Öffnung der innerdeutschen Grenze und der M. in Berlin. Am 22.11.1989 erfolgte die Öffnung des > BRANDENBURGER TORS. Am 13.6.1990 begann an der Bernauer Str. der Abriß der M., der an der innerstädtischen Grenze am 30.11.1990 mit der Beseitigung eines letzten Teilstücks an der Provinzstr. in > PANKOW beendet wurde; entlang der Grenze zum Umland wurde der Abriß im wesentlichen bis Ende 1991 abgeschlossen. Dies geschah zunächst durch 300 Soldaten der ehem. Grenztruppen der DDR, später durch ca. 600 Pioniere des „Abbruchkommandos Rummelsburg" der > BUNDESWEHR. Die Reste der M. wurden z.T. zerkleinert und für verschiedene Zwecke (z.B. Straßenbau) genutzt, z.T. verkauft. Die dabei erzielten 2,1 Mio. DM kamen gemeinnützigen Zwecken zugute.

Zur Erinnerung an die M. und ihre Opfer bestehen eine Reihe von *Mauer-Gedenkstätten*. Neben dem bereits 1963 eröffneten > HAUS AM CHECKPOINT CHARLIE in der > FRIEDRICHSTRASSE 44 im Bezirk > KREUZBERG ist als bedeutendstes Projekt die Restauration eines 70 m langen Mauerstücks sowie der dazugehörigen Einrichtungen an der Bernauer Str. geplant. Auch an der Niederkirchnerstr. im Areal > PREUSSISCHER LANDTAG, ehem. Reichs-

schichtlichen Bezüge ein Stück M. erhalten bleiben.

In unmittelbarer Nähe des > CHECKPOINT CHARLIE befindet sich außerdem angrenzend an ein 20 m langes Mauerstück die vom Haus am Checkpoint Charlie erbaute Freiluftaus-

Grenzbefestigungen an der Friedrichstr. und Zimmerstr.

stellung *Topographie der deutsch-deutschen Grenze als Mahnmal* mit Originalobjekten des Grenzsicherungssystems, darunter dem ehem. Kontrollhaus, dem Stahlträgerportal für die einstigen Einordnungshinweise und den Schlagbäumen beiderseits der Straße.

Etwa 150 m südlich davon liegt an der Zimmerstr. das *Peter-Fechter-Mahnmal*. Ein Grabkreuz erinnert an Peter Fechter, der am 17.8. 1962 bei einem Fluchtversuch angeschossen worden war und verblutete.

Eine den Opfern von Gewalt und Krieg gewidmete „Denk-Stätte" ist das *Parlament der Bäume* am Spreebogen gegenüber des > REICHSTAGSGEBÄUDES. Es wurde vom Berliner Aktionskünstler Ben Wargin in Zusammenarbeit mit anderen Künstlern gestaltet. Dabei sind Segmente einer etwa 200 m langen Grenzmauer in schwarz-weißen Tönen mit verschiedenen Baumsymbolen und Motiven zum Thema „Die Art des Teilens" bemalt worden. Weitere 40 Segmente bilden eine Art Kalender, der die Maueropfer nennt. Davor liegen halb in den Boden eingelassene Geh-

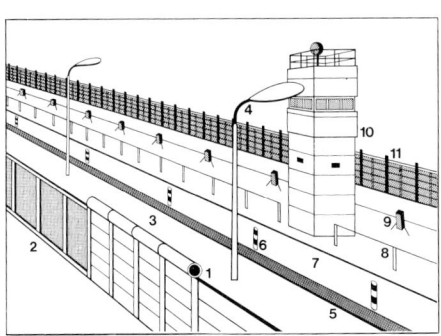

1 Betonplattenwand mit oder ohne Rohr, 2 Metallgitterzaun, 3 Kontrollstreifen (KS), 4 Beleuchtungsanlage, 5 Kfz-Graben, 6 Linie der vorderen Begrenzung des Grenzpostens, 7 Kolonnenweg, 8 Führungsdraht der Hundelaufanlage, 9 Signalgerät, 10 Beobachtungsturm, 11 Kontaktzaun

luftwaffenministerium (> DETLEF-ROHWEDDER-HAUS), > PRINZ-ALBRECHT-GELÄNDE und > WILHELMSTRASSE soll wegen der besonderen ge-

wegplatten, auf denen die Namen, Geburts- und Todestage der Opfer an der inner- deutschen Grenze eingraviert sind. Vor die- sem so gestalteten Mauerstück stehen ca. 200 junge Bäume, die auf Initiative Wargins als Spenden von zahlreichen Bürgern und Politi-

Mauer in Kreuzberg vor der „Wende"

kern gepflanzt worden sind. Im Mai 1992 wurde hier außerdem ein Gedenkstein für die Opfer von Hunger, Unwissenheit und Gewalt enthüllt.
Ferner besteht seit September 1990 die *East-Side-Gallery* an der Mühlenstr. im Bezirk > FRIEDRICHSHAIN. Auf Initiative des schotti- schen Galeristen Chris MacLean gestalteten

East-Side-Gallery 1991

hier 118 Künstler aus 21 Ländern auf den Segmenten eines 1,3 km langen ehem. Mauer- stücks zwischen > OBERBAUMBRÜCKE und Hauptbahnhof die größte, seit November 1991 unter > DENKMALSCHUTZ stehende Open- Air-Galerie der Welt.
An der Bezirksgrenze zwischen > TREPTOW

und Kreuzberg befindet sich in einem ehem. Wachturm an der Puschkinallee/Schlesische Str. das aus einer Privatinitiative entstandene *Museum der Verbotenen Kunst*, in dem im Sommer 1992 eine Fotodokumentation zum „Innenleben der Mauer" gezeigt wurde.
Ein weiterer Wachturm stand Mitte 1992 noch an der Kieler Str. im Bezirk > MITTE nördlich des > INVALIDENFRIEDHOFS. Ein Teil der den Friedhof zerschneidenden Hinter- landmauer wurde nach der Wende gemein- sam mit der Friedhofsanlage gleichfalls unter Denkmalschutz gestellt.

Max-Delbrück-Centrum für molekulare Me- dizin (MDC): Das MDC in der Robert- Rössle-Str. 10 im Pankower Ortsteil > BUCH wurde im Rahmen der Neugliederung der Forschungslandschaft in den neuen Bundes- ländern auf dem Campus der früheren Zentralinstitute der > AKADEMIE DER WISSEN- SCHAFTEN DER DDR im Januar 1992 gegründet. Die nach dem Mitbegründer der Moleku- larbiologie, Max Delbrück, benannte Stiftung des Öffentlichen Rechts ist neben dem > HAHN-MEITNER-INSTITUT in > ZEHLENDORF eine von zwei der insg. 17 Großforschungsein- richtungen in der Bundesrepublik Deutsch- land mit Sitz in Berlin.
Arbeitsgebiet des MDC ist die Analyse der Krankheitsphänomene mit molekular- und zellbiologischen sowie physiologischen Me- thoden. Die Forschung am MDC befaßt sich mit den Grundlagen angeborener und erwor- bener Erkrankungen und mit neuen Wegen ihrer Diagnose, Therapie und Prävention. Als methodisches Novum werden Krankheiten wie Herz- und Gefäßerkrankungen, Auto- immunerkrankungen, neurologische Krank- heiten, chronische Infektionen und Krebs nicht einzeln erforscht, sondern im Zusam- menhang fachübergreifend untersucht. Dabei ist eine enge Verzahnung von Grundlagen- forschung und klinischer Praxis unabding- bar. Deshalb sind dem MDC die Herz-Kreis- lauf-Klinik auf dem Gelände des > KLINIKUMS BERLIN-BUCH an der Wiltbergstr. und die *Ro- bert-Rössle-Klinik* am Lindenberger Weg mit insg. 280 Betten direkt assoziiert. Ferner be- steht eine Zusammenarbeit mit der > HUM- BOLDT-UNIVERSITÄT, der > CHARITÉ und der > FREIEN UNIVERSITÄT BERLIN sowie mit außer- universitären Institutionen wie den MAX- PLANCK-Instituten in Berlin (> MAX-PLANCK- GESELLSCHAFT ZUR FÖRDERUNG DER WISSENSCHAF- TEN E.V.).

Geleitet wird das MDC von einem Stiftungsvorstand, der dem aus Vertretern von Wissenschaft und Medizin sowie den Zuwendungsgebern gebildeten Kuratorium verantwortlich ist. Die Anzahl der Mitarbeiter von derzeit ca. 400 (Juli 1992) soll auf 600 bis 700 erhöht werden. Die Finanzierung erfolgt zu 90 % durch das > BUNDESMINISTERIUM FÜR FORSCHUNG UND TECHNOLOGIE, der Rest durch die > SENATSVERWALTUNG FÜR WISSENSCHAFT UND FORSCHUNG. 1992 wurden zusätzlich zum Jahresetat von 70 Mio. DM 6,9 Mio. DM an Drittmitteln von der Deutschen Forschungsgemeinschaft, weiteren Bundesministerien und der Industrie eingeworben.

Maxim Gorki Theater: Das am 30.10.1952 unter Leitung von Maxim Vallentin eröffnete M. Am Festungsgraben im Bezirk > MITTE ist seit der > VEREINIGUNG ein von der > SENATSVERWALTUNG FÜR KULTURELLE ANGELEGENHEITEN (SENKULT) getragenes Staatstheater. Es hat in den letzten Jahren v.a. Stücke zeitgenössischer Dramatiker auf die Bühne gebracht. Das mit 441 Plätzen ausgestattete Theater wird seit 1968 von Intendant Albert Hetterle geleitet. Es hat seine Heimstatt in dem klassizistischen, 1946 wiederaufgebauten und für die Nutzung als Theaterspielstätte umgestalteten ehem. Gebäude der > SING-AKADEMIE. Seit 1978 verfügt das M. ferner über eine 100 Zuschauern Platz bietende Studiobühne im eigenen Haus. 1991 zählte das Ensemble 32 feste Schauspieler. In der Saison 1990/91 standen 24 Stücke auf dem Spielplan, die von insg. 70.860 Zuschauern gesehen wurden. Ferner finden im M. insbes. während der > BERLINER FESTWOCHEN Gastspiele statt, wobei die Kleinkunst einen Schwerpunkt bildet. Durch den Verkauf der Karten spielt das Theater 10 % seiner Kosten ein, den Rest trägt die SenKult.
Zu Zeiten der DDR brachte das M. v.a. Stükke der Sowjetdramatik sowie zeitgenössischer Autoren der DDR und anderer sozialistischer Staaten auf die Bühne. Dabei wurde v.a. stetig das Werk des Dichters Maxim Gorki gepflegt. Schon in der stark von der Agitprop-Tradition geprägten Vallentin-Ära öffnete sich das M. zeitgenössischen deutschen Dramatikern wie Friedrich Wolf und Heiner Müller. Gleichzeitig wurden Klassiker gespielt und Zugeständnisse an das Unterhaltungsbedürfnis des Publikums gemacht, wie 1962 mit der erfolgreichen Jules-Verne-Inszenierung „In 80 Tagen um die

Welt". Nach der Vereinigung orientierte sich der Spielplan noch mehr an dem gängigen Studiobühnenrepertoire, ohne jedoch die Orientierung an der russischen Kultur aus den Augen zu verlieren.

Max-Planck-Gesellschaft zur Förderung der Wissenschaften e.V. (MPG): Die nach dem II. Weltkrieg als Nachfolgeeinrichtung der > KAISER-WILHELM-GESELLSCHAFT ZUR FÖRDERUNG DER WISSENSCHAFTEN (KWG) gegründete MPG widmet sich vorwiegend der Grundlagenforschung. Sie greift dabei neue Forschungsrichtungen auf, die für die Forschung an den Hochschulen noch nicht weit genug entwikkelt oder wegen ihres Umfangs bzw. ihrer Organisationsstruktur zu wenig geeignet sind. Damit nimmt sie in der Forschungslandschaft der Bundesrepublik Deutschland eine Mittelstellung ein zwischen den Universitäten und speziellen Einrichtungen der Forschungsförderung (bspw. der „Deutschen Forschungsgemeinschaft", die keine Institute unterhält) sowie der wirtschaftsorientierten Forschung (etwa der > FRAUNHOFER-GESELLSCHAFT und der Industrie).
In Berlin befanden sich 1991 drei der insg. 64 Institute der MPG, die ihren juristischen Sitz in Göttingen hat und deren Hauptverwaltung sich in München befindet: das > MAX-PLANCK-INSTITUT FÜR MOLEKULARE GENETIK in der Ihnestr. 73, das > FRITZ-HABER-INSTITUT DER MAX-PLANCK-GESELLSCHAFT, Faradayweg 4-6, im Bezirk > ZEHLENDORF sowie das > MAX-PLANCK-INSTITUT FÜR BILDUNGSFORSCHUNG in der Lentzeallee 94 im Bezirk > WILMERSDORF. Darüber hinaus ist die MPG in Berlin am > BERLINER ELEKTRONENSPEICHERRING – GESELLSCHAFT FÜR SYNCHROTRONSTRAHLUNG in der Lentzeallee 100 in Wilmersdorf beteiligt. In Zehlendorf befinden sich in der Boltzmannstr. 14 seit 1975 die Bibliothek und das Archiv zur Geschichte der MPG. Sie verfügen über ca. 20.000 Bände, die Altregistratur der KWG sowie einzelner Institute der KWG, zahlreiche Nachlässe von an den Instituten der KWG und der MPG tätigen Wissenschaftlern sowie über 60.000 Fotografien.
Im Zuge der Entscheidung für Berlin als Parlaments- und Regierungssitz (> HAUPTSTADT) entschied die MPG im Juni 1992 ihren Sitz nach Berlin zu verlegen. Insg. hat die MPG ca. 8.900 Angestellte, von denen rd. 550 in Berlin tätig sind. Die Finanzierung der Berliner Institute erfolgt aus dem Gesamtetat der MPG, der zu ca. 84 % durch Bund und Län-

der (Berlin vertreten durch die > SENATS-VERWALTUNG FÜR WISSENSCHAFT UND FORSCHUNG) sowie zu ca. 14 % durch Projektmittel, eigene Einnahmen, Zuschüsse von Stiftungen und private Mittel gedeckt wird.

Im Zuge der > VEREINIGUNG kam es zu einer grundlegenden Neustrukturierung der DDR-Wissenschaftslandschaft. Dabei wurden mit Wirkung vom 1.1.1992 in Berlin acht Arbeitsgruppen an der > HUMBOLDT-UNIVERSITÄT ZU BERLIN gegründet sowie im Zusammenhang mit Empfehlungen des Wissenschaftsrates zwei neue Institute – das *Max-Planck-Institut für Mikrostrukturphysik* sowie das *Max-Planck-Institut für Kolloid- und Grenzflächenforschung* – ins Leben gerufen, die sich Anfang 1992 im Aufbau befanden. Zudem befinden sich am > HAUSVOGTEIPLATZ im Bezirk > MITTE eine Außenstelle des *Max-Planck-Instituts für Plasmaphysik* und in Adlershof eine des *Max-Planck-Institut für extraterrestrische Physik* in Gründung.

Nach dem II. Weltkrieg hatten die > ALLIIERTEN die KWG aufgelöst. Als Nachfolgeeinrichtung entstand im September 1946 in Bad Drieburg die MPG in der Rechtsform eines e.V., dessen Geltungsbereich zunächst auf die britische Besatzungszone beschränkt blieb. Am 26.2.1948 kam es in Göttingen zur eigentlichen Gründung der heutigen MPG, deren Wirkungsbereich sich nun auf die britische und die amerikanische Zone sowie nach Anerkennung durch die französische Militärregierung am 3.10.1949 auf das ganze Bundesgebiet erstreckte.

Die sechs Berliner Einrichtungen der KWG übernahm zunächst die 1947 als Auffanginstitution gegründete *Deutsche Forschungshochschule*. Nach ihrer Auflösung übernahm die MPG mit teilweise neuer Bezeichnung am 1.7.1953 folgende Institute der Deutschen Forschungshochschule: Das Kaiser-Wilhelm-Institut (KWI) für ausländisches öffentliches Recht und Völkerrecht wurde als entsprechendes MPI mit dem Nachsatz „-Abt. Berlin" in der Boltzmannstr. 1 geführt. Da das Hauptinstitut aber bereits 1944 nach Heidelberg verlegt worden war, gab es 1960 seinen Berliner Standort auf. Das KWI für physikalische Chemie und Elektrochemie wurde zum Fritz-Haber-Institut der MPG; das KWI für Zellphysiologie arbeitete bis zu seiner Auflösung 1970 als entsprechendes MPI; aus dem Institut für vergleichende Erbbiologie und Erbpathologie des ehem. KWI für Anthropologie wurde zunächst ein entspre-

chendes MPI, seit 1965 arbeitet es als MPI für molekulare Genetik; das Institut für Geschichte der Kulturpflanzen wurde zur MPG-Forschungsstelle gleichen Namens und das Institut für Mikromorphologie wurde zunächst als Forschungsstelle gleichen Namens der MPG geführt, bis es ins Fritz-Haber-Institut integriert wurde.

Max-Planck-Institut für Bildungsforschung: Das 1963 gegründete M. in der Lentzeallee 94 im Bezirk > ZEHLENDORF gehört zur > MAX-PLANCK-GESELLSCHAFT ZUR FÖRDERUNG DER WISSENSCHAFTEN e.V. (MPG). Seine Aufgabe ist die Erforschung von Bildungs- und Entwicklungsprozessen, von Sozialisations- und Lernvorgängen von der Kindheit bis ins späte Erwachsenenalter sowie die Forschung über Bildungssysteme und -institutionen. Das M. gliedert sich in vier Forschungsbereiche: Bildung, Arbeit und gesellschaftliche Entwicklung; Entwicklung und Sozialisation; Psychologie und Humanentwicklung; Schul- und Unterrichtsforschung. Im ersten Jahrzehnt seines Bestehens war das M. einer der Wegbereiter der modernen Bildungsforschung in der Bundesrepublik Deutschland. Nach der Konsolidierung des neuen Wissenschaftszweiges hat sich das M. zunehmend auf die Grundlagenforschung konzentriert. 1991 hatte das M. ca. 50 fest angestellte Wissenschaftler sowie eine Reihe assoziierte, über Drittmittel finanzierte und Gastwissenschaftler. Sein Jahresetat wird aus Mitteln der MPG gedeckt.

Max-Planck-Institut für molekulare Genetik: Das zur > MAX-PLANCK-GESELLSCHAFT ZUR FÖRDERUNG DER WISSENSCHAFTEN E.V. (MPG) gehörende M. in der Ihnestr. 73 im Bezirk > ZEHLENDORF wurde 1965 als Nachfolge-Institution des Max-Planck-Instituts für vergleichende Erbbiologie und Erbpathologie gegründet. Seine Arbeitsbereiche umfassen molekulare Mechanismen der Desoxyribonukleinsäure-(DNA)-Replikation, der Rekombination, der Proteinbiosynthese und der Ribosomenstruktur. Bei den Forschungsprojekten werden genetische, immunbiologische, biochemische und biophysikalische Techniken verwendet.

Das Institut, das über eine Bibliothek mit ca. 17.000 Bänden verfügt und in Berlin u.a. mit dem > INSTITUT FÜR GENBIOLOGISCHE FORSCHUNG BERLIN GMBH kooperiert, gliedert sich in drei Abteilungen und unterhält zusätzlich ständige Arbeitsgruppen. Ende 1991 arbeiteten am M. 157 feste Mitarbeiter, darunter ca. 38 Wissenschaftler sowie eine Reihe von Gastwissenschaftlern, Stipendiaten und Mitarbeitern aus der Projektförderung. Die Finanzierung erfolgt zu je 50 % durch den Bund (vertreten durch den > BUNDESMINISTER FÜR FORSCHUNG UND TECHNOLOGIE) und die Bundesländer.

Medienanstalt Berlin-Brandenburg (MBB): Die 1992 aus der *Anstalt für Kabelkommunikation Berlin (AKK)* hervorgegangene MBB mit Sitz im > EUROPA-CENTER am > BREITSCHEIDPLATZ im Bezirk > CHARLOTTENBURG ist die *Landesmedienanstalt* der Länder Berlin und Brandenburg. Die im Rahmen des am 28.8.1990 beendeten, fünfjährigen *Kabelpilotprojekts* Berlin (> FERNSEHEN; > HÖRFUNK; > NEUE MEDIEN) entstandene AKK hatte zuvor lt. Kabelpilotprojektgesetz (KPPG) vom 1.8. 1984 den Status einer Landesmedienanstalt für das Land Berlin. Nach mehreren Novellierungen des KPPG wurden die Zuständigkeiten der A. erweitert: Seit April 1986 oblag ihr auch die Vergabe bisher nicht genutzter drahtloser Hörfunk- und Fernsehfrequenzen („terrestrische" Verbreitung von Rundfunksendungen durch private Anbieter). Im Januar 1989 trat eine Satzung uber den Zugang zum Offenen Kanal in Kraft, dessen Nutzung die AKK gemäß den gesetzlichen Bestimmungen zu gewährleisten hatte. Durch die > VEREINIGUNG erweiterten sich die Zuständigkeiten der bisherigen AKK: Die in Art. 36 des > EINIGUNGSVERTRAGES festgelegte Auflösung des bisherigen Rundfunks und Fernsehens der DDR zum 31.12.1991 und die Umstellung auf Landesprogramme führte, nachdem die Pläne zur Errichtung einer Dreiländeranstalt scheiterten, zur Gründung einer eigenständigen Rundfunkanstalt des Landes Brandenburg, dem *Ostdeutschen Rundfunk Brandenburg (ORB)*. Der > SENDER FREIES BERLIN (SFB) blieb als eigenständige Rundfunkanstalt des Landes Berlin erhalten. Mit Inkrafttreten des Medienstaatsvertrags der Länder Berlin und Brandenburg am 6.5.1992 wurde aus der AKK die MBB als für die Länder Berlin und Brandenburg zuständige Landesmedienanstalt.

Als rechtsfähige Anstalt des öffentlichen Rechts untersteht sie der Aufsicht des > REGIERENDEN BÜRGERMEISTERS VON BERLIN sowie der Brandenburger Staatskanzlei in Potsdam, die ihre Verantwortlichkeit in einem rotierenden Verfahren abwechselnd wahrneh-

men. Entsprechend den Bestimmungen des Medienstaatsvertrags nimmt die MBB eigenständig und unabhängig die öffentliche Verantwortung für die Sicherung der Meinungsvielfalt in den Ländern Berlin und Brandenburg wahr. Nach dem Wegfall des „Kabelgroschens" finanziert sich die Anstalt aus den Rundfunkteilnehmergebühren.

Strukturell entspricht die Behörde im wesentlichen ihrer Vorgängerin, der AKK: Die MBB besteht aus dem *Kabelrat* und dem vom Kabelrat bestellten Direktor, der dessen Beschlüsse durchführt. Der Kabelrat ist im wesentlichen zuständig für die Erteilung von Sendelizenzen für private Rundfunkveranstalter, die Verteilung von Sendefrequenzen und -zeiten sowie die Einhaltung der gesetzlichen Auflagen beim Sendebetrieb in den Ländern Berlin und Brandenburg. Er überwacht in diesem Sinne die Tätigkeit der *Mediaport GmbH*, der vormaligen *Projektgesellschaft für Kabelkommunikation*, die mit ihren 60 Mitarbeitern für den technischen Betrieb der Kabelzentrale in der Voltastr. 5 im Bezirk > WEDDING verantwortlich ist. Der Kabelrat setzt sich aus fünf Mitgliedern zusammen, die vom > ABGEORDNETENHAUS VON BERLIN – nach Vorschlag der in ihm vertretenen Fraktionen – gewählt werden. Der Kabelrat tagt in nicht-öffentlichen Sitzungen, seine Mitglieder sind in ihren Entscheidungen nicht weisungsgebunden. Das Gremium ist demnach für die betreffenden Länder die maßgebliche öffentlich-rechtliche Instanz für die Ausschreibung, Vergabe und Aufsicht von Sendefrequenzen. Lt. Medienstaatsvertrag soll der Kabelrat durch einen Medienrat der Länder Berlin und Brandenburg abgelöst werden, der die Aufgaben des Kabelrats übernimmt. Dieser wird von je drei Vertretern beider Landesparlamente besetzt werden und einen von beiden Vertretungen gemeinsam bestimmten Vorsitzenden erhalten. Die Aufgaben der MBB und des Medienrates werden in Zukunft weiterhin in der Ausschreibung, Vergabe und Aufsicht regionaler Sendefrequenzen bestehen. Dies gilt auch für die Einrichtung lokaler Kabelnetze im Raum Brandenburg. Präferenzen werden dabei auch durch standortpolitische Erwägungen gesetzt: Der Ansiedlung bzw. dem Verbleib von Anbietern in der Region wird bei sonst gleichen Voraussetzungen Vorrang eingeräumt. Zusätzlich begleitet die MBB den Postversuch zum digitalen Rundfunk nach der D2Mac-Norm.

Mehringhof: Der 1979 von einem Zusammenschluß aus sieben Gruppen erworbene M. in der Gneisenaustr. 2a im Bezirk > Kreuzberg ist ein selbstverwaltetes, in Form einer GmbH organisiertes alternatives Großprojekt. 1991 waren im M. ca. 30 Projekte vertreten, darunter der > Netzwerk Selbsthilfe e.V., eine Schule für Erwachsenenbildung, ein Gesundheitsladen, Verlag und Redaktion des Stattbuchs, der Groß- und Einzelhandel Ökotopia, die Ökobank, das FDCL/Lateinamerika Nachrichten, eine Druckerei, ein Fahrrad- und ein Buchladen, zwei > Theater sowie eine Kneipe, in der auch Konzerte und Filmvorführungen stattfinden. Linksalternativ engagierten Berliner Gruppen steht ein Versammlungsraum für Diskussionen, Tagungen oder Demonstrationsvorbereitungen zur Verfügung (> Alternativbewegung).

Die im Haus angesiedelten Projekte sind gleichzeitig Mitglieder eines Mietervereins, der nach und nach Hauptgesellschafter der GmbH werden soll. Jeder Nutzer des M. zahlt Miete und entstehende Kosten, mit denen die zum Hauskauf aufgenommenen Kredite getilgt werden. Ausscheidende Projekte erhalten keine GmbH-Anteile. Kriterium für eine Mitgliedschaft im M. ist die Beteiligung an der Selbstverwaltung, das Non-profit-Prinzip, Unabhängigkeit von Staat, Kirche oder Verbänden und eine selbstverwaltete Organisationsstruktur.

Zur Zeit der > Hausbesetzungen galt der M. als Hochburg der Bewegung. Durchsuchungen der > Polizei wurden später als z.T. nichtrechtens verurteilt und dem M. Schadensersatz zugebilligt. Durch eine gut besuchte Kneipe, ein Theater, eine Kindertagesstätte und u.a. einen Buchladen ist der Szene-Treff fest in das Kreuzberger Leben eingebunden.

Mehringplatz: Der M. ist ein 1,5 ha großer kreisförmiger Schmuckplatz am Halleschen Tor im Bezirk > Kreuzberg. Seit seinem 1976 abgeschlossenen Umbau ist der rd. 150 m weite, mit Grünanlagen und der an die Befreiungskriege erinnernden Friedenssäule geschmückte Platz ausschließlich Fußgängern vorbehalten. In der den Platz umgebenden dreigeschossigen Ringbebauung sind Wohnungen und in den Erdgeschossen diverse Läden untergebracht. Inclusive der aus Wohnhochhäusern bestehenden nördlichen Randbebauung des Areals umfaßt die im sozialen Wohnungsbau errichtete Wohnanlage

am M. 1.550 Wohneinheiten. Jeweils Samstag vormittags wird auf dem M. ein privater > Wochenmarkt veranstaltet.

Den zunächst *Rondell*, ab 1814 *Belle-Alliance-Platz* genannten Platz ließ Friedrich Wilhelm I. (1713-40) durch seinen Oberbaudirektor Philip Gerlach ab 1734 gleichzeitig mit dem > Pariser Platz (Quarrée) und dem > Leipziger Platz (Octogon) anlegen. Der Platz entstand in Zusammenhang mit der > Stadterweiterung der Südlichen Friedrichstadt und diente, wie die beiden o.g. Plätze, auch als Marktplatz und Exerzierfeld für Soldaten. Von hier führten drei bedeutende Verkehrsachsen in nördliche Richtung: westlich die > Wilhelmstrasse (heute Toleranzstr.), in der Mitte die > Friedrichstrasse und östlich die Lindenstr. 1843 wurde in Erinnerung an den Frieden nach den Befreiungskriegen gegen Napoleon von 1815 die 19 m hohe, von Christian Gottlieb Cantian geschaffene *Friedenssäule* mit der Viktoria von Christian Daniel Rauch aufgestellt. 1947 erhielt der Platz nach dem sozialistischen Publizisten und Historiker Franz Mehring seinen heutigen Namen.

Die Bebauung rund um den M. wurde im II. Weltkrieg zwar stark beschädigt, in ihrer Substanz jedoch nicht vollständig zerstört. Die rigorose Umstrukturierung des Platzes bzw. der Südlichen Friedrichstadt stand im Zusammenhang mit den Wiederaufbauplanungen in den 50er Jahren (> Baugeschichte und Stadtbild). Die damaligen Verkehrskonzepte für eine nördlich des M. verlaufende Südtangente als Teil eines Autobahnrings um Berlin > Mitte sahen den Ausbau bzw. die Straßenverlegung vor, die die historische Figur des Platzes mit den abgehenden drei Straßen aufhob. 1962 legte u.a. Hans Scharoun einen Wettbewerbsentwurf für das insg. 12,5 ha große Gelände vor, der zwischen 1968 und 1976 von Werner Düttmann in veränderter Form ausgeführt wurde. Die bis zu 17 Stockwerke hohen Hochhäuser der nördlichen Randbebauung, ebenfalls von Düttmann entworfen, sollten als Abschirmung gegen die geplante Südtangente dienen. Lediglich die kreisförmige Wohnbebauung, die den M. umrahmt, weist noch auf die ehem. Figur des Rondells hin.

Meilensäulen: Im Berliner Stadtgebiet gibt es heute noch 18 M., von denen sich allerdings die wenigsten noch an ihren ursprünglichen Standorten befinden. Sie zeigten ehe-

mals auf den Poststraßen nach Berlin in preußischen Meilen die Entfernung zur Landeshauptstadt an (1 Meile = 7,536 km). Gemessen wurde – mit der Ausnahme Tegel – die Entfernung zum Berliner > STADTSCHLOSS oder zum ehem. > DÖNHOFFPLATZ westlich des > SPITTELMARKTS an der > LEIPZIGER STRASSE. Die wahrscheinlich älteste erhaltene M., ein 2,7 m hoher Sandsteinobelisk auf quadratischem Sockel, stammt aus der Zeit um 1730 und steht an der Karolinenstr. unweit des > SCHLOSSES TEGEL im Bezirk > REINICKENDORF. Sie zeigt 1,5 Meilen von Berlin – wahrscheinlich bis zum Hamburger Tor (heute Kreuzung Kleine Hamburger Str./Wilhelm-Pieck-Str.). Etwa zur gleichen Zeit wurde vor dem Leipziger Tor auf dem späteren Dönhoffplatz als Ausgangspunkt für die Messungen nach Potsdam der Obelisk an der Poststraße nach Potsdam gesetzt. An Stelle des nach 1870 abgebrochenen Originals wurde 1979 etwas versteckt eine 4,53 m hohe Nachbildung aus Sandstein vor den gleichzeitig hier teilweise rekonstruierten ehem. Spittelkolonnaden aufgestellt (> KOLONNADEN).
Die angeblich nach einer Zeichnung Friedrich Wilhelms IV. (1840-61) zwischen 1846-49 zunächst in Ton ausgeführten M. am (alten) Königsweg nach Potsdam in > ZEHLENDORF wurden 1936/37 in Sandstein nachgebildet und an die Potsdamer Chaussee, die ehemalige Reichsstraße und heutige Bundesstraße 1, versetzt. Diese M. des sog. römischen Typus bestehen aus drei Teilen (würfelartiger Sockel, Säule und Kugelaufsatz) und haben eine Gesamthöhe von 5,5 m (Säule 2,9 m). Sie zeigen „II Meilen von Berlin" (auf dem Mittelstreifen der Potsdamer Chaussee etwa auf Höhe der Abzweigung Ahornstr.) bzw. „III Meilen von Berlin" (an der Königstr. im Ortsteil > WANNSEE gegenüber der Einmündung Chausseestr.) – jeweils gemessen vom Dönhoffplatz. Die im weiteren Verlauf der B 1 Richtung Stadtmitte am Innsbrucker Platz in > SCHÖNEBERG aufgestellte M. gleichen Typs („I Meile von Berlin") ist eine Nachbildung aus dem Jahr 1980. Die Entfernungsangabe bezieht sich hier wahrscheinlich auf das Stadtschloß.
Bereits aus dem Jahr 1822 stammt die in gleicher Form ausgeführte M. am Spandauer Damm gegenüber dem > SCHLOSS CHARLOTTENBURG. Sie zeigt „I Meile von Berlin", gemessen vom Stadtschloß. Am Nennhauser Damm in > SPANDAU steht ein mit einem gußeisernen Adler verzierter, 3 m hoher Obelisk

aus dem Jahr 1832 („III Meilen bis Berlin", gemessen vom Stadtschloß), der noch am ehesten den von Karl Friedrich Schinkel gefertigten Entwürfen für die preußischen M. entspricht. Außerdem haben sich mehrere, zumeist zwischen 1800 und 1850 gesetzte sog. Rundsockelsteine erhalten, u.a. in der > FRANKFURTER ALLEE auf der Brücke am Bahnhof > LICHTENBERG, in Alt-Mahlsdorf 108 im Bezirk > HELLERSDORF oder an der Buschkrugallee 63 im Neuköllner Ortsteil > BRITZ. Die meisten M. sind in den letzten Jahren restauriert worden.

Metropol: Das 1906 nach Plänen des Architekten Albert Fröhlich als *Neues Schauspielhaus* errichtete, unter Denkmalschutz stehende M. am Nollendorfplatz 5 im Bezirk > SCHÖNEBERG wird heute als Diskothek, Konzertbühne und Ort anderer Veranstaltungen wie Modenschauen und Theateraufführungen genutzt. Der T-förmige Baukomplex besaß ursprünglich einen Theatersaal mit ca. 1.200 Plätzen und einen Konzertsaal, den Mozartsaal, mit ca. 1.300 Plätzen. In den beiden Nebenflügeln waren eine Gaststätte für ca. 500 Personen sowie Wohnungen und Büros untergebracht. Die stark gegliederte Hauptfassade des fünfgeschossigen Baus trug einen silbergrauen Terranova-Putz. Auffallend ist der Mittelrisalit mit zwei traufhohen Pfeilern und der dazwischenliegenden Korbbogennische sowie dem flachen Giebel. Die Ecken werden durch Turmbauten flankiert.
Das am 23.10.1906 mit Shakespeares „Sturm" eröffnete Neue Schauspielhaus pflegte zunächst das klassische Schauspiel, verlagerte aber schon nach kurzer Zeit den Schwerpunkt seines Repertoires auf die leichte Muse. Bereits 1911 gab es Umbauten, die den Betrieb als Lichtspieltheater ermöglichten. Nach dem I. Weltkrieg hieß das Haus zeitweise „Neue Scala" und diente als Operetten-Bühne (> LEICHTE MUSIK). Für die Spielzeit 1927/28 zog vorübergehend Erwin Piscator mit seinem „Proletarischen Theater" in die für damalige Verhältnisse technisch aufwendig ausgestattete Spielstätte ein. Die Eröffnungsinszenierung der Revue „Hoppla, wir leben" von Ernst Toller am 3.9.1927 erregte großes Aufsehen. (> FILM; > KINOS; > THEATER)
Nach Piscators Gastspiel führten die Lustspielautoren Meinhardt und Bernauer das Haus, das gleichzeitig auch als Kino genutzt

wurde, wieder der leichten Muse zu. Am 6.12.1930 geriet das M. durch die „Affäre Remarque" in die Schlagzeilen: Bei der Premiere des nach dem gleichnamigen Roman von Erich Maria Remarque gedrehten Film „Im Westen nichts Neues" setzte die SA weiße Mäuse im Zuschauerraum aus, um die Aufführung zu sabotieren. In der Zeit des Nationalsozialismus wurde das Haus unter der Intendanz von Harald Paulsen zur „Staatsoperette". Im November 1944 brannte der Theatersaal bei einem Bombenangriff aus, während der weniger in Mitleidenschaft gezogene Mozartsaal heute noch besteht.

Nach dem Krieg gab es in provisorisch hergerichteten Ersatzräumen einige Operetten-Aufführungen. Zeitweise kam hier das „Kabarett der Komiker" unter, v.a. Günter Neumanns Revue „Ich war Hitlers Schnurrbart" feierte zu jener Zeit Erfolge (> Kabarett). Am 15.3.1951 wurde das Theater als „Neue Scala" unter der Direktion Hans Wölfers mit einem Gastspiel des „Weißen Rößl" erneut eröffnet, schloß jedoch kurz darauf wieder. Bereits am 11.9.1951 erfolgte mit einer Aufführung von Léhars „Land des Lächelns" die abermalige Neueröffnung als „Theater am Nollendorfplatz". Aus Mangel an Besuchern mußte es jedoch schon im Februar 1952 wieder schließen.

In der Folgezeit wurde das Haus als Kino genutzt und erhielt seinen heutigen Namen. Ein 1969 unternommener Versuch, das M. als Operettenbühne zu beleben, scheiterte an der Finanzierung. In den 70er Jahren bezog ein Sex-Kino das Haus, bis es am 15.12.1978 in seiner heutigen Funktion als Diskothek eröffnet wurde. 1983 kam die kleine Konzertbühne *Loft* hinzu. Mit dem Nachlassen der Disko-Welle wurden die Räume auch an andere Veranstalter für Konzerte, Theateraufführungen und Modenschauen vermietet.

Metropol-Theater: Das heute im > Admirals-palast in der > Friedrichstrasse 101/102 im Bezirk > Mitte untergebrachte städtische Musiktheater M. verfügt über einen Theatersaal mit ca. 1.400 sowie eine Foyerbühne mit 65 Plätzen. Das „Metropol-intim" (280 Plätze) wird nicht weiter ausgebaut. Das M. widmet sich u.a. der Pflege der > Leichten Musik und ist in Deutschland die einzige Repertoire-Bühne, die professionell Operette und Musical mit einem festen Ensemble spielt. Eine Privatisierung des M. wird erwogen. Von 1981-89 war Peter Czerny Intendant, der

1989 von Werner P. Seiferth abgelöst wurde. In der Spielzeit 1991/92 bestand das Ensemble aus ca. 40 Solisten, 40 Chorsängern, 40 Tänzern und 60 Orchestermitgliedern. Insg. zählt das Theater einschließlich Werkstätten Technik etc. 450 Mitarbeiter. Pro Jahr werden durchschnittlich fünf Produktionen in ca. 260 Vorstellungen vor insg. ca. 250.000 Zuschauern gespielt. Ferner gibt das M. gelegentlich Gastspiele in anderen deutschen Städten und stellt seine Spielstätte für Gastauftritte zur Verfügung.

Das M. geht auf das ab 1891 erbaute Theater Unter den Linden in der Behrenstr. 55-57 zurück. 1898 übernahm Richard Schultz das Haus als M. Das Theater zeigte in seinen Anfangsjahren v.a. Ausstattungspossen mit Ballett und Gesang und sog. Jahresrevuen. Während des I. Weltkrieges und der Nachkriegszeit stieg das M. gänzlich auf Operetten um. Hier feierten Künstler wie Fritzi Massary, Max Pallenberg, Richard Tauber, Max Hansen, Gitta Alpar und Lotte Werkmeister große Erfolge.

Im II. Weltkrieg wurde der Bau in der Behrenstr. stark beschädigt. Unter Einbeziehung des wiederhergestellten, im Stil des Wiener Spätbarock gestalteten Zuschauerraumes sowie des alten Treppenhauses entstanden dort in der Nachkriegszeit die Ergänzungs- bzw. Neubauten für die > Komische Oper. Das M. zog 1945 ins heutige Filmtheater „Colosseum" in der > Schönhauser Allee um, bevor es 1955 im Admiralspalast wieder eine Heimstatt fand.

Mietrecht: Die besondere politische und geographische Situation des Landes Berlin bis zur > Vereinigung (> Sonderstatus 1945-90) und die soziale Struktur der Berliner > Bevölkerung waren stets Anlaß für den > Senat von Berlin, bei wohnungspolitischen Entscheidungen in höherem Maße als im übrigen Bundesgebiet auf die Gewährleistung sozialer Mieten zu achten, sich Entscheidungsrechte bei der Belegung von Wohnungen vorzuhalten und maßgebenden Einfluß auf die den Markt wesentlich bestimmende Bauwirtschaft auszuüben (> Gemeinnützige Wohnungswirtschaft; > Wohnungsbau).

Angesichts der mit der Vereinigung entstandenen zusätzlichen Probleme auf dem Wohnungsmarkt – wie der defizitäre Zustand der Wohngebäude im Ostteil der Stadt und v.a. die verstärkte Nachfrage nach Wohnraum aufgrund der > HAUPTSTADT-Funktion Berlins, der hierdurch bedingten Industrie- und Wirtschaftsansiedlungen und der Öffnung nach dem Osten – werden diese Regelungen auch in der Zukunft für viele Jahre Bestand haben müssen.

Für die Vermietung der weit über 1,7 Mio. Wohnungen in Berlin gibt es je nach Wohnungsart unterschiedliche Voraussetzungen; zu diesen Wohnungsgruppen gehören: *Altbauten* im westlichen Stadtgebiet und freifinanzierte Neubauten im gesamten Stadtgebiet, die jeder unabhängig von der Höhe des Einkommens beziehen kann; *„Altwohnungen"* im Ostteil der Stadt, die dem Belegungsrechtsgesetz unterliegen und zu deren Bezug ein einkommensunabhängiger *Wohnberechtigungsschein (WBS)* erforderlich ist; „Altwohnungen" im Ostteil der Stadt in Privateigentum, die ohne WBS bezogen werden können; *Sozialwohnungen* – zukünftig im gesamten Stadtgebiet –, für deren Bezug ein einkommensabhängiger WBS benötigt wird; Wohnungen im mietverbilligten steuerbegünstigten Wohnungsbau (nur im Westteil der Stadt), die ebenfalls nicht ohne eine Bescheinigung des Wohnungsamtes bezogen werden können; Wohnungen, für die eine „vertragliche Förderung" bewilligt wurde, mit speziellen Zugangsvoraussetzungen; Genossenschaftswohnungen in allen oben dargestellten Formen, für deren Bezug zusätzlich die Mitgliedschaft bei der Wohnungsbaugenossenschaft erworben werden muß. Weitergehende Informationen hierzu enthält die von der > SENATSVERWALTUNG FÜR BAU- UND WOHNUNGSWESEN (SENBAUWOHN) herausgegebene *Berliner Mieter-Fibel*.

Zum Jahresende 1987 wurde die bis dahin in Berlin geltende *Mietpreisbindung* für die ca. 570.000 Altbauwohnungen abgeschafft. Jedoch läßt auch das mit dem *Weißen Kreis* eingeführte „Soziale Mietrecht" weiterhin einen den Mieter schützenden Einfluß des Staates erkennen: Orientierungsmaßstab ist die „ortsübliche Miete", die sich nach über von den Mieterverbänden, den Organisationen der Hauseigentümer und Wohnungsbaugesellschaften sowie dem Senat festgelegten *Mietspiegel* bestimmt. Wenn die bisher gezahlte vertragliche Miete geringer als die ortsübliche Miete nach dem Mietspiegel ist, kann der Vermieter die Zustimmung zu einer Mieterhöhung verlangen, die jedoch bei bestehenden Verträgen und Neuvermietungen innerhalb eines Jahres nicht mehr als 5 % betragen und im übrigen die gesetzlich festgelegten Grenzen nicht überschreiten darf. Kriterien für die Miethöhe sind die Wohnlage (die in drei Klassen gegliedert ist), die Ausstattung der Wohnung (bezogen auf Sammelheizung, Bad und Toilette), ferner die Qualität des Ausbaus der Küche sowie der Wohn- und Schlafräume. Zu den preisbestimmenden Merkmalen gehören auch die Vorzüge und Nachteile der Wohnlage im weiteren Sinne und schließlich das Wohnfeld hinsichtlich Verkehrsanbindung, Einkaufsmöglichkeiten sowie Grün- und Erholungsflächen. Ein hohes Maß an Differenzierung soll eine gerechte Miethöhe gewährleisten und zugleich willkürliche Mietsteigerungen verhindern.

Erste Regelungen des M. für Berlin entstanden mit dem preußischen Wohnungsgesetz vom März 1918 und den folgenden Reichsgesetzen, dem Mieterschutzgesetz von 1923, das mit mehrfachen Änderungen bis Ende 1975 in Kraft war und dem Reichsmietengesetz von 1923, das am 1.8.1955 durch das erste Bundesmietengesetz abgelöst wurde. Nach Ende des II. Weltkrieges galt in Berlin zunächst das Gesetz Nr. 18 des > ALLIIERTEN KONTROLLRATS. Dieses am 18.3.1946 in Kraft getretene „Wohnungsgesetz" regelte Fragen der Erhaltung, Vermehrung, Sichtung, Zuteilung und Ausnutzung des vorhandenen Wohnraums.

Mit der > SPALTUNG der Stadt 1948 gab es in den beiden Teilen Berlins unterschiedliche Entwicklungen. In Berlin (Ost) galt weiterhin die Preisstop-Verordnung von 1936; sie wurde im Ergebnis sogar restriktiver durchgeführt im Rahmen der staatlichen Wohnraumlenkung, die im wesentlichen einen Mietenstop bewirkte.

Für West-Berlin wurden nach Inkrafttreten der > VERFASSUNG VON BERLIN 1950 im wesentlichen die entsprechenden Gesetze der Bundesrepublik Deutschland übernommen. Während die Wohnungsbaugesetze von 1950 und 1956 die Mieten für Neubauten als Kostenmieten regelten, wobei veränderte Finanzierungsrichtlinien in späteren Baujahren zu zunehmend höheren Mieten führten, gab es für den Altbaubestand in West-Berlin, der 1950 98,7 % des Wohnungsbestands ausmachte, durch das Erste Bundesmietengesetz von 1953 eine Mieterhöhung erst ab 1957. Es folgten bis 1982 elf weitere Bundesmietengesetze, die jedoch wegen der oben angesprochenen Berliner Sonderbedingungen nicht in vollem Umfange in Berlin übernommen wurden.

Während in der Bundesrepublik die Mietpreisbindung seit den 60er Jahren schrittweise bis 1974 aufgehoben wurde, hielt Berlin aus sozialpolitischen Gründen daran bis Ende 1987 fest. Nachdem sie durch das „Dritte Gesetz zur Änderung mietrechtlicher und mietpreisrechtlicher Vorschriften im Land Berlin" vom August 1982 zunächst bis zum 31.12.1989 verlängert worden war, wurde sie durch das „Gesetz zur dauerhaften sozialen Verbesserung der Wohnungssituation im Land Berlin" vom Juli 1987 mit Wirkung zum 1.1.1988 aufgehoben, um eine Rechtsangleichung an die übrigen Bundesländer zu erreichen und den Investoren einen Anreiz zu bieten.

Mietskasernen: Als M. bezeichnet man die in der zweiten Hälfte des 19. Jh. im Zuge der Industrialisierung Berlins (> WIRTSCHAFT) entstandenen, hochverdichteten Arbeiterwohnquartiere in den sog. Arbeiterbezirken wie > WEDDING, > PRENZLAUER BERG, > MITTE, > FRIEDRICHSHAIN, > KREUZBERG oder > NEUKÖLLN. Zählte Berlin 1841 noch 330.000 Einwohner, wuchs die Bevölkerungszahl bis zum Jahr der Reichsgründung 1871 auf 800.000, um sich bis 1900 noch einmal auf fast 1,9 Mio. mehr als zu verdoppeln (> BEVÖLKERUNG). Dieser gewaltige Zustrom von Menschen in die neue Industrie- und Handelsmetropole und Reichshauptstadt führte zu einer dramatischen Wohnungssituation (> WOHNUNGSBAU). Im Zuge des raschen Verstädterungsprozesses wurde deshalb bis dahin landwirtschaftlich genutztes Areal außerhalb der Stadtgrenzen in Bauland umgewandelt (> GESCHICHTE; > STADTERWEITERUNGEN).

Der vom Berliner Baurat James Hobrecht 1862 vorgelegte, nach ihm benannte > HOBRECHTPLAN zur zukünftigen Strukturierung der Stadt sowie die sehr großzügige Bauordnung von 1853 schufen die Voraussetzungen für eine außerordentliche Bebauungsverdichtung. So durfte die Höhe eines Hauses lediglich der Straßenbreite entsprechen bzw. 22 m nicht überschreiten. Die zulässige Grundstückstiefe betrug 57 m, wobei die Höchstzahl der Quer- und Seitengebäude offenblieb. Allein der Wendekreis der damaligen Feuerwehrspritzen bestimmte das Mindestmaß für die Seitenlänge der Innenhöfe von 5,34 m. Das Straßenraster definiert die Blockgröße, die Parzellierung der Grundstük-

Mietskasernen, Prenzlauer Berg

ke ermöglichte eine maximale Ausnutzung der Baufläche und versprach angesichts der enormen Wohnungsnot eine hohe Rendite für die Hauseigentümer.

Die so entstandenen vier- bis sechsgeschossigen Mietshäuser hatten zur Straße hin prächtige Vorderhäuser mit großen und teuren Wohnungen, in denen häufig auch der Hausbesitzer selbst wohnte. Sie versperrten die Sicht auf die mehrfach gestaffelten Hinterhöfe mit Seitenflügeln und Gartenhäusern. Im Erdgeschoß der Hinterhäuser wurden häufig Gewerbe angesiedelt, die oberen Etagen – und auch der Keller – als Wohnraum vermietet. Die schlechte bauliche Ausstattung, die miserablen sanitären Bedingungen, eine Überbelegung der Wohnungen und hohe Mieten ließen eine hygienisch, sozial und politisch katastrophale Situation entstehen, so daß sich für diesen Häusertyp bald der Name M. einbürgerte.

Der II. Weltkrieg hat erhebliche Lücken in die Mietshausviertel gerissen, der Wiederaufbau und die damit verbundene Planung führten zum Flächenabriß oder ließen die Viertel veröden und herunterkommen. Erst seit Mitte der 70er Jahre wird der Wert ihrer vielfältigen, eklektizistischen Fassadenarchitekturen mit ihrer stadtraumprägenden und schmückenden Funktion – zugleich Objekt der Identifikation des Bürgers mit seinem spezifischen Wohnumfeld – erkannt. Eine veränderte Politik der > STADTSANIERUNG bemüht sich seitdem verstärkt um eine behutsame Erneuerung bei Erhaltung der Gebäude und der gewachsenen Stadtstrukturen. Der in den M. vorhandene Wohnraum wird dabei durch Modernisierung im Innern den heutigen Anforderungen angepaßt.

Militärgerichtsbarkeit: Am 1. Oktober 1900 erfolgte die Gründung des *Reichsmilitärgerichts* in Berlin als oberstem Gerichtshof in militärischen Angelegenheiten des Deutschen Reiches. Der Wunsch nach einem repräsentativen Gebäude wurde der damaligen Bedeutung des Militärs entsprechend alsbald in der Witzlebenstr. 4-5 im heutigen Bezirk > CHARLOTTENBURG erfüllt, wobei zugleich ein baulich verbundenes Repräsentations- und Wohngebäude zum > LIETZENSEEPARK eingeplant wurde. Nach Grundsteinlegung am 2.9.1908 wurde das Gebäude am 2.11.1910 übergeben.

Das Gebäude wurde – mit einer Unterbrechung von 1918-34 – bis zum Ende des II. Weltkrieges als Reichskriegsgericht genutzt. Nach Wiedereinführung der unter der Republik abgeschafften Militärjustiz zum 1.1.1934 hinterließ die NS-Wehrmachtsjustiz eine grausame Bilanz: Insg. wurden mindestens 16.000 „Deserteure, Wehrkraftzersetzer, Defätisten, Feiglinge und Befehlsverweigerer" von der M. zum Tode verurteilt, deren oberste Instanz hier agierte.

Eine Gedenktafel erinnert an den Chefrichter des Heeres, Karl Sack, der 1938 mit dazu beigetragen hatte, in der sogenannten „Fritsch-Affäre" die Vorwürfe gegen den damaligen Oberbefehlshaber des Heeres, Generaloberst Freiherr v. Fritsch, wegen angeblicher homosexueller Kontakte zu entkräften. Wegen seiner Beteiligung an der Verschwörung vom > 20. JULI 1944 wurde er noch im April 1945 im Konzentrationslager Flossenbürg von der SS ermordet.

Nach dem Kriege gab es angesichts der von den > ALLIIERTEN befohlenen > ENTMILITARISIERUNG in den Westsektoren keine deutsche M. Besatzungsrecht konnte auch von den alliierten Militärgerichten in Berlin durchgesetzt werden. Für den Ostteil der Stadt ist bis zur > VEREINIGUNG besonders das juristisch und historisch noch aufzuarbeitende Wirken der Militärstrafsenate des Obersten Gerichts der DDR herauszustellen (> TODESSTRAFE). Entsprechendes gilt für die hier als Ermittlungs- und Anklagebehörde fungierenden Militärstaatsanwälte. Nach der Vereinigung und dem damit verbundenen Einzug der > BUNDESWEHR in ganz Berlin ist für einschlägige Straftaten die ordentliche Strafgerichtsbarkeit zuständig (> KRIMINALGERICHT MOABIT).

Militärmissionen in Berlin: Nach der militärischen Niederschlagung und Besetzung Deutschlands errichteten neben den im > ALLIIERTEN KONTROLLRAT vertretenen vier Hauptsiegermächten auch andere Siegermächte Verbindungsmissionen in Berlin mit Zugang zu den alliierten Kontrollorganen. Die Errichtung dieser M. erfolgte in Übereinstimmung mit dem Londoner Abkommen über die Kontrolleinrichtungen in Deutschland vom 14.11.1945 (Art. 8) mit besonderem, dem der Vertretung der Hauptsiegerstaaten verwandten Status (> LONDONER PROTOKOLL). Unter den 16 ausgewählten „interessierten Vereinten Nationen" errichteten 15 Staaten 1945/46 M.: Australien, Belgien, Brasilien, China, Dänemark, Griechenland, Indien, Jugoslawien, Kanada, Luxemburg, die Niederlande, Norwegen, Polen, Südafrika und die Tschechoslowakei. Sie nahmen die Interessen ihrer Entsendestaaten in den Deutschland als Ganzes betreffenden Angelegenheiten wahr und bestanden dem Grunde nach bis zur deutschen > Vereinigung am > 3. Oktober 1990 fort.

Trotz der unveränderten Bezeichnung verrichteten die M. in der Periode der Teilung v.a. konsularische Aufgaben, wie Visaerteilung, wirtschaftliche und kulturelle Kontakte etc. Häufig richteten sie sich an deutsche Stellen. Die meisten Chefs der M. waren seit Mitte der 50er Jahre zugleich die Botschafter ihrer Länder in Bonn. Luxemburg und Südafrika standen zwar auf der Protokolliste (Official List of Military Missions), hatten jedoch keine Büros in Berlin. Die chinesische M. war geschlossen, die indische in ein Generalkonsulat, die brasilianische in ein Konsulat umgewandelt worden.

Akkreditierungsbehörde der M. war der Kontrollrat. Da dieser sich nach dem sowjetischen Auszug 1948 vertagte, war danach die > Alliierte Hohe Kommission zunächst das zuständige Organ zur Beglaubigung der Leiter oder sonstiger Mitglieder der M. 1955 ging diese Funktion auf die drei westlichen Botschafter über. Seit 1951 nahm kein sowjetischer Vertreter an dieser Zeremonie mehr teil, die weiterhin im Kontrollratsgebäude stattfand. Die westliche alliierte Seite unterstrich ihre Rechtsauffassung von einer gemeinsamen Vier-Mächte-Verantwortung für eine Gesamt-Stadt, indem sie weiterhin einen Stuhl für den sowjetischen Vertreter frei hielt und der damaligen sowjetischen Botschaft in Ost-Berlin eine Kopie des Beglaubigungsschreibens zuleitete. Die östlichen Missionsleiter, die sich der Zeremonie entzogen, behandelten die alliierten Behörden als „Amtierende Leiter", d.h. wie die sonstigen Mitglieder der M., die keiner Beglaubigung bedurften und nur ihre Ankunft anzeigen mußten. Nach der Akkreditierung statteten die Missionsleiter dem > Regierenden Bürgermeister und dem Präsidenten des > Abgeordnetenhauses Höflichkeitsbesuche ab. Da die > Alliierten die Mitglieder der M. als Mitglieder der Besatzungsbehörden ansahen, unterstanden sie nicht der deutschen Gerichtsbarkeit. Sie waren von der Besteuerung und deutschen Verwaltungsakten freigestellt und hatten, bescheinigt durch eine viersprachige Identitätskarte, die Erlaubnis, innerhalb ganz

Berlins zu reisen. Die Bewegungsfreiheit erstreckte sich auch auf die vier ehem. Besatzungszonen, die späteren beiden deutschen Staaten, mit Zustimmung des jeweiligen Oberbefehlshabers.

Mit der deutschen > Vereinigung und der Erlangung der vollen Souveränität hörten die M. auf zu bestehen. Ihre sachliche Arbeit übernahmen meist die bei der ehem. DDR akkreditierten Vertretungen, die ihrerseits für eine Übergangszeit – bis Berlin Regierungssitz ist – in Außenstellen der jeweiligen Botschaften in Bonn oder in Generalkonsulate umgewandelt wurden (> Sonderstatus 1945-90; > Ausländische Vertretungen).

Mindestumtausch: Wie andere sozialistische Staaten verlangte auch die DDR von westlichen Besuchern, daß sie eine bestimmte Summe Geldes in Mark der DDR eintauschten (> Besucherregelungen). Der M. mußte in einer konvertierbaren Währung erfolgen. Die DDR berechnete dabei ihre Mark zur DM im Verhältnis 1:1, zu anderen westlichen Währungen entsprechend. Dieser Betrag war nicht rücktauschbar. Wer ihn nicht ausgab, konnte ihn bei der Staatsbank der DDR deponieren und bei späteren Besuchen wieder darüber verfügen. Eine Ausfuhr von Mark der DDR war verboten.

Seit Einführung des M. 1964 hatte sich der Kreis der dazu Verpflichteten sowie seine Höhe mehrfach verändert. Offizielles Ziel des M. sollte es sein, die Besucher Ost-Berlins oder der DDR mit so viel DDR-Geld auszustatten, daß für sie der Anreiz zum illegalen Eintauschen von Mark der DDR zu Schwarzmarktkursen entfiel. Politisch bedeutsamer war der M. als Instrument zur Regulierung des westlichen Besucherstroms. Besonders deutlich wurde dies bei seiner drastischen Erhöhung im Oktober 1980, als sich die DDR angesichts in das eigene Land ausstrahlender politischer Konflikte im Nachbarland Polen dem gleichzeitigen Andrang von westlichen Besuchern nicht gewachsen fühlte. Tatsächlich führte die Erhöhung des M. zu einem deutlichen Rückgang der Besucherzahlen, bei den Personen mit ständigem Wohnsitz in Berlin (West) um über 40 %.

Die Höhe des M. war immer Gegenstand der Verhandlungen und Auseinandersetzungen zwischen den beiden deutschen Staaten. Die teilweisen Senkungen des vorher erhöhten M. 1974 und 1984 sind eindeutig auf massi-

Die Entwicklung des Mindestumtausches				
Jahr	Besuch in der DDR	Besuch in Ost-Berlin	Rentner	Kinder/ Jugendl.	Besuch der Leipziger Messe
vor 1964	–	–	–	–	25 DM
1964	5 DM (Bundesbürger, Ausländer) 3 DM (West-Berliner)	5 DM (Bundesbürger, Ausländer) 3 DM (West-Berliner)	frei	unter 16: frei	25 DM
1968	10 DM	5 DM	frei	unter 16: frei	25 DM
1973	20 DM	10 DM	20 DM/ 10 DM	unter 16: frei	25 DM
1974	13 DM	6,50 DM	frei	unter 16: frei	25 DM
1980	25 DM	25 DM	25 DM	unter 6: frei 6-15: 7,50 DM	25 DM
1984	25 DM	25 DM	15 DM	unter 14: frei[1] 14: 7,50 DM ab 15: 25 DM	25 DM
seit 24.12.1989	kein Mindestumtausch mehr erforderlich				

[1] bereits ab 27.9.83

ven, v.a. wirtschaftlichen Druck der Bundesregierung erfolgt. Nach dem Fall der > MAUER am > 9. NOVEMBER 1989 wurde der M. mit Ablauf des 23.12.1989 von der DDR abgeschafft.

Mitte: Der Bezirk M. am historischen Gründungsort der Doppelstadt Berlin/> KÖLLN ist nach > FRIEDRICHSHAIN und > KREUZBERG der drittkleinste der Berliner > BEZIRKE. Er entstand 1920 bei der Bildung > GROSS-BERLINS als erster von insg. 20 Verwaltungsbezirken. Zwischen 1945 und der > VEREINIGUNG am > 3. OKTOBER 1990 war die Bezirksgrenze im Süden, Westen und Nordwesten identisch mit der Sektorengrenze zu den West-Berliner Bezirken > WEDDING, > TIERGARTEN und Kreuzberg (> DEMARKATIONSLINIE; > SEKTOREN; > MAUER). Nach Osten grenzt M. an die Bezirke > PRENZLAUER BERG und Friedrichshain. Der größte Teil des Bezirks liegt im von der > SPREE durchflossenen > WARSCHAU-BERLINER URSTROMTAL, nur ein kleiner Teil im Nordosten gehört zur Hochfläche des > BARNIM.

Aufgrund der hohen Konzentration von Handel, Gewerbe, kulturellen, wissenschaftlichen und anderen öffentlichen Einrichtungen weist M. gegenüber den anderen Innenstadtgebieten Berlins eine niedrige Bevölkerungsdichte auf. Gemeinsam mit Kreuzberg und Friedrichshain verfügt M. über die wenigsten Grünflächen der Berliner Bezirke, die sich im wesentlichen auf den > MONBIJOUPARK an der Oranienburger Str., den > VOLKSPARK AM WEINBERG und die > FRIEDHÖFE des Bezirks beschränken. Mit Ausnahme der den Bezirk von Ost nach West durchfließenden Spree gibt es in M. auch keine nennenswerten Wasserflächen; Wälder oder landwirtschaftlich genutzte Flächen sind gar nicht vorhanden.
M. umfaßt im wesentlichen das Gebiet, das Berlin und seine Vorstädte zu Beginn des 19. Jh. einnahmen: die Ende des 12. Jh. entstandene, mittelalterliche Doppelstadt Berlin/Kölln, den etwa von 1660-90 bebauten *Friedrichswerder*, die 1674 gegründete *Dorotheenstadt* und die 1688 gegründete *Friedrichstadt*

sowie die Vorstädte und Stadterweiterungen *Neukölln am Wasser* (1681), *Luisenstadt* (unter diesem Namen seit 1802) mit *Köpenicker Vorstadt, Stralauer Vorstadt, Königsstadt* (unter diesem Namen seit 1701), *Spandauer Vorstadt* (ab 1688) mit Äußerer Spandauer Vorstadt, *Friedrich-Wilhelm-Stadt* und Äußerer Friedrich-Wilhelm-Stadt (> GESCHICHTE; > STADTERWEITERUNG). Bereits die 1734-36 errichtete Zollmauer um Berlin umschloß im wesentlichen das Gebiet des heutigen Bezirks M. 1920

Besatzungszone in M. angesiedelt. Von 1949-90 hatten hier die wichtigsten staatlichen und gesellschaftlichen Institutionen der DDR ihren Sitz, darunter der Staatsrat (> STAATSRATSGEBÄUDE), der Ministerrat (> STADTHAUS), zahlreiche Ministerien (u.a. im heutigen > DETLEV-ROHWEDDER-HAUS), das Zentralkomitee der SED (> REICHSBANKGEBÄUDE), daneben auch zahlreiche > AUSLÄNDISCHE VERTRETUNGEN. Nach der Vereinigung sind in die Gebäude des DDR-Zentralstaats zumeist Au-

---

Mitte – Fläche und Einwohner

Fläche (Juni 1989)	10,7 km²	100 %
Bebaute Fläche	7,55	70,6
Wohnfläche	3,24	30,3
Gewerbe- und Industriefläche inkl. Betriebsfläche	0,57	5,3
Verkehrsfläche	1,35	12,6
Grünfläche[1]	1,10	10,3
Landwirtschaft	1,0	0,1
Wald	–	–
Wasser	0,37	3,5
Einwohner (31.12.1989)	78.952 EW	
darunter: Ausländer	1.602	2,0 %
Einwohner pro km²	7.386	

[1] Parks, Tierparks, Kleingärten, Spielplätze, ungedeckte Sportanlagen, Freibäder, Friedhöfe

---

sind die nördlich dieser Akzisemauer gelegenen Vorstädte hinzugekommen, einige Teile der innerhalb dieses Mauerrings gelegenen Stralauer Vorstadt und der Königsstadt gehören seitdem zu Friedrichshain, Teile der Luisenstadt und der Friedrichstadt zu Kreuzberg. Neben der historischen Gaststätte > ZUR LETZTEN INSTANZ an der Waisenstr. wurde nach dem II. Weltkrieg ein Stück der mittelalterlichen > STADTMAUER aus dem 14. Jh. freigelegt und restauriert.

Nach dem Bau des Berliner > STADTSCHLOSSES wurde das Gebiet von M. in der zweiten Hälfte des 15. Jh. zur Residenz der brandenburgischen Kurfürsten, preußischen Könige und – ab 1871 – Deutschen Kaiser (> LANDESHERREN). Die in M. gelegene > WILHELMSTRASSE (1964-91 Otto-Grotewohl-Str., seitdem Toleranzstr.) war von 1871-1945 das politische Zentrum des Deutschen Reiches (> HAUPTSTADT). Im II. Weltkrieg wurden rd. zwei Drittel aller Gebäude zerstört. Vom Kriegsende bis zur Gründung der DDR waren die meisten zentralen Dienststellen der sowjetischen

ßenstellen der Bonner Bundesministerien eingezogen.

Seit Gründung der Stadt beheimatete M. die Stadtverwaltung Berlins (> RATHÄUSER). Von 1948-90 war diese Funktion auf den Amtssitz des für Ost-Berlin zuständigen > OBERBÜRGERMEISTERS beschränkt, während der > REGIERENDE BÜRGERMEISTER VON BERLIN aufgrund der > SPALTUNG der Stadt 1948 in das > RATHAUS SCHÖNEBERG ausweichen mußte. Nach der Vereinigung ist die einheitliche Stadtregierung 1991 wieder an ihren angestammten Platz im historischen > BERLINER RATHAUS zurückgekehrt.

Inzwischen haben zahlreiche weitere zentrale Landeseinrichtungen in M. ihre Arbeit aufgenommen. 1993 wird auch das Berliner > ABGEORDNETENHAUS seinen Tagungsort in den ehem. > PREUSSISCHEN LANDTAG an der Niederkirchnerstr. verlegen.

Zugleich ist M. ein Zentrum für Wissenschaft, Kultur und Bildung. Von zentraler, über Berlin hinausgehender Bedeutung sind die > HUMBOLDT-UNIVERSITÄT und die > HOCH-

SCHULE FÜR MUSIK „HANNS EISLER". In M. befinden sich die meisten und die traditionsreichsten Theater der Stadt (> DEUTSCHES THEATER UND KAMMERSPIELE; > DEUTSCHE STAATSOPER UNTER DEN LINDEN; > KOMISCHE OPER; > BERLINER ENSEMBLE; > MAXIM GORKI THEATER; > VOLKSBÜHNE AM ROSA-LUXEMBURG-PLATZ; > FRIEDRICHSTADTPALAST). Im > ADMIRALSPALAST an der > FRIEDRICHSTRASSE haben das > METROPOL-THEATER und das Kabarett > DIE DISTEL ihr Domizil. Etwas weiter nördlich in der Chausseestr. liegt als Gedenkstätte, Archiv und Museum das > BERTOLT-BRECHT-HAUS.

Das von Karl Friedrich Schinkel erbaute > SCHAUSPIELHAUS am Gendarmenmarkt ist einer der vier großen Konzertsäle der Stadt. Die auf der > MUSEUMSINSEL konzentrierten > MUSEEN beherbergen zahlreiche Ausstellungsstücke von Weltgeltung (> ALTES MUSEUM; > BODE-MUSEUM; > NATIONALGALERIE; > NEUES MUSEUM; > PERGAMONMUSEUM). Von nationaler Bedeutung ist das im Aufbau befindliche > DEUTSCHE HISTORISCHE MUSEUM im Zeughaus, während sich das > MÄRKISCHE MUSEUM am > KÖLLNISCHEN PARK im Verein mit dem > BERLIN-MUSEUM in Kreuzberg v.a. der Stadtgeschichte widmet. Ferner liegen in M. das > MUSEUM FÜR NATURKUNDE an der Invalidenstr. und das > HUGENOTTENMUSEUM in der Französischen Friedrichstadtkirche. Auch wichtige > BIBLIOTHEKEN, wie die > STAATSBIBLIOTHEK zu Berlin, Haus 1, Unter den Linden, die Bibliothek der Akademie der Wissenschaften, die Universitätsbibliothek und die > BERLINER STADTBIBLIOTHEK mit der ihr angeschlossenen Ratsbibliothek und der Ärztebibliothek haben in M. ihren Standort. Im südlichen Teil der Friedrichstr. liegt als größte ausländische Kultureinrichtung Berlins das 1984 eröffnete > HAUS DER WISSENSCHAFT UND KULTUR DER RUSSISCHEN FÖDERATION – GUS. Die traditionsreiche > CHARITÉ an der Schumannstr. ist eine der drei Berliner Universitätskliniken (> KRANKENHÄUSER). Mit dem > PODEWIL im ehem. Haus der jungen Talente, den > HACKESCHEN HÖFEN am Hackeschen Markt und dem > TACHELES in der Oranienburger Str. sind nach der Vereinigung in M. auch einige neue Veranstaltungsorte der alternativen Kulturszene entstanden.

Der geschichtlichen Entwicklung des Bezirks entsprechend, befinden sich in M. die meisten und die ältesten Baudenkmäler Berlins. Insg. 962 unter > DENKMALSCHUTZ stehende Gebäude gibt es im Bezirk. Die bekanntesten liegen an Berlins historischer Prachtstraße >

UNTER DEN LINDEN, am > BEBELPLATZ, am > GENDARMENMARKT sowie zwischen der Spreeinsel und dem > ALEXANDERPLATZ. Neben den Staatsbauten wie dem > ZEUGHAUS Unter den Linden oder dem > MARSTALL an der Breiten Str. gehören hierzu auch mehrere, als herrschaftliche Wohnhäuser errichtete Palais und einige Bürgerhäuser (> ERMELERHAUS; > GALGENHAUS; > KNOBLAUCHHAUS; > RIBBECKHAUS; > SCHADOWHAUS). Das > BRANDENBURGER TOR am Westende der Linden gilt als Wahrzeichen der 45 Jahre lang geteilten und nun wiedervereinigten deutschen Hauptstadt.

In M. liegen auch die bedeutendsten Kirchen der Stadt, darunter – als älteste Berlins – die wieder aufgebaute > NIKOLAIKIRCHE und die > MARIENKIRCHE sowie die > HEILIG-GEIST-KAPELLE , ferner – als katholische Hauptkirche – die > ST.-HEDWIGS-KATHEDRALE am Bebelplatz, die > FRIEDRICHSWERDERSCHE KIRCHE am > WERDERSCHEN MARKT, der Berliner > DOM am > LUSTGARTEN, die > SOPHIENKIRCHE an der Großen Hamburger Str. sowie der Französische Dom und der Deutsche Dom beiderseits des Schauspielhauses am Gendarmenmarkt (> FRANZÖSISCHE FRIEDRICHSTADTKIRCHE; > NEUE KIRCHE). Andere bedeutende Kirchen sind nach Zerstörungen im II. Weltkrieg nur noch teilweise oder als Ruine erhalten (> PAROCHIALKIRCHE; > GRAUES KLOSTER). Die gegenwärtig im Wiederaufbau befindliche > NEUE SYNAGOGE in der Oranienburger Str. und der Alte Jüdische Friedhof an der Großen Hamburger Str. zeugen von der einstigen Größe der > JÜDISCHEN GEMEINDE ZU BERLIN (> JÜDISCHE FRIEDHÖFE). Die im 18. Jh. entstandenen > FRIEDHÖFE AN DER CHAUSSEESTRASSE sind Ruhestätte zahlreicher berühmter Berliner Persönlichkeiten. Weitere historische Friedhöfe in M. sind die ehem. > GARNISONSFRIEDHÖFE an der Kleinen Rosenthaler Str. und der > INVALIDENFRIEDHOF an der Scharnhorststr.

Schon ab 1752 hatte sich vor dem Hamburger und dem Rosenthaler Tor an der heutigen Wilhelm-Pieck-Str. eines der ältesten Arbeiterviertel Berlins entwickelt. Nach den Saisonarbeitern aus Westsachsen, die sich hier niederließen, wurde es Neu-Vogtland genannt. Weitere Arbeiterviertel entstanden rd. um den Alexanderplatz, so das > SCHEUNENVIERTEL nördlich des Hackeschen Markts, in dem sich die alte Kiezstruktur bis heute weitgehend erhalten hat. Mit der Entstehung neuer Wohnquartiere außerhalb der Stadtgrenzen (> MIETSKASERNEN) und der Ausdehnung der Hauptstadtfunktionen nach der

Reichsgründung 1871 hat sich der Bezirk dann zunehmend zugunsten der Ansiedlung zentraler Verwaltungsinstanzen sowie Einrichtungen von Handel und Dienstleistungen entvölkert.

Nach 1949 ist das in M. gelegene Zentrum Ost-Berlins als „Hauptstadt der DDR" im Stile sozialistischer Stadtarchitektur neu gestaltet worden. Viele der im II. Weltkrieg zerstörten historischen Gebäude wurden nicht wieder aufgebaut. Das gilt vor allem für den Alexanderplatz, die Rathausstr., die Karl-Liebknecht-Str. (bis 1947 Kaiser-Wilhelm-Str.), die > Fischerinsel, die > Leipziger Strasse, das ehemals dicht bebaute > Marx-Engels-Forum und das sich südlich davon zum >

Rathaus Mitte

Molkenmarkt hin erstreckende > Nikolaiviertel, wo sich an einer Spreefurt das älteste Siedlungsgebiet Berlins befand und das bis auf einige originalgetreu restaurierte Ausnahmen nur in historisierend nachempfundener Form wiederentstand. Das Stadtschloß auf dem heutigen > Marx-Engels-Platz wurde – obwohl erhaltungswürdig – 1950/51 abgerissen. Stattdessen entstanden zwei neue Wahrzeichen des „sozialistischen Berlins": der > Fernsehturm – mit 365 m das höchste Bauwerk der Stadt – und der nach der Vereinigung wegen Asbestgefährdung geschlossene > Palast der Republik. Die Baudenkmäler an der Straße Unter den Linden, am Lustgarten und am Gendarmenmarkt wurden hingegen mit hohem Aufwand restauriert, ohne daß diese Arbeiten bisher überall abgeschlossen wären. Insbes. die Museumsinsel läßt noch viele Kriegsschäden erkennen.

Die Reste der Wohnbebauung im Zentrum des Bezirks wurden abgetragen und durch großflächige Blockbebauung ersetzt, wie etwa östlich des Alexanderplatzes beiderseits

der > Karl-Marx-Allee (1959-65; > Haus des Lehrers; > Kongresshalle), an der Spandauer Str. und der Karl-Liebknecht-Str. (1968-72), gegenüber an den Rathauspassagen (1968-73) oder auf der Fischerinsel (1965-73). Durch die staatliche Boden- und Mietpreisfestsetzung blieben die Mieten trotz der City-Lage – wie überall in der DDR – extrem niedrig. Gleichzeitig wurde jedoch die in M. verbliebene Altbausubstanz bis auf wenige prestigeträchtige Ausnahmeprojekte wie am > Märkischen Ufer, am > Arkonaplatz oder in der Sophienstr. weitgehend vernachlässigt. Gut 50 % der (1990) insg. vorhandenen 45.000 Wohnungen in M. stammen aus der Zeit vor 1919, 13 % verfügen weder über Dusche noch Bad, 9 % haben keine Innentoilette. Heute ist etwa die Hälfte davon mit Restitutionsansprüchen belastet, so daß die Instandsetzung nur sehr schleppend vorangeht (> Landesamt zur Regelung offener Vermögensfragen).

Die größte Sportstätte in M. ist das in der Chausseestr. gelegene > Stadion der Weltjugend. Es wird derzeit abgerissen, um Platz für den Neubau einer Olympia-Halle zu schaffen. Das unter Denkmalschutz stehende, 1930 von Carlo Jelkmann errichtete Stadtbad M. in der Gartenstr., dessen Vorgängerbau bereits 1888 vom Berliner Verein für Volksbäder errichtet wurde, gehört zu den ältesten > Hallenbädern Berlins.

Bis 1945 war M. reich an international bekannten Hotels wie dem Hotel Adlon am > Pariser Platz oder dem Kaiserhof nahe der Mohrenstr. Sie existieren heute nicht mehr. Neu errichtet wurden stattdessen bereits in den 60er Jahren das Hotel Berolina an der Karl-Marx-Allee (1961-63), das Hotel Unter den Linden (1964-66) und das Forum Hotel Stadt Berlin am Alexanderplatz (Eröffnung 1970). In den 80er Jahren entstanden das Palast-Hotel schräg gegenüber dem Palast der Republik, das Hotel Metropol in der Friedrichstr. und das Grand-Hotel, Ecke Friedrichstr./Behrenstr.; schließlich als jüngstes das Dom-Hotel, nunmehr Hilton-Berlin, am Gendarmenmarkt. Das 1988 als Bundeszentrale des Freien Deutschen Gewerkschaftsbundes (FDGB) errichtete > Berliner Congress Center am Märkischen Ufer vereint seit Ende 1990 unter einem Dach Hotelräume und Tagungseinrichtungen für internationale Kongresse. Bereits 1978 wurde beim > Bahnhof Friedrichstrasse das > Internationale Handelszentrum eröffnet.

Als Folge der staatlichen Versorgungspolitik

in der sozialistischen Planwirtschaft liegt die Ausstattung des Bezirks mit Einzelhandelsgeschäften und Gaststätten im Vergleich mit der West-Berliner > CITY um den > KURFÜRSTENDAMM nur etwa bei einem Drittel des dort üblichen Niveaus. Sie konzentriert sich v.a. auf die Straßenzüge Friedrichstr., Chausseestr., Unter den Linden/Karl-Liebknecht-Str., Wilhelm-Pieck-Str., Alexanderplatz sowie Rathausstr. und Nikolaiviertel. Im Rahmen der durch die Vereinigung erforderlichen neuen Zentrenplanung für die Gesamtstadt soll M. als eigenständiger City-Bereich weiter ausgebaut werden (> EINKAUFSZENTREN; > FLÄCHENNUTZUNGSPLÄNE).

Eine wichtige Verkehrsader zur Versorgung der gesamten Stadt bildet die M. durchquerende Spree mit dem am Südende der Fischerinsel westlich abzweigenden Spreekanal (> SCHIFFAHRT; > WASSERSTRASSEN). Für den Durchgangsverkehr wichtige > BRÜCKEN sind (in Flußrichtung) die > JANNOWITZBRÜCKE, der > MÜHLENDAMM (als ältester Spreeübergang der Stadt), die Liebknechtbrücke, die > WEIDENDAMMER BRÜCKE und die Marschallbrücke sowie über den Spreekanal die > GERTRAUDENBRÜCKE, die > SCHLEUSENBRÜCKE und die > SCHLOSSBRÜCKE. Die beim Nikolaiviertel anstelle der mittelalterlichen *Langen Brücke* (ab 1695 *Kurfürstenbrücke*) 1951 errichtete > RATHAUSBRÜCKE ist für den Durchgangsverkehr gesperrt; die > JUNGFERNBRÜCKE über den Spreekanal zur Fischerinsel ist die älteste erhaltene Brücke Berlins. An der Spree liegen mehrere Anlegestellen für Fahrgastschiffe der Berliner Reedereien.

Mit Beginn des Eisenbahnzeitalters in Preußen 1838 wurden die Berliner Fernbahnhöfe zunächst außerhalb der Stadtmauer und damit mit Ausnahme des > STETTINER BAHNHOFS (1876) nicht auf dem heutigen Gebiet von M. errichtet (> EISENBAHN). Als 1882 die den Bezirk in West-Ost-Richtung durchquerende > STADTBAHN ihren Betrieb aufnahm, sollte sie neben dem > ÖFFENTLICHEN PERSONENNAHVERKEHR auch der Verbindung zwischen den Fernbahnhöfen außerhalb der Stadt dienen. In M. entstanden an der Stadtbahn die Stationen Jannowitzbrücke, Alexanderplatz, Börse (heute Marx-Engels-Platz) und Friedrichstraße. Heute wird M. von fast allen Berliner S-Bahn-Linien durchfahren, die sich außerhalb des Bezirks vielfältig verzweigen (> S-BAHN). Die > U-BAHN erschließt den Bezirk auf insg. 21 Bahnhöfen über die Strecken U2, U5, U6, U8. Als überregionale Straßenverbindungen durchqueren die > BUNDESFERNSTRASSEN 1 (Leipziger Str., Gertraudenstr., Mühlendamm, Grunerstr., Alexanderplatz, Karl-Marx-Allee), 2 (Unter den Linden, Karl-Liebknecht-Str., Alexanderplatz, Hans-Beimler-Str.) und 5 (bis Alexanderplatz wie 2, danach wie 1) den Bezirk M.

Handel und Gewerbe haben in M. eine bis in die Anfänge der Stadt zurückreichende Tradition. Im 19. Jh. entwickelte sich mit dem Beginn der Industrialisierung eine bedeutende Konfektionsindustrie in Berlin, deren Zentrum in der Gegend um > SPITTELMARKT und > HAUSVOGTEIPLATZ lag. Später entstand im Nordteil des heutigen Bezirks – nördlich der heutigen Wilhelm-Pieck-Str. (bis 1951 Elsässer Str. und Lothringer Str.) und östlich der Chausseestr. – das erste Berliner Maschinenbauviertel. An der Invalidenstr. wurde 1804-1806 die *Königliche Eisengießerei* errichtet (1874 geschlossen), die u.a. auch Karl Friedrich Schinkel zu ihren künstlerischen Mitarbeitern zählte. Ab 1837 baute August Borsig am Oranienburger Tor seine Maschinen (> BORSIGHAUS; > BORSIGWERKE). Mit der Ausdehnung der Stadt wurden die Industrieanlagen 1886 abgerissen und in die städtischen Randgebiete verlagert.

Während der > SPALTUNG der Stadt 1948-90 war M. ein wichtiger Industriestandort Ost-Berlins. Zu den größten Betrieben zählten der VEB Mikroelektronik Secura mit über 2.000 Beschäftigten und der Berliner Aufzug- und Fahrtreppenbau mit rd. 1.000 Beschäftigten. Außerdem arbeiteten hier der VEB Fernmeldemeßgeräte, der VEB Dampferzeugerbau, sieben Konfektionsbetriebe und das Druckkombinat, das den Bezirk zu einem Zentrum der polygraphischen Industrie machte. Des weiteren wurden hier Laborchemikalien und technische Konsumgüter, Schallplatten und Musikkassetten hergestellt. Auch bedeutende Baubetriebe hatten hier ihren Sitz. Im Zuge der wirtschaftlichen Umgestaltung sollen die angestammten Gewerbegebiete an der Köpenicker Str. und Chausseestr. erhalten werden. Dabei soll hier auch produzierendes Gewerbe neu angesiedelt werden. Gegenwärtig arbeiten in M. rd. 200.000 Menschen vorwiegend in Verwaltungseinrichtungen. Für Investoren aus aller Welt erweist sich besonders das Gebiet um die Friedrichstr. als interessant, wo die ersten Bauvorhaben bereits begonnen haben. An den Rändern des Bezirks, am Englerbecken, an der Heinrich-Heine-Str. und an der > BERNAUER STRASSE sollen neue

Wohnungen im sozialen Wohnungsbau entstehen (> WOHNUNGSBAU).

15 % der Bezirksfläche sind in Landesbesitz, 25 % beansprucht der Bund. Diese Reserveflächen sollen insbes. im Bereich der Spreeinsel und des Stadthauses für die Errichtung neuer Regierungsinstitutionen genutzt werden. Die Bezirksverwaltung von M. befindet sich im *Berolina-Haus* am Alexanderplatz.

Bei den ersten Gesamt-Berliner Kommunalwahlen am 24.5.1992 wurde die PDS stärkste Partei. Sie stellt drei Stadträte, die SPD zwei, CDU und Bündnis Mitte je einen. Den Bezirksbürgermeister stellt die SPD.

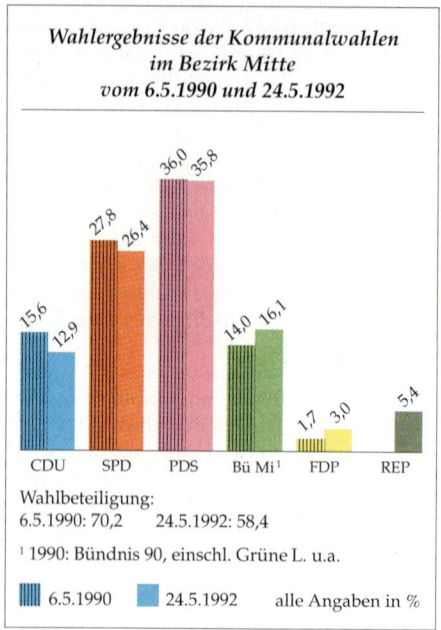

Wahlergebnisse der Kommunalwahlen im Bezirk Mitte vom 6.5.1990 und 24.5.1992

Wahlbeteiligung:
6.5.1990: 70,2   24.5.1992: 58,4

[1] 1990: Bündnis 90, einschl. Grüne L. u.a.

6.5.1990   24.5.1992   alle Angaben in %

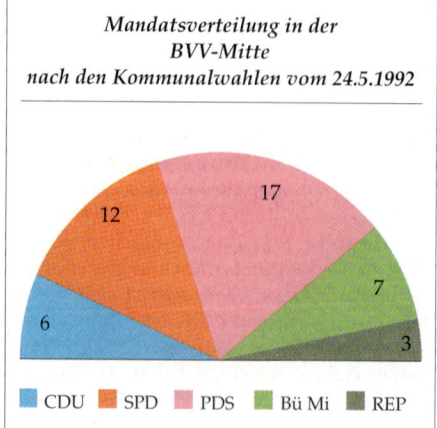

Mandatsverteilung in der BVV-Mitte nach den Kommunalwahlen vom 24.5.1992

CDU SPD PDS Bü Mi REP

Mittwochsgesellschaften: Kulturelle Vereinigungen, die in verschiedenen Formen als Vereine, Gesellschaften, Klubs oder Salons bestanden, spielten im geistigen Leben Berlins seit der zweiten Hälfte des 18. Jh. eine wesentliche Rolle (> KULTUR). Das trifft auch für jene Vereinigungen zu, die unter dem Namen M. bekannt geworden sind.

Als erste Berliner M. ist eine 1783 gegründete Vereinigung „Freunde der Aufklärung" zu nennen, die eine Anzahl hervorragender Männer des kulturellen und staatlichen Lebens aus dem selbstbewußt werdenden Bürgertum zum Gedankenaustausch über Fragen der Zeit zusammenführte. Namen und Ziele der Teilnehmer wurden zu deren Lebzeiten geheimgehalten. Die Zahl der Mitglieder durfte 24 nicht überschreiten, Angehörige des Adels wurden nicht aufgenommen. Zu den „Freunden" gehörten der Propst Wilhelm Abraham Teller, der Schriftsteller und Verleger Friedrich Nicolai, der Philosoph Moses Mendelssohn; Sekretär der Gesellschaft war der Bibliothekar Johann Erich Biester, der auch die Zeitschrift die „Berlinische Monatsschrift" herausgab, in der Meinungen und Vorträge der Mitglieder veröffentlicht wurden. Als die Regierung 1798 ein Edikt gegen die geheimen Gesellschaften und Vereinigungen erließ, löste sich diese erste M. auf. Zwei Jahre zuvor, im Oktober 1796, hatte der Schriftsteller Ignaz Aurelius Feßler eine „Gelehrte Gesellschaft zur Beförderung humaner Gesinnungen, Mitteilungen wissenswerter Gegenstände und nützlicher und angenehmer Unterhaltung" gegründet, die sich ebenfalls M. nannte. Sie ging jedoch schon bald in der ein Jahr später gegründeten „Gesellschaft der Freunde der Humanität" auf. Diese „Humanitätsgesellschaft", die sich freitags versammelte und als erste auch Frauen die Mitgliedschaft erlaubte, bestand bis 1861. Sie war in der ersten Hälfte des 19. Jh. die bekannteste populärwissenschaftliche Gesellschaft Berlins. Oft wurde auch sie fälschlich als M. bezeichnet.

Eine dritte M. bildete sich 1824 auf Anregung des Schriftstellers Julius Eduard Hitzig. Sie hatte das Ziel, die Freunde der Poesie in einer rein literarischen Gesellschaft zusammenzuführen.

Die vierte M. wurde auf Anregung und im Hause des preußischen Kultusministers Moritz August v. Bethmann Hollweg am 19.1. 1863 gegründet. Sie stellte sich in den Dienst einer liberalen Politik und machte den politischen Ausgleich zum Ziel ihrer Aktivitäten. Sie bestand bis in die letzten Monate des II. Weltkriegs und konnte am 19.7.1940 ihre 1.000. Zusammenkunft begehen. Mitglieder in den letzten Jahrzehnten ihres Bestehens waren u.a. der Chirurg Ferdinand Sauerbruch, der Philosoph und Pädagoge Eduard Spranger, die Historiker Friedrich Meinecke und Hermann Oncken, der Germanist Julius Petersen, der Wirtschaftswissenschaftler Jens Jessen, der preußische Finanzminister Johannes Popitz und der ehem. deutsche Botschafter in Rom, Ulrich v. Hassel. Auch Generaloberst Ludwig Beck, der am > 20. JUNI 1944 wegen Beteiligung am Umsturzversuch gegen Adolf Hitler zum Selbstmord gezwungen wurde, gehörte dieser M. an. Nach 1933 spielte sie eine gewisse Rolle im > WIDERSTAND gegen den Nationalsozialismus. Ihre Mitglieder beschränkten sich jedoch lange Zeit auf den Versuch, die außenpolitischen Folgen der nationalsozialistischen Gewaltherrschaft ohne Veränderung des inneren Systems zu mildern, so daß der aktive Widerstand nur zögerlich und zu spät einsetzte. Es gab ein zähes Ringen um die Frage der Beseitigung Hitlers, weil dem Tyrannenmord die preußische Tradition von Gehorsam und Eidesbindung entgegenstand (> GEDENKSTÄTTE DEUTSCHER WIDERSTAND).

Moabit: M. ist ein von > SPREE, Berlin-Spandauer Schiffahrts-Kanal, Westhafen-Kanal und Charlottenburger Verbindungskanal (> WASSERSTRASSEN) umschlossenes, dicht bevölkertes Wohn- und Gewerbegebiet im Norden des Bezirks > TIERGARTEN. Der Ursprung der Ansiedlung liegt etwa gegenüber dem > SCHLOSS BELLEVUE zwischen dem nördlichen Spreeufer und der historischen Verbindungsstraße von Berlin nach > SPANDAU. Die Entstehung des Ortes und sein seltsamer Name gehen auf das Jahr 1716 zurück, als Friedrich Wilhelm I. (1713-40) hier französische Glaubensflüchtlinge ansiedelte, die Maulbeerpflanzungen für die Seidenraupenzucht anlegten. Der morastige oder z.T. auch sehr sandige Untergrund des Urstromtals (> WARSCHAU-BERLINER URSTROMTAL) ließ jedoch nur wenig wirtschaftlichen Erfolg aufkommen, und so nannten die Bewohner ihre Zufluchtsstätte nach dem biblischen, transjordanischen Land „terre de Moab" bzw. dem dort ansässigen Volk „terre des Moabites", wohl weil es so „wüst" war. (Nach Literaturquellen aus dem beginnenden 19. Jh. sollen sie auch die

Bezeichnung „la terre maudite" – verfluchtes Land – gebraucht haben.) Nach dem Scheitern der Seidenraupenzucht versuchten sich die Ansiedler mit zunehmendem Erfolg im Anbau von Obst und Gemüse. Der „Moabiter Spargel" wurde in Berlin zu einem festen kulinarischen Begriff. Zwei westfälische Familien, die sich einige Jahre später hier niederließen, legten mit der Errichtung von > GASTSTÄTTEN und einer Pumpernickelbäckerei die Grundlagen für die Entwicklung M. zu einem beliebten Ausflugsziel, das man von den Zelten aus mit den „Moabiter Gondeln" über die Spree erreichen konnte (> IN DEN ZELTEN).

Bis zur Durchführung der Steinschen Städtereform von 1808 gehörte M. zum Amt Mühlenhof im Kreis Nieder-Barnim, wurde aber von Berlin verwaltet. Obwohl diese Doppelunterstellung die Entwicklung des Ortes behinderte, entstanden Anfang des 19. Jh. die ersten Industrieanlagen. Nach 1818 wuchs nördlich der ursprünglichen Siedlung, am heutigen, um 1855 von Peter Joseph Lenné angelegten *Kleinen Tiergarten* zwischen > TURMSTRASSE und *Alt-Moabit*, die Kolonie *Neu-Moabit* heran, die unter die Verwaltung der Forst- und Ökonomie-Deputation der Stadt Berlin gestellt wurde. Im Zuge der Industrialisierung verstärkte sich der Bevölkerungszuzug v.a. in Neu-Moabit. 1833/34 erhielt die neue Gemeinde mit der von Karl Friedrich Schinkel entworfenen > ST.-JOHANNESKIRCHE ein eigenes Gotteshaus (> VORSTADTKIRCHEN). Das älteste erhaltene Landhaus des Viertels ist das Haus Cabanis, Alt Moabit 71, von 1851. 1861 wurden beide Kolonien nach Berlin eingemeindet (> STADTERWEITERUNG).

ModaBerlin: Die 1991 erstmals von der > AUSSTELLUNGS-MESSE-KONGRESS-GMBH auf dem > AUSSTELLUNGS- UND MESSEGELÄNDE AM FUNKTURM veranstaltete M. findet seitdem zweimal jährlich, jeweils im März und im August statt. Angelegt als europäische Modemesse, die alle Produktgruppen anbietet, soll sie sich zum international bedeutendsten Orderplatz dieser Branche für Ost und West entwickeln. Bereits im September 1991 konnte die M. mit 11.267 Fachbesuchern eine Steigerung von 40 % gegenüber dem Frühjahr 1991 verzeichnen. Im Rahmen der M. werden auch Seminare mit Analysen zum geöffneten europäischen Markt angeboten. Weitere Fachvorträge und Seminare sind für den Mode-Marketingbereich geplant.

Molkenmarkt: Der M. südöstlich des > NIKOLAIVIERTELS im Bezirk > MITTE ist der älteste Platz Berlins. Von der einstigen mittelalterlichen Bebauung ist jedoch nichts mehr erhalten. Heute ist der Platz ein belebter Verkehrsknotenpunkt im Zuge der Ost-West-Verbindung zwischen > ALEXANDERPLATZ und > POTSDAMER PLATZ.

Nördlich des M. liegt mit seiner rückwärtigen Front das 1869 fertiggestellte > BERLINER RATHAUS, Sitz des > SENATS VON BERLIN und des > REGIERENDEN BÜRGERMEISTERS; an seiner Ostseite steht das 1911 errichtete > STADTHAUS, bis zur > VEREINIGUNG 1990 Sitz des Ministerrats der DDR. An der Südseite des Platzes befindet sich das 1704 erbaute > PALAIS SCHWERIN mit der benachbarten > MÜNZE. In dem innen baulich verbundenen Gebäudekomplex war bis 1990 das Ministerium für Kultur der DDR (außer den Hauptverwaltungen Film sowie Verlage und Buchhandel) untergebracht. Heute ist hier der Sitz der Berliner Außenstelle des > BUNDESMINISTERS DES INNERN.

Molkenmarkt und Spandauer Straße, 1900

Schon vor der ersten urkundlichen Erwähnung Berlins (1244) und > KÖLLNS (1237) wurde auf dem M. Markt gehalten (> WOCHENMÄRKTE). Möglicherweise sind hier die ersten Bauten der neuen Ansiedlung entstanden. Im Zentrum der historischen Doppelstadt gelegen, war der M. gleichzeitig Berliner Brückenkopf des > MÜHLENDAMMS, des ersten befestigten Spreeübergangs Berlins. Nach Eröffnung des > NEUEN MARKTS nahe der > MARIENKIRCHE Ende des 13. Jh. verlor der zunächst als „Markt to dem Berlin" und „up den Olden Markt" (*Alter Markt*) erwähnte Platz zwar seine Funktion als Hauptmarkt der Stadt, blieb aber weiterhin ein wichtiges Handelszentrum. Seinen heutigen Namen erhielt er im 17. Jh., wahrscheinlich nach den

„Mollen" (niederdeutsch für Mühlen) am Mühlendamm. Im 18. Jh. entstanden am M. mehrere bedeutende Adelspalais. In den 30er Jahren unseres Jh. fielen viele der umliegenden Bauten der Verbreiterung des Mühlendamms und der Erweiterung der Schleuse zum Opfer, darunter auch das > EPHRAIMPALAIS, das 1987 im Nikolaiviertel, nur wenig entfernt vom alten Standort, wieder aufgebaut worden ist. Auch die ursprünglich am M. stehende Gaststätte *Zur Rippe* (nach einer an der Fassade angebrachten Walfischrippe, die der Sage nach allerdings einem in den > MÜGGELBERGEN hausenden, mädchenraubenden Riesen zugeschrieben wurde), von 1672-1708 und Ende des 19. Jh. ein bekanntes Gasthaus, ist im benachbarten Nikolaiviertel nachempfunden worden. Im II. Weltkrieg wurde die noch vorhandene Bebauung des M. bis auf die Gebäude an seiner Südseite zerstört. Beim Ausbau der neuen Ost-West-Verbindung ab 1966 erhielt der Platz seine heutige Gestalt.

Moltkebrücke: Die 1888-91 nach einem Entwurf von Otto Stahn und James Hobrecht in Stein erbaute 92 m lange und 27 m breite M. über die > SPREE unweit des > REICHSTAGSGEBÄUDES zählt mit ihrem reichen Figurenschmuck aus Sandstein und Bronze zu den schönsten > BRÜCKEN Berlins. Die drei großen mittleren Bögen der mit rotem Mainsandstein verkleideten Brücke überspannen den Fluß, während außen kleinere Bögen die südliche Ladestraße bzw. den nördlichen Uferweg überqueren. Bei den Endkämpfen um Berlin im April 1945 wurde die Brücke schwer beschädigt und 1947 nur notdürftig repariert. Nach 1984 begonnenen umfangreichen Sanierungsarbeiten, bei denen im Inneren der Brücke zur Verstärkung eine äußerlich nicht sichtbare Stahlkonstruktion eingezogen wurde, erstrahlt die M. seit 1987 wieder im alten Glanz.

Die M. war im Zusammenhang mit einer Reihe weiterer Spreebrücken am > GROSSEN TIERGARTEN zur Erschließung des Ende des 19. Jh. neu entstehenden Industriestandorts > MOABIT erbaut worden (> GESCHICHTE; > WIRTSCHAFT). Dem Flußverlauf folgend gehören dazu neben der M. die 1891/92 von C. Bernhardt erbaute *Lutherbrücke* (1951 rekonstruiert), die 1894/95 von Otto Stahn und C. Bernhardt errichtete *Moabiter Brücke*, die 1901 von Ludwig Hoffmann entworfene und 1904 vollendete *Lessingbrücke* (Mitte der 80er Jahre bei Erhalt der äußeren Gestalt erweitert), die 1910 von Bruno Möhring als Folgebau einer hölzernen Jochbrücke von 1894 in Stein fertiggestellte *Hansabrücke* (nach Kriegszerstörung 1953 durch einen Neubau ersetzt) und – als jüngste und westlichste – die 1910/11 anstelle einer hölzernen Jochbrücke von 1886 durch den U-Bahn-Architekten Alfred Grenander erbaute *Gotzkowskybrücke*.

Mommsenstadion: Das nach den Plänen von Fred Forbat errichtete, 1930 eröffnete M. liegt am Nordrand des > Grunewalds inmitten eines großen Sportkomplexes an der Waldschulallee 34 im Bezirk > Charlottenburg. Das ca. 35.000 m² große, vom Bezirksamt Charlottenburg verwaltete Gelände des Fußball- und Leichtathletikstadions bietet 1.805 Sitzplätze auf der Tribüne und 13.200 Stehplätze. Neben dem Fußballrasenplatz verfügt das M. über sämtliche leichtathletischen Sportanlagen, eine Kunststofflaufbahn und eine 3-Stufen-Flutlichtanlage.

Das Stadion ist Austragungsort Deutscher, Norddeutscher und Berliner Meisterschaftsbegegnungen und -wettkämpfe, Heimspielstätte der Fußballer des Vereins von Tennis Borussia Berlin und des > Sport-Club Charlottenburg e.V., Trainings- und Wettkampfstätte seiner Leichtathletikabteilung sowie Veranstaltungsort für > Jugend trainiert für Olympia des Deutschen Sportbundes.

Nach schweren Kriegsschäden restauriert, wurde das M. 1948 von der britischen Besatzungsmacht für den Vereins- und Breitensport freigegeben (> Alliierte). Die kontinuierlich durchgeführten Erweiterungs- und Modernisierungsmaßnahmen wurden 1987 zum Deutschen Turn- und Sportfest abgeschlossen.

In unmittelbarer Nähe des Stadions befinden sich die *Sportanlagen Am Eichkamp* und *Am Kühlen Weg*. Diese beiden dem Vereins-, Schul-, Freizeit- und Breitensport zur Verfügung stehenden > Sportstätten umfassen auf insg. 209.000 m² 14 Großspielfelder, drei Kleinspielfelder und zwei Leichtathletiklaufbahnen.

Monbijoubrücke: Die 1904 nach Entwürfen von Ernst v. Ihne erbaute M. überspannt den > Kupfergraben und die > Spree kurz vor ihrem Zusammenfluß nördlich der > Museumsinsel im Bezirk > Mitte. Auf der Insel liegt in ihrem Verlauf der Haupteingangsbereich des > Bode-Museums. Ihren Namen erhielt die

Brücke nach dem im II. Weltkrieg zerstörten und später abgetragenen Schloß Monbijou im östlich der Brücke gelegenen > Monbijoupark. Die am 18.10.1904 gemeinsam mit dem Bode-Museum eröffnete Brücke ist dem Museum in Architektur und Ausstattung angepaßt. Sie ist mit Sandsteinquadern verkleidet und trägt ein Geländer aus barocken Balustern, das sich am Museumsvorplatz zu einem Halbrund erweitert. Sechs Steinsäulen, davon vier an den Enden der Brücke über den Kupfergraben, tragen reich verzierte Kugellampen. Die Säulenbasen und Kapitelle sind mit bronzenen Emblemen und Dekorationen geschmückt.

Bereits 1776 befand sich an dieser Stelle die „Kleine Weidendammer Brücke", die nach dem Bau eines Mahlhauses und einer Mehlwaage auch „Mehlbrücke" und „Mehltragebrücke" genannt wurde. Sie wurde 1826 als hölzerne Jochbrücke neu errichtet und bis 1899 genutzt. 1950 wurde der im II. Weltkrieg zerstörte, über die Spree führende Brückenteil unter Verwendung des alten Unterbaus provisorisch als schmale Fußgängerbrücke mit Eisengeländer wiederhergestellt. Der Abschnitt über den Kupfergraben war erhalten geblieben. Das Brückengeländer und die Lampenträger wurden 1967/68 bzw. 1974 restauriert.

Monbijoupark: Der zwischen Oranienburger Str. und > Spree gelegene, rund 4 ha große M. im Bezirk > Mitte entstand 1961 als Freizeit- und Erholungspark anstelle des *Schloßparks Monbijou*. Er umfaßt mehrere Kleinsportanlagen, Kinderspielplätze und ein kleines Schwimmbad (> Frei- und Sommerbäder). Aus dem alten Schloßpark erhalten ist die 1888 am östlichen Parkrand auf einem hohen Granitsockel aufgestellte, aus Marmor geschaffene Monumentalbüste des Dichters Adelbert v. Chamisso von Julius Moser.

Das 1703 von Eosander v. Göthe für den Grafen Kolbe v. Wartenberg errichtete einstige Schloß kam 1710 in den Besitz der Kronprinzessin Sophie Dorothea, der Frau Friedrich Wilhelm I. (1713-40), die ihm 1712 den Namen „Monbijou" gab. Mitte und Ende des 18. Jh. wurde das *Schloß Monbijou* mehrfach erweitert und 1877 als *Hohenzollernmuseum* für die Allgemeinheit geöffnet. Es zeigte in 42 Sälen eine bedeutende Sammlung von Erinnerungsstücken an die hohenzollernschen > Landesherren vom Großen Kurfürsten Friedrich Wilhelm (1640-88) bis zu Kaiser

Wilhelm II. (1888-1918). Der gemeinsam mit dem Schloß angelegte Barockgarten wurde Anfang des 19. Jh. in einen Landschaftspark umgestaltet.

Anläßlich der Silberhochzeit von Kronprinz Friedrich Wilhelm (Friedrich III., 1888) mit der aus dem englischen Königshaus stammenden Kronprinzessin Viktoria 1883 ließ Kaiser Wilhelm I. (1861-88) in der Nordwestecke des M. neben dem 1859 vollendeten evangelischen Domkandidatenstift an der Oranienburger Str. die *St.-Georgs-Kirche* für die anglikanische Gemeinde in Berlin errichten. Der 1884/85 nach Plänen von Julius Raschdorff, dem Architekten des Berliner > DOMS, ausgeführte Kreuzbau in neogotischen Formen mit 350 Plätzen erlangte einige Bedeutung und war regelmäßig Besuchspunkt für die Angehörigen des englischen Herrscherhauses bei ihren Staatsbesuchen in Berlin. Bei Ausbruch des II. Weltkriegs wurde die Kirche geschlossen.

Nach erheblichen Kriegszerstörungen wurden Kirche und Schloß 1958-60 abgerissen. Die Bestände des Hohenzollernmuseums sind – soweit erhalten – auf Schloß Sanssouci in Potsdam, > SCHLOSS KÖPENICK, > SCHLOSS CHARLOTTENBURG und das > JAGDSCHLOSS GRUNEWALD verteilt. Die anglikanische Kirche in Berlin nutzt heute die 1950 errichtete neue Georgskirche an der Preußenallee in > CHARLOTTENBURG.

Moore: Die M. sind als naturnahe Biotope wichtiger Bestandteil der Berliner > FORSTEN (> LAGE UND STADTRAUM). Bei den in Berlin noch vorhandenen 27 offenen M. handelt es sich um Gebiete mit starken Größendifferenzen. So beträgt die Fläche des kleinsten Moorgebiets am *Pechsee* in > GRUNEWALD nur rd. 3 ha, während das größte Berliner M. an der > KRUMMEN LAKE in > KÖPENICK einschließlich des dortigen Naturschutzgebiets 121 ha mißt.

Die Berliner M. besitzen eine beträchtliche Pflanzen- und Tiervielfalt, wobei hier viele der seltenen und insg. 73 akut gefährdeten Pflanzenarten, wie z.B. der Sumpfporst, der Rundblättrige Sonnentau, die Alpenbinse, das Wollgras oder die Rosmarienheide ein Rückzugsgebiet haben (> ARTENSCHUTZPROGRAMM; > NATURSCHUTZ). Die M. sind Laichgewässer für zahlreiche Amphibien wie den Moorfrosch und die Erdkröte. In ihrem Umfeld haben sich Ringelnatter und Waldeidechse, moorspezifische Spinnenarten und

Insekten sowie seltene Libellen wie die Kleine Moosjungfer und die Torfmosaikjungfer angesiedelt.

Der > SENAT VON BERLIN trägt der hohen natürlichen Bedeutung der M. durch umfassende Schutzmaßnahmen Rechnung. So sind von den 36 Naturschutzgebieten Berlins rd. die Hälfte M. Zur Wiederherstellung ihres natürlichen Zustandes werden vielfach Maß-

Teufelsfenn im Grunewald

nahmen der Renaturierung durchgeführt. V.a. soll durch Wiedervernässungsmaßnahmen eine Anhebung des Grundwasserspiegels erreicht werden, der die Austrocknung dieser Biotope verhindert.

Moscheen: Für die über 130.000 Berliner, die sich zu den verschiedenen islamischen > RELIGIONSGEMEINSCHAFTEN bekennen, gibt es insg. 34 Gebetsstätten *Islamischer Vereinigungen*, von denen 14 von der „Türkisch-Islamischen Union der Anstalt für Religion e.V." (Diyanet Isleri Türk-Islam Birligi [DITIB]), elf von der „Islamischen Föderation in Berlin e.V." (Islam Federasyonu-Berlin) und drei von der Vereinigung „Islamisches Kulturzentrum e.V." (Zweigstelle Berlin) genutzt werden. Fast alle sind in ehem. Fabriketagen, Lager- oder Geschäftsräumen untergebracht, darunter auch die größte Gebetsstätte Berlins, die Mevlana Camii (Moschee) der Islamischen Föderation in der Skalitzer Str. 135 im Bezirk > KREUZBERG oder die von dem Islamischen Kulturzentrum getragene Beyazid Camii, die in einer Fabriketage in der Lindower Str. 18-19 im Bezirk > WEDDING untergebracht ist und neben der eigentlichen M. und den Waschräumen eine Bibliothek, einen Friseursalon, eine Herberge sowie Büro- und Unterrichtsräume umfaßt.

Lediglich zwei Bauwerke entsprechen auch ihrem Äußeren nach den Vorstellungen einer

M.: An der Brienner Straße 8/Ecke Berliner Straße liegt südlich des > FEHRBELLINER PLATZES im Bezirk > WILMERSDORF die M. der kleinen Religionsgemeinschaft „Ahmadiyya-Anjuman", die ihren Hauptsitz in Lahore in Pakistan hat. Die 26 m hohe M. wurde 1924-28 nach Plänen von H. A. Herrmann im indischen Mogulstil erbaut. Die Kuppel über dem ca. 400 Personen fassenden Versammlungsraum hat einen Durchmesser von 10 m. Nach Kriegszerstörungen wurde die M. mit Unterstützung der > ALLIIERTEN wieder aufgebaut und in den 70er Jahren u.a. mit Mitteln der > DEUTSCHEN KLASSENLOTTERIE BERLIN renoviert.

Die zweite – von der DITIB genutzte – M. entstand zwischen 1983-85 durch Umbauten eines ehem. Wachhauses und befindet sich auf dem ersten Friedhof für Muslime in Berlin am Columbiadamm 128 im Bezirk > NEUKÖLLN. Dieser sog. *Türkische Friedhof* geht auf das Jahr 1886 zurück, als Wilhelm I. (1861-88) das Gelände am *Tempelhofer Feld* als Begräbnisstätte auf Dauer an die türkische Gemeinde in Berlin übereignete. Nach der Eintragung der DITIB ins Vereinsregister wurde die Gebetsstätte auf dem Friedhof aufgrund von Besitztiteln der Osmanischen Regierung enteignet und der Diynaet-Vereinigung zugeschlagen, die heute die Organisation der Berliner Muslime dominiert. (1988 wurde auf dem Gelände des *Landschaftsfriedhofs Gatow* im Bezirk > SPANDAU ein zweiter muslimischer Friedhof eingerichtet.)

Die ersten türkisch-islamischen Gebetsstätten wurden nach dem II. Weltkrieg eingerichtet, aber erst gegen Ende der 70er Jahre begann sich das islamische Leben so zu formieren, daß neben den islamischen Sekten und kleinen Gruppen ein System von M. entstand, das von Moscheevereinen getragen wurde. Ein Ziel der Muslime in Berlin ist der Bau einer Zentralmoschee, für den bis heute jedoch das Geld nicht aufgebracht werden konnte. Gespräche mit den christlichen Kirchen, der türkisch-islamischen „Gemeinde" eine M. zur Verfügung zu stellen, scheiterten bislang an der islamischen Dogmatik, nach der es für einen Moscheeverein unmöglich ist, ein islamisches Gotteshaus wieder an eine christliche Gemeinde zurückzugeben.

Moses-Mendelssohn-Preis: Der 1979 anläßlich des 250. Geburtstags des Philosophen Moses Mendelssohn vom > SENAT VON BERLIN gestiftete M. wird alle zwei Jahre, in der Regel am 6. September, dem Geburtstag Mendelssohns, verliehen und ist mit 20.000 DM dotiert. Mit dem Preis soll „Toleranz gegenüber Andersdenkenden und zwischen den Völkern, Rassen und Religionen" gewürdigt werden. Der M. kann verliehen werden an einen Schriftsteller, eine Persönlichkeit, eine Gruppe oder eine Institution, der oder die durch sein bzw. ihr „Wirken auf geistigliterarischem oder religiös-philosophischem Gebiet oder durch praktische Sozialarbeit sich um die Verwirklichung der Toleranz verdient gemacht hat". Das Preisgericht besteht aus sieben Personen, von denen zwei durch die > SENATSVERWALTUNG FÜR KULTURELLE ANGELEGENHEITEN und je eine von der Mendelssohn-Gesellschaft e.V., der > JÜDISCHEN GEMEINDE ZU BERLIN, der > KATHOLISCHEN KIRCHE, der > EVANGELISCHEN KIRCHE und vom Landesverband Berlin e.V. des Deutschen Freidenkerverbands berufen werden.

Die Preisträger

1980	Barbara Just-Dahlmann
1982	Eva G. Reichmann
1984	Liselotte Funke und Barbara John
1986	Yehudi Menuhin
1988	Helen Suzman
1990	Teddy Kollek

Müggelberge: Die M. sind eine Bergkette im Bezirk > KÖPENICK südlich des > GROSSEN MÜGGELSEES. Der in ihrer Mitte gelegene *Große Müggelberg* ist mit 115 m die höchste natürliche Erhebung Berlins (> BERGE). Der die M. umgebende > KÖPENICKER FORST und die angrenzenden > SEEN bilden eines der größten geschlossenen Naherholungsgebiete Berlins. Die M. gehen auf das Brandenburger Stadium der letzten Eiszeit zurück und gehören zu dessen Stauchendmoränen (> LAGE UND STADTRAUM). Mit ihren Mischwaldbeständen heben sie sich deutlich gegen die Nadelwälder der 80 m tiefer gelegenen Talflächen ab. Auf der Kuppe des *Kleinen Müggelbergs* (92 m) liegt das Ausflugsrestaurant Müggelbaude mit dem 29 m hohen > MÜGGELTURM, der weite Aussicht ins Umland bietet. Auf dem Großen M. befand sich bis zu ihrer Sprengung 1945 die „Bismarckwarte". In den 50er Jahren wurde hier der Bau eines Fernsehturms erwogen. Der Plan mußte aber wegen der inzwischen festgelegten Einflugschneise zum Flughafen Schönefeld aufgegeben werden. Die danach errichteten Bauwerke hatten nachrichtentechnische Aufgaben und dienen seit dem 1.2.1991 als Richtfunkübertragungsstelle des Fernmeldeamts 1 der Telekom (> DEUTSCHE BUNDESPOST). Westlich dieser Gebäude beginnt eine der längsten > RODELBAHNEN Berlins hinab zum Teufelssee, wo sich eine Rodelausleihstation befindet. Nach ihrer Schließung 1989 soll sie demnächst wieder eröffnet werden. Der in einem 4,3 ha großen Moor gelegene See (Restfläche 1,4 ha) ist vom Kleinen Müggelberg aus über einen 3 km langen Naturlehrpfad oder eine 1928 aus 111 Kalksteinstufen erbaute Treppe erreichbar. (Ein zweiter > TEUFELSSEE befindet sich am Fuß des > TEUFELSBERGS im Bezirk > WILMERSDORF). Am Südhang des Kleinen Müggelbergs führt eine gleichfalls 1928 angelegte Treppe zu der am > LANGEN SEE gelegenen Ausflugsgaststätte Marienlust.

Müggelheim: M. ist ein Ortsteil im Südosten des Bezirks > KÖPENICK. Er hat seinen Namen nach dem ehem. Angerdorf M., das 1747 als Gründung von 20 Pfälzer Kolonistenfamilien am Nordufer der > GROSSEN KRAMPE entstand (> DÖRFER). In der kleinen, mitten im > KÖPENICKER FORST gelegenen Siedlung existieren neben einigen Bauernhäusern aus dem 19. Jh. als älteste Bauten eine Scheune (Alt-Müggelheim 3, um 1790) und die auf quadratischem Grundriß errichtete > DORFKIRCHE (1803/04) mit einem kleinen Glockenturmaufsatz von 1910. Am östlichen Ortsrand der Siedlung beginnt das Naturschutzgebiet > KRUMME LAKE. Nördlich von M. erstreckt sich der > GROSSE MÜGGELSEE, westlich liegen die > MÜGGELBERGE mit dem > MÜGGELTURM.

Müggelturm: Der am 31.12.1961 eröffnete, 29 m hohe M. auf dem 92 m hohen Kleinen Müggelberg im > KÖPENICKER FORST ist ein verglaster Stahlbetonbau von neun Stockwerken (> MÜGGELBERGE). Seine nur zu Fuß über 126 Stufen zu erreichende, 120 m über NN gelegene Aussichtsplattform bietet bei gutem Wetter einen bis zu 50 km weiten Rundblick über die umliegenden Wald- und Seenflächen (> LANGER SEE; > GROSSER MÜGGELSEE). Am Fuß des M. befindet sich ein Gaststättenkomplex mit ca. 500 Plätzen auf Aussichtsterrassen und 240 Plätzen im Restaurant.
Bis zum 19.5.1958 stand ungefähr an gleicher Stelle der 1889 von dem Köpenicker Wäscherei- und Färbereibesitzer Wilhelm Spindler (> SPINDLERSFELD) gestiftete Alte Müggelturm,

ein 27 m hohes, mit Schindeln verkleidetes, hölzernes Bauwerk im Pagodenstil. Es mußte 1957 wegen Baufälligkeit gesperrt werden und brannte am 19.5.1958 bei Renovierungsarbeiten ab. Die Konstruktion des neuen M. erfolgte durch ein Studentenkollektiv der heutigen > KUNSTHOCHSCHULE BERLIN.

Mühlendamm: Der M. ist ein über die > SPREE führendes Straßenstück zwischen Gertraudenstr. und > MOLKENMARKT im Bezirk > MITTE. Die breite, einbogige Spannbetonbrücke stammt aus dem Jahr 1968. Der Name M. ist aus den Anfängen der Stadt überliefert, als hier im Zentrum der historischen Doppelstadt Berlin/> KÖLLN an einer natürlichen Furt mit dem „Molendamm" der erste befestigte Spreeübergang Berlins entstand. Heute ist der achtspurig ausgebaute M. Teilstück der stark genutzten Ost-West-Verbindung vom > ALEXANDERPLATZ über die > LEIPZIGER STRASSE zum > POTSDAMER PLATZ.

Mühlendammschleuse um 1910

Die im 13. Jh. anstelle der alten Furt zwischen Berlin und Kölln errichtete Mühlendammbrücke war zugleich Wehr und Mühlenstau. Die etwa um 1220 entstandenen Wassermühlen, die ihr den Namen gaben, gehörten zu den ältesten Anlagen der Stadt und wurden 1285 in einer markgräflichen Urkunde erstmalig erwähnt. Der Mühlenbetrieb (Getreide-, Loh-, Walk- und Sägemühlen) wie auch der Warenverkehr auf dem Fluß und über den Damm brachten der Stadt beachtliche Einnahmen. Da der M. bis zur Errichtung einer Schleuse (erstmalige Erwähnung 1578) von Schiffen nicht passiert werden konnte, mußten auf dem Wasserweg transportierte Waren am M. umgeladen werden. Schon früh waren hier deshalb zahlreiche hölzerne Krambuden und Verkaufsstände entstanden, die 1687 – vom Großen

Kurfürsten Friedrich Wilhelm (1640-88) veranlaßt – auf Kosten der Eigentümer in Stein errichtet werden mußten. Gleichzeitig ließ er auf dem Damm nach Entwürfen von Johann Arnold Nering > KOLONNADEN errichten, die Mitte des 18. Jh. nochmals aufgestockt wurden. 1706-10 erhielt die Mühlendammbrücke dauerhafte Sandsteingewölbe.

Anfang des 19. Jh. war der M. trotz seiner geringen Länge eine der belebtesten Geschäftsstraßen Berlins. Die Zahl der Mühlen wuchs zeitweilig auf zehn an. 1838 entstand nach Plänen des Architekten Ludwig Persius ein mächtiges, kastellartiges Mühlengebäude, in das u.a. das Berliner Polizeipräsidium einzog (> POLIZEI). Bis zum Aufkommen der Dampfmaschine war der M. eine der wichtigsten Energiequellen der wachsenden Residenzstadt. Trotz mehrerer Brände blieb der M. so im wesentlichen bis zum Ende des 19. Jh. erhalten.

1881 übernahm die Stadt die gesamte Anlage. Im Zusammenhang mit der Spreeregulierung und dem Neubau der Schleuse wurden der veraltete Mühlenbetrieb 1888 stillgelegt und die Gebäude bis 1892 abgerissen. Die historische Brücke wurde durch eine Stahlkonstruktion ersetzt und ein neues, burgähnliches Dammgebäude erbaut, in das 1893 die Berliner Sparkasse einzog. 1935 fiel dieses Gebäude sowie einige weitere historische Bauten der Verbreiterung des M. und einer abermaligen Erweiterung der Schleusenanlage zum Opfer (> EPHRAIM-PALAIS). Die bei dieser Gelegenheit anstelle der Stahlbrücke von 1892 errichtete neue Brücke wurde in den letzten Kriegstagen gesprengt. Danach provisorisch wiederhergerichtet, wurde sie 1966-68 durch den heutigen Neubau ersetzt. (> BRÜCKEN)

Müllerstraße: Die rd. 3,7 km lange M. beiderseits des Leopoldplatzes im > WEDDING ist die Hauptverkehrs- und Geschäftsstraße des Bezirks und gleichzeitig ein überregionales > EINKAUFSZENTRUM für den gesamten Berliner Norden. Neben dem Rathaus des Bezirks, dem Arbeitsamt und der Berliner Landeszentrale der > SOZIALDEMOKRATISCHEN PARTEI DEUTSCHLANDS (SPD) im *Kurt-Schumacher-Haus* konzentrieren sich hier viele weitere kommunale, kirchliche, kulturelle und geschäftliche Einrichtungen sowie mit der Schering AG ein chemisches Industrieunternehmen von Weltgeltung.

Ihre Befestigung verdankt die M. den Gebrü-

dern Alexander und Wilhelm v. Humboldt, die sich um 1800 dafür einsetzten, daß der in seinem weiteren Verlauf an ihrem Wohnsitz auf > SCHLOSS TEGEL vorbeiführende alte Heerweg nach Ruppin – wegen der von dort kommenden Bierfuhren auch „Ruppinischer Bierweg" genannt –, zur Chaussee ausgebaut wurde. 1809 nahm an der heutigen Einmündung der Gerichtsstr., dem früheren „Ruheplatz" (heute: Courbièreplatz), eine erste > WINDMÜHLE ihren Betrieb auf. Knapp 20 Jahre später existierten bereits 19 Mühlen, die der Straße zu ihrem heutigen Namen verhalfen. Ausschlaggebend jedoch für den späteren Aufstieg war die wachsende Bedeutung dieser Verkehrsachse als nördliche Verlängerung der *Chausseestraße*, die sich durch die Ansiedlung der Eisengießerei von August Borsig (1837) und anderen Maschinenbau- und Lokomotivenfabriken zu Berlins führendem Industrierevier entwickelte (> LAGE UND STADTRAUM; > WIRTSCHAFT). In der Folge wurde die M. zu einer der bevölkerungsreichsten Wohnstraßen Berlins.

Neben dem 1930 fertiggestellten Rathaus (Nr. 146/147; > RATHÄUSER), sind v.a. das 1910-12 von William Müller als erstes in Preußen erbaute Krematorium, die von Karl Friedrich Schinkel entworfene > NAZARETHKIRCHE und das 1886 errichtete Paul-Gerhardt-Stift der Berliner Diakonissenstiftung erwähnenswert. Gegenüber der von Max Taut am Nordende der M. geschaffenen Friedrich-Ebert-Siedlung (> AFRIKANISCHES VIERTEL) schuf Jean Krämer 1925-27 in expressionistischen Formen den durch seine großzügige Anlage und seine eigenwilligen Wassertürme berühmt gewordenen größten Berliner Straßenbahnhof mit integrierter Wohnsiedlung (> STRASSENBAHN). Seit 1960 wird die Anlage als Autobusbetriebshof genutzt. Als Berliner Unikum gilt Berlins schmalstes Haus mit nur zwei Fenstern Breite unter der Nr. 156d.

Münze: Das 1936-38 nach einem Entwurf von Fritz Keibel erbaute ehem. Verwaltungsgebäude der Reichsmünze am > MOLKENMARKT ist heute Sitz einer der Berliner Außenstellen des > BUNDESMINISTERS DES INNERN (BMI). Das Gebäude ist mit dem 1704 von Jean de Bodt in niederländischem Barock errichteten, heute ebenfalls vom BMI genutzten > PALAIS SCHWERIN verbunden. Hauptzierde der M. ist die Kopie eines von Johann Gottfried Schadow um 1800 nach Entwürfen von Friedrich Gilly geschaffenen Sandsteinfrieses für den damaligen Neubau der M. am > WERDERSCHEN MARKT. Das 36 m lange Relief mit Szenen der Münzherstellung gilt als ein wichtiges Werk klassizistischer Skulptur in Berlin.

Die Geschichte der Berliner M. reicht zurück bis ins 13. Jh. Zumindest seit 1280 ist die Existenz einer landesherrlichen, dem Markgrafen gehörenden M. gesichert, die wahrscheinlich in der Klosterstr. stand. 1369 wurde die M. vorübergehend städtisch und befand sich zu der Zeit nahe dem > NEUEN MARKT an der > MARIENKIRCHE. Anfang des 16. Jh. bestand wieder eine kurfürstliche M. nahe der > NIKOLAIKIRCHE. Ende des 16. Jh. wurde die M. ins > STADTSCHLOSS verlegt. Die Fertigstellung eines von Baumeister Andreas Schlüter in Schloßnähe errichteten, mit 90 m Höhe alles überragenden Münzturms scheiterte, da das noch unvollendete Bauwerk 1706 einzustürzen drohte und abgetragen werden mußte.

Schon 1701 war die Verlegung der M. vom Schloß in ein östlich des Friedrichswerderschen Rathauses gelegenes Gebäude in der Unterwasserstr. 2 erfolgt. 1750 wurde sie königliche Hauptmünze und führte als ihr Kennzeichen den großen Prägebuchstaben A. Da sie den wachsenden Anforderungen nicht gerecht werden konnte, wurde 1752 das Gebäude, mit Ausnahme der Produktionsstätten, abgerissen und ein neues zwei- bis dreistöckiges Bauwerk in der Spandauer Vorstadt, Münzstr. 10-12, errichtet (*Neue Münze*). Nachdem das Rathaus 1794 abgebrannt war, errichtete Heinrich Gentz an seiner Stelle gegenüber der > FRIEDRICHSWERDERSCHEN KIRCHE 1798-1800 einen noch größeren Neubau für die M. (verziert mit dem erwähnten Fries), während das Gebäude in der Münzstr. der königlichen Münzmaschinen-Bauanstalt überlassen wurde. Mitte des 19. Jh. wurde auch diese M. zu klein. 1861 begann man mit der Errichtung eines neuen Gebäudes an der Unterwasserstr. Der Schadowsche Fries wurde beim Abriß des alten Gebäudes erhalten und in erweiterter Form an den 1871 fertiggestellten Neubau angefügt. Als dieses Gebäude 1934 abgerissen wurde, um dem neuen > REICHSBANKGEBÄUDE Platz zu machen, fügte man eine Kopie des Frieses dem heutigen Gebäude am Molkenmarkt an. Das Original des Reliefs befindet sich seit 1976 an der Ostwand eines Altenwohnheims am Spandauer Damm neben dem > SCHLOSS CHARLOTTENBURG.

Bis zum Ende des II. Weltkriegs wurde das Gebäude von der Reichsmünze genutzt. Danach diente es zunächst weiterhin der M., bevor es – wie auch das Palais Schwerin – der am 12.7.1951 gegründeten Staatlichen Kommission für Kunstangelegenheiten der DDR zur Verfügung gestellt wurde, aus der 1954 (zusammen mit anderen Einrichtungen) das DDR-Ministerium für Kultur hervorging, das in dem Komplex seinen Hauptsitz nahm. Im Zuge der > VEREINIGUNG kamen beide Gebäude zum Eigentum des Bundes.

Münzkabinett: Das zu den > STAATLICHEN MUSEEN ZU BERLIN gehörende M. der > STIFTUNG PREUSSISCHER KULTURBESITZ hat seinen Standort im > BODE-MUSEUM auf der > MUSEUMSINSEL. Dieser Standort bleibt entsprechend der Planung zur Neuordnung der Staatlichen Museen erhalten (> MUSEEN UND SAMMLUNGEN).

Das M. ist kein Museum im klassischen Sinne, da seine Bestände nicht vorrangig in Dauerausstellungen der Öffentlichkeit zugänglich gemacht werden. Ähnlich dem > KUPFERSTICHKABINETT werden die Sammlungen des M. in Tresoren und geschlossenen Depots verwahrt und dem Interessenten in Studiensälen zur Betrachtung vorgelegt. Dennoch verfügt das M. über fünf Ausstellungsräume im Obergeschoß des Bode-Museums, in denen Teilbereiche der Sammlung in Form von Sonderausstellungen vorgestellt werden. Aufgrund der hohen Aussagekraft antiker Münzen in monitärer, archäologischer und historischer Hinsicht hat M. der ständigen Ausstellung der > ANTIKENSAMMLUNG im > PERGAMONMUSEUM einen zusammenhängenden Komplex antiker Münzen zur Verfügung gestellt.

Das M., das zu den bedeutendsten Münzkabinetten Europas gehört, verfügt über einen Gesamtbestand von ca. 500.000 Objekten. Dieser setzt sich wie folgt zusammen: ca. 102.000 griechische Münzen, ca. 50.000 römische und byzantinische Münzen, ca. 120.000 deutsche Münzen vom Mittelalter bis zur Neuzeit, ca. 35.000 orientalische Münzen, ca. 80.000 Scheine Papiergeld, ca. 25.000 Medaillen, ca. 18.000 Marken und Rechenpfennige sowie ca. 3.300 Petschaften und Siegel. Weiterhin gehören zum Bestand Münz- und Medaillenstempel, Münzgewichte und Fälschungen sowie Prägewerkzeuge.

Das M. geht mit seinen historischen Wurzeln auf die Münzsammlungen der brandenburgischen Kurfürsten des 16. und 17. Jh. zurück. Aus dem Jahre 1649 datiert bereits das erste Verzeichnis dieser Sammlung und zwischen 1696 und 1701 erschien der dreibändige „Thesaurus Brandenburgicus" von Lorenz Beger, dem Leiter der Münzsammlung des Kurfürsten Friedrich III. (1688-1713), in dem dieser die antiken Kunstwerke und die Münzsammlung erstmals wissenschaftlich erfaßte. Durch ständige Ankäufe und Erwerbungen anderer Art entwickelte sich das M. im Verlaufe des 18. Jh. zu einer der ersten großen Spezialsammlungen am Preußischen Königshof mit eigenen Sammlungsräumen im > STADTSCHLOSS. 1770 ließ König Friedrich II. (1740-86) die antiken Münzen zusammen mit den anderen antiken Kunstwerken im „Antikentempel" im Park von Sanssouci ausstellen, der damit gleichsam als eine Art Vorgänger der Berliner Antikensammlung gelten kann.

1830, mit der Fertigstellung des „Königlichen Museums" (> ALTES MUSEUM), bekam das M. im Sockelgeschoß eine neue, repräsentative Wirkungsstätte zugewiesen. Jedoch wurde der größte Komplex der Sammlung, die antiken Münzen, zu dieser Zeit als ein Teil des dortigen *Antiquariums* betrachtet, in dem, einer Anregung Wilhelm v. Humboldts folgend, alle antiken Kleinkunstwerke zusammengefaßt waren. Die damit verbundene Trennung der antiken Münzen von den nachantiken Beständen wurde 1868 wieder rückgängig gemacht und das M. gleichzeitig in den Rang einer selbständigen Fachabteilung der „Königlichen Museen" erhoben. Mit der Fertigstellung des Kaiser-Friedrich-Museums (heute Bode-Museum) erhielt das M. im Sockelgeschoß dieses Museums sein endgültiges Domizil. 1945 wurde der größte Teil des Sammlungsbestandes des M., der den Krieg ohne Schaden überdauert hatte, von der Roten Armee in die Sowjetunion verbracht, von wo aus er 1958 auf die Museumsinsel zurückkehrte.

Museen und Sammlungen:
1. Die Berliner Museumslandschaft heute
Berlin verfügt über eine außerordentlich weitgefächerte Museumslandschaft. Zu ihr gehören international bedeutende Spezialmuseen ebenso wie die Vielzahl kleinerer regional und lokalgeschichtlich interessanter Sammlungen, die entweder in repräsentativen, eigens dafür errichteten Gebäuden oder in > SCHLÖSSERN und > ARCHIVEN, in Hoch-

schulen und anderen Institutionen sowie in Bürgerhäusern, ehem. Adelspalais und > GUTSHÄUSERN ihre Heimstatt gefunden haben. Nahezu alle Gebiete der Kunst- und Kulturgeschichte, der Natur- und Technikgeschichte sowie der allgemeinen > GESCHICHTE werden von den 1991 ca. 150 Berliner M. gesammelt, dokumentiert und nach wissenschaftlichen Erkenntnissen der Öffentlichkeit dargeboten. Hinzu kommen zahlreiche Mahn- und Gedenkstätten sowie die Denkmäler, die eine lebendige Verbindung zwischen Vergangenheit und Gegenwart herstellen.

Die M. sind sehr unterschiedlich über das Stadtgebiet verteilt. Die bedeutendsten von ihnen konzentrieren sich im wesentlichen auf z.Z. vier große Standorte: Die > MUSEUMSINSEL im Bezirk > MITTE, das > KULTURFORUM TIERGARTEN, das > MUSEUMSZENTRUM DAHLEM und das > MUSEUMSZENTRUM CHARLOTTENBRUG, wobei letzteres bis Ende des 20. Jh. aufgelöst werden soll.

Die Berliner M. bilden insg. keine zusammenhängende Einheit. Je nach Entstehungsgeschichte, Sammlungsgegenstand und Bedeutung unterliegen sie einer differenzierten Trägerschaft. Wichtigster Träger ist die 1961 gegründete > STIFTUNG PREUSSISCHER KULTURBESITZ, zu der die 16 großen, ehemals zum 1947 aufgelösten preußischen Staat zählenden archäologischen und kunsthistorischen M. gehören (> STAATLICHE MUSEEN ZU BERLIN [SMB]). Im einzelnen sind dies das > ÄGYPTISCHE MUSEUM, die > ANTIKENSAMMLUNG, die > GEMÄLDEGALERIE, das > KUPFERSTICHKABINETT, das > KUNSTGEWERBEMUSEUM, das > MÜNZKABINETT (im > BODE-MUSEUM), das > MUSEUM FÜR INDISCHE KUNST, das > MUSEUM FÜR ISLAMISCHE KUNST, das > MUSEUM FÜR OSTASIATISCHE KUNST, das > MUSEUM FÜR SPÄTANTIKE UND BYZANTINISCHE KUNST, das > MUSEUM FÜR VÖLKERKUNDE, das > MUSEUM FÜR VOLKSKUNDE, das > MUSEUM FÜR VOR- UND FRÜHGESCHICHTE, die > NATIONALGALERIE, > die SKULPTURENSAMMLUNG und das > VORDERASIATISCHE MUSEUM.

Zweitwichtigster Träger von M. ist das Land Berlin, das insg. neun Museen und mehrere Gedenkstätten unterhält. Es sind dies das > BERLIN MUSEUM und das > MÄRKISCHE MUSEUM mit seinen Dependancen, das > MUSEUM FÜR VERKEHR UND TECHNIK, das > BRÜCKE-MUSEUM, das Botanische Museum (> BOTANISCHER GARTEN), das > ZUCKERMUSEUM, das > SPORTMUSEUM und das > SCHULMUSEUM sowie das *Himmelkundliche Museum* in der > ARCHENHOLD-

Standorte der Museen und Sammlungen der SMB 1992		
Museum bzw. Sammlung	Museumszentrum	Standort und Standortplanung
Ägyptisches Museum	Museumsinsel	Bode-Museum (z.Z. Standort Ost), künftig alleiniger Standort: Neues Museum
	Charlottenburg	(z.Z. Standort West), wird langfristig aufgehoben
Antikensammlung	Museumsinsel	Pergamonmuseum (z.Z. Standort Ost), künftig auch Altes Museum und Neues Museum
	Charlottenburg	(z.Z. Standort West), wird langfristig aufgehoben
Gemäldegalerie	Kulturforum	(z.Z. im Bau), künftiger Hauptstandort
	Museumsinsel	Bode-Museum (z.Z. Standort Ost), wird langfristig Nebenstandort
	Dahlem	(z.Z. Standort West), wird langfristig aufgehoben
Kunstgewerbemuseum	Kulturforum	(Standort West), wird künftig Hauptstandort künftiger Nebenstandort: Schloß Köpenick (z.Z. Standort Ost)
Kupferstichkabinett	Kulturforum	(z.Z. im Bau), ab 1993 alleiniger Standort
	Dahlem	(z.Z. Standort West), soll 1993 aufgehoben werden
	Museumsinsel	Altes Museum (z.Z. Standort Ost), soll 1993 aufgehoben werden
Münzkabinett	Museumsinsel	Bode-Museum (alleiniger Standort)
Museum für Indische Kunst	Dahlem	(alleiniger Standort)
Museum für Islamische Kunst	Museumsinsel	Pergamonmuseum (z.Z. Standort Ost), künftig alleiniger Standort
	Dahlem	(z.Z. Standort West), soll langfristig aufgehoben werden
Museum für Ostasiatische Kunst	Dahlem	(alleiniger Standort)
Museum für Spätantike und Byzantinische Kunst	Museumsinsel	Bode-Museum (z.Z. Hauptstandort) künftig alleiniger Standort: Pergamonmuseum
	Dahlem	(z.Z. Standort West), soll 1993 aufgehoben werden
Museum für Volkskunde	Dahlem	(alleiniger Standort)
Museum für Völkerkunde	Dahlem	(alleiniger Standort)
Museum für Vor- und Frühgeschichte	Museumsinsel	(z.Z. Depots) künftiger Hauptstandort: Neues Museum
	Charlottenburg	(z.Z. Hauptstandort), wird langfristig aufgehoben als Dependance geplant: Zitadelle Spandau

Nationalgalerie	Museumsinsel	Alte Nationalgalerie = Stammhaus (Bestände 19. Jh.)
	Kulturforum	Neue Nationalgalerie (Bestände erste Hälfte 20. Jh.) als Dependance für zeitgenössische deutsche Kunst geplant: Hamburger Bahnhof Schinkel-Museum und Dependance: Friedrichswerdersche Kirche
	Charlottenburg	Galerie der Romantik (z.Z. Dependance im Schloß Charlottenburg), wird langfristig aufgehoben Otto-Nagel-Haus (z.Z. Dependance), wird langfristig aufgehoben
Skulpturensammlung	Museumsinsel	Bode-Museum (z.Z. Standort Ost), künftig alleiniger Standort
	Dahlem	(z.Z. Standort West), soll 1993/94 aufgehoben werden
Vorderasiatisches Museum	Museumsinsel	Pergamonmuseum (alleiniger Standort)

STERNWARTE. Den jeweiligen > BEZIRKSÄMTERN unterstellt sind 21 der insg. 23 > HEIMAT-MUSEEN (zwei sind keine städtischen Einrichtungen).

Mehrere M., meist kleinerer Art wie das > SCHLOSS TEGEL oder das Gründerzeit-Museum in > MAHLSDORF befinden sich in privater Trägerschaft. Daneben gibt es als Träger Stiftungen, wie bspw. für das > BRÖHAN-MUSEUM und das > GEORG-KOLBE-MUSEUM oder eine GmbH wie im Fall des > DEUTSCHEN HISTORISCHEN MUSEUMS.

Die M. stellen einen bedeutenden wirtschaftlichen Faktor dar. Allein der Jahresetat der Stiftung Preußischer Kulturbesitz beträgt z.Z. etwa 348 Mio. DM, der des Landes Berlin für seine Museen ca. 42 Mio. DM (ohne Heimatmuseen). Die Einnahmen der M. durch Eintritt und Verkauf von Publikationen, Souvenirs, Repliken sowie der Erlös aus Veranstaltungen decken allerdings nur zu einem geringen Prozentsatz die Mittel zu ihrem Unterhalt, der größte Teil wird durch staatliche Zuwendungen finanziert. Die große wirtschaftliche Bedeutung der M. für Berlin läßt sich auch an den Besucherzahlen ablesen. Allein in den Einrichtungen der Stiftung Preußischer Kulturbesitz wurden 1991 ca. 3 Mio. Besucher gezählt. Hotels, Gaststätten, Handel und Verkehr dürften in nicht zu unterschätzendem Maß von den durch die M. in die Stadt gezogenen Gästen profitieren. Des weiteren bieten die Berliner M. mehreren 100

Personen eine Beschäftigung, die indirekt beruflich mit den M. befaßten Menschen, z.B. Wissenschaftler an den Hochschulen, nicht gerechnet.

2. Die Geschichte der Berliner Museen und Sammlungen

2.1. Die landesherrlichen Sammlungen

Die Anfänge des Berliner Museumswesens gehen bis auf die Mitte des 16. Jh. zurück, als Kurfürst Joachim II. (1535-71) im neuerrichteten > STADTSCHLOSS eine Kunst- und Kuriositätensammlung anlegte. Während des Dreißigjährigen Krieges wurde diese Sammlung jedoch weitgehend zerstört. Erst unter Kurfürst Friedrich Wilhelm (1640-88) wurden dann wieder Kunstwerke in größerer Zahl erworben. Er legte auch eine große Sammlung von Kuriositäten, Naturalien und Münzen an, die in einer besonderen „Rarität-Cammer" des Stadtschlosses untergebracht war.

Einen wesentlichen Schritt hin zur Herausbildung eines modernen Museums bildete die von Friedrich II. (1740-86) im Park von Sanssouci 1764 in Potsdam errichtete Gemäldegalerie. Sie war die erste deutsche Galerie überhaupt, die als selbständiges Sammlungsgebäude außerhalb eines Schlosses errichtet wurde. Auch die umfangreichen Bestände antiker Vasen, Gemmen und Skulpturen aus dem Besitz des Königs wurden etwa um 1770 in einem „Antikentempel" im Park von Sanssouci zusammengefaßt. Diese königlichen Sammlungen sowie die Kunstkammer im Stadtschloß waren ab 1790 bereits für Künstler und Gelehrte, aber auch für Kunststudenten und andere Interessierte stundenweise zugänglich.

2.2. Die Berliner Museen und Sammlungen zwischen Aufklärung und nationalstaatlichen Ansprüchen

Im 19. Jh. stand die Herausbildung des Berliner Museumswesens in unmittelbarem Zusammenhang mit der durch die Aufklärung geprägten geistesgeschichtlichen und politischen Entwicklung dieser Zeit. Als infolge der Französischen Revolution von 1789 in Paris und London die ersten öffentlichen Museen entstanden waren, forderte auch das Berliner Bürgertum ein solches öffentliches Museum für die preußische Hauptstadt. An der Spitze dieser Bewegung standen bedeutende Persönlichkeiten wie der Staatskanzler Fürst v. Hardenberg, der Brüder Alexander und Wilhelm v. Humboldt sowie die Künstler Karl Friedrich Schinkel, Gottfried Schadow und Christian Daniel Rauch. Sie gehören mit zu den geistigen Urhebern des zwischen 1825 und 1830 errichteten „Königlichen Museums" (heute > ALTES MUSEUM) am > LUSTGARTEN.

Ebenso entstand 1866-76 die Nationalgalerie auf der Grundlage einer patriotischen Grundstimmung, die in der Forderung nach einem einheitlichen deutschen Nationalstaat mündete. Dieser Grundstimmung entsprang auch die Forderung nach einer Anerkennung der deutschen Kunst und der Errichtung eines eigenen, nationalen Museums, in der diese Kunst ihre Heimstatt und Würdigung finden sollte. Die vergoldete Inschrift am Giebel der Nationalgalerie „Der deutschen Kunst" weist auf ihre nationalbetonte Zweckbestimmung hin.

Mit der 1871 geschaffenen Einheit Deutschlands und der Rolle Berlins als > HAUPTSTADT des Bismarckschen Reiches erfuhren die M. eine erhöhte Wertschätzung als Stätten staatlicher Repräsentation, die dem neuen Staat jenen künstlerischen und wissenschaftlichen Glanz verleihen sollten, der seinem neugewonnenen Selbstbewußtsein entsprach. So entstand in dieser Zeit neben den königlichen M. auf der Museumsinsel eine Anzahl weiterer repräsentativer Museumsbauten: das Naturkundemuseum in der Invalidenstr. (1875-89), das Kunstgewerbemuseum (1877-82), das Völkerkundemuseum (1880-86), das Reichspostmuseum (1873-89), das Museum für Meereskunde (1906), das Märkische Pro-

vinzialmuseum (1901-07) und die Unterrichtsanstalt/Kunstbibliothek des Kunstgewerbemuseums (1901-05).

Aber nicht nur für repräsentative Museumsbauten standen in diesen Jahrzehnten umfangreiche Mittel zur Verfügung, sondern in gleichem Maße auch für Neuerwerbungen und für wissenschaftliche Grabungsexpeditionen der archäologischen Fachdisziplinen. So konnten insbes. die Kunstmuseen ihre Bestände um wichtige Werke erweitern. Aus den Grabungsorten im kleinasiatischen Raum sowie im Vorderen Orient kamen bedeutende archäologische Funde nach Berlin (seit 1873 die Friesplatten des Pergamonaltars, 1899-1916 das Ischtartor und die Prozessionsstraße aus Babylon, 1903 als Geschenk die große Fassade des Wüstenschlosses Mschatta). Aufgrund dieser rasanten Entwicklung wurde auf der Museumsinsel der Bau des *Kaiser-Friedrich-Museums* 1898-1904 für die umfangreichen Bestände der Gemälde- und Skulpturengalerie, des Münzkabinetts und des Islamischen Museums sowie der Bau des > PERGAMONMUSEUMS 1910-30 für die archäologischen Bestände unumgänglich.

Die Gelehrten der Berliner M. nahmen in ihren Fachdisziplinen eine hervorragende Stellung innerhalb der deutschen Wissenschaften ein. Namen wie Karl Richard Lepsius und Johann Peter Adolf Erman als Mitbegründer der deutschen Ägyptologie, Alexander Conze und Theodor Wiegand als erfolgreiche Ausgräber und Archäologen, Richard Schöne, Wilhelm v. Bode und Ludwig Justi als Kunstwissenschaftler und Museumsdirektoren stehen stellvertretend für viele auch aus anderen Fachdisziplinen.

Zu den Besonderheiten der Berliner M. gehörte, daß sie sich in ganz besonderem Maße der Volksbildung widmeten. So war das Kunstgewerbemuseum mit einer künstlerischen Lehranstalt und einer öffentlichen Bibliothek verbunden. An den meisten Museen fanden regelmäßig Abendschulen und Lehrgänge statt, einige waren sogar unmittelbar mit der Berliner Universität (> FRIEDRICH-WILHELMS-UNIVERSITÄT) verbunden, wie das Museum für Naturkunde und das Meereskundemuseum.

Außer den großen Sammlungen entstand um die Jahrhundertwende eine Vielzahl von kleineren, hochspezialisierten M., die auf staatlicher, kommunaler oder privater Ebene die Berliner Museumslandschaft ergänzten. Besonders erwähnt sei hierbei das > KRON-

PRINZENPALAIS > UNTER DEN LINDEN. Dort hatte der Direktor der Nationalgalerie Ludwig Justi am 4.8.1919 eine Dependance seines Hauses für den Expressionismus eröffnet und damit das erste deutsche Museum für Moderne Kunst geschaffen (> BILDENDE KUNST).

2.3. Nationalsozialismus und II. Weltkrieg

Mit Beginn der nationalsozialistischen Herrschaft 1933 trat eine spürbare Stagnation in der Entwicklung der Berliner M. ein. Auf der Museumsinsel standen die Mittel für die Fertigstellung des 1930 eröffneten Pergamonmuseums nicht mehr zur Verfügung. Mitarbeiter und Gelehrte jüdischer Abstammung sowie Kritiker der „nationalsozialistischen Kulturlehre" wurden ihrer Ämter enthoben. Die Sammlungen für Moderne Kunst, wie sie in der Nationalgalerie, dem Kupferstichkabinett, dem Märkischen Museum und vielen privaten Galerien der Stadt vorhanden waren, hatten unter der Kunstdiktatur des Dritten Reichs besonders zu leiden. Ihre Bestände entsprachen nicht den Vorstellungen nationalsozialistischer Ideologen und wurden deshalb als „entartet" und „kulturbolschewistisch" diffamiert, aus den Museen gewaltsam entfernt, ins Ausland verkauft, der Rest schließlich im März 1939 auf dem Hof der Berliner Feuerwache verbrannt. 1.117 Kunstwerke fielen allein bei den Staatlichen Museen zu Berlin dieser Aktion „Entartete Kunst" zum Opfer. Das Kronprinzenpalais als Museum für zeitgenössische Kunst wurde am 5.7.1937 geschlossen.

Zur gleichen Zeit projektierte der Dresdener Architekt Wilhelm Kreis im Rahmen der von Adolf Hitler und seinem > GENERALBAUINSPEKTOR FÜR DIE REICHSHAUPTSTADT BERLIN, Albert Speer, geplanten städtebaulichen Neuordnung Berlins einen gigantischen Museumskomplex, der in Fortsetzung der Museumsinsel nördlich und südlich der Spree Neubauten vorsah. Es sollten entstehen: ein Germanisches Museum, ein Völkerkundemuseum, ein Ägyptisches Museum, ein Weltkriegsmuseum und ein Museum des 19. Jh. Die Vorhaben kamen infolge des II. Weltkriegs nicht über das Planungsstadium hinaus.

Bei Kriegsbeginn im September 1939 wurden alle Berliner Museen geschlossen, ihre Sammlungen aus den Ausstellungen und Depots verpackt. Um sie vor Luftangriffen zu schützen, wurden sie in Museumskellern, in Tresoren der Banken, in Betonbunkern und außerhalb Berlins in Gutshäusern, Schlössern, Kirchen und in Salzbergwerken untergebracht. So konnten die Kunstwerke zum größten Teil über den Krieg hinweggerettet werden, während die Museumsbauten durch die Bombenangriffe 1942-45 schwere Zerstörungen erlitten. Besonders betroffen waren die Gebäude der Museumsinsel und zahlreiche andere Bauten im Bezirk Mitte.

Nicht wieder aufgebaut wurden nach starker Beschädigung das *Museum für Meereskunde* in der Georgenstr. am > BAHNHOF FRIEDRICHSTRASSE und das Hohenzollernmuseum Schloß Monbijou im > MONBIJOUPARK an der Oranienburger Str. (die Ruinen wurden in den 50er Jahren abgetragen). Ebenfalls im Krieg vernichtet wurde das *Tell-Halaf-Museum* in der Charlottenburger Franklinstr. mit den Zeugnissen der Hethitischen Kunst, das Schinkelmuseum und die Bildnissammlung in der > BAUAKADEMIE am > WERDERSCHEN MARKT, das Rauch-Museum in der Orangerie des > SCHLOSSES CHARLOTTENBURG sowie der Ursprungsbau des Völkerkundemuseums (heute Museumszentrum Dahlem) in der Stresemannstr., der jedoch nach dem Kriege zunächst teilweise aufgebaut und als Museum für Vor- und Frühgeschichte genutzt wurde, bevor 1956 der Abriß erfolgte.

Ebenfalls im Krieg beschädigt bzw. zerstört wurde das Gebäude des Museums für Vor- und Frühgeschichte und der Ostasiatischen Kunstsammlung im Museum Prinz-Albrecht-Str. (später wiederaufgebaut, heute > MARTIN-GROPIUS-BAU). Während das Museum für Vor- und Frühgeschichte eine provisorische Unterkunft im Langhans-Bau des Charlottenburger Schlosses fand, erhielt die Ostasiatische Kunstsammlung einen Neubau innerhalb des Dahlemer Museumskomplexes. Der Martin-Gropius-Bau dient seit seiner Wiederherstellung der > BERLINISCHEN GALERIE als Domizil und steht dem Land Berlin für Sonderausstellungen zur Verfügung. Im Krieg nur leicht beschädigt wurde ferner das Verkehrsmuseum > HAMBURGER BAHNHOF an der Invalidenstraße im Bezirk > TIERGARTEN. Seine nach dem Krieg noch vorhandenen Sammlungsobjekte sind zum größten Teil in den Bestand des Museums für Verkehr und Technik übergegangen, einige in den des Verkehrsmuseums Dresden. Nach seiner Wiederherstellung wird der Hamburger Bahnhof der Nationalgalerie als Dependance für die zeitgenössische Kunst zur Verfügung stehen.

Das Kronprinzenpalais, ehemals eine Dependance der Nationalgalerie für zeitgenössische Kunst, wurde nach dem Wiederaufbau als Gästehaus der DDR-Regierung genutzt und ist als Amtssitz des > BUNDESPRÄSIDENTEN vorgesehen. Das durch die Nationalgalerie und das Museum für deutsche Volkskunde genutzte Prinzessinenpalais baute man nach der Rekonstruktion zu einem Restaurant aus (> OPERNPALAIS).

Das Deutsche Museum, bis 1945 Teil der Gemäldegalerie und der Skulpturensammlung im Nordflügel des Pergamonmuseums, wurde nicht wieder eingerichtet. Seinen Standort, den Nordflügel des Pergamonmuseums, stellte man der Antikensammlung zur Verfügung, die dort seit 1958 ihre Skulpturen präsentiert.

Unmittelbar nach Beendigung des Krieges wurden die geretteten Museumsbestände, die sich im sowjetisch besetzten Gebiet befanden, von einer Trophäenkommission der Roten Armee beschlagnahmt und zwischen Mai 1945 und Juni 1946 in die Sowjetunion transportiert. Lagerstätten waren zum überwiegenden Teil die Depots der Museen in Moskau, Leningrad und Kiew. Die westalliierten Truppen faßten die in ihrem Besatzungsgebiet befindlichen Kunstwerke in „art collecting points" im Landesmuseum Wiesbaden (Amerikaner), im Schloß Celle (Briten) und in der Universität Tübingen (Franzosen) zusammen, von wo aus sie in den 50er Jahren nach Zwischenaufenthalten in Hessen und Niedersachsen nach Berlin zurück gelangten und v.a. in den Museumszentren Dahlem und Charlottenburg ausgestellt wurden.

2.4. Die Spaltung der Berliner Museums-landschaft

2.4.1. West-Berlin

Aufgrund der Teilung Deutschlands und seiner Hauptstadt war entsprechend den politischen Verhältnissen während des Kalten Kriegs eine im Zusammenhang mit einem Friedensvertrag vorgesehene Entscheidung über die Zukunft der Berliner Museumsbestände nicht möglich. So entwickelte sich das Museumswesen im Ost- und im Westteil Berlins unabhängig voneinander. Im Westteil entstanden in Dahlem, Charlottenburg und Tiergarten neue Museumszentren von internationaler Bedeutung.

Aber auch an anderen Plätzen der Stadt wurden neue M. gegründet, wobei die zur Kunst- und Kulturgeschichte des 20. Jh. dominier-ten. Beispielhaft dafür stehen die *Galerie des 20. Jahrhunderts*, schon 1946 gegründet und 1965 mit der Neuen Nationalgalerie zusammengelegt, das Georg-Kolbe-Museum (1950), das Brücke-Museum (1967), das > BAUHAUS-ARCHIV (seit 1971 in Berlin), die Berlinische Galerie (1975), das Bröhan-Museum (1975/ 83), das *Käthe-Kollwitz-Museum* in der > VILLA GRISEBACH (1986) und der Hamburger Bahnhof als Dependance der Neuen Nationalgalerie.

Da die östlichen M. seit dem Bau der > MAUER 1961 der West-Berliner Bevölkerung nicht mehr zugänglich waren, entstanden im Westteil der Stadt z.T. M. als Parallel-Institutionen. Dazu zählen u.a. das Berlin Museum (1962), das *Postmuseum* (1966) und das > DEUTSCHE HISTORISCHE MUSEUM (1987). Als eine der wichtigsten Neugründungen (1982) gehört das Museum für Verkehr und Technik zu jenen, die in der direkten Nachfolge von Sammlungen stehen, die während des Krieges vernichtet wurden und seitdem in der Stadt – weder im Ost- noch im Westteil – existent waren.

2.4.2. Ost-Berlin

Im östlichen Teil der Stadt stand im ersten Nachkriegsjahrzehnt der Wiederaufbau der zerstörten Museen und deren Neueinrichtung auf der Grundlage der verbliebenen Bestände im Vordergrund. Mit der Rückführung wichtiger Sammlungsteile aus der Sowjetunion 1958, darunter auch der Fries des Pergamonaltars, erhielten im Ost-Berlin gelegenen M. wieder einen Teil ihrer einstigen Bedeutung zurück. Ergänzend zur Vorkriegssituation und den gesellschaftlichen Verhältnissen der DDR entsprechend wurde 1952 das Zeughaus mit seiner berühmten Waffen- und Uniformsammlung in ein „Museum für Deutsche Geschichte" umgestaltet, in dem die deutsche Geschichte aus marxistisch-leninistischer Sicht und zur historischen Rechtfertigung des Staates DDR dargeboten wurde (1990 erfolgte seine Auflösung und Übernahme durch das Deutsche Historische Museum.) Das mit dem Abbruch des Stadtschlosses 1950 exmittierte „Schloßmuseum" fand seit Anfang 1963 im > SCHLOSS KÖPENICK unter seiner bis 1921 verwendeten Bezeichnung „Kunstgewerbemuseum" ein neues Domizil.

Als Dependancen des Märkischen Museums entstanden in den 80er Jahren in der > HUSEMANNSTRASSE ein kleines Museum mit Zeugnissen aus dem Lebensmilieu des Berliner Arbeiters, im > NIKOLAIVIERTEL am > MÜHLENDAMM ein > BERLINER HANDWERKSMUSEUM und in der > NIKOLAIKIRCHE eine Ausstellung zum mittelalterlichen Berlin. Die > FRIEDRICHSWERDERSCHE KIRCHE wurde nach der Beseitigung der Kriegsschäden 1987 der Nationalgalerie für die Berliner Plastik des 19. Jh. zur Verfügung gestellt und trägt seitdem den Namen *Schinkel-Museum*.

Durch die Teilung der Stadt 1961 wurde auch die wissenschaftliche Zusammenarbeit zwischen den M. unterbrochen. Die Regierung der DDR forderte von der Regierung der Bundesrepublik Deutschland mehrfach die Rückgabe der kriegsbedingt verlagerten Kunstwerke von West- nach Ost-Berlin. Solange diese Forderung aus politischen Gründen nicht erfüllt werden konnte, war den Mitarbeitern der Ost-Berliner Museen die Zusammenarbeit mit denen der West-Berliner Museen untersagt, u.a. wegen dieser Streitigkeiten wurde der Abschluß eines Kulturabkommens zwischen Bundesrepublik und DDR in der Folge des > GRUNDLAGENVERTRAGS von 1972 bis 1986 verzögert. Dennoch existierten unterhalb der offiziellen Ebene persönliche Kontakte der Museumsmitarbeiter auch über die lange Zeit der Trennung hinweg und ermöglichten einen Austausch wichtiger wissenschaftlicher Informationen. Erst mit dem Fall der > MAUER am > 9. NOVEMBER 1989 wurden die offiziellen Beziehungen auf Leitungsebene wieder aufgenommen.

3. Die Neuordnung der Berliner Museumslandschaft

Seit dem Wegfall der Mauer arbeiten die SMB und die M. des Landes Berlin in beiden Teilen der Stadt gemeinsam an der Zusammenfügung der getrennten Sammlungen sowie an der Neuprofilierung ihrer Ausstellungen und Standorte im Interesse einer sinnvollen Neuordnung der Museumslandschaft.

Zunächst bedeutete die Vereinigung die Zusammenführung der durch kriegsbedingte Verlagerung willkürlich auseinandergerissenen Sammlungsgruppen bzw. getrennter Einzelteile, um die notwendigen sammlungsgeschichtlichen Zusammenhänge wieder sichtbar werden zu lassen. Danach erst konnte mit der umfassenden Neugestaltung der getrennten Sammlungen in Ost und West begonnen werden. Für die M. der Stiftung Preußischer Kulturbesitz bedeutete dies, die archäologischen Sammlungen ihrer Tradition entsprechend wieder auf der Museumsinsel im Zentrum der Stadt zusammenzuführen und neu zu ordnen sowie das Museumszentrum am Kulturforum Tiergarten durch den geplanten Bau der Gemäldegalerie als ein Zentrum der europäischen Kulturen zu profilieren, während um das Völkerkundemuseum in Dahlem herum die außereuropäischen Kulturen konzentriert werden sollen. Ähnlich wurde auch zwischen dem Berlin Museum im Westteil und dem Märkischen Museum im Ostteil der Stadt eine neue, gemeinsame Konzeption für die Darstellung der Berliner Kunst- und Kulturgeschichte entwickelt, die die bisherige Doppelung vermeidet und in den zur Verfügung stehenden Häusern einen zusammenhängenden Überblick vermittelt. Insg. waren bis Anfang 1992 alle wesentlichen Strukturentscheidungen gefallen. Ihre praktische Umsetzung jedoch erstreckt sich voraussichtlich bis weit in die Anfänge des nächsten Jahrhunderts.

Museum der bedingungslosen Kapitulation des faschistischen Deutschlands im Großen Vaterländischen Krieg 1941-45: Das von der Gruppe der sowjetischen Streitkräfte in Deutschland errichtete M. an der Rheinstr. im Ortsteil > KARLSHORST des Bezirks > LICHTENBERG ist Museum und Gedenkstätte zugleich (> GRUPPE DER SOWJETISCHEN STREITKRÄFTE). Es informiert auf 2.000 m² Ausstellungsfläche in 14 Räumen über den Kampf der Roten Armee gegen Hitler-Deutschland. Bis zum Ende des Krieges war in dem als Teil einer Kaserne in den 30er Jahren errichteten Gebäude das Kasino der Festungspionierschule der Wehrmacht untergebracht, ab Anfang Mai 1945 nahmen dann verschiedene Einrichtungen der sowjetischen Militärverwaltung hier ihren Sitz (> SOWJETISCHE MILITÄRADMINISTRATION IN DEUTSCHLAND [SMAD]; > SOWJETISCHE KONTROLLKOMMISSION IN DEUTSCHLAND).

In der Nacht vom 8. zum 9.5.1945 war im ehem. Kasinosaal kurz nach Mitternacht die bedingungslose *Kapitulation* der deutschen Wehrmacht – die am 7.5. in Reims bereits vor dem Obersten Befehlshaber der Alliierten Expeditionsstreitkräfte, General Dwight D. Eisenhower, stattgefunden hatte – in Anwesenheit von Repräsentanten der westlichen > ALLIIERTEN auch gegenüber dem Oberkommando der Roten Armee vollzogen worden. Auf sowjetischer Seite unterzeichnete der stellvertretende Oberste Befehlshaber der Roten Armee, Marschall der Sowjetunion Georgi K. Shukow, auf deutscher Seite die vom damaligen deutschen Staatsoberhaupt, Großadmiral Karl Dönitz, bevollmächtigten Vertreter des Oberkommandos der Wehrmacht Generalfeldmarschall Wilhelm Keitel, Generaloberst Hans-Jürgen Stumpff (Luftwaffe) und Generaladmiral Hans-Georg v. Friedeburg (Kriegsmarine). Der Saal ist weitgehend originalgetreu wiederhergestellt worden und kann besichtigt werden. Am 10.10. 1949 übergab hier der Chef der SMAD, Generaloberst Wassili I. Tschuikow, im Auftrag der sowjetischen Regierung alle bisher auf dem Territorium der Sowjetischen Besatzungszone von der SMAD ausgeübten Verwaltungsfunktionen an die Regierung der am 7.10. gegründeten DDR, vertreten durch ihren damaligen Ministerpräsidenten Otto Grotewohl.

1967 richteten die Sowjetischen Streitkräfte in dem Gebäude ein Armeemuseum ein. Über 15.000 Dokumente und Fotos, Waffen und Uniformen, Plastiken und Gemälde, Fahnen, sonstige Erinnerungsstücke, z.T. aus dem persönlichen Besitz der sowjetischen Heerführer, sowie Ton- und Filmaufnahmen dokumentieren die Schlacht um Berlin sowie den Einsatz deutscher Antifaschisten in sowjetischen Partisaneneinheiten, im „Nationalkomitee Freies Deutschland" und im > Widerstand. Hervorzuheben sind eine im März 1945 von der topographischen Stabsabteilung der 1. Belorussischen Front angefertigte 24 m² große Reliefkarte Berlins sowie ein von N.A. Ananjew geschaffenes Diorama zum Sturm auf das > Reichstagsgebäude. Auf dem Freigelände der Gedenkstätte sind sowjetische Panzerfahrzeuge und Geschütze aus dem II. Weltkrieg ausgestellt. Bis 1990 kamen rd. 18 Mio. Besucher in die Ausstellung.

Auch nach dem bis Ende 1994 vorgesehenen Abzug der ehem. sowjetischen Streitkräfte aus Deutschland soll die *Gedenkstätte Karlshorst* erhalten bleiben. Gegenwärtig bemüht sich eine vom > Deutschen Historischen Museum eingesetzte, paritätisch mit deutschen und russischen Historikern und Museumsfachleuten besetzte Kommission um eine neue Konzeption. Die Frage der Trägerschaft des neugestalteten Museums war im Mai 1992 noch offen.

Museum für Indische Kunst: Das zu den >

Staatlichen Museen zu Berlin zählende M. der > Stiftung Preussischer Kulturbesitz ist im > Museumszentrum Dahlem untergebracht. Dieser Standort wurde durch die nach der > Vereinigung von der Stiftung verabschiedete Neuordnung der Staatlichen Museen bestätigt (> Museen und Sammlungen).

Das M. zeigt Kunstobjekte aus Indien, Hinterindien, Indonesien, Nepal, Tibet und Zentralasien. Aus Indien stammen neben archäologischen Funden, Metallgeräten, Elfenbein- und Holzschnitzereien und Miniaturmalereien eine große Anzahl Steinskulp

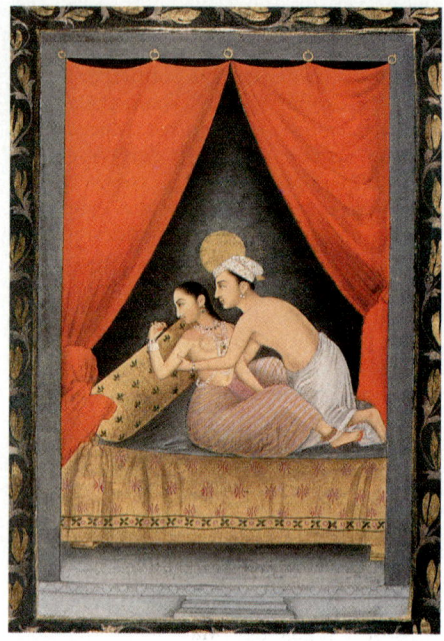

Liebesszene, um 1775/80

turen und Bronzen. Aus Hinterindien, Indonesien, Nepal und Tibet werden Bronzeschmuck und verschiedene Abbildungen buddhistischer Gottheiten gezeigt. Bedeutend ist die zentralasiatische Turfan-Sammlung, deren Funde aus Expeditionen Berliner Wissenschaftler stammen (1902-14). Sie enthalten Wandmalereien, Plastiken, Textilien und bebilderte Handschriften aus buddhistischen Höhlentempeln oder Klöstern.

Das M. wurde am 1.1.1963 als jüngste eigenständige Abteilung der Staatlichen Museen gegründet. Zunächst war die indo-asiatische Kunstsammlung Bestandteil der ethnologischen Sammlung im > Museum für Völkerkunde. Ab 1966 führte das M. Ausgrabungen im nördlichen Indien durch und trug damit wesentlich zur Erforschung indischer Archäologie und Kunstgeschichte bei. Zum Oktober 1971 bezog das M. seinen eigenen Ausstellungsbereich innerhalb des Museumszentrums Dahlem.

Museum für Islamische Kunst: Das zu den > STAATLICHEN MUSEEN ZU BERLIN zählende M. der > STIFTUNG PREUSSISCHER KULTURBESITZ verfügt über zwei Standorte: im > PERGAMON-MUSEUM auf der > MUSEUMSINSEL und im > MUSEUMSZENTRUM DAHLEM. Der Standort > DAHLEM wird auf Grundlage der durch die Stiftung nach der > VEREINIGUNG verabschiedeten Neuordnung der Staatlichen Museen langfristig aufgehoben und die Bestände in die des Pergamonmuseums integriert (> MUSEEN UND SAMMLUNGEN).
In den 18, seit 1930 im Obergeschoß des > VORDERASIATISCHEN MUSEUMS im Südflügel des Pergamonmuseums bestehenden Ausstellungsräumen zeigt das M. in entwicklungsgeschichtlicher Reihenfolge Kunstwerke von der frühislamischen Zeit bis zum 19. Jh., wobei die große Zahl von Architekturdenkmälern den hohen Stellenwert des Museums begründen. Kernstück der Sammlung ist die monumentale Fassade des omajadischen Wüstenschlosses Mschatta aus der Mitte des 8. Jh., die 1903 als Geschenk an Kaiser Wilhelm II. (1888-1918) nach Berlin gekommen ist. Besondere Komplexe innerhalb der Ausstellung sind: die Herausbildung der Schrift, die Keramik, die Buchkunst, die Grabungen in Samarra sowie die Teppiche aus dem islamischen Bereich. Daneben zählen die Gebetsnischen aus der Maidan-Moschee von Hassa (1226), aus der Grabmoschee Beyekin (2. Hälfte des 13. Jh.) sowie ein holzgetäfeltes Zimmer mit reicher Malerei und Ornamentik aus Aleppo (1603) zu den Höhepunkten des M.
Die Ausstellung des M. im Museumskomplex Dahlem, aus den kriegsbedingt verlagerten Beständen des M. hervorgegangen und durch Neuankäufe in der Nachkriegszeit ergänzt, zeigt zum überwiegenden Teil angewandte Kunst des gesamten islamischen Kulturkreises. Besondere Bedeutung kommt hier der Textilkunst (Teppiche), der Goldschmiedekunst, der Keramik, dem Glas und der Elfenbeinschnitzerei zu.
Mit seinen beiden Ausstellungskomplexen gehört das 1904 durch Wilhelm v. Bode anläßlich der Aufstellung der Mschatta-Fassade

im Kaiser-Friedrich-Museum als Abteilung der Berliner „Königlichen Museen" gegründete M. zu den bedeutenden Sammlungen dieses Gebiets in Europa. Grundstock bildeten eine von v. Bode aus seinem Privatbesitz gestiftete Sammlung islamischer Teppiche, Leihgaben des ersten Direktors Friedrich Sarre sowie umfangreiche Überweisungen

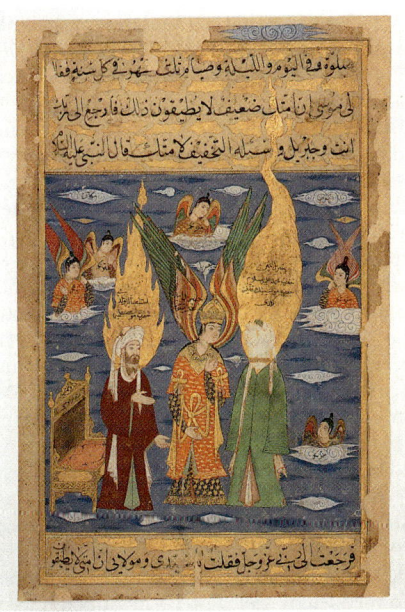

Die Propheten Moses und Mohammed im Gespräch mit Erzengel Gabriel, Türkei Ende 16. Jh.

islamischer Kunstwerke aus anderen Abteilungen der „Königlichen Museen". Durch Grabungen in Samarra und Tabgha wurde die Sammlung um weitere wichtige Arbeiten ergänzt. 1930, nach Fertigstellung des Pergamonmuseums, erhielt das M. im Obergeschoß des Südflügels sein neues Domizil.
Durch Kriegseinwirkungen erlitten die Sammlungen erhebliche Verluste und auch die Ausstellungssäle mitsamt der nicht evakuierten Mschatta-Fassade wurden durch Bombentreffer erheblich in Mitleidenschaft gezogen. Erst 1954 konnten wieder einige Räume soweit hergerichtet werden, daß in einem ersten Ausstellungsabschnitt der Öffentlichkeit die wenigen noch vorhandenen Kunstwerke zugänglich gemacht werden konnten. Die in den Westteil Deutschlands verlagerten Bestände des M. wurden seit 1962 als selbständige Abteilung der Staatlichen Museen geführt. 1971 erhielt das M. in-

nerhalb des Museumskomplexes Dahlem einen eigenen Ausstellungsabschnitt. Seit dem 1.1.1992 stehen beide Sammlungskomplexe wieder unter einer einheitlichen Leitung.

Museum für Naturkunde: Das M. in der Invalidenstr. 43 im Bezirk > MITTE ist ein Fachbereich der > HUMBOLDT-UNIVERSITÄT ZU BERLIN (HUB). Mit seinen ca. 60 Mio. Sammlungsobjekten gehört es zu den sechs größten naturkundlichen Museen der Welt. Es gliedert sich in vier Institute (Geologisch-Paläontologisch, Petrographisch-Mineralogisch, Spezielle Zoologie sowie Spezielle Botanik) mit den jeweiligen Museen sowie dem Bereich Ausstellungen. Über eine eventuelle Umwandlung des M. in ein Berliner Landesmuseum war im Frühjahr 1992 noch nicht entschieden.

Neben den nur für Forschende zugänglichen Sammlungen bestehen verschiedene öffentliche Ausstellungen. Die mineralogische Abteilung veranschaulicht die Entstehung und Struktur der anorganischen Bestandteile der Erde und enthält eine umfangreiche Mineralien- und Meteoritensammlung. In der paläontologischen Abteilung werden Überreste (Fossilien) ausgestorbener Tiere und Pflanzen aus allen Epochen und Erdteilen gezeigt. Im Mittelpunkt stehen dabei die großen, 1909-13 im heutigen Tansania ausgegrabenen Saurierskelette mit dem 23 m langen und 12 m hohen Originalskelett des größten bekannten Landwirbeltiers, des Brachiosaurus brancai. Eines der wohl berühmtesten Fossilien ist das versteinerte Skelett des Urvogels Archaeopteryx. Die Zoologischen Sammlungen des M. besitzen zahlreiche Typus-Exemplare, nach denen Tiere erstmals beschrieben wurden. Von den 1,2 Mio. wissenschaftlich beschriebenen Tierarten ist der größte Teil im M. vorhanden.

Dem M. angegliedert sind als Abteilung Spezielle Botanik das > ARBORETUM in der Spätstr. 80/81 im Bezirk > TREPTOW mit wertvollen Gehölzen aus aller Welt, Gewürz- und Arzneipflanzen sowie die 35 ha große Botanische Anlage in > BLANKENFELDE im Bezirk > PANKOW.

Die Bibliothek des M. umfaßt ca. 200.000 Bände. Im M. (einschl. Arboretum und Botanischer Anlage) sind derzeit 190 Mitarbeiter beschäftigt, es finanziert sich ausschließlich über die HUB.

Das 1889 eröffnete M. geht in seinen ältesten Teilen auf das Naturalienkabinett der > AKA-DEMIE DER WISSENSCHAFTEN (gegr. 1716) und auf das Mineralienkabinett der ehem. Berliner Bergakademie (gegr. 1770) zurück. Es schloß die 1810 in der > FRIEDRICH-WILHELMS-UNIVERSITÄT eingerichteten Museen für Mineralogie, Anatomie-Zootomie und Zoologie zu einer Institution zusammen. Sein Leiter, der Zoologe Karl August Möbius, trennte die wissen-

Sauriersaal mit Brachiosaurus brancai

schaftliche Hauptsammlung von der „anziehend und belehrend" gestalteten Schausammlung, was international als Beispiel einer „vollständigen Revolution" im Museumswesen galt.

Das neoklassizistische Gebäude des M. mit seinem zentralen Lichthof in Glas-Eisen-Konstruktion entstand 1883-89 nach Plänen von August Tiede auf dem Grundstück der ehem. Königlichen Eisengießerei (> FER DE BERLIN). Das M. wurde im II. Weltkrieg teilweise zerstört, seine Sammlungen waren größtenteils ausgelagert. Ab 1945 wurden die Ausstellungsräume nach und nach wieder für das Publikum geöffnet, ein Seitenflügel ist jedoch heute noch nicht wiederhergestellt.

Museum für Ostasiatische Kunst: Das zu den > STAATLICHEN MUSEEN ZU BERLIN zählende M. der > STIFTUNG PREUSSISCHER KULTURBESITZ ist im > MUSEUMSZENTRUM DAHLEM untergebracht. Dieser Standort wurde durch die nach der > VEREINIGUNG von der Stiftung verabschiedete Neuordnung der Staatlichen Museen bestätigt. Die sich daraus ergebende Auflösung der Ostasiatischen Sammlung im > PERGAMONMUSEUM und die Überführung der Bestände nach > DAHLEM erfolgte 1992

(> MUSEEN UND SAMMLUNGEN).
Die Sammlung ist in acht Komplexe gegliedert: Chinesische Frühzeit, Religiöse Kunst Ostasiens, Chinesisches Kunstgewerbe, Chinesische Malerei, Japanische Malerei, Kunstgewerbe Koreas und Japans, Graphik, Tradition und Moderne. Der Schwerpunkt der Sammlung liegt bei chinesischer und japanischer Malerei. Kunstgewerbe und Archäologie aus dem gesamten ostasiatischen Raum sind nur in ausgewählten Einzelstücken vorhanden. 1967 übernahm das M. mehr als 7.000 ostasiatische, v.a. japanische Holzschnitte aus der > KUNSTBIBLIOTHEK. Neben Keramiken, kultischen Bronzegefäßen und Bronzespiegeln aus der chinesischen Frühzeit

Zeremonialaxt, 12./11. Jh. v. Chr.

enthält die Sammlung buddhistische und shintoistische Stein-Holz-Skulpturen, bemalte Hängerollen aus Seide oder Papier und Stellschirme aus dem gesamten ostasiatischen Raum. Bedeutende chinesische Erfindungen, etwa die Entwicklung des Porzellans, der Lackmalerei und der Schnitzlackarbeiten werden anhand ausgewählter Einzelstücke dargestellt. Aus Japan und Korea stammt neben weiteren Lackarbeiten eine umfangreiche Teekeramiksammlung.

Das M. wurde 1907 auf der Grundlage einer Stiftung von Wilhelm v. Bode als eine Spezialabteilung der „Königlichen Museen" gegründet. Erst 1921 gelang es, für die Sammlung im ehem. Kunstgewerbemuseum (heute > MARTIN-GROPIUS-BAU) eigene Ausstellungsräume zu erhalten. Diese Ostasiatische Kunstabteilung mit ihren reichhaltigen Beständen und der großen Fachbibliothek entwickelte sich rasch zu einem Zentrum ostasiatischer Kunstgeschichte in Deutschland. Durch den II. Weltkrieg erlitt das M. starke Verluste; viele Sammlungsobjekte und die Fachbibliothek verbrannten. Die in den Flak-

bunker Zoo eingelagerten Bestände wurden 1945 von der Roten Armee in die Sowjetunion transportiert, von wo sie bis heute noch nicht zurückgekehrt sind. So war es erst 1957 möglich, auf der Grundlage von Schenkungen und Neuerwerbungen eine erste Ausstellung im Obergeschoß des Südflügels des Pergamonmusums einzurichten. Aus den wenigen in den Westteil Deutschlands gelangten Beständen des M., vorwiegend chinesische und japanische Rollbilder und Keramiken, wurde 1957 eine eigenständige Abteilung der Staatlichen Museen gebildet. Nach einer anfänglichen provisorischen Unterbringung in der Kunstbibliothek erhielt sie 1970 im Ausstellungskomplex Dahlem ein neues, repräsentatives Domizil. Seit dem 1.1.1992 stehen die getrennten Sammlungen wieder unter einer einheitlichen Leitung.

Museum für Spätantike und Byzantinische Kunst: Das zu den > STAATLICHEN MUSEEN ZU BERLIN gehörende M. der > STIFTUNG PREUSSISCHER KULTURBESITZ hat seinen Standort im > BODE-MUSEUM auf der > MUSEUMSINSEL im Bezirk > MITTE. Entsprechend der Planung der Stiftung zur Neuordnung der Staatlichen Museen wird das M. innerhalb des auf der Museumsinsel entstehenden archäologischen Komplexes seinen endgültigen Standort im Obergeschoß des > PERGAMONMUSEUMS (Nordflügel) erhalten. Der Teilbereich Dahlem der Frühchristlich-Byzantinischen Sammlung wird aufgegeben (geplanter Umzug 1993).
Das M. zeigt in fünf Ausstellungssälen des Bode-Museums Kunstwerke aus den verschiedensten Gebieten des römischen, des byzantinischen und des christlichen Kulturkreises, die vorwiegend in der Übergangszeit von der Spätantike zum Mittelalter entstanden sind. Unter den Beständen nimmt die koptische Kunst aus dem ober- und mittelägyptischen Raum einen besonders hohen Stellenwert ein. Innerhalb der Ausstellung dominieren Architekturfragmente, Skulpturen und Reliefs mit christlichen Motiven, die insg. den Übergang von der spätantiken Kunst zur christlichen Kunst des Mittelalters veranschaulichen. Zu erwähnen sind: Grabstele mit dem Bildnis einer stillenden Mutter, koptisch, 4. Jh.; Relieffragment, Christus zwischen Aposteln, Konstantinopel, um 400 n. Chr.; Teil einer Brüstungsplatte mit der Darstellung des Petrus in einer Wunderszene, Kleinasien, 5. Jh.
Als ein Hauptwerk gilt das Apsismosaik aus

der Kirche San Michele in Affricisco zu Ravenna (um 545 n.Chr.), das 1843 für König Friedrich Wilhelm IV. (1840-61) erworben wurde. Einen Sonderkomplex der Ausstellung bildet die Ikonenmalerei, wobei das frühe Bildnis des Bischofs Abraham, koptisch, 6.-7. Jh., einen besonderen Stellenwert einnimmt.

Die während des II. Weltkrieges in den westlichen Teil Deutschlands verlagerten Bestände des M. – vorrangig kleinformatige Objekte – wurden nach dem Kriege innerhalb der > SKULPTURENSAMMLUNG zu einer Sonderabteilung zusammengefaßt und im > MUSEUMSZENTRUM DAHLEM ausgestellt. Hier gelten als besondere Anziehungspunkte und Kostbarkeiten der frühchristlich-byzantinischen Kunst die Elfenbeinarbeiten, darunter die große „Berliner Pyxis", um 400 n. Chr.; das „Christus-Gottesmutter-Diptychon", Mitte des 6. Jh. Aus dem hohen Mittelalter ist das Zepter Kaiser Leons VI. (um 887) von besonderer Bedeutung. Daneben sind Meisterwerke aus den Bereichen Metall, Textil, Keramik und Glas vertreten. Die Ikonensammlung umfaßt Arbeiten aus Rußland, Griechenland und angrenzenden Regionen griechisch-orthodoxen Glaubens, wobei als besonders beeindruckendes Werk die monumentale Fassade einer zyprischen Ikonostasis aus der Mitte des 18. Jh. zu erwähnen ist.

Die Anfänge des M. gehen auf die kurfürstlichen Sammlungen und Kunstkammerbestände zurück. Die zum frühchristlichbyzantinischen Kunstkreis gehörenden Kunstwerke wurden erstmals 1830 im > ALTEN MUSEUM als Teil der dort eingerichteten „Sculpturen-Gallerie" öffentlich ausgestellt und 1885 in die unter Leitung von Wilhelm v. Bode stehende „Abteilung der Bildwerke der christlichen Epochen" eingegliedert. Mit der Fertigstellung des Kaiser-Friedrich-Museums 1904 fanden sie im dortigen Hauptgeschoß ihren neuen Ausstellungsort. Im Mittelpunkt der frühchristlich-byzantinischen Bestände, die seit dieser Zeit zu einer speziellen Unterabteilung der Skulpturensammlung zusammengefaßt und selbständig verwaltet wurden, stand das Apsismosaik aus Ravenna. Bei Kriegsbeginn 1939 wurde die Ausstellung geschlossen und die Bestände in sichere Verlagerungsorte gebracht. Dennoch erlitt das M. durch Kriegseinwirkungen erhebliche Verluste.

Die 1945 auf der Museumsinsel noch vorhandenen Kunstwerke wurden durch die Rote Armee zum größten Teil in die Sowjetunion gebracht. Die sich in den westlichen Verlagerungsorten befindenden Objekte kamen im Verlaufe der Nachkriegszeit zur Stiftung Preußischer Kulturbesitz. 1952 wurden die auf der Museumsinsel verbliebenen Teilbestände aus der Skulpturensammlung herausgelöst und zu einer selbständigen Frühchristlich-Byzantinischen Sammlung innerhalb des Verbandes der Museen zu Berlin/Museumsinsel mit Sitz im Bode-Museum erklärt. Die zur Stiftung gelangten Bestände des M. wurden weiterhin als eine Unterabteilung der Skulpturensammlung geführt und erhielten mit dieser innerhalb des > MUSEUMSZENTRUMS DAHLEM eigene Ausstellungsräume zugewiesen.

1991, mit der Wiedervereinigung der Museen, wurde beschlossen, die getrennten Bestände auf der Museumsinsel wieder zusammenzuführen. Damit wird auch der 1904 bezogene Standort im Bode-Museum – geplant ist 1993 – aufgegeben. Gleichzeitig wurde den neuen Erkenntnissen der Wissenschaft entsprechend die „Frühchristlich-Byzantinische Sammlung" in M. umbenannt.

Museum für Verkehr und Technik (MVT):
Das am 1.4.1982 durch den > SENAT VON BERLIN gegründete MVT in der Trebbiner Str. 9 im Bezirk > KREUZBERG ist eines der 1992 neun Berliner Landesmuseen (> MUSEEN UND SAMMLUNGEN). Es betrachtet sich als Nachfolgeinstitution der mehr als 100 Spezialmuseen, Sammlungen und Ausstellungen zur Geschichte fast aller wissenschaftlichen und technischen Disziplinen, über die Berlin bis zum Ende des II. Weltkriegs verfügte. Mit seinen umfangreichen Sammlungen in einem Ensemble restaurierter industrie- wie verkehrsgeschichtlich bedeutender Bauten ist das MVT neben dem „Deutschen Museum" in München das größte Technikmuseum der Bundesrepublik.

Das MVT versteht sich als eine fachübergreifende Sammlung der „Alltagswerke der Technik", der Industrie- und Alltagskultur sowie der wissenschaftlich-technischen Kulturgeschichte. Bezüge zwischen den spezialisierten technischen Disziplinen sowie zwischen Wissenschaft und Technik auf der einen Seite, zwischen Mensch und Natur auf der anderen Seite, sollen die Welt als vernetztes System mit seinen positiven und negativen Rückkopplungseffekten sichtbar und begreifbar machen. Gegenwärtig präsentiert das MVT auf 12.500 m² rd. 20 % seiner ca. 25.000 Objekte umfassenden Sammlungen. Langfristig ist der Ausbau der Ausstellungsfläche auf ca. 50.000 m² projektiert.

Seine ersten Ausstellungsabteilungen konnte das MVT 1983 im ehem. Verwaltungsgebäude der Markt- und Kühlhallengesellschaft von Carl Linde in der Trebbiner Str. eröffnen. Hierzu wurde das 1908 nach Plänen des Architekten Max Buchholz errichtete Wohn-, Fabrik- und Pferdestallgebäude restauriert und erweitert. Im überdachten Lichthof dieses Baus verweisen eine Vielzahl technischer Objekte auf einzelne Abteilungen des MVT,

Lokomotiven im ehemaligen Bahnbetriebswerk

die vorerst noch nicht über eigene größere Ausstellungsbereiche verfügen (z.B. Straßenverkehr, Luftfahrt, Textil- und Haushalts- sowie Energie- und Produktionstechnik). In zwei Etagen sind die Abteilungen Rechen- und Automationstechnik, Normierung von Mensch und Maschine, Nachrichtentechnik, Schreib-, Druck- und Papiertechnik untergebracht. Von dort aus erschließen sich über einen Verbindungsgang die beiden 1987 bzw. 1988 historisch wiederaufgebauten Ringlokomotivschuppen mit zwei Drehscheiben, die Werkstätten und das Beamtenwohnhaus des früheren Bahnbetriebswerks des > ANHALTER BAHNHOFS. Chronologisch in 33 Stationen zur Eisenbahngeschichte gegliedert, präsentiert sich in diesem Komplex auf 34 Gleisen die Abteilung Schienenverkehr. Das zwischen den Schuppen gelegene Beamtenhaus beherbergt die Bereiche Verkehrs- und Ingenieursbau, Schiffahrt, Wissenschaftliche Instrumente und Stereoskopie.

Östlich der Anlage erstrecken sich der ehem. Güterbahnhof der Berlin-Anhaltischen Eisenbahn mit Resten des 1876 nach Plänen von Franz Schwechten errichteten repräsentativen Kopfbaus. In dessem wiederhergestellten Ostflügel ist seit Ende 1990 das Versuchsfeld „Spectrum" untergebracht. Wie in der alten > URANIA können hier an ca. 300 Experimenten die naturwissenschaftlichen Grundlagen und physikalischen Gesetze erfaßt und begriffen werden. Die aufgelassenen Flächen des ehem. Bahnbetriebswerks, auf denen sich eine einzigartige Vielfalt an exotischen Pflanzen wild angesiedelt hat, bilden den Naturpark des MVT. Auf dem 5 ha großen Freigelände wird der Einsatz regenerierbarer Energien demonstriert. Neben Windrädern, einer Windmeßstation sowie einer Solaranlage sind eine restaurierte und funktionsfähige Bockwindmühle von 1820 sowie eine Holländermühle von 1911 zu sehen (> WINDMÜHLEN). 1992 soll am Tempelhofer Ufer mit dem Neubau begonnen werden, der die Abteilungen Luftfahrt und Schiffahrt sowie Archiv und Bibliothek aufnehmen wird.

1992 hatte das MVT über 220 feste Mitarbeiter. Die Abteilung Dokumentation verfügt über ein umfangreiches Archiv und eine Fachbibliothek mit ca. 250.000 Bänden.

Zu den großen und traditionsreichen Vorläufern des MVT gehörte das 1872 vom General-Postmeister des Deutschen Reiches, Heinrich v. Stephan, gegründete Reichspostmuseum, dessen im Krieg ausgelagerte Sammlungen heute im Bundespostmuseum in Frankfurt/M. gezeigt werden. Ein weiterer Vorläufer war die 1889 im *Landesausstellungspark* in der Invalidenstr. hinter dem Lehrter Bahnhof eröffnete Urania, wo sich neben Ausstellungs- und Demonstrationsabteilungen zu den Grundlagen der Naturwissenschaften das „Wissenschaftliche Theater" befand. Im MVT wurde diese Methode der „hands on"-Ausstellungsmethode durch die Einrichtung des „Spectrums" wiederbelebt. In der Frauenhoferstr. eröffnete 1903 das *Arbeitsschutzmuseum* als weltweit erste Einrichtung dieser Art. Im II. Weltkrieg ausgeräumt und zu einer Waffenfabrik umfunktioniert, erinnert heute nur noch das im Besitz der > PHYSIKALISCH-TECHNISCHEN BUNDESANSTALT befindliche Gebäude an diese Einrichtung.

1903 war das *Verkehrs- und Baumuseum* im ehem. > HAMBURGER BAHNHOF eröffnet worden. Infolge von Bombenschäden 1943 geschlossen, verhinderten die Folgen der > SPALTUNG eine Wiedereröffnung der weitgehend erhaltenen Sammlungen. Im Zusammenhang mit der Übernahme der > S-BAHN durch den Senat 1984 gelangten sie in das MVT. 1906 erfolgte die Eröffnung des 1900 gegründeten *Musums für Meereskunde* mit der Reichsmarinesammlung. Seine Bestände wurden teils ausgelagert, teils zerstört und nach der Auflösung des Museums 1946 über Deutschland verteilt. Teile der Sammlungen und der Bibliothek konnten wieder zusammengetragen werden und befinden sich im MVT. Bereits seit 1936 wurden im Glaspalast des Landesausstellungsparks über 100 Flugzeuge gezeigt. 20 ausgelagerte Exemplare überstanden die Vernichtung des Museums 1943 und befinden sich heute im Luftfahrtmuseum Krakau. Ein Kooperationsvertrag zur gemeinsamen Restaurierung dieser Flugzeuge sieht nach Abschluß der Arbeiten vor, daß ein Teil der Flugzeuge im MVT auf Dauer gezeigt wird.

Nach Kriegsende bemühten sich verschiedene Bürger um die Neueinrichtung eines Technischen Museums. Dies führte im Herbst 1960 zur Gründung der „Gesellschaft für die Wiedererrichtung eines Verkehrsmuseums in Berlin e.V.". 1964 kam es in der Urania zur Eröffnung einer ersten Schausammlung und in diesem Zusammenhang zur Umbenennung des Vereins. Dieser „Verkehrsmuseum Berlin e.V." wurde dann 1978 vom Senat mit der Gründung des MVT beauftragt, die 1982 erfolgte. Der Verein fungiert heute als Förderverein und unterstützt das MVT mit Finanz- und Sachzuwendungen.

Museum für Völkerkunde: Das zu den > STAATLICHEN MUSEEN ZU BERLIN zählende M. der > STIFTUNG PREUSSISCHER KULTURBESITZ hat seinen Sitz im > MUSEUMSZENTRUM DAHLEM. Dieser Standort wurde durch die nach der > VEREINIGUNG von der Stiftung verabschiedete Neuordnung der Staatlichen Museen bestätigt und wird somit bestehen bleiben (> MUSEEN UND SAMMLUNGEN).

Das M. bildet das Zentrum des die außereuropäischen Kulturen umfassenden Museumsstandortes > DAHLEM und gilt weltweit als eine der größten völkerkundlichen Sammlungen. Sie umfaßt ca. 450.000 Objekte, darunter 60.000 musikethnologische Tonaufnahmen, 141.000 Fotodokumente und 1.000 völkerkundliche Filme. Das M. gliedert sich

in zehn Fachbereiche, von denen die Abt. Afrika, Amerikanische Archäologie, Südasien, Ostasien und Südsee ihre Hauptwerke in ständigen Ausstellungen präsentieren, während die Bereiche Amerikanische Naturvölker, Westasien, Europa sowie die überregional geordnete Abteilung Musikethnologie in Studiensammlungen archiviert sind. Diese sind z.Z. Fachwissenschaftlern und interessierten Laien auf Anfrage zugänglich, sollen aber, sobald die räumlichen Voraussetzungen in Dahlem vorhanden sind, in öffentliche Schausammlungen umgewandelt werden.

Räuchergefäß, Mexiko 300-600 n. Chr.

Besondere Anziehungspunkte des M. bilden die am Beginn der ständigen Ausstellungen plazierten 30 frühen Skulpturen der Abteilung „Amerikanische Archäologie" aus der Zeit zwischen dem 9. und dem 5. Jh. v. Chr. sowie die große Bootshalle und das Original des Männerklubhauses von den Palauinseln der Abteilung „Südsee", die mit insg. 3.000 Objekten auf ca. 3.000 m² Ausstellungsfläche einen Überblick über die Kulturen Australiens und Ozeaniens vermittelt. Seit 1970 unterhält das M. eine didaktische Abteilung, die ein Junior- und Blindenmuseum eingerichtet hat.

Die Anfänge des M. gehen auf die Kunstkammerbestände der brandenburgischen

Kurfürsten und preußischen Könige zurück. 1829 wurden die völkerkundlichen Objekte separiert und zu einer speziellen „Ethnologischen Sammlung" zusammengefaßt, auf deren Grundlage 1873 das „Berliner Museum für Völkerkunde" gegründet wurde. Dieses erhielt 1886 ein repräsentatives Museumsgebäude in der Stresemannstr., das in Zusammenhang mit dem 1882 in unmittelbarer Nachbarschaft eröffneten > KUNSTGEWERBE-MUSEUM und der etwas später erbauten > KUNSTBIBLIOTHEK ein bedeutendes Museumszentrum neben der > MUSEUMSINSEL bildete. Aufgrund der umfangreichen Bestände wurde dem M. nach dem I. Weltkrieg in Dahlem das baulich nicht fertiggestellte Gebäude des von Wilhelm v. Bode geplanten „Museums für asiatische Kunst" als Depot zur Verfügung gestellt. Nachdem das M. durch die weitgehende Zerstörung seines Hauses an der Stresemannstr. nicht mehr arbeitsfähig war und die Rote Armee 1945 wichtige Bestandsgruppen in die Sowjetunion verbracht hatte, verlegte es seinen Sitz nach Dahlem in das bis dahin als Magazin genutzte Gebäude. Als sich in Dahlem infolge der Rückführung der verlagerten Kunstwerke aus den westlichen Auslagerungsorten das Zentrum der Staatlichen Museen zu Berlin (West) herauszubilden begann und um im gleichen Gebäude Ausstellungsräume auch für weitere Sammlungen und Museen zur Verfügung gestellt werden mußten, wurde 1961 eine bauliche Erweiterung des bestehenden Museums beschlossen. Nach Fertigstellung der ersten Teilbereiche 1970 erhielten die Abt. Südsee, Amerikanische Archäologie und Südasien repräsentative Ausstellungsmöglichkeiten. 1973 folgten die Komplexe Afrika und Ostasien. 1978 waren die in die Sowjetunion verbrachten Bestände, ca. 45.000 Objekte, stillschweigend an die damalige DDR-Regierung übergeben worden, sie kehrten jedoch erst nach der > VEREINIGUNG 1990 in die Obhut des M. zurück.
Mit dem geplanten Auszug der > SKULPTURENSAMMLUNG (1993) und der > GEMÄLDE-GALERIE (1995/96) aus dem Zentrum in Dahlem ergeben sich für das M. weitere Möglichkeiten, Teile der gegenwärtig in Studiensammlungen deponierten Bestände (Amerikanische Naturvölker, Ostasien, Musikethnologie) in die ständigen Ausstellungen mit einzubeziehen.

Museum für Volkskunde: Das zu den >

STAATLICHEN MUSEEN ZU BERLIN zählende M. der > STIFTUNG PREUSSISCHER KULTURBESITZ ist in einem Gebäude des > GEHEIMEN PREUSSISCHEN STAATSARCHIVS in der Straße Im Winkel 6-8 in unmittelbarer Nähe des > MUSEUMSZENTRUMS DAHLEM untergebracht. Dieser Standort wurde durch die nach der > VEREINIGUNG von der Stiftung verabschiedete Neuordnung der Staatlichen Museen vorläufig bestätigt. Über den endgültigen Standort war im Juni 1992 noch keine Entscheidung gefallen (> MUSEEN UND SAMMLUNGEN). Die Auflösung des M. für Volkskunde im Untergeschoß des > PERGAMONMUSEUMS und die Überführung der dortigen Sammlungen nach > DAHLEM erfolgt 1992/93.
Im M. dokumentieren eine Dauerausstellung und verschiedene Sonderausstellungen die Volks- und Alltagskultur aus dem deutschsprachigen Mitteleuropa vom 16. Jh. bis zur Gegenwart. Gezeigt werden u.a. Möbel, Trachten, Geschirr, Haus- und Arbeitsgeräte. Dem M. angegliedert ist die von Gertrud Weinhold angelegte Sammlung zur religiösen Volkskunst „Das Evangelium in den Wohnungen der Völker".
Das M. wurde 1889 als „Museum für Deutsche Volkstrachten und Erzeugnisse des Hausgewerbes" durch Privatinitiative gegründet (Rudolf Virchow) und 1904 den „Königlichen Museen" als eine Abteilung des Völkerkundemuseums angegliedert. 1935 erhielt es das > SCHLOSS BELLEVUE als Domizil zugewiesen und wurde gleichzeitig als „Staatliches Museum für Deutsche Volkskunde" eine eigene Abteilung innerhalb der Staatlichen Museen zu Berlin. Bereits 1937 mußte jedoch Schloß Bellevue als Standort wieder aufgegeben werden, da es die Reichsregierung als Gästehaus beanspruchte. Die Bestände wurden provisorisch in die Nationalmutterloge „Zu den Drei Weltkugeln" (Splittgerbergasse) eingelagert und die Bibliothek sowie die Arbeitsräume im Prinzessinnenpalais (heute > OPERNPALAIS) untergebracht.
Im II. Weltkrieg wurden ca. 80 % der Bestände des M. zerstört. So konnten erst 1957 die wenigen im Osten Deutschlands verbliebenen Bestände des M. im Nordflügel des Pergamonmuseums eine provisorische Unterkunft finden. Die in den Westteil Deutschlands gelangten Bestände kehrten 1955/56 nach West-Berlin zurück. Sie wurden zunächst maganiziert und nur in Sonderausstellungen zeitweilig gezeigt (1964/67). Erst

849

1974 bezog das M. als eine Abteilung der Staatlichen Museen mit seinem inzwischen durch umfangreiche Ankäufe vergrößerten Bestand den damals leerstehenden Magazintrakt des ehem. Geheimen Preußischen Staatsarchivs. Seit 1.1.1992 stehen die beiden Teile des M. wieder unter einer gemeinsamen Leitung.

Museum für Vor- und Frühgeschichte: Das zu den > STAATLICHEN MUSEEN ZU BERLIN zählende M. der > STIFTUNG PREUSSISCHER KULTURBESITZ verfügt seit seiner Vereinigung mit dem *Museum für Ur- und Frühgeschichte* auf der > MUSEUMSINSEL nur noch über einen Standort im Theaterbau des > SCHLOSSES CHARLOTTENBURG (> MUSEUMSZENTRUM CHARLOTTENBURG). Der Standort Charlottenburg wird auf der Grundlage der durch die Stiftung nach der > VEREINIGUNG verabschiedeten Neuordnung der Staatlichen Museen jedoch langfristig aufgehoben. Neuer Standort des M. wird dann nach dessen Wiederherstellung – etwa im Jahr 2000 – das > NEUE MUSEUM werden. Ferner soll das M. Ausstellungsräume in der > ZITADELLE SPANDAU erhalten (> MUSEEN UND SAMMLUNGEN).

Das M. dokumentiert die Vor- und Frühgeschichte Europas und weiter Teile des Mittelmeerraumes. Die Sammlung europäischer Altertümer umfaßt den Zeitraum von der älteren, mittleren und jüngeren Steinzeit (u.a. ein 10.000 Jahre altes Elchskelett, gefunden beim U-Bahn-Bau in Berlin) über die Bronzezeit bis zum frühen Mittelalter. Das Leben der Menschen in Vorderasien wird dokumentiert vom Beginn der Dauerseßhaftigkeit (ca. 9000 v. Chr.), über die Anfänge der Stadt- und Staatenbildung (ab 6000 v. Chr.) bis zur Entwicklung von Schriftsystemen (ca. 3000 v. Chr.). Bedeutend unter den vorderasiatischen Funden sind die Grabungsstücke Heinrich Schliemanns aus dem antiken Troja in Kleinasien (3000-2000 v. Chr.). Darüber hinaus gewähren Waffen, Schmuck, Gerätschaften von der Altsteinzeit (ca. 600.000 v. Chr.) bis zum 12. Jh. n. Chr. Einblick in die Entwicklungsgeschichte der Menschheit.

Der Ursprung des M. liegt wie bei vielen anderen Berliner Sammlungen bereits in der kurfürstlichen Kunstkammer. Aus dieser ging 1829 das „Museum für Vaterländische Altertümer" hervor, das seine ersten Ausstellungsmöglichkeiten im Schloß Monbijou (> MONBIJOUPARK) erhalten hatte, dann aber nach der Zusammenlegung mit der „Sammlung ethnographischer Altertümer" und der Fertigstellung des Untergeschosses des Neuen Museums dort 1850 einen repräsentativen Standort bekam. 1921, nachdem das > KUNSTGEWERBEMUSEUM aus seinem Stammhaus in der Prinz-Albrecht-Str. (> MARTIN-GROPIUS-BAU) ausgezogen war, wurde dieses dem M. sowie der „Ostasiatischen Kunstabteilung" der Staatlichen Museen zu Berlin zugewiesen (> MUSEUM FÜR OSTASIATISCHE KUNST).

Nach der Kriegszerstörung des Museumsgebäudes blieben in den Verlagerungsorten umfangreiche Bestände erhalten. Sie wurden nach ihrer Rückführung im teilweise wiederaufgebauten > MUSEUM FÜR VÖLKERKUNDE in der Stresemannstr. ausgestellt (Eröffnung 1956). Nachdem dieser Standort zugunsten des > KULTURFORUMS TIERGARTEN aufgegeben und das Gebäude abgerissen wurde, bekamen die dort untergebrachten Bestände des M. im Schloß Charlottenburg neue Räume.

Museumsdorf Düppel: Das von etwa Mai bis Oktober geöffnete M. zwischen Krummem Fenn und Clauertstr. auf dem ehem. Gutsgelände von > DÜPPEL im Bezirk > ZEHLENDORF zeigt auf rd. 12 ha Fläche eine authentische mittelalterliche Dorfanlage mit historischen Wohn- und Lagerhäusern, Tierstallungen, verschiedene Handwerksstätten, Bauerngärten usw. Besondere Attraktion ist die Vorführung alter Handwerkstechniken.

Museumsdorf Düppel

Seit 1967 legen hier Berliner Archäologen die Reste eines Dorfes aus der Frühzeit der sogenannten deutschen Ostsiedlung Ende des 12. Jh. frei (> BESIEDLUNG DES BERLINER RAUMS). Ein 1975 gegründeter Förderverein mit rd. 2.400 Mitgliedern (1992) unterstützt das Bestreben der überwiegend ehrenamtlichen Helfer, mit Hilfe der alten Bau- und Handwerkstechnik das ehem. Dorf auf historischem Grundriß zu rekonstruieren und der Öffentlichkeit einen Eindruck vom mittelalterlichen dörflichen Leben in der Mark Brandenburg zu vermitteln. Bis 1990 wurden 15 Gebäude weitgehend originalgetreu wiederhergestellt. Die Finanzierung erfolgt aus Spenden der Vereinsmitglieder, Eintrittsgeldern, Zuschüssen der > Deutschen Klassenlotterie Berlin und des > Senats von Berlin. 1991 wurden rd. 26.000 Besucher gezählt.

Museumsinsel: Die M. ist ein in sich geschlossenes Ensemble von fünf architektonisch bedeutsamen Museumsgebäuden, das 1830-1930 auf der Nordspitze der großen, im Stadtzentrum liegenden Insel zwischen > Spree und Spreekanal (> Friedrichsgracht) entstanden ist (> Inseln). Zur eigenständigen Insel war dieses im Süden durch den > Lustgarten begrenzte Gebiet geworden, als man es 1658 beim Bau der Memhardtschen Befestigungsanlagen (> Stadtmauer) durch einen Verbindungskanal zwischen Spree und > Kupfergraben – dem nördlichen Teil des Spreekanals – von der Hauptinsel abtrennte. Obwohl dieser Kanal beim Bau des ersten Museums 1830 wieder zugeschüttet wurde, blieb der Name „Insel" im Begriff M. erhalten.

Die M. ist neben dem > Kulturforum Tiergarten, dem > Mueumszentrum Dahlem und dem > Museumszentrum Charlottenburg der bedeutendste Museumsstandort Berlins. Mit seiner Konzentration von archäologischen und kunsthistorischen Sammlungen, die sowohl über herausragende Zeugnisse aus nahezu allen Bereichen der alten Kulturen wie auch der europäischen und deutschen Kunstgeschichte vom Mittelalter bis zur Gegenwart verfügen, stellt es zugleich einen der herausragenden Museumskomplexe Europas dar.

In den fünf Häusern der M. sind folgende > Museen und Sammlungen untergebracht: Das > Alte Museum mit dem > Kupferstichkabinett und der im November 1991 aus der Nationalgalerie in das Kabinett übernommenen „Sammlung der Zeichnungen", das – noch kriegszerstörte – > Neue Museum (seit 1985 im Wiederaufbau), die > Nationalgalerie mit einer Sammlung europäischer und vorwiegend deutscher Malerei und Skulptur des 19. Jh., das > Bode-Museum (bis 1956 Kaiser-Friedrich-Museum) mit der > Gemäldegalerie, der > Skulpturensammlung, dem > Münzkabinett, dem > Museum für Spätantike

und Byzantinische Kunst, dem > Ägyptischen Museum (nur provisorisch) und das > Pergamonmuseum mit der > Antikensammlung, dem > Vorderasiatischen Museum, dem > Museum für Islamische Kunst sowie dem Zentralarchiv und der Zentralbibliothek (> Archive, > Bibliotheken).

Der Grundstein zur M. wurde mit der Errichtung des Alten Museums am Lustgarten 1825-30 gelegt, für das Karl Friedrich Schinkel den Entwurf geliefert hatte. Mit diesem Museum, das etwa zeitgleich mit der Glyptothek in München entstand, hat Schinkel den Prototyp des bürgerlichen Museums geschaffen, der als Gebäudetyp in der Nachfolgezeit großen Einfluß auf die europäische Museumsarchitektur gewinnen sollte.

Die Grundidee für den weiteren Ausbau zum Museumskomplex geht auf Anregungen des preußischen Kronprinzen Friedrich Wilhelm (1840-61 König Friedrich Wilhelm IV.) zurück, der im Sinne der romantischen Grundstimmung seiner Zeit eine „reiche Freistätte für Kunst und Wissenschaft" errichten wollte, zu der sowohl Institute der Universität (> Friedrich-Wilhelms-Universität) als auch die Museen gehören sollten. Diese Idee hatte der Kronprinz 1835 in einer Entwurfskizze niedergelegt, die Friedrich August Stüler 1841 als Grundlage für die Planung des Neuen Museums diente. Stülers Grundidee bestand darin, zwischen den ausgestellten Werken der Kunst- und Kulturgeschichte sowie der Architektur und Innendekoration eine Einheit in künstlerischer und didaktischer Hinsicht, im Sinne eines für den Besucher erlebbaren Gesamtkunstwerks, herzustellen.

Bereits im Entwurf des Kronprinzen war für den neuzugestaltenden Inselkomplex ein großes Aula-Gebäude in Form eines auf einem hohen Sockel stehenden antiken Tempels vorgesehen, das Stüler in seiner äußeren architektonischen Gestalt so auch in seine Planung von 1841 übernommen hatte. Entsprechend einer neuen Forderung von Wilhelm I. (1861-88) wurde es bei seiner Ausführung jedoch im Innern als Ausstellungsgebäude für die Nationalgalerie zur Aufnahme der zeitgenössischen deutschen Kunst umfunktioniert. Die Bauzeit der Galerie umfaßte die Jahre 1867-76. Die Bauausführung lag nach dem Tode Stülers 1865 in den Händen des Architekten Johann Heinrich Strack. Das Neue Museum und die Nationalgalerie sind durch einen umlaufenden, antikisierenden Wandelgang verbunden, der gleichzeitig den so entstandenen Museumskomplex als einen vom städtischen Alltagsleben abgehobenen geistigen Bezirk betont. Das *Reiterstandbild König Friedrich Wilhelm IV.* auf der Freitreppe der Nationalgalerie, von dem Bildhauer Alexander Calandrelli geschaffen, wurde 1886 aufgestellt und erinnert bis heute an den geistigen Schöpfer dieser Architekturidee der deutschen Romantik.

eines großen Renaissance-Museums ein, was dem damals herrschenden Zeitgeist entsprach, andererseits aber auch wegen der angewachsenen Gemälde- und Skulpturenbestände notwendig war.

Auch für die im großen Umfang zu dieser Zeit nach Berlin kommenden archäologischen Grabungsfunde wurde die Errichtung eines neuen Antikenmuseums unumgänglich. Insbes. die spektakuläre Entdek-

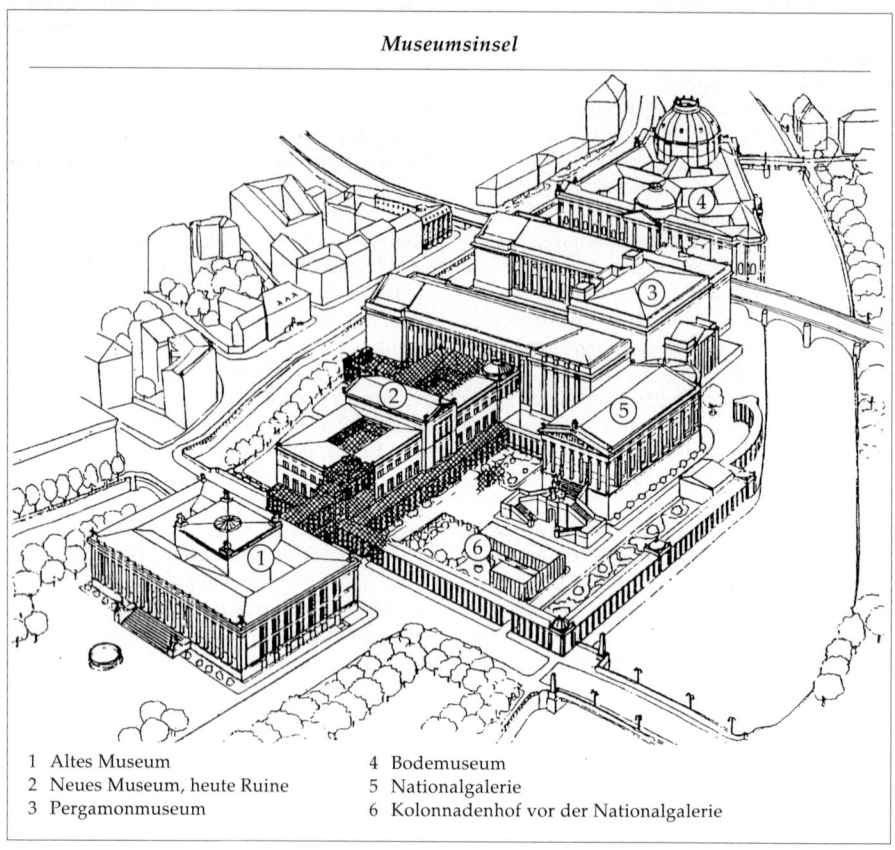

Museumsinsel

1 Altes Museum
2 Neues Museum, heute Ruine
3 Pergamonmuseum
4 Bodemuseum
5 Nationalgalerie
6 Kolonnadenhof vor der Nationalgalerie

Als gegen Ende des 19. Jh., besonders nach der 1871 erfolgten Reichsgründung, die Berliner Museen in die Lage versetzt wurden, erhebliche Neuerwerbungen zu tätigen und aufwendige Grabungsexpeditionen auszurüsten, wurde der vorhandene Museumsraum für die vielen nach Berlin kommenden Kunstwerke zu klein, so daß nur durch weitere Neubauten Abhilfe zu schaffen war. Insbes. setzten sich der damalige Generaldirektor der „Königlichen Museen zu Berlin" Richard Schöne und der Direktor der Gemäldegalerie Wilhelm v. Bode für den Bau

kung der Friesplatten des Pergamonaltars durch Carl Humann, deren erste Exemplare schon 1873 zur Begutachtung nach Berlin geschickt wurden, ließen die Berliner Museen zu einem Zentrum der Antikenforschung in Deutschland werden. Der Bedeutung des Frieses für die hellenistische Kunst Griechenlands entsprechend, wurde dem schon bestehenden Museumskomplex nördlich der Nationalgalerie 1897-99 nach Plänen des Architekten Fritz Wolf eigens dafür ein „Pergamonmuseum" hinzugefügt, das jedoch schon 1908 wegen Baufälligkeit wieder abgerissen werden mußte.

Zur gleichen Zeit konnte v. Bode das Kaiser-haus von seiner Idee überzeugen, für die inzwischen durch zahlreiche Ankäufe zu internationaler Geltung gelangten Gemälde- und Skulpturensammlung einen Museumsneubau zu errichten. Für dieses Museum stand das nördlich der 1875-82 erbauten > STADT-BAHN gelegene Gelände auf der Spitze der Insel zur Verfügung. Mit dem Entwurf und der Bauausführung wurde der vom Kaiser favorisierte Architekt Ernst v. Ihne beauftragt, dessen neobarocker Stil den Repräsentationsansprüchen Wilhelm II. (1888-1918) entgegenkam. In den 1898-1904 errichteten Museumsbau flossen auch wesentliche Vorstellungen v. Bodes ein. Obwohl die Architektur des Museums damals sehr kritisch beurteilt wurde, übte die Bodesche Ausstellungsmethode dennoch einen nicht unbedeutenden Einfluß auf die Einrichtung anderer europäischer Museen aus.

1907 legte v. Bode eine Museumsdenkschrift vor, in der die Forderung nach Neubauten für die Gemäldegalerie (das Kaiser-Friedrich-Museum war bereits wiederum zu klein), das Ägyptische Museum und für die archäologischen Sammlungen einschließlich des 1904 von ihm gegründeten Museums für Islamische Kunst erhoben wurde. Mit der Planung beauftragte v. Bode den Architekten Alfred Messel, der für die unterschiedlichen Sammlungsbestände ein aus drei Flügeln bestehendes Gebäude mit einem zentralen Ehrenhof vorschlug, das heutige Pergamonmuseum. Nach Messels frühem Tod 1909 übernahm Ludwig Hoffmann die Bauleitung und Ausführung des Gebäudes, das jedoch erst 1930 eröffnet werden konnte.

Im September 1939, mit dem Ausbruch des II. Weltkrieges, wurden die Einrichtungen der M. wie alle Berliner Museen geschlossen, die Sammlungen verpackt und an sichere Orte verlagert. So wurden im Krieg nur relativ wenige Kunstwerke vernichtet, während die Bauten der M. zu 80 % – einige sogar total – zerstört wurden.

Der Wiederaufbau der Häuser begann schon kurz nach Kriegsende, ging aber nur sehr zögernd voran. Als erstes Museum auf der M. eröffnete die Nationalgalerie am 18.6.1949 wieder einige Ausstellungssäle. Es folgten zwischen 1950-55 die ersten Säle im Pergamon- und im Kaiser-Friedrich-Museum, wobei letzteres 1956 auf Vorschlag von Ludwig Justi (seit 1946 Generaldirektor der Staat-lichen Museen) in Bode-Museum umbenannt wurde. Das völlig zerstörte „Alte Museum" hingegen konnte erst im Oktober 1966 der Öffentlichkeit zugänglich gemacht werden, allerdings nicht mehr als Antikenmuseum, sondern als Dependance der Nationalgalerie. Für die nunmehr einzige Ruine auf der M., das „Neue Museum", erfolgte der Beschluß zum Wiederaufbau im Dezember 1985. Seine Fertigstellung dürfte sich aufgrund der sehr komplizierten Aufbau- und Restaurierungsarbeiten bis zur Jahrtausendwende hinziehen.

Durch ständig wachsende Besucherzahlen in den 70er Jahren wurde die Fertigstellung des 1930 nicht vollständig ausgeführten Pergamonmuseums unerläßlich. 1978-82 erfolgte nach Plänen der Architekten W. Dutschke und P. Pohl der Neubau einer breiten Brücke über den Kupfergraben, die Rekonstruktion und Gestaltung des Ehrenhofes sowie der Neubau einer zentralen Eingangshalle mit Dienstleistungseinrichtungen.

Die nach der > VEREINIGUNG im Herbst 1990 in einer Denkschrift der Generaldirektoren der beiden Museumskomplexe in Ost und West niedergelegten Grundsätze für die Neuordnung der Staatlichen Museen sehen für die M. vor, daß dort, ausgehend von den fest eingebauten archäologischen Architekturmonumenten alle zu den > STAATLICHEN MU-SEEN ZU BERLIN gehörenden archäologischen Sammlungen zusammengeführt werden. Dazu gehören das > MUSEUM FÜR VOR- UND FRÜHGESCHICHTE, das Ägyptische Museum, die Antikensammlung, das Museum für Spätantike und Byzantinische Kunst sowie das Museum für Islamische Kunst. Diese Sammlungen werden gemeinsam einen in sich wissenschaftlich geschlossenen und abgestimmten archäologischen Komplex bilden, der im Alten Museum, im Neuen Museum und im Pergamonmuseum seinen Platz finden soll. Das Bode-Museum soll zusammen mit dem Neubau der Gemäldegalerie am Kulturforum Tiergarten die vereinigten Bestände der Gemälde- und Skulpturensammlungen aufnehmen. Das Münzkabinett verbleibt an seinem alten Platz in diesem Haus. Im Stammhaus der Nationalgalerie werden die wiedervereinigten Sammlungen der Malerei und teilw. auch der Plastik des 19. Jh. ihren Platz finden. Von der M. werden die Bestände des > MUSEUMS FÜR OSTASIATISCHE KUNST und des > MUSEUMS FÜR VOLKSKUNDE nach Dahlem und das Kupferstichkabinett mit der „Sammlung der Zeichnungen" sowie die Malerei und Plastik des 20. Jh. der Nationalgalerie in die Museen am Kulturforum Tiergarten verlegt.

Museumspädagogischer Dienst Berlin: Der 1980 gegründete M. mit heutigem Sitz in der Chausseestr. 123 im Bezirk > MITTE ist eine Einrichtung der > SENATSVERWALTUNG FÜR KULTURELLE ANGELEGENHEITEN (SENKULT). Mit Ausnahme der > STAATLICHEN MUSEEN ZU BERLIN – PREUSSISCHER KULTURBESITZ, die eine eigene Museumspädagogik/Besucherdienst besitzen, betreut er ca. 100 > MUSEEN UND SAMMLUNGEN in Berlin und Potsdam. Seine Aufgabe ist es, diese für die Besucher so zu erschließen, daß sie sich allein zurechtfinden können und zum Eigenstudium oder zur Vermittlung über Dritte angeregt werden. Der M. organisiert eigene Ausstellungen und unterstützt Museen und freie Träger bei deren Ausstellungsvorhaben. Seit 1988 führt er jährlich ca. 50 Veranstaltungen in der Reihe *Schauplatz Museum* durch, die in vornehmlich eigenen Inszenierungen mit Musik, Theater und Literatur ausgewählte Museumsstücke, Sammlungen oder Ausstellungen außerhalb der Museumsöffnungszeiten vorstellten. Weitere Veranstaltungen sind die Konzerte im > SCHLOSS FRIEDRICHSFELDE sowie die Reihe „Konzerte im Atelier". Der M. gibt das vierteljährlich erscheinende Museums-Journal mit Berichten zu allen Museen in Berlin und Potsdam heraus, sowie die Reihen „Berlin-Brandenburger Topografien" zur Stadtgeschichte, „Gegenwart Museum" zu Sammlungsgebieten und Einzelwerken der Berliner Museen, „Bausteine für das > MUSEUM FÜR VERKEHR UND TECHNIK" zur Technikgeschichte, „Bauhausmaterialien" zu Themen des > BAUHAUS-ARCHIVS sowie Ausstellungsmagazine zu besonderen Ausstellungen in Berlin. Ergänzt werden diese Publikationen durch Führungsblätter, aktuelle Zeitungen und Lehrerinformationen.
Der M. arbeitet ferner an Hörfunkreihen zur Berliner Museumslandschaft mit und bietet spezielle Programme für Behinderte, Senioren, Schüler sowie die Lehreraus- und -weiterbildung an. Der M. beschäftigt 28 Mitarbeiter und wird aus dem Haushalt der SenKult finanziert.

Museumszentrum Charlottenburg: Das im Bezirk > CHARLOTTENBURG gelegene M. ist neben der > MUSEUMSINSEL im Bezirk > MITTE, dem > KULTURFORUM TIERGARTEN und dem >

MUSEUMSZENTRUM DAHLEM einer der vier bedeutenden Museumsstandorte Berlins. Es umfaßte 1991 neun > MUSEEN UND SAMMLUNGEN. Es sind dies das > SCHLOSS CHARLOTTENBURG mit dem in seinen historischen Räumen untergebrachten KPM-Archiv (> KPM – KÖNIGLICHE PORZELLAN-MANUFAKTUR BERLIN GMBH), dem > MUSEUM FÜR VOR- UND FRÜH-

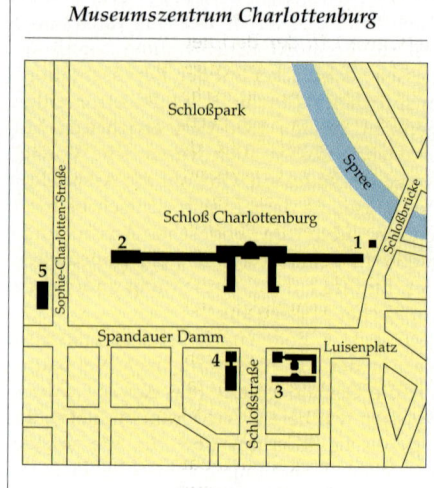

Museumszentrum Charlottenburg

1 Galerie der Romantik
2 Museum für Vor- und Frühgeschichte
3 Ägyptisches Museum
4 Antikenmuseum
5 Gipsformerei

GESCHICHTE im ehem. Theaterbau des Schlosses (Langhans-Bau) sowie der Galerie der Romantik als Dependance der > NATIONALGALERIE für die Gemälde des frühen 19. Jh. im Knobelsdorff-Flügel sowie dem im Schloßpark gelegenen Belvedere mit einer Sammlung zur Geschichte des Berliner Porzellans. Gegenüber dem Schloß im westlichen Pavillon einer ehem. Kaserne befindet sich in der Schloßstr. 1 das > ANTIKENMUSEUM, in einem südlich anschließenden Gebäude (Schloßstr. 1a) das > BRÖHAN-MUSEUM und das > RATHGEN-FORSCHUNGSLABOR der > STIFTUNG PREUSSISCHER KULTURBESITZ. Dem Antikenmuseum gegenüber hat das > ÄGYPTISCHE MUSEUM (Schloßstr. 70) seinen Sitz. In einem nach Süden anschließenden Bau befinden sich die > ABGUSS-SAMMLUNG ANTIKER PLASTIK (Schloßstr. 69b). An der Sophie-Charlotte-Str. liegt die > GIPSFORMEREI.
Im Zuge der Neuordnung der Berliner Museumslandschaft werden ein Teil der Samm-

lungen mit anderen Beständen an anderen Orten zusammengeführt. Diese Neuordnung soll um die Jahrtausendwende abgeschlossen sein.

Anlaß für diese Neuordnung ist im wesentlichen die Überwindung der > SPALTUNG, die ursprünglich die Einrichtung des M. begründet hatte. Während das Schloß Charlottenburg aufgrund seiner historischen, künstlerischen und architekturgeschichtlichen Bedeutung bereits in der Vorkriegszeit einen hohen Stellenwert in der Berliner Kulturlandschaft besaß, geht die Konzentration von Museen und Sammlungen innerhalb des Schlosses und um das Schloß herum auf die Nachkriegszeit zurück. Mit der 1950 erfolgten Bildung des Großverbandes der „Ehemals Staatlichen Museen" im Westteil der Stadt und mit der bis 1958 erfolgten Rückführung kriegsbedingt ausgelagerter Sammlungsbestände ergab sich für den > SENAT VON BERLIN die Notwendigkeit der Schaffung neuer Museumsstrukturen, da die überwiegende Zahl der zurückgeführten Kunstwerke vor dem Krieg in Museen untergebracht war, die nach der Spaltung im Ostsektor lagen und nicht mehr zur Verfügung standen.

Für die umfangreichen Sammlungen des im Kriege zerstörten Museums für Vor- und Frühgeschichte wurde der 1787-91 von dem Architekten Carl Gothard Langhans als Theaterbau errichtete westliche Schloßanbau hergerichtet und 1958 mit einer ersten Sonderausstellung der Öffentlichkeit zugänglich gemacht. Etwa zur gleichen Zeit waren auch die Wiederherstellungsarbeiten an der großen Orangerie und am Neuen Flügel des Schlosses so weit fortgeschritten, daß dort ab 1958 Ausstellungen der Nationalgalerie und der Skulpturensammlung präsentiert werden konnten.

1960/61 legte der Senatsbaudirektor Werner Düttmann eine umfangreiche Planungsstudie für ein umfassendes „Museumsprojekt Charlottenburg" vor, das weit über die museale Adaption der bereits vorhandenen historischen Bauten hinausging. Düttmanns Plan sah die völlige Umgestaltung der näheren Schloßumgebung durch den Bau von neuen Museen für die Sammlungen der europäischen Hochkulturen vor. Dieser Plan fand jedoch nicht die Billigung der Stiftung Preußischer Kulturbesitz. Auch die Direktoren der davon betroffenen Museen legten ihr Veto ein. Deshalb faßte der Stiftungsrat im September 1962 den Beschluß, das erforderliche

neue Museumszentrum am südlichen Rande des > GROSSEN TIERGARTENS zu errichten.

In der Nutzung des Schlosses ergaben sich in dieser Zeit einige Veränderungen. Der östlich gelegene Knobelsdorff-Flügel wurde 1963 dem > KUNSTGEWERBEMUSEUM zur Verfügung gestellt, das damit zum ersten Male in der Nachkriegszeit die Möglichkeit bekam, wesentliche Teile seines Besitzes der Öffentlichkeit vorzustellen. Nachdem am Kulturforum bereits 1968 die > NEUE NATIONALGALERIE und 1985 der Neubau des Kunstgewerbemuseums fertiggestellt werden konnte, zogen diese Museen mit ihren Beständen aus dem Charlottenburger Provisorium aus.

Im Knobelsdorff-Flügel richteten die Staatlichen Museen eine *Galerie der Romantik* ein, in der die wertvollsten Gemälde des frühen 19. Jh. aus der Nationalgalerie zusammengefaßt sind (Caspar David Friedrich, Karl Friedrich Schinkel, Carl Blechen). Aber auch diese Galerie der Romantik wird nicht auf Dauer im Schloß bleiben. Nach den Plänen der Stiftung Preußischer Kulturbesitz wird der Gesamtbestand der Malerei des 19. Jh. nach Abschluß der Rekonstruktion seinen endgültigen Standort im Stammhaus der Nationalgalerie auf der Museumsinsel finden.

Die dem Schloß gegenüberliegenden ehem. Kasernengebäude des „Garde du Corps" waren den Staatlichen Museen in den 50er Jahren vom Senat zum Ausbau und zur Nutzung übergeben worden. Nach dem Wiederaufbau des im Kriege sehr stark zerstörten westlichen Pavillons konnte 1958 das Antikenmuseum einziehen und 1960 in 15 Räumen seine erste Ausstellung eröffnen. In dem sich daran anschließenden und über eine Fußgängerbrücke erreichbaren Gebäude der ehem. Infanteriekaserne richtete die Stadt Berlin 1982/83 das „Bröhan-Museum" ein, eine bis dahin private Sammlung von angewandter Kunst vom Jugendstil bis zum Art déco.

Im östlichen Pavillon des Ensembles befindet sich seit 1967 und in dem sich daran anschließenden ehem. Marstall der Kaserne seit 1976 das Ägyptische Museum, in dessen Mittelpunkt die farbige Büste der Königin Nofretete steht. Nach Entwürfen der Architekten Ralph Schüler und Ursulina Schüler-Witte wurden 1983 der Marstall und 1984 der Stülerbau auf der Grundlage neuer wissenschaftlicher Konzeptionen umgestaltet und der Öffentlichkeit übergeben. Damit ist gegenüber dem barocken Schloß mit seinen weitausladenden Galeriebauten ein in seiner Struktur sehr differenzierter, vielschichtiger Museumskomplex entstanden, der im Zusammenhang mit dem Schloß und den sich darin befindenden Sammlungen zu einem der wichtigen Berliner Museumszentren gehört.

Im Rahmen der mittel- und längerfristigen Planung der Stiftung Preußischer Kulturbesitz werden nach der Verlagerung der „Galerie der Romantik" auch das Ägyptische und das Antikenmuseum an ihre angestammten Plätze auf der Museumsinsel zurückkehren. Vom Umzug betroffen sind auch große Teile der Sammlungen des Museums für Vor- und Frühgeschichte, die in den auf der Museumsinsel entstehenden archäologischen Gesamtkomplex der antiken Kulturen mit einbezogen werden. Für den mehr landesgeschichtlich relevanten Teil der Bestände dieses Museums wird ein historisch dazu passender Standort auf der > ZITADELLE SPANDAU erwogen. Die Realisierung dieses Vorhabens hängt aber von der Schaffung der erforderlichen baulichen Voraussetzungen sowohl auf der Museumsinsel wie auch in > SPANDAU ab.

Nach dem Vollzug dieser Planungen, die einen bis in den Anfang des nächsten Jahrhunderts hineingehenden Zeitraum in Anspruch nehmen dürften, stehen die Räumlichkeiten des Schlosses (Langhans-Bau und Knobelsdorff-Flügel) sowie die Pavillonbauten für andere Museen und Sammlungen zur Verfügung. Eine dafür notwendige Planung gibt es gegenwärtig noch nicht.

Museumszentrum Dahlem: Das im Bezirk > ZEHLENDORF gelegene M. mit dem Haupteingang an der Lansstr. 8 und einem zweiten Eingang an der Arnimallee 23-27 ist neben der > MUSEUMSINSEL im Bezirk > MITTE, dem > KULTURFORUM TIERGARTEN und dem > MUSEUMSZENTRUM CHARLOTTENBURG einer der bedeutendsten Museumsstandorte Berlins. Es umfaßte 1991 acht > MUSEEN UND SAMMLUNGEN, die alle zur > STIFTUNG PREUSSISCHER KULTURBESITZ gehören. Es sind dies die > GEMÄLDEGALERIE, die > SKULPTURENGALERIE, das > KUPFERSTICHKABINETT, das > MUSEUM FÜR VÖLKERKUNDE, das > MUSEUM FÜR INDISCHE KUNST, das > MUSEUM FÜR ISLAMISCHE KUNST, das > MUSEUM FÜR OSTASIATISCHE KUNST und in der Straße Im Winkel 6-8 das > MUSEUM FÜR VOLKSKUNDE.

Der Plan, diesen Komplex zu errichten, ent-

stand Anfang des 20. Jh. Etwa um 1911 hatte Wilhelm v. Bode, Generaldirektor der Königlichen Museen zu Berlin, die Idee zur Bildung eines „Asiatischen Museums" entwickelt, in dem die Sammlungen der außereuropäischen Kulturen zusammengefaßt werden sollten. Dazu gehörten das Völkerkundemuseum sowie die Islamischen, Indi-

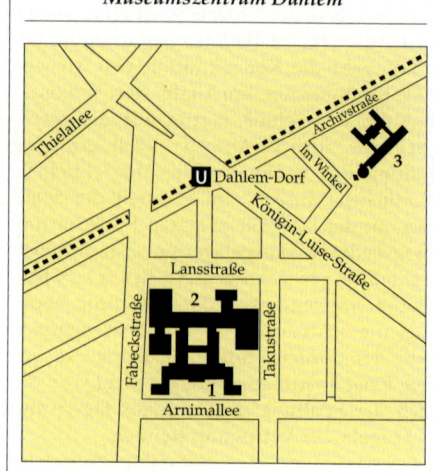

Museumszentrum Dahlem

1 Gemäldegalerie
Kupferstichkabinett
Skulpturengalerie
2 Museum für Indische Kunst
Museum für Islamische Kunst
Museum für Ostasiatische Kunst
Museum für Völkerkunde
3 Museum für Volkskunde

schen und Ostasiatischen Kunstsammlungen. Für dieses Museum wurde Bauland auf der Königlichen > DOMÄNE DAHLEM zur Verfügung gestellt (> DAHLEM) und mit der Planung der Architekt Bruno Paul beauftragt. Schon 1913 legte dieser die Entwürfe für den neuen Museumskomplex vor, die den Vorstellungen v. Bodes entsprechend im Stile märkischer Bauten der zweiten Hälfte des 18. Jh. gehalten waren. Für das Gesamtobjekt sah Paul zwei sich gegenüberliegende klassische Dreiflügelanlagen vor, die der vorhandenen örtlichen Situation entsprechend durch die Arnimallee getrennt waren. 1914 wurde mit der Errichtung des „Asiatischen Museums" für die Islamischen, Indischen und Ostasiatischen Sammlungen begonnen. Entsprechend dem Bestand war der repräsentative Mittelbau des Gebäudes für das Islamische

Museum vorgesehen. Hier sollte im Zentrum der Ausstellung die große Fassade des omajadischen Wüstenschlosses Mschatta ihren Platz finden. In den Seitenflügeln waren die Ausstellungsräume der indischen und der ostasiatischen Kunst vorgesehen.

Unmittelbar nach Baubeginn brach der I. Weltkrieg aus. Dennoch konnte der Rohbau des Museums in seinen wesentlichen Teilen fertiggestellt werden. Nach dem Krieg traten jedoch unüberbrückbare wissenschaftliche Differenzen zwischen v. Bode und dem zum Preußischen Kultusminister berufenen Islamforscher Carl Heinrich Becker auf, der die Einbeziehung der islamischen Kunst in den von Bode geplanten Museumskomplex ablehnte. Da kein Einvernehmen erzielt werden konnte, blieb das begonnene Museum im halbfertigen Zustand liegen.

1922 entschlossen sich die > STAATLICHEN MUSEEN, das Gebäude dem Völkerkundemuseum für seine nicht ausgestellten Bestände als Depot zur Verfügung zu stellen. Aber erst nach dem II. Weltkrieg, als das Völkerkundemuseum in der Stresemannstr. im Bezirk Mitte durch starke Kriegsschäden nur noch beschränkt genutzt werden konnte, wurde der Bau in Dahlem so instandgesetzt, daß er seit 1949 auch diesem Museum als Ausstellungsgebäude dient.

Im gleichen Jahr faßte der in den westlichen > SEKTOREN amtierende Magistrat (> SENAT VON BERLIN) aufgrund der > SPALTUNG der Stadt und ihrer Museen den Beschluß, Dahlem als zentralen Standort der im Westteil der Stadt verbliebenen ehem. Staatlichen Museen auszubauen. In Erwartung der aus den westlichen Verlagerungsorten nach Berlin zurückkehrenden Kunstwerke wurden kontinuierlich alle bisher nur im Rohbau fertigen und nicht vom Völkerkundemuseum genutzten Räume rekonstruiert. 1950 konnte in diesen Räumen bereits eine repräsentative Sonderausstellung mit Gemälden und Skulpturen eröffnet werden. Zur gleichen Zeit gab der Senat, dem die Museen damals unterstellt waren, Entwürfe für die Erweiterung der Seitenflügel und für einen diese verbindenden Querflügel in Auftrag. Obwohl schon 1951 die ersten Pläne vorlagen, zog sich die Ausführung aufgrund immer neuer Forderungen und Änderungswünsche schließlich bis 1966 hin. Mit der Rückführung aller verlagerten Bestände nach Berlin 1955-58 entwickelte sich Dahlem zu einem Museumskomplex von internationaler Bedeutung.

Aufgrund der umfangreichen zurückgekehrten Bestände wurde die Erweiterung des Museums notwendig. Gleichzeitig war aber abzusehen, daß eine langfristig zufriedenstellende Lösung der Raumprobleme nur durch die Schaffung neuer Standorte an anderen Plätzen der Stadt zu erreichen war. Deshalb faßte die seit Oktober 1961 bestehende Stiftung Preußischer Kulturbesitz, nunmehr zuständig für die Staatlichen Museen, am 28.09.1962 einen Grundsatzbeschluß für die Errichtung von Museumsbauten und eine Neuordnung der Museumsstruktur. Dieser Beschluß sah den zügigen Ausbau des M. für die völkerkundlichen, ostasiatischen, indischen und islamischen Sammlungen vor, während für alle anderen Sammlungen der bisher noch in Dahlem untergebrachten Museen Standorte im Museumszentrum Charlottenburg und im Kulturforum Tiergarten ausgebaut bzw. neu errichtet werden sollten. Für das M. ergab sich daraus die Notwendigkeit von Erweiterungsbauten für die Sammlungen außereuropäischer Kulturen. Nach Plänen der Architekten Wils Ebert und Fritz Bornemann erfolgte 1966-70 die Errichtung folgender Gebäude:

1. Ein Verbindungstrakt zwischen den erweiterten Seitenflügeln des alten Baus von Bruno Paul für die Unterbringung der Skulpturengalerie.

2. Ein Neubautrakt für die Museen für indische, islamische und ostasiatische Kunst.

3. Ein Neubautrakt für die Sammlungen des Völkerkundemuseums.

4. Eine zentrale Eingangshalle zu allen Sammlungen des M.

Damit war für die außereuropäischen Sammlungen und für das Völkerkundemuseum das Nachkriegsprovisorium beendet und das M. hatte eine deutliche Ausprägung im Sinne des bereits von Wilhelm v. Bode entwickelten Plans erhalten.

In der 1990 verfaßten Denkschrift der Stiftung Preußischer Kulturbesitz zur Wiedervereinigung und Neuprofilierung der getrennten Museumskomplexe in Ost und West wird diese für Dahlem vorgegebene Profilierung beibehalten, weil sie sich sinnvoll in das von drei (z.Z. noch vier) künftigen Museumszentren auf der Museumsinsel, am Kulturforum Tiergarten und in Dahlem entwickelte Gesamtkonzept einfügt.

Dieser Gesamtkonzeption entsprechend wird die Ostasiatische Sammlung der Museumsinsel in den Bestand der entsprechenden

Sammlung in Dahlem eingehen, während die Islamischen Sammlungen in Dahlem in den Bestand des Islamischen Museums auf der Museumsinsel übergehen. Ebenso werden die Skulpturensammlung, die Gemäldegalerie und das Kupferstichkabinett Dahlem verlassen, sobald die ihnen zugedachten Standorte bezugsfertig sind. Für die Skulpturengalerie ist die Zusammenfügung mit den Beständen auf der Museumsinsel vorgesehen, während das Kupferstichkabinett bereits 1993 zusammen mit dem Kupferstichkabinett der Museumsinsel in einen dafür bestimmten Neubau am Kulturforum einziehen soll. Die Gemäldegalerie erhält aufgrund ihres großen Bestands ihren neuen Standort erst nach Fertigstellung ihres Neubaues am Kulturforum und in den angestammten Sälen des Bode-Museums auf der Museumsinsel. Ab diesem Zeitpunkt stehen voraussichtlich in Dahlem alle Räume den außereuropäischen Sammlungen zur Verfügung, so daß dieser Komplex erst dann sein endgültiges Profil erhalten wird.

Das ebenfalls zum M. gehörende Museum für Deutsche Volkskunde wird mit dem Museum für Volkskunde der ehem. Staatlichen Museen zu Berlin im Ostteil der Stadt zusammengelegt.

Musik:

1. Die Musik in Berlin nach der Vereinigung

Seit der > VEREINIGUNG gibt es in Berlin sechs subventionierte Sinfonieorchester, die zu den herausragenden in Deutschland gehören, sowie drei freie Opern und drei Opernhäuser, deren Orchester sich in eigenen Konzertreihen betätigen. Daneben musizieren ca. 50 weitere Sinfonieorchester, die der > MUSIKSCHULEN der > BEZIRKE eingeschlossen. Das ist – verglichen mit über 80 Sinfonieorchestern Ende der 30er Jahre – immer noch eine erstaunlich hohe Zahl im Zeitalter der technischen Reproduzierbarkeit und der perfekten Tonträger. Ferner beteiligen sich zahlreiche Kammermusikensembles der großen Sinfonieorchester und mehrere Hundert Ensembles ohne feste institutionelle Anbindung am öffentlichen Konzertbetrieb. Hinzu kommen – die Kirchenchöre eingeschlossen – insg. ca. 1.000 Chöre, von denen ca. 170 (130 aus dem West- und 40 aus dem Ostteil) im *Berliner Sängerbund e.V.* mit Sitz am > KURFÜRSTENDAMM 237 in > CHARLOTTENBURG vereinigt sind.

1.1. Orchester und Kammermusikensembles

Prägend im Bereich der Orchester ist das >

BERLINER PHILHARMONISCHE ORCHESTER, das zusammen mit den Wiener Philharmonikern als bedeutendstes Orchester Europas gilt. Derzeit ist Claudio Abbado, der sich in hohem Maße für die moderne Klassik und zeitgenössische Musik engagiert, ständiger Dirigent und künstlerischer Leiter. Das > BERLINER SINFONIE ORCHESTER (BSO) war das musikalische Repräsentationsobjekt der Hauptstadt der DDR und ist nun nach den Philharmonikern das zweite Orchester erster Qualität. Es profiliert sich mit Klassikern des 20. Jh. neben sinfonischen Standardwerken und Chorsinfonik. Durch den gemeinsamen Intendanten Frank Schneider ist es in die Gesamtkonzeption des > SCHAUSPIELHAUSES am > GENDARMENMARKT im Bezirk > MITTE eingebunden.

Das Profil des > RADIO-SYMPHONIE-ORCHESTERS BERLIN (RSO) weicht nur in einem Punkt von dem der anderen beiden Spitzenorchester ab: in seinen Programmen ist die zeitgenössische Musik stärker vertreten, für deren Vermittlung gelegentlich Moderatoren in Gesprächskonzerten sorgen. Das > RUNDFUNK-SINFONIEORCHESTER BERLIN (RSB), das Ost-Pendant zum RSO, spielt große sinfonische Literatur und Chorsinfonik. Es profiliert sich v.a. mit Uraufführungen und Auftragswerken, mit Aufführungen selten gespielter Berliner Werke und neuerdings mit der Reihe „Europäische Musik des 20. Jahrhunderts". Das > SYMPHONISCHE ORCHESTER BERLIN (SOB) ist ein typisches städtisches Orchester mit Volksbildungsauftrag. Die Zukunft des vom ehem. DDR-Rundfunk stammenden *Rundfunkorchesters Berlin (RO)* war im Sommer 1992 noch ungewiß.

Von den Orchestern der drei Berliner Opern ist im Konzertleben nur das der Deutschen Staatsoper von größerer Bedeutung. Im Konzertbetrieb tritt es unter dem Namen *Staatskapelle Berlin* auf.

Aus den großen Orchestern tun sich einzelne Instrumentalisten zu immer wieder neuen Kammerensembles zusammen, aus den Philharmonikern – zusammen mit Wiener Philharmonikern – das *Ensemble Wien-Berlin* und die *12 Cellisten* der Berliner Philharmoniker sowie das *Scharoun-Ensemble*. Zu den derzeit bekanntesten kleineren Kammerensembles mit breitem Spektrum gehören das *Vogler Quartett* aus Ost-Berlin, das *Ensemble Oriol*, das *Göbel-Trio Berlin* und das *Brandis-Quartett*. Zusätzlich beleben zahlreiche Spezial-Ensembles die Berliner Musiklandschaft. Im

Bereich der vernachlässigten *Alten Musik* hat die *Musicalische Compagney* mit der *Akademie für Alte Musik* kürzlich starke Konkurrenz erhalten. Fast professionell arbeiten zwei junge Ensembles, das *RIAS-Jugendorchester* und das *Landesjugendorchester*. Schon traditionsreich ist das *Kammerorchester Carl-Philipp-Emanuel-Bach* unter der Leitung von Hartmut Haenchen.

Neben den in Berlin ansässigen prägen einige auswärtige Orchester derzeit das Konzertleben der Stadt. Das > CHAMBRE ORCHESTRA OF EUROPE hat für eine fünfjährige Arbeitsphase bis zum Ende der Konzertsaison 1992/93 eine Heimat in Berlin gefunden. Das *European Community Youth Orchester (ECYO)* und das *Gustav-Mahler-Jugendorchester (GMJO)* legen in Berlin alle zwei Jahre alternierend eine Arbeitsphase ein. Die Konzerte aller drei Orchester veranstaltet die > BERLINER FESTSPIELE GMBH. Daneben organisieren eine Reihe von privaten Agenturen Gastspiel-Konzerte. Ab Herbst 1992 gestalten auch die *Wiener Philharmoniker* die Berliner Musiklandschaft durch mehrere Konzerte pro Jahr in Berlin. Eine solche institutionalisierte Gastspielverpflichtung ist das Orchester bislang nur für Berlin (als Glückwunsch zum Status als Regierungssitz und vereinigte Musikmetropole) und New York eingegangen.

1.2. Chöre

Mit ihrer Vielfalt vom politisch orientierten *Hanns-Eisler-Chor – Ensemble für Neue Chormusik* bis zum *Männergesangsverein Hymnentafel*, ist die Berliner Chorszene eine Besonderheit in Deutschland. Auf professioneller Basis arbeiten nur die beiden Rundfunkchöre, der > RIAS-KAMMERCHOR und der von Stellenabbau bedrohte *Berliner Rundfunkchor*. Der RIAS-Kammerchor, der sowohl Klassik wie zeitgenössische Musik auf höchstem Niveau singt, wird vom > RIAS BERLIN finanziert. Der international renommierte Berliner Rundfunkchor arbeitet neben seinen zahlreichen Gastspielverpflichtungen für den im Ostteil Berlins ansässigen Deutschland-Sender Kultur (*DS-Kultur*; > HÖRFUNK).

Alle anderen Chöre, die ebenfalls regelmäßig Konzerte mit den Berliner Spitzenorchestern geben, arbeiten unter semiprofessionellen Voraussetzungen, wie der *Ernst-Senff-Chor* und die fünf großen bekannten Oratorienchöre, der *Berliner Konzertchor*, der *Philharmonische Chor*, die Sing-Akademie zu Berlin, die Berliner Singakademie (> SING-AKADEMIE) und der *Chor der St.-Hedwigs-Kathedrale*. Von allen Berliner Chören werden nur der Konzertchor und der Philharmonische Chor sowie die beiden Singakademien vom Land Berlin finanziert.

1.3. Neue Musik

In Berlin leben mehr Komponisten als im gesamten übrigen Deutschland. Zu den bekanntesten gehören Reiner Bredemeyer, Paul-Heinz Dittrich, Friedrich Goldmann, Georg Katzer und Friedrich Schenker aus dem Ostteil der Stadt, Frank Michael Beyer, Aribert Reimann, Roland Pfrengle, Dieter Schnebel sowie Isang Yun aus dem Westteil. Abgesehen von etablierten Konzertreihen finden jährlich mehr als 50 Konzerte zeitgenössischer Musik statt. Die meisten werden von Interessengemeinschaften für Neue Musik veranstaltet.

Die wichtigsten Ensembles und Solisten, die sich um die Neue Musik bemühen, sind die *Gruppe Neue Musik* um den Komponisten Gerald Humel, das *Universal Ensemble Berlin* um Karl-Heinz Wahren (ebenfalls Komponist), das *Ensemble Klangwerkstatt* mit Peter Ablinger und anderen in Berlin lebenden Komponisten, das Elektronische Studio der > TECHNISCHEN UNIVERSITÄT (TUB) und der > AKADEMIE DER KÜNSTE (OST), *United Berlin* unter Leitung von Hans-Jürgen Wenzel und *attacca berlin* unter Leitung der Komponistin Konstantia Gourzi.

Die üblichen Aufführungsorte kleiner Ensembles Neuer Musik sind neben dem > KAMMERMUSIKSAAL der > PHILHARMONIE und des Schauspielhauses u.a. die > AKADEMIE DER KÜNSTE, das *Ballhaus Naunynstraße* in Kreuzberg (> BALLHÄUSER), das > KÜNSTLERHAUS BETHANIEN, ebenfalls in Kreuzberg, und neuerdings das > PODEWIL im Bezirk Mitte.

1.4. Konzertsäle

Bei einer hohen Konzertfrequenz stehen allen Orchestern des offiziellen Spielbetriebs fünf Konzertsäle zur Verfügung. Die > PHILHARMONIE am > KULTURFORUM TIERGARTEN hat ca. 2.400 Plätze und wird v.a. vom Berliner Philharmonischen Orchester genutzt, der benachbarte > KAMMERMUSIKSAAL mit knapp 1.200 Plätzen ist nur für kleinere Ensembles geeignet. Das > SCHAUSPIELHAUS am > GENDARMENMARKT im Bezirk > MITTE mit 1.400 Plätzen ist aus akustischen Gründen problematisch; hier haben das BSO und das RSB ihre Hauptspielstätte. Ins Schauspielhaus integriert ist ein Kammermusiksaal mit 400 Plätzen. Da das Publikum aus West- und Ost-Berlin knapp drei Jahre nach der Vereini-

gung immer noch auf die vertrauten Spiel-
orte fixiert ist, gastieren die West- bzw. Ost-
Orchester gelegentlich im Konzertsaal der jeweils anderen Stadthälfte. Ein weiterer wichtiger Konzertsaal ist der *Große Sendesaal des
SFB*, in dem 1.400 Hörer Platz finden. Hier
hatte das RSO seine Heimat. Seit der Vereinigung konzertiert es auch in der Philharmonie
und im Schauspielhaus. Der Konzertsaal der
> HOCHSCHULE DER KÜNSTE (HdK), ein denk-
malgeschützter Nachkriegsbau, bietet knapp
1.400 Zuschauern Platz und stößt bei großen
Orchesterbesetzungen an seine akustischen
Grenzen. Er ist – abgesehen von der Philharmonie – der Hauptaufführungsort des SOB.
In Anbetracht der enormen Zahl der Ensembles sind fünf große Konzertsäle und eine
Anzahl kleinerer Säle für Kammerkonzerte,
wie z.B. der *Otto-Braun-Saal* in der > STAATS-
BIBLIOTHEK, sehr wenig. Rd. 180.000 Berliner
geben an, häufig bis regelmäßig Konzerte zu
besuchen; die Konzerte der großen Orchester
waren 1990 zu 90-100 % ausgelastet.

1.5. Oper

Die > DEUTSCHE STAATSOPER UNTER DEN LINDEN
soll nach der Vereinigung wieder Berlins repräsentatives Opernhaus werden. Mit Daniel
Barenboim, der seine Tätigkeit als künstlerischer Leiter und Generalmusikdirektor der
Deutschen Staatsoper mit der Spielzeit 1992/
93 aufnimmt, hat die Bühne eine renommierte Persönlichkeit verpflichtet. Von ihm wird
erwartet, daß er das Orchester wieder auf
das einstige hohe musikalische Niveau
bringt. Die Deutsche Staatsoper pflegt ein
breites Repertoire. Uraufführungen zeitgenössischer Komponisten v.a. aus der ehem.
DDR finden meist auf der kleinen Experimentierbühne des Apollo-Saales statt. Während der neue Intendant nach der Vereinigung, Georg Quander, auf Starbesetzungen
mit internationalen Gästen setzt, arbeitet die
> DEUTSCHE OPER BERLIN weitgehend mit ih-
rem festen Ensemble. Damit konnte sie sich
im internationalen Vergleich zwar keine
Spitzenposition erobern, in Deutschland behauptet sie sich jedoch neben München und
Hamburg. Bislang profilierte sich die Deutsche Oper durch relativ viele Uraufführungen zeitgenössischer Werke, die allerdings neben dem üblichen Opernrepertoire
selten gespielt werden. Seit 1981 ist Götz
Friedrich Generalintendant, ein auch in Bayreuth und international gefragter Regisseur.
Nachdem der Posten des Generalmusikdi-
rektors zwei Jahre lang vakant war, ist ab

Spielzeit 1992/93 der international anerkannte Rafael Frühbeck de Burgos für diese Aufgabe designiert.

Die > KOMISCHE OPER im Ostteil der Stadt ist
eine der markantesten in Europa. Sie versteht
sich als Musiktheater, in dem die Regisseure
großen Wert auf die lebendige, allgemein-
verständliche und gegenwartsbezogene Vermittlung der Libretti – es wird prinzipiell in
deutscher Sprache gesungen – und auf die
schauspielerischen Fähigkeiten der Sänger legen. Walter Felsenstein begründete den weltweiten Ruhm der Bühne, seit 1981 führt
Harry Kupfer als Chefregisseur die Tradition
des realistischen Musiktheaters fort. Er baut
auf ein junges Ensemble mit Nachwuchs-
kräften, aber die meist höchst anregenden
Inszenierungen entschädigen für den Verzicht auf musikalischen Perfektionismus. Anders als die beiden genannten Opernhäuser
hat die Komische Oper auch Operetten im
Repertoire.
Ungewöhnlich für Deutschland ist die langjährige Existenz von gleich zwei professionellen, vom Senat geförderten Freien Opern.
Sie sind zuständig für Unkonventionelles
und Experimentelles, für selten aufgeführte
Werke oder radikale Bearbeitungen von Re-
pertoireopern. Die 1977 gegründete > NEU-
KÖLLNER OPER hat seit 1988 ein eigenes Haus
in der > KARL-MARX-STRASSE 131-133. Die seit
1981 bestehende *Berliner Kammeroper* besitzt
keine feste Spielstätte und kein Sängerensemble. Der künstlerische Leiter Henry
Akina engagiert für jede Produktion die pas-
senden Sänger, Brynmor Llewelyn Jones arbeitet als musikalischer Leiter kontinuierlich
mit dem Orchester. Alle Opern werden in
deutscher Sprache gesungen.

1.6. Musikausbildung

Neben einer Breitenförderung durch die >
MUSIKSCHULEN der Bezirke übernehmen zwei
Hochschulen die Musikausbildung. Die >
HOCHSCHULE FÜR MUSIK „HANNS EISLER" unter
der Leitung der Pianistin Annerose Schmidt
sorgt als Fachhochschule für eine Ausbildung traditionellen Zuschnitts. Die Hochschule der Künste ist mit ihrem Konzept einer interdisziplinären Ausbildung zum Modell für viele Musikhochschulen Europas geworden. Im Unterschied zur Hochschule für
Musik „Hanns-Eisler" gibt es an der HdK
einen Fachbereich Musikwissenschaft und
-erziehung sowie einen Fachbereich Gesang
und darstellende Künste, in dem künftige
(Opern)sänger gemeinsam mit Regisseuren

und Bühnenbildnern ausgebildet werden. Die international renommiertesten Professoren der HdK im Musikbereich sind Dietrich Fischer-Dieskau und Aribert Reimann. Junge Orchestermusiker fördert die *Orchester-Akademie* des Berliner Philharmonischen Orchesters. Die Institution – nach ihrem Initiator auch *Karajan-Stiftung* genannt – wird vom Land Berlin und überwiegend von der Industrie finanziert. Die Stipendiaten der Stiftung sind durch Proben und Konzerte mit den Philharmonikern in die Berufspraxis integriert. Neben den genannten gibt es eine Reihe weiterer Stipendien und Preise, die von der > Senatsverwaltung für Kulturelle Angelegenheiten (SenKult) und der Akademie der Künste vergeben werden.

1.7. Veranstaltungen

Neben dem in den Alltag der Stadt integrierten Konzertbetrieb der großen Orchester und kleinen Ensembles bietet Berlin ein großes und ein kleineres Festival sowie viele Veranstaltungsreihen. Seit 1950 finden jedes Jahr fast den ganzen September lang die > Berliner Festwochen statt. Sie bieten neben Theatergastspielen ein ausgewogenes Programm mit repräsentativen Konzerten der besten Berliner Orchester und Gastorchester, mit internationalen Star-Solisten und -Dirigenten sowie Konzerten jenseits des Repertoires für Insider und Entdeckungsfreudige. Die Veranstalter der Festwochen vergeben Kompositionsaufträge, machten in Berlin z.B. die Komponisten Sofia Gubaidulina und Charles Koechlin bekannt, gaben dem jungen Simon Rattle Gelegenheit das Berliner Philharmonische Orchester zu dirigieren.

Die Aktivitäten der Festivals der ehem. DDR-Hauptstadt sollen von den Berliner Festwochen abgedeckt werden, so die *Berliner Festtage*, die als Konkurrenzunternehmen zu den Festwochen gegründet wurden, und die DDR-Musiktage, seinerzeit eine Leistungsschau der Komponisten der DDR. Allein die > musik-biennale bleibt als eigenständiges Festival bestehen.

Die Veranstalter der national renommierten > Bach-Tage Berlin ermöglichen mit jährlich wechselnden Themen die Auseinandersetzung mit Bach in immer neuen Zusammenhängen.

Alle anderen Veranstaltungsreihen sind der Neuen Musik gewidmet. Die *Insel-Musik* findet seit 1973 jährlich drei bis vier Abende lang im November im kleinen Saal des SFB statt. Der Berliner Komponist Erhard Groß-

kopf organisiert sie ohne programmatischen Anspruch. Er hat die Insel-Musik im vergangenen Jahrzehnt den Schülern von John Cage geöffnet und die Berliner mit ostasiatischen Kompositionen konfrontiert. Die *Inventionen*, die 1982 erstmals stattfanden, waren ursprünglich ein kleines Forum für ausschließlich elektroakustische Musik. Da immer mehr Komponisten sowohl mit Computern oder elektronischen Klangerzeugern als auch mit akustischen Instrumenten experimentieren, haben sich die Inventionen in den letzten Jahren zum Berliner Festival Neuer Musik entwickelt. Es gibt v.a. jenen Künstlern Spielraum, die zur Erweiterung des Musikbegriffs beitragen (neue Formen des Musiktheaters, Performances, Rauminstallationen). Die Inventionen finden Anfang des Jahres im Januar oder Februar an verschiedenen Orten statt, v.a. in der Akademie der Künste. Die Akademie und die TUB sind, neben dem Berliner Künstlerprogramm des > Deutschen Akademischen Austauschdienstes (DAAD), Veranstalter der Inventionen.

Zu einer Berliner Institution sind inzwischen auch die Konzerte in der *Berliner Kabarett-Anstalt (BKA)* am Mehringdamm 32-34 in > Kreuzberg geworden. Jeden Dienstag gibt es dort „Unerhörte Musik", Zeitgenössisches und moderne Klassik, in entspannter Atmosphäre. Am weitesten in der Präsentation radikaler musikalischer Avantgarden jenseits jeder Einordnung gehen die kompromißlosen *Freunde Guter Musik*. Der seit 1983 bestehende e.V. veranstaltet häufig Konzerte in seiner Kreuzberger Fabriketage am Erkelenzdamm 11, gelegentlich auch an anderen, überraschenden Schauplätzen.

1.8. Institutionen, Vereinigungen, Initiativen

Wie alle alten Länder Deutschlands hat auch Berlin eine Interessenvertretung für Mitglieder aus allen Bereichen der Musik, vom Rock bis zur Neuen Musik: den *Landesmusikrat Berlin* im Deutschen Musikrat am > Kurfürstendamm 237 in Charlottenburg. Eine sehr wichtige Rolle als Mittler zwischen Künstlern Neuer Musik und Publikum übernimmt die Akademie der Künste mit Konzerten, Colloquien, Symposien, Vorträgen und musikbezogenen Ausstellungen. Die meisten musikalischen Vereinigungen in Berlin sind Interessenverbände von Kulturschaffenden aus dem Bereich Neuer Musik. Die älteste ist das *Studio Neue Musik*, Anfang der 60er Jahre im Verband deutscher Musikerzieher und konzertierender Künstler gegründet. Ausschließlich Komponisten haben die *Gruppe Neue Musik* vor über 25 Jahren in West-Berlin ins Leben gerufen. Mit zwei assoziierten Ensembles bemühen sie sich um die Aufführung ihrer Werke in Berlin. Daneben existieren der *West-* und der *Ost-Berliner Komponistenverband*. Ihre Vereinigung ist geplant; schon jetzt veranstalten sie gemeinsam Konzerte. Das kleine, von beiden Komponistenverbänden getragene Festival, das im Herbst 1991 erstmals über die Bühne ging, ist als Modellversuch für Deutschland eine Berliner Besonderheit.

Die *Berliner Gesellschaft Neue Musik e.V. (BGNM)* wurde 1990 als Regionalverband der Gesellschaft Neue Musik gegründet und ist ihr größter Landesverband in Deutschland. Sie bietet ihren Mitgliedern – Komponisten, Musikwissenschaftlern, Interpreten und Veranstaltern Neuer Musik – ein Diskussionsforum über musikalische Formen und Inhalte. Seit kurzem tritt die BGNM selbst als Veranstalter auf. Am 13. jedes Monats portraitiert sie per Gespräch und Konzert im Schauspielhaus einen Berliner Komponisten. Die Anfang 1991 gegründete *Initiative Neue Musik* ist der Dachverband aller erwähnten Institutionen. Als Lobby kämpft sie bei staatlichen Stellen um mehr Geld für die Förderung Neuer Musik und effektiverer Veranstaltungsstrukturen. 1992 hat sie erstmals 500.000 DM erstritten. Sie betreut jährlich zahlreiche Konzerte im Schauspielhaus und im > PODEWIL, tritt aber nicht als Veranstalter auf. Sie übt eine beratende und koordinierende Funktion in der Szene Neuer Musik aus und bringt einen Veranstaltungskalender heraus.

1987 entstand in Ost-Berlin *Die neue Brücke*, die eine Verbindung zwischen bildender Kunst und Neuer Musik schafft. Seit 1991 veranstaltet ihr Initiator Kurt Dietmar Richter Konzerte in der Galerie „M" in > MARZAHN mit einem für ein Neubauviertel jenseits der > CITY erstaunlich großen Erfolg. Von Bedeutung ist schließlich die *Gelbe Musik* in der Schaperstr. 15, eine Galerie und ein auf Neue Musik spezialisierter Schallplattenladen, bei dem wegen seines großen und erlesenen Angebots und seiner kundigen Beratung Bestellungen v.a. einer Fachklientel aus aller Welt eingehen.

2. Die Musik in Berlin von den Anfängen bis 1989

Eine breite Musikpflege, zentriert auf den kurfürstlichen Hof, ist erst seit der Reformation zu verzeichnen. Nach der Umwandlung Berlins in die königliche Residenz Friedrich (III.) I. (1688-1713) 1701 wurden die höfischen Festlichkeiten zahlreicher und prächtiger, und mit der Hofkapelle entstand ein modernes Orchester. Unter Friedrich II. (1740-86) erhielt der Hof eine neue Kapelle mit berühmten Virtuosen wie Johann Gottlieb Graun und Carl Philipp Emanuel Bach. Aus ihr ging die Königliche Kapelle, später die Staatskapelle hervor. Um Johann Joachim Quantz, den Flötenlehrer des Königs, bildete sich ein Komponistenkreis, der v.a. die Leipziger Bach-Tradition weiterführte.

Das städtische Musikleben entwickelte sich ab 1579 mit den Stadtpfeifereien, denen sich später Trommlergruppen anschlossen. Aus ihnen entstand im 18. Jh. die für Berlin charakteristische Militärmusik der Bürgerwehr. Sie wurde schließlich von anspruchsvoller Orchestermusik verdrängt. In der Kirchenmusik ist in der ersten Hälfte des 18. Jh. ein Niedergang zu verzeichnen, berühmte Kantoren hat Berlin nie hervorgebracht.

Die Oper entwickelte sich erst relativ spät in Berlin. Das ständige Auf und Ab dieser kostspieligen Gattung ist im Zusammenhang mit den jeweiligen Militärausgaben der Hohenzollern zu sehen. 1690 wurde am Hof zum ersten Mal nicht mehr französisches Musiktheater, sondern ein deutsches Singspiel aufgeführt („Der Scheerenschleifer, Singspiel in der Wirthschaft zu Cölln an der Spree"), 1700 fand die erste urkundlich belegte italienische Opernaufführung vor wenigen geladenen Gästen statt. Doch schon zwei Jahre später konnte auch die Öffentlichkeit in einem kleinen Theater gegen Eintrittsgeld Opern besuchen. An der 1742 eröffneten Königlichen Hofoper war zunächst der Kapellmeister und Hofkomponist Carl Heinrich Graun bestimmend, ab 1787 wurde Carl Ditters v. Dittersdorf der Liebling des Berliner Publikums. Die Königliche Hofoper entwickelte sich zwar rasch zur Bühne von internationalem Rang, blieb aber an zweiter Stelle nach der Opernstadt Dresden. Allzu lange hatte es gedauert, bis Richard Wagners Musikdramen aufgeführt werden durften. Obwohl Richard Strauss Kapellmeister an der Oper war, mußten seine Werke andernorts uraufgeführt werden, da Kaiser Wilhelm II. (1888-1918) sie als „Rinnstein"-Kunst aus der Stadt verbannte. Immerhin gab es Nischen für die Avantgarde: Hans Gregor entwickelte an seiner Komischen Oper ab 1905 eine moderne

Opernregie. Damit legte er den Grundstein für Berlin als Zentrum der unkonventionellen, avantgardistischen Oper in den 20er Jahren, als Otto Klemperer sich an der > KROLLOPER auf die Aufführung zeitgenössischer Werke konzentrierte. Ab 1947 knüpfte Walter Felsenstein – nun wieder mit der Komischen Oper – an Gregors regiebetonten Inszenierungsstil an und revolutionierte die Oper zum realistischen Musiktheater.

Neben den genannten Opernhäusern gab es noch eine Reihe größtenteils privater Unternehmungen, vom 1824 gegründeten Königstädtischen Theater, das auf italienische Opern spezialisiert war und 1850 Bankrott ging, über das Viktoriatheater mit seinen zyklischen Aufführungen des „Ring der Nibelungen" bis zur Volksbühnen-Institution Große Volksoper.

Während sich Berlin bald als Opernstadt einen Namen machen konnte, und auch der Chorgesang in der 1. Hälfte des 19. Jh. wieder stark entwickelt war, wurde die Pflege der Instrumentalmusik lange vernachlässigt. Sie erreicht spät, mit der Gründung der Bilseschen Kapelle 1867, ein hohes Niveau. Als Abspaltung entstand 1882 das Berliner Philharmonische Orchester unter Ludwig v. Brenner. Es setzte sich ausdrücklich das Ziel, zeitgenössischer Musik in Berlin den Weg zu ebnen. Seitdem prägten die wichtigsten Dirigenten – Arthur Nikisch, Wilhelm Furtwängler und viele mehr – mit den Philharmonikern das Berliner Musikleben. Inzwischen hatte auch das Orchester der Königlichen Hofoper, die Königliche Kapelle, im Konzertbetrieb auf sich aufmerksam gemacht. Ihr unter Richard Strauss erreichtes Niveau konnte sie – nunmehr als Staatskapelle – unter Wilhelm Furtwängler, Hermann Abendroth und Erich Kleiber weiter erhöhen.

Mit diesen beiden Orchestern wurde Berlin um die Jahrhundertwende zur Musikmetropole. Die Studenten mehrerer Ausbildungsstätten konnten sich von Ferrucio Busoni, Max Bruch, Engelbert Humperdinck und Arnold Schönberg in Komposition, von Joseph Joachim und Fritz Kreisler auf der Violine, von Arthur Schnabel und Conrad Ansorge am Klavier unterrichten lassen. Neben Leipzig und Wien entwickelte sich Berlin allmählich auch zur Musikverlagsstadt. Das rege Musikleben schlug sich in einer hohen Konzertfrequenz nieder: In den 20er Jahren besaß die Stadt schließlich 21 regelmäßig bespielte Konzertsäle.

Die 20er Jahre waren in der M. – wie in den anderen Kunstgattungen – die Sturmzeit der Avantgarden. Was Klemperer im Bereich der Oper erreichte, leistete Max Butting auf dem Gebiet der Konzertmusik mit der Berliner Novembergruppe, die Hans Heinz Stuckenschmidt organisierte. Der Berliner Dirigent Hermann Scherchen, der damals für „Tonalitätsdurchbrechung" und einen auf alle Lebensbereiche ausgreifenden musikalischen Aktivismus eintrat, gründete die maßgebliche deutsche Avantgarde-Musikzeitschrift Melos. Bei der Bewertung einer Stadt als Musikmetropole muß auch die Akzeptanz Neuer Musik berücksichtigt werden. Die Abonnementskonzerte des Berliner Philharmonischen Orchesters ab 1925 unter Bruno Walter und Carl Schuricht mit zeitgenössischen Werken waren gefeierte Ereignisse.

Unter der Diktatur der Nationalsozialisten brach das Musikleben zwar nicht zusammen, es kam sogar zu zahlreichen Uraufführungen – allerdings von Werken, die nicht unter das Verdikt „Entartete Musik" fielen. Schuricht konnte indes immerhin 1940 noch „Hamlet" von Boris Blacher mit den Philharmonikern uraufführen. Furtwängler trat 1934 von seinen Ämtern zurück, während Herbert v. Karajan an der Staatsoper Unter den Linden Generalmusikdirektor wurde.

Das erste Konzert des Philharmonischen Orchesters nach dem II. Weltkrieg dirigierte Sergiu Celibidache am 26.5.1945 im > TITANIA-PALAST in > STEGLITZ. Auch in den folgenden Jahren arbeitete er regelmäßig mit den Philharmonikern in Berlin; künstlerischer Leiter und ständiger Dirigent des Orchesters, Berlins Aushängeschild, wurde indes 1955 Karajan auf Lebenszeit. Er prägte fortan nicht nur das Berliner Konzertleben, sondern erhob auch zunehmend seine Ästhetik des abgerundeten Wohlklangs zum herrschenden Geschmack und machte klassische M. damit populär. In der Spätphase seiner Dirigentschaft vernachlässigte das Orchester die Bemühungen um zeitgenössische Werke. Diesen Anspruch formulierte erst wieder Claudio Abbado, als er 1990 sein Amt in der Nachfolge Karajans antrat.

Während bei den West-Berliner Orchestern die berühmtesten Solisten und Dirigenten der Welt mit Ausnahme Carlos Kleibers oft und regelmäßig gastierten, konnten die Klangkörper Ost-Berlins kaum Erfahrungen mit internationalen Musikern sammeln. Bestimmend im dortigen Musikleben wurden

Komponisten, die sich mit ihrer Rückkehr aus dem Exil für das sozialistische Experiment entschieden, wie – trotz aller Konflikte – Hanns Eisler und Paul Dessau, dessen Opern alle an der Deutschen Staatsoper uraufgeführt wurden.

Neben dem repräsentativen Konzertbetrieb wurde in den 80er Jahren die Tradition der Gartenkonzerte des 19. Jh. in veränderter Form weitergeführt und durch Hofkonzerte ergänzt. Mit ihnen und den Konzerten in Museen unter dem Titel *Schauplatz Museum* bemühen sich Berliner Kulturschaffende um neue Interessenten klassischer M.

3. *Tendenzen, Entwicklungen, Thesen*

Die Existenz der subventionierten Klangkörper und Institutionen ist nach der Vereinigung Berlins im wesentlichen gesichert. Seit der Vereinigung herrscht Aufbruchstimmung im Musikleben der Stadt. Anlaß zur Hoffnung auf die Überwindung der Berliner Selbstbezogenheit, die aus der Insellage der Stadt resultierte, geben die Vielzahl der seitdem ergriffenen Initiativen und entstandenen Gruppen in der Szene Neuer Musik, die Erhaltung der musik-biennale und die Gründung der Reihe „Europäische Musik des 20. Jh." und schließlich die Schaffung eines eigenen CD-Labels der Akademie der Künste.

Auch im Bereich Alter Musik zeichnet sich Gründerzeitmut ab. Ein Netzwerk von Künstlern und Musikwissenschaftlern entsteht gerade. Es will sich für eine bessere Förderung der freien Ensembles einsetzen, etwa analog zur Förderung Neuer Musik und deren Interpreten durch die SenKult. Mit der Gründung der vielversprechenden Akademie für Alte Musik neben der Musicalischen Compagney – sowie den neuen Festtagen der Musica Antiqua und den *Berliner Tagen für alte Musik* – hat die Stadt auch endlich die Chance, sich einen Namen auf dieser Domäne zu erarbeiten.

Während in den beiden Bereichen, die Minderheiten ansprechen, positive Tendenzen zu registrieren sind, nimmt der repräsentative Musikbetrieb eine zwiespältige Entwicklung. Insbes. die Oper ist von Finanznöten des Landes Berlin bedroht. So wird seit der Vereinigung auf politischer Ebene immer wieder laut darüber nachgedacht, ob Berlin weiterhin drei Opernhäuser benötigt. Dabei wird jedoch vergessen, daß viele Stadtteile Berlins die Einwohnerzahl einer Großstadt haben, und daß in Deutschland jede Großstadt

selbstverständlich ihr Theater und ihre Oper besitzt. Unter dem Sparzwang des Senats von Berlin geriet die Deutsche Oper in die Diskussion, da sie 1992 mit knapp 80 Mio. DM Zuschuß erheblich teurer ist als die Deutsche Staatsoper mit 60 Mio. und die Komische Oper mit 40 Mio. In der Platzausnutzung lag sie 1991 mit 71 % knapp hinter der Komischen Oper (72 %) und hinter der Deutschen Staatsoper (74 %). Bei diesem Vergleich ist allerdings das Platzangebot der Häuser zu berücksichtigen: Deutsche Oper (knapp 1.900), Staatsoper (1.400), Komische Oper (1.200).

Zum anderen ist gerade die Deutsche Oper von der Schließung bedroht, da sie noch kein abgrenzendes Konzept vorgelegt hat, das sie der Deutschen Staatsoper entgegenhalten kann. Während die Deutsche Oper, Berlins „Gebrauchs- oder Alltagsoper" in Frage gestellt wird, beginnt die Deutsche Staatsoper, ihr einstiges Image als repräsentatives Haus wieder zu pflegen. Sie setzt unter Daniel Barenboim für die Zukunft auf Spitzenstars aus aller Welt. Harry Kupfer, Chefregisseur der gediegenen Komischen Oper, will einen Teil seiner Arbeitskraft der Deutschen Staatsoper widmen, wo er gemeinsam mit Barenboim Wagners Werke zur Aufführung bringen will. Diese Pläne könnten auf ein Konkurrenzverhältnis zu Bayreuth hinauslaufen. Zudem zeichnet sich mit den institutionalisierten Gastkonzerten der Wiener Philharmoniker mit anschließendem Festessen eine Neigung zu Repräsentativität ab.

Die Tendenz zu mehr Exklusivität zeigt sich auch in steigenden Eintrittspreisen – noch sind sie allerdings niedriger als beispielsweise in München oder Hamburg –, ferner in der Verwaisung des populären Rundfunkorchesters und schließlich im Wechsel der Spielstätte des Radio-Symphonie-Orchesters Berlin vom Großen Sendesaal des SFB in die Philharmonie und ins Schauspielhaus. Nur seine Konzertreihen Neuer Musik finden weiterhin in der sachlichen Atmosphäre des Sendesaals statt. Mit dem Trend zu spektakulären Aufführungen ist auch zu befürchten, daß Etatkürzungen im Bereich der Musik für speziell Interessierte vorgenommen werden.

musik-biennale: Die 1967 in Ost-Berlin gegründete m. wird seit 1991 von der > Berliner Festspiele GmbH als gesamtdeutsches Musikfest für Neue, insbes. für zeitgenössische > Musik durchgeführt. Die Verantwortung für das Konzept und die Form der Veranstaltung obliegt den durchführenden Künstlern selbst.

Die vom Verband der Komponisten und Musikwissenschaftler der DDR in Zusammenarbeit mit dem Ministerium für Kultur der DDR als Internationales Fest für zeitgenössische Musik gegründete m. ist eines der wenigen Festivals der DDR, das im Zuge der > VEREINIGUNG übernommen und fortgeführt wurde. Es fand alle zwei Jahre – alternierend mit den DDR-Musiktagen, die sich ausschließlich auf das zeitgenössische Musikschaffen der DDR konzentrierten – jeweils im Februar für zehn Tage statt (insg. zwölfmal). Verstärkt ab 1987 entwickelte sich die m. zu einem international anerkannten Musikfestival, das auch Künstler zuließ, die der offiziellen Kulturpolitik der DDR wenig genehm waren. Dabei zog die m. ein größeres internationales Publikum an, zumal sie sich nicht auf bestimmte Genres oder ästhetische Strömungen beschränkte, sondern allen neuen musikalischen Entwicklungen gegenüber offen war und ausdrücklich den Bezug auf die Klassische Moderne suchte sowie musikalische Grenzbereiche – z.B. das Musiktheater – mit einbezog.

Die m. wird auch weiterhin alle zwei Jahre, voraussichtlich im März, stattfinden. Die nächste m. ist für den 12.-23.3.1993 geplant.

Musikschulen: In Berlin gibt es derzeit insg. 23 bezirkliche M., die instrumentalen und vokalen Einzelunterricht, Kammermusik, Rock und Pop, Musiktheorie, musikalische Früherziehung, Musiktherapie u.v.m. anbieten. Die M. stehen allen Altersgruppen offen; sie ermöglichen Freizeitaktivitäten ebenso wie gezielte Studienvorbereitung.

Während im Westteil Berlins die musikalische Breitenarbeit im Vordergrund stand, war die berufsspezifische Ausbildung Hauptaufgabe der Ost-Berliner M. Lediglich die früher in den östlichen > BEZIRKEN existierenden und inzwischen in die M. integrierten Unterrichtskabinette für Musik waren primär auch der Breitenarbeit verpflichtet. Heute widmen sich alle M. mit unterschiedlicher Intensität dem gesamten Aufgabenspektrum; die einzelnen Programme gestaltet jede M. eigenverantwortlich, was zu unterschiedlichen Schwerpunkten führt.

Eine Sonderstellung innerhalb der Ost-Berliner M. nahmen die Friedrichshainer Händelschule und die Spezialschule der > HOCHSCHULE FÜR MUSIK „HANNS EISLER" (HfM) ein. Dort erhielten die Schüler eine konzentrierte musikalische bzw. berufsorientierte Ausbildung als Vorbereitung für ein Studium an einer Musikhochschule (> SPEZIALSCHULEN). Im Zuge der mit der > VEREINIGUNG begonnenen Umstrukturierung wurde die Friedrichshainer Händelschule zum 1.8.1991 in ein musikbetontes Gymnasium umgewandelt. Als Nachfolgeeinrichtung der aufgelösten Spezialschule der HfM besteht seit 1.8.1991 die Carl-Philipp-Emanuel-Bach-Oberschule, ein Musikgymnasium (> SCHULE UND BILDUNG).

Die M. sind Einrichtungen der > BEZIRKSÄMTER; sie finanzieren sich über die Bezirkshaushaltspläne, in denen auch die Einnahmen aus den Unterrichtsentgelten veranschlagt sind. Insg. 267 Lehrkräfte sind hauptamtlich an den M. beschäftigt (davon 208 an den M. in den östlichen Bezirken). Weitere rd. 1.600 Lehrerinnen und Lehrer arbeiten als Honorarkräfte (überwiegend in den westlichen Bezirken). 1991 bildeten die M. rd. 45.500 Kursteilnehmer aus, davon rd. 8.000 in den östlichen Bezirken.

N

Nationale Kontakt- und Informationsstelle zur Anregung und Unterstützung von Selbsthilfegruppen (NAKOS): Die 1984 entstandene NAKOS ist ein mit Hilfe der damaligen Senatsverwaltung für Gesundheit und Soziales gegründetes Projekt der in Gießen beheimateten Deutschen Arbeitsgemeinschaft Selbsthilfegruppen e.V. Juristischer Träger ist das Paritätische Bildungswerk, Bundesverband e.V., in Frankfurt/M. NAKOS hat die Aufgabe, die Entstehung und Entwicklung von > SELBSTHILFEGRUPPEN und Selbsthilfegruppen-Unterstützungsstellen („Kontakt- und Informationsstellen für Selbsthilfegruppen") anzuregen und zu fördern. Während die im gleichen Gebäude in der Albrecht-Achilles-Str. 65 im Bezirk > WILMERSDORF untergebrachte > SEKIS SELBSTHILFE-, KONTAKT- UND INFORMATIONSSTELLE ausschließlich für Berlin zuständig ist, fungiert NAKOS als Vermittlungs- und Beratungsstelle für die gesamte Bundesrepublik Deutschland. Als unabhängige, problemübergreifende Informations- und Vermittlungsinstanz ist sie auch Ansprechpartner für Fachleute, Verbände, Behörden und Medien. Schwerpunkte des Angebots von NAKOS sind allgemeine Informationen über Existenz und Arbeitsweise von Selbsthilfegruppen in Deutschland, Informationsmaterialien für Selbsthilfegruppenteilnehmer und berufliche Helfer, Vermittlung von Anfragenden an Selbsthilfegruppen, Hilfe beim Aufbau von Gruppen und die Gewinnung professioneller Helfer für die Zusammenarbeit mit Selbsthilfegruppen. Ferner bemüht sich NAKOS um die Verbreitung des Selbsthilfegruppen-Gedankens in der Öffentlichkeit, regt die Bildung lokaler Unterstützungseinrichtungen an, koordiniert bundesweite Arbeitstagungen, führt Fortbildungsveranstaltungen durch und stellt politischen Entscheidungsträgern u.a. durch wissenschaftliche Studien Fachwissen zur Verfügung.
NAKOS hat drei Mitarbeiter und erhält eine Basisfinanzierung von der > SENATSVERWAL-TUNG FÜR SOZIALES. Ein Teil der Aktivitäten (z.B. Tagungen, Fortbildungsveranstaltungen, wissenschaftliche Studien) werden über Drittmittel finanziert, die u.a. von der Bundeszentrale für gesundheitliche Aufklärung in Köln, dem > BUNDESMINISTERIUM FÜR FAMILIE UND SENIOREN (BMFS) und dem Landesarbeitsamt Berlin/Brandenburg zur Verfügung gestellt werden (> ARBEITSÄMTER). Das BMFS finanziert seit 1992 ein Fortbildungsprogramm zur Stärkung der Selbsthilfebewegung in den neuen Bundesländern.

Nationales Aufbauwerk (NAW): Das 1953 aus dem *Nationalen Aufbauprogramm Berlin* hervorgegangene NAW war ein Wiederaufbauprogramm zur Beseitigung der Zerstörungen des II. Weltkriegs in Ost-Berlin und der damaligen DDR. Anders als bei dem mit ähnlicher Zielsetzung 1949 gestarteten > BERLINER AUFBAUPROGRAMM für den Westteil der Stadt, beruhten die im Rahmen des NAW erbrachten Leistungen nicht auf finanziellen Zuwendungen von außen, sondern v.a. auf unentgeltlichen Arbeitsleistungen der Bevölkerung. Von Anfang an sah das NAW vor, durch freiwillige Aufbauleistungen der Bürger die Aufgaben der DDR-Volkswirtschaftspläne zu erfüllen bzw. zu überbieten. Seit 1960 wurden diese Leistungen direkt in die Volkswirtschaftspläne einbezogen.
Der Fünfjahresplan für die DDR-Wirtschaft 1951-55 hatte den Wiederaufbau Ost-Berlins zu einer Schwerpunktaufgabe erklärt. Am 25.11.1951 erließ das Zentralkomitee der SED (> SOZIALISTISCHE EINHEITSPARTEI DEUTSCHLANDS [SED]) deshalb einen Aufruf „Für den Aufbau Berlins", mit dem es die Bevölkerung der DDR aufforderte, 1952 ein „Nationales Aufbauprogramm Berlin" durchzuführen (> BAUGESCHICHTE UND STADTBILD). Dieses Programm bestand zum einen aus einer umfassenden Enttrümmerungsaktion und zum anderen aus dem Aufbau eines 1,85 km langen städtebaulichen Ensembles entlang der damaligen Stalinallee (heute > FRANKFURTER AL-

LEE / > Karl-Marx-Allee) vom Strausberger Platz bis zum Frankfurter Tor. Am 2.1.1952 beteiligten sich rd. 44.000 Berliner am ersten Arbeitseinsatz rund um den Strausberger Platz. Die erste „Aufbauschicht" wurde am Rohbau des ersten Ost-Berliner Hochhauses an der Weberwiese geleistet. Auch weiterhin kamen täglich Tausende zu den Enttrümmerungsstätten nördlich und südlich der Stalinallee. Viele Bürger beteiligten sich außerdem mit 3 % des Monatseinkommens am Aufbausparen oder an der Aufbaulotterie.

Aus dem Aufbauprogramm für Ost-Berlin entwickelte sich das am 1.2.1953 begonnene NAW für die gesamte DDR, in dessen Rahmen Ost-Berlin jedoch stets einen besonderen Stellenwert behielt. Stand 1952/53 die Enttrümmerung entlang der Stalinallee im Mittelpunkt, so verlagerte sich die Aufbauarbeit in den folgenden Jahren immer mehr in die damaligen acht Stadtbezirke. Zu den wichtigsten NAW-Objekten gehörten die Pioniereisenbahn im heutigen > Freizeit- und Erholungs-Zentrum Wuhlheide, die > Radrennbahn Weissensee, die Freilichtbühnen > Plänterwald und am > Weissen See, der > Tierpark Friedrichsfelde, die Gaststätte > Prater im Bezirk > Prenzlauer Berg, der Aufbau des

neuen > Müggelturms, der > Volkspark Anton Saefkow und der > Volkspark am Weinbergsweg, die Verschönerung des > Volksparks Friedrichshain, des > Treptower Parks, des > Volksparks Prenzlauer Berg sowie das Wernerbad in > Lichtenberg, das Freibad > Pankow und das Bad im > Monbijoupark. Nach Ost-Berliner Angaben hatten die Aufbauhelfer in den 15 Jahren des Bestehens des NAW rd. 81,9 Mio. freiwillige Arbeitsstunden geleistet, in denen sie Werte für 380 Mio. Mark (der DDR) erbrachten.

Nationalgalerie: Die zur > Stiftung Preussischer Kulturbesitz gehörende N. wurde im Rahmen der durch die > Vereinigung erfolgten Neuordnung der Berliner Museumslandschaft neu gegliedert (> Museen und Sammlungen). Danach werden die Bestände der N. vorübergehend an sechs und langfristig an vier Standorten zu sehen sein. Im Stammhaus auf der > Museumsinsel im Bezirk > Mitte werden die Kunstwerke des 19. Jh., in der > Neuen Nationalgalerie am > Kulturforum Tiergarten die der ersten Hälfte des 20. Jh. zu sehen sein. Dritter Hauptausstellungsort ist der z.Z. im Umbau befindliche > Hamburger Bahnhof Invalidenstr. im

Nationalgalerie auf der Museumsinsel

867

Bezirk > Tiergarten, der nach seiner Fertigstellung für die zeitgenössische Kunst zur Verfügung stehen wird. Daneben gehört als *Schinkel-Museum* und Sammlung der Plastik des 19. Jh. auch die > Friedrichswerdersche Kirche in Mitte zur N. Die *Galerie der Romantik* im Ostflügel des > Schlosses Charlottenburg sowie das *Otto-Nagel-Haus* am > Märkischen Ufer 16-18 in Mitte werden langfristig als Standorte der N. aufgehoben.

Das auch als *Alte Nationalgalerie* bekannte Stammhaus wurde 1866-76 als dritter Museumsbau auf der Museumsinsel nach Entwürfen von Friedrich August Stüler zwischen > Neuem Museum und > Spree errichtet. Architektonisch folgt die von einem Säulengang umgebene N. dem Typ eines römischen Pseudoperipteros: ein Tempel korinthischer Ordnung auf einem 12 m hohen Sockel, bei dem die Säulen der Stirnwand freistehen, während die anderen Seiten Halbsäulenvorlagen haben. An der Nordseite ist die Tempelform zu einem Halbrund abgewandelt. Dem Bau auf der Südseite vorgelagert ist eine doppelläufige Freitreppe, unter der sich der Haupteingang befindet. Auf dem oberen Podest der Treppe steht das von Alexander Calandrelli 1886 geschaffene, bronzene *Reiterstandbild Friedrich Wilhelm IV.* umgeben von den allegorischen Figuren (Religion, Historie, Philosophie und Poesie). Der in Stuck gearbeitete Relieffries im Treppenhaus der Galerie (1870-75) stammt vom Bildhauer Otto Geyer und zeigt die Entwicklungsgeschichte der deutschen Kunst. Der Sockel der N. beherbergt die Magazine und die Arbeitsräume für die Mitarbeiter. Im Säulenbau befinden sich ein Hauptgeschoß mit Seitenlichträumen und ein Obergeschoß mit Oberlichträumen. In der Mitte bestehen große, durch beide Geschosse reichende Oberlichtsäle. Im II. Weltkrieg wurde das Gebäude 1944/45 schwer beschädigt. Die Wiederherstellung erfolgte bis 1955.

Im ersten Ausstellungsgeschoß der Galerie werden heute Skulpturen und Gemälde des 19. Jh. gezeigt, darunter so bedeutende Werke wie die Prinzessinnengruppe von Johann Gottfried Schadow, Skulpturen von Christian Daniel Rauch, Christian Friedrich Tieck, Adolf v. Hildebrand, Bertel Thorvaldsen. Unter der berühmten Gemälden befinden sich: Eisenwalzwerk von Adolph v. Menzel, Parade auf dem Opernplatz von Franz Krüger sowie Werke von Moritz von Schwind, Anselm Feuerbach, Karl Blechen, Max Liebermann

u.a. bedeutenden Malern dieser Zeit. Im ersten Obergeschoß befinden sich die Werke der deutschen Expressionisten wie Erich Heckel, Ernst Ludwig Kirchner, Karl Schmidt-Rottluff u.a. Im zweiten Obergeschoß, das vorwiegend Sonderausstellungen vorbehalten ist, befindet sich die sogenannte „Casa Bartholdy" mit den berühmten Fresken der als Deutsch-Römer oder als Lucas-Brüder bekannten Maler Johann Friedrich Overbeck, Wilhelm v. Schadow, Philipp Veit und Peter v. Cornelius.

NATO (North Atlantic Treaty Organization, Nordatlantische Paktorganisation): Die NATO ist eine am 4.4.1949 von den Ländern Belgien, Dänemark, Frankreich, Großbritannien, Island, Italien, Kanada, Luxemburg, den Niederlanden, Norwegen, Portugal und den USA gegründete Beistandsorganisation zur gemeinsamen Verteidigung gegen äußere Aggressionen mit Hauptsitz in Brüssel. Sie entstand als westliche Reaktion auf den kommunistischen Staatsstreich in der Tschechoslowakei 1948 und die > Blockade Berlins 1948/49. 1952 kamen Griechenland und die Türkei als neue Mitglieder hinzu, 1955 die Bundesrepublik Deutschland und 1982 Spanien.

Obwohl selbst nicht zum NATO-Gebiet gehörig, war Berlin durch Art. 6 von Anfang an in die Schutzklausel des Vertrages einbezogen. In der Fassung dieses Artikels vom 17.10.1951 hieß es, der Bündnisfall werde ausgelöst bei allen Angriffen auf das Gebiet der Vertragsparteien unmittelbar oder „auf die Streitkräfte, Schiffe oder Flugzeuge einer der Parteien, wenn sie sich in oder über diesen Gebieten oder irgendeinem anderen europäischen Gebiet, in dem eine der Parteien eine Besatzung unterhält", befinden. Am 22.10. verpflichteten sich sämtliche NATO-Mitglieder, „jeden Angriff gegen Berlin ... als einen Angriff auf ihre Streitkräfte und sich selbst" zu behandeln. Dies galt auch für die westlichen Streitkräfte in Berlin, obwohl diese – der rechtlichen Form nach Besatzungstruppen – außerhalb der militärischen Bündnisstruktur blieben. Die Garantieerklärungen wurden in den folgenden Jahren mehrfach erneuert und konkretisiert, u.a. durch die amerikanischen > Three Essentials vom 25.7.1961. Der Beitritt der Bundesrepublik Deutschland zur NATO am 5.5.1955 bezog Berlin nicht ein, vielmehr blieben die drei westlichen > Alliierten die Inhaber der Ober-

sten Gewalt (> Sonderstatus 1945-90).
Seit dem Beitritt der DDR zur Bundesrepublik Deutschland am > 3. Oktober 1990 gehört das vereinigte Deutschland der NATO an. Gemäß dem Vertrag über die abschließende Regelung in bezug auf Deutschland vom 12.9.1990 (Zwei-plus-Vier-Vertrag) werden in der (ehem.) DDR und in Berlin bis zum Abschluß des sowjetischen Abzugs Ende 1994 (> Gruppe der sowjetischen Streitkräfte) ausschließlich deutsche Verbände der Territorialverteidigung stationiert sein, die nicht in die Bündnisstrukturen integriert sind. Nach 1994 können diese Truppen auch bündnisintegriert sein (> Bundeswehr).

Naturschutz: Der N. ist die gesetzliche Grundlage der Landschaftsplanung (> Landschaftsprogramm; > Artenschutzprogramm). Er versucht, Natur so zu schützen, zu pflegen und zu entwickeln, daß die Leistungsfähigkeit des Naturhaushalts, die Nutzungsfähigkeit der Naturgüter, die Pflanzen- und Tierwelt sowie die Vielfalt, Eigenart und Schönheit von Natur und Landschaft als Lebensgrundlage des Menschen gesichert wird. Rechtsgrundlage ist das Berliner Naturschutzgesetz vom 30.1.1979 (NatSchG Bln), das ab der > Vereinigung am > 3. Oktober 1990 für die Gesamtstadt gilt und die Rahmenbestimmungen des Bundesnaturschutzgesetzes vom 20.12.1976 für Berlin konkretisiert. Oberste Naturschutzbehörde ist die > Senatsverwaltung für Stadtentwicklung und Umweltschutz (SenStadtUm), untere Naturschutzbehörden sind die Naturschutz- und Grünflächenämter der > Bezirke (> Bezirksämter).
Neben den Behörden gibt es zahlreiche Verbände und Vereine (> Landesarbeitsgemeinschaft Naturschutz e.V. und > Stiftung Naturschutz Berlin), die sich teilweise seit Jahrzehnten auf ehrenamtlicher Grundlage im Bereich des konkreten N. engagieren. Ein traditioneller Bereich des ehrenamtlichen N. ist z.B. der *Vogelschutz*. Der Naturschutzbund (ehem. Deutscher Bund für Vogelschutz) betreut in Berlin das Vogelschutzreservat am > Flughafensee in > Reinickendorf und die Kiesgrube am Dachsbau in > Heiligensee. Als eine Verbindungslinie zwischen behördlichem und ehrenamtlichem N. ist der > Landesbeauftragte für Naturschutz und Landschaftspflege anzusehen.
Instrumente des behördlichen N. sind der Flächenschutz und der Objektschutz, d.h. die

Möglichkeit der Unterschutzstellung von Gebieten und Gegenständen und das Artenschutzprogramm. Außerdem gibt es in Berlin nach §§ 18 und 22 eine *Baumschutzverordnung*, nach der Bäume ab einem Stammumfang von 60 cm in 1,3 m Höhe automatisch geschützt sind und nur aufgrund einer Genehmigung der Naturschutzbehörden gefällt werden dürfen.
Zur Erhaltung von Lebensgemeinschaften und -stätten wildlebender Pflanzen- und Tierarten, zum Schutz wissenschaftlich, naturgeschichtlich oder landeskundlich wichtiger Landschaftsteile oder zur Erhaltung der landschaftlichen Schönheit oder Seltenheit kann die SenStadtUm Flächen als *Naturschutzgebiete* ausweisen. In diesen Gebieten sind alle Handlungen verboten, die diesen Landschaftsteil zerstören, beschädigen oder verändern. Z.Z. gibt es im Berliner Stadtgebiet 17 Naturschutzgebiete mit insg. 320 ha, was knapp 0,4 % der Stadtfläche entspricht. Es sind v.a. offene > Moore und > Pfuhle, bspw. die Fließwiese in > Ruhleben, das Gelände des > Teufelssees im > Grunewald, das *Teufelsbruch* und der *Rohrpfuhl* im > Spandauer Forst oder der Schloßpark in > Lichterfelde. Weitere 15 Gebiete mit einer Gesamtgröße von 1.065 ha in den östlichen > Bezirken sind mit der Zielsetzung der Unterschutzstellung in ihrem Bestand einstweilig gesichert. Innerhalb von zwei Jahren müssen sie in einem rechtsstaatlich durchgeführten Verfahren ihren endgültigen Schutzstatus erhalten. Hierbei handelt es sich bspw. um das seit 1940 geschützte Gebiet > Krumme Lake bei > Müggelheim im > Köpenicker Forst und um ein 57 ha großes Flachmoorgelände mit Kalktuffablagerungen am > Tegeler Fliess nördlich von > Blankenfelde im Bezirk > Pankow.
Einzelobjekte können als *Naturdenkmale* gesichert werden. Hier handelt es sich um Einzelschöpfungen der Natur wie erdgeschichtliche Aufschlüsse, Quellen, Moore, Wiesen und alte, seltene und wertvolle Bäume. Im Westteil Berlins sind zwölf Einzelobjekte als Naturdenkmale ausgewiesen. Hierzu gehören z.B. kleine Pfuhle (wie der Roetepfuhl, Papenpfuhl oder Teich Britz in > Neukölln) oder Magerrasengesellschaften wie die Wiese in Eiskeller im Bezirk > Spandau.
Der Schutzstatus der *Landschaftsschutzgebiete* (§ 20 NatSchGes Bln) ist weniger streng. Hier soll insbes. der landschaftliche Charakter der Gebiete erhalten und eine Erholungsnutzung

sichergestellt werden. Fast alle großen Erholungsgebiete des Westteils (> Forsten) sind als Landschaftsschutzgebiete ausgewiesen. Insg. umfassen sie im Westteil der Stadt mit 9.536 ha knapp 20 % der dortigen Gesamtfläche. Hinzu kommen drei einstweilig sichergestellte Flächen mit der Zielsetzung Landschaftsschutzgebiet im Ostteil der Stadt. Auch außerhalb der Schutzgebiete sind wildwachsende Pflanzen und wildlebende Tiere geschützt. Das Naturschutzrecht unterscheidet einen allgemeinen Schutz von Pflanzen und Tieren (§ 29) und besonders geschützte, seltene Pflanzen- und Tierarten. Da auf der Fläche des ehem. West-Berlins etwa die Hälfte aller hier einstmals vorkommenden Pflanzen- und Tierarten ausgestorben bzw. vom Aussterben bedroht ist, sollen im Rahmen des 1988 verabschiedeten Landschaftsprogramms durch Biotop-Schutzmaßnahmen die Lebensräume der Pflanzen- und Tierwelt erhalten und durch die Renaturierung von Flächen neue Lebensräume geschaffen werden, so z.B. durch den Rückbau ehemals begradigter und kanalisierter Bäche zu mäandrierenden, naturnahen Bachläufen wie etwa in den Fließtälern von > Tegel und > Rudow. Die planerisch programmatische Aussage des N. ist im sog. Artenschutzprogramm zusammengefaßt, das aufgrund des § 28 des Berliner Naturschutzgesetzes für den Westteil der Stadt aufgestellt und vom > Senat von Berlin 1988 im Zusammenhang mit dem Landschaftsprogramm verabschiedet wurde. Mit dem Artenschutzprogramm wurde erstmals für ein Stadtgebiet in der Bundesrepublik ein umfassendes Naturschutzplanwerk vorgelegt.

Ein besonderes Problem bildet derzeit die Integration der für den N. erhaltenswerten Bereiche im ehem. Ost-Berlin nach westlichem Naturschutzrecht. Während der N. im Westteil der Stadt aufgrund bindender Rechtsgrundlagen schon seit Jahrzehnten auch als Landesaufgabe praktiziert wird, wurde er in der ehem. DDR und in Ost-Berlin aufgrund des DDR-Landeskulturgesetzes von 1970 und der Naturschutzverordnung von 1989 als überwiegend freiwillige und ehrenamtliche Aufgabe angesehen. Eine „Unterschutzstellung" erfolgte von den verschiedensten Gremien unkoordiniert und mit rechtlich zweifelhaften Verfahren. So gab es zwar 810 Schutzgebiete und -objekte, die etwa ein Viertel der Stadtfläche Ost-Berlins ausmachten, ohne daß jedoch der Schutzstatus beach-

tet worden wäre. Als weitere wesentliche Aufgabe müssen gemeinsam mit der Naturschutzverwaltung des Landes Brandenburg gebietsübergreifende Naturzonen entwickelt werden.

Eine Zielvorstellung für die Zukunft ist es außerdem, die Naturschutzräume nicht als isolierte Inseln im Stadtgebiet anzusehen, sondern im Verbund mit den umliegenden Landschaftsräumen zu betrachten, die wirksame Pufferzonen benötigen und auch untereinander funktional verbunden sind. In diesem Zusammenhang kommt den sog. Stadtbrachen entlang der Eisenbahnlinien eine große Bedeutung zu, die die Naturräume innerhalb Berlins miteinander verbinden (z.B. *Schöneberger Südgelände*).

Naturschutzgebiete in Berlin (West)

Schloßpark Lichterfelde	2,6 ha
Großer und Kleiner Rohrpfuhl	30,0 ha
Insel Imchen bei Kladow	4,8 ha
Pfaueninsel	89,0 ha
Fließwiese Ruhleben	12,0 ha
Großes Fenn	6,4 ha
Barssee und Pechsee	34,7 ha
Ziegeleigraben/Albtalweg	1,6 ha
Grunewaldsee (südl. Teil)	9,5 ha
Postfenn	14,6 ha
Bäkewiese	6,0 ha
Teufelsbruch und Nebenmoore	48,2 ha
Sandgrube im Jagen 86 des Grunewaldes	16,0 ha
Teufelsfenn	13,1 ha
Langes Luch	13,9 ha
Hundekehlefenn	10,0 ha
Riemeisterfenn	7,2 ha

Naturschutzzentrum Ökowerk Berlin e.V.: Das auch als *Ökowerk Teufelssee* bekannte N. in einem ehem. Wasserwerk an der Teufelsseechaussee 24 am > Teufelssee im > Grunewald ist ein nichtstaatliches Informations- und Bildungszentrum zu Fragen der Umwelterziehung, Landschaftspflege und zum > Naturschutz (> Stadtgrün; > Umweltschutz). 1983 schlossen der von zwölf Naturschutzvereinen und rd. 200 Einzelmitgliedern gegründete Förderverein Ökowerk mit dem Land Berlin einen Nutzungsvertrag über das 1969 stillgelegte und seit 1981 unter Denkmalschutz stehende Wasserwerk Grunewald aus dem Jahr 1871 (> Wasserversorgung/Entwässerung). Nach zweijähriger Vorarbeit konnte das N. auf dem mit freilandpäda-

gogischen Anlagen ausgestalteten 2,4 ha großen Gelände am 1.5.1985 eröffnet werden.
Schwerpunkt der Bildungsarbeit ist neben
der allgemeinen Aufklärung zum Umweltschutz (z.B. Naturgartenberatung) die betriebliche Aus- und Weiterbildung in Ökologie (Einführung in Ökosysteme, ökologische Wiesen- und Baumpflege, Kurse für

Ökowerk Teufelssee

Krankenpflegeschüler und Firmen). Z.Z. werden mit Hilfe von solarer Meßtechnik das
Verhalten von Wespen, Hummeln und Bie-
nen sowie eines Biomeilers zur Warmwasser-
gewinnung für Lehrgänge dokumentiert. Seit
1986 gibt die Einrichtung die Zeitschrift Öko-
werk-Magazin heraus, die seit Sommer 1988
auch im freien Verkauf erhältlich ist. Jährlich
kommen rd. 90.000 Besucher in das N.
Finanziert wird das N. durch seinen 1992 ca.
750 Mitglieder starken Förderverein, das
Land Berlin und Spenden. 1992 waren beim
N. 33 Mitarbeiter beschäftigt, darunter 26
ABM-Kräfte. Seit 1990 wird mit Mitteln der
Denkmalpflege die angegriffene historische
Bausubstanz der Gebäude gesichert.

Nazarethkirche: Die zur > EVANGELISCHEN
KIRCHE gehörende N. am Leopoldplatz im Be-
zirk > WEDDING ist eine der vier von Karl
Friedrich Schinkel entworfenen > VORSTADT-
KIRCHEN. Im oberen Stockwerk finden die
Gottesdienste der Nazarethgemeinde statt
und im unteren Stockwerk befindet sich die
Kindertagesstätte der Gemeinde. Seit dem
29.2.1992 hat im oberen Stockwerk auch das
> ANTI-KRIEGS-MUSEUM eine Heimstadt gefun-
den.
Die in ihrem Charakter der oberitalienischen
Romantik folgende, 1832-34 erbaute Hallen-
kirche bezieht im wesentlichen ihre Wirkung
durch die Anordnung und Profilierung der
Fenster. Aufgrund des starken Wachstums

der > BEVÖLKERUNG in der zweiten Hälfte des
19. Jh. reichte die ursprüngliche Kirche bald
nicht mehr aus. 1889-93 wurde deshalb die
Neue Nazarethkirche nach einem Entwurf von
Max Spitta gebaut. Die ältere N. wurde danach als Gemeindehaus genutzt und zu diesem Zwecke mit einer Zwischendecke versehen. 1972-77 erfolgte bei einer umfassenden
Restaurierung des Inneren die weitgehende
Wiederangleichung an die Schinkelschen
Vorstellungen, wobei die Zwischendecke
nicht entfernt wurde; jedoch gibt es Bestrebungen zur Wiederherstellung des ursprünglichen Zustandes. 1989 gab die Evangelische
Landeskirche das Eigentum an der Neuen N.
auf. Sie wurde 1992 von der Evangelischen
Freikirche „Gemeinde Gottes" Berlin erworben.

Neptunbrunnen: Der heute vor dem > BERLI-
NER RATHAUS im Bezirk > MITTE stehende N.
wurde 1886-91 von Reinhold Begas geschaffen und gilt als Hauptwerk des Bildhauers.
Bei der Gestaltung der neobarocken Anlage
orientierte sich Begas wohl am Vierströme-
brunnen auf der Piazza Navona und dem
Tritonenbrunnen auf der Piazza Barberini in
Rom, beide von Giovanni Lorenzo Bernini
aus dem 17. Jh. Ursprünglich stand der N.
auf dem *Schloßplatz* südlich des Berliner >
STADTSCHLOSSES in der Achse der Breiten Str.,
wo er am 1.11.1891 als Geschenk des > MA-
GISTRATS an Kaiser Wilhelm II. (1888-1918) feierlich enthüllt wurde. Nach dem II. Weltkrieg mußte der beschädigte Brunnen, wie
auch das Stadtschloß, 1951 der Neuanlage
des > MARX-ENGELS-PLATZES weichen. In seine
Einzelteile zerlegt, wurde er zunächst auf der
> MUSEUMSINSEL gelagert. Nach einer Restau-
rierung erhielt er dann 1969 seinen heutigen
Standort im Dreieck von Berliner Rathaus, >
MARIENKIRCHE und > FERNSEHTURM auf einem
kreisrunden, gepflasterten Platz, in den 16
Sitzbänke aus Naturstein einbezogen sind.
Dabei wurde das Brunnenbecken in Form eines vierblättrigen Kleeblatts von 18 m Durchmesser durch ein neues aus rotem sowjetischem Granit ersetzt, das mit den bronzenen
Brunnenfiguren kontrastiert. Auf einem
wuchtigen Felsblock thront, 10 m hoch, der
Meeresgott Neptun in einer riesigen, von
Tritonen getragenen Muschel, umgeben von
seinem Hofstaat. Allerlei Meeresgetier und
Putten, die Wasser speien, erzeugen ein Fon-
tänengewirr. Am Brunnenrand verkörpern
vier weibliche Gestalten die zur Entstehungs-

zeit des Brunnens als preußisch angesehenen Flüsse Rhein (mit Fischernetz und Weinlaub), Weichsel (mit Hölzern), Oder (mit Ziege und Fellen) und Elbe (mit Ähren und Früchten).

Netzwerk Selbsthilfe e.V.: Der 1978 gegründete, im > MEHRINGHOF in der Gneisenaustr. 2a im Bezirk > KREUZBERG beheimatete Verein N. fördert und berät politische Initiativen und Projekte, die weder von staatlicher Seite unterstützt werden noch Kredite bei Banken bekommen. N. unterstützt ausschließlich Projekte, die demokratisch selbstverwaltet sind, alternative, d.h. soziale, aufklärerische und emanzipatorische Arbeitsformen haben, die nicht auf individuellen Profit ausgerichtet und zur Kooperation mit gleichgerichteten Projekten bereit sind. Ein 15köpfiger Beirat, der wiederum an Mitglieder-Voten gebunden ist, entscheidet über die Förderung eines Unternehmens bzw. Projekts. Durch regelmäßige Spenden von ca. 2.000 Mitgliedern konnten bisher ca. 700 Projekte in Form von Darlehen, Bürgschaften und Zuschüssen unterstützt werden. Im vierteljährlich erscheinenden Netzwerk-Rundbrief werden neben Beiträgen zu aktuellen Themen und Projektdarstellungen alle Beiratsbeschlüsse, Einnahmen, Ausgaben und Aktivitäten offengelegt. 1991 erreichte das Gesamtvolumen der eingesetzten Mittel ca. 260.000 DM.

Neue Kirche: Die unter dem Namen *Deutscher Dom* bekannte N. auf dem südlichen Teil des > GENDARMENMARKTS im Bezirk > MITTE wurde nach Kriegszerstörung 1943 Anfang 1992 noch restauriert. Über ihre künftige Nutzung war zu diesem Zeitpunkt noch keine Entscheidung gefallen. Die N. wurde 1701-08 nach einem Entwurf von Martin Grünberg durch Giovanni Simonetti errichtet. Der fünfseitige Zentralbau mit fünf halbkreisförmigen Nischen und Emporen im Innern wurde ohne Turm gestaltet und stellt architektonisch eine Weiterentwicklung des holländisch beeinflußten Grundrißtyps der > PAROCHIALKIRCHE dar.
Im Zuge einer Neugestaltung des Gendarmenmarktes ließ Friedrich II. (1740-86) 1780-85 der N. und der auf der nördlichen Seite des Platzes 1701-05 erbauten > FRANZÖSISCHEN FRIEDRICHSTADTKIRCHE an ihren Ostseiten gleichartige Kuppeltürme nach Entwürfen von Carl v. Gontard vorsetzen. Noch während des Baus stürzte der Turm für die N.

1781 ein; er wurde unter Leitung von Georg Christian Unger bis 1785 wiederaufgebaut. Der Turm mit säulenbestandener Tambourkuppel steht auf einem quadratischen Unterbau, der an drei Seiten tempelartige Vorhallen hat, die von je sechs korinthischen Säulen getragen werden.
Während der Revolution von 1848 wurden die Märzgefallenen in der Kirche aufgebahrt (> FRIEDHOF DER MÄRZGEFALLENEN). 1881/82 erfolgte eine grundlegende Umgestaltung der N. durch Hermann v. d. Hude und Julius Hennicke, wobei nur der Grundriß und das Raumgefüge erhalten blieben. Dach und Kuppelturm wurden im Oktober 1943 bei einem Bombenangriff schwer beschädigt. Da die > EVANGELISCHE KIRCHE keine Verwendungsmöglichkeit für das Gebäude mehr hatte, trat sie die N. auf dem Tauschweg im Oktober 1984 (mit Wirkung vom 1.1.85) an den Staat ab. Sie erhielt dafür als Wertausgleich ein Grundstück in der Neuen Grünstr. für den Neubau ihres Konsistoriums. Nach der > VEREINIGUNG fiel die N. an den Bund.

Neue Medien: N. ist der Sammelbegriff für eine Reihe seit den 70er Jahren entwickelter – zunächst meist nur in Versuchsprojekten erprobter – Verbreitungs- und Kommunikationstechniken. Sie ergänzen das klassische Medium > PRESSE und ermöglichen durch moderne Übertragungstechniken ein breiteres Programmangebot bei > HÖRFUNK und > FERNSEHEN. Neben dem *Kabelhörfunk* und dem *Kabelfernsehen* gehören zu den N. das Satellitenfernsehen, der Video- und der Bildschirmtext (Btx) und die Breitbandkommunikation.
Eine Zäsur auf dem Gebiet der N. markiert der Beginn des von der *Anstalt für Kabelkommunikation* durchgeführten Berliner *Kabelpilotprojekts* am 28.8.1985. Die bis dahin geltende Frequenzknappheit wurde aufgehoben, und private Anbieter konnten zur Produktion und Ausstrahlung von Hörfunk- und Fernsehprogrammen zugelassen werden. Damit änderte sich gleichzeitig die Medienpolitik. Die öffentlich-rechtlichen Rundfunkanstalten hatten innerhalb ihres Gesamtprogramms, d.h. binnenplural, die gesellschaftliche Vielfalt unterschiedlicher Meinungen und Einstellungen zu berücksichtigen, wobei die Kontrolle der Programmziele Vertretern der verschiedenen gesellschaftlich relevanten Gruppen, die den Rundfunkrat bilden, oblag. Mit der Erweiterung des Spek-

trums durch private Anbieter sollte sich nunmehr das Gesamtbild unterschiedlicher Standpunkte aus der Summe konkurrierender Programmangebote, d.h. außenplural, herstellen.

Eine weiteres Problem war die Finanzierung. Während die öffentlich-rechtlichen Rundfunkanstalten sich größtenteils durch Teilnehmergebühren finanzieren, müssen private Anbieter ihre Aufwendungen überwiegend aus Werbeeinnahmen bestreiten. Die Einnahmen aus Werbefernsehen und -hörfunk richten sich wiederum nach den erzielten Einschaltquoten. Öffentlich-rechtliche und private Rundfunkanstalten sind somit in einen Reichweitenwettbewerb eingetreten, innerhalb dessen massenattraktive Programme für entsprechende Publikumsresonanz sorgen sollen. Dies führte u.a. dazu, daß sowohl der > SENDER FREIES BERLIN (SFB) als auch der > RIAS BERLIN mit Programmreformen versuchten, der durch die N. eingeleiteten Entwicklung entgegenzutreten.

Die Einführung der N. in Berlin erfolgte parallel zu diesem Strukturwandel beim Hörfunk und Fernsehen. Das *Satellitenfernsehen*, das in Berlin seit Ende der 80er Jahre empfangen werden kann, spielt in der Stadt bisher nur eine untergeordnete Rolle, zumindest was den Westteil betrifft. Im Ostteil und im Berliner Umland mit seiner wesentlich geringeren Verkabelungsdichte dürfte der Satellitenempfang allerdings eine wesentlich größere Rolle spielen. Je nach Qualität der Antennenanlage können z.Z. bis zu 46 Programme empfangen werden. Auch der *Digitale Rundfunk* nach der D2-Mac-Norm ist in der Stadt (über das Kabelnetz) inzwischen empfangbar. 16 Rundfunksender können in Berlin mit einem entsprechenden Zusatzgerät empfangen werden. Für die Zukunft ist mit einer Erweiterung dieses Mediums zu rechnen: Nicht nur die Entwicklung hochauflösender Fernsehbilder (HDTV), sondern auch die für die Zukunft zu erwartende Knappheit an Kabelkanälen wird diesem auch über Satellit verbreiteten Übertragungsmedium in absehbarer Zeit erhöhte Bedeutung zukommen lassen.

Videotext wurde seit 1.6.1980 in Deutschland zuerst in einem bundesweiten Feldversuch von der *Arbeitsgemeinschaft der öffentlich-rechtlichen Rundfunkanstalten (ARD)* und dem > ZWEITEN DEUTSCHEN FERNSEHEN gemeinsam mit überregionalen Zeitungsverlagen erprobt. Die zentrale Redaktion hierfür wurde in

Berlin beim SFB eingerichtet. Über Kabel sind weitere Angebote empfangbar.

Obwohl *Videotext* im Gegensatz zu Btx weitgehend außerhalb der medienpolitischen Diskussion blieb, konnte sich das System doch im hohen Maße durchsetzen. In Berlin, wo 37 % der angemeldeten Fernsehgeräte Videotext-Empfangsmöglichkeiten bieten, ergaben Umfragen einen hohen Bekanntheitsgrad der Videotext-Angebote. Zudem nimmt die Nutzung kontinuierlich zu – von durchschnittlich 5 min im Jahre 1989 stieg die Nutzungsdauer 1991 auf 17 min (bzgl. aller Programme).

Mehr Auswahlmöglichkeiten als beim Videotext, wo die Seitenzahl aus technischen Gründen begrenzt ist, hat der Nutzer beim *Bildschirmtext* der Deutschen Bundespost. Zur Einführung des Bildschirmtextes wurde 1981-83 in Berlin und Düsseldorf der erste Feldversuch durchgeführt. In dieser Zeit entwickelte das Presse- und Informationsamt des Landes Berlin ein Informationsangebot und speiste es in das Berliner Kommunikationsnetz ein. 1983 wurde Btx auf der > INTERNATIONALEN FUNKAUSSTELLUNG BERLIN bundesweit eingeführt. Bis heute wird die Btx-Technik in Berlin wie auch im übrigen Bundesgebiet allerdings zurückhaltend genutzt. Als Gründe dafür gelten neben relativ hohen Kosten und dem umständlichen Informationszugang über Suchbäume auch unzureichendes Marketing der Deutschen Bundespost – Telekom.

Neben den erwähnten N. ist das Berliner Versuchsprojekt > BERKOM zu nennen, mit dem die Nutzung breitbandiger Kommunikationsnetze (ISDN) v.a. für die Wissenschaft und die Industrie erprobt wird.

Neue Nationalgalerie (NG): Die NG an der > POTSDAMER STRASSE im Bezirk > TIERGARTEN am > KULTURFORUM ist eine der sechs Ausstellungsorte der zu den > STAATLICHEN MUSEEN ZU BERLIN der > STIFTUNG PREUSSISCHER KULTURBESITZ gehörenden > NATIONALGALERIE (Alte NG, Galerie der Romantik, > FRIEDRICHSWERDERSCHE KIRCHE, > HAMBURGER BAHNHOF und Otto-Nagel-Haus). Im Rahmen der Konzeption zur Neuordnung der Staatlichen Museen (> MUSEEN UND SAMMLUNGEN) wird sie die Bestände der Malerei und Plastik des 20. Jh. beherbergen, während die Werke des 19. Jh. ihren Platz im Stammhaus auf der > MUSEUMSINSEL finden werden.

Gegenwärtig verwaltet die NG noch die gesamten durch die kriegsbedingte Verlagerung unter die Verwaltung der Stiftung gelangten Bestände der alten NG auf der Museumsinsel, die Bestände der *Galerie des 20. Jahrhunderts* sowie die ständigen Neuankäufe zeitgenössischer Kunst.

Schwerpunkte des Bestandes und der ständigen Ausstellung bilden die Werke von Adolph v. Menzel, ca. 40 Gemälde und Pastelle, darunter „Das Balkonzimmer" von 1845 und das „Flötenkonzert von Sanssouci" von 1852; Werke der Deutsch-Römer wie Anselm Feuerbach, Arnold Böcklin („Toteninsel" von 1883), Hans v. Marées („Die Ruderer" von 1873); Werke der französischen Realisten und Impressionisten wie Gustave

Neue Nationalgalerie im Kulturforum

Courbet („Die Welle" von 1874); Auguste Renoir, Eduard Manet, Vincent v. Gogh u.a. Stark vertreten ist auch der deutsche Impressionismus mit Hauptwerken der Maler Max Liebermann, Lovis Corinth, Max Slevogt u.a. Die klassische Moderne mit dem Expressionismus, Kubismus und Konstruktivismus dagegen weist infolge der faschistischen Kulturpolitik (Aktion Entartete Kunst) empfindliche Lücken auf, obwohl gerade auf diesem Gebiet durch eine gezielte Ankaufspolitik wieder wichtige Werke der Sammlung hinzugefügt werden konnten. Einen weiteren Schwerpunkt des Sammlungsinteresses und der Ausstellungstätigkeit der neuen NG bildet die zeitgenössische Kunst. Hier verfügt sie über einen hervorragenden Bestand an Malerei und Plastik der bedeutendsten Künstler Europas und Amerikas von der Nachkriegszeit bis zur Gegenwart. Der besonders geschlossene Bestand der Malerei der Romantik mit Meisterwerken von Caspar David Friedrich, Karl Blechen, Karl Friedrich Schinkel und anderen ist wegen Platzmangels im Neuen Flügel des >

SCHLOSSES CHARLOTTENBURG als *Galerie der Romantik* zusammengefaßt und ausgestellt.

Die kriegsbedingt in den westlichen Teil Deutschlands ausgelagerten Bestände der (alten) NG kehrten bis 1957 nach Berlin (West) zurück. Die wichtigsten Werke dieses Bestandes wurden ab 1959 provisorisch in der Orangerie des Schlosses Charlottenburg ausgestellt. Nachdem 1968 das ursprünglich als Neubau für die 1954 begründete städtische „Galerie des 20. Jahrhunderts" in der Jebensstr. geplante heutige Ausstellungsgebäude an der Potsdamer Str. fertiggestellt worden war, wurden beide Sammlungen dort zur NG vereinigt.

Die von Mies van der Rohe 1965-68 errichtete Stahl/Glaskonstruktion ist eine lichtdurchfluteter, im Innern stützenloser Hallenbau mit einem 65 x 65 m großen Kassettendach über einer 7 m zurückversetzten, 8,5 m hohen umlaufenden Glasfassade, der in seiner architektonischen Klarheit und tektonischen Strenge indirekt an die Tradition der klassizistischen Architektur der Schinkelzeit anknüpft (> ALTES MUSEUM). Für die historischen Bestände und für die permanente Ausstellung hat der Architekt das ohne natürlichen Lichteinfall ausgestattete, gegenüber dem Obergeschoß doppelt so große Untergeschoß vorgesehen, während die sich nach außen öffnende Halle für die in Wechselausstellungen zu zeigende zeitgenössische Kunst den entsprechenden Rahmen bildet.

Neuer Markt: Der N. war ein bis zum II. Weltkrieg existierender, auf die Entstehungsjahre Berlins zurückgehender Stadtplatz an der > MARIENKIRCHE im Bezirk > MITTE. Noch vor 150 Jahren galt der N. als größter und regelmäßigster Platz im Stadtzentrum. Durch die Umgestaltung der historischen Neustadt nach den Zerstörungen des II. Weltkriegs ist von seiner einstigen Struktur heute nichts mehr zu erkennen.

Mitte des 13. Jh. dehnte sich die Ende des 12. Jh. an einer Spreefurt entstandene Doppelstadt Berlin/> KÖLLN weiter aus. Dabei wuchs v.a. die am östlichen Spreeufer gelegene Stadt Berlin nach Nordwesten auf ihre doppelte Größe an. So entstand neben dem Alten Markt am östlichen Brückenkopf des > MÜHLENDAMMS (dem heutigen > MOLKENMARKT) als zweiter Marktplatz der N. an der gleichzeitig errichteten Marienkirche. Hier wurden nicht nur > WOCHENMÄRKTE abgehalten, sondern auch das Hochgericht, wo über fast 400 Jahre bis 1720 die meisten Hinrichtungen vollzogen wurden.

Mit der Eröffnung der Zentralmarkthalle am > ALEXANDERPLATZ 1886 wurde der Wochenmarkt auf dem N. aufgehoben (> MARKTHALLEN). 1895 wurde an der Nordseite des N. ein großes *Luther-Denkmal* nach einem Modell von Paul Otto und von Robert Toberentz enthüllt. Die Denkmalsanlage zeigte den Reformator Martin Luther umgeben von Helfern und Mitstreitern (u.a. Philipp Melanchthon, Justus Jonas), sowie die Sitzbilder Ulrich v. Huttens und Franz v. Sickingens. Während des II. Weltkriegs sind die Bronzefiguren zum großen Teil eingeschmolzen worden; die Luther-Figur blieb erhalten und wurde 1989 anläßlich des 450. Jahrestages der Einführung der Reformation in der Mark Brandenburg neben der Marienkirche wieder aufgestellt.

Neues Deutschland (ND): Das am Franz-Mehring-Platz 1 im Bezirk > FRIEDRICHSHAIN ansässige ND ist eine unabhängige, sozialistische Tageszeitung. Das wochentags bundesweit erscheinende ND hatte im Juni 1992 eine Verkaufsauflage von ca. 100.000 Exemplaren, davon werden lediglich ca. 4.000 im Westteil Berlins sowie im alten Bundesgebiet abgesetzt. Neben einem die politische Berichterstattung aus dem In- und Ausland umfassenden Teil beinhaltet es Beiträge zu Kultur und Essay, Wirtschaft und Soziales, Wissenschaft und Bildung sowie zum Sport. Die Berliner Ausgabe enthält einen Teil mit lokaler Berichterstattung. Zum redaktionellen Bestandteil der Zeitung gehört die Wochenendbeilage mit den Schwerpunkten Zeitgeschehen/Reportage, Diskussionsforum, Geschichte, Reisereportage sowie Naturwissenschaft, Technik und Literaturkritik.

Das ND erscheint in der „Neues Deutschland Druckerei und Verlag GmbH". 1992 waren bei der Zeitung 62 Journalisten fest angestellt; darüber hinaus gab es zahlreiche freie journalistische Mitarbeiter im In- und Ausland.

Das ND erschien erstmals am 23.4.1946 als das Zentralorgan der > SOZIALISTISCHEN EINHEITSPARTEI DEUTSCHLANDS (SED). Die Zeitung entstand aus der Vereinigung des 1945 gegründeten Organs der KPD „Deutsche Volkszeitung" sowie der ebenfalls 1945 gegründeten SPD-Zeitung „Das Volk". Die partei- und staatstreue publizistische Linie der Zeitung war richtungsweisend für die übrige Presse

der DDR. In den 80er Jahren lag die Auflage bei täglich 1,1 Mio. Exemplaren. Bis zum Herbst 1989 blieb das ND das Zentralorgan des Zentralkomitees (ZK) der SED und hatte gleichzeitig die Rolle eines offiziösen Staatsanzeigers inne. Seit der Wende versteht sich das ND als eine linke, meinungspluralistische Zeitung.

Neues Museum: Das derzeit im Wiederaufbau befindliche N. in der Bodestr. im Bezirk > MITTE wurde 1841-55 nach Plänen von Friedrich August Stüler als zweiter Bau der > MUSEUMSINSEL und als Erweiterung für das > ALTE MUSEUM errichtet. Das M. befindet sich heute im Eigentum der > STIFTUNG PREUSSISCHER KULTURBESITZ. Die 1986 begonnenen Aufbau- und Restaurierungsarbeiten des stark kriegsbeschädigten Baus werden sich voraussichtlich bis zur Jahrhundertwende hinziehen. Danach soll das N. wieder einen Teil der archäologischen Sammlungen (Ägypten, Vor- und Frühgeschichte, Antike) aufnehmen, die gemäß der Neuordnung der Berliner Museumslandschaft auf der Museumsinsel ihren künftigen Hauptstandort haben werden (> MUSEEN UND SAMMLUNGEN).

Das Gebäude war ein dreigeschossiger, von Norden nach Süden ausgerichteter Putzbau von 105 m Länge und 40 m Tiefe mit einem quergestellten repräsentativen Mitteltrakt, der zwei Innenhöfe voneinander trennte. Dorische Säulengänge an der südlichen und östlichen Seite verbinden in Fortführung der Kolonnaden der > NATIONALGALERIE beide Museen. Der im II. Weltkrieg beschädigte Verbindungsgang zum > ALTEN MUSEUM wurde 1966 abgebrochen. Die Eckrisalite der zur Nationalgalerie gerichteten Hauptfassade waren mit flachen Kuppeln überwölbt und bildeten im Innern zweigeschossige Rotunden. Den hervorgehobenen Mitteltrakt schlossen an beiden Längsseiten reliefgeschmückte Dreiecksgiebel ab, wodurch der klassizistische Stil des Baus betont wurde. Er enthielt das als Festsaal ausgestattete Treppenhaus mit offenem Dachstuhl, gestaltet nach Karl Friedrich Schinkels Entwurf für das Königsschloß auf der Akropolis in Athen. Geschmückt war das Treppenhaus durch monumentale Wandgemälde von Wilhelm v. Kaulbach, die Hauptmomente der Geschichte der Menschheit zeigten.

Im Erdgeschoß des N. befanden sich die bedeutende Ägyptische Sammlung (> ÄGYPTISCHES MUSEUM) und die Nordischen Altertümer (heute Teil des > MUSEUMS FÜR VOR- UND FRÜHGESCHICHTE). Der nördliche Hof war im Erdgeschoß als Säulenhof in Form eines ägyptischen Tempels gehalten. Im Hauptgeschoß, in dem sich Abgüsse antiker Skulpturen befanden, wurden die gewölbten Decken mit Ornamentdekor durch verschiedenartige Säulen aus Sandstein und Marmor getragen. Im Obergeschoß, wo das > KUPFER-STICHKABINETT, die Kunstkammer, mittelalterliche Kleinkunst und die Modellsammlung mittelalterlicher Bauten untergebracht waren, trugen reich verzierte kunsteiserne Bögen die flachgewölbten Decken. Im Rahmen des Wiederaufbaus sollen die noch erhaltenen Wandmalereien und Dekorationselemente in den zerstörten Ausstellungsräumen restauriert werden.

Neues Stadthaus: Das 1937 errichtete, viergeschossige N. in der Parochialstr. 1-3 diente bis zur > VEREINIGUNG als Dienstgebäude für verschiedene Fachabteilungen des Ost-Berliner > MAGISTRATS und wird heute von der > SENATSVERWALTUNG FÜR GESUNDHEIT bzw. von der > SENATSVERWALTUNG FÜR KULTURELLE ANGELEGENHEITEN genutzt. Als einziges im Bereich > MITTE im II. Weltkrieg nur wenig zerstörtes Gebäude war der für die Städtische Feuersozietät errichtete Bau 1945 von der sowjetischen Besatzungsmacht der Berliner Stadtverwaltung als neuer Amtssitz zugewiesen worden. Nach dem gegenüberliegenden, 1902-11 zur Entlastung des > BERLINER RATHAUSES errichteten > STADTHAUSES am > MOLKENMARKT erhielt es den Namen N.
Am 19.5.1945 wurde im N. durch den damaligen sowjetischen > STADTKOMMANDANTEN, Generaloberst Nikolai E. Bersarin, der erste Nachkriegsmagistrat von > GROSS-BERLIN unter Leitung von > OBERBÜRGERMEISTER Arthur Werner in sein Amt eingeführt. Bis zur > SPALTUNG im Herbst 1948 diente das N. auch als Sitz der > STADTVERORDNETENVERSAMMLUNG. Danach blieb es zunächst noch Sitz des Ost-Berliner Magistrats und einiger seiner Fachabteilungen. Mit der schrittweisen Wiederherstellung des Berliner Rathauses zogen die Magistratsdienststellen ab Mitte der 50er Jahre in die dortigen Räume um. Im N. verblieben die Magistratsverwaltungen für Gesundheits- und Sozialwesen, für Fremdenverkehr und Touristik, für Kultur sowie für Verkehrs- und Nachrichtenwesen. Mit der Vereinigung ging das N. in das Eigentum des Landes Berlin über.

Neue Synagoge: Die N. in der Oranienburger Str. 30 im Bezirk > MITTE ist die größte und bauhistorisch bedeutendste der noch bestehenden > SYNAGOGEN Berlins. Der im II. Weltkrieg stark beschädigte Bau wird derzeit in vereinfachter Form wiederhergestellt.
Nach der staatsbürgerlichen Gleichstellung der Juden in Preußen im frühen 19. Jh. hatte

Neue Synagoge

sich die > JÜDISCHE GEMEINDE ZU BERLIN so rasch vergrößert, daß die 1714 eingeweihte Alte Synagoge in der Heidereutergasse zu klein geworden war. 1857-59 fertigte Eduard Knoblauch die Entwürfe für einen Neubau. Da er jedoch schwer erkrankte, übernahm Friedrich August Stüler (1859-66) die Bauausführung und die Innenausstattung der N., deren Einweihung am 5.9.1866 stattfand.
Die N. zählte wegen ihrer Prachtentfaltung, ihres raffinierten Beleuchtungssystems und der komplizierten Gewölbekonstruktion zu den berühmtesten jüdischen Kultbauten in Deutschland. Das Gebäude wurde auf länglich-rechteckigem Grundriß im maurisch-byzantinischen Stil errichtet. Zur Straße hin bestimmte die markante Kuppel über der zwölfeckigen Vorhalle sowie den beiden vor die Eingangsfront tretenden, quadratischen Türmen mit ihren schlanken, achteckigen Kuppelaufsätzen den Eindruck der N. Die große Kuppel war ursprünglich vergoldet,

wurde jedoch vor Beginn des II. Weltkriegs zur Tarnung mit grauer Farbe übertüncht. Die Rundbögen, die farbenreichen Arabesken und das vielfach gegliederte Schnitzwerk sowie die durch farbige Streifen horizontal gegliederte, im Ziegelverblendbau gestaltete Fassade erinnerten an den maurisch-arabischen Stil der Alhambra.

An den vorderen Teil der Anlage, der außer den Vorhallen und Treppenanlagen auch den Sitzungssaal der Repräsentanten der Gemeinde und die Räume der Gemeindeverwaltung enthielt, schlossen sich die dem Gottesdienst vorbehaltenen Vor- und Hauptsynagogen sowie ein Saal für Trauungen, ein Saal für Gesangsübungen und die Räume für den Rabbiner an. Die Hauptsynagoge bot 1.800 Männern und auf den Emporen 1.200 Frauen Platz. Bemerkenswert war die Gestaltung des Innenraums, der spätromantische Elemente mit moderner Eisenkonstruktion verband. Auffallend war v.a. die reich gegliederte, von starken Eisenträgern getragene, gewölbte Decke.

Während der > POGROMNACHT 1938 wurde die N. in Brand gesteckt, eine zum 100. Jahrestag der Einweihung 1966 angebrachte Gedenktafel erinnert daran. Sie brannte jedoch nicht aus. SA-Leute hatten zwar versucht, in der Nacht vom 9. auf den 10.11. in der Vorhalle Feuer zu legen, aber es gelang dem Vorsteher des Polizeireviers vom Hackeschen Markt unter Berufung auf den seit Kaiser Wilhelm I. (1861-88) für die N. bestehenden Denkmalschutz die SA zum Abzug zu bewegen und das bereits entfachte Feuer zu löschen. Die N. konnte danach noch einige Monate als Gotteshaus genutzt werden. Bei einem Luftangriff wurde sie 1943 schwer beschädigt.

1958 trug man die hinter der teilweise erhalten gebliebenen Vorhalle liegenden Gebäudeteile ab. Danach stand die Ruine lange Zeit leer und verfiel. Im Laufe der 80er Jahre entwickelten sich in Ost-Berlin Pläne, die N. teilweise wiederaufzubauen. Die Wiederherstellung des Komplexes begann 1988. Da mit der Vereinigung der Jüdischen Gemeinden aus den beiden bis dahin getrennten Stadthälften Berlins am 1.1.1991 eine neue Lage entstand, ist der endgültige Umfang und die Zeitdauer der Wiederherstellungsmaßnahmen noch nicht absehbar.

Ebenfalls 1988 wurde die heute der Aufsicht der > SENATSVERWALTUNG FÜR KULTURELLE ANGELEGENHEITEN unterstehende öffentlich-rechtliche *Stiftung Neue Synagoge Berlin – Centrum*

Judaicum ins Leben gerufen, die sich – die Aufgaben des *Jüdischen Museums* ergänzend – um den Wiederaufbau der N. sowie die Errichtung eines Dokumentations- und Forschungszentrums bemüht, das später in der N. untergebracht werden soll. Das Centrum Judaicum soll sowohl über die Geschichte der Juden in Berlin und in der Mark Brandenburg als auch über die Judenverfolgung, den Anteil der Juden an der wissenschaftlichen und künstlerischen Entwicklung Berlins und über jüdisches Brauchtum Auskunft geben.

Neue Wache: Die 1816-18 von Karl Friedrich Schinkel erbaute N. an der Straße > UNTER DEN LINDEN zwischen > ZEUGHAUS und > HUMBOLDT-UNIVERSITÄT gilt als eines der bedeutendsten Bauwerke des Klassizismus in Deutschland und als eines der Hauptwerke Schinkels. Gegenwärtig ist über die Zuordnung der N. als zentrales Ehrenmal noch keine Entscheidung getroffen worden. Die N., einer der ersten repräsentativen Bauten nach den Befreiungskriegen in Berlin, entstand im Zuge der Planungen, die Straße Unter den Linden zu einer preußischen „via triumphalis" auszubauen. Schinkel wählte die quadratische Form eines römischen Castrums mit kräftigen Ecktürmen und Innenhof. Vor den würfelförmigen Baukörper setzte er als Portikus eine übergiebelte dorische Säulenhalle. Vorhalle, Ecktürme, Hauptgesims und Sockel sind aus Sandstein, die Wände der Seiten- und der Hinterfront aus Backstein.

An der Säulenvorhalle sind am Architrav zehn ca. 90 cm hohe, in Zinkguß nach Modellen von Johann Gottfried Schadow unter Mitarbeit von Ludwig Wichmann gefertigte Viktorien angebracht (1984 restauriert). Das erst 1842-46 nach Schinkels Tod ebenfalls in Zinkguß von August Kiss geschaffene Giebelrelief zeigt neben einer Viktoria Allegorien auf Kampf und Flucht, Sieg und Wehklage. Zu dem von Schinkel entworfenen plastischen Schmuck der N. gehörten auch die 1822 beiderseits des Bauwerks aufgestellten Denkmäler der preußischen Generäle Friedrich Wilhelm Graf Bülow v. Dennewitz und Gerhard Johann David v. Scharnhorst von Christian Daniel Rauch, die 1950 abgebaut wurden. Während das *Scharnhost-Denkmal* in die > DENKMALANLAGE UNTER DEN LINDEN versetzt wurde, blieb das *Bülow-Denkmal* magaziniert. Gegenwärtig werden beide Denkmäler restauriert und sollen danach wieder rechts und links von der N. ihre alte Aufstellung finden.

Geplant als Erinnerungsstätte an die Befreiungskriege, diente der Bau gleichzeitig der königlichen Wache als Wachhaus. Nach der Novemberrevolution 1918 entfiel diese Funktion, und die N. stand einige Jahre leer.

Große Wachablösung vor der Neuen Wache 1966

Auf Anregung des preußischen Ministerpräsidenten Otto Braun wurde sie 1931 nach Plänen von Heinrich Tessenow zur Gedächtnisstätte für die Gefallenen des I. Weltkriegs umgebaut. Dabei wurden die alte Raumaufteilung im Innern und der Innenhof beseitigt. Es entstand ein großer Innenraum, in dem ein 2 m hoher, schwarzer Granitfindling mit großem Eichenlaubkranz aus Gold und Silber aufgestellt wurde. Die nationalsozialistischen Machthaber funktionierten die N. in ihrem Sinne zum „Reichsehrenmal" um. Sie ließen zwei überdimensionale Kränze an den Ecktürmen der Hauptfassade anbringen, beseitigten die nüchterne Gestaltung des Inneren und verwandelten es in eine sakral-mystische Totenhalle.

Im II. Weltkrieg wurde der Bau stark beschädigt. Da Sicherungsarbeiten nicht erfolgten, stürzte 1950 die Säulenvorhalle ein. Nach heftigen ideologischen Debatten beschloß der Ost-Berliner > MAGISTRAT 1950 den Wieder-

aufbau des Gebäudes und seine Umgestaltung zum *Mahnmal für die Opfer des Faschismus und Militarismus*. 1960 wurde der 1951-57 wiederhergestellte Bau eingeweiht. Den Innenraum, zunächst in der Tessenowschen Fassung restauriert, erhielt 1969 eine neue Gestalt. An der Rückwand wurde das Staatswappen der DDR angebracht, der große Granitblock entfernt und durch einen Kristallwürfel ersetzt, in dem eine *Ewige Flamme* brannte. Davor wurden in einer mit bronzenen Grabplatten verschlossenen Gruft Urnen mit sterblichen Überresten des Unbekannten Soldaten und des Unbekannten Widerstandskämpfers und Erde aus > KONZENTRATIONSLAGERN sowie von Schlachtfeldern des II. Weltkrieges beigesetzt.

Am 1.5.1962 zog vor dem Mahnmal die erste Ehrenwache des *Wachregiments* „Friedrich Engels" der Nationalen Volksarmee auf, die von da an jeden Mittwoch um 14.30 Uhr sowie an Feier- und Gedenktagen mit preußischem Stechschritt den *Großen Wachaufzug* exerzierte. Eine kleine Wachablösung, mit der die während der hellen Tageszeit vor der N. stehenden beiden Ehrenposten abgelöst wurden, fand zu jeder halben Stunde statt. Noch vor der > VEREINIGUNG wurde am 26.9.1990 um 14.45 Uhr die Wache abgezogen und das Staatswappen der DDR entfernt.

Neue Welt: Die N. am Ostrand des > VOLKSPARKS HASENHEIDE im Bezirk > NEUKÖLLN ist heute ein Einkaufs- und Freizeitzentrum. Mitte des 19. Jh. war die vom Stadtkern leicht erreichbare Hasenheide ein beliebtes Ausflugsziel, die sich seit den 70er Jahren schnell zur „Vergnügungsmeile" entwickelte. Den Anfang dazu bildete das um 1868 gegründete Ausschanklokal der Brauerei des Kaufmanns Kelch aus der bald die Bergschloß-Brauerei und schließlich die Löwenbrauerei-Böhmisches-Brauhaus AG wurde. Das immer wieder erweiterte Etablissement wurde seit 1880, ohne daß die Gründe dafür eruierbar sind, N. genannt und entwickelte sich ähnlich dem > LUNAPARK am Halensee zum Mittelpunkt vieler Vergnügungslokalitäten, die sich in Rummel-Skurrilitäten zu überbieten versuchten. 1902 wurde nach Plänen des Architekten Sonnenberg der heutige Bau errichtet, der in seinem Hauptsaal über 3.500 Personen faßte (> SAALBAUTEN). Höhepunkte waren über Jahrzehnte die Bockbierfeste.

Die N. war auch Versammlungsstätte der Arbeiterbewegung. Nachdem etwa der sozial-

demokratische Parteivorsitzende August Bebel hier feurige Reden gehalten hatte, konterte Kanzler Otto v. Bismarck mit den bekannten Worten: „Die Politik wird nicht in der Hasenheide gemacht." 1912 feierten tausende von Zuhörern den französischen Sozialisten Jean Jaurès anläßlich des Internationalen Antikriegstages. Auch Karl Liebknecht wurde vor seinem Strafantritt hier verabschiedet. Der Nutzung als Kino nach dem II. Weltkrieg, den die N. mit nur leichten Schäden überstanden hatte, folgten ab 1955 erneut Tanzveranstaltungen und v.a. die berühmten Bockbierfeste mit der Riesenrutschbahn.
Mit der Änderung des Freizeitverhaltens seit den 50er und 60er Jahren verlor die N. an Bedeutung. Eine Zeitlang diente der traditionsreiche Saalbau als Arena für Box- und Catchveranstaltungen. Lange war die N. vom Abriß bedroht, bevor dann der 1985 abgeschlossene Umbau zum Einkaufs- und Freizeitzentrum mit Hallen-Rollschuhbahn erfolgte.

Neue Zeit: Die NZ mit Sitz in der Mittelstr. 2-4 im Bezirk > MITTE ist eine täglich außer sonntags erscheinende „Berliner Tageszeitung für Deutschland". Sie wird bundesweit vertrieben. Die Schwerpunkte der Berichterstattung bilden Wirtschaft sowie tägliche ausführliche Informationen aus den neuen Bundesländern und Berlin. Ferner enthält jede Ausgabe ein Feuilleton sowie einen Sportteil. Zusätzlich gibt die N. fünfmal wöchentlich den vierseitigen NZ-Ratgeber zu verschiedenen Problemen heraus.
Die NZ erschien erstmals mit sowjetischer Lizenz am 22.7.1945 und war bis zur > VEREINIGUNG das Zentralorgan der Christlich-Demokratischen Union Deutschlands (CDU; > BLOCKPARTEIEN). Die Berichterstattung der NZ folgte den Vorgaben seitens der Presse der > SOZIALISTISCHEN EINHEITSPARTEI DEUTSCHLANDS (SED). Umstrukturiert nach der Vereinigung, wird die NZ heute von der DZV Deutscher Zeitungsverlag GmbH herausgegeben, die in der Behrenstr. 47/48 in > MITTE ansässig ist. Für die Zeitung arbeiten im redaktionellen Bereich derzeit 99 fest angestellte und zahlreiche freie Mitarbeiter. Sie finanziert sich durch Abonnement, Einzelverkauf und Anzeigen.

Neukölln: Der Süd-Berliner Bezirk N. ist 1920 bei der Bildung > GROSS-BERLINS als 14. Verwaltungsbezirk Berlins aus der Stadt N. (bis 1912 *Rixdorf*) und den > DÖRFERN > BRITZ,

> BUCKOW und > RUDOW gebildet worden, die als Ortsteile des neuen Bezirks erhalten blieben. 1938 verlor der Bezirk im Zuge der Gebietsreform die östlich des > TELTOWKANALS gelegenen Gebiete an > TREPTOW. N. ist Berlins bevölkerungsreichster Bezirk. Er erstreckt sich vom Innenstadtbezirk > KREUZBERG im Norden bis an die südliche Stadtgrenze (> BEZIRKE). Im Westen grenzt N. an den Bezirk > TEMPELHOF, im Osten an Treptow. In der Zeit der > SPALTUNG bildete die Grenze zu Treptow gleichzeitig die Sektorengrenze zu Ost-Berlin (> DEMARKATIONSLINIE; > MAUER). In dieser Zeit war der Bezirk Teil des amerikanischen Sektors (> SEKTOREN).
N. ist ein traditioneller Arbeiterwohnbezirk, der insbes. im Norden von einer dichten städtischen Mietshausbebauung gekennzeichnet ist, während im Süden eher offenes Siedlungsgebiet, > KLEINGÄRTEN und sogar einige landwirtschaftlich genutzte Flächen vorzufinden sind (> LANDWIRTSCHAFT). Auf der Ortsteilgrenze zwischen Buckow und Rudow liegt die > GROPIUSSTADT, eine der vier großen Trabantenstädte, die nach dem Mauerbau 1961 an den Stadträndern West-Berlins errichtet wurden.
Die Anwesenheit von Menschen im Neuköllner Raum ist schon für die mittlere Steinzeit nachgewiesen. Eine dauerhafte Besiedlung erfolgte in der jüngeren Stein- und Bronzezeit sowie durch germanische Stämme in der römischen Kaiserzeit (> BESIEDLUNG DES BERLINER RAUMS). Bemerkenswert ist der Grabfund des „Britzer Mädchens" am Buschkrugpark aus dem 6. Jh., der von damaligem Wohlstand zeugt.
Rixdorf ist eine Abwandlung von „Richardsdorp", das anläßlich seiner Gründung 1360 in der einzig erhaltenen Dorfgründungsurkunde der Mark Brandenburg erstmals erwähnt wurde. Es entstand aus der Umwandlung des den Johannitern gehörenden Gutsbezirks Richardshof in eine Dorfanlage, die 1435 an die Doppelstadt Berlin/> KÖLLN verkauft wurde. Acht Jahre später ging das Angerdorf an der Landstraße nach > KÖPENICK in das alleinige Eigentum Köllns über. 1737 ließen sich hier mit Unterstützung Friedrich Wilhelm I. (1713-40) böhmische Glaubensflüchtlinge nieder und gründeten *Böhmisch-Rixdorf*. Das > BÖHMISCHE DORF um Husweg und Kirchgasse ist bis heute deutlich sichtbar erhalten. Seit Ende der 80er Jahre unterhält N. partnerschaftliche Beziehungen mit Usti nad Orlici in der CSFR, aus des-

sen Umkreis die Zuwanderer stammten. Auch die dörflichen Strukturen von Deutsch-Rixdorf um den Dorfanger am Richardplatz mit Dorfkirche, ehem. Schmiede (jetzt ein bezirklicher Frauentreffpunkt) und einigen Gehöften sind noch gut erkennbar. Nach einem Großbrand 1849 wurden beide Dörfer wieder aufgebaut.

Struktur. Erhalten blieb lediglich der dem Juliusturm der > ZITADELLE SPANDAU nachempfundene Wasserturm von 1887 an der Kopfstr.

Für die Berliner Bevölkerung war Rixdorf, zumal seit der regelmäßigen Pferdebahnanbindung ab 1875 vom Halleschen Tor, ein beliebtes Ausflugsziel mit zahlreichen Lokalen

Neukölln – Fläche und Einwohner		
Fläche (31.12.1990)	44,93 km²	100 %
Bebaute Fläche	25,29	56,3
Wohnfläche	12,81	28,5
Gewerbe- und Industriefläche inkl. Betriebsfläche	2,52	5,6
Verkehrsfläche	7,22	16,1
Grünfläche[1]	9,81	21,8
Landwirtschaft	1,82	4,1
Wald	0,03	0,1
Wasser	0,75	1,7
Einwohner (31.12.1989)	303.100 EW	
darunter: Ausländer	49.843	16,4 %
Einwohner pro km²	6.746	

[1] Parks, Tierparks, Kleingärten, Spielplätze, ungedeckte Sportanlagen, Freibäder, Friedhöfe

Ein königlicher Erlaß schuf zum 1.1.1874 die einheitliche Gemeinde Rixdorf, die sich zu Preußens größtem Industriedorf entwickelte. Die stürmische Entwicklung spiegelt sich in den Einwohnerzahlen wider: In den 30 Jahren zwischen 1875 und 1907 wuchs die Bevölkerung um das Elfeinhalbfache von 15.328 auf 175.008. Mit 80.000 Einwohnern erhielt Rixdorf 1899 Stadtrechte. In diese Jahre fällt die Amtszeit von Hermann Boddin (1874-1907), der, ohne den Ort zu wechseln, die erstaunliche Karriere vom Ortsvorsteher einer Landgemeinde zum Oberbürgermeister einer Großstadt machte.

Mit der wachsenden Bevölkerungszahl entstanden als Arbeiterunterkünfte zahlreiche > MIETSKASERNEN, deren berüchtigste die 1972 abgerissene „Richardsburg" mit fünf Hinterhöfen wurde (Richardstr. 35). Auch das ab 1875 entstandene Mietskasernenviertel im Neuköllner Kernbereich an den sog. Rollbergen (dem heute noch gut sichtbaren Anstieg vom > WARSCHAU-BERLINER URSTROMTAL zum Hochplateau des > TELTOW) zwischen Hermann- und > KARL-MARX-STRASSE gibt es (fast) nicht mehr. Flächensanierungen in den 70er Jahren sorgten für eine völlig neue

und Vergnügungsstätten, deren bekannteste – auch als politischer Versammlungsort – die > NEUE WELT an der Hasenheide wurde. Allein die 1992 unter > DENKMALSCHUTZ gestellten Festsäle der 1872 auf den Rollbergen gegründeten Kindl-Brauerei an der Hermannstr. und einige bis heute populäre Lieder („In Rixdorf ist Musike") künden noch von dieser Vergangenheit. Da den Stadtvätern dieses dörfliche Image der aufstrebenden Großstadt nicht mehr angemessen schien, beschlossen sie 1912 die Umbenennung in N. Die Namensgebung N. leitete sich von den „Köllnischen Wiesen" ab, auf denen ein Teil der in den letzten Jahrzehnten erfolgten Neubauung von Rixdorf errichtet worden war.

Die Bebauungsstruktur ist klar gegliedert: Im Norden (Rixdorf) erstreckt sich der dichte Altbaubereich, dessen Gestaltung, einschließlich der öffentlichen Bauten, im wesentlichen zwischen 1904-12 durch den Rixdorfer Stadtbaurat Reinhold Kiehl erfolgte. In diesem 11,7 km² großen Gebiet, dem eigentlichen Ortsteil N., lebten 1987 zum Zeitpunkt der letzten West-Berliner Volkszählung 140.000 Menschen. Mit einer Bevölkerungsdichte von rd. 12.000 Einwohnern pro km² gehört dieses

Gebiet zu den am dichtest besiedelten Wohngebieten Berlins. Südlich des Teltowkanals in Britz folgt eine aufgelockerte Bebauung. Hier schufen der Berliner Stadtbaurat Martin Wagner und der Architekt Bruno Taut in den 20er Jahren mit der Fritz-Reuter-Stadt – besser bekannt als > HUFEISENSIEDLUNG – ein international beachtetes Beispiel für einen

Rathaus Neukölln

gestalterisch anspruchsvollen und sozial verpflichteten > WOHNUNGSBAU. In den 50er Jahren entstand südlich davon in Britz-Süd eine der ersten Neubausiedlungen Berlins nach dem II. Weltkrieg. An sie schließt sich die ab 1963 errichtete Großsiedlung Berlin-Buckow-Rudow (Gropiusstadt) an. Rudow sowie der westliche Teil von Buckow sind weitgehend durch Einfamilienhaussiedlungen geprägt. Ein besonderes Siedlungsprojekt der 70er Jahre ist die 1973-75 nach Entwürfen von Rainer Oefelein und Bernhard Freund errichtete *SON-Highdeck-Siedlung* an der Sonnenallee aus vier- bis sechsgeschossigen Zeilenbauten für ca. 8.500 Einwohner. Die Fußgängerbereiche zwischen den Häusern sind oberhalb der auf Kellerniveau verlaufenden Straßenzüge als „Highdecks" aufgeständert, so daß alle Versorgungs- und Gemeinschaftseinrichtungen zu Fuß erreicht werden können, ohne mit dem Kfz-Verkehr in Berührung zu kommen.

N. verfügt zwar über so gut wie keinen Wald, hat dafür aber die meisten Grün- und Erholungsflächen aller Berliner Bezirke. Dies ist v.a. den ausgedehnten Kleingartenanlagen in Britz und Rudow zuzuschreiben (> KLEINGÄRTEN) sowie dem > VOLKSPARK HASENHEIDE im Norden des Bezirks und dem anläßlich der > BUNDESGARTENSCHAU 1985 angelegten > BRITZER GARTEN am Massiner Weg. Dort befindet sich der größte, allerdings künstlich angelegte See N. Auf der Hochfläche des Teltow gibt es als geologische Besonderheit außerdem zahlreiche eiszeitliche > PFUHLE, von denen einige als ökologisch wertvolle Biotope unter > NATURSCHUTZ stehen. In der Hasenheide legte Friedrich Ludwig Jahn („Turnvater Jahn") 1811 seinen Turnplatz an, Ausgangspunkt für die deutsche Turnbewegung und den Widerstand gegen die napoleonische Besetzung. Eine gartenkünstlerisch bedeutsame Anlage ist der > KÖRNERPARK zwischen Schierkerstr. und Nogatstr. In der zum Park gehörenden Galerie zeigt das Kunstamt Neukölln wechselnde Ausstellungen (> KULTUR- UND KUNSTÄMTER), auf der Terrasse davor finden im Sommer öffentliche Freiluftkonzerte statt. Unter gartendenkmalpflegerischen Gesichtspunkten wiederhergestellt wurde auch der ehem. Gutspark in Britz (> GARTENDENKMALPFLEGE). Das dazugehörige Gutshaus wird vom Bezirksamt für repräsentative Feierlichkeiten und wechselnde Ausstellungen genutzt.
Entsprechend seiner Lage durchziehen die wichtigsten Straßen den Bezirk von Nord nach Süd, wobei dem > HERMANNPLATZ im Norden eine Knoten- bzw. Verteilerfunktion zukommt. Hervorzuheben sind v.a. die Sonnenallee sowie die Karl-Marx-Str. bzw. die Hermannstr. mit ihren jeweiligen Verlängerungen. Die Karl-Marx-Str. bildet zudem das bedeutendste > EINKAUFSZENTRUM des Berliner Südens. Seit der Maueröffnung hat insbes. der Straßenzug Karl-Marx-Str., Buschkrugallee, Rudower Str., Neuköllner Str., Waltersdorfer Chaussee im Verlauf der Bundesstraße 179 als Verbindung zum Flughafen Schönefeld (> FLUGHÄFEN) und zum Autobahnzubringer A 113 bei > ALT-GLIENICKE zum > BERLINER RING verkehrlich erheblich an Bedeutung gewonnen. Durch die Weiterführung der A 113 auf der ehem. Mauertrasse nach Norden und die Anbindung an die Verlängerung des Stadtrings A 100 von seinem jetzigen Endpunkt an der Bezirksgrenze zu Tempelhof zur > FRANKFURTER AL-

LEE im Bezirk > LICHTENBERG soll die stark beanspruchte Straße entlastet werden. Wichtige Straßenverbindungen in West-Ost-Richtung sind neben der projektierten Verlängerung des Stadtrings die Straßenzüge Columbiadamm – Flughafenstr. – Silbersteinstr. – Lahnstr.; Gradestr. – Blaschkoallee – Späthstr. sowie Marienfelder Chaussee – Alt-Buckow – Johannisthaler Chaussee.

Für den > ÖFFENTLICHEN PERSONENNAHVERKEHR ist N. gut erschlossen. Im Bezirksgebiet befinden sich 15 U-Bahnhöfe an den Linien U7 und U8, darunter der bedeutende Umsteigebahnhof Hermannplatz, zwei weitere direkt an der Grenze zu Kreuzberg. Ende 1993 wird die seit Herbst 1980 stillgelegte > S-BAHN (Südring) und der mit dem Mauerbau unterbrochene Abzweig zwischen Köllnische Heide und > BAUMSCHULENWEG in Treptow wieder eröffnet werden. Bis 1995 soll die Verlängerung der U8 bis zum S-Bahnhof Hermannstr. abgeschlossen sein.

N. war einer der bedeutenden Industriestandorte im früheren West-Berlin mit allein 168 mittleren und großen Betrieben des verarbeitenden Gewerbes (mehr als 20 Beschäftigte). In ihnen erwirtschafteten 17.400 Mitarbeiter einen Umsatz von über 12 Mrd. DM. Angesiedelt ist die Industrie zumeist in der Nähe der traditionellen Transportwege > EISENBAHN und > WASSERSTRASSEN. So befinden sich die größten Gewerbeflächen im Bereich des Ober- und Unterhafens sowie des Hafens Britz-Ost zwischen Britzer Zweigkanal und Neuköllner Schiffahrtskanal. Weitere Industrieansiedlungen liegen entlang des > TELTOWKANALS v.a. am Hafen Britz-West im Bereich der Gradestr. sowie zwischen den Häfen Rudow-West und Rudow-Ost an der südöstlichen Bezirksgrenze. Die Anbindung dieser Industriestandorte an das Schienennetz erfolgt durch die Neukölln-Mittenwalder Eisenbahn (> KLEINBAHNEN UND PRIVATANSCHLUSSBAHNEN). Wichtige Betriebe sind u.a. Eternit, Hasse und Wrede, Linde, BBC, Geyer-Kopierwerke, Efha, Philipp Morris, Trumpf Schokolade, mehrere Kaffeeröstereien und die Kindl-Brauerei. An der Gradestr. befinden sich eine Müllumladestation der > BERLINER STADTREINIGUNG (> ABFALLWIRTSCHAFT) und die Sendeanlagen des > RIAS.

An der Emser Str. liegt der Sportpark Neukölln, das Sportzentrum des Bezirks. Neben einem Leichtathletikstadion und mehreren Ballspielfeldern umfaßt es auch zwei > KUNSTEISLAUFBAHNEN. Überbezirkliche Bedeu-

tung für ganz Berlin und das Umland hat das privat betriebene Freizeitbad „blub" an der Buschkrugallee. Eine weitere Besonderheit unter den > HALLENBÄDERN bildet das 1912-14 von Reinhold Kiehl errichtete Stadtbad Neukölln in der Ganghoferstr. 3-5; das 1979 unter Denkmalschutz gestellte und 1984 gründlich renovierte Bad ist eines der ältesten Hallenbäder Berlins.

Eine modellhafte Einrichtung im sozialen Bereich ist das > HAUS DES ÄLTEREN BÜRGERS in der Werbellinstr. Zwei Besonderheiten unter den > FRIEDHÖFEN sind der Türkische Friedhof mit einer kleinen Moschee und der benachbarte Garnisonsfriedhof (> GARNISONSFRIEDHÖFE) am Columbiadamm. Das 1982-85 durch einen großen Neubaukomplex wesentlich erweiterte Krankenhaus Neukölln an der Rudower Straße mit 1.096 Betten und eigener Unfallstation dient der Zentralversorgung des gesamten Berliner Südens.

Kulturelle Veranstaltungsorte sind neben der Galerie am Körnerpark der Saalbau Neukölln (> SAALBAUTEN) und die vielseitig verwendbaren Einrichtungen im Gemeinschaftshaus in der Gropiusstadt. Aufführungen im Naturtheater des Volksparks Hasenheide gehören ebenso zum kulturellen Angebot des Bezirkes wie die > NEUKÖLLNER OPER in der 1909/10 von Reinhold Kiehl erbauten Passage an der Karl-Marx-Str. 131-133.

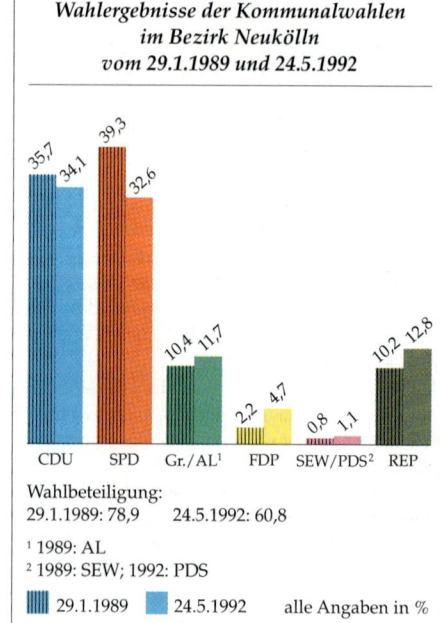

Wahlergebnisse der Kommunalwahlen im Bezirk Neukölln vom 29.1.1989 und 24.5.1992

Wahlbeteiligung:
29.1.1989: 78,9   24.5.1992: 60,8

[1] 1989: AL
[2] 1989: SEW; 1992: PDS

29.1.1989   24.5.1992   alle Angaben in %

Das Rathaus N. an der Karl-Marx-Str. 83-85 entstand 1905-08 ebenfalls nach Plänen von Kiehl als vierteilige, großzügige Rathaus-Anlage. Bereits 1913 wurde es durch Kiehl zur Donaustr. hin erweitert; 1950-56 folgten weitere Anbauten durch Hans Eichler bzw. Hans Freese. Das durch eine Werksteinverkleidung architektonisch hervorgehobene, vier- bis fünfgeschossige Hauptgebäude bildet mit seinem Staffelgiebel und dem 70 m hohen Turm eine deutliche städtebauliche Dominante. Auf dem Turm steht ein 2,5 m hoher Bronzeguß der Glücksgöttin. Der Bezirk unterhält Partnerschaften mit Bad Homburg, Leonberg und Wetzlar sowie Anderlecht (Belgien), Boulogne-Billancourt (Frankreich), Hammersmith/London (Großbritannien), Zaandam (Niederlande) und Usti nad Orlici (CSFR).

Bei der ersten Gesamt-Berliner Kommunalwahl am 24.5.1992 wurde die CDU knapp stärkste Partei (> WAHLEN). Sie stellt drei Stadträte, die SPD zwei, Grüne/AL und REP je einen. Der Bezirksbürgermeister kommt von der CDU.

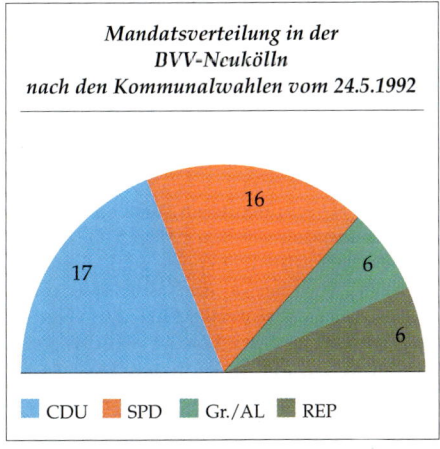

Mandatsverteilung in der DVV-Neukölln nach den Kommunalwahlen vom 24.5.1992

CDU 17 · SPD 16 · Gr./AL 6 · REP 6

Neuköllner Oper: Die N. in der > KARL-MARX-STRASSE 131-133 in > NEUKÖLLN ging 1976 aus dem von dem Musiker Winfried Radeke (der die Oper bis heute leitet) 1972 gegründeten Kammerchor hervor. Ihr Hauptarbeitsgebiet ist der Grenzbereich zwischen Konzertantem und Szenischem, aber auch zwischen Schauspiel und Oper, wobei insg. ein „aktuelles Volkstheater" angestrebt wird (> THEATER).

Nachdem die N. längere Zeit in ständig wechselnden Räumlichkeiten spielte, bezog sie im Zuge ihrer Professionalisierung am 2.9.1988 mit Unterstützung der > SENATS-VERWALTUNG FÜR KULTURELLE ANGELEGENHEITEN (SENKULT) und der > SENATSVERWALTUNG FÜR BAU- UND WOHNUNGSWESEN sowie des Bezirksamts Neukölln ein eigenes Haus in der „Passage" an der Karl-Marx-Str. Da das Haus jedoch gleichzeitig vom Amateurtheater Vineta und von der Volkshochschule Neukölln genutzt wird, kommt die N. nur auf 110 Spieltage im Jahr, die nicht ausreichen, um ein festes Ensemble zu halten. Vier Mitarbeiter sind hauptberuflich beschäftigt, ca. 100 künstlerisch Mitwirkende, Musiklehrer ebenso wie Musikstudenten und Kirchenmusiker, arbeiten nebenberuflich mit. Seit 1978 hat die N. die Rechtsform eines eingetragenen Vereins. Die Miete für die Spielstätte trägt das Neuköllner Bezirksamt. Des weiteren finanziert sich die N. durch eigene Einnahmen, durch Zuwendungen von der SenKult sowie einen Kreis fördernder Mitglieder.

Bis 1992 brachte die N. über 20 verschiedene Stücke auf die Bühne. Beispielhaft für ihren Stil sind die erste, 1972 herausgebrachte Inszenierung, Igor Strawinskis Geschichte vom Soldaten, und das 1977 aufgeführte Songspiel Mahagony von Bertolt Brecht und Kurt Weill. 1981 stellte die N. mit „Die Vögel" ihre erste eigene Produktion vor, der weitere eigene Stücke folgten.

9. November 1989: Am 9. November 1989, 22 Tage nach dem erzwungenen Rücktritt Erich Honeckers von seinen Ämtern als Staats- und Parteichef der DDR, teilte das für die Medien zuständige Mitglied des Politbüros der > SOZIALISTISCHEN EINHEITSPARTEI DEUTSCHLANDS (SED), Günter Schabowski, am Ende einer Pressekonferenz über die seit dem Vortag stattfindende 10. Tagung des Zentralkomitees der SED um 18.57 Uhr auf Nachfrage zu einem in Diskussion befindlichen Reisegesetz völlig unerwartet und eher beiläufig mit, daß von DDR-Bürgern („soviel ich weiß") „Privatreisen nach dem Ausland ... ohne Vorliegen von Voraussetzungen, Reiseanlässen oder Verwandtschaftsverhältnissen beantragt werden" könnten. Auf die Nachfrage, wann diese Regelung in Kraft trete, sagte er, dies sei nach seiner Kenntnis „sofort, unverzüglich" der Fall. Zusatzfragen zu den neuen Regelungen konnte Schabowski nicht beantworten, weil er „nicht ständig auf dem Laufenden" sei, „sondern, kurz bevor ich hier rübergegangen bin, ich diese Information in die Hand gedrückt bekam".

Obwohl aus der Schabowski-Meldung hervorging, daß für die Ausreise nach wie vor von der Volkspolizei zu erteilende Visa erforderlich waren, verstanden Tausende von DDR-Bürgern die Äußerungen so, daß sie ab sofort ohne weiteres in den Westen reisen könnten, und begaben sich zu den Grenzübergangsstellen. Dort lagen keine Weisungen vor, was wohl auch damit zusammenhing, daß die von Schabowski verlesene Meldung mit einer von ihm nicht beachteten Sperrfrist für den nächsten Tag versehen war. Als der Druck auf die Grenzübergangs-

Grenzübergang Invalidenstraße in der Nacht vom 9. zum 10. November 1989

stellen zu groß wurde, entschlossen sich die zuständigen Kommandeure, die Schlagbäume zu öffnen. Zuerst geschah dies gegen 22.00 Uhr am Sektorenübergang Bornholmer Straße. Eine Gedenkplakette mit der Inschrift „Hier öffnete sich in der Nacht vom 9. zum 10. November 1989 erstmals seit dem 13. August 1961 die Mauer" erinnert daran. Kurz darauf wurden auch die anderen Grenzübergänge geöffnet, an der innerdeutschen Grenze allerdings zum Teil erst nach Mitternacht oder am nächsten Morgen. Da die Ereignisse in Nachrichten- und Sondersendungen von > FERNSEHEN und > HÖR- FUNK verbreitet wurden, kamen in dieser Nacht Hunderttausende von Ost-Berlinern und DDR-Bürgern nach West-Berlin, besuchten Freunde und Verwandte oder bummelten durch die westliche > CITY. Die > BERLINER VERKEHRS-BETRIEBE (BVG) ließen S- und U- Bahnen die ganze Nacht hindurch verkehren. Der > SENAT VON BERLIN erwirkte von den für die Sicherheit der Stadt zuständigen > ALLI- IERTEN die Erlaubnis für West-Berliner Polizi- sten, den „weißen Strich", der den exakten Verlauf der > DEMARKATIONSLINIE bezeichnete,

zu überqueren, um verkehrsregelnd eingreifen zu können. Auch Tausende von West- Berlinern nutzten die Möglichkeit, unkontrolliert nach Ost-Berlin zu gehen.

Ab dem Vormittag des 10.11. fanden dann von Seiten der DDR-Behörden wieder Grenzkontrollen statt, die allerdings jedem DDR- Bürger die Ausreise erlaubten. Für West-Berliner und Bundesbürger änderten sich die Einreisebestimmungen nach Ost-Berlin und in die DDR erst am 24.12.1989 (> BESUCHER- REGELUNGEN). Die Maueröffnung am 9. November 1989, von der SED ursprünglich zur Befriedung der Bevölkerung und System- stabilisierung gedacht, war ein entscheidender Schritt in dem bereits seit Frühjahr des Jahres sichtbar gewordenen Zerfallsprozeß der DDR, der nur knapp ein Jahr später am > 3. OKTOBER 1990 zur > VEREINIGUNG Deutschlands führen sollte (> GESCHICHTE).

New Yorker Abkommen: Das N. ist ein am 4.5.1949 in New York unterzeichnetes Regierungsabkommen zwischen den USA, Großbritannien, Frankreich und der Sowjetunion über die Beendigung der am 24.6.1948 begonnenen > BLOCKADE West-Berlins, nachdem zuvor mehrere Regelungsversuche gescheitert waren. Das vom amerikanischen Sonderbotschafter, Philip C. Jessup, und dem sowjetischen UN-Delegierten, Jacob A. Malik, seit dem 15.2.1949 ausgehandelte Abkommen bestimmte:

„1. Alle Einschränkungen, welche von der Sowjetregierung seit März 1948 in Bezug auf den Verkehr, die Transporte und den Handel zwischen Berlin und den Westzonen Deutschlands sowie zwischen der Ostzone und den Westzonen verfügt worden sind, werden am 12. Mai 1949 aufgehoben.

2. Alle Einschränkungen, welche seit dem 1. März 1948 von den Regierungen Frankreichs, Großbritanniens und der Vereinigten Staaten in Bezug auf den Verkehr, die Transporte und den Handel zwischen Berlin und der Ostzone sowie zwischen den Westzonen und der Ostzone verfügt worden sind, werden ebenfalls am 12. Mai 1949 aufgehoben.

3. Elf Tage nach Aufhebung dieser Einschränkungen, das heißt am 23. Mai 1949, wird sich der Rat der Außenminister in Paris versammeln, um die Deutschland betreffenden Fragen, die sich aus der Lage in Berlin ergebenden Probleme und die Währungsfrage in Berlin zu besprechen."

Damit war der Zustand vor der Blockade

wiederhergestellt. Das N. wurde auf der Pariser Außenministerkonferenz bestätigt. Im Abschlußdokument der Konferenz, dem sog. *Pariser Kommuniqué* vom 26.6.1949 wurden darüber hinaus ausdrücklich auch die Zugangsrechte der westlichen > ALLIIERTEN nach Berlin bekräftigt. Das Kommuniqué befaßte sich ferner mit der Normalisierung des Verkehrs zwischen Berlin und den Westzonen und enthielt die Empfehlung, den Interzonenhandel wiederaufzunehmen und auszubauen.

Die Absichtserklärung der vier Mächte umfaßte auch das politische Ziel, „eine Übereinkunft über die Wiederherstellung der wirtschaftlichen und politischen Einheit Deutschlands zu erzielen". Dies stand jedoch im Widerspruch zu der bereits während der Blockade erfolgten politischen > SPALTUNG Berlins und der am Tag des Konferenzbeginns, dem 23.5.1945, mit der Verkündung des Grundgesetzes für die Bundesrepublik Deutschland vollzogenen Teilung Deutschlands. (> GESCHICHTE)

Nicolaihaus: Das N. in der Brüderstr. 13 im Bezirk > MITTE zählt zu den ältesten Wohnhäusern Berlins. Es war um 1670 unter Verwendung der mittelalterlichen Fundamente zweier Vorgängerbauten errichtet worden. 1609/10 erfolgte ein Umbau, wobei das ursprünglich zweigeschossige Gebäude ein drittes Geschoß, einen Seitenflügel und ein Quergebäude erhielt. 1747 kaufte der Kaufmann und Gründer der Berliner Porzellanmanufaktur Johann Ernst Gotzkowsky das Haus (> KPM – KÖNIGLICHE PORZELLAN-MANUFAKTUR BERLIN GMBH). Aus dieser Zeit stammt wahrscheinlich auch die mehrläufige Treppe mit dem reich geschnitzten Geländer aus Eichenholz. 1787 erwarb es der Berliner Verlagsbuchhändler, Schriftsteller und Philosoph Friedrich Nicolai und ließ es durch Karl Friedrich Zelter, den späteren Direktor der Berliner Singe-Akademie, umbauen. Dabei wurde das barocke Bürgerhaus als siebenachsiger Putzbau ausgebaut und der rechte Seitenflügel errichtet.

Der durch Seiten- und Quergebäude mit Galerien gebildete, fast quadratische, mit „Katzenkopfsteinen" gepflasterte Innenhof ist mit Nußbaum und Weinranken begrünt. Er ist über einen Durchgang von der Brüderstr. erreichbar und gilt als einer der wenigen erhaltenen barocken Innenhöfe Berlins.

Unter Nicolai, dessen Verlagsbuchhandlung

sich im Erdgeschoß befand, entwickelte sich das Haus Ende des 18. und zu Beginn des 19. Jh. zu einem der geistig-literarischen Mittelpunkte der Berliner Aufklärung und Romantik. Im N. verkehrten bspw. Daniel Chodowiecki, Johann Gottfried Schadow, Karl Friedrich Schinkel und Christoph Wilhelm Hufeland. Nach Nicolais Tod wurde die Buchhandlung noch bis 1892 weitergeführt. 1910 erfolgte im 1. Stock die Einrichtung eines Lessingmuseums, das die Nationalsozialisten 1936 zwangsweise schlossen. Das im II. Weltkrieg beschädigte N. mit dem zerstörten linken Seitenflügel wurde nach 1950 wieder aufgebaut. Im hinteren Quergebäude wurde 1977-79 die zweiläufige Treppe mit dem feingliedrigen Bronzegeländer aus dem Mitte der 30er Jahre abgebrochenen Weydingerhaus in der Unterwasserstr., das Karl Friedrich Schinkel umgebaut hatte, eingebaut. Die beiden Stuckreliefs – Raub der Persephone durch Hades sowie Endymion und Selene –, vermutlich von Christian Friedrich Tieck, und ein großes Fenster mit farbiger Ornamentverglasung stammen ebenfalls aus dem Weydingerhaus. Gleichfalls bemerkenswert ist die hölzerne Treppe des Vorderhauses mit ihrem reich geschnitzten Geländer (um 1710).

Niederschöneweide: N. ist ein von dichter Industrieansiedlung bestimmter Ortsteil am Südufer der > SPREE im Bezirk > TREPTOW. Erstmals 1697 wurde hier am Spreeufer im Köpenicker Forstrevier – etwa auf Höhe des heutigen S-Bahnhofs Oberspree – ein Teerofen „bey der schönen Weyde" genannt, dessen Name auf die sich nur sehr langsam entwickelnde Siedlung überging. Da Siedlungskerne sich zu beiden Seiten der Spree herausbildeten, die an dieser Stelle die Verwaltungsgrenze zwischen > BARNIM und > TELTOW bildete, kam es 1878 zu einer kommunalrechtlichen Trennung in N., das zum Kreis Teltow zählte und > OBERSCHÖNEWEIDE, das zum Kreis Niederbarnim gerechnet wurde.

Schon Ende des 18. Jh. fanden sich hier neben dem Gasthaus Neuer Krug und der Försterei Kanne verschiedene Bleichanlagen und eine Salpetersiederei, die zum Ausgangspunkt für die im letzten Drittel des 19. Jh. verstärkt einsetzende Industrialisierung des Gebiets wurden. Zwar gab es noch Versuche, im Anschluß an den Neuen Krug zahlreiche Ausflugslokale zu errichten und N. als Erholungsort für die Berliner zu erschließen, doch bewirkte der 1874 erfolgte Bahnanschluß an die 1867 eröffnete Görlitzer > EISENBAHN nur eine weitere Beschleunigung der Ansiedlung von Industriebetrieben. So wurde N. schnell zu einem Arbeiterwohngebiet, das ein eigentliches Gemeindezentrum nicht mehr zu schaffen vermochte.

Neben zahlreichen chemischen Betrieben wurde hier 1888 die Borussia-Brauerei errichtet, aus der später die Schultheiss-Brauerei hervorging (heute Schnellerstr. 137-140). Aus dieser Zeit haben sich einige wenige öffentliche Gebäude erhalten, so das ehem. Gemeindeamt von 1888 und die Feuerwache von 1908 in der Grünauer Str. 1 bzw. 8. In den Formen der neuen Sachlichkeit errichteten Fritz Schnupp und Martin Kremmer 1928-30 die Friedenskirche, ebenfalls in der Grünauer Str. Für den Wohnhausbau der Weimarer Republik gibt es sehenswerte Beispiele durch die *Spreesiedlung* an der Hainstr. von 1932 und die *Siedlung Oberspree* an der Oberspreestr. von 1920-36, beide von Paul Mebes und Paul Emmerich. Mit der 1903 bzw. 1908 geschaffenen Brückenverbindung nach Oberschöneweide durch die Treskow- bzw. Stubenrauchbrücke blieb eine enge Verbindung zum Nachbarortsteil erhalten.

1945 kam N. mit Treptow zum sowjetischen Sektor (> SEKTOREN). Zu Zeiten der DDR bildete es gemeinsam mit Oberschöneweide das größte geschlossene Industriegebiet Ost-Berlins. Auch nach der > VEREINIGUNG soll die überwiegend industrielle Nutzung erhalten bleiben.

Niederschönhausen: N. ist ein an den Hauptstraßen städtisch geprägter, im übrigen durch weitläufige Villen- und Landhausbebauung gekennzeichneter Ortsteil des Bezirks > PANKOW. Von 1945-90 gehörte er gemeinsam mit dem Bezirk zu Ost-Berlin. Wie aus Feldsteinen gemauerte Teile der ehem. Dorfkirche bekunden (heute Friedenskirche am Ossietzkyplatz; > DORFKIRCHEN), war das ursprüngliche Angerdorf bereits im 13. Jh. besiedelt. Schriftliche Belege stammen aber erst von 1350 bzw. 1375. An die einstige Dorfanlage im Zuge der heutigen Dietzgenstr. erinnert so gut wie nichts mehr. Im 19. Jh. entwickelte sich N. zu einem beliebten Sommerwohn-, Ausflugs- und Villenvorort, begünstigt durch die Eröffnung einer 1900 elektrifizierten > STRASSENBAHN zum Stadtzentrum. Aus dieser Zeit haben sich noch zahlreiche Häuser erhalten, darunter auch das heute als Gymnasium genutzte ehem. Rathaus an der Kuckhoffstr./Ecke Dietzgenstr. (> RATHÄUSER). Dieses gegenüber dem > BROSEPARK liegende, dreigeschossige Gebäude war 1908-10 in Formen der Spätrenaissance errichtet worden und wurde 1928 zum Realgymnasium umgebaut. Bedeutsam ist auch die Wohnanlage des Beamten-Wohnungs-Vereins zu Berlin an der Grabbeallee (Paul Mebes und Paul Emmerich, 1908/09). Das am Südrand des einstigen Dorfes gelegene ehem. Gutshaus und heutige > SCHLOSS NIEDERSCHÖNHAUSEN stammt im Kern aus dem 17. Jh. Es diente von 1949-61 als Amtssitz des ersten und einzigen Präsidenten der DDR, Wilhelm Pieck, und danach als Gästehaus der Regierung. Der von der > PANKE durchflossene Schloßpark wurde 1829-31 von Peter Joseph Lenné zu einem Landschaftsgarten umgestaltet. Eine weitere bedeutende Grünanlage ist der > VOLKSPARK SCHÖNHOLZER HEIDE bei der ehem. Kolonie > SCHÖNHOLZ mit einem sowjetischen Ehrenmal. Wie das Schloß von überörtlicher Bedeutung sind das *Johannes-R.-Becher-Haus* mit Becher-Archiv am Majakowskiring 34, in dem der Dichter und Politiker (1954-58 DDR-Minister für Kultur) von 1945 bis zu seinem Tod 1958 lebte, und die 1991 eröffnete > LITERATURWERKSTATT am Majakowskiring 46-48.

Nikolaikirche: Die Pfarrkirche St. Nikolai im Zentrum des > NIKOLAIVIERTELS am > MOLKENMARKT im Bezirk > MITTE ist das älteste erhaltene Bauwerk Berlins. Sie ist heute eine Dependance des > MÄRKISCHEN MUSEUMS mit einer ständigen Ausstellung zur Geschichte Berlins im Mittelalter unter Einbeziehung von restaurierten Kunstgegenständen, die sich hier früher befanden und die die Kriegsereignisse überstanden haben. Die N. hatte mindestens zwei Vorgängerbauten. Die erste, um 1230 entstandene, 40 m lange, dreischiffige, spätromanische Feldsteinbasilika mit Querschiff und drei Ostapsiden, wurde bald nach ihrer Fertigstellung in eine frühgotische Hallenkirche umgebaut. Von dieser N. ist der aus behauenen Granitquadern bestehende Sockelbau der Westtürme mit seinem niedrigen Spitzbogenportal und zwei Rundfenstern erhalten geblieben.

1379 wurde mit der Vergrößerung der Kirche begonnen. Bei dem verheerenden Stadtbrand am 11.8.1380 wurde die N. zerstört. Der Wieder- bzw. Neuaufbau dauerte bis 1470. Es entstand eine dreischiffige, spätgotische Hallenkirche mit Umgangschor und geschlossenem Kapellenkranz in Backstein von etwa 60 m Länge und 23 m Breite. An der Südwestecke der N. wurde 1452 die zweigeschossige Liebfrauenkapelle mit einem Staffelgiebel angebaut. Von den beiden vorgesehenen Türmen entstand in gotischer Zeit nur der südliche mit einem Turmschiff aus Backstein und spitzem Helm über dem Feldsteinunterbau. Er wurde 1878 ebenso wie das flache Satteldach entfernt und durch ein neogotisches Turmpaar mit spitzen Turmhelmen nach einem Entwurf des Stadtbaurats Hermann Blankenstein ersetzt.

Die N. war im Innern reich mit Kunstschätzen ausgestattet. Hervorzuheben sind ein 1563 gegossener Taufkessel, eine geschnitzte Kanzel von 1680 und der Altar von 1715 sowie Gemälde aus spätgotischer und barocker Zeit. Nach der Reformation, die in Berlin 1639 stattfand, wurden anstelle der Altäre in den Chor- und Seitenschiffnischen rund 150 Erbbegräbnisse für Berliner Staatsmänner, Gelehrte und wohlhabende Bürger eingerichtet. Bedeutend ist neben dem 1610 im Erdgeschoß der Liebfrauenkapelle geschaffenen Erbbegräbnis der Familie von Kötteritzsch v.a. das von Andreas Schlüter geschaffene Grabmal des Hofgoldschmieds Daniel Männlich. Auch der deutsche Naturrechtslehrer Samuel von Pufendorf und der Wegbereiter des kirchlichen Pietismus, Philipp Jakob Spener, der von 1690 bis zu seinem Tod Propst an St. Nikolai war, sind hier beigesetzt worden. Für den evangelischen Liederdichter Paul Gerhardt, der von 1657-66 zweiter Diakon an der N. war, wurde ebenso wie für Johann Crüger – von 1622 bis zu seinem Tod Kantor an der N., der Paul Gerhardts Lieder zum großen Teil vertonte – 1957 eine Gedenktafel angebracht. Am 6.7.1809 trat in der N. die aufgrund der Steinschen Reformen gewählte > STADTVERORDNETENVERSAMMLUNG zum ersten Mal zusammen, um gemeinsam mit dem > MAGISTRAT und dem > OBERBÜRGERMEISTER feierlich vereidigt zu werden.

Bei einem Luftangriff am 16.6.1944 brannten die Türme der N. ab; das Kircheninnere wurde bei den Kämpfen um die Stadt im April 1945 zerstört. Infolge der Brand- und Witterungseinflüsse stürzten 1949 die Gewölbe und die Pfeiler des nördlichen Seitenschiffes ein. Da die > EVANGELISCHE KIRCHE in der DDR trotz Hilfszusagen ausländischer Kirchen (u.a. aus Skandinavien) nicht die Mittel aufbringen konnte, den geplanten Aufbau der N. zu finanzieren, und der Staat eine Beteiligung ablehnte, wurde die Ruine 1969 an die Stadt Berlin abgetreten. Von 1956-58, 1980-81 sowie 1982-84 wurden in der Ruine und in ihrer unmittelbaren Nähe archäologische Grabungen vorgenommen. Aus den Funden – u.a. ein Gräberfeld mit ca. 100 Skeletten aus vorstädtischer Zeit – geht hervor, daß Berlin mindestens 50 Jahre älter ist, als bisher angenommen (> BESIEDELUNG DES BERLINER RAUMS; > GESCHICHTE).

Nach anfänglichen Plänen, die Ruine abzutragen, wurde in den 70er Jahren beschlossen, die N. originalgetreu wiederaufzubauen. Die Bauarbeiten begannen 1981. Die zerstörten Kreuzgewölbe des 18 m hohen Hallenschiffs wurden völlig neu gemauert. Die beiden 44 m hohen Turmhelme wurden am Boden montiert und mit einem Kran auf den Turmsockel gehoben. An der Spitze des südlichen Turms befindet sich eine Wetterfahne zur Erinnerung, daß nur der südliche Turm der alten N. aus dem Mittelalter stammt. Seit ihrer Fertigstellung 1987 nutzt das Märkische Museum den Bau für Ausstellungen. Ferner finden in der 250 Sitzplätze fassenden Halle Konzerte und Vorträge statt. An der Nordseite wurde zur 750-Jahr-Feier Berlins 1987 ein *Glockenspiel* mit 41 Glocken installiert (> CARILLON).

Am 29.6.1990 wurde Bundespräsident Richard v. Weizsäcker in der N. zum ersten Gesamt-Berliner > EHRENBÜRGER seit der > SPALTUNG der Stadt ernannt. Am 11.1.1991 fand in der N. die konstituierende Sitzung des aus den seit der Teilung ersten freien, Gesamt-Berliner > WAHLEN vom 2.12.1990 hervorgegangenen > ABGEORDNETENHAUSES VON BERLIN statt.

Nikolaiviertel: Das N. umfaßt das ca. 4 ha große Gebiet zwischen > BERLINER RATHAUS, > MARX-ENGELS-FORUM, > SPREE und > MÜHLENDAMM im Bezirk > MITTE. Es ist ein von 1981-87 nach historischen Vorbildern wiedererrichtetes Stadtviertel an der Stelle des historischen Stadtkerns von Berlin. Im II. Weltkrieg war dieses Gebiet weitgehend zerstört worden und lag bis Ende der 70er Jahre brach. Nach einem 1979 vom Ost-Berliner > MAGISTRAT ausgeschriebenen Wettbewerb wurde der Architekt Günter Stahn mit dem Wiederaufbau beauftragt. Das Vorhaben genoß bei der DDR-Regierung im Rahmen des Ausbaus Ost-Berlins zur „Hauptstadt der DDR" und mit Blick auf die 750-Jahr-Feier 1987 hohe städtebauliche Priorität.

Die Rekonstruktion erfolgte 1981-87 als Mischung von Bauten, die an dieser Stelle den Krieg überstanden hatten oder nach Zerstörung bzw. Abriß hier oder an anderer Stelle im N. wieder aufgebaut wurden, sowie modernen Wohnungsbauten, die in ihrer äußeren Form dem historischen Gepräge angepaßt wurden. Über den Arkadenbögen der Neubauten an der Ecke Poststr./Marx-Engels-Forum ist ein Relieffries des Bildhauers Gerhard Thieme mit zwölf Bildtafeln zur Geschichte Berlins angebracht. Beim Neubau

Nikolaikirche und Knoblauchhaus im Nikolaiviertel

des als Fußgängerzone gestalteten N. wurde die historische Gliederung in ursprünglicher Form wiederhergestellt. Dominierender Mittelpunkt ist die aus einer Totalruine wiedererrichtete > NIKOLAIKIRCHE. Die langen Fronten der Randbebauung schirmen das verwinkelte Innere des N. nach außen ab. Insg. sind 800 Wohnungen unterschiedlicher Art und Größe entstanden sowie zahlreiche Gaststätten und Verkaufsstellen.

Das bedeutendste der nach historischen Vorbildern wiedererrichteten Gebäude ist das aus der Mitte des 18. Jh. stammende > EPHRAIM-PALAIS am Mühlendamm/Ecke Poststr. Ebenfalls in der Poststr. wurde – mit vorgelagertem Biergarten – eine Kopie der > GERICHTSLAUBE errichtet, die ursprünglich etwa an der Stelle der Nordwestecke des heutigen Berliner Rathauses stand. Sie dient jetzt als Weinstube und Restaurant. Originalgetreu rekonstruiert wurde auch der Gasthof *Zum Nußbaum* in der Propststr. Das ursprünglich auf der > FISCHERINSEL gelegene 1507 erbaute Gebäude war eines der ältesten Häuser Berlins. Der bei einem Luftangriff

1943 zerstörte Gasthof zählte den Zeichner Heinrich Zille und den Maler Otto Nagel zu seinen Stammgästen. Wiedererstanden ist neben mehreren Bürgerhäusern aus dem 17., 18. und 19. Jh. an historischer Stelle auch das aus der ersten Hälfte des 17. Jh. stammende Lokal *Zur Rippe* am > MOLKENMARKT. Wie im 18. Jh. schmücken Schulterblatt und Rippe eines Wals die Fassade. Nach einer Sage stammen sie von einem ehemals in den > MÜGGELBERGEN hausenden Riesen, der eine Berliner Fischerstochter geraubt hatte und deshalb erschlagen wurde. Die Altberliner Gaststätte „Zum Paddenwirt" in der von der Nikolaikirche zum Mühlendamm führenden Eiergasse erinnert an eine historische Gaststätte gleichen Namens am nahen Spreeufer („Padden" = > BERLINISCH für „Frösche").

Zwischen diesen beiden Gaststätten befindet sich in einem der wiederaufgebauten Bürgerpalais am Mühlendamm das > BERLINER HANDWERKSMUSEUM, eine Zweigstelle des > MÄRKISCHEN MUSEUMS. In den schmalen, alten Häusern auf der Rückseite des Museums am Nikolaikirchplatz bieten Berliner Handwerker ihre Arbeiten zum Kauf an. Zu dieser Häuserzeile zählt auch die Rekonstruktion des aus dem 17. Jh. stammenden schmalen Hauses, in dem Gotthold Ephraim Lessing von 1752-55 gewohnt hat.

Das älteste erhaltene Wohnhaus im N. ist das nach seinem ersten Besitzer benannte > KNOBLAUCHHAUS in der Poststr. 23. Heute befinden sich hier die „Historischen Weinstuben" und ein Museum mit geschichtlichen Zeugnissen bürgerlicher Wohnkultur. Erhalten geblieben ist auch das „Kurfürstenhaus" mit roter Sandsteinfassade am Spreeufer, ein 1895 von Carl Gause im Stil der Neorenaissance errichtetes, viergeschossiges Wohn- und Geschäftshaus. Das schmale, viergeschossige Gebäude mit der Jugendstilfassade am Eingang der Poststr. stammt aus dem Jahr 1907.

Am Spreeufer steht auf einem kleinen Platz das überlebensgroße Bronzedenkmal des Heiligen Georg als Drachentöter von August Kiss. Es wurde 1855 in Lauchhammer gegossen und 1865 im ersten (äußeren) Hof des > STADTSCHLOSSES aufgestellt. Nach dem Abriß des Schlosses hatte das Denkmal 1951 zunächst einen Standort im > VOLKSPARK FRIEDRICHSHAIN gefunden, bevor es beim Wiederaufbau des N. hierher versetzt wurde.

Nikolassee: Der seit 1920 zum Bezirk >

888

ZEHLENDORF gehörende, knapp 20 ha große Ortsteil N. hat seinen Namen nach dem gleichnamigen, westlich des Autobahnkreuzes > DREILINDEN gelegenen ca. 2 ha großen See. Die Siedlung wurde 1901 auf zunächst 98 ha als > VILLENKOLONIE gegründet und ist auch heute noch durch aufgelockerte Bebauung mit zahlreichen Gärten und Grünflächen gekennzeichnet. Aufgrund seiner verkehrsgünstigen Lage am Schnittpunkt von Wannseebahn und Wetzlarer > EISENBAHN nahm der Ort einen raschen Aufstieg. Bereits 1910 wurde N. selbständige Landgemeinde. An diese Zeit erinnern der Backsteinbau des S-Bahnhofs am Hohenzollernplatz (mit Anklängen an Spätgotik und Renaissance, 1902), das schräg gegenüberliegende, 1912 von Bruno Möhring im Stil des norddeutschen Barock errichtete Rathaus (heute Pestalozzi-Sonderschule; > RATHÄUSER) und die evangelische Kirche am Kirchweg 6 (Erich Blunck und Johannes Bartschat, 1909/10). Unter den Wohnhäusern verdienen besondere Erwähnung drei Häuser von Hermann Muthesius in der Potsdamer Chaussee 49 (1906/07) und 48 (1907/08) sowie der 1914/15 erbaute *Mittelhof* am Kirchweg 33, seit 1976 Sitz der > HISTORISCHEN KOMMISSION ZU BERLIN. Zum erweiterten Ortsbereich von N. gehören auch das > STRANDBAD WANNSEE und die Insel > SCHWANENWERDER sowie im Süden Teile des ehem. Gutsbezirks > DÜPPEL mit dem > MUSEUMSDORF DÜPPEL. Über die > AVUS besteht eine günstige Verbindung zur West-Berliner > CITY. Zum Zeitpunkt der letzten Volkszählung 1987 lebten in dem ruhigen Wohngebiet 14.551 Einwohner.

Nikolskoe: Das Restaurant N. im Ortsteil > WANNSEE des Bezirks > ZEHLENDORF liegt am Nordwestrand des > DÜPPELER FORSTES oberhalb der > HAVEL. Es geht auf ein Blockhaus zurück, das Friedrich Wilhelm III. (1797-1840) 1819 für seine Tochter Charlotte und seinen Schwiegersohn, den späteren Zaren Nikolaus I. (1825-55), im russischen Stil erbauen ließ („N." im Russischen = „Nikolaus gehörend"). Der russische Kutscher der Prinzessin betrieb hier einen illegalen, aber profitablen Ausschank. Nach nahezu vollständiger Zerstörung durch Brandstiftung 1984 wurde die Gaststätte originalgetreu in Holz wiederaufgebaut.
In der 1834-37 von Friedrich August Stüler etwa 100 m nordwestlich errichteten Kirche *St. Peter und Paul* werden an Feiertagen viel

besuchte Gottesdienste abgehalten. Daneben wird sie auch für künstlerische Veranstaltungen genutzt. Mit ihrer russischen Zwiebelkuppel fügt sie sich harmonisch in das unter > DENKMALSCHUTZ stehende Bauensemble ein, zu der auch der kleine Friedhof N. als Ruhestätte von Förstern und Gärtnern zählt. Wegen seiner Lage in der Nähe des Natur-

St. Peter und Paul bei Nikolskoe

schutzgebiets > PFAUENINSEL und der Schloßanlagen von > KLEINGLIENICKE, des herrlichen Ausblicks über die Havellandschaft und einiger Wildgehege und Spielplätze gehört N. zu den meistbesuchten Ausflugszielen Berlins.

Notare: Der Notar ist als Rechtspflegeorgan unabhängiger Träger eines öffentlichen Amtes (§ 1 Bundesnotarordnung). Er ist u.a. für Beurkundungen, Beglaubigungen und Anfertigung von Urkundenentwürfen nebst Beratung zuständig. In Berlin waren am 1.1.1992 871 N., davon 99 Frauen, zugelassen. Als Träger eines öffentlichen Amtes unterstehen sie der Dienstaufsicht des Landgerichtspräsidenten (> LANDGERICHT).
Von der > SENATSVERWALTUNG FÜR JUSTIZ werden nur so viele N. bestellt, wie für eine geordnete Rechtspflege notwendig sind. In Berlin werden – anders als in einigen anderen Bundesländern – nur Rechtsanwälte zu Notaren bestellt, die das Notaramt im Nebenberuf ausüben (Anwaltsnotare; > RECHTSANWALTSCHAFT). Voraussetzung ist daher u.a. die Befähigung zum Richteramt.
Durch den > EINIGUNGSVERTRAG wurde den zum Zeitpunkt der > VEREINIGUNG im Ostteil Berlins zugelassenen Anwaltsnotaren diese

Voraussetzung erlassen. Bis zur Vereinigung galt in der DDR ein Staatliches Notariat. Diese staatlichen Notare übten ihr Amt nicht freiberuflich aus und waren nicht in Kammern zusammengeschlossen. Erst kurz vor der Vereinigung wurden auch N. in eigener Praxis, also freiberuflich, zugelassen. Diese N. konnten gemäß dem Einigungsvertrag auf Antrag neu nach der Bundesnotarordnung zugelassen werden, nachdem ihr Amt am > 3. OKTOBER 1990 generell geendet hatte, wobei die Zulassungsvoraussetzungen der Bundesnotarordnung nicht geprüft wurden. Auf diese Weise wurden aus dem Ostteil der Stadt 95 Notare neu bestellt.

N. sind in Kammern zusammengeschlossen. Diese werden beim örtlich zuständigen Oberlandesgericht, in Berlin dem > KAMMERGERICHT, gebildet. Sie haben u.a. über die Ehre und das Ansehen ihrer Mitglieder zu wachen, die Aufsichtsbehörde zu unterstützen, die Pflege des Notariatsrechts zu fördern, für eine gewissenhafte und lautere Berufsausübung der N. zu sorgen und Verstöße gegen standes- oder ordnungsrechtliche Vorschriften zu ahnden. Darüber hinaus werden durch sie Versicherungen unterhalten und ein Vertrauensschadensfonds mitgetragen, die für Schäden einstehen, die über die vorgeschriebene Versicherung des einzelnen Notars nicht gedeckt sind.

Die *Notarkammer Berlin* mit Sitz am > KURFÜRSTENDAMM 237 im Bezirk > WILMERSDORF hat sich 1969 von der Rechtsanwaltskammer abgetrennt und ist seither selbständig. Sie vertritt die Gesamtheit der in ihr zusammengeschlossenen Berliner N. Die Kammer wird durch den Vorstand vertreten, der von den Mitgliedern in einer Kammerversammlung gewählt wird. Aus seiner Mitte wählt der Vorstand einen Präsidenten. Derzeitiger Präsident ist Ernst-Jürgen Wollmann.

Notopfer Berlin: Das ab 1949 erhobene N. war die erste Hilfeleistung Westdeutschlands für das 1948 durch die > WÄHRUNGSREFORM und die > BLOCKADE in eine äußerst schwierige finanzielle Situation geratene Berlin. Die Stadt konnte damals die über die > LUFTBRÜCKE eingeflogenen Versorgungsgüter nicht bezahlen. Die Kosten wurden deshalb zunächst vom Wirtschaftsrat des Vereinigten Wirtschaftsgebiets (Bizone) übernommen und später durch das Aufkommen aus dem N. erstattet.

Zur Finanzierung der erhöhten Lasten wurde nach dem Ende der Blockade vom 1.8.1949 bis zum 31.3.1952 zusätzlich zur Lohn- bzw. Einkommens- und Körperschaftssteuer das sog. *Währungsnotopfer* erhoben. Die Erträge dienten auch der Hilfe für die durch die Währungsreform Geschädigten, insbes. dem Ausgleich des Defizits der Lohnausgleichskasse (> GRENZGÄNGER) sowie ab 1951 der Förderung des sozialen > WOHNUNGSBAUS (> BERLINER AUFBAUPROGRAMM). Am 1.4.1952 wurde das Währungsnotopfer durch das dem gleichen Zweck dienende Notopfer (West-Berliner Notopfergesetz vom 10.4.1952) ersetzt, nachdem West-Berliner Arbeitnehmer einen nach Einkommenshöhe und Steuerklasse gestaffelten Tarif von 0,275 - 4,125 % zu entrichten hatten. Für Körperschaften lag er generell beim Höchstsatz von 4,125 %. Am 1.4.1953 wurde das West-Berliner Notopfergesetz durch das N. (Bundesgesetz vom 10.3.1952) abgelöst.

Mit Inkrafttreten des N. fiel gleichzeitig das sog. *Solidaritätsopfer* weg, ein vom 1.11.1952 bis zum 31.3.1953 zusätzlich zum Notopfer erhobener Zuschlag zur Unterstützung besonders hilfsbedürftiger Arbeitsloser (insg. ca. 5 Mio. DM; > ARBEITSMARKT).

Die Erhebung des N. erfolgte in Form einer Abgabe, mit der alle natürlichen Personen und Körperschaften (Unternehmen usw.) entsprechend der Höhe ihrer Einkünfte bzw. Gewinne in Westdeutschland und West-Berlin belastet wurden. Außerdem wurde – nur in Westdeutschland – eine zusätzlich zum Porto zu zahlende Gebühr in Höhe von 2 Pf. für alle Postsendungen erhoben.

In Abweichung von der im > DRITTEN ÜBERLEITUNGSGESETZ festgelegten Abführungspflicht an den Bund flossen die Erträge dem Berliner Landeshaushalt zu und dienten zur Deckung des Defizits (> HAUSHALT UND FINANZEN). In Berlin wurde das N. bis zum 30.6.1954 erhoben, im übrigen Bundesgebiet von natürlichen Personen bis zum 30.9.1956 und von Körperschaften bis zum 31.12.1957. Die Abschaffung des N. erfolgte im Zuge der damaligen Steuerreform durch Einbeziehung der ausfallenden Beträge in die Einkommen- und Körperschaftssteuer. Die Erhebung der Postabgabe war bereits zum 1.4.1956 eingestellt worden. Die Gesamteinnahmen aus dem N. beliefen sich auf ca. 7,4 Mio. DM. Nach dem Auslaufen des N. wurde die Unterstützung Berlins weitgehend durch die > BUNDESHILFE und die > BERLINFÖRDERUNG abgedeckt. Außerdem hat auch das > EUROPEAN

RECOVERY PROGRAM erhebliche Mittel zum Wiederaufbau Berlins beigetragen.

Not- und Krisendienste: In Berlin gibt es 1992 über ein Dutzend N. Sie sind Hilfsangebote für extrem gefährdete Menschen in kritischen Lebenslagen. Die i.d.R. öffentlich unterstützten Einrichtungen richten sich dabei v.a. an besonders gefährdete Kinder und junge Menschen, an (oftmals sexuell belästigte oder mißhandelte) Mädchen und Frauen sowie an eine Reihe von anderen Personengruppen, wie z.B. Suchtkranke (> DROGEN).

Bereits 1978 wurde ein *Kindernotdienst* des Landesjugendamts für Kinder und Familien in Krisensituationen eingerichtet, der zu jeder Tages- und Nachtzeit Beratung und Hilfe leistet. Er besteht aus einer ambulanten Beratungsstelle in > KREUZBERG, die auch außerhalb der Einrichtung, z.B. bei Hausbesuchen, berät. Angeschlossen sind Wohngruppen für Kinder für kurzfristige Aufenthalte und übergangsweise Wohnmöglichkeiten für Mütter oder Väter mit ihren Kindern während einer familiären Krisensituation in den Bezirken Kreuzberg und > FRIEDRICHSHAIN.

Aus der ehem. Jugendhilfsstelle wurde 1981 der *Jugendnotdienst* des Landesjugendamts entwickelt, an den sich ebenfalls zu jeder Tages- und Nachtzeit Jugendliche und junge Erwachsene in Not- und Krisensituationen wenden können. Dieses unkonventionelle und flexible Angebot wird besonders von jugendlichen Selbstmeldern stark in Anspruch genommen. Der Jugendnotdienst besteht aus je einer ambulanten Beratungsstelle in > CHARLOTTENBURG und > PANKOW sowie angeschlossenen kurzfristigen Wohnmöglichkeiten etc. für 33 weibliche und männliche Jugendliche und junge Erwachsene, die sich unter pädagogischer Anleitung z.T. selbst versorgen. Hinzugefügt wurden 1991 eine spezielle Mädchengruppe in der Einrichtung Pankow sowie ein „sleep in" für eine Nacht in der Einrichtung Friedrichshain.

Ferner hat der Türkisch-Deutsche Frauenverein, der sich der *Krisenhilfe für türkische Mädchen* widmet, 1985 eine Wohngruppe (Krisenunterkunft) für türkische Mädchen mit acht Plätzen in > SCHÖNEBERG eingerichtet. Der Verein arbeitet eng mit dem Jugendnotdienst zusammen.

Seit 1972 besteht die vom > SENAT mit dem Berliner Jugendclub e.V. eingerichtete *Kontakt- und Beratungsstelle* in Schöneberg, in der Mitarbeiter der > SENATSVERWALTUNG FÜR JUGEND UND FAMILIE (Landesjugendamt) tätig sind. Schwerpunkt der Hilfe sind Kriseninterventionen für Jugendliche und ihre Familie sowie Legalisierungs- und Integrationshilfen. Für Jugendliche und junge Erwachsene, die vorübergehend nicht bei ihren Familien bleiben können und keine andere Unterkunft haben, ist eine Wohneinrichtung mit zwölf Plätzen für kurzfristiges Wohnen im Bezirk > WILMERSDORF angeschlossen.

Für bedrohte und mißhandelte Frauen und ihre Kinder bieten die > FRAUENHÄUSER und der *Frauennotdienst* des > CARITASVERBANDS BERLIN E.V. zu jeder Tages- und Nachtzeit Schutz und Unterkunft. Hinzugekommen sind 1991 eine Einrichtung des Vereins für physisch und psychisch mißhandelte Frauen und ihre Kinder in > MARZAHN (60 Plätze) – eine weitere in > LICHTENBERG (60 Plätze) ist im Ausbau – sowie eine des > DIAKONISCHEN WERKS in > HOHENSCHÖNHAUSEN (40 Plätze).

Das *Frauenkrisentelefon* befindet sich seit 1983 im > FRAUENSTADTTEILZENTRUM Schokofabrik. Es ist eine erste Konfliktanlaufstelle, in der sich die Beraterinnen um qualifizierte Weitervermittlung bemühen und versteht sich als eine parteiliche (feministische) Beratungsinstanz von Frauen für Frauen. Die Beratung wird bis heute von 25 engagierten Frauen der > FRAUENBEWEGUNG täglich zwei Stunden ehrenamtlich durchgeführt.

Das *Kinderschutz-Zentrum in Berlin e.V.* leistet seit der Gründung im Jahre 1977 (die Vorarbeiten begannen bereits 1973) als Beratungsstelle in > NEUKÖLLN, seit 1991 zusätzlich im Bezirk > MITTE, einen wesentlichen Beitrag zur Weiterentwicklung des Kinderschutzes in der Bundesrepublik. Es bietet einen Verbund von ambulanten und stationären Hilfen bei Kindesmißhandlung und schweren Familienkonflikten an. Seit 1980 besteht eine angegliederte Kinderwohngruppe mit neun Plätzen für Krisenfälle in > STEGLITZ.

Aus einer Selbsthilfegruppe, einer Initiative jüngerer Frauen, hat sich seit 1982 das Projekt *Wildwasser – Arbeitsgemeinschaft gegen sexuellen Mißbrauch von Mädchen e.V.* entwickelt. Aufgrund der Erkenntnisse über das große Ausmaß dieser Gewaltproblematik in Familien werden seit 1987 eine Beratungsstelle in Kreuzberg sowie 1991 eine im Bezirk Mitte sowie eine Krisenwohnung mit bis zu sechs Plätzen für kurzfristige Unterbringung unterhalten.

Der 1986 von Fachkräften verschiedener Bereiche gegründete Verein *Kind im Zentrum e.V.*

bietet für sexuell mißbrauchte Kinder und ihre Familien präventive und ambulante Maßnahmen. Die 1987 eingerichtete Beratungsstelle in > WILMERSDORF ist 1991 von einer Zweigstelle im Bezirk Mitte ergänzt worden.

Therapeutische Unterbringungshilfe für sexuell mißbrauchte Mädchen leistet auch seit 1984 das *Evangelische Jugend- und Fürsorgewerk e.V.* in einem Heim in > ZEHLENDORF und einer besonderen Einrichtung in Wilmersdorf.

Das Projekt *NEUland*, das Hilfen für suizidgefährdete Kinder und Jugendliche e.V. bietet, hat seit 1984 eine Beratungsstelle – mit familientherapeutischem Angebot – und eine Krisenwohnung im Bezirk Wilmersdorf sowie seit 1991 eine Zweigstelle in Friedrichshain.

Zu den üblichen Dienstzeiten stehen selbstverständlich auch die *Jugendämter* (Sozialpädagogischer Dienst – Familienfürsorge) und die > GESUNDHEITSÄMTER (Säuglings- und Kleinkinderfürsorge) zur Verfügung. Aber auch im Bereich freier Träger bietet der > DEUTSCHE KINDERSCHUTZBUND – Landesverband Berlin e.V. – Beratung und Gruppenarbeit an; ebenso wie der *Unabhängige Kinder- und Jugendnotdienst e.V.* Hilfe im Gespräch bieten auch die *Telefonseelsorge* Berlin, das Telefon des Vertrauens und verschiedene Vereine sowie die Schulverwaltung und die Erziehungsberatung mit dem „Zeugnistelefon" in krisenbeladenen Zeiten. Vorbeugend wirkt *Strohhalm e.V.* in Schulen durch Hinweise auf sexuellen Mißbrauch und familiäre Gewalt. *Tabu e.V.* bereitet neue Angebote für die östlichen Bezirke vor. Alleinerziehende mit Kindern können zur Vermeidung eines Frauenhausaufenthalts aber auch im Service-Haus des Evangelischen Jugend- und Fürsorgewerks e.V. im *Diakoniezentrum Heiligensee* unterkommen, wo 80 von insg. 300 Wohnungen für diesen Personenkreis reserviert sind.

O

Obdachlose: Nachdem die Zahl der O. in Berlin (West) jahrelang mit 3.500-4.000 konstant geblieben war, stieg sie ab 1988 stark an. Im März 1989 waren mehr als 6000 O. registriert, 1991 waren es rd. 8000. In dieser Zahl sind die von Stadt zu Stadt ziehenden *Nichtseßhaften* enthalten, die in Berlin bisher eine relativ kleine Gruppe darstellten, da die bis zum Fall der > MAUER abgeschlossene Lage der Stadt einem großflächigen Umherziehen entgegenstanden. Schätzungen zur Gesamtzahl der O. sind schwer möglich, da die Dunkelziffer kaum abschätzbar ist, sie gehen jedoch bis zum Doppelten der oben genannten Zahlen.

Sowohl staatliche Stellen wie auch die Verbände der freien > WOHLFAHRTSPFLEGE bieten O. verschiedene Hilfen an. Zentrale Anlaufstelle für O. ist das vom > DIAKONISCHEN WERK BERLIN-BRANDENBURG und vom > CARITASVERBAND BERLIN E.V. betriebene Übernachtungsheim in der Franklinstr. im Bezirk > CHARLOTTENBURG mit rd. 70 Plätzen. Nach spätestens drei Tagen werden die Betroffenen von hier aus in bezirkliche oder andere Einrichtungen weitervermittelt, wo 1991 rd. 2.300 Unterbringungsplätze zur Verfügung standen. Die Bezirksämter übernehmen auch die Kosten für die Unterbringung von O. in gewerblichen Wohnheimen und Pensionen. 1988 wurde zwischen der > SENATSVERWALTUNG FÜR BAU- UND WOHNUNGSWESEN und den Verbänden der städtischen und privaten Wohnungsunternehmen eine Vereinbarung über die Unterbringung von jährlich ca. 300 Obdachlosen geschlossen. Dieser sog. „Feuerwehrfonds" wird vom Bezirksamt > SCHÖNEBERG verwaltet.

Außerdem unterhalten das Diakonische Werk, die Caritas, die > ARBEITERWOHLFAHRT LANDESVERBAND BERLIN und die Berliner Stadtmission sowie andere gemeinnützige Träger besondere, sozialpädagogisch betreute Wohnprojekte für O., darunter solche speziell für Frauen, Jugendliche oder ältere Menschen. Diakonisches Werk und Caritas unterhalten in der Levetzowstr. in > TIERGARTEN die *Beratungsstelle für Obdachlose*. Als Aufenthaltsmöglichkeit und Kontaktstellen für den Tag stehen O. mehrere Treffpunkte (Wärmestuben) zur Verfügung. Insg. gab es 1991 in Berlin 15 Beratungsstellen, neun Treffpunkte und 25 Wohnprojekte für O. Alle Einrichtungen werden vom > SENAT VON BERLIN finanziell unterstützt. 1991 standen hierfür rund 13 Mio. DM zur Verfügung.

Oberbaumbrücke: Die O. ist eine die Bezirke > KREUZBERG und > FRIEDRICHSHAIN verbindende Brückenanlage über die > SPREE zwischen Skalitzer und Warschauer Str. Sie hat ihren Namen nach einer historischen Sperranlage auf der Spree.

Oberbaumbrücke 1903

Als Berlin und > KÖLLN noch durch eine > STADTMAUER vom Umland abgeschlossen waren, wurde bei einbrechender Dunkelheit auch der Flußlauf der Spree durch Wassertore aus unter Brücken aufgehängten Baumstämmen gesperrt: den *Oberbaum* und den *Unterbaum*. Der Unterbaum befand sich am westlichen Ende des Schiffbauerdamms, heute noch ungefähr bezeichnet durch die Unterbaumstr. im Bezirk > MITTE. Der Oberbaum lag ursprünglich nahe dem historischen Stadtzentrum in Höhe der heutigen Waisenstr. (etwa am > MÄRKISCHEN MUSEUM). Im Zusammenhang mit der Ausdehnung der Berliner Zollgrenze (> STADTERWEITERUNG) entstand 1824 etwa 4 km weiter flußaufwärts als neues Bauwerk der Vorläufer der heutigen O. 1894-96 wurde diese hölzerne Zugbrücke durch eine der prächtigsten Berliner Brückenanlagen im Stil der märkischen Backsteingotik ersetzt. Das mit reichem figürlichen Schmuck versehene, über sieben Bögen führende Bauwerk wies neben dem breiten Fahrdamm bereits ein besonderes Viadukt für die 1902 eröffnete erste Berliner U-Bahnlinie vom heutigen > ERNST-REUTER-PLATZ in > CHARLOTTENBURG zur Station Warschauer Brücke auf (> U-BAHN). Die beiden den mittleren Bogen begrenzenden spitzen Türme waren dem Mitteltorturm im nördlich von Berlin gelegenen Prenzlau nachgebildet.

Im II. Weltkrieg wurde die Anlage schwer beschädigt und danach nicht wiederhergestellt. Während der Besatzungszeit Berlins (> SONDERSTATUS 1945-90) verlief am westlichen Brückenkopf die Sektorengrenze zwischen Ost und West (> SEKTOREN). Bis 1961 diente die O. noch als innerstädtische Verkehrsverbindung. Mit dem Mauerbau am > 13. AUGUST 1961 verlor sie weitgehend ihre Funktion, wenn sie auch als Grenzübergangsstelle für Fußgänger erhalten blieb. Das Hochbahngleis über die Mühlenstr./Stralauer Allee wurde abgerissen und quer zum Brückeneingang ein großes Abfertigungsgebäude gebaut.

Bis Ende 1993 ist eine umfassende Wiederherstellung des gesamten Bauwerks vorgesehen, wobei über die zukünftige verkehrliche Nutzung der O. – vierspuriger Ausbau als Teil eines innerstädtischen Hauptstraßenrings, Weiterführung der U-Bahnlinie 1 bis zum S-Bahnhof Warschauer Str. oder/und Verlängerung der > STRASSENBAHN von Ost nach West – noch kontrovers diskutiert wird.

Oberbürgermeister: Durch die neue Städteordnung des Reichsfreiherrn Heinrich Friedrich Karl vom und zum Stein vom 19.11.1808 erhielt Berlin 1809 erstmals eine kommunale Selbstverwaltung mit den von den > LANDESHERREN unabhängigen Organen > STADTVERORDNETENVERSAMMLUNG (StVV) und > MAGISTRAT. An der Spitze des Magistrats als oberstem Verwaltungsorgan stand der von der StVV gewählte und vom König ernannte O. Zum ersten O. wurde am 25.4.1809 der frühere Präsident der märkischen Kurkammer Leopold v. Gerlach gewählt.

Nach der > SPALTUNG Berlins 1948 bestanden durch die Einsetzung einer eigenständigen Stadtverwaltung im sowjetischen Sektor mit einem eigenen O. an der Spitze bis 1951 zwei O. nebeneinander, von denen jedoch nur der durch die StVV am 5.12.1946 gewählte, nach der Spaltung im Westteil Berlins amtierende O. eine verfassungsmäßige Legitimation besaß (> POLITISCHES SYSTEM; > GESCHICHTE). Obwohl beide O. den Anspruch erhoben, für Groß-Berlin zuständig zu sein, waren sie in ihrer Amtsausübung de facto auf die jeweiligen > SEKTOREN der ihnen alliierten Besatzungsmächte beschränkt (> ALLIIERTE). Mit der Umwandlung Berlins in einen Stadtstaat durch die am 1.10.1950 in Kraft getretene > VERFASSUNG VON BERLIN trat an die Stelle des in West-Berlin amtierenden O. der > REGIERENDE BÜRGERMEISTER von Berlin. Nach der > VEREINIGUNG standen bis zur Wahl eines neuen Regierenden Bürgermeisters für die Gesamtstadt durch das > ABGEORDNETENHAUS VON BERLIN am 24.1.1991 Regierender Bürgermeister und O. gemeinsam an der Spitze der Berliner Landesregierung.

Oberbürgermeister von Berlin 1809-1945

Leopold v. Gerlach	1809-13
Johann Stephan Gottfried Büsching	1814-32
Friedrich von Baerensprung	1832-34
Heinrich Wilhelm Krausnick	1834-62
Karl Seydel	1862-72
Arthur Hobrecht	1872-78
Max von Forckenbeck	1878-92
Robert Zelle	1892-98
Martin Kirschner	1899-1912
Adolf Wermuth	1912-20
Gustav Böß	1920-29
Unbesetzt	
(Vertretung Arthur Scholtz)	1929-31
Heinrich Sahm	1931-35
Unbesetzt	
(Vertretung Oskar Maretzky)	1936-37
Julius Lippert	1937-40
Ludwig Steeg	
(1940-44 kommissarisch)	1940-45

Mit der Machtübernahme der Nationalsozialisten wurde das Amt des O. am 14.3.1933 durch die Einsetzung des Führers der nationalsozialistischen Stadtverordnetenfraktion Julius Lippert zum „Staatskommissar der Hauptstadt Berlin" zunehmend ausgehöhlt. Durch die nahezu unbeschränkten Eingriffsrechte des Staatskommissars (ab 1937 Stadtpräsident und bis 1940 in Personalunion mit dem O.) wurde die demokratische Verfassung der Stadt praktisch außer Kraft gesetzt. Nachdem 1940 der NS-Gauleiter und Reichspropagandaminister Joseph Goebbels das Amt des Stadtpräsidenten übernommen hatte, wurde aus der Behörde durch Führererlaß vom 1.4.1944 der Regierungspräsident für die Reichshauptstadt. Der daneben amtierende O. hatte so gut wie keine Bedeutung mehr.

Nach der Besetzung Berlins setzte der sowjetische > STADTKOMMANDANT am 17.5.1945 den pensionierten Regierungsbaubeamten Arthur Werner (parteilos) als neuen O. ein, ebenso wie seine vier Stellvertreter und 14 Stadträte als die übrigen Mitglieder des Magistrats. Nach den > WAHLEN vom 20.10.1946 wurde dann am 5.12.1946 auf der Basis der *Vorläufigen Verfassung von Groß-Berlin* vom 20.10. 1946 der bisherige Bezirksbürgermeister von > WILMERSDORF, Otto Ostrowski (SPD), durch die StVV zum O. von Groß-Berlin gewählt.

Oberbürgermeister von Berlin 1945-50

Arthur Werner	1945-46
Otto Ostrowski	1946-47
Ernst Reuter	
(amtierend Louise Schroeder)	1947-48
Ernst Reuter	1949-50

Nach dem von der eigenen Partei am 17.4.1947 erzwungenen Rücktritt Ostrowskis wegen eigenmächtiger Verhandlungen mit der kommunistisch gesteuerten > SOZIALISTISCHEN EINHEITSPARTEI DEUTSCHLANDS (SED) forderte die > ALLIIERTE KOMMANDANTUR die StVV auf, einen neuen O. zu wählen, dessen Wahl aber von ihr bestätigt werden müsse. Für die Zwischenzeit wurde Louise Schroeder (SPD) „provisorischerweise mit den Funktionen des O. von Berlin" betraut. Am 24.6.1947 wählte die StVV mit 86 gegen 17 Stimmen Ernst Reuter (SPD) zum neuen O., der jedoch auf sowjetischen Druck von der Alliierten Kommandantur nicht bestätigt wurde. An seiner Stelle amtierte Louise Schroeder weiterhin als O. Aufgrund einer schweren Erkrankung wurde sie ab August 1948 durch ihren Stellvertreter, Bürgermeister Ferdinand Friedensburg (CDU), vertreten.

Bereits im Sommer 1948 war es aufgrund von Auseinandersetzungen um die > WÄHRUNGSREFORM mehrfach zu Störungen der im sowjetischen Sektor tagenden StVV gekommen. Am 6.9.1948 verlegte der damalige Stadt-

verordnetenvorsteher Otto Suhr (SPD) die Sitzungen deshalb in den Westteil der Stadt. Die SED weigerte sich, an Versammlungen außerhalb des sowjetischen Sektors teilzunehmen und rief stattdessen zum 30.11.1948 eine „außerordentliche Sitzung der Stadtverordneten" mit 1.616 von ihr willkürlich ausgesuchten Teilnehmern im Ost-Berliner > ADMIRALSPALAST ein, die einstimmig die Absetzung des aus der Wahl vom 20.10.1946 hervorgegangenen Magistrats und die Bildung eines „provisorischen demokratischen Magistrats" beschloß. An die Spitze dieses illegalen Magistrats wurde als O. der bisherige Präsident des Brandenburgischen Landtags Friedrich Ebert (SED), der Sohn des früheren Reichspräsidenten, gestellt. Damit war die Spaltung der einheitlichen Stadtverwaltung Berlins vollzogen.

Die am 5.12.1948 – nach einem Verbot des sowjetischen Stadtkommandanten für den Ostsektor – nur in den drei Westsektoren gewählte StVV wählte stattdessen am 7.12.1948 abermals Ernst Reuter zum O., der nun – nach dem Auszug des sowjetischen Vertreters aus der Kommandantur am 1.7.1948 – auch die Bestätigung der drei westlichen Alliierten erhielt und dieses Amt bis zu seiner Wahl zum ersten Regierenden Bürgermeister von Berlin am 18.1.1951 innehatte.

In Ost-Berlin amtierte der SED-Politiker Friedrich Ebert bis Juli 1967. Sein Nachfolger wurde Herbert Fechner (SED), 1951-61 Mitglied des Magistrats und 1961-67 Bezirksbürgermeister von > KÖPENICK. Er wurde 1974 von Erhard Krack (SED) abgelöst, der zuvor (seit 1965) Minister für bezirksgeleitete und Lebensmittelindustrie gewesen war. Bei seiner Wahl zum O. blieb Krack Mitglied des Ministerrates der DDR, dem er auch nach den Volkskammerwahlen von 1976, 1981 und 1986 ununterbrochen angehörte. Zu DDR-Zeiten war der O. das Stadtoberhaupt von Ost-Berlin und Vorsitzender des „Magistrats von Berlin, Hauptstadt der DDR". Nach dem „Gesetz über die örtlichen Volksvertretungen in der DDR" vom 4.7.1985 entsprach seine Stellung dem des Vorsitzenden des Rates eines Bezirks der DDR. Der O. war dem Magistrat und der StVV für seine Tätigkeit rechenschaftspflichtig. Er vertrat den Magistrat nach außen, v.a. gegenüber ausländischen Amtskollegen, und gegenüber dem Ministerrat der DDR, dem er als übergeordnetem Organ nach dem Prinzip der doppelten Unterstellung gleichfalls verantwortlich war.

Nach der Wende in der DDR und den ersten freien Kommunalwahlen am 6.5.1990 wählte die neue Ost-Berliner StVV auf der Grundlage der neuen Kommunalverfassung der DDR vom 17.5.1990 am 30.5.1990 Tino Schwierzina (SPD) mit 74 von 134 Stimmen zum neuen O. von Ost-Berlin. Gem. Art. 16 des > EINIGUNGS-VERTRAGES standen der O. und der Regierende Bürgermeister vom Tag der Vereinigung, dem > 3. OKTOBER 1990, bis zur Wahl eines Gesamt-Berliner Senats am 24.1.1991 gemeinsam an der Spitze der Berliner Verwaltung. Innerhalb der Landesregierung verfügten sie zusammen über zwei Stimmen, die sie einheitlich abgeben mußten, und die bei Stimmengleichheit den Ausschlag gaben.

Oberfinanzdirektion Berlin (OFD): Die OFD mit Sitz am > KURFÜRSTENDAMM 193/194 im Bezirk > CHARLOTTENBURG ist eine Mittelbehörde mit einer Landesabteilung (Besitz- und Verkehrssteuern) und zwei Bundesabteilungen (Bundesvermögen, Zölle und Verbrauchssteuern). Hinsichtlich der Landesabteilungen ist die OFD unmittelbar der > SENATSVERWALTUNG FÜR FINANZEN, hinsichtlich der Bundesabteilungen dem > BUNDESMINISTERIUM DER FINANZEN nachgeordnet.
Die von einem Oberfinanzpräsidenten geleitete Behörde ist zuständig für die Verwaltung der Besitz- und Verkehrssteuern, des bundes- und reichseigenen Allgemeinen Grundvermögens einschließlich der Ausführung aller Baumaßnahmen des Bundes in Berlin mit Ausnahme der obersten Bundesbehörden und der Verfassungsorgane (für die die > BUNDESBAUDIREKTION zuständig ist), für die Zollabfertigung von Waren bei der Ein- und Ausfuhr einschließlich Erhebung der Eingangsabgaben und für die Überwachung und Sicherung des Verbrauchsteueraufkommens im Land Berlin.
Der Besitz- und Verkehrsteuerabteilung unterliegt die Verwaltung aller Besitz- und Verkehrsteuern. Hierzu zählen nicht nur die Steuern vom Einkommen und Ertrag oder die Umsatzsteuern, sondern u.a. auch die Vermögensteuer, Grundsteuer, Erbschaft- und Schenkungssteuer oder die Hundesteuer. Dieser Abteilung unterstehen als nachgeordnete Dienststellen 24 bezirkliche Finanzämter einschließlich der beiden Finanzämter für Körperschaften und des Finanzamts für Erbschaftsteuer und Verkehrsteuern. Ihnen obliegt v.a. die Festsetzung und Erhebung der Steuern, aber auch die Durch-

führung von Außenprüfungen (Betriebsprüfungen, Umsatzsteuer-Sonderprüfungen, Lohnsteuer- und Kraftfahrzeugsteuer- Außenprüfungen). Die Steuereinnahmen werden dem Bund bzw. der Landeskasse zugeführt.
Die Bundesvermögensabteilung ist für die Verwaltung des bundeseigenen Allgemeinen Grundvermögens, die Ausführung der erwähnten Baumaßnahmen sowie für die Unterbringung von Behörden für den Bundesbedarf zuständig, ferner für die Wohnraumbeschaffung und Wohnungsbauförderung für Bundesbeschäftigte sowie für die Verwaltung von Beteiligungen, Forderungen und Verbindlichkeiten des Bundes. In ihr Aufgabengebiet fallen auch Angelegenheiten des allgemeinen Kriegsfolgengesetzes (z.B. Gewährung von Renten, Schadensersatz wegen Sterilisation, Ansprüche nach dem Reparationsschädengesetz) sowie der Rückerstattungen und des Härteausgleichs.
Der Zoll- und Verbrauchsteuerabteilung obliegt v.a. die Zollabfertigung bei der Ein- und Ausfuhr von Waren sowie die Überwachung des Verbrauchsteueraufkommens, d.h. durch geeignete Maßnahmen dafür Sorge zu tragen, daß die „großen" Verbrauchsteuern (Mineralölsteuer, Tabaksteuer, Kaffeesteuer u.a.) rechtzeitig und ordnungsgemäß abgeführt werden. Intensiviert wurde in den letzten Jahren die Überwachung bei der Ausfuhr genehmigungspflichtiger bzw. embargorelevanter Erzeugnisse. Überwacht wird z.B. auch das Marktordnungsrecht der > EUROPÄISCHEN GEMEINSCHAFTEN (EG), und hier v.a. der Ex- und Import von Fleisch sowie Milch und Getreide (Mitverantwortungsabgaben). Mit der > VEREINIGUNG ist ein großer Teil des Grenzabfertigungsdienstes entfallen, nur auf den > FLUGHÄFEN (einschl. Schönefeld) findet dieser „klassische" Zolldienst noch statt.
Ferner bestehen bei der OFD die *Bundeskassen* Berlin-West und Berlin-Ost. Die Bundeskasse Berlin-West erledigt die Kassengeschäfte für 100 Behörden und Bundeseinrichtungen in Berlin und die > STIFTUNG PREUSSISCHER KULTURBESITZ. Die Buchführung erfolgt über das automatisierte Verfahren für das Haushalts-, Kassen- und Rechnungswesen. Der Zahlungsverkehr – z.B. die Zahlung des Erziehungsgeldes – wird fast ausschließlich unbar über die > LANDESZENTRALBANK IN BERLIN – HAUPTVERWALTUNG DER DEUTSCHEN BUNDESBANK abgewickelt. Die Bundeskasse Berlin-Ost erledigt die Kassengeschäfte

des Bundes im gesamten Bereich der neuen Bundesländer und teilweise in Berlin-Ost. 1991 wurden von der OFD über 13,9 Mrd. DM Besitz- und Verkehrsteuern vereinnahmt, von denen knapp 5,7 Mrd. DM dem Bund und 8,2 Mrd. DM dem Land zustanden. An Zöllen und Verbrauchsteuern wurden 21,6 Mrd. DM eingenommen, 20,4 Mrd. DM flossen an die Bundeskasse (> HAUSHALT UND FINANZEN). Ende 1991 waren im Bezirk der OFD ca. 12.100 Arbeitnehmer beschäftigt, davon ca. 960 unmittelbar in der OFD.

Oberschöneweide: Der am Oberlauf der > SPREE gelegene Ortsteil O. bildet mit dem südlich der Spree gegenüberliegenden > NIEDERSCHÖNEWEIDE das größte geschlossene Industriegebiet im Osten Berlins. 1920 bei der Bildung > GROSS-BERLINS zunächst dem Bezirk > TREPTOW zugeschlagen, kam O. 1938 im Austausch gegen > BOHNSDORF zum Bezirk > KÖPENICK.
Bereits 1682 ist hier ein Gehöft mit Bierausschank, der „Quappenkrug", nachweisbar, das 1814 nach seiner damaligen Eigentümerin Wilhelmine Reinbeck in *Wilhelminenhof* umbenannt wurde. Dieses Vorwerk erhielt 1871 gemeinsam mit der ein Jahr zuvor östlich davon am Spreeufer angelegten kleinen > VILLENKOLONIE *Ostend* nach einer erstmals 1697 für diese Gegend belegten Flurbezeichnung („bey der Schönen Weyde") den Namen O. (in Unterscheidung zum gleichzeitig so benannten Niederschöneweide am anderen Spreeufer). 1898 wurde O. selbständige Landgemeinde.
Anfangs war O. ein Ort mit wenig Industrie, aber zahlreichen Ausflugslokalen. Die Wandlung zum Industriestandort begann 1890, als die 1887 gegründete Firma AEG auf diesem dünn besiedelten, an der schiffbaren Spree gelegenen Gelände ihre ersten Industriebauten errichtete (> WASSERSTRASSEN; > SCHIFFFAHRT). Es entstanden eine Akkumulatorenfabrik, ein Kabelwerk und das ehem. Kraftwerk Oberspree. Als bahnbrechendes Beispiel für moderne Industriearchitektur in Deutschland errichtete Peter Behrens an der Ostendstr. 1914-17 das Automobilwerk der Nationalen Automobilgesellschaft (NAG), in dem sich zu DDR-Zeiten das Werk für Fernsehelektronik befand, das sich derzeit noch im Privatisierungsprozeß befindet. Der traditionelle Industriestandort soll auch nach der > VEREINIGUNG erhalten bleiben.
Mit den Industrieansiedlungen wuchs die Einwohnerzahl zwischen 1895 und 1919 von 625 auf 25.612. Gleichzeitig bildeten sich nördlich der das Industriegebiet begrenzenden Wilhelminenhofstr. dicht besiedelte Wohnviertel. 1906/07 wurde nach Plänen von Wilhelm Fahlbusch an der Griechischen Allee die katholische St.-Antonius-Kirche erbaut, eine neugotische Backsteinbasilika mit dreijochigem Schiff, breitem Querhaus und quadratischem Westturm. 1907/08 folgte als spätgotischer Backsteinbau, z.T. mit weißem Kalkstein verblendet, die kreuzförmige evangelische Christuskirche an der Firlstr. mit beherrschendem Vierungsturm (Robert Leibnitz). Wegen ihrer hervorragenden Akustik wird sie heute für Schallplattenaufnahmen genutzt.
An der Nalepastr. steht das 1951-56 nach Plänen von Franz Ehrlich und G. Probst errichtete ehem. Rundfunkzentrum der DDR (> HÖRFUNK; > FERNSEHEN). Nordöstlich des Siedlungsgebiets liegt die > WUHLHEIDE, ein überwiegend aus Wald bestehendes Landschaftsschutzgebiet mit dem Volkspark Wuhlheide, dem > FREIZEIT- UND ERHOLUNGSZENTRUM WUHLHEIDE und einem Waldfriedhof, auf dem sich die Grabstätte der Familie Rathenau befindet.

Obersee: Der O. ist ein 3,8 ha großer und bis zu 10 m tiefer künstlicher See südlich der Suermondtstr. im Bezirk > HOHENSCHÖNHAUSEN. Er entstand 1895 durch Auffüllung eines weitgehend trocken stehenden Sumpfgebiets als Reservoir für die > WASSERVERSORGUNG einer Brauerei und der umgebenden Wohnsiedlungen. Südlich des Sees erinnert ein 1899 erbauter, unter Denkmalschutz stehender 23 m hoher Wasserturm an diese Zeit. In der westlichen Seehälfte liegt eine kleine Insel, deren dichte Bepflanzung von zahlreichen Vogelarten als Nistplatz genutzt wird. Der See ist eingebettet in den 7,3 ha großen Oberseepark, einem bevorzugten Naherholungsgebiet des Bezirks. Ein parkartiger Grünstreifen führt zum wenige Meter westlich (und etwas tiefer) gelegenen > ORANKESEE. Nördlich der Suermondtstr. liegt der > VOLKSPARK HOHENSCHÖNHAUSEN mit dem Naturschutzgebiet Fauler See.

Oberstes Rückerstattungsgericht (ORG): Das ORG für Berlin wurde zum 1.7.1953 von der > ALLIIERTEN KOMMANDANTUR durch Gesetz geschaffen. Es residierte in dem 1940 errichteten Gebäude der ehem. jugoslawischen Botschaft an der Rauchstr. 17/18 im > DIPLO-

MATENVIERTEL im Bezirk > TIERGARTEN. Das ORG entschied letztinstanzlich über Ansprüche auf Rückerstattung feststellbarer Vermögenswerte, die durch rassische, religiöse oder politische Verfolgungsmaßnahmen der Nationalsozialisten entzogen worden waren. Das Gericht war international besetzt mit einem Präsidenten, der nicht Staatsangehöriger der USA, des Vereinigten Königreichs Großbritannien, Frankreichs oder Deutschlands sein durfte (beide Präsidenten, Torsten Salén und Ivan Olof Wallenberg, waren schwedische Richter), je einem amerikanischen, britischen und französischen Richter und drei deutschen Richtern. Die Entscheidungen ergingen in der Besetzung mit diesen sieben Richtern. Die alliierten Richter wurden durch die Kommandantur, die deutschen Richter vom > SENAT VON BERLIN und der Präsident von Kommandantur und Senat gemeinsam ernannt. Die Kommandantur bestellte das nichtrichterliche Personal. Sie ernannte auch den Registrar und dessen Vertreter, die die Verfahren bis zur Entscheidungsreife vorzubereiten hatten. Gerichtssprachen waren Englisch, Französisch und Deutsch.

Die Arbeit des Gerichts dauerte – ebenso wie die des für die Gebiete der früheren westlichen Besatzungszone errichteten ORG in Herford (zuletzt München) – erheblich länger als bei der Einrichtung erwartet. Beide ORG lösten sich erst mit der > VEREINIGUNG Deutschlands zum > 3. OKTOBER 1990 auf; ihre Zuständigkeiten gingen durch den > EINIGUNGSVERTRAG auf den > BUNDESGERICHTSHOF über.

Oberstufenzentren (OSZ): Die ab 1979 in West-Berlin errichteten OSZ fassen die berufsbildenden Schulen wie Berufsschulen, Berufsfachschulen und Fachoberschulen ab Klasse 11 unter Leitung und Verwaltung nach Berufsfeldern bzw. Berufsfeldschwerpunkten zusammen.
Ziel ist eine Verbesserung des schulischen Anteils der beruflichen Bildung. Zu den OSZ gehören z.T. auch der beruflichen Weiterbildung dienende Fachschulen (> SCHULE UND BILDUNG).
Gegenwärtig arbeiten in den westlichen > BEZIRKEN 19 OSZ mit den Berufsfeldern Wirtschaft und Verwaltung; Metalltechnik; Elektrotechnik; Bautechnik/Holztechnik; Textiltechnik und Bekleidung; Chemie; Physik und Biologie; Drucktechnik; Gesundheit, Ernährung und Hauswirtschaft; Agrarwirt-

schaft. Ein OSZ Farbtechnik und Raumgestaltung ist im Bau, ein OSZ Kfz-Technik befindet sich in der Planung. In acht OSZ gibt es eine dreijährige, zum Abitur führende Gymnasiale Oberstufe; dort ist die allgemeine mit der beruflichen Bildung verzahnt. Es sind dies die OSZ für Nachrichtentechnik (Wedding), Handel (Kreuzberg), Recht (Charlottenburg), Energietechnik (Spandau), Bürowirtschaft, Sozialversicherung und Verwaltung (Steglitz), Verkehr, Wohnungswirtschaft, Steuern (Tempelhof), Chemie, Physik, Biologie (Neukölln), Maschinen- und Fertigungstechnik (Reinickendorf).
Nach der > VEREINIGUNG wurden die Ost-Berliner Berufsschulen als Filialen der westlichen OSZ übernommen. Mit dem teilweise auch weitere West-Berliner Einrichtungen der beruflichen Bildung umfassenden Filialmodell wird im schulischen Teil der Berufsausbildung gewährleistet, daß alle Schüler die Ausstattungsvorteile der OSZ nutzen können.

Obst- und Gemüsegroßmarkt Berlin: Der O. an der Beusselstr. im Bezirk > TIERGARTEN ist die zentrale Einkaufsmöglichkeit des > EINZELHANDELS in Berlin für Obst und Gemüse (> GROSSMÄRKTE). Er wurde von der Berliner Großmarkt GmbH errichtet und am 15.3.1965 eröffnet. Pächter und Betreiber ist die Fruchthof Berlin Verwaltungsgenossenschaft e.G., die den O. privatrechtlich verwaltet. Mit einer Gesamtfläche von 160.850 m², einer Hallenfläche von 29.537 m² und einer Standfläche von 15.490 m² ist der O. der größte Lebensmittelgroßmarkt in Berlin. 1991 wurden auf dem O. insg. ca. 450.300 t umgeschlagen, davon rd. 137.000 t Obst, 142.600 t Gemüse und 113.600 t Südfrüchte sowie 57.100 t Kartoffeln.
Da sich insbes. die Filialbetriebe des Lebensmitteleinzelhandels zunehmend über diese eigenen Verteilungsstellen versorgen, war der Umschlag des O. ab Mitte der 70er Jahre rückläufig. Seit Mitte der 80er Jahre hat er sich auf dem gegenwärtigen Niveau eingependelt, um nach der Grenzöffnung 1989 wieder sprunghaft zuzunehmen. Die auf dem O. gehandelten Güter kommen zum allergrößten Teil per LKW von außerhalb (> LANDWIRTSCHAFT). Seit Ende 1989 ist auch das Berliner Umland mit einem wachsenden Anteil an der Zulieferung beteiligt.
Bis zum II. Weltkrieg fungierte die 1886 eröffnete Zentralmarkthalle am > ALEXANDER-

898

PLATZ (> MARKTHALLEN) als Berliner Großmarkt für Obst und Gemüse. Nach deren
Zerstörung 1945 entstand für den Westteil
der Stadt in den Fabrikhallen der Askania-
Werke an der Ringstr./Ecke Großbeerenstr.
in > MARIENDORF ein provisorischer O., der
von Dezember 1949 bis zur Eröffnung des O.
an der Beusselstr. im März 1965 in Betrieb
war. Die Versorgung Ost-Berlins erfolgte seit
den 50er Jahren bis Mitte 1990 durch das
„VEB Kombinat Obst, Gemüse und Speisekartoffeln (OGS)" an der Leninallee im Bezirk > LICHTENBERG (heute > LANDSBERGER AL-
LEE), das die überwiegend von den Landwirtschaftlichen Produktionsgenossenschaften (LPG) der DDR produzierten Erzeugnisse
aufkaufte, lagerte und an die staatlichen
Handelsunternehmen sowie die Großabnehmer verteilte. Insofern erfüllte die Einrichtung keine echten Großmarktfunktionen, da
Aufkauf und Weitergabe der Waren nicht
über freie Preisbildung, sondern über administrative Verteilung erfolgte. Da die Einrichtungen der OGS seit Mitte 1990 von mehreren Einzelhandelsketten genutzt werden,
übernimmt inzwischen die O. zu einem großen Teil auch die Versorgung der Ostbezirke
und des Berliner Umlands.

Öffentlicher Dienst: Zahlenangaben zu den
in Berlin im Ö. Beschäftigten können nur geschätzt werden, da für die Gesamtstadt noch
keine vollständigen Informationen vorliegen.
Insg. dürften es knapp 400.000 Personen sein.
Die Arbeitsstättenzählung 1987 weist für
West-Berlin bei den Gebietskörperschaften
und Sozialversicherungsträgern – hier sind
i.d.R. die Beschäftigten des Ö. tätig – gut
195.000 Arbeitsverhältnisse nach, etwa
gleichviel wie in der West-Berliner Industrie.
Während die Beschäftigung in der Industrie
seit 1970 um 39 % zurückging, stieg sie im Ö.
um 32 % an. In Ost-Berlin waren Ende November 1990 196.000 Beschäftigte bei den
Gebietskörperschaften tätig, diese waren damit die mit Abstand größten Arbeitgeber. Inzwischen dürfte der Personalstand im Ostteil
der Stadt drastisch zurückgegangen sein.
Detaillierte Auskünfte enthält die in jedem
Jahr herausgegebene Personalstandsstatistik
für den Ö. derzeit nur für West-Berlin. Demzufolge waren dort Ende Juni 1990 260.000
Beschäftigte im Ö. tätig. Ein Fünftel davon –
gut 52.000 – waren bei *Bundesbehörden* wie
etwa der > BUNDESVERSICHERUNGSANSTALT FÜR
ANGESTELLTE, dem > UMWELTBUNDESAMT, dem >

BUNDESGESUNDHEITSAMT, der > BUNDESANSTALT
FÜR MATERIALPRÜFUNG, den > BUNDESAUFSICHTS-
ÄMTERN FÜR DAS KREDIT- und VERSICHERUNGS-
WESEN oder dem > BUNDESKARTELLAMT beschäftigt. Seit 1985 hat die Zahl der dort Beschäftigten um knapp 9 % zugenommen.
Im Landesdienst, hier waren Mitte 1990 rd.
205.000 Personen tätig, hat sich der Personalstand seit 1985 kaum verändert. 86 % sind im
sog. Unmittelbaren Landesdienst tätig, also
in der Hauptverwaltung (31 %), den Bezirksverwaltungen (40 %) und in den >
EIGENBETRIEBEN der Stadt (15 %). Größter „Arbeitgeber" in der Hauptverwaltung ist die >
SENATSVERWALTUNG FÜR INNERES mit gut 29.000
Stellen, davon allein 21.000 bei der > POLIZEI.
Größte Bezirksverwaltung ist > NEUKÖLLN
(12.000 Bedienstete), der bevölkerungsreichste der Berliner > BEZIRKE. Zu den wichtigen Aufgaben der Bezirke zählen die
Gesundheitsvorsorge, der Bereich > SCHULE
UND BILDUNG und die Führung von Jugend-
und Sporteinrichtungen (> JUGENDFÖRDERUNG;
> JUGENDHILFE; > SPORTSTÄTTEN), demzufolge
sind hier fast alle in den Bezirken Beschäftig-
ten tätig.
Zum mittelbaren Landesdienst zählen Kör-
perschaften, Anstalten und Stiftungen des öffentlichen Rechts wie die > FREIE UNIVERSITÄT
BERLIN (9 % aller Landesbediensteten), die >
TECHNISCHE UNIVERSITÄT BERLIN (2,5 %), die >
VERWALTUNGSAKADEMIE, das > PESTALOZZI-FRÖ-
BEL-HAUS, der > LETTE-VEREIN, die > AKADEMIE
DER KÜNSTE, die > HOCHSCHULE DER KÜNSTE und
das > JUGENDAUFBAUWERK BERLIN sowie die
Sozialversicherungsträger (2 %).
Änderungen an diesen Zahlen dürften in er-
ster Linie die Bezirksverwaltungen betreffen,
da mit der > VEREINIGUNG elf neue Bezirke
hinzugekommen sind, während die Zahl der
Beschäftigten in der Hauptverwaltung sich
nur geringfügig verändert hat. Auch die Zahl
der Bundesbediensteten in Berlin unterliegt
gegenwärtig im Zusammenhang mit dem
Ausbau Berlins zur > HAUPTSTADT sowie der
Stationierung der > BUNDESWEHR erheblichen
Veränderungen.

Öffentlicher Personennahverkehr (ÖPNV):
Der ÖPNV in Berlin wird durch die > BERLI-
NER VERKEHRS-BETRIEBE (BVG) mit ihren Be-
triebsstellen > U-BAHN, > S-BAHN (im Westteil
der Stadt), > STRASSENBAHN, > OMNIBUSVERKEHR
und > SCHIFFAHRT sowie durch die > DEUTSCHE
REICHSBAHN (DR) mit der S-Bahn (im Ostteil
der Stadt) und den Regionalbahnen betrieben

(> Eisenbahn). 1990 wurden (ohne Regional-bahnen) insg. 1.519 Mio. Personen befördert. Bezogen auf Gesamt-Berlin hatte der Omnibus mit 40 % den höchsten Anteil am gesamten ÖPNV, gefolgt von der U-Bahn mit 35 %, der S-Bahn mit 15 % und der Straßenbahn mit 10 %. Betrachtet man die beiden Stadthälften getrennt, so wird die unterschiedliche Angebotsstruktur deutlich: In Berlin (West) lag der größte Anteil bei U-Bahn und Bus, während in Berlin (Ost) jeweils ca. 30 % auf S-Bahn, Straßenbahn und Bus entfielen; die U-Bahn mit nur 14 % spielte hier eine geringere Rolle.

Tarif als für die sonstigen Nutzer.

Das DIW hat auf der Grundlage szenarischer Betrachtungen die künftige Entwicklung im Personenverkehr abgeschätzt. In einem Szenario „Zersiedlung" wurde eine Zersiedlungsentwicklung für die Region Berlin (Berlin und umliegende Landkreise) in Analogie zu anderen Ballungsräumen unterstellt. Dabei wurde von einer Bevölkerungszunahme in der Region Berlin von derzeit 4,3 Mio. auf 4,9 Mio. ausgegangen (> Bevölkerung). In einem Szenario „Gestaltung" wurden Strategien zu verkehrsreduzierender Flächennutzung sowie ordnungspolitische Maßnahmen

Verkehrsträger Betriebszweigbeförderungsfälle 1990					
	Berlin (West) Mio.	%	Berlin (Ost) Mio.	%	Gesamt-Berlin Mio.	%
S-Bahn	65	7	162	30	227	15
U-Bahn	450	46	75	14	525	35
Straßenbahn	–	–	157	29	157	10
Bus	467	47	141	27	508	40
Gesamt	**984**	**100**	**535**	**100**	**1.510**	**100**

Der Anteil des ÖPNV am gesamten Personennahverkehr im Stadtgebiet von Berlin (Ost und West) betrug 1988/89 nach Schätzungen des > Deutschen Instituts für Wirtschaftsforschung (DIW) bezogen auf die Gesamtzahl der Wege ca. 33 %. Betrachtet man nur den motorisierten Verkehr (Pkw) und den ÖPNV, so entfielen 46 % der Wege bzw. 41 % der Verkehrsleistungen auf den ÖPNV. Dabei lag der Anteil des ÖPNV in Berlin (Ost) mit 60 % der Wege wesentlich höher als in Berlin (West) mit 38 %. Einzelfahrscheine im Berliner ÖPVN gelten für zwei Stunden und berechtigen zur Nutzung aller genannten Verkehrsträger einschließlich beliebig häufigen Umsteigens. Die Verkehrstarife werden für den Bereich der BVG auf Vorschlag des > Senats von Berlin vom > Abgeordnetenhaus beschlossen und vom Senat festgesetzt. Die Unterdeckung der tatsächlichen Kosten wird aus dem Landeshaushalt ausgeglichen. Im Rahmen eines Tarifverbundes werden diese Sätze durch Verhandlungen zwischen der BVG und der DR auch für deren Betriebsbereich übernommen. Angesichts der niedrigeren > Einkommen im Ostteil der Stadt gilt derzeit (Mitte 1992) für die dortigen Einwohner noch ein geringerer

zur Dämpfung des motorisierten Individualverkehrs unterstellt (> Kraftfahrzeugverkehr). Im ungünstigen Fall (Szenario „Zersiedlung") dürfte die Zahl der mit dem ÖPNV zurückgelegten Wege bis zum Jahr 2010 in Berlin um etwa 11 % zurückgehen. Im günstigen Fall (Szenario „Gestaltung") kann mit einer Erhöhung des ÖPNV-Verkehrsaufkommens in Berlin um 20 % gerechnet werden.

Ökodorf: Der in einer Fabriketage in der Kurfürstenstr. 14 im Bezirk > Tiergarten untergebrachte Verein Ö. ist Treffpunkt zahlreicher ökologischer Gruppen und Ort vielfältiger Veranstaltungen und Ausstellungen zu Fragen von Ökologie und > Umweltschutz. Ursprüngliches Ziel des 1979 gegründeten gemeinnützigen linksalternativen Vereins war die Errichtung eines nach ökologischen Grundsätzen erbauten Dorfs als Demonstration einer umweltgerechten Alternative zur Konsum- und Leistungsgesellschaft. Mangels eines geeigneten Grundstücks blieb es bisher jedoch bei der heute genutzten Fabriketage als Sitz des alternativen Projekts. Am bekanntesten unter den Aktivitäten des Ö. ist die Ausstellung „Giftgrüne Woche", die jährlich Ende Januar stattfindet und als Gegen-

ausstellung zur > INTERNATIONALEN GRÜNEN WOCHE BERLIN gedacht ist. In ähnlicher Weise wird auch eine Gegenausstellung zur > INTERNATIONALEN TOURISMUS-BÖRSE organisiert.
Der Verein Ö. e.V. hat ca. 30 Mitglieder und ist parteipolitisch unabhängig. Er finanziert sich über Spenden, Veranstaltungseinnahmen, Vermietung von Räumen und Mitgliederbeiträge. Zwei hauptamtliche Angestellte sorgen für Koordinierung und Organisation der Arbeit. Seit 1989 existiert ein Arbeitskreis „Umwelt und Recht". Regelmäßig trifft sich im Ö. auch die „Spurengruppe", in der Zusammenhänge von Wirtschaft, Gesellschaft und Psyche untersucht werden, und das „Berliner Umland Projekte-Plenum", das sich um eine Realisierung der ursprünglichen Ö.-Idee bemüht.
In den Räumen des Ö. haben außerdem noch die Genossenschaft für Widerstand und Lebensfreude „Wendland-Hof", ein Institut für ökologisches Recycling und ein Anti-Atom-Büro ihren Sitz. Letzteres unterhält als unabhängiger Verein „Aktiv gegen Strahlung" eine eigene Strahlenmeßstelle zur Messung der Radioaktivität in Lebensmitteln und klärt über Alternativen und Gegenstrategien zur Atomindustrie auf.

Olympiastadion: Das 1934-36 nach Entwürfen des Architekten Werner March auf dem damaligen „Reichssportfeld" aus Anlaß der XI. Olympischen Sommerspiele 1936 in Berlin errichtete O. liegt am Olympischen Platz im Bezirk > CHARLOTTENBURG (> OLYMPISCHE SPIELE). Die auf einem eiszeitlichen Hochplateau liegende, insg. 131 ha große Anlage umfaßt den größten Teil der seinerzeit für die Durchführung der Olympischen Spiele erforderlichen > SPORTSTÄTTEN. Hierzu gehören neben dem O. das Schwimmstadion, das Hockeystadion, die Bauten des Deutschen Sportforums, das Reiterstadion und das Maifeld mit dem Glokkenturm. In ihrer suggestiven Monumentalität vermitteln die Bauten des „Reichssportfeldes" exemplarisch den sich auch in der Architektur darstellenden Herrschaftsanspruch des Nationalsozialismus (> GENERALBAUINSPEKTOR FÜR DIE REICHSHAUPTSTADT BERLIN). Kernstück der gesamten Anlage ist das in Form eines Ovals mit einer Muschelkalkverkleidung versehene O., das – in eine Mulde des Plateaus gebaut – zusätzlich 12 m tief in das Erdreich abgesetzt wurde. Damit konnte das Stadion einen ebenerdig verlaufenden Umgang erhalten und ragt nur 16,5 m

über die Zugangsebene hinaus. Das Bauwerk hat einen Umfang von 840 m auf einer Gesamtfläche von 53.000 m². Auf 40 Reihen im Unterring und 31 Reihen des Oberrings sind 76.005 Sitzplätze (in Form von Zuschauerbänken) angeordnet, davon 29.000 mit Überdachung. Den Oberring unterbricht auf der westlichen Seite in 25 m Breite das Marathontor. Es gibt den Blick frei auf das sich an das Stadion westlich anschließende Maifeld mit dem Glockenturm. Über dem Marathontunnel erhebt sich auf einer Plattform die olympische Feuerschale, seitlich davon an den Stirnseiten des Tribünenrings sind auf großen Natursteinplatten die Namen der Olympiasieger von 1936 verzeichnet.

Olympiastadion

Nach Kriegsbeschädigung und einer ersten Wiederherstellung in der Nachkriegszeit wurde das Stadion zur Fußballweltmeisterschaft 1974 vollständig überholt und modernisiert, ohne daß Berlin Austragungsort von Begegnungen dieser Weltmeisterschaft war. Es verfügt über ein 107 x 70 m großes Spielfeld sowie folgende weitere Wettkampfeinrichtungen: eine 400-m-Kunststofflaufbahn, acht Einzelsprintbahnen, drei Hochsprunganlagen, drei Bahnen für Weit- und Dreisprung, zwei Bahnen für Stabhochsprung, einen Wassergraben für Hindernisläufe sowie Anlagen für Diskus- und Hammerwurf. Neben den insg. 154 Scheinwerfern der an vier 88 m hohen Masten installierten Flutlichtanlage leuchten 234 Scheinwerfer an beiden Dächer das Stadion aus.
Das O. dient heute als Austragungsort nationaler und internationaler Sportbegegnungen und -wettkämpfe. So wird seit 1985 im O. jährlich zum Ende der Fußballsaison das Finale um den DFB-Vereinspokal ausgespielt (> POKAL-ENDSPIEL). Ferner ist das Stadion seit 1969 regelmäßiger Veranstaltungsort des

jährlich im August durchgeführten > INTER-
NATIONALEN STADION-SPORTFESTS. Schließlich
bestreitet der Berliner Fußball-Bundesligist
> HERTHA BSC hier seine Ligaspiele. Daneben
finden im O. Großveranstaltungen wie z.B.
die Abschlußkundgebung zum Deutschen
Evangelischen Kirchentag (zuletzt 1989) oder
zum Deutschen Katholikentag (zuletzt 1990)
statt, ferner die alljährlichen Finalbegegnun-
gen des Schülerwettkampfs > JUGEND TRAI-
NIERT FÜR OLYMPIA oder das 1987 zum dritten
Mal an diesem Ort durchgeführte Deutsche
Turnfest. In der Nachkriegszeit war das Stadion z.T. auch Veranstaltungsort von Unter-
haltungsshows, von politischen Kundgebungen oder großen Rockkonzerten (> ROCK-MU-
SIK). Bisher einmalig war eine szenische Aufführung nach Textfragmenten Friedrich
Hölderlins im Winter 1977 durch die >
SCHAUBÜHNE.
Auf der nördlichen Seite des Stadionrunds
schließt sich das *Olympia-Schwimmstadion* an,
das aus einem 50 x 21 m Schwimmbecken,
dem 20 x 20 m Sprungbecken mit einem 10-
m-Sprungturm und zwei Nichtschwimmer-
becken besteht. Die beiden Sportbecken sind
seitlich eingegrenzt von zwei steinernen Tribünen, die rd. 7.500 Zuschauern Platz bieten,
unterhalb der Tribünen befinden sich die
technischen Einrichtungen, Umkleidekabinen
und sanitären Anlagen. Die Becken und die
gesamte technische Anlage wurden zur
Durchführung der III. Schwimmweltmeister-
schaft 1978 in Berlin erneuert. Das Schwimmstadion wird in der Saison zwischen Mai und
September sowohl von der Öffentlichkeit als
auch durch den Vereins- und Schulsport genutzt. 1991 besuchten ca. 350.000 Badegäste
die Schwimmanlagen um das O., zu deren
Bereich auch eine große Liegewiese gehört.
Vor dem Haupteingang des O. liegt an der
nördlichen Seite des Olympischen Platzes
das seit 1984 mit einem Kunststoffrasen ausgestattete *olympische Hockeystadion*. Die terrassenförmig angelegten 5.000 Zuschauerplätze bieten gleich gute Sichtmöglichkeiten
von allen Seiten des Stadions. Es wird für internationale wie nationale Begegnungen und
den Vereinssport genutzt.
Die nördliche Begrenzung des Geländes bilden die Bauten des *Deutschen Sportforums*, die
z.Z. noch vom britischen Hauptquartier der
in Berlin stationierten Alliierten Streitkräfte
genutzt werden (> ALLIIERTE; > SONDERSTATUS
1945-90). Mittelpunkt des 1926-28 und 1934-
36 errichteten Forums ist das „Haus des

Sports", das zusammen mit dem südöstlich
gelegenen „Friesenhaus" gleichfalls von
March entworfen wurde. Der hufeisenför-
mige Gebäudekomplex enthält zahlreiche
Büros, eine Ehrenhalle, Hörsäle, ein Auditorium und eine 1.200 Personen Platz bietende Vorführhalle mit einer 17 m hohen Kuppel. An dieses Gebäude schließen sich zu
beiden Seiten die langgestreckten Trakte des
Turn- und des Schwimmhauses an. Zwischen den Quertrakten ist ein T-förmiges
Schwimmbecken angelegt. Das als Vierflügelanlage gestaltete Friesenhaus hat 1936 die
Teilnehmer der Olympischen Spiele beherbergt. Die im Krieg beschädigten Gebäude
wurden 1954 äußerlich nahezu originalgetreu
restauriert, im Innern jedoch nach den Erfordernissen des britischen Hauptquartiers umgebaut.
Im südwestlichen Bereich des Geländes um
das O. wurde unter Einbeziehung des Baum-
bestandes der ehem. Grunewaldrennbahn
das *Reiterstadion* angelegt, das wegen seiner
idyllischen Lage als das schönste in Europa
gilt. Sprunggarten, Wall und der langgezogene Wassergraben fügen sich ebenso harmonisch in die Umgebung ein wie die 1.200
Sitzplätze umfassende überdachte Tribüne
und die Stallungen. Zwei Dressurplätze und
zwei Reithallen ergänzen die Anlage. Alle
zwei Jahre werden in diesem Stadion die
Deutschen Meisterschaften im Spring- und
Dressurreiten ausgetragen. Außerdem stehen
die Einrichtungen den Reitern und Modernen Fünfkämpfern für ihre Arbeit im > LAN-
DESLEISTUNGSZENTRUM als Trainingstätte zur
Verfügung.
Westlich des O. schließt sich das rasenbewachsene *Maifeld* an, das in der Zeit des Nationalsozialismus als Aufmarsch-, Appell-
und Kundgebungsort genutzt wurde. Der
symmetrisch angelegte, für Massenveranstaltungen mit bis zu 250.000 Menschen konzipierte Platz ist von einem Tribünenwall
eingefaßt. Nach Westen begrenzt der monumentale, auf einem Stufenwall stehende 77 m
hohe *Glockenturm* die Anlage. Der Turm und
die dort hängende Olympiaglocke wurden
im II. Weltkrieg beschädigt. Während die
Glocke einen neuen Standort am Südtor des
O. erhielt, wurde der Turm 1947 wegen Einsturzgefahr gesprengt. 1963 entstand eine
Rekonstruktion, bei der auch die unter dem
Turm gelegene Gedenkhalle wieder aufgebaut wurde. Seither ist die Aussichtsplattform auf der Spitze des Turms für die Öffent-

lichkeit zugänglich. Sie bietet einen weiten Rundblick über die Stadtlandschaft, den > GRUNEWALD und die > HAVELSEEN.

Das Maifeld wird vorwiegend von den britischen Militärbehörden für Polo- und Rugbyveranstaltungen in Anspruch genommen, aber auch von Berliner Vereinen für American-Football- und Fußballveranstaltungen genutzt. Alljährlich wird auf dem Maifeld die Geburtstagsparade der britischen Truppen zu Ehren der britischen Königin abgenommen. Westlich des Glockenturms schließt sich, eingebettet in einen 30 m tiefen Kessel der Murellenschlucht die ebenfalls zum Gesamtkomplex gehörende, 1936 eröffnete > WALDBÜHNE an.

Sämtliche Bauten des Olympiageländes befinden sich heute im Eigentum des Bundes und werden bis auf das Maifeld von der > SENATSVERWALTUNG FÜR SCHULE, BERUFSBILDUNG UND SPORT verwaltet. Das Maifeld gehörte wie der gesamte nördliche Bereich des ehem. Reichssportfeldes, einschließlich des Sportforums mit den Gebäuden und Anlagen der ehem. Deutschen Hochschule für Leibesübungen, bis 1990 zum Hauptquartier der britischen Besatzungsmacht in Berlin. Im Zuge der > VEREINIGUNG und der Suspendierung der alliierten Rechte übergaben die britischen Behörden ihre requirierten Liegenschaften an die Bundesrepublik Deutschland. Bis zu ihrem bis 1994 vorgesehenen endgültigen Abzug werden sie aber das hauptsächlich von ihnen genutzte Maifeld weiterhin verwalten.

Vor Errichtung des heutigen Sportkomplexes in den 30er Jahren befand sich auf dem Gelände die 1909 eröffnete Galopp- und Hindernisbahn des Berliner Rennvereins. In einer Mulde dieser 700 ha großen Anlage entstand 1912/13 nach Plänen von Otto March das *Deutsche Stadion*. Dieser Bau mit einem Schwimmbecken seitlich der Nordgeraden wurde für eine Vielzahl von sportlichen Wettkämpfen genutzt, bspw. trugen die Radfahrer dort 1913 ihre Weltmeisterschaft aus. Im Frühjahr 1934 erfolgte die Abtragung des Stadions, um dem „Reichssportfeld" Platz zu machen.

Olympiastützpunkt (OSP) Berlin: Der OSP Berlin mit seiner Zentrale in der Fritz-Lesch-Str. 29 am > SPORTFORUM BERLIN im Bezirk > HOHENSCHÖNHAUSEN ist einer von 22 OSP in Deutschland. Er wurde am 8.9.1986 (zunächst in der Jesse-Owens-Allee 1-2 im Bezirk > CHARLOTTENBURG) eingerichtet und unterhält z.Z. vier Standorte in der Stadt: im Sportforum Berlin, im Sportkomplex Paul-Heyse-Str. im Bezirk > PRENZLAUER BERG, im Wasserfahrzentrum > GRÜNAU im Bezirk > KÖPENICK (> REGATTASTRECKEN) und im > HORST-KORBER-SPORTZENTRUM in Charlottenburg.

OSP sind die organisatorische Zusammenfassung von Trainings- und Wettkampfstätten in einem engen Einzugsbereich innerhalb des Netzes jener zentralen, regionalen und örtlichen > SPORTSTÄTTEN, die mit Mitteln des > BUNDESMINISTERS DES INNEREN (BMI) mit dem Schwerpunkt des Trainings von Leistungssportlern errichtet wurden. Die OSP haben in erster Linie die Aufgabe, das bestehende Trainingssystem der Spitzensports der olympischen Fachverbände koordinierend und ergänzend zu unterstützen. Im einzelnen betreut ein OSP bei seinen verschiedenen Standorten die Spitzenathleten und den Nachwuchs in den Bereichen Sportpsychologie/Laufbahnberatung, Bewegungs- und Trainingswissenschaft, Sportmedizin und Physiotherapie, um die sportübergreifende Betreuung sicherzustellen.

Träger des OSP Berlin ist der > LANDESSPORTBUND BERLIN (LSB). 1992 betreuten 41 hauptamtliche Mitarbeiter 460 Bundeskaderathleten aus 19 olympischen Sportarten. Der Etat des OSP Berlin wurde zu seinem Großteil durch Zuwendungen des BMI gedeckt. Zuwendungen und Zuschüsse gaben ferner die > SENATSVERWALTUNG FÜR SCHULE, BERUFSBILDUNG UND SPORT sowie die > SENATSVERWALTUNG FÜR GESUNDHEIT, die Stiftung Deutsche Sporthilfe und der LSB.

Olympischer Sport-Club Berlin e.V. (OSC): Der 1890 gegründete OSC – Verein für Turnen, Sport und Spiel im Priesterweg 8 im Bezirk > SCHÖNEBERG ist ein Mehrspartenverein, in dem 1991 ca. 3.300 aktive Mitglieder Sport in 23 Abteilungen betreiben. Folgende Sparten sind z.Z. im OSC vertreten: American Football, Eishockey, Eis- und Rollkunstlauf, Faustball, Fechten, Handball, Hockey, Leichtathletik, Prellball, Rollhockey, Schwimmen, Tanzsport, Tennis, Tischtennis und Turnen. Leistungs- und Breitensport sowie eine vorbildliche Jugendarbeit haben den Schöneberger Verein zu einem über den bezirklichen Rahmen hinaus prägenden Club für das gesamte Sportgeschehen in Berlin gemacht (> SPORT). Der Club ist einer der Veranstalter des > INTERNATIONALEN STADION-SPORT-FESTES. Ferner organisiert der Club seit 12 Jahren das *Internationale Springermeeting* in der Sporthalle des > SPORTZENTRUMS SCHÖNEBERG.

Der OSC nutzt die in Schöneberg gelegenen bezirks- und landeseigenen > SPORTSTÄTTEN, u.a. den zum Sportzentrum Schöneberg zählenden Dominicus-Sportplatz, die Ende der 50er Jahre errichtete Sporthalle und die Schwimmhalle Schöneberg, beide am Sachsendamm gelegen. Bei der Geschäftsstelle des OSC befindet sich auch eine Sportschule des > LANDESSPORTBUNDES BERLIN sowie die > WILLI-WEYER-AKADEMIE des Deutschen Sportbundes.

Olympische Spiele: Berlin war Austragungsort der XI. Olympischen Sommerspiele 1936 und bewirbt sich derzeit um die Austragung der XXVII. Sommerspiele im Jahr 2000. Während die Spiele von 1936 ganz im Zeichen nationalsozialistischer Selbstdarstellung standen, will das wiedervereinigte Berlin mit seiner aktuellen Bewerbung „im Sinne der olympischen Idee weltweit für Frieden und Völkerverständigung" werben und als Gastgeber „allen Dank sagen, die zur Überwindung der Teilung Europas und der Stadt selbst beigetragen haben". (> GESCHICHTE; > SPORT)

1. Berlin auf dem Weg nach Olympia
Berlin bewarb sich bisher insg. fünf Mal – und damit so häufig wie kaum eine andere Stadt – um die Ausrichtung der O. der Neuzeit. Die erste Bewerbung Berlins um die Austragung der IV. O. 1908 erfolgte 1905. Statt Berlin erhielt jedoch Rom den Zuschlag, für das später allerdings London einspringen mußte. Erneut bemühte sich Berlin 1909 um die V. Spiele von 1912. Allerdings verhinderten Finanzschwierigkeiten beim Bau des Deutschen Stadions im > GRUNEWALD eine (offizielle) Bewerbung für diese Spiele, die schließlich an Stockholm vergeben wurden. Am 4.7.1912 gab das IOC Berlin den Zuschlag für die VI. Olympischen Spiele 1916, diesmal verhinderte jedoch der I. Weltkrieg die Austragung der Spiele. 1920 und 1924 durfte Deutschland nicht an den Spielen in Antwerpen und Paris teilnehmen, ließ aber seinerseits wegen des Versailler Vertrags und der Besetzung des Ruhrgebiets auch gar nicht erst den Wunsch aufkommen. Es veranstaltete stattdessen 1922 die „Deutschen Kampfspiele" im Berliner > SPORTPALAST. 1930

bewarb sich die Stadt zum dritten Mal um die Spiele, diesmal für die XI. O. 1936. Gegen elf Bewerberstädte setzte sich Berlin schließlich durch und erhielt 1931 mit 34:16 Stimmen den Zuschlag des IOC.

Nach dem zwiespältigen Verlauf der XI. O. und dem II. Weltkrieg bestimmten nach 1945 politische Erwägungen die Diskussion, Berlin als Austragungsort der Spiele vorzuschlagen. Nachdem Deutschland von den Sommerspielen 1948 in London zunächst ausgeschlossen, 1952 in Helsinki nur durch eine westdeutsche Mannschaft vertreten war und 1956-64 gemeinsame deutsch-deutsche Olympiamannschaften teilnahmen, sollte Berlin als verbindendes Element die ideologische Konfrontation zwischen den beiden deutschen Staaten überwinden helfen. Dieser politische Hintergrund lag der vierten Bewerbung im Jahr 1956 zugrunde: Berlin bewarb sich für die Olympischen Reiterspiele, da diese in Melbourne wegen veterinär-medizinischer Bestimmungen nicht ausgetragen werden konnten. Der wachsenden Politisierung der O. vorbeugend, entschied sich das IOC jedoch für Stockholm. Erst die Überwindung des Ost-West-Konflikts ließ dann Überlegungen, O. in Berlin auszurichten, realistisch werden und führten zur jüngsten, fünften Bewerbung für die Sommerspiele im Jahr 2000.

2. Die Olympischen Spiele 1936
Zunächst schienen die nach Berlin vergebenen O. von 1936 durch mehrere Einflüsse gefährdet. Neben der wirtschaftlichen Krisensituation wogen v.a. die ablehnende Haltung der Kommunistischen Partei Deutschlands (KPD) sowie der Nationalsozialistischen Deutschen Arbeiterpartei (NSDAP) schwer. Während die KPD gegen die als Veranstaltung des bürgerlichen Nationalstolzes verstandenen O. den internationalistischen Arbeitersport propagierte, bekämpfte die NSDAP die Spiele als „rasselos" und Ausdruck individualistisch-demokratischer Sportauffassung. Bald nach der Machtübernahme am 30.1.1933 erkannte jedoch die NSDAP die herausragenden Möglichkeiten, die ihnen die O. für ihre propagandistische Selbstdarstellung eröffneten. Außenpolitisch konzessionsbereit, verpflichtete sich die NS-Reichsregierung (entgegen früherer Forderungen) gegenüber dem IOC, die olympischen Regeln zu erfüllen: freier Zugang für alle Rassen und Konfessionen, Duldung eines unabhängigen Organisationskomitees

usw. Dennoch sicherten sich die Reichsbehörden im Verlauf der immer engeren Anbindung des deutschen Sports an die NSDAP per Satzungsänderung am 5.7.1933 die Vorherrschaft im für die Vorbereitung der O. federführenden Organisationskomitee (OK). Ein Jahr später begannen nach Plänen von Werner March auf dem Gelände des „Reichssportfeldes" die Bauarbeiten für das > OLYMPIASTADION.

Auch in der Frage der Zulassung von Aktiven unbesehen ihrer Rasse und Konfession zeigte sich die NS-Führung gegenüber dem Ausland vordergründig willfährig. Boykottbestrebungen – v.a. in den USA – entgegentretend, verpflichteten sich die Veranstalter, auch deutsche Juden prinzipiell nicht von den Spielen auszuschließen. Mit der seit 1933 einsetzenden Judenverfolgung wurden ihre Trainingsmöglichkeiten tatsächlich jedoch stark eingeschränkt und jüdische Sportler aus Turn- und Sportverbänden ausgeschlossen. Schließlich gehörten nur zwei Sportler jüdischen Glaubens der deutschen Olympiamannschaft in Garmisch-Partenkirchen (Winterspiele) und Berlin an: der Eishockeyspieler Rudi Ball und die seinerzeit in den USA lebende Fechterin Helene Mayer.

Während der O. wurde auf antisemitische Ausfälle weitgehend verzichtet, Schilder und Transparente vorübergehend entfernt sowie die Berichterstattung über sog. „Rasseschandeprozesse" kurzfristig untersagt. Gleichzeitig aber verschärfte sich abseits der Sportstätten die Lebenssituation nicht nur der Juden in Deutschland, sondern auch der ehem. Arbeitersportler sowie der Angehörigen der Bekennenden Kirche, die z.T. verhaftet und observiert wurden.

Die manipulierte Berichterstattung der gleichgeschalteten Massenmedien und die in die Vorbereitungen investierten finanziellen Aufwendungen (mehr als 100 Mio. Reichsmark) erfüllten ihren Zweck: Mit hohem Prestigegewinn für das nationalsozialistische Deutschland lief 1936 vor den Augen der Welt das Bild eines störungsfreien und festlichen Olympiasommers in Berlin ab. Mit 4.069 Aktiven aus 49 Ländern verzeichneten die vom 1.-16.8.1936 unter der Schirmherrschaft des Reichskanzlers stehenden Spiele der XI. Olympiade, die in 144 Disziplinen und vier Vorführungswettbewerben ausgetragen wurden, neue Rekordzahlen. In der inoffiziellen Nationenwertung belegte Deutschland mit 38 Gold-, 31 Silber- und 32 Bronzemedaillen den ersten Platz vor den USA (24/21/12).

Verschiedene Programmneuerungen, so der von Carl Diem kreierte Olympische Fackellauf, sind seither fester Bestandteil des Olympischen Zeremoniells. Andere dekorative Veranstaltungen nutzte das NS-Regime zur propagandistischen Selbstdarstellung: Vom Glockenturm auf dem Maifeld läutete die mit dem Reichsadler verzierte Olympische Glocke; während der Eröffnungs- und Schlußfeier wurde die von Paul Winter komponierte Olympiafanfare intoniert; eine „Kundgebung der Jugend" im Berliner > LUSTGARTEN und das Festspiel „Olympische Jugend" (Musik: Werner Egk und Carl Orff, Text: Carl Diem) sowie ein großes religiöses Rahmenprogramm (Festgottesdienst zur Eröffnung, Morgenandachten im Olympischen Dorf, Missionszelte vor dem Stadion) sollten olympischen Frieden demonstrieren. Die Spiele wurden im Raum Berlin erstmals auch durch das neue Medium > FERNSEHEN verbreitet. Leni Riefenstahl drehte zwei olympische Filme („Fest der Völker" und „Fest der Schönheit"), für die sie 1938 vom IOC ausgezeichnet wurde.

Die Internationalität der O. konnte trotz aller Bemühungen der Nationalsozialisten nicht verdrängt werden: Der farbige 22jährige Leichtathlet James „Jesse" Cleveland Owens aus den USA – erfolgreichster Leichtathlet in Berlin – gewann überlegen über 100 m (10,3 s), 200 m (20,7 s), Weitsprung (8,06 m) sowie in der 4x100-m-Staffel und avancierte zum Unwillen der NS-Führung zum Publikumsliebling. Mit dem Fest verstummten vorübergehend die Proteste gegen die NS-Diktatur, sportliche Aspekte rückten in den Vordergrund. Insofern trugen die Berliner Spiele innenpolitisch zur Stabilisierung und außenpolitisch zur Reputation der NS-Diktatur bei.

3. Berlin nach 1945: olympisch vereint und getrennt

Nachdem Deutschland erstmals nach dem II. Weltkrieg 1952 nur durch eine westdeutsche Mannschaft und 1956-64 durch gesamtdeutsche Mannschaften auf O. vertreten war, geriet der Sport zunehmend in das Spannungsfeld des Ost-West-Konflikts. Auf seiner 50. Session vom 13.-18.6.1955 in Paris anerkannte das IOC mit 27:7 Stimmen auch das „Olympische Komitee der Demokratischen Republik von Deutschland (Ost)", allerdings unter der Bedingung, daß eine gesamtdeutsche Mannschaft gebildet würde. Strittig blieb die Frage der Ausscheidungswettkämpfe in der nun mit statuspolitischen Komplikationen befrachteten Vier-Mächte-Stadt Berlin (> SONDERSTATUS 1945-90). Dazu stellte das IOC am 6.3.1960 fest, daß die Qualifikationswettbewerbe zur Ermittlung der Aktiven der gesamtdeutschen Olympiamannschaft in Berlin ausgetragen werden können, wobei die west- wie die ostdeutschen Fachverbände und OK das Recht hätten, diese Wettkämpfe jeweils in West- bzw. Ost-Berlin zu veranstalten. Vor dem Hintergrund dieser Entscheidung, den fortgesetzten Separierungsbestrebungen der DDR-Sportführung sowie aufgrund der drohenden Sportblockade infolge der Vertiefung der > SPALTUNG der Stadt durch den Bau der > MAUER am > 13. AUGUST 1961 reflektierten NOK-Präsident Willi Daume und der > REGIERENDE BÜRGERMEISTER VON BERLIN Willy Brandt 1963 über die Idee, als verbindendes Element 1968 in der geteilten Stadt O. auszutragen.

Nach den neuerlich u.a. wegen der Berlin-Frage auftretenden Schwierigkeiten bei der Bildung der (bis 1992) letzten gesamtdeutschen Mannschaft für die O. in Tokio 1964 (von den insg. 60 Qualifikationsveranstaltungen fanden Ausscheidungswettkämpfe im Eiskunstlauf, Eishockey, Boxen, Springreiten, Hockey und in der Leichtathletik in West-Berlin, im Basketball, Springreiten, Rudern und Kanu in Ost-Berlin statt), gab das IOC dem Drängen der DDR nach und anerkannte am 8.10.1965, daß das OK Westdeutschlands künftig als OK Deutschlands bezeichnet würde, „während dasjenige Ostdeutschlands seine volle Anerkennung und Geltung als Vertretung der geographischen Zone gleichen Namens erhält". Dieser Beschluß vom 8.10. 1965 führte zur Aufgabe der Pläne für O. 1968 in Berlin, ebenso wie er die Aufstellung gesamtdeutscher Mannschaften beendete.

4. Die Bewerbung für die Olympischen Spiele im Jahr 2000

Erst seit Mitte der 80er Jahre wurde im Zuge der Bemühungen, Berlin in die positive Entwicklung des Ost-West-Verhältnisses einzubeziehen, die Idee wiederaufgegriffen, O. in der geteilten Stadt zu veranstalten. Im Rahmen der Berlin-Initiative der drei Westmächte schlug US-Präsident Ronald Reagan am 12.6.1987 in einer Ansprache anläßlich der 750-Jahr-Feier Berlins vor, die Stadt als Austragungsort internationaler Veranstaltungen auszubauen und u.a. auch O. in der ge-

teilten Stadt abzuhalten. Am 12.1.1989 berief der Regierende Bürgermeister Eberhard Diepgen ein Beratergremium ein, das auf Beschluß des > SENATS VON BERLIN vom 12.9. 1989 begann, eine Studie über die Durchführung O. in Berlin im Jahr 2004 unter der Annahme der gleichberechtigten Teilnahme beider Stadthälften an der Vorbereitung und Austragung der Spiele auszuarbeiten.

Durch die Öffnung der Grenzen in der Stadt am > 9. NOVEMBER 1989 erhielt die Idee O. in Berlin zusätzliche Impulse: Anläßlich der Hauptversammlung des NOK für Deutschland rief der Regierende Bürgermeister Walter Momper in seiner Funktion als Bundesratspräsident am 18.11.1989 dazu auf, den Prozeß der Völkerverständigung und Friedenssicherung zu unterstützen und mit O. in beiden Teilen der Stadt zu krönen. Indessen erklärte der Mitte Oktober 1989 neugewählte DDR-Staatsratsvorsitzende Egon Krenz, daß die Idee auch für die DDR eine Zukunftsperspektive darstellen könnte. Anfang Dezember begrüßten auch die Präsidenten der UdSSR und der USA die Vorstellung, O. in Gesamt-Berlin zu veranstalten. Bald darauf begann im April 1990 auch im Ostteil der Stadt eine Projektgruppe die Durchführbarkeit der Spiele in Ost-Berlin zu prüfen. Infolge des deutschen und Berliner Einigungsprozesses wurde die zeitliche Projektion im Sommer 1990 auf das Jahr 2000 verkürzt.

In diesem Zusammenhang beschlossen der Senat und der > MAGISTRAT von Ost-Berlin am 10.7.1990 ein gemeinsames „Olympia-Büro" einzurichten, das am 26.7.1990 seine Arbeit mit dem Ziel aufnahm, die Machbarkeitsstudien von Ost-Berlin und West-Berlin zu einem Gesamtkonzept zusammenzuführen. Die Leitungsgruppe für das Olympia-Büro Berlin, das am 2.8.1990 im Hotel Stadt Berlin am > ALEXANDERPLATZ seine Arbeitsräume bezog, bestand aus dem Regierenden Bürgermeister, dem > OBERBÜRGERMEISTER, der Senatorin für Jugend, Bildung und Sport und dem Stadtrat für Jugend, Familie und Sport. Das Olympia-Büro führte die in beiden Stadthälften erstellten Studien zusammen, entwickelte ein Grundkonzept für die Olympia-Bewerbung sowie Lösungsvorschläge für die Rahmenbedingungen, die sich in ein übergreifendes Stadtentwicklungskonzept einfügten.

Auf dieser Basis beschloß die Gesamt-Berliner Landesregierung am 9.10.1990, sich um die Austragung der XXVII. Olympischen Sommerspiele und die XI. Paralympics (Spiele der Behinderten) im Jahr 2000 zu bewerben. Das > ABGEORDNETENHAUS VON BERLIN und die > STADTVERORDNETENVERSAMMLUNG stimmten am 24.10.1990 dem von Senat und Magistrat vorgelegten Olympia-Konzept zu. Schließlich überreichte der Regierende Bürgermeister Eberhard Diepgen am 7.3.1991 dem NOK die Unterlagen der fünften Bewerbung der Stadt um die Austragung O. Das NOK beschloß am 15.4.1991 dem IOC Berlin als deutsche Bewerberstadt vorzuschlagen. Am 23.9.1993 wird das IOC über die Bewerbung entscheiden. Die Tätigkeit des bisher mit der Bewerbung beauftragten Olympia-Büros ist mit der Gründung der > BERLIN 2000 OLYMPIA GMBH zum 1.7.1991, die als neue Trägerorganisation die Bewerbung Berlins fortführt, eingestellt worden.

5. Das Olympia-Konzept für die Spiele im Jahr 2000

Das Berliner Olympiakonzept sah Anfang 1992 folgendes vor: Für die Austragung der O. in Berlin wird der Zeitraum vom 22.7. bis 6.8. im Jahr 2000 vorgeschlagen. Das Wettkampfprogramm enthält 25 Sportarten, von denen 19 in Berlin, fünf im Land Brandenburg und Segeln an der Ostsee durchgeführt werden sollen, mit insg. ca. 250 Wettbewerben und Entscheidungen. Erwartet werden ca.: 15.000 Mitglieder der Sportmannschaften (Aktive und Offizielle); 4.500 Mitglieder des IOC, der internationalen Fachverbände, der NOKs und Ehrengäste; 6.000 Delegierte, Kampfrichter und technische Offizielle; 6.000 Sponsoren; 16.000 Medienvertreter sowie rd. 3 Mio. Zuschauer und Gäste. Zur Durchführung des Sportprogramms sind etwa 30 Wettkampf- und 100 Trainingsstätten erforderlich.

Das Austragungskonzept wird geprägt durch die räumliche Konzentration der olympischen Sport- und Wohnstätten im Umkreis von 10 km um das > BRANDENBURGER TOR. Der westliche Austragungsschwerpunkt liegt einerseits beim > OLYMPIASTADION als Hauptwettkampfstätte sowie dem daran angrenzenden Gelände mit seinen weiteren Sport- und Wettkampfstätten, andererseits am > AUSSTELLUNGS- UND MESSEGELÄNDE mit der > DEUTSCHLANDHALLE und der > EISSPORTHALLE JAFFÉSTRASSE, die umfassend modernisiert bzw. durch Neubauten ersetzt werden sollen. Der zweite Austragungsschwerpunkt liegt im Ostteil der Stadt und umfaßt die neu zu errichtende Olympia-Halle am Standort des > STADIONS DER WELTJUGEND, eine Mehrzweck-

halle auf dem Gelände des > FRIEDRICH-LUDWIG-JAHN-SPORTPARKS, eine multifunktionale Radsporthalle als Ersatz für die traditionsreiche > WERNER-SEELENBINDER-HALLE, wo auch eine großzügig angelegte Schwimm- und Sprunghalle entsteht. Mit der Ausführung dieser Bauten wird unabhängig von der IOC-Entscheidung begonnen, ihre Fertigstellung ist für 1995 geplant.

Kandidat für die Olympischen Spiele im Jahr 2000

Für die Unterbringung von Sportlern, Betreuern, Offiziellen, Medienvertretern und Mitgliedern der Olympischen Familie sind Wohnungen für rd. 45.000 Personen geplant. Nach den Spielen werden damit 8.000 Wohnungen für die Berliner Bevölkerung zur Verfügung stehen, von denen viele behindertengerecht ausgestattet sein werden. Hierfür sind Standorte in > RUHLEBEN, unmittelbar nordwestlich des Olympiastadions, am > RUMMELSBURGER SEE auf der Halbinsel > STRALAU sowie auf dem Gelände des ehem. Vieh- und Schlachthofs an der Eldenaer Str. (> SCHLACHTHOF BERLIN) vorgesehen. Das Jugendlager soll in der > WUHLHEIDE seinen Standort bekommen. Kernstück des olympischen Verkehrskonzepts auf der Schiene ist eine Schnellbahnverbindung („Olympia-Express"), die auf dem Nordabschnitt der > RINGBAHN parallel zur > S-BAHN die Olympia-Standorte innerhalb von 20 min verbindet. Zwei Wochen nach der Schlußfeier der O. sollen die *Paralympics* beginnen. In Vorbereitung auf diese 14 Tage dauernde Veranstaltung (20.8.-2.9.2000), an der nach gegenwärtigen Planungen ca. 80 Nationen mit insg. ca. 5.000 Mitgliedern der Sportmannschaften teilnehmen werden, wird die behinderten-gerechte Infrastruktur der Stadt in den Berei-chen > SPORTSTÄTTEN, > WOHNUNGSBAU und > ÖFFENTLICHER PERSONENNAHVERKEHR verbessert. Das Austragungskonzept der XXVII. Olym-pischen Spiele ist darauf ausgerichtet, die Zukunftsaufgabe des Zusammenwachsens der nach der Spaltung sichtbar geteilten Stadthälften zu beschleunigen und zu för-dern, vernachlässigte Stadträume im Ostteil strukturell zu verbessern und aufzuwerten sowie die gewachsenen Strukturen der Stadt durch bestmögliche Vor- und Nachnutzung dauerhaft zu bereichern. Das Land Branden-burg mit seiner Hauptstadt Potsdam ist in die Olympia-Bewerbung Berlins einge-bunden. Diese Beteiligung bezieht sich so-wohl auf die Durchführung von Wettkämp-fen und Trainingsvorbereitungen (den Pla-nungen entsprechend sollen die Sportarten Reiten, Schießen, Bogenschießen, Rudern und Kanu im Land Brandenburg ausgetragen werden) als auch auf das Kulturprogramm und die Infrastruktur für die Besucher der Spiele.

Omnibusverkehr: Im Rahmen des > ÖFFENT-LICHEN PERSONENNAHVERKEHRS betreiben die > BERLINER VERKEHRS-BETRIEBE (BVG) derzeit (Stand 1.1.1992) 155 Omnibus-Linien mit ei-ner Linienlänge von 1.867,1 km (im Tages-verkehr) und 5.786 Haltestellen im Linien-betrieb. Der BVG stehen über 2.078 Busse zur Verfügung, davon 1.057 Doppeldecker. Alle Busse verkehren im Ein-Mann-Betrieb. Auf den wichtigsten 45 Linien betreibt die BVG ein Nachtliniennetz im 30-min-Abstand.
Die Geschichte des öffentlichen O. beginnt mit Genehmigung zum Betrieb von fünf *Pferdeomnibuslinien* für die „Concessionierte Omnibus-Compagnie" durch das Polizei-präsidium im Jahr 1846. Dies war zugleich der Beginn des öffentlichen Personennah-verkehrs in Berlin (> VERKEHR). Schon 1864 gab es 36 Omnibus-Fuhrbetriebe. Die Kon-kurrenz untereinander sowie durch die 1865 eröffnete Pferde-Eisenbahn (> STRASSENBAHN) führte zu einem Konzentrationsprozeß, aus dem 1868 die „Allgemeine Berliner Omnibus-Aktiengesellschaft" (ABOAG) als das mit Ab-stand größte Unternehmen hervorging. Erst 1905 – sämtliche Berliner Straßenbahn-Strek-ken waren schon elektrifiziert – nahm die ABOAG die ersten Motoromnibusse in Be-trieb. 1923 wurden die letzten Pferdeomni-busse außer Dienst gestellt. Ab 1925 setzte

die ABOAG die ersten geschlossenen Doppeldeck-Autobusse ein. 1929 ging die ABOAG in der Berliner Verkehrs-Aktien-Ge-sellschaft auf, aus der 1938 als > EIGENBETRIEB der Stadt Berlin die BVG hervorgingen.
Nach der politischen > SPALTUNG der Stadt im November 1948 kam es am 1.9.1949 zur Er-richtung einer eigenen BVG-Direktion in Ost-Berlin. Die letzten Buslinienverbindungen ins Umland von > KLADOW nach Glienicke bzw. > SPANDAU nach Falkensee wurden im Dezem-ber 1951 eingestellt. In Berlin (Ost) wurden die Doppeldeck-Omnibusse Anfang der 70er Jahre ausgemustert; dort ist der dreiachsige Gelenkomnibus das Rückgrat des Verkehrs der ehem. BVB, die vor der > VEREINIGUNG täglich auf 59 Buslinien mit einer Linienlänge von 633 km etwa 400.000 Fahrgäste beförder-te.
Nach der Grenzöffnung vom > 9. NOVEMBER 1989 wurden am 12.4.1990 als erste inner-städtische Busverbindungen über die Sek-torengrenze drei sog. E-Linien mit den inter-nen Nummern 131, 132, 133 in Betrieb ge-nommen. Die 131 führt von > UNTER DEN LIN-DEN bis zur Kurfürstenstr., während die Rou-te der 132 vom S-Bahnhof > TREPTOW bis zum U-Bahnhof Schlesisches Tor geht. Die Linie 133 führt vom U-Bahnhof > PANKOW zum U-Bahnhof Osloer Str. Diesen Linien, die am 30.9.1990 in Linie 32 bzw. 47 der BVB sowie 89 der BVG umbenannt wurden, folgten bald weitere, wie z.B. die am 26.11.1990 eingerich-tete Linie 100 vom > BAHNHOF ZOO zum > ALEXANDERPLATZ. Derzeit existieren insg. 16 innerstädtische Busverbindungen, die die früher getrennten Stadthälften verbinden.
Zeitweilig gab es in Berlin auch einige *Ober-leitungs-Omnibus-Linien* (O-Buslinien). In > OBERSCHÖNEWEIDE und > STEGLITZ bestanden zwei Linien vor dem I. Weltkrieg, die aber bis 1914 wieder eingestellt wurden. 1930 wurden erneute O-Buslinien eingerichtet. Bis zum Ende des II. Weltkriegs bestanden zwei Linien zwischen > SPANDAU und > STAAKEN bzw. Bahnhof > MARIENFELDE und Breiten-bachplatz. 1947 erreichte der auch nach dem Krieg zunächst auf die Westsektoren be-schränkte O-Busbetrieb mit 33 Motorwagen sein Maximum. 1965 wurde er in West-Berlin eingestellt.
In Berlin (Ost) wurde der O-Busbetrieb 1951 mit einer Linie zwischen Robert-Koch-Platz und Ostbahnhof (heute > HAUPTBAHNHOF) er-öffnet; 1953 erfolgte eine Netzerweiterung auf drei Linien. 1965 gab es 49 Trieb-

fahrzeuge und 42 Beiwagen. 1973 wurde der O-Busbetrieb dann auch in Ost-Berlin eingestellt.

Entsprechend seinen spezifischen Eigenheiten als ein flexibel einsatzfähiges Massenverkehrsmittel wird der Omnibus auch zukünftig seine Aufgaben im öffentlichen Personennah- und -regionalverkehr zugewiesen bekommen. Seine wesentliche Aufgabe wird in Ergänzung der Schienenverkehrsmittel in einer Verteilung des Verkehrs in der Fläche bestehen.

Der private O. in Berlin wird von derzeit 165 Unternehmen betrieben. Davon sind 144 Unternehmen im Gelegenheitsverkehr tätig; mit 433 Bussen steht ihnen eine Kapazität von etwa 21.000 Sitzplätzen zur Verfügung. Sechs Unternehmen sowie die BVG betreiben *Stadtrundfahrten*, deren Startpunkte meist am > KURFÜRSTENDAMM in der Nähe des Kreuzungsbereichs Joachimstaler Str. und in der Nähe des > BAHNHOFS FRIEDRICHSTRASSE liegen.

Zwölf Unternehmen haben die Genehmigung zum Betrieb eines Linienfernverkehrs (*Personenfernverkehr*); zusammen mit Busunternehmen aus anderen Städten werden 1992 20 Überlandlinien mit insg. 186 Zielorten in fast alle Gegenden und Großstädte Deutschlands betrieben. Eine Linie führt nach Amsterdam mit Anschluß nach London, Paris und Brüssel. Ausgangs- und Zielpunkt des Busfernverkehrs ist der *Zentrale Omnibusbahnhof (ZOB)* westlich des Messedamms in > CHARLOTTENBURG. Im Zusammenhang mit der geplanten Bebauung des Geländes zwischen der > RINGBAHN und dem Messedamm einschließlich des Geländes des Busbahnhofs wird der ZOB auf die Fläche südlich des Messedamms verlegt und in die dort vorgesehene Bebauung integriert. Mittelfristig ist die Errichtung eines zweiten Omnibusbahnhofes vorgesehen; der Standort hierfür liegt jedoch noch nicht fest. Im Personenfernverkehr wurden vor der Grenzöffnung 1989 mit Bussen etwas über 3 Mio. Personen von und nach Berlin (West) befördert, davon etwa 260.000 im Linienverkehr. Im Ostteil der Stadt spielte der Personenfernverkehr mit Bussen keine Rolle.

Onkel-Tom-Siedlung: Zu den bedeutenden Siedlungsprojekten der 20er Jahre gehört neben der > WEISSEN STADT, der > SIEMENSSTADT und der > HUFEISENSIEDLUNG die Kolonie Onkel-Toms-Hütte beiderseits der U-Bahn-Linie 2 an der Onkel-Tom-Str. in > ZEHLENDORF. Ihr

Name geht auf den Wirt eines 1885 errichteten Wirtshauses am Riemeisterfenn nördlich der O. zurück (1979 abgerissen), der den Namen „Thomas" trug und hier für seine Gäste eine Schilfhütte errichtet hatte.

Die O. wurde zwischen 1926-32 in mehreren Baustufen für die Wohnungsbaugesellschaft GEHAG in Zusammenarbeit mit den Architekten Bruno Taut, Hugo Häring und Otto Rudolf Salvisberg errichtet. Im ersten Bauabschnitt 1926-28 entstanden südlich der Bahnlinie insg. 745 Wohnungen, davon über die Hälfte in Einfamilienhäusern. Im zweiten Bauabschnitt von 1929-32 wurden dann außer Einfamilienhäusern an der Argentinischen Allee auch Geschoßbauten errichtet. Das städtebauliche Konzept sah eine wirtschaftliche Lösung der Erschließungszonen sowie die Zentralisierung der Versorgungseinrichtungen vor. Bruno Taut hatte für die Bauten ein detailliertes Farbkonzept ausgearbeitet, das in den 80er Jahren in Zusammenarbeit mit dem Landeskonservator wiederhergestellt wurde (> DENKMALSCHUTZ). Die gesamte Siedlung ist in eine Parklandschaft mit dichtem, alten Baumbestand eingebunden.

An die O. grenzt im Süden die 1928/29 von der Gemeinnützigen AG für Angestellten Heimstätten unter Leitung von Heinrich Tessenow errichtete Siedlung *Fischtalgrund*. Für die Ausführung der ausschließlich zweigeschossigen Gruppen-, Reihen- und Doppelhäuser wurden 17 Architekten (u.a. Arnold Knoblauch, Hans Poelzig, Paul Mebes und Erich Mendelsohn) verpflichtet, um im Unterschied zur O. eine größere architektonische Vielfalt zu gewährleisten. Auch erhielten die Häuser im Gegensatz zu den Flachdächern der O. konservative Satteldächer mit einem Neigungswinkel von 45 Grad. Die auf diese Weise ausgetragene architektonische Konkurrenz hat als „Zehlendorfer Dächerstreit" Eingang in die Baugeschichte gefunden. Die der Siedlung den Namen gebende eiszeitliche Abflußrinne wurde als Landschaftsraum belassen und 1925-29 von Max Dietrich behutsam zu einem überwiegend von Birken und Fichten bestandenen Park mit einem Teich in der Mitte umgestaltet.

Opernpalais: Das O. südlich der Straße > UNTER DEN LINDEN an der Oberwallstr. 1/2 im Bezirk > MITTE ist ein nach Kriegszerstörungen in historischen Formen wiedererrichtetes Adelspalais, das heute mehrere Restaurants und Gaststätten beherbergt. Das früher *Prinzessinnenpalais* genannte Gebäude verdankt seinen heutigen Namen der westlich benachbarten > Deutschen Staatsoper Unter den Linden.

Der langgestreckte zweigeschossige Putzbau mit Mansardendach ist in barockem Stil gehalten. Sein pilastergegliederter dreiachsiger Mittelteil an der Oberwallstr. wird durch eine doppelläufige Freitreppe, Balkon und Wappenkartusche geschmückt. Den Abschluß an der Schmalseite Unter den Linden bildet ein etwas erhöhter, klassizistischer Kopfbau von ebenfalls zwei Stockwerken, der durch einen Brückengang über die Oberwallstr. mit dem östlich gelegenen > Kronprinzenpalais verbunden ist.

Opernpalais

Das ursprüngliche Palais entstand 1733-37 nach Plänen von Friedrich Wilhelm Diterichs für den preußischen Minister Freiherr v. Cocceji durch die Vereinigung zweier, 1730 errichteter Wohnhäuser. 1788 gelangte es in den Besitz der königlichen Familie und wurde 1810/11 durch Heinrich Gentz als Wohnhaus für die drei Töchter Friedrich Wilhelms III. (1797-1840) an der Schmalseite durch den klassizistischen Kopfbau mit der Brückenverbindung zum Kronprinzenpalais erweitert. Entsprechend der neuen Nutzung bürgerte sich seitdem die Bezeichnung Prinzessinnenpalais ein. Ab 1929 wurde das Palais einige Jahre von der > Nationalgalerie als Schinkel-Museum und Ausstellungsort genutzt. Im II. Weltkrieges wurde es im Februar 1945 durch Bomben schwer beschädigt.

1963/64 wurde das Gebäude nach Abbruch der alten Bausubstanz durch Richard Paulick und K. Kroll unter Verwendung erhaltener Bauteile als Restaurant unter dem Namen *Operncafé* im Äußeren originalgetreu wiederaufgebaut. An der Gartenseite zur Staatsoper wurde eine Terrasse angefügt und der Garten zur > Denkmalanlage Unter den Linden umgestaltet. Im Treppenhaus fand ein aus dem ehem. Schloß > Buch stammendes wertvolles, schmiedeeisernes Geländer aus dem 18. Jh. eine neue Verwendung (> Schloßkirche Buch). Nachdem in dem Gebäude im Zuge der > Vereinigung neben dem Operncafé weitere Restaurants eingerichtet worden waren, wurde das Haus in O. umbenannt.

Orankesee: Der O. ist ein 4 ha großer, eiszeitlicher Landsee südlich der Suermondtstr. im Bezirk > Hohenschönhausen. An seinem Ufer befindet sich eine beliebte Ausflugsgaststätte und eine kleine Badeanstalt mit einem 300 m langen Sandstrand (> Frei- und Sommerbäder). Der von einer Grünanlage umgebene See verdankt seinen Namen dem slawischen Wort „rodranka", was „kleiner rotbrauner See" heißt und auf das Vorkommen von Raseneisenstein hindeutet. Im 19. Jh. wurde der O. zur gewerblichen Eisgewinnung genutzt. Ein parkartiger Grünstreifen führt zum wenige Meter östlich (und etwas höher) gelegenen, künstlich angelegten > Obersee. Nördlich der Suermondtstr. liegt der > Volkspark Hohenschönhausen mit dem Naturschutzgebiet Fauler See.

Ostbahnhof: Der ehem. O. wurde 1866/67 am Cüstriner Platz, dem heutigen Franz-Mehring-Platz im Bezirk > Friedrichshain, etwa 400 m nordöstlich des Niederschlesisch-Märkischen Bahnhofs (heute > Hauptbahnhof) errichtet. Er war der erste Berliner Bahnhof der 1857 in Betrieb genommenen königlichen Ostbahn nach Königsberg, die über eine am 1.10.1867 eröffnete direkte Strecke Küstrin–Berlin eine eigene Verbindung nach Berlin erhalten hatte, nachdem sie zuvor – über Frankfurt/O. führend – die Anlagen der Niederschlesisch-Märkischen Eisenbahn mitgenutzt hatte (> Eisenbahn). Das nach Plänen von Adolf Lohse und Hermann Cuno erbaute Gebäude war ein Kopfbahnhof mit fünf Gleisen und zwei Seitenbahnsteigen. Das Empfangsgebäude hatte einen dreigeschossigen Kopfbau mit zwei eingeschossigen Seitenflügeln. Die Bahnsteighalle war 188 m lang, 38 m breit und hatte eine Scheitelhöhe von 19 m. Der O. war nur 15 Jahre in Betrieb. Nach Fertigstellung der > Stadtbahn 1882 und dem damit verbundenen Umbau des Schlesischen Bahnhofs zu einem Durchgangsbahnhof wurde der O. für den Personenverkehr stillgelegt und diente lange als Lagerhaus. 1928/29 errichtete das Varieté Plaza in dem ehem. Bahnhofsgebäude seine Spielstätte. Im II. Weltkrieg wurde das Gebäude zerstört. Der Name O. trat nochmals 1950 in Erscheinung, als der Schlesische Bahnhof in O. umbenannt wurde, bevor er 1987 seinen heutigen Namen „Hauptbahnhof" erhielt.

Osthafen: Mit einem Güterumsatz von 2,5 Mio. t 1989, v.a. Baustoffe und Versorgungsgüter, davon 0,7 Mio. t über Kaikante, ist der 1913 eröffnete O. am Ostufer der > SPREE zwischen Elsenbrücke und > OBERBAUMBRÜCKE im Bezirk > FRIEDRICHSHAIN drittgrößter Hafen Berlins (> HÄFEN). Betreiber sind die > BERLINER HAFEN- UND LAGERHAUS-BETRIEBE (BEHALA), ein > EIGENBETRIEB des Landes Berlin. Die Gesamtfläche des O. beträgt 74.000 m², davon sind 11.700 m² Freilagerfläche und 12.000 m² gedeckte Lagerfläche. Der O. hat eine direkte Bahnanbindung (> GÜTERVERKEHR; > SCHIFFAHRT).
Weithin sichtbares Zeichen des Hafens sind fünf Kräne, von denen der größte 49 m hoch ist und 25 t tragen kann. Ältestes Gebäude ist das 1828/29 von Bruno Paul errichtete Eierkühlhaus, ein gewaltiger Rechteckblock am Westende der Anlage. Die Einrichtungen O. sind vielfach veraltet und in schlechtem baulichen Zustand. Es besteht ein erheblicher Sanierungsbedarf.
Der Bau des Hafens geht auf einen Vorschlag der Berliner Kaufmannschaft von 1893 zurück, die Arbeiten begannen jedoch erst 1907. Am 1.10.1913 wurde der O. auf 9 ha mit 1.500 m langem Kai und zahlreichen Hallen und Speichern eröffnet. Eine am Ende des II. Weltkriegs befohlene Sprengung des Hafens wurde nicht ausgeführt. Nach der > SPALTUNG Berlins 1948 war der O. der einzige Hafen Ost-Berlins. 1983 wurde die Anlage vergrößert, wobei die neu errichtete Kaimauer von 214 m Länge 17 m weit in den Fluß hineinragte. Im Zuge der > VEREINIGUNG wurde der zum volkseigenen Kombinat „Auto-Trans" gehörende Hafenbetrieb „VEB Binnenhafen Berlin" im Sommer 1990 in einen selbständigen Eigenbetrieb unter Geschäftsführung der BEHALA umgewandelt. Zum 1.1.1992 erfolgte auch der unternehmensrechtliche Zusammenschluß mit der BEHALA.
Aufgrund seiner Lage im Stadtgebiet ist der O. nicht mehr erweiterbar. Er wird in naher Zukunft noch v.a. bei der Versorgung der Stadt mit Baustoffen eine wichtige Rolle spielen. Langfristig ist jedoch an einen Ersatz für den O. durch einen Standort im Bereich des > TELTOWKANALS gedacht.

Ost-West-Achse: Als O. bezeichnet man den über 17,5 km nahezu geradlinig in Ost-West-Richtung verlaufenden Straßenzug von der > SCHLOSSBRÜCKE im Bezirk > MITTE über die Straße > UNTER DEN LINDEN, > BRANDENBURGER TOR, > STRASSE DES 17. JUNI, > ERNST-REUTER-PLATZ, *Bismarckstraße, Kaiserdamm*, > THEODOR-HEUSS-PLATZ und *Heerstraße* bis zur Stadtgrenze in > STAAKEN. Allein am *Scholzplatz* in > CHARLOTTENBURG erfolgt ein leichter Knick nach Norden. Über die O. verlaufen die Bundesstraßen 2 und 5 (> BUNDESFERNSTRASSEN). Sie ist die Hauptverkehrsader Berlins im innerstädtischen Ost-West-Verkehr.

Ost-West-Achse mit Blick nach Osten, im Hintergrund Großer Tiergarten und Fernsehturm

Die (inoffizielle) Bezeichnung O. entstand in der NS-Zeit im Zuge der damaligen Planungen des > GENERALBAUINSPEKTORS FÜR DIE REICHSHAUPTSTADT BERLIN Albert Speer für den Ausbau Berlins zur „Reichshauptstadt Germania". Aus der O. und der geplanten Nord-Süd-Achse sollte ein überdimensionales Straßenkreuz entstehen, an dem entlang sich die > CITY erweitern sollte. 1938/39 erhielt der Straßenzug zwischen dem Brandenburger

Tor und dem damaligen Adolf-Hitler-Platz (heute Theodor-Heuss-Platz) nach dem Vorbild der Heerstr. ein einheitliches Profil aus einer breiten Mittelfahrbahn und zwei Seitenfahrbahnen. Die damalige Charlottenburger Chaussee (heute Straße des 17. Juni) wurde dabei auf 50 m verbreitert und mit einem nur 4 cm hohen Mittelstreifen versehen, um die gesamte Straßenbreite für Militärparaden nutzen zu können. Zwischen dem S-Bahnhof Tiergarten und dem Theodor-Heuss-Platz sind aus dieser Zeit noch die von Speer entworfenen Kandelaber der Straßenbeleuchtung erhalten.

OstWestWirtschaftsAkademie (OWWA): Die im Sommer 1990 auf Beschluß der > Berlin-Beauftragten der deutschen Industrie gegründete OWWA in der Koenigsallee 20 A im Bezirk > Zehlendorf ist eine überregionale Weiterbildungseinrichtung für Entscheidungsträger aus Wirtschaft, Politik und Verwaltung. Zugleich versteht sich die OWWA als internationale Begegnungsstätte und Forum für Spitzengespräche zwischen Ost und West zu zentralen europäischen Fragen.
Die OWWA hat die Aufgabe, Fach- und Führungskräfte auf die Anforderungen vorzubereiten, die sich aus dem Zusammenwachsen Europas ergeben. Speziell für osteuropäische Führungskräfte bietet die OWWA ein Standardprogramm an, in dem diese in Grundprobleme des Übergangs von der Planwirtschaft zur Marktwirtschaft eingeführt werden. Westlichen Führungskräften werden v.a. länderspezifische Kenntnisse über Marktverhältnisse und Entwicklungsmöglichkeiten in Mittel- und Osteuropa vermittelt. Für beide Gruppen gibt es außerdem branchen- und firmenspezifische Seminare.
Als Forum des Ost-West-Dialogs führt die OWWA jährlich ca. 50 Tagungen, Kongresse und Symposien durch. Der OWWA steht ein Kuratorium zur Seite, dem zehn Persönlichkeiten aus Wirtschaft und Politik angehören, sowie ein 15köpfiger Programmbeirat aus allen Bereichen der Industrie, der Banken und der Unternehmensberatung.
Die Rechtsstruktur der OWWA ist durch einen zweistufigen Aufbau gekennzeichnet. Als gemeinnütziger Träger fungiert ein im April 1990 von verschiedenen Wirtschaftsunternehmen und Banken gegründeter Förderverein, dessen Vorstand neben Vertretern der Wirtschaft und der wirtschaftlichen Spitzenverbände auch der Senator für Wirt-

schaft und Technologie angehört (> Senatsverwaltung für Wirtschaft und Technologie). Das zweite Organ, die OWWA GmbH, leistet die praktische Arbeit der Einrichtung. In ihr sind der Förderverein mit 85 %, der Bundesverband der Deutschen Industrie in Köln, der Deutsche Industrie- und Handelstag in Bonn und die > Industrie- und Handelskammer zu Berlin (IHK) mit jeweils 5 % vertreten. Die Finanzierung der OWWA mit ihren insg. 13, aus verschiedenen Ländern Ost- und West-Europas stammenden Mitarbeitern, erfolgt durch Beiträge und Spenden der Gesellschafter. Darüber hinaus wird sie durch den > Senat von Berlin und die > Europäischen Gemeinschaften (EG) finanziell unterstützt und erhält projektbezogene Drittmittel.
Domizil der OWWA ist die um 1912 nach Plänen des Architekten und Regierungsbaumeisters Wilhelm Walther erbaute *Villa Walther*. Der im spätwilhelminischen Repräsentationsstil errichtete viergeschossige Bau steht unter Denkmalschutz.

Otto-Suhr-Institut (OSI): Das OSI ist der Fachbereich Politische Wissenschaft der > Freien Universität Berlin (FU). Der Name geht zurück auf den ehem. > Regierenden Bürgermeister von Berlin, Otto Suhr (1955-57), der sich nach dem II. Weltkrieg große Verdienste um den Aufbau dieser Einrichtung erworben hat. Das OSI bildet Politikwissenschaftler für Forschung, Medien, Parteien, Verbände, die politische Erwachsenenbildung und Internationale Organisationen sowie Sozialkundelehrer aus und bietet ferner Politikwissenschaft als Nebenfach an. Im WS 1991/92 studierten am OSI 7.187 Studenten, die von 49 Professoren und ca. 60 weiteren Lehrkräften unterrichtet wurden.
Vorgänger des OSI war die am 24.10.1920 gegründete *Deutsche Hochschule für Politik* (DHfP), zu deren Gründern, Vorständen und Lehrern republikanisch gesinnte Minister Preußens und des Deutschen Reichs ebenso gehörten wie Schriftsteller und Gelehrte. Erster Direktor der DHfP wurde Ernst Jäckh, ihr erster Studienleiter Theodor Heuss. Träger der v.a. als Institution der Erwachsenenbildung geplanten DHfP war ein Verein, der durch Spenden der Firmen Bosch und Siemens, durch amerikanische Stiftungen (Carnegie und Rockefeller), durch das Land Preußen und das Reichsinnenministerium finanziert wurde. 1927 wurde ein formeller Studiengang eingerichtet, der mit einem akade-

mischen Diplom abschloß.

Nachdem Gespräche über einen Modus vivendi mit der Regierung Hitler gescheitert waren, entzog sich die DHfP der nationalsozialistischen Gleichschaltung durch Selbstauflösung; zahlreiche Dozenten mußten in die Emigration. Eine von den Nationalsozialisten völlig umgestaltete Hochschule bestand noch vier Jahre fort, bis sie 1937 in eine Anstalt des Reichs umgewandelt und 1940 der > Friedrich-Wilhelms-Universität eingegliedert wurde.

Nach dem II. Weltkrieg wurde auf Betreiben des Stadtverordnetenvorstehers Otto Suhr (vor 1933 selbst Dozent an der DHfP) die Hochschule für Politik am 15.1.1949 neu gegründet. Wie in den 20er Jahren sollte sie v.a. der Fortbildung bereits berufstätiger Erwachsener in Parteien, Gewerkschaften, Verbänden und Verwaltung dienen, es sollten sowohl Praktiker aus Politik und Verwaltung als auch Wissenschaftler unterrichten. Die Hochschule entwickelte sich jedoch rasch zu einer Einrichtung mit Vollzeitstudenten. 1952 wurde deshalb mit der FU die Errichtung von Lehrstühlen für die „Wissenschaft von der Politik" in der Philosophischen, an der Wirtschafts- und Sozialwissenschaftlichen sowie an der Juristischen Fakultät und das Promotionsrecht vereinbart. Außerdem wurde ein Forschungsinstitut für Politische Wissenschaft errichtet, das 1954 in die FU eingegliedert wurde und später in das Zentralinstitut für Sozialwissenschaftliche Forschung überging. 1959 wurde die Hochschule in OSI umbenannt und als interfakultatives Institut in die FU eingegliedert.

Während der > Studentenbewegung spielte das OSI eine Schrittmacherrolle. Schon vor der Hochschulreform erhielt es 1968 eine Reformsatzung, durch die das Institut offiziell zum Modellversuch mit „Drittelparität" wurde (> Wissenschaft und Forschung). Mit der Umgestaltung der Hochschulen in Folge des Berliner Universitätsgesetzes von 1969 wurde aus dem OSI 1970 der zentral verwaltete, von einem Fachbereichsvorsitzenden, später Fachbereichssprecher, jetzt Dekan nach außen vertretene, in vier Wissenschaftliche Einrichtungen (WE) gegliederte Fachbereich Politische Wissenschaft. Die WE organisieren und koordinieren das Lehrangebot und betreiben Forschung auf ihren jeweiligen Spezialgebieten: Grundlagen der Politik (WE 1), ökonomische und soziologische Analyse politischer Systeme (WE 2), In-

nenpolitik und Komparatistik (WE 3) sowie Internationale Politik und Regionalstudien (WE 4).

1962 bezog das OSI einen Neubau in der Ihnestr. 21 in > Dahlem. Dem Hauptbau gegenüber liegt das später aufgrund der Expansion des OSI zur Verfügung gestellte zweite größere Gebäude, in dem von 1927-45 das dem Nationalsozialismus zuarbeitende „Kaiser-Wilhelm-Institut für Anthropologie, menschliche Erblehre und Eugenik" untergebracht war. Weitere Einrichtungen des OSI befinden sich in Dahlem, > Steglitz, > Wilmersdorf, > Lankwitz und > Lichterfelde.

Bei der insbes. von Stiftungen finanzierten Drittmittelforschung wird das OSI mit 1991 ca. 3,5 Mio. DM für laufende Forschungen an der FU Berlin nur von den Universitätskliniken und einigen Naturwissenschaften übertroffen. Die Höhe der Drittmittel spiegelt die nationale und internationale Bedeutung der von Mitarbeitern des OSI geleisteten Forschung. Die Bibliothek des OSI ist mit über 300.000 Bänden und ca. 4.000 Zeitschriftentiteln sowie umfangreichem Mikrofilmmaterial eine der größten politikwissenschaftlichen Bibliotheken in Europa. Eine Besonderheit ist der im Juni 1989 nach angelsächsischem Vorbild gegründete „Verein der Freundinnen und Freunde des Otto-Suhr-Institutes e.V.", der das OSI in seinen Aufgaben, insbes. durch die Vermittlung von Kontakten zur beruflichen Praxis, unterstützt.

Otto-Suhr-Siedlung: Die 1956-63 in mehreren Bauabschnitten von Max Rudolph direkt an der > Mauer im Bezirk > Kreuzberg errichtete O. beiderseits der Oranienburger Str. gehörte zu den ersten größeren Siedlungen des innerstädtischen Wiederaufbaus. Ihre rechtwinklig aufeinander zulaufenden Wohnblöcke und -zeilen umfassen 1.230 Wohneinheiten für 4-5.000 Einwohner. Am 21.6. 1957 übergab der > Regierende Bürgermeister Otto Suhr hier anläßlich einer Feierstunde vor dem Haus Kommandantenstr. 52 die 100.000ste nach dem Krieg im Rahmen der öffentlichen Förderung des > Wohnungsbaus in West-Berlin erbaute Wohnung. 1959-62 folgte als südlicher Anschluß die sog. *Springsiedlung* an der Alexandrinenstraße mit 1.700 Wohneinheiten. Erbauer dieser 8-15geschossigen Zeilen und Punkthochhäuser waren Wils Ebert, Klaus Müller-Rehm und das Entwurfsbüro der Gehag (> Gemeinnützige Wohnungswirtschaft).

P

Pädagogisches Zentrum (PZ): Das 1965 gegründete PZ mit Sitz in der Uhlandstr. 97 im Bezirk > WILMERSDORF ist eine Einrichtung der > SENATSVERWALTUNG FÜR SCHULE, BERUFSBILDUNG UND SPORT und dieser als nicht rechtsfähige Anstalt unterstellt.

Aufgabe des PZ ist es, die Ergebnisse der erziehungswissenschaftlichen Forschung und der pädagogischen Praxis für die Berliner Schule nutzbar zu machen und ihre Weiterentwicklung zu unterstützen. Dazu gehören die Erarbeitung von Unterrichtshilfen für die Lehrer, die Mitwirkung an den Rahmenplänen für die Berliner Schule sowie die Mitarbeit an der Fort- und Weiterbildung von Lehrern.

Das PZ organisiert Ausstellungen und Vortragsveranstaltungen. Die Bibliothek mit fast 244.000 Bänden, über 1.000 laufend gehaltenen Fachzeitschriften und Jahrbüchern sowie allen in Berlin zugelassenen Schulbüchern mit den dazugehörigen Begleitmaterialien für Lehrer (rd. 4.500 Bände) bietet – ebenso wie die Dokumentationsstelle – den Lehrern vielfältige Materialien zur Planung ihres Unterrichts. Ein Archiv zur Unterrichtsplanung mit 16.000 Büchern, die Sonderbibliothek DDR-Pädagogik mit 18.000 Bänden sowie die Lehrplansammlung Bundesrepublik Deutschland, in der Lehrpläne der Schulen in allen 16 Bundesländern enthalten sind, vervollständigen das Angebot. Eine weitere Sammlung ist die der Veröffentlichungen (schul)pädagogischer Länderinstitute, in der alle seit 1990 publizierten Titel der insg. 22 bundesdeutschen pädagogischen Länderinstitute erfaßt sind. Im PZ arbeiten ca. 160 Beamte und Angestellte, darunter v.a. Lehrer.

Das PZ entstand im Rahmen der Planung einer pädagogischen Sammlungs- und Zentralstelle für Berlin. Am 18.11.1962 konstituierte sich ein „Planungsausschuß Pädagogisches Zentrum", dessen Ehrenvorsitz der ehem. Präsident der Harvard-Universität und frühere Hohe Kommissar in Deutschland, James B. Conant, übernahm. Das PZ nahm offiziell Anfang Januar 1965 seine Tätigkeit auf.

Nach der > VEREINIGUNG beabsichtigt der > SENAT VON BERLIN, die verschiedenen Einrichtungen der Lehrerfort- und Weiterbildung in Berlin zusammenzulegen. In einem künftigen *Berliner Institut für Lehrerbildung (BIL)* sollen das PZ, die > LANDESBILDSTELLE, das > HAUS DES LEHRERS und andere bisher selbständig wirkende Einrichtungen zusammengefaßt werden, um alle bisherigen Aktivitäten auf dem Gebiet der Schulentwicklung, der pädagogischen Dienstleistungen und der Fortbildung der Lehrer zielgerichteter weiterentwickeln zu können.

Schon vor 1945 existierte in Berlin ein pädagogisches Institut, das v.a. in der Weimarer Republik von großer Bedeutung war. Das 1914 geschaffene *Zentralinstitut für Erziehung und Unterricht* unter der Leitung von Ludwig Pallat und Franz Hilker, Pädagogen aus der Kunsterziehungsbewegung, veranstaltete Ausstellungen, schuf eine Kunstabteilung, führte Seminare, Vortragsveranstaltungen und Tagungen sowie Studienreisen durch, unterhielt eine Bibliothek (> SCHULMUSEUM), eine Bilder- und Filmsammlung und gab Schriftenreihen, Jahrbücher sowie eine Zeitschrift heraus. Die Nationalsozialisten wandelten das Institut 1933 in das „Deutsche Zentralinstitut für Erziehung und Unterricht" um, die beiden Leiter wurden entlassen. Das Gebäude wurde im II. Weltkrieg zerstört, seine Sammlungen und ein großer Teil der Bibliothek vernichtet. Nachfolgeinstitutionen waren in der Bundesrepublik die 1947 in Wiesbaden gegründete Pädagogische Arbeitsstelle sowie in Ost-Berlin das 1949 gegründete Deutsche Pädagogische Zentralinstitut, das 1970 in der Akademie der Pädagogischen Wissenschaften der DDR aufging.

Palais am Festungsgraben: Das P. hinter der > NEUEN WACHE an der Straße > UNTER DEN LINDEN im Bezirk > MITTE wurde von der > TREUHANDANSTALT der Berliner Bank – Hausverwaltungs GmbH zur Verwaltung übertragen. Das Haus diente 1992 kommerziellen und kulturellen Zwecken, u.a. wird es (seit Oktober 1990) vom britischen Auktionshaus Sothebys sowie vom Theater im Palais genutzt. Ferner befinden sich im P. mehrere Restaurants.

Im Kern ist das P. ein friderizianischer Bau, der 1751-53 vom Berliner Architekten Christian Friedrich Feldmann errichtet wurde. Von 1767-86 war es Sitz der Generalakzise- und Zolladministration, seit 1787 Sitz der preußischen Finanzverwaltung. Als deren Leiter amtierte hier von 1804-07 Heinrich Friedrich Karl Reichsfreiherr vom und zum Stein. 1861-64 wurde der Bau durch Heinrich Bürde und Hermann v.d. Hude in den Formen der Schinkel-Schule umgestaltet und erweitert. Der dreigeschossige Bau von 15 Achsen mit Konsolgesims und Balustrade hat in der Mitte der Hauptfassade einen Säulenportikus mit darüberliegendem Balkon. Ähnlich reich gestaltet sind Treppenhaus und Festsaal in spätklassizistischen Formen. Im Erdgeschoß wurde auf Veranlassung des preußischen Finanzministers Johannes Popitz 1934 der wahrscheinlich von Karl Friedrich Schinkel entworfene Festsaal des abgebrochenen Weydinger-Hauses in der Unterwasserstr. eingebaut.

Nach Beschlagnahme durch die sowjetische Besatzungsmacht und Beseitigung der Kriegsschäden wurde das P. 1947 zunächst als Haus der Kultur der Sowjetunion wiedereröffnet und am 1.6.1950 der Regierung der DDR übergeben, die es der Gesellschaft für Deutsch-Sowjetische Freundschaft (DSF) überließ. Bis 1990 war es als Zentrales Haus der Deutsch-Sowjetischen Freundschaft Ort zahlreicher Kultur- und Bildungsveranstaltungen.

Palais Bülow: Das P. in der Luisenstr. 18 im Bezirk > MITTE, eines der wenigen in Berlin erhaltenen Wohnhäuser der ausgehenden Schinkel-Zeit, ist seit 1992 Eigentum der Möwe-Grundstücksverwaltung GmbH und Sitz des *Berliner Künstlerklubs DIE MÖWE e.V.* Der durch Satzungsänderung jetzt eingetragene Verein betrachtet sich als Fortführung des am 15.6.1946 auf Initiative von sowjetischen Kulturoffizieren im gleichen Haus eröffneten Künstlerklubs *Die Möwe.*

Der neue Klub will Berlin als Schnittpunkt unterschiedlicher kultureller Impulse in Geschichte und Gegenwart deutlich machen und die Bedeutung widerspiegeln, die Berlin im Zentrum des vereinten Europas als Mittler und Brücke zwischen den Künstlern und Kulturen erhalten wird. Dem dienen Veranstaltungen, Aufführungen, Lesungen und Gespräche, Ausstellungen, Symposien, Experimente aller Kunstbereiche wie auch die Förderung der Arbeitskontakte seiner Mitglieder. Zum Klub gehört eine große theaterwissenschaftliche Fachbibliothek mit ca. 55.000 Bänden und etwa 100.000 Zeitschriften- und Programmheften, Theaterplakaten und audiovisuellen Bestandseinheiten.

Besonders in den ersten Nachkriegsjahren war der Klub ein wichtiges Forum für Diskussionen zwischen Künstlern aus allen Teilen der Stadt und aus anderen Ländern. 1949 wurde er auf Veranlassung des Ost-Berliner > MAGISTRATS geschlossen, da sich sein Wirken nicht deren kulturpolitischen Zielsetzungen anpaßte. Ein Protestbrief Johannes R. Bechers, damals Präsident des Kulturbunds, an Wilhelm Pieck, den Präsidenten der DDR, verhinderte zwar, daß das Haus, wie von > OBERBÜRGERMEISTER Friedrich Ebert geplant, „als eine Art Kasino für die Berliner Stadtverwaltung" umfunktioniert wurde, zu einer Wiedereröffnung kam es aber erst 1954, als das P. dem FDGB für „Die Möwe, Zentraler Klub der Gewerkschaft Kunst" übergeben wurde. Der nicht eingetragene Künstlerverein „Die Möwe" bestand davon unabhängig weiter.

Die Geschichte des Hauses selbst ist nicht eindeutig zu klären. V.a. läßt sich die häufig wiederholte Behauptung, das Haus sei Ende der 30er Jahre des 19. Jh. für den preußischen Generalfeldmarschall Friedrich Graf v. Wrangel als Dienstwohnung errichtet und 1848 von der Familie der Grafen v. Bülow als Stadtpalais erworben worden, nicht belegen. Als gesichert darf angenommen werden, daß Bernhard Ernst v. Bülow, von 1873-79 Staatssekretär im Auswärtigen Amt, im Nebenhaus Luisenstr. 19 wohnte. Die aufwendige Ausstattung erhielt das neunachsige Gebäude mit seiner durch Gesimsbänder gegliederten Fassade und einem eingeschossigen Erker über der Durchfahrt in der Mitte erst später. Neben der gußeisernen Treppe im Stil der Schinkel-Nachfolge gehört dazu v.a. das sogenannte Kaminzimmer, ein getäfelter Saal aus der Zeit um 1870 mit kassettierter Decke, allegorischen Malereien und Wandspiegeln. Die anschließende Raumflucht mit dem gleichfalls aus dieser Zeit stammenden Marmorzimmer wurde 1975 durch einen Brand zerstört und 1978 historisierend wiederhergestellt. Nach dem I. Weltkrieg hatte zeitweise eine Freimaurerloge im P. ihren Sitz. Den II. Weltkrieg überstand das P. ohne nennenswerte Schäden.

Palais Schwerin: Das mit der > Münze baulich verbundene P. am > Molkenmarkt 3 im Bezirk > Mitte ist eines der wenigen erhaltenen repräsentativen Palais Berlins aus dem 18. Jh. Seit Ende 1990 hat dort eine der beiden Berliner Außenstellen des > Bundesministers des Innern ihren Sitz. Der Bau wurde 1704 wahrscheinlich nach Plänen von Jean de Bodt für den Geheimen Staatsrat Otto Graf v. Schwerin unter Einbeziehung eines um 1690 entstandenen Hauses als dreigeschossiger Barockbau mit sieben Fensterachsen errichtet. Ein über drei Fensterachsen reichender, mit einer Attika überdachter Mittelrisalit gliedert die Fassade. Die Attika zieren die Wappenkartusche des Staatsministers und allegorische Figuren. Über dem ersten Geschoß erheben sich zwei Balkone. Die Fenster des zweiten Geschosses sind mit verzierten Rundbogenfeldern versehen. 1765 erwarb der Staat das P., das von 1794-1889 die Polizeiverwaltung Berlins beherbergte, bevor es vermietet wurde. 1937 setzte man das Gebäude im Zusammenhang mit dem Neubau der Münze um mehrere Meter hinter die alte Fluchtlinie zurück und erweiterte es beidseitig um je fünf Achsen. Dabei wurden im Inneren mehrere Stuckdecken aus abgebrochenen Berliner Bürgerhäusern und eine der schönsten Berliner Treppenanlagen aus der Zeit um 1700 eingebaut.
Nach dem II. Weltkrieg, den der Bau unbeschädigt überstand, wurde das P. zunächst von der Münze genutzt, bevor es – wie auch die Münze selbst – der am 12.7.1951 gegründeten Staatlichen Kommission für Kunstangelegenheiten der DDR zur Verfügung gestellt wurde. Am 7.1.1954 wurde die Kommission mit einigen anderen Einrichtungen zum neu gebildeten Ministerium für Kultur zusammengefaßt, das in dem innen baulich verbundenen Komplex von Münze und P. seinen Hauptsitz nahm. Mit der > Vereinigung wurde das Ministerium aufgelöst und beide Gebäude in das Eigentum des Bundes überführt.

Palast der Republik: Der P. im Bezirk > Mitte wurde von 1973-76 unter der Leitung von Ehrhardt Gißke nach Plänen von Heinz Graffunder, Karl-Ernst Swora u.a. als „Visitenkarte der DDR" zwischen > Spree und > Marx-Engels-Platz an der Stelle errichtet, an der bis 1950 der östliche Teil des > Stadtschlosses gestanden hatte. Zu DDR-Zeiten war der gewaltige Prunk- und Repräsentationsbau eine vielfältig genutzte Veranstaltungs- und Vergnügungsstätte für die Ost-Berliner Bevölkerung und die in die Stadt kommenden Touristen. Seit Herbst 1990 ist der P. wegen Asbestverseuchung geschlossen.

Palast der Republik, im Vordergrund der Spreekanal

Das am 23.4.1976 eröffnete Bauwerk ist eine Stahlskelettkonstruktion mit Fassaden aus weißem Marmor und braunen Thermoscheiben von 180 m Länge, 86 m Breite und 32 m Höhe sowie einer angebauten Freitribüne (für die Partei- und Staatsführung der DDR bei Demonstrationen und Kundgebungen). In dem zum > Dom gelegenen, auch vor der Schließung für das Publikum unzugänglichen Flügel des P. hatte bis zur > Vereinigung das Parlament der DDR, die *Volkskammer*, ihren Sitz. Der Plenarsaal war mit 540 Plätzen im Parkett und 240 im Rang ausgestattet. Den zentralen Raum bildet das große Hauptfoyer mit einer Länge von 86 m, einer Breite von 42 m und einer Höhe von 8,40 m. In der „Galerie im Palast" im 2. und 3. Geschoß hingen eigens für dieses Haus geschaffene Gemälde von 16 zeitgenössischen DDR-Künstlern.
Der Große Saal mit max. 4.836 Sitzplätzen, davon 3.374 im Parkett und 1.462 im Rang, kann auf verschiedene Größen und Nutzungen eingerichtet werden. Er war Ort zahlreicher Großveranstaltungen, darunter die Parteitage der > Sozialistischen Einheitspartei Deutschlands (SED), die Kongresse des Freien Deutschen Gewerkschaftsbundes (FDGB), die Parlamente der Freien Deutschen Jugend

(FDJ), aber auch von Unterhaltungsveranstaltungen und Konzerten.

Im 4. und 5. Geschoß des P. hatte das heute im > PALAIS AM FESTUNGSGRABEN ansässige *Theater im Palast* seine Spielstätte mit einer Platzkapazität zwischen 100 und 400 Besuchern. Im P. befanden sich ferner vier Restaurants mit zusammen 628 Plätzen, eine Milchbar und zwei Kaffeebars, eine Wein- und eine Bierstube, ein Jugendtreff und eine Bowlingbahn sowie ein Postamt und ein Informationszentrum.

Nach der > VEREINIGUNG bemühte sich das Direktorium um eine neues Konzept, nach dem der P. für verschiedenste Veranstaltungen geöffnet werden sollte. Im August 1990 kam es jedoch aufgrund finanzieller Schwierigkeiten zur Beurlaubung der ca. 1.700 Mitarbeiter und am 19.9. erfolgte die Schließung wegen Asbestverseuchung. Im Zuge der Vereinigung fiel der Bau am 1.11.1990 in die Zuständigkeit des > BUNDESKANZLERAMTS. Anfang 1992 war noch unklar, was mit dem P. geschehen wird. (> HAUPTSTADT)

Panke: Die P. ist ein 26 km langer Nebenfluß der > SPREE. Sie entspringt nördlich von Berlin auf dem Roten Felde bei Bernau und erreicht bei > BUCH im Bezirk > PANKOW das Stadtgebiet. Hier durchquert sie die Schloßparks in Buch und in > NIEDERSCHÖNHAUSEN (> SCHLOSS NIEDERSCHÖNHAUSEN) sowie den Pankower > BÜRGERPARK. Von dort fließt sie z.T. unterirdisch kanalisiert durch den Bezirk > WEDDING zum Schiffbauerdamm im Bezirk > MITTE, wo sie auf der Höhe des > BERLINER ENSEMBLES in die Spree mündet. Ein an der > MÜLLERSTRASSE abzweigender Arm führt zum Nordhafen am Berlin-Spandauer-Schiffahrtskanal (> HÄFEN; > WASSERSTRASSEN). In Pankow wird der Flußlauf durch in den 70er Jahren angelegte Wanderwege erschlossen, die die beiden Schloßparks und den Bürgerpark miteinander verbinden. Auch im Wedding sind im nördlichen Teil der P. einzelne Uferabschnitte begrünt.

Vom Mittelalter bis ins 19. Jh. standen an dem einst wasser- und fischreichen Fluß zahlreiche Wassermühlen. Um 1700 ließ Friedrich (III.) I. (1688-1713) die P. aufstauen und kanalisieren, um eine Schiffsverbindung zwischen seinem 1699 fertiggestellten > SCHLOSS CHARLOTTENBURG und der 1691 erworbenen Anlage in Niederschönhausen zu schaffen. 1701 endeckte man nahe der späteren Badstr. eine eisenhaltige Quelle, aus der

sich ab etwa 1760 eine Trink- und Heilstätte, der spätere > GESUNDBRUNNEN, entwickelte. Der Wasserreichtum der P. war auch ausschlaggebend für die Ansiedlung der 1804 eröffneten *Königlichen Eisengießerei* an der Invalidenstr. (> FER DE BERLIN). Noch zur Jahrhundertwende gab es an der heutigen Ossietzkystr. in Pankow (damals Schloßstr.) eine Flußbadeanstalt.

Stark wechselnde Wasserführung führte häufig zu Überschwemmungen. 1928-38 wurde deshalb zur Entlastung der P. bei > BLANKENBURG als Regenvorfluter zum > TEGELER SEE der 12 km lange *Nordgraben* abgezweigt. Anfang der 80er Jahre wurden das Flußbett im West-Berliner Abschnitt zwischen Kühnemannstr. und Nordhafen auf etwa 6 m verbreitert und Auffangbecken angelegt. Ab 1986 erfolgte dann auch in Pankow auf 13 km Länge eine Verbreiterung des Flußlaufs von 3,5 auf 6 m, da 1986 am Stadtrand bei Buch die erste Ausbaustufe des Ost-Berliner Klärwerks Nord in Betrieb genommen wurde und die P. einen Teil der gereinigten Abwässer aufnehmen mußte (> WASSERVERSORGUNG/ENTWÄSSERUNG). Die Wasserführung stieg dadurch von 0,7 m^3/s auf 2,7 m^3/s. Über ein Kanalsystem ist die P. auch mit dem Faulen See im > VOLKSPARK HOHENSCHÖNHAUSEN verbunden.

Pankow: Der von 1945 bis zur > VEREINIGUNG zu Ost-Berlin gehörende Bezirk P. im Norden Berlins ist einer der grünen Bezirke der Stadt. Er besteht aus den Ortsteilen > BLANKENFELDE, > BUCH, > ROSENTHAL, > BUCHHOLZ, > NIEDERSCHÖNHAUSEN und P., die alle auf ehemals selbständige > DÖRFER zurückgehen. Ein Drittel der Gesamtfläche sind > FORSTEN, Parkanlagen und andere Grünflächen, ein Viertel wird landwirtschaftlich genutzt. Hinsichtlich der Bevölkerungsdichte gehört P. zu den am dünnsten besiedelten > BEZIRKEN Berlins. Die außer im Ortsteil P. selbst meist aufgelockerte Bebauung umfaßt rd. 55.000 überwiegend gut ausgestattete Wohnungen, von denen etwa 35.000 vor Kriegsende gebaut wurden. Im II. Weltkrieg blieben sie weitgehend unzerstört. Industrie ist nur in geringem Umfang vertreten.

Im Norden und Nordosten grenzt der Bezirk an die Kreise Oranienburg und Bernau des Landes Brandenburg. Im Südosten und Süden an die Bezirke > WEISSENSEE und > PRENZLAUER BERG und im Westen an die Bezirke > WEDDING und > REINICKENDORF. Hier ver-

lief von 1945-90 gleichzeitig die Sektoren-grenze (> Demarkationslinie; > Sektoren; > Mauer).
Der auf dem > Barnim gelegene Bezirk entstand 1920 durch Zusammenschluß der oben genannten Dörfer mit den Landgemeinden > Heinersdorf, > Blankenburg und > Karow sowie den zugehörigen Gutsbezirken als 19.

Nachbardorf Niederschönhausen von Kurfürst Friedrich III., dem späteren König Friedrich I. (1688-1713) erworben, der in P. ein königliches Gut errichten ließ. 1730 siedelten sich in P. die ersten Hugenottenfamilien an.
Schwere Rückschläge in der Entwicklung brachten die Besetzungen während des

Pankow – Fläche und Einwohner		
Fläche (Juni 1989)	61,9 km²	100 %
Bebaute Fläche	20,86	33,7
Wohnfläche	12,75	20,6
Gewerbe- und Industriefläche		
inkl. Betriebsfläche	1,44	2,3
Verkehrsfläche	3,08	5,0
Grünfläche[1]	8,89	14,4
Landwirtschaft	15,57	25,2
Wald	11,94	19,3
Wasser	0,72	1,2
Einwohner (31.12.1989)	108.930 EW	
darunter: Ausländer	1.129	1,0 %
Einwohner pro km²	1.761	

[1] Parks, Tierparks, Kleingärten, Spielplätze, ungedeckte Sportanlagen, Freibäder, Friedhöfe

Verwaltungsbezirk von > Gross-Berlin. Bei der Gründung des neuen Stadtbezirks > Hohenschönhausen 1985 mußte P. die Ortsteile Heinersdorf, Blankenburg und Karow an den Stadtbezirk Weißensee abgeben.
Bereits in der zweiten Hälfte des vorigen Jh. wurden in P. Grabungsfunde entdeckt, die bis in die jüngere Steinzeit zurückreichen. Im größeren Umfang weisen dann aber Funde auf eine Besiedlung in der Eisen- u. Bronzezeit hin (> Besiedlung des Berliner Raums). Das heutige P. wurde wahrscheinlich in den ersten Jahrzehnten des 13. Jh. anstelle einer slawischen Vorgängersiedlung aus dem 7.-9. Jh. gegründet. So könnte auch der Name P. wie auch der des den Bezirk durchfließenden Flüßchens > Panke westslawischen Ursprungs sein. Die erste Erwähnung des Dorfes erfolgt in einer Markgräflichen Urkunde aus dem Jahre 1311, erste schriftliche Angaben über Besiedlung und Besitzverhältnisse in P. sind im > Landbuch Kaiser Karls IV. von 1375 zu finden. 1370 wurde P. von Berlin/> Kölln gekauft und von der Doppelstadt in Teilen an wenige Familien als Lehen vergeben. 1691 wurde P. zusammen mit dem

Siebenjährigen Krieges (1756-63). Ende des 18. Jh. waren zwar noch 14 Bauernwirtschaften im Dorf, aber die Kossätenhöfe waren bis auf einen in den Besitz wohlhabender Berliner Bürger übergegangen, die sich hier ihre Sommerhäuser einrichteten. Das Gut war verfallen. Entscheidend veränderte sich P. dann ab Mitte des 19. Jh., nachdem die Bauernhöfe nahezu völlig verschwunden waren und die Gegend mehr und mehr zu einem Ort der Gärten und Gärtner, v.a. aber zu einer Sommerfrische der Berliner wurde. Die Straßen nach Berlin wurden bebaut und P. wandelte sich zu einem Vorort mit städtischem Charakter. Ab 1854 fuhren regelmäßig Pferdeomnibusse von Berlin nach P., zu denen ab 1873 die Pferdestraßenbahn hinzukam (> Omnibusverkehr; > Strassenbahn). Ab 1888 verkehrten auf der Trasse der 1842 eröffneten Stettiner > Eisenbahn täglich acht Vorortzüge nach Bernau mit Haltepunkt in P., vier Jahre später waren es bereits 21. Zwischen P. und Heinersdorf wurde ein Güterbahnhof angelegt, der mehrere Jahre Deutschlands größter Verschiebe- und Umladebahnhof war (> Güterverkehr). Nach der Reichsgründung

1871 wurde das Gelände durch zahlreiche neue Straßen erschlossen und die Bebauung ausgedehnt. Die Einwohnerzahl wuchs von 1.037 (1850) auf 21.000 im Jahr 1900.

Von der alten Bebauung hat sich noch die Dorfkirche in der Breiten Str. erhalten. Der im Kern aus dem 15. Jh. stammende rechteckige Feldsteinbau auf dem einstigen Pan-

Rathaus Pankow

kower Dorfanger birgt Reste eines um 1230 von Zisterziensermönchen errichteten Vorgängerbaus. 1832 wurde sie unter Mitwirkung von Karl Friedrich Schinkel durch Carl Wilhelm Redtel erneuert. 1857-59 fügte Friedrich August Stüler an der Westseite eine dreischiffige, neugotische Halle in roter Ziegelbauweise sowie die beiden Seitentürme mit den spitzen Schieferdächern an. Mit ihrer Erweiterung erhielt die Kirche 1859 den Namen *Kirche zu den vier Evangelisten*. Von der älteren Ausstattung sind noch ein Kelch von 1605 und die Messingtaufschale, die etwa zur gleichen Zeit in Nürnberg entstand, vorhanden.

Zu den älteren Bauten in P. gehört auch das um die Mitte des 18. Jh. erbaute sog. *Kavaliershaus*, Breite Str. 45 (nach dem Schokoladenfabrikanten, der es 1865 übernahm, auch Hildebrandsche Villa genannt), ein eingeschossiger siebenachsiger Putzbau mit Krüppelwalmdach und Dachgaupen. Der

Name geht auf Vermutungen zurück, Friedrich II. (1740-86) habe es für Kavaliere am Hofe errichten lassen. In der Breiten Str. sind außerdem noch einige Mitte des 19. Jh. oder wenig später in neobarocken (Nr. 41b) oder in spätklassizistischen (Nr. 32, 45, 46) Formen errichtete Häuser erhalten. Ein hervorzuhebendes Beispiel für den Wohnungsbau des ausgehenden 19. Jh. ist die 1896/97 von Otto March errichtete Wohnanlage am Amalienpark, in der einzeln stehende, zwei- bis dreigeschossige Mietshäuser von Gartenanlagen umgeben sind. Zur gleichen Zeit entstand als jüdisches Lehrlingsheim der dreigeschossige rote Klinkerverblendbau in der Mühlenstr. 24, in dem sich die Stadtbibliothek von P. befindet.

Bemerkenswerte Bauten aus dem ersten Jahrzehnt des 20. Jh. sind die Wohnbebauung um die Galenusstr. (Galenusstr. 6-25, Klaustalerstr. 21, Paracelsusstr. 1-5 u. 50-54), die zeitgleich mit dem 1905-06 nach Entwürfen von Wilhelm Johow errichteten Städtischen Krankenhaus an der Galenusstr. 60 (heute > CARITAS), entstanden sind. Außerdem die um 1900 errichteten, meist viergeschossigen Häuser in der Florastr., von denen bei einigen (Nr. 2a und 74) ornamentaler und figürlicher Schmuck z.T. in gutem Jugendstil in Hausfluren und Treppenhäusern erhalten ist, sowie die viergeschossigen Wohnbauten an der Mühlenstr. 2, 2a und Heynstr. 21-24 mit auffallend geräumigen Wohnhöfen. 1912-13 wurde an der Berliner Str. 120/121 als dreigeschossiger barockisierender Putzbau nach Plänen von Alexander Beer das ehem. II. Waisenhaus der > JÜDISCHEN GEMEINDE errichtet, in dessen Innerem sich auch eine Synagoge befand (> SYNAGOGEN). In der DDR-Zeit diente es der Republik Kuba als Botschaft, während die um 1890 erbaute Villa Garbaty (Nr. 127) bis zur Wende die Botschaft der Volksrepublik Bulgarien beherbergte (> AUSLÄNDISCHE VERTRETUNGEN).

Der Siedlungsbau der 20er Jahre ist beispielhaft vertreten mit der Wohnbebauung des *Kissingenviertels* beiderseits der Kissingenstr. (südlicher Teil durch Otto Rudolf Salvisberg 1926-30; nördlicher Teil Paul Mebes, Paul Emmerich u.a.). Bemerkenswerte Einzelbauten sind neben dem Rathaus das 1902-06 nach einem Entwurf von Paul Thoemer durch Rudolf Mönnich erbaute Stadtbezirksgericht an der Kissingenstr. 5/6, die 1912/13 von Walter Köppen als zweite Evangelische Pfarrkirche P. erbaute *Hoffnungskirche* an der

Elsa-Brandström-Str. sowie der 1909/10 unter Leitung von Carl Fenten in Renaissanceformen errichtete Schulkomplex an der Görschstr. 43/44.

Die bevorzugte Lage des Bezirks führte dazu, daß nach der Gründung der DDR die Regierungsprominenz zu großen Teilen hier ihren Wohnsitz nahm, so daß der Begriff „Pankow" als Synonym für das Machtzentrum der DDR Eingang in den Sprachgebrauch fand. Die Partei- und Staatsführung siedelte damals überwiegend in einem eingezäunten Villenviertel am Majakowskiring in Niederschönhausen, bevor sie ab 1960 ihren Wohnsitz in die Waldsiedlung > WANDLITZ im Norden von Berlin verlegte.

Am Majakowskiring 34 liegt das *Johannes-R.-Becher-Haus*, in dem der Dichter und Politiker (1954-58 DDR-Minister für Kultur) von 1945 bis zu seinem Tod 1958 lebte. Es wird von der > AKADEMIE DER KÜNSTE (OST) als Literaturmuseum und Archiv genutzt, in dem die Werke und andere Lebenszeugnisse Bechers der Öffentlichkeit zugänglich gemacht werden. Es soll mit anderen Sammlungen und Archiven der Akademie, zu denen auch das in P. gelegene *Arnold-Zweig-Haus* (Homeyerstr. 13) gehört, in eine unselbständige Stiftung überführt werden.

Wichtige Durchgangsstraßen sind in Fortführung der > SCHÖNHAUSER ALLEE die Bundesstraße 96a im Verlauf von Grabbeallee, Dietzgenstr., Blankenfelder Chaussee und Schildower Str. sowie ausgehend von der Prenzlauer Allee die Bundesstraße 109 über Prenzlauer Promenade, Pasewalker Str., Hauptstr. und Schönerlinder Str. (> BUNDESFERNSTRASSEN). Wesentliche Bedeutung für den Kraftfahrzeugfernverkehr in nördlicher Richtung hat die bei Pankow/Heinersdorf von der B 109 abzweigende Autobahnanbindung A 114 an den > BERLINER RING. Dem > ÖFFENTLICHEN PERSONENNAHVERKEHR dienen neben dem > OMNIBUSVERKEHR und der > STRASSENBAHN die S-Bahn-Linien S8 und S10 (> S-BAHN) und seit Öffnung der > MAUER auch wieder die an der westlichen Bezirksgrenze verlaufende Linie S1. Die U-Bahn-Linie U2 erreicht aus der Innenstadt kommend den Süden des Bezirks mit der Endhaltestelle Vinetastr. Sie soll bis 1995 ins Ortszentrum von P. verlängert werden (> U-BAHN).

Von einer um 1800 eröffneten und 1839 durch Hochwasser wieder zerstörten Papiermühle an der Panke abgesehen, war bis zur Reichsgründung Industrialisierung in P.

kaum zu verzeichnen. 1874 nahm dann in der Mühlenstr. 11 die Mälzerei der Schultheiss-Brauerei ihren Betrieb auf, die heute als bedeutendes Industriedenkmal gilt. 1879-81 entstand als weiterer größerer Industriebetrieb zwischen Berliner Str. und Hadlichstr. die Zigarettenfabrik Garbaty. Erst im ersten Jahrzehnt des 20. Jh. wurden auch einzelne Mittelbetriebe gegründet. 1907 errichteten die 1891 im Wedding gegründeten Bergmann-Elektrizitätswerke in Wilhelmsruh ein großes Zweigwerk, das elektrische Maschinen, Kabel, aber auch Dampf- und Schiffsturbinen produzierte. Aus ihm wurde nach 1945 der VEB Bergmann-Borsig als Stammbetrieb des Kombinats Kraftwerksanlagenbau.

Bis zur Wende hatten in P. 35 Industriebetriebe des Maschinenbaus, der Elektrotechnik und der Leicht- und Lebensmittelindustrie ihren Sitz, v.a. hochspezialisierte Klein- und Mittelbetriebe in den Ortsteilen Pankow, Niederschönhausen und Wilhelmsruh, von denen die meisten im Zuge der Privatisierung wirtschaftlich umstrukturiert wurden bzw. ihre Tätigkeit einstellen mußten. Der ehem. VEB Bergmann-Borsig, der mit 4.000 Beschäftigten der einzige Großbetrieb im Bezirk P. war, wird als ABB (Asea Brown Boveri) Bergmann-Borsig GmbH mit reduzierter Arbeitnehmerzahl (gegenwärtig 1.300) weitergeführt. Von der Umstrukturierung sind auch in großem Ausmaß die landwirtschaftlichen Betriebe betroffen.

Zum „grünen Charakter" des Bezirks tragen nicht zuletzt die vielen Parkanlagen, wie der Schloßpark Niederschönhausen (> SCHLOSS NIEDERSCHÖNHAUSEN), der > BÜRGERPARK P., der > BROSEPARK, der Schloßpark Buch (> SCHLOSSKIRCHE BUCH) sowie die größeren Waldgebiete des > VOLKSPARKS SCHÖNHOLZER HEIDE oder auch der Bucher Forst bei. Nachdem 1986 das Klärwerk Berlin-Nord in Schönerlinde seinen Betrieb aufgenommen hatte, wurden die dortigen Rieselfelder stillgelegt und mit der Aufforstung des Riesellandes begonnen, so daß das dortige Waldgebiet inzwischen bereits die Größe von 1.194 ha erreicht hat. Seit Ende des vorigen Jh. entstanden in P. auch umfangreiche Kleingartenanlagen; heute hat der Bezirk den größten Anteil an > KLEINGÄRTEN in Berlin. Die landschaftliche Lage des Bezirks bietet zudem reiche Möglichkeiten für Naherholung und Freizeitsport. Stark besucht – nicht nur von Bewohnern des Bezirks P. – ist der Sportkomplex

Freibad Pankow am Schloßpark Nieder-schönhausen. Der größte Sportplatz ist das Stadion in der Kissingenstr.

Neue und alternative Formen des Theaters werden im *Homunkulus*, Florastr. 16, und in der Theaterwerkstatt in der *Kulturbaracke*, Tschaikowskistr. 13, gepflegt. Konzerte finden in der Schloßkirche Buch, in der Frie-denskirche Niederschönhausen, in der Kir-che „Zu den vier Evangelisten" und in der Hoffnungskirche Elsa-Brandström-Str., aber auch im großen Saal des Pankower Rathau-ses statt. Das Heimatmuseum, das auch Club und Vortragszentrum ist, befindet sich in ei-nem um 1900 errichteten Bürgerhaus in der Heynstr. 8, und in der Breiten Str. 93 hat die „Chronik Pankow" ihren Sitz (> HEIMAT-MUSEEN).

Das Gesundheitswesen in P. hat durch das der Schwerpunktversorgung dienende > KLINIKUM BERLIN-BUCH überregionale Bedeu-tung. Mit seinen 2.400 Betten bringt es P. hin-sichtlich der Versorgung mit Krankenhaus-betten an die Spitze aller Berliner Bezirke. Das Rathaus P., in der Breiten Str. 24a-26 wurde 1901-03 als Klinkerverblendbau von drei Geschossen nach einem Entwurf von Wilhelm Johow in einer für die Zeit typi-schen Mischung historischer Baustile errich-tet und erhielt 1927-29 einen Erweiterungs-bau an der Ecke Schönholzer Str.

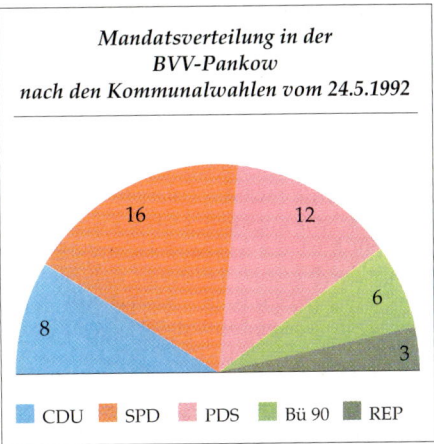

Mandatsverteilung in der BVV-Pankow nach den Kommunalwahlen vom 24.5.1992

Bei den ersten Gesamt-Berliner Kommunal-wahlen am 24.5.1992 wurde die SPD stärkste Partei. Sie stellt drei Stadträte, die PDS zwei, CDU und Bündnis 90 je einen. Den Bezirks-bürgermeister stellt die SPD.

Pariser Platz: Der ca. 1,5 ha große P. an der Ostseite des > BRANDENBURGER TORS im Bezirk > MITTE bildet das historische Entrée zur Straße > UNTER DEN LINDEN im Verlauf der > OST-WEST-ACHSE. Von 1945 bis zur > VEREINI-GUNG verlief unmittelbar am P. die Sektoren-grenze zwischen Ost und West (> SEKTOREN; > DEMARKATIONSLINIE). Seit der Grenzöffnung am Brandenburger Tor Ende 1989 ist der beim Bau der > MAUER 1961 als Sicherheits-zone gesperrte Platz für Fußgänger wieder von beiden Seiten zugänglich. Eine Freigabe für den Kfz-Durchgangsverkehr wird disku-tiert, ist jedoch derzeit mit Rücksicht auf das denkmalgeschützte Brandenburger Tor nicht zu erwarten.

Der quadratische Platz von heute 120 m Seitenlänge wurde 1734 unter Friedrich Wil-helm I. (1713-1740) bei der Erweiterung der Dorotheenstadt durch Oberbaudirektor Phi-lipp Gerlach als *Quarrée* angelegt und mit zweigeschossigen Palais mit Mansarden-dächern bebaut (> STADTERWEITERUNG). Gleich-zeitig entstanden bei der Erweiterung der Friedrichstadt das Octogon (Achteck) am Potsdamer Tor und das Rondell (Kreis) am Halleschen Tor. Nach den Befreiungskriegen wurden die Plätze 1814 in P., > LEIPZIGER PLATZ und Belle-Alliance-Platz (heute > MEHRINGPLATZ) umbenannt.

Am P. wohnten im 19. Jh. so bedeutende Per-sönlichkeiten wie der Dramatiker August v.

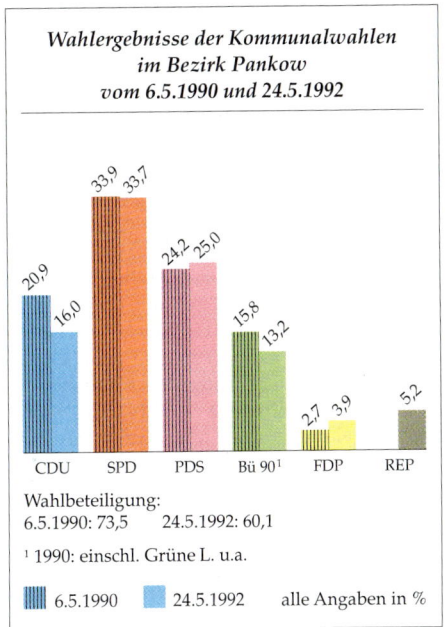

Wahlergebnisse der Kommunalwahlen im Bezirk Pankow vom 6.5.1990 und 24.5.1992

Wahlbeteiligung:
6.5.1990: 73,5   24.5.1992: 60,1

[1] 1990: einschl. Grüne L. u.a.

6.5.1990   24.5.1992   alle Angaben in %

Kotzebue, der Jurist und preußische Staatsminister Friedrich Karl v. Savigny (1842-48) und der Komponist Giacomo Meyerbeer. Ab 1893 wohnte neben dem nördlichen Wachgebäude des Brandenburger Tors der Maler Max Liebermann. Im Arnimschen Palais am P., in dem der Dichter Achim v. Arnim aufwuchs, wurde 1907 die > Preussische Akademie der Künste untergebracht (> Akademie der Künste). Auch die französische und die amerikanische Botschaft befanden sich hier, erstere an der Nordseite, letztere im Palais Blücher an der Südseite des Platzes (> Ausländische Vertretungen).

Von 1829-33 baute Karl Friedrich Schinkel am P. für den Intendanten der Königlichen Schauspiele, Wilhelm Friedrich Redern, ein Palais, das jedoch bereits 1905 wieder abgerissen wurde. An seiner Stelle entstand das Hotel Adlon. Im II. Weltkrieg wurde die gesamte Bebauung des P. zerstört. Erhalten geblieben war einzig ein Hintergebäude des Hotel Adlon, das zuletzt als „Galerie am P." von der DDR-Akademie der Künste genutzt wurde. Das Haus befindet sich in einem sehr schlechten Zustand und soll abgerissen werden.

Paritätischer Wohlfahrtsverband Landesverband Berlin e.V.: Der P. ist ein Spitzenverband der Freien > Wohlfahrtspflege mit Sitz in der Brandenburgischen Str. 80 im Bezirk > Wilmersdorf. Er ist ein selbständiger Landesverband des in Frankfurt/M. ansässigen Deutschen Paritätischen Wohlfahrtsverbandes. Im P. sind über 300 selbständige und gemeinnützige Organisationen zusammengeschlossen, die im Bereich sozialer, sozial-kultureller, psychosozialer und gesundheitsfördernder Arbeit sowie in der > Jugendhilfe tätig sind. Dazu gehören Träger von > Krankenhäusern und Krankenheimen, > Sozialstationen, > Kindertagesstätten, von Einrichtungen der > Altenhilfe und Behindertenhilfe (> Behinderte), von Beratungsstellen, Begegnungsstätten und Nachbarschaftsheimen sowie > Selbsthilfegruppen aus allen Bereichen des Sozialwesens.

Als Dachverband vertritt der P. die Interessen seiner Mitgliedsorganisationen und der Freien Wohlfahrtspflege gegenüber Staat und Öffentlichkeit. Er bietet seinen Mitgliedern eine Vielzahl von Dienstleistungen an, wie fachlich-konzeptionelle, juristische, betriebswirtschaftliche und finanzielle Beratung, Vernetzung und Erfahrungsaustausch in Fachgruppen und Arbeitskreisen, Personalabrechnungs- und Buchhaltungsservice, Vermittlung von Berufspraktikanten und Absolventen des Freiwilligen Sozialen Jahres, Unterstützung der Öffentlichkeitsarbeit, Fortbildung, Bauberatung und Raumbörse, Hilfen beim Aufbau freier Träger im Ostteil der Stadt.

Nach Zwangsauflösung des 1924 gegründeten Reichsverbandes durch die Nationalsozialisten 1933 wurde der P. in Berlin (West) am 23.5.1950 als eigenständiger Landesverband in der Rechtsform eines e.V. neu gegründet. Im Ostteil der Stadt ist der Verband seit Anfang 1992 mit vier regionalen Geschäftsstellen in der Neuen Schönholzer Str. 3 in > Pankow, in der Fehrbelliner Str. 2 in > Prenzlauer berg, in der Frankfurter Allee 119 in > Lichtenberg sowie in der Genossenschaftsstr. 44 in > Köpenick vertreten.

Parochialkirche: Die 1695-1702 erbaute und 1703 eingeweihte P. in der Klosterstr./Ecke Parochialstr. im Bezirk > Mitte wird heute von der Georgen-Parochialgemeinde für Gottesdienste sowie für Kunstausstellungen und Konzerte genutzt. Die P. wurde als Stadt- und Pfarrkirche für die reformierte Gemeinde nach Entwürfen von Johann Arnold Nering durch Martin Grünberg in barockem Stil errichtet. Die drei Achsen breite und eine Achse tiefe Vorhalle ist durch einen übergiebelten Portalrisalit, ein Hauptgesims mit Attika und ein Kolossalpilaster reich gegliedert. Über ihr erhebt sich der nach Plänen von Jean de Bodt (oder von Philipp Gerlach) 1713/14 von Gerlach ausgeführte, zweigeschossige Turm mit einem obeliskartigen Helm. Ein 1717 installiertes, ursprünglich für den Münzturm (> Münze) vorgesehenes, holländisches *Glockenspiel* mit 37 Glocken ging im II. Weltkrieg verloren.

Bei einem Luftangriff brannte die P. 1944 bis auf die Umfassungsmauern aus, und die oberen Turmteile stürzten ein. Reste des Turms wurden 1946 für Gottesdienste provisorisch ausgebaut, die Sicherung des Kirchendachs und des Turmunterbaus erfolgte 1950/51. Erhalten geblieben sind die Grabmäler und Epitaphien aus dem 18. und 19. Jh. auf dem neben dem Gotteshaus gelegenen *Kirchhof* sowie die vermauerten Grabgewölbe mit Sarkophagen des 18. Jh. unter der Kirche. Im ausgebauten Turmraum befinden sich Portraits aller Pfarrer, die seit 1703 an der P. amtiert haben, sowie mehrere Gemälde, die aus der im II. Weltkrieg zerstörten und 1950 abgetragenen St. Georgenkirche am > ALEXANDERPLATZ übernommen wurden. Seit 1968 sind die Gemeinden Parochial und St. Georgen zur „Georgen-Parochial-Gemeinde" vereinigt.

Nachdem die P. nur noch gelegentlich für kirchliche Zwecke genutzt werden konnte, und alle Versuche der Gemeinde scheiterten, einen Aufbau der P. zu erwirken, diente sie ab 1970 für 20 Jahre als Möbellager. Seit Ostern 1991 steht sie wieder ausschließlich der Gemeinde zur Verfügung. Eine grundlegende Restaurierung ist geplant. Über die Rekonstruktion des Turms, von dem ein zur einstigen Ausstattung der P. gehörendes hölzernes Architekturmodell aus der Zeit um 1713 erhalten ist, war Anfang 1992 noch nicht entschieden.

Partei des Demokratischen Sozialismus (PDS): Die PDS, deren Landesvorstand Berlin seinen Sitz in der Breite Str. 48 im Bezirk > MITTE hat, ist durch Namensänderung aus der DDR-Staatspartei, der > SOZIALISTISCHEN EINHEITSPARTEI DEUTSCHLANDS (SED) hervorgegangen. Der außerordentliche SED-Parteitag in Ost-Berlin am 8.12. sowie am 16./17.12.1989 hatte tiefgehende Veränderungen der Partei und eine vorläufige Namensänderung in SED-PDS beschlossen. Am 3.2.1990 beschloß der Parteivorstand, daß die Partei ab sofort nur noch den Namen PDS trägt. Nach der Veränderung ihrer Struktur und ihres Programms hat sich die Partei im Zusammenhang mit dem Prozeß der > VEREINIGUNG auf die gesamte Bundesrepublik Deutschland ausgedehnt. Der Berliner Landesverband war im Januar 1992 mit mehr als 31.000 Mitgliedern – darunter allerdings nur etwa 400 im Westteil der Stadt – die größte Landesorganisation der Partei und die größte Parteiorganisation Berlins. Er unterhielt Bezirksorganisationen in allen Ost-Berliner > BEZIRKEN; in West-Berlin war die PDS mit Büros in > KREUZBERG, > SCHÖNEBERG und > WILMERSDORF präsent.

In der Wahlperiode 1990-95 ist die PDS mit 23 Mandaten (9,2 %) im > ABGEORDNETENHAUS VON BERLIN vertreten, wo sie in der Opposition steht. Bei den Wahlen zu den Berliner Bezirksverordnetenversammlungen am 24.5. 1992 erhielt die PDS insg. 11,3 % der Wählerstimmen (= 156 Sitze), allerdings erreichte sie im Osten nahezu 30 %, während sie im Westen mit 0,9 % nahezu bedeutungslos blieb.

In den Bezirken > TEMPELHOF und > TIERGARTEN hatte sie nicht kandidiert. In fünf Ost-Berliner Bezirken (> HELLERSDORF; > HOHENSCHÖNHAUSEN; > LICHTENBERG; > MARZAHN; > MITTE) wurde sie allein, in > FRIEDRICHSHAIN zusammen mit der > SOZIALDEMOKRATISCHEN PARTEI DEUTSCHLANDS (SPD) die stärkste Partei.

Der erste Berliner Landesvorsitzende der PDS, Wolfram Adolphi, trat am 21.8.1991 von seinem Amt zurück, nachdem er sich zu seiner MfS-Vergangenheit bekannt hatte (> DER BUNDESBEAUFTRAGTE FÜR DIE UNTERLAGEN DES STAATSSICHERHEITSDIENSTES DER EHEM. DEUTSCHEN DEMOKRATISCHEN REPUBLIK; > STAATSSICHERHEITSDIENST DER DDR). Seine Nachfolge übernahm zunächst sein Stellvertreter Peter Zotl. Auf dem Landesparteitag am 26./27.10.1991 wurde André Brie zum Vorsitzenden gewählt. Ihm stehen drei Stellvertreter und ein 16köpfiger Vorstand zur Seite.

Passierscheinregelungen: Am 22.8.1961, neun Tage nach dem Bau der > MAUER, ordnete die DDR-Regierung an, daß „Westberliner Bürgern" das Betreten Ost-Berlins nur noch mit einer Aufenthaltsgenehmigung gestattet sei (für Bundesbürger galt diese Regelung schon seit 1960). Die Aufenthaltsgenehmigung sollte 1 DM kosten und von neu einzurichtenden Filialen des DDR-Reisebüros in West-Berlin ausgegeben werden. Dieses Verfahren gelangte jedoch nie zur Anwendung, da sich der > SENAT VON BERLIN dagegen aussprach und die > ALLIIERTEN die Einrichtung von Büros zur Erteilung von Ost-Berlin-Besuchsgenehmigungen verboten.

Erst 1963 gelang es dem Senat anläßlich der Weihnachtsfeiertage mit der DDR-Regierung eine erste P. zu erzielen, die in einem Protokoll – nicht wie von der DDR aus Statusgründen angestrebt in einem Abkommen – festgehalten wurde. Die Verhandlungen waren nicht zuletzt deshalb erfolgreich, weil beide Seiten gegensätzliche Grundsatzpositionen (völkerrechtliche Anerkennung der DDR durch die Bundesrepublik; Behandlung von West-Berlin als selbständigen Staat) ausklammerten, um humanitäre Anliegen zu verwirklichen. Das erste Passierscheinabkommen war daher in West-Berlin unter den politischen Parteien umstritten. Es legte fest, daß in je einer Schule jedes > BEZIRKS eine Passierscheinstelle eröffnet wurde, in der Angestellte der Ost-Berliner Postdirektion Anträge auf Tagesaufenthaltsgenehmigungen entgegennahmen und ausgaben. Die Bearbeitung und Entscheidung der Anträge erfolgte nicht in West-Berlin. Das Hausrecht in den Passierscheinstellen übte der Senat aus. Unterzeichnet war die Vereinbarung von Senatsrat Horst Korber „auf Weisung des Chefs der Senatskanzlei, die im Auftrage des Regierenden Bürgermeisters von Berlin gegeben wurde" und von Staatssekretär Erich Wendt „auf Weisung des Stellvertreters des Vorsitzenden Ministerrats der Deutschen Demokratischen Republik".

Warteschlange vor der Passierscheinstelle in der Schillerstraße im Dezember 1963

Die erste Passierscheinvereinbarung galt nur zum Verwandtenbesuch in der Zeit vom 19.12.1963-05.01.1964. Bis 1966 konnten drei weitere P. geschlossen werden, die dem Muster der ersten folgten (24.09.1964, 25.11.1965 und 07.03.1966). Auch innerhalb der unterschiedlich langen Laufzeiten der Abmachungen gab es nur auf Tagesaufenthalte beschränkte Besuchszeiten.

Im einzelnen wurden folgende Besuche Ost-Berlins durch West-Berliner durchgeführt:

19.12.1963-05.01.1964:	1.242.800	(69.044)
30.10.1964-12.11.1964:	571.000	(40.785)
19.12.1964-03.01.1965:	823.500	(51.469)
12.04.1965-25.04.1965:	581.500	(41.535)
31.05.1965-13.06.1965:	498.500	(35.607)
18.12.1965-02.01.1966:	824.000	(51.500)
07.04.1966-20.04.1966:	510.400	(26.863)
23.05.1966-05.06.1966:	468.000	(33.428)

(In Klammern Durchschnitt pro Tag)

Eine weitere P., über die 1966 verhandelt wurde, kam nicht mehr zustande, so daß es für West-Berliner bis zum Inkrafttreten der > BESUCHERREGELUNGEN, die der Senat und die Regierung der DDR 1972 schlossen, keine Besuchsmöglichkeiten in Ost-Berlin mehr gab. Allerdings war auf der Grundlage des Passierscheinabkommens 1964 eine „Passier-

scheinstelle für dringende Familienangelegenheiten" eröffnet worden, die auch nach dem Auslaufen einer entsprechenden Vereinbarung im April 1967 geöffnet blieb. Als dringende Familienangelegenheiten galten Geburten, Eheschließungen, lebensgefährliche Erkrankungen und Todesfälle von Eltern, Kindern, Geschwistern, Großeltern oder Enkeln im anderen Teil der Stadt. Mehrere hunderttausend West-Berliner nahmen zwischen dem Mauerbau und der Besuchsvereinbarung diese Einrichtung in Anspruch.

Paul-Löbe-Institut Berlin (PLI): Das PLI in der Grolmanstr. 41-43 im Bezirk > CHARLOTTENBURG ist eine gemeinnützige, überparteiliche Bildungs- und Forschungseinrichtung, die 1974 aus dem Trägerkreis des Kuratoriums Unteilbares Deutschland hervorgegangen ist. Träger ist ein Förderverein, dem neben Vertretern der politischen Parteien auch Gewerkschaften, Kammern und Verbände angehören. Das Institut trägt den Namen des 1967 verstorbenen Sozialdemokraten Paul Löbe, der von 1920-32 (mit Unterbrechung 1924) Reichstagspräsident sowie von 1949-53 Mitglied des > DEUTSCHEN BUNDESTAGS war.

Schwerpunkt der Tätigkeit des PLI sind Seminare zur politischen Bildung, in denen Fragen der Deutschland- und Europapolitik, der Sicherheitspolitik und der internationalen Zusammenarbeit diskutiert werden. Die in der Regel einwöchigen Seminare umfassen auch Besichtigungen und Exkursionen in Berlin und in die Umgebung. Zielgruppen der politischen Bildungsarbeit sind Mitarbeiter des öffentlichen Dienstes bei Bund und Ländern sowie Mandatsträger von Parteien, Gewerkschaften, Verbänden und Organisationen. Mit jährlich ca. 100 Veranstaltungen erreicht das PLI rd. 4.000 Teilnehmer, wobei etwa 20 % aus dem Ausland, vorrangig aus den USA, Norwegen, der Schweiz und den Niederlanden kommen.

Seit 1991 werden im Bereich Wirtschaft und Management, besonders für Führungskräfte aus der ehem. DDR und den Staaten Osteuropas, verschiedene Fachseminare sowie, in Zusammenarbeit mit der Bundesanstalt für Arbeit, mehrmonatige Umschulungskurse v.a. für arbeitslose Akademiker angeboten. Als Fortsetzung der Arbeit des 1991 aufgelösten Weiterbildungszentrums der Bauakademie der DDR wurden Kurse im Bereich Bauwirtschaft neu in das Seminarprogramm aufgenommen. Die Finanzierung des PLI mit 14 festen und zahlreichen freien Mitarbeitern erfolgt v.a. durch Teilnehmerbeiträge sowie durch die Bundeszentrale für Politische Bildung.

Pergamonmuseum: Das zwischen > NEUEM MUSEUM und > BODE-MUSEUM gelegene P. ist der jüngste Bau der > MUSEUMSINSEL im Bezirk > MITTE. Er befindet sich im Eigentum der > STIFTUNG PREUSSISCHER KULTURBESITZ. Im Rahmen der durch die > VEREINIGUNG erfolgten Neuordnung der Berliner Museumslandschaft erhielt er z.T. neue Funktionen zugewiesen (> MUSEEN UND SAMMLUNGEN). Danach

Pergamonaltar, der nördliche Risalit

wird das P. – ausgehend von den fest eingebauten archäologischen Architekturmonumenten – künftig einer der Hauptstandorte der archäologischen Sammlungen sein. Die dort 1992 befindliche > ANTIKENSAMMLUNG, das > MUSEUM FÜR ISLAMISCHE KUNST und das > VORDERASIATISCHE MUSEUM werden in den kommenden Jahren um die im > MUSEUMSZENTRUM CHARLOTTENBURG und im > MUSEUMSZENTRUM DAHLEM untergebrachten archäologischen Bestände ergänzt. Auch das z.Z. noch im Bode-Museum befindliche > MUSEUM FÜR SPÄTANTIKE UND BYZANTINISCHE KUNST wird in diesem Zusammenhang zukünftig seinen Platz im P. finden. Aus dem P. werden im

Zuge der Wiedervereinigung die Ostasiatische Sammlung (> MUSEUM FÜR OSTASIATISCHE KUNST) und das > MUSEUM FÜR VOLKSKUNDE nach Dahlem verlegt.

Das heutige P. entstand 1912-30 anstelle eines gleichnamigen, 1901-08 errichteten provisorischen Hauses nach den Plänen von Alfred Messel unter der Bauleitung von Ludwig Hoffmann. Um einen Ehrenhof, der über eine Brücke über den > KUPFERGRABEN zu erreichen ist, gruppieren sich die drei zum Kupfergraben hin offenen Flügel des zweigeschossigen Museums. Während der Mittelbau mit seiner ursprünglich vorgesehenen antikisierenden Eingangssituation wegen finanzieller Schwierigkeiten nicht mehr zur Ausführung gelangte, entsprechen die beiden Seitenflügel mit ihrer über einem hohen Sockelgeschoß beginnenden Pilastergliederung im dorischen Stil dem ursprünglichen Plan. Im II. Weltkrieg stark beschädigt, erfolgte 1950-55 die Wiederherstellung des P. Der bis dahin bestehende, 1930 nur provisorisch angelegte eiserne Laufsteg über den Kupfergraben wurde durch eine breite, zweifach geknickte Betonbrücke ersetzt. In Anlehnung an die ursprünglichen Pläne errichtete man vor dem Mitteltrakt eine zentrale Eingangshalle aus Stahl und Glas mit den notwendigen Funktionsbereichen für die Besucher und für den Museumspädagogischen Dienst des Museums.

Pestalozzi-Fröbel-Haus: Das P. in der Karl-Schrader-Str. 7-8 in > SCHÖNEBERG ist eine anerkannte > PRIVATSCHULE für Erzieherberufe in der Form einer Stiftung des öffentlichen Rechts; die Staatsaufsicht liegt bei der > SENATSVERWALTUNG FÜR SCHULE, BERUFSBILDUNG UND SPORT (SENSCHULSPORT). Zum P. gehören die *Berufsfachschule für Sozialwesen* und die *Fachschule für Sozialpädagogik* (> SCHULE UND BILDUNG). Ferner unterhält das P. zur praktischen Ausbildung eigene sozialpädagogische Einrichtungen (überwiegend > KINDERTAGESSTÄTTEN mit z.Z. insg. 957 Plätzen).

Der Bildungsweg der Berufsfachschule dauert zwei Jahre. Zugangsvoraussetzung ist mind. der erweiterte Hauptschulabschluß oder eine gleichwertige Schulbildung. Schüler ohne Realschulabschluß erlangen mit der Versetzung in die zweite Klasse der Berufsfachschule einen dem der Realschule gleichwertigen Abschluß. Der an der Berufsfachschule erzielte Abschluß Kinderpfleger führt in dem zweijährigen Bildungsgang der

Fachschule für Sozialpädagogik zum Abschluß Erzieher oder berechtigt unmittelbar nach Absolvierung zum Eintritt in die 12. Klasse der Fachoberschule für Sozialwesen. Entstanden ist das P. durch eine Initiative der Vereinigung „Berliner Frauen der Gesellschaft". Henriette Schrader-Breymann und ihr Mann Karl Schrader, unterstützt durch die damalige Kronprinzessin Victoria, die Gemahlin des späteren Kaisers Friedrich III. (1831-88), gründeten 1874 einen Volkskindergarten in der südwestlichen Friedrichstadt. Finanziell wurde der Kindergarten und das P. von einem „Berliner Verein für Volkserziehung", durch den auch Kindergärtnerinnen ausgebildet wurden, unterstützt. Wenig später gründete Hedwig Heyl einen Arbeiterkindergarten und im Jahre 1883 Knaben- und Mädchenheime sowie mit dem P. zusammen eine Kochschule. 1899 faßte Alice Salomon die sozialpädagogischen Ausbildungskurse zur ersten Berliner Frauenschule zusammen und gründete die Alice-Salomon-Akademie. Die sozialen Einrichtungen der Berliner Frauen wirkten beispielgebend auf viele europäische Länder.

Die Anzahl der Schüler betrug 1991 446. Die Anzahl der Abschlüsse in der Berufsfachschule betrug 58, in der Fachschule 86. Im P. arbeiten 58 Lehrkräfte und 308 weitere Mitarbeiter (Erzieher, Sozialpädagogen, technisches und Verwaltungspersonal). Als Dozenten werden Fachleute von den Berliner Hochschulen, anderen wissenschaftlichen Einrichtungen oder aus der Verwaltung verpflichtet. Die L. finanziert sich zu 10 % aus den Teilnehmergebühren, Kita-Kostenbeiträgen und anderen Einnahmen, der Rest kommt als Zuschuß von der SenSchulSport.

Peter-A.-Silbermann-Schule: Das 1927 gegründete *Abendgymnasium* P. in der Blissestr. 22 im Bezirk > WILMERSDORF ist eine Einrichtung des *Zweiten Bildungsweges* in Form einer nichtrechtsfähigen Anstalt in der Zuständigkeit der > SENATSVERWALTUNG FÜR SCHULE, BERUFSBILDUNG UND SPORT (SENSCHULSPORT). Die P. führt Erwachsene (Mindestalter 19 Jahre), die eine Berufsausbildung abgeschlossen oder eine mind. dreijährige qualifizierte berufliche Tätigkeit ausgeübt haben, zum Abitur. Die Schüler müssen mind. in den ersten drei Halbjahren des Bildungsgangs berufstätig sein.

Die Dauer der Ausbildung beträgt drei Jahre (ohne Vorkurs). Die Schulzeit beginnt i.d.R.

mit einem ganz- oder halbjährigen Vorkurs, auf den bei bestimmten Voraussetzungen (z.B. Fremdsprachenkenntnisse) verzichtet werden kann. Der Bildungsgang gliedert sich in die einjährige Einführungsphase und die zweijährige Kursphase. Die Bestimmungen über das Kurssystem und das Abitur sind einheitlich für alle Kollegs durch die SenSchulSport geregelt.

Die 1927 von Silbermann als erstes Abendgymnasium in Deutschland gegründete Schule war zunächst in den Räumen des Städtischen Oberlyzeums in der Nähe des > BAHNHOFS FRIEDRICHSTRASSE untergebracht. 1928 übernahm die Stadt Berlin die zunächst private Einrichtung. Nach dem II. Weltkrieg wurde die P. in der Auguststr. im Bezirk > MITTE wiedereröffnet. Im Zuge der > SPALTUNG Berlins siedelte der größere Teil der Schüler an ihren heutigen Sitz in Räume des Ebert-Gymnasiums über. Ein Teil des Unterrichts findet inzwischen im Goethe-Gymnasium an der Gasteiner Str. statt.

Neben dem B. kann das Erwachsenen-Abitur auch an Kollegs der > VOLKSHOCHSCHULEN in > CHARLOTTENBURG, > SCHÖNEBERG, > MARZAHN und > TREPTOW abgelegt werden. Außerdem bestehen entsprechende Ausbildungswege am > BERLIN-KOLLEG in der Badensche Str. 51-52 im Bezirk > SCHÖNEBERG und am Abendgymnasium > PRENZLAUER BERG in der Pasteurstr. 7. (> SCHULE UND BILDUNG)

Pfarrhäuser Friedrichswerder: Die auch als *Schleiermacher-Häuser* bekannten P. der evangelischen Kirchengemeinde Friedrichswerder in der Ginkastr. (früher Kanonierstr.)/Ecke Taubenstr. im Bezirk > MITTE werden heute von der Kirchengemeinde als Verwaltungsräume genutzt. Die ursprünglich drei Häuser wurden 1737-39 nach Entwürfen von Johann Carl Stoltze und Titus Favre als reformiertes Predigerhaus, als reformiertes Schul-, Küstersowie Kantorhaus (beide Kanonierstr.) und lutherisches Predigerhaus (Taubenstr.) für die unweit gelegene *Dreifaltigkeitskirche* errichtet. Die Kirche wurde im II. Weltkrieg beschädigt und 1947 gesprengt. Das Haus in der ehem. Kanonierstr. 4, in dem 1809-34 der Theologe und Mitbegründer der > HUMBOLDT-UNIVERSITÄT Friedrich Schleiermacher wohnte, wurde nach der Zerstörung im II. Weltkrieg vollkommen abgetragen. An Schleiermacher erinnert eine Gedenktafel am Haus Taubenstr. 3 und eine Büste im Innenhof.

Die zweigeschossigen, auf quadratischem

Grundriß vollkommen gleichförmig errichteten Bauten werden zur jeweils fünfachsigen Straßenfront durch einen Mittelrisalit und Ecklinsen gegliedert. Auffälliges Merkmal sind ferner die Mansardenwalmdächer. Die im Abstand von wenigen Metern nebeneinander stehenden Häuser werden durch Mauerzüge mit übergiebeltem Korbbogenportal, flankiert von Doppelpilastern, verbunden. In den P. werden einige Originale von Grabdenkmälern und -verzierungen des Dorotheenstädtischen Friedhofs aufbewahrt (> FRIEDHÖFE AN DER CHAUSSEESTRASSE). Im begrünten Innenhof befinden sich weitere, u.a. aus der II. Weltkrieg zerstörten, 1965 abgetragenen *Dorotheenstädtischen Kirche* geborgene Kunstwerke. Die beiden erhaltenen Häuser sind die einzigen noch existierenden Beispiele älterer Wohnhausbebauung in der Friedrichstadt. Die Einheitlichkeit und Schlichtheit der ganzen Anlage vermitteln einen treffenden Eindruck von deren ehemaliger Bebauung. (> BAUGESCHICHTE UND STADTBILD; > STADTERWEITERUNG)

Pfaueninsel: Die P. ist eine 76 ha große, als Landschaftspark mit Schlößchen gestaltete Insel im südlichen Lauf der > HAVEL. Sie ist nach der Spreeinsel im Bezirk > MITTE die zweitgrößte Insel Berlins und gehört zum Ortsteil > WANNSEE des Bezirks > ZEHLENDORF (> INSELN). Besucher werden mit einer kleinen Fähre von einer im Nordwesten des > DÜPPELER FORSTS gelegenen Anlegestelle (mit Ausflugsgaststätte) über den nur 50 m breiten Havelarm gebracht, der die Insel vom Festland trennt. Der 1680 erstmals erwähnte Name (Pfauenwerder) leitet sich nicht vom Vogel „Pfau" ab – Pfauen wurden erst 1797 mit dem Schloßbau dort angesiedelt –, sondern vom mittelniederdeutschen „page" (Pferd). Vorübergehend hieß die Insel wegen der vom Großen Kurfürsten (1640-88) hier angelegten Kaninchenzucht auch Kaninchenwerder.

1685 siedelte der Große Kurfürst den „Goldmacher" Johannes Kunckel auf der Insel an, der hier bis zum Tode seines Gönners Rubinglas herstellte. Reste seiner Glashütte wurden 1972 entdeckt (Gedenkstein am Südufer der Insel). Friedrich Wilhelm I. (1713-40) schenkte die Insel 1734 dem Potsdamer Waisenhaus. 1793 kaufte sein Enkel Friedrich Wilhelm II. (1786-97) das mit alten Bäumen bestandene, kaum bewirtschaftete Eiland zurück, um es gemeinsam mit seiner Geliebten,

der Potsdamer Bürgerstochter Wilhelmine Encke und späteren Gräfin Lichtenau, als von Potsdam aus leicht mit dem Boot zu erreichendes Ausflugsziel zu nutzen. 1794-97 ließ er von seinem Hofzimmermeister Johann Gottlieb Brendel das Schlößchen als „verfallenes römisches Landhaus" mit einer Schaufassade nach Potsdam und die Meierei am anderen Ende der Insel als „eingefallenes gotisches Kloster" errichten. Die Originalausstattungen der beiden reich und wohnlich möblierten Gebäude sind erhalten. Zu besichtigen ist aber nur (im Sommer, mit Führung) das Schloß. Weitere interessante Gebäude auf der P. sind der eiserne Schalenbrunnen auf der höchsten Stelle (1827), von

Schloß Pfaueninsel

dem aus die Insel bewässert wird, das Kavaliershaus (1824-26) von Karl Friedrich Schinkel mit einer eingefügten gotischen Hausfassade aus Danzig sowie der hierher versetzte Portikus des Mausoleums (Luisentempel) aus dem Park des > SCHLOSSES CHARLOTTENBURG von Heinrich Gentz. Als Blickpunkte für die Besucher wurden auf dem Havelufer südlich der P. 1819 ein russisches Blockhaus und 1834-37 gleichfalls in russischem Stil die Kirche St. Peter und Paul erbaut (> NIKOLSKOE).

Die etwa 1,5 km lange und 0,5 km breite Insel wurde zunächst noch in großen Teilen landwirtschaftlich genutzt. Erst Friedrich Wilhelm III. (1797-1840) ließ das Gelände 1821-34 durch Peter Joseph Lenné nach einheitlichem Gesamtkonzept gartenkünstlerisch gestalten. Dabei siedelte er in Gehegen und Häusern aller Art eine große Zahl fremdländischer Tiere an und machte die P. zu seinem Privatzoo. Neben Tieren wurden auch bemerkenswerte Pflanzen gesammelt. Die auf der P. im Kastellanshaus wohnenden Hofgärtner Ferdinand und Gustav Adolph

927

Fintelmann leisteten zu dieser Zeit Bedeutendes auf dem Gebiet des Gartenbaus und der Pflanzenzucht. Für eine wertvolle Palmensammlung erbaute Albert Dietrich Schadow 1829-31 im indischen Stil das seinerzeit berühmte, 1880 abgebrannte Palmenhaus. 1845 wurden die Tiere von der P. dem neugegründeten Berliner > Zoologischen Garten überstellt. Heute sind die rd. 100 auf der Insel frei lebenden Pfauen bekanntestes Überbleibsel dieser ehem. Menagerie. Im Runden Garten (1821) und auf einzelnen Blumenbeeten am Schloß werden heute alte Bepflanzungsarten erprobt. Seit 1924 steht die Insel unter > Naturschutz. Die alten Wiesen, die viele seltene Arten bergen, dürfen nicht betreten werden. Insel und Gebäude werden von der > Verwaltung der Staatlichen Schlösser und Gärten betreut. Der Zutritt zur P. ist kostenlos, die Überfahrt mit der Fähre jedoch gebührenpflichtig.

Pfefferwerk: Unter dem Namen P. soll an der > Schönhauser Allee im Bezirk > Prenzlauer Berg ein großes sozio-kulturelles Zentrum entstehen. Standort ist das Gelände der ehem. Brauerei Pfeffer auf dem nach dem Brauereibesitzer genannten *Pfefferberg*, dem Quartier zwischen Schönhauser Allee, Fehrbelliner Str. und Christinenstr.
Die Brauereigebäude gehören heute zu den wichtigen Industriedenkmälern des Bezirks. Sie wurden 1841 im Auftrag des Bayerischen Bierbrauers Karl Pfeffer vor den Toren der Stadt unweit der damaligen > Stadtmauer an dem Höhenzug des > Barnim gebaut. Nach Schließung der Brauerei 1921 und Umwandlung in eine Schokoladenfabrik wurde das Gelände Anfang 1949 enteignet. Zu Zeiten der DDR diente das 13.504 m² große Areal als Standort für Lagerräume, Werkstätten und Verwaltungsquartiere. Nach der > Vereinigung ging das Objekt in den gemeinsamen Besitz des Bundes und des Landes Berlin über.
Die Klinkergebäude der im wilhelminischen Gründerzeitstil mit Torbogen, Erker, gußeisernem Gitter und kleinem Brunnen errichteten Brauerei befinden sich derzeit in einem desolaten Zustand. Die einst neubarocke Restaurationshalle gleicht einer Ruine. Die ca. 10 m hohen, aus Klinkern gemauerten Kellergewölbe, in denen das Pfefferbergsche Bier hergestellt und gelagert wurde, sind die größten Berlins.
Ende der 80er Jahre bildete sich eine Interessengruppe, die die Brauerei für kulturelle Zwecke nutzen wollte. Ende 1989 konstituierte sich aus dieser Gruppe der Verein „Pfefferwerk e.V." mit dem Ziel, ein soziokulturelles Zentrum zu errichten. Die rd. 60 Einzelprojekte arbeiten in den Bereichen Soziales, Kultur, Bildung, Dienstleistung, Handwerk, Gastronomie, Hotellerie und Kunst. Entstehen sollen Theaterbühnen, Kabaretts, Ateliers, eine Arztpraxis, Beratungs- und Therapiestellen. Beabsichtigt ist auch, den früheren Biergarten und eine Ladenreihe in der Schönhauser Allee wiederherzustellen. Für die Kellergewölbe ist eine Nutzung als Jazzkeller im Gespräch. Insg. sollen durch das Projekt etwa 700 neue Arbeitsplätze und 430 zusätzliche Aus- und Weiterbildungsplätze entstehen. Über eine Finanzierung des Vorhabens steht der Verein in Verhandlung mit dem > Senat von Berlin. Der Verein möchte das Gelände in Erbpacht übernehmen. Eine Entscheidung darüber wird im Sommer 1992 erwartet. Seit April 1992 nutzt der Verein einen Saal und Nebenräume für Wochenendveranstaltungen, die einen Eindruck von der späteren Arbeit geben sollen.

Pfuhle: Bei den P. handelt es sich um natürlich entstandene Kleingewässer. Als am Ende der Weichsel-Eiszeit das Eis vor rd. 15.000 Jahren langsam zurückwich, bildeten sich unter größeren Eisfeldern zahlreiche Senken mit Schmelzwasser, die als kleine Landseen erhalten blieben. Vielfach verhinderte eine spätere Nutzung als Viehtränken, Dorfteiche o.ä. ihre Verlandung.
Die rd. 100 P. in Berlin sind v.a. auf den zum Stadtgebiet gehörenden Grundmoränenflächen des > Teltow und des > Barnim entstanden (> Lage und Stadtraum). Die meisten von ihnen liegen bei den ehem. > Dörfern > Tempelhof, > Steglitz, > Mariendorf und > Britz (für den Teltow) sowie > Blankenfelde, > Buchholz, > Wartenberg und > Falkenberg (für den Barnim). Im 20. Jh. wurden die P. manchmal in die Gestaltung von Wohn- oder Parkanlagen einbezogen, z.B. beim *Dreipfuhlpark* in > Dahlem, dem *Kreuzpfuhl* in > Weissensee oder dem P. in der Britzer > Hufeisensiedlung.
Die große Bedeutung der P. für Flora und Fauna resultiert insbes. aus ihren wechselnden Wasserständen, die zu spezifischen Lebensräumen und einer hohen Artenvielfalt führen. In den P. > Neuköllns wurden z.B. insg. 225 verschiedene Pflanzenarten gefun-

den, darunter 53 von der *Roten Liste* besonders gefährdeter Pflanzenarten (> ARTENSCHUTZPROGRAMM). Im Rahmen des > NATURSCHUTZES und bei Maßnahmen zur Renaturierung spielen die P. deshalb eine bedeutende Rolle. Viele von ihnen sind als Naturdenkmäler geschützt.

Philharmonie: Die 1960-63 nach Plänen von Hans Scharoun errichtete P. am *Kemperplatz* im > KULTURFORUM TIERGARTEN ist neben dem mit ihr baulich verbundenen > KAMMERMUSIKSAAL einer der beiden Stammspielorte des > PHILHARMONISCHEN ORCHESTERS BERLIN. Die äußere Form der 2.200 Sitzplätze umfassenden P. wird durch den weithin sichtbaren Saalbau und sein zeltartiges Dach bestimmt. Der Grundriß des Saals ergibt sich aus drei, auf verschiedenen Ebenen ineinander verdrehten Fünfecken. Der Scharounschen Idee entsprechend ist damit das Publikum in einem Kreis um die Musik herum gruppiert. Mit ihren zum 300 m² großen Podium hin abfallenden Zuschauerrängen wurde die P. zu einem Musterbeispiel für viele danach entstandene Konzertbauten.

Philharmonie

Der Saal verfügt über eine herausragende Akustik. Anfangs umstritten, wurde durch eine Reihe von Maßnahmen wie etwa die von der Decke herunterhängenden „Schallsegel" und andere Reflektoren die Klangwirkung im Laufe der Zeit wesentlich verbessert. Im Sommer 1988 brachen einige Putzstücke aus der Decke, darauf wurde der Saal geschlossen. Nach 15monatiger Umbauzeit, in der neben umfangreichen Restaurierungen auch eine neue Decke eingezogen wurde, konnte die P. am 26.4.1992 wieder eröffnet werden. Auf dem Programm standen die an eine Raumakustik besonders hohe Anforderung stellenden „Gurrelieder" Arnold Schönbergs.

Das auf mehrere Ebenen verteilte Foyer umschließt den Konzertsaal wie ein „Negativabdruck". Die Funktionsräume sind dem Hauptbau rückseitig angelagert. Durch die zahlreichen Treppen ergibt sich eine bizarre architektonische Landschaft. Die P. verfügt über ein komplettes Tonstudio. Die auffällige Außenhaut aus goldeloxierten Lochplatten wurde erst 1978-81 angebracht.

Die P. ist ein vielgenutztes Gebäude, dessen Proben- und Konzertbetrieb in drei Schichten abgewickelt wird. Da dort auch das > SYMPHONISCHE ORCHESTER BERLIN und Konzertagenturen Veranstaltungen durchführen, werden auch die Nachmittage für Konzerte genutzt. Ständige Gäste sind u.a. die > BERLINER FESTWOCHEN und das > JAZZFEST BERLIN.

Im Januar 1944 wurde die alte P., ein Anfang der 70er Jahre des 19. Jh. als Rollschuhbahn errichteter, 1888 nach Plänen von Franz Schwechten umgebauter > SAALBAU an der Bernburger Str. bei einem Luftangriff zerstört. Das Berliner Philharmonische Orchester war in der Folgezeit auf Ausweichquartiere angewiesen, anfangs auf den > TITANIA-PALAST in > STEGLITZ, 1954-63 auf den neuerbauten Konzertsaal der Hochschule für Musik am Steinplatz (> HOCHSCHULE DER KÜNSTE). 1956 kam es zur Ausschreibung eines Architektenwettbewerbs für den Neubau der P. Zur Bebauung war ursprünglich das Grundstück des ehem. > JOACHIMSTHALSCHEN GYMNASIUMS an der Bundesallee in > WILMERSDORF vorgesehen. Der Wettbewerbssieger Scharoun plädierte jedoch 1958/59 für den heutigen Standort, dem sich das > ABGEORDNETENHAUS VON BERLIN im Oktober 1959 anschloß. Scharouns Plan sah bereits einen Kammermusiksaal vor, aus finanziellen Gründen wurde die Ausführung jedoch zurückgestellt. Die Grundsteinlegung zur P. erfolgte am 19.9.1960, ihre offizielle Einweihung erfolgte am 15.10.1963, zunächst am Vormittag bei der Schlüsselübergabe an den Intendanten der Philharmoniker Wolfgang Stresemann mit dem langsamen Satz des Kaiser-Quartetts von Joseph Haydn und Ludwig van Beethovens Leonoren-Ouvertüre. Am Abend im Eröffnungskonzert wurde Beethovens 9. Symphonie durch das Philharmonische Orchester unter Leitung von Herbert v. Karajan zu Gehör gebracht. 1963-65 erfolgte der Einbau der von der Orgelbauwerkstatt Karl Schuke in > LICHTERFELDE (ab 1966 > SCHÖNOW) konstruierten Orgel.

Physikalisch-Technische Bundesanstalt (PTB): Die dem > BUNDESMINISTER FÜR WIRTSCHAFT nachgeordnete PTB mit Sitz in Braunschweig und Berlin betreibt ihre Berliner Laboratorien an der Abbestr. 2-12 im Bezirk > CHARLOTTENBURG und seit 1991 auch in > FRIEDRICHSHAGEN. Die PTB ist Nachfolger der 1887 in Charlottenburg gegründeten Physikalisch-Technischen Reichsanstalt, die bald zum Vorbild für Gründungen entsprechender Institute in anderen Industriestaaten wurde. Die PTB ist technische Oberbehörde für das Meßwesen in der Bundesrepublik Deutschland. Ihre Aufgaben sind die physikalische und ingenieurwissenschaftliche Forschung, insbes. auf dem Gebiet der Metrologie, der Wissenschaft vom Messen, der Prüfung und Zulassung von Meßgeräten sowie die Mitwirkung bei der Ausarbeitung technischer Vorschriften und Richtlinien.

Das Berliner Institut ist v.a. für Forschungs- und Entwicklungsaufgaben auf dem Gebiet der Hochtemperaturphysik (Eigenschaften der Materie bei hohen Temperaturen, Plasmadiagnostik, Spektroskopie), der Tieftemperaturphysik (Erzeugung und Messung tiefer Temperaturen, Anwendung der Supraleitung in der Meßtechnik, Materialprobleme) und der physikalischen Meßtechnik in der medizinischen Diagnostik zuständig. Es arbeitet mit den Berliner Universitäten und Hochschulen sowie zahlreichen anderen Wissenschaftsinstitutionen zusammen. Von den insg. 1.600 Mitarbeitern der PTB sind ca. 400 in Berlin tätig.

Zu den von der PTB genutzten Gebäuden gehören neben den Ende des 19. Jh. entstandenen Laboratorien auch das benachbarte Gebäude der von dem bekannten Astronomen Wilhelm Foerster geleiteten früheren Reichsanstalt für Maß und Gewicht und das auf demselben Grundstück errichtete ehem. *Deutsche Arbeitsschutzmuseum* an der Kohlrauschstr./Ecke Fraunhoferstr. Dieses im II. Weltkrieg stark beschädigte Gebäude steht unter Denkmalschutz und wird derzeit restauriert.

Pichelsdorf: Das einstige Fischerdorf P. zwischen dem von der > HAVEL gebildeten *Pichelssee* und der *Scharfen Lanke* ist heute v.a. ein verkehrsgünstig gelegenes Wassersportzentrum an den südlichen > HAVELSEEN. Der als Sackgassendorf angelegt Ort wurde 1375 im > LANDBUCH KAISER KARLS IV. erstmals erwähnt (> DÖRFER). Bis 1872 unterstand er der Burg bzw. dem Amt Spandau. Ab Mitte des 19. Jh. entwickelte sich das um diese Zeit einschließlich der östlich der Havel gelegenen Halbinsel *Pichelswerder* etwa 200 Einwohner zählende Dorf zu einem beliebten Ausflugsziel. Anfang des 19. Jh. erfolgten erste Schritte zur Industrialisierung, als der Engländer James B. Humphrey 1816 hier eine Werft anlegte und das erste Dampfschiff in Deutschland baute, das mehrere Jahre auf der > SPREE zwischen Berlin und > CHARLOTTENBURG verkehrende „Prinzessin Charlotte von Preußen". 1877 folgten eine Brauerei und 1882 eine Porzellanfabrik. Mit dem Bau der *Heerstraße* (1906-10) von Berlin zum 1875 in Döberitz angelegten Truppenübungsplatz wurde das Dorf in zwei Teile getrennt. 1920 bei der Bildung von > GROSS-BERLIN kam es zum Bezirk > SPANDAU, in dessen Entwicklungssog es schon Mitte des 19. Jh. geraten war.

Aus der dörflichen Vergangenheit sind nur wenige Bauten erhalten, darunter als ältestes Haus der einstige Dorfkrug von 1786 (Alt-Pichelsdorf 30). In unmittelbarer Nähe (Am Pichelssee 20) wurde am Ostufer der Scharfen Lanke 1970-72 nach Plänen von Ludwig Leo die Berliner Zentrale der *Deutschen Lebens-Rettungs-Gesellschaft (DLRG)* errichtet. Neben Wohn-, Schlaf-, und Schulungsräumen, Werkstätten, einem Erste-Hilfe- und einem Tauchzentrum umfaßt der markante, 30 m hohe Dreiecksturm ein zehngeschossiges Bootshaus mit 80 Lagerplätzen und einem sichtbaren Bootsaufzug an der Außenwand.

Plänterwald: Der P. ist ein 110 ha großes Waldgebiet zwischen der > SPREE und der Neuen Krugallee im Bezirk > TREPTOW. Es enstand ab 1876, als Gustav Meyer, der 1870 zum ersten Gartenbaudirektor von Berlin berufen worden war, die Anlage des > TREPTOWER PARKS mit der Beforstung des südöstlich der Parkfläche gelegenen Brachlands verband. Der von dem Wort „pläntern" abgeleitete Name weist auf eine besonders in Süddeutschland gebräuchliche Waldnutzung hin, bei der Bäume aller Altersklassen gruppenweise auf einer Fläche stehen und der Wald durch kontinuierliche Herausnahme der älteren Bäume bei Neubepflanzung mit jüngeren Gehölzen zu einer Daueranlage wird. Bis 1896 war der als Jagdgebiet verpachtete P. der Öffentlichkeit nicht zugänglich. Dann wurde er durch Uferpromenaden und Wege erschlossen, die zusammen mit denen des Treptower Parks eine Gesamtlänge von rd. 40 km umfassen. Im Nordteil des P. befindet sich das Vergnügungszentrum > SPREEPARK. Im Südteil an der Einmündung des Britzer Zweigkanals in die Spree (> WASSERSTRASSEN) liegen eine Freilichtbühne, eine > RODELBAHN und einige Sportanlagen.

Platz der Republik: Der 300 x 200 m große P. vor dem > REICHSTAGSGEBÄUDE im westlichen Teil des Bezirkes > TIERGARTEN ist wie kein anderer Platz in Berlin mit der deutschen Geschichte verknüpft. Der heute ziemlich kahle Platz wurde 1730 unter Friedrich

Freiheitskundgebung auf dem Platz der Republik am 9. September 1948

Wilhelm I. (1713-40) als Exerzierplatz für die Berliner Garnison angelegt und bestand zunächst lange ohne baukünstlerische Fassung. 1844 wurde an der Westseite das sog. Krollsche Etablissement (> KROLLOPER) und im Osten das Palais Raczinski mit einer Bildergalerie errichtet. Dabei übernahm Peter Joseph Lenné die gärtnerische Gestaltung des Platzes. In der Folgezeit entwickelte sich die Gegend zu einem vornehmen Wohnort. Nach dem Sieg Preußens über Dänemark 1864 erhielt der Exerzierplatz den Namen *Königsplatz*. 1871-73 errichtete Johann Heinrich Strack in der Mitte des Platzes die > SIEGESSÄULE. Von 1884-94 wurde anstelle des abgerissenen Palais Raczinski nach Plänen von Paul Wallot der Reichstag gebaut. Auf dem Platz wurden drei, die neue nationale Größe symbolisierende Denkmäler errichtet: 1901 das *Bismarck-Denkmal* von Reinhold Begas sowie 1904 das *Roon-Denkmal* von Haro Magnussen und das *Moltke-Denkmal* von Joseph Uphues.
Nach der Katastrophe des I. Weltkriegs und dem Zusammenbruch der Monarchie rief

hier der Sozialdemokrat Philipp Scheidemann am 9.11.1918 vom Reichstag die erste deutsche Republik aus. Seit 1925 trägt der Platz seinen heutigen Namen. Unter Hitler versetzte der > GENERALBAUINSPEKTOR FÜR DIE REICHSHAUPTSTADT BERLIN Albert Speer die Siegessäule und die drei Denkmäler 1938 an den Großen Stern im Tiergarten.
Nach dem II. Weltkrieg war der P. vielfach Ort politischer Großdemonstrationen, so z.B. am 9.9.1948, als Ernst Reuter vom zerstörten Reichstagsgebäude aus vor 350.000 Menschen angesichts der > BLOCKADE die „Völker der Welt" um Hilfe für Berlin bat. Danach wurde der P. noch mehrfach für die Maikundgebungen der Gewerkschaften genutzt. Auch heute noch ist er hin und wieder Ort von Großveranstaltungen wie von Rockkonzerten oder anderen Kulturveranstaltungen. In der Nacht vom 2. auf den > 3. OKTOBER 1990 war der P. schließlich Ort der zentralen Kundgebung zur deutschen > VEREINIGUNG.
Westlich des P. sind künstlerisch geformte Steinblöcke aufgestellt, die auf zwei internationale Bildhauersymposien 1961 und 1963 zurückgehen. Im Zuge des Ausbaus Berlins zum Regierungssitz wird auch der P. eine umfassende Umgestaltung erfahren (> HAUPTSTADT).

Plötzensee: Der P. ist ein südlich des > VOLKSPARKS REHBERGE gelegener 7,7 ha großer See im Westen des Bezirks > WEDDING. An seinem südwestlichen Ufer liegt ein Strandbad, das auch über eine FKK-Badestelle verfügt (> FREI- UND SOMMERBÄDER). Der P. ist von mehreren heute als Parkanlage genutzten aufgelassenen > FRIEDHÖFEN umgeben. In seiner Nähe befinden sich am Hüttigpfad die > GEDENKSTÄTTE PLÖTZENSEE für die Opfer des > WIDERSTANDS gegen den Nationalsozialismus sowie am Friedrich-Olbricht-Damm die Berliner Justizvollzugsanstalt für Frauen und die Jugendstrafanstalt (> JUSTIZVOLLZUG).

Podewil: Das P. im ehem. Podewilschen Palais in der Klosterstr. 68-70 im Bezirk > MITTE ist ein für Musik-, Theater- und Literaturveranstaltungen genutztes Kulturzentrum. Träger ist die im Oktober 1991 gegründete, im Haus ansässige landeseigene *Berliner Kulturveranstaltungs- und Verwaltungs GmbH* in der Zuständigkeit der > SENATSVERWALTUNG FÜR KULTURELLE ANGELEGENHEITEN. Sie hat das besondere Anliegen, in eigenen Produktionen internationale und Berliner Künstler zusammenzuführen. Ferner koordiniert und betreut sie Projekte im Rahmen des Kulturaustauschs und der > STÄDTEVERBINDUNGEN, wobei ein Schwerpunkt der Arbeit bei der Jugendkultur liegt. Das P. verfügt über einen Zuschauersaal mit max. 450 Plätzen sowie mehrere Probenräume. Im großen Innenhof finden Freilichtveranstaltungen statt.

Das Gebäude des P. wurde 1701-04 nach Plänen von Jean de Bodt als Palais für den Hofrat Rademacher errichtet. Der dreigeschossige, barocke Putzbau mit abgeflachtem Mansardwalmdach hat neun Achsen und einen schmalen, von einem Dreiecksgiebel bekrönten Portalrisalit. 1732 kaufte der Staatsminister Heinrich Graf v. Podewils das Haus und ließ das Innere mit wertvollen Stuckdecken und prachtvollen Wandgemälden schmücken. Nach Podewils Tod 1761 wechselte das Palais mehrfach seinen Eigentümer, bis es 1874 der > MAGISTRAT von Berlin erwarb. 1875-80 war hier das neugegründete > MÄRKISCHE MUSEUM untergebracht, dann die Städtischen Wasserwerke (> WASSERVERSORGUNG) und nach der Bildung > GROSS-BERLINS 1920 das Bezirksamt von Berlin-Mitte.

Während des II. Weltkrieges wurde das Gebäude schwer beschädigt und in den Jahren 1952-54 wieder aufgebaut. Im Innern als Klubhaus umgestaltet, wurde es der „Freien Deutschen Jugend" (FDJ) übergeben, unter deren Leitung es als Haus der jungen Talente (HdJT) zu einem Zentrum der staatlich gelenkten „künstlerischen, gesellschaftlichen und sportlichen Freizeitbetätigung" für Jugendliche in Ost-Berlin wurde. Nach einem Brand am 20.2.1966 wurde das Gebäude bis Oktober 1970 wiederhergestellt. Mit der > VEREINIGUNG kam das Haus in das Eigentum des Landes Berlin; das HdJT wurde im Juni 1991 abgewickelt. Nach einjährigen Umbauarbeiten erfolgte im Juni 1992 die Neueröffnung als P. Die Arbeit des Hauses wird aus Landesmitteln und den Erträgen der GmbH finanziert.

Pogromnacht 1938: Nach der mit der Regierungsübernahme durch die Nationalsozialisten 1933 einsetzenden „Ausschaltung" der jüdischen Bevölkerung aus dem öffentlichen Leben und ihrer sich mit den Nürnberger Rassegesetzen vom 15.9.1935 verschärfenden Isolierung und Diskriminierung, begann mit dem durch die Nationalsozialisten staatlich organisierten Pogrom in der Nacht vom 9. zum 10.11.1938 – vielfach auch als „Judenpogrom 1938", „Novemberpogrom 1938" oder „Reichskristallnacht" bezeichnet – eine neue Phase der nationalsozialistischen Judenverfolgung. Als Anlaß und Vorwand für die organisierte Welle von Gewalttätigkeiten, Zerstörungen, Plünderungen, Verhaftungen und Ermordungen benutzten die Nationalsozialisten ein Attentat des 17jährigen polnischen Juden Herschel Grynszpan am 7.11. 1938 auf den deutschen Botschaftsrat Ernst vom Rath in Paris. Tatsächlich war eine Verschärfung der nationalsozialistischen Unterdrückung und Verfolgung von Juden schon vor diesem Attentat geplant und teilweise bereits umgesetzt, bspw. am 28.10.1938, als mehr als 17.000 in Deutschland lebende Juden polnischer Staatsangehörigkeit von der deutschen Polizei ausgewiesen worden waren.

Über das Ausmaß der Schäden und die Zahl der Opfer der P. gibt es widersprüchliche Aussagen. Der Chef der Sicherheitspolizei und des Sicherheitsdienstes des Reichsführers SS, Reinhard Heydrich, nannte für ganz Deutschland 101 verbrannte und 76 völlig zerstörte Synagogen (von etwa 1.420) sowie 7.500 zerstörte Geschäfte. Nach anderen Quellen gingen 191 Synagogen in Flammen auf. Den von Heydrich angegebenen 36 Todesfällen steht die vom Obersten Parteigericht der NSDAP ermittelte Zahl von 91 Opfern gegenüber. Rd. 26.000 Bürger jüdischen Glaubens wurden verhaftet und in die > KONZENTRATIONSLAGER (KZ) Dachau, Buchenwald und Sachsenhausen verschleppt.

In Berlin, das 1937 noch 140.000 Einwohner jüdischen Glaubens hatte, wurden neun der zwölf > SYNAGOGEN in Brand gesteckt, zahlreiche Geschäfte verwüstet und die Kinder aus dem Jüdischen Waisenhaus auf die Straße getrieben. Die meisten der 1.200 Verhafteten kamen ins KZ Sachsenhausen bei Oranienburg. Die P. war auch das Signal für die nunmehr forciert betriebene „Arisierung" jüdischer Geschäfte. Von den in Berlin dafür vorgesehenen 1.200 Firmen gelangten aber nur 700 in „arische" Hände; die übrigen fanden keine Interessenten und blieben beschlagnahmt.

Die P. war eine entscheidende Etappe auf dem Weg von der Diskriminierung der jüdischen Bevölkerung zur sog. „Endlösung" (> HAUS DER WANNSEE-KONFERENZ). Die nach der P. von den Nationalsozialisten deutlich verschärfte Verfolgung der jüdischen Bevölkerung auf allen Gebieten führte zu einem beispiellosen Exodus. Die Zahl der in Berlin lebenden Juden verringerte sich bis Sommer 1939 auf 75.000 und bis zum Ende des II. Weltkrieges auf ca. 6.000-7.000. Nur ein Teil konnte ins Ausland entkommen. Über 50.000 Juden wurden vom Güterbahnhof Grunewald an der Auerbacher Str. in die nationalsozialistischen Vernichtungslager gebracht und ermordet (> GRUNEWALD).

Pokal-Endspiel: Nach einem Beschluß des Deutschen Fußball-Bundes (DFB) von 1985 wurde das Berliner > OLYMPIASTADION (vorerst bis 1994) ständiger Austragungsort der Endspiele um den seit 1935 zum Ende der Fußball-Saison ausgespielten DFB-Vereinspokal. Bis einschließlich 1992 wurden 14 der insg. 50 P. in Berlin ausgetragen.
Nachdem das erste Endspiel 1935 in Düsseldorf stattgefunden hatte, kam es im Jahr darauf erstmals nach Berlin, wo es auch 1938-42 ausgespielt wurde. Das letzte P. während des II. Weltkriegs fand 1943 in Stuttgart statt. Nach Kriegsende wurde der DFB-Pokal erstmals wieder 1953 in Düsseldorf ausgespielt. Bis 1985 fand das Finale dann in wechselnden westdeutschen Städten statt, bevor der DFB sich für Berlin als ständigen Austragungsort entschied, wo das Stadion zu jedem Endspiel ausverkauft war. 1992 sahen über 76.000 Zuschauer das achte Berliner P. in Folge. Jeweils am selben Tag ermitteln vor dieser Begegnung die Finalteilnehmerinnen der beiden Damenmannschaften den Sieger des erstmals 1981 ausgespielten DFB-Pokals im Damen-Fußball.
Von den Berliner Mannschaften war lediglich > HERTHA BSC, allerdings nie in Berlin, sondern zweimal in Hannover, Teilnehmer des Finales. Die Elf konnte jedoch keines der beiden P. gewinnen. Sie verlor 1977 im Wiederholungsspiel mit 0 : 1 gegen den 1. FC Köln und 1979 ebenfalls mit 0 : 1 nach Verlängerung gegen Fortuna Düsseldorf.

Tabelle der Pokalsieger

Endspiele der Herren

1936	VfB Leipzig – FC Schalke 04	2 : 1
1938	Rapid Wien – FSV Frankfurt	3 : 1
1939	1. FC Nürnberg – SV Waldhof	2 : 0
1940	Dresdner SC – 1. FC Nürnberg	2 : 1
1941	Dresdner SC – FC Schalke 04	2 : 1
1942	TSV 1860 München – FC Schalke 04	2 : 0
1985	Bayer 05 Uerdingen – FC Bayern München	2 : 1
1986	FC Bayern München – VfB Stuttgart	5 : 2
1987	Hamburger SV – Stuttgarter Kickers	3 : 1
1988	Eintracht Frankfurt – VfL Bochum	1 : 0
1989	Borussia Dortmund – Werder Bremen	4 : 1
1990	1. FC Kaiserslautern – Werder Bremen	3 : 2
1991	Werder Bremen – 1. FC Köln (nach Elfmeterschießen)	5 : 4
1992	Hannover 96 – Borussia Mönchengladbach (nach Elfmeterschießen)	4 : 3

Endspiele der Damen

1985	FSV Frankfurt – KBC Duisburg (nach Elfmeterschießen)	4 : 3
1986	TSV Siegen – SSG 09 Bergisch Gladbach	7 : 0
1987	TSV Siegen – STV Lövenich	5 : 2
1988	TSV Siegen – FC Bayern München	4 : 0
1989	TSV Siegen – FSV Frankfurt	5 : 1
1990	FSV Frankfurt – FC Bayern München	1 : 0
1991	Grün-Weiß Brauweiler – TSV Siegen	1 : 0
1992	FSV Frankfurt – TSV Siegen	1 : 0

Polikliniken: Während im westlichen Teil Berlins P. nur an den beiden Universitätskliniken unter Gesichtspunkten der Ausbildung von Medizinstudenten bestanden, lag die medizinische Grundversorgung der Bevölkerung im östlichen Teil bis zur > VEREINIGUNG überwiegend bei den 113 P. in den dortigen > BEZIRKEN. Mit insg. rd. 17.000 Beschäftigten vereinigten sie unter einem Dach Fachärzte der verschiedenen Disziplinen (mindestens Innere Medizin, Chirurgie, Frauen- und Kinderheilkunde sowie Zahnärzte, meist aber auch Augen- und HNO-Heilkunde, Orthopädie, Psychiatrie und Urologie) mit allen weiteren für die Gesundheitshilfe sowie die Vor- und Nachsorge notwendigen Einrichtungen. Als Fremdkörper im auf überwiegend privatärztlicher Versorgung beruhenden westlichen Gesundheitssystem sowie wegen ihrer personalintensiven und meist unwirtschaftlichen Betriebsweise wurden die Mehrzahl der P. im Ostteil der Stadt 1991 geschlossen; allein 13. P. mit ca. 1.100 Beschäftigten sollen in der Trägerschaft der durch den > SENAT VON BERLIN 1992 neu gegründeten „Berliner Gesellschaft für Gesundheitlich-Soziale Zentren mbH" vorerst bis 1995 weitergeführt werden. Alleiniger Gesellschafter ist bislang das Land Berlin. Andere Organisationen aus dem Gesundheitsbereich sollen später beitreten können.

Als erste Einrichtung dieser Art wurde am Anfang des vorigen Jahrhunderts die P. der > FRIEDRICH-WILHELMS-UNIVERSITÄT errichtet. Ihr erster Direktor war Christoph Wilhelm Hufeland, u.a. auch Leibarzt der königlichen Familie. Sie diente primär der Ausbildung der Medizinstudenten. Besonders nach 1870 entstanden in Berlin im Zusammenhang mit der Spezialisierung in der Medizin eine größere Anzahl von P. in denen Fachmediziner im Rahmen der ärztlichen Fortbildung ihre Kenntnisse und Fähigkeiten an andere Ärzte weitergaben und gleichzeitig auch die ärztliche Versorgung der Bevölkerung auf ihren Gebieten sicherstellten. In den 20er Jahren wurde die Frage der Errichtung von P. bzw. von Ambulatorien zum Gegenstand gesundheitspolitischer Auseinandersetzungen zwischen Ärzteverbänden und Krankenkassenorganisationen. In der ersten Hälfte der 30er Jahre wurden die Auseinandersetzungen zu Gunsten der kassenärztlichen Vereinigungen entschieden. Die Ambulatorien der Krankenkassen wurden aufgelöst. Nach dem II. Weltkrieg entbrannten die Auseinandersetzungen um die P. erneut, wobei für den Bereich der sowjetischen Besatzungszone bald Vorstellungen über die Sozialisierung des Gesundheitswesens aus der Sowjetunion übernommen wurden. Bald nach der > SPALTUNG Berlins 1948 wurden die P. so zum tragenden Element der Gesundheitsversorgung in Ost-Berlin. Während in der DDR die niedergelassenen Ärzte weitgehend verdrängt wurden, wurden im Geltungsbereich des Grundgesetzes die P. strikt auf die Universitäten beschränkt.

Politik der kleinen Schritte: Nach dem Bau der > MAUER am > 13. AUGUST 1961 entwickelte der > SENAT VON BERLIN unter dem > REGIERENDEN BÜRGERMEISTER Willy Brandt politische Vorstellungen, um die Teilung Berlins und

Deutschlands durch „kleine Schritte" für die Menschen erträglicher zu machen. Dies schloß ausdrücklich Gespräche mit der DDR-Regierung ein, um auch Veränderungen in der DDR zu bewirken. Konzeptionell wegweisend war dabei die vom damaligen Sprecher des Senats, Egon Bahr, entwickelte und am 15.7.1963 auf einer Tagung der Evangelischen Akademie Tutzing erstmals öffentlich vorgetragene Formel: „Wandel durch Annäherung". Dieser Ansatz basierte auf der These, daß eine realistische Ostpolitik von der Anerkennung des territorialen Status quo ausgehen müsse, was die praktischen Handlungsspielräume der Politik erweitern und die Lösung von Problemen erleichtern würde.

Konkreten Niederschlag fand die P. in Berlin durch die > PASSIERSCHEINREGELUNGEN, die der Senat mit der DDR-Regierung – ohne diese formell anzuerkennen – 1963-66 aushandelte. Da die damalige Bundesregierung zwischenstaatliche Gespräche mit der DDR-Regierung jedoch ablehnte, während diese auf offiziellen Verhandlungen bestand, war der Spielraum des Senats eingeschränkt und die P. brachte keine weiteren konkreten Ergebnisse. Insofern war die P. v.a. ein Test und Vorläufer späterer *Entspannungspolitik*, die ab Ende der 60er Jahre zu einer Annäherung zwischen Ost und West führte und mit den Ostverträgen und dem > VIER-MÄCHTE-ABKOMMEN vom 3.9.1971 sowie seinen Folgevereinbarungen wesentliche Verbesserungen für Berlin brachte (> BESUCHERREGELUNGEN; > GEBIETSAUSTAUSCH; > GRUNDLAGENVERTRAG; > TRANSITVERKEHR).

Politisches System: Hauptartikel, siehe S. 961.

Polizei: In Berlin hat die der Dienst- und Fachaufsicht des Senators für Inneres (> SENATSVERWALTUNG FÜR INNEREN) unterstehende P., die aus Schutz, Kriminal- und Ordnungspolizei besteht, Aufgaben der Gefahrenabwehr, Aufrechterhaltung der öffentlichen Sicherheit und Ordnung sowie der Bekämpfung von Straftaten, teilweise auch Verfolgung von Ordnungswidrigkeiten. Wesentliche gesetzliche Grundlagen für die Tätigkeit der Berliner P. sind neben den allgemeinen Strafverfolgungsgesetzen und dem Ordnungswidrigkeitsgesetz, das „Allgemeine Gesetz zum Schutz der öffentlichen Sicherheit und Ordnung" (ASOG) vom 25.4.1992.

Dieses Gesetz enthält sachliche und rechtliche Anpassungen an den Musterentwurf eines einheitlichen Polizeigesetzes des Bundes und der Länder, womit der neuen Situation Berlins nach der > VEREINIGUNG als normales Bundesland Rechnung getragen wird. Das ASOG enthält auch sehr differenzierte Datenschutzvorschriften für den Bürger. Außerdem gelten für die P. besonders das Polizeizuständigkeitsgesetz mit Durchführungsverordnung, das Allgemeine Zuständigkeitsgesetz sowie das Bezirksverwaltungsgesetz. Ordnungsaufgaben der Polizei sind ab 1.4. 1986 weitgehend auf das > LANDESEINWOHNERAMT übertragen worden.

An der Spitze der P. steht der *Polizeipräsident in Berlin (PolPräs)*. Er hat in der hierarchisch strukturierten Behörde Weisungsbefugnis bis nach unten. Seine politisch herausgehobene Stellung wird dadurch betont, daß er vom > ABGEORDNETENHAUS VON BERLIN (AbgH) auf Vorschlag des > SENATS VON BERLIN gewählt wird (§ 1 PolPräsG vom 7.7.1953). Er kann aber auch auf Vorschlag des Senats vom AbgH abberufen werden (§ 4). Im Sommer 1992 trat der PolPräs Georg Schertz zurück. Als sein Nachfolger wurde der Abteilungsdirektor im Bundeskriminalamt, Hagen Saberschinsky, designiert.

Die P. verfügt ferner über zentrale Dienststellen S (> SCHUTZPOLIZEI [SCHUPO]), und K (> KRIMINALPOLIZEI [KRIPO]), sowie sieben Polizeidirektionen mit 48 Polizeiabschnitten und 1.204 Kontaktbereichen mit Kontaktbereichsbeamten (> KONTAKTBEREICHSDIENST / KONTAKTBEREICHSBEAMTER). Am 1.6.1992 waren bei der Vollzugspolizei 20.419 Personen, davon 17.453 bei S und 2.966 bei K beschäftigt. Weitere 1.019 Beamte befinden sich in der Ausbildung. Bei der Polizeiverwaltung sind 1.121 Angestellte, 514 Beamte und 712 Lohnempfänger tätig.

Die Kripo hat zentrale Dienststellen (Dezernat Verbrechensbekämpfung = VB, Direktion VB mit > GEWERBEAUSSENDIENST und *Polizeilicher Staatsschutz*) und in jeder örtlichen Polizeidirektion ein Referat VB mit weitgehend deliktorientierten Zuständigkeiten. Die P. ist ferner gegliedert in zwei Abteilungen > BEREITSCHAFTSPOLIZEI und in sieben Direktionshundertschaften (DHu) bei jeder Polizeidirektion, die Teile der geschlossenen Einheiten sind. Die DHu werden bei Einsätzen aus „besonderen Anlässen", bei „planbaren stadtweiten Großlagen", sowie zur „Unterstützung des täglichen Dienstes" tätig. Die P.

verfügt des weiteren über eine > WASSERSCHUTZPOLIZEI sowie über 110 Polizeireiter mit 65 Pferden, von denen 27 im Kontaktbereichsdienst tätig sind. Außerdem hat die P. ein *Polizeiorchester* mit etwa 50 Mitgliedern. Mit jährlich 300-400 Auftritten wird die seit 1850 bestehende Musikkorpstradition fortgesetzt und dient der Öffentlichkeitsarbeit. Ferner unterhält die P. eine > POLIZEIHISTORISCHE SAMMLUNG. Der Öffentlichkeitsarbeit und dem besseren Bürgerkontakt dienen auch drei Kontaktstellen für „Bürgerservice" in > BUCH, > GRÜNAU und am > ALEXANDERPLATZ, sowie „Kontaktmobile" in jeder örtlichen Direktion. Für die Beratung zum Schutz vor Eigentumsdelikten und Betrug besteht eine Beratungsstelle.

Die Ausbildung des allgemeinen Polizeidienstes in Berlin vollzieht sich in polizeiinternen Ausbildungsstätten, während die Kommissare der Kripo und der Schupo (gehobener Dienst) an der > FACHHOCHSCHULE FÜR VERWALTUNG UND RECHTSPFLEGE BERLIN ein dreijähriges Studium absolvieren. Der höhere Dienst (Polizei- bzw. Kriminalrat) wird an der Polizeiführungsakademie bundeseinheitlich in Münster/Hiltrup (Westfalen) ausgebildet. Die Abt. Aus- und Fortbildung (ZD IV) hat gegenwärtig v.a. die Schulung der Polizeiangehörigen aus dem Ostteil der Stadt zu leisten.

Die P. ist nach dem Gesetz über die Anwendung von unmittelbarem Zwang (UZwG) mit Pistolen, Gewehren, Maschinenpistolen, Reizstoffen und auch Schlagstöcken ausgerüstet. Sie verfügt zudem über Wasserwerfer und gepanzerte Fahrzeuge.

Für polizeitechnische Untersuchungen gibt es die Direktion PTU, die mit modernen naturwissenschaftlichen Methoden und Geräten Sachbeweise für Strafverfahren erarbeitet. Zur Dir. PTU gehört auch der Sprengplatz mit Feuerwerkern zur *Kampfmittelbeseitigung* von gefundenen Sprengkörpern aus dem II. Weltkrieg (1987 rd. 130 t Kampfmittel, davon sechs Bomben über 50 kg). Bei der Dir. PTU arbeitet auch die Gruppe USBV (Unkonventionelle Spreng- und Brandvorrichtungen), die Spreng- und Brandsätze identifiziert und vernichtet. Eine weitere Gruppe arbeitet seit etwa 1986 in der > ZITADELLE SPANDAU an der Vernichtung dort lagernder chemischer Kampfstoffe aus dem II. Weltkrieg.

Im Westteil Berlins wurde wegen des hohen Anteils ausländischer Mitbürger bereits

1970/71 das *Arbeitsgebiet gezielte Ausländer-überwachung (AGA)* eingerichtet, das es heute in jeder der sieben Direktionen gibt. Neben der Zusammenarbeit mit anderen Behörden und polizeilichen Abteilungen halten diese Schutzpolizeibeamten auch Kontakte zu Ausländergruppierungen, arbeiten mit Ausländerbeiräten in den Bezirken zusammen und wirken an der Information der Vollzugspolizeibeamten über Themen mit Ausländerbezug mit. Die Arbeit der AGA in Berlin ist modellhaft für andere Ballungszentren mit hohem Ausländeranteil in der Bundesrepublik Deutschland geworden.

Die geschichtlich verfolgbare Entwicklung der Berliner P. beginnt im Mittelalter, als von 1307-1442 der Rat mit Ratsdienern für die Sicherheit und Ordnung sorgte. Einschneidend in der Entwicklung war das Jahr 1742, als Friedrich II. (1740-86) die Polizeiverwaltung dem Generaldirektorium unterstellte und den Bürgermeister von Berlin, Carl David v. Kircheisen, zum ersten Berliner Polizeidirektor ernannte. 1822 wurde das Königliche Polizeipräsidium mit 22 Polizeireserven eingerichtet, 1848 die Berliner Schutzmannschaft. Bis zum I. Weltkrieg war P. „Sicherheits- und Ordnungsorgan". Ab 1919 gab es neben Kriminal- und Ordnungspolizei auch kasernierte Sicherheitspolizei, die jedoch – aufgrund des Versailler Vertrages – 1920 wieder aufgelöst und teilweise in die neugebildete Schupo überführt wurde. Ab 1933 erfolgte die Unterstellung der P. unter den Reichsführer SS und das Reichssicherheitshauptamt in Berlin.

Nach dem II. Weltkrieg wurde auf Anordnung des sowjetischen Stadtkommandanten noch im Mai 1945 für Gesamt-Berlin eine „Stadtpolizei" aufgestellt. Der ehem. Oberst Paul Markgraf erhielt den Auftrag, eine zentrale Polizeibehörde einzurichten. Im selben Jahr erging eine Anordnung der > ALLIIERTEN KOMMANDANTUR – > BK/O (BERLIN KOMMANDATURA/ORDER); BK/O (45) 100 –, in jedem der vier Sektoren Berlins ein Polizeiamt zu errichten. Nach der > SPALTUNG der P., herbeigeführt durch die Weigerung des am 26.7. 1948 suspendierten PolPräs Markgraf, sein Amt an Johannes Stumm zu übergeben, wurden die Präsidialabteilung und weitere wesentliche Dienststellen in die Westsektoren verlegt. Offiziell wurde das Polizeipräsidium in Berlin (West) am 4.8.1948 durch den > MAGISTRAT übergeben und Stumm wurde mit Zustimmung der Westmächte PolPräs.

Zwei Jahre später befahl die AK allen Polizeiangehörigen, die im sowjetischen Sektor wohnten, aber in den Westsektoren Dienst versahen, dorthin umzuziehen (BK/O [50] 93 und BK/L [50] 86/87).

1958 wurde die P. in Berlin (West) durch die AK mit BK/O (58) 3 dem Senat unterstellt. Die AK und die Sektorkommandanten behielten sich jedoch vor, der P. direkte Weisungen zu erteilen. Ernennung, Suspendierung des PolPräs und des Gruppenkommandeurs jedes Sektors war der AK vorher mitzuteilen, ebenso jede Beförderung vom Polizei- bzw. Kriminalrat aufwärts, und die Zustimmung war einzuholen. Mit der *Erklärung über Berlin vom 5. Mai 1955* übte Berlin seine „Rechte, Machtbefugnisse und Verantwortlichkeiten" selbst aus – mit Vorbehalten der Westalliierten. Diese betrafen bspw. „Befehlsbefugnis über die Berliner Polizei, insoweit dieselbe zur Gewährleistung der Sicherheit Berlins notwendig ist". Dieses Besatzungsrecht galt bis zur Vereinigung (> ALLIIERTE; > SONDERSTATUS).

1963-67 wurde die bis dahin dem Senator für Inneres unterstehende P. dem neu geschaffenen Senator für Sicherheit und Ordnung unterstellt, seit 1967 ist wieder der Senator für Inneres zuständig. 1974 wurde eine große Polizeireform durchgeführt und Berlin (West) in fünf Polizeidirektionen mit 31 Polizeiabschnitten sowie einem Paß- und Kontrolldienst auf dem Flughafen Tegel eingeteilt. Die militärischen Teile der Flughäfen Tegel und Tempelhof sowie der Flughafen Gatow werden noch bis spätestens 1994 von den ehem. alliierten Schutzmächten kontrolliert. Der Paßkontrolldienst wird seit 1992 vom > BUNDESGRENZSCHUTZ auf den Berliner Flughäfen übernommen.

Für Ost-Berlin wurde der Befehl des Militärkommandanten der Stadt Berlin, Generaloberst Bersarin, vom 25.5.1945 über die Errichtung der „Stadtpolizei" als „die Geburtsurkunde der Volkspolizei" bezeichnet. Im Juni 1945 wurden Landes- und Provinzialverwaltungen in der sowjetischen Besatzungszone mit Abteilungen P. gebildet; ab November 1946 erfolgte der Aufbau einer *Grenzpolizei*. Nach Gründung der DDR im Oktober 1949 wurde die Hauptverwaltung Deutsche Volkspolizei beim Ministerium des Inneren gebildet. Die Ost-Berliner P. war Bestandteil der *Volkspolizei (VP)* mit einem Polizeipräsidium (PdVP) in der Hans-Beimler-Str. am > ALEXANDERPLATZ. Dieses umfaßte zunächst acht, später elf VP-Inspektionen, entsprechend den Ost-Berliner Verwaltungsbezirken, mit 30 Revieren. Die Polizeistärke betrug zwischen 6.500-7.000 Personen. Die Volkspolizei umfaßte Schutz-, Kriminal-, Verkehrs-, Wasserschutzpolizei und die Feuerwehr (seit 1.1.1950). Die 1952 gebildete Kasernierte VP wurde am 18.1.1956 in *Nationale Volksarmee (NVA)* umbenannt. Zu nennen ist ferner die ca. 700 Mann starke *Transportpolizei (Trapo)*, die z.T. auch im Westteil der Stadt auf Reichsbahngelände tätig war (> DEUTSCHE REICHSBAHN; > S-BAHN). So gab es auf dem > BAHNHOF ZOOLOGISCHER GARTEN, dem Bahnhof Wannsee und im Reichsbahnausbesserungswerk Grunewald Trapo-Wachen.

Am 10.12.1952 wurde – nach dem Vorbild der Milizorgane in der UdSSR – das System der Abschnittsbevollmächtigten (ABV) aufgebaut, denen neben polizeilichen Tätigkeiten auch die politische Überwachung ihrer Abschnitte oblag. In diesem Bereich waren ca. 10-20 ABV – meist im Offiziersrang – pro VP-Revier tätig, die von insg. ca. 500 Volkspolizeihelfern (Zivilpersonen mit Hilfspolizeivollmachten) unterstützt wurden. Seit 1957 gab es im Ostteil der Stadt auch eine Bereitschaftspolizei. Bemerkenswert waren ferner die Kriminalkommissariate 5 (K5), in deren Zuständigkeit die Bearbeitung politischer Delikte fiel und die in enger Verbindung zum > STAATSSICHERHEITSDIENST DER DDR stand, der auch sonst von Straftaten unterrichtet wurde und Verfahren an sich zog.

Die Ausbildung der P. vollzog sich in Dienstanwärterlehrgängen und in der Fachschule für den mittleren Dienst in Aschersleben; höhere Offizierslaufbahnen wurden an der Hochschule der Volkspolizei in > KAULSDORF/ > BIESDORF, die seit 1965 das Promotionsrecht besaß, ausgebildet. Ein Kriminalistikstudium (mit Promotion und Habilitation) war an der Sektion Kriminalistik der > HUMBOLDT-UNIVERSITÄT möglich.

Die „dem zuverlässigen Schutz der sozialistischen Errungenschaften, des friedlichen Lebens und der schöpferischen Arbeit der Bürger" dienende VP galt zugleich als „Organ der einheitlichen sozialistischen Staatsmacht der DDR". Ihre Arbeit endete am 1.10.1990, als die West-Berliner P. – mit Zustimmung der vier Besatzungsmächte – die Polizeihoheit um 13 Uhr für ganz Berlin übernahm. In Ost-Berlin waren zu diesem Zeitpunkt 11.796 Polizeiangehörige tätig. Etwa 8.500

von ihnen wurden nach Überprüfungen und Lehrgängen zunächst übernommen. Am 1.6. 1992 waren bei der P. noch rd. 6.800 Personen aus dem früheren Ostteil der Stadt tätig. In den höheren Polizeidienst wurde keine Person aus Ost-Berlin übernommen.

Nach einer Überprüfung unter Beteiligung der Gauck-Behörde (> DER BUNDESBEAUFTRAGTE FÜR DIE UNTERLAGEN DES STAATSSICHERHEITSDIENSTES) und umfangreichen Selbstauskünften mit Fragebögen fanden durch Auswahlkommissionen Einstufungen statt: höhere Vopo-Dienstgrade wurden in den gehobenen Dienst und gehobene Vopo-Dienstgrade überwiegend in den mittleren Dienst eingestuft. Informelle und hauptamtliche Mitarbeiter der Stasi erhielten Kündigungsschreiben.

Nach der Vereinigung wurde bei der P. eine *Zentralstelle für Ermittlungen Regierungs- und Vereinigungskriminalität (ZERV)* eingerichtet. Sie hatte Mitte 1992 etwa 200 Ermittlungsbeamte, z.T. abgeordnet aus den alten Bundesländern und dem Bundeskriminalamt (BKA). Mitte 1992 sind dort ca. 353 Verfahren aus dem Bereich der Wirtschaftskriminalität anhängig, der geschätzte Schaden beläuft sich auf mind. 7 Mrd. DM. Außerdem werden dort Fälle von Tötungen (auch durch Selbstschußanlagen und Minen) an den innerdeutschen Grenzen (einschließlich Versuche ca. 350 Taten), von Rechtsbeugung, Amtsanmaßung, Entführungen sowie „Auftragsmorden" in der ehem. DDR bearbeitet.

Polizeihistorische Sammlung: Die P. am Platz der Luftbrücke 6 im Bezirk > TEMPELHOF präsentiert die Geschichte der Berliner > POLIZEI von den Anfängen bis zur Gegenwart. Gezeigt werden Exponate aus interessanten Kriminalfällen, historische Uniformen, Ausrüstungsgegenstände der > SCHUTZPOLIZEI und technisches Gerät. Zu den Besonderheiten der P. zählen eine originale Uniform von der Art, wie sie der Schuster Wilhelm Voigt alias „Der Hauptmann von Köpenick" bei seinem Überfall auf das Rathaus von > KÖPENICK am 16.10.1906 getragen hat, eine „Bertillonische Personenaufnahmeanlage" von 1910 sowie handgeschriebene Bildbände der Berliner > KRIMINALPOLIZEI aus der Zeit der Jahrhundertwende. Eine Tonbildschau ist den 20er Jahren gewidmet. Außerdem unterhält die P. eine über 2.800 Bände umfassende Bibliothek zur Polizeigeschichte.

Die P. ist das einzige behördlich geführte

Polizeimuseum in Deutschland. Träger ist der Polizeipräsident in Berlin. Der im Mai 1990 gegründete Förderkreis Polizeihistorische Sammlung e.V. – eine Vereinigung von inzwischen über 30 historisch Interessierten, v.a. Polizeibeamte und Pensionäre – unterstützt die P. bei der Anschaffung neuer Ausstellungsstücke durch Spenden.

In ihren Ursprüngen geht die P. auf das 1890 eingerichtete *Kriminalmuseum* im königlichen Polizeipräsidium am > ALEXANDERPLATZ zurück, dessen Bestände jedoch im II. Weltkrieg weitgehend verlorengingen. Eine nach dem Krieg neu aufgebaute kriminalpolizeiliche Lehrmittelsammlung in einem Dienstgebäude in der Gothaer Str. in > SCHÖNEBERG war seit 1956 der Öffentlichkeit zugänglich. Aus Anlaß des 125jährigen Bestehens der königlichen Schutzmannschaft zu Berlin 1973 wurde zusätzlich in der Polizeischule „Joachim Lipschitz" in > SPANDAU ein Polizeimuseum eröffnet. Aus der Zusammenfassung dieser beiden Institutionen entstand die P., die seit 1988 im Polizeipräsidium am Zentralflughafen Tempelhof jährlich rd. 9.000 Besucher begrüßt.

Im Zuge der > VEREINIGUNG Deutschlands konnte das Land Berlin den Fundus der ehem. „Traditionsstätte der Volkspolizei" – des 1985 gegründeten Polizeimuseums im Innenministerium der DDR – übernehmen. Dadurch kann die P. künftig die Entwicklung sowohl der Berliner Polizei als auch der Volkspolizei Berlin von der > SPALTUNG der Stadt 1948 bis zur Vereinigung dokumentieren. Ein anläßlich der 30. Wiederkehr des Mauerbaus im August 1991 eröffneter Ausstellungsteil bildet für diese „zweigleisige" Darstellung einen Anfang.

Postfuhramt: Das ehem. P. in der Oranienburger Str. 35-36/Ecke Tucholskystr. (früher Artilleriestr.) im heutigen Bezirk > MITTE wurde 1875-81 nach Plänen von Karl Schwatlo für verschiedene Einrichtungen der Post im Stil der Neorenaissance auf einer Fläche von über 6.500 m^2 erbaut. Das Hauptgebäude der umfangreichen Anlage ist ein Klinkerverblendbau in Klinkerrot und Ocker von drei Geschossen. Der an der Straßenecke liegende Haupteingang zeigt eine bis ans Dachgesims heranreichende Rundbogennische. Bekrönt wird er über dem Dach von einer achteckigen Tambourkuppel und zwei ebenfalls achteckigen Kuppelaufsätzen. Zum Fassadenschmuck gehören neben Allegorien auf das Post- und Telegraphenwesen auch 26 Porträt-Medaillons an den Rundbogenfenstern des Erdgeschosses. Im Hauptgebäude waren u.a. ein Paketpostamt, das Telegraphen-Ingenieurbüro des Reichspostamtes, eine Rohrpostmaschinenstelle für die 1876 eingeführte Stadtrohrpost und Unterrichtsräume der Post- und Telegraphenschule untergebracht. Auf dem ausgedehnten Hofgelände befanden sich zwei große, später zu Garagenhallen umgebaute Ställe für 300 Pferde. Im II. Weltkrieg wurde das P. schwer beschädigt. Zur 750-Jahr-Feier Berlins ist das damals noch von der Deutschen Post der DDR genutzte Gebäude grundlegend restauriert worden. Nach der > VEREINIGUNG ging das P. in den Besitz der > DEUTSCHEN BUNDESPOST über und wird von verschiedenen ihrer eigenen sowie von anderen Einrichtungen genutzt.

Postsportverein Berlin e.V. (PostSV): Der 1924 gegründete PostSV hat seinen Sitz in der Körner Str. 7-10 im Bezirk > SCHÖNEBERG. 1991 fusionierte er mit dem SV Post Berlin (Ost). Er ist mit ca. 5.000 Mitgliedern, davon ca. 53 % Angestellte und Beamte der > DEUTSCHEN BUNDESPOST in Berlin, nicht nur Berlins mitgliederstärkster Sportverein, sondern mit den über 30 Abteilungen auch einer der vielfältigsten Breitensportvereine in der Stadt. Neben allen Wasserfahrsport- und Ballsportarten werden im PostSV die Sportarten Angeln, Badminton, Bowling, Boxen, Gymnastik, Judo, Karate, Kegeln, Leichtathletik, Motor- und Radsport, Reiten, Schach, Ski, Sportschießen, Tanzen, Tauchen und Wandern betrieben. Durch entsprechende Angebote wird die Jugendarbeit ebenso gefördert wie der Familien-, Freizeit- und Seniorensport. Die Kurse und Gruppen betreuen sechs hauptamtliche und über 80 freie Übungsleiter in den vom Verein genutzten landes- und bezirkseigenen Sport- und Spielstätten im gesamten Stadtgebiet (> SPORTSTÄTTEN). Der Verein verfügt über eigene Bootshäuser am Stößensee, in > GRÜNAU (> DAHME), in > GATOW und am Wannsee (> GROSSER WANNSEE; > HAVEL; > HAVELSEEN). Das bis 1945 zum Vereinsbesitz gehörende > POSTSTADION an der Lehrter Str. 5 im Bezirk > TIERGARTEN ging nach dem II. Weltkrieg in das Eigentum des Landes Berlin über.

Poststadion: Das von dem Architekten Georg Demmler konzipierte, 1926-28 auf dem

Gelände eines ehem. Exerzierplatzes errichtete P. liegt zwischen der Lehrter Str. und dem Fritz-Schloß-Park im Bezirk > TIERGARTEN. Der > POSTSPORTVEREIN BERLIN E.V., Eigentümer der Anlage bis zum Ende des II. Weltkriegs, ließ neben dem für 35.000 Zuschauer geplanten Stadion mehrere Fußball- und Tennisplätze, eine Turnhalle, ein Hallenbad mit Ruder-Trainingsanlage sowie ein Sommerbad errichten (> HALLENBÄDER; > FREI- UND SOMMERBÄDER). Im II. Weltkrieg stark beschädigt, wurde das P. im Zuge des Wiederaufbaus durch aufgeschüttete Trümmer erweitert (> TRÜMMERBERGE) und der Stehtribünenbereich auf eine Zuschauerkapazität von 50.000 aufgestockt. Nach der zeitweiligen Requirierung durch die > ALLIIERTEN ging die Anlage 1953 in das Eigentum des Landes Berlin über und wird heute vom > BEZIRKSAMT Tiergarten verwaltet. Die Baukonstruktion der südlich überdachten Tribüne, die Schwimmhalle sowie der backsteinerne Eingangsbereich an der Lehrter Str. wurden 1986 unter Denkmalschutz gestellt.

Die Sportstätten um das Stadion, dessen Tribünen wie die Schwimmhalle gegenwärtig restauriert werden, dienen als Trainings- und Spielstätten für über 20 bezirkliche Vereine sowie für den Schulsport; das Sommerbad steht darüber hinaus in der Saison auch der Öffentlichkeit zur Verfügung. Aktuell können fünf Großspielfelder, ein Kleinspielfeld, ein Wurfplatz, zwei Leichtathletik- sowie eine Rollsportanlage genutzt werden. Die acht Tennisplätze umfassende Anlage nördlich des P. ist an einen lokalen Tennisverein verpachtet.

Potsdamer Abkommen: P. ist die gebräuchliche Bezeichnung für das Abschlußprotokoll der letzten Kriegsgipfelkonferenz der Vereinigten Staaten, der Sowjetunion und Großbritanniens vom 17.7.-2.8.1945 in Potsdam, veröffentlicht als „Mitteilung über die Drei-Mächte-Konferenz zu Berlin" vom 2.8.1945. Frankreich akzeptierte am 4.8.1945 die Vereinbarungen im wesentlichen, nicht jedoch eine Anzahl von Einzelbestimmungen, wie u.a. die vorgesehene Einrichtung deutscher Zentralverwaltungen. Teil III des P. enthielt die „politische(n) und wirtschaftliche(n) Grundsätze, deren man sich bei der Behandlung Deutschlands in der Anfangsperiode bedienen muß" (Abrüstung, Entmilitarisierung, Entnazifizierung, Demokratisierung, Dezentralisierung, Reparationsfrage). Gemäß

dem bereits rechtsverbindlichen Londoner Abkommen vom 14.11.1945 über die Kontrolleinrichtungen in Deutschland sollte die oberste Regierungsgewalt durch die Oberbefehlshaber in den einzelnen *Besatzungszonen* sowie gemeinsam durch den > ALLIIERTEN KONTROLLRAT mit Sitz in Berlin ausgeübt werden. Die übereinstimmende Umsetzung des P. scheiterte an den unterschiedlichen Interpretationen der Grundsätze und Ziele sowie am Ost-West-Konflikt.

Zur Rechtslage Berlins traf das P. keine eigenen Aussagen oder Festlegungen. Während des Ost-West-Konflikts vertrat die östliche Seite jedoch die Auffassung, die von der übergeordneten Siegermacht Sowjetunion lediglich konzediert worden sei, habe von der Erfüllung des P. abgehangen. Mit dem Argument, die Westmächte hätten das P. verletzt, trug die Sowjetunion in ihrer Note zum > SOWJETISCHEN ULTIMATUM vom 27.11.1958 vor, die Westmächte hätten ihr Recht auf Anwesenheit verloren.

Demgegenüber wurde auf der westlichen Seite wiederholt klargestellt, daß der Status Berlins bereits geraume Zeit vor dem P. – durch das selbständige > LONDONER PROTOKOLL vom 12.9.1944 und durch das Londoner Abkommen vom 11.11.1944 – vorgegeben war, bestätigt durch die > BERLINER ERKLÄRUNG VOM 5. JUNI 1945 über die Besatzungszonen und das Kontrollverfahren.

Potsdamer Bahnhof: Der P. als Endbahnhof der 1838 eröffneten Berlin-Potsdamer, später Berlin-Potsdam-Magdeburger-Eisenbahn, war der erste Bahnhof Berlins. Er wurde 1837/38 südlich des > POTSDAMER PLATZES an der Hirschelstr. (heute Stresemannstr.) außerhalb der > STADTMAUER erbaut und bestand aus einer eingleisigen, 111 m langen und 7,7 m breiten Bahnwagenhalle mit einem Seitenbahnsteig, einem einfachen „Empfangshaus" sowie zwei parallel zur Bahnwagenhalle geführten Aufstellgleisen. Außerdem hatte der Bahnhof einen Stall für 45 Pferde, die nachts als Zugtiere verwendet werden sollten. Der Bahnhof wurde mehrmals erweitert, konnte aber bald das gestiegene Verkehrsaufkommen nicht mehr bewältigen, so daß er 1868-71 durch einen Neubau ersetzt wurde. Die Güterabfertigung wurde auf einen eigenen Güterbahnhof südlich des > LANDWEHRKANALS verlegt. Dabei wurde das gesamte Bahngelände 3,5 m höher gelegt, um so die

Kanaluferstraßen und den geplanten Boulevardring (> GENERALSZUG) niveaufrei kreuzen zu können. Dieser neue P. war ein fünfgleisiger Kopfbahnhof mit zwei Seitenbahnsteigen, einem Mittelbahnsteig und einem Kopfbahnsteig. Das Bahnhofsgebäude bestand aus einem Kopfbau und einem westlichen Seitenflügel mit Warteräumen; auf der östlichen Seite am südlichen Ende der Bahnsteighalle lag das Empfangsgebäude für den kaiserlichen Hof. Die Bahnsteighalle war 172 m lang, 36,6 m breit und hatte ein flachgewölbtes Glasdach mit einer Scheitelhöhe von 23,5 m. 1890/91 wurde der P. an der Ostseite durch die vorgelagerten Anbauten des Bahnhofs der > RINGBAHN und an der Westseite durch den Bahnhof für die *Wannseebahn* erweitert. Beide Seitenbahnhöfe waren durch einen unter der Fernbahnhalle liegenden Tunnel miteinander verbunden.

Die Zerstörungen im II. Weltkrieg waren so groß, daß der Bahnhof nach 1945 nicht mehr in Betrieb genommen werden konnte; lediglich die Züge der Wannseebahn benutzten für kurze Zeit noch den Ringbahnhof. 1958 wurde das Gebäude abgetragen. Das seither brachliegende Gelände kam 1972 im Zuge eines > GEBIETSAUSTAUSCHES zu West-Berlin. Nach der > VEREINIGUNG wurde es zum Wettbewerbsgebiet für die Neugestaltung des > POTSDAMER PLATZES. Zwischenzeitlich wird es als > TRÖDELMARKT (*Krempelmarkt*) genutzt.

Potsdamer Platz: Der P. liegt unmittelbar westlich des > LEIPZIGER PLATZES auf der Grenze zwischen den Bezirken > MITTE und > TIERGARTEN im alten Stadtzentrum der ehem. Reichshauptstadt Berlin. In den 20er Jahren war er der verkehrsreichste Platz des europäischen Kontinents. Nach weitgehender Zerstörung im II. Weltkrieg wurden Platz und Umgebung während der Besatzungszeit Berlins (> SONDERSTATUS 1945-90) zum Grenzgebiet zwischen Ost und West und verödeten. Seit dem Abriß der > MAUER 1990 stellt sich das Gelände als riesige, brachliegende Fläche dar, der jede Struktur und Begrenzung fehlt. Mit dem Verkauf umfangreicher Teilstücke der angrenzenden Grundstücke an Wirtschaftsunternehmen (z.B. Daimler-Benz 1990 und Sony 1991) wurden erste Schritte für eine Neubebauung getan. Ein am 1.10. 1991 entschiedener städtebaulicher Wettbewerb für den gesamten Bereich sieht nach einem Entwurf der Münchner Architekten Heinz Hilmer und Christoph Sattler eine bis

zu 35 m hohe Blockbebauung vor, wobei 20 % der Bruttogeschoßfläche für Wohnungen zur Verfügung gestellt werden sollen.

Der aus einer Grünanlage entstandene P. erhielt seinen Namen 1831 nach dem *Potsdamer Tor*, das 1823/24 von Karl Friedrich Schinkel östlich des Platzes neu errichtet worden war (> STADTMAUER). Im eigentlichen Sinne kein Platz, war der P. ein besonders wichtiges

Potsdamer Platz 1930 mit Verkehrsturm

Verkehrskreuz im Zentrum Berlins. Ein wesentlicher Ausgangspunkt für die Bebauung des gesamten Areals war die Anlage des > POTSDAMER BAHNHOFS, von dem am 29.10.1838 die erste Berliner Eisenbahn zunächst bis > ZEHLENDORF fuhr. 1907 wurde der unterirdische U-Bahnhof am P. eröffnet (> U-BAHN).

V.a. ab dem letzten Drittel des 19. Jh. entstanden um den P. in schneller Folge Hotels und Vergnügungsstätten, von denen viele auch international berühmt wurden, so z.B. das 1911/12 von Franz Schwechten errichtete Haus Potsdam, ab 1914 *Haus Vaterland*, mit dem Café Piccadilly. Bekannt waren aber auch das Pschorr-Bräu (Johann Emil Schaudt, 1909/10) und das Café Josty, ein beliebter Treffpunkt bedeutender Politiker, Schriftsteller und Künstler, darunter Theodor Fontane und Adolph v. Menzel. Herausragende Hotelbauten waren das „Grand-Hotel Bellevue" (Ludwig Heim, 1887/88), das „Palast-Hotel" (Ludwig Heim, 1892/93) und „Der Fürstenhof" (Richard Bielenberg und Josef Moser, 1907). Im 1921 von Otto Rudolf Salvisberg zum Funkhaus umgebauten *VOX-Haus* war 1923 die Geburtsstätte des deutschen Rundfunks (> HÖRFUNK). Einen besonderen städte-

Potsdamer Platz 1990 mit Grenzübergang

baulichen Akzent setzte 1931/32 Erich Mendelsohn mit dem *Columbushaus*, einem zehngeschossigen Stahlskelettbau im Stil der Neuen Sachlichkeit.

Auf den P. mündeten die > POTSDAMER STRASSE, die Linkstr., die Bellevuestr. und die > LEIPZIGER STRASSE, während die damalige Königgrätzer Str. den Platz durchschnitt (heute Ebertstr./Stresemannstr.). 1924 wurde auf der Platzmitte nach einem Entwurf von Jean Krämer der bekannte fünfeckige Verkehrsturm mit der ersten Verkehrssignalanlage Berlins errichtet. Beim Bau des 1936 eröffneten S-Bahnhofs für die Nord-Süd-

Bahn (> S-BAHN) wurde er wieder abgebrochen. Neben S- und U-Bahn kreuzten den Platz damals 26 Straßenbahn- und fünf Buslinien (> STRASSENBAHN).

Nach schweren Kriegszerstörungen, zuletzt durch die Kämpfe um Berlin, und der Besetzung der Stadt durch die > ALLIIERTEN wurde die über den P. verlaufende Bezirksgrenze zur Sektorengrenze zwischen Ost und West (> SEKTOREN). Beim Arbeiteraufstand in der DDR am > 17. JUNI 1953 war der P. Ort gewalttätiger Auseinandersetzungen, bei denen das Columbushaus in Brand geriet. 1956 wurde es abgerissen. Nach dem Bau der Mauer 1961 ließ die DDR auf ihrer Seite auch alle anderen Gebäude abtragen und weiträumige Sperranlagen errichten. Die U-Bahnverbindung über den P. wurde unterbrochen, der S-Bahnhof geschlossen. Auf der Westseite blieben als einzige Häuser nur das 1979 unter Denkmalschutz gestellte Gebäude der Weinhandlung Huth von C. Heidenreich und P. Michel (1912) in der Linkstr. und der Gebäudetorso des 1906-08 von Otto Rehnig erbauten „Grandhotels *Esplanade*" in der Bellevuestr. erhalten (> FILMHAUS ESPLANADE). In den folgenden Jahren wurde der Mauer-Aussichtspunkt am P. zum Fixpunkt westli-

Potsdamer Platz, Planungen für die Neugestaltung 1992

cher Stadtrundfahrten. Gleichzeitig siedelten sich in Baracken mehrere Souvenirläden an, die das trostlose Gesamtbild noch verstärkten. Nach der Grenzöffnung durch die DDR am > 9. NOVEMBER 1989 war der P. am 12.11. einer der ersten zusätzlich eröffneten innerstädtischen Grenzübergänge. Im März 1992 wurde nach umfangreichen Sanierungsarbeiten der Nord-Süd-Tunnel der S-Bahn mit dem Bahnhof P. wieder in Betrieb genommen. Bis Mitte 1993 soll auch die Lücke in der über den P. führenden U-Bahnlinie wieder geschlossen werden und die Neubebauung des Platzes beginnen.

Potsdamer Straße: Die ca. 2,5 km lange P. verbindet das Zentrum Berlins in den Bezirken > MITTE und > TIERGARTEN mit dem Ortskern von > SCHÖNEBERG. Sie beginnt am > POTSDAMER PLATZ als Fortsetzung der > LEIPZIGER STRASSE, durchquert nach Süden schwenkend das > KULTURFORUM TIERGARTEN, überquert den > LANDWEHRKANAL und führt Richtung Süden bis zur Einmündung der Grunewaldstr. in Höhe des > HEINRICH-VON-KLEIST-PARKS. Zwischen Landwehrkanal und Bülowstr. hat die P. mit ihren zahlreichen Einkaufs- und Dienstleistungsangeboten die Funktion eines Mittelzentrums (> EINKAUFSZENTREN). In Verbindung mit der nördlich an die P. anschließenden *Entlastungsstraße* durch den > GROSSEN TIERGARTEN ist sie gleichzeitig eine der am stärksten genutzten Nord-Süd-Verbindungen für den innerstädtischen Kfz-Verkehr mit einer Verkehrsbelastung bis zu 40.000 Kfz/Werktag. In südlicher Richtung erreicht man über den anschließenden Straßenzug Hauptstr., Rheinstr., > SCHLOSS-STRASSE, Unter den Eichen, Berliner Str., *Potsdamer Chaussee* bei > DREILINDEN den Autobahnzubringer zum > BERLINER RING bzw. weiterführend über die Königsstr. und die > GLIENICKER BRÜCKE Potsdam. Der Straßenzug ist als Teil der Bundesstraße 1 eine der wichtigsten Ausfallmagistralen Berlins in südwestlicher Richtung (> BUNDESFERNSTRASSEN). Die P. entstand als erster Abschnitt der 1792-95 erbauten ersten Berliner *Chaussee*, die die preußischen Residenzstädte Berlin und Potsdam miteinander verband. Nach 1871 wurde sie zum Teilstück der von Aachen nach Königsberg führenden Reichsstraße Nr. 1. Der Verlauf der Straße nördlich des Landwehrkanals wurde im Zuge der Errichtung des Kulturforums verändert. Heute liegt auf der alten Trasse der P. die 1978 eröffnete >

STAATSBIBLIOTHEK ZU BERLIN – PREUSSISCHER KULTURBESITZ; nordöstlich der Staatsbibliothek ist der alte Trassenverlauf noch erkennbar.

Prater: Der P. in der Kastanienallee 7-9 im > PRENZLAUER BERG ist heute eine Kultureinrichtung des Bezirks. Das Vergnügungsetablissement entstand 1837 als Schenke an einem Fuhrweg. Nachdem sich an der Kante der Barnimhochfläche (> BARNIM) wegen der in dem hügeligen Gelände leicht anzulegenden Kühlgewölbe ab 1841 zahlreiche Brauereien angesiedelt hatten, übernahm 1852 der Kaffeehausbesitzer Kalbo die Gaststätte und machte daraus einen Bier- und Kaffeegarten, der sich rasch zu einem beliebten Ausflugsziel entwickelte. Eine Gartenbühne, auf der Sänger, Komiker und Artisten auftraten, erhöhte die Attraktivität, und in ironischer Anspielung auf die große Wiener Vergnügungsstätte nannten die Berliner die Gaststätte Berliner P., so daß sie diesen Namen 1867 auch offiziell übernahm. Das Beispiel machte im Berliner Raum Schule und als der P. 1867 eine Konzession zur Aufführung von Lustspielen, Operetten und Possen erhielt, war sein „Café Chantant" schon lange nicht mehr das einzige seiner Art. Unter diesem Sammelbegriff hatten sich bald weitere „Gesangscafés" etabliert (> LEICHTE MUSIK). Der 1857 errichtete Saalbau im typisch Berliner Rundbogenstil wurde mehrfach erweitert, so daß auch bei schlechtem Wetter und sogar in den Wintermonaten der Betrieb aufrechterhalten werden konnte. In der 2. Hälfte des 19. Jh. entwickelte sich die Kneipe zum Ausflugslokal mit großem Garten, > VARIETÉ, Volkstheater und Ballsaal, das wie die > NEUE WELT auch als Versammlungsort für politische Kundgebungen genutzt wurde. Die Wiedereröffnung des P. nach dem II. Weltkrieg erfolgte 1954. 1967 wurde der P. zum Kreiskulturhaus des Bezirks. Die spezifische Tradition der Einrichtung konnte bis in die jüngste Gegenwart bewahrt werden. Nach der > VEREINIGUNG wurde der P. 1991 geschlossen, um eine umfangreiche Restaurierung vorzunehmen. Zu den Anlagen, die erhalten werden sollen, gehören der Saal mit Bühne und weitere Räumlichkeiten sowie das 15.000 m² große Gartenlokal (1.600 Plätze) mit Freilichtbühne.

Prenzlauer Berg: Der Altbaubezirk P. auf der ehem. Berliner Feldmark nördlich des Stadtzentrums gehört zu den kleineren > BE-

ZIRKEN Berlins. Nur die Bezirke > MITTE, > KREUZBERG und > FRIEDRICHSHAIN weisen eine geringere Fläche auf. In der Einwohnerdichte steht er jedoch nach Kreuzberg an zweiter Stelle. Der Bezirk entstand bei der Bildung > GROSS-BERLINS im Jahr 1920 als vierter Verwaltungsbezirk zunächst unter der Bezeichnung *Prenzlauer Tor*. Von diesem Tor in der >

Die Landwirtschaftsflächen befanden sich im Besitz des > MAGISTRATS, von Kirchen, Klöstern und Berliner Ackerbürgern. Schon früh wurde auf den Hügeln des Barnim-Ausläufers auch Weinbau betrieben, der erst nach dem extrem harten Winter 1740/41 zum Erliegen kam. Ab 1748 wurden mehr und mehr auch > WINDMÜHLEN auf der Hochfläche er-

---

Prenzlauer Berg – Fläche und Einwohner

Fläche (Juni 1989)	10,9 km²	100 %
Bebaute Fläche	7,44	68,0
Wohnfläche	5,06	46,3
Gewerbe- und Industriefläche		
inkl. Betriebsfläche	0,97	8,9
Verkehrsfläche	1,54	14,1
Grünfläche[1]	1,53	14,0
Landwirtschaft	–	–
Wald	–	–
Wasser	–	–
Einwohner (31.12.1989)	144.971 EW	
darunter: Ausländer	946	0,7 %
Einwohner pro km²	13.251	

[1] Parks, Tierparks, Kleingärten, Spielplätze, ungedeckte Sportanlagen, Freibäder, Friedhöfe

---

STADTMAUER führte die Prenzlauer Allee zur 90 km entfernten Stadt Prenzlau in der Uckermark. Ein Jahr später erhielt er nach dem „Prenzlauer Berg", einer überbauten Anhöhe am südlichen Ende der Prenzlauer Allee, seinen heutigen Namen.

Im Westen grenzt P. an den Bezirk > WEDDING. Von 1945-90 verlief hier gleichzeitig die Sektorengrenze zu West-Berlin (> SEKTOREN; > DEMARKATIONSLINIE; > MAUER). Die südliche Grenze zu den Bezirken Mitte und Friedrichshain folgt dem ehem. Verlauf der 1867 abgebrochenen Zollmauer mit Prenzlauer und *Schönhauser Tor* im Bereich der heutigen Wilhelm-Pieck-Str. (bis 1951 Elsässer Str. und Lothringer Str.) und dem ehem. *Königstor* am Anfang der Greifswalder Str. Im Osten grenzt P. an die Bezirke > HOHENSCHÖNHAUSEN und > LICHTENBERG und im Norden an > WEISSENSEE und > PANKOW.

Das Territorium des Bezirks liegt oberhalb der Innenstadt auf der Hochfläche des > BARNIM. Bereits mit der Gründung der Doppelstadt Berlin/> KÖLLN begann die landwirtschaftliche Nutzung des Gebiets, ohne daß es jedoch zu einer eigenen Dorfbildung kam.

richtet, so daß sich das Gebiet zum wichtigsten Mühlenstandort der Stadt entwickelte. Bis zu 30 Windmühlen gab es im Gebiet des heutigen Bezirks. Noch in der ersten Hälfte des 19. Jh. waren in der Umgebung des *Windmühlenberges* zwischen der heutigen Saarbrücker Str., Straßburger Str. und Prenzlauer Allee acht Mühlenbetriebe tätig.

Mit der beginnenden Industrialisierung wuchs ab dem dritten Jahrzehnt des 19. Jh. die Bebauung Berlins über die Stadtgrenzen hinaus und erreichte ausgehend vom Schönhauser Tor auch das Gebiet des heutigen Bezirks P. Zur gleichen Zeit begannen auch die Mühlenbetriebe der Konkurrenz der modernen Industrie zu weichen. 1856 wurde auf dem Windmühlenberg ein Steigerohrturm für Berlins erstes Wasserwerk an der > SPREE errichtet, neben dem 1877 der große Wasserturm, das heutige Wahrzeichen von P., entstand (> WASSERTURM PRENZLAUER BERG). Da das hügelige Gelände die Anlage der zur Bierherstellung erforderlichen Kühlkeller erleichterte, ließen sich ab 1841 auch zahlreiche Brauereien hier nieder, die den P. mit ihren Schankhäusern und Biergärten zu einem be-

Wald
Grünfläche
Industriegebiet
Bebaute Fläche
Grenze von Berlin
Autobahn
Fernverkehrsstraße
Verbindungsstraße
Straße
Steglitz Bezirk
Dahlem Ortsteil
Moabit Wohngebiet, Siedlung

Rostock 201 km

Stettin 138 km

Bucher

Buch

Blankenfelde

Buchholz

Karow

Blankenburg

Pankow

Heinersdorf

Malchow

Wartenberg

Weissensee

Falkenberg

Hohen-schönhausen

Prenzlauer Berg

Marzahn

Lichtenberg

Hellersdorf

Friedrichs-hain

Friedrichs-felde

Biesdorf

Mahlsdorf

Kreuzberg

Kaulsdorf

Treptow

Rummelsburg

Karlshorst

Dammfeld

Neukölln

Baumschulen-weg

Oberschöne-weide

Wolfsgarten

Niederschöne-weide

Berliner Stadtforst

Britz

Friedrichshagen

Köpenick

Johannisthal

Adlershof

Köpenick

Rahnsdorf

Wilhelmshagen

Gropiusstadt

Kietz

Grosser Müggelsee

Hessenwinkel

Buckow

Rudow

Grünau

Wendenschloss

Müggelheim

Grossziethen

Alt-Glienicke

Berliner

Kleinziethen

Bohnsdorf

Karolinenhof

Köpenick

Schönefeld

Stadtforst

Seddinsee

Wassmannsdorf

Berlin-Schönefeld

Schmöckwitz

Diepensee

Frankfurt
an der Oder 69 km
Dresden 161 km
Prag 348 km

Rauchfangs-werder

liebten Ausflugsziel werden ließen. Aus dieser Zeit erhalten hat sich bis heute die Berliner Traditionsgaststätte > PRATER in der Kastanienallee 7-9, die gegenwärtig modernisiert wird.

Ab 1862 begann nach dem vom damaligen Baurat James Hobrecht entworfenen sog. > HOBRECHTPLAN eine stürmische Bebauung des gesamten Gebiets. Sie machte die einstige Feldmark in wenigen Jahrzehnten zu einem dicht besiedelten Arbeiterwohnbezirk, flächendeckend belegt mit > MIETSKASERNEN voller Labyrinthe von Hinterhöfen, Seiten- und Quergebäuden (> WOHNUNGSBAU). Neben den Mietskasernen entstanden jedoch auch schon früh sozial verpflichtete Reformprojekte, wie z.B. die von dem ersten gemeinnützigen Wohnungsbauunternehmen Deutschlands, der „Berliner Gemeinnützigen Baugesellschaft", 1849-52 nach Plänen von Carl Wilhelm Hoffmann errichteten Wohnhäuser an der Wilhelm-Pieck-Str. 85-87, die 1899/1900 entstandene Eckbebauung an der Stargarder Str./Greifenhagener Str. von Alfred Messel oder die 1903-05 von Erich Köhn erbaute Beamtenwohnanlage an der Wilhelm-Pieck-Str. 3-7 (> GEMEINNÜTZIGE WOHNUNGSWIRTSCHAFT).

Auch in den 20er Jahren dieses Jh. wurden einige anspruchsvolle Wohnanlagen errichtet, so z.B. 1926/27 durch Bruno Taut zwischen Heinz-Bartsch-Str. (bis 1974 Schneidemühler Str.) und Paul-Heyse-Str. zusammen mit der benachbarten Bebauung Conrad-Blenkle-Str. (bis 1974 Thorner Str.), Rudi-Arndt-Str. (bis 1974 Olivaer Str.) oder die sechs Baublöcke für insg. 1.400 Wohnungen an der Kreuzung Kugler-/Krüger-/Dunckerstr. (1926-28 von Paul Mebes, Paul Emmerich, Eugen C. Schmohl u.a.) sowie die 1929/30 errichtete > WOHNSTADT CARL LEGIEN an der Erich-Weinert-Str. (bis 1954 Carmen-Silva-Weg) von Bruno Taut und Franz Hillinger. Von Bruno Taut stammt auch die Wohnsiedlung zwischen Grellstr. und Rietzestr. aus dem Jahr 1927.

1867 begann der Bau der > RINGBAHN, mit deren Eröffnung 1871 das Gebiet Anschluß an die > EISENBAHN erhielt. Nachdem sie anfänglich nur dem > GÜTERVERKEHR diente, wurde mit der Eröffnung der Bahnhöfe Weißensee (Greifswalder Str., 1875), Landsberger Allee (1882), Nordring (Schönhauser Allee, 1884) und Prenzlauer Allee (1891) auch der Personenverkehr aufgenommen. Auch die 1875 eröffnete Linie der Großen Berliner Pferdebahn vom Schönhauser Tor über die > SCHÖNHAUSER ALLEE nach Pankow sowie die 1913 in Betrieb genommene > U-BAHN > ALEXANDERPLATZ – Nordring hatten für die weitere Erschließung des Gebiets große Bedeutung. 1930 wurde die U-Bahn bis zum heutigen Endpunkt Pankow/Vinetastr. verlängert.

1872-74 entstand auf dem Gelände des heutigen > ERNST-THÄLMANN-PARKS an der Greifswalder Str. das (1981 stillgelegte) IV. Städtische Gaswerk (> GASVERSORGUNG). 1878-81 folgte nach Plänen von Stadtbaurat Hermann Blankenstein südlich der > LANDSBERGER ALLEE an der Ringbahn der Zentrale Vieh- und Schlachthof (> GROSSMÄRKTE; > SCHLACHTHOF BERLIN). Seit der Jahrhundertwende siedelten sich hier auch zahlreiche Mittel- und Kleinbetriebe der Lebensmittel-, Leicht-, elektrotechnischen und metallverarbeitenden Industrie an. Von 1961-67 entstand zwischen den Bahnhöfen Leninallee (Landsberger Allee) und Ernst-Thälmann-Park (Greifswalder Str. bzw. Weißensee) das Gewerbegebiet Storkower Str. mit Betrieben der Elektrotechnik, der Elektronik und des Maschinenbaus. Seit der > VEREINIGUNG 1990 vollziehen sich größere Umstrukturierungen, deren Ausmaße gegenwärtig noch nicht abzusehen sind. So stellte u.a. auch das auf dem etwa 52 ha großen Gelände des Zentralen Vieh- und Schlachthofs errichtete Fleischkombinat seine Produktion ein. Mit rd. 3.000 Beschäftigten war es einer der größten Arbeitgeber im Bezirk. Wichtige Industriebetriebe in P. waren auch das Backwarenkombinat und verschiedene Betriebe der Bekleidungsindustrie.

Drei ehem. mittelalterliche Verkehrswege, beginnend bei den drei genannten Stadttoren, bestimmen bis heute als verkehrsreiche Magistralen die Siedlungsstruktur des Bezirks: Schönhauser Allee, Prenzlauer Allee und Greifswalder Str. Die Schönhauser Allee ist gleichzeitig die Haupteinkaufsstraße des Bezirks (> EINKAUFSZENTREN). Verbunden werden die drei fächerartigen Ausfallstraßen durch die Dimitroffstr. (früher Danziger Str.), eine innere Ringstraße, die auf einen 1822 angelegten „Communikationsweg" durch die hiesige Berliner Feldmark zurückgeht.

Anfang der 70er Jahre machte die DDR den Bezirk zum Demonstrationsobjekt für Modernisierung und Instandsetzung alter Wohnbebauung in Ost-Berlin (> STADTSANIERUNG). Wie im Westen war es Ziel, die alten Mietskasernen zu sanieren, die Hinterhöfe zu entkernen und Quergebäude abzureißen, so daß Licht und Luft in die Höfe und Hinterhäuser gelangen konnten. Schwerpunkt dieser Rekonstruktionsmaßnahmen waren die Schönhauser Allee und v.a. die Gegend um den > ARNIMPLATZ. Zur 750-Jahr-Feier Berlins 1987 wurde in der > HUSEMANNSTRASSE ein kompletter Straßenzug als ein Stück Alt-Berlin der Gründerzeit wiederhergerichtet. Dazu gehören als Außenstelle des > MÄRKISCHEN MUSEUMS das Museum „Berliner Arbeiterleben" und ein Friseurmuseum. Zwei Beispiele für die wenigen Neubauvorhaben im Bezirk sind die Ende der 70er Jahre für ca. 9.000 Bewohner errichtete, 35 ha große Siedlung am nördlichen Ende Greifswalder Str. und der bereits erwähnte Ernst-Thälmann-Park auf dem Gelände der 1982 abgebrochenen Gasanstalt.

Auch heute noch ist P. eines der größten Sanierungsgebiete Europas. 70 % der Wohnungen entstanden vor 1919, insg. 83,4 % vor 1945. Zwar waren die Kriegsschäden im Vergleich zu anderen Bezirken gering, doch um so größer war in den rd. 92.000 Wohnungen des Bezirks der Zerfall in den Jahrzehnten danach. Von den 154.000 erneuerungsbedürftigen Altbauten im Ostteil der Stadt befinden sich mehr als ein Drittel im Bezirk P. Nur 71 % der Wohnungen haben ein eigenes Bad oder eine Dusche, nur 88,5 % verfügen über eine Innentoilette. Dank eines hohen Aufwands an Eigenleistungen der Bewohner in den vergangenen Jahren ist der Erhaltungs- und Ausstattungsgrad der Wohnungen jedoch so, daß der Bestand zu einem beträchtlichen Teil sanierungsfähig ist.

Grüne Lungen bilden in dem an Grünflächen armen Bezirk v.a. der > VOLKSPARK PRENZLAUER BERG nördlich der Hohenschönhauser Str., der > VOLKSPARK ANTON SAEFKOW zwischen Ringbahn und Anton-Saefkow-Str. und die Grünanlagen des Ernst-Thälmann-Parks. Am westlichen Ende des Parks an der Prenzlauer Allee befindet sich das 1987 eröffnete > ZEISS-GROSSPLANETARIUM. Als grüne Oasen lockern den dicht besiedelten Bezirk aber auch manche Wohnhöfe und Plätze auf, wie der Arnswalder Platz an der Dimitroffstr. oder der > KOLLWITZPLATZ an der Kreuzung Kollwitzstr./Knaackstr., der als einer der schönsten im ehem. Ost-Berlin gilt. Nicht weit vom Kollwitzplatz entfernt steht die 1903-04 errichtete > SYNAGOGE IN DER RYKESTRASSE (Nr. 53). Als einziger aller Berliner Bezirk weist P. keinerlei Wasserflächen auf.

Außer dem nicht mehr genutzten Jüdischen Friedhof in der Schönhauser Allee 23-25 (> JÜDISCHE FRIEDHÖFE) liegen im Bezirk P. der 1846 eröffnete Freireligiöse Friedhof in der Pappelallee 17, der 1802 angelegte Alte Friedhof der Nikolai- und Mariengemeinde an der Prenzlauer Allee 1 südlich der Straße Prenzlauer Berg und – nördlich der Straße – (Prenzlauer Allee 7) der 1858 eröffnete neue Friedhof dieser Gemeinden. Östlich anschließend an der Greifswalder Str. 229-234 wurde 1814 der Georgenfriedhof der Georgen-

Rathaus Prenzlauer Berg

Parochial-Gemeinde eröffnet. Auf dem Jüdischen Friedhof fanden noch bis 1940 vereinzelt Begräbnisse statt, alle anderen genannten Friedhöfe wurden 1970 aufgelassen (> FRIEDHÖFE).

Bedeutende Sportanlagen sind der > FRIEDRICH-LUDWIG-JAHN-SPORTPARK, dessen Stadion an der Cantianstr., auf dem ehem. sog. „Exer" (Exerzierplatz), rd. 30.000 Personen faßt, aber auch die > WERNER-SEELENBINDER-HALLE an der Fritz-Riedel-Str., in der u.a. Radsport-, Box- und Eiskunstlaufveranstaltungen stattfinden. Das Gelände ist für eine Olympia-Sportstätte vorgesehen (> OLYMPISCHE SPIELE). Für den Schwimmsport steht neben den Schwimmhallen im Ernst-Thälmann-Park und in der Thomas-Mann-Str. das Stadtbad in der Oderberger Str. zur Verfügung. Das mit reich geschmückten Giebeln im Stil der Renaissance ausgestattete Gebäude wurde 1897/98 von Stadbaurat Ludwig Hoffmann errichtet und 1903 eröffnet. Nach dem gleichfalls von Hoffmann erbauten Stadtbad in der Baerwaldstr. 64-68 in > KREUZBERG ist es das zweitälteste Hallenbad Berlins (> HALLENBÄDER).

Die wichtigste Einrichtung des Gesundheitswesens ist das Städtische Krankenhaus mit 547 Betten. Allerdings verfügt P. über kein

Schwerpunktkrankenhaus (> KRANKENHÄU- SER). Es verteilt sich auf zwei Häuser in der Fröbelstr. 15 und in der Dimitroffstr. 75. Die Zahl der niedergelassenen Ärzte aller Fachrichtungen hat sich seit 1991 stark erhöht, die ehem. Polikliniken wurden zum Teil in Ärztehäuser umstrukturiert.

Die „kulturelle Grundversorgung" des Bezirks wird im wesentlichen durch zwei > KINOS, das „Colosseum" an der Schönhauser Allee und das „Kino am Friedrichshain" in der Bötzowstr. sowie das *Studiotheater „bat"* in der Belforter Str. 15, einer Spielstätte der > HOCHSCHULE FÜR SCHAUSPIELKUNST „ERNST BUSCH" in > TREPTOW und drei weitere kleine Bühnen getragen („Mime Centrum Berlin", Schönhauser Allee 73; „Theater o.N." [ohne Namen], Knaackstr. 45; „Theater unterm Dach" im Kulturhaus im Ernst-Thälmann-Park). Von überbezirklicher Bedeutung ist ein Puppentheater in der Greifswalder Str., das auch als eine zentrale Spielstätte für > PUPPENTHEATER aus anderen Bezirken Berlins dient.

Schon zu DDR-Zeiten haben sich viele Künstler und Schriftsteller im Bezirk angesiedelt, die bereits in den 80er Jahren mit einer Vielzahl von individuellen Alternativprojekten außerhalb der offiziellen Staatskultur in Erscheinung traten und P. zum Zentrum der alternativen Kultur und der Dissidentenbewegung in Ost-Berlin werden ließen (> ALTERNATIVBEWEGUNG). Veranstaltungs- und Versammlungsstätten waren Klubhäuser, improvisierte Galerien, Cafés, Kneipen und private Wohnungen. Als Treffpunkt oppositioneller Gruppen ist Ende der 80er Jahre v.a. die *Gethsemane-Kirche* (erbaut 1891-93, August Orth) in der Stargarder Str. 77 über Berlin hinaus bekannt geworden. Auch nach der Vereinigung hat sich diese Tradition fortgesetzt, etwa in der Anwohnerinitiative zur Gründung des sozio-kulturellen Zentrums > PFEFFERWERK in den Räumlichkeiten der ehem. Brauerei Pfeffer an der Schönhauser Allee gegenüber dem Senefelderplatz oder der ähnlich konzipierten > KULTURBRAUEREI in der einstigen Schultheiss-Brauerei an der Knaack-/ Ecke Dimitroffstr. Daneben tragen rd. 30 weitere, i.d.R. durch private Initiativen entstandene Clubs, kulturelle und „soziokulturelle Treffs" zur Vielfalt der kulturellen Szene bei.

Das Rathaus und der größte Teil der Bezirksverwaltung befinden sich in einem Gebäude in der Fröbelstr. 17, das zu einem 1886-89 nach einem Entwurf von Hermann Blanken-

stein als Städtisches Hospital und Siechenhaus errichteten ehem. Krankenhauskomplex gehört (> RATHÄUSER).

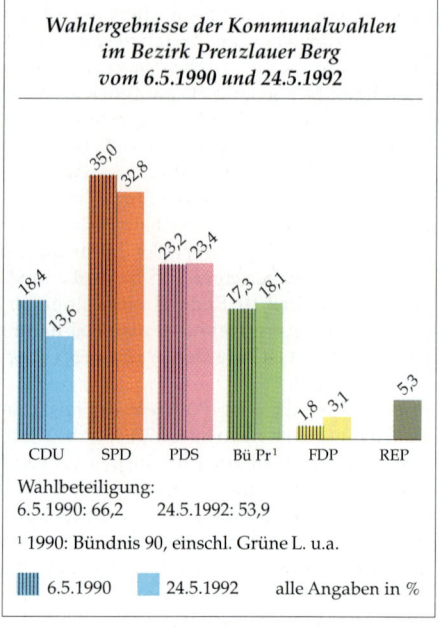

Wahlergebnisse der Kommunalwahlen im Bezirk Prenzlauer Berg vom 6.5.1990 und 24.5.1992

Wahlbeteiligung:
6.5.1990: 66,2   24.5.1992: 53,9

[1] 1990: Bündnis 90, einschl. Grüne L. u.a.

6.5.1990   24.5.1992   alle Angaben in %

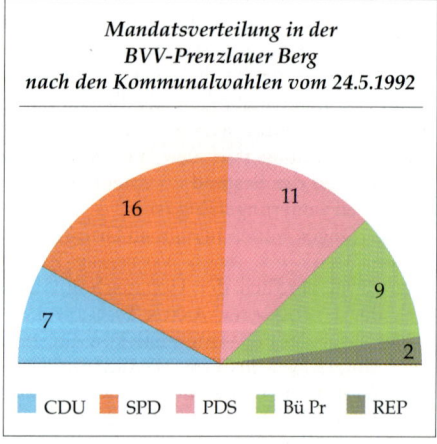

Mandatsverteilung in der BVV-Prenzlauer Berg nach den Kommunalwahlen vom 24.5.1992

CDU   SPD   PDS   Bü Pr   REP

Bei den ersten Gesamt-Berliner Kommunalwahlen am 24.5.1992 wurde die SPD stärkste Partei. Sie stellt drei Stadträte, die PDS zwei, CDU und Bündnis Prenzlauer Berg je einen. Den Bezirksbürgermeister stellt die SPD.

Presse:

1. Die Berliner Presselandschaft 1991
1992 erschienen in Berlin zehn Tageszeitungen und eine größere Anzahl an Wochen-

zeitungen, Zeitschriften, Magazinen und weiteren Periodika. Auflagenstärkste Tageszeitung war die nur im Einzelhandel erhältliche > B.Z. mit 337.469 Exemplaren; größte Abonnementszeitung die > BERLINER ZEITUNG mit 274.379 Exemplaren. Auf dem Feld der Abonnementpresse wenden sich außerdem die > BERLINER MORGENPOST, > DER TAGESSPIEGEL, > DIE TAGESZEITUNG, das > NEUE DEUTSCHLAND, die > NEUE ZEIT sowie die > JUNGE WELT zumindest in Lokalteilen an die Berliner Bevölkerung. Der Bereich der Kaufzeitungen wird neben dem Marktführer B.Z. von > BILD-BERLIN und dem > BERLINER KURIER abgedeckt. Alle erwähnten haben darüber hinaus auch spezielle Seiten für die Berichterstattung aus der Region Brandenburg eingerichtet.

Gemessen an der Anzahl überregional erscheinender Blätter kann Berlin als Zeitungsstadt nach wie vor keine herausragende Bedeutung in der gesamtdeutschen Presselandschaft zugemessen werden: Lediglich „die tageszeitung", das „Neue Deutschland" und die „Neue Zeit" werden im gesamten Bundesgebiet vertrieben. Eine Neuerung stellte die Wiedereinführung von Morgen- und Abendausgaben durch den Berliner Kurier dar. Jedoch bereits am 31.7.1992 wurde die einzige Berliner Abendzeitung, der Berliner Kurier am Abend, wieder eingestellt. Zusätzlich gewann der Handverkauf an Bedeutung.

2. Die Anfänge der Presse in Berlin

Die erste in Berlin dokumentierte Zeitung war eine 1617 gegründete, zunächst titellose Wochenschrift, die ab 1655 unter dem Namen „Einkommende Ordinari- und Postzeitung" erschien. Aus ihr ging die 1721 gegründete *Königlich Privilegierte berlinische Zeitung* hervor, die später in *Vossische Zeitung* umbenannt wurde. Ihre erste Konkurrenz erhielt sie mit den 1740 gegründeten „Berlinischen Nachrichten von Staats- und gelehrten Sachen". Die erste Tageszeitung Deutschlands erschien 1806 unter dem Titel *Telegraph.* Heinrich v. Kleist gab von Oktober 1810 bis März 1811 die *Berliner Abendblätter* heraus, auch die „Vossische Zeitung" stellte 1824 auf tägliche Erscheinungsweise um.

Mit der Revolution von 1848 wurde die Zensur abgeschafft und die Pressefreiheit eingeführt. Es kam zu mehreren Neugründungen von Zeitungen, darunter auch das erste Berliner Vorortblatt, der „Allgemeine Anzeiger für Spandau und Umgebung". Bedingt durch die Industrialisierung verdoppelte sich die

Einwohnerzahl von 200.000 zu Beginn des 19. Jh. bis zur Märzrevolution und überschritt am Ende des Jh. schon die Millionengrenze. Damit bot sich die Möglichkeit, durch Presseerzeugnisse Massenleserschaften zu gewinnen. Rudolf Mosse gründete 1867 als Fundament seines Verlags ein Anzeigenbüro und brachte 1871 das *Berliner Tageblatt* auf den Markt. August Scherl, der mit dem *Berliner Lokalanzeiger* den ersten Generalanzeiger herausgab, sowie Leopold Ullstein waren die beiden anderen großen Verleger in Berlin, die durch Ankäufe und Neugründungen den Zeitungsmarkt erheblich vergrößerten.

Zu Beginn des I. Weltkriegs wurden in Berlin 30 Morgen- sowie zehn Abendblätter herausgegeben, darüber hinaus 50 Vorortblätter. Ende der 20er Jahre erschienen in der Stadt mit dem damals weltweit größten Presseangebot insg. 147 politische Zeitungen, wobei sich diese Zahl durch die Berücksichtigung von 70 nicht täglich erscheinenden Vorortzeitungen relativiert.

Nach der Machtübernahme der Nationalsozialisten 1933 wurden die kommunistischen, sozialdemokratischen und gewerkschaftlichen Zeitungen liquidiert und die restliche P. gleichgeschaltet. Verlage wie Ullstein wurden zum Verkauf ihrer Unternehmen unter Wert gezwungen. Dominantes Blatt während des Faschismus war das Zentralorgan der NSDAP, der *Völkische Beobachter,* der zeitweise Auflagen von 1,7 Mio. Exemplaren erreichte. Die nationalsozialistische Pressepolitik hatte eine – beabsichtigte – stetige Schrumpfung des Pressemarktes zur Folge; waren schon 1939 nur noch 29 Tageszeitungen erschienen, so ging die Zahl bis 1945 auf fünf zurück. Die noch verbliebenen Zeitungen unterstanden der Zensur durch das Reichsministerium für Volksaufklärung und Propaganda. Diese Kontrolle verschärfte sich mit Einführung der Militärzensur zu Kriegsbeginn. Der Völkische Beobachter, der „Angriff", die „Berliner Morgenpost", die „Deutsche Allgemeine Zeitung" sowie Das „12 Uhr-Blatt" stellten ihr Erscheinen Ende April 1945 ein. Die letzte Zeitung des Dritten Reichs war „Der Panzerbär", das „Kampfblatt für die Verteidiger von Groß-Berlin", das vom 22.4. bis zum 29.4.1945 herausgegeben wurde. Vom 30.4. bis zum 15.5.1945 erschien keine Zeitung in Berlin.

3. Die Berliner Presse zur Zeit der Spaltung

Als erste Zeitung nach dem II. Weltkrieg erschien bereits am 15.5.1945 von der Roten Armee (später von der > Sowjetischen Militär-administration für Deutschland [SMAD]) herausgegebene *Tägliche Rundschau*. Am 21.5. folgte die Berliner Zeitung. Nach den ersten Bemühungen zu einem pluralistisch-demokratischen Neuanfang, geriet die Presse schon bald in das Spannungsfeld der politischen Auseinandersetzungen. Dies und die politische Isolation West-Berlins durch die > Spaltung dürften erheblich dazu beigetragen haben, daß die Stadt ihre herausragende publizistische Stellung der Zwischenkriegsjahre nicht wiedererlangen konnte.

3.1. Berlin (West)

Der West-Berliner Zeitungsmarkt wurde in den 50er Jahren v.a. durch das Engagement des Axel Springer Verlags dominiert: Neben der Einführung der BILD-Zeitung in Berlin 1957 brachte der Verlag seit 1955 auch eine Berliner Ausgabe der „WELT" heraus (die Berliner Redaktion der WELT wurde 1974 geschlossen). Die überragende Stellung des Verlags auf dem Berliner Zeitungsmarkt wurde v.a. durch das Engagement beim Ullstein-Verlag begründet, bei dem Springer seit 1959 eine Aktienmehrheit hielt und der inzwischen eine 100%ige Tochtergesellschaft darstellt. Ullstein hatte 1952 nach Rück-übertragung seines Verlags (> Ullsteinhaus) seinen alten Titel „Berliner Morgenpost" wieder aufgelegt und 1953 mit der B.Z. (ehemals „B.Z. am Mittag") zusätzlich ein dem britischen „Daily Mirror" nachempfundenes Boulevardblatt auf den Markt gebracht. Von den anderen Zeitungen der ersten Nachkriegszeit sind heute nur noch der liberale „Tagesspiegel" und das > Spandauer Volksblatt, das 1992 auf wöchentliche Erscheinungsweise umgestellt wurde, am Markt.

Nach dem Bau der > Mauer 1961 beschränkte sich das Verbreitungsgebiet der erwähnten Zeitungen auf West-Berlin – mit der Konsequenz, daß publizistische Erfolge nurmehr auf Kosten der Mitbewerber möglich waren. Der so entstandene Verdrängungswettbewerb hatte ein „Zeitungssterben" und eine entsprechende Konzentration auf dem Tageszeitungsmarkt zur Folge. In den 70er Jahren schließlich dominierten den Springer- bzw. Ullstein-Titel „Berliner Morgenpost", „BILD-Berlin" und „B.Z." den zeitweise auf nur noch fünf Titel geschrumpften Markt. Erst 1979 konnte sich ein neues Zeitungsprojekt auf dem Markt etablieren: Die dem links-alternativen Spektrum entstammende „tages-

zeitung" war die einzige überregional orientierte Berliner Zeitungsneugründung, die sich erfolgreich am Markt behauptet.

3.2. Berlin (Ost)

Ost-Berlin entwickelte sich nach der Spaltung rasch zum publizistischen Zentrum der DDR. Zum wichtigsten und später offiziellen Organ entwickelte sich das > Neue Deutschland, das erstmals am 23.4.1946 – unmittelbar nach Gründung der > Sozialistischen Einheitspartei Deutschlands (SED) – erschien. In der Zeit bis zur Gründung der DDR etablierten alle politischen Parteien eigene Zeitungen: Im Jahre 1947 erschienen in Berlin je zwei Blätter von SED, Freiem Deutschen Gewerkschaftsbund (FDGB), je ein Organ der > Liberal-Demokratischen Partei Deutschlands (LDPD) und der > Christlich-Demokratischen Union Deutschlands (CDU), der SMAD und des > Magistrats neben zwei Zeitungen mit parteilosen Herausgebern. In den folgenden Jahren entwickelten sich diese z.T. bürgerlich-unabhängigen Publikationen zu reinen Mitteilungsblättern der in der *Nationalen Front* zusamengefaßten > Blockparteien und Massenorganisationen. Auch der 1946 in Berlin noch als GmbH gegründete *Allgemeine Deutsche Nachrichtendienst (ADN)*, der als wichtigster Faktor der DDR-Pressekonzentration in Ost-Berlin angesehen werden kann, bekam 1953 den Rang einer staatlichen Behörde.

Zu dieser Zeit war die Struktur des Tageszeitungsmarkts in der DDR schon im wesentlichen ausgeprägt. Alle überregionalen Zeitungen der DDR wurden in Berlin in werktäglicher Erscheinungsweise herausgegeben: Neben dem ND erschienen seither die „Junge Welt" als Organ der Freien Deutschen Jugend (FDJ), die „Tribüne" (FDGB), das „Bauern-Echo" (Demokratische Bauernpartei Deutschlands [DBD]), die „Neue Zeit" (CDU) und der „Morgen" (LDPD). Formal partei-unabhängig waren das „Deutsche Sportecho", die Berliner Zeitung und die „B.Z. am Abend", die einzige im Stil eines Boulevardblattes aufgemachte Zeitung in der DDR.

Nach dem > 17. Juni 1953 wurde ein „Neuer Kurs" in der Medienpolitik ausgegeben, was u.a. zur Gründung diverser Illustrierter Wochen- und Monatszeitungen führte, darunter die „Wochenpost", das „Magazin" und als satirische, gemäßigt kritische Zeitung der „Eulenspiegel". In den 60er Jahren gab es zwar immer wieder Diskussionen um Formen und Inhalte der einzelnen Blätter. Zunehmend wurden auch kommunikationswissenschaftliche Methoden wie etwa Leseranalysen angewandt, was im Ergebnis zu einer Ausweitung der Lokal- und Kulturberichterstattung führte. Im großen und ganzen aber blieb das Pressesystem in der DDR unverändert. Lediglich einige Unterhaltungszeitschriften kamen im Lauf der Zeit hinzu, so etwa die ebenfalls in Berlin erscheinende Funk- und Fernsehzeitschrift „FF dabei" mit einer Auflage von immerhin 1,4 Mio. zum Schluß.

wurde Berlin auch für Anbieter aus den alten Bundesländern attraktiv. Dominierte bis dato der Axel Springer Verlag den West-Berliner Zeitungsmarkt, konnte v.a. der Hamburger Gruner+Jahr-Verlag durch die Übernahme der Berliner Zeitung und des Berliner Kurier größere Marktanteile an sich ziehen. Auch das eigens auf das Publikum in den neuen Ländern zugeschnittene Boulevardblatt *Super!* des Offenburger Burda-Verlags wurde zum 1.5.1992 mit einer eigenen Ausgabe für den Raum Berlin/Brandenburg plaziert. Am

---

Tageszeitungen im Raum Berlin

Name	Erscheinungsweise	Auflage
Berliner Morgenpost	täglich	204.117 [2]
Berliner Kurier [4]	täglich	254.000 [1]
Berliner Zeitung	Montag - Samstag	274.379 [2]
Bild-Berlin	Montag - Samstag	205.200 [1]
B.Z. [5]	täglich	337.469 [2]
Junge Welt	Montag - Samstag	158.000
Neues Deutschland	Montag - Samstag	115.000
Neue Zeit	Montag - Samstag	25.000
Der Tagesspiegel	täglich	127.911 [2]
Die Tageszeitung	Montag - Samstag	24.104 [3]

[1] IVW III/91
[2] IVW I/92
[3] IVW II/92 für Ausgabe Berlin
[4] Kurier am Morgen (110.000), Sonntagspost (142.000, lt. Verlag)
[5] mit B.Z. am Sonntag (140.000, lt. Verlag)

So wenig von inhaltlicher Vielfalt innerhalb der DDR-Presse die Rede sein konnte, so beeindruckend war die Zahl der Titel und die Auflagenhöhen. Die neun in Ost-Berlin erscheinenden Tageszeitungen kamen 1989 auf eine tägliche Gesamtauflage von ca. 4 Mio. Stück. Zusätzlich erschienen in Berlin acht Wochenzeitungen und 76 Zeitschriften, wobei die Palette vom Guten Rat für den Tierfreund über Melodie und Rhythmus bis zu Pramo – Praktische Mode reichte.

4. Die Vereinigung und ihre Folgen

Im Zuge der > VEREINIGUNG erfuhr der Berliner Zeitungsmarkt zwei einschneidende Veränderungen: Einerseits konnten sich die Berliner Anbieter auf das gesamte Stadtgebiet und das Umland ausbreiten, andererseits

24.7.1992 erfolgte jedoch wieder die Einstellung der Zeitung.

Die Verschiebung der Marktanteile traf v.a. unabhängige Berliner Zeitungsverlage: So hat der Tagesspiegel seit zwei Jahren mit Auflagenverlusten zu kämpfen. Das Spandauer Volksblatt mußte im März 1992 sogar auf wöchentliche Erscheinungsweise umstellen. Letztlich konnte auch die tageszeitung ihre anfänglichen Erfolge auf dem Gesamt-Berliner Markt nicht fortführen. Ihre Auflage ist im Stadtgebiet seit einiger Zeit ebenfalls rückläufig. Insg. scheint sich die Umstrukturierung der Berliner Presselandschaft 1992 erst am Anfang zu befinden. Welche der zu diesem Zeitpunkt erscheinenden Tageszeitungen sich langfristig werden halten kön-

nen, war in Sommer 1992 ebensowenig absehbar, wie die Pläne verschiedener Verlage,
mittelfristig in Berlin eine große überregionale Tageszeitung zu plazieren.

Presseball: Der jährlich im > INTERNATIONA-
LEN CONGRESS CENTRUM BERLIN (ICC BERLIN)
stattfindende P. gehört zu den herausragenden gesellschaftlichen Ereignissen Berlins.
Als Treffpunkt von Persönlichkeiten aus Politik, Wirtschaft, Kultur und Journalismus
reicht seine Ausstrahlung weit über die Stadt
hinaus. Regelmäßig gehören der > BUNDES-
PRÄSIDENT und der Bundeskanzler zu den ca.
4.000 Gästen. Der erstmals 1872 durchgeführte, nach dem Vorbild der Wiener „Kon-
kordia" entstandene P. ist einer der letzten
großen Bälle, die den Niedergang der im 18.,
19. und frühen 20. Jh. ausgeprägten Ballkultur überdauert haben (> BALLHÄUSER; >
SAALBAUTEN).
Veranstalter des P. ist die Sozialfond GmbH
des Journalistenverbands Berlin. Die in der
Regel bei 400.000-500.000 DM liegenden
Überschüsse aus den Eintritts- und Los-
geldern werden, ähnlich wie beim > TAG DER
OFFENEN TÜR, für soziale Zwecke, v.a. für bedürftige Journalisten bzw. deren Familien
ausgeschüttet.

**Presse- und Informationsamt der Bundesre-
gierung (BPA):** Die Berliner Außenstelle des
BPA befindet sich seit der > VEREINIGUNG am
> 3. OKTOBER 1990 in der Mohrenstr. 36/37 im
Bezirk > MITTE. Zu DDR-Zeiten war dort das
„Internationale Pressezentrum" untergebracht; heute arbeiten hier 50 Angehörige des
BPA in drei Arbeitseinheiten, die der Organisationsstruktur des BPA in Bonn mit
insg. 800 Mitarbeitern entsprechen: Nachrichten, Inland, Ausland, Zentralabteilung,
Chef vom Dienst.
Der Chef vom Dienst ist die Anlaufstelle für
die bereits jetzt etwa 600 in Berlin arbeitenden in- und ausländischen Journalisten sowie
für die Medien in den neuen Bundesländern.
Der Bereich Akkreditierung betreut Journalisten bei Staatsbesuchen und internationalen
Konferenzen. Die Redaktion produziert täglich eine Reihe von Pressespiegeln über Berlin und die neuen Bundesländer. Weitere
Arbeitsgebiete sind: Gestaltung von Infor-
mationsreisen auf Anregung von Bundestagsabgeordneten (> DEUTSCHER BUNDESTAG),
Programmgestaltung für ausländische Gäste
der Bunderegierung in Berlin und den neuen

Ländern. Die Außenstelle des BPA ist zugleich Sitz zahlreicher Presse- und Agentur-
büros und versteht sich auch als Ort haupt-
städtischer Konferenzen und Begegnungen.

Preußischblau: Das 1704 von dem Berliner
Chemiker Diesbach entdeckte P., auch *Berliner Blau* genannt, ist das tiefblaue, lichtechte
und in Wasser unlösliche Eisenpigment Fe_7
$(CN)_{18}$. Es stellt eine wichtige Maler- und An-
strichfarbe dar, die auch zum Färben von Papier und im Textildruck verwendet wird.

Preußische Akademie der Künste: Die P.
wurde 1696, vier Jahre vor der Gründung der
> PREUSSISCHEN AKADEMIE DER WISSENSCHAFTEN,
unter Friedrich (III.) I. (1688-1713) gegründet.
Sie war neben den bereits bestehenden
Kunstakademien in Rom und Paris die dritte
Akademie ihrer Art in Europa. Als erster Direktor betraute der Regent den kurfürstlichen
Hofmaler Joseph Werner, der sich das Direktorat abwechselnd mit anderen Mitgliedern, u.a. mit Andreas Schlüter, teilte. Ihre
erste Heimstatt fand die P. in Räumen des
(Alten) > MARSTALLS an der Straße > UNTER
DEN LINDEN.
Ziel ihrer Gründung war die Ausbildung heimischer Künstler wie Architekten, Bildhauer
und Maler, die den Monarchen bei seinen
gestalterischen Plänen beraten sollten, dabei
v.a. das Bestreben, die berufenen Künstler
unmittelbar mit der Errichtung bzw. der
Ausschmückung von Residenzbauten beauf-
tragen zu können. Der bedeutendste Auftrag
in den Anfangsjahren war der Neubau des >
STADTSCHLOSSES durch Andreas Schlüter ab
1698. Zu jener Zeit wechselte die Akademie
mehrfach ihren Namen: aus der „Mahl- Bild
und Baukunst-Academie" wurde die „Akademie der Künste und Wissenschaften",
dann die „Académie Royale des Dessins et
des Beaux arts" und schließlich 1704 die „Königlich Preussische Academie der Künste
und Mechanischen Wissenschaften". 1809 erhielt die Akademie den Namen „Königliche
Akademie der Künste", den sie bis 1918 behielt.
Unter Friedrich Wilhelm I. (1713-40), dem
Soldatenkönig, wurden die Aufwendungen
für die P. auf ein Minimum reduziert. Die geringe Wertschätzung der deutschen Kunst
durch seinen Nachfolger Friedrich II. (1740-
86) ließ die Bedeutung der P. weiter sinken.
Beim Abbrand des Vordergebäudes des Marstalls im August 1743 verlor die P. nicht nur

ihren Sitz, sondern auch wertvolle Kunstsammlungen, Lehrmittel und Archivalien. Nach dem Wiederaufbau des Gebäudes 1749 erhielt die P. zunächst keine neuen Räume, so daß die Mitglieder ihren Unterricht in ihren Wohnungen durchführen mußten. Erst 25 Jahre nach dem Brand wurden ihr wieder Räume im Haus an den Linden zugewiesen. Nachdem die P. sich zunächst der > BILDENDEN KUNST und den Mechanischen Wissenschaften gewidmet hatte, versuchte Wilhelm v. Humboldt, eine Sektion Dichtkunst an der P. einzurichten, was jedoch am Widerstand des Hofes scheiterte. Dennoch konnte er, nachdem 1786 die Zuwahl des am Hof geschätzten Johann Wilhelm Ludwig Gleim erfolgt war, zwei Jahre später die Ehrenmitgliedschaft von Johann Wolfgang v. Goethe, Christoph Martin Wieland und Johann Gottfried Herder erwirken. 1831 kamen August Wilhelm Schlegel und Christian Friedrich Tieck hinzu.

1833 wurde eine Sektion Musik gegründet, um die sich Karl Friedrich Zelter, der seit 1806 Ehrenmitglied und ab 1809 Professor und Beisitzer des Senats der P. war, mehr als zwei Jahrzehnte – nachhaltig von Goethe unterstützt – bemüht hatte (> SING-AKADEMIE). Zu den ersten Mitgliedern der neuen Sektion zählten Felix Mendelssohn Bartholdy, August Wilhelm Bach, Giacomo Meyerbeer und Gasparo Spontini.

Trotz Repressalien im Zusammenhang mit der „Demagogen"-Verfolgung gegen die nationale und liberale Bewegung im Vollzug der Karlsbader Beschlüsse von 1819, konnte die P. sich zunächst relativ günstig weiterentwickeln. Johann Gottfried Schadow, der von 1815 an die P. für 35 Jahre als Direktor leitete, Christian Daniel Rauch, Peter v. Cornelius, Karl Friedrich Schinkel u.a. Mitglieder der P. prägten das Gesicht der Stadt. In der zweiten Hälfte des 19. Jh. wurde die P. dann mehr und mehr eine der preußischen Monarchie dienende „Behörde". Im Zuge grundsätzlicher Reformen wurden die Lehrinstitute der P. als Akademische Hochschule für Musik (1869) und als Akademische Hochschule für Bildende Kunst (1875) aus der Akademie ausgegliedert. Die Aufgaben beider, inzwischen aufgelöster Hochschulen werden heute von der > HOCHSCHULE DER KÜNSTE und von der > KUNSTHOCHSCHULE BERLIN-WEISSENSEE wahrgenommen. 1876 wurde Theodor Fontane erster Ständiger Sekretär der Akademie und Mitglied ihres Senats,

aber erst 1926 wurde die P., die diesen Namen zu Zeiten der Weimarer Republik behielt, um die Sektion Dichtkunst erweitert, mit der so bedeutende Autoren wie Thomas und Heinrich Mann, Arno Holz, Gerhart Hauptmann, Ludwig Fulda, Hermann Stehr und später Alfred Döblin, Ricarda Huch, Leonhard Frank, Bernhard Kellermann, Walter v. Molo, Fritz v. Unruh, Franz Werfel und viele andere verbunden waren.

Bis 1933 war die P. ein Zentrum schöpferischen und geistigen Schaffens von europäischer Bedeutung. Max Liebermann, der trotz zahlreicher Widerstände 1898 in die Akademie aufgenommen und 1912 in den Senat berufen wurde, war es, dem die P. ein neues, modernes Profil verdankte. Nach der Revolution von 1918 leitete er von 1920 an für zwölf Jahre als Präsident die P. und erwirkte in zähen Verhandlungen mit den zuständigen Ministerien wiederholt Statutenänderungen, die der Verbreiterung des Wirkungsfeldes der P. dienten.

Am 11.5.1933, am Tag nach der *Bücherverbrennung* (> BEBELPLATZ), veröffentlichte Liebermann die Gründe für seinen Austritt aus der P. Bereits 16 Tage nach der nationalsozialistischen Machtergreifung hatten aufgrund politischen Drucks Käthe Kollwitz und Heinrich Mann die P. verlassen. Durch Ausschluß oder Austritt folgten zahlreiche weitere Mitglieder, unter ihnen Thomas Theodor Heine, Karl Hofer, Oskar Kokoschka, Max Pechstein, Ernst Barlach, Otto Dix, Karl Schmidt-Rottluff, Ernst Ludwig Kirchner, Arnold Schönberg, Franz Schreker, Mies van der Rohe und Bruno Taut. Viele wurden in die Emigration getrieben, die Arbeit der P. kam zum Erliegen und die Einrichtung sank zur Bedeutungslosigkeit herab. Eine „Deutsche Akademie der Dichtung", die sich im Juni 1933 als Nachfolgerin der Preußischen Sektion für Dichtkunst in den Räumen der P. konstituierte, bestand nominell bis Mai 1945 fort.

Das um 1850 von Eduard Knoblauch im klassizistischen Stil errichtete und 1906/07 unter Hinzufügung eines rückwärtigen Ausstellungstraktes von Ernst v. Ihne umgebaute *Arnim-Boitzenburgische Palais* am > PARISER PLATZ 4, in dem die P. seit 1907 ihren Sitz hatte, brannte in den letzten Tagen des II. Weltkrieges aus und wurde 1958 abgetragen. Nach der > SPALTUNG der Stadt kam es 1950 in Ost-Berlin zur Gründung der Deutschen Akademie der Künste, die 1974 in *Akademie der Künste der DDR* umbenannt wurde (bis zu ihrer Auflösung nach der > VEREINIGUNG > AKADEMIE DER KÜNSTE [OST]), und 1954 in Berlin (West) zur Gründung der > AKADEMIE DER KÜNSTE. Beide Akademien beriefen sich auf die Tradition der P. und betrachteten sich als ihre Nachfolgerin.

Preußische Akademie der Wissenschaften zu Berlin: Am 11.7.1700 unterzeichnete Friedrich (III.) I. (1688-1713) die Urkunden zur Gründung der „Kurfürstlich-Brandenburgischen Sozietät der Wissenschaften", die ein Jahr später in „Königlich Preußische Sozietät der Wissenschaften" umbenannt wurde. Sie war die erste Akademie in Europa, in der Natur- und Geisteswissenschaften zusammengeführt wurden, und damit ein Vorbild für fast alle jüngeren Akademien. Erster Präsident der Berliner Sozietät wurde ihr Initiator Gottfried Wilhelm Leibniz, der auch Mitglied der Akademien in London und Paris war.

Der große Universalgelehrte hatte sich seit 1669 intensiv um die Einrichtung der Akademie bemüht. Seinem Ziel, dem allgemeinen Wohlergehen – bonum commune –, standen Ende des 17. Jh. die zahlreichen dynastischen und konfessionellen Streitigkeiten in Europa sowie v.a. die ökonomische Rückständigkeit Deutschlands als Hindernisse entgegen. Diese wollte er mit Hilfe einer beratenden Gelehrtensozietät überwinden, die Kraft ihrer Fachkompetenz zuständig für Künste und Wissenschaften, Bildung und Erziehung, Medizin und Volksgesundheit, Manufaktur und Handwerk, Banken und Handel, Landwirtschaft und Vorratsplanung sein sollte. Als in Berlin um 1696, im Zusammenhang mit der für die am 1.3.1700 in den protestantischen Ländern in Deutschland vorgesehene Einführung des Gregorianischen Kalenders, die Idee der Gründung eines Observatoriums aufkam, nutzte Leibniz das Repräsentationsbedürfnis des Kurfürsten und legte ihm nahe, den Bau der Sternwarte mit der Einrichtung einer Akademie der Wissenschaften zu verbinden. Er erarbeitete die Stiftungsurkunde und die Generalinstruktion, die die Arbeitsaufgaben und die Struktur der Akademie bestimmten.

Die daraufhin gegründete P. erhielt wie die > PREUSSISCHE AKADEMIE DER KÜNSTE Räume in dem zehn Jahre zuvor zusätzlich errichteten > MARSTALL > UNTER DEN LINDEN, wo sie für 200 Jahre ihren Sitz hatte. An gleicher Stelle, wurde dann von 1903-14 nach Plänen von Ernst v. Ihne ein Neubau für die Königliche Bibliothek (heute > STAATSBIBLIOTHEK ZU BERLIN – PREUSSISCHER KULTURBESITZ) und die P. errichtet. Das erste Statut von 1710 sah vier Klassen der Akademie vor: die physikalisch-medizinische, die mathematische, die philosophische und die historisch-philologische.

Unter Friedrich Wilhelm I. (1713-40), dem Soldatenkönig, stagnierte die Entwicklung der P., da er die Wissenschaft nach einem engen Nützlichkeitsprinzip beurteilte und die von der Sozietät erwirtschafteten Mittel vorwiegend für die medizinische Forschung und Lehre einsetzte. Durch Zuwahlen bedeutender Wissenschaftler und ihre bereits 1710 von Leibniz begründete Publikationsreihe „Miscellanea Berolinensia" hatte sie jedoch schon früh in Deutschland und darüber hinaus großes Ansehen erlangt. Seitdem wurden unter wechselnden Titeln (Miscellanea, Mémoires, Abhandlungen, Monatsberichte, Sitzungsberichte u.a.m.) tausende von Untersuchungsergebnissen veröffentlicht, die in der Akademie von ihren Mitgliedern vorgetragen wurden.

Als Friedrich II. (1740-86) die Herrschaft in Preußen übernahm, befand sich die Akademie in einem desolaten Zustand. Der König, der die Bedeutung der Wissenschaft für den Staat erkannte, leitete schon kurz nach seiner Amtsübernahme Maßnahmen zur Konsolidierung der P. ein. Am 14.1.1744 erfolgte im > STADTSCHLOSS der Zusammenschluß der nunmehr „Königliche Akademie der Wissenschaften" genannten Akademie mit der ein Jahr zuvor gegründeten „Société littéraire" zur „Académie Royale des Sciences et Belles-Lettres", die 1746 den Namen „Académie Royale des Sciences et Belles-Lettres" erhielt. Bedeutende Wissenschaftler wurden zu Mitgliedern berufen, u.a. der französische Naturwissenschaftler und Mathematiker Pierre Louis Moreau de Maupertuis (1746-59 Präsident), der Mathematiker und Philosoph Christian Wolff, der Chemiker Andreas Sigismund Marggraf und sein Schüler Franz Carl Achard sowie die Mathematiker Leonhard Euler und Joseph Louis Lagrange.

Ein besonderes Anliegen war dem König die Einrichtung einer „Klasse für spekulative Philosophie", die damals als Leitwissenschaft galt (> WISSENSCHAFT UND FORSCHUNG). Nach dem Tode von Maupertuis 1759 wurde Friedrich dann selbst Präsident der P. Er legte u.a. fest, daß die P. nach dem Vorbild anderer

Akademien auch Preisaufgaben ausschrieb, die sie in das Zentrum der internationalen Wissenschaftsdiskussionen rückten und ihre weitere Entwicklung maßgeblich beeinflußten.

Die 1806 einsetzende Reformbewegung in Preußen führte auch zu einer tiefgreifenden Umgestaltung der Wissenschaftsorganisation und des Bildungswesens, die maßgeblich von Alexander v. Humboldt und seinem Bruder Wilhelm initiiert und beeinflußt wurden. 1812 erhielt die nunmehr „Königlich Preußische Akademie der Wissenschaften zu Berlin" genannte Institution ein neues Statut und damit einen festen Platz neben der 1810 gegründeten Universität (> FRIEDRICH-WILHELMS-UNIVERSITÄT). In Aufgabenteilung zu dieser war der Zweck der Akademie nach dem von Wilhelm v. Humboldt in Zusammenarbeit mit Friedrich Schleiermacher und Barthold Georg Niebuhr entwickelten Konzept jedoch nicht mehr der „Vortrag des bereits Bekannten und als Wissenschaft Geltenden, sondern Prüfung des Vorhandenen und weitere Forschung im Gebiet der Wissenschaft", was sich im großen Maße auch in der editorischen Arbeit der P. widerspiegelte. Durch diese institutionelle Aufgabenteilung blieb die P. gleichzeitig mit der Universität eng ver- flochten und nahezu alle Mitglieder der P. waren auch Professoren der Universität oder hatten als „Lesende Akademiemitglieder" das Recht, als Hochschullehrer zu wirken.

Nach dem Statut von 1838 wurden die 1710 eingerichteten vier Klassen in zwei Klassen, die physikalisch-mathematische und die philosophisch-historische, zusammengefaßt. Diese Einteilung bestand bis zur Gründung der „Deutschen Akademie der Wissenschaften" im Jahre 1949 (> AKADEMIE DER WISSENSCHAFTEN DER DDR).

Eine weitgehende Unabhängigkeit in ihrem Status, welche die P. im Verlauf ihrer Geschichte bis zur Zeit des Nationalsozialismus wahren konnte, war Voraussetzung, um ihre Leistungen und ihr wissenschaftliches Ansehen kontinuierlich erweitern und die deutsche Geistesgeschichte wesentlich mitbestimmen zu können. Insg. wurden in der P. 1815-1932 ca. 40 größere akademische Unternehmen bzw. wissenschaftliche Kommissionen gebildet, in denen der Hauptteil der Forschungsarbeit der P. erfolgte. Dazu kamen in immer größerer Zahl Editionen – v.a. im letzten Drittel des 19. Jh. – die für Wissenschaft und > KULTUR auch unter internationalen Aspekten herausragende Bedeutung hatten.

Nach der Reichsgründung 1871 verbesserten sich die finanziellen Zuwendungen für die Einrichtung, für die nun zunehmend Mittel aus Stiftungen zur Verfügung standen. Ende des 19. Jh. war sie zur größten und einflußreichsten der deutschen Akademien geworden und arbeitete weltweit mit allen großen Akademien zusammen. Ihre international angesehene Stellung führte dazu, daß ihr angetragen wurde, 1899 die Gründungsversammlung für die Internationale Assoziation der Akademien auszurichten.

Mit Gründung der Weimarer Republik erhielt die Akademie den Namen P. Trotz der enormen politischen, wirtschaftlichen und sozialen Umwälzungen im ersten Drittel des 20. Jh. erfuhren die Leistungen der P. nochmals einen Aufschwung, der das internationale Ansehen der P. weiter vergrößerte. Die Bedeutung der P. spiegelt sich auch in den Namen ihrer weltweit bekannten Mitglieder wider, von denen in Ergänzung zu bereits genannten noch (im wesentlichen chronologisch nach Berufung) erwähnt seien: Andreas Schlüter, Anders Celsius, Jean Baptiste d'Alembert, Carl v. Linné, Charles de Montesquieu, François Marie Voltaire, Julien Offroy de La Mettrie, Denis Diderot, Gotthold Ephraim Lessing, Georg Forster, Immanuel Kant, Johann Gottfried v. Herder, Christoph Wilhelm Hufeland, Alexander und Wilhelm v. Humboldt, Johann Wolfgang v. Goethe, Carl Friedrich Gauß, Albrecht Thaer, Jacob und Wilhelm Grimm, André Marie Ampère, Karl vom u. zum Stein, Michael Faraday, Emil du Bois-Reymond, Friedrich Wöhler, Adelbert v. Chamisso, Ludwig Uhland, Hermann v. Helmholtz, Robert Bunsen, Charles Darwin, Adolf Erman, Rudolf Virchow, Ludwig Eduard Boltzmann, Ulrich v. Wilamowitz-Moellendorff, Adolf v. Harnack, Friedrich Meinecke, Theodor Mommsen (1902 Nobelpreis für Literatur), Hermann Diels, Heinrich Hertz, Max Planck (1918 Nobelpreis für Physik), Ernst Abbe, Wilhelm Conrad Röntgen, Dmitri Iwanowitsch Mendelejew, Robert Koch (1905 Nobelpreis für Medizin), Emil Hermann Fischer (1902 Nobelpreis für Chemie), Wilhelm Ostwald (1909 Nobelpreis für Chemie), Ernest Rutherford (1908 Nobelpreis für Chemie), Albert Einstein (1921 Nobelpreis für Physik), Max Planck (1918 Nobelpreis für Physik), Fridtjof Nansen (1922 Friedensnobelpreis), Erwin

Schrödinger (1933 Nobelpreis für Physik), Max v. Laue (1933 Nobelpreis für Physik), Niels Bohr (1922 Nobelpreis für Physik), Walther Nernst (1920 Nobelpreis für Chemie), Otto Hahn (1945 für 1944 Nobelpreis für Chemie).

Die Zeit von 1933 bis zum Kriegsende war gekennzeichnet von der Ausgrenzung und Vertreibung weltweit anerkannter Wissenschaftler und gleichermaßen von einer immer stärker werdenden Einbindung in politische Ziele und staatliche Strukturen der nationalsozialistischen Diktatur.

Nach dem II. Weltkrieg wurde am 1.7.1946 in Berlin die Deutsche Akademie der Wissenschaften ins Leben gerufen, die sich als direkter Nachfolger der P. begriff und aus der später die Akademie der Wissenschaften der DDR hervorging. Ferner kam es 1987 im Westteil der Stadt zur Gründung der > AKADEMIE DER WISSENSCHAFTEN ZU BERLIN, die allerdings – von Anfang an umstritten – bereits 1990 wieder aufgelöst wurde. Aber trotz beider Versuche, an die Geschichte der P. anzuknüpfen, erlangte keine der späteren Gründungen auch nur annähernd die Bedeutung der P.

Für die 90er Jahre ist die Gründung einer von Berlin und Brandenburg getragenen *Berlin-Brandenburgischen Akademie der Wissenschaften (vormals Preußische Akademie der Wissenschaften)* geplant.

Preußischer Landtag: Der aus den Bauten für die beiden Kammern des P., dem Preußischen Abgeordnetenhaus und dem Preußischen Herrenhaus, bestehende Komplex – künftig Sitz des > ABGEORDNETENHAUSES VON BERLIN – befindet sich auf einem Gelände zwischen > LEIPZIGER STRASSE und Niederkirchnerstr. (früher Prinz-Albrecht-Str.) im Bezirk > MITTE.

Das *Preußische Abgeordnetenhaus*, die Zweite, sich aus den in Preußen (von 1849-1918 nach dem Dreiklassenwahlrecht) gewählten Abgeordneten zusammensetzende Kammer, wurde 1893-98 nach Entwürfen von Friedrich Schulze als mächtiger Kubus im Stil der römischen Hochrenaissance errichtet. Seine Hauptfassade an der Niederkirchnerstr. lag von 1961-90 unmittelbar an der dort verlaufenden > MAUER gegenüber dem > MARTIN-GROPIUS-BAU. Der breite Mitteltrakt des P. wird durch Kolossalsäulen betont, die Sandsteinfassade ist mit allegorischen Figuren geschmückt.

Das *Preußische Herrenhaus*, die Erste, sich aus den Mitgliedern des preußischen Adels zusammensetzende Kammer an der Leipziger Str. 3/4 wurde von 1901-04 nach Plänen von Friedrich Schulze in den Formen einer spätbarocken, dreiflügeligen Palastanlage mit großem Ehrenhof erbaut. Die beiden Untergeschosse sind rustiziert, die beiden oberen Geschosse durch Kolossalpilaster zusammengefaßt, darüber befindet sich eine Attika. Der Risalit des Mittelbaus wird durch Säulen gegliedert und durch einen Dreiecksgiebel bekrönt.

Festakt in der Plenarsaal-Ruine des Preußischen Landtags am 17. Juni 1991 anläßlich des Restaurierungsbeginns

Das Gebäude entstand anstelle eines Adelspalais aus dem 18. Jh. und eines 1871 auf dem ehem. Gelände der Königlichen Porzellan-Manufaktur (> KPM – KÖNIGLICHE PORZELLAN-MANUFAKTUR GMBH) errichteten provisorischen Gebäudes für den Deutschen Reichstag. Das Palais, in dem der Komponist Felix Mendelssohn Bartholdy aufwuchs, war bereits 1850 für das Herrenhaus umgebaut worden. Nach Fertigstellung des neuen > REICHSTAGSGEBÄUDES wurden beide Gebäude abgerissen, um den geplanten Neubauten des P. Platz zu machen. Abgeordneten- und Herrenhaus sind durch einen langgezogenen Bau miteinander verbunden, in dem ursprünglich das Kabinett tagte.

Am 16.1.1899 bezogen die 433 Abgeordneten des Preußischen Abgeordnetenhauses, das bis dahin in einem Gebäude in der Leipziger Str. getagt hatte, den Neubau. In den Tagen der Novemberrevolution 1918 diente das Herrenhaus vom 16.-21.12. der Reichsversammlung der Arbeiter- und Soldatenräte als Tagungsort, die dort den Beschluß faßte, die Wahlen zur Nationalversammlung für den 19.1.1919 anzusetzen. Kurz nach dieser Sitzung wurde am 30./31.12.1918 im Kleinen Sitzungssaal des Abgeordnetenhauses die *Kommunistische Partei Deutschlands (KPD)* gegründet. In der Zeit von 1919 bis zum Preußenschlag vom 20.7.1932, bei dem die seit 1920 – nur 1921 und 1925 kurz unterbrochen – amtierende Regierung des preußischen Ministerpräsidenten Otto Braun (SPD) widerrechtlich abgesetzt wurde, gehörte der P. zum „demokratischen Bollwerk" der Weimarer Republik. Mit dem Gesetz über den „Neuaufbau des Reiches", das die Nationalsozialisten ein Jahr nach ihrer Machtergreifung am 30.1.1934 in Kraft setzten, lösten sie den P. auf. Das Herrenhaus wurde dem Reichsluftfahrtministerium angegliedert und in „Preußenhaus" umbenannt, während der Bau des Abgeordnetenhauses 1934-35 zunächst den > VOLKSGERICHTSHOF beherbergte, bevor er als „Haus der Flieger" dem Reichsluftfahrtministerium zugeordnet wurde.

Der gesamte Komplex wurde im II. Weltkrieg schwer beschädigt und zu Zeiten der DDR teilweise wiederaufgebaut. Das weitgehend nur noch als Ruine erhaltene ehem. Abgeordnetenhaus wurde dem *Haus der Ministerien* (heute > DETLEV-ROHWEDDER-HAUS) angegliedert; das ehem. Herrenhaus nutzte teilweise die > AKADEMIE DER WISSENSCHAFTEN DER DDR. Nach der > VEREINIGUNG beschloß das Abgeordnetenhaus von Berlin im Oktober 1990, den P. künftig zu seinem Sitz zu machen. Die 1991 begonnenen Aufbauarbeiten sollen Mitte der 90er Jahre abgeschlossen sein.

Prinz-Albrecht-Gelände: Auf dem P. zwischen Prinz-Albrecht-Str. (ab 1951 Niederkirchnerstr.), > WILHELMSTRASSE und Anhalter Str. an der Grenze des Bezirks > KREUZBERG zum Bezirk > MITTE lag in der Zeit der Hitler-Diktatur von 1933-45 eines der Zentren der nationalsozialistischen Gewaltherrschaft. Im Rahmen der 750-Jahr-Feier 1987 und als Teil der zentralen historischen Jubiläumsausstellung Berlin – Berlin im benachbarten > MARTIN-GROPIUS-BAU wurde hier im Juli 1987 die Gedenkausstellung *Topographie des Terrors* eröffnet. Innerhalb des Gedenkstättenkonzepts des > SENATS VON BERLIN ist das P. neben dem > HAUS DER WANNSEE-KONFERENZ, der > GEDENKSTÄTTE DEUTSCHER WIDERSTAND und der > GEDENKSTÄTTE PLÖTZENSEE eine der vier zentralen Einrichtungen des Gedenkens an den Terror der Nationalsozialisten und die Leiden ihrer Opfer.

Von 1933-45 vereinte das historische Areal die wichtigsten Institutionen nationalsozialistischer Gewaltausübung. Den heutigen Namen P. erhielt das Gelände nach dem Gebäude Wilhelmstr. 102, dem 1737-39 errichteten und 1830-33 nach Plänen von Karl Friedrich Schinkel für den Prinzen Albrecht umgebauten *Prinz-Albrecht-Palais*. Nach dem Tode des Prinzen in staatlichen Besitz gelangt, war es ab 1934 Zentrale des Sicherheitsdienstes (SD) des Reichsführers SS und ab 1939 auch Dienstsitz des Chefs des Reichssicherheitshauptamts (bis 1942 Reinhard Heydrich, danach Ernst Kaltenbrunner) als Zusammenfassung von SD und Sicherheitspolizei (Sipo). Im Gebäude Prinz-Albrecht-Str. 8, der früheren Kunstgewerbeschule, befand sich ab 1933 die Zentrale der 1936 mit der Kriminalpolizei zur Sipo organisatorisch zusammengeschlossenen Geheimen Staatspolizei (Gestapo), in deren Kellergefängnissen zahlreiche Mitglieder des > WIDERSTANDS eingesperrt, gefoltert, ermordet oder in den Selbstmord getrieben wurden (> KONZENTRATIONSLAGER). Ab 1934 residierte hier auch die von München nach Berlin verlegte SS-Führung und ab 1939 die Zentrale des Reichssicherheitshauptamts. Fast alle anderen Gebäude innerhalb des Blocks wurden schon bald nach 1933 von Dienststellen der SS und der Gestapo genutzt.

Im II. Weltkrieg wurden die Gebäude weitgehend zerstört. Ihre Reste wurden bis 1956 abgerissen und das Grundstück bis 1963 enttrümmert. In den 70er Jahren folgte eine Zwischennutzung durch eine Bauschuttverwertungsfirma und ein Autodrom (Fahren ohne Führerschein). Mit der Wiedereröffnung des Martin-Gropius-Baus 1981 wurden erstmals Forderungen nach einer würdigen Gestaltung des bislang brachliegenden Geländes laut. Ein 1983 ausgeschriebener Wettbewerb blieb ohne befriedigendes Ergebnis, so daß nur eine provisorische Herrichtung des Geländes im Rahmen der 750-Jahr-Feier 1987 erfolgte. Bei den dazu durchgeführten Grabungsarbeiten entdeckte man 1986 die Kellerräume des Gestapo-Gefängnisses, die in die Präsentation einbezogen wurden. Unter Leitung des Historikers Reinhard Rürup entstand so die Dokumentation zur Topographie des Terrors, die mit zahlreichen Fotos, Dokumenten und begleitenden Texten über die ehemals auf dem P. ansässigen Institutionen informiert. Aufgrund des großen öffentlichen Zuspruchs wurde das Provisorium zeitlich unbegrenzt verlängert. 1989 wurde die Ausstellung an mehreren Orten und historischen Stätten in der DDR gezeigt.

Im Juni 1990 legte eine vom > Senat von Berlin berufene Fachkommission Vorschläge vor, wie die Ausstellung und das sie umgebende Gelände zu einem dauerhaften Mahnmal umgestaltet werden könnten. Sie empfahl die Errichtung eines festen Ausstellungsgebäudes sowie eines Besucherzentrums mit angeschlossener Dokumentationsstelle, die Schaffung einer Internationalen Begegnungsstätte mit Gästehaus und die Aufnahme des P. in die UNESCO-Liste des Welterbes.

Im Januar 1992 entschied der Senat, zum 1.4.1992 unter dem Namen „Topographie des Terrors – Internationales Dokumentations- und Begegnungszentrum Berlin" eine unselbständige Stiftung zu errichten, die die Verwirklichung dieser Vorschläge vorbereiten soll. In den Gremien der Stiftung sind neben der Bundesregierung und dem Senat auch Vertreter anderer deutscher und ausländischer Gedenkstätten vertreten, sowie Personen und Gruppen, die sich in den vergangenen Jahren für die Ausstellung engagiert haben. Zum 31.12.1993 soll daraus eine länderübergreifende Stiftung öffentlichen Rechts hervorgehen, an der der Bund mit mindestens 50 % beteiligt ist. Zum 50. Jahrestag des Endes des II. Weltkrieges 1995 soll das Begegnungs- und Dokumentationszentrum eröffnet werden.

Prinz-Heinrich-Palais: Das ehem. P. an der Straße > Unter den Linden im Bezirk > Mitte ist heute das Hauptgebäude der > Humboldt-Universität zu Berlin. Friedrich II. (1740-86) hatte das P. von 1748-56 als Stadtresidenz für seinen Bruder Heinrich errichten lassen. Baumeister des U-förmigen, dreigeschossigen Gebäudes war Johann Boumann, als dessen bedeutendstes Werk es gilt. Der Innenausbau wurde aufgrund des Siebenjährigen Krieges erst 1766 abgeschlossen. Die Fassade des Mittelbaus umfaßt 17 Achsen, die beiden Seitenflügel je elf und die Kopfbauten an deren Ende je sieben Achsen. Der durch die Dreiflügelanlage zur Straße hin gebildete Ehrenhof ist mit einem schmiedeeisernen Rokokogitter abgeschlossen.

Nach dem Tod des Prinzen 1802 fiel das Palais an die preußische Krone zurück. 1810 nahm die neu gegründete Berliner Universität hier ihren Sitz (> Friedrich-Wilhelms-Universität). Seitdem gestaltete man das Innere

mehrfach um. 1913-20 wurde das P. nach Plänen des Stadtbaurats Ludwig Hoffmann bis hin zur Dorotheenstr. (heute Clara-Zetkin-Str.) erheblich vergrößert, wodurch sich der Grundriß des Gebäudes zur Form eines H erweiterte. Während des II. Weltkriegs wurde das P. schwer beschädigt. Ab Herbst 1945 fanden hier wieder erste Lehrveranstaltungen statt. Bis in die 60er Jahre erfolgte die äußerlich originalgetreue Restaurierung bei erneuter Umgestaltung des Inneren.

Beim Gebäude befinden sich mehrere Standbilder berühmter Gelehrter. An der Straße Unter den Linden stehen in Ausbuchtungen des schmiedeeisernen Gitterzauns die 1883 errichteten, 5 m hohen Denkmäler der beiden Gründungsväter der Friedrich-Wilhelms-Universität und Namensgeber der Humboldt-Universität: links vom Eingang Wilhelm v. Humboldt (Paul Otto), rechts davon Alexander v. Humboldt (Reinhold Begas). Die Standbilder der beiden Gelehrten aus weißem Carrara-Marmor stehen auf mehrfach gegliederten, 3,20 m hohen Sockeln. Vor dem Westflügel an der Universitätsstr. befindet sich das ursprünglich 1898 im Ehrenhof aufgestellte, von Ernst Herter geschaffene Denkmal des Physikers und Physiologen Hermann v. Helmholtz. Das 1909 von Adolf Brütt geschaffene Marmorbildnis für den Historiker und Juristen Theodor Mommsen steht seit dem 23.5.1991 wieder an seinem ursprünglichen Platz im Vorhof des P., nachdem es in den 30er Jahren von den Nationalsozialisten entfernt und nach 1945 an einem unscheinbaren Ort an der Universitätsstr. aufgestellt worden war. Ein überlebensgroßes Bronzestandbild des Chemikers Eilhard Mitscherlich (Ferdinand Hartzer, 1894) ist vor dem Ostflügel aufgestellt. (In unmittelbarer Nähe befand sich das von Rudolf Siemering geschaffene Bronzestandbild des Historikers Heinrich v. Treitschke, das die DDR jedoch 1951 entfernen ließ.) Eine Bronzekolossalbüste des Philosophen Friedrich Hegel von Gustav Bläser steht seit 1872 auf dem nördlich der Universität gelegenen Hegelplatz.

Privatschulen: Neben den staatlichen gibt es in Berlin ca. 170 private Schulen, darunter 71 Ersatzschulen, deren Bildungsziele denen staatlicher Schulen entsprechen, sowie ca. 100 Ergänzungsschulen. Rechtsgrundlage für den Betrieb von P. ist das Gesetz über die Privatschulen und den Privatunterricht (Pri-

vatschulgesetz) (> SCHULE UND BILDUNG).
Ersatzschulen sind genehmigungspflichtig
und unterliegen ständiger schulaufsichtlicher
Kontrolle. Sie müssen entsprechenden staatlichen Schulen gleichwertig sein. An ihnen
kann die Schulpflicht wie an staatlichen
Schulen erfüllt werden. Auch ihre Abschlüsse werden wie die entsprechender staatlicher
Schulen anerkannt. Von den 1992 71 Ersatzschulen waren 21 *Grundschulen*, zwei *Gesamtschulen*, zwei *Hauptschulen*, acht *Realschulen*,
neun *Gymnasien*, eine Gymnasiale Oberstufe,
fünf > FREIE WALDORF-SCHULEN, sieben berufsbildende Oberschulen, elf Fachschulen und
fünf Sonderschulen. Die rd. 16.000 Schülerinnen (12.600 an allgemeinbildenden und 3.400
an berufsbildenden Schulen) der Ersatzschulen wurden von 1.650 Lehrkräften unterrichtet. Die anerkannten Schulen erhalten
Zuschüsse vom Land Berlin (von 1993 an
100 % der Personalkosten). Träger der Ersatzschulen sind die > EVANGELISCHE KIRCHE, die >
KATHOLISCHE KIRCHE, die > JÜDISCHE GEMEINDE
und Stiftungen sowie juristische Personen
des privaten Rechts (GmbH, Verein) und
Einzelpersonen.
Ergänzungsschulen haben keine Entsprechung
im öffentlichen Bereich und können auf allen
Gebieten tätig sein, z.B. als Sprachenschulen,
Kosmetikschulen, Modeschulen, Religionsschulen etc. Sie sind nicht genehmigungs-,
sondern lediglich anzeigepflichtig und werden nicht staatlich anerkannt.
Ein Verzeichnis aller Schulen wird jährlich
im > AMTSBLATT FÜR BERLIN veröffentlicht.

Produktionstechnisches Zentrum (PTZ): Das
1986 eröffnete PTZ in der Pascalstr. 8 im Bezirk > CHARLOTTENBURG vereint unter einem
Dach das *Fraunhofer-Institut für Produktionsanlagen und Konstruktionstechnik (IPK)* der >
FRAUNHOFER-GESELLSCHAFT ZUR FÖRDERUNG DER
ANGEWANDTEN FORSCHUNG E.V. (FHG) und das
*Institut für Werkzeugmaschinen und Fertigungs-
technik (IWF)* der > TECHNISCHEN UNIVERSITÄT
BERLIN (TUB). Das PTZ widmet sich besonders den Fragen der zukünftigen Gestaltung
des Fabrikbetriebes.
Die beiden im PTZ vereinten Institute haben
einander ergänzende Aufgaben. Das 1976 gegründete IPK soll durch angewandte Forschung und Entwicklung neue Technologien
für den industriellen Einsatz erarbeiten und
im Rahmen kooperativer Projekte mit deutschen Unternehmen in die Anwendung
transferieren. Die Forschungs- und Entwick-

lungsarbeiten des Instituts betreffen die Gebiete Robotertechnik, Konstruktionstechnik,
Planungstechnik, Prozeßtechnik und Ma-
schineninformatik. Die Entwicklung der
rechnerintegrierten, flexibel automatisierten
Fabrik steht im Mittelpunkt der Forschungsarbeiten. Rechtlich ist das IPK eine unselbständige Einrichtung der FhG. Am IPK sind
ca. 400 Mitarbeiter beschäftigt (und 60 in Ost-
Berlin), darunter 160 Wissenschaftler. Es finanziert sich überwiegend aus aquirierten
Forschungsvorhaben. Der Zuschuß des Bundes und der Länder beträgt 12 %.
Das 1904 an der Königlichen Technischen
Hochschule zu Berlin gegründete IWF ist das
älteste Forschungsinstitut seiner Art in

Produktionstechnisches Zentrum am Spreeufer

Deutschland. Forschung und Lehre des IWF
befassen sich heute u.a. mit dem Wandel der
Arbeitsbedingungen durch Einführung ver-
ketteter Fertigungssysteme sowie der Steu-
erungs- und Automatisierungstechnik. Am
Institut sind ca. 340 Mitarbeiter beschäftigt,
114 davon sind Wissenschaftler. Der Haushalt setzt sich aus 40 % Grundfinanzierung
und 60 % Drittmittel zusammen.
Bereits seit 1979 sind IWF und IPK durch einen zwischen FhG und TUB abgeschlossenen
Kooperationsvertrag miteinander verbunden.
Das PTZ wird gemeinsam von ihnen getragen. Inzwischen gehen eine Reihe von Fir-
mengründungen auf die Arbeit des PTZ zurück.
Das Gebäude des PTZ wurde 1982-86 nach
Plänen der Architekten Gerd Fesel und Peter
Bayerer errichtet und gilt als wegweisendes Beispiel moderner Industriearchitektur.
Kernstück des Baus ist eine 3.200 m² große,
gläserne und stützenfreie Rundhalle, die
halbkreisförmig von bis zu sechsgeschossigen Werkstätten, Laboratorien, Rechneran-
lagen, Zeichen- und Arbeitsräumen sowie Bi-

bliotheken umschlossen wird. Zum Bau gehört ein 260 Plätze umfassender Hörsaal und ein mit der Rundhalle verbundener Hörsaal mit 110 Plätzen.

Puppentheater: In Berlin existieren über 70 > KINDER- UND JUGENDTHEATER, wovon die meisten P. sind. Alle P. spielen mobil, nur wenige Bühnen verfügen außerdem über feste Spielstätten. Insbes. die großen P. arbeiten mit allen Techniken, so mit Hand-, Stab-, Klappmaul-, Großfigur-, Marionetten- oder Schattenspielpuppen, mit offen geführten Tischfiguren oder mit der „Bourek-Technik". Die wichtigsten kontinuierlich spielenden P. mit festen Spielstätten sind das *Puppentheater Berlin* in der Vorbergstr. im Bezirk > SCHÖNEBERG, das ca. 90 Kindern bzw. 50 Erwachsenen Platz bietet und neun Kinder- sowie zwei Erwachsenenstücke spielt; das *Puppentheater Hans Wurst Nachfahren*, das momentan noch im > MEHRINGHOF spielt, bald aber ein eigenes Haus mit zwei Spielräumen und 150 bzw. 99 Plätzen am > WINTERFELDPLATZ in Schöneberg erhält; *Die Bühne* unter der Leitung von Peter-K. Steinmann, die in der > URANIA spielt; das *Theater o. N.* in der Knaackstr. im Bezirk > PRENZLAUER BERG; das *Pupparium* von Thomas Rohloff, das im Kulturhaus > SPANDAU spielt; *Das weite Theater* in

der Schkeuditzer Str. in > MAHLSDORF mit dem ehem. Ensemble des P. in der Greifswalder Str., das *Berliner Figurentheater* in der Yorckstr. in > KREUZBERG sowie *Manuelas Puppentheater*, das in der Probebühne des > GRIPS THEATERS in der Altonaer Str. im Bezirk > MOABIT spielt. Das P. in der Greifswalder Str. im Bezirk > PRENZLAUER BERG ist seit Juli 1991 geschlossen und soll erst im Januar 1993 wieder eröffnet werden. Es ist geplant, sechs Monate im Jahr mit sieben festen Spielern das eigene Repertoire zu spielen und das Haus dann drei Monate der Abt. „Puppenspiel" der > HOCHSCHULE FÜR SCHAUSPIELKUNST „ERNST BUSCH" sowie zwei Monate für Gastspiele zur Verfügung zu stellen.

Wichtiger Anreiz für die einzigartige Reichhaltigkeit der Kinder- und Puppentheaterszene in Berlin sind die seit über 20 Jahren von der > SENATSVERWALTUNG FÜR JUGEND UND FAMILIE ausgegebenen Veranstaltungsgutscheine, die – ähnlich wie das *Theater der Schulen* – einen verbilligten Theaterbesuch ermöglichen (> BESUCHERORGANISATIONEN). Durch die gegenwärtigen Kürzungen des Kulturetats ist der Weiterbestand dieser Vielfalt gefährdet. Viele P. koordinieren sich im Selbsthilfeprojekt *Spott Berlin*, in dem sich zahlreiche Künstler der Off-Szene zusammengeschlossen haben.

Brigitte Grunert

POLITISCHES SYSTEM

I. Die historische Entwicklung

II. Abgeordnetenhaus – Senat

III. Die Verwaltung

IV. Berlin im Wandel

I. DIE HISTORISCHE ENTWICKLUNG

1. Die heutige Stellung Berlins

Unter den 16 Ländern der Bundesrepublik Deutschland ist Berlin ein Stadtstaat wie Hamburg und Bremen, hervorgegangen aus einer Stadtgemeinde. Der Wandel zum Land hatte sich zwar nach dem II. Weltkrieg abgezeichnet, doch nahm nach der > SPALTUNG der Stadtverwaltung 1948 nur West-Berlin einen unter dem Dach des Vier-Mächte-Status der Stadt eingeschränkten Landescharakter an, während Ost-Berlin Kommune blieb. Die Stellung als Bundesland mit allen Rechten und Pflichten hat ganz Berlin seit dem Tag der > VEREINIGUNG, dem > 3. OKTOBER 1990, als um 0.00 Uhr die Hoheitsrechte der vier Mächte nach 45 Jahren beendet waren und die Stadt und Deutschland wiedervereinigt wurden. Ob Berlin Bundesland bleibt, war angesichts der Bestrebungen zur Verschmelzung mit dem Flächenstaat Brandenburg im Sommer 1992 noch nicht entschieden.

2. Von der Steinschen Städteordnung 1808 bis 1920

Die Entwicklungsgeschichte der > VERFASSUNG VON BERLIN (VvB) reicht zurück bis zur Städteordnung des preußischen leitenden Ministers Heinrich Friedrich Karl Freiherr vom und zum Stein, die am 19.11.1808 durch königliche Kabinettsordre erlassen wurde. Sie brachte eine relativ weitgehende kommunale Selbstverwaltung. Im April 1809 wählten die Bürger Berlins erstmals eine – 102köpfige – > STADTVERORDNETEN-VERSAMMLUNG als Beschlußorgan, die ihrerseits den > MAGISTRAT als Vollzugsorgan wählte. Voraussetzungen für das Bürgerrecht und damit das Wahlrecht waren jedoch städtischer Grundbesitz und ein Jahreseinkommen von 200 Talern, so daß von etwa 145.000 Einwohnern Berlins nur 12.862 oder rd. 8 % wahlberechtigt waren. Alle anderen waren sog. Schutzverwandte.

Der Magistrat bestand aus dem > OBERBÜRGERMEISTER, dem *Bürgermeister* sowie besoldeten und unbesoldeten Stadträten. Den Oberbürgermeister ernannte der König (> LANDESHERREN). Durch die 1850 und 1853 revidierte Städteordnung wurden die staatliche Kommunalaufsicht und die Rechte des Magistrats gegenüber der Stadtverordnetenversammlung gestärkt. Alle Magistratsmitglieder waren nun besoldete Wahlbeamte und bedurften der Bestätigung durch die Landesregierung. Die Unterscheidung in Bürger und Schutzverwandte wurde 1850 aufgehoben und durch das preußische *Dreiklassenwahlrecht* ersetzt, bei dem die Stimmen nach der Steuerkraft gewichtet wurden. Von den inzwischen 427.000 Einwohnern der Stadt waren nur noch rd. 5 % oder 21.000 wahlberechtigt.

Das Wachstum Berlins führte 1883 zur Ausgliederung der bis dahin kreisfreien Stadt aus der preußischen Provinz Brandenburg. Berlin wurde eine Art eigener Regierungsbezirk. Die Kommunalaufsicht führte fortan nicht mehr der Regierungspräsident des Regierungsbezirks Potsdam, sondern der Oberpräsident der Provinz Brandenburg. Ein weiterer Versuch, die Stadt-Umland-Probleme zu lösen, war 1912 die Bildung des *Zweckverbandes Groß-Berlin*, dem die Städte Berlin, > CHARLOTTEN-BURG, > LICHTENBERG, > NEUKÖLLN, > SCHÖNEBERG, > SPANDAU und > WILMERSDORF sowie die Landkreise Teltow und Niederbarnim angehörten – insg. 374 Gemeinden mit 4,1 Mio. Einwohnern. Die begrenzten Aufgaben waren im wesentlichen die gemeinsame Regelung von Verkehrsfragen, die Abstimmung von Bebauungsplänen und der Erwerb von Erholungsflächen. Ein Beispiel ist der Erwerb des > GRUNEWALDES 1915, der so als Dauerwald erhalten blieb. Insg. erfüllte der Zweckverband die Erwartungen jedoch nicht.

3. Von der Bildung Groß-Berlins 1920 bis zur Machtergreifung der Nationalsozialisten 1933

Erst nach jahrzehntelangen Eingemeindungsdebatten wurde am 1.10.1920 die Einheitsgemeinde > GROSS-BERLIN geschaffen. Die Einwohnerzahl verdoppelte sich auf 3,8 Mio.; das Stadtgebiet vergrößerte sich um das Dreizehnfache. Von geringfügigen Korrekturen abgesehen sind die Grenzen der Stadt immer noch dieselben wie 1920 (> GEBIETSAUSTAUSCH).

Die neue Einheitsgemeinde wurde in 20 > BEZIRKE gegliedert, die Verwaltung zweistufig organisiert. Zentrale Organe blieben die nun 225köpfige Stadtverordnetenversammlung und der Magistrat, der aus höchstens 30 Mitgliedern bestehen durfte. Die besoldeten Stadträte wurden auf zwölf, die unbesoldeten auf vier Jahre gewählt. Die zweite, untere Stufe bildeten die 20 Bezirksverwaltungen mit den jeweiligen Organen Bezirksversammlung und > BEZIRKSAMT. Eine gewisse bezirkliche Selbstverwaltung sollte der Überschaubarkeit und Bürgernähe der Verwaltung dienen, auch neue Stadtteile für die verlorene Selbständigkeit entschädigen. Diese Zweistufigkeit ist ein Kennzeichen der Berliner Verwaltung geblieben.

Eine Straffung war 1931 beabsichtigt. Die Exekutivverantwortung ging vom Magistratskollegium auf den Oberbürgermeister über, dessen Stellung dadurch gestärkt wurde, denn er war seit 1920 nur „primus inter pares". Die Aufgaben der Stadtverordnetenversammlung übernahm weitgehend ein aus deren Mitte gewählter 45köpfiger *Stadtgemeindeausschuß*, der unter dem Vorsitz des Oberbürgermeisters vertraulich tagte. Analog übernahmen die Bezirksbürgermeister den Vorsitz der Bezirksversammlungen, die nun ebenfalls vertraulich tagten.

4. Die Stadtverwaltung unter der NS-Diktatur

Die Nationalsozialisten setzten das „Führerprinzip" auch in der Stadtverwaltung durch. Bereits zwei Tage nach den Berliner > WAHLEN vom 12.3.1933 ernannte der preußische kommissarische Innenminister Hermann Göring (NSDAP) den NS-Fraktionschef in der Stadtverordnetenversammlung, Julius Lippert, zum *Staats-*

kommissar für die Reichshauptstadt, was die schrittweise Entmachtung des seit 1931 amtierenden Oberbürgermeisters Heinrich Sahm (parteilos) bedeutete. Magistrat und Bezirksämter wurden von mißliebigen Mitgliedern und Beamten „gesäubert". Die Vertretungskörperschaften, aus denen man Kommunistische Partei Deutschlands (KPD) und > Sozialdemokratische Partei Deutschlands (SPD) entfernt hatte, tagten seit November 1933 nicht mehr und wurden 1934 aufgelöst. Die Bezirksbürgermeister wurden dem Oberbürgermeister unterstellt. An die Stelle der Stadtverordnetenversammlung traten 45 „Ratsherren", an die Stelle der Bezirksversammlungen je acht bis zwölf „Gemeinderäte". Diese sog. Beratungsgremien wurden auf Vorschlag des Berliner NS-Gauleiters Joseph Goebbels ernannt. Zugleich wurde Berlin aus der Aufsicht des Oberpräsidenten der Provinz Brandenburg herausgelöst. Nach dem Rücktritt Sahms 1935 wurde Lippert dessen Nachfolger und zugleich Stadtpräsident als Chef einer neuen Landesbehörde: Er kontrollierte sich selbst. Unter dem seit 1940 amtierenden Oberbürgermeister Ludwig Steeg übernahm Goebbels die Funktion des Stadtpräsidenten.

5. Die Grundlagen des Stadtstaates 1945 bis 1948

Die Auflösung *Preußens* war eine Voraussetzung für die Bildung des Landes Berlin. Preußen hatte spätestens am Ende des II. Weltkrieges faktisch aufgehört zu existieren, obwohl es formell erst durch das Gesetz Nummer 46 des > Alliierten Kontrollrats vom 25.2.1947 beseitigt wurde. Die Siegermächte bildeten 1945 in Deutschland vier Besatzungszonen unter der obersten Gewalt des Alliierten Kontrollrats. Die Reichshauptstadt teilten sie als besonderes Gebiet in vier > Sektoren ein, die sie unter ihre gemeinsame Verwaltung durch die > Alliierte Kommandantur stellten (> Londoner Protokoll). Berlin war damit nicht mehr in eine größere Gebietskörperschaft eingebettet. Die Stadt mußte nun auch Aufgaben wahrnehmen, die vorher beim Land Preußen gelegen hatten. Bereits die von der Kommandantur am 13.8.1946 erlassene und am 20.10.1946 in Kraft getretene *Vorläufige Verfassung* hat diesen Wandel berücksichtigt: „Groß-Berlin ist die für das Gebiet der Stadtgemeinde Berlin alleinige berufene öffentliche Gebietskörperschaft" (Art. 1 Abs. 1). Die Vorläufige Verfassung hatte aber noch nicht den Charakter einer Landesverfassung. Sie orientierte sich an der Gemeindeordnung von 1853 und an den Regelungen von 1920.

Nach der Eroberung Berlins durch die Rote Armee hatte die > Sowjetische Militäradministration in Deutschland (SMAD) einen Magistrat unter dem parteilosen Oberbürgermeister Arthur Werner eingesetzt, der seit dem 17.5.1945 amtierte. Ferner hatten die sowjetische und später die drei westlichen Besatzungsmächte Bezirksbürgermeister eingesetzt. Das vom Magistrat mit Zustimmung der Alliierten Kommandantur erlassene Bezirksverfassungsstatut vom 26.9.1945 ermöglichte dann den einheitlichen Aufbau der 20 Bezirksämter, aber nur ein Minimum an Selbstverwaltung. Der Magistrat hatte die Bezirksbürgermeister mit Zustimmung der Kommandantur, deren Stellvertreter und die Bezirksräte (heute Stadträte) mit Zustimmung der jeweiligen Militärregierung zu ernennen. Er konnte ihre Beschlüsse aufheben, wenn sie den Anordnungen des Magistrats oder der Besatzungsmächte nicht entsprachen.

Am 20.10.1946 fanden die ersten Gesamt-Berliner > Wahlen seit 1933 zur Stadtverordnetenversammlung und zu den 20 > Bezirksverordnetenversammlungen (BVV) für eine zweijährige Wahlperiode statt. Diese wählten wiederum einen Magistrat bzw. die Bezirksämter. Dem am 5.12.1946 gewählten Magistrat unter Oberbürgermeister Otto Ostrowski (SPD) gehörten drei Bürgermeister sowie Stadträte der vier in der Stadtverordnetenversammlung vertretenen Parteien SPD, CDU, SED und LDPD an. Die Vorläufige Verfassung hatte zur Bildung eines Allparteien-Magistrats ausdrücklich ermuntert. Nach dem Rücktritt Ostrowskis wurde am 24.6.1947 Stadtrat Ernst Reuter (SPD) zum Oberbürgermeister gewählt, aber wegen sowjetischen Vetos von der Alliierten Kommandantur nicht im Amt bestätigt. Für ihn amtierte die Bürgermeisterin Louise Schroeder (SPD).

Die Stadtverordnetenversammlung hatte nach Art. 35 der Vorläufigen Verfassung den Auftrag, eine endgültige Verfassung zu entwerfen und der Kommandantur bis zum 1.5.1948 zur Genehmigung vorzulegen. Der Verfassungsausschuß war um einen Text bemüht, der die Zustimmung aller vier Fraktionen sowie der Vertreter aller vier Mächte finden sollte. Wesentliche Fragen blieben jedoch kontrovers. So wollte die 1946 aus dem Zusammenschluß von KPD und SPD im Ostsektor entstandene > Sozialistische Einheitspartei Deutschlands (SED) Berlin nur den Status einer Stadt zuerkennen, den Wandel zu einem Land nicht mitvollziehen. Sie lehnte auch eine klare Gewaltenteilung ab und wollte das Schwergewicht bei der Stadtverordnetenversammlung sehen. So wurde der Verfassungsentwurf vom Plenum am 22.4.1948 gegen das Votum der SED beschlossen. Er betonte im Art. 1 Abs. 1, wie er auch heute noch gilt, den stadtstaatlichen Charakter: „Berlin ist ein deutsches Land und zugleich eine Stadt." Diese Verfassung trat jedoch so nie in Kraft. Ihre Genehmigung durch die Alliierte Kommandantur kam aufgrund der Spaltung nicht mehr zustande.

6. Die Spaltung der Stadtverwaltung

Im Zuge des Kalten Krieges, der > Währungsreform und der sowjetischen > Blokkade Berlins vollzog sich 1948 die > Spaltung der Stadtverwaltung (> Geschichte). Die für den 5.12.1948 anberaumten Wahlen zur Stadtverordnetenversammlung und zu den BVV wurden vom sowjetischen > Stadtkommandanten kurzfristig für die acht östlichen Bezirke verboten und konnten nur in den zwölf Bezirken der Westsektoren stattfinden. Die SED beteiligte sich nicht. Die neu gewählte Stadtverordnetenversammlung trat am 14.1.1949 im > Rathaus Schöneberg zu ihrer konstituierenden Sitzung zusammen und wählte den Magistrat unter Oberbürgermeister Reuter. Nach einem anfänglichen Notquartier in der Fasanenstr. in Charlottenburg wurde das Rathaus Schöneberg mit dem Einzug Reuters am 7.6.1949 auch Sitz das Magistrats. Zugleich blieb es jedoch Bezirksrathaus mit Sitz von BVV und Bezirksamt. Parlament und Regierung blieben in den 42 Jahren der Teilung bewußt Untermieter des Schöneberger Bezirksbürgermeisters. Damit wurde der Wille zur Wiederherstellung der Einheit sichtbar gemacht.

1949 begann die West-Berliner Stadtverordnetenversammlung mit der Überarbeitung des 1948 beschlossenen Verfassungsentwurfes, die im wesentlichen der Angleichung an das Grundgesetz diente. Außerdem wurden dem stadtstaatlichen Charakter Berlins gemäß die Bezeichnungen Stadtverordnetenversammlung in > Abgeordnetenhaus von Berlin (AbgH), Magistrat in > Senat von Berlin und Oberbürgermeister in > Regierender Bürgermeister von Berlin (RBm) geändert. Nach ihrer Verabschiedung und Genehmigung durch die nur noch von den Westalliierten gebildete Kommandantur wurde die > Verfassung von Berlin (VvB) am 1.9.1950 verkündet und trat am 1.10.1950 in Kraft. Sie bezog sich auf ganz Berlin, war aber in ihrer Anwendung angesichts der faktischen politischen Verhältnisse auf Berlin (West) beschränkt. Nach den Wahlen am 3.12.1950 begann die erste Wahlperiode des AbgH mit dessen konstituierender Sitzung am 11.1.1951. Sie wählte kurz darauf den ersten Senat unter dem RBm Reuter.

7. West-Berlin als Stadtstaat besonderer Prägung

Der Westteil Berlins wurde nun wie ein Bundesland behandelt, unterschied sich aber von allen anderen Bundesländern entscheidend dadurch, daß es aufgrund des Vier-Mächte-Status nicht direkt vom Bund regiert werden durfte (> SONDERSTATUS 1945-90). Dies drückte sich auch in der VvB 1950 aus. Von den drei Sätzen des Art. 1 galt nur der schon 1948 formulierte Satz 1 („Berlin ist ein deutsches Land und zugleich eine Stadt"). Die Sätze 2 („Berlin ist ein Land der Bundesrepublik Deutschland") und 3 („Grundgesetz und Gesetze der Bundesrepublik Deutschland sind für Berlin bindend") wurden von den Westalliierten suspendiert.

Ungeachtet der Einbeziehung West-Berlins in das Rechts-, Wirtschafts- und Finanzsystem der Bundesrepublik (> BINDUNGEN) galt daher das Bundesrecht auch nicht automatisch. Bundesgesetze, die auf West-Berlin erstreckt werden sollten, wurden vom Bundesgesetzgeber mit einer *Berlin-Klausel* versehen; sie mußten innerhalb eines Monats nach ihrer Verkündung vom AbgH übernommen werden. Das waren praktisch alle Gesetze, sofern sie nicht den entmilitarisierten Status der Stadt berührten (> ENTMILITARISIERUNG). Die Übernahme erfolgte förmlich durch Landesgesetze, aber ohne Aussprache und im wesentlichen einvernehmlich.

Berlin konnte zwar durch vier Vertreter des Senats im > BUNDESRAT und durch 22 (anfangs acht) *Abgeordnete* im > DEUTSCHEN BUNDESTAG auf die Bundesgesetzgebung initiativ und beratend Einfluß nehmen, doch zählten die Berliner Stimmen bei Plenarabstimmungen nicht mit. Dem eingeschränkten Stimmrecht im Bundestag und in der Länderkammer entsprach es, daß die *Berliner Bundestagsabgeordneten* nicht vom Volk gewählt, sondern vom AbgH entsandt wurden. Die Zahl der auf jede Partei entfallenden Mandate richtete sich nach dem Stärkeverhältnis der Fraktionen im AbgH. Die von den Berliner Parteien nominierten und formell von den Fraktionen vorgeschlagenen Kandidaten wurden jeweils am Tag der Bundestagswahl in einer Sondersitzung des AbgH einvernehmlich gewählt. Nach dem gleichen Verfahren entsandte das AbgH die drei Berliner Abgeordneten für das *Europäische Parlament*.

8. Von der Teilung zur Einheit

Erst in der konstituierenden Sitzung des Gesamt-Berliner AbgH am 11.1.1991 wurde die Stadt auch verfassungsrechtlich vereint – durch die Übernahme der Verfassung von 1950 für ganz Berlin, allerdings mit einigen Änderungen i.d.F. vom 5.10.1990. An ihnen hatten bereits Vertreter der am 6.5.1990 erstmals frei gewählten Ost-Berliner Stadtverordnetenversammlung mitgewirkt. Während der neue SPD/CDU-Magistrat unter Oberbürgermeister Tino Schwierzina und der SPD/AL-Senat unter dem RBm Walter Momper im scherzhaft so genannten *„Magi-Senat"* gemeinsam die Einheit vorbereiteten und Ost-Berlin durch die Stadtverordnetenversammlung seine – erste, kurzlebige – Verfassung vom 11.7.1990 erhielt, die im wesentlichen der in West-Berlin gültigen entsprach, berieten die Einheitsausschüsse der beiden Stadtparlamente ebenfalls gemeinsam über rechtliche Voraussetzungen der Einheit. Das betraf vor allem die Überleitung von West-Berliner Landesrecht auf Ost-

Berlin durch Mantelgesetze, die beide Stadtparlamente parallel annahmen, und das Wahlrecht für die ersten Gesamt-Berliner Wahlen seit 1946. Durch Änderungen der Verfassung von 1950 und mit Rücksicht auf praktikable Übergangsregelungen sowie auf einige Vorschriften der neuen Ost-Berliner Verfassung wurde u.a. die einmalige Trennung der Wahlperiode des AbgH und der BVV verankert. Deshalb wurde das AbgH am 2.12.1990 nicht für vier, sondern für fünf Jahre gewählt, während die nunmehr 23 BVV erst am 24.5.1992 für eine verkürzte Wahlperiode gewählt wurden. Von der nächsten Berliner Wahl an soll wieder die einheitliche und grundsätzlich vierjährige Wahlperiode gelten.

Neu ist in der Verfassung ferner die Aufzählung der 23 Bezirke, während zuvor die Zahl von 20 Bezirken genannt war. Drei der elf östlichen Bezirke waren erst spät gebildet worden, nämlich > MARZAHN 1979, > HOHENSCHÖNHAUSEN 1985 und > HELLERSDORF 1986. Durch den neuen Art. 88 besteht schließlich die Verpflichtung, die Verfassung „während der ersten Wahlperiode des Gesamt-Berliner AbgH einer Überarbeitung zu unterziehen", und zwar unter Heranziehung auch der Verfassungen vom 22.4.1948 und vom 11.7.1990. In der 1990 noch umstrittenen Frage, ob nach der Vereinigung die Wahlperioden neu zu zählen seien, setzte sich das Argument durch, daß Ost-Berlin Beitrittsgebiet war und daß somit die 1950 begonnene Zählung fortzusetzen sei. Am 11.1.1991 begann mit der Konstituierung des Gesamt-Berliner Landesparlaments die 12. Wahlperiode des AbgH. Es wählte am 24.1.1991 den von einer CDU/SPD-Koalition getragenen ersten Gesamt-Berliner Senat mit dem RBm Eberhard Diepgen an der Spitze.

Neuer Sitz des Senats wurde am 1.10.1991 das > BERLINER RATHAUS im Bezirk > MITTE, das seit 1870 Sitz des Magistrats gewesen war. Der Umzug des Landesparlaments vom Rathaus Schöneberg in das Gebäude des ehem. > PREUSSISCHEN LANDTAGES im Bezirk Mitte wird für 1993 vorbereitet. Die Bezirkswahlen 1992 waren ein weiterer Schritt zur einheitlichen Stadtverwaltung. Die BVV und die aus ihnen hervorgegangenen Bezirksämter sind in den östlichen und westlichen Bezirken seitdem wieder nach einheitlichen Verfahren gewählt und organisiert.

II. ABGEORDNETENHAUS – SENAT

1. Berlin als Stadtstaat

Das Bundesland Berlin hat als Stadtstaat wie Hamburg und Bremen im Gegensatz zu den Flächenstaaten sowohl Landes- als auch Kommunalaufgaben zu erfüllen, die kaum klar voneinander zu trennen sind. Hatte Berlin vor der Vereinigung eine deutschlandpolitisch und durch den Sonderstatus bedingte Sonderrolle, so ergaben sich durch die Wiedervereinigung ganz neue und schwierige Aufgaben wie das Zusammenwachsen der Stadt in allen Bereichen, Fragen der Hauptstadtplanung und der organisierten Zusammenarbeit mit dem Land Brandenburg.

Das Bundesrecht gilt seit dem 3.10.1990 automatisch für ganz Berlin. Vorläufige Sonderregelungen für Ost-Berlin wie für die neuen Länder sind ebenfalls Bundesrecht. Das Land wirkt an der Gestaltung der Bundespolitik und der Bundesgesetzgebung mit vollem Stimmrecht mit. Im Bundesrat hat der Senat weiterhin vier Stimmen, die immer einheitlich abgegeben werden. Die Zahl der früher 22 Berliner Bundestagsabgeordneten hat sich gem. Bundeswahlrecht erhöht. Bei der ersten gesamtdeutschen Bundestagswahl am 2.12.1990, zu der die Berliner erstmals wahlberechtigt waren, wurden 28 Vertreter Berlins gewählt.

2. Zusammenwirken von Senat und Abgeordnetenhaus

2.1. Das Beispiel Regierungsbildung

Die verfassungsrechtliche Stellung des RBm ist sowohl im Senat als auch gegenüber dem Parlament recht schwach. Das läßt sich aus der Entstehungsgeschichte der Verfassung bis 1948 erklären. Sie trägt Züge der Magistratsverfassung, die im wesentlichen durch das Kollegialprinzip, die Wahl des Magistrats durch die Bürgervertretung und die fehlende Richtlinienkompetenz des Oberbürgermeisters gekennzeichnet war. Im Gegensatz zum Bundestag und den Landtagen der Flächenstaaten, aber ähnlich wie in Hamburg und Bremen, hat das AbgH wesentlichen Einfluß auf die Regierungsbildung. Es wählt nicht nur den RBm, sondern auf dessen Vorschlag auch den Bürgermeister als seinen Vertreter und die Fachsenatoren. Verfassungsbestimmungen und parlamentarische Geschäftsordnung geben den Senatswahlen in geheimen Abstimmungen eine gewisse Brisanz. Bei knapper Regierungsmehrheit genügen wenige Abgeordnete – im Extremfall einer –, um Kandidaten zu Fall zu bringen, was vereinzelt geschah.

Da der RBm die übrigen Senatsmitglieder weder ernennen noch entlassen kann, ist ihm auch eine Senatsumbildung erschwert. Dem Recht des Parlaments zur Wahl entspricht das Recht auf Abwahl des Senats oder einzelner seiner Mitglieder durch *Mißtrauensvotum*. Die nicht selten von der Opposition gestellten Mißtrauensanträge hatten jedoch bisher nie Erfolg, zumal die hierfür vorgeschriebene namentliche Abstimmung einer offenen Abstimmung gleichkommt.

2.2. Das Kollegialprinzip

Nach Art. 40 der Verfassung wird die Regierung „durch den Senat ausgeübt". Der RBm ist im Senatskollegium nur „primus inter pares". Er muß sich auch hier auf seine Durchsetzungsfähigkeit verlassen. Seine Richtlinienkompetenz ist eingeschränkt, denn er bestimmt die Richtlinien der Regierungspolitik „im Einvernehmen mit dem Senat". Diese bedürfen außerdem der Billigung des AbgH. Er legt sie daher in allgemeiner Form dem Parlament im Rahmen einer Regierungserklärung zur Abstimmung vor. Da er die Einhaltung der Richtlinien überwacht, kann er allerdings jederzeit Auskunft über alle Amtsgeschäfte seiner Kollegen verlangen. Im übrigen leitet jedes Senatsmitglied im Rahmen der Richtlinien sein Ressort selbständig und in eigener Verantwortung gem. seiner Einzelverantwortung vor dem Parlament. Es ist eine nur aus der Situation der Nachkriegszeit erklärbare Besonderheit der Berliner Verfassung, daß der dem Innensenator unterstehende Polizeipräsident und die Generalstaatsanwälte nicht vom Senat berufen, sondern auf seinen Vorschlag vom AbgH gewählt werden (> STAATSANWALTSCHAFTEN). Als die Verfassung von 1950 entworfen wurde, unterstanden Justiz und > POLIZEI noch den Besatzungsmächten. Die Stadtverordnetenversammlung wollte ihre Zuständigkeit auch für diese Bereiche dokumentieren. V.a. der Polizeipräsident hat somit eine konfliktträchtige Stellung zwischen den Weisungen des Innensenators und seiner Verantwortung vor dem Parlament.

2.3. Willensbildung und Gesetzgebung

Von der Wahl des Senats und der Kontrolle der Exekutive abgesehen, wirkt das AbgH auch durch seine Willensbildung im Plenum und in den Ausschüssen auf die Senatspolitik ein. Die Beschlüsse der Parteien, an denen Abgeordnete meist als Funktionsträger mitwirken, die Wünsche der Bezirke, in denen sie politisch beheimatet sind, die Interessen von Verbänden, Gewerkschaften, Gruppen, Bürgerinitiativen, denen sie häufig ebenfalls verbunden sind, werden über die Fraktionen in das Parlament und an den Senat herangetragen. Dem AbgH obliegt ferner die Landesgesetzgebung aufgrund von Entwürfen des Senats oder der Fraktionen. Die Gesetzgebungskompetenz ist auf Vorhaben begrenzt, die der Bund gem. dem Grundgesetz den Ländern zur Regelung überläßt.

III. DIE VERWALTUNG

1. Grundsätze

Innerhalb des zweistufigen Aufbaus der Berliner Verwaltung, wie er 1920 begründet wurde, bildet die dem Senat unmittelbar unterstellte Hauptverwaltung die obere Stufe. Die untere Stufe stellen – unter der Aufsicht des Senats – die 23 Bezirksverwaltungen dar. „Die Bezirke sind an der Verwaltung nach den Grundsätzen der Selbstverwaltung zu beteiligen", bestimmt Art. 50 Abs. 2 der Verfassung. In welchem Maß das zu geschehen hat, ist ein immer wieder diskutiertes Problem. Ein Mangel an klarer Abgrenzung der Kompetenzen und Verantwortlichkeiten mit der Folge von Doppelarbeit und Doppelentscheidungen wird häufig beklagt.

Mit der Überleitung von Ost-Berliner Institutionen auf das Land Berlin wurde auch ein wesentlicher Teil der östlichen Bediensteten übernommen. Nach dem Stand vom 30.6.1991 waren im > Öffentlichen Dienst des Landes Berlin einschließlich der nachgeordneten Einrichtungen wie > Eigenbetriebe, Universitäten und städtische Krankenhausbetriebe insg. rd. 344.000 Mitarbeiter beschäftigt. Das waren ca. 140.000 mehr als vor der Vereinigung in West-Berlin. Allein in der Hauptverwaltung und in den Bezirken lag die Zahl der Beschäftigten zum 30.6.1991 bei rd. 215.500, davon 87.500 in der Hauptverwaltung und etwa 128.000 in den Bezirken (63.450 in den zwölf westlichen und 64.500 in den elf östlichen). Die Zahl der Planstellen in Hauptverwaltung und Bezirken betrug allerdings nur rd. 193.000. Die übrigen Mitarbeiter waren Teilzeitkräfte, ABM-Kräfte und Auszubildende.

2. Die Hauptverwaltung

Art. 51 der VvB schreibt vor: „Der Senat stellt Grundsätze und Richtlinien für die Verwaltung auf und nimmt durch die Hauptverwaltung die Angelegenheiten wahr, die wegen ihrer übergeordneten Bedeutung oder wegen ihrer Eigenart einer einheitlichen Durchführung bedürfen." Das heißt nicht, daß sich der Senat alle staatlichen Aufgaben vorbehält und alle kommunalen den Bezirken überläßt. Zum Beispiel fallen Fragen der Stadtentwicklung, der Bauplanung oder Schulaufsicht in die Verantwortung des Senats, obwohl auch bezirkliche Zuständigkeiten gegeben sind. Die einzelnen Senatsmitglieder leiten jeweils den Teil der Hauptverwaltung, der zu ihrem Geschäftsbereich gehört. Das sind die > Senatsverwaltungen mit den ihnen nachgeordneten Behörden, den nichtrechtsfähigen Anstalten und den städtischen >

EIGENBETRIEBEN. Als nachgeordnete Behörden unterstehen zum Beispiel der Polizeipräsident und das > LANDESEINWOHNERAMT dem Senator für Inneres, das > LANDESAMT FÜR ZENTRALE SOZIALE AUFGABEN dem Senator für Soziales, die Amtsanwaltschaft sowie die Generalstaatsanwälte bei dem > KAMMERGERICHT und dem > LANDGERICHT dem Justizsenator. Zu den nichtrechtsfähigen Anstalten zählen das > LANDESARCHIV, die Landesmuseen (> MUSEEN UND SAMMLUNGEN) und die > SENATSBIBLIOTHEK, die dem Senator für Kulturelle Angelegenheiten unterstehen. Die Eigenbetriebe als nichtrechtsfähige Versorgungs- und Wirtschaftsunternehmen Berlins sind dem Senator für Verkehr und Betriebe unterstellt. Er führt den Vorsitz im jeweiligen Verwaltungsrat als Aufsichtsorgan, der paritätisch mit Vertretern der Arbeitgeber und Arbeitnehmer besetzt ist.

Nicht in die Hauptverwaltung integriert sind Behörden mit einer Kontrollfunktion. Das sind der > RECHNUNGSHOF VON BERLIN und der > BERLINER DATENSCHUTZBEAUFTRAGTE. Der Präsident des Rechnungshofes, der den ordnungsgemäßen Umgang mit den Haushaltsfinanzen kontrolliert, untersteht nur der Dienstaufsicht des RBm, der Datenschutzbeauftragte der des Präsidenten des AbgH. Beide werden auf Vorschlag des Senats vom Parlament gewählt. Die Anstalten, Körperschaften und Stiftungen öffentlichen Rechts unterstehen als Institutionen der mittelbaren Landesverwaltung nur der Staatsaufsicht des zuständigen Senatsmitgliedes. Beispiele sind der > SENDER FREIES BERLIN als Anstalt, die Universitäten als Körperschaften, der > LETTE-VEREIN als Stiftung des öffentlichen Rechts.

3. Die Bezirksverwaltungen

Die 23 > BEZIRKE sind keine selbständigen Gemeinden, sondern Teil der Einheitsgemeinde Berlin. Die Bezirksverwaltungen sind daher einheitlich aufgebaut und treten immer im Namen Berlins auf. Art. 2 des Bezirksverwaltungsgesetzes definiert: „Die Bezirke sind Selbstverwaltungseinheiten ohne Rechtspersönlichkeit." Zur Selbständigkeit fehlen ihnen entscheidende Wesensmerkmale, nämlich die Möglichkeit zur Rechtssetzung, zur Erhebung von Steuern und die Finanzhoheit. Die bezirklichen Haushaltspläne sind Teil des Landeshaushaltsplans, über den das AbgH auf der Grundlage des vom Senat vorgelegten Entwurfs entscheidet. Die Bezirke veranschlagen für den Etatentwurf jeweils ihren Finanzbedarf.

Die politische Selbstorganisation der Bezirke ist jedoch ähnlich wie in Gemeinden gegeben. Die von der wahlberechtigten Bevölkerung eines Bezirks gewählte BVV wählt ihrerseits das Bezirksamt, bestehend aus dem Bezirksbürgermeister und sechs Stadträten, von denen einer zugleich Stellvertretender Bezirksbürgermeister ist. Beide Organe zusammen bilden die Bezirksverwaltung. Die BVV ist kein Parlament, denn sie hat keine Gesetzgebungskompetenz. Ihre Funktion besteht im wesentlichen in der Wahl, Kontrolle und Beratung des Bezirksamtes. Eine Personalhoheit haben die Bezirke insofern, als sie ihre Beamten, Angestellten und Arbeiter selbständig einstellen. Dazu gehören auch die Lehrer. Die bezirklichen Stellenpläne werden jedoch vom Senat und AbgH festgesetzt. Die Bezirke können hierzu nur ihre Wünsche äußern. Der Senat führt die Aufsicht über die Bezirke. Die Art der Aufsicht und damit der Eingriffsmöglichkeiten richtet sich nach der Art der Aufgaben. Unterschieden wird zwischen den bezirkseigenen Angelegenheiten und den an die Bezirke übertragenen Vorbehaltsaufgaben des Senats.

4. Der Rat der Bürgermeister

Nach Art. 52 der VvB haben die Bezirke die Möglichkeit, „zu den grundsätzlichen Fragen der Verwaltung und Gesetzgebung Stellung zu nehmen". Diesem Zweck dient der in der Verfassung vorgeschriebene Rat der Bürgermeister. Ihm gehören die 23 Bezirksbürgermeister, der RBm und sein Stellvertreter, der Bürgermeister, an. Der Rat der Bürgermeister ist kein Entscheidungsgremium. Er kann nur Empfehlungen geben, die den Senat jedoch nicht binden. Die Bezirke haben dort aber Anhörungs- und Vorschlagsrechte. Sie können so versuchen, Entscheidungen des Senats im Vorfeld zu beeinflussen. Man kann von einem Instrument bezirklicher Interessenvertretung und von einem Koordinierungsgremium zwischen Haupt- und Bezirksverwaltung sprechen.

IV. BERLIN IM WANDEL

1. Überlegungen zur Verwaltungs- und Verfassungsreform

Die Bemühungen um eine Verwaltungs- und Verfassungsreform waren im früheren West-Berlin über Ansätze nicht hinausgelangt. Nach der > VEREINIGUNG der Stadt wurde die Diskussion hierüber neu entfacht – auch unter dem Eindruck der schwierigen Haushaltslage und der damit verbundenen Sparzwänge (> HAUSHALT UND FINANZEN). In den Debatten spiegeln sich die Probleme und Widersprüche, die sich aus dem Gebot einer einheitlichen effizienten Verwaltung einerseits und dem Gebot der Bürgernähe andererseits ergeben. Der erste Gesamt-Berliner Senat hat eine umfassende Verwaltungsreform angekündigt. Die vom Senator für Inneres vorgelegten Vorschläge laufen auf eine klare Kompetenzabgrenzung zwischen Hauptverwaltung und Bezirken sowie auf eine Straffung und Vereinfachung der Entscheidungswege hinaus. Dies gilt v.a. für Planungs- und Baugenehmigungsverfahren. Geplant ist, den Bezirken die Zuständigkeit für Vorhaben von besonderer Bedeutung (z.B. Hauptstadtbauten) zu entziehen. Andererseits ist an mehr Handlungsspielraum für die Bezirke gedacht. Dazu gehört die Überlegung, den Bezirken über die ihnen zugewiesenen Etatmittel hinaus einen gewissen Teil der auf ihrem Gebiet erzielten Steuereinnahmen zur selbständigen Verwendung zu überlassen. Davon erhofft man sich ein stärkeres Interesse der Bezirke an der Gewerbeansiedlung. Vorgesehen ist ferner das Abschmelzen des Stellenplans im öffentlichen Dienst um insg. 25.000 Stellen von 1992-97, u.a. durch Übertragung von Aufgaben der öffentlichen Hand an freie Träger und Privatunternehmen.

Hinsichtlich der Gesamtstruktur der Berliner Verwaltung wird eine Reduzierung der Zahl der Bezirksamtsmitglieder und auch eine Verringerung der Zahl der Bezirke vorgeschlagen. Ebenso wird die Verringerung der Zahl der Senatoren (derzeit nach der Verfassung höchstens sechzehn) in die Diskussion gebracht. Einen Reformschritt ist das AbgH bereits gegangen, indem es am 26.3.1992 durch Verfassungsänderung seine Verkleinerung von mind. 200 auf mind. 150 Mitglieder beschloß.

Seit 1986 bestehen Erwägungen für eine Verfassungsreform mit dem Ziel, die Stellung des RBm und seine Richtlinienkompetenz zu stärken. Eine gemeinsam von den Regierungschefs der drei Stadtstaaten eingesetzte unabhängige Kommission unter dem Vorsitz des früheren Präsidenten des Bundesverfassungsgerichts, Ernst Benda, sprach in ihrem 1988 vorgelegten Bericht die Empfehlung aus, die Regierungsbildung in Hamburg, Bremen und Berlin ähnlich wie im Bund und in den Flächenstaaten nach dem „Kanzlermodell" vorzunehmen. Das würde in Berlin bedeuten, daß das AbgH nur noch den RBm zu wählen hätte und nur noch ihn allein durch konstruktives Mißtrauensvotum, also bei gleichzeitiger Wahl eines anderen RBm, stürzen könnte. Der Regierungschef würde die übrigen Senatsmitglieder ernennen und entlassen. Diese Diskussionen dürften auch eine Rolle in der Enquete-Kommission spielen, die das AbgH in der 12. Wahlperiode mit dem Auftrag eingesetzt hat, Empfehlungen zur Überarbeitung der Berliner Verfassung zu erarbeiten.

2. Die Brandenburgische Frage

Vor allem der RBm Eberhard Diepgen, sein Amtsvorgänger Walter Momper und der brandenburgische Ministerpräsident Manfred Stolpe haben sich seit der Herstellung der deutschen Einheit für die Verschmelzung Berlins und Brandenburgs zu einem Bundesland *Berlin-Brandenburg* eingesetzt. Zur Begründung wurde angeführt, unter einem gemeinsamen Dach sei eine sinnvolle Planung am besten möglich und Berlin-Brandenburg könne so am ehesten zu einer wettbewerbsfähigen deutschen und europäischen Region werden (> REGIONALPLANUNG). Eine am 20.12.1991 von den beiden Landesregierungen eingesetzte gemeinsame Regierungskommission unter dem Vorsitz der Regierungschefs hat am 29.2.1992 ihre Beratungen aufgenommen. Sie hat das Ziel, die Vereinigung zu einem Bundesland unter den Aspekten der Verfassungs-, Verwaltungs-, Finanz- und Regionalplanungsfragen zu prüfen. Der Verabredung zufolge wollen die beiden Landesregierungen die Grundentscheidung für oder gegen die Verschmelzung um die Jahreswende 1992/93 treffen, wobei die im Sommer 1992 angenommene Brandenburger Landesverfassung in dieser Frage einen Volksentscheid vorsieht. Im Falle einer positiven Entscheidung ist an die Bildung des neuen Landes gegen Ende des Jahrzehnts gedacht.

R

Radio Forces Françaises à Berlin (FFB): Das FFB ist der Rundfunksender der französischen Streitkräfte in Berlin (> Alliierte; > Fernsehen). Er richtet sich vornehmlich an die in Berlin stationierten französischen Militärangehörigen. Radio FFB gehört organisatorisch zur französischen Militärkommandantur im *Quartier Napoleon* im Bezirk > Reinickendorf, wo sich auch die Sendeanlagen befinden. Im Unterschied zu anderen Sendern der Alliierten hat der FFB keine eigene Berliner Redaktion. Für sein seit 1957 bestehendes Hörfunkprogramm übernimmt der FFB Sendungen von France Inter, einem Sender, der den Hörern ein objektives Bild des politischen, wirtschaftlichen und kulturellen Lebens in Frankreich vermitteln soll. Innerhalb des Programms von France Inter sendet Radio France International (RFI) täglich eine Stunde Programm in deutscher Sprache (18.00-19.00 Uhr), wobei über den Deutschen Dienst auch Informationen aus und über Berlin in das Programm gelangen. Der FFB ist auf UKW im Umkreis von ca. 100 km zu hören und wird ins Kabelnetz eingespeist. Über das Fortbestehen des französischen Senders in Berlin nach Abzug der Alliierten 1994 war im Sommer 1992 noch keine Entscheidung gefallen.

Radio-Symphonie-Orchester Berlin (RSO): Das RSO wurde am 15.11.1946 unter dem Namen RIAS-Symphonie-Orchester gegründet. Es zählt neben dem > Berliner Philharmonischen Orchester zu den bedeutendsten Ensembles der Stadt und gilt insbes. auf dem Gebiet der schwierigen Avantgarde-Musik als eines der führenden Orchester der Welt. Daneben trugen die weltweit im Programmaustausch verbreiteten Konzertmitschnitte des > Rias Berlin und des > Senders Freies Berlin (SFB) sowie weitere Hörfunk- und Fernsehproduktionen zum internationalen Ruf des Orchesters bei. Seit 1989 ist Vladimir Ashkenazy der Chefdirigent des RSO. Pro Saison gibt das Orchester ca. 50 Konzerte in Berlin. Zu den festen Veranstaltungen des Orchesters zählt die vom SFB (bis 1988 gemeinsam mit dem Westdeutschen Rundfunk) durchgeführte Reihe „Musik der Gegenwart". Das RSO wurde mehrfach ausgezeichnet; u.a. erhielt es 1971 den Kritikerpreis für Musik und 1979 den Großen Deutschen Schallplattenpreis für seine Fricsay-Edition. In den letzten zehn Jahren hat das RSO von allen deutschen Orchestern die meisten Schallplatten produziert.

Eine feste Spielstätte hat das 110 Musiker zählende Orchester nicht, seine Aufführungen finden v.a. in der > Philharmonie, im > Kammermusiksaal und im > Schauspielhaus statt. Um langjährige finanzielle Schwierigkeiten zu überwinden, erhielt das RSO 1977 die Rechtsform einer gemeinnützigen GmbH, deren Gesellschafter das Land Berlin, der SFB und der RIAS sind. Die Geschäftsstelle befindet sich im Schauspielhaus am > Gendarmenmarkt im Bezirk > Mitte.

Das Orchester stand von seiner Gründung bis 1953 unter amerikanischer Patenschaft. Sein erstes öffentliches Konzert gab es am 7.9.1947. Ferenc Fricsay war von 1949-54 der erste Chefdirigent. Künstlerische Schwerpunkte setzte er mit Mozart- und Bartók-Interpretationen. Nachdem der SFB 1954 seine Sendetätigkeit aufgenommen hatte, arbeitete das Orchester auch mit diesem Sender zusammen, so daß sich seine Aufgaben erweiterten. Insbes. mit Aufführungen der Musik des 20. Jh. erlangte es künstlerisch eine größere Bedeutung. 1956 erfolgte die formelle Umbenennung in RSO.

Nach einer Übergangszeit leitete Ferenc Fricsay von 1959 bis zu seinem Tode 1963 erneut das Orchester als Chefdirigent. Sein Nachfolger war von 1964-75 Lorin Maazel, der eine künstlerische Akzentverschiebung in Richtung „romantische Rarität" vornahm. Nachdem das RSO danach einige Jahre ohne Chefdirigenten gespielt hatte, wurde 1982 Riccardo Chailly in dieses Amt berufen, dem 1989 Ashkenazy folgte.

Radrennbahn Schöneberg: Die auf dem Gelände des > Sportzentrums Schöneberg am Priesterweg 3 gelegene R. ist neben der > Radrennbahn Weissensee eine von zwei offenen Radrennbahnen in Berlin. Die R. verfügt über einen 333,3 m langen Rundkurs mit einer Bahnbreite von 7 m sowie einer Kurvenhöhung von 37 Grad. Sie entspricht damit internationalen Anforderungen. Im Gegensatz zu der Anlage in Weißensee verfügt die 1959 eröffnete und 1980 umgebaute R. über einen Holzbelag.

Die vom Bezirksamt > Schöneberg verwaltete Bahn mit seiner 4.000 Zuschauer fassenden Anlage wird heute vorwiegend vom Berliner Radsportverband mit seinen angeschlossenen Vereinen genutzt. Der rasenbewachsene Innenraum dient mehreren Schöneberger Fußballvereinen sowie dem Football-Club Berlin Adler als Spielfläche. Die R. ist darüber hinaus Austragungsort der Berliner und Deutschen Bahnmeisterschaften, verschiedener Steher-Rennen sowie Begegnungsstätte von Bundesliga-Spielen im American-Football.

Radrennbahn Weißensee: Die R. liegt inmitten eines 22 ha großen Sportkomplexes an der Rennbahnstr. 62 im Bezirk > Weissensee. Die mit 333,3 m Länge und 12 m Breite internationalen Standards entsprechende offene Zementtradbahn wird in der Saison zwischen April und Oktober für Übungs-, Trainings- und Wettkampfzwecke genutzt. Sie wurde in dieser Funktion 1991 von ca. 20 Radsportvereinen bzw. ca. 1.500 jugendlichen und erwachsenen Amateuren in Anspruch genommen. Gleichzeitig ist die R. > Olympiastützpunkt der Bahnradfahrer. Für Zuschauer sind je 4.000 Sitz- und Stehplätze vorhanden. Die 1956 im Rahmen des > Nationalen Aufbauwerks der DDR in dem Ende der 20er Jahre geschaffenen Sportkomplex fertiggestellte R. war bis Mitte der 70er Jahre Zielpunkt der „Friedensfahrt" und des Radrennens „Rund um Berlin".

Auf dem Gelände befindet sich neben der Radrennbahn, deren Rasenfläche im Innenraum als American-Football-Feld dient, ein kleines Leichtathletik-Stadion, eine Turn- und Ballspielhalle, ein 2.000 m² großer Traglufthallenkomplex, zwei Kunstrasenplätze und der zum Großveranstaltungsort ausgebaute Sportplatz Boelckestr. mit drei Fußballfeldern.

Gelegentlich wird die R. auch für andere Veranstaltungen, bspw. für Rock-Konzerte, genutzt (> Rock-Musik). So fanden in der R. im Sommer 1990 die ersten beiden Konzerte der englischen Band „The Rolling Stones" in der DDR statt. Die R. wird vom > Bezirksamt Weißensee verwaltet.

Räumliches Strukturkonzept (RSK): Als RSK wird der erste Entwurf für die längerfristige räumliche Entwicklung Berlins nach der > Vereinigung der beiden Teile der Stadt bezeichnet. In Maßstab und Art der Darstellung beschränkt sich das Planwerk auf übergeordnete Gesichtspunkte und Planungsgrundzüge. Das RSK dient der Klärung und Abstimmung grundlegender Entwicklungsmaßnahmen und Ziele für den neu aufzustellenden > Flächennutzungsplan (FNP) für Berlin. Für den Zeitraum bis ein FNP-Entwurf vorliegt kann das RSK bereits als informeller Plan für die Beurteilung von Bebauungsplan-Entwürfen und größeren Entwicklungsvorhaben dienen.

Unter Berücksichtigung von Zielen der räumlichen Ordnung und erwarteter Wachstumsprozesse wurden dem RSK für den Zeitraum bis etwa 2010 folgende Prämissen und Bedarfsannahmen zugrundegelegt: Wachstumsspielraum bis zu einer Größenordnung von 300.000 zusätzlichen Einwohnern und Arbeitsplätzen, Wohnungsbedarf bis etwa 400.000 zusätzlichen Wohneinheiten, Büroflächenbedarf bei zusätzlich 11 Mio. m², Gewerbeflächenbedarf 500 bis 1.000 ha, Einzelhandelsflächen bis zu 1,7 Mio. m², Freizeitflächen (Sport, Freiflächen etc.) mindestens 500 ha. Etwa zwei Drittel dieses geschätzten zusätzlichen Flächenbedarfs sind Ergebnis eines erwarteten Nachholwachstums, das Berlin lediglich an Verhältnisse heranführen wird, wie sie in anderen Großstädten Mitteleuropas bereits heute vorhanden sind.

Der Entwurf des RSK basiert auf folgenden übergeordneten Leitgedanken: Berlin soll trotz des erwarteten kräftigen Wachstumsschubes seine charakteristischen Züge behalten. Die die Stadt prägenden Strukturen und Ordnungen sollen akzentuiert, nicht aber verschüttet werden. Andererseits soll den neuen Aufgaben Berlins als > Hauptstadt und Regierungssitz, Wirtschafts-, Wissenschafts- und Kulturzentrum (> Wirtschaft; > Wissenschaft und Forschung; > Kultur) angemessene Gestalt gegeben werden. Oberstes Ziel ist es, die Stadtstruktur bei allem Wachstum und allen Veränderungen in einem räumlichen Gleichgewicht zu halten, das sich in einer ausgeglichenen Zentrenstruktur, in günstiger Zuordnung von Wohnen, Freizeit und Arbeiten und in einer Begrenzung der Verdichtung im Inneren ausdrückt (> EIN-KAUFSZENTREN; > WOHNUNGSBAU). Ein solches Gleichgewicht begrenzt den Verkehrszuwachs und ist eine Voraussetzung für ausgewogene sozial-räumliche Strukturen.

Angesichts des bereits feststellbaren gravierenden Wandels der Wirtschaftsstruktur in der Stadt, der mit großen Verlusten industrieller Arbeitsplätze verbunden ist, soll die räumliche Planung zur Stärkung des Arbeitsortes Berlin beitragen (> ARBEITSMARKT). Eine „neue Industrialisierung" der Stadt soll durch Erhaltung traditioneller Industriestandorte und durch ein ergänzendes Flächenangebot für Zentren moderner Produktion unterstützt werden. Trotz erheblichen Siedlungsflächenwachstums soll Berlin jedoch eine „grüne Stadt" bleiben (> STADT-GRÜN). Die maßvolle Verdichtung bei besserer Nutzung der bereits besiedelten Flächen soll Vorrang vor einer Erweiterung der Stadt auf Freiflächen haben. Alle wichtigen innerstädtischen Freiflächen sollen erhalten, neue Parks – auch in der Innenstadt – entwickelt werden. In den mit Grünflächen weniger gut versorgten äußeren > BEZIRKEN des Nordens, Ostens und Südens soll ein großräumiger äußerer Parkring geschaffen werden.

Der unvermeidbare Verkehrszuwachs in Berlin soll durch eine integrierte Konzeption stadtverträglich gestaltet werden (> VER-KEHR). Mit Priorität sollen die Netze für den > ÖFFENTLICHEN PERSONENNAHVERKEHR verknüpft und erweitert werden. In den inneren Bereichen der Stadt soll Durchgangsverkehr weitgehend unterbunden werden. Der Wirtschaftsverkehr soll durch Zurückdrängung des motorisierten Individualverkehrs in der Innenstadt flüssiger gemacht werden. Durch neue Güterzentren und den Ausbau von > EI-SENBAHN und > WASSERSTRASSEN sollen größere Anteile des > GÜTERVERKEHRS von der Straße auf die Schiene und die Wasserwege verlagert werden.

Rahnsdorf: Der zum Bezirk > KÖPENICK gehörende Ortsteil R. liegt nördlich der Mündung der > SPREE in den > GROSSEN MÜGGEL-SEE. Das erstmals 1375 im > LANDBUCH KAISER KARLS IV. erwähnte, aber sicher ältere, ursprüngliche Fischerdorf gehörte zur Burg Köpenick (> SCHLOSS KÖPENICK). 1541 hatte

das Rundplatzdorf 18 Fischerstellen. 1654 wurde am von Norden kommenden *Fredersdorfer Mühlenfließ* eine Schneidemühle angelegt, die bis Ende des 19. Jh. Bestand hatte. Ihr Name übertrug sich auf die ab 1891 nördlich des alten Dorfes entstandene Siedlung „Rahnsdorfer Mühle", die heute das Zentrum des Ortsteils bildet. 1873 zerstörte ein Feuer alle älteren Gebäude, so daß das heutige Ortsbild weitgehend von Bauten aus dem letzten Viertel des 19. und dem Beginn des 20. Jh. bestimmt wird. 1879 erhielt R. Anschluß an den Vorortverkehr durch eine eigene Bahnstation an der 1841 eröffneten > EI-SENBAHN nach Frankfurt/O. und eine Schiffsanlegestelle (> SCHIFFAHRT). 1912 eröffnete westlich des Ortes das > STRANDBAD MÜGGEL-SEE. Die nach Entwürfen von Kappen und Friedrich Adler 1886/87 in historisierenden Formen neu errichtete Dorfkirche an der Dorfstr. bildet mit ihrem hochaufragenden, viereckigen Turm einen besonderen Blickfang (> DORFKIRCHEN). Die katholische Pfarrkirche Heilige Drei Könige am Grünheider Weg ist ein Bau des Architekten Vasselièrre von 1933/34 in Formen der Neuen Sachlichkeit. Östlich von R. liegt die von zahlreichen Kanälen und Wasserarmen der Oberspree durchzogene Kolonie *Neu-Venedig*. Sie wurde wie die Kolonien > HESSENWINKEL und > WILHELMSHAGEN noch vor der Gründung > GROSS-BERLINS 1920 nach R. eingemeindet.

Rathäuser: In Berlin gibt es 37 R. bzw. als R. errichtete Gebäude. Wie die in ähnlicher Zahl vorhandenen > DORFKIRCHEN zeugen sie von der dezentralen Entstehung und Struktur des heutigen Berlins. Neben dem > BERLINER RAT-HAUS in der Rathausstr. im Bezirk > MITTE als Sitz des > REGIERENDEN BÜRGERMEISTERS und des > SENATS VON BERLIN sowie den 23 R. der > BEZIRKE, gibt es noch 13 ehem. Rat- oder Amtshäuser von 1920 zu > GROSS-BERLIN vereinigten, zuvor selbständigen > DÖRFERN und Gemeinden, die meist als Außenstellen der jeweiligen Bezirksverwaltung genutzt werden.

Das erste Berliner R. stand an der Stelle des heutigen, 1861-69 errichteten, wegen seiner Klinkerarchitektur auch *Rotes Rathaus* genannten Rathauses in der Rathausstr. Urkundlich erwähnt wurde es erstmals 1380, Fundamentfunde lassen jedoch darauf schließen, daß es bereits Mitte des 13. Jh. vorhanden war. Zum R. gehörten im Keller ein Gefängnis und Vorratsräume, im Erdgeschoß vermutlich eine Trinkstube, daneben auch Niederlage- und Verkaufsräume. Im Obergeschoß befanden sich ein Festsaal für den Rat und die Bürgerschaft sowie ein Tanzboden und Räume, in denen Hochzeiten und Gastmahle abgehalten wurden. An das R. grenzte die > GERICHTSLAUBE mit darüber liegender Ratsstube, in der die Ratsversammlungen stattfanden. Nach Brandzerstörungen in den Jahren 1380, 1448 und 1581 wurde das R. in jeweils veränderter Form, aber am gleichen Ort wieder aufgebaut, während die Gerichtslaube bis zu ihrem Abriß 1868 überdauerte. 1692-95 erweiterte Johann Arnold Nering den Rathausbau um einen dreigeschossigen Flügel an der Spandauer Str. 1861 wurde das inzwischen zu kleine und baufällig gewordene Gebäude abgerissen und durch den Neubau des heutigen R. ersetzt.

Daneben gab es im Laufe der Stadtgeschichte das vermutlich ebenfalls um 1250 errichtete R. der Gemeinde > KÖLLN an der Breiten Str. zwischen Gertrauden- und Scharrenstr. gegenüber der nach dem II. Weltkrieg abgerissenen Petrikirche. Es besaß eine Gerichtslaube, eine Ratsstube, einen Bierausschank und eine Halle für Kaufleute, die dort ihre Geschäfte tätigen konnten. Beim Zusammenschluß der fünf Residenzstädte Berlin, Kölln, Friedrichswerder, Dorotheenstadt und Friedrichstadt am 17.1.1709 (> GESCHICHTE; > STADTERWEITERUNG) wurde es von Friedrich (III.) I. (1688-1713) zum Sitz der gemeinsamen Stadtverwaltung von Berlin bestimmt, während das Berliner R. das Stadtgericht aufnahm. Der 1710-23 an gleicher Stelle nach Plänen von Martin Grünberg durch Johann Karl Stoltze errichtete Neubau des Köllner R. diente von 1822-70 auch als Sitz der > STADTVERORDNETENVERSAMMLUNG und – ab 1880 – des > MÄRKISCHEN MUSEUMS, bevor er 1889 bei der Erweiterung der Breiten Str. abgerissen wurde.

Das 1672 durch Giovanni Simonetti erbaute Friedrichswerdersche R. am > WERDERSCHEN MARKT, in dem auch das 1681 begründete spätere Friedrichswerdersche Gymnasium sein Quartier hatte, fiel 1794 einem Brand zum Opfer, während das im letzten Drittel des 17. Jh. errichtete Dorotheenstädtische R. an der > FRIEDRICHSTRASSE/Ecke Dorotheenstr. nach 1709 verkauft wurde. Nur die Ratswaage blieb weiterhin im Gebäude Friedrichstr. 150.

Ein weiteres geschichtliches R. stand „up der nyen bruggen" (an oder auf der Langen Brücke, heute > RATHAUSBRÜCKE) als Amtssitz des 1307 gebildeten ersten gemeinsamen Rats der Städte Berlin und Kölln. 1442 nahm hier der kurfürstliche Hofrichter seinen Sitz. Es wurde 1514 abgerissen.

Ausgelöst durch das rasante industrielle Wachstum Berlins und seiner Vorstädte gegen Ende des 19. Jh. (> WIRTSCHAFT) sowie die damit verbundene massenhafte Vermehrung der > BEVÖLKERUNG entstanden die meisten R. auf dem heutigen Stadtgebiet Berlins innerhalb der drei Jahrzehnte von 1885 bis zum Ende des Kaiserreiches in den 1920 eingemeindeten Nachbarorten der damaligen Reichshauptstadt. Beginnend mit > REINIKKENDORF (1885) und endend mit > FRIEDENAU (1913-17) errichteten in dieser Zeit 25 Berlin umgebende Kommunen neue Rat- bzw. Amtshäuser. Unter den Architekten dieser Zeit sind v.a. Heinrich Reinhardt und Georg Süßenguth zu nennen, die – seit 1894 assoziiert – als die damaligen deutschen Spezialisten des Rathausbaus anzusehen sind und die mit den R. Steglitz (1888), Charlottenburg (1905), Treptow (1911) und Spandau (1913) auch in Berlin bedeutende Bauten schufen.

1920, bei der Bildung Groß-Berlins, wurden die R. der anderen sieben mit Berlin zusammengeschlossenen Stadtgemeinden (> CHARLOTTENBURG, > KÖPENICK, > LICHTENBERG, > NEUKÖLLN, > SCHÖNEBERG, > SPANDAU, > WILMERSDORF) zunächst als R. des jeweiligen Bezirks weitergeführt, jedoch aufgrund der wachsenden Anforderungen in einigen Fällen durch Neubauten erweitert. Nur die Bezirksverwaltung von Wilmersdorf zog nach dem II. Weltkrieg in ein anderes Gebäude um. Die Bezirksverwaltung des Berliner Stammbezirks Mitte nahm ihren Sitz nach Räumung des Berliner Rathauses für den neugebildeten Groß-Berliner > MAGISTRAT im Palais > PODEWIL in der Klosterstr. 68. 1952 bezog sie Quartier im *Berolina-Haus* am > ALEXANDERPLATZ.

Die übrigen zwölf 1920 gebildeten Bezirke übernahmen bereits existierende R. der örtlichen, beim Zusammenschluß nach Berlin gekommenen Dorfgemeinden oder nutzten andere bereits vorhandene öffentliche Gebäude. Viele dieser Gebäude wurden zwischenzeitlich durch Neubauten ersetzt oder ergänzt. Einige der damals eingemeindeten R. gingen im II. Weltkrieg verloren (z.B. > GRUNEWALD und > MARIENDORF). Außer den 1920 nach Berlin gekommenen R., die weiterhin als Bezirksrathäuser genutzt werden, gibt es derartige ehem. Rats- oder Amtshäuser noch in den Ortsteilen > Britz, Friedenau, > Friedrichshagen, > Heiligensee, > Johannisthal, > Lankwitz, > Lichterfelde, > Niederschönhausen, > Nikolassee, (Alt-) > Reinikkendorf, > Schmargendorf, > Schmöckwitz und > Wannsee.

Rathausbrücke: Die heutige R. im Verlauf der Straße > Marx-Engels-Forum im Bezirk > Mitte steht an der Stelle der *Langen Brücke*, des nach dem > Mühlendamm zweitältesten Spreeübergangs Berlins. Von 1307-1514 soll die Lange Brücke das gemeinsame Rathaus der Schwesterstädte Berlin und > Kölln getragen haben (> Rathäuser). Als massive Brücke über fünf Bogen 1692-95 erneuert, hieß sie fortan *Kurfürstenbrücke*. Von 1703 bis zu dessen Auslagerung im II. Weltkrieg war sie mit dem von Andreas Schlüter geschaffenen *Reiterdenkmal des Großen Kurfürsten* geschmückt, das seit 1951 im Ehrenhof des > Schlosses Charlottenburg steht. Eine Kopie des Denkmals befindet sich im > Bode-Museum. Nach Kriegszerstörung wurde die Brücke 1951 unter ihrem heutigen Namen vereinfacht wieder aufgebaut.

Rathaus Schöneberg: Das 1911-14 nach Plänen der Architekten Peter Jürgensen und Jürgen Bachmann erbaute R. am John-F.-Kennedy-Platz (bis zum 25.11.1963 Rudolf-Wilde-Platz) ist Sitz der Bezirksverwaltung und der Bezirksverordnetenversammlung von > Schöneberg sowie noch bis 1993 des > Abgeordnetenhauses von Berlin. Während der > Spaltung der Stadt war es gleichzeitig Amtssitz des > Senats und des > Regierenden Bürgermeisters von Berlin, die inzwischen wieder im > Berliner Rathaus im Bezirk > Mitte residieren.
Das heutige R. ist das dritte Rathaus Schönebergs. Ihm gingen ein im Jahre 1874 am Kaiser-Wilhelm-Platz erbautes „Amtshaus" und ein 1892 an gleicher Stelle errichtetes „Altes Rathaus" voraus (Entwurf der Renaissance-Fassade von Baurat Friedrich Schulz), das im II. Weltkrieg zerstört wurde. Als Rathaus der Stadt Schöneberg gebaut, wurde das R. mit der Bildung von > Gross-Berlin 1920 zum Rathaus des Bezirks Schöneberg (> Bezirke). Die ersten Kanzleiräume wurden 1913 bezogen, die offizielle Einweihung erfolgte 1917.
Der Bau ist als unregelmäßig gegliederte Vierflügelanlage mit fünf Innenhöfen angelegt. Die 93 m lange Hauptfassade des auf ei-

ner Grundfläche von 9.450 m² errichteten Gebäudes wird durch eine, in den Einzelformen zurückgenommene, große ionische Pilasterordnung gegliedert. Der leicht vor die Fassade tretende 70,5 m hohe Turm (mit Fahnenmast 84,5 m) beherrscht die Platzansicht. Die Fassade zum John-F.-Kennedy-Platz wird im Gegensatz zu den übrigen, vierstöckig gegliederten Flügeln, in dreieinhalb Geschosse unterteilt. Die fast eineinhalb Stockwerke hohen Fenster des 2. Geschosses schmücken Handwerks- und Handelsdarstellungen. Hinter diesen Fenstern liegt links vom Turm der Plenarsaal des Abgeordnetenhauses, rechts davon der Sitzungssaal der Bezirksverordnetenversammlung.
Nach der Spaltung der Stadtverwaltung 1948 nahm das R. als Untermieter die > Stadtverordnetenversammlung (erste Plenarsitzung 14.1.1949) und den > Oberbürgermeister sowie dessen Stellvertreter auf (Einzug 7.6. 1949). Hausherr blieb jedoch der Bezirksbürgermeister. Die neue Nutzung und die erheblichen Kriegsschäden erforderten umfassende Renovierungsarbeiten, die 1950-53 durchgeführt wurden. Die Fassade wurde dabei vereinfacht wiederhergestellt. 1950 erhielt die > Freiheitsglocke ihren Platz im Rathausturm, der wegen des hierfür erforderlichen Umbaus unter Verzicht auf die ursprüngliche Haube nach Plänen von Kurt Dübbers von ursprünglich 81 auf 70,5 m verkürzt wurde.
Überlegungen in den 70er Jahren, für Landesparlament und Landesregierung einen neuen Sitz zu errichten, wurden verworfen. Stattdessen erfolgte von 1981-89 eine grundlegende Renovierung, Restaurierung und Modernisierung des R. Unter dem Dach wurden 40 neue Büroräume geschaffen, im Sockelgeschoß zusätzliche Sitzungssäle; insg. verfügt das R. über 505 Räume. Im 63 m breiten Vestibül des R., mit Terrakotten aus der Karlsruher Majolika-Manufaktur verkleidet, zeigen acht von Hermann Kirchberger entworfene Buntglasfenster Motive der Stadt und der sie umgebenden Landschaft. Die ursprüngliche Verglasung von Thorn-Prikker wurde im Krieg zerstört; ein Rest ist an der Südtreppe erhalten. Der im ersten Stock gelegene, restaurierte einstige Sitzungssaal des Magistrats der Stadt Schöneberg („Goldener Saal") diente von 1987-91 als Sitzungssaal des Senats. Der Maler Matthias Koeppel schuf dort 1987 zwei große Wandgemälde mit den Motiven „Potsdamer Platz mit Mau-

er" und „Havel mit Sacrower Heilandskirche". Im Foyer und im 1. Stock gibt es eine Galerie mit Bildnissen der Berliner > EHRENBÜRGER der Nachkriegszeit bis 1990. Im 2. Stock befinden sich die Sitzungssäle des Abgeordnetenhauses und der Schöneberger Bezirksverordnetenversammlung. Die davor gelegene Wandelhalle (*Brandenburghalle*) schmücken 30 von Schöneberger Bürgern gestiftete Fresken mit Ansichten aus der Mark Brandenburg, die von Malern aus dem Kreis um Eugen Bracht geschaffen wurden.
In der ehem. Ratsweinstube im Untergeschoß des Gebäudes befindet sich seit 1964 die Bibliothek des Abgeordnetenhauses. In der Eingangshalle zum Ratskeller hat 1929 der Chefkarikaturist der satirischen Zeitschrift „Kladderadatsch", Arthur Johnson, Mitglieder der damaligen Bau- und Kunstdeputation sowie Bezirksverordnete in drei großen Wandbildern dargestellt. Auf dem mittleren Fresko ist u.a. Theodor Heuss zu sehen, der spätere erste > BUNDESPRÄSIDENT, der von 1919 an zehn Jahre lang Stadt- und Bezirksverordneter in Schöneberg war. Vom 7.6.1949 bis zur > VEREINIGUNG hatten auch die westalliierten Verbindungsoffiziere ihre Büros im R. (> ALLIIERTE; > SONDERSTATUS 1945-90). An den Besuch des amerikanischen Präsidenten John F. Kennedy am 26.6.1963 erinnert an der linken Seite des Hauptportals eine Bronzetafel von Richard Scheibe. Nach der Ermordung Kennedys am 22.11.1963 wurde der vor dem R. gelegene, nach dem ersten Schöneberger Bürgermeister benannte Rudolph-Wilde-Platz am 25.11.1963 in *John-F.-Kennedy-Platz* umbenannt. Hier findet jeden Dienstag und Freitag vormittags der Schöneberger > WOCHENMARKT statt. An Wilde erinnert der südlich an das R. grenzende > RUDOLPH-WILDE-PARK.

Rathgen-Forschungslabor: Das 1975 eröffnete R. der > STAATLICHEN MUSEEN ZU BERLIN – PREUSSISCHER KULTURBESITZ mit Sitz in der Schloßstr. 1 A im Bezirk > CHARLOTTENBURG ist Nachfolger des 1888 gegründeten Chemischen Laboratoriums der Königlichen Museen, das bis zu seiner Zerstörung 1945 auf der > MUSEUMSINSEL angesiedelt war. Aufgabe des nach dem ersten Direktor der Königlichen Museen Friedrich Wilhelm Rathgen benannten Labors ist die Unterstützung der kulturgeschichtlichen Forschungsarbeit an den > MUSEEN durch Materialanalysen und technologische Untersuchungen. Hierzu gehören

Echtheitsprüfungen von Ankäufen und Beratung bei Konservierungsfragen. Schwerpunkte der Forschung sind antike Metalle, Keramiktechnologie, Farbstoffe der Antike, Technik moderner Metallskulpturen und Kunstgüter. Das R. arbeitet eng mit dem > HAHN-MEITNER-INSTITUT, BERLIN GMBH und der > BUNDESANSTALT FÜR MATERIALFORSCHUNG UND -PRÜFUNG zusammen. Es beschäftigt neun Mitarbeiter, die Finanzierung erfolgt durch die > STIFTUNG PREUSSISCHER KULTURBESITZ.

Rationalisierungskuratorium der deutschen Wirtschaft e.V. (RKW) Landesgruppe Berlin: Das in der Rankestr. 5-6 im Bezirk > CHARLOTTENBURG ansässige RKW, Landesgruppe Berlin, ist eine Untergliederung des bundesweit tätigen RKW mit Sitz in Eschborn bei Frankfurt/M. Das 1950 gebildete RKW ist die Nachfolgeorganisation des 1921 gegründeten „Reichskuratoriums für Wirtschaftlichkeit". Satzungsgemäße Hauptaufgabe des RKW ist es, die Rationalisierungsbestrebungen der Wirtschaft zu fördern und aufeinander abzustimmen. Ferner wirkt es, v.a. durch berufliche Weiterbildungsveranstaltungen und Unternehmensberatungen, darauf hin, die Arbeitsergebnisse von Fachorganisationen und anderen auf dem Gebiet der Rationalisierung tätigen Institutionen möglichst effektiv in die Praxis zu überführen.
Im Rahmen seiner Qualifizierungsangebote führt das RKW Berlin jährlich ca. 260 überbetriebliche, zielgruppenspezifische Weiterbildungsseminare für insg. rd. 4.000 Teilnehmer sowie rd. 160 innerbetriebliche Fortbildungsveranstaltungen durch. Daneben werden etwa zehn Fachtagungen und Betriebsstudien zu besonderen betrieblichen Themen organisiert. Das zweite Aufgabenfeld umfaßt z.Z. pro Jahr ca. 90 umfangreiche Betriebsberatungen. Dabei geht es vorrangig um die Lösung von Innovationsproblemen und um die Ausschöpfung von Rationalisierungsreserven in den Betrieben. Ein Teil dieser Beratungen (z.B. Existenzgründungsberatungen) wird aus öffentlichen Mitteln bezuschußt. Der Information dienen auch zahlreiche vom RKW herausgegebene Publikationen. Nach der > VEREINIGUNG hat der > BUNDESMINISTER FÜR WIRTSCHAFT spezielle Fördermittel für Beratungs- und Weiterbildungsmaßnahmen in ostdeutschen Unternehmen zur Verfügung gestellt. Sie umfassen sowohl Fragen der Produktivitätssteigerung wie des Marketings.

Das von der Wirtschaft, den Gewerkschaften und verschiedenen wissenschaftlichen Einrichtungen getragene RKW hat bundesweit 260 Mitarbeiter, davon 15 in Berlin. Die Finanzierung erfolgt durch die Kuratoriumsmitglieder und die öffentliche Hand.

Rauchfangswerder: Die 1801 erstmals erwähnte Kolonie R. am Südende der Halbinsel Schmöckwitzer Werder zwischen > ZEUTHENER SEE und *Großem Zug* ist der südlichste Punkt des Berliner Stadtgebiets. Seit der Bildung > GROSS-BERLINS 1920 gehört R. zum Ortsteil > SCHMÖCKWITZ im Bezirk > KÖPENICK. Von archäologischer Bedeutung ist ein bronzezeitlicher Schatzfund von 1881, der drei Stabdolche aus dem 18./17. Jahrhundert v. Chr. enthielt. Die Originale gingen verloren. Nachbildungen der Dolche sind im Museum für Ur- und Frühgeschichte in Potsdam ausgestellt. Kopien dieser Nachbildungen befinden sich im > MÄRKISCHEN MUSEUM im Bezirk > MITTE.

Rechnungshof von Berlin: Der in seiner heutigen Form 1952 gebildete R. in der Knesebeckstr. 59/60 im Bezirk > CHARLOTTENBURG ist eine bei der Durchführung seiner Aufgaben unabhängige oberste Landesbehörde. Nach Art. 83 der > VERFASSUNG VON BERLIN hat sie die Aufgabe, „die Rechnungslegung auf Grund des Haushaltsplans und der Haushaltsführung zu prüfen und das Prüfergebnis dem > ABGEORDNETENHAUS VON BERLIN vorzulegen". Ferner bestimmt die Landesverfassung, daß der R. von einem Präsidenten geleitet wird, den das Abgeordnetenhaus auf Vorschlag des > SENATS VON BERLIN wählt. Das Abgeordnetenhaus und der Senat können dem R. besondere Prüfungsaufträge erteilen. Weitere Einzelheiten regelt das „Gesetz über den Rechnungshof von Berlin (Rechnungshofgesetz – RHG)" in der Fassung vom 1.1.1980 (zuletzt geändert durch Gesetz vom 17.4.1984).
Der R. kontrolliert die Ausführung des Haushaltsplans durch Regierung und Verwaltung (> HAUSHALT UND FINANZEN) und legt dem Abgeordnetenhaus einen Jahresbericht vor. Dieses muß dann über die Entlastung des Senats befinden. Die Aufgabe des R. konzentriert sich dabei auf die Prüfung der Haushalts- und Wirtschaftsführung sowie der Haushaltsrechnung. Während die Prüfungsmaßstäbe – v.a. Ordnungsmäßigkeit, Sparsamkeit und Wirtschaftlichkeit – in der Landeshaushaltsordnung vorgegeben sind, bestimmt der R. selbst Verfahren und Intensität. Dem R. stehen allerdings keine Sanktionen zur Verfügung. Seine Öffentlichkeitswirkung bezieht er insbes. aus den auch den Medien zugänglich gemachten Jahresberichten. Bindeglied des R. zum Parlament ist der Unterausschuß „Rechnungsprüfung" des Hauptausschusses. Der Präsident des R. wird durch das Abgeordnetenhaus auf Lebenszeit (seit 1957) gewählt und kann nicht abberufen werden. Er untersteht der Dienstaufsicht des > REGIERENDEN BÜRGERMEISTERS VON BERLIN. Der R. ist Mitglied der Arbeitsgemeinschaft der obersten Rechnungsprüfungsbehörden des Bundes und der Länder.
Die Tätigkeit des R. fußt auf der 1921-25 existierenden *Stadtrechnungskammer*, die erstmals die Grundprinzipien der späteren Rechnungshöfe verwirklicht hat: Kollegialprinzip, relativ hohes Maß an Unabhängigkeit sowie einen umfänglichen Prüfungsbereich, der auch die > BEZIRKE umfaßte, in denen Finanzbüros allein eine formale Vorprüfung vorgenommen haben. Nach dem II. Weltkrieg ließen v.a. Raum- und Personalprobleme zunächst meist nur die Prüfung von Kassenbeständen und Zahlungsvorgängen zu. Erst 1947 konnte das aus dem noch in der Vorkriegszeit gebildeten Rechnungsprüfungsamt entstandene Hauptprüfungsamt wieder Bilanzprüfungen vornehmen. Im Jahresbericht des > MAGISTRATS von 1947 wurde erstmals die Bezeichnung „Rechnungshof von Groß-Berlin" verwendet, der als selbständiges Organ in „nächster Zeit" aus dem Hauptprüfungsamt hervorgehen sollte. Auch wenn in der vorläufigen Verfassung von 1948 bereits in Art. 83 die Rechnungsprüfung geregelt worden war, so führte die > SPALTUNG der Stadt wie auch die Präzisierung der Aufgabenstellung durch > ALLIIERTE KOMMANDANTUR dazu, daß erst 1951 das Gesetz über den R. verabschiedet werden konnte.
In Berlin (Ost) existierte während der Zeit der > SPALTUNG von 1948-90 kein Rechnungshof. Einen Teil der Aufgaben nahm die Staatliche Finanzrevision als Abteilung des Ministeriums der Finanzen wahr. Erst nach der Wende in der DDR wurde im Juli 1990 ein Rechnungshof der Republik gebildet, der auch für Ost-Berlin zuständig war. Im Anschluß an die Neubildung des Ostberliner Magistrats nach den Kommunalwahlen in der DDR vom 6.5.1990 und die Verabschie-

dung der Ost-Berliner Verfassung vom 23.7.90 kam es zur Bildung eines Provisorischen Rechnungshofs von Berlin (Ost), der im November 1990 seine Arbeit aufnahm, aber bereits im Januar 1991 im R. aufging. Zu seinem Leiter wurde im Hinblick auf die bevorstehende > VEREINIGUNG bereits der Präsident des R. gewählt.

Rechtsanwaltschaft: Der Rechtsanwalt (RA) ist als unabhängiges Organ der Rechtspflege (§ 1 Bundesrechtsanwaltsordnung – BRAO) zur Beratung und Vertretung in allen Rechtsangelegenheiten berufen. In Berlin gibt es (1992) ca. 900 Rechtsanwältinnen und ca. 3.200 Rechtsanwälte.
Ein RA wird in Berlin durch die > SENATSVERWALTUNG FÜR JUSTIZ zugelassen, wenn er die Befähigung zum Richteramt hat und kein Versagungsgrund (§§ 7, 20 BRAO) vorliegt. RA, die zum Zeitpunkt der > VEREINIGUNG am > 3. OKTOBER 1990 mit Kanzlei in Ost-Berlin zugelassen waren, gelten als nach der BRAO in Verbindung mit dem > EINIGUNGSVERTRAG zur R. zugelassen. In der gesamten DDR hat es ca. 600 RA gegeben, die in einem Kollegium zusammengeschlossen waren, darüber hinaus einige wenige Einzelzulassungen. In Berlin gab es für einzelne Anwälte Zulassungen in beiden Hälften der geteilten Stadt (u.a. RA Friedrich Karl Kaul und RA Wolfgang Vogel).
Sonstige Juristen, die am 3.10.1990 ihren Wohnsitz in Ost-Berlin unterhielten, können in Berlin zugelassen werden, wenn sie entweder Diplom-Jurist mit einer mindestens zweijährigen juristischen Praxis in der Rechtspflege oder in einem rechtsberatenden Beruf sind, oder die Lehrbefähigung für Recht an einer Hochschule oder Universität der ehem. DDR besitzen.
Staatsangehörige der Mitgliedstaaten der > EUROPÄISCHEN GEMEINSCHAFT werden zugelassen, sofern sie die Eignungsprüfung nach dem Gesetz über die Eignungsprüfung für die Zulassung zur R. bestanden haben.
Alle RA, die im Bezirk des > KAMMERGERICHTS zugelassen sind, bilden die *Rechtsanwaltskammer* Berlin. Sie ist eine Körperschaft des öffentlichen Rechts, die in Berlin unter der Rechtsaufsicht der > SENATSVERWALTUNG FÜR JUSTIZ steht. Sie hat ihren Sitz in der Heerstr. 2 im Bezirk > CHARLOTTENBURG. Die Kammer hat einen von der Kammerversammlung gewählten Vorstand, der aus seiner Mitte das Präsidium wählt. Sie hat u.a. die Mitglieder

über Berufspflichten zu beraten und zu belehren, bei Streitigkeiten unter Mitgliedern zu vermitteln, die Erfüllung der den Mitgliedern obliegenden Pflichten zu überwachen und das Recht der Rüge zu handhaben, Mitglieder des Ehrengerichts und des Ehrengerichtshofs vorzuschlagen und Gutachten in Angelegenheiten der RA zu erstatten.
Der Rechtsanwaltskammer obliegt es darüber hinaus, die Ausbildung und Prüfung der Auszubildenden für den Beruf des RA- und Notargehilfen zu regeln. Sie nimmt in Zusammenarbeit mit der > TECHNISCHEN FACHHOCHSCHULE BERLIN und der Volkshochschule Tiergarten auch die Fortbildungsprüfung zum Bürovorsteher im RA- und Notarfach ab. Präsident der Rechtsanwaltskammer Berlin ist Bernhard Dombek.
Außerdem sind Anwälte auf freiwilliger Basis in verschiedenen Vereinigungen zusammengeschlossen, darunter dem *Berliner Anwaltsverein e.V.* mit Sitz in der Eisenzahnstr. 64 im Bezirk > WILMERSDORF, der u.a. auch einen nächtlichen Notdienst unterhält.

Recycling: 1991 fielen in Berlin rd. 2,4 Mio. t Siedlungsabfälle (> ABFALLWIRTSCHAFT) an, von denen ca. 230.000 t Papier, Glas, Metall, Holz, Kunststoffe, Textilien und organische Abfälle dem R. zugeführt wurden. Mit der getrennten Sammlung und dem Transport der Recyclingmaterialien zu Verwertungsanlagen sind in Berlin sowohl die > BERLINER STADTREINIGUNGS-BETRIEBE (BSR), ein > EIGENBETRIEB des Landes Berlin, als auch ca. 30 im Bund Deutscher Entsorger (BDE) organisierte Privatunternehmen befaßt.
Mit den zunehmenden Problemen bei der *Abfallbeseitigung* stieg seit Anfang der 80er Jahre auch die Bedeutung des R. Lag das Altstoffaufkommen bei den BSR 1986 noch bei 40.300 t/Jahr, konnten 1990 bereits 81.400 t und 1991 100.000 t in den Produktionskreislauf zurückgeführt werden. Einschließlich Laub/ Grünschnitt, die in sog. Laubsäcken getrennt gesammelt werden, und Bio-Müll wurden 1991 bei der BSR ca. 120.000 t Wertstoffe dem Hausmüll entzogen.
Die BSR verfügte 1992 zur Sammlung der Altstoffe über 42 Recyclinghöfe, davon 15 in den östlichen Bezirken, die dort nach dem Wegfall des staatlichen SERO-Systems neu aufgebaut wurden. Weitere Recyclingsysteme sind die im öffentlichen Straßenland aufgestellten Iglus sowie die Recyclingtonnen neben den Restmülltonnen („Berliner

Modell"); beide Systeme sollen künftig auch auf den Ostteil der Stadt ausgedehnt werden. Auch die flächendeckende Ausweitung der Biomüll-Sammlung soll zur Abfallverminderung beitragen. Nach einem erfolgreich verlaufenen Modellversuch 1990/91, an dem ca. 12.000 Haushalte beteiligt waren, soll diese Getrenntsammlung auf ganz Berlin ausgedehnt werden, sobald geeignete Flächen zur Errichtung von Kompostierungsanlagen zur Verfügung stehen. Erwartet wird hierdurch eine Reduzierung der Restabfallmenge um 150.000 t/Jahr. Derzeit werden die Bio-Abfälle wie auch die Laubsackinhalte auf speziell dafür vorbereiteten Flächen auf der ehem. Deponie in > WANNSEE kompostiert.

Zur Erfassung und Sortierung von Verkaufsverpackungen ist in Berlin am 1.1.1992 mit dem Aufbau und Betrieb des Dualen Systems begonnen worden. Beauftragt hiermit ist „Die Andere Systementsorgungs-Gesellschaft mbH (DASS)", deren Gesellschafter je zur Hälfte die BSR und die ALBA-Gruppe sind. Beide Gesellschafter und eine Reihe weiterer Recyclingunternehmen sind z.Z. als Subunternehmer für die DASS tätig. Die bisherigen Sammelsysteme für Glas und Papier wurden in das Duale System integriert und werden weiter ausgebaut. Bis Ende 1992 sollen außerdem 1.000 Iglus im öffentlichen Straßenland sowie 6.800 Wertstofftonnen im Berliner Modell für Verpackungen aus Metall, Kunststoff und Verbundmaterial ausgestellt werden. In der Endausbaustufe 1995 sollen so gem. Verpackungsverordnung in Berlin 260.000 t/Jahr Verpackungen und 180.000 t/Jahr Druckerzeugnisse eingesammelt und der Verwertung zugeführt werden. Weitere Recyclingbemühungen gibt es im Bereich der Gewerbeabfälle. Eine Sortieranlage für diese Abfälle mit einem Jahresdurchsatz von 100.000 t (Verwertungsquote 50 %) wurde 1992 von einer Privatfirma in Betrieb genommen. Des weiteren plant die BSR die Errichtung einer stationären (statt der bisherigen mobilen) Anlage zur umweltgerechten Entsorgung und weitestgehenden Verwertung der jährlich in der Stadt anfallenden rd. 120.000 Kühl- und Gefriergeräte.

Regattastrecken: Gegenwärtig gibt es in Berlin drei R. für Rudern und Kanusport, von denen die im Westteil der Stadt gelegenen – auf der Unterhavel vor > GATOW im Bezirk > SPANDAU sowie auf dem Hohenzollernkanal im Abschnitt nördlich des > VOLKSPARKS JUNGFERNHEIDE im Bezirk > CHARLOTTENBURG – nur begrenzt nutzbar sind (> HAVEL; > WASSERSTRASSEN). Während auf dem Hohenzollernkanal auf der ca. 1,7 km langen Strecke zwischen Mackeritzbrücke und General-Ganeval-Brücke nur drei Bahnen zur Verfügung stehen, wird der Ruder- und Kanurennsport auf der ca. 2 km langen Strecke auf der Unterhavel durch starken Schiffsverkehr behindert. Beide Strecken verfügen nicht über Zuschauertribünen.

Im Gegensatz dazu bietet die für die > OLYMPISCHEN SPIELE 1936 angelegte „Regattastrecke Grünau" auf dem von der > DAHME gebildeten > LANGEN SEE im Bezirk > KÖPENICK nahezu optimale Trainings- und Wettkampfbedingungen für diese Wasserfahrsportarten. Allerdings handelt es sich bei der Dahme um ein schwach fließendes Gewässer, so daß mit Turbulenzen gerechnet werden muß. Die derzeit als > LANDESLEISTUNGSZENTRUM für Rudern und Kanu sowie vom > SPORT-CLUB BERLIN-GRÜNAU E.V. genutzte R. bei Grünau hat auf einer sechs Bahnen umfassenden, 2.250 m langen und 130 m breiten Wettbewerbsfläche eine Ausdehnung von 160.000 m². Die Grundstücksfläche, auf dem sich das Landesleistungszentrum, diverse Bootshäuser und Trainingsstätten, ein Sporthotel sowie eine überdachte Tribüne für 3.000 Zuschauer befinden, hat eine Fläche von 10.800 m².

Segelregatten werden auf der Havel, dem > GROSSEN WANNSEE, dem > TEGELER SEE und dem > GROSSEN MÜGGELSEE ausgetragen.

Regenbogenfabrik Block 109 e.V.: Die aus einer der ersten > HAUSBESETZUNGEN im März 1981 hervorgegangene R. in der Lausitzer Str. 22 im Bezirk > KREUZBERG ist ein alternatives Kinder-, Kultur- und Nachbarschaftszentrum. Im Wohnhaus, das in Selbsthilfe instandgesetzt wurde, lebten 1991 ca. 35 Erwachsene und Kinder. Zu den in der R. ansässigen Projekten zählen u.a. mehrere > KINDERTAGESSTÄTTEN mit ca. 40 Plätzen für Kinder aller Nationalitäten, eine Fahrrad- und eine Holzwerkstatt, die beide von Nachbarn und Interessierten genutzt werden können, das Regenbogen- und das Kinderkino (> KINOS), ein Musikübungsraum sowie der FC-Regenbogen, ein Fußballclub mit türkischen, palästinensischen und deutschen Jugendlichen. Das Café der R. ist Treffpunkt für das bezirkliche Umfeld.

Der Verein konstituierte sich 1981/82. 1984 bekam die R. einen Mietvertrag für ein Jahr mit den Eigentümern der ehem. Chemiefabrik; die Miete trug bis Anfang 1991 die > SENATSVERWALTUNG FÜR SOZIALES im Rahmen der Selbsthilfeförderung (> SELBSTHILFE-SANIE-RUNG). Der seit 1985 geplante Kauf des Geländes durch den > SENAT VON BERLIN wurde im Mai 1992 verwirklicht und der Abschluß eines Erbpachtvertrages mit den Bewohnern der R. realisiert. Allerdings ist die Finanzierung der einzelnen Projekte nicht gesichert. Ebenso ist ungeklärt, wer die Kosten für die Sanierung der 1987 entdeckten Bodenverseuchung übernimmt.

Der Verein hat z.Z. ca. 60 Mitglieder, die nicht alle im Wohnhaus der R. leben oder sich an den Projekten beteiligen. Grundsätzlich können alle Interessierten bei den Projekten mitmachen, wenn sie bereit sind, das Konzept der basisdemokratischen Entscheidungsfindung zu akzeptieren.

Regierender Bürgermeister von Berlin (RBm): Dieser mit Inkrafttreten der > VER-FASSUNG VON BERLIN 1950 geschaffene Titel drückt aus, daß der RBm Regierungschef des Landes Berlin ist und gleichzeitig die Funktion des > OBERBÜRGERMEISTERS der Stadt Berlin ausübt. Seine in den Art. 40-44 geregelte verfassungsrechtliche Stellung ist durch kommunalverfassungsrechtliche Elemente von der anderer Ministerpräsidenten deutscher Bundesländer unterschieden.

Der RBm wird vom > ABGEORDNETENHAUS VON BERLIN (AbgH) in geheimer Wahl mit der Mehrheit der abgegebenen Stimmen gewählt (Art. 41). Damit erhält er zunächst nur den Auftrag zur Regierungsbildung innerhalb von 21 Tagen. Kommt in dieser Frist die Senatsbildung nicht zustande, ist sein Auftrag erloschen und die erneute Wahl eines RBm vorzunehmen. Anders als der Bundeskanzler oder die Ministerpräsidenten der Flächenstaaten kann der RBm die Mitglieder seiner Regierung nicht selbst berufen, sondern lediglich dem AbgH vorschlagen, das sie einzeln wählt. Dementsprechend kann der RBm auch kein Kabinettsmitglied entlassen. Dazu bedarf es eines Mißtrauensvotums durch das AbgH.

Im > SENAT VON BERLIN führt der RBm den Vorsitz, bei Stimmengleichheit gibt seine Stimme den Ausschlag. Der RBm hat aber nicht die alleinige Richtlinienkompetenz. Art. 43 der Verfassung legt vielmehr fest, daß er die Richtlinien der Regierungspolitik „im Einvernehmen mit dem Senat" bestimmt. Jedes Senatsmitglied leitet gemäß Art. 43 Abs. 5 der Verfassung seinen Geschäftsbereich selbständig und in eigener Verantwortung. Zwar überwacht der RBm die Einhaltung der beschlossenen Richtlinien, bei Meinungsverschiedenheiten entscheidet jedoch der gesamte Senat.

Der RBm vertritt Berlin nach außen. Im Falle

Regierende Bürgermeister	
Ernst Reuter (SPD)	18.01.1951 - 29.09.1953
Walther Schreiber (CDU)	22.10.1953 - 11.01.1955
Otto Suhr (SPD)	11.01.1955 - 30.08.1957
Willy Brandt (SPD)	03.10.1957 - 12.01.1959
wiedergewählt	12.01.1959 - 11.03.1963
wiedergewählt	11.03.1963 - 01.12.1966
Heinrich Albertz (SPD)	14.12.1966 - 06.04.1967
wiedergewählt	06.04.1967 - 19.10.1967
Klaus Schütz (SPD)	19.10.1967 - 20.04.1971
wiedergewählt	20.04.1971 - 24.04.1975
wiedergewählt	24.04.1975 - 02.05.1977
Dietrich Stobbe (SPD)	02.05.1977 - 26.04.1979
wiedergewählt	26.04.1979 - 31.01.1981
Hans-Jochen Vogel (SPD)	31.01.1981 - 11.06.1981
Richard v. Weizsäcker (CDU)	11.06.1981 - 09.02.1984
Eberhard Diepgen (CDU)	09.02.1984 - 18.04.1985
wiedergewählt	18.04.1985 - 16.03.1989
Walter Momper (SPD)	16.03.1989 - 24.01.1991
Eberhard Diepgen (CDU)	seit dem 24.01.1991

Ernst Reuter   *Walther Schreiber*   *Otto Suhr*   *Willy Brandt*

Heinrich Albertz   *Klaus Schütz*   *Dietrich Stobbe*   *Hans-Jochen Vogel*

Richard von Weizsäcker   *Eberhard Diepgen*   *Walter Momper*

seiner Verhinderung oder Abwesenheit wird er von seinem Stellvertreter, dem *Bürgermeister* von Berlin, vertreten. I.d.R. wird der RBm auch im *Rat der Bürgermeister*, in dem die Bezirke gem. Art. 52 die Möglichkeit haben, zu den grundsätzlichen Fragen der Verwaltung und Gesetzgebung Stellung zu nehmen, vom Bürgermeister von Berlin vertreten. Als Chef einer Landesregierung wird auch der RBm dem Turnus entsprechend zum Präsidenten des > Bundesrats gewählt. Er ist als solcher gem. Art. 55 GG Stellvertreter des > Bundespräsidenten.

Die dem RBm unmittelbar unterstellte > Senatskanzlei unterstützt ihn und den Senat bei der Erfüllung ihrer Aufgaben.

Regionalplanung: Betrachtet man den Raum Brandenburg-Berlin, so stellt sich die Frage, wie die drei inhomogenen, politisch-administrativ über 40 Jahre getrennten Gebietsteile West-Berlin, Ost-Berlin und Brandenburg zueinanderfinden und in welcher Weise der unnatürlich aufgehaltene Prozeß der Stadt-Umland-Verflechtung Berlin-Brandenburg seinen Weg gehen wird. Die Region Berlin, auch als engerer Verflechtungsraum Berlin-Brandenburg bezeichnet, wird territorial durch die Städte Berlin, Potsdam und die acht Umlandkreise beschrieben, wobei diese Abgrenzung nicht überall den realen Verflechtungen entspricht, andere Gebietskategorien jedoch nicht zur Verfügung stehen. In diesem Gebiet von 7.336 km² lebten 1991 4,3 Mio. Menschen. Nach Schätzungen des > DEUTSCHEN INSTITUTS FÜR WIRTSCHAFTSFOR-SCHUNG wird sich diese Zahl bis zum Jahr 2010 auf etwa 5 Mio. erhöhen.

Der Raum ist im Gegensatz zu Ballungs-räumen des Alt-Bundesgebietes durch ein nur geringes Maß an Suburbanisierung ge-prägt, wobei diese u.a. aus den ersten zwei Jahrzehnten dieses Jahrhunderts stammt, die „Nachphase" der Stadt-Umland-Randwande-rung dem Raum Berlin durch die politische und räumliche Abschnürung West-Berlins vom Umland nach 1945 also bisher erspart geblieben ist.

Somit nimmt die Siedlungsdichte, von eini-gen Schwerpunkten abgesehen, unmittelbar hinter der Berliner Stadtgrenze rapide ab, so daß dieser Raum, neben einigen industriellen Solitärstandorten, stark durch Land- und Forstwirtschaft geprägt ist.

Den Gesetzmäßigkeiten der Marktwirtschaft folgend, ist diese Situation seit dem Um-bruch der politischen Verhältnisse sowohl von den nunmehr selbstverwalteten Ge-meinden im Berliner Umland wie auch von westlichen Investoren als Chance begriffen worden, von der Standortgunst Berlins zu profitieren und zu günstigen Konditionen auf der scheinbar wertlosen Landwirt-schaftsflächen Großprojekte des Handels, der Gewerbeansiedlung und der Freizeitindu-strie in Angriff zu nehmen.

Die Aufgabe der R. ist es hierbei, die Mög-lichkeiten der Steuerung entsprechender In-vestitionsbegehren hin zu raumverträglichen Dimensionen und Standorten zu betreiben, um die neugewonnenen Freiraumqualitäten der Region auch langfristig als „weiche Standortfaktoren" für die Region sichern zu können.

Als Leitbild hierfür wurde unmittelbar nach der Wende der „Siedlungsstern" entwickelt, d.h. die Konzentration der > STADTERWEI-TERUNG entlang den Trassen des schienen-gebundenen > ÖFFENTLICHEN PERSONENNAH-VERKEHRS (S-Bahn-Stern; > S-BAHN; > EISEN-BAHN). Dieses Leitbild wurde inzwischen zu einem eher punktuell schwerpunktbilden-den, in die Tiefe des brandenburgischen Rau-mes reichenden Leitbild modifiziert, welches die Entlastungsorte für Berlin nicht im un-mittelbaren Umland verortet, sondern hier-für regionale Entwicklungszentren in 50-70 km Entfernung von der Stadtgrenze vorsieht („dezentrale Konzentration").

Vor dem Hintergrund einer intensiv geführ-ten Diskussion über das Risiko der Vernach-lässigung peripherer Räume im Land Bran-denburg zugunsten der planerisch-admini-strativen Fokussierung des Stadt-Umland-Be-reiches Berlin ist es bisher noch nicht gelun-gen, zwischen Berlin und Brandenburg über die Institutionalisierung einer gemeinsamen R. für den engeren Verflechtungsraum Einig-keit zu erzielen. Im Laufe des Jahres 1992 soll der Entwurf eines gemeinsamen Landes-entwicklungsplanes für diesen Raum vorgelegt werden, ohne daß von brandenburgischer Seite bisher die Bereitschaft besteht, diesem Plan eine Umsetzung durch eine entspre-chende Regionalplanungsregion gegenüber-zustellen.

Dementsprechend erfolgt die planerische Ab-stimmung zwischen Berlin und seinem Um-land u.a. durch die gesetzlich vorgeschriebe-ne Abstimmung der Bauleitplanung und der Beteiligung an Raumordnungsverfahren für Großprojekte. Darüber hinaus gibt es einen für Fragen der möglichen Vereinigung beider Länder zuständigen Regierungsausschuß bei-der Länder sowie ein informelles Abstim-mungsgremium der räumlich planenden Se-natsverwaltungen und Ministerien sowie der Berliner > BEZIRKE und Brandenburger Ge-meinden, in welchem Informationen über raumrelevante Planungen ausgetauscht wer-den.

Für Berlin sind die > SENATSVERWALTUNGEN FÜR STADTENTWICKLUNG UND UMWELTSCHUTZ (SEN-STADTUM), > FÜR VERKEHR UND BETRIEBE, > FÜR BAU- UND WOHNUNGSWESEN sowie > FÜR WIRT-SCHAFT UND TECHNOLOGIE in dem Gremium vertreten. Es besteht die Hoffnung, diese in-formelle Arbeitsgruppe durch eine vertrag-lich abgesicherte gemeinsame Arbeitsstelle zur Planungsabstimmung abzulösen. Grund-sätzlich sind nach dem Territorialprinzip in der Region Berlin für die Planung und Ge-nehmigung räumlicher Vorhaben die für die Raumordnung, Stadtentwicklung und Ver-kehr zuständigen Verwaltungen in beiden Ländern tätig.

Neben der über das Baugesetzbuch (BauGB) geregelten Abstimmung der Bauleitplanung (auf kommunaler Ebene) bedarf es auf Lan-desebene entsprechend dem Bundesraum-ordnungsgesetz (ROG) v.a. in Beziehung zum Land Brandenburg, aber auch zu den anderen Bundesländern und zum Bund (über Gremien der Ministerkonferenz für Raum-ordnung) sowie zu Polen (über die Berliner

Mitgliedschaft in der bilateralen Raumordnungskommission) unterschiedlich intensiver Fachkontakte. Dabei wirkt die bei der SenStadtUm ressortierende räumliche Planung als fachübergreifende, alle im Plangebiet raumwirksamen Vorhaben, Entwicklungen und Aspekte einbeziehende Planung (Querschnitts- oder integrierte Planung) gegenüber der Fach- oder Sektoralplanung. Für diese großräumig wirkenden Planungsebenen sind begrifflich zu unterscheiden:

1. *Regionalplanung:* Aufstellung zusammenfassender, auf den Grundsätzen der landesweiten Zielen der Raumordnung und Landesplanung aufbauender überörtlicher Programme und Pläne für Teilräume der Länder. Weder Berlin noch Brandenburg haben bisher die R. rechtlich verankert; für Berlin wird derzeit ein Landesplanungsgesetz nicht für notwendig erachtet, in Brandenburg hat das am 26.09.1991 verabschiedete Vorschaltgesetz zu einem künftigen Landesplanungsgesetz die R. ausgespart und prioritär die *Landes(entwicklungs)planung* in den Vordergrund gestellt. Spätere R. soll jeweils dekkungsgleich mit den fünf Aufbaustabregionen erfolgen, von denen vier an Berlin angrenzen (allerdings ist die Kreisreform noch nicht abgeschlossen).

2. *Landesplanung:* Aufstellung zusammenfassender überörtlicher, den Grundsätzen der Raumordnung entsprechender Programme und Pläne auf der Ebene der Bundesländer. In Berlin ist diese Ebene bisher ausschließlich durch den > FLÄCHENNUTZUNGSPLANS abgedeckt. Der Entwurf des o.e. Landesentwicklungsplan befindet sich derzeit noch in Vorbereitung.

3. *Raumordnung:* Zusammenfassende, überörtliche und übergeordnete Planung zu Ordnung und Entwicklung des Raumes (i.d.R. für die Gesamtheit des Staatsgebietes); in der Bundesrepublik durch das ROG geregelt und gem. Art. 75 des Grundgesetzes dem Bund als Rahmenkompetenz für die diesbezügliche Gesetzgebung zugewiesen (d.h. die fachliche Ausfüllung erfolgt im wesentlichen durch die Länder).

Reichsbankgebäude: Der umfangreiche, ehemals als *Haus des Zentralkomitees* der > SOZIALISTISCHEN EINHEITSPARTEI DEUTSCHLANDS (SED) bekannte Gebäudekomplex am > WERDERSCHEN MARKT im Bezirk > MITTE wird heute hauptsächlich vom Direktorium der *Deutschen Bundesbank*, Vorläufige Verwaltungs-

stelle Berlin, genutzt. Daneben beherbergt der Bau Büros der Verwaltung des > DEUTSCHEN BUNDESTAGS, des > BUNDESAMTS FÜR FINANZEN, des > BUNDESAMTS FÜR POST- UND TELEKOMMUNIKATION, die Außenstelle Berlin des > BUNDESMINISTERS FÜR WIRTSCHAFTLICHE ZUSAMMENARBEIT sowie die Wasser-Schiffahrtsdirektion Ost, Außenstelle Berlin, und einige private Firmenniederlassungen.

Der heutige Gebäudekomplex hatte mehrere Vorgängerbauten. 1869-76 wurde auf dem Gelände nach Plänen von Friedrich Hitzig unter Verwendung des aus dem 16. Jh. stammenden kurfürstlichen Jägerhofs ein Gebäude für die 1765 durch Friedrich II. (1740-86) gegründete Königliche Giro-, Kommerz- und Leihbank errichtet, aus der die spätere Preußische Bank und schließlich die Reichsbank hervorging. Dieser sehr aufwendige Bau, der 1892-99 auf dem Gelände der ehem. Hausvogtei am > HAUSVOGTEIPLATZ einen beträchtlichen Erweiterungsbau erhielt, genügte aufgrund der stürmischen Entwicklung Berlins als > HAUPTSTADT des Deutschen Reichs ab 1871 schon bald nicht mehr den wachsenden Anforderungen. Deshalb wurde neben dem alten Gebäude ein Neubau erforderlich, dem zahlreiche, z.T. beachtliche Bürgerbauten des ausgehenden 17., des 18. und des frühen 19. Jh. weichen mußten, darunter der um 1678 errichtete Raules Hof und das bedeutende Weydinger-Palais. Auf diesem Gelände entstand 1934-40 nach den Plänen des Reichsbankbaudirektors Heinrich Wolff der ausgedehnte Baukomplex der Neuen Reichsbank. Den mehrere Innenhöfe umfassenden, sandsteinverkleideten Stahlskelettbau kennzeichnen gleichmäßig gereihte Rechteckfenster und leicht gebogene Fassaden an der Unterwasser- und der Kurstr. Die dem Werderschen Markt zugewandte Hauptfassade ist viergeschossig, die Seitenfassaden sind fünfgeschossig.

Die im II. Weltkrieg schwer beschädigte Alte Reichsbank wurde Anfang der 60er Jahre abgetragen. Die geringeren Schäden an der Neuen Reichsbank ließen bereits 1945 wieder eine Nutzung des Komplexes zu, zunächst als Zentrale des Berliner Stadtkontors. Die große Schalterhalle wurde zu einem Konzertsaal umgestaltet und in der unmittelbaren Nachkriegszeit für Musikveranstaltungen genutzt. Danach beherbergte der Bau das Finanzministerium der DDR, bevor er 1959 durch das Zentralkomitee der SED in Anspruch genommen wurde. In den Folgejahren wurden alle sonstigen dort befindlichen Einrichtungen verdrängt und das Haus entwickelte sich als Sitz des ZK der SED und des Politbüros zum eigentlichen Machtzentrum der DDR.

Nach dem Fall der > MAUER am > 9. NOVEMBER 1989 wurde das Gebäude im ersten Halbjahr 1990 von der SED geräumt. Es diente daraufhin kurzfristig als *Haus der Parlamentarier*, in dem nach Schließung des > PALASTS DER REPUBLIK wegen Asbestverseuchung die letzte Sitzung der Volkskammer am 2.10.1990 stattfand. Mit der > VEREINIGUNG fiel der Bau an den Bund, der ihn seiner heutigen Nutzung zuführte.

Reichstagsbrand: Knapp einen Monat nach der Machtübernahme der Nationalsozialisten, am Abend des 27.2.1933, wurde das 1884-94 errichtete > REICHSTAGSGEBÄUDE in Brand gesteckt und stark beschädigt. Während der am Tatort festgenommene holländische Kommunist Marinus van der Lubbe im R.-Prozeß vor dem Leipziger Reichsgericht zum Tode verurteilt und am 10.1.1934 hingerichtet wurde, gab es für die vier Mitangeklagten Mitglieder der Kommunistischen Partei Deutschlands (KPD) Freisprüche, wodurch die nationalsozialistische These einer organisierten Brandstiftung durch die Kommunisten widerlegt war.

Wem die Verantwortlichkeit für den Brand tatsächlich zukommt, ist bis heute Gegenstand einer offenen Kontroverse: Der These von der Alleintäterschaft van der Lubbes steht die Behauptung gegenüber, daß die Nationalsozialisten selbst den Brand gelegt und damit „die Provokation des Jahrhunderts" geliefert hätten. Unbestritten ist, daß der R. den Nationalsozialisten gelegen kam und von ihnen ausgenutzt wurde. Er bot den Vorwand für eine überwiegend antikommunistische Hetz- und Verfolgungskampagne. Über einen Heizungstunnel zum unmittelbar östlich gelegenen Reichspräsidentenpalais, in dem seinerzeit Hermann Göring residierte, hätten sie Gelegenheit gehabt, unbemerkt ins Haus zu kommen. Auch spricht die Tatsache, daß es mehrere Brandherde gab, eher gegen eine Alleintäterschaft.

Noch in der Nacht des R. wurden etwa 4.000 KPD-Funktionäre verhaftet und alle kommunistischen Presse-Erzeugnisse für vier, die der > SOZIALDEMOKRATISCHEN PARTEI DEUTSCHLANDS (SPD) für zwei Wochen verboten. Am folgenden Tag wurden – vorgeblich „zur Ab-

wehr kommunistischer staatsgefährdender Gewaltakte" – durch die (Not-)Verordnung „zum Schutz von Volk und Staat" alle wichtigen Grundrechte „bis auf weiteres" außer Kraft gesetzt, der Regierung außergewöhnliche Vollmachten übertragen und die Anwendungsmöglichkeiten der Todesstrafe beträchtlich erweitert. Diese Notverordnung, die bis zum Zusammenbruch des Dritten Reiches in Kraft blieb, war eine der Grundlagen der nationalsozialistischen Diktatur, die den Rechtsstaat durch den permanenten Ausnahmezustand ersetzte. Bereits 1933 kam es aufgrund dieser Verordnung zu 3.133 Verurteilungen.

Da der Plenarsaal des Reichstags durch den Brand weitgehend zerstört war, fanden die wenigen Reichstagssitzungen, die man im Führer- und Einparteienstaat Hitlers noch für nötig erachtete, im Gebäude der gegenüberliegenden > KROLLOPER statt – als propagandistische Kulisse bei besonders wichtigen Führerreden. (> GESCHICHTE)

Reichstagsgebäude: Das 1884-94 am > PLATZ DER REPUBLIK (ehemals Königsplatz) südöstlich des Spreebogens im Bezirk > TIERGARTEN errichtete R. untersteht der Verwaltung des > DEUTSCHEN BUNDESTAGES. Es war im Kaiserreich ab 1894 und in der Weimarer Republik ab Herbst 1919 (die verfassunggebende Nationalversammlung tagte in Weimar) Sitz des Deutschen Parlaments und wird seit seiner Wiederherstellung nach dem II. Weltkrieg von Einrichtungen des Bundestages und den dort vertretenen Fraktionen als zeitweilige Arbeitsstätte genutzt. Seit der > VEREINIGUNG dient es bei besonderen Anlässen dem Bundestag auch als Tagungsort für Plenarsitzungen. Am 20.6.1991 hat der Bundestag die Verlegung des Parlaments- und Regierungssitzes in die > HAUPTSTADT Berlin beschlossen. Im Rahmen dieses für die nächste Dekade vorgesehenen Umzugs wird der Bundestag seinen Sitz im R. nehmen. Die entsprechenden Umbauten waren im Frühjahr 1992 in Planung.

Mit der Gründung des Deutschen Reichs 1871 wurde in dessen Hauptstadt der Bau eines Gebäudes für den Deutschen Reichstag notwendig. Zu seiner ersten Sitzung trat das Parlament Ende März 1871 in einem provisorisch hergerichteten Gebäude an der > LEIPZIGER STRASSE 75 zusammen. Zunächst entbrannte heftige Diskussionen über den Ausbau dieses Gebäudes bzw. über einen Neubau und dessen Standort. Zwischenzeitlich wurde in der Leipziger Str. 4 ein der > KPM – KÖNIGLICHEN PORZELLAN-MANUFAKTUR gehörender Bau abgetragen und an gleicher Stelle in nur 116 Tagen (24.6.-16.10.1871) ein als Übergangslösung gedachtes Gebäude errichtet, an dem zahlreiche bedeutende Baumeister Berlins wie Martin Gropius, Heino Schmieden und Friedrich Hitzig mitwirkten. Das Provisorium wurde Ende 1898 abgerissen, auf dem Gelände befinden sich heute Teile des > PREUSSISCHEN LANDTAGS.

Reichstagsgebäude 1896

Nach der Entscheidung für einen Neubau kam es zu langanhaltenden Auseinandersetzungen über den Standort. Ein erster, 1872 durchgeführter, internationaler Architektenwettbewerb erkannte Ludwig Bohnstedt den 1. Preis zu; sein Entwurf gelangte allerdings nicht zur Ausführung. Aus einem zweiten, 1882 durchgeführten Wettbewerb gingen Friedrich Thiersch und der Frankfurter Architekt Paul Wallot als erste Preisträger hervor. Den Auftrag bekam schließlich Wallot. Die Pläne wurden allerdings so grundlegend überarbeitet, daß das ausgeführte Gebäude mit dem preisgekrönten Entwurf wenig gemeinsam hatte. Parallel hatte sich auch die Standortfrage klären lassen, so daß am 9.6. 1884 die Grundsteinlegung erfolgte. Mehr als zehn Jahre später kam es am 5.12.1894 zur Einfügung des Schlußsteins. Zu diesem Zeitpunkt fehlte noch der heute über dem Westportal sichtbare Schriftzug „Dem deutschen Volke“. Die 16 m lange und 60 cm hohe, von Peter Behrens gestaltete Inschrift wurde erst nach langen Debatten, in die auch der Kaiser eingriff, Ende 1916 dort angebracht. Das sechsgeschossige, im Stil der italienischen Hochrenaissance errichtete R. ist 137 m lang, 97 m breit und 27 m hoch (bis zum Hauptgesims der Fronten, 40 m bis zum

Hauptgesims der Türme). In der Mitte befindet sich der von zwei Lichthöfen flankierte Plenarsaal. Die Front zum Königsplatz erhielt eine Gliederung durch einen Portikus in Höhe des Gebäudes und starke Ecktürme. Im übrigen geben Kolossalordnungen an allen Fassaden dem Bau eine klare Wirkung. Die damalige (von der Plattform aus gemessen) 16 m hohe Kuppel galt als Eisenkonstruktion von hohem technischen Rang.

Nachdem am 9.11.1918 der sozialdemokratische Abgeordnete Philipp Scheidemann von einem Fenster des R. die Republik ausgerufen hatte (eine Gedenktafel erinnert an dieses Ereignis), war das R. in der Weimarer Republik Ort zahlreicher, heftiger Auseinandersetzungen zwischen den Parteien. Nach der Machtübernahme der Nationalsozialisten am 30.1.1933 fiel in der Nacht vom 27. zum 28.2.1933 ein Teil des Gebäudes, u.a. der Plenarsaal, einer Brandstiftung zum Opfer, deren Urheberschaft bis heute kontrovers diskutiert wird (> REICHSTAGSBRAND). Für die wenigen Reichstagssitzungen, die unter der nationalsozialistischen Diktatur noch folgten – seit dem 14.7.1933 waren alle Parteien außer der NSDAP verboten –, wurde die > KROLLOPER auf der gegenüberliegenden Seite des Platzes genutzt. Die beschädigte Kuppel wurde nach dem Brand zwar bald wieder eingedeckt, aber der Innenausbau des zerstörten Plenarsaals unterblieb. Nach Aufräumungsarbeiten 1935 wurde das R. zeitweise für die Vorführung von Propagandafilmen genutzt. Nach den Plänen des > GENERALBAUINSPEKTORS FÜR DIE REICHSHAUPTSTADT BERLIN sollte das R. dem projektierten Umbau Berlins zur Reichshauptstadt „Germania“ weichen. Der II. Weltkrieg verhinderte deren Ausführung. Durch Bombenangriffe wurde das Gebäude stark beschädigt. Am Kriegsende hatten sich hier die letzten hitlertreuen Truppenteile verschanzt. Obwohl schon zwölf Jahre nicht mehr benutzt, galt das R. der Sowjetunion als Symbol für Hitler und den Nazismus. Das erklärt die großen Anstrengungen und Opfer, unter denen die in Berlin eingerückten Sowjettruppen am 30.4.1945 das Gebäude erstürmten. Das Aufpflanzen der roten Fahne auf dem R. durch die Sergeanten Michail Jegorow und Milton Kantarija war daher für die Sowjets ein außerordentliches Ereignis, das nicht nur das Ende der Schlacht um Berlin – eine der schwersten und verlustreichsten des ganzen Krieges – bedeutete, sondern auch die Vollendung ihres Sieges symbolisierte.

Erste Aufräumungsarbeiten erfolgten 1948, zwei Jahre später ging das Gebäude in die Verwaltung des Bundes über. Am 22.11.1954 wurde die baufällige Kuppel gesprengt. Nach langen Debatten über die Zukunft des R. entschied sich der Bundestag im Oktober 1955 für den (nicht originalgetreuen) Wiederaufbau, ohne daß die künftige Nutzung genau bestimmt wurde. Man ging jedoch davon aus, daß nach Überwindung der Teilung Deutschlands das R. vom gesamtdeutschen Parlament genutzt werden sollte (> HAUPT-STADT).

1957-61 wurden erste substanzerhaltende Maßnahmen durchgeführt; 1961-72 erfolgte die Wiederherstellung des Baus nach Plänen von Paul Baumgarten. Die Entscheidung zum Verzicht auf den Wiederaufbau der Kuppel sowie auf die Restaurierung des zerstörten Figurenschmucks in der Dachzone und eine Vereinfachung der Fassaden haben das Aussehen des Gebäudes stark verändert. Das Innere wurde grundlegend umgestaltet. Der ursprünglich 640 m² messende, holzgetäfelte Plenarsaal wurde auf ca. 1.400 m² vergrößert und durch großzügige Glaswände für die Einsicht von den umliegenden Räumen geöffnet. Der 18 m hohe Raum bietet ca. 650 Abgeordneten Platz. Neben dem Plenarsaal können die beiden Galerien ca. 200 Journalisten und 100 Diplomaten sowie rd. 300 Besucher aufnehmen. Ferner gibt es im R. 21 große Sitzungssäle und ca. 200 Büroräume.

Erstmals als Tagungsgebäude für Bundesorgane wurde das R. am 11.11.1963 für eine Sitzung des Ältestenrats des Bundestags genutzt. Von 1971-90 beschränkte das > VIER-MÄCHTE-ABKOMMEN die Bundespräsenz in Berlin, was das Verbot von Plenarsitzungen des Bundestags oder des Bundesrats in Berlin einschloß. Während dieser Zeit tagten im R. regelmäßig lediglich Bundestagsausschüsse und die Fraktionen der im Parlament vertretenen Parteien.

Aus Anlaß der hundertsten Wiederkehr des Jahres der Reichsgründung wurde 1971 im wiederhergestellten Wallot-Bau die Dauerausstellung *Fragen an die deutsche Geschichte* eröffnet. Sie zeigt in sechs Abteilungen deutsche Geschichte vom Beginn des 19. Jh. bis zum Jahr 1991. Dabei zeichnet sie ein allgemeines Bild der einzelnen Epochen und behandelt schwerpunktmäßig den Weg zur parlamentarischen Demokratie, die „deut-

sche Frage" sowie die Geschichte der Grundrechte, der Parteien und des Parlaments.

In der Nacht vom 2. auf den > 3. OKTOBER 1990 war der Platz der Republik vor dem R. der Ort, an dem offiziell die Einheit Deutschlands begangen wurde. Um 0:00 Uhr wurde vor dem Gebäude in Anwesenheit des > BUNDESPRÄSIDENTEN und des Bundeskanzlers als Zeichen der Einheit unter den Klängen der Nationalhymne die Bundesflagge gehißt. Am 4.10. trat der erste gesamtdeutsche Bundestag im R. zu seiner konstituierenden Sitzung zusammen. Am 20.12.1990 konstituierte sich dort das am 2.12.1990 frei gewählte gesamtdeutsche Parlament.

Reichstagsgebäude heute

Reinickendorf: Der Bezirk R. im Norden Berlins ist nach > KÖPENICK und > SPANDAU der drittgrößte der 23 Berliner > BEZIRKE; in der Einwohnerzahl wird er nur noch von > NEUKÖLLN übertroffen. Der Bezirk besteht aus neun Ortsteilen: Neben R. selbst sind dies > TEGEL, > HEILIGENSEE, > HERMSDORF, > LÜBARS und > WITTENAU, die auf bis 1920 selbständige Landgemeinden zurückgehen, sowie > KONRADSHÖHE, > WAIDMANNSLUST, die aus nicht selbständigen Siedlungen entstanden sind, und dem ehem. Gutsbezirk > FROHNAU. Die Struktur des Bezirkes ist von starken Gegensätzlichkeiten geprägt. Einerseits verfügt R. mit dem > TEGELER FORST und dem > TEGELER SEE über große Grün- und Wasserflächen, andererseits sind etwa in Tegel oder >> BORSIGWALDE auch Gewerbe und Industrie mit größeren Produktionsstätten vertreten. Der Villen- und Landhausbebauung in Heiligensee, Frohnau oder Hermsdorf steht mit dem > MÄRKISCHEN VIERTEL eine der großen Trabantenstädte Berlins gegenüber. Und während Lübars im Nord-Osten noch eines der wenigen landwirtschaftlich genutzten >

DÖRFER Berlins darstellt (> LANDWIRTSCHAFT), findet sich im Süden mit dem Flughafen Tegel der größte und modernste Flughafen der Stadt (> FLUGHÄFEN).

Im Norden liegt der Bezirk auf den Ausläufern des > BARNIM, im Süden und Westen grenzt er an die Täler von > SPREE und > HAVEL (> WARSCHAU-BERLINER URSTROMTAL).

nere Teile Charlottenburger Gebiets. Bei der Bezirksreform 1938 verlor R. Wilhelmsruh an > PANKOW, erhielt dagegen Gebiete nördlich des Hohenzollernkanals von Charlottenburg und die Insel Valentinswerder von Spandau. Außerdem gab es einige Begradigungen des Grenzverlaufs mit dem Wedding. Vom August 1945 bis zur > VEREINIGUNG Berlins 1990

Reinickendorf – Fläche und Einwohner		
Fläche (31.12.1990)	89,45 km²	100 %
Bebaute Fläche	35,03	39,2
Wohnfläche	23,78	26,6
Gewerbe- und Industriefläche		
inkl. Betriebsfläche	3,91	4,4
Verkehrsfläche	14,20	15,9
Grünfläche[1]	7,63	8,5
Landwirtschaft	4,91	5,5
Wald	19,96	22,0
Wasser	7,43	8,3
Einwohner (31.12.1989)	248.058 EW	
darunter: Ausländer	18.612	7,5 %
Einwohner pro km²	2.773	

[1] Parks, Tierparks, Kleingärten, Spielplätze, ungedeckte Sportanlagen, Freibäder, Friedhöfe

Relikte der letzten Eiszeit sind die Dünen in Heiligensee und die Rollberge in Waidmannslust. Die höchste natürliche Erhebung ist der 69 m hohe Ehrenpfortenberg im Tegeler Forst, das höchste Bauwerk ist der 344 m hohe Fernmeldeturm der > DEUTSCHEN BUNDESPOST in Frohnau, nach dem > FERNSEHTURM in > MITTE das zweitgrößte Bauwerk Berlins. Im Nordwesten und Norden bildet die Bezirksgrenze zugleich die Stadtgrenze zum Kreis Oranienburg, im Osten grenzt R. an > PANKOW, im Süden an > WEDDING, > CHARLOTTENBURG und Spandau. Die Verwaltungsgrenze zu Pankow bildete von 1945-90 gleichzeitig die > DEMARKATIONSLINIE zu Ost-Berlin (> MAUER).

Der Bezirk entstand 1920 bei der Bildung > GROSS-BERLINS durch die Zusammenlegung der oben genannten Dörfer. Hinzu kamen der westlich der Niederbarnimer Eisenbahn („Heidekrautbahn"; > KLEINBAHNEN UND PRIVATANSCHLUSSBAHNEN) gelegene Teil von > ROSENTHAL sowie die drei Gutsbezirke Frohnau, Tegel-Forst Nord, Tegel-Schloß, der nördliche Teil des Gutsbezirks > JUNGFERNHEIDE aus dem Kreis Niederbarnim und klei-

gehörte R. zum französischen Sektor (> SEKTOREN).

Die ältesten Spuren menschlicher > BESIEDLUNG DES BERLINER RAUMS stammen von Rentierjägern aus der Zeit um etwa 10.000 v. Chr., die am > TEGELER FLIESS lagerten. Dichtere Niederlassungen im Gebiet des heutigen R. ab etwa 1300 v. Chr. sind durch zahlreiche Funde belegt. Eine erste urkundliche Erwähnung findet das Dorf „Renekendorf" 1345. Etwa zu gleicher Zeit wie R. sind wohl auch im Zuge der Osterweiterung des askanischen Einflußbereichs die Dörfer Tegel, Hermsdorf, Lübars und Heiligensee sowie das 1905 in Wittenau umbenannte Dalldorf entstanden. Die Dorfauen der alten Siedlungskerne und ihre > DORFKIRCHEN haben sich bis heute in vielen Fällen erhalten. Hierzu gehört auch die Ende des 15. Jh. entstandene Dorfkirche in Altreinickendorf, deren aus Feldsteinen errichtetes Kirchenschiff mit dem in Berlin einmaligen halbrunden Chorabschluß sich über mehr als 500 Jahre unverändert erhalten hat. Bald nach 1345 könnte R. in den Besitz Berlins gekommen sein, denn im > LANDBUCH KAISER KARLS IV. von 1375 wird es nur im

Ortsverzeichnis erwähnt, aber 1397 im > BERLINISCHEN STADTBUCH als Kämmereieigentum genannt. Nach mehrfachem Besitzerwechsel mit Berlin bildete R. schließlich 1852 eine selbständige Landgemeinde.

Mit der im 18. Jh. einsetzenden Industrialisierung erlebte auch R. einen starken Bevölkerungszuwachs. 1801 wohnten im Bereich des heutigen Bezirks 1.092 Einwohner, aber 1885 bereits 13.337, 1910 77.366. Um die Jahrhundertwende entstand (auf Wittenauer Gebiet) die Wohnsiedlung Borsigwalde für die Arbeiterschaft der von > MOABIT ans Ostufer des Tegeler Sees verlegten > BORSIGWERKE. Die Villa der Familie Borsig auf der Halbinsel Reiherwerder im Tegeler See ist heute Sitz der > DEUTSCHEN STIFTUNG FÜR INTERNATIONALE ENTWICKLUNG. Größere Industrieansiedlungen finden sich außerdem beiderseits der Kremmener Bahn (Tegel/Wittenau) und westlich der Nordbahn an der Flottenstr. In den 60er Jahren entstand auch am Rande des Märkischen Viertels ein neues Gewerbegebiet. Die rd. 21.100 Beschäftigten der 160 Betriebe des verarbeitenden Gewerbes mit mehr als 20 Beschäftigten in R. erwirtschafteten 1989 einen Umsatz von 7,936 Mrd. DM. Hinsichtlich des Umsatzes liegt R. damit an 2. Stelle der West-Berliner Bezirke, hinsichtlich der Zahl der Betriebe und der Beschäftigten auf Platz 3.

Zugleich mit der Industrialisierung entstanden, begünstigt durch den Ausbau der > EISENBAHN, mehrere Landhaussiedlungen, darunter 1895 als Reaktion auf die für Arbeiter damals ins Unbezahlbare steigenden Mieten im Stadtzentrum die von Gustav Lilienthal initiierte Genossenschaftssiedlung *Freie Scholle* am Waidmannsluster Damm (Erweiterungsbauten aus den 20er Jahren durch Bruno Taut) und 1910 im Norden des Bezirks die Gartenstadt Frohnau (> GARTENSTÄDTE). In den 20er Jahren folgte als Mustersiedlung die > WEISSE STADT um die Aroser Allee. Erwähnenswert ist auch die in den 30er Jahren an der nördlichen Stadtgrenze errichtete > INVALIDENSIEDLUNG. Nach dem Mauerbau 1961 entstand am Ostrand des Bezirks an der Sektorengrenze als erste Trabantenstadt West-Berlins das Märkische Viertel für fast 50.000 Einwohner. Zahlreiche Nachbesserungen haben inzwischen dazu beigetragen, den anfänglich schlechten Ruf des umstrittenen Projekts zu verbessern.

Bedeutende Geschäftszentren des Bezirks sind der Kurt-Schumacher-Platz, die Fußgän-

gerzone um das > TEGEL-CENTER in Tegel, das Einkaufszentrum im Märkischen Viertel und die Residenzstr. Durch die großen Wald- und Wasserflächen (im Bezirksvergleich liegt R. auf dem 3. bzw. 4. Rang) hatte R. v.a. in der Zeit der > SPALTUNG Berlins eine wichtige Funktion für die Naherholung. An der *Greenwichpromenade* in Tegel, benannt nach der britischen Partnerstadt des Bezirks, ist eine der großen Anlegestellen der Personenschiffahrt (> SCHIFFAHRT).

Rathaus Reinickendorf

Im > ÖFFENTLICHEN PERSONENNAHVERKEHR wird R. durch eine S-Bahn-Linie (S1) mit sechs Bahnhöfen und zwei U-Bahn-Linien (U6 und U8) mit neun Bahnhöfen im Bezirk erschlossen (> S-BAHN; > U-BAHN). Die S-Bahn-Verbindung nach Oranienburg wurde im Frühjahr 1992 wiederhergestellt. Die S-Bahn-Linie zwischen > SCHÖNHOLZ und Tegel soll demnächst wieder in Betrieb genommen werden. Bis Ende 1994 soll auch die U6 bis Wilhelmsruher Damm verlängert werden. Zwischen Tegelort (Jörsstr.) und > HAKENFELDE (Spandau, Aalemannufer) verkehrt eine Autofähre über die Havel. Wegen der nach der Vereinigung stark angewachsenen Verkehrsbelastung durch Pendler aus dem nördlichen Umland strebt die Bezirksverwaltung darüber hinaus eine möglichst baldige Wiederinbetriebnahme der stillgelegten S-Bahn-Strecke von Tegel über Hennigsdorf nach Velten an.

Die wichtigste überregionale Straßenverbindung ist die Autobahn A 111 zwischen Charlottenburg und der Stadtgrenze bei Heiligensee mit ihren Abzweigen (> BUNDESFERNSTRASSEN). Im Bereich des Tegeler Forsts wurde sie nach Bürgerprotesten auf eine Bundesstraße (B 111) reduziert. Angesichts der wachsenden Verkehrsströme wird derzeit über eine Wiedereröffnung der bei Einweihung der Autobahn geschlossenen Ruppiner Chaussee nachgedacht. Von großer Bedeutung für den Nord-Süd-Verkehr ist auch der Straßenzug Oranienburger Chaussee bis Residenzstr. im Zuge der Bundesstraße 96.

Seit der Vereinigung hat auch die Nutzung des *Flughafens Tegel „Otto Lilienthal"* durch den internationalen > LUFTVERKEHR stark zugenommen. Wegen der damit verbundenen Luft- und Lärmbelastungen setzt sich der Bezirk für eine Verlagerung von Kapazitäten zum südlich Berlins gelegenen Flughafen Schönefeld ein.

Zu den Sehenswürdigkeiten des Bezirks zählen u.a. das 1822-24 von Karl Friedrich Schinkel erbaute > SCHLOSS TEGEL an der Adelheidallee 19-21, die im 18. Jh. entstandene Gaststätte „Alter Fritz" an der Karolinenstr. 12, das > BUDDHISTISCHE HAUS und der > RUSSISCH-ORTHODOXE FRIEDHOF mit russischer Kirche. Eine Traditionsveranstaltung ist das jeweils im Juni/Juli stattfindende Deutsch-Französische Volksfest gegenüber der Französischen Garnison, dem Quartier Napoleon am Kurt-Schumacher-Damm, das in der alten Form jedoch nur noch stattfinden wird, bis die Franzosen ihren ehem. Sektor geräumt haben werden.

Nordöstlich des Märkischen Viertels liegt auf einer ehem. Mülldeponie der > FREIZEITPARK LÜBARS mit einer vom Bezirksamt R. unterhaltenen Jugendfarm. Ein weiterer Freizeitpark befindet sich am *Großen Malchsee*, einer Ausbuchtung im Norden des Tegeler Sees. Das Tegeler Fließ an der nördlichen Bezirksgrenze ist einer der wenigen, weitgehend im Urzustand erhaltenen Naturräume Berlins. Am durch Kiesabbau entstandenen > FLUGHAFENSEE nördlich des Flughafens Tegel wurde Berlins erstes > LANDSCHAFTSPROGRAMM verwirklicht. Am Ostufer des Sees liegt ein Vogelschutzreservat. Am > TEGELER HAFEN ist im Rahmen der > INTERNATIONALEN BAUAUSSTELLUNG 1987 ein architektonisch anspruchsvolles Wohnprojekt verwirklicht worden. Teil des Projekts war auch die architektonisch der Kommandobrücke eines Schiffes nachempfundene Phosphateliminationsanlage der > BERLINER WASSERBETRIEBE (> WASSERVERSORGUNG/ENTWÄSSERUNG).

Von überbezirklicher Bedeutung sind die *Karl-Bonhoeffer-Nervenklinik* mit 1.054 Betten am Olbendorfer Weg in Wittenau und die Justizvollzugsanstalt Tegel in der Seidelstr. (> JUSTIZVOLLZUG). Auf der Insel *Scharfenberg* im Tegeler See liegt als Berlins bekanntestes

Internat die > SCHULFARM INSEL SCHARFENBERG. Weltweit gibt die > DEUTSCHE DIENSTSTELLE FÜR DIE BENACHRICHTIGUNG DER NÄCHSTEN ANGEHÖRIGEN DER EHEM. DEUTSCHEN WEHRMACHT am Eichborndamm Auskunft über das Schicksal deutscher Soldaten aus der Zeit des II. Weltkriegs. Zum Zeitpunkt der letzten West-Berliner Volkszählung hatte der 10,5 km^2 umfassende eigentliche Ortsteil R. des Gesamtbezirks rd. 71.300 Einwohner.

Das heutige Reinickendorfer Rathaus unweit der Wittenauer Dorfaue wurde 1910/11 von Fritz Beyer im Stil der niederdeutschen Renaissance für die Vorortgemeinde Wittenau erbaut. Bemerkenswert ist die reichgeschmückte Portalhalle von Julius Wolff. Der ursprünglich 55 m hohe Turm wurde beim Wiederaufbau nach dem II. Weltkrieg um ein Geschoß verkürzt. Zwischen 1950-56 wurden dem Gebäude mehrere Erweiterungsbauten, zunächst in Backstein, dann als schlichte Putzbauten, angefügt. Der Vorgängerbau dieses Rathauses, ein 1885 zunächst zweigeschossig errichteter, 1896 um eine Etage aufgestockter schlichter Ziegelrohbau an der ehem. Dorfaue in Alt-Reinickendorf wird heute von der Berliner > POLIZEI (> GEWERBEAUSSENDIENST) und dem CDU-Kreisverband Reinickendorf genutzt. R. unterhält Partnerschaften mit Greenwich (Großbritannien),

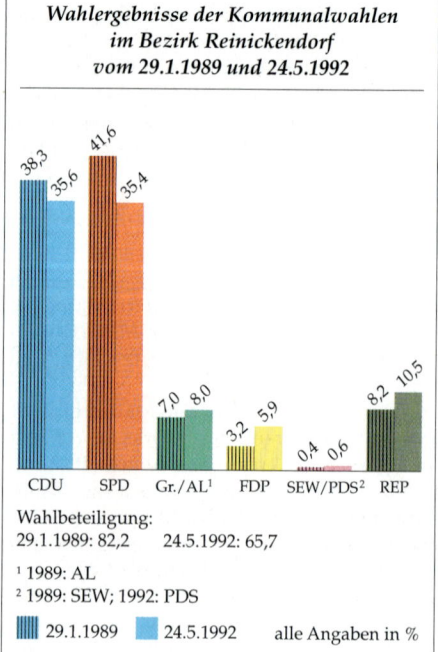

Wahlergebnisse der Kommunalwahlen im Bezirk Reinickendorf vom 29.1.1989 und 24.5.1992

	CDU	SPD	Gr./AL[1]	FDP	SEW/PDS[2]	REP
29.1.1989	38,3	41,6	7,0	3,2	0,4	8,2
24.5.1992	35,6	35,4	8,0	5,9	0,6	10,5

Wahlbeteiligung:
29.1.1989: 82,2   24.5.1992: 65,7

[1] 1989: AL
[2] 1989: SEW; 1992: PDS

29.1.1989   24.5.1992   alle Angaben in %

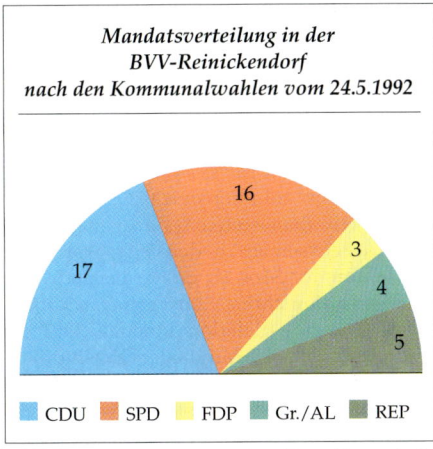

Antony bei Paris, Kyrat-Ata (Israel) sowie in Deutschland mit Bad Steben, Blomberg, Melle und dem Vogelsbergkreis.

Bei der ersten Gesamt-Berliner Kommunalwahl am 24.5.1992 wurde die CDU knapp stärkste Partei (> WAHLEN). Sie stellt wie die SPD drei Stadträte, den siebten Stadtratsposten erhielt die REP. Den Bezirksbürgermeister stellt die SPD.

Reiterstandbild Friedrichs des Großen: Das 13,5 m hohe, bronzene R. am östlichen Ende der Mittelpromenade der Straße > UNTER DEN LINDEN im Bezirk > MITTE gilt als das reifste und eindrucksvollste Werk des Bildhauers Christian Daniel Rauch. Es zeigt König Friedrich II. (1740-86) in historischer Uniform mit Dreispitz, Krückstock und umgehängtem Krönungsmantel zu Pferd. König und Pferd sind 5,65 m hoch und stehen auf einem dreistufigen Postament, das auf einem ebenfalls dreistufigen Sockel aus geschliffenem und poliertem Granit ruht. Das Postament ist von einem Kranz historischer und allegorischer Plastik belebt. An den Ecken des Sockels sind vier Reiterfiguren zu sehen: Prinz Heinrich v. Preußen, Herzog Ferdinand v. Braunschweig, Hans Joachim v. Zieten und Friedrich Wilhelm v. Seydlitz, dazwischen Gruppen mit Zeitgenossen des Königs und unter dem Schweif des Pferds Vertreter des Geisteslebens, darunter Gotthold Ephraim Lessing, Immanuel Kant und Carl Heinrich Graun. Das R. ist nach Osten, in Richtung auf das ehemalige > STADTSCHLOSS gewandt.

Nachdem Friedrich Wilhelm III. (1797-1840) den schon zu Lebzeiten Friedrichs II. angeregten Plan, diesem ein Denkmal zu errich-

ten, Anfang des 19. Jh. wieder aufgenommen hatte, entschied er nach langen Diskussionen und mehreren architektonischen und plastischen Entwürfen u.a. von Rauch, Johann Gottfried Schadow, Karl Gotthard Langhans Friedrich Gilly und Karl Friedrich Schinkel im Dezember 1839, den Entwurf Rauchs ausführen zu lassen. Am 31.5.1840, dem 100. Jahrestag der Thronbesteigung Friedrichs II. wurde der Grundstein gelegt, 1842 vollendete Rauch das Modell in Ton, 1846 erfolgte der Guß des Standbildes in der Königlichen Eisengießerei (> FER DE BERLIN). Am 31.5.1851 wurde das R. enthüllt. Fast einhundert Jahre stand es an seinem Platz, die letzten Jahre eingemauert zum Schutz gegen Fliegerangriffe im II. Weltkrieg, den es so unbeschädigt überstand.

Am 13.7.1950 wurde das als Symbol des Feudalismus diffamierte Denkmal auf Beschluß der Ost-Berliner > STADTVERORDNETENVERSAMMLUNG abgebaut und die Einzelteile zunächst in einem abgelegenen Teil des Schloßparks von Sanssouci gelagert. Im Mai

Reiterstandbild Friedrichs des Großen

1963 erfolgte die Aufstellung des R. im Hippodrom des Parks. Nachdem sich in der DDR Ende der 70er Jahre eine differenziertere Betrachtungsweise der deutschen Geschichte durchzusetzen begann, wurde das R. Ende November 1980 wieder an seinem alten Platz Unter den Linden aufgestellt, aus technischen Gründen etwa 6 m von seinem ursprünglichen Standort entfernt.

Religionsgemeinschaften: Die > GESCHICHTE Berlins wurde stark geprägt von Zuwanderungen verschiedenster Bevölkerungsgruppen (> BEVÖLKERUNG). Dieses Charakteristikum spiegelt sich in einer großen Vielfalt an R. Dominierend ist hier seit den Zeiten der Reformation die > EVANGELISCHE KIRCHE. Sie zählte in Berlin Mitte 1992 1,03 Mio. Gemeindemitglieder. Der > KATHOLISCHEN KIRCHE gehören rd. 415.000 Mitglieder an. Dem gegenüber stand eine relativ große Zahl Konfessionsloser – schätzungsweise 50 %, eine genaue Erhebung gibt es nicht.

Eine besondere Rolle im religiösen, kulturellen und sozialen Leben der Stadt spielt die > JÜDISCHE GEMEINDE ZU BERLIN, die 1992 über ca. 8.800 Gemeindemitglieder verfügte. Daneben gibt es seit 1986 die wiederentstandene > ISRAELITISCHE SYNAGOGEN-GEMEINDE (ADASS JISROEL) ZU BERLIN mit rd. 250 Mitgliedern.

Neben diesen traditionsreichen Berliner R. besteht seit dem stetigen Zuzug ausländischer Arbeitnehmer in den 50er, 60er und 70er Jahren der *Islam* als größte ausländische R. Die sich in mehrere Einzelgemeinschaften differenzierende Religion umfaßte 1991 in Berlin über 130.000 Mitglieder. Zweitgrößte R. der ausländischen Einwohner Berlins ist die *Serbisch-Orthodoxe Kirche* mit ca. 16.500 Mitgliedern. Daneben nennt das Statistische

Religionsgemeinschaften in Berlin		
Religions-gemeinschaften	Mitglieder/Interessenten	Kirchen, Kapellen, Versammlungsräume (einschl. angemietete)
Evangelische Kirche	1.030.000	224
Katholische Kirche	415.000	115
Jüdische Gemeinde	8.800	5
Israelitische Synagogen-Gemeinde (Adass Israel)	250	1
Sonstige Religionsgemeinschaften[1]:		
Alt-Katholische Kirche Berlin[2]	102	1
Antonius-Schenouda-Kirche	50[4]	3
Apostolische Kirche – Urchristliche Mission[3]	76	1
Berliner Mennoniten-Gemeinde[2]	200	1
Christliche Gemeinschaft Berlin	180	2
Christliche Wissenschaft	–	7
Christliches Zentrum Berlin[3]	602	1
Consistorium der Französischen Kirche (Hugenottenkirche)	1.800	2
Die Christengemeinschaft Berlin	3.750	2
Die Heilsarmee	270	5
Evangelische Brüdergemeinde	470	1
Ev.-Methodistische Kirche[2]	3.309	23
Freie Christengemeinde „Tabor"[3]	43	1
Freie Evangelische Gemeinde Berlin[3]	125	1
Gemeinde Christi[3]	42	1
Gemeinde der Christen „Ecclesia"	2	3
Gemeinschaft der Siebenten-Tags-Adventisten[2]	2.088	20
Islam[3]	132.055	42
darunter:		
Ahmadiyya Muslim Jamaat[3]	150	2
Die Moschee Muslimische Mission[3]	3.000	2
Islamisches Ansar Zentrum	10	6
Islamische Gemeinschaft deutschsprachiger Muslime/Freunde des Islam Berlin e.V.[2]	4.061	2
Türkisch-Islamische Union[3]	4.000	11[5]

Jehovas Zeugen[3]	4.920[6]	24
Johannische Kirche	1.500	3
Kath.-Apostolische Gemeinde	2.217	7
Kirche des Nazareners	105	5
Kirche Jesu Christi der Heiligen der letzten Tage	2.200	6
Kroatisches Seelsorgezentrum	9	5
Neue Kirche in Deutschland	88	1
Religiöse Gesellschaft der Freunde (Quäker)	18	1
Russische Griech.-Orthodoxe Kirche[3]	300	2
Russ.-Orthodoxe Kirche	300	3
Schwedische Viktoriagemeinde	650	1
Selbst. Ev.-Lutherische Kirche[3]	1.639	6
Serbisch-Orthodoxe Kirchengemeinde[2]	16.500	2
Unitarische Kirche in Berlin	90	1
Volksmission entschiedener Christen	76	1

[1] Berlin (West), [2] Gesamt-Berlin, [3] Stand 1989, [4] Familien, [5] Moscheen, [6] Verkünder

Jahrbuch 1991 des > STATISTISCHEN LANDES-AMTES BERLIN weitere 31 R., deren Mitgliederbzw. Interessentenzahlen zwischen neun (Serbisches Seelsorgerzentrum) und knapp 5.000 (Zeugen Jehovas) schwanken.

Die in Berlin vertretenen R. verfügen über insg. mehr als 400 *Kirchenbauten, Klöster, Kapellen,* Gemeindezentren und *Sakralbauten* unterschiedlichster Art. Dabei verfügt die Evangelische Kirche über 224 und die Katholische Kirche über 115 Bauten. Für die Jüdische Gemeinde bestehen fünf, für Adass Jisroel eine > SYNAGOGE. Die Zahl der größeren Bethäuser für andere Glaubensrichtungen ist nicht genau feststellbar, dürfte aber bei ca. zehn liegen.

Renaissance-Theater: Das 1922 gegründete R. in der Hardenbergstr. 6 im Bezirk > CHARLOTTENBURG ist eine Privatbühne, deren Repertoire zwischen anspruchsvollem Boulevard und literarisch ambitioniertem Schauspielertheater angesiedelt ist. Die Leitung des 569 Plätze umfassenden Hauses hat seit 1986 Gerhard Klingenberg. Rechtsträger des R. ist die Neue Theaterbetriebs-GmbH mit der Theatergemeinde e.V. als Gesellschafterin (> BESUCHERORGANISATIONEN). Das R. unterhält kein festes Ensemble, arbeitet jedoch mit Stars und arrivierten Regisseuren wie Klingenberg, Jean Pierre Ponnelle und Dietrich Haugk. 1991 hatte das Theater insg. 61 feste Mitarbeiter. In der Saison 1990/91 standen fünf Stücke auf dem Spielplan, die von ca. 120.000 Zuschauern gesehen wurden. Durch den Verkauf der Karten deckt das R. 45 % seiner Kosten, den Rest trägt die > SENATS-VERWALTUNG FÜR KULTURELLE ANGELEGENHEITEN.

Der Theaterbau entstand 1926/27 nach Plänen von Oskar Kaufmann durch den Umbau eines 1902 durch Konrad Reimer und Friedrich Körte errichteten Gebäudes. 1946 erfolgte durch Helmut v. Lülsdorff die vereinfachte Instandsetzung des im II. Weltkrieg beschädigten Gebäudes, bevor 1985 Michael Lindenmeyer den ursprünglichen Zustand des Kaufmann-Baus wiederherstellte. Den Eingangsbereich des auf dem Eckgrundstück Hardenbergstr./Knesebeckstr. gelegenen Hauses bestimmt ein zweigeschoßiger, halbrunder Erker. Er ist über die gesamte Höhe durch schmale, rundbogige in Buntglas gehaltene Türen gegliedert. Die Wände des trapezförmigen Zuschauerraums sind mit Holzintarsien von César Klein und mit Wandmalereien geschmückt.

Die Theatergeschichte der Bühne begann am 28.10.1922 unter der Intendanz von Theodor Tagger (Pseudonym für Ferdinand Bruckner) mit Gotthold Ephraim Lessings „Miß Sara Sampson". Nach wechselvoller Geschichte – während des Nationalsozialismus war das Theater u.a. 1943 Kleines Haus des > SCHILLER-THEATERS unter Heinrich George – fand am 27.5.1945 die erste Aufführung nach dem Krieg statt. Für über 30 Jahre prägte dann der Intendant Kurt Raeck 1946-78 die Bühne, die in dieser Zeit ihr heutiges Profil entwickelte. Dabei waren u.a. die Schauspieler Götz George, Walter Gross, Boy Gobert, Helmut Griem und die Regisseure Harry Meyen, Helmut Käutner, Erik Ode, Rudolf Noelte beteiligt. 1979 übernahm Horst Mesalla die Leitung des R., schied jedoch bereits 1980 wieder aus. Auf ihn folgte Heribert Sasse, der mit Brechts „Aturo Ui" einen großen Erfolg feierte. Nach dem Ausscheiden von Sasse 1984 übernahm der Dramaturg Kurt Boeser die Leitung des Hauses, bis 1986 Gerhard Klingenberg berufen wurde.

Rettungswesen: Seit Frühjahr 1991 liegt die Zuständigkeit für das R. im gesamten Stadtgebiet bei der Berliner > FEUERWEHR. Sie arbeitet eng mit der aus > DEUTSCHEM ROTEM KREUZ (DRK), Arbeiter-Samariter-Bund (ASB), Johanniter Unfall-Hilfe (JUH) und Malteser-Hilfsdienst (MHD) gebildeten *Arbeitsgemeinschaft Rettungsdienst der Sanitätsorganisationen im Land Berlin* zusammen. Die Rettungswagen der Hilfsorganisationen sind bei den Feuerwachen > WEDDING, Ranke (> CHARLOTTENBURG), > SCHÖNEBERG, > NEUKÖLLN und > KREUZBERG stationiert. In 14 > KRANKENHÄUSERN der > BEZIRKE stehen mit Unfallärzten besetzte Notarztwagen bereit. 1991 fuhren sie 37.118 Einsätze. Im > UNIVERSITÄTSKLINIKUM STEGLITZ der > FREIEN UNIVERSITÄT BERLIN ist der vom ADAC betriebene *Rettungshubschrauber* „Christopher 31" stationiert, der 1991 1.819 Einsätze flog. Zur Besatzung gehören neben dem Piloten ein Notarzt und ein Sanitäter. Im April 1990 wurde sein bis dahin auf West-Berlin beschränktes Einsatzgebiet auf die Gesamtstadt und das Umland bis zum > BERLINER RING erweitert. Insg. erfolgten 1991 rd. 150.000 Notfallrettungseinsätze, davon 136.046 durch die Berliner Feuerwehr. Die „normalen" Krankentransporte, für die in den östlichen Bezirken auch die Feuerwehr zuständig ist (1991 insg. 42.659 Einsätze) und die in den westlichen Bezirken überwiegend durch private Krankentransportunternehmen wahrgenommen werden, sind in diesen Zahlen nicht enthalten. Die Besatzung des aus dem Ost-Berliner Rettungsamt Berlin übernommenen Hebammenfahrzeugs leistete 1991 in 813 Fällen Geburtshilfe.
Der *Wasserrettungsdienst* an den Ufern der > FLIESSGEWÄSSER und > SEEN wird für den Bereich der Badestellen von der *Arbeitsgemeinschaft Wasserrettungsdienst* des DRK, des ASB und der Deutschen Lebensrettungsgesellschaft (DLRG) wahrgenommen (> FREI- UND SOMMERBÄDER). Die Finanzierung der ausschließlich ehrenamtlichen Tätigkeit erfolgte 1991 zu 75 % durch die Gemeinschaft und zu 25 % durch Mittel der > SENATSVERWALTUNG FÜR INNERES. 1991 leisteten über 1.000 freiwillige Helfer in insg. ca. 310.000 Einsatzstunden über 4.000 Einsätze.

Seit 1973 ist Berlin auch in das Ambulanzflugsystem der *Deutschen Rettungsflugwacht* (DRF) einbezogen. 1986 wurde ein Learjet der DRF in Berlin-Tempelhof stationiert, der 1991 insg. 501 Einsätze flog, mehr als ein Drittel davon für Patienten des > DEUTSCHEN HERZZENTRUMS BERLIN am Augustenburger Platz in Wedding. Die Koordinierung der Einsätze obliegt der rund um die Uhr besetzten Deutschen Zentrale für Luftrettung der DRF in Stuttgart.
Für die ärztliche Behandlung von plötzlichen Erkrankungen außerhalb der Sprechstunden der niedergelassenen Ärzte gibt es einen von der Kassenärztlichen Vereinigung im Rahmen des Sicherstellungsauftrages organisierten *Ärztlichen Notfalldienst*, der über einen Fuhrpark von rd. 50 Funkwagen und über 300 Ärzte verfügt. Seit April 1991 ist das Einsatzgebiet auch auf die östlichen Bezirke ausgedehnt. 1991 wurden für Gesamt-Berlin 241.517 Fälle abgerechnet. Außerdem betreibt die Kassenärztliche Vereinigung in > WILMERSDORF, Kreuzberg und Wedding *Erste-Hilfe-Stellen*, von denen 1991 57.086 Behandlungsfälle abgerechnet wurden.
Im Ostteil der Stadt wurde bis 1990 das R., einschließlich der überwiegenden Zahl der Krankentransporte vom Rettungsamt Berlin in der Marienburger Str. im Bezirk > PRENZLAUER BERG organisiert. Es unterhielt einen Fahrzeugpark von ca. 300 Fahrzeugen (incl. sieben Notarztwagen), mit dem pro Jahr ca. 130.000 Einsätze ausgeführt wurden, darunter ca. 20.000 Notfalleinsätze. Nachdem es zunächst der > SENATSVERWALTUNG FÜR GESUNDHEIT zugeordnet worden war, wurde es am 1.7.1991 der Berliner Feuerwehr unterstellt und im Juni in die Zuständigkeit der Senatsinnenverwaltung übernommen. Die Notarztversorgung war wie in West-Berlin nach dem System der „Dringlichen Medizinischen Hilfe" zentral organisiert.
Die Anfänge eines organisierten Rettungswesens lassen sich in Berlin bis in die 80er Jahre des 19. Jh. zurückverfolgen, als in den einzelnen Stadtteilen Sanitätswachen auf Selbstverwaltungsebene, weitgehend durch Spenden finanziert, entstanden. Aus diesen entwickelten sich um die Jahrhundertwende zentral verwaltete Rettungsstellen. 1920 wurde das dem Hauptgesundheitsamt unterstehende Rettungsamt Berlin geschaffen, dem auch ein zentraler Bettennachweis angegliedert war. Im Zuge der > SPALTUNG Berlins entstanden in den beiden Stadthälften ge-

trennte Rettungsämter. In West-Berlin wurde das Rettungsamt, einschließlich Bettennachweis, 1968 in die Berliner Feuerwehr eingegliedert.

Rheingauviertel: Das auch als „Rheinisches Viertel" bezeichnete R. zwischen Laubacher und Binger Str. am *Rüdesheimer Platz* im südlichen Teil von > WILMERSDORF entstand 1910-14 nach Plänen von Paul Jatzow im Auftrag der Terraingesellschaft Südwest, die auch das > BAYERISCHE VIERTEL erbauen ließ. Mittelpunkt des R. ist der 1911 von Emil Cauer d.J. künstlerisch gestaltete Rüdesheimer Platz mit einer neobarocken Brunnenanlage. Die dem englischen Landhausstil nachempfundenen, viergeschossigen Mietshäuser mit insg. 478 großbürgerlichen Wohnungen für rd. 1.600 Einwohner besitzen einheitliche, leicht ansteigende Vorgärten, weshalb die Siedlung auch „Gartenterrassenstadt" genannt wird. Alle Straßen und U-Bahnhöfe sowie der Skulpturenschmuck im R. tragen Namen aus dem Rheingau.

RIAS Berlin: Der 1946 gegründete R. mit Sitz in der Kufsteiner Str. 69 im Bezirk > SCHÖNEBERG stellt durch seinen Status eine Besonderheit unter den Berliner Rundfunkanstalten dar. Die Sende- und Programmhoheit liegt bis zu einer endgültigen Regelung im Rahmen des geplanten nationalen > HÖRFUNKS in letzter Instanz bei der amerikanischen United States Information Agency (USIA), einer dem US-Außenministerium nachgeordneten Behörde. Anfang 1992 unterhielt der R. neben den Radioprogrammen RIAS 1 und RIAS 2 das Fernsehprogramm RIAS TV. Der Sender ist seit 1950 mit der *Arbeitsgemeinschaft der öffentlich-rechtlichen Rundfunkanstalten der Bundesrepublik Deutschland (ARD)* assoziiert, bei der er beratende Stimme hat.

Von Anbeginn sendete der R. als Brücke zwischen Ost und West politische Informationen, Berichte und Unterhaltung insbes. für die Menschen in Ost-Berlin und der DDR. Gleichzeitig hatte der R. in den Jahren der Nachkriegszeit entscheidenden Anteil am Wiederaufbau des kulturellen Lebens in Berlin. Viele seiner Sendungen wie „Die Stimme der Kritik" des Theaterkritikers Friedrich Luft, „Das klingende Sonntagsrätsel", das bis zu seinem Tode der Showmaster Hans Rosenthal moderierte, oder die wissenschaftliche Hörfunkreihe RIAS-Funkuniversität,

fanden nachhaltigen Anklang beim Berliner Publikum. Zukünftig soll der RIAS (mit dem *Deutschlandfunk* in Köln und *DS-Kultur* in Berlin) nationalen Hörfunk veranstalten, wobei RIAS Berlin ein Informationsprogramm mit kulturellen Schwerpunkten aus der deutschen > HAUPTSTADT senden soll.

Die derzeitige Struktur des RIAS-Hörfunks resultiert aus einer im Vorfeld des Marktzutritts weiterer Hörfunkstationen am 30.9.1985 durchgeführten und mehrfach, zuletzt im Oktober 1991, modifizierten Programmstrukturreform. Im Mittelpunkt der Reform stand RIAS 2, das von einem partiellen Jugendprogramm zu einem eigenständigen Vollprogramm erweitert und als durchmoderiertes Magazinprogramm konzipiert wurde.

Aufnahmewagen des RIAS 1952

Seither dominieren knappe aktuelle Wortbeiträge und ihre Moderation im raschen Wechsel mit internationaler Rock- und Popmusik. RIAS 2 erzielte auf Anhieb eine starke Resonanz beim Berliner Publikum. RIAS 1 bietet ein breit angelegtes Informations- und Unterhaltungsprogramm, wobei das informative Tagesprogramm durch ein Abendprogramm mit den Schwerpunkten > MUSIK und > KULTUR ergänzt wird. Nach erfolglosen Versuchen einer öffentlich-rechtlichen Lösung wurde RIAS 2 im Mai 1992 privatisiert. Seit dem 1.6. sendet die neue private Hörfunkanstalt unter dem Namen *R.S.2* (Radiosender 2).

Nach fast zweijähriger Vorbereitungszeit nahm am 22.8.1988 *RIAS-TV* seinen Betrieb auf (> FERNSEHEN). Fernsehstudios sowie Redaktions- und Betriebsbüros wurden in der Voltastr. 5 im Bezirk > WEDDING von der Projektgesellschaft für Kabelkommunikation zur Verfügung gestellt (> MEDIENANSTALT BERLIN-BRANDENBURG). Im Rahmen des Berliner Kabelpilotprojekts hat der

Berliner Kabelrat die terrestrische Fernsehfrequenz, die für das Berliner Sendegebiet von der > Deutschen Bundespost zusätzlich bereitgestellt worden war, im Frequenzsplitting dem bundesweit ausgerichteten privaten Fernsehsender > SAT 1 sowie RIAS-TV zugeteilt. RIAS-TV sendete täglich ein gut viereinhalbstündiges Fernsehprogramm, das mit dem 8.2.1992 eingestellt wurde. Auch das halbstündige Abendjournal wurde zum 1.4. 1992 eingestellt. Seit diesem Zeitpunkt veranstaltet RIAS-TV ein aktuelles tägliches Informationsprogramm für die Deutsche Welle (erstes Auslandsfernsehen der Bundesrepublik). Man rechnet damit, daß RIAS-TV auch juristisch von der Deutschen Welle übernommen wird.

Der Sender unterhält neben dem > RIAS-Kammerchor und dem „RIAS-Tanz-Orchester" das *RIAS-Jugendorchester*, das sich vornehmlich aus Studenten der > Hochschule der Künste sowie der > Hochschule für Musik „Hanns Eisler" zusammensetzt. Der RIAS ist zudem einer der Gesellschafter des > Radio-Symphonie-Orchesters.

Die Aufsichtsfunktion über den R. wird von einem US-Gremium wahrgenommen, dessen Mitglieder von der USIA berufen werden. Geleitet wird das Gremium durch den Chairman. Die Leitung der Anstalt und die Verantwortung für das Programm liegt bei dem deutschen Intendanten. Die gleichen Rechtsgrundlagen gelten für das RIAS-TV. In Anlehnung an den Rundfunkrat einer öffentlich-rechtlichen Rundfunkanstalt wurde für RIAS-TV ein Beirat mit elf Persönlichkeiten des öffentlichen Lebens eingerichtet, der beratende Funktion gegenüber dem Intendanten hat.

Der R. beschäftigte 1991 insg. 871 Mitarbeiter, davon 511 im Hörfunk- und 212 im Fernsehbereich. Zudem werden jährlich zehn Volontäre ausgebildet. In den Anfangsjahren bestritt die USIA die Aufwendungen für den Sender mit Mitteln des US-Bundeshaushalts. Seit Ende der 60er Jahre wurde der R. zu über 90 % mit Mitteln des „Bundesministeriums für Innerdeutsche Beziehungen" finanziert, seit 1990 aus dem Etat des > Bundesminister des Innern. Der Sender ist nicht am Gebührenaufkommen der Rundfunkteilnehmer beteiligt und erhält, da er keine Werbung ausstrahlt, auch keine Werbeeinnahmen.

Vorläufer des R. war der auf Anordnung der amerikanischen Militärbehörde am 21.11.

1945 eingerichtete *Drahtfunk im amerikanischen Sektor (DIAS)*. Aus dem Fernmeldeamt Schöneberg in der Winterfeldtstr. sendete der DIAS seit dem 7.2.1946 über das Telefonnetz ein siebenstündiges Programm. Nach dem Scheitern der amerikanischen Bemühungen, den bereits vor dem Eintreffen der WestMächte in der Stadt unter sowjetischer Kontrolle in Betrieb genommenen Berliner Rundfunk unter Vier-Mächte-Verwaltung zu stellen, und nach Ausstattung des DIAS mit einem Mittelwellensender, wurde dieser am 5.9.1946 in den R. umgewandelt. Im Juni 1948 bezog er sein heutiges Funkhaus. Zur Zeit der > Blockade versorgten wegen der Stromsperren Lautsprecherwagen der R. die Bevölkerung in den Westsektoren mit Nachrichten. Nach Einrichtung neuer und stärkerer Sendeanlagen in > Britz und Hof mit Reichweiten bis in die DDR, strahlt der RIAS seit Januar 1953 zwei Hörfunkprogramme aus.

Am 20.5.1991 wurde eine von der Bundesrepublik und den USA gemeinsam geführte RIAS-Kommission zur Unterstützung und Förderung von Informations- und Austauschprogrammen mit den fünf neuen Bundesländern und Berlin unter der Schirmherrschaft der USIA gegründet. Schwerpunkte der Kommissionsarbeit sind Trainingsprogramme und Austauschprojekte für Journalisten, Medienexperten und Studenten sowie die Förderung durch Stipendien, Coproduktionen und Verbindungen zwischen Medienorganisationen in Deutschland und den USA.

RIAS-Kammerchor: Der im Oktober 1948 als festes Ensemble gegründete, international anerkannte R. ist der einzige ständige deutsche Berufskammerchor. Schwerpunkte seiner Arbeit bilden die Erarbeitung von Acapella-Literatur, Produktionen zeitgenössischer Chormusik sowie Interpretationen Alter Musik. Hier verbindet der R. in Zusammenarbeit mit Spezialensembles für Barockmusik Erkenntnisse über historische Aufführungen mit den klanglichen Möglichkeiten eines professionellen Chors.

Seit 1987 steht der R. unter der Leitung von Marcus Creed. Seine 35 Mitglieder sind alle professionelle Sängerinnen und Sänger und fest beim > RIAS Berlin angestellt; die Aufführungen finden v.a. in der > Philharmonie, im > Kammermusiksaal und im > Schauspielhaus statt. Veranstaltungs- bzw. Produktionspartner sind u.a. die > Berliner Fest-

WOCHEN, das Schauspielhaus, das > BERLINER PHILHARMONISCHE ORCHESTER, das > RADIO-SYMPHONIE-ORCHESTER BERLIN sowie die *Akademie für Alte Musik*. Neben Rundfunkveranstaltungen, Schallplattenaufnahmen sowie Konzertreisen bestreitet der Chor in Berlin seit 1988 eine eigene Konzertreihe sowie seit 1982 das traditionelle Neujahrskonzert in der Philharmonie. Für den R. haben u.a. die Komponisten Paul Hindemith, Carl Orff, Boris Blacher, Pierre Boulez und Aribert Reimann Werke geschrieben oder ihm Ur- und Erstaufführungen ihrer Kompositionen anvertraut. Das Ensemble arbeitete mit Dirigenten wie Herbert v. Karajan und Karl Böhm, sowie in jüngster Zeit mit Claudio Abbado, James Levine, Daniel Barenboim, Roger Norrington, John Eliot Gardiner und Nikolaus Harnoncourt.

Vorgänger des R. war ein vom Dirigenten Karl Ristenpart ab 1946 aufgebauter Rundfunkchor. Ursprüngliche Aufgabe des Chors war die Eigenproduktion von Musiktiteln für das Programm des RIAS Berlin. Sein erster Leiter wurde Herbert Froitzheim (1948-54). Unter Günther Arndt (1954-72) begann die intensive Beschäftigung mit Neuer Musik. 1963 leistete der R. mit einem Konzert in der nach der Zerstörung durch deutsche Bomber im II. Weltkrieg neu aufgebauten Kathedrale von Coventry einen vielbeachteten Beitrag zur deutsch-englischen Versöhnung. 1972 übernahm Uwe Gronostay die Leitung des R. und konzentrierte die Arbeit u.a. auf das unbegleitete Chorsingen. 1986 wurde Creed, der dem R. schon längere Zeit als Gastdirigent verbunden war, zum neuen Leiter berufen. Er legte seine Schwerpunkte insbes. auf die Musik des Barock und der Gegenwart.

Ribbeckhaus: Das R. in der Breiten Str. 35 im Bezirk > MITTE ist das einzig erhaltene Gebäude der Spätrenaissance in Berlin. Seit 1991 ist es Sitz der > BERLIN 2000 OLYMPIA GMBH. Der dreigeschossige Putzbau hat ein Satteldach mit vier Zwerchgiebeln. Die Erdgeschoßfenster sind mit schmiedeeisernen Gittern aus der Mitte des 17. Jh. versehen. Bemerkenswert sind ferner das rundbogige Portal (eine 1960 gefertigte Kopie) sowie zwei Grotesken über dem Knorpelwerk der seitlichen Gewände des Portals. Zwei Engelsköpfe stützen das Gesims, dessen Fries eine Inschrift mit der Jahreszahl 1624 trägt. Im Giebel darüber halten zwei Engel die Wappen Ribbecks und seiner Frau.

Das R. entstand 1624 für den kurfürstlichen Kammerrat Hans Georg v. Ribbeck und seine Frau Katharina v. Brösicke durch die Zusammenlegung von zwei älteren Gebäuden, die eine neue Fassade erhielten. 1629/30 wurde das Haus durch Balthasar Benzelt umgebaut und 1659 in den benachbarten königlichen > MARSTALL einbezogen. Im späten 18. Jh. wurde das R. Sitz der königlichen Oberrechnungskammer. 1803/04 erhöhte man das Haus um das dritte Geschoß, dem die vier originalen Zwerchgiebel wieder aufgesetzt wurden. Das kräftige Gesims über dem zweiten Geschoß gibt die ursprüngliche Höhe des R. an. 1964/65 wurde die Fassade des im II.

Ribbeckhaus

Weltkrieg schwer beschädigten R. restauriert und das Haus im Innern modern ausgebaut. Zu Zeiten der DDR nutzten der Bund der Architekten der DDR, der Bezirksvorstand des Demokratischen Frauenbundes Deutschlands und der Kulturbund der DDR, Bezirkssekretariat Berlin, das R. als Bürogebäude. Im Zuge der > VEREINIGUNG kam der Bau in Bundesbesitz.

Richterwahlausschuß: Nach § 2 des Berliner Richtergesetzes entscheidet über die Berufung und Beförderung der Richter, mit Ausnahme der vom > ABGEORDNETENHAUS VON BERLIN zu wählenden Präsidenten der obersten Gerichte, der Senator für Justiz (> SENATSVERWALTUNG FÜR JUSTIZ [SENJUST]) gemeinsam mit dem R. Da auch Staatsanwälte grundsätzlich als Richter auf Probe eingestellt werden, ist der R. auch für den Zugang zu diesem Beruf zuständig, jedoch nicht mehr für die Ernennung auf Lebenszeit oder eine Beförderung, die beide nach dem Beamtenrecht erfolgen (> STAATSANWALTSCHAFTEN). Das Abgeordnetenhaus wählt zu Beginn einer jeden Legislaturperiode zu nichtweisungsgebundenen Mitgliedern des R.:

– sechs Mitglieder und ihre Stellvertreter aufgrund von Vorschlägen aus der Mitte des Plenums, die jedoch selbst nicht Abgeordnete sein müssen;

– zwei Richter der ordentlichen Gerichtsbarkeit und je einen Richter der übrigen Gerichtsbarkeiten – insg. also ebenfalls sechs Mitglieder – sowie deren Stellvertreter aus den Vorschlagslisten der Gerichtszweige, die deren Lebenszeitrichter in Wahlen ermittelt haben;

– einen Rechtsanwalt und seinen Stellvertreter aus einer von den im Bezirk des Kammergerichts zugelassenen Rechtsanwälten gewählten Vorschlagsliste (> Rechtsanwaltschaft).

Der Richter der > Finanzgerichtsbarkeit wirkt an Entscheidungen nur mit, wenn über einen – auch zukünftigen – Richter dieses Gerichtszweiges entschieden werden soll; stattdessen ist für diesen Fall ein Richter der ordentlichen Gerichtsbarkeit nicht zur Mitwirkung befugt. Auch wenn ein zukünftiger Staatsanwalt zur Diskussion steht, ist die Staatsanwaltschaft selbst nicht an der Entscheidung beteiligt.

Die Sitzungen des R. leitet die Spitze der SenJust, ohne jedoch ein eigenes Stimmrecht zu haben. Da jedoch ohne Vorschlag des Senators keine positive Entscheidung getroffen werden kann, ist dessen Position ebenso stark wie die des gesamten Ausschusses. Umstritten ist, welche Prüfungsfunktion der > Senat von Berlin bei der noch erforderlichen und wiederum von der SenJust zu vollziehenden Ernennung hat.

Der R. hat sich als unabhängiges Gremium bewährt und Versuche einer sachfremden Einflußnahme letztendlich immer wieder abgewendet. Dies galt insbes. auch bei der schwierigen vom > Einigungsvertrag abverlangten Gratwanderung, welche früheren Justizjuristen aus Ost-Berlin eine Chance für eine Probezeit in einem völlig anderen Rechtssystem einräumen sollte.

Riehmers Hofgarten: Der R. genannte Gebäudekomplex aus ca. 20 fünfgeschossigen Wohnhäusern zwischen Yorck-, Großbeeren-, und Hagelberger Str. entstand in mehreren Bauabschnitten 1881-92 durch den Maurermeister Wilhelm Riehmer. Er führte damit beispielhaft eine Lösung für mehrgeschossiges, innerstädtisches Wohnen vor, die von

Riehmers Hofgarten

998

der üblichen Form der Grundstücksausnutzung in den eng bebauten Innenstadtgebieten abrückte (> MIETSKASERNEN). Die Anlage ist im Innern durch Privatstraßen erschlossen und hat gärtnerisch angelegte, große Höfe. Neben den Vorder- erhielten auch
die Hintergebäude reich dekorierte Stuckfassaden, v.a. im Renaissance-Stil, und gut
ausgestattete Wohnungen. Wie in den Mietskasernen liegen jedoch auch im R. die herrschaftlichen Wohnungen in den Vorderge-
bäuden, die kleineren dagegen in den Höfen.
Der Eingang an der Yorckstr. ist durch ein
prunkvolles Rundbogenportal geschmückt.
Die zum „geschützten Baubereich" erklärte
Anlage wurde 1983/84 im Innern modernisiert, die Fassaden und Höfe restauriert. Im
Hof entstand nach Plänen von Bernhard
Binder und Bernd Richter ein Anbau für das
Yorck-Kino (> KINOS).

Ringbahn: Die in zwei Teilabschnitten 1871
und 1877 eröffnete R. ist ein ca. 36 km langer
Eisenbahnring um die Innenstadtbereiche
Berlins. Sie dient mit zwei Gleisen dem
innerstädtischen Personenverkehr (> S-BAHN)
und mit zwei weiteren Gleisen dem > GÜTER-
VERKEHR. Zwischen den Bahnhöfen > SCHÖN-
HAUSER ALLEE im Bezirk > PRENZLAUER BERG
über Westkreuz bis zum Bahnhof > TREP-
TOWER PARK im Bezirk > TREPTOW besteht z.Z.
kein S-Bahn-Verkehr. An der selben Grenze
zwischen den Bahnhöfen Schönhauser Allee
und > GESUNDBRUNNEN sowie zwischen Treptower Park und > NEUKÖLLN (Sonnenallee)
sind die Gleisverbindungen noch unterbrochen.
Der Bau der R. wurde 1867 beschlossen, um
die alte *Verbindungsbahn* zu ersetzen, die seit
1851 den > STETTINER, den > HAMBURGER, den >
POTSDAMER, den > ANHALTER, den > GÖRLITZER
und den Schlesischen Bahnhof (bis 1846
Frankfurter Bahnhof, heute > HAUPTBAHNHOF)
miteinander verband. Die im Straßenniveau
liegenden und nur dem Güter- und Militärverkehr vorbehaltenen Gleise bildeten durch
das gestiegene Verkehrsaufkommen ein Hindernis sowohl im Eisenbahn- wie auch im
Straßenverkehr.
Die R. sollte zunächst v.a. dem Durchgangs-
güterverkehr aber auch dem örtlichen Güterverkehr dienen. Ihr erstes, am 17.6.1871 eröffnetes, östliches Teilstück von > SCHÖNEBERG
über > TEMPELHOF, Rixdorf (Neukölln), >
STRALAU, > LICHTENBERG und > WEDDING nach
> MOABIT verband im Süden die Fern-

bahnstrecken zum Potsdamer, Görlitzer und
Anhalter Bahnhof mit dem Schlesischen
Bahnhof und stellte nach Norden den Anschluß zum > OSTBAHNHOF, Stettiner Bahnhof,
Hamburger Bahnhof und > LEHRTER BAHNHOF
her. Nach der Betriebsaufnahme wurde die
alte Verbindungsbahn stillgelegt. Das westliche Teilstück von Schöneberg über > WEST-
END nach Moabit wurde am 15.11.1877 in Betrieb genommen.
Wegen des steigenden Verkehrsaufkommens
begann 1881 der Bau eigener Gleise für den
Personenverkehr. Dieser viergleisige Ausbau
der R. war 1902 fertiggestellt. Im Zusammenhang damit wurde auch die Anzahl der
Bahnhöfe an der R. von 16 (1889) bis 1910 auf
23 erhöht; später kamen noch die Bahnhöfe
Witzleben (1916), Westkreuz (1928) und Innsbrucker Platz (1933) hinzu. Die Elektrifizierung der Personenverkehrsgleise auf der
R. als ein wesentlicher Teil der Berliner S-
Bahn war 1929 abgeschlossen.
Durch den Bau der > MAUER am > 13. AUGUST
1961 wurde der durchgehende Betrieb auf
der R. unterbrochen. Seither bestehen in Berlin zwei betrieblich getrennte Teilringe. Der
westliche Teilring wird derzeit nur durch
den von der > DEUTSCHEN REICHSBAHN (DR)
betriebenen Güterverkehr benutzt. Es ist geplant, sowohl die S-Bahn-Strecken der R. als
auch die Fernbahngleise nach umfangreichen
Instandsetzungs- und Modernisierungsarbeiten wieder in Betrieb zu nehmen. Nach
dem gemeinsamen Eisenbahnkonzept der DR
und des > SENATS VON BERLIN soll im Zusammenhang mit der Nord-Süd-Durchbindung
des Personenfernverkehrs der Nordring
künftig auch für den Personenfernverkehr
genutzt werden (Pilzkonzept; > EISENBAHN).
Die Sanierung des Südrings einschließlich
Elektrifizierung und Lückenschluß in Treptow soll erst langfristig erfolgen.

Ring Politischer Jugend e.V. Berlin (RPJ):
Der am 15.12.1950 von den Jungsozialisten,
den Jungdemokraten und der Jungen Union
gegründete RPJ mit Sitz am > HAUSVOG-
TEIPLATZ 3-4 im Bezirk > MITTE hat die Aufgabe, „die staatsbürgerliche und politische Bildung der jungen Generation im Sinne der
Demokratie und der Freiheit zu fördern und
zu unterstützen. Er tritt für Völkerverständigung und internationale Solidarität ein". Der
RPJ stellt den Mitgliedsverbänden Räume
und Finanzmittel für Seminare, internationale Begegnungen, Podiumsdiskussionen u.a.

zur Verfügung und bietet den verschiedenen politischen Jugendverbänden die Möglichkeit gemeinsamer Arbeit und Veranstaltungen. Der RPJ ist Koordinations-, Austausch- und Verbindungsstelle seiner Mitglieder. Seit 1989 führt er auch Fahrten zu ehem. Konzentrationslagern durch.

Neben den oben genannten Verbänden gehören dem RPJ ferner die 1983 gegründeten Jungen Liberalen an. Der RPJ hat eine feste Mitarbeiterin, ihre Arbeit wird durch Bundesjugendmittel finanziert.

Rock-Beauftragte: Das 1979 bei der > Senatsverwaltung für Kulturelle Angelegenheiten eingerichtete Referat für freie Gruppen, inoffiziell auch R. genannt, hat die Aufgabe, die Arbeitsbedingungen der in Berlin lebenden Musiker, die keine Verträge mit großen Schallplattenfirmen haben, zu verbessern (> Jazz; > Rock-Musik). Die Dunkelziffer der in Berlin aktiven Bands ist hoch, die Szene schnellebig. Nach der > Vereinigung kann man davon ausgehen, daß in der Stadt ca. 1.500 bis 1.800 Musikgruppen jeglicher Stilrichtungen existieren. Die Förderung des im > Europa-Center im Bezirk > Charlottenburg untergebrachten R. umfaßt strukturelle Maßnahmen wie den Ausbau oder die Schallisolierung von Übungsräumen, den Betrieb von Tonstudios und den Erhalt von Auftrittsmöglichkeiten bzw. Veranstaltungsorten, aber auch gezielte Projektförderungen wie die finanzielle Unterstützung selbstorganisierter Tourneen von Berliner Musikgruppen, die Vervielfältigung von Demo-Cassetten sowie die Förderung von Konzertreihen, Festivals oder Jazzworkshops. Darüber hinaus wird eine personengebundene Jazzförderung durch Stipendien betrieben. Von 1979-91 hatte Bernd Mehlitz das Amt inne, seit 1991 ist Barbara Esser neue R. Neben der R. waren 1992 zwei Mitarbeiter für die Förderung freier Gruppen im Bereich der U-Musik tätig. Für dieses Aufgabengebiet standen 1992 Haushaltmittel in Höhe von 1,2 Mio. DM zur Verfügung, des weiteren 60.000 DM speziell für Jazz-Workshops und Stipendien.

Der von 1980-91 veranstaltete sog. Senatsrock-Wettbewerb *Berlin Rock News*, aus dem auch überregional erfolgreiche Bands wie u.a. „Foyer des Arts" mit Max Goldt, „UKW", „Die Ärzte", „The Subtones", „Rainbirds", „Jingo de Lunch", „Poems for Laila" hervorgingen, soll 1992 von einem neu konzipierten Festival abgelöst werden, das den Bands ein größeres Forum und dem interessierten Publikum einen jährlichen Überblick über die Berliner Live-Musikszene bieten soll.

Rock-Musik: 1992 bestehen nach Schätzungen der > Rock-Beauftragten rd. 1.500-1.800 Musikgruppen jeglicher Stilrichtung (> Jazz). Berliner sowie internationale Rock-, Pop- und Jazz-Bands kann man regelmäßig in zahlreichen, über die ganze Stadt verteilten Clubs wie z.B. dem „Dunckerklub", „Flöz", „Franz-Club", „Huxley's Neue Welt", „Die Insel", „Knaack", „Loft", „Quasimodo", „Swing", > Tacheles, in der > Waldbühne, im > Olympiastadion u.v.a. live erleben. Die Programme werden hauptsächlich über die > Stadtmagazine sowie über Handzettel und Plakate bekanntgemacht.

Mit den *Berlin Independence Days* findet in Berlin seit 1988 eine jährliche Messe für die internationale unabhängige Musikindustrie (Independent Labels, Vertriebe, Verlage, Fanzines) statt. Neben dem eigentlichen Messe- bzw. Ausstellungteil gibt es Informations- und Diskussionsveranstaltungen sowie spezielle „Showcases" in den einschlägigen Berliner Clubs mit einer Vielzahl von Bands aus aller Welt.

Die Berliner Rock-Szene entwickelte um 1967, inspiriert von der anglo-amerikanischen Hippie-Psychedelik, zum ersten Mal kreative Impulse, die über das kunstfertige Imitieren gängiger Musikstile hinausgingen. Avantgardistisch geschulte und literarisch interessierte Elektronik-Ensembles wie „Tangerine Dream", „Kluster", „Agitation Free", „Eruption" versuchten sich – nach eigenem Anspruch – an bewußtseinserweiternden „Übergriffen auf Außerkünstlerisches". Den Musikern gelangen dabei Sphärenklänge, die international stilbildend wirkten und vor allem Edgar Froeses Band „Tangerine Dream" in England, Frankreich und den USA zu Erfolgen verhalfen.

Parallel dazu entwickelte sich im Milieu der politischen Randgruppen eine radikale Musik. „Ton Steine Scherben" lieferten seit 1971 der anarchistischen Systemverweigerer-Szene tönende Verhaltensmuster: „Macht kaputt, was Euch kaputt macht". Ähnlich radikal gebärdeten sich die von „PVC" angeführten Punk-Ensembles, die ab 1977 ihren „Wall City Rock" propagierten und deren Aktivismus 1979 im dreitägigen „Antifaschistischen

Festival" der Anarcho-Gruppen ihren Höhepunkt fand. Zunächst im „Punkhouse" am oberen Kurfürstendamm, später im „KZ 36", dann im „SO 36" im Bezirk > KREUZBERG, im Plattenladen „Zensor" und zahlreichen Off-Treffs versammelte sich eine „Szene", die musikalische Äußerungen und Aussteiger-Attitüden verband. So gaben sich die Sympathisanten dieser Szene mit Aktionen wie „Rock gegen Rechts" und Benefizauftritten für Hausbesetzer provokativ und beteiligten sich konkret an antiautoritären Polit-Happenings (> HAUSBESETZUNGEN; > STUDENTENBEWEGUNG).

In diesen Zirkeln stieg 1977 die aus Ost-Berlin stammende Nina Hagen zur „Punk-Queen" auf. Ihre Exzentrik machte den Berliner Alternativ-Rock überregional bekannt und veranlaßte das britische Musikfachblatt „Melody Maker" 1978 zu der Prognose: „Berlin könnte das New York der 80er Jahre werden". Nina Hagens Begleitband spaltete sich zwei Jahre später als Pop-Combo Spliff ab und leitete stilistisch zum experimentell ausufernden Sound der „Neuen deutschen Welle" über. Er wurde um 1981 von Bands wie „Tempo", „Neonbabies", „Ideal" („Ich steh' auf Berlin"), „UKW" repräsentiert, die „einfach moderne Tanzmusik voller Kühle und Fatalismus" (Ideal) machen wollten. Ambitionierter gaben sich esoterische Elektroniker wie „DIN A Testbild" oder das Frauenband „Malaria!" und extreme Performance-Artisten wie „Die Tödliche Doris" oder die Gruppe „Einstürzende Neubauten", deren apokalyptische Klangvisionen mit ihrer Schwermetall-Perkussion international Interesse erregten.

Kommerziell wesentlich erfolgreicher, wenngleich musikalisch belangloser, war das Quintett der aus Hagen zugewanderten Nena Kerner, dessen Eigenkomposition „99 Luftballons" 1982 ein weltweit verkaufter Millionenhit wurde. Auch „Die Ärzte" konnten „ihre ureigenste Form des Dilettantismus mit umwerfendem Charme verkaufen", so das Stadtmagazin „Zitty", und genau wie Rio Reiser, einst Vorsänger bei „Ton Steine Scherben", als nationale Teenager-Idole reüssierten. Die Blödel-Nummern des Frank Zander, der Schmuse-Pop des Roland Kaiser, Disco-Hits von George Kranz („Trommeltanz") und „The Twins", feministischer Rock à la Ulla Meinecke und die von den „Rainbirds" gelieferte perfekte Imitation angelsächsischer Folkrock-Combos sicherten Berliner Künstlern fortan in allen Sparten des musikalischen Schaugeschäftes Spitzenplätze. Bis Ende der 80er Jahre gelang es jedoch keiner Formation international Impulse zu setzen, wie etwa zuvor Tangerine Dream und später Nina Hagen.

Seit der > VEREINIGUNG ist bemerkenswert, daß zahlreiche internationale Bands, die z.Z. der > SPALTUNG selten oder nie in Berlin waren, verstärkt in der Stadt auftreten. So gaben die Rolling Stones 1990 gleich drei Konzerte (eines im Olympiastadion und zwei auf der > RADRENNBAHN WEISSENSEE), 1992 besuchte der Gitarrist Eric Clapton (Waldbühne) zum ersten Mal die Stadt, Genesis gaben im Juli auf dem *Maifeld* ein Konzert vor über 100.000 Zuhörern und sogar der Ex-Beatle Ringo Starr mit seiner exzellenten All-Starr-Band (> DEUTSCHLANDHALLE) war zum ersten Mal seit 1966 wieder in Deutschland auf Tournee.

Rodelbahnen: Obwohl nicht gerade in bergigem Gelände gelegen (> BERGE; > LAGE UND STADTRAUM), ist Berlin die Stadt mit den meisten R. in Deutschland. Über 100 speziell zu diesem Zweck errichtete Anlagen bieten an Schneetagen i.d.R. stark genutzte Möglichkeiten des Wintersports, die in Berlin jedoch ausschließlich als Freizeitspaß und nicht als Wettkampfsport betrieben werden. Das größte Rodelgebiet Berlins sind die > MÜGGELBERGE im Bezirk > KÖPENICK. Von einem Gipfel (115 m über NN) führen vier R. herab zum rd. 80 m tiefer gelegenen Teufelssee. Eine Schlittenausleihstation, die hier bis 1989 bestand, soll demnächst wieder eröffnet werden. Gleiches gilt für eine Skiausleihstation an den Püttbergen bei > WILHELMSHAGEN.

Die erste Rodelbahn Berlins entstand 1910 im Gemeindepark Lankwitz. Die spielerisch-sportliche Nutzung sollte das > STADTGRÜN auch im Winter für die Bevölkerung attraktiv machen. Im ersten Drittel dieses Jh. wurden deshalb auch in den Wald- und Volksparks der anderen > BEZIRKE zahlreiche Rodelberge errichtet. Von ursprünglich sechs Straßennamen, die auf R. hindeuteten, sind heute noch zwei erhalten: der Rodelbergweg in > TREPTOW und der Rodelbahnpfad in > HERMSDORF. Nach dem II. Weltkrieg wurden dann besonders in West-Berlin im Zuge der Renaturierung auch fast alle ehem. > TRÜMMERBERGE und Mülldeponien mit R. ausgestattet. Am > TEUFELSBERG entstand sogar eine Skipiste, auf der 1987 zur 750-Jahr-Feier Berlins ein Weltcup-Rennen ausgetragen

wurde. Eine ursprünglich eingerichtete Lift-
anlage und eine Sprungschanze sind inzwischen außer Betrieb.

Röhrichtschutz: Seit den 60er Jahren haben
sich die Röhrichtbestände an den Berliner >
SEEN in dramatischer Weise verringert. An
der > HAVEL sind zwischen 1962-87 ca. 85 %
der Bestände verlorengegangen. Die im wesentlichen aus Schilf (Phragmites australis)
und Schmalblättrigem Rohrkolben (Typha
angustifolia) bestehende Pflanzengesellschaft
des Übergangsbereichs zwischen Land und
Wasser kann damit ihre natürlichen Funktionen des *Uferschutzes*, des Nährstoffabbaus
und der Sauerstoffanreicherung nicht mehr
erfüllen; wertvolle Lebensräume für zahlreiche Pflanzen und Tiere, die wiederum den
Fischen, Vögeln und Säugetieren als Nah-
rung dienen, sind zerstört; ein typisches
Landschaftsbild verschwindet.
Verantwortlich für das Röhrichtsterben sind
die stark ausgeweitete Uferverbauung, der
hochgradig intensive Erholungs- und Badebetrieb an den Seen (> FREI UND SOMMERBÄDER)
sowie die Nährstoffbelastung der Berliner
Gewässer. Während sich die Röhricht-Schäd-
linge, Höckerschwan, Bisamratte und Scher-
maus, vermehrt haben, ist die Widerstands-
fähigkeit der Halme durch die Eutrophierung der Seen geschwunden. Besonders ge-
fährdend sind die mechanischen Schädigun-
gen durch den Wellenschlag der großen Zahl
von Frachtschiffen, Ausflugsschiffen, Frei-
zeit- und Sportbooten. Allein für West-Berlin
wird die Zahl der Motorboote auf 20.000 geschätzt. Gerade deren kurze Wellen beanspruchen die Röhrichthalme am stärksten.
Der starke Algenwuchs verstärkt zusätzlich
die Wellenkräfte des Bootsverkehrs.
Bereits 1969 wurde das Röhrichtschutzgesetz
erlassen. Es untersagte das Betreten und Befahren der Bestände und das Abstellen von
Fahrzeugen in unmittelbarer Nähe. Außerdem wurde der Sportbootverkehr eingeschränkt, die Höchstgeschwindigkeit für Motorboote auf 12 km/h festgesetzt und ein
Fahrabstand vom Ufer vorgeschrieben.
1982 begann man mit der Anlage von Lah-
nungen als Sperren gegen die Wellen. Seit
1985 existiert ein Rahmenprogramm zum
Röhrichtschutz, das seit 1989 auch für private
Uferbereiche gilt. Auch wegen der Verbesserung der Wasserqualität konnte damit der
Röhrichtrückgang eingedämmt werden, eine
erneute Ausbreitung der Bestände ist jedoch

noch nicht erreicht worden.
Seit der > VEREINIGUNG ist das > BUNDES-
MINISTERIUM FÜR VERKEHR (BMV) für die Seen
zuständig, die von Havel und > SPREE durchflossen werden, da beide Flüsse Bundeswasserstraßen darstellen. Der BMV hat im
Mai 1992 die Geschwindigkeitsbeschränkung
auf 25 km/h zurückgenommen und das
Fahrverbot für Motorboote an jedem zweiten
Wochenende in eine dreistündige Mittags-
pause an Samstagen, Sonntagen und Feiertagen umgewandelt. Damit ist die Belastung
für die Röhrichtbestände wieder stark gestiegen.

Roland von Berlin: Vor dem > MÄRKISCHEN
MUSEUM am > KÖLLNISCHEN PARK im Bezirk >
MITTE befindet sich eine ca. 5 m hohe Roland-
figur. Sie ist eine Kopie des Brandenburger
Rolands und wurde erst 1905 errichtet. Der
im > BERLINISCHEN STADTBUCH nach 1390 bezeugte R. ist noch im Mittelalter wieder verschwunden (in Kölln ist kein Roland nachweisbar). Nach den dortigen Angaben befand
er sich auf dem Alten Markt, dem späteren >
MOLKENMARKT. Ob die mittelalterlichen Ro-
landsäulen immer und überall als Zeichen einer freien städtischen Gerichtsbarkeit zu gelten hatten, ist umstritten. Im Falle Berlins ist
dies aber nicht unwahrscheinlich, denn dem
Rat der Stadt war 1391 der Kauf des landesherrlichen Gerichts gelungen (> GESCHICHTE).
Bei einem schon 1384 erwähnten Roland handelte es sich offensichtlich um einen Spiel-
roland, der bei sog. Rolandstechen benutzt
wurde, wie sie auch aus Magdeburg, Münster und Lübeck überliefert sind.

Rosenthal: Das aus einem Gemeinde- und
einem Gutsbezirk sowie den beiden ehem.
Kolonien *Nordend* und *Wilhelmsruh* hervorgegangene R. ist ein ländlich geprägter Ortsteil des Bezirks > PANKOW. Bei seiner Eingemeindung nach > GROSS-BERLIN 1920 wurde
er zunächst geteilt: Der östliche Teil mit
Nordend kam zum Verwaltungsbezirk Pankow, wobei Nordend mit Niederschönhausen vereinigt wurde, der westliche Teil
(Wilhelmsruh) dagegen wurde dem Verwaltungsbezirk > REINICKENDORF zugeteilt. 1938
wurde dann im Wege des Flächenaus-
tausches ganz R. Pankow zugewiesen. 1945
kam es mit dem Bezirk zum sowjetischen
Sektor (> SEKTOREN).
Das ursprüngliche Angerdorf wird 1356 als
„Rosendalle" erstmals urkundlich genannt.

Nachdem das Dorf längere Zeit im Besitz von Berliner Bürgern gewesen war, erwarb 1567 Kurfürst Joachim II. (1535-71) den Ort als Leibgedinge für seine Geliebte Anna Sydow. Aber schon der Nachfolger Kurfürst Johann Georg (1571-98) zog ihn wieder ein und verlieh das Dorf 1574 seiner Schwester und damit der Familie v. Götze. Nach wechselndem Besitz wurde es 1694 von Kurfürst Friedrich III. (1680-1713) für das Amt Niederschönhausen erworben (ab 1812 beim Amt Mühlenbeck) und fortan als Vorwerk und königliche Domäne geführt. Ob ein von Friedrich III. geplantes Lustschloß tatsächlich in vollem Umfange zur Ausführung kam, muß zweifelhaft bleiben. Das Bauwerk wurde 1745 vom Fasanenmeister bewohnt. Die Fasanerie wurde noch 1791 besonders genannt. 1817 ging das königliche Vorwerk in Privatbesitz über. Der Besitzer baute um 1820 ein Gutshaus, das sich, wenn auch vielfach verändert, bis heute erhalten hat (Hauptstr. 143-145). 1882 kaufte die Stadt Berlin das gesamte Gut.

Die Anlage von Rieselfeldern (> STADTGÜTER; > WASSERVERSORGUNG/ENTWÄSSERUNG) sowie die schnell aufblühenden Kolonien Nordend (gegründet 1871-/74) und Wilhelmsruh (1893) trugen mit dazu bei, daß das eigentliche Dorf R. seinen ursprünglichen Charakter bis in die Gegenwart bewahren konnte. Die Dorfkirche auf dem Anger ist im Kern ein rechteckiger Feldsteinbau aus der Mitte des 13. Jh., an dessen Südseite sich ein spätromanisches, wenn auch heute zugemauertes Portal erhalten hat (> DORFKIRCHEN). Der schlichte Bau ist allerdings 1880 durch ein neuromanisches Querschiff und 1902/03 durch Errichtung eines aufwendigen neugotischen Turmes (nach Kriegsschäden 1947/48 verändert wiederhergestellt) einschneidend verändert worden. Von der Ausstattung ist v.a. ein Sandsteinrelief mit dem Wappen des ersten preußischen Königs in der Turmhalle, wahrscheinlich von 1705, erwähnenswert. Die den Anger umgebenden bäuerlichen Wohnhäuser sind vielfach in den späten 19. Jh. umgestaltet worden. Aufwendigere Beispiele gibt es in der Hauptstr. 126 und 128.

In Nordend liegen um den 59 m hohen *Rollberg* zwischen Blankenfelder und Schönhauser Str. umfangreiche > KLEINGÄRTEN, an die sich nach Süden hin die zwischen 1896 und 1900 angelegten Friedhöfe der Gethsemane-, der Himmelfahrt- und Friedens- sowie der Zionsgemeinde anschließen, für die sich die Bezeichnung *Nordend-Friedhöfe* eingebürgert hat. Sie sind mit aufwendigen Kapellen in neugotischen Formen ausgestattet. 1909 erhielt die Kolonie N. ein stattliches Gemeindehaus im Stil der Neorenaissance mit einem Kirchsaal. Die 1900/01 erbaute Wagenhalle des Betriebshofs der > BERLINER VERKEHRSBETRIEBE an der Blankenfelder Str. 1-7 erweiterte Jean Krämer 1924 durch einen Neubau, der die berühmte > AEG-TURBINENHALLE von Peter Behrens zum Vorbild hatte.

Rote Grütze: Das 1973 gegründete Theater R. ist ein privates > KINDER- UND JUGENDTHEATER. Da die R. über keine eigene Spielstätte verfügt, spielt sie in verschiedenen Theatern, Kulturhäusern und Jugendfreizeitheimen Berlins. Das als GmbH organisierte Theater hat sieben feste Mitarbeiter, vier davon sind Schauspieler. Ferner arbeiteten 1991 bei der R. 91 Gastschauspieler und Regisseure. Das Ensemble schreibt nahezu alle seine Stücke selbst. Ähnlich wie das > GRIPS THEATER, aus dessen Mitarbeiterkreis die Gründer der R. stammen, erarbeitet es v.a. Stoffe, die sich an aktuellen gesellschaftlichen Problemen orientieren. Für die Produktionen „Was heißt hier Liebe" (1977) und „Gewalt im Spiel" (1987) wurde die R. mit dem von der > SENATSVERWALTUNG FÜR KULTURELLE ANGELEGENHEITEN vergebenen *Brüder-Grimm-Preis* ausgezeichnet. In der Saison 90/91 gab es ca. 100 Aufführungen, darunter zwei Premieren – „Nichts für Kinder" (Oktober 1990) sowie „Robinson und Crusoe" von d'Introna/Raviccio (April 1991), mit dem erstmals ein nicht selbst geschriebenes Stück inszeniert wurde. Seit ihrem Bestehen hat die R. zahlreiche Tourneen durch Deutschland unternommen.

RTL plus Deutschland: Der Fernsehsender RTL plus mit Hauptsitz in Köln ist seit Januar 1992 mit dem Früh-Programm „Guten Morgen Deutschland" in Berlin vertreten. Die Redaktion hat ihren Sitz in einem unter Denkmalschutz stehenden Haus in der Rosenstr. 18/19 im Bezirk > MITTE. Das zuvor in Luxemburg angesiedelte Frühstücksfernsehen sendet jeden Werktag (montags bis freitags) von 6:00 bis 9:00. In der ersten Stunde bietet „RTL – Die Früh-Ausgabe" News und Berichte aus Politik, Wirtschaft, Sport und Kultur. Im anschließenden Früh-Magazin „Guten Morgen Deutschland" präsentiert ein Moderatorenpaar neben den „Hardnews" auch Hintergrundberichte und Interviews. Zu jeder halben und vollen Stunde gibt es den Nachrichtenüberblick und dazwischen Nachrichten in Form von Schlagzeilen. „Guten Morgen Deutschland" hat 40 Mitarbeiter, von denen 15 im redaktionellen Bereich arbeiten. Der Sender finanziert sich ausschließlich durch Werbeeinnahmen (> FERNSEHEN).

Rudolph-Wilde-Park: Der knapp 7 ha große R. im Bezirk > SCHÖNEBERG liegt in einer unbebaubaren eiszeitlichen Abflußrinne (> LAGE UND STADTRAUM). Er entstand 1910-12 gemeinsam mit dem benachbarten > RATHAUS SCHÖNEBERG. Seit 1963 trägt die ursprünglich Stadtpark Schöneberg genannte Grünanlage den Namen des ersten Schöneberger Oberbürgermeisters Rudolph Wilde (1898-1910). Der Teil zwischen dem Rathaus und dem U-Bahnhof Rathaus Schöneberg ist in prächtigen architektonischen Formen gehalten. Über einem Springbrunnen erhebt sich die Statue eines Goldenen Hirschen von August Gaul (1912), dem Wappentier Schönebergs. Eine Besonderheit ist der 1907 von Emil Schaudt, dem Architekten des KADEWE, geschaffene U-Bahnhof unterhalb der als Brücke durch den Park führenden Innsbrucker Str. mit seinen zum Park hin freiliegenden, verglasten Seitenwänden. An der Martin-Luther-Str. stehen in Sichtweite zueinander zwei 1925 von Georg Kolbe (ursprünglich für die Ceciliengärten südlich des Innsbrucker Platzes) geschaffene, lebensgroße Frauenstandbilder aus Bronze, „Der Morgen" (sich räkelnd) und „Der Abend" (mit gesenkten Armen). Der westliche Teil des R. mit einem an den U-Bahnhof anschließenden See ist landschaftlich gestaltet und geht jenseits der Kufsteiner Str. in den > VOLKSPARK WILMERSDORF über, mit dem er einen insg. 2,5 km langen und ca. 150 m breiten Grünzug bildet. Hier befindet sich an der Freiherr-vom-Stein-Str. ein 1929 von O. Siepenkothen und Wilhelm Meller errichtetes monumentales Kriegerdenkmal für die Gefallenen der Eisenbahntruppen aus beiden Weltkriegen.

Rudow: Das auf eine mittelalterliche Dorfgründung zurückgehende R. im Süden Berlins an der Stadtgrenze zum Kreis Königs Wusterhausen ist ein Ortsteil des Bezirks > NEUKÖLLN. Während der größte Teil der rd. 12,5 km² großen Ortsteilfläche von aufgelockerter Einzelhausbebauung geprägt ist, stehen einigen landwirtschaftlich genutzten Flä-

chen im Süden (> LANDWIRTSCHAFT) die im Nordwesten 1962-75 entstandenen Wohnhochhäuser der > GROPIUSSTADT gegenüber. Das aus einer Landgemeinde und einem Gutsbezirk bestehende R. hat eine komplizierte Siedlungsgeschichte. Urkundlich wird der Ort 1373 erstmals genannt. Grabungsfunde lassen hingegen auf eine Gründung um 1200 schließen. Die Form als fleckenartig erweitertes Straßendorf deutet auf das Zusammenwachsen verschiedener Siedlungskerne hin (> DÖRFER). Die Besitzverhältnisse waren sehr zersplittert, bis R. 1702 im wesentlichen an das Amt Köpenick gelangte, von dem es 1811 zum Amt Mühlenhof kam. Wohl auf die Söhne des Großen Kurfürsten (1640-88) ging eine um 1680 errichtete Schloßanlage zurück, die 1704 als eines der vornehmsten Lusthäuser des Königs bezeichnet wurde (*Schloß Rudow*). Geringe Reste des Komplexes sind im Haus Nr. 48 an der Prierosser Str. noch erhalten, jedoch durch eingreifende Veränderungen kaum noch zu erkennen. Mittelpunkt des Dorfes blieb die Dorfkirche, ein aus Feldsteinen ausgeführter rechteckiger Saalbau vom Ende des 13. Jh., der allerdings mehrfach, zuletzt 1909, einschneidend verändert wurde und nach schweren Kriegszerstörungen 1954 seine heutige Form erhielt (> DORFKIRCHEN). Aus der Zeit um 1800 hat sich der charakteristische Dorfkrug Alt-Rudow 59-61 erhalten, während die wohlhabend gewordenen Bauern sich meist im letzten Drittel des 19. Jh. aufwendige Wohnhausbauten errichten ließen. Ein treffendes Beispiel hierfür liegt in der Köpenicker Str. 180. Auch über die 1920 erfolgte Eingemeindung nach > GROSS-BERLIN hinaus konnte R. seinen ländlichen Charakter im wesentlichen bewahren. 1945 kam R. mit Neukölln zum amerikanischen Sektor (> SEKTOREN). Die Abschnürung West-Berlins durch die DDR verstärkte die verkehrsungünstige Randlage. Der Anschluß an die > U-BAHN erfolgte erst mit dem Bau der Gropiusstadt. Seit der Grenzöffnung ist R. jedoch durch die Nähe zum Flughafen Schönefeld (> FLUGHÄFEN) und den Anschluß an den Autobahnzubringer A 111 zum > BERLINER RING bei > ALTGLIENICKE insbes. im Verlauf der Bundesstraße 179 über Neuköllner Str. und Waltersdorfer Chaussee erheblich vom Durchgangsverkehr belastet (> BUNDESFERNSTRASSEN). Zudem sind die Rudower Felder als Stadterweiterungsgebiete für den Neubau von

1.700-2.000 Wohnungen vorgesehen (> Woh-NUNGSBAU).

An der Grenze zu > Treptow im Osten liegen am > Teltowkanal einige Industrieanlagen, darunter die Produktionsstätte der Firma Eternit und ein Heizkraftwerk der > Berliner Kraft- und Licht (BEWAG)-Aktiengesell-schaft. Ein beliebtes Ausflugsziel ist die aus einem > Trümmerberg entstandene 70 m hohe *Rudower Höhe* am Glashütter Weg mit einer großen > Rodelbahn. Vom alten Dorfkern zur Stadtgrenze am Klein Ziethener Weg verläuft das renaturierte *Rudower Fließ*. Zum Zeitpunkt der letzten West-Berliner Volkszählung 1987 hatte R. rd. 48.000 Einwohner.

Ruhender Verkehr: Bei einem Bestand von 1.077.217 Pkw und Kombifahrzeugen in Berlin (1991) werden die Probleme des R. zu einem immer wichtigeren Faktor der Verkehrspolitik (> Verkehr). Hinzu kommen derzeit täglich etwa 200.000 Einpendler – davon ein großer Teil mit dem Pkw die die Parkraumproblematik noch verschärfen (> Kraftfahrzeugverkehr). Konzentrationspunkte des R. sind die westliche > City um den > Kurfürstendamm und die > Tauentzienstrasse, die östliche City um die Straße > Unter den Linden und den > Alexanderplatz, die bezirklichen Zentren und die innerstädtischen Wohngebiete.

In der westlichen City stehen für den R. insg. 24.800 öffentlich zugängliche Parkstände zur Verfügung, hiervon 9.750 in Parkhäusern, 2.450 auf Parkplätzen und 12.600 an den Fahrbahnrändern. Im engeren City-Bereich wurde im April 1986 eine *Kurzparkzone* (Zonenhalteverbot) eingeführt, in der in der Zeit von 9-18 Uhr das Parken nur mit einer Parkscheibe für die Dauer von 2 h erlaubt ist. Von dieser Regelung sind ca. 1.300 Parkstände an den Fahrbahnrändern betroffen.

Im östlichen City-Bereich gibt es derzeit 14.150 öffentlich zugängliche Parkstände, davon 1.550 in Parkhäusern, 3.600 auf Parkplätzen und 8.250 am Fahrbahnrand.

In den bezirklichen Zentren wurde die Parkscheibenregelung ebenfalls verstärkt eingeführt, während die Parkuhren in den letzten Jahren im Westteil der Stadt mit Ausnahme der City (1992 ca. 380 Parkuhren) abgebaut wurden.

Zur Reduzierung des Kfz-Verkehrs sowie zur Bevorrechtigung von Anwohnern, > Behinderten und des Wirtschaftsverkehrs soll ab Oktober 1992 in einer zweijährigen Pilot-phase in beiden City-Bereichen ein konsequentes Parkraumbewirtschaftungskonzept erprobt werden: Anwohner erhalten eine Vignette, mit der sie kostenlos parken können; alle übrigen Fahrzeuge dürfen nur mit Parkschein oder mit einer Umweltkarte der BVG abgestellt werden.

Zur Entlastung der Innenstadt gibt es derzeit in Berlin 42 *Park-and-Ride-Plätze* (P+R) mit insg. 3.600 Parkständen an Schnellbahnstationen; weitere vier P+R-Plätze mit insg. 400 Stellplätzen befinden sich im näheren Umland. Mit einem umfangreichen Bauprogramm sollen in den nächsten Jahren die vorhandenen innerstädtischen P+R-Angebote ausgebaut und neue P+R-Plätze an wichtigen U- und S-Bahn-Stationen außerhalb des S-Bahn-Rings und der bezirklichen Zentren angelegt werden. Geplant sind 45 zusätzliche Plätze, nach deren Fertigstellung zusammen mit dem Ausbau der vorhandenen P+R-Plätze insg. ca. 13.100 Stellplätze zur Verfügung stehen. Mit dem Land Brandenburg wurde ein P+R-Konzept entwickelt, das an den Schnittstellen der wichtigsten Straßen nach Berlin den zukünftigen Schienenregionalschnellverkehr gleichfalls die Anlage von P+R-Plätzen vorsieht. Zur Umsetzung dieses Konzeptes soll eine gemeinsame P+R-Entwicklungsgesellschaft gegründet werden.

Ruhleben: Das aus einem Spandauer Vorwerk hervorgegangene Siedlungsgebiet R. liegt im Nordwesten des Bezirks > Charlottenburg auf der Bezirksgrenze zu > Spandau. In seinem südlichen, Charlottenburger Teil besteht es aus der Siedlung R., dem westlich anschließenden Naturschutzgebiet Fließwiese (> Naturschutz), dem Friedhof R. mit einem *Krematorium* (> Friedhöfe) und einem gegenwärtig noch von den britischen Streitkräften genutzten militärischen Übungsgelände (> Alliierte). Der Spandauer Teil zwischen Charlottenburger Chaussee und > Spree ist Industriegebiet.

Hier, an der Straße Freiheit, steht die 1967 in Betrieb genommene *Müllverbrennungsanlage* der > Berliner Stadtreinigungs-Betriebe (BSR), eine der größten Europas, und die 1977 eröffnete Müllumladestation Nord (> Abfallwirtschaft). Müllverbrennungsanlage und das benachbarte Klärwerk der > Berliner Wasserbetriebe stehen auf dem Gelände der 1907 von der Trabrenn-Gesellschaft Westend angelegten früheren Rennbahn, auf der bis zum II. Weltkrieg neben > Karlshorst und > Ma-

regelmäßig Traberrennen stattfanden.

Im Westen schließt sich das Industrieviertel *Stresow* an. Hier befindet sich am 1882 angelegten Rangierbahnhof der Hamburger und Lehrter > EISENBAHN, an zwei Baracken erkennbar, der 1891 eröffnete, frühere *Auswandererbahnhof* R. Die 1901 errichteten Fachwerkhäuser in der Nachbarschaft dienten als Sammelstellen v.a. für Personen aus Osteuropa, die hier zwischen 1891 und 1914 fast täglich in zwei Zügen nach Hamburg und Bremen zur Überfahrt nach Amerika reisten. Die erste Erwähnung von R. erfolgte während des Dreißigjährigen Krieges (1638) „als wüst liegendes Vorwerk" und 1658 als „Neues Vorwerk". 1704 wird erstmals die Bezeichnung R. genannt. Nach mehrfachem Eigentümerwechsel erwarb es 1707 Friedrich (III.) I. (1688-1713), der es dem Amt Spandau unterstellte. Ein 1708-10 errichtetes Lustschloß wurde um 1800 wieder abgebrochen. 1810 kam das Vorwerk R. in den Besitz des preußischen Ministers Karl Friedrich v. Beyme, wurde aber 1841 vom Domänenfiskus erworben und als eigener Gutsbezirk wiederum dem Amt Spandau unterstellt. Ab dieser Zeit entstanden die militärischen Anlagen (Kasernen, Schießstände) am *Murellenberg*. Bei der Eingemeindung nach > GROSS-BERLIN 1920 wurde das noch am 1.4.1920 dem Gutsbezirk Heerstraße zugeschlagene Gelände zwischen den > BEZIRKEN Spandau und Charlottenburg aufgeteilt.

Falls Berlin den Zuschlag für die > OLYMPISCHEN SPIELE im Jahr 2000 erhält, sollen wegen der Nähe zu den Wettkampfstätten des südlich angrenzenden > OLYMPIASTADIONS auf dem nach Abzug der Alliierten nicht mehr benötigten militärischen Übungsgelände sowie auf dem Gelände der angrenzenden Polizeischule in Spandau 4.000 Wohnungen für das Olympische Dorf entstehen.

Rummelsburg: R. ist ein Industrie- und Wohngebiet im Süden des Bezirks > LICHTENBERG. Aus einer erstmals 1669 belegten Ziegelbrennerei am Norduferufer des damaligen Stralauer Sees entwickelte sich Anfang des 18. Jh. eine Meierei, die zunächst den Namen Charlottenhof führte. Ende des 18. Jh. wurde das Gebäude von dem Weinhändler Johann Rummel gekauft, der dort ein Wirtshaus mit dem Namen R. eröffnete. Dieser Name übertrug sich bald auch auf die umgebende Ansiedlung und den See (> RUMMELSBURGER SEE).

Mit der Eröffnung der Bahnhöfe R. (1867), Stralau (1870) und Stralau-R. (1882, heute Ostkreuz) erhielt die Siedlung frühzeitig Anschluß an die > EISENBAHN und entwickelte sich ab 1870 schnell zu einem dichtbesiedelten Industrie- und Wohngebiet. Die Berliner Cement Bau AG errichtete hier 1872-75 erstmals in Deutschland als Kernstück der Miethauskolonie *Victoriastadt* Häuser aus Gußbeton. Von den einst etwa 60 Häusern sind heute noch einige erhalten (z.B. Spittastr. 40). 1889 wurde R. mit dem westlich gelegenen, auf ein Vorwerk von 1591 zurückgehenden Gutsbezirk Boxhagen („Buchshagen"), der 1783 angelegten Kolonie Lichtenberger Kietz (> KIETZ), einem Friedrichsfelder Flurstück und einer Stralauer Exklave zur 11.000 Einwohner zählenden Landgemeinde *Boxhagen-Rummelsburg* zusammengefaßt. Schon 1912 ging die inzwischen auf 40.000 Einwohner angewachsene Gemeinde in dem 1907 zur kreisfreien Stadt erhobenen Lichtenberg auf, mit dem sie 1920 zu > GROSS-BERLIN kam. Die westlich der > RINGBAHN gelegenen Teile – das alte Boxhagen – wurden 1938 an den Bezirk > FRIEDRICHSHAIN abgetreten.

Als Pfarrkirche für die neue Landgemeinde wurde 1890-92 an der Nöldnerstr. nach Plänen von Max Spitta in neugotischen Formen die *Erlöserkirche* erbaut. Die kreuzförmige Basilika erhielt ein im gleichen Stil gehaltenes Gemeindehaus. Das 1922-27 von Alfred Grenander errichtete Hauptwerk der Knorr-Bremse AG an der Hirschbergstr. 4 ist eins der monumentalsten Beispiele Berliner Industriearchitektur. In gleicher Weise bedeutsam ist das von Walter Klingenberg und Werner Issel 1924-26 geschaffene Großkraftwerk Klingenberg beiderseits der Köpenicker Chaussee, das heutige Heizkraftwerk Berlin-Rummelsburg der > ENERGIEVERSORGUNG BERLINER AKTIENGESELLSCHAFT (EBAG). Max Taut entwarf die 1927-35 fertiggestellten weitläufigen Schulgebäude am Nöldnerplatz. In der Hauptstr. befinden sich die ehem. Bersarin-Kasernen der Grenztruppen der DDR, die heute von der Standortkommandantur Berlin/Verteidigungsbezirkskommando 100 der > BUNDESWEHR genutzt werden. Zu Zeiten der DDR war R. auch bekannt durch die in ihren Ursprüngen bis in das Jahr 1853 zurückreichende Strafanstalt R. an der Hauptstr. Im Hinblick auf ihre politisch belastete Vergangenheit und ihren schlechten baulichen Zustand soll sie nicht wieder belegt werden (> JUSTIZVOLLZUG).

Rummelsburger See: Der R. ist eine 39 ha große, 1,5 km lange und ca. 3 m tiefe Ausbuchtung der > SPREE im Westen des Bezirks > LICHTENBERG. Das nach der zwischen dem See und der Spree gelegenen Halbinsel > STRALAU zunächst Stralauer See genannte Gewässer erhielt seinen heutigen Namen – wie der zugehörige Ortsteil – Ende des 18. Jh. nach der dortigen Gaststätte des Weinhändlers Johann Rummel (> RUMMELSBURG). Wegen seiner Reinheit diente das Wasser des R. im 19 Jh. als Hauptquelle für die Gewinnung des in der Stadt benötigten Natureises – einziges Kühlmittel der damaligen Zeit. 1886 lag die Tagesproduktion der Eiswerke am See bei rd. 300 t. Durch die an den Ufern ansässigen Industriebetriebe ist das Wasser jedoch insbes. zu DDR-Zeiten so verunreinigt worden, daß die Uferzone des R. inzwischen zu den am stärksten belasteten Gewässern Berlins gehört. Der R. soll deshalb in den nächsten Jahren saniert werden. Am Ausgang des Sees liegen die kleinen unbewohnten Inseln *Liebesinsel* und *Kratzbruch* (> INSELN).

Runder Tisch: Unmittelbar nach dem politischen Umbruch in der DDR im Herbst 1989 entstanden auf Initiative oppositioneller *Bürgerbewegungen* zahlreiche R. als basisdemokratisch-pluralistische Gremien. Neben lokal organisierten R. in fast allen größeren Städten bildeten sich auch R. zu bestimmten Themen und Fragestellungen. Da es in der DDR bislang keine institutionalisierte Opposition gegeben hatte, dienten die R. bis zur Durchführung von freien > WAHLEN der Einflußnahme auf die Politik der in vielen Bereichen überforderten und nicht demokratisch legitimierten DDR-Regierung. Vorbilder waren neben den "Round Tables" zur Zeit der Unabhängigkeitsverhandlungen zwischen Großbritannien und Indien Ende der 40er Jahre die R. in Budapest und Polen von 1988/89.

In Berlin waren neben dem „Zentralen Runden Tisch" der DDR der seit dem 4.12.1989 im > BERLINER RATHAUS tagende „Runde Tisch von Berlin", der „Runde Tisch der Jugend", der „Wirtschaftspolitische Runde Tisch" und der „Umweltpolitische Runde Tisch" angesiedelt. Daneben gibt es noch heute in fast allen örtlichen > BEZIRKEN oft mehrere R., die kommunalpolitische Fragen diskutieren.

Der bei weitem wichtigste R. war der „Zentrale Runde Tisch", der als einziger über-

Sitze am Runden Tisch

	LDPD[1]	NDPD[2]	DBD[3]	CDU	VdgB[4]	Vertreter des Sorbischen Runden Tisches	
	3	3	3	3	2	1	
Regierungs-vertreter und Kirche						3	SED/PDS
						2	Demokratischer Aufbruch
						2	Unabhängiger Frauenverband
	2	2	2	2	3	2	2	Grüne Liga
	FDGB[5]	Vereinigte Linke	SPD	Demokratie jetzt	Neues Forum	Grüne Partei	Initiative Frieden und Menschenrechte	

[1] Liberal-Demokratische Partei Deutschlands
[2] National-Demokratische Partei Deutschlands
[3] Demokratische Bauernpartei Deutschlands
[4] Vereinigung der gegenseitigen Bauernhilfe
[5] Freier Deutscher Gewerkschaftsbund

regional die gesamte DDR vertrat. Der am 21.11.1989 von der Bürgerbewegung „Demokratie Jetzt" in Abstimmung mit anderen oppositionellen Gruppen vorgeschlagene Zentrale R. tagte erstmals am 7.12.1989 im Dietrich-Bonhoeffer-Haus in der Ziegelstr. 30 im Bezirk Mitte, bevor er ab dem 27.12.1989 sein ständiges Domizil im > SCHLOSS NIEDERSCHÖNHAUSEN in der Ossietzkystr. im Bezirk > PANKOW bezog. Entsprechend seiner Ziele hatten am Zentralen R. keine Vertreter des Staates, sondern nur Parteien und Bürgerbewegungen bzw. -initiativen ihren Platz.

Beobachterstatus hatten u.a. die Deutsche Umweltschutzpartei, der Demokratische Frauenbund Deutschlands (DFD), der Verband der Konsumgenossenschaften, die Deutsche Forumspartei, die Freie Demokratische Partei (FDP), der Kulturbund (KB), und die Freie Deutsche Jugend (FDJ).

Die Moderation der Sitzungen erfolgte durch drei Kirchenvertreter, die im Sinne eines Präsidiums arbeiteten. Damit wurde auch die besondere Rolle der Kirchen deutlich, die sich als Vermittler und Sprecher der neuen Demokratie verstanden. Die drei Moderatoren waren Martin Ziegler vom Bund der Evangelischen Kirchen in der DDR, Karl-Heinz Ducke von der Berliner Bischofskonferenz und Martin Lange von der Arbeitsgemeinschaft Christlicher Kirchen.

Regierungsvertreter und andere staatliche Führungskräfte wurden entsprechend der Tagesordnung von Fall zu Fall eingeladen. Darüber hinaus stützte sich der Zentrale R. auf 17 zu Sachthemen gebildete Arbeitsgruppen, vielfältige Vorschläge und Hinweise einzelner Bürger sowie auf zahlreiche Experten aus Regierung und Wissenschaft. Der sog. „Demokratische Block" aus den > BLOCKPARTEIEN und den fünf wichtigsten Massenorganisationen der DDR (FDGB, FDJ, DFD, KB, VdgB) verlor durch die Entstehung des R. seine formale Daseinsberechtigung und stellte mit seiner letzten Sitzung am 28.11.89 seine Arbeit ein.

Nachdem Ministerpräsident Hans Modrow am 15.1.1990 erstmals vor dem Zentralen R. erschienen war und die Mitglieder zum Eintritt in die Regierung aufgefordert hatte, bildete sich am 28./29.1.1990 die „Regierung der Nationalen Verantwortung" unter Beteiligung je eines Vertreters aus allen am Zentralen R. vertretenen Gruppen. Insg. wurden acht Mitglieder des R. zu Ministern ohne Geschäftsbereich ernannt.

Nach insg. 16 Tagungen stellte der Zentrale R. seine Arbeit am 12.3.1990 sechs Tage vor den ersten freien Wahlen zur Volkskammer ein, um die zukünftigen Regierungsgeschäfte den aus diesen Wahlen hervorgehenden, verfassungsmäßigen Gremien zu überlassen. Bis dahin waren die wichtigsten, die Entwicklung der DDR bestimmenden Fragen beraten worden. Das Themenspektrum umfaßte u.a.: Wirtschaft, Staatsfinanzen, Verfassung, innere Sicherheit, die Auflösung des > STAATSSICHERHEITSDIENSTES der DDR, Wahlen, Medien, Ökologie und Umweltschutz sowie die > VEREINIGUNG von Bundesrepublik und DDR. Zu vielen Bereichen wurden Empfehlungen gegeben und Gesetzesentwürfe erarbeitet. Hervorzuheben sind hierbei: das Gesetzeswerk zur Vorbereitung und Durchführung der Wahlen am 18.3. (Volkskammer) und am 6.5.1990 (Landtage und Kommunen), die Grundzüge einer Wirtschaftsreform und einer Sozialcharta, einer neuen Umweltpolitik sowie die Ausarbeitung von Grundsätzen einer neuen Verfassung.

Die Tagungen des Zentralen R., die z.T. live im > FERNSEHEN übertragen wurden, fanden große öffentliche Beachtung. Damit fungierte der Zentrale R. als Kontrollinstanz und erreichte eines seiner Hauptziele, die Offenlegung der ökologischen, wirtschaftlichen und finanziellen Situation der DDR. Bleibende Problematik des Zentralen R. war jedoch seine fehlende demokratische Legitimation. Alle in der Wendezeit in der DDR entstandenen R. haben jedoch das bleibende Verdienst, in der Phase des Übergangs das Demokratieverständnis in der DDR entscheidend gefördert und die Bildung demokratischer Parteien unterstützt zu haben. Über die Vereinigung hinaus haben sie in ganz Deutschland das basisdemokratische Bewußtsein verstärkt. Zu ihrem Erbe gehört das > HAUS DER DEMOKRATIE in der > FRIEDRICHSTRASSE im Bezirk > MITTE, das heute neben dem Büro der Bewegung „Runder Tisch von unten" den Sitz vieler Bürgerrechtsbewegungen beherbergt und zahlreiche Veranstaltungen zu Themenbereichen durchführt, die früher am R. diskutiert wurden.

Rundfunk-Sinfonieorchester Berlin (RSB):
Das 1924 gegründete RSB hat seit 1955 seinen Sitz in der Nalepastr. 18-50 im Bezirk > KÖPENICK. Es gehört derzeit zum Deutschlandsender *DS-Kultur* und wird gemäß dem Beschluß der Ministerpräsidenten vom 4.7.

1991 zusammen mit dem Rundfunkchor Berlin dem neu zu gründenden nationalen Hörfunk zugeordnet werden (> HÖRFUNK).

Chefdirigent des aus 114 Musikern und sechs künstlerisch-organisatorischen Mitarbeitern bestehenden Orchesters ist Heinz Rögner. Neben seinen Rundfunk- und Tonträgerproduktionen sowie Studioaufführungen gibt das RSB jährlich ca. 40 öffentliche Konzerte im > SCHAUSPIELHAUS, in der > PHILHARMONIE und im großen Sendesaal des > HAUSES DES RUNDFUNKS sowie Gastspiele im In- und Ausland. Die Produktions- und Probenräume des RSB befinden sich in der Nalepastr., Block B, Saal 1. Das Orchester finanziert sich aus dem Gebührenaufkommen der Rundfunkteilnehmer.

Schwerpunkte seines Repertoires bilden die Sinfonik (insbes. Spätromantik und 20 Jh.) sowie in Zusammenarbeit mit dem Rundfunkchor Berlin große chorsinfonische Werke. Ferner gehören Uraufführungen, Auftragswerke, Aufführungen selten gespielter Berliner Werke sowie die Reihe „Europäische Musik des 20. Jahrhunderts" (ab Spielzeit 1992/93) zu seinem Programm.

In der Weimarer Republik machte sich das RSB im Zusammenhang mit der stürmischen Entwicklung des Hörfunks schon früh einen Namen. Erste Chefdirigenten waren Wilhelm Buschkötter (1924-26) und Bruno Seidler-Winkler (1926-32). Mit dem zum Generalmusikdirektor der Berliner Funkstunde berufenen Dirigenten Eugen Jochum trat 1932-34 ein profilierter Künstler an die Spitze des Orchesters. Gastdirigenten waren u.a. Hermann Abendroth, Wilhelm Furtwängler, Otto Klemperer, Fritz Busch und Bruno Walter. Komponisten wie Darius Milhaud, Arnold Schönberg, Richard Strauss, Igor Strawinsky interpretierten mit dem RSB eigene Werke. Während des Nationalsozialismus wurde das RSB, wie alle anderen Orchester, vom internationalen Musikleben isoliert.

Am 18.5.1945 gab es als Orchester des Senders Berliner Rundfunk, der der > SOWJETISCHEN MILITÄRADMINISTRATION unterstand, im Großen Sendesaal des Hauses des Rundfunks das erste Konzert in Berlin nach dem II. Weltkrieg. Als Chefdirigenten wirkten Sergiu Celibidache (1945-46), Arthur Rother (1947-50) und Hermann Abendroth (1950-56). 1952 wurde das RSB dem neu gegründeten Staatlichen Rundfunkkomitee der DDR unterstellt und zog 1955 in die Nalepastr. um. In der Folgezeit festigte es unter dem Dresdner Chefdirigenten Rolf Kleinert (1958-73) sowie Heinz Rögner (ab 1973) u.a. durch die Pflege der zeitgenössischen Musik seinen Ruf als international anerkanntes Orchester.

Durch die Auflösung des zentralen DDR-Rundfunks im Zuge der > VEREINIGUNG war das RSB in seiner Existenz kurzzeitig bedroht. Seit 1992 ist es Teil des bundesweiten Kulturkanals des Deutschlandsenders, der im Auftrag von ARD und ZDF arbeitet.

Russisch-Orthodoxer Friedhof: Der R. liegt an der Wittestr. 37 unweit der Autobahnausfahrt Holzhauser Str. im Reinickendorfer Ortsteil > TEGEL. Er dient der Berliner Gemeinde der Russisch-Orthodoxen Kirche als Begräbnisstätte. Die 1892 von der russischen Botschaft erbaute, ca. 2 ha große Anlage entstand auf Betreiben des damaligen Propstes Alexsij Petrovic Maltzew. Zar Alexander III. (1881-94) schickte vier Eisenbahnwagen mit russischer Erde, die auf dem Friedhof verteilt wurde. Der reich verzierte hölzerne Portalbau am Eingang mit neun Glocken unterschiedlicher Größe, das Priesterhaus sowie ein hölzernes Nebengebäude sind im traditionellen russischen Stil gehalten. In der Mitte des Friedhofs steht eine 1894 aus gelben Backsteinen nach Plänen des Hofbaumeisters Albert Bohm erbaute Kapelle, die den Heiligen Konstantin und Helena gewidmet ist. Ihr Dach zieren fünf blaue Türme, deren mittlerer der Moskauer Basiliuskathedrale nachgebildet ist. Im Inneren ist sie mit zahlreichen Ikonen geschmückt.

Um die Bedeutung der neuen Begräbnisstätte zu erhöhen, ließ Propst Maltzew mehrere Gedenksteine von zuvor auf anderen > FRIEDHÖFEN bestatteten russischen Honoratioren auf den R. versetzen, darunter auch den Grabstein des am 15.2.1857 in Berlin verstorbenen, später nach Petersburg übergeführten Komponisten Michail Glinka. Die ihm zu Ehren errichtete Büste auf einem Säulenpostament aus rosa Marmor mit einem bronzenen Reliefband, auf dem Szenen aus seinen Opern dargestellt sind, wurde nach dem II. Weltkrieg erneuert – wie die Inschrift besagt „von der Militärkommandantur des sowjetischen Sektors der Stadt Berlin im Jahre 1947" (> STADTKOMMANDANTEN). Im Mai 1991 wurde der R. unter Denkmalschutz gestellt.

S

Saalbauten: Die S. gehörten wie die > BALL-
HÄUSER zur Festkultur, die sich im 19. Jh. in
Berlin entwickelte. In dieser Zeit wurde eine
größere Zahl von Bauten errichtet, deren
Hauptbestandteil ein größerer Saal bildete.
Diese Vielzweckbauten waren Veranstaltungsorte für Feiern aller Art, Kongresse und
kommerzielle Veranstaltungen oder sie wurden als Vereinshäuser genutzt. Etliche der S.
waren mit dem Musikleben Berlins verbunden, das sich hier reicher als in anderen europäischen Hauptstädten entwickelte (> MU-
SIK). So ging etwa die (alte) > PHILHARMONIE in
der Bernburger Str. am > POTSDAMER PLATZ
aus einem Anfang der 70er Jahre des letzten
Jh. als Rollschuhbahn errichteten S. hervor,
der 1888 nach Plänen von Franz Schwechten
umgebaut wurde.
Eine besondere Rolle spielten die einer viel-
seitigen Nutzung gewidmeten Saalanlagen,
welche die Berliner Brauereien inner- und
außerhalb der Stadt im Anschluß an ihre
Biergärten errichten ließen, um auch bei
schlechtem Wetter den Betrieb offenhalten zu
können. Dazu gehörte etwa der *Saalbau
Friedrichshain* in der Straße Am Friedrichshain gegenüber dem gleichnamigen Volkspark im Bezirk > PRENZLAUER BERG. Er wurde
1886-88 als Gebäude für den Restaurant-
betrieb der Actien-Brauerei-Friedrichshain
nach Plänen von Max Schilling erbaut und
gehörte mit seinem Biergarten zu den beliebtesten Großgaststätten der Stadt. Die Abmessungen des mit reichem Holzwerk und lebhaften Groteskmalereien verzierten Saales
betrugen ca. 45 m Länge, 25 m Breite und 16
m Höhe. An der Längsseite war eine große
Orchesternische, so daß alle Voraussetzungen für große Konzerte und Tanzabende gegeben waren. Wie auch die > NEUE WELT im
Bezirk > NEUKÖLLN war der S. Friedrichshain
eine traditionelle Versammlungsstätte für
Großveranstaltungen der Berliner Arbeiterbewegung, aber auch der Reichspropagandaminister Joseph Goebbels hat hier Reden gehalten. Im II. Weltkrieg wurde der Bau zer-

stört; an seiner Stelle entstand eine neue, ein-
fachere Großgaststätte gleichen Namens, die
ähnlichen Zwecken diente, bis sie im Oktober
1990 aus bautechnischen Gründen geschlossen wurde. Über ihre Zukunft war Anfang
1992 noch nicht entschieden.
Heute noch erhalten ist der *Saalbau Neukölln*
in der > KARL-MARX-STRASSE 141 in Neukölln.
Im Hintergebäude befindet sich der 1877 als
Ballhaus errichtete S., der in seiner wechsel-
vollen Geschichte als Theatersaal und Kino,
in der gespaltenen Stadt sogar als Passierscheinstelle diente (> PASSIERSCHEINREGELUN-
GEN). Der mehrfach umgestaltete S. wurde
1968 geschlossen und nach Instandsetzung
des gesamten Gebäudes 1990 dem Kunstamt
Neukölln für ein bezirkliches Kulturzentrum
mit einem Mehrzwecksaal für 400 Personen
und einem kleinen Saal mit 100 Plätzen sowie
einer Ausstellungsgalerie übergeben (> KUL-
TUR- UND KUNSTÄMTER). Teile des alten S., darunter die prächtig verzierte Decke, wurden
restauriert.

Saatwinkel: Der Ausflugsort S. ist eine kleine Ansiedlung nördlich der Einmündung des
Hohenzollernkanals am Südostufer des >
TEGELER SEES. Östlich des Ortes erstreckt sich
das Waldgebiet > JUNGFERNHEIDE. Für den
zum Reinickendorfer Ortsteil > TEGEL gehörenden Ort läßt sich eine erste Bebauung für
das Jahr 1757 nachweisen, als hier ein Holz-
wärterhäuschen errichtet wurde. Seit den
30er Jahren des 19. Jh. entwickelte sich S. zu
einem beliebten Ausflugsziel, an dem sich
schnell mehrere Vergnügungsetablissements
niederließen. Auch die > SCHIFFAHRT trug zur
Entwicklung von S. bei: Nach der Fertigstellung des *Berlin-Spandauer-Schiffahrtskanals*
1859 (> WASSERSTRASSEN) wurde in S. ein
fiskalischer „Mastenkran" errichtet, mit dessen Hilfe die Masten der Segelschiffe durch
dort wohnende Beamte der Wasserstraßenverwaltung niedergelegt bzw. aufgerichtet
wurden. In den letzten Jahren des II. Weltkriegs waren die Tanzsäle der Lokale in S.

mit bei Siemens dienstverpflichteten Niederländern belegt. Nach Kriegsende wurden die > GASTSTÄTTEN zunächst wieder eröffnet, seit den 60er Jahren die Grundstücke aber mehr und mehr an Camper, Bootsnutzer, Vereine usw. vermietet. Nach der > VEREINIGUNG hat mit den erweiterten Möglichkeiten der Ausflugsschiffahrt (> SCHIFFAHRT) der Gaststättenbetrieb wieder zugenommen.

Salvador-Allende-Viertel: Das S. ist ein Neubaugebiet mit etwa 16.000 Einwohnern östlich des alten Ortskerns von > KÖPENICK. Sein erster Teil entstand 1971-73 als Neubauviertel Amtsfeld zwischen den ehem. Äckern des Köpenicker Amtes („Amtsfeld") und der sich anschließenden *Kämmereiheide*. 1973, nach dem Putsch in Chile und der Ermordung des chilenischen Staatspräsidenten Salvador Allende, wurde zunächst die ehem. Achenbachstr. nach dem Ermordeten benannt und dann der Name auf das ganze Neubaugebiet übertragen. Ein zweiter Teil des S. entstand 1980-83 östlich der Salvador-Allende-Str. in der Kämmereiheide selbst. Der erste Teil des S. umfaßte rd. 2.500 Wohnungen, zu denen im zweiten Bauabschnitt etwa 3.200 hinzukamen. Die Wohngebäude mit einer Höhe bis zu 18 Geschossen entstanden in Plattenbauweise. Zum S. gehören drei Schulgebäude, drei Altenheime (> ALTENHILFE) und eine Schwimmhalle (> HALLENBÄDER).

SAT 1: Das in der Bundesrepublik Deutschland seit dem 1.1.1985 überregional ausgestrahlte private Fernsehprogramm SAT 1 mit Sitz in Mainz, Hamburg und Berlin ist derzeit mit der Programmdirektion und der Presse- und Öffentlichkeitsarbeit in der Martin-Luther-Str. 1 sowie dem „Frühstücksfernsehen" (seit 1991), der Nachrichtenredaktion „SAT 1 Blick" (Berlin, Ost-Deutschland), dem Regionalprogramm „Wir in Berlin" und der SAT 1 Berlin-Produktion in der Budapester Str. 35-38 im Bezirk > TIERGARTEN vertreten. SAT 1 ist seit Beginn des Kabelpilotprojekts am 28.8.1985 in Berlin per Kabel und – im Gegensatz zum Bundesgebiet – seit dem 27.8.1987 in einem Umkreis von ca. 100 km auch über Antenne empfangbar (> FERNSEHEN).
Neben dem Frühstücksfernsehen werden Berliner Magazinthemen, eine Krimi-Serie („Wolffs Revier"), zwei Kinder- u. Jugendsendungen sowie die Dauerwerbesendung „Glücksrad" in Berlin produziert. Alle zwei Wochen wird die Talkshow „Talk im Turm" aus Berlin gesendet. Ferner ist SAT 1 gemeinsam mit der Hundert,6 Medien GmbH (> HUNDERT,6) an einer Trägergesellschaft für das regionale Fenster beteiligt, das seit dem 1.3.1989 die im Vorabendprogramm laufende Sendung „Wir in Berlin" ausstrahlt. Der von mehreren Gesellschaftern, darunter großen Medienkonzernen, getragene Sender beschäftigt in Berlin 180 seiner insg. 600 Mitarbeiter. SAT 1 finanziert sich ausschließlich durch Werbeeinnahmen.
Voraussetzung für die Vergabe der Antennenfrequenz an SAT 1 waren Zusagen für ein verstärktes Engagement in der Stadt. Als dies ausblieb, drohte der Kabelrat im Januar 1990, dem Sender die Lizenz wieder zu entziehen. Als Reaktion darauf wurde Anfang 1991 u.a. das Frühstücksfernsehen von Hamburg nach Berlin verlagert. Nach der > VEREINIGUNG gewann der Standort Berlin insbes. programmatisch deutlich an Gewicht. Dies zeigte sich z.B. an der kompletten Zusammenführung der Programmdirektion, der zentralen Unterhaltungsredaktionen sowie der Presse- und Öffentlichkeitsarbeit für das gesamte Programm in Berlin.

Savignyplatz: Der S. im Bezirk > CHARLOTTENBURG gilt als einer der bekanntesten Stadtplätze Berlins. Mit seinen insg. sieben Straßeneinmündungen rund um die bedeutende Ost-West-Hauptverkehrsachse, dem gleichnamigen S-Bahnhof und der unmittelbaren Nähe zum > BAHNHOF ZOOLOGISCHER GARTEN und dem > KURFÜRSTENDAMM bündelt der Platz wichtige Verkehrsfunktionen und stellt zudem noch ein Zentrum des Buchhandels-, Antiquitäten- und Vergnügungsgewerbes dar. Seine Entstehungsgeschichte geht auf den für die Berliner Stadtentwicklung so entscheidenden > HOBRECHTPLAN aus dem Jahre 1861 zurück. Der rechteckige, 160 x 120 m große Blockplatz erhielt im Jahre 1887 den Namen des preußischen Justizministers und Rechtsgelehrten > FRIEDRICH-WILHELMS-UNIVERSITÄT, Friedrich Karl v. Savigny. Parallel zu der Errichtung vornehmer Mietshäuser in den umliegenden Straßen erfolgte 1892 der Ausbau als Schmuckplatz, der im Jahre 1902 nur geringfügig verändert wurde.
Die schon damals von der Kantstr. in eine südliche und eine nördliche Hälfte geteilte Platzanlage erhielt 1926/27 durch Erwin Barth, dem Schüler von Fritz Encke (> BAYERI-

), seit 1912 Gartendirektor von Charlottenburg und später auch von > GROSS-BERLIN, ihr heutiges Aussehen. Dem berühmten Gartenarchitekten, der weitere Anlagen wie den Karolinger Platz (1912/13) oder die märkische Parklandschaft des Brixplatzes (vormals Sachsenplatz, 1919-22) entwarf, ging es bei der Umgestaltung des S. mit seinen zahlreichen Sitzlauben, Staudenrabatten und Spielmöglichkeiten für Kinder zuallererst um eine soziale Komponente, die eine Umfunktionierung der alten Schmuckplätze in „festlich-frohe Gartenplätze" mit realem Nutzcharakter für die Bevölkerung, insbes. der ärmeren Schichten, vorsah und eine sozial-reformerische Umgestaltung der Berliner Plätze verfolgte. 1926 wurde die Umgestaltung von den zuständigen Stellen bewilligt, zwei Jahre später erfolgte die Aufstellung der zwei gegenständlichen Bronzegruppen von August Kraus.

In den 50er Jahren war der Platz durch Buch- und Kunsthandel sowie durch Kneipen, Restaurants, Bars und Spielcasinos geprägt worden. An den Maler und Graphiker George Grosz, der im Haus Savignyplatz 5 1959 nach seiner Rückkehr aus dem Exil starb, erinnert eine Gedenktafel.

1987 wurde die Anlage im Auftrag der > SENATSVERWALTUNG FÜR STADTENTWICKLUNG UND UMWELTSCHUTZ mit einem Aufwand von 813.000 DM restauriert und als öffentliche Grünanlage in die Liste der Gartendenkmale aufgenommen (> GARTENDENKMALPFLEGE). Der von Barth konzipierte Spielplatz verschwand und wurde durch Beete ersetzt.

S-Bahn: Die S. ist nach der > U-BAHN und dem > OMNIBUSVERKEHR der drittwichtigste Träger des > ÖFFENTLICHEN PERSONENNAHVERKEHRS in Berlin. Die Abkürzung „S" steht für *(Stadt)Schnellbahn*. Sie wurde im Dezember 1930 durch den Verwaltungsrat der > DEUTSCHEN REICHSBAHN (DR) als Bezeichnung für den elektrifizierten Vorortverkehr der > EISENBAHN eingeführt. Im Westteil der Stadt wurde die Verwaltung der S. 1984 von den BERLINER VERKEHRS-BETRIEBEN (BVG) übernommen, während sie in den östlichen > BEZIRKEN und den angrenzenden Kreisen des Landes Brandenburg wie eh und je bei der DR, Reichsbahndirektion Berlin, liegt. Auf der Grundlage von Art. 26 des > EINIGUNGSVERTRAGS werden die von der BVG verwalteten West-Berliner Betriebsteile der S. einschließlich der Betriebspflicht zum 1.1.1994 wieder

unter die einheitliche Leitung der DR zurückgeführt.

Das S.-Netz hat eine Länge von 257,6 km und umfaßt auf zehn Linien insg. 121 Bahnhöfe. Die von der BVG betriebenen Streckenabschnitte im Westteil Berlins haben eine Länge von 71,5 km. Im Gesamtnetz liegt der mittlere Bahnhofsabstand bei 2,1 km, im Stadtgebiet bei 1,6 km (Stand jeweils Mitte 1992). 1990 wurden im Jahresdurchschnitt täglich etwa 622.000 Fahrgäste transportiert.

S-Bahn vom neuen Typ 480 im Bahnhof Grunewald

Der Wagenpark der BVG umfaßt 115 Viertelzüge (Triebwagen und Steuerwagen) der ehem. Baureihe ET/ES/EB 165 (heutige Baureihe 475) der Baujahre 1927-30 sowie 45 Viertelzüge der erstmals 1986 in Dienst gestellten Baureihe 480. Bei der DR sind derzeit 154 Viertelzüge der neuen Baureihe 485 im Einsatz. Dazu kommen 598 Viertelzüge der Baureihen 475, 476 und 477 aus den Jahren 1927-40. Die Höchstgeschwindigkeit der S. beträgt 80 km/h; die mittlere Reisegeschwindigkeit liegt bei 39 km/h. Der Betrieb erfolgt mit 800 V Gleichstrom, der auch im BVG-Bereich aus dem 30-kV-Verbundnetz der neuen Bundesländer bezogen und in bahneigenen Gleichrichterwerken umgewandelt wird. Entsprechend ihrer Entstehungsgeschichte unterliegt die S. eisenbahnrechtlichen Bestimmungen (Allgemeines Eisenbahngesetz von 1951; Eisenbahn-Bau- und Betriebsordnung von 1967).

Nach zwei 1902 auf der Wannseebahn und 1903 auf der Vorortstrecke nach Lichterfelde Ost unternommenen ersten Elektrifizierungsversuchen wurde 1924-33 das ursprünglich mit Dampflokomotiven betriebene Berliner Eisenbahn-Nahverkehrsnetz auf allen wichtigen Strecken elektrifiziert. Mit dem Bau der Nord-Süd-S. 1933-39 wurden – entsprechend der 1882 eröffneten > STADTBAHN für die östlichen und westlichen Vorortstrecken – die nördlichen und südlichen Vorortbahnen durch einen 5,8 km langen Tunnel miteinander verbunden. Ende 1943 hatte das elektrifizierte S.-Netz eine Länge von 295 km und reichte weit über die Stadtgrenzen Berlins hinaus. Im Gesamtjahr wurden 737 Mio. Reisende befördert; das entsprach einem Anteil von 40 % am gesamten Berliner Personennahverkehr.

Nach dem II. Weltkrieg wurden die S. und ihre Anlagen von den > ALLIIERTEN als Teil des Reichsbahnvermögens beschlagnahmt. Um den ungestörten Verkehrsfluß zwischen den > SEKTOREN Berlins und mit dem Umland zu wahren, überließen sie die Betriebsrechte (wie bei der Eisenbahn) für ganz Berlin der im Juli 1945 gebildeten deutschen Zentralverwaltung der DR für die sowjetische Besatzungszone und Berlin. Zwischen 1945 und 1956 wurden – überwiegend in Ost-Berlin und dem Umland – weitere 67 km Strecke elektrifiziert.

Mit dem Mauerbau am > 13. AUGUST 1961 wurden die Gleisverbindungen nach Ost-Berlin und in die DDR unterbrochen. 32 km des Netzes lagen dadurch brach. Eine Ausnahme bildeten die Linien zum > BAHNHOF FRIEDRICHSTRASSE (Nord-Süd-Bahn S2 und S3), der zur Grenzübergangsstelle umgebaut wurde. Die übrigen auf Ost-Berliner Gebiet liegenden Bahnhöfe der S2 wurden geschlossen. Die betriebstechnische und rechtliche Zuständigkeit für den West-Berliner Teil der S. blieb jedoch weiterhin bei der Ost-Berliner Reichsbahnverwaltung. Die überwiegend aus Berlin (West) kommenden Beschäftigten (nur beim Fahrpersonal gab es einen größeren Anteil von Bediensteten aus Ost-Berlin) unterlagen dem Arbeitsrecht der DDR und waren Mitglieder im Freien Deutschen Gewerkschaftsbund (FDGB).

Wegen des Mauerbaus wurde die S. ab 1961 von der West-Berliner Bevölkerung weitgehend boykottiert und auch in die Verkehrsplanung des > SENATS VON BERLIN nicht mehr einbezogen. U-Bahn- und Buslinien der BVG wurden z.T. in direkter Konkurrenz zu vorhandenen S.-Strecken angelegt. So ging die verkehrliche Bedeutung der S. immer mehr zurück. Von täglich rd. 500.000 Fahrgästen vor dem Mauerbau sank die Zahl auf 76.000 im Jahr 1979. Das von der DR zu tragende Defizit wuchs auf (geschätzt) jährlich 80-140 Mio. DM. Notwendige Instandhaltungsarbeiten und Investitionen unterblieben, so daß

die Anlagen immer mehr verfielen. Zahlreiche Entlassungen führten im September 1980 zu einem Streik. Nach seinem erfolglosen Ende wurde der Verkehr auf vier der bis dahin sieben Linien eingestellt, das West-Berliner Netz dadurch von 145 auf 76 km verkürzt. Nur die Linien > HEILIGENSEE – > LICHTERFELDE, > FROHNAU – > LICHTENRADE und > WANNSEE – > BAHNHOF FRIEDRICHSTRASSE wurden noch bedient. Drastische Fahrplanbeschränkungen ließen die Beförderungszahlen weiter auf etwa 10.000 täglich absinken. Schließlich drohte die DDR mit vollständiger Betriebseinstellung.

1981 bekundete der Senat Interesse an der Einbeziehung der S. in einen West-Berliner Verkehrsverbund. Nach Zustimmung der Alliierten führten dann im Oktober 1983 begonnene Verhandlungen zwischen dem Senat und der DR am 30.12.1983 zu einer Vereinbarung, die die Übernahme des S.-Betriebs in Berlin (West) durch die BVG zum 9.1.1984 ermöglichte (*S-Bahn-Vereinbarung*). Gleichzeitig wurde das seit 1906 im > HAMBURGER BAHNHOF an der Invalidenstr. untergebrachte und bis dahin von der Reichsbahn verwaltete Verkehrs- und Baumuseum in die Zuständigkeit des Senats übergeben. Für die von der DR weiterhin erbrachten Betriebsleistungen wurden verschiedene Kompensationszahlungen festgelegt. Der Rechtsstatus des West-Berliner S. als Teil des Reichseisenbahnvermögens blieb von der Übernahme unberührt, so daß sie mit der > VEREINIGUNG unter die Bestimmungen des Art. 26 Einigungsvertrag fiel.

Zunächst wurden nur zwei kurze Linien (S2 > ANHALTER BAHNHOF – Lichtenrade; S3 > FRIEDRICHSTRASSE – Bahnhof Charlottenburg) mit zusammen 21 km in Betrieb genommen. Ab 1.5.1984 kamen auf der Linie S3 der Abschnitt Charlottenburg – Wannsee (12,8 km) und auf der Linie S2 der Abschnitt Anhalter Bahnhof – > GESUNDBRUNNEN (6,7 km) hinzu. Mit Verlängerung der Linie S2 bis Frohnau (1.10.1984; 12,4 km) und Inbetriebnahme der Wannseebahn S1 (1.2.1985; 18,4 km) war der Stand vor der Übernahme von 71,5 km wieder erreicht.

In Ost-Berlin und den angrenzenden Bezirken Potsdam und Frankfurt/O. wurden nach 1961 neue Strecken eingerichtet, um durch den Mauerbau abgeschnittene, über West-Berliner Gebiet führende Verbindungen wiederherzustellen (z.B. > BLANKENBURG – Hohen Neuendorf; > SCHÖNHAUSER ALLEE – > PAN-

KOW). 1962 wurde der Flughafen Schönefeld an das Netz angebunden (> FLUGHÄFEN). 1976 wurde der neue Stadtbezirk > MARZAHN durch eine S. parallel zur „Wriezener Bahn" erschlossen. Bis 1989 wuchs das Ost-Berliner Netz auf neun Linien mit einer Länge von insg. 173 km und 79 Bahnhöfen; 27 davon lagen außerhalb der Stadtgrenzen. Werktäglich wurden etwa 750.000 Fahrgäste transportiert. Am 1.7.1990, dem Tag der Währungsunion, wurden die Grenzkontrollen zwischen Ost- und West-Berlin aufgehoben. Mit diesem Tag wurde auch der durchgehende Verkehr der S. auf der Stadtbahn über Bahnhof Friedrichstraße wieder aufgenommen. Am 1.9.1990 wurden die ersten nach dem Mauerbau geschlossenen Bahnhöfe an der S2 wieder eröffnet. Am 1.4.1992 erfolgte mit der Verbindung Wannsee – Potsdam der erste Lückenschluß zum Umland. Schrittweise ist die Inbetriebnahme weiterer Streckenteile geplant. Bis spätestens zum Jahr 2000 soll neben den nach 1991 eingerichteten Neubaustrecken im Ostteil der Stadt bzw. im Umland das S.-Netz mit Stand vom 12.8.1961 wieder in Betrieb sein.

Im Zusammenhang mit der beabsichtigten städtebaulichen Neugestaltung des Spreebogens am > REICHSTAGSGEBÄUDE als Parlamentsbereich und zur zusätzlichen Anbindung des geplanten neuen Fernbahnhofs > LEHRTER BAHNHOF ist eine neue S.-Verbindung (S21) zwischen S-Bahnhof Yorckstr. und dem S.-Nordring unter Mitbenutzung des vorhandenen Nord-Süd-S.-Tunnels (zwischen > POTSDAMER PLATZ und > BRANDENBURGER TOR) mit Weiterführung zum Flughafen Tegel vorgesehen. Diese Maßnahme muß – wie die übrigen Baumaßnahmen für die neue Nord-Süd-Verbindung unter dem > GROSSEN TIERGARTEN – bis spätestens Ende 1997 im Rohbau fertiggestellt sein, damit anschließend mit den Hochbauten für Parlament und Regierung begonnen werden kann.

Schadowhaus: Das 1805 erbaute S. in der Schadowstr. 10/11 im Bezirk > MITTE ist ein besonders charakteristisches Beispiel des Berliner Bürgerhauses aus der Zeit des Klassizismus. Es wird heute noch als Wohnhaus genutzt. Der Bildhauer Johann Gottfried Schadow ließ das S., in dem er bis 1836 wohnte, als zweigeschossiges Gebäude mit einem nördlichen Seitenflügel und einem eingeschossigen, die Werkstatt enthaltenden Quergebäude, errichten. 1851 ließ Schadows Sohn Felix das Vorderhaus, den Seitenflügel und die Werkstatt um je ein Geschoß aufstocken und einen südlichen Seitenflügel hinzufügen. Im II. Weltkrieg wurde das Haus teilweise zerstört. Die Instandsetzung erfolgte 1959 unter der Leitung von Waltraud Volk. Die heutige siebenachsige, klassizistische Fassade stammt aus der Zeit der Erweiterung des Hauses. Sie ist gegliedert durch die beiden wenig hervortretenden Seitenrisalite, Gesimse über dem Erdgeschoß und dem 1. Obergeschoß sowie einen Rankenfries über dem 2. Obergeschoß. Die Fassadenflächen weisen eine Putzquaderung und Reliefs auf. Die beiden Seitenrisalite werden durch eingefaßte und von Überdachungen mit Konsolen bekrönte Einfahrtsöffnungen betont, die auf der rechten Seite jedoch nicht tatsächlich ausgeführt, sondern durch eine Portalblende mit Fenster verschlossen ist.

Die Reliefs in der Tordurchfahrt auf der linken Seite sind Gipsabgüsse von Originalen aus Schadows Werkstatt. Zwei der Reliefs stammen von Christian Friedrich Tieck. Im hinteren Teil der Durchfahrt, die durch drei Rundbogenarkaden zum Treppenhaus geöffnet ist, sind über den Bögen Medaillons mit Porträts von Mitgliedern der Familie Schadow angebracht. In einem Raum des 1. Obergeschosses zeigt ein Fresko von Eduard Bendemann, dem Schwiegersohn Schadows, den Brunnen des Lebens, umgeben von den schönen Künsten.

Schaubühne am Lehniner Platz: Die international renommierte Privatbühne S. wurde 1962 unter dem Namen „Schaubühne am Halleschen Ufer" von einer Gruppe junger Theaterleute gegründet. Seit 1981 firmiert sie unter ihrem heutigen Namen am > KURFÜRSTENDAMM 153 im Bezirk > CHARLOTTENBURG. Zwei der Gründungsmitglieder – Jürgen Schitthelm und Dieter Sturm – bilden gemeinsam mit Andreas Breth und Wolfgang Wiens das Direktorium. Die S. hat die Rechtsform einer OHG mit einem persönlich haftenden Gesellschafter.

1992 hatte das Theater insg. 270 feste und 20-30 zeitweilige Mitarbeiter. In der Saison 1991/92 standen neun Inszenierungen mit 315 Vorstellungen auf dem Spielplan. Weitere 15 Vorstellungen wurden bei Gastspielen in Leverkusen, Mülheim, Bad Lauchstädt, Paris, Brüssel, Lissabon, Amsterdam und Krakau gezeigt. Durch Eigeneinnahmen deckt die S. ca. 22 % ihrer Kosten, den Rest trägt die > SENATSVERWALTUNG FÜR KULTURELLE ANGELEGENHEITEN.

Seit 1981 verfügt die S. über ein neues Haus am Lehniner Platz. Bei dem Bau handelt es

sich um das 1927/28 von Erich Mendelsohn errichtete Universum-Kino, das im II. Weltkrieg beschädigt und nach verschiedenen Nutzungen 1978-81 nach Plänen von Jürgen Sawade für die S. umgebaut wurde. Der zweigeschossige, U-förmige Mauerwerksbau ist mit dunklen Klinkern verkleidet. Auffällig sind das verglaste Erdgeschoß sowie das durchgängige Fensterband mit weiß gestrichenen Rahmen. Das seit seinem Umbau mit modernster Technik ausgestattete Theater besitzt drei variable Säle, die zu einer Großraumbühne zusammengeschlossen werden können.

Schaubühne am Lehniner Platz

Die 1962 entstandene S. spielte zunächst Stücke, die v.a. dem sozialen Auftrag des > THEATERS gerecht wurden. Dazu gehörten u.a. Stücke von Bertolt Brecht, Carl Sternheim, Ödön v. Horváth und Sean O'Casey. Zunächst war das Ensemble in einem Gebäude am Halleschen Ufer untergebracht. Wegen der räumlich und technisch unzureichenden Bedingungen in diesem Haus, mußte mit größeren Inszenierungen des öfteren in die Messehallen des > AUSSTELLUNGS- UND MESSEGELÄNDES AM FUNKTURM und Filmateliers ausgewichen werden; das WINTERREISE-Projekt von Klaus Michael Grüber wurde bspw. im > OLYMPIASTADION realisiert.

1970 erfolgte eine Veränderung in Verbindung mit einer Gruppe von Theaterleuten, die dem deutschen Stadttheater in Arbeitsweise und Organisationsform eine Alternative entgegensetzen wollten. Auf der Basis der vertraglich zugesicherten Selbstbestimmung über alle künstlerischen, organisatorischen und finanziellen Fragen wurden Formen kollektiver Arbeit am Theater gesucht. Diese Veränderungen waren das Ergebnis der politischen Unruhe, die von der > STUDENTENBEWEGUNG ausgehend, die Kultur, insbes. das

Theater, ergriff.

Der Spielplan umfaßt die griechische Tragödie (Die Bakchen von Euripides, die dreiteilige Orestie des Aischylos und Prometheus, gefesselt), Shakespeare (zwei Abende mit dem Titel Shakespeare's Memory als Vorbereitung für einen über mehrere Spielzeiten angelegten Inszenierungszyklus, der mit Wie es euch gefällt begonnen und mit Hamlet, König Lear, Macbeth und Das Wintermärchen fortgesetzt wurde), die französische Klassik (Racines Phädra und Molières Misanthrop in einer Bearbeitung von Botho Strauß; Corneilles Horace), die deutsche Klassik (Goethe: Torquato Tasso; Kleist: Prinz Friedrich von Homburg; Hölderlin: Empedokles), das 19. Jahrhundert (Musset: Man spielt nicht mit der Liebe; Ibsen: Peer Gynt; Labiche: Das Sparschwein, Die Affäre Rue de Lourcine), Stücke über die russische Revolution (Brecht/Gorki: Die Mutter; Wischnewski: Optimistische Tragödie und, gewissermaßen als Vorläufer der Revolution, Gorki: Sommergäste; Tschechow: Drei Schwestern, An der großen Straße und Kirschgarten), Dramatik des frühen 20. Jahrhunderts (Else Lasker-Schüler: Die Wupper; Marieluise Fleißer: Der starke Stamm und Fegefeuer in Ingolstadt; Ödön von Horváth: Kasimir und Karoline und Geschichten aus dem Wiener Wald; Brecht: Mann ist Mann, Im Dickicht der Städte, Fatzer-Fragment und Trommeln in der Nacht; Eugene O'Neill: Der haarige Affe), aber auch Stücke zeitgenössischer Autoren wie Peter Handke, Heiner Müller, Franz-Xaver Kroetz, Sam Shepard, Jean Genet, Ernst Jandl, Harold Pinter, Marguerite Duras und seit Mitte der siebziger Jahre vor allem Stücke von Botho Strauß.

Die Arbeit der S. wurde durch die Regisseure Peter Stein, Klaus Michael Grüber und Luc Bondy in Zusammenarbeit mit dem Dramaturgen Dieter Sturm, den Kostümbildnerinnen Moidele Bickel, Susanne Raschig und den Bühnenbildnern Karl-Ernst Herrmann, Gilles Aillaud, Antonio Recalcati, Eduardo Arroyo und Lucio Fanti entscheidend geprägt. Darüber hinaus gibt die S. wichtigen ausländischen Regisseuren wie Robert Wilson, Meredith Monk und Andrzej Wajda die Möglichkeit, eigene Projekte und Stücke ihrer Wahl zu inszenieren.

Eine Vielzahl der Aufführungen wurde für das jährlich in Berlin stattfindende > THEATERTREFFEN benannt. Ferner wurden zahlreiche Aufführungen von den Fernsehanstalten aufgezeichnet, von mehreren Inszenierungen wurden Filmfassungen hergestellt. Neben gelegentlichen Gastspielen innerhalb Deutschlands, gastierte die S. mehrmals in Frankreich, Italien, England, Jugoslawien, Holland, Österreich, Polen, Belgien und der ehem. Sowjetunion. Weitere Gastspiele fanden in Israel, Venezuela, Mexiko, Schweden, Norwegen, Rumänien, Spanien, Portugal und Griechenland statt. Die zwei bis drei Auslandsgastspiele, die die S. in jeder Spielzeit durchführt, tragen wesentlich zur Finanzierung des Theaters bei.

Schauspielhaus: Das nach Kriegszerstörung und Wiederaufbau 1984 wiedereröffnete S. auf dem > GENDARMENMARKT im Bezirk > MITTE ist eines der großen Konzerthäuser Berlins. Es ist eine nachgeordnete Einrichtung der > SENATSVERWALTUNG FÜR KULTURELLE ANGELEGENHEITEN. Intendant ist seit 1992 der Musikwissenschaftler Frank Schneider, der zugleich Intendant des Stammorchesters, des > BERLINER SINFONIE ORCHESTERS, ist. Seit April 1992 hat auch das > RADIO-SYMPHONIE-ORCHESTER BERLIN im S. seinen Sitz, des weiteren die 1963 nach dem Mauerbau in Ost-Berlin gegründete *Berliner Singakademie* (> SING-AKADEMIE).

Schauspielhaus

Der 77 m lange, 50 m tiefe und 36 m hohe Bau ist 1818-21 nach Plänen von Karl Friedrich Schinkel anstelle des 1817 abgebrannten Theaterhauses von Carl Gotthard Langhans errichtet worden und gilt als einer der schönsten Bauten des Berliner Klassizismus. Das S. erstreckt sich, auf einem hohen Sockel ruhend, in Nord-Süd-Richtung zwischen Taubenstr. und Jägerstr. Der erhöhte Mittelbau mit einem Dreiecksgiebel ist zum Platz hin vorgezogen und durch eine steile, durch

Treppenwangen eingefaßte Freitreppe sowie eine ionische Säulenhalle mit Dreiecksgiebeln betont. Die beiden zweigeschossigen Seitentrakte haben ebenfalls Dreiecksgiebel. Der antike Motive darstellende plastische Schmuck des Baus wurde 1819-21 nach Schinkels Skizzen zum großen Teil von Christian Friedrich Tieck ausgeführt. Die Bronzegruppen auf den Treppenwangen der Freitreppe – musizierende Genien auf Panther und Löwe – stammen ebenfalls von Tieck, wurden aber erst 1851 aufgestellt.

Das S. war als dreiteilige Anlage konzipiert: Im Mitteltrakt war das Theater untergebracht, dessen dreirangiger Zuschauerraum etwa 1.500 Zuschauern Platz bot. Der Südflügel nahm den Konzertsaal auf, der Nordflügel bildete den Funktionstrakt. Es wurde am 26.5.1821 mit einer Aufführung der „Iphigenie auf Tauris" von Johann Wolfgang v. Goethe, der zu diesem Anlaß eigens einen „Prolog" geschrieben hatte, eröffnet. Kurz darauf, am 18.6.1821, erlebte die Oper „Der Freischütz" von Carl Maria von Weber unter dem Dirigat des Komponisten ihre Uraufführung. Bis 1918 unterstanden den Intendanten des Königlichen Schauspiels sowohl das S. als auch die Staatsoper (> Deutsche Staatsoper Unter den Linden). Nach dem I. Weltkrieg übernahm Leopold Jeßner die Leitung des S., der sich um ein modernes Theater bemühte. Letzter Intendant des S. vor seiner fast vollständigen Zerstörung im II. Weltkrieg war 1934-45 Gustaf Gründgens. Erst 1979 begann der systematische Wiederaufbau, nach Sicherungsarbeiten in den 50er und ersten Wiederherstellungsarbeiten in den 60er Jahren.

Äußerlich ist der Schinkelbau einschließlich des plastischen Schmucks originalgetreu rekonstruiert worden. Die neue Zweckbestimmung als Konzerthaus verlangte eine grundlegende Neugestaltung des Inneren, die sich an den Formenreichtum der Schinkel-Zeit anlehnt. Der 45 m lange und 22 m breite Große Konzertsaal mit einer lichten Höhe von 20 m im Mittelbau bietet im Parkett und auf zwei Rängen mit Seitenlogen insg. 1.562 Zuhörern Platz. An der Stirnseite des Saals befindet sich die große Orgel, die von der 1808 gegründeten und Traditionen der Silbermann-Schule fortsetzenden Firma Jehmlich erbaut wurde. Sie hat 5.811 klingende Pfeifen und 74 Register, verteilt auf vier Manuale und Pedal. Die Ausstattung des Spieltisches mit 32 elektronisch gesteuerten Setzerkombinationen entspricht modernen Anforderungen. Der im Südflügel gelegene Kleine Konzertsaal, der Kammermusiksaal, bei dessen Ausgestaltung gleichfalls Motive und Elemente von Schinkel verwandt wurden, bietet 392 Zuhörern Platz und ermöglicht vielfältige Nutzung. Im Sockelgeschoß des Südflügels existiert der „Musikklub" für ca. 80 Zuhörer, in dem sich das S. mit eigenen Produktionen an das Publikum wendet. Über dem nördlichen Seitenfoyer liegt der Probensaal für die Orchester. Durch einen Tunnel ist das S. mit dem jenseits der Charlottenstr. liegenden Funktionsgebäude, dem ehem. Magazingebäude des Theaters, verbunden, in dem jetzt auch die > Hochschule für Musik „Hanns Eisler" ihren Sitz hat.

Nach seiner am 1.10.1984 erfolgten Wiedereröffnung diente das S. zunächst im Rahmen der Kulturpolitik der DDR als „Zentrum zur Pflege philharmonischer Musikkultur". International renommierte Orchester gastierten in großer Zahl. Am 2.10.1990, dem Vorabend der > Vereinigung, fand im S. der letzte Festakt der DDR-Regierung statt, bei dem ihr letzter Ministerpräsident Lothar de Maizière die Ansprache hielt und der Dirigent Kurt Masur mit dem Gewandhausorchester die Symphonie Nr. 9 von Ludwig van Beethoven zur Aufführung brachte. Während der Rekonstruktion der > Philharmonie fanden bis April 1992 die abonnementfreien Konzerte des > Berliner Philharmonischen Orchesters im S. statt.

Scheunenviertel: Das sog. S. nordwestlich des > Alexanderplatzes umfaßte ursprünglich etwa das Gebiet zwischen Wilhelm-Pieck-Str. und Münzstr. bzw. Kleiner Alexanderstr. und Rosenthaler Str. im heutigen Bezirk > Mitte. 1672 hatte der Große Kurfürst Friedrich Wilhelm (1640-88) eine Feuerschutzordnung erlassen, nach der u.a. vor der > Stadtmauer östlich des Spandauer Tors (in der Gegend der heutigen > Volksbühne am Rosa-Luxemburg-Platz) 27 Scheunen errichtet werden mußten, um leicht brennbare Materialien wie Getreide und Stroh außerhalb der Stadt zu lagern. Ab 1700 wurde das Gebiet als *Spandauer Vorstadt* besiedelt. Noch im ersten Drittel des 19. Jh. gab es hier sechs Straßen, die die Bezeichnung „Scheunengasse" in ihrem Namen trugen. Im 19. Jh. entwickelte sich das S. im Zuge der Industrialisierung zum Armenviertel, zum „Hinterhof Berlins". In den schlecht ausgestatteten Wohnungen und Schlafstätten der kleinen, winkligen Gassen lebten Arme und Huren, kleine und große Ganoven, Arbeiter, Tagediebe und Schieber. Der Schriftsteller Alfred Döblin hat das hiesige Milieu 1929 in seinem Roman „Berlin Alexanderplatz" beschrieben. Eine der berüchtigtsten Kneipen dieser Gegend war die *Mulackritze* in der Mulackstr., deren Einrichtung heute im Gründerzeitmuseum in > Mahlsdorf zu besichtigen ist.

Als ab Ende des 19. Jh. immer mehr vor den Pogromen in Rußland und Polen flüchtende, weitgehend mittellose Juden nach Berlin kamen, ließen sie sich im S. nieder, da hier der Wohnraum am billigsten war und die Wohnviertel der alteingesessenen Berliner Juden um die > Neue Synagoge in der Oranienburger Str. und den Alten Jüdischen Friedhof an der Großen Hamburger Str. unmittelbar benachbart waren. So entstand um Grenadierstr. (heute Almstadtstr.) und Dragonerstr. (heute Max-Beer-Str.) als freiwilliges Ghetto ein neues Zentrum ost-jüdischen Lebens und Glaubens.

Nach der Machtergreifung der Nationalsozialisten wurde der ursprünglich auf den östlichen Teil der Spandauer Vorstadt begrenzte Name S. bewußt auf den westlichen Teil bis zur Oranienburger Str. übertragen, um die zahlreichen hier lebenden angestammten Juden durch den mit dem Viertel verbundenen schlechten Ruf in Mißkredit zu bringen. Bereits am 28.10.1938, zwei Wochen vor der > Pogromnacht 1938, wurden 10.000 deutsche jüdische Bürger polnischer Herkunft aus dem S. nach Polen ausgewiesen. Wenig später begann dann der systematische Völkermord an den verbliebenen Juden.

Die Barbarei der Nationalsozialisten und der II. Weltkrieg haben das S. schwer verwüstet. In der DDR-Zeit verfiel, was übrig geblieben war. Nur die *Sophienstraße* wurde zur *750-Jahr-Feier* Berlins 1987 – ähnlich wie die > Husemannstrasse – modellhaft herausgeputzt. Eine bereits begonnene großflächige „Sanierung" durch siebengeschossige Plattenbauten konnte durch Bürgerproteste gestoppt werden. Nach der Wende bildeten Betroffene eine Stiftung „Scheunenviertel Berlin e.V.", die sich angesichts von zahlreichen, an den attraktiven Standort in City-Lage drängenden Großinvestoren dafür einsetzt, daß im Rahmen einer behutsamen Stadterneuerung die Geschichte des S. und

die Interessen der Bewohner gewahrt werden.

Schiffahrt: Die *Güterschiffahrt* von und nach Berlin hat einen wesentlichen Anteil bei der Versorgung der Stadt mit Massengütern. Die Ausfuhr aus Berlin im Binnenschiffsverkehr beschränkt sich dagegen im wesentlichen auf den Transport von Bauschutt (> Abfallwirtschaft); die meisten Schiffe verlassen die Stadt unbeladen. Der Anteil der Güterschiffahrt am gesamten Güterfernverkehr von und nach Berlin war im Westteil der Stadt seit Jahren leicht rückläufig und betrug 1989 mit 7,1 Mio. t nur ca. 18 % (> Güterverkehr). Dabei machten die Mineralölerzeugnisse ca. 50 % dieser Gütermenge aus, gefolgt von bergbaulichen Erzeugnissen mit 26 %.

Für den Güterumschlag stehen in Berlin insg. 14 öffentliche > Häfen und ca. 90 betriebliche Umschlagstellen zur Verfügung. Angesichts der strukturellen Veränderungen sowie des Bedeutungszuwachses der Berliner Industrie und Wirtschaft wird im Rahmen der Schätzungen des Bundesverkehrswegeplanes für das Jahr 2010 mit einer Zunahme des Güterbinnenschiffsaufkommens auf 21,4 Mio. t gerechnet. Bedingt durch die Bautätigkeit in Berlin dürfte sich z.B. der Transport von Baumaterialien von 4,5 Mio. t 1989 auf 9 Mio. t im Jahr 2010 erhöhen.

Die *Fahrgastschiffahrt* in Berlin (West) wird derzeit von 17 Unternehmen betrieben. Die insg. 50 Fahrgastschiffe haben eine Kapazität von 17.000 Plätzen. Die größte Reederei ist die *Stern- und Kreisschiffahrt* mit 21 Schiffen und einem Angebot von 7.600 Plätzen (1991). Bis Ende 1991 eine Abteilung der überwiegend in Landesbesitz befindlichen Teltowkanal AG, ist die Reederei seit 1.1.1991 eine eigenständige GmbH mit dem Land Berlin (55 %) und der Teltowkanal AG (45 %) als Gesellschaftern.

In Ost-Berlin wurde die Fahrgastschiffahrt vom Kombinatsbetrieb „Weiße Flotte/Ausflugsverkehr" des am 1.9.1969 gebildeten Volkseigenen Kombinats Berliner Verkehrsbetriebe (BVB) mit zuletzt 10.000 Beschäftigten wahrgenommen. Die *Weiße Flotte* hatte ihren Betrieb 1948 mit 17 Schiffen begonnen. Heimathafen und Ausgangspunkt ihrer Fahrten ist die Anlegestelle am Spreeufer im > Treptower Park in der Nähe des gleichnamigen S-Bahnhofs. Das älteste Schiff der Flotte ist die 1896 als Dampfer gebaute „Heinrich Zille". Der Betrieb unterhält Saisonfähren zwischen > Schmöckwitz und Krampenburg, > Rahnsdorf und Müggelhorst sowie > Müggelheim und Rahnsdorf, des weiteren einen ganzjährigen Fährverkehr zwischen > Oberschöneweide und > Baumschulenweg und zwischen > Wendenschloss und > Grünau. Im Ausflugsverkehr wurden jährlich auf 160 km Wasserstraßen und 32 > Seen sowie rd. 30 verschiedenen Routen knapp 2 Mio. Fahrgäste transportiert.

Seit 1.1.1992 ist die Weiße Flotte mit ihren Anlagen (32 Schiffe für 40-430 Passagiere und sechs Fähren, eine Werft, drei Häfen) in die Stern- und Kreisschiffahrt integriert. Ihr größter Teil einschließlich der Anlagen soll privatisiert werden.

Die *Sportschiffahrt* stellt für die Bevölkerung Berlins ein wichtiges Freizeitangebot dar. Die Zahl der Sportboote im Westteil der Stadt wird auf ca. 40.000 geschätzt, ca. 15.000 davon sind Motorboote mit mehr als 10 PS. In der Kette der > Havelseen gibt es etwa 1.050 Bootssteganlagen mit etwa 22.000 Bootsliegeplätzen. Die für die Sportboote nutzbare Wasserfläche im Westteil der Stadt beträgt ca. 23 km². Beim Einsatz aller Boote stünde damit jedem Boot eine Fläche von 24 x 24 m zur Verfügung. Angaben über den Ostteil der Stadt liegen noch nicht vor.

Im Land Berlin gibt es bis auf weiteres eine amtliche Kennzeichnungspflicht für Motorsportboote. Seit dem 1.7.1992 gilt für den Sportbootverkehr auf der oberen > Havel, dem > Tegeler See, dem > Grossen Wannsee, dem > Grossen Müggelsee, der > Grossen Krampe und dem > Seddinsee eine Geschwindigkeitsbegrenzung von 12 km/h. Auf der Unterhavel und auf der Spree-Oder-Wasserstraße zwischen > Köpenick und Zeuthen gilt außerhalb eines 100 m breiten Uferstreifens ein Höchstgeschwindigkeit von 25 km/h. Auf allen übrigen > Wasserstrassen gelten örtlich vorgeschriebene Geschwindigkeitsbegrenzungen. Darüber hinaus gilt seit dem 1.5.1992 ein Mittagsfahrverbot (12.00-15.00 Uhr) an Wochenenden und Feiertagen sowie ein generelles Nachtfahrverbot (22.00-5.00 Uhr).

Schiller-Denkmal: Das S. von Reinhold Begas auf dem > Gendarmenmarkt vor dem > Schauspielhaus gilt als eines der bedeutenden Dichter-Denkmäler im deutschsprachigen Raum. Zu seinem 100. Geburtstag (10.11.1859) wollte die Stadt Friedrich Schiller als erstem Dichter in Berlin ein Denkmal errichten. Nachdem am Vorabend des Geburtstages der Grundstein gelegt worden war, vergingen bis zur Enthüllung zwölf durch heftige Auseinandersetzungen gekennzeichnete Jahre, in denen um mehrere Alternativen (u.a. Goethe-, Goethe- und Schiller- sowie Goethe-Schiller-Lessing-Denkmal) gestritten wurde. Schließlich blieb es bei Schiller. Den 1861 ausgeschriebenen Wettbewerb gewann 1863 Begas, der das S. bis 1869 fertigstellte. Die für den 110. Geburtstag des Dichters geplante Enthüllung wurde jedoch u.a. wegen des deutsch-französischen Krieges 1870/71 verschoben. Schließlich erfolgte sie am 10.11.1871.

Die überlebensgroße Marmor-Statue des lorbeerbekränzten Dichters mit einer Schriftrolle in der Linken steht auf einem aus einer Brunnenschale aufsteigenden Sockel. In der Diagonale ist er von vier weiblichen Gestalten umgeben, die auf dem Rand der Brunnenschale sitzen und Allegorien der Lyrik (Harfe), der Dramatik (Dolch), der Philosophie (Pergamentrolle) und der Geschichte (Schreibtafel) darstellen. Am Sockel befinden sich an zwei Seiten wasserspeiende Löwenmasken und zwei Flachreliefs, die Schiller bei der „Poetenweihe" und beim Betreten des Dichter-Olymps zeigen.

Bei der Umgestaltung des Gendarmenmarktes 1935 wurde das S. abgetragen und die Statue zur Herstellung einer Bronzekopie nach Friedenau gebracht. Die Kopie stellte man am 9.5.1940, dem 135. Todestag des Dichters, im > Schillerpark im Bezirk > Wedding auf, wo sie noch heute, allerdings ohne die wasserspeienden Löwenmasken, zu sehen ist. Das Original der Statue blieb auch nach dem II. Weltkrieg im Westteil der Stadt, während der Sockel nebst Brunnenschale und den vier allegorischen Figuren auf einen Lagerplatz in Treptow gelangten, wo sie 1951 wiedergefunden wurden. Bei der anschließenden Lagerung gingen Teile verloren oder wurden zerstört.

1952 erfolgte die Aufstellung des Originals im > Lietzenseepark im Bezirk > Charlottenburg, wo es jedoch 1985 wieder entfernt und 1986 vom > Senat von Berlin im Rahmen eines *Kulturgüteraustauschs* an Ost-Berlin übergeben wurde. Im Dezember 1988 erfolgte vor dem Schauspielhaus seine Wiederaufstellung in alter Anordnung mit Sockel und Brunnenschale (neu) sowie den allegorischen Figuren (restauriert).

Schillerpark: Der Anfang des 20. Jh. entstandene, rd. 29 ha große S. im Bezirk > WEDDING an der nördlichen Grenze zu > REINICKENDORF ist neben dem > VOLKSPARK HUMBOLDTHAIN und dem > VOLKSPARK REHBERGE eine der drei Parkanlagen, die dem Gebiet des heutigen Bezirks Wedding in der kommunalen Grünflächenentwicklung zwischen der Jahrhundertwende und der Zeit der Weimarer Republik einen herausragenden Platz einräumten. 1903 hatte die Berliner > STADTVERORDNETENVERSAMMLUNG beschlossen, zwischen See- und Müllerstr. und der Weichbildgrenze der Stadt einen „Nordpark" anzulegen. Aus Anlaß des 100jährigen Todestages Friedrich Schillers entschied man sich 1905, dem Park den Namen S. zu geben. 1907 wurde ein Wettbewerb ausgeschrieben, aus der der Magdeburger Gartenarchitekt Friedrich Bauer als Sieger hervorging, unter dessen Leitung der Park dann 1909-13 entstand. Der erste gepflanzte Baum war eine Eiche aus Schillers Geburtsort Marbach.

Der als Gartendenkmal ausgewiesene, bis heute im wesentlichen unveränderte S. war die erste öffentliche Grünanlage Berlins, die als Volkspark von Anfang an für eine intensive Nutzung vorgesehen war. Die Bürgerwiese im Westen und die Schülerwiese im Osten sind für Spiel, Sport und Picknick angelegt, für kleine Kinder gibt es Spielplätze und Planschbecken. Der Rosengarten sowie die Gärten der monumentalen, dreistufigen Terrasse aus Rüdersdorfer Kalkstein sind als Ruhezonen gedacht. Neben einer Art Burggarten auf der ersten Terrassenebene findet man auf der nächsten eine Kopie des Schillerdenkmals von Reinhold Begas auf dem > GENDARMENMARKT und auf der dritten Ebene einen Kastanienhain. Die den S. durchquerende Barfusstr. wurde landschaftlich leicht geschlängelt und hinter Geländeaufschüttungen verborgen.

Harmonisch in die Parklandschaft eingefügt ist die 1956 in moderner Bauweise nach Plänen von Felix Hinßen geschaffene katholische *St.-Aloysiuskirche*. Eng verbunden mit dem Park ist die um 1924-28 nach Plänen von Bruno Taut angelegte *Siedlung „Am Schillerpark"* in der Bristolstr., die 1954 durch Hans Hoffman auf 300 Wohnungen erweitert wurde. 1954-60 wurde nördlich der Seestr. im Rahmen des Sozialen Wohnungsbaus die Groß-Siedlung *Schillerhöhe* mit über 2.000 Wohnungen errichtet (> WOHNUNGSBAU).

Schiller-Theater: Das 1907 eröffnete S. in der Bismarckstr. 110 im Bezirk > CHARLOTTENBURG ist eine der drei der > SENATSVERWALTUNG FÜR KULTURELLE ANGELEGENHEITEN unterstehenden > STAATLICHEN SCHAUSPIELBÜHNEN Berlins (> THEATER). Es wird als Großes Haus genutzt, an dem das gesamte Repertoire von den Klassikern bis zu Arbeiten zeitgenössischer Autoren gespielt wird. Die Leitung des 900 Plätze umfassenden Theaters übt die für alle Staatlichen Bühnen zuständige Direktion aus, die je nach Spielplanung auch über den Einsatz des gemeinschaftlichen Ensembles am S. entscheidet. In der Saison 1990/91 standen elf Stücke auf dem Spielplan des Theaters, die von insg. 140.000 Zuschauern gesehen wurden.

Die Geschichte des S. reicht ins Jahr 1901 zurück, als die zuvor an verschiedenen Bühnen der Stadt spielende Schiller-Gesellschaft ein eigenes Haus anstrebte. Die Bemühungen führten schließlich zum Bau des S., das am 1.1.1907 mit Friedrich Schillers „Die Räuber" eröffnet wurde. Bis zu seinem Anschluß an den Verband der Preußischen Staatstheater Anfang der 20er Jahre kam die v.a. Klassiker pflegende Bühne nicht über den Rang eines ambitionierten Vorstadttheaters hinaus. Im Zuge der Wirtschaftskrise mußte das Haus 1931 schließen, wurde später jedoch einige Zeit als „Theater der Jugend" geführt. Nach dem zweiten großen Umbau setzten die Nationalsozialisten Heinrich George unter seinem Pseudonym Heinrich Schmitz als Intendanten ein, der das Haus 1938 mit Schillers „Kabale und Liebe" neu eröffnete und bis zu seiner durch Kriegsschäden bedingten Schließung 1943 führte.

Nach dem Ende des II. Weltkriegs und der > SPALTUNG der Stadt wurde das S. zum Großen Haus der Staatlichen Bühnen im Westteil der Stadt. Am 6.12.1951 erfolgte mit Schillers „Wilhelm Tell" unter der Regie des Intendanten Boleslaw Barlog die Wiedereröffnung. In den 50er Jahren wurden v.a. Klassiker gespielt, bevor sich das Theater in den 60er Jahren stärker zeitgenössischen Autoren öffnete. Höhepunkt dieser Epoche war die von Konrad Swinarski inszenierte Uraufführung von Peter Weiss' „Die Verfolgung und Ermordung Jean Paul Marats, dargestellt durch die Schauspieltruppe des Hospizes zu Charenton unter Anleitung des Herrn de Sade" am 29.4.1964 mit Peter Mosbacher bzw. Bernhard Minetti, Ernst Schröder und Lieselotte Rau in den Hauptrollen. Diese Aufführung war jedoch eher eine Ausnahme, andere bedeutende zeitgenössische Autoren wie Max Frisch wurden am S. erst gespielt, als sie sich an anderen Bühnen schon durchgesetzt hatten. Dennoch gelten die 60er Jahre als eine der künstlerischen Glanzzeiten des S., was nicht zuletzt am hohen Niveau des Ensembles lag, zu dem Schauspieler wie Rolf Henninger, Carl Raddatz, Horst Bollmann, Martin Held, Hans-Peter Hallwachs, Joachim Bliese, Sabine Sinjen, Elisabeth Schwarz gehörten. Einer der herausragenden am S. inszenierenden Regisseure der Nachkriegszeit war der 1947 aus der Emigration zurückgekehrte Fritz Kortner, bspw. mit seiner Inszenierung von Friedrich Schillers „Die Räuber" (1959).

Barlogs Nachfolger Hans Lietzau versuchte 1972-80 zusammen mit jüngeren Regisseuren (Hans Hollmann, Dieter Dorn, Niels Peter Rudolph) und Dramaturgen (Ernst Wendt und Hartmut Lange) stärker konzeptionell-inszenatorische Akzente zu setzen. Aber weder Lietzau noch sein 1980-85 amtierender Nachfolger Boy Gobert, der ein populär-vielgestaltiges Programm propagierte, konnten auf Dauer die hochgesteckten Erwartungen einlösen. Unter der Generalintendanz von Heribert Sasse 1985-90 spitzte sich die Situation krisenhaft zu, die 1990 zur „Viererlösung" und im Sommer 1992 zur heutigen Intendanz führte.

Der Ursprungsbau des S. entstand 1905/06 nach Plänen von Jacob Heilmann und Max Littmann als Teil einer Dreiflügelanlage mit Theaterbau, Gaststättengebäude und einem Saalbau. Das in Formen der beginnenden Moderne errichtete Gebäude hatte einen auf fast quadratischem Grundriß gestalteten Zuschauerraum in der Form eines Amphitheaters mit stark ansteigendem, 1.194 Personen Platz bietendem Rundparkett sowie einen 256 Personen fassenden Rang. 1937/38 erfolgte durch Paul Baumgarten d.Ä. eine grundlegende Umgestaltung im Stil der Neuen Sachlichkeit. Im Innern änderte man den Zuschauerraum in ein nur leicht ansteigendes, U-förmiges Parkett und ergänzte den Saal um einen zweiten Rang, wodurch sich das Platzangebot auf 1.300 erhöhte.

Im II. Weltkrieg wurde dieser Bau stark beschädigt, so daß 1951/52 praktisch ein Neubau entstand, der jedoch die Reste des alten Gebäudes einbezog. Das Gebäude entstand nach Plänen von Rudolf Grosse und Heinz Völker als kubischer Mauerwerksbau mit Stahltragewerk. Die mit Travertin verkleidete Hauptfassade dominiert eine kreissegmentartig hervorstehende Fensterfront, deren eloxierte Aluminium-Rahmen dem Bau eine leuchtende Helligkeit verleihen. An der Ostseite des Hauptbaus schließt sich ein Quergebäude an, in dem die seit 1959 bestehende > SCHILLER-THEATER-WERKSTATT untergebracht ist. Nach mehreren Umgestaltungen erhielt das nunmehr v.a. in Schwarz gehaltene Innere 1980 seine heutige Gestalt. Dabei erfolgte auch eine grundlegende Modernisierung der Bühnentechnik. Die Hauptbühne mit 26 x 15 m, ist mit einer versenkbaren Vorbühne und einer Drehbühne mit 17 m Durchmesser ausgestattet.

Schiller-Theater-Werkstatt: Die 1959 eröffnete S. in der Bismarckstr. 110 im Bezirk > CHARLOTTENBURG ist eine der drei der > SENATSVERWALTUNG FÜR KULTURELLE ANGELEGENHEITEN (SENKULT) unterstehenden > STAATLICHEN SCHAUSPIELBÜHNEN Berlins (> THEATER). Sie ist in der ehem. Tischlerei des > SCHILLER-THEATERS, einem sich östlich des Hauptbaus anschließenden, langgestreckten Gebäudeteil untergebracht. Als variable Werkstattbühne dient die S. der Präsentation avantgardistischer bzw. experimenteller Stücke sowie der Pflege zeitgenössischer Dramatik, kleinerer Revueprogramme, Textcollagen und szenischer Lesungen. Zugleich ist die Werkstatt Erprobungsfeld für Nachwuchsregisseure. Die Leitung des 99 Plätze umfassenden Theaters übt die für alle Staatlichen Bühnen zuständige Direktion aus, die je nach Spielplanung auch über den Einsatz des gemeinschaftlichen Ensembles an der S. entscheidet. In der Saison 1990/91 standen neun Stücke auf dem Spielplan, die von insg. 11.000 Zuschauern gesehen wurden.

Schlachtensee: Das Wohnviertel S. in der Mitte des Bezirks > ZEHLENDORF ist eine der zahlreichen Ende des 19. Jh. v.a. im Südwesten Berlins entstandenen > VILLENKOLONIEN. Es erhielt seinen Namen nach dem nördlich angrenzenden, 43 ha großen, 2,4 km langen und bis zu 9 m tiefen gleichnamigen See, der zur Kette der > GRUNEWALDSEEN gehört. Bereits 1242 wurde am Ufer dieses „Slatense" ein slawisches Dorf „Slatdorp" erwähnt, das aber frühzeitig wieder aufgegeben wurde. 1894 erfolgte hier auf zunächst 51 ha die Gründung der Villenkolonie S. Nachdem noch 1853 am Seeufer nur sieben Personen in zwei Fischerhäusern lebten, entwickelte sich die Kolonie nach Eröffnung des Bahnhofs an der das Viertel durchquerenden Wannseebahn sehr schnell. 1904 gab es bereits 418 Haushaltungen mit 2.143 Einwohnern. Auch heute gilt S. nach wie vor als bevorzugtes Wohngebiet am Rande des > GRUNEWALDS. In der *Johanneskirche* an der Matterhornstr., ein 1911/12 in romanischen Formen errichteter Backsteinbau von Georg Büttner, hängt Zehlendorfs älteste Glocke (um 1280). Der in Jugendstilformen erbaute S-Bahnhof am *Mexikoplatz,* dem heutigen Zentrum des Viertels, stammt von Gustav Hart und Alfred Lesser aus den Jahren 1904/05.

Schlachthof Berlin: Der zentrale S. liegt an der Beusselstr. im Bezirk > TIERGARTEN unmittelbar benachbart dem > FLEISCHGROSSMARKT BERLIN. Der S. wurde von der Berliner Großmarkt GmbH errichtet (> GROSSMÄRKTE) und am 2.1.1989 eröffnet. Pächter und Betreiber ist die private Berliner Schlachtbetriebe GmbH & Co KG.
Auf einer Fläche von 110.000 m² bietet der S. eine Schlachtkapazität von 60 Rindern, 240 Schweinen und 200 Lämmern pro Stunde. Außer den Gebäuden und Geräten zur Schlachtung unter hygienischen und tierschutzgerechten Bedingungen verfügt der S. über Einrichtungen zur amtlichen Schlachttier- und Fleischbeschau. Die auf dem S. geschlachteten Tiere stammen nahezu vollständig aus den neuen Bundesländern. Von dem geschlachteten Fleisch sind knapp 20 % für den Markt in Berlin bestimmt, ca. 30 % werden in das Umland, 20 % in die alten Bundesländer sowie 30 % zum Export weitergeleitet. Im Vorkriegs-Berlin und nach der > SPALTUNG in Ost-Berlin wurde die zentrale Fleischversorgung v.a. vom 1881 eröffneten Berliner Zentralvieh- und Schlachthof an der > LANDSBERGER ALLEE in > LICHTENBERG (zu DDR-Zeiten „VE Fleischkombinat Berlin", Leninallee) wahrgenommen. Bis 1989 hatte das Kombinat als Verteilerinstitution für den Ost-Berliner Einzelhandel z.T. auch Großmarktfunktionen übernommen, ohne daß es allerdings eine freie Preisbildung auf der Basis von Angebot und Nachfrage gegeben hätte. Schon seit Anfang der 80er Jahre war Ost-Berlin zunehmend auch vom „VEB Schlacht- und Verarbeitungskombinat Eberswalde (SVKE)" beliefert worden. 1991 wurde der Betrieb an der Landsberger Allee im Hinblick auf die Nutzung des Geländes als Olympiastandort stillgelegt (> OLYMPISCHE SPIELE).

Nachdem West-Berlin 1948 durch die Spaltung der Stadt von der Versorgung durch seinen alten S. an der Landsberger Allee abgeschnitten worden war, wurden lebende Tiere 40 Jahre lang im Vieh- und Schlachthof > SPANDAU geschlachtet, der auch Großmarktfunktionen wahrnahm. Diese als > EIGENBETRIEB des Landes Berlin betriebene Einrichtung wurde zum 31.12.1988 geschlossen und durch einen neuen S. an der Beusselstr. ersetzt. Seit Grenzöffnung und > VEREINIGUNG beliefern neben dem S. auch mehrere Schlachthöfe aus dem Umland die Stadt, darunter auch maßgeblich die aus dem SVKE hervorgegangene private „Schorfheider Fleischwaren GmbH".

Schleusenbrücke: Die S. über den Spreekanal im Bezirk > MITTE verbindet den > MARX-ENGELS-PLATZ (früher Schloßplatz) mit dem > WERDERSCHEN MARKT und der Französischen Str. Sie hat ihren Namen nach einer hier schon Mitte des 16. Jh. nachgewiesenen Schleusenanlage. Bereits 1443 erwähnt das Köllnische Stadtbuch an dieser Stelle „eine Arche in dem Cöllnischen Stadtgraben" (> KÖLLN).
Die heutige, 23,9 m lange und 24,4 m breite Stahlkonstruktion entstand 1937 bei der Verbreiterung des Spreekanals, der auch die Schleusenanlage zum Opfer fiel. Bei den Bauarbeiten fand man vier Kupfertafeln, die auf Umbauten der Brücke und der Schleusen in den Jahren 1657, 1694, 1863 und 1897 hinweisen. Das schmiedeeiserne Geländer mit den acht spiegelbildlich angeordneten szenischen Bronzemedaillons zur Geschichte der S. und ihrer Umgebung wurde vom 1914/15 errichteten Vorgängerbau übernommen und beim Neubau lediglich verlängert. Die vier äußeren Medaillons stammen noch von 1914 und sind ein Werk der Bildhauer Robert Schirmer und Otto Markert. Die vier inneren fertigte anläßlich des Neubaus der Bildhauer Kurt Schumacher. Eine Gedenktafel erinnert an die Ermordung des Künstlers 1942 als Mitglied der Widerstandsgruppe Harnack/ Schulze-Boysen (> WIDERSTAND).

Schlösser: Auf dem Stadtgebiet von Berlin gibt es heute neun S. und sechs ehem. Herren- oder > GUTSHÄUSER, die umgangssprachlich häufig auch als S. bezeichnet werden. Herrschaftsmittelpunkt der Hohenzollern war seit Mitte des 15. Jh. das nach dem II. Weltkrieg abgetragene > STADTSCHLOSS im alten > KÖLLN, Sitz der > LANDESHERREN wie aller wichtigen Behörden. Bereits in der Renaissancezeit wurden die Jagdschlösser im > GRUNEWALD (1542) und in > KÖPENICK (auf dem Gelände der askanischen Burg, 1571) errichtet (> JAGDSCHLOSS GRUNEWALD; > SCHLOSS KÖPENICK). Ab Mitte des 17. Jh. erwarben die Hohenzollern in der Berliner Umgebung mehrere > DÖRFER, in denen sich bereits adelige Gutshöfe mit entsprechenden Herrensitzen befanden. Unter Aufgabe oder Verwendung dieser Bauten entstanden vielfach repräsentative Anlagen, davon auf heutigem Stadtgebiet > SCHLOSS FRIEDRICHSFELDE (1695), > SCHLOSS NIEDERSCHÖNHAUSEN (nach 1691), und das Lustschloß > ROSENTHAL (um 1700, nicht vollständig ausgeführt und bereits im 18. Jh. wieder aufgelassen). Daneben waren auch bedeutende Neugründungen zu verzeichnen, so 1686 das > JAGDSCHLOSS GLIENICKE an der > GLIENICKER BRÜCKE über die > HAVEL auf dem Wege nach Potsdam, das 1703 von Eosander v. Göthe im heutigen Bezirk > MITTE zwischen > SPREE und Oranienburger Str. für den Grafen Kolbe v. Wartenberg errichtete *Schloß Monbijou* (im II. Weltkrieg zerstört, danach abgetragen; > MONBIJOUPARK) und 1699 im damaligen Dorf Lietzow westlich von Berlin das > SCHLOSS CHARLOTTENBURG. Vom Ende des 18. bis zum Anfang des 19. Jh. entstanden als weitere Schloßanlagen das > SCHLOSS BELLEVUE im > GROSSEN TIERGARTEN (1786), das Schlößchen auf der > PFAUENINSEL (1797) sowie die Schloßanlagen von > KLEINGLIENICKE (1828). Außer dem Stadtschloß und Monbijou lagen alle S. außerhalb der > STADTMAUERN und kamen erst 1920 durch die Bildung > GROSS-BERLINS zum Stadtgebiet.

Vornehmlich in der zweiten Hälfte des 19. Jh. wurde außerdem eine Reihe von ursprünglich recht bescheidenen Gutshäusern in den Dörfern um Berlin aufwendig umgestaltet. Für diese bürgerte sich teils gleichfalls die Bezeichnung „Schloß" ein. Nach dem heutigen Stadtgebiet zählen dazu Anlagen in BIESDORF, > BRITZ, > LICHTERFELDE, > RUDOW (zwischenzeitlich überbaut und als solches nicht mehr erkennbar), > STEGLITZ (> HERRENHAUS BEYME), > WEISSENSEE (1919 abgebrannt) und > WILMERSDORF. Am ehesten zutreffen könnte die Bezeichnung S. noch für das Herrenhaus in > BUCH (1964 wegen Baufälligkeit abgerissen; > SCHLOSSKIRCHE BUCH) und das Humboldt-Schlößchen in > TEGEL (> SCHLOSS TEGEL).

Schloß Bellevue: Das S. am Spreeweg 1 im nördlichen Teil des > GROSSEN TIERGARTENS im Bezirk > TIERGARTEN ist der Berliner Amtssitz des > BUNDESPRÄSIDENTEN. 1785/86 wurde das S. nach Plänen von Philipp Daniel Boumann unter Einbeziehung älterer Gebäude aus dem Jahre 1764 für den Prinzen August Ferdinand v. Preußen, den jüngsten Bruder Friedrichs II. (1740-86), errichtet, weil dessen bisheriger Wohnsitz > SCHLOSS FRIEDRICHSFELDE zu weit vor der Stadt lag.

Schloß Bellevue

Der langgestreckte, nach dem Vorbild französischer Barockschlösser und mit Anklängen an den beginnenden Klassizismus errichtete Bau besteht aus einem 19achsigen Mitteltrakt und zwei 16achsigen Seitenflügeln, die nach vorn einen Ehrenhof einschließen. Während die dreigeschossigen Seitenflügel vollkommen schmucklos sind, ist der zweigeschossige Hauptbau mit einem angedeuteten, von einer Attika bekrönten Mittelrisalit versehen.

Nach Prinz August Ferdinand v. Preußen ging das S. an dessen Sohn August über, bevor es 1843 König Friedrich Wilhelm IV. (1840-61) erwarb. In der zweiten Hälfte des 19. Jh. hatte das S. keine ständigen Bewohner, zeitweilig nutzten es höhere Offiziere. Eine neue Funktion bekam das Schloß im I. Weltkrieg, als hier ab 1916 wichtige Besprechungen der Obersten Heeresleitung, der Regierung und der mit Deutschland alliierten Mächte stattfanden. Das nach dem Krieg zunächst für Bürozwecke genutzte S. ging 1928 in den preußischen Staatsbesitz über. Ab 1929 wurde es zeitweilig Veranstaltungsort von Kunstausstellungen, 1935 fand im Mittelbau vorübergehend das Museum für Deutsche Volkskunde seinen Sitz (> MUSEUM FÜR VOLKSKUNDE). 1938 gelangte das S. in den Besitz des Reichs, das den Bau 1938/39 nach

Plänen von Paul Baumgarten zum „Gästehaus der Reichsregierung" umgestalten ließ. Dabei blieb lediglich der von Carl Gotthard Langhans 1791 geschaffene Festsaal weitgehend erhalten.

Im II. Weltkrieg wurde das S. stark beschädigt. Nachdem bereits 1948 der Damen- und der Spreeflügel zur Unterbringung von Bombengeschädigten instandgesetzt worden waren, begann 1954 der Umbau des S. zum Amtssitz des Bundespräsidenten. Dabei beseitigte man zahlreiche, 1938 vorgenommene Veränderungen, restaurierte das Äußere und nahm im Inneren grundlegende Modernisierungen vor. Nur der Festsaal wurde in alter Form wiederhergestellt. Am 18.6.1959 wurde das S. seiner heutigen Bestimmung übergeben.

Der *Schloßpark*, einst eine der schönsten Parkanlagen vor den Toren Berlins, hat durch den Krieg seine zahlreichen schmückenden Bauten verloren (u.a. einen Pavillon von Karl Friedrich Schinkel und die Meierei der Prinzessin Luise von Friedrich Gilly). 1954 gestaltete der Gartenarchitekt Reinhard Besserer den Park neu, wobei er der Anlage einen Teich, die halbrunde Terrasse und den Wohngarten südwestlich des S. hinzufügte. Der Park ist während der Abwesenheit des Bundespräsidenten öffentlich zugänglich. Die Aussicht auf die > SPREE, nach der das Schloß ursprünglich seinen Namen erhielt, ist heute zugepflanzt.

Im Park befinden sich einige Denkmäler, darunter ein anläßlich der Goldenen Hochzeit des Prinzen August Ferdinand v. Preußen 1805 von Johann Gottfried Schadow geschaffener, dreiseitiger Marmorblock mit Reliefverzierungen und Widmung sowie die 1974 nördlich des Teiches aufgestellte Steinskulptur „Zwei sich wandelnde Vasen" des Hamburger Bildhauers Ulrich Beier.

Schloßbrücke: Die 1822-23 nach Plänen von Karl Friedrich Schinkel errichtete S. am östlichen Ende der Straße > UNTER DEN LINDEN im Bezirk > MITTE führt auf drei Bögen über den westlichen Arm der > SPREE (> FRIEDRICHSGRACHT). Mit ihrem historischen Brückengeländer und den acht überlebensgroßen Marmorfiguren gehört sie zu den schönsten > BRÜCKEN Berlins.

An der Stelle der S. führte wahrscheinlich schon im 15. Jh. eine Brücke über den „Köllnischen Graben", die als Sammelpunkt der Hunde für die königliche Jagd im west-

lich der Brücke gelegenen Tiergarten den Namen „Hundebrücke" erhielt (> GROSSER TIERGARTEN). Ihre unansehnliche Gestalt als Verbindung vom > STADTSCHLOSS zu der ab 1647 repräsentativ ausgebauten Lindenallee erforderte einen vollständigen Neubau, für den Karl Friedrich Schinkel 1819 einen Entwurf vorlegte. Bei der Grundsteinlegung am 29.5. 1822 erhielt die Brücke den Namen S. Wegen des Schiffsverkehrs war das mittlere Teilstück entgegen der Schinkelschen Planung zunächst als Klappbrücke ausgeführt. Erst nach Schiffbarmachung des Spree-Hauptarms wurde es Anfang dieses Jh. durch den heutigen Bogen ersetzt.

Die gußeisernen Brückengeländer aus der Berliner Eisengießerei (> FER DE BERLIN) zeigen in 34 Füllungen arabeskenartig verschlungene Seepferdchen oder Tritonen. Aus Kostengründen konnten Schinkels Vorstellungen eines Skulpturenschmucks zur Erinnerung an die Befreiungskriege 1813-15 erst nach seinem Tod 1841 verwirklicht werden. Die Bildhauer Emil Wolff, Hermann Schievelbein, Karl Heinrich Möller, Friedrich Drake, Ludwig Wichmann, Albert Wolff, Gustav Blaeser und August Wredow gestalteten acht marmorne Figurengruppen zum Lebensweg eines Helden vom Knaben bis zum Tod, die zwischen 1847 und 1857 auf hohen Granitsockeln auf der Brücke aufgestellt wurden. Bei den äußeren vier Figurengruppen wird der Krieger von der Siegesgöttin Nike begleitet, bei den vier inneren von Pallas Athene.

Schloßbrücke

Im II. Weltkrieg wurde die S. schwer beschädigt, die Figurengruppen waren jedoch schon 1943 ausgelagert worden. Nach der Sprengung des Stadtschlosses erhielt die Brücke am 1.5.1951 den Namen *Marx-Engels-Brücke* und wurde in mehreren Etappen wiederhergestellt. Mit der Rückgabe der bei der > SPALTUNG der Stadt 1948 in West-Berlin verbliebenen Brückenfiguren durch den > SENAT VON BERLIN an den Ost-Berliner > MAGISTRAT zum 140. Todestag Schinkels 1981 und ihrer Wiederaufstellung am historischen Ort fanden die Arbeiten 1983/84 ihren Abschluß. Zum ersten Jahrestag der > VEREINIGUNG erhielt die Brücke am 3.10.1991 ihren angestammten Namen zurück.

Schloß Charlottenburg: Das der > VERWALTUNG DER STAATLICHEN SCHLÖSSER UND GÄRTEN unterstehende S. am Spandauer Damm im Bezirk > CHARLOTTENBURG ist seit dem Abbruch des > STADTSCHLOSSES 1950 die größte der neun erhaltenen Schloßanlagen Berlins (> SCHLÖSSER). Die in einem Zeitraum von über 200 Jahren entstandene Anlage mißt in ihrer Längenausdehnung mehr als 500 m. Heute beherbergt das S. neben Verwaltungsräumen, Werkstätten und Wohnungen u.a. drei Museen: die Schauräume der Schlösserverwaltung, als Abteilung der > NEUEN NATIONALGALERIE die *Galerie der Romantik* im Knobelsdorff-Flügel sowie im Theaterbau das > MUSEUM FÜR VOR- UND FRÜHGESCHICHTE. Dort hat außerdem das Archäologische Landesamt seinen Sitz. Dem S. gegenüber und architektonisch auf die Anlage bezogen stehen die 1851-59 errichteten ehem. Kasernen der königlichen Leibwache, die heute das > ÄGYPTISCHE MUSEUM und das > ANTIKENMUSEUM beherbergen.

Der zweigeschossige, zentrale Mittelbau von elf Fensterachsen im Stil des italienischen Barocks wurde 1695-99 nach Plänen von Johann Arnold Nering als kleines Sommerschloß für die Kurfürstin und spätere Königin Sophie Charlotte, die zweite Gemahlin Friedrichs (III.) I. (1688-1713), errichtet. Zu dieser Zeit hieß die Anlage noch nach dem benachbarten Dorf Litzow *Lietzenburg*. Nach dem frühen Tod von Sophie Charlotte 1705 erhielt die Anlage ihren heutigen Namen. Nach seiner Königskrönung 1701 ließ Friedrich das S. durch den Baumeister Johann Friedrich Eosander v. Göthe erheblich erweitern. Dabei wurde zunächst das Hauptgebäude seitlich um jeweils 13 Achsen verlängert und mit den gleichfalls neu geschaffenen Seitenflügeln verbunden. Im Zentrum der nunmehr U-förmigen Anlage entstand der nach vorn mit einem Gitter abgegrenzte Ehrenhof. 1710 wurde der markante, 48 m hohe Kuppelbau mit dem großen Tambour errichtet. Die darauf stehende, sich wie eine

Wetterfahne drehende Fortunafigur ist eine Neuschöpfung von Richard Scheibe aus dem Jahre 1952. 1709-12 wurde dem Bau im Westen ein 143 m langer, niedrigerer Flügel angefügt, die *Große Orangerie,* wodurch sich die Front um das Dreifache verlängerte.

Schloß Charlottenburg

Friedrich II. (1740-86) wählte das S. anfangs kurzzeitig zu seiner Residenz. Der von ihm beauftragte Baumeister Georg Wenzeslaus v. Knobelsdorff errichtete anstelle der nicht ausgeführten östlichen Orangerie 1740-46 den langgestreckten Neuen Flügel mit der Goldenen Galerie und dem Konzertsaal. Unter Friedrich Wilhelm II. (1786-97) wurden die Räume des Knobelsdorff-Flügels umgestaltet. Nach Plänen von Carl Gottard Langhans entstanden 1787-91 westlich der Großen Orangerie der mächtige Theaterbau sowie das Teehaus Belvedere im Park. Ferner entstand 1790 vermutlich nach Plänen von Georg Friedrich Boumann südlich des der Großen Orangerie vorgelagerten Gartens die Kleine Orangerie, die heute ein Restaurant beherbergt. Friedrich Wilhelm III. (1797-1840) ließ 1810 das Mausoleum sowie 1829 den Schinkel-Pavillon hinzufügen. 1888 war das S. noch einmal kurz Residenz Kaiser Friedrichs III. Danach diente es fürstlichen Angehörigen und Bediensteten als Wohnung und war teilweise zur Besichtigung freigegeben. 1918 wurde das S. verstaatlicht und 1927 der Verwaltung der Staatlichen Schlösser und Gärten übergeben.

1943 wurde das S. bei einem Luftangriff stark beschädigt. Schlösserdirektorin Margarete Kühn bewahrte die Ruine vor dem Abriß und sorgte in den 50er Jahren für den Wiederaufbau, wobei sie bemüht war, die Veränderungen des 19. Jh. auszuklammern. Die historischen Räume sind in alten Formen und Farben wiederhergestellt und können bis auf wenige Ausnahmen besichtigt werden. Sie enthalten Kunstschätze wie Möbel, Geschirr und andere Einrichtungsgegenstände aus den Stilepochen des Barock, des Rokoko, der Romantik, des Klassizismus und des Biedermeier sowie bedeutende Gemälde u.a. von Antoine Watteau.

1951 fand im Ehrenhof des S. das um 1700 von Andreas Schlüter geschaffene *Reiterstandbild des Großen Kurfürsten* Friedrich Wilhelm (1640-88) einen neuen Standort. Es stellt den Fürsten als Sieger der Schlacht von Fehrbellin dar und war am 17.6.1703 zum 46. Geburtstag König Friedrichs I. ursprünglich auf der Kurfürstenbrücke, der heutigen > RATHAUSBRÜCKE, in der Nähe des Stadtschlosses aufgestellt worden. Das Reiterstandbild gilt als die bedeutendste Barockplastik im deutschsprachigen Raum. Nach Auslagerung im II. Weltkrieg war es 1946 bei einer Transporthavarie im Tegeler Hafen versunken, aus dem es 1949 wieder geborgen wurde. Anstelle der zunächst provisorischen Aufstellung erhielt die Statue 1952 eine Nachbildung des historischen, gleichfalls von Schlüter entworfenen Sockels aus dem Jahre 1708, dessen Original sich heute im > BODE-MUSEUM befindet und eine Kopie des Denkmals trägt. Vor dem Neuen Flügel steht u.a. seit 1977 ein Bronzeabguß des ebenfalls von Schlüter geschaffenen Denkmals seines Auftraggebers, des Kurfürsten Friedrich III. (Original im II. Weltkrieg verschollen).

Schräg hinter dem Neuen Flügel nahe der Schloßbrücke an der Spree befindet sich der *Schinkel-Pavillon*, 1824-25 von Karl Friedrich Schinkel als Wohnung für Friedrich Wilhelm III. erbaut. Das im II. Weltkrieg stark beschädigte Gebäude ist inzwischen restauriert und enthält Gemälde, Skulpturen und Kunstgewerbe aus Schinkels Zeit, darunter sechs Gemälde von Schinkel selbst sowie Arbeiten von Carl Blechen, Johann Gottfried Schadow u.a.

Im Schloßgarten befinden sich zwei weitere Gebäude. Das *Mausoleum* ist ein kleiner Tempel mit dorischer Säulenfront, der 1810 nach Plänen von Schinkel entstand. Er enthält die Sarkophage von Königin Luise, Friedrich Wilhelm III., Prinz Albrecht, der Fürstin Liegnitz, Kaiser Wilhelm I. und Kaiserin Augusta sowie in einer Steinkapsel das Herz Friedrich Wilhelms IV. (1840-61). Bemerkenswert sind v.a. die von Daniel Christian Rauch geschaffenen Marmorbilder der Königin Luise und des Königs Friedrich Wilhelm III.

(Vorstudien der Plastiken finden sich in der > FRIEDRICHSWERDERSCHEN KIRCHE).

Im hinteren Teil des Schloßgartens befindet sich das 1788-90 nach Plänen von Langhans als Teehaus errichtete *Belvedere*. Die ovalen Räume des dreigeschossigen Baus, der Formen des Rokoko mit dem Klassizismus verbindet, beherbergen eine bedeutende Sammlung von ca. 400 Berliner Porzellanen des 18. und 19. Jh. (> KPM – KÖNIGLICHE PORZELLANMANUFAKTUR BERLIN GMBH).

Der *Schloßpark* selbst wurde mehrfach umgestaltet. Er entstand 1697 gleichzeitig mit dem S. im Barockstil als weiträumiger, französischer Garten wahrscheinlich nach Plänen von Simon Godeau, einem Schüler Le Notres, der den Garten von Versailles angelegt hatte. 1787-1821 wurde der Park des S. in einen Landschaftsgarten umgewandelt. Anteil daran hatten die Gärtner Johann August Eyserbeck, G. Steiner und Peter Joseph Lenné. 1950-68 erfolgte abermals eine große Umgestaltung. Die Fläche nahe dem S. wurde in ungefährer Anlehnung an den Zustand vor 1787 erneuert (Parterre mit Springbrunnen, Vorgärten), die übrigen Teile dagegen stark vereinfacht. Im Norden wurde dem Garten ein begrünter > TRÜMMERBERG mit Liegewiese, Spielplatz und Rodelbahn angegliedert. 1988 hat die exakte Wiederherstellung der historischen Anlage nach Gesichtspunkten der > GARTENDENKMALPFLEGE begonnen. Dabei wurde auch die 1799 von Eyserbeck gestaltete *Luiseninsel* wiederhergestellt, die durch Grabenzuschüttung ihren Inselcharakter verloren hatte. Während sie früher nur durch eine Seilfähre erreichbar war, wird sie heute durch eine hölzerne Brücke erschlossen.

Schloß Friedrichsfelde: Das in seinem Ursprung auf das Ende des 17. Jh. zurückgehende S. auf dem Gelände des > TIERPARKS FRIEDRICHSFELDE im Bezirk > LICHTENBERG kam im Zuge der > VEREINIGUNG in die Zuständigkeit des > MÄRKISCHEN MUSEUMS. Es wird für kulturelle Veranstaltungen genutzt und kann mit Führungen besichtigt werden. Der nur fünf Fensterachsen umfassende Ursprungsbau ist um 1695 für Benjamin v. Raule, den kurfürstlichen General-Schiffahrtsdirektor, als zweigeschossiges Lustschloß nach holländischem Vorbild errichtet worden. Die Entwürfe stammen wahrscheinlich von Arnold Nering. Als Raule in Ungnade fiel, beschlagnahmte Friedrich (III.) I. (1688-1713) 1698 den Besitz und ließ das bis dahin *Rosenfelde* heißende Schloß mit dem dazugehörenden Dorf 1699 in > FRIEDRICHSFELDE umbenennen. 1717 schenkte Friedrich Wilhelm I. (1713-40) S. dem Markgrafen Albrecht Friedrich v. Brandenburg-Schwedt. Dieser ließ den Bau 1719 durch Martin Heinrich Böhme um je drei Achsen nach Osten und Westen auf seine heutige Breite erweitern sowie das Dach mit reichem plastischen Schmuck versehen. 1762 verkaufte die Tochter des Markgrafen S. an Prinz August Ferdinand v. Preußen, den jüngeren Bruder Friedrichs II. (1740-86). 1785 erwarb Herzog Peter v. Kurland S. und ließ eine umfassende Umgestaltung des Innern im frühklassizistischen Stil vornehmen. Dabei entstand im ersten Obergeschoß der reich stuckierte Festsaal, ein rechteckiger Raum von fünf Achsen (möglicherweise von Carl v. Gontard), der 70 Gästen Platz bot. Um 1800 erhielt das S. seine heutige äußere Gestalt mit Walmdach und großen, reliefgeschmückten Dreiecksgiebeln. 1816 kam S. in den Besitz der Familie v. Treskow, die 1821 den Garten nach einem Entwurf von Peter Joseph Lenné umgestalten ließ. 1945 wurde die Familie v. Treskow von der Roten Armee vertrieben. Den II. Weltkrieg überstand S. unbeschädigt. 1945 wurde es vom > MAGISTRAT der Stadt Berlin übernommen und 1948/49 vorübergehend als Schulungsheim genutzt. Später diente es der Verwaltung des am 2.7.1955 eröffneten Tierparks und als provisorisches Stallgebäude. Aufgrund der Verfaulung der Pfahlgründung, die bereits Anfang des 20. Jh. durch Senkung des Grundwasserspiegels eingesetzt hatte, kam es in der Nachkriegszeit zu immer größeren Zerstörungen am Mauerwerk. Statt eines zunächst erwogenen Abrisses entschloß man sich Mitte der 60er Jahre zur Wiederherstellung des S. Nach ersten Sicherungsarbeiten 1966 wurde es 1973-81 gründlich renoviert und im Zustand von um 1800 wiederhergestellt. Die Einrichtung wurde mit Gegenständen und Kunstwerken aus zerstörten und beschlagnahmten Schlössern der DDR ergänzt (z.B. aus Schloß Ostrau bei Halle und Schloß Lohm bei Kyritz). Der zusammen mit dem S. von Raule im Barockstil angelegte *Schloßpark* dehnte sich ursprünglich in langgestreckt-rechteckiger Richtung aus und umfaßte nur die beiden von Kanälen begrenzten Parterreflächen nördlich und südlich des S. Das Nordparterre ist 1988 rekonstruiert worden, das Südparterre ist modern gestaltet. In den Erweiterungsteilen, die teils noch aus dem

18. Jh. stammen, teils auf Peter Joseph Lenné zurückgehen, wurde 1955 der Tierpark angelegt, dessen Gesamtanlage auch das S. umfaßt. Von der ursprünglichen Gestaltung sind dadurch nur noch Grundstrukturen erhalten.

Schloßkirche Buch: Die S. an der Straße Alt-Buch im Bezirk > PANKOW wurde 1731-36 von Friedrich Wilhelm Dieterichs im Auftrag des preußischen Kultusministers Adam Otto v. Viereck anstelle einer älteren Fachwerk-Kirche errichtet. Sie entstand im Zusammenhang mit dem Ausbau des in unmittelbarer Nähe befindlichen ehem. Schlosses > BUCH und des Schloßparks Buch (> SCHLÖSSER). Durch ihre Einbettung in dieses Ensemble und die Qualität der Gestaltung nimmt die S. eine Sonderstellung unter den Berliner > DORFKIRCHEN ein. Der barocke Zentralbau über dem Grundriß in Form eines griechischen Kreuzes ist im Innern mit einer Kuppel überdeckt. Der durch Pilaster gegliederte Bau mit nahezu gleichen Fassaden nach allen vier Seiten besteht äußerlich aus einem hohen Sockel, einem Hauptgeschoß mit segmentbogig gefaßten Fenstern und einem Halbgeschoß mit kreisrunden Fenstern. Über einem kräftigen Hauptgesims erhebt sich ein hohes Walmdach, in dessen Mitte auf einem breiten Unterbau der Turm mit geschwungener Haube und achteckiger Laterne ruht. Der kleine Innenraum enthält einen aus Eichenholz geschnitzten Kanzelkorb sowie einen geschnitzten Altar von 1736 und ein bemerkenswertes, figurenreiches Marmorepitaph für den Bauherrn der Kirche, den 1758 gestorbenen Minister v. Viereck. Das Epitaph von 1763 ist das letzte Werk von Johann Georg Glume und eine der schönsten Bildhauerarbeiten des 18. Jh. in Berlin. Im November 1943 brannte die Kirche bis auf die Grundmauern aus. 1955/56 wurde sie bis zum Turmsockel, aber ohne Turm, wieder aufgebaut. Nicht wiederhergestellt wurden damals die Stuckdekorationen im Innern und die Herrschaftsloge. Im westlichen Kreuzarm befindet sich ein moderner Emporeneinbau für die 1955 aus der Heilig-Geist-Kirche in Prenzlau übernommene Orgel aus dem Jahr 1744. Die erste, 1788 in der S. installierte Orgel war 1939 bei der Renovierung der Kirche entfernt und 1960 in der Karlshorster Kirche „Zur Frohen Botschaft" wieder aufgestellt worden (> KARLSHORST). Neben der S. steht das Taufbecken aus dem Vorgängerbau. Nach Nordwesten schließt sich der 16 ha große, von der > PANKE durchflossene *Schloßpark* an. Er geht zurück auf einen um 1670 angelegten holländischen Garten. 1724 erwarb der Minister v. Viereck die Anlage mit dem dazugehörigen Herrenhaus. Der Bau wurde im selben Jahr zum *Schloß Buch* erweitert, der Park umgestaltet und vergrößert (> GUTSHÄUSER). Zu dieser Anlage gehörte neben der S. auch eine nicht mehr erhaltene Orangerie. 1810-20 – abermals in neuem Besitz – wurde der Park nochmals erweitert und zum Landschaftsgarten umgestaltet. In dieser Form blieb er im wesentlichen erhalten. Wegen seines alten Baumbestands und der ihn verzweigt durchfließenden Panke hat er einen ganz besonderen Charakter. Während der im II. Weltkrieg beschädigte Park 1955-57 teilweise wiederhergestellt wurde, riß man das Schloß 1964 wegen Baufälligkeit ab.

Schloß Köpenick: Das 1677-81 erbaute S. befindet sich auf dem nördlichen Teil der in der > DAHME gelegenen *Schloßinsel* > KÖPENICK im gleichnamigen Bezirk und beherbergt heute Bestände des > KUNSTGEWERBEMUSEUMS. Anstelle einer slawischen Burganlage aus dem 9. Jh. und einer späteren Burganlage der Askanier, vermutlich aus dem späten 12. Jh., ließ Kurfürst Joachim II. (1535-71) unter Leitung von Wilhelm Zacharias 1558-71 an der Westseite der Schloßinsel ein Jagdschloß im Stil der Renaissance errichten. Nach dessen Abriß beauftragte der Kurprinz Friedrich (später Kurfürst Friedrich III., ab 1701 König Friedrich I. in Preußen) den holländischen Baumeister Rutger v. Langfeld mit dem Bau des noch heute erhaltenen S. im holländischen Barockstil. Das Gebäude war als spätere Residenz vorgesehen und sollte als Jagd- und Lustschloß dienen. Seine geplante Erweiterung zu einer Dreiflügelanlage ist wohl begonnen, aber nicht vollendet worden. 1682-85 entstand nach Plänen von Johann Arnold Nering gegenüber dem S. auf der Ostseite der Insel die Schloßkapelle und der Torbau am Zugang zur Schloßinsel. Als Friedrich 1688 Kurfürst wurde, gab er S. als Wohnsitz auf. Bis zum Ende des 18. Jh. war es Domizil für Angehörige der preußischen Könige. Vom 22.-28.10.1730 tagte im Wappensaal des S. das Kriegsgericht gegen Kronprinz Friedrich (1740-86 Friedrich II.), den Sohn Friedrich Wilhelms I. (1713-40), wegen Desertion, und den Leutnant Hans Hermann v. Katte, angeklagt der Beihilfe zur versuchten Flucht des Kronprinzen nach England. Von 1749-82 war S. Sitz der Markgräfin Henriette v. Brandenburg-Schwedt. 1804 kamen Schloß und Park vorübergehend in den Besitz der Grafen v. Schmettau. Bald wieder im Besitz der Krone, wurde S. 1819 Gefängnis. Von 1851-1926 war es Lehrerseminar. Nach dem II. Weltkrieg beherbergte es vorübergehend das Staatliche Volkskunstensemble der DDR. 1963 zog das Ost-Berliner Kunstgewerbemuseum in das 1960-67 umfassend restaurierte S. ein, das nach der > VEREINIGUNG mit dem gleichnamigen Museum im Westteil Berlins zusammengelegt wurde.

Schloß Köpenick

Das S. ist ein einfach gehaltener, dreigeschossiger Putzbau mit Mansardwalmdach und fünfachsigen, pavillonartigen Seitenrisaliten. An der Hof- und an der Wasserseite befinden sich jeweils ein dreiachsiger Mittelrisalit unter Segmentgiebel, der durch Pilaster, Fensterverdachungen und Giebelskulpturen betont wird. Im Innern des S. sind alle Räume mit reichen, teilweise stark farbigen Stuckdecken ausgestattet.

Die dem S. gegenüberliegende barocke Schloßkapelle ist ein eingeschossiger Zentralbau über einem rechteckigen Grundriß. Die dreiachsige Hauptfassade zum Schloßhof ist durch ionische Pilaster und ein Hauptgesims gegliedert. Über der Attika befindet sich ein kuppelförmiges, schiefergedecktes Dach, dessen Spitze eine turmartige Laterne mit geschweifter Haube, Krone und Kreuz bildet. 1963/64 wurden an der Kapelle Sandsteinteile erneuert, 1973 wurde sie neu verputzt und der Anstrich erneuert.

Der kleine *Schloßpark* an der Südspitze der Schloßinsel ist Ende des 17. Jh. als Barockgarten angelegt und um 1800 in einen Landschaftspark umgewandelt worden. 1963/64 erfolgte eine Neugestaltung des ca. 2 ha großen Geländes. Im Schloßpark steht das 1778 errichtete Denkmal für die 1771 verstorbene Schloßherrin Marianne v. Schmettau. Außerdem befinden sich dort ein Denkmal für Johann Julius Hecker, den Begründer der Realschule und des ersten preußischen Lehrerseminars, sowie mehrere moderne Plastiken.

Schloß Niederschönhausen: Das in einem Park an der Dietzgen- und Ossietzkystr. gelegene, im 17. Jh. entstandene S. im Bezirk > PANKOW war von 1964 bis zur > VEREINIGUNG Gästehaus der Regierung der DDR und diente in dieser Funktion häufig ausländischen Staatsoberhäuptern aus aller Welt als Residenz bei Ihren Besuchen in Ost-Berlin. Mit der Vereingung kam es in den Besitz des Bundes, eine Entscheidung über seine weitere Verwendung steht im Hinblick auf die schrittweise Übertragung der Hauptstadtfunktionen nach Berlin noch aus (> HAUPTSTADT).

Das unter Denkmalschutz stehende S. geht zurück auf ein > GUTSHAUS, das ab 1662 als Landsitz der Familie der Gräfin Dohna an der > PANKE angelegt worden war. 1691 ging dieses Gutshaus in den Besitz des Kurfürsten Friedrich III. (1688-1713, ab 1701 König Friedrich I.) über. Dieser ließ es zunächst vermutlich durch Johann Arnold Nering und 1704 durch Johann Friedrich Eosander v. Göthe zu einer dreiflügeligen, repräsentativen Anlage mit zur Hofseite vorspringenden Pavillons erweitern. Im S. lebte von 1740-97 Königin Christine, die nach der Thronbesteigung verstoßene Gemahlin Friedrichs II. (1740-86). Für sie wurde das im Siebenjährigen Krieg verwüstete S. 1763/64 durch Johann Boumann zum Rechteckbau in seiner heutigen Gestalt erweitert und das Innere in den Formen des friderizianischen Rokoko neu ausgestattet. In dem zweigeschossigen Gebäude von 13 Achsen mit dreiachsigem Mittelrisalit, Mezzanin und Walmdach ist der ursprüngliche Bau Friedrichs III. in den mittleren sieben, seitlich durch Pilaster begrenzten Achsen erhalten.

Das 1935/36 umfassend restaurierte S. wurde im II. Weltkrieg beschädigt, aber bald nach Kriegsende wiederhergestellt. Von 1949-60 diente es dem ersten und einzigen Präsidenten der DDR, Wilhelm Pieck (aus dessen Zeit auch die Nebengebäude stammen), und nach dessen Tod dem neugebildeten Staatsrat der DDR bis zur Fertigstellung des > STAATSRATSGEBÄUDES am > MARX-ENGELS-PLATZ 1964 als Amtssitz.

Der von der > PANKE durchflossene, in der 2. Hälfte des 17. Jh. angelegte *Schloßpark* wurde Mitte des 18. Jh. im französischen Stil mit Bogengängen, Pavillons, Statuen und Springbrunnen umgestaltet und erweitert. 1828-31 gestaltete ihn Peter Joseph Lenné unter Einbeziehung der Panke-Landschaft zum Landschaftspark. Nach dem II. Weltkrieg wurde der Park unter Einbeziehung der erhaltenen alten Bäume aufgeforstet. Die Ufer der Panke wurden befestigt und Sport- und Spielplätze angelegt. Am südlichen Rand des Schloßparks entstand im Rahmen des > NATIONALEN AUFBAUWERKS 1958-60 nach Plänen der Kollektive Walter Hinkefuß (Grünplanung), Heinz Graffunder (Hochbau) und Joachim Streichhahn (Turm/Becken) das *Freibad Pankow*. Die ca 13 ha große Anlage, die 1973/74 eine Schwimmhalle erhielt, umfaßt neben Liegewiesen und Kleinsportstätten einen ca. 4,5 ha großen See mit einem 10 m hohen Sprungturm (> FREI- UND SOMMERBÄDER).

Nördlich vom S. und ursprünglich zu seinem Wirtschaftskomplex gehörend, befindet sich in der Dietzgenstr. 4 und 6 die ehemalige Schloßgutvilla, ein um 1830 errichteter eineinhalbgeschossiger Putzbau mit Satteldach und turmartig erhöhtem Querriegel am nördlichen Ende. Ihr benachbart ist die um 1764 erbaute Orangerie, ein eingeschossiger Putzbau mit Walmdach, der im wesentlichen im ursprünglichen Zustand erhalten ist.

Schloßpark-Theater: Das 1921 gegründete, der > SENATSVERWALTUNG FÜR KULTURELLE ANGELEGENHEITEN unterstehende S. in der Schloßstr. 48 im Bezirk > STEGLITZ ist eine der drei > STAATLICHEN SCHAUSPIELBÜHNEN. Es wird als Kleines Haus genutzt, an dem Stücke von den Klassikern bis zur Moderne gespielt werden. Die Leitung des 400 Plätze umfassenden Theaters übt die für alle Staatlichen Bühnen zuständige Direktion aus, die je nach Spielplanung auch über den Einsatz des gemeinschaftlichen Ensembles am S. entscheidet. In der Saison 1990/91 war das S. wegen Renovierungsarbeiten geschlossen. Zwischenzeitlich wich das Ensemble in das Ballhaus Rixdorf im Bezirk > NEUKÖLLN aus (> BALLHÄUSER). Die Wiedereröffnung erfolgte am 25.10.1991 mit „Der Schauspieldirektor" von Wolfgang A. Mozart/Gottlieb Stephanie d.J. (Regie Alfred Kirchner).

Das S. ist in einem ursprünglich als Wirtschaftstrakt zum > HERRENHAUS BEYME gehörenden Flachgebäude mit Säulenvorbau un-

tergebracht. Der 1804 nach Plänen von David Gilly und Friedrich Gentz im neoklassizistischen Stil erbaute Gebäudekomplex ging 1921 in städtischen Besitz über. Der größere, im ehem. Park des Herrenhauses stehende Bau diente kurzfristig als Opernhaus, bevor er 1924 zum Lichtspielhaus umgestaltet wurde. Den ehem. Pferdestall und die Wagenremise gestaltete man zum Theater um. Es wurde am 12.5.1921 mit Shakespeares „Timon von Athen" in der Regie von Paul Henckels eröffnet und bis 1934 als privates Boulevardtheater und später bis Kriegsende als Lichtspielhaus betrieben.
Bereits ein halbes Jahr nach Ende des II. Weltkriegs eröffnete Boleslaw Barlog das S. am 3.11.1945 mit der Curt-Goetz-Inszenierung „Hokuspokus" wieder. In der Folgezeit entwickelte sich die Bühne zu einem anspruchsvollen Sprechtheater Berlins. Eine der erfolgreichsten und über 300 mal gespielten Inszenierungen war Carl Zuckmayers „Des Teufels General" mit O. E. Hasse in der Hauptrolle. 1950 erhielt das S. den Rang eines Staatstheaters und dient seit der Wiedereröffnung des > SCHILLER THEATERS 1951 als Kleines Haus. In den 50er Jahren gab es am S. einige deutsche Erstaufführungen von Stükken bedeutender zeitgenössischer Dramatiker, darunter 1953 Samuel Becketts „Warten auf Godot" und 1959 Jean Genets „Balkon". 1963 brachte Barlog am S. seine vielleicht stärkste Inszenierung auf die Bühne, Edward Franklin Albees „Wer hat Angst vor Virginia Woolf" u.a. mit Erich Schellow als Darsteller. In den 70er Jahren gab es einige bemerkenswerte Aufführungen zeitgenössischer Dramatiker, so 1970 „Change" von Wolfgang Bauer (Regie Max P. Ammann) und 1973 „Sonny-Boy" von Neil Simon (Regie Peter Martic).

Schloßstraße: Die S. im Bezirk > STEGLITZ ist die Hauptgeschäftsstraße des Bezirks und ein überregionales > EINKAUFSZENTRUM im Südwesten Berlins. Als Teil der 1792-95 zur ersten Chaussee Preußens ausgebauten Hauptverbindung von Berlin nach Potsdam, mit einem Anschluß an den Autobahnzubringer zum > BERLINER RING bei > DREILINDEN, ist sie zugleich eine verkehrsreiche Ausfallstraße nach Südwesten. Über die S. führt die Bundesstraße 1, die ehem. Reichsstraße 1 von Aachen nach Königsberg (> BUNDESFERNSTRASSEN).
Die S. beginnt am *Walther-Schreiber-Platz*

und verläuft über 1,8 km bis zum > BOTANISCHEN GARTEN. Am Walther-Schreiber-Platz liegt das > FORUM STEGLITZ, eines von insg. vier großen Shopping-Centern Berlins. Im südlichen Viertel der S. steht am *Hermann-Ehlers-Platz* der ca. 130 m hohe > STEGLITZER KREISEL, in dem mit ca. 1.100 Beschäftigten nahezu die gesamte Verwaltung des Bezirksamtes Steglitz untergebracht ist. Schräg gegenüber liegt das alte Steglitzer Rathaus (> RATHÄUSER). Ihren Namen verdankt die S. dem sog. *Wrangel-Schlößchen* gegenüber dem Steglitzer Kreisel an der heute im Straßenraum nicht mehr erkennbaren ehem. Dorfaue von Steglitz (> HERRENHAUS BEYME; > DÖRFER).

Schloß Tegel: Das auch unter dem Namen *Humboldt-Schlößchen* bekannte S. an der Karolinenstr. im Bezirk > TEGEL ist der letzte märkische Herrensitz, der noch im Besitz von Nachkommen der früheren Eigentümer ist. Der Bau geht zurück auf ein Renaissance-Herrenhaus, das 1558 für Hans Bretschneider, den Hofsekretär Joachims II. (1535-71), errichtet wurde. Später in kurfürstlichem Besitz, nutzte der Große Kurfürst Friedrich Wilhelm (1640-88) das S. als Jagdschloß. In der Folge wechselte das Schloß mehrfach seinen Besitzer. 1766 gelangte es durch die Heirat des preußischen Kammerherrn Major Alexander Georg v. Humboldt mit Marie Elisabeth v. Holwede in den Besitz der Familie v. Humboldt. Aus dieser Verbindung gingen die Söhne Wilhelm und Alexander hervor, die hier ihre Kindheit verbrachten.

Schloß Tegel

Nach dem Tode seiner Mutter übernahm Wilhelm v. Humboldt 1797 den Besitz. Unter seiner Ägide wurde die Anlage in die Gestalt gebracht, die im wesentlichen bis heute erhalten ist. Er ließ das S. 1820-24 durch Karl Friedrich Schinkel erweitern und im klassizistischen Stil umbauen, wobei er das vorhandene Renaissancegebäude als Eingangsseite einer vierflügeligen Anlage mit Ecktürmen in die Erweiterung integrierte. Die innere Gestaltung des Hauses war auf die Antikensammlung Wilhelm v. Humboldts abgestimmt.

Der bereits 1777-89 von Gottlob Johann Christian Kunth angelegte *Schloßpark* wurde im Zusammenhang mit dem Umbau von 1820-24 durch Peter Joseph Lenné neu gestaltet. Die Form des heutigen, seit 1983 unter Denkmalschutz stehenden Parks geht wesentlich auf diese Anlage zurück. Im Norden begrenzt das Gelände eine Hügelkette, auf der einst Wein angebaut wurde. In Ost-West-Richtung verläuft die 1792 angelegte, inzwischen zum Naturdenkmal erklärte Lindenallee, die zur Grabstätte der Familie Humboldt führt. Auf halbem Weg steht die ca. 400 Jahre alte Wilhelm-von-Humboldt-Eiche. Die Wiese zwischen Allee und ehem. Weinberg bildet den zentralen Raum des Parks. Schloß und Park sind während der Sommersaison zeitweise geöffnet. Die Gesamtanlage verkörpert in der heutigen Fassung durch ihre Homogenität den klassizistischen Anspruch nach architektonischer Harmonie.

Ebenfalls von Schinkel stammt die 1829 angelegte Grabstätte der Familie. Kunsthistorisch bedeutend ist die 1818 von Bertel Thorvaldsen geschaffene Statue „Spes" (Hoffnung), von der eine 1829 angefertigte Kopie auf einer Porphyrsäule vor einer Rundbank steht. Das Original der Statue wurde zusammen mit zahlreichen anderen Kunstgegenständen 1945 von der Roten Armee beschlagnahmt und befand sich lange Zeit in der > NATIONALGALERIE auf der > MUSEUMSINSEL. Schon vor der > VEREINIGUNG kam es im Sommer 1990 zur Rückführung von Kulturgütern, bei der Thorvaldsens Statue (leicht beschädigt) wieder nach S. gebracht wurde, wo sie seitdem im „Blauen Turmkabinett" aufbewahrt wird. In diesem Zusammenhang gelangten auch weitere Skulpturen und Reliefs aus der Nationalgalerie und dem > PERGAMONMUSEUM sowie einige Unterlagen aus dem Archiv der Humboldts, die in der Deutschen Staatsbibliothek lagerten, nach S. zurück (> STAATSBIBLIOTHEK ZU BERLIN – PREUSSISCHER KULTURBESITZ).

Schmargendorf: Das ehem. Angerdorf S. ist seit der Bildung > GROSS-BERLINS im Jahr 1920 ein Ortsteil des Bezirks > WILMERSDORF. 1275 wurde es als „Marggrevendorp" erstmalig erwähnt. 1799 kam S. aus dem Besitz der Familie v. Wilmerstorff an den Grafen Friedrich Heinrich v. Podewils, 1804 an die Familie Beyme, die es 1841 an den preußischen Domänenfiskus verkaufte. An die dörfliche Vergangenheit erinnert allein noch die unter Denkmalschutz stehende, von einem Friedhof umgebene Dorfkirche an der Kirchstr. Der im Kern ins frühe 14. Jh. datierte Feldsteinsaalbau hatte bereits einen Vorgänger, auf den in der Ersterwähnung Bezug genommen wird. Es ist die kleinste Dorfkirche Berlins (> DORFKIRCHEN).

Bis zur Eröffnung des Bahnhofs an der > RINGBAHN (1883) blieb S. ein Bauerndorf, nahm dann aber einen schnellen Aufschwung als Ausflugsziel und bevorzugter Wohnort am Rande des > GRUNEWALDS (Einwohnerzahlen 1885: 657, 1919: 11.583). Bevölkerungszustrom, Landverkäufe, Gas- und Elektrizitätswerke brachten der Gemeinde so viel Geld, daß man sich 1901-02 am Berkaer Platz vom Potsdamer Architekten Otto Kerwien im Stil märkischer Backsteingotik ein repräsentatives Rathaus erbauen ließ, mit Turm und Türmchen, Staffelgiebel und Wappenschmuck. Den vom Standesamt des Bezirks genutzten ehem. Ratssaal des dreigeschossigen, burgartigen Gebäudes schmückte der Maler Franke mit dem „Feuerzauber" nach Richard Wagners „Walküre". Er gilt als schönstes Trauzimmer Berlins. In den Saalfenstern finden sich die Wappen der einstigen Besitzer von S. Das Hauptportal des Gebäudes zeigt im obersten Staffelfeld den märkischen Adler und über den fünf Saalfenstern im Mittelfeld das preußische Königswappen sowie seitwärts die Wappen der vier Markgrafengeschlechter, die über Brandenburg geherrscht haben: die Anhaltiner, Wittelsbacher, Böhmen-Luxemburger und Zollern.

Vom frühen Wohlstand zeugt auch das ehem. Lyzeum (um 1910, heute Carl-Orff-Grundschule, Berkaer Straße 10). Zu den herausragenden Sakralbauten der 20er Jahre gehört die 1927-29 von Ernst und Günter Paulus als Klinkerbau errichtete evangelische *Kreuzkirche* am Hohenzollerndamm 130/Ecke Forckenbeckstr.

Schmöckwitz: Das im Südosten Berlins auf einer Halbinsel zwischen > ZEUTHENER SEE und > SEDDINSEE gelegene S. ist ein Ortsteil des Bezirks > KÖPENICK. Das ehem. kleine

Fischerdorf wurde als Rundplatzdorf angelegt und ist älter als die erste Erwähnung von 1375 (Smek[e]witz). Von den älteren Bauten existieren lediglich die > DORFKIRCHE, ein schlichter Rechteckbau des Spandauer Maurermeisters Abraham Bockfelde aus dem Jahr 1799 (1910/11 umgebaut), und einige Wohnhäuser vom Anfang des 19. Jh. (Straße Alt-Schmöckwitz 5, 6 und 10). Nördlich von S., am Südwest-Ufer des > LANGEN SEES, entstand ab 1895 die nach einem Kolonistenhof von 1782 benannte > VILLENKOLONIE *Karolinenhof*. 1920 kam S. durch Eingemeindung zu > GROSS-BERLIN. 1945-90 gehörte es zum sowjetischen Sektor (> SEKTOREN).
Östlich von S. liegt zwischen Zeuthener See und den bereits zum Kreis Fürstenwalde gehörenden Seen *Großer Zug* und *Krossinsee* die rd. 5 km² große, fast vollständig bewaldete Halbinsel *Schmöckwitzer Werder*. Hier fand man 1925 Siedlungsreste und drei mittelsteinzeitliche Gräber aus dem 6. und 5. Jh. v. Chr. Sie gelten als älteste bisher bekannte Bestattungen Ost-Deutschlands. Die am Südende der Halbinsel gelegene Siedlung > RAUCHFANGSWERDER markiert den südlichsten Punkt des Berliner Stadtgebiets (> LAGE UND STADTRAUM).

Schöneberg: Der im Zentrum Berlins gelegene, überwiegend dicht bebaute Bezirk S. besteht aus den Ortsteilen S. und > FRIEDENAU. Er grenzt an die Bezirke > WILMERSDORF, > CHARLOTTENBURG, > TIERGARTEN, > KREUZBERG, > TEMPELHOF und > STEGLITZ. Der Bezirk entstand 1920 bei der Bildung > GROSS-BERLINS als elfter Verwaltungsbezirk durch den Zusammenschluß der Stadt S. mit der damaligen Landgemeinde Friedenau (> DÖRFER). Bei der Veränderung der Verwaltungsgrenzen 1938 gewann S. an seiner Nordgrenze Gebiete von Tiergarten hinzu (> BEZIRKE).
Erstmals erwähnt wird S. 1264, als Markgraf Otto III. (1220-67) an das Benediktinerkloster in Spandau fünf Hufen in der „villa sconenberch" übertrug. Das Dorf auf dem „schönen Berge" erhielt seinen Namen wahrscheinlich nach seiner Lage auf dem Geländeanstieg vom > WARSCHAU-BERLINER URSTROMTAL der > SPREE zum Plateau des > TELTOW. An einer wichtigen Handelsstraße von Sachsen zur Ostsee gelegen, wurde es sowohl im Dreißigjährigen Krieg wie gut 100 Jahre später im Siebenjährigen Krieg verwüstet. Vom Wiederaufbau zeugt die > DORFKIRCHE (1764-66) in der Hauptstr. Bereits 1751 wurde nördlich des alten Dorfes die Kolonie Böhmerberg angelegt, die 1801 den Namen Neu-S. erhielt und 1875 mit dem alten Dorf vereinigt wurde. Die Nähe zu Berlin beschleunigte die städtische Entwicklung erheblich. Die Bauern verkauften ihre Äcker als Bauland und ließen sich vom Gewinn großzügige Villen erstellen. Einige der Häuser dieser *Millionenbauern* sind an der Hauptstr. erhalten. Bereits 1854 erhielten beide Dörfer an den Hauptstraßen Gasbeleuchtung, 1884 erfolgte der Wasseranschluß an das Werk Charlottenburg und 1888 kam die erste Kanalisation hinzu (> GASVERSORGUNG; > WASSERVERSORGUNG/ENTWÄSSE-

Schöneberg – Fläche und Einwohner		
Fläche (31.12.1990)	12,29 km²	100 %
Bebaute Fläche	6,02	49,0
Wohnfläche	3,87	31,5
Gewerbe- und Industriefläche inkl. Betriebsfläche	0,48	3,9
Verkehrsfläche	4,47	36,4
Grünfläche[1]	1,79	14,6
Landwirtschaft	–	–
Wald	–	–
Wasser	0,02	0,2
Einwohner (31.12.1989)	154.285 EW	
darunter: Ausländer	31.505	20,4 %
Einwohner pro km²	12.554	

[1] Parks, Tierparks, Kleingärten, Spielplätze, ungedeckte Sportanlagen, Freibäder, Friedhöfe

RUNG). Mit etwa 75.000 Einwohnern erhielt S. 1898 Stadtrecht und schied ein Jahr darauf als selbständiger Stadtkreis aus dem Landkreis Teltow aus.

Als Innenstadtbezirk ist S. arm an Grünflächen. Größte Parkanlage ist der 1906 als Stadtpark angelegte > RUDOLPH-WILDE-PARK. Weitere Grünflächen sind der gut 2 ha große *Heinrich-Lassen-Park* zwischen Belziger- und Hauptstr. mit einem Abenteuerspielplatz des Schöneberger Jugendamts, der > HEINRICH-VON-KLEIST-PARK, der > INSULANER mit der > WILHELM-FOERSTER-STERNWARTE und einem Planetarium, die > FRIEDHÖFE des Bezirks sowie die > KLEINGÄRTEN auf den ehem. Eisenbahnreserveflächen des sog. *Schöneberger Südgeländes* am Priesterweg. Auf den seit Jahrzehnten weitgehend brachliegenden Bahnanlagen hat sich ein einzigartiges Biotop entwickelt, das nach der > VEREINIGUNG zumindest teilweise als Verkehrsfläche für die > EISENBAHN reaktiviert werden soll. Erwähnenswert ist der 1856 gegründete > ALTE ST.-MATTHÄUS-FRIEDHOF an der Großgörschenstr., auf dem sich die Grabstätten vieler berühmter Berliner Persönlichkeiten befinden. Im Nordosten des Bezirks an der Dennewitzstr. wurde ab 1981 auf einem ehem. Trümmergelände der 2 ha große *Nelly-Sachs-Park* mit einem 1.600 m² großen See angelegt.

Neben dem Bezirk > PRENZLAUER BERG ist S. der einzige Bezirk fast ohne Wasserfläche. Ebenso gibt es keinen Wald und keine landwirtschaftlich genutzten Flächen. Dagegen ist S. nach Kreuzberg und Prenzlauer Berg der Bezirk mit der dritthöchsten Einwohnerdichte Berlins. Die Bebauungsstruktur innerhalb des Bezirks unterscheidet sich regional erheblich nach alten Arbeiterwohnbereichen, z.B. im nordöstlichen Teil auf der von Stammbahn, > RINGBAHN und Anhalter Bahn gebildeten *Schöneberger Insel* um Kolonnen- und Leberstr. (> EISENBAHN), der Wohnbebauung des „feineren" Westens wie etwa im > BAYERISCHEN VIERTEL um den Bayerischen Platz oder dem ursprünglich als > VILLENKOLONIE konzipierten Ortsteil Friedenau. Besonders in den einstigen Arbeitervierteln hat es seit Anfang der 80er Jahre durch Maßnahmen der > STADTSANIERUNG und Verkehrsberuhigung zahlreiche Bemühungen um eine Verbesserung des Wohnumfelds gegeben, wie etwa die modellhafte Umwandlung der *Steinmetzstraße* in eine Fußgängerzone. Ein Beispiel musterhaften neuen Bauens ist die noch während des I. Weltkriegs begonnene

und 1921 fertiggestellte Siedlung > LINDENHOF im Südosten des Bezirks an der Arnulfstr. Das bekannteste Gebäude des Bezirks ist das 1914 fertiggestellte > RATHAUS SCHÖNEBERG am John-F.-Kennedy-Platz. Es ist bereits der dritte Bau in dieser Funktion. Das erste Amtshaus war 1874 am Kaiser-Wilhelm-Platz errichtet und bereits 1891/92 durch einen im II. Weltkrieg zerstörten Nachfolgebau ersetzt worden. Am Kleistpark, bis 1903 > BOTANISCHER GARTEN, befindet sich als zweites Gebäude von überbezirklichem Rang das > KAMMERGERICHT, in dem u.a. die Schauprozesse des > VOLKSGERICHTSHOFS gegen die Angeklagten nach dem Attentat auf Adolf Hitler am > 20. JULI 1944 stattfanden. In der Zeit des > SONDERSTATUS 1945-90 war hier der Sitz des > ALLIIERTEN KONTROLLRATS für Deutschland und der alliierten > LUFTSICHERHEITSZENTRALE BERLIN (> ALLIIERTE). Seit 1992 beherbergt es das Berliner Verfassungsgericht, und auch das Kammergericht wird hier wieder seinen Sitz nehmen. Südlich davon, im *Haus am Kleistpark*, dem ehem. Botanischen Museum, befinden sich heute das Heimatmuseum und die Musikschule des Bezirks (> HEIMATMUSEEN; > MUSIKSCHULEN).

Aufgrund seiner Lage verfügt S. über ein dichtes Straßennetz in alle Richtungen, leidet aber zugleich an starkem Durchgangsverkehr. Mit mehr als 36 % hat S. mit Abstand den größten Anteil an Verkehrsflächen aller Bezirke. Dazu gehören 156 ha Eisenbahngelände und 286 ha Stadtautobahn (> BUNDESFERNSTRASSEN). Flächenschluckend ist v.a. das mitten im Bezirk gelegene Schöneberger Kreuz, über das der Stadtring A 100 und die ehem. *Westtangente* A 103 miteinander verbunden sind. Von besonderer verkehrlicher Bedeutung sind auch die Nord-Süd-Verbindungen > POTSDAMER STRASSE – Hauptstr. – Rheinstr. im Verlauf der Bundesstraße 1 und An der Urania – Martin-Luther-Str., dazu in Friedenau ein Teilstück der Bundesallee sowie östlich davon Rubensstr. und Grazer Damm. Die wichtigsten West-Ost-Verbindungen sind neben dem Stadtring der sog. > GENERALSZUG über Kleiststr. und Bülowstr., Yorckstr. und die Grunewaldstr. In südöstlicher Richtung verläuft der Straßenzug Dominicusstraße – Sachsendamm, der wegen einer dort noch bestehenden Autobahnlücke zu den staugefährdetsten, höchstbelasteten Straßenabschnitten Berlins gehört. Bis Ende 1996 soll die Lücke geschlossen werden. Gut ausgebaut ist auch die Einbindung in den > ÖFFENTLICHEN PERSONENNAHVERKEHR. Die > S-BAHN ist mit zwei Linien und sechs Bahnhöfen vertreten. Ende 1993 wird der gegenwärtig in Wiederherstellung begriffene Südteil der Ringbahn mit vier Umsteigebahnhöfen zum bestehenden Netz hinzukommen. Mit der > U-BAHN ist S. über sechs Linien und 14 Bahnhöfe erreichbar.

Rathaus Schöneberg

Industrie und Gewerbe sind in S. nur in geringem Umfang vertreten. Ihre Standorte finden sich v.a. in der Nähe der Eisenbahnen, z.B. am Ostrand des Bezirks um die Bessemerstr. südlich des ehem. Reichsbahnausbesserungswerks Tempelhof. Erwähnenswert sind ferner das einstige Gaswerk an der Torgauer Str. und die ehem. Optischen Werke der Firma Goerz an der Friedenauer Rheinstr. In Friedenau befindet sich auch die bekannte Bildergießerei Noack. Von den (1989) 52 Betrieben des verarbeitenden Gewerbes mit 3.890 Beschäftigten wurde ein Umsatz von 737,5 Mio. DM erwirtschaftet. Das ist die vorletzte Stelle der West-Berliner Bezirke.
Stark ausgeprägt ist dagegen das Dienstleistungsgewerbe, am sichtbarsten um den > WITTENBERGPLATZ und den noch zu S. gehörenden östlichen Teil der > TAUENTZIENSTRASSE mit Berlins größtem Kaufhaus, dem KaDeWe (> CITY; > EINKAUFSZENTREN). Auch der Straßenzug Potsdamer Str., Hauptstr., Rheinstr. und die abzweigenden Nebenstraßen sind dicht mit Einzelhandelsgeschäften und Gaststätten besetzt (> EINZELHANDEL; > GASTSTÄTTEN). Viel besucht sind die > WOCHENMÄRKTE vor dem Rathaus S. und auf dem > WINTERFELDTPLATZ. An seiner Südseite liegt die von E. Seibertz 1895 erbaute St.-Matthias-Kirche, die größte katholische Kirche Berlins. S. ist ein wichtiger Standort von Einrichtungen des > ÖFFENTLICHEN DIENSTES und der Verwaltung. Neben dem Rathaus Schöneberg als Sitz des > ABGEORDNETENHAUSES VON BERLIN (bis Sommer 1993) befinden sich in S. die > SENATSVERWALTUNGEN FÜR JUSTIZ, BUNDESANGELEGENHEITEN, JUGEND UND FAMILIE, SOZIALES, VERKEHR UND BETRIEBE, FINANZEN sowie WIRTSCHAFT UND TECHNOLOGIE. Nahe dem Innsbrucker Platz in der Hauptstr. liegt die Berliner > LANDESZENTRALE FÜR POLITISCHE BILDUNGSARBEIT, in der Kalckreuthstr. das Berliner > LANDESARCHIV. Nicht weit entfernt an der Ecke Kleiststr./Keithstr. hat der > DEUTSCHE GEWERKSCHAFTSBUND (DGB) seine Berliner Zentrale. Neben dem 1901-06 von Paul Thoemer und Rudolf Mönnich erbauten Amtsgericht S. an der Ecke Grunewald-/Martin-Luther-Str. liegt das Landeskriminalamt (> AMTSGERICHTE; > KRIMINALPOLIZEI). Im Eckhaus Potsdamer Str./Grunewaldstr. residiert die Hauptverwaltung der > BERLINER VERKEHRSBETRIEBE (BVG). Südlich des Rudolph-Wilde-Parks an der Kufsteiner Str. steht das Funkhaus des > RIAS BERLIN. Im Norden des Bezirks, An der Urania, hat der Volksbildungsverein > URANIA sein Quartier. Am Viktoria-Luise-Platz befindet sich die private Berufsbildungseinrichtung des traditionsreichen > LETTE-VEREINS. Außerdem ist S. Sitz der > FACHHOCHSCHULE FÜR WIRTSCHAFT BERLIN (FHW) und des > BERLIN-KOLLEGS, beide an der Badenschen Str., sowie der > FACHHOCHSCHULE FÜR SOZIALARBEIT UND SOZIALPÄDAGOGIK BERLIN (FHSS) an der Karl-Schrader-Str.
Am Südwestkorso spielt das > KLEINE THEATER, doch ist das Kulturleben des Bezirks insg. auf wenige Einrichtungen zurückgegangen. Große Veranstaltungsorte wie der > SPORTPALAST oder der Prälat Schöneberg (> BALLHÄUSER) wurden abgerissen oder geschlossen. An der Welserstr. bemüht sich das 1970 von der > STIFTUNG DEUTSCHE KINEMATHEK gegründete Kino Arsenal um die Pflege anspruchsvoller Filmkunst (> KINOS). Einen über den Bezirk hinausgehenden Ruf hat das heute hauptsächlich als Diskothek genutzte > METROPOL (ehem. Piscator-Bühne) am Nollendorfplatz. Ein Austragungsort internationaler Wettkämpfe von überbezirklicher Bedeutung ist das > SPORTZENTRUM SCHÖNEBERG am Sachsendamm mit der Radrennbahn und der Sportschwimmhalle.
Die Bezirksverwaltung, an deren Spitze seit 1945 überwiegend von der SPD gestellte Bezirksbürgermeister stehen, hat ihren Sitz im Rathaus S. am John-F.-Kennedy-Platz. S. unterhält Partnerschaften mit Ahlen, dem

Landkreis Bad Kreuznach, Braunschweig, Penzberg, Wuppertal und Levallois-Perret (Frankreich).

Bei der ersten Gesamt-Berliner Kommunalwahl am 24.5.1992 wurde die SPD knapp stärkste Partei (> WAHLEN). Sie stellt wie CDU und Grüne/AL zwei Stadträte, der siebte Stadtratsposten war bei Redaktionsschluß noch offen zwischen SPD und CDU. Den Bezirksbürgermeister stellt die SPD.

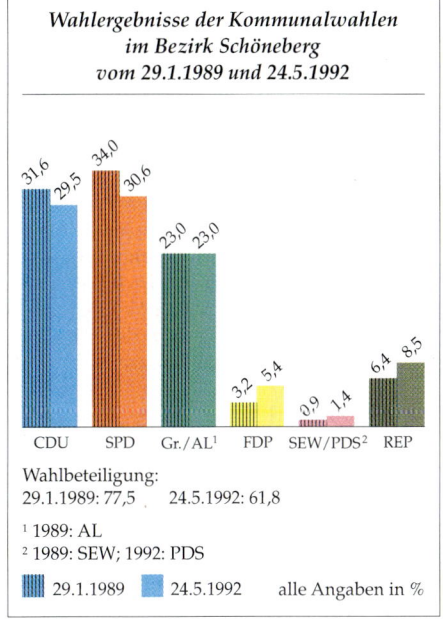

Wahlergebnisse der Kommunalwahlen im Bezirk Schöneberg vom 29.1.1989 und 24.5.1992

CDU · SPD · Gr./AL[1] · FDP · SEW/PDS[2] · REP

Wahlbeteiligung:
29.1.1989: 77,5   24.5.1992: 61,8

[1] 1989: AL
[2] 1989: SEW; 1992: PDS

29.1.1989   24.5.1992   alle Angaben in %

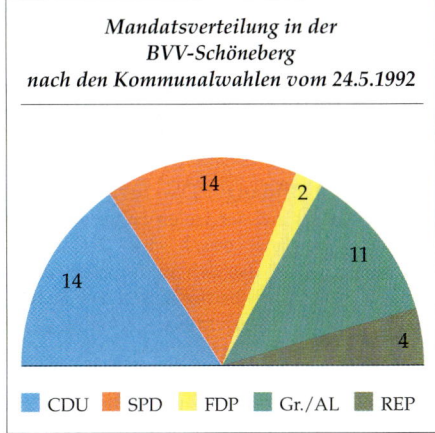

Mandatsverteilung in der BVV-Schöneberg nach den Kommunalwahlen vom 24.5.1992

CDU 14 · SPD 14 · FDP 2 · Gr./AL 11 · REP 4

CDU   SPD   FDP   Gr./AL   REP

Schönhauser Allee: Die knapp 3 km lange S. vom Stadtzentrum im Bezirk > MITTE nach > PANKOW ist die Hauptgeschäftsstraße des Bezirks > PRENZLAUER BERG. Als Teil der Bundesstraße 96a ist sie eine der verkehrsreichsten und belebtesten Straßen im ehem. Ostteil der Stadt. Schon vor der > VEREINIGUNG reihten sich hier Geschäfte aller Arten und Branchen, Gaststätten und Cafés aneinander. Markantes Merkmal ist die als *Magistratsschirm* (weil man dort auch bei Regen trockenen Fußes spazieren gehen kann) bezeichnete Stahlkonstruktion der Hochbahnanlage (Linie U2) auf dem Mittelstreifen zwischen Senefelderplatz und dem Bahnhof Vinetastr. (> U-BAHN).

Bereits im Mittelalter gab es anstelle der S. eine Landstraße zu den > DÖRFERN Pankow und > NIEDERSCHÖNHAUSEN. 1743 wurde die Straße mit Linden und Kastanien bepflanzt und erhielt als Zufahrtsstraße zum > SCHLOSS NIEDERSCHÖNHAUSEN den Namen Pankower Chaussee. 1822-28 wurde die Chaussee gepflastert. An ihrer Ostseite wurde 1827 ein jüdischer Friedhof angelegt, auf dem noch bis 1940 Beisetzungen stattfanden (> JÜDISCHE FRIEDHÖFE). 1841 erhielt die Straße nach ihrem Ausgangspunkt, dem Schönhauser Tor in der Berliner > STADTMAUER, den Namen S.

Ab 1850 begann die Bebauung der Straße, die um 1910 ihren Höhepunkt erreichte. Dabei entstanden neben Geschäftshäusern v.a. die typischen > MIETSKASERNEN der Gründerzeit, die bis heute das Straßenbild prägen. 1875 eröffnete die Große Berliner Pferdebahn ihre Linie Schönhauser Tor – Pankow, die 1895 elektrifiziert wurde (> STRASSENBAHN). 1884 wurde der Stadtbahnhof Nordring (heute Bhf. S.) der 1871 in Betrieb genommenen > RINGBAHN eröffnet (> S-BAHN). 1913 folgte die Einweihung des Hochbahnviadukts für die U-Bahn-Linie > ALEXANDERPLATZ – Nordring. 1930 wurde sie bis zur Vinetastr. verlängert.

Nach starken Zerstörungen im II. Weltkrieg wurde der gesamte Straßenzug in den 50er Jahren renoviert. Am Senefelderplatz steht in einer kleinen Grünanlage auf dem ehem. *Pfefferberg* ein 1892 von Rudolf Pohle geschaffenes Marmor-Denkmal für Alois Senefelder, den Erfinder der Lithographie. Die Anhöhe hat ihren Namen nach dem bayerischen Braumeister Pfeffer, der 1841 hier die erste Brauerei errichten ließ (1921 stillgelegt). In den Resten der rd. 1,2 ha großen Anlage plant ein überwiegend aus Anwohnern gebildeter Bürgerverein mit Unterstützung der > SENATSVERWALTUNG FÜR KULTURELLE ANGELEGENHEITEN (SENKULT) die Errichtung des soziokulturellen Begegnungszentrums > PFEFFERWERK.

An der Ecke Sredzkistr. liegt die 1881-91 nach Plänen von Franz Schwechten im Stile einer mittelalterlichen Burganlage errichtete ehem. Schultheiss-Brauerei. Der ausgedehnte Gebäudekomplex aus gelben Klinkerverblendbauten ist eines der wenigen erhaltenen Zeugnisse einer Fabrikanlage des späten 19. Jh. Als > KULTURBRAUEREI soll hier gleichfalls mit Unterstützung der SenKult eine weitere Einrichtung der dezentralen Kulturarbeit entstehen. Die in die Straßenfront eingepaßte evangelische *Segenskirche* mit dem 75 m hohen, quadratischen Turm gegenüber der Einmündung Wörther Str. entstand 1909 nach Plänen von August Dinklage und Ernst Paulus.

Schönholz: Die Siedlung S. im Westen des Pankower Ortsteils > NIEDERSCHÖNHAUSEN entstand, als die Frau Friedrich II. (1740-86), Königin Elisabeth Christine, 1752 hier 55 Morgen Land kaufte, um eine Maulbeerplantage anzulegen. An deren Rand wurden ab 1763 (überwiegend) böhmische Leineweber angesiedelt. Seit 1791 wird die Kolonie mit dem Namen S. bezeichnet. Ende des 19. Jh. war sie ein beliebter Ausflugsort an der Nordbahn nach Stettin (> EISENBAHN). An diese Zeit erinnert noch das ehem. Schützenhaus von 1884 in der Kurt-Fischer-Str. 82 auf dem Gelände eines „Schlosses Schönholz", das tatsächlich aber nur ein Gartenrestaurant war. Bei der Bildung > GROSS-BERLINS 1920 kam S. mit dem Gutsbezirk Niederschönhausen zum Bezirk > PANKOW. Auf dem Friedhof an der Kurt-Fischer-Str. 103 befinden u.a. der Maler Max Lingner, der Schauspieler und Sänger Ernst Busch und der Schriftsteller Hans Fallada ihre letzte Ruhestätte (letzterer 1981 nach Carwitz/Mecklenburg überführt). In der Homeyerstr. 13 befindet sich eine Gedenkstätte für Arnold Zweig mit einem 1982 von Jo Jastram geschaffenen Reliefbildnis. In dem ab 1920 östlich der Siedlung angelegten > VOLKSPARK SCHÖNHOLZER HEIDE liegt eine 2,4 ha große sowjetische Gedenk- und Grabstätte für etwa 13.200 im Kampf um Berlin gefallene Sowjetsoldaten.

Schönow: Das an der südwestlichen Stadtgrenze gelegene S. am Teltower Damm im Bezirk > ZEHLENDORF ist ein ehem. Dorf nördlich der Kreisstadt Teltow in Brandenburg, von der es durch den > TELTOWKANAL getrennt ist (> DÖRFER). Reste von Gehöften und Bauernwohnhäusern sind bei den Grund-

stücken Alt-Schönow 1a und 10 vorhanden. In Alt-Schönow 7b befindet sich seit 1966 die 1950 aus der Orgelbau-Anstalt Alexander Schuke in Potsdam hervorgegangene, zunächst in > LICHTERFELDE ansässige Orgelbauwerkstatt Karl Schuke. Das Dorf wurde bereits 1894 mit Zehlendorf vereinigt und kam mit diesem 1920 zu > GROSS-BERLIN. Die 552 ha große frühere Feldmark, die fast bis an das Dorf Zehlendorf heranreichte, ist heute fast vollständig mit Miet- und Einfamilienhäusern bebaut. 1853/54 errichtete der Psychiater Heinrich Laehr hier die Nervenheilanstalt „Asyl Schweizerhof" mit insg. 170 Klinikplätzen, die bald zum größten Arbeitgeber der Umgebung wurde. 1922 wurde die Anstalt wegen Geldmangels geschlossen. Auf dem Gelände befinden sich heute die deutsch-amerikanische > JOHN-F.-KENNEDY-SCHULE und – nördlich – die kleinen Anlagen von Schönower und Schweizerhofpark sowie südlich der 25 ha große *Heinrich-Laehr-Park*. Südlich des Schweizerhofparks liegt die > KIRCHLICHE HOCHSCHULE BERLIN der > EVANGELISCHEN KIRCHE IN BERLIN-BRANDENBURG.

Schulenburgpark: Der knapp 4 ha große, künstlerisch bemerkenswerte S. liegt am Ende der Sonnenallee im östlichsten Teil des Bezirks > NEUKÖLLN. Der fast rechteckige, weitgehend unbekannte Park wurde 1923/24 von Gartenamtsleiter Ottokar Wagler angelegt. Den eigentümlichen, gotisch-orientalischen Märchenbrunnen schuf Ernst Moritz Geyer 1915. Er wurde 1935 am Ende des in der Parkmitte liegenden, rechteckigen Wasserbeckens aufgestellt. Die beiden seitlichen Figuren, Aschenputtel und Brüderlein und Schwesterlein von Katharina Singer, wurden 1970 hinzugefügt. An der Sonnenallee befindet sich ein Spielplatz.

Schule und Bildung: Das Berliner Schulsystem basiert auf der freien Schulwahl und ist gekennzeichnet durch eine Vielfalt im Bildungsangebot, das sich an den individuellen Wünschen und Bedürfnissen der Kinder und Jugendlichen orientiert. Es kennt keine Sackgassen und verfügt über vielfältige Übergangs- und Weiterbildungsmöglichkeiten. Seine wesentlichen Bestandteile sind die für alle Schüler gemeinsame Grundschule und die Oberschule. Die Oberschule umfaßt die Zweige Hauptschule, Realschule und Gymnasium sowie die Zweige Fachoberschule, Berufsschule und Berufsfachschule. Zur

Berliner Schule gehören auch die Sonderschulen und Sonderschuleinrichtungen. Diese entsprechen in ihrer Zielsetzung der Grund- und Oberschule, soweit sich nicht aus ihrer sonderpädagogischen Aufgabe Abweichungen ergeben. Zur Berliner Schule gehören außerdem besondere Vorbereitungsklassen und Eingliederungslehrgänge für ausländische Kinder und Jugendliche.

Das Schuljahr beginnt jeweils am 1. August und endet am 31. Juli des folgenden Kalenderjahres. Seit dem Schuljahr 1991/92 gilt für alle Berliner Schulen die 5-Tage-Woche. Im Oktober 1991 waren im Berliner Schuldienst 34.586 Lehrkräfte beschäftigt, davon 14.944 in den östlichen und 19.642 in den westlichen > BEZIRKEN. Die Zahl der Schüler an den öffentlichen Schulen lag bei insg. 361.500. Daneben gibt es eine Vielzahl von > PRIVATSCHULEN in allen Schulstufen und -zweigen mit insg. rd. 13.000 Schülern. Rechtliche Grundlage der Berliner Schule ist das Schulgesetz für Berlin in der Fassung vom 20.8.1980, das seit dem 1.8.1991 auch in den östlichen Bezirken Gültigkeit hat. Zuständige Behörde ist die > SENATSVERWALTUNG FÜR SCHULE, BERUFSBILDUNG UND SPORT (SENSCHULSPORT).

1. Schulische Bildung

1. 1. Grundschule

In Berlin bestanden zum 1.10.1991 454 öffentliche und 22 private Grundschulen, die von insg. 209.539 Schülern besucht wurden. Der Ausländeranteil an den öffentlichen Grundschulen lag insg. bei 12 %. Für die westlichen Bezirke betrug er 23,3 %, während er in den östlichen > BEZIRKEN nur 0,7 % erreichte. Dabei ist der Ausländeranteil auch zwischen den westlichen Bezirken sehr unterschiedlich. Für das Schuljahr 1991 ergaben sich z.B. folgende Vergleichszahlen:

Kreuzberg	45,4 %
Charlottenburg	25,3 %
Zehlendorf	7,5 %

Die Grundschule umfaßt die Vorklasse und die Klassen 1 bis 6. Die Klassenfrequenzen in der Grundschule haben sich kontinuierlich auf gegenwärtig 24,0 verbessert (noch 31,2 im Schuljahr 1973/74).

Die *Vorklasse* ist aus dem früheren Schulkindergarten hervorgegangen. Sie nimmt Fünfjährige auf, die am 30.6. das fünfte Lebensjahr vollendet haben; Fünfjährige mit Geburtstag bis zum 31.12. können auf Antrag aufgenommen werden, sofern keine schulärztlichen Bedenken bestehen. Die Einschulung erfolgt zum Schuljahresbeginn jeweils nach den Sommerferien. Die Vorklasse liegt an sich vor Beginn der Schulpflicht, jedoch sind auch die wegen fehlender Schulreife zurückgestellten schulpflichtigen Kinder nach § 9 Schulgesetz verpflichtet, die Vorklasse zu besuchen, falls sie nicht eine vergleichbare Einrichtung der > JUGENDHILFE besuchen (> KINDERTAGESSTÄTTEN). Das gleiche gilt für Kinder, die in die 1. Klasse der Grundschule aufgenommen waren, aber in den ersten drei Monaten wegen Entwicklungsrückstandes wieder ausscheiden müssen. Aufgabe der Vorklasse ist es, das Kind in eine größere Gruppe einzuführen und die Lernfähigkeit zu fördern (z.B. im Spiel). Etwa 31 % der Kinder der entsprechenden Altersstufen nehmen das Angebot der Vorklassen wahr, davon 51,3 % in den westlichen und 9,1 % in den östlichen Bezirken.

In einer Reihe von Grundschulen wird seit Mitte der 70er Jahre in Schulversuchen eine zweijährige *Eingangsstufe* erprobt, die die bisherige Vorklasse und die Klassenstufe 1 zu einer neuen pädagogischen und organisatorischen Einheit für Fünf- und Sechsjährige zusammenfaßt. Ziel dieser Stufe ist die Verbesserung der Situation der Kinder beim Übergang aus dem vorschulischen Bereich in die Schule. Im Schuljahr 1991/92 wurden 2.072 (5,8 %) der entsprechenden Jahrgänge in Eingangsstufen betreut.

Um eine frühzeitige Integration der ausländischen Kinder in die deutsche Schule zu erreichen, werden diese so früh wie möglich in die Berliner Schule aufgenommen. Es wird daher darauf hingewirkt, daß diese Kinder bereits mit Vollendung des fünften Lebensjahres in die Vorklasse bzw. „Eingangsstufe" der Grundschule aufgenommen werden, um möglichst gemeinsam mit deutschen Kindern betreut zu werden. Ist das örtlich nicht möglich, so können auch reine Ausländerregelklassen gebildet werden.

Ausländische Schüler, die ohne erhebliche sprachliche Schwierigkeiten dem Unterricht folgen können, werden einer ihrem Bildungsstand entsprechenden Regelklasse bzw. Lerngruppe zugewiesen. Der Anteil ausländischer Schüler darf in der Klassenstufe 1 bei Beginn des Schuljahres höchstens 30 %, wenn mehr als die Hälfte der ausländischen Schüler ohne sprachliche Schwierigkeiten dem Unterricht folgen kann, höchstens 50 % betragen. Auch in den übrigen Klassenstufen soll der Anteil ausländischer Schüler in Klassen mit deutschen Schülern i.d.R. 50 % nicht übersteigen. Wenn örtlich die Quote der in deutsche Regelklassen aufzunehmenden ausländischen Schüler nicht nur vorübergehend wesentlich überschritten wird und organisatorische Maßnahmen zur Verteilung der ausländischen Schüler auf andere Klassen nicht möglich sind, können auch Ausländerregelklassen gebildet werden. Der Unterricht in diesen Klassen wird nach den Berliner Rahmenplänen für Unterricht und Erziehung in der deutschen Sprache durchgeführt.

Ausländische Schüler, die die deutsche Sprache nicht so beherrschen, daß sie dem Unterricht in einer Klasse mit deutschen Schülern folgen können, werden in bis zu zweijährigen Vorbereitungsklassen zusammengefaßt. Ziel der Vorbereitungsklassen ist es, die Eingewöhnung der ausländischen Schüler in die deutsche Schule zu erleichtern und das Erlernen der deutschen Sprache zu beschleunigen. Von der 5. Klasse der Grundschule an wird eine Fremdsprache als Pflichtfach angeboten. Je nach Schule können gewählt werden Englisch, Französisch, Latein oder Russisch; Türkisch wird anstelle der ersten Fremdsprache für türkische Schüler zugelassen. Die Fremdsprachenwahl obliegt den Erziehungsberechtigten des Schülers.

1.2. Oberschule

An die Grundschule schließt sich der Besuch der Oberschule an, d.h. der Hauptschule, der Realschule, des Gymnasiums oder der Gesamtschule. Den Oberschulzweig wählen die Eltern, die vorher auf Grund eines Gutachtens der Grundschule beraten werden. Wegen dieses Elternrechts können die Eltern ihre Wahl auch unabhängig von diesem Gutachten treffen. Haben die Eltern das Gymnasium oder die Realschule gewählt, so beginnt eine Probezeit für die Dauer eines Schulhalbjahres. Die Gesamtschulen und Hauptschulen kennen keine Probezeit. Im Schuljahr 1991/92 gingen in den westlichen Bezirken 11 % eines Schülerjahrgangs an die Hauptschule, 21,3 % an die Realschule, 39,4 % an die Gymnasien und 27,9 % an die Gesamtschulen.

Die *Hauptschule* umfaßt die Klassen 7-10. Seit 1979 besteht für das 10. Schuljahr Schulpflicht. Zum 1.10.1991 gab es in Berlin 48 öffentliche und zwei private Hauptschulen mit insg. 9.776 Schülern. Der Anteil der ausländischen Schüler an den öffentlichen Hauptschulen betrug 41,4 % (West 45,2 %, Ost 1 %).

Die Hauptschule vergibt drei Abschlüsse:
1. den Hauptschulabschluß nach dem erfolgreichen Besuch der 9. Klasse, er entspricht dem Hauptschulabschluß der anderen Bundesländer,
2. den erweiterten Hauptschulabschluß nach erfolgreichem Besuch der 10. Klasse;
3. die Gleichwertigkeitsbestätigung zum Realschulabschluß für den erweiterten Hauptschulabschluß bei entsprechendem Leistungsstand des Schülers.

Schüler, die nach neun Schulbesuchsjahren nicht in die 10. Klasse versetzt werden, können wählen, ob sie das 10. Pflichtschuljahr als Wiederholer an der Hauptschule oder im Rahmen eines berufsbefähigenden Lehrgangs an den Einrichtungen der beruflichen Bildung absolvieren wollen. Die Fachpraxis dieser Lehrgänge richtet sich nach dem gewählten Berufsfeld, sie wird allerdings nicht auf die Berufsausbildung angerechnet. Ein erfolgreicher Abschluß des Lehrgangs entspricht dem Hauptschulabschluß der 9. Klasse.

Mit Beginn des Schuljahres 1991/92 wurden auch in den östlichen Bezirken Lehrgänge zum Erwerb des Hauptschul- oder Realschulabschlusses eingerichtet.

Schüler der Hauptschule, die nach ihren Fähigkeiten und Leistungen für den Bildungsgang am Gymnasium geeignet sind, dürfen nach dem erfolgreichen Besuch der Klasse 8 in die Aufbauklasse 9 des Gymnasiums übergehen. Ähnliches gilt für Absolventen der 10. Klasse der Hauptschule. Diese Schüler können in die gymnasiale Oberstufe in Aufbauform übergehen, sofern ihr Zeugnis dem Abschlußzeugnis der Realschule gleichwertig ist und wenn sie nach ihren Fähigkeiten und Leistungen für den Bildungsgang am Gymnasium geeignet sind.

Seit 1983 wird in Berlin ein neuer pädagogischer Ansatz in den Klassen 7 und 8 verwirklicht, der die Sitzenbleiberzahl senken, die individuelle Betreuung der Schüler verbessern und die Sozialisationsdefizite aufarbeiten soll. Angesichts der Senkung der Durchschnittsfrequenzen in den 7. Klassen auf 14,6 Schüler pro Lerngruppe und der stärkeren Betonung des Klassenlehrerprinzips sind erste pädagogische Erfolge zu verzeichnen.

Die *Realschule* umfaßt die Klassen 7 bis 10. Zum 1.10.1991 existierten in Berlin 63 öffentliche und acht private Realschulen; sie wurden von 20.924 Schülern besucht. Der Ausländeranteil an den öffentlichen Realschulen betrug 15,2 % (West 23,2 %, Ost 0,6 %). Der Unterricht in diesem differenzierten Zweig der Oberschule gliedert sich in Pflichtunterricht, Wahlunterricht und fakultativen Unterricht. Im Wahlunterricht haben die Schüler Gelegenheit, sich auf ihren besonderen Interessengebieten erweiterte Kenntnisse anzueignen. Es werden angeboten: A = mathematisch-naturwissenschaftliche Kurse; B = fremdsprachliche Kurse (2. Fremdsprache); C = wirtschafts- und sozialkundliche Kurse; D = deutschkundlich-musische Kurse; E = Arbeitslehre-Kurse.

Schüler der Realschule, die nach ihren Fähigkeiten und Leistungen für den Bildungsgang am Gymnasium geeignet sind, können nach dem erfolgreichen Besuch der Klasse 8 in die Klassen 9 des Gymnasiums in Aufbauform übergehen. Ähnliches gilt für die Absolventen der Realschule. Diese Schüler können unmittelbar nach dem Abschluß der Klasse 10 in die gymnasiale Oberstufe in Aufbauform übernommen werden, wenn sie nach ihren Fähigkeiten und Leistungen für den Bildungsgang am Gymnasium geeignet sind. Mit dem erfolgreichen Abschluß der Realschule werden die schulischen Voraussetzungen u.a. für den Eintritt in die Fachoberschule (Erwerb der Fachhochschulreife) erfüllt. Der Abschluß der Realschule kann auch als Fremdenprüfung oder nach dem Besuch eines Abendlehrganges an einer Abendrealschule erworben werden. Die Prüfung wird in allen Bundesländern anerkannt. In dieser Kategorie bestanden 1990/91 133 Personen, darunter 25 Ausländer, die Prüfung.

Die *Gymnasien* beginnen i.d.R. mit dem Besuch der Klasse 7. Bis Klasse 10 und in der anschließenden Einführungsphase (Jahrgangsstufe 11) arbeiten die Schüler in Klassenverbänden. Danach beginnt die Kursphase, in der die Schüler durch Wahl von Fächern und Kursen ihren besonderen Neigungen und Begabungen folgen können. Sie ermöglicht den Schülern durch Wahl der Leistungs- und Unterrichtsfächer, Schwerpunkte zu setzen und sich mit einzelnen Sachgebieten vertieft zu befassen, gleichzeitig wird durch verpflichtende Fächer und Kurse eine gemeinsame wissenschaftsorientierte Grundbildung geschaffen. Der Besuch der Oberstufe, die der anderer Bundesländer vergleichbar ist, dauert mindestens drei, bei Überspringen der Einführungsphase zwei Jahre, höchstens vier, bei Wiederholung der Abiturprüfung fünf Jahre. Die Einzelheiten

sind in der Verordnung über die gymnasiale Oberstufe geregelt. Es gibt zwei Formen der gymnasialen Oberstufe: die Normalform und die Aufbauform. In die Normalform wird aufgenommen, wer nach dem erfolgreichen Besuch der 10. Klasse eines Gymnasiums versetzt worden ist oder am Ende der 10. Klasse einer Gesamtschule einen dieser Versetzung gleichwertigen Abschluß erworben hat.

Im Oktober 1991 gab es in Berlin 110 öffentliche und zehn private Gymnasien, die von 68.339 Schülern besucht wurden. An den öffentlichen Gymnasien betrug der Ausländeranteil 7,7 % (West 12,4 %, Ost 1,1 %).

Unter den Gymnasien gibt es folgende Sonderformen:

1. die altsprachlichen Gymnasien in > WILMERSDORF (Goethe-Gymnasium), > STEGLITZ (Gymnasium Steglitz) und > REINICKENDORF (Berta-von-Suttner-Oberschule) beginnen bereits mit der 5. Klasse und bieten Latein als erste Fremdsprache an. Die Probezeit ist entsprechend auf das erste Halbjahr der 5. Klasse vorverlegt;

2. das > FRANZÖSISCHE GYMNASIUM in > TIERGARTEN beginnt gleichfalls in der 5. Klasse mit Französisch als erster Fremdsprache. Von der 7. Klasse an ist an dieser traditionsreichen Schule überwiegend Französisch Unterrichtssprache;

3. aus den ehem. Ost-Berliner > SPEZIALSCHULEN sind sieben Oberschulen mit besonderem Profil entstanden, die gleichfalls zur Hochschulreife führen und von denen drei als grundständige Gymnasien ebenfalls bereits mit der fünften Klasse beginnen (jeweils eine mit den Schwerpunkten Sport, Sprachen und Musik).

In der *Gesamtschule* wird der Unterricht der Oberschulzweige Hauptschule, Realschule und Gymnasium mit dem Ziel integriert, daß eine Entscheidung über die erreichte Schulbildung auf Grund der Leistungen des Schülers am Ende der 10. Klasse erfolgt. Die Mehrzahl der Schüler an den Gesamtschulen in den West-Berliner Bezirken absolviert ihren Unterricht an speziellen > BILDUNGSZENTREN, die gleichzeitig eine außerunterrichtliche Betreuung gewährleisten. Zum 1.10.1991 gab es in Berlin 83 öffentliche und sieben private Gesamtschulen, die von insg. 51.603 Schülern besucht wurden; der Ausländeranteil an den öffentlichen Gesamtschulen betrug 10,9 % (West 23,7 %, Ost 0,4 %).

Die Gesamtschule umfaßt die Klassen 7 bis 10, bzw. im Falle von *Gymnasialen Oberstufen*

an Gesamtschulen bis 13. An der Gesamtschule gibt es kein Probehalbjahr, ein großer Teil des Unterrichs findet im Klassenverband statt. Da in einzelnen Fächern eine Förderung der Schüler entsprechend ihren Leistungen, Fähigkeiten und Neigungen durch Wahlpflichtunterricht und Fachleistungskurse stattfindet, ist es in vielen Fällen möglich, ein Sitzenbleiben zu vermeiden. Im Wahlpflichtunterricht müssen die Schüler in der 7. Klasse zwischen einer 2. Fremdsprache, Arbeitslehre, Naturwissenschaften, Bildender Kunst oder Musik wählen. In der 9. Klasse wählen sie zwei Fächer aus folgendem Angebot: 3. Fremdsprache, Arbeitslehre, Sport, Geschichte, Erdkunde, Physik, Biologie, Chemie, Kunst, Musik, Literatur, Informatik und an einigen Schulen Schulspiel. Fachleistungskurse – Kurse, die leistungsdifferenziert angeboten werden – sind in der 7. Klasse die Fächer Mathematik und die 1. Fremdsprache, in der 8. Klasse Deutsch und in der 9. Klasse das Fach Naturwissenschaften. Die Regelungen für die gymnasiale Oberstufe an Gesamtschulen entsprechen denen am Gymnasium.
Das Ziel – die allgemeine Hochschulreife – läßt sich auf mehreren Wegen erreichen. Einerseits kann die gymnasiale Oberstufe an allgemeinbildenden Schulen, d.h. an Gymnasien oder Gesamtschulen mit gymnasialen Oberstufen, durchlaufen werden; der andere Weg führt über berufsbezogene gymnasiale Oberstufen. Hier werden besondere „berufsfeldbezogene Fächer", die meist in den Klassenstufen 7 bis 10 noch nicht unterrichtet wurden, in den Bildungsgang einbezogen. Dies dient nicht nur der Vorbereitung auf ein Hochschulstudium, sondern gleichzeitig der beruflichen Vorbildung in bestimmten Berufsfeldern.

2. Sonderschulen

Neben den allgemeinen Schulen bestehen Sonderschulen und Sonderschuleinrichtungen für Kinder, die in allgemeinen Schulen wegen körperlicher, geistiger, seelischer oder erzieherischer Besonderheiten nicht hinreichend gefördert werden können (> BEHINDERTE). Die einzelnen Sonderschulen haben i.d.R. die gleichen Zielsetzungen wie die Grundschulen und die Oberschulzweige, wobei weitere Aufgaben wegen der Besonderheiten des Schülerkreises der Sonderschule hinzutreten können, wie z.B. die Artikulationsübungen an der Gehörlosenschule oder die Sprecherziehung an der Sonderschule für Sprachbehinderte.

Für Lernbehinderte sowie für Lern- und Geistigbehinderte gibt es 41 öffentliche und eine private Schule mit insg. 4.115 Schülern (Stand 1.10.1991). Speziell für Geistigbehinderte gibt es 17 öffentliche und zwei private Schulen mit insg. 1.563 Schülern. Daneben gibt es 30 öffentliche und vier private übrige Sonderschulen mit insg. 4.976 Schülern für Blinde (mit Berufsschule und Berufsfachschule), für Sehbehinderte, für Gehörlose, für Schwerhörige, für Sprachbehinderte, für Körperbehinderte (einschl. Sonderklassen für Körperbehinderte), Schulen in Heimen und in Krankenanstalten.
Mit der Geltung des Berliner Schulgesetzes auch für die östlichen Bezirke ab 1.8.1991 werden im Westteil bewährte Formen der sonderpädagogischen Förderung auch im Ostteil der Stadt aufgebaut und entwickelt. Hierzu gehören insbes. der Unterricht von Behinderten und Nichtbehinderten im kooperativen System, die Integration von einzelnen behinderten Kindern und Jugendlichen in die allgemeinen Schulen, der gemeinsame Unterricht von behinderten Kindern und Jugendlichen in der allgemeinen Schule sowie der Unterricht von behinderten Kindern mit ähnlichen Schwierigkeiten in sonderpädagogischen Kleinklassen der allgemeinbildenden Schulen.

3. Berufsbildung

Jugendliche, die nach Verlassen der allgemeinbildenden Schulen eine Berufsausbildung anstreben, besuchen die nach Berufen differenzierten Berufs- und Berufsfachschulen.
Berufsschulen, die keinen bestimmten Schulabschluß voraussetzen, ergänzen in einem dualen Ausbildungssystem als Teilzeitschulen die betriebliche Ausbildung. Die Berufsschule erteilt in der Regel 8-12 h Unterricht an ein bis zwei Tagen in der Woche. In den industriellen Metall- und Elektroberufen und in einigen anderen Ausbildungsberufen wird anstelle des Teilzeitunterrichts Blockunterricht erteilt. Die Schüler besuchen eine Woche den Berufsschulunterricht Vollzeitschule und sind danach zwei Wochen in der betrieblichen Ausbildung. Jugendliche ohne Ausbildungs- oder Arbeitsverhältnis besuchen im 11. Schuljahr eine berufsbildende Vollzeitmaßnahme.
Die 29 Berliner Berufsschulen (darunter eine private) mit 58.879 Schülern (Stand 15.10. 1991) bilden in folgenden Berufsfeldern aus: Wirtschaft und Verwaltung (7)

Metalltechnik (5)
Elektrotechnik (2)
Bautechnik und Holztechnik (2)
Textiltechnik (1)
Chemie/Physik/ Biologie (1)
Drucktechnik (1)
Farbtechnik und Raumgestaltung (3)
Gesundheit (1)
Körperpflege, z.B. Friseur und Zahntechniker (1)
Ernährung und Hauswirtschaft (1)
Agrarwirtschaft, z.B. Florist, Tierpfleger (1)
Berufsschule für Eisenbahnberufe (1)
Berufsschule für hörgeschädigte bzw. körperbehinderte Auszubildende (2).
Daneben gibt es drei Sonderberufsschulen (darunter eine private) mit insg. 1.644 Schülern.
In *Berufsfachschulen* erhalten Schüler eine vollständige oder teilweise berufliche Ausbildung. Sie vereint allgemeine und fachliche Lerninhalte, dauert mindestens ein Jahr und ist als Vollzeitunterricht angelegt. Eine Berufsausbildung oder berufliche Tätigkeit wird nicht vorausgesetzt. In die Berufsfachschule werden Bewerber bis zum vollendeten 25. Lebensjahr aufgenommen. Eingangsvor-

aussetzungen sind je nach angestrebtem Bildungsziel: der Hauptschulabschluß, der erweiterte Hauptschulabschluß oder der Realschulabschluß. Berufsfachschulausbildungen gibt es in den verschiedensten Bereichen: hauswirtschaftliche, pflegerische, kaufmännische, gewerbliche, technische, z.B. Berufsfachschule für Textiltechnik und Bekleidung oder für Bauhandwerker. Es kann aber auch der staatliche Abschluß in der Kinderpflege, als technischer Assistent oder als fremdsprachliche Sekretärin erreicht werden. Als Abschluß in einzelnen Fächern kann die Fachhochschulreife erworben werden. Im Oktober 1991 hatten die 27 Berufsfachschulen (darunter vier private) insg. 4.785 Schüler.
Die 18 *Fachoberschulen* (darunter eine private) führen i.d.R. in einem Bildungsgang von einem bzw. zwei Jahren (Klasse 11 und/oder 12) zur Fachhochschulreife. Die Fachoberschulen wurden 1991 von 2.813 Schülern besucht.
Die beruflichen Schulen sind durchweg in insg. 19, in West-Berlin gelegenen > Oberstufenzentren (OSZ) nach Berufsfeldern geordnet organisatorisch zusammengefaßt. Der Besuch eines OSZ setzt die Entscheidung für

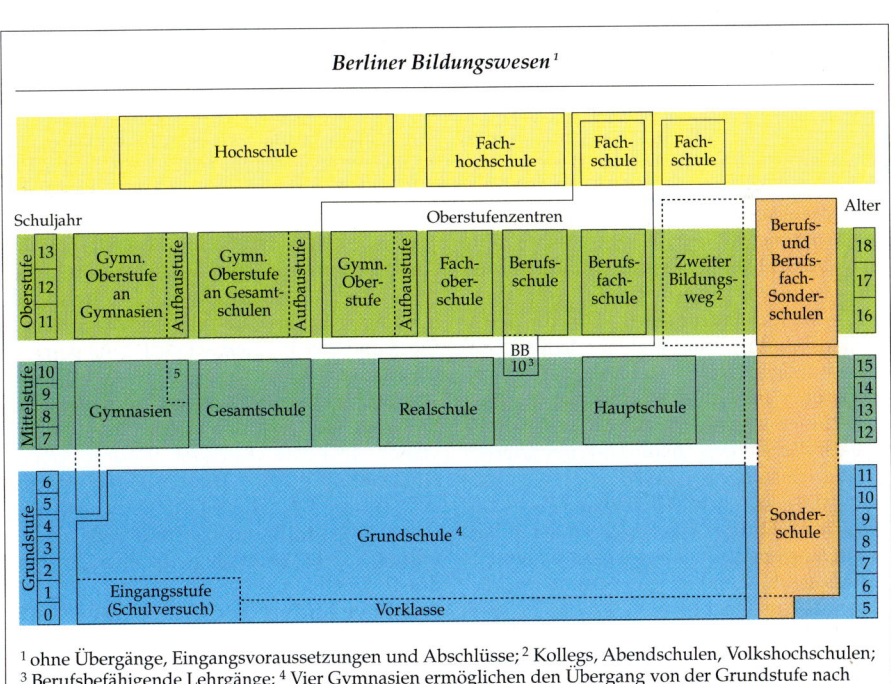

Berliner Bildungswesen[1]

[1] ohne Übergänge, Eingangsvoraussetzungen und Abschlüsse; [2] Kollegs, Abendschulen, Volkshochschulen; [3] Berufsbefähigende Lehrgänge; [4] Vier Gymnasien ermöglichen den Übergang von der Grundstufe nach der 4. Klasse, an drei Gesamtschulen werden Grundschulen im organisatorischen Verbund geführt; [5] Aufbauklassen

1041

ein Berufsfeld voraus. Die 42 mit der > VEREI-NIGUNG aus Ost-Berlin übernommenen Berufsschulen (36 Betriebsberufsschulen der ehem. Volkseigenen Betriebe und acht kommunale Berufsschulen) mit insg. 22.331 Lehrlingen und 1.110 Lehrkräften werden als Filialen der OSZ weitergeführt und im Rahmen des Ost-Ergänzungsprogramms in den kommenden Jahren nach deren Vorbild umstrukturiert.

Acht OSZ verfügen gleichzeitig über eine zur allgemeinen Hochschulreife führende *Gymnasiale Oberstufe*. Sie gleicht in ihrer Grundstruktur (Einführungsphase in der 11. Klasse, anschließend Grund- und Leistungskurse in der 12. und 13. Klasse) der Gymnasialen Oberstufe der Gymnasien oder Gesamtschulen. Auch dieser spezielle Ausbildungsgang wird von allen Bundesländern anerkannt. In der Einführungsphase wird Unterricht in den allgemeinbildenden Fächern und in den Bereichen der Fachtheorie und Fachpraxis des entsprechenden beruflichen Schwerpunktes erteilt. In der Kursphase steht das erste Leistungsfach, das dem jeweiligen Berufsfeld entspricht, im Mittelpunkt. Das zweite Leistungsfach kann der Schüler aus dem Angebot der Schule frei wählen. Das berufliche Schwerpunktfach wird durch Profilkurse unterstützt. Mit Stand vom 15.10. 1991 wurden an den Gymnasialen Oberstufen der OSZ insg. 1.378 Schüler unterrichtet.

Daneben gibt es in Berlin 18 öffentliche und sieben private *Fachschulen*, die einer vertieften beruflichen Aus- und Weiterbildung dienen. Mindestvoraussetzungen für den Zugang sind neben dem Hauptschulabschluß eine abgeschlossene Berufsausbildung und eine wenigstens zweijährige Tätigkeit in einem entsprechenden Beruf. Für die Fachschulausbildung zum Erzieher gelten Sonderbedingungen (> PESTALOZZI-FRÖBEL-HAUS). Im Oktober 1991 studierten an den Berliner Fachschulen insg. 5.488 Studenten. Auch die Fachschulen sind z.T. in die OSZ integriert.

4. Zweiter Bildungsweg (ZBW)

Der ZWB, also die Möglichkeit Schulabschlüsse nachträglich zu erwerben, ist in Berlin gut ausgebaut. So können früher getroffene Entscheidungen korrigiert und eine andere schulische Qualifikation erworben werden. Träger des ZBW ist das Land Berlin. Die Teilnahme an den Lehrgängen ist unentgeltlich. Lehrgänge des ZBW (Hauptschulabschluß, Erweiterter Hauptschulabschluß, Realschulabschluß, Fachhochschulreife, Allge-

meine Hochschulreife) werden an mehreren Oberschulen und > VOLKSHOCHSCHULEN sowie am Abendgymnasium Prenzlauer Berg, der > PETER-A.-SILBERMANN-SCHULE und am > BERLIN KOLLEG durchgeführt. Für alle Bildungsgänge gibt es Angebote im Tages- oder Abendunterricht.

Teilnehmer und Abschlußprüfungen im ZBW

	1990/91 Best. Prüf.	1991/92 Teiln.
Hauptschulabschluß/ erw. Hauptschulabsch.	228	818
Realschulabschluß	133	714
Fachhochschulreife	401	1.068
Hochschulreife	789	3.270

Unabhängig von den Einrichtungen der Berliner Schule und des ZBW gibt es die Möglichkeit, schulische Abschlüsse durch Fremdenprüfung (d.h. eine Nichtschülerprüfung, auf die man sich ohne Besuch eines Lehrganges vorbereiten muß) zu erlangen.

5. Geschichte

Das Berliner Schulwesen besitzt eine lange Tradition. Im Mittelalter sind die Träger des Schulwesens der Doppelstadt Berlin/> KÖLLN die Kirchen. In den Niederlassungen der Dominikaner (ab 1280) und Franziskaner wird Singe-, Lese- und Schreibunterricht zur Unterstützung der Liturgie und der religiösen Unterweisung erteilt. Die Bildung der Kinder vollzog sich in erster Linie in der Familie, als Lehrzeit zum Gesellen in den Berliner handwerklichen Betrieben.

1540 erließ Kurfürst Joachim II. (1535-71) eine Visitationsordnung für alle Kirchen und für die angeschlossenen Schulen. Die geistliche Schulaufsicht über die Schulen wurde eingeführt und erst 1872 abgeschafft. 1543 wurden die Schulen einem landesfürstlichen Konsistorium unterstellt. Da es mit der Leistungsfähigkeit der Schulen nicht zum Besten stand, gründete Kurfürst Johann Georg (1571-98) 1574 das > BERLINISCHE GYMNASIUM ZUM GRAUEN KLOSTER. Das Ziel dieser Landesschule bestand in einer gründlichen Vorbereitung auf das Studium an der einzigen Landes-Universität in Frankfurt/O.

1647 holte Kurfürst Friedrich Wilhelm (1640-88) das 1607 in Joachimsthal in der Schorfheide nördlich von Berlin gegründete und im Dreißigjährigen Krieg zerstörte Joachimsthalsche Gymnasium nach Berlin, wo es vorübergehend im > STADTSCHLOSS Quartier bezog. Im Zuge der Toleranz-Edikte von 1662 und 1664 entstand 1689 das Collège Français, das heutige > FRANZÖSISCHE GYMNASIUM. Das *Friedrichswerdersche Gymnasium* (1701) und das *Friedrich-Wilhelms-Gymnasium* (1797) ergänzten das Bildungsangebot der Gelehrtenschulen. Das Elementarschulwesen, in der Regel durch Spenden und Stiftungen unterhalten, erlebte einen kräftigen Ausbau erst in der Mitte des 18. Jh. Aus den Armenschulen entwickelte sich seit 1841 die Kommunalschule, 1863 Gemeindeschule genannt. 1881 besaß Berlin 121 Gemeindeschulen mit 103.191 Schülern. Die Klassenfrequenz betrug 65 Schüler, bei ständiger Schulraumnot. Doppelschulhäuser (für Jungen und Mädchen getrennt) hatten jeweils 1.000 Schülerinnen und Schüler aufzunehmen. Als einer der bedeutendsten Pädagogen und Schulpolitiker in Deutschland kam Adolph Diesterweg 1832-47 als Direktor des ersten Königlichen Stadtschullehrerseminars nach Berlin.

Als erste Höhere Lehranstalt für Mädchen wurde 1867 die Viktoria-Schule eröffnet. 1866 gründete Wilhelm Adolf Lette eine berufliche Mädchenschule (> LETTE-VEREIN). Erst 1908 konnte das männliche Abiturmonopol gebrochen werden, wenn auch die Hochschulreife vorerst nur an den Schweizer Hochschulen anerkannt wurde. Die *Reformpädagogik* konnte ihren Teil zu einem neuen reformerischen Leben an der Schule beitragen: Berthold Ottos Gesamtunterricht und seine Lichterfelder Hauslehrerschule, das Steglitzer Gymnasium (Ludwig Gurlitt) und die Charlottenburger Waldschulen (1904 als Volksschulen und 1910 als Waldoberschule), Ganztagsschulen mit Übernachtungsmöglichkeiten waren wegweisend für schulreformerische Tätigkeiten in ganz Deutschland.

Die Berliner Schulpolitik in der Weimarer Republik wurde durch die Bildung > GROSS-BERLINS und die gesetzliche Verankerung der vierjährigen Grundschule für alle Kinder durch das Reichsgrundschulgesetz vom 28.4. 1920 entscheidend mitbestimmt. Trotz anerkannter Schulpläne konnten sich die Berliner Schulpolitiker Fritz Karsen, Paul Oestreich, Wilhelm Paulsen und Jens Nydahl mit ihren reformerischen Ideen (z.B. Verlängerung der Grundschulen, Mitbestimmung der Schüler) nicht oder nur z.T. durchsetzen. 1920 wurde in > ADLERSHOF die erste weltliche Schule (ohne obligatorischen Religionsunterricht) gegründet, Schulen in > NEUKÖLLN (unter Adolf Jensen) 1920 und > LICHTENBERG sowie

> SPANDAU (1922) folgten. 1921 gründete Fritz Karsen das Neuköllner Schulzentrum, nach heutigen Maßstäben eine Art additive Gesamtschule in einem Bildungszentrum. Die als „Karl-Marx-Schule" bekanntgewordene Bildungseinrichtung wurde 1933 als Schulversuch abgebrochen, 43 der 74 Lehrer aus dem Schuldienst entfernt. Karsen emigrierte in die Schweiz, danach in die USA. Nach ihrer Machtergreifung 1933 gestalteten die Nationalsozialisten das Schulwesen in ihrem Sinne um. Im Februar 1933 wurde der Berliner Stadtschulrat Jens Nydahl (SPD) von seinem Amt suspendiert, 19 Schulräte, 83 Rektoren und über 550 Lehrkräfte entlassen. Zehn Reformschulen und 42 sog. Sammelschulen (Schulen ohne Religionsunterricht) wurden aufgelöst und bei Umsetzung der Lehrerkollegien in Volksschulen umgewandelt.

Ende April 1945 eroberten die sowjetischen Truppen Berlin und schlossen alle Schulen zum 28.4.1945. Im Mai 1945 begannen die „Initiativgruppen" aus deutschen Kommunisten, Sozialdemokraten, Gewerkschaftern und politischen Häftlingen, das Schulwesen wieder in Gang zu bringen. Antifaschistische Ausschüsse bemühten sich darum, daß nationalsozialistische Lehrer aus dem Schuldienst entfernt und „antifaschistische Lehrkräfte" gewonnen wurden. Unter der Befehlsstruktur des sowjetischen > STADTKOMMANDANTEN von Berlin übernahm der aus der Sowjetunion kommende Otto Winzer (KPD) von Mai 1945 bis Dezember 1946 die Leitung des Berliner Volksbildungswesens. Ernst Wildangel (KPD), ehem. Studienrat an der Karl-Marx-Schule in Neukölln, versah ab 1946 das Amt des Leiters des Berliner Hauptschulamtes.

Am 11.6.1945 wurde der Schulbetrieb in Berlin wieder aufgenommen. Otto Winzer kündigte eine „Revolution von oben" an, er forderte eine gesellschaftliche Begründung des Unterrichts, praktische Sofortmaßnahmen für die Durchführung des Schulbetriebs und erweiterte Leitungs- und Kontrollbefugnisse für das neue Hauptschulamt. Der zuständige Vertreter der Roten Armee, Sudakow, wurde am 8.6.1945 vor den neuen Schulräten deutlicher: Die Neuordnung der Schule habe im Sinne des deutschen Weges zum Sozialismus zu erfolgen. Der Befehl lautete: „Der Lehrerstand soll sich loyal gegenüber den alliierten Truppen verhalten, die sich in Berlin befinden, und diese Loyalität sollen sie bei den

Schülern auch anerziehen." Otto Winzer skizzierte die vorgesehene Organisationsform der Schule: Einheitsschule von Klasse 1-10 (vier Jahre Grundschule, drei Jahre Mittelklassen, drei Jahre Oberklassen).

Am 13.11.1947 beschloß die > STADTVERORDNETENVERSAMMLUNG mit den Stimmen der SPD, SED und FDP gegen die Stimmen der CDU das „Schulgesetz für Groß-Berlin". Das Einheitsschulgesetz beruhte auf dem radikalen Verzicht auf die überkommenen schulorganisatorisch getrennten Bildungsgänge. Die Schüler sollten in einer zwölfstufigen Schule bei innerer Differenzierung gemeinsam eine Schule besuchen. Auf Anordnung der > ALLIIERTEN KOMMANDANTUR vom 22.6. 1948 trat das Gesetz rückwirkend zum 1.6.1948 in Kraft.

Die Berliner Schule ähnelte in ihrer Konzeption dem Schulwesen der damaligen Sowjetischen Besatzungszone. Nach der > SPALTUNG Berlins im November 1948, dem Inkrafttreten des Grundgesetzes 1949 und den > WAHLEN 1950 kam es im Drei-Parteien-Senat aus SPD, CDU und FDP zu einem schulpolitischen Kompromiß, dessen wesentliche Änderung darin lag, die Einheitsschule zugunsten einer gegliederten Schule aufzugeben, bei der auf einer sechsklassigen Grundschule die Oberschule Praktischen, Technischen und Wissenschaftlichen Zweiges aufbaut.

Die stark ansteigenden Schülerzahlen aus den geburtenstarken Jahrgängen ab 1967 erforderten neue Grundschulbauten in allen Stadtteilen Berlins. Als die Zahl der Schüler in den Jahren 1970-76 in der Mittelstufe um ca. 50 % zunahm, wurden neue Überlegungen zur Gestaltung dieser Schulstufe erforderlich. Entsprechend der bildungspolitischen Konzeption der SPD in Berlin entschied sich die Berliner Landesregierung, keine getrennten Schulen für die Klassen 7-10 (Hauptschule, Realschule, Gymnasium) zu errichten, sondern > BILDUNGSZENTREN zu bauen, die diese Schulen in Form einer Gesamtschule unter einem Dach vereinen.

Die Erfahrungen mit den ersten vier integrierten Gesamtschulen führten zur Novellierung des Berliner Schulgesetzes. Damit erhielt die Gesamtschule 1970 den Status einer Regelschule. In Übereinstimmung mit der Bund-Länder-Kommission für Bildungsplanung und den Grundzügen des Bildungsberichts der damaligen sozial-liberalen Bundesregierung wollte Berlin (West) mit dem Bau der Gesamtschulen in Bildungszentren

für alle Schüler eine allgemeine wissenschaftsorientierte Grundbildung gewährleisten und eine vorzeitige Festlegung auf bestimmte Bildungsgänge vermeiden.

Seit 1980/81 war die Zahl der Schüler jedoch wieder ständig rückläufig, bis 1990 verlor die Mittelstufe 30 % ihrer Schüler. Gleichzeitig führte ein überproportionaler Anstieg ausländischer Schüler an den Gesamtschulen zu neuen Schulproblemen bei Bildungszentren. Bereits 1978 registrierte der Schulentwicklungsplan III, daß die Hauptschule infolge des Aufbaus zahlreicher Gesamtschulen und aufgrund der veränderten Zusammensetzung der Schülerschaften durch den Zustrom ausländischer Arbeitnehmer in eine äußerst kritische Situation geraten war. Ein weiteres Problem entstand durch die ungünstige Ausbildungsplatzsituation und die Jugendarbeitslosigkeit. Stützungsmaßnahmen erwiesen sich als notwendig und führten schließlich zum sog. „Neuen Ansatz" für die Hauptschule. Über Frequenzsenkungen und Stärkung des Klassenlehrerprinzips wurde der inzwischen als positiv beurteilte Versuch unternommen, die Schüler erneut zu motivieren, die Zahl der Schüler mit Schulabschlüssen zu erhöhen und die Fälle von schweren Verhaltensauffälligkeiten zu verringern.

An die Stelle des über viele Jahre freiwilligen 10. Vollzeitschuljahres trat seit 1979 auch an der Hauptschule ein 10. Pflichtschuljahr getreten. Damit sollten „alle Jugendlichen in einer Entwicklungsstufe in der Schule verbleiben, wo unter den Bedingungen von Unterricht und Erziehung wichtige Voraussetzungen für die Bewältigung bestehender Aufgaben in der Arbeitswelt und in der Familie geschaffen werden".

Die Schulpolitik in Ost-Berlin nahm nach der Spaltung der Stadt 1948 einen völlig andersartigen Verlauf: Der antifaschistische Erziehungsauftrag zusammen mit reformpädagogischen Ideen der 20er Jahre spielten im Schulsystem von Ost-Berlin eine entscheidende Rolle. Nach 1948 bestand in den östlichen Stadtteilen, so auch in der gesamten DDR, eine acht Klassen umfassende Grundschule. Darauf baute eine vierjährige Oberschule oder eine dreijährige Berufsschule auf. Das System der Einheitsschule fand seine Ablösung in der Bildung einer „allgemeinbildenden 10klassigen polytechnischen Oberschule" (POS) durch das Bildungsgesetz der DDR von 1965. Auf der POS baute sich eine zweijährige Abiturstufe, die „Erweiterte

Oberschule" (EOS), auf. Daneben gab es Sonderschulen für Behinderte und – in geringem Umfang – fachlich orientierte > Spezialschulen für besonders begabte Schüler. Die Berliner Schulen wurden wie alle Schuleinrichtungen in der DDR zentralistisch vom Ministerium für Volksbildung dirigiert und den politischen Zielvorstellungen der SED unterworfen.

Mit der > Vereinigung wurden im Ostteil der Stadt 398 allgemeinbildende Schulen (350 POS, 15 EOS und 33 Sonderschulen) mit insg. fast 159.000 Schülern übernommen. Die Zahl der dort vollbeschäftigten Lehrkräfte lag im Schuljahr 1989/90 bei 12.693. Für die heutige Stellung der Ost-Berliner Lehrer gilt grundsätzlich, daß ihre in der DDR erworbenen Qualifikationen anerkannt sind: Sie können an allen Berliner Schulen unterrichten, auch im Westteil der Stadt. Bis Ende 1992 wurden lediglich 453 Lehrer wegen eindeutig fehlender fachlicher oder persönlicher Voraussetzungen entlassen. Für diejenigen, die eine höhere Qualifikation – und damit auch eine bessere Besoldung – anstreben, ist ein umfangreiches Weiterbildungsangebot aufgelegt worden. So können z.B. Unterstufenlehrer und Diplomlehrer ein Ergänzungsstudium absolvieren. Durch den bestehenden Lehrerüberhang werden Ermäßigungsstunden bereitgestellt, um die Weiterbildung, die freiwillig ist, zu erleichtern. Nach der Zweiten Verordnungsermächtigung im > Einigungsvertrag und dem Dritten Gesetz über die Vereinheitlichung des Berliner Landesrechts können Lehrkräfte, die eine Prüfung als Lehrer im Beitrittsgebiet abgelegt haben, darüber hinaus nach einer dreijährigen Bewährungszeit zu Beamten auf Probe ernannt werden. Bis zum Ablauf dieser Zeit sind schulpädagogische Veranstaltungen zu besuchen, die bei der Entscheidung über den erfolgreichen Ablauf der Bewährungs- und Probezeit berücksichtigt werden.

Um möglichst rasch gleiche inhaltliche und pädagogische Standards in allen Berliner Schulen zu schaffen, wurden im ersten Halbjahr 1991/92 750 Kurse mit insg. 16.000 Teilnehmerplätzen angeboten; für das zweite Halbjahr standen rd. 830 Kurse mit fast 20.000 Plätzen zur Verfügung. Im Landeshaushalt 1992 wurde dieser Schwerpunkt durch eine Anpassung der Mittel von 1,5 auf 2 Mio. DM belegt. Im ersten Halbjahr des Schuljahres 1992/93 stehen 1.000 Kurse mit rd. 22.400 Teilnehmerplätzen zur Verfügung.

So erhalten innerhalb der nächsten drei Jahre ca. 5.000 Lehrer die Möglichkeit der Weiterbildung.

Im Zuge der Integration des östlichen Schulwesen sind aus den Ost-Berliner POS und EOS 222 Grundschulen, acht Hauptschulen, 25 Realschulen, 46 Gymnasien und 54 Gesamtschulen entstanden (Stand 1.10.1991). 47,6 % aller Schüler der Oberschule in den östlichen Stadtteilen besuchten eine Gesamtschule. Zum Schuljahresbeginn 1992/93 waren umfassende Veränderungen in der Schulnetzplanung notwendig, da sich das Schul-Wahlverhalten der Eltern aus den östlichen Bezirken gravierend veränderte und dem Verhalten in den westlichen Bezirken annäherte. So hat sich die Nachfrage nach Haupt- und Realschulen nahezu verdoppelt. Das Interesse an der Gesamtschule ist dagegen auf 30 % drastisch zurückgegangen. Deshalb mußten einige Schulen umgewidmet werden: Alle Bezirke haben jetzt Hauptschulen eingerichtet, fünf Bezirke richteten neue Realschulen ein. Einige Gesamtschulen werden dagegen langfristig auslaufen oder zusammengelegt werden, wenn in den nächsten Jahren die Nachfrage nicht wieder wächst. Keine Veränderungen gibt es dagegen bei der Verteilung der Gymnasien in der Stadt.

Das an den Schulen der östlichen Bezirke vorhandene Angebot an *Schulhorten* für die Klassen 1-4 wurde mit Übernahme des Berliner Schulgesetzes zum Schuljahr 1991/92 in vollem Umfang fortgeführt. Insg. wurden hier mehr als 40.000 Schüler betreut. Daneben stehen im Ostteil 1.980 Hortplätze in 78 landeseigenen Einrichtungen und 278 in Kindertagesstätten freier Träger zur Verfügung. Dabei wurde die bewährte Angebotsstruktur des Westteils (Krippe, Kindergarten, Hort) übernommen. Am 30.6.1992 hat der Senat beschlossen, die bestehenden Horte an den 222 Grundschulen sowie die 40 entsprechenden Einrichtungen an Sonderschulen auch zukünftig weiterzuführen. Der offene Ganztagsbetrieb kostet i.d.R. 60,- DM im Monat. Eine mittel- bis langfristige Erstreckung der Horte auf den Westteil der Stadt wird geprüft.

Trotz 7.000 zusätzlicher Schüler sind Schulstruktur und Schulraumversorgung für die mehr als 368.000 Schüler des Schuljahrs 1992/93 im wesentlichen gesichert. Kurzfristige Engpässe werden durch den Neubau von insg. 408 mobilen Unterrichtsräumen v.a. in den östlichen Bezirken (z.B. allein in >

MARZAHN 112 Räume an 13 Standorten) über-brückt. Auch die Versorgung mit Lehr- und Lernmitteln konnte finanziell gesichert werden. Insg. stehen pro Schüler mehr als 600,-DM zur Verfügung. Noch im Schuljahr 1992/93 wird eine am Standard der westlichen Bezirke orientierte Grundausstattung mit Lehr-und Lernmittel vorhanden sein.

Schulfarm Insel Scharfenberg: Die in den 20er Jahren durch Wilhelm Blume gegründete S. liegt auf der Insel *Scharfenberg* im > TEGELER SEE im Bezirk > REINICKENDORF. Sie ist eine *Internatsschule* und führt Gymnasialschüler von der 7. Klasse an mit der Fremdsprachenfolge Englisch/Französisch zum Abitur. Ihr schulisches Angebot mit den Schwerpunkten Naturwissenschaften, Kunst, Sport und Musik wird ergänzt durch praxisorientierte Kurse auf freiwilliger Basis in Werkstätten und Ställen wie z.B. Gartenbau, Landwirtschaft, Landschaftspflege. Außerhalb des Unterrichts werden weitere Aktivitäten wie Wassersport, Fotografie, Drucktechnik und Theaterspiel angeboten.
Die besondere pädagogische Prägung dieser Schule unterstützt die Erziehung der Jugendlichen zu selbständigem und sozialem Verhalten. Die Internatsform ermuntert Schüler und Eltern, das Gemeinschaftsleben eigenverantwortlich mitzugestalten. Ab der 11. Klasse, in der neben Internatsschülern auch Externe unterrichtet werden, gibt es ein Fach „Kolloquium", in dem die Schüler ihre Hausordnung selbst erarbeiten.
Für die Aufbauklasse 9 können sich Schüler mit überdurchschnittlichen Leistungen aus Haupt-, Gesamt- und Realschulen zur Aufnahme bewerben. Die Aufnahme ist nur mit Einverständnis des Schülers möglich. Die Bewerbung für die Aufnahme unterscheidet sich im wesentlichen nicht von anderen Gymnasien. An der Schulfarm arbeiten 20 Lehrer und zehn weitere Mitarbeiter. Die Hälfte der Kosten für Unterkunft, Verpflegung und Unterricht in Höhe von monatlich rd. 600 DM sind von den Eltern zu entrichten (für arbeitslose Eltern gibt es Ermäßigungen), die andere Hälfte trägt die > SENATSVER-WALTUNG FÜR SCHULE, BERUFSBILDUNG UND SPORT.

Schulmuseum: Das am 24.11.1987 als Einrichtung der damaligen *Akademie der Pädagogischen Wissenschaften* der DDR in der Wallstr. 32 im Bezirk > MITTE eröffnete S. ist seit Januar 1991 der > SENATSVERWALTUNG FÜR

KULTURELLE ANGELEGENHEITEN (SENKULT) nachgeordnet. Nachdem die Zukunft der Einrichtung zeitweise unklar war, hat der > SENAT VON BERLIN Ende 1991 die modifizierte Fortführung des Museums beschlossen. Die durch die DDR-Sicht geprägte Präsentation wurde bereits 1991 z.T. überarbeitet. Das S. ist seit Juli 1990 durch einen Kooperationsvertrag mit der 1976 entstandenen „Arbeitsgruppe Pädagogisches Museum e.V." verbunden, die sich im Westteil der Stadt um den Aufbau eines eigenen S. bemüht hatte. Die künftige Konzeption als Landesschulmuseum soll 1993 von der SenKult vorgelegt werden; für diesen Zeitpunkt ist auch der Umzug des S. in neue Räume geplant, wahrscheinlich in den Bruno-Bürgel-Weg in > TREPTOW.
Gegenwärtig umfassen die Bestände des S. ca. 30.000 Objekte und eine Fotothek von über 15.000 Fotos, die auf der Sammlung des Pädagogen Robert Alt aufbaut. Neben Wechsel- und Sonderausstellungen zeigt das S. eine ständige Ausstellung zur Geschichte des deutschen Bildungswesens und des Schulalltags ab dem Ende des 15. Jh., die den Besuchern schulgeschichtliche Entwicklungen in Wechselwirkung mit gesellschaftlichen Veränderungen sowie das Wirken einzelner Pädagogen vermittelt. Die Sammlung enthält u.a. alte Schulmöbel und -geräte, ein Harmonium, Rohrstöcke, Schulordnungen, amtliche Dokumente, Lehrbücher, Schulhefte und Kleidung.
Vorläufer des S. waren das 1875 entstandene „Städtische Schulmuseum" und das 1876 durch den Deutschen Lehrerverein in Berlin gegründete „Deutsche Schulmuseum", dessen Bestände 1908 an das Städtische Schulmuseum übergingen. Seine Bibliothek wurde unter dem Namen „Deutsche Lehrerbücherei" selbständig. Das Städtische Museum stellte 1916 seine Arbeit ein und übergab seine Sammlung dem 1915 gegründeten „Zentralinstitut für Erziehung und Unterricht", dessen Aufgaben das Deutsche Pädagogische Zentralinstitut (1949-70) bzw. die Akademie der pädagogischen Wissenschaften der DDR (1970-90) weiterführten. Die Bestände der Deutschen Lehrerbücherei gingen in die im > HAUS DES LEHRERS untergebrachte *Pädagogische Zentralbibliothek* (1951-91) über, die seit 1.1.1992 Bibliothek für Bildungsgeschichtliche Forschung heißt und zum Deutschen Institut für Internationale Pädagogische Forschung in Frankfurt/M. gehört.

Schulzendorf: Die Waldsiedlung S. liegt im Westen des > TEGELER FORSTS zwischen der Ruppiner Chaussee und der stillgelegten Bahnlinie nach Kremmen im Kreis Oranienburg (Kremmener Bahn). Der Name S. ist seit 1754 belegt und bezeichnete ein kleines Etablissement mit Krug und Teerofen an der Landstraße nach Hamburg. Aus dem Anfang des 19. Jh. ist an der Ruppiner Chaussee 139-141 noch ein zweistöckiges Tagelöhnerhaus mit Krüppelwalmdach erhalten. Mitte des 19. Jh. erhielt die Straße nach Hamburg eine Pflasterung und 1893 wurde ein Haltepunkt an der Kremmener Bahn eröffnet, wodurch der Ausflugsverkehr in das idyllisch im Wald am 65 m hohen Apolloberg gelegene Örtchen erheblich anwuchs. 1888 wurde S. dem Gutsbezirk Tegeler Forst eingegliedert, mit dem es 1920 zu > GROSS-BERLIN kam. Vom Wald ist S. heute abgeschnitten durch die Bundesstraße 111 als Teilstück des Autobahnzubringers zum > BERLINER RING (> BUNDESFERNSTRASSEN).

Schustehruspark: Der nur etwa 1 ha große S. befindet sich in der Altstadt von > CHARLOTTENBURG, südlich des > SCHLOSSES CHARLOTTENBURG. Er wurde 1914 von Gartendirektor Erwin Barth auf einem in der eiszeitlichen Grunewaldrinne (> GRUNEWALDSEEN) gelegenen ehem. Privatgarten angelegt und nach dem früheren Charlottenburger Bürgermeister Kurt Schustehrus (1898-1913) benannt. Auffallend sind v.a. die überwiegend geometrischen Elemente unter altem Baumbestand. Im Rahmen der Maßnahmen der > GARTENDENKMALPFLEGE zur 750-Jahr-Feier Berlins 1987 wurde der Park 1986/87 vollständig restauriert. Die zugehörige *Villa Oppenheim* in der Schloßstr. 39-43, die sich der Kommerzienrat Hugo Oppenheim 1881/82 vom Architekten Christian Heidecke hatte erbauen lassen, wurde nach Auszug der dort untergebrachten Schule ebenfalls im Äußeren wiederhergestellt. Der in historisierendem Stil mit Formen der Renaissance gestaltete Bau wird seit 1987 vom Kunstamt Charlottenburg für Ausstellungen genutzt (Eingang Schloßstr. 55; > KULTUR- UND KUNSTÄMTER).

Schutzpolizei (Schupo): Die Schupo ist der uniformierte Teil der > POLIZEI. Sie hat die Aufgabe der Gefahrenabwehr und die Aufrechterhaltung der öffentlichen Sicherheit und Ordnung zu gewährleisten, und zwar im täglichen Dienst, im geschlossenen Einsatz, im Verkehrsdienst oder bei Großeinsätzen (z.B. bei Demonstrationen). Die Schupo verfügte 1992 über 11.543 Polizeibeamte, davon 5.910 aus Ost-Berlin. Hinzu kommen 486 Beamte, die sich in der Ausbildung befinden. Bei der Schupo sind 744 Frauen tätig. Täglich befinden sich bis zu 233 Polizeiwagen im Einsatz, im Durchschnitt finden – mit steigender Tendenz – täglich 2.220 Einsätze statt.

Schwanenwerder: Die von einer eiszeitlichen Moräne gebildete Insel S. zwischen > HAVEL und > GROSSEM WANNSEE im Bezirk > ZEHLENDORF hieß bis 1901 Cladower Sandwerder. 1882 wurde sie vom Fabrikanten Friedrich Wilhelm Wessel erworben. Seine Erben, Franz und Herrmann Wessel, erschlossen das 25 ha goße Areal durch einen mit einer Brücke versehenen Damm und verkauften es nach Parzellierung als Baugrund an vermögende Berliner. Die vielfach in jüdischem Besitz befindlichen, herrschaftlichen Anwesen wurden nach 1933 in vielen Fällen enteignet und von nationalsozialistischen Spitzenfunktionären für eigene Zwecke requiriert. So nahmen u.a. Joseph Goebbels und Albert Speer hier ihre Wohnung. Nach 1945 waren mehrere der nun leerstehenden Villen vom Verfall bedroht und wurden von der öffentlichen Hand aufgekauft, die heute ca. 40 % der Inselfläche besitzt und sie v.a. für Zwecke der Jugenderholung nutzt (> JUGENDFÖRDERUNG). Auf S. befindet sich auch die Berliner Tagungsstätte des > ASPEN-INSTITUTS. Die aus der unterschiedlichen Nutzung resultierenden Konflikte mit den verbliebenen privaten Grundstücksbesitzern führten mehrfach zu Rechtsstreitigkeiten vor den Berliner Verwaltungsgerichten. 1988 wurde die Nutzung durch den Abschluß eines Bebauungsplanverfahrens endgültig geregelt. Auf dem Grundstück Inselstr. 8 steht eine 1884 von Friedrich Wilhelm Wessel aufgestellte, 7 m hohe Marmorsäule aus den Tuilerien in Paris, die 1564 von Philibert Delorme für den Palast der Katharina v. Medici geschaffen wurde.

Schwules Museum: Das S. am Mehringdamm 61 im Bezirk > KREUZBERG ist das weltweit einzige Museum seiner Art. Seit September 1989 (bis Ende 1988 in der > FRIEDRICHSTRASSE 12) stellt es in drei Räumen Objekte aus, die Einblicke in schwule Lebenszusammenhänge bieten. In wechselnden Ausstellungen werden Dokumente, Selbstzeugnisse, Kunst und Kitsch aus einem Jahrhundert schwuler Geschichte gezeigt. Das S. ist gleichzeitig ein Forum, das Impulse für die politische Diskussion von Problemen geben will, die die heterosexuelle Umwelt mit Schwulen hat, bspw. 1990 durch den Ausstellungsbeitrag „Die Geschichte des § 175 – Strafrecht gegen Homosexuelle", die im > RATHAUS SCHÖNEBERG und in der Frankfurter Paulskirche gezeigt wurde.

Die Bibliothek des S. umfaßt etwa 2.500 wissenschaftliche und belletristische Bücher zum Thema Homosexualität, eine umfangreiche Zeitschriftensammlung mit Schwerpunkt auf deutschsprachigen Periodika sowie eine Plakatsammlung mit etwa 700 Titeln. Das Schriftgutarchiv und das Fotoarchiv sind nach Absprache zugänglich.

Träger des S. ist der im Dezember 1985 gegründete „Verein der Freunde eines Schwulen Museums in Berlin e.V.", der ab 1986 in der Friedrichstr. kontinuierlich Ausstellungen zeigte. Er bemüht sich um den Aufbau des Archivs sowie die Sammlung von Exponaten und will Anstöße zu wissenschaftlichen Arbeiten aller Fachbereiche geben. Die Vereinszeitschrift „Capri" erscheint vierteljährlich als bislang einziges deutschsprachiges schwules Geschichtsperiodikum.

Sechstagerennen: Die jeweils in der Wintersaison durchgeführten Berliner S. waren die größten Hallenradsportveranstaltungen dieser Art in Europa. Das vorläufig letzte der insg. 85 Berliner S. fand im Januar 1990 vor 41.000 Zuschauern in der > DEUTSCHLAND-HALLE statt. Es nahmen insg. 14 Mannschaften aus acht Nationen teil. Nach dem Abriß des Rundkurses in dieser Halle steht bis zum für Mitte der 90er Jahre vorgesehenen Bau des 8.000 Zuschauer fassenden Rad-Velodroms am Standort der > WERNER-SEELENBINDER-HALLE kein geeigneter Veranstaltungsort zur Verfügung, um die ältesten „Sixdays" Europas aufnehmen und attraktiv gestalten zu können.

1909 waren die ehem. Ausstellungshallen am > ZOOLOGISCHEN GARTEN Schauplatz des ersten europäischen > S. Seit dem Abriß des 1911 eröffneten > SPORTPALASTES 1973, in dem das Rennen in der Vorkriegszeit sowie nach dem II. Weltkrieg ausgetragen worden war, fanden die Berliner S. in der Deutschlandhalle statt, wo sich die Veranstaltung mit hochrangiger internationaler Beteiligung, gepaart mit vielfältigen musikalischen und gastrono-

Sechstagerennen 1963

mischen Angeboten, entfalten konnte. Neben dem hohen sportlichen Niveau durch die Teilnahme weltberühmter Straßen- und Bahnradfahrer genoß das S. wegen der gelungenen Verknüpfung aus Sport und Vergnügen große Popularität bei der Berliner Bevölkerung.

Seddinsee: Der S. im > KÖPENICKER FORST südöstlich von > SCHMÖCKWITZ ist ein von der > DAHME abzweigender See am südöstlichen Stadtrand von Berlin. In dem 2,9 km langen, 376 ha großen und max. 7 m tiefen S. liegen mehrere unbewohnte > INSELN, darunter in seiner Mitte der *Seddinwall* sowie weiter nördlich der *Nixenwall*, der *Dommelwall* und die Insel *Berg*. Am Seeeingang im Seenkreuz von S., > ZEUTHENER SEE, > GROSSER KRAMPE und > LANGEM SEE liegen die kleinen Inseln *Werderchen* und *Weidenwall*. Der S. ist eine wichtige Trinkwasserzone der Stadt (> WASSERVERSORGUNG/ENTWÄSSERUNG).

Am östlichen Seeufer mündet der 1890 eröffnete *Oder-Spree-Kanal*, eine für die > SCHIFFFAHRT bedeutsame, 84 km lange Wasserstraßenverbindung nach Fürstenberg an der Oder. Im Norden ist der S. über den 1934-36 angelegten, 2,7 km langen *Gosener Kanal* mit dem > DÄMRITZSEE und der > SPREE verbunden. Der für die Ausflugsschiffahrt geöffnete Kanal ist für Sportboote gesperrt.

Seen: Mit rd. 50 größeren Seen sowie mehr als 100 kleineren Teichen und > PFUHLEN ist Berlin eine sehr seenreiche Stadt. Insg. werden 6,4 % der Stadtfläche von Gewässern eingenommen. Der Reichtum an S. in Berlin ist eine Folge der früheren Abschmelzprozesse am Ende der letzten Eiszeit vor ca. 15.000 Jahren. Das verhältnismäßig junge hydrographische Bild ist daher schon bei ungestörten geoökologischen Abläufen raschen und

weitreichenden Veränderungen ausgesetzt, zu denen hier besonders Laufverlegungen, An- und Verlandungserscheinungen zählen. Diese Vorgänge werden gerade in einem Ballungsraum durch Eingriffe des Menschen gewollt oder als unbedachte Folgewirkung potenziert; hinzu kommen die unterschiedlichsten Einflüsse auf die Wasserqualität sowie auf Flora und Fauna (> Umweltschutz).
Regional lassen sich die Berliner S. in folgende Gruppen einteilen:
– der Berliner Anteil an der Rüdersdorf-Königs Wusterhausener Seenkette mit dem 8 m tiefen Zungenbecken des > Grossen Müggelsees sowie dem > Seddinsee und dem > Langen See als Rinnenseen in der Mündungsregion der > Dahme, deren Ausbuchtungen den > Zeuthener See und die > Grosse Krampe bilden;
– die auf dem Stadtgebiet liegenden Anteile an den > Havelseen;
– die Rinnenseen des > Grunewaldes (> Grunewaldseen);
– die Seen und Teiche im > Warschau-Berliner Urstromtal, z.B. die Faule Spree oder Teile der Gewässer im > Grossen Tiergarten;
– die Sölle und Pfuhle auf den Platten des > Teltows und > Barnims v.a. in den Bezirken > Neukölln, > Tempelhof, > Steglitz, > Pankow, > Weissensee und > Hohenschönhausen.
Gerade die letztgenannten kleineren Gewässer sind erheblich reduziert worden, z.B. durch die Einbeziehung in die Trasse des > Teltowkanals und damit verbundenen Grundwasserabsenkungen.
Teilweise wurden und werden verlandende und verlandete S. durch Wasserzuleitung und Ausbaggerung reaktiviert. So war der Lietzensee im Charlottenburger > Lietzenseepark vor 1900 in seinem Naturzustand fast völlig verschilft und kaum 20 cm tief; bis 1904 wurde er auf 2 m Tiefe ausgebaggert. Die anschließende Eutrophierung führte hier zur wahrscheinlich weltweit ersten künstlichen Sanierung durch Drosselung der Nährstoffzufuhr. Den Grunewaldseen wird ständig zusätzlich Wasser aus der > Havel zugeführt.
Schließlich wurde eine Reihe von S. und Teichen künstlich angelegt. Dazu gehören Rückhaltebecken wie das Segeluch im > Märkischen Viertel, Baggerseen wie der durch Kiesabbau entstandene > Flughafensee in > Tegel, der Habermannsee in > Hellersdorf und der Ziegeleisee in > Lübars oder der nach 1945 durch Torfabbau entstandene Große

Torfstich in > Hermsdorf. Auch die für die > Bundesgartenschau 1985 angelegten Gewässer im > Britzer Garten in Neukölln sind künstliche Anlagen.

SEKIS Selbsthilfe-, Kontakt- und Informationsstelle: SEKIS ist eine im September 1983 als Initiative von Berliner > Selbsthilfegruppen und Einzelpersonen entstandene Vermittlungsstelle für alle, die für sich oder andere Kontakt zu einer Selbsthilfegruppe im Gesundheits- und Sozialbereich suchen. Sie hat ihre Räume in der Albrecht-Achilles-Str. 65 im Bezirk > Wilmersdorf. Während die im gleichen Gebäude untergebrachte > Nationale Kontakt- und Informationsstelle zur Anregung und Unterstützung von Selbsthilfegruppen für die gesamte Bundesrepublik Deutschland zuständig ist, fungiert SEKIS als übergeordnete Kontaktstelle v.a. für Berlins Selbsthilfegruppen. Träger der Einrichtung ist der Deutsche Paritätische Wohlfahrtsverband, Gesamtverband e.V. in Frankfurt/M. (> Paritätischer Wohlfahrtsverband Landesverband Berlin e.V.).
Schwerpunkte des Angebots von SEKIS sind, neben der Vermittlung von kontaktsuchenden Personen an bestehende Selbsthilfegruppen, Informationen für professionelle Helfer im Gesundheits- und Sozialbereich zur Initiierung von Selbsthilfegruppen, die Hilfe bei Gründung und Aufbau neuer Gruppen, die Beratung von Gruppen (u.a. in Krisensituationen) und Projekten sowie die Unterstützung von Selbsthilfegruppen durch praktische und technische Hilfsmittel wie Gruppen-, Büroräume u.a. Ferner führt die SEKIS Gesundheits- und Rechtsberatungen durch und gibt einen Selbsthilfe-Rundbrief heraus. Alle Leistungen werden kostenlos zur Verfügung gestellt.
In 16 > Bezirken der Stadt gibt es außerdem sog. regionale Selbsthilfezentren, von denen vier im Zuge der > Vereinigung in den östlichen Bezirken Berlins neu eingerichtet wurden. SEKIS hat sechs Mitarbeiter, die regionalen Zentren, die von SEKIS unabhängig sind, haben je eine Stelle. Die Finanzierung der Arbeit erfolgt aus dem Haushalt der > Senatsverwaltung für Soziales.

Sektoren: Nach ihrem militärischen Sieg über Deutschland bildeten die > Alliierten 1945 auf der Basis der (damals) 20 > Bezirke Berlins zum Zwecke der gemeinsamen Besetzung der Stadt vier S. genannte Abschnitte, die ihre Truppenstandorte voneinander abgrenzten und eine unmittelbare Beaufsichtigung der Bezirke durch die jeweiligen Okkupationsbehörden ermöglichten. Obwohl > GROSS-BERLIN als einheitliche Zone konzipiert war, konnten die einzelnen Sektorkommandanten in ihren S. auch eigenes Recht setzen. Im Falle der Blockierung der gemeinsamen Verwaltung, etwa durch ein Veto, förderte diese Möglichkeit ungewollt die Tendenz, auch überbezirkliche Fragen berührende Maßnahmen separat durchzusetzen und damit die S. in unterschiedliche politische Entwicklungsrichtungen zu zwingen.

Eine erste Fixierung von drei S. in dem „besonderen Berliner Gebiet" wurde im > LONDONER PROTOKOLL vom 12.9.1944 vorgenommen. Nach dem Ergänzungsabkommen der Vereinigten Staaten, der Sowjetunion und Großbritanniens vom 14.11.1944 wurde den britischen Truppen der „nordwestliche" Teil und den amerikanischen Truppen der „südli-

che" Teil zugewiesen. Der Sowjetunion war der „nordöstliche" Teil bereits im Londoner Protokoll zugeteilt worden. Die Größe der S. orientierte sich in etwa an den Einwohnerzahlen. Für den Zuschnitt waren verkehrstechnische Erwägungen (Ausrichtung auf die jeweilige Besatzungszone, > FLUGHÄFEN, Eisenbahnverbindungen), ausreichende Unterbringungsmöglichkeiten sowie hinlängliche Örtlichkeiten für Training und Erholung maßgebend. Eine erweiterte Festlegung der S. erfolgte durch den Befehl Nr. 1 der > ALLIIERTEN KOMMANDANTUR vom 11.7.1945:

„Amerikanisch": > KREUZBERG, > ZEHLENDORF, > SCHÖNEBERG, > STEGLITZ, > TEMPELHOF, > NEUKÖLLN;

„Britisch": > TIERGARTEN, > CHARLOTTENBURG, > SPANDAU, > WILMERSDORF;

„Französisch": > WEDDING, > REINICKENDORF;

„Sowjetisch": > MITTE, > PRENZLAUER BERG, > FRIEDRICHSHAIN, > TREPTOW, > KÖPENICK, > LICHTENBERG, > WEISSENSEE, > PANKOW.

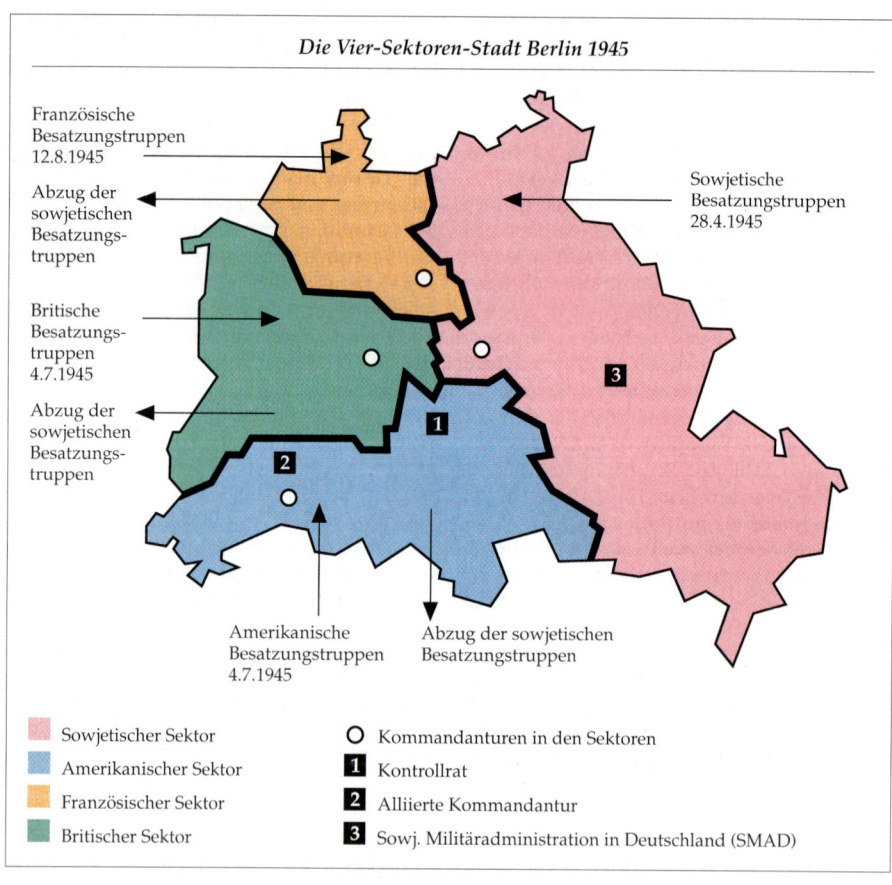

Die Vier-Sektoren-Stadt Berlin 1945

Französische Besatzungstruppen 12.8.1945

Abzug der sowjetischen Besatzungstruppen

Britische Besatzungstruppen 4.7.1945

Abzug der sowjetischen Besatzungstruppen

Sowjetische Besatzungstruppen 28.4.1945

Amerikanische Besatzungstruppen 4.7.1945

Abzug der sowjetischen Besatzungstruppen

- Sowjetischer Sektor
- Amerikanischer Sektor
- Französischer Sektor
- Britischer Sektor

- O Kommandanturen in den Sektoren
- 1 Kontrollrat
- 2 Alliierte Kommandantur
- 3 Sowj. Militäradministration in Deutschland (SMAD)

1050

Die nachträgliche Einbeziehung Frankreichs wurde in einem weiteren Ergänzungsabkommen vom 23.7.1945 bestätigt. Da diese Beteiligung auf einen erstmals auf der Konferenz der „Großen Drei" in Jalta (4.-11.2.1945) geäußerten Wunsch der Westmächte zurückging, mußte Frankreichs Anspruch auf einen eigenen S. aus den westlichen S. befriedigt werden: Es erhielt zwei Bezirke, die ursprünglich Großbritannien zugesprochen worden waren, wodurch am Ende drei relativ kleine Westsektoren einem großen Ostsektor gegenüberstanden. Zwischen den drei westlichen S. (zwölf Bezirke) und dem sowjetischen S. (acht Bezirke) bestand flächenmäßig ein Verhältnis von 54,4 zu 45,6 %.

Am 7.7.1945 stellte die Sowjetunion fest, daß die Westmächte die Zivilbevölkerung in den Westsektoren zu versorgen hätten. Administrative Maßnahmen, v.a. jedoch die rasch zunehmenden internationalen Spannungen, förderten die Tendenz zur sektoralen Trennung zwischen Ost und West. Bereits Anfang 1948 erließ der sowjetische > STADTKOMMANDANT vermehrt einseitige Befehle mit normativer Kraft für den Ostsektor, die ihrer Natur nach für ganz Berlin einheitlich auszugeben gewesen wären. Während der > BLOKKADE 1948/49 bewirkte die Sowjetunion schließlich die völlige politisch-administrative > SPALTUNG der Stadt. 1949 wurden die beiden so entstandenen Stadthälften in die jeweiligen neu gegründeten deutschen Staaten integriert. Während die Grenzschilder zwischen den drei Westsektoren entfielen, nahm die 45,9 km lange Sektorengrenze zum Ostsektor den Charakter einer Trennlinie zwischen den gegensätzlichen Systemen von Ost und West an, die die kommunistische Führung angesichts des Flüchtlingsstroms am > 13. AUGUST 1961 mit einer > MAUER befestigte (> FLÜCHTLINGE).

Allerdings hielten die Westmächte an ihrer Rechtsposition fest, wonach ganz Berlin unverändert unter einer gemeinsamen Vier-Mächte-Besetzung stand, der sowjetische S. kein konstitutiver Teil der DDR war und folglich die Sektorengrenze bzw. die Bezirksgrenzen zu Berlin (Ost) keine Staatsgrenze darstellten (> DEMARKATIONSLINIE). Die Alliierten dokumentierten dies u.a. mit der Wahrnehmung ihres Rechtes auf Bewegungsfreiheit in allen S. (> SONDERSTATUS 1945-90 VIII.). Im Zuge der Umwälzungen in der DDR wurde die Sektorengrenze zwischen Ost- und West-Berlin am > 9. NOVEMBER 1989 schließ-

lich auch für die Allgemeinheit wieder geöffnet. Mit der > VEREINIGUNG Deutschlands und Berlins am > 3. OKTOBER 1990 und der damit verbundenen Aufhebung des Berliner Sonderstatus war auch die Existenz der S. beendet.

Selbständige politische Einheit Westberlin:
Der Begriff S. war eine insbes. in den 60er Jahren gebräuchliche Wendung der östlichen Berlin-Politik, die v.a. auf die Beseitigung der > BINDUNGEN zwischen West-Berlin und der Bundesrepublik Deutschland gerichtet war (> SONDERSTATUS 1945-90). Erstmals erschien die Formel in der Note des > SOWJETISCHEN ULTIMATUMS vom 27.11.1958, damals verbunden mit der ultimativen Forderung nach einem Abzug der drei Westmächte aus Berlin und der Umwandlung der drei westlichen > SEKTOREN in eine *entmilitarisierte Freie Stadt Westberlin*.

Nach dem Bau der > MAUER 1961 und den während der Kubakrise vom Herbst 1962 deutlich gewordenen atomaren Risiken ging die östliche Seite dazu über, die Westmächte in Berlin nicht mehr unmittelbar herauszufordern. Sie konzentrierte sich stattdessen auf die für die Lebensfähigkeit der Stadt nicht minder wichtigen Bindungen zur Bundesrepublik. Bereits 1963 immer häufiger verwendet, ging die These von der S. in den Freundschafts- und Beistandsvertrag zwischen der Sowjetunion und der DDR vom 12.6.1964 ein (Art. 6). Im weiteren Verlauf war auch von einer „besonderen politischen Einheit" die Rede. Die Bindungen einschließlich der Bundespräsenz erklärte man für rechtswidrig.

Mit der Deutschlanderklärung vom 26.6.1964 bekräftigten die drei Westmächte als Inhaber der Obersten Gewalt in den Westsektoren die Rechtmäßigkeit und Notwendigkeit der Bindungen. Dennoch versuchte die östliche Seite zwischen 1968 und 1971, ihren Forderungen u.a. durch bis zur zeitweisen Blockade reichende Behinderungen im Zugangsverkehr Nachdruck zu verschaffen (> TRANSITVERKEHR). Zugleich führte sie eine Kampagne gegen die *Bundespräsenz* in Berlin. So überflogen z.B. anläßlich einer Plenarsitzung des > DEUTSCHEN BUNDESTAGES am 7.4.1965 in der > KONGRESSHALLE TIERGARTEN sowjetische Düsenjäger mehrfach im Tiefflug das Gebäude, durchbrachen die Schallmauer und feuerten über dem Stadtgebiet mit Übungsmunition aus ihren Bordwaffen.

Nach dem Abschluß des > VIER-MÄCHTE-AB-KOMMENS am 3.9.1971, das u.a. den umstrittenen Begriff der Bindungen näher konkretisierte, wurde die Formel von der S. nicht mehr benutzt. Allerdings suchten Sowjetunion und DDR nach wie vor den Eindruck zu erwecken, West-Berlin sei ein eigenes Völkerrechtssubjekt mit beschränkter Handlungsfähigkeit. Von entsprechenden Vorbehalten geprägt war die Haltung zur im Berlin-Abkommen vereinbarten Praktizierung und Entwicklung der Bindungen (> UMWELTBUNDESAMT). Diese Linie behielt man bis zu den Umwälzungen vom Herbst 1989 grundsätzlich bei.

Selbsthilfegruppen und -projekte: In Berlin gibt es zwischen 1.000 und 1.200 S., die auf fast allen Gebieten (> ALTENHILFE; > FAMILIENFÖRDERUNG; > JUGENDHILFE; > NOT- UND KRISENDIENSTE) tätig sind, wobei die Schwerpunkte im Gesundheitsbereich sowie bei Initiativen von Frauen (> FRAUENSTADTTEILZENTREN) und > BEHINDERTEN liegen. Daneben sind in vielen > BEZIRKEN sozialkulturelle Stadtteilprojekte oder Ausländerzentren entstanden.
In S. finden sich Menschen mit gleichen Anliegen zusammen, um gemeinsam Wege zur Bewältigung ihres spezifischen Problems zu finden. Das können z.B. chronische Erkrankungen, psychische Belastungen, bestimmte soziale Situationen wie Arbeitslosigkeit oder die Bewältigung neuer Herausforderungen wie nach der Geburt eines Kindes sein. Kleine Gruppen treffen sich meist ohne Fachleute in Form von Gesprächskreisen, um sich durch gegenseitigen Austausch zu unterstützen.
Zu den ältesten S. gehören die schon seit den 30er Jahren arbeitenden Anonymen Alkoholiker. Daneben sind seit den 70er Jahren zahlreiche Selbsthilfeprojekte vielfach aus den besonders in Berlin präsenten neuen sozialen Bewegungen, wie der > STUDENTENBEWEGUNG, der > FRAUENBEWEGUNG und der > ALTERNATIVBEWEGUNG, entstanden. Dies sind Initiativen, die auf der Basis gleicher Betroffenheit, Hilfe nicht nur für die Mitglieder der eigenen Gruppe anbieten, sondern darüber hinaus ihr Wissen als „Experten in eigener Sache" auch anderen zur Verfügung stellen. Sie beraten z.B. Eltern behinderter Kinder (*Eltern für Integration e.V.*), bieten ambulante Dienste im Stadtteil für Behinderte und alte Menschen (*Ambulante Dienste e.V.*), helfen Drogen-, Alkohol- und Medikamentenabhängigen (>

DROGEN; > SYNANON) oder haben frauenspezifische Unterstützungsformen im medizinischen Bereich entwickelt (> FEMINISTISCHES FRAUEN GESUNDHEITS-ZENTRUM E.V.; Geburtshaus). Eine Vielzahl von Projekten hat dazu beigetragen, sog. Tabubereiche in die Öffentlichkeit zu tragen, z.B. sexueller Mißbrauch (*Wildwasser – Arbeitsgemeinschaft gegen sexuellen Mißbrauch von Mädchen e.V.*), Gewalt gegen Frauen (> FRAUENHÄUSER), die soziale Situation von Prostituierten (*Hydra*) oder > AIDS (*pluspunkt e.V.*).
Weitere Ursache für die Vielzahl und Vielfalt der S. Berlins ist das seit 1983 existierende und hinsichtlich seines Förderumfangs in der Bundesrepublik Deutschland einzigartige Selbsthilfeförderprogramm des > SENATS VON BERLIN. Mit einem jährlichen Volumen von ca. 11 Mio. DM werden infrastrukturelle Hilfen durch Selbsthilfekontaktstellen angeboten sowie Selbsthilfeinitiativen direkt unterstützt. Mit der auf drei Jahre befristeten Anschubförderung wurden in den vergangenen Jahren 100-300 Initiativen von der > SENATSVERWALTUNG FÜR SOZIALES gefördert (1991 62 Gruppen oder Projekte im Westteil und 31 im Ostteil mit ca. 2,8 Mio. DM, daneben 167 Seniorengruppen West und 28 Ost mit rd. 179.000 DM sowie 18 regionale Kontaktstellen [15 West, drei Ost] mit rd. 3 Mio. DM). Nach der Anschubförderung besteht die Möglichkeit der Übernahme in eine Weiterförderung der jeweiligen Fachressorts. Hier lag der Förderungsumfang 1991 bei insg. rd. 7 Mio. DM für 111 Gruppen.
Zur Unterstützung und Information von S. gibt es in Berlin zwei übergreifende Einrichtungen: Die > SEKIS SELBSTHILFE-, KONTAKT- UND INFORMATIONSSTELLE dient v.a. als Kontakt- und Vermittlungsinstanz für S. in Berlin, die > NATIONALE KONTAKT- UND INFORMATIONSSTELLE ZUR ANREGUNG UND UNTERSTÜTZUNG VON SELBSTHILFEGRUPPEN nimmt diese Aufgabe für das gesamte Bundesgebiet wahr. Darüber hinaus existieren in 16 > BEZIRKEN regionale Kontaktstellen, die über S. informieren und diese fachlich und praktisch unterstützen.

Selbsthilfe-Sanierung: Die Idee der *baulichen Selbsthilfe* geht von der Eigeninitiative und einer Eigenverantwortung oder zumindest Mitverantwortung des Nutzers aus. Für Berlin gewannen diese auf das im 19. Jh. entwickelte Genossenschaftswesen zurückgehenden, gemeinnützig orientierten Baugesellschaften große Bedeutung als Gegengewicht zum spekulativ orientierten privaten > WOHNUNGSBAU.

V.a. die motivierende Grundidee regte den > SENAT VON BERLIN dazu an, durch eine finanzielle Förderung mit Verpflichtung zur Eigenleistung das Problem der > HAUSBESETZUNGEN zu entschärfen. Die in diesem Zusammenhang Anfang der 80er Jahre entstandenen Selbsthilfegruppen („Instandbesetzung") fanden Unterstützung bei kirchlichen und staatlichen Behörden, der > INTERNATIONALEN BAUAUSSTELLUNG und Bürgerinitiativen. Im Oktober 1981 beauftragte die > SENATSVERWALTUNG FÜR BAU- UND WOHNUNGSWESEN die verantwortlichen Wohnungsbaugesellschaften mit der Betreuung der G. Im Rahmen von Modernisierungsverträgen wurden die zukünftigen Eigentümer – kollektive Gruppen – nach einem Selbsthilfemodell gefördert. Die wirtschaftlichen und politischen Ziele waren hierbei: eine erhebliche Senkung der Baukosten, behutsame Stadterneuerung ohne Zerstörung von Stadtstrukturen, breite Eigentumsbindung (indem Mieter ihr Haus erwerben), soziale Stabilisierung durch Bindung aktiver Gruppen, Beschäftigung kleiner Firmen der Bauwirtschaft, Überführung der Besetzersituation in einen Rechtsstatus mit Übernahme von Pflichten. Bis 1991 wurden insg. 202 Selbsthilfeverträge mit einem Förderungsvolumen in Höhe von 245 Mio. DM in den zwölf West-Berliner > BEZIRKEN mit Schwerpunkten in > KREUZBERG und > SCHÖNEBERG abgeschlossen.

Die Erfolge dieses erstmalig in Berlin praktizierten Programms waren politisch bedeutsam, da dadurch das Hausbesetzerproblem entspannt und z.T. gelöst wurde. Ferner förderte man damit zugleich die Selbstverantwortung, Eigeninitiative und Identifikation mit dem Stadtteil und konnte eine Reihe von sozialen Probleme mit Ausländern, Jugendlichen und Arbeitslosen entschärfen. Schließlich hatte die S. eine Pilotwirkung für andere Förderungsprogramme hinsichtlich des kostensparenden Bauens und des Willens zur Substanzerhaltung.

Auch im östlichen Teil Berlins wurden bereits vor der > VEREINIGUNG bauliche Selbsthilfemaßnahmen durch den > MAGISTRAT, das > NATIONALE AUFBAUWERK, die Kommunale Wohnungsverwaltung und die Arbeiterwohnungsbaugenossenschaften gefördert. Zu den geförderten Leistungen der Mieter gehörten: Schaffung von Vorgärten und Grünanlagen, Pflege und Renovierung von Hauseingängen und Treppenaufgängen und kleinere Renovierungen in den Wohnungen (z.B. Anstricharbeiten, kleinere Reparaturen an den Installationen), wobei Leistungsanteile älterer Bürger von jüngeren übernommen wurden. Die Vergütungen für diese freiwilligen Leistungen konnten an die Beteiligten ausgezahlt werden, sie sind jedoch meist für Gemeinschaftszwecke wie Mieterfeste und Altenbetreuung verwendet worden. Ziel dieser Bemühungen war es, die Wohnsituationen zu verbessern und die Eigeninitiative anzuregen. Für gut gestaltete Hauseingänge und Aufgänge wurde die „Goldene Hausnummer" vergeben.

Seit der Wende gelten in den elf östlichen Bezirken von Berlin die gleichen Bedingungen für bauliche S. wie in den westlichen Bezirken. Gefördert werden Selbsthilfegruppen von mindestens fünf Personen, die ein Gebäude zur Verfügung haben, für das sie entweder Eigentümer oder Erbbauberechtigte sind oder einen langfristigen Nutzungsvertrag haben und die das Gebäude mit den Wohnungen gemeinsam instandsetzen, modernisieren und nach genossenschaftlichen Grundsätzen nutzen. Für die dazu notwendigen Baumaßnahmen zahlt die öffentliche Hand 80 % der Kosten, in besonderen Fällen 85 %. Den Rest erbringt die Selbsthilfegruppe, überwiegend durch eigene Arbeitsleistung.

Im Juni 1991 wurden für den Ostteil der Stadt erstmals Förderungsmittel in Höhe von 12 Mio. DM bereitgestellt. Wegen der ungeklärten Vermögensfragen konnten die zur Verfügung stehenden Mittel allerdings nicht vollständig ausgeschöpft werden. Bislang sind erst vier Projekte in den Bezirken > MITTE und > PRENZLAUER BERG gefördert worden. Für 1992 wurden Fördermittel in Höhe von 27,5 Mio. DM, vorrangig für die Beseitigung von Leerständen in den Schwerpunkten der Stadterneuerung im Osten Berlins, eingesetzt.

Select de Meo: Die erstmals vom 14.-17.3. 1991 im > HAMBURGER BAHNHOF an der Invalidenstr. im Bezirk > TIERGARTEN veranstaltete S. versteht sich als hochwertige Avantgardemesse, auf der – im Gegensatz zur > BERLINER DURCHREISE – v.a. unkonventionelle Modeentwürfe präsentiert werden und zu der auch die Öffentlichkeit Zutritt hat. Veranstalter ist die Select de Meo Avantgarde Mode Messen. An der ersten S. nahmen 70 v.a. jüngere Designer aus Österreich, der Tschechoslowakei, der Sowjetunion, den Niederlanden und Deutschland teil. Bei der Präsentation bemühen sich die Veranstalter auch um neue Formen, bspw. die Vorstellung der Entwürfe in einem Modetheater.

Die erste Berliner Avantgardemodemesse fand im April 1983 statt. Diese im Kreuzbergmarkt, einem alternativen Veranstaltungszentrum in der Kreuzbergstr. veranstaltete „Antichic" verstand sich als Gegenstück zur damaligen Modemesse „Interchic" (später Berliner Durchreise) auf dem > Ausstellungs- und Messegelände am Funkturm. 1984 zog die in *OffLine* umbenannte Avantgardemesse ins > Kudamm-Karree um, bevor sie 1985 – nach kräftigem Wachstum – vorübergehend in den Messehallen unter dem > Funkturm stattfand. Nach finanziellen Schwierigkeiten wurde die OffLine 1990 eingestellt.

Senatsbibliothek: Die S. wurde 1949 nach der > Spaltung der Stadt unter dem Namen Magistratsbibliothek als Pendant zur in Ost-Berlin verbliebenen Ratsbibliothek gegründet, die heute Teil der > Berliner Stadtbibliothek ist. Die im Ernst-Reuter-Haus in der > Straße des 17. Juni 112 im Bezirk > Tiergarten untergebrachte S. ist die größte Behördenbibliothek des Landes Berlin. Den anderen Behördenbibliotheken in Berlin hilft sie mit ihren Informationsleistungen und ihren darauf abgestimmten Beständen. Die von der > Senatsverwaltung für Kulturelle Angelegenheiten getragene S. verfügt über 410.000 Bände und fast 3.000 laufende Zeitschriften. Die Bestände stehen nicht nur den Angehörigen der Senatsverwaltungen, sondern allen Bürgern zur Verfügung.

Erworben wird für die Verwaltung relevantes Schrifttum aus den Gebieten Recht, Verwaltung und Kommunalwesen. Zu den Hauptaufgaben der Bibliothek gehört die Sammlung amtlicher Druckschriften. Jede Behörde des Landes Berlin ist verpflichtet, das von ihr herausgegebene Schrifttum in zwei Exemplaren an die S. abzuliefern. Ferner sammelt und erschließt sie bibliographisch auf Berlin bezogenes Schrifttum. In diesem Zusammenhang obliegt ihr in Zusammenarbeit mit der Stadtbibliothek die redaktionelle Bearbeitung einer *Berlin-Bibliographie*, die den Nachweis über Berlin-Literatur aller Zeiten liefern soll und von der bisher vier Bände erschienen sind, die insg. ca. 50.000 Titel verzeichnen.

Als überregionale Spezialbibliothek pflegt sie im Auftrag und mit Unterstützung der Deutschen Forschungsgemeinschaft als Sondersammelgebiet die Fächer Kommunalwissenschaften sowie Stadtentwicklung, Landesplanung und Raumordnung. Diese Literatur stellt sie in Zusammenarbeit mit dem > Deutschen Institut für Urbanistik allen Kommunen der Bundesrepublik zur Verfügung. Der Bestand wuchs auch durch Übernahme von ganzen Sammlungen, wie der Bibliothek des ehem. Deutschen Gemeindetags und eines Teiles der Berliner Medizinischen Zentralbibliothek. Die S. ist 1991 mit 27 festen Mitarbeitern ausgestattet. (> Bibliotheken)

Senatskanzlei (SKzl): Die SKzl ist die Behörde des > Regierenden Bürgermeisters von Berlin (RBm). Sie hat ihren Sitz im > Berliner Rathaus im Bezirk > Mitte.

Der SKzl obliegt als Geschäftsstelle des > Senats von Berlin die organisatorische und inhaltliche Vorbereitung der Senatssitzungen. Die SKzl unterstützt den RBm bei der Koordinierung der Senatspolitik und der Überwachung der Einhaltung der Richtlinien der Regierungspolitik. Hierfür bestehen in der Abt. „Politische Koordination" sog. Spiegelreferate für die einzelnen > Senatsverwaltungen.

Die SKzl bearbeitet ferner die dem RBm nach der > Verfassung von Berlin und der Geschäftsordnung des Senats unmittelbar obliegenden Aufgaben. Hier ist in erster Linie die Vertretung Berlins nach außen zu nennen. Dies umfaßt neben den eigentlichen Auslandsangelegenheiten und den > Städteverbindungen Berlins auch die Beziehungen zum Bund und zu den anderen Bundesländern, wenn sie von übergreifender Bedeutung sind. Ferner gehören hierzu Fragen des Parlaments- und Regierungssitzes (> Hauptstadt), die Regionalpolitik und insbes. die Zusammenarbeit mit dem Land Brandenburg (> Regionalplanung), das Medienrecht sowie die Olympiabewerbung Berlins (> Olympische Spiele).

Zur SKzl gehört auch das *Presse- und Informationsamt des Landes Berlin*, das vom *Sprecher des Senats* im Rang eines Staatssekretärs geleitet wird. Neben dem ständigen Kontakt mit der Presse und der täglichen Herausgabe des Landespressedienstes werden im Presse- und Informationsamt Nachrichten ausgewertet und ausländische Journalisten betreut. Darüber hinaus werden verschiedene Medien der Berlin-Information (Broschüren, Ausstellungen, Filme) hergestellt und vertrieben.

Das zur SKzl gehörende *Protokoll des Landes Berlin* ist zuständig für die Organisation und Betreuung von Staats- und anderen hochrangigen Besuchern sowie für die Durchführung von Feierlichkeiten und Gedenkveranstaltungen, ferner für Ehrungen und Schirmherrschaften. Ein eigenes Referat beschäftigt sich mit der Vorbereitung und Durchführung von Besuchsprogrammen für Berliner, die die Stadt während der nationalsozialistischen Gewaltherrschaft verlassen mußten (*Emigranten-Programm*). Die Protokollabteilung führt die *Senatsgästehäuser* in der Menzelstr. 12 im Bezirk > WILMERSDORF und in der Spreestr. 2 in > KÖPENICK.

Der Aufsicht der SKzl unterstehen die > LANDESZENTRALE FÜR POLITISCHE BILDUNGSARBEIT sowie bis zu seiner Auflösung im September 1992 das > INFORMATIONSZENTRUM BERLIN. Nach ihrer Umstrukturierung zum 1.10.1992 umfaßt die SKzl folgende Abteilungen:

I   Grundsatzangelegenheiten und allgemeine Verwaltung
II Presse- und Informationsamt
III Politische Koordination
IV Protokoll und Auslandsangelegenheiten

Geleitet wird die SKzl vom *Chef der Senatskanzlei* im Rang eines *Staatssekretärs*, derzeit Volker Kähne, der an den Senatssitzungen mit beratender Stimme teilnimmt. 1992 verfügte die SKzl über insg. 360 Bedienstete; der Etat betrug knapp 72 Mio. DM.

Senatsverwaltung für Arbeit und Frauen (SenArbFrauen): Die SenArbFrauen hat ihren Hauptsitz in der Storkower Str. 134 im Bezirk > PRENZLAUER BERG. Eine Nebenstelle besteht in der > FRIEDRICHSTRASSE 209 in > KREUZBERG. Die SenArbFrauen entstand mit diesem Zuschnitt erstmals bei der Senatsbildung 1991. Zuvor waren die Aufgabengebiete anderen Senatsverwaltungen zugeordnet.

Die Aufgaben umfassen im Bereich Arbeit im wesentlichen die Arbeitsmarkt- und Berufsstrukturpolitik (> ARBEITSMARKT), die Arbeitsmarkt- und Berufsforschung sowie Angelegenheiten der Arbeitsförderung und der Arbeitsbeschaffung. Sie erarbeitet auf diesem Gebiet beschäftigungs- und arbeitsmarktpolitische Programme und fördert deren Umsetzung durch freie Träger. Ferner ist die SenArbFrauen für Grundsatzfragen der be-

ruflichen Weiterbildung zuständig. Im Rahmen von Qualifizierungsmaßnahmen für Arbeitslose wurde am 7.7.1986 die *Berliner Weiterbildungsdatenbank* in der > TAUENTZIENSTRASSE 4 im Bezirk > CHARLOTTENBURG eingerichtet. Seit Oktober 1990 unterhält sie eine Außenstelle in der Simon-Dach-Str. 41a im Bezirk > FRIEDRICHSHAIN.

Weitere Aufgaben umfassen die Gebiete Arbeitsrecht und Tarifregister sowie die Koordinierung von Maßnahmen zur Bekämpfung der illegalen Beschäftigung. Die SenArbFrauen übt auch die Dienstaufsicht über die > ARBEITSGERICHTSBARKEIT aus (Landesarbeitsgericht Berlin und Arbeitsgericht Berlin). Ferner vertritt sie das Land Berlin in den Organen der Bundesanstalt für Arbeit und in den Verwaltungsausschüssen im Bereich des Landesarbeitsamtes Berlin (> ARBEITSÄMTER).

Im Bereich Frauen ist die SenArbFrauen v.a. für Grundsatzfragen der Gleichstellung von Frauen im Erwerbsleben und die Umsetzung des Landesantidiskriminierungsgesetzes zuständig. Sie erarbeitet Maßnahmen gegen Gewalt gegenüber Frauen. Des weiteren fördert die SenArbFrauen frauenspezifische Einrichtungen wie die > FRAUENHÄUSER oder Projekte wie > FRAUENKULTURINITIATIVEN und > FRAUENSTADTTEILZENTREN. Dem Geschäftsbereich des Ressorts zugeordnet ist die Landesfrauenbeauftragte (> FRAUENBEAUFTRAGTE).

Die SenArbFrauen vergab 1991 erstmalig den mit 5.000 DM dotierten *Frauenpreis der Senatsverwaltung für Arbeit und Frauen* für Initiativen, die den Dialog zwischen beiden Stadthälften Berlins fördern. Der erste Preis ging zu je 2.000 DM an den Treffpunkt „Frauenfrühstück Friedrichshain", der von arbeitslosen Berlinerinnen ins Leben gerufen wurde, und an die Redaktion der Frauenzeitschrift „Ypsilon".

Die SenArbFrauen gliedert sich in sechs Abteilungen:

I   Verwaltung und Recht
II Frauenpolitik
III Arbeitsmarktpolitik
IV Arbeitsförderung
V   Arbeitsrecht und Arbeitsgerichtsbarkeit
VI ABM-Verwaltung

Die mit zwei *Staatssekretären* ausgestattete SenArbFrauen wird seit Januar 1991 von Christine Bergmann (> SOZIALDEMOKRATISCHE PARTEI DEUTSCHLANDS [SPD]) geleitet und hat z.Z. ca. 500 Beschäftigte. Der von der SenArbFrauen verwaltete Gesamtetat 1992 betrug rd. 1,05 Mrd. DM.

Senatsverwaltung für Bau- und Wohnungswesen (SenBauWohn): Die SenBauWohn mit ihrem Hauptsitz in der Württembergischen Str. 6 im Bezirk > WILMERSDORF wurde durch Senatsbeschluß vom 5.2.1951 eingerichtet (> SENAT VON BERLIN). Außenstellen bestehen in der Mansfelder Str. 107 im Bezirk > WILMERSDORF und in der Behrenstr. 42-45 im Bezirk > MITTE.

Die Aufgaben der SenBauWohn erstrecken sich neben generellen Angelegenheiten der Bau- und Wohnungsaufsicht auf das Bauplanungs-, Bauordnungs-, Verwaltungs-, Vollstreckungs- und Verfahrensrecht. Weitere Aufgaben sind die Herstellung topographischer Karten und die Katasterneuvermessung sowie die Aufsicht und Bestellung öffentlicher Vermessungstechniker. Sie ist ferner die Geschäftsstelle des Umlegungs- und des Gutachterausschusses für Grundstückswerte. In diesem Bereich obliegen ihr die Ermittlung von Grundstücks- und Mietwerten sowie die Mietpreisbindung und deren Überwachung (> BODENRICHTWERTE; > MIETRECHT).

Des weiteren ist die SenBauWohn zuständig für die Förderung des > WOHNUNGSBAUS, die Modernisierung sowie Instandsetzung von Bauten und hat die Aufsicht über die gemeinnützigen Wohnungsbaugesellschaften (> GEMEINNÜTZIGE WOHNUNGSWIRTSCHAFT) sowie die Organe der staatlichen Wohnungsbaupolitik. In ihr Ressort fallen auch überbezirkliche Aufgaben der *Stadterneuerung* (> STADTSANIERUNG), Fragen des *ökologischen Stadtumbaus*, der > STADTBILDPFLEGE sowie der Kunst im Stadtraum.

Weitere Schwerpunkte sind die Planung und der Bau öffentlicher Gebäude, der Verkehrswegebau, der Brückenbau sowie Angelegenheiten des Bahnbaus und sonstiger spurgebundener Verkehrssysteme (> BRÜCKEN; > VERKEHR; > SENATSVERWALTUNG FÜR VERKEHR UND BETRIEBE).

Der Aufsicht der SenBauWohn unterstehen als Körperschaften des öffentlichen Rechts die Architektenkammer und die Baukammer Berlin sowie als Anstalten des öffentlichen Rechts die > WOHNUNGSBAU-KREDITANSTALT BERLIN und das > INSTITUT FÜR BAUTECHNIK.

Hinsichtlich der frauenspezifischen Anliegen beim Wohnungsbau und bei der Gestaltung des Wohnumfeldes wird die SenBauWohn durch einen im Mai 1990 aus 15 Fachfrauen gebildeten *Beirat für frauenspezifische Belange* beraten (> FRAUENBEAUFTRAGTE; > FRAUENBEWE-

GUNG). Als weiteres Beratungsgremium ist die Einrichtung eines *Beirats für Architektur und Städtebau* (ehem. Beirat für Stadtgeschichte) vorgesehen, um die SenBauWohn in Fragen der Stadtgestaltung bei konkreten Bauvorhaben zu beraten.

Die SenBauWohn gliedert sich in elf Abteilungen, wobei fünf in einer Hauptabteilung zusammengefaßt sind:

I   Zentrale Angelegenheiten
II   Bauleitplanung, Bau- und Wohnungsaufsicht
III Städtebau und Architektur
IV   Wohnungswesen, Stadterneuerung und Bauförderung
V   Vermessungswesen
VI   Bauliche Grundsatzangelegenheiten, Projektvorbereitung und -prüfung

Die Hauptabteilung Bau umfaßt:

H VII Durchführung Hochbau
H VIII Verkehrswegebau und Altlasten
H IX   Bahnbau
H X   Fachtechnik
H XI   Brückenbau

Die seit Januar 1990 von Wolfgang Nagel (> SOZIALDEMOKRATISCHE PARTEI DEUTSCHLANDS [SPD]) geleitete SenBauWohn ist mit einem *Staatssekretär* ausgestattet. Des weiteren untersteht dem Senator der Senatsbaudirektor im Rang eines Staatssekretärs. Die Anzahl der Beschäftigten betrug ca. 3.000. Der Gesamtetat der SenBauWohn belief sich 1992 auf rd. 5,19 Mrd. DM.

Senatsverwaltung für Bundes- und Europaangelegenheiten; Bevollmächtigter des Landes Berlin beim Bund (SenBundEuro): Die SenBundEuro hat ihren Sitz am John-F.-Kennedy-Platz im Bezirk > SCHÖNEBERG; daneben unterhält sie eine Dienststelle der Berliner Landesvertretung in Bonn die in der Joachimstr. 7 in Bonn und ein Büro in Brüssel. In ihrer heutigen Form wurde die SenBundEuro bei der Senatsbildung 1991 eingerichtet, wobei das zuvor auf Bundesangelegenheiten beschränkte Ressort um den Bereich Europaangelegenheiten erweitert wurde. Der Bereich Bundesangelegenheiten entstand bereits im Rahmen der Konstituierung des ersten > SENATS VON BERLIN im Jahre 1951.

Zum Geschäftsbereich der SenBundEuro gehören die Vertretung Berlins beim Bund und die Beteiligung an Verhandlungen des Senats mit der Bundesregierung; die Vertretung Berlins bei den > EUROPÄISCHEN GEMEINSCHAF-

TEN (EG-Kommission, EG-Parlament, Europäischer Gerichtshof) und beim Europarat;
die Verhandlungen mit den übrigen Bundesländern, soweit die Zuständigkeit nicht bei
anderen Institutionen liegt oder der Verkehr
dem > REGIERENDEN BÜRGERMEISTER VON BERLIN
vorbehalten ist; ferner Angelegenheiten des
Post- und Fernmeldewesens.

Das Arbeitsgebiet Bundesangelegenheiten
betrifft im wesentlichen die Mitwirkung des
Landes Berlin an der Bundesgesetzgebung
im > BUNDESRAT. Bis zur > VEREINIGUNG waren
aufgrund des > SONDERSTATUS 1945-90 mit dieser Arbeit die Fragen der > BINDUNGEN (Berlin-Verkehr, Sicherheit, einheitliches Rechts-
gebiet, Zusammenarbeit mit den > ALLIIER-
TEN) verbunden. Heute ist Berlin vollberechtigtes Mitgliedsland im Bundesrat.
Entsprechend den dort eingerichteten Ausschüssen wird die Arbeit in der Dienststelle
Bonn in den beiden Abteilungen Europa-
und Rechtspolitik (Auswärtiges, Sicherheitspolitik; Europäische Einigung; EG-Büro Brüssel; Kultur, Umwelt, Ständige Vertrags-Kom-
mission; Inneres, Ausschuß Deutsche Einheit;
Recht) und Wirtschaft, Soziales, Finanzen
(Wirtschaft, Entwicklungspolitik; Arbeit,
Frauen, Soziales, Gesundheit, Jugend, Familie; Finanzen, Steuern, Landwirtschaft; Verkehr, Post, Medien; Bau- und Wohnungswesen, Stadtentwicklung) wahrgenommen.

Im Arbeitsgebiet Europapolitik vertritt die
SenBundEuro Berliner Interessen in der
Europakommission bei der innerstaatlichen
Beteiligung der Länder am europäischen
Einigungsprozeß und der Umsetzung des
Maastrichter Vertrages über die Europäische
Union. Die SenBundEuro bereitet die Treffen
der Europaminister der Länder vor, vertritt
Berlin in der Arbeitsgruppe „Regionalaus-
schuß" und betreut den Arbeitskreis der EG-
Referenten der Berliner Senatsverwaltung.

Die SenBundEuro ist auch die zentrale
Adresse für alle Unterlagen zum Thema EG,
die von hier an die einzelnen > SENATS-
VERWALTUNGEN versandt werden (EG-Doku-
mente, Kommissionsmitteilungen, Berichte
des Länderbeobachters). Seit Dezember 1991
veröffentlicht die SenBundEuro den Berliner
EUROPABRIEF, ein monatliches Info-Blatt,
das an die Senatsverwaltungen, an Berliner
EG-Institutionen und -Ansprechpartner sowie an die Presse verschickt wird.

Die mit einer *Staatssekretärin* ausgestattete
SenBundEuro wird seit Januar 1991 von Peter
Radunski (> CHRISTLICH DEMOKRATISCHE UNION

[CDU]) geleitet und hat 65 weitere Beschäftigte. Der Etat 1992 betrug rd. 6 Mio. DM.

Senatsverwaltung für Finanzen (SenFin):
Die SenFin wurde durch Senatsbeschluß vom
5.2.1951 errichtet (> SENAT VON BERLIN). Ihr
Hauptsitz befindet sich in der Nürnberger
Str. 53-55 im Bezirk > SCHÖNEBERG, Außen-
stellen bestehen am Lützowufer 26 in
Schöneberg, in der Klosterstr. 59 im Bezirk >
MITTE, am Hohenzollerndamm 174 und am >
KURFÜRSTENDAMM 193 im Bezirk > WILMERS-
DORF sowie in der Bismarckstr. 48 im Bezirk >
CHARLOTTENBURG. Eine weitere Außenstelle ist
in der „Zentralen Dienststelle der Landes-
finanzminister" in Bonn eingerichtet.

Zu den Aufgaben der SenFin gehört die
Finanzpolitik und -wirtschaft, das Haushaltsrecht und allgemeine Angelegenheiten des
Landeshaushaltswesens sowie die Aufstellung des Entwurfs des Haushaltsplans und
dessen abschließende Prüfung (> HAUSHALT
UND FINANZEN). Des weiteren obliegen der Behörde die Aufstellung der Finanzplanung
einschließlich der Investitionsplanung, der
Haushalts- und Vermögensrechnung sowie
die Geldwirtschaft, die Vermögens- und
Schuldenverwaltung, die Aufnahme von
Darlehen, das Gebühren- und Beitragsrecht
sowie allgemeine Angelegenheiten des Ge-
bühren- und Beitragswesens. Weitere Arbeitsbereiche der SenFin sind Steuern und
Zölle, die Prüfung von Finanzmonopolen,
die außenwirtschaftliche Überwachung und
die Prüfung und Zulassung von Steuerbe-
ratern und Steuerbevollmächtigten. Schließlich fällt auch die Schlichtung vermögens-
rechtlicher Streitigkeiten innerhalb der Berliner Verwaltung in ihr Ressort.

Besondere berlinspezifische Arbeitsbereiche
der Behörde sind die Bundesauftragsver-
waltung des ehem. Reichsvermögens und des
früheren Preußischen Staates, die Aufsicht
über die Verwaltung des ehem. Reichsbahnvermögens in Berlin (Vorratsvermögen; >
DEUTSCHE REICHSBAHN), die Treuhandverwal-
tung des ehem. NSDAP- und des Rücker-
stattungsvermögens sowie die Regelung der
Rechtsverhältnisse nicht mehr bestehender
öffentlicher Rechtsträger.

Des weiteren obliegt der SenFin die Durchführung des Lastenausgleichsgesetzes, des
Beweissicherungs- und Feststellungsgeset-
zes, des Flüchtlingshilfegesetzes, des Repara-
tionsschädengesetzes sowie die Regelung der
Verteidigungslasten (> ALLIIERTE; > GRUPPE DER

SOWJETISCHEN STREITKRÄFTE IN DEUTSCHLAND). Der SenFin nachgeordnete Behörden sind die > OBERFINANZDIREKTION BERLIN und die *Finanzämter*, das > AUSGLEICHSAMT BERLIN, das > LANDESAMT FÜR VERTEIDIGUNGSLASTEN, das > LANDESAMT ZUR REGELUNG OFFENER VERMÖGENSFRAGEN und die Landeshauptkasse Berlin. Als nichtrechtsfähige Anstalt ist die Staatliche Münze Berlin (> MÜNZE), als Körperschaft des öffentlichen Rechts die Steuerberaterkammer Berlin, als Anstalt des öffentlichen Rechts die > DEUTSCHE KLASSENLOTTERIE BERLIN und als Stiftung des öffentlichen Rechts die Stiftung Deutsche Klassenlotterie Berlin der SenFin nachgeordnet.
Die SenFin gliedert sich in sechs Abteilungen:

I   Allgemeine Abteilung, Deutsche Klassenlotterie Berlin und DKLB-Stiftung
II Finanzpolitik, Haushalt, Finanzwirtschaft und Kredite
III Angelegenheiten der Steuerverwaltung, Automation der Finanzverwaltung, EG-Angelegenheiten
IV Rechtsangelegenheiten, Landesliegenschaften, Beteiligungen, sonstiges Landesvermögen und Bürgschaften
V   Landesausgleichsamt, Landesamt zur Regelung offener Vermögensfragen
VI Verteidigungslasten

Die mit zwei *Staatssekretären* ausgestattete SenFin wird seit Januar 1991 von Senator Elmar Pieroth (> CHRISTLICH DEMOKRATISCHE UNION DEUTSCHLANDS [CDU]) geleitet und hat z.Z. ca. 600 Mitarbeiter. Der Gesamtetat belief sich 1992 auf rd. 281,8 Mio. DM.

Senatsverwaltung für Gesundheit (SenGes):
Die SenGes existiert in dieser Form seit 1991. Zuvor bildete sie mit den Bereichen Soziales, Umweltschutz bzw. Familie gemeinsame Ressorts (> SENATSVERWALTUNG FÜR SOZIALES; > SENATSVERWALTUNG FÜR JUGEND UND FAMILIE; > SENATSVERWALTUNG FÜR STADTENTWICKLUNG UND UMWELTSCHUTZ). Ihr Hauptsitz befindet sich in der Parochialstr. 1-3 im Bezirk > MITTE, der Dienstsitz des Senators ist in der Rauchstr. 17-18 im Bezirk > TIERGARTEN. Außenstellen bestehen im gleichen Bezirk An der Urania 12-14, ferner im Bezirk > WILMERSDORF in der Berliner Str. 157 und in der Sächsischen Str. 30, im Bezirk > CHARLOTTENBURG in der Windscheidstr. 18, im Bezirk > LICHTENBERG in der Rummelsburger Str. 13 und in der Klosterstr. 72 in Mitte.
Zu den Aufgaben der SenGes gehört die Planung, Aufsicht und Organisation im Krankenhauswesen. Sie ist zuständig für die Krankenhausförderung und -finanzierung, für die Leistungsfinanzierung und Gesundheitsgebührenordnung sowie für die Überprüfung von Wirtschaftlichkeit und Rationalisierungsmaßnahmen (> KRANKENHÄUSER). Die Psychiatrische Versorgung und die Therapie bei Suchterkrankungen sind ein weiterer Bereich der Einrichtungen im Gesundheitswesen.
Das Medizinalwesen und die Gesundheitshilfe betreffend hat die SenGes die Aufsicht über die Heil- und Medizinalfachberufe sowie über die Sportmedizin. Nachgeordnete Einrichtungen in diesem Bereich sind das *Landesprüfungsamt für Gesundheitsberufe Berlin* im Lorenzweg 5 im Bezirk > TEMPELHOF, die > LANDESLEHRANSTALT FÜR TECHNISCHE ASSISTENTEN IN DER MEDIZIN BERLIN in der Leonorenstr. 35-39 im Bezirk > STEGLITZ sowie die *Sportärztliche Hauptberatungsstelle* in der Forckenbeckstr. 20 in Wilmersdorf, die in das für 1993 vorgesehene *Landesinstitut für Sportmedizin* eingegliedert werden soll. Weitere nachgeordnete Einrichtungen sind das > LANDESINSTITUT FÜR GERICHTLICHE UND SOZIALE MEDIZIN BERLIN in der Invalidenstr. 52 in Tiergarten und das *Institut für Diabetes und Stoffwechselkrankheiten* in der Klosterstr. 72 in Mitte, das voraussichtlich 1993 in eine private Trägerschaft überführt werden soll.
Ferner obliegen der SenGes das Veterinärwesen, die Lebensmittelüberwachung und das Pharmaziewesen. Hier ist sie zuständig für die Tierseuchenbekämpfung, den Tierschutz und die Tierkörperbeseitigung. Tierische und nichttierische Lebensmittel betreffend überwacht sie Schlachttier- und Fleischuntersuchungen und ist zuständig für Tabakerzeugnisse, Kosmetika und Bedarfsgegenstände (wie Spielwaren, Scherzartikel bis hin zur Kleidung) im Hinblick auf eine mögliche Beeinträchtigung der Gesundheit. Zur Wahrnehmung dieser Aufgaben untersteht der SenGes als weitere nachgeordnete Einrichtung das > LANDESUNTERSUCHUNGSINSTITUT FÜR LEBENSMITTEL, ARZNEIMITTEL UND TIERSEUCHEN BERLIN in der Invalidenstr. 60 in Tiergarten.
Ein weiterer Aufgabenbereich ist das Arzneimittelwesen und der Arzneimittelverkehr sowie das Apotheken- und Betäubungsmittelwesen. Die SenGes ist zuständig für die Ausbildung des Pharmazie- und pharmazeutischen Fachpersonals und hat die Aufsicht über das *Landesamt für Gesundheitsberufe*

Berlin im Lorenzweg 5 in Tempelhof.

Im Bereich der Umweltmedizin beschäftigt sich die SenGes mit Lärm- und Verkehrsmedizin sowie Bau- und Wohnungsmedizin, Innenraum- und Außenluft, allgemeine Toxikologie, Wasser und Abwasser, Seuchenhygiene, Infektionsschutz und -epidemiologie. Ferner erstellt sie umweltmedizinische Datenbanken (> UMWELTSCHUTZ). Folgende Einrichtungen sind der SenGes nachgeordnet: die > AKADEMIE FÜR ARBEITS- UND UMWELTMEDIZIN im Lorenzweg 5 in Tempelhof, das > LANDESMEDIZINALUNTERSUCHUNGSAMT BERLIN in der Rubensstr. 111 im Bezirk > SCHÖNEBERG sowie das > LANDESINSTITUT FÜR TROPENMEDIZIN BERLIN.

Die SenGes gliedert sich in fünf Abteilungen:

I   Allgemeine Verwaltung
II Medizinalwesen, Gesundheitshilfe
III Krankenhauswesen, psychiatrische Versorgung und Suchterkrankungen
IV Veterinärwesen, Lebensmittelüberwachung, Pharmaziewesen
V   Umweltmedizin

Die mit einem *Staatssekretär* ausgestattete SenGes wird seit Januar 1991 von Peter Luther (> CHRISTLICH DEMOKRATISCHE UNION [CDU]) geleitet. Die SenGes hat mit ihren nachgeordneten Einrichtungen insg. 1.600 Beschäftigte. Ihr Gesamtetat belief sich 1991 auf rd. 975 Mio. DM.

Senatsverwaltung für Inneres (SenInn): Die SenInn erhielt durch Senatsbeschluß Nr. 2 vom 5.2.1951 (> SENAT VON BERLIN) ihre heutige Bezeichnung. Ihr Hauptsitz befindet sich am > FEHRBELLINER PLATZ 2 im Bezirk > WILMERSDORF, Außenstellen bestehen am Fehrbelliner Platz 1, in der Brandenburgischen Str. 11 und in der Sächsischen Str. 30 im gleichen Bezirk, am > KURFÜRSTENDAMM 207-208 im Bezirk > CHARLOTTENBURG und in der Königin-Luise-Str. 92-96 im Bezirk > ZEHLENDORF.

Die SenInn nimmt als eine der „klassischen" Verwaltungen in der Berliner Landesverwaltung eine herausragende Position ein. Sie übt in ihrer Funktion als Querschnittsverwaltung des Landes Berlin einerseits die Aufsicht über die Wahrnehmung der bezirkseigenen Angelegenheiten aus (> BEZIRKE), andererseits ist sie in dieser Funktion auch oberste Dienstherrin für die Angestellten des > ÖFFENTLICHEN DIENSTES in Berlin. Darüber hinaus ist die SenInn zuständig für das Staats- und Verfassungsrecht sowie das Wahl- und Parteienrecht der Bezirke (> WAH-

LEN). Weitere Arbeitsgebiete sind Staatsangehörigkeits-, Personenstands- und Namensangelegenheiten sowie allgemeine Rechts- und Versorgungsangelegenheiten des Öffentlichen Dienstes und der Beamten. In den Bereich der Ordnungsaufgaben der SenInn fallen Ausländer- und Asylrecht (> ASYLBEWERBER), Melde-, Paß- und Personalausweisrecht, Presse- und Statistikrecht, Waffenrecht sowie die Aussprechung von Vereinsverboten. Zur Gewährleistung der *Inneren Sicherheit* gehören der > KATASTROPHENSCHUTZ, der > ZIVILSCHUTZ und Angelegenheiten der Zivilverteidigung, Wehrangelegenheiten sowie die Brandbekämpfung und das > RETTUNGSWESEN. Ferner obliegen der SenInn das Datenschutzrecht, die Datenschutzaufsicht, Geheimschutzangelegenheiten sowie das Polizei- und Ordnungsrecht (> POLIZEI).

Folgende Sonderbehörden, über die die SenInn die Dienst- und Fachaufsicht führt, sind der Senatsverwaltung nachgeordnet: das > STATISTISCHE LANDESAMT BERLIN am Fehrbelliner Platz 1, das Standesamt I in der Rheinstr. 54 im Bezirk > SCHÖNEBERG (neuer Hauptsitz: Rückerstr. 54 im Bezirk > MITTE), das > LANDESAMT FÜR VERFASSUNGSSCHUTZ auf dem Grat 2 in > DAHLEM, das > LANDESVERWALTUNGSAMT BERLIN am Fehrbelliner Platz 1, das > LANDESAMT FÜR INFORMATIONSTECHNIK in der Berliner Str. 112-115 in Wilmersdorf, der Polizeipräsident in Berlin am Platz der Luftbrücke 6 im Bezirk > TEMPELHOF, das > LANDESEINWOHNERAMT in der > FRIEDRICHSTRASSE 219 im Bezirk > KREUZBERG und am Friedrich-Krause-Ufer 24 im Bezirk > TIERGARTEN (Ausländerangelegenheiten), die Berliner > FEUERWEHR am Nikolaus-Groß-Weg 2 in Charlottenburg, der *Fuhrpark Berlin* in der Belziger Str. 52-58 in Schöneberg und die *Verwaltungsdruckerei* in der Kohlfurter Str. 41-43 in Kreuzberg. Des weiteren unterliegen der mittelbaren Verwaltung durch die SenInn als Anstalten bzw. Körperschaften des öffentlichen Rechts die *Spruch- und Berufungsspruchkammer* am Fehrbelliner Platz 1, die > VERWALTUNGSAKADEMIE BERLIN und die > FACHHOCHSCHULE FÜR VERWALTUNG UND RECHTSPFLEGE BERLIN, beide im > KUDAMM-KARREE am > KURFÜRSTENDAMM 207-208 in Charlottenburg.

Die SenInn gliedert sich in fünf Abteilungen:

AV Allgemeine Verwaltung
I   Verfassungs- und Verwaltungsrecht, Wahlen, Datenschutz, Staatsangehörigkeits-, Namens- und Personen-

standswesen, Geschäftsverfahren, Entschädigung und Betreuung der Opfer der nationalsozialistischen Verfolgung
II   Recht des Öffentlichen Dienstes
III Öffentliche Sicherheit und Ordnung
V   Organisation und Rationalisierung, Stellenplan, Verwaltungsautomation, Bürotechnik, Innere Dienste

Seit Januar 1991 wird die mit zwei *Staatssekretären* ausgestattete SenInn von Senator Dieter Heckelmann (CDU) geleitet. Bei ihr sind z.Z. ca. 600 Beamte, Angestellte und Arbeiter beschäftigt. Mit einem Gesamtetat von 4,717 Mrd. DM stellt die SenInn 1992 den größten Einzeletat innerhalb des Gesamthaushaltes des Landes Berlin.

Senatsverwaltung für Jugend und Familie (SenJugFam): Die SenJugFam existiert in dieser Form seit der Senatsbildung vom Januar 1991. Beide Ressortbereiche wurden erstmals 1955 eingerichtet. In der Folgezeit kam es zu verschiedenen Zuschnitten, wobei die einzelnen Aufgabenfelder u.a. mit den Bereichen Sport, Schule, Gesundheit, Soziales und Frauen gemeinsam ressortierten (> SENATSVERWALTUNG FÜR SCHULE, BERUFSBILDUNG UND SPORT; > SENATSVERWALTUNG FÜR ARBEIT UND FRAUEN; > SENATSVERWALTUNG FÜR GESUNDHEIT; > SENATSVERWALTUNG FÜR SOZIALES). Der Sitz der SenJugFam befindet sich Am Karlsbad 8-10 im Bezirk > TIERGARTEN. Nebenstellen bestehen in der Alten Jakobstr. 12 in > KREUZBERG, in der Flottenstr. 28-42 in > REINICKENDORF und in der Max-Brunnow-Str. 4 in > LICHTENBERG.

Die SenJugFam hat neben der Allgemeinen Verwaltung drei große Aufgabenfelder. Zum Bereich Familienpolitik gehören neben den Grundsatzangelegenheiten die Behindertenhilfe und wirtschaftliche Hilfen, das Vormundschaftswesen sowie die Zentrale Vormundschafts- und die Unterhaltsvorschußkasse, Fragen der Adoption und gleichgeschlechtlicher Lebensweisen (> BEHINDERTE; > FAMILIENFÖRDERUNG).

Ein weiteres Aufgabenfeld ist die Allgemeine > JUGENDHILFE. Dazu zählen der Sozialpädagogische Dienst, die Jugendgerichtshilfe, die > BEWÄHRUNGSHILFE, die Konfliktberatung und die Notdienste (> NOT- UND KRISENDIENSTE), die Jugendarbeit und -bildung, die > JUGENDFÖRDERUNG, der Jugendschutz und die Jugenderholung. Des weiteren fallen in diesen Bereich die Hilfsdienste in Konflikt- und Drogenfragen, Kinderspiel-

platzangelegenheiten und Jugendfreizeiteinrichtungen (> DROGEN).

Der dritte Aufgabenbereich umfaßt die Erziehung außerhalb der Familie. Dazu zählen die Familienpflege, Erziehungshilfen und die Heimaufsicht sowie das betreute Jugendwohnen freier Träger, ferner die Grundsatzangelegenheiten der > KINDERTAGESSTÄTTEN und der Tagespflege sowie die Heimunterbringung und -aufsicht. Die sozialpädagogische Aus- und Fortbildung wird durch die der SenJugFam nachgeordneten Sozialpädagogischen Fortbildungsstätten sichergestellt. Schließlich ist die Verwaltung für die Koordinierung von Prävention und Maßnahmen zu HIV/> AIDS zuständig.

1992 waren der SenJugFam insg. 13 Einrichtungen nachgeordnet: der *Kindernotdienst* in der Gitschiner Str. 48 in Kreuzberg mit einer Nebenstelle in der Straße Alt-Stralau 50 im Bezirk > FRIEDRICHSHAIN, der *Jugendnotdienst* in der Mindener Str. 14 in > CHARLOTTENBURG mit einer Nebenstelle in der Tschaikowskistr. 13 in > PANKOW, das *Sleep In* in der Straße Alt-Stralau 34 im gleichen Bezirk, die vom Berliner Jugendclub e.V. getragene *Kontakt- und Beratungsstelle für Trebegänger* in der Feurigstr. 8 in > SCHÖNEBERG, die *Internationale Begegnungsstätte Jagdschloß Glienicke* in der Königstr. in > ZEHLENDORF, die drei *Sozialpädagogischen Fortbildungsstätten Haus am Rupenhorn* in der Str. Am Rupenhorn 5 und 15 in Charlottenburg, *Haus Koserstraße* in der Koserstr. 8-12 und *Haus Schweinfurthstraße* in der Schweinfurthstr. 88, beide in Zehlendorf, die beiden *Kinderheime* A. S. Makarenko in der Südostallee 134 in > TREPTOW und Juri Gagarin bei Fürstenberg im Bundesland Brandenburg sowie das > FREIZEIT- UND ERHOLUNGS-ZENTRUM WUHLHEIDE in der Straße An der Wuhlheide im Bezirk > KÖPENICK. Über das > JUGENDAUFBAUWERK BERLIN am Brunsbütteler Damm 143-147 im Bezirk > SPANDAU übt die SenJugFam die Rechtsaufsicht aus.

Zur Förderung des Kinderfilms finanziert die Verwaltung den im Rahmen der > INTERNATIONALEN FILMFESTSPIELE vergebenen Kinderfilmpreis.

Die SenJugFam gliedert sich in vier Abteilungen:
I   Verwaltung, Recht, Haushalt
II   Familienpolitik
III Allgemeine Jugendhilfe
IV   Erziehung außerhalb der Herkunftsfamilie

Die mit einem *Staatssekretär* ausgestattete SenJugFam wird seit Januar 1991 von Senator Thomas Krüger (> Sozialdemokratische Partei Deutschlands [SPD]) geleitet und hatte Anfang 1992 ca. 1.300 Beschäftigte. Der Gesamtetat belief sich 1992 auf rd. 414,8 Mio. DM.

Senatsverwaltung für Justiz (SenJust): Die SenJust mit ihrem Hauptsitz in der Salzburger Str. 21-25 im Bezirk > Schöneberg wurde durch Senatsbeschluß vom 5.2.1951 eingerichtet. In der zehnten Legislaturperiode (1985-89) war die SenJust organisatorisch mit der Senatsverwaltung für Bundesangelegenheiten (> Senatsverwaltung für Bundes- und Europaangelegenheiten) zusammengefaßt. Seit dem 16.3.1989 steht die SenJust unter der Leitung der Senatorin Jutta Limbach (> Sozialdemokratische Partei Deutschland [SPD]).

Zum Stabsbereich der mit einem *Staatssekretär* ausgestatteten SenJust gehört die am Hauptsitz ansässige Justizpressestelle, die – für den Bereich der Strafrechtspflege – eine Außenstelle im Gebäude des > Kriminalgerichts Moabit, Turmstr. 91, im Bezirk > Tiergarten unterhält.

Zuständig ist die SenJust für die gesamte *Rechtspflege* in Berlin, mit Ausnahme der > Arbeitsgerichtsbarkeit, die zum Kompetenzbereich der > Senatsverwaltung für Arbeit und Frauen gehört. Hauptaufgabe der SenJust ist es, innerhalb des Landes Berlin die Voraussetzungen für eine den Anforderungen des Grundgesetzes entsprechende Rechtspflege zu schaffen und aufrechtzuerhalten.

Die SenJust gliedert sich in insg. sechs Fachabteilungen:

I   Richterrecht, Anwalts- und Notariatswesen, Personal, Organisation, Informations- und Kommunikationstechnik, Gerichtsverfassung, Haushalt, Zentrale Dienste der Senatsverwaltung

II Öffentliches Recht, Gesetzgebung und Verfahren

III Zivilrecht, Rechtshilfe in Zivil- und Verwaltungssachen, Europarecht, Fiskussachen, Gnadenwesen; des weiteren die Sozialen Dienste > Gerichts- und > Bewährungshilfe, deren Amtssitz sich in der Schönstedtstr. 5 im Bezirk > Wedding befindet

IV Strafrecht, Strafverfahrensrecht, Strafvollstreckungs- und Maßregelvollstrek-

kungsrecht, Rechtshilfe in Strafsachen, Stationierungsrecht ausländischer Streitkräfte in Strafsachen, strafrechtliche Angelegenheiten im Zusammenhang mit der deutschen Einheit

V   > Justizvollzug; hierzu gehört neben den Justizvollzugsanstalten auch das Referat Aus- und Fortbildung mit der Vollzugsschule in der Drontheimer Str. 28-38 im Bezirk Wedding

VI Aus- und Fortbildung in der Rechtspflege, Prüfungswesen, > Justizprüfungsamt; die Abteilung VI und das Justizprüfungsamt sind in der Bayreuther Str. 41 in Schöneberg untergebracht.

Die Anzahl der Beschäftigten bei der SenJust lag per 1.2.1992 bei insg. 452, im gesamten Berliner Justizbereich werden annähernd 11.000 Mitarbeiter, davon 1.400 Richter und Staatsanwälte, beschäftigt. Der Etat des gesamten Justizhaushaltes war für 1992 auf Ausgaben von 836,2 Mio. DM und Einnahmen in Höhe von 272,1 Mio. DM veranschlagt; hiervon entfielen auf die SenJust selbst 32,6 bzw. 0,3 Mio. DM.

Zum Ressortbereich der SenJust zählen die Gerichte der *ordentlichen Gerichtsbarkeit*:

das > Kammergericht in der Witzlebenstr. 4-5 im Bezirk > Charlottenburg (demnächst wieder im historischen Amtsgebäude in der Elßholzstr. 30-33 in Schöneberg);

das > Landgericht Berlin mit dem Großteil der Zivilgerichtsbarkeit am Tegeler Weg 17-21 in Charlottenburg, weiteren Zivilkammern im Gebäude des ehem. > Stadtgerichts in der Littenstr. 12-17 im Bezirk > Mitte und der Strafgerichtsbarkeit im Kriminalgerichtsgebäude in der Turmstr. 91 im Bezirk Tiergarten sowie, Mitte 1992, zehn > Amtsgerichte. Um den Jahreswechsel 1992/93 ist die Eröffnung zweier weiterer Amtsgerichte im Ostteil Berlins geplant.

Ferner übt die SenJust die weitere Dienstaufsicht über die Gerichte der allgemeinen und besonderen > Verwaltungsgerichtsbarkeit aus (> Finanzgerichtsbarkeit, > Sozialgerichtsbarkeit):

das Oberverwaltungsgericht Berlin und das Verwaltungsgericht Berlin mit Sitz in der Hardenbergstr. 21 in Charlottenburg;

das Finanzgericht Berlin in der Schönstedtstr. 5 in Wedding;

das Landessozialgericht Berlin und das Sozialgericht Berlin in der Invalidenstr. 52 in Tiergarten.

Folgende Strafverfolgungsbehörden sind der

SenJust nachgeordnet:
die > STAATSANWALTSCHAFT beim Kammergericht, bis Ende 1992 Am Karlsbad 6 in Tiergarten und danach im Gebäude Elßholzstr.
30-33 in Schöneberg (zu ihr gehört als besondere Abteilung die Arbeitsgruppe Regierungskriminalität mit der Aufgabe der strafrechtlichen Aufarbeitung der DDR-Vergangenheit und Sitz in der Luisenstr. 33-34 im
Bezirk Mitte);
die Staatsanwaltschaft beim Landgericht Berlin und die Amtsanwaltschaft Berlin befinden sich im Kriminalgerichtsgebäude in der
Turmstr. 91 im Bezirk Tiergarten.
Weitere der SenJust unterstehende Behörden
sind die – Stand Mitte 1992 – acht Justizvollzugsanstalten Berlins (1993 sollen zwei
weitere hinzukommen) und die *Wiedergutmachungsämter* von Berlin in der Salzburger
Str. 21-25 in Schöneberg. Die SenJust ist auch
Herausgeber des > GESETZ- UND VERORD-
NUNGSBLATTES FÜR BERLIN.
Der Zuständigkeitsbereich der SenJust erhielt
durch die > VEREINIGUNG am > 3. OKTOBER
1990 eine erhebliche Erweiterung. Die im
Ostteil Berlins tätigen Gerichte und Staatsanwaltschaften wurden ebenso geschlossen
wie die dortigen Justizvollzugsanstalten. Die
Aufgaben dieser Justizbehörden mußten mit
dem Vereinigungstag von der West-Berliner
Justiz übernommen und zu diesem Zwecke
auf diese übergeleitet werden, ohne daß ein
auch nur vorübergehender Stillstand der
Rechtspflege eintreten durfte. Gleichzeitig
mußte in räumlicher, personeller und sachli-
cher Hinsicht der Neuaufbau der Justiz im
Ostteil Berlins angegangen werden, denn die
West-Berliner Justiz konnte die um 60 % auf
3,4 Mio. angewachsene Bevölkerung Gesamt-
Berlins allein nicht ausreichend versorgen.
Im Zuge dessen sind der Personalbestand erheblich ausgeweitet, neue Räumlichkeiten
geschaffen, Gerichte z.T. in den Ostteil
Berlins verlagert und neue Amtsgerichte in
den Ost-Berliner Bezirken eingerichtet worden. Die zahlreichen Neueinstellungen, aber
auch die schwierige Überprüfung einer Übernahme von Richtern und Staatsanwälten, die
in der früheren DDR tätig gewesen waren,
führten zu einer Verdreifachung der Sit-
zungstätigkeit des > RICHTERWAHLAUSSCHUSSES.
Auch im Rahmen der Zulassung und Übernahme einer hohen Zahl von Rechtsanwälten
(> RECHTSANWALTSCHAFT) und > NOTAREN waren teilweise Überprüfungen von Antrags-
stellern aus der ehem. DDR erforderlich.

**Senatsverwaltung für Kulturelle Angele-
genheiten (SenKult):** Die SenKult mit Sitz
im > EUROPA-CENTER in der > TAUENTZIEN-
STRASSE 9 im Bezirk > CHARLOTTENBURG besteht
in ihrer heutigen Form seit 1977. Zuvor
(1963-76) wurden kulturelle Angelegenheiten
in einer gemeinsamen Verwaltung für Wissenschaft und Kunst (> SENATSVERWALTUNG FÜR
WISSENSCHAFT UND FORSCHUNG) wahrgenommen.
Die SenKult ist zuständig für alle Fragen der
> KULTUR im Land Berlin sowie für die Ver-
tretung Berlins in diesen Fragen im Bund.
Dazu gehören alle Sparten der Künste, die
Kulturförderung, die Museen, die Gedenkstätten und die Berlin-Geschichte sowie zahlreiche weitere Bereiche, darunter die Angelegenheiten von Kirchen, Religionen und Welt-
anschauungsgemeinschaften.
In der Darstellenden Kunst (> THEATER) hat
die SenKult 1992 die Aufsicht über die folgenden Schauspielbühnen: die drei > STAATLI-
CHEN SCHAUSPIELBÜHNEN, das > DEUTSCHES THE-
ATER und die Kammerspiele, die > VOLKSBÜH-
NE AM ROSA-LUXEMBURG-PLATZ, das > MAXIM-
GORKI-THEATER, das > THEATER DER FREUND-
SCHAFT und das > BERLINER ENSEMBLE. Letzteres
soll künftig von einer privaten Gesellschaft
mit staatlichen Zuschüssen weiterbetrieben
werden. Zu den Staatstheatern gehören des
weiteren die drei Opern > DEUTSCHE OPER
BERLIN, > DEUTSCHE STAATSOPER BERLIN und >
KOMISCHE OPER sowie das Revuetheater >
FRIEDRICHSTADTPALAST, ferner die Operetten-
bühne > METROPOL-THEATER und das > PUPPEN-
THEATER.
Insg. elf Privattheater erhielten 1992 feste Zu-
schüsse. Es waren dies die Schauspielbühnen
> SCHAUBÜHNE, > RENAISSANCE-THEATER, >
HANSA-THEATER, > TRIBÜNE, > VAGANTEN BÜHNE
BERLIN, > KLEINES THEATER und (1992 letzt-
malig) > FREIE VOLKSBÜHNE BERLIN, ferner die >
KINDER- UND JUGENDTHEATER > GRIPS THEATER
und > BERLINER KAMMERSPIELE, das Musik-
theater > THEATER DES WESTENS und das für
verschiedene Veranstaltungen genutzte >
HEBBEL-THEATER. Darüber hinaus unterstützt
die SenKult zahlreiche *Freie Theatergruppen*.
Im Bereich der > MUSIK unterhält Berlin vier
Sinfonie-Orchester, von denen zwei staatlich
sind: das > BERLINER PHILHARMONISCHE ORCHE-
STER und das > BERLINER SINFONIE-ORCHESTER.
Das > RADIO-SYMPHONIE-ORCHESTER BERLIN und
das > SYMPHONISCHE ORCHESTER BERLIN sind
privatrechtlich organisiert, werden aber aus
öffentlichen Mitteln unterhalten. Eine Son-

derförderung erhält seit 1988 das > CHAMBER ORCHESTRA OF EUROPE; daneben gibt es eine Reihe z.T. geförderter Kammermusik-Ensembles.

Bei den *Chören* seien stellvertretend die großen Oratorialchöre genannt: der *Berliner Konzertchor*, der Chor der > ST.-HEDWIGS-KATHEDRALE, der *Philharmonische Chor Berlin* sowie die beiden > SING-AKADEMIEN.

In Berlin beheimatete Kammerorchester, Ensembles für Alte Musik und für zeitgenössische Musik sowie verschiedene Veranstalterinitiativen erhalten ebenfalls staatliche Mittel, z.T. als institutionelle Förderung, z.T. als Projektförderung. Ferner haben sich auf dem Feld der E-Musik in den vergangenen Jahren schätzungsweise mehrere hundert Ensembles ohne feste institutionelle Anbindung gebildet, die z.T. gleichfalls gefördert werden. Regelmäßig unterstützt wird ferner die > MUSIK-BIENNALE.

In der Unterhaltungsmusik vergibt die SenKult u.a. Zuschüsse für Tourneen von Berliner Musikgruppen. Für die Koordinierung der Maßnahmen im Bereich der > ROCK-MUSIK wurde das Amt des > ROCK-BEAUFTRAGTEN eingerichtet. Ferner besteht eine Demo-Cassettenvervielfältigung und es können für drei Studios Aufnahmetermine vergeben werden (Beat-Studio in der Musikschule > WILMERSDORF, Mastermix-Tonstudio des Kulturamts > MARZAHN und Tonstudio in der Musikschule > NEUKÖLLN).

Auf dem Gebiet des > JAZZ gibt es eine Reihe spezieller Fördermaßnahmen, z.B. das Studioprojekt Jazz, das Berliner Musikern die Möglichkeit qualitativ hochwertiger Aufnahmen in einem Tonstudio ihrer Wahl erlaubt oder die personengebundene Jazzförderung (Stipendien) für Musiker aus Berlin und Brandenburg. Ferner unterstützt die SenKult das > JAZZFEST BERLIN.

Im Bereich des > FILMS bestehen verschiedene Institutionen und Programme, mit denen die SenKult – z.T. in Kooperation mit dem > BUNDESMINISTER DES INNERN und europäischen Fördereinrichtungen – zusammenarbeitet. Dazu zählen u.a. die > BERLINER FILMFÖRDERUNG sowie die Bund-Länder-Zusammenarbeit in der Filmpolitik und verschiedene europäische Medienprojekte, die > DEUTSCHE FILM- UND FERNSEHAKADEMIE BERLIN, die > STIFTUNG DEUTSCHE KINEMATHEK und die Freunde der Deutschen Kinemathek. Zu den bedeutendsten von der SenKult unterstützten Veranstaltungen zählen die > INTERNATIONALEN FILMFESTSPIELE BERLIN, die Verleihung des > EUROPÄISCHEN FILMPREISES sowie der vom > SENDER FREIES BERLIN veranstaltete *Prix Futura*.

Im Bereich der > BILDENDEN KUNST ist die SenKult verantwortlich für die Förderung von Künstlern, die Betreuung von Institutionen und die Veranstaltung von Kunstausstellungen. Die umfangreiche Künstlerförderung wird von einem *Beirat für Bildende Kunst* betreut. Neben den ständig geförderten Institutionen erhalten freie Träger Zuschüsse zur Realisierung einzelner Projekte, z.B. für die jährlich wechselnde Gestaltung des U-Bahnhofs > ALEXANDERPLATZ.

Zu den wichtigen, in diesem Bereich der SenKult nachgeordneten Einrichtungen zählt die *Staatliche Kunsthalle Berlin* in der Budapester Str. 42-46 im Bezirk > CHARLOTTENBURG. Sie wurde 1976 als nichtrechtsfähige Anstalt des Landes Berlin errichtet und hat die Aufgabe, wechselnde Kunstausstellungen zu veranstalten, um über die aktuelle Produktion der Berliner Künstler zu informieren. Die beiden 1969 gegründeten Kunstvereine *Neuer Berliner Kunstverein e.V. (NBK)* und *Neue Gesellschaft für Bildende Kunst e.V. (NGBK)* erhalten ihre institutionelle Förderung von der DEUTSCHEN KLASSENLOTTERIE BERLIN auf Grundlage eines Votums der SenKult. Der NBK am Kurfürstendamm 58 in Charlottenburg versteht sich als Vermittler von Kunst der Gegenwart und präsentiert in seinen Ausstellungsräumen Werkübersichten, Einzel- und Gruppenausstellungen sowie große Themenausstellungen. Die NGBK am Tempelhofer Ufer 61 in > KREUZBERG zeigt Ausstellungen im Themenspektrum von Kunst und Gesellschaft. Beide Vereine verfügen über eigene Ausstellungsräume, zeigen aber größere Ausstellungen in anderen Häusern. Eine institutionelle Förderung durch die SenKult erhält ferner die > FREIE BERLINER KUNSTAUSSTELLUNG.

Die vom *Kulturwerk des Berufsverbandes Bildender Künstler (BBK)* in der Köthener Str. 44 in Kreuzberg getragenen Einrichtungen werden ebenfalls von der SenKult finanziell unterstützt: Die Bildhauerwerkstatt in der Osloer Str. 102 im Bezirk > WEDDING und die Druckwerkstatt im > KÜNSTLERHAUS BETHANIEN stehen allen Berliner Künstlern offen. Das „Kunst-am-Bau-Büro" des BBK berät und vermittelt Künstler bei Wettbewerben für Kunst im öffentlichen Raum, die von der > SENATSVERWALTUNG FÜR BAU- UND WOHNUNGSWESEN veranstaltet werden. Seit 1991 finanziert die SenKult beim BBK einen *Atelier-beauftragten*, der für die Aufschließung von Arbeitsstätten für bildende Künstler sorgt und die Vermittlung von Ateliers organisiert. Ferner untersteht der SenKult bis Ende 1993 der *Künstlerhof Buch*, ein alter Gutshof mit Werkstätten und Ateliers für bildende Künstler im Pankower Ortsteil > Buch, der danach an einen freien Träger übergeben werden soll.

Zur Förderung des literarischen Lebens in Berlin (> Literatur) werden von der SenKult v.a. Stipendien und Honorarmittel an Autoren und Übersetzer vergeben sowie Projekte literarischer Vereine und Initiativen finanziert und zentrale literarische Einrichtungen unterhalten. Literaturvermittlung betreiben literarische Gesellschaften wie die *Neue Gesellschaft für Literatur e.V. (NGL)* oder *Orplid & Co. e.V.*, die z.T. institutionell, z.T. projektbezogen gefördert werden. In diesem Zusammenhang sind auch die Aktivitäten zahlreicher Buchhandlungen, Galerien und bezirklicher Einrichtungen zu nennen; v.a. Autorenlesungen und Diskussionsveranstaltungen werden von der SenKult unterstützt. Zu den alljährlich größten, von der SenKult finanzierten literarischen Projekten zählen u.a. die „Aktionstage der Öffentlichen allgemeinen Bibliotheken" oder die „Berlin-Brandenburgischen Buchwochen" des Verleger- und Buchhändlerverbandes Berlin-Brandenburg e.V. Durch die Gewährung von Druckkostenzuschüssen werden nicht marktkonforme belletristische Bücher gefördert. V.a. die Edition Mariannenpresse der NGL und des BBK mit ihrem hohen künstlerischen Anspruch ist in diesem Zusammenhang zu nennen.

Literatur- und Autorenförderung werden in die Arbeit der großen literarischen Einrichtungen integriert: das > Literarische Colloquium, das > Literaturhaus Berlin, das *Brecht-Zentrum Berlin* im > Bertolt-Brecht-Haus und die > literaturWERKstatt werden von der SenKult gefördert. Hinzutreten wird das *Berliner Zentrum für Kinder- und Jugendbuchliteratur* als Service-Einrichtung für alle Initiativen in diesem Bereich.

Im Bereich der > Bibliotheken und > Archive ist die SenKult für alle Grundsatzangelegenheiten des öffentlichen und wissenschaftlichen Bibliothekswesens zuständig. Dies umfaßt insbes. im öffentlichen Bibliothekswesen die Bereiche Bibliotheksentwicklungsplan, EDV-Einsatz in Bibliotheken, Fragen der einheitlichen Bestandserschließung sowie die Ausbildungsleitung für den gehobenen und höheren Dienst an öffentlichen Bibliotheken. Außerdem obliegt der SenKult die Rechtsaufsicht über das > Deutsche Bibliotheksinstitut, das zugleich Zuschüsse erhält. Der SenKult sind die > Amerika Gedenkbibliothek, die > Berliner Stadtbibliothek, die > Senatsbibliothek, der in der > Staatsbibliothek zu Berlin – Preussischer Kulturbesitz (im Haus Potsdamer Str. 33 in > Tiergarten) aufgestellte > Berliner Gesamtkatalog sowie das *Staatliche Prüfungsamt für Bibliothekare* in der Parochialstr. 1-3 im Bezirk > Mitte nachgeordnet. Zuschüsse erhält ferner die Berliner *Hörbücherei für Zivil- und Kriegsblinde e.V.* in der Auerbacher Str. 7 im Bezirk > Wilmersdorf. Als zentrales Staatsarchiv untersteht der SenKult das > Landesarchiv Berlin, in das 1991 das ehem. Stadtarchiv und das frühere Büro für stadtgeschichtliche Dokumentation und technische Dienste integriert worden sind.

Ein Großteil der bedeutenden > Museen und Sammlungen Berlins ist als > Staatliche Museen zu Berlin der bundesunmittelbaren > Stiftung Preussischer Kulturbesitz unterstellt. Dort vertrat u.a. die SenKult die Interessen das Landes Berlin (der Senator ist Stellvertretender Vorsitzender des Stiftungsrats). Neben den 16 Staatlichen Museen bestanden 1992 neun Landesmuseen, die bei der aufsichtsführenden SenKult ressortieren. Es waren dies das > Berlin-Museum und das > Märkische Museum mit seinen Dependancen, das > Museum für Verkehr und Technik, das > Brücke-Museum, das Botanische Museum (> Botanischer Garten), das > Zucker-Museum, das > Sportmuseum und das > Schulmuseum sowie die > Archenhold-Sternwarte. Ferner betreut die SenKult die privaten Museen in Berlin und ist für die Museumsplanung zuständig.

Ferner ist der SenKult die > Verwaltung der Staatlichen Schlösser und Gärten nachgeordnet. Sie ist zuständig für die nach dem II. Weltkrieg vom aufgelösten Staat Preußen durch das Land Berlin übernommenen > Schlösser. Hierzu gehören in Berlin u.a. das > Schloss Charlottenburg und die zugehörigen Bauten, das > Jagdschloss Grunewald, die > Pfaueninsel und (seit 1966) die Gebäude von > Kleinglienicke. Sie soll am 1.1.1993 zusammen mit den „Staatlichen Schlössern und Gärten Potsdam-Sanssouci" in eine selbständige „Stiftung Preußischer Schlösser und Gärten Berlin-Brandenburg" mit Sitz in Potsdam überführt werden. Neben den genannten Museen und Sammlungen sowie Schlössern und Gärten besteht eine Reihe weiterer Einrichtungen dieser Art, die von der Sen-Kult gefördert und unterstützt wird.

Im Bereich Berlin-Geschichte und Gedenkstätten ist die SenKult zuständig für die Betreuung der Gedenk- und Mahnstätten für die Opfer der nationalsozialistischen Terrorherrschaft *Topographie des Terrors* auf dem > Prinz-Albrecht-Gelände, > Gedenkstätte Deutscher Widerstand, > Gedenkstätte Plötzensee, > Haus der Wannsee-Konferenz und das künftige „Holocaust Denkmal".

Darüber hinaus betreut und fördert die SenKult – teilweise in gemeinsamer Verantwortung mit der Bundesregierung – Initiativen und Einrichtungen, die sich mit der Darstellung und Aufarbeitung der deutschen Nachkriegsgeschichte – insbes. der DDR – befassen: Dies sind das > Haus am Checkpoint Charlie, die > Gedenkbibliothek zu Ehren der Opfer des Stalinismus, die Erinnerungs- und Gedenkstätte an die ehem. Mauer und ihre Opfer (> Mauer) sowie die > Forschungs- und Gedenkstätte in der Normannenstrasse. Überdies erarbeitet die SenKult eine Konzeption für eine „Gedenkstätte für die kommunistische Gewaltherrschaft" im ehem. Internierungslager der > Sowjetischen Militäradministration in Deutschland und späteren zentralen Untersuchungsgefängnis des Ministeriums für Staatssicherheit in > Hohenschönhausen (> Staatssicherheitsdienst der DDR).

Ferner ist die SenKult an der Durchführung zahlreicher kultureller Veranstaltungen beteiligt. Wichtigster Veranstalter ist die vom Bund und vom Land Berlin getragene > Berliner Festspiele GmbH. In gleicher Trägerschaft besteht das in der > Kongresshalle Tiergarten ansässige > Haus der Kulturen der Welt. 1991 trat die landeseigene *Berliner Kulturveranstaltungs- und Verwaltungs-GmbH* mit Sitz im > Podewil hinzu, die u.a. seit 1992 die *Berliner Sommerakademie Bildende Kunst* organisiert. In der zweiwöchigen Veranstaltung arbeiten anerkannte Künstler mit Laien und Kunststudierenden zusammen, um kunstinteressierte Menschen aus der passiven Betrachtung herauszuholen und zur aktiven Mitarbeit zu animieren.

Darüber hinaus hat die SenKult die Staatsaufsicht über die > Akademie der Künste. Außerdem ist sie für den Kulturaustausch mit der Türkei und den Turkstaaten (Aserbaidschan, Kasachstan, Kirgistan, Usbekistan, Turkmenien) zuständig und fördert durch die Vergabe von Zuschüssen die kulturelle Integration der in Berlin lebenden ausländischen Mitbürger. Im Bereich der Kulturarbeit der Bezirke hat sie koordinierende Funktionen und fördert insbes. die überbezirklichen Kulturaktivitäten mit Zuschüssen (z.B. das > Internationale Kulturcentrum UFA-Fabrik, die > Kulturbrauerei und das > Tacheles). In diesem Zusammenhang ist auch das *Freizeitforum Marzahn* zu nennen, das mit seinen Sport- und Kultureinrichtungen durch die SenKult betreut wird. Schließlich ist der SenKult das für die > Bodendenkmalpflege zuständige *Archäologische Landesamt Berlin* nachgeordnet.

Die SenKult vergibt derzeit regelmäßig zwei Preise: Der seit 1961 bestehende *Brüder-Grimm-Preis* geht alle zwei Jahre an Projekte und Einzelpersonen zur Förderung des Jugend- und Kindertheaters. Der > Moses-Mendelssohn-Preis wird für besondere Verdienste bei der Förderung der Toleranz gegenüber Andersdenkenden verliehen. Ferner stellt die SenKult seit 1980 zahlreiche *Stipendien* und weitere Förderungen zur Verfügung.

Neben den umfassenden Aufgaben im Bereich der Kultur ist die SenKult auch für die Kirchen und > Religionsgemeinschaften zuständig und unterstützt deren Arbeit finanziell. Die Leistungen des Staates an die > Evangelische Kirche und an die > Katholische Kirche basieren auf Verträgen aus den Jahren 1931 und 1929; sie wurden seit 1970 der jeweiligen Situation entsprechend angepaßt. Die Leistungen an die > Jüdische Gemeinde zu Berlin basieren auf Verwaltungsvereinbarungen, die ihren Ursprung in der besonderen Verantwortung des Staates gegenüber der jüdischen Gemeinschaft haben. Andere Religions- und Weltanschauungsangelegenheiten erhalten ebenfalls Zuwendungen.

Die SenKult gliedert sich in vier Abteilungen:

I Allgemeine Verwaltung
II Kirchen und Verbände, Archivwesen, Gedenkstätten und Berlin-Geschichte
II Kulturelle Einrichtungen
IV Kulturelle Aktivitäten

Die mit einem *Staatssekretär* ausgestattete SenKult wird seit Januar 1991 von Senator Ulrich Roloff-Momin (parteilos) geleitet und hat z.Z. ca. 220 Beschäftigte. Der Gesamtetat belief sich 1992 auf rd. 986,8 Mio. DM (incl. 189 Mio. DM Bundeszuschuß).

Senatsverwaltung für Schule, Berufsbildung und Sport (SenSchulSport): Die in ihrem heutigen fachlichen Zuschnitt seit 1985 bestehende SenSchulSport hat ihren Hauptsitz in der Bredtschneiderstr. 5 im Bezirk > CHARLOTTENBURG. Als Nebenstelle nutzt die Abt. Berufsbildung Räume in der Geneststr. 5 im Bezirk > SCHÖNEBERG, die Abt. Sport im *Sport- und Kongreßzentrum* des > SPORTFORUMS BERLIN in der Konrad-Wolf-Str. 45 im Bezirk > HOHENSCHÖNHAUSEN, seit dem 1.1.1992 das > HAUS DES LEHRERS am > ALEXANDERPLATZ 4 im Bezirk > MITTE sowie Räume des Sportstättenbetriebs Berlin in der Werneuchener Str. im Bezirk > FRIEDRICHSHAIN.

Das Ressort wurde im Rahmen der Konstituierung des ersten > SENATS VON BERLIN 1951 als „Verwaltung Volksbildung" eingerichtet. 1964 erfolgte seine Aufteilung in die Senatsverwaltung für Schulwesen und in die Senatsverwaltung für Wissenschaft und Kunst (heute > SENATSVERWALTUNG FÜR WISSENSCHAFT UND FORSCHUNG und > SENATSVERWALTUNG FÜR KULTURELLE ANGELEGENHEITEN). 1981 wurden die Aufgaben des Ressorts zur Senatsverwaltung für Schulwesen, Jugend und Sport erweitert (> SENATSVERWALTUNG FÜR JUGEND UND FAMILIE), bevor es seinen heutigen Zuschnitt erhielt.

Die Aufgaben der SenSchulSport umfassen die Schul-, Berufsbildungs-, Weiterbildungs- und Sportpolitik.

Im Bereich der Schulpolitik hat die SenSchulSport neben allgemeinen pädagogischen Angelegenheiten die Schulaufsicht über alle staatlichen Grund-, Haupt-, Real- und Gesamtschulen, Gymnasien, Sonderschulen und die sonderpädagogische Förderung (> SCHULE UND BILDUNG; Sonderschulen). Die Schulaufsicht erstreckt sich ferner auf > PRIVATSCHULEN sowie die berufsbildenden Schulen und die *Fachschulen.* Oberster Schulaufsichtsbeamter ist der > LANDESSCHULRAT. Weitere Aufgaben sind die Regelung der inneren Schulangelegenheiten, die Schulorganisation, die Schülerbetreuung und die Schulverfassung.

Die der SenSchulSport in diesem Bereich nachgeordneten Behörden sind die > STAATLICHE BALLETTSCHULE UND SCHULE FÜR ARTISTIK, die Staatliche Fachschule für Optik und Fototechnik, die Staatliche Technikerschule Berlin sowie das > PÄDAGOGISCHE ZENTRUM, die > LANDESBILDSTELLE BERLIN, das > WISSENSCHAFTLICHE LANDESPRÜFUNGSAMT und das Staatliche Prüfungsamt für Übersetzer Berlin. Die im Zuge der Vereinigung aus Ost-Berlin übernommenen Fachschulen für Betriebswirtschaft, für Binnenhandel, für Gaststätten- und Hotelwesen, für Werbung und Gestaltung und die Ingenieurschule für Bauwesen werden 1994/95 geschlossen.

Zu den weiteren Aufgaben der SenSchulSport gehören allgemeine Angelegenheiten der Weiterbildung sowie der > VOLKSHOCHSCHULEN. In diesem Bereich sind der SenSchulSport die Heimvolkshochschule und die Frauenakademie im > JAGDSCHLOSS GLIENICKE nachgeordnet.

Als oberste Dienstbehörde für die Beamten des Schul-, Schulaufsichts- und Volkshochschuldienstes obliegt ihr auch das Lehrerausund -weiterbildungsrecht. In diesem Aufgabengebiet vertritt die SenSchulSport Berlin in der Ständigen Konferenz der Kultusminister sowie in der Bund-Länder-Kommission für Bildungsplanung und Forschungsförderung in allen Angelegenheiten.

Die SenSchulSport ist die oberste Landesbehörde für Berufsbildung und somit die Vertretung in gesetzlichen Gremien der beruflichen Bildung. Zu ihren Aufgaben gehören die Förderung betrieblicher und überbetrieblicher Berufsbildung, die Förderung betrieblicher Ausbildungsplätze und die Berufsbildung besonderer Zielgruppen.

Im Bereich des > SPORTS ist die SenSchulSport für Fragen der Sportförderung sowie der Entwicklung und Förderung von Freizeitangeboten im Sportbereich zuständig. Dazu zählen allgemeine und Bäderangelegenheiten (> FREI- UND SOMMERBÄDER; > HALLENBÄDER), die Aufsicht über das Campingwesen (> CAMPINGPLÄTZE), die Erstellung des Sportanlagenentwicklungsplans und der Sportanlagenbau (> SPORTSTÄTTEN).

In diesem Aufgabengebiet sind der SenSchulSport folgende Einrichtungen nachgeordnet: die *Sportoberschulen* (> SPEZIALSCHULEN), das > OLYMPIASTADION und die > WALDBÜHNE im Bezirk > CHARLOTTENBURG, das Sportforum Berlin, der Sportstättenbetrieb sowie das > SPORT- UND ERHOLUNGSZENTRUM im Bezirk > FRIEDRICHSHAIN.

Die SenSchulSport führt seit 1982 den Berliner Landeswettbewerb „Schüler komponieren" durch, dessen Prämien von der GEMA-Stiftung in München gestellt werden (> GESELLSCHAFT FÜR MUSIKALISCHE AUFFÜHRUNGS- UND MECHANISCHE VERVIELFÄLTIGUNGSRECHTE [GEMA]). Im Gegensatz zu anderen Senatsverwaltungen vergibt die SenSchulSport keine Preise oder Stipendien.

Die SenSchulSport gliederte sich Ende 1991 in neun Abteilungen mit insg. 28 Referaten:

I Allg. Verwaltung, Rechtsangelegenheiten

II Allg. Pädagogische Angelegenheiten, wie Lehrerbildung, Schulentwicklungsplanung sowie Unterricht und Erziehung

III Schulaufsicht über Grund- und Sonderschulen sowie Sonderpädagogische Förderung

IV Schulaufsicht über Haupt-, Real- und Gesamtschulen

V Schulaufsicht über Gymnasien und Berufsbildende Schulen

VI Überregionale und Internationale Angelegenheiten, Schulverwaltung wie Privatschulen, Schulorganisation, -verfassung und -verwaltung, innere Schulangelegenheiten sowie Angelegenheiten des Dienstrechts und der Personalorganisation im Schul- und Schulaufsichtsdienst, Verwaltungsangelegenheiten der Fachschulen sowie Aufbau internationaler und Europaschulen

VII Berufsbildungspolitik, betriebliche, über und außerbetriebliche Berufsbildung

VIII Allg. Angelegenheiten der Weiterbildung, konzeptionelle und pädagogische Angelegenheiten der Volkshochschulen

X Sport und Freizeit

Die seit April 1991 mit zwei *Staatssekretären* ausgestattete SenSchulSport wird seit Januar 1991 von Senator Jürgen Klemann (> CHRISTLICH DEMOKRATISCHE UNION DEUTSCHLANDS [CDU]) geleitet. Sie beschäftigt 3.500 Mitarbeiter; hinzu kommen ca. 2.400 Lehramtsanwärter und ca. 1.000 Auszubildende. Der Etat für 1992 beträgt 683 Mio. DM.

Senatsverwaltung für Soziales (SenSoz): Die heutige SenSoz mit Sitz An der Urania 12 im Bezirk > SCHÖNEBERG wurde als eigenständiges Ressort mit der Senatsbildung vom Januar 1991 gebildet. Am 5.2.1951 durch Senatsbeschluß eingerichtet (> SENAT VON BERLIN), wechselte der Zuschnitt der Verwaltung in der Folgezeit mehrfach.

Das Aufgabenspektrum der SenSoz ist vielseitig und weit gefächert. Vorrangig zu erwähnen sind die Schaffung, Sicherung und Förderung sozialer Dienste und Einrichtungen für Ältere (> ALTENHILFE) und > BEHINDER-TE sowie die Förderung von freiwilligen ehrenamtlichen Diensten, Nachbarschaftsprojekten und > SELBSTHILFEGRUPPEN. Die Fort- und Weiterbildung in sozialen Berufen wird durch die der SenSoz nachgeordneten Akademie für Gesundheits- und Sozialberufe Berlin durchgeführt. Die SenSoz ist ferner zuständig für die allgemeinen ministeriellen Angelegenheiten des örtlichen und überörtlichen Trägers der > SOZIALHILFE einschließlich der Hilfe zur Arbeit, der Rehabilitation, der Hilfen für Behinderte, der *Kriegsopferfürsorge* und -versorgung, des Flüchtlingswesens (> FLÜCHTLINGE) sowie für arbeitsmarktpolitische Angelegenheiten des Sozialwesens. Dem Ressort obliegen Angelegenheiten der Sozialversicherung, der Unfallversicherung, der Krankenversicherung sowie der Pflegeversicherung und der Sozialstatistik. Der SenSoz ist als zentrale Betreuungsbehörde für bestimmte Aufgaben das > LANDESAMT FÜR ZENTRALE SOZIALE AUFGABEN nachgeordnet.

Das Aufgabenspektrum wird abgerundet durch grundsätzliche Angelegenheiten des Arbeitsschutzes, der Unfallverhütung, des Strahlenschutzes und der Gentechnik, ferner durch die betriebliche Gesundheitsförderung und Fragen zur Humanisierung des Arbeitslebens. In diesem Bereich sind der SenSoz das > LANDESAMT FÜR ARBEITSSCHUTZ UND TECHNISCHE SICHERHEIT und das > LANDESINSTITUT FÜR ARBEITSMEDIZIN nachgeordnet.

Der SenSoz zugeordnet sind ferner die > AUSLÄNDERBEAUFTRAGTE DES SENATS VON BERLIN, sowie die > LANDESBEAUFTRAGTE FÜR BEHINDERTE, die als Vertrauensperson direkt für die Angelegenheiten Behinderter zuständig ist. Die SenSoz trägt darüber hinaus Sorge für den Ausbau des Netzes der > SOZIALSTATIONEN und für die Versorgung älterer und pflegebedürftiger Menschen. Insbes. für die Versorgung Pflegebedürftiger ist die Qualifizierung der Pflegekräfte ein vorrangiges Anliegen.

Der SenSoz sind folgende, einer allgemeinen Staatsaufsicht unterliegende Einrichtungen der mittelbaren Landesverwaltung (Körperschaften, Stiftungen, Anstalten) zugeordnet: die > LANDESVERSICHERUNGSANSTALT BERLIN (LVA BERLIN), die „Allgemeine Ortskrankenkasse Berlin (AOK Berlin)", die „Kassenärztliche Vereinigung Berlin" und die „Kassenzahnärztliche Vereinigung Berlin" (> ÄRZTE- UND ZAHNÄRZTEKAMMER), die „Betriebskrankenkasse des Landes Berlin (BKK

Berlin)" und die „Innungs- und Betriebskrankenkassen", der „Medizinische Dienst der Krankenkassen", der „Landesverband der Betriebskrankenkassen in Berlin" und der „Landesverband der Innungskrankenkassen in Berlin", die Stiftung Invalidenhaus Berlin (> INVALIDENSIEDLUNG), die *St.-Gertraudt-Stiftung*, die *Hospitäler zum Heiligen Geist und St. Georg* (> ALTENHILFE) und die *Kaiser-Wilhelm- und Augusta-Stiftung*.

Die SenSoz gliedert sich in sechs Abteilungen:

I   Allgemeine Verwaltung, Personal und Organisation, Haushalt, Recht, Datenverarbeitung

V   Arbeitsschutz, Unfallverhütung, Strahlenschutz, Gen-Technik, betriebliche Gesundheitsförderung

VI   Soziale Dienste und Einrichtungen

VII Sozialhilfe, Hilfe zur Arbeit, Flüchtlingswesen

VIII Sozialversicherung, Sozialgesetzbuch, Sozialstatistik, Krankenversicherung, Eigenunfallversicherung (EUV)

IX   Angelegenheiten der Behinderten, Soziales Entschädigungsrecht, Kriegsopferfürsorge

Die mit einem *Staatssekretär* ausgestattete SenSoz wird seit Januar 1991 von Ingrid Stahmer (> SOZIALDEMOKRATISCHE PARTEI DEUTSCHLANDS [SPD]) geleitet und hat z.Z. ca. 400 Beschäftigte. Der Gesamtetat belief sich 1992 auf rd. 681 Mio. DM.

Senatsverwaltung für Stadtentwicklung und Umweltschutz (SenStadtUm): Die SenStadtUm mit ihrem Hauptsitz in der Lindenstr. 20-25 im Bezirk > KREUZBERG existiert in dieser Form seit 1981, das Ressort Umweltschutz bereits seit 1971 in der damals gemeinsamen Senatsverwaltung für Gesundheit und Umweltschutz (> SENATSVERWALTUNG FÜR GESUNDHEIT). Außenstellen befinden sich u.a. in der Behrensstr. 42-45 im Bezirk > MITTE, in der Charlottenstr. 82 in Kreuzberg, in der Lentzeallee 12-14 im Bezirk > WILMERSDORF, in der Soorstr. 84 im Bezirk > CHARLOTTENBURG und in der Salvador-Allende-Str. 78-80a im Bezirk > KÖPENICK.

Die SenStadtUm gliedert sich in die beiden jeweils von einem Staatssekretär geleiteten Bereiche „Planung" und „Umweltschutz". Während sich der Bereich Planung in der Zeit der > SPALTUNG in besonderem Maße mit der Insellage West-Berlins auseinandersetzen mußte, wurde mit der > VEREINIGUNG das Zu-

sammenwachsen der beiden Teilstädte und ihres Umlandes sowie der damit entstehende großstädtische Ballungsraum zu einem neuen Arbeitsschwerpunkt. Auf den Ebenen Stadtentwicklungs-, Flächennutzungs- und Bereichsentwicklungsplanung werden Grundlagen der räumlichen Entwicklung der Stadt erarbeitet, wobei eine umweltgerechte Metropolenplanung im Mittelpunkt steht (> FLÄCHENNUTZUNGSPLAN; > STADTENTWICKLUNGSPLÄNE). Dazu gehört die Planung der Landschaft und Freiflächen im > LANDSCHAFTSPROGRAMM, zu dem die Programme für Biotop- und Artenschutz (> ARTENSCHUTZPROGRAMM), Naturhaushalt, Erholung und Landschaftsbild gehören (> NATURSCHUTZ). Die Entscheidung für Berlin als > HAUPTSTADT, Parlaments- und Regierungssitz sowie die Olympiabewerbung für das Jahr 2000 (> OLYMPISCHE SPIELE) bieten neue Herausforderungen. Darüber hinaus erfolgt die Abstimmung der räumlichen Entwicklung mit dem Umland (> REGIONALPLANUNG). Weitere Funktionsbereiche sind die > GARTENDENKMALPFLEGE sowie das Forstwesen (> FORSTEN). Daneben wirkt die SenStadtUm an der Verkehrspolitik (> VERKEHR) und der Aufstellung von Bebauungsplänen mit. Als Stabsstelle zugeordnet ist dem Bereich „Planung" außerdem der *Landeskonservator* (> DENKMALSCHUTZ).

Unterstützt wird die Arbeit der SenStadtUm vom 1992 gegründeten *Beirat für Stadtentwicklung und Gestaltung des öffentlichen Raumes*, einem Zusammenschluß von neun Fachleuten aus den Bereichen Architektur, Stadt- und Landschaftsplanung und Baugeschichte sowie durch das am 12.4.1991 gegründete *Stadtforum*, in dem Fachleute aus Politik, Stadtplanung und Architektur stadtplanerische und städtebauliche Grundsatzentscheidungen vorbereiten. Das Gremium tagte zunächst jeweils unter einer speziellen Themenstellung alle zwei Wochen, seit Herbst 1992 jeden Monat. Bis Ende 1991 haben 16 Veranstaltungen stattgefunden.

Im Ressort > UMWELTSCHUTZ betreibt die SenStadtUm Umweltplanung und Gesetzgebung, so die Abfallentsorgungs-, Luftreinhalte- und Abfallwirtschaftsplanung (> ABFALLWIRTSCHAFT), die Lärmbekämpfung, den Boden- und Gewässerschutz und die Sanierung der Altlasten. Daneben ist sie Genehmigungs- und Überwachungsbehörde für Anlagen nach dem Bundesimmissionsschutzgesetz (> BERLINER LUFTGÜTE-MESSNETZ), dem

Abfallgesetz und dem Gentechnikgesetz sowie Wasserbehörde des Landes Berlin (> WASSERVERSORGUNG/ENTWÄSSERUNG). Zu ihrem Arbeitsbereich gehört darüber hinaus die *Atomaufsicht* und der *Strahlenschutz*. Ein bedeutender Aufgabenbereich ist daneben die Beratung von Unternehmen und Einzelpersonen in Umweltschutzfragen. Die Bürgerberatung in der Lindenstr. ist dabei ein weiterer wichtiger Ansprechpartner. Schließlich werden in über 120 Veröffentlichungen der Verwaltung Interessierten Hinweise und Ratschläge zu allen erwähnten Bereichen zugänglich gemacht.

Dem Staatssekretär „Umweltschutz" direkt unterstellt ist die im Oktober 1989 eingerichtete *Energieleitstelle*, die das Energiekonzept Berlin und das Landesenergieprogramm erarbeitet (> ALTERNATIVE ENERGIEN; > ELEKTRIZITÄTSVERSORGUNG). Neben Pilot- und Demonstrationsprojekten zur Energieeinsparung und zu regenerativen Energien obliegt der Energieleitstelle die Geschäftsführung des *Energiebeirats*. Dieses im November 1989 gegründete Gremium ist zusammengesetzt aus von der SenStadtUm im Einvernehmen mit der > SENATSVERWALTUNG FÜR WIRTSCHAFT UND TECHNOLOGIE ausgewählten Vertretern der Energiewirtschaft und Organisationen des öffentlichen Lebens, wie bspw. Bürgerinitiativen, Gewerkschaften, Forschungsinstituten, öffentlich-rechtlichen Körperschaften sowie der > TECHNISCHEN UNIVERSITÄT und der > FREIEN UNIVERSITÄT. Es berät den > SENAT VON BERLIN im Bereich der Energiewirtschaft und in allen wichtigen Energiefragen, so bei der Entwicklung des Landesenergiekonzepts.

Der SenStadtUm nachgeordnete Behörden sind das *Landesforstamt* im Wannseebadweg 10 im Bezirk > ZEHLENDORF (> FORSTEN), das *Pflanzenschutzamt* in der Mohriner Allee im Bezirk > NEUKÖLLN und das > FISCHEREIAMT BERLIN in der > HAVELCHAUSSEE 149 im Bezirk > CHARLOTTENBURG.

Der SenStadtUm zugeordnete Stiftungen und Körperschaften des öffentlichen Rechts sind der *Abwasserverband der Fahrgastschiffahrt von Berlin* und der *Abwasserverband Pfefferluchgraben*, der *Spree-Havel-Verband* und die > STIFTUNG NATURSCHUTZ BERLIN.

Die SenStadtUm vergibt vier Preise. Von der Abt. VI wird seit 1989 alle zwei Jahre der mit 50.000 DM dotierte *Umweltpreis* an Unternehmen, Einzelpersonen und Projektgruppen für Neuerungen und Ideen im Bereich des Umweltschutzes verliehen. Der mit 30.000 DM

dotierte *Peter-Joseph-Lenné-Preis* wird seit 1988 von der Abt. III mit jeweils neuen Aufgaben für Nachwuchskräfte der Landschaftsarchitektur und -planung ausgeschrieben. Der *Grüne Wettbewerb* wird seit 1951 jährlich vom Referat Öffentlichkeitsarbeit ausgeschrieben und vergibt Geld- und Sachpreise an Privatpersonen, Hausgemeinschaften und Wohnungsbaugesellschaften für beispielhafte ökologische Wohnumfeldgestaltung. Der Preis des mit insg. 6.000 DM dotierten *Wettbewerbs Naturnahe Gärten* wird seit 1987 jährlich von der Abt. III zusammen mit der „Wilhelm-Naulin-Stiftung" an Privatpersonen für ökologische Gartengestaltung vergeben (> KLEINGÄRTEN).

Ferner stellt die SenStadtUm Fördermittel für die Umweltberatung freier Träger, die umweltgerechte Umstellung von Altanlagen in Betrieben, die Arbeit der > VERBRAUCHERZENTRALE und die Zeitschrift des Evangelischen Umweltforums „pro terra" zur Verfügung.

Das Ressort gliedert sich in sieben Abteilungen:

I	Allgemeine Verwaltung
II	Landschaftsplanung, Raumordnung
III	Landschaftsentwicklung und Freiraumplanung
IV	Boden- und Gewässerschutz
V	Immissionsschutz
VI	Rechts- und Überregionale Angelegenheiten, Umweltforschung, Atomaufsicht und Strahlenschutz
VII	Stadtplanung und Stadtgestaltung

Die mit zwei *Staatssekretären* ausgestattete SenStadtUm wird seit Januar 1991 von Volker Hassemer (> CHRISTLICH DEMOKRATISCHE UNION [CDU]) geleitet. Die Anzahl der Beschäftigten betrug 1991 ca. 1.050. Der Gesamtetat der SenStadtUm belief sich 1991 auf rd. 89 Mio. DM Einnahmen und rd. 295 Mio. DM Ausgaben.

Senatsverwaltung für Verkehr und Betriebe (SenVuB): Die SenVuB wurde durch Senatsbeschluß vom 5.2.1951 eingerichtet (> SENAT VON BERLIN) und besteht – nach mehreren Umstrukturierungen – in ihrem heutigen Zuschnitt seit 1991. Der Hauptsitz der SenVuB befindet sich An der Urania 4, eine Außenstelle besteht an der Kleiststr. 23-26, beide im Bezirk > SCHÖNEBERG.

Zu den Aufgaben der SenVuB gehören alle Fragen des > VERKEHRS (einschließlich der Verkehrslenkung und -planung) und der >

EIGENBETRIEBE VON BERLIN. Im Bereich des Verkehrs ist die SenVuB zuständig für die Verkehrswirtschaft, die > SCHIFFAHRT und die > HÄFEN, den Straßenverkehr (> GÜTERVERKEHR; > KRAFTFAHRZEUGVERKEHR), Fragen der Kraftfahrzeugzulassung, den Schienen- und sonstigen spurgebundenen Verkehr (> EISENBAHN, > U-BAHN, > S-BAHN, > STRASSENBAHN), die Luftfahrt (> FLUGHÄFEN) sowie die Angelegenheiten der Verkehrspolitik, der Verkehrsforschung und -technologie sowie des *Verkehrsbeirates.* Der Verkehrsbeirat, ein Zusammenschluß aus Organisationen, Verbänden und sonstigen Einrichtungen, die sich nach ihrer Aufgabenstellung in besonderem Maße mit dem Verkehr befassen, wurde erstmalig im August 1985, in seiner heutigen Form im Juni 1991 ins Leben gerufen und berät den Senator in Fragen des Straßen-, Schienen-, Schiffs- und Luftverkehrs.

Mit diesen Aufgaben korrespondieren die Bereiche Verkehrslenkung (Grundsatzangelegenheiten des Straßenwesens [> STRASSEN], Lenkung des Straßenverkehrs und Technische Steuerung des Straßenverkehrs) sowie Verkehrsplanung (Straßenplanung, Planung von Bahnen). Bezüglich der Verkehrsentwicklungsplanung arbeitet die SenVuB im Einvernehmen zusammen mit der > SENATSVERWALTUNG FÜR STADTENTWICKLUNG UND UMWELTSCHUTZ (SENSTADTUM) und der > SENATSVERWALTUNG FÜR BAU- UND WOHNUNGSWESEN zuammen. Ferner wirkt sie mit in Angelegenheiten des Gemeindeverkehrsfinanzierungsgesetzes und des Verkehrsverbundes.

Der SenVuB obliegen die Ausarbeitung des Nahverkehrs- und Fernverkehrskonzepts (> ÖFFENTLICHER PERSONENNAHVERKEHR) sowie Angelegenheiten der Verkehrsaufklärung, -unterweisung und des Verkehrswarnfunks. Ferner wirkt sie mit in Angelegenheiten des Verkehrslärmschutzes sowie der Abwehr verkehrsbedingter Luftverunreinigungen (> UMWELTSCHUTZ). In diesem Bereich kooperiert sie eng mit der SenStadtUm.

Der zweite große Aufgabenbereich der SenVuB gilt den Eigenbetrieben des Landes Berlin. Hier ist sie für Grundsatz- und Koordinierungsangelegenheiten sowie Forschung und Entwicklung zuständig und übt die Rechtsaufsicht aus. Im ersten Halbjahr 1992 unterstanden der SenVuB fünf Eigenbetriebe: die > BERLINER VERKEHRS-BETRIEBE (BVG), die > BERLINER GASWERKE (GASAG), die > BERLINER WASSER-BETRIEBE (BWB), die > BERLINER STADTREINIGUNGSBETRIEBE (BSR) und

die > BERLINER HAFEN- UND LAGERHAUS-BETRIEBE (BEHALA). Soweit die BSR betroffen sind, wirkt die SenVuB mit bei der Abfallentsorgung in das Umland.

Die SenVuB vergibt seit 1986 jährlich den mit insg. 6.000 DM dotierten *Verkehrssicherheitspreis,* mit dem Beiträge in den elektronischen und Printmedien ausgezeichnet werden, die in besonderer Weise der Verkehrsaufkärung und -beratung dienen und auf Probleme des heutigen Straßenverkehrs aufmerksam machen.

Die SenVuB gliederte sich 1992 in fünf Abteilungen:

I Verwaltung, Personal, Haushalt
II Verkehr
III Verkehrslenkung
IV Eigenbetriebe des Landes Berlin
V Verkehrsplanung

Die mit einem *Staatssekretär* ausgestattete SenVuB wird seit Januar 1991 von Senator Herwig Haase (> CHRISTLICH DEMOKRATISCHE UNION DEUTSCHLANDS [CDU]) geleitet und hat z.Z. ca. 455 Beschäftigte. Der Gesamtetat belief sich 1992 auf rd. 1,78 Mrd. DM.

Senatsverwaltung für Wirtschaft und Technologie (SenWiTech): Die SenWiTech in der Martin-Luther-Str. 105 im Bezirk > SCHÖNEBERG existiert in ihrem heutigen Zuschnitt seit der Senatsbildung vom Januar 1991. Das Ressort Wirtschaft war bereits durch Senatsbeschluß vom 5.2.1951 als „Senatsverwaltung für Wirtschaft und Ernährung" eingerichtet und in der Folgezeit mehrfach mit anderen Verwaltungen (Kredit, Verkehr und Arbeit) zusammengelegt worden.

Zu den Aufgaben der SenWiTech gehören alle Fragen der Wirtschaftspolitik und -förderung. In diesem Bereich ist die SenWiTech zuständig für Beobachtung und Analyse der wirtschaftlichen Entwicklung, Angelegenheiten der Außenwirtschaft und der Wirtschaftskontrolle sowie des Förderungs-, Kreditwirtschafts- und Steuerrechts (> WIRTSCHAFT).

Ein Bereich der > WIRTSCHAFTSFÖRDERUNG ist die bis 1993 befristete > BERLINFÖRDERUNG sowie die Förderung im Rahmen der Gemeinschaftsaufgabe „Verbesserung der regionalen Wirtschaftsstruktur". Dazu gehören *Existenzgründungsprogramme,* in deren Rahmen z.B. seit 1985 jährlich ca. 150 bis 200 *Meistergründungsprämien* in Höhe von 20.000 DM an Handwerksmeisterinnen und Handwerksmeister, die sich selbständig machen wollen, vergeben werden (> HANDWERK). Gegenstand der Förderung kann neben Existenzgründungsdarlehen auch die Existenzgründungsberatung, die Übernahme einer Bürgschaft oder die Kostenbeteiligung im Rahmen von Messen und Ausstellungen sein.

Die SenWiTech ist ferner zuständig für Ausstellungen, Messen und Kongresse sowie das Marktwesen mit den > GROSSMÄRKTEN und den öffentlichen > WOCHENMÄRKTEN.

Zur Wirtschaftskontrolle gehören grundsätzlich rechtliche Fragen der Subventionen, Lebensmittel, Handelsklassen des Gewerbes, des Handwerks, des Banken- und Versicherungswesens sowie des Wettbewerbs und der Preisbildung. In diesem Zusammenhang übt die SenWiTech die Staatsaufsicht über die > INDUSTRIE- UND HANDELSKAMMER BERLIN sowie über die > HANDWERKSKAMMER BERLIN aus. Die SenWiTech ist zugleich die *Landeskartellbehörde* Berlins und somit zuständig für Grundsatz- und Einzelfragen des Kartellrechts und der Wettbewerbspolitik.

Die Staatsaufsicht über folgende nachgeordnete Einrichtungen fällt ebenfalls in dieses Ressort: Die *Kursmaklerkammer in Berlin/Wertpapierbörse* (> BÖRSE) in der Fasanenstr. 3, die Berliner Pfandbrief-Bank in der Budapester Str. 1, die Feuersozietät Berlin, Am Karlsbad 4-5, die Öffentliche Lebensversicherung Berlin im gleichen Gebäude (alle im Bezirk > CHARLOTTENBURG) und die > LANDESBANK BERLIN GIROZENTRALE (LBB) in der Bundesallee 171 im Bezirk > WILMERSDORF.

Weitere Aufgaben sind die Berufsangelegenheiten der Wirtschaftsprüfer und der vereidigten Buchprüfer sowie die Verbraucherpolitik. Im Bereich der Zuständigkeit für Bergrecht sind die nachgeordneten Behörden das *Bergamt für das Land Berlin* in der Sedanstr. 48 in Hannover und das *Oberbergamt für das Land Berlin* am Hindenburgplatz 9 in Clausthal-Zellerfeld zu nennen.

Die SenWiTech ist zuständig für grundsätzliche Angelegenheiten einzelner Handwerks- und Industriezweige, so z.B. für Qualitätsüberwachungen und Betriebskontrollen. Sie ergreift aber auch Maßnahmen zur Erhaltung und Erweiterung der wirtschaftlichen Potentials eines Fachgebietes. Insofern obliegen ihr auch die Förderung des Fremdenverkehrs und der Fremdenverkehrswirtschaft (> TOURISMUS). Ihr ist das > VERKEHRSAMT BERLIN in der Martin-Luther-Str. 105 im Bezirk > SCHÖNEBERG nachgeordnet, das ihrer Fachaufsicht unterliegt.

Weitere Fachgebiete sind bspw. die > LANDWIRTSCHAFT, die Medienwirtschaft, der Handel (> EINZELHANDEL) und die übrigen Dienstleistungsberufe.

Zu den Aufgaben im Bereich der Technologie zählt bspw. die Technologieförderung; des weiteren nimmt die SenWiTech Grundsatzangelegenheiten von > INNOVATIONS- UND GRÜNDERZENTREN wahr. Hier ist das Personaltransferprogramm *Technologieassistent* zu nennen, das die Vermittlung von Universitätsabsolventen in modernisierungswillige Betriebe beinhaltet.

In der SenWiTech werden ferner Grundsatzfragen der Energieversorgung (> ELEKTRIZITÄTSVERSORGUNG, > GASVERSORGUNG, > FERNWÄRMEVERSORGUNG) geklärt und Konzepte zur sparsamen Energieverwendung entwickelt. Im Zuge der Energieaufsicht wird die sichere und preiswerte Energieversorgung durch die Energieversorgungsunternehmen sichergestellt.

Das *Landesamt für Meß- und Eichwesen* in der Abbestr. 5-7 im Bezirk Charlottenburg, das für die Prüfung und Eichung von Meßgeräten sowie für die Überwachung der Hersteller und Importeure und die Aufsicht über Prüfstellen zuständig ist, ist der SenWiTech nachgeordnet und unterliegt ihrer Fachaufsicht.

Wirtschaftspolitische Aufgaben sind Analysen und Bewertungen volkswirtschaftlicher Gutachten, eigene Wirtschaftsberichte, Grundsatzangelegenheiten der EG, Grundsatzfragen der > ENTWICKLUNGSPOLITIK, Entwicklung von Konzepten zur Integration von Wirtschafts- und Umweltpolitik (> UMWELTSCHUTZ). Die > LANDESSTELLE FÜR ENTWICKLUNGSZUSAMMENARBEIT ist bei der SenWiTech angesiedelt.

Der SenWiTech obliegen der Warenverkehr, d.h. Warenübernahme und -ausgabe sowie Lager- und Warenkontrolle, Lagerwesen, Zölle und Frachten.

Die SenWiTech vergibt insg. sechs Preise; die wichtigsten davon sind der mit 40.000 DM dotierte *Innovationspreis* mit dem „Sonderpreis Umwelttechnik", der seit 1984 jährlich auf dem Gebiet der Mikroelektronik und der Informatik vergeben wird. Im jährlichen Wechsel werden der *Handwerkerpreis* für innovative Entwicklungen auf dem Gebiet des Handwerks (seit 1988) und der *Preis des Landes Berlin für das Gestaltende Handwerk* (seit 1965) für kreative kunsthandwerkliche Arbeiten vergeben. Der Handwerkerpreis ist mit 40.000 DM ausgeschrieben, von denen 25.000 DM von der SenWiTech und 15.000 DM von der LBB bereitgestellt werden. Für das Gestaltende Handwerk können Preise bis insg. 20.000 DM vergeben werden. Für den Bundeswettbewerb „Jugend testet", den die > STIFTUNG WARENTEST alle zwei Jahre veranstaltet, vergibt die SenWiTech einen Sonderpreis. Jugendliche im Alter von 14-20 Jahren können hier jede Testidee einreichen. Insg. steht ein Preisgeld von 4.000 DM zur Verfügung.

Die SenWiTech gliedert sich in sieben Abteilungen:

I   Allgemeine Verwaltung
II   Wirtschaftsförderung und Strukturpolitik
III   Wirtschaftsordnung
IV   Industrie, Handel und Dienstleistungen
V   Technologie und Energie
VI   Wirtschaftspolitik
VII   Bevorratung

Die mit zwei *Staatssekretären* ausgestattete SenWiTech wird seit Januar 1991 von Senator Norbert Meisner (> SOZIALDEMOKRATISCHE PARTEI DEUTSCHLAND [SPD]) geleitet und hat z.Z. 583 Beschäftigte. Der Gesamtetat belief sich 1992 auf rd. 767,79 Mio. DM.

Senatsverwaltung für Wissenschaft und Forschung (SenWissForsch): Durch Aufteilung der Senatsverwaltung für Volksbildung 1963 in zwei Ressorts entstand eine Verwaltung für Wissenschaft und kulturelle Angelegenheiten (> SENATSVERWALTUNG FÜR KULTURELLE ANGELEGENHEITEN; > SENATSVERWALTUNG FÜR SCHULE, BERUFSBILDUNG UND SPORT), aus der 1983 die SenWissForsch hervorging. Ihr Hauptsitz befindet sich in der Bredtschneiderstr. 5 im Bezirk > CHARLOTTENBURG.

Dem Senator obliegt die parlamentarisch-politische und der SenWissForsch die administrative Zuständigkeit für die *Hochschulen* und außeruniversitären Forschungseinrichtungen im Land Berlin. Rechtsgrundlage der Hochschulen ist das „Gesetz über die Hochschulen im Land Berlin (BerlHG)" vom 12.10.1990 sowie das „Gesetz zur Ergänzung des Berliner Hochschulgesetzes (ErgGBerlHG)" vom 18.7.1991. 1992 gab es in Berlin elf staatliche Hochschulen.

Staatliche Hochschulen im Westteil der Stadt 1992

> FREIE UNIVERSITÄT BERLIN (FU), Altensteinstr. 40, Dahlem;

> TECHNISCHE UNIVERSITÄT BERLIN (TUB), Straße des 17. Juni 135, Charlottenburg;

> HOCHSCHULE DER KÜNSTE (HdK), Ernst-Reuter-Platz 10, Charlottenburg;

> FACHHOCHSCHULE FÜR SOZIALARBEIT UND SOZIALPÄDAGOGIK BERLIN (FHSS), Karl-Schrader-Str. 6, Charlottenburg;

> TECHNISCHE FACHHOCHSCHULE BERLIN (TFH), Luxemburger Str. 10 ,Wedding;

> FACHHOCHSCHULE FÜR WIRTSCHAFT BERLIN (FHW), Badensche Str. 50-51, Schöneberg;

> FACHHOCHSCHULE FÜR VERWALTUNG UND RECHTSPFLEGE BERLIN (FHSVR), Kurfürstendamm 207-208, Charlottenburg.

Staatliche Hochschulen im Ostteil der Stadt 1992

> HUMBOLDT UNIVERSITÄT ZU BERLIN (HUB), Unter den Linden 6, Mitte;

> HOCHSCHULE FÜR MUSIK „HANNS EISLER", Charlottenstr. 55, Mitte;

> HOCHSCHULE FÜR SCHAUSPIELKUNST „ERNST BUSCH", Schnellerstr. 104, Niederschöneweide;

> KUNSTHOCHSCHULE BERLIN-WEISSENSEE (KHB), Straße 203 Nr. 20, Weißensee.

Mit dem Ziel der Errichtung einer weiteren, zwölften staatlichen Fachhochschule im Ostteil der Stadt wurde am 1.10.1991 die > FACHHOCHSCHULE FÜR TECHNIK UND WIRTSCHAFT in der Hermann-Duncker-Str. 8 im Bezirk > LICHTENBERG eröffnet. In der Gründungsphase wird sie als Abteilung der TFH geführt. Desweiteren bestehen sechs staatlich anerkannte Hochschulen in unterschiedlicher Trägerschaft (Bundesbehörden, Kirchen).

Staatliche anerkannte Hochschulen im Westteil der Stadt 1992

> KIRCHLICHE HOCHSCHULE BERLIN (KiHo), Teltower Damm 120-122, Zehlendorf;

> EVANGELISCHE FACHHOCHSCHULE, Reinerzstr. 40/41, Berlin (EFB), Dahlem;

> FACHHOCHSCHULE DES BUNDES FÜR ÖFFENTLICHE VERWALTUNG, Fachbereich Sozialversicherung (FHSBfA), Ruhrstr. 2, Wilmersdorf;

> FACHHOCHSCHULE DER DEUTSCHEN BUNDESPOST BERLIN (FHSBP), Ringbahnstr. 130, Tempelhof;

> EUROPÄISCHE WIRTSCHAFTSHOCHSCHULE, Europa-Center, Charlottenburg.

Staatliche anerkannte Hochschulen im Ostteil der Stadt 1992

> KATHOLISCHE FACHHOCHSCHULE BERLIN, Köpenicker Allee 39-57, Lichtenberg.

Im Rahmen der gemeinsamen Forschungsförderung von Bund und Ländern fallen auch die 1992 insg. 13 Berliner Institute der > BLAUEN LISTE in die Kompetenz der

SenWissForsch. Es handelt sich dabei um das > DEUTSCHE INSTITUT FÜR WIRTSCHAFTSFORSCHUNG, das > HEINRICH-HERTZ-INSTITUT FÜR NACHRICHTENTECHNIK, das > WISSENSCHAFTSZENTRUM BERLIN FÜR SOZIALFORSCHUNG, das > DEUTSCHE BIBLIOTHEKSINSTITUT und das > FACHINFORMATIONSZENTRUM CHEMIE sowie um die durch > VEREINIGUNG hinzugekommen acht Institute des > FORSCHUNGSVERBUNDES BERLIN E.V. (Institut für Gewässerökologie und Binnenfischerei, Ferdinand-Braun-Institut für Höchstfrequenztechnik, Institut für Kristallzüchtung, Institut für Nichtlineare Optik und Kurzzeitspektroskopie, Forschungsinstitut für Molekulare Pharmakologie, Institut für Wild- und Zootierforschung, Paul-Drude-Institut für Festkörperelektronik, Institut für Angewandte Analysis und Stochastik).

Neben den genannten Einrichtungen gibt es in Berlin zahlreiche weitere Institutionen, die von der SenWissForsch unterstützt werden, bei denen sie die Fach- oder Dienstaufsicht ausübt oder mit denen sie in anderer Weise kooperiert. Dies waren 1992 u.a. im Bereich der Natur- bzw. Ingenieurswissenschaften die > BERLINER ELEKTRONENSPEICHERRING – GESELLSCHAFT FÜR SYNCHROTRONSTRAHLUNG, der > BOTANISCHE GARTEN und das Botanische Museum, die Berliner Einrichtungen der > FRAUNHOFER-GESELLSCHAFT ZUR FÖRDERUNG DER ANGEWANDTEN FORSCHUNG E.V., zwei der drei Berliner Einrichtungen der > MAX-PLANCK-GESELLSCHAFT ZUR FÖRDERUNG DER WISSENSCHAFTEN E.V., das > HAHN-MEITNER-INSTITUT BERLIN GMBH, das > INSTITUT FÜR GENBIOLOGISCHE FORSCHUNG BERLIN GMBH, die > VERSUCHSANSTALT FÜR WASSERBAU UND SCHIFFBAU, das > KONRAD-ZUSE-ZENTRUM FÜR INFORMATIONSTECHNIK BERLIN). Bei den Geistes- und Sozialwissenschaften waren dies 1992 (neben den Blaue-Liste-Einrichtungen) die > HISTORISCHE KOMMISSION ZU BERLIN E.V. und das > MAX-PLANCK-INSTITUT FÜR BILDUNGSFORSCHUNG.

Als Einrichtungen, die insbes. die internationale wissenschaftliche Begegnung fördern, unterstützt die SenWissForsch die > DAHLEM-KONFERENZEN und das > WISSENSCHAFTSKOLLEG ZU BERLIN E.V. Daneben fördert die SenWissForsch eine Reihe weiterer, kleinerer Einrichtungen zur Förderung von > WISSENSCHAFT UND FORSCHUNG.

Das Ressort vertritt ferner das Land Berlin in der Ständigen Konferenz der Kultusminister der Länder in der Bundesrepublik Deutschland (KMK), in der Bund-Länder-Kommission für Bildungsplanung und Forschungsförderung, im Wissenschaftsrat sowie in weiteren überregionalen Gremien. Die SenWissForsch ist die oberste Landesbehörde für Ausbildungsförderung und hat als solche die Rechts- und Fachaufsicht über das > STUDENTENWERK BERLIN als Amt für Ausbildungsförderung und die bezirklichen Ämter für Ausbildungsförderung.

Die SenWissForsch vergibt insg. drei Preise. Der mit 20.000 DM dotierte, nach dem Berliner Arzt und Wissenschaftler benannte *Aronson-Preis* wird nach Übernahme von einer privaten Stiftung seit 1970 alle zwei Jahre für bedeutende Leistungen deutscher Wissenschaftler auf dem Gebiet der Mikrobiologie oder der experimentellen Therapie vergeben. Für hervorragende Leistungen auf dem Gebiet der Werkzeugmaschinen und Fertigungstechnik wird seit 1975 alle drei Jahre der mit 15.000 DM dotierte, nach dem Anfang des Jahrhunderts an der Technischen Hochschule tätigen Maschinenbauer benannte *Georg-Schlesinger-Preis* an in- und ausländische Wissenschaftler verliehen. Der nach dem früheren Berliner Senator für Volksbildung benannte *Joachim-Tiburtius-Preis* (insg. sechs Preise und drei Anerkennungspreis) wird seit 1985 jährlich an Berliner Doktoranden und Fachhochschulabsolventen für hervorragende Dissertationen bzw. Diplomarbeiten vergeben und ist mit insg. 30.500 DM dotiert.

Ferner stellt die SenWissForsch zur Förderung des studentischen Austauschs im Rahmen eines Sonderstipendienprogramms Berlin-Paris seit 1988 jährlich neun, nach den französischen und deutschen Außenministern der 20er Jahre benannte *Briand-Stresemann-Stipendien* in Höhe von jeweils zehn Monatsraten à 1.100 DM zur Verfügung. Zur Förderung hochbegabter Studierender an Berliner Hochschulen führte die SenWissForsch seit 1987 jährlich ein nach dem Historiker Leopold v. Ranke benanntes *Leopold-v.-Ranke-Programm* durch. Die Auswahl der Stipendiaten und die Durchführung des Programms, für das jeweils 400.000 DM zur Verfügung stehen, sind der „Studienstiftung des deutschen Volkes" übertragen.

Die SenWissForsch gliederte sich 1992 in folgende Abteilungen:

AV Allgemeine Angelegenheiten mit Referaten für Personalwirtschaft, Rechtsfragen, Organisation und Bürokommunikation

I Planungs- und Grundsatzangelegenheiten mit Referaten für Haushalt,

Investitionsplanung, Hochschulent-
wicklungsplanung, Statistik,
Ausbildungsförderung sowie überregionalen Angelegenheiten
II Hochschulen mit den Referaten für
Hochschulrecht, die verschiedenen
Hochschulen des Landes, Grundsatzfragen von Studium, Lehre und Prüfung
sowie studentische Angelegenheiten
III Forschung mit den Referaten für die verschiedenen hochschulunabhängigen Forschungseinrichtungen und Fachgebiete

Die mit einem *Staatssekretär* ausgestattete
SenWissForsch wird seit Januar 1991 von
Senator Manfred Erhardt (CDU) geleitet und
hat z.Z. 230 Beschäftigte. Das Gesamtvolumen des von der SenWissForsch verwalteten Etats belief sich 1992 auf rd. 3,9 Mrd.
DM.

Senat von Berlin: Der im > Berliner Rathaus
im Bezirk > Mitte tagende S. ist die vom >
Abgeordnetenhaus von Berlin (AbgH) gewählte Regierung des Landes Berlin. Bildung
und Aufgaben des S. sind im Abschnitt IV
(Art. 40-44) der > Verfassung von Berlin
(VvB) festgelegt. Die Arbeitsweise regelt die
Geschäftsordnung, die sich der S. selbst gibt.
Der S. besteht aus dem > Regierenden Bürgermeister von Berlin (RBm), seinem Stellvertreter, dem *Bürgermeister* (der seit 1963 zugleich
Fachsenator ist), sowie höchstens 16 *Senatoren* (Art. 40). Die Senatoren sind Wahlbeamte auf Zeit. Ihre Rechtsstellung, Besoldung und spätere Versorgung ist im Sena-
torengesetz geregelt. Ihre Zahl wurde seit
der ersten Senatsbildung 1951 jedoch nie ausgeschöpft. Bei der Bildung des ersten Gesamt-Berliner S. wurden am 24.1.1991 der
RBm und 15 weitere Senatsmitglieder gewählt. Der vom AbgH in geheimer Wahl gewählte RBm erhält zunächst nur den Auftrag
zur Regierungsbildung innerhalb von 21 Tagen. Kommt in dieser Frist die Wahl der übrigen Senatsmitglieder nicht zustande, ist
sein Auftrag erloschen und die erneute Wahl
des RBm vorzunehmen (Art. 41 VvB). Der
Bürgermeister und die Senatoren werden auf
Vorschlag des RBm einzeln mit ihren Geschäftsbereichen in geheimer Wahl mit mehr
Ja- als Nein-Stimmen gewählt; Enthaltungen
und ungültige Stimmen zählen nicht mit. Der
S. ist im Amt, wenn alle Senatsmitglieder gewählt und vom Parlamentspräsidenten auf
ihr Amt vereidigt worden sind.
Der S. wird nach der VvB nicht für eine be-

stimmte Amtsdauer gewählt, sie endet also
nicht zwingend mit der Wahlperiode des
AbgH. Dennoch sind bisher alle Landesregierungen zu Beginn einer neuen Wahlperiode zurückgetreten, um die Wahl eines
neuen S. zu ermöglichen. Grundsätzlich endet die Amtszeit des S. oder einzelner seiner
Mitglieder durch den jederzeit möglichen
Rücktritt, durch Abwahl oder Tod.
Der S. bedarf des Vertrauens des AbgH (Art.
42 VvB). Es kann den S. oder einzelne seiner
Mitglieder durch Entzug des Vertrauens zum
Rücktritt zwingen. Für ein *Mißtrauensvotum*,
das in Berlin noch nie zustande kam, ist die
Zustimmung der Mehrheit der Mitglieder
des AbgH in namentlicher Abstimmung erforderlich. Die Abstimmung über einen Miß-
trauensantrag erfolgt frühestens 48 Stunden
nach dessen Begründung in öffentlicher
Plenardebatte. Ein Mißtrauensvotum wird
unwirksam, wenn nicht innerhalb von 21 Tagen die Wahl eines Nachfolgers erfolgt.
Der RBm führt den Vorsitz im S. und leitet
dessen stets vertrauliche Sitzungen. Die Bestimmung der Richtlinien der Regierungspolitik, die der Billigung des AbgH bedürfen,
erfolgt vom RBm im Einvernehmen mit dem
S. Im Rahmen der Richtlinien leitet jedes
Senatsmitglied sein Ressort selbständig und
in eigener Verantwortung. Über die Aufteilung und Abgrenzung der Geschäftsbereiche
bestimmt der RBm allein, doch muß das
AbgH zustimmen (Art. 43 VvB).
Dem S. untersteht unmittelbar die *Hauptverwaltung* einschließlich der Justizverwaltung sowie der > Polizei (Art. 44 VvB; > Politisches System), und er führt die Aufsicht
über die Bezirksverwaltungen. Jedes Senatsmitglied leitet den zu seinem Ressort gehörenden Teil der Hauptverwaltung. Der S. beschließt über seine politischen Vorhaben und
über seine Reaktionen auf Initiativen des Parlaments. Er beschließt über die Gesetzentwürfe, die er im AbgH oder in der Länderkammer, dem > Bundesrat, einbringt, über
sein Verhalten in den Beratungen und bei
Abstimmungen des Bundesrats, über den Erlaß von Rechtsverordnungen und Verwaltungsvorschriften zur Ausführung von Gesetzen, über die Zustimmung zu Staats-
verträgen und Verwaltungsvereinbarungen
mit dem Bund und den Bundesländern.
Der S. ernennt durch Beschluß die Landes-
beamten des höheren Dienstes und die Angestellten in vergleichbaren Positionen sowie
die Berufsrichter. Ferner beruft er die Staats-

sekretäre auf Vorschlag des jeweiligen Senatsmitgliedes. Der *Staatssekretär*, der bis zum 31.12.1985 die Amtsbezeichnung „Senatsdirektor" führte, ist ein politischer Beamter in besonderer Vertrauensstellung. Er ist unter der Verantwortung des RBm bzw. des jeweiligen Fachsenators tätig und vertritt ihn insbes. in den Verwaltungsgeschäften. Er kann durch Senatsbeschluß jederzeit in den einstweiligen Ruhestand versetzt werden.

Als Landesregierung hat der S. auch Aufgaben, die auf Bundesebene Angelegenheit des > BUNDESPRÄSIDENTEN sind. So beschließt er über Begnadigungen, über die Verleihung von Orden und Ehrentiteln, über die Anordnung von Staatstrauer und Staatsbegräbnissen sowie die Beflaggung öffentlicher Gebäude aus besonderem Anlaß.

Sind sowohl der RBm als auch der Bürgermeister abwesend oder verhindert, führt der dienstälteste Senator (bei gleicher Zahl von Dienstjahren der an Lebensjahren älteste Senator) die Amtsgeschäfte und leitet die Sitzungen des S. Die Senatoren vertreten sich nach einem vom S. festgelegten Plan gegenseitig.

Die dem RBm unmittelbar unterstellte > SENATSKANZLEI unterstützt gemäß der Geschäftsordnung des S. den RBm und die S. bei der Erfüllung ihrer Aufgaben. Dabei hat der *Chef der Senatskanzlei* den Rang eines Staatssekretärs mit einer herausgehobenen Stellung und nimmt an den Senatssitzungen mit beratender Stimme teil.

Eine weitere wichtige Stellung im S. hat der Senator für Bundes- und Europaangelegenheiten, der zugleich der *Bevollmächtigte des Landes Berlin beim Bund* ist (> SENATSVERWALTUNG FÜR BUNDES- UND EUROPAANGELEGENHEITEN; BEVOLLMÄCHTIGTER DES LANDES BERLIN BEIM BUND). Während alle anderen Senatsverwaltungen ihren Sitz ausschließlich in Berlin haben, besteht seine Dienststelle in Berlin nur aus dem Büro des Senators; die Senatsverwaltung hat ihr Domizil in der Dienststelle Bonn (*Berliner Landesvertretung*).

Der RBm, der Bürgermeister und die Senatoren dürfen neben ihrem Regierungsamt keinen Beruf ausüben. Eine Ausnahme ist die Nebentätigkeit als Hochschullehrer, sofern der S. keine Einwände erhebt. Die Senatsmitglieder können Abgeordnete sein und ehrenamtliche Funktionen in Parteien sowie Organisationen aller Art wahrnehmen, wenn eine Interessenkollision mit ihrem Amt ausgeschlossen ist. Senatsmitglieder unterstehen

keiner Dienstaufsicht; Disziplinarverfahren gegen sie sind ausgeschlossen. Nach ihrem Ausscheiden aus dem S. erhalten sie je nach Amtszeit ein monatliches Übergangsgeld bis zur Dauer von zwei Jahren. Der Anspruch auf Altersversorgung und deren Höhe hängen von der Dauer der Zugehörigkeit zum S. und vom Lebensalter ab.

Sender Freies Berlin (SFB): Der SFB mit Sitz in der Masurenallee 8-14 im Bezirk > CHARLOTTENBURG ist die *Landesrundfunkanstalt* Berlins. Der Sender ist eine gemeinnützige, staatsunabhängige Anstalt des öffentlichen Rechts und (gemessen an Aufwendungen, Mitarbeiterzahl und Umfang der Programmtätigkeit) die größte der in Berlin ansässigen Rundfunkanstalten (> FERNSEHEN; > HÖRFUNK). Seit 1954 ist der SFB Mitglied der *Arbeitsgemeinschaft der öffentlich-rechtlichen Rundfunkanstalten der Bundesrepublik Deutschland (ARD)*. Seine vier Hörfunkprogramme sowie die Fernsehproduktionen sind im ganzen Stadtgebiet und im Umland per Antenne und per Kabel zu empfangen. Der Programmauftrag des SFB besteht lt. § 3 der Satzung darin, Sendungen zur Ausstrahlung zu bringen, die von demokratischer Gesinnung, Treue zum Grundgesetz der Bundesrepublik Deutschland und zur > VERFASSUNG VON BERLIN, kulturellem Verantwortungsbewußtsein und dem Willen zur Sachlichkeit getragen sind. Die Gesamtheit der Sendungen soll inhaltlich ausgewogen sein und den Empfängern eine unabhängige Meinungsbildung ermöglichen.

Der Hörfunk des SFB ist im > HAUS DES RUNDFUNKS an der Masurenallee untergebracht. Die derzeitige Programmgestalt mit vier Programmen resultiert aus einer Programmreform vom 30.4.1990, mit der der Sender u.a. auf das Angebot der privaten Hörfunk-Anbieter reagierte. Im Vordergrund der Berichterstattung von Berlin 88,8 (früher SFB 1) stehen Beiträge über Berlin und sein Umland. SFB 2 informiert mit thematischen Schwerpunkten über aktuelle Politik und Zeitgeschehen. Vom Herbst 1992 an soll dieses Programm in Kooperation mit dem *Ostdeutschen Rundfunk Brandenburg (ORB)* als gemeinsame Informations- und Servicewelle für die Region Berlin und Brandenburg betrieben werden. SFB 3 sendet v.a. klassische Musik- und Kulturbeiträge sowie Informationen über die Kulturszene und -politik in Berlin. SFB 4, „Radio 4 U" („for you"), ist die

Pop- und Rockwelle des SFB und wendet sich mit Musik und kurzen Wortbeiträgen vornehmlich an junge Hörer. Mitte 1992 wird dieses Jugendprogramm als gemeinsames Projekt von ORB und SFB in Potsdam gestaltet.

Das SFB-Fernsehen hat seit 1971 seinen Sitz in dem westlich des Hauses des Rundfunks neu erbauten Fernsehzentrum am > THEODOR-HEUSS-PLATZ. Neben der Produktion von Regionalsendungen für das Vorabendprogramm leistet der SFB einen Programmanteil von 6,5 % am Gemeinschaftsprogramm der ARD. Für die Nordkette, das gemeinsam mit dem Norddeutschen Rundfunk (NDR) und Radio Bremen (RB) veranstaltete dritte Fernsehprogramm *Nord 3* („N3"), an dem der SFB ab Januar 1965 teilnahm, produzierte er 25 % aller Beiträge. Im Laufe des Jahres 1992 trat an die Stelle von N3 ein mit anderen Rundfunkanstalten in Kooperation produziertes drittes Fernsehprogramm. Eine Institution unter den vom SFB hergestellten Fernsehsendungen ist die seit 1958 im Regionalfernsehen gesendete *Berliner Abendschau*, die täglich außer sonntags im Vorabendprogramm über aktuelle Berliner Themen berichtet. Sie ist die älteste Fernsehregionalsendung Deutschlands und erreichte 1991 im Jahresdurchschnitt 47,5 % aller Berliner Haushalte.

Neben der Ausbildung von jährlich zehn Volontären und der Bereitstellung von ca. 80 Praktikaplätzen leistet der SFB durch die > AUSBILDUNGSSTÄTTE FÜR AUSLÄNDISCHE FERNSEHFACHKRÄFTE, TELEVISION TRAINING CENTER auch einen Beitrag zur > ENTWICKLUNGSPOLITIK.

Außerdem richtet der SFB in Zusammenarbeit mit dem > ZWEITEN DEUTSCHEN FERNSEHEN (ZDF) als alle zwei Jahre stattfindenden internationalen Wettbewerb für Hörfunk- und Fernsehproduktionen den *Prix Futura Berlin* aus. Dieser Preis, an dem 1991 unter dem Motto „Change" ca. 500 Programmacher aus 72 Ländern teilnahmen, prämiert Fernsehspiele und Dokumentationen, Hörspiele und Radiofeatures.

Für Musikproduktionen des SFB, insbes. Aufnahmen des > RADIO-SYMPHONIE-ORCHESTERS BERLIN sowie für öffentliche Konzertveranstaltungen, wird der in seiner heutigen Form 1957 fertiggestellte *Große Sendesaal des SFB* im Haus des Rundfunks mit 1.100 Sitzplätzen genutzt. Fernsehproduktionen und Sendungen mit Publikum werden in den vier Studios des Fernsehzentrums aufgezeichnet

oder z.T. live ausgestrahlt.

Der SFB nutzt insg. drei Sendeanlagen. Neben dem Sendemast am Scholzplatz in Charlottenburg, über den das erste Fernsehprogramm sowie die vier UKW-Programme gesendet werden, werden für die Mittelwellenprogramme Sendemasten in der im gleichen Bezirk gelegenen Stallupöner Allee benutzt. N3 wird von dem im Eigentum der Deutschen Bundespost befindlichen Fernsehturm am Schäferberg in > WANNSEE gesendet. Die über Antenne ausgestrahlten UKW-Hörfunkprogramme und die Fernsehprogramme sind in einem Umkreis von ca. 80-100 km zu empfangen.

Organe des Senders sind der Rundfunkrat und der Intendant. Der Rundfunkrat hat gegenwärtig 31 Mitglieder, die für je zwei Jahre amtieren. Acht Mitglieder wählt das > ABGEORDNETENHAUS VON BERLIN, die anderen 23 Mitglieder werden von einem festgelegten Kreis entsendungsberechtigter Organisationen benannt. Der Rundfunkrat wählt den Intendanten für höchstens fünf Jahre, er entscheidet in öffentlicher Debatte über die Finanzierung und überwacht die Programmgestaltung des Senders. Als ständige Ausschüsse bildet das Gremium aus seiner Mitte den Programmausschuß und den Verwaltungsrat. Der Intendant leitet den SFB, ist sein gesetzlicher Vertreter und verantwortet den Betrieb sowie die Programmgestaltung. Der in vier Direktionsbereiche gegliederte Sender hat ca. 1.400 feste und für das Programm ca. 7.000 freie Mitarbeiter, von denen etwa 500 regelmäßig tätig sind. Die Finanzierung des SFB erfolgt zu 67 % durch Gebühren, zu 11,5 % durch Werbeeinnahmen, durch den ARD-Finanzausgleich (ca. 11 %) und zu ca. 10,5 % durch sonstige Erträge.

Die ersten Bemühungen, eine eigenständige Rundfunkanstalt in Berlin zu errichten, reichen zurück bis in die Zeit der > BLOCKADE 1948/49. Nach den durch die > SPALTUNG der Stadt verzögerten Vorbereitungen wurde der SFB mit Gesetz vom 12.11.1953 (heute gültig i.d.F. des 6. Änderungsgesetzes vom 17.12.1988) gegründet. Der Sender übernahm zunächst das Berliner Funkhaus am Heidelberger Platz im Bezirk > WILMERSDORF, das der *Nordwestdeutsche Rundfunk* als Berliner Niederlassung unterhalten hatte, sowie dessen Mitarbeiter und Einrichtungen. Am 1.6. 1954 begann der offizielle Sende- und Programmbetrieb, und am 1.12.1957 bezog der SFB das Haus des Rundfunks, das nach

Übersiedlung des zuvor dort ansässigen Berliner Rundfunks in den Ostteil der Stadt von der sowjetischen Militärregierung zurückgegeben worden war.

Shell-Haus: Das 1930/31 errichtete S. am Reichpietschufer/Ecke Stauffenbergstr. im Bezirk > TIERGARTEN wird seit 1948 von der > BERLINER KRAFT- UND LICHT- (BEWAG) AKTIENGESELLSCHAFT als Sitz der Hauptverwaltung

Shell-Haus

genutzt. Das zu den wichtigsten Bürobauten der Weimarer Republik zählende Gebäude entstand nach Plänen des Architekten Emil Fahrenkamp im Stil der Neuen Sachlichkeit als Geschäftshaus für eine Hamburger Mineralölfirma. Das spitzwinklige Grundstück bestimmte den Grundriß des Gebäudes und führte zu der abgetreppten Fassade an der Uferstraße zum > LANDWEHRKANAL. Die um die gerundeten Ecken herumgeführten Fensterbänder unterstützen optisch das Vor- und Zurücktreten der Hauptfassade des S., das an der Bendlerstr. zehn Geschosse hat und nach Osten auf fünf Geschosse abfällt. Das als einer der ersten Stahlskelettbauten Berlins ausgeführte Gebäude wurde in der Zeit des Nationalsozialismus vom Oberkommando der Kriegsmarine genutzt. Den II. Weltkrieg überstand das S. leicht beschädigt und mußte seitdem mehrfach renoviert werden.

17. Juni 1953: Der 17.6.1953 markiert den Höhepunkt und die Niederschlagung eines zweitägigen Arbeiteraufstands in der DDR und in Ost-Berlin, mit dem sich große Teile der Bevölkerung gegen die dort herrschenden wirtschaftlichen und politischen Lebensbedingungen erhoben.
Der Tod Josef Stalins am 5.3.1953 hatte in der Sowjetunion zu Machtkämpfen um seine Nachfolge und zu Unsicherheit im gesamten Ostblock geführt. Während offenbar eine Mehrheit in der Moskauer Führung eine Milderung des Drucks auf die Bevölkerung auch in den von der UdSSR abhängigen Ländern anstrebte, verstärkte die > SOZIALISTISCHE EINHEITSPARTEI DEUTSCHLANDS (SED) zunächst ihre mit der II. Parteikonferenz 1952 eingeleitete Politik des „Aufbaus des Sozialismus". Erst unter sowjetischem Druck und dem Eindruck sich häufender, spontaner Arbeitsniederlegungen in mehreren Städten der DDR entschloß sich die SED am 9.6.1953 für eine Politik des „Neuen Kurses", der zum Abbau von als besonders hart empfundenen Maßnahmen führen und die Versorgung der Bevölkerung verbessern sollte. Da die Partei jedoch die am 28.5.1953 eingeführten, zum 1.6. wirksam gewordenen beträchtlichen Erhöhungen der Produktionsnormen nicht zurücknahm, sondern diese in der am Morgen des 16.6. erscheinenden Ausgabe der Gewerkschaftszeitung „Tribüne" sogar ausdrücklich verteidigte, kam es unter den Bauarbeitern an der Stalinallee (heute > KARL-MARX-ALLEE) im Ost-Berliner Bezirk > FRIEDRICHSHAIN unmittelbar nach Arbeitsbeginn zum Streik. Dem sich um 9 Uhr formierenden Protestmarsch der ursprünglich knapp 100 Arbeiter zum Haus der Ministerien in der > LEIPZIGER STRASSE, der heutigen > DETLEV-ROHWEDDER-HAUS, schlossen sich schließlich etwa 10.000 Menschen an. Die wenigen SED-Funktionäre, die sich den Demonstranten stellten (u.a. der stellvertretende Ministerpräsident Heinrich Rau, der Minister für Bergbau Fritz Selbmann und der damalige Volkskammerabgeordnete Robert Havemann), wurden niedergeschrieen und mit bereits über die Rücknahme der Normenerhöhungen hinausgehenden Forderungen nach Generalstreik, Rücktritt der Regierung und freien Wahlen konfrontiert. Die Bewegung griff rasch auf das Berliner Umland und fast die gesamte DDR über und führte, unterstützt durch die ausführliche Berichterstattung im > RIAS, am nächsten Tag tatsächlich zu einem Generalstreik, obwohl die SED die Normenerhöhung noch am 16.6. wieder rückgängig gemacht hatte.
Am 17.6. vormittags marschierten trotz strömenden Regens 12.000 Stahlarbeiter aus Hennigsdorf nördlich Berlins über 27 km durch den französischen > SEKTOR zum Stadtzentrum Ost-Berlins, wo sie mit zehntausenden anderer Demonstranten zusammentrafen. Gegen 10 Uhr kam es zu Rangeleien

mit einer Absperrkette der Volkspolizei an der Leipziger Str., gegen 11 Uhr wurde die rote Fahne vom > BRANDENBURGER TOR geholt. Um die gleiche Zeit kam es zu erstem Schußwaffengebrauch. Um 13 Uhr ließ die Sowjetische Besatzungsmacht durch ihren > STADTKOMMANDANTEN den Ausnahmezustand verkünden – ebenso wie in 167 weiteren der damals insg. 217 Stadt- und Landkreise der DDR. In Berlin wurde er erst am 11.7. wieder aufgehoben, die damit zusammenhängenden Verkehrsbeschränkungen bereits am 9.7. Unter dem Druck der militärischen Gewalt flauten die Unruhen in Berlin am späten Nachmittag des 17.6. ab.

Sowjetische Panzer am Potsdamer Platz am 17. Juni 1953

Mehrere tausend Menschen in der DDR wurden festgenommen; rd. 1.400 Verurteilungen sind in westlichen Archiven registriert. Mindestens 19 Personen wurden von sowjetischen Militärgerichten zum Tode verurteilt, mindestens drei von Gerichten der DDR. Eine unbekannte Zahl von Menschen wurde standrechtlich erschossen. Die Zahl der Toten bei den Unruhen selbst wurde vom Ministerium für Staatssicherheit (> STAATSSICHERHEITSDIENST DER DDR) am 26.6.1953 für die gesamte DDR mit 19 Demonstranten, zwei Unbeteiligten und vier Sicherheitskräften angegeben, die der Verletzten mit 126 Demonstranten, 61 Unbeteiligten und 191 Sicherheitskräften. Westliche Schätzungen reichen bis zu 267 Toten unter den Aufständischen und 116 unter den Sicherheitskräften sowie über 1.000 Verletzten, ohne daß sich eine der beiden Angaben bisher verifizieren ließe. Acht Opfer des Aufstands, die in West-Berliner Krankenhäusern starben, wurden nach einer Trauerfeier mit 125.000 Teilnehmern vor dem > RATHAUS SCHÖNEBERG am 23.6. auf dem Friedhof an der Seestr. im Bezirk >

WEDDING beigesetzt und stellvertretend für die anderen durch ein dort errichtetes Mahnmal geehrt. Bereits einen Tag zuvor hatte der > SENAT VON BERLIN beschlossen, den durch den > GROSSEN TIERGARTEN führenden Straßenzug Charlottenburger Chaussee/Berliner Str. vom Brandenburger Tor zum > ERNST-REUTER-PLATZ zum Gedenken an die Ereignisse in > STRASSE DES 17. JUNI umzubenennen. Ein weiteres Mahnmal für die Opfer des 17. Juni – einschließlich der wegen Befehlsverweigerung erschossenen russischen Offiziere und Soldaten – steht auf dem Mittelstreifen der Potsdamer Chaussee am Anschluß zur > AVUS. Am 4.8.1953 erklärte der > DEUTSCHE BUNDESTAG den 17.6. zum *Tag der Deutschen Einheit*. Zum zehnten Jahrestag des Aufstands im Jahr 1963 wurde er durch den > BUNDESPRÄSIDENTEN in den Rang eines nationalen Gedenktags erhoben. Bis 1990 wurde der Gedenktag häufig mit einem offiziellen Festakt im Berliner > REICHSTAGSGEBÄUDE begangen, wobei sich Politiker aller Parteien immer wieder für die Wiederherstellung der Einheit Deutschlands mit der gemeinsamen > HAUPTSTADT Berlin einsetzten. Nach der > VEREINIGUNG Deutschlands wurde statt des 17. Juni der > 3. OKTOBER 1990 als nationaler Feiertag bestimmt.

In der DDR führten die Ereignisse des 17. Juni dazu, daß die zuvor schon wankende Position der kleinen Restgruppe von Dogmatikern um Walter Ulbricht wieder gestärkt wurde. Auch in der UdSSR wurden die Reformkräfte entmachtet. Innenpolitisch reagierte die SED nach kurzfristigen Zugeständnissen mit einer abermaligen Verschärfung des Drucks und dem Aufbau der in den Betrieben angesiedelten „Kampfgruppen der Arbeiterklasse", die beim Bau der > MAUER am > 13. AUGUST 1961 eine wesentliche Rolle spielen sollten. (> GESCHICHTE)

Siedlung Tempelhofer Feld: Die S. an der Manfred-von-Richthofen-Str. westlich des Flughafens im Bezirk > TEMPELHOF (> FLUGHÄFEN) entstand 1920-34 unter städtebaulicher Planung von Fritz Bräuning im Auftrag der 1919 gegründeten „Gemeinnützigen Tempelhofer-Feld Heimstätten GmbH". Die 1.424 Wohnungen umfassende Anlage besteht i.d.R. aus zweigeschossigen Einfamilienreihenhäusern mit Walmdächern und Garten, lediglich zur Dudenstr. (Walter Borchardt, 1924-25) und am > TEMPELHOFER DAMM (Eduard Jobst Siedler, 1927-28) entstand eine fünfgeschossige Randbebauung.

Der Bebauungsplan für das Tempelhofer Feld, das 1722-1918 den Berliner Garderegimentern als Exerzier- und Paradeplatz diente, war mehrfach modifiziert worden und geht auf Entwürfe von Hermann Jansen (1910) sowie Baurat Gerlach (1911) zurück. Von der ursprünglich vorgesehenen Bebauung mit > MIETSKASERNEN kamen bis 1912 jedoch nur die Wohn- und Geschäftshäuser von Bruno Möhring am Tempelhofer Damm zur Ausführung. Bräuning übernahm den halbkreisförmigen Straßenverlauf der heutigen Manfred-von-Richthofen-Str., bestimmte aber lediglich das nördliche Drittel und den Bereich am Tempelhofer Damm für den Geschoßwohnungsbau. Bereits 1911 hatte er den Entwurf für den von der Gemeinde Tempelhof geforderten, später aber nur z.T. realisierten Parkgürtel innerhalb der S. gestaltet.

Siegesallee: Die ehem., 1895-1901 errichtete, von zahlreichen Denkmälern gesäumte S. verlief (etwa parallel zur heutigen Entlastungsstr.) im südöstlichen Teil des > GROSSEN TIERGARTENS zwischen dem > PLATZ DER REPUBLIK (früher Königsplatz) und dem Kemperplatz am heutigen > KULTURFORUM TIERGARTEN. In ihrer Achse befindet sich das 1945 errichtete > SOWJETISCHE EHRENMAL IN BERLIN-TIERGARTEN.

Der Bau dieser 750 m langen Prachtallee wurde von Kaiser Wilhelm II. (1888-1918) an seinem 36. Geburtstag (27.1.1895) als Schenkung an die Stadt Berlin angeordnet. Zu Ehren der Geschlechter der > LANDESHERREN errichtete man 32 je 2,75 m hohe Standbilder fast aller brandenburgisch-preußischen Herrscher von Markgraf Albrecht dem Bären (1157-1170) bis Kaiser Wilhelm I. (1861-88), wobei jede Skulptur von den bedeutendsten Beratern und Zeitgenossen des Regenten (insg. 64 Büsten) flankiert war. 27 Bildhauer waren unter der Leitung von Reinhold Begas an der Schaffung der Statuen beteiligt. Hinter der S. stand die Idee, den preußischen Staat als kontinuierliches Werk der Fürsten mehrerer Jahrhunderte darzustellen.

Bei der Kunstkritik wie auch bei der Berliner Bevölkerung stieß die Prachtallee auf wenig Gegenliebe. Die Berliner bezeichneten sie als „Puppenallee", woraus sich die Redewendung „bis in die Puppen" entwickelte. 1938 wurden die Denkmalgruppen in die Große Sternallee verlegt, weil sie den Hauptstadt-

planungen Albert Speers im Wege standen (> GENERALBAUINSPEKTOR FÜR DIE REICHSHAUPTSTADT BERLIN; > BAUGESCHICHTE UND STADTBILD). Nach erheblichen Beschädigungen der Denkmäler im II. Weltkrieg beschloß der > MAGISTRAT 1947 den Abriß der S. Der damalige Landeskonservator Hinnerk Scheper ließ die Figuren jedoch eigenmächtig im Garten des > SCHLOSSES BELLEVUE vergraben, wo sie 1979 wieder geborgen wurden. Sie befinden sich heute im Kreuzberger > LAPIDARIUM.

Siegessäule: Die ca. 69 m hohe, nach Entwürfen von Johann Heinrich Strack 1865-73 entstandene S. auf dem *Großen Stern* im > GROSSEN TIERGARTEN erinnert an die siegreichen Kriege Preußens 1864, 1866 und 1870/71 gegen Dänemark (> DÜPPEL), Österreich und Frankreich. Von der über eine Wendeltreppe mit 285 Stufen im Innern der Säule erreichbaren, 53 m über der > STRASSE DES 17. JUNI gelegenen Plattform hat man eine weite Rundsicht in die Umgebung.

Die S. steht auf einer achtstufigen Granitplattform, aus der sich mit einer Seitenlänge von 18,8 m und einer Höhe von 7,2 m ein quadratischer, mit bronzenen Reliefdarstellungen verzierter Sockel aus poliertem rotem Granit erhebt. Die von den Bildhauern Alexander Calandrelli, Karl Keil, Moritz Schultz und Albert Wolff geschaffenen, jeweils 12 m langen Reliefs mit Szenen aus den drei Kriegen, waren 1945 auf Geheiß der > ALLIIERTEN demontiert worden. (Die französische Militärregierung forderte 1946 im > ALLIIERTEN KONTROLLRAT sogar erfolglos die Zerstörung der S.) Während ein Relief in der > ZITADELLE SPANDAU lagerte, hatte man zwei als Beutestücke nach Paris gebracht, das vierte galt als verschollen. Bereits 1984 wurden die zwei Reliefs von Frankreich nach Berlin zurückgegeben, das verschollen geglaubte vierte wurde 1986 in Paris entdeckt und kam als Geschenk zur 750-Jahr-Feier wieder nach Berlin. Über dem Sockel erhebt sich ein runder, von 16 4,7 m hohen toskanischen Säulen getragener Umgang, der mit einem Glasmosaik nach einem Entwurf des Geschichtsmalers Anton v. Werner verziert ist, das die Erhebung des Volkes und die Verbrüderung der deutschen Stämme zeigt. Darüber steht ein vierteiliger, mit vergoldeten Geschützrohren aus der Kriegsbeute geschmückter Säulenschaft. Er hat am Fuß einen Durchmesser von 6,7 m und verjüngt sich nach oben, wo er von der Aussichtsplattform abgeschlossen wird. Über dieser Plattform erhebt sich die von Friedrich Drake geschaffene 8,32 m hohe, 35 t schwere, vergoldete Bronzeskulptur der behelmten Viktoria mit Lorbeerkranz und dem Feldzeichen mit Eisernem Kreuz, die durch den adlergeschmückten Helm gleichzeitig als Borussia gekennzeichnet ist.

Siegessäule

1865 war auf dem Königsplatz, dem heutigen > PLATZ DER REPUBLIK vor dem späteren > REICHSTAGSGEBÄUDE, der Grundstein für ein Siegesdenkmal zum Preußisch-Dänischen Krieg von 1864 gelegt worden. Während des Baus wurden Konzept und äußere Gestalt des Denkmals aufgrund der Siege von 1866 und 1871 mehrfach geändert, bis schließlich am 2.9.1873, dem „Sedanstag", die S. als Nationaldenkmal für die nun als Einigungskriege gesehenen Waffengänge eingeweiht wurde. Im Rahmen der von den Nationalsozialisten durch den > GENERALBAUINSPEKTOR FÜR DIE REICHSHAUPTSTADT BERLIN geplanten Umgestaltung der Stadt zur Reichshauptstadt „Germania" wurde das Denkmal 1938/39 an seinen heutigen Standort umgesetzt. Dabei kam es zur Ergänzung der ursprünglich nur 61,5 m hohen S. durch eine vierte Trommel im Säulenschaft auf ihre heutige Höhe. 1941 entstanden nach Plänen von Johannes Huntenmüller die vier Torhäuser, über deren unterirdische Gänge die S. heute

erreicht werden kann. Den II. Weltkrieg hat das Denkmal weitgehend unbeschädigt überstanden, Mitte der 80er Jahre wurde es grundlegend restauriert. Die S. wird vom Bezirksamt > TIERGARTEN verwaltet und steht unter Denkmalschutz.

Siemensstadt: S. ist ein 5,7 km² großer Ortsteil im Westen des Bezirks > SPANDAU. Sein Erscheinungsbild ist geprägt durch die großen Produktionsanlagen der Siemens-Werke und zwei für die Beschäftigten errichteten Großsiedlungen an der östlichen Bezirksgrenze zu > CHARLOTTENBURG.
1898/99 begann das 1847 von Werner Siemens und Johann Georg Halske im Hinterhof des Hauses Schöneberger Str. 19 nahe dem > ANHALTER BAHNHOF im heutigen Bezirk > KREUZBERG gegründete Elektrounternehmen, auf dem zunächst „Kolonie am Nonnendamm" genannten Gelände erste Produktionsstätten und Werkswohnungen zu errichten. 1913 erhielt die Ansiedlung den Namen S. Zwischen 1920 und 1930 entstanden dann in schneller Folge die heutigen großen Industriebauten in der charakteristischen Klinkerbauweise, darunter das 1929/30 vom Siemens-Architekten Hans Hertlein errichtete Werner-Werk mit dem 74 m hohen Uhrenturm am Siemensdamm 50-54.
1929-32 folgte in drei Bauabschnitten zwischen den Werksanlagen und dem > VOLKSPARK JUNGFERNHEIDE die Großsiedlung S., die sich bis nach Charlottenburg hinein erstreckt. Sie diente weltweit als gestalterischer Maßstab für modernes Bauen. Nach Plänen von Walter Gropius, Hugo Häring, Otto Bartning und Hans Scharoun – alle Mitglieder der 1926 gegründeten Berliner Architektenvereinigung „Der Ring" (daher auch *Ringsiedlung*) – sowie Fred Forbat und Paul Rudolf Henning entstanden unter der städtebaulichen Planung von Stadtbaurat Martin Wagner und Hans Scharoun ca. 1.370 Kleinwohnungen in langgestreckten, zumeist fünfgeschossigen Wohnzeilen für rd. 3.500 Einwohner (1987). Bauherrin der v.a. als Werksunterkunft gedachten Anlage um Heckerdamm, Jungfernheideweg, Goebelstr. und Geißlerpfad war die Gemeinnützige Baugesellschaft Berlin-Heerstraße mbH. Ziel des Architektenkollektivs war, neben der vom Stadtbaurat Wagner vorgegebenen Prämisse des rationellen, d.h. preisgünstigen Bauens, die Schaffung zusammenhängender Grünflächen, möglichst unter Schonung des alten

Baumbestands der > JUNGFERNHEIDE.
Östlich der Ringsiedlung errichtete Hans
Hertlein 1930-34 am Schuckertdamm die
Werkssiedlung „Heimat" aus zwei- und dreigeschossigen Zeilenbauten mit insg. 924
Wohnungen. Östlich geht die Ringsiedlung
nahtlos in die 1957-60 erbaute Siedlungs-
erweiterung > CHARLOTTENBURG NORD über.
1987, bei der letzten Berliner Volkszählung,
lebten in S. etwa 11.500 Menschen.

Sing-Akademie: In Berlin gab es 1992 zwei
Chorvereinigungen fast gleichen Namens,
die aus der über 200 Jahre alten Berliner S.
hervorgegangen sind: die Sing-Akademie zu
Berlin und die Berliner Singakademie.
Die *Sing-Akademie zu Berlin* mit heutigem Sitz
in der Luzerner Str. 14b im Bezirk > STEGLITZ
wurde am 24.5.1791 vom Komponisten Carl
Friedrich Fasch gegründet. Sie ist damit die
älteste Chorvereinigung Deutschlands. Bis
heute hatte sie nur acht Direktoren: Carl
Friedrich Fasch (1791-1800), Carl Friedrich
Zelter (1800-32), Carl Friedrich Rungenhagen
(1832-51), Eduard Grell (1851-76), Martin
Blumner (1876-1900), Georg Schumann (1900-
50), Mathieu Lange (1950-73). Seit 1973 ist
Hans Hilsdorf ihr musikalischer Leiter. In die
Musikgeschichte eingegangen ist die S. auf
der einen Seite durch eine Vorbildfunktion –
im 19. Jh. formierten sich viele ähnliche Sing-
vereine –, andererseits durch Felix Mendelssohn Bartholdys erste Wiederaufführung von
Bachs Matthäus-Passion nach Bachs Tod.
Zur S. hatten nicht nur Komponisten wie
Ludwig van Beethoven Kontakt, sondern
auch Friedrich Schiller und Johann Wolfgang
v. Goethe. Letzterer schrieb für sie ein Festspiel und Liedertexte. Ihren Namen erhielt
die S. vom Gebäude, in dem sie anfänglich
ihre Proben und Konzerte abhielt, der „Königlich Preussischen Academie der Künste
und Mechanischen Wissenschaften" (> PREUS-
SISCHE AKADEMIE DER KÜNSTE). 1827 zog sie in
ihr eigenes Haus an der Straße Am Festungsgraben ein, das Karl Theodor Ottmer unter
Verwendung von Skizzen Karl Friedrich
Schinkels entworfen hatte und das sich durch
seine vorzügliche Akustik auszeichnete. 1882
veranstaltete der Chor sein erstes Konzert
mit dem gerade gegründeten > BERLINER
PHILHARMONISCHEN ORCHESTER. Während im 19.
Jh. hauptsächlich die klassische Oratorien-Li-
teratur gepflegt wurde (Bach, Händel,
Haydn, Mozart), begann mit dem Direktorat
Schumanns eine Neugestaltung des Repertoires; insbes. die „Neudeutschen" Komponisten (u.a. Anton Bruckner, Franz Liszt) wurden nun verstärkt berücksichtigt.
Am 23.11.1943 wurde das Haus durch einen
Fliegerangriff schwer beschädigt. 1945/46
nach provisorischer Herrichtung von den sowjetischen Besatzungsbehörden zum „Haus
der Sowjetischen Kulturen" umfunktioniert,
wurde das Gebäude zum Theater umgebaut
und ist seit dem 30.10.1952 die Spielstätte des
> MAXIM-GORKI-THEATERS. Unterdessen wur-
den die Traditionskonzerte fortgesetzt, nachdem es dem 80jährigen Schumann schon
1945 gelungen war, die Lizenz für die S. zu
erhalten. Das erste Nachkriegskonzert der S.
fand am 21.11.1945 zusammen mit dem Orchester der > DEUTSCHEN STAATSOPER UNTER
DEN LINDEN im > ADMIRALSPALAST statt (Bachs
h-Moll-Messe).
Nach der > SPALTUNG Berlins siedelte die S.
vollständig nach West-Berlin über. Der Direktor Hans Hilsdorf, der hauptberuflich Dirigent und Studienleiter an der > DEUTSCHEN
OPER BERLIN ist, bezieht in das Programm der
S. auch konzertante Aufführungen selten gespielter Opern sowie Werke des 20. Jh. mit
ein. In der Saison 1989/90 trat die S. insg. sieben Mal in der > PHILHARMONIE auf, begleitet
von einem der Berliner Berufsorchester. Der
als eingetragener Verein organisierten S. gehören heute 140 Mitglieder an, davon sind
ca. 120 aktive Sänger. Die S. erhält für ihre
Aktivitäten Zuwendungen von der > SENATS-
VERWALTUNG FÜR KULTURELLE ANGELEGENHEITEN
(SENKULT).
Nach dem Mauerbau wurde 1963 im Ostteil
der Stadt von Helmut Koch die *Berliner Sing-
akademie* gegründet und organisatorisch an
die Deutsche Staatsoper Unter den Linden
angeschlossen. Sie wurde künstlerisch von
Dietrich Knothe geleitet, unter dem sie ein
beachtliches Niveau erreichte. Seit 1988 ist
Achim Zimmermann festangestellter Chor-
leiter. Mit der Wiedereröffnung des > SCHAU-
SPIELHAUSES am > GENDARMENMARKT erhielt sie
eine neue Heimstatt. Wie die S. erhält auch
die Berliner Singakademie ihre finanziellen
Mittel überwiegend von der SenKult.

Skulpturensammlung: Die zu den > STAATLI-
CHEN MUSEEN ZU BERLIN zählende S. der > STIF-
TUNG PREUSSISCHER KULTURBESITZ hatte 1992
noch zwei Standorte: das > BODE-MUSEUM
auf der > MUSEUMSINSEL und Räume im >
MUSEUMSZENTRUM DAHLEM. Auf der Grundlage
der durch die Stiftung nach der > VEREINI-

GUNG verabschiedeten Neuordnung der Staatlichen Museen soll der Standort Dahlem 1993 aufgehoben und das Bode-Museum alleiniger Standort werden (> MUSEEN UND SAMMLUNGEN).

Michel Erhart: Maria mit dem Schutzmantel, um 1480

Am Standort Bode-Museum bildet die italienische Renaissanceplastik den Schwerpunkt der S., darunter Meisterwerke von Lorenzo Ghiberti, Donatello, Luca della Robbia u.a. Zu den Hauptausstellungsstücken des deutschen Mittelalters zählen: Die Gröninger Empore, ein Meisterwerk der romanischen Plastik; ein Kruzifixus aus der Moritzkirche in Naumburg, um 1230; drei Propheten von der Westfassade der Liebfrauenkirche zu Trier, um 1250; der große Schnitzaltar aus dem Dom zu Minden, westfälisch, um 1425, sowie der Kanzelträger von Hans Pilgram, um 1485-90. Aus der Zeit der Renaissance und des Barock bis hin zum Klassizismus sind in der Ausstellung ebenfalls Werke von hohem Rang vertreten (Andreas Schlüter, Joseph Anton Feuchtmayer, Paul Egell u.a.). Die Ausstellung der S. zeichnet sich durch ein teilweises Zusammengehen mit der > GEMÄLDEGALERIE aus, so daß die Gegenüberstellung von Malerei und Skulptur dem Besucher einen Eindruck von der ästhetischen Übereinstimmung zwischen beiden Künsten erlebbar macht. Hier knüpfen die Gemäldegalerie und S. an ihre gemeinsame Tradition

aus der Zeit Wilhelm v. Bodes an, der beide Sammlungen bis 1929 leitete.

Am Standort > DAHLEM befinden sich ca. 3.500 Objekte. In der Ausstellung sind hervorragende deutsche, italienische, französische, niederländische und englische Skulpturen vertreten, die einen Überblick über die europäische Bildhauerkunst von den Anfängen in karolingischer Zeit bis zum 19. Jh. vermittelt. Darunter befinden sich Meisterwerke der namhaftesten Bildhauer wie: Tilman Riemenschneider, Giovanni Bologna, Ignatz Günther, Antonio Canova u.a.

Die S. ist 1883 aus der „Abteilung Antiker Bildwerke" des > ALTEN MUSEUMS als eigenständige „Abteilung der Bildwerke der christlichen Epochen" hervorgegangen. Unter v. Bodes Leitung bezog sie 1904 im *Kaiser-Friedrich-Museum* (seit 1956 Bode-Museum) eigene Ausstellungsräume, in denen v. Bode die Skulpturen nach Kulturkreisen und Schulzusammenhängen ordnete und sie teilweise zusammen mit Gemälden, angewandter Kunst sowie mit Architekturstücken präsentierte. 1930, nach Fertigstellung des > PERGAMONMUSEUMS, wurden die deutschen und niederländischen Skulpturen aus dem Museum ausgegliedert und im Pergamon-Nordflügel, der den Namen „Deutsches Museum" trug, zusammengefaßt. Im Kaiser-Friedrich-Museum blieben die „romanischen Schulen" (Italien, Frankreich und Spanien). Bei Kriegsbeginn wurden beide Standorte der S. geschlossen und die Kunstwerke aus Sicherheitsgründen ausgelagert. Durch zwei Brände im Flakturm Berlin-Friedrichshain, wohin ein großer Teil der Skulpturen gebracht worden war, wurde eine große Anzahl vernichtet.

Smog-Verordnung: Wenn bei winterlichen Inversionswetterlagen der Luftaustausch stark herabgesetzt ist, entsteht eine besonders hohe Schadstoffkonzentration in der Luft, die mit dem englischen Kunstwort aus ‚smoke' (Rauch) und ‚fog' (Nebel) als Smog bezeichnet wird. Das Bundesimmissionsschutzgesetz ermöglicht, zur Verminderung von Emissionen bei derartigen hohen Schadstoffkonzentrationen und austauscharmen Wetterlagen für Belastungsgebiete eine S. zu erlassen, die Fahrverbote, Verbote für den Einsatz bestimmter Brennstoffe und weitere emissionsvermindernde Maßnahmen vorsieht.

Die erste Smog-Verordnung für West-Berlin

Smog-Warnstufen			
Schadstoffe	Vorwarnstufe	Stufe 1	Stufe 2
	Schon jetzt mit erhöhter Aufmerksamkeit Rundfunknachrichten verfolgen	Bei empfindlichen Personen können gesundheitliche Beeinträchtigungen auftreten	
3-Stunden-Mittel:			
Schwefeldioxid	0,60 mg/m^3	1,20 mg/m^3	1,80 mg/m^3
Stickstoffoxid	0,60 mg/m^3	1,00 mg/m^3	1,40 mg/m^3
Kohlenmonoxid	30,00 mg/m^3	45,00 mg/m^3	60,00 mg/m^3
24-Stunden-Mittel:			
Schwefeldioxid			
plus 2facher			
Schwebstaub	1,10 mg/m^3	1,40 mg/m^3	1,70 mg/m^3
Smog-Index	100	200	300

wurde 1977 erlassen; Novellierungen folgten 1982, 1985 und 1989. Seit dem 30.10.1990 gilt eine neue einheitliche S. für ganz Berlin, die sich im wesentlichen an der Muster-Smog-Verordnung der Bundesländer orientiert, dabei gegenüber der West-Berliner Verordnung von 1989 jedoch weniger streng ist.

Bei Überschreiten der Auslösewerte für die Alarmstufe 1 (an mindestens drei Meßstellen im Stadtgebiet) dürfen im Verkehrs-Sperrgebiet keine Kraftfahrzeuge mehr fahren, die nicht mit geregeltem Drei-Wege-Katalysator ausgerüstet sind und damit eine „Smog-Plakette" aufweisen. Ausgenommen von diesem Verbot sind der > ÖFFENTLICHE PERSONENNAHVERKEHR, Taxen, > POLIZEI, Krankenwagen, > FEUERWEHR sowie Versorgungsfahrzeuge mit Lebensmitteln, Brennstoffen, Zeitungen u.ä. Die Begrenzung des Sperrgebiets verläuft dabei nicht entlang der Stadtgrenze, sondern innerhalb des Stadtgebiets. Sie verbindet im wesentlichen die U- bzw. S-Bahn-Haltestellen > TEGEL, > PANKOW, > HEINERSDORF, > FRIEDRICHSHAGEN, Buckower Chaussee, > WANNSEE und Altstadt > SPANDAU. Das Verbot gilt nicht für die Nachtzeit von 22.00-6.00 Uhr; erst in der Alarmstufe 2 darf auch nachts nicht mehr gefahren werden. Bereits in der Warnstufe gelten Auflagen zur Emissionsminderung bei Heizungen und Industrieanlagen durch Umstellung auf schwefelarme Brennstoffe und Senkung der Raumtemperatur in Arbeitsstätten und öffentlichen Gebäuden auf 18° C. Die Alarmstufen 1 und 2 sehen verschärfte Auflagen vor, bis hin zur Stillegung von Produktions- und Feuerungs-

anlagen, deren Betrieb für die Versorgung der Bevölkerung nicht unbedingt notwendig sind (> UMWELTSCHUTZ). Für das Umland gilt eine Smog-Übergangsverordnung auf der Grundlage der DDR-Smogverordnung vom November 1989 mit Smog-Gebieten um Potsdam sowie Hennigsdorf und Oranienburg.

Society for International Development – Berlin Chapter (SID): Die SID mit Sitz in der Rauchstr. 25 im Bezirk > TIERGARTEN (im Gebäude der > DEUTSCHEN STIFTUNG FÜR INTERNATIONALE ENTWICKLUNG) ist die älteste, politisch unabhängige internationale Vereinigung von Persönlichkeiten (Wissenschaftlern, Diplomaten, Politikern u.a.), die sich mit Fragen der wirtschaftlichen und sozialen Entwicklung beschäftigen und der > ENTWICKLUNGSPOLITIK verpflichtet fühlen. Die SID, mit ihrem Hauptsitz in Rom, hat weltweit fast 100 selbständige Chapters. Nach deren Vorbild wurde 1985 als *Gesellschaft für Internationale Entwicklung Berlin e.V.* die SID Berlin gegründet. Ziel des Berliner Chapters ist der interdisziplinäre Erfahrungsaustausch über aktuelle Tendenzen der internationalen Entwicklung. Zu diesem Zweck beschäftigen sich die Mitglieder der Gesellschaft u.a. kontinuierlich in Arbeitsgruppen mit ökologischen Fragen, mit der Anwendbarkeit neuer Technologien in der Dritten Welt und mit der Rolle von Frauen im Entwicklungsprozeß. Darüber hinaus stellt die SID Berlin in größeren Veranstaltungen etwa einmal im Monat aktuelle entwicklungspolitische Themen der Öffentlichkeit vor. Ende 1991 hatte die SID Berlin 190 Mitglieder. Die Aktivitäten der Gesellschaft werden aus Mitgliedsbeiträgen, Spenden und Zuschüssen unterschiedlicher Institutionen finanziert.

Sonderstatus Berlins 1945-90: Hauptartikel, siehe S. 1174.

Sophienkirche: Die 1712/13 errichtete evangelische S. an der Großen Hamburger Str. im heutigen Bezirk > Mitte hat den einzigen erhaltenen barocken Kirchturm Berlins. Für die stark angewachsene Spandauer Vorstadt (> Stadterweiterung) wurde Anfang des 18. Jh. der Bau eines eigenen Gotteshauses notwendig. Am 11.6.1712 legte Königin Sophie Luise von Preußen, die dritte Gemahlin des ersten preußischen Königs Friedrich (III.) I. (1688-1713) den Grundstein für die Kirche. Nach der Einweihung am 18.6.1713 sollte die Kirche auf Wunsch König Friedrich Wilhelms I. (1713-40) den Namen „Spandauische Kirche" tragen, da er eine starke Abneigung gegen seine Stiefmutter hatte. Erst unter Friedrich II. (1740-86) erhielt der Bau den ursprünglich vorgesehenen Namen S.
Die rechteckige Saalkirche mit großen Rundbogenfenstern, umlaufender Empore und flacher Decke im Innern, war zunächst ohne Turm gebaut worden. 1729-35 errichtete dann Johann Friedrich Grael vor der westlichen Schmalseite den 69 m hohen, vollständig in Sandstein ausgeführten barocken Turm mit zweigeschossigem, plastisch bewegtem Säulenaufbau und geschweifter Haube. Der zuletzt 1976/77 restaurierte Turm bezieht sich in seiner Gestaltung auf den 1706 eingestürzten Münzturm von Andreas Schlüter (> Münze).
Johann Christian Friedrich Moser ergänzte bei einer Renovierung 1833 das Bauwerk durch den Anbau von zwei Sakristeien an der Südseite. Einschneidender war eine umfassende Umgestaltung im Jahr 1892 durch die Architekten Adolph Heyden und Kurt Bernt. Das Innere erhielt eine dreiseitige Empore und eine reich stuckierte Decke, an der Ostseite wurde eine halbkreisförmige Apsis eingezogen, und statt eines Portals in der Mitte wurden zwei Eingänge unter den seitlichen Fenstern geschaffen.
Bemerkenswert sind die Kanzel von 1712, die Rokoko-Taufe aus dem Jahr 1741, die 1892 eingebaute, 1970 weitgehend erneuerte Orgel sowie ein Porträtmedaillon der Königin Sophie Luise. An der nördlichen Seite der S. ist

eine Marmorplatte zur Erinnerung an die Dichterin Anna Luise Karsch angebracht, an der Südwand erinnert ein Epitaph an den Lyriker der Aufklärung Karl Wilhelm Ramler.
Der alte, heute als Grünanlage erhaltene *Kirchhof* um das Gotteshaus wurde 1853 offiziell geschlossen, aber noch bis zum Ende des 19. Jh. gelegentlich für Beisetzungen ge-

Sophienkirche

nutzt. Dort befindet sich eines der wenigen erhaltenen Rokoko-Grabmäler Berlins aus dem Jahr 1766 für den Schiffbaumeister Friedrich Johann Köpjohann und seine Ehefrau. Erhalten ist auch das Familiengrab, in dem der Historiker Leopold v. Ranke ruht. Für den hier bestatteten Baumeister und Musiker Carl Friedrich Zelter ließ die von ihm geleitete > Sing-Akademie 1833 einen Obelisk aus rotem Granit setzen, der 1883 erneuert wurde.

Sowjetische Kontrollkommission in Deutschland (SKK): Nach der Auflösung der > Sowjetischen Militäradministration in Deutschland (SMAD) am 10.10.1949 in Zusammenhang mit der Staatsgründung der DDR übernahm die am 7.11.1949 auf Beschluß des Ministerrats der Sowjetunion gegründete SKK die Aufgaben der SMAD, die nicht an die Regierungsstellen der DDR übergingen. Nach der Erklärung des Vorsitzenden der SKK, Generaloberst Wassilij I. Tschuikow – zugleich Oberkommandierender der > GRUPPE DER SOWJETISCHEN STREITKRÄFTE IN DEUTSCHLAND (GSSD) – bestanden diese v.a. darin, für ihren Bereich die Durchführung der von den vier Siegermächten gemeinsam getroffenen Entscheidungen über Deutschland zu kontrollieren. Die SKK nahm ihren Sitz am gleichen Ort wie die SMAD im Lichtenberger Ortsteil > KARLSHORST (> MUSEUM DER BEDINGUNGSLOSEN KAPITULATION).

Das Gegenstück der SKK in der Bundesrepublik war, formal gesehen, die > ALLIIERTE HOHE KOMMISSION. Der SKK wurde aufgegeben, „die erforderlichen Beziehungen mit den entsprechenden Vertretern der westlichen Besatzungsbehörden aufrechtzuerhalten". Ansonsten gingen auch die Verwaltungsfunktionen in Berlin (Ost) an die „deutschen demokratischen Organe" über.

Am 28.5.1953 wurde der Oberkommandierende der sowjetischen Streitkräfte von der Ausübung der Kontrollfunktionen entbunden und die SKK in eine *Hohe Kommission* umgewandelt. Leitender *Hoher Kommissar* wurde in Personalunion der *Botschafter der Sowjetunion*. Der Amtssitz blieb in > LICHTENBERG. Nach der Erklärung über die Beziehungen mit der DDR vom 25.3.1954 war der Hohe Kommissar (Botschafter) für die Aufrechterhaltung der Verbindungen zu den Westmächten in gesamtdeutschen Fragen zuständig. Am 5.8.1954 wurde bekanntgegeben, daß die Büros der Hohen Kommission von Lichtenberg in die sowjetische Botschaft an die Straße > UNTER DEN LINDEN im Bezirk > MITTE überführt würden (> GENERALKONSULAT DER RUSSISCHEN FÖDERATION).

Am 20.9.1955 wurde das Amt des Hohen Kommissars aufgehoben. Die zivilen Verbindungsfunktionen zu den Westmächten nahm der sowjetische Botschafter wahr, die militärischen der Oberkommandierende der GSSD. Der sowjetische Botschafter handelte z.B. mit den Botschaftern der Westmächte das > VIER-MÄCHTE-ABKOMMEN von 1971 und die Vier-Mächte-Erklärung von 1972 aus. Außerdem hatte er bis zur > VEREINIGUNG und der Erlangung voller deutscher Souveränität regelmäßige Kontakte zu seinen westlichen Amtskollegen, auf vierseitiger Ebene letztmalig am 11.12.1989. Seit der Abschaffung des Amtes des sowjetischen > STADTKOMMANDANTEN zum 23.8.1962 nahm der sowjetische Botschafter auch dessen Funktionen in den Berliner Vier-Mächte-Angelegenheiten mit wahr.

Sowjetische Botschafter in der DDR[1]
(vom 28.5.1953-20.9.1955 zugleich
Hohe Kommissare)

31.10.1949	Georgi Maximowitsch Puschkin
31.05.1952	Iwan Iwanowitsch Iljitschow
28.09.1953	Wladimir Semjonowitsch Semjonow
18.07.1954	Georgi Maximowitsch Puschkin
21.02.1958	Michail Georgijewitsch Perwuchin
01.12.1962	Pjotr Andrejewitsch Abrassimow
30.10.1971	Michail Timofejewitsch Jefremow
06.03.1975	Pjotr Andrejewitsch Abrassimow
11.06.1983	Wjatscheslaw Iwanowitsch Kotschemassow[2]

[1] Die Beziehungen wurden am 16.10.1949 auf der Ebene von Gesandtschaften aufgenommen; am 23.8.1953 wurden die Gesandtschaften in Botschaften umgewandelt.

[2] Kotschemassow wurde bereits Mitte Juni in Moskau zum Außerordentlichen und Bevollmächtigten Botschafter in der DDR ernannt. In Berlin nahm er seine Tätigkeit erst im August auf.

Sowjetische Militäradministration in Deutschland (SMAD): Die SMAD wurde nach der Kapitulation und der Besetzung Deutschlands durch den Obersten Chef der Sowjetischen Militärverwaltung per Befehl Nr. 1 vom 9.6.1945 errichtet, um die Einhaltung der Kapitulationsbedingungen zu kontrollieren und die sowjetische Besatzungszone (SBZ) in Deutschland zu verwalten. In ihrem Gründungsbefehl wurde verfügt: „Der Standort der Sowjetischen Militärverwaltung ist die Stadt Berlin". Sie nahm ihren Sitz im sowjetischen > SEKTOR im Lichtenberger Ortsteil > KARLSHORST (> MUSEUM DER BEDINGUNGSLOSEN KAPITULATION). Die Westmächte, die ab dem 4.7.1945 ihre Sektoren in Berlin besetzten, hatten ihre Zonenhauptquartiere dagegen außerhalb Berlins in ihren jeweiligen Zonen.

Die SMAD ließ von Anbeginn die Tendenz erkennen, Berlin mit der SBZ zu verbinden. Mit Befehl Nr. 17 vom 27.7.1945 ordnete sie die Bildung deutscher Zentralverwaltungen an, die ebenfalls ihren Sitz im sowjetischen Sektor nehmen sollten und die versuchten, auf die Berliner Angelegenheiten bestimmenden Einfluß zu gewinnen. Das Gebäude des ehemal. Reichsluftfahrtministeriums an der >

Leipziger Strasse im Bezirk > Mitte wurde das „Haus der Zentralverwaltungen" (heute > Detlev-Rohwedder-Haus). Durch Befehl Nr. 138 vom 4.6.1947 wurde am 11.6.1947 ein Teil der Zentralverwaltungen in der *Deutschen Wirtschaftskommission (DWK)* vereinigt. Die den Zentralverwaltungen überantworteten Zuständigkeiten gingen – ebenfalls in bezug auf den sowjetischen Sektor Berlins – auf die DWK über. Mit Befehl Nr. 111 vom 23.6.1948 zur Einführung der > Währungsreform in ganz Berlin beanspruchte die SMAD Jurisdiktionskompetenz auch für die Westsektoren. Mit dem Gegenbefehl vom selben Tage erklärten die > Stadtkommandanten der Westsektoren die sowjetischen Befehle in ihren Sektoren jedoch für „null und nichtig". Diese Konflikte waren Auslöser für die wenig später vollzogene > Spaltung der Stadt.

Nach der Gründung der DDR am 7.10.1949 beschloß der Ministerrat der Sowjetunion am 10.10.1949, der Provisorischen Regierung der DDR „die Verwaltungsfunktionen zu übergeben, die bisher der SMAD zustanden". Die am 9.3.1948 in „Hauptverwaltungen" umbenannten Zentralverwaltungen wurden in Ministerien umgebildet und das Haus der Zentralverwaltungen in *Haus der Ministerien* umbenannt. Im November 1949 wurde die SMAD förmlich aufgelöst und für Wahrnehmung der verbliebenen besatzungsrechtlichen Aufgaben am 7.11.1949 die > Sowjetische Kontrollkommission (SKK) mit Sitz am gleichen Ort gebildet.

Chefs der SMAD (Amtsantritt)
9.6.1945   Marschall Georgij K. Schukow
10.4.1946 Marschall Wassilij D. Sokolowski
29.3.1949 Generaloberst Wassilij I. Tschuikow

Sowjetisches Ehrenmal im Treptower Park:
Die 1947-49 errichtete, 20 ha große Anlage des S. in der Mitte des > Treptower Parks ist die letzte Ruhestätte für 5.000 der ca. 20.000 im Kampf um Berlin gefallenen Sowjetsoldaten. Im Zuge der > Vereinigung ging das S. in das Eigentum des Bundes über. Mit dem deutsch-sowjetischen Vertrag über gute Nachbarschaft vom 13.9.1990 hat sich die Bundesrepublik verpflichtet, für die weitere Pflege der Anlage zu sorgen.
Schöpfer des S. waren der Bildhauer Jewgeni Viktorowitsch Wutschetitsch, der Architekt Jakow B. Belopolski, die Ingenieurin S. S. Walerius und der Kunstmaler A. A. Gorpenko. Den Zugang zur monumentalen Anlage bilden zwei steinerne Portale an der

Sowjetisches Ehrenmal im Treptower Park

Puschkinallee und der Straße Am Treptower Park. In einem Vorhof steht die 2,5 m hohe Skulptur „Mutter Heimat" auf einem Sockel von rotem Granit. Die Skulptur ist aus einem einzigen 50 t schweren Block hellgrauen Granits herausgemeißelt worden und soll Trauer, aber auch Stolz über den errungenen Sieg ausdrücken. Eine breite, leicht ansteigende Promenade führt zum eigentlichen Haupteingang. Er wird von zwei 14 m hohen und 25 m breiten Pylonen aus rotem Granit gebildet, die gesenkte sowjetische Fahnen darstellen. Im Durchgang vor den Fahnen befinden sich als überlebensgroße Bronzeskulpturen zwei kniende Sowjetsoldaten. Der Weg zum Hauptmonument führt an fünf tiefer gelegten, großen eingefaßten Rasenflächen vorbei. In ihrer Mitte tragen Granitplatten bronzene Kränze aus Lorbeer- und Eichenblättern. Zu beiden Seiten sind, etwas erhöht, jeweils steinerne Sarkophage angeordnet. Die Reliefs auf diesen Sarkophagen – jedes 12 m² groß – schildern die Geschichte des „Großen Vaterländischen Krieges", wobei die Darstellungen in beiden Reihen identisch sind.
Den zentralen Punkt des S. bildet das 30 m hohe Hauptmonument, ein zweistufiges, rundes Mausoleum auf einem Erdhügel, das altrussischen Heldengräbern aus der Don-Ebene nachgebildet ist. Auf dem Mausoleum erhebt sich das von Wutschetitsch geschaffe-

ne 11,6 m hohe und 70 t schwere Bronze-standbild eines Sowjetsoldaten, der mit einem Schwert das Hakenkreuz zerschlagen hat und ein gerettetes Kind auf dem Arm trägt. Eine Freitreppe führt zum Eingang des Mausoleums. In dem runden Kuppelsaal stellen Mosaikbilder Angehörige der Unionsrepubliken der Sowjetunion dar, die ihrer Toten gedenken.

Sowjetisches Ehrenmal in Berlin-Tiergarten: Das S. am östlichen Ende der > STRASSE DES 17. JUNI, ca. 300 m westlich des > BRANDENBURGER TORS in der Achse der nicht mehr existierenden > SIEGESALLEE, wurde 1945 nach der Besetzung Berlins in nur wenigen Monaten errichtet. Das Gelände ist gleichzeitig eine Ruhestätte von ca. 2.500 sowjetischen Soldaten. Das zu Zeiten der > SPALTUNG zum britischen Sektor zählende Areal war 1945 von der britischen Militärregierung requiriert und der UdSSR auf unbestimmte Zeit zur Verfügung gestellt worden (> SEKTOREN). Die Einweihung des S. erfolgte am 11.11.1945 vor aufmarschierten Truppen der > ALLIIERTEN. Im Zuge der > VEREINIGUNG ging das S. in das Eigentum des Bundes über. Mit dem deutsch-sowjetischen Vertrag über gute Nachbarschaft vom 13.9.1990 hat sich die Bundesrepublik verpflichtet, für die weitere Pflege der Anlage zu sorgen.

Sowjetisches Ehrenmal im Großen Tiergarten

Das in Marmor und Granit nach einem Entwurf des Architekten Nikolai Sergijewski sowie der Bildhauer Lew Kerbel und Wladimir Zigal gestaltete S. hat die Form eines breiten, von sieben viereckigen Säulen getragenen, auf einem mehrstufigen Sockel stehenden Ehrentors. Die ca. 21 m hohe mittlere, aus der Front hervortretende Säule, überragt das Gesims des Tors und wird von dem Bronze-Standbild eines Sowjetsoldaten bekrönt. Flankiert wird das Ehrentor von zwei T-34-Panzern, die bei der Eroberung Berlins eingesetzt waren.

Bis zum 22.12.1990 versahen sowjetische Soldaten am S. einen Wachdienst. Sie gelangten gemäß dem durch den > SONDERSTATUS 1945-90 für alle vier Alliierten begründeten Recht auf Verkehrs- und Bewegungsfreiheit in ganz Berlin zu dem Areal. Für die Unterkunft der insg. ca. 20 Wachen wurden Bauten hinter dem S. genutzt. In Reaktion auf den Bau der > MAUER am > 13. AUGUST 1961 wurde das S. im August 1961 auf Veranlassung der britischen Behörden eingezäunt. In der Folgezeit kam es immer wieder zu Zwischenfällen, etwa als sich empörte West-Berliner angesichts des tödlichen Ausgangs des Fluchtversuchs von Peter Fechter gegen die Fahrzeuge der Wachen wandten. Nach dem Attentat eines politischen Extremisten auf eine Wache im November 1970 wurde das Areal für Fußgänger weiträumig gesperrt. Ab April 1987 war das Straßenstück wieder für den allgemeinen Verkehr geöffnet.

An sowjetischen Gedenktagen wurden am S. Kränze niedergelegt und Paraden abgehalten. Auf Einladung des sowjetischen Botschafters aus Ost-Berlin nahmen an diesen, den siegerrechtlichen Status der Alliierten dokumentierenden Zeremonien, auch die Botschafter bei der DDR akkreditierter verbündeter Staaten, die Vertreter der östlichen Militärmissionen und Generalkonsulate aus den Westsektoren sowie der Oberkommandierende der > GRUPPE DER SOWJETISCHEN STREITKRÄFTE teil.

Sowjetisches Ultimatum (1958): Das auf Abzug der Westmächte aus Berlin gerichtete S. und der darauf folgende Bau der > MAUER am > 13. AUGUST 1961 waren neben der > BLOCKADE West-Berlins 1948/49 eine der beiden großen internationalen Krisen um Berlin (Kalter Krieg). Am 10.11.1958 forderte der sowjetische Partei- und Regierungschef Nikita Chruschtschow in einer Rede in Moskau,

„Westberlin" in eine selbständige politische Einheit, eine entmilitarisierte „Freie Stadt" umzuwandeln (> SELBSTÄNDIGE POLITISCHE EINHEIT WESTBERLIN). Ultimativ verband er dies mit dem Hinweis, daß Moskau auf die Besatzungsrechte verzichten und der DDR die volle Souveränität auch in bezug auf Berlin übertragen würde, wenn sich die Vier Mächte nicht innerhalb von sechs Monaten über einen neuen Status für Berlin einigen könnten (> ALLIIERTE; > SONDERSTATUS 1945-90). In entsprechenden Noten an die Westmächte, die Bundesrepublik und die DDR spezifizierte Chruschtschow diese Forderungen am 27.11. 1958. Gleichzeitig kündigte er unter Hinweis darauf, daß das > POTSDAMER ABKOMMEN von den Westmächten im Zuge der Nachkriegsentwicklung vielfach einseitig „gröblich verletzt worden" sei, den Vier-Mächte-Status für ganz Berlin auf, indem er erklärte, daß die Sowjetunion das > LONDONER PROTOKOLL vom 12.9.1944 zur Regelung der Besatzungsgebiete in Deutschland und die damit verbundenen Zusatzabkommen „als nicht mehr in Kraft befindlich betrachte".

Durch die Vorlage eines Entwurfs für einen Friedensvertrag mit den beiden deutschen Staaten vom 10.1.1959, verbunden mit dem Vorschlag einer Gipfelkonferenz zu diesem Thema, wurde deutlich, daß es nicht allein um den Status von Berlin ging, sondern daß durch den Druck auf die westliche „Achillesferse" Berlin den Westmächten Konzessionen in der Deutschlandpolitik insgesamt abgerungen werden sollten. Motiv hierfür war die Beseitigung des „Pfahls im Fleische der DDR", d.h. West-Berlin als „Schaufenster des Westens" für DDR-Bürger zu beseitigen und dadurch eine Konsolidierung der DDR zu erleichtern. Hinzu kam die Absicht Chruschtschows, im Vorfeld des XXI. Parteitages der KPdSU seine Alleinherrschaft innenpolitisch abzusichern. Hintergrund war außerdem ein Gefühl neuer militärischer Stärke und politischer Handlungsfähigkeit aufgrund der mit dem Sputnikstart 1957 nachgewiesenen Fähigkeit, amerikanisches Territorium direkt mit nuklearen Waffen zu bedrohen.

Die Westmächte wiesen in ihren Antworten vom 31.12.1958 – Bonn folgte am 5.1.1959 entsprechend – die Forderungen der Sowjetunion zurück. Sofern Moskau auf ein Ultimatum verzichte, erklärten sie sich jedoch bereit, die Frage Berlins im größeren Zusammenhang von Verhandlungen „zur Lösung des deutschen Problems wie auch des Problems europäische Sicherheit" zu erörtern. Zur Vorbereitung einer Gipfelkonferenz schlugen die Westmächte eine Außenministerkonferenz vor, die von Mai bis August 1959 in Genf stattfand. Nachdem Moskau seine Forderungen erneut mit der Drohung verbunden hatte, gegebenenfalls innerhalb Jahresfrist einen separaten Friedensvertrag mit der DDR abzuschließen, endete die Konferenz im wesentlichen mit einem inhaltsleeren Kommuniqué; trotzdem kam es zur Ankündigung eines Gipfeltreffens. Das Treffen zwischen Chruschtschow und dem US-Präsidenten John F. Kennedy in Wien am 3./4.6.1961 brachte jedoch keine Fortschritte. Als Ergebnis verkündete Kennedy am 25.7.1961 seine > THREE ESSENTIALS für Berlin. Dadurch erhielt er die Vier-Mächte-Verantwortung für ganz Berlin und die Präsenz der Westalliierten in West-Berlin als Eckpfeiler amerikanischer Deutschlandpolitik demonstrativ aufrecht.

Der Mauerbau am 13.8.1961 zeigte dann endgültig das Scheitern des sowjetischen Erpressungsversuchs: Weder war ein Friedensvertrag mit den beiden deutschen Staaten erreicht noch der zweite deutsche Staat vom Westen anerkannt worden. Der Status quo wurde zwar festgeschrieben, aber lediglich durch einseitige Handlungen der Sowjetunion bzw. der DDR, nicht jedoch durch politische Vereinbarungen mit den Westmächten. Bonn und die Westalliierten hatten die sowjetischen politischen Angriffe erfolgreich abgewehrt und ihre Forderung nach der Wiedervereinigung Deutschlands in „Frieden und Freiheit" zunächst behauptet. Der Bau der Mauer machte jedoch ebenfalls deutlich, daß die bisherigen westlichen „Deutschland-Pläne" einer Politik der Stärke nur mit dem Risiko eines militärischen Konflikts weiter zu verfolgen waren und angesichts des atomaren Patts neue politische Ideen und Strategien erforderlich sein würden, um die > SPALTUNG Berlins und Deutschlands als Brennpunkt der Weltpolitik zu entschärfen und für die Menschen erträglicher zu gestalten. Insofern markieren das S. und der folgende Mauerbau gleichzeitig den Wendepunkt vom Kalten Krieg hin zur Entspannungspoltik, die für Berlin schließlich im > VIER-MÄCHTE-ABKOMMEN von 1971 einen ersten großen internationalen Erfolg erbrachte.

Sozialdemokratische Partei Deutschlands (SPD): Die Berliner SPD bildet einen der in allen 16 Bundesländern bestehenden Landesverbände der Bundespartei. Sie zählte im Januar 1992 rd. 26.499 Mitglieder, darunter 2.359 in den östlichen > BEZIRKEN. Die Berliner SPD-Zentrale befindet sich im *Kurt-Schumacher-Haus* in der > MÜLLERSTRASSE 193 im Bezirk > WEDDING, Kreisbüros bestehen in allen 23 Berliner Bezirken.

Bei den > WAHLEN zum > ABGEORDNETENHAUS VON BERLIN (ABGH) am 2.12.1990 wurde die Partei mit 30,4 % (76 Mandaten) zweitstärkste Fraktion nach der > CHRISTLICH-DEMOKRATISCHEN UNION DEUTSCHLANDS (CDU), mit der sie eine Große Koalition unter dem > REGIERENDEN BÜRGERMEISTER (RBM) Eberhard Diepgen (CDU) und seiner Stellvertreterin, der Bürgermeisterin Christine Bergmann (SPD), bildete. In den am 24.5.1992 gewählten > BEZIRKSVERORDNETENVERSAMMLUNGEN (BVV) errang die SPD insg. 345 Sitze (31,8 %). Sie ist damit in allen Bezirksparlamenten vertreten. In acht BVV ist sie nach Sitzen stärkste Partei (> KÖPENICK; > KREUZBERG; > PANKOW; > PRENZLAUER BERG; > SPANDAU; > TREPTOW; > WEDDING; > WEISSENSEE), in zwei (> SCHÖNEBERG, > TIERGARTEN) steht sie gleichauf mit der CDU und in > FRIEDRICHSHAIN zusammen mit der > PARTEI DES DEMOKRATISCHEN SOZIALISMUS (PDS).

Die Basisorganisationen der SPD sind die Ortsvereine, die in Berlin Abteilungen heißen. In jedem Berliner Bezirk gibt es mehrere Abteilungen. Die Grenzen der 23 Kreisverbände stimmen mit den Bezirksgrenzen überein. Der Landesparteitag ist das höchste Beschlußorgan der Berliner SPD. Er entscheidet über alle wichtigen politischen Fragen und wählt den Landesvorstand mit dem Landesvorsitzenden an der Spitze. Die laufenden Geschäfte besorgt ein „geschäftsführender Landesvorstand", dem sieben Mitglieder angehören. In der Berliner SPD bestehen neun „Arbeitsgemeinschaften (AGs)", die besondere soziale und berufliche Interessen repräsentieren. In der größten, der AG der Jungsozialisten, sind alle Parteimitglieder unter 35 Jahren zusammengefaßt. Die Parteizentrale in der Müllerstr. ist auch Redaktionssitz des Berliner SPD-Organs *Berliner Stimme*.

Die Geschichte der SPD ist eng mit der > GESCHICHTE Berlins verbunden. Nachdem sich die „Lasalleaner" und die „Eisenacher" 1875 zur „Sozialistischen Arbeiterpartei" vereinigt hatten, gelang der neuen Partei bei den Reichstagswahlen 1877 in Berlin auf Anhieb ein beachtlicher Erfolg: Mit über 40 % der Stimmen konnte sie zwei der sechs Berliner Mandate gewinnen. Unter dem *Sozialistengesetz* (1878-90) wurden sozialdemokratische Organisationen und Zeitungen verboten, viele Parteimitglieder verhaftet oder aus der Stadt ausgewiesen. Sozialdemokraten konnten sich als unabhängige Einzelbewerber jedoch weiterhin an Wahlen beteiligen. Nach Aufhebung des Sozialistengesetzes im Jahre 1890 – die Partei nannte sich nun SPD – wählte bei den Reichstagswahlen bereits die absolute Mehrheit der Berliner sozialdemokratisch, 1912 waren es sogar 75 %. Anders sah es dagegen im Preußischen Abgeordnetenhaus (> PREUSSISCHER LANDTAG) und in der Berliner > STADTVERORDNETENVERSAMMLUNG aus, die beide bis 1918 nach dem Dreiklassenwahlrecht gewählt wurden.

Beim Ausbruch des I. Weltkrieges im August 1914 stimmte die SPD-Fraktion im Reichstag mit Ausnahme Karl Liebknechts geschlossen für die Bewilligung der Kriegskredite und schloß einen „Burgfrieden" mit den konservativen Parteien. Opponierende Sozialdemokraten gründeten daraufhin 1916 in Berlin den *Spartakusbund*, aus dem 1917 die *Unabhängige Sozialdemokratische Partei Deutschland* (USPD) und Anfang 1919 die *Kommunistische Partei Deutschland* (KPD) unter Führung Karl Liebknechts hervorging. Als das *Novemberrevolution* am 9.11.1918 auf Berlin übergriff, rief der Abgeordnete der „Mehrheits"-SPD Philipp Scheidemann vom > REICHSTAGSGEBÄUDE die „deutsche Republik" aus. Bei den Wahlen zur Nationalversammlung am 19.1. 1919 siegte die SPD zwar weit über die USPD (163 zu 22 Mandaten), konnte aber nicht die absolute Mehrheit der Sitze erringen.

Insg. votierten die Berliner zu dieser Zeit stärker „links" als die Wähler im Reich: Als die Stadtverordnetenversammlung am 23.2. 1919 erstmals nach allgemeinem und gleichem Wahlrecht gewählt wurde, entschieden sich 33 % für die USPD und 31,8 % für die SPD. Auch im neuen preußischen Landtag gewannen SPD und USPD die Mehrheit. Dort stellte die SPD mit Otto Braun den Ministerpräsidenten, der bis zum Preußenschlag 1932 amtierte und die insg. stabilste und demokratischste Länderregierung der Weimarer Republik leitete. Zu den großen Reformen dieser Zeit zählt das „Gesetz über die Bildung einer neuen Stadtgemeinde Berlin", das die SPD zusammen mit einigen linksliberalen Abgeordneten im Preußischen Landtag durchsetzte (> GROSS-BERLIN). Die Einbeziehung bürgerlicher Vorstände schwächte allerdings die Position der Linksparteien. Selbst SPD und USPD/KPD zusammen kamen jetzt in Groß-Berlin nur noch auf eine knappe Mehrheit der Wähler. Da die Arbeiterparteien einander heftig befehdeten, wählte die SPD den bürgerlich-demokratischen > OBERBÜRGERMEISTER Gustav Böß mit, der dieses Amt bis 1931 ausübte. Die SPD, der sich 1922 die USPD wieder anschloß, nachdem sich ihr größerer Teil bereits 1920 mit der KPD vereinigt hatte, blieb in den 20er Jahren stärkste Partei im Reichstag, im preußischen Landtag und im Berliner Stadtparlament.

Nach der nationalsozialistischen „Machtergreifung" am 30.1.1933 wurde die SPD-Fraktion im Berliner Stadtparlament auf Anordnung des NS-Staatskommissars aufgelöst. Im Juni 1933 wurde die SPD im Zuge der Ausschaltung der Parteien im gesamten Reich durch die NS-Regierung verboten. In Berlin leisteten Sozialdemokraten – oft gemeinsam mit anderen politischen Kräften – von 1933 an > WIDERSTAND gegen den Nationalsozialismus.

Nach dem Ende des II. Weltkrieges gab es zunächst drei Zentren, welche die Führung der Sozialdemokratie beanspruchten: den Londoner Exilvorstand, das „Büro Schumacher" in Hannover und den am 15.6.1945 in Berlin gegründeten „Zentralausschuß" der SPD unter Leitung von Otto Grotewohl. Am 17.6.1945 wurde Grotewohl von einer Funktionärsversammlung in Berlin zum 1. Vorsitzenden der SPD gewählt. Der Berliner Zentralausschuß der SPD befürwortete ein Zusammengehen mit der KPD. Im Juni 1945 wurde ein gemeinsamer Arbeitsausschuß beider Parteien gebildet. Außerdem gehörte die SPD der am 14.7.1945 geschaffenen „Einheitsfront der antifaschistisch-demokratischen Parteien" an (> BLOCKPARTEIEN).

Auf der gesamtdeutschen Konferenz der SPD im Oktober 1945 in Wenningsen bei Hannover wurde die Zuständigkeit des Berliner Zentralausschusses auf Berlin und die Sowjetisch besetzte Zone (SBZ) beschränkt. Kurt Schumacher, der eine Vereinigung von SPD und KPD ablehnte, übernahm die Leitung der SPD in den Westzonen. In Berlin und der SBZ forcierten die Sowjets den Druck auf beide Parteien zum Zusammenschluß, zumal sich immer deutlicher abzeichnete, daß die SPD in der Bevölkerung mehr Unterstützung fand als die KPD. Innerparteilicher Widerstand gegen eine Vereinigung mit der KPD regte sich u.a. in der Berliner SPD, die durch

den > SONDERSTATUS der Stadt besser geschützt war als die SPD in der SBZ.

Eine Funktionärskonferenz der Berliner SPD beschloß am 1.3.1946, ihre Zustimmung zu einer Vereinigung vom Ergebnis einer Urabstimmung aller Parteimitglieder abhängig zu machen. Die Abstimmung wurde auf den 31.3.1946 festgesetzt, fand jedoch nur in den Westsektoren Berlins statt, im Ostsektor hatten sie die Sowjets unterbunden. Von den 33.247 in den Westsektoren Berlins stimmberechtigten Sozialdemokraten beteiligten sich an der Abstimmung 23.755. Davon stimmten 19.529 (82,2 %) gegen einen sofortigen Zusammenschluß, 14.763 (62 %) befürworteten jedoch eine Zusammenarbeit beider Parteien. Am 7.4.1946 trennte sich der Berliner Landesverband auf einem Parteitag vom die Vereinigung befürwortenden Zentralausschuß und wählte einen neuen Vorstand mit Franz Neumann als Vorsitzendem. Die vereinigungswilligen Mitglieder und Funktionäre der Berliner SPD schlossen sich am 14.4.1946 mit der Berliner KPD zusammen. Am 21./ 22.4.1946 folgte dann auf der Ebene der Zonenverbände der Vereinigungsparteitag zur > SOZIALISTISCHEN EINHEITSPARTEI DEUTSCHLANDS (SED) im Berliner > ADMIRALSPALAST. Am 31.5.1946 wurden beide Parteien – SPD und SED – von der > ALLIIERTEN KOMMANDANTUR in allen vier > SEKTOREN Berlins zugelassen.

Aus den ersten freien Nachkriegswahlen zur Stadtverordnetenversammlung am 20.10. 1946 ging die SPD mit 48,7 % als klarer Sieger hervor. Sie nominierte zunächst Otto Ostrowski zum Oberbürgermeister. Im Mai 1947 veranlaßte die SPD jedoch die Abwahl Ostrowkis, da er ohne Wissen seiner Partei Verhandlungen mit der SED über die Besetzung von Magistratsposten geführt hatte. Auf Vorschlag der SPD wählte die Stadtverordnetenversammlung am 24.6.1947 Ernst Reuter zum neuen Oberbürgermeister, allerdings ohne die Stimmen der SED. Die Sowjets legten in der Alliierten Kommandantur dagegen ihr Veto ein, Reuter konnte daraufhin sein Amt nicht ausüben. Stellvertretend amtierte bis Dezember 1948 die Sozialdemokratin Louise Schroeder als Oberbürgermeisterin.

Bei den Neuwahlen zur Stadtverordnetenversammlung am 5.12.1948, die nur in den Westsektoren stattfinden konnten (> SPALTUNG), rief die SED zum Wahlboykott auf. Trotzdem erreichte die Wahlbeteiligung 86,3 %. Auf die SPD entfielen davon 64,5 %,

Ernst Reuter wurde erneut zum Oberbürgermeister gewählt und diesmal allein von den drei westlichen Alliierten bestätigt. Reuter bildete eine Allparteienkoalition mit CDU und LDPD/FDP (> LIBERAL-DEMOKRATISCHE PARTEI DEUTSCHLANDS/ > FREIE DEMOKRATISCHE PARTEI).

Die Wahlen zum AbgH vom 3.12.1950 brachten der SPD empfindliche Verluste: Mit nur noch 44,7 % der Stimmen hatte sie die absolute Mehrheit verloren. Bei der Wahl des RBm wurde Reuter jedoch im zweiten Wahlgang in seinem Amt bestätigt. Nachdem sich nach dem Tode Reuters bei einer Kampfabstimmung um die Nachfolge im Oktober 1953 Walther Schreiber (CDU) gegen Otto Suhr (SPD) durchsetzen konnte, schied die SPD aus der Koalition aus. Bei den Abgeordnetenhauswahlen vom Dezember 1954 behauptete sich die SPD mit 44,6 % und erreichte damit sogar die absolute Mehrheit der Sitze. Es kam nun zur Bildung einer Großen Koalition von SPD und CDU unter Otto Suhr als RBm. Nach Suhrs Tod im August 1957 übernahm Willy Brandt am 3.10.1957 dessen Nachfolge. Im Januar 1958 wurde Brandt als Nachfolger von Franz Neumann auch zum Landesvorsitzenden der Berliner SPD gewählt.

Die Wahlen vom Dezember 1958 standen im Zeichen des > SOWJETISCHEN ULTIMATUMS. Die SPD gewann mit 52,6 % die absolute Mehrheit und erneuerte die Große Koalition. Brandt wurde in der Zeit des Ultimatums und des Mauerbaus zum unbestrittenen Repräsentanten Berlins. Dank seines Ansehens konnte er sich auch gegen jede innerparteiliche Opposition durchsetzen.

Nach dem Bau der > MAUER wurden die Kreisverbände der SPD im Ostsektor aufgelöst. Ihre etwa 6.000 Mitglieder wurden von ihren Pflichten gegenüber der Partei entbunden. Bei den Abgeordnetenhauswahlen vom 17.12.1963 erzielte die SPD mit 61,9 % nach 1948 ihr zweitbestes Nachkriegsergebnis. Trotzdem wurde auch die FDP in den dritten Senat Brandt aufgenommen.

Noch im gleichen Jahr übernahm Brandt den Vorsitz der Bundes-SPD. Sein Nachfolger als Berliner Landesvorsitzender wurde Kurt Mattick. Am 1.12.1966 trat Willy Brandt als Vizekanzler und Außenminister in die Bundesregierung ein. Der bisherige Innensenator Heinrich Albertz wurde sein Nachfolger als RBm. Nach den Wahlen vom März 1967, bei denen die SPD mit 56,9 % die absolute Mehr-

heit behaupten konnte, setzte Albertz die Koalition mit der FDP fort. Die wachsende Kritik am Verhalten des > SENATS VON BERLIN nach dem Tode des Studenten Benno Ohnesorg am 2.6.1967 (> STUDENTENBEWEGUNG) veranlaßte Albertz Anfang Oktober 1967 zum Rücktritt. Sein Nachfolger wurde Klaus Schütz, der im Mai 1968 auch das Amt des Landesvorsitzenden der SPD übernahm.

Bei den Wahlen vom März 1971 gelang es der SPD mit 50,4 % der Stimmen knapp, die absolute Mehrheit zu behaupten. Mit dem wiedergewählten Klaus Schütz an der Spitze stellte sie allein den Senat. Die Wahlen vom März 1975 standen ganz im Zeichen der Entführung des CDU-Spitzenkandidaten Peter Lorenz. Die SPD rutschte auf 42,6 % der Stimmen und wurde erstmals knapp von der CDU in der Wählergunst überholt. In einer Koalition mit der F.D.P. unter Klaus Schütz behauptete sie sich dennoch als führende Regierungspartei.

Die sich häufenden innerstädtischen Probleme, insbes. die Affäre um den > STEGLITZER KREISEL, veranlaßten Klaus Schütz im Mai 1977 zum Rücktritt als RBm und einen Monat später auch vom Amt des Landesvorsitzenden der Berliner SPD. Sein Nachfolger an der Spitze des Senats wurde Dietrich Stobbe; den Landesvorsitz der SPD übernahm Gerd Löffler. Bei den Wahlen vom März 1979 behauptete die SPD mit einem Ergebnis von 42,7 % ihre Position, so daß Stobbe die sozialliberale Koalition fortsetzen konnte. Im Juni 1979 wurde er auch zum Landesvorsitzenden der SPD gewählt. Der „Garski-Skandal" zwang Stobbe zu einer umfassenden Senatsumbildung, für die er aber im AbgH keine Mehrheit mehr fand. Er wurde daraufhin am 23.1.1981 durch Hans-Jochen Vogel (SPD) als RBm abgelöst. Im Februar 1981 gab Stobbe den SPD-Landesvorsitz an Peter Glotz ab, der dieses Amt jedoch nur bis November 1981 innehatte.

Anfang 1981 war ein von CDU und Alternativer Liste (> DIE GRÜNEN/ALTERNATIVE LISTE FÜR DEMOKRATIE UND UMWELTSCHUTZ) betriebenes > VOLKSBEGEHREN für die Auflösung des AbgH erfolgreich. Hierauf verständigten sich die Parteien auf vorgezogene Neuwahlen am 10.5.1981. Die SPD erreichte nur noch 38,3 % und ging in die Opposition. Im November 1981 wurde Peter Ulrich zum neuen Landesvorsitzenden der Partei gewählt. Bei den Wahlen vom März 1985 erlitt die SPD mit ihrem Spitzenkandidaten Hans Apel abermals

einen kräftigen Rückschlag (32,4 %).
Am 29.6.1985 wählte der Landesparteitag mit Jürgen Egert einen Vertreter des linken Flügels zum Parteivorsitzenden. Schon im November 1986 trat dieser jedoch aus gesundheitlichen Gründen zurück. Am 22.11.1986 wurde der gleichfalls zum linken Flügel zählende Walter Momper ohne Gegenkandidaten zum neuen Landesvorsitzenden gewählt. Bei den Wahlen vom 29.1.1989 verbesserte sich die SPD mit ihrem Spitzenkandidaten Walter Momper auf 37,3 % der Stimmen. Momper bildete mit der AL eine Rot-grüne Koalition, die jedoch insg. von inneren Widersprüchen und Konflikten geprägt war.

Kurz vor der „Wende" konstituierte sich in Schwante bei Oranienburg am 7.10.1989 eine *Sozialdemokratische Partei (SDP)*, die sich am 13.1.1990 in SPD umbenannte. Bei den ersten freien Kommunalwahlen am 6.5.1990 wurde die SPD in Ost-Berlin mit 34,1 % die stärkste Partei. Ihr Spitzenkandidat Tino Schwierzina wurde am 30.5.1990 mit 74 von 134 Stimmen zum Oberbürgermeister gewählt. Am 14./15.9.1990 erfolgte dann im > INTERNATIONALEN CONGRESS CENTRUM die Vereinigung der östlichen und der westlichen Berliner Parteiorganisationen der SPD. Walter Momper wurde erster Vorsitzender der Gesamt-Berliner Partei.

Bei den Wahlen zum AbgH vom 2.12.1990 erreichte die SPD 30,4 %, dabei lag sie im Westen der Stadt mit 29,5 % an zweiter Stelle hinter der CDU (49,0), im Osten wurde sie mit 32,1 % stärkste Partei. Unter Eberhard Diepgen (CDU) trat die SPD in einen CDU/SPD-Senat ein.

Im August 1992 trat Walter Momper nach Vorwürfen wegen der Unvereinbarkeit der von ihm übernommenen Position eines leitenden Mitarbeiters in einer Berliner Immobilienfirma mit dem Amt des Landesvorsitzenden zurück. Nachdem der Mitbegründer der Ost-SPD und stellvertretende Bundesvorsitzende der SPD, Wolfgang Thierse, die ihm angetragene Kandidatur abgelehnt hatte, wählte ein Landesparteitag der SPD Ende Oktober den Fraktionsvorsitzenden im AbgH, Dietmar Staffelt, zum Nachfolger.

Landesvorsitzende der Berliner SPD nach dem II. Weltkrieg

Otto Grotewohl	1945-46
Franz Neumann	1946-58
Willy Brandt	1958-63
Kurt Mattick	1963-68
Klaus Schütz	1968-77
Gerd Löffler	1977-79
Dietrich Stobbe	1979-81
Peter Glotz	1981
Peter Ulrich	1981-85
Jürgen Egert	1985-86
Walter Momper	1986-92
Dietmar Staffelt	seit Okt. 1992

Sozialgerichtsbarkeit: Als besondere > VERWALTUNGSGERICHTSBARKEIT entscheidet die S. über öffentlich-rechtliche Streitigkeiten auf dem Gebiet des Sozialrechts. Ihre Zuständigkeit erstreckt sich auf Angelegenheiten der Sozialversicherung, des Kassenarztrechts, der Bundesanstalt für Arbeit, der Kriegsopferversorgung und des Kindergeldrechts. Aufgaben, Gerichtsverfassung und Verfahren sind in dem 1975 neu gefaßten Sozialgerichtsgesetz geregelt. Anders als bei der gleichfalls zur besonderen Verwaltungsgerichtsbarkeit gehörenden > FINANZGERICHTSBARKEIT ist die S. dreistufig aufgebaut. Der Dienstsitz des Sozialgerichts (SG) und des Landessozialgerichts (LSG) befindet sich seit 1968 in dem 1874 im Renaissancestil errichteten Direktionsgebäude der ehem. Berlin-Hamburger-Eisenbahn neben dem > HAMBURGER BAHNHOF in der Invalidenstr. 52 im Bezirk > TIERGARTEN.

Seit der > VEREINIGUNG am > 3. OKTOBER 1990 für ganz Berlin in nunmehr zentraler Lage zuständig, entscheiden beim SG 55 Kammern in der Besetzung mit einem Berufs- und zwei ehrenamtlichen Richtern als Beisitzer. Bei dem LSG bestehen 15 Senate, besetzt mit drei Berufsrichtern und zwei ehrenamtlichen Richtern. Präsidentin des LSG ist seit 1989 Adelheid Harthun-Kindl.

Die S. geht in ihren Anfängen auf das 1884 errichtete Reichsversicherungsamt zurück, in dessen Gebäude am Reichpietschufer 52 SG und LSG vom Inkrafttreten des Sozialgerichtsgesetzes im Jahr 1954 bis 1968 untergebracht waren. Das Reichsversicherungsamt war nicht nur Aufsichtsbehörde über die Sozialversicherungsträger, sondern auch ein besonderes Verwaltungsgericht für die Sozialversicherung und somit Vorgänger des heute in Kassel residierenden Bundessozialgerichts (III. Instanz).

Seit Mai 1971 untersteht die S. in Berlin der weiteren Dienstaufsicht der > SENATSVERWALTUNG FÜR JUSTIZ (zuvor Senatsverwaltung für Arbeit und Soziales). Als wesentliche Besonderheiten der Berliner S. sind die Gerichte auch für Klagen von im Ausland lebenden Klägern gegen die in Berlin ansässige > BUNDESVERSICHERUNGSANSTALT FÜR ANGESTELLTE örtlich zuständig.

Sozialhilfe: Im Westteil Berlins erhalten z.Z. rd. 100.000, im Ostteil der Stadt rd. 25.000 Personen dauernde Hilfen zum Lebensunterhalt. Diese Differenz ist dadurch zu erklären, daß u.a. in Ost-Berlin aus Unwissenheit, aber auch Scham und Angst, Berechtigte ihre Ansprüche nicht geltend machen.
S. wird seit 1962 durch das Bundessozialhilfegesetz (BSHG) geregelt, das damit das Fürsorgerecht aus dem Jahre 1924 abgelöst hat. Das Land Berlin, das am 1.6.1945 die Wiederaufnahme von *Fürsorgeleistungen* für bedürftige Personen verordnete, hat das BSHG am 7.7.1961 übernommen.
Die S. enthält zwei große Leistungsbereiche, zum einen die Hilfe zum Lebensunterhalt, zum anderen die Hilfe in besonderen Lebenslagen. Die Hilfe zum Lebensunterhalt umfaßt insbes. Ernährung, Unterkunft, Körperpflege, Hausrat, Heizung und die persönlichen Bedürfnisse des täglichen Lebens. Der Sozialhilfeträger erbringt bei der laufenden Hilfe zum Lebensunterhalt die Kosten einer angemessenen Unterkunft. Darüber hinaus bewilligt er einen sog. Regelsatz, der den notwendigen Bedarf der täglichen > LEBENSHALTUNGS- KOSTEN unter Berücksichtigung der örtlichen Unterschiede deckt.
Seit 1.7.1992 beträgt der Regelsatz für den Haushaltsvorstand in den westlichen > BEZIRKEN 509 DM und in den östlichen Bezirken 494 DM. Der Unterschied resultiert daraus, daß die im Regelsatz enthaltenen Energiekosten in den östlichen Bezirken z.Z. noch niedriger sind. Mit einmaligen Beihilfen im Rahmen der Hilfe zum Lebensunterhalt gewährt der Sozialhilfeträger Bekleidung, Hausrat und andere Leistungen, welche durch den Regelsatz nicht abgegolten werden können, z.B. auch die Kosten für die Renovierung einer Wohnung.
Der zweite große Leistungsbereich, die Hilfe in besonderen Lebenslagen, hat im wesentlichen die Krankenhilfe, Eingliederungshilfe und Hilfe zur Pflege zum Gegenstand. Bei nichtversicherten Sozialhilfeempfängern übernimmt der Sozialhilfeträger sowohl die Kosten der ambulanten als auch der stationären Krankenhilfe sowie die Ausgaben

für Heil- und Hilfsmittel.
Die Leistungen für > BEHINDERTE oder von Behinderung bedrohten Menschen sind zahlreich. Sie haben alle die Wiedereingliederung dieser Personen und deren Teilnahme am Leben der Gemeinschaft zum Ziel.
Berlin bietet allen Sozialhilfeempfängern, die laufende Hilfe zum Lebensunterhalt bekommen, eine besondere Leistung an: Mit der Sozialkarte für 10 DM monatlich kann das gesamte Streckennetz im > ÖFFENTLICHEN PERSONENNAHVERKEHR benutzt werden.
Die > SENATSVERWALTUNG FÜR SOZIALES gibt u.a. den „Wegweiser für die Sozialhilfe" heraus, in dem alle für die Betroffenen wichtigen Informationen zusammengefaßt sind.

Sozialistische Einheitspartei Deutschlands (SED): Die Vorgeschichte der SED reicht zurück in die unmittelbare Nachkriegszeit. Schon wenige Tage nach der Wiedergründung der *Kommunistischen Partei Deutschlands (KPD)* und der > SOZIALDEMOKRATISCHEN PARTEI DEUTSCHLANDS (SPD) im Juni 1945 in Berlin vereinbarten beide Parteien eine enge Zusammenarbeit. Der von Teilen der SPD geforderte Zusammenschluß der Parteien wurde von der KPD zunächst abgelehnt, da man glaubte, auf parlamentarischem Wege allein an die Macht kommen zu können. Als jedoch im Herbst 1945 die Kommunisten erste Wahlniederlagen in Österreich und Ungarn hinnehmen mußten und die SPD sowohl in Berlin als auch in der Sowjetischen Besatzungszone (SBZ) mehr Zulauf fand als die KPD, änderten die Kommunisten ihre Haltung und strebten mit Unterstützung der > SOWJETISCHEN MILITÄRADMINISTRATION IN DEUTSCHLAND (SMAD) die Vereinigung mit der SPD an. Inzwischen stärker gewordene Widerstände in der SPD wurden von der SMAD gebrochen. Gegen der erklärten Willen einer Mehrheit zumindest der West-Berliner SPD-Mitglieder vollzogen die Parteivorstände beider Parteien am 21. und 22.4.1946 auf dem sog. *Vereinigungsparteitag* im Ost-Berliner > ADMIRALSPALAST den Zusammenschluß von KPD und SPD zur SED. Die Leitungsfunktionen wurden zunächst paritätisch mit ehem. KPD- und SPD-Mitgliedern besetzt. Die ersten Vorsitzenden waren Wilhelm Pieck (ehem. KPD) und Otto Grotewohl (ehem. SPD), ihre Stellvertreter Walter Ulbricht und Paul Fechner. Programmatisch sprach sich die SED für einen demokratischen, „deutschen Weg zum Sozialismus" aus.

In den Westsektoren Berlins konstituierten die nicht vereinigungswilligen SPD-Mitglieder einen neuen, unabhängigen SPD-Landesverband. Nach heftigen Auseinandersetzungen in der > ALLIIERTEN KOMMANDANTUR wurden SED und SPD in allen > SEKTOREN Berlins zugelassen. Bei den ersten freien Wahlen zur > STADTVERORDNETENVERSAMMLUNG von > GROSS-BERLIN am 20.10.1946 erlitt die SED eine schwere Niederlage. Mit 19,8 % der Stimmen wurde sie nur drittstärkste Partei. Sie hatte damit nur noch etwas mehr als halb so viel Stimmen erhalten wie die KPD bei den Wahlen vom November 1932.

Die SED geriet in immer größere Abhängigkeit von der sowjetischen Besatzungsmacht. Ab Ende 1947 erfolgte dann die Umwandlung der SED in eine „Partei neuen Typus" und die Durchsetzung des sog. „Demokratischen Zentralismus" als Führungsprinzip. Ehem. Sozialdemokraten wurden aus ihren Parteiämtern verdrängt oder verhaftet, der „besondere deutsche Weg zum Sozialismus" widerrufen und die Parteiorganisationen nach stalinistischem Muster umgestaltet.

Die SED spielte eine maßgebliche Rolle bei der > SPALTUNG der Berliner Stadtverwaltung während der Berliner > BLOCKADE 1948/49. Die Wahlen vom 5.12.1948 fanden nur in den Westsektoren Berlins und ohne Beteiligung der SED statt. Auch bei den nächsten, nach Inkrafttreten der neuen > VERFASSUNG VON BERLIN stattfindenden (West-Berliner) Wahlen zum > ABGEORDNETENHAUS im Dezember 1950 stellte die im Westen weiterhin zugelassene SED keine Kandidaten. Erst 1954 beteiligte sich die Partei wieder an den Abgeordnetenhauswahlen, erreichte aber mit 2,7 % der Stimmen keinen Parlamentssitz. 1958 entfielen nur noch 1,9 % der Stimmen auf die West-Berliner SED, die gemäß der sowjetischen „Drei-Staaten-Theorie" (> SONDERSTATUS 1945-90; > SELBSTÄNDIGE POLITISCHE EINHEIT WESTBERLIN) allmählich aus der Gesamtpartei herausgelöst wurde und sich nach ihrer Konstituierung als eigenständige Parteiorganisation am 24.11.1962 als SED-Westberlin (SED-W) bezeichnete. 1969 erfolgte ihre Umbenennung in > SOZIALISTISCHE EINHEITSPARTEI WESTBERLINS (SEW).

In Ost-Berlin und der SBZ hatte sich die SED zwischen 1947 und 1950 zur allein herrschenden Partei entwickelt und die Führung über die anderen Parteien übernommen (> BLOCKPARTEIEN). Auf Ihrem III. Parteitag 1950 wurde Walter Ulbricht Generalsekretär des als Führungsgremium der Partei neu gebildeten *Zentralkomitees (ZK)* und hatte damit mehr Macht als die Parteivorsitzenden Pieck und Grotewohl. Auf dem IV. Parteitag der SED 1954 wurde das Amt des Parteivorsitzenden abgeschafft. An der Spitze der Partei stand nunmehr allein Ulbricht als Erster Sekretär des ZK. Durch die Niederschlagung des Arbeiteraufstandes vom > 17. JUNI 1953 und den Bau der > MAUER am > 13. AUGUST 1961 sowie eine gezielte Kaderpolitik in Staat und Gesellschaft und mehrere innerparteiliche Säuberungen konnte die SED-Führung ihren allumfassenden Führungsanspruch nach innen und außen immer weiter festigen. 1971, auf dem VIII. Parteitag der SED, wurde Ulbricht von Erich Honecker als Erster Sekretär abgelöst, der dieses Amt, ab 1976 wieder als „Generalsekretär", bis zu seinem Rücktritt am 18.10.1989 innehatte.

Im politischen System der DDR nahm die zum Schluß 2,3 Mio. Mitglieder zählende SED eine monopolartige Machtposition ein. Im Rahmen der *Nationalen Front*, einer von der SED dominierten Dachorganisation aller Parteien und gesellschaftlichen Organisationen, sorgte die Partei durch die Besetzung leitender Positionen mit ihren Mitgliedern und eine strenge Parteidisziplin für eine nahezu widerspruchslose Durchsetzung ihres politischen Willens in allen gesellschaftlichen Bereichen. Dies galt insbes. auch für den gesamten Staatsapparat einschließlich der *Volkskammer*, in der die SED-Fraktion nominell zwar nicht die Mehrheit besaß, die sie jedoch über das Einstimmigkeitsprinzip und ihren in der Verfassung abgesicherten Führungsanspruch gleichwohl für ihre Zwecke instrumentalisierte. Abweichende Meinungen oder oppositionelle Bestrebungen wurden mit den Mitteln des politischen Strafrechts unterdrückt, wobei insbes. in den letzten Jahren immer mehr auch der > STAATSSICHERHEITSDIENST DER DDR zum Einsatz kam.

Nach dem erzwungenen Rücktritt Erich Honeckers vom Amt des Generalsekretärs des ZK auf der 9. Tagung des ZK am 18.10. 1989 versuchte die Partei mit Egon Krenz als Nachfolger einen personellen Neubeginn. In den folgenden Wochen verstärkte sich jedoch der Zerfallsprozeß der Partei, die nach dem Fall der > MAUER am > 9. NOVEMBER 1989 zunehmend in die Defensive geriet. Nachdem in der öffentlichen Diskussion neben dem Ausmaß der wirtschaftlichen Misere der DDR immer mehr auch persönliche Verfehlungen und Privilegienwirtschaft der bisherigen Führungsschicht ans Tageslicht kamen, traten Egon Krenz, das Politbüro und das gesamte ZK auf der 12. (außerordentlichen) ZK-Tagung am 3.12.1989 zurück. Es wurde ein Arbeitsausschuß unter Leitung des 1. Sekretärs der SED-Bezirksleitung Erfurt, Herbert Kroker, eingesetzt, der einen außerordentlichen Parteitag vorbereiten sollte. Dieser begann am 8.12. mit einer ersten Beratungsrunde in der Ost-Berliner Dynamo-Halle und wurde am 10.12. sowie am 16./ 17.12. fortgesetzt. Die Delegierten wählten den Rechtsanwalt Gregor Gysi mit 95 % der Stimmen zum neuen Parteivorsitzenden und beschlossen grundlegende Satzungsänderungen sowie die Umbennung der Partei in SED-PDS, aus der am 4.2.1990 die > PARTEI DES DEMOKRATISCHEN SOZIALISMUS (PDS) hervorging.

Sozialistische Einheitspartei Westberlins (SEW): Die SEW war der West-Berliner Ableger der DDR-Staatspartei > SOZIALISTISCHE EINHEITSPARTEI DEUTSCHLANDS (SED). Als formal eigenständige Partei bestand sie von 1962 bis zu ihrer Selbstauflösung am 30.6. 1991. Ihre Mitgliederzahl lag bis zur Wende in der DDR bei etwa 4.500 und sank danach auf zum Schluß etwa 600 ab. Die Resonanz der Partei in der West-Berliner Wählerschaft war sehr gering: Ihr bestes Ergebnis erzielte die SEW bei den Wahlen von 1971 mit 2,3 %. Danach ging ihr Stimmenanteil kontinuierlich zurück, bis er 1981, 1985 und 1989 nur noch jeweils 0,6 % erreichte. Damit war die SEW weder im > ABGEORDNETENHAUS VON BERLIN noch in den > BEZIRKSVERORDNETENVERSAMMLUNGEN jemals vertreten.
Gemäß der von der Sowjetunion und der DDR in der zweiten Hälfte der 50er Jahre formulierten *„Drei-Staaten-Theorie"* (> SELBSTÄNDIGE POLITISCHE EINHEIT WESTBERLIN) wurde die West-Berliner Parteiorganisation der 1946 gegründeten SED schrittweise immer weiter aus der ursprünglich für ganz Berlin zugelassenen Gesamtpartei herausgelöst. Zunächst wurde eine besondere West-Berliner Leitung geschaffen, die allerdings noch an die Weisungen der „Bezirksleitung Groß-Berlin" der SED gebunden war. Nach dem Bau der MAUER am > 13. AUGUST 1961 mußte die SED ihre Parteibüros in West-Berlin am 24.8.1961 auf Anordnung des Innensenators schließen. Auf Beschluß des Oberverwaltungsgerichts (> VERWALTUNGSGERICHTSBARKEIT) konnten sie

am 19.6.1962 wieder eröffnet werden. Auf einer Delegiertenkonferenz am 24.11.1962 gab sich die West-Berliner Parteigliederung dann ein eigenes Statut und bezeichnete sich von nun an als „SED-Westberlin" (SED-W); am 15.2.1969 beschloß ein Sonderparteitag ihre Umbenennung in SEW. Zum ersten Vorsitzenden wurde 1962 Gerhard Danelius gewählt, der dieses Amt bis zu seinem Tode 1978 innehatte. Sein Nachfolger Horst Schmitt führte die Partei bis zu ihrer Auflösung. Am 30.4.1990 benannte sich die durch Mitgliederschwund und Ausbleiben von Förderungsmitteln geschwächte Partei in *Sozialistische Initiative* um. Am 30.6.1991 erfolgte die mit der Aufforderung zum Übertritt in die > PARTEI DES DEMOKRATISCHEN SOZIALISMUS (PDS) verbundene Auflösung der Partei.

Sozialpädagogisches Institut Berlin – Walter May (spi-Berlin): Das spi mit seinem Hauptsitz am Halleschen Ufer 32-38 im Bezirk > KREUZBERG ist eine rechtsfähige Stiftung des bürgerlichen Rechts. Es wurde von der > ARBEITERWOHLFAHRT LANDESVERBAND BERLIN E.V. (AWO) am 12.1.1981 als Stiftung „Sozialpädagogisches Institut Berlin – Walter May" gegründet und unterliegt der Stiftungsaufsicht des Justizsenators (> SENATSVERWALTUNG FÜR JUSTIZ).
Das spi ist den Grundsätzen der AWO verpflichtet und wirkt bei der Lösung sozialer Probleme sowie der Weiterentwicklung von Theorie und Praxis der Sozialarbeit und der Sozialpädagogik mit. Die Aufgaben des spi erstrecken sich auf die berufliche Aus- und Weiterbildung, die Fortbildung sozialpädagogischer Praktiker, ehrenamtlich Tätiger und interessierter Laien, die Erstellung von Gutachten, Stellungnahmen und Dokumentationen, die Begleitforschung zu sozialpädagogischen Modellen und die Förderung neuer sozialpädagogischer Projekte. Es ist Kontakt- und Anlaufstelle für zahlreiche Initiativen und > SELBSTHILFEGRUPPEN im Bereich der Sozialpädagogik. Daneben veranstaltet es Fachtagungen, bspw. zum Kinder- und Jugendhilfegesetz, zur AIDS-Prävention oder zur Suchtprophylaxe, die teils speziell für Interessierte aus den neuen Bundesländern, teils in „gemischter" Beteiligung durchgeführt werden.
Im Ausbildungsbereich werden an staatlich anerkannten, gemeinnützigen > PRIVATSCHULEN (spi-Fachschulen) Vollzeitausbildungslehrgänge und berufsbegleitende Lehrgänge

in der Altenpflege und im Erzieherberuf angeboten. Längerfristige Weiterbildungslehrgänge werden u.a. im Projekt- und Sozialmanagement, für die verschiedenen Leistungsebenen in Einrichtungen der > ALTENHILFE und als Ergänzungsqualifikation für Fürsorger/innen veranstaltet. Ein weiteres Bildungsprojekt, „Flucht nach vorn", führt sozialpädagogisch orientierte Deutschkurse für > FLÜCHTLINGE durch. Fort- und Weiterbildung werden u.a. auch über Arbeitsbeschaffungsprogramme (ABM) in vielen sozialen Arbeitsfeldern wie z.B. der Alten- und > JUGENDHILFE durchgeführt sowie durch Feldarbeit in Bereichen wie AIDS- und Sucht-Prävention ermöglicht (> AIDS; > DROGEN). Die vom spi auf diesen Gebieten durchgeführten Projekte und sozialwissenschaftlichen Forschungen werden durch verschiedene Senatsverwaltungen und Bundesministerien unterstützt.

Aus der sozial-, wohnungs- und arbeitsmarktpolitischen Zielsetzung des spi ergeben sich darüber hinaus Aufgaben im Bereich der Stadtentwicklung. Seit 1981 hat der spi-Treuhandträger „Ausnahme & Regel" die Aufgabe übernommen, die Bereiche der behutsamen, sozialen und ökologischen Stadterneuerung sowie der Wohnumfeldverbesserung unter arbeitsmarkt- und beschäftigungspolitischen Gesichtspunkten zu erschließen und umzusetzen (> STADTSANIERUNG). Dabei bemüht man sich darum, insbes. sozial schwächeren und bedürftigen Gruppen angemessene Räumlichkeiten anzubieten. Weiterhin sollen Projekte durchgeführt werden, durch die im Rahmen der Jugend- und > SOZIALHILFE, der dezentralen Kulturarbeit sowie unter dem Gesichtspunkt der Beschäftigung und beruflichen Qualifizierung von Arbeitslosen, Wohn-, Ausbildungs-, Arbeits- und Umschulungsmöglichkeiten geschaffen werden. In diesem Zusammenhang hat der spi-Treuhandträger neben dem Sozialhilfeverfahren ein Treuhandmodell „Soziale Brennpunkte" und ein sozialorientiertes Verfahren zur Nachbesserung von Großsiedlungen entwickelt. (> FABRIK OSLOER STRASSE; > TACHELES)

Seit Mai 1991 ist das spi außerdem treuhänderisch als Servicegesellschaft der > SENATSVERWALTUNG FÜR FRAUEN UND ARBEIT tätig. Im Rahmen dieser Aufgabe bewirtschaftet das spi die Haushaltmittel und berät Beschäftigungsgesellschaften in Ost-Berlin in den Bereichen Jugend (> JUGENDFÖRDERUNG),

Familie und > SPORT, > KULTUR und Medien, > WISSENSCHAFT UND FORSCHUNG, > ÖFFENTLICHER DIENST und > EIGENBETRIEBE (z.B. > STADTGÜTER). Des weiteren unterhält das spi zwei Selbsthilfe-, Kontakt- und Beratungsstellen in den Bezirken > CHARLOTTENBURG und > TIERGARTEN. Eine weitere in > MARZAHN ist geplant. Im Bezirk > WEDDING arbeitet bereits seit Jahren eine Jugend- und Drogenberatungsstelle. Im Auftrag der > SENATSVERWALTUNG FÜR SOZIALES sind vier Mitarbeiter/innen in der Organisationsberatung von Seniorenheimen tätig. In den östlichen Betrieben Berlins und Teilen des Landes Brandenburg wird, gefördert von der Stiftung Deutsche Jugendmarke e.V., Beratung zum Aufbau von Jugendhilfestrukturen und -planung durchgeführt.

Organe des spi sind der Vorstand, das Kuratorium und ein wissenschaftlicher Beirat. Der Vorstand besteht aus mindestens drei Mitgliedern, die vom Kuratorium bestellt werden. Das Kuratorium besteht aus sieben Mitgliedern, die vom Landesvorstand der AWO ernannt werden. Es entscheidet u.a. über den Jahreswirtschaftsplan und beruft die Mitglieder des wissenschaftlichen Beirats. Das Vermögen der Stiftung beträgt 100.000 DM und ist grundsätzlich in seinem Bestand zu erhalten. Z.T. werden die in einem jährlichen Wirtschaftsplan festgelegten Finanzierungsmittel von der AWO gestellt. 1991 hatte das spi 241 Beschäftigte.

Sozialstationen: In Berlin gab es Anfang 1992 112 S., von denen sich 72 im Westteil der Stadt und 40 in den östlichen > BEZIRKEN befanden. Mit der Einrichtung eines flächendeckenden Netzes von S. wird die Betreuung von kranken, älteren oder behinderten Menschen in ihrer gewohnten Umgebung ermöglicht, wodurch Aufenthalte in > KRANKENHÄUSERN verkürzt oder sogar vermieden werden können. Die S. sind Organisationsmittelpunkte der *häuslichen Krankenpflege*, der Haus- und Familienpflege sowie der sozialen Beratung und ehrenamtlichen Hilfe. Sie bieten ferner Mobilitätshilfen und vermitteln Dienste wie den *Fahrbaren Mittagstisch* u.ä. Seit 1986 arbeiten die S. außerdem im sog. Krankenpflegenotfalldienst mit dem kassenärztlichen Notfalldienst zusammen, d.h. sie stehen „rund um die Uhr" in Rufbereitschaft (> RETTUNGSWESEN). Der „Verein für häusliche Kinderkrankenpflege e.V." steht speziell Kindern und ihren Angehörigen zur Verfügung.

Außerdem gibt es auch für die Erwachsenen-pflege rd. 100 private Anbieter im gesamten Stadtgebiet.

Träger der S., die insg. über 2.000 Pflege-kräfte beschäftigen, darunter viele Teilzeit-beschäftigte, sind die Verbände der Freien > Wohlfahrtspflege (> Arbeiterwohlfahrt Landesverband Berlin; > Caritasverband Berlin e.V.; > Diakonisches Werk Berlin-Brandenburg; > Paritätischer Wohlfahrtsverband; > Deutsches Rotes Kreuz Landesverband Berlin). Über den Standort einer S. entscheiden Träger, Bezirk und die > Senatsverwaltung für Soziales (SenSoz) gemeinsam. Den Mitarbeitern stehen Dienstautos und Dienstfahrräder zur Verfügung. Die Leistungen der S. werden von den Krankenkassen, der öffentlichen Hand und Selbstzahlern finanziert. Die SenSoz finanziert sog. nichtkassenfähige Leistungen (z.B. Beschäftigung von Sozialarbeitern).

In anderen Bundesländern, z.B. Niedersachsen, schon länger bekannt, wurden S. in West-Berlin ab 1982 eingerichtet. Bis zum Fall der > Mauer am > 9. November 1989 erhöhte sich ihre Zahl auf 68. Noch vor der > Vereinigung wurde das Modell der S. auch für die östlichen Bezirke übernommen. Dort hatten bis dahin rd. 230 hauptamtliche Krankenschwestern, sog. Bezirksschwestern, häusliche Krankenpflege geleistet. Weitere 50 arbeiteten in den kirchlichen Gemeindepflegestationen. Aufgaben der Hauspflege führte v.a. die „Volkssolidarität" durch. Am 9.6.1990 erfolgte die Eröffnung einer ersten S. in der Pintschstr. 2 im Bezirk > Friedrichs-hain. Bis Anfang 1992 hatte sich die Zahl der S. in den östlichen Bezirken auf 40 erhöht. Mit der in Kürze zu erreichenden Gesamtzahl von 45 wäre die derzeit geltende Orientierungsgröße (eine S. auf 30.000 Einw.) in der gesamten Stadt erreicht.

Spaltung: Die S. Berlins war das Ergebnis des II. Weltkriegs sowie der sich nach 1945 entwickelnden globalen Interessengegensätze der Hauptsiegermächte in der Zeit des Kalten Krieges (> Geschichte). Die S. erfolgte am 30.11.1948 durch den sog. *Stadthausputsch*: Eine „außerordentliche > Stadtverordnetenversammlung", die der stellvertretende Stadtverordnetenvorsteher Ottomar Geschke (SED) in den > Admiralspalast in der > Friedrichstrasse einberufen hatte, nominierte an diesem Tag einen neuen > Magistrat mit dem SED-Funktionär Friedrich

Ebert, dem Sohn des ersten Reichspräsidenten, als > Oberbürgermeister. Der Ebert-Magistrat stand damit in Konkurrenz zu der aus den > Wahlen am 20.10.1946 hervorgegangenen Stadtregierung unter Oberbürgermeister Ferdinand Friedensburg (CDU). Beide Magistrate erhoben den Anspruch, für ganz Berlin zuständig zu sein, tatsächlich konnte die Verwaltung unter Ebert jedoch nur im sowjetischen Sektor tätig werden, während die Macht des legitimen Magistrats seitdem faktisch auf den Westteil der Stadt beschränkt war (> Sektoren).

Leuchtschriftanlage am Potsdamer Platz mit unzensierten Presseinformationen für die Bevölkerung im Ost-Sektor, 1952

Insg. war die S. jedoch ein langwieriger Prozeß, der bereits lange vor dem Stadthausputsch begonnen hatte und mit diesem auch nicht beendet war. Die Vorläufige Verfassung von Groß-Berlin, die die > Alliierten im Oktober 1946 erlassen hatten (> Verfassung von Berlin), legte fest, daß Verordnungen und Anweisungen des Magistrats auf dem gesamten Gebiet von > Gross-Berlin durchgeführt werden mußten, bestimmte jedoch auch, daß die Verwaltungen der > Bezirke der Militärregierung des jeweiligen Sektors unterstanden. Die Sektorkommandanten setzten unter Ausnutzung dieser Bestimmung immer wieder Verordnungen des Gesamt-Berliner Magistrats für ihren Sektor außer Kraft (> Stadtkommandanten). Ideologische Differenzen zwischen den westlichen Alliierten und der in > Karlshorst ansässigen > Sowjetischen Militäradministration in Deutschland (SMAD) sowie unterschiedliche politische Konzepte machten eine gemeinsame alliierte Politik für Gesamt-Berlin unmöglich. Während die Westmächte ihre spätestens ab 1948/49 weitgehend übereinstimmenden politischen Ziele in ihren Sektoren gemeinsam durchsetzten, löste die sowjetische Militärregierung ihren Sektor Stück für Stück aus der Vier-Mächte-Verantwortung heraus (> SONDERSTATUS 1945-90).

So kam es zur Absetzung oder Nichtbestätigung gewählter Bürgermeister oder Stadträte sowie zu einem regelrechten „Personalaustausch" auf Verwaltungsebene: Im Ostsektor wurden Anhänger der nichtkommunistischen Parteien entlassen, in den westlichen Bezirken diejenigen der > SOZIALISTISCHEN EINHEITSPARTEI DEUTSCHLANDS (SED). Als die Stadtverordneten am 24.6.1947 Ernst Reuter (SPD) zum Oberbürgermeister bestimmten, verhinderte ein sowjetisches Veto dessen Amtsübernahme. Am 15.11.1948 enthob der stellvertretende sowjetische Stadtkommandant Ernst Reuter seines Amtes als Stadtrat für Verkehr und Betriebe, einen Tag später auch den Wirtschaftsstadtrat Gustav Klingelhöfer (SPD). Wenngleich die westlichen Alliierten diese Maßnahmen für gegenstandslos erklärten, wurde den Stadträten die weitere Amtsführung im Ostsektor unmöglich gemacht. Bereits im Juli 1948 war es zur S. der Berliner > POLIZEI gekommen, als der vom amtierenden Oberbürgermeister suspendierte Polizeipräsident Paul Markgraf (SED) sich weigerte, seine Amtsenthebung hinzunehmen. Sein Nachfolger Johannes Stumm verlegte deshalb seinen Dienstsitz in die Friesenstr. im Bezirk > TEMPELHOF; ca. 70 % der Polizisten unterstellten sich seinem Kommando. Beide Polizeipräsidenten erklärten sich jeweils als allein für Gesamt-Berlin zuständig, in der Praxis beschränkte sich ihr Einfluß jedoch auf die jeweiligen Sektoren.

Da der Magistrat als einheitliches Verwaltungsorgan für ganz Berlin zunehmend arbeitsunfähig geworden war, wurden in den westlichen Sektoren in der zweiten Hälfte des Jahres 1948 separate Magistratsbehörden aufgebaut (z.B. im August 1948 die Magistratsabteilung für Ernährung und im Oktober 1948 das Ressort Arbeit). Auch auf der Ebene der politischen Parteien kam es zur S. der Berliner Landesverbände (> BLOCKPARTEIEN; > CHRISTLICH-DEMOKRATISCHE UNION DEUTSCHLANDS [CDU]; > LIBERAL-DEMOKRATISCHE PARTEI DEUTSCHLANDS [LDPD]; > SOZIALDEMOKRATISCHE PARTEI DEUTSCHLANDS [SPD]).

Ein bedeutsamer Schritt auf dem Wege zur S. waren die Konflikte um die Umsetzung der von den Westmächten am 18.6.1948 zunächst nur in ihren Zonen durchgeführten > WÄHRUNGSREFORM in Berlin sowie die > BLOCKADE der Westsektoren durch die Sowjetunion 1948/49. Im Zusammenhang mit Differenzen um die geplante Währungsreform verließ der sowjetische Vertreter die für Berlin zuständige > ALLIIERTE KOMMANDANTUR, nachdem die UdSSR schon seit März 1948 nicht mehr im > ALLIIERTEN KONTROLLRAT für Deutschland mitarbeitete. Nach im Juni 1948 beginnenden, fortlaufenden Störungen der im > NEUEN STADTHAUS im zum Ostsektor gehörenden Bezirk > MITTE tagenden Stadtverordnetenversammlung durch kommunistische Demonstranten, verlegten die nichtkommunistischen Fraktionen am 6.9.1948 ihre Tagungen in das Studentenhaus der > TECHNISCHEN UNIVERSITÄT am Charlottenburger Steinplatz im britischen Sektor.

Am 1.10.1948 mußten auf sowjetischen Befehl die Wahlvorbereitungen in den zum Ostsektor gehörenden Bezirken eingestellt werden. Nach weiteren Konflikten und der Verknüpfung der Wahlen mit für den Westen unannehmbaren Forderungen durch die sowjetische Besatzungsmacht und die SED (u.a. Zulassung von unter Einfluß der SED stehenden Massenorganisationen, Streichung ihr nicht genehmer Kandidaten anderer Parteien aus den Wahllisten) kam es dann am 29.11.1948 zur Einberufung der o.g. außerordentlichen Stadtverordnetenversammlung für den 30.11. Von den gewählten Stadtverordneten hatten lediglich die 26 der > SOZIALISTISCHEN EINHEITSPARTEI DEUTSCHLANDS (SED) angehörenden Mitglieder der ohne jede verfassungsmäßige Legitimität tagenden Versammlung beigewohnt, darüber hinaus fast 1.600 weitere Anhänger dieser Partei v.a. aus Ost-Berliner Betrieben. Die für den 5.12.1948 angesetzten Wahlen fanden nur in den Westsektoren statt. Die SED nahm an diesen von ihr als „Spalterwahlen" bezeichneten Wahlen nicht teil.

Der politischen S. folgte schrittweise die organisatorisch-administrative: Am 9.12.1948 ordnete der Ost-Berliner Magistrat an, daß Kraftfahrzeuge aus den Westsektoren Zufahrtsgenehmigungen für den Ostsektor benötigen. Beladene Fahrzeuge mußten bestimmte Übergangsstellen passieren. Mit der Errichtung eines neuen Arbeitsgerichts im Stadtbezirk Mitte am 20.1.1949 begann der Aufbau eines eigenständigen Gerichtssystems. Am 20.1.1949 erfolgte die Trennung der einheitlichen Sozialversicherung. Die Berliner Wasserwerke und die GASAG im

Ostteil der Stadt erhielten am 20.3.1949 eigene Verwaltungen (> BERLINER WASSER-BETRIEBE; > BERLINER GASWERKE [GASAG]), im Juli 1949 folgten die > BERLINER VERKEHRS-BETRIEBE (BVG). Die Trennung der bislang für ganz Berlin eng vernetzten > ELEKTRIZITÄTSVERSORGUNG erfolgte auf Verlangen des östlichen Betriebsteils der > BERLINER KRAFT- UND LICHT (BEWAG)-AKTIENGESELLSCHAFT am 5.3.1952.

Verlegung von Straßenbahngleisen in der Schöneberger Straße, 1953

Kurz darauf kam es mit Unterzeichnung des Deutschland-Vertrags und des EVG-Vertrags am 26./27.5.1952 zu Absperrmaßnahmen an der innerdeutschen Grenze und um Berlin (> DEMARKATIONSLINIE; > STEINSTÜCKEN). In diesem Zusammenhang wurden am 27.5.1952 auch die Telefonleitungen zwischen den beiden Teilen der Stadt unterbrochen. Nachdem bereits während des Pfingsttreffens der DDR-Jugendorganisation FDJ 1950 in Ost-Berlin den Teilnehmern der Besuch der Westsektoren verboten worden war, durften Fahrzeuge aus dem Ostsektor ab 12.12.1952 die Sektorengrenze nur noch mit einer Genehmigung des DDR-Innenministeriums passieren. Nach der Weigerung der West-Berliner BVG, Züge der Ost-BVG mit weiblichem Fahrpersonal zu übernehmen, wurde am 15.1. 1953 der durchgehende Straßenbahnverkehr eingestellt (> STRASSENBAHN).

Der bisher noch weitgehend freie Personenverkehr (> GRENZGÄNGER) wurde erstmals im August 1960 nachhaltig eingeschränkt, als die DDR allen Schulklassen und Jugendgruppen aus der DDR sowie dem Personal der Ost-Berliner Krankenhäuser den Besuch im Westteil Berlins untersagte. In Gegenrichtung verlangte sie zwischen 31.8. und 4.9.1960 von westdeutschen Besuchern „Aufenthaltsgenehmigungen" für den Besuch in Ost-Berlin, bis es schließlich am 8.9.1960 generell zur Einführung von nur an vier besonderen Sektorenübergängen erhältlichen „Besuchsgenehmigungen" kam. Mit dem Bau der > MAUER am > 13. AUGUST 1961 wurde der Personenverkehr zwischen Ost und West für die Berliner Bevölkerung schließlich nahezu vollständig unterbunden und die Stadt damit auch sichtbar physisch geteilt. Auch der U- und S-Bahn-Verkehr zwischen den beiden Stadthälften bzw. ins Umland wurde bis auf wenige Ausnahmen unterbrochen (> U-BAHN; > S-BAHN). Erst die in den 60er Jahren folgende > POLITIK DER KLEINEN SCHRITTE (> PASSIERSCHEINREGELUNGEN) und das im Rahmen der internationalen Entspannungsbemühungen zustande gekommene > VIER-MÄCHTE-ABKOMMEN von 1971 mit seinen Folgevereinbarungen (> BESUCHERREGELUNGEN) haben diese Grenzlinie allmählich wieder durchlässiger gemacht.

Spandau: Der im wesentlichen zwischen der > HAVEL und der westlichen Stadtgrenze zu den Kreisen Nauen und Potsdam liegende Bezirk S. ist der zweitgrößte Bezirk Berlins und der größte Industriebezirk der Stadt. Das eigentliche S. ist einer von vier ehemals städtischen Siedlungsbereichen im heutigen Stadtgebiet. Der sich auf rd. 17 km Länge von Nord nach Süd erstreckende Bezirk kam 1920 als achter Verwaltungsbezirk zu > GROSS-BERLIN (> BEZIRKE). Er entstand durch die Zusammenlegung der Stadt S. mit den > DÖRFERN > STAAKEN, > GATOW, > KLADOW, > TIEFWERDER und > PICHELSDORF sowie den Gutsbezirken Zitadelle, Pichelswerder und Heerstr. (nördlicher Teil). S., Staaken, Gatow und Kladow blieben als Ortsteile des neuen Bezirks erhalten; als neue Ortsteilbildungen kamen hinzu > HASELHORST und > SIEMENSSTADT. Der Bezirk verfügt über die größten Industrie- und Gewerbeflächen aller Berliner Bezirke. Hinsichtlich des Anteils an der Gesamtfläche sind dies jedoch nur 6,1 % (9. Rang), so daß der Charakter des Bezirks in gleicher Weise von den Waldgebieten des > Spandauer Forsts im Norden und den landwirtschaftlich genutzten Flächen im Süden bestimmt wird. Nur > Pankow verfügt über größere Landwirtschaftsflächen (> Landwirtschaft). Im Nordosten grenzt S. – getrennt durch > Havel und Hohenzollernkanal – an > Reinickendorf, im Osten an > Charlottenburg, im Südosten und Süden verläuft die Verwaltungsgrenze zu > Wilmersdorf und > Zehlendorf durch die hier von der Unterhavel gebildeten > Havelseen.

Bei der Neufestlegung der Bezirksgrenzen 1938 erhielt S. an seiner Ostgrenze ein Stück Charlottenburgs. Einschneidender waren die Folgen alliierten Gebietstauschs bei Staaken, Gatow und Kladow sowie am sog. *Seeburger Zipfel* bei *Weinmeisterhöhe* 1945, durch den die Briten die volle Zuständigkeit über den Flughafen Gatow erhielten, während die Sowjets die vollständige Verfügung über den Flughafen Staaken bekamen (> Flughäfen). Die Grenze wurde längs der Potsdamer Chaussee und mitten durch den fortan geteilten Ort *Groß-Glienicke* gezogen. *Staaken-West* blieb zunächst in der Verwaltung von S., ab 1.2.1951 wurde es faktisch der Administration der DDR unterstellt. Bei der > Vereinigung Berlins am > 3. Oktober 1990 kehrte West-Staaken nach S. zurück, die Grenzverschiebungen im Bereich Gatow, Kladow, Groß-Glienicke blieben unverändert (> Einigungsvertrag). Von 1945-90 war S. Teil des britischen Sektors (> Sektoren).

Die Besiedlungsgeschichte des Spandauer Raumes im Umfeld des Flußübergangs am Zusammenfluß von Spree und Havel reicht bis in die Altsteinzeit zurück. Südlich der *Altstadt* gab es schon im 8. Jh. eine slawische Burganlage (am „Spandauer Burgwall"), auch der Bereich der heutigen > Zitadelle Spandau war bereits zu dieser Zeit besiedelt. Im Zuge der deutschen Ostkolonisation eroberten Mitte des 12. Jh. die Askanier den Ort und verlegten ihn an die Stelle der heutigen Altstadt.

Im Jahr 1197 – 40 Jahre vor Berlin-Kölln – wurde S. erstmals urkundlich erwähnt, worauf „echte Spandauer" bis heute stolz sind, zumal man sich 1920 vehement gegen die Eingemeindung nach Groß-Berlin wehrte. 1232 erhielt Spandau Stadtrechte, 1239 wurde in S. ein Benediktinerinnenkloster errichtet, das in der Folgezeit zahlreiche Ländereien und Dörfer in der Umgebung erwarb. Mehrere Orts- und Straßennamen weisen bis heute auf das frühere Kloster und seine Bedeutung hin (z.B. Nonnendammallee, > Jungfernheide).

Seine Lage machte S. zu einer sowohl für den Handel als auch für die Militärs interessanten Stadt, was sich 1560-94 im Bau der Zitadelle niederschlug. Die folgende Entwicklung von S. bis zum Ende des 19. Jh. ist gekennzeichnet durch den Festungszwang, der die Bebauung im Festungsvorfeld stark beschränkte und die weitere bauliche Ausdehnung der Stadt vornehmlich in Nord-Süd-Richtung lenkte. So entwickelte sich im Norden aus der alten Oranienburger Vor-

Spandau – Fläche und Einwohner		
Fläche (31.12.1990)	91,31 km²	100 %
Bebaute Fläche	36,1	39,6
Wohnfläche	16,64	18,2
Gewerbe- und Industriefläche		
inkl. Betriebsfläche	5,54	6,1
Verkehrsfläche	10,35	11,3
Grünfläche[1]	8,88	9,7
Landwirtschaft	10,48	11,5
Wald	16,45	18,0
Wasser	8,71	9,5
Einwohner (31.12.1989)	215.840 EW	
darunter: Ausländer	22.089	10,2 %
Einwohner pro km²	2.364	

[1] Parks, Tierparks, Kleingärten, Spielplätze, ungedeckte Sportanlagen, Freibäder, Friedhöfe

stadt nur allmählich die Neustadt. Südlich des alten Stadtkerns entstand Ende des 19. Jh. die *Wilhelmstadt*. 1876 wurde die Stadtmauer um die Altstadt abgerissen und erst 1903 erfolgte mit der Entfestigung Spandaus die Aufhebung der Baubeschränkungen. Nach Gründung einer Gewehrfabrik 1722 entwickelte sich S. im 18. und 19. Jh. zur Garnisonsstadt und Waffenschmiede Preußens. Neben der Gewehrfabrik entstanden eine Geschützgießerei und eine Pulverfabrik. Das brachte für die Stadt starke Belastungen im kommunalen und sozialen Bereich mit sich, denen keine Steuerleistungen der Rüstungsbetriebe gegenüberstanden. Erst ab 1906 leistete der Reichsmilitärfiskus einen Zuschuß zum Gemeindehaushalt. Um die Jahrhundertwende gelang es erstmals auch, Privatindustrie nach S. zu ziehen. Ab 1899 siedelten sich auf den Spreewiesen im Osten der Stadt die Siemenswerke an. Die Produktion militärischer Güter blieb bedeutend bis 1945. Danach wurde sie aufgrund der strengen alliierten Bestimmungen zur > ENTMILI-TARISIERUNG nicht wieder aufgenommen. Eine der ehem. Waffenfabriken will der Bezirk in den nächsten Jahren zu einer großen Veranstaltungshalle, der Havellandhalle, ausbauen.

Trotz des Wegfalls der militärischen Produktion hat sich S. auch in der Nachkriegszeit wieder zu Berlins größtem Industriestandort entwickelt. Der hier ansässige Siemens-Konzern ist bis heute der wichtigste und größte private Arbeitgeber in Berlin. Dazu gehören u.a. auch die Osram-Werke an der Nonnendammallee sowie die Bosch-Siemens-Haushaltsgeräte- und die Kabelwerke auf der von Hohenzollernkanal und Berlin-Spandauer-Schiffahrtskanal gebildeten Insel *Gartenfeld*. Mitte der 70er Jahre verlegte BMW seine Motorradherstellung nach S. in eine alte Flugmotorenfabrik. Andere bedeutende Unternehmen sind Orenstein & Koppel (v.a. Baumaschinen, Brunsbütteler Damm), BAT-Zigarettenfabrik (Hakenfelde) und Neoplan (Busaufbauten). Insg. gab es in S. (1989) 103 Betriebe des verarbeitenden Gewerbes mit über 20 Beschäftigten. 37.810 Mitarbeiter erarbeiteten einen Umsatz von 7,258 Mrd. DM. Die wichtigsten Industriestandorte liegen in Siemensstadt, Haselhorst, Ruhleben, am Brunsbütteler Damm und in > HAKENFELDE. Der größte der zahlreichen Hafen- und Kaianlagen an den Spandauer > WASSERSTRASSEN ist der *Südhafen* bei Tiefwerder. Die Span-

dauer Schleuse soll für Europa-Schiffe ausgebaut werden, nachdem man eine Lösung gefunden hat, die die angrenzende Zitadelle in ihrer Substanz nicht gefährdet.

Die > BERLINER KRAFT- UND LICHT (BEWAG)-AKTIENGESELLSCHAFT betreibt in S. drei Heizkraftwerke (Oberhavel, Reuter, Reuter West). Das 1930 gebaute *Kraftwerk Reuter* wurde nach seiner Demontage 1949 während der Blockade wieder aufgebaut. In > RUHLEBEN findet man u.a. eine Müllumlade- und Verbrennungsstation der > BERLINER STADTREINIGUNGS-BETRIEBE (BSR) und ein großes Klärwerk der > BERLINER WASSER-BETRIEBE (BWB). Trotz der umfangreichen Industrieansiedlungen bietet S. mit seinen Wald- und Wasserflächen reichhaltige Erholungsmöglichkeiten. Auf den Gatower Feldern haben die Berliner die Möglichkeit zum „Selbsternten" von Obst und Gemüse. Auf einer renaturierten Müllkippe, der > GRÜNANLAGE HAHNEBERG in Staaken, haben Amateurastronomen ein kleines Observatorium eingerichtet.

Aufgrund seiner naturgeographischen Lage ist S. von Berlin aus mit dem Auto nur über sechs *Havelbrücken* erreichbar. Dem Flußlauf folgend sind dies im Norden die 1903 fertiggestellte Eiswerderbrücke, südlich der Zitadelle die 1937-39 errichtete, 110 m lange Juliusturmbrücke, die bis auf das Jahr 1433 zurückgehende Charlottenbrücke, die 1956 eröffnete Dischingerbrücke (so benannt nach dem Konstrukteur ihres Vorspannsystems), die 1907-09 erbaute Schulenburgbrücke und die im selben Jahr vollendete Freybrücke im Verlauf der Heerstr., die als ehem. Transitverbindung nach Hamburg und Teil der Bundesstraßen 2 und 5 die wichtigste Ost-West-Durchgangsroute des Bezirks ist (> BUNDES-FERNSTRASSEN).

Erst mit 60jähriger Verspätung wurde eine Spandauer Forderung zur Eingemeindung 1920 erfüllt: Am 1.10.1980 erreichte die > U-BAHN mit der Linie 7 Spandauer Gebiet in Siemensstadt, seit dem 1.10.1984 fährt sie bis zum Rathaus Spandau. Die Endstation Ruhleben der Linie 1 liegt zwar gerade noch in Charlottenburg, ist aber für die Spandauer eine weitere wichtige U-Bahn-Anbindung. Die einst den Bezirk mit neun Stationen bedienende S-Bahn ist seit Herbst 1980 stillgelegt. Ihre baldige Wiedereröffnung wird gefordert. Der etwas abseits an der Straße Freiheit gelegene Hauptbahnhof Spandau ist Haltepunkt der Fernbahn. Nach dem Fall der > Mauer kamen Regionalbahnverbindungen hinzu. In den nächsten Jahren soll er an die Klosterstr. verlegt und für eine Kapazität von 1,4 Mio. Fahrgästen jährlich ausgebaut werden. In seiner Nachbarschaft soll ein Gewerbe- und Dienstleistungszentrum mit 120.000 m² Gewerbefläche entstehen. Außerdem gibt es – nur für Güterverkehr – die private Osthavelländische Eisenbahn (> Kleinbahnen und Privatanschlussbahnen). Im Norden an der Oberhavel verbindet Berlins einzige Autofähre die Siedlungen Hakenfelde und Tegelort im Reinickendorfer Ortsteil > Konradshöhe.

In Gatow befand sich anfänglich das britische Hauptquartier, dort hatte auch der Stadtkommandant seine Residenz in der *Villa Lemm* am Rothenbücher Weg. Zeitweilig war das Gebäude als zukünftiger Wohnsitz des Bundeskanzlers im Gespräch. In einem ehem. deutschen Militärgefängnis aus der Kaiserzeit an der Wilhelmstr. richteten die vier > Alliierten nach dem II. Weltkrieg das > Alliierte Kriegsverbrechergefängnis ein, in dem die 1947 in Nürnberg zu Haftstrafen verurteilten Nazi-Verbrecher einsaßen. Nach dem Tod (1986) des letzten Häftlings, Rudolf Heß, wurde das Gebäude abgerissen und das Gelände mit einem britischen Einkaufs- und Vergnügungszentrum überbaut.

Bereits in den 20er und frühen 30er Jahren dieses Jh. wurden in S. mehrere größere Neubauprojekte realisiert, z.B. die Großsiedlung Siemensstadt, die Reichsforschungssiedlung Haselhorst oder die Gartenstadt Staaken (> Gartenstädte). Die großen Flächenreserven des Bezirks führten nach 1945 zur Anlage weiterer Großsiedlungen: das > Falkenhagener Feld beiderseits der Falkenseer Chaussee, die *Rudolf-Wissell-Siedlung* nördlich der Heerstr., die *Georg-Ramin-Siedlung* an der Seegefelder Str. und die *Louise-Schroeder-Siedlung* am Brunsbütteler Damm. Für die nächsten Jahre geplant ist die Errichtung einer > Wasserstadt Oberhavel, eines gemischten Gewerbe- und Wohngebiets mit 18.000 Arbeitsplätzen und 9.000 Wohnungen beiderseits des Havelufers bei Haselhorst unter Einbeziehung der Insel Eiswerder.

Am Standort der Berliner Polizeischule (> Polizei) an der Charlottenburger Chaussee 67 ist für den Fall, daß Berlin den Zuschlag für die > Olympischen Spiele im Jahr 2000 erhält, auf einem 16,4 ha großen Gelände die Er-

richtung von 3.500 bis 4.000 Wohnungen für das Olympische Dorf und die Sportlerbegegnungsstätte vorgesehen, die danach als Sozialwohnungen genutzt werden sollen. Die Staakener Felder sind Stadterweiterungsgebiet für den Neubau von 1.000 Wohnungen. Auch im wieder mit Berlin vereinten Gebiet von West-Staaken sollen bis zu 3.000 Wohnungen neu gebaut werden.

Rathaus Spandau

Die Spandauer *Altstadt* erfuhr erhebliche Eingriffe in die baulichen Zusammenhänge durch den 1958-61 vorgenommenen Durchbruch der Straße Am Juliusturm, der den nördlichen Teil an der Schleuse abtrennte (> Kolk/Behnitz). Dennoch ist sie das Zentrum S. geblieben, nicht nur weil sich hier das Rathaus befindet, sondern auch weil hier die größte Fußgängerzone Berlins mit vielfältigen Einkaufsmöglichkeiten lockt. In der > St.-Nikolai-Kirche Spandau begann 1539 die Reformation für die Mark Brandenburg, als Kurfürst Joachim II. (1535-71) zum reformierten Glauben konvertierte. In der Breiten Str. Nr. 32 liegt das *Gotische Haus*. Mit einem auf die Zeit um 1500 zurückgehenden Baukörper ist das 1984 vom Land Berlin erworbene Gebäude das älteste erhaltene Wohnhaus der Stadt.

Mit dem bereits am 5.3.1946 gegründeten > Spandauer Volksblatt verfügte S. lange Zeit als einzigem der Berliner Bezirke über eine eigene Lokalzeitung. Wegen wirtschaftlicher Schwierigkeiten stellte das Blatt im Frühjahr 1992 sein Erscheinen als Tageszeitung ein und erscheint seitdem nur noch wöchentlich. Für die Gesundheitsversorgung von überbezirklicher Bedeutung ist die *Landesnervenklinik Spandau* mit dem benachbarten Evangelischen Waldkrankenhaus am Südwestrand des Spandauer Forsts. Östlich der Schönwalder Allee liegt Berlins größte Sozialeinrichtung, das > EVANGELISCHE JOHANNESSTIFT. Das um die Jahrhundertwende entstandene, gleichfalls der Schwerpunktversorgung dienende Städtische Krankenhaus Spandau an der Lynarstr. ist stark renovierungsbedürftig. Zu den Berühmtheiten des Bezirks gehört auch die seit Jahren in der ersten Liga spielende Wasserballmannschaft > WASSERFREUN-

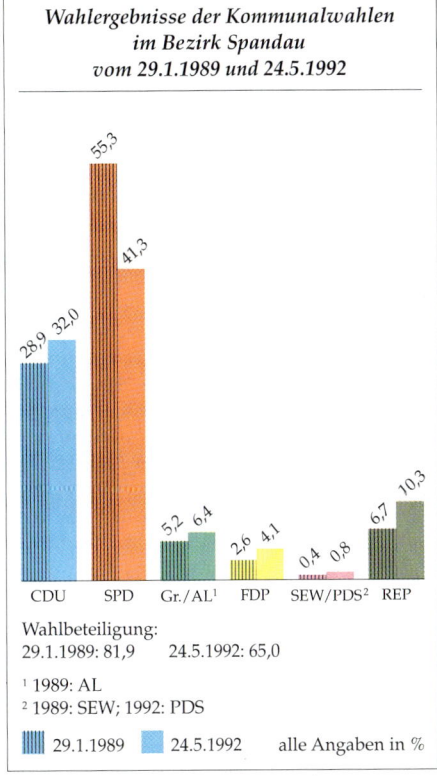

Wahlergebnisse der Kommunalwahlen im Bezirk Spandau vom 29.1.1989 und 24.5.1992

Wahlbeteiligung:
29.1.1989: 81,9   24.5.1992: 65,0

[1] 1989: AL
[2] 1989: SEW; 1992: PDS

29.1.1989   24.5.1992   alle Angaben in %

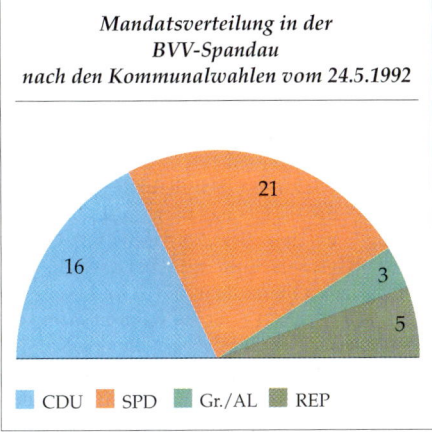

Mandatsverteilung in der BVV-Spandau nach den Kommunalwahlen vom 24.5.1992

CDU   SPD   Gr./AL   REP

DE SPANDAU 04, die mehrmals den deutschen Meistertitel errang. Im Bereich des > SPORTS von überbezirklicher Bedeutung ist auch die Gatower > REGATTASTRECKE.

Im eigentlichen, 45,7 km² großen Ortsteil S. lebten zum Zeitpunkt der letzten West-Berliner Volkszählung 1987 rd. 130.000 Einwohner. Den Bezirksbürgermeister stellte seit den ersten Nachkriegswahlen 1946 durchgehend die SPD.

Partnerschaften unterhält S. mit dem Landkreis Siegen/Wittgenstein und den Städten Siegen, Luton (Großbritannien), Asnières sur Seine (Frankreich), Aschdod (Israel), Boca Raton (USA) und Iznik (Türkei), freundschaftliche Beziehungen werden mit Rastatt, Melsungen und Weißenstadt unterhalten.

Bei der ersten Gesamt-Berliner Kommunalwahl am 24.5.1992 wurde die SPD stärkste Partei (> WAHLEN). Sie stellt vier Stadträte einschließlich des Bezirksbürgermeisters, die CDU drei.

Spandauer Forst: Der S. befindet sich im Nordwesten Berlins im Bezirk > SPANDAU und reicht vom Westufer der > HAVEL bis zur Stadtgrenze. Seine Gesamtfläche einschließlich Wiesen und Felder beträgt 1.530 ha (Revierfläche 1.163 ha). Große Bereiche dieses Waldgebietes sind offene Bereiche, d.h. Wiesen, > MOORE und > PFUHLE. Seine abwechslungsreiche Landschaft mit Feucht- und Wiesenbereichen und das gut ausgebaute Wanderwegenetz von rd. 35 km Länge machen den S. zu einem ökologisch wichtigen und attraktiven Naherholungsgebiet. Innerhalb der Berliner > FORSTEN gibt es hier den größten Artenreichtum an Pflanzen und Tieren, wozu aufgrund des hohen Grundwasserstandes im S. insbes. die Amphibien gehören. Mitten durch den S. verläuft die 4,8 km lange *Kuhlake*, ein im Nordwesten vom Niederneundorfer Kanal abzweigendes, stark verkrautetes Fließ, das sich an seinem südlichen Ende an der Schönwalder Allee zum Kuhlakenteich erweitert. Der etwa in der Mitte nach Süden abzweigende *Kreuzgraben* bildet im Südwesten des Forstes zwei weitere kleine Seen. Im Norden bzw. im Osten befinden sich der *Große Rohrpfuhl* und der *Teufelsbruch*, zwei große Berliner Naturschutzgebiete mit einer Gesamtfläche von rd. 32 ha (> NATURSCHUTZ). Im Teufelsbruch liegt mit einer am 31.1.1963 gemessenen Temperatur von –34,9° C der Berliner *Kältepol*. Das 1910 am Südostrand des Waldes errichtete > EVAN-

GELISCHE JOHANNESSTIFT gehört zu den größten karitativen Einrichtungen Berlins.

Spandauer Volksblatt: Das S. mit Sitz in der Neuendorfer Str. 101 im Bezirk > SPANDAU ist eine Wochenzeitung für Spandau, das Havelland und Berlin, die von ihrer Gründung 1946 bis Anfang 1992 als Tageszeitung erschien.
Während sich ihr Verbreitungsgebiet zunächst auf Spandau beschränkte, wurde seit den 70er Jahren der Versuch unternommen, die Zeitung auch in den übrigen Bezirken West-Berlins zu etablieren. In diesem Zusammenhang erfolgte 1981 die Umbenennung in „Volksblatt Berlin". Seitdem ist die Zeitung im gesamten Stadtgebiet an allen Tagen – außer montags – erhältlich. Der im Zuge der > VEREINIGUNG in Berlin auftretende Konkurrenzkampf der Zeitungen hatte u.a. zur Folge, daß sich das Blatt in seiner Berichterstattung wieder verstärkt auf Spandau bezog und 1991 seinen Namen erneut in S. änderte. Ende 1991 betrug die Auflage ca. 20.000 Exemplare. Aufgrund der sinkenden Auflagenzahl stellte das S. auf eine wöchentliche Erscheinungsweise um und erschien solcherart umstrukturiert erstmals am 5.3.1992.
Das S. berichtet in erster Linie über die Belange Spandaus, während Berlin v.a. auf den Gebieten Sport sowie Kultur Erwähnung findet. Die lokale Berichterstattung bezieht sich auch auf das Havelland".
Herausgeber des S. ist die „Erich Lezinsky Verlag und Buchdruckerei GmbH", an der seit Mai 1989 die Axel Springer Verlag AG mit 24,9 % beteiligt ist. Die Redaktion des S. beschäftigte 1991 ca. 30 feste sowie 15 freie Mitarbeiter.

Spektegrünzug: Der sich über eine Fläche von 110 ha ausdehnende S. südlich des Spektewegs im Bezirk > SPANDAU liegt in einem Nebenarm des > WARSCHAU-BERLINER URSTROMTALS, in dem auch die > SPREE fließt. In den 50er und 60er Jahren wurde hier stellenweise Sand gefördert und die Baggerseen z.T. mit Müll gefüllt. 1965 im > FLÄCHEN-NUTZUNGSPLAN als Grünfläche ausgewiesen, war der S. dann seit 1973 Gegenstand zahlreicher Planungen und Gutachten, wobei Teile des Geländes als wertvolle Biotope erkannt wurden. Die Renaturierung begann 1974 unter Leitung des Gartenbauamts Spandau nach einem Entwurf von Lothar Knorr. Die Parkanlage mit verschiedenen Teichen ist seit 1980 im Bau und weitgehend fertiggestellt. Bei Abschluß der Arbeiten etwa im Jahr 2000 wird der S. einen fast 7 km langen Grünzug vom > SPANDAUER FORST bis zum Rathaus Spandau bilden.

Sperlingsgasse: Die S. ist eine 95 m lange Gasse nahe der > JUNGFERNBRÜCKE auf der ehem. > FISCHERINSEL im Bezirk > MITTE. Die erstmals im 16. Jh. als „Neue Gasse zur Spree", später „Spreegasse", erwähnte Straße erhielt ihren heutigen Namen 1931 zum 100. Geburtstag des Dichters Wilhelm Raabe. Während seines Studiums an der Berliner > FRIEDRICH-WILHELMS-UNIVERSITÄT hatte dieser von 1854-58 hier im Haus Nr. 11 gelebt und seine damaligen Erlebnisse in der 1856 unter dem Pseudonym Jakob Corvinus erschienenen „Chronik der Sperlingsgasse" festgehalten. Zur Erinnerung an den Dichter wurde 1931 gleichfalls eine im Haus Nr. 10 befindliche Gaststätte in *Raabe-Diele* umbenannt. Die im Krieg stark beschädigten alten Fachwerkhäuser der S. wurden 1964 abgetragen. Zahlreiche Erinnerungsstücke aus der alten Gaststätte befinden sich heute in einer neuen Raabe-Diele im Keller des > ERMELERHAUSES am > MÄRKISCHEN UFER. Der Name S. findet auch Verwendung für eine stadtbekannte Kneipenstraße im 1974 fertiggestellten > KUDAMM-KARREE am > KURFÜRSTENDAMM in > CHARLOTTENBURG.

Spezialschulen: In der DDR existierten eine Reihe in bestimmten Schwerpunkten ausbildende S., die einen kleinen Kreis nach dem Begabtenprinzip ausgewählter Schüler zum Abitur führten und denen z.T. *Internate* angeschlossen waren. Mit Ausdehnung der Gültigkeit des West-Berliner Schulgesetzes auf Gesamt-Berlin zum 1.8.1991 wurden die acht Ost-Berliner S. und 54 Spezialklassen in andere Schulformen umgewandelt, die allen Schülern offenstehen.
Aus den vier leistungssportlich orientierten Kinder- und *Jugendsportschulen* (KJS) mit insg. 2.186 Schülern (Schuljahr 1991/91) entstanden drei „Oberschulen mit Sportbetonung" in den Bezirken > HOHENSCHÖN-HAUSEN (Gesamtschule mit Grundschule und gymnasialer Oberstufe in der Fritz-Lesch-Str. 27), > PRENZLAUER BERG (Gymnasium ab Klassenstufe 5 in der Conrad-Blenkle-Str. 34) und > KÖPENICK (Gesamtschule mit Grundschule und gymnasialer Oberstufe in der Birkenstr. 11). Das Programm umfaßt zwei

bis vier von Verbands- und Vereinstrainern geleitete Trainingsblöcke pro Woche, die in den Unterrichtsablauf integriert sind. Die Schüler können unter nahezu 20 Sportarten wählen, wobei die Schulen unterschiedliche Schwerpunkte haben. Die Angebote in den Sportarten reichen vom Grundlagentraining, bspw. spielerisches Kennenlernen des Eislaufens, bis hin zu Trainingsmaßnahmen für Olympiateilnehmer. Allen drei Sportoberschulen sind Internate angeschlossen.

Die *Johann-Gottfried-Herder-Oberschule*, eine ehem. S. für Fremdsprachen in der Paul-Junius-Str. 69 in > LICHTENBERG, ist jetzt ein grundständiges Gymnasium mit deutsch-russischen und deutsch-englischen bilingualen Klassen (ab Klasse 5). Der Unterricht wird in einigen Fächern ab Klasse 9 in der jeweiligen Fremdsprache erteilt. Als dritte Fremdsprache ist Französisch für alle Schüler verbindlich. In der gymnasialen Oberstufe muß Russisch oder Englisch als Leistungsfach gewählt werden. Die zweite oder dritte Fremdsprache muß bis zum Abitur weitergeführt werden. Die Abiturprüfung in Politischer Weltkunde ist Pflicht und wird in englischer oder russischer Sprache absolviert.

Die *Georg-Friedrich-Händel-Oberschule* in der > FRANKFURTER ALLEE 6-8 in > FRIEDRICHSHAIN wurde zum 1.8.1991 von einer S. in ein gleichfalls grundständiges musikbetontes Gymnasium (ab Klasse 5) umgewandelt. Musik ist als Wahlpflichtfach verbindlich und muß in der gymnasialen Oberstufe als Leistungsfach gewählt werden. Die zweizügige Schule ist v.a. für Schüler gedacht, die eine fundierte musikalische Grundbildung erhalten und in leistungsfähigen Chören und Ensembles mitarbeiten wollen. Eher der Vorbereitung auf ein Musikstudium und der Ausbildung von Berufsmusikern dient die *Carl-Philipp-Emanuel-Bach-Oberschule* in der Rheinsberger Str. im Bezirk > MITTE (ab Klasse 7). Hier erhalten die nach einem Eignungsvorspiel ausgewählten Schüler neben der Gymnasial- auch eine umfassende musikalische Ausbildung durch und in Verantwortung der Berliner Musikhochschulen (> HOCHSCHULE FÜR MUSIK „HANNS EISLER"; > HOCHSCHULE DER KÜNSTE). Neben 5-6 h täglichen Unterricht nach der Stundentafel des Berliner Gymnasiums stehen 2 h Instrumentalunterricht, Klavier, Theorie/Tonsatz und Gehörbildung sowie 3-6 h Üben auf dem eigenen Instrument. Die Schule mit derzeit 177 Schülern ist auch für den Internatsbetrieb

eingerichtet. In den nächsten Jahren soll die Kapazität auf etwa 300 Schülern erweitert werden. Bei Aufnahme eines Musikstudiums werden die am Gymnasium erbrachten Leistungen und Prüfungen angerechnet (> MUSIKSCHULEN).

Die *Heinrich-Hertz-Oberschule* in der Frankfurter Allee 14a ist ein Gymnasium (ab Klasse 7) mit speziellem mathematisch-naturwissenschaftlichem Profil (erhöhte Stundenzahl in Mathematik, Physik und Chemie). Informatik ist in Klasse 9 und 10 obligatorisches Unterrichtsfach. In der gymnasialen Oberstufe muß eines der beiden Leistungsfächer aus der Fächergruppe Mathematik/Physik/Chemie gewählt werden. Informatik soll noch hinzukommen.

Spielbank Berlin: Die S. mit Sitz im > EUROPA-CENTER im Bezirk > CHARLOTTENBURG wurde am 1.10.1975 gegründet. Sie ist bezüglich des Bruttoeinspielergebnisses, das 1991 insg. 95 Mio. DM betrug, die drittstärkste Spielbank Deutschlands. An insg. 19 Tischen werden Roulette, Black Jack, Baccara und Poker gespielt. Zusätzlich betreibt die S. seit dem 1.2.1984 100 Spielautomaten im Hotel Steigenberger am Los-Angeles-Platz in Charlottenburg. 1991 hatte die S. im Europa-Center 329.953 und beim Automatenspiel 200.473 Besucher; der bis dato höchste Gewinn eines Spielers lag bei rd. 1,9 Mio. DM. Vom Bruttoeinspielergebnis der S. mit ihren 240 Mitarbeitern erhält das Land Berlin 90 % als Spielbankabgabe sowie 5 % als Sondersteuer und Anteil am Tronc-Aufkommen.

Spielcasino Berlin: Das S. im Hotel Stadt Berlin am > ALEXANDERPLATZ im Bezirk > MITTE wurde am 18.5.1990 von der „Neuen deutschen Spielcasino GmbH" eröffnet. Neben Black Jack und Roulette an insg. sechs Tischen kann an 47 Automaten gespielt werden. Bis Mitte 1991 wurden 100.000 Besucher gezählt. Das S. hat 73 Mitarbeiter. Gemäß den gesetzlichen Bestimmungen führt es derzeit 75 % (bis Mai 1993, danach 80 %) der Bruttospielerträge an das Land Berlin ab.

Spindlersfeld: Die Siedlung S. am Westufer der > DAHME gegenüber der Altstadt von > KÖPENICK erhielt ihren Namen nach dem Berliner Unternehmer Wilhelm Spindler, der 1873/74 seine Wasch-, Färbe- und Reinigungsbetriebe aus Berlin hierher verlegte. Bereits 1832 hatte Spindler in der Burgstr. (heute Bezirk > Mitte) eine Färberei gegründet, die er 1841 in die Wallstr./Ecke Neue Grünstr. verlegte. 1854 eröffnete er hier die erste chemische Reinigung Deutschlands. Die zunehmende Belästigung der Nachbarschaft durch Dampf, Geruch und die anfallende Waschlauge machte dann den Umzug vor die Tore der Stadt erforderlich. 1891, zum 50jährigen Geschäftsjubiläum des Betriebs in der Wallstr., stiftete die Firma den *Spindlerbrunnen* auf dem > Spittelmarkt, der von 1928-80 nahe dem Köpenicker Krankenhaus aufgestellt war.

Die sich aus den mit der Fabrik errichteten Arbeiterwohnhäusern schnell entwickelnde neue Siedlung erhielt 1892 einen Anschluß an die > Eisenbahn. Aus den Spindlerschen Anlagen entstand 1968 der Stammbetrieb des ehem. Kombinats VEB Vereinigte Wäschereien Berlin Rewatex, das nach der > Vereinigung privatisiert wurde. Bei Erweiterungsarbeiten an den Wäschereibetrieben fand man 1892 35 Bronzegegenstände aus dem 12. Jh. v. Chr., die sich heute im Besitz des > Märkischen Museums befinden.

Spittelmarkt: Der S. ist ein historischer Stadtplatz am östlichen Ende der > Leipziger Strasse im Süden des Bezirks > Mitte. Nach schweren Kriegszerstörungen hat der ehemals dicht bebaute und belebte Platz beim Wiederaufbau des Gebiets ab 1969 seine ursprüngliche Form völlig verloren. Er liegt heute auf der verkehrsreichen, achtspurig ausgebauten West-Ost-Verbindung vom > Potsdamer Platz über Leipziger Str., Gertraudenstr., > Mühlendamm und Grunerstr. zum > Alexanderplatz und ist von mehreren, in den 70er Jahren weiträumig errichteten Wohnkomplexen und Geschäftshäusern umgeben.

Einzige historische Erinnerung ist der 1891 fertiggestellte *Spindlerbrunnen* an der Einmündung Niederwallstr. Dieser von Walter Kyllmann und Adolf Heyden in Formen der Neurenaissance gestaltete und von der Marmorschleiferei Schleicher ausgeführte 6,5 m hohe Schalenbrunnen aus rotem schwedischem Granit war eine Stiftung der Großwäscherei Spindler anläßlich ihres 50jährigen Geschäftsjubiläums. Nachdem er 1928 nahe dem Köpenicker Krankenhaus aufgestellt worden war (1873/74 war die Wäscherei nach > Spindlersfeld bei > Köpenick umgezogen), ist er 1980 an seinen ursprünglichen Platz zurückgekehrt.

Spittelmarkt 1909

Mit seinem Namen erinnert der S. an das hier unmittelbar vor dem *Gertraudentor* der Köllnischen > Stadtmauer Ende des 13. Jh. begründete *Gertraudenhospital* und die dazugehörige Kapelle von 1405. Die Anlage erlebte zahlreiche Umbauten, bis sie 1881 dem Verkehr weichen mußte. Von der Ausstattung der kleinen Kirche erhielt sich lediglich der von Friedrich Wilhelm I. (1713-40) 1739 gestiftete Altar, der 1956 in der Dorfkirche von > Lübars einen neuen Standort fand (> Dorfkirchen). Innerhalb der 1658-83 vom Großen Kurfürsten Friedrich Wilhelm (1640-88) geschaffenen Befestigungsanlagen bildete der S. den Innenraum der Gertraudenbastion. Der Stadtausgang verlagerte sich dadurch nach Westen und hieß nun *Leipziger Tor.* Nach Abtragung der Wälle 1730-36 erhielt der Platz nach der Form der ehem. Bastion seine polygonale Gestalt. Im 19. Jh. wurde der mit zahlreichen Geschäftshäusern bebaute S. zu einem der wichtigsten Verkehrsknotenpunkte der Reichshauptstadt. An das Gertraudenhospital erinnert heute noch die östlich vom S. über die > Friedrichsgracht führende > Gertraudenbrücke mit der überlebensgroßen Figurengruppe der heiligen Gertraud.

Sport: Hauptartikel, siehe S. 1192.

Sportclub Berlin e.V.: Der im März 1990 neugegründete S. ist Rechtsnachfolger des 1954 entstandenen *SC Dynamo Berlin,* der als Hochleistungsverein des DDR-Sports zu den erfolgreichsten Clubs der Sportgeschichte zählte. Er stellte bis Ende 1991 32 Olympiasieger, 78 Weltmeister und 119 Europameister. Der SC Dynamo war Teil der Sportvereinigung (SV) Dynamo Berlin, in dem v.a. Angehörige der Polizei-, Schutz- und Sicherheitskräfte der DDR Mitglieder waren (> Staatssicherheitsdienst der DDR). Der S. hat seinen Sitz in dem bereits vom SC Dynamo genutzten Gelände des > Sportforum Berlin am Weißenseer Weg/Ecke Konrad-Wolf-Str. im Bezirk > Hohenschönhausen.

Mit seinem im Zuge der > Vereinigung entstandenen neuen Konzept präsentiert sich der Club heute als ein Zentrum des deutschen Spitzensports, wie auch als Breiten- und Freizeitsportverein, in dem folgende Sportarten in allen Altersklassen ausgeübt werden: Boxen, Eiskunst- und Eisschnellauf, Fechten, Judo, Leichtathletik, Radsport (Bahn, Straße, Querfeldein), Rollstuhlsport, Rudern, Rugby, Schwimmen, Turnen. Die Abteilungen Handball, Volleyball und Eishockey sind nach der Vereinsneugründung in andere Berliner Vereine übergetreten bzw. haben sich selbständig gemacht wie die Handballer als *Handball-Club Preußen* und die Eishockeyspieler als *Eishockey-Club Dynamo*, die 1992 in die 1. Liga aufgestiegen sind. Die Damen-Volleyballmannschaft spielt heute beim Christlichen Jugenddorfwerk, die Herren-Volleyballmannschaft beim > Sport-Club Charlottenburg e.V.

Auch nach der Umstrukturierung konnte der Club sein Leistungsvermögen halten: er ist mit 32 Olympia-Kadern der z.Z. leistungsstärkste der Bundesrepublik Deutschland. Die Eiskunst- und Eisschnellaufabteilung ist die größte und erfolgreichste Deutschlands. Im Boxring Berlin stellt der Club die meisten Aktiven, die in der Bundesrepublik vertreten sind. Von den 1991 ca. 1.800 Mitgliedern trainieren ca. 1.500 leistungssportlich; ihre Betreuung erfolgt durch 22 Bundes- und 24 Landestrainer. In allen Abteilungen wird eine Jugendarbeit aufgebaut.

Der S. strebt die Fortführung der traditionell vom SC Dynamo ausgerichteten Veranstaltungen an. Dazu gehören: der älteste deutsche Radsportklassiker Deutschlands „Rund um Berlin", der 1991 zum 85. Mal durchgeführt wurde; der bis 1989 alljährlich durchgeführte Dynamo-Cup im Eisschnellauf; das NOK-Schwimmfest im Dezember sowie das Internationale Junioren-Box-Turnier, das alljährlich im März vom SC Dynamo in Neubrandenburg und Neustrelitz ausgerichtet wurde.

Sport-Club Berlin-Grünau e.V. (SC-BG): Der 1969 entstandene SC-BG mit Sitz und Sportanlagen in der Regattastr. 279 im Stadtteil > Grünau des Bezirks > Köpenick war der erfolgreichste und leistungsstärkste Wasserfahrsportverein der DDR in den von ihm betriebenen Sparten Rudern, Segeln und Kanu. Auch nach seiner im Zuge der > Vereinigung erfolgten Umwandlung in einen e.V. hält er sein Leistungsniveau aufrecht. Der SC-BG fördert in allen seinen Sportarten aktiv den Nachwuchs, der bereits zur nationalen Leistungsspitze zählt. Seit 1991 wird in den > Sportstätten auf dem Gelände des Clubs auch Gesundheitssport angeboten.

Der Verein ist Veranstalter der seit Ende des II. Weltkriegs jährlich durchgeführten Grünauer Ruderregatta auf Berlins ältester > Regattastrecke im > Langen See vor Grünau, die heute eine der Qualifikationswettkämpfe deutscher Rudervereine für internationale Wettbewerbe darstellt. Im Segeln zählt der seit Anfang der 70er Jahre vom SC-BG veranstaltete Wettbewerb um den Nebelpokal auf dem > Grossen Müggelsee mit internationaler Teilnahme zu den bedeutendsten Wettkämpfen zum Saisonausklang im Herbst.

Die Anlagen des 1991 ca. 450 Mitglieder zählenden Clubs werden von der > Senatsverwaltung für Schule, Berufsbildung und Sport verwaltet und finanziert. Dazu gehören die Bootshäfen, Anlegestellen und Bootshäuser am Langen See sowie das Ende der 70er Jahre bezogene Funktionsgebäude mit Sauna, Krafträumen, Kantine usw., in dem auch die Geschäftsräume des Clubs befinden. In diesem Gebäude des ehem. Leistungszentrums Wasserfahrsport der DDR befindet sich seit 1991 ein > Olympiastützpunkt für alle Wasserfahrsportarten sowie eine Zweigstelle der Sportschule des > Landessportbundes (LSB) Berlin. Das Segelbootshaus des Clubs befindet sich am Müggelsee im Köpenicker Stadtteil > Friedrichshagen am Müggelseedamm 79.

Sport-Club Charlottenburg e.V. (SCC): Der SCC mit Sitz beim > Mommsenstadion am > Eichkamp in der Waldschulallee 34 im Bezirk > Charlottenburg geht auf den am 15.9.1902 gegründeten „Charlottenburger Sport-Club 02" zurück. Die 1991 ca. 4.300, zumeist aktiven Mitglieder betreiben Sport in den Abteilungen: American Football, Baseball, Basketball, Eislauf- und Rollsport, Fechten, Fußball, Handball, Hockey, Kegeln, Leichtathletik (mit ca. 800 Mitgliedern die größte Abteilung), Moderner Fünfkampf, Schwimmen, Tennis und Tischtennis. Daneben bestehen Abteilungen für Ausgleichs-, Jugend-, Senioren- und Rehabilitationssport sowie Gymnastik. Die 1. Damen-Volleyball- sowie die 1. Herren-Handballmannschaft sind in den höchsten nationalen Ligen vertreten, die Leichtathleten konnten 1991 insg. zwölf Deutsche Meistertitel erringen und knüpften damit an große Erfolge in dieser Sparte seit Bestehen des Vereins an. Im Zuge der > VEREINIGUNG kam auch die Herren-Volleyballmannschaft des ehem. DDR-Spitzensportclubs SC Dynamo Berlin, heute > SPORTCLUB BERLIN E.V., zum SCC.

Der SCC gehört zu den Veranstaltern des jährlich im > OLYMPIASTADION durchgeführten > INTERNATIONALEN STADIONFESTS. Ferner ist die Leichtathletikabteilung des SCC Ausrichterin des 1991 zum 18. Mal durchgeführten, jährlich Ende September stattfindenden > BERLIN-MARATHONS. Von lokalem Interesse ist darüber hinaus der jährlich vom SCC, 1991 zum 16. Mal, ausgerichtete Berliner Sylvesterlauf. Seit 1991 veranstaltet der Verein ferner den *Friedenslauf – Berliner Halbmarathon*. Die Abteilungen des Clubs spielen und trainieren auf und in landes- und bezirkseigenen Sportstätten, u.a. im Mommsenstadion, auf den Sportplätzen am Eichkamp in der Harbigstr. sowie in verschiedenen Hallen in Charlottenburg (> SPORTSTÄTTEN).

Sport-Club Siemensstadt e.V.: Der S. hat seinen Sitz am Rohrdamm 61-64 in der > SIEMENSSTADT im Bezirk > CHARLOTTENBURG. Er ist neben dem > TURN- UND SPORTVEREIN (TSV) GUTSMUTHS 1861 E.V. einer der beiden Berliner Modellsportvereine, die, nach einem vom > LANDESSPORTBUND BERLIN (LSB) in Zusammenarbeit mit dem > SENAT VON BERLIN entwickelten besonderen Konzept, nicht aktiven Bevölkerungskreisen – unabhängig von der Mitgliedschaft in Vereinen – über speziell bedürfnisorientierte Angebote eine sportliche Betätigung ermöglichen und neue Aktivitäten im Bereich des Breiten- und Freizeitsports entwickeln sollen (> SPORT).

Zur Wahrnehmung dieser Aufgaben wurde dem S. – bei Übernahme der Baukosten durch den Senat, den > BUNDESMINISTER DES INNERN und die > DEUTSCHE KLASSENLOTTERIE BERLIN – am 1.6.1984 das neu errichtete *Sport- und Freizeitzentrum Siemensstadt* am Rohrdamm übergeben. Seitdem nutzen die (1991) rd. 2.600 Vereinsmitglieder sowie ca. 4.500 Kursteilnehmer bzw. Gäste in der offenen Arbeit die Einrichtungen des Zentrums. Sie bestehen aus Gymnastik-, Tennis- und Turnhalle, einer Kegelbahn, je einem Kraftsport- und Tischtennisraum, div. Mehrzweckräumen, einer Sauna, einem Schwimmbad sowie fünf Solarien. Die Außenanlagen enthalten drei Kleinspiel- und zwei Kunstrasenfelder, ein Volleyballfeld, ein Leichtathletikstadion, drei im Winter überdachte Tennisplätze sowie eine Weitsprung-, eine Hochsprung- und eine Kugelstoßanlage. Daneben befinden sich auf dem Gelände ein Grillplatz, ein Kinderspielplatz und ein Restaurant für 300 Gäste. Die Einrichtungen werden täglich von ca. 1.500 Personen besucht bzw. benutzt. Im Verein werden folgende Sportarten betrieben: Badminton, Baseball, Fußball, Handball, Hockey, Sportkegeln, Leichtathletik, Schwimmen, Rugby, Tennis, Tischtennis, Turnen und Volleyball.

Die Gründung des Clubs geht auf die 1975 vollzogene Fusion der beiden Vereine TSV Siemensstadt e.V. und Spielvereinigung Wakker Siemensstadt (gegr. 1900) zurück. Der TSV Siemensstadt seinerseits entstand aus einem 1945 erfolgten Zusammenschluß der Sportvereinigung Siemensstadt (gegr. 1919) und des Turnvereins Siemens (gegr. 1907).

Sportforum Berlin: Das im wesentlichen zwischen 1954-64 entstandene S. am Weißenseer Weg 51-55/Ecke Konrad-Wolf-Str. im Bezirk > HOHENSCHÖNHAUSEN ist mit ca. 54 ha eine der größten > SPORTSTÄTTEN Berlins. Es wird heute u.a. vom > SPORTCLUB BERLIN E.V., dem Rechtsnachfolger des ehem. DDR-Hochleistungssportvereins SC Dynamo Berlin, vom Eishockey-Club Dynamo (EHC) sowie vom FC Berlin als Heimspiel- und Trainingsstätte genutzt. Außerdem dient es als Austragungsort internationaler Wettkämpfe, so dem Weltcup im Eisschnellauf 1991. Im Zuge der > VEREINIGUNG wurde das S. vom Land Berlin übernommen. Seit dem 1.1.1991 steht es unter der Aufsicht der > SENATSVERWALTUNG FÜR SCHULE, BERUFSBILDUNG UND SPORT (SEN-SCHULSPORT) und wird von dieser als Olympiastützpunkt gemeinsam mit dem > BUNDESMINISTER DES INNERN finanziert.

Die Anlage umfaßt eine 1954-58 errichtete Sporthalle mit einer Parkettfläche von 1.920 m², deren Tribüne 1.800 Plätze hat. Bei Bestuhlung der Parkettfläche faßt die Halle insg. ca. 3.000 Zuschauer. Für die Leichtath-

letik besteht ein wegen seiner Individualität und Zuschauernähe unter den Athleten beliebtes Leichtathletik-Trainingsstadion mit ca. 3.000 Stehplätzen und eine Leichtathletik-Trainingshalle mit einer 250-m-Tartanbahn. Ferner umfaßt das S. ein auf 18.000 Steh- und 4.000 Sitzplätzen insg. 22.000 Zuschauern Platz bietendes Fußballstadion sowie div. Trainingshallen von 500-700 m² Größe für Volleyball, Judo, Fechten, Boxen und Turnen. Für den Schwimmsport gibt es ein im Winter zu überdachendes Freibad und eine große Schwimmhalle mit einem 50-m-Becken, separatem Sprungbecken sowie 1.100 Tribünenplätzen. Der Eissport kann über eine Trainingshalle, ein überdachtes Eishockey-Stadion mit 3.500 Zuschauerplätzen – derzeit Heimspiel- und Trainingsstätte des EHC – und eine von weltweit drei überdachten Eisschnellaufbahnen mit einem 400-m-Rundkurs und ca. 6.000 Zuschauerplätzen verfügen (> KUNSTEISLAUFBAHNEN).
Schließlich befinden sich auf dem Gelände des S. mehrere Krafträume, Saunen, Vereinshäuser und ein Sport- und Kongreßzentrum. Neben den Vereinen und Verbänden nutzen gegenwärtig zu je einem Drittel auch Schulen sowie die drei Berliner Universitäten das S. Bei dem am 1.1.1991 eingerichteten > OLYMPIASTÜTZPUNKT für Schwimmen, Radsport, Boxen, Volleyball, Eisschnellauf, Leichtathletik, Fechten und Judo werden zusätzlich sportmedizinische Untersuchungen und Trainingsdiagnosen durchgeführt sowie von der Deutschen Sporthilfe berufliche Laufbahnberatung für die Athleten angeboten.
Das 1987 eingeweihte *Sport- und Kongreßzentrum (SKZ)*, das heute ebenfalls der Sen-SchulSport untersteht, dient als Seminar- und Verbandstagungsstätte, zur Durchführung von Turnier- und Wettkampfauslosungen, Senatsempfängen sowie als Versorgungs-, Freizeit- und Begegnungsstätte der Sportler. Darüber hinaus kann es auch von Wirtschafts- und Dienstleistungsunternehmen als Konferenz- und Tagungsort in Anspruch genommen werden, ein großer Saal mit max. 600 Plätzen steht zur Verfügung. Das neben dem Zentrum auf dem Gelände des S. gelegene Sporthotel mit 180 Betten dient als Sportlerunterkunft bei internationalen Wettkämpfen, wird aber auch touristisch genutzt.

Sporthalle Charlottenburg: Die am 31.10. 1964 eröffnete S. in der Sömmeringstr. 29 im Bezirk > CHARLOTTENBURG ist eine Mehr-

zweckhalle für verschiedene Hallensportarten. Zu 60 % wird die vom > BEZIRKSAMT Charlottenburg verwaltete Halle Sportvereinen und -verbänden überlassen, die die Halle als Trainings- und Heimspielstätte ihrer Bundesliga-Mannschaften bzw. als Austragungsort für Verbandsmeisterschaften nutzen; zu 40 % steht sie dem Schul- und Freizeitsport zur Verfügung. Die Halle ist mit einer 1.375 m² großen Parkettfläche ausgelegt und verfügt über eine Teleskoptribüne sowie zwei fest installierte Tribünen mit einer Sitzfläche für insg. 2.100 Zuschauer (max. 3.100 mit Bestuhlung der Hallenfläche). Gelegentlich wird sie auch für Veranstaltungen freigegeben, die nicht sportlichen Charakters sind. Der aus Beton bestehende Zweckbau wurde 1988/89 modernisiert.

Sportliche Vereinigung Blau-Weiß 1890 e.V. Berlin: Die v.a. als *Blau-Weiß 90* bekannte S. ist einer der ältesten Fußballvereine Berlins. Der in der Rathausstr. 10a im Stadtteil > MARIENDORF des Bezirks > TEMPELHOF beheimatete Verein betreibt in fünf Herrenmannschaften und elf Jugendmannschaften die Sportarten Fußball und Handball. 1991 waren ca. 300 der insg. 1.100 Mitglieder aktive Sportler. Die Fußballizenzmannschaft ist seit Anfang der 80er Jahre überregional erfolgreich. 1984 erfolgte der Aufstieg in die 2., 1986 in die 1. Fußballbundesliga, wo sich der Verein jedoch nur eine Saison halten konnte. Seitdem spielt die S. wieder in der 2. Liga Nord und gilt als stärkster Lokalrivale von > HERTHA BSC. Die erste Herrenhandballmannschaft konnte sich über die regionalen Ligen hinaus noch nicht qualifizieren.
Die ehem. vereinseigene Trainings- und Spielstätte in der Rathausstr. umfaßt drei Fußballplätze, von denen einer ca. 4.000 Zuschauern Platz bieten kann. Die > SPORTSTÄTTEN befinden sich seit ihrem Verkauf 1969 im Eigentum des Landes Berlin und werden vom Bezirksamt Tempelhof verwaltet. Die Lizenzspiele finden im > OLYMPIASTADION und seit 1991 auch im Stadion des > FRIEDRICH-LUDWIG-JAHN-SPORTPARKS im Bezirk > PRENZLAUER BERG statt. 1991 beschäftigte Blau-Weiß 20 Lizenzspieler nebst Trainer und Mannschaftsbegleitern.
Die S. ging aus der 1927 erfolgten Fusion des am 2.11.1890 gegründeten Fußball-Clubs Vorwärts 1890 mit dem Verein Union 92 – dem Deutschen Fußballmeister von 1905 (2:0 gegen Karlsruher FV) – hervor und trägt seit-

her ihren heutigen Namen. Zu den Fußball-erfolgen von Blau-Weiß 90 nach dem II. Weltkrieg zählen u.a. die Berliner Pokalmeisterschaft 1952, die Berliner Regionalmeisterschaft 1963 sowie die Berliner Landesliga- und Pokalmeisterschaft 1983/84. Im Juni 1992 mußte der Verein wegen wirtschaftlicher Schwierigkeiten Konkurs anmelden. Am 1.7. erfolgte daraufhin die Gründung eines Nachfolgevereins unter dem Namen „SV Blau-Weiß Berlin".

Sportmuseum: Das der > Senatsverwaltung für Kulturelle Angelegenheiten unterstellte S. befindet sich in einem Verwaltungs- und Funktionsgebäude auf dem > Friedrich-Ludwig-Jahn-Sportpark an der Cantianstr. 24 im Bezirk > Prenzlauer Berg. Die Bestände des Museums umfassen z.Z. ca. 20.000 Einzelobjekte, darunter zahlreiche Sportgeräte und -ausrüstungen, Fahnen, Wimpel, Medaillen, Kunstobjekte und Dokumente. Daneben besteht ein Archiv und eine Bibliothek sowie ein Fotoarchiv mit ca. 75.000 Fotodokumenten. Damit verfügt das Museum über einen Bestand an sportgeschichtlichen Objekten, der in seinem Umfang und seiner Vielfalt den renommierten Einrichtungen z.B. in Basel und Warschau gleichrangig ist.
Die DDR-Planungen zur Einrichtung eines S. reichen zurück in die späten 70er Jahre. Aber erst 1985 erfolgte die Gründung eines „Sammlungszentrums Zentrales Sportmuseum der DDR", das sich erstmals 1988 mit einer Ausstellung im Ausstellungszentrum am > Fernsehturm der Öffentlichkeit präsentierte. Im Zuge der > Vereinigung kam es dann ab Frühjahr 1990 zu einer engen Kommunikation des Sammlungszentrums mit dem seit 1976 in West-Berlin tätigen Forum für Sportgeschichte e.V., aus der zwei Tage vor der Vereinigung das S. hervorging. Am 1.10.1990 wurde die Einrichtung vom damaligen DDR-Ministerium für Jugend und Sport dem Ost-Berliner > Magistrat als S. übergeben. Mit Inkrafttreten des > Einigungsvertrages wurde das Museum als Einrichtung des Landes Berlin fortgeführt und sein Bestand seither um zahlreiche sporthistorische Objekte erweitert. Über eine neue Konzeption und die Stellung des S. in der Berliner Museumslandschaft war Ende 1991 noch nicht entschieden (> Museen und Sammlungen).

Sportpalast: Der 1910/11 auf einem nördlich und südlich von der Pallas- und Winterfeldtstr. begrenzten Gelände an der > Potsdamer Strasse im Bezirk > Schöneberg erbaute und 1973 abgerissene S. gehörte zu den bekanntesten und weit über Berlin hinaus berühmten Veranstaltungsstätten. Spektakuläre sportliche Ereignisse sowie gesellige Veranstaltungen, Tagungen, Konzerte und nicht zuletzt politische Massenkundgebungen prägten die wechselhafte Geschichte des S.
Das Gebäude entstand nach Entwürfen des Regierungsbaumeisters a.D. Hermann Dernburg in nur knapp 13monatiger Bauzeit und wurde am 17.11.1910 als damals größter Eispalast der Welt eröffnet. Die Architektur des S. stand in der Tradition alter Berliner Putzbauten. Die Halle mit ihrer von 16 Portalstützen getragenen, nach außen verlegten Deckenkonstruktion war so gestaltet, daß von allen Plätzen freie Sicht auf die ca. 2.500 m^2 große Eisfläche möglich war. Insg. bot die 53 m breite und 99 m lange Halle auf den ansteigenden Stufenreihen im Erdgeschoß und auf den beiden Galerien 6.000, bei zusätzlicher Bestuhlung der Eisfläche bis zu 12.000 Menschen Platz.

Sportpalast 1973

Obgleich vor dem I. Weltkrieg in Betrieb genommen, begann die große Zeit des S. erst in den 20er Jahren. So errang bspw. die Eishockeymannschaft des > Berliner Schlittschuhclubs in der Halle bis 1939 insg. zwölf Meistertitel und war damit zu jener Zeit der erfolgreichste Eishockeyverein Deutschlands. Zu den Publikumslieblingen zählten ferner die norwegische Eiskunstläuferin, mehrmalige Weltmeisterin und Olympiasiegerin Sonja Henie und das Boxidol Max Schmeling, der sich hier 1926 zum ersten Mal den Meistertitel im Halb-Schwergewicht erkämpfte. Legendär waren auch die im S. veranstalteten > Sechstagerennen, bei denen das von

Reinhold Franz Habisch – alias „Krücke" – angeführte Pfeifen und Klatschen des Publikums zum Walzer „Wiener Praterleben", der heute noch als „Sportpalastwalzer" zum Radrennsport gehört, den Höhepunkt der Stimmung anzeigte.

Gegen Ende der 20er Jahre wurde der S. zunehmend für politische Großkundgebungen genutzt. Hier sprachen die KPD-Politiker Ernst Thälmann und Clara Zetkin, der Sozialdemokrat Philipp Scheidemann und der Zentrumspolitiker und Reichskanzler Heinrich Brüning, der Deutschnationale Politiker Alfred Hugenberg, Reichspräsident Paul v. Hindenburg und ab 1928 alle führenden Politiker der NSDAP. Für die Nationalsozialisten war der S. das Symbol ihres Aufstiegs, sie reklamierten die Halle für sich als Ort ihrer Kundgebungen und ihrer ebenso pompösen wie makabren Inszenierungen. Adolf Hitler wählte die Tribüne des S. für seine kriegstreiberischen Reden, Joseph Goebbels propagierte dort am 18.2.1943 vor fanatisierten NS-Anhängern den „totalen Krieg".

Am 30.1.1944 wurde der S. durch Bomben weitgehend zerstört, lediglich die Außenfassade blieb erhalten. Erst im Herbst 1951 fand – infolge des noch nicht reparierten Daches unter freiem Himmel – wieder eine Sportveranstaltung statt. Als reduzierter Neubau über dem alten Grundriß wurde der S. 1953 wieder aufgebaut und schon im März 1958 fand die 1.000. Veranstaltung nach dem II. Weltkrieg statt. Vorwiegend Kulturveranstaltungen, Gastspiele, Konzerte, Eisrevuen, Boxabende, Sechstagerennen und Ballspielturniere prägten das Programm in den 50er und 60er Jahren. Im Gegensatz zur 1957 wiedereröffneten, moderneren und größeren > Deutschlandhalle am > Ausstellungs- und Messegelände im Bezirk > Charlottenburg erhielt der privat geführte S. keine öffentlichen Zuschüsse. Wirtschaftliche Schwierigkeiten führten dann zum Verkauf an ein Berliner Bauunternehmen, das den S. im November 1973 abreißen ließ und auf dem Grundstück 1975-77 mit Mitteln des sozialen > Wohnungsbaus nach Plänen von Jürgen Sawade u.a. mehrstöckige Wohnhäuser errichtete.

Sportstätten: Das wiedervereinigte Berlin kann auf eine lange Tradition des Sportanlagenbaus zurückblicken und besitzt auf diesem Gebiet noch heute ein in Deutschland einzigartiges Angebot. Seit der > Vereinigung erfährt die Entwicklung des Sportanlagenbaus neue Impulse, wobei v.a. im Ostteil die Prioritäten bei der Sanierung und Errichtung neuer S. liegen.

1991 verfügte Berlin über insg. 522 ha ungedeckter S. bzw. Sportfreiflächen und über 46 ha gedeckter Sportanlagen (Hallen). Dabei ist jedoch der tatsächliche Bestand der im Ostteil der Stadt bestehenden S. gegenwärtig noch nicht verläßlich anzugeben. Den größten Bestand an Sportfreiflächen wies 1991 mit rund 401.000 m² der Bezirk > Reinickendorf aus, den kleinsten mit rund 70.400 m² der Bezirk > Hellersdorf. Die meisten gedeckten S. befanden sich ebenfalls in Reinickendorf, während der Bezirk > Weissensee mit ca. 8.515 m² den geringsten Bestand verzeichnete.

Die bekanntesten S. in Berlin sind das 1934-36 errichtete > Olympiastadion im Bezirk > Charlottenburg, das mit einem Platzangebot für 78.000 Zuschauer zugleich Berlins größtes Stadion ist, das 1955-64 angelegte > Sportforum Berlin im Bezirk > Hohenschönhausen, das 1950 errichtete > Stadion der Weltjugend im Bezirk > Mitte, auf dessen Gelände auch mit Blick auf die > Olympischen Spiele in Berlin im Jahr 2000 eine neue, 15.000 Zuschauer fassende Halle entstehen wird, und die traditionsreiche > Werner-Seelenbinder-Halle im Bezirk > Prenzlauer Berg, die Mitte der 90er Jahre einer Radsporthalle weichen wird. Von überregionaler Bedeutung sind außerdem der > Friedrich-Ludwig-Jahn-Sportpark mit dem 20.400 Zuschauer fassenden Jahn-Stadion gleichfalls am Prenzlauer Berg, die > Eissporthalle Jafféstrasse und die > Deutschlandhalle am > Ausstellungs- und Messegelände in Charlottenburg, die Eisstadien in > Wedding und > Wilmersdorf (> Kunsteislaufbahnen; > Stadion Wilmersdorf) sowie die Sport- und Lehrschwimmhalle des > Sportzentrums Schöneberg. International bekannte S. sind zudem die > Regattastrecke in > Grünau sowie die beiden > Trabrennbahnen Mariendorf und > Karlshorst und die außerhalb des Stadtgebiets gelegene > Galopprennbahn Hoppegarten.

Ende 1991 gab es in den westlichen Bezirken insg. 222 Großspielfelder (ab 62 m x 94 m), davon 95 mit Naturrasen und 71 mit Kunststoffrasen. Daneben gab es rd. 280 Kleinspielfelder. Für die 588 Einzelflächen (450 m² und größer) in den elf östlichen Bezirken lagen noch keine näheren Angaben vor. In den westlichen Bezirken gab es insg.

65 Leichtathletikanlagen mit einer 400-m-Rundlaufbahn, davon 41 wettkampfgerecht ausgebaut; in den östlichen Bezirken lag die Zahl bei 40. 1991 zählte das geeinte Berlin ferner 689 Tennisplätze, zumeist in Privatbesitz, davon 538 Plätze (auf 82 Anlagen) im Westteil und 159 Plätze im Ostteil.

Die in Berlin 1991 insg. 1.025 Turn- und Sporthallen verteilten sich im Verhältnis 40:60 auf die östlichen bzw. westlichen Bezirke. 80 der 609 im Westteil der Stadt befindlichen Turnhallen waren handball- und hockeygerecht ausgebaut, sieben verfügten über Konditionsräume und 16 waren mit Zuschauerkapazitäten für mehr als 200 Besucher ausgestattet.

An Reitsportanlagen gab es neben elf Reithallen 29 Dressur- und Springplätze, darunter das olympische Reiterstadion auf dem Gelände des ehem. Reichssportfeldes, die beiden Trabrennbahnen und zwei Poloplätze, wovon sich einer auf dem Maifeld am Olympiastadion und der andere in Frohnau befindet. Ferner verfügte das Land Berlin u.a. über zwei offene > RADRENN-BAHNEN, eine der zivilen Bevölkerung offenstehende Golfsportanlage und 40 Schießsportanlagen.

Mit einer Wasserfläche von ca 31.000 m² standen insg. 46 (drei sind längerfristig gesperrt) öffentlich verwaltete > HALLENBÄDER zur freizeit-, vereins- und schulsportlichen Nutzung zur Verfügung. Ferner boten insg. 31 > FREI- UND SOMMERBÄDER mit großzügig angelegten Spiel- und Liegewiesen sowie zahlreiche Badestellen an den Berliner > SEEN und > FLIESSGEWÄSSERN der Bevölkerung Möglichkeiten zu Schwimmsport und Badespaß.

Für die Wasserfahrsportarten standen neben den drei Regattastrecken zwölf Ruder- und Kanukastenanlagen sowie eine Vielzahl zumeist von Vereinen und Verbänden genutzter Bootshäuser an den Berliner Gewässern zur Verfügung. Für den Wintersport bestanden 1991 zwei Eissporthallen, fünf Kunsteisbahnen, zwei Rundlaufbahnen, drei Spritzeisbahnen, eine Skipiste, zwei Sprungschanzen sowie zahlreiche > RODELBAHNEN.

Aus sporthistorischen und baugeschichtlichen Gründen haben eine Vielzahl der S. Bestandsschutz erhalten, so z.B. das > STRAND-BAD WANNSEE und das > STRANDBAD MÜGGELSEE, eine Reihe von um die Jahrhundertwende entstandener und in ihrem ursprünglichen Zustand erhaltener bzw. wiederhergestellter Hallenbäder, das in den 20er Jahren

gebaute > POSTSTADION im Bezirk > TIERGARTEN oder Teile des am > VIKTORIAPARK in > KREUZBERG gelegenen Katzbachstadions.

Sport- und Erholungszentrum (SEZ): Das SEZ an der > LANDSBERGER ALLEE 77 im Bezirk > FRIEDRICHSHAIN ist die größte Anlage ihrer Art in Berlin. Sie wurde im März 1981 nach knapp zweieinhalbjähriger Bauzeit auf einem 8 ha großen Gelände an der Südostecke des > VOLKSPARKS FRIEDRICHSHAIN als erste Einrichtung für den ungebundenen Freizeitsport in der DDR eröffnet. Auf einer Bruttogrundrißfläche von 35.000 m² und einer Gesamtfläche einschl. Freianlagen von 8 ha enthält das Zentrum eine Schwimmhalle mit Wellenbad und mehrere Schwimm- und Sprungbecken – darunter ein Mehrzweckbecken für Behinderte – Saunaeinrichtungen und Solarium sowie ein 400 m² großes Außenbecken. Ferner gibt es eine 24 x 48 m große, dreiteilbare Sport- und Spielhalle, Fitness- und Konditionsräume sowie sportmedizinische Behandlungsräume. Der Eislaufbereich umfaßt eine 900 m² große überdachte und eine 1.050 m² große freie Kunsteisbahn, die von Oktober bis April zum Schlittschuh- und von Mai bis September zum Rollschuhlaufen zur Verfügung stehen. Daneben gibt es eine Bowlinganlage mit 16 Bahnen.

Sport- und Erholungszentrum

Im Club- und Spielbereich des SEZ kann man Schach und Billard spielen. In den Außenanlagen, einem Sport- und Freizeitpark, sind Volleyball-, Basketball- und Federballplätze, Kegelbahnen, Tischtennisplätze, Anlagen für Stockschießen, Boccia und Minigolf, Kinderspielplätze, ein Bolzplatz, eine Crossbahn für Mini-Motorräder und eine große Liegewiese vorhanden. Sieben Bars, Cafés oder Restaurants bieten Platz für insg. ca. 850 Gäste. Im SEZ finden rd. 50 regelmäßige Veranstaltungen statt, und an den 285 Sportkursen, die auch Steppen und Bauchtanz einschließen, beteiligen sich jährlich über 4.000 Menschen. Die Beliebtheit der Anlage wird auch durch die monatlich durchschnittlich 55.000 Besucher des Badebereichs bestätigt. Insg. zählte das SEZ 1991 rd. 1,1 Mio. Besucher.

Nach der > VEREINIGUNG wurde das SEZ zunächst der > SENATSVERWALTUNG FÜR SCHULE, BERUFSBILDUNG UND SPORT unterstellt, die sich um eine Überführung in private Trägerschaft bemüht. 335 der bis dahin beschäftigten ca. 800 Mitarbeiter wurden zunächst übernommen. Nördlich des SEZ liegt unmittelbar angrenzend das 1951 eingeweihte, als internationale Wettkampfstätte genutzte > KARL-FRIEDRICH-FRIESEN-SCHWIMMSTADION.

Sportzentrum Schöneberg: Das zwischen Sachsendamm und Priesterweg gelegene, vom Bezirksamt > SCHÖNEBERG verwaltete S. umfaßt neben der > RADRENNBAHN SCHÖNEBERG die 1954 eröffnete Sporthalle Schöneberg in der Straße Am Sachsendamm 11, den bereits vor dem II. Weltkrieg angelegten Dominicus-Sportplatz am Priesterweg 4 sowie die zwischen 1963-67 errichtete Sport- und Lehrschwimmhalle. Daneben befindet sich am Priesterweg die Geschäftsstelle des > OLYMPISCHEN SPORT-CLUBS E.V. (OSC) und die > WILLI-WEYER-AKADEMIE für Verwaltungs- und Führungskräfte des Deutschen Sportbundes.

Die 1986/87 modernisierte und umgebaute *Sporthalle Schöneberg* ist eine der wenigen Großsporthallen mit überregionaler Nutzung in Berlin (> SPORTSTÄTTEN). Ursprünglich zur Deckung der sportlichen Bedürfnisse in Schöneberg errichtet, ist die mit 1.600 Tribünenplätzen ausgestattete Halle heute v.a. Austragungsstätte überregionaler Sportbegegnungen, wird aber auch als Trainingsstätte anderer Berliner Sportvereine, darunter des OSC, genutzt. Neben Bundesliga-Begegnungen im Hallenhandball, Hockey und Kunstturnen werden in der Halle jährlich die Endrunden des Bundesschülerwettbewerbes > JUGEND TRAINIERT FÜR OLYMPIA im Handball und Hockey ausgetragen.

In der Halle richtet der OSC jedes Jahr im Februar das *Internationale Springermeeting* der weltbesten Athleten in den leichtathletischen Disziplinen Hoch- und Stabhochsprung aus, das mit beachtlichen Resultaten jeweils Zeichen für die beginnende Sommersaison setzt. Zum Internationalen Springermeeting ist die Halle, die über 2.500 Zuschauern Platz bietet,

regelmäßig ausverkauft. Carlo Thränhardt aus Deutschland stellte während des Meetings 1988 mit 2,42 m den Hallenweltrekord im Hochsprung auf.

Der *Dominicus-Sportplatz*, der mit einem Fußballrasenplatz und diversen leichtathletischen Einrichtungen, u.a. einer 400-m-Tartan-Bahn, vorwiegend schul- und vereinssportliche Bedürfnisse des Bezirks Schöneberg abdeckt, steht auch dem nichtorganisierten Freizeitsport offen. Die Anlage mit ca. 1.000 Zuschauerplätzen ist darüber hinaus Austragungsort überregionaler Sportfeste sowie Begegnungsstätte von Ausscheidungswettkämpfen bei „Jugend trainiert für Olympia".

Die 1978 und 1982 umgebaute und mit 750 Zuschauerplätzen ausgestattete *Sport- und Lehrschwimmhalle Schöneberg* ist repräsentative Wettkampfstätte für nationale und internationale Veranstaltungen des Schwimmsports sowie > OLYMPIA-STÜTZPUNKT und > LANDESLEISTUNGSZENTRUM des Berliner Schwimmverbandes. Daneben dient sie dem Schwimmunterricht der Schöneberger Schulen und ist Trainingsstätte von Vereinen dieses Bezirks. Die Schwimmhalle verfügt über ein 50-m-Schwimmbecken, ein Sprungbecken mit einem 10-m-Sprungturm und ein kleines Becken für Kinder. Sie ist Austragungsort regionaler und überregionaler Meisterschaften, der Endrundenbegegnungen bei „Jugend trainiert für Olympia" im Schwimmen sowie Begegnungsstätte der Bundesliga- und Europapokalspiele des Wasserball-Clubs > WASSERFREUNDE SPANDAU 04. Am 7. und 8.10. 1967 stellte dort der US-amerikanische Schwimmer Mark Spitz zwei Weltrekorde über 100 m und 200 m Delphin auf. Außerhalb des Wettkampf- und Trainingsbetriebs steht die Sport- und Lehrschwimmhalle, die auch über eine Sauna verfügt, der Öffentlichkeit als Hallenbad zur Verfügung; 1990 wurden im Badebetrieb 124.000 Besucher gezählt.

Spree: Die 398 km lange S. ist das größte > FLIESSGEWÄSSER Berlins. Sie entspringt aus verschiedenen Quellen bei Alt-Gersdorf im Oberlausitzer Bergland und entwässert ein Einzugsgebiet von 10.104 km². Ihr 46 km langer Streckenabschnitt auf dem Berliner Stadtgebiet folgt dem > WARSCHAU-BERLINER URSTROMTAL, ihre durchschnittliche Breite ist hier 50 m, die durchschnittliche Wasserführung bei der Einmündung in die > HAVEL bei > SPANDAU übertrifft diese mit 40 m³/s um fast das Dreifache. Eigentlich müßte hier also die S. die Havel aufnehmen und nicht umgekehrt.

Die S. durchfließt von Südosten kommend das Zungenbecken des > GROSSEN MÜGGELSEES und nimmt bei > KÖPENICK die schiffbare > DAHME auf, deren Unterlauf durch Rinnenseen (> ZEUTHENER SEE; > LANGER SEE) erweitert ist. Der mäandrierende Flußlauf bildete Altwässer und Verzweigungen, die trotz weitgehender Kanalisierung teilweise erhalten sind (z.B. Teiche im > GROSSEN TIERGARTEN). Im heutigen Bezirk > MITTE bildet sie mit einem westlich abzweigenden Seitenarm, dem im 17. Jh. kanalisierten *Spreekanal* (> FRIEDRICHSGRACHT), die Spreeinsel, auf deren südlichem Teil Ende des 12. Jh. die Ansiedlung > KÖLLN entstand (> INSELN). Der Fluß kann von Leibsch an (180 km oberhalb der Mündung) von 125-t-Kähnen befahren werden. Ab Neubrück ist er als Teil der Oder-Spree-Wasserstraße für Schiffe bis 600 t geeignet (> WASSERSTRASSEN; > SCHIFFAHRT).

Hausboote an der Spree

Spreepark: Der im nördlichen Teil des > PLÄNTERWALDS an der > SPREE gelegene 32 ha große S. im Bezirk > TREPTOW wurde 1969 als *Kulturpark Berlin* eröffnet. Er ist der einzige ständige Vergnügungspark Berlins. Hauptattraktion auf dem rd. 1,6 ha großen Gelände ist ein 45 m hohes Riesenrad. Auf der Freilichtbühne an seinem Fuß fanden zu DDR-Zeiten jährlich rd. 200 Veranstaltungen mit Gastspielen bekannter Ensembles aus der DDR und anderen Ländern des Ostblocks statt. Bis zur Maueröffnung hatte der Kulturpark in der von Mitte April bis Ende Oktober dauernden Saison jährlich etwa 1,5 Mio. Besucher. 1990 sank ihre Zahl auf 700.000. Unter den Gaststätten auf dem Gelände befindet sich auch das durch Theodor Fontanes Ro-

man „Der Stechlin" in die > LITERATUR eingegangene, 1837 eröffnete *Eierhäuschen*. Der Name leitet sich von einer dortigen Schiffsanlegestelle ab, an der man den Schiffern Eier verkaufte. Der heutige Backsteinbau stammt aus den Jahren 1890-92.

Mit der > VEREINIGUNG fiel der Park als nachgeordnete Einrichtung des Ost-Berliner > MAGISTRATS an den > SENAT VON BERLIN, der die Anlage im Oktober 1991 an eine private Betreibergesellschaft verpachtete. Im April 1992 wurde der Vergnügungspark – ausgestattet mit zahlreichen neuen Angeboten – unter dem Namen S. neu eröffnet.

Staaken: S. ist ein auf ein mittelalterliches Dorf zurückgehender Ortsteil des Bezirks > SPANDAU an der westlichen Stadtgrenze zu den Kreisen Potsdam und Nauen (> BEZIRKE). Nach dem Ende des II. Weltkriegs wurde der westliche Teil von S. (*West-Staaken*) auf Beschluß des > ALLIIERTEN KONTROLLRATS vom 30.8.1945 mit dem Dorf und der Siedlung Albrechtshof mit insg. rd. 5.000 Einwohnern im Austausch gegen 172 ha Land bei > GATOW zum Ausbau des britischen Flughafens und am sog. *Seeburger Zipfel* bei Weinmeisterhöhe unter sowjetische Befehlsgewalt gestellt (> FLUGHÄFEN), aber zunächst weiter vom Bezirk Spandau verwaltet. Am 1.2.1951 wurde das Gebiet überraschend von DDR-Volkspolizei besetzt und zunächst dem Ost-Berliner Bezirk > MITTE, später dem Kreis Nauen, Bezirk Potsdam, unterstellt. Mit der > VEREINIGUNG kam das Gebiet durch den > EINIGUNGSVERTRAG wieder an Spandau zurück (> STADTERWEITERUNG). Die Staakener Felder sind als Stadterweiterungsgebiet für den Neubau von rd. 1.000 Wohnungen vorgesehen.

Die erste urkundliche Erwähnung von S. datiert von 1273, als die Ritter Heinrich und Arnold v. Döberitz dem Spandauer Benediktinerinnen-Kloster St. Marien acht Hufen Land übertragen. Ab 1295 unterstand das am „Gemeinen Weg" von Spandau nach Brandenburg liegende Angerdorf meist dem benachbarten Spandau. 1433 brannte das Dorf zum größten Teil ab. Unmittelbar danach (1436-40) wurde die jetzige Dorfkirche an der Hauptstr. als ein einfacher rechteckiger Saalbau aus Feldsteinen errichtet, der 1712 einen neuen Turm erhielt (> DORFKIRCHEN). Reste ihres Schnitzaltars aus dem 16. Jh. befinden sich im > MÄRKISCHEN MUSEUM. In der Hauptstr. sind auch noch einige Bauten aus dem 19. Jh. erhalten.

Der Anschluß an die Nauener (1896) und die Wustermarker > EISENBAHN beschleunigte die Besiedlung. 1914-17 schuf Paul Schmidthenner nördlich des S-Bahnhofs S. für die Beschäftigten der Spandauer Rüstungsbetriebe die unter Denkmalschutz stehende *Gartenstadt Staaken*. Die an holländische Bauformen erinnernden 298 Einfamilien- und 148 Mehrfamilienhäuser umfaßten insg. 804 Wohneinheiten (> GARTENSTÄDTE). Nördlich der Heerstr. im Zuge der Bundesstraße 5, der alten Transitstrecke nach Hamburg (> BUNDESFERNSTRASSEN; > TRANSITVERKEHR), wurde in den 70er Jahren die überwiegend aus vielstöckigen Häusern bestehende *Rudolf-Wissell-Siedlung* mit Zentrum an der Obstallee errichtet. Jenseits der Heerstr. am Weinmeisterhornweg steht das um 1870 errichtete spätklassizistische Herrenhaus des ehem. Guts *Amalienhof*, das heute als Schullandheim dient. Südlich davon liegt die aus einem > TRÜMMERBERG entstandene > GRÜNANLAGE HAHNEBERG mit einer kleinen Sternwarte. Erst seit der Vereinigung wieder zugänglich ist das westlich der Grünanlage im ehem. Grenzgebiet gelegene, zur > ZITADELLE SPANDAU gehörende > FORT HAHNEBERG. Bei der letzten Volkszählung in West-Berlin 1987 hatte der 5,4 km² große Ortsteil (ohne West-Staaken) 32.000 Einwohner.

Staatliche Ballettschule Berlin und Schule für Artistik: Die S. mit Hauptsitz in der Erich-Weinert-Str. 103 im Bezirk > PRENZLAUER BERG wurde in ihrer heutigen Form am 1.8.1991 neu gegründet und der > SENATSVERWALTUNG FÜR SCHULE, BERUFSBILDUNG UND SPORT unterstellt. Es handelt sich dabei um die Vereinigung zweier zu Zeiten der DDR eigenständiger Fachschulen: der Staatlichen Ballettschule Berlin mit Sitz am o.g. Ort und der Fachschule für Artistik in der > FRIEDRICHSTRASSE 112 im Bezirk > MITTE.
Aufgabe der S., die den Charakter einer *Berufsfachschule* mit differenziert gestaffelter Grund- und Realschule hat, ist es, Kinder und Jugendliche als Tänzer und Artisten auszubilden. Heute verfügt die S. über insg. 47 überwiegend künstlerische Lehrkräfte von nationalem und internationalem Rang, die 225 Schüler aus dem gesamten Bundesgebiet und in geringer Anzahl auch aus dem Ausland betreuen. Der Unterricht an der Schule erfolgt ganztägig von montags bis freitags sowie für die Ballettschüler auch halbtags an den Sonnabenden; etwa 90 Schüler werden im Internatsbetrieb betreut.

Im Fachbereich *Ballett* (> TANZ) gliedert sich die Ausbildung in drei Etappen, nachdem die Bewerber mit optimalen körperlichen und musischen Voraussetzungen im Alter von ca. 11 Jahren die entsprechende Aufnahmeprüfung bestanden haben: zwei Jahre Grundschule, vier Jahre Realschule und zwei Jahre Berufsfachschule. Die Tänzerberufsausbildung erstreckt sich damit über einen Zeitraum von insg. acht Jahren. Dabei erfordert eine Vielzahl von öffentlichen Auftritten während der Studienzeit die Erarbeitung eines großen Repertoires.
Der Fachbereich *Artistik* bietet für seine Bewerber im Alter von 14 Jahren mit besonderen körperlich-sportlichen Voraussetzungen eine vierjährige Ausbildung für den Artistenberuf in einer Kombination von zwei Jahren Realschule mit zwei Jahren Berufsfachschule. Die berufsfachliche Ausbildung umfaßt damit insg. vier Jahre und gliedert sich in ein Jahr Grundausbildung und drei Jahre Spezialisierung. Das erste Jahr ist ein Probejahr, wobei das Ausscheiden aus gesundheitlichen oder anderen Gründen erfolgen kann.
Die ältere der beiden Vorgängereinrichtungen, die „Staatliche Ballettschule Berlin", wurde 1951 gegründet und war neben den Ballettschulen Leipzig und Dresden eine der drei Fachschulen für die Ausbildung von Tänzern und Tänzerinnen in der DDR. Sie hatte ihren pädagogisch-ästhetischen Stil auf der Grundlage der russisch-sowjetischen Schule in enger Kooperation mit der > DEUTSCHEN STAATSOPER UNTER DEN LINDEN entwickelt und ständig weiter vervollkommnet. Gleichzeitig fühlte sie sich den Traditionen der bedeutendsten Ballettschulen der Welt verpflichtet, so z.B. der dänischen Schule, und zeitgenössischen Formen des Tanzes wie Jazz-Tanz – v.a. der Graham- und der José-Limón-Technik. Zahlreiche aus der Schule hervorgegangene Primaballerinen wie Monika Lubitz, Steffi Scherzer, Jutta Deutschland, Sybille Schmidt, Katrin Taube und Meistertänzer wie Bernd Dreyer, Jörg Lucas, Oliver Matz sowie auch Mario Perricone, Gregor Seyffert und Raimondo Rebeck haben für internationales Ansehen der Ballettschule gesorgt.
Die zweite Vorgängereinrichtung der S., die *Fachschule für Artistik*, wurde 1956 gegründet. Sie war die einzige Ausbildungseinrichtung ihrer Art in der DDR und erlangte internationales Ansehen durch den systematischen

Aufbau origineller solistischer und Gruppen-Spitzendarbietungen, die erfolgreiche Arbeit vieler Studenten und Absolventen in international renommierten Zirkussen und > VA-RIETÉS sowie als Mitglied der Weltföderation der Artistenschulen mit Sitz in Paris. Obwohl 1985 die angestammten Trainingsräume bei der Rekonstruktion des > SCHEUNENVIERTELS im Bezirk Mitte abgerissen wurden und die Schule seitdem unter großen Schwierigkeiten in Turnhallen und anderen Mietobjekten ihren praktischen Unterricht realisieren mußte, konnte sie ihr hohes Niveau halten. Eine Vielzahl von Absolventen der Schule arbeitet nach wie vor mit großem Erfolg in allen artistischen Genres.

Staatliche Europa-Schule Berlin (SESB): Die zum Schuljahr 1992/93 eingerichtete SESB ist eine Begegnungsschule von internationalem Zuschnitt, in der Kinder und Jugendliche von der Vorklasse bis zum Ende der Sekundarstufe II zweisprachig unterrichtet werden und zwar in Deutsch und einer anderen europäischen Verkehrssprache. Beide Sprachen sind gleichberechtigte Unterrichtssprachen und werden Partnersprachen genannt.
Die zweisprachigen Züge der SESB werden bereits bestehenden *Grund- und Oberschulen* angegliedert. Die SESB nimmt zum Schuljahr 1992/93 zunächst mit zwölf Vorklassen an folgenden sechs Berliner Grundschulen ihre Tätigkeit auf: die Sprachkombination Deutsch/Englisch an der Charles-Dickens-Grundschule in > CHARLOTTENBURG und an der Erich-Kästner-Grundschule in > ZEH-LENDORF, die Sprachkombination Deutsch/Französisch an der Judith-Kerr-Grundschule in > WILMERSDORF und an der Märkischen Grundschule in > REINICKENDORF, die Sprachkombination Deutsch/Russisch an der 13. Grundschule in > KÖPENICK und an der 21. Grundschule in > LICHTENBERG. In den folgenden Schuljahren sollen an weiteren Schulen und in weiteren europäischen Sprachen Züge der SESB eingerichtet werden.
Die Vorklassen und alle folgenden Klassen der SESB sollen zur Hälfte besucht werden von Kindern, deren Muttersprache Deutsch und zur anderen Hälfte von Kindern, deren Muttersprache die jeweilige andere Sprache ist. Andere ausländische Kinder, v.a. kleinerer Sprachgruppen (z.B. der skandinavischen Länder), können die SESB besuchen, wenn sie eine hohe Sprachkompetenz in Deutsch

oder der jeweiligen anderen Sprache besitzen. Der Unterricht wird gemeinsam von deutschen und ausländischen Lehrern erteilt. In der Vorklasse sollen beide Unterrichtssprachen spielerisch angebahnt werden, d.h. alle Kinder werden in beiden Partnersprachen angesprochen. Die Alphabetisierung erfolgt dann in der Muttersprache; in den höheren Klassenstufen werden einzelne Sachfächer (z.B. Biologie, Erdkunde, Geschichte) entweder in Deutsch oder der Partnersprache unterrichtet. Durch den zweisprachigen Unterricht und den Umgang miteinander sollen alle Schüler der SESB am Ende ihrer Schulzeit zwei Sprachen perfekt beherrschen und gelernt haben, die Kultur der jeweils anderen zu akzeptieren. An der SESB erreichen die Schüler alle anerkannten mittleren und höheren deutschen Abschlüsse.

Staatliche Museen zu Berlin – Preußischer Kulturbesitz: Die Staatlichen Museen zu Berlin (SMB) sind ein unter einer einheitlichen Leitung (Generaldirektor und Generalverwaltung, Sitz im Palais Gontard in der Stauffenbergstr. 41 im Bezirk > TIERGARTEN) stehender Museumsverbund unter dem Dach der > STIFTUNG PREUSSISCHER KULTURBESITZ. Dieser Verbund ist 1918 nach der Ablösung der preußischen Monarchie aus den „Königlichen Museen zu Berlin" hervorgegangen, deren Tradition bis ins erste Drittel des 19. Jh. zurückreicht. Seit der > VEREINIGUNG und der damit erfolgten Zusammenführung der durch die > SPALTUNG getrennten > MUSEEN UND SAMMLUNGEN umfassen die SMB 16 Einrichtungen.
Hinzu kommen ferner die bedeutende > KUNSTBIBLIOTHEK BERLIN am > KULTURFORUM TIERGARTEN, das > RATHGEN-FORSCHUNGSLABOR in > CHARLOTTENBURG, die Museumspädagogische Abteilung mit dem Besucherdienst und das auf der > MUSEUMSINSEL gelegene Zentralarchiv.
Ausgehend vom Ideengut der Französischen Revolution von 1789 wurden zu Beginn des 19. Jh. auch in Kreisen des fortschrittlichen Berliner Bürgertums Forderungen nach der Gründung eines öffentlichen Museums erhoben, in dem die kurfürstlichen Kunstwerke aus den preußischen > SCHLÖSSERN in Berlin, Potsdam und > CHARLOTTENBURG (> SCHLOSS CHARLOTTENBURG) sowie aus Ankäufen und Stiftungen der Öffentlichkeit zugänglich gemacht werden sollten. Im Ergebnis dieser Be-

strebungen entstand am > LUSTGARTEN gegenüber dem > STADTSCHLOSS das 1830 eröffnete „Königliche Museum" (> ALTES MUSEUM). In diesem von Karl Friedrich Schinkel konzipierten und errichteten ersten Museumsbau Preußens fanden im Erdgeschoß die antiken Bestände und im Obergeschoß die Gemälde aus den königlichen Sammlungen gemeinsam mit anderen speziell dafür erworbenen Kunstwerken ihren Platz. Da sich das Museum bereits bei seiner Eröffnung als zu klein erwiesen hatte, schlossen sich unmittelbar an diesen Bau nach einer Ideenskizze von Friedrich Wilhelm IV. (1840-61), die Errichtung des > NEUEN MUSEUMS (1841-59) und der > NATIONALGALERIE (1867-76) an.

In den Jahren 1896-1904 und 1910-30 entstanden in unmittelbarer Nachbarschaft zu diesen drei Bauten zwischen > SPREE und > KUPFERGRABEN das Kaiser-Friedrich-Museum (seit 1956 > BODE-MUSEUM) und das > PERGAMONMUSEUM. Letzteres wurde vornehmlich für die umfangreichen archäologischen Funde des > VORDERASIATISCHEN MUSEUMS, der > ANTIKENSAMMLUNG und des > MUSEUMS FÜR ISLAMISCHE KUNST konzipiert sowie für Teile der Gemäldegalerie und die Skulpturensammlung.

Von 1830 bis 1930 war so in nur einem Jahrhundert das Zentrum der SMB, die Berliner Museumsinsel, entstanden, die als ein Museumskomplex von Weltgeltung hervorragende Kulturgüter und Kunstwerke aus allen Perioden der Menschheitsgeschichte und aus vielen Regionen der Welt an einem Ort vereinte. Sie wurde ergänzt durch die außerhalb der Museumsinsel liegenden Museen der SMB: das > MUSEUM FÜR VÖLKERKUNDE in der Stresemannstr., das > KUNSTGEWERBEMUSEUM, ursprünglich in der Prinz-Albrecht-Str. (heute > MARTIN-GROPIUS-BAU), ab 1921 im > STADTSCHLOSS, das > MUSEUM FÜR VOR- UND FRÜHGESCHICHTE (seit 1921 im ehem. Kunstgewerbemusum in der Prinz-Albrecht-Str.) sowie die Ostasiatische Kunstabteilung am gleichen Ort (heute > MUSEUM FÜR OSTASIATISCHE KUNST) und das Museum für Deutsche Volkskunde (heute > MUSEUM FÜR VOLKSKUNDE in Dahlem).

Durch den II. Weltkrieg erlitten die SMB erhebliche Verluste an Kunstwerken und Kulturgütern, v.a. aber wurden die Museen selbst in erheblichem Maße beschädigt und einige von ihnen sogar völlig zerstört. Darunter befanden sich das Schloßmuseum, das Völkerkundemuseum, der Museumsbau an der Prinz-Albrecht-Str., das Alte Museum, das Neue Museum und die Nationalgalerie.

Die der Kapitulation folgende Teilung Deutschlands und Berlins bedeutete auch für die SMB eine Spaltung ihrer Bestände und Museen. Bis zum Ende des Krieges waren die SMB dem Preußischen Ministerium für Bildung, Wissenschaft und Kultur unterstellt. Nach dem Zusammenbruch des Deutschen Reichs und der Auflösung Preußens durch die > ALLIIERTEN mußte die Stadt Berlin die Verantwortung für die SMB übernehmen, womit sie jedoch finanziell von vorneherein überfordert war. Deshalb wurden die im Ostteil der Stadt verbliebenen Sammlungen 1952 dem Ministerium für Kultur der DDR unterstellt, während man die in West-Berlin ansässigen Museen 1961 in die Trägerschaft der für die Verwaltung des Preußischen Kulturbesitzes seitens der Bundesregierung gebildeten Stiftung Preußischer Kulturbesitz überführte.

Während die Ost-Berliner Museen ihren traditionellen Standort auf der Museumsinsel beibehielten und die bis zu 80 % zerstörten Gebäude zum großen Teil wiederhergestellt werden konnten, richteten sich die SMB im Westteil an drei neuen Museumsstandorten in > DAHLEM, Charlottenburg und > TIERGARTEN ein (> MUSEUMSZENTRUM CHARLOTTENBURG), jedoch unter Beachtung der Tradition (> MUSEUMSZENTRUM DAHLEM) und unter Berücksichtigung der später einmal erhofften Wiedervereinigung mit der Museumsinsel (> KULTURFORUM TIERGARTEN).

Mit der am 3.10.1990 erfolgten Vereinigung übernahm laut > EINIGUNGSVERTRAG Art. 35 die Stiftung Preußischer Kulturbesitz auch die Trägerschaft für die SMB im Ostteil der Stadt. Damit waren die Voraussetzungen für eine Wiedervereinigung der willkürlich getrennten Museumskomplexe gegeben. Seit dem 1.1.1992 stehen die einzelnen Museen und Sammlungen wieder unter Leitung einer einheitlichen Generalverwaltung.

Staatliche Schauspielbühnen: Die seit 1951 bestehenden S. umfassen heute das als Großes Haus fungierende > SCHILLER-THEATER in der Bismarckstr. 110 im Bezirk > CHARLOTTENBURG, die als Experimentierbühne genutzte > SCHILLER-THEATER-WERKSTATT am gleichen Ort und das als Kleines Haus bespielte > SCHLOSSPARK-THEATER in der Schloßstr. 48 im Bezirk > STEGLITZ. Ihren Verwaltungssitz haben die S. im Schiller-Theater. Alle drei Häuser unterstehen der > Senatsverwaltung für Kulturelle Angelegenheiten (SenKult) und werden seit 1990 von einer vierköpfigen Direktion geleitet. Dabei sind die beiden Regisseure Alfred Kirchner und Alexander Lang als künstlerische Direktoren v.a. für Spielplangestaltung und Regie, Vera Sturm für die Dramaturgie und Volkmar Claus für die Geschäftsführung zuständig. Im Sommer 1992 entschied die SenKult diese Leitungsstruktur nicht länger aufrechtzuerhalten. Für die Spielzeit 1993/94 wurden Volkmar Claus als Generalintendant und Niels-Peter Rudolph als künstlerischer Direktor berufen. Das ca. 85 Schauspieler umfassende Ensemble der S. wird je nach Spielplangestaltung an allen drei Häusern eingesetzt. Darüber hinaus beschäftigen die S. 500 weitere Mitarbeiter. Gemessen an der räumlichen Ausstattung, am Ensemble und am Etat (1991 43 Mio. DM) sind die S. das größte Sprechtheater in Deutschland.

Die Ära der S. begann mit der Wiedereröffnung des Schiller-Theaters am 6.9.1951. Nach der > Spaltung der Stadt traten sie damit für den Westteil die Nachfolge des 1945 untergegangenen Preußischen Staatstheaters am > Gendarmenmarkt an (> Schauspielhaus) und übernahmen zugleich die Nationaltheaterfunktion, die für die DDR und Berlin (Ost) vom > Deutschen Theater ausgeübt wurde. Gehörten das Schiller- und das Schloßpark-Theater von Beginn an zu den staatlichen Bühnen, so kam die Schiller-Theater-Werkstatt erst 1959 hinzu. Von 1951-72 leitete Boleslaw Barlog die Geschicke der S. und prägte mit seiner Form des großen Schauspielertheaters den Stil des Hauses. Das glanzvoll besetzte Ensemble mit Schauspielern wie Berta Drews, Martin Held, Ernst Schröder, Erich Schellow und Thomas Hoetzmann und einzelnen Regiepersönlichkeiten bestimmten auch noch unter der Intendanz von Hans Lietzau 1972-80 die Geltung der drei Bühnen. Weder Lietzau noch sein 1980-85 amtierender Nachfolger Boy Gobert, der ein populär-vielgestaltiges Programm propagierte, konnten auf Dauer die hochgesteckten Erwartungen einlösen. Unter der Generalintendanz von Heribert Sasse 1985-90 spitzte sich die Situation der S. krisenhaft zu. Durch die „Viererlösung" 1990 erhoffte man sich eine künstlerische und organisatorische Wiederbelebung. Die neue Leitung setzte insbes. auf junge Schauspieler und neue Stücke, ohne damit den großen Durchbruch erzielt zu haben.

Staatliches Institut für Musikforschung mit Musikinstrumenten-Museum: Das 1962 unter seinem jetzigen Namen in die > Stiftung Preussischer Kulturbesitz eingegliederte S. an der Tiergartenstr. im > Kulturforum Tiergarten betreibt Forschung auf den Gebieten Musikinstrumentenkunde (ohne Ethnologie), Musikgeschichte und -theorie, Musikanalyse und -dokumentation sowie Akustik und Musikpsychologie. Zu seinen Aufgaben zählen u.a. die Erarbeitung einer Geschichte der Musiktheorie in Zusammenarbeit mit ca. 40 Fachgelehrten des In- und Auslandes in 15 Bänden (seit 1984 sind acht Bände erschienen) und die Erforschung von Klangspektren historischer Musikinstrumente.

Zum S. gehört das *Musikinstrumenten-Museum* mit ca. 2.500 Objekten des europäischen Musiklebens vom 16. Jh. an, davon sind ca. 500 in der Schausammlung ausgestellt. Ferner besteht eine Instrumentenbauer-Werkstatt mit Demonstrationsmodellen, ein Vortragssaal, ein mit modernster Technik ausgerüstetes Aufnahmestudio sowie ein Café. Die rd. 55.000 Bände umfassende Bibliothek sowie das Bild- und Dokumentenarchiv mit ca. 80.000 Objekten sind für die Öffentlichkeit zugänglich.

Vorläufer des S. waren u.a. die Sammlung alter Musikinstrumente der Königlichen Hochschule für Musik (1888) und das Fürstliche Institut für musikwissenschaftliche Forschung zu Bückeburg (1917), die 1935 zum Staatlichen Institut für Deutsche Musikforschung zusammengefaßt wurden. Der größte Teil der Bestände ging im II. Weltkrieg verloren. 1947 wurde mit dem Wiederaufbau des S. begonnen. Nach provisorischer Unterbringung an verschiedenen Orten – von 1962 an in den Räumen des > Joachimsthalschen Gymnasiums – bezog es 1984 den nach Plänen von Hans Scharoun und Edgar Wisniewski in Verbindung mit der > Philharmonie errichteten Neubau am Kulturforum.

Staatsanwaltschaften: In Berlin bestehen drei Strafverfolgungsbehörden im Verantwortungsbereich der > Senatsverwaltung für Justiz: die *Staatsanwaltschaft bei dem Kammergericht* (StA b. d. KG), die *Staatsanwaltschaft bei dem Landgericht* (StA b. d. LG) und die *Amtsanwaltschaft*.

Oberste Behörde ist hierbei die StA b. d. KG. Ihr obliegt neben der Aufsicht über die anderen Anklagebehörden die Vorbereitung und Begleitung aller Verfahren, die beim > KAMMERGERICHT zur Entscheidung gelangen (u.a. erstinstanzlich: Staatsschutzsachen, Revisionen in Strafsachen, die in I. Instanz beim > AMTSGERICHT anhängig waren), Beschwerden in Bußgeldsachen, in Berlin mit der besonderen Zuständigkeit in Kartellsachen des Kammergerichts. Die StA b. d. KG ist derzeit noch Am Karlsbad 6-7 im Bezirk > TIERGARTEN ansässig, wird jedoch in Kürze in das historische Gebäude des Kammergerichts in der Elßholzstr. umziehen. Eine Zweigstelle (Arbeitsgruppe Regierungskriminalität) arbeitet in der Luisenstr. 33-34 im Bezirk > MITTE. Der vom > ABGEORDNETENHAUS VON BERLIN gewählte *Generalstaatsanwalt* ist seit 1991 Dieter Neumann.

Der wesentliche Teil der Strafverfolgung wird von der StA b. d. LG im > KRIMINALGERICHT MOABIT in der > TURMSTRASSE 91 geleistet, die ihre Anklageschriften dem > LANDGERICHT BERLIN und dem in Strafsachen für ganz Berlin zuständigen Amtsgericht Tiergarten zuleitet (> AMTSGERICHTE), die ebenfalls im Gebäudekomplex an der Turmstr. untergebracht sind. Die StA b. d. LG wird im Bereich der kleineren > KRIMINALITÄT durch eine für Berlin traditionelle und selbständige Amtsanwaltschaft ergänzt (Anklage vor dem Strafrichter des Amtsgerichts), die es in Deutschland ansonsten nur noch in Frankfurt/M. gibt. Die Staatsanwaltschaft bei dem Landgericht Berlin war auch schon vor der Vereinigung die größte deutsche Anklagebehörde. Ihr Leiter, derzeit Hans-Joachim Heinze, führt ebenfalls den Titel Generalstaatsanwalt, eine Bezeichnung, die sonst ausschließlich den leitenden Staatsanwälten bei den Oberlandesgerichten (in Berlin Kammergericht) vorbehalten ist. Er ist ein vom Abgeordnetenhaus gewählter Beamter.

Mit der Einrichtung von S. nach französischem Vorbild wurde der Inquisitionsprozeß abgelöst, dessen wesentlicher Nachteil es war, daß die ermittelnde und richtende Tätigkeit in einer Hand, nämlich der des Richters, lagen, noch dazu in einem geheimen Verfahren. In Berlin trat am 1.10.1846 das „Gesetz, betreffend das Verfahren in den bei dem Kammergericht und dem Kriminalgericht zu Berlin zu führenden Untersuchungen" in Kraft, in dem bereits die Einsetzung von Staatsanwälten geregelt war. Deren Ernennung sollte damals durch den König auf Antrag des Justizministers erfolgen. Heute ist

die Organisation der Staatsanwaltschaft in den §§ 141 ff. des Gerichtsverfassungsgesetzes vom 27.1.1877 geregelt.

Die nach dem Ende des II. Weltkrieges entstandene politische Situation hat auch die Strafverfolgung in Berlin beeinflußt. In Berlin (West) galt das Straf- und Strafprozeßrecht des Bundes z.T. nur eingeschränkt (> POLITISCHES SYSTEM). Zudem überlagerte Besatzungsstrafrecht die deutsche Rechtsordnung (> ALLIIERTE; > SONDERSTATUS 1945-90). Für eine Reihe von Tatbeständen war danach noch bis 1989 – theoretisch – die > TODESSTRAFE angedroht. Auch bezüglich der Tatbestände des alliierten Strafrechts (z.B. Nichtmitführen eines Personalausweises; Schriften mit abfälligen Bemerkungen über eine Besatzungsmacht) bestand für die Berliner S. Verfolgungspflicht. Bei Strafverfolgungsmaßnahmen, die die alliierten Besatzungsmächte berührten, mußte in jedem Einzelfall eine Ermächtigung zur Ausübung der deutschen Gerichtsbarkeit eingeholt werden.

Infolge der politischen Gegensätze gab es praktisch keine rechtsstaatlichen Ansprüchen standhaltende Zusammenarbeit auf dem Gebiet der Strafverfolgung mit der DDR. So konnte z.B. auch dem letzten Zulieferungsersuchen der DDR im Fall des allgemein als „Devisenbeschaffer" bezeichneten Beschuldigten Alexander Schalck-Golodkowski nach den Maßstäben des Bundesverfassungsgerichts von der StA b. d. KG nicht entsprochen werden.

Im Zuge der > VEREINIGUNG sind die Strafverfolgungsbehörden im Ostteil der Stadt ersatzlos aufgelöst und ihre Aufgabe gemäß > EINIGUNGSVERTRAG von den westlichen Instanzen übernommen worden. Zu Unrecht ergangene ehem. DDR-Urteile sind im Wege der Rehabilitierung und Kassation aufzuheben oder abzumildern, eine Aufgabe, die die StA b. d. KG übernommen hat.

Es gilt aber auch, die politisch Verantwortlichen für das Unrecht des DDR-Staates individuell zur Rechenschaft zu ziehen, und zwar wegen der Hauptstadtfunktion Ost-Berlins vorwiegend in örtlicher Zuständigkeit Berlins. Deshalb ist für die Aufarbeitung ehem. *Regierungskriminalität* bei der StA b. d. KG eine besondere *Arbeitsgruppe Regierungskriminalität* eingerichtet worden. Aufgrund gemeinsamer politischer Verantwortung für diese Aufgabe haben der Bund und die alten Bundesländer dafür 60 Strafjuristen zur Unterstützung nach Berlin abgeordnet. Die Zentrale Ermittlungsgruppe Regierungs- und Vereinigungskriminalität der Berliner > POLIZEI arbeitet der StA b. d. KG zu.

Die StA b. d. LG hat die strafrechtliche Verantwortung ehem. Richter, Staatsanwälte sowie Polizei- und Vollzugsbeamter der DDR zu überprüfen. Es sind auch diejenigen zu verfolgen, die sich im Zuge des Einigungsprozesses kriminell bereichert haben. Allein diese *Vereinigungskriminalität* zwang die Staatsanwaltschaft, internationale Geldtransfers in mehrstelliger Milliardenhöhe zu überprüfen. Zur Bewältigung dieser Probleme ist die Behörde auf 259 Staatsanwälte (Stand Juni 1992) vergrößert worden.

Staatsbibliothek zu Berlin – Preußischer Kulturbesitz:

1. Aufgaben und Funktionen
Die S. ist die Nachfolgerin der ehem. Preußischen Staatsbibliothek. Sie ist mit Beginn des Jahres 1992 aus der Zusammenführung der im Ostteil der Stadt gelegenen *Deutschen Staatsbibliothek* in der Straße > UNTER DEN LINDEN 9 im Bezirk > MITTE und der im Westteil der Stadt gelegenen *Staatsbibliothek Preußischer Kulturbesitz* in der > POTSDAMER STRASSE 33 im Bezirk > TIERGARTEN hervorgegangen. Bereits mit dem Tag der > VEREINIGUNG, am > 3. OKTOBER 1990, war die Deutsche Staatsbibliothek Bestandteil der > STIFTUNG PREUSSISCHER KULTURBESITZ geworden, zu der die Stabi bereits seit 1962 gehörte. Die heutige S. gliedert sich in eine Präsenz- und Forschungsbibliothek (Haus Unter den Linden) und eine Ausleih- und Informationsbibliothek (Haus Potsdamer Str.).

Als eine herausragende wissenschaftliche Universalbibliothek mit einem Bestand von ca. 9 Mio. Druckschriften ist sie mit ihren Sammlungen, Dienstleistungen und weiteren Funktionen ein Zentrum der Literaturversorgung in Deutschland (> BIBLIOTHEKEN). Sie geht sowohl quantitativ im Umfang ihrer Bestände als auch in der Weite ihres Bestandsaufbaus über die der großen Universitätsbibliotheken hinaus, da sie im Gegensatz zu diesen dem Kohärenzprinzip folgt und nicht den Anforderungen bestimmter Institutionen unterworfen ist. Die S. dient der Erhaltung des geistigen Erbes durch Bewahrung, Erwerbung und Erschließung handschriftlicher und gedruckter Quellen, wobei „in möglichster Vollständigkeit die deutsche und in angemessener Auswahl auch die ausländische Literatur" zu sammeln ist (Bibliotheks-

statut von 1885). Heute richtet sich der Bestandsaufbau auf wichtige Publikationen aus allen Ländern und Fachgebieten. Er zielt auf einen Vollständigkeitsgrad, der höher liegt als der der größeren Universitäts- und Landesbibliotheken, aber unterhalb der umfassenden Sammelaufgaben der Zentralen Fachbibliotheken und der Sondersammelgebiete, soweit diese nicht selbst von der S. wahrgenommen werden.

Schwerpunkte der Erwerbung liegen in den Sammelgebieten der historisch entstandenen acht Sonderabteilungen: Handschriftenabteilung (seit 1886), Musikabteilung (seit 1824), Kartenabteilung (seit 1859), Kinder- und Jugendbuchabteilung (seit 1951), Zeitungsabteilung (neu gegründet), Orientabteilung (seit 1918), Ostasienabteilung (seit 1922), Osteuropa-Abteilung (seit 1950) sowie in den von der Deutschen Forschungsgemeinschaft (DFG) koordinierten und geförderten Sondersammelgebieten und überregionalen Schwerpunkten mit umfassendem Sammelauftrag, die sich z.T. mit dem Bestandsaufbau der Sonderabteilungen decken: Rechtswissenschaft, Orientalistik, Allgemeines, Ost- und Südostasien, Veröffentlichungen zur Kartographie, Ausländische Zeitungen, Parlamentsschriften, Topographische Karten. Einen weiteren Schwerpunkt bildet das der Bibliothek übertragene Segment der Sammlung deutscher Drucke aus dem Zeitraum 1871-1912, wofür Vollständigkeit angestrebt wird. Für eine Reihe von Spezialsammlungen, wie z.B. Schrifttum der Reformationszeit, Luther-Sammlung, theologische und historische Flugschriften ergeben sich ebenfalls Erwerbungsschwerpunkte, wie auch für den aus Geschichte und Tradition der Bibliothek bedingten Sammelbereich Brandenburg/Preußen.

Die Bestände der S. sind am Orte und durch den nationalen und internationalen Leihverkehr jedem Nutzer zugänglich. Darüber hinaus vermittelt die S. Dokumente aus anderen Bibliotheken und ermöglicht in einem breiten fachlichen Spektrum Zugang zu deutschen und ausländischen Informationsdatenbanken über ihre Informationsvermittlungsstelle. Für die Bestandserschließung werden die Nachweise kontinuierlich in einem Online-Benutzerkatalog zusammengefaßt, der in beiden Bibliotheksgebäuden und von auswärts einen direkten Zugriff auf die Bestandsinformationen gewährleistet. Sonderbestände werden darüber hinaus durch gedruckte Fachkataloge erschlossen. Schließlich befindet sich im Haus an der Potsdamer Str. der > BERLINER GESAMTKATALOG.

Die S. ist, unabhängig von ihren eigenen Sammlungen, Träger wichtiger bibliothekarischer Gemeinschaftsunternehmungen, wie der gemeinsam mit dem > DEUTSCHEN BIBLIOTHEKSINSTITUT (DBI) erarbeiteten Zeitschriftenbank (ZDB) als Gesamtnachweis der Zeitschriftenbestände in deutschen wissenschaftlichen Bibliotheken, dem Gesamtverzeichnis der Kongreßschriften (GKS) und anderer Bestandsnachweise im nationalen Rahmen. Zentrale Bedeutung haben die traditionell bei der S. und ihren Vorgängern geführten internationalen und überregionalen Nachweise besonderer Dokumenten-Arten, wie der Gesamtkatalog der Wiegendrucke (GW), die Zentralkartei der Autographen und vieles andere.

Trotz ihrer umfassenden Aufgaben übt die S. nicht die Primärfunktionen einer Nationalbibliothek als Archiv-Bibliothek der nationalen Buch- und Medienproduktion und als national-bibliographisches Zentrum aus. Diese Funktion wird von der Deutschen Bibliothek in Frankfurt/M. wahrgenommen.

Rechtliche Grundlagen für die Vereinigung beider Bibliotheken bildete der am 3.10.1990 in Kraft getretene > EINIGUNGSVERTRAG, Art. 35 Abs. 5, der der Stiftung Preußischer Kulturbesitz die vorläufige Trägerschaft für die beiden zusammenzuführenden Bibliotheken überträgt. Nach dem am 4.2.1991 vom Stiftungsrat gefaßten Beschluß zur zukünftigen Aufgaben- und Bestandsverteilung werden die Druckschriftenbestände der beiden Bibliotheken in chronologischer Schichtung auf die beiden Häuser verteilt und die älteren Bestände im Gebäude Unter den Linden zusammengeführt, während die neueren Bestände im Gebäude in der Potsdamer Str. konzentriert werden. Das Haus Unter den Linden wird als Präsenz- und Forschungsbibliothek, das Haus Potsdamer Str. als Ausleih- und Arbeitsbibliothek sowie als Informationszentrum genutzt werden. Die Sonderabteilungen werden, soweit Paralleleinrichtungen bestehen, zusammengeführt und entsprechend der Kapazität und Eignung der verfügbaren Räumlichkeiten auf beide Häuser und deren zukünftige Funktionen verteilt. Die Integration soll in 10-12 Jahren abgeschlossen sein.

Der Personalbestand im Haus an der Straße Unter den Linden belief sich 1990 auf 546

Planstellen, der Erwerbungsetat betrug 1989 (einschließlich Einband) DM 6,6 Mio. Der Personalbestand am Haus an der Potsdamer Str. belief sich 1990 auf 514 Stellen (davon 19 aus Mitteln der DFG), der Erwerbungsetat 1989 auf ca. 8,7 Mio. DM.

2. Geschichte der Staatsbibliothek

Die Geschichte der S. geht auf das Jahr 1661 zurück, als der Große Kurfürst Friedrich Wilhelm (1640-88) die Bestände seiner Hofbibliothek im Apothekenflügel des > STADTSCHLOSSES erstmals der gelehrten Öffentlichkeit zugänglich machte. Der Anfangsbestand der *Churfürstlichen Bibliothek zu Cölln* betrug rd. 21.000 Druckschriften und 1.800 Handschriften. Die Königskrönung Friedrichs (III.) I. machte sie 1701 zur *Königlichen Bibliothek*. Friedrich der Große (1740-86) ließ für sie 1775-80 am heutigen > BEBELPLATZ ein repräsentatives Bibliotheksgebäude erbauen (> ALTE BIBLIOTHEK). 1809 wurde die Königliche Bibliothek unter staatliche Aufsicht gestellt; Wilhelm v. Humboldt hatte dafür gesorgt, daß sie im Haushalt einen festen Etatposten bekam. Zwischen 1812 und 1827 ist ein alphabetischer Katalog auf Karten angelegt worden, der erhalten geblieben ist und fortgeführt wird. 1840 betrug der Bestand der Bibliothek bereits 320.000 Druckschriften und 6.000 Handschriften. Unter der Leitung des Historikers Georg Heinrich Pertz, des Begründers der Ägyptologie, Richard Lepsius, und des Theologen Adolf v. Harnack entwickelte sich die Bibliothek, die seit 1918 den Namen *Preußische Staatsbibliothek* führte, zu einer der angesehensten Bibliotheken der Welt. Zentrale Funktionen, verbunden mit einem alle Fachgebiete umfassenden Ausbau der Sammlungen, dem Aufbau eines differenzierten Katalogsystems und einer breit gefächerten bibliographischen Tätigkeit rückten die Staatsbibliothek damals an die erste Stelle unter den Bibliotheken in Deutschland, ohne daß sie den offiziellen Status einer Nationalbibliothek besaß.

Dazu trug auch der monumentale Neubau für die Bibliothek mit seinem berühmten Kuppellesesaal bei, der in den Jahren 1903-14 nach den Entwürfen von Ernst v. Ihne Unter den Linden errichtet worden war und der damals zugleich die 1831 gegründete *Universitätsbibliothek* der > FRIEDRICH-WILHELMS-UNIVERSITÄT und die Hauptbibliothek der > PREUSSISCHEN AKADEMIE DER WISSENSCHAFTEN aufnahm. Der rechtwinklige Bibliothekskomplex zwischen Universitätsstr. und Charlottenstr./Unter den Linden und Clara-Zetkin-Straße (früher Dorotheenstr.) mißt 106 x 170 m und besitzt sechs Innenhöfe, von denen der repräsentative Eingangshof von der Straße Unter den Linden aus zugänglich ist. In ihm befindet sich ein Springbrunnen, eine Bronze-Statue „Lesender Arbeiter" und eine bronzene Relieftafel zu Bertolt Brechts Gedicht „Fragen eines lesenden Arbeiters", geschaffen von Werner Stötzer und 1961 aus Anlaß des dreihundertjährigen Bestehens der Bibliothek aufgestellt. Der wilhelminische Repräsentationsbau hat sandsteinverkleidete Fronten von drei Geschossen, denen im Innern 13 Magazingeschosse entsprechen. Die Hauptfassade Unter den Linden zeigt einen dreiachsigen Mittelrisalit mit Halbsäulen und Dreiecksgiebel mit Relief und Fassadenplastik. In dem an den Eingangshof sich anschließenden Hauptbau befand sich der große Kuppelsaal.

Zu Beginn des II. Weltkrieges hatte die Preußische Staatsbibliothek einen Bestand von 3 Mio. Druckschriften und 71.000 Handschriften, der während des Krieges in 30 verschiedene Orte ausgelagert wurde. Ein Teil ging dabei verloren. Das Gebäude wurde im Kriege in wichtigen Teilen zerstört, so auch die technischen Einrichtungen und der Kuppelsaal, der bisher nicht wieder aufgebaut wurde. Aber auch wertvolle Teile der in Berlin verbliebenen Bestände, u.a. die umfassende Handbibliothek des Lesesaals, der bibliographische Handapparat sowie der alphabetische Bandkatalog wurden vernichtet.

2.1. Die Deutsche Staatsbibliothek

Nach Kriegsende wurde die Bibliothek, nach provisorischer Beseitigung von Gebäudeschäden, am 1.10.1946 als „Öffentliche Wissenschaftliche Bibliothek" wiedereröffnet. Von den in den ehemals deutschen Ostgebieten östlich von Oder und Neiße ausgelagerten Beständen kehrte nur ein Teil zurück. Rund 1,8 Mio. Bände, darunter rd. 23.000 Handschriften, die während des Krieges in die späteren Westzonen ausgelagert worden waren oder sich in den drei Westsektoren Berlins befanden, sind nicht nach Ost-Berlin zurückgekehrt, sondern bildeten 1978 den Grundstock der Staatsbibliothek Preußischer Kulturbesitz in West-Berlin.

Seit 1945 erhielt die Bibliothek ein Pflichtexemplar von Druckerzeugnissen aus der Sowjetischen Besatzungszone (ab 1949 aus der DDR) und entwickelte sich zur zentralen wissenschaftlichen Bibliothek, die gemeinsam mit der Deutschen Bücherei in Leipzig Aufgaben einer Nationalbibliothek wahrnahm. 1954 erfolgte ihre Umbenennung in „Deutsche Staatsbibliothek". Zur Erweiterung der Magazinkapazität von rd. 160 km Stellfläche wurden in den 80er Jahren vier, nur z.T. funktionsgerechte, zusätzliche Büchertürme gebaut.

Die Bestände der Deutschen Staatsbibliothek betrugen am 1.1.1991: 3,94 Mio. Bände Druckschriften, 71.360 Handschriften (davon 7.049 abendländische, 1.044 orientalische und 63.287 Musikhandschriften), 194 Nachlässe, 15.779 Einzelautographen, 1.052 Inkunabeln, 330.000 Musikdrucke, 35.450 Tonträger, 338.000 Karten und Globen, 116.234 Kinder- und Jugendbücher, 169.000 Mikrofilme und Mikrofiches, 9.685 laufend bezogene Zeitschriften und Zeitungen (davon ca 6.400 fremdsprachige) sowie 384.694 Bildnisse, Stiche, graphische Blätter und Exlibris.

2.2. Die Staatsbibliothek Preußischer Kulturbesitz

Staatsbibliothek ("StaBi")

Die ausgelagerten Bestände der Preußischen Staatsbibliothek (etwa 1,7 Mio. Bände sowie der größere Teil der Inkunabel-, Handschriften- und Kartenbestände) wurden 1945 zunächst in der Hessischen, später Westdeutschen Bibliothek in Marburg/Lahn bzw. im Depot Tübingen zusammengezogen. Nach Bildung der > STIFTUNG PREUSSISCHER KULTURBESITZ durch Bundesgesetz vom 25.7.1957 und Übernahme der Bibliothek in diese Stiftung 1962 wurden die Abteilungen und Bestände aus Marburg ab 1964 und 1967/68 aus dem Tübinger Depot nach Berlin gebracht und 1978 im neuen Gebäude in Berlin-Tiergarten zusammengeführt.

Der moderne, von Hans Scharoun und Edgar Wisniewski entworfene und 1967-76 errichtete Bibliotheksbau an der Potsdamer Straße bildet den östlichen Abschluß des > KULTUR-FORUMS TIERGARTEN. Das Gebäude mit ca. 45.000 m² ist funktionell-räumlich gestaltet. Das wie die > PHILHARMONIE mit eloxierten Aluminiumblechen verkleidete Büchermagazin ist in flachere Umbauten eingebettet, die u.a. das > IBERO-AMERIKANISCHE INSTITUT beherbergen. Neben den verschiedenen Institutionen, dem Foyer, einem Ausstellungsbereich und einer Cafeteria, verfügt der Bau über den *Otto-Braun-Saal*, der als Veranstaltungs- und Vortragsraum genutzt wird.

In den ersten 15 Jahren der Aufbauzeit in Marburg machten Zeitschriften den Schwerpunkt der Erwerbungen aus. Erst mit der Übernahme durch die Stiftung Preußischer Kulturbesitz konnten zunehmend in- und ausländische Monographien aus allen Fachgebieten beschafft und ein aktueller universaler Literaturbestand aufgebaut werden. In begrenztem Umfang war es auch möglich, die aus der Preußischen Staatsbibliothek übernommenen Bestände an Handschriften, Autographen, historischen Karten, Musikalien usw. zu ergänzen. Schwerpunkte im Bestandsaufbau bildeten auch die 1950 gegründete Osteuropa-Abteilung und die Abteilung Amtsdruckschriften.

Neben ihren lokalen und regionalen Aufgaben übernahm die Bibliothek insbes. Aufgaben der überregionalen Literaturversorgung im deutschen und internationalen Leihverkehr und als Trägerinstitution oder in eigener Verantwortung zahlreiche bibliothekarische Gemeinschaftsaufgaben.

Die Bestände der Staatsbibliothek Preußischer Kulturbesitz betrugen am 1.1.1991: 4,4 Mio. Bände Druckschriften, 65.082 Handschriften (davon: 11.507 abendländische, 32.555 orientalische und 21.020 Musikhandschriften), 789 Nachlässe und Sammlungen, 12.484 Einzelautographen, 3.154 Inkunabeln, 238.000 Musikdrucke, 500.000 Karten und Globen, 970.000 Mikrofilme und Mikrofiches, 31.874 laufend bezogene Zeitschriften und Zeitungen sowie 9 Mio. Bilder.

Staatsratsgebäude: Das 1962-64 nach Plänen von Roland Korn und Hans-Erich Bogatzky errichtete ehem. S. im Bezirk > MITTE schließt den > MARX-ENGELS-PLATZ an der Südseite zwischen Breite Str. und Spreekanal ab. Nachdem es mit der > VEREINIGUNG an den Bund gefallen ist, wird es heute durch das > BUNDESVERMÖGENSAMT Berlin II verwaltet. Über seine spätere Nutzung war im Frühjahr

1992 noch nicht entschieden.

In die Fassade des dreigeschossigen, natursteinverkleideten Stahlskelettbaus wurde unsymmetrisch – westlich drei, östlich sieben Achsen – das Portal IV vom Lustgartenflügel des > STADTSCHLOSSES eingefügt, das Johann Friedrich Eosander v. Göthe in Anlehnung an das von Andreas Schlüter geschaffene Portal

Staatsratsgebäude

V 1706-13 errichtet hatte. Vom Balkon des Portals IV hatte Karl Liebknecht am 9.11.1918 erfolglos die „Freie sozialistische Republik Deutschland" ausgerufen, etwa zwei Stunden nach der Proklamation der „Deutschen Republik" durch Philipp Scheidemann vom > REICHSTAGSGEBÄUDE. Über dem rundbogigen Balkonfenster vor der Hauptetage befindet sich eine von Genien gerahmte Wappenkartusche, in der die Jahreszahlen 1713 und 1963 eingemeißelt sind.

Staatssicherheitsdienst der DDR: Der S. war das bedeutendste Instrument des SED-Staates zur Ausübung und Aufrechterhaltung seiner Macht mit repressiven Mitteln wie Bespitzelung, Bevormundung, Erpressung und Spionage. Er handelte jedoch nicht eigenmächtig als „Staat im Staate", sondern verstand sich stets als „Schild und Schwert der Partei", also als untergeordnetes und ausführendes Organ der > SOZIALISTISCHEN EINHEITSPARTEI DEUTSCHLANDS (SED). Der S. war als militärische Behörde organisiert (Einzelleitung, Dienstgrade, Bewaffnung) und strukturiert (die Tätigkeit im S. galt als „Wehrersatzdienst"). Die im Zuge der > VEREINIGUNG übernommenen Akten des S. werden vom > BUNDESBEAUFTRAGTEN FÜR DIE UNTERLAGEN DES STAATSSICHERHEITSDIENSTES DER EHEM. DEUTSCHEN DEMOKRATISCHEN REPUBLIK verwaltet und der historischen, politischen und juristischen Aufarbeitung zugeführt.

An der Spitze der Hierarchie des S. stand das am 8.2.1950 gegründete *Ministerium für Staatssicherheit (MfS)* mit seinen zuletzt ca. 97.000 offiziellen Mitarbeitern, davon 31.000 im Ministerium in Berlin und 44.000 in den 15 Bezirksverwaltungen (BV) der DDR. Insg. ca. 50.000 Mitarbeiter waren im „operativen Dienst" tätig und führten eine nicht genau bezifferbare Anzahl (ca. 350.000) von inoffiziellen Mitarbeitern (IM). Dem Ministerium in Berlin unterstanden die 15 BV in den Bezirken der DDR mit insg. 209 Kreisdienststellen (darunter eine in jedem Ost-Berliner Bezirk = elf) und sieben Dienststellen in bedeutenden Industrieobjekten außerhalb der Stadt.

Der Sitz des Ministeriums befand sich im Bezirk > Lichtenberg in der Normannenstr. 20. Dort verfügte es über ein ca. 6 ha großes, von der Öffentlichkeit abgeschirmtes Wohn- und Büroviertel, das sich von der > Frankfurter Allee aus nach Norden bis zur Bornitzstr. erstreckte, im Westen von der Ruschestr. und im Osten von der Magdalenenstr. begrenzt wurde. Innerhalb dieses Areals befanden sich der Sitz des Ministers und seiner Stellvertreter, die „Hauptverwaltung Aufklärung" und die 38 Hauptabteilungen sowie selbständigen Abteilungen (als größte die Abt. „Personenschutz"). Ferner war auf dem Gebiet die berüchtigte „Arbeitsgruppe des Ministers für Staatssicherheit" angesiedelt, die sich mit dem sog. „Ernstfall" beschäftigte.

Der weiträumige Gebäudekomplex beherbergt heute das Stasi-Museum und die > Forschungs- und Gedenkstätte in der Normannenstrasse, das Zentralarchiv des Bundesbeauftragten, die zentrale Hauptverwaltung und die Bezirksverwaltung der > Deutschen Reichsbahn sowie einige ihrer Einrichtungen, Teile des Bezirksamts Lichtenberg, das „Lichtenberger Congresscenter", ein Finanzamt, zwei > Arbeitsämter, das Institut für Ökosystemforschung Berlin / Halle, eine > Poliklinik, mehrere Läden und > Gaststätten sowie einige Gewerbebetriebe.

Ein zweiter großer Standort des MfS befand sich im Bezirk > Hohenschönhausen in einem ebenfalls abgegrenzten Wohnviertel um die Freienwalder und die Gensler Str. Dort hatten neben mehreren Verwaltungsgebäuden die Haftanstalt des S. und in der Freienwalder Str. 17-19 ein bedeutendes Archiv mit aus dem Deutschen Reich übernommenen NS-Unterlagen ihren Standort. Das Archiv ist heute Teil des > Bundesarchivs, die angrenzende Haftanstalt soll Gedenkstätte für die

Opfer der S. werden (> Justizvollzug).

Die Berliner BV des S. mit ca. 2.000 Mitarbeitern hatte ihren Sitz ebenfalls in Lichtenberg in einem Anfang der 80er Jahre errichteten Neubau an der Straße der Befreiung 60 (heute Alt-Friedrichsfelde). In der Anlage befinden sich jetzt u.a. wesentliche Teile der > Senatsverwaltung für Gesundheit und der > Senatsverwaltung für Soziales, des > Gesundheitsamts Lichtenberg sowie weitere Einrichtungen des Gesundheitswesens und des > Deutschen Roten Kreuzes (DRK).

Dem S. eingegliedert war das *Wachregiment „Feliks Dzierzynski"*. Es hatte seinen Namen von dem polnischen Gründer und ersten Leiter der im Dezember 1917 gebildeten sowjetischen Geheimpolizei „Tscheka". Die Kasernen des ca. 11.000 Personen zählenden Regiments befanden sich in der Rudower Chaussee 16-25 im Treptower Ortsteil > Adlershof. Seine Hauptaufgabe war die militärische Sicherung der Führungsstellen sowie anderer wichtiger Objekte der SED und der Regierung der DDR. Es verfügte ferner über einen Soldatenchor und ein eigenes professionelles Militärorchester. Ersterer wurde aufgelöst, letzteres arbeitet heute als „Großes Berliner Blasorchester" auf der Basis von Arbeitsbeschaffungsprogrammen weiter. Das Areal des Wachregiments in Adlershof wird in ein Gewerbezentrum umgewandelt, das ehem. Stasi-Kulturhaus ist jetzt ein soziokulturelles Bürger- und Jugendzentrum mit dem Namen *Come in*. Des weiteren haben auf diesem Gelände Teile des Bezirksamts > Treptow, ein Arbeitsamt, ein Sportzentrum, eine Musikschule sowie mehrere Dienstleistungseinrichtungen und Gewerbebetriebe ihren Sitz.

Auch im Bereich des Leistungssports hatte der S. in Berlin besondere Aktivitäten entwickelt. So war der ca. 1.300 aktive Leistungssportler zählende *SC Dynamo Berlin* de facto ein Stasi-Sportclub, dessen eigens für ihn errichtetes Sportforum Dynamo (heute > Sportforum Berlin) am Weißenseer Weg/Ecke Konrad-Wolf-Str. in Hohenschönhausen v.a. von den Schutz- und Sicherheitskräften der DDR benutzt wurde. Im Zuge der > Vereinigung wurde der Verein aufgelöst. Aus ihm gingen als Rechtsnachfolger der > Sportclub Berlin e.V. sowie die selbständigen Vereine *Handball-Club Preußen* und der *Eishockey-Club Dynamo* hervor.

Daneben gab es in Ost-Berlin ca. 8.200 Dienstwohnungen und Villen – besonders konzentriert in > WEISSENSEE und in Hohen-schönhausen –, die vom Land Berlin übernommen wurden, sowie ca. 1.000 weitere Objekte, die dem S. unterstanden, wie z.B. Garagen, Kfz-Werkstätten, Lagerräume u.ä. Schließlich besaß der S. in Berlin wie in der gesamten DDR ein eigenes, gut ausgebautes geheimes Telefonnetz, das z.Z. schrittweise für den öffentlichen Fernsprechverkehr nutzbar gemacht wird.

Das Ende des S. begann mit den sich ab Frühjahr 1989 abzeichnenden Zerfallserscheinungen der DDR, die den damaligen Staats- und Parteichef Erich Honecker am 18.10.1989 zum Rücktritt zwangen und am > 9. NOVEMBER 1989 zum Fall der > MAUER führten. Am 17.11.1989 beschloß die von Hans Modrow am 13.11. gebildete neue DDR-Regierung unter starkem öffentlichen Druck, den S. in *Amt für Nationale Sicherheit (AfNS)* umzubenennen. Anfang Dezember 1989 kam es in Rostock, Erfurt, Leipzig, Dresden und in Berlin zur Besetzung der Bezirksverwaltungen des MfS durch Bürgerkomitees. Dadurch wurde die Organisation an der Basis weitgehend handlungsunfähig und zeigte erste Auflösungserscheinungen.

Nach einer entsprechenden Ankündigung vom 14.12.1989 beschloß die Modrow-Regierung am 12.1.1990, die endgültige Auflösung des MfS/AfNS einzuleiten. Am 15.1.1991 folgte die Besetzung der S.-Zentrale in der Normannenstr. Die Abwicklung des S. erfolgte bis zum 30.6.1990 durch das „Staatliche Komitee zur Auflösung des Amtes für Nationale Sicherheit", das dem nach den Volkskammerwahlen vom 18.3.1990 ins Amt gekommenen Innenminister Peter Michael Diestel unterstellt war und das dieser personell unverändert von der Modrow-Regierung übernommen hatte. Auch wegen der erst sehr spät einsetzenden Kontrolle durch den am 21.6.1990 konstituierten „Sonderausschuß zur Kontrolle der Auflösung des AfNS" unter Leitung des heutigen Bundesbeauftragten Joachim Gauck konnten dabei nicht alle wichtigen Daten und Bestände gesichert werden.

Durch die Konzentration des politischen, wirtschaftlichen und kulturellen Lebens der DDR auf Ost-Berlin wurden die einzelnen Lebensbereiche hier besonders stark durch den S. kontrolliert. So waren nicht nur Teile der Bürgerbewegung von „Inoffiziellen Mitarbeitern" und „Offizieren im besonderen Einsatz" durchsetzt, sondern auch große Teile des kulturellen Lebens. Zu den spektakulären Beispielen in Berlin gehören u.a. die Vorwürfe der Stasi-Mitarbeit gegen Mitglieder der „Literaturszene" vom > PRENZLAUER BERG (> LITERATUR) oder die Anschuldigungen gegen den brandenburgischen Ministerpräsidenten Manfred Stolpe. Die Bewältigung des politischen Erbes des S. wird – unabhängig von der Abwicklung ihrer materiellen Hinterlassenschaften – noch viele Jahre in Anspruch nehmen. Zugleich bedeutet aber die Übernahme der hinterlassenen Akten durch den Bundesbeauftragten eine einmalige Chance zur Aufarbeitung der DDR-Vergangenheit.

Stadion der Weltjugend: Das zwischen Chaussee- und Scharnhorststr. gelegene S. im Bezirk > MITTE war mit einer Gesamtfläche von 131.600 m² und 47.195 Zuschauerplätzen das größte Stadion im Ostteil der Stadt. Es wurde zum Deutschlandtreffen der Freien Deutschen Jugend (FDJ) 1950 auf dem Gelände eines Polizeisportplatzes errichtet und 1951 für die 3. Weltfestspiele der Jugend und Studenten ausgebaut. Zunächst erhielt es den Namen „Walter-Ulbricht-Stadion", wurde aber nach der Renovierung für die 10. Weltfestspiele der Jugend 1973 in S. umbenannt. Es diente dem Übungs-, Trainings- und Wettkampfbetrieb v.a. in den Sparten Fußball und Leichtathletik sowie massensportlichen Großveranstaltungen. Das S. war regelmäßig Austragungsort des Fußball-Endspiels um den Pokal des Freien Deutschen Gewerkschaftsbundes, vergleichbar dem DFB-Vereinspokal.

Neben den leichtathletischen Einrichtungen und dem Großspielfeld im Stadion befinden sich zwei weitere Trainingsflächen. Mitte 1992 hat der Abriß des baufälligen Stadions begonnen, da auf dem Gelände im Rahmen der Vorbereitung auf die > OLYMPISCHEN SPIELE im Jahr 2000 bis Mitte der 90er Jahre eine 15.000 Zuschauer fassende Mehrzweckhalle mit ergänzenden Dienstleistungseinrichtungen wie Büros, Hotels, Geschäften und auch Wohnungen errichtet werden soll. Die Verwirklichung dieses Projekts mit einem geschätzten Investitionsvolumen von 1,1-1,6 Mrd. DM ist auch für den Fall vorgesehen, daß Berlin nicht den Zuschlag für die Olympischen Spiele erhalten sollte.

Stadion Wilmersdorf: Das aus Trümmerschutt aufgeschüttete (> TRÜMMERBERGE), auf dem Gelände der vormaligen Gasanstalt Wilmersdorf 1948-51 errichtete S. an der Fritz-Wildung-Str. 9 im Bezirk > WILMERSDORF ist ein kombiniertes Fußball-Leichtathletik-Stadion mit 20.000 Steh- und 10.000 Sitzplätzen. Es befindet sich in dem gleichnamigen, während der letzten Jahrzehnte schrittweise ausgebauten Sportkomplex zwischen Forckenbeckstr., Cunostr. und dem Autobahndreieck Wilmersdorf. Neben dem Stadion umfaßt dieses Sportzentrum vier Fußballgroßspielfelder, ein Kleinspielfeld (Handball), einen Rugby- und American-Football-Platz, zwei Sporthallen, je ein Hallen- und Sommerbad (> FREI- UND SOMMERBÄDER; > HALLENBÄDER), diverse Tennisplätze sowie das zwischen Mitte Oktober und Mitte März geöffnete, 4.700 Zuschauer fassende, offene *Eisstadion Wilmersdorf* (> KUNSTEISLAUFBAHNEN). Während die Tennisanlagen auf kommerzieller Basis von verschiedenen Vereinen genutzt werden, verwaltet der Bezirk Wilmersdorf die übrigen Anlagen, die neben der schulischen Nutzung neun Vereinen einschließlich einiger Betriebssportgemeinschaften überlassen wurden und auch der Öffentlichkeit zur Verfügung stehen (> SPORTSTÄTTEN).

Stadtältester von Berlin: Der S. ist eine durch den > SENAT VON BERLIN verliehene Ehrenbezeichnung für Bürger, die sich in hervorragender Weise um die Berliner Kommunalpolitik verdient gemacht haben. Gem. den auf Beschluß des > ABGEORDNETENHAUSES VON BERLIN 1953 erlassenen Richtlinien in der Fassung von 1973 muß der zu Ehrende mindestens 20 Jahre verdienstvoll in politischen Wahlämtern Berlins oder in Ehrenämtern von allgemeiner politischer Bedeutung für die Stadt tätig gewesen sein, das 65. Lebensjahr vollendet haben und Deutscher im Sinne von Art. 116 des Grundgesetzes sein. Die Ernennung zum S. ist eine persönliche Auszeichnung, die keine Sonderrechte oder -pflichten begründet. Ohne Rechtsanspruch genießen Stadtälteste gleiche Vergünstigungen wie die > EHRENBÜRGER von Berlin. Die seit der Steinschen Städteordnung von 1808 mögliche Auszeichnung wurde bisher an ca. 200 Personen verliehen. Um die Bedeutung der Ehrung zu unterstreichen, soll die Zahl der lebenden S. 30 möglichst nicht übersteigen.

Stadtbahn: S. ist die Bezeichnung für die 12 km lange Bahnstrecke zwischen dem >

HAUPTBAHNHOF am Stralauer Platz im Bezirk > FRIEDRICHSHAIN und dem Bahnhof Charlottenburg am Stuttgarter Platz im Bezirk > CHARLOTTENBURG. Die gleichzeitig von der > EISENBAHN und der > S-BAHN genutzte viergleisige Viaduktstrecke umfaßt elf Bahnhöfe, von denen der Hauptbahnhof, der > BAHNHOF FRIEDRICHSTRASSE und der > BAHNHOF ZOOLOGISCHER GARTEN auch als *Fernbahnhöfe* dienen.

Die S. entstand 1875-82 als innerstädtische Ost-West-Verbindungsbahn für den Stadt- und den *Fernverkehr*. Zwischen den Bahnhöfen > JANNOWITZBRÜCKE und Hackescher Markt (ehem. Bahnhof > BÖRSE, ab 1951 > MARX-ENGELS-PLATZ) folgt die Trasse dem Verlauf des ehem. Festungsgrabens der kurfürstlichen Stadtbefestigung aus dem 17. Jh. (> STADTMAUER), der anläßlich des Baus der S. zugeschüttet worden war. Bei Betriebseröffnung am 7.2.1882 für den „Localverkehr" und am 15.5.1882 für den Vorort- und Fernverkehr dienten von den zunächst neun Stationen an der S. die beiden Endbahnhöfe *Schlesischer Bahnhof* (heute Hauptbahnhof) und Charlottenburg sowie der Bahnhof > ALEXANDERPLATZ und der > BAHNHOF FRIEDRICHSTRASSE gleichzeitig als Fern- und Stadtbahnhöfe. Die Bahnhöfe Alexanderplatz und Friedrichstr. waren die ersten Berliner Bahnhöfe mit elektrischer Beleuchtung (> ELEKTRIZITÄTSVERSORGUNG). 1884 wurde aus dem Bahnhof Zoo zum Fernbahnhof ausgebaut; der Bahnhof Alexanderplatz dagegen wurde nach dem II. Weltkrieg nicht mehr als Fernbahnhof genutzt.

Die Fernbahnhöfe an der S. übernahmen praktisch die Funktion eines großen Berliner Zentralbahnhofs für die nach Westen und Osten gerichteten Fernverkehrsverbindungen. Zwischen ihnen wurden für den Stadtverkehr zusätzlich die Bahnhöfe > TIERGARTEN (1884) und > SAVIGNYPLATZ (1890) eröffnet. 1928 wurden die Stadt- und Vorortgleise auf elektrischen Gleichstrombetrieb umgestellt. Nach dem Bau der > MAUER am > 13. AUGUST 1961 blieb die S. als einzige Eisenbahnverbindung zwischen den beiden Stadthälften erhalten. Der Bahnhof Friedrichstraße diente als Grenzübergangsstelle (> BESUCHERREGELUNGEN). Für den auf der S. betriebenen S-Bahn-Verkehr wurde er damit von beiden Seiten zum Kopfbahnhof, während die Fernzüge nach der Grenzabfertigung zu ihren jeweiligen Zielbahnhöfen weiterfuhren. Die S. wird gegenwärtig im Hinblick auf die Eröffnung der Hochgeschwindigkeitsstrecke

Berlin – Hannover saniert und elektrifiziert, um über ihre Gleise bis 1997 den ICE bis ins Stadtzentrum zu führen. Nach dem gemeinsamen Eisenbahnkonzept der > DEUTSCHEN REICHSBAHN und des > SENATS VON BERLIN wird die S. auch künftig neben dem S-Bahn- und dem Regionalverkehr auch für den Fernverkehr zur Verfügung stehen. Um den künftigen Anforderungen gerecht werden zu können, soll die S. durch einen Eisenbahn-Nord-Süd-Tunnel entlastet werden. Am Schnittpunkt der S. mit dem Nord-Süd-Tunnel in Höhe des heutigen S-Bahnhofs Lehrter Stadtbahnhof soll der > LEHRTER BAHNHOF als Kreuzungsbahnhof neu entstehen. In diesem Fall wird der Bahnhof Friedrichstraße neben der Funktion als S-Bahnhof nur noch als Regionalbahnhof genutzt werden.

Stadtbildpflege: Die Pflege des Berliner Stadtbildes stützt sich auf zwei im Grunde gegensätzliche Tendenzen: „Restaurieren" als Erhaltung im Sinne denkmalpflegerischen Bemühens sowie „Modernisieren" mit dem Ziel zeitgerechter Anpassung und Veränderung der historischen Substanz. Beide Grundsätze in einem ausgewogenen Verhältnis in die Stadtentwicklung einfließen zu lassen, ist Aufgabe der S., einer 1963 in West-Berlin geschaffenen Institution der > SENATSVERWALTUNG FÜR BAU- UND WOHNUNGSWESEN (SENBAUWOHN).

Hauseigentümer konnten aus dem Titel des Berliner Haushaltes „Maßnahmen zur Erhaltung und Verbesserung des Stadtbildes" für die Restaurierung wertvoller Stuckfassaden, die farbliche Behandlung von Häusern, aber auch für die künstlerische Neugestaltung entdekorierter alter Häuser nicht rückzahlbare Zuschüsse beantragen. Standen anfangs nur wenige 100.000 DM im Jahr als Zuschüsse zur Verfügung, stiegen diese Ansätze entsprechend dem gewachsenen öffentlichen Interesse und Verständnis bis 1986 auf 14 Mio. DM – nicht zuletzt im Hinblick auf die 750-Jahr-Feier Berlins 1987.

Die Zielsetzungen der S. wurden begleitend gestützt durch eine Reihe von Aktionen: 1977 riefen der Architekten- und Ingenieur-Verein zu Berlin (AIV), die > BERLINER MORGENPOST sowie die Maler- und Lackiererinnung Berlin mit Unterstützung der SenBauWohn zu einem Wettbewerb „Farbiges Berlin" auf, bei dem Vorschläge zur farbigen Gestaltung alter Fassaden gefordert wurden. Anläßlich des Schinkelfestes am 13.3.1977 eröffnete der

AIV-Berlin eine Ausstellung unter dem Titel „Farbiges Berlin", die anschließend durch zahlreiche Berliner > RATHÄUSER wanderte.

Als Folge dieser Aktivitäten veranstaltete die SenBauWohn ab 1977 jährlich einen Wettbewerb *Farbe im Stadtbild*, bei dem eine unabhängige Jury Urkunden und Auszeichnungen mit Geldpreisen für vorbildliche Gestaltungen und Restaurierungen alter Hausfassaden vergibt. Die Geldpreise sind solchen Objekten vorbehalten, deren Fassaden nicht bereits durch öffentliche Zuschüsse gefördert wurden. Durch weitere Wettbewerbe für die Gestaltung von Brandgiebeln sollten Lösungen zur Verdeckung städtebaulicher Defizite gefunden werden.

Nach Aufhebung der Mietpreisbindung für den Altbauwohnungsbestand zum 1.1.1988 (> MIETRECHT) vertrat der Senat von Berlin die Auffassung, daß den Hauseigentümern aufgrund der höheren Mieteinnahmen nunmehr zugemutet werden könne, die notwendigen Restaurierungen selbst zu finanzieren. Der Haushaltsansatz wurde auf 1 Mio. DM pro Jahr reduziert und seit 1992 auf Kirchenbauten beschränkt; ab 1994 ist der betreffende Titel im Haushalt vollständig gelöscht.

Stadtentwicklungspläne (STEP): STEP werden für die gesamte Stadt für Nutzungsarten wie Wohnen, Gewerbe, > VERKEHR oder > KLEINGÄRTEN, aber auch für besondere Aspekte wie z.B. Stadtgestaltung erarbeitet. Zuständig ist die > SENATSVERWALTUNG FÜR STADTENTWICKLUNG UND UMWELTSCHUTZ für alle Themen mit der Ausnahme des STEP Verkehr, den die Verkehrsverwaltung federführend bearbeitet. Durch den > SENAT VON BERLIN beschlossene Pläne dienen der Selbstbindung der Verwaltung. Sie sind Grundlage für alle weiteren Planungen. Für den Westteil der Stadt liegen die STEP Gewerbe, öffentliche Einrichtungen/Versorgung mit Sport- und Schulflächen bzw. Versorgung mit wohnungsbezogenen Gemeinbedarfseinrichtungen und Verkehrsnetze vor, die in den Jahren 1987-89 erarbeitet worden sind.

Die Stadtentwicklungsplanung ist ein landesgesetzlich geregeltes Instrument zur Ergänzung der *Bauleitplanung* um den Entwicklungs- und Realisierungsaspekt (Zeit- und Maßnahmenbezug). In der aktuellen Berliner Situation erhalten STEP ein zusätzliches Gewicht, da für längerfristige räumliche Ziele und Konzepte (bspw. > RÄUMLICHES STRUKTURKONZEPT; > FLÄCHENNUTZUNGSPLAN) Bedingungen und Wege der stufenweisen Realisierung aufzuzeigen sind.

Stadterweiterung: Das heutige Berlin entwickelte sich aus der im letzten Viertel des 12. Jh. in der Gegend um die > Nikolaikirche auf beiden Ufern der > Spree entstandenen Doppelsiedlung Berlin/> Kölln (> Geschichte; > Lage und Stadtraum). Ab etwa Mitte des 13. Jh. wurde die Siedlungsfläche zunächst von Wällen mit eingerammten Palisaden, später von einem Mauerring und doppeltem Wassergraben umgeben. Auf der Berliner Seite umschloß diese > Stadtmauer eine Fläche von ca. 47 ha, auf der Köllner Seite etwa 23 ha. Bis zum Ende des 16. Jh. blieb die städtische Entwicklung der Doppelstadt auf die Fläche innerhalb dieses Mauerrings begrenzt, die in etwa dem Zentrum des heutigen Bezirks > Mitte entspricht.

Die erste S. erfolgte im Zuge des Ausbaus Berlins und Köllns zur Festung durch den Großen Kurfürsten Friedrich Wilhelm (1640-88) ab 1658. Mit dem Bau der Festung, die weit über den alten Mauerring hinausgeschoben wurde, umschloß diese auch die erste Neustadt, den späteren *Friedrichswerder*. Um 1650 befanden sich auf diesem Areal zwischen der heutigen Straße > Unter den Linden und dem > Spittelmarkt lediglich der kurfürstliche Jägerhof und das Ballhaus sowie ein Baumgarten. Seit etwa 1657/58 wurde das Gebiet zwischen den Linden und dem > Werderschen Markt planmäßig bebaut, seit 1663 erfaßte die Bautätigkeit auch das Gelände von der Französischen Str. bis zur Holzmarktstr., 1672 auch die auf dem östlichen Spreeufer gelegene Schloßfreiheit zwischen Schleusen- und > Schlossbrücke. Mit dem 1669 eingesetzten eigenen Rat erhielt Friedrichswerder seine städtische Verfassung. Die Anlage des ges. Friedrichswerder konnte etwa 1690 als abgeschlossen angesehen werden (> Baugeschichte und Stadtbild).

Das Gelände der um 1673/74 begonnenen zweiten S. nordwestlich von Friedrichswerder an der Lindenallee war seit 1670 im Besitz der Kurfürstin Dorothea. Bereits 1671 wurden die ersten Baustellen – hauptsächlich an Beamte, Adlige und Offiziere – vergeben. Die zunächst einfach „Neustadt" genannte Gemeinde (hieran erinnert heute noch die Neustädtische Kirchstr.) wurde 1674 offiziell begründet. Ab 1676 bürgerte sich der Name *Dorotheenstadt* ein. Mit der Fertigstellung der 1678-87 errichteten Kirche war die Bebauung

im wesentlichen abgeschlossen.

Ab 1681 war inzwischen als dritte S. im Süden Köllns an der Stelle des alten Köllnischen Ziegelhofes, der Kalkscheune und des Vorderen Holzmarkts auf einem durch die Spreeregulierung gewonnenen Gelände *„Neukölln am Wasser"* entstanden, wesentlich zwischen 1690 und 1698 bebaut. Diese relativ kleine Neustadt gewann aber keinen eigenen Status als Stadt, sondern unterstand direkt dem Rat von Kölln.

Südlich der Dorotheenstadt begann 1688 auf Betreiben des Kurfürsten Friedrich III. (1688-1713, ab 1701 König Friedrich I.) der Bau der nach ihm benannten *Friedrichstadt* als ein ebenfalls selbständiges Gemeinwesen. Ende des 17. Jh. gab es somit fünf kurfürstliche Residenzstädte, die durch königlichen Erlaß zum 1.1.1710 zur Gesamtstadt Berlin zusammengeschlossen wurden. Die Stadt hatte damals 57.000 Einwohner und eine Fläche von 560 ha. Unter König Friedrich Wilhelm I. (1713-40), dem Soldatenkönig, wurden 1732-38 die Dorotheenstadt nach Westen und in einer wesentlichen Erweiterung die Friedrichstadt nach Süden und Südwesten ausgedehnt.

Neben den planmäßig angelegten neuen Städten wurden die im Dreißigjährigen Krieg niedergebrannten Vorstädte neu aufgebaut bzw. wesentlich ausgedehnt. Die im Osten gelegene *Georgenvorstadt* (ab 1701 *Königsstadt*) wurde schon seit 1653 parzelliert, bereits 1689 erhielt sie eine eigene Kirche. Langsamer entwickelte sich die *Köpenicker Vorstadt* im Süden Köllns (1802 durch Ordre König Friedrich Wilhelms III. [1797-1840] in *Luisenstadt* umbenannt), die aber gleichwohl schon 1694 eine besondere Kirche erhielt. Systematischer bebaut wurde seit 1688 die *Spandauer Vorstadt*, die in einer ersten Phase das Gebiet der heutigen Oranienburger, Tucholsky-, Ziegel- und Johannisstr. erfaßte, und 1699 bis zur Gips-, Weinmeister- und Sophienstr. (> Scheunenviertel) ausgedehnt wurde. 1708 war die Bebauung im wesentlichen abgeschlossen. Seit 1712 hatte diese Vorstadt mit der > Sophienkirche auch ein eigenes Gotteshaus. Gleicherweise Ende des 17. Jh. hat sich die *Stralauer Vorstadt* entlang der Frankfurter Str., der heutigen > Karl-Marx-Allee, entwickelt. Alle diese Vorstädte lagen im Weichbild der Stadt, das Friedrich Wilhelm I. 1724 mit einem Palisadenzaun umgeben ließ (daran erinnert die heutige Palisadenstr. im Bezirk > Friedrichshain). Dabei ist die Stralauer Vorstadt bis zur neu errichteten > OBERBAUMBRÜCKE erweitert worden. Der Palisadenzaun wurde 1734-36 zu einer festen *Zollmauer* mit Toren ausgebaut. In diesem Zusammenhang wurden die meisten Teile der alten Memhardtschen Stadtbefestigung abgebrochen. Innerhalb der neuen Stadtgrenzen lebten nun auf einer Fläche von rd. 1.300 ha etwa 90.000 Einwohner.

Die städtebauliche Entwicklung vollzog sich in den folgenden Jahrzehnten im wesentlichen innerhalb dieses Mauerrings. Die Bereiche außerhalb der Zollmauer blieben weitgehend unbebaut. Lediglich im Norden zwischen Rosenthaler Tor und *Hamburger Tor* entstand 1752 für aus dem Erzgebirge stammende Bauarbeiter als erste Vorstadt außerhalb der Zollmauer *Neu-Vogtland*, aus dem sich später die *Rosenthaler Vorstadt* entwickelte (heute das Viertel nördlich des Rosenthaler Platzes). Mitte des 18. Jh. war Berlin mit über 100.000 Einwohnern zur Großstadt geworden und damit nach Wien (200.000 Einwohner) die zweitgrößte Stadt im deutschsprachigen Raum. 1803 hatte Berlin ohne das Militär (1801 gehörten hierzu 24.908 Personen) mit allen Vorstädten 153.118 Einwohner (Berlin 23.952, Kölln 11.032, Friedrichswerder 6.755, Dorotheenstadt 8.056, Friedrichstadt 40.093, Neukölln am Wasser 4.923, Luisenstadt 13.220, Königsstadt 32.315, Stralauer Vorstadt 8.918, Voigtland 3.854; > BEVÖLKERUNG).

Zwischen 1810 und 1850 wuchs die in und um Berlin siedelnde Bevölkerung im Zuge der einsetzenden Industrialisierung um mehr als 250.000 auf über 400.000 Einwohner. Die Städteordnung von 1808 beschränkte zwar Berlin auf den Umfang der Feldmark, die im wesentlichen die gesamte Stadt und die Vorstädte umfaßte, doch brachte die Ausführung dieser Bestimmung große praktische Schwierigkeiten mit sich, da auch schon vorher die Außengrenzen Berlins in vielen Fällen strittig waren. Durch Festlegung der Regierung von 1829 sollten zu Berlin die Weinbergstücke (> VOLKSPARK AM WEINBERG), die Berliner Hufen vor der östlichen Stadtgrenze (im heutigen Gebiet von > PRENZLAUER BERG und > FRIEDRICHSHAIN) und die sog. Neue Welt (etwa in der Gegend des U-Bahnhofs Frankfurter Allee) gerechnet werden, zugleich wurde das Erbpachtvorwerk > NIEDERSCHÖNHAUSEN nach Berlin eingemeindet. 1831 wurde dann das Weichbild Berlins durch die Hauswiesen und Wiesenstücke vor dem Frankfurter Tor abgerundet. Ferner wurde 1832 die Grenze im Westen dahin festgesetzt, daß diese durch den *Schönhauser Graben* gebildet wurde (im Verlauf des heutigen Berlin-Spandauer Schiffahrtskanals von der Mündung der > PANKE zum damaligen Unterbaum). Auf dem linken Spreeufer wurde der Landwehrgraben (> LANDWEHRKANAL) zur Grenze Berlins, die nochmals 1840 berichtigt wurde. Das Stadtgebiet war damit auf 1.415 ha angewachsen.

Zum 1.1.1861 gewann Berlin ganz entscheidend an Umfang durch Eingemeindungen auf dem linken Spreeufer (Grundstücke von Alt-Schöneberg bis einschließlich > BOTANISCHER GARTEN, Grundstücke von > TEMPELHOF mit dem Kreuzberg [> VIKTORIAPARK], einen Teil der Hasenheide [> VOLKSPARK HASENHEIDE], Teile der Feldmark Lützow von > CHARLOTTENBURG, Teile des Tiergartens [> GROSSER TIERGARTEN] und auf dem rechten Spreeufer (Alt- und Neu- > MOABIT, > WEDDING, Luisenbad, einen Teil des > TEGELER FORSTS und das Terrain der ehem. Pulvermühlen). Im Jahr der Reichsgründung 1871 hatte sich Berlins Fläche hierdurch auf 5.918 ha erhöht.

1878 erwarb Berlin noch Teile der Lichtenberger Feldmark zur Anlage des städtischen Viehhofs und der Schlachthäuser (> SCHLACHTHOF BERLIN), schließlich gewann die Stadt 1881 den Rest des Tiergartens unter Ausschluß des > SCHLOSSES BELLEVUE, aber mit dem > ZOOLOGISCHEN GARTEN und dem Seepark. Mit diesen wesentlichen und einigen kleineren Zugewinnen hat sich Berlin am Vorabend des I. Weltkriegs auf 6.452 ha ausgedehnt. Nach Erwerb der > JUNGFERNHEIDE nördlich der Stadt Charlottenburg (> VOLKSPARK JUNGFERNHEIDE) 1915 erstreckte sich Berlin auf 6.570 ha.

Doch wuchs die Stadt über ihre administrativen Grenzen hinaus und verschmolz mit hier schon vorhandenen Siedlungskernen (Charlottenburg, > SCHÖNEBERG, Rixdorf, > WILMERSDORF) zu einem städtischen Großraum, der dem Verlauf der Stadtgrenzen längst nicht mehr entsprach. In der Folgezeit gab es mehrere Versuche, das Stadtgebiet der tatsächlichen Entwicklung anzupassen. Aber erst nach dem I. Weltkrieg kam es mit dem Gesetz zur Bildung > GROSS-BERLINS vom 27.4.1920 zu der im Prinzip bis heute geltenden Festlegung des Stadtgebiets. Die Fläche Berlins hatte sich damit um mehr als das 13fache auf 87.800 ha bzw. 878 km^2 vergrößert. Die Einwohnerzahl innerhalb der neuen

Stadtgrenzen verdoppelte sich von 1,982 Mio. auf 3,858 Mio. Die neue Stadtgemeinde Groß-Berlin erfuhr bis 1945 noch einmal eine größere Ausdehnung, indem 1928 der Rest des Gutsbezirks > Düppel mit einem Umfang von 507 ha dem Verwaltungsbezirk > Zehlendorf zugeschlagen wurde.

Im Ergebnis des > Londoner Protokolls vom 12.9.1944 kam es nach 1945 zu Gebietsveränderungen im Verwaltungsbezirk > Spandau. Dieser verlor West-Staaken (> Staaken) mit dem Flugplatz Staaken, gewann aber den *Seeburger Zipfel* mit dem Flugplatz > Gatow und einen Teil von Groß-Glienicke (> Flughäfen). Überdies kam es 1971 zwischen dem > Senat von Berlin und der Regierung der DDR zu einer Vereinbarung über die Regelung von Enklaven durch > Gebietsaustausch. Im Ostteil Berlins waren in den 80er Jahren durch die über die Stadtgrenzen ausgreifenden Wohnungsbauten in den neu gebildeten Stadtbezirken > Marzahn und > Hellersdorf Teile der Feldmarken von *Ahrensfelde* und *Hönow* faktisch in das Stadtgebiet einbezogen worden, was u.a. in der Zuteilung der Ost-Berliner Postleitzahlen für diese Wohnsiedlungen seinen Ausdruck fand.

Der > Einigungsvertrag vom > 3. Oktober 1990 hat diese Nachkriegsveränderungen in der Weise abschließend geregelt, daß alle Gebiete, in denen nach dem 7.10.1949 für das > Abgeordnetenhaus von Berlin gewählt worden ist bzw. > Wahlen zur > Stadtverordnetenversammlung am 6.5.1990 stattfanden, Teile des Landes Berlin geworden sind. Das bedeutet den Verbleib des Zugewinns im Verwaltungsbezirk Spandau, die Rückgliederung von *West-Staaken*, die Erweiterung des Bezirks Marzahn um einen Teil von Ahrensfelde (56 ha) und des Bezirks Hellersdorf um einen Teil von Hönow (150 ha).

Stadtgericht: Das S. genannte Gerichtsgebäude in der Littenstr. (früher Neue Friedrichstr.) im Bezirk > Mitte ist 1896-1905 von Otto Schmalz nach Plänen von Paul Thoemer und Rudolf Mönnich an der Stelle des 1779 errichteten und 1880 abgerissenen Kadettenhauses erbaut worden. Die Bezeichnung S. geht auf den alten preußischen Gerichtsaufbau zurück, der vor der Neuordnung der Gerichtsorganisation im Jahre 1879 bestand (> Landgericht). Nach der > Spaltung der Stadt und des Berliner Rechtswesens 1948 ist diese Bezeichnung 1952 von

der DDR für den Ostteil wiederbelebt worden.

Der große Gebäudekomplex war bis zur Wiederherstellung der Justizeinheit in Berlin am > 3. Oktober 1990 Sitz des S. Berlin (das einem Bezirksgericht der DDR-Bezirke entsprach), der Stadtbezirksgerichte Mitte und > Prenzlauer Berg (sie entsprachen Kreisgerichten), des Obersten Gerichts der DDR, des Militärobergerichts und der Staatsanwaltschaft. Nunmehr ist es wieder vom Landgericht bezogen, das einen Teil der Zivilgerichtsbarkeit (Mietberufungs- und Beschwerdekammern) vom Hauptsitz am Tegeler Weg in die Littenstr. verlegt hat. Weiterer Nutzer ist das nach der Vereinigung hier neu eröffnete Amtsgericht Mitte (> Amtsgerichte). Das Gerichtsgebäude kann wegen der notwendigen Grundsanierung bis auf weiteres nur teilweise belegt werden.

Der prächtige Justizpalast auf 19.000 m² Fläche mit fünf Querflügeln und elf Höfen beherbergte ursprünglich in dem Flügel an der Neuen Friedrichstr. das Amtsgericht I und in dem Flügel entlang der S-Bahn bis zur Grunerstr. das Landgericht I. Im II. Weltkrieg wurde das Bauwerk beschädigt. Im Zuge der Neugestaltung der Innenstadt und der Verbreiterung der Grunerstr. ist 1968/69 der nordwestliche Querflügel mit einem der beiden Treppenhäuser und den flankierenden Fassadentürmen abgetragen worden. Die so reduzierte Hauptfront in der Littenstr. wurde ohne die Dachaufbauten und den ursprünglichen plastischen Schmuck vereinfacht wiederhergestellt.

Die neobarocke Fassade ist v.a. im fünfachsigen ehem. Mittelrisalit mit dem Haupteingang und dem geschwungenen Giebel von zahlreichen Elementen des Jugendstils durchsetzt. Kernstück der Anlage ist das große Treppenhaus. Es ist als ein durch alle Geschosse reichender, von emporenartigen Umgängen mit Balkonen umzogener repräsentativer Empfangssaal ausgebildet, in dem die geschwungenen doppelläufigen Treppen seitlich frei in den Raum gestellt sind. Trotz neobarocker Stilformen ist das Treppenhaus ein Musterbeispiel des Jugendstils und zugleich eines der eindrucksvollsten Jugendstil-Bauwerke Berlins. Bei der Restaurierung 1984 wurde die Decke des Treppenhauses nur vereinfacht ausgemalt. Weitere Teile des Gebäudekomplexes befinden sich im Wiederaufbau, der bis zum Ende des Jahrzehnts abgeschlossen sein soll.

Stadtgrün: Nur 43 % der Stadtfläche Berlins sind als Wald-, Landwirtschafts-, Erholungs- und Wasserflächen unbebaut (> LAGE UND STADTRAUM; > FORSTEN; > LANDWIRTSCHAFT; > KLEINGÄRTEN; > SPORTSTÄTTEN; > FRIEDHÖFE; > SEEN; > FLIESSGEWÄSSER). Damit errechnet sich ein Freiflächenanteil von etwa 112 m² je Einwohner. Diese Zahlen verdeutlichen die Bedeutung des S. als öffentliche Grünflächen, die verschiedensten Erholungsinteressen zugänglich sind.

In vorindustrieller Zeit gab es in Berlin – wie auch in anderen Städten – kein kommunales Grün. Sieht man von Hausgärten und Friedhöfen ab, so beschränkte sich das gestaltete Grün auf feudale Park- und Gartenanlagen, auf Schloß- und Gutsparks sowie auf die Gärten vor den Stadttoren (> GUTSHÄUSER; > SCHLÖSSER). Das Grün diente als Repräsentationsort feudaler Macht und als Kulisse höfischer Prachtentfaltung. Berlins älteste Parkanlage in diesem Sinne ist der > LUSTGARTEN auf der Spreeinsel im heutigen Bezirk > MITTE, der Mitte des 15. Jh. zusammen mit dem > STADTSCHLOSS entstand. Älteste öffentlich zugängliche Grünfläche ist der Mitte des 18. Jh. aus einem eingezäunten kurfürstlichen Jagdrevier hervorgegangene > GROSSE TIERGARTEN, der auch heute noch der zentrale, größte und meistbesuchteste Park Berlins ist. Weitere Parks und Gärten, die an Gütern und Schlössern vor der Stadt entstanden, sind bspw. die Gutsparks in > LICHTERFELDE, > MARIENDORF, > BRITZ, > BUCH und > BIESDORF sowie die Schloßparks in > CHARLOTTENBURG, > NIEDERSCHÖNHAUSEN und > FRIEDRICHSFELDE oder die Anlagen bei > KLEINGLIENICKE.

Bei der geringen Ausdehnung der Stadt blieb die agraische Landschaft vor den Stadttoren bis zum Anfang des 19. Jh. zu Fuß erreichbar. Mit der Entwicklung Berlins zur industriellen Metropole gingen dann ab etwa 1810 durch den Zuzug von Arbeitskräften gewaltige > STADTERWEITERUNGEN einher (> BEVÖLKERUNG). Die Stadt dehnte sich immer weiter in die Landschaft aus, das Grün zwischen den umliegenden > DÖRFERN wurde überbaut, Berlin wuchs zur Industrie- und Verwaltungsmetropole des Deutschen Reiches zusammen. Gleichzeitig kam es rund um das Stadtzentrum zu einer Verdichtung der Stadtquartiere: Im Gefolge des > HOBRECHTPLANS von 1862 wurde Berlin zur größten Mietskasernenstadt der Welt (> MIETSKASERNEN; > WOHNUNGSBAU). Für die Arbeiterschichten bedeutete dies unbeschreibliches

Wohnelend, und ihre schlimme Umweltsituation trug zur Ausbreitung von Infektions- und Mangelkrankheiten bei. Der schlechte Gesundheitszustand führte zu einem meßbaren Leistungsabfall der Industriearbeiter. Weitsichtige Persönlichkeiten sahen in einer Durchgrünung der Stadt ein Mittel, das Arbeiterelend zu mindern und die sanitäre Situation der Großstadt zu verbessern.

Im Körnerpark in Neukölln

Mit dem Bau von Parks drückte sich auch ein Stück Bürgerstolz gegenüber der feudalen Herrschaftsschicht aus, und das linksliberale Bürgertum sah in der zweiten Hälfte des 19. Jh. mit einem sozialen Parkprogramm eine Möglichkeit, Einfluß auf die Arbeiterschichten zu gewinnen. Berlins erster kommunaler Park – der > VOLKSPARK FRIEDRICHSHAIN – wurde von Teilen des > MAGISTRATS als bürgerliches Gegenstück zum feudalen Tiergarten konzipiert. Nicht ohne Grund sind hier auf dem > FRIEDHOF DER MÄRZGEFALLENEN die Toten der bürgerlichen Revolution von 1848 begraben. 1870 wurde in Berlin – als einer der ersten deutschen Städte – eine eigenständige Gartenverwaltung gegründet. Bis zum Ende des 19. Jh. wurden im Arbeiterbezirk > WEDDING der > VOLKSPARK HUMBOLDTHAIN (1872), im Süden der Stadt der > TREPTOWER PARK (1888) und im Bezirk > KREUZBERG der > VIKTORIAPARK (1894) errichtet. Mit der Zunah-

1131

me des naturkundlichen Interesses kam es gleichzeitig zu einer Aufwertung des Anfang des 1844 eröffneten > Zoologischen Gartens und des um die Jahrhundertwende auf das heutige Gelände in > Steglitz verlegten > Botanischen Gartens. Parallel zum Aufbau des öffentlichen Grüns kam es ab Mitte des 19. Jh. zur Entstehung der Berliner Kleingärten, teilweise als berechnende Aktion zur Entlastung der Armencassa, wohlmeinende bürgerschaftliche Initiative, aber auch als eine Art Selbsthilfemaßnahme notleidender Arbeiterschichten.

Neben seinen wichtigen erholungsbezogenen und sanitären Funktionen besaß das Grün in der Residenz- und Bürgerstadt Berlin auch repräsentativen Schmuckcharakter. So entstanden die zahlreichen Schmuckplätze des gründerzeitlichen Berlins (> Pariser Platz, > Leipziger Platz, > Mehringplatz, > Lützowplatz, > Savignyplatz). Mit den großzügigen grünen Alleen, wie z.B. > Unter den Linden oder > Kurfürstendamm, dienten sie der Verschönerung der Stadt. Von der Jahrhundertwende bis zum I. Weltkrieg entstanden auf Initiative privater Terraingesellschaften außerdem auch grüne Stadtplätze im Umfeld der neuen bürgerlichen Wohnviertel wie der *Prager Platz* > Wilmersdorf oder der *Viktoria-Luise-Platz* und der *Bayerische Platz* > Schöneberg (> Bayerisches Viertel). Im Zusammenhang mit ebenfalls errichteten kleineren Stadtparks bspw. in > Dahlem oder Steglitz sollten sie die Attraktivität der neuen bürgerlichen Wohngebiete steigern.

Unter dem Stichwort „Verschönerung" wurden in Berlin auch zahlreiche *Straßenbäume* gepflanzt, so daß Berlin heute mit 387.023 Straßenbäumen (Stand 31.12.1991) die Stadt mit den meisten Straßenbäumen in Europa ist. Im Durchschnitt kommen 79 Bäume auf einen Straßenkilometer. 30 % der Straßenbäume sind älter als 40 Jahre und 40 % wurden in den letzten Jahren (nach)gepflanzt. Mit 38 % stellen die Linden die vorherrschende Baumgattung dar, gefolgt von Ahornbäumen (20 %), Eichen (8 %), Platanen (6 %) und Kastanien (5 %). Da die Straßenbäume erheblich durch Tausalz geschädigt sind, besteht in Berlin ein weitgehendes Streuverbot für Tausalz.

In der Weimarer Republik kam insbes. unter der Regie des Stadtbaurates Martin Wagner (Generalfreiflächenplan von 1929) der soziale Charakter des Grüns stärker zum Tragen. In den Arbeiterquartieren entstanden die gro-

ßen Berliner Volksparks: als Vorläuferpark der > Schillerpark, in den 20er Jahren dann der > Volkspark Jungfernheide, der > Volkspark Rehberge, ein (in den 30er Jahren zugunsten der Flughafenerweiterung wieder überbauter) Volkspark auf dem *Tempelhofer Feld* und der Volkspark in der > Wuhlheide. Diese Parkanlagen, die zum großen Teil im Rahmen von Notstandsarbeiten entstanden, waren erstmals auf eine aktive Inbesitznahme des Grüns ausgerichtet und dienten neben dem Spaziergehen auch Sport und Spiel. Als Ring von Volksparks, Kleingärten, Friedhöfen und Sportanlagen bildete sich rund um die Innenstadt das „Grüne Rückgrat" Berlins, von dem die Stadt noch heute zehrt. Gleichzeitig wurden die Naherholungsgebiete wie bspw. der > Grunewald verkehrsmäßig besser erschlossen (> Eisenbahn).

Auch die Versorgung mit Gärten verbesserte sich: Wie in den vor 1918 auf genossenschaftlicher Grundlage entstandenen > Gartenstädten gehörte auch in den Großsiedlungen des Neuen Bauens der 20er Jahre vielfach ein Stück Garten zur Mietwohnung (> Hufeisensiedlung; > Lindenhof). Die Zahl der Kleingärten erreichte ein nie wieder erreichtes Ausmaß; Berlin wurde zur größten Laubenpieperstadt Deutschlands. In den 20er Jahren entstanden erstmals auch zahlreiche Kinderspielplätze, deren Bestand in den Folgejahren weiter ausgebaut wurde.

Sieht man von der Umgestaltung des > Volksparks Hasenheide und dem Bau des Olympiageländes ab (> Olympiastadion), so wurden in der Zeit des Nationalsozialismus keine größeren neuen Parkanlagen errichtet. Stattdessen wurden bestehenden Grünanlagen zu Kulissen nationalsozialistischer Machtentfaltung umgestaltet. So wurden aus dem Lustgarten und dem > Gendarmenmarkt Aufmarsch- und Versammlungsplätze. Die Planungen des > Generalbauinspektors für die Reichshauptstadt Berlin, Albert Speer, für ein gewaltiges Achsenkreuz vor dem > Brandenburger Tor führten zum Ausbau der Charlottenburger Chaussee zu einer überbreiten Aufmarschstraße im Zuge einer bis zur Stadtgrenze führenden > Ost-West-Achse; die > Siegessäule wurde vom > Platz der Republik auf den Großen Stern versetzt. Im Zuge der Kriegsvorbereitung entstanden in mehreren Parks große Bunkeranlagen, die im Humboldt- und im Friedrichshain noch heute die Gestalt des Parks wesentlich bestimmen (> Bunker/Schutzräume).

Der Luftkrieg und die Schlacht um Berlin führte auch im S. zu beträchtlichen Zerstörungen. Durch die wirtschaftliche Not der Nachkriegszeit kam es zu Abholzaktionen und zur Parzellierung öffentlicher Parks als Grabeländer. Der Tiergarten wurde bspw. völlig kahlgeschlagen und diente zum Gemüseanbau. Mit der Stabilisierung der wirtschaftlichen Situation setzten zu Beginn der 50er Jahre Parksanierungsmaßnahmen ein, die sich nicht nur auf die geschädigten Parkflächen beschränkten, sondern auch die aus dem Schutt des II. Weltkriegs entstandenen > TRÜMMERBERGE mit einschlossen und die im Kriege errichteten Bunker übergrünten.
Die 50er und 60er Jahre waren in West-Berlin durch einen Vorrang des Straßen- und Wohnungsbaus gekennzeichnet, was vielfach zur Umwidmung und Zerschneidung öffentlichen S. führte (> BAUGESCHICHTE UND STADTBILD; > VERKEHR). Die prosperierende wirtschaftliche Entwicklung benötigte Bauflächen, die im vom Hinterland abgeschnittenen West-Berlin nur innerhalb der Stadtgrenzen zu erhalten waren. Der Anteil unbebauter Flächen ging von 1950 (gut 50 %) auf 1990 (43 %) spürbar zurück. V.a. landwirtschaftliche Flächen und Kleingartengelände wurden in großem Umfang überbaut.
Spätestens der Mauerbau 1961, der West-Berlin von den großen Naherholungsgebieten im Osten, v.a. dem > KÖPENICKER FORST mit den > MÜGGELBERGEN, > GROSSEM MÜGGELSEE und der von die > DAHME gebildeten Seenkette, abschnitt, erforderte in den 60er und 70er Jahren vermehrte Anstrengungen für die Schaffung von Erholungsgrün. So wurden ehem. Mülldeponien rekultiviert und zu Freizeitgeländen umgestaltet (> FREIZEITPARK LÜBARS, > FREIZEITPARK MARIENFELDE). Im Bezirk > SPANDAU entstand ab 1980 die 110 ha große > SPEKTEGRÜNZUG. 1985 wurde im Rahmen der > BUNDESGARTENSCHAU am Massiner Weg in Neukölln der heutige > BRITZER GARTEN eröffnet. Jüngste Parkanlage ist der 1991 fertiggestellte > GÖRLITZER PARK in Kreuzberg. Auf diese Weise hat sich der Anteil der gärtnerisch betreuten, kommunalen Grünflächen verdoppelt, während das nichtöffentliche Grün, d.h. die Brachgelände, Landwirtschaftsflächen und Grabelandparzellen hohe Flächenverluste aufwiesen. Die gestiegene Bedeutung, die man auf der politischen Ebene der Erhaltung und Pflege des S. beimaß, dokumentiert sich auch in der Errichtung einer eigenständigen Arbeitsgruppe > GARTEN-

DENKMALPFLEGE bei der > SENATSVERWALTUNG FÜR BAU- UND WOHNUNGSWESEN 1978 (seit 1981 bei der > SENATSVERWALTUNG FÜR STADTENTWICKLUNG UND UMWELTSCHUTZ). Die geplante Bundesgartenschau 1995 wurde allerdings aufgrund der Finanzknappheit abgesagt.
Nach der > SPALTUNG Berlins 1948 kam es im Ostteil zu einzelnen Parkumgestaltungen, die ähnlich wie im Westteil die Kriegsfolgen beseitigten. So wurde bspw. der Hochbunker im Volkspark Friedrichshain mit dem Trümmerschutt der umliegenden Wohngebiete zugeschüttet. Als Siegermacht knüpfte die Sowjetunion unmittelbar nach Kriegsende an die Tradition an, Parks als Kulisse für Denkmale zu nutzen. So entstanden die Sowjetischen Ehrenmale im Großen Tiergarten (> SOWJETISCHES EHRENMAL IN BERLIN-TIERGARTEN), im Treptower Park (> SOWJETISCHES EHRENMAL IM TREPTOWER PARK) und im > VOLKSPARK SCHÖNHOLZER HEIDE. Ab 1951 wurde in der Wuhlheide ein 120 ha großes Gelände als *Pionierpark „Ernst Thälmann"*, einem naturnahen Freizeitzentrum für Kinder und Jugendliche ausgebaut (heute > FREIZEIT UND ERHOLUNGSZENTRUM WUHLHEIDE). Außerdem gestaltete man den Park des > SCHLOSSES FRIEDRICHSFELDE ab 1955 zum 155 ha großen > TIERPARK FRIEDRICHSFELDE um.
Auch in der Osthälfte Berlins kam es, wenn auch später als im Westteil, v.a. durch den Neubau von Großsiedlungen in > MARZAHN, > HOHENSCHÖNHAUSEN und > HELLERSDORF in den 70er und 80er Jahren zu starken Freiflächenverlusten. Die Erholungsdefizite im Nordosten sollten durch die 1985 eröffnete *Berliner Gartenschau*, des heutigen > ERHOLUNGSPARKS MARZAHN, als erste Ausbaustufe eines großen Naherholungsgebiets entlang der > WUHLE vermindert werden. 1985 wurde im Bezirk > PRENZLAUER BERG der > ERNST-THÄLMANN-PARK errichtet, bei dem erstmals in Ost-Berlin eine Großwohnanlage planvoll in einen Park integriert wurde.
Nach der > VEREINIGUNG steht die Berliner Grünplanung vor der schwierigen Aufgabe, den mit dem zu erwartenden Bevölkerungswachstum entstehenden zusätzlichen Bedarf an Erholungsflächen abzudecken. Gleichzeitig nimmt der Siedlungsdruck auf die vorhandenen Freiflächen stark zu. In Zukunft soll deshalb wieder an die Tradition der Errichtung von Volksparks angeknüpft werden. Insbes. in den bestehenden Großsiedlungen im Nordosten und Osten Berlins und auf den Stadterweiterungsgebieten für den >

WOHNUNGSBAU am Stadtrand sind neue große Parkanlagen mit Naherholungsqualitäten geplant. Derzeit sind hierfür acht Standorte vorgesehen: die *Botanische Anlage Blankenfelde* an der Blankenfelder Chaussee südlich von > BLANKENFELDE (> ARBORETUM), der Landschaftsraum um das geplante Naturschutzgebiet *Karower Teiche* bei > KAROW, die Kulturlandschaft im Nordosten Berlins im Bereich > MALCHOW/> WARTENBERG/> FALKENBERG, das Wuhletal mit den angrenzenden > TRÜMMERBERGEN in Hellersdorf und Marzahn, der Bereich Späthsfelde mit dem Baumschulengelände nordwestlich von > JOHANNISTHAL, der ehem. Grenzstreifen > RUDOW/> ALTGLIENICKE und das ehem. Truppenübungsgelände Lichterfelde-Süd in > STEGLITZ. Neben dem bestehenden „inneren Parkring" aus Volksparkanlagen, Friedhöfen und Kleingartengeländen würde damit eine Kette von „Großgrünräumen" als äußerer Berliner Parkring entstehen. Innerhalb der innerstädtischen Quartiere sollen als Ergänzung des inneren Grünrings neue Parkanlagen auf den Eisenbahnbrachen am *Schöneberger Südgelände* und am *Gleisdreieck* in Kreuzberg sowie nach Stilllegung des Flughafens auf dem Tempelhofer Feld entstehen (> FLUGHÄFEN).

Die beiden Parkringe sollen durch radiale Grünzüge zu einer vernetzten Grünstruktur verbunden werden. Auf kleinräumiger Ebene müssen v.a. die Disparitäten in der Grünversorgung (Versorgung mit Kinderspielplätzen und wohnungsnahen Grünflächen) der östlichen und innerstädtischen Bezirke abgebaut werden.

Stadtgüter: Zu Berlin gehörten Mitte 1992 neun S. mit einer Gesamtfläche von 25.815 ha, von denen 19.588 ha außerhalb der Stadtgrenzen lagen. 12.856 ha davon wurden durch die S. landwirtschaftlich genutzt, 1.476 ha waren zur landwirtschaftlichen Nutzung verpachtet. 1.371 ha waren aufgeforstet (vorwiegend bei > BUCH und Hobrechtsfelde), 3.357 ha bebaut, davon 1.984 ha in Berlin. Hinzu kommen 11.325 ha > FORSTEN im Land Brandenburg, die der Berliner Forstverwaltung unterstellt sind. Diese im Zuge der > VEREINIGUNG aus dem Ostteil der Stadt übernommenen Liegenschaften werden von der im November 1991 gegründeten, landeseigenen „Betriebsgesellschaft Stadtgüter Berlin mbH" verwaltet. Auf der Grundlage des > RÄUMLICHEN STRUKTURKONZEPTS (RSK) sollen die Stadtgutflächen in Abstimmung mit dem

Land Brandenburg auch künftig vorrangig der Ressourcensicherung, dem Freiraumerhalt und der Erholung dienen. Ca. 9.000 ha der noch nicht bebauten Flächen wären als Versickerungsflächen für die Grundwasseranreicherung verwendbar (> WASSERVERSORGUNG/ENTWÄSSERUNG), rd. 500 ha außerhalb Berlins als zusätzliche Wohnbauflächen (> WOHNUNGSBAU). 1.150 ha innerhalb des Stadtgebiets sind als Grünflächenausgleich für die Ost-Berliner Großsiedlungen > MARZAHN, > HELLERSDORF und > HOHENSCHÖNHAUSEN vorgesehen, 220 ha sollen hier auch weiterhin landwirtschaftlich genutzt werden. Auf den Stadtgutflächen bereits vorhandene Grünanlagen und > KLEINGÄRTEN (innerhalb Berlins 1.250 ha) sollen weitestgehend erhalten werden (> STADTGRÜN).

Die Gründung von S. geht auf die in der zweiten Hälfte des 19. Jh. getroffene Entscheidung des > MAGISTRATS zurück, die in der Stadt anfallenden Abwässer zu sammeln und durch Schwemmkanalisation auf Versickerungsflächen so zu reinigen, daß sie den Flußgebieten von > HAVEL und > SPREE ohne jeden Nachteil zugeleitet werden konnten. 1873 begann nach einem Plan des Stadtbaurates James Hobrecht der Bau einer unterirdischen Entwässerungsanlage (ihm zu Ehren wurde 1908 ein aus Teilflächen von > BUCH und Bernau neu entstandenes Gut an der nordöstlichen Stadtgrenze von Berlin *Hobrechtsfelde* benannt; > HOBRECHTPLAN). Nach einer ersten erfolgreichen Erprobung einer Versuchsrieselfläche auf dem Tempelhofer Feld 1870 erwarb Berlin 1874 seine ersten Rieselflächen durch den Kauf der Rittergüter Osdorf und Friederickenhof, Nachbargüter von > MARIENFELDE (Fläche: 818 ha; Einweihung des ersten Rieselfeldes 1878). Bis zum 30.9.1920 wurde der städtische Besitz an Gütern auf 17.710 ha vergrößert. Es entstand ein regelrechter Ring von Rieselflächen, die von Großbeeren (Kreis Zossen) im Süden bis Buch im Norden, von > FALKENBERG im Osten bis > GATOW im Westen reichten. In einigen Fällen hat die Stadt aber auch Güter zu anderen Zwecken angekauft: aus städtebaulichen Erfordernissen, für Mülldeponien, zur Bildung bzw. Erweiterung eines Grüngürtels sowie zur Ausschaltung privater Bodenspekulation.

Mit der Schaffung der neuen Einheitsgemeinde > GROSS-BERLIN im Jahr 1920 erweiterte sich der Grundbesitz auf über 32.000 ha, wovon rd. 8.000 ha Forst, rd. 13.000 ha Naturland und rd. 10.000 ha Rieselland waren, davon etwa 4.300 ha innerhalb der Stadtgrenzen. Mitte der 20er Jahre erreichte er mit einer Gesamtfläche von ca. 51.000 ha seinen Höchststand, davon 29.000 ha auf 65 S. mit einer Durchschnittsgröße von 450 ha und Forsten mit einer Gesamtfläche von 22.000 ha. Sie lagen rings um die Stadt verteilt und waren bis zu 43 km vom Stadtzentrum entfernt.

Neben den sanitären Aufgaben dienten die Rieselgüter auch der landwirtschaftlichen Produktion, die v.a. zur Versorgung der städtischen Anstalten verwendet wurde: 1927 erzeugten die S. rd. 14.000 t Getreide, 65.000 t Gemüse, 700 t Obst, 500.000 t Heu, 1.200 t Fleisch und rd. 20 t Fisch. Das entsprach z.B. dem Tagesbedarf der Gesamtstadt für 8 Tage bei Getreide, 94 Tage bei Gemüse, 1,5 Tage bei Obst und 1,3 Tage bei Fleisch. Der Anteil an der Milchversorgung Berlins betrug rd. 60.000 m^3 jährlich bzw. etwa 1/6 der verbrauchten Gesamtmenge. Über ausgedehnte Kleinverpachtungen wurden außerdem Tausende von selbständigen Existenzen geschaffen.

Die S. besaßen mehrere Nebenbetriebe, so fünf Brennereien auf den Gütern Buch, Lanke, Mühlenbeck, Schwetzdorf und Wansdorf. Zu selbständigen Betrieben entwickelten sich die Großschlächterei (1908) sowie das Säge- und Holzbearbeitungswerk (1909 bzw. 1922) in Hobrechtsfelde. Als weitere Betriebe sind die Mühlen in Großbeeren, der Milchwirtschaftsbetrieb in Weißensee und die Saatzuchtstelle in Kleinbeeren zu nennen. 1922 führte ein Magistratsbeschluß zur Gründung einer Güter-GmbH, die am 5.4.1923 unter dem Namen „Berliner Stadtgüter-GmbH" handelsgerichtlich eingetragen wurde. Neben der Bewirtschaftung der S. führte sie Meliorationen von Ödlandfeldern durch und bemühte sich um die Erprobung und Einführung von Neuerungen auf dem Gebiet des Ackerbaues und – gemeinsam mit der Industrie – neuen Maschinentechniken. Mit Wirkung vom 1.7.1935 wurde diese GmbH aufgelöst und der > Eigenbetrieb „Berliner Stadtgüter" gebildet.

1945 umfaßten die zu Berlin gehörenden S. eine landwirtschaftliche Nutzfläche von ca. 27.200 ha, von der der größte Teil außerhalb der Stadtgrenze lag. Aus der Hinterlassenschaft des 1945 auf Befehl der > Alliierten aufgelösten Staates Preußen kam zusätzlich die damals ca. 58 ha große > Domäne Dahlem

in das Eigentum der Stadt. Nach der Besetzung Berlins übernahm zunächst die Rote Armee die Verwaltung der S., gab diese jedoch bereits 1946 wieder an die Stadt Berlin zurück. Die > Spaltung Berlins führte auch zur Teilung der S. Die wenigen Gutsflächen im Westteil der Stadt (insg. 667 ha) in > Britz, Karolinenhöhe (Gatow), > Dahlem und Marienfelde wurden als Eigenbetrieb des Landes Berlin weitergeführt, bis dieser am 31.12. 1976 aufgelöst wurde. Die noch vorhandenen Restflächen wurden von anderen Verwaltungsstellen übernommen. Der Gutshof Marienfelde ging an das > Bundesgesundheitsamt über und wurde fortan als Versuchsgut geführt.

Der Großteil der S. kam bei der Spaltung in die Zuständigkeit des in Ost-Berlin 1948 neugebildeten Magistrats. Anfang der 50er Jahre wurden die S. und deren Ländereien in „Volkseigentum" überführt, 1952 gab es in der Ost-Berliner > Landwirtschaft 29 *Volkseigene Güter (VEG)*, von denen sich aber nur acht im innerstädtischen Gebiet befanden (> Biesdorf, > Blankenfelde, Falkenberg, > Friedrichsfelde, Hellersdorf, Buch, > Malchow, > Wartenberg). Die auf dem Territorium der Bezirke Frankfurt/O. und Potsdam gelegenen VEG wurden durch Verfügung des Ministers für Land-, Forst- und Nahrungsgüterwirtschaft vom 7.11.1973 den Räten dieser Bezirke unterstellt.

Ein großer Teil des innerstädtischen Bodens wurde in den folgenden Jahren bebaut, v.a. in Marzahn, Buch, Hohenschönhausen und Hellersdorf. Andererseits erhielten die VEG andere Ländereien, vorwiegend aus der Bodenreform 1945/46, aber auch aus Privat- und Kircheneigentum zur Nutzung. Große Flächen aus dem Vermögen der S. wurden auch an Landwirtschaftliche Produktionsgenossenschaften (LPG) übergeben.

Nach Errichtung der Klärwerke Falkenberg und Schönerlinde ab Ende der 60er Jahre wurden die Ost-Berliner Rieselflächen außer Betrieb genommen und anderweitig genutzt (z.B. für die neuen Großsiedlungen in Marzahn, Hellersdorf und Hohenschönhausen oder Aufforstungen wie in Buch). Allein das 230 ha große Rieselfeld Karolinenhöhe in > Spandau blieb bis heute in Betrieb.

Noch vor der > Vereinigung vollzog sich bis Ende September 1990 auf der Grundlage des Gesetzes über die Übertragung volkseigener Güter, staatlicher Forstwirtschaft u.a. volkseigener Betriebe der Land- und Forstwirtschaft in das Eigentum der Länder und Kommunen vom 21.7.1990 die Übergabe der ehem. S. in das Eigentum der Stadt Berlin. Danach wurden sie zunächst den > BERLINER HAFEN- UND LAGERHAUSBETRIEBEN (BEHALA), einem Eigenbetrieb des Landes Berlin in der Zuständigkeit der > SENATSVERWALTUNG FÜR VERKEHR UND BETRIEBE, zur Mitverwaltung übertragen, bis im Dezember 1990 ein neuer Eigenbetrieb „Stadtgüter" gegründet wurde, aus dem Ende November 1991 die Stadtgüter GmbH hervorging. Innerhalb des > SENATS VON BERLIN federführend ist die > SENATSVERWALTUNG FÜR FINANZEN, die auch im Aufsichtsrat der GmbH die Leitungsfunktion ausübt. Im Geschäftsjahr 1991 erwirtschafteten die S. einen Verlust von 70 Mio. DM, der aus dem Berliner Landeshaushalt ausgeglichen wurde. Die Zahl der Beschäftigten lag bei 1.400 (1989: 3.900).

Stadthaus: Das S. am > MOLKENMARKT im Bezirk > MITTE war bis zur > VEREINIGUNG Sitz des *Ministerrats der DDR* und wird heute vom > BUNDESKANZLERAMT und dem > BUNDESMINISTERIUM FÜR ARBEIT UND SOZIALORDNUNG als jeweilige Außenstelle Berlin genutzt. Es wurde von 1902-11 nach Plänen des Stadtbaurats Ludwig Hoffmann zur Entlastung des > BERLINER RATHAUSES errichtet.
Der viergeschossige Monumentalbau an der Jüdenstr. zwischen Stralauer Str. und Parochialstr. ist auf einem trapezähnlichen Grundriß errichtet. Er umschließt fünf Innenhöfe und enthält im Kern die Stadthalle, die für repräsentative Veranstaltungen des Ost-Berliner > MAGISTRATS genutzt wurde. Die Fassaden, die Eingangshalle und die Stadthalle haben eine Verkleidung aus Muschelkalkstein. Auf einem zweigeschossigen Sockel mit Buckelquadern erheben sich zwei durch mächtige Pilaster und Säulen gegliederte Hauptgeschosse über einer umlaufenden Balustrade. Beherrscht wird der ganze Komplex durch einen auf den Westflügel gesetzten, 101 m hohen runden Turm mit zwei Säulengeschossen und parabolischer Kuppel.
Im II. Weltkrieg wurden das S. und das Berliner Rathaus schwer beschädigt, so daß 1945 dem ersten Berliner Nachkriegsmagistrat vom sowjetischen > STADTKOMMANDANTEN das nördlich in der Parochialstr. gegenüberliegende > NEUE STADTHAUS als zusätzliches Gebäude zugewiesen wurde. Dennoch konnten

Teile des seitdem auch *Altes Stadthaus* bezeichneten S. bis Ende der 50er Jahre von einzelnen Abteilungen des Ost-Berliner Magistrats genutzt werden. 1960/61 wurde der Bau wiederhergestellt, wobei das ursprüngliche Mansardendach durch eine völlig neue Dachkonstruktion mit Attikageschoß ersetzt wurde. Die Skulpturen – Bürgertugenden verkörpernd – schufen Josef Rauch, Ignatius Taschner, Wilhelm Widemann und Georg Wrba. Als Haus des Ministerrates war das S. seit seiner Wiedereröffnung 1961 Amtssitz des Vorsitzenden des Ministerrates der DDR, seiner Stellvertreter sowie des Sekretariates des Ministerrates. Mit der Vereinigung ging das S. in das Eigentum des Bundes über.

Stadtkommandanten: In der Periode des Berliner > SONDERSTATUS 1945-90 waren die auch *Sektorkommandanten* genannten S. der vier > SEKTOREN als Besatzungsbehörden Mitinhaber der *Obersten Gewalt*. Die drei westlichen S. waren den jeweiligen Botschaften der Westmächte in Bonn (bis 1955 den *Hohen Kommissaren*) unterstellt und nahmen die Gesamtrepräsentation ihrer Länder in Berlin wahr (> ALLIIERTE HOHE KOMMISSION). Sie bildeten gemeinsam die > ALLIIERTE KOMMANDANTUR, die seit 1949 nur noch auf Drei-Mächte-Basis arbeiten konnte. Ihre Verwaltungen waren die britische und die französische *Militärregierung* sowie die *US-Mission*. Zivile und militärische Stäbe unterstützten die Arbeit der S. Ihre Stellvertreter hatten den Rang von Gesandten.
Da die > ALLIIERTEN ihre Rechte und Verantwortlichkeiten gemeinsam durch die Kommandantur ausübten, handelten die S. in ihrem Namen. Von der Kommandantur zugebilligt war auch ihr Recht, in den jeweiligen > SEKTOREN bestimmte legislative und exekutive Funktionen individuell auszuüben sowie Zivilgerichte einzurichten. Ferner waren die S. die Kommandeure der einzelnen alliierten Truppenkontingente in Berlin. Sie koordinierten ihre Aufgaben im dreiseitigen Alliierten Stab Berlin.
Obwohl der sowjetische Vertreter am 16.6. 1948 die Sitzung der Alliierten Kommandantur verlassen hatte und die Vier-Mächte-Verwaltung beendet war, fanden 1949 noch mehrere Konferenzen aller vier S. über technische Fragen statt. Weiterhin wandten sich die drei westlichen S. in Fragen vierseitiger Verantwortung an ihren sowjetischen Amtskollegen. Dieser verhängte u.a. am > 17. JUNI

1953 den Ausnahmezustand über Ost-Berlin, in dessen Folge es auch zu mehreren Exekutionen kam.

Die Behörde des sowjetischen S., die „Kommandantur von Berlin", nannte sich seit 1955 „Kommandantur der Garnison der sowjetischen Truppen in Berlin". Rund ein Jahr nach dem Bau der > MAUER erklärte die Sowjetunion diese Kommandantur zum 23.8.1962 für aufgelöst. Am selben Tag nahm ein Stadtkommandant der Nationalen Volksarmee seinen Dienst in (> STADTKOMMANDANTUR VON BERLIN [OST]). Er wurde von den Westmächten nicht anerkannt. Vielmehr nahmen der Botschafter der Sowjetunion in Ost-Berlin und die > GRUPPE DER SOWJETISCHEN STREITKRÄFTE IN DEUTSCHLAND weiterhin die Rechte und Verantwortlichkeiten in bezug auf Berlin und Deutschland als Ganzes wahr (> SOWJETISCHE KONTROLLKOMMISSION IN DEUTSCHLAND).

Stadtkommandantur von Berlin (Ost): Die im August 1962 im Widerspruch zum entmilitarisierten > SONDERSTATUS von Berlin gebildete Stadtkommandantur der „Hauptstadt der DDR" hatte ihren Dienstsitz zunächst in > KARLSHORST, später in der Hans-Beimler-Str. 25 im Bezirk > MITTE. Sie war die oberste militärische Führungsbehörde der Nationalen Volksarmee (NVA) in Ost-Berlin und trat an die Stelle der „Kommandantur der Garnison der sowjetischen Truppen in Berlin".

Die S. hatte Aufgaben der militärischen Sicherung, des militärischen Zeremoniells – Wachaufzug oder Zapfenstreich am Mahnmal für die Opfer des Faschismus und Militarismus in der > NEUEN WACHE > UNTER DEN LINDEN, Begrüßung und Verabschiedung ausländischer Delegationen –, der militärischen Öffentlichkeitsarbeit sowie des Standortdienstes in Ost-Berlin wahrzunehmen. Daneben sollte sie „die Interessen der DDR gegenüber der amerikanischen, britischen und französischen Militärkommandanten in Westberlin" vertreten (> STADTKOMMANDANTEN) und „Angelegenheiten ausländischer Militärpersonen auf dem Territorium der Hauptstadt der DDR" regeln. Die drei westlichen > ALLIIERTEN hatten gegen die Bildung der S. protestiert und sie als nicht existierend behandelt. In allen Angelegenheiten, die ihre Interessen einschließlich der Angelegenheiten ihrer Militärpersonen im Ostsektor betrafen, wandten sie sich bis zur Aufhebung des Sonderstatus mit dem Tag der > VEREINIGUNG am > 3. OKTOBER 1990 nach wie vor an die sowjetischen Stellen in der DDR.

Am 22.8.1962 hatte die sowjetische Regierung die sowjetische Stadtkommandantur für aufgelöst erklärt. Ihre bis dahin noch innegehabten Rechte und Verantwortlichkeiten aus den Vereinbarungen der Vier Siegermächte aus der Kriegs- und Nachkriegszeit gingen auf die Gruppe der sowjetischen Streitkräfte in Deutschland über (> GRUPPE DER SOWJETISCHEN STREITKRÄFTE). Am 23.8.1962 nahm der erste NVA-Stadtkommandant seinen Dienst auf. Er war der Standortälteste für das Territorium Ost-Berlins. Ihm unterstanden das *Wachregiment „Friedrich Engels"* der NVA, der Standortzug, das Stabsmusikkorps mit Spielmannszug und das „Informationszentrum am Brandenburger Tor". Dieses im Grenzgebiet gelegene, nur offiziellen ausländischen Besuchern zugängliche Informationszentrum sollte „Einblick in die Geschichte und Rolle des antifaschistischen Schutzwalls" sowie Informationen über die „Sicherung der Staatsgrenze" geben (> DEMARKATIONSLINIE; > MAUER; > 13. AUGUST 1961). Am 30.9.90 wurde die S. aufgelöst. Als Stadtkommandanten der NVA amtierten Generalleutnant Helmut Poppe (1962-71), Generalleutnant Artur Kunath (1971-78), Generalleutnant Karl-Heinz Drews (1978-89), Generalmajor Wolfgang Dombowski (1989-30.9.1990).

Stadtmagazine: In Berlin werden derzeit drei S. regelmäßig herausgegeben. Der in der Potsdamer Str. 89 in > TIERGARTEN ansässige, seit 1972 bestehende *tip* sowie das 1977 gegründete S. *Zitty* mit Sitz am Tempelhofer Ufer 1a in > KREUZBERG sind darunter die beiden älteren. Während sich die beiden 14täglich je um eine Woche versetzt erscheinenden Magazine in der Aufmachung und – teilweise – in der Berichterstattung über die kulturelle und politische Szene der Stadt unterscheiden, haben beide einen umfangreichen Serviceteil, der in Form eines Kalenders über Konzerte, Filme, Theateraufführungen, Vorträge sowie andere, vorwiegend kulturelle Ereignisse und die entsprechenden Veranstaltungsorte informiert. Der z.T. kommentierte Abdruck der Hörfunk- und Fernsehprogramme sowie ein Adressenregister ergänzen den jeweiligen Programmteil. Zusätzlich unterhalten beide S. einen Kleinanzeigenteil, in dem zu verschiedenen Rubriken (von „Reisen" bis „Jobs") Anzeigen geschaltet werden können. Der „tip", der auch im Bundesgebiet vertrieben wird, bringt zusätzlich seit 1985 ein Filmjahrbuch sowie zur Berlinale eine Sonderzeitung heraus; „Zitty" veröffentlicht in unregelmäßigen Abständen sog. „Specials", bspw. zum Nachtleben in Berlin. 1991 hatten „tip" und „Zitty" jeweils 50 Mitarbeiter. Die Verkaufsauflagen betrugen ca. 80.000 bzw. 79.000 Exemplare pro Ausgabe.

Nach dem Fall der > MAUER etablierte sich seit April 1990 auch das Magazin *Prinz* in Berlin. Das Magazin erscheint monatlich und wendet sich v.a. an eine jüngere Leserschaft. Dieses auch in insg. neun anderen Städten der Bundesrepublik erscheinende S. mit Hauptsitz in Hamburg unterhält in den einzelnen Städten lediglich Lokalredaktionen. Die Ausgaben unterscheiden sich in der lokalen Berichterstattung, wohingegen alle Redaktionen zu überregionalen Themen identische Artikel verwenden, die von der Zentrale verfaßt werden. Der Serviceteil wird ebenfalls in Berlin erstellt. Die in der Friedrichstr. 14-15 im Bezirk Kreuzberg ansässige Berliner Redaktion des Magazins hat 15 Mitarbeiter, die Auflage betrug 1991 pro Ausgabe 25.000 Exemplare.

Stadtmauer: In der Geschichte Berlins sind im wesentlichen drei S. bzw. Befestigungswerke zu unterscheiden, die mit der wachsenden Stadt jeweils immer größere Stadt-

Mittelalterliche Stadtmauer an der Waisenstraße

gebiete umfaßten (> STADTERWEITERUNG): die mittelalterliche Stadtbefestigung aus dem 13./14. Jh., die Befestigungsanlage des Großen Kurfürsten Friedrich Wilhelm (1640-88) aus dem 17. Jh. sowie die unter Friedrich Wilhelm I. (1713-40) 1736 ohne militärische Schutzfunktionen errichtete *Zoll-* oder *Akzisemauer*.

Die im letzten Viertel des 12. Jh. entstandene Doppelsiedlung Berlin/Kölln wurde erstmals

zwischen 1260 und 1280 ummauert, zunächst in Feldstein-Mauerwerk, das im 14. Jh. in Backstein erneuert und erhöht wurde. Im Nordosten an der Stadtgrenze Berlins folgte diese S. dem Lauf der heutigen Waisenstr. im Bezirk Mitte. Die drei *Stadttore* dieses Abschnitts waren nach den Zielorten der Straßen benannt, die durch sie hindurchführten: im Norden das Spandauer Tor, im Osten das Oderberger Tor (später Georgentor) und im Südosten das Stralauer Tor. Ein Teil dieser S. wurde nach 1945 freigelegt und ist an der Waisenstr. zu sehen. An die aus Feldsteinen und großformatigen Ziegeln errichtete Mauer sind Reste einer Wohnhausbebauung des 16. Jh. angelehnt. Das Haus mit der Nr. 16 beherbergt die historische Gaststätte > ZUR LETZTEN INSTANZ.

Die Stadt > KÖLLN im Südwesten war durch zahlreiche Wasserläufe und Sümpfe im Gebiet des späteren Friedrichswerder (> WERDERSCHER MARKT) von Natur aus besser geschützt. Die dort errichtete S. mit dem Köpenicker Tor und dem Gertraudentor verstärkte das natürliche Hindernis.

Diese alte Stadtbefestigung wurde auch wegen der Weiterentwicklung der Kriegsgeräte (Artillerie) vernachlässigt und bot deshalb im Dreißigjährigen Krieg selbst schwachen Streitkräften kaum Widerstand. Kurfürst Friedrich Wilhelm ließ deshalb 1658-83 seine Residenzstadt nach Plänen des in Linz geborenen Baumeisters Johann Gregor Memhardt neu befestigen. Auf Berliner Seite wurden die Arbeiten 1662 mit dem Bau des neuen Spandauer Tors abgeschlossen. Dabei wurden die Befestigungswerke um den alten Mauerring herumgelegt. Auf Köllner Seite sollte die Stadt über die > SPREE hinaus nach Süd-Westen erweitert werden. Wegen des sumpfigen Baugrunds konnte das Festungswerk hier erst 1683 vollendet werden. 1681 entstand dabei durch Regulierung des westlichen Spreearms die > FRIEDRICHSGRACHT. Das Stralauer Tor (Ecke Stralauer Str./Waisenstr.) und das Georgen- oder Bernauer Tor, ab 1701 Königstor (etwa an der S-Bahn-Überführung am > ALEXANDERPLATZ), wurden an der alten Stelle belassen, das Spandauer (an der Spandauer Brücke) und das Köpenicker Tor (Wallstr./Roßstr.) etwas vorverlegt. Das Gertraudentor wurde durch das neu geschaffene *Leipziger Tor* am > SPITTELMARKT ersetzt. Hinzu kam das Neue oder Dorotheenstädtische Tor (etwa Unter den Linden/Oberwallstraße) als Verbindung zu der 1674 gegründeten Dorotheenstadt, die zwar außerhalb der eigentlichen Festung lag, jedoch mit ihr 1681 durch ein Außenwerk mit Wall und Graben verbunden wurde. Die Befestigungsanlagen bestanden aus 13 Bastionen mit davor liegenden Außenwerken und z.T. doppelten Verbindungswällen, umgeben von breiten, aus der Spree abzweigenden Wassergräben.

Die vieleckigen Plätze Spittelmarkt, > HAUSVOGTEIPLATZ und Hackescher Markt blieben bis in die Gegenwart Zeugen für die Lage, Größe und Gestalt einiger Bastionen; ebenso erinnern Straßenbezeichnungen wie Am Festungsgraben, Wall-, Niederwall- und Oberwallstr. an die alte Stadtbefestigung. Der Zuwachs der > BEVÖLKERUNG war jedoch so stark, daß schon bald neue Vorstädte außerhalb der gerade erst fertiggestellten S. entstanden (> BAUGESCHICHTE UND STADTBILD). Durch diese Überbauung hatten die jetzt innerhalb des Stadtgebietes liegenden Festungswälle ihre militärische Bedeutung verloren und wurden zunehmend zum Verkehrshindernis, so daß sie ab 1734 schrittweise abgetragen wurden.

Friedrich Wilhelm I. ließ stattdessen 1734-36 eine neue, 14,5 km lange und rund 4 m hohe, leichte S. errichten, die auch die neuen Vorstädte umschloß. Im Norden und Osten größtenteils als Palisadenzaun (Palisadenstr. im Bezirk > FRIEDRICHSHAIN), sonst als dünne Steinmauer aus Kalk-, Mauer- und Abbruchsteinen errichtet, war sie v.a. als Zollgrenze bestimmt. Außerdem sollte sie die Desertion von Soldaten verhindern. Ursprünglich hatte sie 14 Tore, deren Namen z.T. noch heute erhalten sind: *Oranienburger Tor, Hamburger Tor,* Rosenthaler Tor, *Schönhauser Tor,* Prenzlauer Tor, *Königstor,* Landsberger Tor, *Frankfurter Tor,* Stralauer Tor (früher Mühlentor), *Schlesisches Tor, Kottbusser Tor, Hallesches Tor, Potsdamer Tor* und > BRANDENBURGER TOR. Später kamen das Neue Tor (1832), das Anhalter Tor (1839/40), das Köpenicker Tor (1848) und das Wassertor über den ehem. Luisenstädtischen Kanal am heutigen *Wassertorplatz* in Kreuzberg hinzu (1845-50). Daneben gab es noch die Wasserzugänge über die Spree. Deren Sicherung erfolgte über den *Oberbaum,* eine über den Flußlauf gezogene Sperre aus Bäumen zwischen den heutigen Bezirken Kreuzberg und Friedrichshain (> OBERBAUMBRÜCKE), und den *Unterbaum,* eine Sperre gleicher Art in Höhe von > CHARITÉ und > REICHSTAGSGEBÄUDE. Zwischen 1787 und 1802 wurden die Palisadenteile durch eine feste Steinmauer ersetzt. Dabei wurden Prenzlauer, Bernauer, Landsberger, Frankfurter und Stralauer Tor neu aufgebaut und z.T. weiter hinausgerückt. Die S. war nun rd. 17 km lang und etwa 4,2 m hoch.

Nachdem auch die neue S. zum Verkehrshindernis in der sich weiter ausdehnenden Stadt geworden war, wurde sie 1866-69 (unter Protest des Kriegsministeriums) bis auf das Brandenburger Tor abgerissen. Ihr Verlauf ist im heutigen Stadtbild z.T. noch gut erkennbar (z.B. Straßenzüge vom Schlesischen zum Halleschen Tor oder Stresemannstr. bis > POTSDAMER PLATZ). 1987 wurde im Rahmen der > INTERNATIONALEN BAUAUSSTELLUNG auf dem Mittelstreifen der Stresemannstr. ein 13 m langer und 4 m hoher Nachbau dieser S. errichtet. Kurz nach Baubeginn wurden bei Straßenarbeiten unmittelbar benachbart tatsächlich Reste der historischen Mauer freigelegt.

Stadtsanierung:

1. Stadtsanierung in West-Berlin

1961 kam die Abteilung Landes- und Stadtplanung der > SENATSVERWALTUNG FÜR BAU- UND WOHNUNGSWESEN (SENBAUWOHN) in Zusammenarbeit mit den zwölf West-Berliner > BEZIRKEN in einer blockweise durchgeführten Untersuchung zu der Feststellung, „daß rd. 470.000 vor dem I. Weltkrieg gebaute Wohnungen in erneuerungsbedürftigen Gebieten liegen. Bei Abzug von rd. 40.000 nicht sanierungsbedürftigen Wohnungen dieser Gebiete verbleiben 430.000, die entweder verbesserungsfähig oder abbruchreif sind".

Als Konsequenz legte der > SENAT VON BERLIN am 18.3.1963 ein „Erstes Stadterneuerungsprogramm" für die Sanierung von knapp 60.000 Wohnungen für 140.000 Einwohner und 7.600 Arbeitsstätten mit ca. 58.000 Beschäftigten vor. Die relativ großen innerstädtischen Altbaugebiete in den Bezirken > KREUZBERG, > WEDDING, > TIERGARTEN, > CHARLOTTENBURG, > SCHÖNEBERG und > NEUKÖLLN umfaßten insg. 450 ha und sollten nach US-amerikanischem Vorbild in einem überschaubaren Zeitabschnitt von etwa 10-15 Jahren erneuert werden. Mit dem Areal Wedding/Brunnenstr. wurde das größte zusammenhängende Sanierungsgebiet Deutschlands ausgewiesen (etwa 17.000 Wohnungen mit 39.000 Einwohnern).

Noch vor Abschluß des ersten Programms beschloß der Senat am 26.11.1974 gem. dem Städtebauförderungsgesetz von 1971 weitere acht Gebiete als ersten Abschnitt eines „Zweiten Stadterneuerungsprogrammes" auf städtebauliche Mißstände hin zu untersuchen. Diese Gebiete (z.B. > Mariannenplatz und > Chamissoplatz in Kreuzberg, Altstadt > Spandau und Woltmannweg in > Steglitz) umfaßten rd. 10.000 Wohnungen. Diesen etwa zwei Jahre dauernden „Vorbereitenden Untersuchungen" folgte die Aufstellung des Neuordnungsprogramms und – als Voraussetzung für eine staatliche Förderung – die förmliche Festlegung als Sanierungsgebiet, wodurch gleichzeitig eine Beteiligung der Betroffenen wie auch eine Bindung aller zukünftigen Baumaßnahmen an die übergeordneten Sanierungsziele gewährleistet wurden. Aufgrund der über Jahrzehnte herrschenden Wohnungsnot und der daraus folgenden Notwendigkeit im Stadtraum großflächig und schnell preiswerten Wohnraum zu schaffen, vollzogen sich die von den gemeinnützigen Wohnungsbaugesellschaften durchgeführten Sanierungsmaßnahmen anfangs meist als rigoros praktizierte „Kahlschläge" durch Niederlegung und Wiederaufbau ganzer Blöcke, wobei wenig Rücksicht auf die sozialen Bedürfnisse der Wohnbevölkerung genommen wurde. Sie führten in vielen Fällen zur Zerstörung der gewachsenen Stadtstruktur unter Vernachlässigung vorhandener und noch nutzbarer oder reparabler Bausubstanz. Wirtschaftliche Interessen im Sinne eines Gewinnstrebens hatten oft Vorrang gegenüber städtebaulichen Aspekten.

Als höchst problematisch erwies sich v.a. das Verfahren der sog. Mieterumsetzung, die schrittweise „Entmietung" kompletter, für eine Sanierung vorgesehener Wohnblocks durch die Zuweisung von (i.d.R. teurere) Ersatzwohnungen in z.T. weitentfernten Neubausiedlungen (z.B. > Märkisches Viertel), das unnötigen Leerstand produzierte und die ehem. Mieter neben einer sozialen Entwurzelung erheblichen wirtschaftlichen Belastungen aussetzte. Die gängige Praxis, die nun leerstehenden und vernachlässigten Häuser kurzfristig an ausländische Arbeitnehmer zu vermieten, verschärfte den Prozeß der Slumbildung. Darüber hinaus führte auch ein von Vermietern bewußt forcierter Verfall von Mietshäusern in Sanierungs-Erwartungsgebieten zu tausenden von leerstehenden Wohnungen, deren Bausubstanz mit relativ geringen Investitionen durchaus hätte instandgesetzt werden können. Insbes. der Bezirk > Kreuzberg entwickelte sich so zum Symbol für einen zerstörerischen Umgang mit der historisch gewachsenen Mietskasernenstadt. Angesichts der weiterbestehenden Wohnungsknappheit kam es so ab 1979 zu zahlreichen > Hausbesetzungen, die die Mißstände im Wohnungswesen auch einer breiteren Öffentlichkeit bekannt machten.

Ende der 70er Jahre stellte sich die Bilanz der S. insg. eher negativ dar. Neben den sozialen Folgen waren die gesteckten Ziele aus beiden Stadterneuerungsprogrammen – insg. etwa 115.000 Wohnungseinheiten – nicht annähernd erreicht worden, da bis 1980 erst 17.000 Wohnungen wiederhergestellt waren. Die Sanierungskosten einschließlich des Grunderwerbs, aber ohne Baukosten, bezifferten sich bis zu diesem Zeitpunkt auf 1,3 Mrd. DM. Erst mit der kleinteiligen, blockbezogenen Erneuerung des 415 Wohneinheiten umfassenden Blocks 118 im Sanierungsgebiet Klausener Platz in > Charlottenburg (1975-80) durch den Architekten Hardt-Waltherr Hämer wurde mit Hilfe von Mieterinitiativen dann eine Zäsur in der S.-Politik eingeleitet: nur geringfügiger Abriß von nur 12 % der Nutzfläche im Blockinnenbereich (*Entkernung*), keine Vertreibung der Mieter und Minimierung der Mieterhöhung. Neuer Schwerpunkt wurde die „Stadtreparatur" durch Bereinigung defizitärer kleiner Stadtflächen, das Schließen von Baulücken und die Modernisierung von Wohnräumen unter Erhaltung der Altbauten und gewachsener Stadtstrukturen. Die Sanierung des Blocks 118 war eines von drei Beispielgebieten des Europäischen Denkmalschutzjahres 1975 und wurde 1979 mit der Goldplakette im Bundeswettbewerb „Stadtgestaltung und Denkmalschutz im Städtebau" ausgezeichnet.

Diese an den Interessen der Bewohner orientierte S. bildete das Vorbild für die Altbau-Abteilung der > Internationalen Bauausstellung (IBA), die ab 1979 neue Wege der S. für Berlin entwickeln sollte. Am 17.3.1983 beschloß das > Abgeordnetenhaus von Berlin die zwölf Grundsätze der *behutsamen Stadterneuerung*, die bis heute die Sanierungspolitik des Senats bestimmen:

1. Die behutsame Stadterneuerung geht von den Bedürfnissen und Interessen der jetzigen Bewohner und Gewerbetreibenden im Quartier aus.

2. Zwischen Bewohnern und Bauherren müssen Einigkeit über Ziele und Verfahren herrschen.

3. Die eigenständige Kraft des Quartiers, seine typischen Merkmale, das innerstädtische Miteinander von Wohnen und Arbeiten, müssen bewahrt und entwickelt werden.

4. Die Erneuerung wird in zeitlichen Stufen – und, soweit möglich, in Selbsthilfe durch die Bewohner – durchgeführt (> WOHNUNGSMODERNISIERUNG DURCH MIETER; > SELBSTHILFE-SANIERUNG).

5. Die Möglichkeiten der alten Häuser werden genutzt und bspw. durch Umorganisation von Grundrissen entwickelt.

6. Die Wohnumfeldbedingungen (z.B. > BEGRÜNUNG der Innenhöfe oder Bepflanzung von Fassaden) werden sukzessive verbessert (Gebäudeabriß nur als Ausnahme).

7. Die öffentlichen Einrichtungen (z.B. Plätze, Parks) müssen behutsam verschönert und verbessert werden, damit sich die Bewohner wieder heimisch fühlen.

8. Unverzichtbare Voraussetzung sind allgemeinverbindliche Grundsätze für die Sozialplanung und die Anerkennung von Beteiligungsrechten von Betroffenen.

9. Über Ziele, Maßnahmen, Verlauf und Steuerung muß offen diskutiert und möglichst „vor Ort" entschieden werden.

10. Nur verbindliche und langfristige Finanzzusagen können Vertrauen bei den Beteiligten schaffen.

11. Die neue Arbeitsweise braucht neue Organisationsformen bei den Sanierungsträgern mit klarer Aufgabenzuteilung.

12. Die behutsame Stadterneuerung ist eine Daueraufgabe, die auch über die geplante Laufzeit der IBA hinaus fortgesetzt werden muß.

Ein beachtenswertes Beispiel der neuen Sanierungsstrategie ist die 1980-88 vom Stadtplanungsamt Charlottenburg mit Hilfe einer eigens erarbeiteten Rahmenplanung und der Einschaltung eines Betreuers (Beratungsgesellschaft für Stadterneuerung und Modernisierung mbH) statt einer Wohnungsbaugesellschaft durchgeführte Sanierung der Charlottenburger Altstadt um den Gierkeplatz und den nördlichen Bereich der > WILMERSDORFER STRASSE. Unterstützt durch die 1983 erfolgte Festsetzung Alt-Charlottenburgs als geschützter Baubereich, einen 1985 erreichten Aufstellungsbeschluß nach § 39h Bundesbaugesetz und ein Straßenraumkonzept zur > VERKEHRSBERUHIGUNG, gelang unter aktiver Einbeziehung der Bewohner, Gewerbetreibenden und Eigentümer eine optimale Umsetzung der bezirklichen Zielvorstellungen. Mit einem Bauvolumen von 135 Mio. DM im Rahmen des Bund-Länder-Programms für die Durchführung der 750-Jahr-Feier konnte z.B. der Anteil der Altbauwohnungen, die lediglich über Außentoiletten verfügten, von 28 auf 5 % reduziert, die Ausstattung der Wohnungen mit Bad oder Dusche von 48 % auf 88 % erhöht werden. Gem. den am 20.4.1990 in Kraft getretenen Neufassungen der Förderrichtlinien für den Sozialen Wohnungsbau und für die Altbaumodernisierung sind außerdem alle Verwaltungsressorts verpflichtet, die Gesichtspunkte der Umweltverträglichkeit und -entlastung sowie der Schonung natürlicher Ressourcen zwecks Verbesserung der Umwelt und Lebensqualität in Berlin verstärkt zu berücksichtigen. Im Rahmen des von der damaligen Landesregierung entwickelten Konzepts zum *ökologischen Stadtumbau* stellen beide Richtlinien-Entwürfe „besondere ökologische Anforderungen" an jedes Bauvorhaben:

– Nachweis eines schlüssigen „ökologischen Gesamtkonzeptes"
– Einsparung von Energie und Minimierung der Schadstoffbelastung der Umwelt
– Schonung und Erhalt des Grundwassers
– Erhaltung vorhandener Vegetation und Förderung von Begrünungskonzepten
– Getrennte Sammlung von Hausmüll
– Verwendung umweltverträglicher Materialien bei der Bauausführung
– Einschaltung von Sonderfachleuten für die Planung und Ausführung.

2. Stadtsanierung in Ost-Berlin

Trotz vergleichbarer historischer Voraussetzungen (> BAUGESCHICHTE UND STADTBILD; > WOHNUNGSBAU) vollzog sich die städtebauliche Entwicklung im Ostsektor unter den veränderten politischen und demographischen Gegebenheiten in abweichenden Bahnen. Trotz erheblicher Bauanstrengungen im letzten Jahrzehnt kann nicht von einer umfassend durchstrukturierten und langfristig geplanten S. die Rede sein. Während die S. im Westen über lange Jahre von Profitinteressen dominiert wurde, bestimmten im Osten politisch-ideologische Präferenzen das Wesen der Sanierung, die sich oft vorrangig an der repräsentativen und demonstrativen Außenwirkung einzelner Vorhaben orientierte. Die erste Phase der östlichen S. war durch die am 27.7.1950 von der Regierung der DDR beschlossenen „16 Grundsätze des Städtebaus" gekennzeichnet, die die verbreiteten

Mietskasernenviertel als verhaßtes Erbe der kapitalistischen Vergangenheit bewerteten und mit Hilfe des Aufbaugesetzes aus dem gleichen Jahr einen „sozialistischen Neuaufbau" vorprogrammierten (> MIETSKASERNEN). Sichtbarster Ausdruck dieses ideologisch motivierten Umbaus der Stadt war die umgehende Sprengung des > STADTSCHLOSSES sowie der Baubeginn der „sozialistischen Wohnpaläste" im Zuge der Stalinallee 1952 (heute > KARL-MARX-ALLEE/ > FRANKFURTER ALLEE). Das gleiche Verhältnis zur gewachsenen Stadt offenbarte sich auch nach Ende der 60er Jahre beim Totalabriß im „Fischer Kietz" auf der > FISCHERINSEL, dem ältesten Teil der Doppelstadt Berlin/> KÖLLN, mit dem der Chefarchitekt Joachim Näther eine „Neuplanung ohne Ressentiment" durchsetzte. Etwa seit 1963 wurden jedoch auch Diskussionen über die Umgestaltung von Altbauwohngebieten geführt, die ab 1966 von Hermann Henselmann, dem damaligen Leiter der Experimentalwerkstatt des Instituts für Städtebau und Architektur der Deutschen Bauakademie, zu einem Kriterienkatalog für eine „komplexe Rekonstruktion" zusammengefaßt wurden. Nach dem VIII. Parteitag der > SOZIALISTISCHEN EINHEITSPARTEI DEUTSCHLANDS (SED) 1971 und dem Wechsel von Walter Ulbricht zu Erich Honecker definierte man dann „die Lösung der Wohnungsfrage" als Hauptaufgabe der Sozialpolitik. Ziel des zentralen Wohungsbauprogramms war der Neubau oder die Modernisierung von rd. 3 Mio. Wohnungen bis zum Jahre 1990 in der gesamten DDR. 1976 wurden diese allgemeinen Zielvorstellungen in einem speziellen „Berlin-Programm" konkretisiert. Bis 1990 sollte der Ausbau Ost-Berlins als „politisches, wirtschaftliches, wissenschaftliches und geistigkulturelles Zentrum des ersten sozialistischen Staates auf deutschem Boden" erfolgen, der neben den Neubauvorhaben den Umbau von 200.000 bis 300.000 Wohnungen und die Modernisierung von 100.000 Wohnungen anstrebte.

Nach bescheidenen ersten Versuchen Anfang der 60er Jahre in > WEISSENSEE hatte 1971/72 bereits die „komplexe Rekonstruktion" des etwa 40 ha großen Areals um den > ARNIMPLATZ im Bezirk > PRENZLAUER BERG begonnen, das mit seinen 17.200 Bewohnern in 8.300 Wohnungen zum Versuchsgebiet für die Entwicklung und Erprobung von Rekonstruktionsstrategien deklariert wurde. Dabei wurden 18 % des Altbaubestandes abgerissen

und die anderen Wohnungen grundlegend modernisiert. Das Problem der notwendigen Umsetzungen betroffener Mieter während der Bauzeit löste man durch temporäre Umzüge in ein 90 Familien fassendes „Mieterhotel" an der Leninallee (heute > LANDSBERGER ALLEE). Die Ausstattung der Wohnungen mit Innentoiletten, Bad oder Dusche, Doppelfenster und Gasdurchlauferhitzer legte den Standard für die zukünftigen Projekte fest, wobei die Ofenheizung zumeist beibehalten wurde. 1979 wurde die am Arnimplatz bewährte Methode der „komplexen Rekonstruktion" durch eine Rechtsverordnung verbindlich festgeschrieben, die faktisch einem Abrißtop im Ostsektor Berlins gleichkam.

Die weiterentwickelte Industrialisierung der Rekonstruktion führte nun rasch zu einer Ausweitung der Maßnahmen auf andere Modernisierungskomplexe. Internationale Beachtung rief v.a. die Stadterneuerung in dem 1875-85 entstandenen Quartier um den > ARKONAPLATZ im Bezirk > MITTE hervor. Zwischen 1973-84 konnten in diesem typischen Arbeiterviertel der Gründerzeit mit 94 % Außentoiletten und 40 % Einzimmerwohnungen rd. 3.200 Wohnungen modernisiert werden. Insbes. die harmonische Integration der Kinderkrippen in der Rheinsberger und der Swinemünder Straße, die Entkernung und bewohnerfreundliche Gestaltung der neuen Innenhöfe um den Zionskirchplatz sowie der sich einfühlsam an historischen Bezügen orientierende Umbau der Platzanlage ernteten auch im Westen große Anerkennung. 1984 übergab Staats- und Parteichef Erich Honecker hier die zweimillionste Wohnung des 1973 beschlossenen Wohnungsbauprogramms.

Trotz der Ausweitung der Rekonstruktionsmaßnahmen seit 1981, bspw. auf das sog. „Palisadendreieck" und die Frankfurter Allee im Bezirk > FRIEDRICHSHAIN sowie dem > SCHEUNENVIERTEL mit der Sophienstraße in Mitte, als auch die gelungene historische Modernisierung im Quartier > HUSEMANN-STRASSE/ > KOLLWITZPLATZ in Prenzlauer Berg setzte sich der weitgehende Verfall der alten Bausubstanz rapide fort und wurde durch die größeren Sanierungsprojekte nur punktuell gelindert. V.a. die großangelegten Renommierobjekte Ost-Berlins für den forcierten Ausbau zur „Hauptstadt der DDR" in Hinblick auf die 750-Jahr-Feier zehrten an den knappen Mitteln. Der unter der Leitung von Günter Stahn erfolgte Wiederaufbau des historischen Stadtkerns im > NIKOLAIVIERTEL, die städtebaulich wie architektonisch anspruchsvolle Rekonstruktion am Platz der Akademie (heute wieder > GENDARMENMARKT) und der (unvollendete) Ausbau der > FRIEDRICHSTRASSE überstiegen bei weitem die Baukapazitäten Ost-Berlins und entzogen den DDR-Bezirken allein 1985 rd. 26.000 Bauarbeiter. Mit der städtebaulichen Konzentration auf die Mitte der 80er Jahre begonnenen großen Neubausiedlungen am Stadtrand in > HOHENSCHÖNHAUSEN und > HELLERSDORF verlor die S. in Ost-Berlin einen Großteil ihrer erst ein Jahrzehnt zuvor erzielten Dynamik.

3. Stadtsanierung nach der Vereinigung
Mit der > VEREINIGUNG verschärften sich für Berlin die mit der S. zusammenhängenden Probleme zusehends, da der bereitstehende Etat nicht proportional zu der erheblich vergrößerten sanierungsbedürftigen Fläche anwuchs. Angesichts des überwiegend katastrophalen Bauzustands der dortigen Altbauwohnungen erfolgte eine Konzentration der zur Verfügung stehenden Gelder auf die östlichen Bezirke, während 1992 z.B. für die westlichen Bezirke > WILMERSDORF, > STEGLITZ, > ZEHLENDORF, > TEMPELHOF und > REINICKENDORF gar keine Mittel für die soziale Stadterneuerung bzw. Leerstandsbeseitigung zur Verfügung standen. Bereits 1991 waren von insg. 1,6 Mrd. DM etwa drei Viertel in die östlichen Bezirke geflossen, wobei Prenzlauer Berg (239 Mio. DM), Friedrichshain (187 Mio. DM) und Mitte (152 Mio. DM) an der Spitze lagen. Förderschwerpunkte in den westlichen Bezirken waren Kreuzberg (118 Mio. DM), Wedding (62 Mio. DM) und Neukölln (47 Mio. DM). 155.000 sanierten Wohnungen im Ostteil standen lediglich 11.400 im Westen gegenüber. Dabei ist das ausschließlich für die Ostbezirke geltende Heizungsprogramm hervorzuheben, mit dessen Hilfe bei einem Gesamtvolumen von 210 Mio. DM allein über 70.000 Wohneinheiten modernisiert wurden.
Seit 1985 werden auch die Förderungsgelder für Instandsetzung von Gewerbehöfen in Stadterneuerungsgebieten bereitgestellt, die 1991 mit einem Umfang von 30 Mio. im Westen gegenüber 16 Mio. DM im Osten den o.g. Trend durchbricht (> GEWERBESIEDLUNGS-GESELLSCHAFT MBH). Der Senat hofft hiermit, die berlintypische Mischung von Wohnen und Arbeiten reaktivieren zu können. Hervorzuheben sind in Ost-Berlin die > HACKE-

SCHEN HÖFE und das ehem. Handwerkervereinshaus in der Sophienstr. 17-18. Für 1992 sieht das Gewerbehofprogramm stadtweit 17 Mio. DM vor.
Für 1992 strebt die SenBauWohn eine Fortsetzung der S. auf „hohem Niveau" an, wenngleich die Gesamtmittel für das laufende Jahr nur noch eine Höhe von 1,04 Mrd. DM erreichen. Mit 520 Mio. DM nimmt die soziale Stadterneuerung den größte Posten ein, wobei Prenzlauer Berg (102 Mio. DM), Friedrichshain (75 Mio. DM) und Kreuzberg (47 Mio. DM) Hauptnutznießer sind. Bei den Maßnahmen zur Energieeinsparung für Wohnungsbaugesellschaften und -genossenschaften (> GEMEINNÜTZIGE WOHNUNGSWIRTSCHAFT) fließen 1992 die zur Verfügung stehende Gesamtsumme von 100 Mio. DM und bei den Modernisierungsmaßnahmen durch Mieter immerhin 90 % der 50 Mio. DM in die Ostbezirke. Die im Westteil verstärkt praktizierte Wohnumfeldverbesserung der Großsiedlungen wie dem Märkischen Viertel wird zukünftig auch ein Schwerpunkt der S. in den östlichen Neubausiedlungen sein.
Mit der Verwaltungsvereinbarung „Städtebaulicher Denkmalschutz" zwischen dem Land Berlin und dem Bund ist vorgesehen, für 1991-94 im Rahmen eines Sonderprogramms des Gemeinschaftswerks Aufschwung Ost zur Sicherung und Erhaltung wertvoller Gebäude in historischen Ortskernen insg. 87,34 Mio. DM Fördermittel zur Verfügung zu stellen. Durch Landesmittel in Höhe von 20 Mio. DM konnte der Programmrahmen für die Jahre 1991/92 auf fast 82 Mio. DM aufgestockt werden. Dabei wurden im Bezirk Mitte für 32 und in > KÖPENICK für 30 Objekte Förderungsverträge geschlossen. Die Förderung in Mitte konzentriert sich in der Spandauer Vorstadt auf die Tucholskystr. mit elf und die Neue Schönhauser Str. mit sechs Vorhaben, während in Köpenick die Altstadt, > KIETZ und > FRIEDRICHSHAGEN/Bölschestr. im Vordergrund stehen. Um die bestehenden Defizite in der S. insg. aufzuholen, werden in Berlin nach Schätzungen der SenBauWohn noch für zehn Jahre jährlich etwa 1 Mrd. DM benötigt.

Stadtschloß: Das in seinen ältesten Bauteilen aus der Mitte des 15. Jh. stammende ehem. Berliner S. der hohenzollerischen > LANDESHERREN ist nach starken Beschädigungen im II. Weltkrieg 1950/51 aus ideologischen Gründen – trotz heftiger Proteste aus aller

Welt – gesprengt und vollkommen abgetragen worden. An seinem Standort befinden sich heute der > MARX-ENGELS-PLATZ mit dem > PALAST DER REPUBLIK an dessen Ostseite.

Das S. war über ein halbes Jahrtausend Residenz der brandenburgischen Markgrafen und Kurfürsten, der preußischen Könige und deutschen Kaiser. Es war aus einer mittelalterlichen Burganlage hervorgegangen, die Kurfürst Friedrich II. (1440-79) 1443-51 längs der > SPREE erbauen ließ. Einbezogen in diese Burganlage war ein mächtiger Rundturm aus der Köllnischen Stadtmauer, der „Grüne Hut". Kurfürst Joachim II. (1535-71) ließ ab 1538 durch Caspar Theyß die Burg in ein repräsentatives, dreistöckiges Renaissanceschloß umbauen. Rochus Graf zu Lynar errichtete 1580-95 für Kurfürst Johann Georg den Apothekenflügel des Schlosses, in dem die Hofapotheke untergebracht war. Kurfürst Friedrich III. (1688-1713, seit 1701 König Friedrich I. in Preußen) ließ 1698 Andreas Schlüter mit einem Erneuerungsbau beginnen, der die bisherigen, unterschiedlichen Baugruppen durch ein einheitliches, barockes Gebäude ersetzen sollte. Schlüter konnte seinen Plan jedoch nicht ganz verwirklichen. Er gestaltete die Südfassade der Langfront am Schloßplatz mit den Portalen I und II, die Nordfassade der Langfront am > LUSTGARTEN mit dem Portal V sowie den östlichen inneren Schloßhof. Die an der Spreeseite liegenden Teile und der Querflügel blieben in der alten Form erhalten. 1706 wurde Schlüter – nach dem Einsturz des Münzturms (> MÜNZE), der mit dem Schloß durch eine Galerie verbunden werden sollte – durch Johann Friedrich Eosander v. Göthe abgelöst. Dieser erweiterte 1706-13 das S. auf die doppelte Größe, indem er den Bau nach Westen ausdehnte, den Lustgarten-Flügel mit dem Portal IV und einen weiteren, äußeren Schloßhof, mit dem Portal III in der Westfassade schuf. Dieses Hauptportal des S. war dem Severusbogen in Rom nachgebildet. Unter König Friedrich Wilhelm I. (1713-40) wurde das Barockschloß von 1713-16 schließlich vollendet.

1845-53 baute Friedrich August Stüler im Auftrag König Friedrich Wilhelms IV. (1840-61) die Kapelle im Westflügel über dem Hauptportal mit dem mächtigen, achteckigen Kuppeltambour. Unter Kaiser Wilhelm II. (1888-1918) wurde an der Spreeseite des S. eine Terrasse mit einem Landungsplatz angelegt und durch Ernst v. Ihne der Westflügel

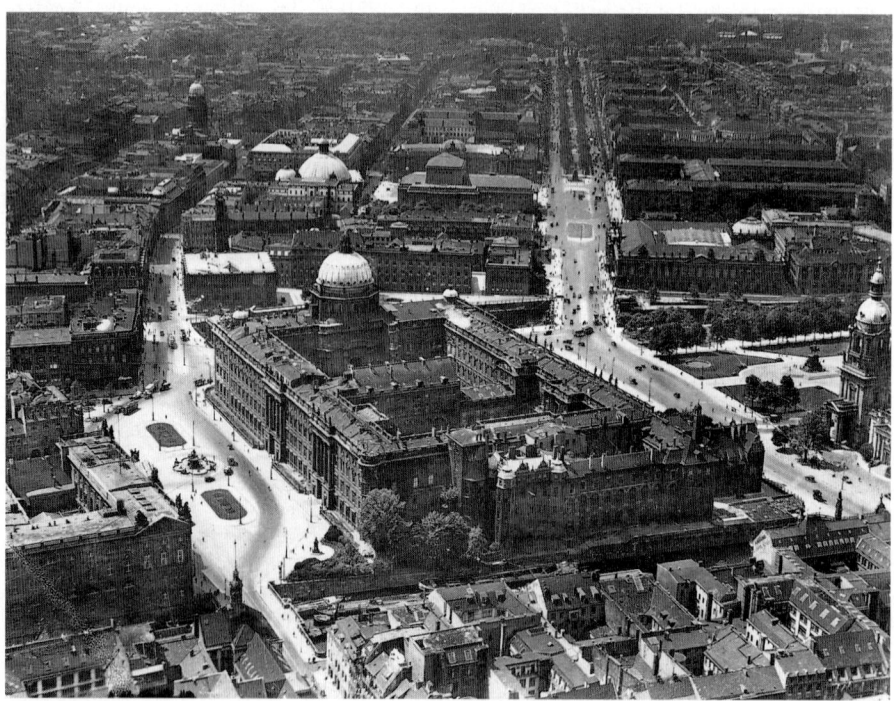

Stadtschloß von Osten, rechts Lustgarten im Hintergrund Unter den Linden

mit dem Weißen Saal umgebaut.

In seiner letzten Bauausführung bildete das S. ein Rechteck von etwa 192 m Länge und 116 m Breite. Der Bau war rd. 25 m hoch, hatte zwei größere Innenhöfe, den Großen Schloßhof und den Kleinen Schloßhof, sowie zwei kleine Höfe, den Eishof und den Kapellenhof, und umfaßte nach den letzten von der Schlösserverwaltung aufgestellten Lageplänen 1.210 Räume.

Im westlichen Schloßhof stand seit 1865 die Bronzegruppe „Heiliger Georg mit dem Drachen" von August Kiss, die sich heute am Spreeufer im > NIKOLAIVIERTEL befindet. Auf dem Schloßplatz südlich des S. wurde 1891 der von Reinhold Begas geschaffene > NEPTUNBRUNNEN errichtet, der heute einen neuen Standort auf dem Platz vor dem > BERLINER RATHAUS gefunden hat. Der Westseite des S. gegenüber, auf der ehem. *Schloßfreiheit* am Spreekanal, stand seit 1897 das gleichfalls von Begas gestaltete *Nationaldenkmal für Kaiser Wilhelm I.* Es wurde im II. Weltkrieg zerstört. Zwei erhaltene Sockelfiguren dieses Denkmals (Löwe mit Trophäen) fanden Verwendung als Teil einer monumentalen Löwengruppe vor dem Alfred-Brehm-Haus im > TIERPARK FRIEDRICHSFELDE.

Bei der Novemberrevolution von 1918 wurden Teile des Inneren beschädigt. Nach Abdankung des Kaisers und seiner Auswanderung ins holländische Exil wurde 1921 das > KUNSTGEWERBEMUSEUM im S. untergebracht. 1944 erhielt das Gebäude mehrere Bombentreffer, am 3.3.1945 brannte es schließlich fast vollständig aus.

Nach dem Ende des Krieges konnten im Weißen Saal des S. und einigen angrenzenden Räumen noch Ausstellungen – u.a. über Planungen zum Wiederaufbau Berlins, moderne französische Malerei und zur 100-Jahr-Feier der Revolution von 1948/49 – gezeigt werden. Die Gründe für den 1950/51 erfolgten Abriß waren vielschichtig. Dominierend war zweifellos die Absicht der damaligen politischen Führung der DDR unter Walter Ulbricht, mit dem S. das herausragende Symbol des preußischen Feudalstaates zu beseitigen. Nach heftigen Debatten und z.T. internationalen Protesten begannen am 6.9.1950 mit der Sprengung des Apothekenflügels die Abrißarbeiten, die bis Jahresende abgeschlossen wurden. Die Abtragung der Trümmer erfolgte in den ersten Monaten des Jahres 1951. Das Portal IV, von dem Karl Liebknecht am 9.11.1918 die „Freie sozialistische Republik"

ausgerufen hatte, blieb wegen dieses historischen Bezuges erhalten und wurde als repräsentativer Eingang in das 1962-64 an der Südseite des Marx-Engels-Platzes errichtete > STAATSRATSGEBÄUDE eingefügt. Seit der > VEREINIGUNG ist man z.T. erfolgreich bemüht, weitere erhaltene Gebäudefragmente aus dem Abriß zusammenzusuchen. Es bestehen jedoch bisher keine konkreten Pläne zu deren weiterer Verwendung. Ein von einigen betriebener Wiederaufbau des S. erscheint eher unwahrscheinlich. In jedem Fall wird der gesamte Bereich im Zusammenhang mit der städtebaulichen Gestaltung der > HAUPTSTADT erhebliche Veränderungen erfahren.

Stadtverordnetenversammlung (StVV): Durch die neue Städteordnung des Reichsfreiherrn Heinrich Friedrich Karl vom und zum Stein vom 19.11.1808 erhielt Berlin 1809 die kommunale Selbstverwaltung mit einem von den > LANDESHERREN unabhängigen > MAGISTRAT als oberstem Verwaltungsorgan und der StVV als Volksvertretung. Nach der > SPALTUNG der Stadt 1948 wurde in Ost-Berlin 1953 eine „Volksvertretung Groß-Berlins" gebildet, die ihr Mandat de facto aber nur für den Ostteil ausübte und die 1957 gleichfalls den Namen StVV erhielt. Im Westteil der Stadt war die laut > VERFASSUNG VON BERLIN (VvB) vom 1.10.1950 gleichfalls für Gesamt-Berlin gewählte Volksvertretung das > ABGEORDNETENHAUS VON BERLIN (AbgH), das in der Wahrnehmung seines Mandates jedoch durch die politische Situation entsprechend auf die westlichen > SEKTOREN beschränkt war. Nach der > VEREINIGUNG und der Auflösung der Ost-Berliner StVV am 29.11.1991 nimmt das aus den Gesamt-Berliner > WAHLEN vom 2.12.1991 hervorgegangene AbgH seine Aufgaben wieder für die Gesamtstadt wahr.

Die Wahl zur ersten Berliner StVV erfolgte vom 18.-22.4.1809. Wahlberechtigt waren nur Bürger mit Hauseigentum oder einem Jahreseinkommen von mehr als 200 Talern. So waren es nur etwa 7-8 % der Bevölkerung, die sich an der Wahl beteiligten. Die 102 Abgeordnete umfassende erste StVV trat am 25.4.1809 im > PRINZ-HEINRICH-PALAIS (der heutigen > HUMBOLDT-UNIVERSITÄT) an der Straße > UNTER DEN LINDEN zusammen. Sie wählte die Mitglieder des Magistrats und die Kandidaten für das vom König zu bestätigende Amt des > OBERBÜRGERMEISTERS. Nach wechselnden Unterkünften bezog die StVV

1822 das Köllnische Rathaus, bis sie 1870 ihren Sitz im neu erbauten > BERLINER RATHAUS nahm (> RATHÄUSER). Auch nach der Bildung > GROSS-BERLINS 1920 und seiner (damals) 20 > BEZIRKE blieb die auf 225 Abgeordnete vergrößerte StVV zentrales Organ der nun zweistufigen Berliner Verwaltung (> BEZIRKSVERORDNETENVERSAMMLUNG). 1931 trat neben die StVV als neues zentrales Organ ein 45köpfiger Stadtauschuß, der unter dem Vorsitz des Oberbürgermeisters vertraulich tagte und wesentliche Aufgaben der StVV übernahm. Nach der Machtergreifung der Nationalsozialisten wurde die StVV nach vorausgegangener Entlassung von Mitgliedern der > SOZIALDEMOKRATISCHEN PARTEI DEUTSCHLANDS (SPD) und der Kommunistischen Partei Deutschlands (KPD) 1934 aufgelöst. An ihre Stelle traten 45 auf Vorschlag des Berliner NS-Gauleiters Joseph Goebbels ernannte „Ratsherren".

Nach dem II. Weltkrieg wurde am 20.10.1946 aufgrund der von der > ALLIIERTEN KOMMANDANTUR genehmigten und am gleichen Tag in Kraft gesetzten *Vorläufigen Verfassung von Groß-Berlin (VV)* eine StVV als parlamentarische Vertretung der Bevölkerung von ganz Berlin gewählt. Bei einer Wahlbeteiligung von 92,3 % entfielen auf die SPD 48,7 (43,6) %, die > SOZIALISTISCHE EINHEITSPARTEI DEUTSCHLANDS (SED) 19,8 (29,9) %, die > CHRISTLICHE DEMOKRATISCHE UNION DEUTSCHLANDS (CDU) 22,2 (18,7) % und die > LIBERALDEMOKRATISCHE PARTEI DEUTSCHLANDS (LDPD) 9,3 (7,8) % der Stimmen (in Klammern die Ergebnisse im sowjetischen Sektor). Demnach entfielen von den 130 Sitzen der StVV auf die SPD 63, die SED 26, die CDU 24 und die LDPD 12 Sitze.

In der VV von 1946 fehlten Bestimmungen über den Tagungsort und Vorschriften über seine Sicherung vor Demonstrationen. Die StVV tagte am Sitz des Magistrats im > NEUEN STADTHAUS im sowjetischen Sektor. Am 23.6.1948 kam es aus Anlaß einer Sitzung zur > WÄHRUNGSREFORM erstmals zu massiven Störungen der StVV durch von der SED mobilisierte Demonstranten, ohne daß die > POLIZEI eingriff. Die StVV beschloß daraufhin ein Bannmeilengesetz, dessen Inkrafttreten der sowjetische > STADTKOMMANDANT jedoch verhinderte. Am 26. und 27.8.1948 vertagte der Stadtverordnetenvorsteher Otto Suhr (SPD) eine schon eröffnete Tagung, als sich kommunistisch gesteuerte Demonstrationszüge dem Tagungsort näherten und die Absetzung

des Magistrats forderten. Am 6.9.1948 stürmte zum dritten Mal eine Menge von SED-Anhängern das Neue Stadthaus und verhinderte das Zusammentreten der am 27.8. vertagten StVV. Suhr berief die StVV daraufhin noch am gleichen Tag in das im britischen Sektor gelegene Studentenhaus der > TECHNISCHEN UNIVERSITÄT ein. Da die SED sich weigerte, an Tagungen der StVV außerhalb des sowjetischen Sektors teilzunehmen, wählte die Versammlung dort unter Abwesenheit der SED-Fraktion die Berliner Vertreter für den Parlamentarischen Rat in Bonn.

Am 30.11.1948 beschloß daraufhin eine von der SED-Fraktion einberufene „außerordentliche Sitzung der Stadtverordneten" mit 1.616 Teilnehmern – neben den 23 Mitgliedern der SED-Fraktion 213 Vertreter des „Demokratischen Blocks" Berlin (> BLOCKPARTEIEN), 1.151 Betriebsvertreter des sowjetischen Sektors sowie 224 Angehörige der Massenorganisationen – im > ADMIRALSPALAST die Absetzung des bestehenden Magistrats und die Bildung eines „provisorischen demokratischen Magistrats" mit dem SED-Politiker Friedrich Ebert als Oberbürgermeister an der Spitze. Damit war die politische Spaltung Berlins vollzogen.

Die für den 5.12.1948 festgelegten Wahlen zur StVV ließ der sowjetische Stadtkommandant in seinem Hoheitsbereich nicht zu, so daß sie nur in den drei Westsektoren stattfinden konnten. Die neue, für Gesamt-Berlin gewählte StVV war in der Ausübung ihres Mandats auf die Westsektoren beschränkt. In Ost-Berlin amtierte der „provisorische demokratische Magistrat" zunächst ohne eine parlamentarische Volksvertretung. Erst am 19.1. 1953 erließ der Oberbürgermeister im Namen des „Magistrats von Groß-Berlin" eine Verordnung, die die Bildung einer „Volksvertretung Groß-Berlin" und von „Volksvertretungen der Stadtbezirke" vorsah. In einer am 23.1.1953 erlassenen „Vorläufigen Ordnung für den Aufbau und die Arbeitsweise der Organe der Staatsmacht von Groß-Berlin" wurde bestimmt, daß die „Volksvertretung Groß-Berlin" als „höchstes Organ der Staatsmacht in Groß-Berlin" 130 Mitglieder haben und „bis zur Durchführung von Wahlen" aus Vertretern bestehen soll, „die von den im Demokratischen Block Groß-Berlin vereinigten politischen Parteien und demokratischen Massenorganisationen benannt werden". Die vorgeschlagenen Mitglieder mußten vom „Ausschuß der Nationalen

Front des demokratischen Deutschland der Hauptstadt Berlin" bestätigt werden.

Mit der Wahl zur Volkskammer der DDR am 17.10.1954 wurde nach der üblichen Einheitsliste auch die „Volksvertretung Groß-Berlin" gewählt. Durch das von ihr beschlossene Gesetz zur Übernahme des DDR-Gesetzes über die örtlichen Organe der Staatsmacht und ihren Beschluß über die Anwendung des DDR-Gesetzes über die Rechte und Pflichten der Volkskammer der DDR gegenüber den örtlichen Volksvertretungen, beide vom 28.1. 1957, wurden die kommunalen Organe des sowjetischen Sektors von Berlin in den einheitlichen Staatsaufbau der DDR integriert. Am 7.9.1961 verabschiedete der Staatsrat der DDR einen Erlaß „zu den Ordnungen über die Aufgaben und die Arbeitsweise der StVV und ihrer Organe in der Hauptstadt der Deutschen Demokratischen Republik, Berlin, und den Stadtkreisen mit Stadtbezirken", der die Integration Ost-Berlins in den Staatsaufbau der DDR weiter festigte. 1957 erhielt die Volksvertretung den Namen „StVV von Groß-Berlin", seit 1977 lautete ihre Bezeichnung „StVV von Berlin, Hauptstadt der DDR".

Die StVV war nach dem „Gesetz über die örtlichen Volksvertretungen in der DDR" vom 4.7.1985 die den Bezirkstagen in den übrigen 14 Bezirken der DDR entsprechende, alle fünf Jahre gewählte örtliche Volksvertretung in Ost-Berlin. Vor den ersten Kommunalwahlen nach dem Umbruch in der DDR im Herbst 1989 hatte die StVV 225 Abgeordnete (SED 56; DBD, CDU, LDPD und NDPD je 22, FDGB 41, FDJ 16, DFD 14; Kulturbund 6 und Vereinigung der gegenseitigen Bauernhilfe 4). Sie wählte den Oberbürgermeister und die übrigen Mitglieder des Magistrats, die sie auch abberufen konnte. Zugleich bildete sie für die Dauer ihrer Legislaturperiode fachorientierte „Ständige Kommissionen" und wählte deren Vorsitzende. Alle Abgeordneten der StVV mußten – sofern sie nicht Mitglied des Magistrats waren – mindestens einer dieser Kommissionen angehören, in denen sich ihre Hauptarbeit vollzog und denen neben den Abgeordneten auch Spezialisten der jeweiligen Gebiete und andere sachkundige Bürger angehörten.

Nach dem Umbruch in der DDR wurde die StVV am 6.5.1990 erstmals wieder frei gewählt. Die SPD erhielt 34 %, die PDS 30 %, die CDU 17,7 %, das Bündnis 90 9,9 % und die Grünen 2,7 % der Stimmen; daneben existierten noch einige Splitterparteien, die jedoch auch in der Versammlung vertreten waren, da es keine 5-%-Hürde gab. Von den insg. 138 Mandaten erhielten:

SPD	47
PDS	42
CDU	24
Bündnis 90	14
Grüne Liste	4
Bund Freier Demokraten (BFD)	2
Deutsche Soziale Union (DSU)	2
FDP	1
Alternative Linke Liste	1
Demokratischer Aufbruch	1

SPD und CDU bildeten einen Koalitionsmagistrat unter Oberbürgermeister Tino Schwierzina (SPD). Unter ihrer neuen Vorsteherin, Christine Bergmann (SPD), nahm die StVV am 28.5.1990 ihre Arbeit auf und verabschiedete am 11.7.1990 eine auf Entwürfe des > RUNDEN TISCHS zurückgehende Verfassung für Ost-Berlin. In den seit 3.5. (West) bzw. seit 28.5.1990 (Ost) arbeitenden jeweiligen Einheitsausschüssen bemühten sich StVV und AbgH, die Einheit Berlins vorzubereiten. Gemeinsam bildeten sie einen paritätisch besetzten *Ausschuß Einheit Berlins*, der sich am 14.6.1990 im > RATHAUS SCHÖNEBERG konstituierte. Am 29.11.1990 tagte die StVV zum letzten Mal. Ihre Aufgaben übernahm das sich am 11.1.1991 konstituierende Gesamt-Berliner AbgH.

Städteverbindungen: Berlin bzw. seine > BEZIRKE unterhalten auf der Grundlage von Vereinbarungen und Abkommen eine Reihe freundschaftlicher Verbindungen mit Städten im In- und Ausland. Die erste Städtepartnerschaft Berlins besteht seit dem 27.6.1967 mit Los Angeles, deren 25jähriges Bestehen 1992 in Berlin gewürdigt wurde.

In Abkehr von früheren Grundsätzen, den Abschluß von Städtepartnerschaften (mit Ausnahme Los Angeles) den Bezirken zu überlassen, beschloß der > SENAT VON BERLIN am 4.3.1986, auch auf Landesebene S. einzugehen. Die Bezirke Berlins unterhalten z.Z. etwa 80 S. Das erste Abkommen über Freundschaft und Zusammenarbeit auf Landesebene wurde am 2.7.1987 zwischen Berlin und Paris unterzeichnet. Es folgten Abkommen mit Madrid (4.11.1988) und Istanbul (17.11.1989). Mit Madrid und Peking unterhielten Senat und Ost-Berliner > MAGISTRAT

Verbindungen, die – ebenso wie die seinerzeit bestehende Zusammenarbeit des Magistrats mit Budapest, Moskau, Prag und Warschau – nach der > VEREINIGUNG politisch neu geordnet und auf ganz Berlin ausgeweitet wurden. So sind mit Moskau (28.8.1991), Warschau (12.8.1991), Region Brüssel-Hauptstadt (1.6.1992) und Budapest (28.8.1992) ebenfalls Freundschaftsabkommen abgeschlossen worden. Außerdem wurde die Zusammenarbeit mit Prag und Wien intensiviert. Die S. dienen dem gegenseitigen Kennenlernen und der Zusammenarbeit in fast allen Bereichen der Stadtpolitik. Mit dem Ausbau der Verbindungen zu den mittel- und osteuropäischen Metropolen will Berlin darüber hinaus den Aufbau demokratischer Strukturen und den Übergang zur sozialen Marktwirtschaft in diesen Ländern unterstützen. Ziel ist eine die bisherige Ost-West-Teilung überwindende „Brücke der Partnerschaft der Metropolen". Dabei soll für alle S. ein konkretes Netzwerk von gemeinsamen Interessen, Projekten und Begegnungsmöglichkeiten geschaffen werden.

Städtischer Friedhof Heerstraße: Der 1924 als interkonfessionelle Begräbnisstätte für > GROSS-BERLIN im Bezirk > CHARLOTTENBURG im alten Grunewaldteil südlich der heutigen Olympischen Str. eröffnete S. zählt zu den landschaftlich schönsten Wald- und Parkfriedhöfen der Stadt. Sein Haupteingang befindet sich in der Trakehner Allee 1. Die Gräber an terrassierten Wegen umgeben den tief in einer eiszeitlichen Rinne gelegenen knapp 1 ha großen *Sausuhlensee.*
Auf dem S. ruhen der Maler George Grosz und der Dichter Theodor Däubler, für den Ernst Barlach ein Grabmal entwarf, das 1935 von der nationalsozialistischen Verwaltung jedoch nicht genehmigt wurde. Der Grabstein des Grafikers Marcus Behmer – ein Findling – trägt sein Delphin-Signet. Der Bildhauer Georg Kolbe schuf für seinen durch Freitod aus dem Leben geschiedenen Freund, den Kunstverleger Paul Cassirer, eine Grabplatte auf schwerem Sockel. Nach dem Tode seiner Ehefrau entwarf Kolbe auch die eigene Familiengrabstätte mit vier Marmorplatten und drei schlanken Säulen. Eine letzte Ruhestatt auf dem S. fanden weiterhin der Dichter Arno Holz, der Schriftsteller Joachim Ringelnatz (Hans Bötticher), die Schauspieler Paul Wegener und Victor de Kowa, der Dirigent Leo Blech, der Dramatiker und Schauspieler Curt Goetz sowie die Schauspielerinnen Tilla Durieux und Grethe Weiser.

Ständige Vertretung der Bundesrepublik Deutschland: Die am 2.5.1974 eröffnete S. in der Hannoverschen Str. 30 im Ost-Berliner Bezirk > MITTE entstand gemeinsam mit einer entsprechenden Vertretung der DDR in Bonn. Ihr Austausch war im > GRUNDLAGEN-VERTRAG der beiden deutschen Staaten vom 21.12.1972 vereinbart worden, und zwar „am Sitz der jeweiligen Regierung". Sie hatten u.a. die Aufgabe, „die Interessen des Entsendestaates im Gastland zu vertreten, einschließlich Hilfe und Beistand für Personen, sowie normale und gutnachbarliche Beziehungen auf politischem, wirtschaftlichem und kulturellem Gebiet wie auch auf anderen Gebieten zu fördern und auszubauen". Der Leiter der S. war beim Vorsitzenden des Staatsrates der DDR akkreditiert. Für die Angelegenheiten der S. war das Ministerium für Auswärtige Angelegenheiten der DDR zuständig. Obwohl die Angehörigen der S. in Ost-Berlin (im Gegensatz zu West-Berlin) auch alle für das diplomatische Personal üblichen Vorrechte und Befreiungen genossen (z.B. keine Zollkontrolle beim Grenzübertritt), waren die deutsch-deutschen Beziehungen nicht diplomatischer Art und die Vertretungen keine diplomatischen Missionen/Botschaften (> AUSLÄNDISCHE VERTRETUN-GEN). Die Bestimmungen der Wiener Konvention über diplomatische Beziehungen von 1961 galten nur entsprechend. Bei der Bundesregierung waren die S. sowie die DDR-Vertretung in Bonn nicht beim > AUSWÄRTIGEN AMT, sondern beim > BUNDESKANZLERAMT angesiedelt, womit zugleich deutlich gemacht werden sollte, daß die Bundesregierung durch die Errichtung der S. die DDR nicht als Ausland anerkannte. Der Leiter der S. hatte den Rang eines Staatssekretärs.
Aufgrund der Erklärung beider Seiten vom 21.12.1972 in bezug auf Berlin (West) und laut dem sechsten Protokollvermerk zum Protokoll vom 14.3.1974 vertrat die S. „in Übereinstimmung mit dem > VIER-MÄCHTE-ABKOMMEN vom 3. September 1971 (auch) die Interessen von Berlin (West). Vereinbarungen zwischen der Regierung der Deutschen Demokratischen Republik und dem > SENAT bleiben hiervon unberührt". Vor der Öffnung der Grenzen am > 9. NOVEMBER 1989 hatten mehrfach ausreisewillige DDR-Bürger in der

S. Zuflucht gesucht, um ihre Übersiedlung in die Bundesrepublik zu erzwingen, so erstmals 55 Personen im Juni 1984 und zuletzt 130 Personen im August 1989.

Mit der > VEREINIGUNG stellte die S. zum > 3. OKTOBER 1990 ihre Tätigkeit ein. Das Gebäude, ein aus einer von Friedrich II. (1740-86) errichteten Reiterkaserne entstandener, nach dem II. Weltkrieg von Hans Scharoun für das Institut für Bauwesen der > AKADEMIE DER WISSENSCHAFTEN (der DDR) hergerichteter, siebengeschossiger Umbau von 1971, ist heute Sitz der Berliner Außenstelle des > BUNDESMINISTERS FÜR FORSCHUNG UND TECHNOLOGIE. Die weitere Verwendung eines 1988 begonnenen, halbfertigen Neubaus für die S. in der Kastanienallee in > NIEDERSCHÖNHAUSEN ist noch ungewiß.

Leiter der Ständigen Vertretung der Bundesrepublik Deutschland (Tag der Akkreditierung) waren Günter Gaus (20.6.1974) und Klaus Bölling (9.2.1981), Hans Bräutigam (24.5.1982), Franz Bertele (2.2.1989).

Statistisches Bundesamt (StBA): Das zunächst als Statistisches Amt des Vereinigten Wirtschaftsgebietes gebildete, 1950 als selbständige Bundesoberbehörde unter der Rechts- und Fachaufsicht des > BUNDESMINISTER DES INNERN mit Sitz in Wiesbaden errichtete StBA ist die statistische Zentralbehörde der Bundesrepublik Deutschland. Bereits am 26.6.1950 nahm die in Berlin seit 1946 ansässige Verbindungsstelle des Statistischen Amtes für die britische Besatzungszone als Zweigstelle des später gebildeten StBA seine Arbeit im > BUNDESHAUS an der Bundesallee auf, bevor es 1955 in der Kurfürstenstr. 87 seinen Dienstsitz einrichtete.

Mit der > VEREINIGUNG am > 3. OKTOBER 1990 wurde die Zweigstelle am > ALEXANDERPLATZ im Gebäude des ehem. Statistischen Amtes der DDR in der Hans-Beimler-Str. 70-72 im Bezirk > MITTE gegründet. Damit wurden rd. 400 Mitarbeiter des Statistischen Amtes der DDR übernommen. Am 6.1.1992 wurden die noch bestehenden Dienststellen Kurfürstenstraße und Alexanderplatz zur Zweigstelle Berlin mit rd. 830 Mitarbeitern zusammengefaßt.

Von den neun Abt. des StBA befindet sich in Berlin die Abt. mit der Gruppe Land- und Forstwirtschaft, Fischerei, der Gruppe Bautätigkeit, allgemeine Flächenstatistik, Bodenmarkt, der Gruppe Unternehmensbilanzen, Haushalts- und Zeitbudget sowie der Gruppe Auslandsstatistik und der Arbeitsbereich Deutsche Einheit, Osteuropa (DEO). Als ständige Aufgabe führt die Zweigstelle Aufbereitungs- und Auswertungsarbeiten durch. Einen weiteren Aufgabenschwerpunkt bildet die Allgemeine Auslandsstatistik, in deren Rahmen u.a. statistische Länderberichte für mehr als 150 Länder und ausgewählte Staatengruppen erstellt und veröffentlicht werden. Der Bereich DEO umfaßt drei Aufgabenschwerpunkte. So sollen alle statistischen Daten der DDR gesichert, archiviert und dokumentiert und zur Herstellung der Vergleichbarkeit rückgerechnet werden. Eine weitere Aufgabe ist die Beobachtung der wirtschaftlichen und sozialen Lage in den fünf neuen Bundesländern und Ost-Berlin. Der dritte Schwerpunkt liegt in der Vorbereitung und Koordinierung aller Fortbildungs- und Kooperationsprojekte für Statistiker der mittel- und osteuropäischen Länder.

Zu den allgemeinen Aufgaben der Zweigstelle Berlin gehört darüber hinaus der Aufbau von Kontakten zu Institutionen mit besonderem Bezug zum Beitrittsgebiet, insbes. die Verbindung zu den neuen Statistischen Landesämtern und zu den Fachressorts der zunehmend in Berlin präsenten Bundesinstitutionen (> HAUPTSTADT). Die Zweigstelle in Berlin verfügt über eine öffentliche Bibliothek mit 100.000 Bänden und 600 Zeitschriften.

Statistisches Landesamt Berlin (StaLa): Das StaLa wurde 1862 als Statistisches Bureau der Stadt Berlin gegründet. Das seit September 1967 am > FEHRBELLINER PLATZ 1 im Bezirk > WILMERSDORF ansässige Amt ist eine der > SENATSVERWALTUNG FÜR INNERES (SENINN) nachgeordnete Landesbehörde. Ihr obliegt – auf der Grundlage von Bundes- und/oder Landesgesetzen bzw. -rechtsverordnungen – die Vorbereitung, Durchführung und Aufbereitung der rd. 300 amtlichen statistischen Erhebungen im Land sowie die Bearbeitung aller übertragenen Geschäftsstatistiken der Senatsverwaltungen. Das StaLa ist ferner zuständig für den Aufbau und den Betrieb des statistischen Informationssystems (STATIS Berlin). Zu den wesentlichen Aufgaben des StaLa gehören weiterhin die Organisation und Durchführung der > WAHLEN in Berlin; der Direktor des StaLa ist in Personalunion *Landeswahlleiter*.

Die Ergebnisse der im StaLa durchgeführten Statistiken stehen allen Interessenten zur

Verfügung. Aus der Vielzahl der Veröffentlichungen sind das *Statistische Jahrbuch für Berlin*, die ebenfalls jährlich erscheinende „Kleine Berlin-Statistik" sowie die wissenschaftliche Monatsschrift „Berliner Statistik" herauszuheben. Als besondere Serviceleistung des Amts sind die Zentrale Information und Beratung sowie die allgemein zugängliche Fachbibliothek zu nennen.

Das seit der > VEREINIGUNG für ganz Berlin zuständige StaLa verfügte Ende 1991 über rd. 540 Mitarbeiter. Der Etat des Amts wird durch die SenInn gedeckt.

Statthaus Böcklerpark: Das 1951 eingerichtete „Haus der Jugend Böcklerpark" wird seit März 1983 unter dem Namen S. in der Prinzenstr. 1 im Bezirk > KREUZBERG als Kultur-, Jugend- und Nachbarschaftszentrum genutzt. Im Rahmen einer generationsübergreifenden Stadtteilarbeit dient es zahlreichen Gruppen und Initiativen als Treffpunkt und Veranstaltungsort. Die Gruppen sind über das „Statthausplenum" an der Erstellung von Konzepten und die Arbeit betreffenden Entscheidungen beteiligt. Ferner finden im S. Konzerte, Theater- und Tanzaufführungen, Discoabende und andere Veranstaltungen statt. Träger der Einrichtung ist das Bezirksamt Kreuzberg.

Steglitz: Der Bezirk S. im Süden Berlins besteht aus den auf ehem. > DÖRFER zurückgehenden Ortsteilen S. selbst, > LICHTERFELDE und > LANKWITZ. Der größte Teil der Ortsteile

Lichterfelde und Lankwitz wird von offener Villen- und Landhausbebauung eingenommen, während S. insbes. an den Hauptverkehrsstraßen eher städtische Bebauung aufweist. Am > TELTOWKANAL, der den Bezirk von Südwesten nach Nordosten durchquert sowie in Lichterfelde-Süd liegen auch einige Industrieanlagen. Im Norden grenzt S. an > WILMERSDORF und > SCHÖNEBERG, im Osten an > TEMPELHOF, im Westen an > ZEHLENDORF und im Süden bildet die Bezirksgrenze zugleich die Stadtgrenze zu den Landkreisen Potsdam und Zossen. Von Juli 1945 bis zur > VEREINIGUNG Berlins am > 3. OKTOBER 1990 gehörte Steglitz zum amerikanischen Sektor (> SEKTOREN).

Der Bezirk S. entstand 1920 als 12. Verwaltungsbezirk von > GROSS-BERLIN durch den Zusammenschluß der oben erwähnten Dörfer mit der zu > MARIENDORF gehörenden Landhaussiedlung Südende (> BEZIRKE). Nach dem einwohnerstärksten Dorf wurde der Bezirk nach der Landgemeinde S. benannt, die mit 83.000 Einwohnern das größte Dorf Deutschlands war. 1938 bei der Bezirksreform erhielt S. im Zuge von Grenzbegradigungen im Südwesten einen größeren Geländestreifen einschließlich des Industriegebiets von Zehlendorf.

In S. ist eine Besiedlung bereits in der Bronzezeit durch archäologische Funde z.B. im Tal der > BÄKE belegt. Die Dörfer des Bezirks entstanden aber alle erst mit der askanischen Kolonisierung ab der zweiten Hälfte des 12. Jh. S. selbst taucht erstmalig

Steglitz – Fläche und Einwohner		
Fläche (31.12.1990)	31,96 km²	100 %
Bebaute Fläche	20,14	63,0
Wohnfläche	13,83	43,3
Gewerbe- und Industriefläche		
inkl. Betriebsfläche	1,48	4,6
Verkehrsfläche	5,54	17,3
Grünfläche[1]	4,28	13,4
Landwirtschaft	0,14	0,4
Wald	0,04	0,1
Wasser	0,61	1,9
Einwohner (31.12.1989)	189.090 EW	
darunter: Ausländer	14.493	7,7 %
Einwohner pro km²	5.916	

[1] Parks, Tierparks, Kleingärten, Spielplätze, ungedeckte Sportanlagen, Freibäder, Friedhöfe

1375 im > Landbuch Kaiser Karls IV. auf, zuvor wurden jedoch schon 1197 und 1215 die Ritter Henricus und Sigfridus de Stegelitz erwähnt, deren Familienwappen Grundlage für das 1887 noch dem Dorf ausnahmsweise (und als erstem Dorf in Preußen) verliehene Wappen bildete. Der Ortsname wird abgeleitet von der Lage unterhalb des *Fichtenbergs* (*stygl* = Berghang und Suffix *itz* = Siedlung), der mit 69 m zugleich die höchste Erhebung im Bezirk bildet.

Die folgenden Jahrhunderte sind gekennzeichnet durch einen ständigen Wechsel der Eigentumsverhältnisse. 1801 erwarb es der Geheime Kabinettsrat Carl Friedrich Beyme, der das vorhandene Herrenhaus durch einen von David Gilly und Heinrich Gentz errichteten Neubau ersetzte, das heutige > Herrenhaus Beyme neben dem Rathaus S. an der > Schloss-Strasse. Beymes Tochter verkaufte Dorf und Gut 1841 an den preußischen Domänenfiskus. Die 1840 begonnene Seidenraupenzucht und Seidenverarbeitung durch Johann Adolph Heese war ein erster Schritt zur Industrialisierung. V.a. aber verdankt S. seinen Aufstieg der verkehrsgünstigen Lage an der Ende des 18. Jh. zu Preußens erster Chaussee ausgebauten Straßenverbindung nach Potsdam sowie den beiden 1838 (gleichfalls als erste in Preußen) bzw. 1841 eröffneten Eisenbahnlinien nach Potsdam und Halle (> Eisenbahn).

Eine neue Zeit begann durch den Verkauf der Güter Giesensdorf und Lichterfelde an den Kaufmann Johann Anton Wilhelm Carstenn im Jahre 1865, der mit der Anlegung attraktiver > Villenkolonien im Südwesten Berlins begann. 1866 wurden die ersten Straßen angelegt und bereits 1868 an der Anhalter Bahn eine Haltestelle in Lichterfelde-Ost, 1871/72 in Lichterfelde-West eingerichtet. Um eine Aufwertung des Gebiets zu erreichen, schenkte Carstenn dem Staat Preußen das Land für den Bau der Hauptkadettenanstalt, den heutigen Andrews-Barracks an der Finckensteinallee. Um die Jahrhundertwende wohnten in der prosperierenden Siedlung bereits über 23.000 Menschen, darunter der Flugpionier Otto Lilienthal, dessen 1894 aufgeschütteter Fliegerberg an der Schütte-Lanz-Str. 1932 zur > Lilienthal-Gedenkstätte umgestaltet wurde. Um die Jahrhundertwende wurde auch das Kreiskrankenhaus Teltow (Unter den Eichen) errichtet, später von deutschem und amerikanischem Militär genutzt, bis sich die Amerikaner für ihr Militärkrankenhaus nördlich einen Neubau errichteten. Der Altbau ist heute Erweiterungsgelände der > Bundesanstalt für Materialforschung und -prüfung, die ihren Hauptsitz etwas weiter südwestlich ebenfalls im Bezirk hat. Gesteigert wurde die Attraktivität des Bezirks noch durch die Verlegung des > Botanischen Gartens vom > Heinrich-von-Kleist-Park in > Schöneberg auf das westlich des Ortes gelegene Gelände der > Domäne Dahlem, das 1938 bei der Gebietsreform zu S. kam.

Die Besiedlung der Lankwitzer Feldflur erfolgte durch den Kaufmann Felix Rosenthal, der ab 1869 große Ackerflächen aufkaufte und parzellierte. Im letzten Viertel des 19. Jh. entstand in ähnlicher Weise durch die Terraingesellschaft „Südende" die Landhauskolonie *Südende* an der Osthälfte des Steglitzer Damms zwischen S-Bahn und Teltowkanal.

Die Eröffnung des Kanals 1906 leitete auch erste Schritte zur industriellen Entwicklung ein. Dennoch ist S. von seiner Struktur her ein Wohnbezirk geblieben. 43,3 % der Bezirksfläche sind als Wohngebiet ausgewiesen. Darin wird S. nur noch von den Bezirken > Hellersdorf und > Prenzlauer Berg übertroffen. Neben weitgehend intakt gebliebenen Wohnbereichen und Villenvierteln kamen nach 1945 v.a. in Lankwitz auch mehrere Ersatzbauten für kriegszerstörte Viertel hinzu sowie die 1968-70 errichtete > Thermometersiedlung mit 2.700 Wohnungen in Lichterfelde-Süd, eine der nach dem II. Weltkrieg an den Stadträndern West-Berlins errichteten vier Großsiedlungen.

Die (1989) 8.500 Beschäftigten in den 65 Betrieben des verarbeitenden Gewerbes mit mehr als 20 Mitarbeitern erwirtschafteten einen Umsatz von rd. 1,84 Mrd. DM. Damit liegt S. im Vergleich der zwölf West-Berliner Bezirke hinsichtlich des Industrieumsatzes an 8. Stelle. Die Industriebetriebe konzentrieren sich vorwiegend am Teltowkanal. Zu nennen sind die Zehlendorfer Spinnstoff-Fabrik (Hoechst), die Kunststoffteile produzierenden Ford-Werke, das elektrotechnische Unternehmen Krone oder Flohr-Otis in Lankwitz. Zu den wichtigen industriellen Einrichtungen gehören auch die beiden Heizkraftwerke der > Berliner Kraft- und Licht (BEWAG)-Aktiengesellschaft (Steglitz und Lichterfelde). Die ehem. großen Telefunken-Werke an der Goerzallee dienen seit Kriegsende den Amerikanern als *Mc-Nair-Barracks*.

Sie sind im Bezirk stark vertreten: 5 % der Bezirksfläche werden militärisch genutzt (in Lichterfelde sogar 20 %). Ganz im Süden des Bezirks unterhalten die Amerikaner ihr militärisches Übungsgelände *Parks Range*. Nach Abzug der US-Streitkräfte bis Ende 1994 sollen auf dem Gebiet 2.500 Wohnungen gebaut werden. Die Mc-Nair-Kaserne soll wieder Gewerbestandort werden.

Die > Schloss-Strasse im Norden des Bezirks mit ihren zahlreichen Kaufhäusern und Einzelhandelsgeschäften ist das Dienstleistungs- und Einkaufszentrum des Berliner Südwestens und hat seit der > Vereinigung auch über die Stadtgrenzen hinaus Bedeutung gewonnen. Die markantesten Bauten an dieser Straße sind das > Forum Steglitz sowie der benachbarte > Titania-Palast, das Turmrestaurant > Bierpinsel und der > Steglitzer Kreisel, ein skandalträchtiges Abschreibungsobjekt der 70er Jahre, über das eine Stadtregierung stürzte (> Geschichte). Neben mehreren „berlintypischen" Geschäftsstraßen gibt es noch drei Sekundärzentren in Lankwitz an der Leonorenstr., in Lichterfelde-Ost um den Kranoldplatz und in Lichterfelde-West an der Drakestr.

Die wichtigsten Straßenverbindungen sind die Schloßstraße im Verlauf der Bundesstraße 1 und die parallel verlaufende Stadtautobahn *Westtangente* A 103, die über die Straße Unter den Eichen als Ausfallstraßen nach Südwesten führen. Obwohl in Groß-Lichterfelde 1881 die von Werner von Siemens erbaute erste öffentliche > Strassenbahn der Welt ihren Betrieb aufnahm, leidet S. heute unter der mangelnden Schienenanbindung an den > Öffentlichen Personennahverkehr. Allein die Schloßstraße wird durch zwei U-Bahnhöfe bedient (U9; > U-Bahn). Hinzu kommen, teilweise parallel verlaufend, vier S-Bahnhöfe im Norden im Verlauf der Stammbahn nach Potsdam. Vier weitere befinden sich an der derzeit noch stillgelegten Anhalter Bahn, die aber bis Anfang 1994 bis Lichterfelde-Süd wieder in Betrieb genommen werden soll. Eine Weiterführung bis Teltow wird angestrebt, um die angesichts der aus der südlichen Umgebung kommenden Pendler wachsende Belastung der Schloßstr. zu mindern.

In S. befinden sich zahlreiche Institute der > Freien Universität Berlin (FU), deren größte Einrichtung das > Universitätsklinikum Steglitz an der Klingsorstr. ist. Auch das > Institut für Meteorologie am Fichteberg ge-

hört dazu. Ein wichtiger Universitätsstandort ist auch das Gelände der ehem. Pädagogischen Hochschule in Lankwitz, das heute vom Institut für Publizistik der FU genutzt wird. In Lankwitz befinden sich auch das einzigartige > Deutsche Musikarchiv, das zur Deutschen Bibliothek in Frankfurt/M. gehört, und das Berliner Tierasyl (> Tierheim Lankwitz).

Altes Rathaus Steglitz, heute nur noch Sitz der Bezirksverordnetenversammlung

Außer dem Universitätsklinikum gibt es für die Krankenversorgung den örtlichen Bereich Lankwitz des städtischen Auguste-Viktoria-Krankenhauses und zehn weitere gemeinnützige und private Krankenhäuser bzw. -heime. Die größte Sportanlage des Bezirks ist das Stadion am Ostpreußendamm. In der benachbarten Parkanlage finden alljährlich als Volksfest des Bezirks die „Steglitzer Wochen" statt.

Kulturelle Traditionen des Bezirks verkörpern das > Schlosspark-Theater am Rathaus Steglitz und der Titania-Palast am nördlichen Ende der Schloßstr., in dem u.a. das > Berliner Philharmonische Orchester am 26.5.1945 das erste Orchesterkonzert nach dem Kriege gab und in dem am 4.12.1948 die FU gegründet wurde. Mit dem Umbau des Herrenhauses Beyme und der benachbarten *Schwarzschen Villa*, einer Anfang der 60er Jahre vom

Land Berlin erworbenen, 1895-97 errichteten ehem. Bankiersvilla soll unter Verwaltung des Kunstamtes Steglitz bis Mitte der 90er Jahre ein neues überregionales Kulturzentrum entstehen, dessen Angebot alle Sparten umfassen wird. Traditionsreich und von überbezirklicher Bedeutung ist auch die 1806 von Johann August Zeune als erste derartige Einrichtung in Deutschland gegründete *Blindenanstalt* in der Rothenburgstr. 14, die neben der Betreuung und Ausbildung von Blinden u.a. in einem ihr angeschlossenen *Blindenmuseum* die historische Entwicklung von

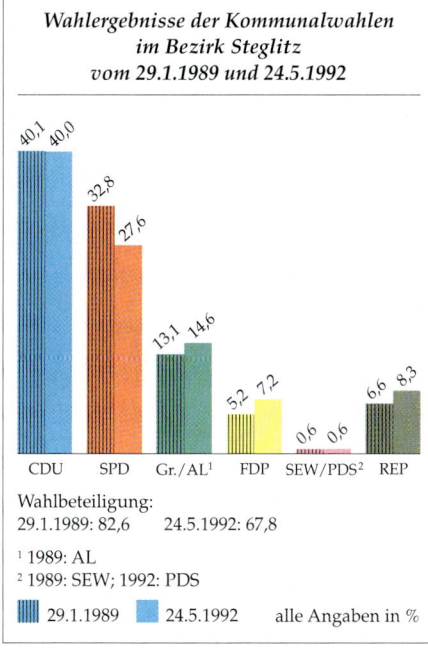

Wahlergebnisse der Kommunalwahlen im Bezirk Steglitz vom 29.1.1989 und 24.5.1992

Wahlbeteiligung:
29.1.1989: 82,6   24.5.1992: 67,8

[1] 1989: AL
[2] 1989: SEW; 1992: PDS

▥ 29.1.1989   ▮ 24.5.1992   alle Angaben in %

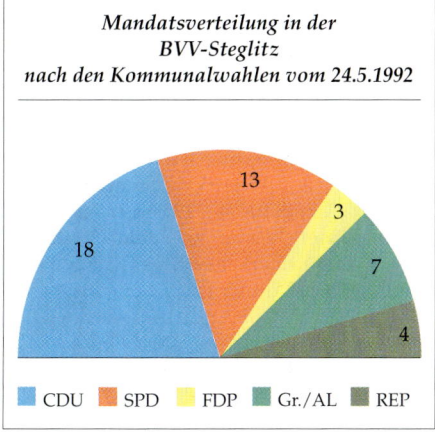

Mandatsverteilung in der BVV-Steglitz nach den Kommunalwahlen vom 24.5.1992

■ CDU ■ SPD ■ FDP ■ Gr./AL ■ REP

Hilfsmitteln für Blinde dokumentiert. Im 6,8 km^2 großen eigentlichen Ortsteil S. des Gesamtbezirks wohnten zum Zeitpunkt der letzten West-Berliner Volkszählung 1987 rd. 68.000 Menschen.

Das > BEZIRKSAMT hat seinen Sitz seit 1988 überwiegend im Steglitzer Kreisel an der Schloßstr. Das schräg gegenüberliegende alte Steglitzer Rathaus am Hermann-Ehlers-Platz ist Tagungsstätte der > BEZIRKSVERORDNETENVERSAMMLUNG. Außerdem befinden sich hier die Victor-Gollancz-Volkshochschule und die Bezirkskasse. Das 1988 unter > DENKMALSCHUTZ gestellte Gebäude entstand 1888 als erster Berliner Rathausbau der Architekten Reinhardt und Süßenguth (> RATHÄUSER). Über dem Eck des wuchtigen Gebäudes im Stil der märkischen Backsteingotik erhebt sich stadtbildbestimmend ein für diese Zeit typischer wuchtiger Rathausturm mit reichem Zinnen- und Nischenschmuck. Am 4.11.1901 wurde in dem Gebäude die Jugendbewegung „Wandervogel" gegründet.

S. unterhält > STÄDTEVERBINDUNGEN mit dem XII. Arrondissement von Paris, Bröndby bei Kopenhagen (Dänemark), Kiriat Bialik (Israel), Bremerhaven, Bonn-Bad Godesberg, Nentershausen und den Landkreisen Rendsburg-Eckernförde, Lüchow-Dannenberg, Westerwald, Göttingen und Hannoversch-Münden sowie mit dem Ost-Berliner Bezirk > MARZAHN.

Bei der ersten Gesamt-Berliner Kommunalwahl am 24.5.1992 wurde die CDU mit Abstand stärkste Partei (> WAHLEN). Sie stellt vier Stadträte einschließlich des Bezirksbürgermeisters, die SPD zwei und Grüne/AL einen.

Steglitzer Kreisel: Der mit einer längeren Unterbrechung von 1969-80 errichtete S. am südlichen Ende der > SCHLOSS-STRASSE im Bezirk > STEGLITZ ist mit 130 m Höhe das höchste Bürogebäude Berlins. Es beherbergt zahlreiche Dienststellen des Bezirksamts Steglitz (> RATHÄUSER), das größte Hotel des Bezirks, eine Bankfiliale, mehrere Restaurants und zahlreiche Geschäfte. Der Baukomplex besteht aus einem viergeschossigen Flachtrakt, einem mehrgeschossigen Parkhaus mit 1.200 Stellplätzen und dem weithin sichtbaren Hochhaus. Der 30geschossige Stahlskelettbau hat über 700 Räume und ist mit einer Glas-Aluminium-Fassade verkleidet.

Mit dem S. sollte im Steglitzer Subzentrum an der Schloßstr. ein städtebaulicher Kontrapunkt zur > CITY um den > KURFÜRSTENDAMM gesetzt werden (> EINKAUFSZENTREN). 1969 wurde mit dem von der Architektin und Bauherrin Sigrid Kressmann-Zschach entworfenen Bau begonnen. Bereits 1972 setzte die öffentliche Kritik sowohl an der Finanzierung über eine Bauträgergesellschaft wie am Bauobjekt selbst ein. Durch die Zahlungsunfähigkeit der ausführenden Firma wurden die Bauarbeiten im Dezember 1973 eingestellt, ein Jahr später ging das Projekt in Konkurs, wodurch dem > SENAT VON BERLIN eine Bürgschaft in Höhe von über 40 Mio. DM verloren ging. Nach einer Senatskrise und der Einsetzung eines Parlamentarischen Untersuchungsausschusses durch das > ABGEORDNETENHAUS VON BERLIN wurde bereits über eine Sprengung des Baus nachgedacht. 1977 fand sich schließlich ein neuer Träger, der die Investitionsruine für rund 30 Mio. DM ersteigerte und zusagte, das durch Witterungseinflüsse vom Verfall bedrohte Objekt für 95 Mio. DM fertigzustellen. Im Februar 1980 konnte der S. seiner Bestimmung übergeben werden.

Hauptmieter des Gebäudes ist das Bezirksamt Steglitz, das am 1.3.1980 den Sitz des Bezirksbürgermeisters hierher verlegte, während die Bezirksverordnetenversammlung im schräg gegenüberliegenden alten, 1898 errichteten Rathaus blieb. Aufgrund einer Option von 1979 kaufte der Senat das Hochhaus am 1.4.1989 für einen Kaufpreis von 67,1 Mio. DM.

Steinstücken: Die gut 12 ha umfassende, zum Ortsteil > WANNSEE des Bezirks > ZEHLENDORF gehörende Siedlung S. befindet sich südwestlich von > KOHLHASENBRÜCK an der Stadtgrenze Berlins. Von 1945-71 war S. die einzige bewohnte Exklave West-Berlins in der Sowjetischen Besatzungszone (SBZ) bzw. der DDR.

S. liegt auf einem Teil der ehem. Feldmark des wahrscheinlich schon bei seiner Erwähnung im > LANDBUCH KAISER KARLS IV. von 1375 wüsten Dorfes Wendisch Stahnsdorf. 1787 hatte die Gemeinde Stolpe 151 Morgen Acker der Feldmark erworben, von denen ein Teil zum Potsdamer Forst gehörte. 1817 entstand hier eine kleine Kolonie, die nach einer auf eiszeitliche Steinfunde zurückgehenden alten Flurbezeichnung den Namen S. erhielt. Als das 1898 in der neuen Landgemeinde > WANNSEE aufgegangene Dorf Stolpe bei der Bildung > GROSS-BERLINS 1920 Teil des Berli-

ner Bezirks Zehlendorf wurde, kam S. – obwohl räumlich nicht mit der Stadt verbunden – bis auf den zum Potsdamer Forst gehörenden Teil gleichfalls zu Berlin. Gemäß den auf den deutschen Verwaltungsgrenzen beruhenden Vereinbarungen der > ALLIIERTEN zur Besetzung Berlins (> LONDONER PROTOKOLL) kam S. 1945 zum amerikanischen Sektor (> SEKTOREN) und wurde zur Exklave in der Berlin umgebenden SBZ.

Am 18.10.1951 wurde S. vorübergehend von der DDR-Volkspolizei besetzt. Auf Intervention der USA machte die DDR diese Annektion jedoch vier Tage darauf wieder rückgängig. Ende Mai 1952, als die DDR im Zusammenhang mit den Wiederaufrüstungsabsichten der Bundesrepublik im Rahmen der geplanten Europäischen Verteidigungsgemeinschaft ihre Grenzen gegenüber dem Westen abriegelte, wurde auch S. mit Sperranlagen umgeben. Seitdem war der Zugang für die rd. 200 Einwohner nur über einen von der DDR kontrollierten, gut 1 km langen Verbindungsweg möglich. Besucher, auch Handwerker und Lieferanten, mußten eine Meldebescheinigung über einen Zweitwohnsitz in S. vorweisen. Nach dem Mauerbau 1961 wurden drei US-Soldaten in S. stationiert. Hubschrauber stellten die Verbindung her. Zur Erinnerung an die Schutzfunktion der Alliierten wurde auf dem bis Ende 1976 genutzten Landeplatz ein aus zwei Rotorblättern gebildetes kleines „Luftbrücken"-Denkmal errichtet.

Die „Idylle" S. (keine Kriminalität, keine ungebetenen Besucher) endete, als nach dem ersten Abkommen über einen > GEBIETSAUSTAUSCH von 1971 S. durch einen etwa 900 m langen und 100 m breiten Korridor mit dem Berliner Stadtgebiet verbunden wurde. Am 30.8.1972 wurde eine Stichstraße eröffnet, die den öffentlichen Zugang und die Anbindung an das West-Berliner Nahverkehrsnetz (Bus 118) herstellte. Die bis dahin ausschließlich aus der DDR erfolgte Versorgung mit Energie und Wasser wurde nach und nach auf Belieferung aus West-Berlin umgestellt. Im Jahr der Grenzöffnung 1989 bezogen noch zwölf Häuser Wasser aus dem Potsdamer Netz. Einzig bemerkenswertes Gebäude in S. ist das 1926/27 durch Erich Mendelsohn errichtete Wohnhaus Bernhard-Beyer-Str. 12.

St.-Elisabethkirche: Die evangelische S. in der Invalidenstr. 3 im Bezirk > MITTE ist die größte der vier von Karl Friedrich Schinkel erbauten sog. > VORSTADTKIRCHEN. Die 1830-34 errichtete und im Juni 1835 eingeweihte Kirche wurde im März 1945 bis auf die Umfassungsmauern zerstört. Die Ruine wurde gesichert, doch Pläne aus dem Jahr 1973 für den Wiederaufbau kamen bisher nicht zur Ausführung. Anfang 1992 wurde mit der Durchführung von Instandsetzungsarbeiten begonnen, die einen weiteren Verfall verhindern sollen. Die S. war ein rechteckiger, hoher, einschiffiger Saalbau ohne Turm mit zwei hölzernen Emporen im Innern. Vor der durch einen Dreiecksgiebel bekrönten Fassade befand sich eine Pfeilerhalle, an der Rückseite eine Apsis, daneben Zugänge zur Sakristei und zur Taufkapelle.

S.T.E.R.N.: Die Gesellschaft der behutsamen Stadterneuerung Berlin mbH (S.T.E.R.N.) entstand am 1.1.1986 als Nachfolgeorganisation der Ende 1985 aufgelösten Bauausstellung Berlin GmbH, Arbeitsgruppe Stadterneuerung, der sog. „IBA-Alt" (> INTERNATIONALE BAUAUSSTELLUNG [IBA]). Seitdem führt S. im Rahmen eines jährlich neu mit dem > SENAT VON BERLIN auszuhandelnden Vergütungsvertrages als treuhänderischer Sanierungsträger die Aufgaben der „IBA-Alt" fort. Dies sind v.a. die Koordinierung, modellhafte Durchführung, Dokumentation und wissenschaftliche Analyse der *Stadterneuerung*.
Der rechtliche Status von S.T.E.R.N. entspricht einer privaten Gesellschaft mit beschränkter Haftung, die durch zwei Geschäftsführer vertreten wird. Als bislang alleiniger Gesellschafter und technischer Leiter fungiert der Architekt Hardt-Waltherr Hämer, der ehemalige Leiter der „IBA-Alt". Das Tätigkeitsgebiet der rd. 70 Mitarbeiter von S. erstreckte sich 1992 im östlichen > KREUZBERG auf eine Fläche von 310 ha mit 84 Baublöcken, ca. 27.000 Wohnungen und etwa 56.000 Einwohnern. In > TIERGARTEN ist S.T.E.R.N. seit Anfang 1990 tätig. Das dort bearbeitete Gebiet umfaßt 27 Baublöcke mit ca. 12.000 Wohnungen und ca. 25.000 Einwohnern auf einer Fläche von 337 ha. Seit Oktober 1990 werden außerdem in > PRENZLAUER BERG für ein Gebiet von 340 ha mit über 62.000 Einwohnern und über 44.000 Wohnungen vorbereitende Untersuchungen durchgeführt, in ausgewählten Bereichen Blockentwicklungskonzepte erarbeitet und Maßnahmen zur Leerstandbeseitigung entwickelt. S.T.E.R.N. unterhält in den drei Betreuungsbereichen je ein Büro: in Kreuzberg in der Köpenicker Str. 154 a, in Tiergarten in Alt-Moabit 105 und in Prenzlauer Berg in der Schwedter Str. 263.
Verbindliche Grundlage für die Arbeit bilden die im März 1983 vom > ABGEORDNETENHAUS VON BERLIN verabschiedeten zwölf Grundsätze der *behutsamen Stadterneuerung* (> STADTSANIERUNG). Für die Betreuung und Koordinierung von Erneuerungsvorhaben standen S.T.E.R.N. 1992 zweckgebunden aus Mitteln des Landeshaushalts rd. 7 Mio. DM zur Verfügung.

Stettiner Bahnhof: Der ehem. S. wurde 1842 an der Invalidenstr. westlich der Gartenstr. im heutigen Bezirk > MITTE als Ausgangspunkt der Eisenbahnstrecke nach Stettin eröffnet (> EISENBAHN). Über die ursprüngliche Gestalt dieses dritten Berliner Bahnhofs gibt es keine verläßlichen Angaben. 1874-76 wurde er durch einen Neubau ersetzt. Nach Entwürfen von Theodor Stein entstand ein fünfgleisiger Kopfbahnhof mit zwei Seitenbahnsteigen, einem Mittelbahnsteig und einem breiten Querbahnsteig. Das Empfangsgebäude bestand aus einem Kopfbau mit einer großen Vorhalle und zwei niedrigeren Flügelbauten. Die 129 m lange und 37,6 m breite Bahnsteighalle hatte eine Scheitelhöhe von 25 m und wurde durch hohe Seitenfenster beleuchtet. 1898-1903 erhielt der Bahnhof anstelle des östlichen Flügelbaus drei niedrigere Hallen; zwei dieser Hallen enthielten vier zusätzliche Gleise an drei Bahnsteigen, in der dritten Halle waren Warte- und Diensträume untergebracht.
Der palastartige S. diente den Berlinern v.a. als „Ferienbahnhof" zu den pommerschen Ostseebädern, aber auch nach Skandinavien. 1896 erhielt der S. auf seiner westlichen Seite einen Vorortbahnhof. Voraussetzung war der viergleisige Ausbau der Strecke bis in Höhe des heutigen S-Bahnhofs Bornholmer Str. und die Verlegung der Stettiner Eisenbahn zwischen > PANKOW und > GESUNDBRUNNEN. Von diesem Bahnhof fuhr am 8.8.1924 der erste elektrische Zug nach Bernau.
1936 wurden die Vorortstrecken in den S-Bahn-Tunnel der Nord-Süd-Bahn an der östlichen Bahnhofs-Seite eingeleitet, und der S. erhielt zusätzlich einen unterirdischen S-Bahnhof (> S-BAHN). Nach Kriegsende nahm die > DEUTSCHE REICHSBAHN (DR) den Eisenbahnbetrieb 1945 in dem nun 1950 zum *Nordbahnhof* umbenannten Bahnhof trotz

Kriegsschäden zunächst wieder auf; 1952 wurde er jedoch für den Personen- und 1961 auch für den > Güterverkehr endgültig stillgelegt. In der Folge des Mauerbaus am > 13. August 1961 wurden die Gleisanlagen zum Sperrgebiet der neu errichteten Befestigungen an der Sektorengrenze zu West-Berlin entlang der Gartenstr. Das Bahnhofsgebäude wurde 1962-65 abgebrochen. Die Nutzung des heute brachliegenden Geländes ist noch nicht geklärt. Nach den bisherigen Vorstellungen der DR soll auf dem nördlichen Teil des Geländes eine S-Bahn-Abstellanlage entstehen.

St.-Hedwigs-Kathedrale: Die katholische S. an der Südostecke des an der Straße > Unter den Linden gelegenen > Bebelplatzes im Bezirk > Mitte entstand Mitte des 18. Jh. Nach der Oper (> Deutsche Staatsoper Unter den Linden) war sie der zweite Bau des hier von Friedrich II. (1740-86) geplanten Forums Fridericianum. Sie ist heute die Bischofskirche des 1930 eingerichteten Bistums Berlin (> Katholische Kirche).
Ihre Entstehung verdankt die S. der im 18. Jh. wachsenden Rolle der katholischen Gemeinde in Preußen und Berlin. Am 22.11.1746 erließ Friedrich II. ein Edikt, das den Bau einer katholischen Pfarrkirche bewilligte und eine Spendensammlung für den Bau gestattete. Da der König ein Interesse daran hatte, seinen Ruf im Vatikan zu verbessern, stiftete er nicht nur Baugrund und Baumaterialien, er fertigte auch erste Planungsskizzen nach dem Vorbild des Pantheon in Rom. 1747 erfolgte die Grundsteinlegung für den barocken Zentralbau, der vermutlich nach Entwürfen von Georg Wenzeslaus v. Knobelsdorff errichtet wurde. Die Bauleitung lag bei Johann Boumann. Da die in ganz Europa gesammelten Spenden zur Finanzierung des Baus nicht ausreichten, wurde die Bautätigkeit 1755 unterbrochen und 1757, nach Beginn des Siebenjährigen Krieges, völlig eingestellt. Erst am 1.11.1773 erfolgte die Weihung der S., die als Titelfigur die Heilige Hedwig – Schutzpatronin der von Friedrich II. für Preußen eroberten katholischen Provinz Schlesien – erhielt. Endgültig vollendet wurde die S. erst während eines ersten Umbaus 1884-87. Ein zweiter Umbau erfolgte 1930-32 im Zusammenhang mit der Errichtung des Bistums Berlin. Bei einem Luftangriff wurde die S. 1943 bis auf die Umfassungsmauern zerstört.

Nach dem II. Weltkrieg erfolgte von 1952-63 nach Plänen von Hans Schwippert der Wiederaufbau. Dabei kam es zu einer völligen Neugestaltung des Innenraums, wobei die Krypta mit den Radialkapellen als Unterkirche in den Andachtsraum einbezogen wurde. 1976-78 wurde eine Orgel eingebaut und durch Erneuerungsarbeiten im Innenraum die Akustik verbessert. Am Außenbau wurde der plastische Fassadenschmuck wiederhergestellt.
Die S. präsentiert sich heute als runder Zentralbau unter hoher, mit Kupferplatten bedeckter Kuppel mit giebelbekröntem Säulenportikus und rückwärtigem, zweigeschossigem, überkuppeltem Kapellenanbau, der als Sakristei genutzt wird. Statt von einer Laterne wird die Kuppel von einem Kreuz bekrönt. Der Säulenportikus ist schräg zur Nord-Süd-Achse des Bebelplatzes ausgerichtet. Das Giebelfeld enthält das Relief „Anbetung der Heiligen Drei Könige", das Nikolaus Geiger 1897 vollendet hat. Im Innern öffnet sich die Oberkirche kreisförmig mit einem Durchmesser von 8 m zur Unterkirche, zu der eine breite Freitreppe hinunterführt. Um den Altarraum der Unterkirche gruppieren sich acht neugestaltete Kapellen, die als Tauf-, Bet- und Gedächtniskapellen genutzt werden. In einer von ihnen ist (seit 1965) der 1943 auf dem Transport in das KZ Dachau gestorbene Dompropst Bernhard Lichtenberg beigesetzt. In anderen Kapellen befinden sich die Sarkophage der Berliner Bischöfe Christian Schreiber, Nicolaus Bares, Konrad Kardinal Graf v. Preysing, Wilhelm Weskamm und Alfred Kardinal Bengsch. An Julius Kardinal Döpfner erinnert eine Gedenktafel. Ende des 19. Jh. war die S. ein Brennpunkt des Kulturkampfs zwischen Kirche und Staat und während des Nationalsozialismus mit Domprobst Lichtenberg und Konrad Kardinal Graf v. Preysing ein Zentrum des katholischen > Widerstandes in Berlin.

Stiftung Deutsche Kinemathek/Freunde der Deutschen Kinemathek: Die 1963 als Deutsche Kinemathek eröffnete, 1971 von einem eingetragenen Verein in eine Stiftung bürgerlichen Rechts umgewandelte S. in der Pommernallee 1 im Bezirk > Charlottenburg gehört zu den wichtigsten Berliner Film-Institutionen. Hierzu zählt auch der ebenfalls 1963 gegründete Verein „Freunde der Deutschen Kinemathek" in der Welserstr. 15 im Bezirk > Schöneberg, der es sich zur Aufgabe gemacht hat, die Bestände der S. in der Öffentlichkeit zu präsentieren.

Die S. betreut das *Deutsche Filmarchiv*, dessen Sammlung in der Malteserstr. 74 und 139 in > LANKWITZ sowie in der Streitstr. 16 in > SPANDAU 4.000 Langfilme, 4.000 Kurzfilme, Projektoren, Kameras aus der Frühzeit bis zur Gegenwart, Materialien zur Produktionspraxis sowie wertvolle Originaldrehbücher umfaßt. Der Umzug des Filmarchivs in das > FILMHAUS ESPLANADE ist nach dessen Umbau vorgesehen. Zusammen mit der ebenfalls in der Pommernallee 1 befindlichen > DEUTSCHEN FILM- UND FERNSEHAKADEMIE BERLIN verleiht die S. den historischen Bestand des Archivs sowie die Produktionen der Hochschule. Ferner ist sie eine wichtige Informations- und Beratungsstelle zu allen Fragen des > FILMS. Schließlich veröffentlicht die S. filmhistorische Monographien und Kataloge und gibt seit 1986 gemeinsam mit dem Deutschen Institut für Filmkunde in Frankfurt/M. und Wiesbaden einen Verleihkatalog heraus.

Finanziert wird die Einrichtung zu einem Großteil durch die > SENATSVERWALTUNG FÜR KULTURELLE ANGELEGENHEITEN (SENKULT) und (als Mitglied des Kinemathekenverbandes) durch das > BUNDESMINISTERIUM DES INNERN, das alle Ausgaben deckt, zu denen die S. durch die Satzung des Verbandes verpflichtet ist. Weiterhin beantragt die S. bei Ankäufen Zuwendungen der > DEUTSCHEN KLASSENLOTTERIE BERLIN.

Die u.a. auf Initiative von Gero Gandert, Ulrich Gregor, Helmut Käutner, Friedrich Luft, Karena Niehoff u.a. gegründete Verein *Freunde der Deutschen Kinemathek* bemüht sich um die Präsentation der Bestände der S. in der Öffentlichkeit. Zu diesem Zweck unterhält der Verein seit 1970 das Kino *Arsenal* in der Welserstr., das als Programmkino täglich wechselnde Filme sowie Retrospektiven zu Regisseuren und speziellen Themen zeigt, die in der Regel aus dem kommerziellen Kinoprogramm herausfallen (> KINOS). Seit 1971 betreut der Verein innerhalb der > INTERNATIONALEN FILMFESTSPIELE BERLIN das „Internationale Forum des Jungen Films" und seit 1977 zusätzlich die Retrospektiven der Berlinale. Die Filme des „Forums" werden zusammen mit den Filmen des „Arsenals" von den „Freunden" verliehen; ihr Verleih gehört mit ca. 600 Titeln zu den größten in Deutschland. Ferner waren die „Freunde" 1984–89 Mitveranstalter des im gleichen Zeitraum jährlich im November durchgeführten Europäischen Kurzfilmfestivals Berlin.

Der Verein unterstützt zusammen mit dem > DEUTSCHEN AKADEMISCHEN AUSTAUSCHDIENST Filmstipendiaten aus der ganzen Welt, indem er deren Filme zeigt und ihnen Raum gibt für selbst zusammengestellte Programme wichtiger Regisseure. Auch der Verein der Freunde der Deutschen Kinemathek soll ins Filmhaus Esplanade umziehen, wo ein neues Kino mit 150 Plätzen vorgesehen ist.

Finanziert werden die vielfältigen Aktivitäten des Freundesvereins zu 25 % durch die SenKult sowie durch die Eintrittsgelder seines Kinos, durch Verleiheinnahmen und Sonderzuwendungen.

Stiftung Hilfe für Opfer der NS-Willkürherrschaft: Die auf Initiative des > SENATS VON BERLIN am 21.8.1987 nach bürgerlichem Recht errichtete S. in der Königin-Luise-Str. 92-96 im Bezirk > ZEHLENDORF hat die Aufgabe, Personen mit einmaligen oder laufenden Zuwendungen zu helfen, die in der Zeit zwischen dem 30.1.1933 und dem 8.5.1945 von nationalsozialistischen Willkürmaßnahmen betroffen waren. Träger der Einrichtung sind die > JÜDISCHE GEMEINDE ZU BERLIN, die „Evangelische Hilfsstelle für ehemals Rassenverfolgte" und der „Bund der Verfolgten des Naziregimes Berlin e.V.". Vertreter dieser Einrichtungen, der > SENATSVERWALTUNG FÜR INNERES und der Geschäftsführer sind die Mitglieder des Vorstands. Dem Berliner Vorbild sind inzwischen andere Bundesländer gefolgt.

Um Leistungen erhalten zu können, müssen die Betroffenen ihren Wohnsitz (Hauptwohnung) am 1.1.1987 in Berlin gehabt haben oder später direkt aus dem Ausland nach Berlin zugezogen sein und bisher keine nennenswerten, den gleichen Tatbestand betreffenden Geldleistungen nach den geltenden Rechts- oder Verwaltungsvorschriften des Bundes oder der Länder erhalten haben und schließlich heute wirtschaftlich bedürftig sein. Die Leistungen, über deren Gewährung der Vorstand entscheidet, gelten nicht als „Entschädigungen im Rechtssinne", sondern als „private" Hilfen. Zum Kreis der unterstützten Personen gehören in erster Linie Personen, deren Fälle nicht vom Bundesentschädigungsgesetz erfaßt wurden und sog. Fristversäumer, d.h. Verfolgte, die die Ausschlußfrist des Bundesentschädigungsgesetzes (31.12.1969) nicht einhalten konnten und deshalb ohne Entschädigung geblieben sind. Nach der > Vereinigung wurde der Zuständigkeitsbereich auf ganz Berlin ausgedehnt. Der Senat und die Landesregierung von Brandenburg arbeiten an einer Erweiterung des Wirkungsbereichs auf Betroffene im Land Brandenburg. Bis Mitte 1992 hat die S. 579 Personen (davon 152 aus Ost-Berlin) mit insg. 3,9 Mio. DM unterstützt.

Das aus dem Landeshaushalt zur Verfügung gestellte Startkapital von 5 Mio. DM wurde bis 1991 aus öffentlichen Geldern auf 15 Mio. DM erhöht. In der Geschäftsstelle der S. arbeiten der Geschäftsführer und drei Mitarbeiter.

Stiftung Kulturfonds (SK): Die am 24.9.1990 als Stiftung öffentlichen Rechts gegründete SK mit Sitz am > Molkenmarkt 1-3 im Bezirk > Mitte ist aus dem ehem. *Kulturfonds der DDR* hervorgegangen. Rechtsgrundlagen sind das Stiftungsgesetz vom 13.9.1990 sowie der > Einigungsvertrag Art. 35, Abs. 6. Danach ist die SK eine spezielle Stiftung zur Förderung von > Kultur, Kunst und Künstlern in den neuen Bundesländern und im Ostteil Berlins. Die Existenz der SK ist zunächst auf vier Jahre festgelegt.

Oberstes Organ ist der Stiftungsrat, dem die Regierungen der neuen Länder mit je zwei Vertretern ihrer Kultusministerien (> Senatsverwaltung für Kulturelle Angelegenheiten) sowie Vertreter der Bundesregierung, Persönlichkeiten des öffentlichen Lebens und Künstler angehören. Über die Vergabe der Fördermittel entscheiden die sechs Fachkommissionen für > Bildende Kunst, > Film und Video, > Literatur, > Musik, Darstellende Kunst und Soziokultur. Das Bindeglied zwischen Fachkommissionen und Stiftungsrat ist das Kuratorium, das als beratendes und beschließendes Organ fungiert. Die Mitglieder von Stiftungsrat, Fachkommissionen und Kuratorium sind ehrenamtlich tätig. Die stiftungsrechtliche Aufsicht liegt beim > Senat von Berlin. Die Arbeit der SK wird aus den Zinserträgen des Stiftungskapitals (92 Mio. DM) sowie durch einen Zuschuß des > Bundesministers des Innern (bis 1994 rd. 6 Mio. DM pro Jahr) finanziert.

Zur SK gehören zwei Stipendienhäuser: Schloß Wiepersdorf im Land Brandenburg und das Haus Lukas in Ahrenshoop an der Ostsee. Für einen Arbeitsaufenthalt in diesen Häusern können sich Schriftsteller und Künstler aus allen Bundesländern bewerben.

Stiftung „Luftbrückendank": Die am 25.8. 1959 nach bürgerlichem Recht gegründete, seit dem > 3. Oktober 1990 im > Berliner Rathaus ansässige S. hat die Aufgabe, die Hinterbliebenen der Luftbrückenopfer zu unterstützen und die Verbundenheit mit den drei Luftbrückenländern (USA, Großbritannien, Frankreich) zu pflegen. Anläßlich des 10. Jahrestages der Beendigung der > Blockade Berlins hatten der damalige > Regierende Bürgermeister von Berlin, Willy Brandt, und der Präsident des > Abgeordnetenhauses von Berlin, Willy Henneberg, während des Chruschtschow-Ultimatums (> Sowjetisches Ultimatum 1958) im Namen des > Senats von Berlin zu einer Sammlung für die Hinterbliebenen der 78 offiziell anerkannten Opfer der > Luftbrücke aufgerufen, die 1,626 Mio. DM erbrachte. Als Pendant stifteten die drei westlichen > Stadtkommandanten zur gleichen Zeit den > Luftbrücken-Gedenkfonds. Die jährlichen Zinserträge des seitdem vom Land Berlin auf rd. 4,8 Mio. DM aufgestockten Stammkapitals der S. – z.Z. ca. 320.000 DM – werden u.a. für laufende Unterstützungszahlungen an Witwen und Waisen sowie für die Ausbildung von Kindern britischer und amerikanischer Luftbrückenopfer aufgewendet (bis 1992 mehr als 1,7 Mio. DM).

Seit 1965 fördert die S. zusätzlich Studenten aus den Luftbrückenländern durch die Finanzierung von Studienaufenthalten in Berlin. Bis 1992 wurden annähernd 200 Stipendien vergeben. Seit 1986 unterhält die S. außerdem ein „Wissenschaftler-Programm", um auch qualifizierten Wissenschaftlern Studienaufenthalte in Berlin zu ermöglichen. Insg. hat die S. bis 1992 mehr als 2,3 Mio. DM für die Studenten- und Wissenschaftlerförderung ausgegeben.

Seit 1989 unterhält die S. ein neues Programm, das jungen Berufstätigen der USA, Großbritanniens und Frankreichs einjährige Arbeitsaufenthalte in Berlin ermöglicht. Aus finanziellen Gründen ist dieses Programm z.Z. noch auf die Berliner Partnerstadt Los Angeles beschränkt (> Städteverbindungen). Die Aufwendungen hierfür beliefen sich bis 1992 auf ca. 120.000 DM.

Zum 40. Jahrestag der Beendigung der Blokkade hat die S. die Wanderausstellung „Blokkade und Luftbrücke" hergestellt, die in mehreren Städten der Bundesrepublik und der Vereinigten Staaten gezeigt wurde.

Stiftung Naturschutz Berlin (SNB): Die öffentlich-rechtliche SNB mit Sitz in der > POTSDAMER STRASSE 68 im Bezirk > TIERGARTEN wurde im April 1981 vom > ABGEORDNETENHAUS VON BERLIN durch Gesetz errichtet. Mit Verabschiedung ihrer Satzung nahm sie im Februar 1982 ihre Arbeit auf. Sie soll als Mittler zwischen der administrativen Ebene, den Parteien, Bürgerinitiativen, Arbeitskreisen sowie den in Umwelt- und Naturschutzvereinen organisierten Bürgern fungieren. Ferner hat sie die Aufgabe, praktische Naturschutzarbeit zu fördern, Modellprojekte zu unterstützen und über den Berliner > NATURSCHUTZ zu informieren. Zu diesem Zweck gibt die Stiftung die Naturschutzzeitschrift „GRÜNSTIFT" heraus. Bekanntestes Projekt der SNB ist die Aktion *Grün macht Schule*, mit der seit 1984 260 Berliner Schulen mit neuen oder verbesserten Schulgärten ausgestattet wurden. Sehr erfolgreich war auch eine Kampagne zur > BEGRÜNUNG von Dächern. In der Kleingartenkolonie „Zur Windmühle" östlich des > BRITZER GARTENS unterhält die SNB einen ökologischen Musterkleingarten mit einer „Ökolaube" (> KLEINGÄRTEN). Desweiteren verleiht die SNB seit 1988 jährlich den nach dem märkischen Vogelschützer benannten *Dr.-Victor-Wendland-Ring* für richtungweisende Leistungen auf dem Naturschutzsektor.

Leitungsgremien sind der Vorstand, der sich i.d.R. aus jeweils zwei Vertretern von Fachverwaltungen (> SENATSVERWALTUNG FÜR STADTENTWICKLUNG UND UMWELTSCHUTZ; Gartenbauämter) und Naturschutzvereinen zusammensetzt, und der Stiftungsrat, dem Vertreter der im Abgeordnetenhaus vertretenen Parteien (derzeit 5), Naturschutzvereine (8) und Behörden (3) angehören. 1992 hatte die SNB 16 Mitarbeiter; die Finanzierung erfolgt v.a. durch Erträge aus dem Stiftungskapital, Zuwendungen des > SENATS VON BERLIN, ABM-Mittel und Eigeneinnahmen.

Stiftung Preußischer Kulturbesitz: Die S. mit Sitz in der > VILLA VON DER HEYDT in der Von-der-Heydt-Str. 16-18 im Bezirk > TIERGARTEN wurde per Bundesgesetz vom 25.7. 1957 mit dem Auftrag gegründet, die während des Krieges in den Westteil Deutschlands verlagerten Kulturgüter des 1947 aufgelösten preußischen Staates bis zur > VEREINIGUNG „für das deutsche Volk zu bewahren, zu pflegen und zu ergänzen, unter Beachtung der Traditionen den sinnvollen Zusammenhang der Sammlungen zu erhalten und eine Ausweitung dieses Kulturbesitzes für die Interessen der Allgemeinheit in Wissenschaft und Bildung und für den Kulturaustausch zwischen den Völkern zu gewährleisten".

Die kriegsbedingt verlagerten Bestände der preußischen > MUSEEN, > BIBLIOTHEKEN und > ARCHIVE wurden seit 1947/48 auf der Rechtsgrundlage alliierter Verfügungen treuhänderisch von den Bundesländern Baden-Württemberg, Hessen und Niedersachsen verwaltet. Seit Beginn der 50er Jahre bemühte sich jedoch der > SENAT VON BERLIN um die Rückführung der Kunstwerke und Archivalien nach West-Berlin, was jedoch erst auf der Grundlage einer Verwaltungsvereinbarung vom 7.7.1955 gelang. Jedoch protestierten die Länder gegen die vom > DEUTSCHEN BUNDESTAG beschlossene Gründung einer „Stiftung Preußischer Kulturbesitz" und erhoben eine Normenkontrollklage beim Bundesverfassungsgericht. Sie vertraten die Auffassung, daß die damit verbundene „... Übertragung von Vermögenswerten des ehem. Landes Preußen auf die Stiftung" einen Verstoß gegen die Kulturhoheit der Länder und gegen die bestehende Verwaltungsvereinbarung der Länder mit Berlin darstelle. Erst nachdem das Bundesverfassungsgericht die „Bewahrung des Kulturbesitzes" als eine gesamtdeutsche Aufgabe bezeichnet hatte, konnte sich der Stiftungsrat am 25.9.1961 konstituieren. Dies gilt als die eigentliche Geburtsstunde der S., wobei sie erst mit der Ernennung eines Kurators am 29.3.1962 und der Bildung des Beirates am 30.3. voll geschäftsfähig wurde.

Zu den der S. zugeordneten Institutionen gehören: die 16 > STAATLICHEN MUSEEN ZU BERLIN (sowie deren weitere Einrichtungen), die > STAATSBIBLIOTHEK ZU BERLIN, das > GEHEIME PREUSSISCHE STAATSARCHIV, das > IBERO-AMERIKANISCHE INSTITUT und das > STAATLICHE INSTITUT FÜR MUSIKFORSCHUNG mit dem ihm angeschlossenen *Musikinstrumenten-Museum*.

Mit der Vereinigung Deutschlands am > 3. OKTOBER 1990 wurde die Stiftung laut > EINIGUNGSVERTRAG Art. 35, Abs. 5, zusätzlich beauftragt, „die durch die Nachkriegsereignisse getrennten Teile der ehemals staatlichen preußischen Sammlungen, u.a. Staatliche Museen, Staatsbibliotheken, Geheimes Staatsarchiv, Ibero-Amerikanisches Institut, Staatliches Institut für Musikforschung, in Berlin wieder zusammenzuführen" und die vorläufige Trägerschaft für diese Institute zu übernehmen.

Die S. ist eine bundesunmittelbare Stiftung des öffentlichen Rechts. Träger sind der Bund und die Länder. Nach der Vereinigung Deutschlands haben auch die fünf neuen Bundesländer den Wunsch geäußert, der S. beizutreten.

Die Aufsicht über die S. führt der > BUNDESMINISTER DES INNERN (BMI). Oberes beschließendes Organ der S. ist der Stiftungsrat, zusammengesetzt aus je zwei Vertretern des Bundes, des Landes Nordrhein-Westfalen und je eines weiteren Vertreters der anderen Länder. Den Vorsitz des Stiftungsrates führt der BMI. Gesetzlicher Vertreter und ausführendes Organ der S. ist der Präsident (vormals Kurator). Dem Stiftungsrat und dem Präsidenten steht als beratendes Organ ein Stiftungsbeirat zur Seite, dem bis zu 15 sachkundige Mitglieder angehören. Er bildet gleichzeitig eine Museums-, Bibliotheks- und Archivkommission, der sachkompetente Vertreter dieser Fachdisziplinen angehören.

Der Präsident gibt im Auftrag des Stiftungsrates zur Information der Öffentlichkeit über die Arbeit der S. des jeweils abgelaufenen Jahres seit 1963 das „Jahrbuch Stiftung Preußischer Kulturbesitz" heraus. In den zur S. gehörenden Institutionen sind 1992 ca. 2.800 Mitarbeiter tätig, davon ca. 400 Wissenschaftler.

Stiftung Preußische Seehandlung: Die 1983 vom Land Berlin, vertreten durch den Senator für kulturelle Angelegenheiten, als rechtsfähige und ausschließlich gemeinnützige Zwecke erfüllende Stiftung des bürgerlichen Rechts errichtete Preußische Seehandlung mit Sitz am Spandauer Damm 19 im Bezirk > CHARLOTTENBURG hat die Aufgabe, > KULTUR und > WISSENSCHAFT in Berlin zu fördern. Förderungsschwerpunkte der auf ein im 18. Jh. gegründetes Handelsunternehmen zurückgehenden S. sind nach Satzung und Programm das Museum für Deutsche Geschichte (> DEUTSCHES HISTORISCHES MUSEUM), das literarische Schaffen in Berlin (> LITERATUR), das Gedenken an historische Persönlichkeiten und Ereignisse der Berliner und der brandenburgisch-preußischen > GESCHICHTE sowie die wissenschaftliche Arbeit in Berlin.

In diesem Rahmen fördert die S. insbes. Veranstaltungen und Projekte, die Arbeit von Autoren und Wissenschaftlern, die Veröffentlichung literarischer und wissenschaftlicher Arbeiten mit Berlin-Bezug, den Ankauf und die Bearbeitung von Sammlungen und Archiven sowie die Errichtung von Stiftungslehrstühlen. Ferner vergibt die S. zwei Preise. Über die Vergabe der Mittel aus den Erträgen des Stiftungskapitals entscheiden die Organe, der Stiftungsrat und der Stiftungsvorstand. Der Stiftungsrat, dem kraft seines Amtes der > REGIERENDE BÜRGERMEISTER VON BERLIN als Vorsitzender und die Senatoren für Kultur und Wissenschaft angehören (> SENATSVERWALTUNG FÜR KULTURELLE ANGELEGENHEITEN; > SENATSVERWALTUNG FÜR WISSENSCHAFT UND FORSCHUNG), außerdem Persönlichkeiten aus dem kulturellen und wissenschaftlichen Leben Berlins, beschließt das Förderungsprogramm der S. und überwacht die Tätigkeit des von ihm gewählten Vorstandes. Der Stiftungsvorstand, gesetzlicher Vertreter der Stiftung, entscheidet über Förderungen, soweit dies nicht Aufgabe einer Jury ist.

Im Rahmen ihrer satzungsmäßigen Aufgaben vergibt die S. den von ihr errichteten und seit 1988 im Rahmen des > THEATERTREFFENS BERLIN verliehenen *Theaterpreis Berlin* und den von ihr errichteten und 1989 von ihr zum ersten Mal an Volker Braun vergebenen *Berliner Literaturpreis (Berliner Preis für deutschsprachige Literatur)*. Die S. schreibt jährlich „Autorenstipendien für Kinder- und Jugendliteratur" aus und hat in diesem Programm seit 1988 insg. 25 Autoren gefördert. Ferner hat die S. 1988 den Lehrstuhl „Geschichte der industriellen Welt" an der > FREIEN UNIVERSITÄT BERLIN gestiftet.

Zu den bedeutendsten, durch die S. finanzierten bzw. mitfinanzierten Ankäufen von Nachlässen zählen der des Schriftstellers Hans Habe, der Nachlaß der Gruppe 47 und von Hans Werner Richter, die Briefe Gottfried Benns an seine Tochter Nele, das Archiv von Paul Kohner sowie die Korrespondenz Kohners und der Brüder Curt, Robert und Werner Siodmak, die Nachlässe von Paul Westheim und Peter Weiss. Des weiteren finanzierte die S. u.a. die Restaurierung und Aufarbeitung des im > SCHLOSS CHARLOTTENBURG untergebrachten Archivs der > KPM – KÖNIGLICHE PORZELLAN-MANUFAKTUR BERLIN GMBH).

Auch eine Reihe von bedeutenden Veranstaltungen wurden von der S. finanziell unterstützt. So bspw. die Veranstaltungen aus Anlaß des 100. Geburtstages des Berliner Schriftstellers Kurt Tucholsky 1990, des weiteren die Publikation zum 150. Todestag von

Wilhelm v. Humboldt 1985, zum Jubiläum „100 Jahre > Freie Volksbühne Berlin" 1990, zum 300. Jahrestag der Gründung des > Französischen Gymnasiums 1989 und zahlreiche andere.

Zu den bedeutendsten, von der S. finanzierten Forschungen zählt u.a. die über den Prinzen Carl v. Preußen und den „Klosterhof" von Schloß Glienicke (> Kleinglienicke) und über jüdische Kinder im Rahmen des Gedenkbuchs über die Opfer der Verfolgung 1933-45. Hinzu kommen zahlreiche weitere Veranstaltungen sowie die Förderung einer Reihe bedeutender Publikationen, bspw. über Karl Friedrich Schinkels > Vorstadtkirchen oder die Werkausgabe des Berliner Autors Günter Bruno Fuchs.

Die S. ist aus der 1772 unter der Regentschaft Friedrichs des Großen (1740-86) als Handelsunternehmen gegründeten „Seehandlungs-Societät", die mit Einfuhr- und Ankaufsrechten für Salz und Wachs ausgestattet war, hervorgegangen. 1820 hatte die „Seehandlungs-Societät" den Status eines unabhängigen, nur dem preußischen König verpflichteten staatlichen Geld- und Handelsinstituts erhalten und 1930 durch Gesetz und Satzung die Bezeichnung *Preußische Staatsbank (Seehandlung)*. Mit der Liquidierung Preußens 1947 durch die > Alliierten waren ihr die Grundlagen weiterer Geschäftstätigkeit entzogen. Das formelle Ende der Bank besiegelte schließlich das vom > Abgeordnetenhaus von Berlin verabschiedete „Gesetz über die Verwendung des Vermögens öffentlich rechtlicher Altbanken und Verbände des Kreditwesens" vom 13.5.1983. Der Name „Preußische Seehandlung" blieb erhalten und lebt in der am 18.7.1983 errichteten S. weiter, der aus dem Vermögen der liquidierten Staatsbank ein Stiftungskapital von 19 Mio. DM übertragen wurde.

Stiftung Verbraucherinstitut: Die 1978 von der in Bonn ansässigen Arbeitsgemeinschaft der Verbraucherverbände und der > Stiftung Warentest nach bürgerlichem Recht gegründete gemeinnützige S. mit Sitz am Reichpietschufer 74-76 im Bezirk > Tiergarten hat die Aufgabe, insbes. Multiplikatoren der Verbraucherarbeit (Mitarbeiter der Verbraucherorganisationen [> Verbraucherschutzverein e.V., > Verbraucherzentrale Berlin e.V.], Dozenten der Erwachsenenbildung, Lehrer, Journalisten, Wissenschaftler, Politiker) beruflich fortzubilden und damit die „Stellung

des Verbrauchers in der sozialverpflichteten Marktwirtschaft zu stärken" (Satzung). Dazu dienen Seminare, Tagungen und Fernlehrgänge, aber auch die Entwicklung von Modellen zur Verbraucherinformation und -bildung sowie die Bereitstellung praxisgerechter Medien und Materialien. Weiterhin führt das Verbraucherinstitut Untersuchungen durch und betreibt selbst oder vergibt Aufträge zur empirischen und theoretischen Forschung. Seit der > Vereinigung hat sich die Zahl der Fortbildungsveranstaltungen auf rd. sieben pro Monat erhöht, wobei vorrangig Teilnehmer aus den neuen Bundesländern angesprochen werden. Die S. mit ihren 20 festen Mitarbeitern wird hauptsächlich durch das > Bundesministerium für Wirtschaft und die > Senatsverwaltung für Wirtschaft und Technologie finanziert.

Stiftung Warentest: Die S. mit Sitz am > Lützowplatz 11-13 im Bezirk > Tiergarten wurde 1964 als gemeinnützige Stiftung des privaten Rechts in Berlin gegründet. Ihre Aufgabe ist es, die Öffentlichkeit über objektivierbare Merkmale des Nutz- und Gebrauchswerts sowie der Umweltverträglichkeit von Waren und Dienstleistungen zu informieren und so die Fähigkeit des Verbraucher zur Marktbeurteilung zu verbessern. Außerdem gehört zu ihren Aufgaben die Aufklärung über Möglichkeiten einer optimalen Haushaltsführung.

Zu diesen Zwecken führt die S. Untersuchungen an Waren und Dienstleistungen durch oder beauftragt Institute mit derartigen Untersuchungen. Über die Ergebnisse informiert sie insbes. durch die monatlich erscheinende Zeitschrift „test", die zweimonatlich erscheinende Zeitschrift „Finanztest" und durch Sonderpublikationen wie z.B. „test"-Jahrbücher und -Sonderhefte. Zusätzlich unterhält sie einen Auskunftsdienst.

Die S. beschäftigt 200 Mitarbeiter und finanziert sich zu 88 % durch den Verkauf ihrer Publikationen; die restlichen Mittel kommen als Zuwendungen aus dem Etat des > Bundesdesministers für Wirtschaft. Sie ist Mitglied im > Verbraucherschutzverein e.V. und einer der beiden Gründer der 1978 eingerichteten > Stiftung Verbraucherinstitut.

St.-Johannis-Kirche: Die evangelische S. in der Straße Alt-Moabit 25 im Bezirk > Tiergarten ist eine der vier von Karl Friedrich Schinkel entworfenen sog. > Vorstadtkir-

CHEN. Als erster dieser Kirchenbauten wurde sie 1833/34 errichtet. In Anlehnung an oberitalienische romanische Backsteinkirchen entstand ein einschiffiger Ziegelrohbau mit sattelförmiger, kassettierter Holzdecke. Friedrich August Stüler erweiterte die Anlage 1844-56 durch Turm und Vorhalle sowie Pfarrhaus (links) und Schulhaus (rechts). Die S. ist inzwischen so stark verändert worden, daß sie als Schinkel-Kirche kaum mehr zu erkennen ist. Wurde schon 1895/96 nach Plänen von Max Spitta ein Querschiff zugefügt, so erfolgte nach erheblichen Zerstörungen im II. Weltkrieg 1950-57 unter Leitung von Otto Bartning und Hinnerk Scheper eine wesentliche Veränderung und Vereinfachung des Baus. Die zu den herausragenden Kunstwerken des alten Berlin gehörende mittelalterlichen Triumphkreuzgruppe aus der Berliner Klosterkirche (> GRAUES KLOSTER) wurde erst nach deren Zerstörung im II. Weltkrieg hier aufgestellt.

St.-Matthäus-Kirche: Die evangelische S. am zum > KULTURFORUM TIERGARTEN gehörenden Matthäikirchplatz im Bezirk > TIERGARTEN zählt – wie die *Villa Parey* und das *Palais Gonthard* – zu den wenigen wiederhergestellten Bauten des im II. Weltkrieg nahezu vollständig zerstörten Geheimratsviertels. Der dreischiffige, 1.500 Personen Platz bietende Ziegelbau wurde 1844-46 nach Plänen von Friedrich August Stüler errichtet. Die waagrechte Gliederung mittels roter Bänder im gelben Ziegelmauerwerk, die rundbogigen Fenster des Langhauses und die drei Apsiden lassen die Anlehnung an frühchristliche Bauten des bei der Schinkel-Schule oft zitierten „byzantinischen Stils" erkennen. Allerdings steht der Turm nicht, wie bei Bauten dieses Stils üblich, frei, sondern wurde wegen des kleinen Bauplatzes in die Südfront des Mittelschiffs eingeschoben. Die mit Ecktürmchen versehene Arkadengalerie des Turms schließt mit einer achteckigen Spitzhaube ab. Nach Norden wird das dreigiebelige Kirchenschiff durch flachere Choranbauten abgeschlossen.

Während das Geheimratsviertel nach dem Krieg nicht wieder aufgebaut wurde, erfolgte 1956-60 die Wiederherstellung der Kirche nach Plänen von Jürgen Emmerich. Das Äußere wurde dabei weitgehend originalgetreu restauriert. Der Innenraum hingegen präsentiert sich seitdem in nüchterner Form mit einigen wenigen, aber bedeutenden Kunstwer-

ken, so ein Christuskopf von Gerhard Marcks, ein Kruzifix von Gerhard Schreiter und ein „Schmerzensmann" aus der Werkstatt von Tilmann Riemenschneider.

St.-Nikolai-Kirche Spandau: Die S. am Reformationsplatz im Bezirk > SPANDAU ist einer der ältesten Kirchenbauten Berlins und einer der wenigen erhaltenen Sakralbauten der norddeutsch-märkischen Backsteingotik. Es kann vermutet werden, daß bereits in der zweiten Hälfte des 12. Jh. ein erster Kirchenbau an dieser Stelle gestanden hat. Erstmals urkundlich erwähnt wird die S. 1239 als „ecclesia forensis" (Marktkirche). Die Entstehungszeit des vorhandenen Baukörpers, eine dreischiffige Halle mit polygonalem Chorumgang und mächtigem Satteldach, wird auf die Zeit zwischen 1410 und 1450 datiert. 1467/68 wurde der wuchtige West-Turm nach einem Entwurf von Paul Rathstocken gebaut. Diverse Umbauten und eine umfassende Renovierung 1830-39 haben das Erscheinungsbild der S. im Laufe der Jahrhunderte verändert. 1902 wurden die Einbauten der Renovierung wieder beseitigt, der Giebel an der südlichen Kapelle erhöht und mit gotischen Formen umgestaltet. 1943 entfernte man die neogotischen Elemente und brachte die barocken Formen wieder an. Die 1944 erheblich beschädigte S. wurde ab Herbst 1946 unter Leitung von Hinnerk Scheper in wesentlichen Teilen wieder aufgebaut. Der historische Turmaufsatz wurde in den 80er Jahren rekonstruiert und im Herbst 1991 eingeweiht.

Von der reichen Ausstattung sind v.a. der bronzene Taufkessel von 1398, eine hölzerne Kreuzigungsgruppe aus dem Jahr 1540, das Doppelepitaph für Joachim und Zacharias v. Röbel aus den Jahren 1572 und 1575 und der 8 m hohe steinerne Renaissance-Altar aus dem Jahr 1582 zu nennen, eine Stiftung des Baumeisters der > ZITADELLE SPANDAU Graf Rochus zu Lynar, dessen Familiengruft sich unter dem Altar befindet.

Vor dem Westportal erinnert ein 1889 von Erdmann Encke geschaffenes Denkmal an Kurfürst Joachim II. (1535-71), der 1539 in Berlin und der Mark Brandenburg die Reformation einführte. Am 1.11.1539 soll die erste evangelische Abendmahlsfeier in der S. stattgefunden haben (> GESCHICHTE). Nördlich der S. steht ein 1816 von Karl Friedrich Schinkel in Gußeisen (> FER DE BERLIN) gestaltetes, 3,5 m hohes Kriegerdenkmal für die Gefallenen der Freiheitskriege. Erwähnenswert ist ferner das von Gustav Eberlein 1901 ursprünglich für die > Siegesallee geschaffene Denkmal des Freiherren von und zum Stein, das sich seit 1975 an der Treppe zum Reformationsplatz befindet.

St.-Pauls-Kirche: Die evangelische S. an der Pank-/Ecke Badstr. im Bezirk > Wedding ist eine der vier von Karl Friedrich Schinkel entworfenen sog. > Vorstadtkirchen. Sie wurde 1832-34 errichtet und lag damals auf einer kleinen Anhöhe in dem nicht mehr bestehenden Gropius-Park. Der tempelartige Saalbau der S. ist im Stil einer altchristlichen Basilika gestaltet. Vor der Hauptgiebelfront, die mit vier korinthischen Pilastern geziert ist, liegt eine breite Freitreppe. Die S. beeindruckt durch strenge Formen, die den Berliner Klassizismus kennzeichnen. Ein Glockenturm war ursprünglich nicht vorhanden, er wurde 1898/90 im Abstand von einigen Metern als Campanile angefügt und mit drei Stahlgußglocken versehen. Die S. wurde 1945 in den letzten Kriegstagen bis auf die Umfassungsmauern zerstört, lediglich der Glockenturm blieb fast unversehrt. Von 1952-57 erfolgte der Wiederaufbau nach historischem Vorbild und die Neuausstattung der S.

Stralau: Das frühere Fischerdorf S. liegt auf einer Landzunge zwischen > Spree und > Rummelsburger See im Süden des Bezirks > Friedrichshain. Archäologische Funde weisen nach, daß es dort bereits zur Steinzeit und in germanischer Zeit Besiedlungen gab. Während der Völkerwanderung ließen sich Wenden dort nieder, auf die mit großer Wahrscheinlichkeit der Name des Dorfes zurückgeht (wendisch „Strala" oder „Strela" = Pfeil im Sinne von Landzunge).
Schriftlich erwähnt wird S. indirekt zum ersten Mal durch Nennung eines Thidericus de Stralow 1240. Das Dorf selbst tritt erst 1358 in Erscheinung, als es samt Gutshof und See von Berlin/> Kölln erworben wird. 1397 ist der Ort im > Berlinischen Stadtbuch mit elf Fischerhöfen verzeichnet. 1464 entstand auf einem Feldsteinsockel die einschiffige Kirche mit überwölbtem Saal und polygonalem Chor (> Dorfkirchen). In zwei Fenstern befinden sich die einzigen erhaltenen Reste spätgotischer Glasmalerei in Berlin. Der hölzerne Anbau des (schief stehenden) Turms wurde 1823/24 durch einen Massivbau ersetzt, der zu Unrecht längere Zeit als Werk

Schinkels galt, jedoch Friedrich Wilhelm Langerhans zuzuschreiben ist. Starke Kriegsschäden wurden 1949 beseitigt. Der Anfang des 16. Jh. entstandene Flügelaltar kam erst 1921 aus der Kirche in Massen bei Finsterwalde nach S. und wurde hier durch Seitentafeln aus dem Brandenburger Dom ergänzt. Die Kalksteintaufe stammt wahrscheinlich aus dem 13. Jh. Bereits Ende des 19. Jh. nach Berlin eingemeindet, kam S. 1945 mit Friedrichshain zum sowjetischen > Sektor.
Eine überregionale Bekanntheit und Bedeutung erlangte S. durch das erstmals 1574 nachgewiesene Volksfest des > Stralauer Fischzugs. 1881 begann für S. mit der Eröffnung einer Palmkernöl- und Schwefelkohlenstoffabrik die Industrialisierung. Es folgten Bootswerften, eine Jutespinnerei und -weberei und v.a. die Stralauer Flaschenfabrik, aus der sich später die Stralauer Glashütte entwickelte. Zu Zeiten der DDR war sie für Ost-Berlin ein wichtiger Exportbetrieb, der allerdings durch Versäumnisse bei der Entsorgung schwere Bodenschäden verursachte. Das Gelände um den Rummelsburger See gilt als eines der am stärksten verschmutzten Gebiete Berlins (> Umweltschutz). Falls Berlin den Zuschlag für die > Olympischen Spiele im Jahr 2000 erhält, sollen in S. die Wohnungen für die olympische Familie errichtet werden.
In der Nähe der Kirche befand sich der Zugang zu einem anläßlich der Gewerbeausstellung 1896 im > Treptower Park erbauten Spreetunnel, durch den ab 1899 die > Strassenbahn nach > Treptow fuhr. Nach Beschädigungen im II. Weltkrieg wurde er zugeschüttet. In der Straße Alt-Stralau 25 erinnert eine 1964 von Hans Kies geschaffene Gedenkanlage an Karl Marx, der 1837 während seines Studiums für kurze Zeit in S. wohnte.

Stralauer Fischzug: Der S. war ein traditionelles, v.a. in der ersten Hälfte des 19. Jh. beliebtes Berliner Volksfest auf der Halbinsel > Stralau zwischen dem > Rummelsburger See und der > Spree. Die erste urkundliche Überlieferung des S. führt auf den 24.8.1574 zurück. Damals feierten die Stralauer Fischer nach Ablauf der von Kurfürst Johann Georg (1571-98) verordneten, ab Gründonnerstag geltenden Schonfrist die neue Fangsaison mit einem fünffachen Fischzug am Bartholomäustag: Die ersten vier Züge kamen dem Pfarrer zugute, der fünfte der Gemeinde. In der Folgezeit wurde die Zeremonie jährlich am gleichen Tag wiederholt.

Volksfest-Charakter nahm diese ursprünglich als Familienfeier begangene Veranstaltung erst in der Biedermeierzeit an. Nachdem sich seit 1780 auch Mitglieder des königlichen Hofes nach Stralau begaben, nahm die Beliebtheit des auf der Stralauer Kirchweihwiese veranstalteten Festes rasch zu. Seine größte Popularität erlangte der S. zwischen 1820 und 1840. Als erstes Berliner Volksstück wurde im Königlichen Opernhaus (> DEUTSCHE STAATSOPER UNTER DEN LINDEN) 1821 die von Julius Voß verfaßte musikalische Posse „Der Stralauer Fischzug" aufgeführt. 1841 sollen ca. 50.000 Besucher nach Stralau gekommen sein.

Nach 1847 blieben die Mitglieder des Hofes und das „bessere Publikum" dem S. fern. Das Volksfest wurde mehr und mehr zu einem Rummelbetrieb mit tumultartigen Zwischenfällen. 1873 und nochmals 1892 von der Kirchwiese verbannt, wurde der S. 1923 wiederbelebt. Trotz eines historischen Festzuges verlor der S. jedoch nicht den Rummelcharakter. Nach dem II. Weltkrieg wurde der S. von 1954-63 wieder aufgenommen. 1987 fand im Rahmen der 750-Jahr-Feier Berlins nochmals eine einzelne Veranstaltung statt.

Strandbad Müggelsee: Das S. am Fürstenwalder Damm am Nordufer des > GROSSEN MÜGGELSEES im Bezirk > KÖPENICK ist neben dem > STRANDBAD WANNSEE das bedeutendste Strandbad Berlins. Es wurde am 14.7.1912 durch die „Gemeinnützige Badegesellschaft von Niederbarnim, Friedrichshagen und Rahnsdorf" eröffnet. Nach einem Brand wurde es 1929/30 nach Plänen von Oberbaurat Friedrich Hennings und Stadtbaurat Martin Wagner, der auch am Entwurf des Strandbads Wannsee beteiligt war, als massives Terrassengebäude neu aufgebaut. 1956 erfolgte die Anlage eines langgestreckten Sandstrands. 1975-78 wurde das S. gründlich renoviert und bietet seitdem auf einer Gesamtfläche von 12,3 ha Platz für bis zu 20.000 Besucher. Neben Strandkörben, Gaststätten, einem Kinderspielplatz und verschiedenen Sportanlagen gibt es auch einen Bootsverleih. Wie sein westliches Pendant ist das S. in einen Textil- und einen FKK-Strand geteilt. Eine Sauna und ein Solarium sind ganzjährig auch außerhalb der von Mai bis September dauernden Saison geöffnet. Nach 133.000 Besuchern im Jahr 1990 wurden 1991 nur 68.000 Gäste gezählt.

Strandbad Wannsee: Das 1929/30 errichtete, im Bezirk > ZEHLENDORF gelegene S. am von der > HAVEL gebildeten > GROSSEN WANNSEE ist das größte Binnenseebad Europas (> FREI- UND SOMMERBÄDER). Obgleich nur etwa die Hälfte der geplanten Bauten realisiert wurde, gilt das Werk des in der Berliner Bauverwaltung tätigen Architekten Richard Ermisch und des Berliner Stadtbaurats Martin Wagner, der auch das > STRANDBAD MÜGGELSEE konzipierte, als Höhepunkt der Berliner Freizeitarchitektur. Das S. ersetzte eine 1908 eröffnete Anlage, die errichtet wurde, nachdem das bis dahin bestehende öffentliche Badeverbot nicht mehr durchgesetzt werden konnte und an dieser Stelle 1907 erstmals eine offizielle Badestelle eingerichtet worden war.

Strandbad Wannsee um 1960/61

Die mit gelben, weißgefugten Klinkern verkleidete Stahlskelettkonstruktion fügt sich parallel zum Hang als zweigeschossiger Terrassenbau in die hügelige Landschaft des > GRUNEWALDS ein. Der ungefähr 550 m lange, im Stil der Neuen Sachlichkeit gehaltene Gebäudetrakt beherbergt die Garderobenräume, Duschanlagen, Verkaufs- und Dienstleistungseinrichtungen. Auf dem Dach befinden sich große Sonnenterrassen mit Möglichkeiten für diverse Sportaktivitäten. Neben seiner äußeren Formschönheit und Ästhetik gilt das S. als Musterbeispiel des funktionalen Bauens. Durch das seinerzeit neuartige, rationelle Verwahrsystem einer zentralen Garderobensammelstelle bietet das Bad mit seinem 1.275 m langen und bis zu 80 m breiten, in einen Textil- und einen FKK-Abschnitt geteilten Sandstrand Platz für ca. 50.000 Gäste. Der Jahres-Besucherrekord mit 834.000 Personen datiert von 1942, der bisherige Tagesrekord wurde mit 53.000 Besuchern am Sonntag, dem 1.6.1947, erreicht. 1991 kamen wetterbedingt nur 355.545 Badegäste ins S. (1989: 500.000).

Straße des 17. Juni: Die S. führt vom > BRANDENBURGER TOR durch den > GROSSEN TIERGARTEN und das Gelände der > TECHNISCHEN UNIVERSITÄT BERLIN (TUB) zum > ERNST-REUTER-PLATZ im Bezirk > CHARLOTTENBURG. Der im östlichen Teil ursprünglich Charlottenburger Chaussee und im westlichen Teil Berliner Str. genannte Straßenzug erhielt seinen heutigen Namen auf Beschluß des > SENATS VON BERLIN vom 22.6.1953 zum Gedenken an die Opfer des Arbeiteraufstands in Ost-Berlin und der DDR am > 17. JUNI 1953. Während dieses Aufstands waren am Vormittag des 17.6. 12.000 gegen das DDR-Regime demonstrierende Arbeiter aus dem nördlich Berlins gelegenen Stahlwerk Hennigsdorf auf der S. durch das Brandenburger Tor nach Ost-Berlin marschiert.
Die S. wurde von Friedrich (III.) I. (1699-1713) in der Fortsetzung der Straße > UNTER DEN LINDEN und weiterführend über die heutige Otto-Suhr-Allee als Verbindungsstraße zum 1695 erbauten > SCHLOSS CHARLOTTENBURG angelegt und 1798/99 zur Chaussee ausgebaut. Als Teil der > OST-WEST-ACHSE 1938/39 von 27 auf 50 m verbreitert, erfuhr sie durch die Aufstellung der > SIEGESSÄULE auf dem von 80 m auf 200 m Durchmesser erweiterten *Großen Stern* 1938 eine zusätzliche Akzentuierung. Am Charlottenburger Tor, der ehem. Stadtgrenze der von 1705 bis zur Bildung > GROSS-BERLINS 1920 selbständigen Stadt Charlottenburg, überquert die Straße den > LANDWEHRKANAL. Östlich der Charlottenburger Brücke liegt auf der Nordseite der Straße das 1938 als Verwaltungsgebäude für den Deutschen Gemeindetag errichtete *Ernst-Reuter-Haus*, heute u.a. Sitz der Berliner Zweigstelle des Deutschen Städtetags und der > SENATSBIBLIOTHEK. Westlich folgen auf beiden Seiten die Gebäude der TUB. Auf den Parkplätzen an der Nordseite der Straße wird beiderseits der Brücke jeweils samstags und sonntags Berlins größter > TRÖDELMARKT veranstaltet.

Straßen: Das Straßennetz von Berlin hat eine Länge von insg. 5.093,3 km, davon 193 km > BUNDESFERNSTRASSEN; 21 % dieses Straßennetzes haben die Funktion von *Hauptverkehrsstraßen* (1.076 km). Dieses übergeordnete Straßennetz setzt sich – entsprechend der „Richtlinie für die Anlage von Straßen – Leitfaden für die funktionale Gliederung des Straßennetzes" – zusammen aus großräumigen Straßenverbindungen (174 km), aus überregionalen/regionalen Straßenverbindungen (518 km) und zwischengemeindlichen Straßenverbindungen (384 km). Die längste Straße ist die Straße Adlergestell von > NIEDERSCHÖNEWEIDE im Bezirk > TREPTOW nach > SCHMÖCKWITZ in > KÖPENICK (12,9 km), die kürzeste die *Pohligstraße* in > MARIENDORF (19 m). Breiteste Straße ist mit 75 m die > STRASSE DES 17. JUNI in > CHARLOTTENBURG.
Das heute die innere Stadtfläche bestimmende Straßennetz innerhalb der > RINGBAHN mit weitmaschigen, breiten Straßenzügen ist wesentlich beeinflußt durch den Bebauungsplan von 1862 (> HOBRECHTPLAN) sowie durch die Straßendurchbrüche in der Aufbauphase nach dem II. Weltkrieg hauptsächlich im Bezirk > MITTE im Ostteil der Stadt. Die durch den Bau der > MAUER am 13. AUGUST 1961 unterbrochenen ca. 193 Straßenverbindungen zwischen den beiden Stadthälften sowie von West-Berlin zum Umland wurden bis Ende 1991 zum größten Teil wieder für alle Verkehrsarten hergestellt.
Der Bau und die Unterhaltung von Stadtstraßen liegt in der Zuständigkeit der > BEZIRKE. Die Investitionsmittel für den Neubau müssen von der Bezirksverwaltung im Rahmen der mittelfristigen Investitionsplanung projektbezogen angemeldet und vom > SENAT VON BERLIN bestätigt werden. Die Unterhaltungsmittel werden anteilig auf die Bezirke aufgeteilt. Die Planungen der „Straßen von besonderer Bedeutung" einschließlich der Bundesstraßen liegt in der Zuständigkeit der > SENATSVERWALTUNG FÜR VERKEHR UND BETRIEBE. Bau und Unterhaltung der Bundesfernstraßen (Autobahnen und freie Strecken der Bundesstraßen) obliegt der > SENATSVERWALTUNG FÜR BAU- UND WOHNUNGSWESEN, die im Auftrag des Bundes tätig wird.
Die Straßenplanung nach der > VEREINIGUNG sieht Neubaumaßnahmen insbes. in den östlichen Bezirken vor. Hier fehlen die tangentialen Verbindungen zwischen den Neubaugebieten und den Arbeitsstätten sowie untereinander. Außerdem fehlen angesichts des seit dem Mauerbau stark angestiegenen > KRAFTFAHRZEUGVERKEHRS zusätzliche Straßen-

verbindungen zwischen den beiden ehem. Stadthälften.

Für den innerstädtischen Bereich sieht das Straßenkonzept vor, den Durchgangsverkehr auf leistungsfähige Straßenringe zu verlagern. Der ca. 18 km lange innere Straßenring umschließt im wesentlichen den Bezirk Mitte und Teile von > KREUZBERG. Er verläuft über die Uferstraßen des > LANDWEHRKANALS über Gitschiner Str., Skalitzer Str., > OBERBAUMBRÜCKE, Warschauer Str., Petersburger Str., Dimitroffstr., > BERNAUER STRASSE, Invalidenstr., Friedrich-List-Ufer und Moltkestr. zur *Entlastungsstraße*, die wieder den Anschluß zu den Straßen am Landwehrkanal herstellt. Im Bereich des > GROSSEN TIERGARTENS soll die Entlastungsstraße wegen der künftigen Nutzung als Parlamentsbereich und als Standort des > BUNDESKANZLERAMTS im Spreebogen zwischen der Heidestr. und den Kanaluferstraßen auf einer Länge von 2,3 km in Tunnellage geführt werden.

Der 40 km lange mittlere Straßenring besteht im Westteil der Stadt aus der Autobahn Stadtring A 100; er soll von > NEUKÖLLN über Treptow nach > FRIEDRICHSHAIN bis zur > FRANKFURTER ALLEE (B 1/5) verlängert, von dort über bestehende Stadtstraßen fortgesetzt (Möllendorffstr., Storkower Str., Greifswalder Str., Ostseestr., Wisbyer Str., Bornholmer Str., Osloer Str., Seestr.) und im Bezirk > WEDDING wieder an den Stadtring angebunden werden. Über vorhandene leistungsfähige Radialstraßen sowie über die neu zu bauende Autobahn A 113 entlang des > TELTOWKANALS werden der innere und der mittlere Ring an den > BERLINER RING A 10 als äußerem Straßenring angebunden.

Dieses Ring-Radial-System soll künftig dazu dienen, v.a. im innerstädtischen Bereich den „notwendigen Kfz-Verkehr" (Wirtschaftsverkehr, Anwohnerverkehr, z.T. Einkaufsverkehr) abzuwickeln, während der „nicht notwendige Verkehr" (Berufspendler, Ausbildungsverkehr, ein Teil des Einkaufsverkehrs) durch zusätzliche Angebote im > ÖFFENTLICHEN PERSONENNAHVERKEHR (ÖPNV) und Restriktionen im > RUHENDEN VERKEHR sowie Maßnahmen der > VERKEHRSBERUHIGUNG verstärkt auf den ÖPNV verlagert werden soll, um so den erwarteten Zuwachs des Kfz-Verkehrsaufkommens insbes. im Innenstadtbereich (> CITY) beherrschen zu können.

Straßenbahn: Die von den BERLINER VERKEHRS-BETRIEBEN (BVG), einem > EIGENBETRIEB des Landes Berlin, betriebene Berliner S. verfügte Anfang 1992 über ein Schienennetz von 176 km mit einer Gleislänge von ca. 400 km und 787 Haltestellen, die sich ausschließlich im ehem. Ostteil der Stadt befanden. 33 Linien mit einer Gesamt-Linienlänge von 433 km erbrachten 1991 eine Beförderungsleistung von 157 Mio. Personen. Die BVG unterhielt mit Stand vom 1.1.1992 einen Wagenpark von 938 Fahrzeugen, die sich auf sechs Betriebshöfe verteilen, davon 110 Triebwagen und 157 Beiwagen mit einem Alter von mehr als 20 Jahren. 224 TATRA-Gelenkfahrzeuge vom Typ KT4D waren zwischen 11-15 Jahre alt, 270 TATRA-Gelenkfahrzeuge vom Typ KT4D sowie 118 TATRA-Triebwagen bzw. 59 Beiwagen vom Typ T6/B6 waren bis zu zehn Jahre alt.

Die erste S. war eine Pferde-Eisenbahn und fuhr ab 1865 als Ausflugslinie vom > KUPFERGRABEN im heutigen Bezirk > MITTE durch den > GROSSEN TIERGARTEN (mit Abzweig zur Gartenfrische > IN DEN ZELTEN) zum Spandauer Damm nach > CHARLOTTENBURG. In der Folgezeit entstanden mehrere private Straßenbahn-Gesellschaften, die das Straßenbahnnetz bis 1881 auf 170 km ausdehnten. 1877-80 unternahm die „Große Berliner Pferde-Eisenbahn-AG" Versuche mit dampfgetriebenen S., die jedoch wegen des zu hohen Gewichts der Lokomotiven auf dem leichten Gleisbau der *Pferdebahn* im Stadtgebiet verboten wurden. Jedoch entstanden mehrere Dampfstraßenbahnstrecken in den südwestlichen Vororten, so z.B. 1886 auf dem > KURFÜRSTENDAMM zwischen > ZOOLOGISCHEM GARTEN und > HALENSEE.

Erst die Anwendung des Elektromotors brachte die entscheidenden Vorteile gegenüber der Verwendung von Pferden. Von der Firma Siemens & Halske wurde 1881 bei > LICHTERFELDE die erste elektrische S. der Welt als öffentliches Verkehrsmittel in Betrieb genommen. Ab 1896 stellten die Straßenbahn-Gesellschaften ihre S. auf elektrischen Betrieb um, 1902 war die Elektrifizierung im damaligen Stadtgebiet von Berlin abgeschlossen. 1919 kaufte der 1912 gegründete *Zweckverband Groß-Berlin* die Große Berliner Straßenbahn auf. Nach der Bildung > GROSS-BERLINS 1920 vereinigte die Stadt alle nun zu Berlin gehörenden Bahnen in der „Berliner Straßenbahn", ab 1923 „Berliner Straßenbahn-Betriebs-GmbH". Ab 1.1.1929 war die neu gegründete Berliner Verkehrs-Aktiengesellschaft (BVG) der Betreiber, aus der 1938 die heutige BVG als Eigenbetrieb hervorging. Im selben Jahr hatte die S. als Hauptträger des > ÖFFENTLICHEN PERSONENNAHVERKEHRS (ÖPNV) ein Liniennetz von 1.365 km (71 Linien) mit einem Bestand von ca. 2.800 Straßenbahnwagen.

Nach dem II. Weltkrieg wurde der Straßenbahnbetrieb zunächst im gesamten Stadtgebiet wieder aufgenommen. Nach der politischen > SPALTUNG der Stadt im Herbst 1948 entstand am 1.9.1949 eine eigene BVG-Direktion in Ost-Berlin. Der S.-Verkehr über die innerstädtische Sektorengrenze wurde immer mehr ausgedünnt. Am 15.3.1953 wurden die letzten Linien eingestellt, da die West-Berliner BVG sieben Linien „wegen Gefährdung der Verkehrssicherheit durch weibliche Straßenbahnfahrer" die Einfahrt nach West-Berlin verweigerte.

Im selben Jahr fiel in West-Berlin die Entscheidung, die S. abzuschaffen. Omnibusse und die verstärkt auszubauende > U-BAHN sollten sie ersetzen (> OMNIBUSVERKEHR). Am 2.10.1967 verkehrte als letzte West-Berliner S. ein Zug der Linie 55 zwischen > BAHNHOF ZOOLOGISCHER GARTEN und > SPANDAU.

Im Ostteil der Stadt blieb die S. ein wesentlicher Teil des ÖPNV. In den 60er Jahren wurde das S.-Netz im Zentrum zurückgebaut. Die Erschließung von Wohnungsbaustandorten im Nordosten der Stadt (> MARZAHN, > HELLERSDORF, > HOHENSCHÖNHAUSEN) wurde durch den Neubau von ca. 25 km zweigleisiger Strecke überwiegend auf besonderem Bahnkörper vorgenommen.

Nach der > VEREINIGUNG der Stadt soll das Netz im Ostteil der Stadt modernisiert, im Innenstadtbereich ergänzt und in die Innenstadtbezirke des Westteils der Stadt verlängert werden. Neben der Modernisierung des Netzes und der Betriebshöfe ist auch die Modernisierung und Neubeschaffung von Fahrzeugen geplant. Bei der Neubeschaffung wird das Bremer Niederflurfahrzeug in Aussicht genommen. Insg. sind nach dem derzeitigen Planungsstand 19 Neubaustrecken bzw. -abschnitte vorgesehen. Vorrangig sollen folgende Strecken realisiert werden:
– Bornholmer Str. im Bezirk > PRENZLAUER BERG über die Osloer Str. zum U-Bahnhof Seestr. im Bezirk > WEDDING;
– Prenzlauer Tor in Prenzlauer Berg über Gontardstr. – Rathausstr. zur Spandauer Str. in > MITTE; in einem zweiten Bauabschnitt soll diese Strecke über > MÜHLENDAMM – Gertraudenstr. – > LEIPZIGER STRASSE zum >

KULTURFORUM TIERGARTEN verlängert werden;
– Eberswalder Str. in Prenzlauer Berg über > BERNAUER STRASSE zum Gelände des ehem. Nordbahnhofs. Von dort soll in einem zweiten Bauabschnitt über Invalidenstr. – Scharnhorststr. die neue Olympiahalle angebunden werden; außerdem ist auch eine Verlängerung zum künftigen > LEHRTER BAHNHOF vorgesehen.

Mit den ersten Baumaßnahmen soll 1993 begonnen werden.

Studentenbewegung: Berlin war Zentrum der v.a. 1964-69 aktiven S. in der Bundesrepublik Deutschland, deren Protest sich gegen Mißstände an den Hochschulen und die erstarrten Strukturen der bundesrepublikanischen Nachkriegsgesellschaft sowie gegen atomare Aufrüstung und weltweite Militarisierung richtete. Die von Berlin ausgehende und später auf die Bundesrepublik übergreifende Bewegung gilt gleichzeitig als Vorläufer der mit Amtsantritt der sozialliberalen Koalition unter Bundeskanzler Willy Brandt (SPD) 1969 eingeleiteten bisher umfangreichsten Reformphase in der Bundesrepublik. Bereits in den 50er Jahren hatten Studenten gegen die Pläne zur atomaren Bewaffnung der > BUNDESWEHR demonstriert. Eine studentische Demonstration 1964 gegen den kongolesischen Ministerpräsidenten Moise Tschombé, bei der erstmals die Bannmeile um das > RATHAUS SCHÖNEBERG durchbrochen wurde, bildete den Auftakt der studentischen Protestbewegung, zu deren Zentrum 1964-69 die > FREIE UNIVERSITÄT BERLIN (FU) und zu deren führender Kraft der Sozialistische Deutsche Studentenbund (SDS) wurde. Anlaß für zahlreiche Demonstrationen, Go- und Sit-Ins waren hochschulspezifische Probleme (Ordinarienuniversität) sowie innen- und außenpolitische Themen (Notstandsgesetzgebung, Krieg der USA gegen Vietnam).

Die S. knüpfte bei ihrem Versuch der Gesellschaftsveränderung an v.a. traditionelle sozialistische Theorien an, die der Nationalsozialismus diskriminiert hatte, und die in der Emigration sowie in einigen Gruppen des > WIDERSTANDES weiterentwickelt worden waren. Aus der Übernahme der verschiedenen Marxismusinterpretationen, der Kritischen Theorie und der Psychoanalyse entstand Mitte der 60er Jahre das Konzept der Kritischen Öffentlichkeit. Daran anknüpfend initiierten Studenten der FU im Wintersemester 67/68 die kurzlebige *Kritische Universität*, der es darum ging, den „unpolitischen Wissenschaftsbereich der Ordinarienuniversität zu überwinden und zu einer Einheit von Theorie und Praxis zu kommen". Der an der FU im Februar 1968 veranstaltete Internationale Vietnamkongreß war die spektakulärste Aktion der Kritischen Universität. Der Kongreß informierte über die vietnamesische Revolution und diskutierte über die Notwendigkeit des „anti-imperialistischen Kampfes in den kapitalistischen Ländern". Rudi Dutschke,

Studentendemonstration vor dem Rathaus Schöneberg während des Berlin-Besuches des iranischen Kaiserpaares 1967

die politische Leitfigur der S., vertrat dabei die These, „daß die wirkliche revolutionäre Solidarität mit der vietnamesischen Revolution in der aktuellen Schwächung und der prozessualen Umwälzung der Zentren des Imperialismus besteht". Insbes. mit der Rezeption des Marxismus verstieß die S. bewußt gegen die in Abgrenzung zur DDR entstandene allgemeine Ideologie des Anti-Kommunismus, was v.a. 1967-69 zu heftigen öffentlichen Auseinandersetzungen führte.
Die Radikalisierung des Protests, das breite Themenspektrum und die Unterstützung der Studierenden u.a. durch Schüler, Lehrlinge und Intellektuelle brachten eine Ausweitung der S. zur *Außerparlamentarischen Opposition (APO)*, die sich als Gegengewicht zu der 1966 aus der Großen Koalition gebildeten Bundesregierung verstand.
Die Erschießung des Studenten Benno Ohnesorg durch einen Polizisten am 2.6.1967 während einer Demonstration gegen den Berlin-Besuch des persischen Schahs Reza Pahlewi vor der > DEUTSCHEN OPER BERLIN in der Bismarckstr. war gleichzeitig Höhe- und Wendepunkt in der Geschichte der S. und der APO. (Heute erinnert ein im Dezember 1990 neben der Oper enthülltes Relief des

Künstlers Alfred Hrdlicka „Der Tod des Demonstranten" an den Vorfall.) Insbes. die Jahre 1968/69 sind durch eine Eskalation von Gewalt und Gegengewalt, etwa in Straßenschlachten zwischen der > POLIZEI und der S. bzw. der APO gekennzeichnet. Einer der Höhepunkte der gewaltsamen Auseinandersetzung war das Attentat auf Rudi Dutschke, bei dem dieser am 11.4.1968 auf dem > KURFÜRSTENDAMM schwer verletzt wurde, und an dessen Spätfolgen er starb.
Die S. und die APO zerfielen 1969 nach Amtsantritt der sozial-liberalen Bundesregierung und im Zuge der Umsetzung der Hochschulreform relativ rasch. Dennoch wirkte sie in vielfacher Weise nach. Ein Teil der in der S. Engagierten radikalisierte seine Ansichten (Terrorismus), ein Teil engagierte sich in den politischen Parteien, in den Gewerkschaften oder in anderen Bewegungen wie der *Friedensbewegung*, der > FRAUENBEWEGUNG oder in Bürgerinitiativen. An den Berliner Hochschulen kam es im Rahmen der strukturellen Umwandlung nach dem Universitätsgesetz von 1969 zur Institutionalisierung der S. in Form zahlreicher linker Hochschulgruppen (Bund demokratischer Wissenschaftlerinnen und Wissenschaftler, Basisgruppen, Rote Zellen, Sozialdemokratischer Hochschulbund) und Parteien (Kommunistischer Studentenverband KSV; Kommunistische Partei Deutschlands- Aufbauorganisation AO; Marxistisch-Leninistische Gruppe ML; Kommunistischer Bund Westdeutschland KBW u.a.m.). Die Herausbildung der > ALTERNATIVBEWEGUNG in den 70er und 80er Jahren und die Gründung der Alternativen Liste (> DIE GRÜNEN / ALTERNATIVE LISTE FÜR DEMOKRATIE UND UMWELTSCHUTZ) haben ihre Wurzeln z.T. ebenfalls in der S. Auch die > KULTUR erhielt durch die ursprünglich z.T. kulturfeindlich eingestellte S. zahlreiche Impulse, die u.a. in der > LITERATUR und im > THEATER (> GRIPS THEATER; > KABARETT; > SCHAUBÜHNE AM LEHNINER PLATZ) bis heute fortwirken.
Im Wintersemester 1988/89 kam es in Berlin im Zusammenhang mit den Feiern zum 40jährigen Bestehen der FU zu einer neuen S., die jedoch nicht mit der Bewegung der 60er Jahre vergleichbar ist. Die neue S., die sich in kurzer Zeit auf fast alle Berliner und zahlreiche bundesdeutsche Hochschulen ausweitete, formierte sich außerhalb der etablierten Hochschulgruppen und -organisationen. Sie wandte sich v.a. gegen die Studien- und Prüfungsbedingungen an der

Massenuniversität und gegen die unsoziale Förderungspolitik. Darüber hinaus forderte sie die Wiedereinführung der von der 68er S. durchgesetzten und seit Mitte der 70er Jahre nach und nach wieder abgebauten studentischen Mitbestimmungsrechte. Die Formen des Protests waren vielfältig: Studierende demonstrierten für ihre Forderungen, besetzten Institutsgebäude, boykottierten den normalen Lehrbetrieb und richteten über 400 selbstverwaltete sog. „autonome Seminare" ein, in denen neue Lehr- und Lernformen (u.a. interdisziplinäres Arbeiten) erprobt wurden. Auf Anforderung der Hochschulleitung versuchte die Polizei z.T. gewaltsam den Lehrbetrieb für studierwillige Streikbrecher durchzusetzen. Folgen dieser neuen Bewegung waren u.a. die Ausweitung des Tutorienprogramms, die Einführung größerer studentischer Mitbestimmungsrechte in den Instituten und die Einrichtung eines Bund-Länder-Programms für besonders überlastete Studiengänge. Dennoch haben sich die durch Personalknappheit, Raum- und Ausstattungsmangel gekennzeichneten schlechten Studienbedingungen an den Berliner Hochschulen kaum verändert, im Gegenteil, nach Öffnung der Mauer am > 9. NOVEMBER 1991 haben sie sich noch einmal verschlechtert.

In diesem Zusammenhang protestierten Studierende im Ostteil Berlins im Wintersemester 1990/91 gegen die im Zuge der > VEREINIGUNG geplante teilweise Abwicklung der > HUMBOLDT-UNIVERSITÄT (HUB) und forderten deren selbstbestimmte, strukturelle und personelle Erneuerung (> DER BUNDESBEAUFTRAGTE FÜR DIE UNTERLAGEN DES STAATSSICHERHEITSDIENSTES DER EHEM. DDR). Nachdem der Erhalt der HUB gesichert war, konzentrierte sich der Streit v.a. auf die Art der Erneuerung der Universität, bevor die Proteste 1991 wieder abflauten.

Studentenwerk Berlin: Die Aufgaben des seit 1973 in seiner heutigen Form bestehenden S. in der Hardenbergstr. 34 im Bezirk > CHARLOTTENBURG sind die soziale, gesundheitliche, wirtschaftliche und kulturelle Betreuung der Studenten der Hochschulen des Landes Berlin mit Ausnahme der > FACHHOCHSCHULE FÜR VERWALTUNG UND RECHTSPFLEGE (> WISSENSCHAFT UND FORSCHUNG). Dazu zählen die Durchführung des Bundesausbildungsförderungsgesetzes (BaföG) sowie die Bewirtschaftung von Mensen und Cafeterien. Zu den Aufgaben gehören ferner die Ver-

mittlung von Jobs durch die *Arbeitsvermittlung „Heinzelmännchen"*, die Vergabe sozialer Leistungen, die allgemeine soziale Betreuung, die psychologisch-psychotherapeutische Beratung und Betreuung sowie ein spezielles Beratungs- und Betreuungsangebot für behinderte Studenten. Das S. ist auch für die Unterhaltung einer > KINDERTAGESSTÄTTE an zwei Standorten mit insg. 120 Plätzen zuständig sowie für die Bewirtschaftung und Vermietung von Zimmern bzw. Apartments in den Studentenwohnheimen und die Vermittlung privater Zimmer und Wohnungen.

Die S. war ursprünglich eine Selbsthilfeeinrichtung der Studierenden, um in besonderen Notfällen Hilfe aus Solidaritätsfonds zu leisten. Im Zuge der Öffnung der Hochschulen und der Erweiterung ihrer Aufgaben wurde der ursprünglich private Verein 1973 in eine Anstalt des öffentlichen Rechts umgewandelt. Rechtsgrundlage ist das Studentenwerkgesetz in der Fassung vom 28.9.1990. Im Zuge der > VEREINIGUNG dehnte das S. seine Tätigkeit auf die Ost-Berliner Hochschulen aus. Die Staatsaufsicht über das S. mit seinen 1.150 Mitarbeitern übt die > SENATSVERWALTUNG FÜR WISSENSCHAFT UND FORSCHUNG (SENWIFO) aus. Der Etat der S., aus dem auch die verschiedenen Dienst- und Serviceleistungen sowie die Durchführung der BaföG bestritten werden, wurde 1992 zu 60 % durch die SenWiFo, zu 33 % aus Eigeneinnahmen (Warenverkäufe, Mieten) und zu 7 % durch studentische Beiträge finanziert.

Subventionen: Nach § 12 des Gesetzes zur Förderung der Stabilität und des Wachstums der Wirtschaft vom 8.6.1967 legt die Bundesregierung alle zwei Jahre einen Bericht über die Entwicklung der Finanzhilfen des Bundes und der Steuervergünstigungen vor. Für Länder und Gemeinden besteht eine derartige Verpflichtung nicht. Dennoch berichtet die > SENATSVERWALTUNG FÜR FINANZEN dem > ABGEORDNETENHAUS VON BERLIN zu Beginn einer jeden Legislaturperiode in einem gesonderten Bericht über den Umfang der vom Land gewährten S.

Da sich der Ausdruck S. bislang einer eindeutigen Definition entzieht, vermeiden sowohl das Stabilitäts- und Wachstumsgesetz wie auch der Senatsbericht diesen Begriff und sprechen stattdessen von „Finanzhilfen", und zwar in Form von:
– Geldleistungen, soweit sie ohne Gegenlei-

stung anstellen außerhalb der Verwaltung fließen und nicht in Erfüllung allgemeiner Staatsaufgaben gewährt werden;
– Steuervergünstigungen, aber nur insoweit, als sie die Steuereinnahmen Berlins mindern (also > BERLINFÖRDERUNG);
– finanzhilfeähnlichen Leistungen (z.b. verbilligte Vergabe von Grundstücken oder *Bürgschaften* für die gewerbliche Wirtschaft).
Im Gegensatz zu den Subventionsberichten der Bundesregierung unterscheidet der Finanzhilfebericht des Senats nicht zwischen Erhaltungs-, Anpassungs- und Produktivitätshilfen, sondern lediglich nach Empfängergruppen, Wirtschaftsbereichen und Ausgabearten bzw. Maßnahmen. Für 1989 weist der Bericht folgende Finanzhilfen aus (es handelt sich dabei nicht um Hilfen aus dem Bundeshaushalt; > BUNDESHILFE): Geldleistungen von 5,57 Mrd. DM, Steuervergünstigungen von 2,75 Mrd. DM, Verbilligte Leistungen von 0,98 Mrd. DM.
Von den Geldleistungen entfielen 3,44 Mrd. DM auf Unternehmen, insbes. in der Wohnungswirtschaft und im Verkehrswesen (> WOHNUNGSBAU; > ÖFFENTLICHER PERSONENNAHVERKEHR). An Organisationen ohne Erwerbszweck flossen 1,4 Mrd. DM (> KULTUR; > WISSENSCHAFT UND FORSCHUNG), an private Haushalte über 700 Mio. DM.
Von den Steuervergünstigungen entfielen 1,6 Mrd. DM auf die Arbeitnehmerzulage (Berlin-Zulage), der Rest auf die anderen Maßnahmen des Berlin-Förderungsgesetzes. Verbilligte öffentliche Leistungen wurden vor allem Kindergärten, Altersheimen (> ALTENHILFE), kulturellen Einrichtungen, im Bereich > SCHULE UND BILDUNG sowie sportlichen Einrichtungen gewährt (> SPORT; > SPORTSTÄTTEN).

Südwest-Kirchhof: Der bei Stahnsdorf im Landkreis Potsdam gelegene S. wurde am 28.3.1909 als Friedhof der Evangelischen Stadtsynode von Berlin seiner Bestimmung übergeben. Von der insg. ca. 206 ha großen Fläche waren 1992 rd. 168 ha eingezäunt, 24 ha wurden landwirtschaftlich und 15 ha forstwirtschaftlich genutzt. Mit rd. 100.000 Gräbern ist der S. der größte Friedhof im Berliner Raum. Nördlich des S. schließt sich der > WILMERSDORFER WALDFRIEDHOF an.
Der S. war zwischen dem Bau der > MAUER am > 13. AUGUST 1961 und ihrem Fall am > 9. NOVEMBER 1989 für West-Berliner nur schwer zugänglich. Eine 1913 gebaute S-Bahn-Verbindung nach Stahnsdorf wurde nach 1961 demontiert, lediglich die Brücke über den > TELTOWKANAL kurz hinter dem ehem. Kontrollpunkt > DREILINDEN besteht noch. Diente der S. z.Z. der > SPALTUNG v.a. für Bestattungen aus Stahnsdorf und der näheren Umgebung, so kann er seit 1989 wieder als Stätte für Begräbnisse aus Berlin genutzt werden.
Der vom Garteningenieur Louis Meyer gärtnerisch und architektonisch gestaltete Friedhof beherbergt eine Reihe bemerkenswerter Bauten, so den Eingangskomplex an der Bahnhofstr. mit Pförtnerhaus und früherer Blumenhalle (1909), das benachbarte Klinkergebäude für die Friedhofsverwaltung (1930/31) sowie das Belegschaftshaus und den Wirtschaftshof mit der Baumschule am Südwestrand der Anlage. Ungewöhnlich ist auch die 1908-11 durch Gustav Werner nach dem Vorbild mittelalterlicher norwegischer Stabkirchen errichtete Holzkapelle, an die westlich eine kleinere, bereits 1912 errichtete Holzkapelle anschließt.
Auf dem S. befinden sich sowohl herausragende Beispiele der Grabmalskunst als auch Gräber zahlreicher Persönlichkeiten, so die des Malers Lovis Corinth, des Zeichners Heinrich Zille, des Komponisten Engelbert Humperdinck, des Begründers der Zeitschrift „Die Weltbühne“, Siegfried Jacobsohn, und des Industriellen Werner v. Siemens. Ferner befinden sich auf dem S. die Gräber von sieben Antifaschisten, die 1942/43 vom > VOLKSGERICHTSHOF zum Tode verurteilt und im Zuchthaus Plötzensee (> GEDENKSTÄTTE PLÖTZENSEE) erhängt wurden, sowie das Grab des 1944 im KZ Buchenwald ermordeten Sozialdemokraten Rudolf Breitscheid. Außerdem beherbergt der S. über 1.100 Gräber von Opfern des II. Weltkriegs sowie die in den 20er Jahren eingerichteten englischen und italienischen *Soldatenfriedhöfe* (beide am Südwestrand) und einen deutschen Soldatenfriedhof. Architektonisch bemerkenswerte Grabanlagen sind u.a. die dreigliedrige, mit einer Büste versehene Muschelkalksteinwand für den Regisseur Friedrich Wilhelm Murnau, das Mausoleum der Familie Langenscheidt und die expressionistische Arkadenkonstruktion von Max Taut für die Kaufmannsfamilie Julius Wissinger.

Swinemünder Brücke: Die S. im Weddinger Wohnviertel > GESUNDBRUNNEN überquert einen 20gleisigen Bahnkörper der 1871 eröffneten > RINGBAHN. Die imposante genietete

Stahlträgerkonstruktion entstand 1902-05 nach Plänen des Konstrukteurs Friedrich Krause und des Architekten Bruno Möhring, der auch zahlreiche Bahnhöfe für die > U-Bahn entwarf. Wegen der damals ungewöhnlich hohen Baukosten von über 1 Mio. Goldmark erhielt die S. im Volksmund den Namen *Millionenbrücke*. 1954 wurde die im II. Weltkrieg stark beschädigte S. ohne ihre einstigen hohen Pylone wiederhergerichtet.

Symphonisches Orchester Berlin (SOB): Das SOB ist 1966 aus dem von Carl August Bünte geleiteten Berliner Symphonischen Orchester und dem von Hans Wunderlich geleiteten Deutschen Symphonie-Orchester Berlin hervorgegangen. Im Musikleben Berlins übt es, stärker als das > Berliner Philharmonische Orchester und das > Radio-Symphonie-Orchester (RSO), die Funktion eines Stadt-Orchesters aus, was u.a. durch seine von fachlichen Erläuterungen begleiteten Konzerte für die ganze Familie, für Schüler und Senioren sowie durch seine Veranstaltungen in den > Bezirken zum Ausdruck kommt. Ferner ist das SOB stark auf dem Gebiet der Jugendmusikerziehung tätig. Bei diesen Projekten arbeitet das Orchester mit dem > Theater des Westens und verschiedenen Chören zusammen. Als Solisten werden neben international bekannten Musikern v.a. in Berlin lebende Künstler – freie Musiker ebenso wie solche aus anderen Ensembles – verpflichtet. Entsprechend seiner Aufgabenstellung liegt der musikalische Schwerpunkt des SOB v.a. bei den populären Werken der Klassik.
Pro Saison gibt das SOB etwa 60 Konzerte. Neben seiner Arbeit in der Stadt unternimmt es gelegentlich Tourneen, bisher u.a. nach Südamerika, nach Großbritannien, Italien, Österreich, in die Schweiz und die Niederlande. Das SOB nimmt weit weniger Schallplatten/CDs auf als die Philharmoniker oder das RSO. Das 71 Musiker zählende Orchester verfügt über keine feste Spielstätte, seine Aufführungen finden u.a. in der > Philharmonie, im > Kammermusiksaal und im Konzertsaal der > Hochschule der Künste statt. Geprobt wird in der Siemensvilla in > Lankwitz bzw. in den Konzertsälen, in denen das SOB auftritt. Das SOB hat die Rechtsform eines gemeinnützigen Vereins, dessen Geschäftsstelle sich am > Kurfürstendamm 237 im Bezirk > Charlottenburg befindet. 14 % seiner Ausgaben spielt das Orchester selbst ein, der Rest (86 %) wird durch die > Senats-verwaltung für Kulturelle Angelegenheiten gedeckt.
Erster Chefdirigent des SOB war bis 1973 Carl August Bünte, der mit dem SOB u.a. die Olympischen Spiele in München 1972 musikalisch gestaltete. Unter seinen Nachfolgern, Theodore Bloomfield (1975-82) und Daniel Nazareth (1983-85), verbesserte das SOB seine Klangqualität und Spielintensität erheblich. 1977 erhielt Bloomfield aus diesem Grund und wegen Berücksichtigung selten gespielter Werke den Berliner Kritikerpreis. 1987/88 verpflichtete das SOB Wolf-Dieter Hauschild als ständigen Gastdirigenten, 1989 wurde Alun Francis zum neuen Chefdirigenten berufen. Um Verwechslungen mit den anderen Berliner Orchestern zu vermeiden, nennt sich das SOB ab 1993 *Berliner Symphoniker/Symphonisches Orchester Berlin e.V.*

Synagoge in der Rykestraße: Die zur > Jüdischen Gemeinde zu Berlin gehörende S. in der Rykestr. 53 im Bezirk > Prenzlauer Berg war zu Zeiten der > Spaltung Berlins die einzige nutzbare Synagoge im Ostteil der Stadt (> Synagogen). Die dortige Gemeinde hat sich im Zuge der > Vereinigung 1991 wieder mit der Gemeinde im Westteil der Stadt zusammengeschlossen.
Der Bau entstand 1902-04 nach Plänen des Architekten Johann Höniger auf einem Hinterhofgelände, dem ein fünfgeschossiges Vorderhaus mit Wohnungen und einer Religionsschule für etwa 500 Schüler vorgelagert war. Die Lage von Synagogen in Hinterhöfen wurde in Berlin des öfteren gewählt, um die Gemeinde vor Straßenlärm zu schützen. Die S. wurde in Form einer flachgedeckten, dreischiffigen Basilika mit überhöhtem Mittelschiff und Querhaus errichtet. Die Hauptfassade am Querhaus erinnert mit ihren romanischen Stilformen, mit Gaffelgiebel, Klinker und Sichtputz an märkische Backsteinkirchen.
Die am 4.9.1904 eingeweihte S. mit einem Trausaal und einer Wochentagssynagoge bot im großen Saal 1.000 Männern und auf den Emporen 1.000 Frauen Platz. Bis 1938 diente sie als Gebetshaus für die im Bezirk Prenzlauer Berg lebende jüdische Bevölkerung. In der Nacht vom 9. auf den 10.11.1938 wurde die S. bei der > Pogromnacht nicht in Brand gesteckt, da man befürchtete, daß ein Feuer auf die unmittelbar angrenzenden Wohnhäuser übergreifen könnte. Das Mobiliar wurde demoliert. Für kurze Zeit konnten

noch Sabbatfeiern abgehalten werden, bevor die S. 1940 beschlagnahmt und von der Wehrmacht als Lagerraum für Heeresmaterialien und in den ebenerdigen Gebäudeteilen auch als Pferdestall genutzt wurde. Nach dem II. Weltkrieg wurde die Synagoge wieder instandgesetzt und 1953 unter dem Namen *Friedenstempel* eingeweiht. 1976-78 erfolgte eine gründliche Renovierung. Die Innenausmalung entspricht seitdem wieder dem ursprünglichen Zustand von 1904. Neugestaltet wurden dabei auch das Rabbiner- und das Kantorenzimmer. Die S., die nun über 700, nicht mehr für Männer und Frauen getrennte Sitzplätze verfügt – die ehem. Frauengalerie wird für Ausstellungen genutzt –, erhielt eine moderne Heizung und ein erneuertes Gestühl. Die Wiedereinweihung fand am 10.11.1978 statt.

Synagogen: In Berlin gibt es heute sechs S., von denen fünf zur > JÜDISCHEN GEMEINDE ZU BERLIN und eine zur > ISRAELITISCHEN SYNAGOGEN-GEMEINDE (ADASS JISROEL) ZU BERLIN gehören.
Die älteste der fünf S. der Jüdischen Gemeinde ist die 1903-04 nach Plänen von Johann Höniger errichtete konservative > SYNAGOGE IN DER RYKESTRASSE 53 im Bezirk > PRENZLAUER BERG. Sie hat den II. Weltkrieg überdauert und war zu Zeiten der > SPALTUNG Berlins die einzige nutzbare S. der damaligen Ost-Berliner Gemeinde.
Den II. Weltkrieg überdauert hat auch die liberale S. in der Pestalozzistr. 14-15 im Bezirk > CHARLOTTENBURG. Der 1911/12 nach Plänen von Ernst Dorn in Stilformen des deutschen Mittelalters errichtete rote Backsteinbau im Hof des Grundstücks wurde zwar in der > POGROMNACHT 1938 in Brand gesteckt, wegen der Gefahr für die angrenzenden Häuser wurde das Feuer von der Feuerwehr rasch wieder gelöscht. 1942 erfolgte die Zwangsenteignung. Nach dem Krieg erhielt die Jüdische Gemeinde die S. zurück, die nach ihrer Renovierung bereits 1947 wieder eingeweiht werden konnte.
Von der 1913-16 nach Plänen von Alexander Beer erbauten, konservativen S. am Fraenkelufer 10-16 (früher Kottbusser Ufer 48-50) im Bezirk > KREUZBERG steht noch der Seitenflügel (*Jugendsynagoge*). Die beiden Haupthallen der ursprünglich dreischiffigen, im neoklassizistischen Stil errichteten Basilika faßten bis zu 2.000 Besucher. Das Gebäude konnte noch bis 1942 genutzt werden, bevor

die Gestapo den Bau beschlagnahmte. 1958/59 riß man das Hauptgebäude ab. Die S. befindet sich seitdem im Seitenflügel.
Im Haus Joachimstaler Str. 13 gründete 1935 der Bildungsverein der Jüdischen Reformgemeinde in einem Quergebäude des 1902 für eine Loge erbauten Hauses die *Joseph-Lehmann-Schule*, um den seit 1933 systematisch aus den allgemeinen deutschen Schulen verdrängten jüdischen Kindern Schulunterricht geben zu können. In der Turnhalle befindet sich heute die unter Denkmalschutz stehende orthodoxe S. der Jüdischen Gemeinde; sie kann rd. 300 Personen aufnehmen.
Die liberale S. in der Herbartstr. 26 in Charlottenburg wurde 1981 eingeweiht. Sie befindet sich in einem modernen Neubau eines jüdischen Altenwohnheims und hat ca. 150 Plätze.
Die Jüdische Gemeinde hat ihr Gemeindehaus in einem 1957-59 errichteten Neubau am Standort der 1912 eingeweihten und in der Pogromnacht 1938 ausgebrannten, großen S. in der Fasanenstr. 79-80 in Charlottenburg. An hohen Feiertagen finden hier auch Gottesdienste statt. Zur Gemeinde gehört auch die seit 1988 im Wiederaufbau befindliche > NEUE SYNAGOGE in der Oranienburger Str. 30 im Bezirk > MITTE, die nach Abschluß der Arbeiten etwa Mitte der 90er Jahre als *Centrum Judaicum* Aufgaben des zum > BERLIN-MUSEUM zählenden *Jüdischen Museums* ergänzen sowie ein Archiv und ein Dokumentations- und Forschungszentrum beherbergen soll. In sie soll auch eine kleine S. integriert werden.
Eine S. und ein zugehöriges Gemeindehaus der 1989 wieder gegründeten Israelitischen Synagogen-Gemeinde (Adass Jisroel) zu Berlin befindet sich in der Tucholskystr. 45 im Bezirk Mitte und wurde an der Stelle einer in der Pogromnacht 1938 zerstörten ehem. S. errichtet.
Vor dem II. Weltkrieg war Berlin eine Stadt mit einer großen Anzahl von S. und Beträumen. Am Vorabend der Pogromnacht existierten in der Stadt 14 durch die Jüdische Gemeinde getragene Gemeindesynagogen, ca. 20 Vereinssynagogen bzw. private S. und rd. 85 jüdische Beträume. Die eng mit dem jüdischen Leben verknüpfte Geschichte des Berliner Synagogenbaus reicht zurück ins 18. Jh. Nachdem die in Berlin ansässigen Juden sich über Jahrhunderte nur in privaten Beträumen versammelt hatten, wurde 1712-14 die erste Berliner S., die *Alte Synagoge* in

der Heidereutergasse, errichtet. Der im II. Weltkrieg zerstörte rechteckige Saalbau nach Plänen von Michael Kemmeter glich stilistisch noch den christlichen Kirchenbauten aus der Zeit Friedrich Wilhelms I. (1713-40). Alle übrigen S. für die in der zweiten Hälfte des 19. Jh. stark angewachsene jüdische > BEVÖLKERUNG entstanden zwischen 1853 und 1930. Je nach den religiösen Bedürfnissen einzelner Gruppen unterschieden sie sich in Stil, Größe und Ausstattung.

Nur wenige dieser S. haben das Pogrom von 1938, den Holocaust und den II. Weltkrieg überstanden. Ferner wurden viele der kriegszerstörten Ruinen nach 1945 im Zuge der > STADTSANIERUNG abgetragen oder anders genutzt. An einige der ehem. S. wird im Stadtbild durch > GEDENKTAFELN erinnert. Die Standorte zahlreicher anderer S. sind nicht mehr erkennbar.

SYNANON International Gemeinnütziger e.V.: Der 1971 gegründete S. mit Sitz in der Bernburger Str. 10 im Bezirk > KREUZBERG ist eine Selbsthilfeorganisation für Drogen-, Alkohol- und Medikamentenabhängige sowie betroffene Eltern und deren Kinder. Im Gegensatz zu anderen Rehabilitationsmodellen in der Bundesrepublik nimmt sie Tag und Nacht und ohne Vorbedingungen Süchtige auf, die den Wunsch haben, ohne Drogen zu leben. In einer 14tägigen Probezeit kann jede Person über Bleiben oder Gehen entscheiden. Auch die Aufenthaltsdauer wird selbst bestimmt. Wer bei S. leben will, muß die Regeln „keine Drogen, keine Gewalt oder deren Anwendung, keinen Tabak" einhalten.

In den Räumlichkeiten in Kreuzberg, einem 1991 neu eingerichteten Haus in der Herzbergstr. in > LICHTENBERG sowie auf einem Hofgut in Hessen und auf einem früheren „Volkseigenen Gut" im Land Brandenburg lebten und arbeiteten 1992 ca. 370 Personen. Im Rahmen seiner Arbeit betreibt S. mehrere eigene Betriebe (Transport, Druckerei, Fotosatz, Repromontage, Verlag, Bäckerei, Keramikwerkstatt und Landwirtschaft), in denen Berufsausbildung und andere Qualifikationen möglich sind und die einen Teil der Suchthilfearbeit finanzieren. Der übrige Teil wird aus Mitteln der öffentlichen Hand, Bußgeldern und Spenden bestritten.

Udo Wetzlaugk

SONDERSTATUS BERLINS 1945-90

I. Einleitung

II. Der völkerrechtliche Status – Grundlagen und Entstehung

III. Der völkerrechtliche Status nach Gründung der beiden deutschen Staaten

IV. Der staatsrechtliche Status

V. Völkerrecht und Staatsrecht

VI. Die östliche Rechtsposition

VII. Berlin (Ost)

VIII. Bis 1990 fortbestehende Ausdrucksformen des
Vier-Mächte-Status von Gesamt-Berlin

IX. Das Ende des Sonderstatus

I. EINLEITUNG

Bevor die DDR der Bundesrepublik Deutschland am > 3. Oktober 1990 beitrat, waren am 12.9.1990 zwischen den beiden deutschen Staaten und den vier Siegermächten des II. Weltkriegs die äußeren Aspekte der > Vereinigung geregelt worden. In der Notwendigkeit eines solchen Mitwirkungsverfahrens drückte sich aus, daß die Siegermächte über Rechte und Verantwortlichkeiten in bezug auf Berlin und Deutschland als Ganzes verfügten und ein Mitspracherecht bei der staatlichen Vereinigung besaßen. Das Souveränitätsdefizit hatte sich insofern positiv für die Bundesrepublik ausgewirkt, als damit in der Übergangsperiode der Teilung eine völkerrechtliche Klammer zwischen den beiden deutschen Staaten bestand, die die definitive Trennung verhinderte.

Während die Besatzungszeit in der Bundesrepublik und der DDR bereits 1954/55 formell geendet und das Vier-Mächte-Dach zunächst mehr und mehr an politisch-operativer Bedeutung eingebüßt hatte, war Berlin bis 1990 ein noch deutlich sichtbares sachliches Bezugsobjekt der vierseitigen Verantwortung; denn die irreguläre Lage und Entwicklung der Stadt hatten dazu geführt, daß die Vier Mächte dort bis zuletzt die Inhaber der *Obersten Gewalt* geblieben waren, wenngleich nach West und Ost getrennt und in enger Zusammenarbeit mit der Bundesrepublik bzw. der DDR, die die entsprechenden Teile Berlins weitgehend integriert hatten.

Im Laufe von 45 Jahren hatte sich der S. zwar erheblich verändert, dessen rechtli-

1174

cher Gehalt war jedoch gewahrt worden: von den Westmächten, um sowohl die Sicherheit und Lebensfähigkeit der Westsektoren Berlins zu garantieren, als auch um die deutsche Frage bis zu einer abschließenden Lösung offenzuhalten. Indem die Westmächte die Rechtsbasis von 1944/45 wahrten, konnte die Sowjetunion sich nicht einseitig von ihrer Mitverantwortung lossagen. Der S., den die Siegermächte mit Blick auf Deutschland als Ganzes zugeschnitten und vereinbart hatten, dokumentierte auf diese Weise die rechtliche Unabgeschlossenheit und die politische Offenheit des historischen Prozesses in Deutschland insgesamt. Aus der Einzigartigkeit der Verhältnisse in und um Berlin erklärt sich, weshalb sich der S. herkömmlichen Definitionen und Abgrenzungen entzieht. Er stellt ein besonderes Gemenge aus völkerrechtlichen (besatzungsrechtlichen) und staatsrechtlichen (deutschrechtlichen) Elementen dar. Eine rein völkerrechtliche Definition würde der Realität der Stadt bis 1990 ebensowenig gerecht werden wie eine rein staatsrechtliche Definition. Vielmehr waren beide Ebenen miteinander verwoben.

II. DER VÖLKERRECHTLICHE STATUS – GRUNDLAGEN UND ENTSTEHUNG

1. Originäre Besatzungsrechte

Der völkerrechtliche Status beruhte auf der Besetzung Berlins bei Kriegsende und der Übernahme der Obersten Gewalt durch die Vereinigten Staaten, die Sowjetunion, Großbritannien und Frankreich. Die Einzelheiten hierzu vereinbarten die > ALLIIERTEN 1944/45. Gem. dem > LONDONER PROTOKOLL vom 12.9.1944 wurde Deutschland innerhalb der Grenzen vom 31.12.1937 zum Zwecke der Besetzung in verschiedene, von jeweils einer Macht zu besetzende Zonen aufgeteilt. Das, wie es hieß, „besondere Berliner Gebiet" sollte hingegen gemeinsam besetzt und durch eine > ALLIIERTE KOMMANDANTUR gemeinsam verwaltet werden. Eine Regelung über die Kontrolleinrichtung in Deutschland wurde im *Londoner Abkommen* vom 14.11.1944 getroffen. Frankreich wurde am 1.5.1945 und am 26.7.1945 in die Abkommen einbezogen.

Nachdem die Deutsche Wehrmacht am 7. und 8.5.1945 in Reims sowie im Berliner Ortsteil > KARLSHORST bedingungslos kapituliert hatte (> MUSEUM DER BEDINGUNGSLOSEN KAPITULATION), erließen die Vier Mächte die > BERLINER ERKLÄRUNG VOM 5. JUNI 1945 in Anbetracht der Niederlage Deutschlands und der Übernahme der obersten Regierungsgewalt in Deutschland sowie die Feststellung über die *Besatzungszonen* und das Kontrollverfahren in Deutschland und in dem Gebiet von > GROSS-BERLIN. Deutschland war zwar völkerrechtlich handlungsunfähig, doch hoben die Alliierten weder mit der Berliner Erklärung noch mit einem anderen Rechtsakt die deutsche Einheit auf. Um in den „Deutschland als Ganzes betreffenden Angelegenheiten" trotz des Zonenprinzips auch gemeinsam entscheiden zu können, hatten sie im Londoner Abkommen vom 14.11.1944 die Errichtung eines > ALLIIERTEN KONTROLLRATS mit Sitz in Berlin vorgesehen. Die Reichshauptstadt sollte das alliierte Entscheidungszentrum in und für Deutschland sein. In Berlin, wo die sonst zonenweise getrennten *Besatzungsmächte* räumlich zusammentrafen, teilten sie sich gleichberechtigt die *Oberste Gewalt*. Die Alliierte Kommandantur, die unter dem Kontrollrat für Deutschland arbeitete, glich einem kollektiven Oberkommandierenden. Sie regelte die Gesamt-Berliner (überbezirklichen) Angelegenheiten. Um die Truppenstandorte abzugrenzen und die jeweiligen Stadtbezirke direkt zu beaufsichtigen, bildeten die Vier Mächte aus den 20 > Bezirken Berlins vier > Sektoren, ohne jedoch den Grundsatz der gemeinsamen Verwaltung der ganzen Stadt aufzugeben. Ausgehend vom Londoner Protokoll teilte die Alliierte Kommandantur am 11.7.1945 der Sowjetunion acht Bezirke als *Besatzungssektor* zu, den Vereinigten Staaten sechs, Großbritannien vier und Frankreich zwei.

Da die Sowjetunion Berlin allein erobert hatte, rückten die Westmächte erst im Juli/August 1945 in ihre Besatzungssektoren ein. Dies minderte jedoch nicht die Qualität der westalliierten Rechte. Diese Rechte folgten aus dem gemeinsamen Unternehmen der kriegerischen Besetzung Deutschlands (occupatio bellica). Im Londoner Protokoll hatte man im vorhinein vereinbart, Berlin gemeinsam zu besetzen, ohne den Vollzug räumlich und zeitlich zu bestimmen und einzuschränken. Mit der effektiven Besetzung der Stadt besaßen die Westmächte originäre, nicht von der Sowjetunion abgeleitete Siegerrechte in Berlin. Auch die geographische Lage Berlins inmitten der sowjetischen Besatzungszone war für den S. unerheblich. Das dem Londoner Protokoll beigefügte Kartenmaterial, zuletzt die „Map D", bestätigte die Stellung Groß-Berlins als vom angrenzenden Gebiet separierte Zone. Das > Potsdamer Abkommen vom 2.8.1945 berührte diese Rechtslage nicht. In den späteren Kontroversen mit der Sowjetunion bekräftigten die USA und die anderen Westmächte wiederholt, in Berlin eine gleichberechtigte, von der politischen Entwicklung grundsätzlich unabhängige und von der Sowjetunion nicht einseitig kündbare Position erworben zu haben.

2. Zugang nach Berlin

Zu den originären Besatzungsrechten gehörte im Einklang mit dem Völkerrecht der freie und unbehinderte > Verkehr von und nach Berlin, ohne den die Ausübung der Besatzungsrechte undenkbar gewesen wäre. Der Zugang war ein unerläßliches Korrelat des Besatzungsrechts und vom gleichen Rang wie das Besatzungsrecht selbst. Nicht die Sowjetunion hatte die Westmächte mit dem Recht auf Zugang ausgestattet, sie hatte ihre eigene Besatzungszone unter der Voraussetzung des Bestehens dieses *Zugangsrechts* übernommen. Aufgrund des gegen die Sowjetunion wirkenden Verkehrsserviuts waren aus westlicher Sicht keine speziellen Verträge oder Vereinbarungen hinsichtlich des Zugangsverkehrs erforderlich.

Die zentrale Bedeutung des Zugangs ergab sich ferner aus der Tatsache, daß die Westmächte nach dem Kriegsvölkerrecht verpflichtet waren, in ihren Sektoren zivilisierte Zustände aufrechtzuerhalten und die Bevölkerung zu versorgen. Bereits im Juli 1945 veranlaßte die Sowjetunion selber die Westmächte, die Versorgung zu übernehmen. Mit den Transporten nach und von Berlin wurden zunehmend Deutsche beauftragt. So war der deutsche zivile Verkehr im Grunde ein Reflex des originären alliierten Zugangsrechtes. Der spätere Auseinanderfall der Vier-Mächte-Verwaltung wie auch das formelle Ende des sowjetischen Besatzungsregimes in der DDR konnten die rechtlichen Grundlagen des Zugangs nicht berühren, solange die westlichen Siegermächte ihre besatzungsrechtliche Position in Berlin wahrten. Das westliche Transitrecht stand außerhalb der vertraglichen Disposition von Sowjetunion und DDR (> Transitverkehr).

3. Die Vier-Mächte-Verwaltung

Zunächst orientierten sich alle Vier Mächte auch in ihrem praktischen Verhalten an der gesamthänderischen Verwaltung Berlins. Vier-Mächte-Status und -Verwaltung gingen Hand in Hand. Die Alliierte Kommandantur trat am 11.7.1945 erstmals zusammen. Bis zum 16.6.1948, als die Sowjetunion das Vier-Mächte-Organ verließ, trat die Kommandantur zu insg. 94 Sitzungen zusammen. Unter der allgemeinen Anleitung des Kontrollrates erließ sie in dieser Zeit 1.168 Befehle und Verordnungen mit Gültigkeit für Groß-Berlin.

Während die Militärregierungen in den vier integralen Zonen weitgehend unabhängig voneinander agieren konnten, stand die Sektoreneinteilung Berlins der gesamthänderischen Verwaltung Berlins grundsätzlich nicht entgegen. So unterstand der Kommandantur die für ganz Berlin zuständige Exekutive, der > MAGISTRAT. Die > WAHLEN am 20.10.1946 fanden einheitlich in ganz Berlin statt. Der Verkehr und die Bewegungsfreiheit zwischen den Sektoren waren ungehindert; innerhalb des Vier-Mächte-Gebietes stand die Freizügigkeit auch für Deutsche nicht zur Debatte. Die im Februar 1946 auf Beschluß des Koordinierungskomitees des Kontrollrates vom 26.10.1945 eingerichtete > LUFTSICHERHEITSZENTRALE BERLIN der Vier Mächte überwachte den gesamten Berliner Luftraum.

4. Vier-Mächte-Status Berlins und
Drei-Mächte-Verwaltung der Westsektoren

Der einseitige sowjetische Rückzug aus der Alliierten Kommandantur am 16.6.1948 und die anschließende, noch im Dezember desselben Jahres vollendete > SPALTUNG der Berliner Stadtverwaltung bewirkte einen einschneidenden Wandel (> GESCHICHTE): Rechtslage (einheitlicher *Vier-Mächte-Status*) und tatsächliche Lage (administrative Teilung) wichen erheblich voneinander ab. Nach der Gründung der beiden deutschen Staaten 1949 und infolge der Integration der beiden Teile Berlins in den jeweiligen deutschen Staat wurde diese Divergenz noch augenscheinlicher. Sie kulminierte in der physischen Teilung durch den Bau der > MAUER am > 13. AUGUST 1961. Gleichwohl konnte der Zerfall der Vier-Mächte-Verwaltung nicht den Vier-Mächte-Status aufheben, da hierzu eine gemeinsame Entscheidung aller vier Besatzungsmächte vonnöten gewesen wäre.

Anders als der Kontrollrat für Deutschland nahm die Berliner Kommandantur ihre Arbeit – mit einer Erklärung vom 21.12.1948 – wieder auf, wenngleich nur auf Drei-Mächte-Basis. Die westlichen Alliierten behielten das Vier-Mächte-Organ bei und betonten somit die das ganze Berlin umfassende rechtliche und organisatorische Kontinuität. Dementsprechend blieb die Sowjetunion laut der Erklärung vom 21.12.1948 eingeladen, „die Tätigkeit der Viermächteverwaltung Berlins" wiederaufzunehmen – allerdings unter der Bedingung, daß sie sich entschlösse, „sich an die Abkommen zu halten, an die die Vier Mächte gebunden sind", d.h. nicht zuletzt den sowjetischen Sektor wieder der gemeinsamen Verwaltung Berlins zu unterstellen. Solange die Sowjetunion ihren Sektor der Vier-Mächte-Verwaltung entzog, war sie von der Verwaltung des westlichen Berlin ausgeschlossen. Durch diesen Modus wurde die Drei-Mächte-Verwaltung der Westsektoren – bei Fortbestehen des Vier-Mächte-Status ganz Berlins – festgelegt. Da die Sowjetunion im Ostsektor de facto eine Ein-Macht-Verwaltung errichtet hatte, besaß sie seit 1948 keinerlei Mitsprache in Berlin (West). Ungeachtet dessen setzten einzelne vierseitige Institutionen, die in den Westsektoren angesiedelt waren, ihre Tätigkeit fort, so z.B. die Luftsicherheits-zentrale und das > Alliierte Kriegsverbrechergefängnis Berlin-Spandau.

III. DER VÖLKERRECHTLICHE STATUS NACH GRÜNDUNG DER BEIDEN DEUTSCHEN STAATEN

1. Government-Vorbehalt

Zu der bisher rein völkerrechtlichen Definition des Status von Berlin trat 1949 mit der Gründung der Bundesrepublik Deutschland eine staatsrechtliche (deutsch-rechtliche) Definition hinzu. So wies das *Grundgesetz* für die Bundesrepublik Deutschland vom 23.5.1949 (GG) die Stadt in Art. 23 als Gliedstaat der Bundesrepu-blik aus. Berlin entsandte gem. Art. 38 Vertreter in den > Deutschen Bundestag und gem. Art. 50 auch Vertreter in den > Bundesrat. Mögliche alliierte Einwände sollten durch Art. 144 Abs. 2 berücksichtigt werden, ohne jedoch die Mitgliedschaft Berlins im Bund als solche einzuschränken. Ebenfalls nach Art. 1 Abs. 2 der > Verfassung von Berlin (VvB) vom 1.9.1950 war Berlin ein Land der Bundesrepublik. GG und Gesetze der Bundesrepublik waren laut Art. 1 Abs. 3 für Berlin bindend.

Die Veränderungen beeinflußten die westalliierte Haltung insofern, als die Drei Mächte sich veranlaßt sahen, die deutschrechtlichen Stellungnahmen zu kommen-tieren und somit die eigene Position angesichts der neuen Gegebenheiten zu präzisieren. So stimmten sie der vom deutschen Recht gewollten uneingeschränkten Mitwirkung Berlins im Verfassungssystem des Bundes nicht zu. Kraft besatzungs-rechtlicher Gewalt verfügten sie in ihrem Genehmigungsschreiben zum GG vom 12.5.1945, sie interpretierten den Inhalt der Art. 23 und Art. 144 Abs. 2 GG dahinge-hend, daß er die Annahme des früheren alliierten Ersuchens darstellt, demzufolge Berlin „keine abstimmungsberechtigte Mitgliedschaft im Bundestag oder Bundesrat erhalten" und es „auch nicht durch den Bund regiert werden wird", daß Berlin je-doch „eine beschränkte Anzahl Vertreter zur Teilnahme an den Sitzungen dieser gesetzgebenden Körperschaften benennen darf". Bereits im Memorandum vom 2.3.1949 und in ihrem Schreiben vom 22.4.1949 an den Parlamentarischen Rat hat-ten sich die Militärgouverneure zum künftigen Status Berlins geäußert: Am 22.4.1949 hatten sie die Auffassung der Außenminister übermittelt, wonach diese gegenwärtig nicht zustimmen können, „daß Berlin als ein Land in die ursprüngli-che Organisation der deutschen Bundesrepublik einbezogen wird".

Auf der Berliner Ebene machte die > Alliierte Kommandantur gegenüber der Landesverfassung gleichfalls Vorbehalte geltend. Im Bestätigungsschreiben zur VvB vom 29.8.1950 stellte sie Abs. 2 und 3 des Art. 1 zurück. „Während der Übergangs-periode", so verfügte die Kommandantur, sollte Berlin „keine der Eigenschaften ei-nes zwölften Landes besitzen". Die Bestimmungen des Art. 87 VvB das GG betref-fend sollten nur in dem Maße Anwendung finden, als es zwecks Vorbeugung eines Konfliktes zwischen dem GG und der Berliner Verfassung erforderlich war. Die Be-stimmungen eines Bundesgesetzes konnten erst angewandt werden, nachdem das > Abgeordnetenhaus von Berlin (AbgH) darüber abgestimmt hatte und sie als Berli-ner Gesetz verabschiedet wurden.

2. Die Vorbehalte im Deutschlandvertrag

Noch bis 1955 nahmen die Vereinigten Staaten, Großbritannien und Frankreich gegenüber der Bundesrepublik Deutschland ursprüngliche Besatzungsgewalt wahr. Das Besatzungsregime für das Gebiet der ehem. Westzonen wurde de jure erst mit dem Inkrafttreten des *Deutschlandvertrages* (DV) vom 26.5.1952 i.d.F. vom 23.10.1954 am 5.5.1955 aufgehoben. Damit erhielt die Bundesrepublik die volle Macht eines souveränen Staates über ihre inneren und äußeren Angelegenheiten. Doch behielten sich die Drei Mächte nach Art. 2 DV ausdrücklich die bisher von ihnen ausgeübten oder innegehabten Rechte und Verantwortlichkeiten in bezug auf „Berlin und Deutschland als Ganzes einschließlich der Wiedervereinigung und einer friedensvertraglichen Regelung" vor. Berlin stand weiterhin außerhalb der Hoheitsgewalt der Bundesrepublik. Zur Begründung ihrer Vorbehalte erklärten die Alliierten in einem vorangestellten Passus, sie behielten sich ihre Rechte „im Hinblick auf die internationale Lage" vor, „die bisher die Wiedervereinigung Deutschlands und den Abschluß eines Friedensvertrages verhindert hat". Das Schreiben der drei Hohen Kommissare (> Alliierte Hohe Kommission) an den Bundeskanzler vom 26.5.1952 i.d.F. des Schreibens Nr. X vom 23.10.1954 enthielt den Hinweis, die alliierten Vorbehalte in bezug auf Art. 23 und 144 Abs. 2 GG würden „mit Rücksicht auf die internationale Lage formell aufrechterhalten werden". Der berlinpolitische Zweck der alliierten Vorbehalte, die juristische Basis zu bewahren, auf der die Freiheit und Sicherheit der Stadt beruhte, drückte sich im DV ferner in der Zusage aus, die Drei Mächte würden die Bundesrepublik hinsichtlich der Ausübung ihrer Rechte in bezug auf Berlin konsultieren (Art. 4 Abs. 1).

Im Sinne der gemeinsamen deutsch-alliierten Interessenlage billigten und förderten die Westmächte seit 1949 das Entstehen enger, umfassender > Bindungen zwischen Berlin und der Bundesrepublik, die Integration der Stadt in das Rechtssystem der Bundesrepublik eingeschlossen. Durch die Unterzeichnung des DV, in dem sich die Bundesrepublik ihrerseits verpflichtete, mit den Drei Mächten zusammenzuwirken – um es ihnen zu erleichtern, ihren Verantwortlichkeiten in bezug auf Berlin zu genügen (Art. 6 Abs. 2) –, machte die deutsche Seite deutlich, eine im definierten Umfange eingeschränkte Souveränität hinnehmen zu wollen. Das Gesetz über den DV begründete die Bundesregierung u.a. mit dem Satz, die Aufrechterhaltung der alliierten Rechte und Verantwortlichkeiten „liegt heute ebenso im deutschen wie im alliierten Interesse".

Über die im DV und in den begleitenden Dokumenten festgeschriebenen deutsch-alliierten Kompetenzabgrenzungen und Aufgabenteilungen hinaus nahmen die Drei Mächte in Berlin selbst eine weitgehende Lockerung des Besatzungsstatuts vor. Die alliierten Behörden beschränkten laut der Erklärung über Berlin vom 5. Mai 1955 ihre Kompetenzen insbes. auf solche Maßnahmen, die zur Erfüllung ihrer internationalen Verpflichtungen, zur Sicherung der öffentlichen Ordnung und zur Erhaltung des Status und der Sicherheit Berlins, seiner Wirtschaft, seines Handels und seiner Verbindungslinien notwendig waren. Die kompetenzielle Abgrenzung aufgrund der Erklärung über Berlin galt bis 1990.

3. Das Vier-Mächte-Abkommen von 1971

Das > Vier-Mächte-Abkommen vom 3.9.1971 berührte den S. nur insofern, als es die Rechtspositionen und die Grundsätze der westlichen Berlinpolitik bestätigte. Der völkerrechtliche Status erfuhr keine Veränderung. Vielmehr bildeten gem. der Präambel des Abkommens die Vier-Mächte-Rechte und -Verantwortlichkeiten und die entsprechenden Vereinbarungen der Vier Mächte aus der Kriegs- und Nachkriegszeit die Grundlage, auf der die Vier Regierungen handelten, um zu praktischen Verbesserungen der Lage beizutragen. Nach Teil I Ziff. 3 des Abkommens wollten die Vier Regierungen ihre individuellen und gemeinsamen Rechte und Verantwortlichkeiten, die unverändert blieben, gegenseitig achten. Obwohl Inhalte und räumlicher Geltungsbereich der Aussagen zwischen Ost und West strittig waren, lag im Vier-Mächte-Abkommen grundsätzlich eine Bekräftigung der Stellung der Siegermächte des II. Weltkrieges in Berlin und Deutschland.

So war das Vier-Mächte-Abkommen auch für die Position der Bundesrepublik bezüglich des S. von Bedeutung. Die Westmächte und die Sowjetunion gingen davon aus, daß sie befugt waren, Rechtspflichten für die jeweilige deutsche Seite zu begründen. Das zeigte sich u.a. an Inhalt und Wortlaut der Vertragsvorschriften in Teil II, die die zuständigen deutschen Behörden zum Abschluß der deutsch-deutschen Ausfüllungsvereinbarungen (Transitabkommen usw.) aufforderten oder ermächtigten. In einem dem Vertragswerk beigefügten Schreiben der Westmächte an den Bundeskanzler wurden Klarstellungen und Interpretationen zur *Bundespräsenz* sowie der – unverändert gebliebenen – Verfahren der Anwendbarkeit der Gesetze der Bundesrepublik Deutschland auf die Westsektoren vorgenommen.

IV. DER STAATSRECHTLICHE STATUS

1. Die Lage nach deutschem Recht

Nach der herrschenden Meinung im deutschen (westlichen) rechtswissenschaftlichen Schrifttum vor der > Vereinigung war Berlin (West) ein Land der Bundesrepublik Deutschland. Maßgeblich für diese Auffassung waren die Aussagen des *Grundgesetzes* (GG) und der > Verfassung von Berlin (VvB). Gemäß Art. 23 GG gehörte > Gross-Berlin zu den Ländern, in denen das GG galt. Hieraus folgte nach der seinerzeit herrschenden Meinung die Gliedstaatsqualität des Landes. Damit korrespondierend war „Berlin" laut Art. 1 Abs. 2 VvB ein Land der Bundesrepublik Deutschland. Infolge der bereits 1948 vollzogenen administrativen Abtrennung von Ost-Berlin (> Spaltung) konnte mit dem Inkrafttreten des Grundgesetzes am 23.5.1949 die neue staatliche Ordnung nur in Berlin (West) effektiv werden, so wie die Verfassung von Berlin nur in den Westsektoren Wirksamkeit zu erlangen vermochte. Die Bundesland-Eigenschaft beschränkte sich nach übereinstimmender Sicht also auf den westlichen Teil Berlins.

Aus den Verfassungen selbst waren keine Relativierungen der Bundeszugehörigkeit ableitbar. Das galt sowohl mit Blick auf Art. 144 Abs. 2 GG („Soweit die Anwendung dieses Grundgesetzes in einem der in Artikel 23 aufgeführten Länder … Beschränkungen unterliegt,…) als auch auf Art. 87 Abs. 1 VvB, wonach Art 1 Abs. 2 und 3 VvB in Kraft traten, „sobald die Anwendung des Grundgesetzes … in Berlin keinen Beschränkungen unterliegt". Die Passagen bezogen sich zwar auf damals erwartete (GG) bzw. damals bestehende (VvB) alliierte Vorbehalte, bewirkten aber keine Minderung der vom Verfassungsgeber gewollten Bundesmitgliedschaft Berlins. Die Abs. 2 bis 4 des Art. 87 VvB hatten ebenfalls keine einschränkende Wirkung.

Obwohl die hier skizzierte sog. Integrationstheorie nicht den alliierten Genehmigungs-Vorbehalt zum GG ignorierte, maß sie dem deutschen Verfassungsrecht den Vorrang zu. Demnach war die Gliedstaatsqualität Berlins durch den Government-Vorbehalt zum GG vom 12.5.1949 („...keine abstimmungsberechtigte Mitgliedschaft im Bundestag oder Bundesrat ... auch nicht durch den Bund regiert werden wird ...") modifiziert und nicht suspendiert; die in der Tat verfügte Aussetzung der Art. 2 und 3 VvB habe das GG – wegen fehlender Kompetenz der auf die Berliner Ebene beschränkten > ALLIIERTEN KOMMANDANTUR – nicht berühren können. So war nach dieser Theorie nur die Anwendung des Grundgesetzes in bestimmten Fällen blockiert, nicht jedoch die Geltung.

Der seltener vertretenen sog. Als-ob-Theorie lag die alliierte Auffassung zugrunde, Berlin sei kein konstitutiver Teil der Bundesrepublik Deutschland. Unbeschadet der völkerrechtlichen Lage habe das deutsche Recht die Verfassungsorgane verpflichtet, so zu agieren, „als ob" Berlin ein Bundesland wäre, soweit dies die Westmächte zuließen.

2. Rechtsprechung des Bundesverfassungsgerichts

Die Integrationstheorie stand in enger Wechselwirkung mit der Rechtsprechung des Bundesverfassungsgerichts seit 1957. Das Jahr 1957 markierte eine Akzentverschiebung, da die Position des höchsten deutschen Gerichts bis dahin mit der von den > ALLIIERTEN vertretenen Linie übereingestimmt hatte. Als das Gericht 1951 zu entscheiden hatte, ob oder inwieweit das GG in Berlin galt, hieß es im Beschluß vom 25.10.1951: „Sinn des Vorbehalts der Militärgouverneure ... (ist es) eine unmittelbare organisatorische Einbeziehung Berlins in die westdeutsche Bundesrepublik mit Rücksicht auf die fortdauernde internationale Spannung" vorerst aufzuschieben. Im selben Beschluß interpretierte das Gericht ferner: „Berlin soll nicht durch den Bund regiert werden, die Organe des Bundes sollen ihre Befugnisse nicht auch in Berlin ausüben." Dessen ungeachtet gelte der Grundrechtsteil des Grundgesetzes in Berlin, setze doch der dadurch dem Einzelnen gewährte Schutz die unmittelbare organisatorische Einbeziehung Berlins in das Gefüge der Bundesrepublik weder voraus noch habe eine solche Geltung die organisatorische Einbeziehung zur Folge. Obwohl das Gericht das deutsche Recht gem. dem GG anzuwenden hatte, bezog es die Ebene des Völkerrechts als maßgebend für seinen Beschluß ein. Das Gericht vermied jedoch jeden ausdrücklichen Hinweis auf Berlin als einem Land der Bundesrepublik und verneinte eingedenk des Government-Vorbehaltes eine eigene Zuständigkeit für Berlin.

In seinem grundlegenden Beschluß vom 21.5.1957 stellte das Gericht hingegen fest: „Berlin ist ein Land der Bundesrepublik Deutschland", es gelte das GG „in und für Berlin, soweit nicht aus der Besatzungszeit stammende und noch heute aufrechterhaltene Maßnahmen der Drei Mächte seine Anwendung beschränken", es sei durch den Vorbehalt der Militärgouverneure ausgeschlossen, „daß Bundesorgane unmittelbar Staatsgewalt im weiteren Sinne, einschließlich Gerichtsbarkeit, über Berlin ausüben, soweit die Drei Mächte dies nicht inzwischen für einzelne Bereiche zugelassen haben".

Wohl erkannte das oberste Gericht weiterhin die Rechte und Verantwortlichkeiten der Drei Mächte an, doch entschied es nunmehr, das GG würde in Berlin prinzipiell gelten, nur seine Anwendung sei – noch – gehemmt. Es hieß kritisch, die deutsche Staatspraxis habe die vom GG festgelegte Stellung Berlins in der Bundes-republik zunächst nicht klar erkannt. Nach 1949 habe sich dann immer mehr die Einsicht durchgesetzt, daß Berlin rechtlich zur Bundesrepublik gehöre und daß nur die für Berlin aufrechterhaltene Besatzungsgewalt und der sich darauf beziehende Vorbehalt gegenüber dem Bund der vollen Auswirkung dieser de jure bestehenden Mitgliedschaft entgegenstehe. Dabei legte das Gericht die sog. objektive Aus-legungsmethode zugrunde: Das Genehmigungsschreiben der Militärgouverneure zum GG vom 12.5.1949 bedürfe der Auslegung; es sei entscheidend, „was in dem Schreiben objektiv für den deutschen Partner klar erkennbar zum Ausdruck gekom-men ist". Nach endgültiger Fertigstellung des Grundgesetztextes hätten die Militär-gouverneure weder Art. 23 Satz 1 GG mit bezug auf Berlin eindeutig suspendiert, noch hätten sie ausdrücklich festgestellt, daß Berlin nicht in die ursprüngliche Or-ganisation einbezogen ist.

Nach dem Inkrafttreten der Berlin-Regelung hatte das Bundesverfassungsgericht 1973 die Verfassungsmäßigkeit des innerdeutschen > GRUNDLAGENVERTRAGS von 1972 festgestellt und in den Urteilsgründen ausgeführt, derzeit bestehe die Bundesrepu-blik aus den in Art. 23 GG genannten Ländern, einschließlich Berlin. Der Status des Landes Berlin sei nur „gemindert und belastet durch den sogenannten Vorbehalt der Gouverneure der Westmächte". Auch der Grundlagenvertrag selbst ändere nichts an der Rechtslage Berlins, „wie sie seit je von Bundestag, Bundesrat und Bundesre-gierung, den Ländern der Bundesrepublik und dem Bundesverfassungsgericht ge-meinsam unter Berufung auf das Grundgesetz verteidigt worden ist". Das GG, so wurde entschieden, „verpflichtet auch für die Zukunft alle Verfassungsorgane in Bund und Ländern, diese Rechtsposition ohne Einschränkung geltend zu machen und dafür einzutreten".

In einer weiteren Grundsatz-Entscheidung, der sog. *Brückmann-Entscheidung* vom 27.3.1974, hielt das Gericht ferner an seiner – das > VIER-MÄCHTE-ABKOMMEN un-berücksichtigt lassenden – Ansicht fest, derzufolge nach Berlin übernommenes Bundesrecht seine Qualität als Bundesrecht behielte. Vor 1971 hatte das Gericht in der sog. *Niekisch-Entscheidung* vom 20.1.1966 bereits festgestellt, die nach Berlin übernommenen Bundesgesetze „gelten auch dort als Bundesrecht".

Die Alliierten hingegen betrachteten das nach Berlin übernommene Bundesrecht als Landesrecht. Sie erklärten in Reaktion auf die Niekisch-Entscheidung mit BK/L (67) 10 (> BK/O [BERLIN KOMMANDATURA/ORDER]) vom 24.5.1967, Berliner Gesetze, durch die bundesrechtliche Bestimmungen übernommen werden, seien gesetzge-bende Handlungen des AbgH und unterschieden sich rechtlich von den betreffen-den Bundesgesetzen. Außerdem habe das Bundesverfassungsgericht „in Beziehung auf Berlin keine Gerichtsbarkeit", und es sei „demzufolge nicht zuständig, (1) die Verfassungsmäßigkeit von Handlungen Berliner Behörden oder (2) die Verfassungs-mäßigkeit von Berliner Gesetzen zur Übernahme von Bestimmungen der Bundes-gesetzgebung zu überprüfen". In diesem Zusammenhang gehörte auch die BK/O (52) 35 vom 20.12.1952, mit der die Alliierte Kommandantur in Form eines Briefes an den > REGIERENDEN BÜRGERMEISTER die Übernahme des Bundesverfassungsgerichts-gesetzes vom 12.3.1951 ablehnte.

V. VÖLKERRECHT UND STAATSRECHT

Bis 1990 standen demnach völkerrechtliche und staatsrechtliche Definitionen der Rechtsstellung Berlins einander gegenüber. Stellt man textkritische Fragen an das alliierte Genehmigungsschreiben zum GG zurück, wird die bis zur deutschen Vereinigung reichende Absicht der Westmächte deutlich, die Inhaber der Obersten Gewalt in Berlin zu bleiben und an den Vorbehalten gegen die konstitutive Einbeziehung der Stadt in den Bund festzuhalten. Berlin war nach dem Staatsrecht eindeutig ein Bundesland der Bundesrepublik, die wirksamen Vorbehalte der Siegermächte überlagerten jedoch die deutsche Rechtsschicht.

Dennoch waren die staatsrechtlichen Normen essentiell, denn sie verpflichteten den Bund in besonderer Weise zugunsten Berlins, und Berlin war seinerseits zu einer besonderen Art von Bundestreue verpflichtet. Die Verfassungsorgane und die deutsche öffentliche Gewalt mußten die Stadt wie ein Bundesland behandeln. Sie konnten dies in dem Maße praktizieren, wie die alliierten Vorbehalte es erlaubten. Entscheidend war, daß die Gemengelage aus Staats- und Völkerrecht in der Praxis keine unlösbaren Probleme schuf. Dabei hoben die Alliierten die Bedeutung der > BINDUNGEN selbst immer wieder hervor. Der engmaschige staatliche Zusammenhang garantierte, daß Berlin ein Teil der damaligen Bundesrepublik war, nur eben kein konstitutiver Teil. Unterhalb der im > VIER-MÄCHTE-ABKOMMEN von 1971 bestätigten souveränitätsrechtlichen Schwelle war Berlin, wie zugleich bestätigt, an die Bundesrepublik gebunden. Soweit der Government-Vorbehalt und der Status nicht berührt wurden, galt das GG in Berlin.

VI. DIE ÖSTLICHE RECHTSPOSITION

1. Alliierte Rechte

Mit Schreiben an den Generalsekretär der Vereinten Nationen vom 12.5.1975 stellte die Sowjetunion fest, „daß Frankreich, Großbritannien und die USA über keinerlei ‚originäre' und außervertragliche Rechte in bezug auf Berlin verfügten". Berlin sei „in territorialer Hinsicht niemals aus dem Bestand der sowjetischen Besatzungszone herausgelöst worden". In dem Papier der DDR „750 Jahre Berlin – Thesen" vom 14.12.1985 wurde die östliche Position zusammengefaßt. Danach liege ganz Berlin auf dem Territorium der DDR, Berlin (Ost) sei die Hauptstadt und integraler Bestandteil der DDR, Berlin (West) stehe – im Gegensatz zu Berlin (Ost) – weiterhin unter Besatzungsrecht und sei kein Bestandteil der Bundesrepublik, die Westmächte besäßen keine originären *Zugangsrechte* nach Berlin. Einen Vier-Mächte-Status von Berlin habe es losgelöst vom Inhalt und von den Zielen des > POTSDAMER ABKOMMENS nie gegeben.

Die östlichen Stellungnahmen standen in der Kontinuität von Rechtsbehauptungen aus der Zeit vor dem > VIER-MÄCHTE-ABKOMMEN von 1971. Damals hatten sie politische Schritte begleitet, die zunächst unmittelbar auf ein Ende der alliierten Anwesenheit und dann v.a. auf die > BINDUNGEN von Berlin (West) an den Bund abzielten. Die These von der rechtlichen Zugehörigkeit ganz Berlins zum Gebietsbestand der sowjetischen Besatzungszone wurde bereits 1947 aufgestellt. Nach Beginn der > BLOCKADE wurde sie in einer sowjetischen Note vom 14.7.1948 aufgegriffen und am 27.11.1958 erneut vorgetragen: Die „richtigste und natürlichste Lösung" wäre „die Wiedervereinigung des westlichen Teil Berlins, der heute faktisch von der DDR losgelöst ist, mit dem östlichen Teil, wodurch Berlin zu einer vereinigten Stadt im Bestande des Staates würde, auf dessen Gebiet sie sich befindet".

Zur Begründung des mit wechselnder Intensität vorgetragenen Anspruches trug die östliche Seite im wesentlichen vor, Berlin sei allein durch sowjetische Truppen erobert worden, die sowjetische Zuständigkeit habe sich von Anbeginn auf ganz Berlin erstreckt und sei vom > Alliierten Kontrollrat bestätigt worden (> Deutsche Reichsbahn; > Wasserstrassen), ein Kontrallratsbericht vom 24.2.1947 habe > Gross-Berlin als Hauptstadt der SBZ („capital city") bezeichnet, die zentralen sowjetischen Besatzungsorgane hätten von Anfang an ihren Sitz im Ostsektor gehabt. Grundsätzlich hätten die drei Westmächte lediglich ein von der Sowjetunion abgeleitetes, d.h. von dieser zugestandenes, zeitweiliges Recht auf Mit-Besetzung und Mit-Verwaltung Berlins besessen. Dieses Recht habe zum einen nicht die rechtliche und geographische Zugehörigkeit Groß-Berlins zur SBZ/DDR berührt und sei zum anderen der Erfüllung des Potsdamer Abkommens untergeordnet gewesen. Durch die von ihnen selbst betriebene > Spaltung hätten die Westmächte die Erfüllung der ihrer Anwesenheit zugrundeliegenden Abkommen und Beschlüsse vereitelt und die Westsektoren von ihrer natürlichen Umwelt isoliert. Außer auf das Argument von der Verletzung des Potsdamer Abkommens durch die Westmächte beriefen sich die Sowjetunion und die DDR auf veränderte Umstände (clausula rebus sic stantibus) und den Zeitablauf, um eine Beendigung des Vier-Mächte-Status geltend zu machen.

Ab 1971 schwächte die östliche Seite ihre Formulierungen teilweise ab, gab aber ihren Ansatz im Kern nicht auf. Sie nahm fortan westliche Rechte und Verantwortlichkeiten zur Kenntnis, die sie allerdings auf die Westsektoren beschränkte. Zugleich wurde – aufgrund der These vom Fehlen originärer westlicher Rechte in Berlin – dem Vier-Mächte-Abkommen eine statusbegründende Qualität beigelegt. Durch das Abkommen sei der Status „Westberlins" völkerrechtsverbindlich definiert worden. Nach der einschlägigen östlichen Literatur bildete allein Berlin (West) eine besondere administrativ-territoriale Einheit mit Attributen der Staatlichkeit. Die Bevölkerung sei eine besondere Gemeinschaft ohne die Staatsangehörigkeit eines der beiden deutschen Staaten. Die Sowjetunion und die DDR sahen den Geltungsbereich des Vier-Mächte-Abkommens von 1971 auf Berlin (West) begrenzt. Diese Definition eines Status der Westsektoren zusammen mit der These, Berlin (Ost) sei die Hauptstadt der DDR und als solche 1971 bestätigt worden, legte den Schluß nahe, alle im Vier-Mächte-Abkommen benannten Rechte, Berechtigungen und Verantwortlichkeiten der > Alliierten würden der Sowjetunion zwar in bezug auf die Westsektoren zustehen bzw. mitzustehen, allerdings ohne daß die Westmächte für Berlin (Ost) dieselben Rechte geltend machen konnten.

Wenngleich demnach in der Periode der Interessengegensätze im Prinzip eine Besetzung konstatiert wurde, folgte aus der östlichen Annahme, es bestünden keine originären, sondern nur sowjetischerseits zugestandene westliche Rechte, daß der Westen sich dann auch auf kein originäres Zugangsrecht berufen konnte: Der alliierte Militärverkehr („Militärtransit") beruhe auf sowjetischer Erlaubnis, der zivile > Transitverkehr beruhe ausschließlich auf dem Transitabkommen vom 17.12.1971.

2. Bindungen an den Bund

Die östliche Interpretation des S. bezog auch und gerade die lebenswichtigen Bindungen von Berlin (West) an den Bund ein. In der Zeit vor dem Abschluß des Vier-Mächte-Abkommens hatte die sozialistische Völkerrechtslehre die Bindungen einschließlich der *Bundespräsenz* in der Stadt generell als widerrechtlich bezeichnet. Die Aussagen des Grundgesetzes zu Berlin seien lediglich innerstaatliches Recht der Bundesrepublik und infolgedessen völkerrechtsunerheblich. Anderslautende Entscheidungen der gesetzgebenden Organe der Bundesrepublik und des Bundesverfassungsgerichts könnten für Berlin keine Rechtskraft besitzen. Aufgrund der strikten Nichtzugehörigkeitstheorie (*Drei-Staaten-Theorie*) wurden der Bundesrepublik Völkerrechtsverstöße wie Versuch der Annexion, der Aggression und der Einmischung in die inneren Angelegenheiten eines anderen Völkerrechtssubjektes vorgeworfen. Die Westmächte hätten der Bundesrepublik keine Rechte übertragen können, die sie selbst nicht besäßen.

Nachdem die Sowjetunion und die DDR „Westberlin" im Freundschafts- und Beistandsvertrag vom 12.6.1964 in Art. 6 als > Selbständige politische Einheit definiert hatten, argumentierten sie, eine völkerrechtliche Verpflichtung übernommen zu haben, die als ungesetzlich aufgefaßten Akte der Bundesrepublik und ihrer Verbündeten für nichtig zu erklären. Während der Vier-Mächte-Verhandlungen operierte die Sowjetunion ebenfalls gem. der genannten Linie, ohne sich jedoch durchsetzen zu können. Doch berief sich die Sowjetunion ab 1971 insofern auf das Vier-Mächte-Abkommen, als sie den Ergänzungssatz in Teil II B, „daß diese Sektoren so wie bisher kein Bestandteil (konstitutiver Teil) der Bundesrepublik Deutschland sind und auch weiterhin nicht von ihr regiert werden", isoliert und verkürzt wiedergab und ihn als die eigentliche Kernbestimmung des Vertragswerkes hervorhob.

Der zweite Freundschafts- und Beistandsvertrag zwischen der DDR und der Sowjetunion vom 7.1.1975 enthielt in Art. 7 die Aussage, „in Übereinstimmung mit dem Vierseitigen Abkommen vom 3. September 1971" werden die beiden Seiten „ihre Verbindungen zu Westberlin ausgehend davon unterhalten und entwickeln, daß es kein Bestandteil der Bundesrepublik Deutschland ist und auch nicht von ihr regiert wird". Durch die Wortwahl wurde der Eindruck erweckt, das Abkommen habe das Verhältnis („Verbindungen") der Sowjetunion und der DDR zu Berlin (West) neu bestimmt, und es habe nicht die Bindungen an den Bund einschließlich der Interessenvertretung nach außen bestätigt.

VII. BERLIN (OST)

1. Der Anspruch auf Zugehörigkeit von Berlin (Ost) zur DDR

Laut Art. 1 Abs. 2 der *Verfassung der DDR* vom 6.4.1968 (i.d.F. vom 7.10.1974) war „Berlin" die Hauptstadt der Deutschen Demokratischen Republik. Der Anspruch bezog sich auf den östlichen Teil der Stadt. Bereits die Gründungsverfassung der DDR vom 7.10.1949 bestimmte in Art. 2 Abs. 2 Berlin als die Hauptstadt der „Republik", legte dabei aber noch ein gesamtdeutsches Verfassungsverständnis und den Wunsch nach einer ungeteilten Hauptstadt zugrunde. Allerdings galt diese Verfassung dann nicht im Ostsektor. Auch die Gesetzgebung der DDR einerseits und des > Magistrats in Berlin (Ost) andererseits beachteten zunächst die staatsrechtliche

Trennung. Dennoch kam es in der folgenden Zeit mit sowjetischer Billigung etappenweise zu einer fast lückenlosen territorialen und administrativen Eingliederung von Berlin (Ost) in die DDR sowie zu einer Rechtsvereinheitlichung.

In einer Note an den Generalsekretär der Vereinten Nationen vom 6.1.1958 bezeichnete die Sowjetunion Berlin erstmals offiziell als Hauptstadt der DDR. Durch die ministerielle Verordnung vom 26.1.1962 wurde der Ostsektor in das Militärwesen der DDR formell einbezogen. Am 23.8.1962 trat ein „Stadtkommandant für die Hauptstadt der Deutschen Demokratischen Republik, Berlin" an die Stelle des sowjetischen > STADTKOMMANDANTEN (> STADTKOMMANDANTUR VON BERLIN [OST]). Seit Erlaß der zweiten Verfassung 1968 wurden gesetzliche Bestimmungen der DDR nicht mehr einzeln, sondern nur noch gesammelt für Berlin (Ost) übernommen. Mit Gesetz über die örtlichen Volksvertretungen vom 12.7.1973 wurde Berlin (Ost) einem Bezirk der DDR gleichgestellt. Im September 1976 wurde das Erscheinen des „Verordnungsblattes für Groß-Berlin" endgültig eingestellt (> GESETZ- UND VERORDNUNGSBLATT FÜR BERLIN). Seitdem galten die Gesetze der DDR im Ostsektor unmittelbar. Die kommunale Gesetzgebung war integraler Bestandteil des Staats- und Verwaltungsapparates. Bei den Volkskammerwahlen am 14.7.1981 wurden die Abgeordneten in Berlin (Ost) erstmals gewählt. Auch andere bei Abschluß des > VIER-MÄCHTE-ABKOMMENS 1971 noch bestehende Besonderheiten wurden sukzessive abgebaut.

2. Sowjetische Vorbehaltsrechte in bezug auf Berlin und Deutschland als Ganzes

Trotz der uneingeschränkten staatsrechtlichen Zugehörigkeit von Berlin (Ost) zur DDR und trotz der östlichen Hinweise auf den Untergang des Deutschen Reiches sowie der Existenz einer souveränen DDR verzichtete die Sowjetunion – gleich den Westmächten – bis 1990 nicht auf ihre Rechte und Verantwortlichkeiten aus dem völkerrechtlichen Titel der „occupatio bellica". Die fortbestehende Besatzungsgewalt minderte und belastete die Souveränität der DDR. Wegen der anderen politisch-geographischen Perspektive, der anderen Interessenlage und nicht zuletzt des anders strukturierten Verhältnisses zwischen der Sowjetunion und der DDR sah die östliche Siegermacht allerdings nicht die Notwendigkeit, ihre souveränitätsrechtlichen Vorbehalte so präzise zu formulieren wie die Westmächte.

Am 11.11.1949 erklärte der Vorsitzende der > SOWJETISCHEN KONTROLLKOMMISSION FÜR DEUTSCHLAND (SKK) gegenüber der Provisorischen Regierung der DDR, die Ausübung der ihr übertragenen Verwaltungsfunktionen – auch an deutsche Stellen in Berlin (Ost) – dürfe nicht den Beschlüssen der Vier Mächte widersprechen. In Übereinstimmung mit den internationalen Beschlüssen werde die an die Stelle der > SOWJETISCHEN MILITÄRADMINISTRATION IN DEUTSCHLAND tretende SKK in Berlin die erforderlichen Beziehungen mit den Vertretern der westlichen Besatzungsbehörden unterhalten.

Als die sowjetische Regierung laut der Erklärung über die Gewährung der Souveränität an die DDR vom 25.3.1954 mit der DDR „die gleichen Beziehungen ... wie mit anderen souveränen Staaten aufnahm" (Art. 1), behielt sie – analog zum westlichen Deutschlandvertrag – ausdrücklich „die Funktionen, die mit der Gewährleistung der Sicherheit in Zusammenhang stehen und die sich aus den Verpflichtungen ergeben, die der Sowjetunion aus den Vier-Mächte-Abkommen erwachsen". Auf ihre Vorbehalte stellte die Sowjetunion des weiteren im Beschluß vom 7.8.1954 über die Aufhebung von Besatzungsbefehlen, in dem Erlaß vom 25.1.1955 über die Beendigung des Kriegszustandes und in dem Beschluß über die Auflösung der Hohen Kommission der Sowjetunion in Deutschland vom 20.9.1955 ab (> ALLIIERTE HOHE KOMMISSION). Dem Botschafter der Sowjetunion in der DDR waren fortan als Nachfolger des Hohen Kommissars „die Funktionen der Aufrechterhaltung der entsprechenden Verbindungen zu den Vertretern der USA, Großbritannien und Frankreichs in der Deutschen Bundesrepublik in Fragen, die sich aus den Beschlüssen der vier Mächte über Gesamtdeutschland ergeben, übertragen worden". Solche Funktionen nahm ebenfalls der Oberbefehlshaber der > GRUPPE DER SOWJETISCHEN STREITKRÄFTE IN DEUTSCHLAND (GSSD) wahr.

Auf ihre Rechte und Pflichten verwies die östliche Siegermacht zudem im Moskauer Vertrag vom 20.9.1955 über die gegenseitigen Beziehungen zwischen der DDR und der Sowjetunion. Dort schrieb der Art. 4 die weiterhin besatzungsrechtliche Stationierung der sowjetischen Truppen fest. Nach dem Briefwechsel zwischen der DDR und der Sowjetunion vom 20.9.1955, der u.a. die Kontrolle der Verbindungswege nach Berlin regelte (Briefwechsel Bolz/Sorin), stellte die Sowjetunion in einer Note vom 18.10.1955 an die Westmächte erneut klar, daß sie selbst und die DDR „die Verpflichtungen in Betracht zogen", die beide Seiten „gemäß den gültigen internationalen Abkommen haben, die Deutschland als Ganzes betreffen". Ebenso gab die Sowjetunion mit der Akkreditierung der drei westlichen Militärmissionen in Potsdam (sowie der Akkreditierung eigener Militärmissionen bei den Westmächten auf dem Gebiet der damaligen Bundesrepublik) bis 1990 ihre besatzungsrechtliche Position in Deutschland zu erkennen. Die zonenweisen Akkreditierungen erinnerten an die alliierte Übernahme der Obersten Gewalt in einem Deutschland, das als Ganzes betrachtet wurde. Die sowjetischen besatzungsrechtlichen Vorbehalte wurden im übrigen auch nicht durch die Freundschafts- und Beistandsverträge zwischen der Sowjetunion und der DDR vom 12.7.1964 und vom 7.10.1975 angetastet. Beide Verträge enthielten (in Art. 9 bzw. Art. 10) Unberührtheitsklauseln. Allerdings hob die Sowjetunion 1954, 1955 und 1964 und 1975 nicht mehr ausdrücklich den Sonderstatus von Berlin (Ost) innerhalb des besonderen Berliner Gebietes hervor. Ein der westlichen Position vergleichbarer Government-Vorbehalt wurde nicht explizit formuliert. Ihre besatzungsrechtliche Stellung in Berlin (Ost) verdeutlichte die Sowjetunion der DDR stattdessen mit dem allgemeinen Deutschland-Vorbehalt, der den Ostsektor Berlins einschloß.

Im völkerrechtlichen Verhältnis zu den Westmächten kam die sowjetische Verantwortung im Vier-Mächte-Abkommen von 1971 deutlich zum Ausdruck. Denn laut der Präambel handelte auch die östliche Siegermacht auf der Grundlage der Vier-Mächte-Rechte und -Verantwortlichkeiten sowie der entsprechenden Vereinbarungen und Beschlüsse aus der Kriegs- und Nachkriegszeit. Diese Rechte, Verantwortlichkeiten und Vereinbarungen bezogen sich – da Berlin ursprünglich nicht geteilt war – auf Gesamt-Berlin. Aussagekräftig für die Haltung der Sowjetunion war überdies, daß diese gegenüber der DDR einen besatzungsrechtlichen Vorrang dokumentierte, indem sie selbst und nicht die DDR bspw. Kommunikationsverbesserungen vereinbarte. Die anschließend zwischen der DDR und der westlichen deutschen Seite ausgehandelten Einzelvereinbarungen erfolgten aufgrund dieser besatzungsrechtlichen Vorgabe und standen unter dem Vier-Mächte-Schlußprotokoll. Die DDR mußte hinnehmen, daß der Ostsektor in keiner Formulierung des Vertrages oder den ihn begleitenden Dokumenten als Bestandteil der DDR bezeichnet wurde. Allenfalls ließen die Vier Mächte die Frage offen.

Schließlich ist die Vier-Mächte-Erklärung vom 9.11.1972 hervorzuheben, wonach die Sowjetunion mit den drei westlichen Siegermächten übereinkam, daß die Mitgliedschaft der beiden deutschen Staaten in der UNO „die Rechte und Verantwortlichkeiten der Vier Mächte und die diesbezüglichen vierseitigen Regelungen, Beschlüsse und Praktiken in keiner Weise berührt".

3. Haltung der Westmächte

Die Vereinigten Staaten, Frankreich und Großbritannien betonten gegenüber der Sowjetunion kontinuierlich, daß beide Teile Berlins ein und demselben völkerrechtlichen Status unterlägen, solange die Vier Mächte nicht gemeinsam anders verfügten. Eine solche Verfügung ist erst am 12.9.1990 mit dem Vertrag über die abschließende Regelung in bezug auf Deutschland getroffen worden. In Reaktion auf den Abbau der Besonderheiten im Verhältnis zwischen Berlin (Ost) und der DDR hatten die Westmächte ihre Rechtsposition bekräftigt, wonach der Ostsektor keinen integrierten Bestandteil der DDR bildete. Über die Jahrzehnte blieben die Drei Mächte zudem bei ihrer Haltung zum entmilitarisierten Status Groß-Berlins und zur unveränderten Gültigkeit der entsprechenden Vier-Mächte-Gesetzgebung als einem zentralen völkerrechtlichen Ausdruck der Obersten Gewalt der Siegermächte (> Entmilitarisierung). Der deutsche Stadtkommandant in Berlin (Ost) wurde nicht anerkannt (> Stadtkommandantur von Berlin [Ost]), und an die drei *Botschaften der Westmächte in Berlin (Ost)* wurden keine Militärattachés entsandt. Nur aus praktischen Erwägungen, nur aus der den besatzungsrechtlichen Status nicht verändernden Duldung des Ostsektors als Regierungssitz, insbes. als Sitz des Außenministeriums, erfolgte nach der Aufnahme diplomatischer Beziehungen mit der DDR Anfang der 70er Jahre die Ansiedlung der amerikanischen, britischen und französischen Botschaft in Berlin (Ost). Dies bedeutete nach westlicher Auffassung keine Anerkennung von Berlin (Ost) als integriertem Bestandteil der DDR und somit keine Anerkennung als deren Hauptstadt. Um diese Position zu dokumentieren, wurden die drei Botschaften nicht „in der DDR", sondern „bei der DDR" („to the GDR") errichtet (> Ausländische Vertretungen).

VIII. BIS 1990 FORTBESTEHENDE AUSDRUCKSFORMEN DES VIER-MÄCHTE-STATUS VON GESAMT-BERLIN

Insbes. durch ihr praktisches Verhalten gegenüber den drei Westmächten bestätigte die Sowjetunion, daß sie im Verhältnis zur DDR nicht auf ihre Besatzungsrechte in Berlin (Ost) verzichtet hatte. Entgegen dem gegenüber Dritten betonten Souveränitätsanspruch der DDR im allgemeinen und entgegen der energisch vertretenen Hauptstadtthese der DDR in bezug auf Berlin (Ost) im besonderen wirkte die Sowjetunion auf einer Anzahl von Gebieten – innerhalb des ursprünglichen besatzungsrechtlichen Rahmens – bis 1990 mit den drei Westmächten zusammen.

Zu den Resten der funktionierenden Vier-Mächte-Zusammenarbeit mit Wirkung auf Gesamt-Berlin gehörte die Tätigkeit der > Luftsicherheitszentrale Berlin im

Gebäude des > ALLIIERTEN KONTROLLRATS (amerikanischer Sektor). Daneben lag bis 1987 die Verwaltung und Bewachung des > ALLIIERTEN KRIEGSVERBRECHERGEFÄNGNISSES BERLIN-SPANDAU (britischer Sektor) in der Zuständigkeit der Vier Mächte zur gesamten Hand.

Die Mitglieder der Besatzungsstreitkräfte übten ihr Recht auf Bewegungsfreiheit in sämtlichen > SEKTOREN des Berliner Gebiets aus. Dieses handgreifliche Element der völkerrechtlichen Einheit ganz Berlins wurde sowohl von den Westmächten im Ostsektor als auch von der Sowjetunion in den Westsektoren in Anspruch genommen, beiderseits u.a. durch regelmäßige Militärpatrouillen. Beim Passieren der Sektorengrenze fand keinerlei Kontrolle statt. Nichtuniformierte Angehörige der westlichen Streitkräfte zeigten den Bediensteten der DDR am geschlossenen Wagenfenster ihre Identitätskarte. Während des Aufenthaltes in einem anderen Teil Berlins genossen die Mitglieder der Besatzungsstreitkräfte aufgrund ihrer Stellung als Inhaber der Obersten Gewalt Vorrechte und Befreiungen gegenüber der jeweiligen deutschen Rechtsordnung.

Relikte der ursprünglichen Zusammenarbeit waren ferner die > MILITÄRMISSIONEN beim Alliierten Kontrollrat in Berlin und das > SOWJETISCHE EHRENMAL IN BERLIN-TIERGARTEN (britischer Sektor). Im Einverständnis der Vier Mächte war bis 1990 außerdem der Betrieb der > DEUTSCHEN REICHSBAHN und der Schleusen der ehem. Reichswasserstraßen geregelt (> WASSERSTRASSEN). In Berlin fanden mehrmals jährlich gemeinsam interessierenden Fragen gewidmete bilaterale Treffen der westlichen Botschafter, zugleich Missionschefs in Berlin, mit dem Botschafter der Sowjetunion statt, der seinen Amtssitz an der Straße > UNTER DEN LINDEN in Berlin (Mitte) hatte (> GENERALKONSULAT DER RUSSISCHEN FÖDERATION). Der sowjetische Botschafter in Bonn war nicht für Vier-Mächte-Fragen zuständig.

IX. DAS ENDE DES SONDERSTATUS

1. Berlin in den „Zwei-plus-Vier"-Verhandlungen über
   die äußeren Aspekte der deutschen Einheit

Erstmals seit dem Abschluß des > VIER-MÄCHTE-ABKOMMENS von 1971 kamen am 11.12.1989 wieder alle vier Botschafter der Siegermächte im Gebäude des > ALLIIERTEN KONTROLLRATS in Berlin zusammen. Nach den ersten freien > WAHLEN zur Volkskammer am 18.3.1990 wurde am 18.5.1990 zwischen der Bundesregierung und der Regierung der DDR der Vertrag über die Schaffung der *Währungs-, Wirtschafts- und Sozialunion* unterzeichnet, in den Berlin – Ost und West – voll einbezogen war. Er wurde laut der Präambel als ein erster bedeutsamer Schritt in Richtung auf die Herstellung der Einheit nach Art. 23 GG aufgefaßt. Mit der Einführung der *Währungsunion* am 1.7.1990 wurden an den innerdeutschen Grenzen sämtliche Kontrollen im Personenverkehr aufgehoben. Am 22.6.1990 fand im Beisein der Außenminister der Vier Mächte sowie der beiden deutschen Außenminister der Abbau des > CHECKPOINTS CHARLIE in der > FRIEDRICHSTRASSE statt. Kurz zuvor, mit Schreiben vom 8.6.1990 an den Bundeskanzler, hatten die Botschafter der drei Westmächte ihre am 12.5.1949 geäußerten Vorbehalte gegen die Direktwahl und das volle Stimmrecht der Vertreter Berlins im > DEUTSCHEN BUNDESTAG sowie gegen das volle Stimmrecht im > BUNDESRAT annulliert. Am 2.10.1990 folgte die zeremonielle Verabschiedung der drei westlichen > Stadtkommandanten durch den > Regierenden Bürgermeister. Ab 00.00 Uhr des > 3. Oktober 1991 war der S. insg. suspendiert. Zum selben Zeitpunkt wurde der Beitritt der DDR zur Bundesrepublik Deutschland gem. dem > Einigungsvertrag vom 31.8.1990 wirksam. Laut Art. 1 Abs. 2 des Vertrages bilden die 23 > Bezirke von Berlin das Land Berlin. Der Art. 2 Abs. 1 bestimmt: „Hauptstadt Deutschlands ist Berlin".

Zwischen der deutschen Seite und den Vier Mächten waren innerhalb nur weniger Monate einvernehmliche Antworten auf komplexe politische und rechtliche Fragen gefunden worden. Allgemein galt für das Handeln der drei Westmächte die Zusage nach Art. 7 Abs. 2 des *Deutschlandvertrages* von 1952/54, mit der deutschen Seite zusammenzuwirken, „um mit friedlichen Mitteln ihr gemeinsames Ziel zu verwirklichen: Ein wiedervereinigtes Deutschland, das eine freiheitlich-demokratische Verfassung, ähnlich wie die Bundesrepublik, besitzt und das in die europäische Gemeinschaft integriert ist."

Nachdem die Außenminister aller sechs beteiligten Staaten am 13.2.1990 in Ottawa die sog. „Zwei-plus-Vier"-Gespräche vereinbart hatten, fanden am 5.5.1990 (Bonn), am 22.6.1990 (Berlin), am 17.7.1990 (Paris) und am 12.9.1990 (Moskau) die multilateralen Zusammenkünfte statt.

Bereits in Bonn war als einer der Tagesordnungspunkte der Berlin-Komplex benannt worden, ferner, als Ziel, die abschließende Regelung und Ablösung der Vier-Mächte-Rechte und -Verantwortlichkeiten. Über sämtliche Fragen fanden intensive und zähe Verhandlungen statt, zumal die Sowjetunion zunächst u.a. auf einer Übergangszeit von fünf Jahren bestand, in der die Vorbehaltsrechte der Vier Mächte fortgelten sollten. Eine weitere Kontroverse entstand um die Frage der Bündniszugehörigkeit des vereinten Deutschlands und den Abzug der sowjetischen Truppen. Alle Probleme konnten schließlich im Sinne der Bundesrepublik und ihrer westlichen Verbündeten gelöst werden.

2. Der Vertrag über die abschließende Regelung in bezug auf Deutschland
(Zwei-plus-Vier-Vertrag)

Am 12.9.1990 unterzeichneten die sechs Außenminister in Moskau den *Vertrag über die abschließende Regelung in bezug auf Deutschland (Zwei-plus-Vier-Vertrag)*. In Art. 1 Abs. 1 wird festgestellt, daß das vereinte Deutschland die Gebiete der Bundesrepublik Deutschland, der Deutschen Demokratischen Republik und ganz Berlins umfassen wird. Zum Bereich des S. sowie der Souveränität heißt es in Art. 7 Abs. 1, die vier Siegermächte „beenden hiermit ihre Rechte und Verantwortlichkeiten in bezug auf Berlin und Deutschland als Ganzes. Als Ergebnis werden die entsprechenden, damit zusammenhängenden vierseitigen Vereinbarungen, Beschlüsse und Praktiken beendet und alle entsprechenden Einrichtungen der Vier Mächte aufgelöst." In Art. 7 Abs. 2 wird schlußfolgernd betont: „Das vereinte Deutschland hat demgemäß volle Souveränität über seine inneren und äußeren Angelegenheiten."

In Art. 4 Abs. 1 erklären die beiden deutschen Regierungen und die Sowjetunion, daß sie die Bedingungen und die Dauer des Aufenthaltes der sowjetischen Streitkräfte auf dem Gebiet der (ehem.) DDR und Berlins sowie die Abwicklung des Abzugs dieser Streitkräfte regeln werden (> Gruppe der sowjetischen Streitkräfte in Deutschland). Der Abzug soll bis zum Ende des Jahres 1994 vollzogen sein. Bis dahin werden nach Art. 5 Abs. 2 auf deutschen Wunsch französische, britische und amerikanische Streitkräfte auf der Grundlage entsprechender vertraglicher Vereinbarungen in Berlin stationiert bleiben (> ALLIIERTE). Sie befinden sich fortan also nicht mehr aufgrund der occupatio bellica, sondern auf vertraglicher Basis in der Stadt.

Nach Art. 5 Abs. 1 werden in der (ehem.) DDR und in Berlin bis zum Abschluß des sowjetischen Abzugs ausschließlich deutsche Verbände der Territorialverteidigung stationiert (die nicht NATO-integriert sind; > BUNDESWEHR). Nach 1994 fällt diese Einschränkung für die Deutschen fort. Ausländische Streitkräfte dürfen jedoch auch dann in diesem Teil weder stationiert noch dorthin verlegt werden. Die Einzelheiten regelt der deutsch-sowjetische Vertrag vom 12.10.1990 „über die Bedingungen des befristeten Aufenthalts und die Modalitäten des planmäßigen Abzugs der sowjetischen Truppen aus dem Gebiet der Bundesrepublik Deutschland". Darin werden die 11 östlichen Bezirke von Berlin dem Aufenthaltsgebiet in den neuen Bundesländern gleichgestellt („Gleichgestelltes Gebiet"). Die berlinspezifischen Details ergeben sich aus Art. 3 des Vertrages, so u.a. das Verbot, Manöver oder andere Übungen im gleichgestellten Gebiet durchzuführen. Im deutsch-sowjetischen Abkommen vom 9.10.1990 „über einige überleitende Maßnahmen" wurden u.a. die finanziellen Aspekte des befristeten Aufenthaltes und des Abzugs geregelt.

Eine zeitweilige Besonderheit ergab sich insofern, als der Zwei-plus-Vier-Vertrag vom 12.9.1990 der Ratifikation oder Annahme in den Signatarstaaten bedurfte. Der Vertrag – der auf deutscher Seite durch das vereinte Deutschland ratifiziert wurde – sollte gem. Art. 9 erst an dem Tag in Kraft treten, an dem die letzte Ratifikationsoder Annahmeurkunde hinterlegt wurden. Dies geschah am 15.3.1991 durch den sowjetischen Botschafter in Bonn. Erst jetzt war Deutschland auch de jure souverän.

Da einerseits der eine gewisse Zeit beanspruchende Ratifikationsprozeß in Betracht gezogen werden mußte, andererseits im Einigungsvertrag vom 31.8.1990 der 3.10.1990 als Tag des Beitritts der DDR bereits festgelegt worden war, verständigten sich die Außenminister in Moskau auf einen „Kunstgriff": Am Rande einer KSZE-Konferenz in New York am 1.10.1990 – also kurz vor der Vereinigung – erklärten die Außenminister der vier ehem. Siegermächte, daß „die Wirksamkeit" ihrer Rechte und Verantwortlichkeiten zwischen dem Tage der Vereinigung und dem Inkrafttreten des Zwei-plus-Vier-Vertrages „ausgesetzt" wird. „Als Ergebnis werden die Wirksamkeit der entsprechenden, damit zusammenhängenden vierseitigen Vereinbarungen, Beschlüsse, Praktiken und die Tätigkeit aller entsprechenden Einrichtungen der Vier Mächte ab dem Zeitpunkt der Vereinigung Deutschlands ebenfalls ausgesetzt."

Mit der Vereinigung und der Erlangung der vollen Souveränität ist die Nachkriegszeit endgültig beendet worden. Berlin ist wieder in seine Rolle als die Hauptstadt des einheitlichen Gesamtstaates eingetreten. Der S. hat damit seine Aufgabe vollendet.

Michael Gaedicke, Willi Ph. Knecht

SPORT

I. Die Sportstadt Berlin nach der Vereinigung

II. Die Geschichte des Sports in Berlin

I. DIE SPORTSTADT BERLIN NACH DER VEREINIGUNG

Berlin ist neben Köln, Stuttgart und München die größte Sportstadt der Bundesrepublik Deutschland. Kennzeichnend hierfür sind rd. 500.000 in über 1.600 Vereinen, Verbänden und Betrieben organisierte Sportler sowie eine steigende Zahl ungebundener Breiten- und Freizeitsportler in mind. derselben Größenordnung. Ferner charakterisieren das Profil der Sportstadt Berlin die nationalen und internationalen Leistungen der Berliner Spitzensportler, eine große Zahl gedeckter und ungedeckter Sportanlagen, zahlreiche international renommierte Veranstaltungen, eine ausgeprägte institutionelle und bauliche Infrastruktur sowie eine lange Tradition, die wegweisende Entwicklungen, bahnbrechende Aktivitäten und klangvolle Namen hervorgebracht hat.

1. Die Organisation des Sports in Berlin

Die Organisation des S. basiert in Berlin – wie in den übrigen 15 Bundesländern – auf dem Grundsatz der Autonomie des S. Zu dem in Art. 2 Grundgesetz (GG) garantierten „Recht auf freie Entfaltung seiner Persönlichkeit" ergänzt das „Gesetz über die Förderung des Sports im Lande Berlin (SportFördG)" vom 6.1.1989, daß jedem ermöglicht werden soll, „sich entsprechend seinen Fähigkeiten und Interessen im Sport nach freier Entscheidung mit organisatorischer oder ohne organisatorische Bindung zu betätigen" (§ 1).

Sportorganisationen sind in Berlin die Vereine, deren Hauptzweck die Durchführung eines selbstorganisierten Sportbetriebs ist, die Verbände, Fachverbände sowie der Landessportbund Berlin (LSB) als Dachorganisation mit dem ihm angeschlossenen *Betriebssportverband Berlin* (und anderen Sportverbänden mit besonderer Aufgabenstellung), die angeschlossenen Verbände für Wissenschaft und Bildung, deren wesentliche Tätigkeit dem S. dienen, sowie Sportvereine und Betriebssportgemeinschaften (§ 2 SportFördG). Dagegen ist der gewerbsmäßig betriebene S. kein im Sinne des SportFördG organisierter S. und wird daher grundsätzlich nicht gefördert.

Die Sportpolitik, insbes. die Förderung des S., vollzieht sich institutionell im Rahmen der Aufgabenstellung der öffentlichen Verwaltung und der Organisationen des Berliner S. Ein Verfahren der Zusammenarbeit ist in den Grundsätzen des Sport-FördG (§ 19ff) institutionalisiert. Danach beraten und unterstützen die anerkannten Sportorganisationen die öffentliche Verwaltung, etwa bei der Aufstellung die Belange des S. berührender Landschafts- und Stadtentwicklungspläne (> FLÄCHENNUTZUNGSPLAN, > LANDSCHAFTSPROGRAMM). Auf der Ebene der > BEZIRKE koordiniert die

Verwaltung unter Beteiligung der Sportorganisationen die bezirklichen Sportan-gelegenheiten, bspw. zur Ergänzung von Vereinsangeboten durch Freizeit- und Erholungsprogramme. Beispiel einer erfolgreichen sportpolitischen Zusammenar-beit zwischen den Sportorganisationen und der öffentlichen Verwaltung war das am 5.11.1985 vom > SENAT VON BERLIN verabschiedete „Programm Sportstadt Berlin", das, der sportpolitischen Situation Rechnung tragend, in Absprache mit dem LSB langfristig Schwerpunkte etwa der Sportförderung, der Flächennutzung und Sport-stättensanierung sowie der Durchführung internationaler Großveranstaltungen fest-legte.

1.1. Die öffentliche Verwaltung

Die Zuständigkeiten der öffentlichen Verwaltung im S. sind in die des Bundes und im Lande Berlin zwischen dem Senat und den Bezirksverwaltungen (> BEZIRKAMT; > BEZIRKSVERORDNETENVERSAMMLUNG) geteilt. Für den Bund haben sich neben formellen Zuständigkeiten betreffend u.a. die Pflege der auswärtigen Sportbeziehungen oder Finanzhilfen nach dem Städtebauförderungsgesetz, inhaltliche, durch den > BUNDES-MINISTER DES INNERN (BMI) wahrgenommene Aufgabenstellungen herausgebildet. Dabei sind die Förderung des *Hochleistungssports* sowie die Unterstützung der Bundesfachverbände und der zentralen Einrichtungen des S. hervorzuheben. Der BMI fördert u.a. die jährlich in Berlin ausgetragenen Endausscheidungskämpfe des Bundesschülerwettbewerbes > JUGEND TRAINIERT FÜR OLYMPIA, den Dachverband der Landessportbünde, den *Deutschen Sportbund (DSB)*, ferner die acht in Berlin aner-kannten Bundesstützpunkte für die derzeit ca. 500 Berliner Bundeskader, den 1986 eingerichteten > OLYMPIASTÜTZPUNKT BERLIN (OSP) im Bereich des Leistungssports und die am > SPORTZENTRUM SCHÖNEBERG gelegene > WILLI-WEYER-AKADEMIE des DSB. In die Zuständigkeit des BMI fällt weiterhin die sachliche, personelle und finanzielle Un-terstützung im Rahmen der sportmedizinischen Betreuung und beim Bau von > SPORTSTÄTTEN.

Die Zuständigkeit des Landes Berlin für die Sportförderung ressortiert bei der Abt. Sport und Freizeit der > SENATSVERWALTUNG FÜR SCHULE, BERUFSBILDUNG UND SPORT (SENSCHULSPORT). Sie erstreckt sich auf alle Maßnahmen und Aktivitäten zur Um-setzung der Sportpolitik im Land Berlin. Sie umfassen den gesamten Bereich des Leistungs-, Breiten- und Freizeitsport, insbes. Fragen der Sportförderung, die Ent-wicklung neuer Freizeitangebote im Sportbereich, die koordinierende Planung neuer Sportstätten sowie die Verwaltung jener öffentlichen Sportanlagen, die von überregionaler Bedeutung sind. Dazu zählen u.a. das > OLYMPIASTADION in > CHAR-LOTTENBURG, das > SPORTFORUM BERLIN im Bezirk > HOHENSCHÖNHAUSEN sowie die drei an den Standorten des Sportforums, der Sportanlage Paul-Heyse-Str. und der Regattastrecke Grünau (> REGATTASTRECKEN) im Zuge der > VEREINIGUNG anstelle der Ost-Berliner *Kinder- und Jugendsportschulen* entwickelten Sportoberschulen, die mit spezifischer Konzeption als besondere Einrichtungen der Talentförderung weiter-geführt werden (> SPEZIALSCHULEN).

Demgegenüber fällt die Verwaltung des überwiegenden Teils der Berliner Sport-stätten in den Aufgabenbereich der 23 Sport- und Bäderämter der Bezirke. Sie ha-ben darüber hinaus weitere, dem Freizeitsport dienende Flächen bereitzustellen. Soweit bezirkliche Anknüpfungspunkte gegeben sind, können auch die Bezirks-verordnetenversammlungen in begrenztem Umfang finanzielle Mittel für sportliche Zwecke zur Verfügung stellen, wenngleich die zentrale Zuständigkeit für alle Maßnahmen der Sportförderung bei der SenSchulSport liegt. Die SenSchulSport wird durch den 15köpfigen Sportausschuß des > Abgeordnetenhauses kontrolliert. Der Senat legt die jeweiligen Richtlinien der Sportpolitik fest.

1.2. Verbände und Vereine

Die Vereine bilden zusammen mit den *Betriebssportgemeinschaften* die Basis des S. in Berlin. Die 1992 dem LSB angeschlossenen 59 Sportfachverbände – der größte ist der *Berliner Fußball-Verband*, dessen 68.543 Mitglieder 1991 in 420 Vereinen organisiert waren – regeln alle grundsätzlichen Angelegenheiten ihrer Sportart sowie der ihnen angeschlossenen Vereine und halten engen Kontakt zu den auf Bundesebene zusammengeschlossenen Spitzenverbänden. Sie widmen sich den verschiedensten Sportarten, manche – wie der > Postsportverein Berlin e.V. (PostSV) – decken ein ganzes Spektrum an Sparten ab und sind demzufolge in verschiedenen Verbänden organisiert (der PostSV in 24). Zum Aufgabenbereich eines Verbandes gehört die Organisation von Veranstaltungen, Meisterschaften und Turnieren, Lehrtätigkeit und die Zuweisung finanzieller Zuwendungen. Als Dachverband des Berliner S. wirkt der LSB parallel zur fachlichen Aufgliederung der Spitzenverbände, koordiniert die allgemeinen überfachlichen Aufgaben und nimmt gegenüber der öffentlichen Verwaltung die Interessen der ihm angeschlossenen 59 Mitgliedsverbände sowie der in diesen Verbänden organisierten 1.669 Vereine mit ihren 450.624 Mitgliedern wahr. Der im LSB auf diese Weise organisierte S. gründet sich auf den freiwilligen Zusammenschluß privater und ehrenamtlich geführter Vereine und Sportverbände. Ehrenamtliche Tätigkeit ist zugleich eines der Ziele und Voraussetzungen der Sportförderung im Land Berlin. Der überwiegende Teil des sportlichen Angebots in Berlin basiert auf der Arbeit der ca. 30.000 in den Vereinen und Verbänden ehrenamtlich Tätigen, die über 2 Mio. zumeist unentgeltliche Übungsleiterstunden leisteten.

Die Aufgaben des LSB umfassen im Bereich des Spitzensports u.a. die Errichtung und Betreuung der 1992 an 23 Sportstätten eingerichteten > Landesleistungszentren (LLZ) und die Trägerschaft des OSP. Im Bereich des Breiten- und Freizeitsports ist er für die Aus- und Weiterbildung von Übungs- und Organisationsleitern, Sportlehrern und Verwaltungsfachkräften sowie die Entwicklung und Organisation breiten- und freizeitsportlicher Angebote für den organisierten und ungebundenen S. zuständig. Ferner nimmt der LSB Aufgaben im Bereich der Jugendpflege über die Förderung der Jugendarbeit durch seine Jugendorganisation, die *Sportjugend Berlin* (SJB) wahr. Darüber hinaus wirkt er bei der Ausrichtung zentraler breitensportlicher Veranstaltungen mit (*Trimm-Dich-Aktionen* oder Prüfungen zum *Deutschen Sportabzeichen*), berät die SenSchulSport bei der Planung von Sportanlagen und stimmt bei der Zuwendung finanzieller Förderungsmaßnahmen seinen Haushalt, soweit er die Verwendung öffentlicher Mittel betrifft, mit der zuständigen Senatsverwaltung ab.

In enger Absprache mit seinen Mitgliedsverbänden entwickelte der LSB erstmals 1975 langfristige Zielvorstellungen für den Spitzen-, Freizeit- und Breitensport, die Jugendarbeit und die Entwicklung und Nutzung von Sportstätten (*Sportplan Berlin*). Diese Richtlinien, die 1981 im „Sportplan Berlin 2" fortgeschrieben wurden, geben zusammen mit den Jahresberichten Aufschluß über die Interessen des im LSB organisierten S.

1.3. Schul- und Hochschulsport

Neben den durch die Vereine und Betriebssportgemeinschaften bereitgestellten sportlichen Angeboten sind die allgemein- und berufsbildenden Schulen im Land Berlin nach Maßgabe der Vorgaben der Konferenz der Kultusminister und der SenSchulSport verpflichtet, in zwei bis drei Wochenstunden Sportunterricht durchzuführen. In begrenztem Umfang bieten auch die > VOLKSHOCHSCHULEN der Bezirke ein vorwiegend gesundheitssportlich orientiertes Kurs- und Seminarprogramm an. Ferner halten die Berliner Universitäten und Fachhochschulen im Rahmen des freiwilligen *Hochschulsports* ihren Studierenden in 1992 über 500 Kursen ein vielfältiges und breitgefächertes Programm bereit, das auch nationale Wettkämpfe und internationale Vergleiche einschließt und von rd. 41.000 Mitgliedern der Berliner Hochschulen wahrgenommen wurde. Eine Sonderstellung nehmen die drei im Ostteil der Stadt gelegenen, o.g. Sportoberschulen ein, in denen eine adäquate Schulausbildung mit einer sportlichen Talentförderung inhaltlich und organisatorisch verbunden werden soll.

2. Breiten- und Leistungssport in Berlin

Der S. in Berlin erlangt seine Bedeutung durch das in der Bundesrepublik beispiellose Angebot freizeit- und breitensportlicher Initiativen, Maßnahmen und Veranstaltungen sowie der Konzentration des Leistungs- und Spitzensports und seiner Erfolge. Obwohl in populären Sportarten wie Fußball, Handball, Leichtathletik und Schwimmen nicht an der nationalen Spitze stehend, wird die leistungssportliche Vielfalt Berlins von keiner anderen deutschen Stadt erreicht: Rd. 60 Berliner Mannschaften gehörten 1992 zu den ersten, weitere 40 zu den zweiten Bundesligen in über 20 Sportarten.

2.1. Freizeit- und Breitensport

Im Freizeit- und Breitensport stellt eine seit Jahren wachsende Teilnehmerzahl die Träger des S. und die kommunale Verwaltung vor immer neue Aufgaben. Die Berliner Sportpolitik reagiert auf diese wachsende Bedeutung des Freizeit- und Breitensports insbes. durch eine inhaltliche Neu- und Umgestaltung des sportlichen Angebots, das immer mehr auch Programme außerhalb des kommerziellen und organisierten S. einschließt.

Nach einem 1975 bundesweit ausgeschriebenen Modellprojekt entwickelten der Senat und der LSB das Konzept „freizeitorientierter Großverein" und errichteten in Absprache mit den Trägern dieses Projekts, dem > SPORT-CLUB SIEMENSSTADT E.V. und dem > TURN- UND SPORTVEREIN (TSV) GUTSMUTHS 1861 E.V. zentrale multifunktionale Sport- und Freizeitzentren, die neben dem Sportangebot für die Vereinsmitglieder in gesonderten Abteilungen insbes. ein Sportkursprogramm auch für unorganisierte Freizeitsportler bereithalten. Der Erfolg dieses am 1.6.1984 in der Anlage am Rohrdamm in > SIEMENSSTADT angelaufenen Programms (jährlich rd. 2.700 Kursteilnehmer), das im August 1986 mit der Anlage des TSV GutsMuths an der Wullenweberstr. mit ähnlich positiven Ergebnissen fortgeführt wurde, bewog den LSB, diesen Vereinstyp seit 1988 mit einem Schwerpunktprogramm zu fördern. 1991 ist dieses Projekt auf insg. 15 Vereine ausgedehnt worden (davon drei im Ostteil der Stadt).

Ein besonderes Zielgruppenförderprogramm des LSB unterstützt ferner das Bemühen seiner Mitgliedsvereine, besondere soziale Gruppen der Bevölkerung wie z.B. Senioren, > BEHINDERTE, Familien und Frauen anzusprechen. Diese Initiativen werden inzwischen auch von größeren Unternehmen, ihren Betriebskrankenkassen sowie von gesetzlichen Krankenkassen unterstützt, die mit entsprechenden Vereinen kooperieren, um durch attraktive Angebote eine präventive und reintegrierende Betreuung ihrer Mitglieder zu ermöglichen.

Neben den von kommerziellen und öffentlichen Trägern organisierten Veranstaltungen wurden über 2.000 von den Vereinen angebotene Veranstaltungen im vom LSB seit 1975 jährlich herausgegebenen *Freizeitsportkalender* ausgewiesen, darunter allgemeine Fitneß, Ballspiele, Behindertensport, Gymnastik, Laufen, Schießen, Tanzen, Wassersport, Kinder- und Jugendsport, Kampfsport und Selbstverteidigung, Yoga sowie spezielle gesundheitssportliche und therapeutische Programme wie bspw. Koronar- und Diabetikersport, Wirbelsäulengymnastik und Gymnastik zur Krebsnachsorge.

Zu den freizeit- und breitensportlichen Aktivitäten zählen auch die nahezu 100 von Vereinen und Verbänden organisierten, zur Teilnahme offen ausgeschriebenen bezirklichen und überbezirklichen über das Jahr verteilten Laufveranstaltungen, darunter der vom > Sport-Club Charlottenburg e.V. (SCC) und dem Berliner Leichtathletikverband ausgerichtete Lauf > 25 km von Berlin und der > Berlin-Marathon sowie die 1991 zum 78. Mal durchgeführten Prüfungen zum *Deutschen Sportabzeichen*, die von rd. 28.000 Berlinern erfolgreich abgelegt wurden. In diesem Zusammenhang sind auch zu nennen die besonders ausgewiesenen Grün-, Wald- und Parkflächen, die zur sportlichen Betätigung freigegeben sind, wie der *Trimmpfad* im > Grossen Tiergarten oder die Berliner Volksparks (> Stadtgrün).

Im Bereich des Freizeit- und Breitensports werden von der > Senatsverwaltung für Gesundheit kostenlose Untersuchungen in den beiden *sportärztlichen Hauptberatungsstellen*, dem LLZ Sportmedizin, Forckenbeckstr. 20 im Zehlendorfer Ortsteil > Dahlem sowie in der Fritz-Lesch-Str. 29 in > Hohenschönhausen und den 23 *sportärztlichen Bezirksberatungsstellen* angeboten.

2.2. Leistungs- und Spitzensport

Während Berlin bis zum II. Weltkrieg nach internationalen Maßstäben eine Hochburg sportlicher Leistungen war, konnte nach der > Spaltung der Stadt zumindest im Westteil kaum an die Erfolge vergangener Zeiten angeknüpft werden. Dagegen profitierten die Athleten in Berlin (Ost) seit Mitte der 60er Jahre von dem aus ideologischen Gründen entwickelten Konzept der Leistungssportförderung und seiner Konzentration in den drei Ost-Berliner Sportclubs. Erst nach der Schaffung besserer Trainingsbedingungen für den Leistungssport durch umfassende staatliche finanzielle und organisatorische Hilfen seit Ende der 60er Jahre, insbes. aber mit dem Beschluß des Hauptausschusses des DSB für die Errichtung von OSP am 8.6.1985 konnte auch Berlin (West) wieder beachtliche Erfolge im Modernen Fünfkampf, Hockey, Leichtathletik, Rudern, Reiten und Segeln erzielen: 1988 stellte West-Berlin 29 Olympiateilnehmer in Seoul und eine Teilnehmerin in Calgary. Nicht zuletzt durch die Übernahme Ost-Berliner Spitzensportler im Zuge der > Vereinigung wurden 1991 von Berliner Sportlern in den olympischen Disziplinen 30 Weltmeisterschafts- und elf Europameisterschaftstitel errungen. Bei den Olympischen Winterspielen 1992 in Albertville gewannen Berliner Sportlerinnen und Sportler drei Gold- und zwei Bronzemedaillen. Während der Sommerspiele 1992 in Barcelona erzielten die 70 Berliner Teilnehmer insg. 33 Medaillen, davon acht Gold-, neun Silber- und

16 Bronzemedaillen. Die erfolgreichsten Athleten kommen derzeit v.a. aus den Vereinen SCC, > Sᴘᴏʀᴛᴄʟᴜʙ Bᴇʀʟɪɴ ᴇ.V., > Tᴜʀɴ- ᴜɴᴅ Sᴘᴏʀᴛᴄʟᴜʙ (TSC) Bᴇʀʟɪɴ ᴇ.V. und den > Wᴀꜱꜱᴇʀꜰʀᴇᴜɴᴅᴇɴ Sᴘᴀɴᴅᴀᴜ 04, die sich im Wasserball seit über einem Jahrzehnt an der Weltspitze halten. Diese Ergebnisse sind der Erfolg der dreigliedrigen staatlichen und verbandsmäßigen Konzeption der Leistungs- und Talentförderung an den seit 1969 eingerichteten 23 LLZ, den acht Bundesstützpunkten und dem 1986 geschaffenen OSP in Berlin.

3. Sportförderung: die Finanzierung des Sports in Berlin

Außerhalb der Förderungsmaßnahmen des Bundes, der 1991 für den S. in Berlin, insbes. den OSP, rd. 3,5 Mio. DM aufgewandt hat, liegt die zentrale Zuständigkeit für die finanzielle Sportförderung beim Land Berlin. Nach Maßgabe des SportFördG und des jeweiligen Haushaltsgesetzes gewährt es den anerkannten Sportorganisationen zweckgebundene Zuwendungen insbes. für: Aus- und Weiterbildung sowie Beschäftigung von haupt- und nebenberuflichen Mitarbeitern; zeitlich beschränkte und fortlaufende Trainingsmaßnahmen; Talentsuche; Durchführung von Wettkämpfen und Trainingslagern in und außerhalb Berlins; Modellmaßnahmen; Kauf, Errichtung, Unterhaltung und Bewirtschaftung von Sportanlagen und LLZ, Sportschulen oder ähnlicher Einrichtungen sowie Sportangebote für unorganisierte Sportler.

Während der Etat des LSB 1992 ein Volumen von rd. 57 Mio. DM hatte, betrugen die gesamten Ausgaben des Landes Berlin für den S., einschließlich der an verschiedenen Stellen des Haushaltes ausgewiesenen Stellen für Sach- und Personalmittel bei den zuständigen Senats- und Bezirksverwaltungen 1992 ca. 358 Mio. DM. Der SenSchulSport standen rd. 170 Mio. zur Verfügung. Für Maßnahmen nach § 15 SportFördG (Zuwendungen) stellte das Land Berlin 1992 ca. 53,6 Mio. DM zur Verfügung.

Die Schwerpunkte der Sportförderung, die unter Beachtung der Kontinuität stark programmorientiert sind, betreffen neben den direkten Zuwendungen v.a. folgende Maßnahmen: die Flächensicherung für den S. durch den > FʟÄᴄʜᴇɴɴᴜᴛᴢᴜɴɢꜱᴘʟᴀɴ, die Schaffung von Voraussetzungen für internationale Großveranstaltungen und die Sanierung bzw. den Ausbau von Sportstätten einschließlich entsprechender Strukturverbesserungen. Sportförderprogramme werden von der SenSchulSport durch Zuwendungen wie folgt realisiert:

a) Im Rahmen des Sportstättenbaus bezuschußt die SenSchulSport Baumaßnahmen förderungswürdiger Vereine und Verbände und bewilligt dafür Zuwendungen in Form von Zuschüssen und Darlehen; 1992 wurden 13,7 Mio. als Darlehen und 8 Mio. als Zuschüsse vergeben.

b) Für Veranstaltungen (1992: 3,4 Mio. DM für über 100 Veranstaltungen) sowie als Reisekosten für die Teilnahme an sportlichen Begegnungen, deutschen und überregionalen Meisterschaften sowie Bundesligen (1992: 3,3 Mio. DM) werden Zuschüsse durch die SenSchulSport bewilligt, ihre Auszahlung erfolgt i.d.R. durch den LSB.

c) Schließlich stellt die SenSchulSport dem LSB Mittel mit der Maßgabe der Weitergabe zur Verfügung, bspw. an die Vereine im Rahmen der breiten- und freizeitsportlichen Programme durch Bezahlung hauptamtlicher Verwaltungskräfte und für die Beschäftigung von Übungsleitern (1992: rd. 4 Mio. DM); im Rahmen der Leistungssportförderung für die Bezahlung der Landes- und Verbandstrainer an den

LLZ (1992: rd. 6,6 Mio. DM) sowie für die Unterhaltung vereinseigener und gepachteter Sportanlagen (1992: 1,2 Mio. DM). 1991 förderte das Land Berlin durch Zuwendungen an den LSB Maßnahmen und Programme in Höhe von rd. 30,3 Mio. DM.

Das umfangreichste Sportförderungsprogramm betrifft den Bau und die Unterhaltung öffentlicher Sportanlagen, die unabhängig von ihrer Verwaltung durch die SenSchulSport (bei überregionalen Anlagen oder Sportanlagen auf Schulstandorten) oder die Abteilungen der Bezirksverwaltungen den anerkannten Sportorganisationen für den Übungs-, Wettkampf- und Lehrbetrieb unentgeltlich zur Verfügung stehen. Durchschnittlich werden unter Hinzurechnung des Schulbereichs jährlich ca. 50-60 Mio. DM für Maßnahmen aufgewandt, die auf der Grundlage der Planungen langfristiger Sportanlagenentwicklung die Attraktivität, Nutzungsintensität und Effektivität der vorhandenen Sportstätten erhöhen sollen. Dazu kommen die Mittel für die bauliche Unterhaltung öffentlicher Sportanlagen in Höhe von rd. 30 Mio. DM jährlich.

Neben diesen öffentlichen Zuwendungen fließen dem LSB und der SenSchulSport Einnahmen aus Mitteln der > Deutschen Klassenlotterie Berlin (DKLB) zu. 25 % der Zweckabgabe an die Stiftung DKLB sind für sportliche Zwecke bereitzustellen. Davon erhält der LSB 15 % (1991: rd. 14,4 Mio. DM), die er insbes. für leistungs- und breitensportliche Maßnahmen sowie zur Deckung von Personalkosten verwendet und in Form von Zuwendungen an seine Mitgliedsverbände weitergibt. Mit rd. 10 Mio. DM deckt die SenSchulSport Zuschüsse und Darlehen für u.a. Bau- und Investitionsmaßnahmen der Vereine und Verbände, Folgekosten der LLZ sowie Personalkosten bei der Finanzierung der Landestrainer.

Eine dritte Einnahmequelle des Berliner S. stellen die Mittel der > Spielbank Berlin dar, die jährlich für sportliche Zwecke, v.a. für den Breiten- und Profisport zur Verfügung stehen, ohne daß der Einsatz dieser Gelder einer besonderen gesetzlichen Regelung unterliegt. Leistungsbezogene Individualförderung durch die beim LSB ansässige *Berliner Sporthilfe*, die 1991 mit insg. 488.000 DM 170 Athleten förderte, sowie Spenden in Höhe von rd. 11 Mio. DM von Privatpersonen und Wirtschaftsunternehmen ergänzen und komplettieren die Finanzierungsquellen zur Förderung des S. in Berlin.

4. Sportveranstaltungen

Berlin hat eine internationale Bedeutung als Austragungsort von Sportveranstaltungen sowie zahlreicher regelmäßig durchgeführter Wettbewerbe, Begegnungen und Meisterschaften. Während es infolge der Spaltung in den ersten Jahrzehnten nur mit Mühe gelang, große internationale Meisterschaften und Begegnungen in Berlin auszurichten, konnte in beiden Teilen der Stadt in den 80er Jahren wieder an die Tradition herausragender und international renommierter Sportveranstaltungen angeknüpft werden.

Neben den > Internationalen Tennismeisterschaften von Deutschland für Damen und dem seit 1985 alljährlich im Olympiastadion ausgetragenen Finale um den Vereinspokal des Deutschen Fußballbundes (> Pokal-Endspiel) stellen das 1937 erstmals veranstaltete > Internationale Stadion-Turnfest (ISTAF) und der 1992 zum 13. Mal in Folge ausgerichtete > Berlin-Marathon Höhepunkte im Berliner Sportveranstaltungskalender dar. Internationale Beachtung finden daneben das > Internationale Reit- und Springturnier (CHI), die Leichtathletikwettbewerbe *Internationales Springermeeting* (> Olympischer Sport-Club), der „Olympische Tag" und die

„Olympische Nacht", die Stadtläufe > 25 KM VON BERLIN und *Berliner Halbmarathon-Friedenslauf*, ferner diverse regelmäßige Weltmeisterschaften und Weltcup-Veranstaltungen wie die im Tanzen, Reiten, Eisspeedway und Boxen. In der Tradition beliebter Sportveranstaltungen der DDR stehen bspw. das > TSC-BOX-TURNIER, das heute einen festen Platz als Weltcup-Turnier beanspruchen kann, sowie die jährlich von Berlin aus startende *Friedensfahrt*, eines der wichtigen Etappenrennen der Amateure des Straßenradsports.

Die zumeist von Vereinen und Verbänden ausgerichteten Veranstaltungen ziehen bei steigenden Teilnehmerzahlen ein immer größeres Publikum an: das Pokal-Endspiel ist stets auf Monate vorher ausverkauft, und beim in Europa mit rd. 19.000 Teilnehmern an dritter Stelle rangierenden Berlin-Marathon säumen Hunderttausende Zuschauer die Strecke. Nicht zuletzt im Hinblick auf die Bewerbung Berlins um die Ausrichtung der > OLYMPISCHEN SPIELE im Jahr 2000 gewinnen diese Großveranstaltungen zusätzliche Bedeutung.

II. DIE GESCHICHTE DES SPORTS IN BERLIN

Die Geschichte des S. in Berlin läßt sich hinsichtlich seiner Organisation, der kommunalen oder staatlichen Förderung, der Anlage von Sportstätten wie auch der Ausrichtung attraktiver Veranstaltungen in vier Phasen unterteilen, die gleichfalls auch Einschnitte in der politischen und sozialen Entwicklung der deutschen > HAUPTSTADT darstellen: Die Bevölkerungsexplosion und die Formierung der Industriegesellschaft führten seit der Reichsgründung 1871 in Berlin zur Gründung erster Sportvereine, zu Ansätzen einer kommunalen Sportförderung und zur öffentlichen Darstellung des S. in Form von Wettkämpfen und Vergleichen. Nach dem I. Weltkrieg folgte der erste flächendeckende Ausbau der Stadt mit Sportstätten, gleichzeitig war die Reichshauptstadt der Sitz der wichtigsten Sportorganisationen in Deutschland. Hier schlug sich die politische Polarisierung der Weimarer Republik in der Spaltung des Arbeitersports am deutlichsten nieder. Die Zeit des Nationalsozialismus war auch im S. durch Gleichschaltung und politisch instrumentalisierte Massenveranstaltungen geprägt. Nach dem Zusammenbruch erfolgte der organisatorische und infrastrukturelle Neubeginn in der geteilten Stadt nach unterschiedlichen politischen Prämissen: im Westteil der Stadt mit der Neugründung privater Sportvereine und dem gezielten Ausbau der Stadt mit Sportstätten, im Ostteil mit der Indienstnahme des S. aus ideologischen Gründen im Zusammenhang mit der Errichtung besonderer Sportanlagen. Bis zur Vereinigung der Stadt verlief auch die sportliche Konkurrenz über trennende Grenzen hinweg vor dem Hintergrund politischer Auseinandersetzungen zwischen den beiden deutschen Staaten.

1. Von den Anfängen bis zur Weimarer Republik
Während die ersten sportlichen Übungsstätten zumeist in Verbindung mit Schulen entstanden, wurde der im Jahr 1811 von Friedrich Ludwig Jahn in der Hasenheide (> VOLKSPARK HASENHEIDE) errichtete Turnplatz wegweisend für den Sportstättenbau. Nach dem Verbot des Turnens im Freien durch die preußischen Behörden 1820 entstanden erste Turnhallen, so der durch Ernst Eiselen 1825 gegründete „Fecht- und Voltigiersaal" in der Krausenstr. 10, und im Zusammenhang mit den Anfängen des

Berliner Wassersports in den 30er Jahren des 19. Jh. die ersten Bootshäuser. Obgleich sich nach der Aufhebung des Turnverbots zwischen 1842 und 1869 15 Turn- und Sportvereine bildeten, darunter die 1848 gegründete und heute noch bestehende > TURNGEMEINDE IN BERLIN (TIB) 1848 E.V., waren Sport- und Spielflächen im Freien in der Mitte des letzten Jh. kaum vorhanden.

Während für das als aristokratisch geltende Pferderennen der Union-Club im Hoppegarten 1868 die erste moderne Rennbahn errichten ließ (> GALOPPRENNBAHN HOPPEGARTEN), der bis zum ausgehenden Jahrhundert günstiger gelegene in > RUHLEBEN, > WEISSENSEE und > KARLSHORST folgten, erlaubte die durch enge Blockbebauung gekennzeichnete städtebauliche Entwicklung Spielen und Turnen nur in den dekorativen Parkanlagen. Erst die Sorge um die Volksgesundheit und die Wehrfähigkeit des Landes im Zusammenhang mit der durch den Goßlerschen Spielerlaß von 1882 anerkannten Spielbewegung und reformierten Leibeserziehung verhalfen dem S. im Freien zum Durchbruch.

Die aus England kommenden Spiele und athletischen Sportarten sowie der Radsport führten in der Folge zur Erschließung zahlreicher Flächen: 1884 wurde in der Brückenallee in der Nähe des heutigen Hansaplatzes die erste Rennbahn für den Radsport eingeweiht, bis 1897 folgten weitere in > HALENSEE, > TREPTOW und in > FRIEDENAU. Die Fußballspieler, Leichtathleten und Cricketspieler behalfen sich noch mit den vor den Toren der Stadt gelegenen großen Exerzierplätzen und nutzten u.a. das Tempelhofer Feld. Erst das 20. Jh. brachte den umzäunten und künstlich nivellierten Sportplatz; die erste Anlage mit einer 350 m langen Rundbahn wurde um die Jahrhundertwende am > GESUNDBRUNNEN, Behmstr./Ecke Bellermannstr. errichtet. Den Wasserfahrsportarten Segeln und Rudern boten die vielen Gewässer in Berlin hingegen günstige Entfaltungsmöglichkeiten. Seit der erstmals 1880 ausgetragenen Ruderregatta in > GRÜNAU wurden die > REGATTASTRECKEN beispielhaft in Deutschland ausgebaut. Schließlich wurde am 1.11.1892 mit der Eröffnung des ersten städtischen Volksbades in > MOABIT auch der Grundstein für den Schwimmhallenbau in Berlin gelegt, wobei die in der Folgezeit errichteten Bäder, darunter als ältestes erhaltenes das 1898 in > CHARLOTTENBURG errichtete Bad in der Krumme Str., zu jener Zeit eher hygienische Notwendigkeiten erfüllten denn sportliche Bedürfnisse befriedigten (> HALLENBÄDER). Da bis in die Anfänge des 20. Jh. das Baden im Freien als unschicklich galt, entstanden die ersten Freibadeanstalten in Berlin erst 1907/08, als am > GROSSEN WANNSEE, am > GROSSEN MÜGGELSEE und an der > DAHME einige Uferstreifen zum Baden für die Allgemeinheit freigegeben wurden (> FREI- UND SOMMERBÄDER).

Obgleich der S. in Berlin rasch gesellschaftsfähig wurde, gab es zunächst keine staatliche oder kommunale Sportförderung. Die ersten Sportplätze wurden durch Privatunternehmen oder auf Kosten der Vereine errichtet, so als erstes die 1899 vom Fußballclub „B.F.C. Preußen" genutzte Anlage in der Wilmersdorfer Str./Ecke > KURFÜRSTENDAMM. Die Stadtgemeinde unternahm erst mit dem 1909 gegründeten „Hauptausschuß zur Förderung der Leibesübungen in Berlin" erste Ansätze, Freiflächen in der Stadtplanung als notwendigen Raum für Spiel, S. und Erholungszwecke zu berücksichtigen. Bereits 1911 standen dann 24 private Sportplätze, davon vier mit Aschenbahnen, und 23 städtische Spielplätze zur Verfügung, ferner 1914 15 Sommerbadeanstalten und sieben Hallenbäder. Auch das für die Durchführung der geplanten > OLYMPISCHEN SPIELE 1916 im > GRUNEWALD an der Stelle des späteren

Olympiastadions angelegte, 1913 eröffnete *Deutsche Stadion* wurde ohne Unterstützung durch die öffentliche Hand errichtet. Der Bau dieses Stadions leitete allerdings eine neue Ära ein, die – unterbrochen durch den I. Weltkrieg – zur Errichtung zahlreicher Anlagen führte.

Mit der Errichtung von > SPORTSTÄTTEN begann auch die Ausrichtung erster attraktiver und lukrativer Veranstaltungen. Nachdem bereits 1881 die Berliner Bevölkerung das erste Radrennen auf den Parkwegen der Flora, eines botanischen Gartens in der Nähe des > SCHLOSSES CHARLOTTENBURG, erlebt hatte, starteten bald danach von hier aus die berühmten Distanzfahrten, die 1893 sogar die Strecke Berlin – Wien ins Programm aufnahmen. Auf der 1878 in Weißensee eingeweihten Trabrennbahn wurden schon zwei Jahre später 22 Renntage mit Gesamtpreisen von rd. 120.000 RM angesetzt; 1895 folgte das erste Deutsche Traber-Derby, dessen heute schon fast 100-jährige Tradition seit 1952 auf der > TRABRENNBAHN MARIENDORF fortgesetzt wird. 1898 startete mit der Fahrt Berlin – Potsdam – Berlin das erste Autorennen in Deutschland und 1921 wurde als erste spezielle Automobilrennstrecke Deutschlands die > AVUS eröffnet. Am 10.4.1908 war Berlin Austragungsort des ersten Fußball-Länderspiels auf deutschem Boden, das in der Begegnung mit England 1:5 endete. Im gleichen Jahr wurde erstmals der jährlich stattfindende und 1990 wiederaufgenommene Großstaffel-Lauf Potsdam – Berlin veranstaltet, der über die > GLIENICKER BRÜCKE führt und am > BRANDENBURGER TOR endet. Auch im Radsport wurden ähnliche Wettbewerbe veranstaltet, so das Straßenrennen „Rund um Berlin", dessen Tradition in der DDR und auch nach der Vereinigung der Stadt weitergeführt wurde. In der Ausstellungshalle am Kaiserdamm fand 1909 das erste europäische > SECHSTAGERENNEN statt, das den 1911 errichteten Berliner > SPORTPALAST berühmt machen sollte.

2. Der Berliner Sport in den 20er Jahren

In den 20er Jahren setzte in der zur Einheitsgemeinde zusammengefaßten Stadt > GROSS-BERLIN die gezielte Förderung des Spiel- und Sportplatzbaus ein, die mit Mitteln der von dem > OBERBÜRGERMEISTER Gustav Böß gegründeten „Stiftung Park, Spiel und Sport", aus Zuschüssen des Landes Preußen und des Deutschen Reiches sowie aus dem Haushalt der Stadt unterstützt wurde. Die Bezirke bekamen Deputationen für Leibesübungen mit der Aufgabe zugeordnet, die Belange des S. zusammen mit den Vereinen wahrzunehmen, und die Stadt erhielt 1927 mit dem Stadtamt für Leibesübungen ein zentrales Verwaltungszentrum für das gesamte Sport- und Turngeschehen. Viele Arbeiten wurden von Erwerbslosen im Rahmen sog. Notstandsarbeiten durchgeführt. Als wegweisend galten insbes. die Volksparks, die zugleich Stätten des S., der Erholung und der Kultur waren sowie jene als „Stadien" bezeichneten, wohngebietsnahen und verkehrsgünstig gelegenen Sportplätze, die mit Minimalstandards ausgestattet waren (ein Fußballplatz, eine 400-m-Laufbahn und in Kurven gelegene Sprung- und Wurfeinrichtungen).

Einen ersten Höhepunkt erlebte der S. in Groß-Berlin innerhalb der Dekade von 1920-30, als zahlreiche Großsportanlagen gebaut wurden, darunter das > POSTSTADION, die Sportplätze in Charlottenburg am Rande des Grunewalds und im > VOLKSPARK JUNGFERNHEIDE, der Dominicus-Sportplatz im heutigen > SPORTZENTRUM SCHÖNEBERG und das > MOMMSENSTADION. 1927 besaß Berlin insg. 160 städtische Sportplätze, davon zahlreiche kleineren und mittleren Zuschnitts und einige von über 2,5 ha, sowie nochmals 160 private Anlagen, zu denen bis 1933 weitere 100 hinzukamen.

In Berlin hatten in jener Zeit auch die wichtigsten nationalen Sportorganisationen ihren Sitz. So befanden sich hier der aus dem „Deutschen Reichsausschuß für die Olympischen Spiele (DRAFOS)" hervorgegangene „Deutsche Reichsausschuß für Leibesübungen (DRA)", die Dachorganisation aller bürgerlichen Turn- und Sportvereine, dem später eine zentrale Rolle bei der Ausrichtung der > OLYMPISCHEN SPIELE 1936 zukam, ferner die Geschäftsstellen der meisten deutschen Sportverbände, von denen 1918-33 17 gegründet wurden, darunter 1921 der *Jüdische Sportverband „Makkabi in Deutschland"* und 1927 der *Verband Deutscher Sportjournalisten.* 1920 gründete Carl Diem die Deutsche Hochschule für Leibesübungen, die ihren Sitz in der Nähe des Deutschen Stadions am heutigen Olympiagelände hatte. Der 1890 gegründete, der KPD zuzurechnende *Arbeiter-Turn-Verein Fichte* und die 1920 aus verschiedenen Vereinen entstandene, gemäßigtere *Freie Turnerschaft Groß-Berlin* waren die beiden mit Abstand mitgliederstärksten Vereine in der Reichshauptstadt. In ihnen war 1928 etwa ein Viertel der Berliner Sportler organisiert.

In den 20er Jahren führten alle Wege zum sportlichen Ruhm in Deutschland über Berlin und dort besonders über den Sportpalast, wo Zehntausende ihren Idolen in der Arena und auf der Eisfläche zujubelten. In dieser „Arena der Leidenschaften" feierten die Berliner während der Titelkämpfe am 4.4.1928 den Schwergewichtsmeister Max Schmeling und auf seiner Eisfläche avancierte die Eiskunstläuferin Sonja Henie zum Publikumsliebling. Zuvor aber wurden im Deutschen Stadion 1922 unter dem Motto „Pflege und Erhaltung unseres Volkstums" die sog. Deutschen Kampfspiele organisiert, die der DRA bereits 1917 als Ersatz für die für 1916 im Deutschen Stadion geplanten Olympischen Spiele beschlossen hatte. Besondere Bedeutung erhielt diese Massenveranstaltung, weil das Deutsche Reich wegen des I. Weltkriegs von der Teilnahme an den Olympischen Spielen 1920 und 1924 ausgeschlossen war.

Auf der Avus jagten sich inzwischen beim Großen Preis von Deutschland Fritz v. Opel, Werner v. Brauchitsch, Rudolf Caracciola und andere Fahrer; auf der Pferderennbahn in Hoppegarten und im Grunewald belief sich der Wettumsatz an einem einzigen Renntag 1925 auf 1 Mio. RM, und beim > LAWN-TENNIS-TURNIER-CLUB (LTTC) „ROT-WEISS" E.V. wurden bis 1945 mehr Davis-Cup-Begegnungen als irgendwo sonst in Deutschland ausgetragen. Zur gleichen Zeit errang der Berliner Schlittschuhclub zwischen 1920 und 1933 zwölfmal den Deutschen Eishockeytitel; > HERTHA BSC E.V. wurde als Finalist bei sechs deutschen Fußballendspielen zwischen 1926 und 1931 zweimal hintereinander (1930 und 1931) Deutscher Meister.

3. Der Berliner Sport im Nationalsozialismus

Die Gleichschaltung der deutschen Sportbewegung durch die Nationalsozialisten beendete nicht nur die Vielfalt und Liberalität der Sportorganisationen, sondern löste mit dem Verbot des jüdischen und Arbeitersports den selbstorganisierten S. faktisch auf: Politisch und religiös orientierte Sportvereine wurden ihrer Trainings- und Wettkampfmöglichkeiten beraubt, aufgelöst und enteignet. Während sich die Mehrheit der bürgerlichen Vereine und Verbände den politischen Gegebenheiten anpaßte und gegenüber der nationalsozialistischen Ideologie der „Wehrertüchtigung" sogar Wohlverhalten demonstrierte, wurden Arbeitersportler wie Werner Seelenbinder und Gustav Felix Flatow von den Nazis ermordet. Gleichwohl blieb die Fassade des S. in Berlin durch den inneren Terror unbeschädigt. Die 1935 erbaute

> Deutschlandhalle hatte sich als attraktiver Schauplatz internationaler Reit- und Springturniere etabliert und die bereits 1931 an Berlin vergebenen XI. Olympischen Sommerspiele 1936 brachten dem nationalsozialistischen Deutschland einen innen- und außenpolitischen Prestigegewinn.

Gleichzeitig symbolisierte das zwischen 1934-36 errichtete > Olympiastadion, in dem am 1.8.1937 das > Internationale Stadion-Sportfest (ISTAF) vor 80.000 Zuschauern seine Premiere feierte, ebenso den zweifelhaften Höhepunkt im Berliner Sportgeschehen jener Zeit wie es den vorläufigen Abschluß der Entwicklung des Sportanlagenbaus in Berlin markierte. Als einziges großes Stadion blieb es im II. Weltkrieg fast unversehrt, während große Teile der Berliner Sportstätten stark beschädigt und z.T. völlig zerstört wurden. Nur 26 der 332 Turnhallen blieben erhalten, die Sportplätze waren verwüstet und die 13 Hallenbäder weitgehend beschädigt.

4. Der Berliner Sport während der Spaltung

Nach dem II. Weltkrieg wurden alle nationalsozialistischen Sportorganisationen sowie alle Sportverbände und -vereine durch die > Alliierten aufgelöst. Träger des S. waren unter der Leitung des „Zentralen Sportausschusses" im Hauptsportamt des > Magistrats die Sportausschüsse bei den Bezirksverwaltungen, die unter ihrer Aufsicht die Gründung kommunaler Sportgemeinschaften zuließen. Im Rahmen dieses sog. Kommunalsports fand bereits am 20.5.1945 das erste Nachkriegs-fußballspiel im Stadion > Lichtenberg vor 10.000 Zuschauern statt, dem bald weitere Veranstaltungen folgten: auf der unmittelbar nach dem II. Weltkrieg zu einer Anlage des Trabrennsports umgebauten Rennbahn in > Karlshorst am 1.7.1945 vor 50.000 Zuschauern das erste Trabrennen, am 19.1.1946 die ersten Leichtathletik-meisterschaften und am 22.9.1946 die erste größere Ruderregatta in > Grünau.

Nachdem die Freie Deutsche Jugend (FDJ) und der Freie Deutsche Gewerk-schaftsbund (FDGB) nach offizieller Zustimmung der > Sowjetischen Militär-administration in Deutschland (SMAD) am 1.10.1948 in der SBZ den Deutschen Sport-Ausschuß (DSA) gegründet hatten, verlief die Organisation des S. in der Vier-Mächte-Stadt getrennt. Im Ostsektor Berlins rekrutierte sich die im „Berliner Sport-ausschuß" von FDJ und FDGB koordinierte Sportbewegung aus den Sport-gemeinschaften der Betriebe, in den Westsektoren lizensierten die westlichen Alliierten nach einem am 30.12.1948 dem Magistrat übergebenen Plan zur Reor-ganisation des Sportbetriebs die Wiederzulassung von privaten Sportorganisa-tionen, so daß sich in Anlehnung an die alte Verbandsstruktur seit 1949 im Westteil der Stadt zahlreiche private Vereine neu gründeten.

4.1. Die Entwicklung in Berlin (West)

Nach der > Blockade und der > Spaltung der Stadt wurden dem S. in Berlin (West) unter veränderten politischen Prämissen, geographischen Bedingungen sowie demographischen Entwicklungen neue Prioritäten gesetzt. Unter der Leitung der auf Beschluß des > Abgeordnetenhauses vom 20.3.1952 beim damaligen Senator für Volksbildung ressortierenden „Zentralstelle für Sportstättengestaltung" (Vorläufer der später geschaffenen „Zentralstelle für Sportanlagen" gem. § 8 des SportFördG vom 24.10.1978) begann zunächst der Auf- und Ausbau von > Sportstätten. Die Knappheit der Flächen zwang zu langfristiger Flächensicherung und optimaler Nutzung, so daß – unter besonderer Berücksichtigung des Schul- und Vereinssports

– weniger repräsentative Stadien, sondern ein ausgeglichenes Netz einfacher und zweckmäßiger Gebrauchsstätten entstand. Auf der Grundlage sportpolitischer Beschlüsse sowie entsprechender städtebaulicher Planungsvorgaben konnte der nach Kriegsende verbliebene Bestand an Sportstätten bis 1960 ausgebaut werden: Die Anzahl der Hallenbäder steigerte sich von sechs auf neun, die der Freibäder von zehn auf 19; die bebaute Fläche erhöhte sich bei ungedeckten Sportanlagen um rd. 231 ha und bei Hallen um rd. 83 ha.

Inzwischen bildeten sich auch die bis heute bestehenden Strukturen des S. heraus. Der zunächst als Verband der Vereine am 29.10.1949 gegründete „Sportverband Groß-Berlin" erhielt unter dem Namen „Sportverband Berlin" seine heutige Organisationsstruktur als Verband der Verbände, in deren Form die am 22.6.1967 in > LANDESSPORTBUND BERLIN umbenannte größte Interessenorganisation des S. seither existiert. 1952 hatte der LSB bereits rd. 142.800 Mitglieder und beteiligte sich maßgeblich an der Entwicklung des S. in Berlin.

Ein Markstein in dieser Entwicklung war der von der „Deutschen Olympischen Gesellschaft" (DOG) herausgegebene sog. Goldene Plan (Laufzeit 1960-75), dessen Leitgedanken, die Gesundheit der Bevölkerung durch Erholung, S. und Spiel zu verbessern, zugleich Grundlage für die Entwicklung des Breitensports war. Die durch Senatsbeschluß vom 14.11.1961 für den Sportanlagenbau in Berlin (West) richtungweisende Zielsetzung dieses Plans bestand u.a. darin, durch den Ausbau bestehender und die Schaffung zusätzlicher Sportstätten durchschnittlich 4 m² je Einwohner Fläche für die sportliche Betätigung zur Verfügung zu stellen. Zwar konnte unter Verwendung erheblicher öffentlicher Mittel (allein für den allgemeinen Sportanlagenbau wurden von 1961-76 484,5 Mio. DM bereitgestellt) der Bestand gedeckter Sportstätten mehr als verdoppelt werden, jedoch ließ sich auch bei Ausschöpfung aller Flächenressourcen die Zielsetzung 4 m² je Einwohner nicht realisieren.

Nicht zuletzt in Folge der schrittweisen Umsetzung des Goldenen Plans erhöhte sich allerdings in Berlin (West) die Zahl der in Sportvereinen eingeschriebenen Mitglieder kontinuierlich von 1960 rd. 152.000 auf rd. 295.000 1976. Die nach seinem Auslaufen auf der Grundlage des am 24.10.1978 beschlossenen SportFördG in Zusammenarbeit mit dem LSB entfalteten Maßnahmen setzten diese Entwicklung fort. Sie wurden unterstützt durch das „Programm Sportstadt Berlin" vom 5.11.1985, das in Absprache mit dem LSB langfristig Schwerpunkte bspw. der Sportförderung, der Flächennutzung und Sportstättensanierung sowie der Durchführung internationaler Großveranstaltungen festlegte.

Demgegenüber gelang es nach Ende des II. Weltkrieges im Westteil der Stadt nur mit Mühe, an die Tradition internationaler Sportbegegnungen und herausragender Veranstaltungen anzuknüpfen: Während der Sportverkehr innerhalb der Vier-Sektoren-Stadt auch in den Jahren nach der Spaltung noch halbwegs florierte, folgte auf den Bau der > MAUER am > 13. AUGUST 1961 auch hier der Abbruch der Sportbeziehungen. Die Statuspolitik der DDR, der UdSSR und der anderen sozialistischen Länder, „Westberlin" als > SELBSTÄNDIGE POLITISCHE EINHEIT zu betrachten, blockierte nicht nur die Ausrichtung von Veranstaltungen im Rahmen des innerdeutschen Sportverkehrs in West-Berlin (und umgekehrt), sondern erschwerte auch die Durchführung internationaler Meisterschaften in der Stadt unter Einschluß östlicher Sportler.

Auch nach der formalen Wiederaufnahme der deutsch-deutschen Sportbe-

ziehungen in Folge des > GRUNDLAGENVERTRAGES am 8.5.1974 fanden trotz wieder-
holter Absichtserklärungen des Internationalen Olympischen Komitees und der
internationalen Spitzenverbände neben einem Gruppenspiel der Fußballwelt- meisterschaft 1974 (DDR gegen Chile) in Berlin (West) später lediglich Weltmeisterschaften im Billard, Tanzen, Eisspeedway und Schach statt. Mittels der sog. „Stadt-
vätereinladung" konnten vom 18.-28.8.1978 die III. Schwimmweltmeisterschaften im
olympischen Schwimmstadion ausgetragen werden und zwischen 1978 und 1987
Weltmeisterschaften auch im Bogenschießen, Modernen Fünfkampf (Junioren) und
Streckentauchen. Trotz des *Innerdeutschen Sportkalenders*, in dessen Rahmen in den
80er Jahren jährlich ca. 20 deutsch-deutsche Begegnungen unter Beteiligung auch
West-Berliner Sportler vertraglich fixiert wurden, akzeptierte der „Deutsche Turn-
und Sportbund" (DTSB) der DDR nur einen geringen Teil der durch den DSB vorgeschlagenen innerdeutschen Begegnungen in den jährlich wiederkehrenden Pro-
grammabsprachen.

Erst seit Berlin (West) Mitte der 80er Jahre wieder ein interessantes Programm
sportlicher Großveranstaltungen und breitensportlicher Initiativen verzeichnete,
änderte sich diese Situation, wenngleich bisweilen in der hier besonderen Auseinandersetzung sportlicher Konkurrenz, z.B. als 1987 anläßlich der 750-Jahr-Feier beide Teile der Stadt – jeweils getrennt – die alljährlichen Höhepunkte des internationalen Straßenradsports erlebten: In Ost-Berlin begann die Friedensfahrt, während im
Westteil das erste und einzige Mal der Prolog und die ersten beiden Etappen der
Tour de France gestartet wurden. Den Aufbruch zu gemeinsamen Sportveranstaltungen im später wiedervereinten Berlin markierten dann am 10.7.1990 die
beiden Bürgermeister der Stadt mit ihrer Erklärung, sich gemeinsam um die
Austragung der Sommerspiele der XXVII. Olympiade in Berlin bewerben zu wollen.

4.2. Die Entwicklung in Berlin (Ost)

Im Ostteil der Stadt wurde der Sportbetrieb durch Beschluß der Verwaltungs-
behörden vom 10.3.1949 auf einen neu konstituierten „Landessportausschuß Groß-
Berlin" aus Vertretern der FDJ und des FDGB übertragen und die kommunalen
Sportgemeinschaften durch Betriebssportgemeinschaften (BSG) abgelöst. Eine zunächst vollzogene administrative Eingliederung der Sportorganisationen in die
Stadtverwaltung durch Schaffung des „Komitees für Körperkultur und Sport Groß-
berlin" beim Magistrat am 29.8.1952 wurde 1957 wieder aufgehoben und der Ost-
Berliner S. durch Verordnung vom 7.6.1957 dem bereits 1952 geschaffenen „Komitee für Körperkultur und Sport beim Ministerrat der DDR" unterstellt; im gleichen
Jahr wurde der „Landessportausschuß" aufgelöst. An seine Stelle trat der Bezirksverband Groß-Berlin des am 27.4.1957 gegründeten DTSB, der Nachfolgeorganisation des DSA.

Die in Ost-Berlin neugegründeten Sportvereinigungen (SV) entstanden analog
zur Organisationsstruktur des FDGB, d.h. als BSG entsprechend den industriellen
und dienstleistenden Branchen sowie der Volkspolizei, Nationalen Volksarmee und
der Staatssicherheitsdienste (z.B. „Einheit" für staatliche und kommunale Verwaltungen, „Dynamo" für Volkspolizei und Staatssicherheit). Mit der Systematisierung
der Leistungssportförderung in der DDR ab 1954 bildeten die SV zur Konzentration
ihrer besten Athleten Sport-Clubs (SC), die jeweils für eine oder mehrere Sportarten
über Trainings- und Wettkampfzentren verfügten und zu denen die aussichtsreich-

sten Sportler der BSG oder Hochschulsportgemeinschaften delegiert wurden. Die bekanntesten und erfolgreichsten SC im Ostteil der Stadt entstanden 1954 mit dem *SC Dynamo Berlin* (> Sportclub Berlin e.V.), der über das eigene zentrale Sportforum in > Hohenschönhausen verfügte, bzw. als Gründungen Anfang der 60er Jahre im Zusammenhang mit einer rationellen Verteilung der Sportarten der *SC Berlin-Grünau* an der Regattastrecke Grünau und der > Turn- und Sportclub (TSC) Berlin e.V. am Sportkomplex an der Paul-Heyse-Str. Bis zur > Vereinigung Berlins und der Umwandlung bzw. Neugründung brachten diese SC zahlreiche Olympiasieger, Welt- und Europameister hervor.

Als Folge dieser auf den Hochleistungssport zugeschnittenen Förderung wurde ein auf die Interessen breitester Bevölkerungskreise zugeschnittener Sportanlagenbau weitgehend vernachlässigt. Zwar führte die Konzentration auf den Spitzensport zu einem (relativ zur Einwohnerzahl) höheren Bestand an gedeckten und ungedeckten Sportanlagen, jedoch erreichte der Breitensport bei weitem nicht die materielle Basis, Vielfalt und Breite wie im Westteil der Stadt. Erst in den 70er Jahren setzte auch im Ostteil der Stadt ein auf breiten- und freizeitsportliche Aspekte ausgerichteter Bau von Hallenbädern sowie Turn- und Gymnastikhallen ein, die zumeist in den dichtbesiedelten Neubaugebieten entstanden und zeitgleich mit diesen errichtet wurden. Indessen dominierte die Nutzung dieser Anlagen durch den Schul- und Betriebssport. Allein das Anfang der 80er Jahre errichtete > Sport- und Erholungszentrum sowie in geringerem Umfang auch der ehem. Pionierpalast in der > Wuhlheide, das heutige > Freizeit- und Erholungszentrum, ließ auch ungebundene freizeit- und breitensportliche Aktivitäten zu.

Demgegenüber hatten auch breitensportliche Initiativen und Veranstaltungen im Ostteil der Stadt ausdrücklich den sportlichen Wettbewerb zum Ziel, so die als Massensportveranstaltungen ausgerichteten Aktionen „Mach mit – bleib fit", die erstmals 1965 veranstalteten und seither umschichtig im zweijährigem Wechsel durchgeführten bezirklichen bzw. zentralen *Kinder- und Jugendspartakiaden*, die wichtiger Bestandteil des Leistungssportsystems der DDR waren, oder der seit Mitte der 80er Jahre als Gegenstück zum Berlin-Marathon im Westteil der Stadt organisierte „Friedenslauf". Als herausragende Veranstaltungen galten ferner das bei der > Radrennbahn Weissensee startende und endende Straßenradrennen „Rund um Berlin", das in der > Werner-Seelenbinder-Halle veranstaltete > TSC-Boxturnier, das die Boxer der Weltspitze anzog, sowie von den SC ausgerichtete, große internationale Weltcup-Veranstaltungen und Begegnungen, bspw. im Eisschnellauf, Boxen, Rudern, Schwimmen und Turnen, die auch nach der Vereinigung weitergeführt werden.

5. Die Vereinigung und ihre Folgen

Nach der > Vereinigung der Stadt ist die Zusammenführung des S. in Berlin nahezu abgeschlossen: Das Verwaltungshandeln auf der Ebene der > Bezirke vollzieht sich einheitlich im Land Berlin, die Abt. Sport der SenSchulSport ist zum Jahreswechsel 1991/92 in den Ostteil umgezogen. Inzwischen haben sich die meisten SV und SC des ehem. DTSB-Bezirks Ost-Berlin als gemeinnützige Vereine neu gegründet und sich dem LSB angeschlossen. 1991 waren bereits 83 % (23.761) seiner am 1.9.1990 erfaßten Mitglieder wieder im Gesamt-Berliner S. organisiert. Damit scheint bis Ende 1992 das Ziel des LSB erreicht, möglichst alle Mitglieder der ehem. Ost-Berliner DTSB-Organisationen in Vereinen und Verbänden zu erfassen. Im Vordergrund der

Sportorganisationen steht nunmehr, den im Frühjahr 1991 zwischen dem LSB und dem Landessportbund Brandenburg abgeschlossenen Kooperationsvertrag durch vielfältige Kontakte und gemeinsame Veranstaltungen auf Vereins- und Verbandsebene auszufüllen.

Demgegenüber sind der Ausbau und die Sanierung der Sportstätten in Berlin nach der Vereinigung von zahlreichen Unwägbarkeiten geprägt. Zur Umsetzung der Leitlinien und Ziele des Sportstättenbaus auch im Ostteil der Stadt bedarf es neben der tatsächlichen Bestandsermittlung noch umfangreicher Einschätzungen insbes. sozialer Indikatoren (Alters-, Einkommens- und Beschäftigungsstruktur), um den künftigen Bedarf in den elf östlichen Bezirken zu ermitteln und an das qualitative Niveau in den westlichen Bezirken anzupassen. In diesem Zusammenhang ist die Bewerbung Berlins um die Austragung der > OLYMPISCHEN SPIELE im Jahr 2000 von Bedeutung, da bereits jetzt mit Blick auf dieses Ereignis mit dem Ausbau der sportlichen Infrastruktur in den Bereichen des > STADIONS DER WELTJUGEND, des Jahn-Sportparks und der > WERNER-SEELENBINDER-HALLE begonnen wurde. Eine erfolgreiche Bewerbung Berlins, über die das IOC im September 1993 entscheiden wird, könnte diesen Prozeß beschleunigen und darüber hinaus dem Zusammenwachsen im S. neue Impulse verleihen.

T

Tacheles: Das Kunstzentrum T. in einem ehem. Kaufhaus in der Oranienburger Str. 52-56a im Bezirk > MITTE entstand im Februar 1990, nachdem rd. 50 Künstlerinnen und Künstler aus dem Ost- und dem Westteil Berlins das abrißgefährdete Gebäude besetzt hatten (> HAUSBESETZUNGEN). Der von den Künstlern am 24.4.1990 gegründete Verein „Tacheles e.V., Kunsthaus", der langfristig die Übernahme des T. in freier Trägerschaft anstrebt, ist derzeit sowohl Veranstaltungs- als auch Produktionsbetrieb, insbes. in den Bereichen Musik, Theater, Film (Kino) und Malerei. Das T. bietet u.a. ein Forum für Inszenierungen der freien Berliner Theater- szene, für Musikprojekte der experimentel- len, neuen und besonders seltenen Musik, für Tanz- und andere multimediale Perfor-

mances, für Körperaufführungen, Lightbulb- Shows und szenische Inszenierungen. Neben den Theaterräumen gibt es im T. zwei Atelieretagen mit 20 Künstlerateliers, ein Grafik-Design-Labor, Werkstätten für Metall- und Holzgestaltung sowie Siebdruck, ein Videostudio, ein Fotolabor und ein Café, das auch als Veranstaltungsort genutzt wird. Eine Offsetdruckerei, eine Töpferei und ein Tonstudio sind im Aufbau. Das T. finanziert sich z.Z. aus Eigenerträgen, projektgebun- denen Mitteln der > SENATSVERWALTUNG FÜR KULTURELLE ANGELEGENHEITEN sowie aus priva- ten Spenden.
Das T. ist in einem Teilgebäude des 1908 er- öffneten Kaufhauses Friedrichstadt-Passage zwischen > FRIEDRICHSTRASSE und Oranien- burger Str. südlich des > SCHEUNENVIERTELS

Tacheles

untergebracht. 1928 wurde aus dem Laden-
komplex das Haus der Technik der AEG.
Während des II. Weltkriegs nutzten den Gebäudekomplex u.a. NS-Dienststellen, wie die
Organisation „Kraft durch Freude" und das
Zentral-Bodenamt. Nach dem Krieg waren in
den noch nutzbaren Räumlichkeiten des
stark beschädigten Hauses u.a. die Fachschule für Artistik der DDR (> STAATLICHE BALLETT-
SCHULE BERLIN UND SCHULE FÜR ARTISTIK), die
Bezirksfilmdirektion Berlin, das Kino „Kamera" des Staatlichen Filmarchivs der DDR sowie diverse Läden untergebracht. Bis Ende
der 70er Jahre wurde das Gebäude schrittweise geräumt und bis auf den Flügel an der
Oranienburger Str., um dessen Erhalt es immer wieder Diskussionen gab, gesprengt. Die
o.g. Besetzung und das Engagement des >
RUNDEN TISCHES für das T. verhinderten den
für April 1990 geplanten Abriß des Rest-
gebäudes. In der Folgezeit entwickelte sich
das T. zu einem Kulturzentrum und der Bau
wurde unter Denkmalschutz gestellt. Im
Zuge der > VEREINIGUNG erhielt das T. aus öffentlichen Mitteln 1 Mio. DM für Winter-
sicherungsmaßnahmen, womit der weitere
Verfall der Bausubstanz gestoppt werden
konnte. Die Sanierung des Gebäudes soll in
den kommenden Jahren durch das > SOZIAL-
PÄDAGOGISCHE INSTITUT erfolgen, das Treu-
handträger des Objekts ist.

Tag der offenen Tür: Der seit 1952 jährlich
in West-Berlin – seit 1990 im gesamten Stadtgebiet – durchgeführte T. dient der sozialen
Unterstützung bedürftiger Journalisten und
Künstler sowie der Aus- und Fortbildung der
Journalisten durch den Bildungsverein des
Journalistenverbands Berlin (JVB). Veranstalter ist ein vom JVB und der Notgemeinschaft
der Deutschen Kunst gegründeter gemeinnütziger Verein. Der T. entstand nach dem
Vorbild des Kopenhagener Rundschau-Ta-
ges, einer seit den 20er Jahren in Dänemark
populären Wohltätigkeitsveranstaltung. Ein
käufliches Scheckheft enthält zahlreiche Gut-
scheine zum kostenlosen bzw. ermäßigten
Besuch von > THEATERN, > MUSEEN, > KINOS,
Sportveranstaltungen, städtischen Einrichtungen und Großbetrieben. Die Käufer des
Scheckheftes nehmen an einer Lotterie teil.
Bei einer Auflage von 450.000 Exemplaren
betrug das aus den Einnahmen resultierende
Spielkapital 1991 rd. 2,4 Mio. DM, von dem
gemäß Lotteriegesetz 25 % für soziale Aufgaben verwendet werden müssen. Seit seinem

Bestehen hat der T. insg. 24 Mio. DM erwirtschaftet. Davon gingen 14 Mio. DM an
den Sozialfond des Journalistenverbands
Berlin und 10 Mio. DM an die Notgemeinschaft der Deutschen Kunst.

Tanz: In den ersten Dekaden des 20. Jh. hat
sich in Deutschland und im besonderen in
Berlin unter weltweiter Beachtung der Aus-
druckstanz herausgebildet. Die revolutionären künstlerischen Impulse der damaligen
Zeit sind bis heute spürbar. Traditionell jedoch ist Berlin die Stadt des Sprechtheaters
(> THEATER); die hauptstädtische Bühnen-
landschaft wird – auch in den Jahrzehnten
der > SPALTUNG – vom Schauspiel dominiert.
Der T. läßt sich in zwei Bereiche aufgliedern:
Das Ballett ist im Opernbetrieb dem Musiktheater angeschlossen bzw. untergeordnet,
der freie, moderne Tanz kämpft hingegen außerhalb der Institutionen um seine Etablierung.
1. Ballett
Ballett-Ensembles gibt es an allen drei Berliner Opernhäusern. Sie konzentrieren sich
überwiegend auf das klassische Repertoire.
Die relativ größte Eigenständigkeit genießt
das Ballett der > KOMISCHEN OPER, das unter
der Leitung des Choreographen Tom Schilling steht. Gastweise arbeitet dort u.a. auch
die Dresdner Tänzerin und Choreographin
Arila Siegert. Auch für Nachwuchschoreo-
graphen aus dem Haus wird die Bühne freigegeben. An der > DEUTSCHEN OPER BERLIN hat
Peter Schaufuss seit 1990 die Ballettdirektion
inne. Namhafte Gastchoreographen sind hier
Maurice Béjart, Christopher Bruce, Moses
Pendleton. Insg. prägen Reprisen traditioneller und klassisch-moderner Stücke das Bal-
lett-Programm der Deutschen Oper. Im Frühjahr '92 konnten mit Bill T. Jones, Michael
Clark und Stephen Petronio zum ersten Mal
junge Choreographen aus dem anglo-
amerikanischen Raum in der Bismarckstr. arbeiten. Mit der Berufung des Künstlerischen
Leiters Daniel Barenboim (ab 1993) soll an
der > DEUTSCHEN STAATSOPER UNTER DEN LINDEN
eine neue Ära beginnen, was die Neuorientierung des Ballett-Ensembles mit einschließt.
Neben den drei Staatsopern unterhalten auch
das > THEATER DES WESTENS (Musical) und der
> FRIEDRICHSTADTPALAST (Revue) eigene Tanz-
Ensembles (> LEICHTE MUSIK).
2. Die Freie Tanz-Szene
Berlin ist auch Zentrum der Freien Tanz-Szene in Deutschland. Gut ein Dutzend Grup-

pen sind, mehr oder weniger regelmäßig, an diversen Aufführungsorten anzutreffen. Der Schwerpunkt liegt im Westteil der Stadt, wo sich internationale Einflüsse entfalten konnten. Der Hang zum Experiment, das Verschmelzen mit anderen Medien und Kunstformen (> FILM, Video; > LITERATUR; > BILDENDE KUNST) kann als Kennzeichnung der Freien Szene gelten. Die > SENATSVERWALTUNG FÜR KULTURELLE ANGELEGENHEITEN unterstützte 1992 Freie Tanzgruppen im Rahmen einer Projektförderung mit insg. 1,2 Mio. Mark.

Einige Freie Ensembles haben sich eigene Studios für Aufführungen und Unterricht aufgebaut. Die *Tanzfabrik Berlin* in der Möckernstr. 68 im Bezirk > KREUZBERG wurde 1978 als Zentrum für Modernen T., Improvisation und Experiment von Künstlern aus Deutschland und den USA ins Leben gerufen. Die Company wird von einem künstlerischen Kollektiv geleitet (Jacalyn Carley, Claudia Feest, Dieter Heitkamp). Das Repertoire umfaßt eine Vielzahl tänzerisch-theatralischer Ausdrucksformen. Die von Leanore Ickstadt und Joseph Tmim geleitete, in der *Tanz-Tangente* in der Kuhligkshofstr. 4 in > STEGLITZ beheimatete *„Dance Berlin"* hat ebenfalls amerikanische Wurzeln. Ein weiteres internationales Projekt ist *tatoeba – Theatre Danse Grotesque*, es verbindet die Tradition des japanischen Butoh-Tanzes mit dem deutschen Grotesktanz der 20er Jahre. Auch das expressive Duo *Rubato* mit den Tänzern/ Choreographen Jutta Hell und Dieter Baumann unterliegt fernöstlichen Einflüssen, während das Ensemble *Skoronel* (Leitung: Judith Kuckart, Jörg Aufenanger) als Epigone des deutschen Tanztheaters, wie es von Pina Bausch geprägt worden ist, gelten kann.

Eine Sonderstellung nimmt der in Berlin lebende Tänzer und Choreograph Gerhard Bohner ein. Bohner, Solotänzer der Deutschen Oper Berlin, verfolgt einen eigenen Weg, seine Arbeit – in der Regel Soloauftritte – kann als Bindeglied zwischen der deutschen Bauhaus-Avantgarde und dem zeitgenössischen T. angesehen werden. Berühmt wurde Bohner u.a. durch seine Wiederbelebung des „Triadischen Balletts" nach Oskar Schlemmer.

3. *Die Infrastruktur des Tanz in Berlin*

Der T. in Berlin leidet unter strukturellen Beschränkungen. Bei den Ballett-Ensembles sind dies die Erfordernisse des Opernbetriebes, in der Freien Szene der Mangel an Spielstätten und Proberäumen; der finanziel-le Spielraum ist ohnehin gering. 1988 entstand deshalb die *Tanz Initiative Berlin e.V.*, die sich aus Vertretern der Freien Szene zusammensetzt und um eine Verbesserung der Arbeitsbedingungen bemüht ist. Freie Tänzer, Ballett-Vertreter und Produzenten haben 1990/91 gemeinsam das in der Bundesrepublik Deutschland wohl einmalige kulturpolitische Instrument *Runder Tisch Tanz* geschaffen (> RUNDER TISCH).

In den 70er und 80er Jahren verstand sich Berlin (West) als ausgeprägte Festival-Stadt. Es gab eine Vielzahl großer internationaler Tanz-Gastspiele (Martha Graham, Merce Cunningham, Trisha Brown) im Rahmen der > BERLINER FESTWOCHEN. Für traditionelle Tanzensembles aus anderen Kulturkreisen (Lateinamerika, Asien, Afrika) ist das > HAUS DER KULTUREN DER WELT eine wichtige Anlaufstelle. Seit 1972 veranstaltet ferner die > AKADEMIE DER KÜNSTE ihre internationale Gastspielreihe *Pantomime – Musik – Tanz – Theater*, ein Forum experimenteller Bühnenkunst mit eindeutigem Schwerpunkt im Tänzerischen. Die inzwischen aus dem Rahmenprogramm des Theatertreffens herausgewachsene Reihe wurde von Nele Hertling und Dirk Scheper gegründet. Als Intendantin des > HEBBEL-THEATERS (seit 1989) setzt Nele Hertling ihre Arbeit für den T. in Berlin fort. Dort werden nicht nur Gastspiele gezeigt, sondern auch neue Stücke produziert, häufig im Rahmen internationaler Koproduktionen. Über verschiedene Kulturinstitutionen, die nicht ausschließlich mit T. zu tun haben, knüpft sich ein loses Netz einer seit Anfang der 90er Jahre im Aufbau befindlichen Infrastruktur. Dazu gehört neben dem Spielort Hebbel-Theater die „Werkstatt Berlin", eine Einrichtung aus der Erbmasse des „Europäischen Kulturstadtjahres" 1988. Jungen internationalen Tänzern und Choreographen gibt sie jeweils im August Gelegenheit, ohne Erfolgsdruck zusammenzuarbeiten. Sie ist mit einer Reihe von Gastspielen verbunden, die wiederum mit der Aufführungsserie des „Berliner Tanzwinters" korrespondiert. Es geht bei all diesen Projekten um die Verbindung der Berliner Tanzszene zum Ausland. Hilfreich ist dabei auch das Berliner Künstlerprogramm des > DEUTSCHEN AKADEMISCHEN AUSTAUSCHDIENSTES, in dessen Rahmen bisher Choreographen aus Frankreich, Spanien und den USA Berlin-Stipendien erhalten haben. Die Defizite im Tanzbereich sind in der Berliner Kulturpolitik allgemein bekannt. Die

1992 aufgelöste > Freie Volksbühne stellt (nach der Renovierung) eine Möglichkeit dar, große Tanzgastspiele zu verwirklichen. Andere freie Produktionen sollen sich in der alten Schaubühne am Halleschen Ufer konzentrieren. In > Karlshorst hat das „TO", das ehem. *Theater der sowjetischen Streitkräfte*, in der Saison 1991/92 ein erstes Tanzprogramm aufgelegt.

Die Situation der Tanzausbildung in Berlin spiegelt die komplexe Problematik der Szene wider. Neben der > Staatlichen Ballettschule Berlin und Schule für Artistik, deren traditionell strenge Lehrmethode nicht unumstritten ist, gibt es ca. ein Dutzend private, z.T. staatlich anerkannte Ballett-Schulen. Groß ist das Angebot im Off-Bereich mit Workshops und Unterrichtsklassen diverser Stilrichtungen des Modern Dance. Hier unterrichten in der Regel Tänzer und Choreographen der Freien Szene.

4. Die Geschichte des Tanzes
Berlins erster Ballett-Star, die Barberina, kam aus Italien. Die Primaballerina hatte in anderen europäischen Metropolen bereits Furore gemacht, als Friedrich II. (1740-86) sie mit einer hohen Jahresgage an seinen Hof lockte. 1744 trat die Barberina zum ersten Mal in Berlin auf; der Maler Antoine Pesne hat die Tänzerin in einer Szene des berühmten Opernballetts „Pygmalion und Psyche" festgehalten. In der frühen Regierungszeit des Preußenkönigs hielt sich auch vorübergehend der berühmte französische Tänzer Georges Noverre in Berlin auf.

Bereits im 19. Jh. war das Ballett als eigenständige Kunstform anerkannt. 1811 wurde in Berlin das Ballett-Personal – im Zuge einer Neuorganisation der Königlichen Theater – im Theaterbudget fest verankert. Man war in Berlin jedoch nach wie vor auf ausländische Ballett-Meister angewiesen, während sich Paris unbestritten als Ballett-Metropole bezeichnen durfte. Aus der Schule der Pariser Oper kamen Paul Taglioni und Michel Hoguet. Beide bestimmten das Berliner Ballett-Leben in der Mitte des 19. Jh. – Hoguet mit seinen berühmten Tanzstücken „Der Schweizer Soldat", „Der Geburtstag" und „Robert et Bertrand". Taglioni schuf nicht weniger als 42 Ballette, darunter „La Sylphide".

Mit der Jahrhundertwende und der Krise des überkommenen Balletts wurde Berlin zum Ausgangs- und Anziehungspunkt einer ganz neuen Tanzrichtung. 1904 ließ sich die exzentrische Amerikanerin Isadora Duncan in > Grunewald in einem eigenen Tanzstudio nieder. Sie bezeichnete ihre stark von klassisch-hellenischen Einflüssen geprägte, pantomimische Ausdrucksform als „freien Tanz". Es war ein starker symbolischer Akt, als Isadora Duncan den seidenen Ballettschuh als „Instrument aus der Folterkammer" von ihrer Bühne verbannte: Sie tanzte barfuß, bekleidet mit einem weiten, weißen Gewand.

Zu den schillerndsten Tanz-Persönlichkeiten des 20. Jh. gehörte Mary Wigman, deren künstlerische Laufbahn auf vielfältige Weise mit Berlin verbunden war. Mary Wigman hat in der Weimarer Republik den freien, künstlerischen T. durchgesetzt – durchaus als „deutsche" Kunst, da sie ihre geistigen Wurzeln in der nordischen Mythologie erkannte. In Gruppen- und Solochoreographien war die Hingabe der Tänzer an eine überpersönliche Aufgabe angestrebt, der Körper sollte zum Instrument, zum Ausdruck kosmischer Lebenserfahrung werden. Wigman suchte in ihren tänzerischen Visionen die Ekstase. Zum nationalsozialistischen Staat hatte sie ein ambivalentes Verhältnis. Sie blieb und erlitt in Deutschland Rückschläge, ließ sich aber dennoch für die Eröffnungsfeier der Berliner > Olympischen Spiele 1936 als Choreographin gewinnen. 1949 gründet sie in > Zehlendorf eine neue Schule. 1957 choreographierte sie mit „Sacre du Printemps" an der Städtischen Oper Berlin ihr letztes Bühnenwerk.

Neben diesen strengen Tanzformen hat Berlin in den 20er Jahren eine ganz andere Richtung hervorgebracht – den Grotesktanz. Die wichtigste, originellste Vertreterin war Valeska Gert. Insbes. der „konzertante Tanz", d.h. Tanzaufführungen außerhalb der Staatstheater, hatten in der Weimarer Republik eine Blütezeit. Weitere Repräsentanten dieser vielschichtigen Szene waren die Nackttänzerin Anita Berber und die tanzende Schönheit La Jana (eigentlich: Henny Hiebel) oder der Solist Harald Kreutzberg, der in seinen Tänzen Charakter und (grotesken) Ausdruck vereinigte.

Der Tanzpädagoge und Theoretiker Rudolf v. Laban nimmt eine Sonderstellung ein. Laban, Mary Wigmans Lehrer, wurde 1930 Ballettmeister am Berliner Staatstheater. Er schuf große Choreographien für Bewegungs-Chöre, seine Bedeutung liegt jedoch v.a. im tanztheoretischen Bereich. Er entwickelte u.a. eine „Schrift" für den T., einzigartige Notationssysteme für Bewegung und Dynamik, mit denen heute noch weltweit gearbeitet wird.

Eine Renaissance des klassischen Balletts, ein konservativer Rückschwung, prägte die Zeit nach dem II. Weltkrieg. Zunächst diente der > ADMIRALSPALAST als Ausweichquartier, da die Staatsoper wegen der Kriegsschäden nicht bespielbar war. Diese Phase prägte Tatjana Gsovsky, eine russische Emigrantin, deren Einfluß bis in die heutige Zeit reicht. 1951 ging sie mit ihren Spitzenkräften nach West-Berlin an die Städtische Oper (heute: Theater des Westens). Berühmt wurde Gsovskys „Hamlet"-Choreographie nach Shakespeare (Musik: Boris Blacher, 1953), ebenso „Der Idiot" nach Dostojewski (Musik: Hans Werner Henze, 1954). Die Ballett-Chefin (bis 1962 an der Deutschen Oper Bismarckstraße) gründete später das „Berliner Ballett", eine vielbeschäftigte Tourneetruppe, sowie, Mitte der 60er Jahre, ihre „Berliner Tanzakademie". In der Ballettdirektion folgte auf Gsovsky Gert Reinholm, ihr langjähriger Solotänzer. Reinholm, der das Ballett der Deutschen Oper, von einem kurzen Interregnum Kenneth MacMillans 1966-68 abgesehen, bis 1990 leitete, vermochte es jedoch nicht, dem Ensemble neue Impulse zu geben. Skandalträchtige Erneuerungsversuche wie Johann Kresniks Stück „Susi Creamcheese" mit Musik von Frank Zappa (1970) blieben die Ausnahme. Exemplarisch für die Entwicklung war ein Bruch Mitte der 80er Jahre, als die Primaballerina Eva Evdokimova die Deutsche Oper verließ und damit gegen die für das Ballett ungünstigen Tendenzen protestierte.

Tatjana Gsovskys Ballette Ende der 40er Jahre („Romeo und Julia", „Dornröschen") waren zunächst auch für die Entwicklung in Ost-Berlin richtungweisend. 1954 wurden auf der sog. Tanzkonferenz der DDR die entsprechenden Direktiven ausgegeben: Die klassische Technik sollte die Grundlage bilden, moderne Auffassungen und Folklore betrachtete man als Ergänzungen. Großes Vorbild waren die Ballett-Schulen und die Aufführungspraxis der Sowjetunion. Die Staatsoper Unter den Linden galt als Zentrum der Klassikpflege. Aus der Schule des aus der Emigration zurückgekehrten Tänzers und Choreographen Jean Weydt ging das Staatliche Tanzensemble der DDR hervor, eine staatliche Folklore-Truppe, die Ende 1991 abgewickelt wurde.

Walter Felsenstein, der große Erneuerer des Musiktheaters, sorgte an der Komischen Oper auch für Veränderungen im Tanzbereich, als er 1965 Tom Schilling zum Chefchoreographen machte. Schilling entwickelte einen eigenen, von Felsensteins „Spieloper" inspirierten Tanztheater-Begriff. Sein Repertoire spannt sich von neuinterpretierten klassischen Werken („Schwanensee") bis hin zu eigenen Kreationen wie „Schwarze Vögel", „Match", „Abendliche Tänze" – Stücke, die gesellschaftliche Konflikte behandeln.

Das Schicksal der Tänzerin Dore Hoyer wirft ein Schlaglicht auf die diskontinuierliche Entwicklung des neuen T. in Berlin und Deutschland. Die Ausdruckstänzerin versuchte nach dem Krieg mit wenig Glück, an frühere Zeiten anzuknüpfen. Im Ausland, v.a. in den USA, fand sie weit größere Resonanz. Ihr und Mary Wigmans Erbe wurde in den 70er Jahren von den deutschen Tanztheater-Frauen Pina Bausch (Wuppertal), Reinhild Hoffmann (Bremen, Bochum) und Susanne Linke (Essen) aufgenommen, allerdings nur gastspielweise in Berlin. Seit der > VEREINIGUNG läßt sich in der Berliner Tanzszene generell eine Aufbruchstimmung feststellen. Gegenüber anderen deutschen Städten und dem westlichen Ausland (Frankreich, USA) gibt es großen Nachholbedarf.

Tauentzienstraße: Obwohl nur 450 m lang, gehört die T. zwischen > WITTENBERGPLATZ und > BREITSCHEIDPLATZ zu den attraktivsten und über die Stadt hinaus bekannten Einkaufsstraßen der (West-)Berliner > CITY. Zahlreiche Geschäfte und Läden des gehobenen Bedarfs charakterisieren diesen um die Jahrhundertwende entstandenen Boulevard, der als östliche Verlängerung des > KURFÜRSTENDAMMS im Westen durch das > EUROPA-CENTER und im Osten durch das Kaufhaus des Westens (KaDeWe) begrenzt wird (> EINKAUFSZENTREN). Auf dem Mittelstreifen zwischen Nürnberger und Marburger Str. steht die monumentale Torplastik „Berlin" von Brigitte und Martin Matschinsky-Denninghoff aus miteinander verschlungenen Chromnickelstahl-Röhren. Sie wurde 1987 im Rahmen des Projekts „Skulpturenboulevard" aufgestellt.

Die T. wurde im Hobrechtschen Bebauungsplan von 1862 (> HOBRECHTPLAN) als Teil einer großzügigen Ringstraße konzipiert, die im Süden Berlins vom > HERMANNPLATZ über den > GENERALSZUG zum Breitscheidplatz führte. Erst in den letzten beiden Jahrzehnten des vorigen Jh. verdrängten vornehme

Wohnbauten die bis dahin hier dominierenden Kornfelder und Gärtnereien. Die zunächst stille Wohnstraße wandelte schlagartig ihren Charakter, als 1907 der Warenhauskönig A. Jandorf durch Emil Schaudt den riesigen Komplex des KaDeWe erbauen ließ, woraufhin sich sehr schnell zahlreiche weitere Geschäfte an der T. ansiedelten.

Technische Fachhochschule Berlin (TFH): Die TFH in der Luxemburger Str. 10 im Bezirk > WEDDING wurde 1971 in Folge der Hochschulreform errichtet. Ihre Vorgängereinrichtungen waren vier staatliche Ingenieurschulen (für Bauwesen, für Gartenbau sowie die Ingenieurschulen Beuth und Gauß). Die TFH, eine selbständige Körperschaft des öffentlichen Rechts, bietet in 14 Fachbereichen insg. 30 Grund-, Haupt- und Aufbaustudiengänge an. Angebotsschwerpunkt sind ingenieurwissenschaftliche, mathematisch-naturwissenschaftliche und wirtschaftswissenschaftliche Fachrichtungen. Nach der > VEREINIGUNG wurde im Ostteil Berlins die > FACHHOCHSCHULE FÜR TECHNIK UND WIRTSCHAFT BERLIN gegründet, die bis zum Abschluß der Gründungsphase 1994 eine Abteilung der TFH ist. Die TFH gilt als eine der renommiertesten Fachhochschulen in Deutschland, nicht zuletzt wegen ihres ständigen Bemühens um ein innovatives Studienangebot. So wurden in den letzten Jahren ein Modellstudiengang „Betriebswirtschaft mit Schwerpunkt Wirtschaftsinformatik" sowie Studiengänge für Verpackungstechnik, Medizinisch-Physikalische Technik, Biotechnologie und Lasertechnik (Ergänzungsstudiengang) eingerichtet. Ferner verfügt die TFH über eine Geschäftsstelle für „Technologie Transfer", die der Zusammenarbeit mit der > WIRTSCHAFT dient. Auf diesem Gebiet arbeitet die TFH eng mit der > TECHNOLOGIE-VERMITTLUNGS-AGENTUR zusammen. Ende 1991 studierten an der TFH rd. 8.000 Studenten, die von 326 Professoren und 712 Lehrkräften unterrichtet wurden (weitere Mitarbeiter: 319). Die sechs Bereichsbibliotheken der TFH verfügen über insg. knapp 150.000 Bände.

Technisches Hilfswerk (THW): Das THW als Zivil- und Katastrophenschutzorganisation des Bundes ist eine nichtrechtsfähige Bundesanstalt mit eigenem Verwaltungsunterbau im Geschäftsbereich des > BUNDESMINISTERS DES INNERN. In jedem alten Bundesland und in Berlin nimmt ein THW-Landesverband die Interessen der Bundesanstalt unter Leitung der Landesbeauftragten wahr. Der 1952 gegründete Berliner Landesverband hat seinen Sitz in der Soorstr. 84 im Bezirk > CHARLOTTENBURG. In dieser Dienststelle und in fünf weiteren Außenstellen (Geschäftsführerbereichen) und in einer THW-Zentralwerkstatt arbeiten derzeit ca. 45 hauptamtliche Mitarbeiter. In den neuen Bundesländern wird das THW durch Patenschaften angrenzender Landesverbände aufgebaut und geführt. Die Landesbeauftragte für Berlin nimmt diese Geschäfte im Land Brandenburg wahr, in dem 1991 bereits fünf THW-Ortsverbände (OV) gegründet wurden. Bis 1995 sollen insg. 15 OV mit ca. 2.000 Helfern bereitstehen.

Aufgabe ist die technische Hilfeleistung im > ZIVILSCHUTZ sowie im > KATASTROPHENSCHUTZ, bei öffentlichen Notständen und Unglücksfällen größeren Ausmaßes, insbes. im Bergungs- und Instandsetzungsdienst, auf Anforderung der für die Gefahrenabwehr zuständigen Stellen. Im Rahmen humanitärer Hilfe wird das THW im Auftrag der Bundesregierung auch im Ausland tätig. In den meisten Fällen leisten die Mitarbeiter des THW ihre Arbeit ehrenamtlich außerhalb der üblichen Arbeitszeit. Von den 900 Helfern des nach den zwölf West-Berliner > BEZIRKEN gegliederten Landesverbands wurden 1991 insg. 130.377 h abgerechnet. 1991 konnte der erste Bezirksverband im Ostteil Berlins gegründet werden – in der Aufbauphase als Doppelbezirk (> LICHTENBERG / > FRIEDRICHSHAIN); ein weiterer ist für 1992 geplant (> PANKOW / > WEISSENSEE). Seit Einführung der > WEHRPFLICHT auch in Berlin nutzten zunehmend junge Männer die Möglichkeit der Freistellung vom Wehrdienst durch eine achtjährige Verpflichtung zur Mitarbeit im THW.

Z.Z. stehen dem THW in Berlin 15 Bergungszüge, acht Instandsetzungszüge, ein Fernmeldezug, ein Brückenbauzug, zwei Notstrompumpengruppen, eine Pontongruppe, zwei leichte Bergungstrupps, eine Rettungshundestaffel sowie fünf Verpflegungstrupps zur Verfügung. Die Organisation beteiligte sich auch am Abriß der Berliner > MAUER, an den Hilfsgütertransporten in die GUS und die Baltischen Republiken und leistet regelmäßig technische Unterstützung bei vielen Großveranstaltungen und Stadtfesten in Berlin und Umgebung.

Technische Universität Berlin (TUB): Die Schwerpunkte der Kuratorialhochschule TUB mit Sitz in der > STRASSE DES 17. JUNI 135 im Bezirk > CHARLOTTENBURG liegen im Unterschied ZUR > FREIEN UNIVERSITÄT BERLIN (FU), zur > HUMBOLDT-UNIVERSITÄT ZU BERLIN (HUB) und zur > HOCHSCHULE DER KÜNSTE (HdK) bei den Ingenieurs- und Naturwissenschaften. Mit rd. 38.000 Studierenden im Wintersemester 1991/92 ist sie die zweitgrößte Hochschule Berlins und die größte Technische Hochschule der Bundesrepublik Deutschland.

1. Struktur, Organisation und Haushalt

Die heutige Organisationsstruktur der TUB geht zurück auf eine Neugliederung im Rahmen der Hochschulreform 1970. Mit der Teilintegration der *Pädagogischen Hochschule* hat die TUB 1980 eine zusätzliche Ausweitung ihres Fächerspektrums und eine Erweiterung um einen Fachbereich erfahren. Heute besteht sie aus 22 Fachbereichen mit 112 Instituten und vier Zentraleinrichtungen (ZE), die auch für Studierende der FU und anderer Hochschulen eine Reihe spezifischer Dienstleistungen erbringen.

Als Kuratorialhochschule weist die TUB in ihrer Struktur gemäß dem Berliner Hochschulgesetz, dessen letzte Novellierung am 12.10.1990 erfolgte, die Organe Präsident, Akademischer Senat, Konzil, Kuratorium und Personalkommission sowie Studentenschaft auf.

Das Land Berlin finanziert den Haushalt der TUB zu ca. 80 %, 20 % werden durch Einnahmen (Benutzungsgebühren, Dienstleistungsentgelte, Bundeszuschuß, DFG-Sondermittel) gedeckt. Hervorzuheben ist, daß die TUB im Vergleich zu anderen Hochschulen seit Jahren einen ungewöhnlich hohen Anteil von eingeworbenen Drittmitteln für Forschungsprojekte nachweisen kann. So wurden z.B. 1991 ca. 110 Mio. DM von Dritten für Forschungsprojekte eingeworben.

Im Wintersemester 1991/92 waren an der TUB 38.149 Studierende, davon 29,2 % Frauen immatrikuliert. Die Normalauslastung der TUB liegt bei 27.000 Studenten. Mit 15,7 % ausländischen Studenten hatte die TUB 1991/92 wie nun seit Jahrzehnten den höchsten Ausländeranteil aller westeuropäischen Hochschulen.

Die Anzahl der TU-Beschäftigten umfaßte zum gleichen Zeitpunkt insg. 9.136 Personen, darunter 593 Hochschullehrer, 2.382 wissenschaftliche Mitarbeiter, 23 % davon aus Drittmitteln finanziert, sowie 3.669 sonstige Mitarbeiter und 2.492 studentische Mitarbeiter (Tutoren und sonst. Beschäftigte). Der Frauenanteil beträgt insg. 32 %. Mit ca. 200 Ausbildungsplätzen für Lehrlinge in technisch-gewerblichen Berufen gehört die TUB zu den zwölf größten Ausbildungsbetrieben in Berlin.

Ende 1991 bot die TUB 50 Studiengänge und über 100 Studienfächer in den Fachrichtungen der Ingenieur-, Natur-, Wirtschafts-, Geistes- und Sozialwissenschaften sowie der Lehrerausbildung an. Neben den ingenieurwissenschaftlichen Studiengängen hat die TUB einige Besonderheiten vorzuweisen. Wie durch die Arbeitswissenschaften und die Biomedizinische Technik beim Maschinenbau oder die Landschaftsplanung bei den Planungswissenschaften unterscheidet sie sich auch durch die Möglichkeiten des Studiums der Psychologie, der Musikwissenschaften etc. grundlegend von den anderen deutschen Technischen Hochschulen und Universitäten.

Neben den Studienmöglichkeiten im Regelangebot mit den jeweils möglichen Abschlußprüfungen Diplom-, Magisterprüfung und Staatsexamen für die Lehramtsfächer werden von der TUB außerdem das Fachstudium für den Diplom-Braumeister und den staatlich geprüften Brennereitechniker sowie weitere Aufbau-, Zusatz-, Ergänzungs- und Weiterbildungsstudiengänge wie z.B. Energieplanung und Energiemanagement, Gesundheitswissenschaften und Weiterbildungsmanagement angeboten. Die Studierenden belegen die Fächergruppen wie folgt: 38 % Geistes- und Sozialwissenschaften, 40 % Ingenieurwissenschaften, 22 % Naturwissenschaften. Die durchschnittliche Studiendauer liegt bei 13,7 Semestern.

Neben der Lehre und Ausbildung ist die TUB eine der größten Forschungsstätten Berlins. Gegenwärtig werden ca. 2.500 Forschungsprojekte bearbeitet. Dabei stehen heute Grundlagenforschung und angewandte Forschung gleichberechtigt nebeneinander. Schwerpunkte der Forschung an der TUB sind insbes. die mit mehreren Mio. DM jährlich geförderten Sonderforschungsbereiche. An den z.Z. ca. 150 in der Bundesrepublik existierenden Sonderforschungsbereichen der Deutschen Forschungsgemeinschaft (DFG) ist die TUB mit zwölf Projekten beteiligt. Für sieben dieser Projekte wurde der TUB die Federführung übertragen. Außerdem arbeitet die TUB mit zahlreichen nationalen und internationalen außeruniversitären Forschungseinrichtungen zusammen.

Durch die im > PRODUKTIONSTECHNISCHEN ZENTRUM (PTZ) geleisteten Forschungsarbeiten setzen TUB-Wissenschaftler Maßstäbe für die Weiterentwicklung robotergesteuerter Fabriken, der TUB-Forschungsschwerpunkt „Technologien der Mikroperipherik" verfügt über das größte europäische Labor zur angewandten Forschung an Mikrochips. Mit der 1991 an der TUB erfolgten Einrichtung eines fachbereichsübergreifenden Forschungsschwerpunktes TUBKOM wurde ein leistungsfähiges und flexibles Versuchsfeld für die Forschung auf dem Gebiet der multifunktionalen Breitband-Kommunikationssysteme geschaffen.

Eine neue, in den 80er Jahren entwickelte Forschungsform sind die > AN-INSTITUTE, die als Bindeglied zwischen > WISSENSCHAFT UND FORSCHUNG und der > WIRTSCHAFT dienen. Als privatwirtschaftlich in der Rechtsform einer GmbH oder eines e.V. organisierte, unabhängige Einrichtungen sind die Arbeitsgruppe Umweltstatistik, die Teleskopie Gesellschaft für Fernsehzuschauer mbH, das Festkörper-Laser-Institut Berlin GmbH, die Ingenieursgesellschaft für Aggregatetechnik und Verkehrsfahrzeuge mbH, das Institut für Bahntechnik GmbH, das Institut für wassergefährdende Stoffe e.V. und das Zentrum für Flugsimulation Berlin GmbH über einen Kooperationsvertrag mit der TUB verbunden.

Um den Innovationsprozeß in Wirtschaft und Gesellschaft zu unterstützen, hat die TUB, früher als alle anderen Hochschulen der Bundesrepublik Deutschland, zu Beginn der 80er Jahre ein differenziertes Wissens- und Personaltransfernetz aufgebaut. Dieser Aufgabe stellen sich an der TUB die Technologie-Transfer-Stelle, das Referat für Forschungsangelegenheiten, die Arbeitsgruppe Messen und Ausstellungen, die Kooperationsstelle Hochschule-Gewerkschaft, die Kooperations- und Beratungsstelle für Umweltfragen und das Zentrum für Technologische Zusammenarbeit mit der Dritten Welt.

3. Universitätsbibliothek

Eine Grundlage für Lehre und Forschung an der TUB ist die Universitätsbibliothek (UB), die die größte technische Zentralbibliothek der Region Berlin ist. Der Gesamtbestand der UB lag 1991 bei 2,5 Mio. Bänden. Die UB deckt einschließlich ihrer Abteilungsbibliotheken, mit Ausnahme der Theologie und Medizin, alle Wissensgebiete ab. Die UB steht auch hochschulfremden Personen zur Benutzung offen. Alle Bestände sind im alphabetischen Gesamtkatalog verzeichnet. Hervorzuheben ist, daß die fünf Fachinformationsstellen der UB Fachliteratur zur Einspeisung in nationale/internationale Datenbanken auswerten und durch weltweiten Zugriff auf Datenbanken Literatur zum gesamten Gebiet der Technik und Naturwissenschaften nachweisen kann.

4. Dienstleistungen und Außenbeziehungen

Die TUB verfügt über zwei Arten von Dienstleistungseinrichtungen: Die vier Zentraleinrichtungen (ZE) stehen den Wissenschaftlern und den Studierenden der TUB und anderer Hochschulen zur Verfügung. Die sonstigen Dienstleistungseinrichtungen wie z.B. die der Technologie-Transfer-Einrichtungen und der UB stehen sowohl Unternehmen, Verbänden, Kammern, Gewerkschaften, Behörden sowie auch Einzelpersonen zur Verfügung.

Aufgabe der ZE Rechenzentrum am Einsteinufer 17 ist u.a. die Organisation und technische Betreuung der zentralen Rechenanlagen der TUB sowie die Herstellung und Weiterentwicklung dazugehöriger Software. Die ZE Moderne Sprachen am > ERNST-REUTER-PLATZ 7 unterstützt die Fachbereiche bei der sprachdidaktischen Ausbildung der Fremdsprachenlehrer und bietet ferner Fremdsprachenunterricht einschließlich Deutsch als Fremdsprache für alle Mitglieder der TUB an. Von der ZE Hochschulsport in der Fasanenstr. 90 werden für Mitglieder der TUB und kooperierender Hochschulen Veranstaltungen aus ca. 50 Sportarten angeboten. In der ZE Elektronenmikroskopie an der Straße des 17. Juni 135 werden Dienstleistungen (bspw. Durchführung von Meßverfahren) auf den Gebieten Elektronenmikroskopie und verwandter physikalischer Analyseverfahren in Forschung und Lehre erbracht.

Die TUB pflegt z.Z. ca. 70 Partnerschaften und Kooperationen mit Universitäten aus 23 Ländern, u.a. mit der Volksrepublik China (9), mit den USA (8), Frankreich (8), der UdSSR (7), Polen (7) und Indonesien (5). Die Partnerschafts- und Kooperationsverträge beinhalten Vereinbarungen über gemeinsame Forschungsprojekte, den Austausch von Wissenschaftlern und die Förderung des wissenschaftlichen Nachwuchses.

5. Gebäude

Der größte Teil der Gebäude der TUB befindet sich im Bezirk Charlottenburg an der Straße des 17. Juni und am Ernst-Reuter-Platz in unmittelbarer Nähe zur westlichen > CITY. Das gesamte Areal wird ungefähr von den Straßenzügen Hardenberg-, Fasanenstr., Einsteinufer und Marchstr. begrenzt. Zu den zentralen Bauten gehört das 1965 wiederhergestellte Hauptgebäude an der Straße des 17. Juni. Der zehngeschossige, mit Aluminium verkleidete Hochhausbau von Kurt Dübbers, dem als fensterloser Bau das Auditorium maximum vorgelagert ist, ersetzte einen

Hauptgebäude der TUB an der Straße des 17. Juni

1878-84 von Richard Lucae, Friedrich Hitzig und Julius Raschdorff errichteten Vorgängerbau, der im II. Weltkrieg zerstört worden war. Nach 1954 entstanden zahlreiche neue Institutsgebäude, zunächst östlich der Fasanenstr. und Ende der 50er Jahre am Ernst-Reuter-Platz. Ab 1958 wurde das Gelände nördlich der Straße des 17. Juni bebaut. Dort entstanden das Institut für Wasserbau und Wasserwirtschaft, die Institute der Fakultät für Elektrotechnik u.a. Weitere Einrichtungen der TUB befinden sich in > DAHLEM (landwirtschaftliche Institute), am Spreebogen und in > WEDDING.

6. Geschichte

Vorläufereinrichtung der TUB war die *Königliche Technische Hochschule* zu Berlin. Diese entstand 1879 durch die Zusammenlegung der 1799 gegründeten > BAUAKADEMIE mit der 1821 gegründeten *Gewerbeakademie*. Damit war die Grundlage für die Herausbildung einer, den bisherigen Universitäten gleichrangigen, wissenschaftlich-technischen Ausbildungsstätte geschaffen. 1916 wurde der neuen Hochschule auch die älteste technische Ausbildungsstätte in Berlin, die 1770 von Friedrich II. (1740-86) gegründete *Bergakademie* eingegliedert. Die Königlich Technische Hochschule begann ihren Lehrbetrieb

zunächst mit den Abteilungen Architektur, Bauingenieurwesen, Maschineningenieurwesen, Chemie und Hüttenkunde sowie Mathematik und Physik als Allgemeine Wissenschaften. 1899 erteilte Kaiser Wilhelm II. (1888-1918) den preußischen technischen Hochschulen als ersten im Deutschen Reich das Promotionsrecht. Damit war die volle akademische Gleichstellung mit der Universität erreicht. In der Folgezeit entwickelte sich die Hochschule zur führenden Technischen Hochschule in Deutschland.

Nach dem I. Weltkrieg änderte die Hochschule ihren Namen in *Technische Hochschule Berlin-Charlottenburg*. In den 20er Jahren hatte sie die vier Fakultäten Allgemeine Wissenschaften, Bauwesen, Maschinenwirtschaft (später: Maschinenwesen) und Stoffwirtschaft (ab 1934: Bergbau- und Hüttenwesen). 1934 wurde die Fakultät für Wehrtechnik gegründet, 1942 erfolgte die Aufgliederung der zweiten Fakultät in die Fakultäten für Architektur und für Bauwesen. Schon vor 1933 war die Technische Hochschule Berlin-Charlottenburg eine Hochburg der Nationalsozialisten gewesen. Ihre Gleichschaltung vollzog sich ohne nennenswerten Widerstand. In der Nacht vom 22. zum 23.11.1943 wurde die Hochschule bei einem Bombenangriff weitgehend zerstört.

Den Neuanfang an alter Stelle am 9.4.1946 unternahm die Hochschule mit einer programmatischen Namensgebung: Als erste Technische Hochschule in Deutschland gab sie sich die Bezeichnung „Technische Universität". Diese Neubenennung sollte die Hochschule über die technischen und naturwissenschaftlichen Disziplinen hinaus auf ein humanistisches Bildungsziel verpflichten. Mit der Einrichtung der Lehrstühle für Geschichte, Literaturwissenschaft, Anthropologie und Sozialethik 1948 wurde das „Humanistische Studium" als obligatorischer Studienbestandteil aller Fachrichtungen eingeführt, aber 1968 als Bestandteil der Ingenieursausbildung wieder aufgegeben. Bleibendes Resultat dieses Ansatzes ist die starke Repräsentanz geisteswissenschaftlicher Fächer an der TUB.

Die TUB wurde bis zur Übernahme durch den > MAGISTRAT am 1.6.1949 von der Britischen Militärregierung finanziert. Am 2.2. 1950 erfolgte die Gründung der Humanistischen Fakultät, 1951 die der Fakultät für Landbau. Die ursprüngliche Abteilung für Bergbau und Hüttenwesen wurde am 1.4.

1952 in eine Fakultät für Allgemeine Ingenieurswissenschaften und in eine Fakultät für Bergbau und Hüttenwesen umgewandelt; am 7.7.1952 folgte die Gründung einer Fakultät für Wirtschaftswissenschaften, am 1.8. 1955 der Fakultät für Elektrotechnik. Die durch die > STUDENTENBEWEGUNG ausgelöste Universitätsreform zum Ende der 60er Jahre brachte auch an der TUB grundlegende Veränderungen der inneren Organisation der Hochschule. An die Stelle der neun Fakultäten traten 1970 21 Fachbereiche. An die Stelle des Rektors trat der Präsident als Leiter der Einheitsverwaltung. Die Universitätsreform ist seither durch mehrere Gesetzesnovellen modifiziert, aber nicht grundlegend geändert worden.

Technologiebeauftragter: Das Amt des T. des Landes Berlin wurde am 2.6.1992 auf Initiative der > SENATSVERWALTUNG FÜR WIRTSCHAFT UND TECHNOLOGIE geschaffen. Mit der Berufung eines T., der eng mit den > INNOVATIONS- UND GRÜNDERZENTREN der Stadt kooperiert, will der > SENAT VON BERLIN den wirtschaftlichen Strukturwandel in der Stadt vorantreiben. Der T. soll den Prozeß der Produkt- und Prozeßinnovationen in den kleinen und mittleren Unternehmen begleiten und beschleunigen helfen, die Ansiedlung produktionsnaher und technologieorientierter Dienstleistungen mit überregionaler Ausstrahlung unterstützen, die Technologietransferaktivitäten in Berlin durch die Verbesserung der Marktorientierung, der Technologiekompetenz und durch Kooperationen der Transferstellen zu einem Transfernetz und damit zu einem noch wirksameren Instrument zusammenführen. Der T. wird den Kooperationsprozeß der mittelständischen > WIRTSCHAFT in Westeuropa unterstützen und die technologische Zusammenarbeit Berlins mit den Reformländern Mittel- und Osteuropas insbes. durch konkrete Projekte fördern. Zum ersten T. Berlins wurde der Wissenschaftler Günter Seliger berufen.

Technologie-Vermittlungs-Agentur Berlin e.V. (TVA): Die TVA in der Kleiststr. 23-26 im Bezirk > SCHÖNEBERG wurde 1978 im Rahmen des Pilotprojektes „Innovationsberatung und Technologievermittlung für die kleine und mittelständische Industrie in Berlin" durch den > BUNDESMINISTER FÜR FORSCHUNG UND TECHNOLOGIE (BMFT) gegründet. Nach Auslaufen des Modellversuchs wurde die TVA 1984 vom Land Berlin in Zusammenarbeit mit der > INDUSTRIE- UND HANDELSKAMMER ZU BERLIN in der Rechtsform eines gemeinnützigen Vereins weitergeführt. Als Instrument der regionalen Struktur- und Innovationspolitik ist die TVA zentrale Anlauf- und Kontaktstelle für die Berliner mittelständischen Unternehmen in allen Fragen des *Technologietransfers* und der Innovationsberatung sowie der Informationsvermittlung. Ziel ist die Stärkung der Wettbewerbsfähigkeit der Unternehmen. Hieraus abgeleitet hat sie die Aufgabe, den Forschungsbedarf der Berliner mittelständischen Wirtschaft zu ermitteln, und die Aufschließung der Unternehmen für Forschung und Entwicklung sowie regionale und überregionale Darstellung und Vermittlung von Ergebnissen der Forschung zu betreiben.

In diesem Zusammenhang gehört zum Leistungsspektrum der TVA: unentgeltliche Information über allgemeine technologische Fragen; Vermittlung von Kooperationspartnern aus Wissenschaft und Wirtschaft; Weiterleitung von Anfragen und Informationen aus der Praxis an die wissenschaftlichen Institutionen im Sinne einer praxisnahen Forschung; praxisnahe Aufbereitung von Informationen zu Markt und Technik, insbes. aus Online-Datenbanken; Organisation von Informations- und Seminarveranstaltungen sowie Ausstellungen und Kongressen.

Zur individuellen Technologieberatung und Vermittlung betreut die TVA die Programme > INNOVATIONSASSISTENT und Praktikertransfer mit dem Ziel, den Technologie-Transfer durch Personaltransfer bzw. Know-How-Transfer, d.h. durch die Vermittlung von Fach- und Führungsnachwuchs und durch berufserfahrene Praktiker kurzfristig und kostengünstig zu unterstützen.

Durch die politischen Veränderungen seit 1989 kamen neue Aufgaben hinzu. Ende 1991 wurde die TVA vom > BUNDESMINISTER FÜR WIRTSCHAFT als Projektträger für den Aufbau eines flächendeckenden Netzes von Agenturen für Technologietransfer und Innovationsförderung in den neuen Bundesländern eingesetzt. Ziel ist es, auch im Beitrittsgebiet eigenständige regionale Beratungseinrichtungen zu schaffen, die vorrangig kleine und mittlere Unternehmen bei allen betriebsbezogenen Fragestellungen und Problemen unter Hinzuziehung externer Wissensträger beraten und unterstützen. Im Rahmen dieses Programms wurde Anfang 1992 eine Außenstelle der TVA in > Adlershof auf dem Gelände der ehem. > Akademie der Wissenschaften der DDR eingerichtet (> Innovations- und Gründerzentren), um den hier neu entstandenen Unternehmen und Forschungs-GmbHs wirkungsvolle Unterstützung auf dem Weg in die Marktwirtschaft geben zu können. Ferner ist die TVA vom Zentralverband des Deutschen Handwerks mit der Einrichtung eines *Informations- und Datenbankdienstes zur Beschleunigung des Technologietransfers im Handwerk* beauftragt. Diese Maßnahme wird vom BMFT gefördert. Projektziel ist die Förderung von innovativen Handwerksbetrieben, die unterstützt und angeregt werden sollen, existierende Informationsquellen besser auszuschöpfen. Durch die Nutzung von Fachinformationen im Handwerk soll der Einsatz neuer Technologien beschleunigt werden.

Anfang 1992 hatte der Verein 134 Mitglieder aus Wirtschaft, Wissenschaft und Verwaltung. Den Schwerpunkt bilden kleine und mittelständische Industrie- und Dienstleistungsunternehmen. Die TVA hat z.Z. 30 Mitarbeiter (Stand 1992). Die Finanzierung erfolgt durch Aufträge und Projekte aus dem öffentlichen und privaten Bereich.

Tegel: T. ist mit einer Fläche von 33,7 km² der größte Ortsteil des Bezirks > Reinickendorf. Er gliedert sich in das Waldgebiet des > Tegeler Forsts im Norden, den 408 ha großen > Tegeler See und den an seinem Nordostufer gelegenen eigentlichen Ort T. in der Mitte sowie den Forst > Jungfernheide im Süden. Der südlich angrenzende Flughafen Tegel gehört bereits zum Ortsteil Reinickendorf (> Flughäfen).

Vor- und frühgeschichtliche Funde belegen die Anwesenheit von Rentierjägern am > Tegeler Fliess bereits in der jüngeren Dryas-Zeit ca. 10.000 v. Chr. Für die Zeit zwischen 1300 und 700 v. Chr. bezeugen Fundstellen auf der Dorfaue T. eine germanische Besiedlung. Nachdem mit der Völkerwanderung um 500 n. Chr. die Germanen den Raum verließen, drangen Wenden in die Gegend vor. Um 1200 kann T. in die Gruppe der slawischen > Dörfer eingereiht werden, deren jüngere Geschichte mit der deutschen Kolonisation des > Barnim begann (> Besiedlung des Berliner Raums).

Als gesichert gilt, daß mit der deutschen Gründung von T. eine > Dorfkirche errichtet wurde, die aber ihre Selbständigkeit nicht auf Dauer halten konnte und 1322 mit der Pfarre von Dalldorf (> Wittenau) zusammengelegt wurde. Auf diesen Vorgang beruht die erste urkundliche Erwähnung von T. als „Tygel" (niederdeutsch: Ziegel). 1361 wurde das Dorf vom Spandauer Nonnenkloster verwaltet, von dem es nach dessen Säkularisierung Mitte des 16. Jh. als kurfürstliches Amtsdorf mit Mühle und Forst in die Verwaltung der Stadt > Spandau kam, die es um ein Gut erweiterte. Ende des 17. Jh. ließ der Große Kurfürst Friedrich Wilhelm (1640-88) das Landhaus, das Mitte des 16. Jh. nördlich des Dorfes für Hans Bretschneider, den Hofsekretär Joachims II. (1535-71) errichtet worden war, zu einem Jagdschloß gestalten, das heutige > Schloss Tegel, nach seinen Besitzern ab 1766 auch Humboldt-Schlößchen genannt.

Wenige Häuser im Bereich der Straße Alt-Tegel zeugen noch von der dörflichen Vergangenheit (z.B. Nr. 35, ehem. Schule von 1870). Die Kirche, entworfen von Jürgen Kröger, ein neoromanischer Bau von 1911/12, stammt bereits aus der Phase der Verstädterung, die gegen Ende des 19. Jh. einsetzte.

An der Karolinenstr. liegt der erstmals 1752 erwähnte, unter > Denkmalschutz stehende Gasthof „Alter Fritz". Am 20.5.1778 kehrte Johann Wolfgang Goethe hier ein und ließ sich Spukgeschichten erzählen, die sich im Haus des Försters ereignet haben sollen. So fand T. als einziger Berliner Ort Eingang in Goethes Werk, heißt es doch im zweiten Teil des Faust: „Das Teufelspack, es fragt nach keiner Regel, wir sind so klug, und dennoch spukt's in Tegel." Dem Gasthof gegenüber liegt die „Waldschänke", ein weiteres Gasthaus, das Ende des 19. Jh. aus einem um 1770 errichteten Kolonistenhaus hervorgegangen ist.

Wegen der günstigen Lage am Wasser ließen sich schon früh verschiedene Industrieunternehmen hier nieder. Die erste Fabrik wurde 1837 durch Franz Anton Egells errichtet, der sog. Eisenhammer. Sie wurde 1874 durch die Germania AG übernommen und ab 1905 durch die Krupp AG noch beträchtlich vergrößert. 1896 begann der Aufbau der > Borsigwerke, deren Firmengründer, der zuvor in der Egellschen Eisengießerei tätige Johann Friedrich August Borsig sich 1837 zunächst am Oranienburger Tor im heutigen Bezirk > Mitte selbständig gemacht hatte (> Borsighaus). Auf Dalldorfer Gebiet entstand gleichzeitig die Werkssiedlung > Borsig-walde. Das Stammhaus der Familie Borsig, die Villa Borsig auf der Halbinsel Reihen-werder am gegenüberliegenden Seeufer, ist heute Sitz der > Deutschen Stiftung für Internationale Entwicklung. Mit der Industrialisierung nahm die Bevölkerung von T. sprunghaft zu; so stieg sie allein zwischen 1885 und 1910 von 1.731 auf 18.752 an.

Westlich des Sees wurde 1877 das Wasserwerk T. errichtet (> Wasserversorgung/Entwässerung). Es ist das älteste arbeitende Wasserwerk Berlins. Mit der auch architektonisch bemerkenswerten Phosphatelimationsanlage T. am Nordgraben besitzt T. gleichzeitig den modernsten Umweltschutzbau Berlins. Die Anlage entstand im Zusammenhang mit einem anspruchsvollen Wohnprojekt am > Tegeler Hafen im Rahmen der > Internationalen Bauausstellung 1987.

Bekannt sind ferner der *Freizeitpark Tegel* am Großen Malchsee, einer Ausbuchtung am nördlichen Seeufer, aber auch Berlins größte Justizvollzugsanstalt, die 1896-98 errichtete Justizvollzugsanstalt T., in der u.a. Dietrich Bonhoeffer und James Graf v. Moltke bis zu ihrer Hinrichtung 1945 inhaftiert waren. In der Wittestr. liegt der 1892-94 angelegte > Russisch-Orthodoxe Friedhof mit einer der Basiliuskathedrale in Moskau nachgebildeten Kapelle.

Die *Greenwichpromenade* am Seeufer westlich des alten Ortskerns ist mit > Friedrichshagen und > Wannsee ein wichtiger Ausgangspunkt für die Ausflugsschiffahrt (> Schiffahrt). Über die U-Bahn-Linie 6 hat T. Anschluß an die Innenstadt (> U-Bahn). Im Ortskern gibt es zwei Fußgängerzonen, in Alt-Tegel und der *Gorkistraße*. Dieser Einkaufsbereich um das 1970 errichtete > Tegel-Center hat überregionale Versorgungsfunktionen für den gesamten Berliner Nordwesten und das Umland. Die in Nord-Süd-Richtung verlaufende Autobahn A 111 vom > Berliner Ring zum Stadtring unterquert das Ortszentrum in Tunnellage. Um die Straßen vom Verkehr der Einkaufspendler zu entlasten, möchte der Bezirk möglichst bald die in der Zeit der > Spaltung stillgelegte S-Bahn-Verbindung nach Velten im Kreis Oranienburg wieder in Betrieb nehmen lassen. 1987, zum Zeitpunkt der letzten Volkszählung, hatte T. rd. 31.800 Einwohner.

Tegel-Center: Nur wenige Meter entfernt von Berlins erster Fußgängerzone in der Straße Alt-Tegel (eröffnet am 24.9.1976) im Reinickendorfer Ortsteil > Tegel befindet sich mit dem T. das bedeutendste multifunktionale Einkaufszentrum des Berliner Nordens (> Einkaufszentren). Das 12.500 m² bebaute Fläche umfassende T. wurde 1970-73 von den Architekten Wolfgang Pingel und Johannes G. R. Doerr im Auftrag einer privaten Grundstücksgesellschaft für eine Bausumme von 82,5 Mio. DM errichtet. Der dreigeschossige Stahlbetonbau, der von einem neungeschossigen Bürotrakt überragt wird, beherbergt in seinen rd. 2 km langen überdachten Schaufensterpassagen etwa 100 Läden und Gaststätten sowie einen traditionellen > Wochenmarkt mit ca. 80 Ständen. Die 1978 zur Fußgängerzone erklärte *Gorkistraße* trennt das Einkaufszentrum in einen Nord- und einen Südteil, die durch einen Brückenübergang verbunden sind. In den oberen Geschossen des T. konzentrieren sich zahlreiche Sport- und Freizeiteinrichtungen, darunter ein Meerwasserschwimmbad. Im Hof befindet sich ein von dem 1991 verstorbenen Galeristen Jule Hammer eingerichtetes *Straßenmöbelmuseum*. Als stadttypische Relikte sind u.a. alte Wasserpumpen, gußeiserne Straßenlaternen und eine traditionelle Bedürfnisanstalt neben diversen Skulpturen ausgestellt. Ein farbenfrohes Hauswandmosaik veranschaulicht die wichtigen Sehenswürdigkeiten des Bezirks > Reinickendorf. In der gleichfalls im T. untergebrachten *Graphothek Berlin* können kunstinteressierte Bürger aus einem Fundus von mehreren tausend Exponaten Bilder, Graphiken und Skulpturen für den privaten Gebrauch ausleihen.

Tegeler Fließ: Das 20 km lange Flüßchen entspringt bei Bernau nördlich von Berlin. Es folgt einer eiszeitlichen Schmelzwasserrinne in der Grundmoräne des > Barnim und erreicht im äußersten Norden des Pankower Ortsteils > Blankenfelde die Stadtgrenze, der es bis westlich > Lübars folgt. Nach Durchquerung des Hermsdorfer Sees mündet es nach ca. 5 km nördlich von > Tegel in den > Tegeler See.

Infolge des geringen Gefälles mäandriert das Gewässer stark und bildet Altwässer, die teilweise als Flachmoore verlanden. Nördlich der Stadtrandsiedlung Blankenfelde liegt das 57 ha große Naturschutzgebiet *Kalktuffgelände Tegeler Fließ*, in dem u.a. auch einheimische Orchideenarten wie Knabenkraut und

Sumpfwurz gedeihen; in > Reinickendorf stehen 260 ha des Fließtals unter Landschaftsschutz (> Naturschutz). Als Naherholungsgebiet spielt es besonders für die Bewohner des > Märkischen Viertels eine wichtige Rolle.

Tegeler Forst: Im Norden Berlins erstreckt sich an > Havel und > Tegeler See im Bezirk > Reinickendorf der 1.890 ha große T. Im T. liegen mehrere kleine > Berge, so im Süden die *Lehmkuhlenberge* und der *Reiherberg* (beide 42 m) und im Norden der *Apolloberg* (65 m) und der *Ehrenpfortenberg* (69 m), benannt nach einer anläßlich der Beisetzungsfeierlichkeiten für den Großen Kurfürsten (1640-88) errichteten Ehrenpforte. Besonderer Anlaufpunkt für Naherholungsaktivitäten ist der kleine Freizeitpark am *Großen Malchsee* mit dem nahegelegenen > Schloss Tegel. Auf der Halbinsel Reiherwerder im Tegeler See liegt die > Villa Borsig, ein von der > Deutschen Stiftung für internationale Entwicklung unterhaltenes Bildungszentrum (> Entwicklungspolitik). Etwas weiter südlich liegt das in den Sommermonaten vielgenutzte Freibad Tegelsee (> Frei- und Sommerbäder). Durch die Einrichtung der neuen Autobahnverbindung nach Hamburg mit Eröffnung des neuen Grenzüberganges > Heiligensee/ Stolpe kam es in den 80er Jahren zur Neutrassierung einer > Bundesfernstrasse durch den T. Nach heftigen Protesten und einem > Bürgerbegehren 1982 mußten die ursprünglichen Pläne für den Bau einer Bundesautobahn aufgrund einer Verwaltungsgerichtsentscheidung zugunsten einer in Troglage geführten, weniger flächenaufwendigen Bundesstraße (B 111) reduziert werden. (> Verwaltungsgerichtsbarkeit)

Tegeler Hafen: Das Neubaugebiet am T. im Bezirk > Reinickendorf entstand in den 80er Jahren als vielbeachtetes Projekt im Rahmen der > Internationalen Bauausstellung (IBA) 1987. Es umfaßt neben der Wohnbebauung und einem Kultur- und Freizeitzentrum als Gesamtensemble auch die etwas östlich gelegene *Phosphateliminationsanlage (PEA)* der > Berliner Wasserbetriebe. Die Organisationsleiter der IBA nahmen das Areal um den brachliegenden Tegeler Wirtschaftshafen als Demonstrationsgebiet in ihre Planungen auf, um bewußt auch ein Gebiet außerhalb der problembeladenen Quartiere in > Kreuzberg städtebaulich und ökologisch aufzuwerten. In einem 1980 durchgeführten internationa-

len engeren Wettbewerb der Bauausstellung Berlin GmbH in Abstimmung mit der > Senatsverwaltung für Bau- und Wohnungswesen errangen die kalifornischen Architekten Charles Moore, John Ruble und Buzz Yudell den ersten Preis. Mittelpunkt ihrer Gesamtplanung bildete das Neubauensemble eines Kultur- und Freizeitzentrums, das verschiedene kulturelle Einrichtungen des > Bezirksamtes wie Stadtbücherei, Volkshochschule, Musikschule und Mehrzweckhalle am Kopfende des Hafens zusammenfaßte. Von dem später überarbeiteten Entwurf wurde bis heute jedoch lediglich die 1988 eröffnete, langgezogene Halle mit der Stadtbücherei an der Karolinenstr. mit ihrem gewölbten, zinkverkleideten Dach realisiert. Der Umbau und die Erweiterung des Hafenbeckens sowie die Anlage einer Insel zur geplanten Aufnahme von Sport- und Erholungsangeboten sowie einer Uferpromenade wurden 1987 mit Flutung des Wasserbereichs bis auf das geplante Freizeitbad auf der Insel abgeschlossen. Um den Kulturbereich befinden sich ca. 351 Wohnungen entlang der Straße Am Tegeler Hafen sowie knapp 250 Wohnungen an der Karolinen- und Schloßstr. Architektonisch bemerkenswert sind insbes. die sieben individuell gestalteten Villen am Südrand.

Als einziges technisches Bauwerk der IBA entstand 1982-85 unter der Gesamtleitung des österreichischen Architekten Gustav Peichl die in ihrer Gestaltung der Kommandobrücke eines Schiffes nachempfundene PEA nahe der Buddestr., die das durch Industriebetriebe und Rieselfelder verschmutzte Wasser des Nordgrabens reinigt.

Tegeler See: Mit einer Fläche von 408 ha ist der 4 km lange und meist 1.000 m breite T. der zweitgrößte See Berlins (> Seen). Er erstreckt sich als Seitenbucht der oberen > Havel von > Spandau bis > Tegel (> Havelseen). Im Nordwesten grenzt er an den > Tegeler Forst, im Süden an das Waldgebiet > Jungfernheide mit den Freibädern Tegelsee und Jungfernheide (> Frei- und Sommerbäder). Am *Großen Malchsee*, einer Ausbuchtung im Norden, liegt ein vielbesuchter Freizeitpark. Die südlich des > Tegeler Hafens anschließende *Greenwich-Promenade* in Tegel ist Ausgangspunkt für die Ausflugsschiffahrt (> Schiffahrt). Gegenüber liegt die Halbinsel *Reiherwerder* mit der > Villa Borsig, einem von der > Deutschen Stiftung für in-

unterhaltenem Bildungszentrum der > ENTWICKLUNGSPOLITIK.
Neben der als Segelrevier beliebten großen Wasserfläche bieten auch die sieben > INSELN des Sees zahlreiche Möglichkeiten der Naherholung.

Die größte Insel ist mit einer Fläche von ca. 20 ha *Scharfenberg*, seit 1921 Sitz der Internatsschule > SCHULFARM INSEL SCHARFENBERG. Als jährlicher Anziehungspunkt gilt das jeweils eine Woche vor den Sommerferien stattfindende Schüler-Langstreckenschwimmen „Rund um Scharfenberg" über drei Distanzen. Auf der Kurzstrecke von 550 m nehmen neben den Schülern (1991 rd. 2.300 Jungen und Mädchen aus 120 Berliner Schulen) regelmäßig auch zahlreiche Prominente teil.

Auf den aus Schlacke aufgeschütteten Inseln *Lindwerder* und *Hasselwerder* sowie auf *Reiswerder* und kann in den Sommermonaten gezeltet werden. Auf dem 13 ha großen *Valentinswerder* gibt es neben einem Zeltplatz auch eine Landhaussiedlung. Hier befindet sich außerdem eines der wichtigsten Laichgebiete Berlins (> FISCHEREIAMT BERLIN). Auf der Insel finden sich – wie auf dem benachbarten *Maienwerder* – fast 400 verschiedene Pflanzenarten, darunter 37 von der Roten Liste besonders gefährdeter Arten (> ARTENSCHUTZPROGRAMM; > NATURSCHUTZ). Das in den 20er Jahren von Freiluftvereinen als „Pilotprojekt" für das Sonnenbaden genutzte *Baumwerder* ist heute für die Öffentlichkeit nicht mehr zugänglich, da hier aus 15 Tiefbrunnen Trinkwasser für die > WASSERVERSORGUNG Berlins gewonnen wird. Am östlichen Seeufer liegt an der Bernauer Str. das 1874-77 nach Entwürfen der Ingenieure Veitmeyer und Gill gebaute Wasserwerk Tegel, das mit einer Tagesleistung von 370.000 m^3 das größte Grundwasserwerk Europas ist.

Der früher wegen seines Fischreichtums gerühmte See war infolge seiner Funktion als Vorfluter für die über den *Nordgraben*, einen Verbindungsgraben zur > PANKE, und das > TEGELER FLIESS eingeleiteten Abwässer aus den Rieselfeldgebieten und landwirtschaftlich genutzten Flächen im Norden Berlins starken ökologischen Belastungen ausgesetzt (> LANDWIRTSCHAFT; > STADTGÜTER). Seit 1980 wird der T. deshalb über eine Tiefwasserbelüftungsanlage mit 15 Belüftungsgeräten in einer Wassertiefe von 11-15 m täglich mit bis zu 4,5 t zusätzlichem Sauerstoff versorgt. Außerdem wurde am Nordgraben 1985 eine *Phosphateliminationsanlage* in Betrieb genommen. Beides führte zu einer deutlichen Verbesserung der Wasserqualität.

Telebus-Fahrdienst: Der 1979 eingeführte T. dient der Beförderung von Schwerstbehinderten, um auch diesen Menschen die Teilnahme am öffentlichen Leben zu ermöglichen. Organisiert wird der Fahrdienst vom Berliner *Zentralausschuß für soziale Aufgaben e.V.* mit seiner Zentrale in der Joachimstaler Str. 17 im Bezirk > CHARLOTTENBURG. Die Träger des Zentralausschusses sind die > ARBEITERWOHLFAHRT LANDESVERBAND BERLIN, die Johanniter-Unfall-Hilfe, der Malteser-Hilfsdienst, das > DEUTSCHE ROTE KREUZ LANDESVERBAND BERLIN und die > JÜDISCHE GEMEINDE ZU BERLIN.

Die Einrichtung des T. geht zurück auf eine 1976/77 im Auftrag des > BUNDESMINISTERS FÜR FORSCHUNG UND TECHNOLOGIE von der Studiengesellschaft Nahverkehr durchgeführte Untersuchung zur Situation der > BEHINDERTEN in Berlin. Der praktische Einsatz des Telebusses begann im Januar 1979. Ab 1.1.1982 wurde er mit damals rd. 3.000 berechtigten Personen als Dauerfahrdienst vom Land Berlin übernommen. Die Fachaufsicht hat die > SENATSVERWALTUNG FÜR SOZIALES.

Seit Bestehen des T. wurde die Zahl der Nutzungsberechtigten stetig erweitert. Sie betrug im März 1992 16.247. 1991 wurden insg. rd. 300.000 Fahrten durchgeführt. Fahrtwünsche müssen im voraus bei der Zentrale, die von morgens 5 Uhr bis nachts um 1 Uhr besetzt ist, angemeldet werden. 1991 verfügte der T. über rd. 100 Fahrzeuge (2/3 Telebusse, 1/3 Teletaxen) und 30 Mitarbeiter. Behinderte, die ein normales Taxi benutzen können, dürfen dafür bis zu 210 DM pro Monat verbrauchen. Im März 1992 wurde die Zahl der Teletaxen verdoppelt.

Télévision Française à Berlin (TFB): TFB ist der Fernsehsender der französischen Streitkräfte in Berlin, der seit 1980 verschiedene Fernsehprogramme in französischer Sprache ausstrahlt (1980-83 TF 1; 1984-89 TV5 und 1988-92 LA5). Seit 1989 verbreitet TFB in Berlin über Antenne und Kabel das staatliche Programm *Antenne 2* (A2) und seit Juni 1992 über Kabel im Norden Berlins das private französische Programm *TF 1*. Unter dem Namen TFB wird ferner monatlich eine Retrospektive in Eigenproduktion von ca. 15 min Dauer verbreitet, in der v.a. Ereignisse und militärische Aktivitäten des Vormonats dokumentiert werden. Zweimal täglich werden außerdem für die französische Gemeinschaft in Berlin Informationen über Schriftgenerator eingeblendet. Über die weitere Verbreitung des französischen Programms in Berlin nach Abzug der > ALLIIERTEN 1994 war im Sommer 1992 noch keine Entscheidung gefallen (> FERNSEHEN).

Teltow: Der T. ist die in der Endphase der letzten Eiszeit vor etwa 20.000 Jahren entstandene, südlich an das > WARSCHAU-BERLINER URSTROMTAL grenzende Grundmoränenplatte mit aufgesetzten End- und Stauchmoränen sowie schmalen Talrinnen, auf deren nördlichem Teil sich heute die südlichen Bezirke Berlins befinden. Die 36-55 m hohe Platte wurde im Zuge der deutschen Ostkolonisation im 12. Jh. besiedelt (> BESIEDLUNG DES BERLINER RAUMS). 1920 sind die > DÖRFER im Norden des T. in das neu entstandene > GROSS-BERLIN eingemeindet worden. Die stark sandigen Böden im Westen werden forstwirtschaftlich, die etwas besseren im Osten agrarisch genutzt. Der Landkreis T. mit der gleichnamigen Kreisstadt reichte bis 1920 z.T. über die heutige Nordgrenze des Bezirks > WILMERSDORF hinaus. Die Grenze des T. zum Urstromtal ist trotz Verbauungsnivellierung noch an mehreren Stellen im Stadtbild erkennbar, wie etwa an der Rollbergstr. und im > VOLKSPARK HASENHEIDE in > NEUKÖLLN, am Kreuzberg im > VIKTORIAPARK, am Mehringdamm in > TEMPELHOF sowie auf dem > ST.-MATTHÄUS-FRIEDHOF an der Großgörschenstr. und am Nordende der Hauptstr. in > SCHÖNEBERG (> LAGE UND STADTRAUM).

Teltowkanal: Der 37,8 km (mit den am Britzer Hafen bzw. bei > KOHLHASENBRÜCK abzweigenden Nebenkanälen *Britzer Zweigkanal* und *Prinz-Friedrich-Leopold-Kanal* insg. 45 km) lange T. im Süden des Berliner Stadtgebiets verbindet die > HAVEL bei Babelsberg mit dem Oberlauf der > SPREE. Er beginnt an der Glienicker Lake an der südwestlichen Stadtgrenze Berlins (> GRUNEWALDSEEN) und führt über Kleinmachnow sowie die > BEZIRKE > ZEHLENDORF, > STEGLITZ, > TEMPELHOF, > NEUKÖLLN nach > KÖPENICK zur > DAHME oberhalb von > GRÜNAU. Im westlichen Teil nutzt die Trasse den ehem. Lauf der in Steglitz entspringenden > BÄKE. Die von der Teltowkanal AG betriebene > WASSERSTRASSE verkürzt die Fahrt zwischen Unterhavel und dem Oberlauf der > SPREE um 16 km. Eine zusätzliche Verkürzung ergibt sich, weil auf diesem Wege nur eine Schleusung (bei Kleinmachnow) erforderlich ist. Die Sohlenbreite des Kanals beträgt 20 m, seine Tiefe 2,5 m. Dieser Ausbaustand erlaubt den eingeschränkten Verkehr von Europaschiffen (Länge 82 m; Breite 9,5 m) mit einer Abladetiefe von 2 m.

Betreiber des T. ist die seit 1975 zu 90 % landeseigene Teltowkanal AG, der auch die am T. gelegenen > HÄFEN Britz-Ost (> BRITZ), Tempelhof, Steglitz, > LICHTERFELDE und die Ladestraßen > RUDOW, Britz-West und > LANKWITZ gehören. Außerdem gibt es zahlreiche private Anlegestellen. Der *Zehlendorfer Stichkanal* erschließt das Lichterfelder Industriegelände an der Goerzallee.

Der T. wird jährlich von knapp 3.000 Schiffen befahren und entlastet so die von Wassersport- und Badebetrieb stark in Anspruch genommenen unteren > HAVELSEEN (> FREI- UND SOMMERBÄDER; > SCHIFFAHRT). Zugleich dient der Kanal als Vorfluter für Berliner Abwässer und ist derzeit das am meisten verschmutzte Gewässer Berlins (> UMWELTSCHUTZ; > WASSERVERSORGUNG/ENTWÄSSERUNG).

Der T. wurde 1901-06 durch den Kreis Teltow erbaut und gab für die Industrieansiedlung im Süden Berlins wichtige Impulse. Er wurde – erstmalig in Deutschland – ausschließlich mit elektrischen Treidellokomotiven betrieben, deren ehem. Trassen heute z.T. als Spazierwege ausgebaut sind. Nach dem II. Weltkrieg wurde der T. gesperrt, da im westlichen Abschnitt (km 0,0 bis km 15,1) größere Teile des Kanals ganz oder bis zur Kanalmitte in der Sowjetischen Besatzungszone lagen. Die an den anschließenden Kanalabschnitten in West-Berlin angesiedelten zahlreichen Industrieanlagen konnten nur unter erheblichen Erschwernissen auf Umwegen über Havel und Spree durch Ost-Berlin (zweimalige Zollkontrolle) von Osten her erreicht werden. Nach längeren Bemühungen begannen deshalb im Dezember 1975 Gespräche des > SENATS VON BERLIN mit der DDR-Regierung über eine Wiedereröffnung von Westen, die am 16.11.1978 erfolgreich abgeschlossen werden konnten. Gleichzeitig vereinbarte man die Einrichtung von zwei Grenzübergangsstellen sowie den Unterhalt des durch die DDR führenden Kanalabschnitts und die Verkehrsabwicklung nach den Bestimmungen des Transitabkommens von 1971 (> Transitverkehr). Wegen des inzwischen eingetretenen Verfalls sowie der zu erwartenden stärkeren Belastungen durch größere Schiffsabmessungen und den Selbstfahrbetrieb mußte der Kanal jedoch zunächst aufwendig ausgebaut werden. Hierfür erhielt die DDR 70 Mio. DM. Am 20.11.1981 wurde der T. wieder in seiner ganzen Länge in Betrieb genommen.

Im Zuge des Ausbaus der Wasserstraßenverbindung Hannover – Magdeburg – Berlin (Verkehrsprojekte „Deutsche Einheit" Nr. 17) sollen der T. bis km 28,2 und der dort abzweigende Britzer Zweigkanal als Zufahrtsstrecken zum > Osthafen für Großmotorschiffe (GMS) von 110 m Länge und Schubverbände (SV) mit 185 m Länge bei jeweils 11,4 m Breite und 2,8 m Abladetiefe ausgebaut werden. Der Kanal muß dabei auf eine Sohlenbreite von 42 m bei Rechteckprofil bzw. 31 m bei Trapezprofil verbreitert werden. Wegen der vorhandenen Bebauung wird der Kanal auf einer Länge von 5,2 km zunächst für GMS bzw. SV nur einschiffig befahrbar sein. Die Durchfahrtshöhe soll 5,25 m betragen. Für den Ausbau sind 36 Brückenanhebungen oder -neubauten, der Neubau einer Schleusenkammer bei Kleinmachnow sowie Erdbewegungsarbeiten im Umfang von 5 Mio. m³ erforderlich.

Zwischen den einstigen Grenzsperren bei km 34,2 und 36,6 bei > Adlershof ist der T. wegen stark schadstoffhaltiger Schlammablagerungen des ehem. DDR-Arzneimittelherstellers VEB Berlin-Chemie derzeit nicht schiffbar. Nach Klärung der noch offenen Entsorgungsfrage soll er jedoch auch hier wieder für die > Schiffahrt geöffnet werden.

Tempelhof: Der Süd-Berliner Bezirk T. wurde 1920 bei der Bildung > Gross-Berlins aus den Gemeinden T., > Mariendorf, > Marienfelde und > Lichtenrade als 13. Berliner Verwaltungsbezirk gegründet. Diese bilden heute die vier Ortsteile des Bezirks (> Bezirke). Der Bezirk erstreckt sich langgezogen von > Kreuzberg im Norden bis an die Stadtgrenze zu den Landkreisen Zossen und Königs Wusterhausen im Süden. Im Osten grenzt er an > Neukölln, im Westen an > Schöneberg und > Steglitz. Von Juli 1945 bis zum > 3. Oktober 1990 gehörte er zum amerikanischen Sektor (> Sektoren).

Grabungsfunde belegen die Anwesenheit von Menschen im Gebiet zwischen T. und Lichtenrade schon in der jüngeren Steinzeit

(> Besiedlung des Berliner Raums). Am Übergang vom 12. zum 13. Jh. wurden dann mit der askanischen Besiedlung des > Teltow auch die vier > Dörfer gegründet, aus denen der heutige Bezirk hervorgegangen ist. Führend bei der Kolonialisierung des Gebiets waren die Ritter des Ordens der Tempelherren, auf die auch die Dörfer Mariendorf und Marienfelde zurückgehen. Erste urkundliche Erwähnungen von T. stammen aus den Jahren 1247 und 1290. Die älteste erhaltene Urkunde über Marienfelde datiert von 1344, über Mariendorf von 1372. Die Dorfgründungen liegen jedoch früher, wie aus den in der ersten Hälfte des 13. Jh. errichteten > Dorfkirchen von T. und Mariendorf hervorgeht. Die 1220 errichtete Dorfkirche Marienfelde ist die älteste Dorfkirche Berlins und zugleich das älteste Bauwerk der Stadt insgesamt. Die Tempelhofer Dorfkirche liegt untypisch abseits des Dorfangers auf einer kleinen Anhöhe an der Parkstr., da sie zur Komturei des Templerordens gehörte. Der aus Granitquadern errichtete rechteckige Saalbau mit halbrunder Apsis wurde nach Kriegszerstörungen 1954-56 restauriert. Nach der Aufhebung des Tempelritterordens 1312 wurden die Johanniter Eigentümer der drei Dörfer. 1435 verkauften sie diese an die Doppelstadt Berlin/> Kölln. Wie beim Dorf- und Gutsbesitz damals üblich, wechselten in den folgenden Jahrhunderten die Besitzer häufig. Nach dem Dreißigjährigen Krieg lebten im Dorf T. nur noch zwei Familien (nach ihnen sind die Rohde- und die Teilestr. benannt).

Ab 1533 waren die Erhebungen der bis dicht an die Köllner > Stadtmauer heranreichenden Tempelhofer Feldmark für den Kurfürstlichen Weinbau genutzt worden, der erst – wie fast überall im Berliner Raum – nach dem extrem harten Winter von 1740/41 zum Erliegen kam. Auf dem auch „Runder Weinberg" genannten 60 m hohen *Tempelhofer Berg*, dem späteren Kreuzberg, wurde 1821 das von Karl Friedrich Schinkel entworfene Nationaldenkmal für die Befreiungskriege errichtet (> Viktoriapark).

Bedeutsam für die weitere Entwicklung von T. war, daß der Soldatenkönig Friedrich Wilhelm I. (1713-40) auf dem *Tempelhofer Feld*, dem Gelände zwischen T. und der Stadt Berlin, einen Exerzier- und Paradeplatz anlegen ließ. Sein östlicher Teil ist das heutige Flughafengelände (> Flughäfen), während auf seinem westlichen Teil Anfang des 20. Jh.

Tempelhof – Fläche und Einwohner

Fläche (31.12.1990)	40,77 km²	100 %
Bebaute Fläche	24,28	59,6
Wohnfläche	14,42	35,4
Gewerbe- und Industriefläche		
inkl. Betriebsfläche	4,5	11,1
Verkehrsfläche	9,64	23,6
Grünfläche[1]	4,93	12,1
Landwirtschaft	1,03	2,5
Wald	0,43	1,1
Wasser	0,45	1,1
Einwohner (31.12.1989)	185.206 EW	
darunter: Ausländer	13.425	7,2 %
Einwohner pro km²	4.543	

[1] Parks, Tierparks, Kleingärten, Spielplätze, ungedeckte Sportanlagen, Freibäder, Friedhöfe

die > SIEDLUNG TEMPELHOFER FELD entstand („Paradestraße").

Um 1800 lebten in den vier Dörfern des heutigen Bezirks etwa 660 Einwohner. Die im 19. Jh. entstandenen Verkehrsanbindungen an Berlin förderten die weitere Besiedlung. 1838 erfolgte der Ausbau des > TEMPELHOFER DAMMS im Zuge der Straßenverbindung nach Dresden, der als Teil der Bundesstraße 96 auch heute noch eine wichtige südliche Ausfallstraße ist (> BUNDESFERNSTRASSEN). Der Bau der > EISENBAHN mit der Anlage der > RINGBAHN und dem Bahnhof Tempelhof (1872), der Strecke nach Dresden mit den Bahnhöfen Marienfelde und Lichtenrade (1875) beschleunigte die Ansiedlung von Gewerbe und Industrie. Die Nord-Süd-S-Bahn folgt der Trasse der Vorortbahn nach Zossen (der sog. Militäreisenbahn), auf der von 1901-03 auf dem geraden Abschnitt südlich von Marienfelde die ersten Schnellfahrversuche mit Drehstromwagen der Firmen AEG und Siemens & Halske unternommen wurden. Am 27.10.1903 wurde dabei die Rekordgeschwindigkeit von 210,2 km/h erreicht.

Die Eisenbahn-Anbindung brachte auch den Bau mehrerer Kasernen und eines Militärlazaretts mit sich (1878, heute Wenckebach-Krankenhaus). Für die Offiziere entstanden nördlich des alten Dorfkerns zahlreiche zweigeschossige Wohnbauten mit spätklassizistischen Fassaden, wie sie sich beispielhaft v.a. in den unter > DENKMALSCHUTZ stehenden Häusern an der Neuen Str. bis heute erhalten haben. Neben Altbaube-

reichen v.a. im nördlichen Teil findet man große Siedlungen der 50er, 60er und 70er Jahre, wie sie in einer Art „Südwanderung" entstanden sind. Gut sichtbar erhalten geblieben sind – insbes. in Lichtenrade und Marienfelde – die dörflichen Strukturen. Ab 1946 stieg die Tempelhofer Bevölkerung kontinuierlich an. In der Nachkriegszeit bot T. der Stadt Berlin notwendige Flächen, die zur Aufnahme von Wohnungslosen, > FLÜCHTLINGEN, aber auch der Industrie dringend benötigt wurden. An der Marienfelder Chaussee befand sich ab 1952 das zentrale Notaufnahmelager Marienfelde für Flüchtlinge aus dem Osten, heute die > ZENTRALE AUFNAHMESTELLE DES LANDES BERLIN.

Der Ausbau des Flugfeldes in Tempelhof zum Berliner Zentralflughafen begann 1936, nachdem das militärisch genutzte Gelände bereits seit Ende des 19. Jh. von den kaiserlichen Luftschiffern für Flugerprobungen genutzt worden war. Während der > BLOCKADE 1948/49 war der Landeplatz als US-Militärflughafen der wichtigste Umschlagort der > LUFTBRÜCKE, mit der in dieser Zeit die Versorgung Berlins aufrechterhalten wurde. Das > LUFTBRÜCKENDENKMAL auf dem Platz der Luftbrücke erinnert an die Opfer dieser elfmonatigen Aktion. 1974 für zivile Zwecke vorübergehend stillgelegt, hat er v.a. nach der Maueröffnung wieder an Bedeutung gewonnen. 1991 wurden pro Tag durchschnittlich 86 Starts und Landungen gezählt. Nach dem Ausbau eines Berliner Großflughafens im Süden der Stadt (> LUFTVERKEHR) soll die

Fläche als Gewerbe- und Wohngebiet oder auch als zusätzlicher Stadtwald (ein „zweiter Tiergarten") verwendet werden (> STADT-GRÜN). In der Randbebauung des Flughafens sind u.a. das Polizeipräsidium (> POLIZEI), die > POLIZEIHISTORISCHE SAMMLUNG, das Fundbüro des Berliner > LANDESEINWOHNERAMTES und das > BUNDESKARTELLAMT untergebracht.

Rathaus Tempelhof

Die wichtigste Nord-Süd-Verbindung neben dem Tempelhofer Damm und seinen Fortsetzungen (Mariendorfer, Lichtenrader und Kirchhainer Damm) ist die bei Alt-Mariendorf beginnende B 101 über Großbeerenstr. und Marienfelder Allee zur Stadtgrenze. Überregionale West-Ost-Verbindungen sind (von Norden nach Süden) die Bundesautobahn A 100 (Stadtring) mit dem Abzweig A 102 zur Gradestr. nach > BRITZ, der über Alt-Tempelhof führende Straßenzug Schöneberger Str. – Germaniastr. – Oberlandstr. und ganz im Süden die Verbindung Hildburghauser Str. – Nahmitzer Damm – Buckower Chaussee. Im > ÖFFENTLICHEN PERSONENNAHVERKEHR wird T. neben dem > OMNIBUSVERKEHR von > S-BAHN und > U-BAHN bedient. Die in Nord-Süd verlaufende S-Bahn-Linie S2 mit vier Stationen im Bezirk wurde zum 1.9.1992 über die Stadtgrenze hinaus bis nach Blankenburg im Kreis Zossen verlängert. Ende 1993 wird auch die Ringbahn, die den Bezirk mit zwei Stationen parallel zur Stadtautobahn durchquert, wieder in Betrieb genommen. Die U-Bahn fährt mit einer Linie (U6) über acht Stationen bis Alt-Mariendorf. Industrielle Schwerpunkte findet man – wie überall in der Stadt – an > WASSERSTRASSEN und Eisenbahn. Von erheblicher Bedeutung war die Eröffnung des > TELTOWKANALS 1906, der den Bezirk in West-Ost-Richtung durchquert. Hier befinden sich der Tempelhofer und der Mariendorfer Hafen (> HÄFEN) und

das Gaswerk Mariendorf (> GASVERSORGUNG). Weitere Industriegebiete liegen parallel zur Ringbahn an Ringbahn- und Oberlandstr., östlich der Dresdener Bahn beiderseits der Großbeerenstr. sowie ganz im Süden des Bezirks an Motzener Str. und Schichauweg, wo u.a. auf einem 4,5 ha großen Gelände als Musterprojekt ein aus fünf Firmen gebildeter Industriepark entstanden ist. Die hier vom > SENAT VON BERLIN geplante Errichtung einer Klärschlammverbrennungsanlage (> WASSERVERSORGUNG/ENTWÄSSERUNG) stößt indes auf den starken Widerstand der Bezirksverwaltung. Bekanntere Unternehmen in T. sind Daimler-Benz, Gilette, Bahlsen und Schindler. Auch das > ZWEITE DEUTSCHE FERNSEHEN hat seine Berliner Studios in T. Das frühere Druckhaus Tempelhof (> ULLSTEINHAUS) am Mariendorfer Damm ist heute ein Mode- und Geschäftszentrum. 1989 gab es in T. 191 Betriebe des verarbeitenden Gewerbes mit mehr als 20 Beschäftigten. Die insg. fast 29.000 Mitarbeiter erwirtschafteten einen Umsatz von knapp 6,7 Mrd. DM. Damit ist T. nach > SPANDAU der zweitgrößte Industriebezirk der West-Berliner Bezirke.

T. hat so gut wie keine Wald- und Wasserflächen. Es verfügt jedoch über einige attraktive Grünanlagen, darunter den > VOLKSPARK MARIENDORF, der jährlich zu Pfingsten als „Kulturlustgarten" für drei Tage mit zahlreichen Kulturveranstaltungen und Attraktionen rd. 30.000 Besucher aus allen Berliner Bezirken und dem Umland anlockt. Weitere Grünanlagen sind der auf einer Müllkippe angelegte > FREIZEITPARK MARIENFELDE (mit einer benachbarten Abhöranlage der US-Streitkräfte; > ALLIIERTE) und die aus einem > TRÜMMERBERG entstandene > MARIENHÖHE mit dem 1976 neu eingemessenen Zentralpunkt des deutschen Hauptdreiecknetzes. Für das bezirkliche Gesundheitswesen von Bedeutung sind v.a. das der Schwerpunktversorgung dienende Wenckebach-Krankenhaus an der Wenckebachstr. und das kath. St.-Josefs-Krankenhaus am Bäumlerplan. Die einstigen Ufa-Filmstudios an der Viktoriastr. beherbergen seit den 70er Jahren das alternative > INTERNATIONALE KULTURCENTRUM UFA-FABRIK, das sich im kulturellen Angebot der Stadt inzwischen einen festen Platz erobert hat. An der Ringbahnstr. 133 liegt die > FACHHOCHSCHULE DER DEUTSCHEN BUNDESPOST BERLIN. Die größten Veranstaltungsorte im Bezirk sind das Gemeinschaftshaus am Lichtenrader Damm mit 400 Plätzen und die > TRAB-

RENNBAHN MARIENDORF, deren Tribünenhaus auch für gesellschaftliche Veranstaltungen mit bis zu 3.000 Gästen genutzt werden kann. Haupteinkaufszentrum des Bezirks ist der Tempelhofer Damm, v.a. in seinem Abschnitt zwischen Stadtautobahn und Alt-Marienfelde. Im nördlichen Teil (Nr. 165-169) befindet sich unmittelbar am *Franckepark*, dem ehem. Gutspark, auch das Tempelhofer Rathaus mit seinem markanten hohen Uhrenturm (> RATHÄUSER). Der vier- bzw. fünfgeschossige Bau entstand 1936-38 nach Plänen

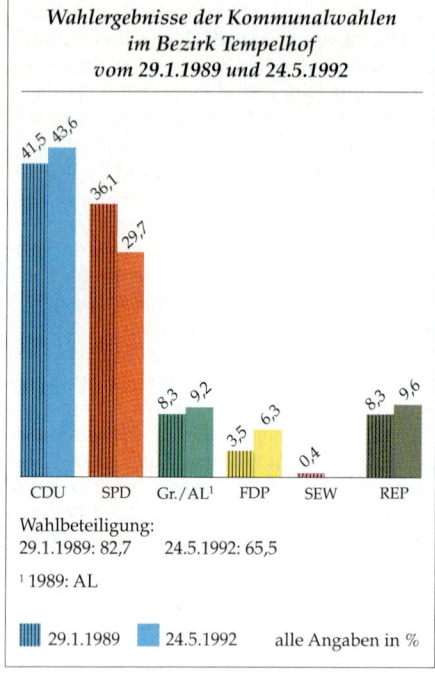

Wahlergebnisse der Kommunalwahlen im Bezirk Tempelhof vom 29.1.1989 und 24.5.1992

Wahlbeteiligung:
29.1.1989: 82,7   24.5.1992: 65,5

1 1989: AL

29.1.1989   24.5.1992   alle Angaben in %

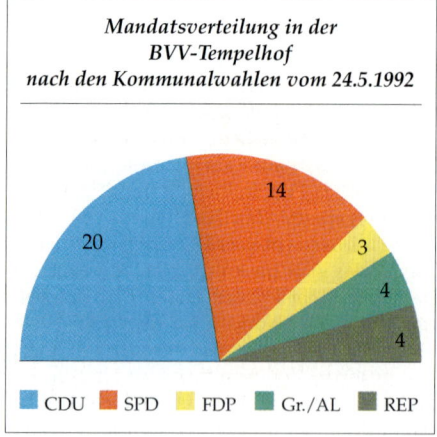

Mandatsverteilung in der BVV-Tempelhof nach den Kommunalwahlen vom 24.5.1992

CDU   SPD   FDP   Gr./AL   REP

des Hochbauamts unter Leitung von Helmut Delius. Vor der Fertigstellung des R. waren die Ämter und bezirklichen Einrichtungen über zwölf Gebäude verteilt. 1969 wurden durch Willy Kreuer Erweiterungsbauten vorgenommen. Im eigentlichen, 12,3 km² großen Ortsteil T. des Bezirks, lebten zum Zeitpunkt der letzten Volkszählung in West-Berlin 1987 knapp 53.900 Einwohner.

Tempelhof unterhält Partnerschaften mit Amstelveen (Niederlande), Barnet/London, Charenton-le-Pont bei Paris, Nahariya (Israel), Charleston (USA), den Kreisen Paderborn, Zossen und dem Werra-Meißner-Kreis. Bei der ersten Gesamt-Berliner Kommunalwahl am 24.5.1992 wurde die CDU mit Abstand stärkste Partei (> WAHLEN). Sie stellt vier Stadträte, die SPD drei. Den Bezirksbürgermeister stellt die CDU.

Tempelhofer Damm: Kaum eine andere Straße zeichnet den historischen Werdegang Berlins aus dörflicher Vergangenheit (> DÖRFER) zur dichtbevölkerten Weltstadtmetropole in so exemplarischer Weise nach wie der T., der heute mit seinen rd. 3,5 km Länge nicht nur eine wichtige Hauptverkehrsstraße, sondern auch ein bedeutendes > EINKAUFSZENTRUM des Berliner Südens ist. Daneben ist der T. die einzige Großstadtstraße der Welt, an der sich ein innerstädtischer Flughafen befindet (> FLUGHÄFEN).

Zurückzuführen ist die in Nord-Süd-Richtung verlaufende Ausfallstraße im Zuge der Bundesstraße 96 (> BUNDESFERNSTRASSEN) auf die 1247 erstmals urkundlich erwähnte Gründung des Dorfes > TEMPELHOF durch den Ritterorden der Tempelherren. Bis in die heutige Zeit bezeugen die Relikte der alten Tempelkirche, einem Feldstein- und Ziegelbau aus dem 13. Jh. mit halbkreisförmiger Apsis, und der „Alte Park" gegenüber dem Rathaus die Frühphase dieser Besiedlung (> DORFKIRCHEN). Ebenso erinnern noch einige der alten Chausseebäume im Park und in der Blumenthalstr. an den einstigen Verlauf der Verbindung zwischen Berlin und Tempelhof, die den uralten Fahrweg über > MARIENDORF und > LICHTENRADE nach Zossen markierte. Erst um 1830 erhielt der T. seine heutige nach Osten verlagerte Route. Unter Friedrich Wilhelm I. (1713-40) begann der Ausbau des östlich der Straße gelegenen *Tempelhofer Feldes* zum Exerzier- und Paradeplatz, auf dem nach der Reichsgründung 1871 die Luftschiffer Ballone und Zeppeline auf ihre militärische Einsetzbarkeit hin prüften. 1875 wurde auf der Straße eine regelmäßige Pferdebahn-Verbindung nach Berlin eingerichtet. Ab 1910 entstanden am heutigen Platz der Luftbrücke hochherrschaftliche Wohnhäuser nach den Entwürfen von Hermann Jansen, dem ersten Preisträger des Städtebauwettbewerbs 1910 (> BAUAUSSTELLUNGEN). Nur kurze Zeit später errichtete Stadtbaurat Fritz Bräuning westlich des T. die > SIEDLUNG TEMPELHOFER FELD. Die durch den ersten Weltkrieg verhinderte Bebauung der östlichen Seite führte im Oktober 1923 zur Gründung des „Flughafens Tempelhofer Feld", der bis 1939 nach Plänen von Ernst Sagebiel zu einem modernen Großflughafen umgebaut wurde.

Somit weist der im Oktober 1949 in T. umbenannte Straßenzug in seiner nördlichen Hälfte bis heute nur auf seiner westlichen Seite eine Wohnhausbebauung auf. Erst südlich der > RINGBAHN schließt sich eine beiderseitige, dichte Bebauung mit Mietshäusern an, die einen hohen Anteil an Geschäften und Dienstleistungen aufweisen. Südlich des 1936 errichteten und 1969 erweiterten Rathauses bildet das Ende der 80er Jahre vollständig umgebaute Karstadt-Warenhaus den geschäftlichen Mittelpunkt der Hauptverkehrsachse. Den Endpunkt des T. setzt direkt am > TELTOWKANAL das 1926 von Eugen Schmohl erbaute > ULLSTEINHAUS.

Tempodrom: Das 1980 gegründete T. in der Straße In den Zelten im > GROSSEN TIERGARTEN ist mit seinen beiden 2.500 und 500 Zuschauer fassenden Zirkuszelten ein origineller Begegnungs- und Veranstaltungsort. Präsentiert werden eigene Produktionen sowie nationale und internationale Gastspiele vorwiegend des alternativen Genres. Die Palette der Veranstaltungen reicht von Rockkonzerten über Tanzveranstaltungen bis hin zum politischen > KABARETT. Der Schwerpunkt liegt bei Theatergastspielen und zirzensischen Revuen (> LEICHTE MUSIK). Ein Kinderzirkus und ein Caféezelt mit kleiner Bühne ergänzen das Angebot. Das Sommerfest *Heimatklänge* – eine Initiative des T. zur Kulturstadt Europas 1988 – ist inzwischen zum größten Welt-Musik-Festival Europas geworden und findet jährlich im Juli / August „umsonst und draußen" statt. Zu einem wechselnden Schwerpunktthema wird die urbane Volks- und Tanzmusik fremder Kulturen präsentiert. 1992 wurden zum „Kolumbus-Jahr" die Musikkulturen der „schwarzen"

Karibik vorgestellt. 1991 wurden bei den Veranstaltungen des T. ca. 250.000 Besucher gezählt.

Gründerin des T. ist die Krankenschwester Irene Moessinger, die sich vor zehn Jahren mit Hilfe einer Erbschaft einen Jugendtraum erfüllte und ein gebrauchtes Zirkuszelt kaufte, in dem sie am 1.5.1980 das T. eröffnete.

Tempodrom

Von 1980-84 spielte das T. auf dem brachliegenden Gelände des > POTSDAMER BAHNHOFS südlich des > POTSDAMER PLATZES, bevor es 1985 an seinen heutigen Standort auf den Parkplatz der > KONGRESSHALLE TIERGARTEN, dem historischen Standort der Berliner Vergnügungsstätte > IN DEN ZELTEN, umzog. Zur Mannschaft des T. gehören ca. 35 Personen, die zum Teil wie die Leiterin Irene Moessinger in Wohnwagen neben den Zelten wohnen. Das T. finanziert sich überwiegend aus Eintrittsgeldern und der eigenen Gastronomie. Ca. 30 % des Jahresetats werden durch projektbezogene Zuschüsse der > SENATSVERWALTUNG FÜR KULTURELLE ANGELEGENHEITEN bestritten.

Teufelsberg: Der doppelkuppige T. am Nordrand des Forsts > GRUNEWALD im Bezirk > WILMERSDORF ist der größte > TRÜMMERBERG der Stadt und mit 115 m über NN gemeinsam mit den gleich hohen > MÜGGELBERGEN im > KÖPENICKER FORST zugleich die höchste Erhebung Berlins (> BERGE). Er wurde von 1950-72 aus 26 Mio. m^3 Trümmerschutt aufgeschüttet, die der II. Weltkrieg in der Stadt hinterlassen hatte. Der T. überdeckt die 1937 begonnenen, aufgrund der folgenden Kriegsereignisse nicht mehr fertiggestellten Neubauten der Wehrtechnischen Fakultät der Technischen Hochschule (> TECHNISCHE UNIVERSITÄT BERLIN). Von 1952-76 wurde er begrünt.

Heute bildet der T. ein 110 ha großes Erholungsgebiet mit umfangreichen Wanderwegen, einem *Kletterfelsen* des Deutschen Alpenvereins und mehreren Anlagen für den Wintersport. Dazu gehören eine große > RODELBAHN (548 m Länge, 68 m Höhenunterschied), eine 380 m lange, mit Schneekanonen ausgestattete Skipiste (70 m Höhenunterschied) sowie eine (verfallene) Skisprunganlage. Anläßlich der 750-Jahr-Feier Berlins 1987 wurde auf der Skipiste ein Weltcup-Skirennen veranstaltet. Als Übungsplatz nutzen den T. auch Modellflugzeugpiloten und Drachenflieger, die hier über ein speziell für sie vorgesehenes Areal verfügen. Auf dem südwestlichen Hauptgipfel befindet sich eine weithin sichtbare Radarstation der US-Streitkräfte, die auch den nordwestlich am Fuß des T. gelegenen Truppenübungsplatz betreiben (> ALLIIERTE). Nach Aufhebung des Berliner > SONDERSTATUS im Zuge der > VEREINIGUNG wird die Radaranlage bis Ende 1992 abgebaut. Von der nordöstlichen Kuppe (100 m über NN, 45 m über Teufelsseechaussee) hat man eine großartige Aussicht ins Umland und über die Stadt Berlin. Der Name des T. bezieht sich auf den südlich des Bergs gelegenen > TEUFELSSEE.

Teufelssee: Der 2,4 ha große T. südlich des > TEUFELSBERGS im Bezirk > WILMERSDORF ist das Relikt einer eiszeitlichen Nebenrinne der > HAVEL, des sog. *Grunewaldgrabens* im Norden des Forsts > GRUNEWALD, der halbkreisförmig vom Naturschutzgebiet *Postfenn* im Norden über T., *Pechsee* und *Barsee* verläuft und zwischen Kleiner und Großer Steinlake auf die Havel trifft. Infolge von Grundwasserabsenkungen – v.a. durch das von 1871-1967 am See betriebene Wasserwerk – ist der T. der Gefahr der Verlandung ausgesetzt. Jährlich werden deshalb über ein Pumpsystem rund 200.000 m³ Wasser zugeführt. Der See und das nördlich anschließende Teufelsfenn wurden 1960 unter > NATURSCHUTZ gestellt. Trotzdem sind sie in der heißen Jahreszeit ein stark frequentiertes Baderevier (> FREI- UND SOMMERBÄDER). In dem 1981 unter Denkmalschutz gestellten Wasserwerk wurde 1985 die ökologische Lehrstation > NATURSCHUTZZENTRUM ÖKOWERK eröffnet. Der 0,2 ha große *Pechsee* und der 1,2 ha große *Barsee* in der Alten *Saubucht* weiter südlich im Grunewaldgraben sind dem gleichen Gewässertyp zuzuordnen und stehen ebenfalls unter Naturschutz.

Einen zweiten T. gibt es bei den > MÜGGELBERGEN im Bezirk > KÖPENICK. Der 1,4 ha große See mit dem umgebenden 4,3 ha großen Moor ist Landschaftsschutzgebiet und über eine Stichstraße vom Müggelheimer Damm aus erreichbar. Hier befindet sich ein von der Berliner Forstverwaltung unterhaltenes Naturschutzzentrum mit einem 3 km langen Naturlehrpfad. Ähnlich wie im Ökowerk kann man sich hier über Naturschutzfragen informieren.

Theater: Die bis weit ins 18. Jh. hineinreichende deutsche Theatermisere hat Gotthold Ephraim Lessing kurz und prägnant beschrieben: „Wir haben kein Theater. Wir haben keine Schauspieler. Wir haben keine Zuhörer..." Damit waren die entscheidenden Desiderate benannt: das Fehlen einer eigenständigen Dramatik und eines stehenden Nationaltheaters sowie eine im europäischen Vergleich nur unzureichend entwickelte Schauspielkunst. Entsprechend bescheiden gestalteten sich die Anfänge in Berlin. Erst seit 1750 deutete sich ein allmählicher Aufstieg zu einem Zentrum der Bühnenkunst an. Davor war Berlin nur eine Station unter vielen für die durch die Lande ziehenden Wandertruppen, ergänzt um regelmäßige Schulaufführungen an städtischen Gymnasien. Wie in anderen kulturellen Bereichen trugen zu Beginn des 18. Jh. fremde Einflüsse zur Belebung der Theaterszene bei: Französische Komödianten und die italienische Oper setzten in der preußischen Kapitale ihren europäischen Siegeszug fort – ins Land geholt und großzügig gefördert von Friedrich II. (1740-86). Die künstlerisch kaum über Hanswurstiaden, Singspiele und artistische Darbietungen aller Art hinausgelangten deutschen Schauspieltruppen konnten angesichts dieser Konkurrenz weder darstellerisch noch vom Repertoire her mithalten.

1. Auf dem Weg: „Berlin muß die Theaterstadt Europas werden!"

Im Banne der Aufklärung vollzog sich ab Mitte des 18. Jh. eine zweigleisige Entwicklung, die schon bald in einen produktiven Wettbewerb zwischen den vom Hof protegierten französischen und den per Dekret geduldeten deutschen Schauspielern mündete. Das entscheidende Signal setzte zunächst Friedrich der Große mit dem Bau der Oper nach den Entwürfen von Georg Wenzeslaus v. Knobelsdorff > UNTER DEN LINDEN (1741/42; > DEUTSCHE STAATSOPER UNTER DEN LINDEN). Im

Schatten der Oper und der bei Hofe in der Behrenstr. spielenden französischen Komödianten brachten Schüler der Leipziger Theaterreformerin Caroline Neuber die bürgerliche Schaubühne nach Berlin. Besonders die Truppe von Johann Friedrich Schönemann wirkte über mehrere Jahre erfolgreich in der Stadt.

In den nächsten Jahrzehnten legten die verschiedenen in der Nachfolge der Neuberin entstehenden Truppen von Konrad Ernst Ackermann und Carl Theophil Doebbelin die künstlerische Basis für ein festes Nationaltheater. Unterstützt von Lessings dramatischer und kritischer Arbeit in Berlin von 1748-68, die in der triumphalen Uraufführung seiner Minna von Barnhelm 1768 im Theater in der Behrenstr. durch Doebbelin gipfelte, bildete sich eine urbane bürgerliche Theaterkultur heraus. Die künstlerischen und finanziellen Krisen der Königlichen Oper Unter den Linden begünstigten den Aufstieg der nun seßhaft werdenden und vom Ensemblegeist getragenen deutschen Truppen. Der wachsende interne Konkurrenzdruck, etwa zwischen Franz Schuch, Heinrich Gottfried Koch und später Carl Conrad Casimir Doebbelin, sowie mit den Franzosen führte zu größerer Vielfalt und höherem künstlerischen Standard. Noch vor dem Bau des Französischen Komödienhauses auf dem > GENDARMENMARKT ging das feste Theatergebäude in der Behrenstr. 55 in den Besitz der Kochschen Truppe über und wurde zur wichtigen Spielstätte der bürgerlichen Trauerspiele Lessings sowie der Sturm-und-Drang-Dramen Johann Wolfgang v. Goethes: Das nationale Drama hatte ein Zentrum gefunden.

Mit der durch den Bayerischen Erbfolgekrieg herbeigeführten Schließung der Oper und des seit 1776 bespielten Komödienhauses war eine völlig neue Situation geschaffen: Erstmals beherrschte das deutschsprachige T. die Szene. Im Todesjahr des frankophilen Friedrich II. übernahm Doebbelins Truppe das verwaiste Französische Komödienhaus und begründete damit 1786 das Berliner Nationaltheater. Nach den ersten Versuchen eines Berliner Privattheaters durch Andreas Bergé am Monbijouplatz und Schuchs sowie Kochs Bemühungen in der Behrenstr. stellte die Umwandlung des Französischen Komödienhauses in ein Hof- und Nationaltheater den entscheidenden Schritt zur dauerhaften Etablierung einer originären deutschen Bühnenkunst in Berlin dar.

2. Zwischen Blüte und Erstarrung: die Theaterentwicklung im Vorfeld der Moderne

Das Repertoire des neuen Königlichen Hoftheaters am Gendarmenmarkt schwankte unter Doebbelin, Johann Jacob Engel und Karl Wilhelm Ramler zwischen trivialen Rührstücken und klassischer Dramatik, zwischen Singspiel und Oper, mit der man der italienischen Oper Unter den Linden Konkurrenz machte. Erst mit der spektakulären Verpflichtung August Wilhelm Ifflands 1796 – Erfolgsdramatiker, populärer Schauspieler und geschickter Impresario in einem – rückte die Berliner Bühne in die erste Reihe der bedeutenden deutschsprachigen T. Iffland brachte das große Welttheater nach Spree-Athen – prunkvolle, üppig ausgestattete Sprech- und Musiktheaterereignisse, denen er selbst als Denkschauspieler im Wettbewerb mit dem Romantikeridol Friedrich Ferdinand Fleck künstlerische Glanzlichter aufsetzte. Besonders seine Schiller-Aufführungen waren von nationalem Rang – v.a., nachdem ihm mit dem Langhans-Bau ab 1802 ein neues großzügiges > SCHAUSPIELHAUS am Gendarmenmarkt zur Verfügung stand. Ifflands effektvoller Inszenierungsstil, seine prächtigen und bisweilen schon milieuechten Szenarien sowie sein hervorragendes Ensemble (u.a. Friederike Unzelmann, Ludwig Devrient) ließen sein Haus zum gesellschaftlichen Mittelpunkt avancieren.

Ifflands Tod 1814 riß eine Lücke, die bis zum Beginn des 20. Jh. nicht mehr zu schließen war. Keiner seiner Nachfolger vermochte an seinen Standard und Erfolg anzuknüpfen. Am ehesten gelang das noch Graf v. Brühl (1815-28): Zwar glänzten nach wie vor große Schauspielerpersönlichkeiten, aber v. Brühl akzentuierte das Repertoire sehr viel stärker hin zur Oper. Zukunftsweisend war seine enge Zusammenarbeit mit Karl Friedrich Schinkel, der von 1815-29 für rd. 100 Bühnenwerke die Dekorationen zusammen mit dem Bühnenmaler Carl Wilhelm Gropius entwarf (u.a. „Zauberflöte", „Undine", „Alceste"). Daneben schuf Schinkel als Meisterwerk klassizistischer Baukunst nach dem Brand des Langhansschen „Koffers" zwischen 1818-21 das neue Schauspielhaus. Brühl selbst trat durch eine Kostümreform hervor, die sich um historische Treue und Detailgenauigkeit bemühte. Darüber hinaus verhalf er durch die Uraufführung von Carl Maria v. Webers „Der Freischütz" der deutschen Oper zum Durchbruch. Ein auf 60-70 Stücke pro Jahr angewachsener Spielplan sowie eine facettenreiche Palette von der Posse bis zur italienischen Oper sorgten für ein sozial verhältnismäßig breit gestreutes Publikum, das sich aus Adligen, höherem Bürgertum, Beamten, Kaufleuten und Handwerkern zusammensetzte. Dennoch etablierte sich in den 20er Jahren auf Betreiben des Königs und unter Zuhilfenahme eines bürgerlichen Strohmannes, des Viehhändlers und Hoflieferanten Friedrich Cerf, ein ganz aufs Populäre zielender Konkurrent, der ab 1824 mit seinem *Königstädtischen Theater* am > ALEXANDERPLATZ die vitale Berliner Volkstheatertradition begründete.

Von nun an gab es einen erbitterten Kampf um die Gunst des Publikums zwischen Königlicher Oper, Königlichem Schauspielhaus und den in den 30er und 40er Jahren sich ausbreitenden Bühnen fürs „Gewöhnliche". Die sich am Ende des 18. Jh. in Skandalen und emotionalen Bekundungen entladende Theatromanie der Berliner erreichte in den 30er und 40er Jahren des 19. Jh. ihren vorläufigen Höhepunkt. Das exzellierende Virtuosentum ging in einen Starkult über, der zu astronomischen Gagen (z.B. für Henriette Sontag 7.000 Taler für eine Saison) oder der Vergötterung einzelner reisender Protagonisten wie der Ballerina Fanny Elßler oder der schwedischen Sängerin Jenny Lind führte. Künstlerisch bedeutete das Stagnation und Niedergang, denn das Ensemblespiel wurde vernachlässigt, und das Königliche Schauspielhaus orientierte sich bis Mitte des 19. Jh. immer stärker an den so erfolgreichen Berliner Lokalpossen nach französischem und Wiener Vorbild (von Voss, Angely, Kalisch u.a.). Krolls Etablissement vor den Toren der Stadt (> KROLLOPER) oder Deichmanns Kasino (das spätere *Friedrich-Wilhelmstädtische Theater*) und ab 1855 das *Wallner-Theater* in der Stralauer Vorstadt machten mit ihren leichtgewichtigen, populären Programmen dem finanziell und künstlerisch krisengeschüttelten Schauspielhaus schwer zu schaffen. Neben der Inflation an Lustspielen und Volksstücken eroberten sich diese Bühnen über die Operettenpflege und die Komische Oper (Albert Gustav Lortzing, Jacques Offenbach) immer neue Publikumsschichten. Eine geradezu dramatische Zuspitzung erfuhr die Berliner Theatersituation durch die Gewerbefreiheit 1869, denn damit wurden alle feudalstaatlichen Restriktionen vom Tragödienmonopol bis zur Theatergründung beseitigt. Nun konnte jeder unbescholtene Bürger bei der Gewerbepolizei eine Theaterkonzession beantragen mit dem Ergebnis, daß Bühnen wie Aktien gehandelt wurden und ein Gründerzeit-Boom mit ständig wechselnden Besitzverhältnissen, Neu- und Wiedereröffnungen ausbrach. Die Entwicklung von Spezialitätentheatern und Kleinkunstbühnen leitete den Vormarsch von Tingeltangel, > VARIETÉ und Feerien als Vorläufer des Revuetheaters ein – kulturelle Kennmarken einer weltstädtischen Unterhaltungsindustrie (> LEICHTE MUSIK).

3. Vor Sonnenaufgang: die Theatermoderne in Berlin

Den Wonnen der Gewöhnlichkeit, dem breiten Angebot an immer neuen Amüsiertheatern als Bestandteil eines Entertainments internationalen Zuschnitts, setzte in den 80er Jahren ein bildungsbürgerlich geprägtes und national gesonnenes Bürgertum ein künstlerisch ambitioniertes Konzept entgegen, das in den Gründungen des > DEUTSCHEN THEATERS 1883 – im umgebauten Gebäude des ehem. Wilhelmstädtischen Theaters – und des *Lessing-Theaters* am Spreebogen 1886 seinen Ausdruck fand. Da das Königliche Schauspielhaus in künstlerische Bedeutungslosigkeit versunken war, konnten sich das von der Nationaltheateridee getragene Deutsche Theater unter Adolph L'Arronge und das sich der Gegenwartsdramatik öffnende Lessing-Theater unter Oscar Blumenthal rasch und nachhaltig profilieren. Aber es bedurfte schließlich eines Theatervereins und eines kundigen Germanisten und Theaterkritikers, um dem modernen T. zum Durchbruch zu verhelfen: Der von Otto Brahm mitbegründete und geleitete Verein „Die Freie Bühne" stand ganz im Banne des Naturalismus, also einer kritischen Gegenwartsdramatik. Um der preußischen Theaterzensur entgehen zu können, mußte man sich der Vereinsform bedienen, um im Rahmen geschlossener Vorstellungen die von der Zensur nicht zur Aufführung freigegebenen Stücke spielen lassen zu können. Otto Brahm selbst wurde zu einem der wichtigsten Wegbereiter des modernen Regietheaters, indem er zuerst die Erneuerung des Dramas beförderte und danach ab 1894 als Direktor des Deutschen Theaters eine konsequent naturalistische Schauspiel- und Bühnenkunst durchsetzte.

Der sich so herausbildende sog. Brahm-Stil strebte nach künstlerischer Wahrhaftigkeit und grenzte sich entschieden vom hohl-pathetischen, sinnentleert deklamatorischen Klassikkult ab. Wie sein russischer Antipode Konstantin Stanislawski bemühte sich Brahm um eine psychologische Durchdringung der Rollen, um subtil-nuancierte, dem Alltag entlehnte sprachliche Gestaltung und eine dem wirklichen Leben detailgenau nachempfundene Szene. Was 1889 mit der skandalumtosten Uraufführung von Gerhart Hauptmanns „Vor Sonnenaufgang" begonnen hatte, setzte er mit seiner Hauptmann- und Ibsen-Pflege in den 90er Jahren fort. Inmitten der weiter prosperierenden Varieté- und Operettenkultur sowie der vielen Geschmack und Qualität nivellierenden Sprechtheater aller Art bot die Brahm-Schule in Konkurrenz zum Lessing-Theater eine tiefgreifende szenisch-theatralische Erneuerung auf der Grundlage eines festen Stilwillens. Einerseits hatte Brahm über das Vorbild der Freien Bühne einen Beitrag zur sozialdemokratisch-proletarischen Kultur geleistet (Gründung der Freien Volksbühne 1890), andererseits reformierte er mit seiner erfolgreichen Ensemble- und Repertoirepolitik das bürgerliche T. als moralische Anstalt. Hinter dieser Leistung verblaßten die Schwächen des Brahmschen Konzepts wie die Neigung zu ästhetisch-stilistischer Vereinseitigung oder eine nur unzureichende Auseinandersetzung mit der Klassik.

Sein Nachfolger und gewissermaßen Überwinder kam aus seinem eigenen Schauspielerkreis. Der junge Max Reinhardt scharte 1900/01 eine Gruppe unzufriedener, etwa gleichaltriger Schauspieler um sich, die sich außerhalb des längst etablierten Deutschen Theaters neu und anders zu erproben suchten. Gleichzeitig mit Ernst v. Wolzogen schlug so in Berlin die Geburtsstunde des literarischen > KABARETTS. Max Reinhardt und seine Freunde eröffneten in der Silvesternacht des Jahres 1900/01 das Kabarett *Schall und Rauch*, das schon bald darauf in das kleine Neue Theater Unter den Linden umzog. Hier bereitete Reinhardt seine großen Bühnenpläne im Kammerspielformat vor, testete seine vielfältigen, facettenreichen schauspielerischen und inszenatorischen Talente mit Gleichgesinnten wie Friedrich Kayßler. Wenige Jahre später schlug seine große Stunde, Reinhardt übernahm das Deutsche Theater, dem er 1906 die exklusiven *Kammerspiele* gleich nebenan hinzufügte, um von hier aus seinen beispiellosen Aufstieg zum Theaterimpresario großen Stils zu unternehmen. Reinhardts opulente und betörend illusionistische Inszenierungen wurden europäische Theaterereignisse. Sein Shakespeare-Zyklus vor dem I. Weltkrieg mit dem „Sommernachtstraum" als epochemachendem Höhepunkt, aber auch seine Ibsen-, Wedekind-, Sternheim-Regiearbeiten in den intimen Kammerspielen, seine Förderung des expressionistischen Dramas während des I. Weltkriegs legten Zeugnis ab von seiner künstlerischen Meisterschaft, die Bühnenbildner wie Edvard Munch oder Ernst Stern kongenial unterstützten.

Berlin avancierte zu einer führenden Theatermetropole in Europa. Reinhardts Expansionsdrang kannte keine Grenzen. Von 1915-18 leitete er auch die 1913 eröffnete > VOLKSBÜHNE, die in finanzielle und künstlerische Schwierigkeiten geraten war. Immer bemüht um neue, den Guckkasten-Bühnenrahmen sprengende Räume, ließ er zu Beginn der Weimarer Republik den Zirkus Schumann und späteren > FRIEDRICHSTADTPALAST vom expressionistischen Architekten Hans Poelzig zu einem Arenatheater der Fünftausend umbauen – dem *Großen Schauspielhaus* – in unmittelbarer Nachbarschaft zum *Theater am Schiffbauerdamm*. Während rund um die > FRIEDRICHSTRASSE ein Zentrum des Operetten-, Varieté- und Revuetheaters entstand (Trianon-Theater, > METROPOL-THEATER, Apollo-Theater, > ADMIRALSPALAST), faszinierte Reinhardt sein Publikum mit großen Schauspielern wie Gertrud Eysoldt, Lucie Höflich, Rudolf Schildkraut, Albert Bassermann, Paul Wegener oder Eduard v. Winterstein. Die Reinhardt-Bühnen dominierten mit ihren technischen Innovationen (Rundhorizont, Drehbühne, Arena, Lichtregie), ihren sinnlichen Raffinessen, ihrer kulinarischen Pracht und künstlerischen Potenz die Berliner und die nationale Theaterszene – weder die Königliche Oper noch gar das Schauspielhaus vermochten ähnlichen Glanz zu verbreiten.

4. Das große Welttheater: die 20er Jahre
Die politischen Wirren und das wirtschaftliche Elend der frühen Weimarer Republik beeinträchtigen die Entwicklung einer blühenden, sich politisch und ästhetisch differenzierenden und polarisierenden Theaterkultur kaum – im Gegenteil. Das durch den finanziell und persönlich motivierten temporären Rückzug Reinhardts entstandene Vakuum füllten junge kreative und radikal experimentell gesinnte Theaterregisseure. In klei-

nen, weltanschaulich und ästhetisch ambitionierten Bühnen wie der > TRIBÜNE von Karl Heinz Martin oder dem agitatorisch und klassenkämpferisch ausgerichteten Proletarischen T. Erwin Piscators bildeten sich die Keimzellen eines kritischen, später der Sachlichkeit verpflichteten Zeittheaters heraus.

Zum eigentlichen Gegenspieler Max Reinhardts rückte aber der nach vielen Querelen inaugurierte neue künstlerische Direktor des nunmehr Preußischen Staatstheaters am Gendarmenmarkt, Leopold Jessner, auf. In Jessners abstraktem Expressionismus verwandelten sich die Klassiker in Zeitstücke, die ästhetisch wie inhaltlich zugespitzt politisch-aktuell Stellung bezogen. Zur Skandalinszenierung geriet sein „Wilhelm Tell" von 1919, der in schwarz und weiß Partei ergriff und in seiner radikalen Einseitigkeit die Gemüter erregte. Zu Jessners „Markenzeichen" gehörte von nun an eine von allem Ornamentalen befreite Bühne, die durch die sog. Jessner-Treppe ihr gliederndes und ordnendes Prinzip erhielt. Zum wichtigsten Protagonisten und künstlerischen Weggefährten avancierte Fritz Kortner, der sich wie sein Mentor heftigsten politischen und antisemitischen Angriffen ausgesetzt sah. Neben Jessner prägten Regisseure wie Jürgen Fehling, Bertolt Viertel, Erich Engel, Karl Heinz Martin, Heinz Hilpert die Berliner Theaterlandschaft der 20er Jahre gemeinsam mit den großen Schauspielern von Agnes Straub bis Heinrich George, von Elisabeth Bergner bis Alexander Granach.

Trotz der gegensätzlichen, kaum noch auf stilistische Kennmarken zu fixierenden künstlerischen Handschriften, gab es so etwas wie einen Grundzug des Berliner T. in der Weimarer Republik: ein Hang zu Sachlichkeit und offenen, urbanen Darstellungsformen, die sich der Schwesterkünste – Malerei (> BILDENDE KUNST), > MUSIK, > FILM – bedienten und damit Experimentierlust bewiesen. Am entschiedensten wagten sich nach Jessner Erwin Piscator und Bertolt Brecht auf szenisches Neuland. Von unterschiedlichen Ausgangspunkten her revolutionierten sie das T., indem sie neue Techniken (Episierung, Montage) einführten und dem T. eine neue Funktion in bezug auf Gesellschaft und Zuschauer zuwiesen. Von der Revue bis zur Sprechoper reichte ihr szenisches Repertoire: Piscators Ernst-Toller-Adaption „Hoppla, wir leben!" in seinem kurzlebigen Theater am Nollendorfplatz oder Brechts

„Dreigroschenoper" im Theater am Schiffbauerdamm waren Meilensteine auf dem Weg zum epischen T.

Während aber Piscator ein unmittelbar ins gesellschaftliche Geschehen eingreifendes „Funktionstheater" propagierte, setzte Brecht auf ein neues Drama und eine veränderte Zuschaukunst, die das T. zu einer Art Erprobungsanstalt für gesellschaftliche Haltungen werden ließ. Im Bereich des Musiktheaters beschritt Otto Klemperer an der Krolloper von 1927-31 einen ähnlichen Weg. Zeitgenössische Komponisten wie Paul Hindemith, Ernst Krenek oder Igor Strawinsky präsentierte er in Bühnenräumen von Giorgio de Chirico, Oskar Schlemmer, Caspar Neher oder Traugott Müller, dem Bühnenarchitekten Erwin Piscators. Künstlerische, pädagogische, geistige und soziale Tendenzen durchdrangen sich hier: „Ein Mittelpunkt, ein Beispiel, eine Kraftquelle." (Herbert Ihering) Es war eine Zeit der harten Konkurrenzen zwischen Volksbühne, Gendarmenmarkt, den Reinhardt-Bühnen, dem Theater am Schiffbauerdamm – allesamt mit Ausnahme des Staatstheaters am Gendarmenmarkt private, nicht subventionierte Spielstätten.

Begleitet, bisweilen auch gefördert wurden die Theaterproduktionen von einer Heerschar von Kritikern, die in Quantität wie Qualität weder vorher noch nachher jemals wieder zusammenkamen: Alfred Kerr, Herbert Ihering, Siegfried Jacobsohn (> DIE WELTBÜHNE), Monty Jacobs, Emil Faktor u.v.a. Zugleich wurden im Berlin der 20er Jahre die Theaterstrukturen geschaffen, die bis heute Gültigkeit besitzen (strukturelle Rahmenbedingungen, tarifrechtliche Besonderheiten usw.). Trotz mancher wirtschaftlicher Krisen und der wachsenden Bedeutung des Mediums Film, konnte sich das T. in diesem Jahrzehnt als Wegbereiter der Moderne behaupten.

5. Im Schatten: das Theater unterm Hakenkreuz
Noch vor der Machtübernahme der Nationalsozialisten am 30.1.1933 zeichnete sich ein politisch motivierter Niedergang der Bühnenkunst ab. Der erzwungene Rücktritt Jessners 1930, das Scheitern Piscators im gleichen Jahr und die Schließung der Krolloper 1931 wirkten wie Zeichen an der Wand. Das sich schon vor 1933 verändernde politische Klima ließ nur noch begrenzt gewagte Experimente zu. Exodus und Verfolgung namhafter Theaterleute nach 1933 (Brecht, Granach,

Kortner, Jessner, Reinhardt) führten aber nicht zu einer Verödung der Theaterszene, dafür gewährten führende Nationalsozialisten wie Joseph Goebbels und Hermann Göring den Bühnen innerhalb ihrer repressiv-totalitären Kulturpolitik bewußt Freiräume. Prominenteste Beispiele waren das Deutsche Theater unter Heinz Hilpert und in seiner ganzen Ambivalenz das Preußische Staatstheater unter Gustaf Gründgens. Hier „überwinterten" zahlreiche Schauspieler, Bühnenbildner und Regisseure in einer Art machtgeschützter Innerlichkeit, hier konnten mit verdeckten Inszenierungstechniken ästhetisch wie inhaltlich Gegengewichte zum offiziösen Kulturverständnis gesetzt werden. Erich Engels Shakespeare-Inszenierungen gehörten in diese Kategorie, Hilperts mutige Spielplanpolitik oder Gründgens' Balance zwischen Anpassung und Verweigerung sorgten für Fluchträume inmitten zunehmend gleichgeschalteter Apparate und Medien. Selbst Heinrich George am > SCHILLER-THEATER oder Eugen Klöpfer an der Volksbühne gelang es bisweilen, gegen den herrschenden Zeitgeist zu spielen und der von den Nationalsozialisten geduldeten theatralischen Repräsentationskultur humane Züge zu verleihen. Dauernd bedroht von der Staatsgewalt, vermochten wenigstens die berühmten Bühnen künstlerisches Profil und qualitative Standards zu wahren, bis schließlich 1944 kriegsbedingt alle T. geschlossen wurden.

6. Auferstanden aus Ruinen: das Theater nach 1945

Obwohl fast alle Spielstätten schwer beschädigt oder zerstört waren, regte sich sofort nach der Kapitulation wieder das Theaterleben. Auf improvisierten oder den wenigen bespielbar gebliebenen Bühnen bot man bevorzugt Unterhaltendes an. Besonders die sowjetische Besatzungsmacht zeigte sich engagiert in der Lizensierung der alten Traditionsbühnen. So konnte schon im Oktober 1945 das Deutsche Theater wieder seine Pforten öffnen – programmatisch mit Lessings „Nathan der Weise" und Paul Wegener in der Titelrolle. Zögernd kehrten die ersten Emigranten wie Wolfgang Langhoff (ab 1946 Intendant des Deutschen Theaters) in die zerbombte Hauptstadt zurück, und auch die in Berlin gebliebenen Regisseure wie Fehling (in > ZEHLENDORF) und Karl Heinz Martin (als Intendant am > HEBBEL-THEATER) entwickelten künstlerische Aktivitäten. So trifft Fritz

Kortners Einschätzung der Situation nach 1945 den Kern: „Einige Bühnen in Deutschland bemühen sich um die Nachfolge von Berlin. Darunter auch Berlin."

Früh aber zeichneten sich auf dem T. der Ost-West-Konflikt und der drohende Kalte Krieg ab. Die Auseinandersetzung um Simonows „Russische Frage" und die darin enthaltenen Tendenzen in der Aufführung des Deutschen Theaters 1947 präludierten gemeinsam mit der westlichen Antwort, Jean Paul Sartres „Schmutzigen Händen" im > RENAISSANCE-THEATER, die ideologischen und politischen Auseinandersetzungen. Da die bedeutendsten und traditionsreichsten Bühnen der Stadt im Ost-Sektor lagen und dort mittlerweile am Deutschen Theater und dem Theater am Schiffbauerdamm wieder die großen Stars wie Gründgens, Ernst Legal, Curt Bois oder Eduard v. Winterstein agierten, mußte im Westen ein Gegengewicht geschaffen werden. Boleslaw Barlog am Steglitzer > SCHLOSS-PARK-THEATER nutzte die Gunst der Stunde und empfahl sich – bedingt auch durch den frühen Tod Karl Heinz Martins 1948 – als künstlerische Alternative.

Verstärkt noch durch die Rückkehr Brechts und die Gründung seines > BERLINER ENSEMBLES unter der Leitung von Helene Weigel 1948 suchte man sehr bald den Wettbewerb der Systeme auch auf dem T. Aber bis zur Eröffnung des neu erbauten Schiller-Theaters 1951 als Staatliche Schauspielbühne unter Barlog dominierten Langhoffs Deutsches Theater und das Berliner Ensemble, das bis zum Umzug ins Schiffbauerdamm-Theater 1953 Gastrecht bei Langhoff genoß.

7. Das geteilte Theater: Kalter Krieg und Mauerschau

Bertolt Brechts und Erich Engels spektakuläre Modell-Inszenierungen von der „Mutter Courage" bis zum „Leben des Galilei" gerieten in den 50er Jahren und auch nach Brechts Tod 1956 zu europäischen Ereignissen, die durch Wolfgang Langhoffs Klassiker-Aufführungen und das Musiktheater Walter Felsensteins an der > KOMISCHEN OPER noch zusätzliche künstlerische Unterstützung erfuhr. Zwar vermochte Barlog durch eine kluge Ensemblepolitik (Ernst Deutsch, Käthe Dorsch, Horst Caspar, Elsa Wagner oder Ernst Schröder) seinem Haus Glanz zu verleihen, aber die entscheidenden Impulse gingen lange Zeit von Ost-Berlin aus.

In beiden Hälften der Stadt existierte eine vitale Theaterszene, die im Westen um die privaten Boulevard-Bühnen am > KURFÜRSTEN-DAMM (> KOMÖDIE und > THEATER AM KURFÜRSTENDAMM) sowie die kleinen Häuser (Renaissance-Theater oder Tribüne) ergänzt wurden. In Ost-Berlin kam im Schatten der großen Bühnen 1953 das ganz der Stanislawski-Methode und der sowjetischen Gegenwartsdramatik verschriebene > MAXIM-GORKI-THEATER im klassizistischen Gebäude der alten > SING-AKADEMIE dazu. Unter einem unglücklichen Stern standen über viele Jahre die nunmehr gespaltenen Volksbühnen, wobei in Ost-Berlin ab 1953 nur das Stammhaus, die > VOLKSBÜHNE AM ROSA-LUXEMBURG-PLATZ übrigblieb, während in West-Berlin bis zur Eröffnung der > FREIEN VOLKSBÜHNE 1962 zwar die alte > BESUCHERORGANISATION weiterwirkte, das T. sich aber mit Provisorien behelfen mußte. Erst die späte Heimkehr Erwin Piscators brachte für wenige Spielzeiten internationale Aufmerksamkeit. Piscators skandalumwitterte Durchsetzung des zeitkritischen Dokumentartheaters von Rolf Hochhuth, Peter Weiss und Heinar Kipphardt knüpfte an die großen Traditionen der 20er Jahre wieder an und nahm die gesellschaftliche Umbruchsatmosphäre der späten 60er Jahre vorweg.

In einer Art heimlichen Konvergenz zwischen Ost und West markierte die Jahrzehntwende von 1970 eine theaterhistorische Zäsur. Im Westen übergab 1972 Barlog die Staatlichen Schauspielbühnen an Hans Lietzau, im Osten traten Gerhard Wolfram am Deutschen Theater und Ruth Berghaus 1971 am Berliner Ensemble das schwere, ja übermächtige Erbe der Langhoff, Heinz, Brecht und Weigel an. Das T. befand sich im Um- und Aufbruch. Peter Stein und seine Truppe eröffneten ab 1970 an der > SCHAUBÜHNE am Halleschen Ufer gegen den z.T. erbitterten Widerstand West-Berliner Kulturpolitiker eine der glanzvollsten Epochen der Berliner Nachkriegs-Theatergeschichte, um mit Inszenierungen wie „Peer Gynt", „Sommergäste", „Prinz Friedrich von Homburg" u.a. bis Ende der 80er Jahre zum eigentlichen Staatstheater West-Berlins zu avancieren.

In Ost-Berlin nutzten die großen Bühnen ungebrochen den ihnen von der Staatsmacht zugestandenen politischen wie ästhetischen Freiraum. Nach dem Scheitern von Ruth Berghaus am Berliner Ensemble und einer zunehmend künstlerischen Erstarrung des Brecht-Theaters machte der Brecht-Meister-schüler Benno Besson die Volksbühne am Luxemburg-Platz in den 70er Jahren zur produktivsten und innovativsten Spielstätte neben dem Deutschen Theater. Die Generation der sog. Brecht-Enkel wie Manfred Karge, Matthias Langhoff und B.K. Tragelehn sorgte in Verbindung mit Dramatikern wie Heiner Müller und Volker Braun für neue, kritische Impulse.

Während die offizielle West-Berliner Renommierbühne, das Schiller-Theater, unter Lietzaus zunehmend unglücklicherer Amtsführung trotz großer Namen (u.a. Samuel Beckett) in der zweiten Hälfte der 70er Jahre in die Kritik geriet, gelang es Kurt Hübner, die nach Piscators Tod von einer Krise zur anderen schlingernde Freie Volksbühne mit Regisseuren wie Peter Zadek, Rainer Werner Fassbinder, Luc Bondy, Grüber und Rudolf Noelte ins Rampenlicht zurückzubringen. Eine Ausnahmestellung kam daneben dem > GRIPS THEATER zu, das einen neuen Stil eines kritischen, zeitbezogenen > KINDER- UND JUGENDTHEATERS begründete. Der Umzug der Schaubühne an den Lehniner Platz zur Spielzeit 1981/82 läutete eine neue Phase ein: Das einstige theaterpolitische Skandalon wurde für seine szenisch-theatralischen Meisterwerke unter Peter Stein mit dem technisch modernsten und aufwendigsten Theaterbau Berlins belohnt. Trotz des programmatisch wirkenden Ortswechsels von > KREUZBERG an den Kurfürstendamm setzte man mit seinem hochkarätigen Ensemble und ergänzt um Gastregisseure die ambitionierte und wegweisende Theaterarbeit fort.

Die 80er Jahre bedeuteten für die Ost-Berliner Bühnen eine wechselvolle Zeit, im Nachhall noch beeinflußt von den kulturpolitischen Auseinandersetzungen um die Biermann-Ausbürgerung 1976 und dem darauf folgenden Exodus auch von Theaterleuten (Manfred Karge, Matthias Langhoff, Benno Besson, Adolf Dresen, B.K. Tragelehn u.a.). Die Volksbühne am Luxemburg-Platz und das Berliner Ensemble verloren weiter an künstlerischem Profil, während das Deutsche Theater seine führende Rolle mit Regisseuren wie Alexander Lang und Thomas Langhoff zurückgewann. Nach Langs Weggang aus der DDR 1986 rückten wenig später Heiner Müller und der junge Frank Castorf mit ihrer eigenständigen, avantgardistischen Theatersprache als Hausregisseure neben Thomas Langhoff nach.

Trotz zunehmender Normalisierung in den

Beziehungen der beiden deutschen Staaten in den 80er Jahren blieb es bei den zwei völlig voneinander getrennten Theaterlandschaften ohne offizielle Berührung oder gar wechselseitigen Austausch. Musik- und Sprechtheater in Ost-Berlin erfüllten einerseits einen repräsentativen, auf internationale Wirkung zielenden Kulturauftrag, der sich in überdurchschnittlicher Alimentation und einem gewissen Sonderstatus der Künstler dokumentierte, andererseits verteidigte das T. seine Freiräume. Dazu gehörte ein vertrautes, bisweilen inniges Verhältnis zwischen Regisseuren, Schauspielern und ihrem Publikum, das dem T. eine besondere gesellschaftliche Bedeutung verlieh und sich in einer regen Kartennachfrage sichtbar niederschlug.

Zu dieser anderen Theaterkultur kam noch eine spezifische Ästhetik, die auf kulturpolitischen Vorgaben (Realismus), mehr noch aber auf der Aneignung und kritischen Umsetzung bestimmter Traditionslinien (Stanislawski- und Brecht-Schule) gründet. Diese Form von Kommunikationsstrukturen und stilistischer Verbindlichkeit kannte das West-Berliner T. zu keiner Zeit. Gerade Ende der 80er Jahre machte sich eine gewisse Theatermüdigkeit breit, die sich in Sinnfragen und organisatorisch-strukturellen Grundsatzüberlegungen artikulierte. Die Dauerkrise der > STAATLICHEN SCHAUSPIELBÜHNEN unter Boy Gobert 1980-85 und erst recht unter seinem Nachfolger Heribert Sasse 1985-90 warfen die Frage nach der Zweckmäßigkeit der verkrusteten großen Apparate auf. Das Scheitern von Hans Neuenfels an der Freien Volksbühne zeigte die Grenzen der Innovationsbereitschaft eines Privattheaters auf, das sich im Besitz einer traditionsreichen Besucherorganisation befindet. Peter Steins Abschied von der künstlerischen Leitung der Schaubühne bezeichnete das Ende einer Ära. Die einst vitale freie Theaterszene der 70er und frühen 80er Jahre versank in der Bedeutungslosigkeit. Die wenigen zukunftsweisenden Ansätze, wie das von der Werkstatt-Idee und den internationalen Kooperationen getragene Hebbel-Theater unter Nele Hertling, konnten das allgemeine Krisengefühl kaum kompensieren.

9. Wendezeit: die Berliner Theaterlandschaft im Zeichen der Vereinigung

Die politischen Umstürze 1989/90 zeigten die Ost-Berliner T. auf dem Höhepunkt ihrer objektiven gesellschaftlichen Bedeutung. Sie avancierten zu Foren und Plattformen der politischen Erneuerung, indem sie sich der „Straße" öffneten und selbst auf die Straße gingen. Heiner Müllers „Hamlet/Hamletmaschine"-Inszenierung 1989/90 begleitete gleichsam die Umbrüche draußen und rückte gleichzeitig zu einem ästhetischen wie szenisch-theatralischen Dokument dieser Vorgänge auf. Bereits im Frühsommer 1990 standen aber für die DDR-Staats- und -Magistratstheater in Ost-Berlin ganz andere Probleme auf der Tagesordnung. Die in der Spielzeit 1990/91 vollzogene rechtliche Integration der Ost-Berliner Bühnen in das westliche Theatersystem mit seinen finanztechnischen und verwaltungsmäßigen Rahmenbedingungen ging einher mit einer Umschichtung des Publikums und dem Zwang zur gesellschaftlichen Neuorientierung. V.a. aus finanziellen Gründen wuchs zugleich der Druck zur Neugestaltung und wechselseitigen Profilierung der Gesamt-Berliner Theaterlandschaft: Drei teure Opernhäuser, eine doppelte Volksbühne, die Abgrenzung zwischen Deutschem Theater/Kammerspiele im Osten und den Staatlichen Bühnen im Westen ließen strukturell-konzeptionelle Veränderungen und eine differenzierende Planung dringlich erscheinen. Die finanziellen Belastungen durch die vorläufig als Staatstheater weitergeführten Ost-Berliner Bühnen vom Berliner Ensemble über die Staatsoper Unter den Linden bis zum Friedrichstadtpalast steigerten sich auf über 40 % des Berliner Kulturhaushaltes 1991 und 1992.

Mit der Vorlage des Gutachtens des Theaterexperten Ivan Nagel im Frühjahr 1991 versuchte die > SENATSVERWALTUNG FÜR KULTURELLE ANGELEGENHEITEN den wachsenden Problemen zu begegnen. Die mit Ende der Spielzeit 1992 vollzogene Schließung der Freien Volksbühne im Westen, die Re- oder Teilprivatisierung des > METROPOL-THEATERS, des Friedrichstadtpalastes und des Berliner Ensembles bedeuteten die markantesten Einschnitte. Ansonsten wurde mit Ausnahme einiger kleinerer Bühnen der Erhalt aller T. angestrebt.

Vieles blieb vorläufig dennoch in der Schwebe. Denn während das Deutsche Theater mit einem lange vorher abgesprochenen Intendantenwechsel von Dieter Mann zu Thomas Langhoff 1991 Kontinuität wahrte und zugleich einen Neubeginn wagte, scheiterte schon nach zwei Spielzeiten das Vierer-Direktorium mit den Regisseuren Alfred Kirchner und Alexander Lang am Schiller-

Theater. Ungewiß ist auch die Zukunft des Berliner Ensembles, für das ein Fünfer-Direktorium mit so unterschiedlichen Starregisseuren wie Peter Zadek, Heiner Müller und Matthias Langhoff vorgesehen ist.

Berlins Anspruch als führende deutsche und eine der wichtigsten europäischen Theatermetropolen wird in Zukunft durch Quantität allein nicht zu behaupten sein. Ein unverwechselbares Gepräge verleiht der Berliner Theaterlandschaft das Nebeneinander, die Ideenkonkurrenz zweier Theaterkulturen. Aus diesem spannungsreichen Gegensatz bezieht die künstlerische Arbeit ihre wichtigsten Impulse inmitten eines künstlerischen Neuorientierungsprozesses, der Mitte 1992 noch längst nicht abgeschlossen war.

Theater am Kurfürstendamm: Das am 6.10. 1921 eröffnete und heute im > KUDAMM-KARREE am > KURFÜRSTENDAMM 209 im Bezirk > CHARLOTTENBURG untergebrachte T. ist ein privates Boulevardtheater mit 804 Plätzen. Es wird mit der benachbarten > KOMÖDIE in Personalunion geführt. Die Leitung liegt bei Jürgen und Christian Wölffer. 1991 bestand das an beiden Bühnen spielende Ensemble aus 61 Schauspielern, darunter Wolfgang Spier, Georg Thomalla, Herbert Herrmann, Susanne Uhlen und Edith Hancke; darüber hinaus hatten die Theater 114 weitere Mitarbeiter. Das T. pflegt v.a. die gehobene Boulevardtradition. In der Saison 1990/91 standen fünf Stücke auf dem Spielplan, darunter drei Neuinszenierungen, die von insg. ca. 193.056 Zuschauern gesehen wurden. Das durch eine GmbH getragene T. finanziert sich ausschließlich durch den Verkauf der Karten.

Der Theaterbau entstand 1921-23 nach Plänen von Oskar Kaufmann aus einem 1905 errichteten und ab 1908 als Saaltheater dienenden Gebäude. Dabei gestaltete der Architekt den im Kern heute noch bestehenden, fast kreisrunden Zuschauerraum mit in den Wänden eingeschnittenen Logen. Nach mehreren Umbauten in den 20er und 30er Jahren sowie Beseitigung der im II. Weltkrieg entstandenen Schäden erfolgte seine vereinfachte Wiederherstellung. Bei Errichtung des Kudamm-Karrees 1969-74 wurde der gesamte Bau in das neue Hochhaus integriert.

Die Theatergeschichte der Bühne begann 1921 mit der Aufführung von Curt Goetz' Stück „Ingeborg". In den 20er Jahren übernahm Max Reinhardt das Theater, der dort u.a. im Dezember 1931 die Berliner Erstauf-

führung von Bertolt Brechts und Kurt Weills Oper „Aufstieg und Fall der Stadt Mahagony" herausbrachte. Nach Reinhardts Emigration und Enteignung 1933 firmierte das Theater als Agnes-Straub-Bühne, bevor es 1934 Hans Wölffer übernahm und gemeinsam mit der Komödie weiterführte. Nach Kriegsende wurde das Haus kurzfristig in ein Kino umgewandelt, bevor es 1949-62 der > FREIEN VOLKSBÜHNE als Spielstätte diente. 1963 übernahm Wölffer erneut das Haus und entwickelte es in den folgenden Jahren zum Boulevardtheater, bevor er 1976 die Leitung des T. und der Komödie an seine beiden Söhne abgab. (> THEATER)

Theater der Freundschaft: Das 1950 gegründete > KINDER- UND JUGENDTHEATER hat seinen Sitz in einem 1910/11 in Formen der Renaissance errichteten ehem. Gymnasium am Hans-Rodenberg-Platz 1 im Bezirk > LICHTENBERG. Im gleichen Gebäude ist auch das aus dem *Haus der jungen Pioniere „German Titow"* hervorgegangene *Haus der Kinder*, eine der größten Berliner Freizeitstätten für Kinder und Jugendliche, untergebracht, das heute vom Bezirksamt Lichtenberg verwaltet wird. Im Zuge der > VEREINIGUNG übernahm die > SENATSVERWALTUNG FÜR KULTURELLE ANGELEGENHEITEN die Einrichtung, während das mit 420 Plätzen und einer Probebühne (60 Plätze) ausgestattete Gebäude Eigentum des Bezirks ist.

Intendant des T. ist seit 1991 Manuel Schöbel. Bis 1989 verfügte das Theater über 240 Mitarbeiter einschließlich eines hauseigenen Orchesters. Seitdem wurde die Zahl der Beschäftigten auf 150, davon 30 Schauspieler und acht Musiker, reduziert. Insg. fanden seit Gründung 225 Premieren statt, davon die Hälfte Erst- und Uraufführungen. Es wurden ferner Gastspiele in allen osteuropäischen Ländern gegeben.

Das heutige Theatergebäude war 1945 von der sowjetischen Besatzungsmacht requiriert und nach Beseitigung von Kriegsschäden 1949 dem Ost-Berliner Magistrat für die Einrichtung eines professionellen Kinder- und Jugendtheaters und eines „Hauses der Kinder" übergeben worden. Am 15.11.1950 wurde das Theater mit Gustav v. Wangenheims „Du bist der Richtige" eröffnet. Der während des Nationalsozialismus in die Sowjetunion emigrierte Gründer und erste Intendant des T., Hans Rodenberg, brachte seine Ideen der proletarischen Spielbewegung des sowjetischen Kindertheaters in die Programmatik ein.

Das Programm wurde von Beginn an nach drei Rubriken gestaltet: aktuelle Gegenwartsstücke, Klassik und Märchen. Eine pädagogische Abteilung betrieb Rezeptionsforschung und entwickelte ein spezielles, nach Altersgruppen gegliedertes Kinderprogramm. Dabei wurde Theater nicht nur für, sondern auch mit Kindern gespielt. Da es kein Repertoire von Kinderstücken gab, wurden besondere Kontakte zu Schriftstellern aufgebaut. Aufgrund seiner Erfolge erhielt das der Abteilung Kultur des Magistrats unterstehende T. die Funktion eines Orientierungs- und Leittheaters für alle Kinder- und Jugendtheater in der DDR.

Nach dem Fall der > MAUER gingen die Zuschauerzahlen drastisch zurück. Dies nicht nur durch die politischen und sozialen Umwälzungen in der DDR bedingt, sondern auch durch die eingeschränkten Spielmöglichkeiten aufgrund von Rekonstruktionsarbeiten an der Spielstätte. Das 1990/91 neu entwickelte Familienprogramm „Känguruh" sowie Preisermäßigungen ließen die Besucherzahlen ab September 1991 wieder steigen. Der neue Intendant Manuel Schöbel brachte im November 1991 sieben Premieren in Form eines Familienherbstpaketes auf die Bretter. Dabei sind traditionell Gegenwartsstücke, Klassik und Märchen vertreten. Das T. ist zusammen mit dem > GRIPS THEATER, der > ROTEN GRÜTZE und der Spielwerkstatt Mitglied in der > BESUCHERORGANISATION „Theater der Schulen", die verbilligte Eintrittskarten für Schüler verkauft. Mitte 1992 ist das T. in *carrousel – Theater an der Parkaue* umbenannt worden.

Theater des Westens: Das 1896 eröffnete Privattheater T. in der Kantstr. 9-12 im Bezirk > CHARLOTTENBURG mit seinem 1.354 Zuschauer fassenden Haus widmet sich v.a. der Pflege der > LEICHTEN MUSIK, insbes. des Musicals und der Operette.

Träger des T. ist die 1978 vom Land Berlin gegründete „Gemeinnützige Theater des Westens GmbH". Die Leitung des T. hat seit 1984 der Intendant der > DEUTSCHEN OPER, Götz Friedrich. Künstlerischer Leiter ist Helmut Baumann, die musikalische Leitung hat Peter Keuschnig. In der Spielzeit 1989/90 bestand das Sängerensemble aus 21 Personen (und 31 Gästen) sowie sechs Solisten. Das Orchester hatte 42 Mitglieder, der Chor bestand aus 24 Personen. Daneben hatte das T. ca. 110 weitere Mitarbeiter. Pro Jahr werden durchschnittlich fünf Produktionen in 280 Vorstellungen gespielt. Gastspiele werden nur sporadisch veranstaltet. Mit jährlich etwa 240.000 Zuschauern spielt das T. rd. 30 % seiner Ausgaben selbst ein, der Rest sind Zuschüsse der > SENATSVERWALTUNG FÜR KULTURELLE ANGELEGENHEITEN.

Theater des Westens

Das Gebäude des T. wurde 1895-96 von Bernhard Sehring errichtet. Die Renaissancefassade ist zur Kantstr. durch eine über der Balkonbrüstung aufsteigende Säulenordnung bestimmt. Die schlichten Ecken des Gebäudes sind mit spitzen Dachlaternen verziert. Das Bühnenhaus in rotem Backstein mit Fachwerk und neogotischer Werksteingliederung erinnert an eine mittelalterliche Burg. In den 50er Jahren wurde das Innere von Franz Heinrich Sobotka und Gustav Müller so gestaltet, daß die (1961 in Deutsche Oper Berlin umbenannte) Städtische Oper den Bau nutzen konnte. Im Zuge einer umfassenden Restaurierung erhielt der Bau 1987 seine prunkvolle neobarocke Innenausstattung wieder.

Noch während des Baus war lange Zeit nicht klar, ob das Haus als Sprech- oder Musiktheater genutzt werden sollte. Nachdem die Eröffnungsvorstellung mit einem Märchenspiel am 1.10.1896 unter dem nur wenige Monate dauernden Direktorat Friedrich Witte-Wilds ein Mißerfolg war, wurde das T. 1897 unter Aloys Prasch in „Goethe-Theater" umbenannt. Bereits 1898 übernahm der Schauspieler Max Hofpaur den Direktorenposten und eröffnete seine Tätigkeit mit einer luxuriösen „Grande-Opéra"-Aufführung von Giacomo Meyerbeers „Die Hugenotten". Unter seiner Leitung und einem weiteren Direktorat Praschs war das T. eine erfolgreiche Opernbühne, die zahlreiche Berliner Erstaufführungen nebst spektakulären Gastspielen, wie das des Tenors Enrico Caruso am 5.10.1905, verbuchen konnte. Prominentester Dirigent dieser Zeit war Hans Pfitzner. Die schärfer gewordene Konkurrenz anderer Bühnen brachte das T. um den größten Teil seines Publikums, so daß es 1907 seinen Betrieb einstellen mußte.

Im gleichen Jahr wurde das T. vom damaligen Leiter des Hamburger Operetten-Theaters Max Monti übernommen und pflegte fortan revueartige Ausstattungs-Operetten. Am 25.8.1912 zerstörte ein Brand das Bühnenhaus. Nach umgehendem Wiederaufbau konnte das Haus bereits am Silvesterabend 1912 wiedereröffnet werden. Auf Monti folgten Carl Bieber und Carl Beese (1913-22), die weiterhin das Operetten-Repertoire pflegten. Von 1922-25 war das T. erneut Opernbühne, diesmal als „Große Volksoper". Von 1926-33 wechselten die Pächter ständig, meist wurden Ausstattungs-Operetten gespielt. Ab 1933 bis zur Schließung des Hauses 1944 diente das T. unter dem Intendanten Erich Orthmann abermals als Opernbühne.

Am 15.6.1945 eröffnete die Städtische Oper ihren Spielbetrieb im durch den Krieg nur wenig beschädigten T., das sie bis zur Übernahme ihres neuen Hauses an der Bismarckstr. 1961 als Spielort behielt. 1961-78 verpachtete die Stadt Berlin das T. wiederum an private Pächter. Am 25.10.1961 hatte das Musical „My Fair Lady" unter dem neuen Chef Hans Wölffer Premiere und spielte erfolgreich fast zwei Jahre lang. Die folgenden Intendanten, Karl-Heinz Stracke (1964-72) und Vincent Grabowsky (1972-78), setzten ebenfalls auf Operetten-Nostalgie. Am Ende dieser Phase war das Haus auf privater Basis jedoch nicht mehr zu führen. 1978 übernahm die vom Land Berlin gegründete GmbH das Haus als Musical-Bühne und eröffnete es nach Umbauarbeiten am 30.12.1978 mit „Cabaret", dem weitere erfolgreiche Musical-Produktionen folgten.

Theatertreffen Berlin: Das 1964 als Forum der deutschsprachigen Bühnen zunächst unter dem Namen „Berliner Theaterwettbewerb" eingerichtete T. ist eine Veranstaltung der > Berliner Festspiele GmbH. Vorausgegangen war eine zweijährige Erprobungsphase durch die > Berliner Festwochen, die ausgesuchte Inszenierungen westdeutscher Theater eingeladen hatten. Ab 1964 wählte ein unabhängiges Gremium von anfangs zehn namhaften Kritikern (später nur noch sieben) die wichtigsten Inszenierungen der vergangenen Spielzeit an den deutschsprachigen Bühnen (einschließlich Österreichs und der Schweiz, ohne DDR) aus. Seit 1965 wurden sie jeweils im Mai in einem auf ca. 20 Tage konzentrierten Treffen unter der organisatorischen Verantwortung des jeweiligen Festwochenleiters präsentiert, seit 1966 unter dem Namen T. Seit 1989 nehmen auch Bühnen aus den östlichen Bezirken Berlins und den neuen Bundesländern am T. teil. Trotz Veränderungen von Satzung und Zahl der Juroren sowie einer Verringerung des Quorums im Lauf der Jahre blieb die Grundidee einer völlig autonom entscheidenden Jury unangetastet.

Ständig erweitert wurden Zusatzprogramme (z.B. mittägliche Pressegespräche und abendliche Publikumsdiskussionen mit den Ensembles) und Begleitveranstaltungen, u.a. die inzwischen selbständige Reihe „Pantomime – Musik – Tanz – Theater" der > Akademie der Künste seit 1974. Ab 1978 kam ein „Stückemarkt" hinzu, der unveröffentlichte Theatertexte junger Autoren zur Diskussion stellt. Zur festen Einrichtung wurde auch das „Forum junger Bühnenangehöriger", bei dem junge Theaterleute ihre Kenntnisse in verschiedenen Workshops erweitern können.

Zum 25jährigen Bestehen lobte 1988 die > Stiftung Preussische Seehandlung erstmals den mit 30.000 DM dotierten *Theaterpreis Berlin* aus, mit dem jährlich ein künstlerisches Gesamtwerk gewürdigt wird. Die Preisträger waren bisher: George Tabori (1988), Peter Stein und Karl-Ernst Herrmann (1989), Johann Kresnik (1990), Peter Palitzsch (1991) und Jutta Lampe (1992).

Seit 1991 gibt es ferner den nach dem Theaterkritiker benannten *Alfred-Kerr-Darstellerpreis*, gestiftet von der Familie Kerr und der Pressestiftung Tagesspiegel (> Der Tages-

SPIEGEL). Mit dem Preis soll die herausragende Leistung eines Nachwuchsschauspielers gewürdigt werden. Der Preisträger wird aus den zum T. eingeladenen Inszenierungen ermittelt. 1991 erhielt den mit 10.000 DM dotierten Preis Steffi Kühnert vom Nationaltheater Weimar, 1992 Torsten Ranft von der > VOLKSBÜHNE AM ROSA-LUXEMBURG-PLATZ.

Theatertreffen der Jugend: Das jährlich seit 1980 Ende Mai/Anfang Juni in Berlin stattfindende, ca. einwöchige T. ist ein bundesweites, von der > BERLINER FESTSPIELE GMBH veranstaltetes *Schüler-Theatertreffen*. Es wird im Auftrag des > BUNDESMINISTERS FÜR BILDUNG UND WISSENSCHAFT im Zusammenwirken mit den Kultusministern der Länder durchgeführt (> SENATSVERWALTUNG FÜR KULTURELLE ANGELEGENHEITEN). Bewerben können sich Schülertheatergruppen aller Schulstufen und -arten sowie Auszubildende, Jugendgruppen und Freie Gruppen. Eine aus Theaterpädagogen und Theaterkritikern bestehende Jury wählt bundesweit etwa 10 Gruppen aus, die zur Vorstellung ihrer Inszenierung nach Berlin eingeladen werden. Das T. ist kein Wettbewerb mit Siegerehrungen, die Anerkennung der Leistung besteht in der Einladung nach Berlin. Bei ihrem Aufenthalt in der Stadt haben die ausgewählten Gruppen die Möglichkeit, an von Theater- und Tanzpädagogen geleiteten Theaterwerkstätten und Colloquien teilzunehmen.
Nach der > VEREINIGUNG wurde die Ausschreibung auf ganz Deutschland ausgedehnt, so daß im Mai 1991 erstmals Gruppen aus den neuen Bundesländern am T. teilnehmen konnten. (> TREFFEN JUNGER AUTOREN; > TREFFEN JUNGE MUSIKSZENE)

The British Council: Das seit 1948 bestehende und seit 1962 in der Hardenbergstr. 20 im Bezirk > CHARLOTTENBURG in unmittelbarer Nähe zum > AMERIKA HAUS ansässige britische Kulturzentrum wird seit 1959 vom British Council getragen, der offiziellen britischen Organisation für den internationalen Wissenschafts-, Bildungs- und Kulturaustausch. Es unterhält seit Januar 1992 eine Sprachschule Am Treptower Park 28-30 im Bezirk > TREPTOW.
T. fördert den Informations- und Meinungsaustausch in den Bereichen Bildung, Kultur und Wissenschaft zwischen Großbritannien und der Bundesrepublik Deutschland. In diesem Zusammenhang veranstaltet und organisiert T. z.B. Tagungen, Seminare, Vorträge. In Zusammenarbeit mit dem > DEUTSCHEN AKADEMISCHEN AUSTAUSCHDIENST (DAAD) unterstützt er Forschungsprojekte im Hochschulbereich. Das in Zusammenarbeit mit anderen Veranstaltern durchgeführte Kulturprogramm umfaßt die Bereiche Film und Video, Literatur, Bildende Kunst, Musik, Theater und Tanz.
Die Sprachschule in Treptow verfügt über zehn Veranstaltungsräume und einen Computerraum mit sechs Rechnern. In den Räumen des British Council in der Hardenbergstr. existieren über 700 Videobänder sowie eine 15.000 Bände und 68 Periodika umfassende Fachbibliothek. Schwerpunkt des Angebots ist das landeskundliche Material für den Englischunterricht. In einer besonderen Infothek sind Materialien über Studienmöglichkeiten in Großbritannien zusammengefaßt. Die Institution hat 27 feste Beschäftigte. Die Finanzierung erfolgt durch das British Foreign Office.

Theodor-Heuss-Platz: Der etwa 200 x 150 m große, als Rondell gestaltete T. im Zuge der > OST-WEST-ACHSE im Bezirk > CHARLOTTENBURG erhielt seinen heutigen Namen am 18.12. 1963 zu Ehren des sechs Tage zuvor verstorbenen Altbundespräsidenten Theodor Heuss. Im Osten seiner begrünten Innenfläche steht ein 1955 von der Landsmannschaft der deutschen Vertriebenen aufgestelltes Mahnmal mit einer *Ewigen Flamme*, das bis zur > VEREINIGUNG der Wiedervereinigung Deutschlands und der Verwirklichung des Rechts auf Heimat gewidmet war. Am > 3. OKTOBER 1990, dem Tag der deutschen Einheit, wurde die Flamme gelöscht. Drei Monate später, am 10.12., dem Tag der Menschenrechte, erneut entzündet, brennt sie heute im Sinne der auf dem Mahnmal eingetragenen Widmung: „Freiheit, Recht, Friede".
Der 1904-08 mit dem Namen *Reichskanzlerplatz* noch vor der Bebauung der Umgebung angelegte Schmuckplatz sollte den Wohnwert des neu entstehenden Wohnviertels Neu-Westend erhöhen (> WESTEND). Von 1933 -45 trug er den Namen Adolf-Hitler-Platz. Der > GENERALBAUINSPEKTOR FÜR DIE REICHSHAUPTSTADT BERLIN Albert Speer plante hier eine monumentale Kolonnade und ein Heldendenkmal im Zuge der Ost-West-Achse. Die Säulen für das Monument wurden in Stuttgart angefertigt und stehen dort noch heute an der Neckarstr. In Berlin wurde

die Basisplattform fertiggestellt, auf der man 1952 einen Brunnen errichtete. Wettbewerbsergebnisse zur Platzgestaltung von 1955 und 1980 blieben unberücksichtigt. 1985 wurde der Platz vom Gartenbauamt Charlottenburg nach einem Entwurf von Thomas Cordes in der heutigen Form gestaltet, wobei die Bastionen entstanden und die Ost-West-Achse in Form eines Pflasterbands Aufnahme fand. An der Ostseite des Platzes liegt das 1971 eröffnete Fernsehzentrum des > SENDERS FREIES BERLIN (SFB) mit dem benachbarten > HAUS DES RUNDFUNKS. Gegenüber, an der Masurenallee, ist der Haupteingang zum > AUSSTELLUNGS- UND MESSEGELÄNDE AM FUNKTURM.

Thermometersiedlung: Die T. entstand 1968-70 im Steglitzer Ortsteil > LICHTERFELDE zwischen dem S-Bahnhof Lichterfelde-Süd und der Osdorfer Str. im Auftrag der Gemeinnützigen Aktiengesellschaft für Angestellten Heimstätten (GAGFAH) und der Gemeinnützigen Siedlungs- und Wohnungsbaugesellschaft Berlin mbH (GSW). Nach Plänen der Baugesellschaften sowie einer Architektengruppe um Heinz Schudnagies wurden bis zu 22geschossige Hochhäuser mit 2.700 Wohneinheiten errichtet. Die nach den Begründern der Temperaturmessung, den Physikern Celsius, Fahrenheit und Réaumur benannten Straßen des Wohnkomplexes gaben der T. ihren Namen.

Three Essentials: Die T. waren ein von den USA im Verlauf der zweiten Berlinkrise – eingeleitet durch das > SOWJETISCHE ULTIMATUM vom 27.11.1958 – entwickeltes und von der > NATO übernommenes Instrument des Krisenmanagements. Mit der Formulierung unverrückbarer Grundsätze der westlichen Berlin-Politik wurde ein Katalog von Mindestinteressen festgelegt. In seiner Botschaft an die Nation vom 25.7.1961 faßte US-Präsident John F. Kennedy diese amerikanischen Rechtspositionen wie folgt zusammen:
1. das Recht auf Anwesenheit in West-Berlin,
2. das Recht auf Zugang durch Ostdeutschland, und 3. die Verpflichtung, mehr als zwei Millionen Menschen die Selbstbestimmung über ihre Zukunft und die freie Wahl ihrer Lebensform zu gewährleisten – und notfalls zu verteidigen.
Durch die Verknüpfung des Berlin-Engagements mit dem weltweiten Engagement und den nationalen Interessen der USA sollte die amerikanische Glaubwürdigkeit erhöht und

die Verletzbarkeit West-Berlins verringert werden: „Die Erfüllung unseres dieser Stadt gegebenen Versprechens ist für die Moral und Sicherheit Westdeutschlands, für die Einheit Westeuropas und das Vertrauen der gesamten freien Welt wesentlich." Im Hintergrund stand die Annahme einer stark angewachsenen östlichen Konfrontationsbereitschaft v.a. infolge der Massenabwanderung aus der DDR (> FLÜCHTLINGE). In diesem Zusammenhang gingen die USA im Sommer 1961 dazu über, auf seiten der Sowjetunion und der DDR nicht mehr ausschließlich offensive Ziele zu vermuten.
Die Forderung des > SENATS VON BERLIN und führender Vertreter der Bundesregierung im Gemeinsamen Kommuniqué vom 12.7.1961, Berlin müsse weiterhin Begegnungsstätte der Deutschen bleiben (Freizügigkeit), ging nicht in die T. ein. Um West-Berlin vom sowjetischen Druck zu entlasten und um angesichts des atomaren Patts eine militärische Eskalation zu vermeiden, signalisierten die Vereinigten Staaten der UdSSR mit den T., daß auf Ost-Berlin und die DDR beschränkte Maßnahmen nicht die vitalen westlichen Mindestinteressen berühren würden. Drei Wochen später, am > 13. AUGUST 1961, begann die DDR mit dem Bau der > MAUER, wobei tatsächlich die von den USA formulierten T. an keiner Stelle verletzt wurden. Später bezogen die Westmächte – u.a. mit der Deutschlanderklärung vom 26.6.1964 – die > BINDUNGEN zwischen West-Berlin und dem Bund als unaufgebbares Element der Lebensfähigkeit in den Grundsatzkatalog ein.

Tiefwerder: Die ehem. Fischersiedlung T. zwischen > HAVEL und *Faulem See* südlich des Ortskerns von > SPANDAU entstand als Neugründung für die Bewohner der 1813 abgebrannten Siedlung Kietz und der Häuser am Burgwall. Der bereits 1319 südlich der Spandauer Burg belegte Kietz war 1560 im Zusammenhang mit dem Bau der > ZITADELLE SPANDAU abgerissen und weiter südlich an der Havel unter gleichem Namen neu errichtet worden (> KIETZ). Nach der abermaligen Verlegung erhielt der Ort nach der angestammten Flurbezeichnung des neuen Siedlungsgebiets den Namen T. Bis ins 20. Jh. war der Haupterwerbszweig der rd. 800 Einwohner fast ausschließlich die Fischerei. 1920 bei der Bildung > GROSS-BERLINS kam das besonders im südlichen Teil gut erhaltene Straßendorf zum Bezirk Spandau.

Tiergarten – Fläche und Einwohner		
Fläche (31.12.1989)	13,41 km²	100 %
Bebaute Fläche	6,05	45,1
Wohnfläche	2,09	15,6
Gewerbe- und Industriefläche		
inkl. Betriebsfläche	0,8	5,7
Verkehrsfläche	3,3	24,6
Grünfläche[1]	3,15	23,5
Landwirtschaft	0,02	0,1
Wald	–	–
Wasser	0,88	6,6
Einwohner (31.12.1989)	93.810 EW	
darunter: Ausländer	20.924	22,3 %
Einwohner pro km²	6.996	

[1] Parks, Tierparks, Kleingärten, Spielplätze, ungedeckte Sportanlagen, Freibäder, Friedhöfe

Tiergarten: Der von der > SPREE durchflossene Bezirk T. ist einer der sechs Innenstadtbezirke Berlins (> BEZIRKE). Durch die Ansiedlung von Regierungsbauten am Spreebogen in der Umgebung des > REICHSTAGSGEBÄUDES – einschließlich der Untertunnelung des > GROSSEN TIERGARTENS durch eine neue *Nord-Süd-Verbindung* für den > KRAFTFAHRZEUGVERKEHR (> BUNDESFERNSTRASSEN) und die > EISENBAHN – und durch die Neubebauung des alten Stadtzentrums am > POTSDAMER PLATZ sowie die geplante Errichtung eines neuen Fernbahnhofs an der Lehrter Str. (> LEHRTER BAHNHOF) wird der Bezirk in den nächsten Jahren von starken Veränderungen betroffen sein.

Der Bezirk entstand 1920 bei der Bildung > GROSS-BERLINS als zweiter Verwaltungsbezirk aus der Zusammenlegung des Stadtteils > MOABIT, des eigentlichen Tiergartens, und eines südlich davon gelegenen Gebiets an der Grenze zu > SCHÖNEBERG. Im wesentlichen waren diese Gebiete bereits 1861 nach Berlin eingemeindet worden. T. wird im Norden durch > WEDDING, im Westen durch > CHARLOTTENBURG, im Süden durch Schöneberg und im Osten durch > KREUZBERG und > MITTE begrenzt, wobei dort die Verwaltungsgrenze etwa der ehem. Berliner > STADTMAUER von 1736 folgt. Von 1945-90 verlief hier die Sektorengrenze (> DEMARKATIONSLINIE; > MAUER). Erhebliche Gebietsveränderungen gab es bei der Bezirksreform im Frühjahr 1938, als im Norden der Bereich der Strafanstalt > PLÖTZENSEE an Wedding (> JUSTIZVOLLZUG) und

das südlich der Kurfürstenstr. etwa vom Nollendorfplatz bis zur Wannseebahn und bis zur Grunewaldstr. reichende Gebiet an Schöneberg abgegeben wurden. Im Westen erfolgte Zugewinne bis zum Charlottenburger Verbindungskanal machten die Verluste nicht wett. Zuletzt vergrößerte sich die Bezirksfläche nochmals geringfügig im Rahmen von zwei Regelungen zum > GEBIETSAUSTAUSCH mit der DDR durch das Gelände des ehem. > POTSDAMER BAHNHOFS (1972) und das sog. > LENNÉ-DREIECK nordwestlich des > POTSDAMER PLATZES (1988).

Anders als die meisten Berliner Bezirke außerhalb des historischen Stadtgebiets geht T. nicht auf ein mittelalterliches Dorf zurück (> DÖRFER). Zwar ist durch Bodenfunde im > HANSAVIERTEL eine Besiedlung bereits etwa 3.000 v. Chr. nachgewiesen (> BESIEDLUNG DES BERLINER RAUMS), jedoch erfolgten dauerhafte Niederlassungen erst zu Beginn des 18. Jh., als hugenottische Immigranten nördlich der Spree 1716 die Kolonie Moabit gründeten. Der Bezirk besteht aus zwei stark gegensätzlichen Bereichen. Moabit im Norden ist ein von Industrieansiedlungen und dichter Bebauung mit > MIETSKASERNEN geprägter Arbeiterwohnbezirk mit großem Ausländeranteil und hohem Sanierungsbedarf. Etwa die Hälfte aller Wohnungen in T. wurden vor 1919 gebaut, 13 % davon verfügen weder über Dusche noch Bad, 9 % haben keine Innentoilette. Der südliche Teil hingegen ist bestimmt durch den „alten Westen" (von dem nur vereinzelt bauliche Reste erhalten sind) mit > Diplomatenviertel und > Kultur-forum, den zur westlichen > City zählenden Geschäfts- und Hotelbereich um den > Bahnhof Zoologischer Garten, Budapester und Kurfürstenstr. (mit großen internationalen Hotels wie Grand Hotel Esplanade und Intercontinental) sowie einen Geschäfts- und Wohnbereich um die Potsdamer Strasse einschließlich großer Möbelhäuser an der Genthiner Str. Zwischen beiden Teilen des Bezirks liegen trennend der Große Tiergarten und der > Zoologische Garten, Reste eines einstmals zusammenhängenden großen Waldgeländes vor den Toren Berlins.

Die durchschnittliche Einwohnerzahl des Bezirks wird durch den großen Anteil an unbesiedelten Grünflächen stark nach unten gedrückt. Im bewohnten Bereich Moabits und um die Potsdamer Str. liegt die Bevölkerungsdichte ähnlich hoch wie in vergleichbaren Stadtquartieren, z.B. Wedding, Charlottenburg oder > Friedrichshain.

Schon seit dem 18. Jh. wurde der nördliche Tiergartenrand zu einem Ausflugs- und Vergnügungsgebiet (> In den Zelten). An diese Tradition knüpft heute das > Tempodrom neben der 1957 errichteten > Kongresshalle Tiergarten an. Östlich davon stand einst die > Krolloper, in der nach dem > Reichstagsbrand im März 1933 die Abstimmung über Adolf Hitlers Ermächtigungsgesetz stattfand. Die Errichtung einer Pulvermühle in Moabit brachte militärische Ansiedlungen, Kasernen und Exerzierplätze mit sich. Dazu kamen bedeutende Eisenbahnanlagen (> Eisenbahn), von denen der als Ausstellungsraum genutzte > Hamburger Bahnhof neben der Sandkrugbrücke (1840) zugleich der älteste Bahnhofsbau in Berlin ist. Das dazugehörige Gebäude der einstigen Bahndirektion an der Invalidenstr./Ecke Heidestr. ist der Sitz des Landessozialgerichts (> Sozialgerichtsbarkeit). Ein zweiter wichtiger Fernbahnhof war bis zu seiner Zerstörung im II. Weltkrieg der Lehrter Bahnhof am Washingtonplatz. Von beiden übrig geblieben ist der Hamburger und Lehrter Güterbahnhof an der Heidestr., einer der beiden großen Containerbahnhöfe der > Deutschen Reichsbahn in Berlin.

Seit den 30er Jahren des vergangenen Jh. gab es bedeutende Unternehmensansiedlungen zunächst südlich der Straße Alt-Moabit an der Spree und gegen Ende des vergangenen Jh. im nordwestlichen Teil des Bezirks zwischen Spree und der 1871 eröffneten > Ringbahn (Martinickenfeld), der heute noch über-

wiegend industriell geprägt ist. Zu nennen sind hier die Firmen Borsig und Pflug (beide Eisenbahnbau; ab 1847), Sökeland (Pumpernickel, 1856), Schütt(-Kampffmeyersche) Mühle (1875, geringe Baureste neben der Lessingbrücke vorhanden), Meierei Bolle (1886) und die Schumann- (später Schultheiss-)Brauerei. Auf dem Gelände der Mühle befindet sich heute das FOCUS Business Service Center Berlin, bei Bolle ist ein weiteres großes Dienstleistungszentrum geplant. Während Borsig den Standort Moabit 1898 aufgab (> Borsigwerke), zog es andere Unternehmen, v.a. aus dem Bereich der Maschinenbau- und Elektroindustrie, hierher, die mit den bereits 1850 eröffneten Humboldthafen einen günstigen Anschluß an die überregionalen > Wasserstrassen vorfanden: Ludwig Loewe & Co., Pintsch-BAMAG und AEG. Ein bedeutendes Bauwerk der Industriearchitektur ist die 1909 von Peter Behrens erbaute > AEG-Turbinenhalle (heute Siemens-Kraftwerkunion) an der Ecke Berlichingenstr./Huttenstr. Gegen Ende des 19. Jh. entwickelte sich Moabit so zu einem der dichtestbesiedelten Berliner Arbeiterquartiere.

Von großer wirtschaftlicher Bedeutung für Berlin sind die > Grossmärkte für Fleisch, Obst und Gemüse an der Beusselstr., die über Verkehrsanschlüsse an die Ringbahn und die Stadtautobahn verfügen, sowie Berlins größter Hafen, der 1914-27 erbaute > Westhafen östlich der Beusselstr. mit dem Geschäftssitz der > Berliner Hafen- und Lagerhaus-Betriebe (BEHALA). Das im Ursprung von Franz Schwechten 1899 erbaute Heizkraftwerk Moabit am Friedrich-Krause-Ufer 10-13 der > Berliner Kraft- und Licht (BEWAG)-Aktiengesellschaft, die ihre Zentrale im früheren > Shell-Haus am Reichpietschufer hat, ist das älteste Kraftwerk Berlins (> Elektrizitätsversorgung). Insg. arbeiten 1990 in T. in 43 Betrieben des verarbeitenden Gewerbes mit mehr als 20 Beschäftigten 8.930 Arbeiter und Angestellte, die einen Umsatz von 3,15 Mrd. DM erzielten.

Maßgeblichen Einfluß auf die künftige Struktur des Bezirks hat die Entscheidung, an beiden Spreeufern zwischen Reichstagsgebäude und > Schloss Bellevue zentrale staatliche Funktionen für die > Hauptstadt anzusiedeln, wenngleich der Umfang und die endgültige Gestalt der baulichen und verkehrlichen Veränderungen gegenwärtig noch nicht absehbar ist (> Baugeschichte und

STADTBILD). Entscheidende strukturverändernde Impulse für T. werden auch von internationalen Firmenansiedlungen (debis, Sony, ABB, Hertie) und der Neubebauung um den Potsdamer Platz ausgehen. Auf dem sog. *Klingelhöfer-Dreieck* zwischen Klingelhöferstr. und Stülerstr. am südwestlichen Tiergartenrand (das in Teilen seit vielen Jahren als saisonaler Rummelplatz genutzt wur-

Rathaus Tiergarten

de) wird voraussichtlich ab Herbst 1992 nach Plänen des Berliner Architektenbüros Hilde Leon und Konrad Wohlhage ein World Trade Center entstehen.

Aufgrund seiner zentralen Lage ist der Bezirk verkehrlich sehr gut erschlossen, insbes. wenn teilungsbedingt stillgelegte S- und U-Bahn-Linien ihren Betrieb wieder aufnehmen (> S-BAHN; > U-BAHN). Die bedeutendsten Straßenverbindungen sind in Ost-West-Richtung die Kanaluferstraßen am > LANDWEHRKANAL mit West-City-Anbindung und die > STRASSE DES 17. JUNI im Zuge der > OST-WEST-ACHSE. In Nord-Süd-Richtung sind v.a. zu nennen die nach dem Mauerbau angelegte *Entlastungsstraße* durch den Großen Tiergarten sowie der über den Großen Stern führende Straßenzug Paulstr. – Spreeweg – Hofjägerallee – Klingelhöferstr. – Lützowplatz – Schillstr. Die Verbindung zur südlich der Spree gelegenen Innenstadt stellen acht,

meist um die Jahrhundertwende entstandene Straßenbrücken her, von denen die schönste, die 1896 erbaute > MOLTKEBRÜCKE, 1985-87 originalgetreu restauriert wurde. Die Hauptgeschäftsstraßen des Bezirks sind im Norden Turm-, Strom- und Beusselstr., im Süden die Potsdamer und die Genthiner Str. Eine zentrale Versorgungsfunktion für Moabit hat die 1889 errichtete Markthalle an der Arminiusstr. (> MARKTHALLEN).

An bemerkenswerten älteren Bauten finden sich neben dem Reichstagsgebäude am > PLATZ DER REPUBLIK und dem Schloß Bellevue am nördlichen Tiergartenrand die von Karl Friedrich Schinkel 1833-43 als eine seiner vier > VORSTADTKIRCHEN erbaute > ST.-JOHANNIS-KIRCHE an der Straße Alt-Moabit 25 sowie die 1844-46 durch Friedrich August Stüler errichtete > ST.-MATTHÄUS-KIRCHE am Kulturforum und die > SIEGESSÄULE auf dem Großen Stern (1873). Im Nordwesten des Großen Tiergarten liegt das > HANSAVIERTEL, ein einst großbürgerliches Wohnviertel, das nach fast völliger Zerstörung im II. Weltkrieg im Rahmen der Internationalen Bauausstellung 1957 nach Entwürfen deutscher und internationaler Architekten in völlig veränderter Form wiedererstand (> BAUAUSSTELLUNGEN). Durch die > INTERNATIONALE BAUAUSSTELLUNG 1987 hat T. einige interessante Wohnbauten um den > LÜTZOWPLATZ und westlich der Stülerstr. erhalten (Öko-Häuser und Stadtvillen).

Nahe dem Brandenburger Tor steht am Nordende der einstigen > SIEGESALLEE seit November 1945 das > SOWJETISCHE EHRENMAL, das mit der > VEREINIGUNG aus sowjetischer Hoheit in deutschen Gewahrsam übergeben wurde. Aus der Zeit der nationalsozialistischen Umgestaltungspläne stammen die baulichen Reste des > DIPLOMATENVIERTELS am südlichen Tiergartenrand, darunter die heute als > JAPANISCH-DEUTSCHES ZENTRUM fungierende ehem. japanische Botschaft. An das „Dritte Reich" und die in ihm verfolgte Vernichtungspolitik erinnern u.a. Denkmäler am früheren Standort der Synagoge Levetzowstr., die als Deportationssammelstelle benutzt wurde (> SYNAGOGEN), und auf der Putlitzbrücke über dem Moabiter Güterbahnhof, von dem ein Teil der Transporte in die Ghettos und Vernichtungslager erfolgte, sowie die > GEDENKSTÄTTE DEUTSCHER WIDERSTAND im sog. Bendlerblock am ehem. Sitz des Oberkommandos des Heeres. Hier formierte sich das Zentrum des militärischen > WIDERSTANDS gegen den Nationalsozialismus

(> 20. JULI 1944). Im um die Ecke am Reich-pietschufer gelegenen ehem. Abwehramt unter Admiral Wilhelm Canaris haben heute u.a. das > BUNDESAUFSICHTSAMT FÜR DAS KREDIT-WESEN und die > STIFTUNG VERBRAUCHERINSTITUT ihren Sitz.

Reich ist das geistig-kulturelle Angebot des Bezirks mit dem – nach fast drei Jahrzehnten immer noch nicht vollendeten, aber nun wieder zentral gelegenen – Kulturforum. Dort befinden sich > PHILHARMONIE, > KAMMER-MUSIKSAAL, > STAATLICHES INSTITUT FÜR MUSIK-FORSCHUNG mit einem Musikinstrumenten-museum, > NEUE NATIONALGALERIE, > KUNST-GEWERBEMUSEUM, > STAATSBIBLIOTHEK und das > IBERO-AMERIKANISCHE INSTITUT. Weitere Museen, darunter die > GEMÄLDEGALERIE, sind im Bau. Der Bereich wird künftig einer von vier Museumszentren neben > DAHLEM, dem > SCHLOSS CHARLOTTENBURG und der > MUSEUMS-INSEL sein. Nicht weit davon entfernt liegen das 1969 gegründete > WISSENSCHAFTSZENTRUM und das > LAPIDARIUM. Weitere bedeutende Kultureinrichtungen sind die > AKADEMIE DER KÜNSTE, das > HAUS DER KULTUREN DER WELT in der Kongreßhalle, die Staatliche Kunsthalle, das > FILMHAUS ESPLANADE, die > BERLINER FESTSPIELE GMBH und das > BAUHAUS-ARCHIV. Direkt daneben befindet sich die General-verwaltung der > STIFTUNG PREUSSISCHER KULTURBESITZ in der ehem. > VILLA VON DER HEYDT. Zum reichen geistigen und politischen Leben gehören auch das > GRIPS- und das > HANSA-THEATER sowie die > BERLINER KAMMERSPIELE.

Neben dem Landessozialgericht befinden sich in T. weitere wichtige Justizeinrichtungen, so das Landesarbeitsgericht (> AR-BEITSGERICHTSBARKEIT), das > KRIMINALGERICHT MOABIT und die zugehörige, vorrangig als Untersuchungshaftanstalt genutzte Justiz-vollzugsanstalt Moabit (> JUSTIZVOLLZUG). Das vom > DIAKONISCHEN WERK betriebene, 1849 gegründete Elisabethkrankenhaus an der Lützowstr. ist nach der > CHARITÉ das zweit-älteste Krankenhaus Berlins (> KRANKENHÄU-SER).

Mit dem über 300 Jahre bestehenden > FRAN-ZÖSISCHEN GYMNASIUM und dem katholischen > CANISIUS-COLLEG verfügt der Bezirk auch über zwei schulische Besonderheiten. Von über-bezirklicher Bedeutung für den Sportbetrieb ist das > POSTSTADION an der Lehrter Str., bei dem sich auch ein Sommerbad und ein Hallenbad befinden (> FREI- UND SOMMERBÄDER; > HALLENBÄDER).

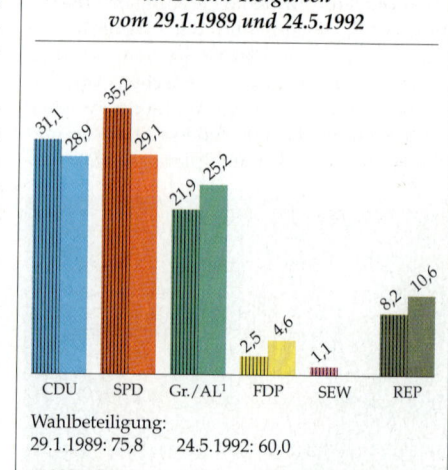

Wahlergebnisse der Kommunalwahlen im Bezirk Tiergarten vom 29.1.1989 und 24.5.1992

Wahlbeteiligung:
29.1.1989: 75,8   24.5.1992: 60,0

¹ 1989: AL

■ 29.1.1989   ■ 24.5.1992   alle Angaben in %

Die Bezirksverwaltung, die seit 1945 zumeist durch einen SPD-Bürgermeister geleitet wurde, hat ihren Sitz in einem 1935/36 von Stadtbaudirektor Richard Ermisch als fünf-geschossiger Putzbau mit drei Flügeln und schlankem Uhrturm errichteten Rathaus an der Turmstr. 35. T. pflegt Partnerschaften in Deutschland mit dem Schwalm-Eder-Kreis, Mülheim/Ruhr und Kassel sowie dem Ost-Berliner Patenbezirk > HELLERSDORF, international mit Wrexham (Wales) und Sedgemoor (Großbritannien).

Bei der ersten Gesamt-Berliner Kommunal-wahl am 24.5.1992 wurde die SPD knapp

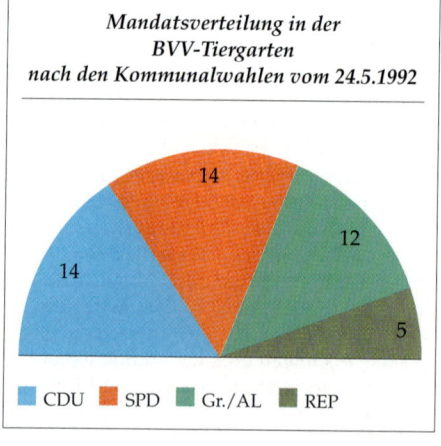

Mandatsverteilung in der BVV-Tiergarten nach den Kommunalwahlen vom 24.5.1992

■ CDU ■ SPD ■ Gr./AL ■ REP

stärkste Partei (> WAHLEN). Sie stellt wie CDU und Grüne/AL zwei Stadträte, den siebten Stadtratsposten erhielt die REP. Den Bezirksbürgermeister stellt wiederum die SPD.

Tierheim Lankwitz: In dem vom „Tierschutzverein für Berlin und Umgebung Corporation" betriebenen T. in der Dessauer Str. 21 im Steglitzer Ortsteil > LANKWITZ werden jährlich bis zu 15.000 ausgesetzte bzw. abgegebene Tiere versorgt. Der 1901 gegründeten Einrichtung angeschlossen sind eine Tierklinik zur medizinischen Versorgung der Heimtiere sowie eine Tierpension, in der Mitglieder des Tierschutzvereins ihre Haustiere zeitweise unterbringen können. Das T. soll nicht nur als Asyl oder Zwischenasyl für ausgesetzte und gequälte Tiere dienen, sondern durch gezielte Öffentlichkeitsarbeit dazu beitragen, Verständnis für einen humaneren Umgang mit Tieren zu wecken. Es finanziert sich über Beiträge der Vereinsmitglieder, Spenden, Erbschaften sowie Einnahmen aus dem vor dem T. gelegenen Tierfriedhof. Im T. sind derzeit ca. 50 Mitarbeiter beschäftigt. Das vom ehem. Ost-Berliner > MAGISTRAT betriebene Tierheim Schicklerstr. im Bezirk > MITTE wurde im Zuge der > VEREINIGUNG zum Juli 1991 geschlossen.

Tierpark Friedrichsfelde: Der am 2.7.1955 eröffnete T. im Bezirk > LICHTENBERG ist neben dem flächenmäßig kleineren, aber bestands- und artenreicheren > ZOOLOGISCHEN GARTEN BERLIN im Westteil der Stadt der zweite Tierpark Berlins. Auf einer Fläche von derzeit 155 ha. beherbergt der T. rd. 7.000 Tiere in über 950 Arten. Seit dem 1.5.1991 ist der T. eine GmbH des Landes Berlin. Der Haupteingang liegt in unmittelbarer Nähe des > SCHLOSSES FRIEDRICHSFELDE an der Straße Am Tierpark. Ein weiterer Eingang liegt direkt an der U-Bahn-Station „Tierpark" der Linie U5. Hier werden im sog. „Bärenschaufenster" in einer von der Straße her einsehbaren Freianlage mehrere Kamtschatkabären gezeigt.
Typisch für den weitläufigen T. sind die großen Freiflächen, auf denen u.a. Kamele und Dromedare, Lamas, Wasserbüffel, Auerochsen, Wisente und Bisons ohne Gitter gehalten werden, nur durch Gräben von den Besuchern getrennt. Das 1987 fertiggestellte Krokodil-Kolibri-Haus beheimatet eine der größten Krokodilsammlungen in einem europäischen Tiergarten. Am östlichen Parkrand

liegt das 1963 als Domizil der Raubtiere eröffnete Alfred-Brehm-Haus, das eine Freiflughalle für Vögel und indische Riesenflugfüchse umschließt. Die überlebensgroßen bronzenen Löwen vor dem südlichen Eingang sind die letzten Überreste des 1897 eingeweihten Nationaldenkmals für Kaiser Wilhelm I. (1861-88) auf der ehem. Schloßfreiheit vor dem Berliner > STADTSCHLOSS. Jüngstes Gebäude ist das nördlich vom Brehm-Haus gelegene, am 29.9.1989 eröffnete große Elefantenhaus. In der Nähe befindet sich eine Freilichtbühne für ca. 5.000 Zuschauer.

Flamingos im Tierpark Friedrichsfelde

Weitere besondere Einrichtungen des T. sind der Greifvogelflugkäfig, die Fasanerien und die Pinguinanlagen sowie mehrere weiträumige Freianlagen für Primaten (Gibbons, Japanmakaken, Kattas und Varis). Vom Tierbestand sind besonders zu erwähnen die Takine, Kiangs und Weißlippenhirsche, die kaum in anderen Zoos anzutreffen sind und die im T. regelmäßig gezüchtet werden. Hervorzuheben sind beachtliche Zuchterfolge bei Greifvögeln (Harpyie, Bartgeier, Weißkopfseeadler) und Pelikanen (1991 wurde einmalig in der Welt Nachzucht beim Rosapelikan in dritter Generation erreicht).
Auch heute noch wird der T. ständig erweitert. Noch 1992 werden Freianlagen für Urwildpferde und Halbesel sowie weitere Volieren der Fasanerie entstehen. Ab 1992 wird mit dem Bau großzügiger Gehege für afrikanische Huftiere (Giraffen, Zebras, Antilopen und Büffel) begonnen. In seiner endgültigen Ausbaustufe wird er ein Gelände von 160 ha. umfassen.
Der T. entstand als Folge der > SPALTUNG der Stadt 1948. Allerdings gab es schon zwischen den beiden Weltkriegen wiederholt Bestrebungen, einen zweiten Tierpark am Stadtrand zu schaffen. Da sich der traditionelle

Zoologische Garten im Westteil befand, beschloß der Ost-Berliner > MAGISTRAT im August 1954, im Park des Schlosses Friedrichsfelde und dem östlich angrenzenden Gelände einen eigenen Tierpark einzurichten. Durch Lotterien, Geld- und Sachspenden von Betrieben, Organisationen und Verwaltungen, durch Vermächtnisse und freiwillige Aufbauleistungen wurde ein Teil der Arbeiten finanziert. 1958 wurde dem Tierpark eine Forschungsstelle für Wirbeltierforschung der > AKADEMIE DER WISSENSCHAFTEN DER DDR angegliedert, die sich 1991 als selbständige Einrichtung etablierte. Erster Direktor war bis 1990 der Zoologe Heinrich Dathe. Ihm folgte nach kurzem Interregnum am 1.5.1991 der Zoologe Bernhard Blaszkiewitz. Die Zahl der Mitarbeiter beträgt 310, darunter über 100 Tierpfleger und 12 Wissenschaftler. Der T. finanziert sich gegenwärtig zu 20-30 % aus Eintrittsgeldern und Zuschüssen des Senats. Unterstützt wird der T. auch von den rd. 1.000 Mitgliedern der Gemeinschaft der Förderer des Tierparks Berlin e.V. 1991 hatte der T. über 1,5 Mio. Besucher.

Titania-Palast: Der T. in der > SCHLOSS-STRASSE im Bezirk > STEGLITZ wird heute v.a. als Geschäfts- und Bürohaus genutzt. Er wurde 1926-28 nach Plänen der Architekten Schöffler, Schloenbach und Jacobi als Film-

Titania-Palast 1953

theater und Konzertsaal mit damals knapp 2.000 Sitzplätzen im Stil der Neuen Sachlichkeit errichtet. Der Baukörper setzt sich aus klar voneinander unterschiedenen Kuben zusammen. Die als reklametechnisches Gestaltungselement eingesetzte Beleuchtung durch Neonröhren gaben dem Bau bei Nacht eine besondere optische Wirkung. Im Innern des T. überwogen dagegen gewölbte Linien, Kreisformen und eine äußerst farbige Gestaltung in Gold und grellem Rot.

Den II. Weltkrieg überstand der T. weitgehend unbeschädigt. Da die Konzertsäle in der Stadtmitte weitgehend zerstört waren, fand im T. am 26.5.1945 das erste Konzert des > BERLINER PHILHARMONISCHEN ORCHESTERS nach dem Krieg statt. In der Folgezeit entwickelte er sich vorübergehend zu einer der wichtigsten Spielstätten Berlins, in der bis in die 60er Jahre zahlreiche weitere Orchester und Stars wie Maria Callas oder Marlene Dietrich auftraten. Am 4.12.1948 wurde im T. die > FREIE UNIVERSITÄT BERLIN gegründet, vom 6.-18.6. 1951 fanden in ihm die ersten > INTERNATIONALEN FILMFESTSPIELE BERLIN statt. Ein Umbau von Hermann Fehling 1953 veränderte den Innenraum. Weitere Umbauten 1961 und 1963 sowie die Aufgabe des Theaterraumes zugunsten eines Jugendzentrums und diverser Läden 1969 führten zu seinem heutigen Erscheinungsbild. Über Pläne, den T. als Kino und Aufführungsstätte wiederzubeleben, ist derzeit noch nicht entschieden.

Todesstrafe: Nach Art. 102 Grundgesetz „ist die Todesstrafe abgeschafft". Bis wenige Tage vor Inkrafttreten des Grundgesetzes vom 23.5.1949 wurden in Berlin noch Todesurteile verhängt und vollstreckt. Noch am 10.5.1949 wurde im damaligen Zellengefängnis in der Lehrter Str. ein 23jähriger Mann mit der Guillotine hingerichtet, weil er eine Frau wegen eines Sacks Kartoffeln ermordet hatte. Im Hinblick auf die angeblich „abschreckende Wirkung" der T. wurde eine Hinrichtung durch öffentlichen Aushang an Litfaßsäulen bekanntgemacht.

In Ost-Berlin, wo das Grundgesetz bis zum Vereinigungstag am > 3. OKTOBER 1990 nicht zur Wirkung kam, wurde die T. zuletzt am 11.6.1981 wegen angeblich „vorbereiteter und vollendeter Spionage im besonders schweren Fall" von dem im > STADTGERICHT residierenden 1. Militärstrafsenat des obersten Gerichts der DDR gegen den Hauptmann des > STAATSSICHERHEITSDIENSTES DER

DDR Werner Teske unter strengster Geheimhaltung verhängt. Die Hinrichtung fand am 26.6.1981 in Leipzig durch Genickschuß statt. Durch das 4. Strafrechtsänderungsgesetz vom 18.12.1987 wurde dann auch in Ost-Berlin und der DDR die T. förmlich abgeschafft. In den Westsektoren Berlins wurde die T. durch das auch das Grundgesetz überlagernde alliierte Recht (> ALLIIERTE; > SONDERSTATUS 1945-90) für verschiedene Delikte, z.B. bewaffneten Widerstand gegen alliierte Streitkräfte, auf der Grundlage der Verordnung Nr. 511 vom 15.10.1951 angedroht, ohne bis zu ihrer Abschaffung durch die BK/O (89) 3 vom 15.3.1989 jemals verhängt worden zu sein (> BK/O [BERLIN KOMMANDATURA ORDER]).

Tourismus: Berlin zählt zu den wichtigsten Fremdenverkehrsstädten in Deutschland und gehört zusammen mit London, Paris, Rom, Madrid, München und Wien zu den meistbesuchten Zielen von Städtereisen in Europa. 1991 sind in West-Berlin rd. 2,54 Mio. Gäste angekommen, davon übernachteten 2,07 Mio. in > HOTELS. Zugleich wurden mehr als 6,41 Mio. Übernachtungen (in den Hotels 4,95 Mio.) registriert. Die Gäste hielten sich damit durchschnittlich 2,4 Tage (Hotels 2,3 Tage) in der Stadt auf. Für Ost-Berlin lagen Anfang 1992 noch keine amtlichen Jahresangaben vor. Im Mai und Juni 1991 wurden zusammen 100.000 Gäste in den östlichen Hotels registriert, die sich durchschnittlich 2,6 Tage in der Stadt aufhielten. Damit dürften in Berlin 1991 gut 3,1 Mio. Gäste beherbergt worden sein.
Wie in anderen Städten auch, ist der Fremdenverkehr durch saisonale Schwankungen geprägt. Hauptsaison sind Frühjahr und Herbst. In den Sommermonaten Juli/August und den Wintermonaten November bis Februar geht der Besucherstrom i.d.R. zurück. Die Zeit nach dem Fall der > MAUER erwies sich hier jedoch als Ausnahme: Abgesehen von den Monaten Dezember bis Februar wurden auch im „Sommerloch" außerordentlich hohe Besucherzahlen registriert.
Der Besucherstrom nach Berlin ist langfristig gesehen deutlich angestiegen – so allein bei den West-Berliner Hotels von 480.000 Gästen (1960) auf 1,8 Mio. (1987) –, auch wenn es zwischenzeitlich vorwiegend konjunkturell bedingte Rückgänge der Besucherzahlen gab. V.a. mit der 750-Jahr-Feier Berlins und den politischen Veränderungen in Deutschland

erzielte der Berlin-Tourismus immer wieder neue Rekordergebnisse. 1990, im Jahr nach der Maueröffnung, wurden 2,8 Mio. Gäste mit 7,1 Mio. Übernachtungen im West-Berliner Beherbergungsgewerbe. 1991 gingen die Zahlen dann um jeweils 11 % zum Vorjahr zurück. Allerdings wurden mit einer durchschnittlichen Bettenauslastung aller West-Berliner Beherbergungsbetriebe von 59,2 % (Hotels 60,3 %) wie im Vorjahr Spitzenergebnisse erzielt (1990: 67,3 bzw. 68,1 %).
Jeder vierte Besucher in West-Berlin kam 1990 aus dem Ausland (knapp 700.000). Die bei weitem größte Gruppe stellen nach wie vor die US-Amerikaner (136.000). Besonders viele Gäste kommen auch aus Großbritannien (85.000), den Niederlanden (66.000), Schweden (52.000), Frankreich (45.000), Italien (42.000), der Schweiz (36.000), Dänemark (32.000) und Japan (30.000). Die ausländischen Gäste bleiben i.d.R. 2,6 Tage in der Stadt und damit etwas länger als deutsche Besucher (2,5 Tage Aufenthaltsdauer).
Der T. ist ein wichtiger Faktor im Wirtschaftsleben der Stadt. Der größte Anteil der Ausgaben der Berlin-Besucher entfällt auf das Hotelgewerbe. Auch Gastronomie und > EINZELHANDEL verzeichnen deutliche Impulse. Bereits 1984 gaben Berlin-Besucher 750 Mio. DM in der Gastronomie und 660 Mio. DM im Einzelhandel aus.
Um die Position Berlins im internationalen Tourismus-Geschäft zu sichern und auszubauen, sind einige Anstrengungen notwendig. Zu diesem Zweck haben verschiedene Tourismus-Einrichtungen und der > SENAT VON BERLIN 1992 die Gründung einer *Tourismus GmbH* beschlossen, die mit einem neuen Konzept für Berlin werben soll.

Trabrennbahn Karlshorst: Die 1945 aus einer Ende des 19. Jh. angelegten Pferde-Hindernisbahn entstandene T. an der Treskowallee 129 im Bezirk > LICHTENBERG ist mit ihrer 1.200 m langen Bahn und rd. 2.000 Tribünenplätzen die kleinere (vom Gelände her größere) und jüngere der beiden Berliner Trabrennbahnen (> TRABRENNBAHN MARIENDORF). Die seit dem 1.1.1991 vom Trabrennverein Mariendorf e.V. gepachtete Anlage wurde bis zur > VEREINIGUNG Berlins als einzige Trabrennbahn der DDR vom „VEB Trabergestüt und Trabrennbahn Berlin-Karlshorst" betrieben. Mit zu dieser Zeit bis zu 17 volkseigenen und fünf privaten Ställen für insg. rd. 480 Pferde war sie das Trainings- und

Wettkampfzentrum des Trabersports in der DDR. Bedeutende Rennen waren der Große Preis der DDR, das Derby und das Bersarin-Gedächtnisrennen. Jährlich fanden ca. 90 Renntage mit je acht bis zehn Rennen statt, gelegentlich auch mit zumeist aus der Sowjetunion kommender, internationaler Beteiligung.

1893/94 hatte der Berliner „Verein für Hindernisrennen" auf den Feldern des damaligen Vorwerks > KARLSHORST auf einer Fläche von 80 ha eine Hindernisbahn für den Pferderennsport angelegt. Unmittelbar nach dem II. Weltkrieg wurde die Anlage auf Befehl des ersten sowjetischen > STADTKOMMANDANTEN Generaloberst Nikolai E. Bersarin zur Trabrennbahn umgebaut. Bereits am 1.7.1945 fand vor 50.000 Zuschauern das erste Trabrennen statt. 1985 wurde das Geläuf (24 m breit, mit einem Bogenradius von 100 m sowie einer Neigung nach innen von 8 Grad) im Rahmen umfassender Rekonstruktionsarbeiten internationalen Maßstäben angepaßt. Neben verschiedenen Zucht- und Standardrennen finden seit 1992 auch Trabrennveranstaltungen im Verlauf des Deutschen Traberderbys auf der T. statt. Der Totalisator-Umsatz betrug 1991 15,5 Mio. DM. Ende 1991 arbeiteten auf der T. 23 selbständige Trainer, die 350 in den Stallungen der T. eingestellte Pferde betreuten.

Trabrennbahn Mariendorf: Die Anlage des Trabrennvereins Mariendorf e.V. am Mariendorfer Damm 222-298 im Bezirk > TEMPELHOF umfaßt heute nach mehrfachen Ausbauten und Modernisierungen auf einem 24 ha großen Gelände zwei geschlossene Tribünenhäuser und eine offene Tribüne, die zusammen max. 8.000 Zuschauern Platz bieten. Die Wettkampfbahn hat eine Länge von 1.200 m. Daneben gibt es eine im Innenring angelegte Trainingsbahn sowie Stallungen und Einrichtungen für rd. 800 Pferde. Die T. ist neben der > TRABRENNBAHN KARLSHORST die ältere und größere der beiden Berliner Trabrennbahnen.

Die T. wurde am 9.4.1913 mit der heute unter Denkmalschutz stehenden, ca. 2.000 Zuschauer fassenden, offenen, nach ihrem Konstrukteur genannten „Endellschen Tribüne" eröffnet. Nach Unterbrechung des Rennbetriebs 1944-46 enstand nach dem Krieg nördlich dieser Anlage das erste geschlossene Tribünenhaus. Das heutige fünfgeschossige Hauptgebäude mit seiner großen Glas-

fassade wurde 1972 fertiggestellt; in diesem für 4.000 Zuschauer konzipierten Gebäude befinden sich neben den Zuschauerbereichen und Wettschaltern gastronomische Einrichtungen, ein Veranstaltungssaal und die technischen Anlagen. Bei i.d.R. zwei Renntagen pro Woche werden auf der T. jährlich ca. 1 Mio. Gäste gezählt. Der jährliche Totalisator-Umsatz liegt bei rd. 50 Mio. DM (1990).

Die T. ist alljährlicher Schauplatz des am letzten Tag der Derby-Woche ausgetragenen *Deutschen Traber Derbys* und einer Reihe weiterer bedeutender Rennen (Adbell Toddington, Buddenbrock, Matadoren-Rennen, Jugend-Preis der Zweijährigen). Das vom Trabrennverein Mariendorf seit 1952 auf der T. ausgerichtete Deutsche Traber-Derby ist das wichtigste Trabrennen für im Inland gezogene dreijährige Pferde. Die Preisgelder der fünf Renntage mit der insg. ca. 70 Rennen unfassenden Derbywoche betrugen 1991 einschl. der Vorläufe annähernd 1,5 Mio. DM. Durchschnittlich besuchen 25-30.000 Zuschauer die Veranstaltung.

Im südlichen Bereich der Anlage befinden sich neben den Stallungen zwei Hufschmiedewerkstätten, zwei Sattlereien, eine Tierarztpraxis sowie drei Pferdetransportunternehmen. Mit den 160 Angestellten des Trabrennvereins und 35 selbständigen Trainern arbeiten 1991 insg. rd. 340 Personen auf der T.

Transitverkehr: Der T. mit dem Bundesgebiet war neben den > BINDUNGEN an die Bundesrepublik Deutschland eine der entscheidenden, existenzerhaltenden Lebensadern West-Berlins z.Z. der > SPALTUNG der Stadt von 1948-90 (> ZZZ – ZUGEHÖRIGKEIT/ZUGANG/ZUTRITT; > GESCHICHTE). Der Verkehr zwischen dem Bundesgebiet und Berlin (West) erfolgte in dieser Zeit ausschließlich

Transitautobahn am Grenzkontrollpunkt Dreilinden 1975, im Hintergrund sowjetisches Panzerdenkmal

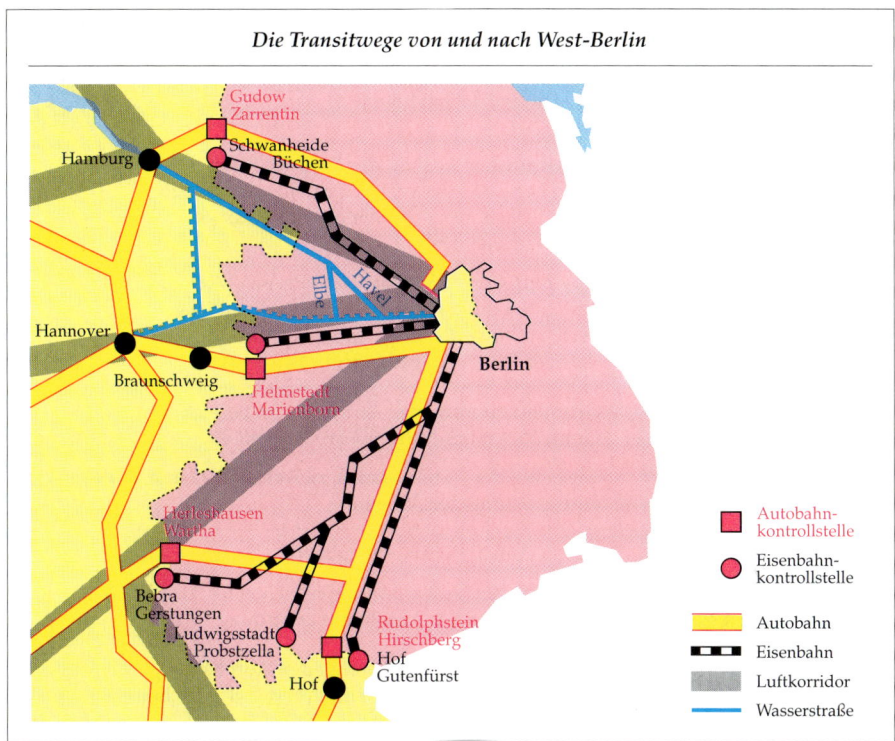

Die Transitwege von und nach West-Berlin

Gudow
Zarrentin
Schwanheide
Büchen
Hamburg
Elbe
Havel
Hannover
Braunschweig
Helmstedt
Marienborn
Berlin
Herleshausen
Wartha
Bebra
Gerstungen
Ludwigstadt
Probstzella
Rudolphstein
Hirschberg
Hof
Gutenfürst
Hof

■ Autobahn-kontrollstelle
● Eisenbahn-kontrollstelle
━ Autobahn
━ Eisenbahn
━ Luftkorridor
━ Wasserstraße

über die Autobahnverbindungen von Berlin (West) nach Rudolphstein, Herleshausen und Helmstedt sowie die Fernstraße 5 nach Lauenburg (ab 1982 Autobahn nach Gudow), die Eisenbahnlinien von Berlin (West) nach Ludwigstadt, Bebra, Helmstedt und Büchen, den Binnenschiffahrtsweg vom Mittelland-kanal durch den Elbe-Havel-Seitenkanal und die > HAVEL sowie über den > LUFTVERKEHR durch die drei > LUFTKORRIDORE nach Frank-furt/M., Hannover und Hamburg.

Ausgehend von der Annahme, nach dem Ende des II. Weltkriegs werde es zu einer nur wenige Jahre dauernden Besetzung Deutsch-lands und seiner > HAUPTSTADT Berlin kom-men, hatten die > ALLIIERTEN keine schriftli-chen Vereinbarungen über einen ungehin-derten Zugang von zivilen Personen und Gü-tern nach Berlin auf Land-, Schienen- und Wasserwegen getroffen. Lediglich über die Luftkorridore gab es eine schriftlich fixierte Regelung. Zudem betrachteten die drei West-alliierten den ungehinderten Zugang als Teil ihres Besatzungsrechts (> SONDERSTATUS 1945-90). Die UdSSR hingegen bestritt dies und nutzte die faktische Verfügungsgewalt über die durch ihre Besatzungszone führenden

Zugangswege nach Berlin vielfach als politi-sches Druckmittel.

Nach dem Scheitern der alliierten Zusam-menarbeit im > ALLIIERTEN KONTROLLRAT und später auch in der > ALLIIERTEN KOMMAN-DANTUR kam es 1948 mit der vollständigen > BLOCKADE des T. auf allen Land- und Wasser-wegen zu einem ersten Höhepunkt des Kal-ten Krieges in Europa. Lediglich über die Einrichtung einer > LUFTBRÜCKE konnte da-mals die Lebensfähigkeit der Stadt erhalten werden.

Auch nach Beilegung dieser Krise durch das > NEW YORKER ABKOMMEN von 1949 kam es bis 1972 auf den Transitstrecken immer wieder zu Unterbrechungen, Behinderungen und langen Wartezeiten an den Übergangsstellen für den Personen- und den Güterverkehr. Seit dem 1.9.1951 verlangte die DDR-Regie-rung für die Benutzung der Verbindungs-wege individuell zu zahlende *Straßenbe-nutzungsgebühren*. Zusammen mit der Ein-führung der Visapflicht am 11.6.1968 für Bundesbürger führte die DDR-Regierung für den Straßengüterverkehr zusätzlich eine Straßenausgleichsabgabe ein. Besonders in den 60er Jahren waren willkürliche und

Verbesserung der Verkehrswege: Straßenverkehr

Jahr	Strecke und Maßnahmen
1975 - 1979	Sechsspuriger Ausbau des Berliner Rings zwischen den Abzweigen Drewitz und Leipzig, Grunderneuerung des Autobahnteilstücks nach Marienborn
19.12.1975	Abschluß der Vereinbarung zwischen BRD und DDR
Nov. 1979	Fertigstellung der Arbeiten am Berliner Ring
Nov. 1979	Fertigstellung des Autobahnteilstücks Berliner Ring – Marienborn
1977 - 1979	Grunderneuerung der Autobahn im Bereich des Grenzübergangs Marienborn/Helmstedt
22.12.1977	Abschluß der Vereinbarung zwischen BRD und DDR
Nov. 1979	Fertigstellung der Arbeiten
1978 - 1982	Autobahnbau Berlin – Hamburg
26.11.1978	Abschluß der Vereinbarung zwischen BRD und DDR
20.11.1982	Fertigstellung der Autobahnverbindung
1980 - 1984	Herstellung einer durchgehenden Autobahnverbindung zwischen Berlin und der Grenze bei Herleshausen
30.04.1980	Abschluß der Vereinbarung zwischen BRD und DDR
15.12.1984	Freigabe der Autobahn
25.06.1984	Mitteilung der Bundesregierung über die Offenhaltung des Grenzüberganges Staaken bis zum 31. Dezember 1987
15.08.1985	Abschluß der Vereinbarung zwischen BRD und DDR über die Grunderneuerung des Autobahnteilstücks Hermsdorfer Kreuz – Triptis
23.12.1987	Vorzeitige Öffnung des Übergangs Heiligensee/Stolpe im Anschluß an die Autobahn Berlin – Hamburg

schikanöse Durchsuchungen von Fahrzeug, Gepäck, Ladung oder Insassen immer wieder an der Tagesordnung. Erst das > VIER-MÄCH-TE-ABKOMMEN vom 3.9.1971 und das auf seiner Grundlage abgeschlossene deutsch-deutsche *Transitabkommen* schufen eine von allen vier Alliierten akzeptierte vertragliche Grundlage für einen geregelten T.

Das von der Bundesregierung und der DDR-Regierung am 17.12.1971 unterzeichnete „Abkommen zwischen der Regierung der Bundesrepublik Deutschland und der Regierung der Deutschen Demokratischen Republik über den Transitverkehr von zivilen Personen und Gütern zwischen der Bundesrepublik Deutschland und Berlin (West)" regelte den „Transitverkehr von zivilen Personen und Gütern auf Straßen-, Schienen- und Wasserwegen zwischen der Bundesrepublik Deutschland und den Westsektoren Berlins – Berlin (West) – durch das Hoheitsgebiet der Deutschen Demokratischen Republik". Das Transitabkommen galt für alle Zivilpersonen – unabhängig von ihrer Staatsangehörigkeit –

Verbesserung der Verkehrswege: Schienenverkehr	
Jahr	Strecke und Maßnahmen
1971 - 1972	Personenreisezugverkehr über Hof/Gutenfürst
17.12.1971	Transitabkommen zwischen BRD und DDR
01.10.1972	Erstmaliger Personenreisezugverkehr
1975 - 1976	Eisenbahnverbindung über Staaken nach Hamburg
19.12.1975	Abschluß der Vereinbarung zwischen BRD und DDR
26.09.1976	Erstmaliger Zugverkehr
1980 - 1983	Zweigleisiger Ausbau der Eisenbahnverbindung Berlin – Helmstedt
30.04.1980	Abschluß der Vereinbarung zwischen BRD und DDR
15.12.1983	Inbetriebnahme der Ausbaustrecke Potsdam – Bahnhof Berlin-Wannsee

Verbesserung der Verkehrswege: Binnenschiffahrtsverkehr	
Jahr	Strecke und Maßnahmen
1971	Aufhebung der Zwangsroute über die untere Havelwasserstraße
17.12.1971	Transitabkommen zwischen BRD und DDR
1978 - 1981	Öffnung des Teltowkanals von Westen, Baumaßnahmen zur Beseitigung von großen Schäden an den Transitwasserstraßen
16.11.1978	Abschluß der Vereinbarung zwischen BRD und DDR
20.11.1981	Öffnung des Teltowkanals
Ende 1981	Abschluß der Baumaßnahmen
15.07.1984	Fertigstellung der Verbreiterung eines ca. 17 km langen Teilstücks des Mittellandkanals

und für alle Güter im T. zwischen Berlin (West) und der Bundesrepublik. Der T. sollte „ohne Behinderung sein" und in der „einfachsten, schnellsten und günstigsten Weise erfolgen, wie es in der internationalen Praxis vorzufinden ist".

Für den Personenverkehr bedeutete dies eine Visaerteilung am Fahrzeug und in den durchgehenden Reisebussen oder Eisenbahnzügen. Das Problem der individuellen Straßenbenutzungsgebühren wurde durch die Zahlung einer *Transitpauschale* geregelt. Diese Pauschalzahlungen der Bundesregierung umfaßten u.a. die Visagebühren, die Straßenbenutzungsgebühren und die Steuer-ausgleichsabgabe. Die Pauschale wurde im Laufe der Zeit dem gewachsenen Verkehrsaufkommen angepaßt. Transitreisende, ihr Gepäck und ihr Fahrzeug wurden nicht mehr durchsucht. Bei Verdacht auf einen Mißbrauch der Transitwege (z.B. Verteilen von Materialien, Aufnahme von Personen) waren Kontrollen durch DDR-Behörden „nur im Einzelfall und individuell" erlaubt (*Mißbrauchsklausel*).

Für den > GÜTERVERKEHR bot das Transitabkommen die Möglichkeit der Verplombung der Transportmittel, wodurch sich die Kontrolle an den Grenzübergängen auf die Prüfung der Plomben und der Warenbegleit-

Transitverkehr von und nach Berlin (West)

Jahr	Personen in Mio.				Güter in Mio. t				
	Straßen	Schiene	Luft	gesamt	Straßen	Schiene	Binnen-schiff-fahrt	Luft	gesamt
1957[1]				4,88					
1958				6,58					
1959				7,99					
1960				8,05					
1961				5,74					
1962				7,89					
1963				9,66					
1964				9,83					
1965				6,91					
1966				9,58					
1967				11,11					
1968	7,01	1,04	4,12	12,17	5,72	2,55	5,32	0,03	13,17
1969	6,83	1,02	4,92	12,77	6,49	3,44	4,80	0,03	14,76
1970	7,25	1,14	5,54	13,93	7,03	3,79	5,48	0,04	16,34
1971	7,55	1,27	6,11	14,93	7,12	3,42	4,82	0,04	15,40
1972	10,14	1,46	5,52	17,12	7,10	3,07	4,58	0,03	14,78
1973[2]	10,81	1,98	4,77	17,56					
1974	11,15	2,14	4,27	17,56					
1975	12,18	2,07	3,99	18,24	7,76	2,62	3,76	0,02	14,17
1976	12,87	1,98	3,99	18,84	8,59	2,89	2,89	0,02	14,51
1977	15,82	2,27	4,04	22,13	8,47	2,56	3,53	0,02	14,58
1978	15,59	2,39	4,03	22,55	8,56	2,74	3,30	0,02	14,62
1979	15,47	3,09	4,52	23,08	9,07	3,08	3,39	0,02	15,77
1980	15,97	3,41	4,49	23,87	9,27	2,48	3,40	0,02	15,17
1981	16,13	3,40	4,41	23,94	9,33	2,17	3,09	0,02	14,62
1982	16,42	3,07	4,07	23,56	9,50	2,35	2,84	0,02	14,72
1983	17,38	2,82	4,13	24,33	9,50	2,52	3,22	0,01	15,25
1984	19,00	2,77	4,29	26,06	10,33	2,25	3,68	0,01	16,27
1985	20,81	2,92	3,85	27,58	10,53	2,68	2,87	0,01	16,09
1986	21,14	2,75	3,96	27,85	10,55	2,38	2,82	0,01	15,76
1987	22,98	3,03	5,28	31,29	10,69	2,42	2,94	0,01	16,06
1988[3]			5,60		11,06	2,21	2,89	0,01	16,17

[1] Für die Zeit davor liegen keine Zahlen vor. Ferner fehlen nach Verkehrsträgern differenzierte Zahlen und Zahlen für den Gütertransport für den Zeitraum 1957-68.
[2] Für den Gütertransport 1973/74 liegen keine Zahlen vor.
[3] Aufgrund der Entwicklung eines neuen Verkehrszählungsverfahrens liegen der Bundesregierung keine Zahlen für den Straßen- und Schienenverkehr vor.

dokumente beschränkte.
Beide deutsche Regierungen einigten sich nach Inkrafttreten des Transitabkommens über praktische Verbesserungen der Verkehrswege. Dies betraf die Grunderneuerung der Autobahn nach Helmstedt einschließlich des sechsspurigen Ausbaus des Berliner Rings zwischen dem Abzweig Leipzig und dem Abzweig Drewitz, den Neubau eines Autobahnabzweigs von Wittstock an der Au-

tobahn Berlin – Rostock Richtung Hamburg bis zum Grenzübergang Gudow einschließlich eines Autobahnzubringers vom neuen Grenzübergang Stolpe zum > BERLINER RING anstelle der Fernstraße 5. Außerdem wurden der Neubau eines Autobahnteilstücks zwischen Eisenach und Wartha/Herleshausen mit der Schaffung der erforderlichen Grenzübergänge sowie die Grunderneuerungen großer Abschnitte des Autobahnteilstücks nach Hirschberg (Rudolphstein) südlich des Hermsdorfer Kreuzes festgelegt.

Im Schienenverkehr brachten die Vereinbarungen den zweigleisigen Ausbau der Eisenbahnstrecke Helmstedt – Berlin (West), bei der Binnenschiffahrt u.a. die Wiedereröffnung des > TELTOWKANALS, den Ausbau des Mittellandkanals und damit die Möglichkeit, Berlin mit Schiffen der Europaklasse zu erreichen, sowie die Errichtung von zwei weiteren Grenzübergangsstellen. Für alle diese Verbesserungen leistete die Bundesregierung Sonderzahlungen in Höhe von rd. 5 Mrd. DM.

Für die Klärung von „Schwierigkeiten und Meinungsverschiedenheiten" im T. zwischen den Abkommenspartnern wurde eine *Transitkommission* geschaffen, die in der Regel sechs- bis achtmal pro Jahr – meist aufgrund von Beschwerden der Bundesregierung wegen ungerechtfertigter Mißbrauchsfälle – zusammentrat. Seit Inkrafttreten des Transitabkommens am 3.6.1972 verlief der T. – von wenigen Ausnahmen abgesehen – ohne Behinderungen. Zu den Ausnahmen gehörten u.a. die zeitweise Sperrung der Transitwege für Mitarbeiter des neugeschaffenen > UMWELTBUNDESAMTES 1974, die Verweigerung der Benutzung für eine Reisegruppe der Jungen Union am Jahrestag des Mauerbaus am 13.8.1976 (> 13. AUGUST 1961) und zeitweise Behinderungen und Sperrungen der Transitwege anläßlich des Berlin-Besuchs von US-Präsident Jimmy Carter 1978 in Begleitung von Bundeskanzler Helmut Schmidt und Außenminister Hans-Dietrich Genscher. Insg. gesehen führte das Transitabkommen jedoch zu erheblichen Erleichterungen, die sich in einer Vervielfachung des Personen- und Warenverkehrs v.a. auf den Straßenverbindungen niederschlugen, während der Güterverkehr auf Schiene und Wasserwegen rückläufig war.

Am 1.7.1990 – noch vor der > VEREINIGUNG beider deutschen Staaten – stellten die DDR-Behörden die Kontrollen im T. ein. Gemein-sam mit dem Vier-Mächte-Abkommen wurde das Transitabkommen durch die Vereinigung am > 3. OKTOBER 1990 außer Kraft gesetzt.

Treffen junge Musikszene: Das seit 1984 jährlich Mitte November in Berlin stattfindende T. (bis 1990 unter dem Titel *Treffen junger Liedermacher*) ist die Schlußveranstaltung des *Bundeswettbewerbs Schüler machen Lieder*. Teilnehmer des Wettbewerbs sind Schüler und Schülergruppen aller Schulstufen und -arten ab dem 5. Schuljahr sowie Auszubildende, Jugendgruppen und Freie Gruppen im Schüleralter. Dabei werden keine Preise vergeben, die Anerkennung für die von einer Jury aus > LIEDERMACHERN, Musikpädagogen und Rundfunkmitarbeitern ausgewählten Sieger besteht in der Einladung zum T. nach Berlin. Die bis zu 35 prämierten Eigenkompositionen werden meist im Quasimodo in der Kantstr. 12a im Bezirk > CHARLOTTENBURG aufgeführt.

T. und Bundeswettbewerb sind Veranstaltungen der > BERLINER FESTSPIELE GMBH. Auftraggeber ist der > BUNDESMINISTER FÜR BILDUNG UND WISSENSCHAFT im Zusammenwirken mit den Kultusministern der Bundesländer (> SENATSVERWALTUNG FÜR KULTURELLE ANGELEGENHEITEN) sowie der Bundesvereinigung Kulturelle Jugendbildung, dem Verband Deutscher Schulmusiker, dem Verband deutscher Musikschulen und dem Arbeitskreis für Jugendliteratur.

Nach der > VEREINIGUNG wurde die Ausschreibung auf ganz Deutschland ausgedehnt, so daß im November 1990 erstmals junge Musiker aus den neuen Bundesländern am T. teilnehmen konnten. (> THEATERTREFFEN DER JUGEND; > TREFFEN JUNGER AUTOREN)

Treffen junger Autoren: Das jährlich seit 1986 Ende November in Berlin stattfindende T. ist die Schlußveranstaltung des *Bundeswettbewerbs Schüler schreiben*. Teilnehmer des Wettbewerbs sind Schüler und Auszubildende zweier Altersklassen. Dabei werden keine Preise vergeben. Als Anerkennung erhalten 20 Autoren der Altersgruppe 10-14 Jahre einen Bücherscheck. In der Altersklasse ab 15 Jahre wählt eine aus Jugendbuchautoren und Schriftstellern zusammengesetzte Jury bis zu 30 Autoren aus, die zum T. nach Berlin eingeladen werden, um ihre Texte in öffentlichen Lesungen, meist in der Festspielgalerie in der Budapester Str. 48 im

Bezirk > CHARLOTTENBURG vorzustellen.

T. und Bundeswettbewerb sind Veranstaltungen der > BERLINER FESTSPIELE GMBH. Auftraggeber ist der > BUNDESMINISTER FÜR BILDUNG UND WISSENSCHAFT im Zusammenwirken mit den Kultusministern der Bundesländer (> SENATSVERWALTUNG FÜR KULTURELLE ANGELEGENHEITEN) sowie der Bundesvereinigung Kulturelle Jugendbildung, dem Deutschen Kulturrat und dem Arbeitskreis für Jugendliteratur. Nach der > VEREINIGUNG wurde die Ausschreibung des Wettbewerbs auf ganz Deutschland ausgedehnt, so daß im November 1990 erstmals junge Autoren aus den neuen Bundesländern am T. teilnahmen. (> THEATERTREFFEN DER JUGEND; > TREFFEN JUNGE MUSIKSZENE)

Treptow: Sowohl hinsichtlich der Einwohnerzahl als auch nach der Fläche rangiert der im Süden Berlins gelegene Bezirk T. im Mittelfeld der Berliner > BEZIRKE. Zu DDR-Zeiten war der aus den Ortsteilen T., > BAUMSCHULENWEG, > NIEDERSCHÖNEWEIDE, > JOHANNISTHAL, > ADLERSHOF, > ALTGLIENICKE und > BOHNSDORF bestehende Bezirk nach > KÖPENICK der zweitgrößte Industriestandort Ost-Berlins. Mit dem > TREPTOWER PARK, dem > PLÄNTERWALD, der > KÖNIGSHEIDE und der Köllnischen Heide verfügt T. gleichzeitig über einen relativ hohen Grünflächenanteil. Beide Eigenschaften sollen auch nach der > VEREINIGUNG als bestimmende Merkmale des Bezirks erhalten bleiben.

Im Nordwesten bildet der > LANDWEHRKANAL die Grenze zum Bezirk > KREUZBERG. Nordöstlich liegen jenseits der > SPREE die Bezirke > FRIEDRICHSHAIN und > LICHTENBERG. Im Süd-Osten grenzt T. an den Bezirk > KÖPENICK, westlich benachbart ist > NEUKÖLLN, wobei hier die Bezirksgrenze über weite Strecken vom > TELTOWKANAL eingenommen wird. Im Süden grenzt T. an die Stadtgrenze zum Kreis Königs Wusterhausen. Die Grenze zu Neukölln und Kreuzberg war von 1945-90 gleichzeitig die Sektorengrenze zu West-Berlin (> DEMARKATIONSLINIE; > MAUER; > SEKTOREN).

Der Bezirk T. entstand 1920 als 15. Verwaltungsbezirk von > GROSS-BERLIN durch den Zusammenschluß der seit 1876 selbständigen Landgemeinde T. mit den Landgemeinden > OBERSCHÖNEWEIDE, Niederschöneweide, Johannisthal, Adlershof und Altglienicke sowie dem Gutsbezirk > WUHLHEIDE. Bei der Neufestlegung der Bezirksgrenzen 1938 kamen die nordöstlich des Teltowkanals gelegenen Gebiete von Neukölln (Späthsche Baumschule, Siedlung Späthsfelde) sowie Bohnsdorf vom Bezirk Köpenick im Austausch gegen die Ortsteile Oberschöneweide und Wuhlheide zu T. Der Bezirk liegt überwiegend im > WARSCHAU-BERLINER URSTROMTAL, nur im Südosten, südlich des Teltowkanals, ragt ein Stück der Hochfläche des > TELTOW in die Bezirksfläche hinein. Ursprünglich befand sich hier ein ausgedehntes Heide- und Waldgebiet, die *Köllnische Heide*, das ab 1829 weitgehend abgeholzt und zur Besiedlung freigegeben wurde. An der

Treptow – Fläche und Einwohner		
Fläche (Juni 1989)	40,61 km²	100 %
Bebaute Fläche	23,23	57,2
Wohnfläche	14,61	36,0
Gewerbe- und Industriefläche inkl. Betriebsfläche	2,58	6,4
Verkehrsfläche	3,45	8,5
Grünfläche[1]	6,59	16,2
Landwirtschaft	2,91	7,2
Wald	1,9	4,7
Wasser	0,31	0,8
Einwohner (31.12.1989)	102.704 EW	
darunter: Ausländer	453	0,4 %
Einwohner pro km²	2.529	

[1] Parks, Tierparks, Kleingärten, Spielplätze, ungedeckte Sportanlagen, Freibäder, Friedhöfe

Oberspreestr. ist ein ca. 110 ha großes Reststück erhalten.

Bereits 1261 besaßen die Städte > KÖLLN und Berlin hier große Landanteile, die Markgraf Otto III. (980-1002) der Stadt Kölln überlassen hatte und die 1433 durch Ankauf aus dem Tempelhofer Ordensbesitz erweitert wurden. Anfang des 16. Jh. entstand als einziger Siedlungspunkt in dem Waldgebiet zwischen Berlin und Köpenick am Südufer der Spree eine kleine Fischersiedlung mit dem Namen „Trebow", die in einer Kämmerei-Rechnung aus dem Jahre 1568 erstmals erwähnt wird. Anfang des 17. Jh. wurde ein Vorwerk gebildet, das aber im Dreißigjährigen Krieg verwüstet wurde. 1707 pachtete der Berliner Kämmerer Johann Lauer das Vorwerk und errichtete eine kleine Ansiedlung, zu der auch ein Brauhaus gehörte. Nachdem der Pächter in „Trebkow" (nunmehr mit „k") 1727 von der Stadt Berlin eine Schankkonzession erhalten hatte, erweiterte er das Vorwerk 1734 um eine Kegelbahn und eine Kaffeeschenke. In den folgenden Jahren wurde die „Spreebudike" zu einem beliebten Berliner Ausflugsziel.

Um 1740 wandelte sich der Name des Ortes zum heutigen T. Durch die Ansiedlung sächsischer Kolonisten entstand 1775-79 in der Nähe eine kleine Büdnerkolonie, in der man sich gleichfalls um die Berliner Ausflügler bemühte. Auf Einspruch des Pächters der „Spreebudike" wurde den Büdnern jedoch die Konzession zum Kaffeeausschank verwehrt, woraufhin sie heißes Wasser und Geschirr gegen Bezahlung zur Selbstbedienung zur Verfügung stellten. Unter dem Motto „Hier können Familien Kaffee kochen" wurde die Idee bald vielfach kopiert.

Nachdem 1817 der Landwirtschaftsbetrieb des Vorwerks aufgelöst worden war, entstanden in schneller Folge große Gartenlokale und Vergnügungsstätten. Den Anfang machte 1821/22 das „Neue Gasthaus an der Spree", das heute den Namen > ZENNER trägt. Die Einwohnerzahl T. blieb jedoch zunächst noch gering. 1840 betrug sie 82, 1865 waren es 200. Größere Folgen für die weitere Entwicklung hatte erst der Beschluß des > MAGISTRATS von Berlin, angesichts der ständig wachsenden Zahl von Sommerfrischlern in T. einen großen Volkspark anzulegen, den heutigen Treptower Park. Durch die Lage des Parks wurde die städtebauliche Entwicklung in der Folgezeit wesentlich beeinflußt, da das mögliche Zentrum des sich entwickelnden

Orts bereits besetzt war. So bildeten sich zwei Siedlungskerne am Rande heraus: der eine um 1860 am Landwehrkanal vor dem Schlesischen Tor, „Etablissement Lohmühlen" genannt (Lohmühleninsel), wo neben den schon vorhandenen Wind- und Lohmühlen eine Dampfmaschinen- und eine chemische Fabrik errichtet wurden; der andere im Südosten beiderseits des Weges zu den Späthschen Baumschulen, die nach 1864 zwischen > BRITZ und Johannisthal auf den Rudower Wiesen angelegt worden waren. Der Siedlungskern südöstlich des Parks in der Nähe des alten T. entwickelte sich indes nur sehr langsam. Die unterschiedliche Entwicklung der drei Siedlungskerne schlug sich deutlich in den Einwohnerzahlen nieder. 1905 hatte das damalige T. insg. etwa 14.000 Einwohner. Auf den Teil an der Stadtgrenze Berlins entfielen rd. 5.000, auf Baumschulenweg bereits 7.500 und lediglich 1.000 auf den alten Ortskern.

1874 wurde das städtische Gut T. ein eigener Amtskreis im Landkreis Teltow und 1876 eine selbständige Landgemeinde mit 37 Grundstücken und rd. 500 Einwohnern. Neben einigen Villen entstanden zunächst nur einzelne, relativ kleine Wohnhäuser in der Köpenicker Landstr., in der Elsen- und in der Kiefholzstr. Erst mit Gründung der großen Industriebetriebe um die Jahrhundertwende wurde auch in T. ein relativ dichtes Straßennetz mit einer geschlossenen Blockbebauung aus vier- und fünfstöckigen, z.T. mit Seitenflügeln und Hinterhäusern ausgestatteten Miethäusern, angelegt.

Von beträchtlichem Einfluß auf die Entwicklung T. war die Berliner Gewerbeausstellung 1896 im Treptower Park, aus der u.a. die heutige > ARCHENHOLDSTERNWARTE hervorging. Nach dem Vorbild der Weltausstellungen von Paris, London, Wien und Sidney gestaltet, sollte sie die wirtschaftliche Stärke des Kaiserreichs demonstrieren. Sie beschleunigte auch den Bau der Kanalisation, und bereits 1894 wurde T. an die Berliner Wasserversorgung angeschlossen (> WASSERVERSORGUNG/ENTWÄSSERUNG). Von großer Bedeutung für die verkehrsmäßige Erschließung des Orts war die 1867 eröffnete > EISENBAHN nach Görlitz, die 1889 Haltepunkte in Baumschulenweg und in Niederschöneweide-Johannisthal erhielt und 1891 an die > RING- und > STADTBAHN angeschlossen wurde. Seit 1878 führte eine Pferdebahn vom > SPITTELMARKT zum Gasthaus Zenner, die zur Gewerbeaus-

stellung durch eine elektrische > STRASSEN-
BAHN vom > ZOOLOGISCHEN GARTEN über
Nollendorfplatz und Hallesches Tor ergänzt
bzw. ersetzt wurde. Mit fortschreitender Industrialisierung entstanden auch in T. größere Fabrikanlagen am Landwehrkanal im Norden und entlang der Spree. Einen entscheidenden Impuls bildet die Fertigstellung des
Teltowkanals 1906. Bei der Besetzung Berlins
durch die > ALLIIERTEN 1945 kam T. zum sowjetischen Sektor. Hiervon zeugt das unmittelbar nach Kriegsende errichtete monumentale > SOWJETISCHE EHRENMAL IM TREPTOWER
PARK.
Bis zur Vereinigung war T. nach Köpenick
der zweitgrößte Industriebezirk Ost-Berlins.
30 Industriebetriebe und Produktionsstätten stellten 20 % der Warenproduktion der
„Hauptstadt" her. Schöneweide (Oberschöneweide in Köpenick und Niederschöneweide in T.) war das größte geschlossene Industriegebiet Ost-Berlins. Im Treptower Teil
dieses Gebiets lag der VEB Kali-Chemie mit
etwa 2.300 Beschäftigten; nach der Wende
zunächst als Lacufa AG weitergeführt, stellte

Rathaus Treptow

er Mitte 1991 auch wegen der großen Umweltbelastungen seine Produktion ein. Von
den Betrieben, die spreeaufwärts folgten, haben nach Privatisierung die Bärenquell
Brauerei Berlin GmbH und die Technische
Gas-Werke GmbH ihre Arbeit fortgesetzt. In
unmittelbarer Nähe des S-Bahnhofs Treptower Park an der Hoffmannstr. hatte der
größte Industriebetrieb Ost-Berlins, das Kombinat VEB Elektro-Apparate-Werke „Friedrich Ebert", seinen Sitz. Als Revolverfabrik
im I. Weltkrieg gegründet und 1926 von der
AEG übernommen, hatte er vor der Vereinigung fast 10.000 Beschäftigte. In der Nähe befindet sich das von Siemens übernommene
Werk für Signal- und Sicherungstechnik, das
derzeit umfassend modernisiert wird. Ein
weiteres Industriegebiet befand sich in
Johannisthal-Adlershof. Hier hatten u.a. der
VEB Kühlautomat, jetzt Kühlautomat Berlin
GmbH (KAB) und der VEB Medizinische Geräte Berlin, ebenfalls in eine GmbH umgewandelt, ihren Sitz. An der Ausfallstraße
Adlergestell befindet sich das 1927 errichtete Ausbesserungswerk der > DEUTSCHEN
REICHSBAHN und der ehem. Arzneimittel-
produzent VEB Berlin-Chemie, der alleiniger
Hersteller von Insulin in der DDR war, und
der nun als Berlin-Chemie AG weitergeführt
wird.
In verschiedenen Teilen von T. sind neue In-

dustrie- und Gewerbekomplexe in Vorbereitung. Aber auch Gaststätten- und Erholungs-
zentren sollen entstehen, so auf nicht mehr
industriell genutztem Gelände an der Puschkinallee am Rande des Schlesischen Buschs.
Einen besonderen Schwerpunkt bilden Areale in Adlershof, wo u.a. ein neues > INNO-
VATIONS- UND GRÜNDERZENTRUM entsteht. Auf
dem Gelände des ehem. Flugplatzes Johannisthal (> FLUGHÄFEN) sollen 5.000 neue
Wohnungen gebaut und um das Wohngebiet
Gewerbe- und Dienstleistungsbetriebe angesiedelt werden. Außerdem soll hier am
ehem. Zentrum der > AKADEMIE DER WISSEN-
SCHAFTEN der neue naturwissenschaftliche
Campus der > HUMBOLDT-UNIVERSITÄT ZU BER-
LIN angesiedelt werden. Mit Bessy II wird
hier auch eine der modernsten deutschen
Großforschungsanlagen für Physik, Chemie
und Biologie entstehen (> BERLINER ELEK-
TRONENSPEICHERRING – GESELLSCHAFT FÜR SYN-
CHROTRONSTRAHLUNG MBH), und auf dem Studiogelände des ehem. Deutschen Fernsehfunks werden neue Medienbetriebe ihren Sitz
nehmen.
Als Ausfalltor nach Süden ist T. Durchgangs-
bezirk für große Teile des Berliner Fernverkehrs. Nahezu 1.000 Schnell- und Personenzüge, Güterzüge und S-Bahnen passieren
täglich das Grünauer Kreuz. In südöstlicher
Richtung wird T. von einer beinahe schnurgeraden, über 10 km langen Ausfallmagistrale im Zuge der Bundesstraße 96 (Am
Treptower Park, Köpenicker Landstr.,
Schnellerstr., Adlergestell) durchschnitten,
die mit dem Autobahnanschluß A 113 bei
Altglienicke eine Verbindung zum > BERLINER
RING herstellt (> BUNDESFERNSTRASSEN). Die bis
> SCHMÖCKWITZ weiterführende Straße Adler-
gestell ist mit einer Länge von 12,9 km die
längste Straße Berlins. Zur Entlastung der Be-

zirke T. und Neukölln vom Durchgangsverkehr soll die A 113 entlang der ehem. Mauertrasse östlich des Teltowkanals weitergeführt und an die geplante Verlängerung des Stadtrings A 100 bis zur > FRANKFURTER ALLEE in Lichtenberg angebunden werden. Wichtigstes Verkehrsmittel innerhalb des langgestreckten Bezirks selbst ist die > S-BAHN, die den Bezirk auf fünf Linien durchquert. Die S10 führt über die Stadtgrenze hinaus zur Endstation Flughafen Berlin-Schönefeld, die zugleich Fernbahnhof ist. Die bei Errichtung der > MAUER 1961 unterbrochenen Querverbindungen zum Südring zwischen den Bahnhöfen Baumschulenweg und Köllnische Heide werden bis Ende 1993 wiederhergestellt. Bis Ende 1998 soll auch der Lückenschluß im Südring zwischen den Bahnhöfen T. und Sonnenallee erfolgen. Unweit des S-Bahnhofs Treptower Park befindet sich als Ausgangspunkt für die Ausflugsschiffahrt an der Spree der Heimathafen der „Weißen Flotte" (> SCHIFFAHRT).

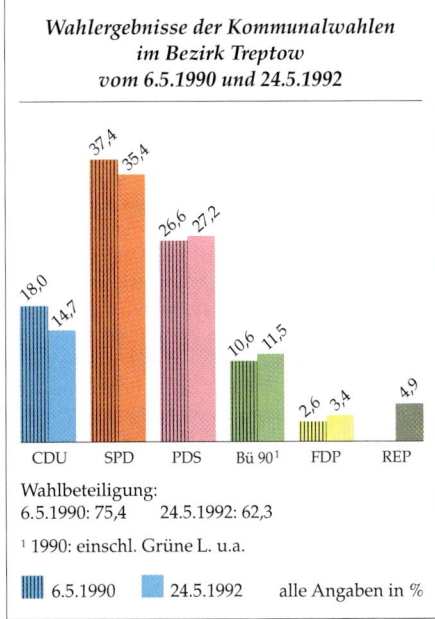

Wahlergebnisse der Kommunalwahlen im Bezirk Treptow vom 6.5.1990 und 24.5.1992

Wahlbeteiligung:
6.5.1990: 75,4   24.5.1992: 62,3

¹ 1990: einschl. Grüne L. u.a.

6.5.1990   24.5.1992   alle Angaben in %

T. verfügt über kein zentrales > EINKAUFSZENTRUM. Das bezirkliche Gesundheitszentrum befindet sich in der Rudower Str. 16-25 in Adlershof. Es ist mit einer großen Zahl von Fachambulanzen und Beratungsstellen verbunden. Stätten für den Freizeitsport befinden sich in T. in allen Ortsteilen, so die Sportanlagen in Baumschulenweg mit

einer Schwimmhalle, Tennisplätzen und einer Kegelhalle und – als größte Einrichtung – das ehemals vom Wachregiment „Feliks Dzerziensky" des > STAATSSICHERHEITSDIENSTES genutzte „Sportzentrum für Freizeit und Gesundheit" mit einer großen Schwimmhalle und Fitnessräumen in Adlershof (> HALLENBÄDER). Nördlich des Plänterwaldes liegt Berlins einziger ständiger Vergnügungspark, der aus dem Kulturpark Berlin hervorgegangene > SPREEPARK. Überbezirkliche Beachtung findet auch das im Zuge der Wende in den ehem. Stasi-Kasernen in Adlershof entstandene „Freie Bürgerzentrum *Come in*" an der Rudower Chaussee 19.

Das Rathaus des Bezirks, ein 1909 von Heinrich Reinhardt und Georg Süßengut errichteter imposanter zweiflügeliger, dreigeschossiger Putzbau mit einem Portal im Stil der Neorenaissance, liegt an der Neuen Krugallee 2-6 (> RATHÄUSER). Das steile Satteldach des Hauptteils krönt ein verkupferter Uhrenturm mit einer Aussichtsplattform. Über dem Eingang sind vier Figuren des Schweizer Bildhauers Johann Bossard angebracht, die Stärke, Fleiß, Gerechtigkeit und Weisheit symbolisieren. Vor dem Rathaus steht an der Seite Bulgarische Str. in einer kleinen Grünanlage ein 1925 errichteter Brunnen mit der Marmorplastik „Stralauer Fischer" von Reinhold Felderhoff, einem Meisterschüler von Reinhold Begas.

Bei den ersten Gesamt-Berliner Kommunalwahlen am 24.5.1992 wurde die SPD stärkste Partei. Sie stellt drei Stadträte, die PDS zwei, CDU und Bündnis 90 je einen. Den Bezirksbürgermeister stellt die SPD.

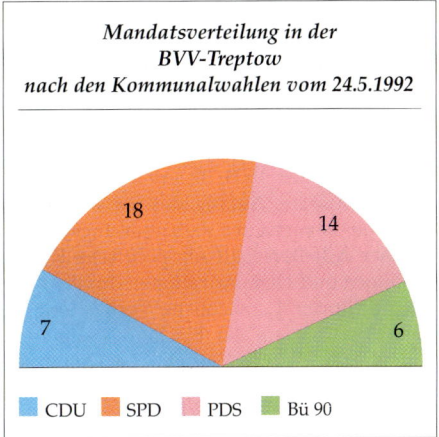

Mandatsverteilung in der BVV-Treptow nach den Kommunalwahlen vom 24.5.1992

CDU   SPD   PDS   Bü 90

Treptower Park: Der ca. 84 ha große, im englischen Landschaftsstil gehaltene T. zwischen dem Südufer der > Spree und der Straße Am Treptower Park im Bezirk > Treptow bildet mit dem südöstlich anschließenden > Spreepark und dem > Plänterwald ein 230 ha großes, vielbesuchtes Ausflugsgebiet. Im T. liegt das größte > Sowjetische Ehrenmal Berlins und die > Archenhold-Sternwarte, an der Spree befinden sich die historischen Ausflugsgaststätten > Zenner und „Plänterwald" mit Bootsverleih und einer Anlegestelle für die Ausflugsschiffahrt (> Schiffahrt).

Als dritter Volkspark Berlins von 1876-88 entstanden, ist der T. ein hervorragendes Beispiel für die Volksparkbewegung des 19. Jh. Seine Gestaltung erfolgte nach bereits 1864 gefertigten Plänen des Gartenarchitekten und Mitarbeiter Peter Joseph Lennés, Gustav Meyer, der nach einer Tätigkeit als Hofgärtner in Potsdam-Sanssouci 1870 zum ersten Stadtgartendirektor Berlins berufen worden war. Insg. wurden 130.000 m³ Boden bewegt, 70.000 Gehölze – ausschließlich der mitteleuropäischen Klimagebiete – angepflanzt und 300.000 m² Rasen angesät. Bereits auf dem Gelände stehende Eichen und Kastanien wurden in die Gestaltung einbezogen. Kernstück des Parks und ein Novum in der zeitgenössischen Gartenarchitektur war ein großer „Spielplatz", eine ovale Rasenfläche, die für Spiel und Sport betreten werden durfte. Meyer ließ ferner einen 3,9 ha großen Karpfenteich anlegen, aus dessen Aushub beiderseits des Spielplatzes als Tribünen dienende Wallalleen aufgeschüttet wurden. Nach dem Tode Meyers 1877 führte sein Nachfolger Hermann Mächtig die Arbeiten zu Ende.

Durch die 1896 im T. veranstaltete Berliner Gewerbeausstellung wurde der Park stark verunstaltet. Das anläßlich der Ausstellung aufgestellte Riesenfernrohr des Astronomen Friedrich Simon Archenhold bildete den Grundstock für die 1908/09 erbauten Archenhold-Sternwarte. Anfang des 20. Jh. wurde der T. ein bevorzugter Versammlungsort der Berliner Arbeiterschaft für politische Kundgebungen und Demonstrationen. Im II. Weltkrieg erlitt der T. erhebliche Verwüstungen. 1946-49 wurde auf der Fläche des einstigen Spielplatzes das Sowjetische Ehrenmal errichtet. Die Spreewiesen füllte man mit Trümmerschutt auf und bepflanzte sie mit zahlreichen Sondergärten. 1957/58 schuf der Landschaftsarchitekt Georg Pniower an der Südostecke des T. einen Sommerblumengarten; 1968/69 entstand gegenüber dem östlichen Eingang zum Ehrenmal nach Plänen des Gartenarchitekten Huber Matthes ein Rosengarten mit 25.000 Pflanzen, der ständig erweitert wird.

Trotz der inzwischen vorgenommenen Veränderungen sind im für den T. typischen Nebeneinander von geschlossenen Gehölzgruppen und großen Wiesenräumen mit weitgeschwungenem Wegenetz voller abwechslungsreicher Ausblicke auch heute noch die ursprünglichen Planungen Meyers gut erkennbar. Seine Verdienste würdigt ein Denkmal nahe der Puschkinallee mit einer 1890 von Albert Manthe geschaffenen Marmorbüste auf einem Sockel aus rotem Granit.

Treuhandanstalt: Die zum 1.3.1990 noch von der Regierung der DDR errichtete T. mit Sitz im > Detlev-Rohwedder-Haus (ehemals *Haus der Ministerien*) in der > Leipziger Straße 5-7 im Bezirk > Mitte hat die Aufgabe, die ehem. volkseigenen Betriebe und Kombinate der DDR zu reorganisieren, zu sanieren und schließlich zu privatisieren, wobei der Schwerpunkt auf dem letztgenannten Aufgabengebiet liegt. Sie geht dabei davon aus, daß ca. 70 % der übernommenen Betriebe sanierungsfähig sind. Die derzeit größte Holding der Welt ist in Berlin neben ihrem Hauptsitz mit einer Niederlassung in der Schneeglöckchenstr. 26 sowie verschiedenen ausgelagerten Bereichen, bspw. der Liegenschaftsgesellschaft der Treuhand mbH (TLG) am > Alexanderplatz 6 vertreten.

Die Grundlagen für die Arbeit der T. bilden das von der Volkskammer am 17.6.1990 verabschiedete „Gesetz zur Privatisierung und Reorganisation des volkseigenen Vermögens (Treuhandgesetz)" (TreuhG), die Satzung der T. vom 18.7.1990 und der > Einigungsvertrag vom 31.8.1990 (Art. 25). Die als rechtsfähige Anstalt des öffentlichen Rechts der DDR errichtete T. besteht seit der > Vereinigung als bundesunmittelbare Anstalt unter der Fach- und Rechtsaufsicht des > Bundesministers der Finanzen (BMF), der die Fachaufsicht im Einvernehmen mit dem > Bundesminister für Wirtschaft (BMWi) und dem jeweils zuständigen Bundesminister wahrnimmt.

Die T. hat den Auftrag, die früheren volkseigenen Betriebe wettbewerblich zu strukturieren und zu privatisieren, über die Sanierung die Wettbewerbsfähigkeit möglichst vieler Unternehmen herzustellen sowie Grund und Boden für wirtschaftliche Zwecke bereitzustellen (TreuhG § 1 Abs.1). Ferner ist die T. Inhaberin der Anteile der Kapitalgesellschaften, die durch Umwandlung der volkseigenen Kombinate, Betriebe und sonstigen Wirtschaftseinheiten entstehen bzw. entstanden sind. Nach den am 14.3.1991 von der Bundesregierung, den Ministerpräsidenten der neuen Bundesländer und der T. beschlossenen Grundsätzen der Zusammenarbeit kommt der T. darüber hinaus die Aufgabe zu, als „Dienstleister" im Rahmen ihrer gesetzlich vorgegebenen Aufgaben an einer sozial verträglichen regionalen Strukturpolitik für die neuen Länder mitzuwirken. In diesem Zusammenhang trägt die T. für die Dauer ihrer Beteiligung an einem Unternehmen die unternehmerische Verantwortung, fördert den Absatz von Produkten sowie investorneutrale Unternehmensinvestitionen zum Erlangen der Wettbewerbsfähigkeit und unterstützt die Gewerbeansiedlung durch Bereitstellung von Grundstücken.

Seit ihrer Neuorganisation am 8./9.1.1991 wird die T. von einem Vorstand geleitet, an dessen Spitze ein von der Bundesregierung berufener Präsident steht (in Nachfolge des am 1.4.1991 ermordeten Detlev Karsten Rohwedder seit 13.4.1991 Birgit Breuel). Die Zentrale der T. in Berlin ist für die Verwaltung und Veräußerung der größeren Objekte zuständig, während die 15 auf die ehem. Bezirke der DDR verteilten Niederlassungen kleinere und mittelständische Objekte vor Ort betreuen und weitgehend selbständig über Verkauf und Stillegung entscheiden. Die T. wird durch einen aus derzeit 22 Mitgliedern bestehenden Verwaltungsrat kontrolliert, der sich aus sechs Vertretern der Regierungen der neuen Länder einschließlich Berlins (vertreten durch Finanzsenator Elmar Pieroth; > SENATSVERWALTUNG FÜR FINANZEN), vier Gewerkschaftsvertretern sowie Vertretern von Banken und Vorständen großer Industrie- oder Handelsunternehmen zusammensetzt; die Bundesregierung ist durch je einen Staatssekretär aus dem BMF und dem BMWi repräsentiert.

Für Teilaufgaben hat die T. sechs Tochtergesellschaften gegründet. Es sind dies die Gesellschaft zur Privatisierung des Handels (GPH), deren Töchter DUHO (Verwaltungsgesellschaft mbH), EXHO (Immobilien-Verwaltungsgesellschaft mbH), FREHO (Immobilien-Verwaltungsgesellschaft mbH) und die Bodenverwertungs- und Verwaltungsgesellschaft mbH (BVVG) sowie die Liegenschaftsgesellschaft der Treuhand mbH (TLG). Die GPH organisierte die Privatisierung von ca. 45.000 Objekten im Handels- und Dienstleistungsbereich, DUHO, EXHO und FREHO sind für die Veräußerung der Privatisierungs-Restbestände der GPH zuständig. Die TLG ist eine Verwertungs- und Verwaltungsstelle für Liegenschaften, die „nichtbetriebsnotwendig" für den Fortbestand eines Unternehmens sind. Die T. unterhält zusätzlich acht ausländische Akquisitions- und Informationsbüros, u.a. auch in New York und Tokio.

Der T. wurden im Zuge ihrer Arbeitsaufnahme am 1.7.1990 40.000 Betriebsstätten mit insg. 4 Mio. Beschäftigten und ca. 60 % der Fläche der DDR übereignet: ca. 8.000 Betriebe im Bereich der Industrie, des Bauwesens, des Verkehrs und der Dienstleistungen, deren Zahl durch Teilungen und Entflechtungen auf nahezu 12.000 wuchs; 2,2 Mio. ha landwirtschaftlicher Nutzfläche und 1,8 Mio. ha Forsten; 3.300 größere Geschäfte und Gaststätten, 263 Hotels der Handelsorganisation der DDR (HO) und rd. 11.000 kleinere Läden und Gaststätten (bis 100 m²); 1.000 mineralische Lagerstätten; 2.035 Apotheken; rd. 900 Buchhandlungen; ca. 700 Ferienheime des Feriendienstes des Freien Deutschen Gewerkschaftsbundes (FDGB); Regionalzeitungen; der Allgemeine Deutsche Nachrichtendienst (ADN); 533 > Kinos; die Lagerflächen der Staatsreserve sowie Immobilien von Parteien, Massenorganisationen und des > STAATSICHERHEITSDIENSTES DER DDR. Für den Bereich der Parteivermögen (liquide Mittel und Liegenschaften) wurde zur Aufdeckung der Eigentumsverhältnisse eine besondere, sog. „Unabhängige Kommission" eingesetzt.

Bis zum 1.6.1992 wurden 7.613 Unternehmens- und Betriebsteil-Privatisierungen genehmigt, davon erhielten 366 ausländische Investoren den Zuschlag (Stand 30.4.1992); außerdem wurden 25.000 ehem. HO-Handelsobjekte (mit 90 % der in diesem Bereich ehemals Beschäftigten), 13.374 ha landwirtschaftliche Nutzfläche und 7.000 Liegenschaften privatisiert. 1.300 Betriebe wurden im sog. „management-buy-out" von der eigenen Belegschaft übernommen. Die Erwerber gaben Investitionszusagen in Höhe von 138,5 Mrd. DM und Arbeitsplatzzusagen für 1,17 Mio. Beschäftigte. 891 Kindergärten, Sportstätten und ähnliche Einrichtungen, 327 Berufsschulen, 62 Hotels/Gaststätten, 187 Betriebe der Wasserwirtschaft, des Verkehrs u.a. sowie 699 sonstige Objekte wurden an Städte und Gemeinden übertragen. In Ost-Berlin standen am 30.4.1992 von 988 1990 übernommenen Betrieben noch 331 zum Verkauf. Aus der Privatisierung von 335 Unternehmen und 168 Betriebsteilen bestanden Investitions- und Beschäftigungszusagen in Höhe von 16,2 Mrd. DM bzw. 193.292 Arbeitsplätzen. 17.764 Arbeitsplätze waren von Stillegungen betroffen, ca. 3.500 davon können voraussichtlich erhalten werden.

Im Haushaltsjahr 1991 leistete die T. für Sanierung und Restrukturierung von T.-Unternehmen rd. 77,4 Mrd. DM, darunter:

Finanzhilfen	5,289 Mrd.
Darlehen	3,158 Mrd.
Zinsen aus Altkrediten	9,262 Mrd.
Altkreditübernahme	26,333 Mrd.
Ausgleichsforderungen	3,200 Mrd.
Bürgschaften	30,220 Mrd.

Bis zum 1.6.1992 standen diesen Leistungen Verkaufserlöse von 29,3 Mrd. DM gegenüber. Zum 31.3.1992 betrug die Verschuldung der T. 27,1 Mrd. DM. Insg. muß mit einer Verschuldung von mehr als 120 Mrd. DM gerechnet werden, die sich aus Neuverschuldung (ca. 30 Mrd.), Übernahme von Altkrediten (ca. 70 Mrd.) sowie Ausgleichsforderungen (ca. 22 Mrd.) zusammensetzt.

Die T. beschäftigte im April 1992 in ihrer Zentrale und den 15 Außen- und Nebenstellen rd. 3.600 Mitarbeiter. In den verbliebenen ca. 4.500 Treuhandunternehmen waren rd. 1,2 Mio. Arbeitnehmer beschäftigt.

Tribüne: Das am 20.9.1919 mit Ernst Tollers „Die Wandlung" unter der Regie von Karlheinz Martin programmatisch eröffnete Privattheater T. in der Otto-Suhr-Allee 18 im Bezirk > CHARLOTTENBURG präsentiert heute v.a. gehobene Unterhaltung, engagierte Literaturrevuen und vorsichtige Experimente (> LEICHTE MUSIK; > THEATER). Das rechtlich als gemeinnützige GmbH organisierte Haus mit seinen 294 Plätzen wird seit 1972 von Klaus Sonnenschein, Ingrid Keller und Reiner Behrend geleitet. 1991 umfaßte das Ensemble 35 feste Schauspieler. In der Saison 1990/91 standen acht Stücke auf dem Spielplan (davon vier Premieren), die von insg. ca. 48.622 Zuschauern gesehen wurden. Ferner fanden Gastspiele in Leverkusen, Viersen und Ludwigshafen statt. Durch den Verkauf der

Karten deckt das Theater ca. 40 % seiner Kosten, den Rest trägt die > SENATSVERWALTUNG FÜR KULTURELLE ANGELEGENHEITEN.

Nach seiner Gründung war die T. für wenige Monate eine der ganz dem szenischen Expressionismus verhafteten Avantgardebühnen der jungen Weimarer Republik. Danach wurde sie eines der vielen auf Unterhaltung spezialisierten Geschäftstheater Eugen Roberts. Nach dem Krieg steuerten Schauspieler wie Viktor de Kowa und Rudolf Platte das unbeschädigt gebliebene Theater auf dem schmalen Grat zwischen Boulevard und Literaturtheater, bevor 1950-72 Frank Lothar die heute noch gültige Ausrichtung des Theaters entwickelte. 1982 wurden umfassende Renovierungs- und Modernisierungsarbeiten durchgeführt.

Trödelmärkte: An den Wochenenden finden in Berlin zwei große T. statt. Der eine ist der T. an der > STRASSE DES 17. JUNI im Bezirk > TIERGARTEN. Er ist unterteilt in den „Berliner Trödelmarkt" vor dem Ernst-Reuter-Haus und in den Berliner Kunstmarkt westlich der Charlottenburger Brücke über den > LANDWEHRKANAL. Der andere ist der Krempelmarkt auf dem Gelände des ehem. > POTSDAMER BAHNHOFS am Reichpietschufer in > KREUZBERG. Der frühere „Flohmarkt U-Bahnhof Nollendorfplatz" im stillgelegten Hochbahnhof mußte im Zuge des Ausbaus der U-Bahn-Linie 2 nach der > VEREINIGUNG geräumt werden (> U-BAHN) und soll in den S-Bahn-Bögen am > BAHNHOF FRIEDRICHSTRASSE wieder aufgebaut werden.

Daneben gibt es sonnabends und sonntags regelmäßig kleinere Flohmärkte in einzelnen > BEZIRKEN, z.B. am > VOLKSPARK HUMBOLDTHAIN und in der Gustav-Meyer-Allee im > WEDDING, am Askanierring in > SPANDAU, auf dem > ARKONAPLATZ und am > ZEUGHAUS an der Straße > UNTER DEN LINDEN in > MITTE, am U-Bahnhof Wutzkyallee in der > GROPIUSSTADT, den „Rixdorfer Flohmarkt" in der > KARL-MARX-STRASSE in > NEUKÖLLN, auf dem > FEHRBELLINER PLATZ in > WILMERSDORF, in der Schlieperstr. in > TEGEL, in der Oderbruchstr. in > LICHTENBERG, auf dem Kurt-Schumacher-Platz in > REINICKENDORF und auf dem Boxhagener Platz in > FRIEDRICHSHAIN.

Auf den T. finden sich neben privaten Anbietern häufig auch professionelle Händler. Sie haben ihre festen Läden in den Berliner „Trödelstraßen" wie z.B. der Pestalozzi- oder Suarezstr. in > CHARLOTTENBURG, der Bergmannstr. in Kreuzberg, der Goltzstr. in > SCHÖNEBERG, der Flughafenstr. in Neukölln und in den S-Bahn-Bögen an der Dircksenstr. in Mitte.

Trümmerberge: Die meisten T. entstanden von 1945 bis Anfang der 50er Jahre bei der Beseitigung der 70-90 Mio. m³ Trümmerschutt, die der II. Weltkrieg in Berlin hinterlassen hatte. Dies ist etwa ein Sechstel der in ganz Deutschland angefallenen Trümmermenge (> BAUGESCHICHTE UND STADTBILD). Häufig sind die T. höher als die natürlichen Erhebungen der Stadt (> BERGE). Z.T. wurden damit auch unliebsame Gebäude der Nazi-Zeit überdeckt. Alle T. sind heute begrünt und als Park- oder Freizeitanlagen gestaltet (> RODELBAHNEN; > STADTGRÜN). Trotz dieser Bemühungen um harmonische Integration in die Landschaft treten sie nach wie vor oft markant oder sogar fremdartig im Stadtbild in Erscheinung.

Am Nordrand des > GRUNEWALDS entstand von 1950-72 aus 26 Mio. m³ Trümmerschutt der größte T. der Stadt, der > TEUFELSBERG. Mit 115 m über NN ist er gemeinsam mit den (natürlichen) > MÜGGELBERGEN im Bezirk > KÖPENICK die höchste Erhebung Berlins. Aus der ehem. *Oderbruchkippe* nördlich der Hohenschönhauser Str. (Doppelgipfel, 91 und 89 m) entstand der > VOLKSPARK PRENZLAUER BERG. Über zwei zerstörten Flaktürmen im > VOLKSPARK HUMBOLDTHAIN wurde die 86 m hohe *Humboldthöhe* aufgeschüttet. Ebenfalls der Überdeckung zweier ehem. Flaktürme dienen der 52 m hohe Kleine und der 78 m hohe Große *Bunkerberg* im > VOLKSPARK FRIEDRICHSHAIN, für die sich umgangssprachlich der Name *Mont Klamott* eingebürgert hat. In > SCHÖNEBERG liegt der 75 m hohe > INSULANER mit der > WILHELM-FOERSTER-STERNWARTE und einem Planetarium. Auf der 73 m hohen > MARIENHÖHE im Bezirk > TEMPELHOF befindet sich der trigonometrische Zentralpunkt des deutschen Hauptdreiecksnetzes. Die 70 m hohe *Rixdorfer Höhe* im > VOLKSPARK HASENHEIDE trägt ein Denkmal zur Erinnerung an die Aufbauleistungen der Trümmerfrauen nach dem II. Weltkrieg. Eine hervorragende Sicht auf das Berliner Umland und den Süden der Stadt bietet die als Parklandschaft mit Rodelbahn gestaltete 64 m hohe *Rudower Höhe* an der Grenze zwischen > NEUKÖLLN und Köpenick. Der 60 m hohe Rodelberg im > VOLKSPARK MARIENDORF entstand bereits 1927-29 im Rahmen eines Notstandspro-

gramms durch die Ablagerung von Hausmüll sowie Aushub und Schutt vom Straßen- und U-Bahnbau (> U-BAHN). 1952-54 wurde er um 10 m erhöht. Auch der > VOLKSPARK AM WEINBERG am Weinbergsweg im Bezirk > MITTE entstand auf einer durch Trümmeraufschüttung auf 39 m erhöhten, bereits vorhandenen natürlichen Erhebung des > BARNIM. Aus Trümmerschutt aufgeschüttet, aber kaum als T. zu erkennen, sind außerdem der 15 m über der Umgebung liegende *Fritz-Schloß-Park* an der Rathenower Str. im Bezirk > TIERGARTEN sowie die angrenzenden Erweiterungen des > POSTSTADIONS, die Hügel am Nordrand des Schloßparks Charlottenburg (> SCHLOSS CHARLOTTENBURG) und die Sportanlagen des > STADIONS WILMERSDORF an der Fritz-Wildung-Str. Daneben gibt es den großen, allerdings weitgehend ungestalteten T. > KAULSDORF im Tal der > WUHLE nördlich der Straße Alt-Biesdorf.

Weitere künstliche Erhebungen entstanden aus *Mülldeponien* oder durch die Ablagerung von Bodenaushub und Bauschutt im Zuge der > STADTSANIERUNG. So haben die > BERLINER STADTREINIGUNGS-BETRIEBE (BSR) den in West-Berlin anfallenden Müll ab 1960 bis in die 70er bzw. 80er Jahre überwiegend auf vier Großdeponien in > WANNSEE, > MARIENFELDE, > LÜBARS und > RUDOW abgelagert, die inzwischen ebenfalls renaturiert und z.T. als Parklandschaft gestaltet wurden (> FREIZEITPARK LÜBARS; > FREIZEITPARK MARIENFELDE; > ABFALLWIRTSCHAFT)). Die Mülldeponie Wannsee am Roedenbecksteig war die mit Abstand größte West-Berlins. Bis 1980 wurden hier in einer ehem. Kiesgrube auf 54 ha 32,4 Mio. m³ Müll abgelagert. 21 ha des 65 m hohen Müllbergs wurden 1987 als Parklandschaft für die Naherholung eröffnet (1988 Erweiterung auf 35 ha). Auf 8 ha betreibt die BSR eine Kompostierungsanlage. Seit 1975 wird das entstehende Müllgas in Gasbrunnen gesammelt und für Heizzwecke genutzt (> ALTERNATIVE ERNERGIEN). Die ehem. Großdeponie Rudow an der Stadtgrenze westlich der Waßmannsdorfer Chaussee (1959-72, 1,1 Mio. m³ Müll) ist heute der 86 m hohe Aussichtpunkt *Dörferblick* (Groß-Ziethen, Klein-Ziethen, Waßmannsdorf, Schönefeld) mit einer weiten Rundumsicht über den Süden Berlins und den angrenzenden Kreis Königs Wusterhausen sowie den knapp 3 km entfernten Flughafen Schönefeld (> FLUGHÄFEN).

In West-Berlin anfallender Bauschutt wurde

u.a. 1970-87 am *Hahneberg* im Westen des Bezirks > SPANDAU aufgeschüttet (> GRÜNANLAGE HAHNEBERG). Im Ostteil der Stadt diente hierzu u.a. der T. nordöstlich des > TIERPARKS FRIEDRICHSFELDE (67 m) in > LICHTENBERG. Aus dem Baugrubenaushub der Ost-Berliner Trabantenstädte wurde ab 1977 in den *Hellersdorfer Bergen* südlich der Eisenacher Str. im Bezirk > MARZAHN der 101 m hohe *Kienberg* aufgeschüttet. Bis 1987 zur 750-Jahr-Feier Berlins entstand hier als Naherholungsgebiet für die Marzahner Bevölkerung die Berliner Gartenschau. Die etwa 2 km nördlich gelegenen Abraumkippen bei den *Ahrensfelder Bergen* (79 m) haben mit einer Höhe von 79 m die benachbarten natürlichen Erhebungen bereits übertroffen. Sie werden z.Z. noch als Schüttplatz genutzt, ebenso wie die außerhalb Berlins gelegene Deponie Schwanebeck. Den v.a. im Rahmen des > NATIONALEN AUFBAUWERKS (NAW) erbrachten Aufbauleistungen der Ost-Berliner Bevölkerung sind zwei Skulpturen von Fritz Cremer gewidmet – „Aufbauhelfer" (1953) und „Aufbauhelferin" (1954) –, die 1956 vor dem > BERLINER RATHAUS aufgestellt wurden.

Trümmer- bzw. Müllberge in Berlin

Höhe über NN in m:		Bezirk:
Teufelsberg	115	Grunewald
Kienberg	101	Marzahn
Oderbruchkippe	91	Prenzlauer Berg
Hahneberg	88	Spandau
Dörferblick	86	Neukölln
Humboldthöhe	86	Wedding
Freizeitpark Lübars	80	Reinickendorf
Großer u. Kleiner		
Bunkerberg	78	Friedrichshain
Ahrensfelder Berge	79	Marzahn
Freizeitpark		
Marienfelde	77	Tempelhof
Insulaner	75	Schöneberg
Trümmerberg		
Kaulsdorf	75	Hellersdorf
Marienhöhe	73	Tempelhof
Rixdorfer Höhe	70	Neukölln
Trümmerberg		
Friedrichsfelde	67	Lichtenberg
ehem. Mülldeponie		
Wannsee	65	Zehlendorf
Rudower Höhe	64	Neukölln
Rodelberg Volkspark		
Mariendorf	60	Tempelhof

TSC-Box-Turnier: Das 1991 zum 22. Mal ausgetragene Internationale Box-Turnier des in der Paul-Heyse-Str. 25 im Bezirk > PRENZLAUER BERG beheimateten > TURN- UND SPORTCLUBS (TSC) BERLIN E.V. zählt zu den herausragenden Amateur-Box-Veranstaltungen in Deutschland. Es ist das einzige der zwölf vom Weltamateurboxverband (Association International Box Amateur AIBA) ausgerichteten Weltranglisten-Turniere, das in der Bundesrepublik stattfindet.

Vor der > VEREINIGUNG diente das alle Gewichtsklassen einschließende Turnier im damaligen Ost-Berlin, bei dem jeweils ca. 70 Boxer aus 15-20 Nationen vertreten waren, sowohl dem Leistungsvergleich, der Qualifikation für Olympische Spiele und Weltmeisterschaften, als auch zur Förderung und internationalen Bewährung junger Nachwuchsboxer. Es genoß in der DDR eine hohe Popularität. Während der 5-6 Tage dauernden Wettkampfveranstaltung kamen jeweils 5-6.000 Zuschauer in die > WERNER-SEELENBINDER-HALLE, wo das Turnier seit 1969 bis auf zwei Ausnahmen ununterbrochen ausgetragen wurde. Ab 1992 wird die > DEUTSCHLANDHALLE neuer Veranstaltungsort des T. sein.

Türkiyemspor Berlin e.V.: Der 1978 unter dem Namen Izmirspor gegründete und im Zusammenhang mit der Aufnahme in den Berliner Fußballverband in T. („Meine Türkei"-Sportverein) umbenannte Club ist der größte und bekannteste unter den 1991 insg. 25 türkischen Fußballvereinen in Berlin. Seine erste Fußballmannschaft gilt z.Z. als die beste ausländische Fußballmannschaft in Deutschland und als beste türkische (multinationale) außerhalb der Türkei. Der in der Admiralstr. 27 im Bezirk > KREUZBERG beheimatete Verein gehört seit 1987 der Berliner Amateur-Oberliga an, der höchsten Spielklasse der Stadt. Seine größten Erfolge waren die Berliner Pokalsiege 1988, 1990 und 1991; 1988 qualifizierte sich T. als erster türkischer Sportverein für die Hauptrunde um den DFB-Pokal (> POKAL-ENDSPIEL).

Die Heimspielstätte des Vereins ist das in Kreuzberg gelegene und in kommunalem Eigentum befindliche *Katzbach-Stadion* an der gleichnamigen Straße westlich des > VIKTORIAPARKS. Die aus Holz gearbeiteten Kabinenräume und die in Naturstein gefaßte Stehtribüne des 5.000 Zuschauer fassenden Stadions stehen unter Denkmalschutz. Bei

Spielen mit großem Zuschauerandrang weicht T. seit 1990 in das Friedrich-Ludwig-Jahn-Stadion des > Friedrich-Ludwig-Jahn-Sportparks an der Cantianstr. im Bezirk > Prenzlauer Berg aus, das ein Platzangebot von 22.000 Sitzplätzen hat (> Sportstätten). T. gehörten 1991 ca. 700 Mitglieder an, 85 % davon sind türkischer, 10 % deutscher und die übrigen 5 % anderer Nationalität. Der Vorstand wird ausschließlich durch türkische Mitglieder gebildet. Die 1988 eröffnete Geschäftsstelle von T. ist gleichzeitig ein *türkisches Kultur- und Freizeitzentrum*, das v.a. für Kinder und Jugendliche offensteht. Dieses vom > Landessportbund Berlin finanzierte multikulturelle Freizeitzentrum bietet Nachhilfekurse, Disco- und Folkloreabende, Reisen und andere Veranstaltungen an.

Turmstraße: Als älteste Straßenverbindung von Berlin nach > Spandau entwickelte sich die T. zusammen mit der Straße Alt-Moabit zur frühesten Siedlungsachse > Moabits. Heute ist sie Sitz des > Bezirksamts > Tiergarten sowie Hauptverkehrsader, Geschäfts- und Einkaufszentrum des Bezirks. Mit ihren zahlreichen architekturgeschichtlich wertvollen, teilweise aber auch zerstörten oder er neuerten Bauten spiegelt sich T. die historische Entwicklung dieses Stadtviertels.
Mit dem Entschluß des Maschinenbau- und Lokomotivenunternehmers August Borsig (> Borsigwerke), seine Fabriken 1846 aus der beengten Oranienburger Vorstadt (> Mitte) auf die „Moabiter Wiesen" an die > Spree zu verlegen, verlor das Gebiet seine ländliche Idylle und wandelte sich nach der Eingemeindung 1861 zu Berlins wichtigstem Industrierevier. An der T. entstand das neue Wohnquartier *Neu-Moabit*, wo sich neben Landhäusern dichtbebaute > Mietskasernen ausdehnten. Am östlichen Ende der T., die bis ins letzte Quartal des 19. Jh. sogar bis zur heutigen Heidestr. führte, errichteten 1902-06 Rudolph Mönnich und Karl Vohl unmittelbar neben dem Untersuchungsgefängnis von 1875 (> Justizvollzug) und dem zu klein gewordenen „Alten Kriminalgericht" von 1877-82 das „Neue Kriminalgericht" im Stil des Wilhelminischen Barock (> Kriminalgericht Moabit).
Das bereits 1892 als erste städtische Badeanstalt Berlins eröffnete, reich ausgestattete „Volksbad Moabit" (> Hallenbäder) wurde 1985 abgerissen und durch eine Turnhalle ersetzt. Erhalten geblieben sind jedoch einige

Überreste des schräg gegenüber liegenden Krankenhauses Moabit, das 1872 als „Seuchen-Lazarett" im Pavillon-Stil errichtet worden war und heute eines der ältesten städtischen > Krankenhäuser Berlins ist. Die von Hermann Blankenstein (bis 1896) und Ludwig Hoffmann konzipierte Anlage wurde z.T. abgerissen und in den 70er Jahren durch Neubauten ersetzt. Auf der Südseite befindet sich der *Kleine Tiergarten*, ein im Zuge der Stadterweiterung abgetrennter Nordausläufer des kurfürstlichen Jagdareals (> Grosser Tiergarten). Dort entstand 1833-35 nach Plänen von Karl Friedrich Schinkel die > St.-Johanniskirche.
An der Straßenkreuzung zur Stromstr. findet sich die von Schultheiss 1980 aufgegebene Brauerei, die bereits auf eine 1826 von dem Geheimen Oberfinanzrat Krull begründete Brauerei zurückgeht. Friedrich Koch errichtete 1871 den burgähnlichen gelben Ziegelbau, dessen künftige Nutzung noch unklar ist. Gegenüber der ehem. Brauerei steht ein eingeschossiges Landhaus aus dem Jahr 1860, eines der wenigen Gebäude dieser Art, die aus der Frühzeit Moabits verblieben sind.
Zwischen den unscheinbaren Neubauten des Hertie-Kaufhauses und dem Rathaus Tiergarten fällt der rote Ziegelbau der *Arminius-Markthalle* (> Markthallen) auf. Der in seinen Ornamentformen stark an die Schinkelsche Bauschule erinnernde, reich mit Terrakottaverzierung versehene Bau entstand 1890-91 nach einem Entwurf von Blankenstein. Am westlichen Ende der T., in der Huttenstr., entstand bis 1909 nach Plänen von Peter Behrens die > AEG-Turbinenhalle.

Turngemeinde in Berlin (TiB) 1848 e.V.: Die 1848 gegründete TiB am Columbiadamm 111 ist der älteste Turnverein Berlins und der Mark Brandenburg (> Sport). Als v.a. mit dem Einzugsgebiet > Kreuzberg im Freizeit- und Breitensport tätiger Verein bietet er seinen z.Z. 2.100 Mitgliedern 1991 folgende Sportarten: Aikido, American Football, Baseball, Bogensport, Budosport, Faustball, Handball, Jazztanz, Judo, Kanu, Leichtathletik, Rudern, Schwimmen, Ski, Tennis, Turnen, Triatlon und Volleyball. Die größten Abteilungen waren 1991 die Sparten Turnen mit 550 und Tennis mit 400, die kleinsten Rudern und American Football mit je 50 Mitgliedern. Daneben werden diverse Ausgleichssportarten und gesundheitsfördernde Aktivitäten angeboten. In den Sportarten Kanu und

Bogensport gelang der Aufstieg in die nationale Spitze. Vorbildlich ist ferner die Jugendarbeit, für die die Fachgruppe Bogensport 1991 zum 4. Mal in Folge mit einer Plakette der > SENATSVERWALTUNG FÜR SCHULE, BERUFSBILDUNG UND SPORT ausgezeichnet wurde. Die ca. 6 ha großen vereinseigenen Sportstätten befinden sich zur Hälfte in den Bezirken Kreuzberg und > NEUKÖLLN, direkt neben dem > VOLKSPARK HASENHEIDE. Das Gelände umfaßt ein Rasen-Großspielfeld mit einer 400 m langen Aschenbahn, ferner vier Faustballfelder, acht Tennisplätze, eine Vier-Feld-Tennishalle, einen 90-m-Bogenschießplatz sowie das Vereinsheim mit verpachtetem Casino. Darüber hinaus nutzt die TiB für ihre Aktivitäten weitere, im gesamten Stadtgebiet verbreitete > SPORTSTÄTTEN, bspw. Turnhallen sowie je ein Bootshaus in > SPANDAU (> HASELHORST) an der > HAVEL und in > KÖPENICK an der Oberspree (> SPREE).

Turn- und Sportclub (TSC) Berlin e.V.: Der am 9.4.1992 in *Berliner Turn- und Sportclub e.V. (BTSC)* umbenannte TSC Berlin in der Paul-Heyse-Str. 25 im Bezirk > PRENZLAUER BERG ist einer der leistungsstärksten Sportclubs Berlins. Seit der > VEREINIGUNG werden beim TSC folgende Sportarten betrieben: Boxen, Eiskunst- und Eisschnellauf, Gewichtheben, Handball (Damen), Leichtathletik, Radsport (Straße und Bahn), Schwimmen, Tischtennis, Turnen, Wasserspringen und Volleyball. Nahezu alle Sparten sind mit Mannschaften in den höchsten deutschen Ligen vertreten. Um die Leistungsstärke des Vereins zu erhalten, hat der Bundesausschuß Leistungssport des Deutschen Sportbundes Anfang 1991 in den Räumen und Spielstätten des Clubs einen > OLYMPIASTÜTZPUNKT eingerichtet. Der Verein richtet seit 1969 jährlich das > TSC-BOX-TURNIER aus, das zur A-Kategorie der Box-Weltföderation zählt. Der vom TSC genutzte Sportkomplex Paul-Heyse-Str. wurde im Zuge der Vereinigung vom Land Berlin übernommen und seitdem von der > SENATSVERWALTUNG FÜR SCHULE, BERUFSBILDUNG UND SPORT verwaltet und finanziert. Er besteht aus drei Spiel- und Trainingshallen, einer Turn-, einer Eis- und einer Leichtathletiklaufhalle, einer -Freiluftanlage, diversen Leichtathletikwurfhäusern und Krafträumen (> SPORTSTÄTTEN). Für das Training in der Sparte Boxen nutzt der TSC des weiteren die > WERNER-SEELENBINDER-HALLE in der Fritz-Riedel-Str. Das in der Nähe liegen-

de > KARL-FRIEDRICH-FRIESEN-SCHWIMMSTADION an der Werneuchener Str. ist z.Z. geschlossen. Vor seiner Schließung nutzte es der Verein für die Sportarten Schwimmen und Gewichtheben.
Der TSC hatte 1991 ca. 1.400 Mitglieder. Eine Vielzahl seiner Trainer, Ärzte, Physiotherapeuten, Hallen- und Gerätewarte werden über Arbeitsbeschaffungsprogramme finanziert. Z.Z. sind beim TSC 13 Bundestrainer der jew. Bundesverbände und zehn Landestrainer engagiert.
Der Verein ging 1963 mit 21 Sparten aus der Fusion von SC Rotation Berlin, TSC Oberschöneweide und dem SC Einheit hervor. Nach der Ausgliederung diverser Sportarten reduzierte sich das Spektrum auf elf Disziplinen. Als größter ziviler Leistungssportclub der DDR waren dort die nationalen Leistungsträger konzentriert. Bis 1991 brachte der TSC drei Olympia-Sieger, 23 Weltmeister und drei Europapokalsiege (Handball) hervor. Im Zuge der Vereinigung folgte am 13.9.1990 die Umwandlung in einen e.V.

Turn- und Sportverein (TSV) GutsMuths 1861 e.V.: Der am 11.6.1861 gegründete und nach dem Begründer des deutschen Jugendturnens, Johann Christoph Friedrich Guts Muths, benannte T. hat seinen Sitz in der Wullenweberstr. 15 im Bezirk > TIERGARTEN. Er ist neben dem > SPORT-CLUB SIEMENSSTADT E.V. einer der beiden Berliner Modellsportvereine, die nach einem vom > LANDESSPORTBUND BERLIN in Zusammenarbeit mit dem > SENAT VON BERLIN entwickelten Konzept aktiven Bevölkerungskreisen – unabhängig von der Mitgliedschaft in Vereinen – eine sportliche Betätigung ermöglichen sollen. Über speziell bedürfnisorientierte Angebote sollen so neue Aktivitäten im Bereich des Breiten- und Freizeitsports entwickelt werden (> SPORT). Gemäß dieser Zielrichtung entstand mit Unterstützung des Senats das am 1.9.1986 fertiggestellte *Turn- und Freizeitzentrum an der Wullenweberstraße.* Es umfaßt eine Drei-Feld-Halle, eine Kegelbahn, Sauna, Fitness- und Multifunktionsräume sowie eine 400-m-Tartanbahn mit Leichtathletik- und Sprungeinrichtungen. Der Verein nutzt darüber hinaus weitere Hallen im Bezirk Tiergarten, u.a. die Schwimmhalle in der Seidlitzstr. (> HALLENBÄDER; > SPORTSTÄTTEN).
1991 hatte der T. ca. 3.000 Mitglieder und betreute in seiner offenen Arbeit rd. 1.000 Kursteilnehmer. Angeboten werden Freizeit- und

Breitensport (Eltern- und Kinderturnen, Gesundheits- und Rehabilitationssport, Seniorensport, Skigymnastik usw.) sowie die traditionellen Sportarten Turnen, Handball, Badminton, Schwimmen, Volleyball, Tischtennis, Judo und Leichtathletik.

U

U-Bahn: Die von den > BERLINER VERKEHRS-
BETRIEBEN (BVG) betriebene U. ist der wichtigste Träger des > ÖFFENTLICHEN PERSONEN-
NAHVERKEHRS in Berlin. Das Netz der U. hatte
1992 eine Streckenlänge von 293 km. Es besteht aus zehn Linien mit insg. 159 Bahnhöfen. Der mittlere U-Bahnhofsabstand beträgt
ca. 800 m. Der Betrieb erfolgt mit 800 V
Gleichstrom, der von der > BERLINER KRAFT-
UND LICHT (BEWAG)-AKTIENGESELLSCHAFT bezogen und über eigene Umspann- und
Gleichrichterwerke aufbereitet wird. Für
Wartung und Reparatur des Wagenparks
stehen vier Betriebswerkstätten und zwei
Hauptwerkstätten (je eine für das Klein- und
für das Großprofil) zur Verfügung.
Der Abschnitt der U1 zwischen den Bahnhöfen Schlesisches Tor und Warschauer Brücke
sowie der Abschnitt Gleisdreieck – > POTS-
DAMER PLATZ der U2 sind seit dem Mauerbau
1961 stillgelegt. Am 1.1.1971 folgte die Stilllegung des Abschnitts zwischen Gleisdreieck
und > WITTENBERGPLATZ wegen zu geringen
Verkehrsaufkommens. Die auf diesem als
Viadukt geführten Streckenteil liegenden
Bahnhöfe Nollendorfplatz (oberer Bahnsteig)
und Bülowstr. wurden als Trödelmarkt bzw.
türkischer Basar ausgebaut und durch eine
auf dem Viadukt fahrende private „Straßenbahn" miteinander verbunden (> TRÖDEL-
MÄRKTE). Im Zuge der Vorbereitungen für die
Wiederinbetriebnahme der Strecke nach der
Vereinigung wurden sie 1991 geschlossen.
Die Linien U1-4 sind als Kleinprofilbahn
(Wagenlänge 12 m; Wagenbreite 2,3 m;
Stromabnahme durch oben bestrichene
Stromschiene), die übrigen Linien (U6-9) als
Großprofilbahn (16 m; 2,65 m; Stromabnahme durch unten bestrichene Stromschiene;
max. 1.200 Fahrgäste in einem 6-Wagen-Zug)
gebaut. Die Spurweite beträgt einheitlich
1.435 mm. Der Wagenpark umfaßt (1990)
1.540 Fahrzeuge.
Die Höchstgeschwindigkeit auf den Kleinprofillinien beträgt 50 km/h, auf den Groß-
profilstrecken 60 km/h. Die neueren Linien

U7 und U9 sind für 70 km/h ausgelegt. Die
mittlere Reisegeschwindigkeit beträgt ca. 30
km/h. Die dichtestmögliche Zugfolge liegt
bei 1,5-2 min. Werktäglich werden rd. 1,9
Mio. Fahrgäste befördert.

*U-Bahn, hier als Hochbahn, am Landwehrkanal in
Kreuzberg*

Berlin erhielt nach London (1890), Budapest
(1896), Glasgow (1897) und Paris (1900) als
fünfte europäische Stadt eine U. Die erste
Strecke für den öffentlichen Nahverkehr entstand 1896-1902 zwischen Warschauer Brük-
ke (heute im Ost-Berliner Bezirk > FRIED-
RICHSHAIN an der Spree) und Knie (heute >
ERNST-REUTER-PLATZ) in > CHARLOTTENBURG mit
einem Abzweig zum Potsdamer Platz am
Gleisdreieck. Erbaut wurde die Strecke von
der Firma Siemens & Halske AG hauptsächlich als Hochbahn, auf Drängen der Stadt
Charlottenburg westlich des Nollendorf-
platzes als Unterpflasterbahn. 1903 wurden
bereits 30 Mio. Fahrgäste transportiert.
In zwei Bauperioden (1896-1913 vorwiegend
Kleinprofil, 1919-30 vorwiegend Großprofil)
entstanden in Berlin 45 km Kleinprofillinien
und 35 km Großprofillinien mit insg. 92
Bahnhöfen. Bei diesem 80-km-Netz blieb es
bis 1945. 1926 wurden die U.-Linien vom >
MAGISTRAT aufgekauft und 1928 mit den öffentlichen Verkehrsgesellschaften für den Betrieb der > STRASSENBAHN und den > OMNIBUS-
VERKEHR zur Berliner-Verkehrs-Aktiengesell-

schaft (BVG) zusammengeschlossen, aus der 1938 die heutige BVG in der Form eines Eigenbetriebs hervorging. 1930 wurden täglich etwa 550.000 Fahrgäste befördert.

Kriegszerstörungen und daraus folgende Tunnelüberflutungen brachten den U.-Verkehr am Kriegsende vollständig zum Erliegen. Am 14.5.1945 wurden die ersten 3 km wieder in Betrieb genommen; bis Ende des Jahres waren 72 km des Netzes wieder befahrbar, ab 27.4.1947 das gesamte Netz. Die > SPALTUNG der Stadt im November 1948 führte zur Bildung einer eigenen U.-Verwaltung für das im Ostteil gelegene Netz. Für die über die Sektorengrenze hinweg führenden Linien U2/E nach > PANKOW und U1 bis Warschauer Brücke stellte die West-Berliner BVG das Fahrpersonal, die Bahnhöfe wurden von der Ost-Berliner BVG betrieben. Diese Linien wurden erst mit dem Mauerbau unterbrochen.

Ab 1953 sind in Berlin (West) weitere 56 km U.-Strecken ausschließlich im Großprofil in Betrieb genommen worden. Die West-Berliner Linien U8 und U6 unterfuhren in ihrem Mittelteil Ost-Berlin. Elf der zwölf an diesem Streckenteil liegenden Bahnhöfe wurden nach dem Mauerbau am > 13. AUGUST 1961 stillgelegt und bis November 1989 ohne Halt durchfahren; lediglich der > BAHNHOF FRIEDRICHSTRASSE an der U6 diente als Grenzübergangsstelle nach Ost-Berlin und war – noch vor der Grenzkontrolle – gleichzeitig Umsteigebahnhof zur S- und Fernbahn. Die Stromversorgung dieser Abschnitte erfolgte durch die West-Berliner BVG, die Instandhaltung durch Ost-Berlin. Für die Nutzung und Wartung der Tunnelstrecken zahlte die BVG jährlich ca. 6 Mio. DM an die Ost-Berliner BVB.

Das vom VE Kombinat Berliner Verkehrs-betriebe (BVB) betriebene U.-Netz in Berlin (Ost) bestand aus der Linie A (Otto-Grotewohl-Str. – > PANKOW/Vinetastr., 7 km, 12 Bhf.) und der Linie E (> ALEXANDERPLATZ – Hönow, 19 km, 30 Bhf.). Auf beiden Linien wurden täglich etwa 250.000 Personen befördert.

Schon zwei Tage nach dem Fall der Mauer am > 9. NOVEMBER 1989 wurde der U-Bahnhof > JANNOWITZBRÜCKE der U8 als Umsteigepunkt zur S-Bahn wieder eröffnet. Die übrigen stillgelegten Bahnhöfe der Linien 6 und 8 wurden zum Inkrafttreten der Währungsunion am 1.7.1990 wieder in Betrieb genommen. Schrittweise sollen in den nächsten Jahren die noch vorhandenen Lücken im U.-Netz geschlossen und die vorhandenen Linien verlängert werden.

Die Verknüpfung der durch den Mauerbau unterbrochenen Linie U2 vom Bahnhof Wittenbergplatz bis Mohrenstraße soll bis August 1993 abgeschlossen sein. Die Verlängerung der U2 in > PANKOW von U-Bahnhof Vinetastr. bis Pankow-Kirche mit einem Umsteigepunkt am S-Bahnhof Pankow sowie die Errichtung einer Abstellanlage auf dem Gelände des Güterbahnhofs Pankow hat aus verkehrlicher Sicht ebenfalls hohe Priorität, eine Finanzierung dieser Maßnahme ist noch nicht gesichert. Ähnlich verhält es sich mit der Anbindung des Flughafens Schönefeld durch eine Verlängerung der U7 (> FLUGHÄFEN), die derzeit gemeinsam mit dem Land Brandenburg geprüft wird. Realisiert werden soll auf alle Fälle jedoch die Verlängerung der U5 von > ALEXANDERPLATZ über den > PARISER PLATZ (> BRANDENBURGER TOR) und Reichstag zum geplanten neuen Fernbahnhof > LEHRTER BAHNHOF und weiter zur > TURMSTRASSE in > MOABIT. Für diese Linie müssen die Rohbauten des Tunnels vor dem >

Inbetriebnahme von U-Bahn-Strecken nach der Vereinigung

Strecke	Linien-Nr.	Datum
Wittenbergplatz – Mohrenstraße	U2	August 1993
Paracelsus-Bad – S-Bahnhof Wittenau	U8	Ende 1994
Leinestraße – S-Bahnhof Hermannstraße	U8	1995
Schlesisches Tor – Warschauer Brücke	U1	1995[1]
Alexanderplatz – Turmstraße	U5	geplant
Vinetastraße – Pankow-Kirche	U2	vorgesehen
Rudow – Flughafen Schönefeld	U7	vorgesehen

[1] Zielvorstellung

REICHSTAGSGEBÄUDE im Spreebogen bis spätestens Ende 1997 fertiggestellt sein, damit anschließend die Hochbauten für Parlament und Regierung errichtet werden können (> HAUPTSTADT).

Übersiedler/Aussiedler: Aufgrund seiner geopolitischen Lage hatte Berlin (West) bis zur > VEREINIGUNG einen besonders hohen Zustrom von Übersiedlern aus Ostdeutschland. Während es seitdem keine Übersiedler mehr gibt, kommen nach wie vor Aussiedler aus verschiedenen osteuropäischen Ländern nach Berlin. Rechtlich wurde die Aufnahme und die Stellung dieser Personen in der Bundesrepublik Deutschland durch das 1950 entstandene einheitliche *Notaufnahmeverfahren* und das „Gesetz über die Angelegenheiten der Vertriebenen und Flüchtlinge" (Bundesvertriebenengesetz – BVFG) vom März 1953 geregelt, die beide auch z.Z. der > SPALTUNG galten.

Als *Übersiedler* bezeichnete man Bewohner der DDR oder Ost-Berlins, die ihren ständigen Wohnsitz mit Genehmigung der DDR-Behörden nach Berlin (West) oder in das übrige Bundesgebiet verlegten. Unmittelbar vor ihrer Ausreise wurden sie aus der Staatsbürgerschaft der DDR entlassen. Nach der Reiseverordnung der DDR vom 30.11.1988 konnten solche Genehmigungen erteilt werden, wenn bestimmte humanitäre Gründe vorlagen. Ein einklagbarer Anspruch auf Ausreise aus der DDR bestand nicht.

Von 1949-90 kamen 1.832.000 Übersiedler nach Berlin, davon rd. 1,65 Mio. vor dem Mauerbau 1961. Seitdem betrug die durchschnittliche Zahl wenige Tausend pro Jahr. Erst 1988 stieg sie wieder auf über 9.000 an und erreichte 1989 im Zusammenhang mit der Öffnung der Grenzen die Höchstzahl von 51.000. Im Zuge der Vereinigung wurden das Notaufnahmeverfahren und der Übersiedlerstatus zum 30.6.1990 abgeschafft. Im letzten Halbjahr hatten sich noch 17.400 Übersiedler in Berlin gemeldet.

Unter *Aussiedlern* werden deutsche Staats- oder Volkszugehörige (bzw. deren fremdländische Ehegatten) verstanden, die „nach Abschluß der allgemeinen Vertreibungsmaßnahmen die zur Zeit unter fremder Verwaltung stehenden deutschen Ostgebiete, Danzig, Estland, Lettland, Litauen, die Sowjetunion, Polen, die Tschechoslowakei, Ungarn, Rumänien, Bulgarien, Jugoslawien,

Albanien und China" verlassen haben bzw. verlassen (BVFG § 1). Von 1949-90 kamen 46.000 Aussiedler, die meisten von ihnen aus Polen und der Sowjetunion, nach Berlin. Ende der 80er Jahre war ihre Zahl auf über 10.000 pro Jahr gestiegen, 1990 allerdings wieder stark abgefallen (1.200).

In Berlin werden Aussiedler – wie bis zum 30.6.1990 auch die Übersiedler – und > FLÜCHTLINGE in der > ZENTRALEN AUFNAHMESTELLE DES LANDES BERLIN aufgenommen. Ihre Integration wird durch zahlreiche Eingliederungshilfen erleichtert.

Ullsteinhaus: Das am Südufer des > TELTOWKANALS am Mariendorfer Damm 1-3/ Ecke Ullsteinstr. im Bezirk > TEMPELHOF gelegene U. wird heute als Geschäftshaus genutzt. Das Gebäude mit einer Nutzfläche von ca. 52.000 m² wurde 1925-27 nach Entwürfen von Eugen Schmohl für den Ullstein-Verlag als Druckerei und Buchbinderei erbaut. Die Konstruktion aus gegossenem Stahlbeton war die erste dieser Art in Berlin. Mit seiner Verkleidung aus rotem Klinker und Werksteinteilen sowie reichem plastischem Schmuck stellt es ein hervorragendes Beispiel expressionistischer Architektur dar. Bemerkenswert ist der plastische Schmuck, wie die Ullstein-Eule (Verlagssymbol) von Fritz Klimsch oder der aus Majolika gefertigte Brunnen. Ca. 10 % der Baukosten wurden für Steinmetzarbeiten aufgewendet.

Ullsteinhaus

Der 6- bis 7geschossige Bau ist annähernd quadratisch, mit äußeren Kantenlängen von 80-100 m. Zum Mariendorfer Damm hin ist ein 8geschossiger Verwaltungsbau vorgelagert. Der 1926 nur bis zum 2. Obergeschoß hochgeführte Flügel an der Ullsteinstr. wurde erst 1956/57 auf die Höhe der übrigen Bauteile gebracht. Auffallend und weithin sichtbar ist der 77 m hohe Turm, der keine produktionstechnische, sondern v.a. emblematische Bedeutung hat, und unterhalb des abschließenden Turmgeschosses mehrere Reservespeicher für Trink- und Brauchwasser enthält.

Das 1934 durch die Nationalsozialisten enteignete U. wurde im II. Weltkrieg stark beschädigt, die Wiederherstellung erfolgte Anfang der 50er Jahre. 1952 wurde das nun als *Druckhaus Tempelhof* bezeichnete U. der Familie Ullstein zurückgegeben, die es wenige Jahre später zusammen mit dem Verlag verkaufte. Bis 1986 war es als Druckhaus in Betrieb, bevor es im selben Jahr in das Eigentum einer Immobilienfirma überging, die es 1987 in seiner heutigen Funktion wieder eröffnete. Das seit 1965 unter Denkmalschutz stehende U. wird seitdem u.a. als Produktionsstätte von Druckereibetrieben, einigen Dienstleistungseinrichtungen und Läden sowie vom Bezirksamt Tempelhof genutzt.

Umweltämter: Der Gesundheitliche Umweltschutz hat unter dieser Bezeichnung seit Anfang der 70er Jahre immer größere Bedeutung erlangt. Zu den Aufgaben der > GESUND-HEITSÄMTER gehörte schon immer die Orts- und allgemeine Hygiene zum Schutz der Bevölkerung vor Schäden durch die Umwelt. In den 70er Jahren wurde zunächst auf Ebene der Hauptverwaltung die damalige Senatsverwaltung für Gesundheit und Umweltschutz gebildet (heute aufgeteilt in > SENATS-VERWALTUNG FÜR GESUNDHEIT und > SENATS-VERWALTUNG FÜR STADTENTWICKLUNG UND UM-WELTSCHUTZ). Ende der 80er Jahre ergab sich aber auch auf Bezirksebene die Notwendigkeit, die Aufgaben des > UMWELTSCHUTZES in besonderen Ämtern zu organisieren. In den meisten > BEZIRKEN wurden daher im Bereich der Abteilungen für Gesundheit und Umweltschutz besondere U. geschaffen; z.T. ressortierten die U., deren Kompetenzabgrenzungen – v.a. zu den Gesundheitsämtern – noch nicht abgeschlossen ist, auch bei anderen Abteilungen der > BEZIRKSÄMTER. Insg. war die Entwicklung auf diesem Gebiet 1992 noch nicht abgeschlossen.

Umweltatlas Berlin: Der U. ist ein umfassendes Kartenwerk zur Darstellung und Bewertung des Zustands von Naturhaushalt und Umwelt in Berlin. Er bildet ein wesentliches Instrument des > UMWELTSCHUTZES. Herausgegeben wird der U. von der > SENATS-

VERWALTUNG FÜR STADTENTWICKLUNG UND UM-WELTSCHUTZ (SENSTADTUM); diese hat die Fassung für West-Berlin in Zusammenarbeit mit dem > UMWELTBUNDESAMT als gemeinsames Projekt unter Einsatz von Forschungsmitteln des > BUNDESMINISTERIUMS FÜR UMWELT, NATUR-SCHUTZ UND REAKTORSICHERHEIT erstellt. An der Erarbeitung wirkten außerdem weitere Behörden des Landes Berlin, Berliner Universitätsinstitute sowie Forschungsanstalten und Auftragnehmer mit.

Die Arbeit am U. für den Westteil Berlins begann 1981, 1985 erschien der erste, 1987 der zweite Band. Die beiden Bände umfassen Karten zu 42 Themen. In den beigefügten Texten werden jeweils die Problemstellung, die Methoden der Datenerhebung, -auswertung und -darstellung, die wesentlichen Sachaussagen sowie Quellen- und Literaturhinweise aufgeführt. Die Einzelaspekte sind in ihrer räumlichen Differenzierung und – soweit die erforderlichen Grunddaten vorhanden sind – flächendeckend dargestellt. Aufgrund der thematischen Breite und fachlichen Tiefe der bearbeiteten Inhalte gilt der U. als erstes großes Demonstrationsprojekt seiner Art für einen Ballungsraum. Er liefert Entscheidungshilfen bei allen umweltrelevanten Planungen wie auch bei konkreten Vorhaben privater und öffentlicher Träger. Der U. hat sich damit insg. zu einer wesentlichen Basis für politische und planerische Abwägungen und Entscheidungen entwickelt.

Als Folge der anwendungsbezogenen Aufgabenstellung des U. sind weniger die Aspekte der naturgegebenen Situation im Berliner Stadtraum dargestellt als vielmehr die Empfindlichkeiten des Naturhaushaltes, seine Belastungen und deren Verursacher. So werden im einführenden Kapitel „Boden" zwar die natürlichen Bodengesellschaften vorgestellt, dies wird jedoch durch die Darstellung des Grads der anthropogenen Überprägung erweitert und durch Karten zu Bodenversiegelung, Schwermetallbelastung und zu Altlasten ergänzt. Die Karten zum Thema „Wasser" stellen den Zustand von Oberflächen- und Grundwasser sowie der Gewässerufer dar. Im Kapitel „Luft" sind vor allem Emissionen und Immissionen der wichtigsten Luftschadstoffe (insbes. von Schwefeldioxid und Stickoxiden) kartographisch wiedergegeben. Ein eigenes Kapitel ist dem anthropogen geprägten Stadtklima gewidmet. Band 2 des U. enthält unter den

Überschriften „Biotope" und „Flächennutzung" vor allem synthetische Karten zur stadtökologischen und vegetationsgeographischen Raumgliederung, zur Art der räumlichen Nutzung und zur Entwicklung der Freiflächensituation (auch für Erholungszwecke). Unter „Verkehr/Lärm" werden die durchschnittlichen täglichen Verkehrsmengen (für 1980), die Belastung von Anliegern bzw. Wohn- und Grünflächen durch Verkehrslärm und die nächtlichen Lärmemissionen von Industrieanlagen dargestellt.
Die zweite Auflage des U. wird für Gesamt-Berlin erarbeitet. Darüber hinaus ist das Instrumentarium zur Beobachtung, Darstellung und Bewertung der Umweltsituation in Berlin seit Erscheinen der ersten Ausgabe des U. beträchtlich ausgeweitet und verbessert worden.
Die Umweltdaten werden künftig in einem *Umweltinformationssystem* zusammengefaßt, das auf EDV-Basis arbeitet. Ihm liegt ein digitales räumliches Bezugssystem (erarbeitet nach der Karte von Berlin im Maßstab 1:50.000) zugrunde, das Berlin in etwa 30.000 Teilflächen mit jeweils einheitlicher Nutzung einteilt. Die auf die einzelnen Naturfaktoren bezogenen Sachdaten werden getrennt gespeichert, können aber über einen Schlüssel der räumlichen Gliederung zugeordnet und damit auch in ihrer räumlichen Ausprägung graphisch dargestellt werden. Für das weitere Umland von Berlin wird parallel dazu ein ähnlich konzipiertes Informationssystem unter dem Titel *„Ökologische Ressourcenplanung Berlin und Umland"* erarbeitet.
Darüber hinaus werden die Bewertungsmethoden weiterentwickelt, die sich auf den Zustand und die Qualität einzelner Umweltmedien, auf die verschiedenen Nutzungsarten der Flächen und auf die Eigenschaften und Belastungen bestimmter Standorte beziehen. Das „Umweltinformationssystem" und die „Methodenbank Umwelt – ökologischer Bewertungs- und Planungsansatz" sind wiederum gemeinsame Forschungsprojekte der SenStadtUm mit dem UBA im Rahmen des Forschungs- und Entwicklungsvorhabens *„Ökologisches Planungsinstrument Berlin – Naturhaushalt/Umwelt"*. Zu ihnen tritt als weiterer Baustein das 1990 eingerichtete *„Monitoringprogramm Naturhaushalt"*, mit dessen Hilfe dauerhaft – u.a. durch den Einsatz von Bioindikatoren – Umweltbeobachtung und -bewertung betrieben werden.

Umweltbundesamt (UBA): Das am 22.7. 1974 durch Bundesgesetz errichtete UBA mit Hauptsitz am Bismarckplatz 1 im Bezirk > WILMERSDORF ist eine zum Geschäftsbereich des > BUNDESMINISTERS FÜR UMWELT, NATURSCHUTZ UND REAKTORSICHERHEIT (BMU) gehörende Bundesoberbehörde, deren Zuständigkeit sich auf das gesamte Bundesgebiet erstreckt. Das UBA unterstützt den BMU in allen Angelegenheiten der Luftreinhaltung, der Lärmbekämpfung, der Abfall- und Wasserwirtschaft sowie der Umweltchemikalien, insbes. bei der Erarbeitung von Rechts- und Verwaltungsvorschriften (> UMWELTSCHUTZ; > WASSERVERSORGUNG). Wichtige Aufgaben sind ferner die Einbeziehung wissenschaftlich-technischer Erkenntnisse in die Umweltschutzgesetzgebung, die Entwicklung und Bereitstellung von Hilfen für die Umweltforschung und -planung sowie Umweltverträglichkeitsprüfung durch ökologische Begutachtung umweltrelevanter Maßnahmen. Das UBA hat ferner die Öffentlichkeit in Umweltfragen zu informieren, Umweltdaten durch das *Informations- und Dokumentationssystem Umwelt (UMPLIS)* bereitzustellen, beispielhafte umwelttechnische Anlagen durch das Investitionsprogramm zur Verminderung von Umweltbelastungen ebenso zu fördern wie umweltfreundliche Produkte durch die Mitwirkung an der Vergabe des Umweltzeichens *Blauer Engel*.
Zur Erfüllung dieser Aufgaben unterhält das UBA Bewertungsstellen zur Prüfung von Umweltchemikalien und Pflanzenschutzmitteln, eine Umweltprobenbank, Koordinierungsstellen für die Waldschädenforschung sowie die Erforschung von Umweltschäden an Denkmälern und Kulturgütern. Außerdem befindet sich beim UBA die nationale Verbindungsstelle zur Organisation der Vereinten Nationen (UNO) für Erziehung, Wissenschaft und Kultur (UNESCO). Schließlich betreibt das Amt ein bundesweites Luftmeßnetz mit Meßstellen im gesamten Bundesgebiet. Im Gegensatz zum > BERLINER LUFTGÜTE-MESSNETZ (BLUME), das die Luftbelastung im Ballungsgebiet Berlin mißt, handelt es sich dabei um ein Meßnetz zur Ermittlung der großräumigen Belastungen, um Trends in der Veränderung der Immissionssituation und den Transport von Luftschadstoffen zu beobachten. Gemeinsam mit den Daten aus den regionalen Meßnetzen der Länder werden die UBA-Luftdaten z.B. zu einer Prognose über die Schadstoffbelastung

v.a. in den Wintermonaten verarbeitet (SMOG-Frühwarnsystem). Das Amt vergibt ferner Forschungsaufträge und arbeitet mit fachverwandten staatlichen und nichtstaatlichen Forschungsinstitutionen zusammen (> WISSENSCHAFT UND FORSCHUNG).

Die Behörde beschäftigte 1991 ca. 830 Mitarbeiter, darunter ca. 380 Wissenschaftler. Der Haushalt wird durch Bundesmittel gedeckt. Zur Vergabe von Forschungsaufträgen und zur Unterstützung von Demonstrationsvorhaben zur Entlastung der Umwelt sind dem Amt weitere Mittel zur Bewirtschaftung übertragen worden, 1991 rd. 275 Mio. DM.

Die Gründung des UBA stand in engem Zusammenhang mit dem 1971 abgeschlossenen > VIER-MÄCHTE-ABKOMMEN. Vor dessen Inkrafttreten 1972 hatte bereits eine Reihe anderer Bundesbehörden ihren Sitz in Berlin. Zwischen den Vertragspartnern bestand keine Einigkeit darüber, ob die Errichtung einer neuen Bundesoberbehörde nach Inkrafttreten des Abkommens durch die Entwicklungsklausel gedeckt war oder ob diese sich nur auf die Entwicklung der bereits bestehenden Einrichtungen bezog. Die Errichtung des UBA war für die westliche Seite insofern ein politischer Test der Tragfähigkeit des Abkommens. Sie führte zu Protesten der Sowjetunion und der DDR, die u.a. vorübergehend die Durchreise von Angehörigen des UBA und den Transport von Material dieser Behörde auf den Transitstrecken (> TRANSITVERKEHR) unterband. Diese Maßnahmen wurden jedoch auf Proteste der westlichen > ALLIIERTEN nach kurzer Zeit wieder eingestellt. Nach der Errichtung des UBA wurde bis zur > VEREINIGUNG in Berlin keine weitere Bundesbehörde mehr errichtet.

Bereits unmittelbar nach der Wende in der DDR im Herbst 1989 hat sich die dortige Umweltsituation zu einem Arbeitsschwerpunkt des UBA entwickelt. Durch seine zentrale Lage inmitten der ökologischen Problembereiche wurde es rasch Anlaufstelle für zahlreiche Besucher und Informationspool für Anfragen sowohl aus den kommunalen Verwaltungen als auch aus Industriebetrieben. Nach der > VEREINIGUNG wurden fast 200 Mitarbeiter aus den neuen Bundesländern zusätzlich eingestellt und die Einrichtungen des Amtes, wie etwa das Luftmeßnetz, nach Osten erweitert. Das UBA unterhält heute ein zweites Dienstgebäude in der Mauerstr. 52 im Bezirk > MITTE, in dem sich jetzt auch die zentralen Einrichtungen zur Information der Bevölkerung in Umweltfragen befinden.

Umweltschutz: Hauptartikel, siehe S. 1277.

Universal-Stiftung Helmut Ziegner: Die nach bürgerlichem Recht am 30.4.1957 unter Mitwirkung des > SENATS VON BERLIN und des Landesarbeitsamts gegründete U. in der Jägerstr. 39 A im Bezirk Steglitz ist eine Einrichtung zur *Resozialisierung* Strafgefangener, Strafentlassener und gefährdeter Menschen, insbes. Jugendlicher ohne Hauptschulabschluß. Zu diesem Zweck bemüht sie sich um die Bekämpfung von Vorurteilen gegen Vorbestrafte in der Öffentlichkeit, berät und unterstützt Betroffene bei der Eingliederung in die Gesellschaft, führt berufsfördernde Maßnahmen durch und nimmt Gefährdete und Strafentlassene in Wohnheimen und Wohnungen auf.

Im Einzelnen unterhält die U. insg. 35 Berufsförderungswerkstätten, davon 15 in Strafanstalten, mit insg. 700 Ausbildungsplätzen, von denen 100 in den östlichen Bezirken Berlins liegen, die im Zuge der > VEREINIGUNG übernommen wurden. In den Werkstätten können u.a. zehn Berufsausbildungen und zahlreiche berufsvorbereitende Lehrgänge absolviert werden. Ferner bestehen vier Wohnheime und 40 Wohnungen für insg. 200 Haftentlassene und schließlich berät die U. entlassene Strafgefangene sowie Untersuchungshäftlinge.

Namensgeber der U. war der Schauspieler, Regisseur und Rundfunksprecher beim > RIAS BERLIN, Helmut Ziegner, dessen engagiertes Bemühen um die Bekämpfung der Rückfallkriminalität zur Gründung der Stiftung führte. Die Finanzierung der Aktivitäten der U. erfolgen durch Eigenmittel der Stiftung, Spenden und Geldbußen aus Strafverfahren, Pflegekosten und Nutzungsentgelte sowie durch Zuschüsse des Landes Berlin, des Landesarbeitsamts und der > DEUTSCHEN KLASSENLOTTERIE BERLIN. Insg. hat die Stiftung 150 Mitarbeiter, davon 130 Pädagogen und Ausbilder.

Universitätsklinikum Rudolf Virchow der Freien Universität Berlin (UKRV): Das UKRV (> FREIE UNIVERSITÄT BERLIN [FU]) verfügt derzeit über 2.005 Planbetten (Stand 1.7.92), davon 1.085 am Standort > WEDDING (Augustenburger Platz 1) sowie 920 am Standort > CHARLOTTENBURG (Spandauer Damm 130). Es bestehen 34 Bettenabteilungen sowie die zur Krankenversorgung, Forschung und Lehre erforderlichen theoretischen Institute und experimentellen Bereiche. An allen bettenführenden Abteilungen bestehen > POLIKLINIKEN, die es ermöglichen, auch die ambulante Krankenversorgung für Forschung und Lehre zu nutzen. Ferner verfügt das UKRV über eine Tagesklinik Gerontopsychiatrie, eine Tages- und Nachtklinik Sozialpsychiatrie sowie zwei AIDS-Tageskliniken (> AIDS).

Im UKRV waren im Juli 1992 ca. 5.770 Mitarbeiter beschäftigt, davon 86 Professoren und ca. 790 wissenschaftliche Mitarbeiter (zumeist Ärzte). Durch die Errichtungsmaßnahme und den damit einhergehenden Bettenabbau wird sich die Beschäftigtenzahl auf ca. 5.000 verringern. Jährlich werden 1.500 Studenten in Theorie und Praxis ausgebildet, woran allerdings noch 13 Lehrkrankenhäuser beteiligt sind.

Schwerpunkte der klinischen Medizin sind Leber- und Knochenmarks-Transplantationen, Laser-Chirurgie der Augen sowie Nierensteinzertrümmerungen. Forschungsschwerpunkte sind Transplantation/Multiorganversagen/temporärer Organersatz, Onkologie und Tumorimmunologie, Klinische Neurowissenschaften, Wachstum und Entwicklung von Kindern, Embryonaltoxikologie und molekulare Pharmakologie sowie Reformstudiengang Medizin. Das UKRV verfügt über einen Gesamtetat von 944,2 Mio. DM, 454,8 Mio. DM davon werden von den Kassen getragen, 489,4 Mio. DM vom Staat oder anderen Institutionen. Darüber hinaus warb das UVRK Drittmittel für die Forschung in Höhe von ca. 30 Mio. DM ein.

Das heutige UKRV ist durch Verlagerung des Universitätsklinikums Charlottenburg in das ehem. Städtische *Rudolf-Virchow-Krankenhaus (RVK)* entstanden. Als viertes Städtisches Krankenhaus wurde dieser Krankenhauskomplex vom Berliner Stadtbaurat Ludwig Hoffmann 1896-1906 teils im Pavillonstil, teils in Form von Korridorgebäuden erbaut. Die unter Beteiligung von Rudolf Virchow geplante Anlage war damals mit ca. 2.000 Betten das größte Krankenhaus Deutschlands und nach Fachabteilungen gegliedert, was zu dieser Zeit bei Allgemeinkrankenhäusern nicht üblich war. Bei der Inbetriebnahme 1906 erhielt es Virchows Namen.

Das *Universitätsklinikum Charlottenburg* wurde 1971 als weiterer Ersatz für die aufgrund der > SPALTUNG für West-Berlin nicht mehr

nutzbare > CHARITÉ gegründet. Die FU Berlin übernahm damals das *Städtische Krankenhaus Westend*, da das Klinikum Steglitz nicht ausreichte, um die Medizinstudenten zu betreuen. 1987 beschloß der > SENAT VON BERLIN die Verlagerung des Universitätsklinikums Charlottenburg, da der Wissenschaftsrat die Konzentration aller Fächer an einem Ort forderte und für die dazu notwendigen Neubauten auf dem Krankenhausgelände in > WESTEND nicht ausreichend Platz vorhanden war. Aufgrund der hohen Kosten und einer gleichzeitigen Reduzierung der Bettenzahl war diese Maßnahme in der Stadt nicht unumstritten. Insbes. wurde der beim Ausbau des RVK vorgesehene Abriß der von Hoffmann errichteten historischen Pavillon-Anlage kritisiert (die allerdings durch bereits zuvor erfolgte Eingriffe schon weitgehend entstellt worden war). Die 57 im Barockstil gehaltenen, um eine großzügige Mittelachse symmetrisch angeordneten Gebäude galten international über Jahrzehnte hinweg als wegweisendes Beispiel eines sozial verpflichteten Krankenhausbaus. Obgleich die Anlage noch 1987 unter > DENKMALSCHUTZ kam, wurde sie im Rahmen des Baugeschehens 1988 fast vollständig abgerissen. Auf dem Gelände des U. befindet sich auch das > DEUTSCHE HERZZENTRUM BERLIN.

Universitätsklinikum Steglitz der Freien Universität Berlin: Das U. (> FREIE UNIVERSITÄT BERLIN [FU]) am Hindenburgdamm 30 in > LICHTERFELDE verfügt über 1.354 Planbetten. Es bestehen neben sieben theoretischen Instituten 20 klinische Fachabteilungen, darunter einige mit Subspezialisierung. Außerdem werden für die ambulante Versorgung elf > POLIKLINIKEN für die verschiedenen Disziplinen vorgehalten. Hervorzuheben ist, daß eine Kooperation mit dem Gesundheitsamt Steglitz bei der Beratungsstelle für Risikokinder und beim Sozialmedizinischen Dienst für Eheberatung, Familienplanung und Schwangerschaft besteht.

Das Haus beschäftigte 1992 insg. 4.483 Mitarbeiter, darunter 512 Ärzte. Ferner werden derzeit 1.874 Studenten ausgebildet. Forschungsschwerpunkte des U. bilden u.a. die gesamte Onkologie, Tumorbiologie und Tumorimmunologie, die Herz- und Kreislaufforschung sowie die Bekämpfung der HIV-Infektion (> AIDS). In dieser Fachrichtung konnten bedeutende Erfolge in Zusammenarbeit mit dem *Laser-Medizin-Zentrum GmbH*

Berlin (> An-Institute) erzielt werden.

Mit seinen Angeboten in der Krankenversorgung ist das U. nicht nur von zentraler Bedeutung für den Berliner Süden, sondern auch für das Land Brandenburg, mit dem eine Zusammenarbeit in der Lehre besteht und auch in der Forschung angestrebt wird. Der zum Teil aus US-amerikanischen Mitteln finanzierte Krankhausbau wurde 1959-67 von den Architekten Curtis und Davis (New Orleans) und Heinrich Mocken als erstes Universitätsklinikum errichtet und war das erste Großklinikum in Deutschland. Das Hauptgebäude ist ein bis zu zehn Stockwerke hoher Komplex von 225 x 110 m mit einem zentralen Funktionstrakt und zwei mit ihm verbundenen Bettenhäusern. Auf dem Gelände des U. sind der Blutspendedienst des > Deutschen Roten Kreuzes und in unmittelbarer Nachbarschaft das Hygiene-Institut sowie das Laser-Medizin-Zentrum der FU angesiedelt. Außerdem ist der vom ADAC betriebene *Rettungshubschrauber* „Christopher 31" beim U. beheimatet (> Rettungswesen). Neben dem U. bestehen das > Universitätsklinikum Rudolf Virchow der FU sowie die > Charité der > Humboldt-Universität als weitere Universitätsklinika.

Unter den Linden: Die im historischen Zentrum Berlins, dem heutigen Bezirk > Mitte, gelegene Straße U. führt von der > Schlossbrücke am > Marx-Engels-Platz und > Lustgarten zum > Pariser Platz östlich des > Brandenburger Tors. Vorläufer der 60 m breiten und 1,5 km langen Prachtstraße war ein 1573 durch Kurfürst Johann Georg (1571-98) angelegter Reit- und Jagdweg vom Berliner > Stadtschloss zu dem ab 1527 westlich der Stadt entstandenen kurfürstlichen Tiergarten (> Grosser Tiergarten). Der Große Kurfürst Friedrich Wilhelm (1640-88) ließ den Reitweg 1647 befestigen und nach holländischem Vorbild auf einer Länge von 942 m mit Linden und Nußbäumen bepflanzen. Bereits 1658 fielen die jungen Bäume im Ostteil der Straße jedoch wieder den von Johann Gregor Memhardt angelegten Festungswerken der neuen > Stadtmauer zum Opfer. Ab 1740 ließ Friedrich II. (1740-86) dort (am heutigen > Bebelplatz) anstelle der geschleiften Befestigungen das *Forum Fridericianum* aus Opernhaus (> Deutsche Staatsoper), > St.-Hedwigs-Kathedrale, > Alter Bibliothek und – auf der nördlichen Straßenseite – dem > Prinz-HeinrichPalais errichten. So erstrecken sich die

Lindenbäume auch heute noch nur im westlichen Teil der Straße zwischen der Universitätsstr. und der Einmündung in die Toleranzstr. (früher > Wilhelmstrasse) am Pariser Platz.

Die Bebauung der Straße U. westlich der Festungswerke setzte 1674 mit Gründung der Dorotheenstadt zwischen Charlottenstr. und Schadowstr. ein (> Stadterweiterung). Der Teil zwischen Schadowstr. und Pariser Platz wurde bei der Erweiterung der Friedrichstadt 1734 und der Dorotheenstadt 1737 angelegt. Im Osten der Straße war bereits 1687 innerhalb der Festungswerke mit dem Bau des > Zeughauses begonnen worden.

Unter den Linden um 1930, vom Schloß aus gesehen, im Vordergrund die Schloßbrücke

Nach dem Sieg über Napoleon in den Befreiungskriegen plante Friedrich Wilhelm III. (1797-1840), die Straße durch seinen Baumeister Karl Friedrich Schinkel zu einer festlichen „Via Triumphalis" ausbauen zu lassen. In diesem Zusammenhang entstanden 1817/18 die von den Denkmälern der Generäle Scharnhorst und v. Bülow flankierte > Neue Wache und 1822/23 die Schloßbrücke. Zwischen 1825 und 1855 wurden die Standbilder in die > Denkmalanlage Unter den Linden gegenüber der Neuen Wache versetzt. 1851 folgte die Enthüllung von Christian Daniel Rauchs > Reiterstandbild Friedrichs des Grossen auf der Mittelpromenade am heutigen Bebelplatz. 1820 reduzierte man die Lindenbäume auf vier Reihen; an beiden Seiten der Mittelpromenade befanden sich Reitund Fahrwege. 1825 wurden die seitlichen Bürgersteige angelegt und Gaslaternen aufgestellt (> Gasversorgung), die 1888 durch elektrische Straßenlampen ersetzt wurden (> Elektrizitätsversorgung).

War der östliche Teil der Lindenallee v.a. Repräsentationsstraße der preußischen Residenz, so prägten im westlichen Teil und dort insbes. an der Nordseite zunächst bürgerliche Wohnbauten ihren Charakter. Während der Gründerjahre nach 1871 wurde aus der vornehmen Wohnstraße eine belebte Geschäftsstraße mit Restaurants, Cafés, Hotels, Banken, Agenturen, Geschäften und prunkvollen Passagen. Auch ausländische Botschaften wurden hier eingerichtet, so die russische Botschaft (> GENERALKONSULAT DER

Unter den Linden heute, mit Blick nach Westen

RUSSISCHEN FÖDERATION) und die französische, die sich am > PARISER PLATZ etablierte. Die Kreuzung der „Linden" mit der > FRIEDRICHSTRASSE war mit ihren Cafés, darunter dem Stammhaus des heutigen Café Kranzler am > KURFÜRSTENDAMM, bis zu Beginn des II. Weltkrieges ein besonderer Anziehungspunkt.

Im II. Weltkrieg wurde die Straße U. zum großen Teil zerstört. Ihr Wiederaufbau begann in den 50er Jahren. Dabei wurden die Bauten im östlichen Teil in ihrem ursprünglichen Zustand wiederhergestellt, während man sich im stärker zerstörten Westteil für eine teilweise Neubebauung entschied – nicht zuletzt, weil hier bereits im späten 19. Jh. große, verändernde Eingriffe in den ursprünglichen Charakter der Allee vorgenommen worden waren.

1. Von der Schloßbrücke bis zur Charlottenstraße
Die heutige Bebauung der Straße U. beginnt an der Schloßbrücke auf der Nordseite mit dem ältesten Gebäude an der Straße, dem > ZEUGHAUS – heute Sitz des > DEUTSCHEN HISTORISCHEN MUSEUMS. Hinter der anschließenden > NEUEN WACHE liegen an einem Ka-

stanienwäldchen das als Kulturhaus genutzte > PALAIS AM FESTUNGSGRABEN sowie – im Gebäude der ehem. > SING-AKADEMIE – das > MAXIM-GORKI-THEATER. Es folgt das ehem. Prinz-Heinrich-Palais, heute Hauptgebäude der > HUMBOLDT-UNIVERSITÄT. Westlich benachbart erstreckt sich bis zur Charlottenstr. der Komplex der > STAATSBIBLIOTHEK ZU BERLIN – PREUSSISCHER KULTURBESITZ.

Auf der südlichen Seite dieses Teilstücks der Lindenallee liegen unmittelbar an der Schloßbrücke auf dem Gelände der 1832-36 von Schinkel errichteten ehem. > BAUAKADEMIE der 1964-67 entstandene Neubau des ehem. Außenministeriums der DDR, heute Sitz der Berliner Dienststelle des > AUSWÄRTIGEN AMTS. Davor, direkt an der Straße, steht das 1859-64 von Hermann Schievelbein geschaffene und nach dessen Tod von Hugo Hager 1867 (in den Reliefs am Sockel) vollendete *Denkmal des Reichsfreiherrn vom und zum Stein*. Die 3,5 m hohe, bronzene Portraitstatue des preußischen Reformers auf Granitsockel war 1875 auf dem > DÖNHOFFPLATZ enthüllt worden, wo sie 1969 im Zuge der Neubebauung der > LEIPZIGER STRASSE entfernt wurde. Nach einer Restaurierung fand sie 1981 hier einen neuen Standort.

Zwischen dem Gebäude des Außenministeriums und dem ehem. Forum Fridericianum aus Staatsoper, St.-Hedwigs-Kathedrale und der heute von der Humboldt-Universität genutzten, einstigen königlichen Bibliothek liegen das als Sitz des > BUNDESPRÄSIDENTEN vorgesehene > KRONPRINZENPALAIS und das mehrere Gaststätten beherbergende > OPERNPALAIS mit der Denkmalsanlage U. An die Bauten des Forums Fridericianum schließen sich die heute gleichfalls von der Humboldt-Universität genutzten Gebäude des > ALTEN PALAIS und des > GOUVERNEURSHAUSES an. Der benachbarte rote Sandsteinbau, ursprünglich ein Hotel und um 1890 zum Verwaltungsgebäude umgebaut, diente bislang gewerkschaftlichen Zwecken. Auch in dem folgenden, an die Charlottenstr. grenzenden, 1922-25 errichteten Verwaltungsgebäude U. 15 haben einige gewerkschaftliche Einrichtungen und Verwaltungen ihr Domizil, darunter die am 1.10.1990 aus der Konkursmasse des Freien Deutschen Gewerkschaftsbundes hervorgegangene *Johannes-Sassenbach-Stiftung* mit einer 130.000 Bände umfassenden Bibliothek und einem bedeutenden Archiv zur Geschichte der Gewerkschaftsbewegung (> DEUTSCHER GEWERKSCHAFTSBUND).

2. Zwischen Charlottenstraße und Friedrichstraße

Auf diesem Straßenabschnitt liegen auf der Nordseite der Straße U. neben der Staatsbibliothek zunächst ein Geschäftshaus, in dem u.a. das Bulgarische Kulturzentrum untergebracht ist. Es wurde 1865-76 als „Hotel de Rome" errichtet und nach 1910 zu einem Geschäftshaus umgebaut. Im daneben stehenden Geschäftshaus aus der Zeit um 1910 befindet sich heute u.a. eine Dienststelle der > DEUTSCHEN REICHSBAHN, Reichsbahndirektion Berlin. An der Nordostecke der Kreuzung U. und Friedrichstr. liegt das 1964 bis 1966 erbaute, sechsgeschossige Hotel „Unter den Linden". Auf der gegenüberliegenden Straßenseite befinden sich an der Ecke Charlottenstr. ein Gebäude aus der Zeit um die Jahrhundertwende mit einer Buchhandlung im Erdgeschoß und der 1964/65 nach Plänen von Werner Strassenmeier errichtete Gaststättenkomplex „Lindencorso".

3. Zwischen Friedrichstraße und Pariser Platz

Westlich der Friedrichstr. bestimmen v.a. Büro- und Geschäftshäuser das Bild der Straße U. Auf der Nordseite folgt als Eckgebäude das 1936 erbaute „Haus der Schweiz" mit der Figur Wilhelm Tells auf der Gebäudeecke. Die anschließenden Häuser bis zur Neustädtischen Kirchstr. entstanden im ersten Jahrzehnt dieses Jh. als repräsentative Geschäftshäuser in neoklassizistischer Bauweise und wurden im II. Weltkrieg nur leicht beschädigt. Hier befinden sich u.a. die Außenstellen Berlin der britischen Botschaft (Nr. 32-34) und der französischen Botschaft (Nr. 40; > AUSLÄNDISCHE VERTRETUNGEN).

Bis zum Pariser Platz, über die Schadowstr. hinweg, wurden 1962-65 neue Gebäude errichtet, in denen sich jetzt u.a. die Berliner Dependancen des Bundesministeriums für Wirtschaft (> BUNDESMINISTER FÜR WIRTSCHAFT) sowie die Außenstellen der Botschaft Polens (Nr. 70-74) und Ungarns (Nr. 76) befinden.

Auf der südlichen Straßenseite liegen in dem Abschnitt bis zur Glinkastr. u.a. das Französische Kulturzentrum (Nr. 37; > INSTITUT FRANÇAIS DE BERLIN) und das Verwaltungsgebäude der > KOMISCHEN OPER (Nr. 41). Bis zum Pariser Platz folgen dann in ausschließlich nach dem II. Weltkrieg errichteten Gebäuden die Büros der russischen Flug- bzw. Touristikunternehmen Aeroflot und Intourist (Nr. 51-53), die monumentale Außenstelle der Russischen Botschaft mit Handelsver-

tretung (Nr. 63-65) sowie die Außenstelle Berlin des Bundesministeriums für Bildung und Wissenschaft (Nr. 69-73; > BUNDESMINISTER FÜR BILDUNG UND WISSENSCHAFT).

Urania: Die Urania ist heute eine gemeinnützige Vereinigung zur Pflege von Wissenschaft und Kultur. Ihr Sitz ist An der Urania 15-17 im Bezirk > SCHÖNEBERG. Für den Verein „Deutsche Kulturgemeinschaft Urania Berlin e.V." mit insg. knapp 5.000 Mitgliedern sind neben 16 Mitarbeitern ein Vorstand und ein Wissenschaftlicher Beirat tätig, dem führende Berliner Wissenschaftler angehören.

Die U., 1888 auf Anregung des Industriellen Werner v. Siemens und des Astronomen Wilhelm Foerster gegründet, setzte sich, basierend auf den Gedanken Alexander v. Humboldts die „naturwissenschaftliche Volksbildung" zum Ziel. Der Ruf dieser Einrichtung verbreitete sich weltweit. Durch geeignete Vermittlungsformen sollte die Möglichkeit geschaffen werden, „wissenschaftliche Entdeckungen und technische Erfindungen jedermann verständlich darzustellen und zur geistigen Teilhabe an den Entwicklungen der Zeit zu befähigen".

Nachdem während des II. Weltkriegs die Veranstaltungstätigkeit der U. geruht hatte, wurde sie 1953 wiederaufgenommen. Ab diesem Zeitpunkt war die U. eingetragener Verein. Durch Spenden und Beiträge der Mitglieder sowie durch Subventionen des Bundes und der Berliner Klassenlotterie konnte ein Grundstück erworben werden, auf dem 1962 das Gebäude der U. erbaut wurde. Hier finden jährlich knapp 700 Veranstaltungen statt. Dabei handelt es sich um Vorträge, die – unterstützt durch moderne Demonstrationstechniken – den neuesten Stand des Wissens in den Natur- und Geisteswissenschaften, Erfahrungen mit anderen Völkern und Ländern, Entwicklungen in Kunst und Kultur vermitteln. Des weiteren wird in Lesungen und Diskussionsveranstaltungen eine persönliche Begegnung mit Dichtern und Politikern möglich. Künstlerisch bedeutende alte und neue Filme kommen in zwei großen Filmräumen zur Aufführung. Ausstellungen und Studienreisen ergänzen das vielfältige Bildungsprogramm, das von vielen Volkshochschulen in Deutschland als Vorbild für eigene Bildungsarbeit angesehen wird.

Im letzten Veranstaltungsjahr (von September 1991 bis Juni 1992) besuchten insg. ca. 180.000 Interessierte die Veranstaltungen der

U. Dies bedeutet eine Steigerung der Besucherzahlen im Vergleich zur Zeit unmittelbar nach dem > 9. NOVEMBER 1989, als die Zahlen um 20 % zurückgingen. Derzeit ist bei den Besucherzahlen wieder das Niveau der Zeit vor dem Fall der > MAUER erreicht.

In Ost-Berlin entstand 1966 aus der am 17.6.1954 gegründeten „Gesellschaft zur Verbreitung wissenschaftlicher Kenntnisse" die „Neue Urania Berlin". Ihre Tätigkeit verstand sich als Beitrag zur sozialistischen Allgemeinbildung, als „populärwissenschaftliche Propaganda". Durch Vorträge und Publikationen des eigenen Verlags sowie durch Sendereihen in Fernsehen und Hörfunk wurden Ergebnisse aus allen Gebieten der Wissenschaft einem breiten Publikum zugänglich gemacht. Nach dem Fall der > MAUER wurde die U. in Ost-Berlin Ende 1990 geschlossen.

Christof Ellger

UMWELTSCHUTZ

I. Der Ballungsraum Berlin und seine ökologische Belastung

II. Problembereiche und Maßnahmen im Umweltschutz

III. Erfordernisse im Umweltschutz der 90er Jahre

I. DER BALLUNGSRAUM BERLIN UND SEINE ÖKOLOGISCHE BELASTUNG

Berlin ist nicht nur die nach Einwohnerzahl und Fläche größte Stadt Deutschlands, sondern auch die Großstadt mit der höchsten Bevölkerungsdichte (> BEVÖLKERUNG). Entsprechend massiv ist die Belastung der natürlichen Lebensgrundlagen in der Stadt – dies insbes. seit der Industrialisierung Berlins und dem immensen Bevölkerungswachstum im späten 19. Jh. Seitdem hat die ökologische Beanspruchung bis heute ständig zugenommen, und auch für die Zukunft muß aufgrund der neuen Aufgaben der Stadt mit steigenden Belastungen gerechnet werden.

Durch den *Flächenverbrauch* für Zwecke des Wohnens, der Produktion, der Verwaltung, des > VERKEHRS und des Freizeitwesens hat in den letzten zwei Jahrzehnten in der westlichen wie der östlichen Stadthälfte der Anteil der versiegelten Flächen (Siedlungs- und Verkehrsflächen, ohne Parkanlagen und > FRIEDHÖFE) sehr stark zugenommen, in West-Berlin von 50,1 % (1970) auf 61,8 % (1990), in Ost-Berlin im selben Zeitraum von 39 % auf 51,9 %.

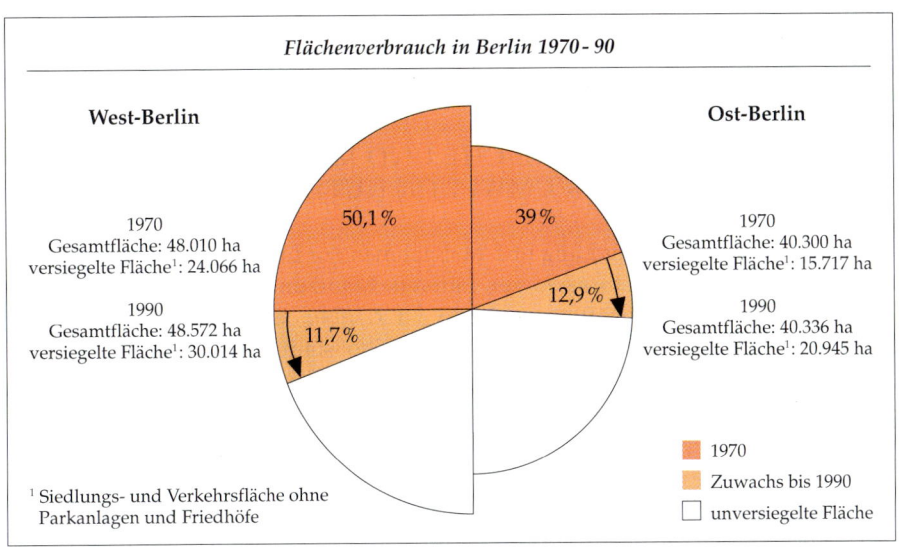

Flächenverbrauch in Berlin 1970-90

West-Berlin

1970
Gesamtfläche: 48.010 ha
versiegelte Fläche[1]: 24.066 ha

1990
Gesamtfläche: 48.572 ha
versiegelte Fläche[1]: 30.014 ha

Ost-Berlin

1970
Gesamtfläche: 40.300 ha
versiegelte Fläche[1]: 15.717 ha

1990
Gesamtfläche: 40.336 ha
versiegelte Fläche[1]: 20.945 ha

50,1 %   39 %   12,9 %   11,7 %

■ 1970
■ Zuwachs bis 1990
□ unversiegelte Fläche

[1] Siedlungs- und Verkehrsfläche ohne Parkanlagen und Friedhöfe

Im Westteil Berlins ist dabei die Einwohnerzahl mit rd. 2,1 Mio. im wesentlichen konstant geblieben, die Zahl der Haushalte und die Flächenansprüche pro Einwohner sowie v.a. der Ausbau von Verkehrsflächen haben allerdings beträchtlich zugenommen. Im Ostteil der Stadt ging der Flächenverbrauch einher mit einer Bevölkerungszunahme um rd. 20 % von 1,08 auf 1,28 Mio. Auch die *Freiflächen* unterliegen großen Belastungen. Neben anderen Nutzungen haben sie als Freizeiträume zu dienen. In der Nähe zu Wohn-, Produktions- und Verkehrsflächen leiden sie unter Schadstoffen und Verlärmung.

Im größeren räumlichen Zusammenhang betrachtet, wirken Ballungsräume insg. als ökologische Belastungsquellen: Sie nehmen von außen Frischwasser, Frischluft, mineralische und biotische Rohstoffe sowie Energie auf, setzen diese um – bei der Güterproduktion, im Verkehr oder beim Verbrauch in den privaten Haushalten – und geben Abluft, Abwasser, feste Abfälle sowie Abwärme nach außen ab. So tragen auch die Stoff- und Energieumwandlungsprozesse in Berlin zur Belastung der Umgebung und zur globalen Umweltverschmutzung bei. Dabei hat sich in der jüngeren Vergangenheit die Situation in den getrennten Stadthälften nicht wesentlich unterschieden. Beiderseits der > MAUER sind lange Zeit wirtschaftliches Wachstum und gestiegener Lebensstandard mit zunehmenden Umweltbelastungen erkauft worden. In beiden Gesellschaftssystemen wurde erst in den letzten 20 Jahren ernsthaft mit Umweltschutzmaßnahmen begonnen. Angesichts der überragenden Bedeutung der besonders emissionsträchtigen Braunkohle als Energieträger, aber auch aufgrund der ausgebliebenen Umweltinvestitionen war die Belastung in Ost-Berlin und der DDR insg. allerdings weit höher.

Darüber hinaus hat Berlin unter den Immissionen zu leiden, die über Luft und Wasser von außen in die Stadt getragen werden, wozu insbes. die Luftverschmutzung durch Hausbrand und Kohlekraftwerke in Brandenburg und Sachsen (wo allerdings auch Strom für Berlin produziert wird) sowie im Böhmischen Becken und in Polen zu rechnen ist. Deshalb ist die Kooperation mit diesen Räumen bei der Vermeidung von Umweltschädigungen eine vorrangige Aufgabe.

Zuständig für den U. ist die > SENATSVERWALTUNG FÜR STADTENTWICKLUNG UND UMWELTSCHUTZ (SENSTADTUM), die 1981 durch Ausgliederungen aus anderen Ressorts gebildet wurde.

II. PROBLEMBEREICHE UND MASSNAHMEN IM UMWELTSCHUTZ

1. Luftverschmutzung und Maßnahmen zur Luftreinhaltung

Berlin gehört zu den am stärksten von Luftverschmutzung betroffenen Räumen in Deutschland. Die Schadstoffwerte liegen i.d.R. über jenen der westdeutschen Ballungsgebiete. Nur in einzelnen ostdeutschen Großstadträumen – insbes. Leipzig, Halle, Chemnitz und Dresden – ist die Belastung noch höher. Die Luftverschmutzung in Berlin wird insbes. durch das > BERLINER LUFTGÜTE-MESSNETZ (BLUME) überwacht.

Die naturräumlichen Bedingungen, die der Anreicherung von Schadgasen in der Luft entgegenwirken können, sind dabei insg. günstig in Berlin: Durch die geringen Höhenunterschiede im Stadtgebiet (> BERGE; > LAGE UND STADTRAUM) treten keine größeren Stauwirkungen auf, und die relativ hohe durchschnittliche Windge-schwindigkeit im norddeutschen Tiefland begünstigt den Luftaustausch mit der Umgebung. Außerdem macht sich das Fehlen größerer abgasintensiver Industrie-branchen wie Bergbau, Erzverhüttung oder Grundstoffchemie positiv bemerkbar. Traditionell ist die „*Berliner Luft*" häufig gerühmt worden, da bei der hohen Wind-intensität immer wieder Frischluft aus den märkischen Wäldern in die Stadt getragen wird. Andererseits hat die Berliner Luft mit Schadstoffeinträgen durch Ferntransport zu kämpfen. Aus den Braunkohlerevieren in der Niederlausitz, in Mittelsachsen und im Böhmischen Becken wie auch aus den Industriegebieten Po-lens, so v.a. dem schlesischen Steinkohlerevier, werden schadgashaltige Luftmassen in den Berliner Raum geweht.

Wegen der hohen Luftbelastung wurde West-Berlin 1976 gem. den Bestimmun-gen des Bundesimmissionsschutzgesetzes als > BELASTUNGSGEBIET ausgewiesen; seit 1990 erstreckt sich diese Verordnung auf die ganze Stadt. Im Zusammenhang mit dieser Festsetzung muß für die Stadt ein > EMISSIONSKATASTER und ein > LUFTREIN-

Emissionen in Berlin[1]				
Emissionen der Emittentengruppen in t/Jahr				
Berlin(W) 1983	Berlin(W) 1985	Berlin(W) 1989	Berlin(O) 1989	Berlin 1989
Schwefeldioxid **68.507**	**61.598**	**19.172**	**51.274**	**70.446**
genehm. bedürftige Anlagen 61.323	54.314	15.558	44.912	60.470
Hausbrand 6.230	6.230	2.794	5.732	8.526
Kleingewerbe 10	10	10		10
Verkehr 944	1.044	810	630	1.440
Stickoxide **55.136**	**57.695**	**53.057**	**12.571**	**65.628**
genehm. bedürftige Anlagen 36.769	38.678	33.517	8.240	41.757
Hausbrand 2.730	2.730	1.633	821	2.454
Kleingewerbe 7	7	7		7
Verkehr 15.630	16.280	17.900	3.510	21.410
Kohlenmonoxid **160.674**	**163.705**	**165.090**	**118.125**	**283.215**
genehm. bedürftige Anlagen 2.930	1.961	1.588	30.855	32.443
Kleingewerbe 10	10	10		10
Verkehr 119.500	123.500	137.850	44.200	182.050
Staub **7.958**	**9.657**	**6.486**	**11.956**	**18.442**
genehm. bedürftige Anlagen 6.345	5.797	2.743	9.211	11.954
Hausbrand 1.314	1.314	847	2.145	2.992
Kleingewerbe 46	46	46		46
Verkehr 253	2.500	2.850	2.000	3.450
organ. Verbindungen **31.979**	**44.827**	**44.096**	**31.276**	**75.372**
genehm. bedürftige Anlagen 5.347	7.535	5.385	6.416	11.801
Hausbrand 2.771	2.771	1.590	3.660	5.250
Kleingewerbe 8.521	8.521	8.521		8.521
Verkehr 15.340	26.000	28.600	23.300	51.900

[1] Die Emissionen von organischen Verbindungen – z.B. Farben und Lacke – aus Haushalten betragen ca. 8.000 bis 10.000 t/Jahr für West-Berlin; diese sind in der Tabelle nicht enthalten.

HALTEPLAN erstellt werden. Die > Smog-Verordnung ist ebenfalls auf dieser Grundlage erlassen worden.

Der Großteil der Luftverschmutzung wird in Berlin selbst produziert. Die in den 80er Jahren eingeleiteten Maßnahmen zur Minderung der Schadstoff-Emissionen zeigen allerdings mittlerweile Erfolg: Wie das Emissionskataster ausweist, wurden 1985 in West-Berlin rd. 62.000 t Schwefeldioxid in die Luft geblasen, 1989 waren es knapp 20.000 t.

Dies ist darauf zurückzuführen, daß in dieser Zeit in West-Berlin die *Heizkraftwerke* der > Berliner Kraft- und Licht (BEWAG)-Aktiengesellschaft, die zu 70 % mit Kohle beheizt werden und auf die der Großteil der Schwefeldioxid-Emissionen entfällt, mit Entschwefelungsanlagen ausgerüstet worden sind. In Ost-Berlin fehlt eine Rauchgas-Entschwefelung bisher, eine erste derartige Anlage im Ostteil wurde im Heizkraftwerk Klingenberg in Rummelsburg eingebaut. Die Menge an in Ost-Berlin emittiertem Schwefeldioxid ist deshalb noch mehr als doppelt so groß wie in West-Berlin.

Durch Umstellen der Wohnungsbeheizung von Kohle auf andere Energieträger (Erdgas oder Fernwärme) konnte in West-Berlin der Beitrag des Hausbrands zur Verschmutzung mit Schwefeldioxid reduziert werden. Positive Wirkung zeigt zudem das Verbot des Einsatzes stark schwefelhaltiger Braunkohle (aus dem sächsischen Braunkohlerevier), das 1982 in West-Berlin erlassen wurde (*Braunkohle-Verordnung*) und das seit Mitte 1991 auch im Ostteil gilt. Außerdem wurde stufenweise der Schwefelgehalt von leichtem Heizöl gesenkt.

Da in Ost-Berlin Ende der 80er Jahre noch 46 % der Wohnungen mit Braunkohleöfen beheizt werden und darüber hinaus auch die kleineren Heizwerke für die > Fernwärmeversorgung in den östlichen Bezirken hohe Emissionswerte aufweisen, liegt auch die Gesamtbelastung durch die Heizanlagen der Haushalte in Ost-Berlin mit rd. 5.700 t im Jahr beträchtlich über dem Wert von West-Berlin (rd. 2.800 t) – und dies trotz der geringeren Bevölkerungszahl in Ost-Berlin. Damit sind die Werte für die Emissionsmenge pro Einwohner im Ostteil der Stadt sehr viel höher. Am wenigsten umwelteffektiv sind dabei die Heizsysteme in den Ost-Berliner Außenbezirken > Köpenick, > Weissensee, > Hellersdorf und > Treptow, wo der Anteil von Sammelheizungen besonders gering ist.

Der *Schwebstaub* entstammt wie das Schwefeldioxid überwiegend der Verbrennung fossiler Brennstoffe, insbes. unvollständigen Verbrennungsprozessen. Emissionsentwicklung und Verteilung auf Emittentengruppen sind deshalb ähnlich wie bei Schwefeldioxid. Der höhere Anteil des Verkehrs – 1983 in West-Berlin offensichtlich unterbewertet im Vergleich mit den späteren Erhebungsjahren – ist auf den Rußausstoß der Diesel-Kraftfahrzeuge zurückzuführen (> Kraftfahrzeugverkehr; > Verkehr).

Die Emission von Stickoxiden ist zum großen – und zunehmenden – Teil dem Verkehr anzulasten; die Stickoxide in der Luft entstehen bei Verbrennung unter hohen Temperaturen und entstammen vorwiegend den Fahrzeugmotoren. Aufgrund des geringeren Verkehrsvolumens und des Emissionsverhaltens der eingesetzten Zweitakt-Motoren, die mehr Kohlenmonoxid als Stickoxide produzieren, sind in der Vergangenheit die Werte im Ostteil Berlins allgemein geringer gewesen als in West-Berlin. Jetzt nehmen sie in Gesamt-Berlin zu, die Zunahme des Autoverkehrs macht dabei die Verbesserungen durch den Einbau von Katalysatoren zunichte. Die Emissionstabelle zeigt auch, daß die geplante Stickoxidreduktion bei den Kraftwerken in West-Berlin noch nicht angelaufen ist; beim Einbau der Entstickungsanlagen bei der BEWAG treten Verzögerungen auf. Noch höher ist die Bedeutung des Verkehrs als Schadstoffproduzent bei Kohlenmonoxid und organischen Verbindungen (hier insbes. den Kohlenwasserstoffen) sowie bei Blei, die zu zwei Dritteln und mehr aus den Verbrennungsmotoren der Kraftfahrzeuge stammen.

Innerhalb der generell hohen Belastung mit Schwefeldioxid sind kurzzeitige Belastungen wichtig: Die Häufigkeit von Einzelmessungen mit hohen Konzentrationen (v.a. in der winterlichen Heizperiode) war 1989 noch so groß, daß der Kurzzeit-Grenzwert der „Technischen Anleitung Luft" von 400 µg/m^3 in der östlichen Innenstadt in dem ausgedehnten Gebiet von > PRENZLAUER BERG bis > FRIEDRICHSHAIN überschritten wurde.

Der Kurzzeit-Grenzwert (das sog. 98-%-Perzentil) gibt an, daß 98 % der (Halbstunden-)Meßwerte unter 400 µg/m^3 liegen müssen, 2 % der Meßwerte dürfen den Grenzwert übersteigen. 1991 ist dieser Grenzwert auch in dem am stärksten belasteten Gebiet der östlichen Innenbezirke nicht mehr überschritten worden. Insg. zeigt sich für die letzten zwei Jahrzehnte eine Verringerung des SO$_2$-Gehalts der Luft in Berlin, zwischen 1970-90 nahm der Durchschnittswert für die (Langzeit-)Belastung in West-Berlin von rd. 160 µg/m^3 auf rd. 60 µg/m^3 ab; der Grenzwert liegt bei 140 µg/m^3.

Während sich die Immissionssituation bei Schwefeldioxid deutlich verbessert hat, ist Schwebstaub in der Berliner Luft immer mehr zum Problem geworden. Die Lufttrübung greift Augen und Atemwege an, und über seine mechanischen Eigenschaften hinaus ist Schwebstaub auch insofern relevant, als er schädliche Schwermetalle sowie toxisch wirkende Kohlenwasserstoffe (wie Benzpyren und polycyclische Aromate) mit sich führt. Im Vergleich zur Belastung in anderen Großstädten sind in den westlichen Bezirken Berlins v.a. hohe Werte für Blei, Cadmium, Arsen, Chrom und Quecksilber im Staubniederschlag festgestellt worden, während im Ostteil aufgrund einer anderen Emissionszusammensetzung durch Energieerzeugung, Produktion und Verkehr die Probleme bei Cadmium, Chrom, Eisen, Kupfer, Mangan, Nickel und Zinn liegen. Bei generell hoher Belastung mit Staubpartikeln führen kurzzeitige, hohe Konzentrationen im Winter zu Smog-Alarm.

Hinsichtlich der Schwebstaub-Belastung liegen für Ost-Berlin über einen längeren Zeitraum Meßwerte vor. Danach hat sich in den 70er Jahren die Belastungssituation der Luft durch Schwebstoff gebessert, bevor es Anfang der 80er Jahre wieder zu einer Zunahme der Immissionen kam, vermutlich bedingt durch den verstärkten Braunkohleeinsatz in den Feuerungsanlagen in Ost-Berlin.

Die Schwebstaub-Immissionen sind gleichmäßiger über Berlin verteilt als die des Schwefeldioxids, die Unterschiede zwischen den nur auf die Innenstadt bezogenen Meßwerten und den Durchschnittswerten für die Gesamtstadt sind weit geringer. Belastungsbereiche, in denen der Kurzzeit-Grenzwert von 300 µg/m^3 überschritten wird, sind die Industrie- und Arbeiterwohngebiete der nördlichen inneren Stadt um den > WEDDING sowie die ähnlich strukturierten Bereiche in Friedrichshain, > TREPTOW, > OBERSCHÖNEWEIDE und > LICHTENBERG.

Die Meßwerte für Stickoxid sind entlang der Straßen sehr viel höher als abseits der Verkehrswege. Bei einer durchschnittlichen Belastung von 40 µg/m^3 liegen sie an *Hauptverkehrsstraßen* bei 60 μg/m³, an Autobahnen bei 70 μg/m³. Noch gravierender sind die addierten Kurzzeitbelastungen entlang der Hauptverkehrswege: An 70 % der Hauptstraßen im Stadtbereich innerhalb des S-Bahn-Rings (> S-Bahn) wird der EG-Leitwert von 135 μg/m³ (bestimmt für das 98-%-Perzentil, wie oben bei Schwefeldioxid) überschritten.

Aus den Stickoxiden entsteht in photochemischen Reaktionen beim Zusammentreffen mit Kohlenwasserstoffen (wie z.B. dem aus Kraftfahrzeugen und an Tankstellen emittierten Benzol) *Ozon*, das als Reizgas für Augen und Atemwege wirkt und auch an den Ursachen des *Baumsterbens* beteiligt ist (> WALDSCHÄDEN). Wegen der Bedeutung der Sonneneinstrahlung für die Ozon-Bildung geschieht dies i.d.R. im Sommer – daher auch die Bezeichnung *Sommersmog* für hohe sommerliche Ozon-Konzentrationen. Der (vergleichsweise niedrige) maximale Immissionskonzentrationswert von 120 μg/m³ wird in Berlin häufig überschritten.

Ozon-Belastung in Berlin – Tage mit Überschreitung von Schwellenwerten								
Ozon 120 μg/m³			Ozon 180 μg/m³			Temperatur[1] über 25° C		
1988	1989	1990	1988	1989	1990	1988	1989	1990
April 22	14	11	3	0	0	1	0	0
Mai 24	26	21	2	10	1	7	5	6
Juni 23	25	17	2	4	5	3	9	6
Juli 24	23	13	5	11	2	7	13	8
August 14	22	18	8	11	9	7	12	14
September 10	13	1	1	2	0	1	7	0
Summe **117**	**123**	**81**	**21**	**38**	**17**	**26**	**46**	**34**

[1] Temperaturmessung am Meteorologischen Institut der FU Berlin.

Typische Sommersmog-Situationen sind überwiegend auf importierte Schadstoffe aus den Industriegebieten Ostdeutschlands und der östlichen Nachbarländer bei stabilen Hochdruckwetterlagen und Winden aus südlicher und südöstlicher Richtung zurückzuführen; die Eigenproduktion der Ozon-Vorläufergase trägt nur zu rd. 20 % zur Ozon-Bildung bei.

Als Folge der Emission von Abwärme in der Stadt und der veränderten Zusammensetzung der Luft durch den Eintrag von Schadgasen und Schwebstoffen bildet sich ein besonderes *Stadtklima* aus. Über Berlin liegt ganzjährig, verstärkt jedoch bei austauscharmen Inversionswetterlagen, eine Dunsthaube, die zwar die Einstrahlung des Sonnenlichts reduziert, v.a. aber die am Boden umgewandelte Wärmestrahlung am Entweichen hindert, so daß das Stadtklima insg. wärmer und trockener ist.

Die bei der Kraftwerksanierung in West-Berlin in den 80er Jahren erzielten Erfolge bei der Luftreinhaltung sollen jetzt auf Ost-Berlin übertragen werden. Dem Einbau von Entschwefelungsanlagen sollen Anlagen zur Verminderung der Stickoxid-Emissionen folgen. Bei den Einzelöfen ist eine Rauchgaswäsche kaum möglich, hier müssen verstärkt die Kohle-Einzelöfen auf andere Energieträger umgestellt werden. Darüber hinaus werden angestrebte Energiesparmaßnahmen, insbes. die Wärmedämmung von Wohn-, Gewerbe- und Verwaltungsgebäuden, Emissionsverminderungen mit sich bringen.

Die Zunahme der Emissionen des Verkehrs, die in Bodennähe erfolgen und sich direkt als Immissionen auswirken, macht insg. jedoch die Verbesserungen in anderen Bereichen zunichte.

2. Wasserverschmutzung und Wasserschutz

Hinsichtlich der Grundwasservorkommen ist Berlins natürliche Ausgangssituation ausgesprochen günstig: Das > Warschau-Berliner Urstromtal ist mit mächtigen eiszeitlichen Sandschichten angefüllt, die Grundwasser in großen Mengen speichern. Durch die Nutzung dieses *Grundwassers* sowie des aus > Spree und > Havel gewonnenen Uferfiltrats kann Berlin sich selbst mit Wasser versorgen (> Wasserversorgung/Entwässerung). Die Stadt muß nicht – wie andere Ballungsgebiete – Wasser über aufwendige Fernleitungen aus entlegenen Räumen beziehen. Damit entfällt zumindest einer der potentiellen großräumlichen Belastungsfaktoren. Andererseits belastet die steigende Wasserentnahme den Naturhaushalt im Berliner Raum. Gefährdungen des Oberflächenwassers wie des Grundwassers wirken unmittelbar auf die Nutzer in der Stadt zurück.

Berlin ist auf die Wasserzufuhr der Spree angewiesen, die selbst in prekärer Weise von der Einleitung von Grubenwasser aus den Braunkohle-Tagebauen in der Niederlausitz abhängt: 60 % des Spreewassers sind vom Bergbau gefördertes Tiefenwasser. Bei einer plötzlichen und ungeregelten Aufgabe der Tagebaue würden sich über Jahrzehnte hin zunächst die Restlöcher des Bergbaureviers mit Wasser füllen; die Spree würde zeitweilig trockenfallen.

Selbst bei voller Abflußleistung der Spree ist die Abflußmenge an Oberflächenwasser in Berlin insg. gering: Der Abfluß an der Unterhavel ist 40mal geringer als der des Niederrheins und 13mal geringer als der der Unterelbe. Entsprechend massiv wird das Oberflächenwasser in Berlin beansprucht: 25-30 % des abfließenden Wassers sind Einleitungswasser aus menschlicher Nutzung, das wiederum zu drei Vierteln aus den *Klärwerken* kommt, die das Wasser keineswegs in völlig unbelastetem Zustand in die Vorfluter leiten. Darüber hinaus übersteigt der Kühlwasserbedarf der Kraftwerke in Trockenjahren die Gesamtabflußmenge.

Die gängige Gewässergütebewertung nach der von der Länderarbeitsgemeinschaft Wasser angewandten Saprobienmethode, die die Zusammensetzung des pflanzlichen und tierischen Lebens im Wasser beobachtet, ist für die Darstellung der ökologischen Situation der Berliner Gewässer nicht differenziert genug. Die Oberflächengewässer Berlins fallen danach alle in die mittlere Belastungskategorie („kritisch belastet", Stufe II-III bei insg. vier Stufen), obwohl sie sich in ihrer Belastung beträchtlich unterscheiden.

Im > Umweltatlas Berlin werden für die Oberflächengewässer Berlins fünf Merkmale angeführt, die drei Problembereiche beschreiben: die Belastung mit Nährstoffen (stellvertretend wurden die für das Wachstum relevanten Stoffe Orthophosphat-Phosphor und Ammonium-Stickstoff ausgewählt), die Sauerstoffsituation (das Ausmaß der Sauerstoffüber- bzw. -untersättigung als „Sauerstoffsättigungsindex" sowie der niedrigste Wert der Sauerstoffkonzentration im Sommerhalbjahr als „Sauerstoff-Minimum") sowie die bakterielle Verunreinigung (über die Nachweismenge für das Bakterium Escherichia coli).

Während die Sauerstoffsituation sich generell relativ günstig darstellt, ist die Nährstoffbelastung bei fast allen Gewässerstrecken stark bis übermäßig. Bei diesen eutrophen Bedingungen besteht v.a. in den > HAVELSEEN die Gefahr übermäßigen Algenwachstums, da hier lange Verweilzeiten des Wassers mit großer Wasserfläche, guter Lichteinwirkung, geringer Wassertiefe und zusätzlicher Erwärmung des Wassers durch die Kraftwerke zusammentreffen.

Vergleichsweise wenig belastet sind die Havel oberhalb der Spreemündung und die > GRUNEWALDSEEN. Starke Belastung zeigen Spree, > LANDWEHRKANAL und > TEGELER FLIESS. Noch stärker verschmutzt sind *Nordgraben* (> TEGELER SEE), > PANKE, > WUHLE und *Neuenhagener Fließ* (> ERPETAL), aber auch der > GROSSE MÜGGELSEE, für dessen Nährstoffbelastung allerdings die Gewässergütekarte für 1989 keine Daten angibt. Am stärksten mit Schadstoffen belastet ist der > TELTOWKANAL. Durch die künstliche Gestaltung der Kanäle und der zu > WASSERSTRASSEN ausgebauten Flußläufe ist die Selbstreinigungsfähigkeit der meisten Gewässer stark herabgesetzt.

Die Nährstoffe gelangen v.a. über die Großklärwerke in die Gewässer; sie entstammen den Exkrementen und Waschmitteln aus dem Abwasser der angeschlossenen Haushalte. Insbes. im Südosten Berlins, aber auch in den westlichen Bezirken > SPANDAU und > REINICKENDORF, gibt es zudem noch größere Siedlungsbereiche bzw. Bereiche des Freizeitwohnens, die gar nicht an die *Kanalisation* angeschlossen sind und direkt ihre Abwässer in die Spree bzw. die Havel einleiten. Die Belastung von Nordgraben und Tegeler Fließ geht z.T. darauf zurück, daß sie nährstoffreiches Dränwasser der nördlich gelegenen *Rieselfelder* mit sich führen. Bei Starkregen gelangt darüber hinaus ungeklärtes Abwasser zusammen mit dem Regenwasser aus der Mischkanalisation in die Vorfluter.

Schädliche Spurenelemente in den Flüssen (> FLIESSGEWÄSSER) und > SEEN sowie in deren Ablagerungen entstammen der Industrie und dem Verkehr, aber auch – durch Auswaschung – der verschmutzten Luft über Berlin. Aus belasteten Flächen und Lecks gelangen chlorierte Kohlenwasserstoffe in die Fließgewässer. Als Folge davon sind die Fische in den Berliner Gewässern häufig so hoch mit Schadstoffen belastet, daß sie nicht mehr zum Verzehr geeignet sind (> FISCHEREIAMT BERLIN).

Ein spezielles Problem stellen die vielen Boote auf den Berliner Gewässern dar, insbes. die *Motorboote*, die – z.B. mit den verwendeten Lacken – Schadstoffemissionen sowie die Gefahr von Öleinleitungen in die Gewässer mit sich bringen (> SCHIFFAHRT). Darüber hinaus zerstört der Wellenschlag der Boote den Röhrichtbestand an den Gewässerrändern (> RÖHRICHTSCHUTZ).

Die Grundwasserentnahme hat den Grundwasserspiegel im Berliner Raum gegenüber der natürlichen Situation dramatisch abgesenkt, insbes. in der Umgebung der Brunnengalerien (der Wasserverbrauch pro Einwohner in den Haushalten ist seit 1960 um 50 % gestiegen). Wegen der Flächenversiegelung kann das Grundwasser sich nicht mehr im ursprünglichen Umfang wiederauffüllen. Die Förderung überschreitet heute vielfach die Grundwasserneubildung. Deswegen findet an zahlreichen Stellen eine künstliche Anreicherung des Grundwassers statt, so in der Grunewaldseen-Kette, wo das geförderte Grundwasser durch Havelwasser ersetzt wird. Die natürliche Grundwasserneubildung ist vielfach auch dadurch unterbunden, daß feuchte Niederungslagen im Gelände zugeschüttet und Gräben durch Rohrleitungen ersetzt wurden.

An mehreren Stellen im Stadtgebiet, z.B. beim Wasserwerk Jungfernheide, bedrohen Altlasten die Wassergewinnung, obwohl diese bereits in 30-170 m Tiefe fördert. Viele der alten Industrieanlagen wurden entlang von Spree, Havel, Landwehrkanal und Teltowkanal angelegt. Bodensanierungen sind notwendig, damit keine Schadstoffe aus den kontaminierten Bereichen ins Grundwasser gelangen. Gegenwärtig wird in einzelnen Wasserwerken schadstoffhaltiges Wasser so lange mit anderem Wasser verschnitten, bis die Grenzwerte unterschritten werden.

Die Folgen der großflächigen Grundwasserabsenkung für die Natur werden in Bestandsschäden der Vegetation einerseits und längerfristige Standortschäden andererseits unterschieden. Zunächst zeigen die Pflanzen Wachstumsstörungen, v.a. Schwarzerlen und Eichen sind gegenüber mangelndem Wasserangebot empfindlich. Dann aber verändern sich die Biotope insg.: > MOORE , > PFUHLE und Feuchtwiesen fallen trocken, ihre spezifischen Arten sterben aus. Selbst Gebäude können in ihrer Standfestigkeit bedroht sein. Die geplanten Straßen- und Bahntunnelbauten, insbes. die das Urstromtal querenden Tunnel in Nord-Süd-Richtung (> STRASSEN), bilden eine weitere Gefahr für den Grundwasserkörper unter Berlin.

Der weitere Ausbau der Klärwerke soll den Zustand der Berliner Gewässer verbessern. Gerade in den östlichen Bezirken und im Umland müssen neue Anlagen gebaut werden. In bestehenden sollen weitere Reinigungsstufen eingebaut werden. Der entstehende Klärschlamm muß aufwendig getrocknet und verbrannt werden, da er wegen des Schwermetallgehalts nicht auf landwirtschaftliche oder gartenbauliche Flächen aufgebracht werden kann. Die Kapazitäten der bestehenden Verbrennungsanlagen reichen dafür nicht aus, zwei neue *Klärschlammverbrennungsanlagen* sind in Planung.

Die seit 1986 betriebene Phosphatfällung in den Klärwerken Münchehofe, Falkenberg und Marienfelde hat zu einer Verminderung der Nährstoffbelastung geführt. Die Eutrophierung des Tegeler Sees konnte durch den Bau der *Phosphateliminationsanlage* Tegel reduziert werden. Der Sauerstoffgehalt der Gewässer wird an einigen Stellen des Tegeler Sees, des > GROSS-GLIENICKER SEES und der Grunewaldseen durch Tiefenwasserbelüftung sowie durch Sauerstoffanreicherungsanlagen (so am Teltowkanal) erhöht.

Zur Hebung des Grundwasserspiegels – und zur verstärkten Förderung – soll in Zukunft geklärtes Abwasser auf den Arealen der > STADTGÜTER am Stadtrand verrieselt werden, ebenso auf zwischenzeitlich aufgelassenen Rieselfeldern, allerdings nur, wenn dadurch nicht die abgelagerten Schwermetalle wieder mobilisiert werden. Darüber hinaus sind Sparmaßnahmen bei den gewerblichen Wassernutzern, aber auch in den Haushalten, unerläßlich.

3. Bodenverschmutzung und Bodenschutz

Angesichts des Versiegelungsgrades sind die Bedingungen für die natürlichen Austauschprozesse im Boden auf der Mehrzahl der Flächen in Berlin nicht mehr gegeben. Aber auch auf den verbliebenen Freiflächen ist der Boden in vielfältiger Weise überformt und geschädigt. Der hohe natürliche Säuregrad der Berliner Böden ist durch den Eintrag von saurem Regen noch weiter erhöht worden. Dies wiederum führt dazu, daß Nährstoffe vermehrt ausgewaschen werden und das Nährstoffbindungsvermögen im Boden reduziert wird. Die oben beschriebene Grundwasserabsenkung hat viele sog. hydromorphe Böden ausgetrocknet.

Ein besonderes Problem stellen die eingetragenen Schwermetalle im Boden dar. Aus den Kraftfahrzeug-Emissionen, aus der Industrie sowie auch aus den Rieselfeldern sind v.a. Blei, Zinn und Cadmium in so hohen Konzentrationen in die Böden gelangt, daß diese oft nicht mehr für den Anbau von Lebensmitteln genutzt werden können.

Wenn die schützende Vegetationsdecke Lücken zeigt oder fehlt, schwindet durch Abschwemmen und Verwehen die Bodenkrume (Bodenerosion). In Berlin ist dies bei Kahlschlägen, bei Überlastung durch Begehung und Befahrung und nach der Nutzung als Militärgelände der Fall (> ALLIIERTE; > BUNDESWEHR).

Den gravierendsten Bereich der Bodenverschmutzung stellen die *Altlasten* dar. Es handelt sich dabei um Flächen, deren Kontamination auf Zeiten zurückgeht, in denen die ökologischen Gefahren durch den Schadstoffeintrag in den Boden nicht bekannt waren, nicht gesehen wurden oder schlichtweg nicht (wie seit 1972 durch das Abfallbeseitigungsgesetz) unterbunden wurden. Vielfach sind die Verursacher nicht mehr existent oder nicht mehr aufzufinden, so daß die Sicherung und Sanierung fast ausschließlich der öffentlichen Hand zufällt.

Angesichts der Industrialisierungsgeschichte Berlins ist das Auftreten von Altlasten – v.a. in den alten Industriearealen der Stadt – nicht überraschend. Bei den im Altlastenkataster aufgenommenen 1.369 Altlastflächen handelt es sich in 629 Fällen um kontaminierte Betriebsgelände. 359 Altlaststandorte sind ehem. Ablagerungsflächen schadstoffhaltiger Abfälle, 401 Altlasten gehen auf Ölschäden zurück an Stellen, wo Mineralöle gelagert oder gehandelt worden sind. Die Standorte von Betriebsstätten der Elektrotechnik, des Maschinenbaus oder der Chemie sind von Ölen, Lösungsmitteln und anderen Schadstoffen verunreinigt. Auf dem Gelände ehem. Gaswerke, wie z.B. dem Wohngebiet > ERNST-THÄLMANN-PARK im Bezirk > PRENZLAUER BERG, befinden sich v.a. Phenole und Zyanide als Schadstoffe im Boden. Für ganz Berlin wird mit rd. 4.500 Verdachtsflächen für Altlasten gerechnet. Ihre Analyse, Sicherung und Sanierung können mit den verfügbaren finanziellen und personellen Mitteln nicht annähernd geleistet werden. Vorrangig werden Flächen in den alten Industriearealen von > OBERSCHÖNEWEIDE und > NIEDERSCHÖNEWEIDE, > RUMMELSBURG, > ADLERSHOF und > JOHANNISTHAL untersucht sowie Altlasten, die die Wasserwerke > WUHLHEIDE und > FRIEDRICHSHAGEN bedrohen (> WASSERWERK FRIEDRICHSHAGEN).

Die vorhandene Kapazität an *Bodenreinigungsanlagen* reicht nicht aus zur Sanierung der belasteten Flächen Berlins. Weitere Anlagen in Berlin und in Brandenburg sind deshalb in Planung. Damit der Boden auf einer größeren Fläche wieder seine natürlichen Funktionen entfalten kann, soll er an geeigneten Stellen entsiegelt werden, die Flächenstücke sollen renaturiert werden. Das Programm zur Hofbegrünung ist von West-Berlin auch auf die östlichen Altbau-Bezirke übertragen worden (> BEGRÜNUNG).

4. Gefährdung von Tieren und Pflanzen

Verschmutzung und Zerstörung von Lebensräumen haben Fauna und Flora Berlins gerade in der Zeit seit Ende des II. Weltkriegs beträchtlich dezimiert. Ungefähr die Hälfte aller in Berlin wildlebenden Pflanzen- und Tierarten sind vom Aussterben bedroht – wenn sie nicht bereits ausgestorben sind. Die Ursachen des Artensterbens sind in Berlin zumeist andere als im ländlichen Raum Deutschlands: Weniger die naturzerstörende Wirkung der technisierten Landwirtschaft und des Tourismus sind hier verantwortlich, als vielmehr die großflächige Grundwasserabsenkung und die damit einhergehende Trockenlegung von Biotopen, das Aufschütten von Niederungsflächen sowie die Überdüngung von Gewässern und auch Festlandsbereichen.

In den *Roten Listen* werden die ausgestorbenen, bedrohten und gefährdeten Arten erfaßt. In Berlin sind bei den Farn- und Blütenpflanzen die Zahlen der ausgestorbenen und vom Aussterben bedrohten Arten sehr hoch im Vergleich zu ganz Deutschland. Reptilien haben kaum eine Überlebenschance in Berlin, die Situation der Amphibien ist ähnlich prekär. Die Zahl der ausgestorbenen bzw. vom Aussterben bedrohten Fischarten liegt in Berlin weit höher als in allen anderen Bundesländern (> ARTENSCHUTZPROGRAMM; > NATURSCHUTZ).

Ähnlich gravierend ist auch die Situation der Berliner > FORSTEN. Anfang der 90er Jahre sind nur 23 % der Bäume ohne Schadensmerkmal (31 % in West-Berlin, 15 % in den Ost-Bezirken), dagegen 29 % bereits mittelstark geschädigt bis abgestorben (14,5 % im Westteil, 41 % im Ostteil der Stadt; > WALDSCHÄDEN). Damit stellt sich die Frage, ob der Wald in Berlin längerfristig überlebensfähig ist. Über lange Zeit hat der Wald als Filter für anthropogene Schadstoffe gedient; diese Wirkung nähert sich jedoch einem Ende, die Kapazität des Puffers erschöpft sich.

Zu den Schadgasen in der Luft – relevant für das Waldsterben sind v.a. Schwefeldioxid und Ozon – gesellen sich als Ursachen die Schwermetallbelastung der Böden und die Probleme mit der Wasserversorgung der Bäume aufgrund der verhältnismäßig trockenen Sommer der vergangenen Jahre sowie der starken Trinkwasserentnahme auf Berliner Stadtgebiet. Bei den Straßenbäumen kommen Tausalzschäden, undichte Gasleitungen, Hunde-Urin und Autounfälle als Gefährdungsursachen hinzu (> STADTGRÜN).

Die hohen Schadenswerte in Ost-Berlin sind dabei auf verschiedene Ursachen zurückzuführen: die starke Grundwasserabsenkung im Bereich des Wasserwerks Friedrichshagen, die Braunkohleverfeuerung der Haushalte, der Schadstoffeintrag aus den Kalkwerken von Rüdersdorf und das noch etwas trockenere > KLIMA als in den westlichen Teilen der Stadt.

5. Abfallaufkommen und Abfallbeseitigung

Das Aufkommen an festen Abfällen, die in Berlin beseitigt werden müssen, ist in den 80er Jahren in beiden Stadthälften beträchtlich gestiegen. In West-Berlin hat zwischen 1975 und 1990 die jährliche Gesamtmenge an Hausmüll und hausmüllähnlichen Gewerbeabfällen von gut 800.000 auf über 1,3 Mio. t zugenommen. Gründe dafür sind der gestiegene Konsum, die verkürzte Lebensdauer von Gebrauchsgütern und v.a. die Verpackungsflut. Diese Entwicklung war in der ehem. DDR so nicht gegeben. Mehrwegsysteme im Verpackungswesen waren weitgehend etabliert, und zur Rohstoff- und Energieeinsparung war die Rohstoffrückgewinnung über die sogenannte *Sekundärrohstoff-Erfassung (SERO)* gut organisiert. Die Müllmenge pro Einwohner belief sich 1990 in West-Berlin auf 633 kg, in Ost-Berlin auf 276 kg. Dennoch stieg auch in Ost-Berlin die Menge der abgefahrenen Siedlungsabfälle bis 1990 auf 350.000 t – allerdings hat hier auch die Bevölkerung zugenommen. Nach dem Fall der Mauer rollt jetzt auch in Ost-Berlin und im Berliner Umland die Müll-Lawine (> ABFALLWIRTSCHAFT; > RECYCLING).

West-Berlin hat in der Zeit der Isolierung seine Abfälle zum größeren Teil auf – weitgehend ungesicherte – Deponien im Umland verbracht. Zum geringeren Teil (ca. ein Viertel) wurde der West-Berliner Müll in der *Müllverbrennungsanlage* Ruhleben verbrannt. Aufgrund der Heterogenität des Brennstoffs Müll ist die Verbrennung ökologisch problematisch, da neben anderen Schadstoffen das Seveso-Gift Dioxin entsteht. In Ost-Berlin wurde entsprechend verfahren: Ein Teil des Mülls wurde in der Müllverbrennungsanlage Lichtenberg verbrannt, der Großteil deponiert.

Als Maßnahme der Müllverwertung wurden in West-Berlin in den 80er Jahren in umfänglichem Ausmaß Behälter für Altglas und Altpapier aufgestellt, sowohl an den Wohngebäuden (Holsystem) als auch im öffentlichen Raum (Bringsystem). Durch getrennte Sammlung und Kompostierung sollen in einem nächsten Schritt die wertvollen organischen Bestandteile im Hausmüll verwertet werden. Dazu laufen „Biotonne"-Versuche in einzelnen Stadtteilen. Mit entsprechenden „Specki"-Tonnen kann Ost-Berlin auf diesem Gebiet die längere Tradition vorweisen.

Maßnahmen zur Müllvermeidung sind Anfang der 90er Jahre noch kaum eingeführt. Neue bundesgesetzliche Auflagen für Industrie und Handel zur Eindämmung der Verpackungsflut laufen vielfach darauf hinaus, daß getrennte Beseitigungswege für die Verpackungsflut eingeschlagen werden, nicht daß die Entstehung von Abfällen wirklich vermieden wird.

Angesichts dieser unbefriedigenden Entwicklung bei Müllvermeidung und -verwertung müssen neue Beseitigungskapazitäten geschaffen werden. Dabei werden auch Neubau oder Erweiterung von Müllverbrennungsanlagen erwogen – die dann wiederum die Luftbelastung steigern.

Ein besonderes Problem stellen die grundsätzlich umweltschädlichen Sonderabfälle dar. Diese wurden bisher ebenfalls im Umland deponiert, auf der Deponie in Vorketzin. In Schöneiche existiert darüber hinaus eine Sondermüll-Verbrennungsanlage. Die an der Deponie von Vorketzin verursachte Grundwasservergiftung macht jedoch die Ablagerung der Sonderabfälle dort in Zukunft unmöglich. Da – auch in der Zusammenarbeit mit Brandenburg – alternative Beseitigungswege noch nicht entwickelt sind, müssen beim Sondermüll-Notstand in Berlin andere Bundesländer aushelfen.

6. Lärmbelastung und Lärmschutz

Bedeutendste Lärmquelle in Berlin ist der Straßenverkehr. Entlang des Hauptstraßennetzes der Innenstadt, d.h. des Bereichs innerhalb des S-Bahn-Ringes (> RINGBAHN), ist die Lärmbelastung beträchtlich: Hier ist auf mehr als 70 % der Straßenabschnitte die Schallintensität doppelt so hoch – oder sogar noch höher – als der entsprechende Grenzwert der Verkehrslärmschutzverordnung vorsieht, die allerdings für Neubau bzw. wesentliche Änderung von Straßen und Schienenwegen konzipiert ist. I.d.R. müssen in anliegenden Gebäuden die Fenster geschlossen gehalten werden, will man bei entspannter Sprechweise normale Sprachverständlichkeit erreichen. Die nächtlichen Schallwerte übersteigen die vorgeschlagenen Grenzwerte, Schlafstörungen für viele Anwohner sind die Folge. Aufgrund dieser hohen Belastungen sind Maßnahmen zur Lärmminderung an den Hauptverkehrsstraßen dringend geboten. Die genannte Verkehrslärmschutzverordnung zum Bundesimmissionsschutzgesetz erfordert die Aufstellung von Lärmminderungsplänen, die nach einem speziell auf Berlin zugeschnittenen Konzept in den 90er Jahren erarbeitet werden sollen.

Der Straßenverkehr beeinträchtigt auch die Funktion der Naherholungsgebiete, die von stark befahrenen Straßen umgeben sind. Dies betrifft die innerstädtischen Grünflächen wie den > GROSSEN TIERGARTEN, den > VOLKSPARK FRIEDRICHSHAIN, den > VOLKSPARK HUMBOLDTHAIN, den > VOLKSPARK HASENHEIDE oder > TREPTOWER PARK ebenso wie die großen Wälder am Stadtrand – > GRUNEWALD oder > TEGELER FORST –, die von Stadtautobahnen zerschnitten werden (> AVUS; > BUNDESFERNSTRASSEN).

Eine weitere wesentliche Quelle für Lärm in Berlin ist der > LUFTVERKEHR. Mit ihrer innerstädtischen Lage wirken sich v.a. die > FLUGHÄFEN > TEGEL und > TEMPELHOF gravierend auf die Lärmsituation der Stadt aus. Während beim Straßenverkehr die Lärmbelastungswerte zumeist aus der Verkehrsbelastung errechnet werden, existieren beim Flughafen Tegel seit 1982 Messungen an elf Meßpunkten, die auch die Einhaltung der Maximalwerte in den Lärmschutzzonen – 75 dB(A) in Schutzzone 1 bzw. 67 dB(A) in Schutzzone 2 – überwachen. Zwischen 1984 und 1986 hat die mittlere Lärmbelastung an den Meßstellen in den jeweils sechs verkehrsreichsten Monaten abgenommen, da ein Teil der besonders lauten Flugzeuge durch leisere Typen ersetzt wurde. In den Folgejahren stieg jedoch aufgrund der zunehmenden Flugbewegungen die durchschnittliche Lärmintensität. Auch wenn seit 1989 vermehrt leisere Flugzeuge eingesetzt worden sind, hat sich die mittlere Lärmbelastung nicht wieder vermindert.

Lärmbelastungen durch Luftverkehr in Berlin						
	1984	1985	1986	1987	1988	1989
	(die sechs verkehrsreichsten Monate)					
Mittelwert[1]	63,4	62,3	61,2	64,3	65,2	64,6
Flugbewegung[2]	28.328	28.548	29.506	33.189	42.060	51.861
Westverkehr	78%	76%	76%	71%	71%	71%
lärmarme Flugzeuge	.[3]	.	.	.	30%	42%

[1] äquivalenter Dauerschallpegel in dB(A) an den Meßpunkten
[2] Anzahl
[3] . = entsprechende Angaben liegen nicht vor

Der Beitrag des Schienenverkehrs zum Lärmaufkommen ist im Gegensatz zum Automobil- und Flugverkehr gering, durch Einsatz modernerer Fahrzeuge geht er sogar noch zurück (> EISENBAHN). Lärmschutzbestimmungen bei Produktionsanlagen haben ebenfalls Verbesserungen erzielt.

Weitere Lärmquellen sind die Haushalte mit Haushaltsgeräten, Musikgeräten und Rasenmähern, der Freizeitbereich, Sportanlagen, Baustellen und Großveranstaltungen sowie das Militär, wobei von Schießplätzen und routinemäßigen Truppenverlagerungen die größten Belastungen ausgegangen sind. Berlin hat eine verhältnismäßig strenge Lärmschutzverordnung, die verschiedene der genannten Emissions- und Immissionsbereiche regelt. Wie bei der Luftverschmutzung soll in Zukunft auch bei Lärm ein Kataster der Emissionen und Immissionen als Grundlage der zu treffenden Maßnahmen eingerichtet werden.

Als sog. „passive" Maßnahmen gegen Lärmbelästigung werden in stark verlärmten Bereichen, insbes. in den Lärmschutzzonen der Flughäfen und entlang der Stadtautobahnen, der Einbau von Schallschutzfenstern subventioniert bzw. Lärmschutzzäune und Wälle angelegt (so an der Siedlung > EICHKAMP und an der Autobahn in > REINICKENDORF). Für Tempelhof und Schönefeld müssen die Lärmschutzbereiche noch aufgestellt werden.

Der vom Flugverkehr ausgehende Lärm soll auch dadurch reduziert werden, daß Starts und Landungen für laute Flugzeuge teurer werden. In Tegel und Tempelhof sollen weniger Nachtflugbewegungen zugelassen und die Flugrouten besser überwacht werden. Es ist jedoch zu befürchten, daß mittelfristig der zunehmende Flugverkehr die Lärmbelastung eher noch ansteigen läßt.

III. ERFORDERNISSE IM UMWELTSCHUTZ DER 90ER JAHRE

Auch angesichts der Erfolge in einigen Umweltbereichen, so auf dem Gebiet der Sanierung der Kraftwerke in West-Berlin, wird der Naturhaushalt in Berlin weiter stark belastet. In bestimmten Bereichen verschärfen sich die ökologischen Probleme sogar.

Die > VEREINIGUNG hat sowohl positive Entwicklungen als auch Verschlechterungen für die Umweltsituation Berlins gebracht. Die Chance, die bestehenden positiven Ansätze beider Stadthälften auf die jeweils andere zu übertragen, ist nicht ausreichend genutzt worden. Im wesentlichen werden westdeutsche Maßstäbe und Vorgehensweisen im Umweltschutz angewandt. So gehen z.B. die Organisationsformen der Müllvermeidung und -verwertung, die in der DDR stärker verankert waren, verloren. Auch der Vorrang des Eisenbahntransports im Güterverkehr wird von einer Veränderung zugunsten des Lkw-Transports abgelöst. Andererseits besteht die Möglichkeit, in West-Berlin erprobte und z.T. entwickelte Umwelttechnik jetzt in Ost-Berlin anzuwenden, z.B. zur Rauchgasreinigung der Großkraftwerke und zur rationellen Energienutzung.

Die weitergehende Aufgabe im U. besteht darin, über die Reparaturtechniken hinaus zur vorsorgenden Vermeidung von ökologischen Schadwirkungen zu kommen. Noch wirken viele der etablierten Umweltschutzmaßnahmen derart, daß sie häufig nur Probleme von einem Umweltmedium in ein anderes verlagern. So entsteht z.B. durch den notwendigen Ausbau von Klärwerken immer mehr Klärschlamm, der wegen seiner Schadstoffbelastung nicht als Dünger in > LANDWIRTSCHAFT und Gartenbau eingesetzt werden kann. Dies erfordert dann den Bau von Klärschlammtrocknungs- und -verbrennungsanlagen, die wiederum die Luft belasten und Deponieraum für die Reststoffe erfordern. Noch problematischer ist die Verbrennung von Siedlungsabfällen oder gar Sondermüll.

Mit seinem Beitritt zum internationalen Klimabündnis im April 1991 hat sich Berlin verpflichtet, den Ausstoß an Kohlendioxid bis zum Jahr 2010 zu halbieren. Dies ist nur durch umfassende Energiesparmaßnahmen und einen massiven Umbau der Energieversorgungsstruktur in der Stadt zu erreichen. Die im Energiekonzept Berlin der SenStadtUm aufgeführten Maßnahmen betreffen insbes. den Ausbau der Kraft-Wärme-Kopplung bei der Energieerzeugung, die Verbesserung der Wärmedämmung von Gebäuden, das Stromsparen durch Einsatz moderner Geräte sowie verbraucherabhängige Strom- und Heiztarife. Außerdem soll der Anteil der > ALTERNATIVEN ENERGIEN zur Energieerzeugung von derzeit einigen Promille auf ca. 5 % bis zum Jahr 2000 gesteigert werden. Der wirtschaftsstrukturelle Wandel Berlins – weg von industrieller Produktion, hin zu vorwiegend in Büros abzuwickelnder Dienstleistungstätigkeit – wird die Energiebilanz mit entlasten.

Mit der herausragenden Bedeutung des Autos als Verkehrsträger hat sich der

Verkehr zum gravierendsten Umweltproblem in Berlin entwickelt. Mit den Schadstoffemissionen, mit seinem Energieverbrauch (und der damit einhergehenden Produktion von Kohlendioxid) sowie als Lärmverursacher trägt der *Individualverkehr* mittlerweile die Hauptlast an den ökologischen Schäden in Berlin. Nach langer Zeit großzügiger Förderung dieser Verkehrsart ist der Anteil des Autos an der Mobilität in Berlin – im Vergleich mit anderen europäischen Metropolen – überproportional hoch. Ohne eine verstärkte Politik zugunsten des Umweltverbunds aus Bahnen (> U-Bahn; > S-Bahn; > Strassenbahn), Bussen, Fahrrad und Fußgängerverkehr ist Umweltpolitik in Berlin zum Scheitern verurteilt. D.h. auch, daß für das Auto geschaffene Verkehrsflächen für die anderen genannten Verkehrsträger umgewidmet werden müssen, anstatt neue Straßen und Parkflächen zu bauen (> Ruhender Verkehr; > Verkehrsberuhigung). Es ist allerdings zu befürchten, daß die Entwicklung zur > Hauptstadt den Straßenbau vorantreibt und damit neue Wege für die weitere Automobilisierung Berlins schafft. Auch beim > Luftverkehr wird auf Expansion der Passagier- und Luftfrachtzahlen gesetzt und Ausbau wie Neubau von > Flughäfen geplant; letzteres verlagert zwar die Umweltbelastung ins Umland, verstärkt sie dabei jedoch.

Umweltbelange müssen in der Flächennutzungsplanung für die Region Berlin Vorrang erhalten. Das heißt auch, daß neue Wohn-, Produktions- und Freizeitgebiete flächensparend und dabei möglichst dicht und naturnah zugleich angelegt werden (> Regionalplanung; > Räumliches Strukturkonzept). Das > Landschaftsprogramm als langfristiges Instrument der Umweltplanung muß dazu dem > Flächennutzungsplan mind. gleichgestellt werden – und nicht diesem faktisch untergeordnet wie in den 80er Jahren in West-Berlin.

Das in Berlin konzentrierte ökologische Fachwissen kann der Stadt eine Führungsrolle bei der Bewältigung von Umweltproblemen zuweisen. Bei Analyse und Darstellung der Umweltprobleme wie auch bei Lösungsvorschlägen leisten die Umweltverbände und Bürgerinitiativen vielfach hervorragende Arbeit. Eine ganze Reihe von Forschungsinstituten, Umweltbehörden und einschlägigen Universitätseinrichtungen haben mittlerweile große Erfahrung im Umweltschutz angesammelt. Auch wenn das > Umweltbundesamt aus Berlin verlagert werden sollte, wird mit der *Europäischen Akademie für die städtische Umwelt* eine auch international bedeutsame Institution des Umweltschutzes in Verdichtungsräumen hier ansässig sein.

Die „verspätete" Entwicklung zur Metropole bietet Berlin jedenfalls die Möglichkeit, stärker als andere Ballungsräume Umweltvorsorge in Politik und Planung zu berücksichtigen und auf der Basis der großzügigen Grünplanung, die aus der Stadtgeschichte überkommen ist, eine umweltverträglichere städtische Zukunft zu gestalten.

V

Vaganten Bühne Berlin: Die 1949 von Horst Behrend im Stil einer Wanderschauspieltruppe gegründete V. zog anfangs mit ihrem christlich orientierten Spielplan durch Gemeindesäle, Schulen und andere Spielstätten inner- und außerhalb Berlins, bevor sie 1956 als Kellertheater ihr heutiges Domizil in den ehem. Kühlräumen des Delphi-Palasts in der Kantstr. 12a neben dem > Theater des Westens im Bezirk > Charlottenburg bezog. Das Ensemble spielte zunächst Autoren des absurden und existentialistischen Theaters. Dieses Repertoire wurde später durch klassische Einakter, Shakespeare-Komödien und Kriminalstücke erweitert. Nach dem Tod des Prinzipals übernahmen 1979 seine Söhne Rainer und Jens-Peter Behrend die V. und orientierten das Repertoire stärker an der sozialkritischen Dramatik der Gegenwart und der literarischen Revue (> Leichte Musik). Mit einem ca. 15-20 feste Schauspieler umfassenden Ensemble, einer 4 x 6 m großen Bühne und rd. 100 Sitzplätzen gehört die V. zu den kleineren > Theatern Berlins. In der Saison 1990/91 standen sechs Stücke auf dem Spielplan, die von insg. ca. 18.000 Zuschauern gesehen wurden. Die V. hat die Rechtsform einer gemeinnützigen GmbH. Sie finanziert sich zu 40 % durch den Kartenverkauf, während der Rest durch Zuwendungen der > Senatsverwaltung für Kulturelle Angelegenheiten abgedeckt wird.

Varieté: Das V. hat seine Ursprünge in den Specialitäten-Theatern, dem Tingeltangel, den Vergnügungsetablissements mit ihren „Schauprogrammen" aller Art. In der Mitte des 19. Jh. entstand zumeist in den Hinterzimmern von Ausflugslokalen, Destillen und Polkakneipen eine „Subkultur" mit halb musikalischen, halb zirkushaften Darbietungen, die sich rasch im Zentrum Berlins ausbreitete.
Die Mischung aus > Musik (> Leichte Musik), > Tanz, Gesang, Volkstheater (> Theater) und Artistik wurde in der Blütezeit um 1900 verfeinert und zu aufsehenerregenden Attraktionen mit festen Programmschemata und erotisch-exotischem Flair ausgebaut. Zum künstlerischen Mittelpunkt der etwa 80 V. der Jahrhundertwende entwickelte sich der 1880 eröffnete *Wintergarten* im Central-Hotel an der > Friedrichstrasse mit seiner 2.500 m² großen Glaskuppelhalle, die als Veranstaltungsort zahlreicher Musik- und Varietédarbietungen weit über Deutschland hinaus Berühmtheit erlangte. Der Wintergarten markierte zugleich die Schnittstelle zwischen V., literarischem > Kabarett, Zirkus, Revuetheater und modernen Unterhaltungspalästen und setzte europäische Maßstäbe. Das Eröffnungsprogramm bot bereits Nummern mit Stars der internationalen Unterhaltungsmusik, denen bald Artisten, Tänzerinnen und Diseusen von Enrico Rastelli über Fritzi Massary, Yvette Guilbert bis zu den Tiller Girls folgten. Dies ging mit einer ständigen technischen Perfektionierung einher, die in den ersten Filmvorführungen der Gebrüder Skladanowsky 1895 (> Film), der ersten Drehbühne Deutschlands und opulenten Dekorationen ihren Ausdruck fand. Das Kleinkunstvergnügen war spätestens in den 20er Jahren in einen hoch technisierten Kult der Zerstreuung aufgegangen.
Nach dem II. Weltkrieg überlebte das V. im Westteil der Stadt nur in isolierten Restformen wie Transvestiten-Shows, Striptease und Musikcafés. Traditionen und Einzelelemente des V. finden sich heute vereinzelt in Veranstaltungen des der > Alternativbewegung nahestehenden > Tempodroms und des > Internationalen Kulturcentrums UFA-Fabrik. Im Quartier in der > Potsdamer Strasse soll ab September 1992 unter dem traditionsreichen Namen *Wintergarten* eine neue, ständige Spielstätte für V. eröffnet werden. Im Ostteil der Stadt wurden Traditionen des Berliner Varietés durch den > Friedrichstadtpalast fortgesetzt, dessen weitere Existenz auch nach der > Vereinigung gesichert werden soll.

Verbraucherschutzverein e.V.: Der V. mit Sitz an der Lützowstr. 33-36 im Bezirk > TIERGARTEN wurde 1966 von den Verbraucherzentralen der Bundesländer und der Arbeitsgemeinschaft der Verbraucher (AgV) gegründet. Aufgabe des V. ist es, unter Ausschluß eines wirtschaftlichen Geschäftsbetriebes durch Aufklärung und Beratung die Interessen der Verbraucher wahrzunehmen und zu fördern. Dabei verfolgt der Verein insbes. das Ziel, ggf. auf juristischem Wege unlauteren Wettbewerb (Werbung), der sich zum Nachteil des Endverbrauchers auswirkt, zu unterbinden sowie gegen unzulässige Allgemeine Geschäftsbedingungen vorzugehen (Verbandsklage). Von Anfang an hat der V. zusätzlich einen Beratungs- und Informationsservice für Verbraucher eingerichtet, der 1990 über 19.000 Anfragen direkt, telefonisch und schriftlich bearbeitete. Zur Information der Verbraucher dient auch das vom V. herausgegebene, vierteljährlich erscheinende „VSV-Info", in dem Gerichtsurteile in kommentierter Form mitgeteilt werden. Außerdem verbreitet der V. für Verbraucher relevante Prozeßergebnisse in juristischen Fachzeitschriften.

Der V. finanziert sich größtenteils durch Zuwendungen des Bundeswirtschaftsministeriums, die 1990 1,29 Mio. DM betrugen. Im Zuge der > VEREINIGUNG erhöhte sich die Zahl der Anfragen und Beschwerden beträchtlich. Aus diesem Grund erhielt der V. 1990 Sondermittel in Höhe von rd. 60.000 DM, mit denen der personelle Bestand um zwei auf 14 Mitarbeiter aufgestockt wurde.

Zu den Mitgliedern des V. gehören die > STIFTUNG WARENTEST am Lützowplatz 11-13, die > STIFTUNG VERBRAUCHERINSTITUT mit Sitz am Reichpietschufer 74-76 im Bezirk Tiergarten sowie die > VERBRAUCHERZENTRALE BERLIN E.V. in der Bayreuther Str. 40 am > WITTENBERGPLATZ in > SCHÖNEBERG. Seit der Vereinigung kooperiert der V. mit den Verbraucherzentralen der neuen Bundesländer, von denen Anfang 1992 außer Sachsen bereits alle Mitglieder im V. waren.

Verbraucherzentrale Berlin e.V.: Die V. mit Sitz in der Bayreuther Str. 40 am > WITTENBERGPLATZ im Bezirk > SCHÖNEBERG wurde 1953 als ständige Ausstellungsschau „Neue Hauswirtschaft" gegründet und 1973 im Rahmen einer bundeseinheitlichen Namensgebung in V. umbenannt. Zweck des gemeinnützigen Vereins ist der Schutz und die Förderung der Verbraucherinteressen, die Unterrichtung der Öffentlichkeit über allgemeine Marktfragen und die individuelle Beratung der Verbraucher.

Die zur außergerichtlichen Rechtsberatung und -besorgung legitimierte V. vermittelt bei Reklamationen aller Art und informiert über Gesetze und Verordnungen. Daneben bietet sie umfangreiche Beratungsdienste (Kreditrecht, Sparen und Anlagen, Schulden, Versicherungen, Reisereklamationen, Heizkostenabrechnung, Mietfragen, medizinisch-rechtliche Fragen). Weitere Arbeitsbereiche sind Hauswirtschaft, Ernährungswissenschaft, Wohn- und Umweltberatung. Außerdem werden Fragen zum Energiesparen behandelt. Für türkische Arbeitnehmer ist eine regelmäßige Beratung mit Dolmetscher eingerichtet. Die Öffentlichkeitsarbeit besteht v.a. in der Kontaktpflege zu den Medien, insbes. der Beteiligung an entsprechenden Hörfunksendungen.

Seit der > VEREINIGUNG ist die V. für das gesamte Stadtgebiet zuständig. In diesem Zusammenhang hat sie ihre Sprechstundenzeiten ausgeweitet und spezielle „Info-Pakete" für die neuen Bundesbürger herausgegeben. 1990 hat sich die Zahl der Verbraucheranfragen mit über 200.000 im Vergleich zu den Vorjahren nahezu verdoppelt. Mit dem im März 1990 entstandenen „Verbraucherzentrum Berlin Ost" in der Warschauer Str. 43 im Bezirk > MITTE hat die V. bis zur Vereinigung kooperiert; danach wurde dieses als Außenstelle integriert. Seit Juli 1991 befindet sie sich in der Allee der Kosmonauten 69 im Bezirk > MARZAHN.

Der Etat der V. wird v.a. durch Zuwendungen der > SENATSVERWALTUNGEN FÜR WIRTSCHAFT UND TECHNOLOGIE, > FÜR BAU- UND WOHNUNGSWESEN sowie > FÜR STADTENTWICKLUNG UND UMWELTSCHUTZ und den > BUNDESMINISTERN für Wirtschaft sowie für Ernährung, Landwirtschaft und Forsten gedeckt. Weitere Mittel kommen aus Eigeneinnahmen, Beratungsgebühren, dem Verkauf von Publikationen und Mitgliedsbeiträgen. Die V. ist Mitglied im > VERBRAUCHERSCHUTZVEREIN E.V. und in der Arbeitsgemeinschaft der Verbraucherverbände AgV in Bonn. Sie kooperiert bei ihrer Arbeit u.a. mit der > STIFTUNG WARENTEST und der > STIFTUNG VERBRAUCHERINSTITUT.

Verein Berliner Kaufleute und Industrieller e.V. (VBKI): Der 1879 gegründete und nach dem II. Weltkrieg im April 1948 neu konstituierte V. in der Fasanenstr. 83 im Bezirk > CHARLOTTENBURG ist ein Zusammenschluß von Berliner Unternehmern aus allen Wirtschaftszweigen mit dem Ziel, ihre Interessen zu formulieren und in der Öffentlichkeit zu vertreten. Die Begegnungsstätte von Persönlichkeiten aus > WIRTSCHAFT, > WISSENSCHAFT UND FORSCHUNG und > KULTUR versteht sich als Forum des wirtschaftspolitischen Meinungsaustausches. Der V. führt Diskussions- und Vortragsveranstaltungen durch und bietet seinen Mitgliedern ein umfangreiches gesellschaftliches Programm mit Bildungsreisen, Bällen sowie Theater-, Opern- und Konzertbesuchen. Ferner betreibt der V. Nachwuchsförderung für die Wirtschaft und vergibt seit 1990 den Preis „Europa-Forschung in Berlin", mit dem Arbeiten jüngerer Wissenschaftler unterstützt werden, die sich speziell mit Themen aus Politik und Wirtschaft in Europa befassen (> EUROPÄISCHE GEMEINSCHAFTEN). Mitte 1992 gehörten dem V., der zu den großen deutschen Industrie- und Wirtschafts-Klubs zählt, ca. 750 Mitglieder an. Seine Arbeit wird durch Mitgliedsbeiträge und durch die Vermietung von Räumen im Vereinsgebäude für Seminare und Vorträge finanziert.

Architektonisch bemerkenswert ist das am 27.9.1954 eingeweihte Vereinsgebäude. Das nach Plänen von Paul Schwebes und Friedrich Demmer im Stil der 50er Jahre errichtete Gebäude verfügt über einen ca. 250 Personen fassenden Fest- und Vortragssaal, über einen Speise- und Veranstaltungssaal mit Plätzen für 70-100 Personen und über zwei weitere kleinere Veranstaltungsräume. Das Gebäude steht seit dem 1.11.1991 unter Denkmalschutz.

Verein für die Geschichte Berlins, gegr. 1865: Der am 28.1.1865 gegründete V. ist der älteste und bedeutendste Geschichtsverein Berlins. Zu seinen Mitgliedern zählten zahlreiche bedeutende Berliner Persönlichkeiten wie die ehem. > OBERBÜRGERMEISTER Heinrich Wilhelm Krausnick und Karl Seydel (beide Gründungsmitglieder), der zum Ehrenmitglied ernannte Schriftsteller Theodor Fontane, der Maler Adolph v. Menzel und der Industrielle August Borsig. Der V. will in allen Kreisen der Bevölkerung die Anteilnahme an der geschichtlichen Entwicklung Berlins wekken und durch die Förderung der heimatkundlichen Forschung die Kenntnis der Berliner Geschichte erweitern und vertiefen.

Eines der ursprünglich wichtigsten Vorhaben des V., die Gründung einer Berlin-Sammlung, wurde mit dem 1874 ins Leben gerufenen > MÄRKISCHEN MUSEUM erreicht, in dem 1876 die Sammlung des V. mit der des > MAGISTRATS vereinigt wurde. Von großer wissenschaftlicher Bedeutung für die Stadtgeschichte sind die von 1865 bis 1940 publizierten „Schriften des Vereins", die sog. (insg. 58) „Grünen Hefte", und die 1885 bis 1943 erschienenen „Mitteilungen des Vereins". 1876 erhielt der V. eigene Räume in der > NEUEN KIRCHE am > GENDARMENMARKT. Bei der Zerstörung des Kirchenturms im II. Weltkrieg gingen nahezu sein gesamter Besitz und die umfangreiche Bibliothek verloren. Am 29.4.1949 kam es im > RATHAUS SCHÖNEBERG zur Gründung eines neuen Vereins, der sich 1961 mit dem formal noch existierenden alten Verein vereinigte. Seit 1951 gibt der V. ein Jahrbuch heraus (seit 1954 unter dem Titel „Der Bär von Berlin") und seit 1965 in neuer Folge wieder die „Mitteilungen des Vereins". 1973 erschien wieder ein „Grünes Heft", auch die Reihe „Schriften des Vereins" wurde bis Heft 64 (1989) fortgesetzt. Im Herbst 1989 bezog der V. neue Bibliotheksräume in der Berliner Str. 40 im Bezirk > WILMERSDORF. Die Bibliothek umfaßt mittlerweile ca. 15.000 Bände. Neben den Veröffentlichungen lädt der V. zu öffentlichen Vorträgen ein, die vorwiegend im Rathaus > CHARLOTTENBURG gehalten werden, und veranstaltet historische Führungen.

1991 zählte der V. ca 750 Mitglieder, darunter bedeutende Berliner Heimatforscher, die ehem. > REGIERENDEN BÜRGERMEISTER VON BERLIN Willy Brandt und Richard v. Weizsäcker sowie den jetzigen Regierenden Bürgermeister Eberhard Diepgen und mehrere amtierende Senatoren des > SENATS VON BERLIN. Die Vereinsarbeit erfolgt ehrenamtlich. Sie finanziert sich aus den Mitgliedsbeiträgen, Spenden sowie projektgebundenen Zuschüssen der > DEUTSCHEN KLASSENLOTTERIE BERLIN.

Vereinigung: Die V. von Berlin (West) und Berlin (Ost) fand gleichzeitig mit der Einigung Deutschlands am > 3. OKTOBER 1990 statt. Die rechtliche Grundlage auch für die Wiedervereinigung der beiden Teile Berlins ist der > EINIGUNGSVERTRAG. Er bestimmt, daß die zwölf westlichen und die elf östlichen > BEZIRKE der Stadt das Land Berlin bilden (Art. 1), dessen Grenzen in der Protokollnotiz zu Art. 1 festgelegt werden. Gemäß Art. 16 hatten vom Vereinigungstag an bis zur Bildung einer Gesamt-Berliner Landesregierung am 24.1.1991 der > SENAT VON BERLIN und der > MAGISTRAT gemeinsam die Aufgaben der Gesamt-Berliner Landesregierung wahrzunehmen, unbeschadet des Fortbestehens zweier Verfassungen (> VERFASSUNG VON BERLIN), zweier Parlamente (> ABGEORDNETENHAUS VON BERLIN (AbgH); > STADTVERORDNETENVERSAMMLUNG) und der ihnen jeweils verantwortlichen beiden Regierungen (> POLITISCHES SYSTEM). Vom 3.10.1990 an war auch der (Ost-Berliner) > OBERBÜRGERMEISTER als Vertreter Berlins stimmberechtigtes Mitglied des > BUNDESRATS und damit bis zur Bildung der Landesregierungen in den fünf neuen Ländern nach den ersten Landtagswahlen am 14.10.1990 der erste Vertreter aus dem Beitrittsgebiet in der Länderkammer.

Mit dem 3.10.1990 endeten die Hoheitsrechte der > ALLIIERTEN in Berlin einschließlich der Lufthoheit der Vier Mächte über die Luftkontrollzone Berlin und die > LUFTKORRIDORE. Der Art. 7 des *Vertrages über die abschließende Regelung in bezug auf Deutschland* vom 12.9.1990 (*Zwei-plus-Vier-Vertrag*) bestimmt, daß die vier Siegermächte des II. Weltkriegs an diesem Tag „ihre Rechte und Verantwortlichkeiten in bezug auf Berlin und Deutschland als Ganzes" beenden. In einem Schreiben der > ALLIIERTEN KOMMANDANTUR an den > REGIERENDEN BÜRGERMEISTER vom 2.10. 1990 heißt es: „Heute um Mitternacht ist die Aufgabe der Stadtkommandanten erfüllt. ... Das Berlin, das wir zurücklassen, wird vereint und frei sein." (> STADTKOMMANDANTEN). Da der Vertrag gem. Art. 9 erst mit Hinterlegung der letzten Ratifikationsurkunde bei der Bundesregierung in Kraft trat (was am 15.3.1991 durch die Sowjetunion geschah), hatten die Vier Mächte bei den letzten Konsultationen in Moskau am 12.9.1990 als Geste der Freundschaft und der Wertschätzung gegenüber Deutschland erklärt, daß sie ihre Vorbehaltsrechte bereits „mit Wirkung vom Zeitpunkt der Vereinigung Deutschlands" aussetzen würden.

Die faktische V. der beiden Teile Berlins hat jedoch nicht erst am 3.10.1990 begonnen, und sie war weder an diesem Tag noch mit den Gesamt-Berliner > WAHLEN zum AbgH am 2.12.1990 und der Bildung der Gesamt-Berliner Landesregierung (> SENAT VON BERLIN) am 24.1.1991 abgeschlossen. Vielmehr handelt es sich bei der Wiederherstellung der Einheit von West- und Ost-Berlin – v.a. bei der An-

gleichung der Lebensverhältnisse für die Bürger der ganzen Stadt – um einen langwierigen Prozeß.

Gewisse innerstädtische Kontakte zur Regelung praktischer Fragen hatte es auch während der Zeit der > SPALTUNG gegeben. Infolge der Drei-Staaten-Theorie der östlichen Seite bestanden diese Kontakte jedoch nicht zwischen den beiden Stadtregierungen, sondern zwischen dem Senat von Berlin und der Regierung der DDR (> SELBSTÄNDIGE POLITISCHE EINHEIT WESTBERLIN). Erst mit dem Sturz Erich Honeckers als Generalsekretär des Zentralkomitees der > SOZIALISTISCHEN EINHEITSPARTEI DEUTSCHLANDS (SED) und Vorsitzender des Staatsrates der DDR am 18.10. 1989 sowie dem Fall der > MAUER am > 9. NOVEMBER 1989 änderte sich das. Zu einer ersten offiziellen Begegnung zwischen dem Regierenden Bürgermeister und dem Oberbürgermeister kam es am 29.10.1989, als sich die damaligen Amtsinhaber Walter Momper und Erhard Krack in Ost-Berlin trafen. Bei einem weiteren Treffen am 5.12.1989 in Ost-Berlin wurde bereits über die Einrichtung eines *Provisorischen Regionalausschusses* für Berlin und die angrenzenden Gebiete, über Fragen der kommunalen Zusammenarbeit und eine engere Kooperation zwischen den beiden Teilen der Stadt gesprochen. Am 12.12.1989 wurde bei einer Begegnung des Regierenden Bürgermeisters mit DDR-Ministerpräsident Hans Modrow in Anwesenheit des Oberbürgermeisters die Einsetzung des Ausschusses beschlossen. Der Ausschuß, dem Vertreter beider Teile Berlins, der Bezirke Potsdam, Frankfurt/O. und Cottbus sowie je ein Repräsentant der Bundesregierung und der Regierung der DDR angehörten, sollte die Koordination aller grenzüberschreitenden Fragen im Großraum Berlin vornehmen und Empfehlungen für die beteiligten Regierungen und Verwaltungen erarbeiten. Dabei ging es um praktische Fragen wie Verkehrsverbindungen, Wasserwege, Müllbeseitigung, Nahverkehrstarife, Ausbau der touristischen Infrastruktur im Umland, Umweltschutz und kulturelle Angelegenheiten. Ein Beirat aus Vertretern von Verbänden, Bürgerinitiativen und Kammern sollte die Arbeit begleiten.

Die Konstituierende Sitzung des Provisorischen Regionalausschusses fand am 22.12. 1989 im > RATHAUS SCHÖNEBERG statt. Er tagte fortan bis zum 4.10.1990 insg. zwölfmal abwechselnd in Ost- und West-Berlin, Frankfurt/O. und Potsdam und wurde alternierend vom Chef der > SENATSKANZLEI, Dieter Schröder, und vom Besuchsbeauftragten der DDR-Regierung, Walter Müller, geleitet. Bereits in seiner ersten Sitzung beschloß er einen *Verkehrsverbund* im Großraum Berlin. Seine Arbeit trug dazu bei, die V. der beiden Stadthälften, v.a. die Angleichung der Verwaltungssysteme und des Rechtssystems vorzubereiten.

Nach der V. Berlins wurde die Arbeit des Regionalausschusses mit dem Ziel weitergeführt, die Zusammenarbeit und das Zusammenwachsen der beiden Länder Berlin und Brandenburg zu koordinieren. Dazu wurde nach den Gesamt-Berliner Wahlen am 2.12.1990 ein Regierungsausschuß mit dem Regierenden Bürgermeister, Eberhard Diepgen (CDU), und dem Ministerpräsidenten des Landes Brandenburg, Manfred Stolpe (SPD), als Vorsitzenden gebildet. Unter dieser „Beschlußebene" gibt es eine „Arbeitsebene" in Form einer gemeinsamen Staatssekretärskonferenz mit dem Chef der Senatskanzlei und dem Chef der brandenburgischen Staatskanzlei an der Spitze. Daneben gibt es eine Arbeitsgruppe Landräte und Bürgermeister der Umlandkreise, die keine beschließende Funktion hat, sondern dem Informations- und Meinungsaustausch dient. Auf der ersten gemeinsamen Sitzung des West-Berliner Senats unter dem Regierenden Bürgermeister Walter Momper (SPD) mit dem aus den ersten freien Wahlen zur Stadtverordnetenversammlung seit 44 Jahren hervorgegangenen Magistrat unter Oberbürgermeister Tino Schwierzina (SPD) im > BERLINER RATHAUS am 12.6.1990 stellten die beiden Stadtoberhäupter in einer Erklärung fest, Berlin stehe vor der Wiederherstellung seiner Einheit, „die wir gemeinsam planen wollen". Zugleich versprachen sie, alles in ihren Kräften Stehende zu tun, damit der Wunsch des deutschen Volkes erfüllt werde, „daß Berlin Hauptstadt und Regierungssitz des neuen, vereinigten Deutschlands sein soll" (> HAUPTSTADT).

Bereits in der ersten gemeinsamen Sitzung beschlossen Senat und Magistrat einen vorübergehenden Austausch von Mitarbeitern der Verwaltungen beider Teile der Stadt zur Vorbereitung der V. In den weiteren Sitzungen wurden u.a. der Prozeß der Anpassung des Landesrechts und der Aufbau einer gemeinsamen Verwaltung für ganz Berlin entscheidend vorangetrieben. Insg. tagten Senat und Magistrat 28mal gemeinsam; 13mal vor der V. und 15mal nach dem 3.10.1990 offiziell als paritätisch zusammengesetzte „Landesregierung von Berlin" gem. Art. 16 des Einigungsvertrags. Die letzte Sitzung fand am 22.1.1991 im Rathaus Schöneberg statt. Beschlossen wurde, den Großteil der 70.000 Bediensteten des Ost-Berliner Magistrats in den > ÖFFENTLICHEN DIENST des Landes Berlin zu übernehmen. Sie mußten jedoch einen Fragebogen ausfüllen, der u.a. Fragen nach ihrer früheren Funktion in der SED, den > BLOCKPARTEIEN und Massenorganisationen, und auch über eine eventuelle Mitarbeit beim > STAATSSICHERHEITSDIENST enthielt. Der *Magi-Senat* mußte aber auch darüber entscheiden, welche kommunalen Einrichtungen Ost-Berlins im vereinigten Berlin weiterbestehen, welche eingestellt und welche umgewandelt oder privatisiert werden sollten.

Nach den Kommunalwahlen in der DDR und in Ost-Berlin am 6.5.1990 bildeten das Abgeordnetenhaus und die Stadtverordnetenversammlung einen paritätisch besetzten gemeinsamen *Ausschuß Einheit Berlins*, der sich am 14.6.1990 im Rathaus Schöneberg konstituierte. Auf der Grundlage der Kommunalverfassung der DDR vom 17.5.1990 begann man in Ost-Berlin, die kommunalwirtschaftlichen Strukturen im Hinblick auf die bevorstehende Zusammenführung vorbereitend zu vereinheitlichen (etwa durch die Umwandlung der bis dahin volkseigenen Versorgungsbetriebe in > EIGENBETRIEBE). Beide Stadtparlamente verabschiedeten mit großer Mehrheit das im Ausschuß erarbeitete „Gesetz über die Vereinheitlichung des Berliner Landesrechts vom 28.9.1990". Dieses Mantelgesetz legt fest, welche Bestimmungen ab wann und in welcher Form im Ostteil der Stadt gelten und welche Ost-Berliner Bestimmungen – zumeist nur vorübergehend – in Kraft bleiben sollten. Durch ein gesondertes Gesetz wurde die Zuständigkeit des > KAMMERGERICHTS, des > LANDGERICHTS Berlin und der > AMTSGERICHTE sowie der Berliner > ARBEITS-, > FINANZ-, > SOZIAL- und > VERWALTUNGSGERICHTSBARKEIT mit dem Vereinigungstag auf den Ostteil der Stadt erweitert. Damit endete an diesem Tag die Tätigkeit sämtlicher Richter und Staatsanwälte in Ost-Berlin. Wenn sie weiteramtieren wollten, mußten sie sich neu bewerben und der Überprüfung durch den bisherigen West-Berliner > RICHTERWAHLAUSSCHUSS stellen. Die Justizvollzugsanstalten in Ost-Berlin wurden geschlossen, ihre noch verbliebenen Insassen in Justizvollzugsanstalten im Westteil der Stadt gebracht (> JUSTIZVOLLZUG). Auch die vom Präsidium der Volkspolizei in Ost-Berlin ausgeübte Polizeihoheit ging bereits am 1.10. 1990 auf das Land Berlin über, um die innere Sicherheit zum Zeitpunkt der V. unter einer einheitlichen Befehlsgewalt gewährleisten zu können (> POLIZEI).

Für die Schulen im Ostteil der Stadt galten nach einer Übergangszeit ab 1.8.1991 die Bestimmungen des bisher West-Berliner Schulgesetzes (> SCHULE UND BILDUNG). Das Berliner Hochschulergänzungsgesetz vom 18.7.1991 ermöglichte zusammen mit dem Berliner Hochschulgesetz vom 12.10.1990 die Neustrukturierung der > HUMBOLDT-UNIVERSITÄT und der anderen staatlichen Hochschulen im Ostteil Berlins (> SENATSVERWALTUNG FÜR WISSENSCHAFT UND FORSCHUNG).

Mit dem Inkrafttreten der *Wirtschafts-, Währungs- und Sozialunion* der beiden Staaten in Deutschland am 1.7.1990 fielen die Kontrollen an den innerstädtischen Grenzen in Berlin weg. An diesem Tag waren 42 Straßenverbindungen zwischen den beiden Teilen Berlins wieder passierbar, und am 2.7.1990 wurde der durchgehende S-Bahn-Betrieb zwischen den beiden Teilen der Stadt wieder aufgenommen (> S-BAHN). Die seit dem Mauerbau stillgelegten S- und U-Bahnhöfe im Ostteil der Stadt wurden wieder eröffnet. Am 1.4.1992 wurde mit der S-Bahn-Strecke von > WANNSEE nach Potsdam die erste Verbindung ins Umland wieder in Betrieb genommen. Doch die vollständige Wiederherstellung der Verkehrsverbindungen zwischen den beiden Teilen Berlins sowie zwischen dem Westteil und dem Umland braucht viel Zeit. Im Sommer 1992 waren noch immer nicht alle ehem. Verbindungen wieder geknüpft. Das Telefonnetz der Stadt, das am 27.5.1952 getrennt worden war, konnte erst am 27.6.1992 wieder vereint werden (> DEUTSCHE BUNDESPOST). Mit dem Abriß der 43 km langen Mauer zwischen den beiden Teilen Berlins hatten die Grenztruppen der DDR am 13.7.1990 begonnen, schon nach viereinhalb Monaten – seit dem 3.10.1990 unter dem Kommando der > BUNDESWEHR – war die Arbeit beendet. Nur an sechs Stellen blieben kleinere Abschnitte erhalten. Gegenüber dem Umland konnten die Arbeiten im wesentlichen bis Ende 1991 abgeschlossen werden.

Am 11.1.1991 trat in der > NIKOLAIKIRCHE das erste nach 1946 frei gewählte Gesamt-Berliner Parlament – das AbgH – zu seiner konstituierenden Sitzung zusammen. Ihm gehören 241 Abgeordnete an, 150 aus dem Westteil und 91 aus dem Ostteil der Stadt. Sitz des Parlaments blieb zunächst das Rathaus Schöneberg, der Senat nahm seinen Sitz am 1.10.1991 im historischen Berliner Rathaus.

Vereinigung der Unternehmensverbände in Berlin und Brandenburg e.V. (UVB): Die UVB mit Hauptgeschäftssitz im *Haus der Wirtschaft* in der Straße Am Schillertheater 2 in > CHARLOTTENBURG sowie Bezirksgeschäftsstellen in Potsdam, Frankfurt/O. und Cottbus ist im Juli 1990 aus der 1950 gegründeten *Zentralvereinigung der Berliner Arbeitgeberverbände* hervorgegangen, der sich die nach der Wende in der DDR gegründeten Wirtschafts- und Arbeitgeberverbände des Wirtschaftsraums Brandenburg-Berlin anschlossen.

Mitte 1992 gehörten dem Wirtschafts- und sozialpolitischen Spitzenverband knapp 70 *Wirtschafts-* und *Arbeitgeberverbände* sowie *Innungen* aus der gesamten Region an. Größter Mitgliedsverband ist der Verband der Metall- und Elektroindustrie in Berlin und Brandenburg e.V., der über 600 Firmen mit 200.000 Beschäftigten repräsentiert (> WIRTSCHAFT; > ARBEITSMARKT). Wie der Verband selbst ist die Mehrheit der Mitgliedsverbände länderübergreifend organisiert. Neben regionalen Verbänden der Industrie, des Handels (> EINZELHANDEL) und der Dienstleistungen sowie des > HANDWERKS gehören der UVB auch bundesweit tätige Verbände an, die zwar über keine regionale Gliederung verfügen, aber zur Vertretung ihrer hier ansässigen Mitgliedsunternehmen in der regionalen Spitzenorganisation mitwirken.

An der Spitze der UVB steht das derzeit elf Mitglieder umfassende Präsidium, in dem die wichtigsten Wirtschaftsbereiche vertreten sind. Im Beirat wird die Arbeit der Mitgliedsverbände und der Vereinigung abgestimmt. Die Arbeit der Geschäftsführung wird durch Ausschüsse und Arbeitskreise unterstützt. Die Vertreter der UVB sind über die Gremien der Bundesvereinigung der Deutschen Arbeitgeberverbände auch in die Arbeit und Entscheidungsfindung des nationalen Spitzenverbands eingebunden. Die UVB vertritt die Gesamtinteressen der Wirtschaft gegenüber der Politik und den Verwaltungen in der Region auf der Landes- wie auf der

Kreisebene. Sie wirkt mit an der Gestaltung der Wirtschafts- und Arbeitsverhältnisse, der Arbeitsmarkt und Bildungspolitik sowie der sozialen Sicherung und der arbeits- und sozialgerichtlichen Rechtsprechung. Die Arbeit der Regierungen und Verwaltungen begleitet sie kommentierend und beratend und wirkt in vielen Gremien an der Gestaltung der Rahmenbedingungen für die Wirtschaft mit. Von ihr werden auch Foren zu Fragen der Verkehrs- und Strukturpolitik veranstaltet und die Wirtschaftsförderungsgesellschaften von Berlin und Brandenburg unterstützt (> WIRTSCHAFTSFÖRDERUNG; > GEWERBE-SIEDLUNGS-GESELLSCHAFT MBH; > WIRTSCHAFTSFÖRDERUNGSGESELLSCHAFT BERLIN MBH).

Das von der UVB, Unternehmen und anderen Verbänden getragene *Bildungswerk der Wirtschaft in Berlin und Brandenburg e.V. (bbw)* führt Aus- und Weiterbildungsmaßnahmen durch, die v.a. der Qualifizierung von Fach- und Führungskräften der Wirtschaft dienen. Weitere Schwerpunkte des bbw-Programms sind Seminarangebote zu Fragen der aktuellen Rechtsprechung im Arbeits-, Sozial- und Steuerrecht, im betrieblichen Umweltschutz sowie Angebote in den Themenbereichen Marketing, Personalwirtschaft, EDV-Anwendung und Materialwirtschaft.

Mit Hilfe des *Werkarztzentrums der Wirtschaft in Berlin und Brandenburg* unterstützt die UVB die werkärztliche und sicherheitstechnische Betreuung und Beratung von Betrieben.

Die von der UVB gemeinsam mit dem > DEUTSCHEN GEWERKSCHAFTSBUND und den Landesregierungen getragene *Arbeitsgemeinschaft Schule und Wirtschaft in Berlin und Brandenburg* bietet im Rahmen der offiziellen Lehrerweiterbildung der Länder Seminare und Betriebserkundungen an.

Zur Öffentlichkeitsarbeit der UVB gehören neben der Herausgabe von Informationsdiensten auch die Veranstaltung von Tagungen und Kolloquien zu aktuellen Themen sowie die Ausrichtung des alljährlichen Unternehmertages der Wirtschaft in Berlin und Brandenburg sowie des Potsdamer Wirtschaftsforums, das ebenfalls im jährlichen Abstand durchgeführt wird.

Verfassungsgerichtshof: Der 1992 eingesetzte V. ist ein den übrigen Verfassungsorganen gegenüber selbständiger und unabhängiger Gerichtshof (§ 1 des Gesetzes über den V. vom 8.11.1990 i.d.F.v. 11.12.1991,

GVBl. S. 280). Er residiert in den Räumen des > KAMMERGERICHTS in der Elßholzstr. 30 am > HEINRICH-VON-KLEIST-PARK im Bezirk > SCHÖNEBERG, deren Geschäftsstelle und Geschäftseinrichtung er sich bedienen kann.

Der V. besteht aus dem Präsidenten (Klaus Finkelnburg), dem Vizepräsidenten sowie sieben weiteren Verfassungsrichtern, von denen Männer und Frauen mindestens je drei stellen müssen. Die Mitglieder des V. werden vom > ABGEORDNETENHAUS VON BERLIN in geheimer Wahl mit Zweidrittelmehrheit grundsätzlich für sieben Jahre gewählt, ohne daß eine Wiederwahl zulässig ist.

Gem. § 14 des VerfGHGesetzes entscheidet dieser insbes. über

– Verfassungsbeschwerden, soweit nicht eine solche beim seit der > VEREINIGUNG unbeschränkt für Berlin zuständigen Bundesverfassungsgericht in Karlsruhe eingelegt wird,

– die Auslegung der > VERFASSUNG VON BERLIN (VvB) aus Anlaß von Streitigkeiten näher definierter Verfassungsorgane untereinander,

– die Vereinbarkeit von Landesrecht mit der VvB auf Antrag des > SENATS VON BERLIN oder eines Drittels der Mitglieder des Abgeordnetenhauses (abstrakte, d.h. von einem konkreten Streitfall losgelöste Normenkontrolle),

– oder (in Fällen der konkreten Normenkontrolle) wenn ein Gericht ein Gesetz, auf dessen Gültigkeit es für die Entscheidung ankommt, für nicht mit der VvB vereinbar hält. Neben weiteren Aufgaben wird der V. auch als Wahlprüfungsgericht tätig.

Art. 72 VvB, der in seiner ursprünglichen Fassung bereits die Bildung eines V. angeordnet hatte, wurde durch den 1974 eingeführten Art. 87a VvB suspendiert. Hintergrund des auch in den Folgejahren bis zur Vereinigung wiederholten Scheiterns der Einrichtung eines V. war in erster Linie die Frage seiner möglichen Zuständigkeiten. Angesichts des Standpunktes der > ALLIIERTEN, auch übernommenes Bundesrecht (> BINDUNGEN; > DRITTES ÜBERLEITUNGSGESETZ) gelte in Berlin als Landesrecht, erschien eine Abgrenzung der überprüfbaren Normen nicht möglich, da auch die Bundesgesetzgebung in diesem Falle der Normenkontrolle durch den L. unterlägen hätte, was im Einzelfall zu divergierenden Entscheidungen des Bundesverfassungsgerichts und des V. hätte führen können. Dem Gedanken der Wahrung der Rechtseinheit wurde somit politisch Vorrang vor einem umfassenderen Verfassungsrechtsschutz gegeben.

Verfassung von Berlin (VvB): Die Entstehung der Berliner Verfassung war überlagert von den allgemeinen politischen Konflikten der Nachkriegszeit, die sich schließlich in der > SPALTUNG der Stadt im Herbst 1948 manifestierten (> GESCHICHTE; > POLITISCHES SYSTEM). Die 1992 geltende VvB vom 1.9.1950 (VOBl. 1950 I S. 433 – zuletzt geändert durch 25. Änderungsgesetz vom 11.12.1991, GVBl. S. 279) wurde am 4.8.1950 von der nach der Spaltung der Stadt in West-Berlin tagenden > STADTVERORDNETENVERSAMMLUNG verabschiedet und am 29.8.1950 von der > ALLIIERTEN KOMMANDANTUR mit Vorbehalten genehmigt. Sie trat gem. Art. 89 am 1.10.1950 in Kraft und bezog sich auf > GROSS-BERLIN, war aber faktisch in ihrem Anwendungsbereich auf Berlin (West) beschränkt, wo sie im Laufe der Jahre durch 21 Gesetze abgeändert wurde.

Der VvB kam insofern eine besondere Bedeutung zu, als das *Grundgesetz* für die Bundesrepublik Deutschland (GG) weder räumlich noch vollinhaltlich in Berlin vor der > VEREINIGUNG Geltung erlangte. Im früheren Ostsektor galt das GG niemals. In ihrem Genehmigungsschreiben zum GG erklärten die drei westlichen Militärgouverneure am 12.5. 1949: „Ein dritter Vorbehalt betrifft die Beteiligung Groß-Berlins am Bund." Berlin habe keine abstimmungsberechtigte Mitgliedschaft in Bundestag oder Bundesrat und werde auch nicht durch den Bund regiert. Unter „Regieren" wurde grundsätzlich auch die Tätigkeit des Bundesverfassungsgerichtes angesehen, das demzufolge also auch für die Bürger der drei Westsektoren Berlins mit Verfassungsbeschwerden gegen Akte der Berliner Staatsgewalt nicht erreichbar war. Erst seit der Vereinigung gilt das GG in dem im > EINIGUNGSVERTRAG als „Berlin" umschriebenen Gebiet ebenso uneingeschränkt wie in den anderen alten und neuen Bundesländern und kann durch das Bundesverfassungsgericht auch hier wirksam umgesetzt werden.

Ost-Berlin hatte für die DDR gemäß Art. 1 Abs. 2 der Verfassung der DDR vom 6.4.1968 Hauptstadtfunktion. Es war jedoch nur eine städtische Kommune im zentralistischen Staatsaufbau der DDR, so daß aus dortiger Sicht eine eigene Verfassung nicht erforderlich war. Im Zuge des demokratischen Aufbruchs ab Herbst 1989 hat jedoch die am 6.5.1990 gewählte Stadtverordnetenversammlung noch eine eigene Verfassung vom 11.7. 1990 erarbeitet.

Am 11.1.1991 wurde die VvB gemäß Beschluß des aus der Gesamt-Berliner Wahl vom 2.12.1990 hervorgegangenen > ABGEORDNETENHAUSES VON BERLIN (AbgH) vom selben Tage für ganz Berlin übernommen. Gem. Art. 88 VvB haben sich die Parlamentarier verpflichtet, die Verfassung „während der ersten Wahlperiode des Gesamt-Berliner AbgH einer Überarbeitung zu unterziehen", und zwar auf der Grundlage auch des so nie in Kraft getretenen Verfassungsentwurfs vom 22.04.1948, der VvB vom 1.9.1950 und der Verfassung von Berlin (Ost) vom 11.7.1990 (GVABl. S. 1). Eine derartig überarbeitete Verfassung ist – wie das Landesverfassung von Brandenburg am 14.6.1992 – durch Volksabstimmung in Kraft zu setzen.

In der Zeit des > SONDERSTATUS 1945-90 stand die VvB gemäß BK/O (50) 75 vom 29.8.1950 unter folgenden Genehmigungsvorbehalten durch die > ALLIIERTEN: Der Stadtregierung durch die Verfassung übertragene Befugnisse waren den am 14.5.1949 veröffentlichten Bestimmungen der „Erklärung über die Grundsätze" oder irgendwelche Abänderungen derselben unterstellt (> POLITISCHES SYSTEM). Abs. 2 und 3 des Art. 1 der VvB waren zurückgestellt („Berlin ist ein Land der Bundesrepublik Deutschland"; „Grundgesetz und Gesetze der Bundesrepublik Deutschland sind für Berlin bindend"). Art. 87 wurde dahingehend aufgefaßt, daß während der Übergangsperiode Berlin keine der Eigenschaften eines zwölften Landes besitzen wird. Die Bestimmungen dieses Artikels das Grundgesetz betreffend fanden nur in dem Maße Anwendung, wie es zwecks Vorbeugung eines Konfliktes zwischen diesem Gesetz und der Berliner Verfassung erforderlich war. Ferner fanden die Bestimmungen irgendeines Bundesgesetzes in Berlin erst Anwendung, nachdem seitens des AbgH darüber abgestimmt wurde und dieselben als Berliner Gesetze verabschiedet worden waren (> BINDUNGEN; > DRITTES ÜBERLEITUNGSGESETZ).

Die VVB enthält folgende Abschnitte:

I. Die Grundlagen – Art. 1-5
II. Die Grundrechte – Art. 6-24
III. Die Volksvertretung – Art. 25-39
IV. Die Regierung – Art. 40-44
V. Die Gesetzgebung – Art. 45-49
VI. Die Verwaltung – Art. 50-61
VII. Die Rechtspflege – Art. 62-72
VIII. Das Finanzwesen – Art. 73-83
IX. Übergangs- und Schlußbestimmungen – Art. 84-89

Im Vergleich mit anderen Landesverfassungen weisen die Regelungen der VvB einige Besonderheiten auf: Obwohl das AbgH im wesentlichen die Aufgaben eines Landesparlamentes wahrnimmt, lassen noch einige Einzelregelungen die kommunalverfassungsrechtliche Komponente erkennen. Rechtsverordnungen z.B. sind dem AbgH unverzüglich zur Kenntnisnahme vorzulegen und können von diesem durch Beschluß abgeändert oder aufgehoben werden, Art. 47 Abs. 1 S. 2. In anderen Landesverfassungen findet sich eine vergleichbare Regelung nicht; sie beruht auf der alten Magistratsverfassung, nach der für den Erlaß von Rechtsverordnungen die Übereinstimmung von Stadtverordnetenversammlung und > MAGISTRAT erforderlich war. Auch die Kompetenz des AbgH zur Wahl und Abberufung der Generalstaatsanwälte und des Polizeipräsidenten (Art. 44 Abs. 2) sowie zur Wahl der Präsidenten der oberen Landesgerichte (Art. 69 Abs. 2) – jeweils auf Vorschlag des > SENATS VON BERLIN – ist eine Berliner Besonderheit.

Auch Bildung und innere Struktur des Senats weichen von den Regierungsbildungen und -strukturen der Flächenstaaten der Bundesrepublik ab und lassen ebenfalls den kommunalverfassungsrechtlichen Ursprung erkennen. So nimmt der > REGIERENDE BÜRGERMEISTER formal eine deutlich schwächere Stellung ein als die Ministerpräsidenten der Flächenstaaten.

Bis zum 17. Änderungsgesetz vom 22.11.1974 war in Art. 49 die Möglichkeit einer Gesetzgebung durch Volksentscheid vorgesehen. Art. 49 (alte Fassung – heute: Übergangsregelung für bisher nur in einem Teil Berlins geltenden Rechts) wurde aufgehoben, weil das erforderliche Ausführungsgesetz wegen Meinungsverschiedenheiten mit den Alliierten nicht erlassen werden konnte. Gleichzeitig wurde auch Art. 88 Abs. 2 a.F. aufgehoben, der eine Verfassungsänderung durch Volksentscheid vorsah. Um im Interesse der Rechtseinheit mit dem Bund eine Aufhebung oder Abänderung des nach Berlin übernommenen Bundesrechts im Wege des Volksentscheids zu vermeiden, wäre es nötig gewesen, zwischen dem übernommenen Recht und dem originären Landesrecht ausdrücklich zu differenzieren. Dem hätten die Alliierten, denen es zwecks Betonung ihrer Gebietshoheit entscheidend auf eine zweifelsfreie und augenfällige Kennzeichnung der Übernahmegesetzgebung als Landes-

gesetzgebung ankam, nicht zugestimmt. Volksbegehren und Volksentscheid kannte die VvB jetzt nur noch zwecks Auflösung des AbgH vor Ablauf der Wahlperiode (Art. 39; > VOLKSBEGEHREN / VOLKSENTSCHEID).

Die Zweistufigkeit der Berliner Verwaltung, die durch das preußische Gesetz vom 27.4. 1920 eingeführt wurde, hat weder im kommunalverfassungsrechtlichen Bereich eine Nachahmung gefunden noch ist sie vergleichbar mit den Verwaltungsgliederungen anderer Bundesländer.

Für die *Rechtspflege* bestimmt die VvB, daß sie „im Geiste dieser Verfassung und des sozialen Verständnisses auszuüben" sei (Art. 62) – durchaus keine übliche, aber das Verfassungsziel bestimmende Norm. Seit der Vereinigung ist Berlin in das Rechtsprechungs- und Gerichtssystem des Bundes lückenlos eingegliedert. Aufgrund des Besatzungsstatus bestehende Besonderheiten (Bundesverfassungsgericht und Bundesanwaltschaft nur sehr eingeschränkt für Berlin zuständig, keine Bundeswehrgerichtsbarkeit [> MILITÄRGERICHTSBARKEIT]) sind mit dem > 3.OKTOBER 1990 weggefallen. Damit wurde auch die nach Art. 72 VvB gebotene und lange angestrebte Bildung eines Berliner > VERFASSUNGSGERICHTSHOFES ermöglicht.

Neben dem Gebot zur Verfassungsüberprüfung/-revision enthielten die nach der Vereinigung neu aufgenommenen Art. 87 ff. der VvB für die Phase des Zusammenwachsens besondere Übergangsbestimmungen zur reibungslosen Herstellung verfassungsrechtlicher Normalität sowie Sonderbestimmungen für die einmalig fünfjährige Wahlperiode (Art. 87a/87b) des AbgH und eine abgekürzte und abgekoppelte Wahlperiode zu den > BEZIRKSVERORDNETENVERSAMMLUNGEN ab 1992. Diese Wahl fand am 5.5.1992 statt (> WAHLEN).

Verkehr: Hauptartikel, siehe S. 1322.

Verkehrsamt Berlin: Aufgabe des 1949 gegründeten V., einer nachgeordneten Behörde der > SENATSVERWALTUNG FÜR WIRTSCHAFT UND TECHNOLOGIE, ist die Förderung des Fremdenverkehrs (> TOURISMUS). Das V. hat sein Hauptbüro in der Martin-Luther-Str. 105 im Bezirk > SCHÖNEBERG und unterhält Informationsstellen im > EUROPA-CENTER am > BREITSCHEIDPLATZ, am Flughafen Tegel (> FLUGHÄFEN), am > BAHNHOF ZOOLOGISCHER GARTEN und am > ALEXANDERPLATZ.

Außer der allgemeinen Berlin-Werbung betreibt das V. auch gezielte Werbemaßnahmen auf Tagungen sowie Messen und Kongressen. In Zusammenarbeit mit der Berliner Tourismusindustrie unternimmt das V. spezielle Verkaufsförderungsmaßnahmen zur Anregung von Einzel- und Gruppenreisen. Ein weiteres Aufgabenfeld ist die Betreuung der die Stadt besuchenden Touristen durch Information und Beratung sowie bspw. die Vermittlung von Übernachtungsplätzen und Fremdenführern. Ende 1991 beschäftigte das V. 147 Mitarbeiter.

Verkehrsberuhigung: Zur Minderung der Belastungen durch den > KRAFTFAHRZEUG-VERKEHR verfolgt Berlin das Konzept einer flächenhaften V. Es sieht drei Geschwindigkeitsstufen vor: Auf einem *Tempo-50-Netz* soll der übergeordnete Wirtschafts- und Individualverkehr sowie der Oberflächen-verkehr des > ÖFFENTLICHEN PERSONENNAHVER-KEHRS abgewickelt werden. In allen anderen > STRASSEN Berlins mit überwiegender Wohn-bebauung ist eine *Tempo-30-Zonen*-Regelung vorgesehen. Innerhalb dieser Zonen kann vor besonders schutzwürdigen Bereichen Schritt-geschwindigkeit nach Zeichen 325 StVO vor-geschrieben werden. Dieses Konzept, im Westteil der Stadt schon im wesentlichen umgesetzt ist, soll nun auf den Ostteil der Stadt ausgedehnt werden. Das etwa 1.485 km lange Tempo-50-Netz besteht aus den Haupt-verkehrsstraßen sowie wichtigen Straßen mit > STRASSENBAHN und > OMNIBUSVERKEHR; es umfaßt ca. 30 % des Berliner Straßennetzes und umschließt ca. 1.000 Tempo-30-Zonen.

Verkehrsvertrag: Der im Zusammenhang mit dem > GRUNDLAGENVERTRAG im Rahmen der neuen deutschen Ostpolitik ausgehandel-te, am 26.5.1972 in Berlin im damaligen Haus des Ministerrats, dem heutigen > STADTHAUS, am > MOLKENMARKT im Bezirk > MITTE unter-zeichnete V. war der erste Staatsvertrag zwi-schen der Bundesrepublik Deutschland und der DDR. Von 1972-90 regelte er Fragen des grenzüberschreitenden und des > TRANSIT-VERKEHRS auf Straßen-, Schienen- und Wasser-wegen zwischen beiden deutschen Staaten. Ausgeklammert blieben der Luftverkehr und der Personenverkehr zu Wasser (See- und Binnenwasserstraßen) sowie der Transit-verkehr von und nach Berlin, dessen Mo-dalitäten durch das als Folgevereinbarung des > VIER-MÄCHTE-ABKOMMENS über Berlin

entstandene Transitabkommen bestimmt wurden. West-Berlin war jedoch in den V. durch bei der Unterzeichnung abgegebene Erklärungen einbezogen, nach denen seine Bestimmungen „sinngemäß" auf den West-teil der Stadt anzuwenden waren. In der Pra-xis des am 17.10.1972 in Kraft getretenen V. galten zahlreiche im Lauf der Zeit erzielte Er-leichterungen allerdings nur für Bürger des Bundesgebiets. Die entsprechenden, z.T. ab-weichenden Regelungen für die Einwohner West-Berlins wurden durch die ebenfalls auf dem Vier-Mächte-Abkommen fußende „Ver-einbarung über Erleichterungen und Verbes-serungen im Reise- und Besucherverkehr" vom 20.12.1971 geregelt (> BESUCHERREGE-LUNGEN). Mit der > VEREINIGUNG am > 3. OKTO-BER 1990 verlor der V. seine Fu nktion und trat außer Kraft.

Versöhnungskirche: Die 1985 von den Be-hörden der DDR gesprengte evangelische V. stand an der > BERNAUER STRASSE gegenüber der Einmündung der Hussitenstr., unmittel-bar an der ehem. > MAUER im Bezirk > MITTE. Der im neogotischen Stil nach Plänen von Gotthilf Ludwig Möckel errichtete Bau wur-de 1894 eingeweiht. Nach Schließung der innerstädtischen Grenze am > 13. AUGUST 1961 konnte er nicht mehr genutzt werden. Die zugemauerte V. war bis zu ihrer Sprengung ein besonders einprägsames Sym-bol für die > SPALTUNG Berlins. Für die West-Berliner Gemeindemitglieder wurde 1965 ein neues Gemeindezentrum in der Bernauer Str. 111 erbaut, die Ost-Berliner Mitglieder schlossen sich der St.-Elisabeth-Gemeinde an, aus der die Versöhnungsgemeinde ursprüng-lich hervorgegangen war. Die West-Berliner Gemeinde schenkte das ihr gehörende Got-teshaus im Mai 1984 dem Ost-Berliner evan-gelischen Konsistorium, das es mit dem Staat gegen das Gelände für ein Gemeindezentrum in > HOHENSCHÖNHAUSEN tauschte. Damit wur-de der Weg für den Abriß der V. frei. Die Sprengung des Kirchenschiffs erfolgte am 22.1.1985, der Turm war bereits am 18.1. ge-fallen.

Versuchsanstalt für Wasserbau und Schiff-bau (VWS): Die 1903 als „Königlich-Preußi-sche Versuchsanstalt für Wasserbau und Schiffbau" gegründete Einrichtung hat ihren Sitz in der Müller-Breslau-Str. (Schleusen-insel) im Bezirk > TIERGARTEN. Nach starker Beschädigung ihrer Gebäude im II. Weltkrieg wurde sie vom Land Berlin übernommen und 1951/52 als V. wiederaufgebaut. Sie untersteht der > SENATSVERWALTUNG FÜR WISSENSCHAFT UND FORSCHUNG.

Als einzige Einrichtung ihrer Art in Deutschland vereinigt die V. die Arbeitsgebiete Schiffstechnik, Meerestechnik, Umwelttechnik, Verkehrswasserbau und die hiermit

Versuchsanstalt für Wasserbau und Schiffbau

verwandten Gebiete der angewandten Hydromechanik unter einem Dach. In diesen Arbeitsbereichen führt sie anwendungsorientierte Forschungs- und Gutachterarbeiten im Auftrag von Industrie, Behörden und Forschungsförderungsorganisationen des In- und Auslandes durch. Bei der Abwicklung ihrer Forschungsarbeiten kooperiert die Anstalt mit der > TECHNISCHEN UNIVERSITÄT BERLIN wie mit anderen auf ihrem Gebiet tätigen Versuchsanstalten, Instituten und Ingenieurunternehmen in den alten und neuen Bundesländern. In der V. sind ca. 85 Mitarbeiter (21 Wissenschaftler) beschäftigt; sie wird durch das Land Berlin und die Erträge der Auftragsforschung finanziert.

Verwaltung der Staatlichen Schlösser und Gärten: Die in dieser Form seit 1949 bestehende, als Fachabteilung der > SENATSVERWALTUNG FÜR KULTURELLE ANGELEGENHEITEN nachgeordnete V., ist zuständig für die nach

dem II. Weltkrieg durch das Gesetz des > ALLIIERTEN KONTROLLRATS vom 25.2.1947 aufgelösten Staat Preußen durch das Land Berlin übernommenen Schlösser und Gärten. Hierzu gehören in Berlin insg. 36 Gebäude, darunter das > SCHLOSS CHARLOTTENBURG mit dem *Schloßpark* und die zugehörigen Bauten, das > JAGDSCHLOSS GRUNEWALD, die > PFAUENINSEL und (seit 1966) die Gebäude von > KLEINGLIENICKE. Die V. soll am 1.1.1993 zusammen mit den „Staatlichen Schlössern und Gärten Potsdam-Sanssouci" in die selbständige *Stiftung Preußischer Schlösser und Gärten Berlin-Brandenburg* mit Sitz in Potsdam übergeführt werden. Die entsprechende Verwaltungsvereinbarung zwischen dem Land Berlin und der Bandenburgischen Landesregierung war im Mai 1992 noch nicht unterzeichnet. Die Finanzierung der Stiftung, an deren Spitze ein Stiftungsrat und ein die Geschäfte führender Generaldirektor stehen wird, soll durch den Bund, das Land Berlin und das Land Brandenburg erfolgen, wobei die jeweiligen Anteile im Mai 1992 noch nicht feststanden.

Die neue Stiftung wird ca. 150 Gebäude verwalten, darunter das Schloß Sanssouci mit Park und den weiteren Bauten sowie die Schlösser Babelsberg, Lindstedt, Sacrow, Rheinsberg und Königs Wusterhausen. In den zur künftigen Stiftung gehörenden Objekten wurden in Berlin und Potsdam 1991 ca. 2,5 Mio. Besucher gezählt.

Nach dem Ende der Preußischen Monarchie und der Abdankung Wilhelms II. (1888-1918) sah sich die Weimarer Republik vor die Aufgabe gestellt, die ihr zugefallenen Vermögenswerte des Hauses Hohenzollern (> LANDESHERREN), insbes. die kulturhistorisch wertvollen Schlösser und Gärten mit ihren Kunstwerken zu erhalten und zu pflegen. Als Nachfolger des unter der Monarchie dafür verantwortlichen Oberhofmarschallamtes wurde am 1.4.1923 die Preußische Krongutverwaltung gegründet. Erst nach dem endgültigen Abschluß der Vermögensauseinandersetzung zwischen dem Staat und dem Haus Hohenzollern hörte auch diese auf zu bestehen und wurde am 1.4.1927 durch die V. abgelöst. Diese übernahm von den dem Staat zugefallenen 75 Schlössern und Grundstücken jedoch nur die kunstgeschichtlich wertvollsten, um sie als Kulturdenkmale und „Museumsschlösser" zu erhalten, zu pflegen und der Öffentlichkeit zugänglich zu machen. Dazu gehörten etwa 50 Objekte in ganz Deutschland. Sitz der neugegründeten Schlösserverwaltung wurde das > STADT-SCHLOSS in Berlin. Als dieses infolge der Beschädigung im II. Weltkrieg und des danach erfolgten Abrisses nicht mehr zur Verfügung stand, zog die V. nach Potsdam in Räume des dortigen Stadtschlosses. Mit der am 28.2.1947 erfolgten Auflösung des Staates *Preußen* sowie der > SPALTUNG Deutschlands 1948/49, war auch die Grundlage für eine einheitliche Schlösserverwaltung verloren gegangen. Die von ihr verwalteten Schlösser und Gärten in den neu entstandenen Bundesländern wurden der jeweiligen Bundesverwaltung unterstellt, in der Sowjetischen Besatzungszone den dortigen Landes- oder Ortsorganen.

In West-Berlin wurde im Juni 1949 beim damaligen > MAGISTRAT, Abt. Volksbildung, ein Fachreferat „Museen, Schlösser und Gärten" gebildet mit Sitz im Schloß Charlottenburg, das die in diesem Teil der Stadt gelegenen Schlösser Charlottenburg, Glienicke, Grunewald und Pfaueninsel in seine Obhut nahm. Für die Betreuung der in Potsdam gelegenen Schlösser entstand eine Verwaltung der „Staatlichen Schlösser und Gärten Potsdam-Sanssouci" mit Sitz in Sanssouci. Formelle Kontakte zwischen beiden Institutionen gab es z.Z. der > SPALTUNG nicht. Dennoch bestanden inoffizielle Verbindungen, um Informationen über Kriegsverluste, Verlagerungen und neuere Forschungen auszutauschen. Erst nach dem Fall der > MAUER am > 9. NOVEMBER 1989 wurden die offiziellen Beziehungen wiederhergestellt, Ausstellungen ausgetauscht und im Mai 1990 von den Generaldirektoren der beiden Verwaltungen eine „Gemeinsame Erklärung" verabschiedet, in der die Vereinigung der Institutionen vorgeschlagen wurde.

Verwaltungsakademie Berlin: Die 1919 gegründete V. mit heutigem Sitz im > KUDAMM-KARREE am > KURFÜRSTENDAMM 206 im Bezirk > CHARLOTTENBURG ist eine zentrale Fortbildungsstätte für den > ÖFFENTLICHEN DIENST in Berlin. Sie bildet alle interessierten Mitarbeiter in Kursen und Seminaren unterschiedlicher Dauer dienstlich und fachwissenschaftlich fort. Das Angebot wendet sich an neue Dienstkräfte, Ausbilder, Dozenten der Aus- und Fortbildungseinrichtungen Berlins, Führungskräfte sowie Anwender und Fachkräfte der Informations- und Kommunikationstechnik. Mit der Fortbildung zur Frauenförderung sowie aufstiegsbegleitender, ge-

werblich-technischer und institutionenbezogener Fortbildung (u.a. für Mitarbeiter an Schulen und Krankenhäusern) werden spezielle Zielgruppen angesprochen. Themenbereiche der fachbezogenen Fortbildung sind: Staats- und Verwaltungsrecht, Europarecht, Personalverwaltung, Haushalt und Finanzen, Jugend- und Sozialhilferecht, Bauen, Umwelt, Stadtplanung, Arbeits- und Brandschutz u.v.a. Daneben bietet die V. Sprachlehrgänge, ausbildungsergänzende Verwaltungslehrgänge und ein Diplomstudium an, dessen Absolventen den Titel „Diplom-Kameralist" erwerben. Für die im Zuge der > VEREINIGUNG aus der ehem. Ost-Berliner Verwaltung übernommenen Mitarbeiter hat die V. besondere Programme der Einführungs- und ausbildungsergänzenden Fortbildung entwickelt.

1991 wurden ca. 600 Veranstaltungen mit ca. 12.500 Teilnehmern durchgeführt. Die V. hat 42 feste Mitarbeiter und über 300 nebenamtliche Dozenten. Sie ist eine Anstalt des öffentlichen Rechts und untersteht der Aufsicht der > SENATSVERWALTUNG FÜR INNERES, die auch den Etat der V. deckt.

Im Zuge einer Organisationsreform wurde 1990 die *Verwaltungsschule Berlin* in die V. eingegliedert, die damit nun auch für die theoretische Ausbildung der Beamten im mittleren nichttechnischen Verwaltungsdienstes und der Verwaltungsfachangestellten zuständig ist.

Verwaltungsgerichtsbarkeit: Grundlage der V. ist heute die Verwaltungsgerichtsordnung (VwGO) von 1960. Die allgemeine V. ist abzugrenzen von den besonderen Verwaltungsgerichtsbarkeiten, die aus der > FINANZGE-RICHTSBARKEIT und der > SOZIALGERICHTSBARKEIT bestehen.

Nach § 40 Abs. 1 VwGO ist in allen öffentlich-rechtlichen Streitigkeiten (hauptsächlich zwischen Bürgern und Behörden) der Verwaltungsrechtsweg gegeben, sofern es sich nicht um eine verfassungsrechtliche Angelegenheit handelt (> VERFASSUNGSGERICHTS-HOF). Der Gerichtsaufbau ist dreistufig: *Verwaltungsgericht (VG)*, *Oberverwaltungsgericht (OVG)* und > BUNDESVERWALTUNGSGERICHT. Alle drei Instanzen befinden sich in der Hardenbergstr. nahe dem > BAHNHOF ZOOLOGI-SCHER GARTEN im Bezirk > CHARLOTTENBURG.

Am erstinstanzlich zuständigen VG Berlin (noch Hardenbergstr. 21, ein Umzug ist geplant) bestehen 26 allgemeine und acht

Spezialkammern (Personalvertretungs-, Disziplinar- und Heilberufskammern), die mit je drei Berufsrichtern (insg. 82) und zwei ehrenamtlichen Richtern besetzt sind. Das OVG im gleichen Hause entscheidet als Berufungs- und Beschwerdeinstanz mit sieben allgemeinen und vier entsprechenden Fachsenaten, die grundsätzlich mit je drei Berufsrichtern (insg. 28) und zwei ehrenamtlichen Verwaltungsrichtern besetzt sind. Eine Ausnahme hiervon bilden Fälle des § 48 VwGO (Vereinsverbote), in denen in Berlin fünf Berufs- und zwei ehrenamtliche Richter entscheiden. Oberste Verwaltungs- und Dienstaufsichtsbehörde für VG und OVG ist die > SENATSVERWALTUNG FÜR JUSTIZ. Präsident des OVG Berlin ist Dieter Wilke.

Das rechtsgeschichtlich bedeutende preußische OVG mit Sitz in Berlin wurde 1875 erstmals als organisatorisch und personell von der Verwaltung getrenntes Gericht errichtet (Gewaltenteilung). Es war die oberste Instanz einer dreistufig aufgebauten V. in Preußen; seine Entscheidungen in Rechtsfragen von grundsätzlicher Bedeutung waren über Preußen hinaus richtungweisend und wirken z.T. noch heute fort. Seine Rechtsprechung wurde geleitet „von dem Bestreben, dem Schwachen gegenüber dem Mächtigen zu seinem Recht zu verhelfen" (so der erste Präsident des Bundesverwaltungsgerichts Ludwig Frege). Das Reich hatte kein allgemeines VG, es bestanden jedoch eine Anzahl von Sonderverwaltungsgerichten.

In der nationalsozialistischen Zeit war die V. nach und nach fast völlig ausgeschaltet worden. Nach dem Zusammenbruch wurde die Wiedererrichtung von VG zwar durch die > ALLIIERTEN gemeinsam angeordnet (Gesetz des > ALLIIERTEN KONTROLLRATS Nr. 36 vom 10.12.1946), im sowjetischen und im französischen Sektor wurde jedoch nicht danach verfahren (> SEKTOREN). Erst mit dem Berliner Landesgesetz über die V. vom 18.1.1951 entstanden im gesamten Westteil der Stadt besondere VG. Der > EINIGUNGSVERTRAG setzte die V. auf der Grundlage der VwGO zum > 3. OKTOBER 1990 schließlich auch für Ost-Berlin in Kraft.

VG und OVG residieren in einem unter Denkmalschutz stehenden, sechsgeschossigen Neubau aus den 50er Jahren, in dessen oberstem Stockwerk sich eine kleine Kantine befindet, die mit ihrer abwechslungsreichen, gesunden, preiswerten und stets schmackhaften Speisefolge den Redakteuren dieses Buches über Jahre hinweg die erforderliche Kraft gegeben hat, dieses Werk fertigzustellen.

Vier-Mächte-Abkommen von 1971 und die deutsch-deutschen Folgevereinbarungen: Das V. vom 3.9.1971 war das erste Regierungsabkommen der vier Hauptsiegermächte des II. Weltkriegs seit Beginn des Kalten Krieges. Die Vereinbarung war ein entscheidender Schritt zur Sicherung der politischen Lage der Stadt und zur Entschärfung des in der Nachkriegszeit in und um Berlin entstandenen Konfliktpotentials. Mit seinen Folgevereinbarungen ermöglichte es eine nachhaltige Verbesserung der Lebensbedingungen für die Berliner Bevölkerung und die Stärkung der Bindungen West-Berlins an die Bundesrepublik.

Unterzeichnung des Schlußprotokolls durch die vier Außenminister im Kontrollratsgebäude am 3. Juni 1971

1. Rahmenbedingungen
Das V. war ein Ergebnis der Ende der 60er Jahre eingeleiteten Entspannungspolitik. Nach dem Bau der > MAUER in Berlin am > 13. AUGUST 1961 und der Kuba-Krise 1962 waren die USA und UdSSR bemüht, ihre Beziehungen auf eine neue kooperativere Grundlage zu stellen. Die UdSSR und die anderen Staaten des Warschauer Pakts plädierten verstärkt für die Einberufung einer Europäischen Sicherheitskonferenz unter Beteiligung beider deutscher Staaten. 1967 bekundeten die NATO-Staaten im Harmel-Bericht (benannt nach seinem Verfasser, dem belgischen Außenminister Pierre Harmel), der unter der Formel „Sicherheit = Verteidigung + Entspannung" grundlegende Bedingungen für die Politik der Allianz während der kommenden Jahre festhielt, ihre Bereitschaft zu einer aktiven Entspannungspolitik (> NATO). Die Deutschland- und Berlin-Politik blieb von

der schrittweisen Annäherung der unterschiedlichen Standpunkte zwischen Ost und West zunächst ausgeklammert. Erst mit der neuen Deutschland- und Ostpolitik der sozialliberalen Bundesregierung seit 1969 wurde auch das Berlin-Problem in diesen Prozeß einbezogen.

2. Verhandlungen

2.1. Westliche Initiativen

Während seines Besuches in Berlin (West) am 27.2.1969 signalisierte der amerikanische Präsident Richard M. Nixon die Bereitschaft der USA zu Gesprächen mit der UdSSR über Berlin. Auf der Tagung des NATO-Rats vom 9.4.1969 in Washington schlug der damalige Außenminister der Bundesrepublik, Willy Brandt, offizielle Sondierungen der drei Westmächte mit der Sowjetunion über Berlin vor. Gleichzeitig knüpften die NATO-Staaten ihre Zustimmung zur Einberufung einer Europäischen Sicherheitskonferenz an „konkrete Maßnahmen zur Verbesserung der Lage in Berlin". Damit war das Berlin-Problem in die allgemeinen Entspannungsbemühungen einbezogen. In einer Rede vor dem Obersten Sowjet reagierte der sowjetische Außenminister Andrej A. Gromyko am 10.7.1969 mit der Bereitschaft, „Meinungen darüber auszutauschen, wie jetzt und auf Dauer die Komplikationen um Berlin (West) auszuschalten sind". Die drei Westmächte übergaben daraufhin der sowjetischen Regierung am 6. und 7.8.1969 gleichlautende Noten, in denen sie einen Meinungsaustausch über Berlin vorschlugen. Die sowjetische Antwort vom 12.9.1969 veranlaßte die Westalliierten in einer weiteren Note vom 16.12.1969, die Verhandlungsgegenstände zu präzisieren. Die sowjetische Reaktion vom 10.2.1970 enthielt die Bereitschaft zu Gesprächen über „Aktivitäten in Westberlin, die nicht mit dem Status vereinbar sind".

Trotz dieser Einschränkung nahmen am 26.3.1970 die Bonner Botschafter der Westmächte und der in Ost-Berlin akkreditierte sowjetische Botschafter in der DDR (> ALLIIERTE) im Gebäude des > ALLIIERTEN KONTROLLRATS im amerikanischen Sektor Berlins die Gespräche auf.

2.2. Kontroversen und Ratifizierungsprozeß

In der ersten Phase der Vier-Mächte-Verhandlungen standen sich die Positionen der Westmächte und der UdSSR unvereinbar gegenüber. Die UdSSR stellte die > BINDUNGEN zwischen Berlin (West) und der Bundesrepublik in Frage und forderte den Verzicht auf jegliche Bundespräsenz. Die Westmächte beharrten auf ihrem Standpunkt, > GROSS-BERLIN unterstehe der Vier-Mächte-Verantwortung, und wiesen die sowjetische Darstellung zurück, Berlin (West) liege auf dem Territorium der DDR. Erst nachdem sich die Westmächte und die UdSSR verständigt hatten, die unvereinbaren Grundsatzpositionen in den Statusfragen auszuklammern und sich auf praktische, die jeweiligen Rechtspositionen nicht berührende Regelungen zu konzentrieren, begannen die substantiellen Verhandlungen. In den Expertengesprächen gelang rasch eine Einigung über den westlichen Vorschlag eines Drei-Stufen-Aufbaus: Vier-Mächte-Abkommen, deutsch-deutsche Ausführungsvereinbarungen und ein Schlußprotokoll. Am 28.5.1971 verständigten sich die vier Botschafter über die Grundzüge und am 23.8.1971 lag – nach 152 Konferenzstunden der Botschafter und einem Vielfachen davon auf der Expertenebene – der Text des Abkommens vor. Am 3.9.1971 wurde er von den Botschaftern im Gebäude des Alliierten Kontrollrats unterschrieben.

Nachdem als deutsch-deutsche Folgevereinbarungen des V. das zwischen der Bundesregierung und der DDR-Regierung ausgehandelte Abkommen über den > TRANSITVERKEHR am 17.12.1971 sowie die zwischen dem > SENAT VON BERLIN und der DDR-Regierung ausgearbeiteten Vereinbarungen über den Reise- und Besucherverkehr (> BESUCHERREGELUNGEN) und den > GEBIETSAUSTAUSCH am 20.12.1971 paraphiert worden waren, unterzeichneten die vier Außenminister am 3.6.1972 das Schlußprotokoll des V., das am gleichen Tag gemeinsam mit den Folgevereinbarungen in Kraft trat.

3. Das Abkommen

3.1. Struktur

Das V. ist ein knapp formuliertes Dokument. Es besteht aus der Präambel, dem Teil I „Allgemeine Bestimmungen", dem Teil II „Bestimmungen, die die Westsektoren Berlins betreffen", dem Teil III „Schlußbestimmungen" und dem Schlußprotokoll; ferner aus vier Anlagen und zwei vereinbarten Verhandlungsprotokollen zu Teil II, einem Übermittlungsschreiben und einem Interpretationsbrief der westlichen Botschafter an den Bundeskanzler, dessen Antwortbriefen, einer Notifizierung des Interpretationsbriefes durch die UdSSR und einem Brief der westlichen Stadtkommandanten an den Senat von Berlin.

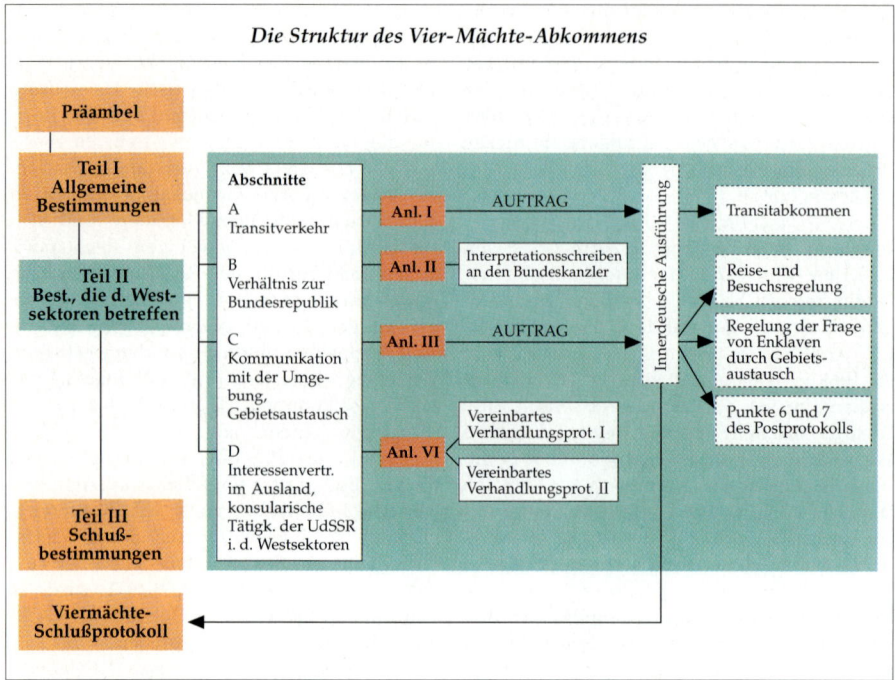

Die Struktur des Vier-Mächte-Abkommens

Präambel

Teil I
Allgemeine
Bestimmungen

Teil II
Best., die d. West-
sektoren betreffen

Teil III
Schluß-
bestimmungen

Viermächte-
Schlußprotokoll

Abschnitte

A
Transitverkehr

B
Verhältnis zur
Bundesrepublik

C
Kommunikation
mit der Umge-
bung,
Gebietsaustausch

D
Interessenvertr.
im Ausland,
konsularische
Tätigk. der UdSSR
i. d. Westsektoren

Anl. I — AUFTRAG → Transitabkommen

Anl. II — Interpretationsschreiben an den Bundeskanzler

Anl. III — AUFTRAG

Anl. VI — Vereinbartes Verhandlungsprot. I / Vereinbartes Verhandlungsprot. II

Innerdeutsche Ausführung

Reise- und
Besuchsregelung

Regelung der Frage
von Enklaven
durch Gebiets-
austausch

Punkte 6 und 7
des Postprotokolls

*3.2. Status – Rechtsauffassungen – Gewalt-
verzicht*

Der Text des V. spiegelt die fortbestehenden Meinungsverschiedenheiten zwischen den Westalliierten und der UdSSR über den Status von Berlin wider (> SONDERSTATUS 1945-90). So lautet die Überschrift des Abkommens in der englischen Fassung nur „Quadripartite Agreement" ohne eine Bezeichnung des Anwendungsgebietes. Auch die Formulierungen, daß die Verhandlungspartner „unter Berücksichtigung der bestehenden Lage in dem betreffenden Gebiet" und „unbeschadet ihrer Rechtspositionen" das Abkommen abgeschlossen haben, zeigten die unüberbrückbaren unterschiedlichen Rechtsauffassungen. Diese Formelkompromisse ermöglichten beiden Seiten Interpretationen, die es erlaubten, ihre jeweiligen Positionen aufrechtzuerhalten. Für die UdSSR war das „betreffende Gebiet" ausschließlich Berlin (West), für die Westalliierten galten lediglich die Bestimmungen des Teils II für Berlin (West), alle anderen Teile des Abkommens bezogen sich für sie auf ganz Berlin.

Der Text zeigte aber auch einen Konsens der Signatarstaaten über das Fortbestehen wichtiger Kriegs- und Nachkriegsvereinbarungen über Groß-Berlin. Dies bedeutete, daß die UdSSR in der Vergangenheit von ihr bestrittene Rechte der Westalliierten in Berlin nicht länger in Frage stellte. Im Teil I „Allgemeine Bestimmungen" verpflichten sich die vier Mächte ferner zum Gewaltverzicht und vereinbarten darüber hinaus, „die Lage in dem bestimmten Gebiet" nicht einseitig zu verändern.

3.3. Zugang

Im Unterschied zu den alliierten Vereinbarungen über die > LUFTKORRIDORE, gab es über die Landverbindungen für den zivilen Verkehr keine fixierten, völkerrechtlichen Vereinbarungen zwischen den vier Mächten. Dieser für die westliche Seite unbefriedigende Zustand wurde im Teil II des V. durch die „Bestimmungen, die die Westsektoren betreffen" verändert. Die sowjetische Regierung erklärte darin, daß „der Transitverkehr von zivilen Personen und Gütern zwischen den Westsektoren Berlins und der Bundesrepublik Deutschland auf Straßen, Schienen und Wasserwegen durch das Territorium der Deutschen Demokratischen Republik ohne Behinderungen sein wird, daß dieser Verkehr erleichtert werden wird, damit er in der einfachsten und schnellsten Weise vor sich geht und daß er Begünstigung erfahren wird". Die konkreten Regelungen sollten „von den zuständigen deutschen Behörden" vereinbart werden. Mit dieser – den Westalliierten gegenüber abgegebenen – einseitigen Erklärung hatte die UdSSR die Verantwortung für einen ungehinderten Transitverkehr übernommen und damit ihre Rechte als Sieger- und Besatzungsmacht gegenüber der DDR reaktiviert. Der politische Handlungsspielraum der „zuständigen deutschen Behörden" bei der inhaltlichen Ausfüllung dieser sowjetischen Erklärung war durch eine in der Anlage I gemachte Mitteilung der UdSSR an die drei Westalliierten stark eingeschränkt.

3.4. Zugehörigkeit

Deutsche Politiker hatten seit Ende der 40er Jahre versucht, Berlin als ein Bundesland in die Bundesrepublik einzugliedern. Dies scheiterte am Widerspruch der westlichen Besatzungsmächte. Alle Bestimmungen des Grundgesetzes aus dem Jahr 1949 (Art. 23 und 144 Abs. 2) und der > VERFASSUNG VON BERLIN aus dem Jahr 1950 (Art. 1 Abs. 2 und 3 sowie Art. 87), in denen eine derartige verfassungsrechtliche Integration enthalten war, wurden von den Westalliierten „bis auf weiteres" suspendiert. In der politischen Praxis wurde Berlin (West) seit Gründung der Bundesrepublik jedoch in vielfältiger Weise in deren gesellschaftliches, wirtschaftliches und finanzielles System eingebunden. Die UdSSR und die DDR unternahmen zahlreiche Versuche, die so entstandenen engen > BINDUNGEN von Berlin (West) zur Bundesrepublik in Frage zu stellen.

Die drei Westmächte erklärten nun im Teil II des V., daß „die Bindungen zwischen den Westsektoren Berlins und der Bundesrepublik Deutschland aufrechterhalten und entwickelt" werden, wobei sie berücksichtigen, daß diese > SEKTOREN so wie bisher kein Bestandteil (konstitutiver Teil) der Bundesrepublik Deutschland sind und weiterhin nicht von ihr regiert werden. In der Anlage II wurde dies durch eine Mitteilung der drei Westalliierten an die UdSSR konkretisiert: Danach blieben die Grundgesetzbestimmungen und die Bestimmungen der Berliner Verfassung von 1950, die mit dieser Erklärung nicht übereinstimmen – wie bisher – suspendiert. In zwei Briefen der westalliierten Botschafter in Bonn an den Bundeskanzler erinnerten die Westalliierten an ihre Vorbehaltsrechte hinsichtlich Berlins und bestimmten die nicht mehr zulässigen Formen der Bundespräsenz: keine Plenarsitzungen von > DEUTSCHEM BUNDESTAG, > BUNDESRAT und Bundesversamm-

lung, aber Sitzungen von Ausschüssen und Fraktionen. Einige in der Vergangenheit praktizierte demonstrative Akte waren damit nicht mehr gestattet. Für die Zugehörigkeit von Berlin (West) zur Bundesrepublik war jedoch wichtiger, daß die weitgehende Einbeziehung in das Rechts-, Wirtschafts- und Gesellschaftssystem der Bundesrepublik von der UdSSR anerkannt wurde.

3.5. Zutritt

Der Zutritt für West-Berliner Bürger in die DDR war seit 1952 nicht mehr möglich. Nach dem Mauerbau 1961 wurde auch die Einreise nach Berlin (Ost) unterbunden. Lediglich die > PASSIERSCHEINREGELUNGEN der Jahre 1963-66 erlaubten Verwandtenbesuche zu bestimmten Zeiten. Nach dem Auslaufen der letzten Passierscheinvereinbarung bestand diese Möglichkeit für West-Berliner nur noch in dringenden Familienangelegenheiten.

Das V. schuf hier eine neue völkerrechtlich verbindliche Regelung. Die UdSSR erklärte gegenüber den drei Westmächten, „daß die Kommunikationen zwischen den Westsektoren Berlins und Gebieten, die an diese Sektoren grenzen sowie denjenigen Gebieten der Deutschen Demokratischen Republik, die nicht an diese Sektoren grenzen, verbessert werden". Diese umständliche Beschreibung für Berlin (Ost) und die DDR war erforderlich, da die Westalliierten aus statusrechtlichen Gründen nicht bereit waren, DDR-Hoheitskompetenzen für Berlin (Ost) anzuerkennen und die UdSSR eine getrennte Auflistung von Berlin (Ost) und der DDR nicht akzeptieren wollte. Ferner erklärte die UdSSR, daß die Probleme von West-Berlin Exklaven in der DDR durch > GEBIETSAUSTAUSCH geregelt werden könnten. Den „zuständigen deutschen Behörden" wurde wiederum die Ausarbeitung der konkreten Regelungen übertragen.

3.6. Außenvertretung

Seit Inkrafttreten des „Kleinen Besatzungsstatuts" 1955 hatten die Westalliierten die Vertretung der Interessen von Berlin (West) im Ausland der Bundesrepublik übertragen. Status- und Sicherheitsfragen blieben Angelegenheiten der Westmächte. Die UdSSR und die DDR hatten diese Praxis stets kritisiert.

Das V. regelte auch diese Probleme. Die Bundesrepublik konnte danach: „die Interessen der Westsektoren Berlins in internationalen Organisationen und auf internationalen Konferenzen" vertreten; die konsularische Betreuung für die Einwohner von Berlin (West) ausüben; völkerrechtliche Vereinbarungen und Abmachungen abschließen, die Berlin (West) einschlossen, vorausgesetzt, dieses sei ausdrücklich erwähnt; Einwohner von Berlin (West) konnten gemeinsam mit Bundesbürgern am „internationalen Austausch und an internationalen Ausstellungen" teilnehmen, und auf Einladung des Senats oder der Bundesrepublik und des Senats konnten „Tagungen von internationalen Organisationen und von internationalen Konferenzen sowie Ausstellungen mit internationaler Beteiligung" in Berlin (West) stattfinden. In einem „Verhandlungsprotokoll" wurde auch die Frage der Reisedokumente für West-Berliner bei Reisen in die UdSSR verbindlich geregelt. Die UdSSR anerkannte damit die Paßhoheit der Bundesrepublik für Bürger aus Berlin (West).

3.7. Sowjetisches Generalkonsulat
Als Kompensation für das sowjetische Entgegenkommen in der Frage der Außenvertretung Berlins (West) stimmten die Westalliierten der Errichtung eines sowjetischen Generalkonsulats sowie einiger Handelsvertretungen und Tourismusbüros in Berlin (West) zu (> AUSLÄNDISCHE VERTRETUNGEN).

3.8. Inkrafttreten, Gültigkeit und deutsche Übersetzung
In den „Schlußbestimmungen" legten die Verhandlungspartner fest, daß das V. nach Abschluß der deutsch-deutschen Folgevereinbarungen durch ein „Schlußprotokoll" in Kraft gesetzt werde. Dessen Text war bereits mit den anderen Teilen des Abkommens vereinbart worden. Das Schlußprotokoll regelte auch das Verfahren zur Beilegung von Streitigkeiten bei der Auslegung des Abkommens. Jede Signatarmacht hatte das Recht, Vier-Mächte-Konsultationen zu verlangen.
Die Schlußbestimmung legte ferner fest, daß der Wortlaut des V. gleichermaßen in den drei Sprachen englisch, französisch und russisch gültig ist. Eine verbindliche deutsche Fassung kam nicht zustande. Insg. blieben 76 Formulierungen strittig, u.a. die Überschrift sowie die Begriffe „ties" („Bindungen" oder „Verbindungen") und „constituent part" („Bestandteil" oder „konstitutiver Teil").

3.9. Deutsch-deutsche Folgevereinbarungen
Die erste Vereinbarung zwischen den beiden deutschen Staaten, das sogenannte Postprotokoll über Verbesserungen im Post- und Fernmeldeverkehr, wurde am 30.9.1971 unterzeichnet. Am 17.12.1971 folgte das Abkommen „über den > TRANSITVERKEHR von zi-

vilen Personen und Gütern zwischen der Bundesrepublik Deutschland und Berlin (West)". Am 20.12.1971 unterzeichneten der Senat und die DDR-Regierung eine Vereinbarung „über Erleichterungen im Reise- und Besucherverkehr" (> BESUCHERREGELUNGEN). Festgelegt wurde die Erlaubnis für West-Berliner Bürger, nach Berlin (Ost) und in die DDR einzureisen. Die am gleichen Tag zwischen Senat und DDR-Regierung unterzeichnete Vereinbarung über „die Regelung der Frage von Enklaven durch > GEBIETSAUSTAUSCH" ermöglichte die Lösung einer Reihe von territorialen Problemen (> DEMARKATIONSLINIE; > STEINSTÜCKEN). Nachdem die UdSSR und die drei Westalliierten in einem Notenwechsel vom 11. und 16.12.1971 die deutsch-deutschen Folgevereinbarungen bestätigt hatten, waren die von beiden deutschen Staaten zu erbringenden Voraussetzungen für die Unterzeichnung des Vier-Mächte-Schlußprotokolls und das Inkrafttreten des V. gegeben.
Dennoch konnten die vier Außenminister das Schlußprotokoll erst am 3.6.1972 unterzeichnen, zeitgleich mit dem Inkrafttreten des Moskauer und des Warschauer Vertrags zwischen der Bundesrepublik und der UdSSR bzw. Polen, da die UdSSR zwischen beiden Vertragskomplexen ein Junktim hergestellt hatte. Die Berlin-Regelung war wiederum für die Bundesregierung die entscheidende Voraussetzung zum Abschluß des > GRUNDLAGENVERTRAGS mit der DDR vom 21.12.1972, in dem sie erstmals die staatliche Existenz der DDR anerkannte.

4. Die politische Praxis
4.1. Interpretationsunterschiede
Die bereits während der Verhandlungen sichtbar gewordenen und im V. durch Formelkompromisse („das betreffende Gebiet") überbrückten Meinungsverschiedenheiten über den Geltungsbereich des Abkommens traten nach dem Inkrafttreten in aller Deutlichkeit zutage. UdSSR- und DDR-Repräsentanten äußerten bereits unmittelbar nach der Unterzeichnung, daß dieses Abkommen ausschließlich Bestimmungen über Berlin (West) enthalte, hingegen keinerlei Gültigkeit für Berlin (Ost) – „die > HAUPTSTADT der DDR" – besitze. Aber nicht nur deklaratorisch, sondern auch durch politische Schritte stellte die DDR-Regierung nach 1972 – mit sowjetischer Zustimmung – den Vier-Mächte-Status für Groß-Berlin in Frage, indem sie einige bis dahin noch geltende Statusbesonderheiten für

Ost-Berlin aufhob (z.B. Einstellung des besonderen „Verordnungsblatts für Groß-Berlin" 1976 und Direktwahl der Ostberliner Volkskammerabgeordneten 1979). Im Gegensatz zu den Interpretationen der UdSSR und der DDR beharrten die Westalliierten und die Bundesregierung auf ihrem Rechtsstandpunkt, daß das V. für ganz Berlin gelte, ausgenommen jene „Regelungen, die die Westsektoren Berlins betreffen".

4.2. Kooperation

Nach Abschluß der Folgevereinbarungen zum V. gab es seit 1972 zwischen beiden deutschen Staaten eine Vielzahl vertraglicher Vereinbarungen, in denen Bezug auf das V. genommen wurde. Bereits vor dessen Inkrafttreten hatten beide Regierungen die Einbeziehung von Berlin (West) in den Verkehrsvertrag vom 26.5.1972 beschlossen. Im Grundlagenvertrag war Berlin (West) in vielfältiger Weise integriert worden. Die Einbeziehung von Berlin (West) in die in Art. 7 aufgeführten zukünftigen Gebiete vertraglicher Vereinbarungen erfolgte ohne Probleme. Von besonderer Bedeutung für Berlin (West) waren dabei die Vereinbarungen über Verbesserungen im Straßen-, Schienen- und Binnenschiffahrtsverkehr (> Eisenbahn; > Schiffahrt). Auch der Senat von Berlin und die DDR-Regierung schlossen nach dem Inkrafttreten des V. und seiner Folgevereinbarungen weitere Kooperationsabkommen ab. Dazu gehörten: die Verbesserungen bei einigen Bestimmungen im Reise- und Besucherverkehr, Abmachungen über die Übernahme von Müll und Abwässern durch die DDR, erstmals 1974 (> Wasserversorgung/ Entwässerung); Vereinbarungen über Rettungsmaßnahmen bei Unglücksfällen an der Sektorengrenze aus dem Jahr 1975, der Bau einer Autobahnverbindung zum > Berliner Ring über den neuen Grenzübergang Stolpe/ Heiligensee (> Bundesfernstrassen, > Transitverkehr) und die Übernahme des S-Bahn-Betriebs in Berlin (West) durch die > Berliner Verkehrs-Betriebe (BVG) 1984 (> S-Bahn).

4.3. Konfrontation

Die während der Vier-Mächte-Verhandlungen erneut sichtbar gewordenen unterschiedlichen Positionen zwischen den drei Westmächten einerseits und der Sowjetunion andererseits über statusrechtliche Fragen führten in der Praxis aber auch zu einer Reihe von Problemen. Beim > Transitverkehr kam es zu Behinderungen durch DDR-Behörden. Besonders gravierend waren generelle Kon-

trollen und Durchsuchungen von Transitreisenden in den Monaten Januar bis März 1974 und schleppende Abfertigungen im Oktober 1974. Anlaß zur Einberufung der Transitkommission durch die Bundesregierung boten u.a. auch die Zurückweisungen von Angehörigen des > Umweltbundesamtes 1974. Die Meinungsverschiedenheiten über die Bindungen – die DDR sprach stets nur von „Verbindungen" – hatten ebenfalls immer wieder konfliktträchtige Auswirkungen. UdSSR und DDR, in mehreren Fällen auch andere Warschauer-Pakt-Staaten, reagierten mit Protesten und Maßnahmen auf die Aktivitäten von Bundesorganen in der Stadt, so etwa auf die Anwesenheit von Repräsentanten bundesdeutscher Verfassungsorgane, auf Schritte zur weiteren Einbeziehung West-Berlins in das Rechts- und Gesellschaftssystem der Bundesrepublik und auf die Außenvertretung der Stadt durch die Bundesregierung.

Hinter diesen Auseinandersetzungen wurde ein grundsätzlicher Interpretationsstreit über die entsprechenden Bestimmungen des V. sichtbar, der zwischen der Bundesregierung und den Westmächten einerseits sowie der DDR- und der UdSSR Regierung andererseits bestand: Während erstere davon ausgingen, daß alles, was nicht verboten sei, getan werden könne, betonten letztere, nur das sei erlaubt, was im Abkommen ausdrücklich genannt werde.

Sichtbarer Ausdruck dieses Konflikts waren z.B. die Schwierigkeiten, West-Berlin in außenpolitische Verträge der Bundesrepublik einzubeziehen. Trotz der 1972 zwischen Bundesregierung und sowjetischer Regierung vereinbarten *Frank-Falin-Formel*, nach der Berlin (West) in bilaterale Verträge einbezogen werden solle, sofern dies unter Bezug auf das V. ausdrücklich erwähnt werde, gelang es der Bundesregierung nicht in allen Fällen, Verträge mit der UdSSR, der DDR und anderen osteuropäischen Staaten unter ausdrücklicher Einbeziehung von Berlin (West) abzuschließen. So scheiterte z.B. der Abschluß eines Abkommens zwischen der Bundesrepublik und der Sowjetunion über wissenschaftlich-technische Zusammenarbeit bis 1986 an der sowjetischen Weigerung der Einbeziehung West-Berlins. Aus dem gleichen Grund gab es Probleme bei den Verhandlungen über ein Rechtshilfeabkommen und der Festlegung eines konkreten Programms im Rahmen des Kulturabkommens zwischen beiden Staaten.

Ein weiteres Konfliktfeld betraf den Reise- und Besucherverkehr von West-Berlinern nach Berlin (Ost) und in die DDR, der durch einseitige Maßnahmen der DDR mehrfach beeinträchtigt wurde. So kontingentierte die DDR beispielsweise die Zahl der Einreisen nach Berlin (Ost) anläßlich der Weltjugendfestspiele vom 28.7.-5.8.1973 und während des FDJ-Pfingsttreffens vom 30.5.-4.6.1979, unterließ derartige Maßnahmen jedoch nach westlichen Protesten. Anlaß zu Beschwerden des Beauftragten des Senats für die Durchführung dieser Vereinbarung boten daneben immer wieder die Einreiseverbote für bestimmte Personen und Kreise, insbes. für ehemalige DDR-Bewohner. Als besonders schwerwiegend für den Reise- und Besucherverkehr wirkte sich die mehrfache Erhöhung des Mindestumtauschs – zuletzt 1980 – aus.

5. Bilanz

Durch das am 3.6.1972 in Kraft getretene V. wurde eine endgültige Lösung aller Probleme in und um Berlin nicht erreicht. Das Abkommen konkretisierte die Rechte und Pflichten der vier Siegermächte des II. Weltkriegs und bestätigte die westlichen Rechtspositionen gegenüber der UdSSR. Es band die vier Mächte langfristig in die Probleme Mitteleuropas ein und schuf politische Sicherheit für Berlin (West). Es beendete Berlins Rolle als Krisenherd zwischen den gegnerischen Militärallianzen in Mitteleuropa. Damit stand es als wesentlicher Baustein der Entspannungspolitik nach zweieinhalb Dekaden krisenhafter Entwicklungen am Anfang einer Periode der Beruhigung auf der Basis des Status quo in Berlin, Deutschland und Europa, ohne diesen jedoch dauerhaft festzuschreiben.

Auf der deutsch-deutschen Ebene trug das V. zu einer grundlegenden Verbesserung der Beziehungen zwischen den beiden deutschen Staaten bei. Es ermöglichte der DDR den Einstieg in die internationale Politik und erlaubte es der Bundesrepublik, ihre im Grundgesetz verankerte Verantwortung für Berlin und die Menschen im anderen Teil Deutschlands wahrzunehmen.

In den für Berlin (West) wichtigen Bereichen > ZZZ – ZUGEHÖRIGKEIT/ZUGANG/ZUTRITT wurden durch die Vereinbarungen zwischen den vier Mächten und den „zuständigen deutschen Behörden" völkerrechtliche Absicherungen und konkrete Verbesserungen erzielt. Durch das Transitabkommen wurde der Zu-

gang nach Berlin (West) für den zivilen Verkehr erstmals nach dem II. Weltkrieg völkerrechtlich verbindlich geregelt und praktisch verbessert. Die Konkretisierungen der Bindungen zwischen der Bundesrepublik Deutschland und Berlin (West) bekräftigte die Zugehörigkeit von Berlin (West) zum Rechts-, Wirtschafts- und Gesellschaftssystem der Bundesrepublik. Für die Einwohner von Berlin (West) wurden die Kommunikationsmöglichkeiten (insbes. beim Reise- und Besucherverkehr) mit Berlin (Ost) und der DDR durch die Vereinbarungen zwischen dem Senat und der DDR-Regierung entscheidend verbessert.

Im Vertrag über die abschließende Regelung in bezug auf Deutschland zwischen den vier Siegermächten und den beiden deutschen Staaten, der am 12.9.1990 in Moskau paraphiert wurde, verzichteten die vier Mächte auf ihre Rechte in Deutschland und Berlin. Im Vorgriff auf das erst am 15.3.1991 abgeschlossene Ratifizierungsverfahren erklärten sie bereits am 1.10.1990 mit Wirkung der > VEREINIGUNG Deutschlands am > 3. OKTOBER 1991 diese Rechte für suspendiert. Damit trat das V. automatisch außer Kraft.

Viktoriapark: Der V. entstand 1888-94 nach Plänen von Stadtgartendirektor Hermann Mächtig auf dem 66 m hohen Kreuzberg, der nach der Bildung > GROSS-BERLINS im Jahre 1920 dem umgebenden Bezirk seinen Namen gab (> KREUZBERG). Hier, auf dem bis Mitte des 18. Jh. als Weinberg genutzten, seitdem kahlen *Tempelhofer Berg*, war 1821 weit vor der Stadt das von Karl Friedrich Schinkel aus Gußeisen in gotischen Formen gestaltete *Nationaldenkmal zur Erinnerung an die Freiheitskriege* 1813-15 aufgestellt worden (> FER DE BERLIN). Nach dem Eisernen Kreuz an der Spitze des Denkmals erhielt der Berg den Namen „Kreuzberg". Als die Bebauung sich bis an den Berg ausdehnte, wurde das Denkmal 1878 in der Achse der Großbeerenstraße 8 m erhöht auf einen massiven Unterbau gestellt. Der bei der Gestaltung des V. angelegte Wasserfall unterhalb des Denkmals ist eine Nachbildung des Zackelfalls im Riesengebirge, der damals ein beliebtes Reiseziel der Berliner war. Die dem märkischen Sand eigentlich fremden Felsformationen sollten das Denkmal „wie auf Fels gebaut erscheinen lassen". Östlich des Parks liegt seit 1983 ein Rosengarten von Martin Schaumann, den Teil westlich der Möckernstr. schuf 1913-16

Mächtigs Nachfolger Albert Brodersen. Der V. ist Veranstaltungsort des jährlichen Kreuzberger Sommerfests. In der benachbarten Bezirksgärtnerei an der Methfesselstr. wird in geringem Umfang wieder etwas Wein angebaut, der allerdings nicht in den Handel kommt, sondern ausschließlich vom Bezirksamt bei offiziellen Anlässen verwendet wird. Die Wiederherstellung des 1980 als erste öffentliche Grünanlage in Berlin unter Denkmalschutz gestellten, arg vernachlässigten Parks durch die > GARTENDENKMALPFLEGE ist vorgesehen.

Villa Borsig: Die V. auf der Halbinsel *Reiherwerder* im nördlichen Teil des > TEGELER SEES – gegenüber den am östlichen Seeufer gelegenen > BORSIGWERKEN – ist das ehem. Landhaus der Familie Borsig. Die schloßartige, 1911-13 nach Entwürfen der Architekten Alfred Salinger und Eugen Schmohl errichtete Anlage wird heute von der > DEUTSCHEN STIFTUNG FÜR INTERNATIONALE ENTWICKLUNG (DSE) als Tagungsstätte für Aus- und Fortbildungsseminare von Führungskräften aus Entwicklungsländern genutzt (> ENTWICKLUNGSPOLITIK). Als architektonisches Vorbild der V. fungierte dabei auf Wunsch des Bauherrn Ernst v. Borsig das Schloß Sanssouci in Potsdam. Sowohl der überkuppelte, halbrunde Vorbau als auch die seitliche Säulenhalle wurden in das barockisierende Formenrepertoire aufgenommen.
Im Herbst 1937 verkaufte Borsig das gesamte Gebäude an das Deutsche Reich. Die V. diente dann bis zum Ende des II. Weltkriegs als Sitz der Reichsfinanzakademie. Nach Kriegsende ging die Halbinsel Reiherwerder mit der V. in den Besitz des Bundes über, bevor 1960 die DSE hier ihre Arbeit aufnahm. 1977 wurde auf dem Areal ein neues Gästehaus erbaut, das sich architektonisch in das landschaftsgärtnerisch gepflegte Gelände einfügt.

Villa Grisebach: Die V. in der Fasanenstr. 25 im Bezirk > CHARLOTTENBURG bildet mit dem benachbarten Käthe-Kollwitz-Museum und dem > LITERATURHAUS BERLIN sowie dem alle drei Häuser verbindenden kleinen Skulpturengarten ein einzigartiges Kulturzentrum in der Berliner > CITY um den > KURFÜRSTENDAMM. Nach einem repräsentativen Wintergarten am Literaturhaus wird die vom Ende des 19. Jh. stammende Häusergruppe auch als *Wintergartenensemble* bezeichnet.

Die V. wurde 1891/92 vom Architekten Hans Grisebach für sich selbst als Stadtvilla errichtet. 1984 erwarb die Deutsche Bank das im II. Weltkrieg nur leicht beschädigte Gebäude zusammen mit dem Nachbarhaus und sorgte für die denkmalpflegerische Wiederherstellung des wertvollen Ensembles. Seit 1986 ist die V. Domizil der Galerie Pels-Leusden, in der Kunst des 19. und des 20. Jh. ausgestellt und – über eine besondere Auktionsgesellschaft aus mehreren Galerien – auch gehandelt wird.
In dem 1871 als erstem Wohnhaus in der Fasanenstr. errichteten und mit der V. verbundenen Nachbarhaus Nr. 24 wurde im Mai 1986 das von einem Trägerverein „Käthe Kollwitz und graphische Sammlung Hans Pels-Leusden" eingerichtete *Käthe-Kollwitz-Museum* eröffnet. Auf 800 m² Ausstellungsfläche sind Graphiken, Zeichnungen, Plakate und Plastiken der von 1919-33 an der Berliner > AKADEMIE DER KÜNSTE tätigen und bis 1943 in Berlin lebenden Künstlerin Käthe Kollwitz zu sehen. (> KOLLWITZPLATZ)

Villa von der Heydt: Die V. in der Von-der-Heydt-Str. 16-18 im Bezirk > TIERGARTEN ist seit 1980 Sitz des Präsidenten und der Hauptverwaltung der > STIFTUNG PREUSSISCHER KULTURBESITZ. Das am Nordufer des > LANDWEHRKANALS gelegene, repräsentative, dreigeschossige Wohnhaus wurde 1860-62 im Auftrag des preußischen Handelsministers August v.d. Heydt nach Entwürfen des Oberbaurates Linke errichtet und steht stilistisch in der späten Nachfolge des Schinkelschen Klassizismus. Schauseite der ursprünglich mit einer Mauer aus gelben märkischen Ziegeln umfriedeten Villa ist die Ostfassade mit einer Loggia auf dem Niveau des Hauptgeschosses und einem über alle Geschosse reichenden Portikus. Auf der Nordseite liegt das Eingangsportal, auf der Südseite ein halbrunder vorgezogener Erkerbau mit Balkon.
1874-90 war das Anwesen an die chinesische Gesandtschaft vermietet, danach bewohnte der Bankier Karl v.d. Heydt, ein Großneffe des Bauherrn, die Villa und ließ verschiedene Umbauten vornehmen. Nach mehrfachem Besitzerwechsel kam es 1937 in Reichsbesitz und war Dienstwohnung des Chefs der Reichskanzlei. Im II. Weltkrieg wurde das Haus 1944 nahezu vollständig zerstört und 1947 im Sockelgeschoß wieder provisorisch hergerichtet. 1966 stellte man die Ruine unter Denkmalschutz und schützte sie vor weite-

rem Verfall. 1977-80 ließ das Land Berlin die V. rekonstruieren, wobei im wesentlichen der Zustand von 1862 wiederhergestellt wurde. Um den Bau einer zeitgenössischen Nutzung zuführen zu können, war dabei eine Erweiterung der Westseite um eine weitere Fensterachse notwendig, die gleichzeitig zu einer Neugestaltung des Mittelrisalites dieser Fassadenseite führte. Heute zählt die V. zu den wenigen noch erhaltenen Zeugnissen der Berliner Villenarchitektur des Spätklassizismus. (> BAUGESCHICHTE UND STADTBILD)

Villenkolonien: Bis zum I. Weltkrieg entstanden v.a. in den südwestlichen Vororten Berlins zahlreiche V. aus von Gärten umgebenen, repräsentativen Einfamilienhäusern. Gründer waren außer bei der V. Dahlem, die auf dem Gelände der > DOMÄNE DAHLEM entstand, private Gesellschaften, die das Gelände parzellierten, erschlossen und mit Gewinn verkauften (anders als bei den > GARTEN-STÄDTEN, die genossenschaftlich verwaltet wurden).
Erste Villen außerhalb der > STADTMAUER waren bereits ab 1800 zwischen Tiergartenstr. und > LANDWEHRKANAL südlich des > GROSSEN TIERGARTENS im Bereich des heutigen > KULTURFORUMS TIERGARTEN entstanden. In dem v.a. von Künstlern und Wissenschaftlern genutzten vornehmen Wohngebiet *(Geheimratsviertel)* nahmen später auch zahlreiche > AUS-LÄNDISCHE VERTRETUNGEN ihren Sitz, so daß sich hier im Laufe der Zeit – unter den Nationalsozialisten dann bewußt geplant und auch so bezeichnet – ein spezielles > DIPLOMATENVIERTEL entwickelte.
Die systematische Erschließung von V. begann 1863 mit der Kolonie Alsen bei Stolpe (> WANNSEE). Es folgten > LICHTERFELDE (1865), > WESTEND (1866), > FRIEDENAU (1871), Südende (> STEGLITZ; 1873), Wannsee (ab 1875), > GRUNEWALD (1889), > SCHLACHTENSEE (1894), Zehlendorf-Grunewald (1898) und Zehlendorf-West (1901; > ZEHLENDORF), > NIKOLASSEE und > DAHLEM (1901) und Neu-Westend (1913). So entstand ein nahezu geschlossenes Band von vornehmen Wohnvierteln, das sich vom Ende des > KURFÜRSTENDAMMS am > HALENSEE bis in den > DÜPPELER FORST an der Stadtgrenze nach Potsdam erstreckte und das auch heute noch zu den attraktivsten Wohnlagen Berlins gehört (> LAGE UND STADTRAUM). Auch im Osten Berlins entwickelten sich einige V., so z.B. Hirschgarten bei > FRIEDRICHS-HAGEN (1870), > NORDEND und > HESSENWINKEL

(1871), > GRÜNAU (ab 1875), > WILHELMSHAGEN (1891), > WENDENSCHLOSS (1892), ab 1893 in > HOHENSCHÖNHAUSEN südlich des > ORANKESEES (Ende 19. Jh.) und nördlich des > OBERSEES (Anfang 20. Jh.), > KAROLINENHOF (1894) oder > KARLSHORST (1895); jedoch lagen diese Kolonien z.T. über das Stadtgebiet verstreut und erreichten nicht die Größe und die Bedeutung der V. im Südwesten der Stadt.

Villa in der Bernadottestraße

Seit 1892 sicherte die Baupolizeiverordnung für die Vororte Berlins den Charakter der Bebauung. Die V. Friedenau allerdings wurde als solche aufgegeben und ab 1887 mit Mietshäusern bebaut. Im Zuge einer veränderten Denkmalpflegepolitik sind inzwischen zahlreiche der Villen selbst wie auch einige der umgebenden Villengärten unter Denkmalschutz gestellt worden (> DENKMAL-SCHUTZ; > GARTENDENKMALPFLEGE). Beispiele hierfür sind u.a. die von Hermann Muthesius entworfenen Häuser Cramer (Pacellistr. 18-20) und Neuhaus (Bernadottestr. 56-58) sowie die Villa Harteneck von Adolf Wollenberg (Douglasstr. 7-9).

Volksbegehren (VB)/Volksentscheid (VE): V. gehören ebenso wie das > BÜRGERBEGEHREN zu den plebiszitären Elementen im Berliner Verfassungsgefüge. Seit dem 17. Gesetz zur Änderung der > VERFASSUNG VON BERLIN vom 22.11.1974 sieht die Berliner Verfassung nach Art. 39, Abs. 3 ein VB und einen VE allein zur vorzeitigen Beendigung der Wahlperiode des > ABGEORDNETENHAUSES VON BERLIN vor (> WAHLEN). Bis zur Gesetzgebung von 1974 hatte die Berliner Verfassung nach dem Beispiel anderer Bundesländer auch die Möglichkeit der Landesgesetzgebung durch VB und VE beinhaltet. Die Korrektur wurde vorgenommen, weil die > ALLIIERTEN nicht bereit waren, eine Differenzierung zwischen reinem

Landesrecht und übernommenem Bundesrecht vorzunehmen (> BINDUNGEN; > DRITTES ÜBERLEITUNGSGESETZ; > SONDERSTATUS 1945-90). Es bestand daher die Gefahr, daß übernommenes Bundesrecht in Berlin ebenfalls zur Disposition des Volksgesetzgebungsverfahrens gestanden hätte.

Das Verfahren zur vorzeitigen Beendigung der Wahlperiode des Abgeordnetenhauses durch VB und VE sind in einem Gesetz vom 27.11.1974 und in einer Landesabstimmungsordnung vom 22.09.1976 geregelt. Das Verfahren ist dreistufig. Es sieht ein Antragsverfahren vor (1. Stufe). Danach muß der Antrag von mindestens 80.000 Wahlberechtigten unterstützt werden. Wenn der Antrag zulässig ist, wird ein VB durchgeführt, dem mindestens 20 % der Wahlberechtigten ihre Zustimmung geben müssen (2. Stufe). Ist das VB erfolgreich, hat das Abgeordnetenhaus zu befinden, ob es mit Zwei-Drittel-Mehrheit die Wahlperiode für beendet erklären will, oder es findet hierzu ein VE statt. Der VE ist dann erfolgreich, wenn sich mindestens die Hälfte der Wahlberechtigten daran beteiligt und die Mehrheit der Beteiligten zustimmt (3. Stufe).

Praktische Anwendung fanden diese Bestimmungen bisher nur 1981. Angesichts der allgemeinen politischen Lage und einer Senatskrise hatten der Landesausschuß der > CHRISTLICH-DEMOKRATISCHEN UNION DEUTSCHLANDS (CDU) und die CDU-Fraktion am 16.1.1981, einen Tag nach dem Rücktritt des SPD/F.D.P.-Senats unter Dietrich Stobbe (SPD), beschlossen, einen Antrag auf ein VB zur vorzeitigen Auflösung des Abgeordnetenhauses zu stellen, der am 25.1.1981 eingereicht wurde. Am selben Tag reichte auch die Alternative Liste einen entsprechenden Antrag ein (> DIE GRÜNEN/ALTERNATIVE LISTE FÜR DEMOKRATIE UND UMWELTSCHUTZ [GRÜNE/ AL]). Sowohl die AL als auch die CDU erreichten in der ersten Stufe die erforderliche Unterschriftenzahl. Am 29.1.1981 beschlossen dann die drei Fraktionen des Abgeordnetenhauses die vorzeitige Auflösung des Berliner Parlaments und die Durchführung von Neuwahlen am 10.5.1981. Nach diesem Beschluß zogen die Antragsteller ihre Anträge auf Durchführung eines VB zurück.

Volksbühne am Rosa-Luxemburg-Platz: Die V. im Bezirk > MITTE ist neben der 1992 im Zuge der > VEREINIGUNG und der Neuordnung der Berliner Theaterlandschaft aufgelösten > FREIEN VOLKSBÜHNE BERLIN an der Schaperstr. 57 im Bezirk > WILMERSDORF und der > BESUCHERORGANISATION „Freie Volksbühne e.V." eine der drei Theaterinstitutionen mit dem Namen „Volksbühne", deren gemeinsamer Ursprung bis ins Ende des 19. Jh. zurückreicht. (> THEATER)

Das Ensemble der V. zählte 1991 46 feste Schauspieler. In der Saison 1991/92 kamen insg. 39.630 Zuschauer in das 849 Plätze fassende Haus. In der gleichen Saison standen 29 Stücke auf dem Spielplan, davon neun Neuinszenierungen. Durch den Verkauf der Karten deckte das Theater 1990/91 4,3 % seiner Kosten. Den Rest trägt die > SENATSVERWALTUNG FÜR KULTURELLE ANGELEGENHEITEN.

Die Spielstätte der V. ist das 1913/14 als erster moderner Theaterbau Berlins von Oskar Kaufmann errichtete Haus am Rosa-Luxemburg-Platz. Der Bau wurde finanziert durch einen Aufschlag auf die Eintrittskarten und durch Spenden der 1912 ca. 100.000 Mitglieder zählenden Besucherorganisation. Den monumentalen Theaterbau im alten > SCHEUNENVIERTEL kennzeichnet ein im Halbrund wuchtig hervortretender, von sechs Säulen getragener Eingangsbereich. Links und rechts schließen sich als Eckbauten fensterlose Treppentürme an. Die Fassade des über die Umgebung leicht hinausragenden Baus ist mit Muschelkalk verblendet. Das Haus wurde mit der damals modernsten Bühnentechnik ausgestattet und bot ursprünglich knapp 2.000 Zuschauern Platz. Es verfügt über eine Drehbühne, eine versenkbare Vor- und breite Seitenbühnen sowie einen kreisförmigen Kuppelhorizont. 1939 erfolgten Umbauten durch Paul Baumgarten, wobei der Zuschauerraum Logen erhielt. Im November 1943 wurde das Bühnenhaus durch Bomben zerstört, die übrigen Räume brannten im April 1945 aus. 1952-54 wurde das Theater nach Plänen von Hans Richter in vereinfachter Form und unter Verzicht auf den ursprünglichen bildhauerischen Schmuck wiederhergestellt. Dabei veränderte man das ursprünglich verlängerte Halbrund des Zuschauerraums zur Eiform und ordnete die Ränge – bei Verringerung der Platzzahl um 600 – im hinteren Bereich in Form eines Amphitheaters an. Seit 1956 gibt es ferner eine kleine Bühne im 3. Stock. Ein weiterer Umbau erfolgte 1972 und konzentrierte sich v.a. auf den Zuschauerraum.

Die Entstehung der V. ist eng verbunden mit der 1890 gegründeten, sozialdemokratisch orientierten *Volksbühnenbewegung*. Sie hatte das Ziel, die Arbeiterschaft an die moderne Theaterkunst heranzuführen. Bereits 1882 kam es jedoch zur Spaltung der Bewegung. Der als „Neue Freie Volksbühne" bekannte Flügel hatte nach der Jahrhundertwende einen sehr großen Zulauf und erhielt dadurch die Mittel für den Bau des eigenen Hauses am damaligen Bülowplatz (heute Rosa-Luxemburg-Platz). Nach ihrer Eröffnung am 30.12.1914 war die V. zunächst dem damals von Max Reinhardt geleiteten > Deutschen Theater angeschlossen. 1924-27 trat Erwin Piscator durch aufsehenerregende Inszenierungen an der Volksbühne hervor. Die Nationalsozialisten „schalteten" die V. als „Theater am Horst-Wessel-Platz" gleich und benutzten das Gebäude schließlich als Waffenlager.

Nach dem II. Weltkrieg kam es durch die > Spaltung der Stadt auch zur Spaltung der Volksbühnenbewegung. Im Westteil entstand am 12.12.1946 als Neugründung der Verein Freie Volksbühne, während der in Ost-Berlin verbliebene Teil der Bewegung 1954 im Freien Deutschen Gewerkschaftsbund aufging (> Deutscher Gewerkschaftsbund).

Die wiederhergestellte V. wurde am 21.4. 1954 mit Friedrich Schillers „Wilhelm Tell" wiedereröffnet. Bis 1962 leitete Fritz Wisten das Haus, der seit 1946 Hausherr am Theater am Schiffbauerdamm gewesen war. Er kam mit seinem Ensemble 1954 an die wiedereröffnete V. und machte so das Theater am Schiffbauerdamm für das > Berliner Ensemble frei. 1969-78 war Benno Besson zunächst künstlerischer Leiter und dann Intendant der V. Von 1978-90 leitete Fritz Rödel, zuvor Chefdramaturg am > Maxim-Gorki-Theater, das Haus. 1990-92 waren Winfried Wagner, i.d.F. Annegret Hahn, amtierende Intendanten. Zum Repertoire der Volksbühne gehörten in jenen Jahren Werke von der antiken Komödie bis zum Gegenwartsstück aus der DDR. Ab Herbst 1992 ist Frank Castorf neuer Intendant.

Volksgerichtshof: Der V. entstand als Reaktion auf den Prozeß um den > Reichstagsbrand vor dem Leipziger Reichsgericht im Dezember 1933, dessen Ergebnis von den Nationalsozialisten wegen der für die vier mitangeklagten Kommunisten ergangenen Freisprüche als „glattes Fehlurteil" bezeichnet wurde. Seine Errichtung erfolgte 1934 in Berlin unter Ausschaltung des bis dahin zuständigen Reichsgerichts als Sondergericht zur Aburteilung von Hoch- und Landesverrat. Grundlage war das „Gesetz zur Änderung des Strafrechts und des Stafverfahrens" vom 24.4.1934. Durch das „Gesetz über den Volksgerichtshof und über die fünfundzwanzigste Änderung des Besoldungsgesetzes" vom 18.4.1936 wurde der V. zum „ordentlichen" Gericht erhoben und den Richtern die rote Robe der Mitglieder des Reichsgerichts verliehen. Die Kompetenz des V. umfaßte seitdem auch andere politische Straftaten. Während des Krieges kamen „Wehrkraftzersetzung" und „Feindbegünstigung" hinzu. So wurde der V. zum scheinlegalen Instrument der Unterdrückung und Verfolgung von Gegnern des Nationalsozialismus (> Widerstand).

Die Senate des V. bestanden aus je zwei Berufsrichtern und drei ehrenamtlichen Beisitzern der NSDAP und ihrer Gliederungen, der Wehrmacht, der Waffen-SS oder der Polizei. Sie waren „handverlesene Führerschöffen", die das bestehende Recht im Sinne der nationalsozialistischen „völkischen Selbsterhaltung" oder des „gesunden Volksempfindens" interpretierten. Infolge der kontinuierlich zunehmenden Verfahren erhöhte sich die Zahl der Berufsrichter von 1934-43 von 12 auf 47, die der Beisitzer von 19 auf 173. Insg. waren etwa 600 Personen als Staatsanwälte oder Richter am V. tätig, der in erster und letzter Instanz entschied. Die Amtsräume befanden sich zuerst im Gebäude des > Preussischen Landtags in der Prinz-Albrecht-Str. (> Prinz-Albrecht-Gelände), ab Mai 1935 in der Bellevuestr. am > Potsdamer Platz. Die Verhandlungen gegen die Mitglieder der „Weißen Rose" fanden 1943 in München statt, die gegen die Verschwörer des > 20. Juli 1944 im großen Saal des > Kammergerichts am > Heinrich-von-Kleist-Park (von 1945-90 Sitz des > Alliierten Kontrollrats). In den letzten Monaten des II. Weltkriegs verlegte man den V. nach Potsdam. 1940 wurden erstmals mehr als 50, schon im folgenden Jahr mehr als 100 Todesurteile verkündet. Unter dem 1942 berufenen Präsidenten Roland Freisler wurden bis Ende 1944 mehr als 5.000 Todesurteile verhängt. Freisler kam am 3.2.1945 bei einem Luftangriff ums Leben. Da der V. als „ordentliches Gericht" eingestuft wurde, blieben die dort tätigen Richter, Staatsanwälte und Schöffen nach dem II. Weltkrieg außer Strafverfolgung.

Volkshochschulen: Die 23 V. in Berlin sind kommunale Weiterbildungszentren der > Bezirke, die vom Land Berlin finanziert werden. Sie sind dezentral organisiert und offerieren ein breites Spektrum an Weiterbildungsangeboten, das sich an den soziokulturellen Strukturen der Stadtbezirke orientiert. Bürgernähe ist ein wesentlicher Faktor der Attraktivität der V. Daneben unterhält das Land Berlin noch eine zentrale Heimvolkshochschule im > Jagdschloss Glienicke in > Zehlendorf.

Die Berliner V. gehören zu den großen Trägern der beruflichen Weiterbildung (> Schule und Bildung) und sind tätig in der beruflichen Grundbildung, der Vermittlung von Schlüsselqualifikationen, der beruflichen Anpassungsqualifikation, der kontinuierlichen Fortbildung, der Vermittlung von beruflichen Spezialkenntnissen und der Umschulung.

Die V. bereiten in Kursen und Lehrgängen auch auf staatliche Prüfungen vor. Das Prüfungsangebot erstreckt sich auf EDV-Grundlagen und Standard-Anwendungen, Betriebliches Rechnungswesen sowie Schreibtechnik.

Als Mittler fremdsprachlicher Kenntnisse und Fertigkeiten leisten die V. einen bedeutenden Beitrag zur beruflichen Qualifizierung und zur Völkerverständigung. Die Berliner V. bieten Kurse in 35 Fremdsprachen an. Sie führen Sprachkurse zur Vorbereitung auf die international anerkannten Zertifikate des Deutschen Volkshochschul-Verbandes durch und bereiten auf Prüfungen der > Industrie- und Handelskammern (IHK) bzw. ausländischer Universitäten vor. An den V. > Charlottenburg, > Schöneberg, > Treptow und > Marzahn kann im Rahmen des *zweiten Bildungsweges* in Tageskursen das Abitur nachgeholt werden. Die V. Charlottenburg bietet außerdem Abendlehrgänge zum Erwerb der Fachhochschulreife. Mehrere V. veranstalten auch Kurse zum nachträglichen Erwerb des Hauptschulabschlusses, des erweiterten Hauptschulabschlusses und des Realschulabschlusses (> Schule und Bildung). Für die Maßnahmen zur Integration ausländischer Mitbürgerinnen und Mitbürger in die Gemeinde auf dem Wege interkulturellen Lernens sind die V. seit den 70er Jahren ein bedeutender Veranstalter.

Daneben bieten V. ein integratives Programm allgemeiner, politischer, beruflicher und kultureller Bildung in den Bereichen Hobby, Freizeitgestaltung, Gesundheit und Fitness und leisten damit einen wichtigen Beitrag zur ganzheitlichen Persönlichkeitsentwicklung und sinnvollen Lebensgestaltung.

Volkspark am Weinberg: Der V. am Weinbergsweg im Bezirk > Mitte entstand 1954-56 nach Plänen des Gartenbauarchitekten Helmut Kruse anstelle eines im II. Weltkrieg zerstörten Viertels von > Mietskasernen. Namengebend für das rd. 3,5 ha große, leicht ansteigende Gelände auf dem Plateau des > Barnim war ein seit alters her hier betriebener Weinberg. Er fiel – wie die anderen Weinbaukulturen im Berliner Raum – dem extrem kalten Winter 1740/41 zum Opfer. Das Gelände wurde nicht wieder kultiviert, sondern im späten 19. Jh. in die Mietshausbebauung einbezogen (> Wohnungsbau). Hier befand sich das ehemals in Berlin sehr bekannte Kleinkunsttheater „Carows Lachbühne". Nach dem Krieg wurde das Gelände durch Trümmerschutt auf rd. 40 m erhöht (> Trümmerberge).

Der kleine Freizeit- und Erholungspark mit Liegewiesen, Stauden- und Rosengarten, Kinderspielplatz und einem Teich erhielt 1957 ein Café mit großer Gartenterrasse. An der Veteranenstr./Ecke Brunnenstr. wurde 1958 ein von Waldemar Grzimek geschaffenes Denkmal für Heinrich Heine aufgestellt. Das 1956 fertiggestellte, überlebensgroße Bronzedenkmal des auf einem Hocker sitzenden Dichters – nahezu identisch mit einem *Heine-Denkmal* Grzimeks, das bereits 1955 in Ludwigsfelde aufgestellte wurde – steht auf einem kubusförmigen Steinsockel mit einem szenischen Bronzefries, der Themen aus den Hauptwerken Heines aufnimmt. Ursprünglich war es für einen Standort vor dem > Maxim Gorki Theater vorgesehen, fiel aber der sozialistischen Kunstkritik zum Opfer und wurde hierher verbannt. Am 18.2.1991 wurde anläßlich des 135. Todestages des Dichters am 17. Februar an der Heinrich-Heine-Str./Ecke Köpenicker Str. ein weiteres Heine-Denkmal von Carin Kreuzberg enthüllt.

Volkspark Anton Saefkow: Der V. an der Anton-Saefkow-Str. ist eine der wenigen Grünflächen im Bezirk > Prenzlauer Berg. Die ca 8,5 ha große Parkanlage ist dem 1944 im Zuchthaus Brandenburg ermordeten Widerstandskämpfer Anton Saefkow gewidmet, an den eine Porträtbüste aus Naturstein

(Hans Kies, 1958) an der Anton-Saefkow-Str./Ecke Schönhaarstr. erinnert (> WIDERSTAND). Eine kleine Erhebung und eine abwechslungsreiche Bepflanzung machen den Park zu einer reizvollen Gartenlandschaft inmitten der Großstadt. Der Park geht zurück auf den Gumbiner Grund an der 1911 so benannten Gumbiner Str. Anläßlich ihrer Umbenennung in Anton-Saefkow-Str. 1955 erhielt die bis dahin weitgehend ungestaltete Fläche ihre heutige Form und ihren heutigen Namen.

Volkspark Friedrichshain: Der V. im gleichnamigen Bezirk ist die älteste und mit 52 ha nach dem > GROSSEN TIERGARTEN größte Parkanlage in der Berliner Innenstadt. Die ersten Pläne für den Park stammen von Peter Joseph Lenné aus dem Jahr 1840. Zum 100. Jahrestag der Thronbesteigung Friedrich II. (1740-86) beschloß die Berliner > STADTVERORDNETENVERSAMMLUNG, im dichtbesiedelten Berliner Osten auf einem ehem. Weinbergsgelände des > BARNIMS als eine Art Gegenstück zum Tiergarten eine nach dem König benannte „Erholungsstätte für alle Stände" zu schaffen. Die Ausführung des Parks, der später dem ganzen Stadtbezirk seinen Namen gab, erfolgte 1846-48 zunächst auf einer Fläche von 46 ha nach Plänen des Lenné-Schülers und damaligen Hofgärtners in Potsdam-Sanssouci, Gustav Meyer. Am 17.8. 1848 wurde der V. eröffnet. Im März des Jahres war auf der damals höchsten Erhebung des Geländes, dem Kanonenberg, bereits der > FRIEDHOF DER MÄRZGEFALLENEN angelegt worden, auf dem 183 Tote der 48er Revolution in Berlin bestattet sind (> GESCHICHTE).
1868-74 ging ein Teil des Geländes für den Neubau des *Städtischen Krankenhauses Friedrichshain* an der > LANDSBERGER ALLEE – des ersten Städtischen Krankenhauses Berlins – verloren. Stattdessen ließ der inzwischen zum Berliner Stadtgartendirektor berufene Gustav Meyer 1874/75 östlich der heutigen Virchowstr. den „Neuen Hain" anlegen. In dessen Mitte entstand ein 250 m langer und 150 m breiter, mit Linden eingefaßter Kinderspielplatz. 1902-13 folgte die Errichtung des neobarocken > MÄRCHENBRUNNENS an der Westspitze des V. Bis zum Beginn des II. Weltkriegs blieb die Parkanlage unverändert. 1939/40 wurden auf den beiden Hügeln im V. zwei große Flaktürme errichtet, in denen unmittelbar nach Kriegsende durch einen Brand wertvolle Teile von dorthin aus-gelagerten Sammlungen der Berliner > MUSEEN vernichtet wurden.
Nach dem Krieg wurde der schwer verwüstete V. (fast der gesamte Baumbestand war zerstört) nach Plänen des Berliner Stadtgartendirektors Reinhold Lingner in veränderter Form neu gestaltet. Die beiden Flaktürme wurden gesprengt und mit etwa 2,1 Mio. m^3 Trümmerschutt zugedeckt. So entstanden der Kleine *Bunkerberg* (48 m) mit einer > RODELBAHN und südwestlich davon der 78 m hohe Große *Bunkerberg*, die im Volksmund bald den Namen *Mont Klamott* erhielten. Zwischen den beiden inzwischen dicht begrünten Hügeln liegt der Schwanenteich, in dessen Nähe sich ein Pavillon mit einer 1989 von der japanischen World Peace Bell Association an den > MAGISTRAT von Ost-Berlin übergebenen *Friedensglocke* gegen den Atomkrieg befindet. 1950 wurde westlich des Krankenhauses eine Freilichtbühne errichtet. Im Neuen Hain entstand 1951 das > KARL-FRIEDRICH-FRIESEN-SCHWIMMSTADION, daneben 1969-73 ein Freizeitzentrum mit Ball-, Tennis- und Kleinsportanlagen. Hier befindet sich auch der von Achim Kühn 1973 aus Granit und Stahl geschaffene Brunnen „Wasserglocke".
Am Westrand des V. an der Friedenstr. befindet sich die 1968 eingeweihte *Gedenkstätte der deutschen Interbrigadisten (Spanienkämpferdenkmal*, 1992 nach Sprengstoffanschlag in Restauration). Das Denkmal mit der von Fritz Cremer geschaffenen überlebensgroßen Bronzefigur eines aus dem Graben vorstürmenden Kämpfers und einer Bronzeplatte mit erzählenden Reliefszenen würdigt die 3.000 Gefallenen unter den 5.000 deutschen Freiwilligen, die 1936-39 im spanischen Bürgerkrieg auf Seiten der Internationalen Brigaden gegen den spanischen Diktator Franco kämpften.
An der Virchowstr. im östlichen Teil des V. führt eine breite Treppe zu der Denkmalanlage für den gemeinsamen Kampf polnischer Soldaten und deutscher Antifaschisten im II. Weltkrieg. Die am 14.5.1972 eingeweihte, rd. 15 m hohe Stele mit bronzenem Fahnentuch vor einer Mauer mit Inschriften in deutscher und polnischer Sprache entstand in Gemeinschaftsarbeit von Künstlern aus Polen und der DDR.

Volkspark Hasenheide: Der rund 50 ha große V. zwischen den Straßen Hasenheide und Columbiadamm im Nordwesten des Bezirks

> NEUKÖLLN liegt auf der Geländekante der Hochfläche des > TELTOW zum > WARSCHAU-BERLINER URSTROMTAL der > SPREE. Die bis auf das Jahr 1678 zurückgehende Verwendung des Geländes als Hasengehege gab ihm seinen Namen. Ursprünglich umfaßte die Hasenheide außer dem heutigen Volkspark auch das Gelände der westlich anschließenden Sportplätze, des Standortfriedhofs Lilienthalstr. und des Garnisonsfriedhofs Columbiadamm (> GARNISONSFRIEDHÖFE) sowie im Südwesten einen Teil des heutigen Flughafens Tempelhof bis zur Höhe Golßener Str. (> FLUGHÄFEN)

1811 ließ der als „Turnvater Jahn" bekannte Pädagoge und Politiker Friedrich Ludwig Jahn in der Hasenheide die ersten öffentlichen Turnplätze Deutschlands anlegen. Aus diesen Anfängen entwickelte sich eine Turnbewegung, die in kurzer Zeit auf ganz Deutschland übergriff. Nahe der Karlsgartenstr. steht heute noch die „Jahneiche", an der Jahn seine ersten Turnübungen gemacht haben soll; an der Stelle des zuletzt eingerichteten Turnplatzes auf einer Anhöhe im Nordostteil des V. wurde 1872 zum 20. Todestag Jahns das *Jahn-Denkmal*, ein 6 m hohes Bronzestandbild des Turners von Erdmann Enke, errichtet. Unterhalb des Granitsockels befindet sich eine Mauer mit Widmungstafeln von Turnvereinen aus aller Welt.

1838 verschönerte Peter Joseph Lenné die damals als Schießplatz genutzte Hasenheide durch die Anpflanzung von Bäumen. 1919 wurde der Teil südlich des Columbiadamms und westlich der Lilienthalstr. als Volkspark hergerichtet. 1936 fiel diese Anlage aber bereits wieder der Erweiterung des Flughafens Tempelhof zum Opfer (> FLUGHÄFEN). Der heutige V. geht auf eine 1936-39 erfolgte Gestaltung des Geländes durch den Stadtgartendirektor Joseph Pertl zurück, bei der der alte Baumbestand einbezogen wurde.

Der Westteil mit der *Rixdorfer Höhe* kam 1951 unter dem Gartenamtsleiter Kurt Pöthig hinzu. Der 69,5 m hohe, inzwischen völlig zugewachsene > TRÜMMERBERG trägt ein Denkmal zur Erinnerung an die Aufbauleistungen von zehntausenden *Trümmerfrauen*, die nach dem Ende des II. Weltkriegs – zunächst von den Sowjets, dann von der > ALLIIERTEN KOMMANDANTUR für 72 Pfennig pro Stunde dienstverpflichtet – mit primitivsten Hilfsmitteln die Straßen Berlins vom Trümmerschutt befreiten. Die aus Muschelkalk gestaltete Figur einer sitzenden Frau ist ein Werk von Katharina Singer aus dem Jahr 1954. Von gartenkünstlerischer Bedeutung ist ein von ehem. Schießplatzwällen umgebener, 1955-57 von Helmut Bournot gestalteter Rhododendronhain.

Der V. gehört zu den am stärksten genutzten innerstädtischen Parkanlagen. Seine Größe und einfache Gestaltung (Wiesenräume mit langgestreckten Baumstreifen, die an die Schießplätze erinnern) erlauben unterschiedlichste Aktivitäten und Erholungsmöglichkeiten für alle Bevölkerungsgruppen. Es gibt Liegewiesen, Schachtische, Grill- und Spielplätze, ein Tiergehege am nördlichen Parkrand und im Zentrum des Parks ein 1954-56 erbautes Naturtheater für 1.000 Zuschauer, das vom Bezirksamt für Musik- und Theaterveranstaltungen vermietet wird. Jährlich im Mai werden im V. als bezirkliches Volksfest die „Neuköllner Maientage" veranstaltet.

Volkspark Hohenschönhausen: Der V. zwischen Suermondtstr. und Falkenberger Chaussee wurde bei der Neugründung des Bezirks > HOHENSCHÖNHAUSEN 1985 dem Bezirk > WEISSENSEE zugeschlagen. Der insg. ca. 25 ha große Park ist in seinem Charakter bestimmt durch das in seiner Mitte liegende, 19,6 ha große Natur- und Vogelschutzgebiet *Fauler See*. Inmitten der sich ausdehnenden Großstadtbebauung blieb der See als einstiges Jagd- und Angelrevier des ehem. Rittergutes Hohenschönhausen erhalten. In den 80er Jahren des vorigen Jh. angelegte Baumbepflanzungen verwilderten später völlig, so daß sich ein reiches Vogelleben entwickeln konnte. 1919 wurde das bis dahin im Besitz einer Baugesellschaft befindliche Gelände der Öffentlichkeit zugänglich gemacht. Anfang der 30er Jahre wurden die dicht verwachsenen Kiefernwäldchen nach Plänen eines Gartenarchitekten stark gelichtet. 1933 wurden der See und seine Umgebung zum Naturschutzgebiet erklärt (> NATURSCHUTZ). Die im Normalfall etwa 6 ha große Wasserfläche des seit dem 18. Jh. über ein Grabensystem zur > PANKE hin entwässernden Sumpfsees unterliegt starken Schwankungen. Unter dem ständig wechselnden Bestand an Brutvögeln konnten bis zu 70 Arten gezählt werden, darunter Sumpfrohrsänger, Rohrammern, Teichhühner und Stockenten. Auch die hier heimischen Lurch- und Fischfaunen weisen seltene Arten auf. Auf dem Gelände befinden sich ausgedehnte Wanderwege, ein Naturlehrpfad und mehrere Kinderspielplätze. Nordwestlich grenzen an den V. die Sportanlagen des Stadions Buschallee und ein Kinderkrankenhaus.

Volkspark Humboldthain: Der 23 ha große V. im Osten des heutigen Bezirks > WEDDING wurde (nach dem > VOLKSPARK FRIEDRICHS-HAIN) 1869-72 von Gartendirektor Gustav Meyer als zweiter der großen Berliner Volksparks angelegt. Anlaß war der 100. Geburtstag Alexander v. Humboldts. Zum Gedenken an den großen Naturforscher wurden Gehölze verschiedener Regionen Amerikas, Asiens und Europas gepflanzt und ein Denkmal aus Gesteinsblöcken aufgestellt. Eine „Geologische Wand" bildete einen Querschnitt durch die Gesteine der Erdrinde nach. Als erster Park erhielt der V. eine Spielwiese, die hippodromförmig angelegt war und im Winter als Spritzeisbahn diente.

Die Errichtung zweier Hochbunker mit Flaktürmen 1941 hatte die völlige Zerstörung des Volksparks durch Kampfhandlungen zur Folge. Gartenamtsleiter Günther Rieck führte 1948-51 die Neugestaltung durch. Wie im Friedrichshain wurden die Flaktürme mit Trümmern eingeschüttet. So besteht die Anlage heute im wesentlichen aus zwei renaturierten > TRÜMMERBERGEN. Auf dem südlichen Berg wurde eine > RODELBAHN angelegt. Der 85 m hohe nördliche Berg bietet einen weiten Rundblick über die Stadt. Hier wurde 1967 ein Denkmal für die Wiedervereinigung von Arnold Schatz aufgestellt. Eine freiliegende, etwa 100 m breite und 15 m hohe Wand des ehem. Bunkers wird vom Berliner Alpenverein als *Kletterfelsen* genutzt. Es gibt 16 Routen der Schwierigkeitsgrade 6-10 mit insg. fast 400 Griffen. Die Parkanlage umfaßt einen Rosengarten, eine locker mit Bäumen bestandene Liegewiese und ein Sommerbad (> FREI- UND SOMMERBÄDER). Das Gartenbauamt Wedding fügt seit 1978 in loser Folge kleine Sondergärten ein. An Humboldt erinnert eine 1952 von Karl Wenke geschaffene Gedenkstele mit Relief.

Volkspark Jungfernheide: Der 146 ha große V. zwischen Saatwinkler Damm und Heckerdamm im Norden des Bezirks > CHARLOTTEN-BURG wurde im Notstandsprogramm nach dem I. Weltkrieg verwirklicht und war ein ehrgeiziges, sozialpolitisch hochbedeutendes Projekt der auf diesem Gebiet sehr fortschrittlichen, bis 1920 selbständigen Stadt Charlottenburg. Er entstand 1920-23 im alten kurfürstlich/königlichen Jagdrevier der > JUNGFERNHEIDE nach Entwürfen des Stadtgartendirektors Erwin Barth unter Vermeidung großer Eingriffe in den alten Eichen-, Buchen- und Kiefernbestand. Der V. gilt als ein Hauptwerk Barths, das Ähnlichkeiten mit dem 1910 von Fritz Schumacher entworfenen Hamburger Stadtpark hat, aber mehr landschaftliche Elemente enthält.

Auffallende Merkmale sind ein 4 km langer Rundweg, zahlreiche ihn kreuzende Zugänge und in der Mitte ein regelmäßiger, von Rasenflächen begrenzter See mit einer Insel. In diesem geometrisch gehaltenen Kernbereich sah Barth eine intensive Nutzung vor: Freibad, Planschwiese, Spielwiese, Kindererholungsstätte, Gartentheater und Rudermöglichkeit. Dieses Konzept hat sich bis heute erhalten. Ein auf der Insel geplantes Gebäude mit Parkrestaurant, Bibliothek, Vortrags- und Konzertsaal kam dagegen nicht zustande. Im Nordwesten fügte Barth eine Baumschule und Sportplätze in das Parkgelände ein. Baulicher Höhepunkt ist der Wasserturm in der Hauptachse (1926/27 von Walter Helmcke). Am Teich steht ein kupfergedeckter Pavillon im Spitzbogenstil der Zeit. Erhalten sind ferner das Naturtheater (1923-25 von Barth), drei hölzerne Pilzbauten, eine Bärenplastik (Hermann Pagels 1928) und einige der von Barth gestalteten Parkbänke. Die ausdrucksvollen Eingangsbauten aus roten Ziegeln und weißen Holzteilen wurden in Anlehnung an das Original rekonstruiert.

Volkspark Mariendorf: Der 23 ha große V. nördlich des alten Dorfkerns von > MA-RIENDORF im Bezirk > TEMPELHOF ist neben dem > KÖRNERPARK in > NEUKÖLLN ein Hauptbeispiel der symmetrischen Gartengestaltung des frühen 20. Jh. in Berlin. Die gärtnerisch interessante, geometrische Anlage entstand 1923-34 nach Plänen der Gartenamtsleiter Rolf Fischer und Bernhard Kynast auf der Grundlage einer eiszeitlichen Seenrinne unter Einbeziehung der vorhandenen > PFUHLE. Bereits am 29.6.1931 wurde der erste Teil des Parks eingeweiht. Der Rodelberg im Südteil entstand 1927-29 im Rahmen eines Notstandsprogramms durch Aufschüttung von Hausmüll und Abraum vom Straßen- und U-Bahn-Bau (> U-BAHN). 1952-54 wurde er um 10 m auf seine heutige Höhe von 60 m (über NN) erhöht (> RODELBAHNEN; > TRÜMMER-BERGE). Zur Anlage gehören im östlichen Teil ein Sportstadion und zwei mit Flutlichtanlagen ausgestattete Fußballplätze sowie das 1950 in asymmetrischen Formen hinzugefügte Sommerbad Mariendorf an der Rixdorfer Str. (> FREI- UND SOMMERBÄDER).

Volkspark Prenzlauer Berg: Der V. nordwestlich der Hohenschönhauser Str. im gleichnamigen Bezirk entstand aus der ehem. *Oderbruchkippe*, einem in den 50er Jahren aus rund 3 Mio. m³ Schutt aufgeschütteten > TRÜMMERBERG. Bereits zu dieser Zeit sahen erste Planungen des Stadtgartendirektors Reinhold Lingner die Anlage eines Naherholungsgebiets auf dem 34 ha großen Gelände mit dem heute 91 bzw. 89 m hohen Doppelgipfel vor. Die Gestaltung erfolgte 1962-67. Sie umfaßt einen anspruchsvollen Baumbestand, Liegewiesen und eine > RODELBAHN. Ein 1973 von Birgit Horota geschaffenes, szenisches Bronzerelief beim Zugang an der Ecke Hohenschönhauser Str./Maiglöckchenstr. verweist auf die Entstehungsgeschichte des Berges und die vormals hier stehenden > WINDMÜHLEN, daneben – mit dem Relief als künstlerische Einheit gedacht – die Bronzeplastik „Vater und Sohn" (gleichfalls 1973 von Birgit Horota). Die am Südhang des Parks zum 30. Gründungstag der DDR-Betriebskampfgruppen am 15.9.1983 eingeweihte monumentale Bronzeanlage des *Kampfgruppendenkmals* von Gerhard Rommel wurde nach der > VEREINIGUNG im Februar 1992 entfernt. Sie soll dem > DEUTSCHEN HISTORISCHEN MUSEUM übergeben werden.

Volkspark Rehberge: Der ca. 90 ha große V. ist neben dem > SCHILLERPARK und dem > VOLKSPARK HUMBOLDTHAIN der dritte Volkspark im Bezirk > WEDDING. Er entstand 1926-29 auf einem im Notwinter 1919/20 abgeholzten sandigen Forstgelände westlich der heutigen Transvaalstr. nach Plänen von Stadtgartendirektor Erwin Barth, die auf einen früheren Entwurf seines Vorgängers Albert Brodersen zurückgingen. Die vorhandene Berg- und Tallandschaft wurde übernommen, wodurch sich eine geometrische Gestaltung wie in den > VOLKSPARKS JUNGFERNHEIDE und MARIENDORF verbot. Neben den gärtnerischen Anlagen umfaßt der V. einen Tanzplatz, eine Freilichtbühne und ein Café-Restaurant, drei Teiche, drei Tiergehege und die erste Dauerkleingartenanlage Berlins (> KLEINGÄRTEN). Georg Kolbe schuf 1930 den Emil und Walther Rathenau gewidmeten

Rathenau-Brunnen auf einer der Anhöhen. Er wurde von den Nationalsozialisten 1934 zerstört und 1987 zur 750-Jahr-Feier Berlins wiederhergestellt. Bei der Bildung > GROSS-BERLINS 1920 war das ursprünglich zum Forst > JUNGFERNHEIDE gehörende Gebiet zunächst dem Bezirk > REINICKENDORF zugeordnet worden, bei der Bezirksreform 1938 kam es dann zum Bezirk Wedding. Benachbart sind der rd. 20 ha große *Goethepark* und die Uferpromenade am > PLÖTZENSEE.

Volkspark Schönholzer Heide: Der V. zwischen der Siedlung > SCHÖNHOLZ und der Friesenstr. ist mit 35 ha die größte Parkanlage im Bezirk > PANKOW. In den 20er Jahren dieses Jh. begann man, das als Ausflugsziel beliebte Waldgebiet schrittweise zu einem Volkspark umzugestalten, ohne dabei den Baumbestand merklich zu reduzieren. So entstand ein Waldpark, der aber auch viele Kriterien eines echten Volksparks aufweist, z.B. einen Anfang der 30er Jahre aus dem Bodenaushub beim U-Bahn-Bau nach > GESUNDBRUNNEN aufgeschütteten Rodelberg (> RODELBAHNEN) sowie mehrere Sport- und Spielplätze. 1983 wurde ein Abenteuerspielplatz angelegt. Nördlich der den Park durchquerenden Germanenstr. liegt eine 1947-49 von sowjetischen Künstlern geschaffene, 2,5 ha große Grab- und Gedenkstätte für 13.200 bei den Kämpfen um Berlin gefallene Sowjetsoldaten. Ihre Namen sind auf 100 Bronzetafeln eingelassen. In der Mitte der Anlage steht vor einem 33,5 m hohen, mit finnischem Marmor verkleideten Obelisk das Bronzedenkmal einer trauernden Mutter vor ihrem aufgebahrten Sohn.

Volkspark Wilmersdorf: Der 1912 begonnene, erst nach dem II. Weltkrieg endgültig fertiggestellte, ca. 25 ha große V. zwischen Kalischer und Kufsteiner Str. liegt in einer unbebaubaren eiszeitlichen Abflußrinne (> LAGE UND STADTRAUM). Von der ursprünglichen Seenkette wurde der Wilmersdorfer See südlich der Auenkirche 1899 zugeschüttet (heute Sportplätze). Erhalten ist der ca. 650 m lange *Fennsee* im westlichen Teil. Die den See überquerende Brücke im Verlauf der Barstr. dient gleichzeitig dem Straßen- und U-Bahn-Verkehr (U 2). Die ehemals offenen seitlichen Arkaden der unterhalb der Straße geführten U-Bahn-Linie wurden nach 1945 geschlossen. Die Parkflächen beiderseits der verkehrsreichen Bundesallee sind seit 1971 durch eine

Fußgängerbrücke verbunden, in deren Nähe die Bronzestatue eines Speerwerfers von Karl Möbius steht (Original 1921, 1944 eingeschmolzen, Neuguß 1954). An der Uhlandstr. steht eine 5 m hohe Stahlbetonsäule mit farbenfrohen Keramikscheiben von Susanne Riée aus dem Jahr 1968. Zusammen mit dem östlich anschließenden > Rudolph-Wilde-Park bildet der V. einen 2,5 km langen und ca. 150 m breiten Grünzug von Wilmersdorf bis zum > Rathaus Schöneberg.

Volkssolidarität: Die V. ist als gemeinnütziger, eingetragener Verein Mitglied des > Paritätischen Wohlfahrtsverbands, der zu den Spitzenverbänden der freien > Wohlfahrtspflege gehört. Ihr Grundanliegen ist es, alten und hilfsbedürftigen Menschen zu helfen und ihre Interessen zu vertreten (> Altenhilfe). Oberstes Gebot ist dabei „Hilfe zur Selbsthilfe", d.h. die Stärkung und Erhaltung der Eigenaktivitäten der betreuten Menschen.
Derzeit besteht die V. aus sechs selbständigen Landesverbänden (neue Bundesländer und Ost-Berlin), die sich über einen Hauptvorstand in der Rykestr. im Bezirk > Prenzlauer Berg koordinieren. Die Landesverbände sind in Kreisverbände mit insg. rd. 7.000 Ortsgruppen und fast 1 Mio. Mitgliedern sowie ca. 50.000 ehrenamtlichen Helfern gegliedert. Der Berliner Landesverband umfaßt über 400 Ortsgruppen mit ca. 60.000 Mitgliedern und elf Geschäftsstellen in den östlichen > Bezirken. Sie sind z.T. gleichzeitig Quartier für die insg. elf > Sozialstationen und zehn Altenclubs der V. in Ost-Berlin. Das Büro des Landesverbands befindet sich in der Köpenicker Str. 119 im Bezirk > Mitte.
Die Ortsgruppen widmen sich Aufgaben wie bspw. der Nachbarschaftshilfe, dem Hausbesuchsdienst oder der Kinderbetreuung, der Organisation von geselligen Veranstaltungen, Zirkeln, Reisen, Vortragsreihen, Sorgensprechstunden, Beratungen bei Behördenproblemen oder der Überbringung von Geburtstagsglückwünschen. Daneben weitet sich das Betätigungsfeld der V. zunehmend auch auf die Betreuung von jüngeren > Behinderten, Vorruheständlern und Arbeitslosen aus. Die V. finanziert sich aus Beiträgen und Spenden, aus den Leistungsentgelten der Krankenkassen sowie durch Zuwendungen des > Senats von Berlin, der > Bezirksämter, des Arbeitsamtes und des Deutschen Paritätischen Wohlfahrtsverbandes.

Die V. wurde im Oktober 1945 von allen Parteien und dem Freien Deutschen Gewerkschaftsbund in der SBZ als überparteiliche Hilfsorganisation gegründet. Sie hatte zunächst das Hauptziel, insbes. gegenüber Kindern, Alten und Kranken, Umsiedlern und heimkehrenden Kriegsgefangenen die Notlagen der Nachkriegszeit zu lindern. In den 60er Jahren konzentrierte sich die Arbeit auf die soziale und kulturelle Betreuung alter Menschen im Rahmen der von der > Sozialistischen Einheitspartei Deutschlands (SED) dominierten Nationalen Front der DDR. Beginnend mit der Wende im Herbst 1989 haben sich in der V. wesentliche Wandlungen vollzogen. Die außerordentliche Zentrale Delegiertenkonferenz vom Mai 1990 beschloß eine neue Satzung und ein neues Arbeitsprogramm, die Beseitigung zentralistischer Strukturen sowie weitreichende personelle Veränderungen.

Vorderasiatisches Museum: Das zu den > Staatlichen Museen zu Berlin zählende V. der > Stiftung Preussischer Kulturbesitz hat seinen Standort im Südflügel des > Pergamonmuseums auf der > Museumsinsel im Bezirk > Mitte. Dieser Standort bleibt entsprechend der Planung der Stiftung zur Neuordnung der Staatlichen Museen erhalten (> Museen und Sammlungen).
Das V., das neben dem Louvre in Paris und dem British Museum in London zu den bedeutendsten Sammlungen altorientalischer Denkmäler zählt, zeigt in 14 Räumen anhand hervorragender und meist einmaliger Denkmäler und Kunstwerke einen Überblick über die Entstehung und Entwicklung der Kunst und Kultur im vorderasiatischen Raum (hethitisch-aramäische Stadtstaaten, vorsumerische und sumerische Zeit, assyrische Kultur, Babylon). Einen besonderen Stellenwert nehmen die monumentalen Architekturdenkmäler der verschiedenen Kulturbereiche sowie die Fundkomplexe ein, die im Ergebnis jahrzehntelanger Forschungs- und Grabungsexpeditionen zwischen 1888 und 1939 nach Berlin gelangten: die Prozessionsstraße und das Ischtartor von Babylon aus der Zeit Kaiser Nebukadnezars II. (604-562 v. Chr.) sowie die Thronsaalfassade aus farbig glasierten Reliefziegeln aus dem Königspalast in Babylon (um 580 v. Chr.).
Daneben gibt es zahlreiche großformatige Steinskulpturen und Reliefs, darunter die Torhüterlöwen des inneren Burgtores von

Samal (10. und 8. Jh. v. Chr.), der Riesenvogel von Tell Halaf (um 900 v. Chr.) sowie eine Anzahl von Reliefs mit Götter- und Menschendarstellungen (Urkundenstein des Marduk-apal-iddina II., Babylon, 721-711 v. Chr.). Zum didaktischen Prinzip des V. gehört auch die Vermittlung von Kenntnissen über den Ort und die Herkunft sowie über das landschaftliche Umfeld der antiken Fundorte. Zu diesem Zweck werden entsprechende bildliche Darstellungen (Wandmalereien) mit in die Ausstellung einbezogen. Zu den international bedeutenden Beständen des V. zählen auch die Sammlung von ca. 25.000 Keilschrifturkunden (Tontafeln), 800 Rollsiegeln und ca. 500 Stempelsiegeln sowie die reichen Bestände an Keramik, Bronze und Schmuck.

Das V. wurde erst 1899 als eine eigenständige Sammlung und Abteilung innerhalb des Verbandes der Königlichen Museen zu Berlin ge-

Schreitender Löwe von der Prozessionsstraße in Babylon, 1. Hälfte 6. Jh. v. Chr.

bildet. Bis dahin waren die dem vorderasiatischen Kulturkreis zugehörigen Kunstwerke Bestandteil der im > ALTEN MUSEUM ausgestellten „Abteilung antiker Bildwerke". 1885 wurden sie der Ägyptischen Abteilung im > NEUEN MUSEUM zugeordnet. Der für die Entwicklung des V. wichtigste Zeitabschnitt begann 1888 im Zusammenhang mit den Grabungsexpeditionen, die bis zum Beginn des II. Weltkrieges, 1939, in enger Zusammenarbeit zwischen dem Museum und der Deutschen-Orient-Gesellschaft sowie der „Notgemeinschaft der deutschen Wissenschaft" durchgeführt wurden.

Der zu Beginn des 20. Jh. stark angewachsene Denkmälerbestand des V. erforderte ein eigenes Museum, das nach den Plänen des Architekten Alfred Messel im Komplex des 1909 geplanten Pergamonmuseums seinen Stand-

ort fand. Als dieses 1930 fertiggestellt werden konnte, erhielt das V. im Südflügel seinen Standort. Mit Beginn des II. Weltkriegs mußte die Ausstellung geschlossen und evakuiert werden. Die fest mit dem Gebäude verbundenen Architekturrekonstruktionen wurden an Ort und Stelle geschützt.

1945 wurden wichtige Bestandgruppen durch die Rote Armee in die Sowjetunion verbracht. Nach Beseitigung der ärgsten Kriegsschäden am Pergamonmuseum erfolgte 1951 die Wiedereröffnung der ersten vier und 1953 die der übrigen Ausstellungssäle mit den wenigen noch vorhandenen Kunstwerken. Erst als 1958 die Bestände aus der Sowjetunion zurückgekehrt waren, erlangte das V. seine einstige Weltgeltung zurück.

Vorstadtkirchen: Unter der Bezeichnung V. werden die vier 1832-35 in den nördlichen Vororten von Berlin auf Veranlassung und Kosten des preußischen Königs Friedrich Wilhelm III. (1797-1840) errichteten evangelischen Kirchen verstanden, die alle nach Plänen von Karl Friedrich Schinkel errichtet wurden. Es handelt sich um die nur noch als Ruine existierende > ST.-ELISABETHKIRCHE im Bezirk > MITTE, die > ST.-JOHANNISKIRCHE im Bezirk > TIERGARTEN sowie um die > ST.-PAULSKIRCHE und die > NAZARETHKIRCHE, beide im Bezirk > WEDDING.

Nach den Befreiungskriegen 1813-15 war die Zahl der Bewohner in den Ortschaften vor den Toren der Stadt schnell gewachsen, ohne daß es kirchliche Gemeindemittelpunkte gab und eine geistliche Betreuung durch die weit entfernten Kirchen in der Stadt möglich war (> BEVÖLKERUNG). Schon 1828 wollte der König ursprünglich zwei Kirchen bauen lassen, eine vor dem Rosenthaler Tor und die andere auf dem Wedding. Eine Choleraseuche 1831-32 verhinderte jedoch ihren Bau. Nach Abklingen der Epidemie und erneuter Beratung wurde beschlossen, statt zwei größerer, vier kleinere Kirchen zu errichten. Schinkel, der dem veränderten Vorhaben zunächst ablehnend gegenüberstand, war schließlich doch bereit, den Auftrag auszuführen. Aus Ersparnisgründen entwarf er für alle vier Kirchen ein Grundkonzept, ohne daß dies die individuelle Gestaltung der einzelnen Kirchen beeinträchtigte.

Georg Müller

VERKEHR

I. Bisherige Entwicklung des Verkehrs in Berlin

II. Die Herausforderung

I. BISHERIGE ENTWICKLUNG DES VERKEHRS IN BERLIN

Die Geschichte Berlins ist zugleich auch eine Geschichte des Berliner V. Sei es die Lage Berlins an der > Spree am Kreuzungspunkt mehrerer Handelswege, die Entstehung der > Eisenbahn und der Massenverkehrsmittel, immer waren diese Entwicklungen mit entscheidend für die Lebensfähigkeit Berlins. Auch die politische > Spaltung zeigte ihre konkreten Auswirkungen zuerst im V. und seiner Infrastruktur. Heute ist die Antwort auf die Frage, wie wir auf die dreifache Herausforderung an die Verkehrspolitik Berlins – die allgemeinen Trends in der Verkehrsentwicklung zu Lasten der Umwelt, das Zusammenwachsen beider Stadthälften und die Entstehung einer Region innerhalb kurzer Frist sowie die neue Funktion Berlins als > Hauptstadt eines vereinten Deutschlands – reagieren, von vorrangiger Bedeutung.

1. Entwicklung des Verkehrs bis zur beginnenden Industrialisierung
Berlin verdankt seine Gründung der verkehrsgünstigen Lage: Die Spreeinsel lag an der schmalsten Stelle des sumpfigen > Warschau-Berliner Urstromtals und bildete somit einen sicheren Übergang über die Spree. Hier kreuzten sich alsbald die Handelswege von Ost nach West und von Nord nach Süd. Die Doppelstadt Berlin/ > Kölln entwickelte sich Ende des 13. Jh. zu einem bedeutenden Verkehrsknotenpunkt in der Mark Brandenburg. Neben seiner verkehrlich günstigen Lage führten auch die der Doppelstadt von den Markgrafen verliehenen Privilegien zu einem wirtschaftlichen Aufschwung: Das Niederlagerecht verlangte von den Kaufleuten, ihre Waren den Berliner Bürgern für einige Tage zum Kauf anzubieten; durch den Straßenzwang waren die Kaufleute an die durch Berlin/Kölln führenden Handelsstraßen gebunden. Außerdem mußten in Berlin die Schiffe umgeladen werden, da durch die Errichtung des > Mühlendamms am Ende des 13. Jh. ein durchgehender Schiffsverkehr nicht mehr möglich war.

Im 15. und 16. Jh. ging die Bedeutung Berlins als Handelsplatz jedoch immer mehr zurück. Die Handelswege verlagerten sich zu den großen Flüssen Elbe und Oder; Frankfurt/O. wurde zum wichtigsten Handelsplatz der Mark Brandenburg.

In der Folgezeit versuchten die > Landesherren die verkehrliche Bedeutung Berlins wieder zu verbessern. Kurfürst Johann Georg (1571-98) ließ die Straßen in Berlin pflastern. Sein Sohn und Nachfolger Joachim Friedrich (1598-1608) versuchte, die internationalen Handelswege wieder nach Berlin zu leiten: Durch den Bau eines Kanals bei Liebenwalde (erster *Finowkanal*) sollte eine unmittelbare Schiffahrtsverbindung zwischen Elbe und Oder geschaffen werden. Im Dreißigjährigen Krieg verfiel der Kanal und geriet in Vergessenheit.

Der Politik des Kurfürsten Friedrich Wilhelm (1640-88) ist es zu verdanken, daß sich Berlin nach dem Dreißigjährigen Krieg relativ schnell wieder erholte. Neben seiner Steuerpolitik wurde der wirtschaftliche Aufschwung Berlins v.a. auch durch den Bau des *Müllroser Kanals* zwischen Oder und Spree verursacht; durch diese Kanalverbindung entstand eine durch Berlin führende Wasserstraße zwischen Nord- und Ostsee. Die Warentransporte aus Schlesien führten nicht mehr über Frankfurt/O., Stettin oder Leipzig, sondern zunehmend über Berlin. Weitere Kanalbauten festigten die Stellung Berlins als Handelsmetropole: Durch den Neubau des *Finowkanals* (1744-46) zwischen Havel und Oder sowie durch den Bau des Plauer Kanals (1743-46) zwischen Havel und Elbe erhielt Berlin direktere Verbindungen nach Stettin und zur Elbe. Durch den Bau des *Bromberger Kanals* (1773-74) zwischen der Netze und der Weichsel bei Bromberg wurde auch das Stromgebiet der Weichsel erschlossen (> WASSERSTRASSEN).

Neben der *Binnenschiffahrt* entwickelte sich die Post zu einem wichtigen Verkehrsträger. Der Große Kurfürst richtete bereits 1647 ohne Rücksicht auf die Privilegien derer von Thurn und Taxis eine Postverbindung zwischen Memel und Cleve ein; 1697 wurde die erste Schnellpost eingeführt. Durch Friedrich Wilhelm I. (1713-40) und Friedrich II. (1740-86) wurde die Zahl der Postverbindungen ständig ausgeweitet: So gab es 1786 von Berlin aus 21 Postverbindungen ins Königreich und ins übrige Deutschland; die meisten davon verkehrten zweimal wöchentlich in jeder Richtung.

Die sich verändernde wirtschaftliche Situation erforderte am Ende des 18. Jh. eine Beschleunigung des Landverkehrs, zumal sich bei den Wasserstraßen Engpässe abzeichneten. Die erste *Chaussee* Preußens wurde 1788 zwischen Magdeburg und Halle begonnen; die Landstraße zwischen Berlin und Potsdam wurde 1792 auf ihrer ganzen Länge ebenfalls zur Chaussee umgebaut. Die Bildung des Zollvereins, die Stein-Hardenbergschen Reformen sowie die Nutzung der Dampfkraft schufen für Preußen und damit für Berlin günstige Voraussetzungen für die wirtschaftliche und verkehrliche Entwicklung. Von 1817-28 wurde das Netz der preußischen Chausseen mehr als verdoppelt. Auch den Binnenschiffsverkehr versuchte man durch den Einsatz der Dampfmaschine zu beschleunigen; 1816 lief das erste in Deutschland gebaute Dampfschiff auf einer Werft in *Pichelsdorf* vom Stapel und verkehrte mehrere Jahre auf der Spree zwischen Berlin und > CHARLOTTENBURG. Das Ereignis jedoch, das die wirtschaftliche und verkehrliche Entwicklung Berlins entscheidend prägen sollte, war der Bau der Eisenbahnverbindung zwischen Berlin und Potsdam.

2. Berlin im Eisenbahnzeitalter

Schon 1833 gab es erste Bemühungen um eine Konzession für den Bau einer Eisenbahnverbindung nach Potsdam; die preußische Verwaltung stand diesem neuen Verkehrsmittel jedoch äußerst skeptisch gegenüber. So wurde erst drei Jahre nach der ersten Eisenbahn in Deutschland zwischen Nürnberg und Fürth die Strecke zwischen Potsdam und > ZEHLENDORF am 22.9.1838 in Betrieb genommen, am 29.10.1838 wurde der Abschnitt zwischen Zehlendorf und Berlin eröffnet (> EISENBAHN). Danach setzte im Eisenbahnbau eine stürmische Entwicklung ein: innerhalb von acht Jahren verbanden fünf *Fernbahnen* Berlin mit den Provinzen Preußens und mit dem übrigen Deutschland. Alle Fernbahnen hatten einen eigenen Kopfbahnhof in Berlin, die bis auf den Frankfurter Bahnhof (heute: > HAUPTBAHNHOF) alle außerhalb der > STADTMAUER errichtet wurden; es gab keine Verbindung untereinander. Diese Situation wurde bald als Nachteil erkannt. Vor allem auf Betreiben des Militärs wurde daher 1851 die *Verbindungsbahn* in Betrieb genommen. In den sechziger Jahren entstand das Berliner Eisenbahnnetz mit weiteren sechs Fernbahnstrecken, der > RINGBAHN als Ersatz der alten – längst zum Verkehrshindernis gewordenen – Verbindungsbahn und der > STADTBAHN als durchgehende Eisenbahnquerverbindung. In diesem Zeitabschnitt entstanden auch die großen, repräsentativen Bahnhofsbauten, die zum Symbol für die Eisenbahnmetropole Berlins werden sollten.

Während der *Fernverkehr* entsprechend der wachsenden politischen und wirtschaftlichen Bedeutung Berlins immer stärker zunahm, spielte der Nahverkehr zunächst keine große Rolle, da sich die städtische Entwicklung bis zur Mitte des 19. Jh. auf die Fläche innerhalb der Stadtmauer beschränkte. Wohnungen und Arbeitsstätten lagen eng beieinander. Der *Nahverkehr* – er begann 1846 mit der Gründung der „Concessionierten Berliner Omnibus-Compagnie" als *Pferdeomnibusverkehr* (> OMNIBUSVERKEHR) – befriedigte hauptsächlich die Bedürfnisse des Geschäfts- und Ausflugsverkehrs. Der Pferdeomnibus, lange Jahre einziges Verkehrsmittel im Nahverkehr, bekam 1865 mit der Gründung der „Berliner Pferde-Eisenbahn-Kommanditgesellschaft auf Aktien" Konkurrenz. Die *Pferdebahn* war dem Pferdeomnibus technisch überlegen, da sie vom schlechten Zustand der Kopfsteinpflasterstraßen unabhängig war und sie bei gleicher Zugkraft eine höhere Geschwindigkeit und Transportkapazität erreichte (> STRASSENBAHN).

Die einsetzende industrielle Revolution bewirkte auch im Berlin der 70er Jahre eine Veränderung der städtebaulichen Struktur. Die wachsende industrielle Produktion erforderte größere Produktionsstätten, die nur noch an der Peripherie der Stadt zu realisieren waren (> WIRTSCHAFT). Diese „erste Randwanderung" der Industrie zusammen mit der Zunahme der Bevölkerung ließ den Nahverkehr (Pferdeomnibus und Pferdebahn) von 1870-75 auf das Dreifache (22 Mio. Fahrgäste pro Jahr) ansteigen. Da jedoch in unmittelbarer Nähe der neuen Industriestandorte auch Arbeiterquartiere entstanden und außerdem die Tarife gemessen am Lohn eines Arbeiters noch zu hoch waren, konnte von einem Berufsverkehr noch nicht die Rede sein.

Durch die Inbetriebnahme der Stadtbahn 1882 gewann der Vorortverkehr, der nun bis in die Stadtmitte hineinreichte, immer mehr an Bedeutung. Zwischen den entstehenden > VILLENKOLONIEN und der Stadtmitte entstanden die Anfänge eines Berufsverkehrs. Die Fernbahn- und Vorortstrecken bildeten gleichzeitig die Hauptentwicklungsachsen für die zweite Randwanderung der Industrie in Bereiche weit außerhalb der städtischen Bebauung. Durch die räumliche Trennung von Wohnung und Arbeitsort entstand die Notwendigkeit, täglich eine große Zahl von Personen zu befördern. Innerhalb von fünf Jahren (von 1890-95) verdoppelte sich die Zahl der Fahrgäste auf den Ring-, Stadt- und Vorortbahnen auf 135 Mio.

Der Berufsverkehr wurde zur bedeutendsten Verkehrsart, für den bald die Leistungsfähigkeit der Pferdebahn, des Pferdeomnibusses und auch der Dampflokomotive nicht mehr ausreichte. Es ist daher nicht verwunderlich, daß v.a. die Industrie und die Banken die Weiterentwicklung der Nahverkehrstechnologie vorantrieben. So betrieb die Firma Siemens & Halske AG als erste 1881 in > LICHTERFELDE bei Berlin eine elektrische Straßenbahn. Die hohen Investitionen bei der Umstellung der Antriebstechnologie führten gleichzeitig zu einem Konzentrationsprozeß, aus dem die der AEG gehörende „Große Berliner Straßenbahn AG" als nahezu einziges Straßenbahnunternehmen hervorging. Ab 1905 vollzog sich auch die Umstellung der Pferdeomnibusse auf den Verbrennungsmotor, was ebenfalls zu einer starken Zunahme des Omnibusverkehrs führte, bis es 1913 zu einer Mehrheitsbeteiligung der „Großen Berliner Straßenbahn AG" und der „Hochbahngesellschaft" an der „Allgemeinen Berliner Omnibus AG" (ABOAG) kam und dadurch die für die Straßenbahn gefährliche Konkurrenz unter Kontrolle gebracht werden konnte.

Weder Omnibus noch Straßenbahn waren jedoch in der Lage, den steigenden Personennahverkehr auf die Dauer zu bewältigen. Schon 1880 stellte Siemens das Projekt einer elektrisch betriebenen Hochbahn vor (> U-Bahn). Der Widerstand der innerstädtischen Grundbesitzer und der Straßenbahngesellschaften bewirkte jedoch, daß dieses Projekt erst 1902 mit der Strecke zwischen dem Stadtbahnhof Warschauer Straße und dem Knie (heute > Ernst-Reuter-Platz) mit einem Abzweig zum > Potsdamer Platz realisiert werden konnte. Diese Linienführung wurde nicht etwa gewählt, weil hier ein besonders dringendes Verkehrsbedürfnis existiert hätte, sondern weil hier der geringste Widerstand gegen dieses Projekt zu erwarten war. Das Teilstück zwischen Nollendorfplatz und Knie entstand als Unterpflasterbahn, da den wohlhabenden Bürgern Charlottenburgs der Anblick einer Hochbahn nicht zuzumuten war. Der zügige und verkehrsgerechte Ausbau von Hoch- und U-Bahnen scheiterte am Widerstand der „Großen Berliner Straßenbahn AG". Erst als der *Zweckverband Groß-Berlin* die Gesellschaft 1919 übernahm, waren die Voraussetzungen für eine wirkungsvolle städtische Verkehrspolitik gegeben.

In der zweiten Hälfte des 19. Jh. entstand auch der größte Teil der Kanalbauten in Berlin (> Wasserstrassen). Trotz der Entstehung des Eisenbahnnetzes nahm auch die Bedeutung des Binnenschiffsverkehrs weiter zu (> Schiffahrt). Für die rasch wachsende Stadt stand dabei die Versorgung mit Massengütern wie Getreide, Brennstoffen und Baumaterialien im Vordergrund. Neben weiteren Kanalbauten im Umland Berlins begann 1845 der Bau des > Landwehrkanals. Innerhalb der folgenden 50 Jahre entstand das Wasserstraßennetz Berlins, das neben der Funktion als Verkehrsträger auch als Aufnahmegewässer für Schmutz- und Regenwasser sowie zur Abwendung der Hochwassergefahr diente. Zur Verbesserung der Verbindung nach Schlesien wurde 1886-90 der *Oder-Spree-Kanal* als Ersatz des vorhandenen Müllroser Kanals angelegt. Auffallend war allerdings zunächst die Diskrepanz zwischen dem guten Angebot an Wasserstraßen und dem Fehlen leistungsfähiger Umschlageinrichtungen. Erst 1886 ging die Zuständigkeit für den Hafenbau vom Preußischen Staat auf die Stadt über. Schon bald gab es erste Überlegungen zum Bau zweier großer > Häfen im Osten und Westen der Stadt; aber erst 1907 konnte mit dem Bau des > Osthafens und 1914 mit dem Bau des Westhafens begonnen werden. Die Eisenbahnverwaltung hatte die Realisierung der Planung lange verhindern können.

3. Verkehrsentwicklung nach der Entstehung von Groß-Berlin bis 1945
Der Schwerpunkt städtischer Verkehrspolitik der 1920 entstandenen Gemeinde > Gross-Berlin lag auf der Schaffung kommunaler Verkehrsbetriebe. Kristallisationspunkte waren die aus den Straßenbahnen des Zweckverbandes und der Groß-Berliner Einzelgemeinden hervorgegangene „Berliner Straßenbahn", die im städtischen Besitz befindlichen > U-Bahnen von > Schöneberg und > Wilmersdorf sowie

die beiden Nord-Süd-U-Bahnen zwischen > Wedding und > Neukölln. Die wirtschaftlichen Schwierigkeiten der Zeit nach dem I. Weltkrieg machten es möglich, nach und nach alle privaten Verkehrsunternehmen in städtische Regie zu übernehmen; sie führten aber auch zu wirtschaftlichen Schwierigkeiten der kommunalen Verkehrsbetriebe selbst. Zwischen 1919-23 verlor die „Berliner Straßenbahn" fast drei Viertel ihrer Fahrgäste, nicht zuletzt infolge von Fahrpreiserhöhungen. Die eingeleiteten Rationalisierungsmaßnahmen führten im September 1923 sogar zur zeitweiligen Stillegung des Straßenbahnbetriebs. Die daraufhin neu gegründete „Berliner Straßenbahn-Betriebs GmbH" blieb zwar städtisches Eigentum, wurde aber nach privatwirtschaftlichen Grundsätzen geführt und konnte mit drastischen Personaleinsparungen, mit Lohnsenkungen und Verlängerung der Arbeitszeit den Betrieb wieder aufnehmen.

1927 wurde eine Verkehrsgemeinschaft aller privaten und kommunalen Verkehrsunternehmen gebildet; nach der Übernahme der „Hochbahngesellschaft" und der „ABOAG" durch die Stadt erfolgte die Gründung der „Berliner Verkehrsaktiengesellschaft" (BVG). Der Ausbau des U-Bahn-Netzes stand im Vordergrund der städtischen *Verkehrsplanung*, der allerdings durch die Wirtschaftskrise Ende der 20er Jahre unterbrochen wurde; auch während der Zeit des Nationalsozialismus wurden keine U-Bahnen mehr gebaut.

Die durch den technologischen Fortschritt bedingte Steigerung der Leistungsfähigkeit des Nahverkehrs führte zu einem Rückgang der Fahrgastzahlen auf den Stadt-, Ring- und Vorortbahnen. Trotz frühzeitiger versuchsweiser Elektrifizierung einiger Vorortbahnen begann erst die 1920 geschaffene Reichsbahn ab 1924 mit der umfassenden Elektrifizierung, die schon 1930 im wesentlichen abgeschlossen wurde. Die Fahrgastzahlen auf den jetzt mit Recht als Stadt-Schnellbahn bezeichneten Strecken stiegen wieder stark an; die S-Bahn wurde wieder zum wichtigsten Verkehrsträger im Berliner Nahverkehr.

Bis zum Ende des 19. Jh. bestimmten neben der Pferdebahn und dem Pferdeomnibus hauptsächlich die Fußgänger das Stadtbild: So wurden an einem Tag im Juni 1895 in der Königsstr. am Bahnhof Alexanderplatz 137.000 Fußgänger und „nur" 11.000 Wagen gezählt. Zu Beginn des 20. Jh. wurde das Fahrrad zum individuellen Massenverkehrsmittel, und immer häufiger sah man Autos auf der Straße, die in den 20er Jahren zum Symbol des Fortschritts wurden. Es gab aber auch schon warnende Stimmen, die in der wachsenden Motorisierung eine Gefahr für die städtebauliche Entwicklung sahen. 1912 entstand die erste „nur Autostraße" zwischen Charlottenburg und > Nikolassee als „Automobil-Versuchs- und Übungsstraße" (> Avus); 1927 gab es erste Überlegungen, das Hauptverkehrsstraßennetz zu einem System von Ring- und Radialstraßen auszubauen, auf dem nicht zuletzt der wachsende motorisierte Individualverkehr reibungsloser abgewickelt werden sollte. Diese Überlegungen wurden vom > Generalbauinspektor für die Reichshauptstadt, Albert Speer, aufgegriffen und – modifiziert durch ein überdimensionales Achsenkreuz – zur Grundlage seiner Umgestaltungspläne für Berlin gemacht. Gab es 1923 erst 21.000 Kraftfahrzeuge, so waren es 1939 schon 224.000. Die negativen Begleiterscheinungen des Autoverkehrs traten zu Tage: 1933 gab es schon mehr als 10.000 Verletzte und 351 Tote im Straßenverkehr.

Wie die Eisenbahn im 19. Jh. so hat der > Luftverkehr die verkehrliche Bedeutung Berlins in der ersten Hälfte des 20. Jh. mit geprägt. Hier fanden nicht nur die ersten

Flugversuche statt; vom *Flugplatz Johannisthal* aus wurde 1919 die erste deutsche Luftverkehrsstrecke zwischen Berlin und Weimar eingerichtet (> FLUGHÄFEN). 1923 begann der Flugbetrieb auf dem Tempelhofer Feld; schon zu Beginn der 30er Jahre war der *Zentralflughafen Tempelhof* zum größten Flughafen in Europa geworden. Die aus verkehrlicher Sicht dringende Erweiterung der Flughafenanlagen wurde 1936 begonnen und sollte im Sinne der nationalsozialistischen Diktatur auch in ihrer baulichen Form die Bedeutung Berlins als „Luftkreuz Europas" widerspiegeln. Die Arbeiten mußten allerdings 1941 eingestellt werden. Der Flughafen Tempelhof wurde erst nach 1945 vollendet.

In die Zeit nach 1920 fällt auch die Fertigstellung des Westhafens sowie ein weiterer qualitativer Ausbau der Wasserstraßen in und um Berlin. Mit dem Zusammenschluß von Groß-Berlin wurde auch die Bildung einer zentralen Hafenverwaltung möglich: die > BERLINER HAFEN- UND LAGERHAUS AG (BEHALA) übernahm 1923 den Betrieb der öffentlichen Häfen. Die baulichen und organisatorischen Maßnahmen zur Verbesserung der Schiffahrt konnten jedoch nicht verhindern, daß der Anteil am ges. > GÜTERVERKEHR allmählich zurückging: Hatte z.B. 1905 der Anteil noch 50 % betragen, so sank er in der Zeit von 1925-40 auf Werte zwischen 25-30 %.

4. Wiederaufbau nach 1945

Das zerstörte Berlin war für viele Stadtplaner der Ausgangspunkt von Überlegungen für einen völligen Neuaufbau. Schon bald nach Ende des Krieges entstanden Pläne, die eine Veränderung der Stadt zum Inhalt hatten. Am weitesten ging der unter Leitung von Hans Scharoun entwickelte *Kollektivplan*, der die gewachsene Struktur der Stadt negierte, während im *Zehlendorfer Plan* von der bestehenden Struktur ausgegangen wurde. Gemeinsam ist beiden Plänen wie auch den auf dem Zehlendorfer Plan basierenden Plänen A und B des Stadtbaurats Karl Bonatz das starke Gewicht der Straßen-Verkehrsplanung. Grundprinzip der Stadtnetzplanung war ein Ring-Radial-System, das im > FLÄCHENNUTZUNGSPLAN (FNP) von 1950 durch vier die Innenstadt berührende Tangenten ergänzt wurde. Die hierarchische Gliederung der Straßen in *Autobahnen*, Schnellstraßen und Hauptverkehrsstraßen sollte die Wohngebiete vom Durchgangsverkehr entlasten. Bemerkenswert ist, daß diese Planungsvorstellungen entstanden, noch bevor die Motorisierung in Berlin einsetzte. 1950 gab es etwa 40.000 Kraftfahrzeuge in Berlin. Dies führte vielfach zu dem Vorwurf, daß erst diese „autogerechte" Planung sowie deren teilweise Realisierung das Anwachsen des > KRAFTFAHRZEUGVERKEHRS auf das heute vorhandene Maß entscheidend beeinflußt hat. 1955 entschied der > SENAT VON BERLIN, den im FNP 50 enthaltenen Schnellverkehrsstraßenring als Autobahn zu bauen (> BUNDESFERNSTRASSEN). 1956 wurde mit dessen Realisierung begonnen, die nach dem heutigen Planungsstand etwa bis zum Jahre 2005 abgeschlossen sein könnte.

Auch die Straßenplanung im Ostteil der Stadt basiert auf der Gesamt-Berliner Planung der 50er Jahre, die nach dem Bau der > MAUER 1961 allerdings entsprechend modifiziert wurde. Es blieb jedoch bei einem System von Radial- und Tangentialstraßen, deren Trassenlage sich an den geplanten Großwohngebieten in > MARZAHN, > HOHENSCHÖNHAUSEN und > HELLERSDORF orientierten. Vorgesehen waren sieben Radialen und vier Tangenten; die dritte Tangente und der südlich Teil der vierten Tangente sollte als Stadtautobahn den Autobahnzubringer Nord (> PANKOW) mit dem Autobahnzubringer Süd bei > ALTGLIENICKE verbinden.

Angesichts der absehbaren Zunahme der Motorisierung sah man sich zu Beginn der 50er Jahre in Berlin (West) veranlaßt, die Struktur des > Öffentlichen Personennahverkehrs (ÖVPN) zu verändern. Omnibusverkehr und U-Bahn sollten künftig die einzigen Verkehrsträger des von der > Berliner Verkehrsbetriebe (BVG) betriebenen Nahverkehrssystems bleiben. Der Straßenbahnbetrieb und der O-Busbetrieb wurden nach und nach eingestellt. Zum einen glaubte man, der Straßenbahnbetrieb und der Autoverkehr würde sich gegenseitig behindern, zum anderen sollte der Verzicht auf die Straßenbahn und den O-Bus zu einer betrieblichen Straffung und damit zu einer günstigeren Kosten-Nutzen-Relation führen. Im Vordergrund stand der Ausbau des U-Bahn-Netzes auf der Grundlage eines schon 1929 vom damaligen Stadtbaurat Ernst Reuter konzipierten 200-km-Planes. Nach dem Bau der > Mauer und dem Boykott der S-Bahn wurden die Anstrengungen im U-Bahn-Bau noch verstärkt; die S-Bahn verlor dagegen immer mehr an Bedeutung. Auch in Berlin (Ost) sollte die Straßenbahn zugunsten des Kfz-Verkehrs verdrängt werden. Daß die Straßenbahn heute dennoch vorhanden ist, verdankt sie letztlich nur den zu geringen finanziellen Möglichkeiten der DDR, dieses Ziel auch umzusetzen. Nach dem Mauerbau lag das Schwergewicht der ÖPNV-Planung zunächst auf der S-Bahn, bei der umfangreiche Ergänzungen vorgenommen wurden.

Der Eisenbahnverkehr einschließlich der S-Bahn in Berlin (West) wurde auch nach der > Spaltung der Stadt aufgrund alliierter Bestimmungen von der > Deutschen Reichsbahn (DR) der DDR betrieben. Die Verkehrspolitik der DDR zielte darauf ab, den Fernreiseverkehr auf Strecken und Bahnhöfe außerhalb von Berlin (West) zu verlagern. Nach der Fertigstellung des > Berliner Außenringes wurden die in Berlin (West) liegenden Kopfbahnhöfe, die trotz Zerstörungen nach 1945 wieder in Betrieb genommen wurden, von der DR nicht mehr benötigt und daher zwischen 1951 und 1952 stillgelegt. Für den Bedeutungsverlust des Eisenbahnverkehrs von und nach Berlin ist das Desinteresse der DR an leistungsfähigen Eisenbahnanlagen in Berlin (West) sowie an den Verbindungen zum übrigen Bundesgebiet nicht allein verantwortlich; die zunehmende Motorisierung hätte auch unter sonst günstigeren Bedingungen eine Verlagerung von Personen und Gütern auf die Straße bewirkt.

5. Neues Denken in der Verkehrspolitik ab Mitte der 70er Jahre

Seit Mitte der 70er Jahre wandelten sich die städtebaulichen Leitbilder. Die Ergebnisse der bisherigen städtebaulichen Entwicklung wurden zunehmend kritisch gesehen; es folgte insbes. in Berlin (West) eine Rückbesinnung auf die Qualitäten historisch gewachsener Strukturen. Der auf dem FNP von 1965 basierende geplante weitere Ausbau der Stadtautobahn (> Bundesfernstrassen) und der Hauptverkehrsstraßen hätte zunehmend zu einer Zerstörung gewachsener städtischer Strukturen geführt bzw. die nun gewünschte Wiederherstellung früherer Strukturen verhindert. Angesichts des weiter steigenden Kraftfahrzeugverkehrs wurden auch die negativen Folgen – steigende Unfallzahlen, zunehmende Lärm- und Abgasbelastung – immer deutlicher (> Umweltschutz). Gegen den weiteren Ausbau der Autobahn formierten sich Bürgerinitiativen; zum ersten Mal wurde ein Bebauungsplan für den Weiterbau der Autobahn nach Neukölln durch das Oberverwaltungsgericht gestoppt (> Verwaltungsgerichtsbarkeit). Dieser öffentlich formulierte Widerstand führte zu einer Rücknahme von Baumaßnahmen im Autobahn- und Stadtstraßenbereich, bis 1980 der Senat sogar auf den Weiterbau der bis dahin als unabdingbar erforderlich gehaltenen *Westtangente* verzichtete; lediglich der Weiterbau der Autobahn nach Neukölln blieb weiter vorgesehen.

Auch in Berlin (Ost) wurde die Absicht, eine Stadtautobahn zu bauen, aufgegeben. Neben den Kosten spielten auch hier ökologische Gründe eine Rolle. In Berlin (West) erhöhte sich das planerische Interesse am ÖPNV. Die Attraktivitätssteigerung dieses Verkehrsträgers sollte helfen, den motorisierten Individualverkehr auf ein für die Stadt erträgliches Maß zu beschränken. Ferner gab es ein Verkehrssystem, das nicht erst gebaut werden mußte, sondern nur zur Bedeutungslosigkeit verkommen war. Durch den Streik der Eisenbahner 1980 und durch umfangreiche Streckenstillegungen seitens der DR rückte die S-Bahn wieder in den Blickpunkt. In relativ kurzer Zeit wurden Konzepte zur Übernahme der S-Bahn entwickelt und die anschließenden Verhandlungen mit der DR am 30.12.1983 zum Abschluß gebracht. Seither wird die S-Bahn auf einem allerdings eingeschränkten Netz im Westteil der Stadt von der BVG betrieben.

Seit Mitte der 70er Jahre spielt auch der Begriff > VERKEHRSBERUHIGUNG eine wichtige Rolle. V.a. in den dicht besiedelten Innenstadtbereichen beeinträchtigte das wachsende *Verkehrsaufkommen* die Wohn- und Umweltsituation. Durch Einbau von Schikanen und „Straßenmöbeln" sollte der Durchgangsverkehr verdrängt und der verbleibende Verkehr zur Schrittgeschwindigkeit gezwungen werden. Kinder sollten wieder auf der Straße spielen können. Allerdings wurde vielfach außer acht gelassen, daß Handel und Gewerbe innerhalb dieser Bereiche ein berechtigtes Interesse an einer ausreichenden verkehrlichen Erschließung haben, die z.T. mit den realisierten Maßnahmen nur schwer in Einklang zu bringen waren.

6. Die Zeit vor der Wende

Im > TRANSITVERKEHR zwischen Berlin (West) und dem übrigen Bundesgebiet war der Kraftfahrzeugverkehr dominierend: 67 % des > GÜTERVERKEHRS und 75 % des Personenverkehrs werden über die Transitstraßen abgewickelt. Seit Inkrafttreten des Transitabkommens 1972, hatte sich dieses Verhältnis zugunsten des Straßenverkehrs stabilisiert. Dazu beigetragen haben auch die erheblichen finanziellen Aufwendungen seitens der Bundesregierung: Über 1,8 Mrd. DM flossen zwischen 1972 und 1985 in die Rekonstruktion oder den Neubau der Transitstraßen, dagegen wurden nur etwa 135 Mio. DM für die Eisenbahn und nur etwa 340 Mio. DM für die Schiffahrt ausgegeben. Durch eine im Herbst 1988 geschlossene Vereinbarung über einen zusätzlichen Grenzübergang einschließlich einer Anbindung an die Autobahn im Süden Berlins sollte der Straßenverkehr eine weitere Erleichterung erfahren. Nach der > VEREINIGUNG wurde diese Planung durch die Ausbauplanung der B 101 zwischen > BERLINER RING und Stadtgrenze ersetzt.

Schon seit langem waren Maßnahmen zur Beschleunigung und Attraktivitätssteigerung des Eisenbahnverkehrs Bestandteil der Fernverkehrskonzeption des Senats von Berlin. Aber erst die umweltpolitische Diskussion über die Folgen des motorisierten Straßenverkehrs zu Beginn der 80er Jahre sowie die verstärkten Bemühungen der > DEUTSCHEN BUNDESBAHN (DB), den Eisenbahnverkehr in der Bundesrepublik durch den Einsatz von Hochgeschwindigkeitszügen attraktiver zu gestalten, führten auch im Berlin-Verkehr zu konkreten Überlegungen für Verbesserungen. Im Vordergrund stand dabei die Einrichtung einer Schnellstrecke durch Um-

bzw. Ausbau vorhandener Strecken zwischen Berlin und Hannover mit Anschluß-möglichkeiten an die Schnellstrecken von Hannover nach Köln, Frankfurt/M. und Würzburg.

Der Luftverkehr hatte für Berlin (West) eine besondere Bedeutung, da er der einzige Zugang war, der nicht den Kontrollen der DDR-Behörden unterlag. Diese Tatsache wurde politisch als so bedeutsam angesehen, daß die Flugpreise im Linienflugverkehr mit jährlich 110 Mio. DM durch die Bundesrepublik subventioniert wurden. Dazu kam die Konkurrenz des Flughafens Schönefeld, der mit Billiganggeboten der Interflug im Charterverkehr versuchte, devisenbringende Westberliner Touristen anzuziehen.

Die Bedeutung der Schiffahrt war nach dem II. Weltkrieg beständig zurückgegangen. Gründe hierfür waren u.a. geringe Tauchtiefen bei Niedrigwasser von Elbe und Weser sowie Beschränkungen bei der Schiffsgröße. Aber auch die Wasserstraßen in Berlin (West) hätten weiterer Verbesserungen bedurft, wenn sie den internationalen Anforderungen gemäß von Europaschiffen (1.350 t Abladetiefe: 2,5 m) uneingeschränkt hätten befahren werden sollen.

Im innerstädtischer V. wies Berlin (West) im Gegensatz zu anderen Ballungsgebieten eine Besonderheit auf: Aufgrund der geopolitischen Lage gab es keinen Berufspendelverkehr zwischen dem Umland und dem Stadtgebiet. Der V. in Berlin (West) war – vom zahlenmäßig kaum ins Gewicht fallenden Fernverkehr einmal abgesehen – Binnenverkehr. Im Vergleich zu anderen bundesdeutschen Großstädten hatte Berlin (West) die niedrigste Motorisierungsrate: Sie lag z.B. 1985 mit 314 Pkw je 1.000. Einwohner niedriger als in Hamburg mit 374 oder deutlich niedriger als in Frankfurt/M. mit 449. In Berlin (Ost) war die Zahl der Kfz-*Pendler* im Vergleich mit westdeutschen Ballungsräumen relativ gering. Wer in der Hauptstadt arbeitete, wohnte dort auch, oder fuhr mit der > S-Bahn, die auch das Umland bediente. Der Grund hierfür war zum einen die deutlich geringere Motorisierung: In Berlin (Ost) gab es 1989 235 Pkw auf 1.000 Einwohner, und auch das Umland war mit 268 Pkw pro 1.000 Einwohner nicht wesentlich höher motorisiert. Dazu kam, daß die Tarife im ÖPNV politisch gestützt und mit 20 Pfennig im innerstädtischen Bereich außerordentlich niedrig waren.

Ende der 80er Jahre führten schon geringe Störungen in Berlin (West) auf dem hochbelasteten Stadtring zu Stausituationen und auch auf den Stadtstraßen mußte im Berufsverkehr zunehmend mit „stop and go" gerechnet werden. Aber nicht nur der fließende Kfz-Verkehr, auch der > Ruhende Verkehr wurde zunehmend zu einem Problem. In dicht besiedelten Gebieten der Stadt wurden nicht nur die Fahrbahnränder, sondern auch die Gehwege nachts zum Parkplatz. Auch in den Gebieten mit Mischnutzung (Wohnung und Arbeiten und Einkaufen), wie z.B. in der > City, war die Parkraumsituation äußerst angespannt. In Berlin (Ost) gab es diese Probleme in diesem Ausmaß noch nicht; lediglich in den Neubausiedlungen am Rande der Stadt gab es erste Anzeichen dafür, daß die Planvorgaben für die Stellplätze nicht mehr der zunehmenden Motorisierung entsprach.

Der rot-grüne Senat hatte seit dem Frühjahr 1989 versucht, auch bei der Verkehrsplanung stärkere ökologische Akzente zu setzen. So sollte z.B. der im August 1988 beschlossenen FNP 84 hinsichtlich seiner Aussagen zur Straßenverkehrsplanung wieder geändert werden: Die geplante Verlängerung der Autobahn in Richtung Neukölln sollte ebenso entfallen wie die Nord-Süd-Straßenverbindung zwischen dem Autobahnkreuz Schöneberg und der Heidestr. Flächendeckend wurden *Tempo-30-Zonen* eingeführt. Das ÖPNV-Angebot wurde durch Einrichtung von *Busspuren* und Taktverdichtungen erhöht. Ohne Zweifel war die Einführung der übertragbaren *Umweltkarte* die wichtigste verkehrspolitische Maßnahme des damaligen Senats.

II. DIE HERAUSFORDERUNG

1. Ausgangssituation

Seit dem Fall der > MAUER 1989 und der > VEREINIGUNG der beiden deutschen Staaten 1990 hat sich die Situation Berlins und damit auch die verkehrliche Situation radikal verändert. Unerwartet und ohne Vorbereitung wurde die „Insel" Berlin (West) wieder zum „Festland"; Ost-Berlin hörte auf, eine Sackgasse zu sein, und die Brandenburger v.a. im Süden und Westen Berlins hatten wieder eine Großstadt vor der Tür. Bei aller Euphorie wurde sehr schnell deutlich, daß liebgewonnene Nischen der Ruhe im innerstädtischen Grenzgebiet aber auch zum Umland sich über kurz oder lang zu lebendigen, lauten Ecken verändern würden.

Vordringliches Ziel war zunächst die möglichst schnelle verkehrliche Verknüpfung beider Stadthälften und Berlins mit dem Umland. Schon wenige Tage nach Öffnung der Mauer waren neben den 13 bestehenden *Grenzübergängen* sieben weitere Straßenübergänge geschaffen worden. Nach dem Wegfall der Grenzkontrollen mit Inkrafttreten der *Wirtschafts-, Währungs- und Sozialunion* am 1.7.1990 waren es bald 120 Straßenverbindungen – davon 70 auch für den Kfz-Verkehr – von ehemals 165. Einige Straßenverbindungen sind immer noch umstritten. Bekanntestes Beispiel ist das > BRANDENBURGER TOR. Seit dem Frühjahr 1992 fahren zwar nach langem Hin und Her Busse und Taxen neben Radfahrern durch die Mittelöffnung des Tores, eine Lösung für den übrigen Kfz-Verkehr jedoch ist nicht in Sicht. An dieser emotionsgeladenen Stelle der Stadt wird exemplarisch nicht nur die Frage der Verkehrsführung an diesem Ort diskutiert, sondern das Problem der innerstädtischen *Verkehrsplanung* generell.

Die Verbindung der Schienenverkehrswege war und ist langwieriger und aufwendiger. Zwar fuhr am 2.7 1990 die > S-BAHN auf der > STADTBAHN wieder von Erkner bis > WANNSEE, aber erst am 1.4.1992 weiter von Wannsee nach Potsdam. Am 1.5.1992 folgte die Strecke von > FROHNAU nach Hohenneuendorf. Nach 30 Jahren Unterbrechung kommen die Lückenschlüsse der S-Bahn praktisch einem Neubau gleich. Nach der Trennung am > 13. AUGUST 1961 waren Gleisanlagen, aber auch die Einrichtungen der Zugsicherung, der Stromversorgung und z.T. die Bahndämme und Kreuzungsbauwerke abgebaut worden. Auch die > U-BAHN ist noch nicht wieder vollständig miteinander verknüpft.

Für die Zukunft gibt es im wesentlichen drei Handlungsschwerpunkte, für die Konzepte entwickelt und umgesetzt werden müssen: die Anbindung Berlins an das internationale und nationale Verkehrsnetz, die verkehrliche Verknüpfung Berlins mit dem Umland im Hinblick auf eine geordnete und verkehrsvermeidende Strukturentwicklung sowie die Bewältigung des innerstädtischen V. vor dem Hintergrund einer immer größer werdenden ökologischen Belastung der Stadt (> UMWELTSCHUTZ). Dabei soll Berlin als Wirtschafts- und Dienstleistungsmetropole in Konkurrenz zu anderen europäischen Ballungsräumen treten, sie soll der Antriebsmotor für die ökonomische Entwicklung im Nordosten Deutschlands sein, und sie ist > Hauptstadt des vereinten Deutschlands und möglicherweise Austragungsort der > Olympischen Spiele im Jahr 2000.

Die genannten Funktionen bilden die Rahmenbedingungen für die verkehrliche Entwicklung Berlins und der Region (> Regionalplanung). Die Zahl der Einwohner in der Region Berlin wird sich schätzungsweise auf ca. 5 Mio. im Jahr 2010 erhöhen. Bleibt es bei den 1992 erkennbaren Trends, so könnte sich nach Schätzungen des > Deutschen Instituts für Wirtschaftsforschung die Zahl der Pkw verdoppeln, mit der Konsequenz, daß sich die Pkw-Verkehrsleistung ebenfalls in etwa verdoppelt, die Verkehrsleistung des > Öffentlichen Personennahverkehrs (ÖPNV) aber abnimmt. Einem derartigem Anwachsen des *Individualverkehrs* wäre das Verkehrssystem nicht gewachsen und dies hätte letztlich auch Auswirkungen auf die Funktionsfähigkeit der Stadt insg. Die verkehrspolitischen und -planerischen Überlegungen sind daher darauf ausgerichtet, V. durch eine geordnete strukturelle Entwicklung in der Stadt und in der Region von vorneherein zu vermeiden bzw. den nicht vermeidbaren V. auf möglichst stadt- und umweltverträgliche Verkehrsmittel zu verlagern sowie den verbleibenden notwendigen Kfz-Verkehr zusammen mit dem ÖPNV-Oberflächen-verkehr bevorrechtigt abzuwickeln.

2. Fernverkehr

Im Fernverkehr bedeutet diese o.g. Zielsetzung in erster Linie eine Stärkung der > Eisenbahn. Die z.T. noch brachliegende Bahninfrastruktur Berlins mit den nach allen Himmelsrichtungen ausstrahlenden Eisenbahntrassen sowie dem > Berliner Aussenring und der innerstädtischen > Ringbahn bietet eine hervorragende Voraussetzung für einen modernen, leistungsfähigen Eisenbahnknoten im Personen- wie im > Güterverkehr. Das von der > Deutschen Reichsbahn (DR) und dem > Senat von Berlin mit dem > Bundesminister für Verkehr (BMV) im Rahmen der Bundesverkehrswegeplanung vereinbarte Eisenbahnkonzept führt den Personenfernverkehr in Form eines Achsenkreuzes in die Zentren der Stadt und verbindet die auf die Stadt zulaufenden Eisenbahnstrecken miteinander außerhalb der Innenstadt. Die Entscheidung des BMV, das Eisenbahnachsenkreuz, dessen erste Baustufe wegen seiner Form auch „Pilzkonzept" genannt wird, in die Bundesverkehrswegeplanung aufzunehmen, ist in seiner Bedeutung für die Stadt nur mit der Entscheidung zum Bau der 1882 eröffneten > Stadtbahn zu vergleichen. Die Stadtentwicklung wird durch dieses Konzept und insbes. durch die Lage der neuen Fern- und Regionalbahnhöfe auf den beiden Achsen und am Schnittpunkt mit der > Ringbahn entscheidend geprägt werden.

Eine weitere wichtige Entscheidung, die die Strukturentwicklung der Region beeinflussen wird, steht noch aus: Die Lage des neuen *Großflughafens Berlin-Brandenburg* (> Flughäfen; > Luftverkehr). Die beiden innerstädtischen Flughäfen – *Flughafen Tegel „Otto Lilienthal"* und ehem. *Zentralflughafen Tempelhof* – sowie der stadtnahe *Flughafen Schönefeld* mit ihrer heutigen Kapazität werden den absehbaren Fluggastzuwachs nicht bewältigen können. Ein Ausbau der innerstädtischen Flughäfen kommt aus räumlichen und umweltpolitischen Gründen nicht in Betracht. Der Flughafen Schönefeld wird in den nächsten Jahren auf die doppelte Abfertigungskapazität erweitert, um das Fluggastaufkommen bis zum Jahr 2000 abwickeln zu können. Schönefeld könnte auch der Standort des künftigen Großflughafens sein;

seine Stadtnähe und die Lage am Eisenbahnaußenring, der zwar von der Regional-bahn, nicht aber vom IC- und IR-Verkehr genutzt werden wird, lassen ihn jedoch nicht als idealen Standort erscheinen. Die ebenfalls in der Diskussion stehenden Standorte im Süden Berlins – Speerenberg aber insbes. Jüterbog – lägen günstig an dem Eisenbahnkorridor nach Leipzig und in den Süden und Westen der Bundesre-publik sowie an der in die Stadt führenden neuen Nord-Süd-Verbindung, sind aber 40 bzw. 55 km vom Stadtzentrum entfernt. Ein neuer Großflughafen ist heute nur noch vertretbar und durchsetzbar, wenn eine optimale Verknüpfung der Verkehrs-träger Luft und Schiene dazu beiträgt, die Kurzstreckenflüge verstärkt auf die Bahn zu verlagern sowie die Anbindung des Flughafens an die Zentren in Berlin und der Region möglichst umweltverträglich zu gestalten. Insofern muß die Möglichkeit zur Anbindung an den Eisenbahnfern- und -regionalverkehr von und nach Berlin ein entscheidendes Kriterium sein.

Für den *Wirtschaftsverkehr* ist der geplante Ausbau der > Wasserstrassen in Fort-setzung des *Mittellandkanals* bis Berlin sowie der Ausbau der Zulaufstrecken zum > West- und zum > Osthafen in Berlin von besonderer Bedeutung. Hierdurch entsteht ein Infrastrukturangebot zur Verlagerung des Gütertransportes von der Straße auf umweltverträglichere Verkehrsträger, das von Berlin mit Maßnahmen zur Hafen-struktur ergänzt werden muß. Die bestehenden > Häfen Berlins, insbes. der West- und der Osthafen mit ihrer innerstädtischen und damit verkehrsgünstigen Lage, müssen gesichert und qualitativ ausgebaut werden. Daß dies Konzept bei Stadt-planern nicht nur Begeisterung weckt, ist zwar verständlich, jedoch müßten die stadtgestalterischen Nachteile mit den o.g. Vorteilen abgewogen werden. Mittel-fristig dürfte die Kapazität der bestehenden Hafenanlagen trotz Modernisierung ausgeschöpft sein. Daher werden derzeit Standorte für einen weiteren Hafen im Stadtgebiet geprüft, der nach Lage der Dinge nur im Zulaufbereich des > Teltow-kanals liegen kann.

Der Ausbau der > Bundesfernstrassen nach Berlin, der Ausbau des > Berliner Rin-ges und auch der Neubau von Bundesfernstraßen innerhalb des Stadtgebietes wird von den Kritikern dieser Maßnahmen gern als umweltpolitischer Sündenfall ge-brandmarkt. Man darf dabei jedoch nicht übersehen, daß es sich bei diesen Maßnah-men letztlich um Herstellung einer mit den alten Bundesländer vergleichbaren Ver-kehrsinfrastruktur handelt, die dazu dienen soll, die wirtschaftlich unterentwickel-ten neuen Bundesländer – und Berlin ist aus dieser Sicht ein „neues" Bundesland – im ökonomischen Wettstreit der Regionen nicht noch mehr ins Abseits geraten zu lassen.

3. Regionaler und innerstädtischer Verkehr

Noch gibt es für Gesamt-Berlin schätzungsweise erst etwa 200.000 *Berufspendler*, im wesentlichen Einpendler aus dem Umland nach Berlin hinein; diese Zahl dürfte je-doch zunehmen, wenn sich die Verlagerung von Produktionsstätten ins Umland verstärkt, wenn sich der Dienstleistungssektor im Innenstadtbereich etabliert und wenn Berlin nach dem Umzug der Bundesregierung die volle Funktion einer > Hauptstadt übernimmt. Um den innerstädtischen und regionalen V. in diesem Bal-lungsraum einigermaßen stadtverträglich zu organisieren, wird es daher darauf an-kommen, gemeinsam mit dem Land Brandenburg ein regionales Strukturkonzept zu entwickeln, das mit dem Ziel der Verkehrsvermeidung eine optimale Zuordnung der Hauptaktivitäten Wohnen, Arbeit, Versorgung vornimmt und ein strukturelles

Gleichgewicht zwischen Berlin, dessen näherem Umland und den Zentren Brandenburgs schafft. Dieses > Räumliche Strukturkonzept, das erst in Ansätzen vorhanden ist, muß möglichst schnell in ein verbindliches Planungsrecht umgesetzt werden. Zugleich muß auch die Verkehrsplanung auf die zu erwartenden Trends reagieren und Konzepte entwickeln, die ihrerseits eine wünschenswerte Strukturentwicklung auslösen können. Ziel muß es sein, einen möglichst hohen Anteil des Personenverkehrsaufkommens mit dem Öffentlichen Personennahverkehr (ÖPVN) abzuwickeln. Das von der DR und dem Senat mit Unterstützung des Landes Brandenburg entwickelte Eisenbahn-Achsenkreuzkonzept ermöglicht neben der optimalen Anbindung des Fernverkehrs ein Regionalbahnangebot, das die innerstädtischen Zentren im Zuge der beiden Eisenbahnachsen z.T. mit neuen Bahnhöfen, z.B. am > Potsdamer Platz oder den Parlamentsbereich am > Reichstagsgebäude direkt, erschließt und an die Zentren der Region anbindet. Die > S-Bahn soll die Anbindung des unmittelbaren Berliner Umlands und auch die innerstädtische Erschließung in den Hauptradialen übernehmen. Eine wesentliche Ausdehnung über das vor dem Bau der > Mauer betriebene S-Bahn-Netz soll es nicht geben. Dies wäre von den Ländern Berlin und Brandenburg in absehbarer Zeit kaum zu finanzieren und würde dem regionalen Strukturkonzept widersprechen, das die Ausdehnung der Siedlungsachsen in die Region zugunsten der regionalen Zentren einschränken will.

Für den innerstädtischen Bereich hat der Senat als verkehrsplanerisches Ziel vorgegeben, nur noch 20 % des Personenverkehrs von und zu den Citybereichen (> City) mit dem Kfz und 80 % mit dem ÖPNV abzuwickeln. Der Durchgangsverkehr durch diese Bereiche soll nach Möglichkeit auf Umfahrungsnetze verlagert werden. Dieses Ziel setzt in den Innenstadtbereichen eine erhebliche Verdichtung des ÖPNV-Angebots sowie parallel dazu restriktive Maßnahmen für den motorisierten Individualverkehr voraus. Das vom Senat beschlossene Parkraumkonzept (> Ruhender Verkehr) sowie die kurzfristig zu realisierenden Beschleunigungsmaßnahmen, z.B. Bevorzugung an Lichtsignalanlagen, Schaffung eines eigenen Fahrweges im ÖPNV-Oberflächenverkehr zeigen die dabei einzuschlagende Richtung; sie sind jedoch nur ein erster Anfang, um das ehrgeizige Ziel einer Veränderung der *Verkehrsaufteilung* zugunsten des ÖPNV im o.g. Ausmaß zu erreichen. Eine Ausdehnung und Verschärfung der Parkraumrestriktionen sowie weitergehende Maßnahmen wie z.B. nach Nutzergruppen differenzierte Zufahrtsbeschränkungen dürften künftig kaum zu vermeiden sein. Bei der Verbesserung des ÖPNV-Angebotes wird es darum gehen, das U-Bahn-Netz in der Innenstadt sinnvoll zu ergänzen und auf den Ausbau des S-Bahn-Netzes abzustimmen. Ein Schwerpunkt bildet die Verlängerung der U5 von > Alexanderplatz über den neuen > Lehrter Bahnhof nach > Moabit und die neue S-Bahn-Strecke S21 von Gleisdreieck über den Lehrter Bahnhof zum Flughafen Tegel, dessen Anbindung auch unter dem Gesichtspunkt der Nutzung dieses Geländes nach einer möglichen Stillegung sinnvoll ist. Durch dieses Maßnahmenbündel werden die Entwicklungsbereiche Potsdamer Platz und Alexanderplatz/> Unter den Linden sowie der Parlamentsbereich besser erschlossen und direkt an den Eisenbahnregional- und Fernverkehr angebunden. Eine weitere wichtige Rolle als Ergänzung zur U- und S-Bahn wird die > Strassenbahn übernehmen, die wieder in die östliche Innenstadt „zurückkehren" wird und gleichzeitig in Richtung westliche Innenstadt verlängert werden soll. Daß dies trotz der teilweise vorhandenen Begeisterung für die Straßenbahn nicht ohne Konflikte möglich sein wird, zeigen die ersten konkreten Planungen zur Streckenführung in der > LEIPZIGER STRASSE, die den Alexanderplatz mit dem > KULTURFORUM TIERGARTEN verbinden soll und längerfristig in den Bereich Zoo verlängert werden könnte. Die Forderung nach einer leistungsfähigen Straßenbahnstrecke auf eigenem Bahnkörper sowie einem Mindestangebot an Straßenverkehrsfläche steht im Widerspruch zum städtebaulichen Leitbild der Rekonstruktion der „bürgerlichen Stadt" mit dem historischen Straßenprofil von 22,5 m. Als Kompromiß sollen einseitig Kolonnaden zur Aufnahme des Gehweges vorgesehen werden; in Kreuzungsbereichen wird der Straßenraum wegen der erforderlichen Haltestellen ausgeweitet.

Wichtigster Punkt in der Diskussion um die innerstädtische Verkehrsplanung ist die Abwicklung des > KRAFTFAHRZEUGVERKEHRS. Dabei wird leicht übersehen, daß die beabsichtigte Veränderung der Verkehrsaufteilung zugunsten des ÖPNV nur den Personenverkehr betreffen kann, da der *Wirtschaftsverkehr*, d.h. der Verkehr in Ausübung des Berufs und der > GÜTERVERKEHR kaum in relevantem Umfang auf den ÖPNV verlagert werden kann. Dieser V., der heute schätzungsweise etwa 30 % des gesamten Straßenverkehrsaufkommens ausmacht, wird sich aller Voraussicht nach bis zum Jahr 2010 verdoppeln. Zusammen mit den verbleibenden 20 % des dann ebenfalls verdoppelten Personenverkehrs dürfte das künftige Straßenverkehrsaufkommen im günstigsten Fall dem heutigen *Verkehrsaufkommen* entsprechen. Eine Rücknahme von Straßenkapazitäten kann daher, von einigen Ausnahmen abgesehen, nicht das Ziel der Straßenplanung sein. Zur Entlastung der Innenstadt ist daher zusätzlich und in Ergänzung der ordnungspolitischen Maßnahmen ein Ringstraßensystem vorgesehen (> STRASSEN).

Zur Minimierung des Verkehrsaufkommens im innerstädtischen Bereich soll auch die Beibehaltung der innerstädtischen Hafenstandorte beitragen sowie ein Konzept der dezentralen Verteilung der *Güterbahnhöfe*, die allerdings in ihrer Anzahl von derzeit 50 durch die DR deutlich reduziert werden dürften.

W

Wachpolizei (Wapo): Auf Anordnung der > ALLIIERTEN KOMMANDANTUR – BK/O (47) 227 – vom 30.9.1947 wurde der Polizeipräsident ermächtigt, eine W. zu errichten, die eine Uniform trägt, die sich von der der Vollzugspolizei unterscheidet, und die berechtigt ist, Waffen zu tragen. Ihre Aufgabe bestand im wesentlichen in der Bewachung von alliierten und privaten Grundstücken (z.B. Konsulaten, Diplomaten) sowie Polizei und anderen öffentlichen Einrichtungen (Objektschutz). Sie sollte insoweit die Vollzugspolizei entlasten und erhielt den Namen W., da damals nur die > POLIZEI Waffen tragen durfte. Die W. hat das Recht zur Identitätsfeststellung, Durchsuchung, Sicherstellung und des Platzverweises. 1979 wurde durch Aufgabenerweiterung eine Wapo zur Gefangenenbewachung in Gefangenensammelstellen und dem Gefangenengewahrsam eingerichtet. Es gibt am 1.7.1992 für ganz Berlin 3.296 Stellen für die Wapo, davon sind 2.753 für den Objektschutz und 447 für die Gefangenenbewachung eingesetzt. Die Angehörigen der Wapo sind Angestellte.

In Ost-Berlin gab es eine vergleichbare Wapo nicht. Am 17.5.1949 wurde der Betriebsschutz (BS) der VP in volkseigenen Betrieben zum Schutz des Volkseigentums in der ehem. DDR gebildet, am 18.12.1953 die BS-Kriminalpolizei. Der BS war dem Präsidium der VP (Pd VP) als Hauptabteilung BS seit 1951 unterstellt und von dort geleitet. Das Betriebsschutzamt in Ost-Berlin verfügte über ca. 380, die Betriebe dort über ca. 900 BS-Angehörige.

Wählergemeinschaft Unabhängiger Bürger (WUB): Die als e.V. organisierte und etwa 80 Mitglieder, überwiegend aus dem akademischen Milieu, zählende WUB ging 1975 aus einer im gleichen Jahr entstandenen Bürgerinitiative im Bezirk > ZEHLENDORF hervor. Dort kämpfte sie erfolgreich gegen den von der > BEZIRKSVERORDNETENVERSAMMLUNG (BVV) bereits beschlossenen Tunnel Berliner/Pots-

damer Str. unter dem Straßenzug Clayallee/Teltower Damm.

Als bei den > WAHLEN 1975 erstmals auch Wählergemeinschaften zugelassen wurden, kandidierte die WUB für die Zehlendorfer BVV und erreichte auf Anhieb 12,9 % der Stimmen und damit vier Mandate der insg. 45 Mitglieder zählenden BVV. In der Bezirksverwaltung stellte sie die Stadträtin für Gesundheit. Vier Jahre später konnte sie ihren Erfolg mit 13,9 % noch leicht ausbauen. Nachdem in den 80er Jahren die Alternative Liste (> Die GRÜNEN/ALTERNATIVE LISTE FÜR DEMOKRATIE UND UMWELTSCHUTZ) bei den Wahlen aufgetreten ist, fiel der Stimmenanteil der WUB 1981 und 1985 auf jeweils 9,3 % zurück, womit sie ihren Stadtratsposten im Bezirksamt verlor. Einen großen Erfolg erzielte sie mit 15,1 % bei den Wahlen vom 29.01.1989, womit sie sieben Sitze in der BVV gewann und mit dem Stadtrat für Wirtschaft und Finanzen auch wieder in der Bezirksverwaltung vertreten war. Bei den ersten Gesamt-Berliner Wahlen zu den 23 Bezirksverordnetenversammlungen nach dem Fall der > MAUER am 24.5.1992 konnte die WUB ihr Ergebnis nochmals steigern und erreichte 17,7 % und 9 Sitze in der BVV.

Der Schwerpunkt der politischen Arbeit der WUB liegt in den Bereichen Bau- und Verkehrspolitik, Stadtbildpflege und Grünplanung sowie Schul- und Volksbildung. Die Wählergemeinschaft versteht sich als „Teil einer breiten Bürgerbewegung". Ihre Willensbildung vollzieht sich zum einen in der BVV-Fraktion, zum anderen auf gelegentlichen Mitarbeitertreffen, an denen jeweils nicht nur Mitglieder, sondern auch Sympathisanten und Interessierte teilnehmen können. Vorsitzende des e.V. war 1992 die Altphilologin und Privatlehrerin Cornelia Sperlich.

Währungsreform: Die am 24.6.1948 in den Westsektoren Berlins durchgeführte W. hatte sowohl als Anlaß für die unmittelbar danach von der Sowjetunion verhängte elfmonatige > BLOCKADE West-Berlins wie auch als Voraussetzung für den folgenden wirtschaftlichen Wiederaufschwung eine einschneidende Bedeutung für die > GESCHICHTE der Stadt (> LUFTBRÜCKE; > WIRTSCHAFT).

Nach Ende des II. Weltkriegs übertraf das in Umlauf befindliche Bargeld bei weitem das Güterangebot, das die durch Kriegszerstörungen und Demontagen geschwächte Wirtschaft auf den Markt bringen konnte. Eine grundlegende W. als wesentliche Grundlage des Wiederaufbaus war damit unumgänglich. Entsprechende Verhandlungen u.a. im > ALLIIERTEN KONTROLLRAT führten bis Ende 1947 zu keinen praktischen Ergebnissen. Im Frühjahr 1948 scheiterten die letzten Versuche der > ALLIIERTEN, eine gemeinsame Lösung für die ihnen unterstehenden Besatzungsgebiete zu finden, da die Sowjetunion nicht bereit war, der Einführung einer von allen vier Besatzungsmächten kontrollierten gesamtdeutschen Währung zuzustimmen. Am 18.6.1948 gab deshalb das Zwei-Mächte-Kontrollamt, die oberste alliierte Behörde des aus der amerikanischen und britischen Besatzungszone gebildeten Vereinigten Wirtschaftsgebiets (Bizone), für seinen Hoheitsbereich das Gesetz Nr. 61 zur Reform der deutschen Währung bekannt. Dieses Gesetz trat bereits zwei Tage später, am 20.6., zusammen mit einem gleichlautenden Gesetz der französischen Militärregierung (Ordinance Nr. 158) in den drei Westzonen in Kraft (Umtausch von Reichsmark in DM im Verhältnis 10:1).

Berlin blieb zunächst von dieser W. ausgenommen, um den > SONDERSTATUS der Stadt nicht zu verletzen. Vier-Mächte-Gespräche in der > ALLIIERTEN KOMMANDANTUR und auf anderen Ebenen mit dem Ziel, wenigstens in Berlin eine einheitliche, von allen vier Alliierten kontrollierte Währung einzuführen, scheiterten am 22.6. am sowjetischen Widerstand. Auch andere Vermittlungsversuche, bspw. der Vorschlag, für Berlin eine Sonderwährung, die sog. *Bärenmark*, einzuführen, kamen nicht zum Zuge. Noch am Tage des Abbruchs der Verhandlungen übersandte der damalige Chef des Stabs der > SOWJETISCHEN MILITÄRADMINISTRATION IN DEUTSCHLAND (SMAD), Marschall Wassilij D. Sokolowskij, dem Berliner > OBERBÜRGERMEISTER den Befehl Nr. 111, nach dem die am 23.6.1948 für die sowjetischen Besatzungszone (SBZ) vorgesehene W. auch in Berlin durchgeführt werden sollte – und zwar nicht nur im Ostsektor,

sondern in ganz Berlin. Die westlichen Stadtkommandanten erklärten daraufhin diesen Befehl in ihren Sektoren für „null und nichtig" und führten dort ihrerseits am 24.6.1948 die DM (versehen mit einem „B"-Stempel als besonderem Erkennungszeichen) ein. Damit gab es ab dem 25.6. in den Westsektoren – de facto in ganz Berlin – eine Doppelwährung, auch wenn im Ostsektor wie in der SBZ der Umlauf der DM verboten und ihr Besitz unter Strafe gestellt war. Die Westalliierten hielten die DM bewußt knapp, weshalb die Löhne und Gehälter in West-Berlin (mit wenigen Ausnahmen) nur zu höchstens 25 % in DM ausgezahlt werden konnten. Bewirtschaftete Lebensmittel, Mieten, Strom, Gas und alle städtischen Abgaben wurden in SMAD-Mark gezahlt.

Geldumtausch 1948

Um dem durch die unterschiedliche Kaufkraft der beiden Währungen verursachten Geldhandel auf dem Schwarzen Markt entgegenzuwirken, genehmigten die westlichen Stadtkommandanten am 27.7. die Eröffnung privater *Wechselstuben*, die ab 2.8.1948 ihre Tätigkeit aufnahmen und anfangs 1 DM für 2,20 M (Ostmark) verkauften. Ein Ausschuß von Inhabern der Wechselstuben und Mitarbeitern der Kreditinstitute setzte täglich den sich aufgrund von Angebot und Nachfrage bildenden Wechselkurs fest. Dieser von der SED als *Schwindelkurs* bezeichnete Geldwechsel pendelte sich mit der Zeit zwischen 4-7 M für 1 DM ein.

Nach der im Herbst und Winter vollzogenen > SPALTUNG der Stadtverwaltung, erklärten die Westmächte am 20.3.1949 die DM zum alleinigen Zahlungsmittel in den Westsektoren Berlins. Diese Bereinigung der Verhältnisse entsprach faktisch einer zweiten W. Sie bildete die Basis für den in der Folgezeit – allerdings im Vergleich zum übrigen Bundesgebiet – verspätet einsetzenden Wirtschaftsaufschwung in der Stadt.

Wahlen:
1. Die Wahlverfahren
Neben den allgemeinen W. zum > DEUTSCHEN BUNDESTAG und den *Europawahlen* finden in Berlin W. zum Landesparlament, dem > ABGEORDNETENHAUS VON BERLIN (ABGH), und zu den > BEZIRKSVERORDNETENVERSAMMLUNGEN (BVV) statt. Die W. zum AbgH und zu den BVV werden i.d.R. gleichzeitig durchgeführt. Die Legislaturperiode beträgt im Normalfall vier Jahre.
Zum AbgH sind mindestens 240 Abgeordnete zu wählen, davon ca. 60 % der Abgeordneten über Direktmandate nach dem Mehrheitswahlrecht in den Wahlkreisen und die übrigen Abgeordneten in den 23 Wahlkreisverbänden (identisch mit den 23 > BEZIRKEN) nach den Grundsätzen der Verhältniswahl. Hierfür hat jeder Wähler zwei Stimmen, die auch gesplittet werden können. Von der 13. Wahlperiode an wird die Mindestzahl der Abgeordneten für das AbgH auf 150 reduziert. Die BVV bestehen aus 45 Bezirksverordneten, die von den Wahlberechtigten des Bezirks nach der Verhältniswahl gewählt werden. Jeder Wahlberechtigte hat hierbei eine Stimme. Sowohl für die W. zum AbgH wie zu den BVV gibt es eine 5-%-Sperrklausel.
Vorschläge für Wahlkreiskandidaten, Bezirks- oder Landeslisten für die W. zum AbgH werden von den Parteien eingereicht. In den einzelnen Wahlkreisen können sich auch Einzelbewerber zur Wahl stellen. Die Vorschläge für die W. zur BVV können sowohl von den Parteien wie von Wählergemeinschaften gemacht werden (z.B. > WÄHLERGEMEINSCHAFT UNABHÄNGIGER BÜRGER). Die Sitzverteilung im AbgH wird auf der Basis des Wahlergebnisses nach dem de Hondtschen Zählverfahren ermittelt, bei den BVV geschieht dieses auf der Basis des Verfahrens von Hare-Niemeyer; letzteres wirkt sich eher zugunsten der kleineren Parteien aus. Erhält eine Partei mehr Direktmandate, als ihr nach dem Zweitstimmenanteil zustehen, bleiben diese als sog. *Überhangmandate* erhalten. *Ausgleichsmandate* für die anderen

Parteien gewährleisten die Durchsetzung der Grundsätze der Verhältniswahl.
2. Berliner Wahlen 1809-1945
Die Geschichte der W. in Berlin begann mit dem Erlaß der vom Reichsfreiherrn Karl vom und zum Stein geschaffenen Preußischen Städteordnung am 19.11.1808 (> GESCHICHTE). Auf ihrer Grundlage wählte die Berliner Bevölkerung vom 18.-22.4.1809 erstmals eine > STADTVERORDNETENVERSAMMLUNG. Der Kreis der Wahlberechtigten war stark eingeschränkt. Voraussetzung für das aktive Wahlrecht waren ein Jahresmindesteinkommen oder Hausbesitz in Berlin. Die Gemeindeordnung von 1850 und die Preußische Städteordnung von 1853 brachten auch für die Kommunalwahlen das 1849 für die preußische Zweite Kammer eingeführte *Dreiklassenwahlrecht*. Entsprechend den geleisteten Steuerabgaben wurden die Wahlberechtigten in drei Klassen eingeteilt, die hinsichtlich der Gesamtstimmenzahl gleich gewichtet wurden.
Erst die Gründung der Weimarer Republik 1918 brachte eine Beseitigung der durch dieses Wahlverfahren verursachten extremen Verfälschung der Mehrheitsverhältnisse. Freie, geheime, gleiche, direkte und allgemeine W. für Männer und erstmals auch für Frauen nach dem Verhältniswahlrecht wurden Gesetz. Zur erstmaligen Anwendung des neuen Wahlrechts in Berlin kam es bei den W. zur verfassungsgebenden Nationalversammlung am 19.1.1919, zur verfassungsgebenden Landesversammlung im Freistaat Preußen am 26.1.1919 sowie den Kommunalwahlen vom 23.2.1919.
Ein Jahr später wurde die Einheitsgemeinde > GROSS-BERLIN gebildet. Daher mußten am 20.6.1920 erneut Kommunalwahlen in der neuen Stadtgemeinde durchgeführt werden. Mehr als 2,5 Mio. Wahlberechtigte waren aufgerufen, eine Stadtverordnetenversammlung und 20 BVV zu wählen. Aufgrund von Verfahrensfehlern und Unkorrektheiten mußte die W. wiederholt werden. Dabei verloren die > SOZIALDEMOKRATISCHE PARTEI DEUTSCHLANDS (SPD) und *Unabhängige Sozialdemokratische Partei Deutschlands – USPD* ihre zuvor gewonnene absolute Mehrheit. Erstmals hatte sich die 1919 gegründete *Kommunistische Partei Deutschlands (KPD)* an einer Berliner Kommunalwahl beteiligt und erhielt 9,5 % der Stimmen. Die Wahlbeteiligung bei allen Kommunalwahlen dieser Zeit war deutlich geringer als bei W. auf Landes- bzw. Reichsebene.

Neben den sechs Kommunalwahlen, die 1919 -33 in Berlin stattfanden, wurden neun Reichstags- und sechs Landtagswahlen durchgeführt. Die letzten relativ freien Kommunalwahlen nach der „Machtergreifung" der Nationalsozialisten am 30.1. 1933 erbrachten am 12.3.1933 der *Nationalsozialistischen Deutschen Arbeiterpartei (NSDAP)* nur ein relativ schwaches Ergebnis. Auch bei den Abstimmungen auf Bezirksebene konnte die NSDAP in keinem der Berliner Verwaltungsbezirke die absolute Mehrheit erreichen.

3. Die Wahlen seit 1946

Nachdem es schon im Sommer 1945 aufgrund des Befehls Nr. 2 der > SOWJETISCHEN MILITÄRADMINISTRATION IN DEUTSCHLAND (SMAD) vom 10.6.1945 zur Neubildung von „antifaschistisch-demokratischen" Parteien gekommen war, konnte auf der Grundlage der von der > ALLIIERTEN KOMMANDANTUR erlassenen *Vorläufigen Verfassung von Groß-Berlin* vom 13.8.1946 am 20.10.1946 die erste W. zur Berliner Stadtverordnetenversammlung nach dem Kriege stattfinden. Bis zur > VEREINIGUNG waren dies die letzten gemeinsamen und freien W. im gesamten Stadtgebiet. Gleichzeitig zu den W. zur Stadtverordnetenversammlung wurden W. zu den BVV der damals 20 Berliner Bezirke durchgeführt. Für diese W. galten die Grundsätze der Verhältnis- und Listenwahl. Die 130 Stadtverordnetenmandate wurden nach einer Kombination zwischen dem Hareschen Verteilungsverfahren und dem Hondtschen Höchstzahlverfahren vergeben.

An den W. beteiligten sich die SPD, > CHRISTLICH DEMOKRATISCHE UNION (CDU), LIBERAL-DEMOKRATISCHE PARTEI (LDPD) und die im Frühjahr 1946 aus der Vereinigung von KPD und Teilen der SPD hervorgegangene > SOZIALISTISCHE EINHEITSPARTEI DEUTSCHLANDS (SED). Der Wahlkampf war von den Auseinandersetzungen der demokratischen Parteien mit der kommunistischen SED geprägt. Für die Stadtverordnetenversammlung erhielt die SPD 48,7 %, die CDU 22,2 %, die LDP 9,3 % und die SED 19,8 % der Stimmen. Die W. vom 5.12.1948 standen unter dem Eindruck der im Mai von der UdSSR über West-Berlin verhängten > BLOCKADE. Die SED hatte wenige Tage vor der Abstimmung durch die Einberufung eines separaten Magistrats im Ostsektor die politische > SPALTUNG herbeigeführt. Die Durchführung einer Gesamt-Berliner Wahl wurde durch die sowjetische Besatzungsmacht im Ostsektor verbo-

ten. Die SED nahm an den nunmehr auf das Gebiet von West-Berlin begrenzten W. nicht teil. Das Wahlergebnis brachte der SPD einen gewaltigen Stimmenzuwachs in allen zwölf West-Berliner Bezirken. Mit 64,5 % erreichte sie ihr bestes Berliner Nachkriegsergebnis.

Auf Grundlage der neuen > VERFASSUNG VON BERLIN (VvB) vom 1.9.1950 fanden am 3.12. 1950 erstmals W. zum AbgH und zu den BVV statt. Das neue Wahlgesetz zum 28.9. 1950 bestimmte entsprechend Art. 25 der VvB die Wahl von 200 Abgeordneten nach den Grundsätzen der Verhältniswahl und legte die Dauer der Legislaturperiode auf vier Jahre fest. Gleichzeitig wurde die bis heute gültige 5-%-Sperrklausel eingeführt. Da die W. nur in den zwölf West-Berliner Wahlkreisen (identisch mit den Bezirken) stattfinden konnte, wurden entsprechend der Bevölkerungszahl der östlichen Wahlkreise 73 der 200 Abgeordnetenhaussitze für die eigentlich in Ost-Berlin zu wählenden Abgeordneten freigehalten.

Die in West-Berlin amtierende Stadtverordnetenversammlung hatte vor den Dezemberwahlen anläßlich der für den 15.10. 1950 angesetzten ersten W. zur DDR-Volkskammer die Einwohner des Ostsektors in einer Volksbefragung vom 5.-10.10.1950 aufgerufen, durch das Einsenden der Stammabschnitte von Lebensmittelkarten ihren Wunsch nach Teilnahme an freien W. zu bekunden. Im Rahmen dieser *Aktion „Rathaus Schöneberg"* sind insg. rd. 447.000 Lebensmittelkartenabschnitte aus Ost-Berlin und dem Umland eingegangen.

Bei den W. vom 5.12.1954 konnte die SPD ihr Ergebnis von 1950 fast unverändert halten; die CDU gewann nahezu 5 % hinzu, während die FDP fast die Hälfte ihres Stimmenanteils verlor. Insg. erreichten fünf Splitterparteien 9,5 %, jedoch konnte keine von ihnen ein Abgeordnetenhausmandat erringen. Allerdings gelang es der rechtskonservativen *Deutschen Partei (DP)* in sieben Bezirken die 5-%-Hürde zu überspringen und damit in die jeweilige BVV einzurücken. Die SED hatte erstmals seit 1946 wieder in West-Berlin kandidiert, ihr Stimmenanteil war jedoch ohne Einfluß auf den Wahlausgang. Auch bei allen späteren W. erhielt die in West-Berlin kandidierende SED – ab 1962 SED-Westberlin, ab 1969 > SOZIALISTISCHE EINHEITSPARTEI WESTBERLIN (SEW) – keine nennenswerten Stimmenanteile.

Zu den W. am 7.12.1958 wurde durch das

Wahl zur/zum a = Groß-Berlin b = West-Berlin c = Ost-Berlin d = Gesamt-Berlin		Wahl-berechtigte	In % der Wahlberechtigten (Wahlbeteiligung)	SPD	CDU	F.D.P.[1]	AL/Grüne	Bündnis 90/Grüne	SED, SED-W, SEW, PDS[2]	REP	Sonstige
StVV. 20.10.1946	a	2.307.122	92,3	48,7	22,2	9,3	–	–	19,8	–	–
	b	1.453.016	91,4	51,8	24,3	10,2	–	–	13,7	–	–
	c	854.106	93,8	43,6	18,7	7,8	–	–	29,9	–	–
StVV. 05.12.1948	b	1.586.461	86,3	64,5	19,4	16,1	–	–	–	–	–
AbgH. 03.12.1950	b	1.664.221	90,4	44,7	24,6	23,0	–	–	–	–	7,7
AbgH. 05.12.1954	b	1.694.896	91,8	44,6	30,4	12,8	–	–	2,7	–	9,5
AbgH. 07.12.1958	b	1.757.842	92,9	52,6	37,7	4,5	–	–	1,9	–	3,3
AbgH. 17.02.1963	b	1.748.588	89,9	61,9	28,8	7,9	–	–	1,4	–	–
AbgH. 12.03.1967	b	1.718.435	86,2	56,9	32,9	7,1	–	–	2,0	–	1,1
AbgH. 14.03.1971	b	1.652.916	88,9	50,4	38,2	8,5	–	–	1,5	–	0,6
AbgH. 02.03.1975[3]	b	1.579.924	87,8	42,6	43,9	7,1	–	–	1,8	–	3,9
AbgH. 18.03.1979	b	1.533.728	85,4	42,7	44,4	8,1	3,7	–	1,1	–	0,1
AbgH. 10.05.1981	b	1.514.624	85,3	38,3	48,0	5,6	7,2	–	0,6	–	0,3
AbgH. 10.03.1985	b	1.507.276	83,6	32,4	46,4	8,5	10,6	–	0,6	–	1,5
AbgH. 29.01.1989	b	1.532.870	79,6	37,3	37,7	3,9	11,8	–	0,6	7,5	1,7
StVV. 06.05.1990	c	969.565	70,6	34,0	17,7	1,0	–	12,6	30,0	–	4,7
AbgH. 02.12.1990	d	2.524.553	80,8	30,4	40,4	7,1	5,0	4,4	9,2	3,1	3,6
Bundestag 02.12.1990	d	2.537.310	80,6	30,6	39,4	9,1	3,9	3,3	9,7	2,5	3,9

Von 100 der abgegebenen gültigen Stimmen entfielen auf

StVV.= Stadtverordnetenversammlung; AbgH.= Abgeordnetenhaus

[1] 1946, 1948: LPD; 1958: FDP (3,8%), Freie Deutsche Volkspartei = FDV (0,7%).
[2] 1946, 1954, 1958: SED; 1963, 1967: SED-W; 1971-1989: SEW; 1990: PDS.
[3] Unter Berücksichtigung der Ergebnisse der Wiederholungswahl am 25.01.1976.

Wahlgesetz vom 28.3.1958 und die Wahlordnung vom 12.7.1958 die im Prinzip noch heute gültige Kombination von Elementen aus Mehrheits- und Verhältniswahl eingeführt. Die von einem Wahlkreisverband (Bezirk) zu besetzenden Mandate – abgesehen von den Direktmandaten – werden nach dem de Hondtschen Höchstzahlverfahren auf die Kandidaten mit den meisten Stimmen verteilt, so daß die Gesamtzahl der Sitze eines Wahlkreisverbandes auf die Parteien im Verhältnis der für sie abgegebenen Stimmen verteilt wurden. Um über dieses Ergebnis hinausgehende Direktmandate nicht verfallen zu lassen, wurden die Überhang- und Ausgleichsmandate eingeführt. Der Wahlkampf zu den W. vom 7.12.1958 war von dem sowjetischen Berlin-Ultimatum überschattet (> Sowjetisches Ultimatum), was sich in einer Rekordwahlbeteiligung von 92,9 % und einem Stimmenzuwachs bei den großen Parteien niederschlug.

Bei der ersten W. nach der Errichtung der Berliner > Mauer ergab sich am 17.12.1963 eine erhebliche Verschiebung des Stimmenverhältnisses zugunsten der SPD, die mit 61,9 % ihr zweitbestes Nachkriegsergebnis erzielte. Die CDU verlor fast 9 % und sank unter die 30-%-Marke. Der FDP gelang wieder der Einzug ins AbgH. Im dritten, nunmehr mit der FDP gebildeten Senat unter der Führung Willy Brandts war die CDU nicht mehr vertreten.

Am 12.3.1967 wurde das Ergebnis der vorangegangenen W. tendenziell bestätigt, allerdings büßte die SPD 5 % ein. Die CDU hingegen konnte 4 % hinzugewinnen. Die Stimmenverschiebung hatte ihre Ursache u.a. vermutlich im Weggang Willy Brandts nach Bonn, wo er im Kabinett der Großen Koalition Außenminister und Vizekanzler wurde.

Die W. vom 14.3.1971 brachten keinen grundlegenden Umschwung im Kräfteverhältnis, wenngleich die SPD einen weiteren Stimmenrückgang zu verbuchen hatte. Sie konnte jedoch ihre absolute Mehrheit knapp halten. Die CDU baute ihren Stimmenanteil erheblich aus. Für die 6. Wahlperiode des AbgH wurde ein reiner SPD-Senat unter Klaus Schütz gebildet.

Die W. vom 2.3.1975 standen ganz im Zeichen der Entführung des Berliner CDU-Spitzenkandidaten Peter Lorenz. Die langfristige Wahlentwicklung zeigte zudem einen zunehmenden Popularitätsverlust der SPD, die ihre absolute Stimmen- und Mandatsmehrheit im AbgH an die CDU verlor. In Koalition mit der F.D.P. konnte die SPD jedoch weiterhin den > Regierenden Bürgermeister von Berlin stellen. Erstmals seit 1967 beteiligten sich an den W. auch wieder einige neue politische Gruppierungen, u.a. der rechtskonservative *Bund Freies Deutschland (BFD)*.

Durch das neue Landeswahlgesetz vom 29.6.1977 und die Landeswahlordnung vom 23.6.1978 wurde dem Urteil des Wahlprüfungsgerichts Rechnung getragen und ein neues Wahlrecht geschaffen, das erstmals bei den W. vom 18.3.1979 seine Anwendung fand. Danach waren bei der W. zum AbgH für die Direktwahl im Wahlkreis auch parteilose Einzelbewerber zugelassen. Für die Abgeordnetenhauswahl konnten nunmehr zwei Stimmen abgegeben werden. Die Erststimme für die personengebundene Direktwahl des Wahlkandidaten und die Zweitstimme für die Bezirksliste einer Partei.

Die W. von 1979 brachten leichte Gewinne für die CDU und F.D.P. Der Anteil der SPD blieb im Vergleich zu 1975 fast unverändert. Erstmals beteiligte sich an den W. die „Alternative Liste", die jedoch noch den Einzug ins AbgH verfehlte (> Die Grünen / Alternative Liste für Demokratie und Umweltschutz [Grüne/AL]). Allerdings konnte die AL in vier Bezirken Mandate für die BVV erlangen.

Nach einer durch mehrere Bauskandale ausgelösten Senatskrise und einem > Volksbegehren verständigte sich das AbgH 1981 auf die Durchführung von Neuwahlen noch vor Ablauf der Legislaturperiode. Die W. am 10.5.1981 erbrachten weitere Stimmengewinne für die CDU, denen entsprechende Stimmenverluste der SPD – die erstmals unter die 40-%-Marke sank – gegenüberstanden. Erstmals konnte die AL mit neun Mandaten in das AbgH einziehen. Im Juni 1981 wählte das AbgH einen CDU-Senat unter dem neuen RBm Richard v. Weizsäcker.

Bei den wieder turnusgemäß folgenden W. am 10.3.1985 mußte die CDU zwar leichte Verluste hinnehmen, konnte sich aber als stärkste Partei behaupten. Sie war jedoch weiterhin auf die Koalition mit der F.D.P. angewiesen. Die SPD blieb auch bei dieser W. unter 40 %.

Die W. vom 29.1.1989 fanden auf der Grundlage einer Neufassung des Landeswahlgesetzes vom 25.9.1987 und der Landeswahlordnung vom 8.2.1988 statt. Die Parteien konnten sich nunmehr entscheiden, ob sie statt getrennter Bezirkslisten eine einheitliche

Landesliste für das gesamte Wahlgebiet einreichen wollten.

Das Wahlergebnis brachte erhebliche Veränderungen in der Berliner Parteienlandschaft. Die CDU mußte Verluste von 9 % hinnehmen. Die SPD gewann bei den Zweitstimmen hingegen 5 % hinzu, blieb jedoch im AbgH trotzdem nur zweitstärkste Partei nach der CDU (37,7 %). Die F.D.P. erreichte ihr schlechtestes Nachkriegsergebnis und scheiterte an der 5-%-Hürde. Die AL konnte ihren Stimmenanteil um ca. einen Prozentpunkt ausbauen und erreichte damit ihr bisher bestes Ergebnis. Als sensationell wurden die unerwartet hohen Stimmenanteile der in Berlin erstmals 1987 aufgetretenen, rechtsradikalen Partei > Die Republikaner (REP) gewertet, die die 5-%-Hürde übersprang. Durch die neuen Mehrheitsverhältnisse kam es erstmals in Berlin zur Bildung einer Rot-grünen Koalition unter dem RBm Walter Momper.

Nach der Vereinigung Berlins und dem Beitritt der fünf neuen Bundesländer zur Bundesrepublik Deutschland fanden am 2.12. 1990 in Berlin erstmals Bundestagswahlen und gleichzeitig Wahlen zum Gesamt-Berliner AbgH statt. Während sich die Ergebnisse der Bundes- und Landeswahlen vom 2.12. 1990 in Berlin kaum unterschieden, waren beträchtliche Unterschiede zwischen dem Wahlgebiet Ost und dem Wahlgebiet West festzustellen. So lag die CDU bei den Bundestagswahlen im Westen mit 47,8 % in der Nähe der absoluten Mehrheit, im Osten erreichte sie dagegen nur 24,3 %. Die PDS erzielte im Osten 24,8 % der Stimmen, im Westen aber nur 1,3 %. Dieses Wahlergebnis führte erneut zu einem Regierungswechsel und zur Bildung einer Großen Koalition unter dem RBm Eberhard Diepgen (CDU).

Die Unterschiede zwischen den beiden Wahlgebieten wurden bei den ausnahmsweise getrennt von den Abgeordnetenhauswahlen am 24.5.1992 abgehaltenen W. zu den BVV insg. bestätigt. Bei diesen W. mußte die CDU leichte, die SPD erhebliche Verluste hinnehmen; die Wahlbeteiligung sank drastisch, die Republikaner gewannen Stimmen hinzu, die PDS erhöhte ihren Anteil in den östlichen Bezirken auf 29,7 %.

Stärkste Partei blieb die SPD, wenn sie auch einen Verlust von 4,6 % gegenüber den vorangegangenen W. hinnehmen mußte. Dabei fielen die Einbußen mit 6,6 % in den westlichen Bezirken deutlich stärker aus als in den östlichen mit 1,1 %. Die CDU blieb die zweit-

stärkste Partei in den Berliner Bezirken. Dabei ist sie in den westlichen Bezirken weiterhin die stärkste Partei, während sie in den östlichen Bezirken nach SPD und der > Partei des Demokratischen Sozialismus (PDS) nur den dritten Platz belegte. Die PDS erhielt insg. 11,3 % der abgegebenen Stimmen. Während sie im Westen bedeutungslos blieb, wurde sie im Osten zweitstärkste Partei, wobei sie in sechs Bezirken sogar die meisten Stimmen auf sich vereinen konnte. Die Grünen/AL und das Bündnis 90 erreichten mit zusammen 13,3 % nach SPD und CDU für Gesamt-Berlin Platz drei und lagen noch vor der PDS. Die Republikaner erzielten in den westlichen Bezirken ein fast doppelt so hohes Ergebnis wie im Osten, wo sie 5,4 % erreichten. Die F.D.P. scheiterte im Gesamt-Berliner Stadtgebiet an der 5-%-Grenze, im Westen konnte sie diese Hürde mit 5,6 % knapp überwinden.

Eine Besonderheit bildeten die W. im Ostteil der Stadt bis zur „Wende", da das Blockparteiensystem, nachdem die Mandatsverteilung der zu „wählenden" Gremien bereits vor den W. feststand, eine freie Wahlentscheidung praktisch nicht möglich machte. Festzuhalten ist, daß die Zahl der Neinstimmen in Ost-Berlin höher war als im Durchschnitt der DDR.

Waidmannslust: Das zwischen > Tegel und > Lübars gelegene W. ist ein aus einer Ende des 19. Jh. entstandenen Landhaussiedlung hervorgegangener, 2,2 km² großer Ortsteil des Bezirks > Reinickendorf. Die Anfänge der Siedlung lagen im Jahr 1876, als der Hermsdorfer Förster Ernst Bondick auf der Lübarser Feldmark 64 Morgen Land kaufte und darauf ein Gasthaus errichten ließ, das er W. nannte. Er erwirkte, daß 1884 auf seine Kosten ein Haltepunkt an der 1877 eröffneten Nordbahn angelegt wurde, wodurch bald ein reger Ausflugsverkehr aus Berlin einsetzte. Nachdem 1888 die Lampenfabrik Budweg und Sohn und ein Kurhaus ihren Betrieb in W. aufgenommen hatten, rückte W. schnell in das Interesse von Bodenspekulanten. Weitere Lübarser Bauern verkauften Teile ihres Landbesitzes. Der Ort entwickelte sich schnell zu einer Villen- und Landhauskolonie, um aber bald durch den Bau mehrstöckiger Mietshäuser zu verstädtern. Offiziell zu Lübars gehörend, wurde W. auch zu dessen eigentlichem Zentrum. Die Zunahme der Einwohnerzahl von Lübars von 561 im

Jahre 1890 auf rd. 5.000 im Jahre 1920 war weitgehend auf die Ausdehnung von W. zurückzuführen. 1912/13 wurde nach Plänen von Robert Leibnitz in der Bondickstr. auf einem Moränenhügel aus Rüdersdorfer Kalksandsteinen und Rathenower Klinkern die *Königin-Luise-Kirche* errichtet, deren Fassade dem Rathaus von Tangermünde nachempfunden ist. Von den wenigen Industriebauten in W. verdient Beachtung das 1913/14 von Bruno Buch in der Lübarser Str. 6 errichtete Gebäude der Fahrzeugfabrik Dittmann, das sich an Fabrikbauten von Peter Behrens anlehnt, v.a. aber die nach Plänen von Martin Punitzer 1932-40 errichtete Maschinenfabrik Herbert Lindner in der Lübarser Str. 8-38, die als herausragender Berliner Industriebau im Stil der Neuen Sachlichkeit gilt.

Bei der Eingemeindung nach > GROSS-BERLIN 1920 wurde W. zu einem eigenständigen Ortsteil des Bezirks Reinickendorf. Von 1945-90 gehörte es mit dem Bezirk zum französischen Sektor (> SEKTOREN). 1966-72 entstand südlich des Zabel-Krüger-Damms im Bereich einer ehem. Kiesgrube um Schluchsee- und Titiseestr. als nördliche Erweiterung des > MÄRKISCHEN VIERTELS die *Rollberge-Siedlung*. An den Entwürfen für die insg. 2.150 Wohneinheiten waren so bekannte Architekten beteiligt wie Josef Paul Kleihues, Jan und Rolf Rave, Heinrich Moldenschardt, Gerd und Magdalena Hänska und Peter Brinkert. Als markantestes Gebäude ragt das 22geschossige Doppel-Wohnhochhaus von Hans Scharoun heraus, das sich an seinen in Stuttgart-Fasanenhof geschaffenen Haustyp „Salute" anlehnt. Im Südwesten des Ortsteils liegt der 1924-33 nach Entwürfen der Landschaftsgestalter Löwenhagen und Kurth im Rahmen des Weimarer Notstandprogramms angelegte, 35 ha große *Steinbergpark*. Als Besonderheiten verfügt der Park über einen 125 m langen, mit 200 Granitfindlingen besetzten Wasserfall von 11,4 m Höhenunterschied und eine 250 m lange > RODELBAHN. 1987, bei der letzten West-Berliner Volkszählung, hatte W. gut 10.300 Einwohner.

Waldbühne: Die in einen 30 m tiefen Kessel der *Murellenschlucht* eingebettete W. Am Glockenturm im Bezirk > CHARLOTTENBURG gehört zum 1934-36 von Werner March erbauten Olympia-Komplex (> OLYMPIASTADION). Die im Bundesbesitz befindliche und von der > SENATSVERWALTUNG FÜR SCHULE, BERUFSBILDUNG UND SPORT (SENSCHULSPORT) ver-

waltete Bühne ist im Stil eines griechischen Amphitheaters gestaltet. Ihre Zuschauerränge schmiegen sich in einer Dreiviertelkreisform an die natürliche Form der Hänge an. Auf 88 Sitzstufen, die durch zwei Umgänge in drei Ränge gegliedert sind, finden insg. 20.000 Zuschauer Platz. Hinter der einfachen, seit 1982 von einem Zelt überdachten Trapezbühne bildet der bewaldete Steilhang des 62 m hohen *Murellenbergs* eine natürliche Kulisse, die zugleich eine optische wie akustische Begrenzung darstellt.

Waldbühne

In der ursprünglichen nationalsozialistischen Konzeption war die 1936 mit dem „Frankenberger Würfelspiel" eröffnete einstige „Dietrich-Eckart-Bühne" v.a. als Aufführungsstätte für Thingspiele gedacht. Nach dem II. Weltkrieg wurde sie bis 1960 insbes. für Boxveranstaltungen genutzt. 1961 erfolgte die Wiederherstellung des im Krieg beschädigten Bühnenbereichs. In der Folgezeit entwickelte sich die W. mehr zu einem kulturellen Veranstaltungsort. 1965 kam es bei einem Konzert der britischen Rock-Gruppe „The Rolling Stones" zu Tumulten, die zu erheblichen Beschädigungen führten, die erst bei einer Renovierung 1969 beseitigt wurden (> ROCK-MUSIK). Wegen dieses Vorkommnisses und der unkalkulierbaren Witterungsverhältnisse wurde die W. in den 60er und 70er Jahren nur noch vereinzelt genutzt. Mit Rock-, Pop- und Klassikkonzerten sowie mit Freiluftkinoveranstaltungen wurde Anfang der 80er Jahre die Wiederentdeckung der W. eingeleitet. Heute ist sie eine der beliebtesten Open-Air-Bühnen Deutschlands. Durchschnittlich 15.220 Zuschauer kamen 1991 zu 18 Musikveranstaltungen, je 7.000-18.000 sahen im gleichen Jahr 14 Filmvorführungen.

Waldschäden: In Berlin wie in fast allen Regionen Deutschlands haben die Baumschäden in den 80er Jahren stark zugenommen. Während im September 1983 im Westteil der Stadt noch 82 % aller Bäume ohne Schadensmerkmale waren, wiesen im August 1991 in Gesamt-Berlin 69 % aller Bäume in unterschiedlichem Maße Schädigungsmerkmale auf:

Schadstufe 0 (ohne Schadensmerkmal) 23 %
Schadstufe 1 (schwach geschädigt)   48 %
Schadstufe 2 (mittelstark geschädigt) 28 %
Schadstufe 3 (stark geschädigt)   1 %

Besonders stark geschädigt ist von den Nadelbäumen die in Berlin vorherrschende Kiefer sowie von den Laubbäumen die Eiche. Ähnlich stark beschädigt sind die 387.023 *Straßenbäume*. Der Zustand der Waldbäume im Westteil der Stadt ist insg. erheblich besser als im Ostteil. Während in Westteil Berlins 31 % aller Waldbäume ohne Schadensmerkmale waren, war dies in Ost-Berlin nur bei 15 % der Fall. Die mittelstarke Schädigung traf im Westteil auf knapp 15 % der Bäume zu, während im Ostteil der Stadt fast 41 % in diese Kategorie eingestuft werden.

Als Ursache dieser Unterschiede in der Vitalität der Waldbäume können neben dem in der DDR üblichen weitgehend unkontrollierten Ausstoß von Luftschadstoffen auch der z.T. überalterte Baumbestand und die durch Trinkwasserentnahmen erfolgten Grundwasserabsenkungen gelten (> UMWELTSCHUTZ).

Seit Verabschiedung des *Waldgesundheitsprogrammes* durch den > SENAT VON BERLIN 1983 wurde versucht, die Baumschädigungen zu verlangsamen und Revitalisierungsmaßnahmen einzuleiten, wobei alle Binnenmaßnahmen begrenzt waren durch den Emissionsdruck der umliegenden DDR. Im Bereich der Bäume wird versucht, einen naturnahen Waldbau zu verwirklichen, der bspw. durch höhere artenreiche Laubbaumanteile die Vitalität des Ökosystems „Wald" stärkt. Eine wesentliche Bedrohung dieser Vitalität geht neben dem Emissionsdruck von den Absenkungen des *Grundwassers* aus, die von dem insg. in den letzten Jahren zu trockenen > KLIMA bei gleichzeitiger zu großer Trinkwasserentnahme hervorgerufen wird. Die anderswo übliche Abpufferung der Wälder mit Kalk gegen die Übersäuerung der Böden durch sauren Regen ist in Berlin wegen des leicht sauren Bodens, der zu idealen Lebensbedingungen für die Kiefer führt, ungeeignet.

Wandlitz: W. ist eine Gemeinde im Kreis Bernau, ca. 35 km nördlich von Berlin. Bekannter ist der Name jedoch als Bezeichnung für die östlich des Ortseingangs an der Bundesstraße 273 gelegene ehem. Wohnanlage der DDR-Partei- und Staatsführung. Die ca. 2 km² große, ghettoartige Waldsiedlung im Bernauer Forst entstand 1958-61 als Reaktion auf die Ereignisse vom > 17. JUNI 1953 in der DDR und vom Oktober/November 1956 in Ungarn, um die Sicherheit der DDR-Führung auch in Krisensituationen besser gewährleisten zu können. Die abgeschirmte und zugleich idyllische Lage in dichtem Waldbewuchs sowie die gute Erreichbarkeit Berlins über die heutige Autobahn A 11 zum > BERLINER RING waren die Hauptgründe für die Auswahl des von einer hohen Betonmauer umgebenen Geländes, das über rd. 30 Jahre der Existenz der DDR ein Sinnbild für die Kluft zwischen SED-Führung und Volk darstellte. Von den sonst in der DDR üblichen Lebensbedingungen hob sich W. – obwohl ohne Prunk und Renommierabsicht gebaut und vom Standard westlicher Luxusviertel weit entfernt – deutlich ab.

Das Objekt wurde untergliedert in Innen- und Außenring. Im Innenring standen 23 Häuser, in denen alle Mitglieder des zum Schluß 26köpfigen Politbüros mit ihren Familien Platz fanden. Zu ihrer besonderen Verfügung standen eine Gaststätte, eine Schwimmhalle und diverse Dienstleistungseinrichtungen, darunter ein Geschäft, in dem Waren des westlichen Auslands zu Sonderkonditionen verkauft wurden. Die Anlage hatte eine besondere medizinische Betreuung und eine eigene Müllabfuhr. Die Sonderaufwendungen für die Versorgung der dort lebenden insg. rd. 280 Einwohner beliefen sich auf jährlich etwa 6-8 Mio. DM. Im Außenring waren die rd. 650 Angestellten der Waldsiedlung wie Kraftfahrer, Handwerker, Köche, Verwaltungsmitarbeiter usw. untergebracht. Der militärisch streng bewachte Innenring war von jeglicher Öffentlichkeit abgeschirmt. Selbst die Angestellten durften ihn nur mit einem Sonderpassierschein betreten.

Am 23.11.1989 erhielten Journalisten die erste Möglichkeit zur Besichtigung der Wohnsiedlung, wobei vorher einige Manipulationen vorgenommen wurden – z.B. erhielt das Sondergeschäft ein „bescheideneres", DDR-spezifisches Angebot. Danach wurde die Wohnanlage geräumt. Im Dezember 1989 beschloß die Regierung Modrow, aus dem Politbürowohnsitz ein Rehabilitationszentrum zu machen, das dem Gesundheitsminister der DDR unterstellt wurde. Dieser übereignete das Objekt Anfang 1990 dem Landkreis Bernau, der es an eine private Gesellschaft verpachtete. Nachdem im Februar die ersten Patienten aufgenommen wurden, erfolgte am 4.10.1990 die Grundsteinlegung zum Bau der neuen Brandenburg-Klinik. Schon am 4.10.1991 konnte der von einem weiträumigen Kurpark umgebene erste Klinikneubau im Land Brandenburg der Öffentlichkeit übergeben werden. Im Haus „Waldfrieden", einer Rehabilitationsklinik für Orthopädie und Neurologie, werden 180 Patienten betreut. Eine zweite Rehabilitationsklinik für Herz- und Kreislaufpatienten, ein Bildungszentrum der Handwerkskammer, ein Tagungs- und Sporthotel sowie 300 Wohnungen befinden sich in der Planung und sollen 1992/93 fertiggestellt werden.

Wannsee: W. ist ein nach dem gleichnamigen See benannter, 23,7 km² großer Ortsteil des Bezirks > ZEHLENDORF im > DÜPPELER FORST im Südwesten von Berlin. Er entstand 1898 durch die Zusammenlegung des zum Kreis Teltow gehörenden Dorfs Stolpe einschließlich der auf dessen Gemarkung liegenden Kolonien Alsen, > STEINSTÜCKEN und > KOHLHASENBRÜCK sowie des Etablissements > NIKOLSKOE mit der ab 1873 am Ostufer von Kleinem und > GROSSEM WANNSEE errichteten, zum Gutsbezirk > DÜPPEL gehörenden Villenkolonie W. (> VILLENKOLONIEN). Dabei wurde der Name der Villenkolonie W. für die neue Gemeinde übernommen, da er sich bereits eingebürgert hatte und der Name Stolpe in der Mark mehrfach vorkam.

Das 1299 erstmals erwähnte Dorf *Stolpe* am Nordufer des Stölpchensees (> GRUNEWALDSEEN), war ursprünglich ein Rundplatzdorf, aus dessen ländlicher Vergangenheit noch einige Häuser erhalten sind. Die wohl ältesten sind an der Alsenstr. 35/36 zu finden (um 1790). Am Wilhelmplatz steht das restaurierte Schulhaus (um 1830-40), dahinter die wuchtige, überdimensionierte Dorfkirche von Friedrich August Stüler, 1858/59 in neoromanischem Stil aus gelben Ziegeln mit markantem Turm errichtet (> DORFKIRCHEN).

Die Villenkolonie *Alsen* war eine Gründung des Bankiers und Aufsichtsratsvorsitzenden der Berlin-Magdeburger-Eisenbahngesellschaft Wilhelm Conrad. 1863 hatte er nörd-

lich von Stolpe am Westufer der Wannseekette 77 ha Land erworben, das er ab 1869 parzellierte und zum Verkauf anbot. 1872 ließ Conrad die entstehende Kolonie nach der im deutsch-dänischen Krieg von 1864 bedeutsamen Insel Alsen benennen, da ihn die umgebende Landschaft an diese Insel erinnerte. Bis 1900 vergrößerte er das Areal auf knapp 600 ha. Nach Fertigstellung der von Conrad angeregten *Wannseebahn* 1874 siedelten sich hier – angezogen durch die reizvolle Lage an Seen und Wald, dabei verkehrstechnisch günstig zwischen Berlin und dem nahen Potsdam gelegen – zahlreiche vermögende Berliner an, die sich prächtige Villen erbauen ließen (z.B. Am Sandwerder 1 und 33-35, Am Großen Wannsee 39-41, 42, 43-45). Zu ihren Bewohnern zählten u.a. der Bankier Eduard v. Heydt, der Unternehmer Arnold Siemens, die Wissenschaftler Hermann v. Helmholtz, Emil Fischer und Ferdinand Sauerbruch sowie die Maler Oskar Begas, Anton v. Werner und Max Liebermann. An den Seeufern entstanden zahlreiche Clubhäuser und Bootsanlagen von Segler- und Rudervereinen sowie außerhalb des Ortes 1907 die erste öffentliche Badestelle Berlins (> STRANDBAD WANNSEE).

Vom Wohlstand der 1898 entstandenen neuen Gemeinde zeugen noch die um 1900 an der Schulstr. 4-6 erbaute dreigeschossige Gemeindeschule und das von Otto Stahn im märkischen Backsteinstil errichtete repräsentative Rathaus an der Königstr./Ecke Chausseestr., das heute als Jugendfreizeitheim des Bezirksamtes Zehlendorf genutzt wird (> RATHÄUSER). Die benachbarte katholische St.-Michaels-Kirche mit dreifach zugespitztem Turm entstand 1926/27 nach Plänen von Otto Fahlbusch. Bei der Bildung > GROSS-BERLINS 1920 kam W. zum Bezirk Zehlendorf, von 1945-90 mit diesem zum amerikanischen Sektor (> SEKTOREN).

Noch heute ist der Ortsteil geprägt durch seine landschaftlich schöne Lage zwischen > HAVEL und Wannsee und eine aufgelockerte Villenbebauung. Abgeschiedenheit und Ruhe haben auch zur Ansiedlung mehrerer > KRANKENHÄUSER und Rehabilitationseinrichtungen geführt, so das Krankenhaus Heckeshorn und das Krankenhaus des Arbeiter-Samariterbundes am Westufer des Großen Wannsees oder das Theodor-Wenzel-Krankenhaus an der Hohenzollernstr. und das Immanuel-Krankenhaus Am Kleinen Wannsee. Im Haus Am Großen Wannsee 56-58 fand am 20.1.1942 die sog. Wannsee-Konferenz zur „Endlösung der Judenfrage" statt (> Haus der Wannsee-Konferenz). Östlich der bebauten Ortsfläche liegt einer der drei Berliner Golfplätze und das > Hahn-Meitner-Institut für Kernforschung. Zum erweiterten Ortsgebiet gehören auch die Schloßanlagen von > Kleinglienicke und das > Jagdschloss Glienicke an der > Glienicker Brücke sowie das Naturschutzgebiet > Pfaueninsel. Zum Zeitpunkt der letzten Volkszählung 1987 hatte W. 10.274 Einwohner.

Warschau-Berliner Urstromtal: Berlin liegt inmitten des vor rd. 15-19.000 Jahren in der Endphase der letzten Eiszeit entstandenen W. Vor dem Rand der allmählich abtauenden Eiskappe sammelten sich Schmelzwässer und Flüsse, die zur Unterelbe abgelenkt wurden. Das W. entspricht dem Frankfurter Stadium der Weichsel-Eiszeit und wird heute im Gebiet von Berlin von der > Spree durchflossen. Der Boden besteht vielfach aus Talsanden, aber auch aus Schlickablagerungen und nacheiszeitlichen Dünen. Altwässer, Niederungsmoore und Bruchwälder kennzeichnen das natürliche Landschaftsbild und sind in – wenn auch stark überformten – Resten bis heute erhalten (Umgebung von > Rahnsdorf, Alte Spree in > Köpenick, > Treptower Park, > Grosser Tiergarten, Garten beim > Schloss Charlottenburg, Faule Spree am Rohrdamm in > Spandau). Die Geländekanten vom Urstromtal zu den Grundmoränenplatten des > Barnim und des > Teltow sind auch im überbauten Stadtgebiet noch deutlich zu erkennen (> Lage und Stadtraum).

Wartenberg: Das auf eine mittelalterliche Ansiedlung zurückgehende W. ist ein Ortsteil des 1985 gebildeten Bezirks > Hohenschönhausen im Nordosten Berlins. Da den Ort umgebende Rieselfelder eine weitere Bebauung lange Zeit verhinderten, hat sich sein ländlicher Charakter bis heute weitgehend erhalten (> Wasserversorgung/Entwässerung).
Bereits 1270 wird ein „Bernhardus de Wardenberge" genannt. 1375 wird dann auch das wahrscheinlich schon vor 1250 gegründete Dorf W. erstmalig erwähnt (> Dörfer). Durch die Ausbildung zweier Herrensitze wurde das mit 52 Hufen ausgestattete Angerdorf in seiner Form frühzeitig entstellt, so daß die frühere Anlage heute kaum mehr erkennbar ist. Nach vielfachen Besitzerwechseln erwarb

1883 die Stadt Berlin Dorf und Feldmark, um diese v.a. zur Anlage von Rieselfeldern zu nutzen (> Stadtgüter). Von den Siedlungsbewegungen im 19./20. Jh. blieb W. zunächst fast völlig unberührt. Erst in neuester Zeit, v.a. seit 1984, als das Gelände beiderseits der Falkenberger Chaussee systematisch mit Wohnhäusern bebaut wurde, fand das Dorf Anschluß an die Neubebauung. Weitab vom alten Dorf war 1928, teilweise über die Stadtgrenze in Richtung Lindenberg hinausgreifend, die Siedlung Neu-W. entstanden, die heutige Siedlung W.
Während von den einstigen Herrensitzen nichts erhalten blieb, wird das Dorfbild noch durch einige große bäuerliche Wohnhäuser aus dem letzten Drittel des 19. Jh. bestimmt. Die Wohnverhältnisse der Landarbeiter dokumentiert eindrucksvoll die Wohnanlage Dorfstr. 13. Das wahrscheinlich älteste Bauwerk ist das Wohnhaus eines Büdners (Dorfstr. 23, um 1780). Die spätromanische Dorfkirche wurde 1945 zerstört und ist danach nicht wieder aufgebaut worden (> Dorfkirchen). In der Dorfstr. 4 b befand sich die 1969 gegründete *Ingenieurhochschule Wartenberg*, die Diplomingenieure auf dem Gebiet der Mechanisierung der Landwirtschaft ausbildete. Heute wird die Anlage von der nach der > Vereinigung gegründeten > Fachhochschule für Technik und Wirtschaft mit Hauptsitz in > Karlshorst genutzt. Östlich des alten Dorfkerns befindet sich das Flächennaturdenkmal Wartenberger Luch, das für die Erhaltung insbes. heimischer Amphibien wie auch als Vogelbrut und -durchzugsgebiet von großer Bedeutung ist.
1920 wurde W. nach > Gross-Berlin eingemeindet und kam zum Verwaltungsbezirk > Weissensee; mit diesem kam es 1945 zum sowjetischen Sektor (> Sektoren). Auf Beschluß der Ost-Berliner > Stadtverordnetenversammlung vom 1.9.1985 wurde es mit Wirkung vom 1.1.1986 dem neu gebildeten Stadtbezirk Hohenschönhausen zugeschlagen.

WASSER BERLIN: Der Kongreß W. sowie die ergänzend dazu veranstaltete *IFW – Internationale Industriemesse für Wasserversorgung und Gewässerschutz* werden alle vier Jahre durchgeführt. Veranstalter des Kongresses ist der „WASSER BERLIN Kongreß und Ausstellung e.V."; für die IFW ist die > Ausstellungs-Messe-Kongress-GmbH (AMK Berlin) verantwortlich. Ziel des 1963 vom damaligen > Bundespräsidenten Heinrich Lübke nach Berlin geholten Kongresses mit seinen inzwischen über 5.000 Teilnehmern ist eine Bestandsaufnahme und Bilanzierung aller wasserwissenschaftlichen und -wirtschaftlichen Fragen. Ergänzt wird der im > INTERNATIONALEN CONGRESS CENTRUM BERLIN (ICC BERLIN) veranstaltete Kongreß durch die publikumsoffene Infoschau „Wasser ist Leben", die die interessierte Öffentlichkeit über das Thema Wasser informiert. Zeitgleich findet auch die aus der Deutschen Industrieausstellung hervorgegangene IFW statt, die auf dem > AUSSTELLUNGS- UND MESSEGELÄNDE AM FUNKTURM einen Überblick über die Themen Wasserversorgung und Gewässerschutz vermittelt. Bei der letzten IFW 1989 präsentierten insg. 220 Aussteller aus elf Ländern ihr Angebot, über das sich rd. 9.000 Fachbesucher informierten.

Wasserfreunde Spandau 04 e.V.: Der im Bezirk > SPANDAU beheimatete Verein W. hat seinen Sitz in der Jagowstr. 4. Nach Titeln bemessen ist er einer der erfolgreichsten Sportvereine Berlins: 1976 aus der Fusion der Vereine Wasserfreunde Spandau und Spandau 04 hervorgegangen, ist der Verein seit 1979 ununterbrochen bundesdeutscher Wasserballmeister und errang 1991 den 13. Titel. Neben diesen nationalen Erfolgen gewannen die Wasserfreunde vier Mal die Europapokal (1982, 1985, 1986, 1988) sowie 1987 den Supercup und stellen zudem seit Jahren eine Vielzahl der Auswahlspieler der Wasserball-Nationalmannschaft des Deutschen Schwimmverbandes.
Neben Wasserball wird von den 1991 ca. 1.700 Mitgliedern Sport in den Sparten Angeln, Kegeln, Schwimmen, Tennis und diversen Wasserfahrsportarten betrieben. Die Wettkämpfe der Wasserballbundesliga bestreitet der Verein im Freibad Gatower Str. 20, im Winter in der Sport- und Lehrschwimmhalle Schöneberg am Sachsendamm 11 (> SPORTZENTRUM SCHÖNEBERG). Die übrigen Sportarten werden in Hallen und Bädern auf dem vereinseigenen Gelände an der > ZITADELLE SPANDAU, bzw. am Strandbad Oberhavel, Havelschanze, angeboten (> FREI- UND SOMMERBÄDER; > HALLENBÄDER). Der Verein beabsichtigt, sich mit umfassenden Neu- und Ausbaumaßnahmen am auf der Insel Eiswerder und den beiderseits der > HAVEL angrenzenden Gebieten geplanten städtebaulichen Projekt > WASSERSTADT OBERHAVEL zu beteiligen.

Wasserschutzpolizei (WPS): Die WSP hat schiffahrtspolizeiliche Aufgaben auf den Gewässern Berlins. Sie ist dabei insbes. für den Gewässer- und > UMWELTSCHUTZ sowie den Transport gefährlicher Güter auf den Schiffahrtsstraßen und im Winter für den Eiswarndienst zuständig. 1992 verfügte die WSP über 29 Boote und 256 Beamte (304 Planstellen), die an der Wasserschutzpolizeischule Hamburg bundeseinheitlich für diese Tätigkeit ausgebildet werden. Die WSP verfügt ferner über 18 Kontaktbereiche mit Kontaktbereichsbeamten (zehn im Ostteil Berlins; > KONTAKTBEREICHSDIENST / KONTAKTBEREICHSBEAMTER; > POLIZEI).

Wasserstadt Oberhavel: Voraussichtlich ab Herbst 1992 soll im Bezirk > SPANDAU in den nächsten 10-15 Jahren an den Ufern der Oberhavel (> HAVEL) rund um die Insel *Eiswerder* auf ca. 2 Mio. m² Gesamtfläche ein umfangreiches Wohn-, Gewerbe- und Erholungsgebiet entstehen. Die zu tätigenden Gesamtinvestitionen der öffentlichen Hand für die geplanten 12.700 Wohneinheiten für 34.300 Einwohner sowie 22.000 Arbeitsplätze werden z.Z. auf etwa 2 Mrd. DM geschätzt. In seinen Dimensionen ist das Projekt nur mit der > GROPIUSSTADT und dem > MÄRKISCHEN VIERTEL vergleichbar, verfolgt jedoch gänzlich andere Ziele. Es soll – unter Berücksichtigung der Erfahrungen mit anderen Großsiedlungen – eine Vorreiterrolle für ähnliche Vorhaben in und bei Berlin erfüllen, z.B. für eine Neubebauung der Stralauer Halbinsel (> STRALAU). Im März 1992 beschloß der > SENAT VON BERLIN in Abstimmung mit dem > BEZIRKSAMT Spandau die Durchführung des Projektes.

Wasserstraßen: Berlins Lage im Zentrum des märkischen Wasserstraßennetzes hat im Laufe seiner > GESCHICHTE viel zur Entwicklung der Stadt beigetragen. Nach einem bereits im 17. Jh. einsetzenden Ausbau des Kanalsystems (> VERKEHR) ist es heute über die > HAVEL, die > SPREE und Kanäle, die beide Flüsse miteinander verbinden, an das deutsche und internationale Wasserstraßennetz angebunden. Über den *Mittellandkanal* besteht eine direkte Verbindung zum Ruhrgebiet und darüber hinaus zu den Seehäfen Amsterdam, Rotterdam und Antwerpen. Die deutschen Nordseehäfen sind über den Dortmund-Ems-Kanal (Emden), die Weser (Bremen/Bremerhaven) und den Elbe-Seitenka-

Bundeswasserstraße	von/bis bzw. im Bezirk	erbaut	Länge (km)
Havel-Oder-Wasserstraße einschl. Tegeler See	Spreemündung Spandau/ Stadtgrenze Kreis Oranienburg		6,5
Spree-Oder-Wasserstraße	Spreemündung in die Havel/ Dahme/Oder-Spree-Kanal/ Stadtgrenze	1886-91	46,8
mit:			
Ruhlebener Altarm	Charlottenburg		1,2
Spreekanal (kanalisierter Spreearm)	Mitte		2,1
Rummelsburger See	Lichtenberg		1,6
Große Krampe	Köpenick		2,9
Seddinsee	Köpenick		2,9
Gosener Kanal	Köpenick	1932-36	2,8
Teltowkanal	Untere Havel/Dahme	1901-06	37,8
mit:			
Britzer Zweigkanal	Teltowkanal/Spree	1901-06	3,4
Prinz-Fr.-Leopold-Kanal	Teltowkanal/Gr. Wannsee	1901-06	3,9
Untere-Havel-Wasserstraße	Spreemündung Spandau/ Stadtgrenze Potsdam		13,8
Westhafenkanal	Spree/Westhafen	1952-56	3,0
mit:			
Charlottenburger Verbindungskanal	Spree/Westhafenkanal	1866-75	1,7
Berlin-Spandauer-Schiffahrtskanal als Hohenzollernkanal (7,7 km Länge) ausgebaut	Spree/Obere Havel	1847-59 1906-13	12,2
Müggelspree	Köpenick Dammbrücke/ Dämeritzsee		11,4
Dahme-Wasserstraße	bei Schmöckwitz		1,0
Landwehrkanal	Oberspree/Unterspree	1845-50	10,7
Bundeswasserstraßen gesamt			**165,7**

nal (Hamburg) zu erreichen. Über die Havel-Oder-Wasserstraße ist Szczecin (Stettin) und über die Spree-Oder-Wasserstraße ist Wroclaw (Breslau) zu erreichen.

Das von der Wasser- und Schiffahrtsdirektion Ost (WSD-Ost) verwaltete Wasserstraßennetz Berlins (*Bundeswasserstraßen*) hat eine Länge von 165,7 km. Es setzt sich zusammen aus den schiffbaren Wasserläufen der > SPREE, der > HAVEL und der > DAHME mit insg. 90,2 km Länge im Stadtgebiet sowie aus 75,5 km schiffbaren *Kanälen*.

Der *Neuköllner Schiffahrtskanal* zwischen Landwehr- und Teltowkanal, erbaut 1902-05, Länge 4 km, sowie weitere schiffbare Gewässer und Kanäle im Westteil der Stadt, wie

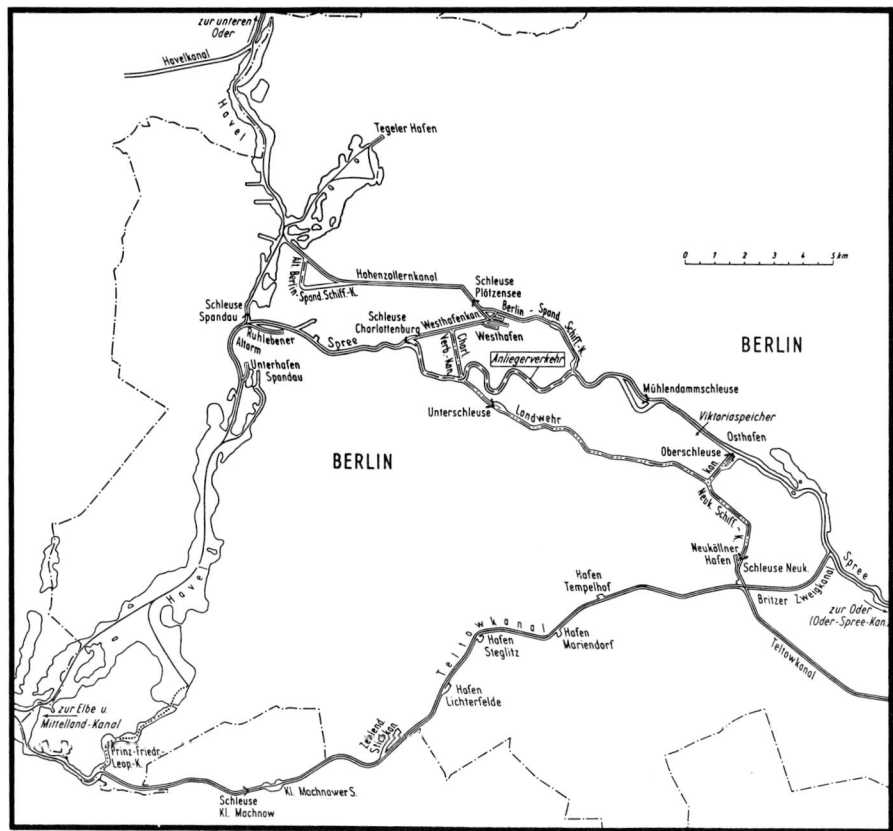

Ausbau der Berliner Wasserstraßen

z.B. der *Aalemannkanal*, Länge 0,7 km, der *Maselakekanal*, Länge 0,6 km, der *Teufelsseekanal*, Länge 0,6 km, stehen unter der Verwaltung des Landes Berlin. Der 1848-52 erbaute, 2,3 km lange *Luisenstädtische Kanal* zwischen Landwehrkanal und Spree im heutigen Bezirk > KREUZBERG wurde 1926/27 wieder zugeschüttet und soll jetzt nach dem Fall der > MAUER, die den nördlichen Teil seiner Trasse am Bethaniendamm einnahm, als von Grün umgebener Wasserlauf rekultiviert werden.

Durch die Wasserhaltung der Spree und der Havel kann in Berlin mit Hilfe von sieben *Schleusen* eine konstante Tauchtiefe gehalten werden:

– Spandauer Schleuse an der Havel, 1 Kammer (Länge 67,2 m, Breite 10 m);
– Charlottenburger Schleuse an der Einmündung des Westhafenkanals in die Spree, 2 Kammern (82 m, 12 m);
– Schleuse > MÜHLENDAMM an der innerstädtischen Spree, 2 Kammern (140 m, 12 m);
– Schleuse > PLÖTZENSEE am Berlin-Span-

dauer-Schiffahrtskanal, 2 Kammern (67 m, 10 m);
– Unterschleuse am Landwehrkanal in > TIERGARTEN, 1 Kammer (60 m, 8,5 m);
– Oberschleuse an der Einmündung des Landwehrkanals in die Spree in Kreuzberg, 1 Kammer (72 m, 8,5 m);
– Schleuse Neukölln im Neuköllner Hafen, 1 Kammer (67 m, 8,2 m).

Weitere vier Schleusen befinden sich im näheren Umland. Die Schleuse Neukölln wird durch das Land Berlin betrieben, die übrigen durch die WSD-Ost.

Nach dem II. Weltkrieg wurden gem. alliierter Vereinbarung die fünf Schleusenanlagen der ehem. Reichswasserstraßenverwaltung (Charlottenburg, Spandau, Plötzensee sowie die Ober- und Unterschleuse des Landwehrkanals) durch das Wasserstraßenhauptamt in Berlin (Ost) betrieben. Nur die Schleuse im Neuköllner Schiffahrtskanal wurde von Berlin (West) verwaltet.

Die ehem. Reichswasserstraßen (heute Bundeswasserstraßen) in Berlin (West) dagegen unterlagen der treuhänderischen Verwaltung der westlichen > ALLIIERTEN, die ihrerseits den > SENAT VON BERLIN mit der Wahrnehmung dieser Aufgaben betraut hatten. Hierzu gehörten die Planung, der Entwurf, der Ausbau, die Unterhaltung sowie die Grundstücksverwaltung.

Seit der > VEREINIGUNG ist die WSD-Ost mit Sitz Am Werderschen Markt in Berlin > MITTE für etwa 2.000 km Bundeswasserstraßen in den neuen Bundesländern und damit auch für Berlin zuständig. Diese Zuständigkeit bezieht sich auf den Neubau, Ausbau und die Unterhaltung der W., auf den Betrieb der Schiffahrtsanlagen, auf die Gefahrenabwehr (Strompolizei) sowie auf die Gewährleistung der Sicherheit und Leichtigkeit des Schiffsverkehrs.

Durch die > SPALTUNG Berlins 1948 wurden die Wasserstraßenverbindungen zwischen den beiden Stadthälften sowie zwischen dem Westteil der Stadt und dem Umland mehr als 40 Jahre vernachlässigt. Mit 2 m abgeladenen Binnenschiffen können derzeit nur vom Westen her der Westhafen, der Spandauer Südhafen, die Bauschuttumschlaganlage Nonnendammallee und der westliche Teil des Teltowkanals angefahren werden. Beim Einsatz von Europaschiffen und Großmotorgüterschiffen können durch die reduzierte Abladetiefe z.T. nur zwei Drittel der Tragfähigkeit genutzt werden. Der fehlende Ausbau des Mittellandkanals Richtung Osten und die periodischen Niedrigwasserstände der Elbe beeinträchtigen die Verbindung Richtung Westen zusätzlich.

Der geplante Ausbau des Mittellandkanals bis Magdeburg, des Elbe-Havel-Kanals, eine wasserstandsunabhängige Elbquerung bei Magdeburg, der Ausbau der unteren Havel bis Berlin sowie des *Havelkanals* bis zum geplanten Güterverkehrszentrum Wustermark (> GÜTERVERKEHR) im Rahmen der „Verkehrsprojekte Deutsche Einheit Nr. 17" sollen die Erreichbarkeit Berlins wesentlich verbessern. Im Rahmen des Projekts Nr. 17 ist auf Berliner Gebiet der Ausbau der Zufahrten zum > OSTHAFEN über Teltowkanal – Britzer Zweigkanal und Spree sowie der Zufahrt zum Westhafen über die untere Havel, die Spree und den Westhafenkanal geplant. Diese W. sollen für Motorgüterschiffe mit 110 m Länge bzw. Schubverbände mit 185 m Länge, 11,4 m Breite und 2,8 m Abladetiefe ausgebaut werden. Die Schleuse Charlottenburg müßte durch den Bau einer neuen Schleusenkammer auf 190 m Länge, 12 m Breite und 4 m Tiefe erweitert werden. Der ursprünglich vorgesehene Bau einer neuen Schleusenkammer neben der vorhandenen Spandauer Schleuse wäre nicht mehr erforderlich. Die WSD-Ost beabsichtigt jedoch eine Erweiterung der vorhandenen Schleusenkammer auf 115 m Länge und 12 m Breite, um damit den Transitverkehr, aber auch die Erschließung des Oberhavelgebietes zu sichern. Längerfristig ist auch eine Erweiterung der Schleuse Plötzensee und der Ausbau des Berlin-Spandauer-Schiffahrtskanals als Verbindung zum Schiffahrtsweg nach Stettin erforderlich.

Wasserturm Prenzlauer Berg: Der W. auf der begrünten, platzartigen Fläche zwischen Knaackstr. und der Belfaster Str. ist ein bedeutendes Denkmal der Berliner Industriegeschichte und gilt als Wahrzeichen des Bezirks > PRENZLAUER BERG. 1856 hatte hier auf dem 50 m hohen *Windmühlenberg*, einem der höchsten Punkte nahe der Innenstadt, der englische Ingenieur Henry Gill eine Speicheranlage für das von ihm erbaute erste Berliner Wasserwerk vor dem Stralauer Tor an der > SPREE errichtet (> WASSERVERSORGUNG/ENTWÄSSERUNG). Sie bestand aus einem etwa 3.000 m³ fassenden Reinwassererdbehälter und einem schmalen, aus gelben Klinkern errichteten Steigrohrturm. Dieser wirkte v.a. als Ventil und Druckanzeiger für den vom Verbrauch abhängigen Wasserdruck, wenn die Maschinen des Wasserwerks tagsüber das Wasser direkt aus der Spree in das Stadtrohrnetz pumpten. 1874 wurde die Anlage von der

Wasserturm Prenzlauer Berg

Stadt Berlin übernommen und die anfangs nur 300 Häuser umfassende zentrale Wasserversorgung erweitert. Da sich inzwischen die Wohnbebauung auch auf die Hochplatte des > BARNIMS ausgedehnt hatte, wurde zur Erzeugung des erforderlichen Wasserdrucks knapp 100 m von der alten Speicheranlage entfernt nach einem Entwurf von Wilhelm Vollhering der heutige massige, 30 m hohe, runde W. errichtet, gleichfalls als gelber Klinkerbau mit Wohnungen in sechs Geschossen, über denen sich ein Hochbehälter für 1.065 m³ Reinwasser befand. Ab 1893 wurde das Wasser aus dem neu eröffneten > WASSERWERK FRIEDRICHSHAGEN am > GROSSEN MÜGGELSEE über das Zwischenpumpwerk > LICHTENBERG zum W. transportiert und durch in zwei Maschinenhäusern installierte Pumpen in den Hochbehälter gefördert.

1914 wurden die Maschinenanlagen und der alte Steigrohrturm stillgelegt und nur noch der W. mit dem Hochbehälter betrieben. Am 2.5.1952 wurde auch er außer Betrieb gesetzt, da seine Höhe nicht ausreichte, die in der damaligen Stalinallee (> KARL-MARX-ALLEE) errichteten Hochhäuser mit ausreichendem Wasserdruck zu versorgen.

In einem der ehem. Maschinenhäuser ist heute eine Kindertagesstätte untergebracht. Der Komplex ist von einem Grüngürtel umgeben, in dem sich mehrere Spielplätze befinden. Die Keller der Anlage dienten der SA nach der Machtergreifung der Nationalsozialisten 1933 als wildes > KONZENTRATIONSLAGER. An die Opfer erinnert eine Gedenktafel (> WIDERSTAND).

Wasserversorgung/Entwässerung: Die Verantwortung für die Versorgung der Bevölkerung mit *Trinkwasser* sowie für eine sichere *Entwässerung* liegt in Berlin bei den > BERLINER WASSER-BETRIEBEN (BWB). Seit dem 1.1. 1992 sind die bis dahin getrennten West- und Ost-Berliner Wasserbetriebe in den BWB fusioniert (> EIGENBETRIEBE VON BERLIN). Damit ist die seit März 1949 im Zuge der > SPALTUNG der Stadt getrennte Wasserversorgung beendet.

Über die 1990 aufgenommene enge Zusammenarbeit der damals noch für Ost- und West-Berlin getrennten Wasser-Betriebe hinaus wurden bereits vor der > VEREINIGUNG im August 1990 Kooperationsverträge mit den Wasserwirtschaftsunternehmen in Potsdam, Frankfurt/O. und Cottbus geschlossen. Am 10.12.1990 gründete sich die „Arbeitsgemein-

schaft Brandenburgische-Berliner Wasserversorgungs- und Abwasserentsorgungsunternehmen e.V. (AG WASSER)". Ziel der AG WASSER ist ein Interessenausgleich bei der Ver- und Entsorgung zwischen Berlin und seinem Umland sowie eine abgestimmte regionale Grundwasserwirtschaft in den Einzugsgebieten von > SPREE und > HAVEL.

1. Wasserversorgung

Durchschnittlich liefern die Wasser-Betriebe jedem Einwohner in Berlin pro Tag 150 l Trinkwasser. Für Haushalte, Industrie und Gewerbe sowie sonstige Abnehmer werden täglich im Durchschnitt 800.000 m³ Wasser bereitgestellt. 1991 lag die Trinkwasserförderung in ganz Berlin bei 298 Mio. m³.

Das Berliner Trinkwasser wird ausschließlich aus *Grundwasser* gewonnen. Die an Oberflächengewässern, also an > SEEN und > FLIESSGEWÄSSERN gelegenen Wasserwerke, fördern auch einen gewissen Anteil versickertes Oberflächenwasser (Uferfiltrat). Da die Versickerung langsam vor sich geht, erfolgt dabei eine gründliche Reinigung, so daß die Qualität dieses Wassers ebenso gut ist wie die des echten Grundwassers. Der Anteil des Uferfiltrats liegt bei 60 %. Das in den 1.200 Tief-Brunnen (davon 100 außerhalb der Stadtgrenzen) geförderte Rohwasser wird in den 15 Berliner *Wasserwerken* mit Sauerstoff angereichert und gefiltert. Die Kapazität der 15 Berliner Wasserwerke, davon eines, das Wasserwerk Stolpe, im Landkreis Oranienburg gelegen, haben eine Kapazität von 1.864.000 m³/Tag.

Leistungsfähigkeit der Wasserwerke Berlins
m³/Tag

Friedrichshagen	410.000
Tegel	370.000
Beelitzhof	250.000
Spandau	200.000
Jungfernheide	150.000
Stolpe	110.000
Tiefwerder	100.000
Wuhlheide	85.000
Johannisthal	60.000
Kladow	50.000
Kaulsdorf	37.000
Riemeisterfenn	20.000
Friedrichsfelde	10.000
Buch	6.000
Köpenick	6.000
Insgesamt	**1.864.000**

Das wichtigste Werk zur Versorgung des früheren Ost-Berlins, das > WASSERWERK FRIEDRICHSHAGEN, ist nach umfassender Renovierung und Erweiterung nicht nur das älteste noch arbeitende Trinkwasserwerk ganz Berlins, sondern auch das größte und, ebenso wie das Werk am > TEGELER SEE, eines der leistungsfähigsten Grundwasserwerke Europas. Eines der ältesten Berliner Wasserwerke, das bereits 1871/72 am > TEUFELSSEE im > GRUNEWALD erbaute Werk, wurde 1969 stillgelegt und beherbergt jetzt das > NATURSCHUTZZENTRUM ÖKOWERK BERLIN E.V.

Das *Trinkwasser* wird über ein 7.630 km langes Leitungssystem zu den Verbrauchern gepumpt. Das Rohrnetz besteht aus Versorgungsleitungen mit einem Durchmesser von bis zu 30 cm und aus Hauptleitungen, die bis zu 1,40 m Durchmesser haben können. Die Reinwasserpumpen werden von Elektro- oder Dieselmotoren angetrieben, die unabhängig vom öffentlichen Stromnetz arbeiten, damit die W. auch bei Stromausfällen gesichert bleibt.

Wegen der unterschiedlichen Höhenlagen im Stadtgebiet ist das Rohrnetz in unterschiedliche Druckzonen unterteilt. Zur Gewährleistung des Wasserdrucks in Gebieten, die am weitesten von den Wasserwerken entfernt liegen, werden von den BWB zusätzlich fünf Zwischenpumpwerke mit Reinwasserbehältern sowie zwei Überpumpwerke betrieben. Für konstanten Druck sorgen darüber hinaus noch die drei *Wassertürme* Westend in der Akazienallee, Neukölln in der Leykestr. und Buch Am Steuer Berg.

Das Berliner Trinkwasser enthält einen relativ hohen Anteil gelösten Kalziums und Magnesiums. Die Gesamthärte differiert je nach Wohnlage zwischen 2,5 und 4,0 mmol/l, d.h. das Trinkwasser liegt in den Härtebereichen drei und vier. Zur Überwachung der Trinkwasserqualität unterhalten die BWB im ges. Stadtgebiet im Rohrnetz 400 Entnahmestellen. Monatlich werden dort Wasserproben entnommen und in den Trinkwasserlabors der Werke Jungfernheide und Friedrichshagen untersucht.

Darüber hinaus wird das Trinkwasser in den Reinwasserbehältern regelmäßig auf seine bakteriologische Beschaffenheit und auf seine chemische Zusammensetzung untersucht. Proben werden auch nach Rohrreparaturen und Neuverlegungen entnommen. Monatlich werden insg. 15.000 Einzeluntersuchungen durchgeführt.

Für eine überregionale Sicherung und Stützung des Grundwasserhaushaltes sind nach Überlegungen der „AG WASSER" künftig verstärkt Maßnahmen zur Grundwasseranreicherung (GWA) durch Versickerung von Klarwasser auf ehem. Rieselfeldern und unbelasteten Flächen in Wassergewinnungsgebieten (zusammen etwa 93 km²) erforderlich. Nach Ansicht der > SENATSVERWALTUNG FÜR STADTENTWICKLUNG UND UMWELTSCHUTZ (SENSTADTUM) könnten neben ehem. *Rieselfeldern* auch Flächen der Berliner > FORSTEN und in einem Umfang von rd. 110 km² Teile der > STADTGÜTER zur Grundwasseranreicherung genutzt werden. Eine Ausweisung geeigneter Flächen soll in Abstimmung mit dem Land Brandenburg erfolgen.

Die Schaffung einer zentralen Trinkwasserversorgung in Berlin geht auf die Mitte des vergangenen Jahrhunderts zurück. Bis dahin erfolgte die Versorgung dezentral über Ziehbrunnen und Handpumpen, was sich angesichts wachsender Bevölkerung im Zeitalter der Industrialisierung als unzureichend erwies. 1852 schloß die Preußische Staatsregierung mit dem englischen Unternehmen „Fox & Crampton" einen Vertrag über die Versorgung der Stadt Berlin mit fließendem Trinkwasser ab. 1856 nahm die von „Fox & Crampton" gegründete „Berlin-Waterworks-Company" vor dem Stralauer Tor das erste Berliner Wasserwerk in Betrieb, zu dem auch ein Reinwasserbehälter und ein Steigrohrturm auf dem damaligen Windmühlenberg gehörten (> WASSERTURM PRENZLAUER BERG). 1873 wurden die bestehenden Werke von der Stadt Berlin aufgekauft und die Wasserversorgung kommunalisiert. 1878 gründete sich in der bis 1920 selbständigen Stadt > CHARLOTTENBURG die private „Charlottenburger Wasserwerke AG" (später in „Charlottenburger Wasser- und Industriewerke AG" umbenannt), die die südlich Berlins gelegenen Städte und Gemeinden mit Trinkwasser versorgte. Auch nach deren Eingemeindung bei der Bildung > GROSS-BERLINS im Jahre 1920 wurde die Mehrzahl von ihnen weiter von den Charlottenburger Werken beliefert. Um die Jahrhundertwende waren fast alle Berliner Haushalte an die öffentliche W. angeschlossen. Zur selben Zeit wurde aus hygienischen Gründen die Trinkwassergewinnung aus dem Oberflächenwasser auf Grundwasser umgestellt. Nach Gründung der einheitlichen Stadtgemeinde > GROSS-BERLIN wurden schrittweise auch die Wasserwerke der zusammengeschlossenen Städte und Gemeinden unter dem Dach der 1924 gegründeten, im Eigentum der Stadt befindlichen „Berliner Städtische Wasserwerke AG" vereinigt. Die Eigenständigkeit der Charlottenburger Werke blieb dagegen erhalten. Erst nach dem Ende des II. Weltkrieges gingen im August 1945 aus dem Zusammenschluß der „Berliner Städtischen Wasserwerke" mit der „Charlottenburger Wasser- und Industriewasser AG" die „Berliner Wasserwerke" hervor. Neben den Kriegsschäden entstanden zusätzliche Engpässe durch die Trennung der westlichen und östlichen Betriebsteile im Zuge der > SPALTUNG Berlins 1948. Im März 1949 wurde die gemeinsame W. der > SEKTOREN unterbrochen. Der Wasserbedarf West-Berlins ist seitdem im Inselbetrieb aus eigenen Grundwasservorkommen bestritten worden. Allein Teile des Ortsteils > FROHNAU im zum Westen gehörenden Bezirk > REINICKENDORF bezogen in gleicher Menge Wasser aus der DDR wie die > DEUTSCHE REICHSBAHN in West-Berlin verbrauchte. Seit 1962 waren im Westteil die Wasserwerke mit der Stadtentwässerung organisatorisch verflochten. 1988 wurden dann die beiden Eigenbetriebe „Berliner Wasserwerke" und „Berliner Entwässerungswerke" zu den BWB.

Dagegen wurden im Ostteil bereits 1951 die Wasserwerke mit dem Bereich Entwässerung zu den „Groß-Berliner Wasser- und Entwässerungswerken" zusammengeschlossen. 1964 ging aus ihnen der „VEB Wasserversorgung und Abwasserbehandlung" hervor, der nach Übernahme durch den Ost-Berliner > MAGISTRAT am 23.8.90 und Umwandlung in einen Eigenbetrieb am 1.1.1992 mit den BWB fusionierte.

2. Entwässerung

Etwa drei Viertel des kanalisierten Gebiets haben eine *Kanalisation* nach dem Trennsystem, d.h. gesonderte Ableitung von Schmutzwasser und Regenwasser und ein Viertel nach dem Mischsystem, d.h. Ableitung von Schmutzwasser und Regenwasser in einem Kanal.

Das Kanalnetz (Schmutz-, Regen-, Mischwasser- sowie Sonderkanäle) hat eine Gesamtlänge von ca. 8.440 km. Es leitet das *Abwasser* zu den 140 Abwasserpumpwerken, die das Abwasser über ein etwa 870 km langes Druckrohrnetz zu den acht *Klärwerken* und Rieselfeldern fördern. Überpumpwerke heben dabei das ihnen zufließende Abwasser

in höher gelegene benachbarte Kanalnetze oder direkt in den Saugraum eines anderen Pumpwerkes. 13 Hauptpumpwerke haben die Funktion einer Leitstelle für die ihnen zugeordneten, automatischen Anschlußpumpwerke, Überpumpwerke und Regenwasserpumpwerke. Letztere entwässern die tiefgelegenen Tunnel des Straßensystems. 1991 wurden in den acht Berliner Klärwerken zusammen 295 Mio. m³ Abwasser aus Haushalten, Industrie und Gewerbe sowie Regenwasser gereinigt. Die tägliche Reinigungsleistung beträgt 972.000 m³/Tag.

Kapazität der Klärwerke Berlins m³/Tag

Ruhleben	240.000
Schönerlinde	200.000
Falkenberg	180.000
Stahnsdorf	90.000
Waßmannsdorf	90.000
Marienfelde	85.000
Münchedorf	75.000
Adlershof	12.000
Insgesamt	**972.000**

Für die Modernisierung der Klärwerke in den östlichen Bezirken und in geringerem Umfang auch in den westlichen Bezirken sowie für Sanierung und Neubau der teilweise aus dem 19. Jh. stammenden Abwässerkanäle und Neuanschluß nichtkanalisierter Gebiete werden nach Angaben der SenStadtUm in den kommenden Jahren 14 Mrd. DM benötigt.

Unter den *Rieselfeldern* im Berliner Umland sind nur noch die zum Klärwerk Stahnsdorf gehörenden Flächen in Betrieb, die später ebenfalls stillgelegt werden. Die bei > BUCH im Nordostraum Berlins gelegenen Rieselfelder werden bereits seit 1986 nicht mehr genutzt und sind seitdem aufgeforstet worden. Das Rieselfeld Karolinenhöhe in > GATOW wird nur noch für weniger als 1 % der Abwässer (1991 1,2 Mio. m³) hauptsächlich im Rahmen eines 1984 aufgenommenen Dauerversuchs für die zukünftige Nutzung von Rieselfeldern unter Beteiligung der Technischen Universität Dresden sowie als Reserve bei Ausfall eines Klärwerkes unterhalten. Vorgesehen ist, das Rieselfeld Karolinenhöhe mit einer Fläche von 110 ha zur Grundwasseranreicherung durch Klarwasserversickerung zu nutzen. Die vorübergehend aufgenommene Klarwasserversickerung auf den

Rieselfeldern Buch ist inzwischen wieder eingestellt worden, da überwiegend undurchlässige Bodenschichten nur eine unbedeutende Anreicherung erlauben. Künftig ist großräumig Grundwasseranreicherung durch Versickerung von gereinigtem Abwasser in naturnah gestalteten Versickerungsanlagen vorgesehen. Als Standorte bieten sich geologisch geeignete ehemalige Rieselfelder, die meist in der Nähe von Klärwerken liegen, an. Zur Reinhaltung von Berliner Gewässern dienen auch zwei *Phosphateliminationsanlagen (PEA)* an den Standorten Beelitzhof am > GROSSEN WANNSEE und > TEGEL. Die Anlage auf dem Gelände des Wasserwerks Beelitzhof reinigt seit 1981 das zu Ausgleichszwecken in die > GRUNEWALDSEEN übergeleitete Wannsee-Wasser. Diese Form von Grundwasseranreicherung wird seit 1913 betrieben.

Die von 1981-85 im Rahmen des Projekts > TEGELER HAFEN der > INTERNATIONALEN BAUAUSTELLUNG entstandene Tegeler Anlage reinigt in gleicher Weise > TEGELER FLIESS und *Nordgraben*, die beiden Zuläufe des Tegeler Sees.

Die Inbetriebnahme des ersten Wasserwerkes 1856 und das damit verbundene Ansteigen der Abwassermenge in der rasch wachsenden Metropole machte zugleich eine leistungsfähige Kanalisation erforderlich. Noch als Berlin Reichshauptstadt wurde, wurden Abwässer und Fäkalien in offenen Rinnsteinen entlang der Gehwege überwiegend in die > SPREE geleitet. 1867 wurde eine Deputation unter Leitung des Mediziners und Politikers Rudolf Virchow gebildet, die sich dafür aussprach, das Abwasser auf Felder der Umgebung zu pumpen und dort verrieseln zu lassen. Seitdem wurden im Berliner Umland 20 Rieselfelder mit einer Fläche von insg. 10.000 ha angelegt. Ebenfalls mit Unterstützung Virchows begann 1873 nach Plänen des Stadtbaurates James Hobrecht der Bau der noch heute in Betrieb befindlichen unterirdischen *Kanalisation*. Drei Jahre später war der erste größere Teilabschnitt fertiggestellt. Um die Jahrhundertwende galt Berlin als eine der gesündesten und saubersten Großstädte Europas. Die Bildung Groß-Berlins 1920 führte zur Vereinheitlichung von Planung und Ausbau des Kanalisationsnetzes in und um die Stadt. 1923 kam es zur Neuorganisation der Entwässerungsaufsicht: Die Verwaltung wurde auf die Tiefbaudeputation und die Entwässerungsämter der >

BEZIRKE verteilt. Die zentrale Zusammenfassung in der Anstalt „Berliner Stadtentwässerung" erfolgte 1938. Das erste Klärwerk für den Raum Berlin nahm 1931 in Stahnsdorf im Kreis Potsdam seine Arbeit auf, das zweite vier Jahre später in Waßmannsdorf im Kreis Königs Wusterhausen.

Nach Kriegsende entstanden in Folge der > SPALTUNG 1948 auch in der Stadtentwässerung in Ost- und West-Berlin getrennte Betriebsteile. In Ost-Berlin wurden bereits 1951 die Bereiche Wasserversorgung und Entwässerung in den „Groß-Berliner Wasser- und Entwässerungswerken" zusammengefaßt. 1964 folgte die Bildung des „VEB Wasserversorgung und Abwasserbehandlung".

In West-Berlin wurde 1967 die „Berliner Stadtentwässerung" in den Eigenbetrieb „Berliner Entwässerungswerke" überführt, bis beide Teilbereiche der Wasserwirtschaft 1988 in den BWB zusammengefaßt wurden. Anders als bei der W. gab es bei der Entwässerung in Berlin auch in den Jahren nach der Spaltung eine grenzübergreifende Zusammenarbeit. Weil Kanalisation auf natürliches Gefälle angewiesen ist, wurden Abwässer aus westlichen in östliche Bezirke geleitet und umgekehrt. Eine seit 1974 bestehende und 1989 modifizierte *Abwasservereinbarung* zwischen dem > SENAT VON BERLIN und der DDR-Regierung regelte die Fortleitung und Behandlung von Abwasser aus West-Berlin in den Klärwerken Ost-Berlins. Geregelt wurden die überzuleitenden Abwassermengen, die Übergabestellen, die Beschaffenheit des Abwassers und die Vergütung für die zu erbringenden Leistungen. 1990 wurden 42 Mio. m^3 West-Berliner Abwasser in Ost-Berlin und dem Gebiet der früheren DDR gereinigt. Umgekehrt wurden in West-Berlin 4 Mio. m^3 Abwasser aus Ost-Berlin verarbeitet.

Wasserwerk Friedrichshagen: Das nach Plänen des englischen Ingenieurs Henry Gill Ende des 19. Jh. errichtete W. liegt am Nordufer des > GROSSEN MÜGGELSEES zwischen Fürstenwalder Damm und Müggelseedamm im Bezirk > KÖPENICK. Die insg. 55 ha große Anlage ist das größte und zugleich älteste erhaltene Trinkwasserwerk Berlins und ein bedeutendes Industriedenkmal. Mit einer Förderleistung von mehr als 80 Mio. m^3 Wasser aus rd. 300 Tiefbrunnen an > DAHME und > SPREE leistet es auch heute noch einen wichtigen Beitrag zur > WASSERVERSORGUNG der Stadt.

Der Bau dieses dritten Berliner Wasserwerks wurde erforderlich, als aufgrund der schnell wachsenden Bevölkerung die Leistung der zuvor gebauten Wasserwerke vor dem Stralauer Tor (1856) und Tegel (1877) nicht mehr ausreichte und die Qualität des Spreewassers eine Aufbereitung zu Trinkwasser nicht mehr zuließ (> WASSERTURM PRENZLAUER BERG). Nach Baubeginn im Frühjahr 1889 konnte im Oktober 1893 der erste Bauabschnitt der zunächst als reines Oberflächenwasserwerk konzipierten Anlage in Betrieb genommen werden. Die technischen Hochbauten im neogotischen Stil sind z.T. nach Plänen des Berliner Stadtbaurats Richard Schultze errichtet worden und fügen sich ebenso wie die im englischen Landhausstil errichteten Beamten- und Arbeiterwohnhäuser harmonisch in die Landschaft ein. Die Versorgung der Stadt erfolgte über einen 25 km langen Rohrdamm zum Zwischenpumpwerk in > LICHTENBERG. Beide Werke bilden auch heute noch eine technologische Einheit. 1904-06 wurden Teile des W. auf Grundwassergewinnung umgebaut. Nach weitgehender Elektrifizierung des Werks 1925-27 stieg die maximale Kapazität auf 320.000 m^3 pro Tag. Auf der Schöpfseite blieb der Dampfbetrieb bis 1979 erhalten. Im II. Weltkrieg wurde das W. zwar beschädigt, konnte aber bereits am 2.5.1945 den Betrieb wieder aufnehmen. 1976 beschloß der Ministerrat der DDR die Rekonstruktion und Erweiterung des W. Es entstanden zwei neue Grundwasserwerke, moderne Schnellfilteranlagen und eine Vielzahl neuer Brunnen mit Unterwassermotorpumpen. Dükerverlegungen durch den Müggelsee erschlossen Grundwasserkapazitäten vom südlichen Seeufer. Nach abermaligen Erweiterungen in den 80er Jahren hat das W. heute eine maximale tägliche Förderleistung von 400.000 m^3.
Die Gebäude unmittelbar am Ufer des Müggelsees mit den Maschinenhäusern A, B und C, dem Sammelbrunnen und einem alten Beamtenwohnhaus stehen seit 1976 unter Denkmalschutz. In dem 1979 stillgelegten Schöpfmaschinenhaus B entstand ab 1981 unter Nutzung der baulichen Substanz und der vorhandenen Maschinenanlagen (darunter z.B. drei vertikal wirkenden Verbunddampfmaschinen von 1893), Maschinenbüchern und anderem Zubehör das 1987 eröffnete Museum für Produktionsgeschichte der Wasserwirtschaft, heute *Museum im Wasserwerk*. Vorgesehen ist auch die museale Gestaltung des Maschinenhauses C. Auch in den Außenanlagen werden einige historische Austellungsstücke gezeigt. Vor dem Eingang erinnert ein Gedenkstein an den ersten Direktor der Berliner Wasserwerke und Erbauer des W., Henry Gill, der von 1853-93 in Berlin tätig war, sowie an seine deutschen und englischen Kollegen.

Wedding: Der 1945-90 zum französischen Sektor gehörende Bezirk W. (> SEKTOREN) liegt am Nordrand der Berliner Innenstadt, teils im > WARSCHAU-BERLINER URSTROMTAL der > SPREE, teils auf dem Hochplateau des > BARNIM. Der von Nord nach Süd von der > PANKE durchflossene Bezirk war seit Beginn der Industrialisierung ein klassisches Berliner Mietskasernen- und Arbeiterviertel (> MIETSKASERNEN) mit einem engen Nebeneinander von Wohnen und Industrie. Durch umfangreiche Maßnahmen zur > STADTSANIERUNG ab den 60er Jahren hat sich die Wohnqualität inzwischen erheblich verbessert. Im Norden grenzt der Bezirk an die > BEZIRKE > REINICKENDORF und > PANKOW, im Osten an > PRENZLAUER BERG, im Süden an > MITTE, > TIERGARTEN und > CHARLOTTENBURG. Ab 1945 bildete die Bezirksgrenze zu Prenzlauer Berg und Mitte gleichzeitig die Sektorengrenze zu Ost-Berlin. Sie verlief u.a. an der südlichen Baufluchtlinie der > BERNAUER STRASSE, die nach dem > 13. AUGUST 1961 mit ihren vermauerten und später abgerissenen Wohnhäusern das wohl berühmteste Stück der Berliner > MAUER bildete.
Der Bezirk entstand 1920 bei der Schaffung > GROSS-BERLINS als 3. Verwaltungsbezirk aus den Stadtvierteln W. und > GESUNDBRUNNEN, die seit 1861 zu Berlin gehörten, sowie aus schon länger zum alten Berlin gehörenden Teilen der Oranienburger und der Rosenthaler Vorstadt. Bei der Neufassung der Verwaltungsgrenzen 1938 erhielt W. von Charlottenburg den östlichen Teil der > JUNGFERNHEIDE.
Die älteste Erwähnung des Namens W. findet sich in einer Urkunde aus dem Jahr 1251 über den Verkauf einer „Mühle im Gebiet des Dorfes, welches Weddinge hieß, am Fluß namens Pankow erbaut". Der Name des Dorfes wird zurückgeführt auf den mutmaßlichen Gründer Rudolphus de Weddinge, auf dessen Familienwappen auch das heutige Bezirkswappen zurückgeht. Bereits 1289 wird W. der Stadt Berlin auf ewige Zeiten als Lehen übertragen. Verschiedene Dokumente

Wedding – Fläche und Einwohner		
Fläche (31.12.1990)	15,37 km²	100 %
Bebaute Fläche	8,20	53,4
Wohnfläche	3,86	25,1
Gewerbe- und Industriefläche inkl. Betriebsfläche	0,72	4,7
Verkehrsfläche	3,28	21,3
Grünfläche[1]	3,70	24,1
Landwirtschaft	0,04	0,3
Wald	–	–
Wasser	0,15	1,0
Einwohner (31.12.1989)	161.725 EW	
darunter: Ausländer	38.979	24,1 %
Einwohner pro km²	10.522	

[1] Parks, Tierparks, Kleingärten, Spielplätze, ungedeckte Sportanlagen, Freibäder, Friedhöfe

belegen die Verpachtung von Ländereien auf W. durch die Stadt Berlin (frühestes Zeugnis 1326). Der älteste belegbare dauerhafte Siedlungskern (Vorwerk) entstand ab 1601 im heutigen Gebiet von Nettelbeckplatz, Pank-, Wedding- und Reinickendorfer Str. Ein zweiter Siedlungskern entstand an der Panke beim – später nach seinem Förderer so genannten – Friedrichs-Gesundbrunnen, einer inzwischen versiegten, eisenhaltigen Quelle, an der der Arzt Heinrich Behm 1766 eine Bade- und Trinkkuranstalt anlegte. 1782-84 erfolgte die Anlage der Kolonie am W. und der Kolonie hinter dem Gesundbrunnen („Koloniestr."). Zu einer dichteren Besiedlung kam es aber erst mit Beginn der Industrialisierung ab Mitte des vorigen Jh. Zahlreiche Firmenansiedlungen (z.B. AEG, Osram, Schering) machten den W. bis Anfang des 20. Jh. zu einem Industriezentrum und zugleich zu einem der am dichtest besiedelten Stadtreviere Berlins, geprägt durch tiefgestaffelte Mietskasernen, von denen „Meyers Hof" (einst Ackerstr. 133) mit sechs Hinterhöfen und über 1.000 Bewohnern der berüchtigtste war. Die Industrialisierung zog zahlreiche neue Einwohner in den Bezirk. Lebten hier 1855 noch weniger als 8.000 Menschen, so waren es 1871 bereits über 25.000 und zur Jahrhundertwende knapp 140.000. Bei Beginn des II. Weltkriegs hatte die Bevölkerungszahl mit gut 350.000 ihren Höchststand erreicht.

Die gravierenden sozialen Mißstände machten den W. zu einer Hochburg der Arbeiterparteien („Roter Wedding"). Ausdruck der Nöte und Probleme war das vom Berliner Asylverein für Obdachlose 1896 eröffnete Asyl an der Wiesenstr. 55 („Wiesenburg") und insbes. in den 20er Jahren dieses Jh. eine politische Radikalisierung, die sich z.T. in blutigen Straßenschlachten entlud. Der sog. *Blutmai*, gewalttätige Auseinandersetzungen mit der Polizei im Anschluß an die verbotene Maidemonstration 1929, forderte 31 Tote und zahlreiche Verletzte.

Als Ort klassischer Industrieproduktion ist die Zeit des W. vorbei. An die Geschichte der AEG erinnern an der Brunnenstr. noch das frühere Fabriktor und die großen Werkshallen an der Voltastr. Bedeutendste Branche ist heute die pharmazeutische Produktion (Schering AG). Daneben haben sich einige High-Tech-Betriebe und Technologie-Transfer-Einrichtungen in den alten Fabrikgebäuden angesiedelt, so z.B. das *Berliner Innovations- und Gründerzentrum (BIG)* in der Ackerstr. und der benachbarte *Technologie- und Innovationspark (TIP;* > INNOVATIONS- UND GRÜNDERZENTREN). Mehr und mehr zeichnet sich auch im W. eine Verlagerung in den Dienstleistungssektor ab.

Nachdem die Wohnsituation im W. zunächst ausschließlich durch die Mietskasernen geprägt war, entstanden in den 20er Jahren auch hier – etwa zeitgleich mit den Grünanlagen und dem > VOLKSPARK REHBERGE – musterhafte Neubausiedlungen, wie z.B. die 1929-31 von Paul Mebes, Paul Emmerich und Bruno Taut errichtete *Friedrich-Ebert-Siedlung* oder das benachbarte > AFRIKANISCHE VIERTEL (Mies van der Rohe, 1926-27) an der Afrikanischen Str. und die *Siedlung am Schillerpark* in der Bristolstr. (Bruno Taut, 1924-28). Bereits 1903/04 hatte E. Schwartzkopf als Musterprojekt an der Strelitzer Str. die > WOHNANLAGE „VERSÖHNUNGS-PRIVAT-STRASSE" errichtet. Von den alten Strukturen ist v.a. im Gesundbrunnen aufgrund von radikalen Modernisierungen ab Mitte der 60er Jahre („Kahlschlagsanierung") kaum etwas übrig geblieben, während sie nur wenige Straßen weiter in den unmittelbar angrenzenden Wohngebieten von Mitte weitgehend unverändert erhalten sind. Der Naherholung dienen der um die Jahrhundertwende entstandene > SCHILLERPARK und der bereits 1872 eröffnete > VOLKSPARK HUMBOLDTHAIN.

Durch die Lage des Bezirks prägen v.a. Durchgangsstraßen in Nord-Süd-Richtung das Straßennetz (Müller-, Chausseestr.; Reinickendorfer Str.; Residenz-, Schweden-, Bad- und Brunnenstr.). Mit der westlichen > CITY verbindet der Straßenzug Luxemburger Str., Schulstr., Föhrer Str., ferner die Fennstr. und die Sellerstr. ab Weddingplatz. Mit dem Fall der Mauer hat auch die Verbindung Pank-, Prinzen-, Wollankstr. wieder an Bedeutung gewonnen. Dazu kommt in der Fortsetzung des heutigen Stadtrings A 100 die nördliche Ringstraße im Zuge der See-, Osloer- und Bornholmer Str. (> STRASSEN). Im > ÖFFENTLICHEN PERSONENNAHVERKEHR erschließen neben dem > OMNIBUSVERKEHR drei U-Bahn- und zwei S-Bahn-Strecken mit zusammen 15 Stationen (darunter vier Umsteigebahnhöfe) den Bezirk (> U-BAHN; > S-BAHN). Bis 1997 soll auch die > RINGBAHN von Westkreuz bis Gesundbrunnen wieder in Betrieb genommen werden (Nordring). 1998 soll der Lückenschluß im durch den Mauerbau unterbrochenen Nordring zur > SCHÖNHAUSER ALLEE und Bornholmer Str. erfolgen. In W. befinden sich eine U-Bahn-Werkstatt, zwei Bus-Betriebshöfe und die Hauptwerkstatt der > BERLINER VERKEHRSBETRIEBE (BVG).

Um die > MÜLLERSTRASSE hat sich im Bereich des Leopoldplatzes ein > EINKAUFSZENTRUM von überregionaler Bedeutung herausgebildet. Als Sekundärzentrum besteht daneben im Gesundbrunnen der Bereich Pank-/Badstr. (Gesundbrunnen), wo ein großes Möbelhaus Kundschaft aus ganz Berlin und dem Umland anlockt.

W. ist der Heimatbezirk des populären Fußballvereins > HERTHA BSC. Unter den Sportanlagen zu erwähnen ist die *Erika-Heß-Eissporthalle* am Südende der Müllerstr. Zu den Besonderheiten im Bereich der Gesundheitsversorgung zählen das 1914 eröffnete *Jüdische Krankenhaus* an der Schulstr./Iranische Str., das heute Aufgaben im Rahmen der Schwerpunktversorgung wahrnimmt, und das der Zentralversorgung dienende > UNIVERSITÄTSKLINIKUM RUDOLF VIRCHOW am Augustenburger Platz mit dem > DEUTSCHEN HERZZENTRUM. Das Arbeitszimmer Rudolf Kochs ist im 1900 von ihm begründeten Institut für Infektionskrankheiten erhalten (Nordufer 20). An der Luxemburger Str. 10 hat die > TECHNISCHE FACHHOCHSCHULE ihren Sitz.

Rathaus Wedding

Architektonisch bedeutend sind die beiden 1835 eröffneten Schinkelschen > VORSTADTKIRCHEN > ST. PAUL an Bad-/Ecke Pankstr. und > ST. NAZARETH mit dem > ANTI-KRIEGSMUSEUM am Leopoldplatz, das imposante Amtsgericht (1901-06, Mönnich und Thoemer; > AMTSGERICHTE) am Brunnenplatz, der Rathenau-Brunnen in den Rehbergen („Steuerschraube", Georg Kolbe 1930, Neuguß des im Dritten Reich demontierten Brunnens zur 750-Jahr-Feier Berlins 1987), der städtische Urnenfriedhof (See-/Müllerstr.) mit Gräbern und einer Gedenkstätte für die Opfer des > 17. JUNI 1953 und des Nationalsozialismus sowie das > ZUCKER-MUSEUM (Adams, 1902/03) an der Amrumer Str. 32. Im Hof des Grundstücks Badstr. 40 befindet sich in einer ehem. Tresorfabrik die größte Bildhauerwerkstatt Europas. Am Kurt-Schumacher-Damm liegt bis zum endgültigen Abzug der französischen Streitkräfte ihr Berliner Hauptquartier, das *Quartier Napoleon*. Als historische Besonderheit sei erwähnt, daß auf dem Gartenplatz 1837 die letzte öffentliche Hinrichtung in Berlin vollstreckt wurde (> TODESSTRAFE).

Das Rathaus des Bezirks, ein aus roten Ziegeln im Stil der Neuen Sachlichkeit errichteter sechsgeschossiger Bau an der Müllerstr. 146-147, entstand 1928-30 nach Plänen von Martin Wagner. 1964 wurde es durch ein nahezu quadratisches, zwölfgeschossiges Hochhaus von Fritz Bornemann, in dem sich u.a. das Standesamt befindet, und den vorgesetzten pavillonartigen Sitzungssaal der > BEZIRKSVERORDNETENVERSAMMLUNG erweitert. Zuvor hatte die Bezirksverordnetenversammlung in einem 1913 errichteten Ledigenheim am Brunnenplatz und im Jüdischen Krankenhaus getagt. W. unterhält Städtepartnerschaften mit dem Lahn-Dill-Kreis (Hessen), dem Kreis Mettmann, Bottrop, Hamm, Higashiosaka in Japan, Holon in Israel und Tourcoing in Frankreich (> STÄDTEVERBINDUNGEN).

Bei der Zusammensetzung des Bezirksamts setzt W. seine Tradition als Arbeiterbezirk fort: Er ist der einzige Berliner Bezirk, in dem bei allen Wahlen nach dem II. Weltkrieg die SPD den Bezirksbürgermeister stellte. Auch bei der ersten Gesamt-Berliner Kommunalwahl am 24.5.1992 wurde die SPD wieder stärkste Partei und stellte drei Stadträte einschließlich des Bezirksbürgermeisters (> WAHLEN). Auf die CDU entfielen 2 Stadträte, auf die Grünen/AL und die REP je einer.

Wehrpflicht: Eine Wehr- oder andere Dienstpflicht gibt es im Westteil Berlins erst seit der > VEREINIGUNG Deutschlands. Vorher waren die W. und die Präsenz deutscher Soldaten in Berlin durch die von den > ALLIIERTEN 1945 erlassenen Entmilitarisierungsbestimmungen untersagt (> ENTMILITARISIERUNG; > SONDERSTATUS 1945-90). Deutsche mit ständigem Wohnsitz in Berlin (West) unterlagen vor dem 3. OKTOBER 1990 auch nicht der W. in der Bundesrepublik Deutschland. Voraussetzung war allerdings, daß sie tatsächlich ihren Lebensmittelpunkt in West-Berlin hatten.

Wer sich als Wehrpflichtiger aus den übrigen Bundesländern nach Beginn der Wehrerfassung seines Geburtsjahrgangs durch Wegzug nach Berlin widerrechtlich der W. entzog, beging eine Ordnungswidrigkeit. Solange er sich in West-Berlin aufhielt, konnte er jedoch nicht zur > BUNDESWEHR oder zum *Zivildienst* einberufen werden, da die Alliierten aufgrund des entmilitarisierten Status der Stadt die Zustellung wehrrechtlicher Bescheide untersagt hatten. Die W. erlosch dadurch jedoch nicht. Wie in anderen Fällen auch, in denen sich Wehrpflichtige vor Vollendung des 28. Lebensjahres ohne Genehmigung außerhalb des Geltungsbereiches des Wehrpflichtgesetzes aufgehalten haben, konnten diese zu einem späteren Zeitpunkt noch bis zum Ende des 32. Lebensjahrs einberufen werden. Nach Erkenntnissen der Wehrersatzbehörden hielten sich vor der Vereinigung ca. 8.000 bis 8.500 Wehrpflichtige ohne die erforderliche Genehmigung in West-Berlin auf.

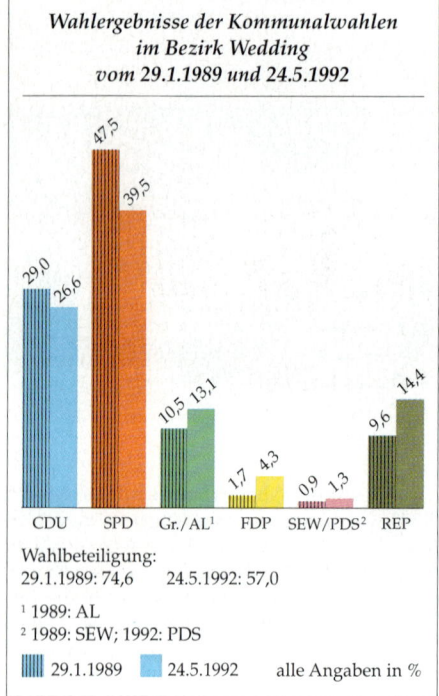

Wahlergebnisse der Kommunalwahlen im Bezirk Wedding vom 29.1.1989 und 24.5.1992

	CDU	SPD	Gr./AL[1]	FDP	SEW/PDS[2]	REP
1989	29,0	47,5	10,5	1,7	0,9	9,6
1992	26,6	39,5	13,1	4,3	1,3	14,4

Wahlbeteiligung:
29.1.1989: 74,6   24.5.1992: 57,0

[1] 1989: AL
[2] 1989: SEW; 1992: PDS

29.1.1989   24.5.1992   alle Angaben in %

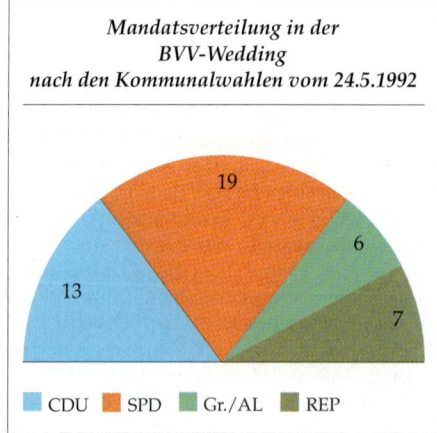

Mandatsverteilung in der BVV-Wedding nach den Kommunalwahlen vom 24.5.1992

19 6 13 7

CDU   SPD   Gr./AL   REP

Soweit Wehrpflichtige, die bereits zur Bundeswehr oder zum Zivildienst einberufen worden waren, bzw. bereits dienstleistende Soldaten/Zivildienstleistende ihren Wohnsitz nach West-Berlin verlegten, wurden sie als Fahnenflüchtige strafrechtlich verfolgt. In diesen Fällen leisteten die Berliner Behörden mit ausdrücklicher Billigung der > ALLIIERTEN KOMMANDANTUR Amtshilfe. Jährlich wurden in diesem Zusammenhang etwa 20 Haftvollstreckungsersuchen von der Berliner > POLIZEI bearbeitet.

In Berlin (Ost) unterlagen männliche Jugendliche seit Einführung der W. in der DDR im Januar 1965 der dortigen Wehrgesetzgebung und waren zum zuletzt zwölfmonatigen Dienst in der *Nationalen Volksarmee (NVA)* verpflichtet. Die Westalliierten, die Bundesregierung und der > SENAT VON BERLIN hatten dies bei zahlreichen Gelegenheiten als Verletzung des für alle > SEKTOREN Berlins verbindlichen alliierten Rechts verurteilt.

Mit dem 3.10.1990 wurde die Wehrgesetzgebung der Bundesrepublik Deutschland auf Gesamt-Berlin übertragen. Am 2.1.1991 wurden von den neu gebildeten *Kreiswehrersatzämtern* I und II in der Oberspreestr. 61h im Bezirk > TREPTOW und der Pestalozzistr. 30-33 in > PANKOW insg. 500 Rekruten einberufen, und zwar aus dem gesamten Stadtgebiet. Eine Nacherfassung wird bis zu den Geburtsjahrgängen 1970, 1971 und 1972 vorgenommen; noch fraglich ist eine Nacherfassung der Geburtsjahrgänge 1969 und 1968. Wehrpflichtige, die sich ohne Genehmigung des Kreiswehrersatzamtes ihres Heimatortes in Westdeutschland vor dem 3.10.1990 ständig in West-Berlin aufgehalten haben (sogenannte „Berlin-Flüchtlinge"), können bis zum 32. Lebensjahr einberufen werden.

Weidendammer Brücke: Die W. im Verlauf der > FRIEDRICHSTRASSE im Bezirk > MITTE gehört zu den ältesten Spreeübergängen Berlins. Als Verbindung zwischen den Ende des 17. Jh. entstandenen Vorstädten Dorotheenstadt und Spandauer Vorstadt (> STADTERWEITERUNG) 1685 als hölzerne Zugbrücke errichtet, hieß sie zunächst Dorotheenstädtische, später Spandauische Brücke. Bereits Anfang des 18. Jh. bürgerte sich nach dem mit Weiden bestandenen Straßendamm der Name W. ein, den die Brücke 1839 auch offiziell erhielt. 1824-26 wurde die alte Zugbrücke durch eine gußeiserne Konstruktion ersetzt, die in ihrer Art die erste der Welt war.

Der stark anwachsende Verkehr machte Ende des 19. Jh. einen vollkommenen Neubau erforderlich. 1894-96 entstand eine 73 m lange und 22 m breite Stahlkonstruktion mit drei Öffnungen, die auch Schienen für die elektrische > STRASSENBAHN aufnahm. Ihr charakteristisches Aussehen erhielt diese Brücke durch die 1895/96 in der Werkstatt des Berliner Schmiedemeisters Ferdinand Paul Krüger gefertigten, mit besonders reichhaltigem Schmuck versehenen Brückengeländer und

Weidendammer Brücke 1897

ihre vier schmiedeeisernen Kandelaber. In der Mitte der beiden Geländer befindet sich jeweils ein plastisch ausgearbeiteter, schmiedeeiserner Adler. Der Bau der Nord-Süd-Bahn (heute U6; > U-BAHN) erforderte 1914 einen abermaligen Abbruch der W. Bis 1922 wurde sie unverändert, aber um 3 m verbreitert wieder aufgebaut. Den II. Weltkrieg überstand die Brücke unversehrt. 1974 wurde sie von Grund auf überholt und unter Denkmalschutz gestellt. 1985/86 erfolgte eine Generalreparatur der Geländer und der Kandelaber. Im März 1992 wurde sie wegen einer Grundsanierung der Widerlager für zwei Jahre gesperrt.

Weißensee: Der im Nordosten Berlins auf der Hochfläche des > BARNIM gelegene Bezirk W. hat die geringste Einwohnerzahl aller Berliner > BEZIRKE. Seine Bevölkerungsdichte wird nur noch von > KÖPENICK und > ZEHLENDORF unterschritten. Hinsichtlich der Gesamtfläche nimmt er die elfte Stelle ein. Der Bezirk umfaßt neben dem alten Dorf W. die Ortsteile > KAROW, > BLANKENBURG, > HEINERSDORF und (zur Hälfte) > MALCHOW. Er grenzt zur Innenstadt hin an den Bezirk > PRENZLAUER BERG, im Westen und Norden an > PANKOW, im Nordosten an den Kreis Bernau, im Osten an den Bezirk > HOHEN-

Weißensee – Fläche und Einwohner

Fläche (Juni 1989)	30,1 km²	100 %
Bebaute Fläche	14,04	46,6
Wohnfläche	10,3	34,2
Gewerbe- und Industriefläche inkl. Betriebsfläche	2,08	6,9
Verkehrsfläche	1,38	4,6
Grünfläche[1]	5,57	18,5
Landwirtschaft	8,38	27,8
Wald	0,18	0,6
Wasser	0,11	0,4
Einwohner (31.12.1989)	52.484 EW	
darunter: Ausländer	686	1,3 %
Einwohner pro km²	1.742	

[1] Parks, Tierparks, Kleingärten, Spielplätze, ungedeckte Sportanlagen, Freibäder, Friedhöfe

SCHÖNHAUSEN und im Süden mit einem kleinen Zipfel an > LICHTENBERG.

Der Bezirk entstand 1920 durch den Zusammenschluß der > DÖRFER W., Hohenschönhausen, Malchow, > WARTENBERG und > FALKENBERG sowie der zu den letzten drei Gemeinden gehörenden Gutsbezirke zum 18. Verwaltungsbezirk von > GROSS-BERLIN. Bei der Neugründung des Bezirks > MARZAHN 1979 wurden 6,4 km² von W. abgetrennt und dem neuen Bezirk zugefügt. 1985 wurde W. nochmals neu strukturiert. Aus den bisherigen Ortsteilen Falkenberg, Hohenschönhausen, Wartenberg und dem östlichen Teil von Malchow (einschließlich des alten Dorfes) entstand der neue Bezirk Hohenschönhausen; W. erhielt stattdessen zum 1.1.1986 die bis dahin zu Pankow gehörenden Ortsteile Blankenburg, Heinersdorf und Karow.

Der an dem fast kreisförmigen > WEISSEN SEE gelegene Ort W. wurde um 1230 als Straßendorf an der mittelalterlichen Heerstr. von Berlin über W., Malchow und Bernau nach Oderberg gegründet. Seine erste urkundliche Erwähnung geht auf das Jahr 1313 zurück, als dem Heilig-Geist-Hospital in Berlin Rechte über vier Hufen aus „Wittense" (niederdeutsch: heller See) veräußert wurden (> HEILIG-GEIST-KAPELLE). Schon 1242 war jedoch ein „Conradus de Widense" – vermutlich der erste Lehnschulze des Dorfes – urkundlich in Erscheinung getreten.

Der älteste Teil des Ortes befand sich am Ostufer des Sees in der Nähe der Kirche. Ihm gegenüber lag der Lehnschulzenhof. Der Ort dehnte sich mit seinen Bauern- und Kossätenhöfen in einer Länge von 500 m beiderseits der Dorfstr. aus. Ab 1490 gab es beim Dorf ein Rittergut (aus dem sich später zeitweilig weitere Teilgüter herausbildeten), das bis 1616 im Besitz der Berliner Familie v. Blankenfelde war. Der Dreißigjährige Krieg verwüstete alle bäuerlichen Höfe, neue Anwesen entstanden erst im Laufe des 18. Jh.

Die auf einem kleinen Hügel über dem einstigen Dorfanger und der Gerichtslinde stehende Kirche an der jetzigen Falkenberger Str. wurde vermutlich zu Beginn des 14. Jh. errichtet und mehrfach umgebaut (> DORFKIRCHEN). Vom ersten Bau aus bearbeiteten Feldsteinen ist noch der Turmunterbau erhalten. Das in gleicher Breite aus Backsteinen errichtete Schiff stammt aus dem 15. Jh. Im 19. Jh. (1813, 1863 und 1899) wurde der Bau verlängert und überformt und schließlich durch ein Querschiff mit polygonalem Chor erweitert. 1948/49 baute man die 1943 durch Bomben zerstörte Kirche vereinfacht wieder auf.

Zu Beginn des 19. Jh. hatte W. nicht einmal 200 Einwohner. Erst als 1821 der Kaufmann Leberecht Pistorius das Rittergut erwarb und intensiv bewirtschaftete, begann eine spürbare Aufwärtsentwicklung. Dazu trug auch die von ihm errichtete Schnapsbrennerei bei, die mit von ihm erfundenen und nach ihm benannten Destillierapparaten zur Alkoholherstellung aus Kartoffeln ausgerüstet war. Sein Nachfolger und Neffe, der Landesökonomierat Friedrich Wilhelm Lüderitz, ließ 1859 das alte Gutshaus durch einen zweistöckigen, schloßähnlichen Neubau ersetzen (1919 abgebrannt) und den Schloßpark anlegen (> GUTS-

HÄUSER). 1872 erwarb der Hamburger Groß-kaufmann Gustav Adolf Schön den Ort. Nach Parzellierung und Verkauf wurden auf den ehem. Gutsflächen zumeist große Mietshäu-ser errichtet. Im Schloß und in Teilen des Parks eröffnete 1877 das nach seinem Besit-zer Rudolph Sternecker genannte Ausflugs- und Vergnügungsetablissement „Zum Stern-ecker", das nicht zuletzt durch seine Feuer-werke eine vielbesuchte Attraktion für die Berliner wurde.

1878 ließ die 1877 gegründete Berliner Tra-berklub an der Stelle der heutigen > RAD-RENNBAHN WEISSENSEE und des benachbarten Sportzentrums an der Rennbahnstr. eine Trabrennbahn bauen und machte den Ort da-mit zur Wiege des Berliner Trabersports. Nach den Gründerjahren wuchs W. schnell zu einem bedeutenden Arbeiterwohn- und Industrievorort Berlins heran. Die Einwoh-nerzahl stieg von 467 (1871) auf rd. 20.000 (1890) und verdoppelte sich nochmals in den folgenden 15 Jahren. 1880 wurde der Guts-bezirk zur selbständigen Gemeinde Neu-Weißensee erhoben, die jedoch 1905 wieder mit der zwischenzeitlich zeitweise Alt-W. ge-nannten Stammgemeinde vereinigt wurde.

Wesentlich für den Aufschwung des Ortes waren die guten Verkehrsverbindungen nach Berlin. Auf der Streckenführung der heutigen Bundesstraße 2 (> BUNDESFERNSTRASSEN) – vom > ALEXANDERPLATZ im Bezirk > MITTE über Hans-Beimler- und Greifswalder Str. zur Ber-liner Allee – richtete die Neue Berliner Pferdeeisenbahngesellschaft 1876 eine erste eingleisige Strecke ein, der 1892 eine zweite folgte, die beide 1901 elektrifiziert wurden. Die Bahn stellte ein verkehrstechnisches Unikum dar: Als eine Art Kombination von Eisenbahn und Omnibus konnten die i.d.R. auf Schienen laufenden, jedoch nur durch ein (inzwischen sprichwörtlich gewordenes) „fünftes Rad am Wagen" in der Spur gehalte-nen Fahrzeuge bei Gegenverkehr oder Hin-dernissen mittels Hebelbetätigung ihre Glei-se verlassen. Bereits 1885 war W. durch vier weitere Pferdeomnibus-Linien mit Berlin ver-bunden. Seit 1924 fährt die > S-BAHN über Karow nach Bernau, und der nördliche S-Bahn-Ring führt über den im Bezirk Prenz-lauer Berg gelegenen Bahnhof W. an den Be-zirk heran. Untereinander und mit anderen Bezirken sind die einzelnen Ortsteile des Be-zirks W. durch mehrere Omnibus- und Stra-ßenbahn-Linien verbunden (> OMNIBUSVER-KEHR; > STRASSENBAHN).

Als erster Industriebetrieb hatte 1885 die Sternbecker Brauerei in W. ihre Produktion aufgenommen, der schnell zahlreiche andere Betriebe folgten. 1888 erhielt W. eine Gas-anstalt (> GASVERSORGUNG), 1893 ein Wasser-werk und Kanalisation (> WASSERVERSOR-GUNG/ENTWÄSSERUNG). Bis zur Eingemeindung 1920 entstanden außerdem die sog. Ruthen-bergischen Fabrikanlagen zwischen Lang-hans- und Lehderstr., das ehem. Rathaus in der Albertinstr., das Amtsgericht an der Parkstr. 71, ein dreigeschossiger Putzbau im Stil der Neorenaissance von Paul Thoemer und Rudolf Mönnich (1902-06; > AMTS-GERICHTE), und 1908-12 nach Plänen von Carl James Bühring an Tassostr. und Woelck-promenade das Munizipalviertel, ein Gemein-deforum um den eiszeitlichen Kreuzpfuhl (> PFUHLE), das neben Wohnhäusern auch Ver-waltungsbauten, eine Schule, Sozialeinrich-tungen und ein Abwässerpumpwerk umfaß-te. Die in Formen der Stilkunst errichtete An-lage blieb jedoch unvollendet und wurde erst 1925-28 von Joseph Tiedemann in einer am Holländischen Viertel in Potsdam orientier-ten Bauweise bis zur Amalienstr. fortgeführt (Holländerviertel). Die katholische St.-Joseph-Kirche in der Behaimstr., ein spätgotischer Klinkerverblendbau, entstand 1898/99 nach Entwürfen von Moritz und Welz. Bedeutsam ist das Kruzifix aus dem dritten Viertel des 14. Jh. Von der 1900-02 durch Ludwig v. Tiedemann und Robert Leibnitz erbauten ehem. Bethanienkirche am Mirbachplatz ist nach Kriegszerstörungen nur noch der ein-drucksvolle Turm erhalten.

Besondere Beachtung verdienen auch die 1926-28 von Bruno Taut errichteten, unter > DENKMALSCHUTZ stehenden Wohnbauten in der Trierer Str. und in der Buschallee. Die ur-sprünglich farbkräftige Gestaltung der vier-geschossigen Flachdachbauten an der Trierer Str. geht auf einen Vorschlag des Malers Karl Schmidt-Rottluff zurück und brachte der An-lage bald die Bezeichnungen Papageien-siedlung ein. Die sich auf etwa 1 km bis nach Hohenschönhausen erstreckenden Bauten an der Buschallee, die zu den gelungensten Werken Tauts in Berlin gerechnet werden, haben durch zwischenzeitliche Veränderun-gen viel von ihrem architektonischen Ge-samteindruck verloren. Die 1930/31 von Paul Mebes und Paul Emmerich errichtete Siedlung im Dreieck Große Seestr., Renn-bahnstr. aus drei- bis viergeschossigen schlichten Putzbauten gilt als vorbildlich in ihrer städtebaulichen Gesamtkonzeption. Erwähnenswert sind auch die 1925-30 entstandenen, klinkerverzierten Wohnbauten entlang der Meyerbeerstr. im sog. *Komponistenviertel* östlich der Berliner Allee.

Trotz der Industrialisierung blieb W. ein Bezirk mit vielen Grünanlagen und Freizeitflächen. Rd. 250 m² Grünfläche entfallen auf jeden Bürger, die durch 8.000 Straßenbäume, v.a. Linden und Ahorn, ergänzt werden. Am Weißensee befindet sich das einzige Freibad des Bezirks (> FREI- UND SOMMERBÄDER), in der umgebenden Parkanlage eine Freilichtbühne und ein Tiergehege. Auf ca. 300 ha der Bezirksfläche erstrecken sich 37 Kleingartenanlagen (> KLEINGÄRTEN), hinzu kommen zehn landschaftlich gestaltete Siedlungen. Als Naherholungsgebiete sind der Park am Weißen See und die Kleingartenanlage Märchenland am Westrand von Malchow, in der sich ein für die Vogelfauna wichtiges Landschaftsschutzgebiet befindet, von überbezirklicher Bedeutung. Eine naturräumliche Besonderheit ist auch das in der Nähe des Stadions Buschallee gelegene 25 ha große Naturschutzgebiet Fauler See in dem seit der Neustrukturierung der nördlichen Bezirke Ost-Berlins 1985 zu W. gehörenden > VOLKSPARK HOHENSCHÖNHAUSEN (> NATURSCHUTZ).

Der 1880 eröffnete > JÜDISCHE FRIEDHOF WEISSENSEE in der Herbert-Baum-Str. (früher Lothringer Str.) ist mit mehr als 40 ha einer der größten jüdischen Begräbnisplätze Europas. Ein zweiter, ebenfalls 1880 angelegter jüdischer Friedhof der > ISRAELITISCHEN SYNAGOGEN-GEMEINDE (ADASS JISROEL) in der Wittlicher Str., wurde ab 1945 nicht mehr belegt. Bereits dem Verfall preisgegeben, wurde er ab 1987 instandgesetzt und 1991 als Begräbnisstätte wiedereröffnet (> JÜDISCHE FRIEDHÖFE). An der Straße 203 hat die am 1.4.1946 unter der Bezeichnung Kunstschule des Nordens gegründete > KUNSTHOCHSCHULE BERLIN-WEISSENSEE ihren Sitz.

Zu Zeiten der DDR wurde der nordöstliche Teil des Bezirks W. intensiv landwirtschaftlich genutzt. Wichtigster Betrieb war das volkseigene Gut Gartenbau. Es gab jedoch auch zwei nennenswerte Industriestandorte. Der größere mit über 30 Klein- und Mittelbetrieben lag an der Grenze zum Bezirk Prenzlauer Berg zwischen Prenzlauer Promenade und Puccini-Str. Hier hatten Betriebe der Kunststoffverarbeitung, der Produktion von Lacken und Reinigungsmitteln, der galvanischen Oberflächenbearbeitung

und auch der Süßwarenherstellung ihren Sitz. Der zweite Industriestandort mit dem Stammbetrieb des Werkzeugmaschinenkombinats „7. Oktober", der 1947 auf dem Gelände der um die Jahrhundertwende gegründeten Niles-Werkzeugmaschinenfabrik errichtet worden war, lag nördlich der Liebermannstr. Hier befand sich auch der VEB Stern-Radio-Berlin, einer der größten Betriebe der elektroakustischen Industrie in der DDR. Im Zuge der wirtschaftlichen Umgestaltung hat sich die Industrielandschaft grundlegend verändert. Übriggeblieben sind u.a. Produktionsstätten der Niles-Werke und die Farbenfabrik. Der 1964/65 erbaute Milchhof Berlin in Heinersdorf, der täglich 600.000 l Milch verarbeitet, wurde grundlegend modernisiert.

Rathaus Weißensee

Einem Beschluß der > BEZIRKSVERORDNETENVERSAMMLUNG vom Februar 1991 zufolge soll auf bisher landwirtschaftlich genutzten Flächen zwischen Karow, Malchow und Blankenburg ein 100 ha großes „Gewerbegebiet Malchow" errichtet werden, das Bürohäuser, High-Tech-Industrie, Einkaufsmärkte, Hotels und Freizeitzentren, Tankstellen und Parkplätze umfaßt und 15.000 neue Arbeitsplätze schaffen soll. Auch die Verkehrsanbindungen sollen verbessert werden. Die S-Bahn, die derzeit bis Wartenberg fährt, soll bis 1993 über den > BERLINER AUSSENRING bis zum Karower Damm geführt und später bis zur Linie Karow – Bernau verlängert werden. Bei Karow und Blankenburg ist die Errichtung von mehr als 13.000 Wohnungen geplant. Ein erster Bauabschnitt mit 1.900 Wohnungen für 5.100 Einwohner soll im Bereich > BERLINER RING/Karower Chaussee entstehen.

Haupteinkaufs- und Geschäftsstr. ist die Berliner Allee (1953-91 Klement-Gottwald-Allee). Die Bezirksverwaltung von W. hat nach

40jähriger provisorischer Unterbringung in einem Schulgebäude in der Parkstr. 82 am 2.11.1990 ihren Sitz in einem 1940 als Industriegebäude errichteten Backsteinbau an der Berliner Allee 252-260 genommen, der vor der Wende vom > STAATSSICHERHEITSDIENST der DDR genutzt worden war (> RATHÄUSER).

Bei den ersten Gesamt-Berliner Kommunalwahlen am 24.5.1992 wurde die PDS stärkste Partei. Sie stellt drei Stadträte, die SPD zwei, CDU und Bündnis Friedrichshain je einen. Den Bezirksbürgermeister stellt die SPD.

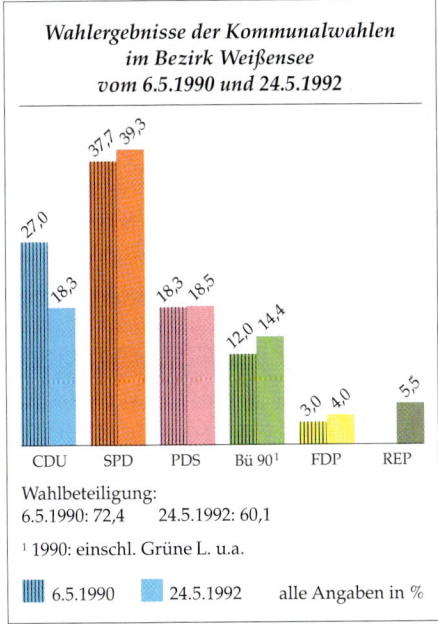

Wahlergebnisse der Kommunalwahlen im Bezirk Weißensee vom 6.5.1990 und 24.5.1992

Wahlbeteiligung:
6.5.1990: 72,4   24.5.1992: 60,1

[1] 1990: einschl. Grüne L. u.a.

|||| 6.5.1990   ▮ 24.5.1992   alle Angaben in %

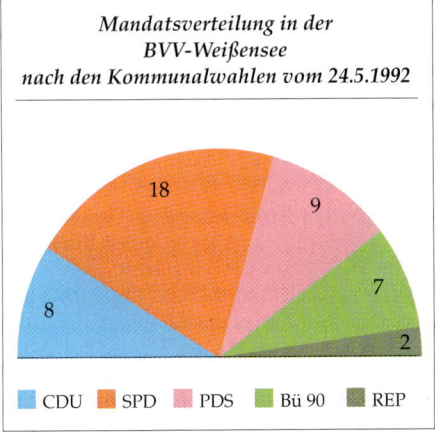

Mandatsverteilung in der BVV-Weißensee nach den Kommunalwahlen vom 24.5.1992

▮ CDU ▮ SPD ▮ PDS ▮ Bü 90 ▮ REP

Weißer See: Der W. ist ein ca. 8 ha großer, rd. 14 m tiefer Landsee im Bezirk > WEISSENSEE im Nordosten Berlins. Er liegt unmittelbar westlich der Berliner Allee, der Haupteinkaufsstraße des Bezirks. Der fast kreisrunde See ist eines der größten natürlichen Gewässer auf der Hochfläche des > BARNIMS und hat keinen natürlichen Zufluß. Das ursprünglich „Großer See" genannte Gewässer erhielt seinen heutigen Namen Ende des 19. Jh. In der Mitte des Sees befindet sich eine künstliche Fontäne, an seinem Ufer liegen ein kleines Freibad mit künstlich angelegtem Sandstrand und Aussichtsterrasse (> FREI- UND SOMMERBÄDER) sowie einer Gaststätte.

Der um den W. herum gelegene *Weißenseer Park* hat incl. der Seefläche eine Größe von 14,6 ha. An seinem Zugang von der Berliner Allee wurde 1978 ein Denkmal für die antifaschistischen Widerstandskämpfer aufgestellt (> WIDERSTAND). Die 1970 in Kunst- und Naturstein ausgeführte Relief- und Figurengruppe ist eine Diplomarbeit von Studenten der > KUNSTHOCHSCHULE BERLIN-WEISSENSEE. Im Park befinden sich außerdem eine Freilichtbühne und ein Damwildgehege.

Weiße Stadt: Die 1929-31 erbaute, wegen des hellweißen Verputzes der Gebäude W. genannte Siedlung in > REINICKENDORF zwischen Aroser Allee, Emmentaler Str. und Genfer Str. ist eines der vier unter der Regie von Stadtbaurat Martin Wagner entstandenen Großsiedlungsprojekte der 20er Jahre (> HUFEISENSIEDLUNG; > SIEMENSSTADT; > ONKELTOM-SIEDLUNG). Die städtebauliche Planung und der Entwurf der Siedlung lagen bei den Architekten Otto Rudolf Salvisberg, Wilhelm Büning und Bruno Ahrends, wobei die Straßenplanung z.T. aus einem Wettbewerb vor dem I. Weltkrieg vorgegeben war. Die 1.286 von einer durchgehenden Grünfläche umgebenen Wohnungen wurden von der „Gemeinnützigen Heimstätten Gesellschaft Primus mbH" errichtet.

Die W. entstand unter dem Einfluß der Weißenhofsiedlung in Stuttgart und der Bauten Bruno Tauts in Berlin. Das charakteristische weiße Erscheinungsbild der Häuser ließ im Zusammenhang mit der modernen und sachlichen Architektur die Siedlung schnell bekannt werden. Die dazugehörigen Gemeinschafts- und Folgeeinrichtungen wie Gemeinschaftswaschküchen, Kindergarten, Ärztehaus, Apotheke und Ladengeschäfte waren Ausdruck des sozialen Anspruchs der Architektur der 20er Jahre.

Weltfriedensdienst e.V. (WFD): Der WFD mit Sitz in der Hedemannstr. 14 in > KREUZBERG wurde 1959 in Berlin im Rahmen der *Versöhnungsdienste* von unabhängigen Christen gegründet. Die Einrichtung entsendet Entwicklungshelfer in Länder der Dritten Welt. Unterstützt werden ländliche Entwicklungsprogramme in Afrika (Kap Verde, Burkina Faso, Guinea-Bisson, Simbabwe und Mosambik) mit dem Einsatz von Fachkräften, die dort zusammen mit einheimischem Personal Projekte zur Verbesserung der Lebensbedingungen der Bevölkerung durchführen. Daneben werden Selbsthilfe- und Basisgruppen in Palästina (West Bank) und Südafrika finanziert und materiell gefördert. Ein weiterer Schwerpunkt der Arbeit ist die entwicklungspolitische Bildungs- und Lobbyarbeit in der Bundesrepublik. In diesem Zusammenhang führt der WFD gemeinsam mit der Arbeitsgemeinschaft bäuerliche Landwirtschaft in Schleswig-Holstein ein Inlandsprojekt durch.

Die Projektarbeit wird aus Mitteln des > BUNDESMINISTERS FÜR WIRTSCHAFTLICHE ZUSAMMENARBEIT, der > EVANGELISCHEN KIRCHE, der Kommission der > EUROPÄISCHEN GEMEINSCHAFTEN sowie aus privaten Spenden finanziert. Außerdem gibt es gemeinsame Vorhaben mit anderen Nichtregierungsorganisationen. (> ENTWICKLUNGSPOLITIK)

Wendenschloß: W. ist eine um die Jahrhundertwende entstandene > VILLENKOLONIE im Südwesten des Bezirks > KÖPENICK. Am Ostufer des von der > DAHME gebildeten > LANGEN SEES im Eichhorn, einem alten Waldgebiet im > KÖPENICKER FORST, eröffnete um 1870 der Fährmann Wöse eine bescheidene Waldgaststätte, der er wohl selbst den Namen W. gab. 1891 veranlaßte die Stadt Köpenick die Parzellierung des Eichhorn, so daß ab 1892 mit der Bebauung begonnen werden konnte. Die sich schnell entwickelnde Villenkolonie W., deren Name der Köpenicker Magistrat 1905 bestätigte, wurde 1920 bei der Bildung > GROSS-BERLINS mit Köpenick nach Berlin eingemeindet. In der beliebten Ausflugsgegend siedelten sich zahlreiche Gaststätten an. 1914 wurde das Seebad W. eröffnet, dessen umfangreiche Renovierung in den 70er Jahren erfolgte. In einem heute als Gaststätte genutzten Haus in der Niebergallstr. 20 hatte 1945 der sowjeti-

sche Frontstab unter Marschall Georgi K. Shukow seinen Sitz. Dort fand am 5.6.1945 die Unterzeichnung der > BERLINER ERKLÄRUNG statt, mit der die > ALLIIERTEN die oberste Regierungsgewalt in Deutschland übernahmen. (> GESCHICHTE)

Werderscher Markt: Der W. an der Werderstr. zwischen der > FRIEDRICHSWERDERSCHEN KIRCHE und dem > REICHSBANKGEBÄUDE ist ein heute kaum mehr erkennbarer, historischer Stadtplatz im Bezirk > MITTE. Seine ursprüngliche Lage wird am ehesten bezeichnet durch den von Hugo Lederer 1928 geschaffenen großen *Bärenbrunnen* aus rotem Lavatuffstein (nach erheblichen Kriegsschäden 1958 von Walter Sutkowski wiederhergestellt). Der W. war der natürliche Mittelpunkt des *Friedrichswerders*, einer ab 1657/58 westlich der mittelalterlichen Stadtgrenzen angelegten Neustadt, die in die 1658-83 von Johann Gregor Memhardt geschaffenen Befestigungsanlagen einbezogen wurde und 1710 zu Berlin kam (> STADTERWEITERUNG; > STADTMAUER).

Ursprünglich war der W. ein kleiner, mit Linden bepflanzter Platz, der über die Straße Am Packhof (die heutige Werderstr.) und die erstmals 1443 belegte heutige > SCHLEUSENBRÜCKE über den Seitenarm der > SPREE Anschluß an das alte > KÖLLN fand (> FRIEDRICHSGRACHT). An der Südseite des W. stand das 1672 durch den Architekten Giovanni Simonetti erbaute Werdersche Rathaus (> RATHÄUSER), das auch der 1681 gegründeten örtlichen Schule als Domizil diente, aus der 1701 das *Friedrichswerdersche Gymnasium* hervorging. Als das Rathaus 1794 abbrannte, errichtete Heinrich Gentz an seiner Stelle 1798-1800 einen Neubau für die Berliner > MÜNZE. Nach Auszug der Münze 1871 diente das Gebäude als Polizeirevier, bis es 1886 abgerissen wurde. Etwas weiter zurück in der Kurstr. lag das Haus des Ministers Eberhard v. Danckelmann, später als Fürstenhaus bekannt, wo das Friedrichswerdersche Gymnasium 1825-75 seinen Sitz hatte. Das bei seinem Abbruch 1886 geborgene Portal wurde 1969 in das > BERLIN MUSEUM in der Lindenstr. im Bezirk > KREUZBERG eingebaut.

Für die zunächst im Rathaus untergebrachte Werdersche Kirchengemeinde erstand 1699-1701 an der Nordseite des W. durch Umbau des dortigen kurfürstlichen Reithauses die Friedrichswerdersche Kirche. Dieses erste, barocke Kirchengebäude der Gemeinde wurde 1824-30 durch den heutigen, neugotischen Backsteinbau von Karl Friedrich Schinkel ersetzt. Nach seiner 1987 abgeschlossenen Restaurierung ist der von der > NATIONALGALERIE als Schinkel-Museum genutzte Kirchenbau das einzige erhaltene historische Gebäude am W. Nördlich der Kirche errichtete Schinkel 1832-36 an der Stelle des alten Packhofs die Berliner > BAUAKADEMIE, in der er bis zu seinem Tode 1841 wohnte. Die kriegsbeschädigte, aber erhaltenswerte Ruine wurde 1961/62 zugunsten eines Neubaus für das Außenministerium der DDR abgerissen (> AUSWÄRTIGES AMT).

Werkbund-Archiv: Das 1972 gegründete W. zeigt in seiner Sammlung Objekte und Dokumente der Alltagskultur und Designgeschichte des 20. Jh. Seit 1986 befinden sich seine Räume in der 2. Etage des > MARTIN-GROPIUS-BAUS in der Stresemannstr. 110 im Bezirk > KREUZBERG.
Das W. gibt in einer Dauerausstellung Einblick in seine Bestände. Die Sammlung enthält die Eßzimmermöbel von Henry van de Velde und einen Brotkrümel aus der Pariser Kommune. Das W. dokumentiert die Werkbundgeschichte: die geschriebene und die der Dinge in erlesenen Gestaltungen von Künstlerhand für den Luxusbedarf und in Massenartikeln von geschmackvoller Schlichtheit. Den wissenschaftlichen Nachlaß von Hermann Muthesius, der einer der wichtigsten Gründer des Werkbundes war, hat es illustriert durch Objekte, die jener als zeittypisch liebte und lobte: Vatermörder, Zylinderhüte, Zirkelkästen und Fernbahnzüge, um nur Beispiele zu nennen.
Der schlechte Geschmack ist vertreten in Gestalt schimmernder Porzellane in der herzergreifenden Buntfarbigkeit alter Abziehbilder und der sicher größten Sammlung betender Hände im deutschsprachigen Raum. Für die 50er Jahre werden bevorzugt die Raubtierfarben schwarz-gelb gesammelt: in Gestalt von Eierwärmern und Schnapsflaschenetuis, Matchsäcken, luftigen Sommerensembles und Atomwaffen-Warnschildern. Eine Gießkanne von Max Bill ist auch dabei. Eine schöne historische Sammlung von Materialfälschungen nennt das Archiv sein eigen, frühe Kunststoffe, die Geschichte des Aluminiums wird dokumentiert, die Lebensreformbewegung, die > FRAUENBEWEGUNG, die > STUDENTENBEWEGUNG, die Sportbewegung und die Fortbewegung. Große Aufmerksamkeit gilt

dem Medium Fotografie; die Arbeit des Fotomonteurs John Heartfield ist in einer der größten öffentlich zugänglichen Sammlungen vertreten.
Dem W. ist nicht an Spezialisierung, sondern an der Integration aller Lebensbereiche, aller Sphären des Alltags, der Geschichte, von Wissenschaft, Technik und Kunst gelegen. Eine Handbibliothek mit ca. 15.000 Bänden steht Interessierten zur Verfügung. Das W. publiziert eine eigene Schriftenreihe und Ausstellungskataloge.
Gründer des W. waren Personen aus dem Kreis der Studentenbewegung und Mitglieder des > DEUTSCHEN WERKBUNDES BERLIN E.V. Da das Archiv des DWB während des II. Weltkrieges zerstört worden war, sollte das W. diese Verluste ersetzen, gleichzeitig aber auch über die Geschichte des DWB hinaus die Geschichte der Alltagskultur des 20. Jh. aufarbeiten. Träger des W. ist – organisatorisch selbständig – ein e.V. mit ca. 80 Mitgliedern. Die Einrichtung wird durch die > SENATSVERWALTUNG FÜR KULTURELLE ANGELEGENHEITEN gefördert.

Werner-Seelenbinder-Halle: Die W. in der Fritz-Riedel-Str. im Bezirk > PRENZLAUER BERG ist eine Sport- und Veranstaltungsstätte mit 3.600, bei Ausnutzung der Innenfläche 7.200 Zuschauerplätzen (> SPORTSTÄTTEN). Die am 29.5.1950 eröffnete, 17 m hohe und ca. 13.500 m² Grundfläche einnehmende W. wurde nach dem Berliner Arbeitersportler Werner Seelenbinder benannt, der zwischen 1925 und 1936 als Ringer viele internationale Erfolge erzielt hatte. 1942 wurde er wegen Teilnahme am > WIDERSTAND gegen den Nationalsozialismus verhaftet und 1944 hingerichtet.
Die W. entstand im Vorfeld des von der DDR-Regierung in Ost-Berlin veranstalteten „1. Deutschlandtreffens der Jugend". Da nur eine Bauzeit von vier Monaten zur Verfügung stand, entschied man sich, zwei im Krieg zerstörte Hallen des ehem. Berliner Fleisch-Großmarktes, deren Deckenkonstruktion und Träger erhalten geblieben waren, als Grundlage zu nutzen (> GROSSMÄRKTE). Dabei bot sich die Möglichkeit, die Kühlanlagen des nahegelegenen > SCHLACHTHOFS für das Kunsteisstadion der Halle zu verwenden (> KUNSTEISLAUFBAHNEN).
Die mehrfach modernisierte W. ist Stätte vieler internationaler Sportveranstaltungen und dient allen Disziplinen des Hallensports insbes. dem Eissport (Eishockey und Eis-

kunstlauf), dem Boxen (> TSC-Box-Turnier) und dem Hallenhandball. Regelmäßig wird sie auch zur 172,5 m langen Winterbahn für Radrennen hergerichtet. In der W. finden aber auch gesellschaftliche Veranstaltungen, Rock- und Liederkonzerte sowie Industriemessen statt. Bis zur > Vereinigung Deutschlands war sie ferner Versammlungsstätte der meisten Parteitage der SED (> Sozialistische Einheitspartei Deutschlands).

Im Eigentum des Landes Berlin wird die W. von der > Senatsverwaltung für Schule, Berufsbildung und Sport als Sport- und Kulturveranstaltungshalle verwaltet. 1992 soll sie zugunsten eines 6.000 Besuchern Platz bietenden, überdachten Rad-Velodroms abgerissen werden.

Westend: Westlich des Stadtrings (> Bundesfernstrassen) im Bezirk > Charlottenburg befindet sich zwischen Spandauer Damm und Heerstr. beiderseits der Reichsstr. eine bevorzugte Wohngegend, deren nördlicher Teil um den *Branitzer Platz* 1866 als Villenkolonie W. gegründet und 1878 nach Charlottenburg eingemeindet wurde (> Villenkolonien). Aus der Gründungszeit und den nachfolgenden Jahrzehnten sind hier noch zahlreiche architektonisch interessante Villen erhalten. Schon vor dem I. Weltkrieg, aber auch danach, wurde der südlich angrenzende, *Neu-Westend* genannte Bereich größtenteils mit gut ausgestatteten, mehrgeschossigen Miets- und Einfamilienhäusern bebaut. Über die U-Bahn-Station der Linie 1 am > Theodor-Heuss-Platz besteht Anschluß an das Netz der > U-Bahn.

Westhafen: Der W. an der Einmündung des *Hohenzollernkanals* und des *Westhafenkanals* in den *Berlin-Spandauer Schiffahrtskanal* im Norden des Bezirks > Tiergarten ist die größte Hafenanlage Berlins (> Häfen). Betreiber sind die > Berliner Hafen- und Lagerhaus-Betriebe (BEHALA). Der W. hat eine Gesamtfläche von 43 ha, davon 33 ha Landfläche, eine Freilagerfläche von 9,5 ha und 58.000 m² gedeckten Laderaum. Er verfügt über 16 Kräne bzw. Ladebrücken, davon eine Kranbrücke für 250 t. Die Art des Güterumschlags richtet sich v.a. nach den vorhandenen Einrichtungen: Bauschuttumschlaganlage, Kohleumschlaganlage Hafenbahn/Binnenschiff, Zementsilo, Getreidelager, Tanklager, Schrottanlage sowie Betonwerk. Über den Güter-

bahnhof > Moabit hat der W. Anschluß an die > Ringbahn. 1990 wurden hier 4,3 Mio. t Güter umgeschlagen, davon 1,7 Mio. t über Kaikante.

Die drei parallel ins Land einschneidenden Hafenbecken wurden in zwei Bauabschnitten errichtet: 1914-23 Becken I mit 448 m Länge und Becken II mit 635 m Länge; 1924-27 Becken III mit 400 m Länge. Die Tiefbauanlagen konzipierte Stadtbaurat Friedrich Krause, die Hochbauten wurden von dem Architekten Richard Wolffenstein gestaltet; die bedeutendsten hiervon sind der Zollspeicher, der Getreidespeicher und das Verwaltungsgebäude der BEHALA. 1939 wurde ein weiterer Getreidesilo mit einem Fassungsvermögen von 30.000 t errichtet; 1963 entstand der Zementsilo mit einem 55 m hohen Elevatorschacht.

Westhafen 1925

Auch nach der > Vereinigung soll der W. bedeutendster Hafen Berlins bleiben. Im Zuge des Ausbaus der Wasserstraßenverbindung Hannover – Magdeburg – Berlin (Verkehrsprojekte „Deutsche Einheit" Nr. 17) wird auch die sog „Nordtrasse" (> Havelseen- und > Spree-Charlottenburger Schleuse) als Zufahrt zum W. für Großmotorgüterschiffe von 110 m Länge und Schubverbände mit 185 m Länge bei jeweils 11,4 m Breite und 2,8 m Abladetiefe ausgebaut (> Wasserstrassen).

Widerstand: Berlin als > Hauptstadt des Deutschen Reiches und Machtzentrum der Nationalsozialisten war auch die „Zentrale" des deutschen W. in den Jahren der nationalsozialistischen Diktatur von 1933-45. Dennoch ist der W. keine einheitliche Bewegung gewesen, sondern gekennzeichnet durch Einzelpersonen, Zirkel, Gruppen oder lose und ständig sich verändernde Personenkreise aus allen Teilen der Bevölkerung, die z.T.

isoliert arbeiteten, z.T. zum Zwecke konzeptionell-ideologischer und planerisch-praktischer Zusammenarbeit Verbindung miteinander unterhielten.

Hervorzuheben ist der W. von Kommunisten, Sozialdemokraten, Gewerkschaftlern und parteilosen Arbeitern. Von diesen gingen „Arbeitsbummelei" in der Industrie und Sabotage in der Rüstungsproduktion von Waffen, Munition, Panzern, Schiffen etc. aus. Mit Informationsmaterialien wie Flugblättern, Aufklebern und Parolen sollte über die politischen Verhältnisse und die militärische Lage aufgeklärt, die Bevölkerung wachgerüttelt und dazu beigetragen werden, das Regime Adolf Hitlers zu schwächen. Neben diesen i.d.R. anonymen Aktivitäten gab es in Berlin mindestens zehn größere Kreise bzw. Einzelpersonen, die aktiv W. leisteten.

Eine dieser Gruppierungen aus dem Kleinbürgertum mit vorwiegend jüdischer Herkunft war die *Gruppe Baum*. Herbert Baum, ein überzeugter Kommunist, war seit 1936 Anführer einer Widerstandsgruppe junger Kommunisten, die Verbindung zur Gruppe um Robert Uhrig und zur Harnack/Schulze-Boysen-Organisation hatte. Ihr gehörten etwa 30 Personen an; in ihrem Einfluß- und Wirkungsbereich standen vermutlich weitere 40 50 Jugendliche. Nach dem Angriff auf die Sowjetunion verbreiteten sie Flugblätter, um auf Unrecht und Kriegsverbrechen hinzuweisen. Andere Flugblätter wandten sich an Hausfrauen und Ärzte, um sie zum Protest gegen die Verschlechterung der Lebensmittel- bzw. der ärztlichen Versorgung aufzufordern. Die Gruppe führte am 18.5.1942 einen letztlich harmlosen Brandanschlag auf eine antikommunistische NS-Hetzausstellung („Das Sowjetparadies") im > Lustgarten durch. Herbert Baum und viele andere aus der Gruppe wurden verhaftet und zum Tode verurteilt. Baum nahm sich am 11.6.1942 in Untersuchungshaft in > Moabit das Leben. Nach dem Brandanschlag und den ersten schnellen Verhaftungen beteiligten sich Mitglieder der Baum-Gruppe daran, Gefährdete und Verfolgte im Untergrund zu schützen und ihnen zur Flucht zu verhelfen. Baums Grab und ein Gedenkstein, der 27 Namen seiner Mitstreiter verzeichnet, befinden sich auf dem > Jüdischen Friedhof Weissensee.

Auch aus den Reihen der Kirchen regte sich W. Der Leiter der „*Katholischen Aktion*" Erich Klausener (nach ihm ist der *Klausener Platz* in > Charlottenburg benannt), Ministerialrat im Reichsverkehrsministerium, wandte sich am 25.2.1933 auf einer Großkundgebung an 50.000 Berliner Katholiken, wobei er die Revolution der inneren geistigen Erneuerung forderte. Dem Nationalsozialismus sprach er die politisch-moralische Führungskraft ab. Weiter protestierte er öffentlich gegen das Treiben der SA, gegen Nazi-Terror, verlangte die Wiederherstellung gesitteter Verhältnisse, die Rückkehr freiheitlicher Zustände, insbes. die Pressefreiheit. Klausener wurde Ende Juni 1934 im Zusammenhang mit der Mordaktion an der SA (häufig auch *Röhm-Putsch* genannt) in seinem Büro von einem SS-Mann erschossen.

Zu nennen ist ferner der Dompropst der > Katholischen Kirche Bernhard Lichtenberg an der > St.-Hedwigs-Kathedrale, der grundsätzliche Stellungnahmen gegen die NS-Kirchenpolitik abgab. Mit einer Eingabe an das Preußische Staatsministerium vom 18.7. 1935 wandte er sich außerdem gegen die Prügelstrafen und wahllosen Erschießungen im KZ Esterwegen. Wiederholt hatte Lichtenberg in der Hedwigs-Kathedrale öffentlich für verfolgte Juden und Häftlinge gebetet. 1941 nahm er scharf Stellung gegen die Ermordung Geisteskranker. Ähnlich dem Büro Grüber hatte Lichtenberg ein *Hilfswerk für Rasseverfolgte Katholiken* in der Behrenstr. 6 organisiert. Aufgrund einer Denunziation wurde er im Oktober 1941 verhaftet, von einem Sondergericht verurteilt und nach zweijähriger Haftstrafe in das KZ Dachau eingewiesen. Auf dem Transport dorthin ist er am 5.11.1943 in Hof verstorben (> Konzentrationslager [KZ]).

Die praktische Umsetzung der rassenpolitischen Ziele Hitlers rief bei einer Reihe weiterer katholischer Würdenträger W. hervor. In Berlin wurde Bischof Konrad Graf v. Preysing einer der Wortführer des Protestes gegen Sterilisation, Abtreibung und den Massenmord an Geisteskranken (Euthanasie).

Ein Zentrum des protestantischen W. in Verbindung mit dem *Pfarrernotbund* und der *Bekennenden Kirche* gegen die Gleichschaltung und das Neuheidentum der nationalsozialistischen „Deutschen Christen" war die Gemeinde der St.-Annen-Kirche in > Dahlem, wo Helmuth Gollwitzer und Martin Niemöller wirkten (> Evangelische Kirche). Niemöller büßte seine Unbeugsamkeit vom 1.7.1937 an mit Untersuchungshaft, nach einem Freispruch wurde er im März 1938 von der Gestapo in das KZ Sachsenhausen verschleppt, wo er bis zum Zusammenbruch in Haft war.

Eine herausragende Figur des evangelischen W. war bereits seit 1933 der Pfarrer Dietrich Bonhoeffer, der sich unmißverständlich für die Juden und für die Widerstandspflicht der Kirchen gegen staatliche Unrechtshandlungen einsetzte. Noch vor Kriegsbeginn entschloß er sich, bewußt am politischen W. teilzunehmen. Während des Krieges wurde er Mitarbeiter bei der Abteilung Abwehr/Ausland des Heeres (unter Admiral Canaris, Dienstgebäude am heutigen Reichpietschufer im Bezirk > TIERGARTEN) und hat durch verschiedene Auslandsmissionen für den W. politisch gewirkt, bis er im April 1943 verhaftet wurde, zwei Jahre im Zuchthaus > TEGEL verbrachte und am 9.4. im KZ Flossenbürg ermordet wurde.

Einen erheblichen Beitrag zur Hilfe für Verfolgte leistete die *Hilfsstelle für ev. Rasseverfolgte (Büro Grüber)*, d.h. für Christen, die von den Nationalsozialisten aufgrund ihrer jüdischen Herkunft ausgegrenzt wurden. Pfarrer Heinrich Grüber, der im September 1933 gegen den Widerstand von SA und Deutschen Christen Gemeindepfarrer in > KAULSDORF geworden war, wurde wegen der Verbreitung des Gedankenguts der Bekennenden Kirche und der Herstellung von „illegalen Schriften" von der Gestapo mehrere Wochen im Berliner Polizeipräsidium festgehalten. Verstärkt nach der > POGROMNACHT 1938 wurden Verfolgte im Pfarrhaus Kaulsdorf und in den umliegenden Laubenkolonien versteckt. Grüber arbeitete mit Leo Baeck und Otto Hirsch von der Reichsvertretung der Juden zusammen, um auch Juden zu helfen (Lebensmittelversorgung, Ausreisehilfe, Fluchthilfe). Im „Büro Pfarrer Grüber" An der Stechbahn im Bezirk > MITTE arbeiteten über 30 Personen konfessionsübergreifend und in Verbindung mit ähnlichen Einrichtungen in ganz Deutschland, in England, den skandinavischen Ländern, die schätzungsweise 2.000 Menschen Rettung durch Ausreisemöglichkeiten und Geldzuwendungen für die Flucht ins Ausland brachte. Viele Mitarbeiter und Helfer wurden von Nationalsozialisten ermordet; Grübers Verhaftung erfolgte am 19.12.1940. Das Büro konnte unter Leitung von Pfarrer Werner Sylten noch zwei Monate arbeiten, bis es von der Gestapo geschlossen wurde. Sylten wurde – wie auch später Grüber, der erst ins KZ Sachsenhausen kam –

nach Dachau gebracht, wo er am 26.8.1942 von der SS ermordet wurde. Grüber wurde im Juni 1943 aus Dachau entlassen und kehrte nach Berlin zurück.

Eine weitere Gruppe, die eine herausragende Rolle gespielt hat, ist die *Harnack/Schulze-Boysen-Organisation*. Arvid Harnack, der einer Gelehrtenfamilie entstammte, war von Anbeginn ein entschiedener Gegner des nationalsozialistischen Systems. Erste Kontakte mit gleichgesinnten Regimegegnern gab es bereits 1933. Dabei wurden planwirtschaftliche Zielvorstellungen erörtert, die jedoch nie von parteikommunistischen Dogmen bestimmt waren. Harnack arbeitete ab 1935 im Reichswirtschaftsministerium, zur Tarnung trat er bereits 1937 in die NSDAP ein.

Harro Schulze-Boysen war von der nationalrevolutionären Jugendbewegung beeinflußt, die Klassengrenzen überwinden wollte und die bürgerliche Gesellschaft zu reformieren trachtete. Während seiner Redakteurszeit bei der 1933 verbotenen Zeitschrift „der gegner" lernte er Künstler und Publizisten kennen, die später zur Widerstandsgruppe stießen. Schulze-Boysen wurde schon früh eines der zahlreichen Opfer der SA in einem „wilden KZ", wo er mehrfach verprügelt wurde und vor SA-Mannschaften Spießruten laufen mußte. Er arbeitete später im Pressereferat und anschließend als Oberleutnant im Attaché-Stab des Reichsluftfahrtministeriums. Seine Frau Libertas, Presseassistentin einer US-Filmgesellschaft, später Dramaturgin in der Kulturfilmzentrale des Reichspropagandaministeriums, übernahm Kurierdienste, knüpfte aufgrund ihrer Stellung neue Kontakte und warb neue Mitglieder für die Organisation. Bei Zusammenkünften wurden politische und philosophische Probleme besprochen, die der Gestapo später dazu dienten, Harro Schulze-Boysen „politische Beeinflussung der Teilnehmer" vorzuwerfen. Zur Gruppe gehörten ferner die Tänzerin Oda Schottmüller und der Schriftsteller Günther Weisenborn. Die Gruppierung nahm auch Verbindung zu anderen Gruppen in verschiedenen Teilen Deutschlands auf und übernahm Kurierdienste. Durch die Bekanntschaft mit Arvid Harnack 1936 vergrößerte sie sich erheblich. Es kamen dazu der Kreis um den Kommunisten John Sieg und eine Gruppe von ehem. Schülern der Berliner > SCHULFARM INSEL SCHARFENBERG (literarischen Niederschlag haben diese Vorgänge in Peter Weiss' Roman „Die Ästhetik des Widerstands" gefunden).

Auf vielfältige Art und Weise wurde der Kampf gegen die NS-Herrschaft geführt: Texte wurden diskutiert und als Flugblätter, Klebezettel und Flugschriften an die Öffentlichkeit gebracht. Die Gruppe wurde im Sommer 1942 enttarnt. Die Gestapo gab ihr die irreführende Benennung *Rote Kapelle*, 119 Personen wurden als verhaftet gemeldet. Die Rote Kapelle existierte tatsächlich als die in Brüssel und Paris für die Sowjetunion tätige Spionageorganisation des Polen Leopold Trepper. Zu dieser gab es zwar Verbindungen, jedoch keine inhaltliche Übereinstimmung und Zusammenarbeit, sondern lediglich kurzzeitige technische Kooperation. Deutschland als Nationalstaat sollte erhalten bleiben. Die Organisation bemühte sich um eine Schwächung des NS-Regimes, um eine Verkürzung des Krieges zu bewirken. Etwa 60 Personen der Organisation wurden vom Sommer 1942 bis Sommer 1944 ermordet, darunter 20 Frauen.

Der *Kreisauer Kreis* läßt sich als das geistig-philosophische und politisch vorausblickende Gegenstück zu den militärischen Umstürzlern des > 20. JULI 1944 bezeichnen. Ihm gehörten in verschiedenen Teilen Deutschlands rd. 100 Personen an, darunter ein „harter Kern" in Berlin, der rd. 20 Mann umfaßte. Treffpunkt war häufig die Wohnung Peter Graf York v. Wartenburgs in der Hortensienstr. in > LICHTERFELDE. Die Bezeichnung Kreisauer Kreis wurde von der Gestapo geprägt, nachdem sie in Erfahrung gebracht hatte, daß Mitglieder der Gruppe im Herbst 1943 auf dem Gut Kreisau der Familie v. Moltke zu Wochenendgesprächen über Deutschlands Zukunft zusammengekommen waren. Zu den führenden Köpfen des Kreises zählten neben v. Wartenburg und Helmuth James Graf v. Moltke u.a. Eugen Gerstenmaier (später Präsident des > DEUTSCHEN BUNDESTAGES), der erste Nachkriegsministerpräsident von Schleswig-Holstein, Theodor Steltzer, der eine hohe militärische Stellung im von Deutschland besetzten Norwegen einnahm und Kontakte zum norwegischen Widerstand pflegte; die katholischen Priester Alfred Delp, Augustin Rösch, Lothar König sowie der Gefängnispfarrer von > PLÖTZENSEE, Harald Poelchau, der fortschrittliche Pädagoge Adolf Reichwein, der Gewerkschaftler Bruno Leuschner, der ehem. sozialdemokratische Reichstagsabgeordnete Julius Leber u.v.m. Im Vordergrund der Überlegungen stand für die Kreisauer nicht unbedingt die Tat, sondern die aus unterschiedlichen Strömungen (Jugendbewegung, christliche Soziallehre, Arbeiterbewegung) erwachsene Besinnung auf eine geistige, ethische und ökonomische Erneuerung Deutschlands nach dem Ende des Nationalsozialismus. Es wurde jedoch auch enger Kontakt gesucht zu den Männern aus dem Militär und zu anderen NS-Gegnern (Generaloberst Beck, Carl Goerdeler, Ulrich v. Hassell, Claus Graf Schenk v. Stauffenberg).

Bereits 1937 hatten sich ranghohe Militärs kritisch mit Hitlers Rüstungs- und Eroberungspolitik befaßt, die ihnen einen unbegrenzbaren Krieg mit nicht mehr beherrschbaren Folgen nach sich zu ziehen schien. 1938 gab es um den Generalstabschef des Heeres, Generaloberst Ludwig Beck, eine Gruppe, die in Zusammenarbeit mit Carl Goerdeler, dem führenden Mann des konservativen zivilen W., einen Weg suchte, das Unheil abzuwenden. Daraus entstand der Plan, Hitler im Falle einer Kriegserklärung festzusetzen und damit zu entmachten. Beck trat jedoch wegen unüberbrückbarer Gegensätze zu Hitlers Militärpolitik (geplanter Einmarsch in die Tschechoslowakei) bereits am 18.8.1938 zurück, blieb indes der geistige und moralische Kopf des *militärischen Widerstandes* und war bis zu seiner Ermordung im Bendlerblock am 20.7.1944 an den Umsturzplänen beteiligt, bei deren Gelingen er Staatsoberhaupt hätte werden sollen. Das „Münchner Abkommen" vom 29./30.9.1938, in dem England und Frankreich als Garantiemächte der Tschechoslowakei der Erpressung Hitlers erlagen und die Besetzung des Sudetenlandes duch die Wehrmacht konzedierten, ließ die Opposition bei einem Vorgehen gegen Hitler jedoch einen bürgerkriegsähnlichen Zustand befürchten, da München einen vermeintlichen außenpolitischen Erfolg Hitlers mit entsprechender positiver innenpolitischer Wirkung mit sich gebracht hatte. Der Plan zu Hitlers Festsetzung wurde nicht durchgeführt. Zudem hatte Hitler ihm mißliebige Offiziere entlassen bzw. an unbedeutende Posten abgeschoben. Als schließlich der Oberbefehlshaber des Heeres, Generaloberst Walther v. Brauchitsch, sich jeden Annäherungsversuchen seitens der Opposition in der Person von Becks Nachfolger Franz Halder entzog, war Hitler nur noch von ihm ergebenen Generälen umgeben. Die Opposition resignierte, von Seiten der hohen Ge-

neralität gab es (mit Ausnahme des General-
obersten Hoepner und des Generalfeld-
marschalls v. Witzleben) keinen W. mehr.
Jüngere und rangniedrigere Offiziere setzten
jedoch die Arbeit fort. Zu ihnen gehörten
Hans Oster (1941 Generalmajor und Chef des
Stabes im Amt Ausland/Abwehr des Oberkommandos der Wehrmacht) und der Stadtkommandant von Berlin, Generalmajor Paul
v. Hase, die weiter Verbindung zu Witzleben, Beck, Goerdeler, Bonhoeffer u.a. hielten und neue Verbindungen knüpften. Diese
Aktivitäten mündeten schließlich auch in die
Pläne und Aktionen des Attentats und Um-
sturzversuchs des 20.7.1944.
Trotz dieser insg. vielschichtigen Widerstandsbewegung, die neben Berlin u.a. in
München einen weiteren wichtigen Schwerpunkt hatte, gelang es nicht, das nationalsozialistische Regime, das bis zum Beginn
des II. Weltkrieges und z.T. noch darüber
hinaus über nachhaltigen Rückhalt in der Bevölkerung verfügte, ernsthaft zu gefährden.
Die politische Bedeutung des W. lag und
liegt für Deutschland und insbes. für seine >
HAUPTSTADT Berlin in der Tatsache seiner Existenz. Dies hat in der Nachkriegszeit erheblich dazu beigetragen, die Westintegration
der Bundesrepublik bei den Siegermächten
moralisch zu ermöglichen, die wiederum
die entscheidende Voraussetzung für den
Wirtschaftsaufschwung und die Festigung
der neuen Demokratie darstellte.

Wilhelm-Foerster-Sternwarte: Die W. am
Munsterdamm 90 liegt auf dem Gipfel des 75
m hohen > INSULANERS im Süden des Bezirks
> SCHÖNEBERG. Sie wurde 1962 unter Leitung
des Architekten Carl Bassen erbaut und am
29.1.1963 eröffnet. Namenspatron der W. ist
der 1865 als Direktor an die Berliner
Universitäts-Sternwarte berufene Astronom
Wilhelm Foerster. Er gehörte zu den Mitbegründern der > URANIA, die 1889 die erste
astronomische Volksbildungsstätte der Welt
an der Invalidenstr. in Moabit eröffnete (im
II. Weltkrieg zerstört). Der für diese Urania-
Sternwarte in den Friedenauer Werkstätten
des Berliner Mechanikers Carl Bamberg erbaute 5 m lange 314-mm-Refraktor ist auch
heute noch das Hauptinstrument der W. Daneben gehören u.a. ein 75-cm-RC-Spiegel-
teleskop (1991) und eine Computer-Bild-
verarbeitungsanlage zur Ausrüstung. Seit
1987 verfügt die W. außerdem über ein modernes Sonnenfernrohr, über das Sonnen-

bilder und -spektren von bis zu 10 m Durchmesser in die Kuppel des am Fuß des
Insulaners gelegenen *Planetariums* projiziert
werden. Diese zur W. gehörende Anlage –
gleichfalls von Carl Bassen errichtet – wurde
1965 fertiggestellt. Die Projektionseinrich-
tung ermöglicht die Demonstration von 8.900
Sternen; der Saal faßt 300 Zuschauer. Ein
Bibliotheksturm mit mehr als 25.000 Bänden
schließt das Gebäudeensemble nach Süden
ab. Das erste Berliner Planetarium war 1926
an der Nordwestecke des > ZOOLOGISCHEN
GARTENS erbaut worden und zeigte auf einer
Kuppel von 25 m Durchmesser 5.400 Sterne.
Es galt bis zu seiner Zerstörung im Jahre
1944 als eine der Hauptsehenswürdigkeiten
der Stadt. 1987 wurde im Ost-Berliner Stadtbezirk > PRENZLAUER BERG das > ZEISS-GROSS-
PLANETARIUM eröffnet.
Träger der W. ist ein 1953 gegründeter privater Förderverein mit 1991 ca. 2.500 Mitgliedern. Die elf fest angestellten Mitarbeiter der
W. werden von rd. 70 ehrenamtlichen Helfern unterstützt. Der Etat der W. wird aus
Mitgliedsbeiträgen, Entrittsgeldern und Zuschüssen des > SENATS VON BERLIN gedeckt.
Jährlich zählen Sternwarte und Planetarium
rd. 140.000 Besucher. Neben der W. gibt es in
Berlin die 1896 errichtete > ARCHENHOLD-
STERNWARTE im > TREPTOWER PARK sowie die
kleine Sternwarte eines privaten Fördervereins in der > GRÜNANLAGE HAHNEBERG in
> SPANDAU.

Wilhelmshagen: W. ist eine Siedlung nahe
der östlichen Stadtgrenze im Norden des Bezirks > KÖPENICK. 1891 hatte die Deutsche
Volksbaugesellschaft hier auf einem Teil der
Gutsfeldmark von > RAHNSDORF die Villenkolonie Neu-Rahnsdorf gegründet, die 1902
in W. umbenannt wurde (> VILLENKOLONIEN).
1914 kam W. mit dem gesamtem Gutsbezirk
zum Ort > RAHNSDORF, mit dem es 1920 nach
> GROSS-BERLIN eingemeindet wurde. Neben
Villen aus der Gründungszeit ist die 1910/11
von Jürgen Johannes Bachmann und Peter
Jürgensen erbaute *Taborkirche* hervorzuheben, ein Putzbau mit weit heruntergezo-
genem Satteldach und mächtigem, quadratischem Turm. Am nördlichen Siedlungsrand
von W. liegen die 69 m hohen *Püttberge* (29 m
über Geländeniveau), eine der mächtigsten
Binnendünen Brandenburgs (> BERGE).

Wilhelmstraße: Die W. führte in Nord-Süd-
Richtung vom *Quarrée* (heute > PARISER PLATZ)

am > BRANDENBURGER TOR zum *Rondell* (heute > MEHRINGPLATZ) vor dem Halleschen Tor. Wie die anderen Straßen dieses Viertels erhielt sie ihren Namen 1706 beim Ausbau der Friedrichstadt (die > FRIEDRICHSTRASSE nach König Friedrich [III.] I. [1688-1713], die Charlottenstr. nach der Königin, die Markgrafenstr. nach dem Titel der Hohenzollernprinzen und die W. nach dem Kronprinzen, dem späteren König Friedrich Wilhelm I. [1713-40]; > STADTERWEITERUNG). Der nördliche Teil der Straße bis zur Zimmerstr., der z.Z. der > SPALTUNG in Ost-Berlin lag und ab 1964 Otto-Grotewohl-Str. hieß, trägt heute den Namen Toleranzstr.

Der Ausbau der Straße begann um 1732, als Friedrich Wilhelm I für etwa 500 eingewanderte Böhmen einheitlich konzipierte Reihenhäuser entlang der südlichen W. errichten ließ. Im nördlichen Bereich entstanden mehrere Adelspaläste mit weiträumigen Gartenanlagen, den späteren sog. *Ministergärten.* Zum Begriff in der europäischen Politik, vergleichbar dem „Quai d'Orsay" in Paris oder der „Downing Street" in London, wurde die W. im 19. Jh., als sich hier zahlreiche wichtige Regierungsinstitutionen ansiedelten. So war bspw. das Gebäude Nr. 76 von 1819-35 und wieder ab 1837 Dienstwohnung des preußischen Außenministers; 1862-76 residierte dort Otto v. Bismarck. Wegen der Ausweitung seiner Aufgaben übernahm das Auswärtige Amt 1877 und 1919 die angrenzenden Gebäude Nr. 75 und Nr. 74, letzteres hatte zuvor den Bundesrat beherbergt. Im Norden schloß sich das *Palais Radziwill* an (Nr. 77), das 1876 vom Deutschen Reich gekauft und zur *Reichskanzlei* umgebaut wurde. Es diente Bismarck 1876-90 als Amtssitz, in dem wichtige internationale Konferenzen stattfanden, so z.B. der *Berliner Kongreß* in dem der Reichskanzler vom 13.6.-13.7.1878 als „ehrlicher Makler" die Großmächte zur Beilegung der Balkankrise zu bewegen versuchte. Südlich des Auswärtigen Amts befand sich ein Adelspalais (Nr. 73), das das Ministerium des Königlichen Hauses beherbergte, bevor er von 1919-34 Amtssitz des Reichspräsidenten (*Reichspräsidentenpalais*) war. Den Abschluß der Prachtbauten-Zone bildete das *Prinz-Albrecht-Palais* (Nr. 102) mit seinem fast 5 ha großen, von Peter Joseph Lenné entworfenen Garten. Hier entstand in den 30er Jahren die Terror-Zentrale des Dritten Reiches (> PRINZ-ALBRECHT-GELÄNDE).

Während sich z.Z. der Weimarer Republik kaum etwas am Gefüge der Straße veränderte, demonstrierten die Nationalsozialisten mit einigen Neubauten in der W. ihr neues Selbstverständnis. So entstand 1934-36 das *Reichsluftfahrtministerium* (z.Z. der DDR *Haus der Ministerien;* heute: > DETLEV-ROHWEDDER-HAUS) an der Ecke > LEIPZIGER STRASSE, wo zuvor das Ministerium für Wiederaufbau gestanden hatte. Reichskanzlei und Reichspräsidentenpalais wurden 1938 abgerissen, um Platz zu schaffen für neue Repräsentativbauten, v.a. für die an der Ecke Voßstr. 4-6 gelegene *Neue Reichskanzlei.* Dieser 1937-39 nach Plänen des > GENERALBAUINSPEKTORS FÜR DIE REICHSHAUPTSTADT BERLIN Albert Speer errichtete, langgestreckte Monumentalbau (allein die Spiegelgalerie mit 146 m länge übertraf die von Versailles um 50 m) beherbergte u.a. das Arbeitszimmer des „Führers" Adolf Hitler, eine Reihe repräsentativer Säle und weitere Behörden. Unterhalb des Hofs befand sich der *Führerbunker* (> BUNKER [SCHUTZRÄUME]).

Im II. Weltkrieg wurde ein Großteil der Bauten – so auch die Neue Reichskanzlei – zerstört oder stark beschädigt, so daß es in der Nachkriegszeit zu ihrem Abriß kam. Die noch bestehenden Bauten, insbes. das ehem. Reichsluftfahrtministerium nutzte die DDR als Sitz zahlreicher Ministerien. Ende der 80er Jahren ließ die DDR auf dem Areal westlich der Straße bis an die hier parallel zur Straße verlaufende sog. Hinterlandmauer mehrgeschossige Wohnbauten errichten. Die durch den Abriß der > MAUER nach dem > 9. NOVEMBER 1989 westlich der Bebauung entstandenen Freiflächen sind in die städtebaulichen Planungen für den Ausbau zur > HAUPTSTADT einbezogen.

Willi-Weyer-Akademie: Die 1980 eröffnete W. im Priesterweg 6 im Bezirk > SCHÖNEBERG ist die zentrale Ausbildungs-, Fortbildungs- und Tagungsstätte der Führungskräfte des Deutschen Sportbundes (DSB). Als *Führungs- und Verwaltungs-Akademie (FVA)* des DSB führt sie jährlich ca. 80, zumeist mehrtägige Veranstaltungen mit insg. ca. 1.300 Sportfunktionären und Ausbildern aus den verschiedenen Fachverbänden sowie internationalen Gästen durch. Die Seminare werden z.T. in eigener Verantwortung, z.T. in Kooperation mit nationalen und internationalen Sportinstitutionen organisiert. Inhaltliche Schwerpunkte sind Ausbildungsfragen ehren- und hauptamtlicher Mitarbeiter aus

Sportverbänden- und vereinen sowie Organisation, Öffentlichkeitsarbeit, Marketing und
Sportpolitik, Hochleistungs- und Breitensport. Ferner veranstaltet die W. Symposien
und Diskussionsveranstaltungen, u.a. zu den
Themen Sport und Wirtschaft oder Sport und
Umwelt.

Neben einem großen Vortragssaal mit moderner Konferenztechnik verfügt die W. über
zwei weitere Sitzungssäle, eine Bibliothek
und eine Kleinspielhalle. Die Tagungsteil-
nehmer werden im Gästehaus der W. untergebracht. Das Gästehaus steht bei freier
Platzkapazität auch anderen Gruppen oder
Einzelpersonen zur Verfügung.

Die Finanzierung erfolgt durch den > SENAT
VON BERLIN, den > BUNDESMINISTER DES INNERN
sowie den Deutschen Sportbund. 1991 arbeiteten in der W. 15 festangestellte Mitarbeiter,
für die Veranstaltungen stehen ca. 100 frei-
berufliche Dozenten zur Verfügung.

Wilmersdorf: Der im Westen Berlins gelegene Bezirk W. besteht aus den Ortsteilen W., >
SCHMARGENDORF und > GRUNEWALD. Er grenzt
an die Bezirke > SPANDAU, > CHARLOTTENBURG,
> SCHÖNEBERG, > STEGLITZ und > ZEHLENDORF.
Während der an die > CITY grenzende Ostteil
des Bezirks von dichter städtischer Bebauung
gekennzeichnet ist, erstrecken sich im Westen weitläufige > VILLENKOLONIEN und die bis
an die > HAVEL reichenden Waldflächen des
Forsts Grunewald (> FORSTEN).
W. entstand 1920 bei der Schaffung > GROSS-
BERLINS als neunter Verwaltungsbezirk durch
den Zusammenschluß der Stadt W. einschließlich des Ortsteils > HALENSEE mit den
damaligen Landgemeinden Schmargendorf
und Grunewald sowie dem Gutsbezirk
Grunewald-Forst (> BEZIRKE). Durch Veränderungen der Verwaltungsgrenzen 1938 verlor W. den Südteil des Forsts Grunewald an
Zehlendorf und die Siedlung > EICHKAMP mit
dem angrenzenden Bahngelände an Charlottenburg. Hinzu kam der nördlich der
Pücklerstr. gelegene Teil von > DAHLEM. Von
1945-90 gehörte W. zum britischen Sektor (>
SEKTOREN).

Das wahrscheinlich um 1200 entstandene, ursprüngliche Angerdorf W. lag im Bereich der
heutigen Wilhelmsaue (> DÖRFER). Die erste
schriftliche Erwähnung stammt aus dem Jahr
1293 und weist das Dorf als markgräflichen
Besitz aus. Im > LANDBUCH KARLS IV. von 1375
wird erstmals eine Familie „Wilmerstorff" als
ritterlicher Eigentümer in W. genannt. Wer
von beiden – ob Dorf oder Familie – ursprünglich namengebend war, ist ungeklärt.
Die Besitzverhältnisse im Dorf änderten sich
mehrfach. Neben Adligen und den > LANDES-
HERREN besaßen hier einheimische Bauern
und auch Berliner Bürger Hofstellen. Bereits
1591 wird eine Schule vermerkt.
Bis in die 80er Jahre des 19. Jh. bewahrte W.
den dörflichen Charakter. Danach geriet der
Ort wie seine Nachbargemeinden in den Sog
der expandierenden Reichshauptstadt. Durch
Landverkäufe kamen die Wilmersdorfer Bauern zu ungeahntem Reichtum (Millionenbauern) und die Einwohnerzahlen stiegen ra-

Wilmersdorf – Fläche und Einwohner		
Fläche (31.12.1990)	34,39 km²	100 %
Bebaute Fläche	9,29	27,0
Wohnfläche	6,56	19,1
Gewerbe- und Industriefläche inkl. Betriebsfläche	0,37	1,1
Verkehrsfläche	5,73	16,7
Grünfläche[1]	2,27	6,6
Landwirtschaft	–	–
Wald	15,29	44,5
Wasser	1,81	5,3
Einwohner (31.12.1989)	146.133 EW	
darunter: Ausländer	16.548	11,3 %
Einwohner pro km²	4.249	

[1] Parks, Tierparks, Kleingärten, Spielplätze, ungedeckte Sportanlagen, Freibäder, Friedhöfe

pide an. 1906 erhielt die Gemeinde unter dem Namen *Deutsch-Wilmersdorf* das Stadtrecht.

Aus der dörflichen Vergangenheit W. ist allein das heute als Kinderheim genutzte sog. *Schoeler-Schlößchen*, ein 1753 errichtetes Landhaus an der Wilhelmsaue, erhalten. Benannt ist es nach dem Augenarzt Heinrich Schoeler, der das Haus 1893 erwarb. Das ursprünglich einstöckige Gebäude wurde bereits 1766 aufgestockt und 1935 mit einem weiteren Obergeschoß versehen, so daß sein historischer Kern heute nicht mehr erkennbar ist. Anstelle der benachbarten alten Dorfkirche wurde 1895-97 die von Max Spitta entworfene, neogotische evangelische *Auenkirche* errichtet, in der sich mit 6.000 Pfeifen und 78 klingenden Registern die größte Orgel Berlins befindet (> DORFKIRCHEN). Südlich der Dorfaue im Zuge des heutigen > VOLKSPARKS WILMERSDORF lag ehemals als viel besuchtes Ausflugsziel der Wilmersdorfer See. Er wurde 1915 zugeschüttet. Eine weitere Attraktion war die Vergnügungsanlage > LUNAPARK im Bereich der heutigen Halenseestr. am Halensee.

W. hatte in starkem Maße Anteil an der Entwicklung Berlins zur Metropole. Schon früh wurde es zu einer beliebten Wohngegend des gehobenen Mittelstands und der Wohlhabenden. Diese Tendenz hat sich zumindest für den Westen des Bezirks durch die Nachkriegsentwicklung noch verstärkt. Bis heute ist W. deutlich in drei Bereiche geteilt: Der östliche Teil ist gekennzeichnet durch dichte Wohn- und Geschäftsbebauung, die im mittleren Teil in aufgelockerte Einzelhausbebauung übergeht, z.B. in der unweit der Bezirksgrenze zu Steglitz gelegenen, aus den 20er Jahren stammenden > KÜNSTLERKOLONIE LAUBENHEIMER PLATZ oder der Villenkolonie Grunewald. Der gesamte Westteil wird vom Forst Grunewald eingenommen, der fast die Hälfte der Bezirksfläche bedeckt. Entsprechend der unterschiedlichen Flächennutzung ist die Einwohnerdichte innerhalb des Bezirks sehr ungleichmäßig verteilt. Den großen Naturflächen und aufgelockerten Villenkolonien im Westen (Grunewald: 572 Ew./km²) stehen im Osten Wohnquartiere mit z.T. über 16.000 Ew./km² gegenüber, die damit ähnliche Größenordnungen erreichen wie > KREUZBERG oder > PRENZLAUER BERG. Dank ihrer Nähe zur City um den > KURFÜRSTENDAMM, ihrer Durchmischung mit zahlreichen Geschäften, Gaststätten und Kultureinrichtungen und der i.d.R. großen, attraktiven

Altbauwohnungen, gelten jedoch auch diese Gebiete nach wie vor als bevorzugte Wohnlagen.

Zu den bemerkenswerten Gebäuden in W. gehören v.a. einige Kirchenbauten, darunter die russisch-orthodoxe > AUFERSTEHUNGSKATHEDRALE am Hoffmann-von-Fallersleben-Platz und die unweit davon an der Brienner Straße gelegene Moschee (> MOSCHEEN). Architektonisch bedeutend sind auch die 1930-33 von Fritz Höger erbaute Evangelische Kirche am Hohenzollernplatz und die 1927-29 nach Plänen von Ernst und Günther Paulus errichtete Kreuzkirche am Hohenzollerndamm in Schmargendorf mit ihrem eigenwilligen, an ostasiatische Bauwerke erinnernden Eingangsportal; ferner das Wohnhochhaus am Roseneck (Franz Heinrich Sobotka und Gustav Müller, 1959), das Rathaus Schmargendorf (> RATHÄUSER) und der 1926-28 von Erich Mendelsohn errichtete Wohn- und Geschäftskomplex südlich des *Lehniner Platz* am Kurfürstendamm (ursprünglich Universum-Kino, Kabarett der Komiker „Kadeko", heute > SCHAUBÜHNE AM LEHNINER PLATZ).

Der Bezirk ist reich an Gewässern, die v.a. am westlichen Rand des Siedlungsgebiets zu finden sind (Fennsee, Halensee, Herthasee, Hubertussee, Dianasee, Königssee, Hundekehlesee, Grunewaldsee [> GRUNEWALDSEEN]). Im Forst Grunewald liegen Bar-, Pechsee und > TEUFELSSEE. An den > HAVELSEEN befindet sich die höchste natürliche Erhebung von W., der 78,5 m hohe *Karlsberg* mit dem > GRUNEWALDTURM. Das Havelufer entlang der > HAVELCHAUSSEE mit der im nördlichen Teil gelegenen Halbinsel *Schildhorn* ist insbes. in den Sommermonaten ein stark besuchtes Ausflugsgebiet. Die höchste künstliche Erhebung Berlins ist der im Nordwesten des Bezirks aus Trümmerschutt aufgeschüttete > TEUFELSBERG (115 m) mit einem künstlichen Kletterfelsen und verschiedenen Einrichtungen für den Wintersport. Die US-Streitkräfte unterhielten hier eine große Funküberwachungsanlage. (> ALLIIERTE; > TRÜMMERBERGE) Die verkehrliche Erschließung des Bezirks erfolgt v.a. durch den in west-östlicher Richtung verlaufenden Stadtring A 100, mit der bei Halensee südlich abzweigenden > AVUS 115 zum > BERLINER RING und dem Abzweig Steglitz (A 104) mit der > AUTOBAHNÜBERBAUUNG SCHLANGENBADER STRASSE (> BUNDESFERNSTRASSEN). Weitere wichtige Straßenverbindungen sind in nord-südlicher Richtung die Konstanzer Str. bzw. der Straßenzug Brandenburgische Str. – Blissestr., Uhlandstr. – Mecklenburgische Str. sowie die Bundesallee und in west-östlicher Richtung der Kurfürstendamm, die Lietzenburger Str., der Hohenzollerndamm und die Berliner Str.

Die Fernbahn durchquert den Bezirk ohne Haltepunkt, allerdings befindet sich nördlich von Halensee das Ausbesserungswerk Grunewald der > DEUTSCHEN REICHSBAHN nebst Rangierbahnhof, dazu die Güterbahnhöfe Grunewald und Halensee (> GÜTERVERKEHR; > EISENBAHN). Sehr gut versorgt ist W. durch den > ÖFFENTLICHEN PERSONENNAHVERKEHR. Zwar gibt es bisher nur einen S-Bahnhof (> S-BAHN), aber drei U-Bahn-Linien (U2, U7 und U9) mit elf Bahnhöfen (> U-BAHN). Ende 1993 soll der südliche Teil der > RINGBAHN von Westend bis > BAUMSCHULENWEG in > TREPTOW wieder für den S-Bahn-Verkehr in Betrieb genommen werden.

Industrie findet sich in W. nur entlang der Ringbahn und an der Grenze zu Schmargendorf, darunter das mit seinen drei großen silbernen Schornsteinen weithin sichtbare Heizkraftwerk W. der > BERLINER KRAFT- UND LICHT(BEWAG)-AKTIENGESELLSCHAFT (> ELEKTRIZITÄTSVERSORGUNG). Die in W. angesiedelten 40 Betriebe des verarbeitenden Gewerbes mit insg. über 7.000 Beschäftigten erzielten 1989 einen Umsatz von 4,5 Mrd. DM. Obwohl W. (gemeinsam mit Zehlendorf) die geringsten Industrieflächen aller Berliner Bezirke aufweist, liegt es damit für die West-Berliner Bezirke an fünfter Stelle. Dies ist v.a. auf die Ansiedlung besonders umsatzstarker Branchen wie der Zigarettenindustrie zurückzuführen. Überregionale Bedeutung hat W. auf dem Dienstleistungssektor mit dem großen Verwaltungszentrum um den > FEHRBELLINER PLATZ. Hier haben mehrere Bundes- und Senatseinrichtungen sowie die Bezirksverwaltung ihren Sitz (> RATHÄUSER). An der Bundesallee befindet sich auch die Zentrale der > LANDESBANK BERLIN.

Besondere Bedeutung für das Gesundheitswesen Berlins haben die der Schwerpunktversorgung dienenden > KRANKENHÄUSER St. Gertrauden und Martin Luther. Ähnlich wie in Zehlendorf gibt es auch in W. eine große Anzahl städtischer und privater Altersheime und Seniorenwohnhäuser (> ALTENHILFE). Größte Sportanlage im Bezirk ist das Sportstadion W. an der Fritz-Wildung-Straße mit 50.000 Plätzen, bei dem sich auch das für internationale Meisterschaften genutzte Eis-

stadion Wilmersdorf befindet (> KUNSTEISLAUFBAHNEN). W. hat die meisten Tennisplätze Berlins und ist Sitz so renommierter Vereine wie > LAWN-TENNIS-TURNIER-CLUB (LTTC) „ROT-WEISS" (> SPORT).

Auch als Standort wissenschaftlicher und kultureller Einrichtungen hat W. einige Bedeutung. Hier befinden sich mehrere Institute der > TECHNISCHEN UNIVERSITÄT BERLIN (TUB) und der > FREIEN UNIVERSITÄT BERLIN (FU), die > BERLINER ELEKTRONENSPEICHERRING – GESELLSCHAFT FÜR SYNCHROTRONSTRAHLUNG (BESSY I), das > MAX-PLANCK-INSTITUT FÜR BILDUNGSFORSCHUNG und das von der > HOCHSCHULE DER KÜNSTE genutzte ehem. > JOACHIMSTHALSCHE GYMNASIUM an der Bundesallee, das bis 1945 Sitz der Bezirksverwaltung war. Neben Berlins wohl berühmtestem Theater, der Schaubühne am Lehniner Platz, gehörte zum Bezirk das Theater > DIE WÜHLMÄUSE. Die > FREIE VOLKSBÜHNE am Schaperplatz stellte dagegen im Zuge der Neustrukturierung der Theaterlandschaft nach der > VEREINIGUNG 1992 ihren Betrieb ein (> THEATER). Einkaufsmöglichkeiten finden sich v.a. im City-Bereich und an der Berliner Str. Im eigentlichen, 8,3 km² großen Ortsteil W. des Bezirks lebten zum Zeitpunkt der letzten West-Berliner Volkszählung 105.664 Menschen.

Rathaus Wilmersdorf

Als einzige der ehemals selbständigen Städte bezog W. sein heutiges Rathaus am Fehrbelliner Platz erst nach dem II. Weltkrieg. Das vier- bis fünfgeschossige Gebäude war 1941-43 vom Architekten Remmelmann für die Deutsche Arbeitsfront (DAF) errichtet worden. Ab Ende 1943 befand sich hier das Oberkommando des Heeres, während des letzten Kriegsjahrs die Inspektion der Nachrichtentruppe. 1945-54 nutzte die Britische Besatzungsmacht das Gebäude (> ALLIIERTE). Während dieser Zeit hatte das Wilmersdorfer

> BEZIRKSAMT in verschiedenen Privathäusern Quartier. Der im Grundriß wie ein großes Schlüsselloch gestaltete Bau mit seiner leicht konkav geschwungenen Fassade ist ein typisches Beispiel der NS-Architektur mit langen, gleichförmigen Fensterzeilen und nur geringer architektonischer Gliederung. Eine zur Europatagung 1972 am Rathaus errichtete Reliefsäule symbolisiert die Beziehungen zwischen Wilmersdorf und fünf europäischen Städten: Apeldoorn (Niederlande), Gladsaxe (Dänemark), Split (Jugoslawien), Sutton (Großbritannien) und Gagny (Frankreich) und – außerdem – Minden in Westfalen (> STÄDTEVERBINDUNGEN).

Bei der ersten Gesamt-Berliner Kommunalwahl am 24.5.1992 wurde die CDU traditionell stärkste Partei (> WAHLEN). Sie stellt einschließlich des Bezirksbürgermeisters vier Stadträte, die SPD zwei und die Grünen/AL einen.

Wilmersdorfer Straße: Die W. im Bezirk > CHARLOTTENBURG ist neben der > SCHLOSSSTRASSE in > STEGLITZ und der > KARL-MARX-STRASSE in > NEUKÖLLN das bekannteste > EINKAUFSZENTRUM außerhalb der > CITY. Wesentlichen Anteil daran hat ihre verkehrsgünstige Lage an der > STADTBAHN und der U-Bahn-Linie 7 zwischen dem > KURFÜRSTENDAMM und der Bismarckstr. im Zuge der > OST-WEST-ACHSE. Das heutige Einkaufszentrum geht auf eine Ballung verschiedenster Läden und Dienstleistungseinrichtungen bereits vor dem II. Weltkrieg zurück. 1978 wurde der Bereich zwischen der südlich der Kantstr. verlaufenden S-Bahn-Trasse und der Schillerstr. zur Fußgängerzone umgestaltet.

Wilmersdorfer Waldfriedhof: Der nördlich des > SÜDWEST-KIRCHHOFS bei Stahnsdorf im Landkreis Potsdam gelegene, 1921 angelegte, rd. 70 ha große W. umfaßt ca. 26.000 Grabstätten. Der vom Bezirk > WILMERSDORF verwaltete Friedhof wurde auch nach dem Bau der > MAUER 1961 noch für Beisetzungen genutzt – v.a. von Verstorbenen aus dem umgebenden Landkreis. Wilmersdorfer, die ihre Angehörigen hier beisetzen lassen wollten, mußten eine vor 1961 gekaufte Stelle nachweisen sowie einen entsprechenden Antrag bei den DDR-Behörden stellen. Die im Landkreis Potsdam ansässigen Friedhofsarbeiter waren beim Bezirksamt Wilmersdorf angestellt und erhielten ihren Lohn nach westlichem Tarif in Mark der DDR. Seit der > VEREINIGUNG sind die Beisetzungen auf dem lediglich zu 10 % belegten W. wieder unkompliziert möglich. Auf dem W. haben u.a. der Maler Hans Baluschek, der Bildhauer Hugo Lederer sowie der Gartenarchitekt Erwin Barth, der die Anlage gestaltet hat, ihre letzte Ruhestätte.

Etwas südwestlich des Südwest-Kirchhofs liegt am Potsdamer Damm der gleichfalls dem Bezirk Wilmersdorf gehörende *Gütersfelder Friedhof*. Dieser hatte die ca. 13 ha umfassende, 1914 angelegte Anlage, auf der 3.500 Menschen bestattet sind, 1935 vom

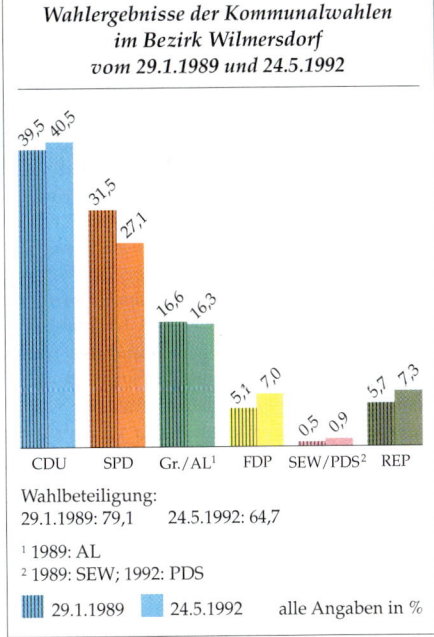

Wahlergebnisse der Kommunalwahlen im Bezirk Wilmersdorf vom 29.1.1989 und 24.5.1992

	CDU	SPD	Gr./AL[1]	FDP	SEW/PDS[2]	REP
29.1.1989	39,5	31,5	16,6	5,1	0,5	5,7
24.5.1992	40,5	27,1	16,3	7,0	0,9	7,3

Wahlbeteiligung:
29.1.1989: 79,1   24.5.1992: 64,7

[1] 1989: AL
[2] 1989: SEW; 1992: PDS

▦ 29.1.1989   ▮ 24.5.1992   alle Angaben in %

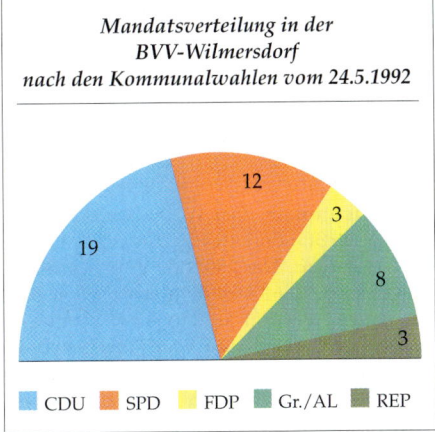

Mandatsverteilung in der BVV-Wilmersdorf nach den Kommunalwahlen vom 24.5.1992

CDU 19 · SPD 12 · FDP 3 · Gr./AL 8 · REP 3

■ CDU ■ SPD ■ FDP ■ Gr./AL ■ REP

Bezirk > Schöneberg übernommen.

Windmühlen: In Berlin existieren noch sechs W., zwei davon stehen auf dem Freigelände des > Museums für Verkehr und Technik (MVT) an der Trebbiner Str. im Bezirk > Kreuzberg. Zu ihnen zählt eine als letzte dieser Bauart erhaltene betriebsfähige Bockwindmühle. Sie war ursprünglich 1820 bei > Köpenick errichtet worden. Nach ihrem Verkauf 1872 demontiert, wurde sie in Bohnsdorf wieder aufgestellt. Die infolge des Krieges 1945 stark beschädigte und in den darauf folgenden Jahren dem Verfall preisgegebene Mühle konnte 1984 vom MVT erworben und restauriert werden. Wie in der benachbart aufgestellten ostfriesischen Holländermühle von 1911 macht ein Müller interessierte Besucher mit dem Müllerhandwerk vertraut.

Ebenfalls betriebsfähig präsentiert sich die *Stechansche Mühle* am Buckower Damm 130-134 in > Britz. In dem zwölfeckigen Galerieholländer mit Jalousieflügeln von 1874 wurde noch bis 1953 geschrotet. Die Restaurierung der im Anschluß fast vollständig verfallenen Mühle erfolgte im Rahmen der > Bundesgartenschau 1985 mit Unterstützung des Bezirksamtes > Neukölln. In Kursen können hier Besucher zu Hobbymüllern ausgebildet werden.

Ebenfalls restauriert wurde 1975-82 die *Adlermühle* in der Säntisstr. 2-16 in > Mariendorf. Der Galerieholländer mit Steert, der heute als Vereinsheim genutzt wird, enthält allerdings keine Mühlentechnik. Die W. wurde 1831 zunächst in > Kreuzberg als Lohmühle in Betrieb genommen, bevor sie 1889/90 auf einem achteckigen Unterbau ihren endgültigen Standort fand.

Die älteste noch existierende W. Berlins ist die unter Denkmalschutz stehende *Jungfernmühle* in der Goldammerstr. in > Buckow. Sie wurde 1753 als Erdholländer vor dem Nauener Tor in Potsdam errichtet. 1858 nach Rixdorf umgesetzt, gelangte sie 1892 um ein Stockwerk erhöht an ihren jetzigen Ort. Nachdem bereits 1926 die Umstellung auf elektrischen Betrieb erfolgte, mußten 1978 die Flügel abgenommen werden, da sie bei Sturm zur Gefahr für die umliegenden Häuser wurden. Ihre 1992 begonnene Sanierung soll 1993 abgeschlossen sein.

Ähnliches gilt für den massiven Holländer aus gelben Ziegeln von 1881 an der Berliner Str. im Bezirk > Zehlendorf. Schon seit 1914

mit einem Sauggasmotor betrieben, verlor die Mühle endgültig im II. Weltkrieg ihre Flügel. Mit einem konischen Rumpf auf kreisförmigem Grundriß, der eher an einen Wasserturm erinnert, steht der bemerkenswerte Bau in der Tradition preußisch-klassizistischer Backsteinbauten.

Seine vermutlich erste W. erhielt Berlin um 1685 mit der „Vorm Strahlowschen Thore aufgebawte[n] Newe Schneidemühle". Es folgten eine Reihe weiterer Holländer- und Bockwindmühlen im gesamten Stadtgebiet. Als mit dem Wachsen der Stadt die alte > Stadtmauer nach 1720 militärisch wertlos wurde, boten sich die nicht mehr armierten Bollwerke zur Aufstellung von weiteren W. an. Da bald auch durch diese der Mahlbedarf nicht mehr gedeckt werden konnte, befahl Friedrich II. (1740-86) den Bau von zunächst fünf W. auf dem Berg vor dem Bernauer und dem Prenzlauer Tor. Mit ca. 30 arbeitenden Mühlen Mitte des 19. Jh. wurde der *Mühlenberg* im heutigen Bezirk > Prenzlauer Berg zum wichtigsten Mühlenstandort Berlins. Daneben entwickelte sich der > Wedding nach der Einführung der Gewerbefreiheit 1810, die allgemein zu einem Mühlenboom führte, zu einem zweiten bedeutenden Standort. Südlich der Akzisemauer wurden ca. 40 weitere W. längs des „Mühlenweges" von > Wilmersdorf über Alt- und Neu-> Schöneberg zur > Oberbaumbrücke errichtet.

Mitte des 19. Jh. existierten mehr als 150 W. in der Stadt und ihrer näheren Umgebung. Doch schon um 1870 waren die meisten Mühlen wieder verschwunden. Die Konkurrenz der Dampfmühlen und der enorme Raumbedarf der sich schnell ausbreitenden Industrie führte zum ersten Mühlensterben. Daneben wurden W. immer wieder Opfer von Brandkatastrophen. Schließlich setzte als Folge der marktbeherrschenden Stellung der Großmühlen und der schnell fortschreitenden Elektrifizierung des Mühlenbetriebes nach 1900 das zweite große Mühlensterben ein.

Winterfeldtplatz: Der W. im Bezirk > Schöneberg ist Standort des größten > Wochenmarkts Berlins. Der 290 x 80 m große Blockplatz wurde 1862 von dem städtischen Baurat James Hobrecht konzipiert (> Hobrechtplan), doch erst in den 90er Jahren ließ die Berliner Bauvereinsbank AG rund um die bis dahin landwirtschaftlich genutzte Trapezfläche fünfgeschossige Mietshäuser errichten.

Benannt wurde der Platz nach Hans Karl v. Winterfeldt, einem preußischen General des Siebenjährigen Krieges (1756-63). 1895 entstand an der Südseite nach Plänen von Engelbert Seibertz die katholische *St.-Matthias-Kirche*, die mit ihrem roten Ziegelturm die Platzanlage dominiert.

Wochenmarkt auf dem Winterfeldtplatz

Die Kriegseinwirkungen zerstörten den W. bis zur Unkenntlichkeit. Sie sind heute noch an dem einstigen Szene-Lokal „Ruine" an der Ostseite des Platzes ablesbar. Mit einer Vielzahl weiterer Cafés, Kneipen und Bars in den Nachbarstraßen bildet der W. ein kleines Vergnügungszentrum neben der nahen > CITY um > TAUENTZIENSTRASSE und > KURFÜRSTENDAMM. Anfang der 80er Jahre war der Platz Ort zahlreicher > HAUSBESETZUNGEN und von starken Krawallen begleiteten Räumungsaktionen. Nach der Sanierung der Häuser und einem Umbau des W. 1985/86 ist es zusehends ruhiger um den Platz geworden.

Wirtschaft: Hauptartikel, siehe S. 1395.

Wirtschaftsförderung: Für Berlin wird wie für die neuen Bundesländer insg. eine kaum noch zu überblickende Vielfalt von wirtschaftsfördernden Maßnahmen angeboten. Die Vergünstigungen sollen den Anpassungsprozeß der Unternehmen an die Bedingungen der sozialen Marktwirtschaft unterstützen und Wachstumspotentiale mobilisieren. Verschiedene Maßnahmen sind bereits vor der > VEREINIGUNG beider deutscher Staaten angelaufen. Sie sind zeitlich befristet. Sie werden bisher i.d.R. für das gesamte Gebiet der neuen Bundesländer angeboten, sind also nicht auf bestimmte Problemregionen ausgerichtet. Dabei handelt es sich vor allem um Subventionen des Bundes bzw. von Bund

und Ländern gemeinsam. Landeseigene Wirtschaftsförderungsprogramme haben, wie auch in den alten Bundesländern, eine nachgeordnete Bedeutung. Meist verfolgen die Länderprogramme besondere strukturpolitische Ziele wie die Förderung von Forschung und Entwicklung. Auch für die kommunale W. gilt, daß ihr Handlungsspielraum relativ gering ist. Darüber hinaus gelten für die westliche Stadthälfte noch einige Maßnahmen der > BERLINFÖRDERUNG nach dem Berlinförderungsgesetz (BerlinFG). Sie werden allerdings 1993 bzw. bis Ende 1994 auslaufen. Gegliedert nach der Zielsetzung lassen sich die wichtigsten Maßnahmen in folgende Gruppen einteilen:

Der *Förderung der Investitionstätigkeit* dienen die Investitionszulage, Investitionszuschüsse für die gewerbliche Wirtschaft im Rahmen der Gemeinschaftsaufgabe „Verbesserung der regionalen Wirtschaftsstruktur", Sonderabschreibungen, ERP (European Recovery Program)-Kredite sowie weitere günstige Kredite meist als Ergänzung zu ERP-Mitteln.

Der *Verbesserung der Ertragslage* von Unternehmen dienen der Verzicht auf die Vermögens- und Gewerbekapitalsteuer, Freibeträge bei der Einkommensteuer sowie die Unterschiede beim Hebesatz der Gewerbeertragsteuer.

Der *Förderung von Forschung und Entwicklung (FuE)* dienen besondere Maßnahmen projektbezogener und personalbezogener Förderung sowie Kredit- und Kapitalhilfen. Zur projektbezogenen Förderung zählen die Maßnahmen des Bundes zur Auftragsforschung und -entwicklung für die Unternehmen in den neuen Ländern einschließlich Ost-Berlin, die Auftragsforschung und -entwicklung West-Ost und die Förderung der Entwicklung neuer Produkte und Verfahren in kleinen und mittleren Unternehmen. Das Land Berlin bezuschußt die Entwicklung und Markteinführung neuer Produkte im Rahmen seines FuE-Mittelstandsprogramms und der Technologieförderung. Zu den personalbezogenen Maßnahmen des Bundes gehören die Personalförderung Ost und die FuE-Personal-Zuwachsförderung Ost. Das Land Berlin bezuschußt darüber hinaus die Einstellung von > INNOVATIONSASSISTENTEN in kleinen und mittleren Unternehmen sowie die Technologieberatung (> TECHNOLOGIE-VERMITTLUNGS-AGENTUR BERLIN E.V.; > TECHNOLOGIEBEAUFTRAGTER). Zur Gruppe der Kredit- und Kapitalhilfen zählen schließlich zweckgebundene günstige finanzielle Hilfen des Bundes für die Gründung technologieorientierter Unternehmen und Darlehen für kleine Unternehmen zur Anwendung neuer Technologien. Der > SENAT VON BERLIN ergänzt diese Maßnahmen mit dem > INNOVATIONSFONDS und den Seed Capital Funds.

Die genannten Maßnahmen zur Förderung der Investitionstätigkeit und der Ertragslage von Unternehmen gestalten sich im Einzelnen wie folgt.

1. *Investitionszulage*

Bereits die letzte Regierung der DDR hatte eine Zulage auf Investitionen eingeführt. Nach der Vereinigung wurde sie im Rahmen des Investitionszulagengesetzes 1991 fortgesetzt. Sie gilt in den neuen Bundesländern einschließlich der östlichen > BEZIRKE von Berlin. Nach dem Auslaufen der Investitionszulage nach § 19 BerlinFG wurde sie auf die westliche Stadthälfte ausgedehnt. Auf sie besteht ein Rechtsanspruch, sie wird steuerfrei gewährt. Grundsätzlich ist jeder Steuerpflichtige anspruchsberechtigt. Die Zulage betrug bei Investitionen, die 1991 begannen und vor Juli 1992 abgeschlossen wurden, 12 % der Anschaffungs- und Herstellungskosten. Im zweiten Halbjahr 1992 begonnene und bis Ende 1994 abgeschlossene Investitionen werden mit 8 % begünstigt. Gefördert werden abnutzbare bewegliche Wirtschaftsgüter (ohne Luftfahrzeuge und Pkw), die neu sind und mindestens drei Jahre im Fördergebiet verbleiben.

2. *Investitionszuschüsse*

Aus Haushaltsmitteln der durch den > EINIGUNGSVERTRAG (Art. 28) auf die neuen Bundesländer übergeleiteten Gemeinschaftsaufgabe „Verbesserung der regionalen Wirtschaftsstruktur" (GA) können Investitionen der gewerblichen Wirtschaft in bewegliche und unbewegliche Wirtschaftsgüter für eine Übergangszeit von zunächst fünf Jahren durch Zuschüsse verbilligt werden. Im Gegensatz zu den Investitionszulagen besteht jedoch kein Rechtsanspruch auf die Leistung. Anders als bei den Zulagen können außerdem auch die Gemeinden Zuschüsse für den Ausbau ihrer wirtschaftsnahen Infrastruktur beantragen. Unternehmen der > TREUHANDANSTALT sind privaten Unternehmen gleichgestellt. Mit der Überleitung wurde das gesamte DDR-Gebiet – einschließlich Ost-Berlins – zum Fördergebiet erklärt, wobei die Fördermaßnahmen einen Präferenzvorsprung zu den alten Bundesländern sicherstellen sollen.

Anders als bei Investitionszulage und Sonderabschreibung, wurde West-Berlin dabei ausgenommen.

Zu den förderfähigen Investitionen in der gewerblichen Wirtschaft zählt nicht die Anschaffung von Kraftfahrzeugen, Luftfahrzeugen oder Schiffen. Es können auch gebrauchte und geleaste Wirtschaftsgüter gefördert werden. Gebrauchte Wirtschaftsgüter dürfen nicht von verbundenen Unternehmen übernommen oder bereits früher bezuschußt worden sein. Die Wirtschaftsgüter müssen mindestens drei Jahre in der jeweiligen Betriebsstätte verbleiben, es sei denn, sie werden durch gleich- oder höherwertige Wirtschaftsgüter ersetzt. Die Investitionen verbilligen sich um folgende Höchstsätze:

– 23 % bei Errichtung eines Betriebes bzw. bei Erwerb einer stillgelegten oder von der Stillegung bedrohten Betriebsstätte,
– 20 % bei Erweiterungsinvestitionen und
– 15 % bei Umstellung und grundlegender Rationalisierung.

In westdeutschen Förderregionen sind die Höchstsätze bei diesen Investitionsarten um jeweils fünf Prozentpunkte niedriger.

Investitionen in Fremdenverkehrsbetriebe werden bei hohem erzielbaren Struktureffekt um bis zu 23 % verbilligt, in Westdeutschland lediglich um 15 %.

Für die Schaffung hochwertiger Arbeitsplätze wird ein Investitionszuschuß von 25.000 DM, höchstens 40 % des gezahlten Bruttolohns gezahlt. Als hochwertig gelten bereits Arbeitsplätze mit einem Jahreseinkommen ab 40.000 DM. In den alten Bundesländern beträgt der Zuschuß 20.000 DM, das Mindestjahreseinkommen 60.000 DM.

Die Investitionszuschüsse werden entweder als außerordentliche Erträge versteuert oder schmälern die Bemessungsgrundlage für Abschreibungen. Die Zuschüsse können mit anderen Maßnahmen (Zulagen, Sonderabschreibungen etc.) kombiniert werden, allerdings nicht in unbegrenzter Höhe. Die Höchstsätze können durch sogenannte Beihilfen ohne regionale Zielsetzung – dazu zählen etwa Zulagen und Sonderabschreibungen – um maximal zwölf Prozentpunkte überschritten werden. In den westdeutschen Fördergebieten sind lediglich zehn Prozentpunkte erlaubt.

Wie in westdeutschen Fördergebieten, sind nur solche Investitionen förderungswürdig, die zusätzliches Einkommen für den jeweiligen Teilraum erschließen. Diese Bedingung wird als erfüllt angesehen, wenn das Unternehmen überwiegend solche Leistungen erstellt, die regelmäßig überregional abgesetzt werden. Zu diesem Kreis zählt die GA in der Regel das verarbeitende Gewerbe, ausgewählte überregional orientierte Dienstleister sowie eine Reihe von Handwerkszweigen. Abweichend von den Regeln für westdeutsche Förderregionen sind in Ostdeutschland befristet bis Ende 1992 auch Unternehmen des Bauhaupt- und Ausbaugewerbes anspruchsberechtigt, mit einer Höchstförderung von 100.000 DM.

Der Antrag muß vor Beginn der Investition gestellt werden. Die Bewilligung der Zuschüsse ist Angelegenheit der Länder im Rahmen ihres Ermessens. Dies bedeutet, daß auch bei Vorliegen aller Fördervoraussetzungen, wie sie im Rahmenplan vorgesehen sind, Anträge abgelehnt werden können, bspw. weil die verfügbaren Haushaltsmittel ausgeschöpft sind.

Für Investitionszuschüsse an Unternehmen und Kommunen stehen nach dem 20. Rahmenplan für den Zeitraum 1991-95 insg. 3 Mrd. DM jährlich zur Verfügung; Bund und Länder teilen sich die Kosten. Hinzu kommen Sonderprogramm-Mittel des Bundes in Höhe von 1,2 Mrd. DM für 1991/92 aus dem *Gemeinschaftswerk Aufschwung Ost*. Die Länder stellen komplementäre Haushaltsmittel in gleicher Höhe bereit. Die Sonderprogramm-Mittel müssen – anders als die Mittel des Normalsatzes – im jeweiligen Jahr verbraucht werden. Falls dies nicht gelingt, fallen sie an den Bund zurück. Der Europäische Regionalfonds stellt für die Jahre 1991-93 jeweils etwa eine weitere Milliarde DM bereit. Insg. stehen damit gut 20 Mrd. DM zur Verfügung. Die Mittel sind entsprechend dem Bevölkerungsanteil auf die einzelnen Bundesländer verteilt. Auf die östliche Stadthälfte Berlins entfallen demzufolge knapp 1,6 Mrd. DM. 1991 wurden hier 422 Föderanträge von Unternehmen und acht Anträge von > BEZIRKSÄMTERN, > EIGENBETRIEBEN und Ausbildungsstätten bewilligt. Da der Zuschußrahmen damit jedoch nicht ausgeschöpft wurde, mußten 258 Mio. DM ins nächste Jahr übertragen werden, so daß 1992 insg. 729 Mio. DM zur Verfügung standen. Nach dem Stand Mitte 1992 werden davon bis zum Jahresende aber wiederum nur etwa 50 % ausgenutzt werden können.

3. *Sonderabschreibung*

Nach dem Fördergebietsgesetz können im Jahr der Investition und in den folgenden vier Jahren Sonderabschreibungen in Höhe von 50 % der Kosten geltend gemacht werden. Sie werden zusätzlich zu den normalen Abschreibungen nach EStG und den Investitionszulagen gewährt. Begünstigt sind die Anschaffung und Herstellung von neuen und gebrauchten beweglichen und unbeweglichen Wirtschaftsgütern sowie Ausbauten und Erweiterungen an Gebäuden. Die Wirtschaftsgüter müssen mind. drei Jahre in einer Betriebsstätte im Fördergebiet verbleiben, Luftfahrzeuge werden nicht begünstigt. Die Sonderabschreibungen sind befristet, sie werden letztmalig für das Wirtschaftsjahr gewährt, das nach dem 30.12.1994 endet. Die Sonderabschreibungen können für Investitionen im gesamten Stadtgebiet in Anspruch genommen werden.

4. *ERP-Darlehen*

Über Zulage, Zuschuß und Sonderabschreibung hinaus können Investoren, die sich in Berlin engagieren wollen, günstige Kredite und Bürgschaften in Anspruch nehmen. Zielgruppen sind i.d.R. die mittelständische Wirtschaft, die Freien Berufe und Existenzgründer. Hervorzuheben sind hier die Kredite im Rahmen des ERP-Sonderprogramms. Gefördert werden sollen damit:

– Existenzgründungen einschließlich der Erwerb von Betrieben,
– Modernisierungs- und Erweiterungsinvestitionen,
– Vorhaben im Bereich des > TOURISMUS sowie
– Investitionen in den > UMWELTSCHUTZ im Bereich von Abwasserreinigung, > ABFALLWIRTSCHAFT, Luftreinhaltung und Energieeinsparung.

Die ERP-Darlehen stehen i.d.R. nur für mittelständische Unternehmen mit bis zu 50 Mio. DM Jahresumsatz zur Verfügung. Anträge können bei jedem Kreditinstitut gestellt werden. Die Abwicklung erfolgt über die drei Hauptleihinstitute, die Kreditanstalt für Wiederaufbau, die Deutsche Ausgleichsbank und die Berliner Industriebank AG. Sie sind im Hinblick auf Zins, Laufzeit und Tilgung besonders günstig. Finanziert wird bis zu 50 % der Investition, höchstens jedoch 1 Mio. DM. Bei ERP-Programmen für westdeutsche Unternehmen ist der Höchstbetrag in der Regel auf 300.000 DM begrenzt. Der Zinssatz beträgt bei diesen Programmen für die neuen Bundesländer und Ost-Berlin derzeit 7,5 % und liegt damit deutlich unter Marktzinsniveau und einen Prozentpunkt unter dem Zins für ERP-Kredite in Westdeutschland und West-Berlin. Die Darlehen laufen maximal über 15 (bei Anlagen) bzw. 20 Jahre (bei Bauten) und damit fünf Jahre länger als in Westdeutschland. Bis zu fünf Jahre sind tilgungsfrei, in den alten Bundesländern sind es nur bis zu zwei Jahre.

Grundlage dieser Regelungen ist das ERP-Nachtragsplangesetz vom 15.5.1990 (> EUROPEAN RECOVERY PROGRAM). Für 1990 sind 6 Mrd. DM an Kreditvolumen bereitgestellt, davon je 2 Mrd. DM für Umweltschutz und Modernisierung, 1,3 Mrd. DM für Existenzgründer und 700 Mio. DM für den Tourismus. Hinzu kommen 1,5 Mrd. DM, die aus 1990 übertragen wurden.

5. Gewerbesteuer

Der Handlungsspielraum der Gemeinden bei der Gewährung von direkten Finanzhilfen ist geringer als der von Bund und Ländern. Ein wesentliches Standbein kommunaler Wirtschaftspolitik ist die Festsetzung des Hebesatzes bei der Gewerbeertragsteuer. In West-Berlin lag der Hebesatz bisher bei 200 % und war damit nur halb so hoch wie in den west- und ostdeutschen Großstädten mit mehr als 500.000 Einwohnern.

Ab 1.1.1992 wurde der Hebesatz auf 300 % angehoben und für zwei Jahre festgeschrieben. Gegenüber den Umlandgemeinden in Brandenburg ergeben sich bisher keine systematischen Unterschiede. Die Spanne beträgt dort zwischen 200 % (Zehdenick, Strausberg) und 400 % (Potsdam, Oranienburg). Auf längere Sicht ist eine weitere Anhebung des Hebesatzes für Berlin und eine Anpassung an westdeutsche Großstädte nicht zuletzt aus Haushaltsgründen denkbar (> HAUSHALT UND FINANZEN). Dies würde das Fördergefälle zugunsten Berlins weiter einebnen und die Abwanderung von Berliner Unternehmen zusätzlich verstärken.

Durch die Möglichkeit, Vergünstigungen zu kumulieren, ergeben sich insg., aber auch gegenüber westdeutschen Fördergebieten, ganz erhebliche Subventionseffekte. Diese bestehen einmal in günstigen Finanzierungsmöglichkeiten, andererseits in den Ertragseffekten der Subventionen. Besonders hohe Finanzierungseffekte erzielen Unternehmen des verarbeitenden Gewerbes, überregional orientierte Dienstleister, bestimmte Handwerker und Bauunternehmen. Sie können sowohl die generell gewährten Zulagen und Abschreibungen in Anspruch nehmen als auch den Zuschuß der GA beantragen. Im günstigsten Fall – bei der Errichtung eines Unternehmens – kann gut die Hälfte der Investition durch steuerliche Mittel finanziert werden. Die wichtigste Maßnahme ist in diesem Falle der Zuschuß. Für Unternehmen in westdeutschen Förderregionen entfallen Zulage und Sonderabschreibungen; für sie gelten auch niedrigere Zuschüsse. Im günstigsten Fall werden dort Investitionen mit 18 % gefördert, dies ist etwa ein Drittel der in Ostdeutschland bzw. Ost-Berlin gewährten Subventionen. Unterstellt man, daß in beiden Fällen ERP-Kredite in Anspruch genommen werden, ergeben sich aufgrund der Zinssatzdifferenz und des späteren Tilgungsbeginns weitere Vorteile.

Auch im Hinblick auf die Ertragseffekte ist der Unterschied zu westdeutschen Fördergebieten erheblich. Zulage und Zuschuß (vor Steuern) belaufen sich auf gut 30 % der Investitionen, das ist fast doppelt so viel wie in westdeutschen Fördergebieten. Hinzu kommt der abdiskontierte Barwert der Sonderabschreibungen. Das Fördergefälle ist noch größer bei Unternehmen, die laufend investieren, und denen durch Sonderabschreibungen ein dauerhafter Steuerkredit gewährt wird.

Wirtschaftsförderung Berlin GmbH: Die W. in der Budapester Str. 1 im Bezirk > TIERGARTEN wurde im Dezember 1977 auf Initiative des > SENATS VON BERLIN gegründet. Sie entstand als Reaktion auf die Entwicklung der 70er Jahre, als das wirtschaftliche Wachstum in Berlin immer stärker hinter dem Bundesdurchschnitt zurückblieb und sich die Zahl der Erwerbstätigen drastisch verringerte (allein von 1973–75 um 50.000 auf 855.000; > ARBEITSMARKT). Im Januar 1977 beschloß der Senat ein „14-Punkte-Programm zur Förderung der Arbeitsplätze in Berlin" mit der Zielrichtung, die schon bestehenden Förderungsmaßnahmen durch eine aktive Ansiedlungspolitik zu ergänzen (> BERLINFÖRDERUNG; > WIRTSCHAFTSFÖRDERUNG; > WIRTSCHAFT).

Die Erfüllung dieser Aufgabe wurde der W. übertragen. Sie akquiriert, berät und betreut Unternehmen, die in Berlin Industrie- bzw. Dienstleistungsbetriebe errichten wollen, bei Erst- und Erweiterungsinvestitionen. Sie hilft u.a. bei der Suche nach Grundstücken, informiert über den Wirtschaftsstandort Berlin, vermittelt Kooperationspartner aus Wirtschaft und Wissenschaft und ebnet potentiellen Investoren den Weg zu den Entscheidungsträgern in Politik und Verwaltung. Ferner betreut die W. in Berlin ansässige Betriebe, um sie bei Expansionswünschen oder der Suche nach einem neuen Standort zu unterstützen.

Mit der > VEREINIGUNG Deutschlands ist das Aufgabenspektrum der W. deutlich breiter geworden. So wird die „neue Qualität" des Wirtschaftsstandortes Berlin im Rahmen umfassender Präsentationen vor Multiplikatoren und Investoren im In- und Ausland vorgestellt (Standortmarketing). Dies soll künftig in enger Kooperation mit der Wirtschaftsförderungsgesellschaft des Landes Brandenburg geschehen, mit der im Dezember 1991 ein Kooperationsvertrag abgeschlossen wurde. Die W. unterstützt das Land Brandenburg auch bei der Ansiedlung von Firmen – ein Beispiel ist die Heidelberger Druckmaschinen AG, die unter maßgeblicher Federführung der W. Berlin in der Stadt Brandenburg angesiedelt wurde.

Die W. versucht ferner, solchen Berliner Unternehmen, die aufgrund der gestiegenen Grundstücks- und Mietpreise keine Perspektiven an ihrem alten Standort haben, durch die Entwicklung konkreter Projekte eine Alternative zu bieten. So sind derzeit mehrere Branchenzentren (z.B. für Unternehmen des Druckgewerbes) in West- und Ost-Berlin in Planung.

Die W. hat gegenwärtig rd. 40 Mitarbeiter. Sie unterhält ferner Vertretungen in Boston, San Francisco, London, Seoul, Taipai, Tokio und Wien.

Die Inanspruchnahme der Leistungen der W. ist grundsätzlich unentgeltlich. Seit ihrer Gründung wurden mehr als 1.300 Unternehmen bei ihrer Ansiedlung, Existenzgründung oder Erweiterung beraten. 1991 wurden allein 151 Firmen angesiedelt (1990: 108), womit nach Angaben der W. Investitionen von 2,2 (1,9) Mrd. DM verbunden waren und 11.321 (5.818) neue Arbeitsplätze geschaffen wurden.

Mehrheitsgesellschafter der W. ist das Land Berlin, beteiligt sind ferner die > INDUSTRIE- UND HANDELSKAMMER ZU BERLIN (IHK), die > HANDWERKSKAMMER BERLIN (HWK), die Berliner Industriebank sowie die Industrie Kreditbank. Um eine reibungslose Zusammenarbeit mit den Senatsverwaltungen, insbes. der > SENATSVERWALTUNG FÜR WIRTSCHAFT UND TECHNOLOGIE zu gewährleisten, wurde der Ge-

schäftsführer der W. vom Senat zum *Generalbeauftragten des Landes Berlin für die Wirtschaftsförderung* benannt. Die W. finanziert sich ausschließlich durch Landesmittel.

Wissenschaftliches Landesprüfungsamt Berlin (WLPA): Das 1949 gegründete WLPA in der Kantstr. 163-164 im Bezirk > CHARLOTTENBURG untersteht dem für das Schulwesen zuständigen Mitglied des > SENATS VON BERLIN (> SENATSVERWALTUNG FÜR SCHULE, BERUFSBILDUNG UND SPORT) und ist als nachgeordnete Behörde mit folgenden Aufgaben betraut: Durchführung aller ersten Staatsprüfungen für die Lehrämter der Berliner Schulen (1990/91: 335 Abschlüsse); ergänzende Staatsprüfungen zum Erwerb einer weiteren Laufbahn; Erweiterungsprüfungen innerhalb schon erworbener Laufbahnen (1990/91: 70 Abschlüsse); Staatsprüfungen für Zusatzprüfungen und für Teilprüfungen sowie staatliche Prüfungen für Übersetzerinnen und Übersetzer (1990/91: 40 Abschlüsse).

Z.Z. verfügt das WLPA über 18 hauptamtliche und 1.280 nebenamtliche Prüfer, die sich aus Hochschullehrern, Beamten des Schulaufsichtsdienstes und Übersetzern zusammensetzen. Für die Durchführung der Ersten Staatsprüfung stellt das WLPA für jede Prüfung eine Prüfungskommission zusammen, bestehend aus einem Schulaufsichtsbeamten, zwei Hochschullehrern und einem Lehrervertreter. Der Prüfungskandidat kann einen der Prüfer aus dem Bereich der Hochschule oder der Universität benennen. Die Prüfungsentscheidungen werden mit Stimmenmehrheit getroffen.

Seit dem > 3. OKTOBER 1990 erstreckt sich die Arbeit des WLPA auch auf Lehramtsstudenten und Weiterbildungsprüfungen von Lehrern in den östlichen > BEZIRKEN Berlins. Auch im Bereich der Übersetzer-Prüfungen ist ein deutlicher Anstieg zu verzeichnen. In Vorbereitung auf die Prüfungen bietet das WLPA den Prüfungskandidaten in öffentlichen Sprechstunden auch individuelle Beratung an.

Wissenschaftskolleg zu Berlin Institute for Advanced Studies Berlin e.V.: Das W. in der Wallotstr. 19 im Bezirk > ZEHLENDORF wurde 1980 auf Anregung und unter wesentlicher Beteiligung des Germanisten Peter Wapnewski vom Land Berlin mit Unterstützung der Wissenschaftsstiftung Volkswagenwerk gegründet. Als erstes deutsches Institut dieser Art nimmt es die angelsächsische Idee des *Institute for Advanced Studies* auf, hervorragende Wissenschaftler frei von ihren sonstigen Verpflichtungen wissenschaftlich arbeiten zu lassen. Das W. lädt pro Jahr ca. 40 Wissenschaftler und Persönlichkeiten des geistigen Lebens sowie wissenschaftlichen Nachwuchs zu Forschungsaufenthalten nach Berlin ein. Dabei gibt es weder fachliche noch nationale Beschränkungen. Bei der Einladung wird allerdings darauf geachtet, daß sich fachübergreifende Konstellationen der Zusammenarbeit bilden können. Mit der > Freien Universität Berlin und der > Technischen Universität Berlin besteht eine intensive Zusammenarbeit.

Neben den eingeladenen Wissenschaftlern sind am W. ca. 35 Mitarbeiter beschäftigt. Träger des W. ist die gemeinnützige Ernst-Reuter-Stiftung. Den Etat decken zu je 50 % das Land Berlin und der > Bundesminister für Forschung und Technologie .

Wissenschaftszentrum Berlin für Sozialforschung gGmbH (WZB): Das WZB am Reichpietschufer 50 im Bezirk > Tiergarten ist eine Forschungseinrichtung, die 1969 von einer Gruppe aus Abgeordneten aller Fraktionen des > Deutschen Bundestages gegründet wurde. Aufgabe des WZB ist die Durchführung sozialwissenschaftlicher Grundlagenforschung in ausgewählten Problemfeldern und die Vermittlung der Ergebnisse an Wissenschaft und Praxis. Die Forschungen des WZB sind meist interdisziplinär angelegt. An den Projekten arbeiten in vielen Fällen Wissenschaftler aus mehreren Ländern mit. Gegenwärtig gibt es folgende Forschungsschwerpunkte: Arbeitsmarkt und Beschäftigung; Technik – Arbeit – Umwelt; Sozialer Wandel, Institutionen und Vermittlungsprozesse; Marktprozeß und Unternehmensentwicklung. Außerhalb der Forschungsschwerpunkte existieren die Forschungsgruppen „Internationale Beziehungen", „Gesundheitsrisiken und Präventionspolitik" sowie „Wissenschaftsstatistik" (untergebracht am Schiffbauerdamm 19 im Bezirk > Mitte) und die Arbeitsgruppe „Sozialberichterstattung".

Das WZB führt seine Forschungen in ständigem Austausch mit anderen wissenschaftlichen Einrichtungen durch. Neben engen Kontakten zur > Freien Universität Berlin, zur > Technischen Universität Berlin, zur > Humboldt-Universität Berlin u.a. Berliner

Hochschulen bestehen zahlreiche Verbindungen zu vergleichbaren Institutionen im In- und Ausland. Viele am WZB tätige Wissenschaftler nehmen an den genannten Berliner und auswärtigen Hochschulen Lehraufträge wahr und betreuen Dissertationen. Das WZB selbst veranstaltet – teilweise zusammen mit anderen Institutionen – Seminare und Forschungscolloquien und fördert Doktoranden, deren Dissertationen mit den Forschungsthemen des WZB in Verbindung stehen. Die Vermittlung von Forschungsergebnissen erfolgt über Publikationen, Tagungen und Konferenzen sowie durch regelmäßige Kontakte der Wissenschaftler des WZB mit Vertretern der Praxis.

Das in der > Blauen Liste geführte WZB hat

Wissenschaftszentrum

154 Planstellen, davon 95 für Wissenschaftler. Seit 1976/77 sind die Bundesrepublik Deutschland und das Land Berlin die alleinigen Gesellschafter der GmbH und decken zu 75 % (der > Bundesminister für Forschung und Technologie) bzw. zu 25 % (die > Senatsverwaltung für Wissenschaft und Forschung) den Etat des WZB.

Das Gebäude des WZB entstand 1984-88 nach Plänen der Architekten James Stirling und Michael Wilford im Rahmen der > Internationalen Bauausstellung. Dabei wurde der 1891-94 in historischen Stilformen von August Busse errichtete Kopfbau des ehem. Reichsversicherungsamts in den Komplex einbezogen. Das Ensemble der insg. fünf Bauten ist um einen zentralen Hof gelagert. Die einzelnen Bauteile sind in verschiedenen, auf historische Ideen zurückgreifenden Formen gestaltet. Es handelt sich dabei neben dem ehem. Reichsversicherungsamt um ein Gebäude mit den Grundrißformen einer Kirche, einen halbkreisförmigen Bau in Form eines antiken Amphitheaters, einen sechseckigen Turm („Campanile") und einen Bau, der einer griechischen Stoa nachempfunden ist. Die Fassaden sind z.T. mit Travertin verkleidet und mit auffallenden Farben bemalt.

Wissenschaft und Forschung: Hauptartikel, siehe S. 1424.

Wittenau: W. ist ein 11,2 km² großer Ortsteil im Zentrum des Bezirks > REINICKENDORF. Er geht auf das mittelalterliche Dorf *Dalldorf* zurück, das 1905 seinen Namen nach dem langjährigen Gemeindevorsteher Peter Witte in W. wechselte, da der alte Ortsname zu stark in Verbindung mit der 1877-79 errichteten Nervenheilanstalt (heute *Karl-Bonhoeffer-Nervenklinik*) gebracht wurde.
Wie auch von anderen Ortsteilen Reinickendorfs ist die Anwesenheit von Menschen im Gebiet des heutigen W. durch Funde bis in die jüngere Dryas-Zeit (ca. 10.000 v. Chr.) nachgewiesen (> BESIEDLUNG DES BERLINER RAUMS). Die Ersterwähnung Dalldorfs stammt aus dem Jahr 1322. Das einstige Angerdorf gehörte damals zum Benediktinerinnenkloster in > SPANDAU. Nach der Säkularisierung des Klosters (1554) wechselte das Dorf zwischen den Ämtern Spandau, Oranienburg, > NIEDERSCHÖNHAUSEN und Mühlenhof. Von 1782-90 konnten durch die Entwässerung des 60 Morgen großen *Seggeluchs* auf der östlichen Feldmark Weideflächen hinzugewonnen und die Viehbestände vergrößert werden.
1869 erwarb der Berliner > MAGISTRAT den größten Teil des Mitte des 18. Jh. entstandenen Achthufenguts, um hier 1877-79 durch Stadtrat Hermann Blankenstein die „Städtische Irrenanstalt zu Dalldorf" erbauen zu lassen. In der Folgezeit entwickelte sich das Dorf schnell zu einem großstädtischen Vorort. Bereits 1877 erhielt es einen Bahnhof an der nordöstlich des Ortes verlaufenden Nordbahn; ein zweiter Bahnhof folgte an der 1892 eröffneten sog. *Kremmener Bahn* von > SCHÖNHOLZ über > TEGEL und > HEILIGENSEE nach Kremmen im Kreis Oranienburg, die südlich unmittelbar an den Heilstätten vorbeiführte. In den 80er Jahren wurde Dalldorf durch eine Anschlußlinie mit der Strecke Berlin-Tegel der „Großen Berliner Pferde-Eisen-

bahn-Gesellschaft" verbunden. Ab 1898 entstand im Westen der Gemarkung die Kolonie > BORSIGWALDE für die Arbeiter und Angestellten der im selben Jahr nach Tegel verlegten > BORSIGWERKE, die 1908 schon mehr als 2.000 Einwohner zählte.
Der Eisenbahnanschluß über die Kremmener Bahn sowie die 1907/08 erbaute Industriebahn Tegel – > FRIEDRICHSFELDE im Norden führten zur Ansiedlung weiterer Industriebetriebe. Einer der größten war die Deutsche Waffen- und Munitionsfabrik. Die Gebäude der Fahrzeugfabrik Dittmann (Bruno Buch, 1913-14) und der Maschinenfabrik Herbert Lindner (Martin Punitzer, 1932-40) an der Lübarser Str. 6 bzw. 8-38 gelten noch heute als hervorragende Beispiele der Berliner Industriearchitektur. 1910/11 ließ sich die reich gewordene Vorortgemeinde nach Plänen von Fritz Beyer ein repräsentatives Rathaus erbauen, das seit der Eingemeindung nach > GROSS-BERLIN 1920 vom Bezirk Reinickendorf genutzt wird (> RATHÄUSER). Von 1945-90 gehörte W. mit Reinickendorf zum französischen Sektor (> SEKTOREN).
Seit der Jahrhundertwende waren um das alte Dalldorf mehrere Siedlungskomplexe entstanden, deren letzter und größter das 1964-72 auf einem 280 ha großen Kleingartengelände im Osten erbaute > MÄRKISCHE VIERTEL mit 17.000 Wohnungen für rd. 50.000 Menschen war. Der Kern des Dorfes blieb jedoch weitgehend erhalten. Der ehem. Anger an der Straße Alt-Wittenau zählt zu den schönsten Berlins. Hier steht die Ende des 14. Jh. entstandene Dorfkirche, ein aus roh behauenen Feldsteinen errichteter, rechteckiger Saalbau mit Satteldach (> DORFKIRCHEN). Eine der Glocken trägt die Jahreszahl 1484, eine andere 1583. Der Turm auf dem Dach mit seiner achteckigen Spitze wurde erst 1799 aufgesetzt. Der barocke Kanzelaltar mit drei bedeutenden Altarfiguren stammt aus dem beginnenden 16. Jh. In der Nähe stehen noch einige alte Bauernhäuser mit spätklassizistischen Stuckfronten, die einen Eindruck des Dorfes vom 19. Jh. geben. Das älteste Wohnhaus der Gemeinde in der Straße Alt-Wittenau 86 gehörte zum Kruggehöft und stammt noch aus der zweiten Hälfte des 18. Jh.
1978-85 wurde Am Nordgraben 2 anstelle des 1910 von den Gemeinden Tegel, Reinickendorf, > ROSENTHAL und W. gemeinsam gebauten alten Krankenhauses nach Plänen von Ingo Tönies und Ulrich Schroeter & Part-

ner als zweigeschossige, nahezu quadratische Anlage das *Humboldt-Krankenhaus* mit 600 Betten errichtet, das zu den modernsten > KRANKENHÄUSERN der Stadt zählt. 1987, zum Zeitpunkt der letzten West-Berliner Volkszählung, hatte W. rd. 65.400 Einwohner.

Wittenbergplatz: Der zu > SCHÖNEBERG gehörende W. ist ein ca. 200 x 140 m großer Blockplatz am Ostende der > TAUENTZIENSTRASSE. In der Mitte des durch die Fortsetzung der Tauentzienstr. in zwei symmetrische Hälften geteilten Platzes liegt auf einer von den beiden Richtungsfahrbahnen gebildeten ovalen Verkehrsinsel der 1910-13 errichtete U-Bahnhof Wittenbergplatz (> U-BAHN). Er ist Umsteigebahnhof für die Linien U1, U2 und U3. An der Südwestseite liegt Berlins größtes Kaufhaus, das 1907 eröffnete *KaDeWe*. Auf der nördlichen Platzhälfte wird regelmäßig ein > WOCHENMARKT abgehalten.

Der W. geht auf den sog. > HOBRECHTPLAN des Berliner Baurats James Hobrecht von 1862 zurück und erhielt 1889-95 erstmals eine Begrünung. 1913 folgte im Zusammenhang mit dem Bau des U-Bahnhofs eine gärtnerische Neugestaltung nach Plänen von Gartendirektor Erwin Barth. Der von Alfred Grenander in neoklassizistischem Stil erbaute Bahnhof wurde nach erheblichen Kriegszerstörungen 1951 vereinfacht wiederhergestellt und steht seit 1980 unter Denkmalschutz. 1983 wurde er durch Wolf-Rüdiger Borchardt restauriert. Um die gleiche Zeit erhielt der W. seine heutige Form, wobei die beiden Platzhälften mit Ausnahme der Bayreuther Str. als Fußgängerzonen gestaltet wurden. Die 1985 im Zentrum der beiden Platzhälften installierten großen Schalenbrunnen stammen von Waldemar Grzimek. In ihrer unterschiedlichen Gestalt wirken sie bewußt der Symmetrie des Platzes entgegen.

Wochenmärkte: In Berlin existieren insg. 118 W. (Stand März 1992), die i.d.R. zweimal wöchentlich in der Zeit von 8-13 Uhr oder von 14-18 Uhr auf öffentlichem Straßenland oder besonderen Marktplätzen v.a. frische Lebensmittel, aber auch Kleidung, Haushaltswaren und Pflanzen anbieten. 71 davon liegen in den westlichen und 47 in den östlichen > BEZIRKEN. Größte Gruppe sind die 49 städtischen W., die von den Wirtschafts- und Finanzabteilungen der Bezirksämter verwaltet und beaufsichtigt werden, die auch die Standgebühren erheben. Daneben gibt es 17

öffentlich-private W., die einen privaten Veranstalter haben, bei denen jedoch das Bezirksamt die Standgebühren festsetzt. Für die restlichen 52, rein privaten W. liegt die Zuständigkeit bei den Tiefbauämtern der Bezirke, die eine Sondernutzungserlaubnis des jeweiligen Straßenlandes erteilen. Zu den W. zählen auch die drei öffentlichen und die neun privaten Berliner > MARKTHALLEN. Die Anbieter auf den W. versorgen sich fast ausschließlich über die Berliner > GROSSMÄRKTE.

Die Versorgung der Berliner Bevölkerung mit Lebensmitteln des täglichen Bedarfs durch W. hat in Berlin eine jahrhundertelange Tradition. Die erste offizielle Erwähnung eines W. im heutigen Berliner Stadtgebiet erfolgte in der Gründungsurkunde der seit 1920 zu > GROSS-BERLIN gehörenden Stadt > SPANDAU vom 7.3.1232. Der erste Berliner Markt dürfte jedoch schon im ausgehenden 12. Jh. gleichzeitig mit der Gründung der Stadt am > MOLKENMARKT im heutigen Bezirk > MITTE entstanden sein. Mit der Vergrößerung der Ansiedlung kam Ende des 13. Jh. der > NEUE MARKT an der > MARIENKIRCHE als zweiter Marktplatz hinzu. In > KÖLLN gab es einen Fischmarkt an der im II. Weltkrieg zerstörten Petrikirche. In der zweiten Hälfte des es 17. Jh. entstand außerhalb der > STADTMAUER vor dem Georgentor (ab 1701 Königstor) der *Ochsenmarkt*, aus dem sich im 19. Jh. der heutige > ALEXANDERPLATZ entwickelte. 1693 wurden die auf den Märkten verwendeten Maße und Gewichte durch Polizeiverordnung vereinheitlicht und das Marktgeschehen erstmals einer besonderen Polizeiverwaltung, bestehend aus zwei Marktmeistern und 15 Aufsehern, unterstellt. Per Kabinettsbeschluß vom 8.11.1728 verfügte Friedrich Wilhelm I. (1713-40) die Schaffung des > GENDARMENMARKTS zur besseren Versorgung der Friedrichstadt. Durch einen Erlaß Friedrich Wilhelms III. (1797-1840) vom 17.8.1815 wurde auch der > DÖNHOFFPLATZ zum Lebensmittel- und Krammarkt. 1882 wurden in der v.a. seit der Reichsgründung 1871 stark anwachsenden Stadt auf 19 W. ca. 10.000 Marktstände sowie 150 weitere W. in den angrenzenden (1920 zu Berlin gekommenen) Städten gezählt.

Nach dem II. Weltkrieg hat ihre Bedeutung für die Versorgung der Stadt nachgelassen. 1951 gab es im Westteil der Stadt noch 47 private und 44 öffentliche W. mit insg. 8.000 Ständen. Mit dem Wiederaufbau der Stadt und dem Entstehen großer Selbstbedienungsgeschäfte ging der Stellenwert der W. weiter zurück (> EINZELHANDEL).

Zu den bedeutendsten und bekanntesten öffentlichen W. zählen heute die W. am Karl-August-Platz in > CHARLOTTENBURG, an der Flankenschanze in > SPANDAU, am Hohenzollernplatz in > WILMERSDORF, in der Reinhardstraße/Alt-Tempelhof in > TEMPELHOF und der sog. „Türkenmarkt" am Maybachufer in > NEUKÖLLN. Größter und bedeutendster Markt ist der W. auf dem > WINTERFELDTPLATZ in > SCHÖNEBERG.

In Ost-Berlin gab es vor der Wende W. vor der Markthalle am Alexanderplatz und vor dem > BERLINER RATHAUS sowie am > ARKONAPLATZ im Bezirk Mitte, den heute nicht mehr existierenden „Markt am Stierbrunnen" auf dem Arnswalder Platz im Bezirk > PRENZLAUER BERG, den Pankower W. auf der Johannes-R.-Becher-Str. (heute Breite Str.) sowie einen W. vor dem S-Bahnhof Köpenick. Seit Herbst 1989 kamen zahlreiche weitere W. dazu, so an der Rosa-Luxemburg-Str., an der Brunnenstr./Ecke Veteranenstr., an der Schillingstr. sowie an der Gontardstr. in Mitte, an der Topsstr./Ecke Cantianstr. und an der Greifswalder Straße im Prenzlauer Berg, an der > LANDSBERGER ALLEE (in der Nähe des bis in die 50er Jahre bestehenden „Elysiummarktes"), auf dem Boxhagener Platz, an der Petersburger Str. sowie vor dem > HAUPTBAHNHOF im Bezirk > FRIEDRICHSHAIN, in > TREPTOW in der Wildenbruchstr. sowie in > WEISSENSEE am Pistoriusplatz und am Antonplatz. Z.T. handelt es sich dabei um alte Standorte von W., die bis in die 50er Jahre genutzt worden waren.

Wohlfahrtspflege: Die *Öffentliche Wohlfahrtspflege* wird v.a. von der > SENATSVERWALTUNG FÜR SOZIALES sowie von der > SENATSVERWALTUNG FÜR JUGEND UND FAMILIE, der > SENATSVERWALTUNG FÜR GESUNDHEIT und der > SENATSVERWALTUNG FÜR JUSTIZ sowie deren nachgeordneten Behörden wahrgenommen. Auf der Ebene der > BEZIRKE werden die Aufgaben der öffentlichen W. durch die jeweiligen *Sozialämter*, *Jugendämter* und > GESUNDHEITSÄMTER erfüllt (> BEZIRKSÄMTER). Sie unterhalten soziale Einrichtungen wie *Seniorenheime* (> ALTENPFLEGE), Unterkünfte für > OBDACHLOSE, > KINDERTAGESSTÄTTEN, *Jugendfreizeitstätten* (> JUGENDHILFE; > JUGENDFÖRDERUNG) oder > SOZIALSTATIONEN, und machen auf bestimmte Zielgruppen zugeschnittene soziale Angebote wie *fahrbarer Mittagstisch, Haus-*

und Hauskrankenpflege, Reisen- und Erholungsprogramme oder Gesundheitsberatung. Beim Sozialamt sind die *Sozialkommissionen* angesiedelt. Ferner zahlt das Amt nach dem Bundessozialhilfegesetz an sozialschwache Personen > SOZIALHILFE aus.

Freie Wohlfahrtspflege ist der Sammelbegriff für alle Dienste und Einrichtungen in freigemeinnütziger Trägerschaft, die sich in organisierter Form freiwillig auf den Gebieten der Jugendhilfe und der Familienhilfe, der Sozialhilfe und des Gesundheitswesen betätigen, um notleidenden oder gefährdeten Menschen zu helfen. Sie unterscheidet sich somit zum einen von privat-gewerblich ausgerichteten Trägern und zum anderen von der Sozialverwaltung staatlicher, kommunaler und öffentlich-rechtlicher Körperschaften. Die Träger der freien W. und die öffentlichen Sozialleistungsträger arbeiten partnerschaftlich zusammen mit dem Ziel, sich sinnvoll und wirksam zu ergänzen.

Die Wohlfahrtsorganisationen haben sich in sechs Spitzenverbänden der Freien Wohlfahrtspflege zusammengeschlossen, die sich nach weltanschaulichen oder humanitären Zielen voneinander unterscheiden. Diese Zusammenschlüsse haben den Charakter von Dachverbänden, d.h. die Untergliederungen behalten ihre rechtliche Selbständigkeit. Die Spitzenverbände ihrerseits bilden die Bundesarbeitsgemeinschaft der Freien W. mit Sitz in Bonn. Die Bundesarbeitsgemeinschaft vertritt die Gesamtinteressen der Freien W. gegenüber Staat und Öffentlichkeit und wirkt beratend an der sie berührenden sozialen Gesetzgebung und der Formulierung der Sozialpolitik mit.

Die Berliner Träger der gemeinnützigen W. sind in der 1925 gegründeten *Liga der Spitzenverbände der Freien Wohlfahrtspflege in Berlin* zusammengefaßt. Mitglieder sind die > ARBEITERWOHLFAHRT, der > CARITASVERBAND, das > DIAKONISCHE WERK, der > PARITÄTISCHE WOHLFAHRTSVERBAND, das > DEUTSCHE ROTE KREUZ mit ihren jeweiligen Landesverbänden sowie die > JÜDISCHE GEMEINDE ZU BERLIN. Den einzelnen Wohlfahrtsverbänden gehören rechtlich selbständige Mitgliederorganisationen an.

Einen Überblick über die Institutionen der öffentlichen und freien W., einschließlich der > SELBSTHILFEGRUPPEN- UND -PROJEKTE, gibt das sog. Graubuch „Der Führer durch das soziale Berlin", das vom > DEUTSCHEN ZENTRALINSTITUT FÜR SOZIALE FRAGEN herausgegeben wird.

Wohnanlage Versöhnungs-Privat-Straße:
Die W. entstand 1903/04 zwischen Hussitenstr. und Strelitzer Str. im Bezirk > WED-
DING nach Plänen des königlichen Baurats
und Dombaumeisters E. Schwartzkopf für
den Vaterländischen Bauverein als Gegen-
modell zu den Berliner > MIETSKASERNEN. Die
aus 206 Kleinwohnungen mit ein bis drei
Zimmern bestehende Anlage umfaßte sechs
über eine Privatstraße verbundene Höfe, die
in chronologischer Reihenfolge die Entwicklung Berlins vom Fischerdorf über die
Bürgerstadt, kurfürstliche und königliche Residenz zur Kaiserstadt dokumentierten. Die
heutige Eingangsfront an der Hussitenstr.
weist Reste des das 12. Jh. repräsentierenden
Romanischen Hofes auf, daran schlossen sich
der das 14. und 15. Jh. vertretende Alt-
märkische Hof und der Nürnberger Hof des
16. Jh. mit Fachwerkgiebeln, Turmhelmen
und Wandmalereien an. Während diese drei
Höfe nach Beschädigungen im II. Weltkrieg
vereinfacht instandgesetzt wurden, sind die
folgenden Höfe (Renaissance-Hof, Barock-
Hof und Moderner Hof) zerstört.
Im Gegensatz zu den Mietskasernen verfügten alle Wohnungen der W. über Innentoiletten und auch an den Hofseiten über
zahlreiche Balkone. Ferner war die übliche
Aufteilung der Wohnungstypen – große
Wohnungen im Vorderhaus, kleinere in den
Hofgebäuden – aufgehoben. Zur W. gehörten
zahlreiche Gemeinschaftseinrichtungen wie
Kinderhort, Badeanstalt, Turnsaal, Bibliothek
und Saalbau für Veranstaltungen sowie ein
vom Bauverein betriebenes Hospiz und mehrere Läden. 1907 wurde die Anlage um zehn
Wohnungen und 24 Einzelzimmer für „alleinstehende Frauen" erweitert.

Wohnstadt „Carl Legien": Die 1929/30 für
die GEHAG Gemeinnützige Heimstätten-AG
errichtete W. mit 1.140 Wohnungen (1 1/2-
3 1/2 Zimmer) an der Friedländer Str.
zwischen Sültstr. und Gubitzstr. im Bezirk
> PRENZLAUER BERG entstand nach bereits
1925 entwickelten Entwürfen Bruno Tauts
und Franz Hillingers, wobei der Begriff
„Stadt" auf eine höhere bauliche Verdichtung als etwa in den gleichfalls von Taut
erbauten Wohnanlagen > HUFEISENSIEDLUNG
in > BRITZ oder > ONKEL-TOM-SIEDLUNG in
> ZEHLENDORF hinweist. Die W. ist nach
dem Mitbegründer und ersten Vorsitzenden
(1919/20) des Allgemeinen Deutschen Gewerkschaftsbundes (> DEUTSCHER GEWERK-

SCHAFTSBUND) Carl Legien benannt. Wegen
des von Taut und Hillinger gewählten Vorbilds, der von J.J. Pieter Oud errichteten Siedlung „Tusschendijken" in Rotterdam, wird
sie auch *Flamensiedlung* genannt. Die vier- bis
fünfgeschossigen, zur Straßenfront hin offenen U-förmigen Wohnhöfe sind mit gerundeten Balkonen und Loggien versehen. Fassa-
den- und Holzteile waren ursprünglich in
kräftigen Farben gehalten. Die mit mehreren
Gemeinschaftseinrichtungen ausgestattete
W. gilt als Musterbeispiel für sozialen >
WOHNUNGSBAU in der Weimarer Republik und
eines der Hauptwerke Bruno Tauts.

Wohnungsämter: Im Rahmen der örtlichen
Bezirksverwaltung gibt es in allen 23 Berliner
> BEZIRKEN ein W. Seine Aufgabe besteht v.a.
in der Beratung der Bürger zu allen Fragen
des Wohnungswesens, der Zahlung von
Wohngeld, der Überwachung der Mietpreis-
vorschriften und der zweckgerechten Nutzung des Wohnraums sowie der Erteilung
von *Wohnberechtigungsscheinen* (> MIETRECHT).
Die Einführung eines staatlichen Mieter-
schutzes nach dem I. Weltkrieg führte nach
der Bildung > GROSS-BERLINS im Jahr 1920 zur
Schaffung von W. in den damals 20 Stadtbezirken, die eine Aufsicht über Wohnraum
und Wohnungsmieten ausüben sollten. Nach
der > SPALTUNG Berlins 1948 blieben die W.
nur in den westlichen Bezirken erhalten. 1969
wurden sie aufgelöst und ihre Aufgaben bei
einem neu geschaffenen *Landeswohnungsamt*
zentralisiert. Hierdurch sollten eine bezirks-
übergreifende Einflußnahme, gleiche Maßstäbe bei der Behandlung der Bürger in den
verschiedenen Stadtteilen und die Einheitlichkeit des Verwaltungshandelns gewährleistet werden. Eine sich Mitte der 80er
Jahre abzeichnende Entspannung auf dem
Wohnungsmarkt (> WOHNUNGSBAU) ließ das
zentrale W. nach 15jähriger Tätigkeit entbehrlich erscheinen, so daß ab 1985 dessen
Aufgaben wegen der größeren Bürgernähe
wieder von örtlichen W. in den Bezirken
übernommen wurden.
Zu Zeiten der DDR oblagen in Ost-Berlin alle
Angelegenheiten der Verwendung des überwiegend staatlich errichteten und verwalteten Wohnraums einschließlich der Mietpreisfestsetzung, der Vergabe der Wohnungen
und des Abschlusses von Mietverträgen speziellen Wohnungskommissionen bei den
Räten der Stadtbezirke unter der Aufsicht
der Fachorgane Wohnungswesen, Woh-

nungspolitik und Wohnungswirtschaft. Im August 1990 beschloß der Ost-Berliner > MAGISTRAT im Hinblick auf die > VEREINIGUNG, auch in den elf dortigen Bezirken wieder W. nach westlichem Vorbild einzurichten, die im Juni 1990 ihre Arbeit aufnahmen und als erste Aufgabe in 200.000 Fällen die Großaktion „Zahlung von Wohngeld" durchführten.

Wohnungsbau: In Berlin gab es Ende 1989 rd. 1.728.082 Wohnungen, die sich nach Gebäudeart, Zahl der Wohnräume, Art der Ausstattung, Baujahren, Förderungswegen, Belegungsumfang und Mietpreisen erheblich unterschieden. Fast 95 % davon waren Mietwohnungen. Die Zahl der selbstgenutzten Eigentumswohnungen lag (in West-Berlin) bei 41.476, die der selbstgenutzten Einfamilieneigenheime bei 65.000. Für Ost-Berlin fallen diese Nutzungsformen bisher kaum ins Gewicht.

1. Entwicklung bis 1945
Mit dem Aufkommen der Manufakturen in Berlin Ende des 18. Jh. entstand für die dort

Wohnungen nach Bezirken, Ausstattung, Wohnräumen und -fläche						
	Wohnfläche je		Wohn- räume je	darunter mit		
				WC in d.	Bad od.	
	Einwohner	Wohnung	Wohnung	Wohnung	Dusche	Wohnungen
Bezirke (West)[1]	m²	m²	Anzahl	%	%	Anzahl
Tiergarten	38,0	64,5	2,2	96,1	83,6	50.977
Wedding	34,0	61,4	2,2	97,6	80,9	83.548
Kreuzberg	35,7	66,0	2,3	96,0	79,7	75.211
Charlottenburg	41,4	71,7	2,5	98,4	94,2	101.752
Spandau	34,3	67,4	2,6	98,7	96,3	103.760
Wilmersdorf	43,8	74,6	2,6	99,6	98,6	82.576
Zehlendorf	41,3	87,2	3,3	97,7	96,3	45.643
Schöneberg	40,3	71,0	2,5	97,9	91,7	83.184
Steglitz	38,9	72,5	2,7	99,0	97,5	98.441
Tempelhof	35,9	69,4	2,6	99,2	97,6	93.871
Neukölln	35,2	65,8	2,4	98,1	87,3	155.513
Reinickendorf	35,8	70,9	2,7	98,9	96,5	122.268
Insgesamt	**37,4**	**69,5**	**2,5**	**98,3**	**92,0**	**1.096.744**
Stadtbezirke (Ost)[2]						
Mitte	35,0	60,9	2,4	91,1	86,7	45.305
Prenzlauer Berg	37,5	59,4	2,1	88,5	75,1	91.061
Friedrichshain	36,2	59,2	2,1	91,1	73,0	66.950
Treptow	30,8	60,2	2,6	95,7	91,2	52.212
Köpenick	31,7	61,7	2,6	93,5	89,9	56.482
Lichtenberg	28,2	60,6	2,5	98,5	95,6	79.691
Weißensee	31,6	60,4	2,5	95,4	90,7	27.080
Pankow	31,9	62,8	2,6	96,7	92,0	54.933
Marzahn	24,3	63,5	2,7	99,4	99,1	64.633
Hohenschön- hausen	25,6	63,0	2,7	98,7	98,1	47.414
Hellersdorf	26,6	63,6	2,7	97,5	95,8	45.577
Insgesamt	**30,4**	**61,3**	**2,5**	**94,8**	**88,8**	**631.338**

[1] Bei den Wohnungszahlen handelt es sich um vorläufige Ergebnisse zum 31.12.1989.
   Alle anderen Angaben stammen aus der Gebäude- und Wohnungszählung vom 25.05.1987.
[2] Die Zahlen geben den Stand vom 31.12.1989 wieder.
   Die Wohnfläche je Einwohner umfaßt auch Feierabend- und Pflegeheime.

beschäftigten Arbeiter die Notwendigkeit, sich neue Formen des Wohnens zu suchen. Waren sie bislang als Lehrlinge, Gesellen oder Hausangestellte im Haus ihres Meisters oder Dienstherrn untergekommen, mußten sie jetzt für Geld um Unterkunft nachfragen. Es entstand das heute für Berlin so typische „Zur-Miete-Wohnen". Aufgrund der durch die Industrialisierung ausgelösten Zuwanderung reichten die in den privaten Bürgerhäusern dafür zur Verfügung stehenden Quartiere jedoch bald nicht mehr aus. So entstanden als neue Wohnform 1820-24 außerhalb der > Stadtmauer vor dem Oranienburger Tor an der Gartenstr. die ersten fünf Massenmietshäuser. Bauherr der dreigeschossigen Gebäude mit insg. 426 Zimmern war der preußische Kammerherr und Großgrundbesitzer Baron Heinrich Otto v. Wülknitz, der mit seinem erklärten Bekenntnis zur Gewinnerzielung erstmals die Vermietung von Wohnraum als Haupterwerbsquelle in die Berliner Sozialgeschichte einführte.

Angesichts eines weiteren zunehmenden Wachstums der > Bevölkerung sah der vom Baurat James Hobrecht 1862 entwickelte

Wohnungen nach Bezirken und Baujahr

Bezirke (West)[1]	Baujahr der Wohnungen				Wohnungen
	vor 1919 %	1919 bis 1948 %	1949 bis 1968 %	1969 oder später %	%
Tiergarten	52,2	2,7	28,5	16,6	100
Wedding	48,0	11,9	20,5	19,6	100
Kreuzberg	61,0	1,2	18,9	18,9	100
Charlottenburg	40,6	12,9	31,3	15,2	100
Spandau	14,6	21,8	37,3	26,3	100
Wilmersdorf	32,5	18,6	35,5	13,4	100
Zehlendorf	14,3	37,4	27,0	21,3	100
Schöneberg	53,9	6,9	26,8	12,4	100
Steglitz	22,9	18,4	39,5	19,2	100
Tempelhof	12,0	24,2	34,5	29,3	100
Neukölln	34,3	14,8	25,5	25,4	100
Reinickendorf	12,2	28,0	33,4	26,4	100
Insgesamt	**31,9**	**16,8**	**30,2**	**21,1**	**100**
Stadtbezirke (Ost)[2]	vor 1919 %	1919 bis 1945 %	1946 bis 1970 %	1971 oder später %	
Mitte	53,0	1,6	31,8	13,6	100
Prenzlauer Berg	70,0	13,4	14,0	2,6	100
Friedrichshain	63,8	0,6	29,2	6,4	100
Treptow	25,7	36,0	34,2	4,1	100
Köpenick	28,0	28,6	33,0	10,4	100
Lichtenberg	12,2	22,6	49,9	15,3	100
Weißensee	31,1	41,5	25,3	2,1	100
Pankow	31,5	33,9	25,9	8,7	100
Marzahn	1,1	6,9	1,1	90,9	100
Hohenschönhausen	6,3	12,8	18,6	62,3	100
Hellersdorf	4,6	17,8	2,6	75,0	100
Insgesamt	**31,8**	**18,2**	**24,6**	**25,4**	**100**

[1] Ergebnis der Gebäude- und Wohnungszählung vom 25.05.1987.
[2] Die Zahlen geben den Stand vom 31.12.1989 wieder.

„Bebauungsplan für Berlin und Charlottenburg" (> HOBRECHTPLAN) die systematische Schaffung von Massenquartieren für 1,5 Mio. Menschen in den Berlin umgebenden Stadterweiterungsgebieten vor, für die sich nach ihrer Fertigstellung angesichts der Enge und der schlechten Wohnqualität der Name > MIETSKASERNEN einbürgerte.

Gegen die als menschenunwürdig empfundene Mietskaserne kam es bereits in der zweiten Hälfte des 19. Jh. zur Gründung von *Wohnungsbaugenossenschaften*, deren Ziel es war, auf der Grundlage der Gemeinnützigkeit unter Verzicht auf Profite preiswerten und menschenwürdigen Wohnraum bereitzustellen (> GEMEINNÜTZIGE WOHNUNGSWIRTSCHAFT). Die Zahl dieser Vereinigungen wuchs von drei im Jahr 1870 auf 22 im Jahr 1914. Anstelle der gewinnorientierten spekulativen Ausnutzung von Einzelgrundstücken der privaten Eigentümer kam es zu größeren zusammenhängenden Siedlungskonzepten mit einem höheren Wohnwert bei zugleich günstigeren Wohnungsmieten.

Ab 1924 wurde W. staatlich subventioniert: Bis 1930 entstanden in Berlin mit öffentlicher Förderung 135.000 Wohnungen, davon 83.000 durch gemeinnützige Gesellschaften. Die Stadt brachte in diesen wenigen Jahren herausragende Leistungen im W. hervor, die durch beispielhafte Siedlungsbauten mit den Namen so berühmter Architekten wie Bruno Taut, Mies van der Rohe, Hans Scharoun, Fred Forbat, Walter Gropius, Hugo Häring und anderen großen Baumeistern verbunden sind. Die hierauf folgenden zwölf Jahre des „Dritten Reichs" bedeuteten nicht nur einen immensen Qualitätsverlust infolge Auswanderung und Vertreibung vieler Architekten von Rang, auch quantitativ wurden mit den insg. 102.000 bis zum Ende des II. Weltkriegs gebauten Wohnungen nicht die Leistungen der ersten deutschen Republik erreicht.

2. Die Zeit des Wiederaufbaus 1945-60
Während des II. Weltkrieges war in Berlin jede dritte Wohnung zerstört worden (> BAUGESCHICHTE UND STADTBILD). Nach Kriegsende standen für jeden Einwohner nur 14,8 m² Wohnfläche zur Verfügung, das war ein Drittel des 1991 geltenden Richtwerts. Neben der Versorgung der Bevölkerung galt daher als wichtigste Aufgabe die Beschaffung von Wohnraum. In den 50er Jahren wurden in der Bundesrepublik Deutschland die Grundsätze für den öffentlichen W. entwickelt und durch die Wohnungsbaugesetze von 1950

und 1956 bundesweit geregelt. In Berlin traten diese Gesetze am 23.12.1951 bzw. am 1.7.1956 in Kraft. Neben dem vorrangig geförderten sozialen W. für einen Personenkreis mit geringem Einkommen ist als alternative Förderungsform für höhere Einkommensgrenzen der mietverbilligte steuerbegünstigte W. eingeführt worden. Der ohne Subventionierung des Staates freifinanzierte W. unterliegt wie der Altbaubestand keinen einschränkenden Vergabebestimmungen.

Nach interimistischen Förderungsmaßnahmen wie Vergabe von Krediten aus Mitteln des > EUROPEAN RECOVERY PROGRAM, von Bundes- und Lastenausgleichsdarlehen sowie Darlehen aus dem Berliner Landeshaushalt, wirkte sich ab 1952 das Wohnungsbaugesetz von 1950 auch in West-Berlin belebend auf die Bauwirtschaft aus (> BERLINER AUFBAUPROGRAMM). Eines der ersten geschlossenen Projekte war 1953/54 der Bau der *Ernst-Reuter-Siedlung* im Bezirk > WEDDING. 1954 erreichte die jährliche Zuwachsrate durch Neu- und Wiederaufbau 20.000 Wohnungen, so daß sich der Bestand von 704.000 im Jahr 1950 bis Ende 1966 auf 936.000 erhöhte.

In dieser frühen Phase des Wiederaufbaus gab die Interbau 1957 durch die Neukonzeption des > HANSA-VIERTELS im Bezirk > TIERGARTEN der Entwicklung im Wohnungs- und Städtebau wesentliche Impulse (> BAUAUSSTELLUNGEN).

3. Die Zeit von 1960-90
In den 60er Jahren verlagerte sich der Schwerpunkt im W. auf die Errichtung von Satellitenstädten auf ehemaligem Kleingarten- und Ackergelände an der Peripherie der Stadt, wo es unter wirtschaftlich günstigen Bedingungen möglich war, große zusammenhängende und ruhige Wohnbereiche zu schaffen, die dem bestehenden Bedarf gerecht wurden. Im Süden entstand in den Stadtteilen > BUCKOW und > RUDOW bis 1975 die > GROPIUSSTADT mit 17.000 Wohnungen; 1974 wurde im Norden von Reinickendorf das > MÄRKISCHE VIERTEL mit 16.000 Wohnungen fertiggestellt. Weitere in dieser Zeit entstandene Großsiedlungen in Stadtrandlage waren das > FALKENHAGENER FELD in > SPANDAU und die > THERMOMETERSIEDLUNG in > STEGLITZ.

In der Subventionierung des sozialen Wohnungsbaus vollzog sich während der 70er Jahre eine wesentliche Änderung durch Übergang von der weitgehend staatlichen

Baufinanzierung zu einer Finanzierung durch den Kapitalmarkt und lediglich staatlicher Subventionierung der Zinsen mit dem Ziel, die Belastung der öffentlichen Haushalte zu verringern und dabei dennoch sozial tragbare Mieten zu gewährleisten.

Dank der staatlichen Förderung entwickelte sich der W. zum wichtigsten Faktor der West-Berliner Bauwirtschaft: Der 1954 erreichte jährliche Bestandszuwachs von im Durchschnitt 20.000 Wohnungen wurde über 20 Jahre bis zum Jahre 1974 gehalten. 85 % der Bauleistungen entfielen auf Sozialwohnungen, während im Bundesdurchschnitt nur 43 % erreicht wurden.

Die Notwendigkeit, im Stadtraum großflächig preiswerten Wohnraum zu schaffen, führte in diesen Jahren zu einem die Stadtstruktur zerstörenden Kahlschlag unter Vernachlässigung vorhandener und noch nutzbarer oder reparabler Bausubstanz (> STADTSANIERUNG). Der gleichzeitig im Vorfeld des Abrisses verursachte Leerstand und die spekulative Vernachlässigung von erhaltenswertem Wohnraum in Sanierungserwartungsgebieten führten ab 1979 zu zahlreichen > HAUSBESETZUNGEN.

Der wachsende öffentliche Druck führte auch bei den Politikern zu einem veränderten Bewußtsein und einem Umschwenken in der W.-Politik, was sich in der zentralen Themenformulierung für die ab 1979 vorbereitete > INTERNATIONALE BAUAUSSTELLUNG (IBA) 1987 niederschlug: „Die Innenstadt als Wohnort". Es begann eine Hinwendung zur „Stadtreparatur" durch Bereinigung defizitärer kleiner Stadtflächen, das Schließen von Baulücken, die Stadterneuerung und die Modernisierung von Wohnräumen unter Erhaltung von Altbauten und gewachsenen Stadtstrukturen.

Die Ausgaben für den gesamten W. stiegen von 1,9 Mrd. DM 1976 auf 3,7 Mrd. DM im Jahr 1984, wobei etwa 50 % der Steigerung auf die Erhöhung der Baupreise entfallen. Der Anteil des W. am gesamten Bauvolumen in Berlin (West) einschließlich gewerblicher und industrieller Bauten sowie der öffentlichen Hoch- und Tiefbaumaßnahmen betrug in diesem Zeitraum jährlich zwischen 46,8 und 44,2 %, was die herausragende Bedeutung des W. für die Berliner Bauwirtschaft erkennen läßt.

Die steigenden Baupreise und eine 1984 durch den > SENAT VON BERLIN beschlossene Anschlußförderung für Aufwandssubven-

tionen im sozialen Wohnungsbau zwangen zu Einsparungen an anderer Stelle. Dies führte in den 80er Jahren zu einer stärkeren Förderung von Wohneigentum mit einem erheblich geringeren Leistungsanteil des Staates. Dazu gehörten sowohl die Umwandlung von Mietwohnungen in Eigentumswohnungen wie auch der verstärkte Neubau von Eigentumswohnungen. Ausgehend von einem – durch eine Wohnungsmarktanalyse der GEWOS vom Oktober 1986 – ermittelten verminderten Bedarf, wurde zur Haushaltsentlastung ferner eine Reduzierung des jährlichen Bauvolumens im sozialen W. auf etwa 5.000 Wohnungen im Jahr beschlossen. Bereits 1988 war diese Begrenzung infolge des erhöhten Zustroms von > ÜBERSIEDLERN/AUSSIEDLERN und > FLÜCHTLINGEN jedoch wieder überholt, so daß der Senat im Oktober 1988 abermals eine Steigerung der Zuwachsrate beschloß: Mit Hilfe eines Bundeszuschusses von 75 Mio. DM wurden die jährlichen Neubauprogramme von jeweils 5.000 Wohnungen in 1988 um 200 und in 1989 und 1990 um je 1.500 Wohnungen erhöht.

Zur Verwirklichung des mit der IBA eingeleiteten Konzepts der *behutsamen Stadterneuerung* waren daneben jedoch auch verstärkte Förderungsmaßnahmen für den Altbaustand notwendig geworden, dessen Anteil an den 1986 in Berlin (West) insg. vorhandenen 1,1 Mio. Wohnungen 580.000 betrug und damit die Zahl der 420.000 Neubauten des sozialen W. deutlich überschritt. Neben einer bereits 1978 eingeleiteten Verbesserung der staatlichen Wohnungsbauförderung für die Eigentümer bemüht sich der Senat deshalb seit 1981, über ein besonderes Programm der > WOHNUNGSMODERNISIERUNG DURCH MIETER auch die Mieter zur Mithilfe bei Erhaltung und Verbesserung ihrer Wohnsubstanz zu bewegen. Durch Freigabe der Altbaumieten (*Weißer Kreis*) zum 1.1.1988 ergaben sich zudem nochmals verbesserte Voraussetzungen für Instandsetzungen und Modernisierungen durch die Eigentümer.

Während sich der Soziale W. noch heute auf das 2. Wohnungsbaugesetz von 1956 stützt, das unterschiedliche, im Laufe der Jahrzehnte veränderte Finanzierungsmethoden zuläßt, sind für die Förderung von Maßnahmen des Altbaus in Berlin eine Reihe aktueller Rechtsgrundlagen geschaffen worden: Hierzu gehören die Modernisierungs- und Instandsetzungsrichtlinien, das Modernisierungs- und Energieeinsparungsgesetz, das

Landesmodernisierungsprogramm und das Zukunftsinvestitionsprogramm; generelle Grundlagen sind der § 17 des 2. Wohnungsbaugesetzes sowie das Städtebauförderungsgesetz von 1976 und das Bundesbaugesetz von 1960, die beide im Dezember 1986 durch das Baugesetzbuch zusammengefaßt und ersetzt wurden.

Für die besonderen Problemstellungen in Berlin (West) galt bis zur > VEREINIGUNG ein Axiom, das ausschließlich in dieser Stadt bestimmend war: Der Grund und Boden war absolut begrenzt. Hieraus ergaben sich staatliche Verhaltensregeln, wie z.B. strenge Anwendung des 1968 aufgehobenen und 1972 wieder eingeführten Zweckentfremdungsverbotes, weitgehender Schutz von Wohnraum gegen Abrisse, sinnvolle und optimale Ausnutzung verfügbaren Baugrundes, jedoch Vermeiden einer Entwicklung zu einer spekulativen Bautätigkeit.

4. Entwicklung in Ost-Berlin 1948-90

Das unterschiedliche Gesellschaftssystem in der Sowjetischen Besatzungszone bzw. späteren DDR führte nach der > SPALTUNG Berlins 1948 zu einer völlig andersartigen Entwicklung des W. im östlichen Teil der Stadt. Der Vorrang der Schwerindustrie bewirkte, daß nur 20-25 % der vorhandenen Baukapazität für Zwecke des W. zur Verfügung gestellt wurden, gegenüber einem vergleichbaren Anteil von 45 % in West-Berlin. Das 1953 aus dem 1951 ausgerufenen „Nationalen Aufbauprogramm Berlin" hervorgegangene > NATIONALE AUFBAUWERK der DDR stützte sich in den ersten zehn Jahren bis Ende 1961 auf 40,5 Mio. freiwillige unbezahlte Aufbaustunden der Bevölkerung, die zugunsten „volkseigener" Bauherren im Rahmen der staatlichen Planung zu leisten waren.

Im Bereich des W. entstanden z.B. 1952-59 die Demonstrationsbauten an der Stalin-Allee, der heutigen > KARL-MARX-ALLEE im Bezirk > FRIEDRICHSHAIN. Die Bauleistungen des ersten Jahrzehnts von 1949-58 betrugen jedoch nur insg. 22.000 Wohnungen und waren damit nicht größer als die jährliche Zuwachsrate in West-Berlin über den gesamten Zeitraum von 1954-74. Erst ab 1959 gab es auch in Ost-Berlin eine bemerkenswerte Steigerung der Jahresleistung auf 7.000-8.000 Wohnungen. Neben dem 1961-66 entstandenen *Hans-Loch-Viertel* in > FRIEDRICHSFELDE ist v.a. der zweite Bauabschnitt der Stalin-Allee zwischen Strausberger Platz und > ALEXANDERPLATZ (1959-65) im Bezirk > MITTE zu nennen.

1973 verkündete die > SOZIALISTISCHE EINHEITSPARTEI DEUTSCHLANDS (SED) ein zentrales Wohnungsbauprogramm für die Jahre 1976-90 und machte damit den W. zu einer Schwerpunktaufgabe auch in Ost-Berlin. Es entstanden großflächige Planungen riesiger Trabantenstädte, die zur Schaffung neuer Stadtbezirke führten. Als größtes W.-Projekt der DDR entstand 1975-90 auf einer ehem. Rieselfeldfläche im Osten des Stadtgebiets der neue Stadtteil > MARZAHN mit 68.000 Wohnungen. Ähnliche Dimensionen hatten die Neubaubereiche > HOHENSCHÖNHAUSEN und > HELLERSDORF, wo bis 1990 fast 34.000 bzw. 40.000 Neubauwohnungen bezogen wurden.

Durch diese großflächigen Bauplanungen ist in den letzten Jahren der DDR auch für Ost-Berlin eine jährliche Neubaurate von 20.000 Wohnungen erreicht worden, die durch 9.000 Altbau-Modernisierungen pro Jahr ergänzt wurde. Von 1971-88 belief sich der Zuwachs durch Neubauten und Modernisierungen auf 330.000 Wohnungen, in denen 895.000 Menschen, das sind zwei Drittel der Bevölkerung, Unterkunft fanden.

Für die Planung und Durchführung der Neubaumaßnahmen waren der Ost-Berliner > MAGISTRAT und die *Arbeiterwohnungsbaugenossenschaften* zuständig. Verwaltung und Instandhaltung oblagen der *kommunalen Wohnungsverwaltung.*

5. Die Vereinigung und ihre Folgen

Ende 1989, im Vorjahr der Vereinigung, gab es in West-Berlin 1.096.744 Wohnungen für rd. 2,134 Mio. Einwohner, denen im Ostteil der Stadt 631.338 Wohnungen für rd. 1,28 Mio. gegenüberstanden. Nach der Vereinigung stieg der Wohnraumbedarf angesichts starker Zuzüge aus dem Umland stark an. Aktuell wird von einem Fehlbestand von rd. 90.000 Wohnungen ausgegangen, während andererseits mehr als 22.000 Wohnungen – v.a. in den östlichen Bezirken – leerstehen. Hinzu kommt eine Dunkelziffer, die nochmals auf etwa ein Drittel dieser Summe geschätzt wird. Bis zum Ende des Jh. geht man insg. von einem zusätzlichen Bedarf von 200.000 Wohnungen aus. Um diesem steigenden Bedarf gerecht zu werden, hat sich der Senat das Ziel gesetzt, bis 1995 100.000 neue Wohnungen zu errichten. Neben Großprojekten wie der > WASSERSTADT OBERHAVEL in > SPANDAU, wo allein knapp 13.000 Wohnungen neu entstehen sollen, hat der Senat im Stadtgebiet 27 Neubaugebiete mit einer

I. Bestandsentwicklungsgebiete

Bezirk	Gebiet	Zahl der Wohneinheiten bis 1995 entwickelbar
Pankow	Buch, Wolfgang-Heinz-Str.	800
Pankow	Buchholz, Rosenthaler Weg/Triftstr.	1.000 - 1.200
Pankow	Niederschönhausen	400
Weißensee	Karow, Teichberg	1.200
Marzahn	Eisenacher Str.	1.000
Marzahn	Wuhletal	300
Hellersdorf	Kaulsdorf/Mahlsdorf	1.000
Marzahn	Blumberger Damm	300
Treptow	Adlershof	300
Treptow	Altglienicke	3.500 - 4.500
Köpenick	Müggelheim	500
Köpenick	Friedrichshagen	200
Zehlendorf	Hüttenweg	200
Summe I		**10.700 - 11.900**

II. Stadterweiterungsgebiete

Bezirk	Gebiet	Zahl der Wohneinheiten
Pankow	Buch, Hobrechtsfelder Chaussee	1.000 - 1.200
Weißensee	Karow, Bucher Chaussee	1.900
Weißensee	Karow-Ost	2.700
Spandau	Staakener Felder	1.000
Steglitz	Lichterfelde-Süd	1.000 - 1.500
Neukölln	Rudower Felder	1.700 - 2.200
Summe II		**9.300 - 10.500**

III. Stadtumbauflächen

Bezirk	Gebiet	Zahl der Wohneinheiten
Pankow	Wilhelmsruh	200
Pankow	Schönholz	200
Marzahn	Biesdorf-Süd	1.500
Treptow	Bohnsdorf/Falkenberg	1.200
Treptow	Forsthausallee	200
Köpenick	Köllnische Vorstadt	300
Spandau	Aalemannufer	400 - 600
Tempelhof	Nuthestr.	200
Summe III		**4.200 - 4.400**
Gesamtsumme I - III		**24.200 - 26.800**

Gesamtgröße von 2.600 ha festgelegt, auf denen bis 1995 knapp 27.000 Wohnungen errichtet werden sollen. Langfristig soll hier durch Verdichtung eine Erweiterung auf 70.000 Wohneinheiten erfolgen.

Auch durch Verdichtung bereits bestehender Siedlungen sollen weitere Wohnungen gewonnen werden. In den West-Berliner Nachkriegssiedlungen wird hierfür ein Potential von 27.000 Einheiten gesehen. Ein entsprechendes Gutachten für Ost-Berlin ist derzeit in Arbeit.

Zur professionellen Erschließung neuer Flächen für den W. hat der Senat darüber hinaus im Sommer 1992 die *Berliner Landesentwicklungsgesellschaft mbH (BLEG)* gegründet. 51 % der Gesellschaft werden vom Senat selbst gehalten, die anderen 49 % von der >

LandesBank Berlin. Die BLEG soll landeseigene Grundstücke zu marktüblichen Preisen kaufen und sie unbürokratisch als direkter Ansprechpartner für Investoren bis zur Baureife führen, einschließlich sämtlicher Planungs- und Erschließungsarbeiten.

Daneben hat die Wohnungsmodernisierung nach wie vor einen hohen Stellenwert. 1991 standen hierfür 1,07 Mrd. DM zur Verfügung, die hauptsächlich für die Verbesserung von 64.000 Wohnungen in Ost-Berlin eingesetzt wurden. Für 1992 ist in etwa nochmal die gleiche Summe vorgesehen. Auch die rd. 273.000 in Ost-Berlin ab den 60er Jahren errichteten Wohungen in Großplattenbauten sollen erhalten und saniert werden. Der gutachterlich ermittelte Bedarf wird hierfür mit durchschnittlich 85.000 DM pro Wohnung (innen und außen) angegeben, was etwa nur ein Drittel der andernfalls entstehenden Neubaukosten ausmacht. Im Altbau werden Modernisierungsvorhaben allerdings noch häufig durch ungeklärte Restitutionsansprüche von Vorbesitzern oder deren Erben behindert. Mitte 1992 lagen dem Berliner > Landesamt zur Regelung offener Vermögensfragen für Ost-Berlin mehr als 100.000 Anträge auf Rückerstattung von Immobilien vor. Im Bezirk > Mitte war z.B. jede zweite Wohnung davon betroffen.

Wohnungsbau-Kreditanstalt Berlin (WBK):
Die am 1.1.1965 als Anstalt des öffentlichen Rechts gegründete WBK ist aus der 1924 gegründeten Wohnungsfürsorgegesellschaft (WFG) hervorgegangen und arbeitet bereits seit 1937 unter ihrem heutigen Namen, bis 1965 allerdings als nicht rechtsfähige Anstalt. Die WBK steht unter der Fachaufsicht der > Senatsverwaltung für Bau- und Wohnungswesen (SenBauWohn) und unter der Staatsaufsicht der > Senatsverwaltung für Wirtschaft und Technologie. Sie hat ihren Sitz in der Bundesallee 210 im Bezirk > Wilmersdorf und verfolgt die Aufgabe, durch Finanzierungsmaßnahmen die Schaffung von Wohnraum sowie die Erhaltung und Modernisierung von Wohngebäuden in Berlin zu fördern (> Wohnungsbau). Der > Senat von Berlin kann der Anstalt weitere Finanzierungsaufgaben übertragen. Zu den Aufgaben der WBK gehört auch die Förderung des freifinanzierten Wohnungsbaus mit nicht subventionierten Marktmieten (> Mietrecht). Zwischen 1952 (1. Wohnungsbaugesetz) und dem Jahresende 1990, dem Jahre der > Vereinigung, hat die WBK im Rahmen ihrer Aufgaben für Neubauten insg. 35.387,7 Mio. DM aufgewendet, darunter 19.929,8 Mio. DM zinsgünstige Darlehen und 15.448,9 Mio. DM an Zuschüssen. Damit wurden 472.634 Mietwohnungen und 48.494 Eigenheime sowie Eigentumswohnungen gefördert. Nach der Vereinigung sind im Jahr 1991 weitere 10.163 Mietwohnungen und 910 Eigenheime und Eigentumswohnungen mit Aufwendungen in Höhe von 3.121,9 Mio. DM gefördert worden. Die Gesamtleistungen der WBK im Neubaubereich betragen für die Zeit von 1952 bis Dezember 1991 mithin 38.500,6 Mio. DM für die Förderung von 532.601 Wohnungen einschließlich Wohnungseigentum.

Darüber hinaus hat die WBK seit Mitte der 60er Jahre auch für die Modernisierung und Instandsetzung von Altbauten erhebliche Förderungsmittel aufgewendet. Aufgrund der mit der Vereinigung auch in Berlin (Ost) übernommenen Verpflichtungen für den Bestand der sanierungsbedürftigen Altbauten (von den 110.000 in Berlin vorhandenen Wohnungen aus der Zeit vor 1919 liegen 70.000 in den östlichen > Bezirken) hat die WBK ihre Arbeit in diesem Bereich ab 1991 auf den Ostteil der Stadt konzentriert. Bereits im November 1990 wurden von der WBK 100 Mio. DM speziell für das Substanzerhaltungsprogramm in den östlichen Bezirken bereitgestellt. 1991 erhöhten sich die Förderungsmittel der WBK für den Bereich Modernisierung und Instandsetzung insg. von 282,5 Mio. DM in 1990 auf 934,4 Mio. DM, wovon 615,3 Mio. DM (rund zwei Drittel) auf Maßnahmen in den östlichen Stadtbezirken entfielen. Für 1992 sind in diesem Förderbereich insg. Mittel in Höhe von mehr als 800 Mio. DM vorgesehen.

Während sich nach dem Fall der > Mauer das jährliche Förderungsvolumen für Modernisierung und Instandsetzung mehr als verdreifacht hat, erhöhten sich im Neubaubereich die Programmvorgaben der SenBauWohn gegenüber dem Vorjahr lediglich um ein Drittel. Hierbei erwiesen sich die unklaren Eigentumsverhältnisse im Ostteil der Stadt als Haupthindernis (> Landesamt zur Regelung offener Vermögensfragen).

Die WBK verfügt mit Stand vom Dezember 1991 über 638 Mitarbeiter. Vom Jahresüberschuß der Anstalt ist ein Betrag in Höhe von 4 % auf das Grundkapital an den Landeshaushalt abzuführen. 1991 waren dies 7,5 Mio. DM (> Haushalt und Finanzen). Der

Rest, 1991 ein Betrag in Höhe von 96,2 Mio. DM, fließt der Rücklage zu.

Wohnungsmodernisierung durch Mieter: In einem besonderen Programm fördert der > Senat von Berlin seit 1981 die Modernisierung von Wohnungen durch Eigenleistung der Mieter. Bis 1991 wurden im Rahmen des Programms mehr als 28.000 Wohnungen mit einem Investitionsvolumen von 290 Mio. DM modernisiert. Die hierfür gewährten Zuschüsse aus dem Landeshaushalt betrugen 135,5 Mio. DM.
Förderungswürdig sind Maßnahmen zu Wohnwertverbesserungen und Energieeinsparungen, die den Standard des Sozialen Wohnungsbaus nicht übersteigen (> Wohnungsbau). Voraussetzung ist eine Übereinkunft mit dem Vermieter, die z.B. auch Vereinbarungen über erhöhten Kündigungsschutz, Ausgleich der Kosten im Falle eines Auszugs sowie den Verzicht von Modernisierungszuschlägen auf die Miete enthalten kann. Gefördert werden Modernisierungsaufwendungen von 1.000-60.000 DM, für die ein pauschaler Baukostenzuschuß von 50 % gewährt wird. Ansprech- und Vertragspartner ist die > Wohnungsbau-Kreditanstalt Berlin.
Noch vor der > Vereinigung wurde das Programm am 10.8.1990 auf Ost-Berlin ausgedehnt und gleichzeitig in der Leninallee 57 (heute > Landsberger Allee) eine besondere Antrags- und Beratungsstelle eröffnet. Bis Ende 1991 konnten allein für den Ostteil der Stadt 30.000 Anträge mit einem Investitionsvolumen von mehr als 100 Mio. DM mit einer Förderungssumme von 60,5 Mio. DM bewilligt werden.

Wuhle: Das nordöstlich von Berlin nahe der Stadtgrenze bei Ahrensfelde entspringende, ca. 18 km lange Flüßchen W. bildet die Grenze zwischen den Bezirken > Marzahn und > Hellersdorf. Es mündet südöstlich der > Wuhlheide am Übergang zur Dammvorstadt im Bezirk > Köpenick in die > Spree. Entlang der W. soll zwischen Ahrensfelde und der Straße Alt Biesdorf unter Einschluß der Ahrensfelder Berge und des Marzahner Kienbergs auf ca. 7 km Länge ein rd. 300 ha großes parkartiges Naherholungsgebiet entstehen (> Erholungspark Marzahn). Östlich des Kienbergs wird die W. dazu zu einem See aufgestaut. Südlich der Zimmermannstr. in Biesdorf-Süd (> Biesdorf) bildet die W. das ca. 6 ha große *Wuhlebecken*. Es wird gegenwärtig durch die > Senatsverwaltung für Stadtentwicklung und Umweltschutz entschlammt.

Wuhlheide: Das überwiegend aus Wald bestehende Landschaftsschutzgebiet W. liegt im Westen des Bezirks > Köpenick. Der 1911 gebildete, zunächst selbständige 610 ha große Gutsbezirk kam 1920 bei der Bildung > Gross-Berlins zum Ortsteil > Oberschöneweide und – nachdem zunächst zum Bezirk > Treptow gehörig – mit diesem 1938 zu Köpenick (> Bezirke). Zwischen 1945 und 1990 gehörte das Gebiet mit Köpenick zum sowjetischen Sektor (> Sektoren).
Im Westteil der W. liegt der *Volkspark W.* mit Stadion, Luftbad, Liegewiesen, Tennis- und Spielplätzen sowie einer Rodelbahn. Das im östlichen Teil gelegene > Freizeit- und Erholungszentrum Wuhlheide (FEZ), ehemals Pionierpark „Ernst Thälmann", ist heute die größte Freizeiteinrichtung für Kinder und Jugendliche in Berlin. Hier befindet sich auch die traditionsreiche Sportanlage *Alte Försterei*, wo der Fußballverein 1. FC Union sein Domizil hat. Im März 1991 wurde beschlossen, die Anlage zum Fußballstadion mit Zweitliga-Niveau auszubauen (> Sportstätten). Zwischen Volkspark und FEZ liegt der *Waldfriedhof W.*, auf dem sich die von Alfred Messel entworfene Familiengrabstätte Rathenau mit den Gräbern von Emil Rathenau, dem Begründer der AEG, und Walther Rathenau, dem 1922 ermordeten Außenminister, befindet.

Alexander Eickelpasch

WIRTSCHAFT

I. Wirtschaftliche Bedeutung und aktuelle Entwicklung Berlins heute

II. Die Entwicklung Berlins von den Anfängen
bis zum Ende des II. Weltkriegs

III. Vom Ende des II. Weltkriegs bis zur Teilung der Stadt

IV. Die Entwicklung der Wirtschaft von West-Berlin

V. Die Entwicklung der Wirtschaft von Ost-Berlin

VI. Perspektiven

I. WIRTSCHAFTLICHE BEDEUTUNG UND AKTUELLE ENTWICKLUNG BERLINS HEUTE

In Berlin gab es 1991 ca. 3,4 Mio. Einwohner. Das sind gut 4 % der Einwohner Deutschlands. Berlin ist damit nach Einwohnerzahl und Fläche die größte Stadt und nach dem Rhein-/Ruhrgebiet der zweitgrößte Verdichtungsraum in Deutschland. Seine Fläche umfaßt 889 km², das ist fast das Dreifache der Ausdehnung von München und das Vierfache von Frankfurt/M. Die Bevölkerungsdichte erreicht mit 3.866 Einwohnern je km² einen Spitzenwert im Vergleich mit anderen Ballungsräumen. Beschränkt auf West-Berlin ist die Dichte noch höher. Dort wohnen durchschnittlich 4.200 Einwohner/km². Für den Durchschnitt des Jahres wurden in der Berliner Wirtschaft 1991 1,6 Mio. Erwerbstätige geschätzt. Auf die westlichen Stadtteile entfielen davon etwa zwei Drittel. Ein Fünftel der Erwerbstätigen dürfte im Jahresdurchschnitt 1991 in der Industrie beschäftigt gewesen sein, im staatlichen Bereich (> ÖFFENTLICHER DIENST) und bei den privaten Dienstleistungen jeweils ein Viertel.

Die Wirtschaftskraft in den ehemals getrennten Stadthälften ist derzeit noch sehr unterschiedlich. In Ost-Berlin wurde ersten amtlichen Angaben zufolge im 2. Halbjahr 1990 ein Bruttoinlandsprodukt von rd. 10 Mrd. DM erwirtschaftet, 17 % des gesamten Berliner Ergebnisses. Erbracht wurde das aber von immerhin einem Drittel der Erwerbstätigen Berlins. Diese enormen Leistungsunterschiede zwischen Ost- und West-Berlin spiegeln ein Entwicklungsmuster wider, daß für die gesamte Volkswirtschaft derzeit typisch ist. Die W. im Westen prosperiert, während der Osten mit der Umstellung auf die soziale Marktwirtschaft zu kämpfen hat.

Die W. West-Berlins hat seit dem Fall der > MAUER 1989 sogar noch stärker als die westdeutsche W. Nutzen aus der deutschen > VEREINIGUNG ziehen können. Das reale Bruttoinlandsprodukt wuchs 1991 gegenüber dem Vorjahr um 6 % (Vorjahr: 6,2 %) und damit fast doppelt so stark wie in den alten Bundesländern (3,5 %). 1990 betrug der Vorsprung zwei Prozentpunkte. Der Wachstumsvorsprung resultierte aus der überdurchschnittlichen Nachfrage der Bürger Ost-Berlins und des Berliner Umlands. Insbes. der Handel und die verbrauchsnahen Bereiche der West-Berliner Industrie profitierten davon (> EINZELHANDEL). Am stärksten wuchs das West-Berliner Baugewerbe und darunter speziell das Ausbaugewerbe. Dieses historisch wohl einmalige Wachstum schlug sich auch in steigender Beschäftigung nieder. 1991 stieg die Zahl der Erwerbstätigen in West-Berlin um 46.500 oder 4,8 % (altes Bundesgebiet: 3 %) und damit noch stärker als im Vorjahr an. Demgegenüber ist die wirtschaftliche Leistung in Ost-Berlin weiter geschrumpft. Diese läßt sich zwar nicht quantifizieren, dürfte aber geringer als in den neuen Ländern sein, da hier die Industrie gegenüber den traditionellen Industriegebieten in den Bezirken der DDR relativ schwach vertreten war.

Nach der Öffnung der Grenzen hat sich schnell ein einheitlicher > ARBEITSMARKT gebildet. Die Konkurrenz um den Arbeitsplatz hat deutlich zugenommen. Viele Pendler aus dem Umland und Ost-Berlin haben in West-Berlin einen Arbeitsplatz gefunden, derzeit schätzungsweise 120.000 bis 140.000. Das erklärt, warum in West-Berlin die Arbeitslosigkeit trotz Beschäftigungszuwachs nicht zurückgegangen ist.

II. DIE ENTWICKLUNG BERLINS VON DEN ANFÄNGEN BIS ZUM ENDE DES II. WELTKRIEGS

1. Die mittelalterliche Doppelstadt Berlin/Kölln im 13. bis 16. Jh.
Spätestens um 1230 dürften die beiden 1220-58 gemeinsam regierenden askanischen Markgrafen von Brandenburg Johann I. (1220-66) und Otto III. (1220-67) die bereits seit längerer Zeit bestehenden dörflichen Siedlungen Berlin und > KÖLLN in den Rang einer Stadt erhoben haben (> GESCHICHTE). Die hauptsächlichen wirtschaftlichen Existenzgrundlagen der > BEVÖLKERUNG beider Städte waren Handel, Handwerk und die von fast allen Bürgern betriebene Landwirtschaft. Den im Vergleich zu anderen brandenburgischen Städten schnelleren wirtschaftlichen Aufstieg verdankte die Doppelstadt einmal ihrer günstigen geographischen Lage. Hier, am Spreeübergang, trafen sich mehrere Fernhandelswege, wie etwa der Handelsweg von Magdeburg nach Posen (> VERKEHR). Von besonderer Bedeutung für den Fernhandel waren auch die > WASSERSTRASSEN. Spreeaufwärts wurde Handel bis in die Lausitz getrieben, spreeabwärts über > HAVEL und Elbe bis Hamburg. Mit der Erhebung zur Stadt und der Verleihung verschiedener Privilegien durch die Markgrafen von Brandenburg entwickelte sich rasch ein schwungvoller Fernhandel. Die Städte erhielten die eigene Gerichtsbarkeit, das Marktrecht und v.a. das Stapelrecht, das durchreisende Kaufleute verpflichtete, ihre Waren hier für einige Tage anzubieten oder an die Räte einen hohen Durchgangszoll zu zahlen. Zugleich genossen die heimischen Fernhandelskaufleute weitgehende Zollfreiheiten. Gehandelt wurde, wie aus den Zolltariflisten ersichtlich, mit allen lebensnotwendigen Gütern.

Handelsbeziehungen wurden mit allen wichtigen europäischen Handelszentren gepflegt, sie reichten bis zum Mittelmeerraum, bis nach Osteuropa und bis zum Orient. 1307 einigten sich Berlin und Kölln auf eine gemeinsame Stadtverwaltung und schufen somit die Voraussetzung für den Aufstieg der Stadt zum wirtschaftlich-politischen Mittelpunkt der Mark Brandenburg. 1359 wurde Berlin/Kölln Mitglied der Hanse. 1369 erwarb der Rat das bis dahin ausschließlich den > LANDESHERREN vorbehaltene Münzrecht. Damit befreite sich die Doppelstadt von den seit Beginn des 13. Jh. immer stärker werdenden Abgabepflichten an den feudalen Münzherren und stabilisierte ihre bis dahin unsichere Finanzlage. Ende des 14. Jh. war Berlin/Kölln eine wohlhabende Stadt. Davon zeugt der umfangreiche Besitz der reichen Patrizierfamilien in den umliegenden > DÖRFERN, der nicht nur aus Grund und Boden bestand, sondern auch aus verschiedenen Rechten wie Gerichtsbarkeit, Spann- und Wagendienste sowie der Erhebung von Pacht und Zins. Der zweite Kurfürst der Hohenzollern, Friedrich II. Eisenzahn (1440-1470), nutzte geschickt die innerstädtischen Auseinandersetzungen zwischen Berlin und Kölln sowie zwischen aufstrebender Bürgerschaft und Handwerkern einerseits und patrizischem Rat andererseits und nahm der Doppelstadt faktisch ihre städtische Selbständigkeit: Bürgermeister und Rektoren mußten vom Kurfürsten bestätigt werden; die Gerichtsbarkeit, das Niederlassungsrecht, andere Handelsprivilegien wie der Torzoll waren der Stadt entzogen und das Vermögen der Bürger weitgehend konfisziert. Der bewaffnete Aufstand der Berliner Bürger 1448, der sog. Berliner Unwille, blieb erfolglos. Damit fand der über zwei Jahrhunderte erfolgte Aufstieg Berlins von einer kolonialen Handelsniederlassung zu einer selbstbewußten und wohlhabenden Stadt eine jähe Unterbrechung. Drei Jahre später gab Friedrich II., ständig in Geldnot, vielen enteigneten Patriziern die Möglichkeit, ihre alten Besitzungen zurückzuerwerben. Sie traten dafür vielfach in seine Dienste.

Mit Johann Cicero, der – kaum 15jährig – ab 1470 als Statthalter seines Vaters Albrecht Achilles eingesetzt wurde und dann von 1486-99 Kurfürst war, wurde die städtefeindliche Politik fortgesetzt und die Privilegien der Städte und damit ihre finanzielle Basis immer mehr zugunsten des Adels abgeschafft. Erstmals wurde eine allgemeine Steuer zur Tilgung der hohen Landesschulden erlassen und harte Sittengesetze eingeführt. Johann Cicero machte zugleich als erster Hohenzoller das Mitte des Jahrhunderts errichtete > STADTSCHLOSS in Kölln zu seinem ständigen Aufenthaltsort. Auch unter der Regentschaft Joachim I. (1499-1535) wurden Stadtrechte, wie die Bestätigung von Gewerksstatuten oder die Marktrechte, der Stadt entzogen. Kurfürst Joachim II. (1535-1571) bestimmte die Stadt als ständige Residenz der brandenburgischen Kurfürsten und ließ das Stadtschloß zu einem prächtigen Renaissance-Schloß ausbauen; da ihm jedoch zur Bezahlung seiner Extravaganzen die Mittel fehlten, trieb er mit seiner sprichwörtlichen Verschwendungssucht viele Berliner Kaufleute und Handwerker in den Ruin.

2. Der Ausbau Berlins zur kurfürstlichen Residenzstadt
bis zur Mitte des 17. Jh.

Mit der Bestimmung Berlins zur kurfürstlichen Residenzstadt trat es in die zweite Periode seiner Entwicklung ein. Sie umfaßte den Zeitraum von 1540 bis zum Regierungsantritt des Großen Kurfürsten kurz vor Ende des Dreißigjährigen Krieges 1648. Die Stadt wurde das politische, administrative, wirtschaftliche und kulturelle Zentrum des entstehenden brandenburgischen, ab 1618 des brandenburgisch-preußischen Staates. In wirtschaftlicher Hinsicht war damit zunächst jedoch ein Rückschritt verbunden, zumindest was die Fernhandelskaufleute betraf. Sie verloren v.a. die Monopolstellung im Getreidehandel, der vom Kurfürsten dem Adel übertragen wurde. Ein Teil der wohlhabenden Kaufleute verließ die Stadt, andere wiederum stellten sich auf die Luxusbedürfnisse des Hofes ein, wurden Beamte und nicht selten auch die Geldgeber des Kurfürsten. Damit verbunden waren häufig hohe finanzielle Verluste.

Relativ stabil entwickelte sich dagegen mit zunehmender Arbeitsteilung und wachsenden Bedürfnissen der Aufschwung des Handwerks. 1571 kam der Schweizer Leonhard Thurneysser in die Stadt, ein vielseitiger Wissenschaftler und Unternehmer, der mit seinen Leistungen Berlin erstmals in ganz Europa bekannt machte. 1572 eröffnete er im > GRAUEN KLOSTER eine Druckerei, die er bald um eine Schriftgießerei und eine Werkstatt für Holzschmiede- und Kupferstichkunst erweiterte. Dieses Unternehmen genoß bald europaweiten Ruf. Er betätigte sich zudem u.a. als Leibarzt des Kurfürsten, Alchimist, Geldverleiher sowie Teppichweber und gründete eine Silberschmiede, Salz- und Gipswerke sowie eine Glashütte. Die Druckerei wurde nach dem Tode Thurneyssers weitergeführt, dort erschienen die ersten gedruckten Zeitungen Berlins. Die erste erhaltene Ausgabe stammt aus dem Jahre 1617 (> PRESSE).

Mit dem Prager Fenstersturz begann 1618 der Dreißigjährige Krieg. Zur Finanzierung des Krieges wurden im Laufe der Jahre verschiedene Steuern und Abgaben erhoben: 1620 die allgemeine Kopfsteuer, 1627 eine spezielle Kriegssteuer, die Kontribution, 1631 die Akzise, eine indirekte Verbrauchssteuer, und 1637 die doppelte Metze, eine Abgabe auf Korn und Malz. Diese hohen Belastungen, die Zerstörungen durch den Krieg, Truppeneinquartierungen sowie verschiedene Pest-, Ruhr- und Pockenepidemien zerrütteten die Wirtschaftskraft der Stadt vollständig und dezimierten die Einwohnerzahl auf etwa 6.000, die Hälfte des Bestandes von 1619.

3. Der preußische Merkantilismus Mitte des 17. bis Anfang des 19. Jh.

Der Regierungsantritt des Kurfürsten Friedrich Wilhelm (1640-88), des Großen Kurfürsten, markierte den Beginn einer neuen Epoche Berlins. Unter der Regentschaft des neuen Kurfürsten, der seine Vorgänger an Bildung, Energie und praktischem Verstand weit überragte, konnte Brandenburg seinen Besitz an Ländereien im Westfälischen Frieden (1648) nahezu verdoppeln. Das bedeutete zugleich das Ende der Mark Brandenburg als regional begrenztes Gemeinwesen. In dieser Phase, die bis zur Kapitulation Preußens vor Napoleon im Jahre 1806 reichen sollte, errang das Kurfürstentum Brandenburg und später das Königreich Preußen die Bedeutung einer europäischen Großmacht. Dieser Staat war gekennzeichnet durch kolonialistische Machtausübung, zentralisierte Verwaltung, die Schaffung eines stehenden Heeres und merkantilistische Wirtschaftspolitik. Berlin wurde zur Garnisons- und Festungsstadt, Sitz des immer umfangreicher werdenden Verwaltungsapparates und politisches sowie kulturelles Zentrum.

Die W. der Stadt erholte sich zunächst nur langsam von den Kriegsfolgen. Wesentliche Impulse gingen von der Bestimmung Berlins zur Garnisionsstadt (1657) und von ihrem Ausbau zur Festung aus (1658-83), was für Handwerker, Hof- und Armeelieferanten neue Verdienstmöglichkeiten bedeutete (> STADTMAUER). Zum wirtschaftlichen Aufschwung kam es v.a. durch den Bau des *Oder-Spree-Kanals* (1662-68), der eine durchgehende Wasserstraße von Breslau über Berlin nach Hamburg herstellte (> VERKEHR). Berlin nahm damit eine Vorrangstellung bei der Verkehrsanbindung in Deutschland ein und wurde zum Mittelpunkt des Speditionshandels zwischen Oder und Elbe.

Die Wirtschaftspolitik Brandenburg-Preußens war wie die der meisten Territorialstaaten dieser Zeit national orientiert und suchte die Macht und Wohlfahrt des Staates zu fördern. In der preußischen Variante des Merkantilismus ging es anfangs um eine expansive Bevölkerungspolitik für das vom Krieg entvölkerte Land (> Bevölkerung). Dies begünstigte die wirtschaftliche Entwicklung ganz erheblich, da die Einwanderung zahlungskräftiger, tüchtiger ausländischer Handwerker, Gewerbetreibender etc. insbes. aus dem weiterentwickelten Frankreich gefördert wurde. Dem Einwanderungsedikt von 1661 folgten vor allem niederländische Gärtner und Landwirte. Mit dem Edikt von 1671 kamen 40 bis 50 wohlhabende österreichische jüdische Familien nach Berlin. Ab 1685 brachten die *Hugenotten* über 40 bis dahin in Berlin nicht bekannte Berufe in die Stadt, wodurch auch die bereits hier ansässigen Handwerker ihre Fähigkeiten erweiterten. Die Hugenotten führten den mechanischen Webstuhl in Berlin ein (1687), der bei der Strumpf-, Mützen- und Hosenherstellung eine 10- bis 15fache Produktionssteigerung brachte. 1677 erfand der aus einer böhmischen Glasmacherfamilie stammende Johann Kunckel das nach ihm benannte rote Kunckel- oder Rubinglas.

Das zweite Standbein des preußischen Merkantilismus war die Förderung des heimischen Gewerbes. Bereits 1654 wurde ein Einfuhrverbot für Kupfer- und Bleierzeugnisse erlassen, 1658 folgten ähnliche Verbote für Glaswaren. 1660 für Tucherzeugnisse und in den 60er und 70er Jahren für Eisen- und Stahlprodukte. Im Zuge dieser Entwicklung entstand 1678 der erste Berliner und brandenburgische Textilbetrieb und die erste Fayencenmanufaktur, ein Jahr später nahm an der > Jungfernbrücke die erste Zuckersiederei ihre Produktion auf. Im darauffolgenden Jahr richtete Jakob Mercier in einem Seitengebaude des kurfürstlichen Stalls die erste Manufaktur für gewirkte Tapeten ein, 1683 wurde in der Dorotheenstadt an der > Spree die erste Berliner Werft, der kurfürstliche Schiffbauhof, angelegt. Zur Leitung der Handels- und Manufakturangelegenheiten wurde 1684 ein „Commercien-Collegium" gebildet, dem auch einige Kaufleute Berlins angehörten. 1686 erhielt der Kaufmann Johann Andreas Kraut die Konzession zur Errichtung einer Gold- und Silbermanufaktur, die im Laufe des 18. Jh. zur bedeutendsten Manufaktur Berlins wurde.

Unter Friedrich Wilhelm I. (1713-1740) wurde das merkantilistische System weiter ausgebaut, um das politische und militärische Machtstreben auf eine sichere finanzielle und wirtschaftliche Grundlage zu stellen. Dies geschah zum einen durch den Auf- und Ausbau einer einheitlichen staatlichen Verwaltung, insbes. eines geordneten Finanzwesens, zum anderen durch vielfältige protektionistische Maßnahmen zur Förderung von Rohstoff- und Fertigwarenproduktion und Handel. Den Aufbau der eigenen Fertigwarenproduktion sollte ein nahezu lückenloses Schutzsystem, das sogenannte „Fabrikensystem", erleichtern. Dazu wurden Einfuhrverbote für ausländische Konkurrenzprodukte ausgesprochen, hohe Zölle für nicht verbotene Waren erhoben, sowie das Gewerbe direkt durch finanzielle Hilfen des Königs (Sachleistungen, Zuschüsse, Darlehen und laufende Zahlungen) und Absatzhilfen (Gewährung von Absatzprivilegien, insbes. Monopolrechten) begünstigt. So wurde 1717-22 eine große Anzahl von Kommerz-, Gewerbe- und Zollordnungen, Akzisetarifen sowie Aus- und Einfuhrverboten erlassen. Bspw. wurden die Ausfuhr von Rohwolle (1718) sowie die Einfuhr von Baumwolle (1721) und Getreide (1722) verboten.

Die Herausbildung Berlins als Gewerbestandort wurde auch dadurch begünstigt, daß das Reglement von 1718 auf dem Lande keine Manufakturen zuließ, sondern nur bestimmte Handwerker wie Schmiede, Hütter, Zimmerleute etc. Weitere Manufakturen entstanden im Gefolge dieser Politik: 1723 Berlins erste Wollzeugmanufaktur, gegründet vom Schweizer Johann Georg Wegely, die in der zweiten Hälfte des Jh. die erste große unabhängige Textilmanufaktur wurde, und 1730 die erste Samt- und die erste Seidenmanufaktur.

Friedrich II. (1740-1786) setzte die Politik seines Vaters fort und richtete 1740 ein spezielles Departement für „Kommerzien-, Manufaktur- und Fabriksachen" ein, das die Aufgabe hatte, vorhandene Manufakturen zu fördern und neue zu schaffen. Er ließ auch den verfallenen *Finowkanal* wiederherstellen (1743-46) und verbesserte damit die Verkehrsanbindung Berlins an Oder und Elbe ganz wesentlich. Auch die Gründung der Königlichen Porzellanmanufaktur 1757 geht auf seine Initiative zurück.

Insg. gesehen hat der Merkantilismus beim Aufbau einer eigenständigen W. entscheidende Starthilfen geleistet und wichtige Produktionszweige gestärkt oder bis zu ihrer Wettbewerbsfähigkeit vor ausländischer Konkurrenz abgeschirmt. Unübersehbar waren jedoch auch andere charakteristische Merkmale wie Reglementierungssucht, aufgeblähte Bürokratie und die im allgemeinen geringe Effizienz von Anweisungen, was die wirtschaftliche Entwicklung eher behinderte als förderte. Dies zeigte sich immer deutlicher in den letzten Regierungsjahren Friedrichs des Großen. Dennoch hielten auch seine Nachfolger an diesem System der Staatswirtschaft fest.

Anfang des 19. Jh. bestimmte nicht nur die Funktion von Hauptstadt, Garnison und Verwaltungszentrum den Charakter der Stadt. Berlin war auch zu einem der großen Wirtschaftszentren Mitteleuropas herangewachsen, in erster Linie aufgrund der Entwicklung des Gewerbes und der Manufakturen. Von 1781-1801 stieg die Zahl der dort Beschäftigten von 19.000 auf knapp 36.000, etwa ein Viertel der Bevölkerung. Mehr als die Hälfte der Arbeiter war in der Textilherstellung beschäftigt und Berlin damit die größte Textilstadt Deutschlands. Weitere wichtige Branchen waren das Bekleidungs- und das Metallgewerbe. Berlin wurde darüber hinaus zu einem der bedeutendsten deutschen Bankplätze (> Börse). Dank der Aktivitäten der vielen Buchhandlungen und Druckereien hatte sich Berlin im letzten Drittel des 18. Jh. auch zu einem der bedeutendsten deutschen Verlagsorte entwickelt und nahm zuletzt nach Leipzig den zweiten Rang ein. Der Handel hatte zwar auch einen deutlichen Aufschwung erlebt, erreichte jedoch nicht die Position der führenden Hafen- und Messestädte wie Amsterdam, Hamburg, Frankfurt/M. oder Leipzig.

Beim Übergang zum 19. Jh. waren in der Stadt schon die ersten Vorboten der industriellen Entwicklung Berlins erkennbar: 1795 wurde in einer Baumwollmanufaktur erstmals eine aus England stammende Dampfmaschine eingesetzt, 1800 eine weitere in der KPM, 1799 errichtete der Schlosser Johann Casper Hummel die Hummelsche Maschinenbauanstalt und schließlich nahm 1804 die *Königliche Eisengießerei* mit englischen Öfen ihre Produktion auf. Sie wurde damit die Keimzelle des Berliner Maschinenbaus (1874 geschlossen; > Fer de Berlin).

4. Preußische Reformen und der Aufstieg Berlins zur Industriestadt im 19. Jh.

Die Kapitulation Preußens vor Frankreich in der Schlacht von Jena und Auerstedt 1806 und der ihr folgende Zusammenbruch bedeuteten das Ende des friderizianischen Preußens. Dies hatte auch für Berlin einschneidende Konsequenzen. Der Rumpfstaat hatte zwar seine alte > HAUPTSTADT behalten, wurde aber noch bis Ende 1809 von Königsberg aus regiert. Das besetzte Berlin verwaltete eine von den Franzosen eingesetzte Behörde, deren wesentliche Aufgabe darin bestand, die hohen Forderungen der Siegermacht erfüllen zu helfen. Industrie und Handel waren ruiniert, der Geld- und Kreditmarkt zerrüttet, Arbeitslosigkeit und Armut nahmen zu. Auch nach dem Abzug der Besatzungstruppen 1808 besserten sich die wirtschaftlichen Verhältnisse nur unwesentlich, da weiterhin hohe Kontributionszahlungen zu leisten waren.

Spätestens mit dem Zusammenbruch Preußens wurde die Notwendigkeit von Reformen deutlich, um Staat und Gesellschaft lebensfähig zu erhalten. Schon 1807 begann einer der Protagonisten der preußischen Reformen, Staatsminister Freiherr Heinrich Friedrich Karl vom und zum Stein mit der Durchführung seiner Reformpläne (> GESCHICHTE). Von wirtschaftlicher Bedeutung war das Oktober-Edikt. Es löste die Berufswahl von den Standesschranken; damit war eine wichtige Voraussetzung für den in den nächsten Jahrzehnten einsetzenden starken Zuwanderungsstrom nach Berlin geschaffen (> BEVÖLKERUNG). Das zweite Reformgesetz, die Städteordnung von 1808, schaffte die Gemeindeselbstverwaltung und gab der Stadt die Autonomie im Finanzwesen (> MAGISTRAT).

Die zweite Phase der preußischen Reformen setzte 1810 mit der Ernennung Karl August v. Hardenbergs zum Staatskanzler ein, der stärker als Stein der Aufklärung verhaftet war. Der wirtschaftspolitischen Grundidee der Reformer um Hardenberg zufolge sollten allgemeine *Gewerbefreiheit* und fast uneingeschränkte Handelsfreiheit das Wirtschaftsleben radikal von allen Behinderungen befreien. Ziel war es aber auch, dem Staat neue Steuerquellen zu eröffnen. Seit dem Gewerbesteuer-Edikt von 1810 konnte jedermann ein beliebiges Gewerbe betreiben, sofern er die neu eingeführte Gewerbesteuer im voraus bezahlte. Der Zunftzwang war abgeschafft. Die auch in der Folgezeit – trotz teils massiver Proteste – aufrechterhaltende Freigabe der Gewerbe ermöglichte die Entfaltung privater Initiativen in Berlin, wie sie in einer zünftigen Wirtschaftsverfassung wohl nicht denkbar gewesen wäre. 1812 folgte das Edikt zur Emanzipation der Juden, denen bislang im wesentlichen nur die Handelsberufe offengestanden hatten. Das letzte Reformgesetz, das Zollgesetz von 1818, hob sämtliche Binnenzölle innerhalb Preußens auf und belegte Importwaren mit vergleichsweise niedrigen Zöllen.

Im Rahmen dieser neuen, prinzipiell liberalen Wirtschaftspolitik setzte sich bald die Auffassung durch, mit Hilfe flankierender Maßnahmen die Konkurrenzfähigkeit der W. zu fördern und zu erhalten. War Berlin im 18. Jh. der bevorzugte Ort merkantilistischer Wirtschaftspolitik, so genoß die Stadt mit der beginnenden industriellen Revolution in Deutschland in der ersten Hälfte des 19. Jh. die besondere Unterstützung im Rahmen der preußischen Gewerbepolitik. Unter der Leitung von Geheimrat Peter Christian Wilhelm Beuth (ab 1818) entwickelte sich die staatliche *Gewerbeförderung* zu einem vielgliedrigen und effektiven System indirekter Industriepolitik. Beuth wirkte führend an der Ausarbeitung des Patentgesetzes von

1815 und der Zollgesetze von 1818 mit, gründete 1821 den Verein zur Beförderung des Gewerbefleißes in Preußen sowie die Technische Schule, wurde Direktor der Technischen Deputation, der Bauschule sowie des 1821 gegründeten königlichen Gewerbinstituts, einer technischen Lehranstalt mit verschiedenen Laboratorien und einer Modellwerkstatt. 1879 wurde diese Anstalt in die Technische Hochschule > CHARLOTTENBURG, die heutige > TECHNISCHE UNIVERSITÄT BERLIN, überführt. Man erkannte die grundlegende Bedeutung des *Maschinenbaus* und konnte 1815 zwei Brüder der bekannten englischen Unternehmerfamilie Cockerill dafür gewinnen, in Berlin einen Betrieb für Textilmaschinen und eine Wollspinnerei zu gründen, der als erstes Berliner Unternehmen mit Dampfkraft betrieben wurde. Sie verpflichteten sich, Maschinen und Werkzeuge zur Wollfabrikation anzufertigen und ihre praktische Anwendung zu demonstrieren. 1815 gründete Georg Christian Freud in der Mauerstr. ein Maschinenbauunternehmen und stellte dort 1816 die erste funktionstüchtige deutsche Dampfmaschine her. Im selben Jahr baute die Königliche Eisengießerei die erste Dampflokomotive des Kontinents. 1821 gründete Franz Anton Egells – nach der Rückkehr von ausgedehnten, staatlich geförderten Studienreisen in England und Frankreich – seine Maschinenfabrik in der Mühlenstr. vor dem Stralauer Tor, die als die eigentliche Keimzelle der Berliner Maschinenbauindustrie gilt und bereits zehn Jahre später der führende Maschinenbaubetrieb der Stadt war. Hier und ab 1826 in der Chausseestr. wurden neben Dampfmaschinen auch Textil- und Landmaschinen produziert. Bei Egell war auch August Borsig tätig, bevor er sich 1837 selbständig machte (> BORSIGHAUS; > BORSIGWERKE).

Die Ausgangsposition Berlins zu Beginn der industriellen Revolution in Deutschland war nicht nur deswegen günstiger, weil die Stadt im Mittelpunkt der preußischen Wirtschaftspolitik stand. Hinzu kam, daß Berlin im Gegensatz zu den meisten anderen norddeutschen Städten schon vorher ein bedeutendes Manufakturzentrum gewesen war und auf eine gewerbliche Tradition aufbauen konnte. Als Interessenvertretung der Kaufleute und Industriellen wurde 1820 die Korporation der Kaufmannschaft von Berlin gegründet, die bis 1920 die Funktion einer Handelskammer ausübte und ein Vorläufer der heutigen > INDUSTRIE- UND HANDELSKAMMER war.

Der Maschinenbau entwickelte sich in den folgenden zwei Jahrzehnten zur Berliner Schlüsselindustrie, ihr Aufschwung wurde beschleunigt durch den Bau der > EISENBAHN ab 1838. Bereits 1844 war die Stadt zum Zentrum des norddeutschen Netzes geworden (> VERKEHR). 1852 gründete Louis Schwartzkopff an der Stettiner Bahn eine Eisengießerei und Maschinenfabrik, die ab 1860 v.a. Eisenbahnmaterial produzierte und durch den 1867 begonnenen Bau von Lokomotiven bald Weltruf erlangte.

Gemessen an der Beschäftigtenzahl nahm jedoch das aufstrebende *Bekleidungsgewerbe* den ersten Rang ein, das 1849 ein Fünftel aller Arbeiter Berlins beschäftigte. Die Stadt verfügte über ein entsprechend großes Arbeitskräftereservoir und zugleich über einen aufnahmefähigen Markt. Bereits 1837 begann die industrielle Produktionsweise von Konfektionsware. Die Gebrüder Mannheimer ließen als erste Damenmäntel konfektionsmäßig herstellen. Die Anfänge der *chemischen Industrie* (Pharmazeutika und kosmetische Präparate) gehen ebenfalls auf diese Zeit zurück. Demgegenüber nahm die Bedeutung der *Textilindustrie* stetig ab, zum einen, weil sie dem Konkurrenzdruck der nach Aufhebung der Kontinentalsperre hereinströmenden preiswerten englischen Stoffe nicht mehr gewachsen war, zum anderen, weil sie in das kostengünstigere brandenburgische Umland abwanderte. Die *Elektroindustrie* – ihr Beginn wird in der Gründung der Firma Siemens & Halske 1847 in der Schöneberger Str. nahe des > Anhalter Bahnhofs im heutigen Bezirk > Kreuzberg gesehen – steckte noch in den Anfängen. Siemens & Halske produzierten anfänglich Telegraphenanlagen und Telefone. 1867 aber stellte Siemens in der Akademie der Wissenschaften die erste betriebsreife Dynamomaschine vor. Damit war der Grundstein zu Berlins späterem Ruf als Zentrum der Elektro- und speziell der Starkstromtechnik gelegt. In diesem Jahr erwarb auch Emil Rathenau die Webersche Maschinenfabrik in der Chausseestr., in der bald nach der Patentübernahme von der Edison-Gesellschaft elektrische Beleuchtungsgeräte hergestellt wurden und mit der der Grundstein für die Entwicklung der AEG gelegt wurde.

Mit dem Zuwachs an Macht und Raum und der nach dem Sieg über Österreich (1866) errungenen Vorherrschaft Preußens in Deutschland wuchs auch die Anziehungskraft Berlins. Nicht nur Berlin, auch das Umland profitierte vom Zuwanderungsstrom. 1861 wurden > Moabit, > Wedding und Teile von > Schöneberg und > Tempelhof eingemeindet, das Berliner Stadtgebiet erweiterte sich dadurch um zwei Drittel (> Stadterweiterung). Das schnelle Wachstum Berlins stellte auch erhöhte Anforderungen an die kommunale Infrastruktur. Das innerstädtische Verkehrsnetz wurde insbes. mit der Einführung der Pferdebahn als Massenverkehrsmittel Mitte der 60er Jahre deutlich ausgedehnt (> Strassenbahn). 1847 begann die öffentliche Straßenreinigung (> Abfallwirtschaft), 1856 nahm das erste Wasserwerk seinen Betrieb auf, und 1873 wurde die Anlage der Kanalisation beschlossen (> Wasserversorgung/Entwässerung).

5. Berlin als Reichshauptstadt, Industrie- und Dienstleistungszentrum des Deutschen Reiches

Die Bestimmung Berlins zur > Hauptstadt des 1871 gegründeten Deutschen Reiches, der forcierte Ausbau des Eisenbahnnetzes mit Berlin als Verkehrsknotenpunkt Mitteleuropas (> Eisenbahn; > Verkehr) sowie die verstärkte Industrialisierung Deutschlands während der *Gründerjahre* (1871-94) förderten das weitere Wachstum der Stadt. Berlin blieb nicht nur Schwerpunkt des *Maschinenbaus* und der *Bekleidungsindustrie*, sondern entwickelte sich auch zum größten Standort der deutschen *Elektroindustrie*. Lebten in Berlin 1871 noch 932.000 Einwohner, so hatte sich der Bevölkerungsstand bis zur Jahrhundertwende verdreifacht, bis 1910 sogar vervierfacht (3,7 Mio. Einwohner; > Bevölkerung).

Das stürmische Wachstum der Industrie führte zu einer spürbaren Verknappung der Flächen. Um 1882 setzte deshalb die erste Randwanderung der Industrie ein. Unternehmen wurden aus Alt-Berlin v.a. nach Wedding, Moabit, > Charlottenburg, > Lichtenberg und das Gelände vor dem Schlesischen Tor verlagert, neue Unternehmen siedelten sich vorwiegend dort an. Die neuen Standorte befanden sich in der Regel nahe der 1877 eröffneten > Ringbahn. Bereits in den 90er Jahren setzte die zweite Randwanderung der Industrie ein. Vorausgegangen war der Bau von Vorortbahnen parallel zu den Fernbahntrassen, die die verkehrliche Anbindung sicherstellten. Als neue Industriestandorte bildeten sich > Tegel, > Wittenau, > Siemensstadt, > Haselhorst, > Reinickendorf, > Rosenthal, Lichtenberg, > Rummelsburg, > Ober- und > Niederschöneweide, > Adlershof, > Johannisthal, > Tempelhof und > Marienfelde heraus.

Die mit dem I. Weltkrieg einsetzende Umstellung der W. auf Kriegsbedingungen (Bewirtschaftung von Rohstoffen und Nahrungsmitteln, staatliche Eingriffe in die Produktion und in den Arbeitsmarkt) wirkte sich auch auf die Berliner Industriestruktur aus. Zwischen 1913-18 nahmen Betriebe und Beschäftigung nur noch in den kriegswichtigen Sparten Metallverarbeitung, Maschinenbau und in Teilen der Chemie kräftig zu. Gleichzeitig konnten bestimmte Teile von Preußen (Ruhrgebiet, Sachsen) und Berlin-Brandenburg gegenüber den anderen Regionen Deutschlands an Bedeutung gewinnen, weil hier die kriegswichtigen Industrien besonders stark vertreten waren.

Auch nach dem I. Weltkrieg blieb Berlin Zentrum des deutschen Wirtschaftslebens. Im Jahr 1925 – dem zweiten Jahr der Aufschwungsphase von 1924-29 – beschäftigten rd. 300.000 gewerbliche Betriebe 1,7 Mio. der 2,3 Mio. Erwerbstätigen der Vier-Millionen-Stadt. Damit entfielen auf Berlin 8,5 % aller Betriebe und 9,3 % der beschäftigten Personen in Deutschland, während die Berliner nur knapp 7 % der Gesamtbevölkerung ausmachten. Dabei fanden die wirtschaftlichen Aktivitäten in Berlin auf engstem Raum statt: Die Fläche der Rheinprovinz, einer Region, die vor Berlin einen nur geringen Vorsprung in der wirtschaftlichen Bedeutung hatte, betrug das 28fache der Fläche der Reichshauptstadt.

In Industrie und Handwerk waren 51 % der Erwerbstätigen beschäftigt, im Handel und Verkehr 30 % und in der öffentlichen Verwaltung 8 %. Berlin war nicht nur größte Industriestadt geworden, sondern auch Zentrum von > HANDWERK, *Handel* und *Banken* (> BÖRSE).

Im stärksten Industriezweig, der *Metallindustrie*, waren 1925 ca. 400.000 Personen tätig, 12 % der in der gesamten deutschen Eisen- und Metallindustrie arbeitenden Belegschaft. Für die wachstumsträchtige *Elektroindustrie* – eine der beiden Untergruppen der Metallindustrie – war Berlin das Zentrum. Hier arbeiteten 41 % aller in dieser Branche Tätigen Deutschlands. Auch in der zweiten Untergruppe, dem *Maschinenbau*, war die Konzentration auf Berlin überdurchschnittlich hoch (9 %). Weitere wichtige Branchen waren die *Bekleidungsindustrie* (210.000 Beschäftigte, 14,5 % aller in Deutschland Beschäftigten), die *Bauwirtschaft* (105.000), das *Nahrungs- und Genußmittelgewerbe* (85.000) und das *Vervielfältigungsgewerbe* (74.000). Berlin war führend in der *Filmindustrie* (> FILM) und einigen konsumnahen Zweigen, so bspw. der *Möbelindustrie*. Es stand mit seinen Brauereien an zweiter Stelle hinter München, mit seiner Zigarettenproduktion hinter Dresden. Berlin war zugleich mit 68.000 Betrieben und 185.000 Arbeitnehmern (Angaben für 1927) größte Handwerks- und mit 122.000 Betrieben und 444.000 Beschäftigten größte Handelsstadt Deutschlands.

Die Stadt wurde zum Zentrum des deutschen Geldverkehrs mit internationaler Bedeutung: In über 3.200 Bankniederlassungen waren 50.000 Angestellte tätig, etwa ein Viertel aller im deutschen Geld-, Bank- und Börsenwesen Beschäftigten. Die wirtschaftliche Konzentration auf Berlin kam auch darin zum Ausdruck, daß drei Viertel der deutschen Aktiengesellschaften und ein Drittel der Gesellschaften mit beschränkter Haftung hier ansässig waren. Schließlich hatten 62 % der beruflichen Interessenverbände ihren Sitz in der Reichshauptstadt.

Die Stadt war Mittelpunkt eines nationalen und internationalen Verkehrsnetzes, als europäischer Eisenbahnknotenpunkt von elf Hauptlinien, als internationaler Binnenhafen – auch für den Transitverkehr – mit Kanalverbindungen zu den deutschen Seestädten und den mitteldeutschen Kohlerevieren (> WASSERSTRASSEN) und als

„Luftkreuz Europas" mit Anschluß an alle Wirtschaftszentren der Erde (> Luftverkehr).

Mit der zunehmenden Bedeutung Berlins nahm auch der Bedarf von Bevölkerung
und W. an Energie, Wasser und Verkehrsmitteln sprunghaft zu. Dies zwang die
kommunale Selbstverwaltung, die diese und andere Infrastrukturleistungen
traditionsgemäß erbrachte, zu verstärkter wirtschaftlicher Betätigung. Ende der 20er
Jahre waren dort schätzungsweise 60.000 Arbeitnehmer tätig. Der finanzielle Ertrag
der städtischen Betriebe war beachtlich, mit ihm wurden jährlich bis zu 17 % des
städtischen Haushalts finanziert. Die städtischen Betriebe galten in der konjunk-
turellen Aufschwungsphase von 1924-29 als beste Sicherheit für in- und ausländische Anleihegeber (> Berliner Verkehrs-Betriebe (BVG); > Berliner Kraft- und Licht
(BEWAG) Aktiengesellschaft; > Berliner Wasser-Betriebe (BWB); > Berliner Stadtreinigungs-Betriebe (BSR); > Berliner Gaswerke (GASAG); > Eigenbetriebe). Dieser
Aufschwung (finanziert durch einen Strom ausländischen Kapitals) basierte in der
Hauptsache auf Zuwächsen beim Export. Er blieb allerdings aufgrund der mangelnden Investitionsbereitschaft der Unternehmer eine Scheinblüte.

Inflation und Weltwirtschaftskrise bedeuteten einen tiefen Einschnitt für das
Wirtschaftsleben Berlins. Ende 1923 wurden in der Stadt bei 4 Mio. Einwohnern
235.000 Arbeitslose gezählt. Die hohe Inflationswelle wurde mit der Einführung der
Reichsmark 1923 gemeistert, die Arbeitslosigkeit nahm dagegen dramatische Ausmaße an. Tausende von Firmen mußten bis in die beginnenden 30er Jahre schließen,
1932 gab es über 600.000 registrierte Arbeitslose.

In der Zeit des Nationalsozialismus erreichte Berlin 1943 mit fast 4,5 Mio. Menschen die höchste Einwohnerzahl seiner Geschichte. Dazu beigetragen hatten v.a.
der starke Ausbau des Verwaltungsapparates und die fortschreitende Konzentration der Wirtschaftsunternehmen auf Berlin. Bis 1939 nahm auch das Gewicht der
Dienstleistungsfunktion von Berlin noch deutlich zu. 46 % der mehr als 2,2 Mio.
Erwerbstätigen der Stadt waren in den Bereichen öffentliche *Dienstleistungen* sowie
Handel und Verkehr tätig, im Reichsdurchschnitt waren es dagegen nur 28 %. Aber
auch der produzierende Bereich behielt sein über dem Durchschnitt des Landes liegendes Gewicht (48 % aller Erwerbspersonen). Den Angaben des Industriezensus
von 1936 zufolge trug Berlin knapp 8 % zum gesamten Absatz im Reichsgebiet bei.
Gemessen am Anteil der Einwohner Berlins an der Gesamtbevölkerung von 6 % war
die Konzentration also um ein Drittel höher. Rd. die Hälfte der 575.000 1936 in der
Industrie Beschäftigten war in Unternehmen der *Elektroindustrie*, der *Bekleidungsindustrie*, des *Maschinenbaus* und der *Druckindustrie* tätig. Die weitaus größte Bedeutung für Berlin hatte die elektrotechnische Industrie, auf die damit die Hälfte der
gesamten deutschen Produktion und der Beschäftigung entfiel. Andere Branchen
erreichten ebenfalls weit überdurchschnittliche Produktionsanteile, so die Bekleidungsindustrie, das Druckgewerbe (gut ein Drittel bzw. ein Viertel der Gesamtproduktion) die Feinmechanik und die Werkzeugmaschinenindustrie (jeweils ein
Fünftel). Verglichen mit den Angaben für 1925 hat die Konzentration auf Berlin in
den größten Branchen noch zugenommen.

Dies hatte auch mit der Umstellung der Wirtschaft auf die Kriegsproduktion zu
tun. Berlin wurde zur Waffenschmiede des Reiches. Die für die Rüstung wichtigen
Großbetriebe wurden gefördert und mit Rohstoffen und staatlichen Aufträgen versorgt. Hier waren auch die meisten der zur Arbeit gezwungenen Juden, der ande-

ren rassisch sowie politisch Verfolgten und der Kriegsgefangenen tätig. Ein Jahr vor Kriegsende arbeiteten gut 380.000 Zwangsarbeiter in den Berliner Rüstungsbetrieben. Viele der Klein- und Mittelbetriebe, v.a. der Konsumgüterindustrie, überlebten die Folgen der Zwangsbewirtschaftung nicht. Jüdische Betriebe, viele davon erfolgreich und weltbekannt, wurden enteignet und zu günstigen Konditionen an Deutsche übertragen. Sofern die Eigentümer die Zeit des Nationalsozialismus überlebten, wurde ihnen dieses Eigentum in West-Berlin zum großen Teil wieder zurückgegeben (z.B. > Ullsteinhaus) bzw. eine Entschädigung gezahlt. Für Ost-Berlin konnten diese Ansprüche erst nach der > Vereinigung angemeldet werden und behindern derzeit noch als ungeklärte Rechtsfälle einen schnellen Wiederaufbau (> Landesamt zur Regelung offener Vermögensfragen). In den Fällen enteigneten jüdischen Besitzes, in denen Eigentümer bzw. deren Erben nicht mehr ermittelbar sind, bemüht sich die Organisation „Conference on Jewish Material Claims against Germany" um Entschädigungszahlungen zugunsten des Staates Israel. Nach Schätzungen könnten 3.000 Objekte – v.a. im Bezirk > Mitte – betroffen sein.

Wie jede andere Region, so stand auch Berlin mit dem Umland in wirtschaftlichem Austausch. Im Dienstleistungsbereich war die räumliche Verflechtung aber vergleichsweise schwach ausgebildet, sowohl auf der Absatz-, als auch auf der Bezugsseite. Lediglich für einige Sparten des *Großhandels* hatte das Umland eine gewisse Bedeutung. An den Materiallieferungen für die Berliner Industrie war die östliche Reichshälfte stark beteiligt, vornehmlich wurden transportkostenintensive Rohstoffe und Vorprodukte wie Nahrungsmittel, Braunkohle, Materialien für die Bauwirtschaft und chemische Grundstoffe bezogen. Einige wichtige Industriezweige, v.a. die Eisen- und Metallverarbeitung, hingen jedoch weitgehend von Bezügen aus den Westprovinzen (Ruhrgebiet) ab. Die wichtigen Industrieprodukte wurden dagegen vorwiegend im Gebiet der alten Bundesländer abgesetzt. Der Export ging überwiegend in westliche Länder.

III. VOM ENDE DES II. WELTKRIEGES BIS ZUR TEILUNG DER STADT

Schon während des Krieges mußte Berlins W. erhebliche Verluste hinnehmen, insbes. mit Beginn der systematischen Bombardierung ab November 1943. Hinzu kam, daß noch während des Krieges damit begonnen wurde, auswärtige Ausweichbetriebe zu gründen bzw. Betriebe insbes. von Großunternehmen ganz aus der Region in die späteren Westzonen zu verlegen. Insg. beliefen sich die Schäden auf ein Viertel der Kapazität. Nach der Arbeitsstättenzählung vom 12.8.1945 gab es in Berlin nur noch 119.000 Arbeitsstätten mit 572.000 Beschäftigten. Dies waren nur noch gut zwei Fünftel der Arbeitsstätten des Jahres 1939 mit einem Viertel der Beschäftigten. Zum Ende des Krieges war die Hälfte der Beschäftigten in Betrieben tätig, in denen eine Produktion kaum oder nicht mehr möglich war. Besonders hohe Verluste erlitten die Eisen- und Stahlindustrie sowie die Rüstungsbetriebe des Maschinen-, Fahrzeug- und Stahlbaus und der Elektroindustrie, also auch die in der > City gelegenen Betriebe des Druckgewerbes. Nach der Besetzung 1945 mußte die Stadt nun noch weitaus größere Verluste hinnehmen, die durch die *Demontagen* von Industriebetrieben durch die Sowjets entstanden. Die Verlustquoten durch

Demontage wurden in West-Berlin auf 67 % geschätzt, in Ost-Berlin auf 33 %, in den Ostzonen auf 45 % und den Westzonen auf 8 %. Der Ausfall der Kapazitäten lag in den Westsektoren bei mehr als 80 % des Vorkriegsbestandes und damit deutlich höher als in den Ostsektoren (gut 50 %) und in Westdeutschland (ca. 15 %).

Die Ausgangsbedingungen für den Wiederaufbau der Stadt waren somit vergleichsweise ungünstig. Hierzu kamen der Rohstoff- und Energiemangel und die Verunsicherungen aufgrund der politischen Situation. So verabschiedete im September 1947 die > STADTVERORDNETENVERSAMMLUNG mit den Stimmen der CDU das Sozialisierungsgesetz, ein Rahmengesetz, nach dem geeignete Groß- und Monopolunternehmen in Gemeineigentum überführt werden sollten. Das Gesetz wurde durch die > ALLIIERTE KOMMANDANTUR allerdings nicht genehmigt. Erschwerend wirkten auch die Sperrung der Bankkonten und die ab Mitte 1948 deutlicher werdende Abschottung der West- von den Ost-Sektoren („Sektorenwirtschaft"; > SEKTOREN). Trotz dieser Widrigkeiten ging der Wiederaufbau voran. Im Juni 1948 erreichte die Produktion bereits 38 % des Vorkriegsniveaus und damit etwa gleich viel wie in Westdeutschland (41 %).

Nach diesen anfänglichen Aufbauerfolgen erlitt die W. Berlins durch die erste > WÄHRUNGSREFORM im Juni 1948 und die darauf einsetzende > BLOCKADE einen herben Rückschlag. Probleme ergaben sich auch durch die zweite Währungsreform im März 1949, die nur noch die Westmark als alleiniges Zahlungsmittel in den Westsektoren zuließ und zu erheblichen Wechselkursverlusten bei Unternehmern und Arbeitnehmern sowie zum Wegfall der Absatzmärkte im östlichen Währungsgebiet führte. Bis zur Aufhebung der Blockade am 12.5.1949 sank die Industrieproduktion auf ihren niedrigsten Stand seit Kriegsende, in Westdeutschland dagegen verdoppelte sich die Produktion im gleichen Zeitraum. Die Ereignisse förderten die Abwanderung von Unternehmen aus den Westsektoren ins Bundesgebiet bzw. die Gründung westdeutscher Zweigstellen.

IV. DIE ENTWICKLUNG DER WIRTSCHAFT VON WEST-BERLIN

1. Wiederaufbau

Spätestens nach Beendigung der > BLOCKADE wurde deutlich, daß die W. West-Berlins den Wiederaufbau aus eigener Kraft nicht schaffen würde. Darüber konnte auch der mit der Aufhebung der Blockade einsetzende Aufschwung in Berlin nicht hinwegtäuschen. Die administrative > SPALTUNG der Stadt Ende 1948 und die Gründung zweier deutscher Staaten 1949 machte ferner deutlich, daß nur die Orientierung auf die Absatzmärkte im Westen eine Überlebensperspektive bot. Zwei Kernprobleme zeichneten sich in diesen Jahren ab: die steigende Zahl von Arbeitslosen – von 50.000 im Jahr 1948 auf knapp 300.000 im Jahr 1950 – und der beträchtliche Zuschußbedarf des öffentlichen Haushalts.

Zur Deckung des Haushaltsdefizits wurden schon während der Blockade Mittel der > GARIOA-HILFE eingesetzt, zudem erklärte die Bundesregierung West-Berlin 1950 zum Notstandsgebiet, um die Vergabe öffentlicher Aufträge nach West-Berlin zu fördern (> NOTOPFER BERLIN). Aber erst das 1952 verabschiedete > DRITTE ÜBERLEITUNGSGESETZ stellte die öffentlichen Finanzen Berlins auf eine sichere Grundlage. Zur Bekämpfung der Massenarbeitslosigkeit diente das 1950 verabschiedete > BER-

LINER AUFBAUPROGRAMM, mit dem anfänglich die Enttrümmerung, später wichtige Tiefbauarbeiten in Angriff genommen wurden. Die Finanzierung erfolgte u.a. durch Mittel des als *Marshall-Plan* bekannten > EUROPEAN RECOVERY PROGRAMS (ERP) der amerikanischen Wirtschaftshilfe. Den Gegenwert dieser Hilfen bildete das ERP-Sondervermögen. Die aus diesem Fonds vergebenen zinsgünstigen ERP-Kredite waren die ausschlaggebende Hilfe für den verspäteten Wiederaufbau, sie bestritten 1950 ca. 94 % des gesamten Kreditvolumens der West-Berliner Wirtschaft (> WIRTSCHAFTSFÖRDERUNG).

Eine Reihe von Sachverständigen aus dem > SENAT VON BERLIN, der Berliner Zentralbank (> LANDESZENTRALBANK IN BERLIN), der > INDUSTRIE- UND HANDELSKAMMER ZU BERLIN und dem > DEUTSCHEN INSTITUT FÜR WIRTSCHAFTSFORSCHUNG legten 1951 ein längerfristiges Programm mit dem Titel „Bedingungen und Möglichkeiten für den Ausbau der W. West-Berlins in den kommenden Jahren", den sog. *Longterm-Plan*, vor, mit dem man hoffte, West-Berlin wieder eine verläßliche, von Notstandsprogrammen unabhängige wirtschaftliche Existenzgrundlage zu verschaffen. Zur Lösung des Hauptproblems, der Massenarbeitslosigkeit, forderte man die Bereitstellung von 200.000 Arbeitsplätzen innerhalb der nächsten drei Jahre. Dazu sollte die Produktion verdreifacht und damit auf den Stand von 1936 gebracht sowie die Arbeitsproduktivität gesteigert werden. Die Finanzierung der notwendigen Investitionen in Höhe von rd. 1 Mrd. DM sollte vorwiegend von außen erfolgen, v.a. über Marshall-Plan-Kredite.

Bereits 1950 setzte die steuerliche Förderung ein. Nach dem „Gesetz zur Förderung der W. von Groß-Berlin (West)" (ab 1962 *Berlin-Hilfe-Gesetz*) wurden – neben Kredithilfen – speziell auf die Berliner W. bezogene *Umsatzsteuervergünstigungen* gewährt. Zunächst erhielten westdeutsche Unternehmer bei Bezug von Berliner Waren eine Umsatzsteuerrückvergütung von 3 %, die sog. Abnehmerpräferenz. Der Satz wurde 1951 im Zuge der Erhöhung des Umsatzsteuersatzes auf 4 % angehoben. Die Stagnation der wirtschaftlichen Entwicklung im Jahr 1952 war Anlaß, diese Präferenz in gleicher Höhe auf West-Berliner Hersteller auszudehnen, die West-Berliner Produkte ins Bundesgebiet liefern (Herstellerpräferenz). Diese Vergünstigungen waren zunächst befristet und wurden bis 1954 von Jahr zu Jahr verlängert (> BERLINFÖRDERUNG).

Gleichzeitig leistete die Bundesregierung auch einen unmittelbaren Beitrag zur politischen und wirtschaftlichen Stärkung Berlins, indem sie die Bundespräsenz in Berlin deutlich verstärkte. So wurden das > BUNDESVERWALTUNGSGERICHT und mehrere Bundesbehörden hier angesiedelt, darunter das > BUNDESAUFSICHTSAMT FÜR DAS KREDITWESEN, das > BUNDESAUFSICHTSAMT FÜR DAS VERSICHERUNGSWESEN BERLIN, das > BUNDESGESUNDHEITSAMT und das > BUNDESKARTELLAMT, die > BUNDESVERSICHERUNGSANSTALT FÜR ANGESTELLTE, die > BUNDESDRUCKEREI und verschiedene wissenschaftliche Institute (> BUNDESANSTALT FÜR MATERIALPRÜFUNG, > HAHN-MEITNER-INSTITUT etc.).

Diese verschiedenen Maßnahmen trugen nicht unwesentlich zum Aufschwung in West-Berlin bei. In den 50er Jahren lagen hier die Wachstumsraten von Bruttoinlandsprodukt und Erwerbstätigen teilweise über denen des Bundesgebietes. Dennoch hatte West-Berlin Mitte der 50er Jahre weit über 100.000 Arbeitslose zu verzeichnen, während im übrigen Bundesgebiet die Vollbeschäftigung erreicht wurde.

Um den merklichen Abwanderungssog von Arbeitskräften aus Berlin und das damit verbundene Ausbluten der Halbstadt zu bremsen, wurde 1955 neben der Ab-

	1950 - 1960	1961 - 1970	1971 - 1980	1981 - 1990	1988	1989	1990
Bruttoinlandsprodukt[1]							
Berlin (West)	8,7	4,2	1,3	2,4	3,3	3,6	6,5
Bundesrepublik	8,2	4,5	2,7	2,2	3,7	3,3	4,7
Erwerbstätige[2]							
Berlin (West)	2,9	-0,7	-0,8	0,8	0,7	1,7	4,2
Bundesrepublik	2,3	0,2	-0,1	0,4	0,7	1,4	2,8
Arbeitslosenquote[3]							
Berlin (West)	31,2 - 3,7	2,2 - 0,6	0,8 - 4,2	5,8 - 9,4	10,8	9,8	9,4
Bundesrepublik	11,0 - 1,3	1,0 - 0,7	0,8 - 3,8	5,5 - 7,2	8,7	7,9	7,2

[1] Durchschnittliche Veränderungsraten des preisbereinigten Bruttoinlandsprodukts.
In Berlin (West) ohne Verbrauchssteuern. Für die Jahre 1988, 1989 und 1990 Veränderungen
gegenüber dem jeweiligen Vorjahr.
[2] Durchschnittliche Veränderungsraten. Für die Jahre 1988, 1989 und 1990 Veränderungen
gegenüber dem jeweiligen Vorjahr.
[3] Arbeitslose in % der abhängigen Erwerbspersonen am Anfang und am Ende des jeweiligen
Zeitraums bzw. in den Jahren 1988, 1989 und 1990.

Quellen: Statistisches Bundesamt, Statistisches Landesamt Berlin, DIW.

satzförderung als zweites wesentliches Element die Einkommensförderung eingeführt. Nach dem „Steuererleichterungsgesetz für Berlin (West)" ermäßigte sich die
Einkommensteuer um 20 %. Wenige Jahre später wurde das Förderinstrumentarium
erneut ausgeweitet. Als Reaktion auf das > SOWJETISCHE ULTIMATUM 1958 räumte man
den Unternehmern ab 1959 – und zunächst bis 1961 befristet – *Abschreibungsvergünstigungen* für Investitionen in Berlin ein.

1961 war – auch mit Hilfe der verschiedenen *Steuervergünstigungen* und der
Bundeshilfe – die Arbeitslosigkeit weitgehend abgebaut, es herrschte Vollbeschäftigung. Wesentlichen Anteil daran hatte das verarbeitende Gewerbe. Innerhalb von
zehn Jahren hatte sich dort die Zahl der Beschäftigten nahezu verdoppelt, die Brutto-
wertschöpfung war auf das Vierfache gestiegen. Damit wurde das verarbeitende
Gewerbe zum wichtigsten Bereich der Berliner Wirtschaft, knapp 30 % der Brutto-
wertschöpfung entfielen auf diesen Bereich und fast 40 % der Arbeitsplätze in der
Stadt. Hauptstützen der Industrie waren die traditionsreichen Branchen Elektrotechnik, Maschinenbau, Druck und Bekleidung.

2. Wirtschaftliche Stabilität in den 60er Jahren

Mit dem Erreichen der Vollbeschäftigung ging in West-Berlin die Wiederaufbau-
phase zu Ende. Der Mauerbau vom > 13. AUGUST 1961 gefährdete dann das Wachstumsziel – Gleichschritt mit dem Bundesgebiet – in zweifacher Hinsicht: Einerseits
verlor die West-Berliner W. etwa 60.000 Pendler aus dem Umland sowie das
Arbeitskräftepotential des Flüchtlingsstroms (> FLÜCHTLINGE; > GRENZGÄNGER). Andererseits wurde die private Investitionsneigung durch die zunehmende politische
Verunsicherung erheblich geschwächt.

Als Reaktion auf diese Ereignisse führte der Gesetzgeber weitere > Subventionen ein. Die Investitionstätigkeit und ihre Förderung wurde zur wichtigsten Zielgröße der Wirtschaftspolitik. Im Mittelpunkt stand die seit 1962 geltende steuerfreie *Investitionszulage* in Höhe von anfänglich 10 % der Anschaffungs- oder Herstellungskosten von neuen beweglichen Wirtschaftsgütern des Anlagevermögens. Daneben wurden sog. *Berlin-Darlehen* mit dem Ziel geschaffen, privates Kapital über eine Vergünstigung bei der Einkommensteuer des Darlehengebers nach Berlin zu locken. Über Spezialbanken wurde das Kapital dann Berliner Investoren zinsgünstig und zweckgebunden angeboten. Zusammen mit den bereits bestehenden Sonderabschreibungen sollte damit ein gewisser Ausgleich des politisch bedingten „Berlin-Risikos" geschaffen werden, das private Investoren noch von einem Engagement in der Stadt abhielt. Zugleich sollten Rationalisierungseffekte freigesetzt werden, um über eine Erhöhung der Arbeitsproduktivität der Arbeitskräfteknappheit begegnen zu können.

Flankierend dazu wurde die Einkommensförderung weiter ausgebaut. Damit sollte der Verbleib von Arbeitskräften gesichert und die Zuwanderung aus Westdeutschland erleichtert werden. Die Einkommen- und Lohnsteuervergünstigung wurde von 20 auf 30 % erhöht, *Familiengründungsdarlehen* vergeben und mit den „Richtlinien zur Förderung der Arbeitsaufnahme im Land Berlin" eine Vielzahl von *Zuwanderungshilfen* angeboten. Schließlich wurden die seit 1945 bestehenden strengen gesetzlichen Zuzugsbeschränkungen für die Flüchtlinge und Vertriebenen aus den deutschen Ostgebieten aufgehoben.

Die massive Hilfe nach dem Mauerbau hat unbestritten zu einer weiteren Stabilisierung der wirtschaftlichen Lage beigetragen. Die West-Berliner W. wuchs in diesen Jahren insg. im Gleichschritt mit dem Bundesgebiet. Das bedeutete aber auch ähnlich hohe Wachstumsverluste während der Rezession 1966/67. Dabei verlor die Stadt viele Arbeitsplätze v.a. im verarbeitenden Gewerbe. Innerhalb eines Jahres ging dort die Zahl der Beschäftigten um 10 % auf 319.000 zurück. Unbefriedigend verlief auch die Entwicklung der Investitionen, die 1960-66 hinter der des Bundesgebietes zurückblieb. Die Kapitalintensität – das Verhältnis von Kapital- zu Arbeitseinsatz – war dagegen rascher gestiegen; die Rationalisierungseffekte haben in dieser Zeit also zugenommen.

In diesen Jahren fanden erste Verschiebungen in der Produktionsstruktur der Industrie statt, die in engem Zusammenhang mit den Maßnahmen der > Berlin-förderung zu sehen sind. Herausragendes Beispiel dafür ist die Entwicklung der Zigarettenindustrie. Ab Ende der 50er Jahre und unbeeindruckt vom Mauerbau verlagerten immer mehr Produzenten ihre Kapazitäten nach West-Berlin. War der Anteil der West-Berliner Produktion am gesamten Absatz des Bundesgebietes 1955 noch unbedeutend, so schnellte er bis 1962 auf ein Drittel hoch und nahm in den Folgejahren noch weiter deutlich zu. Unmittelbarer Anreiz waren die Hersteller- und Abnehmerpräferenz, deren Höhe allein vom Umsatz, nicht aber von der in West-Berliner Fertigungsstätten hinzugefügten Wertschöpfung abhängig war. Dies führte dazu, daß die Präferenz relativ betrachtet umso höher ausfiel, je geringer der Wertzuwachs in West-Berlin war. Hinzu kam, daß die auf Zigaretten erhobenen Verbrauchssteuern, die aus steuertechnischen Gründen bereits im Umsatz enthalten waren, vollständig und ab 1963 teilweise bei der Bemessungsgrundlage der Präferenzen berücksichtigt wurden.

Aber auch für Unternehmen anderer Branchen lohnte sich ein Engagement in West-Berlin. Gefördert wurden schon die geringsten Be- und Verarbeitungsschritte, wenn dadurch nach der Verkehrsauffassung ein Gegenstand anderer Marktgängigkeit entstanden war. Das Beschneiden von Tapeten, das Bekleben von Büchern mit durchsichtiger Folie, das Annähen von Knöpfen oder das Zerlegen von Schlachtvieh wurden bspw. als für die Förderung ausreichende Veränderungen angesehen. Besonders lohnend war die Ausführung der letzten Bearbeitungsstufe in West-Berlin, weil dann die höchsten Umsätze und damit auch die höchsten Präferenzen entstanden. Die Begünstigung von kapital- und rohstoffintensiven Produkten (NE-Metalle, Kosmetika, Kakaohalberzeugnisse, Zigaretten) wurde noch intensiviert durch die massive Förderung von Investitionen. Um die Anziehungskraft Berlins auf diese Tätigkeiten zurückdrängen, erhielt das 1964 verabschiedete zweite *Berlin-Hilfe-Gesetz* 1968 die sog. Geringfügigkeitsklausel, die eine Förderung bei geringfügiger Be- und Verarbeitung nun ausschloß.

Gleichzeitig wurden auch Einschränkungen bei den seit 1959 geltenden *Sonderabschreibungen* vorgenommen, ihre Befristung jedoch aufgehoben. Bis Ende 1969 war es noch möglich, nach § 14 Berlin-Hilfe-Gesetz die Herstellungskosten von Gebäuden in den ersten drei Jahren nach ihrer Errichtung zu 75 % abzuschreiben. Bedingung war, daß die Bauten mind. zu einem Drittel gewerblichen Zwecken dienten. Bei Baubeginn vor dem 1.1.1970 konnten diese Vorteile noch bis Ende 1974 in Anspruch genommen werden. Diese Vergünstigung nutzten zahlreiche *Abschreibungsgesellschaften*, meist in der Rechtsform einer GmbH & Co KG. Sie konnten ihren Kapitalgebern Verluste zuweisen, die zum Teil das Dreifache der Einlage ausmachten. Das erste Großprojekt, das auf diese Weise finanziert wurde, war das 1963 begonnene > EUROPA-CENTER des Radiogroßhändlers Karl H. Pepper. Weitere Projekte folgten, so z.B. das > FORUM STEGLITZ (1970), das > KUDAMM-ECK (1972) und das > KUDAMM-KARREE (1974). Ohne diesen förderungspolitisch sicherlich bedenklichen Anreiz wären zahlreiche kriegsbedingte Baulücken im Innenstadtbereich wahrscheinlich nicht so schnell wieder bebaut worden.

3. Abbau industrieller Arbeitsplätze in den 70er Jahren

Anfang der 70er Jahre hatten sich die politischen Rahmenbedingungen für die Berliner W. entscheidend verändert: Der Prozeß der Entspannung zwischen Ost und West führte 1971 zum > VIERMÄCHTE-ABKOMMEN und zu den innerdeutschen Zusatzvereinbarungen. Darin wurden die Rechte der Westmächte ausdrücklich bestätigt, die Bindungen Berlins an den Bund und ihre Zugehörigkeit zum Wirtschafts-, Finanz- und Rechtssystem sowie zur Gesellschaftsform der Bundesrepublik Deutschland anerkannt, die Einbeziehung West-Berlins in die europäische Integrations- und Außenhandelspolitik gesichert und schließlich der ungehinderte > TRANSITVERKEHR vertraglich garantiert.

Bereits 1970 wurden die Bedingungen der Berlinförderung geändert; gleichzeitig erhielt das Berlin-Hilfe-Gesetz die noch heute gültige Bezeichnung „Gesetz zur Förderung der Berliner W." *(Berlin-Förderungs-Gesetz – BerlinFG).* Die wichtigste Änderung war die Anbindung der Umsatzsteuervergünstigung des Berliner Herstellers an die Wertschöpfung (definiert als Differenz zwischen Umsatz und Vorleistung). Gleichzeitig mußte das Unternehmen eine Mindestwertschöpfungsquote von 10 % nachweisen, um überhaupt in den Genuß der Förderung zu kommen. Zusätzlich in die Fernabsatzförderung aufgenommen wurden die innerbetrieblichen Lieferungen an westdeutsche Konzernbetriebe sowie eine Reihe von Dienstleistungen.

In den „Leitvorstellungen für die Berliner Wirtschaftspolitik" des Senats von 1972 wurde wiederum als oberstes Ziel ein Wachstumsgleichschritt mit dem Bundesgebiet für die Zeit bis 1980 postuliert. Die Beschleunigung des Wirtschaftswachstums sollte dabei v.a. über eine Erhöhung der Arbeitsproduktivität erreicht werden. Dem verarbeitenden Gewerbe kam dabei eine zentrale Rolle zu. Daneben war auch die Förderung von Forschung und Entwicklung, von kleinen und mittleren Unternehmen sowie von überregionalen Dienstleistungen vorgesehen.

Tatsächlich wurde das globale Wachstumsziel nicht erreicht. In langfristiger Betrachtung zeigt sich, daß das Bruttoinlandsprodukt Berlins regelmäßig hinter der Entwicklung im Bund zurückblieb. Von der schweren Rezession 1974/75 erholte sich die Berliner W. weniger schnell als die gesamte Volkswirtschaft. Bis Anfang der 80er Jahre litt die Stadt unter dem anhaltenden Wachstumsrückstand. Die Zahl der Erwerbstätigen nahm nochmals drastisch ab, sie sank von 944.000 im Jahr 1970 auf 858.000 1978. Bis 1980 stieg die Beschäftigung wieder etwas an. Der relative Rückgang war mit 9 % doppelt so groß wie im gesamten Bundesgebiet. Der Arbeitsplatzabbau ab 1974 führte zu einem deutlichen Anstieg der Zahl der Arbeitslosen und beendete die seit dem Mauerbau bestehende Vollbeschäftigung.

Der Verlust an Arbeitsplätzen war begleitet von gravierenden strukturellen Veränderungen: Im Unternehmenssektor ging die Beschäftigung von 1970-80 um 17 % zurück, im Staatssektor wurde sie dagegen erheblich aufgestockt, und zwar um 23 %.

Erwerbstätige [1] (Anteile in % aller Erwerbstätigen)

Wirtschaftsbereich	West-Berlin			Bundesrepublik		
	1970	1980	1990	1970	1980	1990
Land- und Forstwirtschaft	0,4	0,4	0,4	8,5	5,2	3,4
Warenproduzierendes Gewerbe	43,3	32,6	29,3	48,9	43,4	39,8
Energie- und Wasserversorgung	1,1	1,3	1,5	2,1	1,8	1,6
Verarbeitendes Gewerbe	34,1	24,3	21,1	38,1	33,7	31,5
Baugewerbe	8,1	7,0	6,7	8,7	7,9	6,7
Handel und Verkehr	21,7	20,0	19,4	17,9	18,7	18,7
Handel	15,5	13,6	12,5	12,6	13,0	13,1
Verkehr, Nachrichtenübermittlung	6,2	6,4	6,9	5,3	5,7	5,6
Dienstleistungen	15,4	21,0	24,5	11,1	14,7	18,5
Kreditinstitute, Versicherungen	2,0	2,2	2,4	2,3	2,8	3,1
Sonstige Dienstleistungen	13,4	18,8	22,1	8,8	11,9	15,4
Staat, private Haushalte, Organisationen ohne Erwerbszweck	19,2	26,0	26,4	13,6	18,0	19,6
Staat	16,3	21,8	21,4	11,2	14,6	15,2
Private Haushalte, Organisationen ohne Erwerbszweck	2,9	4,2	5,0	2,4	3,4	4,4
Insgesamt	**100**	**100**	**100**	**100**	**100**	**100**
Nachrichtlich Erwerbstätige (in 1.000)	944,2	905,3	980,0	26.560	26.980	28.433

[1] Inlandskonzept
Quellen: Statistisches Bundesamt, Statistisches Landesamt Berlin, DIW.

Erwerbstätige[1]: Veränderungen (1970 = 100%)				
Wirtschaftsbereich	West-Berlin		Bundesrepublik	
	1980	1990	1980	1990
Land- und Forstwirtschaft	103	108	62	43
Warenproduzierendes Gewerbe	72	70	90	87
Energie- und Wasserversorgung	116	139	89	85
Verarbeitendes Gewerbe	68	64	90	88
Baugewerbe	83	86	92	83
Handel und Verkehr	89	93	106	112
Handel	85	84	105	111
Verkehr, Nachrichtenübermittlung	99	114	108	113
Dienstleistungen	130	165	135	180
Kreditinstitute, Versicherungen	104	122	126	149
Sonstige Dienstleistungen	134	172	138	187
Staat, private Haushalte, Organisationen ohne Erwerbszweck	129	142	134	154
Staat	128	136	132	145
Private Haushalte, Organisationen ohne Erwerbszweck	137	176	143	196
Insgesamt	**96**	**104**	**102**	**107**

[1] Inlandskonzept

Quellen: Statistisches Bundesamt, Statistisches Landesamt Berlin, DIW.

1980 arbeiteten im Bereich des Landes Berlin, in Bundesbehörden und bei der Sozialversicherung knapp 200.000 Personen, dies war gut ein Fünftel aller Erwerbstätigen (> ÖFFENTLICHER DIENST). Die Aufstockung des Beschäftigtenbestandes fand dabei teilweise in Bereichen statt, die Leistungen für das übrige Bundesgebiet erbrachten und überdies hochwertige Arbeitsplätze bereitstellten. Daneben wurde insbes. der Bereich der Hochschulen deutlich ausgebaut (> WISSENSCHAFT UND FORSCHUNG). Damit stieg 1977-81 die Akademikerquote im Staatssektor in West-Berlin mehr als doppelt so schnell wie im Bundesgebiet.

Der Rückgang der Arbeitsplätze im Unternehmensbereich ging ganz überwiegend auf die Entwicklung in der Industrie zurück, also auf den Bereich, der im Zentrum der wirtschaftspolitschen Bemühungen des Senats stand. Allein hier nahm die Zahl der Erwerbstätigen von 1970 auf 1980 um gut 100.000 ab, der gesamte Unternehmensbereich verlor knapp 130.000 Erwerbstätige. Im gesamten Bundesgebiet waren die Arbeitsplatzverluste weniger gravierend.

Diese Entwicklung beruhte auf dem besonderen Wandel in der West-Berliner Branchenstruktur. Hier waren mit der *Elektrotechnik* und dem *Maschinenbau* zwei Branchen überdurchschnittlich vertreten, deren Produkte seit Mitte der 70er Jahre einem vehementen technischen Wandel unterlagen, der bis heute andauert. Die damit verbundenen Anpassungsverluste wurden in Berlin besonders spürbar. Auf diese Branchen entfiel über die Hälfte der Arbeitsplatzverluste in der Industrie. Bezeichnend ist, daß nicht nur Kleinbetriebe dazu beitrugen. Etwa die Hälfte des Beschäftigungsrückganges fand in den Großbetrieben traditionsreicher Berliner

Unternehmen, wie beispielsweise Siemens und AEG statt. Darüber hinaus mußte auch die *Bekleidungsindustrie* West-Berlins starke Einbußen hinnehmen: Etwa 11.000 der 17.000 existierenden Arbeitsplätze wurden im Jahrzehnt 1970/80 abgebaut.

Beschäftigte in der Industrie[1] (in 1.000)						
	West-Berlin			Bundesrepublik		
	1970	1980	1990	1970	1980	1990
Grundstoffe, Produktionsgüter	24,5	19,5	19,5	1.844,9	1.544,1	1.364,1
Eisen und Stahl	–	0,5	0,6	351,6	284,1	178,5
Chemie	11,7	11,1	13,7	597,6	570,0	591,6
Investitionsgüter	172,2	113,4	102,7	4.136,5	3.810,1	4.006,6
Maschinenbau	31,0	19,6	16,8	1.157,1	1.024,0	1.075,0
Straßenfahrzeuge	11,9	10,9	11,1	718,0	801,7	890,0
Elektrotechnik	101,2	65,0	56,3	1.116,5	975,5	1.036,2
EDV-Geräte	7,9	2,9	3,2	80,4	69,8	83,2
Verbrauchsgüter	45,9	27,0	27,3	2.007,7	1.583,5	1.387,9
Papierverarbeitung	4,3	3,7	5,7	136,3	113,9	112,5
Druckereien	9,3	6,8	6,0	208,2	183,9	180,4
Kunststoffverarbeitung	2,9	2,9	4,8	163,6	207,2	286,1
Bekleidung	17,1	5,8	3,2	384,6	248,8	164,0
Nahrungs- und Genußmittel	27,2	22,4	22,2	587,0	490,5	478,0
Ernährungsgüter	22,7	18,1	17,2	555,7	467,7	462,5
Tabakverarbeitung	4,5	4,3	5,0	31,3	22,8	15,5
Insgesamt	**269,8**	**182,3**	**171,7**	**8.576,1**	**7.428,2**	**7.236,7**

[1] Betriebe mit 20 und mehr Beschäftigten

Kompensiert wurden die Arbeitsplatzverluste teilweise durch die günstige Entwicklung in der *chemischen Industrie* – v.a. aufgrund der zunehmenden Produktion konsumorientierter Güter –, im Straßenfahrzeugbau – West-Berlin profitierte besonders stark von der expandierenden Nachfrage nach Motorrädern – sowie im *Nahrungs- und Genußmittelgewerbe.* Dort setzte sich die bereits in den 60er Jahren zu beobachtende Verlagerung kapital- und rohstoffintensiver Produktionen nach Berlin fort: Die Tabakverarbeitung wurde weiter ausgebaut, ebenso wie die Herstellung von Röstkaffee, Kakao- und Schokoladeerzeugnissen.

Die Entwicklung der Berliner Industrie war jedoch nicht nur durch den Wandel in der Branchenstruktur gekennzeichnet. Die Stadt wurde immer mehr zu einem Standort für wenig anspruchsvolle Fertigungstätigkeiten. Verwaltung, Forschung und Entwicklung, Qualitätskontrolle, Marketing und Vertrieb sowie andere, immer wichtiger werdende innerbetriebliche Dienstleistungen verblieben meist am westdeutschen Stammsitz der großen überregional tätigen Unternehmen bzw. wurden aus der Stadt abgezogen. Kleine und mittlere Unternehmen entwickelten im Laufe der Zeit eine ausgeprägte Subventionsmentalität und versäumten es, diese Bereiche in ausreichendem Maße auszubauen. So lagen die Angestelltenquote (Anteil der Angestellten an den Arbeitnehmern) und die Facharbeiterquote (Anteil der Facharbeiter an den Arbeitern) 1977 deutlich unter dem Durchschnitt anderer bundesdeutscher Großstädte und entwickelten sich bis 1981 auch deutlich ungünstiger als dort.

Diese Entwicklung – rückläufige Bedeutung arbeitsintensiver und zunehmende Bedeutung kapital- und rohstoffintensiver Produktionen einerseits sowie weitere Ausrichtung Berlins als Fertigungsstandort mit geringen Qualifikationsanforderungen an die Beschäftigten andererseits – mit ihren ungünstigen Konsequenzen für Beschäftigung und Einkommen war insofern erstaunlich, als es sich beim verarbeitenden Gewerbe um den Bereich handelte, auf den die meisten Subventionen konzentriert waren.

4. Verstärkte strukturpolitische Akzente mit Beginn der 80er Jahre

Unter dem Druck der zunehmenden Arbeitsplatzverluste änderten sich allmählich auch die wirtschaftspolitischen Prioritäten des Senats. Im 13. Bericht des Senats zur Lage der Berliner W. von 1978 wurde nicht mehr der Wachstumsgleichschritt mit dem Bundesgebiet, sondern die Stabilisierung und Ausweitung der Zahl der Arbeitsplätze als Hauptziel der Wirtschaftspolitik genannt. Zur Erreichung dieses Zieles verabschiedete der Senat das „14-Punkte-Programm zur Förderung der Arbeitsplätze in Berlin" sowie das „Programm zur Stärkung der Leistungsfähigkeit kleiner und mittlerer Unternehmen". Schwerpunkte der Politik waren: Ansiedlung neuer Unternehmen (u.a. durch Akquisitionsbemühungen der im Dezember 1977 neu geschaffenen > WIRTSCHAFTSFÖRDERUNG BERLIN GMBH; > GEWERBESIEDLUNGS-GESELLSCHAFT), Bereitstellung von Gewerbeflächen, verstärkte Förderung von Forschung und Entwicklung, Werbung für den Standort Berlin und Anwerbung westdeutscher Fachkräfte sowie Bereitstellung geeigneter Wohnungen für Führungskräfte der Wirtschaft.

Eine intensive Debatte über die Effizienz der Berlinförderung setzte Ende der 70er Jahre ein, als mehrere Untersuchungen unabhängig voneinander zu dem Schluß kamen, daß das BerlinFG – insbes. die Förderung des Fernabsatzes durch Hersteller- und Abnehmerpräferenz in Kombination mit der Investitionsförderung – die ungünstige Entwicklung in Berlin nicht nur nicht verhindert, sondern ganz entscheidend gefördert hat. Die globale Begünstigung von Investitionen und Arbeitsproduktivität sowie v.a. die ungenügende Anbindung der Fernabsatzförderung an die West-Berliner Wertschöpfung wurden als Hauptursachen dieser Fehlentwicklung ausgemacht.

Im Dezember 1982 verabschiedete dann der > DEUTSCHE BUNDESTAG eine grundlegende Novellierung der Herstellerpräferenz des BerlinFG. Damit sollte der Sog West-Berlins auf kapital- und rohstoffintensive Produktionen mit geringer Wertschöpfung gebremst, die Ausweitung und Ansiedlung dispositiver Unternehmensfunktionen gefördert, die Arbeitsplätze attraktiver und die Vorleistungsverflechtung innerhalb der West-Berliner W. intensiviert werden.

Weitere strukturpolitische Akzente setzte der Senat 1982 mit der Förderung von Innovationen und Arbeitsplätzen im Rahmen der Berliner *Strukturprogramme,* insbes. für kleine und mittlere Unternehmen. Ein Bündel von strukturpolitischen Maßnahmen sollte die Einführung neuer Technologien und ihre Vermarktung erleichtern, die Bedingungen für die Existenzgründung und -sicherung gezielt verbessern. 1985 folgte ein *Qualifizierungsprogramm* des Senats, welches seit Jahren bestehende Qualifikationslücken bei Arbeitnehmern schließen sollte.

Tatsächlich konnten im verarbeitenden Gewerbe – zumindest kurzfristig – je-

doch keine entscheidenden Veränderungen beobachtet werden. Wertschöpfungs-
schwache Produktionen waren auch weiterhin in der Stadt konzentriert, und ihre
ohnehin hohe gesamtwirtschaftliche Bedeutung nahm teilweise weiter zu. So kamen
1988 z.B. 85 % bestimmter Kakaohalberzeugnisse aus der Stadt, 68 % allen Röst-
kaffees, 66 % aller Zigaretten, 40 % aller Tafelschokoladen, 35 % aller Kabel sowie
etwa ein Viertel aller Haarwaschmittel und EDV-Geräte. Hinzu kommt, daß auch im
Investitionsgüterbereich immer noch technisch ausgereifte Produkte ein hohes Gewicht hatten. Know-how-intensive Produkte – v.a. Maschinenbauerzeugnisse,
Straßenfahrzeuge und bestimmte elektronische Erzeugnisse – sind hinter der bundesdeutschen Entwicklung zurückgeblieben. Die Produktion von hochwertigen chemischen Produkten und von Kunststofferzeugnissen entwickelte sich dagegen vergleichsweise günstig. An der Rangfolge der wichtigsten Erzeugnisse hat sich
dagegen wenig geändert. Elektrotechnische Erzeugnisse stellten 1987 knapp ein
Viertel der Produktion (Bund: 10 %), ein Fünftel kam aus dem Ernährungsgewerbe
(Bund: 10 %). Chemische Produkte rückten auf den dritten Rang auf, EDV-Geräte –
nach den Zigaretten – auf den fünften. Erst dann folgten Maschinenbauerzeugnisse
und Straßenfahrzeuge.

Die bereits in den 70er Jahren deutlich gewordenen Defizite in der Quali-
fikationsstruktur wurden – gemessen am Strukturwandel in westdeutschen Ballungsräumen – noch größer. So nahm der Anteil der Facharbeiter, Angestellten und
Akademiker an allen Industriebeschäftigten in West-Berlin deutlich langsamer zu
als in Hamburg, München oder im Rhein-Main-Gebiet oder blieb unter deren Niveau. Dieser Rückstand ist im wesentlichen Ergebnis von Defiziten in der Tätigkeitsstruktur, die bis heute nicht abgebaut sind. Zugenommen hat zwar die Beschäftigung in den Bereichen, denen für die Wettbewerbsfähigkeit von Unternehmen hohe
Bedeutung zugemessen wird, wie Forschung und Entwicklung, EDV-Dienste und
leitende Verwaltung. Im interregionalen Vergleich zeigt sich jedoch, daß der
Strukturwandel in anderen Ballungsgebieten, insbes. in München und im Rhein-
Main-Gebiet, schneller vorangekommen ist. Als Folge dieser unterschiedlichen re-

Beschäftigungsstruktur im verarbeitenden Gewerbe
(Anteile in % der Arbeitnehmer insgesamt)

| | Bundes-republik insgesamt | | West-Berlin | | West-deutsche Ballungs-gebiete | | darunter: | | | | | |
| | | | | | | | Hamburg | | Rhein-Main | | München | |
	1980	1990	1980	1990	1980	1990	1980	1990	1980	1990	1980	1990
Arbeiter	69,3	67,5	66,7	66,5	64,6	63,4	61,0	59,8	61,0	57,6	54,0	49,2
darunter: Facharbeiter	24,3	28,4	22,7	24,6	24,5	27,7	29,5	29,9	28,5	29,6	23,6	23,3
Angestellte	30,7	32,5	33,3	33,5	35,4	37,6	39,0	40,2	39,0	42,4	46,0	50,8
darunter: Hochschul-absolventen	3,5	4,8	4,6	6,2	5,1	6,6	4,5	6,4	5,5	8,5	9,6	13,9

Quellen: Beschäftigtenstatistik der Bundesanstalt für Arbeit, DIW.

gionalen Entwicklung hat sich der Rückstand West-Berlins beim Besatz mit industriellen Dienstleistungsarbeitsplätzen vergrößert. Auch bei Forschung und Entwicklung ist die Position West-Berlins ungünstiger als in den westdeutschen Ballungsgebieten insgesamt.

Die aktuellen Strukturschwächen der West-Berliner W. kommen aber nicht nur

Wirtschafts-bereiche	*Sozialversicherungspflichtig Beschäftigte nach Wirtschaftsbereichen (Anteile an der Gesamtbeschäftigung in %)*											
	Bundes-republik insgesamt		West-Berlin		West-deutsche Ballungs-gebiete		darunter:					
							Hamburg		Rhein-Main		München	
	1980	1990	1980	1990	1980	1990	1980	1990	1980	1990	1980	1990
Warenpro-duktion	51,6	46,8	37,9	33,9	48,6	43,2	35,6	31,5	45,9	39,5	43,9	37,6
Energie, Wasser, Bergbau	2,3	2,0	1,5	1,8	2,7	2,3	1,3	1,3	1,0	1,0	0,9	1,0
Verarbeiten-des Gewerbe	40,5	37,5	28,6	24,5	38,2	34,4	25,9	23,6	37,4	32,4	34,5	29,8
Baugewerbe	8,8	7,3	7,8	7,6	7,7	6,5	8,4	6,6	7,5	6,1	8,5	6,8
Handel	13,9	13,6	14,1	12,4	15,0	14,7	18,9	18,3	15,1	14,9	15,3	15,1
Verkehr, Nachrichten-übermittlung	4,8	4,9	5,4	6,2	5,7	6,0	10,7	9,9	6,4	7,5	5,4	5,6
Banken, Ver-sicherungen	3,6	4,0	2,9	3,1	4,3	4,7	5,6	5,6	5,7	6,7	6,0	6,5
Sonstige Produktions-dienste[1]	2,4	3,5	2,4	3,6	2,9	4,4	3,6	5,0	3,4	5,0	3,5	5,9
Private Kon-sumdienste[2]	11,2	14,2	16,3	18,5	11,6	14,5	12,7	15,8	11,8	14,5	14,2	16,6
Öffentliche Dienste	10,8	11,2	18,6	19,7	10,4	11,0	10,3	11,3	10,3	10,3	10,2	11,0
Rest[3]	1,7	1,8	2,4	2,6	1,5	1,5	2,6	2,6	1,4	1,6	1,5	1,7
Insgesamt	**100**	**100**	**100**	**100**	**100**	**100**	**100**	**100**	**100**	**100**	**100**	**100**
Nachrichtlich Beschäftigte (in 1.000)	20.954	22.368	729	787	11.678	12.289	1.041	1.061	1.448	1.562	1.034	1.137

[1] ohne Grundstücks- und Wohnungswesen sowie Vermögensverwaltung
[2] einschließlich privater Organisationen ohne Erwerbszweck
[3] Land- und Forstwirtschaft und Grundstückswesen

Quellen: Beschäftigtenstatistik der Bundesanstalt für Arbeit, DIW.

darin zum Ausdruck, daß in der Industrie hochwertige Arbeitsplätze mit entsprechenden Anforderungen an die Qualifikation der Arbeitskräfte unterrepräsentiert sind und lediglich ein Großunternehmen (der Pharmahersteller Schering AG) seine Zentrale in der Stadt hat. Auch der Dienstleistungssektor weist Defizite auf. So hat der > Öffentliche Dienst – gemessen an der Zahl der sozialversicherungspflichtig Beschäftigten – mit knapp einem Fünftel 1990 ein fast doppelt so hohes Gewicht wie in anderen Ballungsräumen West-Deutschlands. Dies ist sicherlich nicht nur Ausdruck der Präsenz von Einrichtungen, die auch Dienstleistungen für Westdeutschland erbringen, wie Hochschulen etc., sondern auch Ergebnis des vergleichsweise großen Apparates zur Verwaltung der Stadt (> Politisches System).

Der Bereich der privaten Dienstleistungen in *Handel*, Vertrieb, *Banken*, Versicherungen und anderen Diensten ist dagegen in West-Berlin deutlich schwächer besetzt als in den Vergleichsregionen. Hier fehlen die zentralen großen überregional operierenden Unternehmen; deren Branchen hatten wegen der geringen Binnennachfrage und der großen Entfernung zu überregionalen Absatzmärkten auch nur wenig Entfaltungsmöglichkeiten. Besonders groß ist der Rückstand West-Berlins bei den bisherigen Tätigkeiten wie etwa Management, Forschung und Entwicklung, Unternehmensberatung. Der Anteil dieser Arbeitsplätze war 1990 mit 6 % um fast die Hälfte niedriger als in München (11 %) und um ein Drittel niedriger als im Rhein-Main-Gebiet (9 %).

V. DIE ENTWICKLUNG DER WIRTSCHAFT VON OST-BERLIN

Mit der Gründung der DDR 1949 wurde Ost-Berlin zur Hauptstadt des neuen, stark zentralistisch ausgerichteten Staates. Dies hatte zur Folge, daß die Stadt im Vergleich zu den anderen Regionen der DDR im Laufe der Zeit eine immer größere Bedeutung gewann. Dies äußerte sich in der Entwicklung der > Bevölkerung und ihrer Altersstruktur. Gefördert wurden der Zuzug nach Ost-Berlin v.a. durch die ständige Verbesserung des Wohnungsangebotes in der Stadt, der zu einem deutlichen Versorgungsvorsprung führte. Parallel zu dieser Entwicklung wurde im Rahmen der zentralistischen Wirtschaftsplanung auch das Angebot an Arbeitsplätzen ständig erweitert und deren Attraktivität erhöht. 1964 gab es 575.000 ständig Berufstätige ohne Lehrlinge und ohne den geheim gehaltenen sog. X-Bereich, zu dem nicht nur die Armee und der > Staatssicherheitsdienst, sondern auch Angehörige von Parteien, Massenorganisationen, > Polizei und > Feuerwehr gehörten. Nach einem leichten Rückgang zum Ende der 60er Jahre stieg ihre Zahl 1970 auf 542.000, 1980 auf 620.000 und 1989 auf 669.000 an.

Zugleich nahm auch das Gewicht von Arbeitsplätzen zu, die eine qualifizierte Ausbildung voraussetzen: 1976 hatten in Ost-Berlin 12 % der Beschäftigten einen Hochschulabschluß, 14 % waren Fachschulabsolventen; 1985 beliefen sich die jeweiligen Anteile auf 15 % bzw. 17 % (> Arbeitsmarkt). Etwa ein Zehntel der Berufstätigen Ost-Berlins lebten im Umland der Stadt. 1971 pendelten rd. 50.000 Personen ein, 1981 waren es rd. 65.000.

In Ost-Berlin hatten der Staat und die anderen sog. nicht-produzierenden Bereiche über den gesamten Zeitraum der Existenz der DDR ein enormes, weit über Landesdurchschnitt liegendes Gewicht. Die stark zentralistisch ausgerichtete Staats-

Wirtschaftsbereich	1970	1980	1989
Berufstätige (ohne Lehrlinge) insges.	544.937	621.244	697.070
darunter: ständig Berufstätige	542.339	620.420	696.107
Industrie	152.004	155.239	175.913
Produzierendes Handwerk (ohne Bauhandwerk)	22.556	15.963	16.985
Bauwirtschaft	44.994	53.337	51.717
Land- und Forstwirtschaft	5.473	5.488	7.349
Verkehr	64.692	51.857	57.501
Post- und Fernmeldewesen		17.985	18.949
Handel	71.605	92.341	107.217
Sonstige produzierende Zweige	26.335	40.979	38.705
Nichtproduzierende Bereiche	154.680	187.231	221.771
darunter:			
Wohnungswirtschaft	–	10.166	14.784
Kommunalwirtschaft	–	3.970	4.686
Bildungswesen	28.036	37.873	48.048
Gesundheitswesen	25.206	32.390	39.859
Sozialwesen	–	8.548	12.223
Staatliche Verwaltungen/ Gesellschaftliche Organisationen	28.632	32.226	35.083

[1] Stand: jeweils 30. September

Quelle: Statistisches Jahrbuch Berlin (Ost) 1990.

form führte zwangsläufig zu einer Konzentration staatlicher Funktionen. Dazu zählten nach dem sozialistischen Staatsverständnis nicht nur die obersten Volksvertretungen und Organe der Regierung, sondern auch die Leitungen der Parteien und der Massenorganisationen. Hinzu kamen die Beschäftigten in den > AUSLÄNDISCHEN VERTRETUNGEN. Die Zahl der im Staat und in den gesellschaftlichen Organisationen Tätigen wurde für 1989 mit 35.000 angegeben, nur gut 6.000 mehr als 1970. Tatsächlich dürfte deren Zahl mit dem Ausbau des repressiven Überwachungsapparates weitaus stärker gestiegen sein. Die Zahl der in Ost-Berlin im X-Bereich Beschäftigten wird zum Ende der DDR auf 75.000 veranschlagt.

Der Zentralismus hatte auch zur Folge, daß Ost-Berlin zum Zentrum der akademischen Ausbildung und der Forschung wurde. Mit der > HUMBOLDT-UNIVERSITÄT ZU BERLIN hatte hier die größte Universität der DDR ihren Sitz. Zuletzt waren an den Ost-Berliner Hochschulen ca. 40.000 Studenten eingeschrieben, weit mehr als ein Viertel aller Studenten in der DDR, während der Anteil der Bevölkerung nur 8 % ausmachte. In Ost-Berlin waren auch viele staatliche Forschungseinrichtungen angesiedelt, u.a. die > AKADEMIE DER WISSENSCHAFTEN mit ihren hochspezialisierten Instituten und ca. 20.000 Mitarbeitern. Schließlich war Ost-Berlin auch kulturelles Zentrum der DDR – zumindest was die Zahl der Kultureinrichtungen angeht. Hier gab es 20 Sprech- und Musiktheater (> THEATER; > MUSIK), 24 > MUSEEN UND SAMMLUNGEN, große > BIBLIOTHEKEN und zahlreiche Verlage.

Die Industrie Ost-Berlins hatte – gemessen an der Zahl der Berufstätigen – ein im

Landesvergleich geringes Gewicht. In Ost-Berlin war in diesem Bereich 1989 ein Viertel der Beschäftigten tätig, in der DDR waren es dagegen mehr als ein Drittel. Dieser Vergleich unterschätzt aber ihre tatsächliche Relevanz: Der Anteil der Industriebeschäftigten Ost-Berlins an allen Industriebeschäftigten der DDR betrug 1985 immerhin 5,3 %, der Anteil an der industriellen Bruttoproduktion 5,6 %. Seit 1961 ist das Gewicht der Industrie zurückgegangen, wenn auch nur leicht – Ausdruck der in den 60er und 70er Jahren betriebenen industriellen Standortpolitik, die auch auf eine Industrialisierung abgelegener Gebiete der DDR abzielte.

Ost-Berlin – industrielle Beschäftigung			
Jahr	Anzahl der Industriebeschäftigten Ost-Berlins	Anteil der Industriebeschäftigten Ost-Berlins an der Gesamtzahl der Industriebeschäftigten in der DDR in %	Anteil der industriellen Bruttoproduktion Ost-Berlins an der industriellen Bruttoproduktion in der DDR in %
1961	167.049	6,2	6,6
1971	157.741	5,5	5,7
1981	157.700	5,0	5,4
1983	161.398	5,1	5,3
1985	169.800	5,3	5,6

Quellen: Statistische Jahrbücher der DDR.

Von herausragender Bedeutung für die Industrie der Stadt waren die traditionellen Branchen der Elektrotechnik (1989 knapp 76.000 Beschäftigte), auf die zusammengenommen zwei Drittel der Erwerbstätigen und knapp die Hälfte der Bruttoproduktion entfielen. Dabei trugen die Ost-Berliner elektrotechnischen Betriebe 1985 16 % zur Bruttoproduktion der DDR bei. Ost-Berlin hatte damit stets auch zu Zeiten der DDR eine führende Rolle in der Elektrotechnik inne. Diese wurde allerdings durch die Stärkung der Elektrotechnik im Dresdner Bezirk Anfang der 80er Jahre eingeschränkt. Die Bedeutung anderer wichtiger Ost-Berliner Branchen hat sich über einen längeren Zeitraum faktisch nicht geändert. Der Anteil der chemischen Industrie Ost-Berlins an der gesamten DDR lag seit 1968 nahezu unverändert bei 4,3 %, der Lebensmittelindustrie bei 4,1 %, des Maschinenbaus bei 3,9 % und der Lichtindustrie bei 8,5 %.

Die besondere Bedeutung der Ost-Berliner Industrie für die gesamte DDR kam auch darin zum Ausdruck, daß hier vielfach, vorwiegend in der Elektrotechnik und im Maschinenbau, neue Erzeugnisse erstmals produziert wurden, etwa elektronische Bauelemente, Automatisierungsgeräte, Werkzeugmaschinen oder Kraftwerkanlagen und Schutzfilteranlagen. Hinzu kommt, daß eine relativ große Zahl von Industriekombinaten ihren Sitz in der Stadt hatte (18 zentralgeleitete und sieben bezirksgeleitete). Von den zentralgeleiteten Kombinaten gehörte etwa die Hälfte zur Elektrotechnik bzw. zur chemischen Industrie. Wichtige Kombinate waren die VEB Kombinate, Kabelwerke Oberspree, Elektro-Apparate-Werke, Narva Glühlampenwerk, Automatisierungsanlagenbau Berlin, Lacke und Farben Berlin, Kosmetik-Kombinat Berlin, Plast- und Elastverarbeitung, Minol Berlin, Kraftwerksanlagenbau,

Schienenfahrzeugbau und schließlich Werkzeugmaschinenbau „7. Oktober".

Der Ausbau der Industrie Ost-Berlins bis Anfang der 60er Jahre war auch mit städtebaulichen Veränderungen verbunden. Er fand sowohl an den traditionellen Standorten (z.B. im Südosten in > Ober- und > Niederschöneweide oder etwa in den mit der zweiten Randwanderung der Industrie entstandenen Industrierevieren in > Lichtenberg und > Weissensee als auch an neugegründeten Standorten statt, wie etwa im Westen des späteren Stadtbezirks > Marzahn. Danach hat sich an der räumlichen Verteilung der Industrie kaum etwas geändert. 1981 war jeweils ein Drittel der Industriebeschäftigten in Betrieben tätig, die in der Innenstadt (> Mitte, > Prenzlauer Berg und > Friedrichshain) und im Südosten (> Treptow, > Köpenick) lagen. 1964 war diese Relation nur unwesentlich höher.

Betriebe, Arbeiter und Angestellte und industrielle Bruttoproduktion in Ost-Berlin nach Industriebereichen 1989[1]				
Industriebereich	Betriebe	Arbeiter u. Angestellte (ohne Lehrlinge)	darunter: Produktions- arbeiter	Industrielle Brutto- produktion
	Anzahl	Personen		1.000 Mark[2]
Energie- und Brennstoff- industrie	.[3]	10.504	5.912	2.550.528
Chemische Industrie	14	17.624	9.902	4.148.904
Metallurgie	.	2.630	1.681	1.489.996
Baumaterialienindustrie	.	23	16	2.406
Wasserwirtschaft	.	3.736	2.249	382.127
Maschinen- und Fahrzeugbau	50	57.091	29.276	4.495.616
Elektrotechnik/Elektronik/ Gerätebau	25	75.743	39.110	8.209.536
Leichtindustrie (ohne Textilindustrie)	34	20.753	13.373	2.172.806
Textilindustrie	.	258	202	34.842
Lebensmittelindustrie	13	12.654	7.842	4.508.605
Insgesamt	**143**	**201.016**	**109.563**	**27.995.366**

[1] Betriebe: Stand 31. Dezember; Arbeiter und Angestellte: Jahresdurchschnitt
[2] IAP (Industrie-Abgabepreis)
[3] . = entsprechende Angaben liegen nicht vor

Quelle: Statistisches Jahrbuch Berlin (Ost) 1990.

VI. PERSPEKTIVEN

Die politischen und wirtschaftlichen Rahmenbedingungen Berlins haben sich mit der > Vereinigung Deutschlands und der Entscheidung über den Regierungssitz grundlegend verbessert. Die Region Berlin bildet den größten Verdichtungsraum Ostdeutschlands und erfüllt damit auch eine zentrale überregionale Versorgungs- funktion. Berlin liegt im Zentrum künftig stark zunehmender überregionaler Verkehrsströme; dies wird die Region zu einem internationalen Knotenpunkt ma- chen (> Verkehr). Die Beseitigung der Strukturdefizite in West-Berlin und der in weiten Teilen notwendige vollständige Wiederaufbau und Neubau der Ost-Berliner Wirtschaft erfordern eine längere Phase der Anpassung. Daß ein derartiger Aufholprozeß in Gang gekommen ist, steht indes außer Zweifel.

Als > HAUPTSTADT und in seiner Funktion als Wirtschaftszentrum wird Berlin künftig eine weitaus dynamischere Entwicklung des Dienstleistungssektors verzeichnen als bisher. Dies gilt insbes. für die privatwirtschaftlichen > DIENSTLEISTUNGEN, die ihre – gemessen an westdeutschen Ballungsgebieten – großen Strukturdefizite aufholen können und aufgrund ihrer langfristig zunehmenden Bedeutung zu den expansiven Bereichen gehören werden. Dies zeichnet sich bereits ab: In West-Berlin haben die Dienstleistungsunternehmen nach Untersuchungen des > DEUTSCHEN INSTITUTS FÜR WIRTSCHAFTSFORSCHUNG 1990 die Zahl ihrer Beschäftigten erstmals stärker erhöht als die Unternehmen in vergleichbaren westdeutschen Ballungsräumen. Die Wachstumschancen der produktionsnahen Dienstleistungen – wie Finanzdienstleistungen, Software, Marketing, Beratung, Ingenieurleistungen – steigen zumindest in dem Maße, in dem Berliner Industrieunternehmen ihren regionalen Vorleistungsbezug verstärken. Um aber auch überregional Marktanteile auszubauen oder neu zu gewinnen, muß sich die Region – wie bei industriellen Arbeitsplätzen auch – im Wettbewerb mit anderen Ballungsräumen behaupten. Die im Vergleich zumindest auf kurze Sicht noch unzureichende Standortqualität bei Infrastrukturausstattung und Wohnungsmarkt verringert (noch) die Attraktivität der Region (> WOHNUNGSBAU). Erschwerend kommt hinzu, daß Osteuropa in den nächsten Jahren insg. gesehen kein dynamischer Absatzmarkt für Dienstleistungen sein wird. Von einigen der sich im Zuge des wirtschaftlichen Aufbaus bildenden Teilmärkte – z.B. Finanzdienstleistungen, Abwicklung von Bartergeschäften (Warentauschgeschäften), Versicherungsleistungen, Beratungs- und Weiterbildungsleistungen – könnte Berlin profitieren. Die Chancen für die Stadt, sich als Standort für bestimmte überregionale Dienstleistungen zu spezialisieren, sind – mit Ausnahme des Software-Bereichs – derzeit eher gering zu veranschlagen. Zu hoffen ist aber, daß Berlin in seiner neuen Funktion auf mittlere Sicht von der Tendenz zur Dezentralisierung in Großunternehmen profitieren wird.

Die Zahl der industriellen Arbeitsplätze, die in der Stadt gesichert werden können oder neu entstehen, steht im Zusammenhang mit der Entwicklung der Industrie in der Volkswirtschaft insgesamt. Daneben spielen aber auch Sonderfaktoren – etwa Branchenstruktur und Standortbedingungen – eine große Rolle. Einige Anzeichen sprechen dafür, daß die West-Berliner Strukturmängel behoben werden und in Ost-Berlin der Aufbau in Gang kommt. Aufgrund des vergrößerten Marktpotentials in den neuen Bundesländern und der auf längere Sicht guten Chancen in den osteuropäischen Ländern muß bei den überregional verbundenen Unternehmen mit einer spürbaren Ausweitung zentraler Funktionen gerechnet werden, selbst wenn diese Unternehmen wohl kaum ihren Hauptsitz nach Berlin (zurück-)verlegen werden. Dem Gewinn an Arbeitsplätzen für besonders Qualifizierte in zentralen Unternehmensbereichen stehen allerdings Verluste in der Produktion auch durch Verlagerung gegenüber.

Die Verteilung der industriellen Arbeitsplätze innerhalb der Region dürfte künftig grundsätzlich dem Muster anderer Agglomerationen folgen. Zentrale Funktionen bleiben in den Innenstadtbezirken – oder werden dort angesiedelt –, Fertigungskapazitäten werden verstärkt im Umland aufgebaut. Aber auch die Randlagen im

Ostteil der Stadt haben ähnliche Standortbedingungen wie das Umland, so daß auch hier Industriestandorte – bei entsprechender wirtschaftspolitischer Begleitung – erhalten oder ausgebaut werden können (> RÄUMLICHES STRUKTURKONZEPT; > REGIONAL-PLANUNG).

Perspektiven der wirtschaftlichen Entwicklung in Berlin			
	Erwerbstätige in Gesamt-Berlin in 1.000		
Ausgewählte Bereiche	1991	2000	Differenz
Verarbeitendes Gewerbe	315	270	- 45
Handel und Verkehr	342	350	+ 8
Private Dienstleistungen	372	510	+138
Staat	369	310	- 59
Erwerbstätige insgesamt	**1.570**	**1.658**	**+ 88**
Einwohner	3.437	3.537	+100
Quelle: DIW.			

Berlin wird in den nächsten Jahren wohl keine „Metropole der Armut", aber auch nicht „Dienstleistungsmetropole" und dynamisches Zentrum einer prosperierenden Region sein. Vielmehr ist die Stadt Kern eines Gebietes, in dem die Folgen des Zusammenbruchs alter Strukturen noch nachwirken, eine Stadt mit anhaltend hoher Arbeitslosigkeit, eine Stadt, die weiterhin erhebliche Anstrengungen zum Erhalt ihrer Wirtschaftskraft unternehmen muß (> ARBEITSMARKT; > WIRTSCHAFTSFÖRDERUNG). Handlungsbedarf besteht dabei auf allen Gebieten der Stadtpolitik, und dies in einer Situation, in der die öffentlichen Kassen leer sind und die Stadt sich immer mehr verschulden muß (> HAUSHALT UND FINANZEN).

Rainer Thiem

WISSENSCHAFT UND FORSCHUNG

I. Das Profil der Berliner Wissenschafts- und
Forschungslandschaft nach der Vereinigung

II. Die Geschichte von Wissenschaft und
Forschung in Berlin

I. DAS PROFIL DER BERLINER WISSENSCHAFTS- UND FORSCHUNGSLANDSCHAFT NACH DER VEREINIGUNG

1. Die Hochschulen und außeruniversitären Forschungseinrichtungen
Seit dem Fall der > Mauer am > 9. November 1989 und der > Vereinigung am > 3. Oktober 1990 befindet sich die Berliner Wissenschafts- und Forschungslandschaft in einem grundlegenden Umstrukturierungsprozeß. Durch den Zusammenbruch der DDR, deren Schwerpunkt an Wissenschafts- und Forschungseinrichtungen sich im Ostteil der Stadt befand, kam auf die > Senatsverwaltung für Wissenschaft und Forschung (SenWissForsch) die Aufgabe zu, eine nach Struktur und Qualität einheitliche Wissenschaftslandschaft aufzubauen. Die DDR hatte in Ost-Berlin über die Hälfte ihres gesamten wissenschaftlichen Potentials angesiedelt, insbes. waren hier die Institute der > Akademie der Wissenschaften der DDR ansässig, die entsprechend den Bestimmungen des > Einigungsvertrags Ende 1991 aufgelöst bzw. in andere Institute überführt wurden. Aus dem Potential der aufgelösten Institute entstanden zwei Großforschungseinrichtungen, ein > Forschungsverbund von acht neuen Instituten mit zwei Außenstellen, neun Institute bzw. Arbeitsgruppen, vier Zentren der > Max-Planck-Gesellschaft zur Förderung der Wissenschaften e.V. und vier Einrichtungen der > Fraunhofer-Gesellschaft zur Förderung der angewandten Forschung e.V. (FhG). Außerdem wurde durch ein Ergänzungsgesetz zum Berliner *Hochschulgesetz* die Übernahme und Neustrukturierung der > Humboldt-Universität zu Berlin (HUB), der > Hochschule für Musik „Hanns Eisler", der > Hochschule für Schauspielkunst „Ernst Busch" und der > Kunsthochschule Berlin-Weissensee beschlossen. Nach diesem Gesetz wurden die *Hochschule für Ökonomie* und die *Ingenieurhochschule Wartenberg* aufgelöst. Wegen der grundsätzlichen Bedeutung der Fachhochschulen für die regionale Entwicklung wurde am 1.10.1991 eine neue > Fachhochschule für Technik und Wirtschaft (FHTW) gegründet.

Der Prozeß der Neustrukturierung der Berliner Wissenschaftslandschaft hatte auch erhebliche Rückwirkungen auf den Westteil der Stadt. So haben bspw. die *Hochschulen* nicht nur eine z.T. beträchtliche Steigerung der Studentenzahlen erfahren, ein neues Gesetz führt doppelt vorhandene Fachbereiche zu jeweils nur einem an einer Hochschule zusammen und eine extra gebildete *Landeshochschulstrukturkommission* berät den > Senat von Berlin bei der strukturellen Weiterentwicklung der Berliner Hochschulen.

Ende 1992 zeichnet sich das Profil der Berliner Wissenschafts- und Forschungslandschaft durch 18 Hochschulen, ca. 220 staatliche bzw. private Forschungseinrichtungen und eine Neukonstituierung der *Berlin-Brandenburgischen Akademie der Wissenschaften (vormals Preußische Akademie der Wissenschaften)* aus. Hervorzuheben ist, daß in > ADLERSHOF, der Wiege der deutschen Luft- und Raumfahrt und dem Ort, an dem die meisten Institute der ehem. DDR-Wissenschaftsakademie angesiedelt waren, ein neues Zentrum für Forschung und Entwicklung entsteht.

Auf der staatlichen Ebene bilden die Hochschulen das Rückgrat der akademischen Ausbildung und Forschung. Mit der am 27.6.1991 erfolgten Entscheidung zur Erhaltung der HUB im Bezirk > MITTE verfügt Berlin 1992 über insg. vier staatliche Hochschulen, die das Promotions- und Habilitationsrecht haben, es sind dies neben der traditionsreichen HUB als Universität mit ebenfalls klassischem Fächerangebot die > FREIE UNIVERSITÄT BERLIN mit räumlichem Schwerpunkt im Zehlendorfer Ortsteil > DAHLEM, die auf die Ingenieurs- und Naturwissenschaften konzentrierte > TECHNISCHE UNIVERSITÄT BERLIN (TUB) in > CHARLOTTENBURG und als Kunsthochschule die > HOCHSCHULE DER KÜNSTE (HdK) im gleichen Bezirk.

Ganz allgemein besteht die Aufgabe der Berliner Fachhochschulen darin, eine möglichst praxisnahe Ausbildung auf wissenschaftlicher Grundlage anzubieten. Neben den Aufgaben in der Lehre gehört inzwischen auch die Forschung zu den Aufgaben der Fachhochschulen. In > SCHÖNEBERG sind die > FACHHOCHSCHULE FÜR WIRTSCHAFT BERLIN, in Charlottenburg die > FACHHOCHSCHULE FÜR SOZIALARBEIT UND SOZIALPÄDAGOGIK BERLIN, in > WILMERSDORF die > FACHHOCHSCHULE FÜR VERWALTUNG UND RECHTSPFLEGE, in > WEDDING die > TECHNISCHE FACHHOCHSCHULE BERLIN und in > KARLSHORST die FHTW angesiedelt. Weiter bestehen die von der Pariser Industrie- und Handelskammer getragene > EUROPÄISCHE WIRTSCHAFTSHOCHSCHULE in Charlottenburg, die drei kirchlichen Hochschulen – > KIRCHLICHE HOCHSCHULE BERLIN in > ZEHLENDORF, die > EVANGELISCHE FACHHOCHSCHULE BERLIN in Dahlem, die > KATHOLISCHE FACHHOCHSCHULE BERLIN in > LICHTENBERG –, die vom Bund getragene > FACHHOCHSCHULE DES BUNDES FÜR ÖFFENTLICHE VERWALTUNG in > WILMERSDORF, die > FACHHOCHSCHULE DER DEUTSCHEN BUNDESPOST in > TEMPELHOF und die drei Kunsthochschulen – Hochschule für Musik „Hanns Eisler", Hochschule für Schauspielkunst „Ernst Busch", Kunsthochschule Berlin-Weißensee – im Ostteil der Stadt.

2. Das Potential der Berliner Wissenschafts- und Forschungslandschaft

Die in Berlin angesiedelten Wissenschaftsinstitutionen haben im wesentlichen zwei Aufträge. Zum einen bilden v.a. die staatlichen bzw. staatlich anerkannten Einrichtungen den akademischen Nachwuchs aus und zum anderen leisten die Berliner Wissenschaftseinrichtungen insg. einen entscheidenden Beitrag zur Forschung in der Bundesrepublik Deutschland. Die personelle Ausstattung der außeruniversitären staatlichen und privaten Forschungseinrichtungen reicht von ca. 400 Wissenschaftlern (> BUNDESGESUNDHEITSAMT) bis zu wenigen Wissenschaftlern kleinerer Institute (Institut für wassergefährdende Stoffe; > AN-INSTITUTE). Die Finanzierung der außer- universitären Forschungseinrichtungen wird entweder durch den Bund, durch eine gemischte Bund- und Länder- bzw. Land-Berlin-Beteiligung (> BLAUE LISTE), durch das Land Berlin und Private oder ausschließlich durch Dritte gedeckt.

Mit den Instituten und Arbeitsgruppen der MGB, den alten und neuen Instituten und Forschungszentren der FhG, den Instituten der Großforschungseinrichtungen, dem > Heinrich-Hertz-Institut für Nachrichtentechnik Berlin GmbH, dem > Deutschen Institut für Wirtschaftsforschung, der > Bundesanstalt für Materialforschung und -prüfung, der > Physikalisch-Technischen Bundesanstalt, der > Berliner Elektronenspeicherring – Gesellschaft für Synchrotronstrahlung mbH, dem > Deutschen Herzzentrum Berlin, dem > Wissenschaftskolleg zu Berlin e.V. sowie dem > Wissenschaftszentrum Berlin für Sozialforschung GmbH und zahlreichen anderen Instituten verfügt Berlin über außerordentlich leistungsfähige Forschungseinrichtungen, die die Stadt im europäischen Vergleich besonders interessant machen für die Ansiedlung innovativer Industrie- und Dienstleistungsunternehmen. Eine frühzeitig begonnene Schwerpunktbildung im Bereich der Forschung auf den Gebieten der Bio- und Gentechnologie, der Informations- und Kommunikationstechnologie, der Medizintechnik, der Produktions- und Fertigungstechnik, der Solarenergie und der Umweltforschung hat dazu geführt, daß Berlin zu einem Zentrum der Wissenschaften von internationalem Zuschnitt geworden ist und insofern wieder an seinen Ruf Berlins im 19. und beginnenden 20. Jh. anknüpft. In den Wissenschaftseinrichtungen Berlins waren Ende 1992 ca. 50.000 Personen, darunter ca. 16.000 Wissenschaftler tätig. Damit sind im Sektor Wissenschaft und Forschung ca. 3 % der berufstätigen Bevölkerung Berlins beschäftigt.

Im Wintersemester 1991/92 waren an den Berliner Hochschulen insg. 140.000 *Studierende* eingeschrieben. Damit ist Berlin vor München mit 103.000 und Köln mit 77.000 Studierenden die größte Hochschulstadt Deutschlands. Mit jährlich ca. 13.000 Absolventen bildet das Land Berlin im Vergleich zum Bundesgebiet (170.000) überdurchschnittlich viele Akademiker aus. Berlin hat des weiteren einen sehr hohen Anteil an ausländischen Studenten. Verglichen mit dem Bundesdurchschnitt von etwa 6 % ist der Ausländeranteil mit rd. 11 % in Berlin nahezu doppelt so hoch. Die an den Berliner Hochschulen 1991/92 eingeschriebenen ca. 14.000 ausländischen Studenten stellen ungefähr 13 % der insg. in der Bundesrepublik studierenden Ausländer.

Der im Vergleich zum Bundesgebiet hohe Anteil von Studierenden an der Berliner Bevölkerung hat eine Reihe von Auswirkungen für das Leben der Stadt. So war bspw. Berlin in den 60er Jahren eines der Zentren der > Studentenbewegung, aus der in den 70er und 80er Jahren zahlreiche weitere Bewegungen wie die Friedensbewegung, die > Frauenbewegung und die > Alternativbewegung hervorgingen. Der hohe Anteil junger, sich kritisch mit der Gesellschaft auseinandersetzender Studenten hat nicht unerheblich mit dazu beigetragen, daß in Berlin eine Reihe von Problemen, wie der > Umweltschutz oder die Wohnungsnot, früher als im Bundesgebiet thematisiert wurden und über Bürgerinitiativen und Parteien die Politik beeinflußt wurde. Insofern ist die überdurchschnittliche Studentenzahl ein wichtiger Faktor für die Funktion Berlins als Experimentierfeld neuer Lebensformen, die das kulturelle Leben der Stadt mitprägen. (> Kultur)

II. DIE GESCHICHTE VON WISSENSCHAFT UND FORSCHUNG IN BERLIN

1. Die Anfänge

Im europäischen Vergleich begann die Geschichte der modernen Wissenschaft in Berlin relativ spät. Entstanden die ersten europäischen Universitäten bereits Mitte des 12. Jh. und die erste Brandenburger Universität 1506 in Frankfurt/O., so datieren die Anfänge der modernen Wissenschaften in Berlin in die Zeit der Renaissance. Entscheidend für eine breitere Entfaltung der Wissenschaft in Berlin waren politische Impulse. Durch das Toleranzedikt von 1614 und das *Edikt von Potsdam* 1685 wurde Berlin zu einem Zufluchtsort zahlreicher Religionsflüchtlinge wie der Waldenser, der Hemoniten und besonders der *Hugenotten*, die ihre auf einem hohen Niveau stehenden Kenntnisse in die Stadt brachten. Zahlreiche durch die Zuwanderer ins Leben gerufene Einrichtungen wie das 1689 gegründete > FRANZÖSISCHE GYMNASIUM sind ein Indiz für diese Einflüsse. In dieser Epoche der Regentschaft des Großen Kurfürsten Friedrich Wilhelm (1640-88) wurde eine Reihe weiterer wichtiger Einrichtungen in Berlin eröffnet, wie das 1607 in Joachimsthal am Werbellinsee gegründete, 1647 nach Berlin verlegte > JOACHIMSTHALSCHE GYMNASIUM und die 1681 als örtliche Schule gegründete, 1701 zum *Friedrichswerderschen Gymnasium* umgebildete Bildungsanstalt, die eine wichtige Voraussetzung für den Aufschwung der Wissenschaft darstellten. Von Bedeutung war ferner die 1659 im > STADTSCHLOSS eingerichtete *Churfürstliche Bibliothek*, der älteste Vorläufer der heutigen > STAATSBIBLIOTHEK ZU BERLIN – PREUSSISCHER KULTURBESITZ.

Friedrich Wilhelms Nachfolger, Friedrich der III. (1688-1713), der sich 1701 in Königsberg zum König in Preußen krönen ließ, setzte diese Politik der Wissenschafts- und Bildungsförderung fort. In seiner Amtszeit entstanden 1700 die „Königliche Societät zu Berlin" (> PREUSSISCHE AKADEMIE DER WISSENSCHAFTEN), die bedeutende Gelehrte der damaligen Zeit in Berlin versammelte. Erster Akademiepräsident war der Universalgelehrte Gottfried Wilhelm Leibniz. Eines der Hauptverdienste von Leibniz war die Einführung eines neuen Wissenschaftsbegriffs „Theoria cum Praxi", nach dem die Wissenschaft dem Staat Hilfen zur Bewältigung von Problemen bereitzustellen hatte. Dieser neue, zweckgebundene Wissenschaftsbegriff, die Gründung der Societät und ihre Förderung durch den Regenten trugen wesentlich dazu bei, daß Berlin und damit Preußen Anschluß an die europäische Entwicklung, insbes. an Frankreich gewann. Unter dem Soldatenkönig Friedrich Wilhelm I. (1713-40) erlebte das wissenschaftliche Leben der Stadt eine erste Periode der Stagnation. Der König sah die Wissenschaft v.a. als Hilfsmittel zum Auf- und Ausbau des Militärs. In dieser Periode entstanden vorwiegend auf diesen Zweck ausgerichtete Einrichtungen, wie z.B. 1726 die > CHARITÉ, die aus dem 1710 errichteten *Pesthaus* hervorging und zu dieser Zeit v.a. Wundärzte und Sanitäter für die Armee ausbildete.

Neue Impulse setzte Friedrich II. (1740-86), der den französischen Philosophen Moreau Pierre Louis Maupertuis zum Präsidenten der Wissenschaftsakademie ernannte, und Gelehrte wie den französischen Philosophen Voltaire und den Schweizer Mathematiker Leonhard Euler nach Berlin holte. Das wissenschaftliche Leben der Stadt öffnete sich den französischen Ideen der Aufklärung, Französisch wurde zur Arbeitssprache der Akademie, die – 50 Jahre früher als andere europäische Akademien – eine Klasse für spekulative Philosophie eingerichtet hatte. Hatte Leibniz die Arbeit der Akademie noch dem Zweckgedanken untergeordnet, so wurde jetzt die Metaphysik in Abwendung von den exakten Naturwissenschaften und der Mathematik zur Leitwissenschaft. Diese Entscheidung war wegweisend für die weitere Entwicklung in Deutschland; sie bildete zugleich eine Voraussetzung dafür, daß die deutsche Philosophie im 18. und 19. Jh. prägende Bedeutung erlangte.

Die Preußische Akademie der Wissenschaften war zu jener Zeit das Zentrum der Berliner Wissenschaft. Zu nennen ist hier Johann Gottlieb Fichte als erster deutscher Philosoph von Weltgeltung. Sein Verdienst ist die Ausarbeitung einiger Wesenszüge der Dialektik und die Herausstellung der Bedeutung der aktiven Tätigkeit des Menschen.

Mit dem ökonomischen Erstarken des Bürgertums und seiner Emanzipation im Zeichen der Aufklärung in der zweiten Hälfte des 18. Jh. bildeten sich daneben private *Salons*, wie die von Henriette Herz und Rahel Levin (später Varnhagen), die sich zu einer zweiten Art von Öffentlichkeit entwickelten. In ihnen diskutierten Gelehrte und Kaufleute, Adel und Bürger, Christen und Juden, Männer und Frauen die neuesten Ideen und Erkenntnisse und sorgten für deren Verbreitung. Dieser Öffnungsprozeß wurde durch eine Gründerwelle von Verlagen und Zeitungen (> Kultur; > Presse) begünstigt und beschleunigt. Das Anwachsen der Stadt, ihrer > Bevölkerung und der > Wirtschaft, die zunehmenden Aufgaben und Bedürfnisse des Staates sowie seiner Mittel führten Ende des 18. Jh. zur Schaffung weiterer wissenschaftlicher Einrichtungen. So wurden 1790 die Tierärztliche Hochschule, 1770 die *Bergakademie* und 1799 die > Bauakademie gegründet. Um 1800 war Berlin – v.a. durch sein vielfältiges wissenschaftliches und kulturelles Leben – einer der europäischen Brennpunkte der Aufklärung.

2. Preußens Krise und ihre Überwindung durch die Wissenschaft

Die Besetzung Berlins am 24.10.1806 durch Napoleons Truppen markierte den Höhepunkt der Krise des preußischen Staates. Preußens militärischer Zusammenbruch bei Jena und Auerstedt offenbarte, daß die Prinzipien Friedrich II., durch Optimierung der Leistungsfähigkeit des Staates sowie durch Reformen von oben den Gegensatz von Staat und Gesellschaft zu überbrücken, nicht gegriffen hatten. Die Überwindung dieser Krise wurde durch die Liberalisierung der Wirtschaft – Gewerbefreiheit, Niederlassungsfreiheit, Freihandel – eingeleitet. Eine besonders herausragende Rolle spielten dabei die Berliner Gelehrten. Ihre auf die Französische Revolution zurückgehenden Ideen und Vorschläge zur geistigen Erneuerung und Reform Preußens griff die Regierung auf. So forderten Gelehrte wie Heinrich Steffens, Friedrich Schleiermacher, Johann Gottlieb Fichte und Wilhelm v. Humboldt die Errichtung einer größeren Zahl von wissenschaftlichen Einrichtungen in Berlin und v.a. einer Lehranstalt, die für eine größere Verbreitung wissenschaftlicher Ideen und Erkenntnisse sorgen sollten. Insbes. v. Humboldt betrieb als Leiter des Kultus- und Unterrichtswesens im Preußischen Innenministerium die Gründung dieser Lehranstalt und wurde schließlich von Friedrich Wilhelm III. (1797-1840) mit der Gründung der Berliner Universität beauftragt.

War die Preußische Akademie in erster Linie eine Gelehrtenversammlung, so diente die am 9.9.1810 eröffnete Berliner Universität (ab 1828 > Friedrich-Wilhelms-Universität) in erster Linie der Ausbildung junger Studenten, wodurch die Zugangsmöglichkeiten zur wissenschaftlichen Bildung erheblich erweitert wurden. Die wegweisenden Merkmale der neuen Lehranstalt waren die Einheit von Forschung und Lehre, das Prinzip der Autonomie (*akademische Selbstverwaltung*) und die Führungsposition der philosophischen Fakultät. Diese fortschrittliche Organisation ergänzte v. Humboldt durch die Berufung bedeutender Professoren aus verschiedenen Ländern. So lehrten und forschten an der Universität der Philosoph Georg Wilhelm Friedrich Hegel, der nach Fichte den Lehrstuhl für Philosophie besetzte, und mit dem Berlin in den 30er Jahren des 18. Jh. zum Zentrum der Philosophischen Forschung und Lehre in Deutschland wurde, der Rechtswissenschaftler Friedrich Karl v. Savigny, der das deutsche auf Freiheit und Gleichheit begründete bürgerliche Recht schuf, dessen rechtshistorische Auffassungen auch heute noch Bedeutung haben, sowie der Chemiker und Apotheker Martin Heinrich Klaproth, dem es als einzigem gelang, gleich drei Elemente – Zer, Zirkon, Uran – zu entdecken. Als eine Schlüsselgestalt der ersten Jahre der Berliner Universität gilt der Theologe und Rektor Friedrich Schleiermacher. Berühmt wurden seine Platon-Übersetzungen und sein Buch über die Religion.

Die Gründung der Berliner Universität, die Reform des preußischen Bildungswesens mit der Einführung des humanistischen Gymnasiums sowie die von Staatsminister Karl August Fürst v. Hardenberg betriebenen Reformen auf den Gebieten Haushalt und Finanzen, Militär und Verwaltung bildeten das Umfeld und die Voraussetzung, die in der zweiten Hälfte des 19. Jh. den Aufschwung der Berliner Forschungslandschaft zu einem der weltweit führenden Zentren der Wissenschaft ermöglichten.

Die damalige Zeit kannte aber auch noch einen anderen Bildungsbegriff. So waren z.B. Berg- und Bauakademie ausschließlich auf die Vermittlung eines technischen Wissens festgelegt. An diesen Akademien wurden keinerlei Forschungsaufträge bearbeitet. Mit dem beabsichtigten Aufbau eines höheren technischen Bildungssystems sollte die Modernisierung Preußens unterstützt und insbes. der Abstand zum auf technologischem Gebiet führenden England verkürzt werden.

3. Die erste Industrielle Revolution und ihr Einfluß auf die Organisation von Wissenschaft und Forschung

Der Aufstieg Berlins zur > HAUPTSTADT des Deutschen Reiches 1871 führte zur Ansiedlung großer Verwaltungsinstitutionen und zur Bündelung wichtiger politischer Entscheidungsprozesse in der Stadt. In der Folgezeit wurden zahlreiche wissenschaftliche Institutionen errichtet, z.B. 1872 das Statistische Reichsamt, 1876 das Reichsgesundheitsamt (> BUNDESGESUNDHEITSAMT), 1877 das Reichspatentamt (> DEUTSCHES PATENTAMT), 1881 die Landwirtschaftliche Hochschule und 1887 die Physikalisch-Technische-Reichsanstalt (> PHYSIKALISCH-TECHNISCHE-BUNDESANSTALT). Diese neben den staatlichen Institutionen entstandenen Einrichtungen mit wissenschaftlicher Aufgabenstellung ermöglichten es der Industrie, sich Forschungsergebnisse kostengünstig und ohne Umwege zu sichern. Von besonderer Bedeutung war die 1877 gegründete Physikalisch-Technische-Reichsanstalt, an der in späteren Jahren auch Albert Einstein zeitweise als Gast arbeitete. Das wachsende Netz an wissenschaftlichen Institutionen und die günstigen Arbeitsbedingungen zogen wiederum zahlreiche Wissenschaftler in die Stadt. Die Folge waren herausragende Forschungsergebnisse, insbes. an der Friedrich-Wilhelms-Universität, an der etwa Robert Koch 1882 die Cholera-Bakterien nachwies und Emil v. Behring 1890 das Diphterie-Serum entdeckte. Aber nicht nur die Ergebnisse der natur-, ingenieurwissenschaftlichen und medizinischen Forschung machten weltweit auf sich aufmerksam, auch Altertumskundler und Philologen ließen durch ihre Leistungen Berlin zu einem Mittelpunkt der archäologischen, historischen und philologischen Forschungen werden. Einer der herausragenden Gelehrten war der Historiker Theodor Mommsen, der für seine Arbeiten über die „Römische Geschichte" 1902 den ersten Nobelpreis für Literatur erhielt. Zu den wissenschaftlich relevanten Museumsgründungen dieser Zeit gehört die des > MUSEUMS FÜR NATURKUNDE 1889. Insbesondere muß darauf hingewiesen werden, daß die Universität und das von Karl Friedrich Schinkel von 1822-30 errichtete > ALTE MUSEUM durch Personalunion verbunden waren. Mit Hilfe dieser Verbindung erhoffte man sich, den älteren Kunstmetropolen – London und Paris – die Vormachtstellung streitig machen zu können.

Der verstärkte Zustrom neuer Wirtschaftsunternehmen in die Reichshauptstadt, verbunden mit der Dynamik der industriellen Revolution, brachte zudem mit den v.a. anwendungsbezogenen großtechnischen Laboratorien der expandierenden Konzerne ein neues Wirkungsfeld für die Wissenschaft nach Berlin. In diesem Zusammenhang wurde der ökonomische Nutzen immer mehr zum Hauptkriterium wissenschaftlicher Erkenntnis und stellte Humboldts universales Ideal der Freiheit und Autonomie von Forschung und Lehre in Frage. Ein Ergebnis dieser Entwicklung und eine Antwort auf die Anforderungen der Industrie war die Gründung der *Königlich Technischen Hochschule* für die Ingenieurwissenschaften, die nach langen Debatten als Nachfolgeinstitut der Bauakademie und der *Gewerbeakademie* 1879 in > CHARLOTTENBURG errichtet wurde. Der Zusammenschluß der beiden Vorläufereinrichtungen war ein wichtiger Schritt auf dem Wege der Herausbildung einer der Universität gleichrangigen wissenschaftlich-technischen Ausbildungsstätte. Fern vom damaligen Stadtzentrum wurde für diese Hochschule ein gewaltiger Neubau errichtet; er war zu diesem Zeitpunkt das größte Einzelgebäude Berlins und Preußens. Größe und Lage an einer der wichtigsten Promenaden Berlins, der heutigen > STRASSE DES 17. JUNI, symbolisierten die Bedeutung, die man dieser Einrichtung für die weitere Entwicklung des Reiches beimaß. Als Wilhelm II. (1888-1918) im Jahr 1899 den preußischen Hochschulen als ersten im Deutschen Reich das Recht zur Verleihung des Doktor-Grades gewährte, war die akademische Gleichstellung mit der Universität erreicht.

4. Der Ausbau des Wissenschaftssektors um die Jahrhundertwende

Der neue Wissenschaftsbegriff, die Unterwerfung von Wissenschaft unter vorgegebene, von außen, v.a. von der Industrie bestimmte Zwecke, führte parallel dazu zur Indienstnahme der in Berlin konzentrierten wissenschaftlichen Potenzen für die Machtinteressen des jungen Deutschen Reiches. Dies sicherte insbes. den Naturwissenschaften in Berlin einerseits erhebliche Mittel und weitere Förderung, stellte andererseits aber auch Wissenschaftler in den Dienst von Expansionsstreben, Aufrüstung und Krieg. Schon um die Jahrhundertwende kamen fast alle leitenden Beamten der kaiserlichen Marine sowie die leitenden Ingenieure der deutschen Reedereien und Werften, einem der am meisten expandierenden Wissenschaftssektoren, aus der Technischen Hochschule Charlottenburg.

Neben den unbestrittenen Forschungsleistungen wurde die Wissenschaftspolitik Preußens um die Jahrhundertwende mit den Folgen der in der zweiten Hälfte des

19. Jh. eingeleiteten Entwicklung zur Industrieforschung konfrontiert. Der Chemiker Adolf v. Harnack beschrieb die Situation so: „Die organische Chemie, deren Führung bis vor nicht langer Zeit unbestritten in den chemischen Laboratorien der deutschen Hochschulen lag, ist heute von da fast völlig in die großen Laboratorien der Fabriken abgewandert." Damit war dieser Forschungszweig für die „reine" Wissenschaft zum großen Teil verloren, da die Fabriken diese Forschung nur unter dem Gesichtspunkt praktischer Resultate betrieb. Für die Universitätsforschung tat sich damit 100 Jahre nach Gründung der Friedrich-Wilhelms-Universität eine Grenze auf. Um die notwendigen Forschungsinvestitionen aufbringen zu können, schlug Harnack Kaiser Wilhelm II. die Gründung von unabhängigen Instituten vor, die das Reich in die Lage versetzen sollten, mit dem hohen Tempo der Technologie-Entwicklung in den USA Schritt halten zu können. Harnacks Vorschläge führten 1911 zur Gründung der > KAISER-WILHELM-GESELLSCHAFT ZUR FÖRDERUNG DER WISSENSCHAFTEN (KWG). Um ihre Finanzierung zu sichern, traten Staat und Industrie nach dem Vorbild amerikanischer Stiftungen als Träger auf. In gewisser Weise symbolisiert die Gründung der KWG auch den Übergang vom philosophischen in das naturwissenschaftliche Zeitalter.

5. Der neue Wissenschaftsstandort Dahlem
Die durch v. Humboldt, Schleiermacher und ihre Zeitgenossen verfolgte Konzeption von der Philosophie als „Herrin aller Fakultäten" wurde mit der Gründung der KWG endgültig überwunden. Der Anfang hierzu war bereits mit der Gründung der Technischen Hochschule gemacht. Bereits ein Jahr nach Gründung der KWG wurden die Kaiser-Wilhelm-Institute für Chemie und für Physikalische Chemie in > DAHLEM eingeweiht. Damit war der Grundstein für den Ausbau Dahlems zu einem neuen Wissenschaftsstandort gelegt. Die Ausweitung nach Dahlem bot sich deshalb an, weil dort die Grundstücke preiswert waren und außerdem die verkehrstechnische Anbindung an die > PREUSSISCHE AKADEMIE DER WISSENSCHAFTEN, die Friedrich-Wilhelms-Universität und die > CHARITÉ mit der Stadtbahn vorhanden war.

6. Die Entwicklung in der Weimarer Republik
Der I. Weltkrieg und die Indienstnahme der Wissenschaftler für die nationalen Kriegsziele und Interessen führte zum Abbruch internationaler Kontakte. Diese Isolation belastete die Weimarer Republik – nicht nur auf dem Gebiet der Wissenschaft – von Anfang an. Die Interessen der Wissenschaftler und die geistige Offenheit der damals Regierenden ermöglichten es jedoch, im Laufe der 20er Jahre die internationale Blockade Zug um Zug zu überwinden. Gleichzeitig brachte die Republik einen wichtigen Reformschub: Erstmals erhielten Bürger jüdischen Glaubens unbeschränkten Zugang zu allen staatlichen Bildungseinrichtungen und Ämtern. Die seit ca. 1880 von jüdischen Bürgern initiierten außeruniversitären Bildungs- und Forschungsinstitutionen (Lessing- und Humboldthochschule, Mendelssohn-Stiftung zur Förderung der Wissenschaft, Handelshochschule, *Hochschule für Politik*; > OTTO-SUHR-INSTITUT) hatten für die Reorganisation des Wissenschaftsbetriebes zu dieser Zeit einen besonders hohen Stellenwert. Die Hochschule für Politik galt als die innovativste Einrichtung der Weimarer Republik. Hier prägten Adolf Grabowski und Franz Neumann die moderne Politikwissenschaft. Wichtig für die Überwindung der Isolation waren auch die von Fritz Haber und dem Kultusbeamten Fried-

rich Schmitt-Ott geschaffene Notgemeinschaft der deutschen Wissenschaft, heute Deutsche Forschungsgemeinschaft (DFG). Zu erwähnen ist dabei auch der von dem Sozialwissenschaftler Alfred Weber und seinen Schülern Arnold Bergstraeßer, Carl Joachim Friedrich und Georg Picht 1925 zunächst von Heidelberg aus initiierte > Deutsche Akademische Austausch-Dienst (DAAD), der sich insbes. um wissenschaftliche Kontakte mit den USA und den Austausch von Wissenschaftlern und Studenten bemühte. Das *Humboldt-Haus* der Friedrich-Wilhelms-Universität und das *Harnack-Haus* der KWG gaben Raum für die sich allmählich entwickelnden internationalen Begegnungen, die insbes. von amerikanischer Seite unterstützt wurden.

Ende der 20er Jahre war Berlin eines der bedeutendsten Wissenschaftszentren der Welt. Allein in Dahlem hatten sich inzwischen 15 Institute der KWG etabliert, in denen zahlreiche Wissenschaftler arbeiteten, die im ersten Drittel des 20. Jh. mit dem Nobelpreis ausgezeichnet wurden, so u.a. die Chemiker Emil H. Fischer (1902), Fritz Haber (1918), Otto Hahn (1945 für 1944), der Chemiker und Physiologe Otto Warburg (1931), der Mediziner Robert Koch (1905) und der Serologe Emil v. Behring (1901) sowie die Physiker Petrus J. W. Debye (1936), Albert Einstein (1921), Max v. Laue (1914) und Max Planck (1918). In den Kaiser-Wilhelm-Instituten wurden bahnbrechende Entdeckungen gemacht, zu deren folgenreichsten zweifellos die Entdeckung der Uranspaltung 1939 durch Otto Hahn, Lise Meitner und Friedrich Wilhelm Straßmann zählt.

7. Die Zerstörung der Wissenschaften durch die Nationalsozialisten

Durch die Machtübernahme Adolf Hitlers 1933 geriet auch die Berliner Wissenschaft innerhalb kurzer Zeit in den Einfluß der nationalsozialistischen Diktatur. Die Ideologisierung, Gleichschaltung und Neuordnung des Wissenschafts- und Hochschulbetriebs wurde vom totalitären Staat durch Ausschaltung der Selbstverwaltung eingeleitet. Rektoren und Dekane wurden nicht mehr gewählt, sondern ernannt. Mit Erlaß des sog. Reichsbürgergesetzes versetzte man alle als jüdisch bezeichneten Beamten zum Ende des Jahres 1935 in den Ruhestand. Seit 1936 war durch einen Hitler-Befehl die Annahme von Nobelpreisen verboten. An den Instituten der KWG wurden 39 Entlassungen ausgesprochen, darunter die von Albert Einstein, Fritz Haber, Lise Meitner, Max Delbrück und anderen hervorragenden Forschern, aber auch an der Technischen Hochschule Charlottenburg und an der Friedrich-Wilhelms-Universität – hier wurden ca. 32 % des Lehrkörpers aus dem Dienst vertrieben – ging der Aderlaß nicht vorüber. Die Vertreibung der jüdischen Wissenschaftler vollzog sich ohne nennenswerten Widerstand. Der grenzenlose Anti-Intellektualismus der Nationalsozialisten gipfelte in Versuchen, eine arische, deutsche Physik und Mathematik zu definieren. Letztendlich konnten sich die Verfechter einer solchen „Wissenschaft" aber nicht durchsetzen. Nach Ausschaltung der jüdischen Wissenschaftler und anderer mißliebiger Intellektueller aus den Forschungseinrichtungen ging es den Nationalsozialisten hauptsächlich darum, durch geschlossenen und planmäßigen Einsatz der technischen und Naturwissenschaften die Selbstermächtigung der deutschen Wirtschaft voranzutreiben. Wie eng die technischen Wissenschaften mit der nationalsozialistischen Rüstungspolitik verflochten wurden, zeigt sich an der 1935 erfolgten Gründung einer Wehrtechnischen Fakultät an der Technischen Hochschule Charlottenburg, mit deren wissenschaftlicher Hilfe die militärische Schlagkraft der deutschen Wehrmacht erhöht werden sollte. Der Verlust für die Forschung durch die Vertreibung der jüdischen Gelehrten aus den Forschungsinstituten wirkt bis heute nach. Erst langsam können Berliner Einrichtungen wieder an die überaus erfolgreiche Tradition anknüpfen.

8. Der Neuanfang 1945

Schon kurze Zeit nach der Kapitulation am 8.5.1945 wurden Forschung und Lehre, zunächst unter Kontrolle der > Alliierten, wieder aufgenommen. Bereits am 16.7.1945 wurde beim > Magistrat ein Zentralausschuß der *Studentenschaft* gebildet. Der Ausschuß sah seine Aufgabe darin, die zukünftige Studentenschaft zu einem Grundstein des antifaschistisch-demokratischen Deutschlands zu gestalten. Im September 1945 erließ die sowjetische Militärverwaltung einen Befehl zur Vorbereitung zum Unterricht in den Hochschulen und die Festsetzung der Kontrolle über deren Tätigkeit. Dieser Befehl, eine Reaktion auf die Verstrickung der Berliner Wissenschaftler mit dem Nazi-Regime, läßt erahnen, unter welch schwierigen Bedingungen sich das wissenschaftliche Leben in Berlin entwickelte.

Beim Neuanfang von 1945 war die Wiedereröffnung der Technischen Hochschule im Gegensatz zu einigen anderen Hochschuleinrichtungen zunächst ungewiß. Die *Hochschule für bildende Künste*, die *Hochschule für Musik* und die zunächst als „Universität Berlin" wiedereröffnete Friedrich-Wilhelms-Universität (ab Februar 1949 auf Wunsch der Hochschule in > Humboldt-Universität zu Berlin [HUB] umbenannt), hatten lange vor der Technischen Hochschule ihren Betrieb wieder aufgenommen. Im Bewußtsein der Siegermächte hatte sich die Technische Hochschule Charlottenburg als willfähriger Lieferant von Forschungsergebnissen für die Kriegsmaschinerie festgesetzt. Erst am 9.4.1946 wurde sie als > Technische Universität Berlin (TUB) neu gegründet. Mit der Neubenennung war eine programmatische Absicht verbunden, sie verstand sich auch als eine Antwort auf das Versagen der technischen Intelligenz gegenüber dem Faschismus. Deshalb sollte die Ausbildung der Ingenieure künftig auch auf die Universitas Humanitas gerichtet sein. Um ein begleitendes humanistisches Studium an der Technischen Universität zu ermöglichen, wurde 1950 die Humanistische Fakultät neben den vier Gründungsfakultäten – Allgemeine Ingenieurwissenschaft, Architektur, Bauingenieur- und Maschinenwesen – eingerichtet.

9. Die Spaltung der Berliner Wissenschaftslandschaft

Die bereits kurz nach Wiedereröffnung der Berliner Universität – später HUB – auftretenden Probleme um die Freiheit in Forschung und Lehre ließen zunächst Pläne reifen, die TUB zu einer Volluniversität auszubauen. Der Berliner Landesverband der > Sozialdemokratischen Partei Deutschlands (SPD) legte am 10.1.1948 der Britischen Militärregierung einen Plan zum Ausbau der TUB in eine alle Wissenschaftsgebiete umfassende Universität vor, der jedoch von der Militärregierung verworfen wurde. Bereits kurze Zeit später kam es zu massiven Konflikten an der Berliner Universität. Die Entscheidung des Rektors Paul Wandel vom 16.4.1948, drei Studenten wegen kritischer Artikel in der Hochschulzeitschrift „Colloquium" zu religieren, war der letzte Auslöser für die v.a. von Studenten getragene Initiative zur Gründung einer Gegenuniversität. Bereits am 19.6.1948 hatte sich ein Gremium von Wissenschaftlern, Politikern und Studenten gebildet, um die Gründung einer „Freien Universität" in den Westsektoren vorzubereiten. Kurz darauf fand am 4.12.1948 im Steglitzer > Titania-Palast die Gründungsfeier der > Freien Universität Berlin (FU) statt.

Die FU begann zunächst als Experiment: Sie erhielt eine der zur damaligen Zeit freiheitlichsten und fortschrittlichsten Verfassungen, nach der die Studentenschaft in allen akademischen Gremien Mitspracherecht hatte. Im Kuratorium, das als oberstes Gremium über Wirtschafts- und Personalangelegenheiten entschied, hatten ferner die Vertreter der Hochschule gleiches Stimmrecht wie die des > Senats von Berlin und des > Abgeordnetenhauses von Berlin. Das Berliner Modell mit einer weitgehenden Selbstverwaltung ging als Novum in die deutsche Universitätsgeschichte ein.

Die > Spaltung als Folge des II. Weltkriegs ließ in Berlin-Ost und Berlin-West zwei unterschiedliche Wissenschaftssysteme entstehen. Ließ sich die Politik im Westteil bei der Gestaltung der Wissenschaftslandschaft von der notwendigen Einheit von Forschung und Lehre und dem Prinzip der Autonomie der Hochschulen leiten, so war die Forschung in der DDR und damit auch in Ost-Berlin von der Lehre getrennt. Sie wurde nicht nur aus den Hochschulen in die Institute der > Akademie der Wissenschaften der DDR verlegt, sondern war unter Vernachlässigung der Grundlagenforschung stark anwendungsorientiert. Zensur, Maßregelungen, Publikationsverbote und Kommunikationsbeschränkungen unterschiedlichster Art, insbes. für die Geisteswissenschaften in der DDR, widersprachen einem autonomen Wissenschaftsverständnis.

10. Die Entwicklungen in Berlin (West) und in Berlin (Ost)

Nach einer ersten Konsolidierung der West-Berliner Wissenschaftslandschaft in den 50er Jahren ging Mitte der 60er Jahre von Berlin-West der Anstoß zu einer umfassenden Reform der Universitäten aus. Die Berliner Hochschulen waren der Ort, an dem sich die > Studentenbewegung entwickelte, die sich zunächst gegen die Erstarrung an den Universitäten wandte, ihre Reformbestrebungen jedoch rasch auf eine allgemeine Kritik an der Gesellschaft ausweitete. Eine Antwort des Senats von Berlin auf den studentischen Protest war – nach einem Testvorlauf am Otto-Suhr-Institut – die Verabschiedung eines neuen *Hochschulgesetzes* im Juni 1969, das einen ersten umfassenden Schritt zur Neugestaltung der Berliner Hochschullandschaft darstellte. Es trug der allgemeinen Erkenntnis Rechnung, daß die alten Leitbilder der deutschen Ordinarienuniversität nicht mehr mit der Wirklichkeit übereinstimmten und die Hochschulen die notwendigen Reformen aus eigener Kraft nicht voranbrachten. Von nun an war nicht mehr der universalgebildete Gelehrte die Orientierungsmarke, sondern der spezialisierte Wissenschaftler. Der Berliner Gesetzgeber erweiterte die Autonomie der Universitäten – insbes. durch Übertragung der Dienstherrenfähigkeit und der Haushaltshoheit – in einem Maße, das von keiner anderen deutschen Hochschule erreicht wurde. Der staatliche Einfluß sollte lediglich sicherstellen, daß die Rechtsordnung des demokratischen Staatswesens in der Universität gewahrt, die Finanzmittel sachgerecht verwendet und die Interessen der Gesellschaft berücksichtigt wurden. Das Universitätsgesetz sah hierfür eine im deutschen Hochschulwesen einmalige Organisationsform vor, die Staat und Universität zwang, bei der Planung und Entscheidung über die finanziellen, personellen, sachlichen und organisatorischen Voraussetzungen für Forschung, Lehre und Studium in einem gemeinsamen Gremium, dem Kuratorium, gleichberechtigt zusammenzuwirken. Der Staat wollte mit diesem Gesetz die Freiheit von Forschung, Lehre und Studium und damit ein hohes Maß an Autonomie und Selbstverwaltung garantieren. Das Universitätengesetz beseitigte die traditionelle dualistische Verwaltung im Universitätsbereich und ersetzte sie durch eine zentrale Verwaltung mit einem gewählten Präsidenten an der Spitze. Es strukturierte den Wissenschaftsbetrieb neu, indem es die alten Fakultäten abschaffte und eine überschaubare Fachbereichsstruktur einführte.

Das Berliner Hochschulgesetz von 1969, das als Reformmodell auch Auswirkungen auf die Hochschulgesetze anderer Bundesländer hatte, wurde im Laufe der Jahre mehrmals novelliert und den jeweiligen Fassungen des Hochschulrahmengesetzes des Bundes angepaßt. Eine substantielle Veränderung erfolgte 1972 durch ein Urteil des Bundesverfassungsgerichts. Durch Spruch der Verfassungsrichter wurde den Hochschullehrern in allen Gremien über die Fragen, die Forschung und Lehre betreffen, wieder die Mehrheit der Sitze zugewiesen. Was vom 69er Gesetz geblieben ist, sind die damals geschaffenen Organe der Universitäten – Präsident, Akademischer Senat, Konzil, Fachbereichsräte, Kuratorium –, deren Zusammensetzung und Aufgaben sich jedoch verändert haben. Mit der Novelle vom Oktober 1986 wurden erstmals in einem Hochschulgesetz die Aufgaben einer > FRAUENBEAUFTRAGTEN festgeschrieben. Hierdurch sollen die für weibliche Hochschulmitglieder bestehenden Nachteile überwunden werden. V.a. aber soll die Novellierung den Hochschulen nach der Phase des quantitativen Ausbaus helfen, ihre wissenschaftliche Leistungsfähigkeit zu erhalten und zu verbessern. Die jüngste Novelle stammt vom 12.10.1990; ein Ergänzungsgesetz vom 27.6.1991 regelt die Rechtsverhältnisse der durch die > VEREINIGUNG im Land Berlin hinzutretenden staatlichen Hochschule.

Berlin-West war zum Zeitpunkt der Wende wieder eine der größten Universitätsstädte der Bundesrepublik Deutschland. Hier studierten ca. 100.000 Studenten an FU und TUB, an der HdK und an sieben Fachhochschulen. Durch zahlreiche Neugründungen im außeruniversitären Forschungsbereich wurde Berlin-West wieder zu einem Zentrum von internationaler Bedeutung. Wichtige und z.T. wegweisende Beispiele für die neuen Gründungen von Hochschulen und außeruniversitären Forschungseinrichtungen waren u.a.: die 1975 entstandene > HOCHSCHULE DER KÜNSTE (HdK) mit ihrem umfassenden Angebot für die künstlerische Ausbildung und die Kunstwissenschaften; die bereits seit 1959 bestehende Großforschungseinrichtung > HAHN-MEITNER-INSTITUT, BERLIN GMBH; das 1969 gegründete > WISSENSCHAFTSZENTRUM BERLIN FÜR SOZIALFORSCHUNG GMBH, das u.a. einen wichtigen gesellschaftlichen Strukturwandel analysiert (Niedergang der klassischen und Aufstieg der innovativen Industriezweige); das 1975 aus dem Heinrich-Hertz-Institut für Schwingungsforschung hervorgegangenen > HEINRICH-HERTZ-INSTITUT FÜR NACHRICHTENTECHNIK BERLIN GMBH, das v.a. Forschung auf dem Gebiet der Nachrichtentechnik, speziell der Breitbandkommunikation, betreibt; das seit 1981 bestehende > WISSENSCHAFTSKOLLEG ZU BERLIN E.V. mit der Aufgabe, herausragende Wissenschaftler aus aller Welt durch Einladung an das Wissenschaftskolleg zu fördern; die 1982 ins Leben gerufene > BERLINER ELEKTRONENSPEICHERRING – GESELLSCHAFT FÜR SYNCHROTRONSTRAHLUNG MBH, die eine Strahlungsquelle für Synchrotronstrahlung zur Entwicklung und Erprobung neuer industrieller Technologien, für grundlegende Experimente der Physik, Chemie, Biologie und Medizin sowie für metrologische Aufgaben zur Verfügung stellt; das 1984 gegründete > KONRAD-ZUSE-ZENTRUM FÜR INFORMATIONSTECHNIK BERLIN, das dazu beitragen soll, daß die Bundesrepublik Deutschland neben den Vereinigten Staaten von Amerika und Japan bei der Entwicklung der Informationstechnologie und deren Industriezweigen eine führende Rolle übernimmt; das 1986 vom Land Berlin und der Firma Schering gegründete > Institut für Genbiologische Forschung Berlin GmbH, das molekular-biologische Grundlagenforschung – mit dem Ziel, neue Wege bei der biologischen Bekämpfung von pflanzenschädlichen Mikroorganismen zu erarbeiten – durchführt; das > Produktionstechnische Zentrum, das sich besonders den Fragen der künftigen Gestaltung des Fabrikbetriebes widmet; das 1986 eröffnete > Deutsche Herzzentrum Berlin als überregionales Zentrum für die Herzchirurgie in Forschung, Therapie und Weiterbildung. Gründungen der jüngsten Zeit sind die Institute an den Universitäten, die sogenannten > An-Institute, die das Ziel haben, zur Intensivierung der Kooperation zwischen Wissenschaft und Wirtschaft beizutragen.

Stärker als die Bundesrepublik Deutschland hat die DDR ihre wissenschaftlichen Einrichtungen hauptsächlich auf einen Ort konzentriert. In Berlin-Ost waren 54 % des Potentials der Akademie der Wissenschaften ansässig. An der HUB und den künstlerischen Hochschulen, der Hochschule für Ökonomie sowie den Ingenieurhochschulen Lichtenberg und Wartenberg studierten rd. 25.000 Studenten. In der Forschung, d.h. in den Instituten der Akademie der Wissenschaften arbeiteten ca. 12.000 Mitarbeiter.

11. Die Vereinigung und ihre Folgen

Für die gegenwärtige Wissenschaftsverwaltung stehen bei der Zusammenführung der Berliner Wissenschaftslandschaft die Wiederherstellung von Freiheit und Autonomie der Wissenschaften, die Zusammenführung von Forschung und Lehre sowie der Aufbau der außeruniversitären Forschungslandschaft im Ostteil der Stadt im Vordergrund. Durch das Ergänzungsgesetz zum Berliner Hochschulgesetz sollen u.a. die HUB und die künstlerischen Hochschulen strukturell, fachlich und personell erneuert werden. Unbestritten ist, daß Berlin zukünftig drei Universitätsklinika (> Charité; > Universitätsklinikum Steglitz; > Universitätsklinikum Rudolf Virchow) haben wird. Aus dem großen Potential der nicht weitergeführten Akademie-Institute wurden u.a. die nachfolgenden Einrichtungen gegründet: Das > Max-Delbrück-Centrum für Molekulare Medizin in > Buch, in dem moderne klinische Forschung und Grundlagenforschung im Verbund mit Anwendungen von molekularbiologischen, zellbiologischen und physiologischen Methoden verknüpft werden sollen, sowie das *Forschungszentrum für Planetare Fernerkundung*, das unter dem Dach der Großforschungseinrichtung > Deutsche Forschungsanstalt für Luft- und Raumfahrt e.V. auf dem Gebiet der Planetaren Fernerkundung und Umweltfernerkundung arbeiten soll. Zu den Forschungsprojekten gehört die Mitarbeit bei den Großprojekten „Mars '94" und „MIR-Mitflug". Ferner entstanden der > Forschungsverbund Berlin mit acht Instituten und ein *Verbund vier Chemischer Zentren*, die aus den Chemischen Zentralinstituten der Akademie hervorgingen (heterogene Katalyse, makromolekulare Chemie, stereoselektive organische Synthese und anorganische Polymere).

Im Bereich Geisteswissenschaften wurden als Zentren der MPG Einrichtungen für Wissenschaftsgeschichte und -theorie, zur Erforschung des modernen Orients, für Allgemeine Sprachwissenschaft, Sprachtypologie und sprachliche Universalienforschung sowie für Literaturforschung gebildet. Diese Zentren sollen einen wichtigen Beitrag für die Reform der Forschung in den Geisteswissenschaften leisten.

Als jüngstes und langfristig wohl eines der wichtigsten Projekte ist die geplante *Berlin-Brandenburgische Akademie der Wissenschaften (vormals Preußische Akademie der Wissenschaften)* zu nennen. Die von beiden Bundesländern getragene Akademie soll laut Staatsvertrag vom 21.5.1992 an die Tradition der > Preussischen Akademie der Wissenschaften anknüpfen.

Diese Beispiele kennzeichnen die Probleme und Aufgaben der Berliner Wissenschaft nach der Vereinigung. Allein für die Neustrukturierung der Forschung im Ostteil Berlins bringen das Land Berlin und der Bund 385 Mio. DM auf. Wegen der außergewöhnlichen Situation ist trotz allgemeiner Einsparungen der Haushalt für Wissenschaft von 1991 auf 1992 um 17 % auf insg. 3,9 Mrd. gestiegen. Auf der Grundlage der Empfehlungen des Wissenschaftsrates und in engem Zusammenwirken mit dem > Bundesminister für Forschung und Technologie muß sich die Berliner SenWissForsch in den nächsten Jahren hauptsächlich auf die begonnene Erneuerung der durch die Vereinigung neu hinzugekommenen oder gänzlich neu geschaffenen Hochschul- und Forschungseinrichtungen konzentrieren. So geht es nach Wiederherstellung der Freiheit und Autonomie der Wissenschaften durch strukturelle, fachliche und personelle Erneuerung der Hochschulen um das Zusammenführen von Forschung und Lehre und den weiteren Aufbau von neuen außeruniversitären Forschungseinrichtungen insbes. im Ostteil der Stadt. In > Adlershof sollen bspw. auf ca. 760.000 m² universitäre und außeruniversitäre Forschungseinrichtungen, Forschungslaboratorien und High-Tech-Unternehmen angesiedelt werden, wodurch der größte europäische Technologie- und Innovationspark entstünde (> Innovations- und Gründerzentren).

Z

Zehlendorf: Der im Südwesten Berlins auf den Hochflächen des > Teltow gelegene „grüne Bezirk" Z. besteht aus den Ortsteilen Z., > Dahlem, > Nikolassee und > Wannsee. Der überwiegend durch aufgelockerte Villenbebauung gekennzeichnete Bezirk grenzt an den Stadt- und Landkreis Potsdam sowie die Berliner Bezirke > Spandau, > Wilmersdorf und > Steglitz. Er entstand 1920 bei der Bildung > Gross-Berlins als zehnter Berliner Verwaltungsbezirk durch den Zusammenschluß der damaligen Landgemeinden Z., Nikolassee und Wannsee (> Dörfer), der Gutsbezirke Dahlem, > Kleinglienicke und > Pfaueninsel sowie eines Teils des Gutsbezirks Potsdam (Forst). Zu Z. gehören auch unselbständige Ortsteile und Siedlungen wie > Schlachtensee, > Steinstücken, > Albrechts Teerofen und > Kohlhasenbrück. 1928 kam der Rest des bereits 1898 teilweise nach Wannsee eingemeindeten Gutsbezirks > Düppel hinzu und 1938, im Zuge eines Gebietsaustauschs zwischen den Berliner > Bezirken, der südliche Teil des Forsts > Grunewald. Dafür wurden der nördliche Teil von Dahlem an Wilmersdorf und einige östliche Gebiete (einschließlich des Industriegebiets Z.-Süd) an Steglitz abgegeben. Von 1945 bis zum > 3. Oktober 1990 gehörte Z. zum US-amerikanischen Sektor (> Sektoren).

Das um die Wende des 13. Jh. wohl von deutschen und slawischen Siedlern angelegte Straßendorf Cedelendorp wurde erstmals 1242 urkundlich erwähnt, als die Markgrafenbrüder Johann I. (1220-66) und Otto III. (1220-67) von Brandenburg das Dorf zusammen mit Slatdorp (Schlachtensee) und zwei Seen an das Zisterzienserkloster Lehnin verkauften. Im Verlauf der Säkularisierung fiel 1542 Z. in landesherrlichen Besitz zurück. Im Dreißigjährigen Krieg wurde das Dorf fast völlig zerstört und entvölkert. Erst die von Friedrich II. (1740-86) betriebene Ansiedlungspolitik in Brandenburg nach dem Siebenjährigen Krieg führte wieder zu einem nachhaltigen Bevölkerungszugang. An der Landstraße nach Potsdam entstand die Kolonie Neu-Zehlendorf (Hubertushäuser). Der König verfügte auch den Bau einer neuen Dorfkirche (1768; > Dorfkirchen). Die günsti-

Zehlendorf – Fläche und Einwohner		
Fläche (31.12.1990)	70,53 km²	100 %
Bebaute Fläche	21,98	31,2
Wohnfläche	14,59	20,7
Gewerbe- und Industriefläche		
inkl. Betriebsfläche	0,37	0,5
Verkehrsfläche	7,67	10,9
Grünfläche[1]	5,59	7,9
Landwirtschaft	0,24	0,3
Wald	24,12	34,2
Wasser	10,68	15,1
Einwohner (31.12.1989)	98.683 EW	
darunter: Ausländer	8.444	8,6 %
Einwohner pro km²	1.399	

[1] Parks, Tierparks, Kleingärten, Spielplätze, ungedeckte Sportanlagen, Freibäder, Friedhöfe

ge Verkehrslage mit Poststation auf halbem Weg zwischen Berlin und Potsdam sowie der 1792-95 erfolgte Ausbau der Potsdamer Landstraße zur Chaussee trugen zur Aufwärtsentwicklung des Dorfes bei. 1806 wurde Z. von französischen Truppen geplündert und in Brand gesteckt. So zeugen vom alten Dorf heute nur noch die Grünanlage am Teltower Damm (Dorfaue) nahe der Straßenkreuzung in Z.-Mitte, nördlich davon das alte Schulhaus von 1828 (heute Heimatmuseum), die Dorfkirche, der westlich gelegene Alte Krug und am Südrand der alten Dorfaue zwei ehem. Büdnerhäuser.

Die Entwicklung Z. zum Vorort der Großstadt Berlin begann mit der Anlage der > EISENBAHN zwischen Berlin und Potsdam (Stammbahn 1838, Wannseebahn 1874) und der Gründung mehrerer > VILLENKOLONIEN in Z. selbst (Zehlendorf-West, Schlachtensee, Zehlendorf-Grunewald) sowie in der näheren Umgebung (Nikolassee, Alsen). Seit 1859 gibt es eine selbständige Pfarrgemeinde. 1894 kam das im Süden gelegene Dorf > SCHÖNOW zu Z.

1920 trat an die Stelle der unterschiedlichen Ortsverwaltungen die einheitliche kommunale Verwaltung für ganz Z., die – nur unterbrochen durch das nationalsozialistische Regime 1933-45 – in erweiterter Form heute noch besteht. Den II. Weltkrieg überstand Z. im Vergleich zu den innerstädtischen Bezirken Berlins relativ unbeschädigt. Prägend für die Nachkriegsentwicklung Z. war die Gründung der > FREIEN UNIVERSITÄT (FU) 1948. Trotz einiger größerer Neubauvorhaben im Süden des Bezirks bewahrte er seinen ruhigen Vorstadtcharakter. Seit dem Fall der > MAUER im November 1989 haben sich indes in manchen Bereichen erhebliche Probleme durch ein vervielfachtes Verkehrsaufkommen ergeben, so v.a. an der > GLIENICKER BRÜCKE im Verlauf der Bundesstraße 1 nach Potsdam und am Teltower Damm. Wichtigste Durchgangsstraße im Nord-Süd-Verkehr, v.a. dem Straßen-Fernverkehr, ist die Autobahn > AVUS A 115 mit Anbindung an den > BERLINER RING (A 10). Die Fernbahnen nach Westen und Süden haben seit 1976 einen Haltepunkt am Bahnhof Wannsee, an dem sich auch die Verladestelle für die Auto-Reisezüge befindet. Außerdem enden hier mehrere S-Bahn-Linien, die mit sechs Stationen den Bezirk erschließen. Am 1.4.1992 wurde mit der Weiterführung der S3 bis Potsdam seit > SPALTUNG und Mauerbau die

erste S-Bahn-Verbindung ins Umland wiedereröffnet. Zwei S-Bahn-Stationen an der Rumpfstrecke der einstigen Stammbahn bis Düppel sind seit 1980 außer Betrieb (> S-BAHN). Zum > ÖFFENTLICHEN PERSONENNAHVERKEHR gehört ferner die Linie U2 der > U-BAHN ab Krumme Lanke mit sieben Bahnhöfen. Eine wichtige Funktion für den Wirtschafts- und Ausflugsverkehr haben die von der > SCHIFFAHRT genutzten, den Bezirk im Westen und im Süden begrenzenden > WASSERSTRASSEN > HAVEL und > TELTOWKANAL. Zwischen Wannsee und dem Spandauer Ortsteil > KLADOW am westlichen Havelufer betreiben die > BERLINER VERKEHRSBETRIEBE (BVG) eine Personenfähre.

Mit dem südlichen Teil des Forsts Grunewald und dem > DÜPPELER FORST sowie den > GRUNEWALDSEEN und dem > GROSSEN WANNSEE verfügt Z. nach > KÖPENICK über die zweitgrößte Wald- und Wasserfläche Berlins. Durch den Reichtum an Wald und Gewässern, die zusammen rd. 50 % seiner Fläche ausmachen, sowie die überwiegend aufgelockerte Bebauung mit Ein- und Zweifamilienhäusern gilt Z. als Bezirk mit hohem Wohnwert. Ein großer Teil der Einwohner gehört gehobenen Einkommensschichten an, der Ausländeranteil ist sehr gering, und in der Einwohnerdichte wird Z. nur noch von Köpenick unterboten. Dichter besiedelte, geschlossene Wohngebiete finden sich nur östlich und südlich des Ortskerns (Bauten aus den 30er und 50er Jahren) sowie in der > ONKEL-TOM-SIEDLUNG (1926-32).

Gemeinsam mit Wilmersdorf ist Z. der kleinste Industriestandort unter allen Berliner Bezirken. Die wenigen Industriebetriebe konzentrieren sich vornehmlich am Königsweg in Düppel. Am Kronprinzessinenweg in Beelitzhof und am Riemeisterfenn im Grunewald betreiben die > BERLINER WASSERBETRIEBE zwei Wasserwerke. Von 18 Betrieben im verarbeitenden Gewerbe mit insg. rd. 1.500 Beschäftigten wurde 1989 ein Umsatz von 205,4 Mio. DM erwirtschaftet. Innerhalb der West-Berliner Bezirke ist dies das mit großem Abstand geringste Ergebnis.

Einkaufsmöglichkeiten finden sich v.a. um den alten Ortskern in Z.-Mitte (> EINKAUFSZENTREN), wo – um das Rathaus herum – im Sommer auch der deutsch-amerikanische Freundschaftstag und im Winter der jährliche Weihnachtsmarkt des Bezirks stattfinden; größere Warenhäuser fehlen. Mit Ausnahme des Landesforstamts am Wannseebadweg (>

FORSTEN) sind in Z. auch keine überregionalen Verwaltungseinrichtungen ansässig.

Im Schulbereich von überbezirklicher Bedeutung sind die 1960 geschaffene deutsch-amerikanische > JOHN-F.-KENNEDY-SCHULE und die private Rudolf-Steiner-Schule (> FREIE WALDORF-SCHULEN). Überbezirkliche Einrichtungen der Erwachsenenbildung sind das Wannseeheim für Jugendarbeit, die > EVANGELISCHE AKADEMIE und das über die Grenzen Berlins und Deutschlands hinaus bekannte > ASPEN-INSTITUT. Über den Bezirk hinaus von kultureller Bedeutung ist auch das > LITERARISCHE COLLOQUIUM in Wannsee. Im *Haus am Waldsee* in der Argentinischen Allee unterhält das Kunstamt Z. eine eigene kleine Galerie und eine Freilichtbühne (> KULTUR- UND KUNST-ÄMTER).

In Düppel liegt die Tierklinik der FU. Der bevorzugten Lage des Bezirks ist es zuzuschreiben, daß sich dort neben sieben städtischen eine Vielzahl von privaten Altersheimen (> ALTENHILFE) und > KRANKENHÄUSERN befindet. Darunter dienen der Schwerpunktversorgung das *Oskar-Helene-Heim* an der Clayallee, das Immanuel-Krankenhaus Am Kleinen Wannsee und das Städtische Krankenhaus Z. an der Walterhöfer Str.

Im Vergleich mit anderen Bezirken ist Z. eher knapp mit > SPORTSTÄTTEN und Freizeiteinrichtungen ausgestattet. Das größte Stadion ist das *Ernst-Reuter-Sportfeld* an der Onkel-Tom-Str. Als Besonderheiten finden sich in Z. zwei der drei Berliner Golfplätze – einer davon für die US-amerikanischen Streitkräfte – und das > STRANDBAD WANNSEE (> FREI- UND SOMMERBÄDER). Daneben werden auch die Uferstreifen der natürlichen Gewässer während der Sommermonate fast überall als Badeplätze genutzt (> HAVELCHAUSSEE). Wannsee und Havel sind neben dem > GROSSEN MÜGGELSEE und der > DAHME in Köpenick auch Berlins bevorzugte Reviere für den Bootssport, so daß sich hier die meisten und ältesten Segler- und Rudervereine angesiedelt haben. Mit seinem Reichtum an Wald und Wasser hat der Bezirk insg. eine wichtige Funktion für die Naherholung und den Freizeitsport der Berliner Bevölkerung.

Z. ist Standort bedeutender wissenschaftlicher und kultureller Einrichtungen. Neben der FU und den meisten ihrer Einrichtungen befinden sich hier die > KIRCHLICHE HOCHSCHULE, die > MAX-PLANCK-GESELLSCHAFT, die > HISTORISCHE KOMMISSION, das > DEUTSCHE ZENTRALINSTITUT FÜR SOZIALE FRAGEN und das >

HAHN-MEITNER-INSTITUT. Auch einige wissenschaftlich tätige Bundesbehörden haben in Z. ihren Sitz (> BIOLOGISCHE BUNDESANSTALT FÜR LAND- UND FORSTWIRTSCHAFT; > BUNDESGESUNDHEITSAMT; > DEUTSCHES ARCHÄOLOGISCHES INSTITUT). In Dahlem liegt mit elf > MUSEEN und anderen Einrichtungen eines der Zentren der > STIFTUNG PREUSSISCHER KULTURBESITZ, ferner befinden sich in Z. das > BRÜCKE-MUSEUM und das > JAGDSCHLOSS GRUNEWALD. Nahe der Stadtgrenze gibt das > MUSEUMSDORF DÜPPEL in den Sommermonaten Einblick in die mittelalterliche Vergangenheit der Mark Brandenburg. Eine ähnliche Zielsetzung verfolgt die > DOMÄNE DAHLEM auf dem ehem. Gutshof in Dahlem.

Zu der von den großen preußischen Landschaftsplanern und Architekten geprägten, über die Stadtgrenzen hinaus reichenden märkischen Kulturlandschaft von Babelsberg und Potsdam gehören die Schlösser > KLEINGLIENICKE, > JAGDSCHLOSS GLIENICKE und die Pfaueninsel mit ihren ausgedehnten Parkanlagen, wie auch – auf dem der Insel gegenüberliegenden Steilhang – die Kirche St. Peter und Paul und das Blockhaus > NIKOLSKOE.

Aus der Zeit des > SONDERSTATUS BERLINS 1945-90 befinden sich in Z. das Gebäude der > ALLIIERTEN KOMMANDANTUR und das > BERLIN DOCUMENT CENTER. An der Clayallee liegt bis zum Abzug der amerikanischen Streitkräfte deren Hauptquartier, das *General Lucius D. Clay Headquarter* (> ALLIIERTE) und das US-Generalkonsulat. Außerdem befinden sich zahlreiche weitere Konsulate und Generalkonsulate im Bezirk (> AUSLÄNDISCHE VERTRETUNGEN).

Die Bezirksverwaltung, an deren Spitze seit den ersten > WAHLEN nach Kriegsende im Oktober 1946 fast ununterbrochen von der CDU gestellte Bürgermeister stehen, hat ihren Sitz im Rathaus am Teltower Damm. Es

Rathaus Zehlendorf

1440

ist ein Werk des Architekten Eduard Jobst Siedler aus den Jahren 1926-29. Der dreigeschossige Putzbau mit schlichter klassizistischer Formgebung war das erste Berliner Rathaus, das ohne Turm oder Dachreiter gebaut wurde. Einen äußeren Hinweis auf die offizielle Funktion gibt lediglich die laubenartige Eckpassage unterhalb der Säle am Teltower Damm. 1953-54 (durch Friedrich Dücker) und 1966-71 (durch Karl Hebecker) wurde das R. wesentlich erweitert.

Der Bezirk pflegt Partnerschaften mit Hagen, Cassino (Italien), Rønneby (Schweden), Sderot (Israel), Königs Wusterhausen, Szilvás Vasvárad (Ungarn) und Charkow-Odshonikidse (GUS) (> STÄDTEVERBINDUNGEN).

Z. ist der einzige der West-Berliner Bezirke, in dem sich eine lokale Wählerinitiative organisiert hat (> WÄHLERGEMEINSCHAFT UNABHÄNGIGER BÜRGER [WUB]). Bei der ersten Gesamt-Berliner Kommunalwahl am 24.5.1992 wurde wiederum die CDU stärkste Partei. Einschließlich des Bezirksbürgermeisters stellt sie vier Stadträte, die SPD und die WUB je einen, der siebte Stadratsposten war bei Redaktionsschluß noch offen zwischen WUB und SPD.

Zeiss-Großplanetarium: Das am 9.10.1987 eröffnete Z. in der Prenzlauer Allee 80 am S-Bahnhof Prenzlauer Allee im Bezirk > PRENZLAUER BERG ist eines der größten und modernsten Planetarien in der Bundesrepublik Deutschland. Kernstück der Anlage ist der vom ehem. DDR-Kombinat Carl-Zeiss-Jena erbaute, computergesteuerte Planetariums-Projektor „Cosmorama". Mit seiner Hilfe werden auf einer Kuppel von 23 m Durchmesser in verschiedenen populärwissenschaftlichen Programmen aktuelle Erkenntnisse über Astronomie und Raumfahrt vermittelt. Zusätzlich finden seit Dezember 1988 mit Bildern, Texten und Musik untermalte multimediale Lasershows statt. 1991 wurde das Programmangebot durch die wöchentliche Veranstaltungsreihe „Musik unter dem Sternenhimmel" erweitert. Das Z. kooperiert mit der > WILHELM-FOERSTER-STERNWARTE auf dem > INSULANER im Bezirk > SCHÖNEBERG, zu der auch schon vor der > VEREINIGUNG Kontakte bestanden.

Bis zur Vereinigung war das Planetarium eine nachgeordnete Einrichtung des > MAGISTRATS von Ost-Berlin, danach unterstand es übergangsweise der > SENATSVERWALTUNG FÜR KULTURELLE ANGELEGENHEITEN. Seit Januar 1992 untersteht das Z. der > SENATSVERWALTUNG FÜR SCHULE, BERUFSBILDUNG UND SPORT (SENSCHULSPORT). 1991 beschäftigte das Z. 16 Mitarbeiter. Insg. zählte das Planetarium 1991 ca. 145.000 Besucher. Der Etat wird aus Mitgliedsbeiträgen, Eintrittsgeldern und Zuschüssen der SenSchulSport gedeckt.

Der Gebäudekomplex für das Z. wurde 1986/87 unter Leitung des Architekten Gott-

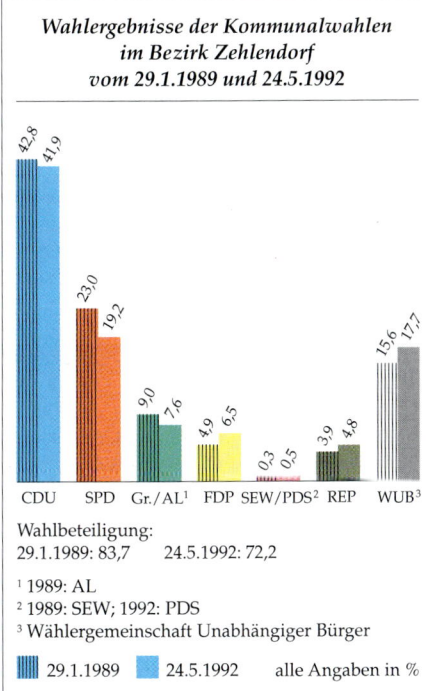

Wahlergebnisse der Kommunalwahlen im Bezirk Zehlendorf vom 29.1.1989 und 24.5.1992

CDU 42,8 / 41,9
SPD 23,0 / 19,2
Gr./AL[1] 9,0 / 7,6
FDP 4,9 / 6,5
SEW/PDS[2] 0,3 / 0,5
REP 3,9 / 4,8
WUB[3] 15,6 / 17,7

Wahlbeteiligung:
29.1.1989: 83,7   24.5.1992: 72,2

[1] 1989: AL
[2] 1989: SEW; 1992: PDS
[3] Wählergemeinschaft Unabhängiger Bürger

29.1.1989   24.5.1992   alle Angaben in %

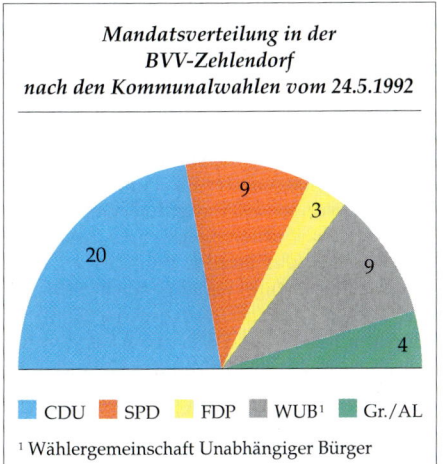

Mandatsverteilung in der BVV-Zehlendorf nach den Kommunalwahlen vom 24.5.1992

CDU 20
SPD 9
FDP 3
WUB[1] 9
Gr./AL 4

[1] Wählergemeinschaft Unabhängiger Bürger

fried Hein errichtet. Um den als Halbkugel konstruierten zentralen Bereich des Gebäudes mit dem ca. 300 Zuschauer fassenden Planetariumssaal sind kreisförmig Büros, Bibliothek, Arbeitsräume, Vortrags- und Kinosaal mit ca. 160 Plätzen sowie eine Cafeteria angeordnet. Der Vortrags- und Kinosaal wird z.Z. von der ODYSSEE-Filmtheater GmbH mitbenutzt und bietet ein kommerzielles Kinoprogramm.

Zenner: Die 1821/22 nach Plänen von Carl Ferdinand Langhans erbaute Gaststätte Z. im > TREPTOWER PARK am Südufer der > SPREE ist eine der bekanntesten und ältesten Ausflugsgaststätten Berlins. Mit ihrer großen Terrasse und dem weiten Garten bietet sie in den Sommermonaten Platz für mehr als tausend Gäste. Sie erhielt ihren Namen nach dem Pächter Rudolf Zenner, der das Haus 1889 übernahm. Ihre Geschichte reicht jedoch wesentlich weiter zurück.
Bereits 1602 kaufte die Stadt Berlin hier ein Vorwerk, auf dem der jeweilige Verwalter lange Zeit auch das Amt des „Spreebudikers" versah. 1707 wurde das Anwesen vom Kämmerer Johann Lauer gepachtet, der den Bierausschank vergrößerte und 1734 im aufgestockten Wohnhaus ein Gästezimmer einrichtete. Bald darauf kamen eine Kegelbahn und eine Kaffeeschänke hinzu. Als das Vorwerk 1817 aufgelöst wurde, beschloß der > MAGISTRAT, anstelle der „Spreebudike" ein den Bedürfnissen des feineren Publikums entsprechendes Gasthaus zu errichten und übertrug Langhans dem Jüngeren die Ausführung. Das von ihm errichtete „Neue Gasthaus an der Spree" mit seinem zweistöckigen Mittelbau und den ursprünglich einstöckigen Seitenflügeln ließ deutlich Schinkelschen Einfluß erkennen.
Die günstige Wasserlage veranlaßte den ersten Pächter, 1835 erstmals ein Feuerwerk an der Spree vorzuführen, woraus sich schnell regelmäßige Veranstaltungen entwickelten. Hauptattraktionen wurden jedoch mehr und mehr die Konzerte, die zwei- bis dreimal in der Woche den großen Garten der Gaststätte füllten. Unter Rudolf Zenner wurde das Lokal ab 1889 zu einem Treffpunkt der feinen Welt, in dem Kongresse, Bälle und Festdiners der vornehmen Vereine Berlins zum ständigen Veranstaltungsprogramm gehörten. So wurde der Name Z. schnell zum Firmenschild, das auch seine Nachfolger beibehielten. Nach dem I. Weltkrieg lebte die Tradi-

tion der Treptower Feuerwerke als gemeinsame Veranstaltungen aller Gastwirte an der Spree unter dem Motto *Treptow in Flammen* an jedem Mittwoch wieder auf. Im II. Weltkrieg wurde die Gaststätte zerstört. 1955/56 wurde sie in neuer Gestalt wieder aufgebaut. Auch das Feuerwerk nahm man in den 60er Jahren in Verbindung mit dem jährlich im Juni stattfindenden bezirklichen Volksfest, der „Treptower Festwoche", wieder auf. Nach der > VEREINIGUNG privatisiert, versucht die Gaststätte seitdem, an ihre alte Tradition als Veranstaltungsort von gehobenem Niveau anzuknüpfen.

Zentrale Aufnahmestelle des Landes Berlin (ZAB): Die ZAB in der Marienfelder Allee 66-80 im Tempelhofer Ortsteil > MARIENFELDE ist eine Einrichtung des > LANDESAMTS FÜR ZENTRALE SOZIALE AUFGABEN zur Aufnahme von *Aussiedlern* aus Ost- und Südosteuropa sowie von jüdischen Zuwanderern aus der Sowjetunion. Bis zum 30.6.1991 wurden in der ZAB auch Übersiedler aus der DDR aufgenommen (> ÜBERSIEDLER/AUSSIEDLER).
Der anhaltende Flüchtlingsstrom aus der sowjetischen Besatzungszone und Ost-Berlin in der Nachkriegszeit führte im Januar 1949 zur Eröffnung eines ersten Flüchtlingslagers in > DÜPPEL im Bezirk > ZEHLENDORF. Da die Flüchtlingszahlen dauerhaft anstiegen, wurden weitere Auffanglager erforderlich. 1951 gab es bereits 13 städtische und 31 private Flüchtlingsheime mit insg. rund 6.000 Plätzen; im März 1953 lag die Zahl der Lager bei 84, dennoch waren alle überfüllt (> FLÜCHTLINGE). Diese Entwicklung und das 1952 auch in Berlin eingeführte bundeseinheitliche Notaufnahmeverfahren für alle Zuwanderer (Aufnahmeverfahren für Zuwanderer und Aussiedler) führten 1952 zum Bau eines zentralen *Notaufnahmelagers* in Marienfelde. Mit einem Bundeszuschuß von 5,5 Mio. DM entstand ein Komplex von 15 Gebäuden mit insg. 2.000 Plätzen, der im August 1953 eingeweiht wurde. 1955 wurden sämtliche in Berlin an den Aufnahmeverfahren beteiligten Dienststellen des Bundes und des > SENATS VON BERLIN dorthin verlegt. Nach 1961, als durch den Bau der > MAUER die Zahl der Flüchtlinge aus der DDR zunächst deutlich zurückging, wurde ein Teil des Geländes abgegeben. Die ZAB verfügt heute über eine Bettenkapazität von ca. 750 Plätzen. Darüber hinaus werden von ihr über 10.000 Plätze in weiteren, von unterschiedlichen Einrichtun-

gen betriebenen Wohnheimen im Berliner Stadtgebiet genutzt.

Zentralfriedhof Friedrichsfelde: Der 1881 nach Plänen von Stadtgartendirektor Hermann Mächtig angelegte städtische Z. in der Gudrunstr. im Bezirk > LICHTENBERG ist der erste nichtkonfessionelle kommunale Friedhof Berlins (> FRIEDHÖFE). Er hat große Bedeutung als Begräbnisstätte für Führer der politischen Linken Deutschlands. Hier befinden sich u.a. die Gräber der 1919 ermordeten Gründer der KPD Karl Liebknecht und Rosa Luxemburg sowie von Franz Mehring, Karl Legien, Wilhelm Pieck und Walter Ulbricht (> SOZIALISTISCHE EINHEITSPARTEI DEUTSCHLANDS [SED]). Die 1926 von Mies van der Rohe gestaltete expressionistische Gedenkstätte der Sozialisten wurde 1933 von den Nationalsozialisten gesprengt. 1951 ist sie in anderer Form neu angelegt worden (> GEDENKSTÄTTE DER SOZIALISTEN). Jenseits der Rundmauer um die Gedenkstätte liegt am Rondell des Z. das Grabmal des Malers Paul Meyerheim. An einem Querweg finden sich die Begräbnisstätte für Käthe Kollwitz und rechts neben ihr das Grab des Malers Otto Nagel.

Zentrum für Antisemitismusforschung: Das 1982 gegründete Z. am Ernst-Reuter-Platz 7 im Bezirk > CHARLOTTENBURG ist eine Einrichtung der > TECHNISCHEN UNIVERSITÄT BERLIN. Zu seinen Aufgaben gehört neben der Lehre die Grundlagenforschung zum Antisemitismus sowie zu Problemen von Vorurteilen und der Diskriminierung von Minderheiten. Sonderforschungsgebiete sind die Deportation der Berliner Juden, Exilforschung, biographische Zeugnisse, soziale Probleme und Einstellungswandel infolge der deutschen Einheit sowie Solidarität und Hilfe für Juden während der NS-Herrschaft und jüdische Displaced Persons. Die Bibliothek des Z. gehört mit ca. 8.000 Bänden zu den größten Sammlungen von Antisemitica in Europa. (> ISRAELITISCHE SYNAGOGEN-GEMEINDE [ADASS JISROEL] ZU BERLIN; > JÜDISCHE GEMEINDE ZU BERLIN; > POGROMNACHT 1938)

Zeughaus: Das 1706 fertiggestellte Z. an der Straße > UNTER DEN LINDEN im Bezirk > MITTE war der erste barocke Großbau Berlins. Seit der > VEREINIGUNG ist das Z. vorläufiger Sitz des > DEUTSCHEN HISTORISCHEN MUSEUMS (DHM), das das Gebäude als Ausstellungs- und Veranstaltungszentrum nutzt.

Der Gedanke zum Bau des Z. geht auf den Großen Kurfürsten Friedrich Wilhelm (1640-1688) zurück. Die Grundsteinlegung erfolgte 1695 unter der Bauleitung von Johann Arnold Nering, der für seine Pläne vermutlich Entwürfe des Pariser Stadtarchitekten François Blondel verwandte. Nach dem Tod Nerings, noch im Jahr des Baubeginns, setzte Martin Grünberg den Bau fort. 1698 übernahm Andreas Schlüter die Bauleitung. Bereits nach einem Jahr wurde Schlüter wegen Mängel bei der Bauausführung durch Jean de Bodt, einen Schüler Blondels, ersetzt. De Bodt leitete den Bau bis zu seiner äußeren Fertigstellung 1706 und gab ihm im wesentlichen das heutige Aussehen. Das Innere wurde erst 1730 fertiggestellt.

Zeughaus

Der monumentale, doppelgeschossige, quadratische Bau mit ca. 90 m Seitenlänge von je 19 Achsen sowie einem quadratischen Innenhof von 39 x 39 m ist ein Zweckbau, in dem sich klassizistische Einfachheit und Regelmäßigkeit mit barocker Ausschmückung verbinden. Neben dem abgerissenen > STADTSCHLOSS gilt das Z. als bedeutendster Barockbau Berlins. Die südliche Hauptfront zur Straße Unter den Linden wird durch einen stark hervortretenden Risalit mit vier freistehenden Säulen vor dem Obergeschoß, das Bogenportal und den reliefgeschmückten Dreiecksgiebel betont. Eine Balustrade mit Trophäen und Figuren bekrönt das Bauwerk. Die Entwürfe der Figuren und Reliefs stammen zumeist von Andreas Schlüter und Guillaume Hulot.

Ein Werk Schlüters sind auch die 22 *Masken sterbender Krieger* als Schlußsteine über den Erdgeschoßfenstern im Innenhof, dem sog. Schlüterhof. Die Skulpturen, die eine Anklage gegen den Krieg und seine Schrecken symbolisieren, gelten als ein Hauptwerk eu-

ropäischer Barockskulptur.
Nach dem Willen Friedrichs (III.) I. (1688-1713) diente das Z. als Arsenal und Stätte der Sammlung von Kriegsbeute und Trophäen. 1844 beherbergte es die erste deutsche Gewerbeausstellung. Am 14.6.1848 erstürmten Berliner Arbeiter und Handwerker das Gebäude, um sich für die in Berlin ausgebrochene Revolution zu bewaffnen. 1875 wurde das Haus von einem Waffendepot mit Trophäensammlung in ein reines Waffen- und Kriegsmuseum, eine „Ruhmeshalle für die preußische Armee", umgewandelt. In diesem Zusammenhang fand von 1877-81 ein aufwendiger Umbau unter der Leitung von Friedrich Hitzig statt, bei dem jedoch die äußere Substanz des Z. – mit Ausnahme der Nordfront – nicht angetastet wurde.
Im II. Weltkrieg wurde das Z. schwer beschädigt. Der Wiederaufbau erfolgte von 1949-65 unter Leitung von Otto Haesler. Die Außen- und Hoffassaden wurden in ihrem ursprünglichen Zustand wiederhergestellt und der plastische Schmuck restauriert bzw. originalgetreu neu gestaltet. Im Innern entstand das Gebäude völlig neu.
1952 erhielt das *Museum für Deutsche Geschichte (MfdG)* als zentrales Geschichtsmuseum der DDR im Z. seinen Sitz. In fünf großen Abteilungen gab das Museum einen Überblick über die deutsche Geschichte aus Sicht der DDR. Einschließlich der für Sonderausstellungen vorgesehenen Eingangshalle standen dafür ca. 10.000 m² Ausstellungsfläche zur Verfügung, auf denen über 8.000 Exponate zu sehen waren.
Am Tag der Vereinigung, dem > 3. OKTOBER 1990, wurde das Z. einschließlich der insg. 450.000 Objekte umfassenden Bestände des MfdG vom DHM übernommen. Seit 1991 finden im Z. Wechselausstellungen des DHM statt. Das Gebäude wird derzeit renoviert.

Zeuthener See: Der Z. ist ein von der > DAHME gebildeter, 231 ha großer und max. 4 m tiefer länglicher See zwischen > RAUCHFANGSWERDER und > SCHMÖCKWITZ im äußersten Südosten Berlins. Von dem auf der Stadtgrenze liegenden See gehören die östlichen 155 ha zum Bezirk > KÖPENICK, der westliche Teil zum Kreis Königs Wusterhausen. In der Mitte des Sees liegt die kleine, unbewohnte Insel *Zeuthener Wall* (> INSELN). Am Ostufer auf dem Schmöckwitzer Werder befinden sich mehrere Dauercampingplätze. An seinem Nordende bildet der Z. mit dem

> SEDDINSEE, der > GROSSEN KRAMPE und dem > LANGEN SEE ein einzigartiges Seenkreuz. (> SEEN)

Zitadelle Spandau: Die im wesentlichen im 16. Jh. entstandene Z. am Zusammenfluß von > HAVEL und > SPREE ist die einzige erhaltene Renaissance-Festung in Nord-Europa. Die zum größten Teil unter > DENKMALSCHUTZ stehende Anlage ist der Abteilung Volksbildung des Bezirksamts > SPANDAU unterstellt und für Besucher geöffnet. Seit 1954 ist hier auch das Heimatmuseum des Bezirks untergebracht (> HEIMATMUSEEN).
Bereits im 10. Jh. hat an diesem strategisch günstigen Platz eine slawische Burg gestanden. Vermutlich Mitte des 12. Jh. ließ der als erster Markgraf mit der Mark Brandenburg belehnte Askanier Albrecht der Bär (1134-70; > LANDESHERREN) hier eine Burg errichten; der Juliusturm entstand 1200, der Palas wird um 1350 datiert. Die Burg bestand aus einer Kern- und einer Vorburg. Sie war allseits vom Wasser umgeben und sicherte den Handelsweg, der aus dem Rheinland kommend über Magdeburg und Brandenburg durch Spandau nach Polen führte. 1560 begann Christian Römer den bereits 1557 von Kurfürst Joachim II. Hektor (1535-71) zum Schutz der Landeshauptstadt Berlin beschlossenen Ausbau der Burg nach Plänen von Francesco Chiaramella Gandino, der ab 1562 auch die Bauleitung übernahm. Von 1578-90 wurde die Z. unter Leitung von Rochus Graf zu Lynar unter Einbeziehung des alten Juliusturms vollendet.
Die Z. ist idealtypisch in italienischer Manier errichtet worden, die aufgrund der neuen Feuerwaffentechnik damals als die Modernste galt. Den beginnenden Naturwissenschaften folgend wurden Stellung und Neigung der Mauern von ballistischen Gesetzmäßigkeiten abgeleitet. Sie besteht aus vier spitzwinkligen Eckbastionen (König, Königin, Kronprinz und Brandenburg), die im Quadrat angeordnet sind. Die Seitenlänge über die Spitzen beträgt ca. 300 m. Dazwischen liegen eingezogen die Kurtinen. Sie enthalten in drei Geschossen die Feuergalerien, in denen die Geschütze aufgestellt waren. Die Bauten sind in Ziegel und Rüdersdorfer Kalkstein ausgeführt. Im 19. Jh. wurde das gesamte Gebäude mit roten Ziegeln ummantelt. Zu ihnen gehört auch das dreigeschossige Magazingebäude sowie das über eine Zugbrücke erreichbare Torhaus an

Zitadelle Spandau

der Südseite mit einer dreischiffigen, der „Porta Nuova" in Verona nachempfundenen Halle und der darüberliegenden Kommandantenwohnung. Am auf etwa 1680 zu datierenden Segmentgiebel über der Einfahrt befindet sich mit prächtiger Umrahmung das Landeswappen von Brandenburg, dem nach der Gründung Preußens 1701 die Königskrone hinzugefügt wurde. Der hinter dem Tor liegende Palas ist gotischen Ursprungs (etwa 1350) und wurde um 1520 im Stil der Renaissance umgebaut. Im Keller finden sich Steine eines noch älteren Gebäudes aus der Zeit um 1200. Der 30 m hohe *Juliusturm* mit seinen am Boden 3,6 m dicken Mauern erhielt 1838 nach Plänen von Karl Friedrich Schinkel den heutigen Zinnenkranz. Von 1874-1919 wurde hier der aus französischen Reparationszahlungen stammende Reichskriegsschatz in Höhe von 120 Mio. Goldmark aufbewahrt. Das spätromantische Neue Zeughaus nahe der Bastion Königin entstand 1857. Zwischen Zeughaus und Torhaus sind 1976-78 Reste eines alten Magazins aus dem 16. Jh. freigelegt worden.

Trotz ihrer militärischen Funktion ist die lange Zeit als uneinnehmbar geltende Z. nur einmal (1813) in direkte Kampfhandlungen einbezogen worden. Im Dreißigjährigen Krieg wurde sie im Ergebnis von Verhandlungen 1631-34 durch schwedische Truppen besetzt. Während des Siebenjährigen Krieges fanden 1757 die Frau Friedrich II. (1740-86), Königin Elisabeth Christine, und ihr Hofstaat hier Zuflucht vor den Österreichern. 1806 ließ Napoleon die inzwischen teilweise verfallene, ihm kampflos übergebene Z. wieder instandsetzen und verschanzte sich hier 1813 gegen Russen und Preußen, die die Festung beschossen. Dabei wurden u.a. die historische Fassade des Torhauses und die südöstliche Bastion Königin zerstört (1839 bzw. 1832-42 nicht originalgetreu wiederaufgebaut). Ihre von Beginn an wahrgenommene Funktion als Staatsgefängnis behielt die Z. bis 1878. 1935 zog die deutsche Wehrmacht ein, die hier 1937 ein Heeresgasschutzlaboratorium einrichtete. Beim Umbau des ursprünglich viergeschossigen Palas zum Offizierskasino wurde dessen drittes Obergeschoß abgetragen und das heutige Walmdach aufgesetzt. Nach dem II. Weltkrieg begannen 1962 erste Restaurierungsarbeiten an der Z., die nach kurzer Unterbrechung ab 1977 intensiviert wurden und bei Redaktionsschluß noch andauerten. Das 1977 wegen der Renovierung geschlossene Heimatmuseum ist 1992 als *Stadtgeschichtliches Museum Spandau* wiedereröffnet worden.

Wegen der auf der Z. hinterlassenen Beständen an chemischen Kampfstoffen des Heereslaboratoriums waren bereits unmittelbar nach Kriegsende sowie 1949 und 1979 von der russischen bzw. der britischen Besatzungsmacht erste, allerdings unvollständige Bergungsaktionen durchgeführt worden. Ende Mai 1988 wurde die Z. für eine nochmalige, systematische Kampfstoffsuche durch die Polizeitechnische Untersuchungsstelle der Berliner > POLIZEI teilweise geschlossen. Die seit 1949 dort untergebrachte Otto-Bartning-Oberschule, eine Berufsfachschule, Fachoberschule und Berufsschule für das Baugewerbe, war bereits 1987 in das neu entstandene > OBERSTUFENZENTRUM an der Nonnendammallee umquartiert worden (> SCHULE UND BILDUNG). Vom 1.6.1988 bis 2.11.1989 wurden rund um die Bastion Kronprinz ca. 6.500 t Erdreich abgetragen, wobei fast 500 Funde gemacht wurden. Seit Oktober 1989 ist die Z. in ihren fertiggestellten Teilen wieder für Besucher geöffnet.

Mehrere Gebäude werden vom Heimatmuseum als Magazin genutzt. Im Kommandantenhaus befindet sich eine Ausstellung zur Geschichte der Burg und der Zitadelle, im Palas finden Wechselausstellungen zur Geschichte Europas statt; der Festsaal des Palas dient dem Kunstamt Spandau gleichzeitig als Veranstaltungsort für Konzerte. Jährlich im Sommer finden im Innenhof zahlreiche Veranstaltungen statt, zu den Höhepunkten gehören Opernaufführungen sowie ein mittelalterliches Burgfest. In den ehem. Magazinräumen der Bastion König hat sich eine mittelalterlich gestaltete Schänke angesiedelt. Der Juliusturm bietet einen weiten Ausblick über Spandau und die > HAVELSEEN.

Der Zugang zur Z. führt über das „Glacis", eine 1920-27 in eine Grünanlage umgewandelte Erdaufschüttung mit einer 1921 eröffneten Freilichtbühne vor dem südlichen Festungsgraben, die von Mai bis September vom Spandauer Altstadttheater für Aufführungen genutzt wird. Vor dem westlichen Festungsgraben liegt, integriert in die Parkanlage, das 1704 als zusätzlicher Schutz errichtete Außenwerk „Ravelin Schweinekopf".

Zivilschutz: Aufgabe des von den Ländern wahrzunehmenden Z. ist es, durch nicht-militärische Maßnahmen die Bevölkerung, ihre Wohnungen und Arbeitsstätten, lebenswichtige zivile Betriebe, Dienststellen und Anlagen sowie das Kulturgut vor Kriegseinwirkungen zu schützen und deren Folgen zu beseitigen oder zu mildern. Behördliche Maßnahmen ergänzen die Selbsthilfe der Bürger.

Dazu gehören insbes. der Warndienst, der Selbstschutz der Bevölkerung, der Bau von Schutzräumen, Maßnahmen im Gesundheitswesen, der Schutz von Kulturgütern und der > KATASTROPHENSCHUTZ.

Die Koordinierung des Z. im Lande Berlin obliegt der > SENATSVERWALTUNG FÜR INNERES (SENINN). Für die einzelnen Teilbereiche des Z. sind neben der SenInn die > SENATSVERWALTUNGEN FÜR BAU- UND WOHNUNGSWESEN, > FÜR GESUNDHEITSWESEN und > FÜR KULTURELLE ANGELEGENHEITEN sowie die > BEZIRKSÄMTER (Bauwesen, Gesundheitswesen) und die Berliner > FEUERWEHR zuständig. Rechtliche Grundlagen sind die Zivilschutzgesetze des Bundes (Zivilschutzgesetz, Schutzbaugesetz, Katastrophenschutzgesetz) sowie als Landesrecht die „Verordnung über die Erweiterung des Katastrophenschutzes" vom 25.3.1974, geändert durch die Verordung vom 29.11. 1977.

Der Selbstschutz der Bevölkerung erfolgt auf freiwilliger Basis. In Berlin bemüht sich darum die *Gesellschaft für den Zivilschutz in Berlin e.V. (GZS)*, die 1970 aus einer Bürgerinitiative hervorgegangen ist. Sie nimmt in Berlin die Aufgaben wahr, die sonst dem Bundesverband für den Selbstschutz, einer bundesunmittelbaren Körperschaft des öffentlichen Rechts, obliegen. In ihrer Vereinssatzung hat sie sich die Aufgabe gestellt, durch Veranstaltungen, Schriften und Lehrgänge das Verständnis für den Z. zu fördern sowie Bürger zu sammeln, die bereit sind, Aufgaben im Z. zu übernehmen und diese dafür auszubilden. Das breit gefächerte Ausbildungsangebot der GZS dient auch dem Schutz vor Gefahren des Alltags. Ihre Arbeit wird durch Zuwendungen des Bundes finanziert.

Dem Z. im Bereich des Gesundheitswesens dient die Einrichtung von Hilfskrankenhäusern, die Ausbildung von Schwesternhelferinnen und die Sanitätsmittelbevorratung. Die Berliner Krankenhäuser sind durch Einsatzpläne und die Durchführung von Übungen auf Großschadensereignisse vorbereitet. In ca. 40 Krankenhäusern können Unfallverletzte aufgenommen werden. Die drei in Schulen baulich vorbereiteten Hilfskrankenhäuser verfügen über insg. 1.000 Plätze (Sölling-Oberschule in Tempelhof, Zinnowwald-Oberschule in Zehlendorf, Menzel-Oberschule in Tiergarten). Darüber hinaus wird 1992 ein vollgesichertes Hilfskrankenhaus mit 400 Betten im Hochbunker Heckeshorn in > WANNSEE in Betrieb genommen.

Im Rahmen der Haager Konvention zum Schutz von Kulturgut bei bewaffneten Konflikten findet seit Jahren eine Sicherungsverfilmung der schutzwürdigen Kulturgüter des > LANDESARCHIVS und der Archive der > STIFTUNG PREUSSISCHER KULTURBESITZ statt. Bis zum Ende 1991 sind mehr als 31 Mio. Aufnahmen gemacht worden (Landesarchiv 6,7 Mio., Stiftung 24,6 Mio.). Einige > MUSEEN besitzen oder erhalten Schutzräume für besondere Ausstellungsstücke. Als Schutzbauten für die Bevölkerung stehen neben elf wiederhergestellten ehem. Luftschutzbunkern (> BUNKER) auch andere Einrichtungen wie bspw. mehrere U-Bahnhöfe oder Tiefgaragen zur Verfügung. Insg. bieten diese Schutzräume Platz für 26.000 Personen.

In der Zeit des Berliner > SONDERSTATUS 1945-90 gehörten die Angelegenheiten des West-Berliner Z. zu den Vorbehaltsrechten der > ALLIIERTEN. Grundlage bildete die unter dem Eindruck des Kalten Krieges zustandegekommene BK/O (65) 11 der > ALLIIERTEN KOMMANDANTUR vom 1.10.1965, alle notwendigen Maßnahmen zum Schutz vor den Wirkungen bewaffneter Angriffe durchzuführen (> BKO/O [BERLIN KOMMANDATURA ORDER]). Seit 1970 wurde der Z. auf der Grundlage eines Verwaltungsabkommens mit dem Bund entsprechend den Regeln des Bundes durchgeführt. Auf dieser Basis trug der Bund die Kosten der Berliner Zivilschutzmaßnahmen.

In der DDR waren der Zivil- und der Katastrophenschutz bis Januar 1990 dem Bereich der Zivilverteidigung (ZV) zugeordnet und unterstanden dem Ministerium für nationale Verteidigung. In Ost-Berlin war, wie in jedem der 14 Bezirke der DDR, eine ZV-Einheit in Bataillonsstärke stationiert. Jeder Bürger der DDR hatte die Pflicht, an allen Maßnahmen der ZV einschließlich der Katastrophenbekämpfung teilzunehmen.

Zoologischer Garten: Der 34 ha große Z. östlich des > BAHNHOFS ZOOLOGISCHER GARTEN in der West-Berliner > CITY ist neben dem bestands- und artenärmeren, aber flächenmäßig fast fünfmal größeren > TIERPARK FRIEDRICHSFELDE der zweite Zoologische Garten Berlins. Mit seinen (1991) rd. 19.000 Tieren in 1.552 Arten (einschl. des > AQUARIUMS), darunter 79 Säugetieren und 607 Vogelarten gehört der Z. zu den bedeutenden Tierparks der Welt. Seine beiden Eingänge liegen am Hardenbergplatz (Löwentor) und an der Budapester Str. (Elefantentor).

Giraffenhaus im Zoologischen Garten

Seit seiner Gründung 1844 hat der Z. die Rechtsform einer Aktiengesellschaft; die Aktien sind breit unter der Bevölkerung gestreut und sichern ihren Besitzern freien Eintritt. Der Z. war 1844 als erster Zoo Deutschlands weit vor den Toren Berlins am Südwestrand des > GROSSEN TIERGARTENS eröffnet worden. Die Initiative kam von den Zoologen Martin Lichtenstein und Alexander v. Humboldt und entsprach dem gestiegenen naturkundlichen Interesse bürgerlicher Bevölkerungskreise. Die Pläne gehen auf den Gartenarchitekten Peter Joseph Lenné zurück. Als erste Bestände schenkte Friedrich Wilhelm IV. (1840-61) dem Z. die Tiere aus seiner Menagerie auf der > PFAUENINSEL. Durch die Berufung des ersten hauptamtlichen wissenschaftlichen Direktors Heinrich Bodinus (1869-84) erhielt der Zoo wichtige Impulse. Zahlreiche Tierhäuser entstanden, die nicht zuletzt auch aufgrund der damaligen kolonialen Afrikabegeisterung vielfach dem Baustil der jeweiligen Heimatlandes nachempfunden waren (Antilopenhaus 1872, Elefantenhaus 1873). In den 30er Jahren dieses Jh. entstanden die ersten gitterlosen Freianlagen (Robbenbecken 1931, Affenfelsen

1933, Löwensteppe 1936). Bei Kriegsbeginn 1939 besaß der Zoo über 4.000 Säugetiere und Vögel in etwa 1.400 Arten.

In zwei Bombennächten und in den folgenden Kämpfen wurde der Zoo fast vollständig zerstört: nur 91 Tiere überlebten. Am 1.7.1945 wurde der Tierpark wieder geöffnet. Der Wiederaufbau erfolgte in den 50er Jahren unter der Leitung von Katharina Heinroth (1945-56). In den 60er und 70er Jahren ließ ihr Nachfolger Heinz-Georg Klöß (1957-91) neue Freianlagen und Tierhäuser bauen (1962 Vogelhaus, 1964 Nashornhaus, 1967-69 Bärenanlage, 1974 Raubtierhaus, 1974 Nachttierhaus, 1977 Tropenhaus). Im Zuge der zoologischen Diskussionen um eine artgerechte Tierhaltung wurden in den 70er und 80er Jahren außerdem zahlreiche Gehege vergrößert oder umgestaltet. 1987 wurde eine Zoo-Erweiterung über den > LANDWEHRKANAL hinaus abgeschlossen, wodurch sich das Gelände um 2,5 ha vergrößerte. An Zuchterfolgen ist der regelmässige Nachwuchs bei Spitzmaulnashörnern, Gauren, Sumpfhirschen, Bongos, Andenflamingos und Nashornvögeln besonders zu erwähnen.

Seit dem 1.9.1991 steht der Z. unter der Leitung des Zoologen Hans Frädrich. Die Anlage hat insg. 260 Beschäftigte, darunter zehn Wissenschaftler. In Kooperation mit dem Tierpark Berlin-Friedrichsfelde werden in bestimmten Bereichen Kontrastprogramme entwickelt. Der Z. finanziert sich aus Eintrittsgeldern und Zuschüssen des > SENATS VON BERLIN. Von seiner Beliebtheit zeugen jährlich rd. 3 Mio. Besucher.

Zucker-Museum: Das von der Zuckerindustrie 1901 geplante und am 8.5.1904 in der Amrumer Str. 32 im Bezirk > WEDDING eröffnete Z. dokumentiert die Kulturgeschichte des Zuckers. Es ist das weltweit älteste Museum seiner Art. Auf ca. 300 m² informiert das Z. in zehn thematisch gegliederten Abteilungen über die Herstellung des Zuckers, seine Nebenprodukte und zahlreiche Verwendungsbeispiele. Zur Ausstellungskonzeption gehört auch die Darstellung des gewerbegeschichtlichen und kulturhistorischen Umfeldes der Zuckergewinnung. Ferner besitzt das Z. eine Handbibliothek, eine Kinemathek mit mehr als 180 Filmen, eine Phonothek mit Zuckerliedern, eine Diasammlung und ein Bildarchiv. Eine ca. 35.000 Bände umfassende, im Z. untergebrachte Fachbibliothek befindet sich in der Zuständigkeit der >

TECHNISCHEN UNIVERSITÄT BERLIN.

Nachdem der Berliner Chemiker Andreas Sigismund Marggraf 1747 den Zuckergehalt in Rüben entdeckt hatte, produzierte sein Schüler Franz Carl Achard 1798 in > KAULSDORF den ersten Rübenzucker. Durch die damit eingeleitete Entwicklung gelang es, innerhalb weniger Jahrzehnte das Monopol des aus Zuckerrohr gewonnenen „Kolonialzuckers" zu brechen. Da die lange Zeit fast ausschließlich für ein Fachpublikum nutzbaren Sammlungen wieder der allgemeinen Öffentlichkeit zugänglich gemacht werden sollten, wurde das Z. am 1.7.1988 vom Land Berlin als Landesmuseum in Form einer nichtrechtsfähigen Anstalt übernommen (> MUSEEN UND SAMMLUNGEN). Seine Wiedereröffnung erfolgte am 24.9.1989. Ein im Februar 1982 gegründeter „Förderkreis Zucker-Museum e.V." unterstützt das Z. bei der Herausgabe von Sonderpublikationen, dem Erwerb von Exponaten, der Durchführung von Wechselausstellungen und Veranstaltungen.

Das nach Plänen des Regierungsbaumeisters Anton Adams 1902/03 errichtete dreigeschossige Gebäude des Z., das den II. Weltkrieg unbeschädigt überstand und künftig der alleinigen Nutzung durch das Z. dienen soll, ist durch einen Turmhelm – eine Kombination von stilisierter Zuckerrübe und Pickelhaube – weithin sichtbar. Neben einer symbolreichen Sonnenuhr ist ferner das aus Halbsäulen gebildete Sandsteinportal bemerkenswert mit seinem Relief der Göttin Athene als Hüterin der Wissenschaften. Als technisches Denkmal gilt der seit 1903 in Betrieb befindliche Fahrstuhl im hofseitigen Nebenturm.

Zur letzten Instanz: Die Gaststätte Z. in der Waisenstr. im Bezirk > MITTE geht zurück auf die älteste bekannte Gaststätte Berlins. Sie befindet sich in einem Bauensemble mehrerer schmaler, im Kern aus dem 16. Jh. stammender Wohnhäuser, die beim Bau der kurfürstlichen Befestigungsanlagen um 1680 ohne Höfe und Hintergebäude mit ihren Rückfronten unmittelbar an die > STADTMAUER angelehnt wurden. Erstmals erwähnt wurde ein Ausschank an dieser Stelle 1621, als ein Reitknecht des Kurfürsten Georg Wilhelm (1619-40) hier eine Branntweinstube einrichtete. Die heutige 1910 eröffnete Gaststätte erhielt ihren jetzigen Namen 1924 nach dem 1905 in der Littenstr. fertiggestellten > STADTGERICHT. Zu den kostbarsten Ausstattungsstücken der nach historischem Vorbild einge-richteten Bierstube im Erdgeschoß gehört ein über 200 Jahre alter Majolikaofen. Im hinte-ren Gastraum führt eine Wendeltreppe mit schmiedeeisernem Rokokogeländer, die aus einem Haus auf der > FISCHERINSEL stammt, in die erste Etage zu einer Weinstube. Zu den Gästen der Gaststätte zählten Heinrich Zille, Alfred Döblin, Hans Fallada und Charlie Chaplin.

Zur letzten Instanz

Die am östlichen Rand des Stadtgebiets gele-gene heutige *Waisenstraße* war damals, als es noch keinen Viehhof gab (> SCHLACHTHOF BER-LIN), sondern der Schlachtbetrieb in Sackgas-sen oder engen Straßen durchgeführt wurde, einer der sog. Berliner *Bullenwinkel*. Diesen Namen führte sie auch, bis sie 1837 in „An der Stralauer Mauer" umbenannt wurde und 1861 schließlich nach einem 1697 erbauten ehem. Waisenhaus (etwa am Standort des Gebäudes Littenstr. 109) ihren heutigen Na-men erhielt. Im II. Weltkrieg wurde die Bebauung fast vollständig zerstört. Die Reste der aus dem Anfang des 18. Jh. stammenden Häuser Nr. 14-18 wurden, da eine Restau-rierung nicht möglich erschien, 1961 wegen Baufälligkeit abgerissen und ein Jahr später aufgrund öffentlicher Forderungen in ihrem äußeren Erscheinungsbild wieder aufgebaut. Über im Innern hergestellte Verbindungen

werden die drei Häuser von der historischen Gaststätte Z. genutzt. Durch die Kriegsein-wirkungen und die folgenden Aufräumungs-arbeiten waren nördlich der Gebäude Reste der ersten Feldsteinmauer Berlins aus dem späten 13. Jh. zutage getreten, die später frei-gelegt und konserviert wurden, so daß sie heute dort zu besichtigen sind.

20. Juli 1944: Das von Berlin aus geplante Attentat auf Adolf Hitler am 20.7.1944 ist ein wenn auch sehr später und spektakulärer, aber doch unübersehbarer Ausdruck dafür, daß nicht alle Deutschen bereit waren, die Unrechtsherrschaft und den millionenfachen Mord durch die Nationalsozialisten und ihre Anhänger tatenlos hinzunehmen (> WIDER-STAND).
Pläne zum Staatsstreich bei hohen Militärs bestanden seit 1938. Treibende Kräfte waren u.a. der ehemalige Generalstabschef General-oberst Ludwig Beck (1938 zurückgetreten), später auch Generalfeldmarschall v. Witz-leben und Generaloberst Hoepner (beide 1942 ihrer Posten enthoben). Um Oberst Henning v. Tresckow hatte sich Anfang 1942 nach der Niederlage vor Moskau ein Op-positionszentrum bei der Heeresgruppe Mit-te (Ostfront) gebildet, das zu Beck und dem ehem. Oberbürgermeister von Leipzig, Carl Goerdeler, in Berlin Verbindung hielt. V. Tresckow übernahm Oberst Claus Graf Schenk v. Stauffenberg die Organisation des Staatsstreichs, als er im Herbst 1943 Stabs-chef des Ersatzheeres (Allgemeines Heeres-amt) im > BENDLERBLOCK wurde, wo auch das Oberkommando des Heeres untergebracht war. Benutzt wurde der „Walküre-Plan", ein eigentlich zur Niederschlagung innerer Unruhen und Erhebungen von Kriegsgefan-genen oder Zwangsarbeitern erstelltes Ein-satzprogramm, das für den Umsturz äußer-lich nicht kenntlich verändert worden war.
Die Motive und Ziele der Gruppe hatten sich entsprechend der politischen und militäri-schen Lage sowie aufgrund vermehrter Er-kenntnis über den Charakter des NS-Systems gewandelt. 1938 war es zunächst das Bestre-ben, den Krieg zu verhindern und das Re-gime zu reformieren, dann das Bemühen, die Ausweitung des Krieges zu verhindern. Schließlich wurde die Notwendigkeit er-kannt, das verbrecherische System zu stür-zen, um einen Neuanfang zu bewerkstel-ligen. 1944 war der Handlungsspielraum je-doch schon sehr eingeengt. Die bevorstehen-

de Invasion im Westen trieb zur Eile und ihr Gelingen im Juni 1944 beließ dem Widerstand fast kaum mehr politische Perspektiven, so daß sich die Motive auf menschlich-ethisches Handeln verkürzten: Beendigung des Krieges, des Tötens auf den Kriegsschauplätzen und der Massenvernichtung von Juden und Völkern in den besetzten Gebieten.

Das Scheitern des Sprengstoffattentats auf Hitler durch Stauffenberg im Führerhauptquartier „Wolfsschanze" bei Rastenburg in Ostpreußen gegen 12.50 Uhr – Hitler wurde nur leicht verletzt – erschwerte den am Nachmittag ebenfalls von Stauffenberg vom Bendlerblock aus gestarteten Versuch zum Sturz der NS-Herrschaft ungemein. Es gelang nicht, Berlin, die Machtzentrale des NS-Systems, in die Hand zu bekommen. Als ausgesprochen folgenschwer erwies sich der Umstand, daß die beteiligten Offiziere nahezu ausschließlich in militärischen Stäben Dienst taten (Offiziere ohne Mannschaften) und die befehlshabenden Heeresgruppenführer (v.a. die Feldmarschälle) nicht für aktives Mitmachen gewonnen werden konnten. Traditionsverbundenheit, „persönlicher Eid auf den Führer", obrigkeitsstaatliches, unpolitisches Denken mit Gehorsam als absolutem Gut, ließen fast alle vor diesem Schritt zurückschrekken.

Das Mißlingen des Staatsstreichs beendete praktisch den gesamten deutschen Widerstand und mündete in einen Rachefeldzug, dem schätzungsweise 5.000 Menschen zum Opfer fielen. Allein der > VOLKSGERICHTSHOF in Berlin erließ über 200 Todesurteile, die auch vollstreckt wurden. Beck wurde noch am Abend des 20. Juli nach einem mißlungenen Selbstmordversuch im Dienstzimmer Generalobersts Fromm im Bendlerblock auf dessen Befehl hin ermordet. Stauffenberg sowie die drei Mitverschworenen, General Friedrich Olbricht, Oberst Albrecht Ritter Mertz v. Quirnheim und Oberleutnant Werner v. Haeften wurden in der Nacht zum 21.7.1944 im Hof des Gebäudes erschossen. Weitere Beteiligte wurden im Gefängnis Plötzensee hingerichtet. Im Bendlerblock und im Gefängnis Plötzensee wurden nach dem Kriege Gedenkstätten eingerichtet zur Erinnerung und Mahnung an die Leiden der Opfer des 20. Juli 1944 und die politischen und menschlichen Leistungen des Widerstandes. (> GEDENKSTÄTTE PLÖTZENSEE; > GEDENKSTÄTTE DEUTSCHER WIDERSTAND)

Zweites Deutsches Fernsehen (ZDF), Studio Berlin: Das seit 1963 bestehende Berliner Studio des ZDF in der Oberlandstr. 88/89 im Bezirk > TEMPELHOF ist mit über 150 Mitarbeitern das größte der insg. 16 Inlandstudios der 1961 gegründeten Fernsehanstalt. Die herausgehobene Stellung des Berliner Studios dient u.a. der Erfüllung des Programmauftrags, ein „umfassendes Bild der deutschen Wirklichkeit" zu vermitteln, wie es Art. 2 des ZDF-Staatsvertrages vorschreibt.

Die vom ZDF in Berlin hergestellten Sendungen befassen sich hauptsächlich mit kulturellen, politischen und wirtschaftlichen Themen. Eine hohe publizistische Wertschätzung genießt das von den Berliner ZDF-Redakteuren seit 1971 hergestellte deutschlandpolitische Magazin „Kennzeichen D", das vor der > VEREINIGUNG eine der wichtigen Informationsquellen für die Bürger der DDR darstellte. Zu den in Berlin produzierten Unterhaltungssendungen mit großem Bekanntheitsgrad gehören u.a. die „Hitparade" und die Quizsendung „Der Große Preis". Außerdem gehören zu den regelmäßigen Sendungen des ZDF aus Berlin das Kulturmagazin „Aspekte" und der historische Rückblick „Damals". Zum Gesamtprogramm des ZDF steuert das Berliner Studio annähernd 12 % bei. Für 3 SAT, das Gemeinschaftsprogramm des Österreichischen und Schweizerischen Fernsehens mit dem ZDF, werden in Berlin ebenfalls Beiträge produziert. Seit Juli 1992 strahlt das ZDF sein neues Morgenmagazin von Berlin aus aus.

Ende 1991 übernahm das ZDF treuhänderisch den ehem. DDR-Hörfunksender DS Kultur. DS Kultur soll zusammen mit RIAS 1 (> RIAS BERLIN) und dem Deutschlandfunk unter einem gemeinsamen rechtlichen Dach von ARD und ZDF einen neuen nationalen Hörfunk bilden.

Das ZDF verfügt an der Oberlandstr. über umfangreiche Räumlichkeiten für die Redaktionen, die Verwaltung sowie die Schneide- und Produktionstechnik, von denen aus aktuelle Programme direkt gesendet oder in die Mainzer Sendezentrale überspielt werden. Für die Produktion von Publikumssendungen und Fernsehspielen nutzt das ZDF die modernisierten ehem. UFA-Ateliers der Berliner Unionfilm GmbH & Co Studio KG (BUFA), die in unmittelbarer Nachbarschaft liegen (> FILM). Außerdem verfügt das ZDF über Redaktions- und Produktionsräume in der Clara-Zetkin-Str. im Bezirk > MITTE.

ZZZ – Zugang/Zugehörigkeit/Zutritt: Die drei Z. bezeichnen die drei wesentlichen Problemkomplexe, die vom Kriegsende bis zur > VEREINIGUNG zwischen Ost und West bezüglich Berlins strittig blieben. Gleichzeitig markieren sie die politischen Berlin-Krisen seit 1945.

Durch die > BLOCKADE Berlins bestritt die Sowjetunion den westlichen > ALLIIERTEN sowie den Deutschen das Recht auf *Zugang* zur Stadt (> SONDERSTATUS 1945-90). Erst durch das > VIER-MÄCHTE-ABKOMMEN (VMA) vom 3.9.1971 konnte diese Problematik völkerrechtlich verbindlich geregelt werden.

Die *Zugehörigkeit* West-Berlins zur Bundesrepublik Deutschland wurde ebenfalls von der Sowjetunion und der DDR bestritten. Seit dem > SOWJETISCHEN ULTIMATUM (1958) richteten sich zahlreiche Maßnahmen, wie die östlichen Proteste gegen verschiedene Formen der Bundespräsenz – z.B. bei den in Berlin durchgeführten Wahlen zum > BUNDESPRÄ-SIDENTEN – gegen diese Zugehörigkeit. Auch hier brachte erst das VMA eine Regelung des Problems durch Definition dieser > BINDUN-GEN.

Der bereits seit den 50er Jahren erschwerte *Zutritt* zum sowjetischen Sektor von Berlin (bzw. aus diesem nach West-Berlin) wurde durch den Bau der > MAUER am > 13. AUGUST 1961 unmöglich gemacht. Nach kurzfristigen > PASSIERSCHEINREGELUNGEN im Rahmen der > POLITIK DER KLEINEN SCHRITTE in den 60er Jahren, wurde der Zutritt von West-Berlinern nach Ost-Berlin und in die DDR durch die > BESUCHERREGELUNGEN im Zusammenhang mit dem VMA geregelt.

Mit dem Fall der Mauer am > 9. NOVEMBER 1989 und der in Abstimmung mit den ehem. vier Siegermächten erfolgten > VEREINIGUNG wurde der alliierte Sonderstatus Berlins aufgehoben und damit die drei Z. gegenstandslos.

LITERATURVERZEICHNIS

1. Allgemeine Landeskunde
1.1. Bibliographien

Berlin-Bibliographie. [1] (bis 1960) ... bearb. von Hans Zopf u. Gerd Heinrich. - Berlin (W) 1965 (Veröffentlichungen der Historischen Kommission zu Berlin; 15); [2] (1961-1966) ... bearb. von Ursula Scholz u. Reinald Stromeyer. - Berlin (W), New York 1973 (Veröffentlichungen der Historischen Kommission zu Berlin; 43); [3] (1967-1977) ... bearb. von Ursula Scholz u. Reinald Stromeyer. - Berlin (W), New York 1984 (Veröffentlichungen der Historischen Kommission zu Berlin; 58); [4] (1978-1984) ... bearb. von Ute Schäfer u. Reinald Stromeyer. - Berlin (W), New York 1987 (Veröffentlichungen der Historischen Kommission zu Berlin; 69).

Berlin-Literatur in der Amerika-Gedenkbibliothek, Berliner Zentralbibliothek. Architektur- und Baugeschichte, Verkehrswesen, Geschichte der Stadtteile. Bearb.: Jürgen Wittneben. - Berlin (W) 1985.

Bibliographie zur Geschichte der Mark Brandenburg und der Stadt Berlin 1941-1956. Hrsg. von d. Arbeitsgruppe Bibliographie im Inst. für Geschichte an d. Akad. d. Wiss. zu Berlin. - Berlin (O) 1961 (Deutsche Akademie der Wissenschaften zu Berlin/ Schriften des Instituts für Geschichte : Reihe 2; 6).

Bibliographie zur Geschichte der Provinz Brandenburg und der Stadt Berlin. Im Auftr. d. Histor. Kommission für d. Provinz Brandenburg u. Berlin bearb. von Wilhelm Polthier. - Berlin 1933-41 (In: Forschungen zur brandenburgischen und preußischen Geschichte; 45-53).

Clauswitz, Paul: Kritische Übersicht über die Literatur zur Geschichte Berlins. - Berlin 1894 (Schriften des Vereins für die Geschichte Berlins; 31).

Heegewaldt, Werner, Peter P. Rohrlach: Berliner Adreßbücher und Adressenverzeichnisse 1704-1945. Eine annotierte Bibliographie mit Standortnachweis für die „ungeteilte" Stadt. - Berlin 1990.

Kuhn, Waldemar: Berlin - Stadt und Land. Handbuch des Schrifttums. Hrsg. im Auftr. d. Senators für Bau- u. Wohnungswesen, Berlin. - Berlin-Grunewald (W) 1952.

Reinhold, Dorothea: Bibliographien zur Geschichte und Landeskunde Berlins und der Mark Brandenburg. - Berlin (W) 1986 (Veröffentlichungen der Universitätsbibliothek der Freien Universität; 3).

Stadtgeschichte - Berlin, Gesamtstadt. Bearb.: Thomas Schloz. - Stuttgart 1988 (IRB-Literaturauslese; 1832).

Straubel, Rolf: Bibliographien und Nachschlagewerke zur Geschichte Berlins. Eine annotierte Auswahl-Bibliographie. - Berlin (O) 1978.

Unser Berlin in Buch und Zeitschrift. Aus den Neuerwerbungen der Berliner Stadtbibliothek und der Ratsbibliothek. Jg. 1-34. - Berlin (O) 1956-1989.

Ab 12. Jg. ff. u.d.T.: Berlin in Buch und Zeitschrift; 18. Jg. ff. u.d.T.: Berlin, Hauptstadt der DDR in Buch und Zeitschrift; Jg. 34 u.d.T.: Berlin in Buch und Zeitschrift; 1973-1986 mit Beilage: Literatur über Westberlin.

1.2. Lexika, Nachschlagewerke

Berlin und Brandenburg. Hrsg. von Gerd Heinrich. - 2., verb. u. erw. Aufl. - Stuttgart 1985 (Handbuch der historischen Stätten Deutschlands; 10).

Berliner biographisches Lexikon. Hrsg. Bodo Rollka; Volker Spiess. - Berlin 1992.

Berlinische Lebensbilder. Hrsg. von Wolfgang Ribbe. - Berlin (W) (Einzelveröffentlichungen der Historischen Kommission zu Berlin; 60). Bd. 1: Naturwissenschaftler. Festgabe aus Anlaß der 750-Jahr-Feier der Stadt Berlin 1987. Hrsg. von Wilhelm Treue u. Gerhard Hildebrandt. 1987; Bd. 2: Mediziner. Festgabe aus Anlaß der 750-Jahr-Feier der Stadt Berlin 1987. Hrsg. von Wilhelm Treue u. Rolf Winau. 1987; Bd. 3: Wissenschaftspolitik in Berlin. Minister, Beamte, Ratgeber. Festgabe aus Anlaß der 750-Jahr-Feier der Stadt Berlin 1987. Hrsg. von Wilhelm Treue und Karlfried Gründer. 1987; Bd. 4: Geisteswissenschaftler. Hrsg. von Michael Erbe. 1989; Bd. 5: Theologen. Hrsg. von Gerd Heinrich. 1990; Bd. 6: Techniker. Hrsg. von Wilhelm Treue u. Wolfgang König. 1990.

Berlin-Thesaurus. Landesbildstelle, Zentrum für audio-visuelle Medien. Bearb.: Karl-Heinz Fischer. - 3. Fassung. Bd. 1-2. - Berlin (W) 1987.

Die Chronik Berlins. Mit einem Essay von Heinrich Albertz. Übersichtsartikel von Helmut Börsch-Supan ... Hrsg.: Bodo Harenberg. - 2., erg. u. aktualisierte Aufl. - Dortmund 1991.

Holmsten, Georg: Die Berlin-Chronik. Daten, Personen, Dokumente. - 3., durchges. u. aktualisierte Aufl. - Düsseldorf 1990 (Drostes Städte-Chronik).

Krumholz, Walter: Berlin-ABC. Hrsg. Presse- u. Informationsamt d. Landes Berlin. - 2. Aufl. - Berlin (W) 1968.

Kullnick, Heinz: Berliner und Wahlberliner. Personen und Persönlichkeiten in Berlin von 1640-1914. - Berlin (W) 1961.

Loose, Stefan: Berlin. Ein Handbuch. Zeichn.: Klaus Schindler. Berlin (W) 1980.

Pretzsch, Hanna: Kleines Berlin-Lexikon. - 8., aktualisierte Aufl. - Berlin (W) 1989.

1.3. Stadtbeschreibungen, Stadtführer

Baedeker, Karl: Der große Baedeker. Stadtführer. Die Neufassung d. Textes besorgte Sabine Bohle-Heintzenberg. - 5. Aufl. - Freiburg 1992. - Hamburg 1989 (Merian; Jg. 42, Nr. 7).

Berlin. Hrsg. von Wieland Giebel ... - Berlin, Gütersloh, München, Stuttgart 1990 (APA city guides).

Berlin. Leitung u. Gestaltung: Hans Höfer. - Berlin, Gütersloh, München, Stuttgart 1990.

Berlin. Textbeiträge: Marianne Bernhard, Madelaine Cabos, Rainer Eisenschmid. - 7., gänzl. überarb., erw. u. neugestaltete Aufl. - Ostfildern-Kemnat 1991 (Baedekers Allianz Reiseführer Berlin).

Berlin. Ein Reisebuch in den Alltag. Hrsg.: Manfred Hobsch ... - Orig.-Ausg. - Reinbek b. Hamburg 1990 (rororo; 9061: rororo-Sachbuch: Anders reisen).

Berlin. Ergebnisse der heimatkundlichen Bestandsaufnahme. Von e. Autorenkoll. unter Leitung von Joachim Herrmann. - Berlin (O) 1987 (Werte unserer Heimat; 49/50).

Berlin. Porträt einer Metropole. Luftfotografie: Lothar Willmann. Texte: Peter Auer. Hrsg. von Wolfgang Streubel. - Berlin 1991.

Berlin zwischen Sekt und Selters. Der kritische Führer durch Kneipen, Cafés, Bars und Diskos. Ausg. 1990/91. Thomas Schweer; Silke Kluckert; Gisela Sonnenburg (Hrsg.). - Cadolzburg 1990.

Brost, Harald, Laurenz Demps: Berlin wird Weltstadt. Photographien von F. Albert Schwartz, Hof-Photograph. - Leipzig 1981.

Burg, Annegret, Maria Antonietta Crippa: Stadtbild Berlin. Identität und Wandel. - Tübingen 1991.

Dubilski, Petra: Berlin. - Köln 1991 (DuMont-Reise-Taschenbücher).

Friedrich, Thomas: Berlin in Bildern 1918-1933. Über 300 zeitgenössische Fotografien. - München 1991 (Collection Rolf Heyne).

Ganz Berlin-Ost. Spaziergänge in Berlin-Mitte, Prenzlauer Berg, Pankow, Weißensee, Friedrichshain, Lichtenberg, Treptow, Hohenschönhausen, Marzahn, Hellersdorf, Köpenick. Hrsg.: Axel Besteher-Hegenbart; Klaus Esche. - Berlin 1991 (Berlin-Tour; 5).

Kardorff, Ursula von: Berlin. Helga Sittl (Fotos, Mitarb. u. Neubearb.). - 8. Aufl. - Köln 1990 („Richtig reisen").

Kertbeny, C. von: Berlin wie es ist. Ein Gemälde des Lebens dieser Residenzstadt und ihrer Bewohner, dargestellt in genauer Verbindung mit Geschichte und Topographie. - Neudr. d. Orig. - Ausg. Berlin 1831. - Leipzig 1981.

Krieger, Bogdan: Berlin im Wandel der Zeiten. Eine Wanderung vom Schloß nach Charlottenburg durch 3 Jahrhunderte. - Berlin-Grunewald 1923.

Kutzsch, Gerhard: Berlin und Umgebung. Landschaft, Geschichte, Gegenwart, Kultur, Kunst, Volkstum. - Heroldsberg 1986 (Deutsche Landeskunde: Abt. Mitteldeutschland).

Lange, Annemarie: Berlin, Hauptstadt der DDR. - 4., überarb. Aufl. - Leipzig 1969 (Brockhaus-Stadtführer).

Missmann, Max: Das große Berlin. Photographien 1899-1935. Hrsg. von Wolfgang Gottschalk. - Berlin 1991.

Morin, Friedrich: Berlin und Potsdam im Jahre 1860. Neuester Führer durch Berlin, Potsdam und Umgebung. Ein Taschenbuch für Fremde und Einheimische. - Nachdr. d. Ausg. von 1860. - Braunschweig 1980.

Nicolai, Friedrich: Beschreibung der königlichen Residenzstädte Berlin und Potsdam, aller daselbst befindlicher Merkwürdigkeiten und der umliegenden Gegend. Bd. 1-3. - Neudr. d. 3. Aufl. d. Ausg. Berlin 1786. - Berlin (W) 1980.

Platt, Thomas: Der geheime Berlin-Verführer. - Berlin 1992.

Pomplun, Kurt: Pomplun's großes Berlin-Buch. - Berlin (W) 1985.

Prang, Hans, Horst Günter Kleinschmidt: Durch Berlin zu Fuß. Wanderungen in Geschichte und Gegenwart. - 3. Aufl. - Berlin, Leipzig 1990.

Rellstab, Ludwig: Berlin und seine nächsten Umgebungen ... in malerischen Originalansichten. Historisch-topographisch beschrieben. - Neudr. d. Ausg. Darmstadt 1855. - Würzburg 1985.

Ritter, Norbert: Berliner Wanderbuch. - Berlin (W) 1979-1990. Bd. 1: 15 Wanderungen durch das nördliche Berlin; Bd. 2: 16 Wanderungen durch das südliche Berlin; Bd. 3: 14 Wanderungen durch das östliche Berlin. - 2., erw. u. erg. Aufl.; Bd. 4: Der grüne Pfad.

Ruetz, Michael: Über Berlin. Einf. u. Bildlegende von Michael S. Cullen. - München 1991.

Schmidt, Valentin Heinrich: Wegweiser für Fremde und Einheimische durch Berlin und Potsdam und die umliegende Gegend, enthaltend eine kurze Nachricht von allen daselbst befindlichen Merkwürdigkeiten. - Nachdr. d. Ausgabe Berlin 1821. - Osnabrück 1980.

Schulz, Wolfgang: Stadtführer durch das historische Berlin. Bauten und Menschen. Eine Veröffentlichung der Stiftung Deutschlandhaus Berlin. - 5., verb. u. erg. Aufl. - Berlin (W) 1988.

Schwartz, Horst: Berlin. - Orig. Ausg. - Frankfurt a.M., Berlin 1991 (Ullstein-Buch; 32107: Ullstein-Reiseführer).

Seidel, Uwe: Berlin - grenzenlos mit Potsdam. Der neue City-Guide für die ganze Stadt und Potsdam. - Bielefeld 1991 (Reise Know-How City).

Spiker, Samuel Heinrich: Berlin und seine Umgebungen im 19. Jahrhundert. Eine Sammlung in Stahl gestochener Ansichten nebst topographisch-historischen Erläuterungen. - Nachdr. d. Ausg. Berlin 1833. - Berlin (W) 1979, Leipzig 1980.

Volk, Waltraud: Berlin, Hauptstadt der DDR. Historische Straßen und Plätze heute. - 7., bearb. Aufl. - Berlin (O) 1980.

Zedlitz, Leopold von: Neuestes Conversations-Handbuch für Berlin und Potsdam zum täglichen Gebrauch der Einheimischen und Fremden aller Stände ... - Neudr. d. Orig.-Ausg. Berlin 1834. - Leipzig 1982.

1.4. Kartenwerke, Kartographie

Atlas von Berlin. Hrsg. von d. Akad. für Raumforschung u. Landesplanung u. Walter Behrmann ... - Hannover 1962 (Deutscher Planungsatlas; 9).

Berlin. ADAC-Stadtplan. 1:25.000. - München, Ostfildern 1990.

Berlin. Euro-Großraumstadtatlas. 1:20.000. - 17. Aufl. - Berlin, Gütersloh, München, Stuttgart 1991/92.

Berlin in alten Karten. Faksimile-Edition von 25

Karten des 17.-20. Jahrhunderts. Hrsg.: Lothar Zögner ... - Berlin (W) 1980-1984.

Berlin in Plänen. Historische Stadtkarten von 1798 bis 1990. Mit einem Begleittext von Michael S. Cullen und Uwe Kieling. - Berlin 1992.

Berlin-Atlas zu Stadtbild und Stadtraum. Hrsg. von Josef Paul Kleihues u.a. im Auftr. d. Senators für Bau- u. Wohnungswesen. - Berlin (W) 1973.

Berlin-Stadtatlas. - Aktualisierte, 16. Aufl. - Berlin, München 1990.

Berlin. Stadtplan patentgefaltet. Mit Potsdam. 1:25.000. - 54. Aufl. - Hamburg 1990 (Falk-Plan; 132).

Buchplan Berlin. 1:25.000. - 9., durchges. Aufl. - Berlin, Leipzig 1990.

Clauswitz, Paul: Die Pläne von Berlin von den Anfängen bis 1950. - Nachdr. d. Ausg. von 1906 mit bibliogr. Erg. u. Standortverz., Bearb.: Lothar Zögner. - Berlin (W) 1979.

Falk Städteatlas Großraum Berlin mit Potsdam. 1:15.000. - Hamburg 1991.

Historischer Handatlas von Brandenburg und Berlin. Begr. von Berthold Schulze. Hrsg.: Heinz Quirin. Lfg. 1-60, Nachtr. 1-7. - Berlin (W) 1962-1980 (Veröffentlichungen der Historischen Kommission zu Berlin beim Friedrich-Meinecke-Institut der FU Berlin).

Kauperts Straßenführer duch Berlin. Zusammengestellt nach amtl. Unterlagen. - Ausg. 1992. - Berlin 1992.

Prang, Hans: Berlin. Stadtplan. Stadtinformationen und Straßenverzeichnis. 1:25.000. - 5., bearb. Aufl. - Berlin, Leipzig 1990.

Schulz, Günther: Die ältesten Stadtpläne von Berlin 1652 bis 1757. - Weinheim 1986.

Spitzer, Heinz, Alfred Zimm: Berlin von 1650 bis 1900. Entwicklung der Stadt in historischen Plänen und Ansichten. Mit Erläuterungen. - 2. Aufl. - Berlin (O), Leipzig 1989.

Topographischer Atlas Berlin. Entwicklung und Struktur der Stadt Berlin in 55 Karten und 20 Luftbildern mit erläuternden Texten. Konzeption u. Bearb.: Charlotte Pape ... Hrsg. vom Senator für Bau- und Wohnungswesen, Berlin. - Berlin (W) 1987.

Umweltatlas Berlin. Red.: Franz-Josef Ellermann ... Losebl.-Ausg. Bd. 1-2. - Berlin (W) 1985 ff.

2. Natur, Landschaft, Umwelt

Assmann, Paul: Der geologische Aufbau der Gegend von Berlin. Mit Beitr. von O. F. Gandert, G. Siebert u. G. Sukopp. - Berlin (W) 1957.

Berlin. Berliner Naturschutzgebiete. Wiss. Bearb.: Herbert Sukopp. Mit Beitr. von Axel Auhagen ... - Berlin (W) 1977.

Berlin. West-Berlin, Ost-Berlin. Bd. 1-2. - Darmstadt, Gotha 1990. Bd. 1: Berlin (West). Eine geographische Strukturanalyse der 12 westlichen Bezirke. Von Burkard Hofmeister. - 2., vollst. überarb. Aufl.; Bd. 2: Berlin (Ost) und sein Umland. Hrsg. von Alfred Zimm. - 3., durchges. Aufl.

Funeck, Gottfried, Waltraud Schönholz, Fritz Steinwasser: Park- und Grünanlagen in Berlin. - Berlin (O) 1984.

Hupfer, Peter, Frank-Michael Chmielewski: Das Klima von Berlin. - Berlin 1990.

Kleinlosen, Martin, Jürgen Milchert: Berliner Kleingärten. - Berlin (W) 1989 (Berliner Grün; 1).

Lackowitz, Wilhelm: Flora von Berlin und der Provinz Brandenburg. - 21., verb. Aufl. - Berlin 1921.

Leyden, Friedrich: Groß-Berlin. Geographie einer Weltstadt. - Breslau 1933.

Naturbuch Berlin. Pflanzen, Tiere, Lebensräume. Hrsg. vom Senator für Stadtentwicklung u. Umweltschutz, Berlin. - Berlin (W) 1985.

Naturschutzgebiete der Bezirke Potsdam, Berlin - Hauptstadt der DDR, Frankfurt (Oder) und Cottbus. ... unter Leitung von Ludwig Bauer. - Leipzig, Jena, Berlin (O) 1972 (Handbuch der Naturschutzgebiete der Deutschen Demokratischen Republik; 2).

Ritter, Norbert: Wegweiser durch das Grüne Berlin. - Berlin (W) 1982.

Schindler, Norbert: Berliner Pflanzen. Berlin und Berliner als Namensgeber. - Berlin (W) 1985 (Berliner Forum; 85,2).

Stadtgeographischer Führer Berlin (West). Hrsg. von Frido J. Walter Bader u. Dietrich O. Müller. Wiss. Bearb.: Joachim H. Schultze. - 2., überarb. u. erw. Aufl. - Berlin (W), Stuttgart 1981 (Sammlung geographischer Führer; 7).

Stadtökologie. Das Beispiel Berlin. Hrsg.: Herbert Sukopp. - Berlin 1990.

Straßburger, Jürgen: Gewässer in und um Berlin. Potsdam bis Müggelsee. Mit Havel, Spree und Kanälen. - Hamburg 1991.

Umweltprobleme einer Großstadt. Das Beispiel Berlin. Hrsg. von Ingolf Lamprecht. - Berlin 1990 (Wissenschaft und Stadt; 13).

Wendland, Folkwin: Berlins Gärten und Parke von der Gründung der Stadt bis zum ausgehenden neunzehnten Jahrhundert. - Frankfurt a.M., Berlin (W), Wien 1979.

Wimmer, Clemens Alexander: Parks und Gärten in Berlin und Potsdam. Hrsg. von d. Senatsverw. für Stadtentwicklung u. Umweltschutz, Abt. III/ Gartendenkmalpflege unter Mitwirkung d. Magistrats von Berlin, Stadtgartenamt. - 5., überarb. Aufl. - Berlin 1992.

3. Geschichte
3.1. Periodika

Der Bär. Berlinische Blätter für vaterländische Geschichte und Alterthumskunde. Jg. 1-27. - Berlin 1875-1901.

Berlin-Archiv. - Losebl.-Ausg. - Braunschweig 1979 ff.

Berliner Geschichte. Dokumente, Beiträge, Informationen. Hrsg.: Stadtarchiv - Jg. 1-11. - Berlin (O) 1980-1990.

Berliner Heimat. Zeitschrift für die Geschichte Berlins (mit Beilage „Berliner Ansichten und Pläne"). Jg. 1-7. - Berlin (O) 1955-1961.

Jahrbuch des Vereins für die Geschichte Berlins. Hrsg. von Ernst Kaeber ... Folge 1 ff. - Berlin (W) 1951-1953. - Ab Folge 4 ff. u.d.T.: Der Bär von Berlin. Jahrbuch des Vereins für die Geschichte Berlins. Hrsg. von Gerhard Kutzsch ... - Berlin (W), Bonn 1954 ff.

Miniaturen zur Geschichte, Kultur und Denkmalpflege Berlins. Nr. 1-29. - Berlin (O) 1978-1989.

Mitteilungen des Vereins für die Geschichte Berlins. Jg. 1 ff. - Jg. 51-60 u.d.T.: Zeitschrift des Vereins für die Geschichte Berlins. - Berlin 1884 ff.

Schriften des Vereins für die Geschichte Berlin. H. 1-64. - Berlin 1865-1989.

Schriftenreihe des Stadtarchivs Berlin. Beiträge, Dokumente, Informationen des Archivs der Hauptstadt der Deutschen Demokratischen Republik. - Berlin (O) 1964-1979.

Schriftenreihe zur Berliner Zeitgeschichte. Bd. 1-10. - Berlin (W) 1957-1980. - Ab 1982 ff. u.d.T.: Berlin in Geschichte und Gegenwart. Jahrbuch des Landesarchivs Berlin. Hrsg. von Hans J. Reichhardt. - Berlin (W) 1982 ff.

3.2. Gesamtdarstellungen

Fidicin, Ernst: Berlinische Chronik. Hrsg. von d. Verein für die Geschichte Berlins. - Berlin 1868.

Voigt, Ferdinand, Ernst Fidicin: Urkundenbuch zur Berlinischen Chronik. 1232-1550. - Hrsg. von d. Verein für d. Geschichte Berlins. T. 1-2. - Berlin 1869-1880. Vermischte Schriften. Im Anschlusse an die Berlinische Chronik und an das Urkundenbuch hrsg. von d. Verein für die Geschichte Berlins. Bd. 1-2. - Berlin 1888.

Historisch-diplomatische Beiträge zur Geschichte der Stadt Berlin. Hrsg. von Ernst Fidicin. Bd. 1: Berlinisches Stadtbuch. - Nachdr. d. Orig.-Ausg. Berlin 1837. - Berlin 1990; Bd. 2: Berlinische Urkunden. Von 1261 bis 1550. - Nachdr. d. Orig.-Ausg. Berlin 1837. - Berlin 1990; Bd. 3: Berlinische Regesten. Von 949 bis 1550. - Nachdr. d. Orig.-Ausg. Berlin 1837. - Berlin 1990; Bd. 4: Berlinische Urkunden. Von 1232 bis 1700. - Nachdr. d. Orig.-Ausg. Berlin 1842. - Berlin 1990; Bd. 5: Geschichte der Stadt. - Nachdr. d. Orig.-Ausg. Berlin 1842. - Berlin 1990.

Arendt, Max, Eberhard Faden, Otto-Friedrich Gandert: Geschichte der Stadt Berlin. Festschrift zur 700-Jahr-Feier der Reichshauptstadt. - Berlin 1937.

Bauer, Roland: Berlin. Illustrierte Chronik bis 1870. Bd 1. - Berlin (O) 1988.

Bergschicker, Heinz: Berlin - Brennpunkt deutscher Geschichte. Eine Bilddokumentation. - Berlin (O) 1965.

Berlin. 800 Jahre Geschichte in Wort und Bild. Von e. Autorenkoll. unter Leitung von Roland Bauer u. Erik Hühns. - Berlin (O) 1980.

Berlin. Zehn Kapitel seiner Geschichte. Hrsg. von Richard Dietrich. - 2. Aufl. - Berlin (W) 1981.

Berlin im Europa der Neuzeit. Ein Tagungsbericht. Hrsg. von Wolfgang Ribbe ... - Berlin 1990 (Veröffentlichungen der Historischen Kommission zu Berlin; 75).

Escher, Felix: Berlin und sein Umland. Zur Genese der Berliner Stadtlandschaft bis zum Beginn des 20. Jahrhunderts. - Berlin (W) 1985 (Einzelveröffentlichungen der Historischen Kommission zu Berlin am Friedrich-Meinecke-Institut der FU Berlin; 47).

Geschichte Berlins. Eine Veröffentlichung der Historischen Kommission zu Berlin. Hrsg. von Wolfgang Ribbe. Bd. 1-2. - 2., durchges. Aufl. - München 1988. Bd. 1: Von der Frühgeschichte bis zur Industrialisierung; Bd. 2: Von der Märzrevolution bis zur Gegenwart.

Geschichte Berlins. Von den Anfängen bis 1945. Autoren: Laurenz Demps, Ingo Materna (Leitung), Eckhard Müller-Mertens, Helga Schultz, Heinz Seyer. - Berlin (O) 1987.

Heimatchronik Berlin. Hrsg.: Otto-Friedrich Gandert, Berthold Schulze, Ernst Kaeber ... - Berlin (W), Köln 1962 (Heimatchroniken der Städte und Kreise des Bundesgebietes; 25).

König, Anton Balthasar: Versuch einer historischen Schilderung der Hauptveränderungen, der Religion, Sitten, Gewohnheiten, Künste, Wissenschaften etc. der Residenzstadt Berlin seit den ältesten Zeiten bis zum Jahre 1786. 5 Teile. - Berlin 1792-1799.

Müller, Johann Christoph, Georg Gottfried Küster: Altes und neues Berlin. Teil 1-4. - Berlin 1737-1769.

Schmidt, Jacob: Berlinische und Köllnische Merk- und Denkwürdigkeiten. Berlin 1727-1734. Neudr. eingel. u. mit e. Personenreg. vers. von Peter P. Rohrlach. - Berlin 1992 (Berlinische Historiographie im 18. Jahrhundert; 1).

Vogel, Werner: Berlin und seine Wappen. - Berlin (W), Frankfurt a.M. 1987.

Vogel, Werner: Führer durch die Geschichte Berlins. - 4., überarb. u. erg. Aufl. - Berlin 1992.

3.3. Vor- und Frühgeschichte, Mittelalter

Ausgrabungen in Berlin. Forschungen und Funde zur Ur- und Frühgeschichte. Hrsg. von Adriaan von Müller u. Alfred Kernd'l. Red. Alfred Kernd'l. Bd. 1-8. - Berlin (W) 1970-1989.

Lehmann, Herbert: Bibliographie zur Vor- und Frühgeschichte von Groß-Berlin. - 2., erg. Aufl. - Berlin (W) 1968.

Berlinisches Stadtbuch. Neue Ausgabe. Hrsg. von Paul Clauswitz. - Berlin 1883.

Corpus archäologischer Quellen zur Frühgeschichte auf dem Gebiet der Deutschen Demokratischen Republik. 7. bis 12. Jahrhundert. 3. Lieferung: Bezirke Frankfurt, Potsdam, Berlin nebst einem Anhang: Die archäologischen Quellen zur Frühgeschichte auf dem Gebiet von Berlin (West). Bearb. von Raimund Maczijewski. - Berlin (O) 1979.

Die Urkunden und den ersten schriftlichen Erwähnungen von Cölln an der Spree und Berlin. Hrsg.: Achim Giering. Berlin (O) 1988.

Müller, Adriaan von: Als Berlin noch in den Tropen lag. Von der Eiszeit bis zur mittelalterlichen Stadt. - Bergisch Gladbach 1990 (Bastei-Lübbe Taschenbuch; 64094).

Müller, Adriaan von: Edelmann ... Bürger, Bauer, Bettelmann. Berlin im Mittelalter. - Ungekürzte Ausg. - Frankfurt a.M., Berlin (W), Wien 1981 (Ullstein-Buch; 34055).

Schulz, Rüdiger: Archäologische Landesaufnahme der Funde und Fundstellen in Berlin. - Berlin (W) 1987.

Seyer, Heinz: Berlin im Mittelalter. Die Entstehung der mittelalterlichen Stadt. - Berlin (O) 1987.

3.4. Vom frühen 15. Jh. bis zum Beginn des 19. Jh.

Das älteste Berliner Bürgerbuch. 1453-1700. Hrsg. von Peter von Gebhardt. - Berlin 1927 (Quellen und Forschungen zur Geschichte Berlins; 1) (Veröffentlichungen der Historischen Kommission für die Provinz Brandenburg und die Reichshauptstadt Berlin; 1,1).

Die Bürgerbücher und die Bürgerprotokollbücher Berlins von 1701-1750. Hrsg. von Ernst Kaeber. - Berlin 1934 (Quellen und Forschungen zur Geschichte Berlins; 4) (Veröffentlichungen der Historischen Kommission für die Provinz Brandenburg und die Reichshauptstadt Berlin; 1,4).

Die Bürgerbücher von Cölln an der Spree 1508-1611 und 1689-1709 und die chronikalischen Nachrichten des ältesten Cöllner Bürgerbuches 1542-1610. Hrsg. von Peter von Gebhardt. - Berlin 1930 (Quellen und Forschungen zur Geschichte Berlins; 3) (Veröffentlichungen der Historischen Kommission für die Provinz Brandenburg und die Reichshauptstadt Berlin; 1,3).

Das Stadtbuch des alten Köln an der Spree aus dem Jahre 1442. Hrsg. von Paul Clauswitz. - Berlin 1921 (Schriften des Vereins für die Geschichte der Stadt Berlin; 52).

Duwe, Georg: Berlin in fremder Hand. Schicksalsstunden der preußischen Haupt- und Residenzstadt vom 30jährigen Krieg bis zu den Freiheitskriegen. - Osnabrück 1991.

Faden, Eberhard: Berlin im Dreißigjährigen Krieg. - Berlin 1927 (Berlinische Bücher; 1).

Sagave, Pierre-Paul: Berlin und Frankreich 1685-1871. Französische Einflüsse und Gegenströmungen in Brandenburg - Preußens Hauptstadt von der Hugenotteneinwanderung bis zum deutsch-französischen Krieg. - Berlin (W) 1980.

3.5. Vom frühen 19. Jh. bis 1945

Die Befreiung Berlins 1945. Eine Dokumentation. Hrsg. u. eingel. von Klaus Scheel. - 2., überarb. u. erw. Aufl. - Berlin (O) 1985.

Berlin im Zweiten Weltkrieg. Der Untergang der Reichshauptstadt in Augenzeugenberichten. Hrsg.: Hans Dieter Schäfer. - 2., überarb. Aufl. - München, Zürich 1991.

Berlin und die Provinz Brandenburg im 19. und 20. Jahrhundert. Hrsg. von Hans Herzfeld unter Mitwirkung von Gerd Heinrich. - Berlin (W) 1968 (Veröffentlichungen der Historischen Kommission zu Berlin beim Friedrich-Meinecke-Institut der Freien Universität Berlin; 25) (Geschichte von Brandenburg und Berlin; 3).

Büsch, Otto, Wolfgang Haus: Berlin als Hauptstadt der Weimarer Republik 1919-1933. - Berlin (W), New York 1987.

Friedrich, Otto: Weltstadt Berlin. Größe und Untergang 1918-1933. - München 1973.

Girbig, Werner: ... im Anflug auf die Reichshauptstadt. - Stuttgart 1970.

Kaeber, Ernst: Berlin 1848. - Berlin 1948.

Der Kampf um Berlin 1945 in Augenzeugenberichten. Hrsg. von Peter Gosztony. - 2. Aufl. - München 1985 (dtv; 2718).

Lange, Annemarie: Berlin in der Weimarer Republik. - Berlin (O) 1987.

Lange, Annemarie: Berlin zur Zeit Bebels und Bismarcks. Zwischen Reichsgründung und Jahrhundertwende. - 4. Aufl. - Berlin (O) 1984.

Lange, Annemarie: Das Wilhelminische Berlin. Zwischen Jahrhundertwende und Novemberrevolution. - 4. Aufl. - Berlin (O) 1984.

Mann, Willy: Berlin zur Zeit der Weimarer Republik. Ein Beitrag zur Erforschung der wirtschaftlichen und politischen Entwicklung der deutschen Hauptstadt. - Berlin (O) 1957.

Masur, Gerhard: Das Kaiserliche Berlin. - München, Wien, Zürich 1971.

Metropolis Berlin. Berlin als deutsche Hauptstadt im Vergleich europäischer Hauptstädte 1871-1939. Hrsg. von Gerhard Brunn u. Jürgen Reulecke. - Berlin 1992.

Der Reichstagsbrand. Eine wissenschaftliche Dokumentation. Hrsg. von Walther Hofer ... Bd. 1-2. - Berlin (W) 1972-78 (Veröffentlichungen des Internationalen Komitees zur Wissenschaftlichen Erforschung der Ursachen und Folgen des Zweiten Weltkrieges).

Simmons, Michael: Deutschland und Berlin. Geschichte einer Hauptstadt 1971-1990. - Berlin 1990.

Wolff, Adolf: Berliner Revolutions-Chronik. Bd. 1-3. - Unveränd. Neudr. d. Ausg. Berlin 1851-54. - Leipzig 1979, Vaduz 1979.

3.6. Von 1945 bis heute

Bark, Denis L.: Die Berlin-Frage 1949-1955. Verhandlungsgrundlage und Eindämmungspolitik. - Berlin (W), New York 1972 (Veröffentlichungen der Historischen Kommission zu Berlin; 36).

Beiträge zur Geschichte der Berliner Demokratie 1919/33, 1945-1985. Mit e. Bibliographie u. e. statistischen Anhang, hrsg. von Otto Büsch. - Berlin (W) 1988 (Einzelveröffentlichungen der Historischen Kommission zu Berlin; 65).

Berlin. Hrsg. im Auftr. d. Senats von Berlin ... Bearb. durch Hans Joachim Reichhardt ... - Berlin (W) (Schriftenreihe zur Berliner Zeitgeschichte; ...).

Quellen und Dokumente 1945-1951. Halbbd. 1.2. - 1964 (...; 4); 2. Chronik der Jahre 1951-1954. - 1968 (...; 5); 3. Chronik der Jahre 1955-1956. - 1971 (...; 6); 4. Chronik der Jahre 1957-1958. - 1974 (...; 8); 5. Chronik der Jahre 1959-1960. - 1978 (...; 9).

Berlin. Vom Brennpunkt der Teilung zur Brücke der Einheit. Hrsg.: Gerd Langguth. - Köln 1990.

Berlin im November. Texte: Anke Schwartau, Cord Schwartau, Rolf Steinberg. - Berlin 1990.

Berlin-Blockade und Luftbrücke 1948/49. Analyse und Dokumentation. Hrsg. von Uwe Prell u. Lothar Wilker. - Berlin (W) 1987.

Berlinkrise und Mauerbau. Hrsg.: Hans-Peter Schwarz. - Bonn 1985.

Cate, Curtis: Riß durch Berlin. Der 13. August 1961. Aus d. Engl. von Walter Hasenclever. - Hamburg 1980.

Conradt, Sylvia, Kirsten Heckmann-Janz: Reichstrümmerstadt. Leben in Berlin 1945-1961. - Orig.-Ausg. - Darmstadt, Neuwied 1987 (Sammlung Luchterhand; 678).

Dokumente zur Berlin-Frage 1944-1966. - 3., durchges. u. erw. Aufl. - München 1967 (Forschungsinstitut der Deutschen Gesellschaft für Auswärtige Politik: Dokumente und Berichte; 18).

Entwicklung der Berlin-Frage (1944-1971). Zusammengest. von Ferdinand Matthey. - Berlin (W), New York 1972 (Aktuelle Dokumente).

Herzfeld, Hans: Berlin in der Weltpolitik 1945-1970. Mit e. Geleitw. von Klaus Schütz. - Berlin (W), New York 1973 (Veröffentlichungen der Historischen Kommission zu Berlin; 38).

Keiderling, Gerhard: Berlin 1945-1986. Geschichte der Hauptstadt der DDR. - Berlin (O) 1987.

Kotowski, Georg, Hans Joachim Reichhardt: Berlin als Hauptstadt im Nachkriegsdeutschland und Land Berlin 1945-1985. Mit einem statistischen Anhang zur Wahl- und Sozialstatistik des demokratischen Berlins 1945-1985. - Berlin (W), New York 1987 (Veröffentlichungen der Historischen Kommission zu Berlin; 79) (Berliner Demokratie 1919-1985; 2).

Petschull, Jürgen: Die Mauer: August 1961 - November 1989. Vom Anfang und vom Ende eines deutschen Bauwerks. Hrsg.: Klaus Liedtke. 2. aktualisierte u. erw. Aufl. - Hamburg 1989 (Stern-Bücher)

Prowe, Diethelm: Weltstadt in Krisen. Berlin 1949-1958. - Berlin (W), New York 1973 (Veröffentlichungen der Historischen Kommission zu Berlin; 42).

750 Jahre Berlin. Anmerkungen, Erinnerungen, Betrachtungen. Hrsg. von Eberhard Diepgen. - Berlin (W) 1987.

Stark, Rainer: Berlin nach dem Vier-Mächte-Abkommen. Materialien zur Berlin-Politik. - Bonn 1987.

Tage, die wir nie vergessen. Die friedliche Revolution. - Berlin (W) 1989 (Berliner Illustrierte; Sonderh. 1989).

Und diese verdammte Ohnmacht. Report der unabhängigen Untersuchungskommission zu den Ereignissen vom 7./8. Oktober 1989 in Berlin. Red.: Daniela Dahn u. Fritz-Jochen Kopka. - Berlin 1991.

Vier Tage im November. Hrsg.: Klaus Liedtke. - 5. Aufl. - Hamburg 1990.

4. Staat und Politik

Abgeordnetenhaus Berlin. Handbuch. 12. Wahlperiode. T. 1: Verfassung, Gesetze, Geschäftsordnung; T. 2: Fraktionen, Ausschüsse, Abgeordnete. - Berlin 1991.

Gesetz- und Verordnungsblatt für Groß-Berlin. 1948 ff. Ab 1952 u.d.T.: Gesetz- und Verordnungsblatt für Berlin. - Berlin (W) 1948 ff. Sonderbd. 1: Sammlung des in Berlin geltenden Rechts 1806-1945. - Berlin (W) 1966; Sonderbd. 2 (Teilbd. 1,2): Sammlung des bereinigten Berliner Landesrechts 1945-1967. - Berlin (W) 1970.

Die Hauptstadt-Debatte. Der Stenographische Bericht des Bundestages. Hrsg. u. komm. von Helmut Herles. - Bonn, Berlin 1991.

Verordnungsblatt der Stadt Berlin. Hrsg. vom Magistrat d. Stadt Berlin. Jg. 1-32. Berlin (O) 1945-76. Ab Jg. 2 (1946, Nr. 44) u.d.T.: Verordnungsblatt für Groß-Berlin.

Berliner Gewerkschaftsgeschichte von 1945 bis 1950. FDGB, UGO, DGB. - Berlin (W) 1971.

Berlinpolitik. Rechtsgrundlagen, Risiken und Chancen. Hrsg.: Eberhard Diepgen. - Berlin (W) 1989 (Völkerrecht und Politik; 17).

Die Berlin-Regelung. Das Viermächte-Abkommen über Berlin und die ergänzenden Vereinbarungen. - Bonn 1971.

Beyme, Klaus von: Hauptstadtsuche. Hauptstadtfunktionen im Interessenkonflikt zwischen Bonn und Berlin. - Frankfurt a.M. 1991 (edition suhrkamp; 1709).

Die Bundesrepublik Deutschland. Staatshandbuch. Landesausgabe Land Berlin. Hrsg.: Rolf-Peter Magen. - Köln, Berlin (W), Bonn, München 1988.

Dehner, Friedrich: Die Stellung Berlins im Bundesrat. - Frankfurt a.M., Bern, New York, Paris 1987 (Schriften zum Staats- und Völkerrecht; 24).

Die Entstehung der Verfassung von Berlin. Eine Dokumentation. Hrsg.: Hans J. Reichhardt ... T. 1-2. - Berlin 1990.

Die Geschichte der Berliner Arbeiterbewegung. Ein Kapitel zur Geschichte der deutschen Sozialdemokratie. Hrsg.: Eduard Bernstein. T. 1-3. - Nachdr. d. Ausg. Berlin 1907-1910. - Glashütten/Taunus 1972.

Geschichte der revolutionären Berliner Arbeiterbewegung. Von den Anfängen bis zur Gegenwart. Hrsg.: Heinz Habedank, Gerhard Keiderling, Alfred Loesdau ... T. 1-2. - Berlin (O) 1987.

Pommerin, Reiner: Von Berlin nach Bonn. Die Alliierten, die Deutschen und die Hauptstadtfrage nach 1945. - Köln, Wien 1989.

Reichhardt, Hans Joachim: Wahlen in Berlin 1809 bis 1967. Ein Rückblick auf 160 Jahre Berliner Kommunalpolitik. - Berlin (W) 1970 (Berliner Forum; 70,7).

Studien zur Arbeiterbewegung und Arbeiterkultur in Berlin. Hrsg. von Gert-Joachim Glaessner ... - Berlin (W) 1989 (Wissenschaft und Stadt; 11).

Uhlitz, Otto: Kleine Verfassungsgeschichte Berlins. Die historischen Grundlagen des Berliner Verfassungsrechts. - Berlin (W) 1969 (Berliner Forum; 69,6).

Verfassung von Berlin. Kommentar. Hrsg. von Gero Pfennig ... Bearb. von Wolfgang Härth ... - 2., neubearb. Aufl. - Berlin (W), New York 1987 (Sammlung Guttentag).

Wetzlaugk, Udo: Die Alliierten in Berlin. - Berlin (W) 1988 (Politologische Studien; 33).

Wetzlaugk, Udo: Berlin und die deutsche Frage. - Köln 1985 (Bibliothek, Wissenschaft und Politik; 36).

Woche, Klaus-Rainer: Vom Wecken bis zum Zapfenstreich. 4 Jahrhunderte Garnison Berlin. - Berg am See 1986.

Zehn Jahre Berlin-Abkommen 1971-1981. Versuch einer Bilanz. - Köln, Bonn, München 1983 (Schriften zur Rechtslage Deutschlands; 5).

Zippel, Martin: Untersuchungen zur Militärgeschichte der Reichshauptstadt Berlin von 1871 bis 1945. - Münster 1982.

Zivier, Ernst Renatus: Der Rechtsstatus des Landes Berlin. Eine Untersuchung nach dem Vier-mächte-Abkommen vom 3. September 1971. - 3., stark überarb. u. erw. Aufl. - Berlin (W) 1977 (Völkerrecht und Politik; 8).

Zivier, Ernst Renatus: Verfassung und Verwaltung von Berlin. - 2. aktualisierte u. erw. Aufl. - Berlin 1992.

5. Verwaltung

Berg, Günter, Karl-Ernst Hein, Michael Knape: Allgemeines Polizei- und Ordnungsrecht für Berlin. Kommentar für Ausbildung und Praxis. - 6., völlig überarb. Aufl. - Hilden 1990.

Berliner Haushaltsrecht. Hrsg. von d. Senatsverw. für Finanzen. - Berlin (W) 1979. - Teilausgabe. - Berlin (W) 1990.

Die Bezirke von Berlin (West) und ihre Bezirksverordnetenversammlungen. T. 1: Wedding, Kreuzberg, Charlottenburg, Spandau, Schöneberg, Steglitz; T. 2: Tiergarten, Wilmersdorf, Zehlendorf, Tempelhof, Neukölln, Reinickendorf. - Berlin (W) 1985/1986 (Publikationen der Fachhochschule für Verwaltung und Rechtspflege: Staat und Gesellschaft; 55).

Bezirksverwaltungsgesetz von Berlin. Bezirksverwaltungsgesetz in der Fassung vom 5. Juli 1971 (GVBl. S. 1169), zuletzt geändert durch das Gesetz vom 5. Dezember 1978 (GVBl. S. 2272). Der Gesetzestext mit einem Kurzkommentar für die Praxis von Ernst Srocke. - 2., erw. Aufl. - Berlin (W) 1979.

Clauswitz, Paul: Die Städteordnung von 1808 und die Stadt Berlin. Festschrift zur 100jährigen Gedenkfeier der Einführung der Städteordnung. - Nachdr. d. Ausg. Berlin 1908. - Leipzig 1986, Berlin (W), Heidelberg, New York 1986.

Gemeinsame Geschäftsordnung für die Berliner Verwaltung. Hrsg. vom Senator für Inneres. - Losebl.-Ausg. - Berlin (W) 1985.

Die Gesetze über die Berliner Verwaltung und die Verwaltungsgerichtsordnung. Textausgabe mit Verweisungen und Sachregister sowie Anhang. Begr. von Heinz Kreutzer. Fortgef. von Ernst Srocke. - 42. Aufl. - Berlin 1991.

Das Grundbuch der Stadtgemeinde Berlin oder historische Darstellung des Grundvermögens der Stadtgemeinde. - Berlin 1872.

Hsi-Huey Liang: Die Berliner Polizei in der Weimarer Republik. Aus d. Amerikan. - Berlin (W), New York 1977 (Veröffentlichungen der Historischen Kommission zu Berlin; 47).

Das neue Berlin. Großstadtprobleme. Hrsg.: Martin Wagner. - Berlin 1929.

Polizei Berlin 1945 bis 1989. Hrsg.: Der Polizeipräsident in Berlin. - Berlin (W) 1989.

Strumpf, Günter: Die Berliner Feuerwehr. Von den Anfängen bis zur Gegenwart. - Hanau 1987.

6. Recht

Aus dem Berliner Rechtsleben. Festgabe zum 26. Deutschen Juristentage. - Berlin 1902.

Berliner Rechtsvorschriften (BRV). Amtliche Sammlung. Hrsg. vom Senator für Justiz. - Losebl.-Ausg. - Berlin 1978 ff.

Löw, Peter: Formularsammlung für die Berliner Rechtspraxis. - Baden-Baden 1990 (Juristische Praxis).

Ebel, Friedrich, Albrecht Randelzhofer: Rechtsentwicklungen in Berlin=Berlin (W), New York 1988.

Hoeniger, Franz: Berliner Gerichte. - Berlin 1906 (Großstadtdokumente; 24).

Holtze, Friedrich: Lokalgeschichte des Königlichen Kammergerichts. - Berlin 1896 (Beiträge zur Brandenburg-Preußischen Rechtsgeschichte; 4).

Kaul, Friedrich-Karl: Von der Stadtvogtei bis Moabit. Ein Berliner Pitaval. - Berlin (O) 1965.

Scholz, Friedrich: Berlin und seine Justiz. Die Geschichte des Kammergerichtsbezirks 1945-1980. - Berlin (W), New York 1982.

60 Jahre Berliner Arbeitsgerichtsbarkeit. 1927-1987. Hrsg. vom Gesamtrichterrat der Berliner Gerichte für Arbeitssachen, Red.: André Lundt. - Berlin (W) 1987.

Weiglin, Paul: Juristischer Spaziergang in Berlin. - Berlin (W) 1955.

7. Bevölkerung

Berliner Statistisches Jahrbuch, Berlin 1854. Fortgesetzt durch: Berliner Stadt- und Gemeindekalender und städtisches Jahrbuch (Jg. 2 ff. Berlin und seine Entwicklung) Jg. 1-6 (1867-1872), fortgesetzt durch: Statistisches Jahrbuch der Stadt Berlin (Jg. 1-3: Berliner städtisches Jahrbuch für Volkswirtschaft und Statistik) Jg. 1-34 (1874-1920), fortgesetzt durch: Statistisches Jahrbuch (auch Statistisches Taschenbuch) der Stadt Berlin Jg. (1)-15 (1924-1939), fortgesetzt durch: Statistisches Jahrbuch Berlin. - Berlin (W) 1952 ff.

Statistisches Jahrbuch der Hauptstadt der Deutschen Demokratischen Republik, Berlin. Hrsg. von d. Staatl. Zentralverwaltung für Statistik. - Berlin (O) 1961-1990 (zahlreiche Jahrgänge nur intern erschienen). 1990 u.d.T.: Statistisches Jahrbuch Berlin (Ost)

Berliner Bezirke. Statistisches Taschenbuch. Hrsg.: Statistisches Landesamt Berlin. - Berlin 1990.

Emre, Gültekin: 300 Jahre Türken an der Spree. Ein vergessenes Kapitel Berliner Kulturgeschichte. - Berlin (W) 1983.

Grzywatz, Berthold: Arbeit und Bevölkerung im Berlin der Weimarer Zeit. Eine historisch-statistische Untersuchung. Mit e. Einführung von Otto Büsch u. Stefi Jersch-Wenzel. - Berlin (W) 1988 (Einzelveröffentlichungen der Historischen Kommission zu Berlin; 63).

Region Berlin. Statistische Informationen. Berlin (West), Berlin (Ost), Frankfurt/Oder, Potsdam. Statist. Landesamt Berlin ... H. 1: Bevölkerung und Wohnungen; H. 2: Frauen; H. 3: Gesundheitswesen; H. 4: Kultur und Freizeit; H. 5: Wirtschaft. - Berlin 1990.

Von Zuwanderern zu Einheimischen. Hugenotten, Juden, Böhmen, Polen in Berlin. Hrsg. von Stefi Jersch-Wenzel ... - Berlin 1990.

8. Gesundheitswesen

Berliner Krankenhausführer. Ein Wegweiser durch die Berliner Krankenhäuser. Bd.1. - Berlin (W) 1989.

Brandenburg, Dietrich: Berlins alte Krankenhäuser. - Berlin (W) 1974 (Berlinische Reminiszenzen; 39).

Buchholtz, Arend: Die öffentliche Gesundheits- und Krankenpflege der Stadt Berlin. Hrsg. von den städtischen Behörden. - Berlin 1890.

Formey, Johann Ludwig: Versuch einer medicinischen Topographie von Berlin. - Berlin 1796.

Krank in Berlin. Ein Ratgeber für Patienten in Berlins Krankenhäusern. Hrsg.: Frank Steinmetz; Renate Wiechmann. - Hamburg 1990.

Stürzbecher, Manfred: Die Apotheke in Berlin im Laufe der Jahrhunderte. - Berlin (W), Frankfurt a.M., Eschborn 1987.

Stürzbecher, Manfred: Beiträge zur Berliner Medizinalgeschichte. Quellen und Studien zur Geschichte des Gesundheitswesens vom 17. bis zum 19. Jahrhundert. - Berlin (W) 1966 (Veröffentlichungen der Historischen Kommission zu Berlin; 18).

Über das medizinische Berlin. Texte des 18. Jahrhunderts. Hrsg. u. mit Notizen, Fußnoten sowie mit Anh. vers. von Detlef Rüster. - Berlin 1990.

Winau, Rolf: Medizin in Berlin. - Berlin (W), New York 1987.

9. Sozialwesen

Berlin. Stadtführer für Behinderte. Hrsg.: Senator für Gesundheit u. Soziales. - 3. Aufl. - Berlin (W) 1987.

Fischer, A.: Die Waisenpflege der Stadt Berlin. Aus amtlichen Quellen dargestellt. - Berlin 1892.

Der Führer durch das soziale Berlin. Graubuch. Hilfen der öffentlichen und freien Wohlfahrt, der Selbsthilfe u.a. in Behörden, Verbänden, Vereinen, Einrichtungen, Diensten und Initiativen sowie ergänzenden Angaben über Politik, Verwaltung, Rechtspflege, Wirtschaft, Arbeit, Kultur, Bildung, Religion, Freizeit. Hrsg.: Dt. Zentralinst. für soziale Fragen (DZI) Berlin. - 14. Aufl. - Berlin (W) 1985.

Kretschmer, Sabine Johanna: Sozialstadt Berlin. Beispiele aus Jahrhunderten. - Berlin (W) 1987.

Lisco, Friedrich Gustav: Das wohlthätige Berlin. Geschichtlich-statistische Nachrichten über die Wohlthätigkeits-Übung Berlins. - Berlin 1846.

Meinlschmidt, Gerhard, Uwe Imme, Ramona Kramer: Sozialstrukturatlas Berlin (West). Eine statistisch-methodologische Analyse mit Hilfe der Faktorenanalyse. - Berlin 1990.

Selbsthilfe Wegweiser. Selbsthilfegruppen, Selbsthilfeprojekte in eigener Darstellung. Hrsg.: Senatsverw. für Soziales. - 6., überarb. Aufl. - Berlin 1990.

Das Sozialhilferecht in Berlin. Eine Sammlung von Gesetzen, Rechtsverordnungen, Ausführungsvorschriften, sonstigen Verwaltungsvorschriften und Rundschreiben. Hrsg.: Senator für Arbeit u. Soziales. Red.: Gerhard Wittig. - Losebl.-Ausg. - Berlin (W) 1978 ff.

Stiftungsnachweisung der Stadt Berlin. - Berlin 1910.

10. Wirtschaft

10.1. Übersichten/Geschichte

Berlin. Die Stadt und ihre Wirtschaft. Jubiläumsausgabe aus Anlaß der 750-Jahr-Feier Berlins im Jahre 1987. Hrsg. in Zusammenarb. mit d. Senator für Wirtschaft u. Arbeit. - Oldenburg 1987 (Monographien Deutscher Wirtschaftsgebiete).

Berlin - Brandenburg. Regionale Wirtschaftsstrategien. Gesamtred.: Marion Haß; Jürgen Nitz. - Berlin 1991.

Berlin und seine Wirtschaft. Ein Weg aus der Geschichte in die Zukunft. Lehren und Erkenntnisse. Hrsg. von d. Industrie- u. Handelskammer zu Berlin. - Berlin (W), New York 1987.

Berlin-Report. Eine Wirtschaftsregion im Aufschwung. Hrsg.: Hubertus Moser. - Wiesbaden 1992.

Büsch, Otto: Geschichte der Berliner Kommunalwirtschaft in der Weimarer Epoche. - Berlin (W) 1960 (Veröffentlichungen der Historischen Kommission zu Berlin; 1).

Fege, Berthold, Werner Gringmuth, Günter Schulze: Die Hauptstadt Berlin und ihre Wirtschaft. - Berlin (O) 1987.

Jersch-Wenzel, Stefi: Juden und „Franzosen" in der Wirtschaft des Raumes Berlin/Brandenburg zur Zeit des Merkantilismus. Berlin (W) 1978 (Einzelveröffentlichungen der Historischen Kommission zu Berlin; 23: Publikationen zur Geschichte der Industrialisierung).

Messestadt Berlin. Hrsg. von Leonie Holz in Zusammenarb. mit d. AMK Berlin (Ausstellungs-Messe-Kongress-GmbH). - Berlin (W) 1986.

Rachel, Hugo, Johannes Papritz, Paul Wallich: Berliner Großkaufleute und Kapitalisten. - Ausg. Berlin 1934-39. - Neu hrsg. von Johannes Schultze, Henry Christopher Wallich, Gerd Heinrich. Bd. 1-3. - Berlin (W), New York 1967 (Veröffentlichungen des Vereins für die Geschichte der Mark Brandenburg; 32-34).

Roos, Hans-Joachim, Hermann Clausen: Die Landwirtschaft im Lande Berlin. Gutachten. Im Auftr. d. Senators für Wirtschaft u. Verkehr erstellt von d. Agrarsozialen Gesellschaft unter Mitarb. von U. Frohmeyer ... - Göttingen 1981.

Zur Wirtschafts- und Sozialgeschichte Berlins vom 17. Jahrhundert bis zur Gegenwart. - Berlin (O) 1986 (Jahrbuch für Wirtschaftsgeschichte: Sonderbd.; 1986).

10.2. Industrie, Handwerk, Gewerbe, Handel

Baar, Lothar: Die Berliner Industrie in der industriellen Revolution. - Berlin (O) 1966 (Veröffentlichungen des Instituts für Wirtschaftsgeschichte an der Hochschule für Ökonomie, Berlin-Karlshorst; 4).

Bergmann, Jürgen: Das Berliner Handwerk in

den Frühphasen der Industrialisierung. Mit einer Einführung von Otto Büsch. - Berlin (W) 1973 (Einzelveröffentlichungen der Historischen Kommission zu Berlin; 11).

Berlins Aufstieg zur Weltstadt. Ein Gedenkbuch. Hrsg. vom Verein Berliner Kaufleute und Industrieller aus Anlaß seines 50jährigen Bestehens. - Berlin 1929.

Bernhagen, Wolfgang, Heinz Schlottke: Vom Gasthof zum Luxushotel. Ein Streifzug durch die Berliner Hotelgeschichte von den Anfängen bis zur Gegenwart. - Berlin (O) 1988.

Büsch, Otto: Industrialisierung und Gewerbe im Raum Berlin/Brandenburg. Bd. 1-2. - Berlin (W) 1971 u. 1977 (Einzelveröffentlichungen der Historischen Kommission zu Berlin; 9 u.19).

Eickelpasch, Alexander und Peter Ring: Wirkungsanalyse der Novellierung der Herstellerpräferenz (§§ 1 ff. BerlinFG) von 1982. - Berlin 1990 (Beiträge des DIW zur Strukturforschung; 114).

Flächenbedarf der Industrie in Berlin. Gutachten des DIW im Auftrag der Senatsverwaltung für Wirtschaft und Technologie. Bearb.: Alexander Eickelpasch und Ingo Pfeiffer. - Berlin 1992.

Herzberg, Heinrich: Mühlen und Müller in Berlin. Ein Beitrag zur Geschichte der Produktivkräfte. - Berlin (O) 1986, Düsseldorf 1987.

Hirschfeld, Paul: Berlins Großindustrie. Bd. 1-2 u. Erg.-Bd. - Berlin 1897-1901.

Die Korporation der Kaufmannschaft von Berlin. Festschrift zum 100jährigen Jubiläum am 2. März 1920. - Berlin 1920.

Müller, Uwe: Forschung und Entwicklung im verarbeitenden Gewerbe von Berlin. - Berlin 1990 (Beiträge des DIW zur Strukturforschung; 117).

Strukturen im Dienstleistungsgewerbe Berlins. Gutachten des DIW im Auftrag der Senatsverwaltung für Wirtschaft und Technologie. Bearb.: Kurt Geppert. - Berlin 1992.

Thienel, Ingrid: Städtewachstum und Industrialisierungsprozeß des 19. Jahrhunderts. Das Berliner Beispiel. Berlin (W) 1973 (Veröffentlichungen der Historischen Kommission zu Berlin; 39).

Untersuchungen zur Geschichte der frühen Industrialisierung, vornehmlich im Wirtschaftsraum Berlin/Brandenburg. Hrsg. von Otto Büsch. - Berlin (W) 1971 (Einzelveröffentlichungen der Historischen Kommission zu Berlin; 6).

Wiedfeldt, Otto: Statistische Studien zur Entwicklungsgeschichte der Berliner Industrie von 1720 bis 1890. - Leipzig 1898 (Staats- und socialwissenschaftliche Forschungen; 16,2).

Wien, Dieter, Monika Wien, Walter Stahl: Berlin von 7 bis 7. Der Freizeitführer durch eine außergewöhnliche Stadt ... - 14. überarb. Aufl. - Berlin 1990.

Wirkungsanalyse des Berlinförderungsgesetzes. Gutachten des DIW im Auftrag des Senators für Wirtschaft, Arbeit und Betriebe. - Berlin 1989. Teil I-V.

Zimm, Alfred: Die Entwicklung des Industriestandortes Berlin. Tendenzen der geographischen Lokalisation bei den Berliner Industriezweigen von überörtlicher Bedeutung sowie die territoriale

Stadtentwicklung bis 1945. - Berlin (O) 1959.

10.3. Versorgungswirtschaft

300 Jahre Straßenbeleuchtung in Berlin. Hrsg. vom Senator für Bau- u. Wohnungswesen. - Berlin (W) 1988.

Fünfzig Jahre Berliner Stadtentwässerung, 1878-1928. Hermann Hahn; Fritz Langbein (Hrsg.). - Berlin 1928.

100 Jahre Berliner Straßenreinigung. - Berlin (W) 1975.

100 Jahre Strom für Berlin. 1884-1984. Ein Streifzug durch unsere Geschichte in Wort und Bild. Berlin (W) 1984.

Huter, Otto, Christoph Landerer: Die Berliner Eigenbetriebe als Instrumente kommunaler Politik. - Berlin (W) 1984 (Berlin-Forschung; 10).

Lindner, Helmut: Einhundert Jahre Berliner Wasserwerke. - Berlin (O) 1956.

Strom für Berlin. Von der Spaltung zur Wiedervereinigung. Berlins Stromversorgung wächst zusammen. Hrsg. von d. Berliner Kraft- u. Licht- (Bewag)-Aktiengesellschaft. - Berlin 1991.

10.4. Finanzen

Berliner Börse. 1685-1985. - Berlin (W) 1985.

Dopp, Werner: Berlin und sein Geld. Kleine Geschichte des Berliner Geldwesens. - Berlin (W) 1972.

Fengler, Heinz: 700 Jahre Münzprägung in Berlin. - Berlin (O) 1976.

Hasselmann, Wolfgang: Berlin. Marken und Zeichen. - München 1987.

Krafft, Herbert: Immer geht es um Geld. 150 Jahre Sparkasse in Berlin. - Berlin (W) 1968.

Oschilewski, Walther Georg: Lotto - Toto - Lotterie. 1763-1963. 200 Jahre staatliche Lotterie in Berlin. - Berlin (W) 1963.

Weber, Hans: Bankplatz Berlin. - Köln, Opladen 1957.

11. Verkehr

Berliner Verkehr. Literatur aus den achtziger Jahren. Ein Beitrag zur Berlin-Bibliographie. Hrsg. von d. Senatsbibliothek. - Berlin 1991.

Berliner Verkehrsblätter. Informationsschrift des Arbeitskreises Berliner Nahverkehr. Jg. 1 ff. - Berlin (W) 1954 ff.

Berlin und seine Eisenbahnen 1846-1896. Hrsg. im Auftr. d. Königl. Preuß. Ministers d. öffentlichen Arbeiten. Bd. 1-2. - Neudruck d. Ausg. Berlin 1896. - Berlin (W) 1982.

Bley, Peter: Berliner S-Bahn. 140 Jahre Technikgeschichte. 5. Aufl. - Düsseldorf 1980.

Deutsch, Karl-Heinz, Gerd Gnewuch, Karlheinz Grave: Die Post in Berlin. 1237-1987. Berlin (W) 1987.

Gammrath, Dieter, Heinz Jung: Berliner Omnibusse. - Düsseldorf 1988.

Gelandet in Berlin. Zur Geschichte der Berliner Flughäfen. Hrsg.: Berliner Flughafengesellschaft. - Berlin (W) 1974.

Die große Berliner Straßenbahn. 1871-1902. - Berlin 1902.

Hilkenbach, Sigurd, Wolfgang Kramer: 125 Jahre Straßenbahnen in Berlin. 2.überarb. Aufl. - Düsseldorf 1992.

Kruschel, Walter: Klassische Berliner Postgeschichte. 1. Versuch einer Dokumentation. Aus Anlaß der 750-Jahr-Feier Berlins. - Berlin (W) 1987.

Lemke, Ulrich, Uwe Poppel: Berliner U-Bahn. - 3., überarb. Aufl. - Düsseldorf 1992.

Natzschka, Werner: Berlin und seine Wasserstraßen. - Berlin (W) 1971.

Steinwasser, Fritz: Berliner Post. Ereignisse und Denkwürdigkeiten seit 1237. - Berlin (O) 1988.

Trost, Heinz: Zwischen Havel, Spree und Dahme. Aus der Geschichte der Berliner Fahrgast-Schiffahrt. - Wesselburen u. Hamburg 1989.

Vom Knüppeldamm zum Hauptbahnhof. Daten und Fakten zur Verkehrsgeschichte der Stadt Berlin. Hrsg.: Zentrales Forschungsinst. d. Verkehrswesens d. DDR. - Berlin (O) 1987 (Report/Zentrales Forschungsinstitut des Verkehrswesens der Deutschen Demokratischen Republik; Jg. 14, H. 30).

12. Stadtplanung, Bau- und Wohnungswesen

Bauordnung für Berlin vom 28. Februar 1985 und ergänzende Bestimmungen. Bearb. von Bernd Ammon. - 4., überarb. u. erw. Aufl. - Berlin 1991.

Berning, Maria, Michael Braum, Engelbert Lütke-Daldrup: Berliner Wohnquartiere. Ein Führer durch 40 Siedlungen. - Berlin 1990.

Blümmel, Dieter, Jürgen Kretzer-Mossner, Peter Becker: Berliner Miet- und Wohnrecht. Wortlaut von Gesetzen, Verordnungen und Verwaltungsvorschriften in Berliner Fassung mit ausführlichem Sachverzeichnis. - Berlin (W) 1983.

Bohleber, Wolfgang: Mit Marshallplan und Bundeshilfe. Wohnungsbaupolitik in Berlin 1945 bis 1968. - Berlin 1990.

Feldmann, Peter von: Berliner Planungsrecht. - 2., völlig neubearb. Aufl. - Berlin 1991 (Berliner baurechtliche Reihe; 1).

Geist, Johann Friedrich, Klaus Kürvers: Das Berliner Mietshaus. Bd. 1/2: Das Berliner Mietshaus; Bd. 3: 1945-1989. Eine dokumentarische Geschichte der Ausstellung „Berlin plant, 1. Bericht" 1946 und die Versuche, auf den Trümmern der Hauptstadt des Großdeutschen Reiches ein neues Berlin zu bauen, aus dem dann 2 geworden sind. - München 1980-1989.

Grundlagen und Zielvorstellungen für die Entwicklung der Region Berlin. 1. Bericht, 5/90. Hrsg.: Provisor. Regionalausschuß, Planungsgruppe Potsdam. - Berlin 1990.

Larsson, Lars Olof: Die Neugestaltung der Reichshauptstadt. Albert Speers Generalbebauungsplan für Berlin. - Stuttgart 1978.

Das neue Berlin. Baugeschichte und Stadtplanung der deutschen Hauptstadt. Hrsg. von Michael Mönninger. - Frankfurt a.M., Leipzig 1991 (Insel Taschenbuch; 1395).

Pitz, Helge, Wolfgang Hofmann, Jürgen Tomisch: Berlin-W. Geschichte und Schicksal einer Stadtmitte. Bd. 1-2. - Berlin (W) 1984. Bd. 1: Von der preußischen Residenz zur geteilten Metropole; Bd.

2: Vom Kreuzberg-Denkmal zu den Zelten.

Stadtentwicklung Berlin nach 1945. Hrsg.: Wolfgang Schäche. Inst. für Stadt- u. Regionalplanung d. TU. Bd. 1-2. - Berlin (W) 1985, 1987 (ISR-Diskussionsbeiträge; 17 u. 22).

Stadterneuerung Berlin. Erfahrung, Beispiele, Perspektiven. Konzeption: Barbara Gollnow-Gillmann. Hrsg.: Senator für Bau- und Wohnungswesen. - Berlin 1990 (Berlin, lebenswert wohnen).

Werner, Frank: Ballungsraum Berlin. Raumstrukturen und Planungsvorstellungen. - Berlin 1990 (Beiträge und Materialien zur Regionalen Geographie; 4).

13. Gesellschaft, Kultur- und Sozialgeschichte, Soziale Gruppen, Kulturelles Leben

Das kulturelle Jahr (1977 ff. Berlins Kulturelles Jahr) 1976-1980. - Berlin (W) 1977-1981 (Berliner Forum; 77,3; 78,4; 79,4; 80,4; 81,5). Seit 1982 u.d.T.: Berlins kulturelles Leben. In: Berlin in Geschichte und Gegenwart, Jahrbuch des Landesarchivs Berlin, 1982 ff.

Beiträge zur Kulturgeschichte von Berlin. Festschrift zur Feier des 50jährigen Bestehens der Korporation der Berliner Buchhändler. - Berlin 1898.

Berliner Alltag im Dritten Reich. Gerhard Kiersch; Rainer Klaus; Wolfgang Kramer; Elisabeth Reichhardt-Kiersch. - Düsseldorf 1981.

Berliner Kulturstätten. Hrsg. von Alfred Doil. - 2., erw. Aufl. - Leipzig 1981.

Berliner Leben ... Erinnerungen und Berichte. Bd. 1648-1806. - Hrsg. von Ruth Glatzer. - Berlin (O) 1956; Bd. 1806-1847. - Hrsg. von Ruth Köhler ... Berlin (O) 1954; Bd. 1870-1900. - Hrsg. von Ruth Glatzer. - Berlin (O) 1963; Bd. 1900-1914. Eine historische Reportage aus Erinnerungen und Berichten/ Dieter u. Ruth Glatzer. 2 Teile. - Berlin (W) 1986; Bd. 1914-1918. Eine historische Reportage aus Erinnerungen und Berichten/Dieter Glatzer; Ruth Glatzer. - Berlin (O) 1983.

Geiger, Ludwig: Berlin 1688-1840. Geschichte des geistigen Lebens der preußischen Hauptstadt. Bd. 1: 1688-1786; Bd. 2: 1786-1840. - Neudr. d. Ausg. Berlin 1893-95. - Aalen 1987.

Heilborn, Ernst: Die gute Stube. Berliner Geselligkeit im 19. Jahrhundert. - Wien, München, Leipzig 1922.

Hesslein, Bernhard: Berlins berühmte und berüchtigte Häuser aus der Vergangenheit und Gegenwart in historischer, kriminalistischer und sozialer Beziehung dargestellt. Bd. 1-2. - 3. Aufl. - Berlin 1881.

Krammer, Mario: Berlin im Wandel der Jahrhunderte. Eine Kulturgeschichte der deutschen Hauptstadt. Ergänzt von Paul Fechter. - 3., durchges. Aufl. - Berlin (W) 1965.

Meschkowski, Herbert: Jeder nach seiner Facon. Berliner Geistesleben 1700-1810. - München, Zürich 1986.

Die Metropole. Industriekultur in Berlin im 20. Jahrhundert. Hrsg. von Jochen Boberg ... - München 1986 (Industriekultur deutscher Städte und Regionen; Berlin, 2).

Ostwald, Hans: Kultur- und Sittengeschichte Berlins. - Berlin 1924.

Rodenberg, Julius: Bilder aus dem Berliner Leben. Bd. 1-3. - 3. Ausg. - Berlin 1891.

Russen in Berlin. Literatur, Malerei, Theater, Film. 1918-1933. Hrsg. von Fritz Mierau. - Leipzig 1987 (Reclams Universal-Bibliothek; 1196).

Schneider, Wolfgang: Berlin. Eine Kulturgeschichte in Bildern und Dokumenten. Bildauswahl u. -zusammenstellung von Wolfgang Gottschalk. - 2., verb. Aufl. - Leipzig, Weimar 1983; Hanau 1983.

Schultz, Helga: Berlin 1650-1800. Sozialgeschichte einer Residenz. Mit e. Beitr. von Jürgen Wilke. - Berlin (O) 1987.

Sie saßen und tranken am Teetisch. Anfänge und Blütezeit der Berliner Salons 1789-1871. Hrsg. von Rolf Strube. - München, Zürich 1991 (Serie Piper; 1204).

750 Jahre Berlin. Guter (Kultur) Rat ist garnicht so teuer. Hrsg.: Berliner Kulturrat. - Berlin (W) 1985.

Wegweiser für Frauen in Berlin. Treffpunkte, Projekte, Beratung. Konzeption ...: Christine Garbe ... - 3. Aufl. - Berlin 1990.

Weiglin, Paul: Berliner Biedermeier. Leben, Kunst und Kultur in Alt-Berlin zwischen 1815 und 1848. - Bielefeld, Leipzig 1942.

14. Sport

Arena der Leidenschaften. Der Berliner Sportpalast und seine Veranstaltungen 1910-1973. Hrsg. von Alfons Arenhövel. - Berlin 1990.

Mandell, Richard: Hitlers Olympiade. Berlin 1936. Aus d. Amerikan. - München 1980 (Heyne-Bücher 7117).

Olympische Spiele Berlin 2000. Bewerbung der Stadt Berlin beim Nationalen Olympischen Komitee für Deutschland. Hrsg. u. Red.: Olympia-Büro Berlin. - Berlin 1991.

Pfister, Gertrud, Gerd Steins: Sport in Berlin. Vom Ritterturnier zum Stadtmarathon. Dieses Buch erscheint zur gleichnamigen Ausstellung im Kunstforum der Grundkreditbank. - Berlin (W) 1987.

Richter, Bernd L., Hans-Rüdiger Bein: Sportstadt Berlin. - Kehl am Rhein, Strasbourg, Arlington 1987.

Sport in Berlin. Kulturhistorische Schätze aus der Olympia-Stadt. Hrsg. vom Sportmuseum Berlin in Zusammenarb. mit d. Forum für Sportgeschichte u. d. Museumspädagog. Dienst Berlin. Red.: Gerd Steins; Martina Behrendt; Gertrud Pfister. - Berlin 1991.

15. Bildung und Erziehung

Eiselt, Gerhard, Wolfgang Heinrich: Grundriß des Schulrechts in Berlin. - 3. Aufl. - Neuwied, Darmstadt 1990 (Praxishilfen Schule).

Füssl, Karl-Heinz, Christian Kubina: Berliner Schule zwischen Restauration und Innovation. Zielkonflikte um das Berliner Schulwesen, 1951-1968. - Frankfurt a.M., Bern 1983 (Studien zur Bildungsreform; 9).

Füssl, Karl-Heinz, Christian Kubina: Dokumente zur Berliner Schulgeschichte. 1948-1965. - Berlin (W) 1982 (Materialien und Studien zur Geschichte der Berliner Schule nach 1945; 3).

Gesamtschule in Berlin. Entwicklung, Leitlinien Profile, Gesetzestexte. Hrsg.: Pädagogisches Zentrum. - Berlin 1990 (Gesamtschulinformationen: Sonderheft; 4).

Gewußt wo. Adressenhandbuch zur politischen Bildungsarbeit in Berlin. Bearb.: Rainer Mallée. - Hrsg. Landeszentrale für Polit. Bildungsarbeit. - 2., aktualisierte Neuaufl. - Berlin 1990.

Richter, Wilhelm: Berliner Schulgeschichte. Von den mittelalterlichen Anfängen bis zum Ende der Weimarer Republik. Hrsg. u. bearb. von Marion Klewitz, Hans Christoph Berg.- Berlin (W) 1981 (Historische und pädagogische Studien; 13).

Schulgeschichte in Berlin. Werner Lemm (Kollektivleiter) ... - Berlin (O) 1987.

Schulrecht. Ergänzbare Sammlung für Schule und Schulverwaltung in Landesausgaben. Ausgabe für das Land Berlin. Begr. von Paul Seipp ... Bd. 1-2. - Neuwied, Darmstadt 1982 ff.

Das Schulwesen in Berlin seit 1945. Beiträge zur Entwicklung der Berliner Schule. Hrsg. von Benno Schmoldt. - Berlin 1990 (Materialien und Studien zur Geschichte der Berliner Schule nach 1945; 8).

Schuppan, Michael-Sören: Berliner Lehrerbildung nach dem Zweiten Weltkrieg. Die Pädagogische Hochschule im bildungspolitischen Kräftespiel unter den Bedingungen der Vier-Mächte-Stadt (1945-1958). - Frankfurt a.M., Bern, New York, Paris 1990 (Europäische Hochschulschriften: Reihe 11; 403).

Wefeld, Hans Joachim: Ingenieure aus Berlin. 300 Jahre technisches Schulwesen. - Berlin (W) 1988.

Zwischen Qualifikationsoffensive und Armutsgrenze. Berliner Volkshochschulen in den achtziger Jahren. Hrsg.: Techn. Univ. Berlin. - Berlin (W) 1989 (Initiative Arbeitsplatz Erwachsenenbildung) (TUB-Dokumentation Weiterbildung; 22).

Botanischer Garten und Botanisches Museum Berlin-Dahlem. Red.: Andrea Kastens. - München 1987 (Museum; 1987, Ausg. Febr.).

Herrmann, Dieter B.: Sterne über Treptow. Die Geschichte der Archenhold-Sternwarte. - Berlin (O) 1987 (Mitteilungen der Archenhold-Sternwarte Berlin-Treptow; 135) (Treptower historische Hefte; 3).

100 Jahre Urania Berlin. Festschrift. Wissenschaft heute für morgen. Hrsg.: Urania Berlin e.V. - Berlin (W) 1988.

Klös, Heinz-Georg: Berlin und sein Zoo. Berlin (W) 1978 (Berlinische Reminiszenzen; 50).

Der Tierpark Berlin. Hrsg.: Tierpark Berlin. Text: Heinrich Dathe. - Leipzig 1985 (Berliner Tierpark-Buch; 42).

Wegweiser durch das Aquarium des Zoologischen Gartens Berlin. Hrsg. von Heinz-Georg Klös ... - 2., erw. Aufl. - Berlin (W) 1990.

WFS. Wilhelm-Foerster-Sternwarte Berlin. Portrait einer Institution. Red.: Heinz Freydank ... - Berlin (W) 1985 (Veröffentlichungen der Wilhelm-Foerster-Sternwarte; 60).

16. Wissenschaft und Forschung

Becker, Josef: Von der Bauakademie zur Technischen Universität. 150 Jahre Technisches Unterrichtswesen in Berlin. - Berlin (W) 1949.

Bodenschatz, Harald: Platz frei für das neue Berlin. Technische Universität Berlin. - Berlin (W) 1987.

Die Freie Universität Berlin 1948-1968-1988. Ansichten und Einsichten. Hrsg.: Uwe Prell ... - Berlin (W) 1989 (Politische Dokumente; 10).

Harnack, Adolf von: Geschichte der Königlichen Preußischen Akademie der Wissenschaften zu Berlin. Bd. 1-3. - Berlin 1900.

Hartkopf, Werner, Gert Wangermann: Dokumente zur Geschichte der Berliner Akademie der Wissenschaften von 1700 bis 1990. - Berlin, Heidelberg, New York 1991 (Berliner Studien zur Wissenschaftsgeschichte, 1).

Hochschule von A-Z. Hrsg. vom Senator für Wiss. u. Forschung. Red.: Wolfgang Franz ... - Berlin (W) 1988 (Der Senator für Wissenschaft und Forschung; 5).

Humboldt-Universität zu Berlin. 1810-1985. Hrsg. von Helmut Klein. Bd. 1: Dokumente; Bd. 2: Überblick. - Berlin (O) 1985.

Lenz, Max: Geschichte der Königlichen Friedrich-Wilhelms-Universität zu Berlin. 4 Bd. - Halle 1910-1918.

Schottlaender, Rudolf: Verfolgte Berliner Wissenschaft. Ein Gedenkwerk. Mit Vorw. von Wolfgang Scheffler; Kurt Pätzold u. e. Nachw. von Götz Aly. - Berlin (W) 1988 (Stätten der Geschichte Berlins; 23).

Wissenschaft in Berlin. Von den Anfängen bis zum Neubeginn nach 1945. Autorenkoll. Hubert Laitko, Leitung ... - Berlin (O) 1987.

Wissenschaft und Gesellschaft. Beiträge zur Geschichte der Technischen Universität Berlin 1879-1979. Im Auftrag des Präsidenten der Technischen Universität Berlin hrsg. von Reinhard Rürup. Bd 1-2. - Berlin (W), Heidelberg, New York 1979.

Wissenschaften in Berlin. Hrsg. von Tilmann Buddensieg, Kurt Düwell, Klaus-Jürgen Sembach. Bd 1-3. - Berlin (W) 1987. Bd 1: Objekte; Bd 2: Gedanken; Bd 3: Disziplinen.

17. Sprache

Berlinisch. Geschichtliche Einführung in die Sprache einer Stadt. Hrsg. von Joachim Schildt u. Hartmut Schmidt. - Berlin (O) 1986.

Berlinisch in Geschichte und Gegenwart. Stadtsprache und Stadtgeschichte. Hrsg. von Hartmut Schmidt. - Berlin (O) 1988 (Linguistische Studien/ Zentralinstitut für Sprachwissenschaft: Reihe A; Arbeitsberichte 174).

Brandenburg-Berlinisches Wörterbuch. Begr. u. angelegt von Anneliese Bretschneider, unter Einschluß d. Sammlungen von Hermann Teuchert, bearb. ... von Joachim Wiese, Sächs. Akad. d. Wiss. zu Leipzig. Bd. 1 ff. - Berlin (O), Neumünster 1968 ff.

Fischer, Reinhard E.: Die Ortsnamen des Havellandes. - Weimar 1976 (Brandenburgisches Namenbuch; 4). Behandelt auch die Namen der 1920 nach Berlin eingemeindeten Orte.

Katzur, Klaus: Berlins Straßennamen. Ihre Herkunft und Bedeutung. - 2., durchges. u. erg. Aufl. - Berlin (W) 1987.

Lasch, Agathe: „Berlinisch". Eine Berlinische Sprachgeschichte. - Unveränd. Nachdr. d. Ausg. Berlin 1928. - Darmstadt 1967 (Berlinische Forschungen; 2).

Meyer, Hans, Siegfried Mauermann: Der richtige Berliner in Wörtern und Redensarten. Bearb. u. erg. von Walther Kiaulehn. - Neuausg. d. 10. Aufl. - München 1985.

Prochownik, Edda: Da kiekste wa. Berlinisch, eine Sprache mit Humor. - 3. Aufl. - Berlin (W) 1980.

Schlimpert, Gerhard: Die Ortsnamen des Barnim. Mit einem siedlungsgeschichtlichen Beitrag von Rolf Barthel. - Weimar 1984 (Brandenburgisches Namenbuch; 5) (Berliner Beiträge zur Namenforschung; 6). Behandelt auch die Namen der 1920 nach Berlin eingemeindeten Orte.

Schlimpert, Gerhard: Die Ortsnamen des Teltow. - Weimar 1972 (Brandenburgisches Namenbuch; 3). Behandelt auch die Namen der 1920 nach Berlin eingemeindeten Orte.

Schlobinski, Peter: Berliner Wörterbuch. 2. erg. Aufl. - Berlin 1992 (Edition Marhold).

Schlobinski, Peter: Stadtsprache Berlin. Eine soziolinguistische Untersuchung. - Berlin (W) 1987 (Soziolinguistik und Sprachkontakt; 3).

Vogt, Hermann: Die Straßennamen Berlins. - Berlin 1885 (Schriften des Vereins für die Geschichte Berlins; 22).

Wandlungen einer Stadtsprache. Berlinisch in Vergangenheit und Gegenwart. Hrsg. von Norbert Dittmar ... - Berlin (W) 1988 (Wissenschaft und Stadt; 5).

Wiese, Joachim: Berliner Wörter & Wendungen. - Berlin (O) 1987.

18. Literatur

Berlin. Berlin. Ein literarischer Bilderbogen der letzten 150 Jahre. Hrsg. von Gustav Sichelschmidt. - Tübingen 1980.

Berliner Autoren-Stadtbuch. 111 von A-Z; Berlin als ein Ort zum Schreiben; Literarisches Adreßbuch. Hrsg. von d. Akademie d. Künste - Berlin (W) 1985 (Schriftenreihe der Akademie der Künste; 17).

Die Berliner Moderne. 1885-1914. Hrsg. von Jürgen Schutte ... - Stuttgart 1987.

Funk, Holger, Reinhard G. Wittmann: Literatur Hauptstadt. Schriftsteller in Berlin heute. - Berlin (W) 1983 (Berlin-Forschung; 8).

Hermsdorf, Klaus: Literarisches Leben in Berlin. Aufklärer und Romantiker. - Berlin (O) 1987.

Ingwersen, Erhard: Berlinische Anekdoten. Mit zeitgenössischen Abbildungen. - 3. Aufl. - Berlin (W) 1981.

Eine Kulturmetropole wird geteilt. Literarisches Leben in Berlin (West) 1945 bis 1961. Hrsg.: Berliner Kulturrat. - Berlin (W) 1987.

Literarisches Leben in Berlin. 1871-1933. Hrsg. von Peter Wruck. Bd. 1-2. - Berlin (O) 1987.

Märkische Sagen. Berlin und die Mark Brandenburg. Hrsg. von Ingeborg Drewitz. - Ungekürzte Ausg., 3. Aufl. - Frankfurt a.M., Berlin, Wien 1990 (Sagen deutscher Landschaften) (Ullstein-Buch; 20505).

Mangoldt, Renate von: Berlin literarisch. 120 Autoren aus Ost und West. - Berlin (W) 1988.

Nase, Karl: Siebenhundert Jahre berlinischen Lebens im Spiegel des Gedichts. - Berlin 1926.

Pomplun, Kurt: Berlins alte Sagen. Mit einem Beitrag von Richard Beitl. - 4., überarb. Aufl. - Berlin (W) 1975 (Berliner Kaleidoskop; 5).

Seyppel, Joachim: Zuchthaus des Wortes. Trottoir & Asphalt. Berliner Literatur 1945-1990. Berlin 1992.

Sichelschmidt, Gustav: So schrieb Berlin. Eine Geschichte der Berliner Literatur. - Sonderausg. - Berlin (W) 1976.

Speier, Hans-Michael: Poesie der Metropole. Die Berlin-Lyrik von der Gründerzeit bis zur Gegenwart im Spiegel ihrer Anthologien. Mit einer Auswahlbibliographie Berliner Lyrik. Mit e. Geleitwort von Peter Brockmeier. - Berlin 1990 (Wissenschaft und Stadt).

Voss, Karl: Reiseführer für Literaturfreunde Berlin. Vom Alex bis zum Kudamm. - Orig.-Ausg. - Frankfurt a.M., Berlin (W), Wien 1980 (Ullstein-Buch; 4069).

19. Medien
19.1. Buchwesen, Presse, Rundfunk, Fernsehen
Braun, Alfred: Achtung, Achtung, hier ist Berlin! Aus der Geschichte des deutschen Rundfunks in Berlin 1923-1932. - Berlin (W) 1968 (Buchreihe des SFB; 8).

Dobberke, Jürgen: Wie man ein Wahrzeichen wird. 1926 bis heute. Eine Chronik des Berliner Funkturms. - Berlin (W) 1976.

Gittig, Heinz: Berliner Zeitungen und Wochenblätter in Berliner Bibliotheken. Katalog der Bestände vom 17. Jahrhundert bis zur Gegenwart. - Berlin 1991.

Koch, Ursula: Der Teufel in Berlin. Von der Märzrevolution bis zu Bismarcks Entlassung. Illustrierte politische Witzblätter einer Metropole 1848-1890. - Köln 1991 (Satire und Macht; 5).

Kundler, Herbert: Fernsehstadt Berlin. Von der Funkausstellung 1928 zur modernen Farbelektronik. - Berlin (W) 1971 (Berliner Forum; 71,5).

Medienstadt Berlin. Hrsg. von Günter Bentele ... - Berlin (W) 1988.

Mendelssohn, Peter de: Zeitungsstadt Berlin. Menschen und Mächte in der Geschichte der deutschen Presse. - Überarb. u. erw. Aufl. - Frankfurt a.M., Berlin (W), Wien 1982.

Oschilewski, Walther Georg: Zeitungen in Berlin im Spiegel der Jahrhunderte. - Berlin (W) 1975.

Schöne, Werner: Als die Bilder ins Wohnzimmer liefen ... Die ersten zehn Jahre Fernsehen in Berlin. - Berlin (W) 1984.

Verlage in Berlin. Adressen, Portraits, Programme. Ausg. 1988/89. Bearb. von Volker Spiess. - Berlin (W) 1988.

19.2. Bibliotheken, Archive, Museen
Beiträge zur Berliner Bibliotheksgeschichte. Red.: Günther Meyer. Bd. 1-7. - Berlin (O) 1981-1989.

Berliner Archive. Bearb. von Karl-Heinz Fischer ... - 3., erw. Aufl. - Berlin (W) 1983.

Coburg, Götz von: Lesen in Berlin. Geschichte der öffentlichen Bibliotheken von 1850 bis 1980. - Berlin (W) 1980 (Berliner Forum; 80,3).

Henkel, Wolfgang, Matthias Landt: Berliner Museumsführer. Gebrauchsanleitungen für neue Freizeiterlebnisse. 166 erlebenswerte Museen in Berlin und Potsdam. - Hamburg 1992 (Erlebnis Museum).

Kühnel-Kunze, Irene: Bergung, Evakuierung, Rückführung. Die Berliner Museen in den Jahren 1939-1959. Ein Bericht. - Berlin (W) 1984 (Jahrbuch Preußischer Kulturbesitz; 2).

Museen in Berlin. Ein Führer durch 68 Museen und Sammlungen. Mit einem Überblick über die wichtigsten Museen in Berlin (Ost). Im Anh. Verz. d. Kulturinst. sowie d. Galerien u. d. Kunsthandels. Red.: Ulrike Bleicker. - München 1987.

Öffentliche Bibliotheken in Berlin. Berlin-Ost, Berlin-West. Bibliotheksführer. Im Auftr. d. Senatsverw. für Kulturelle Angelegenheiten hrsg. von d. Berliner Stadtbibliothek. Gesamtred.: Gabi Brathuhn ... - Berlin 1990.

Schade, Günter: Die Berliner Museumsinsel. Zerstörung, Rettung, Wiederaufbau. - Berlin (O) 1986.

Die Staatlichen Museen Preußischer Kulturbesitz Berlin. Planung, Red. u. Koordination: Andreas Grote. - Tübingen 1987.

Vierhundert Jahre technische Sammlungen in Berlin. Von der Raritätenkammer der Kurfürsten zum Museum für Verkehr und Technik. Von Hanno Möbius, unter Mitarb. von Michael Hundertmark, Otto Lührs, Jürgen Zeidler. - Berlin (W) 1983.

20. Darstellende Kunst
20.1. Theater, Oper, Tanz
Biografie eines Theaters. Ein halbes Jahrhundert Schloßpark-Theater. Mit Beitr. von Boleslaw Barlog ... - Berlin (W) 1972.

Cwojdrak, Günther: Bei Licht besehen. Berliner Theaterkritiken 1961-1980. - Berlin (O) 1982.

Die Deutsche Oper Berlin. Hrsg. von Gisela Huwe. Mit e. Essay von Götz Friedrich. Bildteil u. Dokumentation: Max W. Busch. - Berlin (W) 1984.

Freydank, Ruth: Theater in Berlin. Von den Anfängen bis 1945. - Berlin (O) 1988, Berlin (W) 1988.

Freie Volksbühne Berlin 1890-1990. Beiträge zur Geschichte der Volksbühnenbewegung in Berlin. Hrsg. von Dietger Pforte. - Berlin 1990.

25 Jahre Theater in Berlin. Theaterpremieren 1945-1970. Bearb. durch Hans Joachim Reichhardt ... - Berlin (W) 1972 (Schriftenreihe zur Berliner Zeitgeschichte; 7).

Funke, Christoph, Dieter Kranz: Theaterstadt Berlin. Mit Beiträgen von Hans Braunseis. - Berlin (O) 1978.

Hofmann, Jürgen: Theaterbuch Berlin. - Berlin (W) 1985.

100 Jahre Deutsches Theater Berlin. 1883-1983.

Hrsg. von Michael Kuschnia. - Berlin (O) 1983.

Die Komische Oper Berlin in drei Jahrzehnten. Fotos, Entwürfe, Notate, Dokumentation. Hrsg.: Komische Oper. - Berlin (O) 1979.

Kranz, Dieter: Berliner Theater. 100 Aufführungen aus drei Jahrzehnten. - Berlin 1990.

Krause, Ernst: Operntagebuch. Essays, Berichte, Kritiken. - Überarb. u. erg. Neuausg. - Berlin (O) 1985.

Luft, Friedrich: Stimme der Kritik. Bd. 1-2. - Ungekürzte Ausg., Taschenbuchausg. Bd. 1: Berliner Theater 1945-1965. - Frankfurt a.M., Berlin (W), Wien 1982 (Ullstein-Buch; 20180); Bd. 2: Theaterereignisse seit 1965. - Frankfurt a.M., Berlin (W), Wien 1982 (Ullstein-Buch; 20284).

Otto, Werner: Die Lindenoper. Ein Streifzug durch ihre Geschichte. - 3., erw. Aufl. - Berlin (O) 1985.

Plümicke, Carl Martin: Entwurf einer Theatergeschichte von Berlin. Nebst allgemeiner Bemerkungen über den Geschmack, hiesige Theaterschriftsteller und Behandlung der Kunst in den verschiedenen Epochen. - Neudr. d. Orig.-Ausg. Berlin u. Stettin 1781. - Leipzig, Kassel 1975.

Schumacher, Ernst: Berliner Kritiken. Ein Theater-Dezennium. Bd.1/2: 1964-1974; Bd. 3: 1974-1979; Bd. 4: 1979-1984. - Berlin (O) 1975, 1982, 1986.

10 Jahre Theater in Berlin. Premieren d. Spielzeiten 1970/71 bis 1979/80. Hrsg. im Auftr. d. Senats von Berlin. Bearb. von Hans J. Reichhardt. - Forts. von: 25 Jahre Theater in Berlin. Theaterpremieren 1945-1970. - Berlin (W) 1980 (Schriftenreihe der Berliner Zeitgeschichte, 10).

Zivier, Georg: Berlin und der Tanz. - Berlin (W) 1968 (Berlinische Reminiszenzen; 19).

20.2. Kabarett, Varieté, Zirkus

Carlé, Wolfgang, Heinrich Martens: Kinder, wie die Zeit vergeht. Eine Historie des Friedrichstadt-Palastes, Berlin. - 4., stark überarb. u. neu gestaltete Aufl. - Berlin (O) 1987.

Heinrich-Jost, Ingrid: Auf ins Metropol. Specialitäten und Unterhaltungstheater im ausgehenden 19. Jahrhundert. Ein Kapitel Berliner Kulturgeschichte. Hrsg.: Julius Eschka ... - Berlin (W) 1983 (Edition Berlin 750).

Heinrich-Jost, Ingrid: Wer will noch mal? Wer hat noch nicht? Aus der Geschichte der Berliner Rummelplätze. Hrsg.: Julius Eschka ... - Berlin (W) 1985 (Edition Berlin 750).

Klünner, Hans-Werner: 165 Jahre Zirkusstadt Berlin. Eine Chronologie der Zirkusbauten an der Spree. - Berlin (W) 1986 (Edition Berlin 750).

Pacher, Maurus: Sehn Sie, das war Berlin. Weltstadt nach Noten. - Frankfurt a.M., Berlin (W) 1987.

Zivier, Georg, Hellmut Kotschenreuther, Volker Ludwig: Kabarett mit K. 70 Jahre große Kleinkunst. - 3., erw. Aufl. - Berlin (W) 1989.

20.3. Film

Borgelt, Hans: Filmstadt Berlin. - Berlin (W) 1979.

Hanisch, Michael: Auf den Spuren der Filmgeschichte. Berliner Schauplätze. - Berlin 1991.

Internationale Filmfestspiele Berlin 1951-1984.

Filme, Namen, Zahlen. - Berlin (W) 1985.

Location Berlin. Filmhandbuch. Hrsg.: Senatsverw. für Kulturelle Angelegenheiten. Red. Bearb.: Yvonne Götz. - Berlin 1991.

Wegner, Karl-Heinz: Berlin in Spielfilmen. Katalog. Red. u. Mitarb.: Edith Wäscher. - Berlin (O) 1987.

21. Musik

Allihn, Ingeborg: Berlin. Historische Stationen des Musiklebens mit Informationen für den Besucher heute. - Laaber 1991 (Musikstädte der Welt).

Der Critische Musicus an der Spree. Berliner Musikschrifttum von 1748 bis 1799. Eine Dokumentation. Hrsg. von Hans-Günter Ottenberg. - Leipzig 1984 (Reclams Universal-Bibliothek; 1061).

Eberle, Gottfried: 200 Jahre Singakademie zu Berlin. „Ein Kunstverein für die heilige Musik". - Berlin 1991.

Hoecker, Karla: Hauskonzerte in Berlin. - Berlin (W) 1970.

Ledebur, Carl Freiherr von: Tonkünstler-Lexikon Berlins von den ältesten Zeiten bis auf die Gegenwart. - Berlin 1861.

Muck, Peter: Einhundert Jahre Berliner Philharmonisches Orchester. Darstellung in Dokumenten. Bd. 1-3. Bd. 1: 1882-1922; Bd. 2: 1922-1982; Bd. 3: Die Mitglieder des Orchesters, die Programme, die Konzertreisen, Erst- und Uraufführungen. - Tutzing 1982.

Mugay, Peter: Berliner Musike - en gros und en détail. Streifzüge durch die Berliner Musikgeschichte von den Anfängen bis zum Beginn unseres Jahrhunderts. - Berlin (O) 1987.

Musikstadt Berlin zwischen Krieg und Frieden. Musikalische Bilanz einer Viermächtestadt. - Berlin (W), Wiesbaden 1956.

Sachs, Curt: Musikgeschichte der Stadt Berlin bis zum Jahre 1800. Stadtpfeifer, Kantoren, Organisten an den Kirchen städtischen Patronats, nebst Beiträgen zur allgemeinen Musikgeschichte Berlins. - Nachdr. d. Ausg. Berlin 1908. - Hildesheim, New York 1980.

Schrenk, Oswald: Berlin und die Musik. Zweihundert Jahre Musikleben einer Stadt 1740-1940. - Berlin 1940.

Seeger, Horst, Ulrich Bökel: Musikstadt Berlin. - Leipzig 1974.

Studien zur Berliner Musikgeschichte. Vom 18. Jahrhundert bis zur Gegenwart. Hrsg. von Traude Ebert-Obermeier. - Berlin (O) 1989.

Studien zur Musikgeschichte Berlins im frühen 19. Jahrhundert. Hrsg. von Carl Dahlhaus. - Regensburg 1980 (Studien zur Musikgeschichte des 19. Jahrhunderts; 56).

Weissmann, Adolf: Berlin als Musikstadt. Geschichte der Oper und des Konzerts von 1740 bis 1911. - Berlin, Leipzig 1911.

22. Bildende Kunst
22.1. Gesamtdarstellungen

Badstübner-Gröger, Sibylle: Bibliographie zur Kunstgeschichte von Berlin und Potsdam. - Berlin (O) 1968 (Schriften zur Kunstgeschichte; 13).

Güttler, Peter, Sabine Güttler: Zeitschriften-bibliographie zur Architektur in Berlin von 1919 bis 1945. - Berlin (W) 1986 (Die Bau- und Kunstdenkmäler von Berlin; Beih. 14).

Jahrbuch der Stiftung Preußischer Kulturbesitz (1967 ff.: Jahrbuch Preußischer Kulturbesitz) 1962 ff. - Köln, Berlin (W) 1963 ff.

Die Bau- und Kunstdenkmale in der DDR. Hauptstadt Berlin. - Hrsg. vom Inst. für Denkmalpflege. Gesamtred. Heinrich Trost. Bd. 1-2. - 2., unveränd. Aufl. - Berlin (O) 1984-1987, München 1984-1987.

Die Bauwerke und Kunstdenkmäler von Berlin. Hrsg. im Auftr. d. Senators für Bau- u. Wohnungswesen. Bd. 1 ff. - Berlin (W) 1955 ff.

Berlin, Berlin. Die Ausstellung zur Geschichte der Stadt. Katalog. Hrsg. von Gottfried Korff u. Reinhard Rürup. - Berlin (W) 1987.

Börsch-Supan, Helmut: Die Kunst in Brandenburg-Preußen. Ihre Geschichte von der Renaissance bis zum Biedermeier dargestellt am Kunstbesitz der Berliner Schlösser. Hrsg. von d. Verwaltung d. Staatl. Schlösser u. Gärten. - Berlin (W) 1980.

Borrmann, Richard: Die Bau- und Kunstdenkmäler von Berlin. Mit einer geschichtlichen Einleitung von P. Clauswitz. - Unveränd. Nachdr. d. 1893 erschienenen 1. Aufl. - Berlin (W) 1982 (Die Bau- und Kunstdenkmäler von Berlin; Beih. 8).

Erlebnis Berlin. 300 Jahre Berlin im Spiegel seiner Kunst. Ausgew. u. hrsg. von Hans Ludwig. - 4., überarb. erw. u. neugestaltete Aufl. - Berlin (O) 1975.

Handbuch der deutschen Kunstdenkmäler. Begr.: Georg Dehio. Neubearb. von Beate Becker ... Bd. 5: Bezirke Berlin/DDR und Potsdam. - Berlin (O) 1983, München 1983.

Kunst in Berlin. Hrsg. von Karin Graf u. Patricia Ferer. Künstler, Galerien, Museen, Kunstmarkt, Kulturpolitik, Treffpunkte, Adressen, Tips. - Köln 1989.

Kunst in Berlin 1648-1987. Ausstellung im Alten Museum vom 19. Juni bis 25. Oktober 1987. Katalogred.: Arne Effenberger ... - Berlin (O) 1987.

Kunstführer Berlin. Von Eva u. Helmut Börsch-Supan, Günther Kühne, Hella Reelfs. - 4., neu bearb. u. erw. Aufl. - Stuttgart 1991.

Paret, Peter: Die Berliner Secession. Moderne Kunst und ihre Feinde im Kaiserlichen Deutschland. Aus d. Amerikan. - Berlin (W) 1981.

Schrader, Bärbel, Jürgen Schebera: Kunstmetropole Berlin 1918-1933. Die Kunststadt in der Novemberrevolution, die „goldenen" Zwanziger, die Kunststadt in der Krise. Dokumente und Selbstzeugnisse. - Berlin (O), Weimar 1987.

Teeuwisse, Nicolaas: Vom Salon zur Secession. Berliner Kunstleben zwischen Tradition und Aufbruch zur Moderne 1871-1900. - Berlin (W) 1986 (Jahresgabe des Deutschen Vereins für Kunstwissenschaft; 1985).

22.2. Architektur

Berlin - Brandenburg. Ein Architekturführer. Hrsg. vom Inst. für Städtebau u. Architektur d. Bauakademie ... - Berlin 1990.

Berlin und seine Bauten. Hrsg. vom Architekten-Verein zu Berlin. Bd. 1-2. - Nachdr. d. Ausg. Berlin 1877. - Berlin (W) 1984.

Berlin und seine Bauten. Hrsg.: Architekten-Verein zu Berlin u. Vereinigung Berliner Architekten. 2 Bd. - Nachdr. d. 2. Aufl. von 1896, Berlin (3 Bd.). - Berlin (W) 1988.

Berlin und seine Bauten. Hrsg. Architekten- u. Ingenieur-Verein zu Berlin. Teil II. - Berlin (W), München 1964 ff. Teil II ff.: Rechtsgrundlagen und Stadtentwicklung; Teil III: Bauwerke für Regierung und Verwaltung; Teil IV: Wohnungsbau. Bd. A und B; Teil V: Bauten für Kunst, Erziehung, Wissenschaft; Teil VII: Sportstätten; Teil VIII: Bauten für Handel und Gewerbe; Teil IX: Industriebauten, Bürohäuser; Teil X: Anlagen und Bauten für Versorgung; Teil XI: Gartenwesen.

Boeckh, Jürgen: Alt-Berliner Stadtkirchen. Bd. 1: Von St.-Nikolai bis „Jerusalem"; Bd. 2: Von der Dorotheenstädtischen Kirche bis zur St.-Hedwigs-Kathedrale. - Berlin (W) 1986 (Berlinische Reminiszenzen; 57 u. 58).

Gut, Albert: Das Berliner Wohnhaus des 17. und 18. Jahrhunderts. Neu aufgelegt, von Waltraud Volk erweitert, ausgestattet mit Meßbildaufnahmen und Aufnahmen von F. A. Schwartz. 1. Aufl. u.d.T.: Gut, Albert: Das Berliner Wohnhaus. 1917. - Berlin (O) 1984.

Hegemann, Werner: Das steinerne Berlin 1930. Geschichte der größten Mietskasernenstadt der Welt. - 4. Aufl. - Braunschweig 1988 (Bauwelt Fundamente: Stadtbaugeschichte, Baupolitik; 3).

Hoffmann-Tauschwitz, Matthias: Alte Kirchen in Berlin. 33 Besuche bei den ältesten Kirchen im Westteil der Stadt. Fotos: Harry C. Suchland. - 2., überarb. Aufl. - Berlin 1991.

Hüter, Karl-Heinz: Architektur in Berlin 1900-1933. - Dresden 1987, Stuttgart 1988.

Jaeger, Falk: Zurück zu den Stilen. Baukunst der achtziger Jahre in Berlin. - Berlin 1991.

Kähne, Volker: Gerichtsgebäude in Berlin. Eine rechts- und baugeschichtliche Betrachtung. - Berlin (W) 1988.

Kieling, Uwe: Berlin. Baumeister und Bauten. Von der Gotik bis zum Historismus. - Berlin (O), Leipzig 1987; Stuttgart 1990 (Tourist-DDR-Reiseführer).

Peters, Günter : Kleine Berliner Baugeschichte. - Berlin 1992.

Posener, Julius: Berlin auf dem Wege zu einer neuen Architektur. Das Zeitalter Wilhelms II. - München 1979 (Studien zur Kunst des 19. Jahrhunderts; 40).

Rave, Paul Ortwin: Berlin in der Geschichte seiner Bauten. - 3., verb. Aufl. - München, Berlin (W) 1976 (Deutsche Lande, deutsche Kunst; 59).

Reuther, Hans: Die große Zerstörung Berlins. 200 Jahre Stadtbaugeschichte. - Frankfurt a.M., Berlin (W) 1985.

Ribbe, Wolfgang, Wolfgang Schäche: Baumeister, Architekten, Stadtplaner. - Berlin (W) 1987.

Schäche, Wolfgang: Architektur und Städtebau in Berlin zwischen 1933 und 1945. Planen und Bauen unter der Ägide der Stadtverwaltung. - Berlin 1991 (Die Bauwerke und Kunstdenkmäler von Berlin: Beih.; 17).

Schinz, Alfred: Berlin. Stadtschicksal und Städtebau. - Braunschweig, Berlin (W), Hamburg, München, Kiel, Darmstadt 1964.

Schmitz, Hermann: Berliner Baumeister vom Ausgang des achtzehnten Jahrhunderts. - Unveränd. Nachdr. d. 2. Aufl. Berlin 1925. - Berlin (W) 1980 (Die Bauwerke und Kunstdenkmäler von Berlin: Beih.; 2).

Schulz, Joachim, Werner Gräbner: Berlin. Architektur von Pankow bis Köpenick. - Berlin (O) 1987.

750 Jahre Architektur und Städtebau in Berlin. Die Internationale Bauausstellung im Kontext der Baugeschichte Berlins. Hrsg. von Josef Paul Kleihues. - Stuttgart 1987.

Synagogen in Berlin. Zur Geschichte einer zerstörten Architektur. Konzept: Veronika Bendt u. Rolf Bothe. Bd. 1-2. - Bd. 1: Katalog zur Ausstellung im Berlin-Museum. Gemeindesynagogen; Bd. 2: Vereinssynagogen. - Berlin (W) 1983 (Stadtgeschichtliche Publikationen; 1).

Wörner, Martin, Doris Mollenschott: Architekturführer Berlin. Mit. e. Einl. von Wolfgang Schäche. - 2., verb. Aufl. - Berlin 1990.

Wohler, Heinrich: Alte Berliner Dorfkirchen. Die Zeichnungen Heinrich Wohlers. Mit einer Einführung und erläuterden Texten von Renate u. Ernst Oskar Petras. - Berlin (O) 1988.

Wolters, Rudolf: Stadtmitte Berlin. Stadtbauliche Entwicklungsphasen von den Anfängen bis zur Gegenwart. - Tübingen 1978.

Badstübner-Gröger, Sibylle: Die St.-Hedwigs-Kathedrale zu Berlin. - 2., verb. Aufl. - Berlin (O) 1986 (Das christliche Denkmal; 99).

Bartmann-Kompa, Ingrid: Das Berliner Rathaus. - Berlin 1991.

Behr, Adalbert, Alfred Hoffmann: Das Schauspielhaus in Berlin. - Bearb. Aufl. - Berlin (O) 1985.

Börsch-Supan, Helmut, Gerhard Ulrich: Schloß Charlottenburg. Werden und Wandel. - Berlin (W) 1980.

Brandenburg, Ingrid, Rudolf Harnisch u. Alfred Kubiziel: Fernsehturm Berlin. - Berlin (O) 1970.

Das Brandenburger Tor 1791-1991. Eine Monographie. Hrsg. von Willmuth Arenhövel u. Rolf Bothe. - Berlin 1991.

Cullen, Michael S.: Der Reichstag. Die Geschichte eines Monumentes. - 2. Aufl. - Stuttgart 1990.

Demps, Laurenz: Der Gensdarmenmarkt. Gesicht und Geschichte eines Platzes. - Berlin (O) 1987.

Demps, Laurenz: Die Neue Wache. Entstehung und Geschichte eines Bauwerks. - Berlin (O) 1988.

Frowein-Ziroff, Vera: Die Kaiser Wilhelm-Gedächtniskirche. Entstehung und Bedeutung. - Berlin (W) 1982 (Die Bauwerke und Kunstdenkmäler von Berlin: Beih.; 9).

Gandert, Klaus-Dietrich: Vom Prinzenpalais zur Humboldt-Universität. Die historische Entwicklung des Universitätsgebäudes in Berlin mit seinen Gartenanlagen und Denkmälern. - Berlin (O) 1985.

Gausmann, Dagmar: Der Ernst-Reuter-Platz in Berlin. - Berlin 1991.

Geist, Jonas: Karl Friedrich Schinkel. Die Bauakademie. - Berlin 1992.

Graffunder, Heinz, Martin Beerbaum, Gerhard Murza: Der Palast der Republik. - Leipzig 1977.

Heinze, Eberhard, Eckhard Thiemann, Laurenz Demps: Berlin und seine Brücken. - Berlin (O) 1987.

Klingenburg, Karl-Heinz: Der Berliner Dom. Bauten, Ideen und Projekte vom 15. Jahrhundert bis zur Gegenwart. - Berlin (O) 1987.

Die Kongreßhalle. Geschichte, Einsturz, Wiederaufbau. Hrsg. vom Senator für Bau- u. Wohnungswesen anläßl. d. Wiedereröffnung d. Kongreßhalle im Mai 1987. - Berlin (W) 1987 (Berlin baut; 2).

Müller, Jörg: Der Potsdamer Platz in Berlin. Zur Geschichte eines zentralen Platzes. - 2., erw. Aufl. - Berlin 1990 (Arbeitshefte des Instituts für Stadt- und Regionalplanung der Technischen Universität Berlin; 40).

Peschken, Geerd, Hans-Werner Klünner: Das Berliner Schloß. - Frankfurt a.M., Wien, Berlin (W) 1982.

Petras, Renate: Die Bauten der Berliner Museumsinsel. - Berlin (O) 1987.

Simon, Hermann: Die Neue Synagoge Berlin. Geschichte, Gegenwart, Zukunft. - Berlin 1991.

Die Straßen-Brücken der Stadt Berlin. Hrsg. vom Magistrat. Bd. 1-2. - Berlin 1902.

Tosetti, Marianne: St. Marien zu Berlin. Aus 700 Jahren Kirchen-Geschichte. - 3. Aufl. - Berlin (O) 1974.

Unter den Linden. Photographien. Mit einem Essay von Dieter Hildebrandt. Bilderläuterungen von Hans-Werner Klünner, Nachw. von Jost Hansen. - Berlin 1991.

Woll, Stefan: Berliner Wassertürme. - Berlin (W) 1986 (Berliner Kaleidoskop; 31).

22.3. Plastik, Malerei, Fotografie, Kunsthandwerk

Berckenhagen, Eckhard: Die Malerei in Berlin vom 13. bis zum ausgehenden 18. Jahrhundert. - Berlin (W) 1964.

Berlin fotografisch. Fotografie in Berlin. 1860-1982. Katalogred.: Janos Frecot unter Mitarb. von Ingrid Streckbein u. Bernd Wiese. - Berlin (W), Wien 1982.

Bloch, Peter, Waldemar Grzimek: Das klassische Berlin. Die Berliner Bildhauerschule im neunzehnten Jahrhundert. - Frankfurt a.M., Berlin (W), Wien 1978.

Endlich, Stefanie, Bernd Wurlitzer: Skulpturen und Denkmäler in Berlin. - Berlin 1990.

Ingwersen, Erhard: Standbilder in Berlin. - Berlin (W) 1967 (Berlinische Reminiszenzen; 16).

Kiewitz, Werner: Berlin in der graphischen Darstellung. Handbuch zur Ansichtenkunde Berlins. - Berlin 1937.

Köllmann, Erich, Margarete Jarchow: Berliner Porzellan. Bd. 1-2. - Neuausg., 2. Aufl. - 1. Aufl. u.d.T.: Köllmann, Erich: Berliner Porzellan 1763-1963. - München 1987.

Stadtbilder. Berlin in der Malerei vom 17. Jahrhundert bis zur Gegenwart. Ausstellung im Berlin Museum ... - 2., verb. Aufl. - Berlin (W) 1987.

Wirth, Irmgard: Berlin 1650-1914. Von der Zeit des Großen Kurfürsten bis zum Ersten Weltkrieg. Stadtdarstellungen aus den Sammlungen des Berlin Museums. Sonderausgabe anläßlich des 750jährigen Stadtjubiläums. - Hamburg 1987.

Wirth, Irmgard: Berliner Malerei im 19. Jahrhundert. Von der Zeit Friedrichs des Großen bis zum Ersten Weltkrieg. - Berlin 1990.

23. Kirchen und Glaubensgemeinschaften

Badstübner, Ernst, Sibylle Badstübner-Gröger: Kirchen in Berlin. Von St. Nikolai bis zum Gemeindezentrum „Am Fennpfuhl". - Berlin (O) 1987.

Beiträge zur Berliner Kirchengeschichte. Hrsg. von Günter Wirth. - Berlin (O) 1987.

Jahrbuch für Brandenburgische Kirchengeschichte. Jg. 1 ff. - Ab Jg. 38 (1963) u.d.T.: Jahrbuch für Berlin-Brandenburgische Kirchengeschichte. - Berlin 1904 ff.

Kirchengeschichte Berlin-Brandenburgs. Hrsg.: Gerd Heinrich. - Berlin (W) 1989.

Kühne, Günther, Elisabeth Stephani: Evangelische Kirchen in Berlin. - 2. Aufl. - Berlin (W) 1986.

Muret, Edouard: Geschichte der Französischen Kolonie in Brandenburg-Preußen unter besonderer Berücksichtigung der Berliner Gemeinde ... - Nachdr. d. Ausg. Berlin 1885. - Berlin 1990.

Das Recht der Evangelischen Kirche in Berlin-Brandenburg (Berlin West). Ergänzbare Rechtssammlung. Hrsg. im Auftr. d. Konsistoriums von Horstdieter Wildner. - Losebl.-Ausg. - Neuwied 1980/81.

450 Jahre evangelische Theologie in Berlin. Hrsg. von Gerhard Besier u. Christof Gestrich. - Göttingen 1989.

Weichert, Friedrich: Die Geschichte der Evangelischen Kirche in Berlin-Brandenburg. Ein Überblick. - Berlin (W) 1986.

Wendland, Walter: Siebenhundert Jahre Kirchengeschichte Berlins. - Berlin, Leipzig 1930 (Berlinische Forschungen; 3).

Wohlberedt, Willi: Verzeichnis der Grabstätten bekannter und berühmter Persönlichkeiten in Groß-Berlin und Potsdam mit Umgebung. Bd. 1-4. - Berlin 1932-1952.

Bengsch, Hubert: Bistum Berlin. Kirche zwischen Elbe und Oder mit tausendjähriger Vorgeschichte. - Berlin (W) 1985.

Knauft, Wolfgang: Bistum Berlin. Mit e. Geleitwort von Generalvikar Johannes Tobei. - Aschaffenburg 1987 (Deutschland Deine Diözesen).

Lowenthal-Hensel, Cécile: 50 Jahre Bistum Berlin. Menschen und Ereignisse 1930-45. - Berlin (W) 1980.

Streicher, Gebhard, Erika Drave: Berlin, Stadt und Kirche. Eine Veröffentlichung des Bischöflichen Ordinariats Berlin West. - Berlin (W) 1980.

Wichmann-Jahrbuch des Diözesangeschichtsvereins Berlin. Jg. 1-29. (1930-1975). - Bis Jg. 24./29. u.d.T.: Wichmann-Jahrbuch für Kirchengeschichte im Bistum Berlin. Ab Jg. 30./31. = N.F. - Berlin 1990.

Adass Jisroel. Die Jüdische Gemeinde in Berlin (1869-1942). Vernichtet und Vergessen. Hrsg.: Mario Offenberg. - Berlin (W) 1986.

Geiger, Ludwig: Geschichte der Juden in Berlin. Festschrift zur 2. Säkular-Feier; Anm., Ausführungen, urkundl. Beil. u. 2 Nachtr., Bd. 1/2. - Nachdr. d. Orig.-Ausg. Berlin 1871 -90. - Leipzig 1988.

Juden in Berlin. 1671-1945. Ein Lesebuch. Mit Beitr. von Annegret Ehmann ... - Berlin (W) 1988.

Die jüdischen Friedhöfe in Berlin. Alfred Etzold ... - 4., verb. u. erw. Aufl. - Berlin 1991.

Nachama, Andreas, Hermann Simon: Jüdische Grabstätten und Friedhöfe in Berlin. Eine Dokumentation. - Berlin 1992 (Stätten der Geschichte Berlins; 67).

Wegweiser durch das jüdische Berlin. Geschichte und Gegenwart. Gesamtred.: Carolin Hilker-Siebenhaar. - Berlin (W) 1987.

24. Bezirke, Stadt- und Ortsteile, Wohnplätze
24.1. Überblicksdarstellungen

Die Berliner Vororte. Ein Handbuch für Haus- und Grundstückskäufer, Baulustige, Wohnungssuchende, Grundstücksbesitzer, Vorortbewohner, Terraingesellschaften, Hypothekenverleiher, Architekten u.a.m., mit einer Übersichtskarte und 100 kleinen Plänen im Text. - Berlin 1908.

Fidicin, Ernst: Die Territorien der Mark Brandenburg oder Geschichte der einzelnen Kreise, Städte, Rittergüter und Dörfer in derselben, als Fortsetzung des Landbuchs Kaiser Karls IV. Bd. 1: Kreis Teltow und Kreis Nieder-Barnim; Bd. 3: Kreis West-Havelland, Ost-Havelland, Zauche. - Berlin 1857-1860. Enthält auch die 1920 in Berlin eingemeindeten Orte der Kreise Niederbarnim, Osthavelland und Teltow.

Gensch, Willy, Hans Liesigk, Hans Michaelis: Der Berliner Osten. Auf Anregung d. Bezirksamts Friedrichshain bearb. - Berlin 1930.

Historisches Ortslexikon für Brandenburg. Bd. 3: Havelland. Bearb. von Lieselott Enders; Bd. 4: Teltow. Bearb. von Lieselott Enders unter Mitarb. von Margot Beck; Bd. 6: Barnim. Bearb. von Lieselott Enders unter Mitarb. von Margot Beck. - Weimar 1972-1980 (Veröffentlichungen des Staatsarchivs Potsdam; 11, 13, 16). Behandelt auch die 1920 nach Berlin eingemeindeten Orte.

Das Landbuch der Mark Brandenburg von 1375. Hrsg. von Johannes Schultze. - Berlin 1940 (Veröffentlichungen der Historischen Kommission für die Provinz Brandenburg und die Reichshauptstadt Berlin; 8,2). Enthält auch die 1920 nach Berlin eingemeindeten Orte.

Rach, Hans-Jürgen: Die Dörfer in Berlin. Ein Handbuch der ehemaligen Landgemeinden im Stadtgebiet von Berlin. - Berlin (O) 1988, Berlin (W) 1988.

Torge, Paul: Rings um die alten Mauern Berlins. Historische Spaziergänge durch die Vororte der Reichshauptstadt. - Berlin 1939.

24.2. Charlottenburg

Charlottenburg. Bd. 1-2. - Bd. 1: Die historische Stadt. - 1986; Bd. 2: Der neue Westen. - 1985. - Berlin (W) (Geschichtslandschaft Berlin; 1).

Engel, Helmut: Charlottenburg. Stadt und Bezirk, Geschichte und Gestalt. - Berlin 1992.

Schütte, Dieter: Charlottenburg. - Berlin (W) 1988 (Geschichte der Berliner Verwaltungsbezirke; 1).

Von der Residenz zur City. 275 Jahre Charlottenburg. Hrsg. von Wolfgang Ribbe. - 2., verb. Aufl. - Berlin (W) 1980.

Weber, Annemarie, Nikolas von Safft: Westend. Ein Berliner Ortsteil in Geschichte und Gegenwart. Berlin (W) 1986.

24.3. Friedrichshain

Demps, Laurenz: Spaziergänge in Friedrichshain. - Berlin 1992 (Berlinische Reminiszenzen; 64).

Eickenjäger, Karl-G.: Berlin-Friedrichshain. Baudenkmale. Gedenkstätten, Plastiken im Stadtbezirk. - Berlin (O) 1980.

Hellmann, Otto: Stralau und seine Geschichte. / Kügler, Hermann: Zum Stralauer Fischzug. / Brockerhoff, Kurt: Zu den bildlichen Darstellungen des Stralauer Fischzuges aus der Zeit um 1830. - Berlin 1929 (Sonderdruck aus: Mitteilungen des Vereins für die Geschichte Berlins; 1929,3).

Pachmann, Heiner: Stadtbezirk Friedrichshain. - Berlin (O) 1989.

Statkowa, Susanne: Der Stadtbezirk Berlin-Friedrichshain stellt sich vor. - Berlin (O) 1978.

24.4. Hellersdorf

Berlin-Hellersdorf. Heute und jetzt. Hrsg.: Bezirksamt Berlin-Hellersdorf. - Berlin 1991.

Großmann, Paul: Kiekemal. Das Entstehen und Vergehen einer Kolonie aus friderizianischer Zeit. - Berlin-Mahlsdorf 1934.

Großmann, Paul: Mahlsdorfer Ortsgeschichte. Nebst Nachträgen. - Berlin-Mahlsdorf 1912-1933.

Radig, Werner: Alte Dorfkerne in Berlin. Kaulsdorf, Heinersdorf, Marzahn. - Berlin (O) 1983 (Miniaturen zur Geschichte, Kultur und Denkmalpflege Berlins; 12).

Winkler, Dieter: Kaulsdorf - aus seiner Geschichte. Hrsg. von d. Bezirkschronik Berlin-Hellersdorf ... - Berlin 1992 (Hellersdorfer Heimatbriefe; 1).

24.5. Hohenschönhausen

Abramowski, Wanja: Chronik zur Geschichte des Stadtbezirks Berlin-Hohenschönhausen. Von den Anfängen bis 1920. T. 1. Hrsg.: Rat d. Stadtbezirks Berlin-Hohenschönhausen. - Berlin (O) 1989 (Beiträge zur Geschichte Hohenschönhausens).

Nitschke, Günter: Aus Malchows ältester Vergangenheit. - Berlin (O) 1959.

Nitschke, Günter: Malchow nach dem Dreißigjährigen Kriege. - Berlin (O) 1961.

Nitschke, Günter: Zur Herkunft und Bedeutung der Straßennamen in den Ortsteilen Falkenberg, Hohenschönhausen, Malchow, Wartenberg und Weißensee des Stadtbezirkes Weißensee von Groß-Berlin. - Berlin (O) 1970.

24.6. Köpenick

Brecht, Carl: Das Dorf Grünau bei Köpenick. - Berlin 1875 (Schriften des Vereins für die Geschichte Berlins; 13).

Friedrichshagen. Eine Chronik. Autorenkoll., Jürgen Scharnhorst (Leitung). - Berlin-Köpenick (O) 1987 (Köpenicker Hefte; 6).

Havenstein, Felix: Rahnsdorf und seine Geschichte. - Rahnsdorf 1933.

Heiß, Max: Unser Rauchfangswerder. - Berlin-Rauchfangswerder (O) 1947.

Janowitz, Wolfgang: Spaziergänge in Köpenick. - Berlin 1991 (Berlinische Reminiszenzen; 62).

Jaster, Arno: Geschichte Cöpenicks. - Berlin-Köpenick 1926.

Krause, Werner: Stadtbezirk Berlin-Köpenick. - Berlin (O) 1989.

Reinhold, Walter: Festschrift zum Ortsjubiläum am 1.6.1947. 200 Jahre Müggelheim. - Berlin (O) 1947.

Rühle, Bernd: Daten und Fakten aus der Geschichte des Stadtbezirks Berlin-Köpenick. Hrsg.: Rat d. Stadtbezirks Berlin-Köpenick, Abt. Kultur, Heimatgeschichtl. Kabinett. - 3., erg. u. überarb. Aufl. - Berlin (O) 1989 (Köpenicker Hefte; 1).

Straßburg, Horst: Der Stadtbezirk Berlin-Köpenick stellt sich vor. - Berlin (O) 1979.

Wiesmüller, Dagobert: Ortschronik Wilhelmshagen. - Berlin (O) 1979.

24.7. Kreuzberg

Geissler, Gerhard, Paul Langner: Werden und Wachsen des Bezirks Kreuzberg. - Berlin (W) 1953 (Heimathefte Berlin).

In der Luisenstadt. Studien zur Stadtgeschichte von Berlin-Kreuzberg. Hrsg. von d. Bauausstellung Berlin GmbH. - Berlin (W) 1983.

Kaak, Heinrich: Kreuzberg. - Berlin (W) 1988 (Geschichte der Berliner Verwaltungsbezirke; 2).

Die Luisenstadt. Ein Heimatbuch. Hrsg. von Katharina Altmann ... - Berlin, Leipzig, Wien 1927.

Nicolas, Ilse: Kreuzberger Impressionen. - Berlin (W) 1979 (Berlinische Reminiszenzen; 26).

Uebel, Lothar: Viel Vergnügen. Die Geschichte der Vergnügungsstätten rund um den Kreuzberg und die Hasenheide. Unter Mitarb. von Hans Werner Klünner. - Berlin (W) 1985 (Kreuzberger Hefte; 8).

24.8. Lichtenberg

Großmann, Paul: Geschichtliche Quellen über Friedrichsfelde - Karlshorst und nähere Umgebung. - Berlin 1933.

Kaeber, Ernst: Lichtenberg. Bausteine zur Geschichte eines Weltstadtbezirks. - Berlin 1935.

Stadtbezirk Berlin-Lichtenberg. Red.: Ursula Syring. - 2., veränd. Aufl. - Berlin (O) 1983.

Stein, Erwin, Ernst Hahn, Richard Krüger: Boxhagen - Rummelsburg. - Oldenburg 1912 (Monographien deutscher Landgemeinden; 1).

Unger, Emil: Geschichte Lichtenbergs bis zur Erlangung der Stadtrechte. - Berlin 1910.

24.9. Marzahn

Geelhaar, Helmut, Detlef Tobian: Das alte Dorf Marzahn, seine Geschichte und seine landwirtschaftliche Entwicklung bis 1945. - Berlin (O) 1989.

Hentschel, G., K. Hentschel: Berlin Marzahn. Hrsg.: Bezirksamt Marzahn von Berlin. - Berlin 1991.

Lehmann, Johannes: Gemeinde und Rittergut Biesdorf. Geschichte und Gegenwart. 1375-1914. Die Ausg. von 1925 wurde von Karl-Heinz Gärtner überarb. - Berlin-Biesdorf (O) 1987.

Löggow, Hansotto: Biesdorf, das Werder des Ostens! Mit. e. Anh. von Hans Schulz. Hrsg.: Julius Neugebauer. - Berlin 1932.

Otto, Manfred: Stadtbezirk Berlin-Marzahn. Red.: Brigitte Schmidt. - Berlin (O) 1989.

24.10. Mitte

Geisel, Eike: Im Scheunenviertel. Bilder, Texte und Dokumente. Mit einem Vorw. von Günter Kunert. 2. Aufl. - Berlin (W) 1981.

Skoda, Rudolf: Das „Voigtland". Wohnhäuser und Wohnverhältnisse der Stadtarmut in der Rosenthaler Vorstadt von Berlin 1750-1850. - Berlin (O) 1985 (Miniaturen zur Geschichte, Kultur und Denkmalpflege Berlins; 15).

Der Stadtbezirk Berlin-Mitte stellt sich vor. Autorenkoll. - Berlin (O) 1979.

Stahn, Günter: Das Nikolaiviertel. Farbfotos: Manfred Paul. - Berlin 1991.

24.11. Neukölln

Ephan, Dietmar: Rudower Geschichte und Geschichten. T 1. - Berlin (W) 1989.

Escher, Felix: Britz. Geschichte und Geschichten. - Berlin (W) 1984.

Escher, Felix: Neukölln. - Berlin (W) 1988 (Geschichte der Berliner Verwaltungsbezirke; 3).

25 Jahre Gropiusstadt. 7. November 1987. Sonderheft zur 25. Wiederkehr der Grundsteinlegung für die Gropiusstadt in Berlin-Neukölln am 7. November 1962. Red.: Reginald Hanicke: - Berlin (W) 1987.

Die Gropiusstadt. Ein neuer Stadtteil Berlins in Kommentaren, Plänen und Bildern. - Berlin (W) 1972 (Berliner Forum; 72,4).

Steins, Gerd: Wo das Turnen erfunden wurde ... Friedrich Ludwig Jahn und die 175-jährige Geschichte der Hasenheide. - Berlin (W) 1986 (Berliner Forum; 86,6).

24.12. Pankow

Dörrier, Rudolf: Pankow. Chronik eines Berliner Stadtbezirkes. Unter Mitarb. von Joachim Hartfeld ... - Berlin-Pankow (O) 1971.

Gießmann, Karl, Otto Jacobi: Große Stadt aus kleinen Steinen. Ein Beitrag zur Geschichte des 19. Berliner Verwaltungsbezirkes (Pankow). - Berlin-Pankow 1936.

Pfannschmidt, Martin: Geschichte der Berliner Vororte Buch und Karow. - Berlin 1927.

Der Stadtbezirk Berlin-Pankow stellt sich vor. Autorenkoll. - Berlin (O) 1978.

Zetsche, Horst: Niederschönhausen. Eine Chronik. - Berlin 1991.

24.13. Prenzlauer Berg

Behrendt, Otto, Karl Malbranc: Auf dem Prenzlauer Berg. Beiträge zur Heimatkunde des Bezirks IV Berlin. - Frankfurt a.M. 1928.

Funke, Gisela: Stadtbezirk Prenzlauer Berg. Red.: Sylvia Feldmann. - Berlin (O) 1989.

Guhr, Daniela: Berlin Prenzlauer Berg. Straßen und Plätze. - Begleitbuch zu d. Ausstellung „Mit der Geschichte leben" 1991 im Heimatmuseum Prenzlauer Berg. - Berlin 1991 (Stätten der Geschichte Berlins; 52).

Leben am Prenzlauer Berg. Hrsg.: Bodo Rollka; Volker Spiess. - Berlin 1990 (Berlinische Reminiszenzen; 61).

Schulz, Gerhard: Der Stadtbezirk Berlin-Prenzlauer Berg stellt sich vor. - Berlin (O) 1979.

24.14. Reinickendorf

Gartenstadt Frohnau. Frohnauer Bürger erforschen ihren Ortsteil von der Gründung bis heute. Ausstellungskatalog zum 75. Jahrestag Frohnaus. Hrsg.: Christiane Knop. - Berlin (W) 1985.

Geschichtsarbeit im Stadtteil. „Borsig und Borsigwalde - wir entdecken unsere Geschichte". Ein Projekt des Museumspädagogischen Dienstes Berlin. - Berlin (W) 1986.

Koischwitz, Gerd: Hermsdorf. Vom Rittergut zur Gartenstadt. - 2., überarb. Aufl. - Berlin (W) 1989 (Chronik des Bezirkes Reinickendorf von Berlin; 1).

Koischwitz, Gerd: Sechs Dörfer in Sumpf und Sand. Geschichte des Bezirkes Reinickendorf von Berlin. - Berlin (W) 1985.

Liesfeld, Ursula: Lübars und Waidmannslust. - Berlin (W) 1983 (Chronik des Bezirkes Reinickendorf von Berlin; 4).

Lindner, Helmut, Jörg Schmalfuß: 150 Jahre Borsig Berlin-Tegel. - Berlin (W) 1987 (Berliner Beiträge zur Technikgeschichte und Industriekultur; 7).

Müller, Jörg: Heiligensee. Ein Angerdorf im Wandel der Zeit. - 2., veränd. Aufl. - Berlin 1990 (Chronik des Bezirkes Reinickendorf von Berlin; 3).

Müller, Jörg: Vom Heiligenseer Hinterfeld zum Luftkurort Konradshöhe-Tegelort. Daten und Ereignisse aus der Geschichte eines Ortsteils im Bezirk Reinickendorf. Hrsg. vom Förderkreis für Kultur u. Bildung in Reinickendorf e.V. aus Anlaß d. 750-Jahr-Feier d. Stadt Berlin 1987. - 2. Aufl. - Berlin (W) 1987.

Reibe, Axel: Reinickendorf. - Berlin (W) 1988 (Geschichte der Berliner Verwaltungsbezirke; 4).

Schlickeiser, Klaus: Wittenau. Vom Bauerndorf zum Verwaltungszentrum. - Berlin 1992 (Chronik des Bezirkes Reinickendorf von Berlin; 6).

Wietholz, August: Geschichte des Dorfes und Schlosses Tegel in 3 Teilen. Bd. 1: Geschichte; Bd. 2: Urkunden; Bd. 3: Abbildungen und Karten. - Berlin-Tegel 1922.

Wilde, Alexander: Das Märkische Viertel. Hrsg. vom Beirat für Geschichte d. Märkischen Viertels. - Berlin (W) 1989.

24.15. Schöneberg

Ebling, Hermann: Friedenau. Aus dem Leben einer Landgemeinde 1871-1924. Eine Dokumentation. - Berlin (W) 1986.

Feige, Wilhelm: Rings um die Dorfaue. Ein Beitrag zur Geschichte Schönebergs. - Berlin-Schöneberg, Leipzig 1937.

750 Jahre Schöneberg. 1264-1964. Hrsg.: Bezirksamt Schöneberg von Berlin. - Berlin-Wilmersdorf (W) 1964.

Viergutz, Volker: Schöneberg. - Berlin (W) 1988 (Geschichte der Berliner Verwaltungsbezirke; 5).

Wollschlaeger, Günter: Chronik Friedenau. - Berlin (W) 1986.

24.16. Spandau

Arbeitskreis Gatow. Jubiläums-Festschrift 1978-1988. - Berlin (W) 1988.

Festschrift aus Anlaß des 700jährigen Bestehens des Ortsteils Kladow 1267-1967. Verantw.: Josef Chlodek. - Berlin (W) 1967.

Grothe, Jürgen: Spandau. Schauplätze seiner Geschichte. - Berlin 1991 (Berlinische Reminiszenzen; 63).

Kuntzemüller, Otto: Urkundliche Geschichte der Stadt und Festung Spandau. Entstehung der Stadt bis zur Gegenwart. Mit e. Geleitw. u. Nachtr. von Friedrich Koeltze. - Unveränd. Nachdr. d. 2-bd. Ausg. 1928-29. - Berlin (W) 1978.

Pichelsdorf. Bearb.: Günter Dröscher. Kreis d. Freunde u. Förderer d. Heimatmuseums Spandau. - Berlin (W) 1988 (Spandauer Notizen; 1988).

Ribbe, Wolfgang, Wolfgang Schäche: Die Siemensstadt. Geschichte und Architektur eines Industriestandortes. - Berlin (W) 1985.

Ribbe, Wolfgang: Spandau. - Berlin 1991 (Geschichte der Berliner Verwaltungsbezirke; 6).

700 Jahre Staaken. 1273-1973. Festschrift herausgegeben aus Anlaß des urkundlichen 700jährigen Bestehens des Ortsteiles Staaken von Berlin-Spandau. - Berlin (W) 1973.

24.17. Steglitz

Chronik Lankwitz. 1239-1989. Lankwitzer Heimatbuch. Zusammengetragen von Paul Hiller. Bearb., erg. u. fortgef. vom Arbeitskreis Historisches Lankwitz. Unter Mitarb. d. Steglitzer Fördervereins Schwartzsche Villa. - Berlin (W) 1989 (Vorabdruck; 5/6).

Godefroid, Annette: Steglitz. - Berlin (W) 1989 (Geschichte der Berliner Verwaltungsbezirke; 7).

Muhs, Ulrich: Aus der Vergangenheit von Giesensdorf und Lichterfelde. - Groß-Lichterfelde 1904.

Muhs, Ulrich: Lichterfelde einst und jetzt. - Berlin 1919.

Seeger, Olaf, Burkhard Zimmermann: Steglitzer Geschichte(n). - Berlin (W) 1985 (Berlinische Reminiszenzen; 56).

Steglitz - das größte Dorf Preußens. Von Giesensdorf zu Groß-Lichterfelde. Gartenstadt Lankwitz. Katalog der Ortsteilausstellungen des Bezirkes Steglitz zur 750-Jahr-Feier Berlins 1987. Red.: Gisela Nieguth. - Berlin (W) 1987.

24.18. Tempelhof

Buchholz, Peter: Tempelhof. - Berlin 1990 (Geschichte der Berliner Verwaltungsbezirke; 8).

Fabarius, Hans-W.: 750 Jahre Marienfelde. Chronik. - Berlin-Marienfelde (W) 1970.

Mariendorf. Versuch einer Beschreibung. Red.: Edgar G. Fraenkel. Mitarb.: Hans-Joachim Bade ... - Berlin (W) 1988.

Postier, Wilfried: Lichtenrade. Ein Dorf in Berlin. - Berlin (W) 1983.

Ruibar, Fritz: Zur Geschichte der Ritterordenskomturei Tempelhof und ihrer Dörfer. Eine heimatkundliche Betrachtung. - Bonn 1984.

Wollschlaeger, Günter: Chronik Tempelhof. Bd. 1: Das Tempelhofer Feld; Bd. 2: Die Ortsgeschichte; Bd. 4: Bilder, Karten, Pläne 1987 bis 1988 - Berlin (W) 1987 (Vorabdruck; 1, 3 u. 4).

24.19. Tiergarten

Baudisch, Rosemarie, Michael S. Cullen: Tiergarten. - Berlin 1991 (Geschichte der Berliner Verwaltungsbezirke; 9).

Schmidt-Clausing, Fritz: Das Hansa-Viertel. Von den Schöneberger Wiesen zur „Stadt von morgen". - 3., erg. Aufl. - Berlin (W) 1957.

Tiergarten. Aus Anlaß der 750-Jahr-Feier der Stadt Berlin 1987. Bd. 1-2. (Publikation der Historischen Kommission zu Berlin). - Bd. 1: Vom Brandenburger Tor zum Zoo. - Berlin (W) 1989; Bd. 2: Moabit. - Berlin (W) 1987 (Geschichtslandschaft Berlin; 2).

Tiergarten. Vom kurfürstlichen Jagdrevier zum Stadtbezirk im Zentrum Berlins. Red.: Kurt Redeker. - Berlin (W) 1986.

24.20. Treptow

Festschrift anläßlich des 50jährigen Bestehens der Gartenstadt-Siedlung am Falkenberg. - Berlin (O) 1963.

Otto, Manfred: Stadtbezirk Treptow. Red.: Brigitte Schmidt. - Berlin (O) 1989.

Schaefer, ...: Schul-Chronik von Adlershof. Begonnen im Jahre 1890. - Berlin-Adlershof (O) 1975.

Schmitt, Günter: Als in Johannisthal der Motorflug begann ... - Berlin-Treptow (O) 1979 (Treptower historische Hefte; 1).

Specht, Erich: Treptow, wie es war und wurde. - Berlin 1935.

Der Stadtbezirk Berlin-Treptow stellt sich vor. Autorenkoll. Bildred.: Grit Hentschel. - Berlin (O) 1979.

24.21. Wedding

Dettmer, Klaus: Wedding. - Berlin (W) 1988 (Geschichte der Berliner Verwaltungsbezirke; 10).

Schimmler, Bernd: Der Wedding. Ein Bezirk zwischen Tradition und Fortschritt. - Berlin (W) 1985 (Schriftenreihe des Weddinger Heimatvereins / Verein für Weddinger Geschichte; 1).

Suchsdorf, Otto: Geschichte des Gesundbrunnens. - Berlin 1891.

Wedding. Mit Beiträgen von Andrea Lefévre ... - Berlin 1990 (Geschichtslandschaft Berlin; 3).

Wedding. Wege zu Geschichte und Alltag eines Berliner Arbeiterbezirkes. Autoren: Martin Düspohl ... - Berlin 1990 (Berlin-Tour; 3).

24.22. Weißensee

Berlin-Weißensee. Ausg. 1991/92. Hrsg.: Bezirksamt Weißensee von Berlin. Bearb.: Käte Damm; Susanne Hentrich. - Berlin 1992.

Giertz, Alexander: Chronik der Gemeinde Weißensee bei Berlin. Abt. 1-2. - Weißensee bei Berlin 1905-06.

Der Stadtbezirk Berlin-Weißensee und seine Straßen und Straßennamen auf den Gemarkungen Blankenburg, Heinersdorf, Karow, Malchow, Weißensee. Anm. u. Erl. von Günter Nitschke. - Berlin (O) 1989 (Weißenseer Hefte; 1).

Straßburg, Horst: Der Stadtbezirk Weißensee stellt sich vor. - Berlin (O) 1980.

24.23. Wilmersdorf

Berlin-Wilmersdorf. Ein StadtTeilBuch. Hrsg. von Udo Christoffel. - 3. Aufl. - Berlin (W) 1982. Behandelt auch Schmargendorf u. Grunewald.

100 Jahre Villenkolonie Grunewald 1889-1989. Mit Beitr. von Kristina Behnke ... Hrsg.: Bezirksamt Wilmersdorf von Berlin. - Berlin (W) 1988.

Kamke, Hans-Ulrich, Sigrid Stöckel: Wilmersdorf. - Berlin (W) 1989 (Geschichte der Berliner Verwaltungsbezirke; 11).

Majewski, Erich Richard: Geschichten aus dem alten Halensee, vom Lunapark und vom Kurfürstendamm. - Berlin (W) 1983 (Die kleine Berlin-Bibliothek im Verlag Bernd Ehrig; 1).

Rimbach, Karl Ernst: 750 Jahre Schmargendorf. - Berlin (W) 1955.

24.24. Zehlendorf

Brasch, Georg: Das Wannseebuch. - Wannsee 1927.

Engel, Michael: Geschichte Dahlems. - Berlin (W) 1984.

Heinisch, Tilmann Johannes, Horst Schumacher: Colonie Alsen. Ein Platz zwischen Berlin und Potsdam. - Berlin (W) 1988.

Kammrad, Horst: Düppeler Geschichten. Bd. 1-2. - Orig.-Ausg. - Frankfurt a.M. (Werkkreis Literatur der Arbeitswelt) - Bd. 1: Die Jahre 1926 bis 1937. - 1986 (Fischer Taschenbuch; 5200); Bd. 2: Die Jahre von 1938 bis 1945.-1987 (Fischer Taschenbuch; 5295).

Kammrad, Horst: Düppeler Geschichten. 1945-1960. - Berlin 1990.

Kunzendorf, Paul: Zehlendorf einst und jetzt. Geschichtliches und Erlebtes. - Zehlendorf 1906.

Leech-Anspach, Gabriele: Berlin-Steinstücken. Insel vor der Insel. Erinnerungen 1929 bis 1988. Mit einem Nachwort vom Juni 1990. - Berlin 1990 (Publikation der Historischen Kommission zu Berlin).

Müller, Adriaan von: Museumsdorf Düppel. Lebendiges Mittelalter in Berlin. - Berlin (W) 1981 (Berliner Sehenswürdigkeiten; 2).

Siedler, Wolf Jobst: Auf der Pfaueninsel. Spaziergänge in Preußens Arkadien. - 4. Aufl. - Berlin (W) 1987 (Corso bei Siedler).

Trumpa, Kurt: Zehlendorf gestern und heute. Ein Ort im Wechsel der Zeiten. - 3. Aufl. - Berlin (W) 1983.

Wetzel, Jürgen: Zehlendorf. - Berlin (W) 1988 (Geschichte der Berliner Verwaltungsbezirke; 12).

Wolff, Karl: Wannsee und Umgebung. Klein-Glienickes Schlösser und Park, Pfaueninsel, Nikolskoe. Vergangenheit und Gegenwart. - 7., neu bearb. Aufl. - Berlin (W) 1978.

SCHLAGWORTREGISTER

Die alphabetische Reihung der Registerbegriffe erfolgt nach der natürlichen Wortfolge (also > Großer Tiergarten und nicht > Tiergarten, Großer). Satzzeichen und Leerstellen werden dabei nicht berücksichtigt. Umlaute werden wie Selbstlaut plus „e" geführt. Zahlen sind alphabetisiert eingeordnet.

Alsenviertel: > Diplomatenviertel, > Hauptstadt
Alte Bibliothek
Alte Försterei: > Köpenick, > Wuhlheide
Alte Nationalgalerie: > Nationalgalerie
Altenhilfe
Alter Friedhof: > Baumschulenweg
Alter Jüdischer Friedhof an der Großen Hamburger
  Straße: > Jüdische Friedhöfe
Alter Markt: > Molkenmarkt
Alter Marstall: > Marstall
Alternativbewegung
Alternative Energien
Alternative Liste (AL): > Alternativbewegung, > Die
  Grünen/Alternative Liste für Demokratie und
  Umweltschutz (Grüne/AL)
Altersstruktur: > Bevölkerung II., III., IV.
Alter St.-Matthäus-Friedhof
Altes Museum
Altes Palais
Altes Stadthaus: > Stadthaus
Alte St.-Marien-Kirche am Benitz: > Kolk/Benitz
Alte Synagoge: > Synagogen
Altglienicke
Altlasten: > Umweltschutz II.
Alt-Moabit: > Moabit
Altstadt: > Fischerinsel, > Köpenick, > Kolk/Benitz,
  > Nikolaiviertel, > Scheunenviertel, > Spandau
Amalienhof: > Staaken
Ambulante Dienste e.V.: > Selbsthilfegruppen und
  -projekte
American Forces Network (AFN)
Amerika Gedenkbibliothek – Berliner Zentral-
  bibliothek (AGB)
Amerika Haus
Am Kupfergraben: > Kupfergraben
Amt für Außenwirtschaft: > Bundesamt für Wirt-
  schaft (BAW)
Amt für Nationale Sicherheit (AfNS): > Staatssicher-
  heitsdienst der DDR
Amt für Standardisierung, Meßwesen und Waren-
  prüfung (ASMW): > Bundesanstalt für Material-
  forschung und -prüfung (BAM), > DIN Deutsches
  Institut für Normung e.V.
Amtsärzte: > Gesundheitsämter
Amtsanwaltschaft: > Staatsanwaltschaften
Amtsblatt für Berlin
Amtsgerichte
Amt zur Regelung offener Vermögensfragen (ARoV):
  > Landesamt zur Regelung offener Vermögens-
  fragen (LARoV)
Andrew Barracks: > Lichterfelde
Angeln: > Fischereiamt Berlin
Anhalter Bahnhof
An-Institute
Anna-Seghers-Stipendium: > Akademie der Künste
  (Ost)
Anstalt für Kabelkommunikation (AKK): > Fernsehen,
  > Medienanstalt Berlin-Brandenburg (MBB),
  > Neue Medien
Anstalt für Verkehrsentwicklung Berlin (AVB):
  > Bundesanstalt für Straßenwesen (BASt)
Antenne Brandenburg: > Hörfunk
Antenne 2: > Fernsehen, > Télévision Française à

Berlin (TFB)
Antifaschistisch-demokratischer Block: > Blockpar-
  teien, > Geschichte VII.
Antikenmuseum: > Antikensammlung
Antikensammlung
Anti-Kriegs-Museum e.V.
Antiquarium: > Münzkabinett
Antisemitismus: > Geschichte, > Konzentrationsla-
  ger, > Pogromnacht 1938, > Zentrum für Anti-
  semitismusforschung
Anton-Saefkow-Park: > Volkspark Anton Saefkow
Anwaltskammer: > Rechtsanwaltschaft
Apolloberg: > Tegeler Forst
Aquarium
Arbeiter-Turn-Verein Fichte: > Sport II.
Arbeiterwohlfahrt Landesverband Berlin e.V.
  (AWO)
Arbeiterwohnungsbaugenossenschaften (AWG): > Ge-
  meinnützige Wohnungswirtschaft, > Wohnungs-
  bau
Arbeitgeberverbände: > Vereinigung der Unterneh-
  mensverbände in Berlin und Brandenburg e.V.
  (UVB)
Arbeitnehmerverbände: > Deutsche Angestellten-
  Gewerkschaft (DAG), > Deutscher Beamtenbund
  (DBB), > Deutscher Gewerkschaftsbund (DGB) –
  Landesbezirk Berlin-Brandenburg, > KOMBA Ber-
  lin – Gewerkschaft des öffentlichen Dienstes im
  Deutschen Beamtenbund
Arbeitnehmerzulage: > Berlinförderung
Arbeitsämter
Arbeitsbeschaffungsprogramme (ABM): > Arbeits-
  markt
Arbeitsgebiet gezielte Ausländerüberwachung (AGA):
  > Polizei
Arbeitsgemeinschaft Berliner Familienverbände (AGF):
  > Familienförderung
Arbeitsgemeinschaft Brandenburgische-Berliner
  Wasserversorgungs- und Abwasserentsorgungs-
  unternehmen e.V. (AG WASSER): > Wasser-
  versorgung/Entwässerung
Arbeitsgemeinschaft der öffentlich-rechtlichen Rund-
  funkanstalten (ARD): > Fernsehen, > Hörfunk,
  > Neue Medien, > RIAS Berlin, > Sender Freies
  Berlin (SFB)
Arbeitsgemeinschaft Rettungsdienst der Sanitätsorgani-
  sationen im Land Berlin: > Rettungswesen
Arbeitsgemeinschaft Schule und Wirtschaft in Berlin
  und Brandenburg (ASW): > Vereinigung der Unter-
  nehmensverbände in Berlin und Brandenburg e.V.
  (UVB)
Arbeitsgemeinschaft Wasserrettungsdienste:
  > Rettungswesen
Arbeitsgerichtsbarkeit
Arbeitsgruppe Regierungskriminalität: > Staatsan-
  waltschaften
Arbeitsgruppe Umweltstatistik (ARGUS): > An-Insti-
  tute
Arbeitskreis Neue Erziehung e.V. für Familie,
  Schule und Gesellschaft (ANE)
Arbeitslosigkeit: > Arbeitsmarkt
Arbeitsmarkt
Arbeitsschutzmuseum: > Museum für Verkehr und

Technik (MVT), > Physikalisch-Technische Bundesanstalt (PTB)

Arbeitsstab Bonn/Berlin: > Hauptstadt

Arbeits- und Studienaufenthalte in Afrika, Lateinamerika und Asien, ASA-Programm

Arbeitsvermittlung: > Arbeitsämter

Arbeitsvermittlung „Heinzelmännchen": > Studentenwerk Berlin

„Arbeit und Leben": > Deutscher Gewerkschaftsbund (DGB) – Landesbezirk Berlin-Brandenburg

Arboretum

Archäologisches Landesamt Berlin (ALA): > Bodendenkmalpflege, > Denkmalschutz, Denkmalpflege, > Senatsverwaltung für Kulturelle Angelegenheiten (SenKult)

Archenhold-Sternwarte

Architektur: > Bauausstellungen, > Baugeschichte und Stadtbild, > Generalbauinspektor für die Reichshauptstadt Berlin, > Internationale Bauausstellung (IBA) 1987, > Stadtbildpflege

Archive

Archiv für Wohlfahrtspflege: > Deutsches Zentralinstitut für Soziale Fragen (DZI)

Arkenberge: > Blankenfelde

Arkonaplatz

Arminius-Markthalle: > Markthallen, > Turmstraße

Arnim-Boitzenburgisches Palais: > Preußische Akademie der Künste

Arnimplatz

Arnold-Zweig-Haus: > Pankow

Aronson-Preis: > Senatsverwaltung für Wissenschaft und Forschung (SenWissForsch)

Arsenal: > Kinos, > Schöneberg, > Stiftung Deutsche Kinemathek/Freunde der Deutschen Kinemathek

A.R.T.E.: > Fernsehen

Artenschutzprogramm

Artistik: > Staatliche Ballettschule Berlin und Schule für Artistik

Artotheken: > Bibliotheken, > Kultur- und Kunstämter

ASA-Programm: > Arbeits- und Studienaufenthalte in Afrika, Lateinamerika und Asien, ASA-Programm

Askanier: > Geschichte I., > Landesherren

Aspen Institut Berlin

Asylbewerber

Atelierbeauftragter: > Senatsverwaltung für Kulturelle Angelegenheiten (SenKult)

Atomaufsicht: > Senatsverwaltung für Stadtentwicklung und Umweltschutz (SenStadtUm)

Atomreaktor: > Hahn-Meitner-Institut, Berlin GmbH (HMI)

attacca berlin: > Musik

Auenkirche: > Wilmersdorf

Aufbauprogramme: > Berliner Aufbauprogramm, > Nationales Aufbauwerk (NAW)

Auferstehungskathedrale

Auftragsberatungsstelle (ABSt): > BAO Berlin – Marketing Service GmbH

August-Bebel-Institut (ABI)

Auguste-Viktoria-Platz: > Breitscheidplatz

Ausbildungsstätte für ausländische Fernsehfachkräfte Television Training Centre (TTC) Sender Freies Berlin (SFB)

Ausfallbürgschaften: > Berlinförderung

Ausfuhr: > Außenhandel

Ausgleichsamt Berlin

Ausgleichsmandate: > Wahlen

Ausländer: > Bevölkerung III., IV.

Ausländerbeauftragte des Senats von Berlin

Ausländerbehörde: > Landeseinwohneramt (LEA)

Ausländerzentralregister (AZR): > Bundesverwaltungsamt (BVA)

Ausländische Vertretungen

Auslandsmessen: > Ausstellungs-Messe-Kongress GmbH (AMK Berlin)

Ausschuß Einheit Berlins: > Geschichte XI., > Stadtverordnetenversammlung, > Vereinigung

Außenhandel

Außenministerium der DDR: > Auswärtiges Amt

Außerparlamentarische Opposition (APO): > Studentenbewegung, > Geschichte IX.

Aussiedler: > Asylbewerber, > Übersiedler/Aussiedler, > Zentrale Aufnahmestelle des Landes Berlin (ZAB)

Ausstellungen: > Ausstellungs-Messe-Kongress GmbH (AMK Berlin), > Ausstellungs- und Messegelände am Funkturm, > Bildende Kunst, > Freie Berliner Kunstausstellung (FBK), > Museen und Sammlungen

Ausstellungs-Messe-Kongress GmbH (AMK Berlin)

Ausstellungs- und Messegelände am Funkturm

Auswärtiges Amt

Auswandererbahnhof: > Ruhleben

Autobahnen: > Berliner Ring, > Bundesfernstraßen, > Transitverkehr, > Verkehr

Autobahnüberbauung Schlangenbader Straße

Autobusverkehr: > Omnibusverkehr

Automobil-Verkehrs- und Übungsstraße (Avus): > Avus

Avus

Bach-Tage Berlin

Badeanstalten: > Frei- und Sommerbäder, > Hallenbäder

Badstraße: > Gesundbrunnen

Bäke

Bärenbrunnen: > Werderscher Markt

Bärenmark: > Währungsreform

Bahnhöfe: > Eisenbahn, > S-Bahn, > Stadtbahn, > U-Bahn

Bahnhof Friedrichstraße

Bahnhof Lichtenberg

Bahnhof Schöneweide: > Eisenbahn

Bahnhof Zoologischer Garten

Ballett: > Staatliche Ballettschule Berlin und Schule für Artistik, > Tanz

Ballhäuser

Ballhaus Naunynstraße: > Ballhäuser, > Musik

Bandbreiten-Modell

Banken: > Wirtschaft II., IV.

Bannmeile: > Abgeordnetenhaus von Berlin

BAO Berlin – Marketing Service GmbH

Barnim

Barsee: > Teufelssee

Bartholomäuskirche: > Friedensbibliothek und Anti-

kriegsmuseum der Evangelischen Kirche in Berlin-Brandenburg
Bauakademie
Bauausstellungen
Baudenkmale: > Baugeschichte und Stadtbild, > Denkmalschutz, Denkmalpflege
Bauernhöfe: > Domäne Dahlem. Landgut und Museum, > Gutshäuser, > Landwirtschaft, > Stadtgüter
Baugeschichte und Stadtbild bis 1945
Baugeschichte und Stadtbild nach dem II. Weltkrieg
Bauhaus-Archiv
Bauleitplanung: > Flächennutzungsplan, > Räumliches Strukturkonzept, > Regionalplanung, > Stadtentwicklungspläne
Bauliche Selbsthilfe: > Selbsthilfe-Sanierung
Baumbestand: > Forsten, > Stadtgrün
Baumgarteninsel: > Inseln
Baumschulen: > Arboretum, > Landwirtschaft
Baumschulenweg
Baumschutzverordnung: > Naturschutz
Baumsterben: > Umweltschutz II., > Waldschäden
Baumwerder: > Inseln, > Tegeler See
bautech
Bayerischer Platz: > Bayerisches Viertel, > Stadtgrün
Bayerisches Viertel
Bayern 3: > Fernsehen
Beauftragter der Bundesregierung für die Integration der ausländischen Arbeitnehmer und ihrer Familienangehörigen: > Bundesminister für Arbeit und Sozialordnung (BMA)
Beauftragter der Bundesregierung für die Verteilung der Aussiedler (BBVert): > Bundesverwaltungsamt (BVA)
Beauftragter des Senats für Filmförderung: > Film
Bebauungspläne: > Baugeschichte und Stadtbild, > Flächennutzungsplan, > Räumliches Strukturkonzept, > Regionalplanung, > Stadtentwicklungspläne
Bebelplatz
Bedürfnisanstalten: > Berliner Stadtreinigungs-Betriebe (BSR), > Litfaßsäulen
Beerenpfuhl: > Hellersdorf, > Pfuhle
Befreiungskriege: > Geschichte III.
Begine – Café und Kulturzentrum für Frauen: > Frauenkulturinitiativen
Begrünung
BEHALA: > Berliner Hafen- und Lagerhaus-Betriebe (BEHALA)
Behelfsmäßiger Personalausweis
Beherbergungsgewerbe: > Hotels, > Jugendgästehäuser, > Tourismus
Behinderte
Behnitz: > Kolk/Behnitz, > Spandau
Behutsame Stadterneuerung: > Baugeschichte und Stadtbild, > Internationale Bauausstellung (IBA) 1987, > Stadtsanierung, > S.T.E.R.N., > Wohnungsbau
Beirat für Architektur und Städtebau: > Senatsverwaltung für Bau- und Wohnungswesen (SenBauWohn)
Beirat für Bildende Kunst: > Senatsverwaltung für Kulturelle Angelegenheiten (SenKult)

Beirat für frauenspezifische Belange: > Senatsverwaltung für Bau- und Wohnungswesen (SenBauWohn)
Beirat für Stadtentwicklung und Gestaltung des öffentlichen Raumes: > Senatsverwaltung für Stadtentwicklung und Umweltschutz (SenStadtUm)
Bekennende Kirche: > Evangelische Kirche in Berlin-Brandenburg, > Friedrichswerdersche Kirche, > Widerstand
Belastungsgebiet
Belle-Alliance-Platz: > Mehringplatz
Belvedere: > Schloß Charlottenburg
Bendlerblock
Beratungsstelle Fachkräfte für die Dritte Welt (BF3W): > Entwicklungspolitik
Beratungsstelle für Hörbehinderte: > Gesundheitsämter
Beratungsstelle für Obdachlose: > Obdachlose
Beratungsstelle für Vergiftungserscheinungen und Embryonaltoxikologie: > Gesundheitsämter
Beratungsstellen für Geschlechtskranke: > Gesundheitsämter
Beratungsstellen für Tuberkulosekranke: > Gesundheitsämter
Bereichsentwicklungsplanung: > Flächennutzungsplan
Bereitschaftsgericht: > Amtsgerichte
Bereitschaftspolizei
Berg: > Inseln, > Seddinsee
Bergakademie: > Technische Universität Berlin (TUB), > Wissenschaft und Forschung
Bergamt für das Land Berlin: > Senatsverwaltung für Wirtschaft und Technologie (SenWiTech)
Berge
BERKOM
Berlin-Abkommen: > Vier-Mächte-Abkommen
Berlin Air Route Traffic Control Center (BARTCC): > Luftsicherheitszentrale Berlin
Berlin Air Safety Centre: > Luftsicherheitszentrale Berlin
Berlinale: > Internationale Filmfestspiele Berlin
Berlin-Beauftragte der deutschen Industrie
Berlinbevorratung
Berlin-Bibliographie: > Senatsbibliothek
Berlin-Bibliothek: > Berliner Stadtbibliothek
Berlin/Bonn-Gesetz: > Hauptstadt
Berlin-Brandenburg: > Politisches System IV.
Berlin-Brandenburg Flughafen Holding (BBF): > Berliner Flughafen Gesellschaft mbH (BFG)
Berlin-Brandenburgische Akademie der Wissenschaften: > Akademie der Wissenschaften der DDR, > Akademie der Wissenschaften zu Berlin, > Preußische Akademie der Wissenschaften zu Berlin, > Wissenschaft und Forschung I., II.
Berlin Civil Air Transport Advisory Group (BCATAG): > Luftkorridore
Berlin-Darlehen: > Berlinförderung, > Wirtschaft IV.
Berlin Document Center (BDC)
Berliner Abendblätter: > Presse
Berliner Abendschau: > Sender Freies Berlin (SFB)
Berliner Absatz-Organisation GmbH (BAO): > BAO Berlin – Marketing Service GmbH
Berliner Ärztebibliothek: > Berliner Stadtbibliothek

Berliner Anwaltsverein e.V.: > Rechtsanwaltschaft
Berliner Arbeiter- und Studententheater (BAT): > Kabarett
Berliner Aufbauprogramm
Berliner Außenring
Berliner Autorentage: > Kultur II.
Berliner Bär: > Hoheitszeichen
Berliner Bank: > Beteiligungen des Landes Berlin an Wirtschaftsunternehmen
Berliner Besucherring: > Besucherorganisationen
Berliner Blau: > Preußischblau
Berliner Bundestagsabgeordnete: > Bindungen, > Deutscher Bundestag, > Politisches System I.
Berliner Congress Center (BCC)
Berliner Datenschutzbeauftragter
Berliner Dorfmuseum: > Märkisches Museum, > Marzahn
Berliner Durchreise
Berliner Elektronenspeicherring-Gesellschaft für Synchrotronstrahlung mbH (BESSY)
Berliner Ensemble
Berliner Erdgas AG
Berliner Erklärung vom 5. Juni 1945
Berliner Festspiele GmbH
Berliner Festtage: > Kultur II., > Musik
Berliner Festwochen
Berliner Figurentheater: > Puppentheater
Berliner Filmförderung
Berliner Flughafen-Gesellschaft mbH (BFG)
Berliner Frauen-Kultur-Initiative (BFKI): > Frauenkulturinitiativen
Berliner Frauenparlament: > Landesfrauenrat Berlin (LFR) e.V.
Berliner Fußballverband: > Sport I.
Berliner Gartenschau: > Erholungspark Marzahn, > Marzahn, > Stadtgrün
Berliner Gaswerke (GASAG)
Berliner Gedenktafelprogramm: > Gedenktafeln
Berliner Gesamtkatalog
Berliner Geschichtswerkstatt e.V.
Berliner Gesellschaft für deutsch-türkische wirtschaftliche Zusammenarbeit mbH (BGZ)
Berliner Gesellschaft Neue Musik e.V. (BGNM): > Musik
Berliner Großmarkt GmbH (BGM): > Großmärkte
Berliner Hafen- und Lagerhaus-Betriebe (BEHALA)
Berliner Halbmarathon-Friedenslauf: > Sport I., > Sport-Club Charlottenburg e.V. (SCC)
Berliner Handwerksmuseum
Berliner Innovations- und Gründerzentrum (BIG): > Innovations- und Gründerzentren, > Wedding
Berliner Institut für Lehrerbildung (BIL): > Pädagogisches Zentrum (PZ)
Berliner Jazztage: > Jazz, > JazzFest Berlin
Berliner Jazztreff: > Jazz
Berliner Kabarett-Anstalt (BKA): > Musik
Berliner Kammeroper: > Musik
Berliner Kammerspiele
Berliner Kinomuseum e.V.: > Kinos
Berliner Komponistenverband: > Musik
Berliner Kongreß: > Wilhelmstraße
Berliner Konzertchor: > Musik, > Senatsverwaltung für Kulturelle Angelegenheiten (SenKult)

Berliner Kraft- und Licht (BEWAG)-Aktiengesellschaft
Berliner Krankenhausgesellschaft e.V. (BKG)
Berliner Künstlerklub DIE MÖWE e.V.: > Palais Bülow
Berliner Künstlerprogramm (BKP): > Deutscher Akademischer Austauschdienst (DAAD), > Literatur, > Musik
Berliner Kulturveranstaltungs- und Verwaltungs GmbH: > Podewil, > Senatsverwaltung für Kulturelle Angelegenheiten (SenKult)
Berliner Kunstmarkt: > Trödelmärkte
Berliner Kunstpreis: > Kunstpreis Berlin
Berliner Kurier
Berliner Landesentwicklungsgesellschaft mbH (BLEG): > Wohnungsbau
Berliner Landesvertretung in Bonn: > Senatsverwaltung für Bundes- und Europaangelegenheiten; Bevollmächtigter des Landes Berlin beim Bund (SenBundEuro), > Senat von Berlin
Berliner Liberale Zeitung: > Freie Demokratische Partei (F.D.P.)
Berliner Literaturpreis: > Stiftung Preußische Seehandlung
Berliner Lokalanzeiger: > Presse
Berliner Luftgüte-Meßnetz (BLUME)
Berliner Luft- und Badeparadies – Blub: > Hallenbäder
Berliner Medizinische Gesellschaft: > Akademie der Künste (Ost)
Berliner Mieter-Fibel: > Mietrecht
Berliner Missionswerk (bmw)
Berliner Morgenpost
Berliner Philharmonisches Orchester
Berliner Preis für deutschsprachige Literatur: > Literarisches Colloquium Berlin (LCB), > Stiftung Preußische Seehandlung
Berliner Pressekonferenz
Berliner Rathaus
Berliner Ring
Berliner Rundfunk
Berliner Rundfunkchor: > Musik
Berliner Rundschau: > Christlich-Demokratische Union Deutschlands (CDU)
Berliner Sängerbund e.V.: > Musik
Berliner Schlittschuh-Club – Preussen Eishockey e.V.
Berliner Schloß: > Stadtschloß
Berliner Secession: > Bildende Kunst, > Kultur I., > Kurfürstendamm
Berliner Sinfonie-Orchester (BSO)
Berliner Singakademie: > Schauspielhaus, > Sing-Akademie
Berliner Sommerakademie Bildende Kunst: > Senatsverwaltung für Kulturelle Angelegenheiten (SenKult)
Berliner Sparkasse: > LandesBank Berlin – Girozentrale – (LBB)
Berliner Sporthilfe: > Sport I.
Berliner Stadtbibliothek
Berliner Stadtreinigungs-Betriebe (BSR)
Berliner Steinbeißer
Berliner Stimme: > Sozialdemokratische Partei Deutschlands (SPD)
Berliner Symphoniker/Symphonisches Orchester Berlin

e.V.: > Symphonisches Orchester Berlin (SOB)
Berliner Tageblatt: > Presse
Berliner Tage für alte Musik: > Musik
Berliner Theaterclub: > Besucherorganisationen
Berliner Turn- und Sportclub e.V. (BTSC): > Turn-
und Sportclub (TSC)
Berliner Unwille: > Geschichte I.
Berliner Verkehrs-Betriebe (BVG)
Berliner Wasser-Betriebe (BWB)
Berliner Zeitung
Berliner Zentralbank: > Landeszentralbank in Berlin
(LZB) – Hauptverwaltung der Deutschen Bundes-
bank (BBk)
Berliner Zentralbibliothek: > Amerika-Gedenkbiblio-
thek (AGB), > Berliner Stadtbibliothek
Berliner Zentrum für Kinder- und Jugendbuchliteratur:
> Senatsverwaltung für Kulturelle Angelegenhei-
ten (SenKult)
Berlinförderung
Berlinförderungs-Gesetz: > Berlinförderung, > Wirt-
schaft IV.
Berlin-Forschung
Berlin-Hilfe-Gesetz: > Berlinförderung, > Geschichte
IX., > Wirtschaft IV.
Berlin Independence Days (BID): > Rock-Musik
Berlin-Info: > BERKOM
Berlinisch
Berlinische Galerie
Berlinisches Gymnasium zum Grauen Kloster
Berlinisches Stadtbuch
Berlin-Klausel: > Bindungen, > Drittes Überleitungs-
gesetz, > Politisches System I.
Berlin-Kolleg
Berlin Kommandatura Commandants Letter: > BK/O
(Berlin Kommandatura Order)
Berlin Kommandatura Letter: > BK/O (Berlin
Kommandatura Order)
Berlin Kommandatura Order: > BK/O (Berlin
Kommandatura Order)
Berlin-Marathon
Berlin-Museum
Berlin (Name)
Berlin (Ost): > Geschichte VII., VIII., IX., X.,
> Hauptstadt
Berlin-Pavillon: > Großer Tiergarten
Berlin Rock News: > Rock-Beauftragte
Berlin-Spandauer Schiffahrtskanal: > Saatwinkel,
> Wasserstraßen, > Westhafen
Berlin-Ultimatum: > Sowjetisches Ultimatum (1958)
Berlin-Zulage: > Berlinförderung
Berlin 2000 Olympia GmbH
Bernauer Straße
Berolina: > Alexanderplatz
Berolina-Haus: > Alexanderplatz, > Mitte, > Rat-
häuser
Bertolt-Brecht-Platz: > Berliner Ensemble
Bertolt-Brecht-Archiv: > Bertolt-Brecht-Haus
Bertolt-Brecht-Haus
Berufsausbildung: > Schule und Bildung
Berufsberatung: > Arbeitsämter, > Berufs-
informationszentrum (BIZ)
Berufsbildung: > Schule und Bildung
Berufsfachschule für Fotografie, Grafik und Mode:

> Lette-Verein
Berufsfachschule für Sozialwesen: > Pestalozzi-Fröbel-
Haus
Berufsfachschulen: > Lette-Verein, > Oberstufen-
zentren (OSZ), > Pestalozzi-Fröbel-Haus, > Schule
und Bildung, > Senatsverwaltung für Schule,
Berufsbildung und Sport (SenSchulSport), > Staat-
liche Ballettschule Berlin und Schule für Artistik
*Berufsfortbildungswerk Gemeinnützige Bildungsein-
richtung des DGB GmbH Bezirksgeschäftsstelle Ber-
lin:* > Deutscher Gewerkschaftsbund (DGB) –
Landesbezirk Berlin-Brandenburg
Berufsinformationszentrum Berlin (BIZ)
Berufsschulen: > Oberstufenzentren (OSZ), > Schule
und Bildung
Berufsverband Bildender Künstler (BBK): > Senats-
verwaltung für Kulturelle Angelegenheiten
(SenKult)
Besatzungskosten: > Alliierte, > Landesamt für
Verteidigungslasten (LVL)
Besatzungsmächte: > Alliierte, > Sonderstatus 1945-
90 II.
Besatzungsrecht: > Alliierte, > Sonderstatus 1945-90
II., > Oberstes Rückerstattungsgericht, > Todes-
strafe
Besatzungssektoren: > Sektoren, > Sonderstatus 1945-
90 II.
Besatzungstruppen: > Alliierte, > Gruppe der Sowje-
tischen Streitkräfte in Deutschland (GSSD)
Besatzungszonen: > Alliierter Kontrollrat, > Londo-
ner Protokoll, > Potsdamer Abkommen, > Sonder-
status 1945-90 II.
Beschäftigungspolitik: > Arbeitsmarkt, > Wirtschaft
Besiedlung des Berliner Raums
Besucherorganisationen
Besucherregelungen
Beteiligungen des Landes Berlin an Wirtschafts-
unternehmen
Bethanien: > Künstlerhaus Bethanien
Bethlehems-Kirche: > Böhmisches Dorf
Betriebssportgemeinschaften: > Sport I.
Bevölkerung
Bevollmächtigter der Bundesregierung in Berlin: > Bin-
dungen, > Bundeshaus Berlin, > Hauptstadt
Bevollmächtigter des Landes Berlin beim Bund: > Se-
natsverwaltung für Bundes- und Europaangele-
genheiten; Bevollmächtigter des Landes Berlin
beim Bund (SenBundEuro), > Senat von Berlin
Bewährungshilfe
Bezirke
Bezirksamt
Bezirksbürgermeister: > Bezirksamt, > Bezirksver-
ordnetenversammlungen, > Politisches System III.
Bezirkschronik Hellersdorf: > Heimatmuseen
Bezirksfrauenbeauftragte: > Frauenbeauftragte
Bezirks-Hygiene-Inspektion (BHI): > Berliner Luft-
güte-Meßnetz (BLUME), > Emissionskataster
Bezirksmuseen: > Heimatmuseen
Bezirksverordnetenversammlungen
Bezirksverwaltung: > Bezirksamt, > Bezirksverord-
netenversammlungen, > Politisches System III.
Bibliotheken
Biermann-Affäre: > Kultur II., > Liedermacher,

> Literatur, > Theater
Bierpinsel
Biesdorf
Bigfon: > BERKOM
BILD-Berlin
Bildende Kunst
Bildschirmtext (BTX): > Deutsche Bundespost (DBP),
> Neue Medien
Bildungssystem: > Schule und Bildung
Bildungs- und Aktionszentrum Dritte Welt e.V.
(BAZ)
Bildungs- und Begegnungszentrum der Gewerkschaft
ÖTV: > Deutscher Gewerkschaftsbund (DGB) –
Landesbezirk Berlin-Brandenburg
Bildungs- und Technologiezentrum der Handwerks-
kammer (BTZ): > Handwerkskammer Berlin
Bildungswerk der Wirtschaft in Berlin und Branden-
burg e.V. (bbw): > Vereinigung der Unternehmens-
verbände in Berlin und Brandenburg e.V. (UVB)
Bildungswerk für Demokratie und Umweltschutz
e.V.
Bildungszentren
Bildungszentrum der Bundesfinanzverwaltung: > Bun-
desminister der Finanzen (BMF)
Bindungen
Binnenschiffahrt: > Güterverkehr, > Häfen, > Schiff-
fahrt, > Verkehr
Biologische Bundesanstalt für Land- und Forst-
wirtschaft (BBA)
Bischöfliche Kirchenmusikschule Berlin: > Katholische
Kirche – Bistum Berlin
Bischof von Berlin: > Katholische Kirche – Bistum
Berlin
Bismarck-Denkmal: > Großer Tiergarten, > Haupt-
stadt, > Platz der Republik
Bismarckstraße: > Ost-West-Achse
Bistum Berlin: > Katholische Kirche – Bistum Berlin
BKC/L (Berlin Kommandatura Commandants Letter):
> BK/O (Berlin Kommandatura Order)
BK/L (Berlin Kommandatura Letter): > BK/O (Berlin
Kommandatura Order)
BK/O (Berlin Kommandatura Order)
Blankenburg
Blankenfelde
Blaue Liste
Blau-Weiß 90 Berlin: > Sportliche Vereinigung Blau-
Weiß 1890 e.V. Berlin
Blindenanstalt: > Steglitz
Blindenmuseum: > Steglitz
Blockade
Blockheizkraftwerke: > Elektrizitätsversorgung
Blockparteien
Blücher-Denkmal: > Denkmalanlage Unter den
Linden
Blumengroßmarkt Berlin
Blutmai: > Geschichte V., > Wedding
Bode-Museum
Bodendenkmalpflege
Bodenleitwerte: > Bodenrichtwerte
Bodenreinigungsanlagen: > Umweltschutz II.
Bodenrichtwerte
Bodenverschmutzung: > Umweltschutz II.
Böcklerpark: > Kreuzberg

Böden: > Lage und Stadtraum
Böhmische Friedhöfe
Böhmisches Dorf
Böhmisch-Rixdorf: > Böhmisches Dorf, > Neukölln
Börse
Böttcherberg: > Düppeler Forst, > Kleinglienicke
Bogensee: > Buch, > Krumme Lake
Bohnsdorf
Bonn-Group: > Alliierte
Bootssport: > Schiffahrt
Borsighaus
Borsigwalde
Borsigwerke
Botanische Anlage Blankenfelde: > Arboretum,
> Stadtgrün
Botanischer Garten
Botanisches Museum: > Botanischer Garten
Botschaften: > Ausländische Vertretungen, > Diplo-
matenviertel
Botschafter der Sowjetunion: > Alliierte, > Sowjeti-
sche Kontrollkommission (SKK)
Botschafter der Westmächte: > Alliierte, > Alliierte
Hohe Kommission, > Sonderstatus 1945-90 VII.
Boulevardring: > Lage und Stadtraum
Boxhagen: > Friedrichshain, > Rummelsburg
Brandenburg: > Landesherren, > Politisches System
IV., > Regionalplanung, > Vereinigung
Brandenburger Tor
Brandenburghalle: > Rathaus Schöneberg
Brandis-Quartett: > Musik
Branitzer Platz: > Westend
Brauereimuseum: > Kreuzberg
Braunkohle-Verordnung: > Umweltschutz
Brecht-Zentrum: > Bertolt-Brecht-Haus, > Literatur,
> Senatsverwaltung für Kulturelle Angelegenhei-
ten (SenKult)
Breitband-Informationssystem (BIS): > BERKOM
Breitensport: > Sport
Breitscheidplatz
Briand-Stresemann-Stipendien: > Senatsverwaltung
für Wissenschaft und Forschung (SenWissForsch)
Briefmarken
Britischer Militärfriedhof Heerstraße: > Friedhöfe
British Broadcasting Corporation (BBC)
British Centre: > The British Council
British Forces Broadcasting Service (BFBS)
British Forces Network (BFN): > British Forces
Broadcasting Service (BFBS)
Britz
Britzer Garten
Britzer Hafen: > Britz, > Häfen
Britzer Zweigkanal: > Teltowkanal, > Wasserstraßen
Bröhan-Museum
Bromberger Kanal: > Verkehr I.
Brosepark
Brücke der Einheit: > Glienicker Brücke
Brücke-Museum
Brücken
Brückmann-Entscheidung: > Kriminalgericht Moabit,
> Sonderstatus 1945-90 IV.
Brüder-Grimm-Preis: > Berliner Kammerspiele,
> Grips Theater, > Kinder- und Jugendtheater,
> Rote Grütze, > Senatsverwaltung für Kulturelle

Bundesminister für Verkehr (BMV)
Bundesminister für Wirtschaft (BMWi)
Bundesminister für wirtschaftliche Zusammenarbeit (BMZ)
Bundesministerium für innerdeutsche Beziehungen: > Bundeshaus Berlin
Bundespräsenz: > Bindungen, > Bundespräsident, > Bundeshaus Berlin, > Bundesrat, > Deutscher Bundestag, > Hauptstadt, > Selbständige politische Einheit Westberlin, > Sonderstatus 1945-90 III., IV.
Bundespräsident
Bundespräsidialamt: > Bundespräsident, > Hauptstadt
Bundespresseamt: > Presse- und Informationsamt der Bundesregierung
Bundesrat
Bundesrechnungshof (BRH)
Bundesregierung: > Bundeskanzleramt, > Hauptstadt
Bundesreserve: > Berlinbevorratung
Bundesschuldenverwaltung
Bundesstelle für Außenhandelsinformationen (BfAI)
Bundesstraßen: > Bundesfernstraßen
Bundestag: > Deutscher Bundestag
Bundestagswahlen: > Bindungen, > Deutscher Bundestag
Bundesverfassungsgericht: > Sonderstatus 1945-90 IV., VI.
Bundesvermögensamt (BVA)
Bundesversammlung. > Abgeordnetenhaus von Berlin, > Bundespräsident
Bundesversicherungsamt (BVA)
Bundesversicherungsanstalt für Angestellte (BfA)
Bundesverwaltungsamt (BVA)
Bundesverwaltungsgericht
Bundeswasserstraßen: > Wasserstraßen
Bundeswehr
Bundeswettbewerb Schüler machen Lieder: > Treffen Junge Musikszene
Bundeswettbewerb Schüler schreiben: > Treffen junger Autoren
Bundeszentralregister
Bund Freier Demokraten (BFD): > Blockparteien, > Freie Demokratische Partei (F.D.P.), > Liberal-Demokratische Partei Deutschlands (LDPD)
Bund Freies Deutschland (BFD): > Wahlen
Bunkerberg: > Trümmerberge, > Volkspark Friedrichshain
Bunker (Schutzräume)
Busspuren: > Verkehr I.
Butzer See: > Kaulsdorf
BVG-Streik: > Geschichte V.
B.Z.

Cabarett des Westens (CaDeWe): > Kabarett
Café Achteck: > Litfaßsäulen
Café des Westens: > Kudamm-Eck, > Kurfürstendamm, > Literatur
Café Größenwahn: > Kudamm-Eck, > Kurfürstendamm
Café Kranzler: > City, > Friedrichstraße, > Kurfür-

stendamm
Cafés: > Gaststätten
Campingplätze
Canisius-Kolleg
CARE
Carillon
Caritasverband Berlin e.V.
Carl Duisberg-Gesellschaft e.V. (CDG)
Carl-Philipp-Emanuel-Bach-Oberschule: > Spezialschulen
carrousel – Theater an der Parkaue: > Theater der Freundschaft
Casino: > Spielbank Berlin, > Spielcasino Berlin
Casinoturm: > Frohnau
Centre Culturel Français: > Institut Français de Berlin
Centrum Judaicum: > Neue Synagoge, > Synagogen
Chamber Orchestra of Europe
Chamissoplatz
Charité
Charlottenburg
Charlottenburger Brücke: > Landwehrkanal
Charlottenburger Tor: > Charlottenburg, > Landwehrkanal, > Straße des 17. Juni
Charlottenburger Verbindungskanal: > Wasserstraßen
Charlottenburg Nord
Chausseen: > Potsdamer Straße, > Verkehr I.
Chausseestraße: > Friedhöfe an der Chausseestraße, > Müllerstraße
Checkpoint Charlie
Chef der Senatskanzlei: > Senatskanzlei (SKzl), > Senat von Berlin
Chöre: > Musik, > Senatsverwaltung für Kulturelle Angelegenheiten (SenKult)
Chor der St.-Hedwigs-Kathedrale: > Musik
Christlich-Demokratische Union Deutschlands (CDU)
Christopheruskirche: > Friedrichshagen
Christus-König-Kirche: > Adlershof
Chruschtschow-Ultimatum: > Sowjetisches Ultimatum (1958)
Churfürstliche Bibliothek: > Alte Bibliothek, > Bibliotheken, > Staatsbibliothek zu Berlin – Preußischer Kulturbesitz, > Wissenschaft und Forschung II.
City
City-Kommission: > City
Cityruf: > Deutsche Bundespost (DBP)
CNN: > Fernsehen
Cölln: > Kölln
Columbushaus: > Konzentrationslager, > Potsdamer Platz
Comédie-Variété „Chamäleon": > Hackesche Höfe
Come In: > Adlershof, > Staatssicherheitsdienst der DDR, > Treptow
Containerbahnhöfe: > Eisenbahn, > Güterverkehr
Corbusier-Haus
Courage: > Frauenbewegung

Dachbegrünung: > Begrünung
Dachsberg: > Berge
Dämeritzsee
Dag-Hammarskjöld-Medaille: > Deutsche Gesellschaft für die Vereinten Nationen e. V. (DGVN)
Dahlem

Dahlem-Konferenzen
Dahme
Dalldorf: > Borsigwalde, > Wittenau
Dammfeld: > Köpenick
Dammvorstadt: > Köpenick
Dance Berlin: > Tanz
Das verborgene Museum: > Frauenkulturinitiativen
Das weite Theater: > Puppentheater
DAT (Das andere Theater): > Hackesche Höfe
Debenzer See: > Biesdorf
DEFA: > Film
Demarkationslinie
Demokratie Jetzt: > Bündnis 90, > Geschichte X.
Demokratische Bauernpartei Deutschlands (DBD):
  > Blockparteien
Demokratischer Frauenbund Deutschlands (DFD):
  > Frauenbewegung
Demokratischer Aufbruch: > Geschichte X.
Demokratischer Block: > Blockparteien, > Geschichte
  VII.
Demontagen: > Geschichte VII., > Wirtschaft III.
Denkmalanlage Unter den Linden
Denkmal des Reichsfreiherrn vom und zum Stein:
  > Unter den Linden
Denkmalschutz, Denkmalpflege
Dennewitzplatz: > Generalszug
Deponiegas: > Alternative Energien
Deportationen: > Geschichte VI., > Konzentrations-
  lager
Der Bundesbeauftragte für die Unterlagen des
  Staatssicherheitsdienstes der ehemaligen Deut-
  schen Demokratischen Republik
Der Insulaner: > Insulaner, > Kabarett
Dernburgplatz: > Lietzenseepark
Der Sturm: > Bildende Kunst
Der Tagesspiegel
Der Teich: > Blankenburg
Detlev-Rohwedder-Haus
Deutsch-alliierte Freundschaftstage: > Alliierte
Deutsche Angestellten-Gewerkschaft (DAG)
Deutsche Bundesbahn (DB)
Deutsche Bundesbank (BBk): > Landeszentralbank in
  Berlin (LZB) – Hauptverwaltung der Deutschen
  Bundesbank (BBk), > Reichsbankgebäude
Deutsche Bundespost (DBP)
Deutsche Dienststelle (WASt) für die Benachrichti-
  gung der nächsten Angehörigen von Gefallenen
  der ehemaligen deutschen Wehrmacht
Deutsche Film AG (DEFA): > Film
Deutsche Film- und Fernsehakademie Berlin
  (DFFB)
Deutsche Forschungsanstalt für Luft- und Raum-
  fahrt e.V. (DLR)
Deutsche Forschungshochschule: > Kaiser-Wilhelm-
  Gesellschaft zur Förderung der Wissenschaften
  (KWG), > Max-Planck-Gesellschaft zur Förderung
  der Wissenschaften e.V. (MPG)
Deutsche Gesellschaft e. V.
Deutsche Gesellschaft für Chirurgie: > Akademie der
  Künste (Ost)
Deutsche Gesellschaft für die Vereinten Nationen
  e.V. (DGVN)
Deutsche Hochschule für Musik: > Hochschule für

Musik „Hanns Eisler"
Deutsche Hochschule für Politik: > Otto-Suhr-Institut
  (OSI), > Wissenschaft und Forschung II.
Deutsche Industrieausstellung
Deutsche Klassenlotterie Berlin (DKLB)
Deutsche Lebens-Rettungs-Gesellschaft (DLRG):
  > Pichelsdorf, > Rettungswesen
Deutsche Lufthansa AG
Deutsche Oper Berlin
Deutsche Partei (DP): > Wahlen
Deutsche Post: > Deutsche Bundespost (DBP)
Deutscher Akademischer Austauschdienst (DAAD)
Deutscher Beamtenbund (DBB)
Deutscher Bundestag
Deutscher Dom: > Gendarmenmarkt, > Neue Kirche
Deutsche Reichsbahn (DR)
Deutscher Entwicklungsdienst (ded) GmbH
Deutsche Rettungsflugwacht: > Rettungswesen
Deutscher Fernsehfunk (DFF): > Adlershof, > Fern-
  sehen
Deutscher Filmpreis: > Film
Deutscher Gewerkschaftsbund (DGB) – Landesbe-
  zirk Berlin-Brandenburg
Deutscher Kinderschutzbund Landesverband Ber-
  lin e.V.
Deutscher Sportbund (DSB): > Sport I.
Deutscher Staatsbürgerinnen-Verband e.V.
Deutscher Werkbund Berlin e.V.
Deutsches Archäologisches Institut (DAI)
Deutsches Bibliotheksinstitut (dbi)
Deutsches Filmarchiv: > Stiftung Deutsche Kine-
  mathek/Freunde der Deutschen Kinemathek
Deutsches Herzzentrum Berlin
Deutsches Historisches Museum
Deutsche Siedlungs- und Landesrentenbank: > Bundes-
  minister für Ernährung, Landwirtschaft und For-
  sten (BML)
*Deutsches Informationszentrum für technische Regeln
  (DITR):* > DIN Deutsches Institut für Normung
  e.V.
Deutsches Institut für Bautechnik: > Institut für Bau-
  technik Berlin (IfBt)
Deutsches Institut für Entwicklungspolitik ge-
  meinnützige Gesellschaft mbH (DIE)
Deutsches Institut für Normung: > DIN Deutsches In-
  stitut für Normung e.V.
Deutsches Institut für Urbanistik (Difu)
Deutsches Institut für Wirtschaftsforschung (DIW)
Deutsches Jugendherbergswerk, Landesverband Berlin:
  > Jugendförderung, > Jugendgästehäuser
Deutsches Musikarchiv
Deutsches Olympisches Institut (DOI)
Deutsches Patentamt
Deutsches Rheumaforschungszentrum Berlin
Deutsches Rotes Kreuz Landesverband Berlin
  (DRK)
Deutsches Rundfunkmuseum
Deutsches Sportforum: > Olympiastadion
Deutsches Stadion: > Olympiastadion, > Sport II.
Deutsche Staatsbibliothek: > Bibliotheken, > Staats-
  bibliothek zu Berlin – Preußischer Kulturbesitz
Deutsche Staatskapelle: > Deutsche Staatsoper Unter
  den Linden, > Musik

Deutsche Staatsoper Unter den Linden
Deutsches Theater und Kammerspiele
Deutsche Stiftung für Internationale Entwicklung (DSE)
Deutsches Traber-Derby: > Trabrennbahn Mariendorf
Deutsches Verbindungskommando zu den Sowjetischen Streitkräften: > Bundesminister der Verteidigung (BMVg)
Deutsches Zentralinstitut für Soziale Fragen (DZI)
Deutsches Zentrum für Altersfragen e.V. (DZA)
Deutsche Wirtschaftskommission: > Geschichte VII., > Sowjetische Militäradministration in Deutschland (SMAD)
Deutschlandfunk: > Hörfunk, > RIAS Berlin
Deutschlandhalle
Deutschlandsender: > Hörfunk
Deutschlandvertrag: > Alliierte, > Sonderstatus 1945-90 III., VII., IX.
Deutsch-Wilmersdorf: > Wilmersdorf
DGB-Jugendbildungsstätte „Gustav Pietsch": > Deutscher Gewerkschaftsbund (DGB) – Landesbezirk Berlin-Brandenburg
DGB Jugend- und Kulturzentrum Brunnenstraße: > Deutscher Gewerkschaftsbund (DGB) – Landesbezirk Berlin-Brandenburg
DGB-Technologieberatungsstelle: > Deutscher Gewerkschaftsbund (DGB) – Landesbezirk Berlin-Brandenburg
Diäten: > Abgeordnetenhaus von Berlin
Diakoniezentrum Heiligensee: > Not- und Krisendienste
Diakonisches Werk Berlin-Brandenburg Innere Mission und Hilfswerk – e.V.
Dialekt: > Berlinisch
Dianasee: > Grunewaldseen
Die Bühne: > Puppentheater
Die Distel
Die Grünen / Alternative Liste für Demokratie und Umweltschutz (Grüne / AL)
Die Möwe: > Palais Bülow
Die neue Brücke: > Musik
Dienstleistungen: > DienstleistungsMarkt Berlin, > Einzelhandel, > Handwerk, > Wirtschaft
DienstleistungsMarkt Berlin
Die Republikaner (REP)
Die Stachelschweine
die tageszeitung (taz)
Die Weltbühne
Die Wühlmäuse
Digitaler Hörfunk: > Neue Medien
DIN Deutsches Institut für Normung e.V.
Diplomatenviertel
Diplomatisches Korps: > Ausländische Vertretungen
documenta artistica: > Märkisches Museum
Dönhoffplatz
Dörfer
Dom
Domäne Dahlem. Landgut und Museum
Dom-Friedhof: > Friedhöfe an der Liesenstraße
Dominicus-Sportplatz: > Sportzentrum Schöneberg
Dominikanerkloster: > Bodendenkmalpflege
Dommelwall: > Inseln, > Seddinsee
Dorfauen/Dorfanger: > Dörfer

Dorfkirchen
Dorfmuseum: > Marzahn
Dorotheenstadt: > Baugeschichte und Stadtbild I., II., > Mitte, > Stadterweiterung
Dorotheenstädtische Kirche: > Pfarrhäuser Friedrichswerder
Dorotheenstädtischer Friedhof: > Friedhöfe an der Chausseestraße
Drahtfunk im amerikanischen Sektor (DIAS): > Hörfunk, > RIAS Berlin
Drei Essentials: > Three Essentials
Dreifaltigkeitskirche: > Lankwitz, > Pfarrhäuser Friedrichswerder
Dreiklassenwahlrecht: > Geschichte III., > Politisches System I., > Wahlen
Dreilinden
Drei-Mächte-Verwaltung: > Sonderstatus 1945-90
Dreipfuhlpark: > Pfuhle
3Sat: > Fernsehen
Drei-Staaten-Theorie: > Sonderstatus 1945-90 VI., > Sozialistische Einheitspartei Westberlins (SEW)
Drei Tornados: > Kabarett
13. August 1961
Dr.-Heim-Krankenhaus: > Klinikum Berlin-Buch
3. Oktober 1990
Drittes Reich: > Geschichte VI.
Drittes Überleitungsgesetz
Drogen
Drogenbeauftragter: > Drogen
Druckhaus Tempelhof: > Ullsteinhaus
DS-Kultur: > Hörfunk, > Musik, > RIAS Berlin, > Rundfunk-Sinfonieorchester Berlin (RSB)
Düppel
Düppeler Forst

EAB-Fernwärme GmbH: > Fernwärmeversorgung
East-Side-Gallery: > Friedrichshain, > Mauer
Ecbatane: > Internationales Congress Centrum Berlin (ICC Berlin), > Kunst am Bau/Kunst im Stadtraum
Edikt von Potsdam: > Bevölkerung I., > Evangelische Kirche in Berlin-Brandenburg, > Geschichte II., > Hugenottenmuseum, > Wissenschaft und Forschung II.
EG-Berater des Senats: > Europäische Gemeinschaften (EG)
EG-Büro Berlin: > Kommission der Europäischen Gemeinschaften Vertretung in der Bundesrepublik Deutschland – Vertretung in Berlin
Eheschließungen/Ehescheidungen: > Bevölkerung III.
Ehrenbürger
Ehrengrabstätten: > Ehrenbürger, > Friedhöfe
Ehrenpfortenberg: > Berge, > Tegeler Forst
Eichberg: > Berge
Eichkamp
Eierhäuschen: > Spreepark
Eigenbetriebe von Berlin
Einfuhr: > Außenhandel
Eingangsstufe: > Schule und Bildung
Eingemeindung: > Gebietsaustausch, > Groß-Berlin, > Stadterweiterung
Einigungsstelle für Wettbewerbsstreitigkeiten: > Industrie- und Handelskammer zu Berlin (IHK)

Einigungsvertrag
Einkaufszentren
Einkommen
Einkommensteuervergünstigungen: > Berlinförde-
rung, > Wirtschaft IV.
1 Plus: > Fernsehen
Einwanderung: > Bevölkerung
Einwohner: > Bevölkerung
Einzelhandel
Eisenbahn
Eisenbahn-Markthalle: > Markthallen
Eiserne Brücke
Eishockey-Club Dynamo (EHC): > Berliner Schlitt-
schuh-Club – Preussen Eishockey e.V., > Sport-
club Berlin e.V., > Staatssicherheitsdienst der
DDR
Eissportanlagen: > Kunsteislaufbahnen
Eissporthalle Jafféstraße
Eisstadion Wilmersdorf: > Kunsteislaufbahnen, > Sta-
dion Wilmersdorf, > Wilmersdorf
Eiswerder: > Havelseen, > Inseln, > Wasserstadt
Oberhavel
Elektrizitätsversorgung
elf 99: > Fernsehen
Elisabethhof: > Gewerbesiedlungs-Gesellschaft mbH
Elisabethkirche: > St.-Elisabethkirche
Elsengrund: > Köpenick
Elternbriefe: > Arbeitskreis Neue Erziehung e.V. für
Familie, Schule und Gesellschaft (ANE)
Eltern für Integration e.V.: > Selbsthilfegruppen und
-projekte
Eltern-Kindertagesstätten: > Kindertagesstätten
Emigranten-Programm: > Senatskanzlei (SKzl)
Emigration: > Geschichte VI., > Literatur
Emil-Fischer-Heimatmuseum: > Heimatmuseen
Emissionskataster
Energiebeirat: > Senatsverwaltung für Stadtent-
wicklung und Umweltschutz (SenStadtUm)
Energieleitstelle: > Senatsverwaltung für Stadtent-
wicklung und Umweltschutz (SenStadtUm)
Energiesparhäuser: > Alternative Energien, > Inter-
nationale Bauausstellung (IBA) 1987
Energieversorgung: > Berliner Erdgas AG, > Berliner
Gaswerke (GASAG), > Berliner Kraft- und Licht
(BEWAG)-Aktiengesellschaft, > Elektrizitätsver-
sorgung, > Energieversorgung Berlin Aktienge-
sellschaft (EBAG), > Fernwärmeversorgung,
> Gasversorgung
Energieversorgung Berlin Aktiengesellschaft
(EBAG)
ENERGY 103,4
Engelbecken: > Landwehrkanal
Englischer Garten: > Großer Tiergarten
Enklaven: > Gebietsaustausch
Enquete-Kommission: > Abgeordnetenhaus von
Berlin
Ensemble Klangwerkstatt: > Musik
Ensemble Oriol: > Musik
Ensemble Wien-Berlin: > Musik
Entlastungsstraße: > Bundesfernstraßen, > Großer
Tiergarten, > Potsdamer Straße, > Straßen, > Tier-
garten
Entmilitarisierte Freie Stadt Westberlin: > Geschichte

IX., > Selbständige politische Einheit Westberlin,
> Sowjetisches Ultimatum (1958)
Entmilitarisierung
Entnazifizierung
Entschädigungsamt: > Landesverwaltungsamt Berlin
(LVwA)
Entsorgung: > Abfallwirtschaft, > Berliner Stadtrei-
nigungs-Betriebe (BSR), > Berliner Wasser-Betrie-
be (BWB), > Hahn-Meitner-Institut, Berlin GmbH
(HMI), > Recycling, > Wasserversorgung/Entwäs-
serung
Entspannungspolitik: > Geschichte IX., X., XI.,
> Grundlagenvertrag, > Politik der kleinen Schrit-
te, > Verkehrsvertrag, > Vier-Mächte-Abkommen
Entwässerung: > Wasserversorgung/Entwässerung
Entwicklungspolitik
Entwicklungspolitische Gesellschaft e.V. (EPOG)
Entwicklungspolitisches Forum (DSE/EF): > Deutsche
Stiftung für Internationale Entwicklung (DSE)
Ephraim-Palais
Erdgasabkommen: > Berliner Gaswerke (GASAG),
> Gasversorgung
Ergänzungsschulen: > Privatschulen
Ergänzungszuweisungen: > Haushalt und Finanzen
IV.
Erholungsgebiete: > Fließgewässer, > Forsten,
> Kleingärten, > Seen, > Stadtgrün
Erholungspark Marzahn
Erika-Heß-Eissporthalle: > Kunsteislaufbahnen,
> Wedding
Erik-Reger-Stiftungsprofessur: > Der Tagesspiegel
Erklärung über Berlin vom 5. Mai 1955: > Alliierte,
> Entmilitarisierung, > Geschichte VIII., > Polizei,
> Sonderstatus III.
Erlöserkirche: > Rummelsburg
Ermächtigungsgesetz: > Geschichte VI.
Ermelerhaus
Ernst-Reuter-Haus: > Straße des 17. Juni
Ernst-Reuter-Platz
Ernst-Reuter-Siedlung: > Wohnungsbau
Ernst-Reuter-Sportfeld: > Fußball-Club Hertha 03
Zehlendorf, > Zehlendorf
Ernst-Senff-Chor: > Musik
Ernst-Thälmann-Park
Erpetal
ERP-Sondervermögen: > European Recovery Pro-
gram (ERP)
Ersatzschulen: > Privatschulen
Erste Hilfe: > Rettungswesen
I. Weltkrieg: > Geschichte IV.
Erwachsenenbildung: > Berlin-Kolleg, > Lessing-
Hochschule, > Peter-A.-Silbermann-Schule,
> Schule und Bildung, > Volkshochschulen
Erwerbstätigkeit: > Arbeitsmarkt
Erziehungsgeld: > Familienförderung
Erziehungs- und Familienberatung: > Familien-
förderung
Esplanade: > Filmhaus Esplanade, > Potsdamer
Platz
Euro Info Centre ERIC Berlin: > Außenhandel,
> BAO Berlin – Marketing Service GmbH, > Euro-
päische Gemeinschaften (EG)
Europa-Beauftragter des Senats: > Europäische Ge-

meinschaften (EG)
Europa-Center
Europäische Akademie Berlin e.V.
Europäische Akademie für die städtische Umwelt: > Europäische Akademie Berlin e.V., > Europäische Gemeinschaften (EG), > Umweltschutz
Europäische Atomgemeinschaft (EAG): > Europäische Gemeinschaften (EG)
Europäische Gemeinschaften (EG)
Europäische Gemeinschaft für Kohle und Stahl (EGKS): > Europäische Gemeinschaften (EG)
Europäischer Filmpreis
Europäisches Parlament: > Europäische Gemeinschaften (EG), > Politisches System I.
Europäisches Patentamt
Europäische Staatsbürgerakademie e.V.: > Europa-Institut
Europäische Stadt der Kultur 1988: > Europäische Gemeinschaften (EG), > Geschichte X., > Kultur
Europäisches Zentrum für die Förderung der Berufsbildung (CEDEFOP)
Europäische Wirtschaftsgemeinschaft (EWG): > Europäische Gemeinschaften (EG)
Europäische Wirtschaftshochschule (EAP)
Europa-Institut
Europaschulen: > Staatliche Europa-Schule Berlin
Europatag: > Europa-Union Berlin e.V.
Europa-Union Berlin e.V.
Europawahlen: > Europäische Gemeinschaften (EG), > Wahlen
European Community Youth Orchester (ECYO): > Musik
European Film Academy: > Europäischer Filmpreis
European Recovery Program (ERP)
Euro-Scout
Eurosignal: > Deutsche Bundespost (DBP)
Eurosport: > Fernsehen
Evangelische Akademien
Evangelische Fachhochschule Berlin (EFB)
Evangelische Kirche in Berlin-Brandenburg
Evangelisches Bildungswerk: > Evangelische Kirche in Berlin-Brandenburg
Evangelisches Gymnasium zum Grauen Kloster
Evangelisches Johannesstift
Evangelisches Jugend- und Fürsorgewerk e.V.: > Not- und Krisendienste
Ewige Flamme: > Neue Wache, > Theodor-Heuss-Platz
Exekutive: > Bindungen, > Magistrat, > Politisches System II., > Senat von Berlin
Existenzgründungsprogramme: > Senatsverwaltung für Wirtschaft und Technologie (SenWiTech)
Exklaven: > Gebietsaustausch
Experimentelle Musik: > Musik
Export: > Außenhandel

Fabrik Osloer Straße e.V.
Fachhochschule der Deutschen Bundespost Berlin (FHDBPT)
Fachhochschule des Bundes für öffentliche Verwaltung (FH Bund)
Fachhochschule für Sozialarbeit und Sozialpädagogik Berlin (FHSS)

Fachhochschule für Technik und Wirtschaft in Gründung (FHTW)
Fachhochschule für Verwaltung und Rechtspflege Berlin (FHSVR)
Fachhochschule für Wirtschaft Berlin (FHW)
Fachinformationszentrum Chemie GmbH
Fachkrankenhaus für Neurologie und Psychiatrie: > Lichtenberg
Fachoberschulen: > Oberstufenzentren (OSZ), > Schule und Bildung
Fachschule für Artistik: > Staatliche Ballettschule Berlin und Schule für Artistik
Fachschule für Sozialpädagogik: > Pestalozzi-Fröbel-Haus
Fachschulen: > Oberstufenzentren (OSZ), > Privatschulen, > Schule und Bildung, > Senatsverwaltung für Schule, Berufsbildung und Sport (SenSchulSport)
FAGANA – Fachmesse für Gastronomie und Nahrungsmittelgewerbe: > Ausstellungs-Messe-Kongress GmbH (AMK Berlin)
Fahrbarer Mittagstisch: > Altenhilfe, > Sozialstationen, > Wohlfahrtspflege
Fahrgastschiffahrt: > Öffentlicher Personennahverkehr, > Schiffahrt
Fahrradverkehr
Falkenberg
Falkenberge: > Altglienicke
Falkenhagener Feld
Falkenhorst: > Bohnsdorf
Falkental: > Bohnsdorf
Familienberatung: > Familienförderung
Familiendarlehen: > Familienförderung
Familienerholung: > Familienförderung
Familienferiendörfer: > Familienförderung
Familienförderung
Familienfürsorge: > Jugendhilfe
Familiengeld: > Familienförderung
Familiengericht: > Amtsgerichte
Familiengründungsdarlehen: > Berlinförderung, > Familienförderung, > Wirtschaft IV.
Familienhilfe: > Familienförderung, > Jugendhilfe
Familienstruktur: > Bevölkerung III.
Farbe im Stadbild: > Stadtbildpflege
Fassadenprogramm: > Stadtbildpflege
Fauler See: > Tiefwerder, > Volkspark Hohenschönhausen
F.C.-Weiskopf-Preis: > Akademie der Künste (Ost)
Fehrbelliner Platz
Felix: > Europäischer Filmpreis, > Europäische Gemeinschaften (EG)
Feminismus: > Frauenbewegung
Feministische Frauen Gesundheits-Zentrum e.V.
Fennpfuhl: > Britz, > Lichtenberg, > Pfuhle
Fennsee: > Volkspark Wilmersdorf
Fer de Berlin
Ferdinand-Braun-Institut für Höchstfrequenztechnik (FBH): > Forschungsverbund Berlin e.V.
Ferienpaß: > Jugendförderung
Fernbahnen/Fernbahnhöfe: > Eisenbahn, > Stadtbahn, > Verkehr
Fernheizwerk Märkisches Viertel GmbH: > Fernwärmeversorgung

Fernheizwerk Neukölln: > Fernwärmeversorgung
Fernmeldeamt: > Deutsche Bundespost (DBP)
Fernmeldetechnisches Zentralamt: > Deutsche Bundespost (DBP)
Fernsehen
Fernsehen aus Berlin (FAB)
Fernsehen der DDR: > Fernsehen
Fernsehturm
Fernverkehr: > Deutsche Reichsbahn (DR), > Eisenbahn, > Güterverkehr, > Luftverkehr, > Kraftfahrzeugverkehr, > Omnibusverkehr, > Schiffahrt, > Transitverkehr, > Verkehr
Fernverkehrskonzept: > Verkehr
Fernwärmeversorgung
Ferrucio-Busoni-Preis: > Akademie der Künste zu Berlin
Fertigungsassistenten: > Innovationsassistenten
Festkörper-Laser-Institut Berlin GmbH (FLI): > An-Institute
Festtage der Musica Antiqua: > Musik
Festungsanlagen: > Fort Hahneberg, > Baugeschichte und Stadtbild I., > Stadtmauer, > Zitadelle Spandau
Feuerstättenmuseum: > Mahlsdorf
Feuerwehr
Feuerwehrbrunnen: > Mariannenplatz
FFA Filmförderungsanstalt
FFBIZ – Frauenforschungs-, -bildungs- und -informationszentrum e.V.
Fichte-Bunker
Fichtenberg: > Steglitz
Film
Filmbeauftragter der Länder Berlin und Brandenburg: > Berliner Filmförderung, > Film
Filmhaus Esplanade
Filmkredittreuhand (FKT): > Berliner Filmförderung
Film-Messezentrum: > Ausstellungs-Messe-Kongress GmbH (AMK Berlin)
Filmstudios: > Film
Filmtheater: > Kinos
Finanzämter: > Oberfinanzdirektion Berlin (OFD), > Senatsverwaltung für Finanzen (SenFin)
Finanzgerichtsbarkeit
Finanzhilfe: > Bundeshilfe, > Wirtschaft
Finanzpolitik: > Haushalt und Finanzen
Finowkanal: > Verkehr I., > Wirtschaft II.
Fischereiamt Berlin
Fischerinsel
Fischerkiez: > Fischerinsel, > Kietz
Fischfang: > Fischereiamt Berlin
Fischtalgrund: > Onkel-Tom-Siedlung
Fischteich: > Hellersdorf
Fläche: > Lage und Stadtraum, > Stadterweiterung
Flächennutzungsplan (FNP)
Flächenverbrauch: > Umweltschutz I.
Flagge: > Hoheitszeichen
Flamensiedlung: > Wohnstadt „Carl Legien"
Fleischgroßmarkt Berlin
Fliegeberg: > Lilienthal-Gedenkstätte, > Luftverkehr
Fließgewässer
Flohmärkte: > Trödelmärkte
Floßgraben: > Landwehrkanal
Flüchtlinge

Flüsse: > Fließgewässer
Flughäfen
Flughafen Gatow: > Flughäfen, > Gatow
Flughafen Johannisthal: > Flughäfen, > Johannisthal, > Verkehr I.
Flughafen Schönefeld: > Flughäfen, > Luftverkehr, > Verkehr II.
Flughafensee
Flughafen Staaken: > Flughäfen
Flughafen Tegel „Otto Lilienthal": > Flughäfen, > Luftverkehr, > Reinickendorf, > Verkehr II.
Flughafen Tempelhof: > Flughäfen, > Tempelhof, > Verkehr II.
Flugsicherung: > Bundesanstalt für Flugsicherung (BFS), > Luftsicherheitszentrale Berlin
Flugverkehr: > Luftverkehr
Flutgraben: > Landwehrkanal
Föderalismuskommission: > Hauptstadt
Förderband e.V.: > Frauenkulturinitiativen
Fonds „Deutscher Einheit": > Bundeshilfe, > Drittes Überleitungsgesetz, > Haushalt und Finanzen II.
Fontane-Denkmal: > Großer Tiergarten
Fontane-Grab: > Friedhöfe an der Liesenstraße
Fontane-Preis: > Kunstpreis Berlin
Forschungsinstitut der Deutschen Bundespost: > Deutsche Bundespost (DBP)
Forschungsinstitut für Molekulare Pharmakologie (FMP): > Forschungsverbund Berlin e.V.
Forschungsmarkt Berlin
Forschungsstelle für gesamtdeutsche wirtschaftliche und soziale Fragen e.V.
Forschungs- und Gedenkstätte in der Normannenstraße (ASTAK e.V.)
Forschungsverbund Berlin e.V.
Forschungszentrum für Planetare Fernerkundung: > Wissenschaft und Forschung II.
Forschung und Entwicklung: > Wirtschaft IV., > Wissenschaft und Forschung
Forstämter: > Forsten
Forsten
Fortbildung: > Arbeitsämter, > Arbeitsmarkt
Fort Hahneberg
Forum Fridericianum: > Baugeschichte und Stadtbild II., > Bebelplatz, > Lage und Stadtraum, > Unter den Linden
Forum Steglitz
Fragen an die deutsche Geschichte: > Reichstagsgebäude
Frankepark: > Tempelhof
Frank-Falin-Formel: > Bindungen, > Vier-Mächte-Abkommen
Frankfurter Allee
Frankfurter Bahnhof: > Eisenbahn, > Hauptbahnhof
Frankfurter Tor: > Frankfurter Allee, > Stadtmauer
Franz-Club e.V.: > Jazz, > Kulturbrauerei GmbH
Franz-Karl-Maier-Preis: > Der Tagesspiegel
Französische Friedrichstadtkirche
Französischer Dom: > Französische Friedrichstadtkirche, > Gendarmenmarkt
Französischer Friedhof: > Friedhöfe an der Chausseestraße, > Friedhöfe an der Liesenstraße
Französisches Gymnasium/Collège Français
Französisches Kulturzentrum: > Centre Culturel

Großes Fenn: > Düppeler Forst
Großes Schauspielhaus: > Friedrichstadtpalast,
> Theater
Große Steinlanke: > Havelseen
Großflughafen Berlin-Brandenburg: > Flughäfen,
> Luftverkehr, > Verkehr II.
Groß-Glienicke-Ost: > Kladow, > Spandau
Groß-Glienicker See
Großhandel: > Großmärkte, > Wirtschaft II.
Großmärkte
Grünanlage Hahneberg
Grünanlagen: > Friedhöfe, > Lage und Stadtraum,
> Kleingärten, > Stadtgrün
Grünau
Grün Berlin – Gesellschaft für Freiraumgestaltung
mbH: > Bundesgartenschau (BUGA)
Gründerjahre: > Wirtschaft II.
Gründerzeit-Museum: > Mahlsdorf, > Museen und
Sammlungen
Gründerzentren: > Adlershof, > Innovations- und
Gründerzentren, > Köpenick, > Wedding
Grünerlinde: > Köpenick
Grüner Wettbewerb: > Senatsverwaltung für Stadt-
entwicklung und Umweltschutz (SenStadtUm)
Grün macht Schule: > Stiftung Naturschutz (SNB)
Grundgesetz: > Bindungen, > Hauptstadt,
> Sonderstatus 1945-90 III., IV., V., VI., > Verfas-
sung von Berlin
Grundlagenvertrag
Grundschule: > Bandbreiten-Modell, > Privatschu-
len, > Schule und Bildung
Grundstückspreise: > Bodenrichtwerte
Grundvertrag: > Grundlagenvertrag
Grundwasser: > Berliner Wasser-Betriebe (BWB),
> Lage und Stadtraum, > Umweltschutz II.,
> Waldschäden, > Wasserversorgung/Entwässe-
rung
Grunewald
Grunewaldgraben: > Teufelssee
Grunewaldseen
Grunewaldturm
Gruppe Baum: > Widerstand
Gruppe der Sowjetischen Streitkräfte in Deutsch-
land (GSSD)
Gruppe Neue Musik: > Musik
Gruppe Ulbricht: > Geschichte VII.
Günter-Grass-Archiv: > Akademie der Künste zu
Berlin
Güterbahnhöfe: > Eisenbahn, > Güterverkehr,
> Kleinbahnen und Privatanschlußbahnen, > Ver-
kehr II.
Güterfelder Friedhof: > Friedhöfe, > Wilmersdorfer
Waldfriedhof
Güterschiffahrt: > Güterverkehr, > Häfen, > Schiff-
fahrt, > Transitverkehr
Güterverkehr
Güterverkehrszentrum: > Deutsche Bundesbahn
(DB), > Güterverkehr
Gustav-Mahler-Jugendorchester (GMJO): > Musik
Gutsbezirke: > Dörfer, > Groß-Berlin
Gutshäuser
Gymnasiale Oberstufen: > Bildungszentren, > Ober-
stufenzentren (OSZ), > Schule und Bildung

Gymnasium: > Privatschulen, > Schule und Bildung
Gymnasium zum Grauen Kloster: > Berlinisches Gym-
nasium zum Grauen Kloster, > Evangelisches
Gymnasium zum Grauen Kloster, > Graues Kloster
Habermannsee: > Kaulsdorf, > Mahlsdorf, > Seen
Hackesche Höfe
Hackescher Markt: > Hackesche Höfe
Häfen
Häusliche Dienste: > Altenhilfe, > Sozialstationen
Häusliche Krankenpflege: > Altenhilfe, > Sozial-
stationen
Haftanstalten: > Justizvollzug
Hahneberg: > Fort Hahneberg, > Grünanlage Hahne-
berg, > Trümmerberge
Hahn-Meitner-Institut, Berlin GmbH (HMI)
Hakenfelde
Halensee
Hallenbäder
Hallesches Tor: > Friedhöfe vor dem Halleschen Tor,
> Kreuzberg, > Stadtmauer
Hamburger Bahnhof
Hamburger Tor: > Stadterweiterung, > Stadtmauer
Handball-Club Preußen: > Sportclub Berlin e.V.,
> Staatssicherheitsdienst der DDR
Handel: > Außenhandel, > Einzelhandel, > Groß-
märkte, > Wirtschaft
Handels- und Gewerbekammer (HGK): > Industrie-
und Handelskammer zu Berlin (IHK)
Handwerk
Handwerkskammer Berlin
Handwerkspreis Berlin: > Senatsverwaltung für Wirt-
schaft und Technologie (SenWiTech)
Handwerksrolle: > Handwerkskammer Berlin
Hanns-Eisler-Chor – Ensemble für Neue Chormusik:
> Musik
Hansabrücke: > Moltkebrücke
Hansa-Theater
Hansaviertel
Hanse: > Geschichte I.
Hans-Loch-Viertel: > Friedrichsfelde, > Lichtenberg,
> Wohnungsbau
Hans-Marchwitza-Preis: > Akademie der Künste
(Ost)
Hans Wurst Nachfahren: > Puppentheater
Hardenbergstraße: > Generalszug
Harnack-Haus: > Kaiser-Wilhelm-Gesellschaft zur
Förderung der Wissenschaften (KWG), > Wissen-
schaft und Forschung II.
Harnack/Schulze-Boysen-Organisation: > Widerstand
Haselhorst
Hasenheide: > Generalszug, > Volkspark Hasen-
heide
Hasselwerder: > Inseln, > Tegeler See
Hauptbahnhof
Hauptfürsorgestelle: > Landesamt für Zentrale Sozia-
le Aufgaben – Landesversorgungsamt – (LASoz)
Hauptkadettenanstalt: > Lichterfelde
Hauptmann von Köpenick: > Köpenick, > Kriminal-
gericht Moabit
Hauptschule: > Privatschulen, > Schule und Bildung
Hauptstadt
Hauptstadt der DDR: > Baugeschichte und Stadtbild
VIII., > Geschichte VIII., > Hauptstadt, > Sonder-

status 1945-90 VII.
Hauptverkehrsstraßen: > Bundesfernstraßen, > Straßen, > Umweltschutz II.
Hauptverwaltung: > Politisches System III., > Senatskanzlei (SKzl), > Senatsverwaltungen, > Senat von Berlin
Hauptzentren: > City, > Einkaufszentren
Haus am Checkpoint Charlie
Haus am Kleistpark: > Heimatmuseen, > Heinrich-von-Kleist-Park, > Schöneberg
Haus am Rupenhorn: > Senatsverwaltung für Jugend und Familie (SenJugFam)
Haus am Waldsee: > Kultur II., > Kultur- und Kunstämter, > Zehlendorf
Haus an der Spree: > Bauakademie
Hausbesetzungen
Haus der Demokratie
Haus der Jungen Pioniere „German Titow": > Theater der Freundschaft
Haus der Jungen Talente: > Podewil
Haus der Kinder: > Theater der Freundschaft
Haus der Kirche: > Evangelische Akademien, > Evangelische Kirche in Berlin-Brandenburg
Haus der Kulturen der Welt GmbH
Haus der Ministerien: > Detlev-Rohwedder-Haus, > Sowjetische Militäradministration in Deutschland (SMAD), > Wilhelmstraße
Haus der Moderne: > Hamburger Bahnhof
Haus der Parlamentarier: > Reichsbankgebäude
Haus der sowjetischen Wissenschaft und Kultur: > Haus der Wissenschaft und Kultur der russischen Föderation – GUS
Haus der Wannsee-Konferenz
Haus der Wirtschaft: > Vereinigung der Unternehmensverbände in Berlin und Brandenburg e.V. (UVB)
Haus der Wissenschaft und Kultur der russischen Föderation – GUS
Haus des älteren Bürgers
Haus des Lehrers
Haus des Rundfunks
Haus des Sports: > Landessportbund Berlin – LSB
Haus des Zentralkomitees der SED: > Reichsbankgebäude
Haushalt und Finanzen
Haus Koserstraße: > Senatsverwaltung für Jugend und Familie (SenJugFam)
Hauspflege: > Altenhilfe, > Sozialstationen, > Wohlfahrtspflege
Haus Schweinfurthstraße: > Senatsverwaltung für Jugend und Familie (SenJugFam)
Haus Vaterland: > Potsdamer Platz
Hausvogteiplatz
Hauswirtschaftliche Berufsfachschule: > Lette-Verein
Havel
Havelberg: > Berge, > Grunewald
Havelbrücken: > Spandau
Havelchaussee
Havelkanal: > Güterverkehr, > Wasserstraßen
Havelseen
Haydn-Mozart-Beethoven-Denkmal: > Großer Tiergarten
Hebbel-Theater

Heckeshorn: > Großer Wannsee
Heerstraße: > Ost-West-Achse, > Pichelsdorf, > Städtischer Friedhof Heerstraße
Hegel-Denkmal: > Prinz-Heinrich-Palais
Heidefriedhof Mariendorf: > Friedhöfe
Heidekrautbahn: > Kleinbahnen und Privatanschlußbahnen
Heiligensee
Heilig-Geist-Kapelle
Heimatgeschichtliche Sammlung Lichtenberg: > Heimatmuseen
Heimatgeschichtliches Kabinett Hohenschönhausen: > Heimatmuseen
Heimatklänge: > Tempodrom
Heimatmuseen
Heimatvereine: > Heimatmuseen, > Verein für die Geschichte Berlins, gegr. 1865
Heimerziehung: > Jugendhilfe
Heimvolkshochschule Jagdschloß Glienicke: > Jagdschloß Glienicke
Heine-Denkmal: > Kunst am Bau/Kunst im Stadtraum > Volkspark am Weinberg
Heinersdorf
Heinrich-Hertz-Institut für Nachrichtentechnik Berlin GmbH (HHI)
Heinrich-Hertz-Oberschule: > Spezialschulen
Heinrich-Laehr-Park: > Schönow
Heinrich-Lassen-Park: > Schöneberg
Heinrich-Mann-Preis: > Akademie der Künste (Ost)
Heinrich-von-Kleist-Park
Heizkraftwerke: > Berliner Kraft- und Licht (BEWAG)-Aktiengesellschaft, > Elektrizitätsversorgung, > Energieversorgung Berlin Aktiengesellschaft (EBAG), > Umweltschutz II.
Heizkraftwerk Klingenberg: > Elektrizitätsversorgung, > Rummelsburg
Heizkraftwerk Reuter: > Elektrizitätsversorgung, > Spandau
Helenenhof: > Friedrichshain
Helene-Weigel-Archiv: > Bertolt-Brecht-Haus
Helene-Weigel-Platz: > Marzahn
Helle Berge: > Berge, > Gatow
Hellersdorf
Hellersdorfer Berge: > Marzahn, > Trümmerberge
Helmholtz-Denkmal: > Prinz-Heinrich-Palais
Helmut-Ziegner-Stiftung: > Universal-Stiftung Helmut Ziegner
Henry-Ford-Bau: > Freie Universität Berlin (FU)
Herkulesbrücke: > Landwehrkanal
Hermann-Ehlers-Akademie Berlin
Hermann-Ehlers-Platz: > Schloßstraße
Hermannplatz
Hermsdorf
Hermsdorfer See: > Hermsdorf
Herrenhäuser: > Gutshäuser
Herrenhaus Beyme
Hertha BSC e.V.
Hertha 03 Zehlendorf: > Fußball-Club Hertha 03 Zehlendorf
Hertha-See: > Grunewaldseen
Hessenwinkel
Hilfsstelle für evangelische Rasseverfolgte: > Widerstand

Ingenieurhochschule Lichtenberg: > Fachhochschule
für Technik und Wirtschaft in Gründung (FHTW),
> Lichtenberg, > Wissenschaft und Forschung I.
Ingenieurhochschule Wartenberg: > Fachhochschule
für Technik und Wirtschaft in Gründung (FHTW),
> Wartenberg, > Wissenschaft und Forschung I.
*Ingenieurs-Gesellschaft für Aggregatetechnik und
Verkehrsfahrzeuge mbH (IVA):* > An-Institute
Initiative Frieden und Menschenrechte: > Bündnis 90,
> Geschichte X.
Initiative Neue Musik: > Musik
Initiativ-Kindertagesstätten: > Kindertagesstätten
INKOTA – Ökumenisches Netzwerk e.V.
Innerdeutscher Handel: > Europäische Gemeinschaf-
ten (EG)
Innerdeutscher Sportkalender: > Sport II.
Innovationsassistenten
Innovationsfonds
InnovationsMarkt Berlin und Brandenburg
Innovationspark Wuhlheide GmbH: > Innovations-
und Gründerzentren, > Köpenick
Innovationspreis Berlin: > Senatsverwaltung für
Wirtschaft und Technologie (SenWiTech)
Innovations- und Gründerzentren (IGZ)
Innungen: > Handwerkskammer Berlin, > Vereini-
gung der Unternehmensverbände in Berlin und
Brandenburg e.V. (UVB)
Inselbrücke: > Märkisches Ufer
Insel der Jugend
Insel-Musik: > Musik
Inseln
Instandbesetzung: > Hausbesetzungen, > Selbsthilfe
Sanierung
Institute for Advanced Studies: > Wissenschaftskolleg
zu Berlin Institute for Advanced Studies Berlin e.V.
Institut Français de Berlin
*Institut für Angewandte Analysis und Stochastik
(IAAS):* > Forschungsverbund Berlin e.V.
Institut für Arzneimitttel (AMI): > Bundesgesund-
heitsamt (bga)
Institut für Bahntechnik GmbH (IFB): > An-Institute
Institut für baugebundene Kunst: > Kunsthochschule
Berlin-Weißensee (KHB)
Institut für Bautechnik Berlin (IfBt)
Institut für Denkmalpflege: > Denkmalschutz, Denk-
malpflege
*Institut für Diabetis und Stoffwechselkrankheiten
(IDS):* > Senatsverwaltung für Gesundheit
(SenGes)
Institut für Diagnostikforschung GmbH: > An-Institute
Institut für Europäische Lehrerbildung: > Europäische
Akademie Berlin e.V.
Institut für Gärungsgewerbe und Biotechnologie
(IFGB)
Institut für Genbiologische Forschung Berlin
GmbH
*Institut für Gewässerökologie und Binnenfischerei
(IGB):* > Forschungsverbund Berlin e.V.
Institut für Kristallzüchtung (IKZ): > Forschungs-
verbund Berlin e.V.
Institut für Management und Technologie IMT Ber-
lin GmbH
Institut für Meteorologie

Institut für Museumskunde (IfM)
Institut für Museumswesen (IfM): > Institut für Mu-
seumskunde (IfM)
*Institut für nichtlineare Optik und Kurzzeitspek-
troskopie (INOK):* > Forschungsverbund Berlin e.V.
Institut für soziale Demokratie: > August-Bebel-Insti-
tut (ABI)
Institut für Sozialmedizin und Epidemiologie (SozEp):
> Bundesgesundheitsamt (bga)
Institut für Städtebau
Institut für technische Weiterbildung Berlin e.V.
(ITW)
*Institut für Terminologie und Angewandte Wissens-
forschung (itaw) Berlin:* > Humboldt-Universität zu
Berlin (HUB)
Institut für Veterinärmedizin (Vetmed): > Bundesge-
sundheitsamt (bga)
*Institut für Wasser-, Boden- und Lufthygiene
(WaBoLu):* > Bundesgesundheitsamt (bga)
Institut für wassergefährdende Stoffe e.V. (IWS): > An-
Institute
*Institut für Werkzeugmaschinen und Fertigungstechnik
(IWF):* > Produktionstechnisches Zentrum (PTZ)
Institut für Wild- und Zootierforschung (IWZ): > For-
schungsverbund Berlin e.V.
Insulaner
Integrationskindertagesstätten: > Kindertagesstätten
Interbau 1957: > Bauausstellungen, > Baugeschichte
und Stadtbild VIII., > Hansaviertel
Interflug: > Deutsche Lufthansa AG (LH), > Luft-
verkehr
Internate: > Königin-Luise-Schule, > Schulfarm In-
sel Scharfenberg, > Spezialschulen, > Staatliche
Ballettschule Berlin und Schule für Artistik
Internationale Bauausstellung 1957 (Interbau):
> Bauausstellungen, > Hansaviertel
Internationale Bauausstellung (IBA) 1987
Internationale Begegnungsstätte Jagdschloß Glienicke:
> Jagdschloß Glienicke, > Senatsverwaltung für
Jugend und Familie (SenJugFam)
Internationale Bootsausstellung Berlin:
> Ausstellungs-Messe-Kongress GmbH (AMK
Berlin)
Internationale Filmfestspiele Berlin
Internationale Filmmesse: > Internationale Filmfest-
spiele Berlin
Internationale Funkausstellung Berlin (IFA)
Internationale Grüne Woche Berlin
Internationale Jugendbegegnung: > Jugendförderung
Internationaler Deutscher Musikpreis Berlin: > Musik
Internationales Congress Centrum Berlin (ICC
Berlin)
Internationales Design-Zentrum e.V. (IDZ Berlin)
Internationales Forum des jungen Films: > Internatio-
nale Filmfestspiele Berlin
Internationales Hallenfußballturnier: > Ausstellungs-
Messe-Kongress GmbH (AMK Berlin), > Hertha
BSC e.V.
Internationales Handelszentrum Berlin GmbH
(IHZ)
Internationales Institut für Journalismus (IIJ)
Internationales Kinderfilmfest: > Internationale Film-
festspiele Berlin

Internationales Kulturcentrum UFA-Fabrik
Internationales Reit- und Springturnier (CHI)
Internationales Springermeeting: > Olympischer Sport-Club (OSC) e.V., > Sportzentrum Schöneberg, > Sport II.
Internationales Stadion-Sportfest (ISTAF)
Internationale Tennismeisterschaften von Deutschland der Damen
Internationale Tourismus-Börse ITB Berlin
Invalidenfriedhof
Invalidenhaus
Invalidensiedlung
Inventionen: > Musik
Investitionsplanung: > Haushalt und Finanzen III.
Investitionsprogramm: > Berliner Aufbauprogramm
Investitionszulage: > Berlinförderung, > Wirtschaft IV.
Investitionszuschuß: > Wirtschaftsförderung
ISDN – Integrated Services Digital Network: > Deutsche Bundespost (DBP)
Islamischer Friedhof: > Moscheen
Islamische Vereinigungen: > Moscheen, > Religionsgemeinschaften
Israelitische Synagogen-Gemeinde (Adass Jisroel) zu Berlin
Italienischer Soldatenfriedhof: > Friedhöfe
IZT Institut für Zukunftsstudien und Technologiebewertung

Jagd: > Forsten
Jagdschloß Glienicke
Jagdschloß Grunewald
Jahn-Denkmal: > Volkspark Hasenheide
Jahreskunstausstellungen: > Freie Berliner Kunstausstellung (FBK)
Jannowitzbrücke
Japanisch-Deutsches Zentrum Berlin
Jazz
Jazz across the border: > Jazz
JazzFest Berlin
Jazz in the Garden: > Jazz
Jessup-Malik-Abkommen: > New Yorker Abkommen
Joachimsthalsches Gymnasium
Joachim-Tiburtius-Preis: > Senatsverwaltung für Wissenschaft und Forschung (SenWissForsch)
Johanneskirche: > Schlachtensee
Johannes-R.-Becher-Haus: > Niederschönhausen, > Pankow
Johannes-Sassenbach-Stiftung: > Unter den Linden
Johann-Gottfried-Herder-Oberschule: > Spezialschulen
Johanniskirche: > St.-Johanniskirche
Johannisthal
John-F.-Kennedy-Institut für Nordamerikastudien: > Freie Universität Berlin (FU)
John-F.-Kennedy-Platz: > Rathaus Schöneberg
John-F.-Kennedy-Schule
Joseph-Joachim-Preis: > Akademie der Künste zu Berlin
Joseph-Lehmann-Schule: > Synagogen
Juden: > Bevölkerung I., > Geschichte, > Pogromnacht 1938, > Israelitische Synagogen-Gemeinde (Adass Jisroel) zu Berlin, > Jüdische Friedhöfe, > Jüdische Gemeinde zu Berlin

Juden-Kiewer: > Jüdische Friedhöfe
Judenpogromnacht 1938: > Pogromnacht 1938
Judenverfolgung: > Geschichte, > Haus der Wannseekonferenz, > Konzentrationslager, > Pogromnacht 1938
Jüdische Friedhöfe
Jüdische Gemeinde Adass Jisroel: > Israelitische Synagogen-Gemeinde (Adass Jisroel) zu Berlin
Jüdische Gemeinde zu Berlin
Jüdische Lebenswelten: > Kultur III.
Jüdischer Friedhof an der Schönhauser Allee: > Jüdische Friedhöfe
Jüdischer Friedhof Charlottenburg
Jüdischer Friedhof Weißensee
Jüdischer Sportverband „Makkabi in Deutschland": > Sport II.
Jüdisches Krankenhaus: > Krankenhäuser, > Wedding
Jüdisches Museum: > Berlin-Museum, > Jüdische Gemeinde zu Berlin, > Kreuzberg, > Neue Synagoge, > Synagogen
Jüdische Volkshochschule: > Jüdische Gemeinde zu Berlin
Jürgenlanke: > Havelseen
Jugendämter: > Jugendförderung, > Jugendhilfe, > Kindertagesstätten, > Not- und Krisendienste, > Wohlfahrtspflege
Jugendarbeit: > Jugendförderung
Jugendarbeitslosigkeit: > Arbeitsmarkt
Jugendarrestanstalt: > Justizvollzug
Jugendaufbauwerk Berlin
Jugendbegegnungen: > Jugendförderung
Jugendberufshilfe: > Jugendhilfe
Jugendbibliotheken: > Bibliotheken
Jugendbildungsstätten: > Jugendförderung
Jugendclubs: > Jugendförderung
Jugenderholungsmaßnahmen: > Jugendförderung
Jugendförderung
Jugendfreizeitstätten: > Jugendförderung, > Jugendhilfe, > Wohlfahrtspflege
Jugendgästehäuser
Jugendgesundheitsdienst: > Gesundheitsämter
Jugendheime: > Jugendhilfe
Jugendhilfe
Jugendkriminalität: > Kriminalität
Jugendnotdienst: > Not- und Krisendienste, > Senatsverwaltung für Jugend und Familie (SenJugFam)
Jugendradio DT 64: > Hörfunk
Jugendspartakiaden: > Sport II.
Jugendsportschulen: > Spezialschulen, > Sport I.
Jugendstrafanstalt: > Justizvollzug
Jugendsynagoge: > Synagogen
Jugendtheater: > Kinder- und Jugendtheater
Jugend trainiert für Olympia
Jugoslawen: > Bevölkerung III.
Juliusturm: > Zitadelle Spandau
Junge Welt
Jungfernbrücke
Jungfernheide
Jungfernmühle: > Buckow, > Windmühlen
Juryfreie Kunstausstellung: > Bildende Kunst, > Freie Berliner Kunstausstellung (FBK)

Justiz: > Amtsgerichte, > Arbeitsgerichtsbarkeit, > Bindungen, > Bundesgerichtshof, > Bundesverwaltungsgericht, > Finanzgerichtsbarkeit, > Kammergericht, > Kriminalgericht Moabit, > Landgericht, > Militärgerichtsbarkeit, > Oberstes Rückerstattungsgericht, > Senatsverwaltung für Justiz (SenJust), > Sozialgerichtsbarkeit, > Verfassungsgerichtshof, > Verwaltungsgerichtsbarkeit

Justizkasse: > Amtsgerichte

Justizprüfungsamt Berlin (JPA)

Justizvollzug

Justizvollzugsanstalten (JVA): > Justizvollzug

Kabarett

Kabarett der Komiker: > Kabarett

Kabelfernsehen: > Fernsehen, > Neue Medien

Kabelhörfunk: > Hörfunk, > Neue Medien

Kabelkanal: > Fernsehen

Kabelpilotprojekt: > Fernsehen, > Hörfunk, > Medienanstalt Berlin-Brandenburg (MBB), > Neue Medien

Kabelrat: > Medienanstalt Berlin-Brandenburg (MBB)

KaDeWe: > Tauentzienstraße, > Wittenbergplatz

Kälberwerder: > Havelseen, > Inseln

Kältepol: > Spandauer Forst

Kämmereiheide: > Salvador-Allende-Viertel

Käthe-Kollwitz-Museum: > Museen und Sammlungen, > Villa Grisebach

Käthe-Kollwitz-Preis: > Akademie der Künste (Ost)

Kaiser: > Geschichte IV., > Landesherren

Kaiserdamm: > Ost-West-Achse

Kaiser-Franz-Josef-Platz: > Bebelplatz

Kaiser-Friedrich-Gedächtniskirche: > Hansaviertel

Kaiser-Friedrich-Museum: > Bode-Museum, > Gemäldegalerie, > Museen und Sammlungen, > Museum für Spätantike und Byzantinische Kunst, > Museumsinsel, > Skulpturensammlung

Kaisergalerie: > Friedrichstraße

Kaiser-Wilhelm-Gedächtniskirche

Kaiser-Wilhelm-Gesellschaft zur Förderung der Wissenschaften (KWG)

Kaiser-Wilhelm-Palais: > Altes Palais

Kaiser-Wilhelm-Turm: > Grunewaldturm

Kaiser-Wilhelm- und Augusta-Stiftung: > Senatsverwaltung für Soziales (SenSoz)

Kalktuffgelände Tegeler Fließ: > Blankenfelde, > Tegeler Fließ

Kalter Krieg: > Blockade, > Geschichte VII., VIII., IX., X., > Sowjetisches Ultimatum, > Spaltung

Kammergericht

Kammermusikensemble: > Musik

Kammermusiksaal

Kammerorchester Carl-Philipp-Emanuel-Bach: > Musik

Kammerspiele: > Berliner Kammerspiele, > Deutsches Theater und Kammerspiele, > Theater

Kampfgruppendenkmal: > Kunst am Bau / Kunst im Stadtraum, > Volkspark Prenzlauer Berg

Kampfmittelbeseitigung: > Polizei

Kanäle: > Wasserstraßen

Kanalisation: > Berliner Wasser-Betriebe (BWB), > Wasserversorgung / Entwässerung, > Umweltschutz II.

Kanonenberge: > Berge, > Köpenicker Forst

Kapitulation: > Geschichte VI., VII., > Museum der bedingungslosen Kapitulation des faschistischen Deutschlands im Großen Vaterländischen Krieg 1941-45

Kapp-Putsch: > Geschichte V.

Karajan-Stiftung: > Musik

Karl-Bonhoeffer-Nervenklinik: > Reinickendorf, > Wittenau

Karl-Friedrich-Friesen-Schwimmstadion

Karl-Hofer-Preis: > Hochschule der Künste (HdK)

Karl-Marx-Allee

Karl-Marx-Straße

Karlsberg: > Berge, > Grunewald, > Grunewaldturm, > Wilmersdorf

Karlshorst

Karmeliterinnen-Kloster: > Maria Regina Martyrum

Karolinenhöhe: > Gatow, > Wasserversorgung / Entwässerung

Karolinenhof: > Schmöckwitz

Karow

Karower Teiche: > Karow, > Stadtgrün

Kasernen: > Alliierte, > Bundeswehr, > Gruppe der Sowjetischen Streitkräfte in Deutschland (GSSD)

Kasino: > Spielbank Berlin, > Spielcasino Berlin

Katakombe: > Kabarett

Katastrophenhilfsdienst (KatHD): > Katastrophenschutz

Katastrophenschutz

Katholische Aktion: > Widerstand

Katholische Fachhochschule Berlin (KFB)

Katholische Kirche – Bistum Berlin

Katholischer Friedhof Charlottenburg

Katholische Schule Edith Stein – Berufsfachschule für Sozialwesen und Fachschule für Erzieher: > Katholische Kirche – Bistum Berlin

Katzbach-Stadion: > Türkiyemspor Berlin e.V.

Kaufhaus des Westens (KaDeWe): > Tauentzienstraße, > Wittenbergplatz

Kaulsdorf

Kavaliershaus: > Pankow

Kemperplatz: > Kulturforum Tiergarten, > Philharmonie

Kernenergie: > Hahn-Meitner-Institut, Berlin GmbH (HMI)

Kerngehäuse e.V.

Kiekemal: > Mahlsdorf

Kienberg: > Erholungspark Marzahn, > Marzahn, > Trümmerberge

Kietz

Kinder: > Bevölkerung

Kinderbauernhöfe: > Jugendförderung

Kinderbibliotheken: > Bibliotheken

Kindererholungsmaßnahmen: > Jugendförderung

Kindergärten: > Kindertagesstätten

Kinderheime: > Jugendhilfe, > Senatsverwaltung für Jugend und Familie (SenJugFam)

Kinderkrankenhaus Lindenhof: > Lichtenberg

Kinderkrippen: > Kindertagesstätten

Kindernotdienst: > Not- und Krisendienste, > Senatsverwaltung für Jugend und Familie (SenJugFam)

Kinderschutz-Zentrum in Berlin e.V.: > Not- und

Krisendienste
Kindersorgentelefon: > Not- und Krisendienste
Kinderspielplätze: > Jugendförderung
Kindertagesstätten
Kinder- und Jugendsportschulen: > Sport I.
Kinder- und Jugendtheater
Kinder- und Jugendtheatertreffen: > Kinder- und
  Jugendtheater
Kind im Zentrum e.V. (KiZ): > Not- und Krisen-
  dienste
Kinos
Kirchenbauten: > Religionsgemeinschaften
Kirche zu den vier Evangelisten: > Pankow
Kirche Zum Vaterhaus: > Baumschulenweg
Kirchhöfe: > Dorfkirchen, > Friedhöfe
Kirchliche Hochschule Berlin (KiHo)
Kissingenviertel: > Pankow
Kladow
Klärschlammverbrennungsanlagen: > Umweltschutz II.
Klärwerke: > Berliner Wasser-Betriebe (BWB),
  > Wasserversorgung/Entwässerung, > Umwelt-
  schutz II.
Klare Lanke: > Havelseen
Klassik Radio: > Hörfunk
Klausener Platz: > Widerstand
Kleinbahnen und Privatanschlußbahnen
Kleiner Müggelberg: > Müggelberge
Kleiner Müggelsee: > Großer Müggelsee
Kleiner Rohrwall: > Inseln, > Langer See
Kleiner Seddinwall: > Inseln
Kleiner Tiergarten: > Großer Tiergarten, > Moabit,
  > Turmstraße
Kleiner Wall: > Havelseen, > Inseln
Kleiner Wannsee: > Grunewaldseen
Kleines Besatzungsstatut: > Alliierte, > Geschichte
  VIII., > Magistrat
Kleine Steinlanke: > Havelseen
Kleines Theater
Kleingärten
Kleinglienicke
Kleist-Grab
Kleistpark: > Heinrich-von-Kleist-Park
Kleiststraße: > Generalszug
Kletterfelsen: > Teufelsberg, > Volkspark Humboldt-
  hain
Klima
Klingelhöfer Dreieck: > City, > Tiergarten
Klinikum Berlin-Buch
Klinikum Steglitz: > Universitätsklinikum Steglitz
  der Freien Universität Berlin
Klöster: > Religionsgemeinschaften
Klosterkirche: > Graues Kloster
Kneipen: > Gaststätten
Knoblauchhaus
Knoblauch-Museum: > Knoblauchhaus
Knorr-Bremse: > Friedrichshain
Kölln
Köllnische Heide: > Treptow
Köllnischer Park
Köllnisches Gymnasium: > Berlinisches Gymnasium
  zum Grauen Kloster
Köllnische Vorstadt: > Köpenick
Könige: > Geschichte, > Landesherren

Königin-Luise-Kirche: > Waidmannslust
Königin-Luise-Schule
Königliche Bauakademie: > Bauakademie
Königliche Bibliothek: > Alte Bibliothek, > Staats-
  bibliothek zu Berlin – Preußischer Kulturbesitz
Königliche Eisengießerei: > Fer de Berlin, > Geschich-
  te III., > Mitte, > Panke, > Wirtschaft II.
Königliche Porzellan-Manufaktur: > KPM – Königli-
  che Porzellan-Manufaktur Berlin GmbH
Königlich Privilegierte berlinische Zeitung: > Presse
Königlich Technische Hochschule zu Berlin: > Bau-
  akademie, > Technische Universität Berlin (TUB),
  > Wissenschaft und Forschung II.
Königsheide
Königskolonnaden: > Alexanderplatz, > Heinrich-
  von-Kleist-Park, > Kolonnaden
Königsplatz: > Platz der Republik
Koenigssee: > Grunewaldseen
Königsstadt: > Friedrichshain, > Mitte, > Stadt-
  erweiterung
Königstädtisches Theater: > Theater
Königstor: > Alexanderplatz, > Prenzlauer Berg,
  > Stadtmauer
Köpenick
Köpenicker Blutwoche: > Geschichte VI., > Köpenick
Köpenicker Forst
Köpenicker Sommer: > Köpenick
Köpenicker Vorstadt: > Mitte, > Stadterweiterung
Körnerpark
Kohlhasenbrück
Kohlhasengraben: > Bäke
Kolk/Benitz
Kollektivplan: > Baugeschichte und Stadtbild VII.,
  > Kulturforum Tiergarten, > Verkehr I.
Kollwitz-Denkmal: > Kollwitzplatz, > Kunst am
  Bau/Kunst im Stadtraum
Kollwitzplatz
Kolonistensiedlungen: > Dörfer
Kolonnaden
KOMBA Berlin – Gewerkschaft des öffentlichen
  Dienstes im Deutschen Beamtenbund
Komendatura: > Alliierte Kommandantur
Komische Oper
Kommission der Europäischen Gemeinschaften
  Vertretung in der Bundesrepublik Deutschland –
  Vertretung in Berlin
Kommunale Dienste: > Abfallwirtschaft, > Elek-
  trizitätsversorgung, > Gasversorgung, > Öffentli-
  cher Personennahverkehr, > Wasserversorgung/
  Entwässerung
Kommunale Galerie: > Fehrbelliner Platz
Kommunale Museen: > Heimatmuseen
Kommunale Wohnungsverwaltung (KWV): > Gemein-
  nützige Wohnungswirtschaft, > Wohnungsbau
Kommunikationsgeheimnis: > Alliierte
Kommunikations- und Informationszentrum (KIZ):
  > Landesamt für Informationstechnik (LIT)
Kommunistische Partei Deutschlands (KPD): > Block-
  parteien, > Geschichte V., VII., > Preußischer
  Landtag, > Sozialdemokratische Partei Deutsch-
  lands (SPD), > Sozialistische Einheitspartei
  Deutschlands (SED), > Wahlen
Komödie

Kupfergraben
Kupferstichkabinett
Kurfürsten: > Geschichte I., > Landesherren
Kurfürstenbrücke: > Rathausbrücke, > Mitte
Kurfürstendamm
Kursbuch: > Literatur
Kursmaklerkammer in Berlin/Wertpapierbörse: > Börse,
  > Senatsverwaltung für Wirtschaft und Technolo-
  gie (SenWiTech)
Kurt-Schumacher-Haus: > Müllerstraße, > Sozialde-
  mokratische Partei Deutschlands (SPD)
Kurzarbeiterregelung: > Arbeitsmarkt
Kurzparkzonen: > Ruhender Verkehr
Kustodie: > Akademie der Wissenschaften der DDR

Länderfinanzausgleich: > Haushalt und Finanzen IV.
Lärmbekämpfung: > Umweltschutz II.
Lärm und Lust Frauenmusikzentrum e.V.: > Frauen-
  kulturinitiativen
Lage und Stadtraum
Landbuch Kaiser Karls IV.
Landesamt für Arbeitsschutz und technische Si-
  cherheit (LAfA)
Landesamt für Besatzungslasten (LBL): > Landesamt
  für Verteidigungslasten (LVL)
Landesamt für Elektronische Datenverarbeitung (LED):
  > Landesamt für Informationstechnik (LIT)
Landesamt für Gesundheitsberufe Berlin (LAGes):
  > Senatsverwaltung für Gesundheit (SenGes)
Landesamt für Informationstechnik (LIT)
Landesamt für Meß- und Eichwesen: > Senatsver-
  waltung für Wirtschaft und Technologie
  (SenWiTech)
Landesamt für Verfassungsschutz Berlin (LfV)
Landesamt für Verteidigungslasten (LVL)
Landesamt für Zentrale Soziale Aufgaben –
  Landesversorgungsamt – (LASoz)
Landesamt zur Regelung offener Vermögensfragen
  (LARoV)
Landesantidiskriminierungsgesetz (LADG): > Frauen-
  bewegung, > Frauenförderplan, > Geschichte X.
Landesarbeitsamt Berlin-Brandenburg: > Arbeitsämter
Landesarbeitsgemeinschaft Naturschutz e.V.
Landesarchiv Berlin
Landesarzt für körperlich Behinderte: > Landesamt für
  Zentrale Soziale Aufgaben – Landesversorgungs-
  amt – (LASoz)
Landesausstellungspark: > Museum für Verkehr und
  Technik
LandesBank Berlin – Girozentrale – (LBB)
Landesbausparkasse: > Landesbank Berlin – Girozen-
  trale – (LBB)
Landesbeauftragte für Ausländerfragen: > Ausländer-
  beauftragte des Senats von Berlin
Landesbeauftragte für Behinderte
Landesbeauftragter für angewandte Gerontologie:
  > Altenhilfe
Landesbeauftragter für Naturschutz und Land-
  schaftspflege
Landesbeirat für Behinderte: > Landesbeauftragte für
  Behinderte
Landesbildstelle Berlin – Zentrum für audiovisuelle
  Medien

Landesbürgschaften: > Berlinförderung
Landesdrogenbeauftragter: > Drogen
Landeseinwohneramt (LEA)
Landesentwicklungsplan: > Regionalplanung
Landesfahne: > Hoheitszeichen
Landesforstamt: > Forsten, > Senatsverwaltung für
  Stadtentwicklung und Umweltschutz
  (SenStadtUm)
Landesfrauenbeauftragte: > Frauenbeauftragte
Landesfrauenrat Berlin (LFR) e.V.
Landesgesetzgebung: > Abgeordnetenhaus von Berlin
Landeshaushalt: > Haushalt und Finanzen II.
Landesherren
Landesinstitut für Arbeitsmedizin (Larbmed)
Landesinstitut für gerichtliche und soziale Medizin
Landesinstitut für Sportmedizin: > Senatsverwaltung
  für Gesundheit (SenGes)
Landesinstitut für Tropenmedizin (LITrop)
Landesjugendamt: > Jugendförderung, > Jugendhilfe
Landesjugendorchester: > Jugendförderung, > Musik
Landesjugendplan: > Jugendförderung
Landesjugendring Berlin (LJR)
Landeskartellbehörde: > Senatsverwaltung für Wirt-
  schaft und Technologie (SenWiTech)
Landeskonservator: > Denkmalschutz, Denkmal-
  pflege, > Senatsverwaltung für Stadtentwicklung
  und Umweltschutz (SenStadtUm)
Landeskriminalamt (LKA): > Kriminalpolizei
Landeslehranstalt für technische Assistenten in der
  Medizin
Landesleistungszentren (LLZ)
Landesluftfahrtbehörde: > Luftverkehr
Landesmedienanstalt: > Fernsehen, > Medienanstalt
  Berlin-Brandenburg (MBB)
Landesmedizinaluntersuchungsamt Berlin (LMUA)
Landesmusikrat Berlin: > Musik
Landesnervenklinik Spandau (LNK): > Spandau
Landesparlament: > Abgeordnetenhaus von Berlin
Landesplanung: > Regionalplanung
Landespostdirektion (LPD): > Deutsche Bundespost
  (DBP)
*Landesprüfungsamt für Gesundheitsberufe Berlin
  (LPAGes):* > Senatsverwaltung für Gesundheit
  (SenGes)
Landesrechnungshof: > Rechnungshof von Berlin
Landesregierung: > Politisches System II., > Senat
  von Berlin
Landesrundfunkanstalt: > Fernsehen, > Hörfunk,
  > Sender Freies Berlin (SFB)
Landesschulbeirat
Landesschulrat
Landessportbund Berlin – LSB
Landesstelle Berlin gegen die Suchtgefahren e.V.
Landesstelle für Entwicklungszusammenarbeit
Landesuntersuchungsinstitut für Lebensmittel,
  Arzneimittel und Tierseuchen Berlin (LAT)
Landesverfassungsgericht: > Verfassungsgerichtshof
Landesversicherungsanstalt Berlin (LVA Berlin)
Landesversorgungsamt: > Landesamt für Zentrale
  Soziale Aufgaben – Landesversorgungsamt – (LA
  Soz)
Landesverwaltungsamt Berlin (LVwA)
Landeswahlleiter: > Statistisches Landesamt Berlin

Max-Planck-Institut für molekulare Genetik
Max-Planck-Institut für Plasmaphysik: > Max-Planck-Gesellschaft zur Förderung der Wissenschaften e.V. (MPG)
Max von Pettenkofer Institut (MvP): > Bundesgesundheitsamt (bga)
Mc-Nair-Barracks: > Steglitz
Mediaport GmbH: > Medienanstalt Berlin-Brandenburg (MBB)
Medien: > Fernsehen, > Hörfunk, > Neue Medien, > Presse
Medienanstalt Berlin-Brandenburg (MBB)
Mediotheken: > Bibliotheken
Mehringhof
Mehringplatz
Meilensäulen
Meistergründungsprämien: > Senatsverwaltung für Wirtschaft und Technologie (SenWiTech)
Meldestellen: > Landeseinwohneramt (LEA)
Mendelssohn-Bartholdy-Park: > Häfen
Menschen – Tiere – Sensationen: > Ausstellungs-Messe-Kongress GmbH (AMK Berlin), > Deutschlandhalle
Merkur-Haus: > Internationale Bauausstellung (IBA) 1987
Messegelände: > Ausstellungs- und Messegelände am Funkturm
Messen und Kongresse: > Ausstellungs-Messe-Kongress GmbH (AMK Berlin)
Meteorologisches Institut: > Institut für Meteorologie
Methodisches Zentrum für wissenschaftliche Bibliotheken: > Deutsches Bibliotheksinstitut (dbi)
Metropol
Metropolis: > Kultur III.
Metropol-Theater
Mexikoplatz: > Schlachtensee
Mieten: > Mietrecht
Mietenspiegel: > Mietrecht
Mietergärten: > Kleingärten
Mieter-Modernisierung: > Wohnungsmodernisierung durch Mieter
Mietpreisbindung: > Mietrecht
Mietrecht
Mietskasernen
Militär: > Alliierte, > Bundeswehr, > Entmilitarisierung, > Umweltschutz II., > Wehrpflicht
Militärflughäfen: > Flughäfen
Militärgerichtsbarkeit
Militärische Verbindungsmissionen in Deutschland: > Alliierter Kontrollrat, > Gruppe der Sowjetischen Streitkräfte in Deutschland (GSSD)
Militärmissionen in Berlin
Militärregierungen: > Alliierte, > Stadtkommandanten
Millionenbauern: > Bayerisches Viertel, > Schöneberg
Millionenbrücke: > Swinemünder Brücke
Mindestumtausch
Ministerium für Staatssicherheit (MfS): > Bereitschaftspolizei, > Der Bundesbeauftragte für die Unterlagen des Staatssicherheitsdienstes der ehemaligen Deutschen Demokratischen Republik, > Forschungs- und Gedenkstätte in der Norman-

nenstraße (ASTAK e.V.), > Geschichte X., > Kriminalpolizei
Ministerrat der DDR: > Stadthaus
Mischkanal: > Fernsehen, > Hörfunk
Mißbrauchsklausel: > Transitverkehr
Mißtrauensvotum: > Abgeordnetenhaus von Berlin, > Politisches System II., > Senat von Berlin
Mitscherlich-Denkmal: > Prinz-Heinrich-Palais
Mitte
Mitteldeutscher Rundfunk (MDR): > Fernsehen, > Hörfunk
Mittelhof: > Historische Kommission zu Berlin e.V. – Forschungszentrum für Geschichte – (HiKo), > Nikolassee
Mittellandkanal: > Verkehr II., > Wasserstraßen
Mittelstandsassistenten: > Innovationsassistenten
Mittelstandsförderung: > Innovationsassistenten, > Innovationsfonds
Mittelzentren: > Einkaufszentren
Mittwochsgesellschaften
Moabit
Moabiter Brücke: > Moltkebrücke
ModaBerlin
Mohammedanischer Friedhof: > Moscheen
Mohrenkolonnaden: > Hausvogteiplatz, > Kolonnaden
Molkenmarkt
Moltkebrücke
Moltke-Denkmal: > Großer Tiergarten, > Hauptstadt, > Platz der Republik
Mommsen-Denkmal: > Prinz-Heinrich-Palais
Mommsenstadion
Monbijoubrücke
Monbijoupark
Monitoringprogramm Naturhaushalt: > Umweltatlas Berlin
Montan-Union: > Europäische Gemeinschaften (EG)
Mont Klamott: > Bunker, > Trümmerberge, > Volkspark Friedrichshain
Moore
Moscheen
Moses-Mendelssohn-Preis
Motorboote: > Schiffahrt, > Umweltschutz II.
Motorboot-Fahrverbot: > Röhrichtschutz, > Schiffahrt
Motorisierung: > Kraftfahrzeugverkehr
MTV Europe: > Fernsehen
Müggelberge
Müggelheim
Müggelsee: > Großer Müggelsee
Müggelturm
Mühlendamm
Müllabfuhr: > Abfallwirtschaft, > Berliner Stadtreinigungs-Betriebe (BSR)
Mülldeponien: > Abfallwirtschaft, > Trümmerberge
Müllerstraße
Müllroser Kanal: > Verkehr I.
Müllverbrennungsanlagen: > Abfallwirtschaft, > Ruhleben
Müllvereinbarung: > Abfallwirtschaft
Müllvermeidung: > Abfallwirtschaft, > Berliner Stadtreinigungs-Betriebe (BSR), > Umweltschutz II.
Münze
Münzkabinett

Bau- und Wohnungswesen (SenBauWohn),
> Stadtsanierung
Ökologisches Planungsinstrument Berlin – Natur-
haushalt/Umwelt: > Umweltatlas Berlin
Ökowerk Teufelssee: > Naturschutzzentrum
Ökowerk Berlin e.V.
Offener Kanal: > Fernsehen, > Hörfunk
Off-Kinos: > Kinos
OffLine: > Select de Meo
Olympia-Büro: > Berlin 2000 Olympia GmbH
Olympia-Schwimmstadion: > Frei- und Sommer-
bäder, > Olympiastadion
Olympiastadion
Olympiastützpunkt (OSP) Berlin
Olympischer Sport-Club Berlin e.V. (OSC)
Olympisches Hockeystadion: > Olympiastadion
Olympische Spiele
Omnibusverkehr
Onkel-Tom-Siedlung
Operette: > Leichte Musik
Operncafé: > Opernpalais
Opernhäuser: > Deutsche Oper Berlin, > Deutsche
Staatsoper Unter den Linden, > Komische Oper,
> Musik
Opernpalais
Opernplatz: > Bebelplatz
Orangerie: > Schloß Charlottenburg
Oranienburger Tor: > Mitte, > Stadtmauer
Oranienplatz: > Landwehrkanal
Orankesee
Orchester: > Musik, > Senatsverwaltung für Kultu-
relle Angelegenheiten (SenKult)
Orchester-Akademie: > Musik
Ordentliche Gerichtsbarkeit: > Amtsgerichte, > Bun-
desgerichtshof, > Kammergericht, > Landgericht,
> Senatsverwaltung für Justiz (SenJust)
Ordinariat: > Katholische Kirche – Bistum Berlin
Organisiertes Verbrechen: > Kriminalität
Orplid & Co. e.V.: > Senatsverwaltung für Kulturelle
Angelegenheiten (SenKult)
Orthopädische Versorgungsstelle: > Landesamt für
Zentrale Soziale Aufgaben – Landesversorgungs-
amt – (LASoz)
Ortsteile: > Bezirke
Oskar-Helene-Heim: > Zehlendorf
Oskar-Ziethen-Krankenhaus: > Lichtenberg
Ostbahnhof
Ost-Berlin: > Geschichte VIII., IX., X., > Hauptstadt
Ostdeutscher Rundfunk Brandenburg (ORB): > Fernse-
hen, > Hörfunk, > Medienanstalt Berlin-Branden-
burg (MBB), > Sender Freies Berlin (SFB)
Ostend: > Oberschöneweide
Osteuropa-Institut: > Freie Universität Berlin (FU)
Osthafen
Osthavelländische Eisenbahn (OHE): > Kleinbahnen
und Privatanschlußbahnen, > Spandau
Ostkreuz: > Friedrichshain, > Lichtenberg
Ost-West-Achse
OstWestWirtschaftsAkademie (OWWA)
Otto-Braun-Saal: > Bach-Tage Berlin, > Musik,
> Staatsbibliothek zu Berlin – Preußischer Kultur-
besitz
Otto-Hahn-Friedensmedaille: > Deutsche Gesellschaft

für die Vereinten Nationen e. V. (DGVN)
Otto-Nagel-Haus: > Kultur II., > Märkisches Ufer,
> Nationalgalerie
Otto-Suhr-Institut (OSI)
Otto-Suhr-Siedlung
Ozon-Belastung: > Umweltschutz II.
Ozon-Werte-Informationsdienst: > Institut für Meteo-
rologie

Packhof: > Häfen
Pädagogische Hochschule: > Freie Universität Berlin
(FU), > Lankwitz, > Technische Universität Berlin
(TUB)
Pädagogisches Zentrum (PZ)
Pädagogische Zentralbibliothek: > Haus des Lehrers,
> Schulmuseum
Palais am Festungsgraben
Palais Bülow
Palais Gonthard: > Kulturforum Tiergarten
Palais Radziwill: > Wilhelmstraße
Palais Schwerin
Palais Unter den Linden: > Kronprinzenpalais
Palais Wartenberg: > Baugeschichte und Stadtbild
II., > Ephraim-Palais
Palast der Republik
Panke
Pankow
Panoptikum: > Friedrichstraße, > Kudamm-Eck
Panorama: > Internationale Filmfestspiele Berlin
Pantomime – Musik – Tanz – Theater: > Tanz
Papageien-Siedlung: > Weißensee
Papyrussammlung: > Ägyptisches Museum
Parallelgesetzgebung: > Bindungen
Paralympics: > Olympische Spiele
Pariser Kommuniqué: > New Yorker Abkommen
Pariser Platz
Paritätischer Wohlfahrtsverband – Landesverband
Berlin e.V.
Park and Ride: > Ruhender Verkehr
Parkanlagen: > Stadtgrün
Parkfriedhof Lichterfelde: > Friedhöfe
Parkfriedhof Neukölln: > Friedhöfe
Parkpflegwerke: > Gartendenkmalpflege
Parkplätze/Parkhäuser: > Ruhender Verkehr
Parks Range: > Steglitz
Parlament: > Abgeordnetenhaus von Berlin, > Deut-
scher Bundestag, > Hauptstadt
Parlament der Bäume: > Mauer
*Parlamentsausschuß für die Zusammenarbeit der Län-
der Berlin und Brandenburg:* > Abgeordnetenhaus
von Berlin
Parochialkirche
Partei des Demokratischen Sozialismus (PDS)
Parteien: > Blockparteien, > Bündnis 90, > Christ-
lich-Demokratische Union Deutschlands (CDU),
> Die Grünen/Alternative Liste für Demokratie
und Umweltschutz (Grüne/AL), > Freie Demokratische Partei (F.D.P.), > Liberal-Demokratische
Partei Deutschlands (LDPD), > Partei des Demokratischen Sozialismus (PDS), > Sozialdemokratische Partei Deutschlands (SPD), > Sozialistische
Einheitspartei Deutschlands (SED), > Sozialistische Einheitspartei Westberlins (SEW), > Wäh-

lergemeinschaft Unabhängiger Bürger (WUB),
> Wahlen
Partnerstädte: > Städteverbindungen
Passage: > Friedrichstraße
Passierscheinregelungen
Paul-Drude-Institut für Festkörperelektronik (PDI):
> Forschungsverbund Berlin e.V.
Paul-Hertz-Siedlung: > Charlottenburg Nord
Paul-Löbe-Institut Berlin (PLI)
Paulstern: > Haselhorst
Pauluskirche: > Lichterfelde, > St.-Pauls-Kirche
Pay-TV: > Fernsehen
Pechsee: > Moore, > Teufelssee
Pelze multi media: > Frauenkulturinitiativen
Pendler: > Arbeitsmarkt, > Bevölkerung III., IV.,
> Grenzgänger, > Verkehr I.,II.
Pergamonmuseum
Personal-Transfer: > Innovationsassistenten, > Tech-
nologie-Vermittlungs-Agentur Berlin e.V. (TVA)
Personenfernverkehr: > Eisenbahn, > Kraftfahrzeug-
verkehr, > Luftverkehr, > Omnibusverkehr,
> Transitverkehr
Personennahverkehr: > Eisenbahn, > Fahrradverkehr,
> Kraftfahrzeugverkehr, > Öffentlicher Personen-
nahverkehr, > Omnibusverkehr, > Straßenbahn
Pestalozzi-Fröbel-Haus
Pesthaus: > Charité, > Wissenschaft und Forschung II.
Peter-A.-Silbermann-Schule
Peter-Fechter-Mahnmal: > Mauer
Peter-Josef-Lenné-Preis: > Senatsverwaltung für
Stadtentwicklung und Umweltschutz
(SenStadtUm)
Petitionsausschuß: > Abgeordnetenhaus von Berlin
Pfarreien: > Katholische Kirche – Bistum Berlin
Pfarrernotbund: > Widerstand
Pfarrhäuser Friedrichswerder
Pfaueninsel
Pfefferberg: > Pfefferwerk, > Schönhauser Allee
Pfefferwerk
Pferdebahn: > Straßenbahn, > Verkehr I.
Pferdeomnibusverkehr: > Omnibusverkehr, > Ver-
kehr I.
Pflanzenbestand: > Umweltschutz II.
Pflanzenschutzamt: > Forsten, > Senatsverwaltung
für Stadtentwicklung und Umweltschutz
(SenStadtUm)
Pfuelsche Schwimmanstalt: > Hallenbäder
Pfuhle
Philharmonie
Philharmonischer Chor: > Musik
Philharmonischer Chor Berlin: > Senatsverwaltung
für Kulturelle Angelegenheiten (SenKult)
Phonotheken: > Bibliotheken
Phosphateliminationsanlagen: > Tegeler Hafen,
> Tegeler See, > Umweltschutz II., > Wasserver-
sorgung/Entwässerung
Physikalisch-Technische Bundesanstalt (PTB)
Pichelsdorf
Pichelssee: > Havelseen, > Pichelsdorf
Pichelswerder: > Pichelsdorf
Pionierinsel: > Havelseen, > Inseln
Pionierpark „Ernst Thälmann": > Freizeit- und Erho-
lungszentrum Wuhlheide (FEZ), > Stadtgrün

Pissoirs: > Berliner Stadtreinigungs-Betriebe (BSR),
> Litfaßsäulen
PKW-Verkehr: > Kraftfahrzeugverkehr
Plänterwald
Planetarium: > Wilhelm-Foerster-Sternwarte,
> Zeiss-Großplanetarium
Planungsebenen: > Flächennutzungsplan, > Regio-
nalplanung
Plastik: > Bildende Kunst
Platz der Akademie: > Gendarmenmarkt
Platz der Luftbrücke: > Luftbrücke, > Luftbrücken-
Denkmal
Platz der Republik
Platz der Vereinten Nationen: > Landsberger Allee
Plötzensee
pluspunkt e.V.: > Selbsthilfegruppen und -projekte
Podewil
Pogromnacht 1938
Pohlesee: > Grunewaldseen
Pokal-Endspiel
Polen: > Bevölkerung III.
Polikliniken
Politik der kleinen Schritte
Politisches System
Polizei
Polizeihistorische Sammlung
Polizeiliche Kriminalstatistik: > Kriminalität
Polizeilicher Staatsschutz: > Kriminalpolizei,
> Polizei
Polizeimuseum: > Polizeihistorische Sammlung
Polizeiorchester: > Polizei
Polizeipräsident in Berlin: > Polizei
Polleninformationsdienst: > Institut für Meteorologie
Pop-Musik: > Liedermacher, > Rock-Musik
Postbank: > Deutsche Bundespost (DBP)
Postfenn: > Teufelssee
Postfuhramt
Postmuseum: > Museen und Sammlungen
Postprotokoll: > Vier-Mächte-Abkommen
Postsportverein Berlin e.V. (PostSV)
Poststadion
Posttechnisches Zentralamt: > Deutsche Bundespost
(DBP)
Post- und Fernmeldewesen: > Deutsche Bundespost
(DBP)
Potsdamer Abkommen
Potsdamer Bahnhof
Potsdamer Brücke: > Landwehrkanal
Potsdamer Platz
Potsdamer Straße
Potsdamer Tor: > Leipziger Platz, > Potsdamer Platz,
> Stadtmauer
Prälat Schöneberg: > Ballhäuser
Prager Platz: > Stadtgrün
Prater
Preis des Landes Berlin für das Gestaltende Handwerk:
> Senatsverwaltung für Wirtschaft und Technolo-
gie (SenWiTech)
Preisindex: > Lebenshaltungskosten
PREMIERE Pay-TV: > Fernsehen
Prenzlauer Berg
Prenzlauer Tor: > Prenzlauer Berg, > Stadtmauer
Presse

Presseball
Presse- und Informationsamt der Bundesregierung
(BPA)
Presse- und Informationsamt des Landes Berlin:
> Senatskanzlei (SKzl)
Preußen: > Bevölkerung, > Geheimes Staatsarchiv
Stiftung Preußischer Kulturbesitz, > Geschichte,
> Hauptstadt, > Landesherren, > Politisches Sy-
stem, > Stiftung Preußischer Kulturbesitz,
> Stiftung Preußische Seehandlung
Preußen Park: > Fehrbelliner Platz
Preußenschlag: > Geschichte V.
Preußen – Versuch einer Bilanz: > Kultur II.
Preußischblau
Preußische Akademie der Künste
Preußische Akademie der Wissenschaften zu Berlin
Preußischer Landtag
Preußisches Abgeordnetenhaus: > Preußischer Land-
tag
Preußisches Herrenhaus: > Preußischer Landtag
Preußische Staatsbank: > Stiftung Preußische See-
handlung
Preußische Staatsbibliothek: > Staatsbibliothek zu
Berlin – Preußischer Kulturbesitz
Preußische Staatsoper: > Deutsche Staatsoper Unter
den Linden
Prinz: > Stadtmagazine
Prinz-Albrecht-Gelände
Prinz-Albrecht-Palais: > Prinz-Albrecht-Gelände,
> Wilhelmstraße
Prinzessinnenpalais: > Opernpalais
Prinz-Friedrich-Leopold-Kanal: > Teltowkanal,
> Wasserstraßen
Prinz-Heinrich-Palais
Privatschulen
Prix Futura Berlin: > Senatsverwaltung für Kulturel-
le Angelegenheiten (SenKult), > Sender Freies
Berlin (SFB)
Produktionsgenossenschaften des Handwerks (PGH):
> Handwerk
Produktionstechnisches Zentrum (PTZ)
Programmkinos: > Kinos
*Projektgesellschaft für Kabelkommunikation (PK Ber-
lin):* > Fernsehen, > Medienanstalt Berlin-
Brandenburg (MBB)
Pro 7: > Fernsehen
Protokoll: > Senatskanzlei (SKzl)
Provisorischer Regionalausschuß: > Geschichte X.,
> Vereinigung
Püttberge: > Berge, > Wilhelmshagen
Pupparium: > Puppentheater
Puppentheater

Quadriga: > Brandenburger Tor
Qualifizierungsmaßnahmen: > Arbeitsmarkt
Quarrée: > Baugeschichte und Stadtbild II., > Pari-
ser Platz, > Wilhelmstraße
Quartier Napoleon: > Radio Forces Françaises à Ber-
lin (FFB), > Reinickendorf, > Wedding

Raabe-Diele: > Ermelerhaus, > Sperlingsgasse
Radio Berlin: > Berliner Rundfunk, > Hörfunk
Radio Brandenburg: > Hörfunk

Radio DDR: > Hörfunk
Radio Edi-son: > Hörfunk
Radio Forces Françaises à Berlin (FFB)
Radioropa: > Hörfunk
Radio-Symphonie-Orchester Berlin (RSO)
Radrennbahn Schöneberg
Radrennbahn Weißensee
Radwege: > Fahrradverkehr
Räumliches Strukturkonzept (RSK)
Rahnsdorf
Rat der Bürgermeister: > Bezirksamt, > Politisches
System III., > Regierender Bürgermeister von
Berlin
Rat für Gegenseitige Wirtschaftshilfe (RGW): > Euro-
päische Gemeinschaften (EG)
Rathäuser
Rathausbrücke
Rathaus Schöneberg
Rathenau-Brunnen: > Volkspark Rehberge
Rathgen-Forschungslabor
Rationalisierungskuratorium der deutschen Wirt-
schaft e.V. (RKW) Landesgruppe Berlin
Ratsbibliothek: > Berliner Stadtbibliothek
Rauchfangswerder
Rauchgasreinigungsanlagen: > Berliner Kraft- und
Licht (BEWAG)-Aktiengesellschaft, > Elektrizi-
tätsversorgung, > Luftreinhalteplan, > Umwelt-
schutz II.
Rauchlose Siedlung: > Afrikanisches Viertel
Rauenberg: > Marienhöhe
Raumordnung: > Regionalplanung
Realschule: > Privatschulen, > Schule und Bildung
Rechnungshof von Berlin
Rechtsanwaltschaft
Rechtsanwaltskammer: > Rechtsanwaltschaft
Rechtseinheit: > Bindungen
Rechtspflege: > Senatsverwaltung für Justiz
(SenJust), > Verfassung von Berlin
Rechtsstatus: > Sonderstatus 1945-90
Recycling
Reformation: > Evangelische Kirche in Berlin-Bran-
denburg, > Geschichte II., > Katholische Kirche –
Bistum Berlin
Regattastrecken
Regenbogenfabrik Block 109 e.V.
Regierender Bürgermeister von Berlin
Regierung: > Bundeskanzleramt, > Hauptstadt,
> Politisches System II., > Senat von Berlin
Regierungsausschuß Berlin-Brandenburg: > Regional-
planung, > Vereinigung
Regierungskriminalität: > Kriminalität, > Polizei,
> Staatsanwaltschaften
Regierungsviertel: > Baugeschichte und Stadtbild,
> Hauptstadt
Regionalausschuß: > Geschichte X., > Vereinigung
Regionalbahnen: > Eisenbahn
Regionalplanung
Regionalverkehr: > Güterverkehr, > Kraftfahrzeug-
verkehr, > Öffentlicher Personennahverkehr
Rehabilitation: > Behinderte
Rehberge: > Volkspark Rehberge
Reichsbahndirektion: > Deutsche Bundesbahn (DB),
> Deutsche Reichsbahn (DR)

Reichsbankgebäude
Reichsforschungssiedlung Haselhorst: > Afrikanisches
  Viertel, > Haselhorst
Reichshauptstadt Germania: > Baugeschichte und
  Stadtbild V., > Generalbauinspektor für die
  Reichshauptstadt Berlin, > Hauptstadt
Reichskabarett: > Kabarett
Reichskanzlei: > Bodendenkmalpflege, > Haupt-
  stadt, > Wilhelmstraße
Reichskanzlerplatz: > Theodor-Heuss-Platz
Reichskristallnacht: > Pogromnacht 1938
Reichsluftfahrtministerium: > Detlev-Rohwedder-
  Haus, > Hauptstadt, > Wilhelmstraße
Reichsmilitärgericht: > Militärgerichtsbarkeit
Reichspräsidentenpalais: > Wilhelmstraße
Reichssportfeld: > Baugeschichte und Stadtbild V.,
  > Olympiastadion
Reichstagsbrand
Reichstagsgebäude
Reichsversicherungsamt: > Sozialgerichtsbarkeit
Reichswasserstraßen: > Wasserstraßen
Reiherberg: > Tegeler Forst
Reiherwerder: > Tegeler See, > Villa Borsig
Reinickendorf
Reise- und Besucherverkehr: > Besucherregelungen
Reise- und Besuchsbeauftragte: > Besucherregelungen
Reiswerder: > Inseln, > Tegeler See
Reiterdenkmal des Großen Kurfürsten: > Bildende
  Kunst, > Bode-Museum, > Rathausbrücke,
  > Schloß Charlottenburg
Reiterstadion: > Olympiastadion
Reiterstandbild Friedrichs des Großen
Reiterstandbild Friedrich Wilhelm IV.: > Museums-
  insel, > Nationalgalerie
Reklame: > Litfaßsäulen
Religionsgemeinschaften
Renaissance-Theater
Renaturierung: > Umweltschutz II.
Residenz: > Geschichte I., II., > Hohes Haus, > Lan-
  desherren, > Stadtschloß
Resozialisierung: > Bewährungshilfe, > Universal-
  Stiftung Helmut Ziegner
Restaurants: > Gaststätten
Rettungsamt Berlin: > Rettungswesen
Rettungsflugwacht: > Rettungswesen
Rettungshubschrauber: > Rettungswesen, > Universi-
  tätsklinikum Steglitz der Freien Universität Berlin
Rettungswesen
Revolution 1848: > Geschichte III.
Revolutionsdenkmal: > Gedenkstätte der Sozialisten
Revue: > Leichte Musik
Rheingauviertel
RIAS Berlin
RIAS-Jugendorchester: > Musik, > RIAS Berlin
RIAS-Kammerchor
RIAS-TV: > RIAS Berlin
Ribbeckhaus
Richardplatz: > Böhmisches Dorf
Richterwahlausschuß
Riehmers Hofgarten
Riemeisterfenn: > Grunewaldseen
Rieselfelder: > Berliner Wasser-Betriebe (BWB),
  > Stadtgüter, > Wasserversorgung/Entwässerung,

> Umweltschutz II.
Ringbahn
Ring Politischer Jugend e.V. Berlin (RPJ)
Ringsiedlung: > Siemensstadt
Ritterhof: > Gewerbesiedlungs-Gesellschaft mbH
Rixdorf: > Neukölln
Rixdorfer Höhe: > Trümmerberge, > Volkspark Ha-
  senheide
Robert-Koch-Institut (RKI): > Bundesgesundheitsamt
  (bga)
Robert-Rössle-Klinik: > Klinikum Berlin-Buch
Rock-Beauftragte
Rock-Musik
Rockradio B: > Hörfunk
Rodelbahnen
Roedeliusplatz: > Lichtenberg
Röhm-Putsch: > Geschichte VI., > Widerstand
Röhrichtschutz
Römische Verträge: > Europäische Gemeinschaften
  (EG)
Römisch-Katholische Kirche: > Katholische Kirche –
  Bistum Berlin
Roetepfuhl: > Britz, > Pfuhle
Rohrpfuhl: > Hellersdorf, > Pfuhle, > Spandauer
  Forst
Rohrwallinsel: > Inseln, > Langer See
Roland von Berlin
Rollberg: > Rosenthal
Rollberge: > Karl-Marx-Straße, > Lage und Stadt-
  raum, > Neukölln
Rollberge-Siedlung: > Waidmannslust
Rumänisches Café: > Europa-Center, > Kurfürsten-
  damm, > Literatur
Rondell: > Baugeschichte und Stadtbild II., > Kreuz-
  berg, > Mehringplatz, > Wilhelmstraße
Roon-Denkmal: > Großer Tiergarten, > Hauptstadt,
  > Platz der Republik
Rosenfelde: > Friedrichsfelde, > Schloß Friedrichs-
  felde
Rosenthal
Rosenthaler Vorstadt: > Stadterweiterung
Rose-Theater: > Friedrichshain
Rosinenbomber: > Luftbrücke
Rote Grütze
Rote Kapelle: > Widerstand
Rote Listen: > Pfuhle, > Umweltschutz II.
Rotes Rathaus: > Berliner Rathaus, > Rathäuser
Rot-Weiß Tennisclub: > Lawn-Tennis-Turnier-Club
  (LTTC) „Rot-Weiß" e.V.
Rousseauinsel: > Großer Tiergarten, > Insel
R.S. 2: > RIAS Berlin
RTL plus Deutschland
RTL Radio: > Hörfunk
Rubato: > Tanz
Rudolf-Harbig-Halle: > Horst-Korber-Sportzentrum
Rudolf-Steiner-Schulen: > Freie Waldorf-Schulen
Rudolf-Virchow-Krankenhaus (RVK): > Universitäts-
  klinikum Rudolf Virchow der Freien Universität
  Berlin
Rudolf-Wissell-Brücke: > Brücken, > Charlottenburg
Rudolf-Wissell-Siedlung: > Spandau, > Staaken
Rudolph-Wilde-Park
Rudow

Schloß Tegel
Schmargendorf
Schmöckwitz
Schmöckwitzer Werder: > Schmöckwitz
Schnalle: > Breitscheidplatz
Schnellbahnen: > S-Bahn, > U-Bahn
Schöffengerichte: > Amtsgerichte
Schoeler-Schlößchen: > Wilmersdorf
Schöneberg
Schöneberger Hafen: > Häfen, > Landwehrkanal
Schöneberger Insel: > Schöneberg
Schöneberger Südgelände: > Gebietsaustausch, > Naturschutz, > Schöneberg, > Stadtgrün
Schöneberg Museum – Heimatmuseum für Schöneberg und Friedenau: > Heimatmuseen
Schönerlinde: > Köpenick
Schöneweide: > Niederschöneweide, > Oberschöneweide
Schönhauser Allee
Schönhauser Tor: > Prenzlauer Berg, > Stadtmauer
Schönholz
Schönholzer Heide: > Volkspark Schönholzer Heide
Schönow
Schokofabrik: > Frauenstadtteilzentren
Scholzplatz: > Ost-West-Achse
Schoolworker: > AIDS
Schrebergärten: > Kleingärten
Schüler: > Privatschulen, > Schule und Bildung
Schülerfreizeitzentren: > Jugendförderung
Schüler-Theatertreffen: > Theatertreffen der Jugend
Schulbriefe: > Arbeitskreis Neue Erziehung e.V. für Familie, Schule und Gesellschaft (ANE)
Schulenburgpark
Schule und Bildung
Schulfarm Insel Scharfenberg
Schulmuseum
Schulzendorf
Schustehruspark
Schutzmächte: > Alliierte, > Geschichte VII.
Schutzpolizei
Schutzräume: > Bunker, > Zivilschutz
Schwanenwerder
Schwartzsche Villa: > Steglitz
Schwarzes Ferkel: > Literatur
Schwerbeschädigte: > Behinderte
Schwimmbäder: > Frei- und Sommerbäder, > Hallenbäder
Schwindelkurs: > Währungsreform
Schwules Museum
Screen Sport: > Fernsehen
Sechstagerennen
Seddinberg: > Berge, > Köpenicker Forst
Seddinsee
Seddinwall: > Inseln, > Seddinsee
SED-W: > Sozialistische Einheitspartei Westberlins (SEW)
Seeburger Zipfel: > Einigungsvertrag, > Spandau, > Staaken, > Stadterweiterung
Seen
Segenskirche: > Schönhauser Allee
Seggeluch: > Seen, > Wittenau
Seifenkistenrennen: > Kreuzberg
SEKIS Selbsthilfe-, Kontakt- und Informationsstelle

Sektoren
Sektorengrenzen: > Demarkationslinie, > Londoner Protokoll, > Mauer, > Sektoren
Sektorkommandanten: > Sektoren, > Stadtkommandanten
Sekundärrohstoff-Erfassung (SERO): > Abfallwirtschaft, > Umweltschutz II.
Selbständige politische Einheit Westberlin
Selbsthilfe-Galerie „Großgörschenstraße": > Bildende Kunst
Selbsthilfegruppen und -projekte
Selbsthilfe-Modernisierung: > Selbsthilfe-Sanierung, > Wohnungsmodernisierung durch Mieter
Selbsthilfe-Sanierung
Select de Meo
Senatoren: > Abgeordnetenhaus von Berlin , > Senatsverwaltungen, > Senat von Berlin
Senatsbibliothek
Senatsgästehäuser: > Senatskanzlei (SKzl)
Senatskanzlei (SKzl)
Senatsreserve: > Berlinbevorratung
Senatsverwaltung für Arbeit und Frauen (SenArbFrauen)
Senatsverwaltung für Bau- und Wohnungswesen (SenBauWohn)
Senatsverwaltung für Bundes- und Europaangelegenheiten; Bevollmächtigter des Landes Berlin beim Bund (SenBundEuro)
Senatsverwaltung für Finanzen (SenFin)
Senatsverwaltung für Gesundheit (SenGes)
Senatsverwaltung für Inneres (SenInn)
Senatsverwaltung für Jugend und Familie (SenJugFam)
Senatsverwaltung für Justiz (SenJust)
Senatsverwaltung für Kulturelle Angelegenheiten (SenKult)
Senatsverwaltung für Schule, Berufsbildung und Sport (SenSchulSport)
Senatsverwaltung für Soziales (SenSoz)
Senatsverwaltung für Stadtentwicklung und Umweltschutz (SenStadtUm)
Senatsverwaltung für Verkehr und Betriebe (SenVuB)
Senatsverwaltung für Wirtschaft und Technologie (SenWiTech)
Senatsverwaltung für Wissenschaft und Forschung (SenWissForsch)
Senat von Berlin
Sender Freies Berlin (SFB)
Seniorenfreizeitstätten: > Altenhilfe
Seniorenheime: > Altenhilfe, > Wohlfahrtspflege
Serbisch-Orthodoxe Kirche: > Religionsgemeinschaften
Service-Gesellschaften: > Arbeitsmarkt
Services Sound and Vision Corporation (SSVC): > British Forces Broadcasting Service (BFBS)
Seuchenbekämpfung: > Gesundheitsämter
Shell-Haus
Shepard Stone Stiftung: > Aspen Institut Berlin
SHK – Fachausstellung für Sanitär – Heizung – Klempner – Klima: > Ausstellungs-Messe-Kongress GmbH (AMK Berlin)
ShowTech Berlin – die internationale Fachmesse mit

Kongreß für Veranstaltungstechnik, Bühnentechnik, Ausstattung und Organisation: > Ausstellungs-Messe-Kongress GmbH (AMK Berlin)
750-Jahr-Feier: > Gedenktafeln, > Geschichte X., > Kultur I., II.
700-Jahr-Feier: > Geschichte VI.
17. Juni 1953
Siedlung „Am Schillerpark": > Schillerpark, > Wedding
Siedlung Oberspree: > Niederschöneweide
Siedlung Tempelhofer Feld
Siegel: > Hoheitszeichen
Siegesallee
Siegessäule
Siemensstadt
Siemens-Villa: > Deutsches Musikarchiv
Silberner Bär: > Internationale Filmfestspiele Berlin
Sing-Akademie
Sinn und Form: > Akademie der Künste (Ost), > Literatur
Sklarek-Skandal: > Geschichte V.
Skoronel: > Tanz
Skulpturen-Boulevard: > Kunst am Bau/Kunst im Stadtraum, > Kurfürstendamm
Skulpturengarten: > Ausstellungs- und Messegelände am Funkturm, > Kunst am Bau/Kunst im Stadtraum
Skulpturensammlung
Sleep In: > Senatsverwaltung für Jugend und Familie (SenJugFam)
Smog: > Smog-Verordnung, > Umweltschutz II.
Smog-Verordnung
Society for International Development – Berlin Chapter (SID)
Software Factory (ESF): > Fraunhofer-Institut für Software und Systemtechnik (ISST)
Solarenergie: > Alternative Energien
Soldatenfriedhöfe: > Friedhöfe, > Südwest-Kirchhof
Solidaritätsgruppen Dritte Welt: > Entwicklungspolitik
Solidaritätsopfer: > Notopfer Berlin
Sommerbäder: > Frei- und Sommerbäder
Sommergarten: > Ausstellungs- und Messegelände am Funkturm
Sonderabschreibungen: > Berlinförderung, > Wirtschaft IV.
Sonderbeauftragter der Bundesregierung für personenbezogene Unterlagen: > Der Bundesbeauftragte für die Unterlagen des Staatssicherheitsdienstes der ehemaligen Deutschen Demokratischen Republik
Sondermüll: > Abfallwirtschaft, > Berliner Stadtreinigungs-Betriebe (BSR)
Sonderschulen: > Privatschulen, > Schule und Bildung
Sonderstatus Berlins 1945-90
Sondervermögen Deutsche Reichsbahn: > Deutsche Reichsbahn (DR)
SON-Highdeck-Siedlung: > Neukölln
Sonnenuhr e.V.: > Kulturbrauerei GmbH
Sonntagspost: > Berliner Kurier
Sophienclub: > Hackesche Höfe, > Jazz
Sophienkirche
Sophienstraße: > Scheunenviertel

SO 36: > Kreuzberg
Souveränität: > Einigungsvertrag, > Geschichte VIII., XI., > Sonderstatus 1945-90 I., III.,V., VII., IX.
Sowjetische Botschaft: > Generalkonsulat der Russischen Föderation
Sowjetische Kontrollkommission in Deutschland (SKK)
Sowjetische Militäradministration in Deutschland (SMAD)
Sowjetisches Ehrenmal im Treptower Park
Sowjetisches Ehrenmal in Berlin-Tiergarten
Sowjetisches Ehrenmal Schönholzer Heide: > Volkspark Schönholzer Heide
Sowjetisches Ultimatum (1958)
Sozialämter: > Wohlfahrtspflege
Sozialdemokratische Partei Deutschlands (SPD)
Soziale Dienste: > Bewährungshilfe, > Gerichtshilfe
Soziale Künstlerförderung: > Landesamt für Zentrale Soziale Aufgaben – Landesversorgungsamt – (LASoz)
Sozialer Wohnungsbau: > Wohnungsbau
Sozialfürsorge: > Sozialhilfe
Sozialgerichtsbarkeit
Sozialhilfe
Sozialistengesetz: > Geschichte IV., > Sozialdemokratische Partei Deutschlands (SPD)
Sozialistische Einheitspartei Deutschlands (SED)
Sozialistische Einheitspartei Westberlins (SEW)
Sozialistische Initiative (SI): > Sozialistische Einheitspartei Westberlins (SEW)
Sozialmedizinische Beratungsstellen: > Gesundheitsämter
Sozialpädagogisches Institut Berlin – Walter May (spi-Berlin)
Sozialpädagogisches Zentrum Königsheide: > Königsheide
Sozialprodukt: > Wirtschaft
Sozialpsychiatrischer Dienst: > Gesundheitsämter
Sozialstationen
Sozialstruktur: > Bevölkerung III.
Sozialunion: > Geschichte XI., > Sonderstatus 1945-90 IX., > Vereinigung
Sozialwesen: > Altenhilfe, > Behinderte, > Deutsches Zentralinstitut für Soziale Fragen (DZI), > Familienförderung, > Jugendförderung, > Jugendhilfe, > Landesamt für Zentrale Soziale Aufgaben – Landesversorgungsamt – (LASoz), > Senatsverwaltung für Soziales, > Sozialhilfe, > Sozialstationen, > Wohlfahrtspflege
Spaltung
Spandau
Spandauer Forst
Spandauer Volksblatt
Spandauer Vorstadt: > Mitte, > Scheunenviertel, > Stadterweiterung
Spandauer Zitadelle: > Zitadelle Spandau
Spanienkämpferdenkmal: > Kunst am Bau/Kunst im Stadtraum, > Volkspark Friedrichshain
Sparkasse: > Landesbank Berlin – Girozentrale – (LBB)
Spartakiaden: > Sport I.
Spartakusbund: > Geschichte V., VI., > Sozialdemokratische Partei Deutschlands (SPD)

Spektegrünzug
Sperlingsgasse
Sperrmüll: > Abfallwirtschaft, > Berliner Stadt-
reinigungs-Betriebe (BSR)
Sperrstunde: > Gaststätten
Spezialschulen
Spielbank Berlin
Spielcasino Berlin
Spielplätze: > Jugendförderung
Spindlerbrunnen: > Spindlersfeld, > Spittelmarkt
Spindlersfeld
Spittelkolonnaden: > Kolonnaden, > Leipziger Straße
Spittelmarkt
Spitzensport: > Sport I.
Sport
Sportärztliche Beratungsstellen: > Senatsverwaltung
für Gesundheit (SenGes), > Sport I.
Sportanlagen Am Eichkamp: > Mommsenstadion
Sportanlagen Am Kühlen Weg: > Mommsenstadion
Sportboote: > Schiffahrt
Sportclub Berlin e.V.
Sport-Club Berlin-Grünau e.V. (SC-BG)
Sport-Club Charlottenburg e.V. (SCC)
Sport-Club Siemensstadt e.V.
Sportforum Berlin
Sporthalle Charlottenburg
Sporthalle Schöneberg: > Sportzentrum Schöneberg
Sportjugend Berlin (SJB): > Landessportbund Berlin
– LSB, > Sport I.
Sportliche Vereinigung Blau-Weiß 1890 e.V. Berlin
Sportmuseum
Sportoberschulen: > Senatsverwaltung für Schule,
Berufsbildung und Sport (SenSchulSport), > Spe-
zialschulen
Sportpalast
Sportpark Neukölln: > Neukölln
Sportplan Berlin: > Sport I.
Sportschule des Landessportbund Berlin – LSB: > Lan-
dessportbund Berlin – LSB
Sportstätten
Sport- und Erholungszentrum (SEZ)
Sport- und Freizeitzentrum Siemensstadt: > Sport-
Club Siemensstadt e.V
Sport- und Kongreßzentrum (SKZ): > Senatsver-
waltung für Schule, Berufsbildung und Sport
(SenSchulSport), > Sportforum Berlin
Sport- und Lehrschwimmhalle Schöneberg: > Sport-
zentrum Schöneberg
Sportvereine: > Sport, > Landessportbund Berlin –
LSB
Sportzentrum für Freizeit und Gesundheit: > Adlers-
hof
Sportzentrum Schöneberg
*SPOTT (Selbsthilfe-Projekt von Off-Theatern und
Theatergruppen Berlin e.V.):* > Kinder- und Jugend-
theater, > Puppentheater
Sprache: > Berlinisch
Sprache/Literatur im technischen Zeitalter: > Literatur
Spree
Spreebogen: > Hauptstadt, > Tiergarten
Spree-Havel-Verband: > Senatsverwaltung für Stadt-
entwicklung und Umweltschutz (SenStadtUm)
Spreeinsel: > Inseln

Spreekanal: > Friedrichsgracht, > Inseln, > Spree
Spreepark
Spreesiedlung: > Niederschöneweide
Spreetunnel: > Friedrichshagen, > Großer
Müggelsee
Spreewaldbad: > Görlitzer Park, > Hallenbäder,
> Kreuzberg
Spreewiesen: > Köpenick
Sprengplatz: > Polizei
Springpfuhl: > Marzahn, > Pfuhle
Springsiedlung: > Otto-Suhr-Siedlung
Spruch- und Berufungsspruchkammer: > Senatsver-
waltung für Inneres (SenInn)
Staaken
Staaken-West: > Einigungsvertrag, > Spandau,
> Staaken, > Stadterweiterung
Staatliche Ballettschule Berlin und Schule für
Artistik
Staatliche Bühnen: > Staatliche Schauspielbühnen
Staatliche Europa-Schule Berlin (SESB)
Staatliche Kunsthalle: > Bildende Kunst, > City,
> Senatsverwaltung für Kulturelle Angelegenhei-
ten (SenKult)
Staatliche Museen zu Berlin – Preußischer Kultur-
besitz
Staatliche Porzellan-Manufaktur Berlin: > KPM –
Königliche Porzellan-Manufaktur Berlin GmbH
Staatliches Amt für Atomsicherheit und Strahlenschutz:
> Bundesgesundheitsamt (bga)
Staatliche Schauspielbühnen
Staatliche Schauspielschule: > Hochschule für Schau-
spielkunst „Ernst Busch"
Staatliches Filmarchiv der DDR: > Bundesarchiv
Staatliches Institut für Musikforschung mit Musik-
instrumenten-Museum
Staatliches Prüfungsamt für Bibliothekare: > Senats-
verwaltung für Kulturelle Angelegenheiten
(SenKult)
Staatliches Tanzensemble der DDR: > Hackesche
Höfe, > Tanz
Staatsangehörigkeit: > Behelfsmäßiger Personalaus-
weis
Staatsanwaltschaft bei dem Kammergericht: > Staats-
anwaltschaften
Staatsanwaltschaft bei dem Landgericht Berlin:
> Staatsanwaltschaften
Staatsanwaltschaften
Staatsbibliothek Preußischer Kulturbesitz (Stabi):
> Bibliotheken, > Staatsbibliothek zu Berlin –
Preußischer Kulturbesitz
Staatsbibliothek zu Berlin – Preußischer Kultur-
besitz
Staatskapelle: > Deutsche Staatsoper Unter den Lin-
den, > Musik
Staatskommissar für die Reichshauptstadt: > Geschich-
te VI., > Oberbürgermeister, > Politisches System I.
Staatsoper: > Deutsche Staatsoper Unter den Linden
Staatsrat der DDR: > Staatsratsgebäude
Staatsratsgebäude
Staatssekretäre: > Senat von Berlin, > Senatskanzlei
(SKzl) > Senatsverwaltungen
Staatssicherheitsdienst der DDR
Stadion der Weltjugend

Stadion Wilmersdorf
Stadtältester von Berlin
Stadtarchiv: > Landesarchiv Berlin
Stadtautobahn: > Bundesfernstraßen
Stadtbäder: > Hallenbäder
Stadtbahn
Stadtbezirke: > Bezirke, > Groß-Berlin
Stadtbezirksversammlungen: > Bezirksverordneten-
versammlungen
Stadtbibliotheken: > Bibliotheken
Stadtbild: > Baugeschichte und Stadtbild
Stadtbildpflege
Stadtbildpflegepreis: > Stadtbildpflege
Stadtbüchereien: > Bibliotheken
Stadtentwicklungspläne (STEP)
Stadterneuerung: > Baugeschichte und Stadtbild IX.,
X., > Internationale Bauausstellung (IBA) 1987,
> Senatsverwaltung für Bau- und Wohnungswe-
sen (SenBauWohn), > Stadtsanierung, > S.T.E.R.N.,
> Wohnungsbau
Stadterweiterung
Stadtforum: > Baugeschichte und Stadtbild XII.,
> Senatsverwaltung für Stadtentwicklung und
Umweltschutz (SenStadtUm)
Stadtgemeindeausschuß: > Politisches System I.
Stadtgericht
Stadtgeschichtliches Museum Spandau: > Heimatmu-
seen, > Zitadelle Spandau
Stadtgeschichtliches Museum Weißensee: > Heimat-
museen
Stadtgrün
Stadtgüter
Stadthaus
Stadthausputsch: > Spaltung
Stadtklima: > Klima, > Umweltschutz II.
Stadtkommandanten
Stadtkommandantur von Berlin (Ost)
Stadtmagazine
Stadtmauer
Stadtmuseum Berlin: > Berlin-Museum, > Märki-
sches Museum
Stadtplanung: > Baugeschichte und Stadtbild VII.,
> City, > Einkaufszentren, > Flächennutzungs-
plan, > Räumliches Strukturkonzept, > Regional-
planung, > Stadtentwicklungspläne
Stadträte: > Bezirksamt, > Bezirksverordnetenver-
sammlungen
Stadtrechnungskammer: > Rechnungshof von Berlin
Stadtreinigung: > Abfallwirtschaft, > Berliner Stadt-
reinigungs-Betriebe (BSR)
Stadtring: > Bundesfernstraßen
Stadtrundfahrten: > Omnibusverkehr
Stadtsanierung
Stadtschloß
Stadtschnellbahn: > S-Bahn
Stadttore: > Brandenburger Tor, > Stadtmauer
Stadtverordnetenversammlung (StVV)
Stadtvillen: > Internationale Bauausstellung (IBA)
1987
Städteordnung: > Geschichte III.
Städtepartnerschaften: > Städteverbindungen
Städteverbindungen
Städtischer Friedhof Heerstraße

Städtisches Konservatorium: > Hochschule der Kün-
ste (HdK), > Joachimsthalsches Gymnasium
Städtisches Krankenhaus Friedrichshain: > Kranken-
häuser, > Volkspark Friedrichshain
Städtisches Krankenhaus Westend: > Universitäts-
klinikum Rudolf Virchow der Freien Universität
Berlin
Ständige Vertretung der Bundesrepublik Deutsch-
land
Stahnsdorfer Friedhöfe: > Südwest-Kirchhof, > Wil-
mersdorfer Waldfriedhof
Stalinallee: > Geschichte VIII., > Karl-Marx-Allee
St.-Aloysiuskirche: > Schillerpark
Stammbahn: > Eisenbahn
Standortkommandantur Berlin: > Bundesminister der
Verteidigung (BMVg), > Bundeswehr
St.-Ansgar-Kirche: > Hansaviertel
StarSat Radio: > Hörfunk
Stasi-Museum: > Forschungs- und Gedenkstätte in
der Normannenstraße (ASTAK e.V.)
Statistisches Bundesamt (StBA)
Statistisches Jahrbuch Berlin: > Statistisches Landes-
amt Berlin (StaLa)
Statistisches Landesamt Berlin (StaLa)
Stattbuch: > Alternativbewegung
Statthaus Böcklerpark
Stechansche Mühle: > Britz, > Windmühlen
Steglitz
Steglitzer Kreisel
Steinbergpark: > Waidmannslust
Steinmetzstraße: > Schöneberg
Steinstücken
St.-Elisabethkirche
Stener Berg: > Buch
Stephanus-Stiftung: > Evangelische Kirche in Berlin-
Brandenburg
Sterbefälle: > Bevölkerung III., IV.
S.T.E.R.N.
Stern- und Kreisschiffahrt: > Schiffahrt
Sternwarten: > Archenhold-Sternwarte, > Grünanla-
ge Hahneberg, > Wilhelm-Foerster-Sternwarte
Stettiner Bahnhof
Steuern: > Haushalt und Finanzen IV.
Steuervergünstigungen: > Berlinförderung, > Wirt-
schaft IV., > Wirtschaftsförderung
St.-Georgs-Kirche: > Monbijoupark
St.-Gertraudt-Stiftung: > Senatsverwaltung für So-
ziales (SenSoz)
St.-Hedwigs-Friedhof: > Friedhöfe an der Liesen-
straße
St.-Hedwigs-Kathedrale
Stichkanal: > Lichterfelde, > Teltowkanal
Stiftung „Arbeit für Behinderte": > Behinderte
Stiftung „Archiv der Akademie der Künste": > Akade-
mie der Künste (Ost), > Akademie der Künste zu
Berlin
*Stiftung Archiv der Parteien und Massenorganisationen
der DDR:* > Bundesarchiv
Stiftung Deutsche Kinemathek/Freunde der Deut-
schen Kinemathek
Stiftung Deutsche Klassenlotterie Berlin: > Deutsche
Klassenlotterie Berlin (DKLB)
Stiftung Hilfe für die Familie – Stiftung des Landes Ber-

lin: > Familienförderung
Stiftung Hilfe für Opfer der NS-Willkürherrschaft
Stiftung Hilfswerk Berlin: > Familienförderung
Stiftung Industrie- und Alltagskultur: > Kultur-
brauerei GmbH
Stiftung „Invalidenhaus Berlin": > Invalidensiedlung
Stiftung Kulturfonds
Stiftung „Luftbrückendank"
Stiftung Naturschutz Berlin
Stiftung Neue Synagoge Berlin – Centrum Judaicum:
> Jüdische Gemeinde zu Berlin, > Neue Synagoge
Stiftung Preußischer Kulturbesitz
Stiftung Preußische Schlösser und Gärten Berlin-
Brandenburg: > Senatsverwaltung für Kulturelle
Angelegenheiten (SenKult), > Verwaltung der
Staatlichen Schlösser und Gärten
Stiftung Preußische Seehandlung
Stiftung Verbraucherinstitut
Stiftung Warentest
Stimme der DDR: > Hörfunk
Stipendien: > Senatsverwaltung für Kulturelle An-
gelegenheiten (SenKult), > Senatsverwaltung für
Wissenschaft und Forschung (SenWissForsch)
St.-Johannis-Kirche
St.-Joseph-Kirche: > Weißensee
St.-Konrad-v.-Parzam-Kirche: > Falkenberg
St.-Matthäus-Friedhof: > Alter St.-Matthäus-Friedhof
St.-Matthäus-Kirche
St.-Matthias-Kirche: > Schöneberg, > Winterfeldt-
platz
St.-Nikolai-Kirche Spandau
Stolpchensee: > Grunewaldseen
Stößensee: > Havelseen
Stolpe: > Wannsee
Stolper Berge: > Berge
St.-Pauls-Kirche
St. Peter und Paul: > Nikolskoe
Strafgerichtsbarkeit: > Amtsgericht, > Bundes-
gerichtshof, > Kammergericht, > Kriminalgericht
Moabit, > Landgericht
Strafrichter: > Amtsgerichte
Strafvollzugsanstalten: > Justizvollzug
Strahlenschutz: > Senatsverwaltung für Stadt-
entwicklung und Umweltschutz (SenStadtUm)
Stralau
Stralauer Fischzug
Stralauer Vorstadt: > Friedrichshain, > Mitte,
> Stadterweiterung
Strandbad Müggelsee
Strandbad Wannsee
Strandbäder: > Frei- und Sommerbäder, > Strandbad
Müggelsee, > Strandbad Wannsee
St.-Raphael-Kirche: > Gatow
Straße des 17. Juni
Straßen
Straßenbäume: > Stadtgrün, > Umweltschutz II.,
> Waldschäden
Straßenbahn
Straßenbenutzungsgebühren: > Transitverkehr
Straßenmöbelmuseum: > Tegel-Center
Straßenreinigung: > Abfallwirtschaft, > Berliner
Stadtreinigungs-Betriebe (BSR)
Strausberger Platz: > Karl-Marx-Allee

Streetworker: > AIDS
Streitkräfte: > Alliierte, > Bundeswehr, > Entmili-
tarisierung
Streitsche Stiftung: > Berlinisches Gymnasium zum
Grauen Kloster
Stresow: > Ruhleben
Strohhalm e.V.: > Not- und Krisendienste
Stromverbund: > Elektrizitätsversorgung
Stromversorgung: > Berliner Kraft- und Licht
(BEWAG)-Aktiengesellschaft, > Elektrizitätsver-
sorgung, > Energieversorgung Berlin Aktienge-
sellschaft (EBAG)
Strukturprogramme: > Arbeitsmarkt, > Wirtschaft IV.
St.-Thomaskirche: > Mariannenplatz
Studentenbewegung
Studentenwerk Berlin
Studierende/Studentenschaft: > Wissenschaft und
Forschung I., II.
Studio Neue Musik: > Musik
Studiotheater „bat": > Hochschule für Schauspiel-
kunst „Ernst Busch", > Prenzlauer Berg
Subventionen
Suchtberatung: > Drogen, > Landesstelle Berlin ge-
gen die Suchtgefahren e.V.
Südende: > Mariendorf, > Steglitz
Südhafen Spandau: > Häfen, > Spandau
Südliche Friedrichstadt: > Kreuzberg, > Stadterwei-
terung
Südstern: > Generalszug
Südwest-Kirchhof
Suizidberatung: > Not- und Krisendienste
Super!: > Presse
Super Channel: > Fernsehen
Swinemünder Brücke
Symphonisches Orchester Berlin (SOB)
Synagoge in der Rykestraße
Synagogen
SYNANON INTERNATIONAL Gemeinnütziger e.V.
Synchronisation: > Film

Taborkirche: > Wilhelmshagen
Tabu e.V.: > Not- und Krisendienste
Tacheles
Tägliche Rundschau: > Presse
Tag der Deutschen Einheit: > 3. Oktober 1990,
> Hauptstadt, > 17. Juni 1953, > Vereinigung
Tag der offenen Tür
Tanz
Tanzfabrik Berlin: > Tanz
Tanzhaus Berlin: > Hackesche Höfe
Tanz Initiative Berlin e.V.: > Tanz
Tanz-Tangente: > Tanz
Tarife: > Berliner Erdgas AG, > Berliner Gaswerke
(GASAG), > Berliner Kraft- und Licht (BEWAG)-
Aktiengesellschaft, > Berliner Stadtreinigungs-
Betriebe (BSR), > Berliner Wasser-Betriebe (BWB),
> Fernwärmeversorgung
Tarifverbund: > Berliner Verkehrs-Betriebe (BVG),
> Vereinigung
tatoeba – Theatre Danse Grotesque: > Tanz
Tauentzienstraße
Technische Berufsfachschule: > Lette-Verein
Technische Fachhochschule Berlin (TFH)

Technische Hochschule Berlin-Charlottenburg: > Technische Universität Berlin (TUB)
Technisches Hilfswerk (THW)
Technische Universität Berlin (TUB)
Technologieassistent: > Senatsverwaltung für Wirtschaft und Technologie (SenWiTech)
Technologiebeauftragter
Technologiepark Adlershof: > Adlershof, > Innovations- und Gründerzentren
Technologietransfer: > Technologie-Vermittlungs-Agentur Berlin e.V. (TVA)
Technologie- und Innovationspark (TIP): > Innovations- und Gründerzentren, > Wedding
Technologie-Vermittlungs-Agentur Berlin e.V. (TVA)
Tegel
Tegel-Center
Tegeler Fließ
Tegeler Forst
Tegeler Hafen
Tegeler See
Tegelort: > Heiligensee, > Konradshöhe
Teichberg: > Karow
Teilung: > Spaltung
Telebus-Fahrdienst
Telefonseelsorge: > Not- und Krisendienste
TELE 5: > Fernsehen
Telekom: > BERKOM, > Deutsche Bundespost (DBP)
Teleskopie Gesellschaft für Fernsehzuschauerforschung mbH: > An-Institute
Télévision Française à Berlin (TFB)
Telex, Telefax: > Deutsche Bundespost (DBP)
Tell-Halaf-Museum: > Museen und Sammlungen
Teltow
Teltowkanal
Tempelhof
Tempelhofer Berg: > Kreuzberg, > Tempelhof, > Viktoriapark
Tempelhofer Damm
Tempelhofer Feld: > Flughäfen, > Siedlung Tempelhofer Feld, > Stadtgrün, > Tempelhof, > Tempelhofer Damm
Tempelhofer Vorstadt: > Kreuzberg, > Stadterweiterung
Temperatur: > Klima
Tempo-30-Zonen: > Verkehr I., > Verkehrsberuhigung
Tempodrom
Tendenzen der 20er Jahre: > Kultur II.
Tennisclub Rot-Weiß: > Lawn-Tennis-Turnier-Club (LTTC) „Rot-Weiß" e.V.
Teufelsberg
Teufelsbruch: > Naturschutz, > Spandauer Forst
Teufelssee
Teufelsseekanal: > Hakenfelde, > Wasserstraßen
Teuerungsrate: > Lebenshaltungskosten
TF 1: > Fernsehen, > Télévision Française à Berlin (TFB)
Theater
Theater am Kurfürstendamm
Theater am Park (TAP): > Marzahn
Theater am Schiffbauerdamm: > Berliner Ensemble, > Theater
Theater der Freundschaft

Theater der Nationen: > Freie Volksbühne
Theater der Schulen: > Besucherorganisationen, > Kinder- und Jugendtheater, > Puppentheater
Theater der sowjetischen Streitkräfte: > Tanz
Theater des Westens
Theatergemeinde Berlin: > Besucherorganisationen
Theater im Admiralspalast: > Admiralspalast
Theater im Palast: > Palast der Republik
Theater im schmalen Handtuch: > Friedrichshain
Theater o. N.: > Puppentheater
Theaterpreis Berlin: > Stiftung Preußische Seehandlung, > Theatertreffen Berlin
Theatertreffen Berlin
Theatertreffen der Jugend
The British Council
Theodor-Heuss-Platz
Thermometersiedlung
Three Essentials
Tiefwerder
Tierbestand: > Landwirtschaft, > Umweltschutz II.
Tierfriedhof: > Lankwitz, > Tierheim Lankwitz
Tiergarten
Tiergartentunnel: > Bundesfernstraßen, > Großer Tiergarten, > Straßen, > Tiergarten
Tierheim Lankwitz
Tierkliniken: > Freie Universität Berlin (FU)
Tierlaboratorien: > Freie Universität Berlin (FU)
Tierpark Friedrichsfelde
Tierschutz: > Landesuntersuchungsinstitut für Lebensmittel, Arzneimittel und Tierseuchen Berlin (LAT)
TiK (Theater im Kino): > Friedrichshain
TIP: > Stadtmagazine
Titania-Palast
Todesstrafe
Topographie: > Lage und Stadtraum
Topographie der deutsch-deutschen Grenze als Mahnmal: > Haus am Checkpoint Charlie, > Mauer
Topographie des Terrors: > Prinz-Albrecht-Gelände, > Senatsverwaltung für Kulturelle Angelegenheiten (SenKult)
Total-Music-Meeting: > Jazz
Toto: > Deutsche Klassenlotterie Berlin (DKLB)
Tour de France: > Sport II.
Tourismus
Tourismus GmbH: > Tourismus
Trabantenstädte: > Baugeschichte und Stadtbild IX., > Falkenhagener Feld, > Gropiusstadt, > Hellersdorf, > Hohenschönhausen, > Märkisches Viertel, > Marzahn, > Thermometersiedlung
Trabrennbahn Karlshorst
Trabrennbahn Mariendorf
Tränenpalast: > Bahnhof Friedrichstraße
Transitabkommen: > Transitverkehr
Transitkommission: > Transitverkehr
Transitpauschale: > Transitverkehr
Transitverkehr
Transportpolizei: > Polizei
Transrapid: > Eisenbahn
Treffen junge Musikszene
Treffen junger Autoren
Treffen junger Liedermacher: > Treffen junge Musikszene

Treitschke-Denkmal: > Prinz-Heinrich-Palais
Treptow
Treptower Park
Treptow in Flammen: > Zenner
Treuhandanstalt
Tribüne
Tri-Ergon: > Film
Trinkwasser: > Berliner Wasser-Betriebe (BWB),
  > Wasserversorgung/Entwässerung
Trödelmärkte
TRT-INT: > Fernsehen
Trümmerberge
Trümmerfrauen: > Trümmerberge, > Volkspark Ha-
senheide
TSC-Box-Turnier
Tucholsky-Zimmer: > Literaturhaus Berlin
Türken: > Bevölkerung III.
Türkischer Friedhof: > Moscheen, > Neukölln
Türkisches Bad: > Frauenstadtteilzentren, > Hallen-
bäder
Türkisches Kultur- und Freizeitzentrum: > Türkiyem-
spor Berlin e.V.
Türkiyemspor Berlin e.V.
Tunnel: > Brücken
Turmstraße
Turngemeinde in Berlin (TiB) 1848 e.V.
Turn- und Freizeitzentrum an der Wullenweberstraße:
  > Turn- und Sportverein (TSV) GutsMuths 1861 e.V.
Turn- und Sportclub (TSC) Berlin e.V.
Turn- und Sportverein (TSV) GutsMuths 1861 e.V.
Turnvater Jahn: > Sport II., > Volkspark Hasenheide
Tuschkasten-Siedlung: > Altglienicke

U-Bahn
Überbrettl: > Kabarett
Übergangsstellen: > Besucherregelungen, > Spal-
tung, > Transitverkehr
Überhangmandate: > Wahlen
Überleitungsgesetz: > Drittes Überleitungsgesetz
Übersee-Import-Messe „Partner des Fortschritts":
  > Import-Messe „Partner des Fortschritts"
Übersiedler/Aussiedler
UFA: > Film, > Internationales Kulturcentrum
  UFA-Fabrik
Uferschutz: > Röhrichtschutz
Uhlenhorst: > Köpenick
Ulenspiegel: > Kabarett
Ullsteinhaus
Umsatzsteuervergünstigungen: > Berlinförderung,
  > Wirtschaft IV.
Umschulung: > Arbeitsämter, > Arbeitsmarkt
Umweltämter
Umweltatlas Berlin
Umweltbibliothek: > Alternativbewegung, > Ge-
schichte X.
Umweltbundesamt (UBA)
Umweltinformationssystem: > Umweltatlas Berlin
Umweltkarte: > Verkehr I.
Umweltkriminalität: > Kriminalität
Umweltpreis: > Senatsverwaltung für Stadt-
entwicklung und Umweltschutz (SenStadtUm)
Umweltschutz
Unabhängige Föderalismuskommission: > Hauptstadt

Unabhängige Gewerkschaftsorganisation (UGO):
  > Deutscher Gewerkschaftsbund (DGB) – Landesbezirk Berlin-Brandenburg
Unabhängige Kommission zur Überprüfung des Vermö-
gens der Parteien und Massenorganisationen der ehe-
maligen DDR: > Bundesminister des Innern (BMI)
Unabhängiger Frauenverband (UVV): > Frauenbewe-
gung
Unabhängiger Kinder- und Jugendnotdienst (UKND)
  e.V.: > Not- und Krisendienste
Unabhängige Sozialdemokratische Partei Deutsch-
lands – USPD: > Geschichte V., VI., > Sozialdemo-
kratische Partei Deutschlands (SPD), > Wahlen
Unbesungene Helden: > Geschichte VI.
United Berlin: > Musik
Universal Ensemble Berlin: > Musik
Universal-Stiftung Helmut Ziegner
Universitäten: > Freie Universität Berlin (FU),
  > Friedrich-Wilhelms-Universität, > Humboldt-
Universität zu Berlin (HUB), > Technische Univer-
sität Berlin (TUB)
Universitätsklinika: > Charité, > Krankenhäuser,
  > Universitätsklinikum Rudolf Virchow der Frei-
en Universität Berlin, > Universitätsklinikum
Steglitz der Freien Universität Berlin
Universitätsklinikum Charlottenburg: > Universitäts-
klinikum Rudolf Virchow der Freien Universität
Berlin
Universitätsklinikum Rudolf Virchow der Freien
Universität Berlin (UKRV)
Universitätsklinikum Steglitz der Freien Universi-
tät Berlin
Universitätswetterdienst: > Institut für Meteorologie
Universum Film AG (UFA): > Film
Unterbaum: > Oberbaumbrücke, > Stadtmauer
Unter den Linden
Unterhavel: > Havel
Unternehmerverbände: > Vereinigung der Unter-
nehmensverbände in Berlin und Brandenburg e.V.
(UVB)
Untersuchungsausschuß: > Abgeordnetenhaus von
Berlin
Untersuchungshaftanstalt: > Justizvollzug
Unterzentren: > Einkaufszentren
Urabstimmung: > Geschichte VII., > Sozialdemo-
kratische Partei Deutschlands (SPD)
Urania
Urbanhafen: > Häfen, > Kreuzberg, > Landwehr-
kanal
Urbanhof: > Gewerbesiedlungs-Gesellschaft mbH
Urban-Krankenhaus: > Krankenhäuser, > Kreuzberg
Urgeschichte: > Besiedlung des Berliner Raums
Urstromtal: > Warschau-Berliner Urstromtal
U.S.-Mission: > Alliierte, > Stadtkommandanten

Vaganten Bühne Berlin
Valentinswerder: > Inseln, > Tegeler See
Varieté
VEB Energiekombinat Berlin (EKB): > Berliner Erdgas
AG, > Berliner Kraft- und Licht (BEWAG)-Aktien-
gesellschaft, > Energieversorgung Berlin Aktien-
gesellschaft (EBAG), > Gasversorgung
VEB Wasserentsorgung und Abwasserbehandlung:

> Berliner Wasser-Betriebe (BWB), > Wasserversorgung/Entwässerung
Verbände Berlin-Brandenburgischer Wohnungsunternehmen e.V. und Wohnungswirtschaft e.V.: > Gemeinnützige Wohnungswirtschaft, > Wohnungsbau
Verband Berliner Wohnungsbaugenossenschaften und -gesellschaften e.V.: > Gemeinnützige Wohnungswirtschaft
Verband Deutscher Sportjournalisten: > Sport II.
Verbindungsbahn: > Ringbahn, > Verkehr I.
Verbindungsoffiziere der Drei Mächte in Berlin: > Alliierte
Verborgenes Museum: > Frauenkulturinitiativen
Verbraucherschutzverein e.V.
Verbraucherzentrale Berlin e.V.
Verbund Chemischer Zentren: > Wissenschaft und Forschung II.
Verdienste: > Einkommen
Vereinbarung über Rettungsmaßnahmen an der Sektorengrenze: > Feuerwehr
Verein Berliner Kaufleute und Industrieller e.V. (VBKI)
Verein für die Geschichte Berlins, gegr. 1865
Vereinigte Verkehrsreklame (VVR-BEREK): > Litfaßsäulen
Vereinigung
Vereinigung der Unternehmensverbände in Berlin und Brandenburg e.V. (UVB)
Vereinigungskriminalität: > Kriminalität, > Polizei, > Staatsanwaltschaften
Vereinigungsparteitag: > Admiralspalast, > Geschichte VII., > Sozialdemokratische Partei Deutschlands (SPD), > Sozialistische Einheitspartei Deutschlands (SED)
Verfassung der DDR: > Hauptstadt, > Sonderstatus 1945-90 VII.
Verfassungsgerichtsbarkeit: > Bindungen, > Verfassungsgerichtshof, > Verfassung von Berlin
Verfassungsgerichtshof
Verfassungsreform: > Politisches System IV.
Verfassungsschutz: > Landesamt für Verfassungsschutz Berlin (LfV)
Verfassung von Berlin (VvB)
Verfolgung: > Geschichte VI., > Widerstand
Vergnügungsparks: > In den Zelten, > Lunapark, > Spreepark
Verkehr
Verkehrsamt Berlin
Verkehrsbeirat: > Senatsverwaltung für Verkehr und Betriebe (SenVuB)
Verkehrsberuhigung
Verkehrsleitsystem: > Euro-Scout
Verkehrsplanung: > Regionalplanung, > Verkehr I., II.
Verkehrssicherheitspreis: > Senatsverwaltung für Arbeit, Verkehr und Betriebe (SenVuB)
Verkehrs- und Baumuseum: > Hamburger Bahnhof, > Museum für Verkehr und Technik
Verkehrsverbund: > Berliner Verkehrs-Betriebe (BVG), > Vereinigung
Verkehrsvertrag
Verklärungskirche: > Adlershof
Verordnungsblatt für Groß-Berlin: > Gesetz- und Verordnungsblatt für Berlin (GVBL)

Versöhnungsdienste: > Weltfriedensdienst e.V.
Versöhnungskirche
Versorgung/Entsorgung: > Abfallwirtschaft, > Elektrizitätsversorgung, > Fernwärmeversorgung, > Gasversorgung, > Wasserversorgung/Entwässerung
Versorgungsämter: > Landesamt für Zentrale Soziale Aufgaben – Landesversorgungsamt – (LASoz)
Versuchsanstalt der Hefeindustrie e.V. (VH): > Institut für Gärungsgewerbe und Biotechnologie (IFGB)
Versuchsanstalt für Wasserbau und Schiffbau (VWS)
Versuchs- und Lehranstalt für Brauerei (VLB): > Institut für Gärungsgewerbe und Biotechnologie (IFGB)
Versuchs- und Lehranstalt für Spiritusfabrikation und Fermentationstechnologie (VLSF): > Institut für Gärungsgewerbe und Biotechnologie (IFGB)
Vertrag über die abschließende Regelung in bezug auf Deutschland: > Sonderstatus 1945-90 IX., > Vereinigung, > Vier-Mächte-Abkommen
Vertrag über die Bedingungen des befristeten Aufenthalts und die Modalitäten des planmäßigen Abzugs: > Gruppe der Sowjetischen Streitkräfte in Deutschland (GSSD), > Sonderstatus 1945-90 IX.
Vertrag über gute Nachbarschaft: > Gruppe der Sowjetischen Streitkräfte in Deutschland (GSSD), > Sonderstatus 1945-90 IX.
Verwaltung: > Bezirksamt, > Öffentlicher Dienst, > Politisches System II., > Senat von Berlin, > Senatsverwaltungen
Verwaltung der Staatlichen Schlösser und Gärten
Verwaltung des ehemaligen Reichsbahnvermögens (Vorratsvermögen) in Berlin (West): > Deutsche Reichsbahn (DR)
Verwaltungsakademie Berlin
Verwaltungsdruckerei: > Senatsverwaltung für Inneres (SenInn)
Verwaltungsgerichtsbarkeit
Verwaltungsgericht: > Bundesverwaltungsgericht, > Verwaltungsgerichtsbarkeit
Verwaltungsreform: > Politisches System IV.
Verwaltungsschule Berlin: > Verwaltungsakademie Berlin
Veterinärämter: > Landesuntersuchungsinstitut für Lebensmittel, Arzneimittel und Tierseuchen Berlin (LAT)
Victoriastadt: > Lichtenberg, > Rummelsburg
Victor-Wendland-Ring: > Stiftung Naturschutz Berlin
Videotext: > Fernsehen, > Neue Medien
Videotheken: > Bibliotheken
Vieh- und Schlachthof Spandau: > Schlachthof Berlin
Vier-Mächte-Abkommen
Vier-Mächte-Status: > Sonderstatus 1945-90
Viktoria-Luise-Platz: > Stadtgrün
Viktoriapark
Villa Borsig
Villa Grisebach
Villa Lemm: > Denkmalschutz, Denkmalpflege, > Spandau
Villa Oppenheim: > Schustehruspark

Wechselstuben: > Währungsreform
Wedding
Wehrmachtsauskunftsstelle (WASt): > Deutsche
  Dienststelle (WASt) für die Benachrichtigung der
  nächsten Angehörigen von Gefallenen der ehema-
  ligen deutschen Wehrmacht
Wehrpflicht
Weidendammer Brücke
Weidenwall: > Inseln, > Seddinsee
Weinmeisterhöhe: > Spandau
Weiße Flotte: > Schiffahrt
Weißensee
Weißenseer Park: > Weißer See
Weißer Kreis: > Mietrecht, > Wohnungsbau
Weißer See
Weiße Stadt
Weiterbildungsdatenbank: > Senatsverwaltung für
  Arbeit und Frauen (SenArbFrauen)
Welpersches Badeschiff: > Hallenbäder
Weltfriedensdienst e.V. (WFD)
Weltjugendorchester: > Jugendförderung
Weltkugelbrunnen: > Breitscheidplatz
Weltraum-Institut Berlin GmbH (WIB): > An-Institute
Weltzeituhr: > Alexanderplatz
Wendenschloß
Wendische Spree: > Dahme
Werderchen: > Inseln, > Seddinsee
Werderscher Markt
*Werkarztzentrum der Wirtschaft in Berlin und
  Brandenburg (WAZB):* > Vereinigung der Unter-
  nehmensverbände in Berlin und Brandenburg e.V.
  (UVB)
Werkbund-Archiv
Werkstätten für Behinderte: > Behinderte
Wernersee: > Hellersdorf
Werner-Seelenbinder-Halle
Wertpapierbörse: > Börse, > Senatsverwaltung für
  Wirtschaft und Technologie (SenWiTech)
WEST 3: > Fernsehen
Westend
Westgruppe der sowjetischen Streitkräfte: > Gruppe
  der Sowjetischen Streitkräfte in Deutschland
  (GSSD)
Westgruppe der Truppen (WGT): > Gruppe der So-
  wjetischen Streitkräfte in Deutschland (GSSD)
Westhafen
Westhafenkanal: > Wasserstraßen, > Westhafen
Westkreuz: > Charlottenburg
West-Staaken: > Einigungsvertrag, > Spandau,
  > Staaken, > Stadterweiterung
Westtangente: > Bundesfernstraßen, > Schöneberg,
  > Steglitz, > Verkehr I.
Wettbewerb Naturnahe Gärten: > Senatsverwaltung
  für Stadtentwicklung und Umweltschutz
  (SenStadtUm)
Wetter: > Institut für Meteorologie, > Klima
Wetteramt Berlin: > Institut für Meteorologie
Wichern-Krankenhaus: > Evangelisches Johannesstift
Widerstand
Wiederaufbau: > Baugeschichte und Stadtbild VII.,
  > Berliner Aufbauprogramm, > Nationales Auf-
  bauwerk (NAW), > Wirtschaft, > Wohnungsbau
Wiedergutmachungsämter: > Senatsverwaltung für

Justiz (SenJust)
Wiedervereinigung: > Einigungsvertrag, > Geschich-
  te XI., > Vereinigung
Wiener Philharmoniker: > Musik
*Wildwasser – Arbeitsgemeinschaft gegen sexuellen Miß-
  brauch von Mädchen e.V.:* > Not- und Krisen-
  dienste, > Selbsthilfegruppen und -projekte
Wilhelm-Foerster-Sternwarte
Wilhelminenhof: > Oberschöneweide
Wilhelminischer Ring: > Lage und Stadtraum
Wilhelmshagen
Wilhelmsruh: > Rosenthal
Wilhelmstadt: > Spandau
Wilhelmstraße
Will-Grohmann-Preis: > Akademie der Künste zu
  Berlin
Willi-Weyer-Akademie
Wilmersdorf
Wilmersdorfer Straße
Wilmersdorfer Waldfriedhof
Wilmersdorf-Museum: > Heimatmuseen
Windenergie: > Alternative Energien
Windmühlen
Windmühlenberg: > Prenzlauer Berg, > Wasserturm
  Prenzlauer Berg, > Windmühlen
Winterdienst: > Berliner Stadtreinigungs-Betriebe
  (BSR)
Winterfeldtplatz
Wintergarten: > Friedrichstraße, > Varieté
Wintergartenensemble: > Literaturhaus Berlin,
  > Villa Grisebach
Wirtschaft
Wirtschaftsförderung
Wirtschaftsförderung Berlin GmbH
Wirtschaftskriminalität: > Kriminalität
Wirtschaftsverbände: > Vereinigung der Unter-
  nehmensverbände in Berlin und Brandenburg e.V.
  (UVB)
Wirtschaftsverkehr: > Güterverkehr, > Verkehr II.
Wirtschafts-, Währungs- und Sozialunion: > Arbeits-
  ämter, > Geschichte XI., > Sonderstatus 1945-90
  IX., > Vereinigung, > Verkehr II.
Wissenschaftliches Landesprüfungsamt (WLPA)
Wissenschaftskolleg zu Berlin Institute for
  Advanced Studies Berlin e.V.
Wissenschaftszentrum Berlin für Sozialforschung
  GmbH (WZB)
Wissenschaft und Forschung
Wittelsbacher: > Geschichte I., > Landesherren
Wittenau
Wittenbergplatz
Wochenmärkte
Wohlfahrtspflege
Wohlfahrtsverbände: > Arbeiterwohlfahrt Landes-
  verband Berlin e.V. (AWO), > Caritasverband Ber-
  lin e.V., > Deutsches Rotes Kreuz Landesverband
  Berlin (DRK), > Diakonisches Werk Berlin-Bran-
  denburg – Innere Mission und Hilfswerk – e.V.,
  > Jüdische Gemeinde zu Berlin, > Paritätischer
  Wohlfahrtsverband , > Wohlfahrtspflege
Wohnanlage Versöhnungs-Privat-Straße
Wohnberechtigungsschein (WBS): > Mietrecht,
  > Wohnungsämter

Wohngeld: > Wohnungsämter
Wohnstadt „Carl Legien"
Wohnungsämter
Wohnungsbau
Wohnungsbauförderung: > Wohnungsbau, > Woh-
nungsbaukreditanstalt (WBK)
Wohnungsbaugenossenschaften: > Gemeinnützige
Wohnungswirtschaft, > Wohnungsbau
Wohnungsbaugesellschaften: > Gemeinnützige Woh-
nungswirtschaft, > Wohnungsbau
Wohnungsbau-Kreditanstalt Berlin (WBK)
Wohnungsmodernisierung durch Mieter
Wolfgang-Staudte-Preis: > Der Tagesspiegel
Wolfsgarten: > Köpenick
Workshop Freie Musik: > Jazz
Wrangel-Schlößchen: > Herrenhaus Beyme, > Schloß-
straße
Wuhle
Wuhlebecken: > Wuhle
Wuhlheide

Yorck-Denkmal: > Denkmalanlage Unter den Linden
Yorckstraße: > Generalszug

Zahlungsbilanz: > Außenhandel
Zahnärztekammer: > Ärzte- und Zahnärztekammer
Zahnärztlicher Dienst: > Gesundheitsämter
Zehlendorf
Zehlendorfer Plan: > Verkehr I.
Zehlendorfer Stichkanal: > Lichterfelde, > Teltow-
kanal
Zeiss-Großplanetarium
Zeitgeist-/Zeitlos-Ausstellungen: > Kultur II.
Zeitungen: > Presse
Zeitungsviertel: > Kreuzberg
Zeltinger Platz: > Frohnau
Zeltplätze: > Campingplätze
Zenner
Zentralausschuß für soziale Aufgaben e.V.: > Telebus-
Fahrdienst
Zentralbankrat: > Landeszentralbank in Berlin (LZB)
– Hauptverwaltung der Deutschen Bundesbank
(BBk)
Zentrale Aufnahmestelle des Landes Berlin (ZAB)
Zentrale Fachbibliothek für Bauwesen der DDR: > Bau-
akademie
Zentraleinrichtungen der Universitäten: > Freie Uni-
versität Berlin (FU), > Humboldt-Universität zu
Berlin (HUB), > Technische Universität Berlin
(TUB)
Zentraler Bereich: > Baugeschichte und Stadtbild XII.
Zentraler Drogennotdienst: > Drogen
Zentraler Omnibusbahnhof (ZOB): > Charlottenburg,
> Omnibusverkehr
Zentrales Haus der Deutsch-Sowjetischen Freundschaft:
> Palais am Festungsgraben
Zentrale Sozialhilfestelle für Asylbewerber (ZSA):
> Asylbewerber, > Landesamt für Zentrale Soziale
Aufgaben – Landesversorgungsamt – (LASoz)
Zentrales Staatsarchiv der DDR: > Bundesarchiv
Zentralflughafen Tempelhof: > Flughäfen, > Luftver-
kehr, > Verkehr I., II.
Zentralfriedhof Friedrichsfelde

Zentralinstitute der Freien Universität: > Freie Uni-
versität Berlin (FU)
Zentralinstitut für Bibliothekswesen: > Deutsches
Bibliotheksinstitut (dbi)
Zentralinstitut für Erziehung und Unterricht: > Päda-
gogisches Zentrum (PZ)
Zentralinstitut für Fachdidaktiken: > Freie Universität
Berlin (FU)
*Zentralinstitut für Hygiene, Mikrobiologie und
Epidemiologie (ZIHME):* > Bundesgesundheitsamt
(bga)
Zentralinstitut für sozialwissenschaftliche Forschung:
> Freie Universität Berlin (FU)
Zentralkatalog: > Berliner Gesamtkatalog
*Zentralklinik für Psychiatrie und Neurologie Wilhelm
Griesinger:* > Biesdorf
Zentralkomitee der SED: > Reichsbankgebäude, > So-
zialistische Einheitspartei Deutschlands (SED)
*Zentralschule für Krankenpflegeberufe katholischer
Krankenhäuser in Berlin e.V.:* > Katholische Kirche –
Bistum Berlin
*Zentralstelle für Ermittlungen, Regierungs- und
Vereinigungskriminalität (ZERV):* > Kriminalität,
> Polizei
*Zentralstelle zur Behandlung und Beseitigung radioak-
tiven Abfalls des Landes Berlin (ZRA):* > Hahn-
Meitner-Institut, Berlin GmbH (HMI)
*Zentralvereinigung Berliner Arbeitgeberverbände
(ZBA):* > Vereinigung der Unternehmensverbände
in Berlin und Brandenburg e.V. (UVB)
Zentralviehhofbrücke: > Brücken
Zentrenhierarchie: > Einkaufszentren
Zentrum für Antisemitismusforschung
Zentrum für audiovisuelle Medien: > Landesbildstelle
Berlin – Zentrum für audiovisuelle Medien
Zeughaus
Zeuthener See
Zeuthener Wall: > Inseln, > Zeuthener See
Ziegeleisee: > Seen
Zille-Denkmal: > Kunst am Bau/Kunst im Stadt-
raum
Zitadelle Spandau
Zitty: > Stadtmagazine
Zivildienst: > Bundesminister für Frauen und Ju-
gend (BMFJ), > Wehrpflicht
Zivilgerichtsbarkeit: > Amtsgerichte, > Kammer-
gericht, > Landgericht
Zivilluftfahrtattachés: > Luftkorridore, > Luftverkehr
Zivilschutz
Zollmauer: > Baugeschichte und Stadtbild II.,
> Stadterweiterung, > Stadtmauer
Zoologischer Garten
Zucker-Museum
Zufluchtswohnungen: > Frauenhäuser
Zugangsrechte: > Sonderstatus 1945-90 II., IV.,
> Vier-Mächte-Abkommen, > ZZZ – Zugehörig-
keit/Zugang/Zutritt
Zugangswege: > Transitverkehr
Zugehörigkeit: > Sonderstatus 1945-90 III., IV., VII.,
> Sowjetisches Ultimatum (1958), > Vier-Mächte-
Abkommen, > ZZZ – Zugehörigkeit/Zugang/Zu-
tritt
Zum Nußbaum: > Fischerinsel, > Nikolaiviertel

Zur letzten Instanz

Zur Rippe: > Molkenmarkt, > Nikolaiviertel

Zutritt: > Besucherregelungen, > Sonderstatus
1945-90 VIII., > Vier-Mächte-Abkommen, > ZZZ –
Zugehörigkeit/Zugang/Zutritt

Zuwanderung: > Bevölkerung I., III., > Flüchtlinge,
> Übersiedler/Aussiedler

Zuwanderungshilfen: > Berlinförderung, > Wirtschaft IV.

Zwangsvereinigung: > Geschichte VII., > Sozialdemokratische Partei Deutschlands (SPD), > Sozialistische Einheitspartei Deutschlands (SED)

20. Juli 1944

Zweckverband Groß-Berlin: > Geschichte IV.,
> Groß-Berlin, > Lage und Stadtraum, > Politi-
sches System I., > Straßenbahn, > Verkehr I.

Zwei-plus-Vier-Vertrag: > Sonderstatus 1945-90 IX.,
> Vereinigung

Zweiter Bildungsweg > Berlin-Kolleg, > Peter-A.-
Silbermann-Schule, > Schule und Bildung,
> Volkshochschulen

II. Weltkrieg: > Geschichte VI.

Zweites Deutsches Fernsehen (ZDF), Studio Berlin

12 Cellisten: > Musik

ZZZ – Zugehörigkeit/Zugang/Zutritt

PERSONENREGISTER

Graefe, Albrecht v. 253, 426
Graefe, Karl Ferdinand v. 413
Grael, Johann Friedrich 1084
Graeser, Erdmann 121, 769
Graetz, René 147
Graff, Anton 441
Graffunder, Heinz 694, 916, 1029
Graham, Martha 1115, 1210
Granach, Alexander 1232
Grass, Günter 25, 26, 30, 408, 698, 714, 766, 773, 774
Grassi, Georgio 604
Graun, Carl Heinrich 296, 862, 991
Gregor, Ulrich 604, 605, 698, 1157
Gregorovius, Oskar 640
Greindl, Josef 698
Grell, Eduard 1081
Gremm, Wolf 99, 375
Grenander, Alfred 420, 554, 665, 761, 829, 1006, 1384
Gresko, Georg 697
Grieg, Edvard 107
Grieger, Joachim 457
Griem, Helmut 993
Griesinger, Wilhelm 140, 253, 673, 806
Grimm, Jacob 45
Grimm, Wilhelm 45, 955
Grimmek, Bruno 75
Grisebach, Hans 1311
Grohmann, Will 25, 148, 714
Gromyko, Andrej A. 1305
Gronostay, Uwe 697
Gropius, Martin 121, 124, 233, 253, 269, 411, 421, 570, 603, 678, 696, 716, 723, 801, 802, 839, 845, 850, 956, 957, 986, 1117, 1365
Gropius, Walter 83, 84, 217, 224, 226, 227, 287, 457, 458, 488, 534, 709, 779, 1080, 1389
Gross, Walter 993
Grosse, Rudolf 225, 1021
Grosz, George 146, 487, 680, 709, 770, 1012, 1148
Grotewohl, Otto 209, 228, 269, 437, 559, 776, 822, 842, 1090, 1092, 1093, 1094, 1267, 1371
Groth, Peter 417
Grüber, Heinrich 318, 356, 549, 552, 1368
Grüber, Klaus Michael 1015, 1016, 1234
Grümmer, Elisabeth 698
Grünberg, Martin 213, 872, 922, 975, 1443
Gründgens, Gustaf 712, 1017, 1233
Grünewald, Matthias 699
Grützke, Johannes 149
Grützmann, Angela 735
Grumbkow, Joachim Ernst v. 158
Gruner, Wolfgang 303
Gruson, Hermann 775
Gruson, Luise 775
Grynszpan, Herschel 932
Grzimek, Sabine 148
Grzimek, Waldemar 147, 694, 1315, 1384
Gsovsky, Tatjana 698, 1212
Güney, Gilmaz 605
Günther, Egon 375
Günther, Ignatz 1082
Günther, Joachim 773
Guilbert, Yvette 1292

Gurlitt, Ludwig 1043
Gustafsson, Lars 279
Gutbrod, Rolf 344, 689, 690, 697
Gutkind, Erwin 697
Guts Muths, Johann Christoph Friedrich 1264
Gysi, Gregor 520, 1095

Haack, Albert Friedrich Wilhelm 317
Haas, Willy 771
Haase, Herwig 1070
Haase, Hugo 622
Habe, Hans 1160
Haber, Fritz 426, 485, 635, 811, 812, 1431, 1432
Haberland, Georg 85
Habisch, Reinhold Franz 1111
Hachfeld, Rainer 457
Hacker, Dieter 149
Hackert, Jacob Philipp 143
Hacks, Peter 773
Hadeln, Moritz de 604
Haeften, Werner v. 45, 1450
Hämer, Hardt-Waltherr 227, 229, 230, 603, 1140, 1155
Haenchen, Hartmut 859
Händel, Georg Friedrich 1081
Händler, Rolf 148
Hänska, Gerd 740
Hänska, Magdalena 740, 1343
Häring, Hugo 83, 217, 697, 909, 1080, 1389
Haesler, Otto 1444
Hagemeister, Karl 145, 177
Hagen, Hugo 46, 305, 1274
Hagen, Nina 1001
Hagenbeck, Karl 22
Hahn, Annegret 1314
Hahn, Otto 263, 274, 318, 426, 527, 635, 956, 1432
Hahn, Sigmund 697
Hahn-Hahn, Ida 769
Halder, Franz 1369
Haller, Hermann 753
Hallervorden, Dieter 304
Hallwachs, Hans-Peter 1021
Halske, Johann Georg 1080, 1166, 1224, 1266, 1324, 1403
Hamburger, Michael 25
Hammer, Jule 1219
Hancke, Edith 666, 1236
Handke, Peter 103, 1016
Hanf, Michael 788
Hansmann, Otto 317
Hanspach, Harald 419
Happe, Heinrich Phillipp v. 429
Hardenberg, Karl August Fürst v. 305, 440, 654, 759, 838, 1216, 1401, 1429
Harlan, Veit 373, 374
Harnack, Adolf v. 635, 955, 1121, 1431
Harnack, Arvid 1368
Harnack, Falk 374
Harnoncourt, Nikolaus 997
Hart, Gustav 1022
Hart, Heinrich 417, 770
Hart, Julius 417, 770
Harthun-Kindl, Adelheid 1092

1543

ABBILDUNGSNACHWEIS

Berlin 2000 Olympia GmbH: 907

Berlinische Galerie, Museum für Moderne Kunst, Photographie und Architektur: 122

Berlin-Museum, Berlin: 124 rechts (Hans-Joachim Bartsch, Berlin)

Brücke-Museum, Berlin: 177

Der Tagesspiegel: 74 (Stefan Nowak), 235 (H. W. Holzwarth), 956 (Thilo Rückeis)

Deutsche Luftbild GmbH Hamburg: 1445

Friedrich, Reinhard: 107, 565 links und rechts, 566

Gedenkstätte Deutscher Widerstand: 438

Glaser, Paul: 269

Hamm, Manfred: 84, 86, 170, 306, 424, 443, 526, 603, 624, 635, 655, 775, 791, 810 links oben, 818, 830, 867, 874, 889, 927, 959, 998, 1024, 1030, 1077, 1274, 1350, 1382, 1443, 1447

Institut für Geographie der TU Berlin: 1349

Kartographischer Verlag Reinhard Ryborsch: 944/945

KPM: 670

Landesbildstelle: 20, 21, 29 links (Waldemar Titzenthaler), 29 rechts, 32, 35, 39, 54, 82 (Waldemar Titzenthaler), 93, 96, 124 links, 159, 160, 171, 172 links oben, 250, 258, 299, 310, 380, 405, 423 links (Waldemar Titzenthaler), 433, 439, 534, 541, 546, 557, 561, 572, 605, 630 (Waldemar Titzenthaler), 633, 634 oben und unten, 648, 650, 685, 755, 756 links, 777, 779, 780, 783, 788 (Waldemar Titzenthaler), 803, 809 rechts, 828 (Waldemar Titzenthaler), 832 (Waldemar Titzenthaler), 878, 884, 893 (Waldemar Titzenthaler), 911, 924, 931, 940, 982 (alle), 986, 995, 1012, 1048, 1078, 1097, 1099, 1106 (Waldemar Titzenthaler), 1110, 1144, 1164, 1168, 1246, 1248, 1273, 1304, 1337, 1359 (Waldemar Titzenthaler), 1366 (Waldemar Titzenthaler)

Museumsdorf Düppel e.V.: 850

Museum für Naturkunde der Humboldt-Universität zu Berlin: 844

Museum für Verkehr und Technik, Berlin: 847

Planarchiv Bundesbaudirektion Berlin: 852

Scharf, Peter: 941 unten

Senatsverwaltung für Stadtentwicklung und Umweltschutz: 727

Staatliche Museen zu Berlin – Preußischer Kulturbesitz: Lagepläne der Museumszentren Charlottenburg, Dahlem, Kulturforum Tiergarten: 689, 854, 856. Ägyptisches Museum 164; Antikensammlung 925; Gemäldegalerie 441; Kunstgewerbemuseum 696; Museum für Indische Kunst 842; Museum für Islamische Kunst 843; Museum für Ostasiatische Kunst 845; Museum für Völkerkunde 848; Skulpturengalerie 1082; Vorderasiatisches Museum 1321

Thomas, Christian: 30, 45, 87, 109, 172 links unten, 252, 254, 277, 295, 297, 309, 342, 344, 345, 366, 370, 381, 382 links, 388, 406, 418, 423 rechts, 429, 432, 452, 457, 462, 467, 530, 531, 535, 547, 552, 568, 574, 576, 608, 611, 615, 638, 661, 667, 677, 686, 687, 700 rechts, 756 rechts, 759, 792, 799, 802, 806, 824, 871, 876, 881, 888, 910, 916, 919, 947, 987, 989, 991, 997, 1015, 1016, 1025, 1028, 1034, 1080, 1084, 1086, 1087, 1102, 1112, 1114, 1122, 1123, 1131, 1138, 1152, 1208, 1216, 1225, 1227, 1237, 1243, 1245, 1256, 1266, 1268, 1302, 1312, 1357, 1362, 1374, 1377, 1440, 1449

Ullstein: 382 rechts (Lothar Willmann), 618 (Brigitte Heinrich), 700 links, 901 (Metodi Popow), 929 (Jens Gläser), 941 oben (Manfred Klöckner), 1343 (Lothar Willmann)

Ulrich, Brigitte: 747, 810 links unten, 1023

Zenit Bildagentur: 312 (Paul Langrock)

1548